Modern
ENGLISH-
YIDDISH

YIDDISH-
ENGLISH
DICTIONARY

Modern
ENGLISH-YIDDISH
YIDDISH-ENGLISH
DICTIONARY

URIEL WEINREICH

Professor of Yiddish Language, Literature, and Culture
on the Atran Chair, Columbia University

YIVO Institute for Jewish Research
McGraw-Hill Book Company, New York, 1968

R. R.
492.4

The composition of this dictionary was made possible
by a bequest of Mr. Solomon Bogorad (1884–1964) of Rochester, N. Y.,
and by two grants of the Atran Foundation, Inc.,
to the YIVO Institute for Jewish Research.

Composition by Maurice Jacobs, Inc., Philadelphia, Pa., U.S.A.

Library of Congress Catalog Card Number 67–23848

To my children
Stephanie Shifra and Don

563217

In the years since World War II, there has developed in the United States and other English-speaking countries a greatly increased interest in the Yiddish language, its literature, and the culture of its speakers. The language has become a subject of study on many levels, from colleges and universities to widely scattered informal groups. Translations from the Yiddish and scholarly investigations of the Yiddish language and the related culture have been actively pursued. This strong interest has made the lack of suitable reference books and study materials all the more acutely felt.

The principal purpose of the *Modern English-Yiddish Yiddish-English Dictionary* is to furnish the advanced student of Yiddish with access to the language of modern cultivated usage. It is meant to serve him as a guide to the correct and idiomatic employment of the language in speech and in writing. As an aid in the reading of Yiddish written materials, it is likely to be particularly helpful with nonfiction texts.

The Dictionary is designed in the main for persons who have a firm grounding in English and at least a rudimentary command of Yiddish and are eager to broaden their mastery of Yiddish vocabulary and phraseology. Accordingly, the Yiddish rather than the English material has been phonetically and grammatically analyzed, and English glosses have been used, wherever appropriate, to specify semantic detail. Likewise, the "Guidelines for Use of the Dictionary" has been presented in far more detail in English (pp. xiii–xliii) than in Yiddish (pp. ‏טּ–יּ‎).

Like any other language, literary Yiddish contains a number of orthographic, phonetic, grammatical, and semantic variants. The ones most likely to be encountered by the reader of Yiddish texts have been incorporated in the Yiddish-English part of the Dictionary. On the other hand, since the learner of the language will want to have firm recommendations as to his own usage, the English-Yiddish part includes variant forms only sparingly.

The growth of standardized Yiddish has been stimulated since the middle of the nineteenth century by the precipitous development of belles

lettres and the employment of the language as a medium of the press, of political movements, of educational systems up to the college level, of scholarly research, and occasionally of political administration. This rapid growth has taken place simultaneously in many countries, sometimes with only limited planning and coordination. The Dictionary may therefore also have significance for accomplished speakers and writers of Yiddish as a checklist of modern terminology in which innovation has been relatively decentralized. Where the author was faced with a multiplicity of competing innovations, he generally elected to recommend those that struck him as most felicitous from the point of view of precision, idiomaticity of patterning, and adequacy within a broader terminological framework capable of further expansion.

For a basic introduction to Yiddish grammar, the user of this Dictionary is referred to the author's *College Yiddish* (New York: YIVO Institute for Jewish Research, 1949; 4th revised edition, 2d printing, 1966; 399 pp.). For additional vocabulary, the reader may consult with great profit Nahum Stutchkoff's *Der oytser fun der yidisher shprakh* ("Thesaurus of the Yiddish Language"; New York: YIVO, 1950; 60 plus 934 pp.). Attention is also called to the unabridged Yiddish defining dictionary, the second volume of which (out of the projected ten) appeared in 1966.*

Aside from special-purpose word lists and phrase books, the only English-Yiddish dictionary available to students has been Alexander Harkavy's work, first published in 1891 and later reissued several times without basic changes. It has long been inadequate, not only because of its age, but also because it was designed mainly for people knowing Yiddish and aiming at a mastery of English. Harkavy's modernized and more comprehensive Yiddish-English-Hebrew dictionary (New York, 1925; 2d edition, 1928) has been far more useful and, in a sense, can still serve as a key to the great works of Yiddish literature of the late nineteenth and early twentieth centuries. It is, however, plainly deficient with regard to contemporary literary and newspaper usage and scholarly prose. Moreover, it lacks an English-Yiddish counterpart.

Apart from the vocabulary appended to *College Yiddish*, one of the author's early attempts at tackling lexicographic problems was his preparation of a small dictionary intended for the pupils of Yiddish schools on the elementary and high school levels. At the suggestion of Mr. Joseph Chromow, work was begun in 1948. A draft version was completed a year later but was never published. The author would like to take this opportunity to recall with gratitude the help of the late Mr. Chromow, Dr. Chaim Pomerantz, and Mrs. Rebecca Tcherikower, as well as that of Messrs. Israel

---

* Judah A. Joffe and Yudel Mark (eds.), *Groyser verterbukh fun der yidisher shprakh*, New York: Yiddish Dictionary Committee, Inc.

Silberberg and Mendl Hoffman, all of whom gave aid and encouragement while he was working on the school dictionary.

With the growth of interest in Yiddish studies, the need for a modern English-Yiddish, Yiddish-English dictionary for the advanced student became more and more apparent. Since the early 1950s the author has continually worked toward this end. The encouragement given by Professor Herbert H. Paper at an early stage of this work is gratefully remembered. When a fresh prospect for publication arose in 1964, the author greatly expanded and thoroughly revised his material until it was brought to its present form. The principles that governed the compilation of this Dictionary, in particular as concerns the portrayal of standard Yiddish and the direction of further development indicated by the choices of variants that were made, will be set forth in a paper, "Standard Yiddish in the Second Half of the Twentieth Century," to be published by YIVO as a separate booklet.

It is the author's pleasant duty to thank the large number of people who helped in the preparation and publication of the *Modern English-Yiddish Yiddish-English Dictionary*. Mr. Richard Zuckerman offered numerous helpful suggestions. Professor Max Weinreich contributed many citations from his files and recommendations about the choice of variants. Mr. Szymon Dawidowicz of the YIVO staff was of immeasurable help as an adviser in matters of essence and as a superb proofreader. But it was the selfless, expert assistance of Professor Mordkhe Schaechter which more than any other factor helped to ensure that the best modern usage was reflected in the Dictionary. The responsibility for any deficiencies must remain with the author; the credit for whatever virtues the Dictionary contains must be fairly shared with his collaborators, especially with Professor Schaechter.

Dr. Maurice Jacobs was always ready to meet the rigorous demands involved in this intricate work of typography, which required two alphabetical systems written in opposite directions. With great ingenuity and tireless effort, Mr. Philip Herstein, compositor of the book for the Maurice Jacobs Press, was responsible for giving the Dictionary the quality of its appearance.

The encouragement received from the late Mr. Aaron Fishman of Philadelphia is also recalled.

Finally, the author acknowledges his gratitude to his wife, Beatrice Silverman Weinreich, who participated in the work from beginning to end, and who lent a hand with every aspect of the work, from the subtlest problems of planning to the most tedious clerical routines.

Pressing a language into the mold of a bilingual dictionary of necessity results in a somewhat biased characterization of its structure and its resources. But the task cannot be shirked forever. One must begin somewhere and look to future editions for the progressive elimination of such inade-

quacies as are inevitable in a long-overdue first attempt. Future revisions, it is hoped, will make more accurate the profile of the language presented in the Dictionary, as well as reflect continuing changes in usage. The author will be grateful for criticisms and suggestions for improvement.

[March, 1967]   U. W.

The draft of the preceding Preface was written in March, 1967. On March 30, 1967 Uriel Weinreich died at the age of forty without having seen the product of many years' work in print. However, he had brought to conclusion the whole manuscript of the Dictionary and also had read the galley proofs of both parts and then a sizable part of the second proofs. Furthermore, he had discussed with the McGraw-Hill Book Company various details concerning the final shape of the Dictionary, which was so close to his heart. It is due to the self-denying cooperation of Mrs. Beatrice Weinreich as well as to the efforts of Messrs. Szymon Dawidowicz and Max Weinreich that the Dictionary can appear in full conformity with the author's intentions. Mrs. Chana Mlotek kindly participated in reading the page proofs. Messrs. Isadore Hoffman and Meyer Weitzel of Maurice Jacobs, Inc. were responsible for making up the book and completing the work.

When we invited Dr. Weinreich in 1964 to publish his English-Yiddish, Yiddish-English dictionary under YIVO auspices, we believed his manuscript to be roughly ready for the printer. The author himself thought otherwise. Hundreds of idioms and scores of terms pertaining to Jewish life and culture had to be added; many of those had been accumulated by Columbia University's Language and Culture Atlas of Ashkenazic Jewry, of which Dr. Weinreich was the planner and first director. The grammatical, phonetical, and phraseological analyses had to be revised to meet the most exacting requirements. He therefore again reworked the manuscript from beginning to end. During the academic year 1965–66, when he resided, free of teaching duties, at the Center for Advanced Studies in the Behavioral Sciences at Stanford, Calif., he spent the bulk of his time on the Dictionary. Upon his return to Columbia University in September, 1966, and until a few days before his passing, the Dictionary continued to be his major preoccupation. The material presented in it thus bears the mark of highest accuracy. As regards the theoretical foundations of the Dictionary, it is firmly built on the author's extended studies in semantics and lexicography, which have won him broad recognition in the worldwide community of linguists.

Dr. Weinreich's Preface refers to his anticipated paper "Standard Yiddish in the Second Half of the Twentieth Century," which, as a short companion publication, was intended to set forth the scholarly and practical purposes of the Dictionary and the linguistic ideas underlying it. No manuscript was left, but it is definitely possible to construct the paper by leaning on the author's copious notes, on correspondence with his colleagues, on his published studies and, above all, on the evidence of the Dictionary itself. It would be a great loss indeed if the paper contemplated by the author of the Dictionary were not to be published at least in the form in which YIVO can offer it. It is hoped that it will appear in 1968.

The designation of the Dictionary as *Modern* was suggested by the editors of McGraw-Hill and was approved by the author. It implies the obligation to keep subsequent editions up to date, and YIVO pledges its utmost in the achievement of this task. In effectuating future changes, whose necessity the author himself so clearly stresses in his Preface, the users of the Dictionary have a definite part to play. Consequently, the author's request for criticisms and suggestions with a view toward further improvements is urgently repeated. Correspondence should be addressed to the YIVO Institute for Jewish Research, 1048 Fifth Avenue, New York, N. Y. 10028.

YIVO wishes to express its heartfelt thanks to its friends who have assisted in bringing this ambitious plan of publishing the Dictionary to fruition. Above all, it is indebted to the late Mr. Solomon Bogorad of Rochester, N. Y., whose bequest in 1964 made it possible for the Institute to contemplate the publication of Uriel Weinreich's dictionary, and to the Atran Foundation, Inc., whose generous grants have helped tremendously in the subsequent stages of the project after typesetting had begun. Assistance was further rendered by Mr. Harry A. Abramson, Mr. Julius Borenstein, the Saul Brodsky and Ida Seltzer family, Mrs. Leah Eisenberg, Mr. Joseph Perlov in memory of his wife Dora, and Philip and Edward Solomon.

April, 1968   YIVO INSTITUTE FOR JEWISH RESEARCH

GUIDELINES FOR USE OF THE DICTIONARY

1. Arrangement of English-Yiddish Part (EY)

a. Order of Material

1. Each entry begins with an Eng. entry word in bold-face type. If the entry runs over beyond the first line, the lines other than the first are indented on the left. Many entries contain a main entry and one or more subentries. The subentries do not themselves form beginnings of new paragraphs.

2. Each entry word is matched by a Yid. equivalent, which is read from right to left. Where an entry word is matched by a sequence of several Yid. words, the Yid. sequence is read in the Yid. order, from right to left. Ex.:

ell די אייל (ן)

①→←②

ellipse דער אָוואַ'ל (ן), דער עלי'פּס (ן)

①→←②

3. A subentry is ordinarily separated from the preceding material by the symbol ‖ . The following example illustrates the order in which the material should be read:

flake די שופּ (ן) ‖ (snow) דאָס שניי'עלע (ך)

①→←② ‖ ③→←④

‖ (soap) דאָס זיי'פֿעלע (ך)

‖ ⑤→←⑥

4. If there is not enough room in a line for the completion of a Yid. word or word-sequence, the Yid. material is continued on the left of the next line. Ex.:

dinner (main meal) דאָס אָ'נבײַסן (ס), דאָס

①→←②

וואַרמעס (ן)

←③

5. If the Yid. word or word-sequence thus completed is followed by another Eng. subentry, the Yid. material is separated from the new subentry by the symbol ⫞ . This symbol therefore means that whatever appears to the left of it should be read first, as it forms the completion of the preceding line. Ex.:

dinner (main meal) דאָס אָ'נבײַסן (ס), דאָס

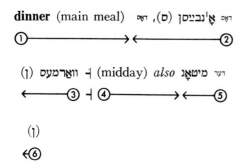

① ⟶ ⟵ ②

(ן) וואַרמעס ⊣ (midday) *also* דער מיטאָג

⟵ ③ ⊣ ④ ⟶ ⟵ ⑤

(ן)

⟵⑥

6. Here is an example of an entry containing both types of separation symbols, with an indication of the order in which the material must be read:

fork 1. *n.* (עך) דער נאָפּל || (hay) די ווידלע

① ⟶ ⟵ ② || ③ ⟶ ⟵ ④

(ס) ⊣ (road) (ן) דער שיידוועג || **2.** *v.* -אָנ|

⟵⑤ ⊣ ⑥ ⟶ ⟵ ⑦ || ⑧ ⟶ ⟵ ⑨

שטעכ|ן אויף אַ נאָפּל

⟵ ⑩

b. Subentries

1. Subentries are used for four purposes: (a) to distinguish grammatical categories of the Eng. entry word; (b) to provide Yid. equivalents for phrases containing the entry word; (c) to specify submeanings of an entry word or of a phrase; and (d) to exemplify usage.

2. The most common grammatical categories to which an Eng. entry word may belong are adjective (*adj.*), noun (*n.*), and verb (*v.*). Appropriate subentries are presented in this order, each subentry being numbered. Wherever necessary, verbs are subdivided into transitive (*vt.*) and intransitive (*vi.*) ones, without separate numbering. (On transitive and intransitive verbs, see also § 5c23.) Other grammatical categories are adverb (*adv.*), numeral (*num.*), conjunction (*conj.*), preposition (*prep.*), interjection (*int.*), and pronoun (*pron.*). In the following examples, **cement** is first presented as an adjective; in further subentries, it is cited in its noun and verb functions:

cement **1.** *adj.* צעמענט·ן || **2.** *n.* -דער צע
(ן) מע'נט ⊣ **3.** *v.* צעמענטיר|ן

3. In the citation of Eng. phrases, repetition is avoided by abbreviating the main entry word (if it contains three or more letters). In the following examples, **c.** stands for **center** and **f.s** stands for **fits**:

center (ס) דער צענטער || **c. of gravity** דער
(ן) שווערפּונקט

fit (ן) דער אָנפֿאַל || **by f.s and starts**
קוי'דערוויַלעך

4. Since one of the difficulties of idioms is that the language learner may not suspect their existence, they have been distributed in the dictionary under the main entry word most likely to be looked up. In many cases appropriate cross-references have been provided, symbolized by "*cf.*" For example, "*cf.* **burden**" appearing in the entry **beast** suggests that **beast of burden** will be found under **burden**.

To economize on space, cross-references have been used sparingly. If a phrase, e.g. **catch fire**, is not found under one main entry (**catch**), it should be checked under another (**fire**).

5. Submeanings of main entry words or of subentries (words or phrases) are

indicated in parentheses in light-face type. Ex.:

fair (blond) העל, בלאָנד || (weather) גערע'כט, גערעכטיק (just) ⊣ לויטער, שיין

Submeanings of the Eng. word are specified sometimes by means of synonyms, e. g. "blond" or "just," and at other times by the context in which they are used, e. g. "weather."

6. Often the most common meaning is assumed to be clear without specification, and only a more special meaning is specified. Ex.:

false פֿאַלש || (unfaithful) או'מגעטריַ

The most ordinary meaning of **false**, namely, 'untrue', is not specified.

7. Eng. homonyms appear as separate entries with superscript numbers, e. g. the adjective-adverb **fast**[1] 'rapid(ly)' and the noun-verb **fast**[2] 'abstain, abstention from food'. The decision as to what is a submeaning of the same word and what is a separate, homonymous word is, of course, often conventional.

8. Submeanings of phrases are specified in the same way as submeanings of entry words. Here is a simplified example:

hand (הענט) די האַנט || (clock) דער וויַזער אַרויפֿ|לייג|ן אַ האַנט ⊣ **lay h.s on** (ס) פֿאַק|ן (catch) ⊣ אויף

9. Groups of Yid. synonyms, given as alternative equivalents for Eng. main entry words or subentries, are separated by commas if fairly close in meaning, and by semicolons if less close. In a few entries, a question mark or exclamation point marks the end of a Yid. equivalent.

In some cases additional specification of submeanings may be found in an adjoining entry. Thus, opposite **emotional** two Yid. equivalents are cited, separated by a semicolon. In the adjacent entry, **emotion**, the submeanings are separately glossed.

Where the nuances of Yid. alternatives are not specified, further information may be obtained by consulting appropriate entries in YE. For example, to choose between שיין and לויטער, both of which appear as equivalents for "**fair** (weather)" (see § 5 above), each of these words may be looked up in YE. There it will be found that the connotations of שיין are beauty; those of לויטער are clarity, limpidity.

10. Eng. phrases exemplifying usage are occasionally given in light-face type, if the corresponding Yid. construction differs sharply from the Eng., or if the specification of meanings by parenthetic phrases is (or, if given, would be) inordinately abstract or complex. See, for example, the entry **by** in EY.

11. Where a submeaning is most easily presented in the context of an example, this is done by placing the abbreviated entry word in bold-face type and the purely illustrative context in light-face. Ex.:

all (everything) אַלץ || this is **a.** I have מער ווי דאָס האָב איך ניט

2. Arrangement of Yiddish-English Part (YE)

a. Alphabetic Order of Entries

1. The order of letters in the Yid. alphabet, as specified in the standardized orthography, is shown in the table on p. xxi. Note that for purposes of alphabetization, the letters א, אַ, and אָ are considered one; similarly י and יִ, as well as ײ and ײַ. Thus, וואָר precedes וואַשן since ר comes before ש; on the other hand, מאַן precedes מאָן, since the only distinction here is between אַ and אָ.

In the rare cases of identically spelled words with different pronunciations, the arrangement is according to the vowels, in this order: [*zero* A O U OY I EY E]. Examples will be found under זכר, חבֿר, סמך and others.

2. In the case of multi-word entries, spaces are ignored in determining their alphabetical place. Ex.: חלוש precedes חל זײַן.

b. Order Within Entries

1. Each entry begins with a Yid. entry word, followed by grammatical analysis and pronunciation specifications, if necessary (see § 4f and sec. 5). If the entry runs over beyond the first line, the further lines are indented on the right. Many entries contain further subentries which do not themselves form beginnings of new paragraphs.

2. Where an entry is matched by more than one Eng. equivalent, the Eng. sequence is read from left to right. Ex.:

hostile, adverse קע'גנעריש אדי'

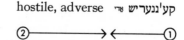

②——————→ ←——————①

3. A subentry is ordinarily separated from the preceding material by the symbol ‖ . The following simplified example illustrates the order in which the material should be read:

blind ב' מאַכן|ן ‖ blind בלינד אדי'

④→ ←——③ ‖ ②→ ←——①

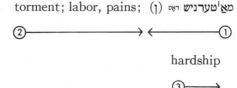

4. If there is not enough room in a line for the completion of an Eng. word or word-sequence, the Eng. material is continued on the right of the next line. For example:

torment; labor, pains; (ן) מאַ'טערניש דאָס

②——————→ ←——————①

hardship

③——→

5. If the Eng. word or word-sequence thus completed is followed by another Yid. subentry, the Eng. material is separated from the new subentry by the symbol ⊢. This symbol therefore means that whatever appears to the right of it should be read first, as it forms the completion of the preceding line. Ex.:

look, glance, gaze; (ן) בליק דער

②——————→ ←——————①

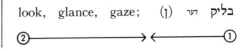

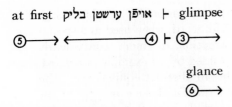

at first אויפֿן ערשטן בליק ⊢ glimpse

⑤⟶ ⟵④ ⊢ ③⟶

glance

⑥⟶

6. Here is an example of an entry containing both types of separation symbols, with an indication of the order in which the material must be read:

day איבער מ' || tomorrow מאָרגן אדוו

④⟶ ⟵③ || ②⟶ ⟵①

the day אויף מ'(ס) ⊢ after tomorrow

⑦⟶ ⟵⑥ ⊢ ⑤⟶

after

⑧⟶

c. Subentries

1. Subentries are used for three purposes: (a) to distinguish grammatical categories of the Yid. entry word; (b) to provide Eng. equivalents for Yid. phrases containing the entry word; and (c) to exemplify usage.

2. Subentries reflecting different grammatical categories are listed separately. The symbols indicating the grammatical categories are explained in detail in sec. 5, and summarily in the tables on pp. xl–xliii. Because a word functioning in multiple grammatical categories may require different grammatical analysis, the entry word is sometimes repeated. Ex.:

קאָרן דער rye || קאָר־ן אדי

This means that קאָרן occurs both as a masculine noun (דער) and as an adjective (אדי) meaning ‘rye’. For the significance of the respelling קאָר־ן, see § 5b4.

3. In the citation of Yid. phrases, repetition is avoided by abbreviating the entry word (if it is three or more letters long) by means of an apostrophe. In the following simplified examples, ה' stands for האַנט and א'ן stands for אויגן.

האַנט די (הענט) hand, arm || צו דער ה' handy; available

אויג דאָס (ן) eye || קוק|ן מיט א'ן keep a sharp lookout

4. In general it has seemed most helpful to list a phrase under the word which has the more surprising equivalent in the corresponding Eng. phrase. Thus, זײַ'דענע הענטשקעס — literally ‘silk gloves’ but idiomatically equivalent to Eng. ‘kid gloves’ — appears under זײַד־ן. If a phrase is not found in the entry for one of its component words, it may be listed under another component. Thus, the meaning of אויף גאָטס באַראָ'ט is not given under גאָט, but it will be found under באַראָ'ט.

Where they may be helpful, appropriate cross-references have been supplied, marked by the symbol פֿגל.

5. In the case of Yid. entry words which have different meanings in specific contexts, the context is usually hinted at by a parenthetical word or phrase accompanying the Eng. equivalent. Nouns used to narrow down the context of adjective usage appear after the adjective; subject nouns narrowing down the meaning of verbs are placed before the verb, and object nouns in similar function are placed after the

verb. For example, under the verb גיין, "(machine) function" means that if the subject of the verb is the name of a machine, גיין is best translated as "function."

6. Yid. homonyms appear as separate entries; if their grammatical categories overlap, they are distinguished by superscript numbers. See for example the two entries headed by באַשווער|ן^1 and באַשווער|ן^2.

7. Yid. phrases exemplifying usage are occasionally given if the corresponding Eng. construction differs sharply from the Yid. See, for instance, the exemplification of the phrase איך מיר אַ under איך.

8. Occasionally a submeaning of a Yid. word, when used in a special construction, is more conveniently explained by an example in context than by an abstract equivalence. The user of the Dictionary may from such an example infer the correct form of the Yid. phrase in other tenses, persons, etc., and the corresponding Eng. translations. For example, under קום|ען^2 we find the illustrative phrase איך קום דיר אַ דאַנק glossed as '... I am grateful to you'. From this it follows that 'they were grateful to us' corresponds to זיי האָבן אונדז געקו'מט אַ דאַנק and similarly for other tenses, persons, etc.

3. Condensed Entries

a. Parentheses

1. Optional parts of a word or phrase are placed in parentheses. Ex.:

maid (servant) די דינסט(מויד)

From the above formula it is to be understood that **maid** has two equivalents: either די דינסט or די דינסטמויד.

2. When an optional element of an Eng. expression has a corresponding option in Yid., both are placed in parentheses. Ex.:

behave (well) אויפֿ|פֿיר|ן זיך (שיין)

This means that אויפֿ|פֿיר|ן זיך is "behave" and אויפֿ|פֿיר|ן זיך שיין is "behave well."

On the use of parentheses for the reflexive pronoun זיך and for verbal prefixes and complements, see §§ 5c23, 25.

3. It is to be understood that if an optional element is omitted, the last letter of the remaining element must, in writing, be changed to its word-final form (if any). Thus, אַרומ(ערט) means either אַרומערט or אַרו'ם.

b. Diagonal

1. Alternative words are separated by a diagonal. For example:

he's got to obey ער מוז/דאַרף פֿאָלגן

This formula means that either ער מוז פֿאָלגן or ער דאַרף פֿאָלגן may be used as Yid. equivalents of the Eng. phrase. Similarly:

in/for fun אויף קאַטאָוועס

means that both **in fun** and **for fun** are rendered in Yid. as אויף קאַטאָוועס.

2. Where an Eng. alternative corresponds to a Yid. alternative, the correspondence holds between the respective members of each pair. Ex.:

be easy/hard אָנ|קומ|ען גרינג/שווער

This formula means that אָנ|קומ|ען גרינג corresponds to **be easy** and אָנ|קומ|ען שווער corresponds to **be hard**.

3. The symbol "/..." means that additional alternatives may be substituted at will, according to the pattern illustrated. Thus, "what/when/..." appearing under **know** means that additional interrogatives may be substituted ("who, where," etc.).

c. *Also* Entries

1. Where a special submeaning of an Eng. word can be rendered in Yid. either by a special term or by the most general equivalent of the entry word, the special term is introduced by the word *also*. Ex.:

hall (large room) דער זאַל (ן) || (meeting room) *also* דער לאָקאַ'ל (ן)

This means that זאַל covers both submeanings of **hall**: 'large room' and 'meeting room'; לאָקאַ'ל, however, covers only the latter submeaning.

2. If an Eng. phrase can be rendered in Yid. either literally or idiomatically, the idiomatic alternative is introduced by *also*. For example:

furious צאָ'רנדיק, צעקאָ'כט || **become f.** *also* צעקאָכ|ן זיך

This means that in addition to rendering **become furious** literally as ווער|ן צעקאָ'כט ('become' = ווערן), one may use the more idiomatic verb, צעקאָכ|ן זיך.

3. In general, Eng. adverbs in *-ly* are not listed in EY since the Yid. equivalent would be identical in form with the corresponding adjective. Thus, **glibly** is not listed, since the Yid. equivalents would be the same as those for **glib** (which *is* listed). Where this correspondence does not hold (e. g. between the Yid. equivalents of **great** and **greatly**), the Eng. adverb forms a separate main entry. Where an Eng. adverb has a special Yid. equivalent in addition to the one identical with the adjective, it is introduced by *also*. Ex.:

generous ברייט, ברײ'טהאַרציק
generously *also* מיט דער ברייטער האַנט

This means that among its words for **generously**, in addition to those identical with the equivalents for **generous**, Yid. also possesses the special phrase listed after *also*.

d. Dash

A dash preceding a Yid. grammatical symbol or a syntactic indicator signifies that the symbol or indicator is applicable to the whole group of Yid. words which precedes it, going back to the semicolon (if any) or to the beginning of the entry. Ex.:

פֿאַראַנען; פֿאַראַ'ן, בנימצא —אַפּ

The grammatical symbol אַפּ means that the preceding adjective is restricted to predicates (see § 5b10). In the above example, the dash signifies that the symbol אַפּ applies to פֿאַראַ'ן as well as to בנימצא (but not to פֿאַראַנען, which

is separated from the following two equivalents by a semicolon).

e. Equal Sign

1. In EY equal signs are used between Yiddish abbreviations and their fully spelled forms. Ex.:

i. e. ד״ה = דאָס הייסט

This means that ד״ה is an abbreviation of דאָס הייסט ('that is').

2. In YE equal signs are used additionally to refer from one entry word to another, where the target of the cross-reference appears in immediate proximity in the alphabetical order.

f. Clusters of Complemented Verbs

The use of short horizontal bars in connection with clusters of verbs is explained in §§ 5c19, 20.

4. Spelling and Pronunciation

a. The Dual Spelling System

Yid. spelling is based on an integration of two underlying patterns. The bulk of the vocabulary is rendered in a system with excellent overall correspondence between sounds and letters (or letter groups). For these words, the orthographic form, interpreted with the help of a pronunciation table such as that on p. xxi, automatically serves as an indication of the spoken form as well. Another part of the vocabulary, of Hebrew-Aramaic derivation, on the whole retains the traditional spelling used in those languages. For Yid. words of the latter type, the orthographic form and the phonetic form must be given separately. In this Dictionary, the phonetic form is presented in Latin-letter transcriptions printed in small capitals between square brackets. For example:

genesis [BREYSHES] דער בראשית, דער אָנהייב

This means that the word pronounced [BREYSHES] is spelled בראשית. Any

word which is not accompanied by a transcription — e. g. אָנהייב in the above example — is to be understood as written in the "phonetic" subsystem of Yiddish orthography. Its pronunciation may be inferred by consulting the adjoining table on p. xxi.

Regarding condensed indications of transcription in empty square brackets [ ], see § 4f7.

b. Coping With Deviations From Standardized Spelling

The Yid. orthography was standardized, after years of preparatory work, in 1936 by the YIVO Institute for Jewish Research in cooperation with the Central Yiddish School Organization in Poland. Since then it has been adopted by responsible publishers in many countries.

Deviations from the standardized orthography may be encountered in pre-1937 texts, or even in more recent material, where lack of full conformity with the codified spelling rules may be

LETTER OR COMBINATION	SOUND EQUIVALENT	REMARKS
א	*silent*	Written at the beginning of words or stems that would otherwise begin with ו, וּ, וי, י, יִ, יי, or ײַ
אַ	[A]	Similar to *a* in *father*, but shorter
אָ	[O]	Phonetically between the *aw* of *dawn* and the *o* of *done*
ב	[B]	
בֿ	[V]	
ג	[G]	
ד	[D]	On the phonetic value [DY] of the sequence די, see § 4e
ה	[H]	
ו	[U]	
וּ	[U]	So spelled in the combinations וּו [-UV-], ווּ [-VU-], and וּי [-UY-]
וו	[V]	
וי	[OY]	Shorter than *oy* in *boy*
ז	[Z]	On the phonetic value [ZY] of the sequence זי, see § 4e
זש	[zh]*	Like *s* in *measure*
ח	[Kh]	Like *ch* in German *ach*
ט	[T]	On the phonetic value [TY] of the sequence טי, see § 4e
י	[I]	Medium in length and tenseness between the *i* of *fit* and the *ee* of *feet*
י	[Y]	Like *y* in *yes*; before or after another vowel
יִ	[I]	So spelled following a stressed vowel, or — under stress — adjoining a vowel. See §§ 5a5 and 5c7
יי	[EY]	Similar to *ey* in *grey*
ײַ	[AY]	Similar to *i* in *fine*
כּ	[K]	
כ	[Kh]	Like *ch* in German *ach*
ך	[Kh]	Word-final form of the preceding
ל	[L]	On the phonetic value [LY] of the sequence לי, see § 4e
ל̦	[LY]	For explanation see § 4e5 (ii)
מ	[M]	
ם	[M]	Word-final form of the preceding
נ	[N]	On the phonetic value [NY] of the sequence ני, see § 4e
ן	[N]	Word-final form of the preceding
ס	[S]	On the phonetic value [SY] of the sequence סי, see § 4e
ע	[E]	Similar to the *e* of *bet*
עֶ	[E]	For explanation see §§ 5b6 and 5c6
פּ	[P]	
פֿ	[F]	
ף	[F]	Word-final form of the preceding
צ	[TS]	
ץ	[TS]	Word-final form of the preceding
ק	[K]	
ר	[R]	Produced by trilling either the tip of the tongue or the uvula
ש	[sh]	Similar to *sh* of *shoot*
שׂ	[S]	
תּ	[T]	
ת	[S]	

* To be distinguished from [ZH], which represents a sequence of sounds — [Z] followed by [H].

due to the conservatism of editors or to technical deficiencies of typewriters, printing shops, etc. These deviations are relatively minor for the reader who knows Yid., but can be troublesome for the learner of the language. In using this Dictionary on texts written in unstandardized spelling, three hints may be particularly useful:

the diacritic marks in בּ, יִ, כּ, פֿ, שׂ, and תּ are sometimes omitted;

the letter בּ [B] is sometimes written ב;

a superfluous ע is sometimes written before final ל or ן to mark their syllabicity.

The non-standard use of apostrophes and the irregular separation and hyphenation of compounds, common in non-standard spelling, are unlikely to cause difficulty in looking up words in this Dictionary.

c. Word Division

Fortuitous divisions of cited Yid. words, resulting from the lack of space in a particular line of this Dictionary, are marked by light horizontal bars near the center of the line (-). On the other hand, hyphens which are part of the Yid. orthography are indicated by normal heavy hyphens aligned with the tops of the letters (‧). For example:

guarded (speech) ‑האַ'לבמויליק, ני'ט‑דער ‑ זאָ'גנדיק

The hyphen between ט and ר indicates that the word is always to be hyphenated at that point. On the other hand, the light horizontal bar after ר indicates that the word is here continued on the next line, but that the

division is fortuitous, being due to the placement of material in this text. If the word were to occur in the middle of a line, it would therefore be spelled ניט‑דערזאָגנדיק.

On hyphenation in compound nouns, see also §§ 5a25 and 5b14.

d. Stress

1. In an unhyphenated Yid. word, the vowel on which the main stress falls is in this Dictionary marked by the symbol ˈ to the left of the corresponding letter. For example, קעˈשענע is to be read as [KE′shENE]; ניטאָˈ is to be read as [NITO′]. If no stress symbol appears, the stress is understood to fall on the next-to-last vowel, or on the only vowel of the word. Thus, גראַמאַטיק is to be read as if it were written גראַמאַˈטיק, i. e. [GRA-MA′-TIK]. (Regarding stress indications in transcribed words of Hebrew-Aramaic origin, see § 4f11.)

The stress symbol is used here as an aid to the learner of the language. It is *not employed in the ordinary Yid. orthography.*

Note that [N L M] appearing after a consonant at the end of a word, or between two consonants, form syllables and are included in the syllable count. E. g. in ווי'נטלדיק the stress is marked as falling on the first syllable because of the following syllabification: [VI′N-TL-DIK]; contrariwise, the stress need not be marked in רעאַליזם, as it falls on the next-to-last syllable: [RE-A-LI′-ZM].

2. Concerning placement of stress in complemented verbs, see § 5c15.

3. The place of stress is indicated only within words. The most heavily

stressed word within a longer phrase is not marked, as it can usually be inferred from the meaning of the phrase.

4. In hyphenated Yid. words, the main stress is marked regardless of the number of syllables, e. g. in באָבע־זײַˈדע, פּײַˈער־לעשער.

5. When a parenthesized portion of a compound is marked by ˈ, this means that if the full form is used (cf. § 3a1), the main stress falls on the optional element. For example, the notation (בײַˈלד)נעשטעˈל means that the shorter form is stressed נעשטעˈל, whereas the longer form is stressed בײַˈלדנעשטעל.

6. Many prefixed and compound adjectives have been listed with two stresses (e. g. אוˈמבאַרעˈכטיקט). In some syntactic positions, notably when they are used attributively, these adjectives lose their second stress.

e. Palatal Consonants

1. Corresponding to each of its dental consonants — [T D S Z N L] — Yid. has a palatal ("soft") consonant, here transcribed, respectively, as [Ty Dy Sy Zy Ny Ly].* The correct pronunciation of the palatal [Sy] can be approximated by simultaneously pronouncing [S] and [Y]; and similarly for the other palatals.

2. Ordinarily, the letter sequence טי stands for the consonant [T] followed by the vowel [I], i. e. for [TI]. If, however, טי is followed by another vowel letter, it represents the palatalized consonant [Ty]. Thus טיאָך stands for [TyOKh]. Similarly for the letter sequences די, סי, זי, לי, and ני, as in:

דיענעכץ = [DyE′-GEKhTS]
אָסיען = [O′-SyEN]
קאַזיאָנע = [KA-ZyO′-NE]
ניאַניע = [NyA′-NyE]
ליאַרעם = [LyA′-REM]

3. Exceptions from this reading rule are of two types: (a) where the י following the "dental letter," instead of acting as a sign of palatality of the preceding consonant, represents a separate consonant [Y] or a vowel [I]; (b) where palatal consonants are graphically represented by "dental letters" without following י. Each exception is individually marked by the following devices.

4. *The letter* י *other than as a sign of palatality*

(i) If a י between a "dental letter" and another vowel represents the vowel [I], this fact is indicated by transcription. Thus, [DI] דיעטע means that the word is pronounced [DI-E′-TE], not [DyE-TE].

(ii) If a י between a "dental letter" and another vowel represents the consonant [Y], this fact is indicated by transcription. Thus, [ZY] אַזיאַˈט means that the word is pronounced [AZ-YA′T], not [A-ZyA′T].

(iii) If, after a stressed vowel, a י between a "dental letter" and another vowel stands for [Y] or, in some pronunciations, for [I], this fact is indicated by the symbol ˈ placed after the stressed vowel letter. Thus, אַˈזיע means that the word is pronounced [A′Z-YE] (or [A′-ZI-E]), not [A′-ZyE]; similarly, ראַˈדיאָ means that the word

* In the author's *College Yiddish* the palatal rendered here as [Ly] is transliterated [*L*]. The need to transliterate the other, much rarer palatals did not arise in the restricted vocabulary of an introductory textbook.

is pronounced [RA′D-YO] (or [RA′-DI-O]),
not [RA′-DYO]. On the other hand, the
absence of the symbol ׳ indicates the
palatalizing function of the י. Thus
פּרוטיע is read [PRU′-TYE], not [PRU′T-YE]
or [PRU′-TI-E]; similarly, הָאָרעוואַניע
is read [HO-RE-VA′-NYE], not [HO-RE-
VA′N-YE] or [HO-RE-VA′-NI-E].

(iv) In a few instances where the
symbol ׳ is required as a sign of the
place of stress, yet the word contains
a post-stress palatal consonant, this
is indicated by transcription. Thus
[NY] הֿאַ׳רצעניו means that the word is
pronounced [HA′R-TSE-NYU].

5. *Palatality unmarked by* י

(i) In a few words in which the
letters ט and נ alone, occurring before
other consonants or at the ends of
words, represent palatal consonants,
this fact is marked by transcription.
Thus, [NY] דינקע means that the word
is pronounced [DI′NY-KE], not [DI′N-
KE].

(ii) In a great many words, mostly
of "international" origin, the letter ל
of the orthography stands for [LY]
rather than [L], even though it is not
followed by י. To indicate the widely
favored palatal pronunciation of such
instances of ל, this Dictionary uses a
diacritic symbol, לֿ. Thus, פּלֿוס stands
for [PLYUS] (not [PLUS]); שפּילֿקע stands
for [SHPI′LY-KE] (not [SHPI′L-KE]); etc.
Note that this diacritic is a teaching
device introduced here as an aid to the
learner of the language. *It is not used
in the ordinary Yid. orthography.*

f. Transcription

1. As indicated in § 4a, the pro-
nunciation of words which retain a
traditional, conventional spelling in the

Yid. orthography is in this Dictionary
conveyed by transcriptions in square
brackets. The transcription is basically
phonemic, although some technicalities
have been overlooked for the benefit
of the general user.

2. The phonetic values of most
Latin letters used in the transcriptions
are self-explanatory. For additional
comment, see the "Remarks" column
in the table on p. xxi.

3. If the pronunciation of a word
corresponds to its spelling according
to the phonetic values of the let-
ters given in the table on p. xxi, no
transcription is provided, even if the
word is of Hebrew-Aramaic origin, e. g.
גבֿול (which can automatically be read
as [GVUL]), חושים (which can auto-
matically be read as [KHUShIM]), etc.

4. In the case of Yid. phrases con-
sisting of several words, only the
word or words requiring transcrip-
tion are so provided with it, e. g.

אום שבת [ShABES]

אַ קשיא אויף אַ מעשׂה [KAShE … MAYSE]

5. In the case of a hyphenated Yid.
word, part of which offers a pronuncia-
tion problem to the language learner,
only the part in question is pro-
vided with a transcription, e. g.

חתן־מאָל [KHO′SN]

stands for [KHO′SNMOL],

לע׳בער־ים [YAM]

stands for [LE′BERYAM]. If the main
stress falls on the transcribed segment,
as in [KHO′SN] חתן־מאָל, it is so marked; if
the untranscribed component also con-
tains the stress symbol, this designates
a subsidiary stress, e. g.

דרשה־געשאַ'נק [DRO'shE]

stands for [DRO'shE-GEshaʿNK].

6. In the case of Yid. words containing a prefix or a suffix separated by |, only the stem is transcribed (if a transcription is required at all); e. g. אָפּ|פּטר|ן [PATER] stands for [OP-PATER-N]. On prefixes and suffixes, see also §§ 5c8, 14.

7. The repetition of transcriptions is avoided if the same stem already appears in transcription later in the same entry, or in a closely adjacent entry. In such cases the empty brackets, [ ], mean: for the pronunciation, look below in the same entry, or in a closely neighboring entry.

If a word has been provided with a transcription in an entry, subsequent recurrences of the word *within the same entry* are not transcribed, and the use of empty brackets is also dispensed with. See, for ex., the transcription of רשות at its first occurrence under **leave** and its untranscribed recurrence within the same entry.

8. Occasionally a derivative form appears with the symbol [ ] referring to the stem form in an adjacent entry. This means that the derivational suffix or prefix, or the added part of the compound, may be read according to the usual phonetic values of the letters (as in the table on p. xxi) and without any adjustment in stress. Ex.:

gruff [ ] בייזלעך, רוגזהדיק

gruffness [RUGZE] די רוגזה

The notation [ ] under **gruff** refers to

the transcription under **gruffness** and indicates that the stem transcribed there recurs in the adjective. The adjective in its entirety is therefore read [RU'GZEDIK].

9. For details on the transcription of plurals, see § 5a12.

10. Where a series of words contains a recurrent element requiring transcription, only the novel part of each word in the series is transcribed. Thus,

מלא־כּעס [MOLE-KA'AS], מלא־דציחה
[RETSI'KhE], מלא־חמה [KhE'YME]

is an abbreviation for

מלא־כּעס [MOLE-KA'AS], מלא־דציחה [MOLE-
RETSI'KhE], מלא־חמה [MOLE-KhE'YME]

11. In unhyphenated transcriptions, the place of the main stress is marked by the symbol ' immediately following the stressed vowel, e. g. [KhA'SENE]. If no symbol appears, the stress is understood to fall on the next-to-last vowel, or on the sole vowel of the word; e. g. [NEShOME] stands for [NESho'ME].

12. In hyphenated transcriptions, the place of the main stress is marked by the symbol ' . The segment of the hyphenated transcription which is not marked by this symbol is understood to have an optional, usually less strong stress on its own next-to-last syllable (or on its sole syllable, if it has only one). E. g. [TOYRES-MO'YShE], which has the main stress on [MO'Y], is often pronounced with another (somewhat weaker) stress on [TO'Y].

5. Grammatical Analysis of Yiddish Vocabulary*

a. Nouns

Gender

1. The gender of each noun is shown by means of the definite article which precedes it: דער for masculine, די for feminine, and דאָס for neuter.

2. Nouns generally used without the article, e. g. geographic names, have their gender shown by the appropriate article in parentheses, e. g. אַמע'ריקע (די).

3. Nouns listed in the plural are followed by the symbol מצ. If necessary, consult the corresponding entry in YE to determine whether a singular of the noun exists, and if so, what its gender is.

Plural Formation

4. The plural form of each noun, wherever appropriate, is indicated in parentheses after the noun itself. If the plural is formed by means of an ending alone, the ending is cited. Thus טיש (ן) means that the singular is טיש and the plural is טישן. The symbol (—) means that the plural is identical with the singular, e. g. פֿערד (—).

5. If a noun ends in י and the plural ending is ען, the י is orthographically replaced in the plural by ײַ. Thus, ברי (ען) is to be understood to mean that the plural of ברי is spelled בריִען.

6. If the plural involves a change in the stressed vowel of the stem, or a replacement of the stem, the plural form is listed in its entirety, e. g. קאָפּ (קעפּ), וואַלד (וועלדער), פֿורמאַן (פֿורלײַט). Similarly, צוואה (צוואָות) means that the plural of צוואה is צוואָות.

7. If the plural involves the dropping of an unstressed stem vowel, the termination of the word is shown in parentheses. Thus מאַיאָנטיק (...טקעס) means that the plural of מאַיאָנטיק is מאַיאָנטקעס.

8. If the plural involves a shift in the stress, this is indicated in abbreviated form. Thus דירעקטאָר (...אָ'רן) means that the plural of דירעקטאָר (i. e. [DIRE'KTOR]) is דירעקטאָ'רן [DIREKTO'RN].

9. If the second element of a compound stem undergoes change in plural formation, only the altered stem is shown in parentheses. If the compound is hyphenated, the altered segment is preceded by a hyphen. Thus פֿע'ריס־ראָד (־רעדער) means that the plural of פֿע'ריס־ראָד is פֿע'ריס־רעדער. If the compound is unhyphenated, suspension points are used. Thus קרוינשטאָט (...שטעט) means that the plural of קרוינשטאָט is קרוינשטעט.

10. The plural indication of a noun forming part of a longer phrase is given immediately after the inflectible noun. Thus דער צופּ (ן) בײַם געוויסן means that the plural of צופּ בײַם געוויסן is צופּן בײַם געוויסן.

11. A dash preceding a plural ending means that the last letter of the singular stem is replaced by the suffix in the written form of the plural. Thus שורה (—ות) means that the written form of the plural of שורה is שורות.

---

* The basic features of Yid. grammar are presented in the author's *College Yiddish* and offered in a systematic fashion in the "Synopsis of Grammar" contained in that book.

Similarly, (—יות) מעשׂה means that the plural of מעשׂה is מעשׂיות, and (—ות) גוזמא means that the plural of גוזמא is גוזמות.

12. If the plural of a transcribed word is formed through the addition of an ending without changes in the stem and without other orthographic alterations, the plural form is not separately transcribed. Thus,

[BOKhER] (ים) בחור

is to be understood to mean that the plural of [BOKhER] בחור is

[BO'KhERIM] בחורים

In all other cases, the plural form of the noun is transcribed separately, e. g. [SOYNE—SONIM] (ים) שׂונא; that is to say, the singular is [SOYNE] שׂונא and the plural is [SONIM] שׂונאים.

Discrepancies in Number

13. As a rule, Eng. singular and plural nouns are matched, respectively, by Yid. singulars and plurals. In the rare cases of discrepancy, the symbols "*sg.*," "*pl.*," or their Yid. equivalents (אצ and מצ) are used to call attention to the special relationship. Similarly, the symbol "*coll.*," or its Yid. equivalent (קאָל), is used to specify the collective meaning of an Eng. or Yid. noun, as the case may be. E. g. the Eng. plural **arms** is matched by Yid. דאָס געווע'ר קאָל, a collective noun.

Diminutives

14. From most Yid. nouns denoting concrete objects, diminutives may be formed to denote smaller versions of the same objects, or to refer to the objects with a measure of endearment or disparagement. Since the process is productive and the choice of suffix (generally ל, but in some cases דל or כל), as well as the treatment of the final stem consonants, are completely regular, individual diminutives of nouns are not separately listed in this Dictionary.

15. In the case of some nouns, the addition of the diminutive suffix is accompanied by a change in the stressed vowel of the stem. In such cases the diminutive is listed in YE after the symbol △. Ex.:

head קעפּל △ (קעפּ) קאָפּ דער

This means that the diminutive of קאָפּ is קעפּל. The diminutives in ל have neuter gender.

16. A few nouns form diminutives by means of different suffixes (e. g. קע). These diminutives are also individually listed in YE, after the symbol △. Their gender as a rule is identical with that of the noun in its base form. Ex.:

while ווײַ'ליטשקע △ (ס) ווײַלע די

This means that the gender of the diminutive ווײַ'ליטשקע is the same as that of ווײַלע. In the very few cases where the gender of the diminutive not ending in ל differs from that of the noun in its base form, it is listed in YE after the symbol △. Ex.:

house הײַזקע די/הײַזל △ (הײַזער) הויז דאָס

This means that הײַזקע is feminine; on the other hand הײַזל, since it ends in ל, has neuter gender in accordance with the rule of §15 above.

17. Some Yid. diminutives, in addition to the meaning which is pre-

dictable from the base noun, have further meanings best rendered in Eng. by different equivalents. Such diminutives are treated in this Dictionary as separate entries. In YE only the "unpredictable" meaning is separately identified. Ex.:

הענטל דאָס (עך) (האַנט △) handle

The notation (האַנט △) means that the entry word, הענטל, is the diminutive of האַנט. Therefore, apart from the listed meaning 'handle', it also has the automatically inferred meaning 'little hand'.

Most Yid. nouns denoting concrete objects also form a different kind of diminutives to denote still smaller versions of the same objects, or to refer to the objects with a still greater measure of endearment or disparagement. Ex.: טיש 'table', טישל 'little table', טי'שעלע 'tiny table'; קאָפּ 'head', קעפּל 'little head', קע'פּעלע 'tiny head'. These diminutives, too, have neuter gender. Since the process is productive and the general pattern described above with regard to the "first diminutive" is adhered to, the "second diminutives" appear as separate entries marked by the symbol △△ only in the few cases where they have additional meanings best rendered in English by specific equivalents. Ex.:

גע'נגעלע דאָס (ך) (גאַנג △△) trick
הע'רצעלע דאָס (ך) (האַרץ △△) medallion

This is to say that in addition to the meanings 'tiny move' and 'tiny heart' (automatically predictable from the base nouns) these "second diminutives" also have the meanings 'trick' and 'medallion', respectively. From a different point of view forms like טי'שעלע, קע'פּעלע may be analyzed as the diminutives of טישל, קעפּל.

Feminine Derivatives

18. Much more often than is the case in Eng., Yid. nouns require special derived forms for referring to females. Thus לערער refers to a male teacher, or to one of unspecified sex; for a female teacher, a derived form—לע'רערין or לע'רערקע—must be used.

19. Where the feminine noun is formed from the corresponding masculine by the addition of a productive suffix, the feminine form is not listed in EY; consult the appropriate entry in YE.

20. Nouns forming derived feminines by addition of the suffix ין are identified by the symbol ⊡. Ex.:

רוס דער (ן) ⊡ Russian

This YE entry means that the corresponding feminine is די רוסין.

21. Other feminine suffixes are identified after the symbol □. Ex.:

שנײַדער דער (ס) □קע tailor

This signifies that the feminine of שנײַדער is שנײַ'דערקע.

In a few cases, feminine derivatives involving stem changes are listed after the symbol □. Ex.:

פּוסטעפּאַסניק דער (עס) □–ניצע loafer, idler
פֿוילי̄אַ'ק דער (עס) □–אַטשקע lazy man

This signifies that the feminine of פּוסטעפּאַסניק is פּוסטעפּאַ'סניצע and the feminine of פֿויליאַ'ק is פֿויליאַטשקע.

Case Inflection of Nouns

22. The few nouns which require the ending [N] as an addition, or as a replacement of final [E], in the cases other than nominative are marked by asterisks. Thus, the asterisk in *טאַטע is a reminder that the dative-accusative form of this noun is טאַטן and its possessive form is טאַטנס.

Nominalized Adjectives

23. Nominalized adjectives listed as Yid. equivalents of Eng. nouns are given in the masculine nominative form and are followed by the symbol נעב. The inflectional suffix is marked off by a vertical bar. Ex.:

official *n.* דער באַאַמט|ער נעב

This means that the dative-accusative form of the masculine word is דעם באַאַמטן and that a female official would be referred to by the feminine form of the nominalized adjective (nominative די באַאַמטע).

Compound Nouns

24. By and large, compound nouns are listed in the Dictionary only if the equivalence between the Yid. and the Eng. terms is not predictable from the equivalents of the components. Other compounds can usually be formed at will. For example, if you do not find **night bird** as an entry, you can form the corresponding Yid. compound by looking up **night** (נאַכט) and **bird** (דער פֿויגל); viz., דער נאַ'כטפֿויגל.

25. In contrast to Eng., Yid. noun compounds are never written as separate words in the standardized orthography. Either they are spelled as single words or they are hyphenated, according to specific rules.

A Yid. compound noun is written as a single word unless (a) it is four or more syllables long; (b) one of its constituents is a word of Hebrew-Aramaic origin; (c) one of its constituents is itself a compound; (d) its first constituent is a proper name; (e) one of its constituents is ניט. In these cases the compound is hyphenated. Thus,

נאַ'כטפֿויגל

'night bird' is written as a single word; on the other hand, נאַ'כט־פֿאַרווײַלונג 'night(time) entertainment', or

נאַ'כט־פֿלאַטערל

'moth' (literally 'night butterfly') are hyphenated because they consist of four or more syllables each. Likewise,

נאַ'כט־שומר

'night watchman' is hyphenated because its second constituent (pronounced [SHOYMER]) is of Hebrew-Aramaic origin. Cf. also: דאָס הערצל־בוך; דער ניט־ייִד.*

26. Some Yid. compounds contain an inflected adjective as a constituent. See § 5b3.

27. Yid. prefixes are always joined to the stem in a single word, without hyphens. In this Dictionary, Yid. prefixes are symbolized by two suspension points. Ex.:

sub סוב.., אונטער..

* The ניט־ rule applies to adjectives, too See entries in YE.

This notation shows that even long words—סו'בקאָמיסיע, או'נטערקאָמיסיע, etc. —are written without hyphens.

Nouns Derived from Verbs

28. The Dictionary lists a great many Yid. nouns derived from verbs, often corresponding to Eng. nouns in **...ing, ...ation, ...ition,** etc. It should be borne in mind, however, that good Yid. style often requires a verb in the infinitive where Eng. uses a noun. Thus, **transportation** is matched by the Yid. nouns טראַנספּאָ'רט and קאָמוניקאַציע. These are properly applied to *things* or *systems*. When the reference, however, is to the *act* or *activity* of transportation, the infinitive verb corresponding to **transport** is often more correct. Accordingly, 'the transportation of explosives is a delicate task' is best rendered as דאָס טראַנספּאָרטירן אוי'פֿרײַסוואַרג איז אַ דעליקאַטע אַרבעט.

Noun Adjuncts

29. Unlike Eng., Yid. does not use nouns in adjunct function. Corresponding to Eng. adjunct nouns, one finds Yid. adjectives, prefixes, or nouns forming compounds with the modified noun. Despite certain technical differences between adjectives and adjunct nouns in Eng., they have in this Dictionary (in EY) been grouped under adjectives. Example:

middle 1. *adj.* מיט·ל, מיטלסט

This means that the Yid. equivalents of the Eng. noun adjunct (or adjecttive) **middle** are the adjectives shown. Hence, we have מי'טעלע יאָרן for 'middle years', מי'טלסטער אַרײַנגאַנג for 'middle entrance', etc.

30. In a few cases of possible ambiguity the symbol אַדי is used in EY as an indication that the Yid. word which precedes it is an adjective.

b. Adjectives

1. In YE, Yid. adjectives are identified by the symbol אַדי after the entry word.

Inflectional Details

2. Adjectives are cited individually in their stem form. If an adjective is cited in inflected form (as part of a Yid. phrase), the inflectional ending is marked off by a vertical bar:

square bracket דער קאַ'נטיק|ער קלאַמער

This means that if the phrase is used in a case other than the cited nominative singular, the inflection must be adjusted, e. g. in the dative singular: (דעם) קאַ'נטיקן (קלאַמער).

3. In compounds which comprise an inflected adjective, the inflectional suffix is marked off by a vertical bar. Ex.:

friend דער גוט|ער־ברו'דער

In forms other than the cited nominative singular, the inflection must be adjusted, e. g. dative singular (דעם) גוטן־ברו'דער.

4. Most adjectives ending in a consonant plus [L] or [N] require the insertion of [E] before the [L] or [N] if an inflectional ending is added. This fact is marked in the Dictionary by a light dot in the place of the stem where the

insertion takes place. Thus, אָפּ·ן means that the inflected forms of this adjective are אָ'פּענער, אָ'פּענעם, אָ'פּענע and not אָפּנער, etc. Note that the dot marking the required insertion is a teaching aid introduced in this Dictionary *and is not used in the normal orthography*.

5. In adjectives of this type whose pronunciation is given in transcription, the dot is placed in the transcription; thus [SHOF·L] שפּל means that an inflected form such as שפּלער is pronounced [sho'FELER].

6. A few adjectives whose stems end in [ELN] lose the [E] if inflectional suffixes are added. In such cases the "disappearing [E]" is here marked as עֶ. This means that the inflected forms of באַ'וועלן are באַ'וולנער etc. (not באַ'וועלענער). Note that the diacritic symbol is a teaching aid introduced in this Dictionary *and is not used in the normal orthography*.

Comparison

7. For adjectives which undergo stem changes under comparison, the comparative is listed in parentheses, after the symbol △, in YE. Thus,

קאַלט (△ קעלטער)

means that the comparative of קאַלט is קעלטער; the superlative, accordingly, is קעלטסט. In the few cases where the superlative displays further irregularities, it is separately listed (in YE only) after the symbol △△.

8. A few Yid. adjectives in the comparative have meanings which are not adequately rendered by the corresponding comparative in Eng. These are treated as separate entries. In parentheses after such entry words in YE, the base form of the adjective is identified, followed by the symbol △. Ex.:

comprehensive (△ לאַנג) אדי לענגער

This entry means that לענגער is the comparative of לאַנג. In addition to the listed meaning 'comprehensive', it can be inferred to have the meaning 'longer' as well.

Attributive Adjectives and Predicate Adjectives

9. Yid. adjectives which are restricted to attributive or nominalized function are marked by a following asterisk, especially if the corresponding Eng. adjective is not governed by a similar restriction. Thus, in the entry **minute** we find the Yid. equivalent פּיצינק*. The asterisk indicates that one can say, e. g., דאָס פּי'צינקע שטיי'בעלע 'the minute speck', but not דאָס שטיי'בעלע איז פּיצינק.

10. Adjectives of the opposite category — those which are restricted to predicate function, and which are thus uninflected, are identified by the symbol אַפּ. Thus, **worthy** [ROE] אַפּ ראָוי means that one can say דער מענטש איז ראָוי 'this man is worthy', but not דער ראָוי מענטש.

11. In the case of adjectives based on the past participle of טאָ|ן (i. e. צו'געטאָן, אָ'פּגעטאָן, etc.), the irregular inflected forms (אָ'פּגעטאָנענער) are exemplified by the masculine listed in parentheses after the entry word in YE.

Constructions with Adjectives

12. In some cases the Dictionary indicates, in angular brackets, the manner in which complement phrases are constructed with adjectives. Thus

full ⟨מיט⟩ פֿול

means that the complement of the adjective is constructed with the preposition מיט: 'full of people' — פֿול מיט מענטשן.

Eng. Adjectives Matched by Yid. Nouns

13. A certain number of Eng. adjectives (including adjunct nouns; cf. § 5a29) is matched in Yid. by nouns which appear as modifying elements in a compound. Such Yid. nouns are followed by three dots. Ex.:

nocturnal ...נאַכט

Thus, 'nocturnal song' would be נאַכטליד ('song' = ליד), etc.

14. Elements of compounds are listed with a hyphen if the compound is always hyphenated (by the rules summarized in § 5a25). Ex.:

instrumental ...אינסטרומענטאַ'ל-

This means that any compound into which אינסטרומענטאַ'ל enters is hyphenated. On the other hand, if a noun component of a compound is listed without a hyphen, the hyphenation or non-hyphenation of the compound is determined by the rules summarized in § 5a25. E. g. the notation

celestial ...הימל

implies that 'celestial light' is הי'מללי כט, but 'celestial body', for example, is

הי'מל-קערפּער

by the rules of hyphenation applying to compounds of four syllables or more.

On the non-hyphenation of prefixes, see § 5a27.

c. Verbs

1. In YE each verb is identified by the symbol וו after the entry word. In EY the same symbol marks the place in idiomatic phrases where an appropriately inflected verb form is to be inserted. E. g. **continue** וו ווײַטער implies that 'to continue to talk' is ווײַטער רעדן ('talk' = רעדן); correspondingly, 'I continue to talk' is איך רעד ווײַטער, etc.

Inflection

2. Verbs are cited individually in their infinitive form. The infinitive ending (ן, ען, or נען) is marked off by a vertical bar. Thus in שטער|ן the stem is שטער and the infinitive ending is ן. The present-tense inflection takes place by the addition of appropriate endings to the stem (שטער, שטערסט, שטערט, שטערן).

3. The marking or non-marking of stress is based on the accentuation of the infinitive. The stress does not shift in the conjugation. Thus, from the infinitive מאַרשי'ר|ן (stressed on the next-to-last syllable, i. e. [MAR-shɪ′-RN]) are formed the inflected forms מאַרשי'ר, מאַרשי'רסט, and מאַרשי'רט.

4. In periphrastic verbs (consisting

of an invariant and an inflected auxiliary), the infinitive of the auxiliary is similarly marked. Thus, געוווי'ר ווער|ן is inflected ווער געוווי'ר, ווערסט געוווי'ר, etc.

5. Verbs containing irregularities in the present-tense inflection are marked by asterisks. In the case of *זײַן 'to be', the entire inflection is irregular; in most cases the irregularity involves the omission of the ט- suffix in the third person singular, or a divergence between the infinitive and the plural forms of the present tense. The actual irregularities are enumerated in the corresponding entries in YE.

6. Some trisyllabic infinitives contain an [E] in their stems which disappears in the singular and in the second-person plural of the present tense. The ע representing this "disappearing" vowel is (in this Dictionary, *but not in the regular orthography*) provided with a diacritic symbol: ע̯. Thus, ע'פֿע̯נ|ען means that the conjugational forms in question are עפֿן, עפֿנסט, עפֿנט, and not עפֿען, etc.

7. If the last letter of the stem, as listed in the infinitive, is ײ, this letter is respelled י in those forms of the present tense which have no ending or endings other than ען. Thus, the inflected forms of צײ|ען are spelled צי, ציסט, ציט.

8. For verbs whose pronunciation is given by transcription, only the stem is transcribed. Thus, [KAShER] כשר|ן means that the infinitive is read [KA'ShERN], and the conjugational forms (כשר, כשרסט, כשרט) would, accordingly, be [KAShER, KAShERST, KAShERT].

9. For verb stems whose pronunciation is given by transcription, the place for a "disappearing [E]" is marked by a raised dot. Thus, the transcription

[PASK·N] פסקע̯נ|ען

means that the conjugated forms are

[PASKN] פסקן
[PASKNST] פסקנסט
[PASKNT] פסקנט
[PA'SKENEN] פסקענען

The latter also shows the pronunciation of the infinitive.

Past-Tense Formation

10. The past participle of each verb is indicated in the appropriate entry of YE. It is given in parentheses, after the symbol װ. Thus,

throw (געוואָרפֿן) װ וואַרפֿ|ן

means that the past participle of וואַרפֿן is געוואָרפֿן.

11. If the past tense of a verb is formed by means of the auxiliary זײַן, this is indicated by the inclusion of איז before the past participle. All other verbs form the past tense by means of the other auxiliary, האָבן. Thus the notation (איז געקומען) װ קומ|ען means that 'he came' is ער איז געקומען. On the other hand, a notation such as the one exemplified in §10 above implies that 'he threw' is ער האָט געוואָרפֿן.

In the indication of past participles of reflexive verbs, the element זיך is not repeated. Thus (געדאַ'כט) װ דאַכט|ן זיך means that the past tense is האָט זיך געדאַ'כט.

12. If, as is true of a great many verbs, the past participle is formed by the addition of the prefix גע and the

suffix ט to the stem, this fact is indicated by the conventional symbol ⟐. Thus, ⟐ וו מאַכ\|ן means that the past participle of מאַכן is געמאַ'כט.

13. If the past participle is formed by the addition of the suffix ט only, this fact is indicated by the conventional symbol ◇. Thus, ◇ וו פֿאַרמאַכ\|ן means that the past participle of פֿאַרמאַכן is פֿאַרמאַ'כט.

Complementation

14. Adverbial complements, which in the infinitive are prefixed to the stem, are in this Dictionary marked off from the stem by a vertical bar, e. g. אויס\|גראָב\|ן. In the present-tense conjugation these complements are separated and placed after the stem as separate words, e. g. גראָבסט, גראָב אויס אויס, גראָבן אויס, etc.

Irregularities of the conjugation of an asterisked complemented verb are enumerated in YE under the entry for the verb stem alone. E. g. the inflectional details of אויס\|געב\|ן* may be found in YE under געב\|ן*.

15. The complement, when prefixed to the verb stem, automatically receives an overriding stress, which therefore is not marked in the Dictionary. Thus, the stress in אויס\|גראָב\|ן is [o'YSGROBN]. The symbol ', if it occurs within the stem, refers to a stress that becomes manifest on a syllable of the verb (other than the next to last) when the complement is separated; e. g. the 1st person plural of the verb listed as אויס\|פֿאַ'רטיק\|ן is פֿאַ'רטיקן אויס.

16. The place of the stress within the complement is not marked. In case of doubt it can be determined by consulting the entry for the complement alone in YE. Thus, the fact that the complement אַרײַ'ן is stressed on the last syllable, both in the infinitive (אַרײַ'נ\|טראָג\|ן) and in the several present-tense forms (טראָג אַרײַ'ן, etc.), can be determined by consulting YE under אַרײַ'ן.

17. If a complement is optional with a particular verb, it is listed in parentheses. Thus,

give onto (אַרויס\|)קוק\|ן

means that "give onto" is equivalent to either קוקן or אַרוי'סקוקן. (Parentheses are used in similar ways to indicate optional prefixes, as in **hope** (פֿאַר)האָפֿ\|ן, and optional זיך, as in **fit** (זיך) פּאַס\|ן.) Concerning the perfectivizing function of complements, see § 5c25.

18. If a complemented verb forms its past participle by the devices described in §§ 5c12 and 5c13, the same symbols are used. Ex.:

אָפּ\|מאַכ\|ן וו ⟐
אָפּ\|פּאָליר\|ן וו ◇

This means that the past participle of אָ'פּמאַכן is אָ'פּגעמאַכט and the past participle of אָ'פּפּאָלירן is אָ'פּפּאָלירט.

19. If a series of Yid. verbs listed as equivalents of an Eng. word differ only in their complements, the series is abbreviated in EY by avoiding the repetition of the stems. Thus,

אָפּ\|-, אויס\|מעק\|ן

is equivalent to אָפּ\|מעק\|ן, אויס\|מעק\|ן.

20. If a series of Yid. verbs listed as equivalents of an Eng. word are identical as to complements but differ in their stems, the series is abbreviated

in EY by omitting the repeated stems. Thus, אויס|טראַכט|ן, -|קלער|ן is an abbreviation of אויס|טראַכט|ן, אויס|קלער|ן.

21. As a rule, complemented verbs are listed in the Dictionary only if the proper equivalent could not be inferred from the entry for the complement alone. For example, **pull in** is not listed as an EY subentry under **pull**, since the Yid. equivalent can be determined from "**pull** ציִ|ען" and "**in** אַרײַ'ן," i. e. אַרײַנ|ציִ|ען; likewise, **pull down** is entered only with the special submeaning 'raze' (as applied, e. g., to buildings), since the general meaning of 'drawing downwards' can be determined from the separate entries **pull** and **down**.

22. Similar economies prevail in YE. If a complemented verb is not found as a separate entry, the entries for the complement and the stem should be consulted. The productive meanings of a complement are listed under the appropriate entry and illustrated immediately. In the case of multiple meanings, the illustrations are keyed to the meanings of the complement by means of the letters (*a*), (*b*), etc.

Transitivity and Perfectivity

23. In a great many cases a Yid. verb corresponds to a transitive verb in Eng., while the same Yid. verb accompanied by the pronoun זיך matches the Eng. verb used intransitively. In such cases זיך is listed, both in EY and YE, in parentheses opposite an Eng. verb marked "*vt/vi*." Thus,

widen *vt/vi* (זיך) פֿאַרברײ'טער|ן

means that **widen**, in the transitive sense ('make wider'), corresponds to פֿאַרברײ'טער|ן, while **widen** in the intransitive sense ('become wider') corresponds to פֿאַרברײ'טער|ן זיך.

24. A dash with a parenthesized זיך signifies that this element is attachable to the whole group of preceding verbs under similar conditions. Ex.:

shake *vt/vi* שאָקל|ען, בויטע|ן (—זיך)

This means that **shake** *vt.* is rendered by שאָקלען or בויטען, whereas **shake** *vi.* is rendered by שאָקלען זיך or בויטען זיך.

Yid. reflexives in זיך corresponding to Eng. reflexives in **oneself** are generally not listed as separate entries. Thus, the entry

separate *vt.* ◈ װ אָפּ|זו'נדער|ן

automatically implies that אָ'פּזונדערן זיך means "separate oneself."

For further details on transitive constructions, see §§ 5c27, 29.

25. Yid. verbs are either perfective or imperfective. A perfective verb designates completed action. In a large number of cases the perfective counterpart of an imperfective Yid. verb is formed by adding a complement or a prefix. In EY the prefix or complement of such verbs is listed in parentheses opposite the notation "*imp/pf*." Example:

dig *imp/pf* (אויס|)גראָב|ן

This means: the Yid. imperfective equivalent of **dig** is גראָבן; the perfective equivalent is אוי'סגראָבן. Accordingly, ווען ער האָט געגראָבן means 'while he was digging'; ווען ער האָט אוי'סגעגראָבן means 'when he had dug'.

26. In addition to prefixes and complements for distinguishing perfective and imperfective verbs, Yid. also makes use of other productive patterns involving auxiliaries. When only an imperfective equivalent is listed in EY, this usually means that there is no complemented or prefixed verb which functions as the perfective counterpart. In such cases momentary actions can be described in Yid. by the "instantaneous" aspect, expressed by the verbal noun and the auxiliary טאָן or געבן. Example:

groan *v/imp* קרעכצ|ן

Single events, e. g. 'he groaned', are described by the instantaneous form: ער האָט אַ קרעכץ געטאָן/געגעבן. Correspondingly, a perfective verb can be given durative meaning by constructing it with the auxiliary האַלט|ן אין plus the infinitive. Example:

excavate *v/pf* אויס|גראָב|ן

'They were excavating it' is rendered by the durative form, זיי האָבן געהאַלטן אין אויסגראָבן עס.

Government of Verbs

27. As a rule the Yid. equivalent of a transitive Eng. verb takes the accusative case, and no special indications of this fact are provided in the Dictionary. Example:

throw וואַרפֿ|ן וו

This implies that the object of the Yid. verb is in the accusative, e. g. 'throw me' — וואַרף מיך.

28. If a Yid. equivalent of a transitive Eng. verb takes an object in the dative case, this is symbolized by the mark ד. Ex.:

help העלפֿ|ן וו ד

This means: the object of the Yid. verb is in the dative, e. g. 'help me' — העלף מיר.

29. If a Yid. verb requires a prepositional phrase when used as an equivalent of an Eng. verb (whether the Eng. verb is transitive, or itself resorts to a prepositional construction), the preposition is indicated after the verb. Thus, "**treat** *vt.* באַגיי|ן זיך מיט" means that, corresponding to the Eng. object phrase, Yid. uses a prepositional phrase with מיט: e. g. 'how to treat this' = ווי אַזוי זיך צו באַגיין מיט דעם. Similarly,

come across אָנ|שטויס|ן זיך אין

indicates that **אין** is here the Yid. equivalent of the Eng. "across." If an Eng. prepositional phrase corresponds to a Yid. accusative or dative object, the fact is usually represented by the symbols א and ד, respectively. An example is

steal from באַגנבֿע|נען א

which implies that 'he stole from her' is ער האָט זי באַגנבֿעט.

On the use of dashes with symbols applying to whole groups of words, see § 3d.

30. Optional constructions with Yid. verbs are indicated in angular brackets. Ex.:

interfere (with) שטער|ן ⟨ד⟩

This means that the use of a dative

noun phrase in Yid. is optional; 'he interfered' is ער האָט געשטע'רט; 'he interfered with us' is ער האָט אונדז גע־שטע'רט.

In EY a post-verbal construction of a Yid. verb is listed as obligatory if it is needed to match the Eng. verb. In YE the obligatoriness or optionality of post-verbal constructions is marked in conformity with the choices of Yid. grammar, without regard to the Eng. translation. Ex.:

flatter חנפֿע|נען זיך צו

In this (simplified) EY entry, the prepositional construction with צו is marked as obligatory (no brackets), since it is needed in Yid. to match Eng. constructions with the transitive verb, "flatter." On the other hand, in YE the prepositional construction is shown to be optional:

engage in flattery; ⟨צו⟩ וו חנפֿע|נען זיך flatter, cajole

The Eng.-speaking user of the Dictionary will know when to select the intransitive "engage in flattery" and when to use the transitive "flatter" as the appropriate equivalent of a Yid. phrase with חנפֿע|נען.

31. When a Yid. verb is constructed with another verb in the infinitive, this is indicated by the symbol אינפֿ, e.g. **make bold to** דערלויב|ן זיך צו אינפֿ. This means that 'he made bold to ask' is ער האָט זיך דערלוי'בט צו פֿרעגן.

32. Constructions with nominative and possessive noun phrases are marked, respectively, by the symbols נאָם and פּאָס. Constructions of verbs with following adjectives (e. g. **feel**) are marked by the symbol אַדי.

33. In a number of cases the subject of an Eng. verb is matched by a dative or accusative object of the equivalent Yid. verb. This reversal of construction is symbolized by "*rev. con.*" Ex.:

like (*rev. con.*) געפֿעל|ן ד

This means that 'I like you' is דו געפֿעלסט מיר, where the Eng. subject 'I' is matched by the Yid. dative object מיר, while the Eng. object 'you' is matched by the Yid. subject דו.

34. In many instances the corresponding Yid. verb is impersonal, as indicated by the symbol אומפּ. Ex.:

itch (*rev. con.*) לאָפּטשע|ן אומפּ

Thus, 'I itch' (where "I" is the subject) corresponds to Yid. עס לאָפּטשעט מיך, where מיך is the object of an impersonal verb.

35. In a few cases an Eng. expression involving two verbs corresponds to a Yid. verb with a modifying adverb or adverbial phrase. The symbol וו then serves as an instruction to insert the appropriate Yid. verb in the proper inflected form. Ex.: **fail** in the sense of "not do" is rendered by ניט וו. Thus, 'I fail to understand it' would correspond to איך פֿאַרשטיי' עס ניט; 'he failed to understand it' would correspond to ער האָט עס ניט פֿאַרשטאַנען; etc.

6. Style and Usage Levels

a. Stylistic Qualifiers

1. Yid. words and phrases which are humorous in their connotation are identified by the label "(*hum.*)," especially if the tone of the item in question is not self-evident from the Eng. equivalent.

2. Yid. words and phrases which are ironical in their connotation are similarly identified by the label "(*iro.*)."

Yid. words and phrases which are contemptuous in their connotation are identified by the label "(*cont.*)".

3. Yid. words and phrases corresponding to figurative submeanings of Eng. items are identified by the marker "(*fig.*)."

4. Yid. words and phrases which are normally restricted in application to things, concepts, or activities belonging to Jewish culture are identified by the marker "(*Jew.*)." For example, under **bury** in EY, three verbs are listed which can refer freely to burials in any culture, and one verbal phrase which is properly applicable only to Jewish burials.

b. Usage Levels

1. Yid. words and phrases which are strictly colloquial in their flavor, and which would ordinarily be out of place in serious written prose, are identified by the symbol °.

2. Yid. words which are distinctly literary in flavor, and which would ordinarily be out of place in a colloquial style, are marked by the symbol ל. These words often carry a connotation of traditional Jewish learning.

3. Yid. words whose use is largely restricted to North America are identified by the marker אַמ. Regionalisms of this type are sometimes avoided in cultivated style even within North America.

c. Admissibility in Standard Yiddish

1. Where variants are current in Standard Yiddish, one form is analyzed in full in YE, while the others are provided with cross-references to the analyzed form. The cross-reference symbol is זע (*see*). This treatment is merely a means of economizing space and does not necessarily imply a preference for the analyzed form. In EY only one variant is usually listed. (See Author's Preface, p. vii.)

2. Words which a reader may encounter in certain Yid. texts, especially of older date, but which are regarded as inadmissible in Standard Yiddish by the great majority of stylists, are identified in YE by the symbol '. (By and large these are words of literary German origin which were current in written Yid. in the late 19th and early 20th centuries.) Instead of being analyzed and translated, these words are cross-referenced to admissible Standard Yid. equivalents. In EY such forms, being of no use to the learner, are omitted.

3. Words and variants which are generally avoided by the most careful stylists, but on whose admissibility in

the standard language there is no full consensus, are identified by the symbol *. Some items thus qualified are Germanisms of the type mentioned in §6c2, but which have taken deeper root in the language. Others (marked *"dial."*) are widely regarded as regional, although they are used by some excellent stylists for the enrichment of the language.

Occasionally, it will be noted, some meanings of a word are of undisputed admissibility, while other meanings of the same word are of debatable status. (For an example, see אוֹ'מנערן in YE.)

Material of disputed admissibility is more amply represented in YE. To find a stylistically untainted equivalent of a form marked by *, consult EY under the appropriate Eng. entry.

סימבאָלן און קירצונגען — SYMBOLS AND ABBREVIATIONS

<table>
<tr><th>באַטײַט</th><th>SYMBOL
סימבאָל</th><th>MEANING</th><th>DETAILS
IN SECTION</th></tr>
<tr><td>אָנהייב פֿון אַ נײַ נעסטוואָרט</td><td>||</td><td>beginning of a new subentry</td><td>1a3, 2b3</td></tr>
<tr><td>קודם לייענען דאָס וואָס ס׳שטייט פֿון לינקס</td><td>⊣</td><td>read first what is to the left</td><td>1a5</td></tr>
<tr><td>קודם לייענען דאָס וואָס ס׳שטייט פֿון רעכטס</td><td>⊢</td><td>read first what is to the right</td><td>2b5</td></tr>
<tr><td>ברירהדיקער מאַטעריאַל; מאָרפֿאָלאָגישע פּרטים וועגן פֿריִערדיקן וואָרט</td><td>( )</td><td>optional material; morphological details on preceding word</td><td>3a, 5c17, 5c23–25</td></tr>
<tr><td>טראַנסקריפּציע</td><td>[SAM]</td><td>transcription</td><td>4f</td></tr>
<tr><td>זען טראַנסקריפּציע ווײַטער, אָדער בײַ אַ שכנותדיקן וואָרט</td><td>[ ]</td><td>see transcription below, or in adjacent entry</td><td>4f7–8</td></tr>
<tr><td>אָנווײַז פֿאַר ברירהדיקער קאָנסטרוקציע</td><td>⟨ ⟩</td><td>indication of optional construction</td><td>5b12, 5c30</td></tr>
<tr><td>ייִדישער פּרעפֿיקס</td><td>..</td><td>Yid. prefix</td><td>5a27</td></tr>
<tr><td>(האַרט בײַ אַ ייִדישן סובסטאַנטיוו) ערשטער באַשטייטייל פֿון אַ צונויפֿהעפֿט</td><td>...</td><td>(adjoining Yid. noun) first component of a compound</td><td>5b13–14</td></tr>
<tr><td>אַרײַנשטעל־אָרט פֿאַר ע־וואָקאַל אין דער פֿלעקסיע</td><td>·</td><td>place for insertion of ע vowel in inflection</td><td>5b4–5, 5c9</td></tr>
<tr><td>חל אויף אַ גרופּע פֿריִערדיקע ווערטער</td><td>—</td><td>applies to a group of preceding words</td><td>3d, 5c24</td></tr>
<tr><td>נולענדונג אין מערצאָל</td><td>(—)</td><td>zero plural ending</td><td>5a4, 11</td></tr>
<tr><td>אַלטערנאַטיוון</td><td>/</td><td>alternatives</td><td>3b</td></tr>
<tr><td>אַקצענט אויף אַ ניט־פֿאַרלעצטן טראַף; ניט־פּאַלאַטאַלקייט פֿון קאָנסאָנאַנטן</td><td>ˈ</td><td>non-prefinal stress; non-palatality of consonant</td><td>4d, 4e4, 5c15</td></tr>
<tr><td>(אין טראַנסקריפּציעס) אַקצענט אויף אַ ניט־פֿאַרלעצטן טראַף</td><td>ʹ</td><td>(in transcriptions) non-prefinal stress</td><td>4f5, 4f11–12</td></tr>
<tr><td>סופֿיקס־גרענעץ; קאָנווערב־גרענעץ</td><td>|</td><td>suffix boundary; adverbial complement boundary</td><td>5b2–3, 5c2, 14</td></tr>
<tr><td>שמועסשפּראַך</td><td>°</td><td>colloquial</td><td>6b1</td></tr>
<tr><td>אַ ספֿק צי דערלאָזלעך אין דער כּלל־שפּראַך</td><td>•</td><td>of doubtful admissibility in the standard language</td><td>6c3</td></tr>
<tr><td>ניט־דערלאָזלעך אין דער כּלל־שפּראַך</td><td>▾</td><td>inadmissible in the standard language</td><td>6c2</td></tr>
<tr><td>(בײַ סובסטאַנטיוון) שטאַם בייגט זיך; (בײַ אַדיעקטיוון) באַגרענעצט</td><td>*</td><td>(with nouns) stem inflected; (with adjectives) restric-</td><td></td></tr>
</table>

באַטײַט	SYMBOL סימבאָל	MEANING	DETAILS IN SECTION
אויף אַטריבוטיווער פֿונקציע; (בײַ ווערבן) אומרעגולערע פֿלעקסיע אין דער איצטיקייט		tion to attributive form; (with verbs) irregular present-tense inflection	5a22, 5b9, 5c5, 5c14
פֿעמינינער סופֿיקס ־ין	⊡	feminine suffix ־ין	5a20
פֿעמינינער סופֿיקס ווי אָנגעוויזן	□	feminine suffix as indicated	5a21
(בײַ סובסטאַנטיוון) דימינוטיוו; (בײַ אַדיעקטיוון) קאָמפּאַראַטיוו	△	(with nouns) diminutive; (with adjectives) comparative	5a15–17, 5b7–8
(בײַ סובסטאַנטיוון) צווייטער דימינוטיוו; (בײַ אַדיעקטיוון) סופּערלאַטיוו	△△	(with nouns) second diminutive; (with adjectives) superlative	5a17, 5b7
פֿאַרגאַנגענער פּאַרטיציפּ אויף גע...ט	◇	past participle in גע...ט	5c12, 18
פֿאַרגאַנגענער פּאַרטיציפּ אויף ...ט	◇	past participle in ...ט	5c13, 18
זען טאַבעלע אויף ז' xxi	^	see table on p. xxi	

ענגלישע קירצונגען — ENGLISH ABBREVIATIONS

			DETAILS IN SECTION
אַקוזאַטיוו	*acc.*	accusative	
אַדיעקטיוו	*adj.*	adjective	1b2
אַדווערב	*adv.*	adverb	1b2
פֿאַרגלײַכן	*cf.*	compare	1b4
קריסטלעך	*Chr.*	Christian	
קאָלעקטיוו	*coll.*	collective	5a13
קאָניונקציע	*conj.*	conjunction	1b2
ביטולדיק	*cont.*	contemptuous	6a2
דאַטיוו	*dat.*	dative	
דיאַלעקטיש	*dial.*	dialectal	6c3
עמפֿאַטיש	*emph.*	emphatic	
דערעיקרשט	*esp.*	especially	
ענגליש־ייִדישער חלק פֿונעם ווערטערבוך	EY	English-Yiddish part of the Dictionary	
פֿעמינין	*fem.*	feminine	
פֿיגוראַטיוו	*fig.*	figurative	6a3
הומאָריסטיש	*hum.*	humorous	6a1
אומפּערפֿעקטיוו	*imp.*	imperfective	5c25–26
אינטעריעקציע	*int.*	interjection	1b2
איראָניש	*iro.*	ironical	6a2
ייִדישלעך	*Jew.*	Jewish	6a4

			DETAILS IN SECTION
מאַסקולין	*masc.*	masculine	
סובסטאַנטיוו	*n.*	noun	1b2
נעגאַטיוו	*neg.*	negative	
נייטראַל	*neut.*	neuter	
צאָלוואָרט	*num.*	numeral	1b2
פּאַרטיציפּ	*part.*	participle	
פּערפֿעקטיוו	*pf.*	perfective	5c25–26
מערצאָל	*pl.*	plural	5a13
פּרעפּאָזיציע	*prep.*	preposition	1b2
פּראָנאָם	*pron.*	pronoun	1b2
פֿאַרקערטע קאָנסטרוקציע	*rev. con.*	reversed construction	5c33–34
עמעצער	*sb.*	somebody	
איינצאָל	*sg.*	singular	5a13
עפּעס	*stg.*	something	
ווערב	*v.*	verb	1b2
ווערב, אומטראַנסיטיוו	*vi.*	verb, intransitive	1b2
ווערב, אומפּערפֿעקטיוו	*v/imp*	verb, imperfective	
ווערב, פּערפֿעקטיוו	*v/pf*	verb, perfective	
ווערב, טראַנסיטיוו	*vt.*	verb, transitive	1b2
ייִדיש־ענגלישער חלק פֿונעם ווער־טערבוך	YE	Yiddish-English part of the Dictionary	

ייִדישע קירצונגען — YIDDISH ABBREVIATIONS

			DETAILS IN SECTION
אַקוזאַטיוו	אַ	accusative	5c29
אַדווערב	אַדוו	adverb	
אַדיעקטיוו	אַדי	adjective	5a30, 5b1, 5c32
אומפּערזענלעך	אומפּ	impersonal	5c34
אינוואַריאַנט	אינוו	invariant (uninflected)	
אינטעריעקציע	אינט	interjection	
אינפֿיניטיוו	אינפֿ	infinitive	5c31
אַמעריקאַניזם	אַמער	Americanism	6b3
אַדיעקטיוו, פּרעדיקאַטיווער	אַפּ	adjective, predicative	5b10
איינצאָל	אצ	singular	5a13
אַרטיקל	אַרט	article	
געבויגן	געב	inflected	5a23
דאַטיוו	ד	dative	5c28–30, 33

			DETAILS IN SECTION
סובסטאַנטיוו, נייטראַל	דאָס	noun, neuter	5a1
סובסטאַנטיוו, פֿעמינין	די	noun, feminine	5a1
סובסטאַנטיוו, מאַסקולין	דער	noun, masculine	5a1
העלפֿוורב	הוו	auxiliary verb	
ווערב	וו	verb	5c1, 35
זען	זען	see	6c1
טיטל	טיטל	title	
ליטעראַריש, לומדיש	ל	literary, learned	6b2
מערצאָל	מצ	plural	5a3, 13
נאָמינאַטיוו	נאָם	nominative	5c32
נייטראַל	נייטר	neutral	
פּאָסעסיוו	פּאָס	possessive	5c32
פּאַרטיקל	פּאַרט	particle	
פּרט־נאָמען	פּנ	proper name	
פּראָנאָם	פּראָנ	pronoun	
פּרעפּאָזיציע	פּרעפּ	preposition	
פֿאַרגלײַכן	פֿ״גל	compare	2c4
פֿראַזע	פֿר	phrase	
צאָלוואָרט	צוו	numeral	
קאָלעקטיוו	קאָל	collective	5a13
קאָניונקציע	קאָנ	conjunction	
קאָנווערב	קוו	adverbial complement	
רעלאַטיוו(ער פּראָנאָם)	רעל	relative (pronoun)	

A

A (letter) דער אַ (ען) || (musical note) דער לאַ (ען) ⊣ **from A to Z** פֿון אַלף ביז תּוו [ALEF ... TOF]

a אַ, אַן || (*neg.*) קיין

Ab (month) דער אָבֿ [OV]

abandon אָפּ|לאָז|ן, פֿאַרלאָז|ן, אַוועק|וואַרפֿ|ן, איבער|לאָז|ן אויף הפֿקר [HEFKER]; פֿאַר־וואַרלאָז|ן, מפֿקיר זײַן* —ל [MAFKER] || (unto an enemy) איבער|ע'נטפֿער|ן ⟨ד⟩

abandoned (child) או'נטערגעוואָרפֿ'ן

abandonment דאָס אָ'פּלאָזן, דאָס אי'בערלאָזן אויף הפֿקר [ ]; די אַוועק'וואַרפֿונג, די הפֿקר־לאָזונג [ ]

abase •דערני'דעריק|ן, מבֿייש זײַן* [MEVA-YESh]

abate *vi.* אײַנ|שטיל|ן זיך, אָפּ|לאָז|ן, -|גיי|ן*

abbreviate פֿאַרקירצ|ן, אָפּ|קירצ|ן

abbreviated (word, in writing) *also* פֿאַרשטריכלט

abbreviation די (פֿאַר)קירצונג (ען), די אָ'פּ־קירצונג (ען) ⊣ (initials) דער ראָשי־תּיבֿות [ROShETEYVES] (ן)

abdicate אַבדיקיר|ן ⟨פֿון⟩

abdomen דער בויך (בײַכער)

abdominal ...בויכ

aberrant אָ'פּוויַיכיק

abhor פֿײַנט האָב|ן*, מיאוס|ן זיך פֿאַר [MIES]

ability די פֿע'יִקייט (ן)

abject שפֿל [ShOF·L], הכנעהדיק [HAKh-NO'EDIK]

ablaze צעפֿלאַקערט, אין פֿלאַמען || **a. with** מיט פֿלאַ'מענדיקע ...

able פֿעיִק || **be a.** (to) קענ|ען* אינפֿ, זײַן* בכּוח [BEKOYEKh], זײַן* אין שטאַנד, זײַן* ביכולת ⟨–צו⟩ [BIKhOYLES] ⊣ **be a. to hear/remember/see:** *omitted* || I can't see איך זע ניט

...able (capable of ...ing) ...לעך, ...עוו־דיק ⊣ cuttable שנײַ'דעוודיק || usable ניצלעך ⊣ *cf.* **in...able** || **be ...able** (capable of ...ing) *also* לאָז|ן זיך אינפֿ || be edible לאָז|ן זיך עסן || (invite ...ing) —ליפּן ⊣ kissable lips כאַטש נעם און קוש זיי "

abnormal או'מנאָרמאַ'ל

aboard 1. *adv.* אויפֿן באָרט; אויף דער שיף; אין באַן/אַעראָפּלאַ'ן/... ⊣ 2. *prep.* אויפֿן באָרט פֿון

abode דאָס ווינאָרט (...ערטער), דער ווין (ען), דאָס געהיי' (ען)

abolish אָפּ|שאַפֿ|ן, ליקווידיר|ן

abolition די אָ'פּשאַפֿונג (ען), דער אָפּשאַף (ן), די ליקווידאַציע (ס)

abominable ע'קלדיק, גרויליק; דערווי'דער־דיק

abortion דער אַבאָ'רט (ן)

abortionist דער אַבאָרטניק (עס)

abortive ניט־געראָט'ן, לא־יוצלחדיק [LOY-YU'TSLEKhDIK], מפּילדיק [MA'PLDIK]

abound זײַן* (פֿאַראַ'ן) בשפֿע [BEShEFE] || **a. with** שוויבל|ען און גריבל|ען מיט

about (concerning) וועגן, מכּוח [MIKOY-EKh] ⊣ (approximately) אַן ערך [ERERKh], בערך [BEEREKh] ⊣ (with numbers) *also* בײַ, אַ, אַנטקעגן || a. 30 persons אַנטקעגן 30 אירע || a. 100 אַ הונדערט ⊣ **be a. to** האַלט|ן בײַם אינפֿ || **a. it** וועגן דעם, דערוועגן

above 1. *prep.* איבער; העכער || **a. all** מער פֿאַר אַלץ, דער עיקר [IKER] ⊣ **and a. all** ועל־כּולם [VEALKULEM] ל || 2. *adj.* אויבן דערמאָ'נט ⊣ 3. *adv.* אויבן

above-mentioned אויבן דערמאָ'נט

abreast אין אַ שורה [shURE] || **a. of** (informed) אינפֿאָרמי'רט וועגן

abridge *imp/pf* (פֿאַר)קירצ|ן || (limit) באַגרע'נעצ|ן

abridgment די (פֿאַר)קירצונג (ען) || (limitation) די באַגרע'נעצונג (ען)

abroad אין אויסלאַנד, אין דער פֿרעמד || (in relation to Palestine/Israel) אין חוץ־לאָרץ [KhU'TS-LOORETS] ⊣ **from a.** פֿון אויסלאַנד, פֿון דער פֿרעמד ⊣ (in relation to Palestine/Israel) פֿון חוץ־לאָרץ

abrogate קאַסיר|ן, בטל מאַכ|ן [BOTL]

abrupt פּלו'צעמדיק; מיטאַמאָליק, שאַרף

abruptly *also* מיט אַ מאָל; ראַפּטעם

abscess דאָס געשוויי'ר (ן), די מכּה (—ות) [MAKE]

abscond אַנטרינ|ען

absence דאָס ניט־זײַ'ן, דאָס פֿעלן, דאָס אַוועק־בלײַבן ⊣ (school etc.) די פֿאַרפֿעלונג (ען) || **in his a.** בשעת ער איז ניט געווע'ן [BEShA'S]; בשעת ער איז ניטאָ'; בשעת ער וועט ניט זײַן

absent פֿע'לנדיק, ני(ש)טאָ' אַפּ || **be a.** ניט זײַן*, (פֿאַר)פֿעל|ן, ניט זײַן* דערבײַ'

absentee דער פֿאַרפֿעלער (ס)

absenteeism דאָס פֿאַרפֿעלערײַ'

absent-minded צעפֿלויג׳ן, צעטרײַטלט, פֿאַרטראָג׳ן, צעחושט [TSEKhU'ShT]

absolute אַבסאָלו'ט, או'מבאַגרע'נעצט || **the a. truth** *also* דער ריינ|ער אמת [EMES], די ריי'כטיקייט אַליי'ן

absolutely *also* דורכוי'ס, לחלוטין [LAKh-LUTN], לגמרי [LEGAMRE]

absolve באַפֿרײַ|ען, ריינ|וואַש|ן

absorb אײַנ|זאַפּ|ן, אַבסאָרביר|ן, אַרײַנ|צי|ען; אָנ|זאַפּ|ן זיך מיט

absorbed (mentally) פֿאַרטאָ'ן, אַרײַ'נגע־טאָן — אַפּ; פֿאַרזונקען, פֿאַרטי'פֿט ⊣ **become a.** (engrossed) פֿאַרטיפֿ|ן זיך || (sucked in) אײַנ|זאַפּ|ן זיך

absorbent זאַפּיק

absorption די אײַ'נזאַפּונג, די אַבסאָרבירונג

abstain אײַנ|האַלט|ן זיך ⟨און ניט װ⟩, אָפּ|האַלט|ן זיך ⟨פֿון⟩ ⊣ (in a vote) אָפּ|האַלט|ן זיך פֿון שטימען

abstention די אָ'פּהאַלטונג (ען)

abstract 1. *adj.* אַבסטראַ'קט || 2. *n.* דער קיצור (ים) [KITSER—KITSURIM] ⊣ 3. *v.* אַבסטראַהיר|ן

abstraction די אַבסטראַקציע (ס)

absurd אַבסו'רד, ווילד

absurdity דער אַבסו'רד (ן), די ווילדקייט (ן)

abundance די שפֿע (ס) [shEFE], די זעט || **in a.** בשפֿע [BEshEFE], לרובֿ [LERO'V]

abundant שפֿעדיק [shE'FEDIK]

abundantly *see also* (**in**) **abundance**

abuse 1. *n.* די באַעוולונג (ען) [BAAV-LUNG], דער קרו'מבאַניץ (ן), דער זילזול (ים) [ZILZL—ZILZULIM] ⊣ (speech) דאָס זידלערײַ' (ען) ⊣ 2. *v.* קרום באַניצ|ן, פֿאַלש/שלעכט באַהאַנדל|ען, אויס|ניצ|ן לרעה [LEROE]; מזלזל זײַן* ל [MEZALZL] || (*hum.*) °שלאָג|ן כּפּרות מיט [KAPORES] || (speech) זידל|ען, מבֿזה זײַן* [MEVAZE]

abusive: a. language דאָס מענה־לשון [MA'YNELOShN] ⊣ **a. word** דאָס זי'דלוואָרט (...ווערטער) ⊣ **be a.** זידל|ען זיך

abyss דער תּהום (ען) [THOM], דער אָפּגרונט (ן)

Abyssinia אַביסי'ניע (די)

academic אַקאַדעמיש

academician דער אַקאַדע'מיקער (ס)

academy די אַקאַדעמיע (ס)

accede (to) נאָכ|קומ|ען ⟨ד⟩, צו|שטימ|ען ⟨צו⟩

accelerate *vt/vi* פֿאַרגי'כער|ן (זיך)

acceleration די פֿאַרגי'כערונג (ען)

accelerator דער אַקצעלעראַטאָר (...אָ'רן)

accent *n.* דער אַקצע'נט (ן) || **musical a.** (*Jew.*) דער טראָפּ (—), טעמים מצ [TAYMIM]

accentuate •באַטאָנ|ען, אַקצענטיר|ן; שטעל|ן דעם טראָפּ ⟨אויף⟩

accept אָנ|נעמ|ען || (acquiesce) אָנ|-

נעמ|ען א פֿאַר ליב, שלום מאַכ|ן מיט [sho-LEM]; מקבל־באַהבֿה זײַן* ל ⟨—א⟩ [MEKABL-BEA'AVE] ⊣ (an interpretation) גורם זײַן* [GOYRES]

acceptable פּאַסיק; גײַיק, קראַנט ‖ **be a.** קענ|ען* אָנגיין, אָנ|גיי|ן*, לאָז|ן זיך הערן/אָ'ננעמען *also*

acceptance דאָס אָ'ננעמען, דער אָננעם

access דער צוטריט ⟨צו⟩, דאָס דריסת־הרגל ⟨אין⟩ [DRISES-HORE'GL]

accessible דערגרייכלעך, צו'טריטלעך

accessory 1. *adj.* צוגאָב... ‖ 2. *n.* (thing) דער צוגאָב (ן), דער צודאַט (ן) ⊣ *cf.* **accomplice**

accident (chance) דער צופֿאַל (ן) ‖ (mishap) דאָס אומגליק (ן), דער •או'מגליקפֿאַל (ן), די סיבה (—ות) [SIBE], די קאַטאַסטראָפֿע (ס); דער אַקצידע'נט (ן), די אַוואַריע (ס) ‖ **by a.** על־פּי צופֿאַל [ALPI], צו'פֿעליק; או'מגערן

accidental צו'פֿעליק

acclaim *v.* באַגריס|ן, געב|ן* ד אַן אָוואַציע

acclimatization די אַקלימאַטיזאַציע

acclimatize *vi/vt* אַקלימאַטיזיר|ן (זיך)

accommodate (person) אײַנ|אָ'רדענ|ען, צופֿרידן שטעל|ן, צו ליב טאָן ד, אַנטקעגנ|קומ|ען ד ⊣ (objection) באַפֿרײַ'דיק|ן ‖ (request) *also* אויס|פֿאָלג|ן

accommodations די קוואַרטי'ר אצ

accompaniment די באַלייטונג ‖ (music) דער צושפּיל (ן), דער אַקאָמפּאַנימע'נט (ן) *also*

accompanist דער אַקאָמפּאַניאַטאָר (...אָ'רן) [NY]

accompany באַלייט|ן, אונטער|פֿיר|ן; מיט|-צו|- ⊣ גיי|ן*, מיט|פֿאָר|ן —מיט (music) שפּיל|ן, אַקאָמפּאַניר|ן ⟨—ד⟩

accomplice דער מי'טהעלפֿער (ס), דער מי'ט-פֿאַרברעכער (ס), דער מי'טשולדיק|ער געב ‖ (in theft) דער מי'טגנבֿ (ים) [MI'TGANEF—MI'TGANOVIM]

accomplish אויפֿ|טאָ|ן*, אויס|פֿיר|ן, דער-גרייכ|ן

accomplishment דער דערגרייך (ן), דער

(man of great a. דער אויפֿטו (ען) ⊣ **man of great a.** דער מושלם (ים) [MUShLEM—MUShLOMIM]

accord 1. *n.* דער הסכּם [HESKEM] ‖ **in a.** פֿון זי'ך אַליי'ן, ⊣ **of one's own a.** איי'ניק ‖ באַוווי'ליק|ן; צו|טייל|ן ⊣ 2. *vt.* ⊣ פֿרײַ'ווי'ליק שטימ|ען, הסכּמ|ען זיך ⟨—מיט⟩ *vi.* (with)

accordance: in a. with בהסכּם מיט [BEHESKEM]; לויט, נאָך ... נאָך

accordingly ווע'דליק דעם, בהסכּם דער-מי'ט [ ]

according to לויט, ווע'דליק, על־פּי [ALPI], כּפֿי [KEFI'] —פּרעפּ; נאָך ... נאָך ⊣ **a. to your letter** נאָך דײַן בריוו נאָך

accordion די האַרמאָ'ניע (ס)

account 1. *n.* דער חשבון (ות) [KhEzh-BM—KhEzhBOYNES], די רע'כענונג (ען); ‖ דער דין־וחשבון (ס) [DIN-VEKhE'zhBM] (report) *also* ‖ דער באַרי'כט (ן) ‖ (bank) די קאָנטע (ס) ⊣ **a.s payable/receivable** חשבונות צום אוי'סצאָלן/אײַ'נמאָנען ⊣ **on a.** עד־לחשבון [AD-LEKhE'zhBM] ⊣ **on a. of** צולי'ב, מחמת [MAKhMES] —פּרעפּ; אין זכות פֿון ⊣ **on no a.** בשום־אופֿן ... ניט [BEShU'M-O'YFN] ⊣ **be of no a.** ניט האָב|ן* קיין ווערדע ⊣ 2. *v.* **a. for** אָפּ|געב|ן* א חשבון פֿון, דערקלער|ן א, פֿאַרע'נט-פֿער|ן א

accountant דער חשבון־פֿירער (ס) [ ]

accounting (bookkeeping) דאָס חשבון־פֿירערײַ' ⊣ (account) דער דין־וחשבון (ס) [DIN-VEKhE'zhBM]

accretion דער צוקום (ען), דער צוּוווּקס (ן)

accrue אָנ|-, צו|וואַקס|ן

accumulate *vt/vi* אָנ|קלײַב|ן (זיך), -|זאַמ-ל|ען (זיך)

accuracy די פּי'נקטלעכקייט, די גענויקייט

accurate פּינקטלעך, גענוי'

accursed פֿאַרשאָלט'ן

accusation די באַשו'לדיקונג (ען), דער קיטרוג ל [KITREG] ⊣ **false a.** דער בילבול (ים) [BILBL—BILBULIM]

accusative דער אַקוזאַטי'וו (ן)

accuse (of) באַשו'לדיק|ן, אָנ|קלאָג|ן

accused *n.* דער אָ'נגעקלאָגט|ער געב

accuser דער באַשו'לדיקער (ס), דער קטיגור (ס) ל [KATEYGER]

accustom אײַנ|-, צו|געוווינ|ען

accustomed געוווי'נט || **get a.** אײַנ|-, צו|געוווינ|ען זיך; °צו|טרײַע|ן זיך אַמער ⊣ *cf.* **used**

ace (cards) די טויז (טײַז) || **be an a.** (**at**) זײַן* אַ מאדים ⟨אויף⟩ [MAYDEM]

ache 1. *n.* דער ווייטיק (ן) || 2. *v.* וויי טאָ|ן* || (dully) נויע|ן ⟨ד⟩ || my back a.s דער רוקן טוט מיר וויי

achieve אויפֿ|טאָ|ן*, דערגרייכ|ן || (one's purpose) אויס|פֿיר|ן, פּועל|ן [POYEL]

achievement דער דערגריי'ך (ן), דער אויפֿטו (ען), די בריהשאַפֿט [BE'RYEShAFT], די פּעולה (—ות) [PULE]

acid 1. *adj.* זויער || 2. *n.* דאָס זײַערס (ן)

acknowledge באַשטע'טיק|ן, מודה זײַן* [MOYDE], אָנערקענ|ען; קוויטיר|ן

acknowledgment די באַשטע'טיקונג (ען), די אָנערקענונג ⟨—פֿון⟩; דער דאַנק ⟨ד⟩

acorn דאָס חזיר־ניסל (עך) [KhA'ZER]

acoustic אַקוסטיש

acoustics די אַקוסטיק

acquaint באַקענ|ען

acquaintance (knowledge) די (באַ)קאַנטשאַפֿט (ן) ⊣ (person) דער באַקאַנט|ער געב

acquainted באַקאַ'נט || **get a.** באַקענ|ען זיך, שליס|ן קאַנטשאַפֿט ⟨—מיט⟩

acquiesce in אָנ|נעמ|ען פֿאַר ליב; שלום מאַכ|ן מיט [ShOLEM]; מקבל־באַהבֿה זײַן* ל [MEKABL-BEA'AVE]

acquire קריג|ן, אײַנ|שאַפֿ|ן זיך; צו|קריג|ן; קונה זײַן* ל [KOYNE]

acquisition (act) דאָס אײַ'נשאַפֿן, די אײַ'נשאַפֿונג (ען) ⊣ (object) *also* דער אײַנשאַף (ן), דער קנין (ים) [KINYEN—KINYONIM]

acquit פֿרײַ|זאָג|ן || **a. oneself** נעב|ן* זיך אַן עצה [EYTSE], ספּראַווע|ן זיך

acquittal די פֿרײַ'זאָגונג (ען)

acre די מאָרג (עס); דער אַקער (ס) אַמער

acrid ע'סעריק

acrobat דער אַקראָבאַ'ט (ן)

acrobatic אַקראָבאַטיש

acrobatics די אַקראָבאַטיק

across 1. *prep.* אויף יענער זײַט ⟨נאָם⟩, איבער ⊣ 2. *adv.* אַריבער || (crosswise) אין דער קווער

act 1. *n.* דער אַקט (ן), די טוונג (ען) || (*pl.*) *also* מעשׂים מצ [MAYSIM] || 2. *v.* °האַנדל|ען, פֿיר|ן זיך ⊣ (habitually) נוהג זײַן* זיך [NOYEG] ⊣ (a role) שפּיל|ן || (be an actor) שפּיל|ן טעאַטער

acting אַמטי'רנדיק || a. president דער אַמטי'רנדיק|ער פּרעזידע'נט

action די אַקציע (ס), די טוונג (ען), די °האַנדלונג (ען) ⊣ (battle) דער קאַמף (ן), די קאַ'מפֿאַקציע (ס)

activate (person) אַקטיוויר|ן || (turn on) אָנ|שטעל|ן ⊣ *cf.* **actuate**

active 1. *adj.* אַקטי'וו; טוּיִק || **a. person** דער טוער (ס) ⊣ **be a.** (in an organization) זײַן* אַ טוער || **be a. in communal work** (*usually iro.*) קהל|ן זיך [KOOL] || 2. *n.* דער אַקטי'וו (ן)

activity די °טע'טיקייט (ן), די אַקטיוויטע'ט (ן) || (activeness) די אַקטיווקייט

actor דער אַקטיאָ'ר (ן), דער אַרטי'סט (ן)

actress די אַקטריסע (ס), די אַרטיסטקע (ס)

actual פֿאַקטיש, °איי'גנטלעך

actually *also* לעולם [LEOYLEM] || (truly) בפּועל־ממש [BEPOYEL-MA'MESh], אַזש || he is so tired that he a. can't stand up ער איז אַזוי' מיד אַז ער קען אַזש ניט אויפֿשטיין || (as it turns out) צום סוף [SOF]

actuary דער סטראַכי'ר־סטאַטיסטיקער (ס)

actuate לאָז|ן אין גאַנג, מאַכ|ן גיין

acuity די שאַרפֿקייט

acumen דאָס חריפֿות [KhARIFES]

acute שאַרף, חריפֿותדיק [ ] || (illness) אַקו'ט

A.D. נ"ק (נאָך קרי'סטוסן)

adamant אומפּשרותדיק [U'MPShO'RES-DIK] ⊣ *cf.* **obstinate**

Adam's apple דער גאָרגל (ען), דער גאָ'רגל־קנאָפּ (...קנעפּ)

adapt צו|פּאַס|ן, אײַנ|היי'מיש|ן, פֿאַר|איי'גענ|ען ⊣ (a work) באַאַ'רבעט|ן

adaptable צו'פּאַסיק

adaptation די צו'פּאַסונג (ען) || (of a work) די באַאַ'רבעטונג (ען)

Adar (month) [ODER] דער אָדר

add צו|געב|ן*, -|לייג|ן, -|שטעל|ן, -|רע'כע|נ|ען, מוסיף זײַן* [MOYSEF] ⊣ (small amounts) *also* אונטער|געב|ן*, -|לייג|ן || (in giving) *also* דערגעב|ן* || (in writing) צו|שרײַב|ן || (in mixing) צו|מיש|ן ⊣ **a. up** *vt.* צונויפֿ|רע'כע|נ|ען

added נאָך אַדוו || **be a.** צו|קומ|ען

addict דער אַדי'קט (ן) || **drug a.** דער נאַרקאָמאַ'ן (ען), דער נאַרקאָ'טיקער (ס)

addiction די אַדיקציע (ס) || **drug a.** די נאַרקאָמאַ'ניע

adding machine די חי'בור־מאַשין (ען) [ ]

addition (mathem.) דער חיבור [KhIBER] || (added thing) דער צוגאָב (ן), דער צולאָג (ן) ⊣ **in a.** נאָך, דערצו', פֿאַר אַ צולאָג

additional צוגאָב..., ווײַ'טערדיק; נאָך אַדוו

additive 1. *adj.* חיבורדיק [ ] || 2. *n.* דאָס צו'געבעכץ (ן)

address 1. *n.* דער אַדרעס (...ע'סן) || (speech) די רעדע (ס) || 2. *v.* (mail) אַדרעסיר|ן ⊣ (person) ווענד|ן זיך צו || (by a title) טיטוליר|ן

adduce (פֿיר|)ברענג|ען

adept בקי ‹אין› [BOKE], אַ בריה [BERYE], אַ מאדים ‹–אויף› [MAYDEM] ⊣ **be a.** *also* אויס|טויג|ן* זיך ‹אין›

adequate גענוגיק, אַדעקוואַ'ט || **be a.** *also* (quality) טויג|ן* || (quantity) קלעק|ן

adhere קלעפּ|ן זיך, צו|שטיי|ן* ‹–צו›

adherent דער אָ'נהענגער (ס)

adhesive 1. *adj.* קלעפּ... || 2. *n.* דאָס קלעפּעכץ ⊣ **a. tape** (plaster) דער פּלאַסטער (ס)

adjacent דערבײַיִק, שכניש [shKhEYNISh], שכנותדיק [shKhE'YNESDIK]

adjective דער אַדיעקטי'וו (ן) [DY]

adjoining שכנותדיק [shKhE'YNESDIK]

adjourn *vt.* שליס|ן

adjust רעגוליר|ן, רי'כטעווע|ן; צו|פּאַס|ן, אויס|גלײַכ|ן

adjustment די צו'פּאַסונג (ען), דער אויסגלײַך (ן)

ad-lib אימפּראָוויזיר|ן; רעד|ן אַ'רבל־פּראָזע

administer (אָנ|)פֿיר|ן, •פֿאַרוואַלט|ן –מיט; אַדמיניסטריר|ן ⊣ (justice etc.) דורכ|פֿיר|ן, מקיים זײַן* [MEKAYEM] ⊣ (aid, medicine) (אײַנ|)געב|ן || (oath) נעמ|ען

administration די אַדמיניסטראַציע (ס), די אָ'נפֿירונג (ען)

administrative אַדמיניסטראַטי'וו

admirable אוי'סגעצייכנט, ע'רשטקלאַסיק, באַוווּ'נדערלעך, צו באַוווּ'נדערן

admiral דער אַדמיראַ'ל (ן)

admiration די באַוווּ'נדערונג

admire באַוווּ'נדער|ן, האַלט|ן פֿון

admirer דער באַוווּ'נדערער (ס), דער חסיד (ים) [KhOSED—KhSIDIM], דער אָ'נהענגער (ס)

admissible דערלאָזלעך

admission דער אַרײַנטרעט (ן); דער צולאָז; דאָס מודה זײַן ‹אַז› [MOYDE]

admit (let in) אַרײַנ|-, אַרויפֿ|-, צו|לאָז|ן, דערלאָזן ⊣ (confess) מודה זײַן* [MOYDE], צו|געב|ן*, אָנערקענ|ען ⊣ **a. that** (sb.) **is right** געב|ן* ד גערע'כט

admittance דער אַרײַנגאַנג || **no a.** ניט אַרײַנגיין; אַרײַנגאַנג פֿאַרווע'רט

admittedly ס'וואָר, אמת [EMES]

admixture דער צומיש (ן)

admonish וואָ'רענ|ען, מתרה זײַן* ל [MASRE]

admonition די וואָ'רענונג (ען), די התראה (—ות) ל [HASROE]

ado: be a. טאָ|ן* זיך || **much a. about nothing** אויפֿן הימל אַ יריד [YARI'D]

adolescence די דערוואַקסונג, די דערוואַ'קסלינגשאַפֿט ⊣ **during a.** דערוואַ'קסלינגווײַז

adolescent 1. *adj.* ניט־דערוואַקס'ן, דערוואַ'קסנדיק ⊣ 2. *n.* דער דערוואַקסלינג (ען)

adopt אָנ|נעמ|ען || (a child) אַדאָפּטיר|ן

adoption דאָס אָ'ננעמען || (child) די אַדאָפּטירונג (ען)

adorable טײַער || **a. thing** *also* דער אוצר [OYTSER]

adore (idolize) פֿאַרגע'טער|ן || (love) ליב האָב|ן* ⊛ דאָס לעבן/חיות [KhAYES]

adorn באַציר|ן, פֿאַרפּוצ|ן, אויסציר|ן

adult 1. *adj.* דערוואַקס·ן || 2. *n.* דער דערוואַ'קסענ|ער גענ; דער לײַט (—)

adulterer דער נואף (ים) [NOYEF], דער °אשת־איש־ניק (עס) [EYShESISHNIK]

adulteress די נואפֿטע (ס) [ ], די °אשת־איש־ניצע (ס) [ ]

adultery דער ניאוף [NIEF], דער חילול־הזיווג [KhILEL-HAZI'VEG] ⊣ **commit a.** נואף זײַן* [ ], מחלל־זיווג זײַן* [MEKhALEL]

adulthood די דערוואַ'קסנשאַפֿט

advance 1. *adj.* פֿאָרויסיק || 2. *n.* דער פֿאָרויסגאַנג; דער גאַנג/טריט פֿאָרוי'ס ⊣ (payment) דער אַוואַ'נס (ן) || **in a.** אַפֿרי:ער, פֿאַר־אין/אויף פֿאָרוי'ס ⊣ **prepare in a.** פֿאַרגרייט|ן ⊣ 3. *vt.* פֿיר|ברענג|ען || (lay out) ניי|ן* פֿאָרוי'ס, אַוואַנסיר|ן, ⊣ *vi.* אויס|לייג|ן שטײַג|ן•

advanced פֿאָרויסיק || (courses) *also* *העכער ⊣ **be a.** האַלט|ן ווײַט || **at an a. age** אויף די ע'לטערע יאָרן || **a. student** דער ווײַ'טהאַלטער (ס) ⊣ **a. geometry** געאָמעטריע פֿאַר ווײַ'טהאַלטערס

advancement דער פֿאָרויסגאַנג, די אַוואַנסירונג

advantage די מעלה (—ות) [MAYLE]; די פֿאָרהאַנט, דער פּלוס (ן), די רבֿותא [REVUSE] ⊣ **take a. of** אויס|ניצ|ן || **have the a.** האָב|ן* פֿאָרהאַנט ⟨אַנטקעגן⟩ ⊣ **to the a. of** ד לטובֿה [LETOYVE]

advantageous נינציק; לטובֿה אַפּ [LETOYVE]

adventure די אַוואַנטורע (ס); די פּאַסירונג (ען) ⊣ (*pl.*) *also* מצ באַגע'גענישן

adventurer דער אַוואַנטורי'סט (ן)

adverb דער אַדווע'רב (ן)

adversary דער קע'נ(ע)נער (ס), דער אַנטאַגאָני'סט (ן), דער סטיגאָטער (ס)

adverse או'מגינציק, קע'גנעריש, גנאַיִיק

adversely *also* לגנאַי [LIGNA'Y]

advertise אַנאָנסיר|ן, רעקלאַמיר|ן

advertisement דער אַנאָ'נס (ן), די רעקלאַמע (ס); די מודעה (—ות) [MEDOE]

advertiser דער אַנאָנסירער (ס)

advertising (ads) מצ רעקלאַמעס || (activity) דאָס רעקלאַמערײַ'

advice די עצה [EYTSE] || **piece of a.** די עצה (—ות) ⊣ (news) דער אַווי'ז (ן), די ידיעה (—ות) [YEDIE] ⊣ **take the a. of** ד פֿאָלגן ⊣ **seek a.** (from) שואל־עצה זײַן* זיך ⟨מיט⟩ [ShOYEL-E'YTSE]

advisable כּדאַי אַפּ [KEDA'Y] || **be a.** לאָז|ן זיך רעקאָמענדירן, זײַן* אַ פּלאַן

advise (counsel) עצה|ן [EYTSE], ראָט|ן, רעקאָמענדיר|ן, געב|ן* אַן עצה ⟨ד—⟩; צו|לאָז|ן וויסן, אַוויזיר|ן (inform) ⊣ רעד|ן ⟨ד⟩ || **a. not to** אָפּ|ראָט|ן פֿון || **a.** (sb.) **of** לאָז|ן וויסן ד וועגן || **be a.d** (*imperative*) זײַ(ט) וויסן

adviser דער עצה־געבער (ס) [ ], דער בעל־יועץ (בעלי־יועצים) [BALYOYETS—BALEYO'Y-ETSIM]

advocate 1. *n.* דער אָ'נהענגער (ס), דער שטיצער (ס) ⊣ 2. *v.* רעקאָמענדיר|ן, האַלט|ן פֿון

aerial 1. *adj.* לופֿט... || 2. *n.* די אַנטענע (ס)

aesthetic *see* **esthetic**

afar: **(from) a.** פֿון דער ווײַטן, פֿון (דער) ווײַטנס

affable צו'געלאָזט, ליבלעך || **a. person** דער נוח־לבריות [NOYEKh-LEBRI'ES]

affair דער ענין (ים) [INYEN—INYONIM]; די פּרשה (—יות) [PARShE] ⊣ **love a.** דער ראָמאַ'ן (ען)

affect || אָנ|ריר|ן; ווירק|ן, אָפּ|רופֿ|ן זיך —אויף (pretend) מאַכ|ן דעם אָנשטעל פֿון

affectation דאָס חנדל (עך) [KhEYNDL]

affected (posed) נעמאַ'כט

affection די ליבשאַפֿט, די צו'געבונדנקייט, די וואַ'רעמקייט ⟨—צו⟩

affectionate צו'געבונד·ן, אי'בערגעגעב·ן; וואַרעם

affective אַפֿעקטיק

affidavit די געשוווי'רענ|ע באַשטע'טיקונג (ען); דער אַפֿידייוויט אַמער

affiliate *vt/vi* (אָרגאַניזאַציאָנע'ל) פֿאַרבינד|ן (זיך), צו|גלי'דער|ן (זיך), אַפֿילי:יר|ן (זיך)

affiliation די (אָרגאַניזאַציאָנעל|ע) (פֿאַר)-בינדונג (ען), די אַפֿיליאַציע (ס) [LY]

affinity די נאָ'ענטשאַפֿט (ן), די קרובֿישאַפֿט

[shAY- (ן) דאָס שכנות, [KRO'YVIShAFT] KhES]

affirm האַלט|ן, פֿאַרזי'כער|ן ⟨—אַז⟩; באַיאָ|ען

afflict פּלאָג|ן

affliction די פּלאָג (ן), דער אָנשיק (ן), דאָס אָ'נשיקעניש (ן), די צרה (—ות) [TSORE]

affluence די גבֿי'רישאַפֿט, די באַהע'ביקייט

affluent גבֿיריש*, באַהעביק || **be a.** זײַן* אַ גבֿיר

afford פֿאַרגינ|ען זיך || (pleasure) פֿאַר־מאָג|ן ⊣ **be able to a.** *also* צו שאַפֿ|ן ⊣ (doing stg.) *also* ניט קראַנק זײַן*° צו קויפֿ|ן

afikomon דער אַפּיקומן (ס) [AFIKOYMEN]

afloat אויפֿן וואַסער

afraid דערשראָק·ן || **be a.** (of) מורא האָב|ן* [MOYRE], שרעק|ן זיך, האָב|ן* פּחד [PA-KhED] ⟨פֿאַר—⟩ ⊣ I am (he is ...) a. די הויט ציטערט אויף מיר/אים/...

afresh פֿון דאָס נײַ'

Africa (די) אַ'פֿריקע

African 1. *adj.* אַפֿריקאַניש || 2. *n.* דער אַפֿריקאַנער (—)

aft באָרט־אַראָ'פּ

after 1. *prep.* נאָך || **a. all** סוף־כּל־סוף [SOFKL-SO'F], נאָך אַ'לעמען ⊣ (yet) פֿאָרט ⊣ 2. *conj.* נאָך דעם ווי || a. I saw him נאָך דעם ווי איך האָב אים געזע'ן

aftereffect דער נאָ'כעפֿעקט (ן) || (painful) דאָס נאָ'כווייעניש (ן)

aftermath דער דערנאָכדעם (ס), דער נאָכ־ווירק (ן)

afternoon דער נאָ'כמיטאָג (ן) || **in the a.** נאָך מיטאָג ⊣ **in the late a.** פֿאַר נאַכט

aftertaste דער נאָכטעם (ען) [NO'KhTAM], דער ווי'דערטעם (ען)

afterthought דער נאָ'כגעדאַנק (ען)

afterwards נאָך דעם, דערנאָ'כ(דעם), שפּע־טער, אַחר־המעשׂה [AKhER-HAMA'YSE], בדיעבֿד [BEDIEVED]

again ווידער (אַ מאָל), נאָ'ך אַ מאָל, אָ'בער (אַ מאָל) ⊣ (in original state) צורי'ק || **once a.** ווידער || **a. and a.** ווידער און אָבער (אַ מאָל)

against קעגן; (אַ)נטקעגן || **a. it** אַנטקעגן דעם, דערקעגן

age 1. *n.* דער עלטער, יאָרן מצ || (epoch) די צײַט (ן), די תּקופֿה (—ות) [TKUFE] || of the same a. (as) אין איינע יאָרן (מיט) || **for (future) a.s** לדורות [LEDOYRES] || **of a.** פֿו'ליאָריק || **act your a.** זײַ אַ מענטש ⊣ 2. *vt.* לאָז|ן אויסשטיין (זיך) ⊣ *vi.* ע'לטער|ן זיך

aged באַיאָרנט

agency די אַגענטו'ר (ן), די אינסטאַ'נץ (ן) || **the (Jewish) Agency** די (יי'דיש|ע) אַגע'נץ

agenda דער סדר־היום [SEYDER-HAYO'M]

Aggadah די אַגדה [AGODE]

aggravate פֿאַרע'רגער|ן, פֿאַרשווע'רער|ן

aggravation (worry) דאָס שפּיכת־דמים [ShFIKhES-DO'MIM]

aggression די אַגרע'סיע (ס), דער אָנפֿאַל

aggressive אַגרעסי'וו

aggressor דער אָ'נפֿאַלער

agile פֿלינק, ביסטרע, רי'רעוודיק

aging *n.* די ע'לטערונג

agitate אַגיטיר|ן; אויפֿ|רו'דער|ן, -|שרויפֿ|ן

agitation די אַגיטאַציע (ס), די העצע (ס) || (state of mind) די צערו'דערונג

ago מיט ... צורי'ק || five years a. מיט פֿינף יאָר צוריק; שוין פֿינף יאָר אַז ... || **long a.** לאַנג צורי'ק

agony יסורים מצ [YESURIM] || **a. of death** די גסיסה [KSISE] ⊣ **be in mortal a.** גוסס|ן [GOYSES]

agree מסכּים זײַן* [MASKEM], אײַנ|שטימ|ען, מושווה ווער|ן ל [MUShVE], משווה זײַן* זיך [MAShVE] ⊣ (consent) אײַנ|גיי|ן* ⟨אויף⟩ || **a. with** (suit) פּאַ'ליובע|ן° ד || (to do something together) אָפּ|מאַכ|ן, -|רעד|ן, -|שמועס|ן, צונויפֿ|רעד|ן זיך, מאַכ|ן יד־אַחת [YADAKhES]; מושווה ווער|ן ל [ ]

agreeable (pleasing) אײַ'נגענעמ(ען), ליב ⟨—ד⟩; ניחא [NIKhE], לרצון [LEROTSN] —פֿאַ, ⟨—ד⟩ צום האַרצן ⊣ (consenting) נאָ'כ־קומיק; אײַ'נשטימיק; מרוצה ⟨אויף⟩ [MERU-TSE]

agreed מסכּים [MASKEM], מוסכּם ל —אַפּ [MUSKEM] ⊣ **as a. upon** *also* ווי דער מדובר איז [ ]

agreement (consent) דער אָפּמאַך (ן), דער דורכקום (ען), די הסכּמה (—ות) [HASKOME], דער הסכּם [HESKEM] ⊣ (content of a.) דער מדובר [MEDUBER] || (to do something together) דער אָפּרעד (ן); דער יד־אחת [YADAKhES] ⊣ (correspondence) די מי'טשטימונג ⊣ **reach an a.** *also* ווער|ן אײנס, מושווה ווער|ן ל [MUShVE], משווה [MAShVE] זײַן* זיך ⟨–מיט⟩

agricultural ע'רדאַרבעט־..., אַגריקולטורע'ל

agriculture די אַגריקולטו'ר, די ע'רדאַרבעט

ague דאָס קדחת [KADOKhES]

ah (sorrow) אַ; אַך || (satisfaction) אַהאַ'!

ahead (location) פֿאָרנט || (direction) פֿאָרוי'ס ⊣ **a. of** פֿאַר || **be a. of** האַלט|ן ווײַטער ווי נאָם, אַריבער|שטײַג|ן אַ

ahem הם

aid 1. *n.* די הילף || (device) דער אויסהעלף (ן) ⊣ **come to the a. of** קומען ⟨ד⟩ צו הילף ⊣ 2. *v.* (צו|)העלפֿ|ן, זײַן* צו הילף ⟨ד–⟩

ail *vi.* קרענק|ען || *vt.* פֿעל|ן ד || what a.s you? וואָס פֿעלט דיר?

aim 1. *n.* דער ציל (ן) || **take a.** *see v.* || 2. *vt.* (at) *imp/pf* אָנ|ציל(עווע)|ן ⟨אויף⟩ || *vi.* ציל|ן; פֿאַרמעסט|ן זיך, שטרעב|ן

aimless אָן אַ ציל; (גלאַט) אין דער וועלט אַרײַ'ן

air[1] 1. *n.* די לופֿט || (*fig.*) *also* דער אַוויר [AVER] ⊣ **in (mid-)air** אין דער לופֿטן || 2. *v.* *imp/pf* (אויס|)לו'פֿטער|ן

air[2]: **assume the a. of** אָנ|שטעל|ן זיך פֿאַר ⊣ **give oneself a.s** בלאָז|ן (פֿון) זיך, האַלט|ן זיך אין גרויסן

air[3] (music) דער מאָטי'וו (ן)

air-condition אײַנ|פֿיר|ן לו'פֿטקילונג אין

air-conditioned געקי'לט

air-conditioner דער לו'פֿטקילער (ס)

air-conditioning די לו'פֿטקילונג

aircraft די לופֿטשיף (ן); דאָס פֿליוואַרג קאָל

aircraft carrier די מו'טערשיף (ן), די אַעראָ־פּלאַ'נען־שיף (ן)

airfield דאָס פֿליפֿעלד (ער), דער אַעראָדראָ'ם (ען)

air force די אַוויאַציע; דער לופֿטפֿלאָט (ן)

air lift די לופֿטבריק (ן)

airmail די לופֿטפּאָסט

airplane דער אַעראָפּלאַ'ן (ען), דער אַוויאָ'ן (ען)

airport דער אַעראָפּאָ'רט (ן)

air raid דער אָנפֿלי (ען)

airy לופֿטיק

aisle דער דורכגאַנג (ען)

ajar אוי'פֿגענייגט

à la אַלאַ

alarm 1. *n.* דער אַלאַרעם (ס) || (fear) דער שרעק ⊣ 2. *v.* אַלאַרמיר|ן, איבער|שרעק|ן, באַאו'מרויִק|ן

alarm clock דער וועקער (ס), דער וועקזייגער (ס)

alarmed: be a. *also* באַאו'מרויִק|ן זיך

alarum (tocsin) דער גוואַלדגלאָק (...גלעקער)

alas וויי אינט; אַ שאָד, ˚לײדער אַדוו

album דער אַלבאָ'ם (ען)

albumen דאָס ווײַסל

alchemy די אַלכעמיע

alcohol דער אַלקאָהאָ'ל (ן) || (*hum.*) דער בי'טער|ער טראָפּן

alcoholic 1. *adj.* אַלקאָהאָליש || 2. *n.* דער אַלקאָהאָ'ליקער (ס)

alcove דער אַלקער (ס)

alder די אָלכע (ס)

alderman דער שטאָ'ט־יועץ (ים) [YOYETS]

ale דער אייל, דאָס ע'נגליש|ע ביר

alert 1. *adj.* וואַכיק, אָ'נגעשפּיצט || 2. *n.* דער אויפֿדערוואַ'ך (ן), דער אַלאַרעם (ס) ⊣ 3. *v.* אַלאַרמיר|ן; וואַכיק מאַכ|ן

algebra די אַ'לגעברע

algebraic אַלגעבראַיש

alias 1. *n.* דער דע'קנאָמען (...נעמען), דער אַ'ליאַס (ן) ⊣ 2. *conj.* אַ'ליאַס

alien 1. *adj.* פֿרעמד, אוי'סלענדיש || 2. *n.* דער אוי'סלענדער (—)

alienate אָפּ|פֿרעמד|ן

alienation (act) די אָ'פּפֿרעמדונג || (state) די פֿרעמדשאַפֿט

alight: be a. לײַכט|ן זיך
align אויס|גלײַכ|ן; אַוועק|שטעל|ן אויף איין ליניע; אײַנ|ריי|ען
alike גלײַך, ענלעך || **look a.** האָב|ן* איין פּנים [PONEM]
alimony אַלימענטן מצ
alive לע'בעדיק, בײַם לעבן || **stay a.** בלײַב|ן לעבן ⊣ **keep a.** דערהאַלט|ן בײַם לעבן, דערהאַלט|ן ד דאָס חיות [KHAYES]
alkali די באַזע (ס)
alkaline באַזיש
all 1. *adj.* גאַנץ ; אַלע איינו || 2. *pron.* (everybody) אַלע || (everything) אַלץ ⊣ this is **a.** I have מער ווי דאָס האָב איך ניט ⊣ 3. *adv.* גאָר, גאַנצן, אין || **at a.** [LAKhLUTN] לחלוטין, [LE-GAMRE] לגמרי ⊣ **not at a.** [KLAL] כּלל ניט || **a. the better** [AVADE] נאָך בעסער; אַוודאי גוט || **in a., a. told** [BESAKhAKL] בסך־הכּל || **that's a.** אויס! און שוין! פּטור! [POTER] ⊣ *cf.* **after**
alleged געמיי'נט, משוערדיק [MEShU'ER-DIK] ⊣ (*iro.*) [ ] כּלומרשט || he is the a. author ער איז דער געמיינט|ער/משוערדיק|ער מחבר [MEKhABER]; ער איז, זאָגט מען, דער מחבר; ער זאָל זײַן דער מחבר
allegedly זאָגט מען || (*iro.*) כּלומרשט [KLOYMERShT], יאַקבע
allegiance די געטרײַשאַפֿט
allegorical אַלעגאָריש
allegory די אַלעגאָריע (ס)
allergic אַלערגיש
allergy די אַלערגיע (ס)
alleviate לײ'נדער|ן
alleviation די לײ'נדערונג (ען)
alley די געסקע (ס), דער ליק (עס)
alliance די אַליאַ'נץ (ן) [LY], דער בונד (ן), דער יד־אַחת (ן) [YADAKhES]
allied אַלײַ'רט
alliteration די אַליטעראַציע (ס)
allocate צו|טייל|ן, אַלאָקיר|ן, אַסיגניר|ן
allocation די צו'טיילונג (ען), די אַלאָקירונג (ען)
allot צו|-, אײַנ|טייל|ן, אַסיגניר|ן, אויס|מאַר-קיר|ן
allotment די צו'טיילונג (ען), דער צוטייל (ן), דער חלק (ים) [KhEYLEK—KhALOKIM]
allow דערלויב|ן, דערלאָז|ן, צו|לאָז|ן; באַ-שטיי'|ן* (אַז)
allowance די פּע'נסיע (ס) || (weekly) דאָס וואָ'כנגעלט ⊣ (yearly) דאָס יאָרגעלט || (reduction) די הנחה [HANOKhE] || (consideration) דער אײַנזע || **make a. for** רע'כענ|ען זיך מיט (דעם אַז)
allowed דערלוי'בט || (*Jew.*) מותּר אפּ [MUTER] ⊣ **be a. to** מעג|ן* איינפּ
alloy דאָס געשמע'לץ (ן), די לעגירונג (ען)
all right גוט; רעכט; אָלרײַ'ט אַמער; מהיכא־תּיתי [MAKhTEYSE] ⊣ **be a.** (well) זײַן* || זײַן* רעכט, טויג|ן ⊣ (be fit) געזונט ⊣ **it will be a.** *also* עס וועט זיך אוי'ס-פּרעסן
allude to פֿאַררופֿ|ן זיך, מרמז זײַן*—אויף [MERAMEZ]
allusion דער רמז (ים) [REMEZ—REMOZIM], די אַלו'זיע (ס), דער פֿאַררו'ף (ן) (—אויף)
ally 1. *n.* דער אַלײַירט|ער געב || 2. *v.* **a. oneself** אַלײַיר|ן זיך
almemar דער באַלעמער (ס); די בימה (—ות) [BIME]
almighty אַלמעכטיק || **the A.** דער רבונו־של־עולם [REBO'YNE-ShELOYLEM]
almond דער מאַנדל (ען)
almost כּמעט [KIMA'T], באַלד, שיִער ניט ⊣ **a. a week** קאַרג, קנאַפּ —אַדוו ; קאַרג, קנאַפּ —אַדי אַ קאַרג|ע/קנאַפּ|ע וואָך
alms די נדבֿה (—ות) [NEDOVE]; די צדקה [TSDOKE] קאָל ⊣ **a. box** דאָס צדקהלע (ך)
aloft אין לופֿטן, אויפֿגעהויב'ן || **send a.** אַרויפֿ|שיק|ן
alone אַליי'ן || (privately) ביחידות [BI-KhIDES] ⊣ (all by oneself) איי'נ(ינק)|ער ⊣ **leave a.** לאָז|ן געמאַ'ך, לאָז|ן אַליי'ן ⊣ **let a.** (not only) צו רו אָ'פּגערעדט דערפֿו'ן וואָס, אַפּשיטא שוין [APShITE]
along פֿאַזע, לענג־אוי'ס || (together) מיט ⊣ **walk a.** מיט|גיי|ן* || **a. with** בײַ גלײַך קוו

מיט ⊣ **all a.** [KESEY-DER] די גאַנצע צײַט, כּסדר

alongside ⟨מיט⟩ זײַט בײַ זײַט

aloof [MIN-ATSA'D] אַדוו אײַ'נגעהאַלט·ן, קיל; מן־הצד ⊣ **remain a.** *also* *|אָפּ|שטיי|ן || (*hum.*) [ShABES] מאַכ|ן שבת פֿאַר זיך

aloud [KOL] ;אין דער הייך; אויפֿן קול [BEKO'L-RO'M] בקול־רם ⊣ *cf.* **read**

alphabet [A'LEFBEYS] דער אַלף־בית (ן) || (non-Jewish) *also* דער אַלפֿאַבע'ט (ן)

alphabetical: in a. order || אַלפֿאַבעטיש (*Jew.*) [ ] נאָכן אַלף־בית

alphabetize || אַלפֿאַבעטיזיר|ן (*Jew.*) [ ] אויס|שטעל|ן נאָכן אַלף־בית

already שוין

also אויך, אויכעט

altar דער אַלטאַ'ר (ן) || **sacrificial a.** (*Jew.*) [MIZBEYEKh—MIZBEYKhES] דער מזבח (ות)

alter (איבער)בײַט|ן, איבער|מאַכ|ן, -|אַ'נ- [MEShANE] ל* דערש|ן, משנה זײַן

alteration [ShINE—ShINUIM] די שינוי (ים)

alternate 1. *adj.* אַ'נדער|ער, יעד|ער צווייט|ער ⊣ on a. Fridays יעדן צווייטן פֿרײַטיק ⊣ in a. years אַ יאָר איבער אַ יאָר ⊣ 2. *vt/vi* (אָפּ)בײַט|ן (זיך)

alternately אַ מאָל איבער אַ מאָל; לסירוגין ל [LESE'YRUGIN]

alternating current דער בײַטשטראָם

alternation דער אָפּבײַט (ן)

alternative די ברירה (—ות) [BREYRE], דער אויסוועג (ן), די אַלטערנאַטי'וו (ן)

although כאָטש, הגם [HAGA'M], ווי וווּיל

altitude די הייך (ן)

alto דער אַלט (ן)

altogether צוזאַמען, אין איינעם, בסך־הכּל [BESAKhAKL], אַרו'ם און אַרו'ם, אין גאַנצן; גאָר; לחלוטין [LAKhLUTN], לגמרי [LE-GAMRE]

altruism דער אַלטרויִזם

aluminum 1. *adj.* אַלומי'ניען || 2. *n.* דער אַלומי'ניום

always תּמיד [TOMED], אַלע מאָל, שטענדיק

am *see* **be**

a.m. פֿ"מ (פֿאַר מיטאָג)

amass אָנ|קויפּ|ן

amateur דער אַמאַטאָר (...אָ'רן), דער ליי'ב-האָבער (ס)

amazed: be a. פֿאַרגאַ'פּט ווער|ן, (ניבֿהל-ו)נשתּומם ווער|ן [(NIVL-VE)NIShTO'Y-MEM]

amazement דער חידוש [KhIDESh], די פֿאַר-גאַפֿונג, די °(דער)שטוינונג

amazing וווּנדער..., פֿלאָימדיק [PLO'IMDIK], °דערשטוי'נענדיק ⊣ **something a.** גאָטס נסים [NISIM], וווּנדער איבער וווּנדער, פּילאי־פּלאָים מצ [PILE-PLO'IM], הפּלא־ופֿלא [HAFLE-VOFELE]

ambassador דער אַמבאַסאַדאָר (...אָ'רן)

amber דער בורשטי'ן

ambiguity די צווייִ'טײַטשיקייט (ן)

ambiguous צווייִ'טײַטשיק

ambition די אַמביציע

ambitious אַמביציע'ז

ambulance דער אַמבולאַ'נס

ambush 1. *n.* דער לאָ'קער (ן), דער אײַ'בער-פֿאַל (ן), די אַמבוסקאַדע (ס) ⊣ 2. *v.* -|אָפּ טשאַ'טעווע|ן, איבער|פֿאַל|ן

amen [OME'YN] אָמן || (*more emph.*) [SELO] סלה ⊣ (*informal*) פֿון דײַ'ן/אײַ'ער מויל אין גאָ'טס אויערן

amenable נאָ'כקומיק; שווה־לכל־נפֿש אַפּ—ל [ShO'VE-LEKhOLNE'FESh] ⊣ **a. to** מרוצה [MERUTSE] אַפּ אויף ⊣ **be a.** *also* -באַ שטיי|ן* ⟨אויף⟩; לאָז|ן זיך רעדן

amend אויס|בע'סער|ן, אַמענדיר|ן

amendment (change) דער אוי'סבעסער (ן), (addition) *also* די אַמענדירונג (ען) ⊣ [HESOFE] די הוספֿה (—ות)

amends: make a. (to ... for) אָפּ|קומ|ען, קאָמפּענסיר|ן אַ, פֿאַרגי'טיק|ן אַ, מטיבֿ זײַן* [MEYTEV] ⟨—פֿאַר⟩ ⟨ד⟩

amenities באַקווע'מ(לעכ)קייטן, איי'דלקייטן —מצ

America (די) אַמע'ריקע

American 1. *adj.* אַמעריקאַניש, אַמערי-קאַנער אינוו ⊣ 2. *n.* (—) דער אַמעריקאַנער

Americanization די אַמעריקאַניזירונג

Americanize אַמעריקאַניזיר|ן

Americanized: become A. אַמעריקאַניזיר|ן זיך ⊣ (*hum.*) אויס|גרינ|ען זיך

amiable לי'בהאַרציק, פֿרײַנדלעך, לײַ'טזעליק

amiably *also* אין גוטן מוט

amicable פֿרײַנדלעך, פֿרידלעך

amicably *also* מיט גוטן, בשלום [BESHOLEM]

amid צווישן

amiss פֿאַלש, או'מפּאַסיק || **go a.** (fail) אויס|פֿאַל|ן° באָקעם ⊣ **take a.** נעמ|ען פֿאַר אומגוט, האָבן* פֿאַראיבל פֿאַר

ammunition די אַמוניציע

amnesty 1. *n.* די אַמנע'סטיע (ס) || 2. *v.* אַמנעסטיר|ן

among צווישן

amoraim אַמוראָים מצ [AMOYROIM]

amorous ליבע...; ליו'בעדיק

amortize אַמאָרטיזיר|ן

amount 1. *n.* דער סכום (ען) || (of money) די סומע (ס), דער באַטרע'ף (ן) ⊣ 2. *v.* באַטרעפֿ|ן, אויס|קומ|ען, -|טראָג|ן, °כאַפּ|ן || it amounts to $5 עס באַטרע'פֿט 5 דאָלאַר

amphibian 1. *adj.* אַמפֿיביש || 2. *n.* די אַמפֿיביע (ס)

ample ברייט, גענוגיק

amplifier דער פֿאַרשטאַרקער (ס)

amplify פֿאַרברײט'ער|ן

amplitude די ברייט (ן), די אַמפּליטו'ד (ן)

amply *also* גענו'ג, איבער גענו'ג

amputate אַמפּוטיר|ן

amputation די אַמפּוטירונג (ען)

amputee דער אַמפּוטירט|ער געב

amulet די קמיע (ות) [KAMEYE], די שמירה (—ות) [shMIRE]

amuse אַמוזיר|ן, פֿאַרווײַל|ן

amused: be a. at (*rev. con.*) זײַן* קאָמיש ⊣ I am a. at his diligence זײַן פֿלײַס ד איז מיר קאָמיש

amusement די פֿאַרווײַלונג (ען), דער צײַ'טפֿאַרברענג (ען)

amusement park דער לו'נאַפּאַרק (ן)

amusing פֿאַרווײַ'לנדיק, פֿריילעך

an *see* **a**

anachronism דער אַנאַכראָניזם (ען)

anaesthesia *see* **anesthesia**

analogous אַנאַלאָגיש

analogy די אַנאַלאָגיע (ס)

analysis דער אַנאַליז (ן)

analyst דער אַנאַלי'טיקער (ס)

analytic אַנאַליטיש

analyze אַנאַליזיר|ן, פֿונאַנדער|קלײַב|ן, צעגלי'דער|ן

anarchist דער אַנאַרכי'סט (ן)

anarchy די אַנאַרכיע

anatomy די אַנאַטאָמיע

ancestor דער אָבֿ (ות) [OV—OVES] || (*pl.*) *also* ע'לטער־ע'לטערן מצ

anchor 1. *n.* דער אַנקער (ס) || 2. *vt/vi* פֿאַראַ'נקער|ן (זיך)

anchovy דער אַנטשאָ'וס (ן)

ancient 1. *adj.* אַנטי'ק, פֿאַרצײַטיש, פֿאַרצײַטיק, אַמאָליק, לאַנגסטיק, •אוראַלט, קדמוניש [KADMOYNISh] ⊣ (of Antiquity) אַ'לטצײַטיש ⊣ 2. *n.* (old man) דער זקן (ים) [ZOKN—SKEYNIM] ⊣ **the a.s** די קדמונים מצ [KADMOYNIM]

and און || there are flowers **a.** flowers אַ בלום צו אַ בלום איז ניט גלײַך ⊣ day **a.** night טאָג ווי נאַכט

anecdotal אַנעקדאָטיש

anecdote דער אַנעקדאָ'ט (ן)

anemic אַנעמיש, בלו'טאָרעם

anesthesia די אַנעסטע'זיע

anesthetic *n.* דער אַנעסטעטיק (ן)

anew פֿון/אויף דאָס נײַ, איבער אַ נײַס

angel דער מלאך (ים) [MALEKh—MALOKhIM] ⊣ **a. of death** דער מלאך־המוות [MALEKhAMOVES]

anger 1. *n.* דער כּעס [KAAS], דאָס געבייזער, דער בייזער, די רוגזה [RUGZE] ⟨—אויף⟩ || 2. *v.* דערביי'זער|ן, דערכּעס|ן, צעביי'זער|ן, אַרײַנ|ברענג|ען אין כּעס

angle דער ווינקל (ען)

Anglo-Saxon 1. *adj.* אַנגלאָסאַקסיש || 2. *n.* דער אַנגלאָסאַ'קס (ן)

angry אין כּעס [KAAS] אַפּ; בייז, ברוגז

[BROYGES] ,אָ'נגעברוגזט, אָ'נגעשטויס־ן, אינ־כּעס|ן זיך [ ] || be a. ⊣ כּעס ⟨—אויף⟩ זײַן* אין כּעס [ ], ביי'זער|ן **be a.** (with) זיך, ברוגז|ן זיך [ ] ⟨—אויף⟩, האָב|ן* אַ האַרץ ⊣ אויף **make a.** *see* **anger**

anguish [YESURIM] די פּײַן, יסורים מצ

angular ווי'נקלדיק, קאַנטיק

animal 1. *adj.* [KhAISh] חייש, בעל־חיש [BALKhAISh] ⊣ 2. *n.* די חיה (—ות) [KhAYE], דער בעל־חי (בעלי־חיים) [BAL-KhA'Y—BALEKhAIM]

animate 1. *adj.* באַלע'בט || 2. *v.* ,באַלעב|ן מו'נטער|ן

animated באַלע'בט

ankle דאָס קנעכל (עך)

anklet דער פּוסרינג (ען)

annalist דער קראָ'ניקער (ס)

annals די קראָ'ניקע (ס) אצ

annex 1. *n.* דער צובוי (ען), דער אַנע'קס (ן), די הוספה (document) ⊣ דאָס בײַ'געבײַ (ען) [HESOFE] (—ות) ⊣ 2. *v.* אַנעקסיר|ן

annihilate חרובֿ מאַכ|ן [KhOREV], צו ני'שט מאַכ|ן, צענישט|ן, פֿאַרטי'ליק|ן, פֿאַרשנײַד|ן, פֿאַרלענד|ן

annihilation די צוני'שט־מאַכונג (ען), די פֿאַר־טי'ליקונג

anniversary || דער יאָרטאָג/יערטאָג (...טעג) (round-numbered) *also* ,דער יובילײַ' (ען) [YOYVL] דער יובֿל (ען) ⊣ **a. of death** דער יאָרצײַט (ן) ⊣ **person whose a. is being celebrated** דער יובילאַ'ר (ן), דער בעל־ [BALYO'YVL] יובֿל (ס)

announce אָנ|זאָג|ן, באַקאַ'נט מאַכ|ן, מודיע [MEDIE] ⟨וועגן⟩ זײַן*

announcement דער אָנזאָג (ן), די מעלדונג (ען), די מודעה (—ות) [MEDOE], די בשׂורה (—ות) [PSURE], די הודעה (—ות) ל [HOYDOE]

announcer דער דיקטאָר (...אָ'רן), דער אָ'נ־זאָגער (ס)

annoy דערקוטשע|ן; טשעפּע|ן זיך צו, דול|ן ד ⊣ אַ קאָפּ/מוח, דערגיי'|ן* ד די יאָרן (*hum.*) דריי|ען ד אַ ספּאָדיק

annoying *also* זלידנע

annual 1. *adj.* יאָריק, יערלעך || 2. *n.* דאָס יאָרבוך (...ביכער)

annuity דאָס יאָרגעלט (ער), די יאָ'ריק|ע רענטע (ס)

annul [BOTL] אַנוליר|ן, קאַסיר|ן, בטל מאַכ|ן

annulment די קאַסירונג (ען), די אַנולירונג (ען)

anoint זאַלב|ן

anonymous אַנאָני'ם || **a. writer** דער אַנאָני'ם (ען)

another (different) אַן אַנדער || (one more) אַ נאָך; אויך אַ || tomorrow is a. day אַן אַ'נדערנס; **a.'s** ⊣ מאָרגן איז אויך אַ טאָג פֿרעמד אדי

answer 1. *n.* דער ענטפֿער (ס), די תּשובֿה [TShUVE] (—ות) ⊣ **in a.** (to) בתּשובֿה [BITShUVE] ⟨אויף⟩ ⊣ 2. *vt.* (person) ע'נטפֿער|ן ד ⊣ (question etc.) ע'נטפֿער|ן ע'פֿען|ען די טיר; זע|ן* ⊣ **a. the door** אויף ⊣ **a. the telephone** וווער עס קלאַפּט/קלינגט ע'נטפֿער|ן דעם טעלעפֿאָ'ן; מעלד|ן זיך || **a. for** ,[AKhRAYES] טראָג|ן (דאָס) אַחריות [OREV] ⊣ ערבֿ זײַן* —פֿאַר ⊣ (pay) באַ־טויג|ן* פֿאַר, **a. to** (suit) ⊣ צאָל|ן פֿאַר פּאַס|ן (זיך) צו/פֿאַר ⊣ **a. to the name of** רופֿ|ן זיך נאָמ

ant די מוראַשקע (ס)

antagonism דער אַנטאַגאָניזם, דאָס בייז|ע בלוט

Antarctic 1. *adj.* אַנטאַרקטיש || 2. *n.* **the A.** דער אַנטאַרקטיק

antecedent 1. *adj.* פֿרי'ערדיק*, פֿאַ'רדעמ־דיק* ⊣ 2. *n.* דער אַפֿרי'ער (ס), דער אַנטע־צעדע'נט (ן)

antechamber דאָס פֿירהויז (...הײַזער), די פֿאָ'רשטוב (...שטיבער), דער פּרוזדור [PROYZDER]

antenna די אַנטענע (ס) || (insect) דאָס טאַ'־פּערל (עך)

anterior (in place) פֿאָדערשט* || (in time) פֿרי'ערדיק*, פֿאַ'רדעמדיק*

anthem דער הימען (ס)

anthill דער מוראַשניק (עס)

anthology די אַנטאָלאָגיע (ס)

anthracite האַרטע קוילן מצ, דער אַנטראַצי'ט

anthropologic -al אַנטראָפּאָלאָגיש

anthropologist (ן) דער אַנטראָפּאָלאָ'ג
anthropology די אַנטראָפּאָלאָגיע
anti-... ...אַנטי..., קעגנ || anti-poverty program [...DA'LES] די אַנטידלות־פּראָגראַ'ם || anti-missile missile דער אַנטיראַקעט־ראַקעט (ן)
anti-aircraft *adj.* ...זעני'ט... || **a. artillery** זעני'ט־אַרטילעריע
antibiotic דער אַנטיביאָטיק
antibody (ס) דער אַ'נטיקערפּער
anticipate פֿאָרויס|זע|ן*, ריכטן| זיך אויף; פֿאַרלויפֿ|ן די דעם ווענ
antidote (ן) דער אַנטידאָ'ט (ן), דאָס קע'גנמיטל (ען)
antimony דאָס שפּיזגלאָז
antiquarian 1. *adj.* אַנטיקוואַריש || 2. *n.* (ן) דער אַנטיקוואַ'ר
antique 1. *adj.* אַנטי'ק, פֿאַרצײַטיק, פֿאַר־צײַטיש ⊣ 2. *n.* (ן) דער אַנטי'ק || **a. shop** (ן) דער אַנטיקוואַריאַ'ט
antiquity די אַלטצײַט, די קדמונים־צײַט [KADMO'YNIM]
anti-Semite דער אַנטיסעמי'ט (ן), דער שׂונא־ישׂראל (שׂונאי־) [SOYNE-YISRO'EL]
anti-Semitic אַנטיסעמיטיש
anti-Semitism דער אַנטיסעמיטיזם, די שׂינאת־ישׂראל [SINES-YISRO'EL]
antithesis (ן), דער היפּוך (ים) דער אַנטיטע'ז [HEYPEKh—HIPUKhIM]
anvil (ס) די קאָוואַדלע
anxiety די אומרו (ען), די דאגה (—ות) [DAYGE], דאָס באַדרע'נגעניש (ן) ⊣ (psychol.) [PAKhED—PKhODIM] דער פּחד (ים)
anxious (uneasy) אומרויִק, באַזאָ'רגט || (timorous) ציטערדיק, פּחדימדיק [PKhO'DIMDIK] ⊣ (eager) **to/for** להוט אַף [LOET] ‹צו/אויף/נאָך›; נײַ'געריק צו אינפֿ, ⊣ נײַ'געריק צו האָבן אַ ⊣ **be a. to** *also* ⊣ זײַער וועלן|*, שטאַרק וועל|ן* —אינפֿ ⊣ **be a. about** נעמ|ען זיך צום האַרצן אַ, ציטער|ן איבער
any (some) *omitted* || (not a.) קיין || (whatever) אַבי' וועלכער/וואָסער עס/ניט איז, וועלכער/וואָסער עס זאָל ניט זײַן, || אַבי' אַ וואָרט ⊣ a. word at all לייאַדע אינו a. minute now אַ לייאַדע מינו'ט || **a. day now** *also* הײַנט־מאָ'רגן; אַז נישט הײַנט איז מאָרגן
anybody יע'דער|ער, יעדער איינ|ער; ווער נאָר; ווע'ר עס זאָל ניט זײַ'ן, ווער עס/ניט איז, ⊣ אַבי' ווער, (אַ) לייאַדע ווער (nobody) ⊣ קיינ|ער ... ניט **a. but** ווער ווער אָבער ⊣ ... ניט ⊣ a. but us ווער ווער אָבער ניט מיר ⊣ *cf.* **somebody**
anyhow (somehow) ווי עס איז || (in any case) סײַ ווי סײַ, ווי עס זאָל ניט זײַן, אָ'ן דאָס, אַזוי' צי אַזוי', •יעדן פֿאַלס ⊣ (in any way at all) אַבי' ווי || *cf.* **somehow** || a., let's go [MEYLE] מילא, לאָמיר גיין
anyone *see* **anybody**
anything אַבי' וואָס || a. you see וואָס גאָרניט, קיין (nothing) ⊣ (נאָר) דו זעסט || וואָס וואָס אָבער ניט ... ⊣ **a. but** זאַך ניט a. but a hat like that וואָס וואָס אָבער ניט אַזאַ' היטל ⊣ *cf.* **something** || **a. can happen** [KAShE ... אַ קשיא אויף אַ מעשׂה MAYSE]
anyway סײַ ווי סײַ, אַזוי' צי אַזוי', •יעדן פֿאַלס; אָ'ן דאָס
anywhere אַבי' ווו || a. you go ווו (נאָר) דו גייסט ⊣ **a. but** ווו ווו נאָר ניט || (nowhere) אין ערגעץ ... ניט || *cf.* **somewhere**
apart באַזונדער, פֿאַר זיך, אָן/אין אַ זײַט; ⊣ **a. from** פֿונאַנדער קוו [(A)- (אַ)חוץ KhU'TS] ⊣ **a. (in age)** געררו'קט
apartment די דירה (—ות) [DIRE], די ⊣ **a. house** דאָס דירות־הויז ווינונג (ען) (־הײַזער)
apathetic אַפּאַטיש
apathy די אַפּאַ'טיע
ape 1. *n.* (ס) די מאַלפּע || 2. *vt.* נאָכ|טאַנצן, -|מאַ'לפּעווע|ן ‹-ד›, נאָכ|קרימ|ען
aperture די ע'פֿענונג (ען), דאָס לעכל (עך)
aphorism דער אַפֿאָריזם (ען), דאָס גלײַ'כ־ווערטל (עך)
apiece ... צו || 5 apples a. 5 עפּל צו
aplenty לרובֿ [LERO'V], בשפֿע [BEShE-FE], פֿאַר פֿו'ל, אַריבער און אַריבער

apocrypha אַפּאָקריפֿן, ספֿרים־חיצוניים —מצ [SFORIM-KhITSOY′NIIM]
apogee דער אַפּאָגיי' (ען)
apologetic אַפּאָלאָגעטיש
apologize פֿאַרע'נטפֿער|ן זיך, בעט|ן מחילה [MEKhILE], •אַנטשו'לדיק|ן זיך
apology די אַנטשו'לדיקונג (ען); דאָס התנצלות [HISNATSLES] (ן)
apoplexy די אַפּאָפּלעקסיע (ס)
apostasy די פֿעלטשונג || (*Jew.*) די שמד [shMAD]
apostate דער פֿעלטשער (ס) || (*Jew.*) דער משומד (ים) [MEShUMED–MEShUMODIM], דער מומר (ים) [MUMER–MUMRIM]
apostle דער אַפּאָסטאָל (...אָ'לן)
apostrophe דער אַפּאָסטראָ'ף (ן)
appalling גרויליק || **a. news** *also* איובֿס בשׂורות מצ [IEFS PSURES]
apparatus דער אַפּאַראַ'ט (ן); די אַפּאַראַטו'ר (ן)
apparel דאָס אָנטאָן, די קליידונג
apparent (clear) קלאָר; ניכּר אַפּ [NIKER] || (seeming) קענטיק, אוי'סדרוקטיק, כּלומר־שטיק [KLO′YMERShTIK] ⊣ **be a.** *also* אָנ|זע|ן* זיך, מערק|ן זיך
apparently אַ פּנים [APONEM], משמעות [MAShMOES]
apparition די ווײַ'זגעבונג (ען); די באַווײַזונג (ען), דאָס דערזע'עניש (ן)
appeal 1. *n.* דער (אויפֿ)רוף (ן), דער אַפּע'ל (ן); דער קול־קורא (ס) [KOLKOYRE] || (legal) די אַפּעלאַציע (ס) || (attraction) דער צוצי (ען); דער חן (ען) [KhEYN] ⊣ **court of a.s** דאָס אַפּעלי'ר־געריכט (ן) || **United Jew. A.** דער פֿאַראיי'ניקט|ער ייִ'דיש|ער אַפּי'ל || **2.** *v.* אַפּעליר|ן || (please) ⟨ד⟩ געפֿעל|ן
appear (in view) *v/imp* ווײַז|ן זיך || *v/pf* באַווײַז|ן זיך, דערזע'|ן* זיך; אַ ווײַז געב|ן* זיך ⊣ (turn up) *also* יאַווע|ן זיך || (*hum.*) אויס|וואַקס|ן || (look, seem) אויס|זע|ן*, אויס|קומ|ען ⊣ (figure) פֿיגוריר|ן ⊣ (perform) אויפֿ|-, אַרויס|טרעט|ן
appearance דער אויסזע, דאָס אויסזען, דער אָנבליק (ן), דאָס פּנים [PONEM], די מראה [MARE] ⊣ (performance) דער אַרויסטרעט (ן) ⊣ **for a.'s sake** פֿון יוצא וועגן [YOYTSE], לפּנים [LEPONEM] ⊣ **to all a.s** ווי עס זעט אויס ⊣ **change a.** באַקומ|ען אַן אַנדער פּנים ⊣ **keep up a.s** האַלט|ן פֿאַסאָ'ן/שטאַט, מאַכ|ן דעם אָנשטעל
appease באַרו'יק|ן, אײַנ|נעמ|ען, מפֿייס זײַן* [MEFAYES]
appeasement policy די נאָ'כגיב־פּאָליטיק
append צו|הענג|ען, מוסיף זײַן* ל [MOYSEF]
appenaicitis דער אַפּענדיצי'ט
appendix (written) די הוספֿה (–ות) [HE-SOFE], דער צוהאַנג (ען) ⊣ (anatomy) די בלינד|ע קישקע (ס)
appetite דער אַפּעטי'ט (ן) || **have/get an a. for** *also* (פֿאַר)קוואַפּע|ן זיך אויף
appetizer דאָס פֿאַ'רגעריכט (ן)
appetizing אַפּעטיטלעך
applaud (person) אַפּלאָדיר|ן, פּאַטש|ן ⟨ד⟩ בראַוואָ ⊣ (action) באַגריס|ן
applause אַפּלאָדיסמענטן מצ
apple דער עפּל (—)
apple sauce דער ע'פּל־צימעס
appliance דער מכשיר (ים) [MAKhshER—MAKhshIRIM], דער אַפּאַראַ'ט (ן) ⊣ (*pl.*) *also* די אַפּאַראַטו'ר
applicable אָ'נווענדלעך || **be a.** (to) *also* זײַן* חל ⟨אויף⟩ [KhAL]
applicant דער אַפּליקאַ'נט (ן)
application (use) די אָ'נווענדונג (ען) || (request) די ווענדונג (ען), די אַפּליקאַציע (ס)
applied אָ'נגעווענדט
apply *vt.* (to) צו|לייג|ן ⟨צו⟩; אָנ|ווענד|ן ⟨פֿאַר⟩, גילט|ן ⊣ **a.** (to) *vi.* זײַן* חל ⟨אויף⟩ [KhAL] ⊣ **a.** (for) אָנ|געב|ן* ⟨אויף⟩
appoint באַשטימ|ען || (time, place) *also* אָפּ|שטעל|ן
appointment (designation) די באַשטימונג (ען) ⊣ (date) דער אָ'פּשמועס (ן), די זעונג (ען), דער צונויפֿטרעף (ן) ⊣ **make an a.** אָפּ|רעד|ן זיך, אָפּ|שמו'עס|ן זיך
appraisal די שאַצונג (ען)
appraise *imp/pf* (אָפּ|)שאַצ|ן

appreciable היפּש, נישקשהדיק [NISHKO'-SHEDIK]

appreciate אָפּ|שאַצן|, דערשאַצן|; זײַן* אַ מבֿין אויף [MEYVN]

appreciated (welcome) *also* אָ'נגעלייגט

appreciation די אָנערקענונג, די אָ'פּשאַצונג || (thanks) דער יישר־כּוח [(YA)sh(ER)-KO'-YEKh]

appreciative (of) דאַנקבאַר ⟨פֿאַר⟩

apprehend אַרעסטיר|ן, פֿאַרהאַלט|ן || (perceive) תּופֿס זײַן* [TOYFES] || *cf. also* **dread**

apprehension דער אַרע'סט (ן); די תּפֿיסה [TFISE] ⊣ (fear) דער חשש (ים) [Khshash—Khshoshim], די מורא (ס) [MOYRE], די אומרו

apprehensive או'מרויִק, פֿאַרזאָ'רגט, צי'-טערדיק ⊣ **be a.** *also* -איבער| ⟨—וועגן⟩ טראַכט|ן, -|קלער|ן

apprentice 1. *n.* דאָס לע'רניינגל (עך) || 2. *v.* (to) באַשטעל|ן ⟨בײַ⟩

apprenticeship די לער

approach 1. *n.* דער צוגאַנג (ען); דער צו-פֿאָר (ן), דער צופֿלי (ען); די דערנע'נטערונג ⊣ 2. *v.* דערנע'נטער|ן זיך, צו|גיי|ן*, (ען) ⊣ -|קומ|ען ⟨—צו⟩

appropriate 1. *adj.* געהעריק*, פּאַסיק; ווי געשיקן| זיך || ⊣ **be a.** *also* אָ'נגעמאָסטן 2. *v.* (seize) צו|נעמ|ען פֿאַר זיך || (allot) באַשטימ|ען, צו|טייל|ן, אַסיגניר|ן

appropriation (seizure) די עקספּראָפּריאַ-ציע (ס) ⊣ (allotment) די באַשטימונג (ען), די צו'טיילונג (ען), די אַסיגנירונג (ען)

approval די הסכּמה (—ות) [HASKOME], די אַפּראָבירונג

approve באַשטע'טיק|ן, אַפּראָביר|ן || **a. of** האַלט|ן פֿון; מסכּים זײַן* אויף [MASKEM]

approximate בערכדיק [ ]

approximately *also* בערך [BEEREKh], אין דעם ערך [EREKh] ⊣ **a. so much** אַן ערך

appurtenances דאָס געשלידער קאָל; צו'גע-הערנס, געהע'ריקייטן —מצ ⊣ **with all the a.** מיט אַלע זיבן זאַכן

apricot דער אַפּריקאָ'ס (ן)

April דער אַפּרי'ל || **A. fool's day** דער פּרימאַ־אַפּרי'ליס

apron דער פֿאַרטעך (ער)

apt פּאַסיק || **a. to** מסוגל [MESUGL], עלול [OLEL] ⊣ **be a. (at)** זײַן* אַ קאַפּאַבל —צו בריה ⟨אויף⟩ [BERYE]

aptitude די פֿעיִ'קייט (ן), דער אויסטויג (ן), דאָס גנעלע'נק (ען)

aquarium דער אַקוואַריום (ס)

Arab 1. *adj.* אַראַביש || 2. *n.* דער אַראַבער (—)

Arabia (די) אַראַביע

Arabian/Arabic אַראַביש

arable: a. land די אַ'קערערד

Aramaic 1. *adj.* אַרמיש [ARAMISH] || 2. *n.* (*Jew.*) *also* דאָס תּרגום־לשון [TA'R-GEMLOSHN]

arbiter דער אַרביטער (ס), דער שליש (ים) [SHOLESH—SHLISHIM]

arbitrariness דער מוטוויל, דער ווי'לדווילן, דער הפֿקר [HEFKER], דאָס הפֿקרות [HEF-KEYRES]

arbitrary אַרביטראַריש, מו'טוויליק, ווי'לד-וויליק, הפֿקר־... [ ]

arbitrate בורר|ן [BOYRER]

arbitration דער אַרביטראַ'זש, דאָס בוררות [BO'RERES]

arbitrator דער בורר (ים) [BOYRER—BO'RE-RIM]

arbor די אַלטאַנע (ס), דאָס גאָ'רטן־שטיבל (עך)

arc דער בויגן (ס)

arch דער בויגן (ס)

archaeological אַרכעאָלאָגיש

archaeologist דער אַרכעאָלאָ'ג (ן)

archaeology די אַרכעאָלאָגיע

archaic אַרכאַיִש; אַלטפֿרענקיש

archaism דער אַרכאַיִזם (ען)

archangel (Christian) דער אַרכאַנגל (ען)

archbishop דער אַרציביסקופּ (ן)

arched אױ'סגעבויג'ן

archer דער פֿײַ'לן־בויגער (ס)

archery דאָס פֿײַ'לן־בויגערײַ' || **a. range** די פֿײַ'לן־בויגערײַ' (ען)

archipelago דער אַרכיפּעלאַ'ג (ן)
architect דער אַרכיטע'קט (ן)
architectural אַרכיטעקטיש
architecture די אַרכיטעקטו'ר (ן)
archives דער אַרכי'וו אַצ (ן)
archivist דער אַרכיוואַ'ר (ן)
arctic 1. *adj.* אַרקטיש || **the A. Ocean** דער אײַז־ים [YAM] ⊣ 2. *n.* **the A.** דער אַרקטיק
ardent הייס, פֿאַרברע'נט, התלהבֿותדיק [ ]
ardor דער פֿײַער, דאָס התלהבֿות [HISLAYVES], די הייסקייט
arduous האַרב, מאַ'טערדיק
area דער שטח (ים) [ShETEKh—ShTOKhIM] ⊣ (region) דער ראַיאָ'ן (ען)
arena די אַרענע (ס)
Argentina (די) אַרגענטינע
Argentine *adj.* אַרגענטינער אינוו
argue *vt.* (for) פֿאַרע'נטפֿער|ן, אַרגומענטיר|ן פֿאַר ⊣ (against) אָפּ|פֿרעג|ן, אַרגומענטיר|ן קעגן ⊣ *vi.* (seriously) אַרגומענטיר|ן, פּאָלעמיזיר|ן, טענהן [ ], מתווכּח זײַן* זיך ל —מיט [MISVAKEYEKh] ⊣ (bicker) אַ'מפּער|ן זיך
argument (proof) דער אַרגומע'נט (ן) || (bickering) דער אי'בערערעד (ן), די פּאָלעמיק (עס), דאָס אַ'מפּערניש, די טענה־ומענה [TAYNE-UMA'YNE] (טענות־ומענות) ⊣ **a fortiori a.** דער קל־וחומר (ס) [KAL-VEKhOYMER] ⊣ **present one's a.s** אויס|טענה|ן זיך
argumentation די אַרגומענטאַציע (ס) || **subtle a.** דער פּילפּול [PILPL]
aria די אַריע (ס)
arid טרוק·ן, פֿאַרטריקנט, מידבּרדיק [MI'DBERDIK]
arise אויפֿ|שטיי|ן* || (originate) אויפֿ|קומ|ען, ניצמח ווער|ן [NITSMEKh] || (occur) מאַכ|ן זיך || (question) *also* פֿרעג|ן זיך
aristocracy די אַריסטאָקראַ'טיע || (*Jew.*) דער ייִחוס [YIKhES]
aristocrat דער אַריסטאָקראַ'ט (ן)
aristocratic אַריסטאָקראַטיש || **person of a. descent** דער מיוחס (ים) [MEYUKhES—MEYUKhOSIM]
arithmetic די אַריטמעטיק
arithmetical אַריטמעטיש
ark (Noah's) די תּיבֿה (—ות) [TEYVE] || **a. of the covenant** דער מישכּן [MIShKN] ⊣ **Holy A.** (synagogal) דער אָרון־קודש [ORNKOYDESh]
arm[1] (limb) די האַנט (הענט), דער אָרעם (ס) || **a. in a.** געאָרעמט
arm[2] *vt/vi* באַוואָ'פֿענ|ען (זיך) || *cf.* **arms; weapon**
armament די באַוואָ'פֿענונג (ען) || (*pl.*) דאָס וואָפֿן
armchair דער פֿאָטע'ל (ן), די פֿאָ'טערשטול (ן)
armed באַוואָפֿנט
Armenia (די) אַרמע'ניע
Armenian 1. *adj.* אַרמעניש || 2. *n.* דער אַרמענער (—)
armistice די וואָ'פֿנרו, דער וואָ'פֿן־שטילשטאַנד (ן)
armload דער ברעם (ען)
armor דער פּאַנצער (ס)
armored געפּאַנצערט, פּאַנצער...
armory דער אַרסענאַ'ל (ן)
armpit די פּאַכווע (ס)
arms דאָס כּלי־זיין [KLEZAYEN], דאָס געווע'ר || **a. race** דאָס וואָ'פֿן־געיעג —קאָל ⊣ **small a.** דאָס קליי'נגעווער קאָל
army די אַרמיי' (ען), דאָס חיל (ות) [KhAYEL—KhAYOLES], דאָס מיליטע'ר
aroma דער אַראָמאַ'ט (ן)
around אַרו'ם אַדוו; אַרו'ם קוו || (approximately) אַ, בײַ, אַנטקעגן
arouse אויפֿ|וועק|ן, אַנטוועק|ן, צעוועק|ן; אָנ|צינד|ן, אויפֿ|שטו'רעמ|ען, -|רו'דער|ן, צעוואַ'רעמ|ען
arraign צו|צי|ען צום גערי'כט
arraignment די צו'ציִונג צום גערי'כט
arrange צעשטעל|ן, צעלייג|ן, אויס|סדר|ן [SADER], אַראַנזשיר|ן; מאַכ|ן אַ טאָלק אין; אײַנ|אָ'רדענ|ען, אויס|מאַרקיר|ן ⊣ **a. for** (sb.) צו|שאַנצ|ן ד || **a. with** אָפּ|מאַכ|ן,

-|רעד|ן, -|שמו'עס|ן —מיט ⊣ **a. one's affairs** אײַנ|אָ'רדע|נ|ען זיך

arrangement דער סדר [SEYDER], די (אײַ'נ)-צו'- ⊣ (preparation) די אָ'רדענונג (ען) ⊣ (agreement) דער אָפּרעד, גרייטונג (ען) ⊣ (musical) די דער מדובר [MEDUBER] ⊣ אַראַנזשירונג (ען)

arrears: in a. הי'נטערשטעליק

arrest 1. *n.* דער אַרע'סט (ן) || 2. *v.* אַרעס-טיר|ן ⊣ (halt) פֿאַרהאַלט|ן

arrival דער אָנקום

arrive אָנ|קומ|ען, קומ|ען (צו גיין/פֿאָרן/...) || אָנ|גיי|ן* ⊣ (unexpectedly) פֿליִ|ען ⊣ (in a vehicle) אָנ|פֿאָר|ן

arrogance די גאווה [GAYVE], דאָס גדלות [GADLES]

arrogant [ ] גאוודיק || **a. person** דער גדלן (ים) [GADLEN—GADLONIM]

arrogate צו|נעמ|ען זיך

arrow די פֿײַל (ן)

arsenal דער אַרסענאַ'ל (ן)

arsenic דער אַרשעניק

arson די או'נטערצינדונג

arsonist דער או'נטערצינדער (ס)

art די קונסט (ן) || **a.s and crafts** די קונסט-האַ'נטאַרבעט ⊣ **work of a.** דאָס קונסט-ווערק (—)

artery די אַרטעריע (ס) || (traffic etc.) *also* דער מאַגיסטראַ'ל (ן)

artichoke דער אַרטישאָ'ק (ן)

article דער אַרטיקל (ען) || (object) *also* דער חפֿץ (ים) [KhEYFETS—KhFEYTSIM] || **written a.** (*iro.*) *also* דער מאמר (ים) [MAYMER—MAYMORIM]

articulate 1. *adj.* (statement) קלאָר, קלאָ'ר-דײַטלעך; געגלידערט ⊣ (person) מע דאַרף אים ⊣ **he is highly a.** ריידיק ⊣ 2. *v.* אַרטיקוליר|ן ⊣ די צונג ניט פּיקן

articulation די אַרטיקולאַציע (ס); דער חיתוך־הדיבור [KhITEKh-HADI'BER]

artificial קינסטלעך; געמאַ'כט, געקינצלט, געמלאָכהט [GEMLOKhET] ⊣ (teeth) אַרײַ'נגעמאַכט

artillery די אַרטילעריע

artisan דער בעל-מלאָכה (—ות) [BALME-LOKhE], דער האַ'נטווערקער (ס)

artist דער קינסטלער (ס)

artistic קי'נסטלעריש

artless [TMI'MESDIK] עכט, תּמימותדיק

as 1. *adv.* [MAYSE]; ווי; מעשׂה... בתּורת [BETOYRES] פּרעפּ ⊣ **as chairman** ווי דער פֿאָ'רזיצער ⊣ **dressed as a peasant** אָ'נגעטאָן מעשׂה פּויער ⊣ 2. *conj.* (since) באשר־בכן ⊣ (*hum.*) ⊣ אַזוי' ווי, ווי באַ'לד [BANShER-BEKhE'YN] ⊣ (while) ווען, [BEShA'S] בעת, [BEYS] בשעת ⊣ **as I was walking** ווען איך בין געגאַנגען; בעת/בשעת איך בין געגאַנגען ⊣ (present participle) ווי גוט ער זאָל ⊣ **good as he is** גיי'ענדיק ⊣ ניט זײַן ⊣ **as ... as** ווי ... אַזוי' || **as young as she** אַזוי' יונג ווי זי; יונג ווי זי || (*omitted*) **pretty as a picture** בילד שיין ⊣ **as ... as possible** וואָס... ער || **as hot as possible** וואָס הייסער || **as for** [ShAYEKh] וואָס שייך ⊣ **as if** גלײַך ווי, [KEILE] עלעהיי', כּאילו ⊣ **as is** ווי שטייט און גייט ⊣ (ער/...) ⊣ **as it were** כּלומרשט ⊣ [KLOYMERShT], יאַקבע ⊣ **as many/much as** אַזש || **as many as 15 people** אַזש 15 מענטשן || **as of** ... פֿון אָן ⊣ **as soon as** באַלד ווי, ווי נאָר || **as though** גלײַך ווי, אַ שטייגער ווי || **as well as** ווי אויך

asbestos דער אַסבע'סט

ascend אַרויפֿ|גיי|ן*, •(אַרויפֿ-)שטײַג|ן, אויפֿ-הייב|ן זיך (—אויף)

ascent דער אויפֿשטײַג, דער אַרויפֿגאַנג (ען), דער אויפֿהייב

ascertain דערגיי'|ן* (אויף געוויי'ס)

ascetic *n.* דער אַסקע'ט (ן)

ascribe to צו|שרײַב|ן ד

ash[1] דאָס אַש || (*pl.*) דאָס אַש

ash[2] 1. *adj.* (wood) || אַש'ן, יאַסינאָווע 2. *n.* (tree) דער אַשבוים (...ביימער)

ashamed: be a. (of/to) שעמ|ען זיך (מיט/צו) ⊣ (*rev. con.*) זײַן* (ד) אַ בושה (צו) [BUShE] ⊣ **become a.** || פֿאַרשעמ|ען זיך **you should be a.** מעגסט זיך שעמען

Ashkenazic [ASHKENAZISH] אַשכּנזיש
ashore אויפֿן ברעג, אויף דער יבשה [YABO-shE]; אַראָ'פּ פֿון שיף/באָרט
ashtray דאָס אַ'שטעצל (עך)
Asia די אַ'זיע || **A. minor** (די) קליי'נ-אַזיע [ZY]
Asian 1. *adj.* אַזיאַטיש [ZY] || 2. *n.* דער אַ'זיער (—) [ZY]
Asiatic 1. *adj.* אַזיאַטיש [ZY] || 2. *n.* דער אַזיאַ'ט (ן)
aside אָן/אין אַ זײַט
ask (inquire) פֿרעג|ן, פֿרעג|ן זיך ⟨—אַ/בײַ⟩ ⊣ **a. again** איבער|פֿרעג|ן || **a. for** (request) בעט|ן, פֿאַרלאַנג|ען ⟨—אַ בײַ⟩ || ask him for it בעט עס בײַ אים || **a. after** נאָכ|פֿרעג|ן זיך אויף
askance קרום, קרומלעך
aslant קאָסע, •שרעג, אין דער קרים
asleep: be a. שלאָפֿ|ן || **fall a.** אַנטשלאָפֿ|ן ווער|ן, אײַנ|שלאָפֿ|ן, -|דרעמל|ען, צו|מאַכ|ן (מיט) אַן אויג
asparagus די ספּאַרזשע
aspect דער פּרט (ים) [PRAT—PROTIM]; דער אַספּע'קט (ן)
aspen דער טאָפּאָל (...אָ'ליעס), די אָסינע (ס) || **trembling a.** דער צי'טערבוים (...ביימער)
asphalt 1. *adj.* אַספֿאַלט·ן || 2. *n.* דער אַספֿאַ'לט
aspiration די שטרעבונג (ען), דער שטרעב (ן), די אַספּיראַציע (ס)
aspire שטרעב|ן, רײַס|ן זיך ⟨—צו⟩
aspirin דער אַספּירי'ן
ass דער אייזל (ען)
assail באַפֿאַל|ן, אָנ|פֿאַל|ן אויף
assailant דער אָ'נפֿאַלער (ס)
assassin דער מערדער (ס), דער רוצח (ים) [RETSEYEKh—ROTSKhIM]
assassinate [DERHARGE] דערהרגע|נען
assassination דער מאָרד (ן); די דערשיסונג (ען), די דערשטעכונג (ען)
assault 1. *n.* דער אָנגרײַף (ן), דער שטורעם (ס) ⊣ 2. *v.* באַפֿאַל|ן, אָנ|גרײַפֿ|ן, שטו'רעמ|ען
assay 1. *n.* די פּראָבע (ס), די פּרוּוו (ן) || 2. *v.* (metal) פּראָביר|ן, פּרוּוו|ן || (attempt) פּרוּוו|ן
assemble צונויפֿ|קלײַב|ן, -|ברענג|ען, -|זאַמל|ען ⊣ (parts) צונויפֿ|שטעל|ן, (צונויפֿ)-|מאָנטיר|ן ⊣ *vi.* צונויפֿ|-, אויפֿ|קלײַב|ן זיך, פֿאַרזאַמל|ען זיך ⊣ (crowd) *also* אויפֿ|לויפֿ|ן זיך
assembly די (אַ'לגעמיינ|ע) פֿאַרזאַמלונג (ען), די אַסיפֿה (—ות) [ASIFE], דער פּלענום (ס) ⊣ (of parts) דער מאָנטאַ'זש || (parliamentary) די אַסאַמבלֶעע (ס)
assembly line די מאָנטאַ'זש-ליניע (ס)
assent 1. *n.* דער יאָ (ען), די הסכּמה [HASKOME], דער צושטים ⊣ 2. *v.* צו|שטימ|ען, זאָג|ן יאָ ⟨—צו⟩, מסכּים זײַן* ⟨אויף⟩ [MASKEM]
assert קאָנסטאַטיר|ן, פֿעסט|שטעל|ן, פֿאַרזי'כער|ן, דרינג|ען
assertion די קאָנסטאַטירונג (ען), די פֿע'סטשטעלונג (ען), די פֿאַרזי'כערונג (ען)
assess (tax) *imp/pf* (אָפּ|)טאַקסיר|ן
asset דער פֿלוס (ן) || (*pl.*) מצ אַקטיוון
assign צו|טייל|ן, באַשטימ|ען || (money) פֿאַרגעב|ן* ⊣ (lesson) אַסיגניר|ן
assignment די •אויפֿגאַבע (ס), די עובֿדה (—ות) [UVDE], דער פֿאַרגע'ב (ן) ⊣ (mission) דאָס שליחות (ן) [shLIKhES], די קאָמאַנדירונג (ען)
assimilate *vt/vi* אַסימיליר|ן (זיך)
assimilation די אַסימילאַציע (ס)
assimilationist דער אַסימילאַטאָר (...אָ'רן)
assist *imp/pf* (צו|-, אַרויס|)העלפֿ|ן
assistance די הילף, די מיטהילף || **receive a. from** *also* אָנ|קומ|ען צו || **be of a.** (to) זײַן* צו הילף ⟨ד⟩
assistant 1. *adj.* געהי'לפֿ... || 2. *n.* דער געהי'לף (ן), דער אַסיסטע'נט (ן)
associate 1. *adj.* אַסאָציי'רט || 2. *n.* דער מי'טאַרבעטער (ס) ⊣ 3. *vt.* פֿאַרבינד|ן, אַסאָצייר|ן ⊣ *vi.* (with) האָב|ן* צו טאָן, געזעל|ן זיך, חבֿר|ן זיך [KhAVER] ⟨—מיט⟩
association די בינדונג (ען); דער פֿאַרבאַ'נד (ן), די פֿאַראײ'ניקונג (ען), די אַסאָציאַציע (ס)
assonance דער אַסאָנאַ'נץ (ן)

assortment דער אָפּקלײַב (ן)

assume נעמ|ען אויף זיך, איבער|נעמ|ען || אָנ|נעמ|ען, (suppose) משער זײַן* (זיך) [MEShAER]

assumption דאָס אײ'בערנעמען; די השערה [HAShORE] (—ות) ⊣ **proceed on the a.** (that) גײ|ן* מיטן גאַנג ⟨אַז⟩

assurance די פֿאַרזי'כערונג (ען), די הבֿטחה [HAFTOKhE] (—ות); די זי'כערקייט

assure פֿאַרזי'כער|ן, מבֿטיח זײַן* ⟨—ד⟩ [MAFTIEKh]

assured פֿאַרזיכערט; געזיכערט || **be a.** (that) זײַן* זיכער ⟨אַז⟩

Assyria (דאָס) אשור

asterisk דאָס שטע'רנדל (עך)

asthma די אַסטמע

astonish (פֿאַר)ווו'נדער|ן, פֿאַרחידוש|ן [ ]

astonished פֿאַרוווּנדערט, פֿאַרחידושט [ ] || **be a.** *imp/pf* (פֿאַר)ווו'נדער|ן זיך, (פֿאַר)חידוש|ן זיך

astonishing חידושדיק [ ], פּלאַדיק -'PE] LEDIK]

astonishment די פֿאַרווו'נדערונג, דער חידוש [KhIDESh]

astounded (ניבֿהל־ו)נשתּומם [(NIVL-VE)- NIShTO'YMEM], פֿאַרטאַמלט, דערשטוי'נט•

astounding נשתּו'ממדיק [ ]

astray פֿאַרבלאָנדזשעט || **go a.** פֿאַר- בלאָנדזשע|ן, אַראָפּ|גיי|ן* פֿון (גלײַכן) וועג || **lead a.** פֿאַרפֿיר|ן, אַראָפּ|פֿיר|ן פֿון (גלײַכן) וועג

astride רײַ'טנדיק ⟨אויף⟩

astrology די אַסטראָלאָגיע

astronaut דער אַסטראָנױ'ט (ן), דער קאָס- מאָנױ'ט (ן), דער שטע'רן־פֿליִער (ס)

astronautics די אַסטראָנױטיק, די קאָסמאָ- נױטיק, דאָס שטע'רן־פֿליִערײַ

astronomer דער אַסטראָנאָ'ם (ען)

astronomical אַסטראָנאָמיש

astronomy די אַסטראָנאָמיע

astute חריפֿותדיק [KhARI'FESDIK], פּיקחיש

asylum דער מיקלט (ים) [MIKLET—MIKLO- TIM] ⊣ (insane) דער משוגעים־שפּיטאָ'ל (־שפּיטע'לער) [MEShUGO'IM], דאָס דולהויז

⊣ **right of a.** (...הײַזער), דער אַזי'ל (ן) דאָס אַזילרעכט

at (place) בײַ || (time) אין, צו || **at** any time צו יעדער צײַט || **at** the age of four צו 4 יאָר || (occasion) אויף ⊣ at the ball אויפֿן באַל || **at the house of** בײַ פּרעפּ || at my house בײַ מיר

atheism דער אַטעיִזם

atheist דער אַטעי'סט (ן) || (*Jew.*) *also* דער כּופֿר־בעיקר (כּופֿרים־) [KOYFER-BEI'KER —KOYFRIM]

Athens (דאָס) אַטע'ן

athlete דער אַטלע'ט (ן)

athletic אַטלעטיש

athletics די אַטלעטיק

at-home *n.* דער בײַזי'ך (ן)

athwart פֿאַ'פּעריק ⟨איבער⟩

Atlantic 1. *adj.* אַטלאַנטיש || 2. *n.* **the A.** דער אַטלאַנטיק

atlas דער אַטלאַס (ן)

atmosphere די אַטמאָספֿע'ר (ן)

atoll דער אַטאָ'ל (ן)

atom דער אַטאָ'ם (ען) || **a. smasher** דער אַטאָ'ם־צעשמעטערער (ס)

atomic אַטאָמיש; אַטאָ'ם...

atomizer דער פּולווערי'זאַטאָר (...אָ'רן)

atone for תּשובֿה טאָ|ן* [TShUVE], אָפּ|- קומ|ען —פֿאַר; אויס|קויפֿ|ן זיך פֿון; מכפּר זײַן* אויף [MEKhAPER]

atonement די תּשובֿה [ ], דאָס אָ'פּקומעניש ⊣ **Day of A.** דער יום־כּיפּור -YIN] KIPER] (ן)

atrocious גרויליק, גרויזאַם•; אַכזריותדיק [ ]

atrocity דאָס אַכזריות (ן) [AKhZORYES]; דער אַכזריות־אַקט (ן)

attaboy! אָ'ט אַזוי! אַ לעבן אויף דײַן קאָפּ! אַ געזו'נט צו דיר!

attach צו|טשעפּע|ן, -|בינד|ן, -|פּע'סטיק|ן ⟨—צו⟩; אָנ|העפֿט|ן, -|בינד|ן ⟨—אין⟩ ⊣ (to a letter) בײַ|לייג|ן || **a. importance to** האַלט|ן אַ פֿאַר וויכטיק

attached צו'געטאָן אַפּ, צו'געבונד'ן, צו'גע- ⊣ (extremely devoted) צו'גע- וואַקס'ן

זאָט·ן ⊣ (house) צוזאַ'מענגעבויט ‖ (enclosed) בײַ'געלייגט

attaché דער אַטאַשע' (ען)

attachment די צו'געבונדנקייט, דער צובונד (ן) ⊣ (device) דער צוהעפֿט (ן)

attack 1. *n.* דער אָנפֿאַל (ן), דער אַטאַ'ק (ן) ‖ 2. *v.* באַפֿאַל|ן, אַטאַקיר|ן; אָנ|פֿאַל|ן ⟨אויף⟩

attacker דער באַפֿאַלער (ס)

attagirl! *see* **attaboy**

attain דערגיי'|ן* ביז, דערגרייכ|ן, דער-שלאָג|ן זיך צו

attempt 1. *n.* דער פּרוּוו (ן) ‖ (on a life) דער אַטענטאַ'ט (ן) ⊣ 2. *v/imp* פּרוּוו|ן

attend (be present) בײַ|זײַן* ⟨בײַ⟩, •בײַ|ווינ|ען ⊣ (accompany) באַלייט|ן ‖ *cf.* **care (for); (take) care (of)**

attendance דער •באַזו'ך ‖ (presence) דאָס בײַזײַן ⊣ **take a.** (of) אויס|רופֿ|ן

attendant 1. *adj.* באַליי'ט... ‖ 2. *n.* דער באַדינער (ס); דער באַלייטער (ס)

attention 1. *n.* דער אויפֿמערק; דער אײַנהער, דער אײַנקוק ⊣ (wooing: *pl.*) די אָווירונג ‖ **pay a.** (to) אײַנ|הער|ן זיך, אײַנ|קוק|ן זיך ⟨אין—⟩; צו|לייג|ן קאָפּ ⟨צו⟩ ⊣ (woo) אָוויר|ן ⟨ד⟩ ⊣ **pay no a.** (to) ניט אום|קוק|ן זיך ⟨אויף⟩, °הער|ן ווי דעם קאָטער ‖ **stand at a.** שטיי|ן* אויף אַכטונג

attentive אײַ'נהעריק, •אוי'פֿמערקזאַם

attentively *also* מיט קאָפּ

attestation דער אויפֿווײַז (ן)

attest to אויפֿ|ווײַז|ן; זײַן* אַן עדות פֿון/אַז [EYDES]

attic דער בוידעם (ס)

attire *n.* די הלבשה [HALBOShE], דער הילוך [HILEKh], דאָס אָ'נטועכץ ⊣ (*iro.*) דער הולך [HOYLEKh]

attitude די שטעלונג (ען); דער (אײַנ)שטעל (ן); די האַלטונג (ען), די באַציִונג (ען)

attorney דער אַדוואָקאַ'ט (ן), דער לויער (ס) אַמער ⊣ **prosecuting a.** דער פּראָקוראָ'ר (ן) ‖ **district a.** דער (דיסטרי'קט־)פּראָקוראָ'ר (ן) ⊣ **a.-general** דער גענעראַ'ל־פּראָקוראָר (ן) ⊣ **power of a.** די פֿולמאַכט (ן)

attract צו|ציִ|ען ‖ (charm) *also* נעמ|ען

attraction דער צוצי (ען), די צו'ציִונג (ען) ‖ (feature) די אַטראַקציע (ס)

attractive צו'ציִענדיק, צו'ציִיק

attribute 1. *n.* די איי'גנקייט (ן) ‖ (grammar) דער אַטריבו'ט (ן) ‖ 2. *v.* צו|שרײַב|ן, -|רע'כענ|ען, פֿאַררע'כענ|ען

auburn רויט־ברוין

auction 1. *n.* די ליציטאַציע (ס) ‖ 2. *v.* **a. (off)** (אָפּ|)ליציטיר|ן

auctioneer דער ליציטאַטאָר (...אָ'רן)

audacious •מוטיק; העזהדיק [ ]

audacity דער •מוט; די העזה [HOZE]

audible הע'רעוודיק

audience (public) דער עולם [OYLEM], דער פּו'בליקום (ס), די אוידיטאָריע (ס) ⊣ (interview) [DY] די אוידיע'נץ (ן)

audit 1. *n.* די בי'כער־רעוויזיע (ס) ‖ 2. *v.* רעווידיר|ן (די ביכער ⟨בײַ⟩)

audition דער פֿאַרהע'ר (ן)

auditor דער רואה־חשבון (רואי־) [ROYE-KhE′zhBM—ROYEY-], דער רעוויזאָ'ר (ן)

auditorium דער זאַל (ן); די אוידיטאָריע (ס)

augment פֿאַרמער|ן, פֿאַרגרע'סער|ן

augury דאָס וואָרזאָגערײַ' (לויט פֿייגל) ‖ (omen) דער וואָ'רצייכן (ס)

august[1] *adj.* דערהויב·ן, דערהיי'כט, לוי'כנדיק

August[2] דער אויגו'סט

aunt די מומע (ס) ‖ **a. by marriage** די קאַלט|ע מומע

aurora borealis דאָס צפֿון־ליכט [TSO′FN]

auspice(s) דער פּאַטראָנאַ'ט (ן), די השגחה [HAZhGOKhE], די פֿירמע — אַצ

auspicious מזלדיק [MA′ZLDIK], גינציק ‖ **be a.** זײַן* אַ גוטער סימן [SIMEN]

auspiciously *also* בכי־טובֿ [BEKhI′-TO′YV]

austere שטרענג; צימצומדיק [ ]

austerely *also* בצימצום [BETSIMTSEM]

austerity דער צימצום [TSIMTSEM], די צנע [TSENE]

Australia (די) אויסטראַ'ליע

Australian 1. *adj.* אויסטראַליש ‖ 2. *n.* דער אויסטראַ'ליער (—)

Austria (דאָס) עסטרײַך

Austrian 1. *adj.* ע'סטרײַכיש || 2. *n.* דער ע'סטרײַכער (—)

authentic עכט, אויטענטיש, וואָ'רצלדיק

authenticate באַע'כטיק|ן, אויטענטיקיר|ן

authenticity די אויטע'נטישקייט

author 1. *n.* דער מחבר (ים) [MEKhABER—MEKhABRIM], דער אויטאָר (...אָ'רן) ⊣ 2. *v.* מחבר זײַן* [ ]

authoritarian *adj.* אויטאָריטאַריש

authoritative מאָ'סגיביק, פֿאַרלאָזלעך

authorities די מאַכט אַצ, מאַ'כטאָרגאַנען מצ || (*hum.*) די נאַטשאַלסטווע

authority (power) די אויטאָריטע'ט, די איי'בערשאַפֿט; דער רשות [RESHU'S]; די דעה [DEYE] ⊣ (office) *also* די אינסטאַ'נץ (ן) || (trustworthy person) דער אויטאָריטע'ט ⊣ (expert) *also* דער בר־סמכא (ס) [BARSAMKhE] ⊣ **be in a.** די האָב|ן* דעה ⊣ **person in a.** דער בעל־דעה (—ות) [BALDEYE], דער דעה־זאָגער (ס)

authorize אויטאָריזיר|ן, באַפֿו'למאַכטיק|ן, מתּיר זײַן* ל [MATER]

autobiographical אויטאָביאָגראַפֿיש

autobiography די אויטאָביאָגראַפֿיע (ס)

autocracy די אויטאָקראַ'טיע (ס)

autograph 1. *n.* דער אויטאָגראַ'ף || 2. *v.* אויטאָגראַפֿיר|ן

automat דער אויטאָמאַ'ט (ן)

automate אויטאָמ(אַט)יר|ן

automatic אויטאָמאַטיש || (self-understood) *also* ממילאדיק [ ]

automatically *also* ממילא [MIMEYLE]

automation די אויטאָמאַציע

automaton דער אויטאָמאַ'ט (ן)

automobile דער אויטאָמאָבי'ל (ן); דער אויטאָ (ס)

autonomous אויטאָנאָמיש

autonomy די אויטאָנאָמיע (ס)

autopsy דער פּאַלמעס (ן) || **perform an a.** (on) פּאַ'למעס|ן

autumn דער האַרבסט (ן), דער אָסיען (ס)

auxiliary *adj.* (אויס)העלפֿ...

avail: to no a. אומזי'סט, אומני'שט || **be of no a.** ניט העלפֿ|ן || (*hum.*) העלפֿ|ן ווי אַ טויטן באַנקעס

availability די פֿאַראַ'נענקייט, די צודער־האַ'נטיקייט

available פֿאַראַנען; פֿאַראַ'ן, בנימצא [BE-NIMTSE], במציאות —אַפּ [BIMTSIES]; צו דער האַנט; צו באַקומען, צו קריגן ⊣ **it's a.** מע קריגט עס

avalanche די לאַווינע (ס)

avarice די גײַ'ציקייט, די זשע'דנעקייט (אויף געלט)

avaricious גײַציק, זשעדנע (אויף געלט)

avenge (oneself) נקמה נעמ|ען [NEKOME], נוקם זײַן* זיך [NOYKEM], אָפּ|רע'כענ|ען זיך ⟨—פֿאַר⟩

avenue די ע'וועניו (ס) אַמער || (tree-lined) די אַלעע (ס)

average 1. *adj.* דו'רכשניטלעך || 2. *n.* דער דורכשניט (ן) ⊣ **on the a.** אין דורכשניט, דו'רכשניטלעך, דורך ס'באַנק

averse: be a. to זײַן* קעגן ד, ניט האַלט|ן פֿון, זײַן* נוטה ניט צו אינפֿ

aversion דער עקל• (ען), דער דערווידער (ס)

avert פֿאַרהיט|ן

aviation די אַוויאַציע, דאָס פֿלי'ערײַ

aviator דער אַוויאַטאָר (...אָ'רן), דער פֿלי'ער (ס)

avid זשעדנע, גיריק•

avocado דער אַוואָקאַדאָ (ס)

avoid *v/imp* ווײַכ|ן פֿון || *v/pf* אויס|מײַד|ן, פֿאַרמײַד|ן

await *v/imp* וואַרט|ן, ריכט|ן זיך —אויף ⊣ (eagerly) אויס|קוק|ן, אַרויס|קוק|ן אויף || *pf.* אָפּ|וואַרט|ן

awake אויף, וואַך —אַפּ || **be a.** זײַן* אויף, זײַן* וואַך, וואַכ|ן ⊣ **stay a.** בלײַב|ן וואַך || **fully a.** אוי'סגעטשוכעט

awaken *vt.* אויפֿ|וועק|ן; אָפּ|טשוכ|ען || *vi.* אויפֿ|וואַכ|ן, -|קומ|ען

awakening די אוי'פֿוואַכונג || (*fig.*) *also* דאָס התעוררות ל [HISO'YRERES]

award 1. *n.* (prize) דער פּריז (ן), די אוי'ס־צייכענונג (ען), די פּרעמיע (ס) ⊣ (judgment) די צו'פּסקענונג (ען) [ ] || 2. *v.* (grant) באַלוינ|ען ⟨אַ מיט⟩, צו|טייל|ן ⟨ד אַ⟩

he was a.ed a medal מע האָט אים צו|- (adjudge) ⊣ באַלוי'נט מיט אַ מעדאַ'ל [PASK'N] פּסקענ|ען

aware: be a. of אָפּ|געב|ן* זיך אַ חשבון פֿון [KhEZhBM], זײַן* אינפֿאָרמי'רט וועגן; וויס|ן* פֿון/וועגן, באַמערק|ן אַ/אַז

awareness די ווי'סיקייט

away אַוועק, אָפּ—קוו ; ווײַטער אדוו ; ני(ש)טאָ' || ניט(אָ') הי (out of town) *also* ⊣ אַפּ || he is away ער איז ניטאָ' (הי) || he goes away ער גייט אַוועק || he steps a. ער טרעט אָפּ ⊣ 5 miles a. 5 מײַל ווײַטער

awe דער פּחד [PAKhED], דאָס צי'טערניש, דאָס יִראת־הכּבֿוד [YIRES-HAKO'VED]; דער אָפּ-שײַ, די פֿאָרכט

awful [SAKONES] שרעקלעך, סכּנות אַפּ

awkward או'מגעלו'מפּערט, לעפּיש || (unmanageable) ווי אַ ביין אין האַלדז || (embarrassing) *adv.* פֿריקרע || **be a.** *also* האָב|ן* ליי'מענע הענט

awl די נאָל (ן)

ax(e) די האַק (העק) || **give the a. to** אונטער|האַק|ן ⊣ **have an a. to grind** קאָכ|ן זיך דערבײַ' אַן אייגן געקע'כטס

axiom [SY] די אַקסיאָ'ם (ען)

axis די אַקס (ן)

axle די אַקס (ן)

aye דער יאָ (ען)

azure בלאַנקעט, הימל בלוי

B

B (letter) דער בע (ען) || (note) דער סי (ען)

babble *v.* פּלאַפּל|ען, פּרעפּל|ען, בעבע|ן, באַל(ע)בעטשע|ן

babe: b. in arms דאָס קינד (ער) אין וויג || **b. in the woods** דאָס מלופּן־קינד (ער) [MELU'PM], דאָס ניו'נקעלע (ך) [NY]

Babel (דאָס) בבֿל [BOVL]

baby 1. *n.* דאָס עופֿעלע (ך) [E'YFELE], דאָס ווי'קלקינד (ער), דאָס בייבי• (ס) ⊣ **have a b.** האָב|ן* אַ קינד; געלעגן ווער|ן ⊣ 2. *v.* פּעסטע|ן

baby carriage דאָס גאַ'נגוועגעלע (ך)

Babylonia (דאָס) בבֿל [BOVL]

Babylonian 1. *adj.* בבֿליש [BAVLISh] || 2. *n.* דער בבֿלי (ם) [BAVLI]

babysit זײַן* אַ קי'נדהיטער ⟨בײַ⟩

babysitter דער קי'נדהיטער (ס)

baccalaureate דער באַקאַלאַווראַ'ט (ן)

bachelor דער בחור (ים) [BOKhER], דער פֿרײַליי'דיק|ער נעב, דער סי'נגלמאַן• (...לײַט) ⊣ **(of Arts)** דער באַקאַלאַווער (ס) (פֿון קונסטן) אַמער

back 1. *adj.* הינטערשט*, הינטער.. || 2. *adv.* אויף הינטן, צורי'ק; צורי'ק קוו ⊣ **be b.** זײַן* צורי'קגעקומען, זײַן* דאָ צורי'ק ⊣ **on the way b.** צורי'ק וועגס || 3. *n.* (body) דער רוקן (ס), די פּלייצע (ס) ⊣ (rear) דער הינטן (ס), די הי'נטערשט|ע זײַט (ן) ⊣ **break one's b.** ברעכ|ן רוק־און־לע'נד || **in the b.** הינטן (פֿון) || **in b.** הינטן || **in b. of** הינטער פּרעפּ ⊣ **behind** (sb.'s) **back** ד הינטער די אויגן ⊣ 4. *v.* שטיצ|ן, אינדאָרסיר|ן, פּראָטעזשיר|ן

backbite מאָטל|ען, קיפּל|ען ⟨—אויף⟩, באַרעד|ן

backbone דער רו'קנביין (ער)

backbreaking: b. work די עבֿודת־פּרך [AVOYDES-PE'REKh]

background דער פֿאָן (ען), דער או'נטערשלאַק (...שלעק), דער הי'נטערגרונט (ן), דער לעצט|ער פּלאַן

backing די אונטערשטיצונג || (currency) די דעקונג

backlash דער קריקשלאָג

backstroke דער נאַ'זנשווום

backward 1. *adj.* הי'נטערשטעליק, אָ'פּגעשטאַנען ⊣ 2. **b.(s)** *adv.* אויף צורי'ק, אַהינטער, אויף הינטן, הי'נטערווײַלעכץ

bacon די פּעטזײַט, דער בייקאָן אַמער

bacteriology די באַקטעריאָלאָגיע

bacterium די באַקטעריע (ס)

bad שלעכט || (dream) בייז || **too b.** אַ שאָד (וואָס)

badge די עמבלעם (ען), דער אָ'פּצייכן (ס)

badger 1. *n.* דער טאַקס (ן) || 2. *v.* יאַדע|ן, טשעפּע|ן זיך ⟨צו⟩

badly (ill) שלעכט || (very) זייער, אויף צרות [TSORES], שטאַרק ⊣ **b. off** שלע'כט אָ'פּ• אַמער

badminton דער באַדמינטאָ'ן

baffle (plans) פֿאַרשטער|ן || (puzzle) פּלעפֿ|ן

baffled: be b. (by) *also* פֿאַרהאַק|ן זיך ⟨בײַ⟩

bafflement די געפּלעפֿטקייט, דאָס געפּלע'פּ

baffling (problem etc.) האַרב || **b.**

question *also* (—ות) די קלאָ'ץ־קשיא [KAShE] ⊣ **b. puzzle** דאָס קלאָ'ץ־רעטעניש (ן)

bag *n.* דער זאַק (זעק) || (ladies') דער טאַש (ן) ⊣ (paper) || דער טוט (ן); דער שקאַרמו'ץ (ן) (suitcase) דער טשעמאָדאַ'ן (עס), די וואַליזע (ס) ⊣ **traveling b.** דער שעפּעט (ן), דער סאַקוואָיאַ'זש (ן) ⊣ **b. and baggage** האַק־און־פּאַק ⊣ (*iro.*) מצ בע'בעכעס || **be left holding the b.** בלײַב|ן מיט אַ נאָז, האַלט|ן° זיך מיט דער דודע ⊣ **b.s under one's eyes** טאָ'רבעלעך אונטער די אויגן

bagel דער בייגל (—)

baggage דער באַגאַ'זש

baggy לויז, בײַ'טלדיק, הע'נגענדיק

bail די קויציע, דאָס ערבֿות(־געלט) [O'RVES]

bailiff דער געריכט־דינער (ס), דער וואָזנע (ס); דער עקזעקוטאָר (...אָ'רן)

bait 1. *n.* די צישפּײַז || 2. *vt.* (attach bait) אָנ|-, אַרײַנ|טאָ|ן* צישפּײַז אויף/אין ⊣ (badger) רייצ|ן זיך מיט, צאַפּ|ן ד דאָס בלוט, איזדיע'קעווע|ן זיך איבער

baiter דער העצער (ס)

baiting די העצע (ס), דאָס העצן

bake *imp/pf* (אויס)באַק|ן

baker דער בעקער (ס)

bakery די בעקערײַ' (ען)

balalaika די באַלאַלײַקע (ס)

balance 1. *n.* (scale) די וואָג (ן) || (counter-weight) די קע'גנוואָג (ן) || (equilibrium) די גלײַכוואָג, דער באַלאַ'נס || (accounts) דער בילאַ'נץ (ן) || **be in b.** הענג|ען אויף משקולות [MIShKOYLES], הימל|ען ⊣ 2. *vt.* (weight) באַלאַנסיר|ן || (account) בילאַנציר|ן

balcony דער באַלקאָ'ן (ען)

bald ליסע; נאַקעט || **b. pate** דער פּליך (ן), דער לי'סעקאָפּ (...קעפּ)

bale דער באַלן (ס)

ball¹ (toy) דער באַלעם (ס), די פּילקע (ס), || (sphere) די קויל (ן) ⊣ דער באַל (ן) || (roll) דער קנויל (ן)

ball² (festivity) דער באַל (בעלער)

ballad די באַלאַדע (ס)

ball bearing דאָס שרײַ'טל־געלעגער (ס)

ballerina די באַלערינע (ס)

ballet דער באַלע'ט (ן)

balloon דער (לו'פֿט)באַלאָ'ן (ען)

ballot 1. *n.* די שטים (ען); דאָס שטימען; דער שטי'מצעטל (ען) ⊣ **cast one's b.** אָפּ|שטימ|ען ⊣ 2. *v.* געב|ן* די שטים

ballot box די אורנע (ס), די קלפּי (ס) [KALFE]

ball point pen די שרײַ'טלפען (ען)

ballroom דער טאַנצזאַל (ן)

balm דער באַלזאַם; די טרייסט

balmy לאַגאָדנע, באַלזאַמיש

balsam דער באַלזאַם

Baltic *adj.* באַלטיש

bamboo דער יאַמש

ban 1. *n.* דער פֿאַרווע'ר (ן), דער איסור (ים) [ISER—ISURIM], דער חרם (ס) [KhEYREM] || 2. *v.* פֿאַרווער|ן, אַסר|ן [ASER], אַרויפֿ-לייג|ן אַ חרם אויף

banana דער באַנאַ'ן (ען)

band (strip) די באַנד (בענדער) || (gang) די באַנדע (ס) ⊣ (orchestra) די קאַפּעליע (ס)

bandage 1. *n.* דער באַנדאַ'זש (ן) || 2. *v.* *imp/pf* (פֿאַר)באַנדאַזשיר|ן

bandit דער גזלן (ים) [GAZLEN—GAZLONIM], דער באַנדי'ט (ן)

band leader דער קאַפּעלי'־מײַסטער (ס)

bang 1. *n.* דער טראַסק, דער קנאַל || 2. *v.* טראַסקע|ן, קנאַל|ן ⊣ *cf.* **slam** || 3. *int.* טראַך! ⊣ (shooting) פּיף־פּאַף!

bangs די גריווקע אצ (ס)

banish אַרויס|טרײַב|ן, מגרש זײַן* ל [MEGARESh] ⊣ (exile) פֿאַרשיק|ן

banishment די פֿאַרשיקונג (ען), דער גירוש [GEYRESh—GERUShIM] (ים)

banjo דער באַנדזשאָ (ס)

bank¹ (shore) דער ברעג (ן)

bank² (credit firm) די/דער באַנק (בענק)

bank account די באַ'נקקאָנטע (ס)

banker דער באַנקי'ר (ן)

banking דאָס באַנקערײַ'

bank note דער באַנקנאָ'ט (ן)

bankrupt באַנקראָ'ט || **go b.** באַנק-
ראָטיר|ן ⊣ (*hum.*) אָנ|זעצ|ן || *cf.* **broke**
bankruptcy דער באַנקראָ'ט (ן), דער אָנזעץ (ן)
banner די פֿאָנע (ס)
banquet דער באַנקע'ט (ן), די סעודה (—ות)
[SUDE]
baptism [TVILE] די טבֿילה || (Christian)
also די קרי'סטיקונג (ען) || (of a Jew)
[shMAD] די שמד
baptize (Christian) קרי'סטיק|ן || (a Jew)
[ ] שמד|ן
baptized: be b. (of a Jew) שמד|ן זיך
[ ] ⊣ (*hum.*) איבער|קער|ן דעם פּעלץ ||
b. Jew *see* **apostate**
bar[1] 1. *n.* דער שטאַנג (ען), דער דראָנג (ען),
די שטאַבע (ס), דער פּרענט (ן) ⊣ (on win-
dows) די קראַטע (ס) || (stroke) דער
שטראָך (ן) ⊣ (obstacle) די מניעה (—ות)
[MENIE] ⊣ (lawyers) די אַדוואָקאַ'טנ-
שאַפֿט ⊣ 2. *v.* פֿאַרצאַמ|ען, פֿאַרשטעל|ן
דעם וועג ⟨ד⟩ ⊣ (door) פֿאַרשפּאַר|ן ||
(exclude) אויס|שליס|ן
bar[2] (drinking) דער באַר (ן), די שענק (ען)
bar[3] (music) דער טאַקט (ן)
barb די שטע'כלקע (ס)
barbarian *n.* דער באַרבאַ'ר (ן)
barbarous באַרבאַריש
barbed שטעכיק
barber דער שערער (ס)
barbershop די שערערײַ' (ען)
bare 1. *adj.* נאַקעט, בלויז, הויל || 2. *v.*
אַנטבלויז|ן, אויפֿ|דעק|ן, אַנטפּלעק|ן
barefoot באָרוועס
bare-headed באָ'רהייפּטיק; בגילוי־ראָש אַדוו
[BEGILE-RO'sh]
barely קוים(־קוים), קאָם(־קאָם)
bargain 1. *n.* (cheap) די מציאה (—ות)
[METSIE] ⊣ (agreement) דער אָפּמאַך ||
great b. [KOSHER] די כשר|ע מציאה ||
extraordinary b. °אַ מציאה פֿון אַ גנבֿ
[GANEF] ⊣ **into the b.** צום רומל ||
add to the b. נאָך אָנ|געב|ן* אין נדן
[NADN] ⊣ *cf.* **deal** || 2. *v.* דינג|ען זיך
barge די באַרקע (ס)

barge in אַרײַנ|לאָז|ן זיך, -|פֿאַל|ן
baritone דער באַריטאָ'ן (ען)
bark[1] 1. *adj.* קאָר'ן || 2. *n.* די קאָרע (ס)
bark[2] (at) ביל|ן, האַווקע|ן ⟨—אויף⟩
barley דער גערשט (ן); פּע'רלגרויפּן מצ ||
b. soup *also* דער קרופּניק
Bar Mitzvah די בר־מיצווה (־מיצוות)
[BAL...] די בעל־מיצווה, [BARMITSVE] ||
be B.ed ווער|ן בר־מיצווה/בעל־מיצווה ||
B. boy [BOKhER] דער בר־מיצווה־בחור
barn דער שײַער (ן)
barometer דער באַראָמעטער (ס)
baron דער באַראָ'ן (ען)
baroness די באַראָנעסע (ס)
baroque *n.* דער באַראָ'ק
barracks דער באַראַ'ק (ן), די קאַזאַרמע
(ס) —אַצ
barrel די פֿאַס (פֿעסער), די טון (ען)
barrel organ די קאַטערינקע (ס)
barren או'מפֿרו'כפּערדיק || **b. woman** די
[AKORE] עקרה (—ות)
barricade 1. *n.* די באַריקאַדע (ס) || 2. *v.*
פֿאַרבאַריקאַדיר|ן
barrier דער באַריע'ר (ן) || (obstacle) די
[MENIE] מניעה (—ות) ⊣ (turnpike) דער
שלאַבאַ'ן (ען)
bartender דער באַ'רשענקער (ס)
barter 1. *n.* דער שטעך, דער בײַ'טהאַנדל, דער
[KhILEF] אויסבײַט, דער חילוף ⊣ 2. *v.* (for)
אויס|בײַט|ן, (פֿאַר)שטע'כעווע|ן ⟨—אויף⟩
base 1. *adj.* געמיי'ן || 2. *n.* די באַזע (ס),
דער פֿונדאַמע'נט (ן) ⊣ 3. *v.* סומך זײַן*
אָנ|שפּאַר|ן, באַזיר|ן, בוי|ען, [SOYMEKh] ||
b. oneself on סומך זײַן* זיך אויף
baseball דער בייסבאָל
baseless אָן אַ גרונד, או'מבאַגרי'נדעט
basement דער או'נטערגאָרן (ס) || **b. dwel-**
ling די קע'לערשטוב (...שטיבער)
bashful שע'מעוודיק || **b. person** *also* דער
[—BAYShONIM] בײַשן (ים) ⊣ **be b.**
שעמ|ען זיך
basic עיקרדיק [I'KERDIK], גרונטיק, תּוכיק
|| [ ]; באַ'זיסדיק, גרונט..., תּוך־... [TOKh]
b. research די תּוך־פֿאָרשונג

basically אין גרונט, אין תּוך [ ], בעצם [BEETSEM]

basin דער בעקן (ס), דער ביט (ן); דער באַסיי'ן (ען)

basis דער סמך (ן) [SMAKh], דער באַזיס (ן), דער גרונט (ן), דער יסוד (ות) [YESO'D—YESOYDES]

bask וואַ'רעמ|ען זיך; באָד|ן זיך

basket דער קויש (ן), דער קאָרב (קערב), דער קויבער (ס), דער קאָשיק (עס)

basketball דער קוישבאָל

bass דער באַס (בעסער)

basso דער באַס (בעסער)

bassoon דער פֿאַגאָ'ט (ן)

bast דער ליוביסטיק

bastard דער ממזר (ים) [MAMZER—MAMZEYRIM]

baste[1] (sew) סטריי'געווע|ן, פֿאַ(ר)סטריי'גע־ווע|ן

baste[2] (wet) באַנעצ|ן

basting stitch די פֿאַסטריגע (ס)

bastion דער באַסטיאָ'ן (ען) [TY], די באַ־פֿע'סטיקונג (ען), די פֿאַרפֿע'סטיקונג (ען)

bat[1] (animal) די פֿלע'דערמויז (...מײַז)

bat[2] (wood) די הילקע (ס)

batch דאָס פּעקל (עך), דאָס בינטל (עך)

bath (in a bathtub) די וואַנע (ס) || *cf.* **bathhouse** || **take a b.** (אויס)באָד|ן זיך || (in a bathtub) *also* מאַכ|ן אַ וואַנע

bathe *vt/vi imp/pf* (אויס|-, אָפּ|)באָד|ן (זיך)

bathhouse די באָד (בעדער), דאָס מרחץ (ן) [MERKhETS] ⊣ **ritual b.** (*Jew.*) די מיקווה (—ת) [MIKVE] ⊣ **b. attendant** דער בעדער (ס) ⊣ (ritual: *fem.*) די טו'־קערין (ס)

bathing: b. cap דאָס באָ'דהיטל (עך) || **b. suit** דער באָ'דקאָסטיום (ען) || **b. trunks** שווימקעס מצ

Bath Mitzvah די בת־מיצווה (—ת) [BAS-MITSVE]

bathrobe דער באָ'דכאַלאַט (ן)

bathroom דער וואַ'שצימער (ן), דער וואַ'נע־צימער (ן)

baton דאָס קאָמאַנדי'ר־דרענגל (עך) || (conductor's) דאָס טאַ'קטשטעקל (עך)

battalion דער באַטאַליאָ'ן (ען) [LY]

batter[1] צעשלאָג|ן, צעממית|ן [TSEMEYMES], צעמזיק|ן [TSEMAZEK]

batter[2] (dough) דאָס (שי'טער)טייג

battery די באַטעריע (ס); דער אַקומולאַטאָר (...אָ'רן)

battle די שלאַכט (ן)

battlefield דאָס שלאַכטפֿעלד (ער), דער קאַמפּ־פּלאַץ (...פּלעצער)

battleship די פּאַ'נצערשיף (ן)

bauble די טשאַטשקע (ס)

Bavaria (דאָס) בײַ'ערן

Bavarian בײַ'עריש

bawl *vi.* פּלאַ'נכענ|ען, בעטשע|ן || *vt.* **b. out** אָנ|שרײַ|ען, אָנ|בײַזער|ן זיך — אויף

bay[1] דער אײַנגאָס (ן), די בוכטע (ס), דער ים־בוזעם (ס) [YAM]

bay[2]**: hold at b.** האַלט|ן פֿון דער ווײַטן

bay leaf דער לאָ'רבערבלאַט (...בלעטער)

bayonet דער באַגנע'ט (ן)

bazaar דער באַזאַ'ר (ן)

be זײַן* || (condition of a person) גיי|ן* אומפּ ד, האַלט|ן ⊣ (*rev. con.*) מאַכ|ן ⊣ מיט אומפּ ⊣ how is he? וואָס מאַכט ער? || ווי גייט אים? ווי האַלט עס מיט אים? (cost) קאָסט|ן, באַטרעפֿ|ן || how much is it? וויפֿל קאָסט דאָס? || **that is** הייסט עס, דאָס הייסט ⊣ **be that as it may** אַזוי' צי אַזוי'; ווי די זאַך/מעשה זאָל ניט זײַן [MAYSE] ⊣ **there is** עס איז דאָ/פֿאַראַ'ן || **there is not** עס איז ניטאָ' || **be to** דאַרפֿ|ן* ⊣ he is to come today ער דאַרף הײַנט קומען

beach די פּלאַזשע (ס); דער ברעג (ן) (ים) [YAM]

beach chair די לינגשטול (ן)

beacon דער שײַ'נטורעם (עס)

bead די קרעל (ן), די פּאַ'טשערקע (ס)

beadle (*Jew.*) דער שמש (ים) [shAMES—shAMOSIM]

beak דער שנאָבל (ען)

beam 1. *n.* דער שטאַנג (ען) || (wooden)

|| דער קלאָץ (קלעצער), דער באַלקן (ס) (of rays) דער שטראַל (ן) || (of light) || דער סנאָפּ (עס), די פּאַסמע (ס) (ליכט) *also* 2. *v.* שטראַל|ן || (with joy) *also* *imp/pf* שײַנ|ען, (אָנ)קוועל|ן ⟨—פֿון⟩

bean דער באָב (עס), דאָס בעבל (עך), די פּאַסאָליע (ס)

bear[1] *n.* דער בער (ן)

bear[2] *v.* טראָג|ן || (suffer) לײַד|ן, פֿאַר־טראָג|ן, איבער|טראָג|ן, אויס|האַלט|ן, -|שטיי|ן* || (give birth) געבויר|ן, האָב|ן*, סובֿל זײַן* [SOYVL] ⊣ (tolerate) *also* געווינ|ען ⊣ (without protest) מקבל־באַהבֿה זײַן* ל [MEKABL-BEA'AVE] ⊣ (ex-penses) אויס|שטיי|ן* || **b. out** אונטער|-האַלט|ן ⊣ **b. up** האַלט|ן, באַקרע'פֿטיק|ן || האָב|ן* אײַ'נזעעניש פֿאַר ⊣ **b. with** זיך אָנ|ווענד|ן, לאָז|ן ווירקן **bring to b.**

bearable נישקשה אַפּ [NISHKOSHE]; צו דער־לײַדן; מיט חסד [KHESED]

beard די באָרד (בערד)

bearer דער טראָגער (ס) || (of document) דער ברענגער (ס); דער מוכּז [MUKA'Z]

bearing (conduct) דער אויפֿפֿיר || (pos-ture) די האַלטונג (ען) || (connection) דאָס שײַכות [SHAYKHES] ⊣ **have a b.** (on) || האָב|ן* אַ שײַכות ⟨צו⟩, אָנ|קער|ן זיך ⟨מיט⟩ *cf.* **ball bearing**

bearings די אָריענטירונג אַצ || **get/have one's b.** אָריענטיר|ן זיך || **have one's b.** || אָריענטיר|ן זיך, וויס|ן* ווו אײַן און ווו אויס **lose one's b.** פֿאַרליר|ן זיך

beast (animal) [KHAYE] די חיה (—ות) || (mute) [BEHEYME] די בהמה (—ות) || (brute) [KHAYE-ROE] די חיה־רעה (חיות־רעות), די בע'סטיע (ס) ⊣ *cf.* **burden**

beastly חײַש [KHAISH], בעסטיאַליש [TY]

beat 1. *n.* דער קלאַפּ; דאָס קלאַפּן || (music) דער טאַקט (ן) ⊣ 2. *vt.* שלאָג|ן || (defeat) צעקלאַפּ|ן, צעשלאָג|ן; געווינ|ען בײַ ⊣ *vi.* קלאַפּ|ן ⊣ **b. it** פֿאַרנע'מ(ט) זיך! טראָג(ט) || האַק|ן אין ⊣ **b. at** זיך אָפּ! ⊣ **b. up** [TSEHARGE] צעהרגע|נען ⊣ **give a b.ing to** אָנ|שלאָג|ן, אָנ|ברעכ|ן ד די ביינער

beaten (path) אוי'סגעטראָט·ן || **get b. up** קריג|ן קלעפּ

beatify זע'נפֿטיק|ן

beatitude די זע'נפֿטיקייט

beatnik דער ביטניק (עס)

beau דער קאַוואַלי'ר (ן)

beautician דער קאָסמע'טיקער (ס)

beautiful שיין

beautify פֿאַרשע'נער|ן, אויס|פֿײַ'נער|ן

beauty (quality) די שיינקייט (ן) || (fe-male) *also* די שאָנקייט || (belle) די שיינהייט (ן), די יפֿת־תּואר (ס) [YEFAS-TOYER] ⊣ *cf.* **belle** || **lend b. to** באַ־שיינ|ען

beauty parlor דער שיי'נקייט־סאַלאָן (ען)

beaver 1. *adj.* בי'בערן || 2. *n.* דער ביבער (ס)

because ווײַל, וואָרעם/וואָרן, מחמת [MAKh-MES] ⊣ **b. of** || איבער, מחמת, צולי'ב **just b.** [BANShER] באשר || **b.** he is **said to be** too young באשר ער איז צו יונג

beckon *v/imp*ווינק|ען || *v/pf* געב|ן* אַ ווונק, צו|ווינק|ען ⟨—ד⟩

become ווער|ן || what **became of** him (=where is he now)? ווו איז ער אַהי'נ־געקומען? ⊣ *cf.* **becoming**

becoming: be b. פּאַס|ן, קלייד|ן ⟨—ד⟩

bed 1. *n.* || די בעט (ן); דאָס געלעגער (ס) (river) דאָס געלעגער (ס) || (garden) די בייט (ן) ⊣ **go to b.** לייג|ן זיך (שלאָפֿן, אין בעט), גיי|ן* שלאָפֿן ⊣ 2. *vt.* **b. down** לייג|ן שלאָפֿן; באַלייג|ן

bedbug די וואַנץ (ן)

bedding דאָס בע'טגעוואַנט || (linens) דאָס באַצײַעכץ

bedfellow דער מי'טשלעפֿער (ס)

bedlam דאָס דולהויז (...הײַזער), דאָס מאַנהויז (...הײַזער), דער באַלאַגאַ'ן (ען), די בהלה [BEHOLE] (—ות)

Bedouin *n.* דער בעדוינער (—)

bedroom דער שלאָ'פֿצימער (ן), דער שלאָ'פֿ־אַלקער (ס)

bedspread דער אי'בערדעק (ן), די קאַפּע (ס)

bee די בין (ען) || **a b. in one's bonnet** פֿליגן אין נאָז

beech דער בוק (עס)

beef 1. *adj.* רי'נדערן || 2. *n.* דאָס רינד־פֿלייש, דאָס רי'נדערנס ⊣ **boiled b.** דאָס זו'פּנפֿלייש

beehive דער בינשטאָק (ן)

beekeeper דער בינער (ס), דער בי'נען־ציִער (ס)

beep 1. *n.* דער פּיפּס (ן) || 2. *v.* פּיפּס|ן

beer דאָס ביר

beet דער בוריק (עס) || **b. red** *also* צוויק רויט ⊣ **b. soup** דער באָרשט (ן)

beetle דער זשוק (עס), דער כרושטש (עס)

befall פֿאַסיר|ן; געשע'|ן*, טרעפֿ|ן (זיך) ־ד/מיט

befit אָנ|שטיי|ן* ד, געשיק|ן זיך פֿאַר

before 1. *prep.* פֿאַ'ר || (time) *also* ערבֿ [EREV] ⊣ b. the door פֿאַ'ר דער טיר ⊣ b. the elections פֿאַר/ערבֿ די וואַלן ⊣ **b. the eyes of** פֿאַר ד אין די אויגן ⊣ 2. *adv.* פֿרי'ער || 3. *conj.* איידער, פֿאַ'ר דעם ווי ⊣ **b. you know it** איידער וואָס ווען

beforehand פֿרי'ער(אַ)

befriend באַפֿרײַנד|ן זיך מיט, מקרבֿ זײַן* [MEKAREV]

beg (request) בעט|ן ⟨בײַ⟩ || (beseech) בעטל|ען, בעט|ן זיך ⟨בײַ⟩ ⊣ (beggar) שנאָר|ן ⊣ **go begging** גיי|ן* איבער די הײַזער ⊣ (offer) קיין בעלן ניט געפֿינ|ען [BALN] ⊣ **b. the question** דרינג|ען פֿון נאָך ניט דערוויזנס ⊣ *cf.* **pardon**

beget געווינ|ען, מוליד זײַן* [MOYLED], גע־בויר|ן

beggar דער בעטלער (ס), דער שנאָרער (ס)

begin *vt/vi* אָנ|הייב|ן (זיך)

beginner דער אָ'נהייבער (ס)

beginning דער אָנהייב (ן), די התחלה (—ות) [HASKhOLE]; דער ערשט|ער אַרויספֿאָר ⊣ **in the b.** אין/פֿון אָנהייב

begone! אַוועק!

begrudge זשאַ'לעווע|ן, ניט פֿאַרגינ|ען ד א || **not b.** פֿאַרגינ|ען ד א

behalf: in b. of פֿון ...ס וועגן; פֿון וועגן, לטובֿת ־ד [LETOYVES] ⊣ **on b. of** אין נאָמען פֿון

behave אויפֿ|פֿיר|ן זיך, האַלט|ן זיך || (well) אויפֿ|פֿיר|ן זיך שיין, זײַן* אַ מענטש, האַלט|ן זיך אין דער מעלה [MAYLE]

behavior דער אויפֿפֿיר || **b. pattern** דער אוי'פֿפֿיר־פֿורעם (ס)

behavioral ...אוי'פֿפֿיר

behead קעפּ|ן

behind 1. *prep.* הינטער || 2. *adv.* הינטן || **be b.** (lag) זײַן* הי'נטערשטעליק || **from b.** *also* הינטן אַרומעט

behold *imp.* זע|ן*, פֿאַרנעמ|ען || *pf.* דער־זע'|ן, באַמערק|ן

behoove מוטל זײַן* אויף, געשיק|ן זיך עס זאָל ...

being *n.* דאָס זײַן || (a being) דער יש (ן) [YESh] ⊣ (creature) די בריאה (—ות) [BRIE] ⊣ **human b.** דער מענטש (ן), דער בן־אָדם (בני־) [BENODEM—BNEY-], דער בר־נש (ן) ל [BARNA'sh]

belated פֿאַרשפּעטיקט

belch 1. *n.* דער גרעפּץ (ן) || 2. *v/imp* גרעפּצ|ן

Belgian 1. *adj.* בעלגיש || 2. *n.* דער בעלגיער (—)

Belgium (די) בעלגיע

belief (faith) דער גלויבן (ס) || (conviction) די איבערצײַגונג (ען)

believe (faith, conviction) גלייב|ן || (opinion) מיינ|ען, האַלט|ן || **b. in** גלייב|ן אין, האַלט|ן פֿון ⊣ **make b.** מאַכ|ן אַן אָנשטעל ⊣ **b. me** גלייב(ט) מיר; כּלעבן

believer דער גליי'ביק|ער געב., דער מאמין (ים) [MAYMEN—MAYMINIM]

belittle מבֿטל מאַכ|ן [MEVATL], מאַכ|ן צו גאָרניט, מאַכ|ן צו קליינגעלט

bell דער גלאָק (גלעקער); דאָס גלעקל (עך)

bellboy דער פּי'קאָלאָ (ס)

belle די יפֿהפֿיה (—ות) [YEFE'YFIE], די קראַסאַ'וויצע (ס)

belligerent 1. *adj.* (at war) מלחמה־האַלטנדיק [MILKhO'ME] ⊣ (pugnacious) קריי'געריש ⊣ 2. *n.* דער מלחמה־האַלטער (ס)

bellow *v.* ריטשע|ן

bellows *(sg.)* דער בלאָזזאַק (...זעק)

belly דער בויך (בײַכער)

belong געהער|ן•, באַלאַנג|ען

belonging דאָס געהערן, די צו'געהעריקייט ⟨—צו⟩

belongings || דאָס צו'געהער, דאָס האָב־און־גו'טס || **with all one's b.** *also* מיט האַק־און־פּאַק, מיט אַלע זיבן זאַכן

beloved 1. *adj.* || טײַער, געלי'בט, באַלי'בט || 2. *n.* *(masc.)* דער געליבט|ער געב || *(fem.)* די געליבט|ע געב

below 1. *prep.* אונטער || 2. *adv.* אונטן || **from b.** *also* אונטן אַרומעט

belt דער פּאַס (ן), דער רימען (ס) || (garment) דער פּאַסיק (עס), דער גאַרטל (ען)

bench די באַנק (בענק) || *cf.* **workbench**

bend 1. *n.* דער (אויס)בייג (ן) || 2. *vt/vi/imp* בייג|ן (זיך) || *vt/vi/pf* אויס-, אָנ|-, אײַנ|בייג|ן, פֿאַרבייג|ן (—זיך) ⊣ (persuade) אײַנ|בעט|ן

beneath אונטער

benediction די ברכה (—ות) [BROKhE]

benefactor דער וווי'לטוער (ס), דער בעל־טובֿה (בעלי־טובֿות) [BALTOYVE—BALE-TOYVES]

beneficial גו'טטויִק, וווי'לטויִק || **b. thing** *also* די טובֿה (—ות) [TOYVE]

beneficiary דער געניסער (ס)

benefit 1. *n.* (use) דער נוצן (ס), דער נוץ (ן), די טובֿה (—ות) [TOYVE] ⊣ (advantage) די מעלה (—ות) [MAYLE] || (social affair) דער בענעפֿי'ט (ן) || **for the b. of** לטובֿת [LETOYVES] || **give the b. of the doubt** דן זײַן* לכּף־זכות [DAN ... LEKA'F-SKhU'S] ⊣ **deny the b. of the doubt** דן זײַן* לכּף־חובֿ [Kho'YV] || **b.s** (material) *also* גליקן מצ || 2. *vt.* ברענג|ען נוצן ד || **b. (by)** *vi.* גע־ניס|ן, האָב|ן* אַ טובֿה ⟨—פֿון⟩ [ ], °פּאָזשיווע|ן זיך ⟨מיט⟩, מרוויח זײַן* ל ⟨פֿון⟩ [MARVIEKh] || *(hum.)* אָפּ|לעק|ן אַ ביינדל, נאַש|ן ⟨—פֿון⟩

benevolence די גו'טהאַרציקייט; דער גוט|ער ווילן

benevolent גו'טהאַרציק, גו'טגינציק

benign לײַ'טזעליק, לאַגאָדנע, ליבלעך, גו'ט־מוטיק ⊣ (non-malignant) גו'ט־מיניק, אָ'נבײַ'זיק

bent *n.* די נטיה (—ות) [NETIE]

bequeath אָפּ|זאָג|ן (בצוואה) [BETSAVOE], אָפּ|שרײַב|ן (אין דער צוואה) [TSAVOE]

bequest דער עזבֿון (—ות) [IZOVN—IZVOY-NES], דער אָפּשרײַב (ן)

berate (אויס|)זידל|ען, ע'פּע|ן אַ מויל אויף

bereaved פֿאַראָבֿלט [FAROVLT] || **b. person** *also* דער אָבֿל (אֲבֿלים) [OVL—AVEYLIM]

bereavement דאָס אֲבֿלות [AVEYLES]

beret דער בערע'ט (ן)

berry די יאַגדע (ס)

berserk: go b. אַרײַנ|פֿאַל|ן אין (אַ) משוגעת [MEShUGA'S]

berth דאָס געלעגער (ס); די קויקע (ס), דאָס (שי'פֿ-, באַ'נ)בעטל (עך)

beseech בעט|ן זיך בײַ

beset אַרומ|רינגל|ען, אָנ|זעצ|ן זיך אויף

beside *prep.* לעבן, בײַ || **b. oneself** אויסער זיך, דול ⊣ (except) (אַ)חוץ [(A)-KhU'TS]

besides 1. *prep.* *see* **beside** || 2. *adv.* (אַ)חוץ דעם [ ]; הײַנט

besiege באַלע'גער|ן

besmirch באַזבֿל|ען [BAZEVL], באַשמוצ|ן

best בעסט* || **at b.** אין בעסטן פֿאַל, אויפֿן בעסטן אופֿן [OYFN], העכסטנס• ⊣ **it's all for the b.** גם זו לטובֿה [GA'M ZU LETO'YVE] ⊣ **to the b. of my ability/knowledge** אויף וויפֿל איך קען/ווייס נאָר ⊣ **make the b. of it, do one's b.** טאָ|ן* וואָס מע קען

bestial חיִיש [KhAISh], בעסטיאַ'ליש [TY]

best man דער או'נטערפֿירער (ס)

bestow upon באַשענק|ען, באַגאָב|ן אַ— מיט

bestseller דער בע'סטסעלער (ס)

bet 1. *n.* || דער וועט (ן), דאָס געוועט (ן) || 2. *v.* (פֿאַר)וועט|ן זיך, גיי|ן* אין געוועט ⟨—מיט ... אויף⟩ ⊣ **I'll b. you $5** איך וועט זיך מיט דיר אויף $5

bethink oneself מישבֿ זײַן* זיך [MEYA-shEV]

betray •פֿאַרראַט|ן, אַרויס|געב|ן*, מסר|ן [MASER]; פֿעלטש|ן, בוגד זײַן*—אין [BOYGED]

betroth פֿאַרקנס|ן [FARKNA'S] || *cf.* **engage**

betrothal די פֿאַרקנסונג (ען) [ ] || **b. party** דער קנס־מאָל (ן) [KNA'S]

better בעסער || you had b. tell him בעסער זאָג אים ⊣ I had b. go בעסער זאָל איך גיין; איך וואָלט באַדאַ'רפֿט גיין ⊣ (more reasonable) גלײַכער || **that's b.!** אָ'ט אַזוי!

between צווישן || **in b.** דערצווישן || **b. you and me** צווישן אונדז זאָל עס בלײַבן

beverage דאָס געטראַ'נק (ען), די משקה [MASHKE—MASHKOES] (משקאָות)

beware (of) היט|ן זיך ⟨פֿאַר⟩

bewilder צעטומל|ען, צעמיש|ן

bewildered פֿאַרלויר·ן, צעטומלט, צעמי'שט, געפּלע'פֿט; מבֿוהל [MEVUEL], חושים—אַפּ || **b. person** דער חושים (ס)

bewilderment דאָס צעמי'שעניש

bewitch פֿאַרכּישופֿ|ן [FARKIShEF]

beyond הינטער, מחוץ [MIKhU'TS], ווײַטער פֿון —ד, אויף יענער זײַט נאָמ

bias דער פֿאָ'ראורטל (ען), דער פֿאָרוי'סיק|ער צוגאַנג (ען), די פּניה (—ות) [PNIE], דער משׂא־פּנים [MASE-PO'NEM]

biased פּניותדיק [PNI'ESDIK], צדדימדיק [TSDO'DIMDIK]

Bible די ביבל (ען) || (*Jew.*) דער תּנך (ן) [TANA'Kh]

Biblical ביבליש || (*Jew.*) תּנכיש [TANA-KhISh]

bibliography די ביבליאָגראַפֿיע (ס)

bicarbonate of soda די סאָדע

bicker אַ'מפּער|ן זיך

bickering דאָס אַ'מפּערניש (ן)

bicycle דער ביציקל (ען), דער וועלאָסיפּע'ד (ן)

bid 1. *n.* דער אָנבאָט (ן) || 2. *v.* (offer) באָט|ן, אָנ|באָט|ן ⊣ (request) בעט|ן || (order) הייס|ן ד

bidder דער אָ'נבאָטער (ס)

bifocal ביפֿאָקאַ'ל

bifurcation די צעצווייונג (ען); די צע־גאָפּלונג (ען)

big גרויס

bigamy די ביגאַמיע

big-bellied בײַכיק

bigot דער פֿאַנאַ'טיקער (ס), דער פֿאַרגלייבט|ער געב

bigoted פֿאַנאַטיש, פֿאַרגלײ'בט

bigotry דער פֿאַנאַטיזם, די פֿאַרגלייבטקייט

bigshot (*hum.*) דער העכט (—), דער קנאַקער (ס), ⊣ (*iro.*) דער קאַ'רפּנקאָפּ (...קעפּ), דער יאַ־טעבע־דאַ'ם, דער כּל־ולך [KO'LVELOKh]

bile די גאַל

bilingual צוויי'שפּראַכיק

bilingualism די צוויי'שפּראַכיקייט

bill[1] 1. *n.* (poster) דער אַפֿי'ש (ן), דער פּלאַ־קאַ'ט (ן) ⊣ (charter) דער סטאַטו'ט (ן) || (invoice) דער חשבון (ות) [KhEZhBM—KhEZhBOYNES], די רע'כענונג (ען) ⊣ (legislative) דער ביל (ן), דער געזע'ץ־פּראָיעקט (ן) || B. of Rights דער ביל פֿון רעכט (ן) אַמער ⊣ (banknote) דער באַנקנאָ'ט (ן), דאָס פּאַפּי'ר־געלט קאָל ⊣ **b. of lading/sale** דער לאַד־/פֿאַרקוי'ף־צעטל (ען), ־שטר (ן) [shTAR] ⊣ 2. *v.* שיק|ן ד אַ חשבון [ ]

bill[2] *see* **beak**

billiards דער ביליאַ'רד [LY]

billion דער ביליאָ'ן (ען) [LY]

billow די פֿאַליע (ס), די אינד (ן)

bin דער זאַסיק (עס)

bind *imp/pf* (פֿאַר)בינד|ן || (books) (אײַנ|)בינד|ן

binder (notebook) די קלעמהעפֿט (ן)

binding (of a book) דער (אײַנ)בונד (ן)

binoculars (*sg.*) דער בינאָקל (ען), דער שפּאַקטי'וו (ן)

biochemistry די ביאָכעמיע

biography די ביאָגראַפֿיע (ס)

biological ביאָלאָגיש

biologist דער ביאָלאָ'ג (ן)

biology די ביאָלאָגיע
bipartisan צוויי־פּאַרטיייִש
birch די בערעזע (ס)
bird דער פֿויגל (פֿייגל) || **b.s of a feather** || פֿייגלש אַדי ⊰ **b.'s** פֿון איין טייג געקנאָטן
kill two b.s with one stone שיס|ן צוויי האָזן מיט איין שאָס
bird's-eye view דער פֿויגלבליק (ן) ⟨אויף⟩
Birobidjan (דאָס) ביראָבידזשאַן
birth דאָס געבוירן(־ווערן), די געבורט (ן) ||
be giving b. to a child גיי|ן* צו קינד ||
from b. פֿון געבוירן אָן || **give b. to** געבויר|ן
birth certificate די מעטריקע (ס)
birth control דער קינדל־קאָנטראָל
birthday דער געבוירן־טאָג (־טעג), דער געבורטסטאָג (...טעג) ⊣ **have one's b.** יער|ן זיך ⊣ his b. is in May ער יערט זיך אין מײַ ⊣ **happy b.** (צו דײַן) מזל־טובֿ [MA'ZLTOV]! מיט מזל געבוירן־טאָג (גע־יערט זיך!)
birthmark דאָס לעבערל (עך), דער מוטער־צייכן (ס)
birth rate די געבורטיקייט (ן)
biscuit דער ביסקוויט (ן)
bisect צעהאַלב|ן
bishop דער ביסקופּ (ן) || (chess) דער לאַפֿער (ס)
bison דאָס ווילטיר (ן) || (legendary) דער שור־הבר [sho'RABOR]
bit[1] דאָס ביסל (עך), דאָס שטיקל (עך), דאָס ברעקל (עך) ⊣ a b. of a fool אַ שטיקל נאַר ⊣ (with *adj.*) ...לעך || a b. dark פֿינצטערלעך ⊣ **little/tiny b.** דאָס פּיצל (עך) ⊣ **small b.s** פּיץ־פּיצלעך, שטיק־שטיקלעך ⊣ **the least b.** די האָר || in the least b. אויף אַ האָר || **b. by b.** ביסלעכווײַז, צו ביסלעך
bit[2] (bridle) דער מושטוק (עס)
bitch די צוויג (צווײַג) || (*fig.*) די כלבֿטע (ס) [KLAFTE]
bite 1. *n.* דער ביס (ן) || (morsel) דער איבער־ביסן (ס) ⊰ **have a b. to eat** || כאַפּ|ן עפּעס, נעמ|ען עפּעס אין מויל אַרײַן
2. *v. imp/pf* (אײַנ)בײַס|ן || (one's lips) פֿאַרבײַס|ן || **b. in two** איבער־בײַס|ן ⊣ **b. off** אָפּבײַס|ן
biting בײַסיק || **b. word** *also* דאָס שטעכ־ווערטל (עך)
bitter ביטער, גאַליק || **the b. end** דער סאַמע סוף [SOF] ⊣ **make b.** פֿאַרביטער|ן, פֿאַרפֿינצטער|ן
bitterness די ביטערקייט
bituminous coal ווייכע קוילן מצ
bivouac דער ביוואַק (ן)
biweekly צווייוואָכיק
bizarre ביזאַר, טשודנע, אויסטערליש
blab (tell) *imp/pf* (אויס)לאמר|ן [LEY-MER] ⊣ (chatter) פּיסקעווע|ן
black 1. *adj.* שוואַרץ || (eye) אונטער־ברוין און בלאָ, געשלאָגן ⊣ **b. and blue** בלוינע־בלאָ ⊣ **b. and blue mark** *also* דער סיניק (עס) ⊣ 2. *n.* **in b. and white** שוואַרץ אויף ווײַס
blackberry די אָזשענע (ס)
blackbird דער אַמסטל (ען)
blackboard דער טאָוול (ען)
blacken פֿאַרשוואַרצ|ן || (with smoke) *also* פֿאַררייכער|ן || (with soot) אײַנ־ריס|ן
blackguard דער מנוול (ים) [MENUVL— MENUVOLIM], דער זשוליק (עס)
blackjack די נאַגײַקע (ס)
blacklist 1. *n.* די שוואַרצ|ע ליסטע (ס) || 2. *v.* אַרויפֿשטעל|ן אויף דער שוואַרצער ליסטע
blackmail 1. *n.* דער שאַנטאַזש || 2. *v.* שאַנטאַזשיר|ן
blackmailer דער שאַנטאַזשיסט (ן)
blackout די פֿאַרפֿינצטערונג (ען)
blacksmith דער קאָוועל (עס), דער שמיד (ן)
bladder דער פּענכער (ס)
blade (knife) די שאַרף (ן), דער קלינג (ען) ||
b. of grass דאָס גרעזל (עך)
blah-blah בע־מע, אַזוי און אַזוי
blame 1. *n.* די שולד || **put the b. on** אַרויפֿ|וואַרפֿ|ן די שולד אויף ⊣ 2. *v.* **b.** (sb.) **for** || האָב|ן* צו ... פֿאַר, פֿאַרדענק|ען ד אַ

ד • אויס|וואַרפֿ|ן ⊣ **be to b.** שולדיק זײַן* ||
but don't b. me! !גע׳זונטערהייט

bland מילד, האַ׳ניקדיק, בוי׳מלדיק, אוי׳מ- פּיקאַנט

blandishment דאָס גלע׳טעניש (ן), דאָס לאַ׳ש- טשעניש (ן)

blank 1. *adj.* לײדיק, רײן, בלויז || (cartridge) פּוסט || (verse) ווײַס || (check etc.) בלאַנקאָ... || 2. *n.* דער בלויז (ן) ⊣ (form) דער בלאַנק (ען)

blanket[1] *adj.* כּוללדיק [KO'YLELDIK], אַהולנע

blanket[2] 1. *n.* די קאָלדרע (ס), דער קאָץ (ן) || **wet b.** (*fig.*) די בי׳טער|ע צי׳בעלע (ס), די זוי׳ער|ע אוי׳גערקע (ס) ⊣ 2. *v.* אײַנ|דעק|ן, פֿאַרדעק|ן

blaspheme מחלל־שם זײַן* [MEKhALEL-ShE'M], לע׳סטער|ן

blasphemy דער חילול־השם [KhILEL-HA-ShE'M], דער גידוף (ים) [GIDEF—GIDUFIM], די לע׳סטערונג (ען)

blast 1. *n.* (wind) דער בלאָז (ן) || (explosion) דער אויפֿרײַס (ן), דער אויסשאָס (ן), דער אויספֿלאַם (ען) ⊣ 2. *v.* אויפֿ|רײַס|ן || **b. off** *vt/vi* אַרויפֿ|שיס|ן (זיך)

blast-off דער אַרויפֿשאָס (ן)

blatant שרײַיִק, טו׳מלדיק

blaze 1. *n.* דער בראַנד (ן), די שׂריפֿה (—ות) [SREYFE] ⊣ 2. *v.* פֿלאַמ|ען, פֿלאַ׳קער|ן

blazing פֿלאַ׳מענדיק, פֿלאַם־פֿײַ׳ערדיק

bleach 1. *n.* דאָס בלײכעכץ || 2. *v.* *imp/pf* (אויס|)בלײכ|ן, (אויס|)בליאַקיר|ן

bleak טריב, וויסט•

bleary פֿאַרוויי׳נט

bleat (cow, goat) מעקע|ן || (sheep) בעקע|ן

bleed *vt.* לאָז|ן בלוט ד, שלאָג|ן ד צו דער אָדער ⊣ *vi.* בלו׳טיק|ן || (*rev. con.*) ס׳גייט אָפּ|גיי|ן* מיט בלוט (פֿון) ⊣ **b. heavily** ביז בלוט ⊣ **until it b.s** בלוט

blemish דער פּגם (ים) [PGAM—PGOMIM], די פּגימה (—ות) [PGIME], דער פּסול (ים), דאָס אוי׳מטיידערל (עך)

blend 1. *n.* דאָס געמי׳ש (ן), די מישונג (ען) || 2. *vt.* *imp/pf* (אויס|)מיש|ן || *vi/imp* מיש|ן זיך, צונױפֿ|גיס|ן זיך ⊣ *pf. also* אויס|מיש|ן זיך

bless בענטש|ן || (God) **b. you** לאַנג לעבן זאָלט איר! לאַנג לעבן זאָלסטו! אַ לעבן אויף דיר/אײַך! ⊣ (sneeze) צו געזו׳נט!

blessed *cf.* **memory**

blessing די ברכה (—ות) [BROKhE]

blight 1. *n.* (*fig.*) דער או׳נטערגאַנג (ען), די זאַראַזע (ס), דער פֿאַרפֿאַ׳לב (ן) ⊣ (plants) *also* די בראַנד || (grain) *also* דער זשאַווער || 2. *v.* פֿאַרפֿאַלב|ן

blimp דער בלימפּ (ן), דער דיריזשאַבל (ען)

blind 1. *adj.* בלינד || **b.man's buff** דאָס שטאַרע (ס), דער רולע׳ט (ן), די זשאַלו׳זיע (ס) ⊣ 2. *n.* די בלע׳נדעניש, די בלי׳נדזעקייט || 3. *v.* (dazzle) *imp/pf* (פֿאַר|)בלענד|ן ⊣ (make blind) בלינד מאַכ|ן

blindfold *v.* פֿאַרבינד|ן ד די אויגן

blindly (אויף) בלינד

blindness די בלינדקייט

blink (eyes) פּינטל|ען ⟨מיט⟩ || (light) *also* בליצל|ען

blinker (horse) דער שלידער (ס) || (light) דער בליצלער (ס)

blintz די בלינצע (ס)

bliss די חדווה [KhEDVE], די גלי׳קזעליקייט•, דאָס מתיקות [MESIKES]

blissful חדווהדיק [ ], גלי׳קזעליק•, מלא־ חדווה אַפּ [MOLE]

blister דער פּוכי׳ר (ן), דער בלאָטער (ס)

blizzard די זאַווערוכע (ס)

blob דער טראָפּן (ס), דער שמיר (ן); דער קויק (ן), די הרודקע (ס)

bloc דער בלאָק (ן)

block 1. *n.* (wood) דאָס קלעצל (עך) || (street) דער בלאָק (ן) || (obstruction) דער פֿאַרצאַ׳ם (ען) || (mental) דער שטער (ן) ⊣ **b. letters** די כּתיבֿה [KSIVE] || **write in b. letters** כּתיבֿה|ן [ ] || 2. *v.* פֿאַרשטעל|ן, פֿאַרשפּאַר|ן, פֿאַרבוי|ען; (פֿאַר|)בלאָקיר|ן

blockade 1. *n.* די בלאָקאַדע (ס) || 2. *v.* בלאָק(אַד)יר|ן

blockhead *see* **fool**
blond *adj.* בלאָנד
blonde די בלאָנדינע (ס)
blood 1. *adj.* (relative) לײַבלעך || 2. *n.* דאָס בלוט; געבליטן מצ ⊣ **run in one's b.** ליג|ן ⟨ד⟩ אין בלוט ⊣ **b. accusation** דער בלו'ט־בילבול [BILBL], דער עלילת־דם [ALI-LES-DA'M]
bloodhound דער שפּירהונט (...הינט)
bloodshed די בלו'ט־פֿאַרגיסונג
bloodshot פֿאַרלאָפֿ'ן מיט בלוט
bloodthirsty בלו'טדאָרשטיק
blood vessel דאָס בלו'טגעפֿעס (—), די אָדער (ן)
bloody 1. *adj.* בלוטיק || 2. *v.* צעבלו'טיק|ן || (clothes etc.) פֿאַרבלו'טיק|ן
bloom 1. *n.* דער בלי, דער צוויט || **in (full) b.** אין (פֿולן) בלי, צעצוויטעט ⊣ 2. *v.* בלי|ען, צוויטע|ן
bloomers מײַטקעס מצ
blossom 1. *n.* דער קווייט (ן) || (*pl.*) דאָס בלי'עכץ, דער צוויט —קאָל ⊣ 2. *v.* בלי|ען, צוויטע|ן ⊣ **b. forth** אויפֿ|בלי|ען, צע־בלי|ען זיך
blot 1. *n.* דער פֿלעק (ן), דער קלעק (ן) || (moral) *also* דאָס או'מטיידערל (עך) || 2. *v/pf* אָפּ|קלעק|ן
blotch דער פֿלעק (ן); דער בלאָטער (ס)
blotter דער קלעקער (ס)
blotting paper דאָס קלע'קפּאַפּיר
blouse די בלוז(ק)ע (ס)
blow 1. *n.* (wind) דער בלאָז (ן) || (hit) דער קלאַפּ (קלעפּ), דער זעץ (ן), דער טראַסק (ן) ⊣ **b. by b.** קלעפּווײַז || 2. *v.* בלאָז|ן || (wind) *also* ווייע|ן || **b. one's nose** *imp/pf* (אויס|)שנײַצ|ן (זיך) די נאָז || **b. over** (pass) איבער|גיי|ן* || **b. up** (explode) *vt/vi* אויפֿ|רײַס|ן || (inflate) אויפֿ|בלאָז|ן || (exaggerate) *also* צעבלאָז|ן
blue בלאָ || (sad) סומנע, עצבֿותדיק [A'TSVESDIK] ⊣ **navy b.** גראַנעט
blueberry די שוואַרצ|ע יאַגדע (ס)
blueing דאָס בלאָעכץ

blueprint דער ציאַנאָטי'פּ (ן) || (plan) דער פּלאַן (פּלענער), די סכעמע (ס)
bluff 1. *n.* דער בלאָף (ן) || 2. *v.* בלאָפֿ|ן, טשאַקע|ן
blunder 1. *n.* דער גראָב|ער פֿעלער (ן) || 2. *v/pf* אָפּ|טאָ|ן* אַ פֿעלער, באַנאַ'ריש|ן ⊣ (in speaking) *also* פֿאַררעד|ן זיך
blunt 1. *adj.* (dull) טעמפּ || (frank) שאַרף, אָפּ'ן ⊣ 2. *v.* אָפּ|טעמפּ|ן
blur 1. *n.* דער פֿלעק (ן), דער וויש (ן) || 2. *v.* פֿאַרוויש|ן, פֿאַררײַב|ן
blurred *also* צעשוווּמען || (photo) פֿאַררו'קט
blurt out אַרויס|כאַפּ|ן זיך, אַרויס|פּלאַצ|ן מיט—
blush *v/imp* רייטל|ען זיך || *pf.* פֿאַררייטל|ען זיך, רויט ווער|ן
boar דער וואַ'לד־חזיר (ים) [KHAZER— KHAZEYRIM], דער קאַבאַ'ן (עס)
board 1. *n.* (plank) די ברעט (ער) || (display) דער טאָוול (ען) || (council) די קאָלעגיע (ס) ⊣ **b. of directors** די דירעקטאָ'רן־קאָלעגיע, די דירעקטאָ'רנשאַפֿט, || דער דירעקטאָ'ריום (ס), די דירעקציע (ס) || (office) דער אַמט (ן), דאָס ביוראָ' (ען) || (food) דער פּאַנסיאָ'ן [SY] || **on b.** (ship) אויפֿן באָרט ⊣ **b. of education** דער בי'לדונגסאַמט ⊣ 2. *vt.* (go aboard) אַרויפֿ|זעצ|ן זיך אויף, אַרײַנ|זעצ|ן זיך אין, באָרטיר|ן || **b. up** באַשלאָג|ן מיט ברעטער || **b. with** *vi.* זײַן* אויף פּאַנסיאָ'ן בײַ
boarder דער פּאַנסיאָנע'ר (ן) [SY], דער קוואַרטיראַ'נט (ן)
boarding house דער פּאַנסיאָ'ן (ען) [SY]
boast 1. *n.* דער באַרי'ם (ען), דער פּראַל (ן) || 2. *v.* באַרימ|ען זיך, גרייס|ן זיך, פּראַל|ן זיך, רימ|ען זיך ⊣ (descent etc.) ⟨מיט—⟩ *also* יחסנ|ען זיך ⟨מיט⟩ [YAKhs·N] || **something to b. about** (*iro.*) די גדולה [GDULE]
boastful באַרי'מעריש, אוי'ספּײַנעריש, גרוי'ס־האַלטעריש
boat דאָס שיפֿל (עך), די לאָטקע (ס) || **be in the same b.** (as) זײַן* אויף איין

פּור, זײַן *אַחים־לצרה ⟨—מיט⟩ [AKhIM-LETSO'RE]
bobby pin די האָ'רשפּילקע (ס)
bodily 1. *adj.* גופֿיק || 2. *adv.* אין גוף; ממש [MAMESh]
body דער גוף (ים), דער קערפּער (ס), דאָס (administrative) די קע'ר- ⊣ לײַב (ער) (automobile) די קאַראָ- ⊣ פּערשאַפֿט (ן) with b. and soul מיט לײַב ⊣ סעריע (ס) און לעבן, מיט אַלע רמח אבֿרים [RAMA'Kh EYVRIM] ⊣ b. of water || דער וואַסער (ן) *cf.* student
bodyguard (troop) די לײַבוואַך || (person) דער לײַ'בוועכטער (ס)
bog 1. *n.* די גרוזנע (ס) || 2. *v.* b. down פֿאַרגרוזנעט ווער|ן
boil[1] 1. *n.*: bring/come to a b. -|אויפֿ || אויפֿ|וועל|ן (milk) *also* ⊣ זיד|ן, -|קאָכ|ן 2. *vt/imp* אָפּ|קאָכ|ן, *pf.* || קאָכ|ן, זיד|ן *vi.* זיד|ן, קאָכ|ן זיך ⊣ פֿאַרבריִ|ען || b. over אויס|לויפֿ|ן
boil[2] (abscess) דאָס געשווי'ר (ן)
boiler דער קעסל (ען)
boiling זודיק, קאָ'כעדיק || b. water די זאָט, דער אָקרעפּ
boisterous ליאַ'רעמדיק, [RAShIK] רעשיק שטו'רעמדיק
bold || באַהאַ'רצט, •מוטיק; דרייסט, בראַוו make b. to אײַנ|שטעל|ן און וו, דערלויב|ן זיך צו אינפֿ
boldness די דרייסטקייט, דער •מוט, דער קוראַ'זש
bologna דער באָלאָניער וורשט, דער טײַוווּרשט
bolster 1. *n.* דער וואַליק (עס), דאָס קישל (עך) || 2. *v.* אונטער|שפּאַר|ן
bolt 1. *n.* דער ריגל (ען) || (screw) דער שרויף (ן) ⊣ *cf.* flash || 2. *v.* פֿאַרריגל|ען
bomb 1. *n.* די באָמבע (ס) || 2. *v.* באָמבאַר- דיר|ן
bombing די באָמבאַרדע (ס)
bona-fide *adj.* רעכט, נאמנותדיק [NE-MO'NESDIK]
bond (tie) דער בונד (ן) || (fetter) די קייט (ן) ⊣ (financial) די אָבליגאַציע (ס)
bondage דאָס שקלאַפֿערײַ', די קנעכטשאַפֿט
bone דער ביין || (*pl.*) *also* קאָל דאָס געביי'ן || more b.s than meat (*hum.*) דער °קײַ- סלע- ⊣ b. of contention דער °אונ־שפּײַ' || המחלוקת [SE'LE-HAMAKhLO'YKES] make no b.s about it רעד|ן אָ'פֿענע דיבורים
bonfire דער שײַ'טער(־הויפֿן) (ס)
bonnet דאָס הײַבל (עך), דער טשעפּיק (עס)
bonus די פּרעמיע (ס), דער באָנוס (ן)
bon voyage פֿאָר(ט) געזו'נט
bony ביי'נערדיק
boo *vt.* אויס|פֿײַפֿ|ן || *vi.* פֿײַפֿ|ן
boobytrap 1. *n.* די גענאַ'ר־מינע (ס) || 2. *v.* פֿאַרלייג|ן גענאַ'ר־מינעס אין
book 1. *n.* דאָס בוך (ביכער) || (of musical play) דער ליברעטאָ (ס) || religious b. (*Jew.*) [SEYFER—SFORIM] דער ספֿר (ים) || 2. *vt.* (reserve) באַשטעל|ן || (enter) || פֿאַר)בוכ|ן, אײַנ|בוכ|ן, -|ריי'סטער|ן) (criminal) *also* פֿאַרפּראָטאָקאָליר|ן
bookbinder דער אײַ'נבינדער (ס)
bookcase די בי'בערשאַנק (...שענק)
book end דער בי'כער־ווינקל (ען)
bookish בי'כערדיק || (*Jew.*) לומדיש [LOMDISh]
bookkeeper דער בוכהאַלטער (ס)
bookkeeping די בוכהאַלטעריע
booklet דאָס ביכל (עך), די בראָשו'ר (ן)
bookmark דער ליי'ען־צייכן (ס)
bookseller דער בו'כהענדלער (ס), דער מוכר־ ספֿרים (מוכרי־) [MOYKhER-SFO'RIM—MOYKhRE]
bookworm דער בי'כער־וואָרעם (־ווערעם); דער באַ'נקקוועטשער (ס)
boom (growth) 1. *n.* די בליִונג (ען), דער אויפֿבלי (ען), ⊣ דער אויפֿלעב (ן) 2. *vi.* בליִ|ען
boomerang 1. *n.* דער בומעראַ'נג (ען) || 2. *v.* °אויס|פֿאַל|ן באַקעם
boon די ברכה (—ות) [BROKhE]
boor דער כאַם (עס), דער עם־הארץ (־הארצים) [AMORETS—AMERATSIM], דער גראָב|ער־ יו'נג (ען), דער זשלאָב (עס)

boorish מגושמדיק [MEGU'ShEMDIK], עם־האַרציש [AMERATSISh], פּויעריש, פֿאַר־גרע'בט

boost אונטער|שטופּ|ן; אונטער|הייב|ן

booster (rocket) דער היי'בראַקעט (ן) || (injection) די דערשפּריצונג (ען)

boot[1] (—) דער שטיוול || (snow/rain) דער באָט (ן)

boot[2]: **to b.** (נאָך) דערצו', צום רומל

booth די בוד(ק)ע (ס), דאָס בײַדל (עך)

bootleg 1. *n.* די כאָ'ליעווע (ס) || 2. *v.* שוואַרצ|ן

bootlegger דער שוואַרצער (ס), דער שמוגלער (ס)

booty דאָס (זאַק)רויב, די גזלה [GZEYLE]

border 1. *n.* דער גרענעץ (ן); דער ברעג (ן), דער ראַנד (ן); דער שליאַק (ן) ⊣ 2. *vt.* באַברעמ|ען ⊣ *vi.* גרע'נעצ|ן זיך ⟨מיט⟩

borderline דער גרענעץ (ן)

bore[1] (drill) *imp/pf* (דורכ|)ע'קבער|ן, (דורכ|)בוי'ער|ן

bore[2] 1. *n.* דער נודניק (עס) || 2. *v.* נודיע|ן, פֿאַרנודיע|ן ⊣ **b. to death** דערעס|ן —ד

bored: **be b.** נודיע|ן זיך || (*rev. con.*) זײַן* סקוטשנע ד ⊣ **be b. with** *also* (*rev. con.*) זײַן* דערעסן, זײַן* נימאס ⟨—ד⟩ [NIMES] || **become b. with** (*rev. con.*) דערעסן ווער|ן, נימאס ווער|ן —ד

boredom דער לאַנגווײַל, די נודאָטע

boric acid דאָס באָ'רזײַערס

boring נודנע, סקוטשנע, לאַ'נגווײַליק; נימאס [NIMES] ⟨ד⟩ אַפּ ⊣ **become b.** *also* צו|עס|ן זיך ⟨ד⟩

born געבויר־ן || **be b.** געבוירן ווער|ן || **I wasn't b. yesterday** איך בין ניט קיין נע'כטיק|ער

borough דער שטאָטטייל (ן)

borrow *v/imp* לײַ|ען, באָרג|ן ⟨בײַ—⟩ || *pf.* אויס|לײַ|ען, אויס|באָרג|ן, אַנטלײַ|ען ⟨בײַ—⟩

borrowing (thing borrowed) דער אַנטלײַ' (ען)

borsht דער באָרשט (ן)

bosom דער בוזעם (ס) || (*fig.*) דער שויס (ן)

boss (chief) דער שעף (ן) || (owner) דער בעל־הבית (בעלי־בתּים) [BALEBO'S—BALEBATIM]

botanical באָטאַניש

botanist דער באָטאַ'ניקער (ס)

botany די באָטאַניק

botch *imp/pf* (פֿאַר)פֿו'שער|ן, (צע)טערכע|ן

both 1. *adj.* ביידע אינוו || **with b. hands** מיט ביידע הענט ⊣ **b. kinds of** ביי'דערליי' ⊣ 2. *pron.* ביידע אינוו || **with b.** (people) מיט ביידן/ביידע ⊣ **b. of us/you/them** מיר/איר/זיי ביידע ⊣ 3. *conj.* **b. ... and** סײַ ... סײַ, הן ... הן [HEN]

bother 1. *n.* די דאגה (—ות) [DAYGE], דער קלאַפּאָ'ט (ן), דאָס פֿאַרדריי'עניש (ן), דאָס קאָ'פּ־דרייעניש (ן) ⊣ **too much b.** עס לוינט ניט || 2. *vt.* (concern) אַר|ן || (annoy) טשעפּע|ן, טשעפּע|ן זיך צו; שטער|ן, (פֿאַר)דריי|ען אַ קאָפּ, דול|ן אַ קאָפּ, דריי|ען אַ ספּאָדיק, דערגיי'|ן* ⟨—ד⟩ די יאָ'רן ⊣ **not b. in the least** (*hum.*) אַר|ן ווי דער פֿאַראַיאָ'ריקער שניי ⊣ *vi.* **b. about** פֿאַטשקע|ן זיך, דאגה|ן [ ] ⊣ **b. with** וועגן האָב|ן*/מאַכ|ן מחזקות —מיט [MAKhZOKES] || **what b.s you?** וואָס קאָטערט דיך?°

bottle 1. *n.* די פֿלאַש (פֿלעשער) || 2. *v.* אײַנ|פֿלעשל|ען

bottle cap דאָס שטע'רצעלע (ך)

bottleneck די ענגונג (ען)

bottle opener דער אוי'פֿשטערצלער (ס)

bottom 1. *adj.* אונטערשט* || 2. *n.* דער דעק (ן), דער גרונט (ן), דער דנאָ (ען), דער דער־אונטן (ס) ⊣ **get to the b. (of)** גרו'נטעווע|ן זיך ⟨צו⟩, דערגיי'|ן* אַן עק ⟨אין⟩ || **be at the b. of** האָב|ן* צו שטעקן אין || **from the b. of my heart** פֿון טיפֿן האַרצן

bough די צווײַג (ן)

bouillon דער בוליאָ'ן [LY]

boulder דער פֿעלדז (ן)

bounce 1. *n.* דער אָפּשפּרונג (ען) || 2. *vt/vi* (bump) העצקע|ן (זיך) || (rebound) (אָפּ|)באַ'לעמ|ען (זיך) ⊣ *vi.* (rebound) *also* (אָפּ|-, אונטער)שפּרינג|ען

bound[1] *see* **bounds**

bound[2]**: b. for** קיין פּרעפּ || a ship b. for England אַ שיף קיין ענגלאַנד

boundary דער גרענעץ (ן)

boundless או'מבאַגרע'נעצט, אָ'נגבֿו'ליק

bounds (*sg.*) דער גבֿול || **in the b. of** אין גבֿול פֿון ⊣ **out of b.** מחוץ דעם גבֿול [MIKhU'TS] ⊣ **go out of b.** מסיג־גבֿול [MASEG] זײַן* ל

bounty (gift) דאָס געשאַ'נק (ען), די גאָב (ן) || (generosity) דאָס ברייט|ע האַרץ, די ברייט־האַרציקייט

bouquet דער בוקע'ט (ן)

bourgeois 1. *adj.* בי'רגערלעך, בורזשואַ'ז || 2. *n.* דער בירגער (ס) || (*cont.*) דער בורזשו'י (עס)

bourgeoisie די בורזשואַ'זיע

bovine *adj.* [BEHEYMISh] בהמיש

bow[1] 1. *n.* דער פֿאַרנײַ'ג (ן) || 2. *vt/vi imp/pf* (פֿאַר)בייג|ן (זיך), (פֿאַר)נייג|ן (זיך)

bow[2] (arc) דער בויגן (ס) || (archery) *also* דער פֿײַ'לן־בויגן (ס) ⊣ (ribbon) דער שלייף (ן), די קאָקאַרדע (ס) ⊣ (violin) דער סמי(טשי)ק (עס) ⊣ **b. and arrow** פֿײַל־און־בויגן

bow[3] (ship's) דער פֿאָ'דערבאָרט (ן)

bowels געדערעם מצ || **bowel movement** דער שטולגאַנג ⊣ **move one's b.** האָב|ן* דעם מאָגן

bowl 1. *n.* די שאָל (ן), די שיסל (ען) || (glass) דער קליאָש || 2. *v.* (game) שפּיל|ן אין קעגליעס

bowling די קע'גליעשפּיל

bowtie די מושקע (ס)

box 1. *n.* דער קאַסטן (ס), דאָס קעסטל (עך), די פּושקע (ס) ⊣ **little b.** *also* דאָס פּו'דעלע (ך), דאָס שקע'טעלע (ך) ⊣ (theater etc.) די לאָזשע (ס) ⊣ 2. *vi.* (fight) באָקס|ן זיך ⟨מיט⟩ ⊣ *vt.* (put in boxes) אײַנ|-קעסטל|ען

boxer דער באָקסער (ס)

boxing דער באָקס

box-office די קאַסע (ס)

boy דאָס/דער ייִנגל (עך) || (older) דער בחור [BOKhER] (ים) ⊣ **when** (he was) **a b.** ייִ'נגלווײַז, בחורווײַז אדוו

boycott 1. *n.* דער בויקאָ'ט (ן) || 2. *v.* בויקאָטיר|ן

boyhood די ייִ'נגלשאַפֿט || **in one's b.** ייִ'נגלווײַז אדוו

boyish ייִנגלש

brace 1. *n.* דער קלאַמער (ן) || (teeth) דאָס צײַ'נדרעטל (עך) ⊣ 2. *v.* צונויפֿ|קלאַ'מער|ן || **b. oneself** שטאַרק|ן זיך, אָנ|גורט|ן זיך ⟨—קעגן⟩

bracelet דער בראַסלע'ט (ן)

bracket 1. *n.* דער קלאַמער (ן) || **square b.** דער קאַ'נטיק|ער קלאַמער ⊣ (economic) דער שטײַ'ערקלאַס (ן) ⊣ 2. *v.* אײַנ|-, צונויפֿ|-קלאַ'מער|ן

brag באַרימ|ען זיך, פּראַל|ן זיך

braggart דער באַרימער (ס) || (*iro.*) דער פֿלאָ'קן־שיסער (ס)

braid דער צאָפּ (צעפּ) || 2. *v. imp/pf* (אויס|-, פֿאַר)פֿלעכט|ן

brain [MOYEKh—MOYKhES] דער מוח (ות) || **b. and brawn** [KOYEKh] מוח און כּוח || (*pl.*) [SEYKhL] (דער) שׂכל אצ

brainstorm [NY] דער גענײַאַל|ער אײַנפֿאַל (ן)

brainwash [ ] איבער|צוואָג|ן ⟨ד⟩ דעם מוח

brainwashing [ ] די מוח־צוואָג

brake 1. *n.* דער טאָרמאָז (ן) || 2. *v.* האַ'מעוו|ען, טאָרמאָזיר|ן

bran קלײַען מצ

branch 1. *n.* די צווײַג (ן), דער אָפּצווײַג (ן) || (store, office) [LY] דער פֿיליאַ'ל (ן) || 2. *vi.* **b. off** (אָפּ)צווײַג|ן זיך || **b. out** צעצווײַג|ן זיך

brand 1. *n.* דער בראַ'נדצייכן (ס) || (sort) די מאַרקע (ס), דער סאָרט (ן) ⊣ 2. *v.* שטעמפּל|ען, בראַנד|ן

brand-new שפּאָגל נײַ, פֿונק נײַ

brandy דער קאָניאַק || **cherry b.** דער ווישניק

brass 1. *adj.* מעש'ן || 2. *n.* דאָס מעש

brassière דער סטאַניק (עס)

brat דער שטיפֿער (ס), דער יונגאַ'טש (עס), דער חבֿרה־מאַן (־לײַט) [KhEVRE], דער קונדס

(ים) [KUNDES—KUNDEYSIM], דער בחורע'ץ (ן) [BOKhERE'TS], דער תכשיט (ים) [TAKh-shET—TAKhshITIM]

brave 1. *adj.* באַהאַ'רצט, מוטיק•, בראַוו || 2. *v.* באַהאַ'רצט באַגע'גענ|ען, בריה|ן זיך [BERYE] קענען

bravo בראַוואָ

brawl דאָס קרינערײַ' (ען)

bray שרײַ|ען

brazen: b. face דער קו'פּערנ|ער שטערן (ס)

breach 1. *n.* (hole) דער דורכבראָך (ן), || (violation) די ברעכונג ⊣ דער דורכרײַס (ן) ⊣ 2. *v.* דורכ|ברעכ|ן, -|רײַס|ן (—זיך דורך) ⊣ (ען)

bread דאָס ברויט || **b. crumbs** דאָס ברייזל ⊣ קאָל *cf.* **crumb**

breadbox די ברוי'טניצע (ס)

breadth די ברייט (ן)

break 1. *n.* דער בראָך (ן), דער ריס (ן), דער ⊣ (discontinuity) דער אי'בערבראָך (ן) ⊣ (pause) די הפסקה (—ות) [HAFSOKE] ⊣ אײַנשניט (ן) ⊣ 2. *vt/imp* ברעכ|ן || (on the wheel) רע'דערן || *pf.* צע- ברעכ|ן ⊣ *vi/imp* ברעכ|ן, אײַנ|ברעכ|ן ⊣ *pf.* צעברעכ|ן זיך, אײַנ|ברעכ|ן ⊣ זיך ⊣ (string) צערײַס|ן זיך || (voice) ⊣ זיך ⊣ **b. down** *vt/vi* אײַנ|-(פֿאַר)ברעכ|ן זיך ⊣ (mechanism etc.) *vi.* ברעכ|ן (זיך) ⊣ *cf.* **itemize** || **b. in** *vt.* קאַליע ווער|ן ⊣ *vi.* אַרײַנ|רײַס|ן זיך, אײַנ|אַ'רבעט|ן ⊣ **b. in two** *vt/vi* איבער|-|ברעכ|ן זיך ⊣ **b. into pieces** *vt. also* צעפּיצל|ען ⊣ *vt/vi* צעקלאַפּ|ן, צעשלאָג|ן ⊣ **b. open** *vt/vi* אויפֿ|שלאָג|ן, (זיך) ⊣ **b. out** (escape) -|ברעכ|ן (—זיך) ⊣ אַרויס|רײַס|ן זיך, -|ברעכ|ן זיך (in a rash, sweat: *rev. con.*) באַשלאָג|ן || *cf.* **erupt** || **b. through** *also* דורכ|שלאָג|ן זיך, -|רײַס|ן ⊣ **b. up** צעברעכ|ן || *cf.* **disperse; separate** || **b.** (relations) **with** אײַנ|- רײַס|ן זיך מיט

breakable ברע'כ(עווד)יק

breakdown (collapse) דער אײַנבראָך (ן) || (decay) דער צעפֿאַ'ל (ן) || (analy-sis) די צעענצלונג (ען), די צעפּרטלונג [TSEPRATLUNG]

breakfast 1. *n.* דאָס אי'בערבײַסן (ס), דער איבער|בײַס|ן ⊣ 2. *v.* פֿרישטיק (ן)

breakthrough דער דורכבראָך (ן), דער דורכ-רײַס (ן); דאָס דו'רכברעכן זיך

breakwater דער כוואַ'ליע־ברעכער (ס)

breast די ברוסט (בריסט)

breath דער אָטעם (ס), דער הויך (ן), דער דוך (ן) ⊣ **last b.** *also* די יציאת־נשמה [YE-TSIES-NEShO'ME] ⊣ **in one b.** *also* בנשימה־אַחת [BINShIME-A'KhES] ⊣ **out of b.** אָן אַן אָטעם, פֿאַרסאָפּעט || **catch one's b.** אָפּ|כאַפּ|ן דעם אָטעם, אָפּ|- פֿאַרסאָפּע|ן זיך ⊣ **lose one's b.** אָ'טעמ|ען

breathe אָ'טעמ|ען || (with difficulty) *also* דעכע|ן, זשיפּע|ן

breathing spell דער אָ'טעם־אָפּכאַפּ (ן)

breathless פֿאַרסאָפּעט, אָן אַן אָטעם

breed 1. *n.* (brood) דער אויסברי (ען), ⊣ (race) די ראַסע, די גזע (ס) [GEZE] ⊣ דער פֿליד (ן) ⊣ 2. *vt.* (beget) געבויר|ן || (raise) האָ'דעווע|ן, ציִ|ען || *vi.* פֿלאָדיע|ן זיך, פֿאַרמער|ן זיך

breeder דער האָ'דעווער (ס), דער ציִער (ס)

breeding דאָס האָ'דעווען, די דערציִונג, די אוי'פֿציִונג

breeze דאָס ווינטל (עך)

breezy ווי'נטלדיק

brew 1. *n.* דאָס געברײַ' (ען) || 2. *v. imp/pf* (beer) ברײַ|ען (אויס) || (tea etc.) פֿאַר-ברי|ען

brewery די ברויז (ן)

bribe 1. *n.* דער כאַבאַ'ר, דער שוחד [shoy-khed] ⊣ 2. *v.* אונטער|קויפֿ|ן, אונטער°|-שמיר|ן

brick דער ציגל (—)

bricklayer דער מוי'ערער (ס), דער מוליער (ס)

bride די כלה (—ות) [KALE]; דאָס יונג|ע || די כלה (—ות) ⊣ **b.-to-be** ווײַבל (עך)

b. and groom חתן־כלה מצ [KhOSNKALE]

bridegroom דער חתן (ים) [KhOSN—KhA-SANIM]; דער מאַן (ען) ⊣ **b.-to-be** דער חתן (ים)

bridesmaid די יו'נג־געזעלין (ס), די או'נטער־פֿירערין (ס)

bridge[1] 1. *n.* די בריק (ן) || 2. *v.* זײַן*/ אַריבער|לייג|ן אַ בריק איבער

bridge[2] (game) דערברידזש

bridle 1. *n.* די צוים (ען), דאָס צײַמל (עך) || 2. *v.* אײַנ|טאַ'מעווע|ן

bridle path דער רײַטשטעג (ן)

brief 1. *adj.* קורץ || **in b.** *see* **briefly** || **be b.** [MEKATSER] מקצר זײַן* || 2. *n.* [TSA'D] דאָס צד־פּאַפּיר (ן) ⊣ **news b.** דאָס [BEKI'TSERL] בקיצורל (עך) ⊣ 3. *vt.* אײַנ|זאָג|ן ד

brief case די טעקע (ס), דער פּאָרטפֿעל (ן)

briefing די אײַ'נזאָגונג (ען)

briefly *also* [BEKITSER] בקיצור, אין קורצן

brigade די בריגאַדע (ס)

brigadier general דער גענעראַ'ל־בריגאַ־דיר (ן)

bright ליכטיק, העל || (shiny) גלאַנציק || (capable) פֿעיִק

brilliant (shiny) גלאַנציק, בלאַנק || (outstanding) [LY] בריליאַ'נט || (mentally) *also* [GEOYNISH] גאוניש, [NY] געניאַ'ל || (young and b.) [ILUISH] עילוייִש || **b. child** *also* [ILE— דער עילוי (ים) ILUIM] ⊣ **b. man** דער גאון (גאונים) [GOEN—GEOYNIM], דער זשעני' (ען)

brim דער ראַנד (ן), דער ברעג (ן)

brine דער לייַג

bring ברענג|ען; דערפֿיר|ן; צו|ברענג|ען, || (unexpectedly) אָנ|טראָג|ן ⊣ -|טראָגן (from afar) אַראָפּ|ברענג|ען || **b. about** ברענג|ען צו, צו וועגן/שטאַנד ברענג|ען, גורם [GOYREM] זײַן* ⊣ **b. across** -|אַריבער אַרויס|-ברענג|ען ⊣ פּעקל|ען, -|ברענג|ען ⊣ **b. forth** -|פֿיר|-ברענג|ען; אָנ|פּלאָדיע|ן ⊣ **b. forward** ברענג|ען ⊣ **b. near** גענענ|ען ל || **b. on** צו וועגן ברענג|ען, ברענג|ען צו ⊣ **b. together** צונויפֿ|פֿיר|ן, -|ברענג|ען || **b. up** *see* **raise** || *cf.* **brought**

brink דער ראַנד (ן)

brisk לע'בעדיק, זשוואַווע

bristle 1. *n.* צמ בע'רשטלהאָר || 2. *v.* שטײַפֿ|ן זיך

British בריטיש

brittle קרי'שלדיק, שפּי'לטערדיק || **be b.** *also* קרישל|ען זיך

broad ברייט || **b. daylight** העל|ער טאָג || *cf.* **hint**

broadcast 1. *n.* די טראַנסמי'סיע (ס), די טראַנסמיטיר|ן, ⊣ 2. *v.* אוידיציע (ס) || איבער|געב|ן* (דורך ראַדיאָ/טעלעווי'זיע) (announce widely) צעפּויק|ן

broadminded ברייטגײַסטיק, מקילדיק [ME'YKLDIK]

brocade דער שפּאַ'ניער

brochure דער פּראָספּע'קט (ן)

broil בראָט|ן (או'נטערן פֿײַער) || (be hot) *also* [SA'RFEN] שׂרפֿע|ן

broiler דער בראָטער (ס)

broke (bankrupt) דערונטער || **go b.** אָנ|זעצ|ן, שטעל|ן זיך

broken צעבראָכ׳ן, אײַ'נגעבראָכ׳ן

broker דער מעקלער (ס), דער פֿאַקטער (ס), [SARSER] דער סרסר (ס)

brokerage דאָס מעקלערײַ'

bromine דער בראָם (ען)

bronze דאָס בראָנדז

brooch די בראָש (ן)

brood 1. *n.* דער פֿליד (ן), דאָס זעצל (עך) || 2. *v.* [MORE- מרה־שחורה|ן, דומע|ן, [TAM] תּמע|ן, SHKHOYRE]

brook די ריטשקע (ס), דאָס טײַכל (עך)

broom דער בעזעם (ער)

broth די יויך (ן); דער ראָסל (ען)

brothel דאָס שאַנדהויז (...הײַזער), דאָס הײַזל (עך)

brother דער ברודער (ברידער)

brotherhood די ברי'דערשאַפֿט; די פֿאַר־ברו'דערונג ⊣ (organization) די ברו'דער־שאַפֿט (ן)

brother-in-law דער שוואָגער (ס)

brotherly ברו'דעריש

brought: be b. up אוי'פֿגעצויגן/דערצויגן ווער|ן ⊣ (in a discussion) *also* קומ|ען צו רייד

brow (ען) ברעם ‏די‏ ‖ (forehead) ‏דער‏ שטערן (ס)

brown 1. *adj.* ברוין ‖ **light b.** (hair) *also* צו|ברוינ|ען ⊣ 2. *vt.* שאַטע'ן ‏אַפּ‏

browse בלע'טער|ן ⟨אַ⟩, אַרײַנ|קוק|ן אין

bruise 1. *n.* ‏דער‏ קלאַפּ (קלעפּ), ‏דער‏ נהרג (ן) [NEREK] ⊣ 2. *v.* ‏דער‏ סיניק (עס), צע־קאַליעטשע|ן, צעקלאַפּ|ן, צענהרג|ן

brush 1. *n.* ‏די‏ באַרשט (ן) ‖ (paint) ‏דער‏ פּענדזל (ען) ⊣ 2. *v.* בערשט|ן ‖ (teeth) פֿאַרטשעפּע|ן זיך, ⊣ **b. against** פּוצ|ן ‖ אָפּ|בערשט|ן ⊣ **b. off** *vt.* רײַב|ן זיך —אין פֿאַרשוויַג|ן, אַוועק|מאַכ|ן מיט דער (*fig.*) האַנט, אָפּ|פּטר|ן [PATER] ⊣ **b. up on** אָפּ|פֿריש|ן

Brussels בריסל (דאָס) ‖ **B. sprouts** ‏דאָס‏ בריסלער קרויט ‏קאָל‏

brutal ברוטאַ'ל

brute (beast) ‏די‏ בע'סטיע (ס) ‖ (brutal person) *also* ‏דער‏ אַכזר (ים) [AKhZER—AKhZORIM]

bubble 1. *n.* ‏דאָס‏ בלעזל (עך) ‖ 2. *v.* בלעזל|ען (זיך)

bubble gum ‏די‏ בלע'זל־גומע

buccal ...מויל

buck ‏דער‏ הירש (ן) ‖ **b. teeth** פֿע'רדישע ציין

bucket ‏דער‏ עמער (ס)

buckeye ‏דער‏ קאַשטן (קאַשטאַנעס)

buckle 1. *n.* ‏דער‏ שנאָל (ן) ‖ 2. *vt.* פֿאַר־צונויפֿ|קאָרטשע|ן זיך ⊣ *vi.* שנאָל|ן

buckshot ‏דער‏ שרויט

buckwheat 1. *adj.* רעטש'ן ‖ 2. *n.* ‏די‏ רעטשקע

bud 1. *n.* ‏דער‏ קנאָספּ (ן), ‏דער‏ בוטאָ'ן (ען) ‖ *cf.* **taste bud** ‖ 2. *v.* צעלאָז|ן זיך

budding (*fig.*): he is a **b.** painter ער שנײַדט זיך אויף אַ מאָלער

buddy ‏דער‏ נאַשבראַט (עס), ‏דער‏ גוט|ער־ברו'דער (גוטע־ברי'דער) ⊣ **listen, b.!** הער נאָר, ברו'דערקע!

budge *vt/vi* (פֿון אָרט) (זיך) *אַ ריר טאָ|ן

budget 1. *n.* ‏דער‏ בודזשע'ט (ן) ‖ 2. *v.* בודזשעטיר|ן

buffalo ‏דער‏ בופֿלאָקס (ן)

buffet ‏דער‏ בופֿע'ט (ן)

buffoon ‏דער‏ לץ (ים) [LETS—LEYTSIM]

bug ‏דער‏ קנײַפּער (ס), ‏דער‏ זשוק (עס)

buggy ‏דער‏ וואָגן (ס), ‏דאָס‏ ווע'געלע (ך) ‖ **horse and b.** פֿערד־און־וואָ'גן, פֿערד־און־ווע'געלע

bugle ‏דער‏ פֿע'לדטרומייט (ן)

bugler ‏דער‏ (פֿע'לד)טרומייטער (ס)

build *imp/pf* (אויס|)בוי|ען

building ‏דער‏ בנין (ים) [BINYEN—BINYONIM]

bulb (plant) ‏די‏ (בלו'מען)ציבעלע (ס) ‖ (light) ‏דאָס‏ לעמפּל (עך)

bulbous: b. nose ‏די‏ נאָניע (ס)

Bulgaria בולגאַריע (די)

bulge 1. *n.* ‏דער‏ פּויש (ן) ‖ 2. *v.* פּויש|ן זיך, בײַכל|ען זיך

bulging פּושיק, בײַכיק, בײַ'כלדיק, פּו'קלדיק

bulk ‏דער‏ פֿאַרנע'ם; ‏די‏ מאַסע, ‏דאָס‏ רובֿ [ROV] ‖ (in compounds) ...הורט ‖ **b. rate** ‏דער‏ הו'רטטאַריף

bulky מאַסי'וו, פֿאַרנעמיק

bull ‏דער‏ בוהײַ' (עס), ‏דער‏ ביק (עס)

bulldog ‏דער‏ בולדאָג (ן)

bullet ‏די‏ קויל (ן)

bulletin ‏דער‏ בולעטי'ן (ען)

bullhorn ‏דער‏ מעגאַפֿאָ'ן (ען)

bullion ‏דאָס‏ מעטאַלגעלט

bull's-eye ‏דאָס‏ פּינטל (עך), ‏דער‏ צי'לאַפּל (ען)

bully 1. *n.* ‏דער‏ אָנכאַפּ (ן), ‏דער‏ בריטאַ'ן (עס) ⊣ 2. *v.* בעל־הבתעווע|ן [BALEBA'TEVE], בריטאַ'נעווע|ן ⟨—איבער⟩, טשעפּע|ן זיך ⟨צו⟩, איזדיע'קעווע|ן זיך ⟨איבער⟩ ‖ **stand for no b.ing** ניט לאָז|ן זיך שפּײַען אין דער קאַשע

bulwark ‏דער‏ וואַל (ן)

bum ‏דער‏ שלעפּער (ס) ‖ **b.s** ‏מצ‏ אָרחי־פּרחי [ORKhEPORKhE]

bumblebee ‏די‏ זשומזשע (ס)

bump 1. *n.* (blow) ‏דער‏ זעץ (ן), ‏דער‏ שטורך (ן) ⊣ (lump) ‏דער‏ בײַל (ן), ‏דער‏ גוז (ן) ⊣ (in road) *also* ‏דער‏ פּוקל (ען), ‏דער‏ שטרויכל (ען) ⊣ 2. *v.* **b. into** אָנ|-

שטויס|ן זיך, ־|קלאַפּ|ן זיך, אַרײַנ|בוצקע|ן —אין

bumpy האָ'צקעדיק, טראָמאַסיק; גרי'בערדיק, שטרוי'כלדיק

bun די פּו'טער־בולקע (ס) || (hair) דער גרעק (ן)

bunch דאָס בינטל (עך), דאָס הײַפֿל (עך) || (grapes) דאָס הענגל (עך) || (of friends) די חבֿרה (—ות) [KhEVRE], די חבֿרותא (—ות) [KhAVRUSE] ⊣ (gang) די קאָמאַנדע (ס), די כאַליאַסטרע (ס), די כאַפּטע (ס), די כנופֿיא (—ות) [KNUFYE]

bundle 1. *n.* דאָס בינטל (עך), דער בונט (ן), דאָס פּעקל (עך), דער פּאַק (פּעק), דער טלומיק (עס) ⊣ (straw) די קוליע (ס) || 2. *v.* **b. off** אַרויס|פּעקל|ען || **b. up** *vt/vi* אײַנ|וויקל|ען, אײַנ|נורע|ן (—זיך)

bung דער שפּונט (ן)

bungalow דאָס בײַדל (עך), די (שלאָ'ף)־הײַזקע (ס)

bungle *vt.* פֿאַרפֿאַרטאַ'טשעווע|ן, פֿאַרפּו'שער|ן ⊣ *vi.* טערכע|ן, פּאַרטאַ'טשעווע|ן

bungler דער פּאַרטאַ'טש (ן)

bungling *adj.* פּאַרטאַטשיש, טאַנדע'ט

bunk (bed) דאָס באַ'נקבעטל (עך), די שלאָפֿ־באַנק (...בענק) ⊣ *cf.* **bungalow**

bunting דער פֿאָ'נענשטאָף

buoy די בויע (ס)

buoyant שווימיק || (*fig.*) טשאַ'קענדיק

burden 1. *n.* דער יאָך (ן), די משׂא (משׂאָות) [MASE—MASOES], די לאַסט (ן); דער עול (ן) [OL]; די באַלאַ'סטיקונג (ען), די הכבדה (—ות) [HAKhBODE] ⊣ **be a b. to** *also* זיצ|ן ד אויפֿן האַלדז/קאַרק ⊣ **beast of b.** די שלע'פּ־חיה (—ות) [KhAYE] ⊣ 2. *v.* באַלאָד|ן, באַלאַ'סטיק|ן, פֿאַל|ן ד צו לאַסט, מטריח זײַן* [MATRIEKh] ⊣ **b.** (sb.) **with** *also* אָנ|וואַרפֿ|ן ד א

bureau (chest) דער קאַמאָ'ד (ן) || (office) דאָס ביוראָ' (ען)

bureaucracy די ביוראָקראַ'טיע

bureaucrat דער ביוראָקראַ'ט (ן)

bureaucratic ביוראָקראַטיש

burglar דער אַרײַ'נברעכער (ס)

burglar alarm דער גוואַלדגלאָק (...גלעקער)

burglary דער אַרײַנברעך (ן)

burial די קבֿורה (—ות) [KVURE] || **b. ground/lot** (*Jew.*) די קרקע [KARKE] || **b. society** (*Jew.*) די חבֿרה־קדישא [KhEVRE-KEDI'ShE]

burly געשפּי'קעוועט || **b. fellow** *also* אַ יונג מיט ביינער

burn 1. *n.* דער ברען (ען), דער ברי (ען); די ברענווונד (ן) ⊣ 2. *vt.* פֿאַרברענ|ען || (sensation) ברי|ען || (itch) ברענ|ען, לאָפּטשע|ן ⊣ (food, in cooking) צוּ|ברענ|ען ⊣ *vi/imp* ברענ|ען || **b. down** *vi/pf* פֿאַרברע'נט ווער|ן, אָפּ|ברענ|ען

burning 1. *adj.* ברע'נענדיק, צעפֿלאַ'מט || 2. *n.* די פֿאַרברענונג (ען)

burnish (אָפּ|)פּאָליר|ן

burrow 1. *n.* די קאַנורע (ס) || 2. *vi.* ריִע|ן

bursar דער קוועסטאָר (...אָ'רן)

bursitis דער בורסי'ט

burst 1. *n.* דער שטראָם (ען), דער פֿלייץ (ן) || (explosion) דער אויפֿרײַס (ן), דער שאָס (ן), דער בליץ (ן) ⊣ 2. *vt.* אויפֿ|רײַס|ן || *vi. also* פּלאַצ|ן, °צעזע'צט ווער|ן, °צעשפּרונגען ווער|ן, °צעפּוקעט ווער|ן ⊣ **b. out** אויס|פּלאַצ|ן || **b. out laughing** צעלאַכ|ן זיך, אויס|שיס|ן מיט אַ געלעכטער ⊣ **b. into tears** צע־וויינ|ען זיך

bury פֿאַרגראָב|ן, באַגראָב|ן || (funeral) באַגראָב|ן, מקבר זײַן* [MEKABER], ברענג|ען צו קבֿורה [KVURE] ⊣ (*Jew.*) *also* טאָ|ן* ד זײַן/איר/... רעכט

bus 1. *n.* דער (אויטאָ)בו'ס (ן) || 2. *v.* בוסיר|ן

busboy דער אָ'פּראַמער (ס)

bush דער קוסט (ן)

bushel דאָס שעפֿל (ען), דער בושל (ען) אַמער

business 1. *adj.* געשעפֿטלעך; געשע'פֿט..., קאָמע'רצ..., האַנדל..., מיסחר־... [MIS-KhER] ⊣ 2. *n.* דאָס געשע'פֿט (ן); דער מיסחר, דער האַנדל; די געשע'פֿטן־וועלט, דאָס סוחרערײַ [SOKhRERA'Y] ⊣ (matter) די זאַך, דער עסק [EYSEK] ⊣ (serious matters) דער תּכלית [TAKhLES] ⊣ big b. דער גרוי'ס־

מיסחר ⊣ that is my b. דאָס איז מײַן עסק || **none of your b.** ניט דײַן/אײַער עסק || **mind your own b.** שטעק(ט) זיך ניט! || **on b.** געשעפֿטלעך || **be in b.** טרײַב|ן געשעפֿטן ⊣ **mean b.** מײנ|ען אויף אַן אמת [EMES] ⊣ **show** (sb.) **that one means b.** *also* פֿולווער צו שמעקן ד *געב|ן

businesslike סוחריש [SOKhRISh], מעשׂה סוחר אַדוו [MAYSE SOYKhER]

businessman דער קאָמערסאַ'נט (ן), דער געשעפֿטסמאַן (געשעפֿטסלײַט), דער סוחר (ים) [SOYKhER—SOKhRIM]

bust *n.* דער ביוסט (ן)

bustle 1. *n.* דער הו־האַ', דאָס האַ'וועניש, דאָס שמײַ'עניש ⊣ 2. *v.* || שמײַ|ען, אַרומ|טאַנצ|ן (*iro.*) כלאַפּאָטשע|ן

bustling פֿאַרהאַוועט, פֿאַרשמײַעט

busy 1. *adj.* פֿאַרנומען || **very b.** פֿאַר־ שמײַעט, פֿאַרהאַוועט, פֿאַרדרייט ⊣ (*iro.*) [FAREYSEKT] פֿאַרעסקט ⊣ **b. period** די ביזע• (ס) אַמער ⊣ 2. *v.* **b. oneself with** פֿאָרע|ן זיך, מתעסק זײַן* זיך ל —מיט [MIS- ASEK]

busybody דער קאָ'כלעפֿל (—)

but 1. *prep.* (except) (אַ)חוץ [(A)- KhU'TS] ⊣ **anyone/anything b.** נאָר ⊣ 2. *conj.* אָבער, נאָר; נײַערט ל; אלא [ELE] ⊣ ניט ⊣ **b.** (**then**) אײַ || **b. if not** וואָס דע'ן ⊣ **b. it turns out that** ערשט ⊣ אלא ניט

butcher 1. *n.* דער קצבֿ (ים) [KATSEF— KATSOVIM] ⊣ (*fig.*) דער רוצח (ים) [RE- TSEYEKh—ROTSKhIM], דער קײַלער (ס) || 2. *v. see* **slaughter**

butcher shop די יאַטקע (ס)

butler דער (הוי'ז־)באַדינער (ס)

butt 1. *n.* (gun) די קאָלבע (ס) || (target) די צילברעט (ער) ⊣ (cigar) דאָס שטאָפּסל (עך) ⊣ 2. *v/imp* שטויס|ן

butter די פּוטער

butter dish די פּו'טערניצע (ס)

butterfly דאָס פֿלאַ'טערל (עך)

buttermilk די מאַ'סלינקע, די פּו'טערמילך

buttock דער קלוב (עס) || (*pl.*) דאָס געזע'ס (ן); דאָס גראָבע|ע פֿלייש

button 1. *n.* דער קנאָפּ (קנעפּ), דאָס קנעפּל (עך) ⊣ 2. *v.* פֿאַרקנעפּל|ען, פֿאַרשפּיליע|ן

buttonhole 1. *n.* די קנע'פּללאָך (...לעכער), אָננעמ|ען בײַם לאַץ, ⊣ 2. *v.* די פּיטעלקע (ס) פֿאַרהאַלט|ן

buxom געזו'נט, פֿולבלעך

buy קויפֿ|ן || *pf. also* אָפּ|קויפֿ|ן || **b. from** קויפֿ|ן בײַ || **b. up** אויפֿ|-, אויס|קויפֿ|ן

buyer (purchaser) דער קונה (—ים) [KOYNE—KOYNIM] ⊣ (professional) דער אײַ'נקויפֿער (ס)

buzz 1. *n.* דער זשום, דאָס זומזערײַ' || 2. *v.* זשומע|ן, זומזע|ן, זשוזשע|ן

buzzard דער בוסאַ'רד (ן)

buzzer דער זומזער (ס)

by 1. *prep.* (agent) פֿון, דורך || written by me געשריבן פֿון/דורך מיר || (place) בײַ, לעבן ⊣ by the door בײַ/לעבן דער טיר ⊣ (time) ביז || by then ביז דעמאָלט ⊣ by 5 o'clock ביז 5 אַ זייגער || (measure, standard) נאָך... נאָך, לויט || by his look נאָך זײַן קוק נאָך || (means) מיט ⊣ by hand מיט דער האַנט || by train מיט דער באַן || (means of communication) *also* פּער || by mail פּער פּאָסט ⊣ (unit) אויף || by the dozen אויפֿן טוץ ⊣ by the mile אויף דער מײַל || (multiplication, dimension) אויף || 5 by 7 feet 5 אויף 7 פֿוס || (grasp) פֿאַר || lead by the hand פֿיר|ן פֿאַר דער האַנט ⊣ **by far** ווײַט || by far the greatest דער ווײַט גרעסטער || **by myself/yourself/...** אַליי'ן || 2. *adv.* **by and by** שפּעטער

by- *prefix* ..בײַ || by-product דער בײַ'־פּראָדוקט (ן) ⊣ by-way דער בײַוועג (ן)

bylaw דער סטאַטו'ט (ן)

by-line די מחבר־שורה (—ות) [MEKhA'BER- ShURE]

bystander דער צו'קוקער (ס)

byword דער שם־דבֿר ‹פֿאַר› [ShE'MDOVER]

Byzantine ביזאַנטי(ני)ש

Byzantium (דאָס) ביזאַ'נץ

C

C (letter) דער צע (ען) || (note) דער דאָ (ען)

cab (horse) די דראָשקע (ס) || (taxi) דער טאַקסי (ס) ⊣ (locomotive) דאָס קע'לניע־שטיבל (עך)

cabala די קבלה [KABOLE]

cabalist דער מקובל (ים) [MEKUBL—MEKUBOLIM]

cabaret דער קאַבאַרע' (ען)

cabbage דאָס קרויט || **stuffed c.** האָ'לעפּצעס מצ

cabin (hut) די כאַטע (ס), דאָס בײַדל (עך) || (ship) די קאַבינע (ס), די קאַיו'ט (ן)

cabinet (closet) דאָס שענקל (עך), די שאַפֿקע (ס), דאָס ע'למערל (עך) ⊣ (ministers) דער קאַבינע'ט (ן)

cabinet maker דער סטאָליער (ס)

cable 1. *n.* דער קאַבל (ען) || (rope) *also* דער קאַנאַ'ט (ן) ⊣ **2.** *v.* קאַבל|ען, טעלעגראַפֿיר|ן

cablegram די קאַבלאָגראַ'ם (ען)

cackle *v.* גאָגאָטשע|ן, גאָ'גער|ן

cactus דער קאַקטוס (ן)

cad דער שאָלטיק (עס), דער חזיר (ים) [KhAZER—KhAZEYRIM]

cadaver דער טויט|ער גוף (ים) || (animal) די פּגירה (—ות) [PGIRE]

cadence דער ריטעם (ס), דער טאַקט (ן)

café דער קאַפֿע' (ען)

cafeteria די קאַפֿעטעריע (ס)

caffein דער קאַפֿעי'ן

cage 1. *n.* (animal) די שטײַג (ן) || (bird's etc.) דאָס שטײַגל (עך) || **2.** *v.* אײַנ|שטײַגל|ען, פֿאַרשפּאַר|ן

cajole *vt.* חנפֿע|נען (זיך צו) [KhANFE]

cajolery די חניפֿה [KhNIFE] || **obtain by c.** אַרויס|חנפֿע|נען [ ]

cake דער קוכן (ס), דער לעקעך (ער), דער טאָרט (ן) ⊣ (soap) דאָס שטיקל (עך)

calamity דאָס אומגליק (ן), די קאַטאַסטראָפֿע (ס), די צרה (—ות) [TSORE], דער ויהי [VAYHI']

calcium דער קאַלך, דער קאַלציום

calculate *v/imp* רע'כענ|ען, חשבונ|ען [KhEZhB·N] ⊣ *pf.* אויס|רע'כענ|ען, באַרע'כענ|ען

calculation דער חשבון (ות) [KhEZhBM—KhEZhBOYNES], די אוי'סרעכענונג, די קאַלקולאַציע (ס)

calculator די רע'כן־מאַשין (ען)

calculus דער קאַ'לקולוס

calendar דער קאַלענדאַ'ר (ן) || **traditional Jewish c.** דער לוח (ות) [LUEKh—LUKhES]

calf 1. *adj.* קע'לבערן || **2.** *n.* דאָס קאַלב (קעלבער) ⊣ (of leg) די ליטקע (ס)

caliber דער קאַליבער (ס)

calico 1. *adj.* ציצ·ן || **2.** *n.* דער ציץ

caliph דער כאַלי'ף (ן)

caliphate דער כאַליפֿאַ'ט (ן)

calisthenics די גימנאַסטיק

call 1. *n.* דער רוף (ן) || (appeal) דער אויפֿרוף (ן) ⊣ (phone) דער קלונג (ען) || **obey the c. of nature** טאָן* דעם צורך [TSOYREKh] ⊣ *cf.* **need; visit** || **2.** *v.* רופֿ|ן || (phone) קלינג|ען, טעלעפֿאָניר|ן ⊣ **c. for** (command) הייס|ן ⟨—ד⟩

ברענגען ⊣ (require) פֿאָ'דער|ן ‖ (fetch) אָפּ|נעמ|ען ⊣ **c. forth** אַרויס|רופֿ|ן ‖ **c. in** אַרײַנ|רופֿ|ן ‖ (politely) אַרײַנ|בעט|ן ⊣ **c. names** זידל|ען אַ ‖ **c. off** אָפּ|רופֿ|ן ⊣ **c. out** אויס|רופֿ|ן ‖ **c. over** צו|רופֿ|ן ⊣ **c. together** פֿאַררופֿ|ן, צונויפֿ|רופֿ|ן ⊣ **c. up** (troops) אויפֿ|רופֿ|ן ‖ (phone) אָנ|קלינג|ען, אָנ|טעלעפֿאָניר|ן ⟨—ד⟩ ⊣ **c. upon** ווענד|ן זיך צו, רופֿ|ן ‖ (visit) אַרײַנ|גיי|ן* מיט אַ וויזי'ט צו

called: be c. (named) רופֿ|ן זיך, הייס|ן

call girl דאָס לע'במיידל (עך)

calling דער פֿאַך (ן), דאָס טועכץ (ן)

calling card די וויזי'ט־קאַרטע (ס)

callous קאַ'לטבלוטיק, פֿאַרהאַ'רטעוועט, האַרט

callow צניפֿיש

callus די מאַזאָליע (ס)

calm 1. *adj.* רויִק, באַרו'ט ‖ 2. *n.* די רו ⊣ 3. *v.* באַרו'יִק|ן, אײַנ|שטיל|ן

calorie די קאַלאָריע (ס)

calumniate באַרעד|ן; רעד|ן רישעות [ ], מאַכ|ן אַ בילבול [ ], מלשין זײַן* ל ⟨—אויף⟩ [MALShN]

calumny דאָס רישעות [RIShES], דער בילבול (ים) [BILBL—BILBULIM], דאָס מלשינות [MALShINES]

calve קעלב|ן זיך

calyx דאָס (בלו'מען)בע'כערל (עך)

cambric 1. *adj.* באַטיסט'ן ‖ 2. *n.* דער באַטי'סט

camel דער קעמל (ען)

camera דער (פֿאָטאָגראַ'פֿיש|ער) אַפּאַראַ'ט (ן)

camouflage 1. *n.* דער קאַמופֿלאַ'זש ‖ 2. *v.* קאַמופֿלי'ר|ן

camp 1. *n.* דער לאַגער (ן) ‖ (summer) *also* דער קעמפּ (ן) אַמער ⊣ (*fig.*) די מחנה (—ות) [MAKhNE] ⊣ 2. *v.* לאַ'גער|ן זיך

campaign 1. *n.* די קאַמפּאַ'ניע (ס), די אַקציע (ס) ⊣ 2. *v.* פֿיר|ן אַן/די אַקציע, קאַמפּאַ'ניעווע|ן

campus דאָס שולפֿעלד (ער), דער קאַמפּוס (ן) אַמער

can¹ *see* **able**

can² 1. *n.* דאָס בלעכל (עך); די פּושקע (ס), די קאַן (ען) ⊣ 2. *v.* אײַנ|בלעכל|ען, קאָנסערוויר|ן ⊣ *cf.* **canned**

canal דער קאַנאַ'ל (ן)

canapé די כזית־שניטקע (ס) [KEZA'YES]

canary דער קאַנאַריק (עס)

cancel אַנוליר|ן, בטל מאַכ|ן [BOTL], אָפּ|רופֿ|ן

cancellation די אַנולירונג (ען)

cancer דער ראַק (ן)

cancerous ראַקיק

candid אָפֿ'ן, אָ'פֿן־האַרציק, אָ'פֿנטלעך

candidacy די קאַנדידאַטו'ר (ן)

candidate דער קאַנדידאַ'ט (ן)

candied געצוקערט

candle דאָס ליכט (—)

candlestick דער לײַכטער (ס)

candor די אָ'פֿנקייט, די אָ'פֿן־האַרציקייט

candy דאָס זיסוואַרג, גוטע־זאַ'כן מצ; דער שאָקאָלאַ'ד ⊣ **piece of c.** דאָס צו'קערל (עך), די צוקערקע (ס), די שאָקאָלאַדקע (ס) ⊣ **box of c.** די באָמבאָניערקע (ס) [NY]

candy bar די שאָקאָלאַדקע (ס)

candy store דאָס זע'לצערקלייטל (עך)

cane דער שטעקן (ס) ‖ (sugar) דער ראָר

canine הינטיש ‖ **c. tooth** דער וואָלפֿצאָן (...ציין)

canker דער גרינד (ן)

canned ...־קאָנסערוון מצ ‖ c. peas אַ'רבעס־קאָנסערוון ⊣ **c. goods** קאָנסערוון מצ

cannery די קאָנסע'רוון־פֿאַבריק (ן)

cannibal דער מע'נטשן־פֿרעסער (ס), דער קאַניבאַ'ל (ן)

cannon דער האַרמאַ'ט (ן)

canoe דער קאַנו' (ען)

canon דער קאַנאָ'ן (ען)

can opener דער אוי'פֿבלעכלער (ס)

canopy: wedding c. (*Jew.*) די חופּה (—ות) [KhUPE]

cant (thieves') דאָס הע'נטשקע־לשון [LOShN]

cantaloupe די דינקע (ס) [NY]

canteen (bottle) די פֿעלדפֿלאַש (...פֿלע־שער) ⊣ (store) דאָס קלייטל (עך)

cantilever דער שטאַ'רצבאַלקן (ס)

cantor (*Jew.*) דער חזן (ים) [KhAZN—KhAZONIM]

canvas די לייוונט (ן), די קאַנווע (ס)

canvass ווערביר|ן; באַאַ'רבעט|ן; אויס|פֿרעג|ן

cap 1. *n.* (hat) דאָס היטל (ען), דאָס מיצל (עך), דער קאַשקעט (ן) ⊣ *cf.* **skullcap** || (top) דאָס דע'קעלע (ך), דאָס שטע'רצעלע (ך) || (explosive) דער פּיסטאָ'ן (ען) || (dental) דאָס קריינדל (עך) ⊣ 2. *v.* צו|-, איבער|-שטערצל|ען

capable טוי'געוודיק, פֿעיִק; מסוגל אַפּ ⟨צו⟩ [MESUGL] ⊣ (of stg. unusual) *also* קאַפּאַ'(ב)ל ⊣ **be c. of** (be strong/rich enough to) *also* אויף ד/צו אינפֿ *קענ|ען באַהויפּטן

capacious אַריי'ננעמיק, גערא'ם

capacity די קאַפּאַציטע'ט (ן), דער אַריינ-נעם (ען) ⊣ (ability) די פֿע'יִקייט (ן), דאָס יכולת (ן) [YEKhOYLES]

cape[1] (cloak) די פּעלערינע (ס)

cape[2] (land) דער קאַפּ (ן) || C. of Good Hope קאַפּ גוטע האָ'פֿענונג

capillary די קאַפּילאַריע (ס), דאָס אָ'דערל (עך)

capital 1. *adj.* (principal) ...הויפּט || (punishment) ...טויט || (letter) גרוי'ס-קאַפּיטאַ'ל (ן); דער האַנטיק ⊣ 2. *n.* (city) די קרוינשטאָט, די הויפּטשטאָט (—...שטעט) ⊣ קאַפּיטאַלן מצ

capitalism דער קאַפּיטאַליזם

capitalist דער קאַפּיטאַלי'סט (ן)

capitalistic קאַפּיטאַליסטיש

capitalize on שלאָג|ן קאַפּיטאַ'ל פֿון

capon דער קאַפּהאָן (...הענער)

capricious קאַפּריזיק, אי'בערקלייבעריש || **be c.** *also* מאַכ|ן שטיק || **c. person** דער אי'בערקלייבער (ס)

capricorn דער שטיינבאָק

capsule דאָס קאַפּסל (עך)

captain דער קאַפּיטאַ'ן (ען)

caption דאָס קעפּל (עך)

captivate פֿאַרכאַפּ|ן

captive 1. *adj.* געפֿאַנגען, אין פּלען || 2. *n.* דער געפֿאַ'נגענ|ער געב, דער פּלעניק (עס)

captivity דאָס געפֿע'נקעניש, דער פּלען || *cf.* **exile**

capture דער פֿאַנג, די פֿאַרכאַפּונג || 2. *v.* (person) (פֿאַר)כאַפּ|ן, •פֿאַנג|ען, נעמ|ען אין פּלען ⊣ (city) פֿאַרכאַפּ|ן, איינ|נעמ|ען

car (auto) דער אויטאָ (ס), די מאַשי'ן (ען) || (railroad) דער וואַגאָ'ן (ען)

carat דער קאַראַ'ט (ן)

caravan דער קאַראַוואַ'ן (ען)

caraway דער קימל

carbon דער קוי'לנשטאָף || **c. dioxide** דאָס קוי'לן־זייערס ⊣ **c. monoxide** דער טשאַד || **c. paper** די קאַלקע

carburetor דער קאַרבוראַטאָר (...אָ'רן)

carcass די נבֿלה (—ות) [NEVEYLE], די פּגירה (—ות) [PGIRE], דער פּגר (ים) [PEYGER—PGORIM]; דער סקעלע'ט (ן); דאָס געביי'ן

card דאָס קאַרטל (עך) || (playing) די קאָרט (ן) ⊣ **play c.s** שפּיל|ן אין קאָרטן || **put one's c.s on the table** אויפֿ|-דעק|ן די קאָרטן ⊣ **have a game of c.s** מאַכ|ן אַ קערטל

cardboard 1. *adj.* טעקטור·ן, קאַרטאָנען || 2. *n.* די טעקטו'ר, דער קאַרטאָ'ן

cardiac ...האַרצ || **c. condition** דער האַ'רצפֿעלער (ן)

cardinal 1. *adj.* קאַרדינאַ'ל || **c. number** די גרונטצאָל (ן) ⊣ 2. *n.* דער קאַרדינאַ'ל (ן)

care 1. *n.* די דאגה (—ות) [DAYGE], די השגחה [HAZhGOKhE], דער זאָרג (ן), דער קלאַפּאָ'ט (ן) ⊣ (charge) דער אויפֿזע, די אָ'פּגעהיטנ-קייט, דאָס זהירות [ZHIRES] ⊣ (attentiveness) באַראָ'ט ⊣ **take c. of** פֿאַרנעמ|ען זיך מיט, פֿאַרזאָרג|ן, אָפּ|היט|ן, •דער-אויף *אַכטונג געב|ן ⊣ (task) *also* ליי'דיק|ן ⊣ **take c. of oneself** *also* נעמ|ען זיך אין אַכט ⊣ **take good c. of** פֿאַוואָליע! ⊣ שאַ'נעווע|ן אַ, צו|זע|ן* ד ⊣ **take c.!** אויפֿן אַדרעס פֿון ⊣ **in c. of** (c/o) אינט (אאַ"פֿ) ⊣ 2. *v.* (*rev. con.*) אַר|ן || I don't c. מיך אַרט ניט || what do I c.? וואָס אַרט עס מיך?; מיין באָבעס דאגה! [ ] || **c. for** זאָרג|ן פֿאַר/וועגן, אָפּ|געב|ן* זיך

מיט ⊣ (like) ליב האָב|ן*, האָלט האָב|ן* —אַ || **not c. about** (*hum.*) °האָב|ן* אין דער לינקער פּיאַטע

career די קאַריערע (ס)

careerist 1. *adj.* קאַריעריסטיש || 2. *n.* דער קאַריערי'סט (ן)

carefree אָן זאָרגן, פֿרײַ פֿון זאָרגן, °זאָרגלאָז

careful אָ'פּגעהיט(ן), געוואָרנט, °פֿאָ'רזיכטיק; זאָ'רגעוודיק ⊣ **be c.** (of) היט|ן זיך ⟨פֿאַר⟩ ⊣ **be c. in the future** (of) (*hum.*) פֿאַרזאָג|ן אַ צענטן ⟨צו⟩

careless ניט־אָ'פּגעהיט, אָ'פּגעלאָז'ן, °או'מפֿאָ'רזיכטיק

carelessly *also* אַבי' ווי', כּלאַחר־יד [KIL-AKhER-YA'D]

caress 1. *n.* דער גלעט (ן) || 2. *v.* גלעט|ן, צערטל|ען

caretaker דער ממונה (—ים) [MEMUNE—MEMUNIM], דער אַ'כטונג־געבער (ס)

careworn [FARDAYGET] פֿאַרדאגהט

cargo דער פֿראַכט, די לאָדונג (ען)

Caribbean *adj.* קאַראַ:ביש

caricature 1. *n.* די קאַריקאַטו'ר (ן) || 2. *v.* קאַריקיר|ן

carnage די בלוטבאָד

carnation דאָס נע'געלע (ך)

carnival דער קאַרנאַוואַ'ל (ן)

carob דער באָקסער (ן)

carouse הוליע|ן

carp דער קאַרפּ (ן)

carpenter דער סטאָליער (ס) || (house-builder) דער טעסלער (ס)

carpentry דאָס סטאָליערײַ'

carpet 1. *n.* דער טעפּעך (ער), דער קאָברעץ (ן) ⊣ 2. *v.* באַטע'פּעכ|ן

carpeting דאָס טע'פּעכצײַג; טע'פּעכער מצ || **wall-to-wall c.** גאַ'נצדי'ליק|ער טעפּעך (ער)

carriage די קאַ'רעטע (ס) || (railroad) דער וואַגאָ'ן (ען) ⊣ (bearing) די האַלטונג, דער שטעל ⊣ (baby) דאָס גאַ'נג־וועגעלע (ך)

carrier דער טרעגער (ס) || (*fig.*) דער טראָגער (ס) ⊣ (transporter) די טראַנספּאָ'רט־פֿירמע (ס) ⊣ *cf.* **aircraft carrier**

carrier pigeon די פּאָסטטויב (ן)

carrion די נבֿלה [NEVEYLE], די פּאַדלע

carrot די מער (ן)

carry *vt.* (on foot) טראָג|ן || (by vehicle) פֿיר|ן ⊣ (a motion) אָנ|נעמ|ען || *vi.* (sound) טראָג|ן זיך || **c. around** אַרומ|טראָג|ן (זיך מיט) ⊣ **c. away** *also* פֿאַרטראָג|ן || (*fig.*) מיט|רײַס|ן || **c. on** *vt.* (ווײַטער) פֿיר|ן, פּראַווע|ן ⊣ (pranks) אָנ|געב|ן* || *vi.* (pranks) שטיפֿ|ן, מאַכ|ן שטיק || (continue) גיי|ן* ווײַטער, ממשיך זײַן* [MAMShEKh] ⊣ **c. out** אויס|-, דורכ|פֿיר|ן || (request, order) *also* אויס|פֿאָלג|ן || **how can this be carried out?** *also* ווי קומט די קאַץ אי'בערן וואַסער?

cart דער וואָגן (ס), די פֿור (ן) || **put the c. before the horse** כאַפּ|ן די פֿיש פֿאַר דער נעץ

cartel דער קאַרטע'ל (ן)

cartilage דער ווייכביין, די כראָמסקע

carton דער קאַרטאָ'ן (ען) || (box) *also* דאָס פּו'דעלע (ך)

cartoon די קאַריקאַטו'ר (ן), דאָס וויצבילד (ער)

cartridge דער פּאַטראָ'ן (ען)

carve (wood) *imp/pf* (אויס|)שניצ|ן || (meat) (אָנ|)שנײַד|ן

carving דאָס געשני'ץ (ן), דאָס שניצערײַ' (ען)

carving board די שנײַדברעט (ער)

case[1] דער קאַסטן (ס), דאָס שיידל (עך), דער עטוי' (ען), דער פֿוטליאַ'ר (ן), די פֿו'טערפֿאַס (ן)

case[2] דער פֿאַל (ן) || (declension) דער בייגפֿאַל (ן) ⊣ **in c.** טאָמער || **in any c.** בכל־אופֿן [BEKhO'L-OYFN], אויף יעדן פֿאַל, °יעדן פֿאַלס ⊣ **in no c.** באין־אופֿן ... ניט [BEE'YN] ⊣ **in that c.** אויב אַזוי'; הייסט עס; אם־כּן [IMKEYN] ⊣ **legal c.** דער יורי'דיש|ער ענין (ים) [INYEN—INYONIM]

cash 1. *n.* דאָס מזומן [MEZUMEN], מזומנים מצ [MEZUMONIM] ⊣ **in c.** במזומן [BIMZUMEN] ⊣ 2. *v.* (אײַנ|)קאַסיר|ן

cashbox די קאַסע (ס)

cashier דער קאַסי'ר (ן)

casino דער קאַסינאָ (ס)

cask דאָס פֿעסל (עך), דאָס טונדל (עך)

casket (ך) דאָס שקע׳טעלע || *cf.* **coffin**

cast 1. *n.* דער גוס || (form) דער פֿורעם (ס), || (surgical) דער גיפּס (ן) ‑ דאָס געשטאַ׳לט (ן) (theater) די טרופּע (ס), דער אַנסאַמבל (ען) ‑ 2. *v.* וואַרפֿ|ן || (mold) *imp/pf* גיס|ן (אָפּ) ‑ (ballot) אָפּ|געב|ן* || (actor) געב|ן* ד אַ/די ראָלע

castaway דער שי׳פֿבראָכיק|ער, דער פֿאַרוואָ׳רפֿענ|ער — גענ

caste די קאַסטע (ס)

castigate (אויס|)מוסר|ן [MUSER], קע׳ס־טיק|ן

cast iron 1. *adj.* טשוגונען || 2. *n.* דאָס גאָ׳סאײַזן, דער טשוגו׳ן

castle 1. *n.* דער שלאָס (שלעסער) || (rook) דער ראָך (ן) ‑ **build c.s in air** בוי|ען לו׳פֿטשלעסער, לייג|ן זיך פֿײ׳געלעך אין ראָכיר|ן 2. *v.* ‑ בוזעם

castor oil דער רי׳צנאייל

castrate קאַסטריר|ן, מסרס זײַן* [MESARES]

casual צו׳פֿעליק, שלעגיש; גלײַ׳כגילטיק

casually *also* פֿון דער גרינג

casualty דער קרבן (ות) [KORBN—KORBONES]

casuistry דער פּילפּול [PILPL], די קאַזויִסטיק

cat די קאַץ (קעץ) || (male) דער קאָטער (ס) || **let the c. out of the bag** אַרויס|לאָז|ן די קאַץ פֿון זאַק ‑ **c.'s** אַדי קעציש

catalog 1. *n.* דער קאַטאַלאָ׳ג (ן) || 2. *v.* (אויס|)קאַטאַלאָגיר|ן

cataract דער קאַטאַראַ׳קט (ן) || (eye) *also* די בעלמע (ס)

catastrophe די קאַטאַסטראָפֿע (ס), דער חורבן [KHURBM—KHURBONES] (ות)

catastrophic קאַטאַסטראָפֿאַ׳ל

catcall דער פֿײַף (ן)

catch 1. *n.* די כאַפּונג, דער פֿאַנג || (hook; *also fig.*) דאָס הע׳קעלע (ך) || 2. *vt.* כאַפּ|ן, ° פֿאַנג|ען, דערוויש|ן, ° פּאַק|ן ‑ (hook) ° פֿאַרטשעפּע|ן ‑ (as in a vise) אײַנ|קלעמ|ען ‑ (disease) אָנ|נעמ|ען זיך, פֿאַרקיל|ן ‑ **c. cold** פֿאַרקיל|ן ‑ |שטעק|ן זיך — מיט כאַפּ|ן דעם שניט || **c. on** ‑ זיך || **c. up** (with) דעריאָג|ן, אָנ|יאָג|ן || *vi.* (be hooked) פֿאַרטשעפּע|ן זיך (אין) || **c. it** (scolding etc.) °כאַפּ|ן אַ פּסק [PSAK]

catchall דער כּל־בו (ען) [KOLBO'Y]

catching קלעפּיק, אָ׳נשטעקיק

catchup דער פּאָמידאָ׳רן־סאָס, דער קעטשאָפּ אַמער

categorical קאַטעגאָריש

category די קאַטעגאָריע (ס); די בחינה (—ות) [PKhINE]

cater *vt.* צו|שטעל|ן, לי׳ווער|ן || **c. to/for** אַנטקעגנ|קומ|ען ד, זאָרג|ן פֿאַר, באַדינ|ען אַ

caterer דער (ע׳סן־)ליווערא׳נט (ן)

caterpillar דאָס שליי׳ערל (עך), דער אָ׳פּ־פֿרעסער (ס)

cathedral די קאַטעדרע (ס), דער קאַטעדראַ׳ל (ן), דער טום (ען)

Catholic 1. *adj.* קאַטוליש || 2. *n.* דער קאַטויי׳ל (ן), דער קאַטאָלי׳ק (ן)

cat's cradle עטל־בע׳טל

cattle דאָס פֿיך; בהמות [BEHEYMES], רינדער || **head of c.** דאָס שטיקל (עך בהמות) ‑ מצ—

Caucasian *adj.* קאַווקאַזיש; קאַווקאַזער אינוו

Caucasus (דער) קאַווקאַ׳ז

caucus 1. *n.* די פֿראַקציע (ס); דער קאָקוס (ן) 2. *v.* ‑ אָפּ|האַלט|ן אַ/די פֿראַקציע אַמער

cauliflower דער קאַליפֿיאָ׳ר (ן), דאָס בלו׳מענ־קרויט

causal סיבה־... [ ], קויזאַ׳ל, סיבהדיק

cause 1. *n.* די סיבה (—ות) [SIBE], גורם [GOYREM]; די זאַך (ן), דער קאַמפּ־ציל (ן) ‑ 2. *v.* גורם זײַן* [ ], דער צוועק (ן) || פֿאַרשאַפֿ|ן אַ ⟨ד⟩ ‑ (feelings) אַרויס|רופֿ|ן (damage, trouble, pain) *also* אָנ|טאָ|ן* אַ ⟨ד⟩

caustic בײַסיק, שטעכיק

caution 1. *n.* די אָ׳פּגעהיטקייט, די געוואָ׳רנט־קייט, דאָס זהירות [ZHIRES] ‑ 2. *v.* וואָ׳רענ|ען, מזהיר זײַן* ל [MAZHER], מתרה זײַן* ל [MASRE]

cautious אָ׳פּגעהיט(ן), געהי׳ט, געוואָרנט, °פֿאָ׳רזיכטיק

cautiously *also* פּאַוואָליע

cavalry די קאַוואַלעריע

cave 1. *n.* די הייל (ן) || 2. *v.* **c. in** אײַנ|פֿאַל|ן

cavern (ן) די הייל

cavernous הויל

caviar דער קאַוויאַר

cavil 1. *n.* -די יאַ'בעדע (ס), דאָס או'נטער
טשעפּע|ן זיך ⟨צו⟩ .*v* .2 ⊣ שיסעלע (ך)

caviler דער יאַ'בעדניק (עס)

cavity די לאָך (לעכער); דער חלל (ס)
[KhOLEL], דאָס חללע (ך)

cease אויפֿ|הער|ן

cease-fire -דער בײַ'קסנשווײַג (ן), דער פֿײַ'ער
אָפּשטעל (ן)

ceaseless אָן (אַן) אויפֿהער

cedar דער צע'דערבוים (...ביימער)

cede אָפּ|טרעט|ן

ceiling דער סופֿי'ט (ן), די סטעליע (ס)

celebrate *vt.* פֿראַווע|ן, אָפּ|ריכט|ן, יובֿל|ען
|| באַזינג|ען (laud) ⊣ [YOYVL], פֿײַ'ער|ן•
vi. [MESAMEYEKh] משמח זײַן* זיך

celebration די שׂימחה (—ות) [SIMKhE], די
|| פֿײַ'ערונג (ען); דאָס קע'רמעשל (עך)

joyful c. *also* [HILULE] (—ות) די הילולא

celebrity די באַרימטקייט || (person) דער
גדול (ים) [GODL—GDOYLIM], דער מפֿורסם
[MEFURSEM—MEFURSOMIM] (ים)

celery די סעלעריע

celestial הימל...; הימליש

cell די קאַמער (ן) || (biological; party)
דאָס קע'מערל (עך)

cellar דער (או'נטער)קעלער (ן)

cello דער טשעלאָ (ס), דער וויאָלאָנטשע'ל (ן)

cellophane דער צעלאָפֿאַ'ן

celluloid 1. *adj.* צעלולאָי'דן || 2. *n.* דער
צעלולאָי'ד

Celtic קעלטיש

cement 1. *adj.* צעמענטן || 2. *n.* דער
צעמענטיר|ן; צו|-, צעמע'נט (ן) ⊣ 3. *v.*
צונויפֿ|קלעפּ|ן

cemetery דער בית־עולם (ס) [BESOYLEM],
דער בית־עלמין (ס) [BESALMEN], דער בית־
הקבֿרות (ן) [BEYSAKVORES], דאָס פֿעלד,
דאָס הייליק|ע־אָ'רט, דאָס גוט|ע־אָ'רט ⊣ (non-
Jew.) *also* דער צווינטער (ס)

censor 1. *n.* דער צענזאָר (...אָ'רן) || 2. *v.*
צענזוריר|ן

censorship די צענזו'ר (ן)

census 1. *n.* דאָס פּסק־וואָרט (־ווערטער)
[PSA'K] ⊣ 2. *v.* אַרויס|געבן* אַ פּסק־וואָרט
קעגן

census דער צענזוס (ן), די פֿאָ'לקסציילונג (ען)

cent דער סענט (ן)

centennial *adj.* הו'נדערט־יאָריק

center 1. *n.* דער צענטער (ס), דער מיטן (ס),
דער מי'טלפּונקט (ן) ⊣ **c. of gravity** דער
שווערפּונקט (ן) ⊣ 2. *v.* (אײַנ)צע'נטער|ן

central צענטראַ'ל, מיט־ל*, מיטלסט*, מי'טנדיק

centralize צענטראַליזיר|ן

centrifugal צענטריפֿוגאַ'ל, פֿו'נצענטריש

centripetal צענטריפּעטאַ'ל, צו'מצענטריש

century דער יאָרהונדערט (ער)

ceramics די קעראַמיק, דאָס טעפּערײַ'

cereal (grain) [TVUE] (—ות) די תּבֿואה ||
(food) די קאַשע, גריפּן מצ || (dry)
די גרויפּ (ן) ⊣ **grain of c.** גרײַפּלעך מצ

ceremony די צערעמאָ'ניע (ס)

certain זיכער, געווי'ס* || I am c. איך
|| איינ|ער אַ מענטש ⊣ a c. man בין זיכער
for c. אויף זיכער || **it isn't c. that** *also*
[RAYE] ס'איז ניט קיין ראַיה אַז

certainly געווי'ס, אַוודאי [AVADE], זיכער,
גרײַלעך ⊣ **most c.** ?ווי־ דען

certainty די זי'כערקייט

certificate -די באַשטעטיקונג (ען), דאָס צײַ'גע
ניש (ן), דער אַטעסטאַ'ט (ן), דער צערטיפֿיקאַ'ט
(ן)

certify -באַשטע'טיק|ן; צערטיפֿיציר|ן, אַטעס
טיר|ן

cessation דער אויפֿהער; דער שטי'לשטאַנד•

cesspool דער אָ'פּגאַנגגרוב (...גריבער)

chafe *vt.* פֿרי|ען, (אָנ)|רײַב|ן

chaff די פּלעווע, דאָס פּסולת [PSOYLES]

chain 1. *n.* די קייט (ן) || **put in c.s** שמיד|ן
צו|קייטל|ען ⊣ 2. *v.* שליס|ן אין קייטן/

chair 1. *n.* די שטול (ן), דאָס בענקל (עך)
|| (professorship) די קאַטעדרע (ס) ||
(chairmanship) דער פֿאָרזיץ || (chair-
man) דער פֿאָ'רזיצער (ס) || **be in the c.**
פֿיר|ן ⊣ 2. *v.* זײַן* דער פֿאָרזיצער

chairman דער פֿאָ'רזיצער (ס)

chaise-longue דער שעזלאָ'נג (ען)

chalk די קרייד

challenge 1. *n.* דער אַרויסרוף (ן), דער אַרוי'ספֿאָדער (ן), דער אַנו' (ען) ‖ 2. *v.* אַרויס|רופֿ|ן, -|פֿאָ'דער|ן, פֿאַרמעסט|ן זיך קעגן

chamber די קאַמער (ן); דער חדר (ים) [KhEYDER—KhADORIM], דאָס געמאַ'ך (ן) ‖ **C. of Commerce** די האַ'נדל-קאַמער

chambermaid די אוי'פֿראַמערין (ס)

chamber music די קאַ'מער-מוזיק

chamber pot דער נאַכטטאָפּ (...טעפּ)

chameleon דער כאַמעלעאָ'ן (ען)

chamois 1. *adj.* זאַמש·ן ‖ 2. *n.* דער זאַמש

champagne דער שאַמפּאַניער

champion 1. *n.* דער מייַסטער (ס), דער טשעמפּיאָ'ן (ען) ‖ 2. *v.* אָנ|נעמ|ען זיך פֿאַר

championship די מייַ'סטערשאַפֿט

chance 1. *n.* (accident) דער צופֿאַל (ן) ‖ (occasion) דער שאַנס (ן), די געלעגנהייט ‖ (opportunity, probability) דער טראַף (ן), דער שאַנס (ן) ‖ **by c.** על-פּי טראַף [ALPI], על-פּי צופֿאַל, צו'פֿעליק ‖ **law of c.** דאָס טראַ'פֿגעזעץ ‖ **c.s are** גיכער פֿאַר אַלץ ‖ **have little c.** *also* האַלט|ן שמאָל ‖ **take c.s** ריזיקיר|ן, אײַנ|שטעל|ן ‖ **take a c. on** וו אויף רי'זיקע ‖ 2. *v.* טרעפֿ|ן, מאַכ|ן זיך אומפּ ⟨—אַז⟩

chancellor דער קאַנצלער (ס)

chandelier דער קאַנדעלאַבער (ס), די לוסטרע (ס)

change 1. *n.* דער (אי'בער)בײַט (ן), די •ע'נדערונג (ען), די שינוי (ים) [ShINE—ShINUIM] ‖ (returned money) דער רעשט, דער אויסגאָב ‖ (**small**) **c.** דאָס מינץ, דאָס קליינגעלט ‖ **for a c.** אין אַ נאָ'ווענע ‖ 2. *vt/imp* בײַט|ן, •טויש|ן, •ע'נדער|ן *pf.* אויס|-, איבער|בײַט|ן, איבער|מאַכ|ן, -|אַ'נדערש|ן ‖ (money) *also* צעבײַט|ן ‖ **c. clothes** זיך איבער|טאָ|ן* ‖ **c. color** *imp.* זיך מיניע|ן ‖ **c. seats** איבער|זעצ|ן זיך ‖ *vi.* בײַט|ן זיך, •ע'נדער|ן זיך, •טויש|ן זיך

changeable בײַ'טעוודיק

channel דער קאַנאַ'ל (ן) ‖ (*fig.*) דער צינור (—ות) [TSINER—TSINOYRES]

chant 1. *n.* דאָס געזאַ'נג (ען) ‖ 2. *v.* זינג|ען ‖ (unintelligibly) בלע'קעצ|ן

chaos דער כאַאָס; דער תּוהו-ובֿוהו [TOYE-VOYE]

chaotic כאַאָטיש

chap דער בחור (ים) [BOKhER], דער יאַט (ן)

chapel די קאַפּע'לֿ (ן)

chaperon (*fem.*) די באַליי'טערין (ס), די שומרטע (ס) [sho'YMERTE]

chapter דאָס קאַפּיטל (ען); דער פּרק (ים) [PEYREK—PROKIM]

character דער כאַראַקטער (ס), די טבֿע (ס) [TEVE] ‖ (letter) דער אות (יות) [OS—OYSYES] ‖ (in story) דער העלד (ן) ‖ (in play) *also* דער פּאַרשוי'ן (ען) ‖ (strange person) דער °טיפּ (ן), דער פּאַרשוי'ן (ען)

characteristic 1. *adj.* כאַראַקטעריסטיש ‖ 2. *n.* די איי'גנקייט (ן), די •איי'גנשאַפֿט (ן)

characterization די כאַראַקטעריסטיק (עס)

characterize כאַראַקטעריזיר|ן

charade דער שאַראַ'ד (ן)

charcoal מצ האָ'לצקוילן

charge 1. *n.* (supervision) די השגחה [HAZhGOKhE], דער אויפֿזע ‖ (accusation) די באַשו'לדיקונג (ען), דער אויפֿוואָרף (ן) ‖ (assault) דער שטורעם (ס) ‖ (price) דער אָפּצאָל (ן) ‖ (power) די לאָדונג (ען) ‖ (child) דאָס קעסטקינד (ער), דער האָדעוואַניק (עס) ‖ **at a small c.** פֿאַר אַ קליינעם אָפּצאָל ‖ **be in c.** (of) אָנ|פֿיר|ן ⟨מיט⟩ ‖ **person in c.** ⟨איבער⟩ דער ממונה (—ים) [MEMUNE—MEMUNIM] ‖ **public c.** די משׂא פֿאַרן כלל [MASE...KLAL] ‖ 2. *vt.* (entrust) אויפֿגעב|ן* ⟨ד צו⟩ ‖ (a price) רע'כענען ‖ (assault) שטו'רעמ|ען ‖ (account) באַלאַסט|ן ‖ (battery) אָנ|לאָד|ן ‖ **c. to the account of** פֿאַר-רע'כענ|ען ד ‖ **c.** (sb.) **with** (accusation) באַשו'לדיק|ן אין, אויפֿ|וואַרפֿ|ן ד א/אַז ‖ **he is c.d with larceny** מע באַשולדיקט אים אין גנבֿה [GANEYVE]

charge account די פֿאַררע'כן־קאָנטע (ס)

chariot די קאַ'רעטע (ס), דער רײַ'טוואָגן (ס)

charitable ווױ'לטויִק; מרחמדיק [MERA'KhEMDIK] ⊣ (organization) *also* ...צדקה־ [TSDOKE] || **c. person** דער בעל־צדקה (בעלי־) [BAL-TSDO'KE—BALE]

charity (goodness) דאָס צידקות [TSITKES], רחמים מצ [RAKhMIM] ⊣ (alms) די צדקה [TSDOKE]

charlatan דער שאַרלאַטאַ'ן (ען)

charm 1. *n.* דער חן [KhEYN], דער שאַרם, דער כּישוף [KIShEF] ⊣ 2. *v.* פֿאַרכּישופֿ|ן [ ], •אַנטציק|ן

charming חנעוודיק [ ], באַחנט [ ], סימפּאַטיש, מלא־חן אַפּ [MOLE]; שאַרמאַ'נט ⊣ **be extremely c.** האָב|ן* דעם זי'בעטן חן

chart 1. *n.* (map) די קאַרטע (ס) || (graph) די טאַבעלע (ס), די דיאַגראַ'ם [DI] (ען) ⊣ 2. *v.* דיאַגראַמיר|ן || *cf.* **map**

charter 1. *n.* די כאַ'רטיע (ס), דער טשאַרטער (ס) אַמער || (franchise) די קאָנצע'סיע (ס) ⊣ 2. *v.* (hire) דינג|ען

chase 1. *n.* דאָס געיע'ג (ן), די יאָג (ן) || **give c. to** לאָז|ן זיך נאָך || 2. *v.* (נאָכ|)־יאָג|ן (זיך נאָך) ⊣ **c. away** אַוועק|־, דורכ|־טרײַב|ן

chaser דער פֿאַרטרי'נק (ען)

chassis דער שאַסי' (ען)

chaste ריין, צניעותדיק [ ] || **c. woman** די צנועה (—ות) [TSNUE]

chastise שטראָפֿ|ן, מוסר|ן [MUSER], קע'ס־טיק|ן

chastity דאָס (סעקסועל|ע) צניעות [TSNIES]

chat 1. *n.* דער שמועס (ן) || 2. *v.* שמו'עס|ן

chattels מטלטלים מצ [META'LTELIM]

chatter 1. *n.* דאָס געפּלאַפּל, דער פּלויש || 2. *v.* פּלאַפּל|ען, באַל(ע)בעטשע|ן, פּלויש|ן || (teeth) קלאַפּ|ן אומפּ ד ⟨אַ צאָן אָן אַ צאָן⟩

chatterbox דער פּלוי'דערזאַק (...זעק), דער יאַ'בעדניק (עס)

chauffeur דער שאָפֿע'ר (ן)

chauvinism דער שאָוויניזם

cheap ביליק; בזול אַפּ [BEZO'L] || וואָלוול, (bungling) טאַנדע'ט || (narrow-minded) קליינלעך ⊣ **very c.** *also* האַלב אומזי'סט || **be c.** (in season) זײַן* אַ זול אומפּ אויף [ZOL] ⊣ cabbage is now c. עס איז הײַנט אַ זול אויף קרויט

cheapen פֿאַרוואָלוול|ן, פֿאַרבי'ליק|ן; מזלזל זײַן* [MEZALZL]

cheaply *also* בזול [BEZO'L] || **very c.** *also* בחצי־חינם [BEKhOTSEKhINEM]

cheat *vt.* אָפּ|נאַר|ן, באַשווינדל|ען || (*hum.*) אָנ|פּײַפֿ|ן ד ⊣ *vi.* שווינדל|ען, דריי|ען, פֿאַ'לשעווע|ן ⊣ **c.** (sb.) **out of** אויס|נאַר|ן ⟨בײַ⟩

check 1. *n.* (control) דער קאָנטראָ'ל (ן); דער צוויק ⊣ (receipt) די קוויטאַנציע (ס) || (bank) דער טשעק (ן) || (design) דאָס קעסטל (עך) ⊣ **keep in c.** האַלט|ן אין צוויק, האַלט|ן אין שאַך ⊣ 2. *vt.* (halt) *imp.* קאָנטראָליר|ן, האַ'מעווע|ן ⊣ *pf.* אײַנ|־האַלט|ן, ־|האַ'מעווע|ן ⊣ (inspect) קאָנטראָליר|ן, איבער|זע|ן*, ־|קוק|ן ⊣ (put away) אַוועק|געב|ן* אין באַגאַ'זש/גאַרדעראָ'ב ⊣ *vi.* (agree) שטימ|ען ⟨מיט⟩ || (inquire) נאָכ|פֿרעג|ן זיך ⟨בײַ⟩ || 3. *int.* שאַך!

checker דער ציגל (—) || **c.s** (game) דער דאַם (ען), די דאַמקע (ס)

checkered געקעסטלט

checking account די טשעקקאָנטע (ס)

checklist די קאָנטראָלירקע (ס)

checkmark דאָס פּײַ'געלע (ך)

checkmate 1. *n.* דער מאַט || 2. *v.* מאַכ|ן/געב|ן* ⟨ד⟩ מאַט

checkroom דער גאַרדעראָ'ב (ן)

checkup דער קאָנטראָ'ל (ן) || (medical) די באַטראַכטונג (ען)

cheek די באַק (ן)

cheer 1. *n.* די פֿריי'לעכקייט, די מו'נטערקייט, די לוסט ⊣ (ovation) דער וויוואַ'ט (ן), דער הוראַ' (ען) ⊣ 2. *vt.* מו'נטער|ן || **c. up** אויפֿ|מו'נטער|ן, ־|פֿריי'לעכ|ן ⊣ *vi.* שרײַ|ען הוראַ'

cheerful פֿריילעך, מונטער || (person) *also* אוי'פֿגעלייגט, אוי'פֿגערוימט

cheerless [ ] או'מעטיק, עצבֿותדיק
cheerlessness דאָס עצבֿות [ATSVES]
cheese דער קעז (ן)
chef דער קוכער (ס)
chemical 1. *adj.* כעמיש || 2. *n.* די כעמיקאַ'ליע (ס), דאָס כע'מישוואַרג קאָל
chemist דער כע'מיקער (ס)
chemistry די כעמיע
cherish אָפּ|היט|ן, טײַער האַלט|ן
cherry (sour) דער ווײַנשל (—) || (sweet) די קאַרש (ן)
cherub דער כּרובֿ (ים)
chess דער שאָך (ן) || **c. set** דער שאָך (ן)
chessboard די שאָכברעט (ער)
chessman די שאָ'כפֿיגור (ן)
chest דער קאַסטן (ס), דער קופֿערט (ן) || (human) די ברוסט, דער ברו'סטקאַסטן (ס) || (exterior) דאָס האַ'רצברעטל (עך) || **get some things off one's c.** אַראָפּ|רעד|ן זיך פֿון האַרצן; אויס|רעד|ן זיך דאָס האַרץ
chestnut די קעסט (ן)
chew *imp/pf* (צע)קײַ|ען
chewing gum די קײַ'גומע
chic 1. *adj.* מיט שיק || 2. *n.* דער שיק
chicanery דאָס דריידל (עך), די שיקאַנע (ס), דאָס רמאָות [RAMOES]
chick דאָס קורטשוקל (עך), דאָס פּו'יקעלע (ך)
chicken די הון (הינער), דאָס הינדל (עך)
chicken pox ווי'נטפּאָקן מצ
chicory די ציקאָריע
chief 1. *adj.* הויפּט..., אייבער.. || 2. *n.* דער שעף (ן), דער ראָש (ים)
chiefly דער עיקר [IKER], דערעיקרשט, דער הויפּט, איבער הויפּט
chilblains ווי'נטערבײַלן מצ
child דאָס קינד (ער) || **beget (many) children** *also* קינדל|ען || **man burdened with (many) children** דער מטופּל (ים) [METUPL—METUPOLIM] || **c.'s** קינדערש אַדי
childbirth די קימפּעט
childhood קי'נדער־יאָרן מצ, די קינדשאַפֿט, די קי'נדהייט• ⊣ **in c.** קינדווײַז || **from c.** פֿון קינדווײַז אָן

childish קי'נד(ער)יש
chill 1. *n.* (cold) די קעלט || (shiver) דער ציטער (ן) ⊣ 2. *v.* דורכ|קיל|ן
chilly קיל, פֿרע'סטלדיק
chime 1. *n.* די גלאָ'קנשפּיל (ן), דער קוראַ'נט ⊣ 2. *v.* קלינג|ען || **c. in** צו|קלינג|ען || (*hum.*) צו|באָמקע|ן
chimney דער קוימען (ס)
chimneysweep דער קוי'מען־קערער (ס)
chimpanzee די שימפּאַנזע (ס)
chin די באָרד; די גאָמבע (ס), די מאָ'רדע° (ס) ⊣ **keep your c. up** נישט געדאגהט [GEDAYGET]
china 1. *adj.* פּאָרצעלײַען || 2. *n.* דאָס פּאָרצעלײַ'
China (די) כינע
Chinese 1. *adj.* כינעזיש || 2. *n.* דער כינעזער (—)
chintz 1. *adj.* ציצ'ן || 2. *n.* דער ציץ
chip 1. *n.* דאָס ברעקל (עך); דער שפּאָן (שפּענער), דאָס שפּענדל (עך); די סטרושקע (ס) || 2. *vi.* **c. in** צונויפֿ|לייג|ן זיך; געב|ן* צו שטײַער ⊣ **c. off** (enamel) *vi.* אָפּ|שפּרינג|ען
chipmunk דער (געשטרײַפּט|ער) ווועוריק (עס), דער טשיפּמאָנק (ן)
chipper אוי'פֿגעלייגט
chirp טשיריקע|ן, צירל|ען
chisel 1. *n.* דער דלאָט (ן) || 2. *n.* (אויס|)־ציזעליר|ן, ־|האַק|ן
chit-chat דאָס פּלוידערײַ'
chivalrous ריטעריש
chivalry די רי'טערישקייט || (knighthood) די רי'טערשאַפֿט
chlorinate כלאָריר|ן
chlorine דער כלאָר
chock-full אָ'נגעפּיקעוועט, פֿול ווי אַ מיל־גרוים, מלא־וגדוש אַפּ ⟨מיט—⟩ [MOLE-VEGO'-DESh]
chocolate 1. *adj.* שאָקאָלאַד'ן || 2. *n.* דער שאָקאָלאַ'ד ⊣ (piece of c.) די שאָקאָלאַדקע (ס)
choice 1. *adj.* אָ'פּגעקליב'ן, מהודרדיק [MEHU'DERDIK] ⊣ 2. *n.* דער אויסקלײַב; די ברירה (—ות) [BREYRE]; דער אי'בערקלײַב

choir דער כאָר (ן)

choirboy דער כאָרי'סט (ן) || (*Jew.*) דער משורר (ים) [MEShOYRER]

choke 1. *n.* דער שטיקער (ס) || 2. *vt/vi imp/pf* (דער)שטיק|ן, (דער)וואַרג|ן —זיך || *vi/imp also* קרעק|ן זיך || **c. in drinking** פֿאַרכליניע|ן זיך

cholera די כאָלערע

choose *imp/pf* (אויס|)קלײַב|ן

choosy אי'בערקלײַבעריש || **be c.** איבער|-קלײַב|ן

chop 1. *n.* דער קאָטלע'ט (ן) || 2. *v. imp/pf* (צע)האַק|ן ⊣ **c. off** אָפּ|האַק|ן

chopper דער האַ'קמעסער (ס)

chopstick דאָס ע'ס־שטעקעלע (ך)

choral כאָר...

chorale דער כאָראַ'ל (ן)

chord (harmony) דער אַקאָ'רד (ן) || (geometrical) די כאָרדע (ס)

choreography די כאָרעאָגראַפֿיע

chorus דער כאָר (ן); דער צוזונג (ען)

Christ קריסטוס

christen קרי'סטיק|ן

Christendom די קרי'סטנשאַפֿט

Christian 1. *adj.* קריסטלעך || 2. *n.* דער קריסט (ן)

Christianity דאָס •קרי'סטנטום, די קריסטן מצ; די קרי'סטלעכקייט

christianize פֿאַרקרי'סטיק|ן

Christmas דער ניטל

chromium 1. *adj* כראָמען || 2. *n.* דער כראָם

chromium plated באַכראָ'מט

chromosome דער כראָמאָסאָ'ם (ען)

chronic כראָניש

chronicle די כראָניק (עס), די קראָ'ניקע (ס) || **Book of C.s** דבֿרי־הימים [DIVRE-HA-YO'MIM]

chronicler דער כראָ'ניקער (ס), דער קראָ'ניקער (ס)

chronological כראָנאָלאָגיש

chronology די כראָנאָלאָגיע

chubby דיקלעך, פּוישיק || **c. child** *also* דער קאַראַפּו'ז (ן)

chuckle *v.* לאַכ|ן אין/צו זיך

chum דער חבֿר (ים) [KhAVER—KhAVEY-RIM]; דער האַרצפֿרײַנד (—)

chummy קניפּל־בקניפּל אַפּ ⟨מיט⟩ [BE-KNI'PL]

chump דער פֿריץ (ן), דער יאָלד (ן)

chunk די פּײַדע (ס) || (wood) דער שײַט (ן)

church 1. *adj.* •קירכלעך, קלוי'סטעריש || 2. *n.* די •קירך (ן), דער קלויסטער (ס) || (Greek-Orthodox) די צערקווע (ס)

chute דער אַראָפּלאָז (ן), דער אַראָ'פּלאָז־מולטער (ס)

...cide (killing) ...מאָרד || (killer) ...מערדער ⊣ **infanticide** דער קי'נדער־מאָרד ⊣ **matricide** דער מו'טערמאָרד; דער מו'טער־מערדער

cider (sweet) דער ע'פּלזאַפֿט || (hard) דער ע'פּלווײַן

cigar דער ציגאַ'ר (ן)

cigarette דער פּאַפּיראָ'ס (ן) || **c. case** דער פּאָרטציגאַ'ר (ן)

cinder די האָלעוועשקע (ס)

Cinderella דאָס נאַ'שנוויידל

cinnamon דער צימרינג

cipher דער שיפֿער (ס) || **in c.** שיפֿרי'רט(ער־הייט)

circle 1. *n.* דער קרײַז (ן), די ראָד (רעדער); דער עיגול ל [IGL—IGULIM] ⊣ (of dancers) דער קרײַז (ן), דער קאַראַהאָ'ד (ן) ⊣ (social) די מסיבה (—ות) [MESIBE] ⊣ 2. *v.* רינגל|ען זיך; אַרומ|גיי|ן*, -|פֿאָר|ן, -|פֿלי:|ען ⟨—אַרום⟩; באַ-רינגל|ען ⊣ (draw a c.) אײַנ|-, אַרומ|רינגל|ען

circuit דער קרײַז (ן) || (electric) דער שטראָמקרײַז (ן) ⊣ **short c.** דער קורצשלוס (ן)

circular קרײַז..., קײַ'לעכדיק || **c. letter** דער צירקולאַ'ר (ן)

circulate צירקוליר|ן; קורסיר|ן; אַרומ|גיי|ן*

circulation די צירקולאַציע || (periodical) דער טיראַ'זש (ן)

circumcise מל זײַן* [MAL] || (*Jew.*) *also* יי:'דיש|ן

circumciser דער מוהל (ים) [MOYEL]

circumcision (institution) די מילה [MI-

LE] ⊣ (ceremony: *Jew.*) דער ברית (ן) [BRIS]

circumference דער אַרומנעם (ען)

circumnavigate אַרומ|שיפֿ|ן (זיך) ⟨אַרום⟩

circumspect געוואָרנט, זהירותדיק [ZHI'-RESDIK]

circumspection דאָס זהירות [ZHIRES]

circumstance דער אומשטאַנד (ן) || **c.s** *also* דער מעמד [MAYMED] אַ ⊣ (**favorable or unfavorable**) **set of c.s** די קאָניונקטו'ר [NY] (ן)

circumstantial (minute) פּרטימדיק [PRO'TIMDIK] ⊣ (by inference) דרינג... || **c. evidence** דער דרי'נגדערווייז (ן)

circus דער צירק (ן)

citadel דער ציטאַדע'ל (ן)

cite (quote) ציטיר|ן || (refer to) פֿאַר-רופֿ|ן זיך אויף; דערמאָנ|ען ⊣ (in praise or blame) *also* אויס|טייל|ן

citizen דער בירגער (ס)

citizenship די בי'רגערשאַפֿט (ן)

citron דער אתרוג (ים) [ESREG—ESROYGIM]

city 1. *adj.* שטאָטיש || 2. *n.* די שטאָט (שטעט) ⊣ **big c.** *also* דער כרך [KRAKh] || **c. council** דער שטאָטראָט || **c. hall** דאָס ראָטהויז

civic בירגער..., בי'רגערלעך

civil (civic) בירגער..., בי'רגערלעך || (polite) אייד'ל, נימוסדיק [ ], •העפֿלעך || **c. defense** דער ציווילשיץ || **c. rights** דאָס ציוויל-בי'רגעררעכט מצ ⊣ **c. service** ציוויל-דינסט ⊣ **c. war** די בי'רגער־מלחמה (—ות) [MILKhOME], דער ברי'דערקריג (ן)

civilian 1. *adj.* ציווי'ל || 2. *n.* דער ציווי'ליסט (ן)

civility דער נימוס [NIMES]

civilization די ציוויליזאַציע (ס)

civilize ציוויליזיר|ן

claim 1. *n.* די טענה (—ות) [TAYNE], די פּרעטע'נזיע (ס), די תּבֿיעה (—ות) [TVIE], || די חזקה (—ות) [KhAZOKE] ⟨אויף—⟩ || 2. *vt.* פֿאָ'דער|ן, פּרעטענדיר|ן אויף || *vi.* טענה|ן [ ], דרינג|ען, •באַהויפּט|ן ⟨—אַז⟩ || (pick up) אָפּ|נעמ|ען

claimant דער תּובֿע (ים) [TOYVEYE—TOYVIM]

clairvoyance דאָס העלזעעריי'

clairvoyant *n.* דער העל'זעער (ס)

clam דער קלאַם (ען) אַמער

clammy קלעפּיק (פֿײַכט און)

clamor דאָס געשריי' (ען), דאָס געפּילדער, דער ליאַרעם

clamp 1. *n.* דער אורוואַנט (ן) || 2. *v.* אײַנ|קלעמ|ען

clan דער קלאַן (ען), דער •שטאַם (ען)

clannish קלײַ'זלדיק

clap *vt.* פּאַטש|ן, פּלעסקע|ן ⟨מיט—⟩ || *vi.* (applaud) פּאַטש|ן, פּאַטש|ן בראַוואָ, אַפּלאָדיר|ן

clapper דאָס קלעפּל (עך)

clarify קלאָר מאַכ|ן, אויפֿ|קלער|ן; אויס|-קלאָר|ן

clarinet דער קלאַרנע'ט (ן)

clarity די קלאָרקייט

clash 1. *n.* דער צונויפֿשטויס (ן) || 2. *v.* צונויפֿ|-שטויס|ן זיך ⟨מיט⟩

clasp 1. *n.* די קליאַמרע (ס) || (action) דער כאַפּ ⊣ 2. *v/imp* טוליע|ן || *pf.* אָנ|-כאַפּ|ן ⊣ (person) נעמ|ען, -|כאַפּ|ן (זיך אין) אַרומ|נעמ|ען

class 1. *n.* דער קלאַס (ן) || (group) *also* דער סאָרט (ן) ⊣ **graduating c.** דער אַרויס-לאָז (ן) ⊣ **c.es begin** די לימודים הייבן זיך אָן ⊣ 2. *v.* קלאַסיפֿיציר|ן, קלאַסיר|ן

classic 1. *adj.* קלאַסיש || 2. *n.* (author) דער קלאַ'סיקער (ס) ⊣ (work) דאָס קלאַ'סיש|ע ווערק (—)

classification די קלאַסיפֿיקאַציע (ס)

classify קלאַסיפֿיציר|ן

classroom דער קלאַ'ס(צימער) (ן)

clatter 1. *n.* דאָס געקלאַפּער, דער טראַסק, דער בראַזג ⊣ 2. *v.* קלאַ'פּער|ן, טראַסקע|ן, בראַזגע|ן

clause || דער פּאַראַגראַ'ף (ן), דער פּונקט (ן) || (grammar) דער טיילזאַץ (ן) || **main c.** דער הויפּטזאַץ (ן) ⊣ **subordinate c.** דער בײַזאַץ (ן)

claw די קרעל (ן)

clay 1. *adj.* ליימען* || 2. *n.* די ליים || (modeling) דער פּלאַסטעלי'ן

clayey ליימיק

clean 1. *adj.* ריין, זויבער, ציכטיק, ריינטלעך ⊣ (shirt) קלאָר || 2. *v/imp* ריי'ניק|ן, פּוצ|ן ⊣ (house) ראַמ|ען || *pf.* אויס|ריי'ניק|ן, -|פּוצ|ן, צו|ראַמ|ען || **c. off** אָפּ|פּוצ|ן || **c. up** אויפֿ|ראַמ|ען

cleaning די ריי'ניקונג (ען) || **c. woman** די ראַ'מערין (ס)

cleanliness די ריי'נ(טלעכ)קייט

cleanse *see* **clean; purify**

cleansing *see* **cleaning; purification**

clear 1. *adj.* קלאָר, דײַטלעך, בולט [BOYLET]; בפֿירוש [BEFEYRESh]; באַשיידלעך, אי'בערבליקלעך ⊣ 2. *vt.* אָפּ|ריינ'יק|ן, אויס|-, אָפּ|ראַמ|ען ⊣ (of charge) אָפּ|שו'לדיק|ן ⊣ **c. up** אויפֿ|קלער|ן || *vi.* (sky, weather) אויס|לײַ'טער|ן זיך

clearance די אָ'פּראַמונג, דער אויסראַם || (leeway) דער פֿרײַפּלאַץ || (permission) דער רשות (ן) [RESHU's] ⊣ (for secrets) דער געטרויבריוו (—) ⊣ **c. sale** דער אוי'ס-פֿאַרקויף (ן)

clearing (forest) די פּאָליאַנע (ס)

clearly (speak, say) *also* מיטן פֿולן מויל || (see) בחוש [BEKhU'sh] || **speak c.** רעד|ן ווערטער

cleave שפּאַלט|ן

cleaver דער האַ'קמעסער (ס)

clef דער (נאָ'טן־)שליסל (ען)

cleft דער שפּאַלט (ן)

clemency דער חסד [KhESED]; די באַגנע'דיקונג ⊣ **show c. to** באַגנע'דיק|ן

clench (teeth) *imp.* שטשעמ|ען || *pf.* פֿאַרשטשעמ|ען, פֿאַרקוועטש|ן ⊣ (fist) *imp/pf* (צו)בײַל|ן

clergy דער קלער || (*Jew.*) מצ כּלי־קודש [KLEKOYDESh]

clergyman דער גײַ'סטלעכ|ער געב; דער קלע'רי־קער (ס)

clerical (of clergy) גײַסטלעך, קלעריקאַ'ל || (of clerks) ביוראָ'...

clerk (office) דער ביוראַלי'סט (ן) || (sales) דער פֿאַרקויפֿער (ס) || **court c.** דער גערי'כט־שרײַבער (ס)

clever קלוג, געשײַ'ט || **c. man** דער פּיקח (ים) [PIKEYEKh—PIKKhIM] ⊣ *cf.* **smart**

cliché דער שאַבלאָ'ן (ען), די פֿראַזע (ס), דער טראַפֿאַרע'ט (ן)

click אַ קנאַק טאָ|ן*; אַ שליס טאָ|ן* (זיך) || (tongue) אַ צמאָק טאָ|ן*

client דער קליע'נט (ן)

cliff די סקאַלע (ס), דער פֿעלדז (ן) || (bluff) דער (אַר)אָפּהאַנג (ען)

climate דער קלימאַט (...אַ'טן)

climax דער שפּיץ (ן), דער קלימאַ'קס (ן), דער קולמיני'ר־פּונקט (ן)

climb 1. *n.* דער באַרג־אַרוי'ף || (plane) דער אויפֿהייב (ן) ⊣ 2. *vt.* אַרויפֿ|קריכ|ן אויף || *vi.* קריכ|ן || (airplane) (אויפֿ|)הייב|ן זיך

cling קלאַ'מער|ן זיך, אײַנ|עס|ן זיך ‹—אין›; קלעפּ|ן זיך, טוליע|ן זיך ‹צו›

clinic די קליניק (עס)

clinical קליניש

clink (glasses) *vt/imp* טשאָקע|ן מיט

clip 1. *n.* (paper) דאָס קלע'מערל (עך) || 2. *v.* (אויס|)שער|ן ⊣ **c. the wings of** אָפּ|האַק|ן ד די פֿליגל

clippers (hair) די שע'ר־מאַשינקע (ס) || (nails) דאָס נע'גל־שערל (עך)

clipping דער אויסשער (ן), דער אויסשניט (ן)

clique די קליקע (ס), די כנופֿיא (—ות) [KNUFYE]

cloak דער מאַנטל (ען), דער צודעק (ן) || (*fig.*) *also* די מאַסקע (ס) || **c. room** דער גאַרדעראָ'ב (ן)

cloak-and-dagger *adj.* קאָנספּיראַטי'וו

clock דער זייגער (ס)

clockwise זיי'גערדיק; זיי'גערווײַלעכץ אַדוו

clockwork דאָס געווע'רק (ן)

clod די גרודע (ס), דער שראָל (ן)

clog *v.* פֿאַרשטאָפּ|ן, פֿאַרלייג|ן

close 1. *adj.* נאָענט || (air) שטיקיק || **very c. to** *also* האַרט בײַ || **c. to each other** געדי'כט || 2. *n.* דער סוף [SOF], דער אויסלאָז ⊣ 3. *vt/vi* פֿאַרמאַכ|ן, צו|מאַכ|ן,

שליס|ן (—זיך) ⊣ (by screwing) פֿאַר־שרויפֿ|ן (זיך)

closely (on the heels) פֿו'ס־טרי'ט

closer נע'ענטער || **bring c.** *also* דער-נע'נטער|ן

closet דער אַלמער (ס), די שאַנק (שענק), די שאַפֿע (ס)

cloth 1. *adj.* שטאָפֿ'ן, געוואַנט'ן || 2. *n.* דאָס צײַג, דער שטאָף (ן), דאָס געוואַ'נט (ן), דאָס טוך (ן) ⊣ (piece) דאָס טיכל (עך)

clothe אָנ|טאָ|ן*, קלייד|ן; באַקלייד|ן

clothes דאָס אָנטאָן אצ; קליידער, מלבושים—מצ [MALBUSHIM] ⊣ **c. being** (*or* **to be**) **washed** דאָס וועש, דאָס גרעט

clothesline דער גרעטשטריק (—)

clothespin דער גרע'טקלאַמער (ן)

clothing די קליידונג, די הלבשה [HALBOSHE], דאָס אָ'נטועכץ ⊣ **piece of c.** *see* **garment**

cloud 1. *n.* דער וואָלקן (ס) || (threatening) די כמאַרע (ס) ⊣ 2. *vt.* וואַרפֿ|ן אַ שאָטן אויף; פֿאַרנעפּל|ען, מוטנע מאַכ|ן ⊣ *vi.* **c. over** פֿאַרוואָ'לקענ|ען זיך

cloudburst דער וואָ'לקנבראָך (ן)

cloudy וואָ'לקנדיק, כמאַרנע, פֿאַרוואָלקנט, פֿאַרכמאַרעט ⊣ (fluid) מוטנע

clove דאָס נע'געלע (ך) || (of garlic) דאָס ציינדל (עך)

clover די קאָנישינע || **be in c.** זײַן* אין די פּע'דערן

clown 1. *n.* דער לץ (ים) [LETS—LEYTSIM], דער פּאַיאַ'ץ (ן), דער קלאַון (ען), דער בלאַזן (ס) ⊣ 2. *v.* פּאַיאַ'צעווע|ן, לצעווע|ן [ ]

club 1. *n.* דער פֿלאָקן (ס), דער שטעקן (ס), די בולאַווע (ס), די פּאַלקע (ס) ⊣ (society) דער קלוב (ן) ⊣ (informal) דאָס קרײַזל (עך) || **c.s** (cards) דער שפּאָג || 2. *v.* דער־לאַנג|ען/צעשלאָג|ן מיט אַ פֿלאָקן

cluck קוואָקטשע|ן

clue דער שליסל (ען), דער סליד (עס), דער פּי'רפּאָדעם (...פּעדעם)

clump (piece) די גרודע (ס), דער קלומפּ (ן) || (group) דאָס הײַפֿל (עך), דאָס געזעמל (עך)

clumsy או'מגעלומפּערט, לעפּיש, ליימען* || (inept) או'מבאַהאָ'לפֿ'ן || **be c.** *also* דער האָב|ן* לײַ'מענע הענט ⊣ **c. fellow** *also* דער לײַ'מענ|ער גולם (ס) [GOYLEM]

cluster 1. *n.* דער קנויל (ן), דאָס געזעמל (עך), די גרופּקע (ס), דאָס הײַפֿל (עך) ⊣ 2. *vt/vi* גרופּיר|ן, הײַפֿל|ען (—זיך)

clutch 1. *n.* דער קלי'עשטש (ן) || (machines) *also* די קופּלונג (ען) || **in the c.es of** בײַ ד אין די נעגל ⊣ 2. *v.* אָנ|כאַפּ|ן, פֿאַר־קוועטש|ן

clutter די ענגשאַפּט, דאָס אָ'נגעלאַף, דאָס אָ'נגע־שטופּ

c/o אאַ"פֿ

co... מיט..., קאָ.. || copilot דער קאָ'פּילאָט || co-owner דער מי'טבאַזיצער

coach 1. *n.* (carriage) די קאַ'רעטע (ס), די קאַטש (ן) ⊣ (railroad) דער זי'צ־וואַגאָן (ען) ⊣ (teacher) דער אײַ'נלערנער (ס) ⊣ (sports) *also* דער טרענירער (ס) || 2. *v.* אײַנ|לערנ|ען, -|קנעל|ן ⟨מיט⟩; מדריך זײַן* [MADREKh]

coachbox די קעלניע (ס)

coachman דער בעל־עגלה (—ות) [BALE-GOLE], דער קוטשער (ס)

coagulate פֿאַרגליווערט ווער|ן, אַנטשטיי'|ן*

coal קוילן מצ || **carry c. to Newcastle** פֿיר|ן שטרוי קיין מצרים [MITSRAIM]

coarse גראָב, פּראָסט

coast 1. *n.* דער ברעג (ן), דער באָרטן (ס) || 2. *v.* ראָ'דעווע|ן; פֿאָר|ן/פֿלי|ען מיטן אים־פּעט אַליי'|ן

coaster דאָס או'נטערטעצל (עך)

Coast Guard די ברעגוואַך

coat 1. *n.* (overcoat) דער מאַנטל (ען) || (jacket) דאָס רעקל (עך), דער פּידזשאַ'ק (ן) ⊣ (paint) דער שיכט (ן) || 2. *v.* באַשמיר|ן, דעק|ן

coat-of-arms דער הערב (ן)

coax צו|-, אײַנ|רעד|ן

cob דער קאַטשן (קאַ'טשענעס)

cobbler דער שוסטער (ס)

cobblestone דער ברוקשטיין (ער)

cobweb דאָס שפּינוועבס קאָל

cock דער האָן (הענער)

cock-a-doodle-doo קוקעריקו'

cockpit די (פּלי'ער־)קאַבינע (ס)
cockroach דער טאַראַקאַ'ן (עס)
cocktail דער קאָקטייל (ן) || **c. party** דאָס קאָ'קטייל־קערמעשל (עך); דאָס גלעזל משקה [MA'shKE] (גלעזלעך)
cocky פּאָטעפּאַלנע, חוצפּהדיק [KhU'TSPE-DIK], בטוחיש [BETUKhish]
cocoa דער קאַקאַאָ
coconut דער קאָ'קאָסנוס (...ניס)
C.O.D. דער נאָכצאָל || **send C.O.D.** שיק|ן אויף נאָכצאָל
cod דער דאָרש (ן)
coddle פּאַ'נקעווע|ן [NY]
code 1. *n.* (legal) דער קאָדעקס (ן) || (cipher) דער קאָד (ן), דער שיפֿער (ס) || 2. *v.* קאָדיר|ן, שיפֿריר|ן
cod-liver oil דער פֿישטראָן
coed די סטודענטקע (ס)
coeducation די קאָעדוקאַציע
coerce נייט|ן, צווינג|ען
coercion די נייטונג, דער צוואַנג
coffee די קאַווע
coffee-pot דער קאַ'ווניק (עס)
coffin די טרונע (ס) || (*Jew.*) דער אָרון (אַרונות) [ORN—AROYNES]
cog דער צאָן (ציינער)
cogitate אַרײַנ|טראַכט|ן; •דענק|ען
cognate *adj.* קרובֿיש [KROYVISh]
cognitive באַנע'מ..., באַנעמיק
cogwheel די ציינראָד (...רעדער)
coherence די האַפֿט, די בי'נדיקייט
coherent בינדיק, קניפּיק || **be c.** (utterance) *also* קלעפּ|ן זיך || *cf.* **incoherent**
cohesion די האַפֿט, די (מי'ט)האַ'פֿטיקייט, דער צונויפֿהאַלט
cohesive האַפֿטיק
coil 1. *n.* די פּעטליע (ס), די שפּול (ן) || (electric) די שפּול (ן) || 2. *vt/vi* **c. up** (אויפֿ)שפּול|ן (זיך), אויפֿ|דריי|ען (זיך)
coin 1. *n.* די מטבע (ות) [MATBEYE] || **gold c.** *also* דאָס רענדל (עך) || 2. *v.* (אויס)שלאָג|ן, אויס|קלאַפּ|ן, -|מינצ|ן
coincide צונויפֿ|פֿאַל|ן (זיך), -|טרעפֿ|ן זיך ⟨—מיט⟩
coincidence דער צופֿאַל (ן); דער צוזאַ'מענפֿאַל (ן), דער צונויפֿטראַף (ן)
coke דער קאָקס
colander דער דורכשלאַק (ן)
cold 1. *adj.* קאַלט || 2. *n.* די קעלט || (extreme c.) די קרירה [KRIRE] || (ailment) די פֿאַרקילונג (ען) || (nose c.) דער קאַטער (ס) ⊣ **catch c.** פֿאַרקיל|ן זיך; צו|קיל|ן זיך ⊣ **leave c.** (indifferent) ניט נעמ|ען
coldblooded קאַ'לטבלוטיק
cold cuts דער אויפֿשניט קאָל
coleslaw דער קרוי'טסאַלאַט
colic *n.* דאָס (בוי'ך־)גרי'מעניש
collaborate צוזאַמענ|-, מיט|אַ'רבעט|ן ⟨—מיט⟩ || (politically) *also* קאָלאַבאָריר|ן
collaboration די מי'טאַרבעט, די צוזאַ'מענ־אַרבעט ⊣ (political) *also* די קאָלאַבאָראַציע
collaborator דער מי'טאַרבעטער (ס) || (political) *also* דער קאָלאַבאָראַטאָר (...אָ'רן)
collage דאָס געקלע'פּ (ן), דער קאָלאַ'זש (ן)
collapse 1. *n.* דער אײַנבראָך (ן) || 2. *vt.* צונויפֿ|שלאָג|ן ⊣ *vi.* אײַנ|ברעכ|ן זיך; אײַנ|-, פֿאַל|ן ⊣ (emotionally) *also* ווער|ן אויס מענטש
collar 1. *n.* דער קאָלנער (ס), דער קראַגן (ס) || 2. *v.* פּאַק|ן בײַם קאָלנער
collate צונויפֿ|פֿיר|ן, -|נעמ|ען; קאָלאַציאָניר|ן
colleague דער קאָלעגע (ס)
collect *vt. imp/pf* (אויפֿ)קלײַב|ן, (אויפֿ|)זאַמל|ען ⊣ (what is due) אײַנ|-, אָפּ|מאַנ|ען ⊣ **c. oneself** נעמ|ען זיך אין די הענט || *vi. imp/pf* (אָנ|)קלײַב|ן זיך
collection די זאַמלונג (ען); דער צונויפֿנעם (ען); די קאָלעקציע (ס)
collective קאָלעקטי'וו
collectively *also* בציבור [BETSIBER]
collectivize קאָלעקטיווי(זי)ר|ן
collector דער זאַמלער (ס) || (taxes, dues) דער (אײַ'נ)מאָנער (ס), דער אינקאַסע'נט (ן)
college דער קאָלעדזש (ן)
collegiate קאָלעדזש...
collide צונויפֿ|-, צוזאַמענ|שטויס|ן זיך ⟨—מיט⟩

collision דער צונויפֿשטויס (ן), דער צוזאַ'מענ־ שטויס (ן)
colloquial שמו'עסדיק || **c. language** די שמו'עסשפּראַך
collusion דער צונויפֿרעד
Cologne (דאָס) קעלן || **C. water** דאָס קעלניש
colon (:) דאָס צוויי'פּינטל (עך) || (intestine) די גראָב|ע קישקע (ס)
colonel דער קאָלאָנע'ל (ן), דער פּאָלקאָווניק (עס)
colonial [NY] קאָלאָניאַ'ל
colonist דער קאָלאָני'סט (ן)
colonization די קאָלאָניזאַציע
colonize קאָלאָניזיר|ן
colony די קאָלאָ'ניע (ס); דער ישוב (ים) [YIShEV—YIShUVIM]
color 1. *n.* || דער קאָלי'ר (ן), די פֿאַרב (ן) **local c.** דער קאָלאָרי'ט || 2. *v. imp/pf* (אָפּ|-, באַ)פֿאַרב|ן
color-blind קאָלי'רן־בלינד
colored קאָלי'רט, פֿאַרביק, בונט
colorful (פֿי'ל)פֿאַרביק, קאָלירי'ק
colorless בלאַס, אָן קאָלי'ר
colossal קאָלאָסאַ'ל
colt דער לאָשיק (עס)
column || דער זײַל (ן), די קאָלאָנע (ס) (print) דער שפּאַלט (ן), דער עמוד (ים) [OMED—AMUDIM] ⊣ (figures) דער סלופּיק (עס) ⊣ (in a table) || די רובריק (ן) (newspaper department) די קאָלומנע (ס), ⊣ (military) די רובריק (ן) די פֿינפֿט|ע קאָלאָנע ⊣ fifth c. קאָלאָנע (ס)
columnist דער קאָלומני'סט (ן)
coma דער קאָמאַטאָז|ער מצבֿ [MATSEV]
comb 1. *n.* דער קאַם (ען), דאָס קעמל (עך) || 2. *v.* *imp/pf* || (צו|-, פֿאַר)קאַמ|ען **c. one's hair** פֿאַרקאַמ|ען זיך
combat 1. *n.* || דער קאַמף (ן), די שלאַכט (ן) 2. *vt.* באַקעמפֿ|ן, קריג|ן אויף
combination די קאָמבינאַציע (ס)
combine *vt/vi* קאָמביניר|ן, פֿאַרבינד|ן, פֿאַראיי'ניק|ן, צונויפֿ|העפֿט|ן (—זיך)
combustion די פֿאַרברענונג
come קומ|ען || **c. close** צו|קומ|ען || **c. now!** ניי(ט), גיי(ט)! || **how c.?** סטײַטש? היתּכן? [HAYITOKhn], ווי קומט עס? (ה)למאַי? [(A)LEMA'Y] ⊣ **c. very hard** אָנ|קומ|ען ⟨ד⟩ כּקריעת־ים־סוף [KI-KRIES-YA'MSUF] ⊣ **c. what may** וואָס עס זאָל ניט זײַן; זאָל קומען וואָס עס || צו שטאַנד קומ|ען ⊣ **c. about** וויל זיך || אָנ|שטויס|ן זיך אין, אָנ|גע'|גענ|ען **c. across** **c. around** (arrive) אונטער|קומ|ען || (see the point) בעסער ווער|ן || **c.** (**from**) || וואַקס|ן, שטאַמ|ען, נעמ|ען זיך ⟨—פֿון⟩ **c. in!** *int.* אַרײַ'ן! || **c. off** (detach oneself) אָפּ|קלעפּ|ן זיך || (take place) צו שטאַנד קומ|ען ⊣ **c. on!** *int.* נו (זשע)! || מאַכ|ן זיך ⊣ נו שוין! אַנו! **c. up** (occur) (in discussion) קומ|ען צו רייד
comedian || דער קאָ'מיקער (ס) || **low c.** דער קאָמעדיאַ'נט (ן) [DY]
comedy די קאָמע'דיע (ס)
comet דער קאָמע'ט (ן)
comeuppance: get one's c. זע|ן* ווער עלטער איז
comfort 1. *n.* די באַקווע'מ(לעכ)קייט; דער ווילטאָג, דער קאָמפֿאָ'רט; דאָס רחבֿות [RAKh-VES], די הרחבֿה [HARKhOVE] ⊣ (consolation) די טרייסט || **take c.** (in) טרייסט|ן זיך ⟨מיט⟩ ⊣ 2. *v.* טרייסט|ן || (a mourner; *Jew.*) [MENAKhEM-O'VL] מנחם־אָבֿל זײַן*
comfortable באַקווע'ם, רחבֿותדיק [ ]; בעל־הבתּיש [BALEBATISh] ⊣ **make oneself c.** צעלייג|ן זיך ⊣ מאַכ|ן זיך באַקווע'ם (*hum.*)
comfortably *also* [BEHARKhOVE] בהרחבֿה
comic 1. *adj.* קאָמיש || 2. *n.* דער קאָ'מיקער (ס)
comical קאָמיש
comic strip דער בי'לדערשטרײַף (ן)
coming 1. *adj.* קו'מענדיק || 2. *n.* דער אָנקום
comma די קאָמע (ס), דער בײַשטראָך (ן)
command 1. *n.* דער באַפֿע'ל (ן), די קאָמאַנדע (ס) ⊣ 2. *v.* (order) באַפֿעל|ן, הייס|ן ⟨—ד⟩; שאַפֿ|ן ⊣ (know) זײַן* בקי [BOKE] ⟨אין⟩, באַהערש|ן ⊣ (be in c.) קאָמאַנדיר|ן ⟨מיט⟩
commandant דער קאָמענדאַ'נט (ן)

commander דער קאָמאַנדי'ר (ן), דער קאָ־מענדאַ'נט (ן)

commanding דאָמיני'רנדיק, אימפּאָזאַ'נט || **c. officer** דער קאָמאַנדי'ר (ן)

commandment דאָס געבאָ'ט (—) || (*Jew.*) די מיצווה (מיצוות) [MITSVE] ⊣ **the Ten C.s** די צען געבאָ'ט, די עשׂרת־הדיברות [ASERES-HADI'BRES]

commemorate באַצײ'כענ|ען דעם אָנדענק פֿון

commencement (school) דער סיום (ס) [SIEM] ⊣ *cf.* **beginning**

commend לויב|ן, פֿאַרלויב|ן, נאָכ|זאָג|ן ד אַ שבֿח [ ]

commendable לוי'בווערדיק

commendation דער שבֿח (ים) [shvAKh—shvOKhIM]

commensurate אָ'נגעמאָסט·ן; מי'טמעסט־לעך

comment 1. *n.* די באַמערקונג (ען) || **have no c.** אָפּ|שוויַיג|ן, ניט האָב|ן* וואָס באַמערק|ן, קאָמענ־ ⊣ צו באַמערקן ⊣ 2. *v.* קאָמענטיר|ן א ⊣ **c. on** טיר|ן (—וועגן)

commentary דער קאָמענטאַ'ר (ן), דער פּירוש (ים) [PEYRESh—PERUShIM]; דער ביאור [BIER—BIURIM] (ים) ⊣ **write a c. upon** (esp. a Jew. sacred text) מפֿרש זײַן* [MEFAREShI]

commentator || דער קאָמענטאַטאָר (...אָ'רן) (exegete: *Jew.*) דער מפֿרש (ים) [MEFA-RESh—MEFORShIM]

commerce דער האַנדל, דער קאָמע'רץ, דער מיסחר [MISKhER]

commercial 1. *adj.* געשע'פֿט..., האַנדל(ס)..., קאָמע'רצ..., מיסחר־... [ ]; קאָמערציע'ל, סוחריש [SOKhRISh] ⊣ **c. art** די מיסחר־קונסט [ ] || 2. *n.* דער אַנאָ'נס (ן)

commercialized פֿאַרמיסחרט [FARMIS-KhERT]

commissar דער קאָמיסאַ'ר (ן)

commissary די אינטענדאַנטו'ר (ן) || **c. officer** דער אינטענדאַ'נט (ן)

commission די קאָמי'סיע (ס)

commissioner דער קאָמיסיאָנע'ר (ן) [SY], דער פּקיד (ים) [POKED—PKIDIM]

commit (entrust) איבער|געב|ן* || (perpetrate) אָפּ|טאָ|ן*, באַגיי'|ן* || (engage) אַרויס|זאָג|ן ⊣ **c. oneself** *also* אַנגאַזשיר|ן זיך, בינד|ן זיך; מתחייבֿ זײַן* זיך [MIS-KhAYEV]

commitment (obligation) דאָס התחייבֿות [HISKhAYVES] (ן)

committee (voluntary or honorary) דער קאָמיטע'ט (ן) ⊣ (appointed or elected) די קאָלעגיע (ס), *also* (board) ⊣ די קאָמי'סיע די פֿאַרוואַלטונג (ען)

commodity די סחורה (—ות) [SKhOYRE], דער אַרטיקל (ען)

common (joint) (ב)שותּפֿותדיק [(BE)-ShU'TFESDIK] ⊣ (usual) || געוויינטלעך (mean) || גמיי'ן, פּראָסט || **in c.** בשותּפֿות [ ] ⊣ **the c. people** *also* דער המון־עם [HAMOYNA'M] ⊣ (*Jew.*) *also* עמך [AM-KhO] ⊣ **make c. cause** (with) מאַכ|ן יד־אַחת [YADAKhES], שלאָג|ן בלאַט, סאָלי־דאַריזיר|ן זיך ⟨—מיט⟩

common law דאָס שטיי'געררעכט

commonplace || באַנאַ'ל, וואָ'כעדיק (*cont.*) סקאַרבאָווע, קאַזיאָנע

Commons: House of C. דער קאָמאָנס

common sense דער שׂכל־הישר [SEYKhL-HAYO'ShER], דער געזונט|ער שׂכל

commonwealth די געזע'לשאַפֿט || (British) *also* דער קאָ'מאָנוועלט

commotion דאָס גערודער (ס), דער אויפֿריר (ן), דער אוי'פֿרודער (ן)

communal קהלש [KOOLSh], כּלל־... [KLAL], געזע'לשאַפֿטלעך, קאָמונאַ'ל

commune די קאָמונע (ס)

communicate *vt.* לאָז|ן וויסן, מודיע זײַן* [MEDIE], אָנ|זאָג|ן, איבער|געב|ן* ⊣ *vi.* **c.** (with) פֿאַרבינד|ן זיך, קאָמוניקיר|ן זיך, פֿאַרשטע'נדיק|ן זיך ⟨—מיט⟩

communication די קאָמוניקאַציע || (message) די ידיעה (—ות) [YEDIE], דער קאָמוניקאַ'ט (ן) ⊣ **c.s** די קאָמוניקאַציע קאָל || **means of c.** דאָס קאָמוניקי'ר־מיטל (ען)

communiqué דער קאָמוניקאַ'ט (ן)
communism דער קאָמוניזם
communist 1. *adj.* קאָמוניסטיש || 2. *n.* דער קאָמוני'סט (ן)
community דער קיבוץ (ים) [KIBETS— ,KIBUTSIM] ⊣ דער ציבור [TSIBER] ⊣ (religious) די עדה (—ות) [EYDE] || (of interests etc.) די שותּפֿישאַפֿט [shU'TFI-shAFT] ⊣ **organized c.** (*Jew.*) די קהילה [KEHILE] (—ות) ⊣ **c. center** דער קאָמו־נאַל|ער צענטער (ס) ⊣ **the people of a c.** (*Jew.*) דאָס קהל [KOOL] || **c. at large** דער כּלל [KLAL]
commute *vt.* איבער|בײַט|ן; פֿאַרמי'לדער|ן || *vi.* זײַן* אַ צו'פֿאָרער
commuter דער צו'פֿאָרער (ס)
commuting 1. *adj.* צופֿאָר... || 2. *n.* דאָס צו'פֿאָרן, דאָס צופֿאָרערײַ'
compact 1. *adj.* קאָמפּאַ'קט, סאָלי'ד || 2. *n.* (cosmetic) דאָס פּו'דער־געצײַג (ן)
companion דער קאָמפּאַניאָ'ן (ען), דער באַ־לייטער (ס)
company (business) די פֿירמע (ס), די געזעלשאַפֿט ⊣ (social) די קאָמפּאַ'ניע (ס) ⊣ די חבֿרותא (—ות) [KhAVRUSE] ;(ן) || (visitors) מצ געסט || (military) *also* די ראָטע (ס) ⊣ (gathering) די מסיבה [MESIBE] (—ות) ⊣ **keep c. with** *also* פֿאַרברענג|ען מיט
comparable פֿאַרגלײַכלעך
comparative 1. *adj.* פֿאַרגלײַכיק || (relative) [ ] לפֿי־ערכדיק || 2. *n.* דער קאָמ־פּאַראַטי'וו (ן)
comparatively [LEFIEREKh] לפֿי־ערך
compare *vt/imp* ⟨צו⟩ גלײַכ|ן || *pf.* צו־גלײַכ|ן ⟨צו⟩, פֿאַרגלײַכ|ן ⟨מיט⟩ ⊣ how can you c. him with me? ווי קענסטו אים גלײַכן צו מיר? ⊣ *vi.* פֿאַרגלײַכ|ן זיך || **c. oneself** פֿאַרגלײַכ|ן זיך ⟨מיט⟩, גלײַכ|ן זיך ⟨צו⟩
compared to [LEGABE] אַנטקעגן, לגבי —פּרעפּ; אין פֿאַרגלײַ'ך מיט
comparison דער פֿאַרגלײַ'ך (ן) || (of adjectives) די שטאַפּלונג (ען)

compartment דער אָ'פּטייל (ן) || (railroad) דער קופּע' (ען)
compass (instrument) דער קאָמפּאַס (ן)
compasses (*sg.*) דער צירקל (ען)
compassion דאָס רחמנות ⟨אויף⟩ [RAKhMO-NES], דאָס מי'טגעפֿיל, די מיטלייד ⟨—מיט⟩
compatibility די אויסקומיקייט
compatible אוי'סקומיק || **be c.** (with) *also* שטימ|ען, אויס|קומ|ען ⟨—מיט⟩
compatriot דער לאַנדסמאַן (לאַנדסלײַט)
compel נייט|ן, צווינג|ען; צו|דריק|ן צו דער וואַנט
compendious אַרײַ'נגעמיק
compensate פֿאַרגי'טיק|ן, קאָמפּענסיר|ן, אָפּ|דינ|ען, משווה זײַן* [MAShVE] ⟨—ד⟩
compensation די פֿאַרגי'טיקונג (ען), די קאָמפּענסאַציע (ס)
compete קאָנקוריר|ן, פֿאַרמעסט|ן זיך
competent קאָמפּעטע'נט, ראָוי אַפּ [ROE]
competition (economic) די קאָנקורע'נץ || (contest) דער פֿאַרמע'סט (ן)
competitor דער קאָנקורע'נט (ן)
compilation דער אויפֿקלײַב (ן), די זאַמלונג (ען) ⊣ (*cont.*) די צונויפֿנעם (ען), דער צונויפֿנעם קאָמפּילאַציע (ס)
compile צונויפֿ|נעמ|ען, מחבר זײַן* ל [ME-KhABER]
complacency די מה־רעשיקייט [MA-RA'-ShIKEYT] ⊣ *cf.* **self-satisfaction**
complacent (תּמימותדיק) אומפֿאַרזאָ'רגט [TMI'MESDIK] ⊣ *cf.* **self-satisfied**
complain *imp/pf* (באַ)קלאָג|ן זיך ⟨אויף⟩ || **I cannot c.** ניט צו פֿאַרזי'נדיקן
complaint די טענה (—ות) [TAYNE], די תּרעומה (—ות) [TARUME]
complement 1. *n.* דער דערגאַ'נץ (ן) || (crew) דער עקיפּאַ'זש (ן) || (full) דער עפּעקטי'וו (ן) ⊣ 2. *v.* דערגאַנצ|ן, ממלא זײַן* [MEMALE]
complementary דערגאַנציק
complete 1. *adj.* גאַנץ, פֿולקום, פֿו'ל־שטענדיק ⊣ (*iro.*) פֿאָלנע || 2. *v.* פֿאַר־ע'נדיק|ן, דערגאַנצ|ן, דערע'נדיק|ן, אויס־פֿאַ'רטיק|ן

completely *also* ;גאָר, פֿאַר פֿו'ל, אין גאַנצן [BISHLEYMES] בשלמות

completeness די גאַנצקייט, דאָס שלמות [shLEYMES]

completion די פֿאַרע'נדיקונג

complex 1. *adj.* ,קאָמפּליצי'רט, פֿי'לטייליק קאָמפּלעַ'קס ⊣ 2. *n.* ;(ן) דער קאָמפּלע'קס דאָס געשלידער (ס)

complexion דער קאָלי'ר (ן); די צערע (ס)

compliance ,די ⟨מיט⟩ [HESKEM] דער הסכם || אוי'ספֿאָלגונג ⟨פֿון⟩, די געהאָ'רכיקייט ⟨צו⟩
in c. with [BEHESKEM] בהסכם מיט

compliant געהאָרכיק

complicate קאָמפּליציר|ן

complicated קאָמפּליצי'רט

complication (en- || די קאָמפּליקאַציע (ס) cumbrance) *also* (ות—) די חומרא [KhUMRE]

complicity די מיטשולד

compliment 1. *n.* ,(ן) דער קאָמפּלימע'נט [shvAKh—shvOKhIM] (ים) דער שבֿח || **c.s** (regards) *v.* 2. || דער גרוס אַ /*געב|ן מאַכ|ן אַ קאָמפּלימע'נט, נאָכ|זאָג|ן אַ שבֿח ⟨—ד⟩

complimentary (remark) || פֿאַזיטי'וו [LEShvA'Kh] לשבֿח אַ ⊣ (gratis) -בחינם [BEKhI'NEMDIK] דיק ⊣ (copy) *also* [BEMATONE] במתּנה אַ

comply (with) נאָכ|קומ|ען ⟨ד⟩, אויס|פֿאָלג|ן

component -דער באַ•שטאַנדטייל (ן), דער באַ שטייטייל (ן)

compose (music) *imp/pf* -קאָמ(|אויס) || צוזאַמענ|שטעל|ן ⊣ (letter) פֿאַניר|ן (print) *imp/pf* (אויס|)זעצ|ן

composer דער קאָמפּאָזיטאָר (...אָ'רן)

composite צונוי'פֿגעשטעלט, פֿי'לטייליק

composition || (make- דער צונוי'פֿשטעל (ן) up) *also* || (musical) די דער באַשטאַ'נד די קאָמפּאָזיציע (ס) ⊣ (written) *also* די (שרײַ'פֿטלעכ|ע) אַרבעט (ן), דער חיבור (ים) [KhIBER—KhIBURIM] ⊣ (printing) דער זאַץ

compositor דער זעצער (ס)

composure דער סטאַטיק, די באַהערשטקייט

compound 1. *adj.* -צונוי'פֿגעשטעלט, צו נוי'פֿגעהאָפֿט ⊣ **c. interest** פּראָצע'נט אויף פּראָצע'נט ⊣ 2. *n.* (housing) דאָס געהע'פֿט ⊣ (mixture) דאָס געמי'ש (ן), דער (ן) ⊣ (chemical) די פֿאַר- פּרעפּאַראַ'ט (ן) ⊣ (word) דער צונויפֿהעפֿט (ן) ⊣ בינדונג (ען)

comprehend [MASEG] *באַנעמ|ען, משׂיג זײַן

comprehension [HA- די השׂגה ,דער באַנע'ם SOGE]

comprehensive -פֿו'לשטענדיק, אַרו'מנע מיק, כּוללדיק [KO'YLELDIK]; *ברייטער

compress 1. *n.* || דער קאָמפּרע'ס (ן) 2. *v.* -צונויפֿ|קוועטש|ן, -|דריק|ן, קאָמ פּרימיר|ן

compression -די צונוי'פֿקוועטשונג, די קאָמ פּרימירונג

comprise אַרומ|-, אַרײַנ|נעמ|ען, פֿאַר|שטעל|ן [KOYLEL] *מיט זיך, כּולל זײַן

compromise 1. *n.* (ות—) די פּשרה (ן) דער קאָמפּראָמי'ס ,[PSHORE] ⊣ 2. *vt.* מאַכ|ן אַ פּשרה [ ], *vi.* ⊣ קאָמפּראָמעטיר|ן גיין אויף פּשרות [ ] ⟨—מיט⟩

compulsion || [OYNES] דער צוואַנג, דער אונס
under c. [BEOYNES] באונס

compulsive .c || ...קאָמפּולסי'וו, מוז smoker (ס) דער מו'ז־רייכערער

compulsory אָבליגאַטאָריש, מוז...

compunction ,(ן) דער אי'בערקלער צופּ (ן) בײַם געוויסן, דער פּיקפּוק (ים) [PIKPEK—PIKPUKIM]

compute צונויפֿ|רע'כענ|ען, באַרע'כענ|ען

computer -דער רע'כענער (ס), דער קאָמ פּיוטער (ס)

comrade [KhAVER—KhA- דער חבֿר (ים) VEYRIM], דער גוט|ער־ברו'דער (־ברי'דער)

comradeship -די חבֿרשאַפֿט [ ], די גוט ברו'דערשאַפֿט

concave אײַ'נגעפּוקלט, קאָנקאַ'וו

conceal *v/imp* || אויס|באַהאַלט|ן, טײַע|ן *pf.* באַהאַלט|ן, פֿאַרטײַע|ן, פֿאַרבאַרג|ן

concealed *also* פֿאַרהויל'ן

concealment דאָס באַהע'לטעניש (ן)

concede [MOYDE] *מודה זײַן

conceit ,[GADLES] די גאווה דאָס גדלות [GAYVE]; דאָס אײַ'נרעדעניש (ן)

conceited גדלותדיק [ ], אײַ'נגעגלייבט אין זיך, גרויס בײַ זיך, פֿאַררי'סן בײַ זיך ⊣ **c. person** דער גדלן (ים) [GADLEN—GADLONIM]

conceive || משׂיג זײַן* [MASEG], באַנעמ|ען (invent) פֿאַרטראַכט|ן || (pregnancy) פֿאַרגיי'|ן* אין טראָגן, פֿאַרשווע'נגער|ן

concentrate *vt.* קאָנצענטריר|ן || *vi.* קאָנ־צענטריר|ן זיך ⟨אויף⟩, צו|לייג|ן מוח ⟨צו⟩ [MO-YEKh]

concentration די קאָנצענטראַציע (ס)

concentration camp דער קאָנצענטראַ'ציע־לאַגער (ן) ⊣ (German) *also* דער קאַצע'ט (ן) || **c. c. inmate** *also* דער קאַצעטלער (ס)

concentric קאָנצענטריש

concept דער באַגרי'ף (ן), די פֿאָ'רשטעלונג (ען), דער מושג (ים) [MUSEG—MUSOGIM]

conception דער באַנע'ם (ען), די השׂגה (—ות) [HASOGE], די פֿאָ'רשטעלונג (ען) ⊣ (pregnancy) די פֿאַרשווע'נגערונג (ען), דאָס פֿאַר־גיי'|ן אין טראָגן ⊣ **power of c.** די השׂגה

conceptual באַגריפֿ־...; באַגריפֿיק

concern 1. *n.* די דאגה (—ות) [DAYGE], ⟨פֿאַר⟩, דער אינטערע'ס (ן) ⟨צו⟩, די פֿאַראָרגטקייט ⟨מיט⟩; די אַרונג ⊣ (matter) דער עסק (ים) [EYSEK—ASOKIM] ⊣ (firm) די פֿירמע (ס) ⊣ **2.** *v.* אַר|ן א, זײַן* שייך צו [shaYEKh]; זײַן* נוגע [NEGEYE], אָנ|גיי'|ן* —א; האָב|ן* צו, האָב|ן* צו טאָן מיט ⊣ **this doesn't c. you** דאָס האָט ניט צו (טאָן מיט) דיר

concerned (involved) נוגע־בדבֿר אפּ [NEGEYE-BEDO'VER] ⊣ (worried) פֿאַר־זאָ'רגט

concerning (*prep.*) בנוגע [BENEGEYE], מכּוח [MIKOYEKh]

concert דער קאָנצע'רט (ן)

concertina די קאָנצערטינע (ס)

concert master דער קאָנצע'רט־מײַסטער (ס)

concerto דער קאָנצע'רט (ן)

concession || די הנחה (—ות) [HANOKhE] (franchise) די קאָנצע'סיע (ס)

conciliate אײַנ|נעמ|ען, מפֿייס זײַן* ל [MEFA-YES]

conciliation דער אויסגלײַך

conciliatory פּשרניש [PASHRONISh]

concise געפּרע'סט, תּמציתדיק [TA'MTSES-DIK]

concisely *also* קורץ און שאַרף

conclude *vt.* (finish) פֿאַרע'נדיק|ן, אויס|-שליס|ן || *vi.* (infer) ⊣ (agreement) לאָז|ן || קומ|ען צום אויספֿיר, אַרויס|דרינג|ען (*hum.*) אויס|ברײַ|ען

conclusion (end) דער סוף (ן) [SOF], דער גמר (ן) ⊣ (of a project) אויסלאָז (ן) [GMAR], דער סיום (ס) [SIEM] ⊣ (closing) די שליסונג ⊣ (inference) דער אויספֿיר (ן), דער אויסברײַ (ען), די מסקנא (—ות) [MAS-KONE], די או'נטערשטעלונג... || די או'נטערשט|ע שורה [shURE] || **come to a c.** *also* דערגרייכ|ן זיך ⟨צו⟩ || **in c.** לסוף [LESO'F]

conclusive דערווײַזיק, באַשטימיק, איבער־צײַגיק

concoct פֿאַרקאָכ|ן, פֿאַרמיש|ן || (a tale) אויס|זויג|ן פֿון פֿינגער

concrete 1. *adj.* קאָנקרע'ט, ממשותדיק [MAMO'shESDIK] ⊣ (of concrete) בע־טאָנען ⊣ **2.** *n.* דער בעטאָ'ן || **reinforced c.** דער אײַ'זן־בעטאָן

concubine דאָס קעפּסווײַב (ער), די פּלגש (ים) [PILEGESh—PILAKShIM]

concur מסכּים זײַן* ⟨מיט⟩ [MASKEM], אָנ|־שליס|ן זיך ⟨אין⟩

concurrence דער הסכּם [HESKEM]

concussion די צעטרייסלונג (ען), די אוי'פֿ־טרייסלונג (ען)

condemn *v/imp* באַראַקיר|ן || *pf.* אָפּ|-שאַצ|ן לנאַי [LIGNA'Y], פֿאַרמישפּט|ן [FAR-MIShPET]; פֿאַרבראַקיר|ן, אָפּ|פּסקענ|ען [PASK'N]

condemnation (property) די פֿאַרבראַ־קירונג ⊣ (persons) דער גנאַ'י־אָפּשאַץ || *cf.* **censure**

condense פֿאַרגעדי'כטער|ן; קאָנדענסיר|ן

condescend אַראָפּ|לאָז|ן זיך

condescendingly פֿון אויבן אַראָ'פּ

condescension דער פֿונאויבנאַראָ'פּ

condition 1. *n.* דער תּנאַי (תּנאָים) [TNAY—TNOIM], דער באַדי'נג (ען) ⊣ (state) דער

צושטאַנד• (ן), דער מצבֿ [MATSEV] ⊣ **on c. that** בתּנאַי אַז [BITNA'Y] || **set of c.s** דאָס געתּנאַי (ען) [GETNA'Y] ⊣ 2. *v.* אײַנ|באַדינג|ען

conditional באַדינגיק

conditioned באַדי'נגט

condone גורס זײַן* [GOYRES]; מוחל זײַן* [MOYKhL], פֿאַרגעב|ן•*

conducive גינציק || **be c. to** זײַן* גינציק פֿאַר, פֿיר|ן צו, באַגי'נציק|ן אַ

conduct 1. *n.* (behavior) דער אויפֿפֿיר, די (אוי'פֿ)פֿירונג, די הנהגה (—ות) [HANHOGE], דער הילוך [HILEKh]; פֿאָ'סטעמקעס מצ || (management) די אָ'נפֿירונג ‹מיט› || 2. *v.* (אָנ)פֿיר|ן מיט || (an orchestra) דיריגיר|ן ‹מיט› ⊣ (electricity) דורכ|פֿיר|ן ⊣ **c. oneself** פֿיר|ן זיך, נוהג זײַן* זיך [NOYEG]

conductor דער אָ'נפֿירער (ס) || (train etc.) דער קאָנדוקטאָר (...אָ'רן) ⊣ (orchestra) דער דיריגע'נט (ן) ⊣ (electrical) דער דו'רכפֿירער (ס)

cone דער קאָנוס (ן) || (of tree) די שישקע (ס)

confederacy די קאָנפֿעדעראַציע

confederate 1. *adj.* קאָנפֿעדעראַטיש || 2. *n.* דער קאָנפֿעדעראַ'ט (ן); דער שותּף (ים) [shUTEF—shUTFIM]

confer *vt.* אויס|טייל|ן, באַטייל|ן מיט || *vi.* מישבֿ זײַן* זיך [MEYAShEV], באַראָט|ן• זיך ‹מיט—›

conference די קאָנפֿערע'נץ (ן) || (few persons) די באַראָטונג (ען), די זיצונג (ען) || **in c.** אויף אַ זיצונג

confess מודה זײַן* זיך [MOYDE], מתוודה זײַן* זיך [MISVADE] ‹—אין› ⊣ **c. in full** מודה־ומתוודה זײַן* זיך [UMISVADE]

confession די קאָנפֿע'סיע• (ס), דער מודה (ס), דאָס מודה זײַן זיך [MOYDE] ⊣ (before death) די ווידוי (ים) [VIDE—VIDUIM]

confide *vt.* פֿאַרגלייב|ן, פֿאַרטרוי|ען || *vi.* **c.** (in) פֿאַרטרוי|ען זיך, פֿאַרגלייב|ן זיך ‹—ד›, אויס|רעד|ן זיך ‹פֿאַר›

confidence דער צוטרוי ‹צו›, דער בטחון [BITOKhN], די אמונה [EMUNE] ‹—אין›; דאָס נאמנות [NEMONES] ⊣ **in c.** *see* **confidentially**

confident זיכער (בײַ זיך); בטוח אַפּ [BETUEKh]

confidential קאָנפֿידענציע'ל, בסודיק [ ]

confidentially *also* בסוד [BESO'D]; צווישן אונדז גערע'דט

confine 1. *n. see* **bounds** || 2. *v.* צו|בינד|ן, פֿאַרשפּאַר|ן, באַגרע'נעצ|ן ⊣ **be c.d to bed** מוז|ן* בלײַבן אין בעט

confinement (prison) די פֿאַרשפּאַרונג, די תּפֿיסה [TFISE] ⊣ (childbirth) די קימפּעט

confirm באַשטע'טיק|ן, באַיאָ|ען

confirmation די באַשטע'טיקונג (ען) || (religious) די קאָנפֿירמאַציע (ס)

confiscate קאָנפֿיסקיר|ן || (assets) *also* אָפּ|שרײַב|ן

confiscation די קאָנפֿיסקאַציע (ס)

conflagration דער בראַנד (ן)

conflict 1. *n.* דער קאָנפֿלי'קט (ן), דער צוזאַ'מענשטויס (ן), דער סיכסוך (ים) [SIKh-SEKh—SIKhSUKhIM], דאָס געראַנגל (ען) || 2. *v.* סותר זײַן* זיך [SOYSER]

conform *vi.* צו|פּאַס|ן זיך ‹צו›, מיט|האַלט|ן ‹מיט›

conformity די מי'טהאַלטונג; דאָס מיטהאַלטערײַ'; דער קאָנפֿאָרמיזם ⊣ **in c. with** בהסכּם מיט [BEHESKEM]

confound צעמיש|ן || **c. one thing with another** (*hum.*) פֿאַרבײַט|ן די יוצרות [YOTSRES]

confront קאָנפֿראָנטיר|ן, שטעל|ן פּנים־אל־פּנים [PONEM-ELPO'NEM], שטעל|ן אויג אויף אויג ‹—מיט›

confuse (things) פֿאַרמיש|ן, צעמיש|ן, (פֿאַר)פּלאָ'נטער|ן ⊣ (person) *also* צעטומל|ען, פֿאַרדריי|ען ‹ד› דעם קאָפּ, מבֿלבל זײַן* [MEVALBL] ⊣ **c. things** (*hum.*) אויס|מיש|ן קאַשע מיט באָרשט

confused: become c. *also* צעמיש|ן זיך, מבֿולבל ווער|ן [MEVULBL]

confusion די צעמישונג, די בהלה [BEHOLE], דער פּלאָנטער (ס), דאָס צעמי'שעניש, דער כאַאָס || **be in c.** *also* גיי|ן* אומפּ כאָ'דראָם

confute אָפּ|שפּאַר|ן
congeal *vi.* פֿאַרגליווערט ווער|ן
congenial סימפּאַטיש; צום האַרצן
congested אָ'נגעשטאָפּט; פֿאַרשטאָ'פּט
congestion דאָס שטו'פּעניש, דאָס געדראַ'נג, דאָס געע'נג, דאָס אָ'נגעשטופּ
congratulate גראַטוליר|ן, ווי'נטשעווע|ן, אָפּ|-געב|ן* מזל־טובֿ ⟨—ד⟩ [ ] ‖ **c. oneself** (*iro.*) פּאַטש|ן זיך אין בײַכל
congratulation דער מזל־טובֿ [MA'ZLTOV], מזל־טובֿ! ‖ **c.s!** *int.* די ווינטשעוואַניע (ס)
congregate *cf.* **assemble**
congregation די קאָנגרעגאַציע (ס) ‖ (Jew. Orthodox) די עדה (—ות) [EYDE]
congress דער קאָנגרע'ס (ן)
congressional קאָנגרע'ס...
congressman דער קאָנגרעסמאַן (קאָנגרעס־לײַט)
conical קאָניש, קאָ'נוסדיק
conifer דער נאָ'דלבוים (...ביימער)
conjecture *n.* די השערה (—ות) [HAShORE], די סבֿרא (—ות) [SVORE]
conjugal *see* **married; marital**
conjugate קאָניוגיר|ן [NY]
conjugation די קאָניוגאַציע (ס) [NY]
conjunction די פֿאַרבינדונג, דער פֿאַרבו'נד ‖ (grammar) די קאָניונקציע (ס) [NY], דאָס בינדוואָרט (...ווערטער) ‖ **in c. with** *also* אין פֿאַרבו'נד, בשותּפֿות—מיט [BEShUTFES]
conjure טאָ|ן* כּישוף [KIShEF]; באַשווער|ן, מַשבּיע זײַן* [MAShBIE] ‖ **c. up** אַפּער|־כּישופֿ|ן
connect *vt.* פֿאַרבינד|ן, פֿאַרקניפּ|ן
connected: be c. with *also* אָנ|קער|ן* זיך ⟨מיט⟩
connection דאָס שײַכות (ן) [ShAYKhES]; די פֿאַרבינדונג (ען), דער פֿאַרבו'נד (ן); די סמיכות־הפּרשה [SMIKhES-HAPA'RShE]
connive (at) קוק|ן דורך די פֿינגער ⟨אויף⟩ ‖ *cf.* **conspire**
connoisseur דער מבֿין (ים) [MEYVN—MEVI-NIM], דער קענער (ס)
connotation די קאָנאָטאַציע (ס), דער מי'ט־באַטײַט (ן)
conquer *vt.* מנצח זײַן* [MENATSEYEKh], ‖ (territory) גובֿר זײַן* [GOYVER], באַזיג|ן ‖ *vi.* זיג|ן*, מנצח זײַן*, אײַנ|נעמ|ען
conqueror דער בעל־נצחון (ס) [BAL], דער אײַ'ננעמער (ס), דער פֿאַרכאַפּער (ס); דער זיגער* (ס)
conquest דאָס אײַ'ננעמען; דער אײַננעם (ען) ‖ (victory) דער נצחון (ות) [NITSOKhN—NITSKhOYNES]
conscience דאָס געוויסן (ס), דאָס יאָנדעס ‖ **have on one's c.** (*rev. con.*) ליג|ן ⟨ד⟩ אויפֿן געוויסן
conscientious געווי'סנדיק ‖ **c. objector** דער ניי'נזאָגער (ס) מתּוך געוויסן [MITO'Kh]
conscious וויסיק; באַזיניקט; באַווו'סטזיניק; בײַם באַוווסטזײַן ‖ **be c. of** *cf.* **aware**
consciousness די ווי'סיקייט; דאָס באַוווסטזײַן
conscription דאָס מוזדינסט, די נעמונג, דער פּריזיוו
consecrate (אײַנ|)היי'ליק|ן, מחנך זײַן* [MEKhANEKh], מקדש זײַן* [MEKADESh]
consecutive כּסדרדיק [ ], הינטעראַנאַנדיק
consecutively כּסדר [KESEYDER], הינטער אַנאַ'נד
consensus דער הסכּם־כּולם [HESKEM-KU'-LEM]
consent 1. *n.* די הסכּמה (—ות) [HASKOME], ‖ 2. *v.* (to) אײַנ|שטימ|ען, דער צושטים ‖ מסכּים זײַן* [MASKEM], אײַנ|גיי|ן* ⟨—אויף⟩; פּאַטאַ'|באַשטיי|ן* ⟨אויף⟩ ‖ **keep c.ing** פּאַטאַ'-קעווע|ן
consequence די קאָנסעקווע'נץ (ן), דער פּועל־יוצא (ס) [POYEL-YOY'TSE] ‖ **in c. of** ווי אַ רעזולטאַ'ט פֿון
consequently דעריבער, הייסט עס, איז, במילא [BEMEYLE], לכן [LOKhN], נימצא [NIMTSE]
conservation די קאָנסערווירונג ‖ (of nature) דער (נאַטור־)אויפֿהיט
conservative 1. *adj.* קאָנסערוואַטי'וו ‖ 2. *n.* דער קאָנסערוואַטאָר (...אָ'רן)
conserve קאָנסערוויר|ן; שפּאָר|ן, זשאַ'לע־ווע|ן
consider *vt.* (ponder) באַטראַכט|ן, באַ־

קלער|ן, באַרע'כענ|ען; האַלט|ן/נעמ|ען אין רע'כענ|ען, האַלט|ן, פֿאַר- (deem) ⊣ אַכט איך ⊣ I c. him sick ⊣ רע'כענ|ען — פֿאַר ⊣ האַלט אים פֿאַר אַ קראַנקן ⊣ *vi.* באַ- טראַכט|ן זיך, באַקלער|ן זיך, באַרע'כענ|ען זיך; יישובֿ|ן זיך [YIShEV]

considerable [NIShKO'ShE- נישקשהדיק ,DIK] ⊣ (amount) *also* שפּאָר היפּש

considerate איַי'נזעעריש

considerately מיט איַי'נזעעניש, מיט רחמים [RAKhMIM], מיט חסד [KhESED]

consideration (thinking) די באַטראַכטונג דאָס איַי'נזעעניש; די אַכט; (attention) ⊣ (ען) דער (point of view) ⊣ די אינאַ'כטנעמונג מאָמע'נט (ן), דער °שטאַנדפּונקט (ן), דער באַ- || דער מאָטי'וו (ן) (reason) ⊣ טראַ'כט (ן) **take into c.** נעמ|ען אין אַכט/באַטראַ'כט || **show c. for** (person) האָב|ן* איַי'נ- זעעניש מיט ⊣ (ideas) פֿאַר

considered באַרעכנט, באַטראַ'כט || **be c. as** *also* רע'כענ|ען זיך, גילט|ן — פֿאַר

considering נע'מענדיק אין אַכט; ווערדליק פּרעפּ

consignment די שיקונג (ען)

consist צונויפֿ|שטעל|ן זיך, באַשטיי'|ן* — פֿון

consistency די אויסגעהאַלטנקייט, די קאָנ- סעקווע'נץ ⊣ (thickness) די געדיכטקייט (ן)

consistent אוי'סגעהאַלט׳ן, קאָנסעקווע'נט

consistently *also* ניט אַנדערש ווי

consolation די טרייסט (ן), די נחמה (—ות) [NEKhOME]

console[1] *n.* דער קאָנסאָ'ל (ן)

console[2] *v.* טרייסט|ן א , אויס|רעד|ן ד דאָס האַרץ

consolidate קאָנסאָלידיר|ן

consonant דער קאָנסאָנאַ'נט (ן)

conspicuous אָ'נזעעוודיק, אוי'גן־רײַסיק, אוי'גן־שטעכעדיק, °אוי'פֿפֿאַליק, אוי'סגע- וואַרפֿ|ן זיך אין די ⊣ **be c.** *also* טיילט אויגן, אָנ|זע|ן* זיך ⟨ד—⟩

conspiracy די קאָנספּיראַציע (ס), די פֿאַר- שווערונג (ען), דער יד־אַחת [YADAKhES]

conspirator דער קאָנספּיראַטאָר (...אָ'רן), דער יד־אַחתניק (עס) [ ]

conspire קאָנספּיריר|ן, פֿאַרשווער|ן זיך, מאַכ|ן יד־אַחת [ ]

constant 1. *adj.* [ ] כּסדרדיק || (un- changeable) שטענדיק, קאָנסטאַ'נט || 2. *n.* דער קאָנסטאַ'נט (ן)

constantly (always) [KESEYDER] כּסדר || (less emph.) אַלץ

consternation די בהלה [BEHOLE], די קאָנסטערנאַציע

constipate פֿאַרהאַלט|ן, פֿאַרשטאָפּ|ן

constipation די פֿאַרהאַלטונג, דאָס עצירות [ATSIRES]

constituency די ווײַ'לערשאַפֿט (ן)

constituent *n.* (voter) דער וויילער (ס) || (component) דער °באַשטאַנדטייל (ן), דער באַשטייטייל (ן) ⊣ **c. assembly** די קאָנ- סטיטואַנטע (ס), די גרי'נדונגס־פֿאַרזאַמלונג (ען)

constitute *vt.* קאָנסטיטויר|ן, צונויפֿ|שטעל|ן || *vi.* פֿאָר|שטעל|ן מיט זיך

constitution (law) די קאָנסטיטוציע (ס) || (body) דער גו'ף־געבוי (ען)

constitutional קאָנסטיטוציאָנע'ל

constraint דער צוואַנג; די איַי'נגעהאַלטנקייט, די געצווו'נגענקייט

constrict צונויפֿ|ציִ|ען

construct *v/imp* בוי|ען; קאָנסטרויִר|ן || *pf. also* אויס|בוי|ען

construction די קאָנסטרוקציע (ס), דער אויפֿ- בוי ⊣ (thing built) דאָס געבײַ' (ען)

construe מסביר זײַן* [MASBER], אויס|- טײַטש|ן

consul דער קאָנסול (ן)

consulate דער קאָנסולאַ'ט (ן)

consult (a person) מישבֿ זײַן* זיך [MEYA- ShEV], האַלט|ן זיך אַן עצה [EYTSE], °באַ- ראָט|ן זיך — מיט; פֿרעג|ן אַן עצה בײַ; שואל־עצה זײַן* זיך מיט [ShOYEL-E'YTSE] || (a book) אַרײַנ|קוק|ן אין

consultant דער קאָנסולטאַ'נט (ן)

consultation דער יישובֿ־הדעת [YIShEV-HADA'AS], די קאָנסולטאַציע (ס), די עצה־ האַלטונג (ען) [ ], די באַראָטונג (ען)

consume (use up) פֿאַרניצ|ן || (swallow

up) פֿאַרשלינג|ען || (*hum.*) צו רעכט
קאָנסומיר|ן (economic) ⊣ מאַכ|ן
consumer דער קאָנסומע'נט (ן)
consumption די קאָנסומפּציע, דער פֿאַרני'ץ ||
(disease) די דער
contact 1. *n.* דער קאָנטאַ'קט (ן), דער באַרי'ר
2. *v.* ⊣ (ן), די באַרירונג (ען), דער אָנריר (ן)
שטעל|ן זיך אין פֿאַרבינדונג, פֿאַרבינד|ן זיך
—מיט, קאָנטאַקטיר|ן
contact lens די קאָנטאַקטלינדז (ן)
contagious אָ'נשטעקיק, קלעפּיק
contain אַרײַננעמ|ען, האַלט|ן, כּולל זײַן*
[KOYLEL] ⊣ this package אַנטהאַלט|ן•,
contains matches אין דעם פּעקל ליגן
שוועבעלעך
container דער האַלטער (ס) || (carton) דער
קאַרטאָ'ן (ען)
containment דער אײַנצאַם
contaminate פֿאַראו'מרייניק|ן, קאָנטאַמי-
ניר|ן ⊣ (*Jew.*) טריף מאַכ|ן || (*fig.*) מטמא
[METAME] זײַן*
contaminated (*Jew.* and *fig.*) *also* טמא
[TOME] אַפּ ⊣ **become c.** (matzah; also
fig.) [NISKhAMETS] נתחמץ ווער|ן
contemplate *vt.* באַטראַכט|ן אַ, אַרײַנ-
קלער|ן זיך אין ⊣ (intend) האָב|ן* בדעה
[BEDEYE] ⊣ *vi.* (אַרײַנ)קלער|ן
contemporary 1. *adj.* מי'טצײַטיש; דע'מאָל-
טיק ⊣ (present-day) הײַ'נט(צײַט)יק ||
2. *n.* דער מי'טצײַטלער (ס), דער בן־דור (בני־
[BENDO'R—BNEY-]
contempt דער ביטול [BITL], די פֿאַראַכטונג• ||
hold in c. האָב|ן* אין דער אַדמה°
[ADOME], האָב|ן* אין דער לינקער פּיאַטע,
פֿײַפֿ|ן° אויף ⊣ **c. of court** דער ביטול צום
געריכט
contemptible ניבֿזהדיק [ ], פֿאַראַכטלעך•,
c. person דער ניבֿזה (—ים) ⊣ מנוולדיק [ ]
[NIVZE—NIVZIM], דער מנוול (ים) [ME-
NUVL—MENUVOLIM]
contemptuous ביטולדיק [ ], פֿאַראַכטיק•
contemptuously *also* פֿון אויבן אַראָ'פּ
contend (hold) [TAYNE] האַלט|ן, טענה|ן ||
(deal) האָב|ן* צו טאָן ⟨מיט⟩

content 1. *adj.* באַפֿרידיקט, צופֿרי'דן ||
2. *n.* (contents) דער אינהאַלט (ן), דער
[TOYKhN] תּוכן (ס) ⊣ **to one's heart's**
c. וויפֿל דאָס האַרץ גלוסט || **table of c.s**
דער אי'נהאַלט(־צעטל)
contention די טענה (—ות) [TAYNE], די
מיינונג (ען)
contentment די באַפֿרי'דיקונג, די צופֿרי'דנ-
קייט
contest 1. *n.* דער קאָנקורס (ן), דער פֿאַר-
מע'סט (ן) ⊣ 2. *v.* [KhOY- חולק זײַן* אויף
LEK]; באַקעמפֿ|ן
context דער קאָנטעקסט (ן) || **out of c.** *also*
אָ'פּגעריסענערהייט
contiguity דער צוריר
contiguous צו'געריר
continent *n.* דער קאָנטינע'נט (ן), דער וועלט-
טייל (ן)
contingency די מי'גלעכקייט (ן), דער פֿאַל
(ן) ⊣ **for every c.** על כּל; דער טאָמער (ס)
[AL KOL TSORO ShELO'Y צרה שלא תּבֿוא
TOVOY] ⊣ **for** (budgetary) **contin-**
gencies אויף אײַנפֿאַל
contingent 1. *adj.* אָ'פּהענגיק, געווע'נדט
2. *n.* דער קאָנטינגע'נט ⊣ ⟨—אין⟩; עווענטועל
(ן), די פּאַ'רטיע (ס)
continual כּסדרדיק [ ]
continually כּסדר [KESEYDER], רק
[RAK] ⊣ (*less emph.*) אַלץ || he eats c.
רק ער עסט; ער עסט אַלץ
continuation דער המשך (ים) [HEMShEKh—
HEMShEYKhIM]
continue *vt.* ממשיך זײַן* [MAMShEKh],
געדויער|ן, צי|ען זיך, ⊣ *vi.* ווײַטער|פֿיר|ן
ממשיך (ווײַטער) אָנ|האַלט|ן ⊣ c. the story
[MAYSE] זײַן* די מעשׂה ⊣ **c. to** ווײַטער וו ||
c. to write ווײַטער שרײַבן
continuity די קאָנטינויִטע'ט, די המשכדיקייט
[ ]
continuous כּסדרדיק [ ], המשכדיק [ ]
continuum די נאָכאַנאַנדיקייט
contour דער קאָנטו'ר (ן)
contraband דער קאָנטראַבאַ'נד
contraception די טראָ'ג־פֿאַרהיטונג

contraceptive 1. *adj.* טראָג־פֿאַרהיטנדיק || 2. *n.* דער טראָג־פֿאַרהיטער (ס)

contract 1. *n.* דער קאָנטראַ'קט (ן), דער אָפּ־מאַך (ן) ⊣ 2. *vt.* צונויפֿ|־, אײַנ|צי|ען || (disease) קריג|ן || (fist) צו|בײַל|ן || *vi.* צונויפֿ|־, אײַנ|צי|ען זיך || **c.ing party** דער קאָנטראַהע'נט (ן)

contraction דער אויפֿצי (ען) || (of words) דער צונויפֿצי (ען)

contractor דער ליווערא'נט (ן), דער אונטער־נעמער (ס); דער קאָנטראַקטאָר (...אָ'רן)

contradict (facts) סותר [SOYSER] זײַן* ⊣ (speech) רעד|ן אַנטקעגן ⟨ד⟩, אָפּ|פֿרעג|ן ⊣ איבער|שפּאַר|ן || **c. oneself** סותר זײַן* זיך

contradiction די סתירה (—ות) [STIRE], דער ווידעראַנאַ'נד (ן)

contraption די מאַכערײַקע (ס)

contrary 1. *adj.* היפּוכדיק [ ] || **c. to** להיפּוך צו [LEHEYPEKh] ⊣ 2. *n.* דער היפּוך (ים) [HEYPEKh—HIPUKhIM] || **on the c.** (פּונקט) פֿאַרקע'רט, להיפּוך; אַדרבא(־ואַדרבא) [A'DERABE(-VE...)]

contrast 1. *n.* דער קאָנטראַ'סט (ן), דער היפּוך (ים) [ ], דער קעגנאַנאַ'נד (ן) ⊣ 2. *vt.* מאַכ|ן אַ קאָנטראַ'סט צווישן, אַנטקעגנ|שטעל|ן, שטעל|ן אין קאָנטראַ'סט ⊣ *vi.* שטיי|ן* אין קאָנטראַ'סט, זײַן* אַ קאָנטראַ'סט ⟨—מיט⟩

contribute *vt.* געב|ן* צו שטײַער, בײַ־שטײַ'ער|ן, באַשטײַ'ער|ן זיך מיט; צו|טראָג|ן; מנדבֿ זײַן* [MENADEV]

contribution דער צושטײַער (ס) || (financial) *also* דער בײַ'שטײַער (ן)

contributor דער בײַ'שטײַערער (ס), דער מנדבֿ (ים) [MENADEV—MENADVIM]; דער מי'ט־אַרבעטער (ס)

contrivance די המצאה (—ות) [HAMTSOE]

contrive *vt.* פֿאַרטראַכט|ן, פֿאַרקלער|ן, אויס|קאָמביניר|ן ⊣ *vi.* (*rev. con.*) געראָט|ן ⊣ he c.d to sell it עס איז אים געראָטן צו פֿאַרקויפֿן עס ⟨אומפּ ד צו⟩

contrived *also* געמאַ'כט, געקינצלט

control 1. *n.* דער קאָנטראָ'ל (ן), די קע'רע־וונג (ען) ⊣ **c.s** (of a machine) די דיריגירונג (ען) || דער קאָנטראָ'ל || 2. *v.* זײַן* אַ/דער בעל־הבית [BALEBO'S], געוועלטיק|ן איבער; קאָנטראָליר|ן ⟨אַ⟩, קע'רעווע|ן, די־ריגיר|ן —מיט

controversial קאָנטראָווערסיאַ'ל [SY], מחלוקתדיק [MAKhLO'YKESDIK], פּלוגתאדיק [ ]

controversy דאָס חילוקי־דעות (ן) [KhILU-KE-DE'YES], דער סיכסוך (ים) [SIKhSEKh—SIKhSUKhIM], די פּלוגתא (—ות) [PLUKTE]

conundrum דאָס רע'טעניש (ן)

convalesce קאָנוואַלעסציר|ן, פֿאַרריכט|ן זיך, קומ|ען צו זיך

convalescence די (רע)קאָנוואַלעסצע'נץ

convalescent *n.* דער קאָנוואַלעסצע'נט (ן) || **c. home** די גענעזהיים (ען)

convene *vt.* צונויפֿ|רופֿ|ן, ־|ברענג|ען || *vi.* צונויפֿ|קומ|ען זיך, צונויפֿ|פֿאָר|ן זיך

convenience די באַקוועמקייט (ן) || **at your earliest c.** ווי נאָר איר וועט קענען

convenient באַקווע'ם

convent דער קאָנווע'נט (ן)

convention דער צוזאַ'מענפֿאָר (ן); דער אָפּ־מאַך (ן) ⊣ (custom) די אָ'נגענומענקייט (ן), דער פֿיר (ן) ⊣ (agreement) *also* די קאָנווע'נץ (ן)

conventional געוויינטלעך; אָ'פּגעמאַכט, אָ'נגענומען, קאָנווענציאָנע'ל

converge צונויפֿ|קומ|ען זיך

conversation דער שמועס (ן), דער אי'בער־רעד (ן)

conversational שמו'עסדיק, שמועס...

converse 1. *adj.* פֿאַרקע'רט || 2. *v.* שמו'עס|ן

conversion די פֿאַרוואַנדלונג (ען), דער אי'בער־בײַט (ן); דער גלוי'בנבײַט (ן) ⊣ (of a Jew to Christianity) די שמד [ShMAD] || (of a Christian to Judaism) דער גיור [GIER] ⊣ (money) דער חילוף [KhILEF]

convert 1. *n.* (to Christianity) דער משומד (ים) [MEShUMED—MEShUMODIM] ⊣ (to Judaism) דער גר (ים) [GER—GEYRIM] || 2. *vt/vi* פֿאַרוואַנדל|ען (זיך) ⟨אין⟩, בײַט|ן (אָפּ־) דעם גלויבן ⊣ (to Christianity) שמד|ן (זיך) ⊣ (to Judaism) מגייר זײַן* (זיך) [ ]

[MEGAYER] (זיך) ⊣ (money) -(אויס|)
[ ] בײַט|ן, (אויס|)חילופֿ|ן [ ]

converted: be c. (to Christianity) שמד|ן [ ] זיך ⊣ (to Judaism) [ ] מגייר זײַן* זיך

convertible קאָנווערטירלעך, פֿאַרוואַנדלעך || **c. car** *also* (ס) די קאָנווערטירקע

convex אוי'סגעפּוקלט; קאָנווע'קס

convey (transmit) איבער|געב|ן, באַפֿעל|ן* || (transport) אַריבער|פֿיר|ן

conveyance דאָס קאָמוניקי'ר-מיטל (ען), דאָס פֿאָרוואַרג קאָל **c.s** ⊣ פֿאָ'רמיטל (ען)

conveyor דער קאָנווייער (ס)

convict 1. *n.* דער אַרעסטאַ'נט (ן), דער [TFI'SENIK] תּפֿיסהניק (עס) ⊣ (at hard labor) דער קאַ'טאָרזשניק (עס) || 2. *v.* -פֿאַר מישפּט|ן [FARMISHPET], געפֿינ|ען שולדיק

conviction (belief) די איבערצײַגונג (ען), (legal) די פֿאַר- ⊣ די אי'בערגעצײַגטקייט מישפּטונג (ען) [ ]

convince (of) איבער|צײַג|ן ⟨אין⟩ || (to) *also* ⟨אַז⟩ פּועל|ן בײַ ⟨אַז⟩, אײַנ|רעד|ן

convincing איבערצײַגיק

convivial לע'בנספֿריידיק

convoke פֿאַררופֿ|ן

convoy 1. *n.* דער קאָנוווי' (ען) || 2. *v.* קאָנווויִר|ן

convulsed: be c. פֿאַרגיי|ן* זיך

convulsion די קאָנווו'לסיע (ס)

coo וואָרקע|ן, טאָרקל|ען

cook 1. *n.* דער קוכער (ס) || (*fem.*) די קעכנע (ס) ⊣ 2. *v. imp/pf* -(אויס|-, אָפּ|) קאָכ|ן

cookbook דאָס קאָכבוך (...ביכער)

cooked food דאָס געקע'כטס (ן)

cookie דאָס לע'קעכל (עך), דאָס קיכל (עך)

cook-out דאָס פֿע'לדוואַרמעס

cool 1. *adj.* קיל; לופֿטיק || 2. *v. imp/pf* (אָפּ|)קיל|ן

cooler דער קילער (ס)

coop (chicken) דער קאַטו'ך (עס) || (pigeons) דער טוי'בנשלאַק (...שלעק)

cooper דער באָדנער (ס)

co-operate מיט|-, צוזאַמענ|אַ'רבעט|ן, קאָאָ- ⟨מיט—⟩ פּעריר|ן

co-operation די קאָאָפּעראַציע, די מי'ט-אַרבעט

co-operative 1. *adj.* קאָאָפּעראַטי'וו || 2. *n.* דער קאָאָפּעראַטי'וו (ן)

co-opt קאָאָפּטיר|ן

co-ordinate 1. *adj.* קאָאָרדיני'רט || 2. *n.* דער קאָאָרדינאַ'ט (ן) ⊣ 3. *v.* קאָאָרדיניר|ן

co-ordination די קאָאָרדינירונג, די קאָאָרדי- נאַציע

cope (with) געב|ן* זיך אַן עצה ⟨מיט⟩ [EYTSE]

copper 1. *adj.* קו'פּערן || 2. *n.* דאָס קופּער

copulate פּאָר|ן זיך, באַהעפֿט|ן זיך

copy 1. *n.* (something copied) די קאָפּיע (ס) ⊣ (of a book) דער עקזעמפּלאַ'ר (ן) || 2. *v.* (אָפּ|)קאָפּיר|ן; נאָכ|מאַכ|ן || (in writing) איבער|שרײַב|ן || (drawing) -נאָכ| צײי'כענ|ען

copybook די העפֿט (ן)

copyright דאָס דרוקרעכט

coquetry די חנדלעך [KhEYNDLEKh] מצ, די קאָקעטעריע

coquettish קאָקעטיש

coral דער קאָראַ'ל (ן)

cord (electric) דער שנור (ן) || (string) *also* דער שפּאַגאַ'ט (ן)

cordial האַרציק

cordon 1. *n.* דער קאָרדאָ'ן (ען) || 2. *v.* **c. off** אײַנ|-, אָפּ|קאָרדאָניר|ן

core [TOKh] דער תּוך; דער יאָדער; דאָס האַרץ || (personnel) דער קאַדער || **to the c.** דורך און דורך ⊣ *cf.* **hard-core**

co-religionist דער מי'טגלייביק|ער געב

cork דער קאָריק (עס), דער פּראָפּן (ס)

corkscrew דער פּראָ'פּן-ציִער (ס)

corn[1] די קוקורוזע, דער פּאַפּשוי' || **c. flakes** פּאַפּשוי'-שנייעלעך מצ

corn[2] (on toe) דאָס הי'נערויג (ן)

corned געפּעקלט || **c. beef** דאָס פּע'קל-פֿלייש

corner 1. *n.* דער ווינקל (ען); דער עק (ן) || (street) דער ראָג (ן) || c. of 5th Ave. and 86th St. פֿינפֿטע ע'וועניו ראָג 86סטע גאַס ⊣ 2. *v.* פֿאַרשטופּ|ן אין אַ ווינקל

cornerstone דער גרונטשטיין (ער), דער ווי'נקל-שטיין (ער)

cornice דער גזימס (ן); דער קאַרני'ז (ן)

corny האַ'מעטנע, או'מפּיקאַנט

coronation די קריינונג (ען)

coroner דער טוי'טפּאָרשער (ס), דער קאָ'ראָנער (ס) אַמער

corporal 1. *adj.* קע'רפּערלעך || 2. *n.* דער קאַפּראַ'ל (ן), דער קאָרפּאָראַ'ל (ן)

corporate קאָרפּאָראַטי'וו || **c. body** די יורי'דישע פּערזאָ'ן (ען)

corporation די קאָרפּאָראַציע (ס)

corps דער קאָרפּוס (ן)

corpse דער בר־מינן (ס) [BA'RMENEN]

corpulent (שווע'ר)לײַביק || **c. man** דער בעל־גוף (בעלי־גופֿים) [BALGU'F—BALE-GUFIM]

corpuscle דאָס קע'רפּערל (עך)

correct 1. *adj.* ריכטיק, קאָרע'קט || 2. *v.* פֿאַרריכט|ן, אויס|פֿאַרריכט|ן, -|בעסער|ן, קאָ-ריגיר|ן, מתקן זײַן* [MESAKN]

correction די אוי'סבעסערונג (ען), דער תּיקון־טעות [TIKN-TO'ES]

correspond (to) שטימ|ען, דעק|ן זיך ⟨—מיט⟩; קאָרעספּאָנדיר|ן, (with) ⊣ ע'נטפֿער|ן ⟨ד⟩ איבער|שרײַב|ן זיך, דורכ|שרײַב|ן זיך ⟨—מיט⟩

correspondence די מי'טשטימונג (ען) || (writing) די קאָרעספּאָנדע'נץ

correspondent דער קאָרעספּאָנדע'נט (ן)

corresponding ע'נטפֿערדיק || **c. item** *also* דער אַנטקע'גנער (ס)

corridor דער קאָרידאָ'ר (ן)

corroborate באַקרע'פֿטיק|ן, באַשטע'טיק|ן

corrode צעעס|ן, צעפֿרעס|ן

corrugated געכוואַליעט

corrupt 1. *adj.* פֿאַרדאָרב'ן, קאָררו'פּט || (text) *also* פֿאַרגרײַ'זט || 2. *v.* קאָררומפּיר|ן, פֿאַרדאַרב|ן

corruption די קאָררופּציע, די פֿאַרדאַרבונג (ען)

corsage דער קאָרסאַ'זש (ן)

corset דער קאָרסע'ט (ן), דאָס שני'רלײַבל (עך)

cosine דער קאָ'סינוס (ן)

cosmetic 1. *adj.* קאָסמעטיש || 2. *n.* די קאָסמעטיק קאָל

cosmic קאָסמיש

cosmopolitan 1. *adj.* קאָסמאָפּאָליטיש || 2. *n.* דער קאָסמאָפּאָלי'ט (ן)

Cossack 1. *adj.* קאָזאַקיש || 2. *n.* דער קאָזאַק (...אַ'קן)

cost 1. *n.* דער פּרײַז (ן); קאָסטן מצ, דער אײַ'נ-קויפֿפּרײַז (ן) ⊣ *cf.* **cost price** || (*pl.*) *also* די הוצאה [HETSOE] ⫞ 2. *v.* *imp/pf* קאָסט|ן טײַער ⊣ **c. much** (אָפּ|)קאָסט|ן

costly טײַער, קאָסטיק, °קאָסטבאַר

cost price דער קרן [KERN], דער אײַ'נקויפֿ-פּרײַז ⊣ **at c. p.** פֿאַרן קרן

costume דער קאָסטיו'ם (ען); דאָס אָ'נטועכץ (ן)

cot דאָס (פֿע'לד)בעטל (עך), דאָס באַ'נקבעטל (עך) ⊣ **plank c.** די נאַרע (ס)

cottage די כאַטע (ס), די הײַזקע (ס)

cottage cheese דער צוואָרעך

cotton 1. *adj.* באַ'וועלן || 2. *n.* דער באַוול || (c. wool) די וואַטע

couch די סאָפֿע (ס), די קאַנאַפּע (ס), די קושעטקע (ס)

cough 1. *n.* דער הוסט || 2. *v/imp* הוסט|ן || **c. lightly** הוסטל|ען || **have a fit of c.ing** פֿאַרהוסט|ן זיך

cough drop דאָס הו'סט־צוקערל (עך), דאָס הו'סטפּלעצל (עך)

council דער ראָט (ן)

counsel 1. *n.* [EYTSE] די עצה (—ות) || *cf.* **lawyer** || 2. *v.* עצה|ן [ ], ראָט|ן ⟨—ד⟩

counsellor (camp) דער אוי'פֿפּאַסער (ס) || *cf.* **adviser**

count[1] 1. *n.* די ציילונג (ען) || (indictment) דער קלאָגפּונקט (ן) ⊣ 2. *vt.* *imp/pf* (איבער|)צייל|ן ⊣ (include) (אַרײַנ|)-רע'כענ|ען ⊣ *vi.* רעכענ|ען ⊣ אַ *האָב|ן* זיך, רע'כענ|ען, פֿאַרלאָז|ן זיך, ⊣ **c. on** באַטרע'ף ⊣ בויען—אויף; דופֿע|ן ד ⊣ **c. out** (enumerate) אָפּ|צייל|ן || *cf.* **exclude**

count[2] (nobleman) דער גראַף (ן)

countdown דער אָפּצייל (ן)

countenance 1. *n.* דאָס פּנים (ער) [PONEM—PE'NEMER], די מינע (ס), דאָס געזי'כט (ער) || 2. *v.* סובֿל זײַן* [SOYVL], (שווײַ'גנדיק) צו|זע|ן*; שטיצ|ן, פּראָטעזשיר|ן

counter[1] (shop) דער טאָמבאַנק (טאָמבענק) || (restaurant) דער בופֿע'ט (ן) || **under the c.** אויף בלאַט || **over the c.** אין קאַנטאָ'ר

counter[2] 1. *adv.* **c. to** להיפוך צו [LEHEYPEKh] ⊣ **run c. to** גיי|ן* להיפוך צו || 2. *vt/vi* שטעל|ן (זיך) אַנטקעגן ⟨ד⟩ || (reply) אָפּ|ע'נטפֿער|ן ⟨אויף⟩

counter... קעגנ..., קאָנטער...

counteract אַקעגנ|ווירק|ן

counterbalance אַקעגנ|וועג|ן, באַלאַנסיר|ן

counter-clockwise או'מזייגערדיק

counterfeit 1. *adj.* פֿאַלש (געמי'נצט), נאָ'כ־געמאַכט ⊣ 2. *v.* נאָכ|מאַכ|ן, פֿאַלש מינצ|ן

counterfeiting די פֿאַ'לשמינצונג

counterpart דער אַנטקע'גנער (ס), דער כּנגד (ים) [KENEGED—KENEGDIM]

counterpoint דער קאָנטראַפּו'נקט

countersign קעגנ|חתמע|נען [KhASME]

countersignature די קע'גנחתימה (—ות) [KhSIME]

counterweight די קע'גנוואָג (ן)

countess די גראַפֿיניע (ס)

countless או'מצייליק, אָן אַ צאָל, אָן אַ שיעור [ShIER]

country 1. *adj.* (rural) דאָרפֿיש || 2. *n.* (land) דאָס לאַנד (לענדער), די מדינה (—ות) [MEDINE] ⊣ **c. place** דער זו'מערפּלאַץ (...פּלעצער), די •קאָנטרע (ס) אַמער ⊣ **in the c.** אויף דאַטשע, •אין קאָנטרע אַמער || (fatherland) דאָס היימלאַנד, דאָס פֿאָ'טערלאַנד || **the old c.** די אַלט|ע היים

country club דער הי'נטערשטאָ'טיש|ער קלוב (ן)

country house די דאַטשע (ס)

countryman דער לאַנדסמאַן (לאַנדסלײַט)

countryside דער געגנט (ן)

countrywoman די לאַנדספֿרוי (ען)

county די גראַ'פֿנשאַפֿט (ן), דער קרײַז (ן), די •קאַונטי (ס) אַמער

coup d'état דאָס אי'בערקערעניש (ן)

couple די פּאָר (ן) || (married) דאָס פּאָר־פֿאָ'לק (...פֿעלקער) ⊣ (unmarried) דאָס פּאָרל (עך) ⊣ **a c. of** נאָם אַ פּאָר

couplet דער קופּלע'ט (ן)

coupon דער קופּאָ'ן (ען)

courage דער •מוט, דער קוראַ'זש, די באַהאַרצט־קייט; דאָס אײַ'נשטעלעניש ⊣ **pluck up one's c.** אָנ|נעמ|ען זיך מיט האַרץ || **take c.** מאַכ|ן זיך האַרץ ⊣ **lose c.** אַראָפּ|פֿאַל|ן בײַ זיך, •פֿאַרליר|ן דעם מוט

courageous באַהאַ'רצט, •מוטיק

courier דער קוריער (...ע'רן), דער משולח (ים) [MEShULEKh—MEShULOKhIM]

course דער גאַנג, דער לויף, דער •פֿאַרלויף; דער קורס (ן) ⊣ (golf) דער גאָלפֿפּלאַץ (...פּלעצער) ⊣ (dish) דאָס געריכט (ן) || **in the c. of** במשך פֿון [BEMEShEKh] || **of c.** פֿאַרשטייט זיך, אַוודאי [AVADE], זיכער, געווײַנטלעך, געוויי'ס ⊣ **in due c.** מיט דער צײַט || **as a matter of c.** ממילא [MIMEYLE]

court 1. *n.* (yard; royal) דער הויף (ן) || (ball) דער פּלאַץ (פּלעצער) || (of law) דאָס גערי'כט (ן) ⊣ (*Jew.*) דאָס בית־דין (ס) [BEZDN] ⊣ **C. of Appeals** דאָס אַפּעלי'ר־געריכט (ן) ⊣ **Supreme C.** דאָס העכסט|ע גערי'כט (ן) ⊣ 2. *v.* שדכנ|ען זיך צו [ShATKh·N], שפּיל|ן אַ ליבע מיט ⊣ **c. disaster** שפּיל|ן זיך מיט פֿײַער, קריכ|ן אין פֿײַער

courteous אייד·ל, •העפֿלעך, ני'מוסדיק [ ]

courtesy די איי'דלקייט, די •הע'פֿלעכקייט, דער נימוס [NIMES]

courtier דער הויפֿמאַן (הויפֿלײַט) || (*fem.*) די הוי'פֿדאַמע (ן)

courtly הייפֿיש

court-martial *n.* דאָס קריי'גסגעריכט (ן)

courtyard דער הויף (ן)

cousin דאָס שוועסטערקי'נד (ער) || (*masc.*) *also* דער קוזי'ן (ען) || (*fem.*) *also* די קוזינע (ס) ⊣ **second c.** דאָס גלי'ד־שוועסטער־קינד ⊣ **third c.** דאָס גלי'ד־גלי'ד־שוועסטער־קינד (ער)

covenant דער בונד (ן); דער אָפּמאַך (ן) || **the C.** (*Jew.*) דער ברית [BRIS]

cover 1. *n.* די דעק (ן), דאָס דעקל (עך), דער צודעק (ן) ⊣ (pot) *also* דאָס שטערצל (עך) || (tidy) דער אי'בערציִ (ען), דער טשעכאָ'ל (ן) ⊣ (book) דער טאָוול (ען) || (paper wrapper) די הילע (ס) || **c. charge** דער

גענעראַל|ער אָפּצאַל ⊣ **c. name** דער דע'ק- נאָמען (...נעמען) ⊣ 2. *v/imp* || דעק|ן *pf.* באַדעק|ן, פֿאַרדעק|ן, צו|-, איבער|- || דעק|ן; באַלייג|ן, באַשטעל|ן; איבער|צי|ען (with liquid) פֿאַרגיס|ן || (with snow, earth, etc.) פֿאַרשיט|ן || (line) באַ- שלאָג|ן, איבער|שלאָג|ן ⊣ (with a blanket) אײַנ|דעק|ן ⊣ (with a bedspread) פֿאַר- בעט|ן ⊣ **c. one's expenses** אויס|שלאָג|ן [HETSOES] (זיך) די הוצאָות

coverage דאָס דעקן; די דעקונג (ען)

covered (membrane-like) *also* פֿאַר- צויג|ן ⊣ **become c.** || איבער|צי|ען זיך **c. wagon** די בויד (ן)

covert באַהאַלט|ן, •געהיי'ם

covertly *also* בסוד [BESO'D], בנגנבֿה [BIGNEYVE]

covet באַגער|ן, גלוסט|ן נאָך, זײַן* להוט נאָך [LOET]

cow די קו (קי), די בהמה (—ות) [BEHEY-ME] ⊣ **c.'s** קײַיש אַדי

coward דער פּחדן (ים) [PAKhDN—PAKhDO-NIM], דער טכויר (ן)

cowardice דאָס פּחדנות [PAKhDONES]

cowardly פּחדניש [PAKhDONISh]

cowboy דער קאַובוי (ס)

cowhide דער יוכט

coy [KLOYMERShT] כּלומרשט שע'מעוודיק || **be c.** *also* לאָז|ן זיך בעטן, מאַכ|ן זיך שע'מעוודיק

cozy היימיש, היימלעך, שטוביק; נו'רעדיק

crab דער קראַב (ן)

crabapple דאָס ארץ־ישׂראל־עפּעלע (ך) [ERTSISRO'EL]

crack 1. *n.* דער שפּאַלט (ן), די שפּאַרע (ס), || די שפּאַרונע (ס); דער פּוק (עס); דער בראָך (ן) (sound) דער טראַסק (ן), דער קנאַק (ן), דער קנאַל (ן) ⊣ **at the c. of dawn** פֿאַר טאָג, פֿאַר פֿרי, מיטן קריי פֿון האָן; ווען גאָט אַליי'ן שלאָפֿט נאָך ⊣ 2. *vt/imp* שפּאַלט|ן; קנאַק|ן || צעקנאַק|ן, צעשפּאַלט|ן *pf.* ⊣ מיט; °פּלעט|ן *vi.* (צע)שפּאַלט|ן זיך, פּלאַצ|ן, צעפּוקעט || פֿאַרשפּאַלט|ן זיך (slightly) ⊣ ווער|ן (sound) *imp.* קנאַק|ן

cracker דער ביסקווי'ט (ן), דאָס פּלעצל (עך)

crackle 1. *n.* דאָס געקנאַ'ק(ל) || 2. *v.* קנאַקל|ען

cradle די וויג (ן)

craft[1] (trade) די מלאָכה (—ות) [MELO-KhE] ⊣ (craftiness) די כי'טרעקייט

craft[2] (vessel) די שיף (ן) || **space c.** די קאָ'סמאָסשיף (ן)

craftsman דער בעל־מלאָכה (—ות) [BAL-MELOKhE]

crafty כיטרע, געשײַ'ט, געריב'ן, דו'רכגע-טריב'ן, אי'בערגעשפּיצט, פֿיפֿיק

cram *vt.* אָנ|פּאַק|ן, -|שטאָפּ|ן || *vi.* (for an exam) זו'ברעווע|ן

crammed (with) אָ'נגעזעצט, אָ'נגעשטאָפּט ⟨מיט—⟩

cramp דער קאָרטש (ן), דער קראַמפּ (ן)

cranberry די זשורעכלינע (ס) || **mountain c.** די ברו'סניצע (ס)

crane (derrick) דער קראַן (ען)

crank די קאָרבע (ס) || (queer person) דער טשודאַ'ק (עס)

cranny די שפּאַרונע (ס)

crash 1. *n.* דער טראַסק (ן); דער קראַך (ן) || (collision) *also* דער צונויפֿשטויס (ן) || **c. program** די פּראָגראַם (ען) אויף ס'כּוח [KO'YEKh] ⊣ 2. *vi.* צוזאַמענ|פֿאַל|ן (זיך) || (plane) (אַראָפּ)קראַכ|ן, אַראָפּ|פֿאַל|ן || (collide) צונויפֿ|שטויס|ן זיך || **c. into** אַרײַנ|פֿאָר|ן אין ⊣ 3. *int.* טראַך! טאַראַראַ'ך!

crass גראָב, מגושמדיק [MEGU'ShEMDIK]

crate דער קאַסטן (ס)

crater דער קראַטער (ס)

crave באַגער|ן, גאַר|ן נאָך

craving דער באַגע'ר (ן)

crawl קריכ|ן, פּויזע|ן || (swim) לייג|ן קלאַפּטער ⊣ **c. into** פֿאַרקריכ|ן, אַרײַנ|- קריכ|ן ⟨אין—⟩

crayfish דער ראַק (עס)

crayon דאָס קרײַדל (עך)

craze דאָס משוגעת (ן) [MEShUGA'S], דער שגעון (ען) [ShIGOEN—ShIGONEN]

crazy משוגען [MEShUG'N]; משוגע אַפּ [ME-ShUGE] ⊣ **go c.** משוגע ווער|ן

creak 1. *n.* || דער סקריפּ (ן), דער טרעשטש (ן) 2. *v.* סקריפּע|ן, טרעשטשע|ן

cream דער קרעם (ען) || (sweet) דער שמאַנט ⊣ (sour; *also fig.*) די סמע'טענע || **the c. of the crop** די סאַמע סמע'טענע, די זע'מלמעל, דאָס סולת [SOYLES]

cream cheese דער שמירקעז

crease 1. *n.* דער קנייטש (ן) || 2. *v. imp/pf* (צע)קנייטש|ן

create (באַ)שאַפֿ|ן

creation די שאַפֿונג (ען) || (the world) דער באַשאַ'ף, די יצירה [YETSIRE] ⊣ **the six days of C.** ששת־ימי־בראשית [SHEYSHES-YEME'Y-BRE'YSHES]

creative שאַ'פֿעריש

creator דער באַשאַפֿער (ס) || (the Lord) דער בורא(־עולם) [BOYRE(-O'YLEM)], דער באַשעפֿער

creature דאָס באַשעפֿעניש (ן), די בריאה (—ות) [BRIE], דאָס נפֿש (ות) [NEFESH—NEFASHES] ⊣ (*pl.*) *also* ברואים מצ [BRUIM]

credence די אמונה [EMUNE] || **lend c. to** אמונה אין* האָב|ן

credentials (*sg.*) דער דאָקומע'נט (ן); דער מאַנדאַ'ט (ן)

credit 1. *n.* דער קרעדי'ט; די באָרג || (recognition) די אָנערקענונג || **on c.** אויף באָרג ⊣ 2. *v.* קרעדיטיר|ן, פֿאַררע'כענ|ען

creditable פֿאָזיטי'וו, בכּבֿודיק [BEKO'VEDIK]; לשבֿח אַפּ [LISHVA'KH]

creditor דער קרעדיטאָר (...אָ'רן)

credo דער אַני־מאמין (ס) [ANI-MA'YMIN], דער קרעדאָ (ס)

credulous גריי'נגלייביק

creed די אמונה (—ות) [EMUNE] || (non-Jew. denomination) די נאמנה (—ות) [NEMONE]

creek דאָס טײַכל (עך), די ריטשקע (ס)

creep קריכ|ן, פּויזע|ן || **c. up** צו|קריכ|ן ⟨צו⟩, אָנ|רוק|ן זיך ⟨אויף⟩

creeping קרי'כ(נד)יק

cremate פֿאַרברענ|ען, קרעמיר|ן

cremation די פֿאַרברענונג, די קרעמאַציע

crematorium די קרעמאַטאָריע (ס)

crêpe דער קרעפּ

crest (top) דער קאַם (ען) || (arms) דער הערב (ן)

crestfallen געפֿאַל'ן בײַ זיך; מיט אַן אַראָ'פּגעלאָזטער נאָז

crevice דער שלונד (ן), די שפּאַרע (ס), די שפּאַרונע (ס)

crew דער עקיפּאַ'זש (ן), די קאָמאַנדע (ס), די מאַנשאַפֿט (ן)

crib די וויג (ן); דאָס פּרע'נטשבעטל (עך)

cricket די גריל (ן), דער טשירקו'ן (עס)

crier דער אוי'סרופֿער (ס)

crime דער פֿאַרברע'ך (ן), דאָס פֿאַרברעכן (ס) || (*coll.*) דאָס פֿאַרברעכערײַ'

Crimea (דער) קרים

criminal 1. *adj.* (of crime) פֿאַרברעכיק, קרימינע'ל ⊣ (of criminals) פֿאַרברע'כעריש, קרימינאַ'ל־... ⊣ 2. *n.* דער פֿאַרברעכער (ס)

crimp *vt.* אײַנ|קאַרביר|ן

crimson 1. *adj.* פּו'רפּעלן, פּאָמס'ן || 2. *n.* דער פּורפּל, דער פּאָמס; דער קאַרמאָזין

cringe צי'טער|ן, קריכ|ן ⟨—פֿאַר⟩; זינג|ען מה־יפֿית ⟨פֿאַר⟩ [MAYOFES] ⊣ (*cont.*) שפּרינג|ען קדוש ⟨פֿאַר⟩ [KODESH]

cripple 1. *n.* דער/די קאַ'ליקע (ס), דער בעל־מום (בעלי־מומים) [BALMU'M—BALEMUMIM] ⊣ 2. *v.* פֿאַרקריפּל|ען, צעלאָמ|ען

crisis דער קריזיס (ן)

crisp קרוכלע, מערביק

criss-cross *adj.* (דו'רכ)געקעסטלט, געצלמט [GETSEYLEMT]

criterion די מאָס (ן), דער פּרוּווּשטיין (ער), די קריטעריע (ס), דער סימן־מובֿהק [SIMEN-MU'VEK]

critic דער קרי'טיקער (ס)

critical קריטיש || **be in a c. state** *also* האַלט|ן שמאָל ⊣ *cf.* **moribund**

criticism די קריטי'ק (ן); דאָס מבֿינות [MEVINES]

criticize קריטיקיר|ן, מבֿינות זאָג|ן [ ] ⟨אויף⟩; אויס|וואַרפֿ|ן ⊣ I c. his family איך וואַרף אים אויס די משפּחה [MISHPOKHE] ⊣ **c. sharply** צעקריטיקיר|ן; אַראָפּ|רײַס|ן

critique די קריטי'ק (ן), די אָ'פּשאַצונג (ען), דער אָפּשאַץ (ן)

croak (sound) קראַקע|ן

crochet העקל|ען || **c. needle** דאָס העקל (עך)

crockery דאָס לײמוואַרג; דער פֿאַיאַ'נץ
crocodile דער קראָקאָדי'ל (ן) || **c. tears** צי'בעלע־טרערן מצ
crook (hook) דער האָקן (ס), דער קרוק (עס) || (scoundrel) דער זשוליק (עס)
crooked קרום, אױ'סגעקרימט, אױ'סגעבױג·ן || (slanted) *also* שיף• || (*fig.*) או'מע'רלעך
crop 1. *n.* דאָס געװע'קסעניש (ן), דער געראָ'ט (ן), פּראָדוקטן ⊣ (type of crop) דער שניט (ן) || **2.** *vt.* אַרומ|שנײַד|ן || *vi.* **c. up** באַ־װײַז|ן זיך, יאַװע|ן זיך מצ ⊣
cross 1. *adj.* [BROYGES] ⟨ברוגז ⟨אויף || **2.** *n.* ,[TSEYLEM—TSLOMIM] (צלם (ים דער || דאָס צלמל (עך) (mark) ⊣ דער קרײץ• (ן) **Red C.** דער רויט|ער קרײץ || **3.** *vt.* (hands) פֿאַרלײג|ן ⊣ קרײצ|ן• || (a distance) אַריבער|גײ|ן*, ־|פֿאָר|ן, ־|פֿלי|ען (איבער|)צלמ|ען **c. oneself** ⊣ איבער/אַ— [ ] **c. out** אױס|מעק|ן, דורכ|מעק|ן, ⊣ זיך [ ] *vi.* איבער|שנײַד|ן זיך ⊣ אױס|שטרײַכ|ן
cross- (mutual) ...אַנאַ'נד || cross-fertilization אַנאַ'נד־באַפֿרוכפּערונג
cross-examination דער דו'רכפֿאַרהער (ן), דער קרײ'צפֿאַרהער• (ן)
cross-examine דורכ|פֿאַרהער|ן
cross-eyed קאָסאָקע, שי'קלדיק
crossing דער אַרי'בערגאַנג (ען), דער אַרי'בער־פֿאָר (ן), דער אַרי'בערפֿלי (ען)
crossroads (*sg.*) דער שײדװעג (ן), דער שנײַד־װעג (ן)
cross-section דער קװערשניט (ן)
cross-ventilation די דו'רכװענטילאַציע
crosswise אין דער ברײט, אין דער קװער
crossword puzzle דאָס קע'סטל־רעטעניש (ן)
crotch דער קראָק (ן)
crouch אײַנ|בײג|ן זיך; הױ'ער|ן
crow 1. *n.* די קראָ (ען) || **as the c. flies** מיטן פֿױ'גלװעג, מיט דער לו'פֿטליניע ⊣ **2.** *v.* קרײ|ען
crowbar דער שאַבער (ס)
crowd 1. *n.* די מאַסע (ס/מאַסן), דער עולם [OYLEM] ⊣ **small c.** דאָס רעדל (עך) || **motley c.** דאָס אױ'פֿגעלאַף (ן) || **hastily formed c.** דאָס אָ'נגעלאַף (ן) || **2.** *vt.* ענג מאַכ|ן, שטופּ|ן ⊣ *vi.* שטופּ|ן זיך
crowded ענג, אָ'נגעשלאָג·ן, (פֿול) געפּאַ'קט ⟨מיט⟩ ⊣ **densely c.** קאָפּ אויף קאָפּ
crown 1. *n.* די קרוין (ען) || **2.** *v.* קרײנ|ען
crucial קריטיש, מכריעדיק [MAKhRI'EDIK], קנופּיק
crucible דער טעסט (ן)
crucifix דער קרוציפֿי'קס (ן)
crucifixion די קרײ'ציקונג (ען)
crucify קרײ'ציק|ן
crude רױ, גולמדיק [GO'YLEMDIK], או'מ־געשליפֿ·ן; פּראָסט, גראָב; מגושם אַפּ [MEGU-ShEM]
cruel אַכזריותדיק [ ], רוצחיש [ROTSKhISh] || **c. man** דער אַכזר (ים) [AKhZER—AKhZORIM], דער רוצח (ים) [RETSEYEKh—ROTSKhIM]
cruelty דאָס אַכזריות [AKhZORYES]
cruise 1. *n.* דער קרײס (ן) || **2.** *v.* (אַרומ|)־קרײסיר|ן, קורסיר|ן, אַרומ|פֿאָר|ן
cruiser דער קרײסער (ס)
crumb דאָס ברעקל (עך), דאָס קרישל (עך), די שיריים (*fig.*; *pl.*) **c.s** ⊣ דאָס ברײזל (עך) [ShIRAIM]
crumble *vt.* בראָק|ן, קריש|לען, צעברעק־ל|ען ⊣ *vi.* *imp/pf* (צע)ברעקל|ען זיך, (צע)קרישל|ען זיך, (צע)שיט|ן זיך, צעפֿאַל|ן זיך
crumple *v/imp* קנײטש|ן || *pf.* צעקנײטש|ן, צעקנוי'דער|ן, צעקװעטש|ן
crunch כראָמטשע|ן
crusade דער קרײצפֿאָר (ן), דער קרײצצוג• (ן) || (*fig.*) דער האַרט|ער קאַמף (ן)
crusader דער קרײ'צפֿאָרער (ס) || (*fig.*) דער האַרט|ער קעמפֿער (ס)
crush 1. *n.* די ענגשאַפֿט, דאָס דערשטי'קעניש || **2.** *v.* צעברעכ|ן, צעקנאַק|ן, צעשמע'טער|ן || (by squeezing) צעדריק|ן, צעקװעטש|ן || (pound) צעשטויס|ן, צעמורשט|ן || (grind) צעטרעט|ן (under foot) ⊣ צערײַב|ן
crust די סקאָרע (ס), דער ניט (ן) [NY]
crutch די קוליע (ס)
cry 1. *n.* דער רוף (ן), דאָס געשרײ' (ען), דער קול־(קולי)קולות (ן) ⊣ **loud cries** געװאַלד [(KOYLE-)KO'YLES] ⊣ **a far c.** פֿאַלג מיך אױס|װײנ|ען זיך ⊣ **have a good c.** אַ גאַנג

|| 2. *v.* (shout) שרײַ|ען || (weep) אויס|וויינ|ען ⊣ **c. one's heart out** וויינ|ען זיך די אויגן
crybaby דער וויינער (ס)
crystal דער קריסטאַ'ל (ן)
crystallize *vt/vi* קריסטאַליזיר|ן (זיך) || (preserves, honey) *vi. also* נעצוקערט ווער|ן
cub (bear) דאָס בערל (עך) || (lion) דאָס לייבל (עך)
Cuba (דאָס) קובאַ
Cuban 1. *adj.* קובאַנער אינוו || 2. *n.* דער קובאַנער (—)
cubbyhole דאָס אַלקערל (עך)
cube 1. *n.* דער קוב (ן) || 2. *v.* (mathem.) קוביר|ן
cubic ...קובי'ק ;קוביש || c. foot קו'ביש|ער פֿוס, קוביקפֿוס
cubicle דער אַלקער (ס)
cuckoo די קוקאַווקע (ס)
cucumber די או'גערקע (ס)
cud *cf.* **ruminate**
cuddle *vt/vi imp/pf* (צו|)טוליע|ן (זיך)
cue די רעפּליק (עס)
cuff דער מאַנזשע'ט (ן)
cuff link די שפּאָנקע (ס)
cuisine די קיך (ן)
cul-de-sac דאָס בלינד|ע געסל (עך)
culinary קאָכ..., קולינאַריש
culminate קולמיניר|ן
culmination די קולמינירונג (ען), דער שפּיץ (ן)
culprit דער שו'לדיק|ער נעב, דער בעל־דבֿר (ס) [BALDOVER]
cult דער קולט (ן)
cultivate קולטיוויר|ן || (soil) באַאַ'רבעט|ן || (plants) האָ'דעווע|ן || (animals) *also* כאָווע|ן ⊣ (frequent) אָוויר|ן
cultural קולטורע'ל; קולטו'ר...
culture די קולטו'ר (ן)
cultured קולטורע'ל
culvert די רינ(וו)ע (ס)
cumbersome באַשווערלעך
cuneiform writing די פֿלע'קלשריפֿט

cunning 1. *adj.* כיטרע, דו'רכגעטריב'ן, די כי'טרעקייט ⊣ 2. *n.* פּיפּיק
cup דאָס שעלכל (עך), דער קוביק (עס); דאָס || גלעזל (עך), דער כּוס (ות) [KOS—KOYSES] **in one's c.s** או'נטערן גלעזל
cupboard די שאַפֿע (ס), דער בופֿע'ט (ן)
cupola דער קופּאָ'ל (ן)
cupping-glass די באַנקע (ס) [NY]
curable היי'לעוודיק
curative הייל..., היי'לנדיק
curator דער קוראַטאָר (...אָ'רן)
curb 1. *n.* דאָס צײַמל (עך) || (sidewalk) דער קאַנטשטיין (ער), די טראָטואַרשוועל (ן) || 2. *v. imp/pf* (אײַנ|)צאַמ|ען
curdle *vi.* געררונען ווער|ן || (blood) אַנט־שטאַנען ווער|ן
cure 1. *n.* די רפֿואה (—ות) [REFUE]; || די (אויס)היילונג (ען), די קוראַציע (ס) 2. *v/imp* הייל|ן || *pf.* אויס|הייל|ן
cured: be c. *also* אויס|הייל|ן זיך
curfew די פּאָליציי'־שעה (ען) [sho], דער בלאָקי'ר (ן)
curiosity די נײַ'געריקייט || (curio) דער קוריאָ'ז (ן), דאָס טשיקאַוועס (ן) ⊣ **as a matter of c.** אויף טשיקאַוועס
curious (interested) נײַ'געריק || (interesting) טשיקאַ'וו(ע)
curl 1. *n.* דער לאָק (ן), דאָס גרײַזל (עך) || (smoke) דער קרויז (ן) || 2. *vt/vi* גרײַזל|ען (זיך)
curler דאָס קאַרבירל (עך); דער גרײַזלער (ס)
curly געגרײַזלט
currant דאָס ווײַ'מפּערל (עך)
currency די גיי'יִקייט, די קראַנטקייט || (cash) מזומנים מצ [MEZUMONIM] ⊣ (monetary system) די וואַלוטע־סיסטעם (ען) || **foreign c.** די וואַלוטע (ס), דעוויזן מצ
current 1. *adj.* לויפֿיק, גייִק, קראַנט || **c. events** אַקטואַליטעטן מצ || **be c.** *also* אָנ|גיי|ן* ⊣ 2. *n.* דער שטראָם (ען)
curriculum די לע'רן־פּראָגראַ'ם (ען)
curse 1. *n.* די קללה (—ות) [KLOLE] || **vehement c.s** טויטע קללות, קללות און חרמות [KhROMES] ⊣ 2. *v/imp* זידל|ען,

שילט|ן ⊣ *pf.* אויס|זידל|ען, פֿאַרשילט|ן, || אויס|לאָז|ן די תוכחה [TO'YKhEKhE] אויף || *vi.* שילט|ן זיך

cursed פֿאַרשאָלט׳ן

cursorily *also* בחפּזון [BEKhIPOZN]

cursory שלעגיש, אויבנאויפֿיק

curtail אונטער|שנײַד|ן, פֿאַרקירצ|ן || (limit) שנײַד|ן

curtain דער פֿירהאַנג (ען) || **c. rod** דער קאַרני׳ז (ן)

curtsey דער רעווערא׳נס (ן)

curve 1. *n.* דער (אויס)בייג (ן), דער בויגן (ס); די קרומע (ס) ⊣ 2. *vt.* אויס|בייג|ן || *vi. imp/pf* (אויס|)בייג|ן זיך

cushion דער קישן (ס), דער יאַשיק (עס)

cussword דאָס זי׳דלוואָרט (...ווערטער)

custard דער קאָסטאַרד אַמער

custodian דער ממונה (—ים) [MEMUNE—MEMUNIM], דער היטער (ס), דער משגיח (ים) [MAZhGIEKh—MAZhGIKhIM]

custody דער באַראָ׳ט, די השגחה ⟨אויף⟩ [HAZhGOKhE] ⊣ (of children) די אויפֿזיכט ⟨אויף⟩ ⊣ (detention) דער אַרע׳סט || **take into c.** שטעל|ן אונטער אַרע׳סט

custom דער מינהג (ים) [MINEG—MINHOGIM], דער (אײַנ)פֿיר (ן), די פֿירונג (ען), דאָס פֿירעכץ (ן), דאָס רגילות (ן) [REGILES] || **be the c.** פֿיר|ן זיך אומפּ || *cf.* **customs**

customarily *also* בטבֿע [BETEVE]

customary געוויינטלעך; אָ׳נגענומען, רגילדיק [RO'GLDIK], רגילותדיק [ ]; שכיח אַפּ [ShKhIEKh]

customer דער קונה (—ים) [KOYNE—KOYNIM], דער קליע׳נט (ן) ⊣ (*pl.*) די קונים־שאַפֿט קאָל [ ]

customhouse דער צאָלאַמט (ן)

customs דער צאָל אַצ

cut 1. *n.* דער שניט (ן), דער אײַנשניט (ן), דער דורכשניט (ן), דער אויסשניט (ן); דער חלק (ים) [KhEYLEK—KhALOKIM] ⊣ **first c.** (of bread) דאָס (ערשט|ע) רעפֿטל (עך), דער אַקרײַטשיק (עס) ⊣ (printing block) די קלישע (ס) ⊣ 2. *vt/imp* שנײַד|ן || *pf.* (into pieces) צעשנײַד|ן || (in two) איבער|שנײַד|ן ⊣ (with scissors) *imp/pf* (אָפּ|-, צע)שער|ן ⊣ (cards) אַראָפּ|נעמ|ען, אָפּ|הייב|ן ⊣ (material for sewing) צו|שנײַד|ן ⊣ *vi.* שנײַד|ן זיך || **c. down** (price) אַראָפּ|לאָז|ן פֿון ⊣ **c. down on** אָפּ|לאָז|ן פֿון || **c. down on cigarettes** נעמ|ען ווײַ׳ניקער רײַ׳כערן ⊣ **c. in** אַרײַנ|מיש|ן זיך ⟨אין⟩ || **c. into** אײַנ|שנײַד|ן זיך אין || **c. in two** איבער|שנײַד|ן ⊣ **c. off** אָפּ|שנײַד|ן; אָפּ|זו׳נדער|ן ⊣ (by chopping) אָפּ|האַק|ן || (with scissors) אָפּ|שער|ן || **c. open** אויפֿ|שנײַד|ן ⊣ **c. short** איבער|האַק|ן || **c. up** צעשנײַד|ן || (by chopping) צע|האַק|ן ⊣ (with scissors) צעשער|ן || (into small pieces) *also* צעפּיצל|ען

cute זיס, חנעוודיק [KhE'YNEVDIK], באַטעמט [BATA'MT]

cut glass 1. *adj.* קרישטאָל׳ן || 2. *n.* דער קרישטאָ׳ל

cutlery דאָס מע׳סערוואַרג

cutlet דער קאָטלע׳ט (ן)

cutter (craftsman) דער צו׳שנײַדער (ס)

cutthroat דער גאָ׳רגל־שנײַדער (ס), דער רוצח (ים) [RETSEYEKh—ROTSKhIM]

cybernetics די קיבערנעטיק

cycle 1. *n.* דער ציקל (ען) || 2. *v.* ציקל|ען

cyclone דער ציקלאָ׳ן (ען)

cyclotron דער ציקלאָטראָ׳ן (ען)

cylinder דער צילינדער (ס)

cymbal די טאַץ (ן), די דזשימדזשע (ס)

cymbalo דער צימבל (ען)

cynic דער צי׳ניקער (ס)

cynical ציניש

cynicism דער ציניזם

cypress דער ציפּרע׳ס (ן)

Cyprus (דער) קיפּראָס

czar דער צאַר (ן)

czarist צאַריש

Czech 1. *adj.* טשעכיש || 2. *n.* דער טשעך (ן)

Czechoslovakia (די) טשעכאָסלאָוואַקײַ׳

D

D (letter) דער **דע** (ען) ‖ (note) דער **רע** (ען)

dab אָנ|פּעטשל|ען, -|נעצ|ן

dabble מאַדזגע|ן; אַמאַטאָ'רעווע|ן

dabbler דער מאַדזגער (ס), דער אַמאַטאָר (...אָ'רן)

dad דער טאַטע* (ס)

daddy דער טאַ'טעשי (ס)

daffodil דער געל|ער נאַרצי'ס (ן)

dagger דער שטילע'ט (ן), דער קינזשאַ'ל (ן), דער שטע'כמעסער (ס) ⊣ **at d.s drawn** אויף מעסערס ⟨מיט⟩

daily 1. *adj.* טעגלעך ‖ 2. *adv. also* טאָג פֿאַר טאָג; טאָג־אײַ'ן טאָג־אוי'ס ⊣ 3. *n.* די טאָ'גצײַטונג (ען)

dainty צאַרט, דעליקאַ'ט

dairy 1. *adj.* מילכיק ‖ 2. *n.* (place) די מילכ(יק)ערײַ' (ען) ⊣ (food) דאָס מילכיקס

dairyman דער מי'לכיקער (ס), דער שווייגער (ס)

dais די טריבונע (ס)

daisy די מאַרגעריטקע (ס)

dale דער יאַר (ן), דאָס טאָלכל (עך)

dally זאַמ|ען זיך

dam 1. *n.* די דאַמבע (ס), די טאַמע (ס) ‖ 2. *v.* טאַ'מעווע|ן ‖ **d. up** אײַנ|טאַ'מעווע|ן

damage 1. *n.* דער שאָדן (ס), דער היזק (ות) [HEZEK—HEZEYKES] ⊣ **d.s** (payment) די אַנטשע'דיקונג אצ ⊣ 2. *v.* באַשע'דיק|ן, צע־שע'דיק|ן, קאַליע מאַכ|ן

Damascus (דאָס) דמשק [DAMESEK]

damn 1. *v.* פֿאַרשילט|ן ‖ *cf.* **damned** ‖ 2. *int.* אַ קלאָג צו ד, אַ° רוח אין פּאָס (טאַטנס) טאַטן אַרײַ'ן! [RUEKh] ⊣ (never mind) אין דר'ערד מיט ד! ‖ d. him! אַ קלאָג צו אים! אַ° רוח אין זײַן (טאַטנס) טאַטן אַרײַ'ן! אין דר'ערד אַרײַ'ן! ⊣ d. his whims! מיט זײַנע קאַפּריזן!

damned: be d. *pf.* פֿאַרשאָלטן ווער|ן ‖ **I'll be d.** (disbelief) דו לאַכסט! איר לאַכט! (וואָס,) טאַקע? ⊣ **d. if** אָסור צי/אויב [OSER]

damp פֿײַכט, ווילגאָטנע

dampen (moisten) אײַנ|פֿײַכט|ן, באַ־פֿײַכט|ן ⊣ (sound, spirits) צו|דושע|ן

dance 1. *n.* דער טאַנץ (טענץ) ‖ **Hasidic d.** *also* דער ריקוד (ים) [RIKED—RIKUDIM] ‖ 2. *vi.* טאַנצ|ן ‖ *vt. imp/pf* (אויס|)־טאַנצ|ן

dancer דער טענצער (ס)

dandelion דאָס לופֿטל (עך)

dandruff שופּן מצ

dandy דער פֿראַנט (ן), דער פֿאַצע'ט (ן), דער עלעגאַ'נט (ן)

Dane דער דענער (—)

danger די סכּנה (—ות) [SAKONE], די גע•־פֿאַ'ר (ן) ⊣ **deadly d.** דאָס סכּנת־נפֿשות [SAKONES-NEFO'SHES]

dangerous סכּנהדיק [ ], געפֿערלעך, מסוכּן [MESUK'N] ⊣ (place) *also* סכּנות אַפּ [ ], חיות נישט זיכער [KhAYES] ⊣ **be d.** *also* זײַן* אומפּ אַ מורא ⟨צו⟩ [MOYRE]

dangle *vt/vi* באָמבל|ען (זיך) ‖ *vi. also* נאָכ|־, אַראָפּ|הענג|ען

Danish דעניש ‖ **D. pastry** דאָס דעלקל (עך), דאָס פֿײַנברויט

Danube דער דונײַ'

dapper כוואַטיש ‖ **d. person** דער כוואַט (ן)

dare *vt.* אַרויס|פֿאָ'דער|ן || **I d. you** אַנו' אײַנ|שטעל|ן, דערוועג|ן *vi.* ‑| פּרווו(ט) נאָר! || זיך, מע'כטיק|ן זיך, אונטער|שטעל|ן זיך **how d. you** *also* ווי קומסטו, ווי קומט אַזאַ'ס! ‑| **don't you d.!** איר —צו אײַנפֿ

daredevil דער אײַ'נשטעלער (ס), דער דעס‑ בראַ'ט (ן)

daring 1. *adj.* מוטיק, העלדיש, אײַ'נשטעלע‑° ‑| 2. *n.* דער מוט, די הע'לדישקייט, דער ריש קוראַ'זש

dark 1. *adj.* פֿינצטער, טונקל || **d. dealings** דער שאַכער־מאַ'כער ‑| **d.est night** שטאָק נאַכט ‑| 2. *n.* די פֿינצטער || **in the d.** אין דער פֿינצטער

darken פֿאַרטונקל|ען

darkness דאָס פֿי'נצטערניש, דער חושך [KhOY‑SHEKh] ‑| **utter d.** דאָס חשכות [KhASh‑KhES]

darkroom די טו'נקל־קאַמער (ן)

darling 1. *adj.* || טײַער, גאָלד'ן, ברילי‌יאַנט'ן 2. *n.* דאָס גאָלד; דער ליבלינג (ען), די ליובע (ס); ‑| דער בן־יקיר [BENYAKER] ‑| 3. *int.* ליו'בעניו, ליובטשע, ליו'בעליו, האַ'רצעניו, נשמהניו [NEShO'MENYU], סע'רצע(ניו), ‑| 4. *particle* ‑לעבן... ‑| לעבן מײַנס

darn 1. *n.* || די צירע (ס), די מערעזשע (ס) 2. *v. imp/pf* (פֿאַר)ציי'רעווע|ן, (פֿאַר)‑ מערעזשע|ן

dart דאָס (וואַ'רפֿ)שפּיזל (עך)

dash 1. *n.* (punctuation) || דער טירע' (ען) (race) דער לאָף || (bit) דער שטויב || 2. *vt.* אַ לאָז ‑| *vi.* צעשמע'טער|ן, צעדרו'זגע|ן טאָ|ן* זיך, אַ לאָף טאָ|ן*

dashboard די שפּריצברעט (ער); די קאָנטראָל‑ ברעט (ער)

dashing כוואַטסקע || (horse) צעפּלאָשעט

data געגע'בענע, דאַטן —מצ

date[1] 1. *n.* (day) די דאַטע (ס) || **what's today's d.?** דער ווי'פֿלטער איז הײַנט? || **out of d.** פֿאַרעלטערט || **up to d.** דער‑ פֿי'רט ביז הײַנט; אַזשור' אַפּ ‑| *cf.* **up-to-date** || (appointment) דאָס באַגע'געניש (ן), די זוונג (ען), די טרעפֿונג (ען), די ראַנדקע (ס) ‑| 2. *vt.* (put dates) דאַ‑ טיר|ן ‑| (go on dates) ראַ'נדקעווע|ן זיך ⟨מיט⟩

date[2] (fruit) דער טייטל (ען)

dated (obsolete) פֿאַרעלטערט

dative דער דאַטי'וו (ן)

datum דער דאַט (ן)

daub שמי'רגעווע|ן, פּאַטשקע|ן

daughter די טאָכטער (טעכטער) || **the d. of** (*Jew.*: title) בת [BAS]

daughter-in-law די שנור (שניר) || **d.'s father** דער מחותּן (ים) [MEKhUTN—ME‑KhUTONIM] ‑| **d.'s mother** די מחותּנתטע [MEKhUTE'NESTE] (ס)

dawdle מאַרודיע|ן, נושל|ען, קאַלופּע|ן זיך

dawdler דער מאַרודניק (עס)

dawdling מאַרודנע

dawn 1. *n.* דער באַגינען (ס), דער קאַיאָ'ר (ן), דער פֿאַרטאָ'ג (ן), דער שאַריי' (ען) ‑| **at d.** טאָג|ן, שאַרייע|ן אויף טאָג, ‑| 2. *v.* באַגינען אַדוו ‑| **d. upon** (*rev. con.*) כאַפּ|ן ‑| וווער|ן טאָג ‑| **it d.ed upon me (that)** כ'האָב זיך געכאַ'פּט (אַז)

day דער טאָג (טעג) || **on the d. after** אויף מאָרגן ‑| **the d. before** ערבֿ פּרעפּ [EREV] || **d. after tomorrow** איבער מאָרגן || **d. and night** יומם־ולילה אַדוו [YOYMEM‑VOLA'YLE] ‑| **d. by d.** טאָג פֿאַר טאָג || **the other d.** אַנומלט || **d. in and d. out** טאָג־אײַ'ן טאָג־אויס || **d. is breaking** עס שפּראָצט/שאַרייעט אויף טאָג ‑| **one of these d.s** די' טע'ג || **all day** אַ גאַנצן טאָג ‑| **all d. long** אַ גאַ'נציקן טאָג || **we haven't all d.** דער טאָג שטייט ניט || **every d.** אַלע טאָג || **d.s on end** גאַ'נצע(נע) טעג ‑| **a d. and a night** (24 hours) דער מעת־לעת (ן) [MESLE'S] || **your d. will come** ס'וועט קומען אויף אויס|פֿיר|ן, ‑| **carry the d.** דיר אַ טאָג [MENATSEYEKh] ‑| מנצח זײַן* ‑| **call it a d.** איבער|רײַס|ן ‑| **let's call it a d.** *also* גענו'ג אויף הײַנט

day-break דער פֿאַרטאָ'ג (ן); דער אָנבראָך, דער שפּראָץ (—אויף טאָג) ‑| **at d.** מיטן טאָג גלײַך, פֿאַר טאָג

day camp דער טאָגקעמפּ (ן) אַמער

day-care center די טאָגהיים (ען)

daydream 1. *n.* דער וואָ'ר־חלום (ות) [KhO-LEM—KhALOYMES] ⊣ **2.** *v.* פֿאַנטאַזיר|ן, חלומ|ען אויף דער וואָר [ ], טראַכט|ן הוריות [HO'YRIES]

daylight דאָס טאָגליכט; העל|ער טאָג || **in broad d.** אין מיטן העלן טאָג

daytime 1. *adj.* *בײַטאָגיק || **2.** *n.*: **in the d.** בײַ טאָג

day-to-day טאָג־טעגלעך

daze 1. *n.* דער הי'נערפּלעט || **in a d.** *also* ⊣ דול; ווי אַ נע'כטיק|ער ⊣ **2.** *v.* פֿאַרדול|ן, פֿאַרטויב|ן, פֿריטשמעליע|ן

dazzle 1. *n.* דער בלענד || **2.** *v. imp/pf* (פֿאַר)בלענד|ן

dazzling בלענדיק

de... ...אָפּ || decompression די אָ'פּקאָמ־פּרימירונג

dead טויט; געשטאָרב׳ן, פֿאַרשטאָרב׳ן; שוין נישטאָ' אויף דער וועלט אַפּ ⊣ **d. body** דער בר־מינן [BA'RMENEN], דער מת (ים) [MES—MEYSIM] ⊣ **d. person** דער מת (ים) || **more d. than alive** ניט טויט ניט לע'בעדיק ⊣ **d. drunk** טויט שיכור [ShIKER] ⊣ **D. Sea** דער ים־המלח [YAM-HAME'LEKh] ⊣ **d. tired** טויט מיד

deaden אָפּ|טייט|ן

deadline דער טערמי'ן (ען)

deadlock דער ניט־אַהין־ניט־אַהע'ר, די פֿאַר־האַקונג (ען)

deadlocked פֿאַרהאַ'קט; אין אַ טעמפּן ווינקל || **become d.** פֿאַרהאַק|ן זיך

deadly טויט..., סכנת־נפֿשותדיק [SAKONES-NEFO'ShESDIK], •לע'בנס־געפֿערלעך; אויף טויט

deaf טויב

deafen פֿאַרהילכ|ן, פֿאַרטויב|ן

deaf-mute 1. *adj.* טויב־שטום || **2.** *n.* דער טויב־שטומ|ער נעב

deal 1. *n.* דאָס געשעפֿ'ט (ן), דער משא־ומתּן (ס) [MASEMATN]; דער אָפּמאַך (ן) ⊣ **a good d. (of)** ⟨נאָם⟩ אַ היפּש ביסל || **a great d.** ⟨נאָם⟩ אַ סך [ASA'Kh], אַ שלל ⟨מיט⟩ [ShLAL] || **it's a d.** אָ'פּגעמאַכט || **big d.!** אַ טײַ'ערע מציאה! [METSIE] ⊣ **2.** *v.* (cards) *געב|ן || **d. (in)** האַנדל|ען (מיט) || **d. with** (have dealings) *האָב|ן צו טאָן מיט || (treat) באַהאַנדל|ען; שאַפֿ|ן זיך מיט

dealer דער סוחר (ים) [SOYKhER—SOKh-RIM], דער הענדלער (ס)

dealings דער מגע־ומשא [MAGEMASE], דער האַנדל —אַצ ; מחזקות מצ [MAKhZOKES]

dean דער דעקאַ'ן (ען)

deanship דער דעקאַנאַ'ט (ן)

dear 1. *adj.* (beloved) ליב, טײַער, האַ'ר־צעדיק ⊣ (costly) טײַער || **d. me!** אוי־ווײ! ⊣ (dismay) אָוואַ' || **be d. as life to** *זײַן דאָס לעבן בײַ || **d. to the heart of** אײַ'נגעבאַקן ד אין האַרצן || **2.** *particle* ־לעב, ־לעבן || **mother d.** מאַ'מע־לעב(ן)

dearth (seasonal) דאָס יקרות ⟨אויף⟩ [YAK-RES] ⊣ (shortage) דער דוחק ⟨אין⟩ [DOY-KhEK]

death דער טויט; די פּטירה [PTIRE] || (mass) דער אומקום ⊣ (single) דער טויטפֿאַל (ן) || (of an animal) די פּגירה (—ות) [PGIRE] || **violent d.** די מיתה(־משונה) [MISE(-ME-ShU'NE)] ⊣ **to d.** אויף טויט || **be the d. of** טאָ|ן* אַ צום טויט

deathbed דאָס טוי'טנבעט (ן) || **on one's d.** *also* אויפֿן טויטן בעט

deathly טויט...

death penalty די טויטשטראָף

death rate די שטאַ'רביקייט

debase מזלזל זײַן* ל [MEZALZL]

debatable אָפּ̇ן; מוטל־בספק אַפּ [MUTL-BE-SO'FEK]; תּיקו־... [TEYKU...]

debate 1. *n.* די דעבאַטע (ס), דער וויכוח (ים) [VIKUEKh—VIKUKhIM] ⊣ **2.** *vt.* דעבאַ־טיר|ן, דיסקוטיר|ן ⊣ *vi. also* שפּאַר|ן זיך

debauched אוי'סגעלאַס׳ן, הולטײַיש

debauchee דער נואף (ים) [NOYEF]

debauchery די אוי'סגעלאַסנקייט, דער זנות, די הולטײַסטווע, דער ניאוף [NIEF]

debenture דער שטר־חובֿ (ות) [ShTAR-KhO'YV— -ES]

debit 1. *n.* (ן) דער דעבעט || 2. *v.* -דעבע טיר|ן, אַראָפּ|רע'כע|ן
debrief אויס|פֿרעג|ן
debriefing (ען) די אויס'פֿרעגונג
debris דער רים, דאָס (בוי)ברעך
debt [KhOYV— -ES] (ות) דער חוב || **incur a d.** (loan) -פֿאַרשו'לדיק|ן זיך ⟨אַנט קעגן⟩
debtor [BAL- (בעלי־חובֿות) דער בעל־חובֿ ,KhO'YV—BALEKhO'YVES] (ים—) דער לווה [LOYVE—LOYVIM]
debunk אַראָפּ|מאַכ|ן, מאַכ|ן צו קליינגעלט
debut (ן) דער דעביו'ט || **make one's d.** דעביוטיר|ן
decade (ער) דער יאָרצענדלינג
decadence [YERI- די דעקאַדע'נץ, די ירידה ,DE] די צעפּאַ'לנקייט
decadent דעקאַדע'נט, געפּאַל'ן, צעפּוי'לט
Decalogue [ASERES- די עשׂרת־הדיבֿרות ,HADI'BRES] די צען געבאָ'ט —מצ
decanter (ן) דער קאַראַ'ף
decay 1. *n.* דער צעפּאַ'ל, די (צע)פֿוילונג || 2. *v.* צעפּאַל|ן זיך, פֿאַרפֿויל|ן, פֿאַרפֿוי'לט ווער|ן
deceased פֿאַרשטאָרב'ן || **d. person** דער [NIFTER—NIFTORIM] (ים) ניפֿטר
deceit דער אָפּנאַר, דאָס גענאַרעריי'
deceive *v/imp* נאַר|ן || (*hum.*) פֿיר|ן° -אָפּ|- ⊣ *pf.* אין באָד, האָב|ן* דאָס גענאַ'ר פֿון נאַר|ן
deceived: be d. *also* אַרײַנ|פֿאַל|ן
deceiver דער אָ'פּנאַרער (ס), דער רמאי [RAMAY—RAMOIM] (רמאָים)
December דער דעצעמבער
decency די אָ'רנטלעכקייט, די לײַ'טישקייט
decent אָ'רנטלעך, לײַטיש, מענטשיש
decentralization די דעצענטראַליזירונג
deception דער אָפּנאַר, דאָס גענאַרעריי', דאָס גענאַ'ר, דאָס רמאָות [RAMOES]
deceptive פֿאַרפֿי'רעריש, אָ'פּנאַרעריש
decide באַשליס|ן, באַשטימ|ען, דעצידיר|ן || (rule) [PASK'N] פּסקע|ן || **be decisive** [MAKhRIE] מכריע זײַן*
decided (definite) [BEFEYRESh] בפֿירוש || **be d.** *also* בלײַב|ן || it was d. that עס איז געבליבן אַז
decidedly [BLI- בפֿירוש [ ], בלי־שום־ספֿק ShUM-SO'FEK]
decimal 1. *adj.* || געצענטלט; דעצימאַ'ל **d. point** דער דעצימאַ'ל־פּונקט || 2. *n.* דער דעצימאַ'ל (ן), די געצע'נטלטע בראָכצאָל (ן)
decimate פֿאַרטי'ליק|ן, צע'נטיק|ן
decipher דעשיפֿריר|ן, פֿונאַנדער|שיפֿריר|ן
decision דער באַשלו'ס (ן), די החלטה (—ות) [HAKhLOTE]; דער גמר (ן) [GMAR]
decisive באַשטי'מ(ענד)יק, מכריעדיק [MAKhRI'EDIK]
deck (ן) דער דעק || (cards) דער פּאַש (ן), דאָס פּעשל (עך)
declaration -די דעקלאַראַציע (ס), די דער• קלערונג (ען), די הודעה (—ות) [HOYDOE] || **D. of Independence** -די או'מאָפּהענגיקייט דעקלאַראַציע
declare דערקלע'ר|ן, מודיע זײַן* -[ME DIE] || מעלד|ן, פּראָקלאַמיר|ן; דעקלאַריר|ן || **d. openly** *also* -מוסר־מודעה זײַן* [MOYSER MEDO'E]
declension (ס) די דעקלינאַציע
decline 1. *n.* -די ירידה [YERIDE], דער באַרג אָפּ|זאָג|ן זיך פֿון ⊣ אַראָ'פּ (ן) || 2. *vt.* (grammar) דעקליניר|ן || *vi.* -פֿאַר קלע'נער|ן זיך, פֿאַרמי'נער|ן זיך ⊣ (movement, state, custom) אונטער|גיי|ן* || (refuse) אָפּ|זאָג|ן זיך || **in one's declining years** אויף דער עלטער
decode דעשיפֿריר|ן, פֿונאַנדער|שיפֿריר|ן
décolletage (ען) דער דעקאָלטע'
décolleté דעקאָלטי'רט
decompose *vt.* צעליי'ג|ן || *vi.* צעלייג|ן זיך
decomposition די צעלייגונג || (decay) דער צעפּאַ'ל
decompress אָפּ|קאָמפּרימיר|ן
decorate דעקאָריר|ן, באַפּוצ|ן || (reward) באַלוינ|ען ⟨מיט⟩
decoration די באַפּוצונג (ען), די דעקאָראַציע (ס), דער הידור (ים) [HIDER—HIDURIM] || (medal) דער מעדאַ'ל (ן)

decorative דעקאָראַטי'וו || (merely d.) *also* [LENO'Y] אַפּ לנוי

decorator דער דעקאָראַטאָר (...אָ'רן) || **interior d.** דער צי'מער־דעקאָראַטאָר

decorum דער דרך־ארץ [DERKhERETS], דער נימוס [NIMES], דאָס תּרבות [TARBES]

decoy די צישפּייז, דער כויך (ן); דער צי'פֿויגל (...פֿייגל); דער מאַקע'ט (ן)

decrease 1. *n.* דער אָפּקום || (size) *also* די פֿאַרקלע'נערונג (ען) ⊣ (number, amount) *also* די פֿאַרמי'נערונג (ען) || **2.** *vt/vi* פֿאַרקלע'נער|ן (זיך), פֿאַרמי'נער|ן (זיך)

decree 1. *n.* דער דעקרע'ט (ן), די פֿאַר־אָ'רדענונג (ען) ⊣ **evil d.** די גזירה (—ות) [GZEYRE] ⊣ **2.** *v.* גוזר זײַן* [GOYZER], דעקרעטיר|ן, פֿאַראָ'רדענ|ען

decreed: be d. *also* [NIGZER] ניגזר ווער|ן

decrepit אָ'פּגעלעבט || **become d.** אָפּ|-לעב|ן

dedicate אָפּ|געב|ן*, היי'ליק|ן, •ווידמע|ן || (building) *also* [MEKhANEKh] מחנך זײַן*

dedication די דעדיקאַציע (ס), די היי'ליקונג (ען) ⊣ (dedicatory words) *also* דער [LIKhvo'YD] לכּבֿוד ⊣ (building) *also* [KhINEKh] דער חינוך ⊣ **d. of a house** [KhANUKES-HABA'YES] דער חנוכּת־הבית || *cf.* **devotion**

deduce (אַרויס|)דרינג|ען, אָפּ|לערנ|ען

deduct אָפּ|-, אַראָפּ|רע'כענ|ען

deduction דער אויספֿיר (ן) || (money) די אָ'פּרעכענונג (ען) ⊣ (type of reasoning) די דעדוקציע

deductive דעדוקטי'וו

deed די טוונג (ען), די •האַנדלונג (ען), דער מעשׂים [MAYSIM] מצ (*pl.*) || די אַקט (ן) ⊣ (document) דער (פֿאַרמעל|ער) אַקט (ן), דער שטר (ות) [ShTAR—ShTORES] ⊣ **good d.** די מיצווה (—ת) [MITSVE] || **good d.s** *also* מעשׂים־טובֿים מצ [MAYSIM-TO'Y-VIM]

deem ⟨פֿאַר⟩ האַלט|ן || deem it a crime האַלט|ן עס פֿאַר אַ פֿאַרברע'ך

deep טיף

deepen פֿאַרטי'פֿער|ן

deer דער הירש (ן), די סאַרנע (ס)

defamation די באַשמוצונג, דער זילזול [ZILZL]; די דעפֿאַמאַציע

default 1. *n.* **by d.** דורך פֿע'ליקייט || **in d. of** ניט האָ'בנדיק || **2.** *v.* (on) ניט אויס|-צאָל|ן, ניט אויס|פֿאָלג|ן, ניט שטעל|ן זיך, ניט מעלד|ן זיך

defeat 1. *n.* די מפּלה (—ות) [MAPOLE], דער אָפּשניט (ן) ⊣ **ignominious d.** המנס מפּלה [HOMENS] ⊣ **2.** *v.* •באַ־בײַ|קומ|ען, זיג|ן, צעקלאַפּ|ן

defeatist דער מפּלהניק (עס) [ ]

defect 1. *n.* דער חסרון (ים) [KhISORN—KhESROYNIM], די פּגימה (—ות) [PGIME], דער פּגם (ים) [PGAM—PGOMIM], דער מום (ים) || **2.** *v.* אַריבער|גיי|ן* (צום קע'גנער), דע־זערטיר|ן, דעפֿעקטיר|ן אַמער

defection דאָס דעזערטיר|ן; דאָס דעפֿעקטיר|ן, די דעפֿעקציע (ס) אַמער

defective דעפֿעקטי'וו, פּגימהדיק [ ], חסרדיק [Kho'SERDIK]

defector דער דעזערטי'ר (ן), דער דעפֿעקטאָר (...אָ'רן) אַמער

defend פֿאַרטיי'דיק|ן, באַשיצ|ן || **d. oneself** *also* ווער|ן זיך

defendant (criminal) דער (אײַ'נ)געקלאָג־ט|ער גע ⊣ (civil) *also* דער ניתבע (ים) [NITBE—NITBOIM]

defender דער פֿאַרטיי'דיקער (ס), דער מליץ־יושר [MEYLETS-YO'YShER], דער סניגור (ס) ל [SANEYGER]

defense די פֿאַרטיי'דיקונג || (*pl.*) באַ־שי'צונגען מצ ⊣ **come to the d.** (of) אָנ|נעמ|ען זיך ⟨פֿאַר ד⟩; פֿאַס קריוודע⟩

defenseless אָן אַ שיץ

defensive 1. *adj.* ...שיצ; דעפֿענסי'וו; פֿאַר־טיי'דיקעריש ⊣ **2.** *n.* די דעפֿענסיווע

defer (postpone) ⟨אויף⟩ אָפּ|לייג|ן || (accede) ⟨ד⟩ אָפּ|טרעט|ן || **I d. to you** זאָל מײַנס אי'בערגיין

deference דער אָפּשײַ ⟨פֿאַר⟩, די •אַכטונג ⟨צו⟩ || **in d. to** אויף ד קוקנדיק, מתּוך רעספּע'קט [MITO'Kh] צו

defiance דאָס סטירדעס, דער צולהכעיס [TSELOKhES]
defiant צולהכעיסדיק [ ], סטירדיש
deficiency (shortage) דער דוחק [DOYKhEK], דער מחק (ים) [MEKhA'K—MEKhoKIM] ⊣ (inadequacy) די פֿע'ליקייט (ן)
deficit דער דעפֿיצי'ט (ן)
defile באַשמוצ|ן, פֿאַראו'מרייניק|ן, מטמא זײַן* [METAME]
defiled טמא אַפּ [TOME]
define דעפֿיניר|ן, באַשטימ|ען
definite באַשטי'מט, קאָנקרע'ט || (article) געוויסיק
definition די דעפֿיניציע (ס)
definitive לע'צטגילטיק, דעפֿיניטי'וו
deflation (economic) די דעפֿלאַציע
deflect אָפּ|נייג|ן, -|קער|ן
deform דעפֿאָרמיר|ן, פֿאַרקרימ|ען
deformed קרום; פֿאַרקרי'מט
deformity דער מום (ים)
defraud באַשווינדל|ען
defrost לאָז|ן אָפּגיין
deft פֿלינק, געשי'קט, בריהש [BERYESh] || **be d.** *also* האָב|ן* גרינגע/גי'לדענע הענט
defunct ליקווידי'רט, אוי'סגעוואָר'ן
defy (גע)שטיי'|ן* אַנטקעגן ד; גיי|ן* אויף סטירדעס קעגן ד; ניט פֿאָלג|ן ⊣ **d. description** ניט לאָז|ן זיך באַשרײַבן
degenerate 1. *adj.* דעגענערי'רט || 2. *n.* דער דעגענעראַ'ט (ן) ⊣ 3. *v.* דעגענעריר|ן
degradation די דעגראַדאַציע (ס), דער ביוש [BIESh]
degrade מבֿייש זײַן* [MEVAYESh], מבֿזה זײַן* [MEVAZE], דעגראַדיר|ן
degraded מבֿוזה אַפּ [MEVUZE], דעגראַדי'רט
degree דער גראַד (ן); דער שטאַפּל (ען), די מדרגה (—ות) [MADREYGE] ⊣ **by d.s** *also* בהדרגה [BEHADROGE] ⊣ **in some d.** ווי ניט איז ⊣ **academic d.** *also* דער דיפּלאָ'ם (ען)
dehydrate דעהידריר|ן
deign באַווי'ליק|ן, אַראָפּ|לאָז|ן זיך ⟨—צו⟩
deity דער גאָט (געטער), די גאָטהייט
dejected דערשלאָג'ן, געפֿאַל'ן בײַ זיך, פֿאַראומערט, פֿאַרחושכט [FARKhOYShEKhT], אױ'נגעחושכט ⊣ **be d.** *also* (*rev. con.*) זײַן* ד אָ'נגעזאָליעט אויפֿן האַרצן, זײַן* קאַלע-מוטנע ד —אומפּ
dejection דער אומער, די געפֿאַ'לנקייט
delay 1. *n.* דער אָפּהאַלט (ן) || **without d.** או'מגעזאַ'מט ⊣ (*pl.*) *also* שהיות מצ [ShIES] ⊣ 2. *vt.* פֿאַרהאַלט|ן, פֿאַרציִ|ען
delayed: be d. פֿאַרהאַלט|ן זיך, פֿאַרדריי|ען זיך, פֿאַרזאַמ|ען זיך, הײַע|ן זיך
delegate 1. *n.* דער דעלעגאַ'ט (ן) || 2. *v.* דעלעגיר|ן
delegation די דעלעגאַציע (ס), די דעפּוטאַציע (ס)
deliberate 1. *adj.* (intentional) (ב)כיוונדיק [ ], באַזאַ'כט ⊣ (slow) באַקלע'רט, מיושבֿדיק [MEYU'ShEVDIK] ⊣ 2. *vt.* באַ-, איבער|טראַכט|ן, -|קלער|ן ⊣ *vi.* טראַכט|ן, מישבֿ זײַן* זיך [MEYAShEV], יישובֿ|ן זיך [YIShEV]
deliberately *also* בכיוון [BEKIVN], במזיד [BEMEYZED]
deliberation די באַטראַכטונג (ען), דער יישובֿ-הדעת [YIShEV-HADA'AS]; די שקלא-וטריא [ShAKLE-VETA'RYE] (ס)
delicacy די דעליקאַטקייט || (food) דער דעליקאַטע'ס (ן), דער שפּעציאַ'ל (ן), מטעמים [MATAMIM] מצ
delicate דעליקאַ'ט, צאַרט, איידל
delicatessen (food) דעליקאַטעסן מצ || (store) די וווּרשטערײַ' (ען), דער דעליקאַטעסן (ס) אַמער
delicious מחיהדיק [ ], באַטעמט [BATA'MT], מאכלדיק [ ], געשמאַ'ק, מלא-טעם אַפּ [MOLE-TA'M] ⊣ **something d.** *also* אַ מאכל [MAYKhL]
delight 1. *n.* די פֿרייד (ן), די הנאה (—ות) [HANOE], דאָס פֿאַרגעניגן (ס), דער תענוג (ים) [TAYNEG—TAYNUGIM]; די מחיה [MEKhAYE], דאָס חיות [KhIES] ⊣ (object) דער מאכל [MAYKhL] ⊣ 2. *vt.* הנאה טאָ|ן* ד [ ], דערקוויק|ן, דערפֿריי|ען, אַנטציק|ן, באַקוויק|ן ⊣ *vi.* (in) קוויק|ן זיך ⟨מיט⟩; גײַ'סטער|ן (אָנ)קוועל|ן, -|טייע|ן ⟨—פֿון⟩; שפּיגל|ען זיך,

שמעלצ|ן זיך ⟨—אין⟩; חיות|ן זיך ⟨מיט⟩ [ ], לעק|ן די פֿינגער ⟨פֿון⟩

delighted: be d. *also* דערפֿריי|ען זיך ⟨מיט⟩ ⊣ *cf.* **delight** *vi.*

delightful מחיהדיק [ ], מאכלדיק [ ], מחיה־נפֿשותדיק [ ]; אַ חיות [KhIES], אַזוי'נס און אַזע'לכס ⊣ **be d.** *also* האָב|ן* דעם זי'בעטן חן [KhEYN]

delightfully *also* מחיה־נפֿשות [MEKhAYE-NEFO'ShES]

delimit אַרומ|גרע'נעצ|ן, צעגרע'נעצ|ן

delinquency (crime) דאָס געזע'ץ־ברעכעריַי, דאָס פּסלות [PASLES] ⊣ (past due) די אי'בערפּע'ליקייט

delinquent 1. *adj.* (criminal) געזע'ץ־ברעכעריש ⊣ (past due) || אי'בערפּע'ליק 2. *n.* דער געזע'ץ־ברעכער (ס)

delirious צעפֿיבערט || **be d.** רעד|ן פֿון וועג

delirium די היץ, דער פֿיבער

deliver || אָפּ|געב|ן* || (hand) צו|שטעל|ן (surrender) איבער|געב|ן* איבער|ע'נט־פֿער|ן ⊣ (distribute) || צעפֿיר|ן (mail) אויס|לייז|ן, || (free) אויס|טראָג|ן *also* || (speech) האַלט|ן ⊣ באַפֿריַי|ען (baby) אָפּ|נעמ|ען

deliverance די גאולה [GEULE]

delivered: be d. of (a child) געלעגן וווער|ן מיט

delivery || דער צושטעל (ן), די צו'שטעלונג (ען) **special d.** עקספּרע'ס

delta די דעלטע (ס)

delude || פֿאַרפֿיר|ן, אָפּ|נאַר|ן, פֿאַרבלענד|ן **d. oneself** *also* איַינ|רעד|ן זיך

deluge דער מבול (ען) [MABL]

delusion די אילו'זיע (ס), דאָס אוי'סדוכטעניש (ן), דאָס פֿאַרבלע'נדעניש (ן), דאָס איַי'נרעדעניש (ן)

demagogue דער דעמאַגאָ'ג (ן)

demagogy די דעמאַגאָגיע

demand 1. *n.* || די פֿאָ'דערונג (ען) (economic) || דער נאָכפֿרעג **be in d.** (goods) (*rev. con.*) || נאָכ|פֿרעג|ן זיך אויף this book is in demand מע פֿרעגט זיך נאָך אויף דעם בוך ⊣ **be in sudden great d.** (*rev. con.*) || זיַין* אומפּ אַן אָנריַיס אויף **make d.s** (self-indulgent) פּעסטע|ן זיך || (one's due) מאָנ|ען || 2. *v.* פֿאָ'דער|ן ⟨בײַ א⟩

demarcate אָפּ|גרע'נעצ|ן, דעמאַרקיר|ן, אָפּ|מאַרקיר|ן

demarcation דער דעמאַ'רק (ן)

demeanor די אוי'פֿפֿירונג, דער אויפֿפֿיר

demise די פּטירה (—ות) [PTIRE]

democracy די דעמאָקראַ'טיע (ס)

democrat דער דעמאָקראַ'ט (ן)

democratic דעמאָקראַטיש

demolish אַראָפּ|ריַיס|ן, צעשטער|ן, דעמאָליר|ן

demolition די דעמאָלירונג

demon || דער שד (ים) [ShED—ShEYDIM] **minor d.** || דער לאַפּיטו'ט (ן) **queen of d.s** (*Jew.*) || לילית [LILES] **king of d.s** (*Jew.*) דער אַשמדאַי [A'ShMEDAY]

demonstrate דעמאָנסטריר|ן, מאַניפֿעסטיר|ן; באַוויַיז|ן

demonstration די דעמאָנסטראַציע (ס), די מאַניפֿעסטאַציע (ס) ⊣ (proof) || דער באַוויַי'ז (magic) דער מופֿת (ים) [MOYFES—MOFSIM]

demonstrative דעמאָנסטראַטי'וו

demoralize דעמאָראַליזיר|ן

demur איַינ|ווענד|ן

demure סטאַטעטשנע, מיושבֿדיק [MEYU'ShEVDIK], באַזאַ'כט

den די קאַנורע (ס), די נאָרע (ס) || (room) דער אַלקער (ס)

denial די אָ'פּלייקענונג (ען), די הכחשה (—ות) [HAKKhoshE] ⊣ *cf.* **refusal**

Denmark דענמאַרק (דאָס)

denomination || די דענאָמינאַציע (non-Jew. creed) *also* די נאמנה (—ות) [NEMONE]

denominator || דער טיילער (ס) (**least**) **common d.** שו'תּפֿיש|ער (מינדסט|ער) טיילער

denote באַטיַיט|ן, הייס|ן; זיַין* דער טיַיטש ⟨נאָמ⟩

denounce (report) [MASER] מסר|ן || (condemn) אַראָפּ|רײַס|ן, פֿאַרשילט|ן, שטעל|ן אין ביוש [BIESh], •פֿאַרדאַמ|ען; °אָפּ|-דערקלער|ן פֿאַר ⊣ (revoke) גיס|ן מיט זאָט בטל [BOTL], צערײַס|ן

dense געדי'כט || (stupid) טעמפּ

density די געדיכטקייט

dent 1. *n.* דער קאַרב (ן), דער פּגם (ים) [PGAM—PGOMIM], דער אײַנשניט (ן) ⊣ **2.** *v.* אײַנ|קאַרב|ן

dental ...ציינ

dentist דער דענטי'סט (ן), דער צײַ'נדאָקטער (...דאָקטוירים)

dentistry דאָס ציינדאָקטערײַ'

denture דאָס געציי'ן (ען)

denude אויס|בלייז|ן

denunciation די אַראָ'פּרײַסונג (ען), די פֿאַר-שילטונג (ען); די מסירה (—ות) [MESIRE]; די צערײַ'סונג (ען)

deny *v/imp* לײי'קענ|ען || (recant) מכחיש [MAKKhESh] ל *זײַן ⊣ *pf.* אָפּ|לייקענ|ען, פֿאַרלײי'קענ|ען; אָפּ|זאָג|ן ⊣ I don't d. him the right to speak איך זאָג אים ניט אָפּ דאָס רעכט צו רעדן ⊣ **d. everything** לײי'קענ|ען שטיין־און־ביי'ן

deodorant דער אָ'פּשמוכטער (ס), דער דעאָ-דאָראַ'נט (ן)

depart (on foot) *אַרויס|גיי|ן || (by vehicle) אַוועק|-, אַרויס|פֿאָר|ן || (by airplane) אָפּ|פֿלי|ען || (vehicle as subject) *אָפּ|גיי|ן ⊣ (deviate) ווײַכ|ן

department דער אָפּטייל (ן), די אָ'פּטיילונג (ען), דער דעפּאַרטעמע'נט (ן)

department store די אוניווערסאַ'ל־קראָם (ען), דער אוניווערמאַ'ג (ן)

departure דער אָפּפֿאָר (ן), דער אַוועקפֿאָר (ן); דער אַרויס- ⊣ **point of d.** דער אָפּוויַך (ן) פּונקט (ן)

depend ⟨אָפּ|הענג|ען, זײַן* אָפּהענגיק ⟨—אין || (rely) פֿאַרלאָז|ן זיך, בוי|ען ⟨—אויף⟩ || **it d.s** ווי ווער; ווי וואָס; ווי ווען; ווי ווו; ווי אַ מאָל; ווי בײַ איינעם ⊣ **d. upon** (for) ⟨אָנ|קומ|ען צו ⟨נאָך

dependable פֿאַרלאָזלעך, באַגלײי'בט, ראַ-מאָ'ס- ⊣ (authoritative) יע'ל, סאָלי'ד ⊣ **d. person** *also* (—) דער לײַט ⊣ גיביק

dependence די אָ'פּהענגיקייט ⟨פֿון⟩, די אָ'נגע-ווינקייט ⟨אויף⟩

dependent 1. *adj.* אָ'פּהענגיק ⟨אין⟩, אָ'נגע-וויז'ן ⟨אויף⟩ ⊣ **2.** *n.* דער אָ'פּהענגיק|ער געב (אין חיונה) [KhIYUNE], דער שפּײַזלינג (ען)

depending (on) געווע'נדט ⟨אין⟩, ווי נאָך ⟨ד⟩

depict אויס|מאָל|ן, •שי'לדער|ן

deplete אויס|שעפּ|ן

deplorable צום באַקלאָגן; באַדויערלעך, באַ-קלאָגלעך

deplore באַדוי'ער|ן

deploy צעוויקל|ען, צעשטעל|ן

deployment דאָס צעשטעלן; דער פֿונאַ'נדער-שטעל (ן)

deport דעפּאָרטיר|ן

deportation די דעפּאָרטירונג (ען)

depose (authority) אַראָפּ|זעצ|ן || (from Jew. communal office) מעבֿיר זײַן* [MAYVER]

deposit 1. *n.* (depositing) די אײַ'נצאָלונג (ען) ⊣ (money being deposited) דער אײַנצאָל (ן) ⊣ (money held) דער פּקדון (ס) [PIKODN] ⊣ (down payment) דער אַדרויף (ן) ⊣ (mineral) דאָס געלעגער (ס), די לאַ'גערונג (ען), דער פּלאַסט (ן) || **2.** *v.* (put down) אַוועק|לייג|ן || (money) אײַנ|צאָל|ן, -|לייג|ן, דעפּאָניר|ן

depositor דער אײַ'נצאָלער (ס)

depot דער מאַגאַזי'ן (ען), דער לאַגער (ן) || (railroad) דער וואָקזאַ'ל (ן)

depraved פֿאַרדאָרב'ן

depravity די פֿאַרדאָ'רבנקייט

depreciation די אָ'פּווערטונג

depress (physically) אַראָפּ|דריק|ן, -|קוועטש|ן, אײַנ|קוועטש|ן ⊣ (mentally) דעפּרימיר|ן, דערשלאָג|ן

depressed *also* פֿאַרקלע'מט, צעקלע'מט, פֿאַרחושכט [FARKhOYShEKhT]

depression (hole) די פֿאַרטיפֿונג (ען), דער אײַנדריק (ן), דער אײַנקוועטש (ן) ⊣ (economic) די דעפּרע'סיע (ס) ⊣ (mental) *also* די מרה־שחורה (—ות) [MORESHKhOYRE]

deprivation דאָס אָ'פּקומעניש (ן) || **d. of liberty** דער פֿרײַ'הייט־אָפּנעם

deprive צו|נעמ|ען ⟨בײַ⟩ || don't d. me of the honor נעם בײַ מיר ניט צו דעם [KOVED] כּבֿוד

depth די טיף, די טיפֿקייט, דאָס טי'פֿניש (ן) || **in d.** אין דער טיף

depth charge די טי'פֿבאָמבע (ס)

deputy 1. *adj.* וויצע..., אונטער.. || 2. *n.* דער פֿאַרטרעטער (ס), דער דעפּוטאַ'ט (ן)

derail אַראָפּ|לאָז|ן (פֿון די רעלסן)

derailment די אַראָפּרעלסונג (ען)

deranged (mentally) געריי'רט (פֿון זינען)

derelict (ship) [HE'FKER] די הפֿקר־שיף (ן) || (man) דער הפֿקר־מענטש (ן)

deride חוזק מאַכ|ן [ ], אָפּ|שפּעט|ן, ־לאַכ|ן —פֿון; אויס|לאַכ|ן

derision דער חוזק [KhOYZEK], דאָס געשפּע'ט

derivation דער אָפּשטאַם; דער ייִחוס [YIKhES] || (grammar) די דעריוווירונג (ען)

derivative 1. *adj.* דעריוואַטי'וו || 2. *n.* דער דעריוואַ'ט (ן), דער אויסוווּקס (ן)

derive אַרויס|פֿיר|ן, ־דרינג|ען; אַרויס|קריג|ן, שעפּ|ן ⊣ (grammar) דעריוויר|ן

derived: be d. שטאַמ|ען, וואַקס|ן, נעמ|ען זיך ⟨—פֿון⟩

derma די קישקע (ס)

derogation דאָס גנאַי־וואָרט (...ווערטער), מצ גנאַי־רייד

derogatory אומכּבֿודיק [U'MKOVEDIK], זילזולדיק [ZI'LZLDIK], מי'נערדיק, גנאַייִק

derrick דער (דע'ריק)קראַן (ען)

desalinate דעסאַליניר|ן

descend אַראָפּ|גיי|ן*, ־לאָז|ן זיך, ־ני'דער|ן

descendant דער אָ'פּשטאַמלינג (ען), דאָס איי'ניקל (עך) ⊣ (*pl.*) *also* מצ קינדסקינדער

descended: be d. (אָפּ|)שטאַמ|ען ⟨—פֿון⟩

descent דער אַראָפּגאַנג (ען), דער אַראָפּפֿאָר (ן), דער אַראָפּלאָז (ן) ⊣ (ancestry) דער אָפּשטאַם ⊣ (pedigree) דער ייִחוס [YIKhES]

describe באַשרײַב|ן, אויס|מאָל|ן, אָפּ|משל|ען [MOShL]

description די באַשרײַבונג (ען), די שי'לדערונג (ען)

descriptive באַשרײַ'ב(נד)יק || **be d. of** באַשרײַב|ן

desecrate פֿאַרשוועכ|ן, פֿאַראו'מווערדיק|ן

desert 1. *n.* די מידבר (יות) [MIDBER—MIDBORYES] ⊣ 2. *vt.* פֿאַרלאָז|ן || *vi.* (army) דעזערטיר|ן

deserted פֿאַרלאָז'ן, וויסט || **d. wife** די עגונה (—ות) [AGUNE]

deserter דער דעזערטי'ר (ן)

desertion די אוועק'קוואַרפֿונג (ען), די הפֿקר־לאָזונג (ען) [HE'FKER] ⊣ (military) די דעזערטירונג (ען)

deserve פֿאַרדינ|ען, זײַן* ווערט || (*rev. con.*) קומ|ען ד ⊣ he deserves the prize דער פּריז קומט אים

design 1. *n.* (plan) דער פּראָיע'קט (ן), דער פּלאַן (פּלענער), די כּוונה (—ות) [KAVONE] || (pattern) דער מוסטער (ן), דער דעסן (ס), דער פֿאַרקלע'ר (ן) ⊣ (drawing) די ציי'כענונג (ען) || (model) דער מאָדע'ל (ן) ⊣ **have d.s** (upon) שאַרפֿ|ן זיך די ציינער ⟨אויף⟩ ⊣ 2. *v.* אָנ|ציי'כענ|ען, אויס|פּלאַ'נע|ווען, ־רעכענ|ען, פֿאַרקלער|ן

designate (appoint) באַשטימ|ען || (signify) באַציי'כענ|ען || (name) באַנאָ'מענ|ען

designation די באַשטימונג (ען); די באַציי'כענונג (ען), דער אָנרוף (ן)

desirable געוווּנטש'ן, אָ'נגעלייגט; גלוסטיק || **be highly d.** *also* בעט|ן זיך

desire 1. *n.* דער פֿאַרלאַ'נג (ען), דאָס ווע'לעניש (ן), די ווילונג (ען), דער באַגע'ר (ן), די גלוסטונג (ען); דער חשק [KhEYShEK], דער רצון [ROTSN], דער גלוסט ⊣ **sensual d.** דער יצר־הרע [YEYTSER-HO'RE] ⊣ **get a d. for** (*rev. con.*) פֿאַרגלוסט|ן זיך, פֿאַרוועל|ן* זיך ד— ⊣ 2. *v.* באַגער|ן, פֿאַרלאַנג|ען, וועל|ן* האָבן, גלוסט|ן ⟨נאָך⟩

desist (from) אָפּ|לאָז|ן ⟨א⟩

desk דער שרײַבטיש (ן)

desolate *adj.* פֿאַרלאָז'ן, וויסט, עלנט || **d. mood** (*Jew.*) *also* תּישעה־באָבֿ [TI'ShE-BOV]

desolation די וויסטקייט, די עלנט

despair 1. *n.* דער יִיאוש [YIESh], די פֿאַר־צווייפֿלונג ⊣ 2. *v.* ⟨ווענגן⟩ זײַן* אין יִיאוש

despairing פֿאַרייִאושט [ ], אָ'פּהענטיק

desperate פֿאַרצווייפֿלט || **be d.** *also* קריכ|ן אויף גלײַכע ווענט

desperation דער יִיאוש [ ], די פֿאַרצווייפֿלונג

despicable מנוּוולדיק [ ], ניבֿזהדיק [ ] || **d. person** דער מנוּוול (ים) [MENUVL—MENUVOLIM], דער ניבֿזה (ים) [NIVZE—NIVZIM]

despise פֿײַנט האָב|ן*; קוק|ן מיט מיגל/ביטול [BITL] אויף ⊣ **be d.d** (by) *also* (*rev. con.*) זײַן* נימאס ⟨ד⟩ [NIMES]

despite ניט געקוּ'קט אויף, ניט קוּ'קנדיק אויף

despondent געפֿאַל'ן בײַ זיך, פֿאַראומערט, פֿאַרצאָ'גט ⊣ **be d.** *also* אָפּ|לאָז|ן זיך

despot דער דעספּאָ'ט (ן)

despotic דעספּאָטיש

dessert דער דעסע'רט (ן), דאָס פֿאַרבײַסן (ס), דער קאָמפּאָ'ט ⊣ **fruit d.** דאָס נאָ'כגעריכט (ן) (ן)

destination דער (פֿאָר־, פֿלי)ציל (ן), דער וווהי'ן (ען), די באַשטימונג (ען)

destine באַשטימ|ען

destined (by fate) באַשע'רט

destiny דער גורל (ות) [GOYRL—GOYROLES]

destitute אָרעם, פֿאַראָרעמט || **utterly d.** בדיל־הדל [BEDILADA'L] ⊣ **be d.** *also* ניט האָב|ן* קיין העמד אויפֿן לײַב ⊣ **become d.** *also* בלײַב|ן אין איין העמד

destroy צעשטע'ר|ן, חרובֿ מאַכ|ן [KhOREV], פֿאַרטי'ליק|ן, מאַכן צו גאָרניט

destroyer (ship) דער דעסטרויער (ס)

destruction דער חורבן [KhURBM], די צעשטערונג, די פֿאַרטי'ליקונג, דער תּל [TEL]

destructive צעשטע'רעריש, שעדלעך || **d. force** *also* דער תּל־כּוח [TE'LKOYEKh]

detach אָפּ|טייל|ן, ־|טשעפּע|ן, ־|שייד|ן, ־|קניפּ|ן; אויס|שייל|ן

detachment (squad) דער אָפּטייל (ן) || (aloofness) דער גלײַכגילט, די קילקייט

detail 1. *n.* דער פּרט (ים) [PRAT—PROTIM], דער דעטאַ'ל (ן), די פּי'טשעווקע (ס) ⊣ **in d.** פּרטימדיק [ ], בפֿרוטרוט [BIFROYTRET] || **in great d.** מיט אַלע פּי'טשעווקעס || 2. *v.* דעטאַליר|ן, צעפּרטלע|ן [TSEPRATLEN]

detailed פּרטימדיק [PRO'TIMDIK]

detain פֿאַרהאַלט|ן

detect דערפֿיל|ן, אָפּ|שפּיר|ן || (intuitively) *also* דערשנאַפּ|ן || (by sight) דערזע|ן* ⊣ (by ear) דערהער|ן || (by smell) דערשמעק|ן, דערשנאַפּ|ן || (by touch) דערטאַפּ|ן

detection דער אָפּשפּיר

detective דער דעטעקטי'וו (ן)

detention די פֿאַרהאַלטונג, דער אַרע'סט

deter אָפּ|שרעק|ן, ־|האַלט|ן

detergent דאָס לויגוואַרג

deteriorate פֿאַרע'רגער|ן זיך

deterioration די פֿאַרע'רגערונג

determination די פֿעסטקייט, די •אַנטשלאָ'סנקייט ⊢ (decision) די באַשטימונג (ען)

determine *vt.* באַשטימ|ען, פֿעסט|שטעל|ן || *vi.* באַשליס|ן בײַ זיך

determined פֿעסט, •אַנטשלאָס'ן, צי'לוויסיק

deterrent דער אָפּשרעק (ן), דער אָפּהאַלט (ן)

detest פֿײַנט האָב|ן* (בתּכלית־השינאה [BE-TAKhLES-HASI'NE])

detestable מבֿוזהדיק [MEVU'ZEDIK], ניבֿזהדיק [NI'VZEDIK]

detour 1. *n.* דער אָ'נלייגוועג (ן) || 2. *vt.* שיק|ן מיט אַן אָ'נלייגוועג, דעטוריר|ן ⊣ *vi.* פֿאָר|ן מיט אַן אָ'נלייגוועג, דעטוריר|ן זיך; אָנ|לייג|ן וועג

detract (from) מי'נער|ן ⟨א⟩

detriment די רעה (—ות) [ROE], דער שטער (ן), דער שאָדן (ס) ⊣ **to the d. of** ד לרעה [LEROE]

detrimental שעדלעך || **d. to** ד לרעה [ ]

Deuteronomy דבֿרים [DVORIM]

devastate •פֿאַרוויסט|ן, מחריבֿ זײַן* [MAKh-REV]

devastation די •פֿאַרוויסטונג, דער חורבן [KhURBM]

develop *vt/vi* פֿונאַנדער|בוי|ען (זיך), אַנט־וויקל|ען (זיך) ⊣ (photographs) *vt.* *also* אַרויס|רופֿ|ן

developer דער פֿונאַ'נדערבויער (ס) || (photographic) דער אַנטוויקלער (ס)

development דער פֿונאַ'נדערבוי; די אַנטוויקלונג (ען)

deviate אָפּ|ווײַכ|ן, -|נייג|ן זיך

deviation דער אָפּווײַך (ן), דער אָפּנייג (ן)

deviationist דער אָ'פּנייגלער (ס)

device דאָס מיטל (ען), די המצאה (—ות) [HAMTSOE]

devil דער טײַוול (טײַוואָלים), דער רוח (ות) [RUEKh—RUKhES], דער שד (ים) [ShED—ShEYDIM] ⊣ **the D.** דער שׂטן [SOTN], דער שוואַרץ־יאָ'ר, דער גוט|ער־יאָ'ר געב, דער ס״ם [SAM; SAMEKh-ME'M], סמאל [SAMOEL], די סיטרא־אַחרא [SITRE-A'KhRE] ⊣ **the d.!** *int.* צו אַלדע (שוואַרצע) רוחות! צום טײַוול! ⊣ **d. take him!** אַ רוח אין אים! כאַפּט אים דער וואַ'טן־מאַכער!

devilish טײַוולאָניש, טײַוולש, רוחיש

devious אָ'פּגענייגט; אַרו'מוועגיק

devise אויס|טראַכט|ן, -|קלער|ן, -|געפֿינ|ען, צו|טראַכט|ן, אויס|קאָמביניר|ן

devoid of אָן, אָן שום, פֿרײַ פֿון ־ד

devolve upon צו|פֿאַל|ן ד, אָנ|קומ|ען צו

devote איבער|-, אָפּ|געב|ן* || **d. oneself to** אָפּ|געב|ן* זיך ד; עוסק זײַן* זיך מיט [OYSEK]

devoted אי'בערגעגעבן, געטרײַ', הייס

devotion (to) די אי'בערגעגעבנקייט, די גע־טרײַשאַפֿט ⊣ (absorption) די הייסקייט, די כּוונה [KAVONE] ⊣ **great d.** (to a cause) דאָס מסירת־נפֿש [MESIRES-NE'FESh]

devour *v/imp* פֿרעס|ן, שלינג|ען || *pf.* אויפֿ|פֿרעס|ן, פֿאַרשלינג|ען, אײַנ|שלינג|ען, פֿאַרצער|ן, פֿאַרצוק|ן

devout פֿרום || (overly) פֿאַרפֿרו'מט

dew דער טוי, די ראָסע

dewy טויִיק

dexterity די בריהשאַפֿט [ ], די פֿלינקייט, דאָס מהירות [MEHIRES]

dexterous בריהש [BERYESh], פֿלינק

diabetes די צו'קערקרענק, דער צוקער, דער דיאַבע'ט [DI]

diabetic 1. *adj.* צו'קערקראַנק || 2. *n.* דער צו'קערקראַנק|ער געב

diabolical טײַוולאָניש, רוחיש

diagnose דיאַגנאָזיר|ן, שטעל|ן דעם דיאַגנאָ'ז [DI]

diagnosis דער דיאַגנאָ'ז (ן) [DI]

diagonal 1. *adj.* דיאַגאָנאַ'ל || 2. *n.* דער דיאַ־גאָנאַ'ל (ן) [DI], דער אַלכסון (ס) [ALAKhSN]

diagonally *also* באַלכסון [BALAKhSN]

diagram דאָס געמע'ל (ן)

dial 1. *n.* דער צי'פֿערבלאַט (...בלעטער) || (telephone) דאָס רעדל (עך) || **d. tone** דער רע'דלטאָן ⊣ 2. *v.* (telephone) רעד־ל|ען, (אָנ)דריי|ען (דעם נומער)

dialect דער דיאַלע'קט (ן) [DI] || **local (sub)d.** דאָס רע'דעניש (ן)

dialectal דיאַלעקטיש [DI]

dialectics די דיאַלעקטיק [DI]

dialogue דער דיאַלאָ'ג (ן) [DI]

diameter דער דיאַמעטער (ס) [DI]

diamond דער באַרליאַ'נט (ן), דער בריליאַ'נט (ן), דער דימענט (ן) ⊣ (lozenge) דער ראָמב (ן) ⊣ (cards) דער לעקעך (ן)

diaper 1. *n.* דאָס ווינדל (עך), דאָס ווי'קעלע (ך) || 2. *v/pf* איבער|וויקל|ען

diaphragm די דיאַפֿראַגמע (ס) [DI]

diarrhea דער שילשול [ShILShL], דער לויז|ער מאָגן

diary דאָס טאָגבוך (...ביכער)

diaspora דאָס גלות [GOLES]; די צעשפּרייטונג, תּפֿוצות מצ [TFUTSES]

diatribe דער גידוף (ים) [GIDEF—GIDUFIM], דאָס מענה־לשון [MA'YNELOShN]

dibbuk דער דיבוק (ים) [DIBEK—DIBUKIM]

dice (*pl.*) וועריפֿל, טאָ'פּלשטיינער מצ—

dichotomy די דיכאָטאָמיע (ס), די צעצווייונג (ען)

dictate דיקטיר|ן || **d. to** (give orders) *also* זאָג|ן ד דעות [DEYES]

dictation דער דיקטאַ'ט (ן)

dictator דער דיקטאַטאָר (...אָ'רן)

dictatorship די דיקטאַטו'ר (ן)

dictionary דאָס ווע'רטערבוך (...ביכער)

die[1] *v.* שטאַרב|ן, אויס|גיי|ן*, ניפֿטר ווער|ן [NIFTER] ⊣ (saint: *Jew.*) נסתּלק ווער|ן [NISTALEK] ⊣ (animals) פּגר|ן [PEY-

GER] ⊣ **d. an easy death** שטאַרב|ן מיט אומ|- ⊣ **d. a violent death** אַ גרינגן טויט קומ|ען, °איינ|נעמ|ען אַ מיתה־משונה [MISE-MESHU'NE] ⊣ **be dying for** שטאַרב|ן, חלש|ן° —נאָך [KHALESh] ⊣ **d. down** אָפּ|שטאַרב|ן; איינ|שטיל|ן זיך ⊣ **d. out** אויס|שטאַרב|ן

die[2] *n.* (ן) דער שטאַמפּ || (dice) דער ווערפֿל (—), דער טאָ'פּלשטיין (ער)

Diesel (ען) דער דיזל

diet 1. *n.* [DI] (ס) די דיעטע || 2. *v.* האַלט|ן דיעטע

dietary ...דיע'ט || **d. laws** (*Jew.*) דאָס כשרות [KAShRES], דיני־כשרות מצ [DINE-]

dietetic דיע'ט..., דיעטעטיש

differ אונטער|שייד|ן זיך, זײַן* אַנדערש ⟨מיט ...⟩ ⊣ (opinion) זײַן* מחולק [MEKhU-LEK], פֿונאַנדער|גיי|ן* זיך ⟨—מיט⟩ ⟨פֿון⟩

difference [KhILEK—KhI-LUKIM] דער חילוק (ים), דער או'נטערשייד (ן), די נפֿקא־מינה (—ות) [NA'FKEMINE]; די דיפֿערע'נץ (ן) || **d. of opinion** דאָס חילוקי־דעות [KhILUKE-DE'YES], די פּלוגתא (—ות) [PLUKTE]

different אַנדער*; פֿאַרשיי'דענע מצ ; אַנדערש אַפּ

differentiate אונטער|שייד|ן, פֿונאַנדער|שייד|ן, דיפֿערענציר|ן, מבֿחין זײַן* [MAF-KhN]

differentiation די אונטערשיידונג (ען), די דיפֿערענצירונג (ען)

difficult שווער; האַרב || (to understand) *also* קרײַטיש, קשה אַפּ [KOShE] || **extremely d.** *also* ווי קריעת־ים־סוף [KRI-ES-YA'MSUF] ⊣ **too d.** איבער די כּוחות [KOYKhES] ⊣ **be d.** ⟨ד⟩ אָנ|קומ|ען שווער || the work is d. for me די אַרבעט קומט מיר אָן שווער

difficulty די שווע'ר(י)קייט (ן), די מניעה (—ות) [MENIE] ⊣ **with great d.** מיט° גרינע ווערעם

diffuse 1. *adj.* צעשווומען, מטושטש [ME-TUShTESh] ⊣ 2. *v.* פֿאַרשפּרייט|ן, צעגיס|ן

diffusion די פֿאַרשפּרייטונג, די צעשפּרייטונג; די אויסשטראַלונג, די צעגיסונג, די צעפֿלייצונג

dig 1. *n.* (sarcasm) דער שטאָך (שטעך) || 2. *v. imp/pf* (אויס|)גראָב|ן

digest 1. *n.* [KITSER—KITSURIM] דער קיצור (ים) ⊣ 2. *v.* פֿאַרדײַ|ען

digestion די פֿאַרדײַונג

digit דער ציפֿער (—)

dignified גערהויב׳ן, ווערדיק, בכּבֿודיק [BE-KO'VEDIK], סטאַטעטשנע

dignitary דער שׂר (ים) [SAR—SORIM], דער חשובֿ (ים) [KhOShEV—KhShUVIM], דער מכובד (ים) [MEKhUBED—MEKhUBODIM]

dignity דאָס חשיבֿות [KhShIVES], די ווערדע, דער כּבֿוד [KOVED] ⊣ (*hum.*) דער האָ-נער ⊣ **be beneath the d. of** ניט אָנ|שטיי|ן* ד

digress אָפּ|טרעט|ן (פֿון דער טעמע); פֿאַר-פֿאַרפֿאָר|ן אין בוי'-בעריק ⊣ (*hum.*) רעד|ן זיך

digression די אָ'פּטרעטונג (ען); דער אָנאַזײַ'ט (ן)

dike די דאַמבע (ס)

dilapidated צעפֿאַל׳ן, צעטאָטשעט || **d. structure** די מפּולת (ן) [MAPOYLES]

dilemma די קלעם; די דילעמע (ס)

diligence דער פֿלײַס, די התמדה [HASMODE]

diligent פֿלײַסיק || **d. person** דער מתמיד (ים) [MASMED—MASMIDIM]

dill דער קראָפּ

dilly-dally מאַרודיע|ן, היַע|ן זיך, באַלע-מוטשע|ן, מאַכ|ן שהיות [ShIES]

dilute צעפֿיר|ן, פֿאַרוואַ'סער|ן

diluted: d. beyond recognition *also* [BOTL-BEShI'ShIM] בטל־בששים

dim 1. *adj.* פֿי'נצטערלעך, נע'פּלדיק, אומ-קלאָר ⊣ **take a d. view of** קוק|ן קרום אויף ⊣ 2. *v.* אָפּ|טונקל|ען

dime דאָס צע'נעלע (ך), דער •דײַם (ען) אַמער || **d. novel** דער שו'נדראָמאַן (ען) || **be a d. a dozen** וואַ'לגער|ן זיך אין די גאַסן

dimension די אוי'סמעסטונג (ען), דאָס גע-מע'סט (ן)

diminish *imp/pf* (פֿאַר)מי'נער|ן

diminutive *n.* דער דימינוטי'וו (ן)

dimple דאָס חן־גריבעלע (ך) [KhE'YN]

din *n.* דער ליאַרעם, דער האַרמידער, דאָס גע־פּילדער, דער הוק, דאָס גערימפּל

dine עס|ן וואַרמעס || **d. on** עס|ן * צו וואַרמעס

ding-dong בים־באַם, קלינג־קלאַנג

dingy הקדשדיק [HE'GDEShDIK], אָ'פּגע־לאָזן

dining car דער וואַגאָ'ן־רעסטאָראַ'ן (ען)

dining room דער ע'סצימער (ן)

dining table דער עסטיש (ן)

dinner (main meal) דאָס אָ'נבײַסן (ס), דאָס וואַרמעס (ן) ⊣ (midday) *also* דער מיטאָג (ן)

dinosaur דער דינאָזאַווער (ס)

diocese די בי'סקופּשאַפֿט (ן), דער דיאָצע'ז (ן) [DI]

dip 1. *n.* דער טונק (ען), דער טוק (ן) || (depression) די פֿאַרטיפֿונג (ען), דער אײַנקוועטש (ן) ⊣ 2. *vt/imp* טונק|ען, טוק|ן || *pf.* אײַנ|־טונק|ען, ־|טוק|ן ⊣ (bend) פֿאַרנייג|ן || *vi.* (one's hand into) פֿאַרפֿאָר|ן מיט דער האַנט אין ⊣ **d. in** אַ שעפּ טאָ|ן*

diphtheria דער דיפֿטערי'ט

diphthong דער דיפֿטאָ'נג (ען)

diploma דער דיפּלאָ'ם (ען), דער אַטעסטאַ'ט (ן)

diplomacy די דיפּלאָמאַ'טיע (ס)

diplomat דער דיפּלאָמאַ'ט (ן)

diplomatic דיפּלאָמאַטיש

dipper דער קאָ'כלעפֿל (—), דאָס קענדל (עך) || **the Big D.** דער גרויס|ער בער

dire גרויליק, ביטער; עקסטט*

direct 1. *adj.* דירע'קט, גלײַך; או'מפֿאַר־מי'טלט ⊣ 2. *v.* (conduct) אָנ|פֿיר|ן ⟨מיט⟩ || (order) הייס|ן, פֿאַרזאָג|ן ⟨—ד⟩ || (show direction) ווײַז|ן ד דעם וועג || (glances etc.) ווענד|ן, ציל|ן || (play etc.) רעזשי־סיר|ן ⊣ *cf.* **steer**

direction (compass) די זײַט (ן), די ריכטונג (ען) ⊣ (management) די אָ'נפֿירונג (ען) || (theater) די רעזשי' || (instruction) די אינסטרוקציע (ס)

directly *also* גלײַך, תּיכּף(־ומיד) [TEYKEF (-UMIYA'D)], גלײַך וועגס

director דער דירעקטאָר (...אָ'רן) || (theater) דער רעזשיסאָ'ר (ן)

directory דאָס אַדרע'סן־בוך (־ביכער)

dirge דאָס קלאָגליד (ער) || (*Jew.*) די קינה (—ות) [KINE]

dirigible דער דיריזשאַבל (ען), דער צעפּעלי'ן (ען)

dirt דאָס שמוץ, די בלאָטע || (soil) די ערד || **d. road** דער שליאַך (ן), דער גרונטוועג (ן) || **d.-cheap** שפּאָט ביליק; ביליק ווי באָרשט; בחצי־חינם [BEKhOTSEKhINEM]

dirty 1. *adj.* שמוציק, קויטיק, ברודיק || (obscene) גראָב, מיאוס [MIES] || 2. *v.* *see* **soil**

disabled פֿאַרקריפּלט || **d. person** דער אינוואַלי'ד (ן)

disadvantage דער חסרון (ים) [KhISORN—KhESROYNIM]; דער שטער (ן), דער מינוס (ן)

disagree ניט מסכּים זײַן* [MASKEM], זײַן* מחולק [MEKhULEK], פֿונאַנדער|גיי|ן* זיך ⟨—מיט⟩

disagreeable או'מאײַ'נגענעם, פּריקרע, אומ־ליב, או'מסימפּאַ'טיש

disagreement דער אומהסכּם [U'MHESKEM]; דאָס חילוקי־דעות (ן) [KhILUKE-DE'YES], די פּלוגתּא (—ות) [PLUKTE]

disappear פֿאַרשוווּנדן ווער|ן, נעלם ווער|ן, ניט ווער|ן, פֿאַרפֿאַלן ווער|ן, אַוועק|קומ|ען, אַנטרינ|ען, אַנטרונען ווער|ן

disappearance דאָס נעלם ווערן, די פֿאַר־שווינדונג

disappoint אָפּ|נאַר|ן, אַנטויש|ן, מיאש זײַן* [MEYAESh]

disappointed אָ'פּגענאַרט, אַנטוי'שט, גע־נאַ'רט ⊣ **be d.** *also* מיאש זײַן* זיך, (אָפּ|)־נאַר|ן זיך, גענאַר|ן זיך ⟨—אין⟩

disappointing *also* °ניט דאָס

disappointment די אַנטוישונג (ען); דער ייִאוש [YIESh], דאָס גענאַ'ר, די אָ'פּגענאַרטקייט

disapproval די פֿאַרבראַקירונג, דער אומהסכּם [U'MHESKEM], די דיסאַפּראָבאַציע

disapprove of ניט האַלט|ן פֿון; פֿאַר־בראַקיר|ן, אָפּ|וואַרפֿ|ן, דיסאַפּראָביר|ן

disarm אָפּ|וואָפֿענ|ען, •אַנטוואָ'פֿענ|ען

disarmament די אָ'פּוואָפּענונג, די אַנט־וואָ'פּענונג

disaster דאָס אומגליק (ן), די קאַטאַסטראָפֿע (ס), די אַוואַריע (ס), דער בראָך (ן)

disastrous קאַטאַסטראָפֿאַ'ל

disavow לייקענ|ען, דעזאַווויִר|ן

disband *vt.* פֿונאַנדער|לאָז|ן || *vi.* פֿונאַנדער|גיי|ן* זיך

disburse אויס|צאָל|ן

disbursement די אוי'סצאָלונג (ען); דער אויס־צאָל (ן)

disc *see* **disk**

discard אַוועק|וואַרפֿ|ן, מפֿקיר זײַן* [MAF-KER]

discern באַמערק|ן, דערזע|ן*

discharge 1. *n.* דער אויסגאָס (ן); דער שאָס (ן); די באַפֿרײַונג (ען); דער אָפּזאָג (ן) ⊣ 2. *vt.* (employee) אָפּ|זאָג|ן || (inmate) באַ־פֿרײַ|ען, אויס|שרײַב|ן ⊣ (duties) אויס־פֿיר|ן ⊣ (gun) אויס|שיס|ן פֿון || *cf.* **secrete; secretion**

disciple דער תּלמיד (ים) [TALMED—TAL-MIDIM]

discipline 1. *n.* די דיסציפּלי'ן (ען) || 2. *v.* דיסציפּליניר|ן ⊣ (punish) באַשטראָפֿ|ן

disclaim (פֿאַר)לייקענ|ען

disclose אַנטפּלעק|ן, אויס|זאָג|ן, מגלה זײַן* [MEGALE] ⊣ **d. the name** (of) פּורש־בשמו זײַן* ‹א› [POYRESh-BIShMO'Y]

disclosure די אַנטפּלעקונג (ען); די רעוועלאַ־ציע (ס)

discomfort די או'מבאַקווע'מקייט (ן)

disconnect אויס|שליס|ן, איבער|רײַס|ן, אָפּ|בינד|ן

discontent די או'מצופֿרידנקייט

discontented או'מצופֿרידן

discontinue אָפּ|שטעל|ן

discontinuous אי'בעררײַסיק

discord דאָס אומאַחדות [U'MAKhDES], דאָס קריגערײַ' ⊣ (music) די דיסהאַרמאָ'ניע, דער דיסאָנאַ'נס (ן)

discothèque די דיסקאָטע'ק (ן)

discount 1. *n.* די הנחה (—ות) [HANOKhE], דער ראַבאַ'ט ⊣ **at a d.** מיט אַ הנחה || **d. store** די ראַבאַטקראָם (ען) || 2. *v.* דיסקאָנטיר|ן

discourage (from) אַנטמו'טיק|ן, אָפּ|מו'טיק|ן, אָפּ|רעד|ן ‹א פֿון›; אָפּ|שלאָג|ן ד דעם חשק ‹צו› [KhEYShEK]; לייג|ן שטיינער אויפֿן האַרצן, שווער מאַכ|ן דאָס האַרץ ‹ד—›

discouraged *also* אָ'פּהענטיק

discourse די אָ'פּהאַנדלונג (ען); רייד מצ

discover *vt.* אויפֿ|דעק|ן, אַנטדעק|ן || *vi.* געוווי'ר ווער|ן, כאַפּ|ן זיך

discovery די אוי'פֿדעקונג (ען), די אַנטדעקונג (ען)

discredit דיסקרעדיטיר|ן, קאָמפּראָמעטיר|ן, מבֿטל מאַכ|ן [MEVATL]

discreet דיסקרע'ט

discrepancy די ניט־אוי'סגעשטימטקייט, די סתּירה (—ות) [STIRE]

discrete ציי'ל(עוו)יק; אָ'פּגעזונדערט

discretion דאָס אײַנזען; דער שׂכל־הישר [SEY-KhL-HAYO'ShER] ⊣ **at his d.** נאָך זײַן אײַנזען

discriminate *vt.* מבֿחין זײַן* [MAFKhN] || *vi.* (against) דיסקרימיניר|ן ‹קעגן›

discrimination דער אי'בערקלײַב; די דיס־קרימינירונג (ען); די דיסקרימינאַציע

discuss דיסקוטיר|ן, אַרומ|רעד|ן

discussant דער דיסקוטאַ'נט (ן)

discussion די דיסקו'סיע (ס), די שקלא־וטריא [ShAKLE-VETA'RYE] (ס) ⊣ (d. of) *also* דער אַרומרעד (ן) ‹פֿון› || (d. with) דער אי'בערשמועס ‹מיט›

disease די קראַנקייט (ן), דאָס חלאת (ן) [KhALA'S], די קרענק (ען)

disentangle אויס|־, אויפֿ|פּלאָ'נטער|ן

disfavor דער אומחן [U'MKhEYN], דער אום־חסד [U'MKhESED], די רעה (—ות) [ROE]

disgrace 1. *n.* דער בזיון [BIZOYEN], די קאָמפּראָמעטאַציע (ס), דער אומכּבֿוד [U'M-KOVED], דער בלאַמאַ'זש ⊣ 2. *v.* מבֿייש זײַן* [MEVAYESh], פֿאַרשעמ|ען, קאָמפּראָמעטיר|ן || **d. oneself** בלאַמיר|ן זיך

disgraced: be d. *also* ווער|ן צו שאַנד און צו שפּאָט

disgraceful שענדלעך

disgruntled או'מצופֿריד'ן, אָ'נגעברוגזט [O'NGEBROYGEST]

disguise 1. *n.* די פֿאַרשטעלונג (ען) ‖ **in d.** פֿאַרשטעלט ⊣ 2. *v.* פֿאַרשטעל|ן(ערהיי'ט) ⟨פֿאַר⟩; פֿאַרמאַסקיר|ן

disgust 1. *n.* דער •עקל, דער מיגל ‖ 2. *v.* •עקל|ען, מיגל|ען ⟨—ד⟩; האַדיע|ן

disgusted: be d. מיאוס|ן זיך [MIES], מיגל|ען (*rev. con.*) ⊣ ברידזע|ן זיך ⟨פֿאַר⟩ ⊣ **I am d. by this dirt** אומפּ ⟨ד פֿון⟩ עס מיגלט מיר פֿון דעם שמוץ

disgusting מאָוס אַפּ [MOES], מיאוס־ומאָוס אַפּ [MIES-U], חלשותדיק [KhALO'ShESDIK], נימאס אַפּ [NIMES], מי'גלדיק, האַדקע

dish (container) די כּלי (ם) [KEYLE—KEYLIM]; (*pl.*) *also* די שיסל (ען) ⊣ דאָס געפֿע'ס קאָל ⊣ (course) דאָס מאכל (ים) [MAYKhL—MAYKhOLIM]

dishevel צעפּאַטל|ען

disheveled (hair) צעפּאַטלט, צעשויבערט ‖ (shirt) צעכראַסטעט

dishonest או'מע'רלעך, או'מאָ'רנטלעך

dishonesty די או'מע'רלעכקייט

dishonor 1. *n.* דער אומכּבֿוד [U'MKOVED] ‖ 2. *v.* מבֿזה זײַן* [MEVAZE], שענד|ן, פֿאַרשוועכ|ן

dishonorable שענדלעך, מבֿוזהדיק [MEVU'ZEDIK], אומבכּבֿודיק [U'MBEKO'VEDIK]

dishrag די האַ'נטשערקע (ס)

dishwasher דער כּלים־וואַשער (ס) [KE'YLIM]

disillusion *v.* מיאש זײַן* [MEYAESh], צו|נעמ|ען די/אַן אילו'זיע בײַ

disillusionment דאָס פֿאַרלירן די/אַן אילו'זיע [ZY]; די דיסאילוזיאָנירונג ⊣ *cf.* **disappointment**

disinfect דיסאינפֿיציר|ן

disinfectant דאָס דיסאינפֿיצירעכץ (ן)

disinfection די דיסאינפֿעקציע

disinherit מעבֿיר־נחלה זײַן* [MAYVER-NA'KhLE]

disintegrate צעפֿאַל|ן זיך

disintegration דער צעפֿאַ'ל

disinterested אָן אַ פּניה [PNIE], ניט נוגע־בדבֿר [NEGEYE-BEDO'VER]

disjointed צעפֿאָר'ן

disk דער דיסק (ן)

dislike 1. *n.* דער אומחן [UMKhEYN], די אַנטי־פּאַ'טיע (ס) ⟨צו—⟩ ⊣ **take a d. to** ‎פֿאַרוואַר|ן אַן אומחן אויף, פֿײַנט קריג|ן ⊣ 2. *v.* *also* ניט ליב האָב|ן*, ניט האַלט האָב|ן*, פֿײַנט האָב|ן*

dislocation (twist) דער לונק (ען) ‖ (displacement) די דיסלאָקירונג (ען)

dismal •טריב, וויסט, פֿאַראומערט, קלאָ'געדיק

dismay 1. *n.* דער פֿאַרדראָ'סיק|ער/שאָקיר־ט|ער חידוש [KhIDESh]; די אָ'פּהענטיקייט ‖ 2. *v.* אַ ברען טאָ|ן*; אַרײַנ|ברענג|ען אין אַ פֿאַרדראָ'סיקן חידוש; אָ'פּהענטיק מאַכ|ן ⊣ **he is d.ed (that)** ס'איז אים אַ פֿאַרדראָ'ס און אַ חידוש ⟨אַז⟩

dismiss אָפּ|לאָז|ן, ־|פּאַ'רטיק|ן, משלח זײַן* [MEShALEYEKh] ⊣ (fire) אָפּ|זאָג|ן, ⊣ (leave unanswered) ניט לאָז|ן ־|שאַפֿ|ן ⊣ (leave unheeded) אָפּ|־גענטפֿערט ⊣ וואַרפֿ|ן, ניט רע'כענ|ען זיך מיט

dismissal דער אָפּשאַף (ן), דער אָפּזאָג (ן)

dismount אָפּ|זיצ|ן ⟨פֿון⟩

disobey ניט פֿאָלג|ן

disorder די או'מאָרדענונג (ען), דער אומסדר [U'MSEYDER]; ⊣ (illness) די שטערונג (ען) ⊣ **put in d.** *also* צעוואַרפֿ|ן דער פֿעלער (ן)

disorderly צעוואָרפֿ'ן, אומסדרדיק [ ] ‖ **be d.** (place) זײַן* אין אַן או'מאָרדענונג ‖ (people) קאָמאַ'נדעווע|ן ‖ **d. conduct** דער או'מלײַטיש|ער אויפֿפֿיר

disorganized צעפֿאָר'ן, דיסאָרגאַניזי'רט

disown אָפּ|זאָג|ן זיך פֿון, פֿאַרליי'קענ|ען

disparage מבֿטל מאַכ|ן [MEVATL], אַוועק|־מאַכ|ן מיט דער האַנט

disparagement דער ביטול [BITL], דער חילול־הכּבֿוד [KhILEL-HAKO'VED]

disparaging אַראָ'פּרײַסעריש

dispassionate באַזאַ'כט, אומצדדימדיק [U'MTSDO'DIMDIK]

dispatch 1. *n.* (message) די דעפּע'ש (ן) ‖ 2. *v.* אַרויס|שיק|ן, ־|פּראַווע|ן ‖ (goods) *also* אויפֿ|לייג|ן

dispatcher דער דיספּאַטשער (ס)

dispel צעטרײַב|ן

dispensable [LAVDA'FKE] ...לאַוו־דווקא־

dispensary די אַפּטײ'ק (ן), דאָס אַפּטייקל (עך)

dispense (justice) || אויס|טייל|ן, צעגעב|ן* צו|גרייט|ן (לויט אַ (drugs) ⊣ אויס|מעסט|ן ⊣ **d. with** אויס|קומ|ען אָן ⊣ רעצע'פּט)

disperse *vt.* צעיאָג|ן, צעטרײַב|ן, צעשפּרייט|ן, צעגיי'|ן* זיך ⊣ *vi.* צעשטויב|ן

displace פֿאַררוק|ן, פֿאַרשטויס|ן; אַרויס|- שטופּ|ן, -|שפּאַר|ן ⊣ **D.d Person** דער פֿאַר- וואָ'גלט|ער גײב , דער די־פּי' (ס)

display 1. *n.* (exhibit) || דער אַרויס'ווײַז (ן) ⊣ 2. *vt.* (evidence) דער אויסשטעל (ן) || אויס|שטעל|ן ⊣ (exhibit) אַרויס|ווײַז|ן ⊣ **d. case/window** די וויטרינע (ס)

displease ניט געפֿעל|ן ד; מאַכ|ן אַ או'מצו- פֿרידן, אַרויס|רופֿ|ן או'מצופֿרידנקייט בײַ

displeasure די או'מצופֿרידנקייט

disposal (removal) || די באַזײַ'טיקונג (ען) (power) || די דיספּאָזיציע **at the d. of** צו דאָס דיספּאָזיציע, אין פֿאַס רשות [RESHU'S]

dispose (of) פּטור ווער|ן פֿון [POTER], אָפּ|- (sell) ⊣ באַזײַ'טיק|ן; דיספּאָניר|ן מיט זעצ|ן

disposed [NOYTE] (well-, ill-) || נוטה אַפּ אויי'פֿגעלייגט ⊣ **well-d.** *also* געשטי'מט

disposition דאָס געמי'ט (ער), דער טעמפּעראַ- מע'נט (ן), די נאַטו'ר (ן), דער מזג [MEZEG] (ן)

dispossess פֿאַרטרײַב|ן, אַרויס|זעצ|ן

disproportionate או'מפּראָפּאָרציאָנע'ל

disprove אָפּ|פֿרעג|ן

disputation דער דיספּו'ט (ן)

disputatious [NATSKhONISh] נצחניש

dispute 1. *n.* די פּאָלעמיק (עס), דאָס חילוקי־ [KhILUKE-DE'YES] (ן) דעות, די פּלוגתא ⊣ 2. *vt.* [PLUKTE] (—ות) שפּאַר|ן זיך [MISVA- *vi. also* ⊣ וועגן מתווכח זײַן* זיך ⊣ (split hairs) KEYEKh] מפּלפּל זײַן* זיך [MEFALPL]

disregard 1. *n.* **in d. of** || ניט קו'קנדיק אויף 2. *v.* ניט קוק|ן אויף, איגנאָריר|ן

disreputable [U'MKho- פֿאַרנאַ'נט, אומחשוב ShEV]

disrepute **fall into d.** || די שאַנד קריג|ן אַ [ShEMRA] שם־רע

disrespect [U'MDERKhe- דער אומדרך־ארץ RETS]

disrupt (פֿאַר)שטער|ן, צעשטער|ן

dissatisfaction די או'מצופֿרידנקייט

dissatisfied או'מצופֿריד־ן, או'מבאַפֿרידיקט

dissect צעגלי'דער|ן

dissent 1. *n.* || דער ניין (ען), די ניי'נזאָגונג 2. *v.* זײַן* מחולק [MEKhULEK], ניין זאָג|ן

dissenter דער ניי'נזאָגער (ס)

dissertation די דיסערטאַציע (ס); די אָ'פּ- האַנדלונג (ען)

disservice [ROE] די רעה (—ות)

dissociate *vt.* אָפּ|שייד|ן, דיססאָציִיר|ן

dissolute || הולטײַיש **live a d. life** *also* הולטײַ'עווע|ן

dissolution (dismissal) די פֿונאַ'נדערלאָזונג (decay) ⊣ (ען) די צערינונג (ען)

dissolve *vt/vi* צעלאָז|ן, פֿונאַנדער|לאָז|ן, צע- פֿיר|ן, אויפֿ|לייז|ן• (—זיך) ⊣ *vi. also* צע- רינ|ען זיך

dissonance דער דיסאָנאַ'נץ (ן)

dissuade אָפּ|רעד|ן, -|שלאָג|ן

distaff (*fig.*: *Jew.*) [EZRES- דער עזרת־נשים NO'ShIM]

distance דער מהלך (ן) [MEHALEKh], דער אָפּשטאַנד• (ן), די דיסטאַ'נץ; די ווײַטקייט, דער [MERKhEK—MERKhOKIM] (ים) || מרחק **long d.** דער ווײַט|ער מהלך, דער מהלך־רבֿ [MEHALEKh-RA'V] ⊣ **long-d. call** דער ווײַטקלונג (ען) ⊣ **from a d.** פֿון דער ווײַטנ(ס) ⊣ **this is some d.** (*hum.*) פֿאָלג מיך אַ גאַנג! ⊣ **keep one's d.** האַלט|ן דיסטאַ'נץ

distant || ווײַט **d. places** מצ מרחקים [MERKhAKIM] ⊣ **d. relative** (*hum.*) פֿערדס פֿוס פֿאַ'דקעווען אַן איי'ניקל

distaste [U'M- דער דערווידער, דער אומטעם TAM]

distasteful דערווי'דערדיק, דערווידער אַפּ

distil || דיסטיליר|ן **d. liquor** טרײַב|ן בראָנפֿן

distillery די דיסטילעריע (ס)

distinct באַזונדער; קלאָר, בולט [BOYLET], דײַטלעך

distinction (difference) דער חילוק (ים) [KhILEK—KhILUKIM], דער הבֿדל (ים) [HEVDL—HEVDEYLIM] ⊣ (mark) דער אָנזען; די אויסצייכענונג (ען) ⊣ **man of great d.** דער מופֿלג (ים) [MUFLEG—MUFLOGIM] ‖ **achieve d.** עולה־לגדולה זײַן* [OYLE-LIGDU'LE]

distinctive אָ'פּשייד(נד)יק, אוי'סטייליק ‖ **d. feature** *also* דער סימן־מובֿהק (סימנים־מובֿהקים) [SIMEN-MU'VEK—SIMONIM-MUVHO'KIM] ⊣ **be d.** אויס|טייל|ן זיך

distinctly: feel d. *also* פֿיל|ן בחוש [BE-KhU'Sh]

distinguish אויס|טייל|ן, פֿונאַנדער|-, אונטער|שייד|ן

distinguished אָ'נגעזע'ן, חשובֿ [KhOShEV] ‖ **be d.** (by) אויס|טייל|ן זיך ⟨מיט⟩

distort צעדריי|ען, פֿאַרדריי|ען, פֿאַרקרימ|ען

distortion דער פֿאַרקרי'ם (ען), די פֿאַרקרימונג (ען)

distract אָפּ|ווענד|ן פּאָס אויפֿמערק, צעמיש|ן, פֿאַררעד|ן ד די ציינער° ⊣ (from serious purpose) מבֿטל זײַן* [MEVATL]

distraught צעחו'שט, צעטרײַטלט ‖ **be d.** *also* זײַן* ווי ניט קיין הינ|ער; אַרומ|גיי|ן* אָן אַ קאָפּ

distress 1. *n.* די צרה [TSORE]; די נויט ‖ **2.** *v.* מצער זײַן* [METSAER], שווער מאַכ|ן ד דאָס האַרץ

distressed צעקלע'מט ‖ **greatly d.** *also* אָן אַ קאָפּ

distribute פֿאַרטייל|ן, פֿאַרשפּרייט|ן ‖ (hand out) אויס|טייל|ן ‖ (deliver by vehicle) צעפֿיר|ן

distribution די פֿאַרטיילונג (ען), די אויסטיילונג; די (פֿאַר)שפּרייטונג (ען); דער פֿאַרשפּריי'ט (ן)

district דער דיסטרי'קט (ן), דער ראַיאָ'ן (ען)

distrust 1. *n.* דער או'מצוטרוי ‖ **2.** *v.* ניט געטרוי|ען ד

disturb שטער|ן ד, באַאו'מרויִק|ן

disturbance די שטערונג (ען); דאָס גערודער ‖ **d.s** מצ או'מרוען

disturbed (sanity) גערי'רט ‖ **be d.** (about) באַאו'מרויִק|ן זיך (וועגן); זײַן* או'מרויִק ⟨וועגן⟩

disunity דאָס אומאַחדות [U'MAKhDES]

disuse: fall into d. אַרויס|גיי|ן* פֿון באַני'ץ

ditch דער גראָבן (ס), דער ראָוו (ן), דער שאַנץ (ן)

dive 1. *n.* (submersion) די טוקונג (ען) ‖ (swimmer's) די (קאָ'פּ)נורקע (ס), דער קאָ'פּנשפּרונג (ען) ⊣ **2.** *v.* אונטער|טוק|ן זיך, אונטער|טונק|ען זיך ⊣ (swimmer) (אַרײַנ|)שפּרינג|ען דעם קאָפּ פֿאָרוי'ס, מאַכ|ן אַ (קאָ'פּ)נורקע

diver (underwater) דער טונקער (ס) ‖ (jumper) דער נורקער (ס)

diverge צעצווײַג|ן זיך, אָפּ|ווײַכ|ן, פֿונאַנדער|גיי|ן* זיך

divergence דאָס פֿונאַ'נדערגיין זיך; דער אָפּווײַך (ן), די צעגייונג (ען), די דיווערגע'נץ (ן) ‖ **d. of views** דאָס חילוקי־דעות (ן) [KhILUKE-DE'YES]

diverse כּלערלייִק [KOLERLEYIK], אַלערלייִק, פֿי'ל־מיניק, פֿאַרשיי'דן־מיניק, פֿאַרשיי'דנדיק

diversify *vt.* פֿאַרשיי'דנדיקער מאַכ|ן, דיווערסיפֿיציר|ן

diversion דער אָפּווענד (ן), דער אָפּצי (ען), די דיווע'רסיע (ס) ⊣ (entertainment) דער צײַ'טפֿאַרברענג (ען), די פֿאַרווײַלונג (ען)

diversity די פֿי'ל־מיניקייט, די פֿאַרשיי'דנקייט

divert (turn away) אָפּ|ווענד|ן, -|צי|ען ‖ (distract) אָפּ|צי|ען ד דעם אויפֿמערק, פֿאַרשפּיל|ן, פֿאַררעד|ן ד די ציינער ⊣ (amuse) פֿאַרווײַל|ן

divide 1. *n.* דער וואַ'סערשייד (ן) ‖ **2.** *vt/vi imp.* טייל|ן (זיך) ‖ *pf.* צעטייל|ן, אײַנ|טייל|ן (—זיך) ⊣ **d. into bits** *vt/vi* צעפּיצל|ען (זיך) ⊣ **d. among each other** צעטייל|ן זיך מיט

divided: be d. into *also* טייל|ן זיך אויף

dividend דער דיווידע'נד (ן)

divine 1. *adj.* געטלעך, גאָטס ‖ **2.** *v.* טרעפֿ|ן, אָנ|שטויס|ן זיך אויף

diving 1. *adj.* טונק... || d. suit טו'נק-די שפּרינגברעט (ער), **d. board** ⊣ קאָסטיום דאָס טונקערײַ' ⊣ 2. *n.* ⊣ די שפּרי'נגלקע (ס)
divinity די געטלעכקייט || (deity) די גאָט-היית (ן) ⊣ (study) די טעאָלאָגיע
divisible טיי'ל(עווד)יק || **be d.** (by) טייל|ן זיך ⟨אויף⟩
division (part) דער טייל (ן), דער אָפּטייל (ן), דער חלק (ים) [KhEYLEK—KhALOKIM]; די אײַ'נ-טיילונג (ען) ⊣ (dividing) די אײַ'נטיילונג (ען) ⊣ (arith-metic) די טיילונג (ען), די (צע)טיילונג (ען) [KhILEK] דער חילוק || (military) די דיוויזיע (ס)
divisive שפּאַ'לטעריש
divorce 1. *n.* [GET] דער גט (ן) || 2. *v.* גט|ן (זיך מיט); אָפּ|גט|ן ☒
divorcé [GORESh—GRUShIM] דער גרוש (ים)
divorced [GEGE'T] געגט
divorcée [GRUShE] די גרושה (—ות)
divulge [MEGALE] אויס|זאָג|ן, מגלה זײַן*
dizzy שווי'נדלדיק || **be d.** (*rev. con.*) עס שווינדלט ⊣ **I am d.** ⟨ד⟩ אומפּ שווינדל|ען || מיר (דער קאָפּ); דער קאָפּ דרייט זיך מיר **get d.** (*rev. con.*) ⟨ד⟩ אומפּ פֿאַרשווינדל|ען (אין קאָפּ)
do טאָ|ן*, מאַכ|ן || (suffice in quantity) סטײַע|ן, קלעק|ן ⊣ will this bread do? צי וועט דאָס ברויט קלעקן? ⊣ (suffice in quality) טויג|ן* || this won't do דאָס טויג ניט ⊣ (condition) ⟨ד⟩ אומפּ *מאַכ|ן, גיי|ן || he is doing very well עס גייט אים זייער גוט ⊣ how do you do? וואָס מאַכט איר? ⊣ **do away with** פּטור ווער|ן פֿון [POTER] ⊣ **do without** || באַגיי|ן* זיך אָן **have to do with** האָב|ן* צו; האָב|ן* צו טאָן מיט ⊣ it has nothing to do with me ס'האָט גאָרניט צו (טאָן מיט) מיר ⊣ **do** (to) ⟨ד⟩ טאָ|ן* || what can he do to you? וואָס קען ער דיר טאָן? || **don't!** ניט(ט)!
docile פֿאָ'לגעוודיק, נאָ'כגיביק
dock 1. *n.* דער דאָק (ן) || (court) די שולד-באַנק ⊣ 2. *vt/vi* צו|דאָק|ן (זיך)
doctor (physician) דער דאָקטער (דאָק-טוירים) ⊣ (not formally trained: *Jew.*) דער רופֿא (ים) [ROYFE—ROYFIM] ⊣ (hold-er of any doctor's degree) דער דאָקטאָר (...אָ'רן)
doctrine די שיטה (—ות) [ShITE]; די דאָקטרי'ן (ען)
document 1. *n.* דער דאָקומע'נט (ן) || 2. *v.* (פֿאַר)דאָקומענטיר|ן
dodge 1. *n.* דער אַרויסדריי (ען) || 2. *v.* אויס|מײַד|ן, אַרויס|דריי|ען זיך פֿון
doe די הינד (ן)
dog דער הונט (הינט) || (*cont.*) דער כּלבֿ (ים) [KELEV—KLOVIM] ⊣ **d.'s** אַדי הינטיש
dogcatcher דער היצעל (עס)
dogged [FARAKShNT] פֿאַרבּיס'ן, פֿאַרעקשנט
doggerel דער גראַם-שטראַ'ם
doghouse די בודע (ס)
dogma די דאָגמע (ס)
dogmatic דאָגמאַטיש
doing: not his doing ניט ע'ר האָט עס געטאָ'ן
dole [KITSVE] די קיצבֿה
doll די ליאַלקע (ס), די טאָק (ן), דאָס טעקל (עך)
dollar דער דאָלאַר (...לאַ'רן)
dolphin דער דעלפֿי'ן (ען)
domain דאָס פֿעלד (ער), דער שטח (ים) [ShETEKh—ShTOKhIM], דאָס געגבֿו'ל (ן), ⊣ (rule) דער ... דאָס געמאַ'רק (ן), דאָס •געבי'ט (ן) [RESHU'S] רשות ⊣ **public d.** די •הערשאַפֿט דער רשות־הרבים [HORA'BIM]
dome דער קופּאָ'ל (ן)
domestic (thing, animal) שטוביק || (character) היימיש || (internal) אי'נע-ווייניקסט*, אי'נלענדיש, הי'גלענדיש
domesticate אײַנ|שטו'ביק|ן
domestication די שטו'ביקונג
domicile דער ווינאָרט (...ערטער)
dominant דאָמיני'רנדיק, דאָמינאַ'נט, הע'רשנ-דיק
dominate דאָמיניר|ן, געוועלטיק|ן, •הערש|ן ⟨—איבער⟩; •באַהערש|ן ☒
domination די געוועלטיקונג, די ממשלה [MEMShOLE]

domineering הע'רשעריש || **be d.** *also* שאַפֿ|ן זיך ⟨מיט⟩ ⊣ **d. woman** (*Jew.*) אַ יי'דענע אַ קאָזאַק

dominion די דאָמי'ניע (ס) || (rule) די ממשלה (—ות) [MEMSHOLE]

domino דער דאָ'מינאָ (ס)

donate שענק|ען, מנדבֿ זײַן* [MENADEV], בײַ|שטײַ'ער|ן

donation די מתּנה (—ות) [MATONE], דער בײַ'־שטײַער (ן), די נדבֿה (—ות) [NEDOVE]

done געמאַ'כט, (אָ'פּ)געטאָ'ן || **what is to be d.?** וואָס טוט מען? || **be d. for** עק|ן זיך ⊣ (*rev. con.*) זײַן* אויס אומפּ ⟨מיט⟩ || he is d. for עס איז אויס מיט אים || the world is d. for די וועלט עקט זיך || **what's d. is d.** פֿאַרפֿאַלן

Don Juan דער דאָן־זשואַ'ן (ען)

donkey דער אייזל (ען)

donor דער מנדבֿ (ים) [MENADEV—MENADVIM], דער בײַ'שטײַערער (ס)

doodle בלײַ'ער|ן

doom 1. *n.* (fate) דער גורל [GOYRL] || (perdition) דער או'נטערגאַנג || 2. *v.* פֿאַר־משפּט|ן [FARMIShPET], פֿאַראורטל|ען

doomed *also* פֿאַרפֿאַל'ן

doomsday דער יום־הדין [YOM-HADI'N]

door די טיר (ן) || **next d.** (to) טיר צו טיר ⟨מיט⟩, אין שכנות ⟨מיט⟩ [ShKhEYNES] || *cf.* **indoors, out-of-doors**

doorbell דאָס (טי'ר)גלעקל (עך)

doorman דער פֿאָרטיע' (ען) [TY], דער שווייצאַ'ר (ן)

doorpost דאָס בײַ'שטידל (עך)

doorstep די שוועל (ן)

doorway די טיר (ן)

dope (drug) דאָס פֿאַרטויבעכץ (ן)

dormitory די שלאָפֿשטוב (...שטיבער), דער אינטערנאַ'ט (ן)

dose די דאָזע (ס)

dot 1. *n.* דאָס פּינטל (עך); דער פּונקט (ן) || 2. *v.* באַפּינטל|ען

dotard דער עובֿר־בטל (ס) [OYVER-BO'TL]

dotted באַפּינטלט || (line) פּונקטי'רט || **d. line** דער פּונקטי'ר (ן)

double 1. *adj.* טאָפּ'ל, צווייִק, צוויי'ענדיק || 2. *adv.* אין טאָ'פּעלן || 3. *n.* (person) דער דובלעט (ן) ⊣ (duplicate) דער טאָפּל (ען) ⊣ 4. *vt/vi* פֿאַרטאָפּל|ען (זיך) || **d. up** אײַנ|קאָרטשע|ן (זיך)

double-bass דער קאָנטראַבאַ'ס (ן)

double bed די פּאָרפֿאָלקבעט (ן)

double-breasted צוויי'באָ'רטיק, צוויי'ריי'יק

double-space (typing) 1. *adj.* מיט אַ צוויי'יִקן אינטערוואַ'ל ⊣ 2. *v.* (אָנ)שרײַב|ן מיט אַ צוויי'יִקן אינטערוואַ'ל

doublet דער דובלע'ט (ן)

doubt 1. *n.* דער ספֿק (—ות) [SOFEK—SFEYKES], דער צווייפֿל• (ען) ⊣ **in d.** מסופּק [MESUPEK] אַפּ ⊣ אין ספֿק [ ] || **no d.** בלי־(שום־)ספֿק [BLI'(ShUM)SO'FEK] || 2. *vt.* ספֿק|ן, צווייפֿל•|ען ⟨—אין/צי⟩; זײַן* מסופּק, זײַן* אין ספֿק ⟨—וועגן⟩

doubtful ספֿקדיק [ ]; מסופּקדיק [ ]; מוטל־בספֿק [MUTL-BESO'FEK] אַפּ ⊣ (doubting) מסופּק אַפּ

doubtless אָן ספֿק, בלי־(שום־)ספֿק [ ]

dough דאָס טייג || (money) קלינגערס, ממתּקים —מצ [MAMTAKIM]

doughnut דער דאָנאַט (ס) אַמער

douse באַגיס|ן; פֿאַרלעש|ן

dove די טויב (ן)

dowager די (אַריסטאָקראַ'טיש|ע) אַלמנה (—ות) [ALMONE]

dowdy *adj.* שלו'מפּערדיק, טראַנטעוואַטע

down[1] 1. *adv.* אַראָ'פּ אַדוו, קוו || 2. *int.* אַראָ'פּ! ⊣ (with) נידער ⟨מיט ...⟩! || 3. *prep.* אַראָ'פּ מיט, אַראָ'פּ־, ־אַראָ'פּ || d. the river אַראָ'פּ מיטן טײַך, אַראָ'פּ־טײַ'ך, טײַך־אַראָ'פּ

down[2] *n.* דער פּוך

downfall די ירידה [YERIDE], דער או'נטערגאַנג, דאָס פֿאַלן, די מפּלה [MAPOLE]

downhearted דערשלאָגן, געפֿאַל'ן בײַ זיך || **be d.** *also* זײַן* ווי אונטער דער וואַנט, זײַן* ווי אַ נע'כטיק|ער

downhill *adv.* אַראָ'פּ־באַ'רג

down payment דער אַדרויף (ן), דאָס האַנטגעלט

downpour דער פּליו'כרעגן (ס), דער שלאַ'קס־(רעגן), דער מבול (ען) [MABL]

downright בפּירוש [BEFEYRESH]

downstairs 1. *adj.* *אונטערשט || 2. *adv.* (place) אונטן || (direction) אַראָ'פּ (די טרעפּ) ⊣ 3. *n.* דער אונטן

downtown 1. *adj.* או'נטערשטאָטיש || 2. *adv.* (place) אין (או'נטער)שטאָט || (direction) אַראָ'פּ־שטאָ'ט || 3. *n.* די או'נטערשטאָט

downward(s) *adv.* אַראָ'פּ, אַראָ'פּ צו (צו), אַרונטער

downwind אַראָ'פּ־ווי'נט

downy פּוכיק

dowry דער נדן (ס) [NADN]

doze דרעמל|ען || **d. off** אַנטדרעמלט ווער|ן, אײַנ|דרעמל|ען

dozen דער טוץ (ן)

Dr. ד"ר=דאָקטאָר, דאָקטער

drab גרוילעך, סומנע, איי'נטאָניק

draft 1. *n.* (plan) דער פּראָיע'קט (ן), דער פּלאַן (פּלענער) ⊣ די סקיצע (ס) (preliminary version) *also* דער אָנוואַרף (ן), דער אויפֿשוואַ'רץ (ן), דער קאָנצע'פּט (ן) ⊣ **in d. form** אויף רוי, אויף שוואַרץ || (blueprint) *also* די (טע'כניש|ע) צײַ'כענונג (ען) || (bank) די טראַטע (ס) || (air) דער צוג (ן) || (military) די נעמונג || (drink) דער טרונק (ען) ⊣ 2. *v.* אָנ|וואַרפֿ|ן, צונויפֿ|- ⊣ שטעל|ן, פֿאָרמוליר|ן; אָנ|צײַ'כענ|ען (military) נעמ|ען דינען, נעמ|ען (אין מיליטע'ר)

draft age דער מיליטע'ר־עלטער

draft board די נע'ם־קאָלעגיע (ס)

draft card דאָס נע'מונג־קאַרטל (עך)

draft dodger דער מיליטע'ר־מײַדער (ס)

drafting דאָס (טע'כניש|ע) צײַ'כענערײַ || **d. set** דער שטוטי'ץ (ן)

draftsman דער צײַ'כענער (ס)

draftsmanship דאָס צײַכענערײַ'

drag 1. *n.* די שלעפּקראַפֿט || 2. *vt.* שלעפּ|ן || **d. away** אַוועק|שלעפּ|ן, פֿאַרשלעפּ|ן || *vi.* שלעפּ|ן זיך

dragon דער דראַקאָ'ן (ען), דער לי'נדן־וואָרעם, דער פֿיפערנאָטער (ס)

dragonfly די לי'בעלע (ס)

drain 1. *n.* (pipe) דער אָפּרין (ען), די אָ'פּגאַנגרער (ן) ⊣ (ditch) דער אָ'פּגאַנגראָוו (ן) ⊣ (burden) || דער עול (ן) [OL] || 2. *vt/imp* צאַפּ|ן || (dry) טרי'קענ|ען || *pf.* אויס|ליי'דיק|ן, אָפּ|צאַפּ|ן, צי|ען; אָפּ|רינ|ען, -|פֿליס|ן; ⊣ *vi.* אויס|טרי'קענ|ען אָפּ|צאַפּ|ן זיך, (אויס|)טרי'קענ|ען זיך

drake דער קאָטשער (ס)

drama די דראַמע (ס)

dramatic דראַמאַטיש

dramatist דער דראַמאַטו'רג (ן)

dramatize (make into a drama) אײַנ-⊣סצעניר|ן (make dramatic) דראַמאַטיזיר|ן

drape 1. *n.* דער גאַרדי'ן (ען) || 2. *v.* דראַ- פּיר|ן

drapery דער דראַפּי'ר; די דראַפּעריע

drastic דראַסטיש

draught *see* **draft**

draw 1. *n.* (pull) דער צי (ען) || (undecided contest) דער רעמי' || 2. *v/imp* צו|צי|ען; אָנ|- ⊣ צי|ען, שלעפּ|ן; שעפּ|ן ⊣ *pf.* (design) (אָנ|)צײַ'כענ|ען ⊣ שעפּ|ן || (absorb) אָנ|צי|ען || **d. away** אָפּ|צי|ען || **d.** (on) שעפּ|ן ‹פֿון›; אָנ|קומ|ען צו || **d. out** צעצי|ען, אויס|צי|ען ⊣ **d. up** *vt.* פֿאָרמו- ⊣ ליר|ן, צונויפֿ|שטעל|ן (check etc.) אויס|- ⊣ שטעל|ן **d. the words out of** ד שלעפּן ⊣ פֿאַר דער צונג ⊣ *cf.* **drawn**

drawback דער חסרון (ים) [KhISORN—KhESROYNIM], דער אָפּהאַלט (ן), דער שטער (ן)

drawer (chest) דער שופֿלאָד (ן) || (table) *also* דאָס טי'שקעסטל (עך)

drawers (clothes) או'נטערהויזן, גאַטקעס —מצ

drawing (design) די צײַ'כענונג (ען) || (lottery) די ציִונג (ען), דער טיראַ'זש (ן)

drawn (thin) אָ'פּגעצערט || **be d. to** (*rev. con.*) צי|ען אומפּ ‹צו› || I am d. to her עס ציט מיך צו איר

drawn-out (affair) פֿאַרשלע'פּט

drayman דער בעל־עגלה (—ות) [BALEGOLE], דער פֿורמאַן (פֿורלײַט)

dread 1. *adj.* [ ] פֿאָרכטיק, אימהדיק || 2. *n.* ,[EYME] די אימה ,[PAKhED] דער פּחד צי'טער|ן פֿאַר .*v* .3 ┤ דער שרעק, די פֿאָרכט
dreadful [MU'- שוי'דערלעך, מאוימדיק ,YEMDIK] גרויליק, אימהדיק [ ], מורא(נ)דיק [MO'YRE(N)DIK]
dream 1. *n.* [KhOLEM— דער חלום (ות) KhALOYMES] ┤ (ideal) *also* דער טרוים (ען) ┤ **appear in the d.** (of) ⟨ד⟩ קום|ען צו חלום ┤ 2. *v.* חלומ|ען || (*rev. con.*) ⟨ד⟩ חלומ|ען זיך ┤ I d. of mother עס חלומט זיך מיר די מאַמע ┤ (ideals) *also* פֿאַנטאַזיר|ן, טרוימ|ען
dreamer [BAL- דער בעל־חלומות (בעלי־ ;KhALOYMES—BALE] דער פֿאַנטאַזיאָ'ר (ן) [ZY]
dreamy [FARKhOLEMT] פֿאַרחלומט
dreary •טריב, כמאַרנע
dredge 1. *n.* די שלעפּנעץ (ן) || 2. *v.* -אָפּ| שלאַמ|ען
dregs די הושטשע, דער אָפּפֿאַל
drench דורכ|ווייק|ן
dress 1. *n.* דאָס קלייד (ער) || 2. *vt.* (put on clothes) *אָנ|טאָ|ן || (decorate) -באַ אויס|פּוצ|ן, -|קלייד|ן, ┤ (dress up) פּוצ|ן || פֿאַרבאַנדאַזשיר|ן ┤ (wound) -|ריכט|ן **d. down** אויס|שיי'געצ|ן || *vi.* *אָנ|טאָ|ן (אויס|)פּוצ|ן זיך *imp/pf* (dress up) ┤ זיך
dress coat דער פֿראַק (ן)
dressed אָ'נגעטאָן אַפּ || **get d.** *אָנ|טאָ|ן זיך || **d. up** (אין עסיק און אין אוי'סגעפּוצט (האָניק ┤ **be d. in** *also* *גיי|ן אין/אַ
dresser דער קאָמאָ'ד (ן)
dressing (bandage) דער קאָמפּרע'ס (ן) || (food) דער סאָוס (ן)
dressing-down °די פֿאַרציע (ס)
dressmaker די שנײַ'דערקע (ס), די נײַ'טאָרין (ס)
dress rehearsal די גענעראַ'ל־פּראָבע (ס)
dried (fruit) דאַר
dried up אײַ'נגעטריקנט, אײַ'נגעדאַרט
drift 1. *n.* דער גאַנג, דער לויף || (pile) דער טראָג|ן זיך, געטראָגן .*v* .2 ┤ זאַווײַ' (ען) ווער|ן; דרייפֿ|ן
drifter דער או'מטרײַבער (ס)
driftwood דאָס טרײַ'בהאָלץ
drill[1] 1. *n.* (tool) דער בויער (ס), דער (דורכ|-, עקבער (ס) ┤ 2. *v.* *imp/pf* אויס|)בוי'ער|ן, (דורכ|-, אויס|)ע'קבער|ן
drill[2] 1. *n.* (training) דער מושטי'ר (ן) || 2. *vt.* ⟨מיט⟩ מושטיר|ן, אײַנ|לערנ|ען || *vi.* מושטיר|ן זיך, אײַנ|לערנ|ען
drink 1. *n.* (beverage) דאָס געטראַ'נק (ען) || (act) דער טרונק (ען) ⟨נאָמ⟩ || a d. of water אַ טרונק וואַסער ┤ (alcoholic) *also* דאָס שנעפּסל (עך), די כּוסע (ס) [KOYSE] ┤ **have a d.** [LE- מאַכ|ן אַ כּוסע/שנעפּסל/לחיים KhAIM] ┤ 2. *v/imp* טרינק|ען || *pf.* אויס|טרינק|ען ┤ (habitually) *also* שיכּור|ן [ShIKER] ┤ **d. to the health of** -|צו טרינק|ען ד
drinking fountain די טרינקרער (ן)
drip *v.* דריפּע|ן, קאַפּע|ן, טריפֿ|ן
drive 1. *n.* דער וועג (ן), דער פֿאָר (ן), די שפּאַציר ,דער ,(ס) יאַזדע ┤ **go for a d.** פֿאָר|ן שפּאַצירן, דורכ|פֿאָר|ן זיך ┤ (psychological) [YEYTSER— דער יצר (ים) YETSORIM] ┤ 2. *vt.* (אָנ|)טרײַב|ן, יאָג|ן || (car) פֿיר|ן, שאָפֿיר|ן || (nails) -אַרײַנ| מיינ|ען || קלאַפּ|ן ┤ *vi.* פֿאָר|ן || **d. at** **d. away** פֿאַרטרײַב|ן, פֿאַריאָג|ן || **d. in** *vi.* פֿאַרפֿאָר|ן ┤ **d. off** (in all directions) צעפֿאָר|ן זיך ┤ **d. up** (to) ⟨צו⟩ צו|פֿאָר|ן
drive-in דער אײַנפֿאָר (ן) || d. movie דער אײַ'נפֿאָר־קינאָ (ס)
driver (horse) [BALE- דער בעל־עגלה (—ות GOLE] ┤ (car) דער שאָפֿע'ר (ן) || **d.'s license** די שאָפֿי'ר־ליצענץ (ן)
drizzle 1. *n.* דאָס רע'גנדל, דער שפּריי'רעגן (ס) || 2. *v.* שפּריי|ען, מראַקע|ן
drone 1. *n.* די וואַ'סערבין (ען), די ערבין זשוזשע|ן, זשומע|ן, הודיע|ן .*v* .2 ┤ (ען)
drool גאַ'ווער|ן, פֿאַרסלינע|ן זיך
droop אַראָפּ|הענג|ען
drop 1. *n.* דער טראָפּן (ס), דער קאַפּ (ן) || (slope) דער אַראָפּהאַנג || (fall) דער פֿאַל, אַבי' וואָס; ┤ **at the d. of a hat** דער זונק לאָז|ן פֿאַלן, אָפּ|לאָז|ן .*vt* .2 ┤ ווי נאָר עפּעס

|| *vi.* פֿאַל|ן || **d. (into)** אַרײַנ|װאַרפֿ|ן || **d. in** (visit etc.) אַריבער|כאַפּ|ן זיך, אַרײַנ|כאַפּ|ן זיך, -|שמעק|ן ⟨צו—⟩ ⊣ **d. out** אָפּ|-, אַרויס|פֿאַל|ן

dropout דער אַרױ'ספֿאַלער (ס)

dropper דער פּיפּעט (ן), די פּיפּעטקע (ס)

droppings דער קאַל קאָל

dropsy די װאַ'סערקרענק

drought די טרי'קעניש (ן)

drown *vt.* דערטרענק|ען || *vi/imp* טרענ- קען זיך ⊣ *pf.* דער- | דערטרונקען װער|ן, דער- טרענק|ען זיך

drowning דאָס דערטרענקען (זיך), די דער- טרענקונג (ען)

drowsy פֿאַרשלאָפֿ'ן, שלעפֿ'עריק

drudge מאַ'טער|ן זיך, האָ'רעװע|ן, פּלאָג|ן זיך

drudgery די האָרעװאַניע, דאָס מאַ'טערניש

drug 1. *n.* (medical) די רפֿואה (—ות) [REFUE], די מעדיצי'ן (ען), דער מעדיקאַ- מע'נט (ן) ⊣ (narcotic) דער נאַרקאָטיק (ן), פֿאַרטויב|ן, נאַר- ⊣ 2. *v.* דאָס פֿאַרטױבעכץ (ן) קאָטיזיר|ן

druggist דער אַפּטייקער (ס)

drug store די אַפּטייקקראָם (ען)

drum 1. *n.* די פּויק (ן), דער באַראַבאַ'ן (ען) || 2. *v.* פּויק|ן, פּײַקל|ען, דרומל|ען

drummer דער פּײַקלער (ס)

drumstick דאָס פּוי'קשטעקל (עך) || (of a fowl) די פּאָלקע (ס)

drunk [shIKER] שיכּור || **make d.** אָנ|- שיכּור װער|ן, ⊣ **get d.** טרינק|ען, -|שיכּור|ן אָנ|שיכּור|ן זיך

drunkard [shIKER— shIKURIM] דער שיכּור (ים) ⊣ **glutton and d.** דער זולל- [ZOYLEL-VESOY'VE] וסובֿא

drunkenness [shIKRES] דאָס שיכּרות

dry 1. *adj.* טרוק'ן || (bread, fruit) קװאַר, דאַר, פֿאַרטריקנט ⊣ 2. *vt/imp* אויס|- װיש|ן || *pf.* (wipe) ⊣ טרי'קענ|ען טריקענ|ען, -|װיש|ן ⊣ *vi/imp* טרי'קענ|ען ⊣ **d. up** *vi.* אויס|טרי'קענ|ען זיך, אײַ'נגעטריקנט װער|ן, אײַ'נגעדאַרט װער|ן, אָפּ|דאַר|ן

dry-clean רייַ'ניק|ן (כעמיש)

dry-goods store די שניטקראָם (ען)

dual *adj.* צװייִק, צװײ'ענדיק

dub (call) אָנ|רופֿ|ן || (supply voice) אונטער|רעד|ן

dubious (doubtful) [so'- FEKDIK] ספֿקדיק, פֿראַבלעמאַטיש ⊣ (doubting) [MESUPEK] מסופּקדיק [ ], מסופּק אַפּ

duchess די פֿירשטין (ס), די הע'רצאָגין (ס)

duchy די פֿי'רשטנשאַפֿט (ן), די הע'רצאָגשאַפֿט (ן)

duck[1] *n.* די קאַטשקע (ס)

duck[2] *vt/vi* אונטער|טוק|ן (זיך)

dud דער פֿושטשאַ'ק (עס), דאָס באָ'קעמל (עך)

due 1. *adj.* (proper) געהעריק || (pay- able) פּעליק || **be d.** (should) *דאַרפֿ|ן || (expected) *דאַרפֿ|ן אָ'נקומען || (owed) קומ|ען ⟨ד⟩ ⊣ this money is d. them דאָס געלט קומט זיי ⊣ 2. *adv.* פּונקט || d. east פּונקט אויף מיזרח || **d. to** מחמת [MAKhMES], איבער, צולי'ב ⊣ 3. *n.* דאָס [KhOYV] רעכט, דער חובֿ ⊣ **d.s** דער אָפּצאָל אַצ (ן)

duel 1. *n.* דער דועל (ן) || 2. *v.* דועליר|ן זיך

duet דער דועט (ן)

dufflebag דער װע'גלאַנטעך (ן)

dugout דער גראָבן (ס), דער אויסגראָב (ן)

duke דער פֿירשט (ן), דער הערצאָג (ן)

dull 1. *adj.* טעמפּ || (mind) *also* פּויערש || (not shiny) מאַט, בלייז || (boring) נודנע, סקוטשנע ⊣ 2. *v.* פֿאַר- אָפּ|טעמפּ|ן; נעמפּל|ען

duly געהעריק (ווי)

dumb (mute) שטום || (stupid) נאַריש

dumbfounded געפּלע'פֿט

dummy [GOYLEM—GOY- LOMIM] דער גולם (ים) ⊣ (*fig.*) *also* דער טאָק (ן), דער לעקיש (ן) גלאָמפּ (ן)

dump 1. *n.* דער מיסטואָרף (ן) || (storage place) דער לאַגער (ס) || 2. *v.* אויס|שיט|ן; אַװעק|װאַרפֿ|ן

dumpling דאָס קניידל (עך)

dumps: in the d. פֿאַראומערט, ווי אונטער דער װאַנט

dune די דיונע (ס)
dung דאָס מיסט
dungeon דער גרוב (גריבער), דער קאַרצער (ס)
dupe 1. *n.* דער °יאָלד (ן), דאָס נע'בעכל (עך) || 2. *v.* °אָפּ|כויכע|ן, אַרויפֿ|פֿיר|ן אויפֿן גליטש, °אָנ|הענג|ען דּ אַ לונג־און־לעבער אויף דער נאָז
duplicate 1. *n.* דער דופּליקאַ'ט (ן) || 2. *v.* דופּליקיר|ן
duplicity די פֿאַלשקייט, דאָס רמאָות [RAMOES], די צוויי'־פּנימדיקייט [PO'NEMDIKEYT]
durability דאָס געווע'ר
durable געוועריק, געדיײַק, אוי'סהאַל־ט(עווד)יק
duration דער געדויער (ן), דער משך (ן) [MEShEKh], דאָס געווע'ר
duress דער צוואַנג, די נייטונג
during בעת [BEYS], בשעת [BEShA'S], אין משך פֿון [MEShEKh], במשך (פֿון) [BEMEShEKh]
dusk דער פֿאַרנאַ'כט, דאָס בין־השמשות [BEYN-HAShMOShES] ⊣ **at d.** פֿאַר נאַכט
dust 1. *n.* דער שטויב, דער פּאָרעך || **particle of d.** דאָס שטײַבל (עך) || **d. and ashes** אַש־און־פּאָרעך, עפֿר־ואפֿר [O'FER-VOE'Y-FER] ⊣ **throw d. into** (sb.'s) **eyes** שיט|ן ⟨ד⟩ זאַמד אין די אויגן ⊣ **beat d. out of** אויס|קלאַפּ|ן || 2. *v.* אָפּ|שטויב|ן
duster (feather) דער פֿלע'דערוויש (ן)
dustpan דאָס (שטוי'ב)שײַוועלע (ך)
dusty שטויביק, פֿאַרשטוי'בט
Dutch האָ'לענדיש || **it's a D. treat** יע'דערער צאָלט פֿאַר זיך
Dutchman דער האָ'לענדער (—)
dutiable אָ'פּצאָלעוודיק || these goods are **d.** *also* אויף די אַרטיקלען קומט צאָל
duty דער חובֿ (ות) [KhOYV], דער חיובֿ (ים) [KhIEV—KhIYUVIM], די •פֿליכט (ן); דער מוז (ן), די שו'לדיקייט (ן) ⊣ (hours of service) דער דיזשו'ר (ן) || (customs) דער צאָל ⊣ **on d.** אויף דיזשו'ר || **off d.** פֿרײַ, פֿון דיזשו'ר, ניט־דיזשורי'רנדיק ⊣ **be on d.** *also* דיזשוריר|ן || **military d.** דער מיליטע'ר־חיובֿ
duty-free (אָ'פּ)צאָלפֿרײַ
duumvirate דער דוּומווירא'ט (ן)
dwarf 1. *n.* דער קאַרליק (עס); דאָס שרעטל (עך), דער מאַנץ (ן) ⊣ 2. *v.* פֿאַרשאָ'טענ|ען; זײַן* אַ ריז אַקעגן
dwell וווינ|ען || **d. upon** אָפּ|שטעל|ן זיך אויף
dwelling די וווינונג (ען), די דירה (—ות) [DIRE], דאָס געהיי' (ען)
dwindle אײַ'נגעשרומפּן ווער|ן
dybbuk *see* **dibbuk**
dye 1. *n.* די פֿאַרב (ן) || 2. *v. imp/pf* (אָפּ)|פֿאַרב|ן
dying שטאַ'רבנדיק || **d. person** דער גוסס [GO'YSES] (ים) ⊣ **be d.** האַלט|ן בײַם שטאַרבן, גוסס|ן [ ]
dynamic דינאַמיש
dynamics די דינאַמיק
dynamite דער דינאַמי'ט
dynamo דער דינאַמאָ (ס)
dynasty די דינאַ'סטיע (ס)
dysentery די דיסענטעריע
Dzhudezmo דאָס דזשודעזמע

E

E (letter) דער ע (ען) || (note) דער מי (ען)

each יעדער, איטלעך, יע'טווידער || **e. one** יעדער איינ|ער, יע'דער|ער ⊣ (apiece) צו || $1 e. צו $1 || **e. other** זיך, איינער דעם אַ'נדערן (איינע די אַ'נדערע ...); אַנאַ'נד(ער) || **among e. other** צווישן אַנאַ'נד || **upon e. other** איינער אויפֿן אַ'נדערן (איינע אויף דער אַ'נדערער ...)

eager *adj.* להוט אַפּ ⟨אויף/צו⟩ [LOET] || **be e.** (to) *also* (זייער) שטאַרק וועל|ן* ⟨אינפֿ⟩, האָב|ן* חשק ⟨צו⟩ [KhEYShEK], זײַן* אַ בעלן ⟨אויף⟩ [BALN] ⊣ **be e. for** זײַן* אַ בעלן, קוואַפּע|ן זיך — אויף, זײַן* זשעדנע אַ, יאָג|ן זיך נאָך

eagerness דאָס בעלנות [BALONES], די זשע'דנעקייט, דער חשק [KhEYShEK]

eagle דער אָדלער (ס)

ear דער אויער (ן) || (hearing) דאָס געהע'ר || (corn) דער זאַנג (ען) || **lend an e.** צו|לייג|ן אַן אויער ⊣ **up to one's e.s** ביז איבער די אוי'ערן ⊣ **over one's e.s** אי'בערן קאָפּ ⊣ **be all e.s** אָנ|שטעל|ן מויל און אוי'ערן ⊣ **be coming out of** (sb.'s) **e.s** קריכ|ן ⟨ד⟩ פֿון האַלדז

early 1. *adj.* פֿרײַק || (immediate) באַלדיק ⊣ **e. masters** מצ ראשונים [RIShOYNIM] ⊣ 2. *adv.* פֿרי || **as e. as** שוין; נאָך

early-morning *adj.* אינדערפֿרײַק

earmark 1. *n.* דער סימן־המין (סימני־) [SIMEN-HAMI'N—SIMONE] ⊣ 2. *v.* אָפּ|ציי'כענ|ען

earmuff דאָס אוי'ער־דעקל (עך)

earn פֿאַרדינ|ען

earnest *adj.* ערנצט || **be in e.** מיינ|ען ערנצט, מיינ|ען אויף אַן אמת [EMES]

earnings דאָס פֿאַרדי'נסט (ן)

earphone דער הערער (ס)

earring דאָס אוי'רינגל (עך) || (large) דער אוי'ערינג (ען)

earshot: within e. ווי ווײַט דער אויער גרייכט ⊣ **within e. of** אין אוי'ערגרייך פֿון

earth די ערד || **at/to the end of the e.** ווו די וועלט האָט אַן עק

earthen ערד'ן, ליימען*

earthly ערדיש || **for no e. reason** אָן דעם מינדסטן גרונד

earthquake דאָס ע'רד־ציטערניש (ן)

earthy ערדיש, גשמיותדיק [GA'ShMIESDIK]

ease 1. *n.* די הרחבֿה [HARKhOVE], די גרינגקייט, די לײַכטקייט ⊣ 2. *adj.* **at e.** או'מקרעמפּי'רט, געמיטלעך, היימלעך ⊣ (comfortably) בהרחבֿה [BEHARKhOVE] || **ill at e.** ני'ט־היי'מלעך, קרעמפּי'רט, או'מרויִק || **be ill at e.** קרעמפּיר|ן זיך || (*rev. con.*) זײַן* או'מבאַקוועם אומפּ ד ⊣ he is ill at e. אים איז או'מבאַקוועם ⊣ **put at e.** מאַכ|ן ד היימלעך ⊣ 3. *vt.* פֿאַרגרי'נגער|ן; באַרו'יִק|ן || **e. up** *vi.* אָפּ|לאָז|ן

easel דאָס (בי'לד)געשטע'ל (ן)

east 1. *adj.* מיזרח־... [MIZREKh], מיזרחדיק [ ] ⊣ 2. *n.* **the Far E.** דער ווײַט|ער מיזרח || **the Near E.** דער נאָ'ענט|ער מיזרח || **the Middle E.** דער מי'טעל|ער מיזרח

Easter דער קייסעך || (Greek Orthodox) *also* די פּאַסכע

eastern [ ] מיזרח־..., מיזרחדיק

easty גרינג, לײַכט || **make e.** פֿאַר־זײַן* פֿון ⊣ גרי'נגער|ן, פֿאַרלײַ'כטער|ן || **be e.** אָנ|קומ|ען (*rev. con.*) ⊣ די גרינגע זאַכן ⊣ מאַכ|ן זיך גרינג דאָס ⊣ גרינג ⟨ד⟩ **take it e.** האָב/האָט צײַט! כאַפּ(ט) ⊣ לעבן **take it e.!** ⊣ ניט! **e.** (**does it**)! פֿאַוואָליע! || **e. task** דאָס שפּילעריי' (ען)

easychair די פֿאָ'טערשטול (ן), דער פֿאָטע'ל (ן); די ליגשטול (ן)

easy-going לאַגאָדנע, נעלאַס·ן

eat *v/imp* עס|ן || *pf.* (food) אויפֿ|עס|ן || (meal) אָפּ|עס|ן || (*hum.*) אַכל|ען || (*cont.*) פֿרעס|ן

eating דאָס עסן || (*hum.*) [AKhILE] די אַכילה

eaves (*sg.*) די רינ(וו)ע (ס)

eavesdrop אונטער|הער|ן זיך

ebb 1. *n.* דער אָפּפֿלייץ (ן) || 2. *v.* אָפּ|־פֿלייצ|ן; זינק|ען, פֿאַל|ן

ebony דאָס ע'בנהאָלץ

ebullient שפּרו'דלדיק

eccentric 1. *adj.* עקסצענטריש || 2. *n.* דער עקסצע'נטריקער (ס)

eccentricity די עקסצע'נטרישקייט

Ecclesiastes [KOYHELES] קהלת

ecclesiastical קלויסטער..., קלוי'סטעריש

echelon דער עשעלאָ'ן (ען)

echo 1. *n.* דאָס ווי'דערקול (ות) [VI'DERKOL —KOYLES], דער עכאָ (ס), דער אָפּקלאַנג (ען) || 2. *vt.* איבער|קײַ|ען || (*cont.*) נאָכ|זאָג|ן || *vi.* אָפּ|קלינג|ען, ־|הילכ|ן

echoed: be e. *see* **echo** *vi.*

eclipse 1. *n.* די ליקוי (ים) [LIKE— LIKUIM], דער עקלי'פּס (ן) ⊣ **lunar e.** די ליקוי־לבֿנה [LEVONE] ⊣ **solar e.** די ליקוי־חמה [KhAME] ⊣ 2. *v.* פֿאַרשטעל|ן, פֿאַרטונקל|ען

economic עקאָנאָמיש

economical שפּאָ'רעוודיק, אײַ'נבערענגיק, עקאָנאָמיש

economics די עקאָנאָמיק

economist דער עקאָנאָמי'סט (ן)

economize (on) שפּאָר|ן, זשאַ'לעווע|ן, קאַרג|ן ⟨—ּא⟩

economy (system) די עקאָנאָמיע (ס) || (household) דאָס בעל־הבתּישקייט [BALE-BA'TISHKEYT] ⊣ (savings) די שפּאָ'רעוודיקייט, דער אײַנבערענג ⊣ **e. measure** דאָס אײַ'נבערענג־מיטל (ען)

ecstasy דאָס התלהבֿות [HISLAYVES], דער עקסטאַ'ז ⊣ (religious: *Jew.*) *also* דאָס דבֿקות [DVEYKES]

ecstatic התלהבֿותדיק [ ], עקסטאַטיש || (religious: *Jew.*) *also* פֿאַרדבֿקעט [FAR-DVEYKET]

Ecuador (דאָס) עקוואַדאָ'ר

ecumenical עקומעניש

eddy דאָס געדריי' (ען), דאָס געשוויבל (ען)

edge 1. *n.* דער קאַנט (ן), דער זוים (ען), דער ברעג (ן), דער ראַנד (ן) ⊣ (sharp) די שאַרף (ן) ⊣ **put on e.** שטעל|ן אויפֿן קאַנט || (*fig.*) דענערוויר|ן || **on e.** (teeth) צו|רוק|ן זיך, הײַליק ⊣ 2. *v.* **e. up** (to) ־|זײַטל|ען זיך, ־|נעט|ן זיך ⟨—צו⟩

edgy נערוועז || **be e.** *also* נערוויר|ן זיך

edible צום עסן; ע'סעוודיק; כאָטש נעם און עס עס

edict דער עדי'קט (ן), די גזירה (—ות) [GZEY-RE]

edification דער מוסר [MUSER]

edifice דער בנין (ים) [BINYEN—BINYO-NIM], דאָס געבײַ' (ען), דאָס געמאַ'ך (ן)

edify זאָג|ן מוסר [MUSER], מוסר|ן

edit *imp/pf* (אויס|)רעדאַקטיר|ן

edition די אוי'פֿלאַגע (ס), די אוי'סגאַבע (ס)

editor דער רעדאַקטאָר (...אָ'רן) || **e.s** (*coll.*) די רעדאַקציע

editorial 1. *adj.* רעדאַקציאָנע'ל || **e. office** די רעדאַקציע ⊣ **e. board** די רעדאַקציע (ס) ⊣ 2. *n.* דער רעדאַקציע (ס), די רעדקאָלעגיע (ס) עדיטאָריאַ'ל (ן)

educate דערצי|ען, •בילד|ן, מחנך זײַן* [ME-KhANEKh] ⊣ (for a special purpose) אויס|שול|ן

education די דערציִונג, די בילדונג || (*Jew.*) *also* דער חינוך [KhINEKh] || (training) די אוי'סבילדונג ⊣ (science of e.) די פּעדאַגאָגיק

educational בילדונג...; דערצי'עריש, פּעדאַ־וויל־דערצי'עריש ⊣ (beneficial) גאַניש
educator דער פּעדאַגאָ'ג (ן), דער דערציִער (ס)
eel דער וועגנער (ס)
effface פֿאַרמעקן, אויס|-, אָפּ|מעקן; פֿאַר־ווישן, אָפּ|ווישן
effect 1. *n.* די ווירקונג (ען), דער עפֿע'קט (ן), ⊣ **e.s** די פּעולה [PULE], דער ווירק (ן) ⊣ **take e.** דאָס האָב־און־גו'טס קאָל נעמען ⊣ **have an e.** (on) ווירקן, צעווירקן זיך *also* ⟨אויף⟩ אָפּרופֿן זיך || **in e.** (actually) פֿאַקטיש ⊣ **be in e.** גילטן || **to the e.** מיטן אינהאַלט אַז ⊣ 2. *v.* [GOY־REM] גורם זײַן*, אויספֿירן, (אויס)פּועלן [POYEL]
effective 1. *adj.* עפֿעקטי'וו, ווי'רקעוודיק, גילטיק ⊣ (valid) עפֿעקטיק, פּעולהדיק [ ] || 2. *prep.* פֿון ... אָן || e. May 14 פֿון 14טן מײַ אָן
effeminate פֿאַרצערטלט, פֿאַרווײַבערט
effervesce ברויזן, מוסירן
efficacy די עפֿעקטיווקייט
efficiency די אוי'פֿטויִקייט, די עפֿעקטיווקייט; די בריהשקייט [ ], די בריהשאַפֿט, די געניטשאַפֿט; די שפּאָ'רעוודיקייט
efficient אוי'פֿטויִק, עפֿעקטי'וו; בריהש [BER־YESh], געני'ט; שפּאָ'רעוודיק ⊣ **e. person** דער/די בריה (—ות) [BERYE]
effort די מי, די טירחה [TIRKhe]; דער אָנ־שטרענג (ען), די באַמיִונג (ען), די אָ'נשטרענגונג (ען) ⊣ **make an e.** אָנטאָן* זיך אַ כּוח [KOYEKh], אָנשטרענגען זיך, באַמיִען זיך, שטרענגען זיך ⟨—צו⟩; מטריח זײַן* זיך ⟨און ו⟩ [MATRIEKh] ⊣ **put all one's e. into** אַרײַנלייגן זיך אין ⊣ **make every e.** לייגן זיך אין דער לענג און אין דער ברייט ⊣ **spare no e.** אַוועקלייגן אַלע כּוחות [KOYKhES]
e.g. למשל [LEMOShL], אַ שטייגער, לדוגמא [LEDUGME]
egg דאָס איי (ער)
egg beater דער אוי'פֿשלאָגער (ס)
eggcup דער איי'ער־בעכער (ס)
eggdrops טריפּלעך מצ
egghead דער קאָפּמענטש (ן)
eggplant דער פּאַטלעזשאַ'ן (עס)
eggwhite דאָס ווײַסל (עך)
ego דער איך (ן)
egoism דער עגאָיִזם
egoist דער עגאָי'סט (ן)
egoistic עגאָיִסטיש
egotist דער עגאָטי'סט (ן)
Egypt [MITSRAIM] מצרים (דאָס)
Egyptian 1. *adj.* מיצריש || 2. *n.* דער מיצרי (ם)
eh? האַ? הע? || **eh!** איי!
eight אַכט
eighteen אַכצן
eighteenth אַכצעט
eighth 1. *adj.* אַכט || 2. *n.* דאָס אַכטל (עך)
eightieth אַכציקסט
eighty אַכציק
either 1. *adj.* אָדער דע'ר אָדער יע'נער || 2. *adv.* (also not) אויך ניט || 3. *conj.* **e. ... or** אָדער ... אָדער || **e. or!** ממה־נפֿשך אינט [MO'NEShEKh]; אָדער אָדער!
eject אַרויסוואַרפֿן, -שטויסן
ejection דער אַרויסוואַרף (ן), דער אַרויסשטויס (ן)
eke out דערגאַנצן || **e. out a living** אויסשלאָגן זיך דאָס ביסל פּרנסה [PAR־NOSE]
elaborate 1. *adj.* פּרטימדיק [PRO'TIM־DIK], זאָ'רגעוודיק; פֿונאַ'נדערגעאַרבעט, קאָמ־פּליצי'רט ⊣ 2. *v.* באַ־אַ'רבעטן, פֿונאַנדעראַ'רבעטן
elapse פֿאַרבײַגיין*
elastic 1. *adj.* עלאַסטיש, גיביק; פֿע'דערדיק || **be e.** *also* פֿע'דערן זיך || 2. *n.* די גומע(לאַסטיק)
elasticity די עלאַ'סטישקייט, די גי'ביקייט, די פֿע'דערדיקייט
elated [MOLE־SI'MKhE] מלא־שׂימחה || **become e.** *also* נתפּעל ווערן ⟨פֿון⟩ [NISPO־EL]
elbow דער ע'לנבויגן (ס)
elder 1. *adj.* עלטער || 2. *n.* (*pl.*) עלטסטע ⊣ **one's e.s** די ע'לטערע ⟨פֿון⟩ מצ
elderly עלטער*, באַטאָ'גט, אין די יאָרן
elect אויסקלײַבן, •דערוויילן, •אויסוויילן

...-elect אוי'סגעקליב'ן אדי || the governor-e. דער אוי'סגעקליבענ|ער גובערנאַטאָר

election (process) וואַלן מצ || (act) דאָס אוי'סקלײַבן; דאָס אוי'סגעקליבן ווערן ⊣ **e. day** דער וואַלטאָג

electioneer אַגיטיר|ן

elective (office) וואַל... || (subject) מעג...

elector דער ווײלער (ס); דער עלעקטאָר (...אָ'רן)

electorate די ווײ'לערשאַפֿט

electric(al) עלעקטריש; עלעקטראָ.. || **e. motor** דער עלע'קטראָמאָטאָ'ר (ן)

electrician דער עלע'קטריקער (ס)

electricity די עלע'קטריע

electrify (charge; excite) עלעקטריזיר|ן || (equip with electricity) עלעקטריפֿי־ציר|ן

electrocute עלעקטריר|ן (אויף טויט)

electrocution די עלעקטראָקוציע (ס), די עלעקטרירונג אויף טויט

electron דער עלעקטראָ'ן (ען)

electronic עלעקטראָניש

electronics די עלעקטראָניק

elegance די עלעגאַ'נץ; דער שיק

elegant עלעגאַ'נט

elegiac עלעגיש

elegy די עלעגיע (ס)

element דער עלעמע'נט (ן) || **the e.s** יסו־דות מצ [YESOYDES] ⊣ (nature) די סטיכיע

elemental סטיכיש

elementary עלעמענטאַ'ר || **e. thing** קמץ אַלף—אָ [KOMETS ALEF O] ⊣ **e. school** די פֿאָלקשול (ן), די עלעמענטאַ'ר־שול (ן)

elephant דער העלפֿאַנד (ן)

elevate (physically) אויפֿ|הייב|ן || (spiritually) דערהייב|ן

elevated 1. *adj.* (spiritually) דערהויב'ן || 2. *n.* (railroad) די איי'בערבאַן (ען)

elevation (raising) די דערהייבונג (ען); די דערהייכונג ⊣ (altitude) די הייך (ן) || (high place) די הייכונג (ען)

elevator דער ליפֿט (ן); די היי'במאַשין (ען) || (grain) דער שפּײַכלער (ס)

eleven עלף

eleventh 1. *adj.* עלפֿט || **at the e. hour** אַ מינו'ט פֿאַר ליי'כטבענטשן ⊣ 2. *n.* דאָס עלפֿטל (עך)

elf דער עלף (ן), דאָס שרעטל (עך)

elflock דער קאָלטן (ס)

elicit אַרויס|באַקומ|ען, -|קריג|ן

eligibility די ראָוידיקייט [ ]

eligible פּאַסיק, מסוגל אַפּ [MESUGL], ראָוי אַפּ [ROE]

eliminate אויס|שליס|ן, אַרויס|שלאָג|ן, באַ־זײַ'טיק|ן, עלימיניר|ן

elimination די עלימינירונג, די באַזײַ'טיקונג

élite פּני מצ [PNEY], דער עלי'ט (ן)

elk דער לאָס (ן)

ell די אייל (ן)

ellipse דער אָוואַ'ל (ן), דער עלי'פּס (ן)

elliptic אָוואַ'ל, עליפּטיש

elm דער קנופּבוים (...ביימער)

elope מאַכ|ן אַ חתונה־פּליטה [ ]

elopement די חתונה־פּליטה (—ות) [KhA'-SENE-PLEYTE]

eloquence די עלאָקווע'נץ, דער כּוח־הדיבור [KOYEKh-HADI'BER]

eloquent עלאָקווע'נט, ריי'רנדיק || **e. person** *also* די °געשליי'פֿענ|ע צונג

else (otherwise) אַני'ט || **or e.** אַני'ט, אלא [ELE], ניט ⊣ (in addition) נאָך || **what e.** וואָס נאָך || (other) אַנדערש || **somewhere e.** ערגעץ אַנדערש || **someone e.'s** פֿרעמד אַדי

elsewhere אַנדערש ווו

elucidate קלאָר מאַכ|ן, באַלײַכט|ן, דער־טײַטש|ן, מסביר זײַן* [MASBER]

elucidation די הסברה (—ות) [HAZBORE]

elude אַרויס|דריי|ען זיך, -|גליטש|ן זיך —פֿון; אויסמײַד|ן

Elul (month) דער אלול [ELEL]

elusive פֿלײַק, גליטשיק

emaciate אויס|-, אָפּ|צער|ן

emaciated אוי'סגעדאַרט, פֿאַרמאָרעט; *also* אַראָ'פּ פֿון פּנים [PONEM]

emanate שטאַמ|ען, וואַקס|ן; אַרויס|שטראָמ|ען

emancipate עמאַנציפּיר|ן, שטעל|ן מיט לײַטן גלײַך

emancipated: be e. עמאַנציפּיר|ן זיך, ווער|ן מיט לײַטן גלײַך

emancipation די עמאַנציפּאַציע, די עמאַנציפּירונג

emancipator דער עמאַנציפּאַטאָר (...אָ'רן)

embalm אײַנ|באַלזאַמיר|ן

embankment דער אָנשיט (ן), דער אַרומשיט (ן)

embargo 1. *n.* דער עמבאַרגאָ (ס) || 2. *v.* עמבאַרגיר|ן

embark *vi.* אײַנ|שיפֿ|ן זיך || (on a venture) אַרײַנ|לאָז|ן זיך ⟨אין⟩ ⊣ (on a trip) אַרויס|לאָז|ן זיך ⟨אויף⟩

embarrass פֿאַרשעמ|ען, קאָמפּראָמעטיר|ן, שטעל|ן* אין אַ פֿאַרלע'גנהייט, (אָנ|)מאַכ|ן ד בזיונות [BIZYOYNES]

embarrassed פֿאַרשע'מט || (lacking means) בדלות [BEDALES] אַפּ || **become e.** פֿאַרשעמ|ען זיך

embarrassing פּריקרע

embarrassment די פֿאַרלע'גנהייט, די פּרי'קרעקייט; דער בלאַמאַ'זש (ן), די קאָמפּראָמעטאַציע (ס); בזיונות [BIZYOYNES] מצ ⊣ **suffer e.** האָב|ן* בזיונות

embassy די אַמבאַסאַדע (ס)

embellish צו|פּוצ|ן, פֿאַרשע'נער|ן

ember די האָלעווועשקע (ס) || (*pl.*) דער פּריסיק, דער זשאַר —קאָל

embezzle אויס|נייז|ן, פֿאַרשווינדל|ען

embezzlement די אוי'סנייזונג

embezzler דער אוי'סנייזער (ס)

emblem די עמבלע'ם (ען)

embodiment די פֿאַרקע'רפּערונג (ען)

embody פֿאַרקע'רפּער|ן, כולל זײַן* [KOYLEL]

emboss אַמבאָסיר|ן

embrace 1. *n.* דער אַרומנעם (ען), די האַלדזונג (ען) ⊣ 2. *vt/vi imp.* האַלדז|ן (זיך) ⊣ *pf.* אַרומ|נעמ|ען (זיך), -|כאַפּ|ן (זיך), פֿאַל|ן ד/זיך אויפֿן האַלדז ⊣ (include) אַרומ|-, אַרײַנ|נעמ|ען ⊣ (be converted to) אָנ|נעמ|ען

embroider אויס|האַפּט|ן, אויס|ניי|ען

embroidered געשטי'קט, אוי'סגענייט, אוי'סגעהאַפּט

embroidery דאָס אוי'סנייעכץ, דער האַפּט, דאָס געהאַ'פּט (ן), די מערעזשע (ס)

embryo דער עמבריאָ'ן (ען), דער עובר (ס) [UBER]

emendation די פֿאַרריכטונג (ען)

emerald דער שמאָראַ'ק (ן)

emerge אַרויס|קומ|ען, אַרויס|-, אַרויפֿ|שווימ|ען, אויס|-, אַרויס|שייל|ן זיך

emergency 1. *adj.* גוואַלד || **e. door** די גוואַלדטיר (ן) ⊣ 2. *n.* דער גוואַלד (ן), דער נויטפֿאַל (ן); דער נוי'ט-מצבֿ [MATSEV], די עת־צרה [EYS-TSO'RE], די °עמערגע'נץ (ן)

emergent אַרוי'פֿשווימענדיק

emigrant 1. *adj.* עמיגראַנטיש || 2. *n.* דער עמיגראַ'נט (ן)

emigrate עמיגריר|ן

emigration די עמיגראַציע

eminent באַוווּ'סט, באַקאַ'נט, באַרי'מט, אָ'נגעזע˙ן

eminently גרײַלעך, אוי'סערגעוויי'נטלעך

emissary דער שליח (ים) [ShELIEKh—ShLIKhIM]

emit אַרויס|לאָז|ן, -|געב|ן*

emory דאָס שמערגל

emotion די עמאָציע (ס) || (fervor) דער פּאַטאָס

emotional עמאָציאָנע'ל; פּאַטעטיש

empale (אַרויפֿ|)זעצ|ן אויף דער פּאַליע

emperor דער קייסער (קייסאָרים)

emphasis דער טראָפּ (—); די אַרוי'סהייבונג, דער אַרויסהייב (ן), דער עמפֿאַ'ז (ן), די הדגשה [HADGOShE]

emphasize אַרויס|הייב|ן, אונטער|שטרײַכ|ן

emphatic עמפֿאַטיש

empire די אימפּעריע (ס)

empirical עמפּיריש

employ אָנ|שטעל|ן, צו|-, אָנ|נעמ|ען, באַשע'פֿטיק|ן ⊣ (use) (באַ)ניצ|ן

employee דער אָ'נגעשטעלט|ער געב; דער אַ'רבעט-נעמער (ס); דער מענטש (ן)

employer דער אַ'רבעט-געבער (ס), דער באַשע'פֿטיקער (ס)

employment די באַשע'פֿטיקונג, די אַרבעט || **accept e.** (with) *also* שטעל|ן זיך ⟨בײַ⟩

empower גערב|ן* ד רשות [RESHU'S], באַ־פֿו'למאַכטיק|ן

empress די קייסערינע (ס)

empty 1. *adj.* ליידיק, פּוסט || (stomach) || טאָג|ן אומפּ אין **be nearly e.** ⊣ ניכטער my purse is nearly e. בײַ מיר אין טײַס־אויס|ליי'דיק|ן; אויס|־ ⊣ 2. *vt.* ⊣ טער טאָגט שוין ⊣ גיס|ן, ־|שיט|ן, ־|ראַמ|ען ⊣ e. the kettle (of water) ליידיק אויס דעם קעסל; גיס אויס ⊣ דאָס גאַנצע וואַסער פֿון קעסל ⊣ *vi.* (river) אַרײַנ|גיס|ן זיך ⟨אין⟩

empty-handed מיט ליי'דיקע הענט

emulate נאָ'כ|טאָ|ן* ד

enable געב|ן* ד די מי'גלעכקייט, דערמי'ג־לעכ|ן ד, מיגלעך מאַכ|ן ד —צו

enact אָנ|נעמ|ען; פֿאַראָ'רדענ|ען

enamel 1. *n.* דער עמאַ'ל (ן) || 2. *v.* עמאַליר|ן

enchant פֿאַרכּישופֿ|ן [ ], באַכּישופֿ|ן [ ]

enchantment דער כּישוף [KIShEF]; די פֿאַר־כּישופֿטקייט

encircle באַרינגל|ען, אַרומ|רינגל|ען

encirclement די אַרו'מרינגלונג (ען)

enclose אַרומ|צאַמ|ען; בײַ|לייג|ן

enclosed בײַ'געלייגט

enclosure די אָ'פּצאַמונג (ען) || (in a letter) דער צולאָג (ן), דער בײַלייג (ן)

encore דער ביס (ן) || **for an e.** אויף ביס || **e.!** ביס!

encounter 1. *n.* דאָס באַגע'געניש (ן), די טרעפֿונג (ען) ⊣ 2. *v.* דער צונויפֿטרעף (ן) טרעפֿ|ן, באַגע'גענ|ען, אָנ|טרעפֿ|ן, ־|גע'גענ|ען; טרעפֿ|ן זיך, באַגע'גענ|ען זיך ⟨—מיט⟩

encourage צו|געב|ן* ד מוט, מאַכ|ן ד האַרץ; מו'טיק|ן, אָנ|מו'טיק|ן, (אויפֿ)מו'נטער|ן; אונטער|געב|ן* ד חשק [KHEYShEK]

encouraged *also* געמוטיקט

encouragement די מו'טיקונג (ען), די דער־מו'טיקונג (ען), די (אוי'פֿ)מו'נטערונג (ען)

encroach || פֿאַרכאַפּ|ן, אַרײַנ|שטופּ|ן זיך ⟨אין⟩ **e. upon the rights of** מסיג־גבֿול זײַן* ד [MASEG-GVU'L]

encroachment די אַרײַ'נשטופּונג (ען) ⟨אין⟩, דאָס הסגת־גבֿול ⟨פֿון⟩ [HASOGES-GVU'L]

encumber באַלאַ'סטיק|ן, באַשווער|ן, מכביד זײַן* ל [MAKhBED]

encumbrance די באַלאַ'סטיקונג (ען), די הכבדה (—ות) [HAKhBODE]

encyclopedia די ענציקלאָפּע'דיע (ס)

end 1. *n.* דער סוף (ן) [SOF], די ענד (ן), דער אויס־ (of a process) *also* ⊣ עק (ן) דער אַקרײַטשיק (of a loaf) ⊣ לאָז (ן) **e. of** || דער צוועק (ן) (purpose) ⊣ (עס) **the Exile** דער קץ [KETS] || **no e.** (of) צום **in the e.** ⊣ אָן אַ שיעור ⟨נאָם⟩ [ShIER] ⊣ סוף [ ], לסוף [LESO'F] ⊣ **stand on e.** שטיי|ן* קאַפּויער, שטעל|ן זיך קאַפּויער ⊣ **to the e.s of the earth** ווו די וועלט האָט אַן עק ⊣ **it's the e. of the world** ס'איז עק וועלט ⊣ **where the world has an e.** (*hum.*) ווו דער שוואַרצער פֿעפֿער וואַקסט || **front/rear e.** דער פֿאָדערחלק/הינטער־חלק [KhEYLEK] ⊣ **make both e.s meet** || ע'נדיק|ן, אויס|לאָז|ן ⊣ 2. *vt.* אויס|קומ|ען *vi.* ע'נדיק|ן זיך, אויס|לאָז|ן זיך, עק|ן זיך || (*rev. con.*) נעמ|ען אַ סוף אומפּ ⟨צו⟩ || (weather spell etc.) *also* פּלאַצ|ן || **e. up as** בלײַב|ן (צום סוף) נאָם || **e. up in** בלײַב|ן (צום סוף) אין

endanger שטעל|ן אין סכּנה [SAKONE]

endearing פֿאַרצוינג...; צערטל...

endeavor 1. *n.* דער פּרווו (ן), די באַמי'ונג (ען) || (on sb.'s behalf) דאָס השתדלות (ן) [HIShTADLES] ⊣ 2. *v.* באַ־ פּרווו|ן ⟨אינפֿ⟩; מי|ען זיך, סטאַרע|ן זיך, פֿלײַס|ן זיך, רײַס|ן זיך ⟨—צו⟩

ending דער סוף (ן) [SOF], דער אויסלאָז (ן) || (grammar) די ענדונג (ען)

endless אָן אַ סוף [ ], אָן אַן עק, אָן אַן אויפֿהער

endocrine ענדאָקרינאַ'ל

endorse || אונטער|שטיצ|ן, אינדאָרסיר|ן (check) זשיריר|ן

endorsement די אינדאָרסירונג (ען); די זשירע (ס)

endow באַשענק|ען, באַגאָב|ן

endowment די באַגאָבונג (ען); עולמות מצ [O'YLEMES] ⊣ **e. fund** דער עולמות־פֿאָנד (ן)

endurance דער אויסהאַלט(־כּוח) [KOYEKh], די אוי׳סדויער, די פֿאַרלי׳טנקייט

endure *vt.* אויס|האַלט|ן, פֿאַרטראָג|ן, אויס|שטיי|ן*, אַריבער|טראָג|ן ⊣ (tolerate) *also* סובֿל זײַן* [SOYVL] ⊣ *vi.* אויס|האַלט|ן; גע|דיי|ען, געוווער|ן

enema די קאַנע (ס), דער קליסטי׳ר (ן)

enemy דער שונא (ים) [SOYNE—SONIM], דער פֿײַנד (—), דער סטינאָטער (ס) ⊣ **deadly e.** דער דם־שונא (ים) [DA'M]

energetic ענערגיש

energy די ענערגיע (ס)

enforce דורכ|פֿיר|ן

enforcement דער דורכפֿיר, די דו׳רכפֿירונג

engage *vt.* (hire) דינג|ען, אָנ|שטעל|ן, אַנגאַזשיר|ן ⊣ (catch) אָנ|כאַפּ|ן || **e. in conversation** פֿאַרפֿיר|ן אַ שמועס מיט || *vi.* **e. in** פֿאַרנעמ|ען זיך מיט, עוסק זײַן* ל אין [OYSEK]

engaged פֿאַרנומען ⟨מיט⟩, פֿאַרטאָ׳ן ⟨אין⟩ || (to be married) פֿאַרקנסט [FARKNA'ST] || **be e.** *also* זײַן* אַ חתן [KhOSN], זײַן* אַ כּלה [KALE], זײַן* חתן־כּלה ⊣ **become e.** אַ חתן ווער|ן, אַ כּלה ווער|ן, ווער|ן חתן־כּלה || **e. couple** חתן־כּלה מצ

engagement (betrothal: act) די פֿאַרקנסונג (ען) [FARKNASUNG] ⊣ (state) די חתן־כּלהשאַפֿט [ ] ⊣ (appointment) דער אָפּרעד (ן), דער אָ׳פּשמועס (ן), די באַשטעלונג (ען) ⊣ **break one's e.** (betrothal) ווער|ן אויס חתן־כּלה; אָפּ|שיק|ן די תּנאָים ⊣ **e. contract** די תּנאָים [TNOIM] || **e. party** דער קנס־מאָל (ן) [KNA'S], דער תּנאָים (ס)

engine דער מאָטאָ׳ר (ן) || (railroad) דער לאָקאָמאָטי׳וו (ן)

engineer 1. *n.* דער אינזשעני׳ר (ן) || (railroad) דער מאַשיני׳סט (ן) || 2. *v.* (אויס|)אינזשעניר|ן

engineering די אינזשעניריע

England (דאָס) ענגלאַנד

English 1. *adj.* ענגליש || **E. speaking** ע׳נגליש־שפּראַכיק ⊣ 2. *n.* **the E.** (די) ע׳נגלענדער מצ

Englishman דער ע׳נגלענדער (—)

engrave *v/imp* גראַוויר|ן || *pf.* אויס|־, אײַנ|גראַוויר|ן, אויס|קריצ|ן

engraver דער גראַווירער (ס)

engraving די גראַוויו׳ר (ן)

engrossed פֿאַרטי׳פֿט, פֿאַרזונקען; פֿאַרטאָ׳ן אפּ ⊣ **become e.** פֿאַרטאָ|ן* זיך, פֿאַרטיפֿ|ן זיך, פֿאַרזינק|ען

engulf אַרומ|כאַפּ|ן, פֿאַרשלינג|ען

enhance הייב|ן

enjoin פֿאַראָ׳רדענ|ען/פֿאַרווער|ן (דורכן גערי׳כט)

enjoy הנאה האָב|ן* [HANOE], געניס|ן, נהנה זײַן* —פֿון [NE'ENE] ⊣ **e. greatly** מחיה זײַן* זיך מיט [MEKhAYE] ⊣ **e. oneself** הנאה האָב|ן*, האָב|ן* פֿאַרגעניגן; אַמוזיר|ן זיך, ווײַל|ן זיך; לאָז|ן זיך ווילגיין, לעב|ן אַ טאָג, מחיה זײַן* זיך [ ], פֿאַרברענג|ען גוט, פֿאַרווײַל|ן זיך גוט ⊣ **e. your food!** עס(ט) געזו׳נטערהיי׳ט! ⊣ **e. your clothes!** טראָג(ט) (עס) געזו׳נטערהיי׳ט!

enjoyable מחיהדיק [ ] || **be e.** *also* אײַ׳נגענעמ(ען), מאכלדיק [MA'YKhLDIK] ⊣ **be e.** אײַנ|גיי|ן* ⟨ד⟩

enjoyment די הנאה [HANOE], דאָס נחת [NAKhES] ⊣ **derive e. from** הנאה האָב|ן* [ ], קלײַב|ן/שעפּ|ן נחת, אָנ|טייע|ן ⟨—פֿון⟩

enlarge פֿאַרגרע׳סער|ן

enlargement (act) די פֿאַרגרע׳סערונג (ען) || (picture) דער פֿאַרגרעסער (ן)

enlarger דער פֿאַרגרע׳סערער (ס)

enlighten אויפֿ|קלער|ן

enlightened אוי׳פֿגעקלערט

enlightenment די אוי׳פֿקלערונג || (Haskalah) די השׂכּלה [HASKOLE]

enlist *vt.* אַרײַנ|ציִ|ען || *vi.* פֿאַרשרײַב|ן זיך (פֿאַר אַ זעלנער)

enmity די שׂינאה [SINE], די פֿײַנדשאַפֿט

enormous או׳מגעהײַ׳ער, אין־לשער [EYN-LEShA'ER]

enough גענו׳ג || (with all uncomplemented verbs) אָנ|...|ן זיך || **eat e.** אָנ|עס|ן זיך ⊣ **play e.** אָנ|שפּיל|ן זיך || **sleep e.** אויס|שלאָפֿ|ן זיך || **not e.** *also*

⊣ don't I help you enough? קאַרג העלף איך דיר? ⊣ **not e. that** ⟨אַז⟩ לאַ־די [LOY-DA'Y] ⊣ **be e.** *also* קלעקן|ן, סטײַען|ן || **be hardly e.** קלעקן|ן אויף אַ צאָן || **more than e.** אַריבער און אַריבער, איבער גענו'ג, אי'בערן האַלדז, די־והותר [DA'Y-VEHO'YSER] ⊣ **e.!** *also* אַן עק! || **... and that's e.!** און יוצא! [YOYTSE]

enrage דערצע'רענ|ען, דערכּעס|ן [DER-KAAS], אויפֿ|קאָכ|ן, אַרויס|ברענג|ען פֿון די כּלים [KEYLIM]

enraged *also* אוי'פֿגעבראַכט || **become e.** *also* אַרויס|גיי|ן* פֿון די כּלים [ ]

enrich באַרײַ'כער|ן

enroll *vt.* פֿאַרשרײַב|ן, אַרײַנ|צי|ען || *vi.* פֿאַרשרײַב|ן זיך

enslave פֿאַרשקלאַפֿ|ן

enslaved פֿאַרשקלאַ'פֿט; משועבד אַפּ ⟨בײַ⟩ [MESHUBED]

ensue קומ|ען ווײַטער

entail ברענג|ען ⟨צו⟩, גורם זײַן* [GOYREM]

entangle פֿאַרפּלאָ'נטער|ן, פֿאַרוויקל|ען

entanglement די פֿאַרפּלאָ'נטערונג (ען), דער פּלאָנטער (ס); דאָס פֿאַרווי'קלעניש (ן)

enter *vt.* (put, bring in) אַרײַנ|געב|ן*, (write in) ⊣ אַרײַנ|שרײַב|ן || *vi.* (come in) אַרײַנ|גיי|ן*, -|קומ|ען ⟨—אין⟩ || -|טראָג|ן ⊣ (organization) אָנ|קומ|ען, אַרײַנ|טרעט|ן ⟨—אין⟩ ⊣ (stage directions) אַרײַ'ן

enterprise די פֿי'רנעמונג (ען), די אונטערנע-מונג (ען); די אימפּרעזע (ס) ⊣ **free e.** דאָס פֿרײַ'־פֿי'רנעמערײַ'

enterprising פֿי'רנעמעריש

entertain פֿאַרווײַל|ן, אַמוזיר|ן, משׂמח זײַן* [MESAMEYEKh] ⊣ (guests) אויפֿ|נעמ|ען || (idea) שפּיל|ן זיך מיט

entertainer דער פֿאַרווײַלער (ס) || (at a wedding: *Jew.*) דער בדחן (ים) [BATKhN—BATKhONIM]

entertainment די פֿאַרווײַלונג (ען)

enthrone אינטראָניר|ן

enthusiasm דער ענטוזיאַזם [ZY], די באַ-גײַ'סטערונג, דאָס התפּעלות [HISPAYLES]

enthusiast דער ענטוזיאַ'סט (ן) [ZY]

enthusiastic ענטוזיאַסטיש ⟨וועגן⟩ [ZY], באַ-גײַסטערט ⟨פֿון⟩, פֿאַרקאָ'כט ⟨אין⟩ ⊣ **become e.** (over) נתפּעל ווער|ן ⟨פֿון⟩ [NISPOEL] || (an idea) *also* אָנ|כאַפּ|ן זיך ⟨אין⟩

entice פֿאַרנאַר|ן, פֿאַרנאַדיע|ן, אַרײַנ|נאַר|ן; ווײַז|ן ד אַ לע'קעכל

entire גאַנץ, פֿולקום, פֿו'לשטענדיק, גאָר

entirely *also* לגמרי [LEGAMRE], כּולו [KULE], אין גאַנצן

entirety די גאַנצקייט

entitle באַרע'כטיק|ן || **be e.d to** *also* פֿאַרדינ|ען, זײַן* ווערט —אַ; זײַן* באַרעכטיקט צו ⊣ (*rev. con.*) קומ|ען ד

entity דער יש (ן) [YESh]

entrance דער אַרײַנגאַנג (ען), דער אַרײַנפֿאָר (ן) || (act) *also* דער אַרײַנקום (ען)

entreat בעט|ן זיך בײַ; בעט|ן אַ מיט תּחנונים [TAKhNUNIM]

entreaty דאָס געבע'ט (ן), תּחנונים מצ [ ]

entrepreneur דער פֿי'רנעמער (ס)

entrust אָנ|געטרוי|ען, פֿאַרגלייב|ן

entry דער אַרײַנקום, דער אַרײַנמאַרש || (in a book) די פּאָזיציע (ס), די פֿאַרשרײַבונג (ען), דער פֿאַרשרײַ'ב (ן)

enumerate מאַכ|ן אַ צעטל פֿון, אויס|-, איבער|רע'כענ|ען

enunciation די דיקציע (ס), דער חיתּוך־הדיבור [KhITEKh-HADI'BER]

envelop *v. imp/pf* (אײַנ|)היל|ן

envelope דער קאָנווע'רט (ן)

envious: be e. *see* **envy** *v.*

environment די סבֿיבֿה (—ות) [SVIVE], דער אַרו'ם

envoy דער שליח (ים) [ShELIEKh—ShLI-KhIM] ⊣ (diplomatic) דער געשיקט|ער געב, דער לעגאַ'ט (ן)

envy 1. *n.* די קינאה [KINE] || 2. *v.* מקנא זײַן* [MEKANE], ניט פֿאַרגינ|ען —ד ⊣ **not e.** פֿאַרגינ|ען ד

epaulet דער עפּאָלע'ט (ן), די שליפֿע (ס)

ephemeral פֿאַרגייִיק, עפֿעמעריש || **stg. e.** דער קקיון־דיונה [KIKOYEN-DEYO'YNE]

epic 1. *adj.* עפּיש || 2. *n.* דער עפּאָס (ן); די עפּאָפּעע (ס)

epicure דער עפּיקורעער (—), דער עולם־הזה־ניק (עס) [OYLEM-HA'ZENIK], דער מפֿונק (ים) [MEFUNEK—MEFUNOKIM]

epidemic 1. *adj.* עפּידעמיש || 2. *n.* די עפּידעמיע (ס), דער או'נטערגאַנג (ען)

epigram די עפּיגראַ'ם (ען)

epilogue דער עפּילאָ'ג (ן)

episcopal בי'סקופּיש

Episcopalian עפּיסקאָפּאַליש

episode דער עפּיזאָ'ד (ן)

epitaph דער עפּיטאַ'ף (ן)

epithet דער עפּיטע'ט (ן); דאָס זי'דלוואָרט (...ווערטער)

epitome דער תּמצית (ים) [TAMTSES—TAMTSEYSIM]

epitomize זײַן* דער תּמצית פֿון [ ]

epoch די עפּאָכע (ס), די תּקופֿה (—ות) [TKUFE]

epoch-making עפּאָ'כעדיק

epsom salts די בי'טערזאַלץ

equal 1. *adj.* גלײַך; גלײַ'כמאָסיק || **e. to** (task) מסוגל אַפּ צו [MESUGL]; אויף דער הייך פֿון ⊣ **e. to everyone** מיט לײַטן גלײַך || **be e. to** (person/thing) קענ|ען* זיך גלײַכן צו ⊣ **be e. to** (task) *also* קע־נ|ען* זיך או'נטערנעמען, קענ|ען* באַהייבן אַ— || 2. *n.* דאָס גלײַכן; דער גלײַכ|ער געב || 3. *v.* זײַן* גלײַך ד/צו

equality די גלײַכקייט || (of rights) *also* די גלײַכהייט, די לײַ'טן־גלײַכקייט ⊣ **e. of rights** *also* די גלײַ'כרעכטיקייט

equalize אויס|גלײַכ|ן

equally *also* פּונקט אַזוי' || (divide) גלײַך אויף גלײַך

equate צונויפֿ|גלײַכ|ן

equation די גלײַכונג (ען)

equator דער עקוואַטאָר

equilibrium די גלײַכוואָג

equinox די גלײַכנאַכט (...נעכט)

equip אויס|ריכט|ן, ־|שטאַפּיר|ן, פֿאַרזאָרג|ן

equipment דער אויסריכט, די אוי'סשטאַטונג, דער שטאַפּי'ר

equity דער יושר [YOYSHER]

equivalence די גלײַכווערט (ן)

equivalent 1. *adj.* גלײַ'כווערטיק || 2. *n.* דער עקוויוואַלע'נט (ן)

equivocal צוויי'טײַטשיק

equivocate פּלאָ'נטער|ן מיט דער צונג

equivocation מצ הי'נטערשיסעלעך

era די צײַט (ן), די תּקופֿה (—ות) [TKUFE], די ערע (ס) ⊣ (chronological system) די צײַ'ט־רעכענונג

eradicate אויס|וואָרצל|ען, עוקר־מן־השורש זײַן* [OYKER-MINASHO'YRESH]

erase *v. imp/pf* (אויס|־, אָפּ|)מעק|ן

eraser דער מעקער (ס)

erect 1. *adj.* גלײַך (ווי אַ דראָנג), אוי'פֿגע־האָדערט ⊣ 2. *v.* אויפֿ|שטעל|ן, ־|בוי|ען

ermine דער האַרמל (ען)

erode אונטער|־, אָפּ|שווענק|ען

erosion די או'נטערשווענקונג, די אָ'פּשווענקונג

erotic עראָטיש

err אַ טעות האָב|ן* [TOES], טועה זײַן* זיך [TOYE] ⊣ (sin) פֿאַרשטיפֿ|ן

errand דער גאַנג (גענג) || **run an e.** גיי|ן* אַ גאַנג ⊣ **send on an e.** שיק|ן אַ אַ גאַנג || **e. boy** דאָס/דער שי'קייִנגל (עך)

erratic עראַטיש

erratum דער תּיקון־טעות (ן) [TIKN-TO'ES]

erroneous טעותדיק [ ], פֿאַלש

erroneously *also* על־פּי טעות [ALPI TOES]

error דער טעות (ן) [TOES], דער גרײַז (ן), דער פֿעלער (ן) ⊣ **full of e.s** פֿאַרגרײַ'זט

erudite געלערנט, ווויל־קע'נעוודיק || (book: *Jew.*) לומדיש [LOMDISH]

erudition די געלע'רנטקייט || (*Jew.*) דאָס לומדות [LOMDES]

erupt אויס|שיט|ן זיך || (rash) אויס|ברעכ|ן

eruption דער אויסבראָך (ן)

escalate *vt.* אַרויפֿ|לייטער|ן

escalation די עסקאַלירונג, די אַרוי'פֿלייטערונג

escalator דער עסקאַלאַטאָר (...אָ'רן), די ווי'קלטרעפּ (ן)

escape 1. *n.* די אַנטרינונג (ען), דער אַנטלוי'ף (ן); די הצלה (—ות) [HATSOLE] ⊣ (gas) דאָס רינען ⊣ **have a narrow e.** קוים ניצול ווער|ן [ ] ⊣ (*Jew.*) *also* דאַרפֿ|ן* בענטשן גומל [GOYML] ⊣ 2. *v.* אַנטלויפֿ|ן, ניצול

|| ווער|ן; אַרויס|דריי|ען זיך ⟨פֿון⟩; אַנטרינ|ען, מאַכ|ן פּליטה [PLEYTE], מאַכ|ן° ויבֿרח [VAYIVREKh] (*hum.*) ⊣ (gas) (אַרויס|)רינ|ען ⊣ (from mind) אַרויס|גיי|ן* ד פֿון זינען

eschew וויַכ|ן; מײַד|ן, אָפּ|שטיי|ן* —פֿון

escort 1. *n.* (guidance) די באַלייטונג || (guide) דער באַלייטער (ס) || (gentleman) דער קאַוואַלי'ר (ן) ⊣ 2. *v.* באַלייט|ן, עסקאָרטיר|ן

Eskimo 1. *adj.* עסקימאָסיש || 2. *n.* דער עסקימאָ'ס (ן)

esophagus דער וושט [VEYShET], די שפּײַזרער (ן), די לינק|ע קעל

especially ספּעציע'ל, דער עיקר [IKER], דערעיקרשט, באַזונדערש, דער הויפּט, בפֿרט [BIFRA'T]; ווער רעדט נאָך, ווער שמועסט

espionage דער שפּיאָנאַ'זש

essay *n.* דער עסיי' (ען)

essayist דער עסייִ'סט (ן)

essence דער מהות (ן) [MEHU'S], דער תּוך [TOKh], דאָס ממשות [MAMOShES], דער תּמצית [TAMTSES], דער עצם [ETSEM], דער עיקר [IKER] || (tea etc.) דער סענץ (ן) ⊣ **in e.** אין תּוך, אין עצם, בעצם [BEETSEM]

essential בעצמדיק [ ], עיקרדיק [ ], תּוכיק [ ], לע'בנס־נייטיק; עיקר־..., עצם־... [ ], דווקא־... [DAFKE], מוז... ⊣ (intrinsic) מהותיק [ ] ⊣ **e. thing** *also* די מוזזאַך (ן)

essentially אין עצם [ ], אין תּוך [ ], בעצם [ ]

establish (found) אַוועק|-, אויפֿ|שטעל|ן, אײַנ|- ⊣ (introduce) פֿאַרלייג|ן, עטאַבליר|ן || פֿעסט|שטעל|ן ⊣ (determine) שטעל|ן (contacts) אָנ|קניפּ|ן || (firmly) אײַנ|-פֿו'נדעווע|ן, -|פֿע'סטיק|ן, פֿאַרפֿו'נדעווע|ן, גרו'נטפֿעסטיק|ן ל

established אײַ'נגעשטעלט || (in life) געשטע'לט

establishment (act) דאָס פֿאַרלייגן, דאָס פֿאַרלייגט ווערן ⊣ (institution) די אינסטיטוציע (ס) ⊣ (firm) די פֿירמע (ס) ⊣ דער אַנשטאַ'לט (ן) ⊣ **the E.** די תּקיפֿשאַפֿט [TA'KEFShAFT], די מאה־דעה [MEYE-DE'YE]

estate דער מאַיאָנטיק (...טקעס), דאָס גוט (גיטער), די פּאָסעסיע (ס), די נחלה (—אָות) [NAKhLE—NAKhLOES] ⊣ (bequest) דער עזבֿון (ות) [IZOVN—IZVOYNES] ⊣ (social class) דער שטאַנד (ן) || **real e.** דאָס גרו'נט־אייגנס

esteem 1. *n.* די •אַכטונג, דער דרך־ארץ [DERKhERETS], דאָס חשיבֿות [KhShIVES], דער אָנזען ⊣ **be in great e.** האָב|ן* גרויס אָנזען, זײַן* בחשיבֿות [BIKhShIVES] ⊣ 2. *v.* לייג|ן כּבֿוד אויף [KOVED]

esteemed חשובֿ [KhOShEV]

esthetic עסטעטיש

esthetics די עסטעטיק

estimate 1. *n.* די שאַצונג (ען), דער אָפּשאַץ (ן), די אָ'פּשאַצונג (ען) ⊣ 2. *v.* *imp/pf* (אָפּ|)שאַצ|ן

estimated געשאַ'צט, שאַציק

estimation די אָ'פּשאַצונג (ען) || **in the e. of** אין פּאָס אויגן

Estonia (דאָס) עסטלאַנד

Estonian עסטיש

estrange אָפּ|פֿרעמד|ן

estranged אָ'פּגעפֿרעמדט, דערווײַטערט, פֿאַרפֿרע'מדט ⊣ **be e.** אָפּ|פֿרעמד|ן זיך ⟨פֿון⟩

estuary די לעפֿצונג (ען)

etc. אאַז"וו=און אַזוי' ווײַטער; א"אַ=און אַ'נדערע; וכו'=וכדומה [UKhDOYME]

etch ראַדיר|ן, אויס|עצ|ן

etching דאָס ראַדירן; דער ראַדי'ר (ן)

eternal אייביק || **e. light** דער נר־תּמיד [NEYRTOMED] (ן)

eternity די איי'ביקייט

ether דער עטער

ethical עטיש

ethics די עטיק

ethnic עטניש, נאַציאָנאַ'ל || **e. group** דאָס פֿאָלק (פֿעלקער), די נאַציאָנאַליטע'ט (ן)

etiquette דער עטיקע'ט

etude דער עטיו'ד (ן)

etymology די עטימאָלאָגיע (ס)

eucalyptus דער אייקאַלי'פּט (ן)

eugenics די אייגעניק

eulogize אויס|לויב|ן || (funeral) מספּיד זײַן* [MASPED]

eulogy (עך) לױ'בגעזאַנג דאָס || (funeral) דער [HESPED—HESPEYDIM] הספד (ים)

eunuch [SORES (ים) דער סריס (ן), דער אײנו'ך —SERISIM]

euphemism (ען) דער אײפֿעמיזם

euphemistic אײפֿעמיסטיש || **e. language** [LOShN-NEKI'E] דאָס לשון־נקיה

Eurasia (די) אײראַ'זיע

Europe (די) אײראָפּע

European 1. *adj.* אײראָפּעיִש || 2. *n.* דער אײראָפּעער (—)

euthanasia די אײטאַנאַ'זיע

evacuate עוואַקויִר|ן

evacuation די עוואַקויִרונג

evade אױס|מײַד|ן ⁎, אַרױס|דרײ|ען זיך פֿון

evaluate אָפּ|שאַצ|ן

evaluation דער אָפּשאַץ (ן), די אָ'פּשאַצונג (ען) || **for** (sb.'s) **e.** [MEVI- אויף פֿאָס מבֿינות NES]

evaporate אױס|װעפּ|ן זיך, -|פֿאַרע|ן, -|דאַמפּ|ן

evaporated אױ'סגעדאַמפּט

evasion דער אַרױסדרײ (ען), די אױ'סמײַדונג (ען)

evasive אױ'סמײַד(נד)יק, אַרױ'סדרײעריש || **e. person** דער דרײער (ס)

eve: on the e. of [EREV] ערבֿ

even 1. *adj.* גלײַך; גלאַט; גראָד; גלײַ'כמאָסיק || (not odd) גראָד || **be e. with** (account) זײַן* קװיט מיט || **get e.** -|אָפּ רע'כענ|ען זיך ⊣ 2. *adv.* [AFILE] אַפֿילו || אי דאָס ⊣ **e. then** צו מאָל; באַדײַ'; אַזש ⊣ 3. *v.* **e. off** אױס|גלײַכ|ן, פֿאַרגלײַכ|ן

evening דער אָװנט (ן), דער אױפֿדערנאַ'כט (ן) || **in the e.** אין אָװנט; אױף דער נאַכט, פֿאַר נאַכט ⊣ **toward e.** פֿאַרנאַכטלעך || **good e.** גוטן־אָװנט || (on Friday evenings: *Jew.*) [ShABES] גוט־שבת || (on Saturday evenings: *Jew.*) גוט־װאָך || **e. gown** דאָס אָ'װנטקלײד (ער), דאָס באַלקלײד (ער)

event דאָס געשעע'ניש (ן), די פּאַסירונג (ען), די אימ- ⊣ (show, dance) דער טראַף (ן) פּרעזע (ס) ⊣ **after the e.** אַחר־המעשׂה [A'KhER-HAMAYSE] ⊣ **before the e.** [KO'YDEM-LEMAYSE] קודם־למעשׂה ⊣ **in the e. of** אין פֿאַל פֿון || **in the e. that** סײַ װי סײַ, על־כּל־פּנים ⊣ **at all e.s** טאָמער [BEKhO'L- בכל־אופֿן, [ALKOLPONEM] OYFN] ,יעדן פֿאַלס•

eventual [ ] סוף־כּל־סופֿיק

eventually סוף־כּל־סוף [SOFKL-SO'F], מיט דער צײַט

ever (always) תּמיד [TOMED], שטענדיק, ⊣ (any time) אַ מאָל, װענס, ⊣ אַלע מאָל || פֿון דעמאָלט אָן ⊣ **e. since** װען עס איז ⊣ **e. bigger** װאָס אַ מאָל גרעסער

evergreen דער נאָ'דלבױם (...בײמער)

everlasting אײביק || **the E.** דער װאָס לעבט אײביק

every יעדער, אי'טלעכ|ער, יע'טװידער, || אַלע נאַכט ⊣ **e. night** אַיעדער; אַלע מצ **e. time** אַלע/אילע מאָל

everybody יעדער אײנ|ער, יע'דער|ער

everyday *adj.* טאָ'ג־טע'גלעך, װאָ'כעדיק

everyone (אַ)יע'דער|ער, אי'טלעכ|ער, יעדער אײנ|ער; אַלע מצ

everything אַלץ, אַלצדינג

everywhere אומעטו'ם

evict אַרױס|װאַרפֿ|ן, עקסמיטיר|ן

eviction די עקסמי'סיע (ס)

evidence 1. *n.* (*coll.*) באַװײַזן, ראַיות —מצ [ ]; דער באַװײַ'ז־מאַטעריאַל (ן), די עװידע'נץ || (giving of e.) [E'YDES] דאָס עדות־זאָגן || **piece of e.** דער באַװײַ'ז (ן), די ראַיה (—ות) עדות ⊣ **give e.** [RAYE]; דער אױפֿװײַז (ן) ⊣ 2. *v.* זאָג|ן ⊣ אַרױס|װײַז|ן

evident באַשײַ'מפּערלעך, קענטיק; ניכּר אַפּ [NIKER] ⊣ **be e.** *also* זײַן* אָנ|זע|ן || **make e.** *also* פֿאַרשײַ'מפּערלעכ|ן

evil 1. *adj.* שלעכט, בײז || 2. *n.* דאָס בײז, דאָס שלעכטס; דער שלאַק (שלעק) ⊣ **every possible e.** אַל דאָס בײז, אַלץ װאָס אין דער קאָרט

Evil Eye (*Jew.*) [EYN- (ס) דער עין־הרע ;ORE] דאָס בײז־אױ'ג

evince אַרױס|װײַז|ן

evolution די עװאָלוציע (ס); די אַנטװיקלונג (ען)

evolve *vt.* אַנטװיקל|ען || *vi.* אַרױס|װאַקס|ן, אַנטװיקל|ען זיך, אױס|שײל|ן זיך

ex... (former) געוועז׳ן אדי; עקס.. || (*iro.*) [MIShEHOYE] ...־מי־שהיה ⊣ **ex-husband** דער אי׳מערמאַן (ען) ⊣ **ex-wife** דאָס אי׳מער־ווײַב (ער)

exacerbate פֿאַרבי׳טער|ן, פֿאַרע׳רגער|ן

exact 1. *adj.* גענוי׳, פּינקטלעך, עקזאַ׳קט || 2. *v.* אַרויס|קריג|ן, -|פּרעס|ן; פֿאָ׳דער|ן

exacting שטרענג; קפּדניש [KAPDONISh]

exactly *also* פּונקט, אַקוראַ׳ט; ס׳זאָל פֿעלן אַ האָר ⊣ **e.** 5 hours *also* 5 זיי׳גערנע שעה [sho]

exaggerate מגזם זײַן* [MEGAZEM], איבער|טרײַב|ן, צעבלאָז|ן, מאַכ|ן פֿון אַ וואָרט אַ קוואָרט ⊣ (artistically) שאַרזשיר|ן

exaggerated אי׳בערגעטריב׳ן, גוזמאדיק [ ]

exaggeration די גוזמא (—ות) [GUZME] || **without e.** בלי־גוזמא

exalt דערהייב|ן, הייב|ן (אין הימל אַרײַן), הייכ|ן און קריינ|ען, עקזאַלטיר|ן

exaltation דאָס התלהבֿות [HISLAYVES], די דערהייבונג, די דערהייכונג

exalted הויך, געהויב׳ן, עקזאַלטי׳רט

examination (inspection) דער דורכקוק || (physical) די (גו׳ף־)באַטראַכטונג (ען) || (test) דער עקזאַמען (ס) || **close e.** די חקירה־ודרישה (—ות —ות) [KhKIRE-DRI′ShE] ⊣ **take an e.** (in) האַלט|ן עקזאַמען ⟨אויף⟩ ⊣ **pass an e.** (in) אויס|האַלט|ן עקזאַמען ⟨אויף⟩

examine באַקוק|ן, דורכ|־, איבער|קוק|ן, •אונטער|זוכ|ן ⊣ (scrutinize) באַטראַכט|ן, בודק זײַן* [BOYDEK] ⊣ (test) עקזאַמעניר|ן || (question) אויס|פֿרעג|ן, פֿאַרהער|ן || **e. closely** חוקר־ודורש זײַן* [KhOYKER-VEDOYRESh]

example דער משל (ים) [MOShL—MEShO-LIM], דער •בײַשפּיל (ן); די דוגמא (—ות) [DUGME] ⊣ **for e.** למשל [LEMOShL], אַ שטייגער; לדוגמא [LEDUGME], •צום בײַשפּיל ⊣ (*hum.*) כּדומה־למשל [KEDOYME] || **take as an e.** °אָנ|כאַפּ|ן

exasperate צערייצ|ן, דערביי׳זער|ן, אויפֿ|קאָכ|ן; אונטער|טראָג|ן אומפּ

exasperated אוי׳פֿגעקאָכט

excavate *v/pf* אויס|גראָב|ן

excavation די אוי׳סגראָבונג (ען)

exceed זײַן* גרעסער/העכער פֿון; אַריבער|גיי|ן* איבער, אַריבער|שטײַג|ן אַ

exceedingly ביז גאָר

excel *vi.* אויס|ציי׳כענ|ען זיך

excellence די אוי׳סגעצייכנטקייט

excellency די עקסצעלע׳נץ (ן)

excellent אוי׳סגעצייכנט; אַ ... פֿון ...לאַנד || an e. house אַ הויז פֿון הײַ׳זערלאַנד

except 1. *prep.* (אַ)חוץ [(A)KhU′TS], •אויסער ⊣ 2. *conj.* **e. that** נאָר וואָס || (unless) סײַדן

exception דער אויסנעם (ען), דער יוצא־מן־הכּלל [YOYTSE-MINAKLA′L] (ן) ⊣ *cf.* **objection** || **take e.** (to) האָב|ן* אײַ׳נצווענדן ⟨קעגן⟩

exceptional אוי׳סערגעוויי׳נטלעך; אוי׳סנעמיק, זעלט׳ן

excerpt 1. *n.* דער אויסצוג (ן) || 2. *v.* עקסצערפּיר|ן

excess 1. *adj.* אי׳בעריק, עודפֿדיק [ ] || 2. *n.* די אי׳בערמאָס, דער עודף [OYDEF] || **in e. of** איבער, העכער —פּרעפּ || **carry (things) to e.** אַריבער|כאַפּ|ן די מאָס, איבער|צי|ען דאָס שטריקל ⟨—מיט⟩

excessive אי׳בעריק, עודפֿדיק [ ], אי׳בערמאָסיק, אי׳בערגענו׳גיק

excessively *also* צו; איבער דער מאָס

exchange 1. *n.* דער (אויס)בײַט (ן), דער •אויסטויש (ן) ⊣ (money) דער חילוף (ים) [KhILEF—KhILUFIM] ⊣ (telephone) די צענטראַלע (ס) ⊣ (stock) די בערזע (ס) || 2. *vt.* (for) אויס|בײַט|ן, •אויס|טויש|ן ⟨—אויף⟩ ⊣ (trade) געב|ן*/דערלאַנג|ען/שיק|ן זיך (איינער דעם אַ׳נדערן); אויס|בײַט|ן זיך ⟨מיט⟩ ⊣ **e. blows** דערלאַנג|ען זיך קלעפּ ⊣ **e. words** דורכ|ווערטל|ען זיך

excise 1. *n.* דער אַקצי׳ז (ן) || 2. *v.* אויס|שנײַד|ן

excision (act) דאָס אוי׳סשנײַדן; די אוי׳סשנײַדונג (ען) ⊣ (object, place) דער אויסשניט (ן)

excitable היציק || **e. person** *also* דער היצ־קאָפּ (...קעפּ)

excitation די אַנטוועקונג (ען)

excite (person) אָנ|צינד|ן, צעהיצ|ן, •אויפֿ|רעג|ן ⊣ (people) אויפֿ|אַנטוועק|ן, אַ נעם טאָ|ן* ⊣ (feeling) רו'דער|ן, -ריר|ן

excited *also* אוי'פֿגעהײַטערט; אוי'פֿגעטראָג'ן; צעיאַכמערט ⊣ **be e.** *also* היצ|ן זיך, קאָכ|ן זיך, צעקאָכ|ן זיך, נערוויר|ן זיך ⊣ **get e.** צעהיצ|ן זיך; אָנ|צינד|ן זיך, צעיאַ'כמער|ן זיך

excitement דער קאָך, דאָס גערודער, דער אויפֿריר; די אוי'פֿרעגונג (ען); דער אַזאַ'רט

exciting (suspenseful) *also* שפּאַ'נענדיק

exclaim אויס|רופֿ|ן, אויס|שרײַ|ען

exclamation דער אויסרוף (ן), דער אוי'סגעשריי (ען) ⊣ **e. point** דער אוי'סרוף־צייכן (ס)

exclude אויס|שליס|ן

exclusion די אוי'סשליסונג || **to the e. of** אוי'סשליסנדיק

exclusive עקסקלוסי'וו, אוי'סשליסיק || **e. of** אַחוץ [AKhU'TS]

exclusively נאָר, בלויז, אוי'סשליסלעך, ניט אַנדערש

excommunicate עקסקאָמוניקיר|ן || (*Jew.*) אַרײַנ|לייג|ן אין חרם [ ], מחרים זײַן* [MAKh-REM]

excommunication די עקסקאָמוניקאַציע (ס) || (*Jew.*) דער חרם [KhEYREM]

excrement די צואה [TSOYE], דער קאַל

excrescence דער אָנוווקס (ן); דער אי'בערביין (ער)

excursion די עקסקו'רסיע (ס), דער שפּאַצי'ר (ן)

excuse 1. *n.* דער תּירוץ (ים) [TERETS—TERUTSIM], דער פֿאַרענטפֿער (ן) ⊣ **make e.s** פֿאַרע'נטפֿער|ן זיך || 2. *v.* מוחל זײַן* [MOYKhL], •אַנטשו'לדיק|ן ⊣ —ד; פֿאַרע'נטזײַ(ט) מיר מוחל, •אַנט- ⊣ **e. me** פֿער|ן אַ אָפּ|בעט|ן זיך ⊣ **be e.d** (from) שולדיק(ט) ⟨פֿון⟩

execute אויס|פֿיר|ן, דורכ|פֿיר|ן, מקיים זײַן* [MEKAYEM]; אויס|פֿאָלג|ן ⊣ **e. a sentence** מקיים־פּסק זײַן* [MEKAYEM-PSA'K] ⊣ **e.** (person) מקיים זײַן* דעם פּסק אויף, •עקזע-קוטיר|ן

execution די דו'רכפֿירונג (ען) || (death) די עקזעקוציע (ס)

executioner דער הענקער (ס), דער קאַט (ן), דער •עקזעקוטירער (ס)

executive 1. *adj.* אויספֿיר..., עקזעקוטי'וו־... || 2. *n.* (board) די עקזעקוטיווע (ס) || (person) דער אוי'ספֿיר־באַאַמט|ער געב; דער עקזעקוטי'וו (ן)

executor דער עקזעקוטאָר (...אָ'רן)

exemplary מוסטער..., מו'סטערדיק

exemplify (be an example of) זײַן* אַ דוגמא [DUGME], זײַן* אַ מוסטער/•בײַשפּיל ⊣ (give an example of) געב|ן* אַ —פֿון דוגמא פֿון

exempt 1. *adj.* פּטור אַפּ [POTER]; פֿרײַ || 2. *v.* באַפֿרײַ|ען

exemption די באַפֿרײַונג (ען)

exercise 1. *n.* די געניטונג (ען) || (movement) די באַוועגונג, די גימנאַסטיק || **e.s** *cf.* **ceremony** || 2. *vt.* (right, power) אויס|ניצ|ן ⊣ (muscles) באַוועג|ן || *vi.* געניט|ן זיך, פּראַקטיציר|ן

exert (strain) אָנ|שטרענג|ען || (pressure, influence) לאָז|ן פֿילן

exertion דער אָנשטרענג (ען), די אָ'נשטרענגונג (ען)

exhale אויס|אָ'טעמ|ען

exhaust 1. *n.* דער אַרויסשטויס (ן) || 2. *v.* אויס|שעפּ|ן; אויס|מוטשע|ן, אויס|מאַ'טער|ן

exhausted: be e. *also* פֿאַל|ן פֿון די פֿיס

exhausting אוי'סשעפּנדיק

exhaustion די אוי'סשעפּונג

exhaustive אוי'סשעפּיק

exhibit 1. *n.* די אוי'סשטעלונג (ען) || (exhibited object) דער עקספּאָנאַ'ט (ן) || 2. *v.* אַרויס|ווײַז|ן ⊣ (evidence) אויס|שטעל|ן

exhibition די אוי'סשטעלונג (ען)

exhibitionist דער עקסהיביציאָני'סט (ן)

exhilarate אויפֿ|הײַ'טער|ן

exhort צו|רעד|ן, מפֿציר זײַן* [MAFTSER], דוחק זײַן* [DOYKhEK]; מתרה זײַן* [MASRE]

exhume אַרויס|גראָב|ן (פֿון קבֿר) [KEYVER]

exigency די נויט (ן), דער נויטפֿאַל (ן)

exile 1. *n.* (condition) [GOLES] דאָס גלות || (person) דער פֿאַרשיקט|ער געב || **be in e.** אָפּ|ריכט|ן גלות ⊣ 2. *v.* פֿאַרטרײַב|ן || (an individual) *also* פֿאַרשיק|ן

exist עקסיסטיר|ן, זײַן* פֿאַראַ'ן, זײַן* בנימצא [BENIMTSE], זײַן* במציאות [BIMTSIES]

existence די עקסיסטע'נץ; דער קיום [KIEM] || **in e.** בנימצא [ ], במציאות [ ] || **come into e.** אויס|וואַקס|ן, אויפֿ|קומ|ען, ניצמח [NITSMEKh] ווער|ן

existential עקסיסטענציע'ל

existentialism דער עקסיסטענציאַליזם

exit דער אַרויסגאַנג (ען) || (stage directions) אָפּ

exodus די אוי'סוואַנדערונג (ען), די יציאה [YETSIE] ⊣ **Book of E.** שמות [shMOYS] || **the E.** (from Egypt) יציאת־מצרים [YETSIES-MITSRA'IM]

exonerate ריינ|וואַש|ן

exorbitant גאָר אָן אַ מאָס; ניט צו באַצאָלן

exotic עקזאָטיש

expand *vt/vi* אויס|בריי'טער|ן (זיך), -|שפּרייט|ן (זיך)

expanse דאָס געשפּריי'ט (ן), דער אויסשפּרייט (ן)

expansion די אוי'סברייטערונג (ען), די עקספּאַ'נסיע (ס), די צעפּלייצונג (ען)

expatiate ברײַע|ן, מאריך זײַן* [MAYREKh]

expatriate 1. *n.* דער עקספּאַטרײַרט|ער געב || 2. *v.* עקספּאַטרײַר|ן

expect ריכט|ן זיך, אַרויס|קוק|ן—אויף; דער־°ריכט|ן זיך (אויף) ⊣ (be pregnant) וואַרט|ן (אויף אַ קינד) ⊣ *cf.* **pregnant**

expectancy דאָס ריכטן זיך || *cf.* **life**

expectant: e. mother די פּרוי (ען) אויף דער צײַט

expectation דער אַרויסקוק (ן), די וואַרטונג (ען)

expediency די לוינונג, די לוי'ניקייט

expedient 1. *adj.* לוינִיק, תּכליתדיק [TA'KhLESDIK], צווע'קמעסיק• ⊣ **be e.** לוינ|ען זיך ⊣ 2. *n.* דאָס נוי'טמיטל (ען), דער פֿאָרטל (ען), די תּחבולה (—ות) [TAKh-BULE]

expedite צו|אײַל|ן

expedition די עקספּעדיציע (ס)

expel אַרויס|וואַרפֿ|ן, -|טרײַב|ן, באַזײַ'טיק|ן, פֿאַרטרײַב|ן

expenditure די הוצאה (—ות) [HETSOE] || (other than money) דער פֿאַרני'ץ

expense די הוצאה (—ות) [HETSOE] || **at the e. of** אויפֿן חשבון פֿון [KhEzhBM]

expensive טײַער, קאָסטיק || **extremely e.** בראַנד טײַער, מיט גאָלד גלײַך ⊣ **be e.** (*rev. con.*) זײַן* אַ יקרות אומפּ אויף [YAKRES]

experience 1. *n.* (single) די איבערלעבונג (ען) ⊣ (cumulative) די פּראַקטיק, די גע־ניטשאַפּט, דאָס געפּרוּ'וו ⊣ **have e.** האָב|ן* פּראַקטיק ⊣ 2. *v.* איבער|לעב|ן, דורכ|-, מיט|מאַכ|ן

experienced געני'ט; אָ'נגעלערנט

experiential געפּרוּוויק

experiment 1. *n.* דער עקספּערימע'נט (ן) || 2. *v.* עקספּערימענטיר|ן

experimental עקספּערימענטאַ'ל

expert דער עקספּע'רט (ן), דער מבֿין (ים) [MEYVN—MEVINIM], דער מומחה (—ים) [MUMKhE—MUMKhIM], דער קענער (ס), דער פֿאַכמאַן (פֿאַכלײַט)

expire אויס|גיי|ן*

explain קלאָר מאַכ|ן, דערקלער|ן, געב|ן* צו פֿאַרשטיי'|ן; פֿאַרע'נטפֿער|ן; מסביר זײַן* [MAS-BER] ⊣ **e. in detail** צעלייג|ן אויף טע'לער־לעך ⊣ **e. things in detail to** (*cont.*) אַרײַנ|לייג|ן ד אַ פֿינגער אין מויל ⊣ **e. oneself** קלאָר מאַכ|ן וואָס נאָמ מיינט ⊣ (make excuses) פֿאַרע'נטפֿער|ן זיך

explanation די דערקלערונג (ען), די קלאָ'ר־מאַכונג (ען), די אוי'סטײַטשונג (ען), די הסברה (—ות) [HAZBORE], דער פּירוש (ים) [PEY-RESh—PERUShIM]

explicit באַשיידלעך, בפּירוש [BEFEYRESh]

explicitly *also* מיטן פֿולן מויל || **speak e.** *also* רעד|ן ווערטער, רעד|ן קלאָרע דיבורים || *cf.* **stipulate**

explode *vt/vi* אויפֿ|רײַס|ן, עקספּלאָדיר|ן

exploit 1. *n.* די גבֿורה (—ות) [GVURE], דער אויפֿטו (ען) ⊣ 2. *v.* אויס|ניצ|ן; עקספּלואַטיר|ן

exploitation די עקספּלואַטאַציע

exploration די (אוי'ס)פֿאָרשונג (ען)
explore (אויס|)פֿאָרש|ן
explosion דער אויפֿרײַס (ן)
explosive 1. *adj.* ...אוי'פֿרײַסיק, אויפֿרײַס || 2. *n.* דער אוי'פֿרײַס־מאַטעריאַל (ן), דאָס אוי'פֿ־
רײַסוואַרג קאָל ⊣ **high e.s** שטאַרק אוי'פֿרײַס־
וואַרג
export 1. *n.* || דער אַרויספֿיר, דער עקספּאָ'רט || (goods) דער עקספּאָ'רט־אַרטיקל (ען) || 2. *v.* אַרויס|פֿיר|ן, עקספּאָרטיר|ן
expose ⟨אויף⟩ אויס|שטעל|ן || (uncover) אויפֿ|דעק|ן ⊣ (reveal) אַנטפּלעק|ן || (photo) באַלײַכט|ן
exposure (exposing) דאָס אוי'סשטעלן || (being exposed) די אוי'סגעשטעלטקייט || (photo) דער באַלײַ'כט (ן)
expound [MEVAER] אַרויס|לייג|ן; מבֿאר זײַן*
express 1. *adj.* (clear) [BEFEY-RESh] בפֿירוש ⊣ (fast) ...עקספּרע'ס || 2. *n.* דער עקספּרע'ס (ן) ⊣ 3. *v.* אַרויס|זאָג|ן, •אויס|־
דריק|ן
expressed •אוי'סגעדריקט, אַרוי'סגעזאָגט || **be e.** *also* קומ|ען צום אויסדרוק
expression דער אויסדריק (ן) || (facial) די מימיק ⊣ (changing facial e.s) מינע (ס)
expressive אוי'סדריקלעך
expressly אייגנס
expressway דער גיכשטראָז (ן), דער אויטאָ־
סטראַ'ד (ן)
expulsion || דאָס אַרוי'סוואַרפֿן, דאָס פֿאַרטרײַבן || (mass) [GEYRESh—GERUShIM] דער גירוש (ים)
exquisite מהודרדיק [MEHU'DERDIK], צאַ'צקעדיק, קעסטלעך, לעילא־ולעילאדיק [LEYLE-ULEY'LEDIK] ⊣ **stg. e.** *also* אַזוי'נס און אַזע'לכס, אַן אַנטי'ק, דאָס איי'בערשט|ע פֿון שטייסל נעב
extemporaneous עקספּראָ'מפּט
extemporize רעד|ן עקספּראָ'מפּט || (*hum.*) שיט|ן פֿון אַרבל
extend *vt.* (length) || פֿאַרלע'נגער|ן || (width) פֿאַרברײַ'טער|ן || *cf.* **welcome** || *vi.* ציִ|ען זיך, שטרעק|ן זיך, גרייכ|ן; אויס|־
שטרעק|ן זיך

extended (rather long) לענגער* || (lengthened) פֿאַרלענגערט
extension (span) דאָס געשפּרײ'ט || (longer) די פֿאַרלע'נגערונג (ען) ⊣ **e. course** דער אָ'־
פֿענ|ער קורס ⊣ **e. cord** דער פֿאַרלע'נגער־שנור (ן) ⊣ **e. telephone** דער בײַ'אַפּאַראַט (ן)
extensive ברייט
extensively (at length) *also* באַריכות [BARIKhES]
extent די גרייס; די מאָס; די מדרגה [MADREY-GE] ⊣ **to a certain e.** ביז אַ געוויסער מאָס
extenuating לינדער..., לי'נדערנדיק
exterior 1. *adj.* || דרוי'סנדיק, אוי'סווייניקסט* || 2. *n.* דער דרויסן (ס), דער אוי'סנווייניק (ן)
exterminate אויס|ראָט|ן, פֿאַרטי'ליק|ן
extermination די אוי'סראָטונג, די פֿאַרטי'לי־
קונג
exterminator דער שרצים־טרײַבער (ס) [ShROTSIM]
external (פֿונ)דרוי'סנדיק, אוי'סווייניקסט*, חצוניותדיק [KhITSO'YNIESDIK]
externally (פֿון) אוי'סווייניק
extinct אוי'סגעשטאָרבּן || **become e.** אויס|־
שטאַרב|ן
extinction דאָס אוי'סשטאַרבן; דער אויסשטאַרב
extinguish *imp/pf* (אויס|-, פֿאַר)לעש|ן
extol גרייס|ן, לויב|ן
extort אויס|-, אַרויס|פּרעס|ן
extra עקסטרע, עקסטער —אינוו
extra-... (outside) מחוץ פּרעפֿ, חוצ..יק [(MI)KhU'TS] ⊣ **e.-curricular** מחוץ דער פּראָגראַ'ם, חוצפּראָגראַמיק ⊣ **e.-marital** מחוץ דעם זיווג [ZIVEG] ⊣ **e.-sensory** חו'צ־
חושיק
extract 1. *n.* דער עקסטראַ'קט (ן) || (written) דער אויסצוג (ן) || 2. *v.* אַרויס|ציִ|ען, -|באַקומ|ען
extraction (descent) דער אָפּשטאַם (ען)
extradite אויס|לי'ווער|ן
extradition די אוי'סליווערונג (ען)
extraneous זײַטיק
extraordinary או'מגעוויינטלעך, אוי'סערגע־
וויי'נטלעך, חוץ־לדרך־הטבֿע אַפּ [KhU'TS-LEDE'REKh-HATE'VE]

extravagance (spending) [PAZ-RONES] דאָס פּזרנות ⊣ (exaggeration) די גוזמאדי־קייט [ ]

extravagant פּזרניש [PAZRONISH]; גוזמא־דיק [GU'ZMEDIK] ⊣ **e. person** דער פּזרן [PAZREN—PAZRONIM] (ים) ⊣ **be e. with** ניט זשאַ'לעווע\|ן, ניט קאַרג\|ן

extravaganza די עקסטראַוואַגאַ'נץ (ן)

extreme 1. *adj.* עקסטרע'ם, עקסטט* ‖ **with e.** [BETAKhLES-HA...] ...בתּכלית־ה ‖ with e. hatred [SINE] בתּכלית־השׂינאה ‖ 2. *n.* די עקסטרע'ם (ען), די עקסטטקייט (ן), דער עק (ן)

extremely גאָר; לעצט; ביז גאָר; גאָר גאָר; [ShEBE] ...־שב... ⊣ e. cold קאַלט־שבקאַלט

extremity די עקסטרעמקייט, די עקסטטקייט; דער עק (ן) ⊣ (pinch) [TKhAK] דער דחק ‖ (limb) דאָס ענדגליד (ער)

extrovert *n.* דער עקסטראָווע'רט (ן)

exult (in) שטאָלציר\|ן ⟨מיט⟩, שפּיגל\|ען זיך ⟨אין⟩

exultation [GDULE] די גדולה

eye 1. *n.* דאָס אויג (ן) ‖ (of needle) דאָס ‖ דאָס ווײַבל (עך) (for hook) ⊣ אוי'ערל **be all e.s** אָנ\|שטעל\|ן מויל און אוי'ערן ‖ **see e. to e.** (with) ⟨מיט⟩ זײַן* בדעה־אַחת [BEDEYE-A'KhES] ⊣ **have an e. to** [BEKAVONE] האָב\|ן* בכּוונה אַ/אַז ⊣ **have an e. for** האָב\|ן* אַן אויג פֿאַר ‖ **catch the e. of** כאַפּ\|ן פּאַס בליק ‖ **in the e.s of** (אין די אויגן) ⊣ **keep an e. on** האַלט\|ן (דער)זע\|ן* אַ ⊣ **set e.s on** אַן אויג אויף ⊣ **throw e.s at** מאַכ\|ן פֿאַר די אויגן ⊣ 2. *v.* אָנ\|קוק\|ן אייגלעך ד

eyebrow די ברעם (ען)

eyeglasses ברילן מצ

eyelash די ווי׳ע (ס)

eyelid דאָס (אוי'גן־)לעדל (עך), דאָס אוי'גן־לעפּל (עך)

eyesight [RIE] די ראיה

eyewitness [EYD-RI'E—EYDE] דער עד־ראיה (עדי־)

F

F (letter) דער עף (ן) || (note) דער פֿאַ (ען)

fable דער משל (ים) [MOShL—MEShOLIM], די פֿאַבל (ען)

fabric דער שטאָף (ן), די סחורה (—ות) [SKhOYRE] ⊣ (texture) דאָס גע־װע'ב, דאָס צײַג

fabricate || פֿאַבריציר|ן, אויס|אַ'רבעט|ן (lies) אויס|טראַכט|ן

fabulous פֿאַנטאַסטיש

façade דער פֿאַסאַ'ד (ן)

face 1. *n.* דאָס פּנים (ער) [PONEM—PE'NE-MER], די צורה (—ות) [TSURE] ⊣ (*cont.*) דער פּרצוף (ים) [PARTSEF—PARTSUFIM] || (grimace) די העוויה (—ות) [HAVAYE], די מינע (ס), דער פּיסק (עס) ⊣ (exterior) דער דרויסן ⊣ **in/to** (sb.'s) **f.** ד אין די אויגן || **on the f. of it** אין פֿלוג || **f. to f.** (with) אויג אויף אויג, פּנים־אל־פּנים ⟨מיט⟩ [-EL-] ⊣ **f. up/down** מיטן פּנים אַרוי'ף/אַראָ'פּ ⊣ (humans) *cf.* **prone, supine** || **make f.s** קרימ|ען זיך, מאַכ|ן פּיסקעס ⊣ **make a sour f.** פֿאַרקרימ|ען זיך ⊣ **f. value** די נאָמינאַ'ל־ווערט (ן) || **accept at f. value** אָנ|נעמ|ען פֿאַר גוט געלט || 2. *v.* שטיי|ן* פֿאַר/אַקעגן, שטיי|ן* מיטן פּנים צו, קוק|ן ד אין פּנים

faced: be f. with שטיי|ן* פֿאַר

facet דער שליף (ן)

facetious קאַטאָ'וועסדיק || **be f.** (remark) זײַן* אַ חכמה [KhOKhME] ⊣ (person) חכמה|ן זיך [ ]

facial פּנים־... [PO'NEM]

facilitate פֿאַרגרי'נגער|ן, פֿאַרלײַ'כטער|ן

facility (dexterity) דאָס מהירות [MEHIRES] || (installation) די אײַ'נאָרדענונג (ען) || **f.s** *also* מיטלען, באַקווע'מ(לעכ)קייטן מצ—

facsimile די פֿאַקסי'מילע (ס)

fact דער פֿאַקט (ן) || **in f.** פֿאַקטיש; אדרבא [A'DERABE] ⊣ (so much/many that) אַזש ⊣ **as a matter of f.** פֿאַקטיש, איי'גנט־לעך, לעולם [LEOYLEM] ⊣ **the f. that** דאָס וואָס ...

faction די כּיתּה (—ות) [KITE], די פֿראַקציע (ס)

factional פֿראַקציאָנע'ל, קלײַ'זלדיק

factor דער פֿאַקטאָר (...אָ'רן), דער גורם (ים) [GOYREM—GOYRMIM] ⊣ (multiplication) דער כּפֿלער (ס) [KEYFLER]

factory די פֿאַבריק (ן), דער זאַוואָ'ד (ן)

factotum דער לײַבמענטש (ן)

factual פֿאַ'קטנדיק

faculty די פֿע'יִקייט (ן); דאָס יכולת (ן) [YEKhOYLES] ⊣ (teachers) די לע'רער־שאַפֿט, די פּראָפֿעסאָ'רנשאַפֿט ⊣ (department) דער פֿאַקולטע'ט (ן)

fade *vi.* (flower) (פֿאַר)וועלק|ן, פֿאַר־בליאַקיר|ן, ליניע|ן ⊣ (color) *imp.* בלײַ|ען ⊣ *pf.* אָ'פּגעבליאַקעוועט ווער|ן ⊣ פֿאַרפֿאַלב|ן

Fahrenheit פֿאַ'רנהײַט

fail 1. *n.* **without f.** ניט אַנדערש, או'מבאַ־דינגט ⊣ (with imperatives or זאָל-sentences) למען־השם [LEMA'NAShE'M] || write me without f. זאָלסט מיר למען־השם שרײַבן ⊣ 2. *vt.* פֿאַרלאָז|ן || (*rev. con.*) his powers f.ed him ⊣ פֿאַרפֿעל|ן אומפּ ד

די כוחות האָבן אים פֿאַרלאָ'זט; עס האָט אים פֿאַרפֿע'לט כּוחות ⊣ (leave helpless) לאָז|ן אין (אַ) קלעם ⊣ (a student on exam) דורכ|וואַרפֿ|ן ⊣ *vi.* (not succeed: act) ניט געראָט|ן, דורכ|פֿאַל|ן ⊣ (not succeed: actor) דורכ|פֿאַל|ן ⟨אין⟩ || (*rev. con.*) ניט געראָט|ן אומפּ ד ⊣ he f.ed to pass ס'איז אים ניט געראָטן דו'רכצוגיין ⊣ (not do) ניט װ ⊣ he f.ed to try ער האָט ניט געפּרוּ'ווט ⊣ (miss) פֿאַרפֿעל|ן ⟨צו⟩ || (go bankrupt) באַנקראָטיר|ן

failure דער דורכפֿאַל (ן), די מפּלה (—ות) [MAPOLE] ⊣ (person) דער ניט־געראָ'ט (ן), דער לא־יוצלח (ס) [LOY-YU′TSLEKh] || (bankruptcy) דער באַנקראָ'ט (ן)

faint 1. *adj.* שוואַך; פֿאַרשמאַ'כט || (squeamish) מלאָסנע || 2. *n.* דאָס חלשות [KhALOShES] ⊣ 3. *v.* חלש|ן [KhALESh], פֿאַל|ן (אין) חלשות

faintness (bodily weakness) די חולשה [KhULShE]

fair[1] *adj.* (blond) העל, בלאָנד || (weather) לויטער, שיין || (just) גערע'כט, גערעכטיק, יושרדיק [ ], אָ'רנטלעך || **f. and square** כּשר־וישר [KO′ShER-VE-YO′ShER]

fair[2] (considerable) היפּש, שפּאָר || (middling) נישקשהדיק [ ] || (so-so) אַזוי' זיך

fair[3] *n.* דער יריד (ן) [YARI′D]

fairly (considerably) גאַנץ, נישקשה(דיק) [NIShKO′ShE], היפּש

fairness דער יושר [YOYShER] || **in (all) f.** על־פּי יושר [ALPI] ⊣ **in f. to** אויס גערע'כטיקייט צו

fair play דאָס ישרנות [YAShRONES]

fairy די פֿעע (ס)

fairyland (דאָס) ע'רגעצלאַנד, דאָס פֿע'ענלאַנד

fairy tale דאָס מעשׂהלע (ך) [MA′YSELE] || (*cont.*) די באָ'בע־מעשׂה (—יות) [MAYSE—MAYSES]

faith דער גלויבן (ס); דער בטחון [BITOKhN]; די אמונה (—ות) [EMUNE]; דאָס נאמנות [NEMONES] ⊣ **be in good f.** זײַן* געמיי'נט אויף אַן אמת [EMES] ⊣ **on f.** אויף נאמנות || **with complete f.** באמונה־שלמה [BEEMU′NE-ShLE′YME]

faithful (true) געטרײַ' || **the f.** די גליי'ביקע מצ

faithless פֿאַלש, או'מגעטרײַ

fake 1. *adj.* פּוסט, פֿאַלש, אָ'פּגענאַרט || 2. *n.* דער שווינדל (ען), דער אָפּנאַר (ן), דער אָנשטעל (ן), דער •פֿייק (ן) אַמער ⊣ 3. *vt.* (feign) מאַכ|ן זיך אַדי, מאַכ|ן דעם אָנשטעל פֿון || (forge) פֿעלש|ן, °אונטער|מאַכ|ן || *vi.* מאַכ|ן אַן אָנשטעל, מאַכ|ן זיך

fall[1] 1. *n.* דער פֿאַל (ן), דאָס פֿאַלן; דער או'נטערגאַנג (ען) ⊣ *cf.* **falls** || 2. *v.* פֿאַל|ן || (tumble) אומ|פֿאַל|ן || (flat) אויס|צי|ען זיך ⊣ (dates, holidays etc.) אויס|פֿאַל|ן, חל זײַן* ⟨—אום⟩ [KhAL] ⊣ (night) צו|פֿאַל|ן || **f. apart** צעפֿאַל|ן זיך || **f. behind** אָפּ|שטיי|ן* ⟨פֿון⟩ ⊣ **f. flat** (*fig.*) ניט געראָט|ן, ניט אויס|נעמ|ען ⊣ **f. off** אָפּ|פֿאַל|ן; אַראָפּ|פֿאַל|ן ⊣ **f. out** (with) רײַס|ן זיך ⟨מיט⟩ || (hair) אויס|קריכ|ן || **f. to the share of** צו|פֿאַל|ן ד ⊣ **f. short** פֿאַרפֿעל|ן || **f. short of** ניט דערגרייכ|ן || **f. through** דורכ|פֿאַל|ן ⊣ **f.** (be included) **under** אַרונטער|גיי|ן* אונטער ⊣ *cf. also* **asleep, love, sick**

fall[2] (autumn) דער האַרבסט, דער אָסיען

fallacious פֿאַלש געדרונגען

fallacy דער פֿאַ'לשגעדראַנג (ען)

fallout דער (אָפּ)שטויב

fallow: f. field דאָס ני'וועצפֿעלד (ער)

falls דער וואַ'סערפֿאַל (ן)

false פֿאַלש || (unfaithful) או'מגעטרײַ

falsehood דער ליגן (ס), דער שקר (ים) [ShE-KER—ShKORIM], דער כּזב (ים) [KEZEV—KZOVIM] ⊣ **utter f.** דער שווא־ושקר [ShAVEShEKER]

falsetto דאָס בײַ'קולכל [BA′YKELKhL]

falsify פֿעלש|ן, פֿאַלסיפֿיציר|ן

falsity די פֿאַלשקייט

falter וואַקל|ען זיך, אַ וואַקל טאָ|ן* זיך; פֿלאָ'נטער|ן מיט דער צונג

fame דער שם [ShEM], די באַ'רימטקייט

familiar באַקאַ'נט, קענטלעך; נאָענט, היימיש,

‖ באַפֿרײַ'נדט, צו'געלאָזט; פֿאַמיליע'ר [LY] **be on very f. terms** זײַן* פֿאַניבראַ'ט ⟨מיט⟩

familiarity די באַקאַנטשאַפֿט; די צו'געלאָזט־קייט, די פֿאַמיליערקייט [LY] ⊣ (*hum.*) (דאָס) קו'צעניר־מו'צעניו

familiarize (נע'ענטער) באַקענ|ען

family די משפחה (—ות) [MISHPOKhE], דאָס געזי'נד (ער), די פֿאַמי'ליע (ס) ⊣ **child of a good f.** אַ טאַטנס אַ קינד ‖ **one of the f.** דער בן־בית (בני־) [BENBAYES—BNEY] ‖ **f. name** די פֿאַמי'ליע (ס)

famine דער הונגער

famish אויס|הו'נגער|ן, -|מאַרע|ן

famished אוי'סגעמאַרעט, פֿאַרהונגערט

famous באַרי'מט, באַוווּ'סט ‖ **be f.** (as/for) שם|ען ⟨פֿאַר/מיט⟩ [shEM], *also* זײַן* פֿאַר־שמט ⟨פֿאַר/מיט⟩ [FARShE'MT]

fan 1. *n.* דער פֿאָכער (ס) ‖ (electric) דער ווענטילאַטאָר (...אָ'רן) ⊣ (admirer) דער אָ'נהענגער (ס) ⊣ 2. *v.* פֿאָכ(ע)|ן ‖ (fire) צעפֿאָכ|ן, צעבלאָז|ן

fanatic דער פֿאַנאַ'טיקער (ס), דער קנאַי (ם) [KANOI]

fanatical פֿאַנאַטיש

fanaticism דער פֿאַנאַטיזם, דאָס קנאָות [KANO-ES]

fancy 1. *adj.* געצאַצקעט ‖ 2. *n.* די פֿאַנטאַ'זיע (ס) ‖ (whim) דער קאַפּרי'ז (ן) ⊣ **idle f.ies** פּוסטע חלומות [KhALOYMES] ‖ **take a f. to** האָלט/ליב קריג|ן ‖ **catch** (sb.'s) **f.** ד פֿאַליובע|ן° ‖ (*rev. con.*) וואַרפֿ|ן אַן אויג אויף ⊣ 3. *v.* אײַנ|רעד|ן זיך, פֿאַנטאַזיר|ן, מאַל|ן זיך ⊣ (like) ליב/האָלט האָב|ן*

fanfare דער פֿאַנפֿאַ'ר (ן) ‖ (pomp) דער פּאַראַ'ד

fantastic פֿאַנטאַסטיש

fantasy די פֿאַנטאַ'זיע (ס), די דאַכטונג (ען), דאָס אײַ'נרעדעניש (ן)

far ווײַט; העט, העט־העט —אַדוו ‖ (farther) ווײַטער ⊣ **by f.** ווײַט ‖ by f. the largest דער ווײַט גרעסטער ⊣ (much) אַ סך [SAKh] ‖ f. healthier אַ סך געזינטער ‖ **f. and wide** ווײַט און ברייט ‖ **as f. as** ביז ‖ **be as f. as** האַלט|ן בײַ ‖ **so f. so good** הלוואַי ווײַטער ניט ערגער [HALEVA'Y] ‖ **the F. Right** די עקסט רעכטע מצ

faraway ווײַט, פֿאַרוואָרפֿ·ן, אָ'פּגעלעג·ן

farce דער פֿאַרס (ן), דער חוזק [KhOYZEK]

fare 1. *n.* (amount) דער אָפּצאָל ‖ (money) דאָס פֿאָרגעלט ‖ 2. *v.* (*rev. con.*) (אָפּ)|גיי|ן* אומפּ ⊣ he fares well עס גייט אים גוט ⊣ how did you f.? ווי איז דיר אָ'פּגעגאַנגען?

farewell 1. *int.* זײַ(ט) געזו'נט ‖ 2. *n.* דער זײַ'־געזונט, די געזעגענונג (ען)

far-fetched געמאַטערט, אויסן ווייג ‖ **f. idea** *also* די איי'בערהסברה (—ות) [HAZBORE]

farfl פֿאַרפֿל מצ

farina די מאַנע

farm 1. *n.* די פֿערמע (ס), די פֿאַרם (ען) ⊣ אמער, דער פֿאָלוואַרק (עס) ⊣ 2. *vt.* באַאַ'רבעט|ן ⊣ *vi.* זײַן* אַ פֿאַרמער ‖ **f. out** אויס|טייל|ן, צעגעב|ן*

farmer דער פֿאַרמער (ס); דער פּויער (ים); דער ע'רדאַרבעטער (ס)

farmer cheese דער וואָ'ריקקעז

farming דאָס פֿאַרמערײַ'

far-reaching ברייט, ווײַט גרײַ'כנדיק, ווײַ'ט־גרייכיק

far-sighted ווײַ'טזעיִק

farther 1. *adj.* ווײַ'טערדיק ‖ 2. *adv.* ווײַטער

farthing (*fig.*) די פּרוטה (—ות) [PRUTE]

fascinate באַכישופֿ|ן [BAKIShEF], פֿאַרכאַפּ|ן, פֿאַסציניר|ן

fascination (state) די פֿאַרכאַפּטקייט, די פֿאַסצינירטקייט ⊣ (power) די פֿאַרכאַ'פּנדיקייט

Fascism דער פֿאַשיזם

Fascist 1. *adj.* פֿאַשיסטיש ‖ 2. *n.* דער פֿאַשי'סט (ן)

fashion 1. *n.* די מאָדע (ס); דער שניט (ן) ‖ (manner) דער אופֿן (ים) [OYFN—OYFANIM] ⊣ 2. *v.* פֿו'רעמ|ען, געשטאַ'לטיק|ן

fashionable מאָדיש, מאָדערן, נײַ'מאָדיש, אין דער מאָדע, לע'צטמאָדיש

fast[1] 1. *adj.* (rapid) גיך, •שנעל || 2. *adv.* *also* געשווי'נד || (secure, sound) פֿעסט || **be f.** (watch) לויפֿ|ן

fast[2] 1. *n.* דער תּענית (ים) [TONES—TANEYSIM] ⊣ **break a f.** אָפּ|פֿאַסט|ן || 2. *v.* פֿאַסט|ן

fasten פֿאַרפֿע'סטיק|ן, צו|פֿע'סטיק|ן, איַינ|-מאָ'צעווע|ן ⊣ **f. together** צונויפֿ|העפֿט|ן

fastener (snap) די קנאָפּקע (ס)

fastidious אי'בערקלײַבעריש || **f. man** דער אי'בערקלײַבער (ס), דער מפֿונק (ים) [MEFUNEK—MEFUNOKIM], דער קפּדן (ים) [KAPDN—KAPDONIM], דער מקפּיד (ים) [MAKPED—MAKPIDIM] ⊣ **be f.** מקפּיד זײַן* [MAKPED], איבער|קלײַב|ן

fat 1. *adj.* פֿעט, גראָב, דיק; שמאַלציק || 2. *n.* דאָס פֿעטס; דאָס שמאַלץ

fatal פֿאַטאַ'ל; טויט...

fatality (fatalness) די פֿאַטאַלקייט || (death) דער טויטפֿאַל (ן) || (dead) דער או'מגעקומענ|ער, דער געשטאָ'רבענ|ער —געב

fatally אויף טויט || **f. ill** טויט קראַנק

fate דער גורל [GOYRL], די דאָליע (ס)

fateful גורלדיק [ ]

father דער טאַטע* (ס), דער פֿאָטער (ס)

father-in-law דער שווער (ן)

fatherland דאָס היימלאַנד, דאָס פֿאָ'טערלאַנד

fatherly טאַטיש, פֿאָ'טעריש

fathom 1. *n.* דער קלאַפֿטער (—) || 2. *v.* דערגרו'נטעווע|ן

fatigue 1. *n.* די מידקייט || 2. *v.* פֿאַר-מאַ'טער|ן, איַינ|מיד|ן

fatten *vt.* אויס|פּאַשע|ן

faucet דער קראַנט (ן)

fault (defect) דער חסרון (ים) [KhISORN—KhESROYNIM], דער פֿעלער (ן), דער פּגם (ים) [PGAM—PGOMIM] ⊣ (guilt) די שולד || **be at f.** שולדיק זײַן* || **find f.** (with) טשעפּע|ן זיך ⟨צו⟩, קיפּל|ען ⟨אויף⟩

faultless אָן אַ פּגם, שלמותדיק [ShLE'YMES-DIK]

faulty פֿע'לערדיק, פּגימהדיק [PGI'MEDIK] || **be f.** *also* (אונטער|)הינק|ען

favor 1. *n.* (grace) דער חסד (ים) [KhESED—KhSODIM], די גנאָד (ן), די לײַ'טזעליקייט || (reluctant, condescending) די לאַסקע (ס) ⊣ (service) די טובֿה (—ות) [TOYVE], די צוליבזאַך (ן) ⊣ (favorable opinion) די צו'שטימונג (ען) ⊣ **in f. of** לטובֿת פּרעפּ [LETOYVES] ⊣ (proposal) פֿאַ'ר || **in my f.** לטובֿת מיר || **be in f. of** זײַן* פֿאַר ד, סימפּאַטיזיר|ן מיט ⊣ **depend on the f. of** אָנ|קומ|ען צו פּאָס לאַסקעס || **do a f.** (to) טאָ|ן* ⟨ד⟩ צו ליב, טאָ|ן* ⟨ד⟩ אַ טובֿה || **find f.** (with) געפֿינ|ען חן [KhEYN], נושׂא-חן זײַן* [NOYSE], מוצא-חן זײַן* ל ⟨—ביַי⟩ [MOYTSE] ⊣ 2. *v.* (opinion) זײַן* פֿאַר ד || (conditions) זײַן* גינציק פֿאַר, צו|שפּיל|ן ד || **f.** (sb.) זײַן* גו'טגינציק צו || **f.** (sb.) **with** מזכּה זײַן* אַ מיט [MEZAKE]

favorable גינציק; גו'טגינציק; צום גוטן

favorably: speak f. about *also* מלמד-זכות זײַן* אויף [MELAMED-SKhU'S]

favorite 1. *adj.* באַלי'בט || 2. *n.* דער פֿאַוואָרי'ט (ן), דער ליבלינג (ען); דער חשובֿ (ים) [KhOSHEV—KhShUVIM]

fawn (on) אונטער|לעק|ן זיך, לאַשטשע|ן זיך ⟨—צו⟩

fear 1. *n.* די מורא (ס) [MOYRE], דער שרעק (ן), דער פּחד (ים) [PAKhED—PKhODIM], דאָס ציי'טערניש (ן) ⊣ **f. of death** דער טויט-שרעק ⊣ **f. of God** דער יִראת-שמים [YIRES-ShOMA'IM] ⊣ 2. *v.* מורא האָב|ן*, שרעק|ן זיך ⟨—פֿאַר⟩

fearful (frightened) מוראוודיק [ ], ציי'טער-דיק, שרע'קעדיק

fearless או'מדערשראָ'קן

feasible דו'רכפֿירלעך, אוי'ספֿירלעך, באַ-לאָז|ן זיך ⊣ **be f.** *also* מאַכן/דו'רכ-פֿירן ⊣ הייבּ'לעך

feast די סעודה (—ות) [SUDE]

feat די קונץ (ן); דער אויפֿטו (ען), די גבֿורה (—ות) [GVURE]

feather די פֿעדער (ן)

featherbed דאָס אי'בערבעט (ן), די פּע'רענע (ס)

featherbedding (labor) די וואַטירונג

feature 1. *n.* (character) דער שטריך (ן),

די אײ'נגקייט (ן) ⊣ (on a program) דער
נומער (ן), דער הוי'פּטנומער (ן) ⊣ **defining f.**
[SIMEN-MU'VEK] דער סימן־מובהק ⊣ **2.** *v.*
אַפּער|שטעל|ן, אַרויס|שטעל|ן אויבן אָן

February דער פֿע'ברואַר

fed: be f. up (with) זײַן* זאַט ⟨פֿון⟩

federal פֿעדעראַ'ל

federation די פֿעדעראַציע (ס)

fee דער אָפּצאָל (ן) || **author's f.** דער
האָנאָראַ'ר (ן)

feeble שוואַך; שלאַף

feeble-minded שוואַ'כקעפּיק

feed 1. *n.* דאָס געפֿי'טער, די קאָרמע || **2.**
vt/imp געב|ן עסן ד; קאָרמע|ן, פּאַשע|ן;
שפּײַז|ן, דערנער|ן•, צער|ן ⊣ *pf.* אָנ|-
קאָרמע|ן, באַשפּײַז|ן ⊣ (into machine)
אַרײַנ|געב|ן* ⊣ *vi.* **f.** (on) דערנער|ן זיך
⟨מיט/פֿון⟩

feel 1. *n.* (texture) דאָס געטאַ'פּ || **get**
the f. of אַ טאַפּ טאָ|ן* א, קריג|ן אַ געפֿי'ל
פֿאַר ⊣ 2. *v.* (touch) *imp/pf* -(אָנ|-, דער)
טאַפּ|ן, דערשפּיר|ן ⊣ *vi.* (with *adj.*) פֿיל|ן
זיך, שפּיר|ן זיך —אַדי ⊣ (feelings, sensa-
tions) זײַן* אומפּ אַדי ⟨ד⟩ || (moods: *also*
rev. con.) זײַן* אומפּ אַדי ד (אויפֿן האַרצן),
זײַן* אומפּ ד צו מוט ⊣ I f. hot מיר איז הייס ||
I f. sad מיר איז או'מעטיק (אויפֿן האַרצן)
|| how does it **f. to** ... ווי איז צו אינפֿ?
וואָסער געפֿי'ל איז עס צו אינפֿ? ⊣ it **f.s**
strange (to) ס'איז אַ מאָדנע געפֿי'ל ⟨צו⟩ ||
f. (*adj.*) **about** האָב|ן* אַ (אַדי) געפֿי'ל
וועגן ⊣ **f. like** (*rev. con.*) וועל|ן* זיך אומפּ
⟨ד⟩ ⊣ I f. like walking מיר ווילט זיך גיין
צו פֿוס

feeling דאָס געפֿי'ל (ן) || (ability to feel)
דער חוש (ים) ⊣ (tactile sense) דער חוש־
[HAMI'SHESH] המישוש ⊣ **with f.** מיט האַרץ

feign מאַכ|ן אַן אָנשטעל ⟨פֿון/אַז⟩, סימוליר|ן
⟨א/אַז⟩

feigned [KLO'YMERSHTIK] כלומרשטיק

feint דער אָ'פּוועַנד (ן), די פֿינטע (ס)

fell אַראָפּ|האַק|ן, אײַנ|וואַרפֿ|ן

fellow 1. *adj.* מיט .. || f. citizen דער מי'ט-
בירגער (ס) ⊣ 2. *n.* דער יונג (ען), דער חבֿרה־
[KHE'VRE] מאַן (־לײַט) ⊣ (fellowship
holder) [KHOVER] דער חבֿר (ס) || **good/**
regular f. *also* דער גוט|ער־ברו'דער (גוטע־
ברי'דער), דער °נאַשבראַט (עס)

fellowship ,[KHA'VERSHAFT] די חבֿרשאַפֿט
די גוט־ברו'דערשאַפֿט ⊣ (scholarship) די
די סטי- ,[KHO'VERSHAFT] חבֿרשאַפֿט (ן)
פּע'נדיע (ס)

fellow traveler דער מי'טפֿאָרער (ס) ||
(political) דער מי'טלויפֿער (ס)

felony דער שווער|ער פֿאַרברע'ך (ן)

felt 1. *adj.* פֿוישט·ן, פֿילצ·ן || **2.** *n.* דער
פֿוישט, דאָס פֿילץ

female 1. *adj.* ווײַבלעך || **2.** *n.* די זי (ען),
[NEKEYVE] די נקבֿה (—ות) ⊣ (human)
also [ISHE—NOSHIM] די אישה (נשים)

feminine פֿרויענ...; ווײַבלעך, פֿעמיני'ן,
פֿרוייִש ⊣ (*iro.*) ווײַבעריש || **f. gender** *also*
[LOSHN] דאָס לשון־נקבֿה

fence[1] 1. *n.* דער פּלויט (ן), דער פּאַרקן (ס),
דער צוים (ען), דער צאַם (ען); די פֿאַרצאַמונג ||
2. *vt.* **f. in** אַרומ|גרע'נעצ|ן, פֿאַרצאַמ|ען,
אײַנ|-, אַרומ|צאַמ|ען ⊣ **f. off** אײַנ|צאַמ|ען

fence[2] *vi.* פֿעכט|ן זיך

fence[3] (for stolen goods) דער פּאַסער
(ס)

fencing דאָס פֿעכטערײַ'

fender דער בלאָ'טע־פֿליגל (ען); דאָס שיצבלעך
(ן)

ferment 1. *n.* די ברויזונג, די יערונג || **2.** *v.*
imp/pf (אויפֿ|)יער|ן

fermentation די יוירונג, דאָס יוירן

fern דאָס פֿע'דערגראָז (ן)

ferocious בלו'טדאָרשטיק, רציחהדיק [ ],
ווילד

ferocity [RETSIKHE] די רציחה

ferret out אויס|שפּיר|ן, -|ניוכע|ן

Ferris wheel די פֿע'ריס־ראָד (...רעדער)

ferry 1. *n.* דער פּראָם (ען) || **2.** *v.* אַריבער|-
שיפֿ|ן, -|פֿיר|ן

fertile פֿרו'כפּערדיק, גיביק

fertility די פֿרו'כפּערדיקייט, די גי'ביקייט

fertilization (biological) די באַפֿרו'כפּערונג
(ען) ⊣ (soil) די באַגי'טיקונג, די באַמי'סטיקונג

fertilize (biol.) באַפֿרו'כפּער|ן || (soil) באַגי'טיק|ן, פֿע'טיק|ן, באַמי'סטיק|ן

fertilizer דאָס קונסטמיסט (ן), דאָס באַמיסטעכץ (ן)

fervent הייס, פֿי'בערדיק, פּאַטעטיש || **speak f.ly** רעד|ן מיט היץ

fervor דער ברען, דער פּאַטאָס, די היץ, די הייס־קייט, די כּוונה [KAVONE]

festival דער יום־טובֿ (ים) [YONTEV—YON-TOYVIM], דער פֿעסטיוואַ'ל (ן)

festive יום־טובֿדיק [ ]; שבתדיק [ShA'BES-DIK]

fetch ברענג|ען; אָפּ|נעמ|ען

fetid פֿאַרשטונקען

fetter 1. *n.* די פּענטע (ס) || (*pl.*) *also* קייטן מצ ⊣ 2. *v.* פּענטע|ן

fetus דער וולד (ן) [VLAD]

feud דער (בלו'ט־)סיכסוך (ים) [SIKhSEKh—SIKhSUKhIM], דאָס (בלו'ט־)מחלוקת (ן) [MAKhLOYKES]

feudal פֿעאָדאַ'ל

feudalism דער פֿעאָדאַליזם

fever דער פֿיבער, די היץ || **be in f.** פֿי'בער|ן

feverish פֿי'בערדיק, היציק

few ווייניק, ווינציק —אינוו ; געצײי'לט || **a f.** ע'טלעכע, אַ ביסל, אַ פּאָר

fiancé דער חתן (ים) [KhOSN—KhASANIM]

fiancée די כּלה (—ות) [KALE]

fiat דער גזר [GZAR], דער יהי' [YEHI'] || **by f.** על־פּי גזר [ALPI]

fiber די פֿיברע (ס)

fickle קאַפּריזיק, בײַ'טעוודיק, ני'ט־געזע'צט, פֿליאַ'דערדיק, פּלוטיש ⊣ **f. person** דער פּלוט (ן)

fiction (literary) די בעלעטריסטיק || (sham) די פֿיקציע (ס) || **f. writer** דער בעלעטרי'סט (ן)

fictitious (fictional) בעלעטריסטיש || (feigned) פֿיקטי'וו

fiddle 1. *n.* דער פֿידל (ען) || 2. *v.* פֿידל|ען

fiddlesticks *int.* ווייס איך וואָס! נאַ'ריש־קייטן!

fidget ניט קענ|ען* אײַ'נזיצן, ניט קענ|ען* זיך געפֿינען קיין אָרט

field דאָס פֿעלד (ער) || (of knowledge) *also* דאָס •געבי'ט (ן), דאָס געגנבֿ'יל (ן); דאָס הילכות [HILKhES] ⟨נאָם⟩ ⊣ in the f. of geography אין הילכות געאָגראַפֿיע ⊣ (range) דער תּחום (ען)

field marshal דער פֿע'לדמאַרשאַל (...אַ'לן)

fiend דער טײַוול (טײַוואָלים), דער ניט־גוט|ער געב ; דער בייז|ער שׂונא (ים) [SOYNE—SONIM]

fiendish טײַוולאָניש

fierce [RETSI'KhEDIK] צאָ'רנדיק, רציחהדיק

fiery פֿײַ'ערדיק; פּאַטעטיש

fife די דודע (ס)

fifteen פֿופֿצן

fifteenth פֿופֿצעט

fifth 1. *adj.* פֿינפֿט || 2. *n.* דאָס פֿינפֿטל (עך) ⊣ (music) די קווינטע (ס)

fiftieth פֿופֿציקסט

fifty פֿופֿציק || **f.-f.** האַלב אויף האַלב

fig די פֿײַג (ן)

fight 1. *n.* דער קאַמף (ן), דאָס געשלע'ג (ן) || 2. *vt.* באַקעמפֿ|ן || *vi.* שלאָג|ן זיך, קעמפֿ|ן ⟨—מיט⟩

fighter דער קעמפֿער (ס) || **be a f.** (pugnacious) כאַפּ|ן זיך שלאָגן

figment דער אויסקלער (ן), דער צוטראַכט (ן)

figurative פֿיגוראַטי'וו

figuratively *also* בדרך־משל [BEDEREKh-MO'ShL]

figure 1. *n.* די פֿיגו'ר (ן), דאָס געשטאַ'לט (ן) || (number) דער ציפֿער (–) || 2. *v.* (calculate) רע'כענ|ען; חשבונ|ען [KhEZhB'N] || **f. out** אויס|רע'כענ|ען; פֿונאַנדער|קלײַב|ן ⊣ *vi.* (appear) פֿיגוריר|ן זיך אין

figurehead די פּאַפּקע (ס)

figure of speech די סטי'לפֿיגור (ן), די רעטאָ'ריש|ע פֿיגור (ן)

filament דער פֿאָדעם (פֿעדעם); דאָס גלי'דרעטל (עך)

filbert דאָס וואַ'לדניסל (עך)

filch *pf.* צו|לקחנ|ען [LAKKh'N]

file[1] 1. *n.* (row) די שורה (—ות) [ShURE] || (record) די טעקע (ס), דער רעגיסטראַטאָר (...אָ'רן), דער דאָסיע' (ען) [SY] ⊣ (file box) די קאַרטאָטע'ק (ן) || (*pl.*) אַקטן מצ

|| 2. *v.* (order) אויס|ענצל|ען, אײַנ|סדר|ן
[SADER] ⊣ (add material) צולייג|ן ||
(submit) אײַנ|געב|ן*, אַרײַנ|שיק|ן, אַרײַנ|-
צו|לייג|ן צו די אַקטן ⊣ **f. away** טראָג|ן
file[2] 1. *n.* (tool) די פֿײַל (ן) || 2. *v.* פֿײַל|ן
filet דער פֿילֶע' (ען)
filibuster 1. *n.* די אָבסטרוקציע (ס), דער
פֿיליבוסטער (ס) אַמער ⊣ 2. *v.* אָבסטרויִר|ן,
פֿיליבו'סטער|ן אַמער
filigree די דראָ'טאַרבעט
filings דאָס פֿײַלעכץ אַז
fill 1. *n.*: **one's f.** צו זאַט || eat one's f.
עס|ן צו זאַט; אָנ|עס|ן זיך ⊣ hear one's f.
אָנ|הער|ן זיך גענו'ג (*etc.*) || 2. *vt/imp*
פֿיל|ן ⊣ (tooth) פּלאָמביר|ן || (cracks)
אָנ|-, אויס|פֿיל|ן, פֿאַר- *pf.* ⊣ שפּאַ'כליעווע|ן
אָנ|שיט|ן *also* (with dry material) ⊣ פֿול|ן
|| **f. up** אָנ|גיס|ן א אין (with fluid) ⊣ א אין
לייג|ן אַ **f. a tooth** || אָנ|נעמ|ען א מיט *also*
פּלאָמבע
filled אָ'נגעפֿילט, אָ'נגעשטאָפּט, אָ'נגעשלאָג'ן
filling די פֿילונג (ען); דאָס געפֿילעכץ (ן) ||
(dental) די פּלאָמבע (ס)
fillip 1. *n.* דער שנעל (ן) || 2. *v/imp*
שנעל|ן
film 1. *n.* דאָס הײַטל (עך) || (celluloid) דער
פֿילֶם (ען) ⊣ **become covered with a f.**
פֿאַרלאָפֿן ווער|ן ⊣ 2. *v.* פֿילמיר|ן
filter 1. *n.* דער פֿילטער (ס) || 2. *vt/vi* פֿיל-
טריר|ן, איבער|-, דורכ|זײַ|ען (—זיך)
filth דאָס שמוץ, דער ברוד, די בלאָטע, דאָס
[KhAZERA'Y] חזירײַ'
filthy שמוציק, בלאָטיק, ברודיק, קויטיק,
מיסטיק ⊣ **f. place** *also* דער הקדש (ים)
[HEGDESh—HEGDEYShIM] ⊣ **f. house-
hold** *also* [MOYShEV] דער מושבֿ
fin די פֿלו'ספֿעדער (ן)
final לעצט; לע'צטגילטיק, •ע'נדגילטיק;
[SOF] סוף־...
finally *also* [LESO'F] לסוף
finance 1. *n.* פֿינאַנצן מצ || (world of f.)
דאָס פֿינאַנצערײַ' ⊣ 2. *v.* פֿינאַנציר|ן
financial פֿינאַ'נצ..., פֿינאַנציע'ל; מאַטעריע'ל
financier דער פֿינאַנצי'סט (ן)

find 1. *n.* דאָס געפֿי'נס (ן) || (*iro.*) די מציאה
[METSIE] (—ות) ⊣ 2. *v.* געפֿינ|ען ||
(something lost) אָפּ|זוכ|ן || (unex-
pectedly) דערטאַפּ|ן || (have the
impression) אײַנ|געפֿינ|ען || (look up)
אויפֿ|זוכ|ן ⊣ (determine) קאָנסטאַטיר|ן ||
f. out דערוויס|ן זיך, אויס|געפֿינ|ען, דער-
גיי'|ן* ⊣ (by inquiry) דערפֿרעג|ן זיך ||
f. one's way (to) טרעפֿ|ן ⟨צו⟩
finding די דערגייונג (ען), דער דערגיי' (ען);
די קאָנסטאַטירונג (ען) ⊣ (verdict) דער פּסק
[PSAK—PSOKIM] (ים)
fine[1] *adj.* פֿײַן || (minute) דראָבנע || **f.
arts** די שיינע קונסטן || **among f. people**
בײַ לײַטן
fine[2] 1. *n.* די געלטשטראָף (ן), דער שטראַף (ן),
[KNAS—KNOSIM] דער קנס (ים) ⊣ 2. *v.*
קנסע|נען [KANSE], שטראַפֿיר|ן
finery דער פּוץ || (dressed) **in f.** אין עסיק
און אין האָניק
finesse די דראָ'טאַרבעט, די פֿײַנקייט (ן)
finger 1. *n.* דער פֿינגער (—) || **middle f.**
דער גרויס|ער פֿינגער ⊣ **ring f.** דער רי'נג-
פֿינגער ⊣ **little f.** דער מינדסט|ער פֿינגער ||
cf. **forefinger** || **have a f. in the pie**
האָב|ן* אַ האַנט אין דער זאַך ⊣ 2. *v.* פֿי'נגער|ן
fingernail דער נאָגל (נעגל)
fingerprint 1. *n.* דער פֿי'נגערדרוק (ן) ||
2. *v.* אָפּ|דרוק|ן ד די פֿינגער
fingertip דער שפּיץ פֿינגער || **have** (facts)
at one's f.s קענ|ען* אויף די פֿינגער
finish 1. *n.* דער סוף [SOF]; די אוי'סאַרבעטונג
(ען) ⊣ (polish) דער פּאָלי'ר (ן) || 2. *vt.*
אויס|אַ'רבעט|ן ⊣ (perfect) (פֿאַר)ע'נדיק|ן
|| (activity) *also* אָפּ|- " || f. working
אָפּ|אַ'רבעט|ן ⊣ f. eating אָפּ|עס|ן || **f. up**
ע'נדיק|ן ⊣ *vi.* מאַכ|ן אַ סוף צו [SOF] || **f.
(with)** אָפּ|פֿאַ'רטיק|ן זיך, אָפּ|עק|ן ⟨—מיט⟩
finished *also* פֿאַרטיק
finite ענדלעך
Finland (דאָס) פֿינלאַנד
Finn דער פֿי'נלענדער (—)
Finnish פֿיניש
fir די יאָדלע (ס)

fire 1. *n.* דער פֿײַער (ן) || (destructive burning) [SREYFE] די שׂרפֿה (—ות) || **be on f.** ברענ|ען ⊣ **catch f.** אָנ|צינד|ן זיך, אָנ|כאַפּ|ן אונטער|-, ⊣ **make a f. in** (stove) אײַנ|הייצ|ן (—דעם אויוון) ⊣ **set f. to** אונטער|צינד|ן ⊣ **set on f.** אָנ|צינד|ן || 2. *vt.* (set on fire) אָנ|צינד|ן || (bake) (אויס|)ברענ|ען ⊣ (shoot) שיס|ן פֿון || (dismiss) אָפּ|שאַפֿ|ן, אָפּ|זאָג|ן (—פֿון || *vi.* (at) *imp/pf* -(אויס|) ⊣ דער/אַ שטעלע (f. at (continuously) *also* ⟨אויף⟩ שיס|ן ⊣ באַשיס|ן || 3. *int.* (shoot!) !פֿײַער ⊣ (there is a fire!) !עס ברענט

fire-alarm box [ ] דער שׂרפֿה־מעלדער (ס)

firearms דאָס פֿײַ'ער־געווער קאָל

fire brigade די לע'ש־קאָמאַנדע (ס)

firecracker דאָס קנאַ'ק־פֿײַערל (עך), דאָס פֿײַ'ער־ווערקל (עך)

fire engine דער לע'שאויטאָ (ס)

fire escape די פֿײַ'ערטרעפּ (ן)

fire extinguisher דער לעששפּריץ (ן)

firefly דער גלי'וואָרעם (...ווערעם)

fireman דער פֿײַ'ער־לעשער (ס) || (stoker) דער הייצער (ס)

fireplace דער קאַמי'ן (ען)

fireproof פֿײַ'ער־באַוואָרנט

fireside דער היי'מפֿײַער (ן), דער היימבראַנד (ן)

firewood דאָס ברענהאָלץ

fireworks פֿײַ'ערווערק מצ

firm 1. *adj.* פֿעסט || 2. *n.* די פֿירמע (ס)

firmament דער אויסשפּרייט (ן), די געוועלבונג (ען)

firmly *also* שטאָל־און־אײַזן || **speak f.** רעד|ן מיט באַ'קציינער

firmness די פֿעסטקייט; דאָס תּקיפֿות [TKIFES]

first 1. *adj.* *ערשט || I go **f.** איך גיי דער ערשטער; קודם גיי איך [KOYDEM] ⊣ **f. come, f. served** [KOL HAKOYDEM ZOKhE] כּל הקודם זוכה ⊣ 2. *adv.* (in the f. place) ערשטנס, ראשית(־כּל) [RE'Y-ShES(-KOL)], קודם־כּל [KO'YDEM] || **f. of all** צום אַלעם ערשטן || (*hum.*) ראשית־חכמה [KhOKhME] ⊣ **at f.** צום ערשטן, צו ערשט, תּחילת [TKhILES], אָנ-הייבס, לכתּחילה [LEKhATKhILE] ⊣ **from the f.** באַלד (פֿון אָנהייב)

first aid די גיכ|ע הילף

first-born ערשט־געבויר'ן || **f. son** דער בכור [PKhOR—PKhOYRIM] (ים)

first-class ע'רשטקלאַסיק; °פּרימאַ אינוו

firstlings (*pl.*) ביכּורים מצ

first-rate *see* **first-class**

fiscal ...פֿינאַ'נצ

fish 1. *n.* דער פֿיש (—) || 2. *v.* כאַפּ|ן פֿיש; פֿיש|ן

fisherman דער פֿישער (ס)

fishery (place) די פֿישערײַ' (ען) || (activity) דאָס פֿישערײַ' ⊣ (rights) דאָס פֿי'שער־רעכט (—)

fishing דאָס פֿישערײַ'

fishing rod די ווענטקע (ס)

fishmonger דער פֿיליער (ס)

fishy ניט גלאַט(יק)

fission די שפּאַלטונג || **f. bomb** די שפּאַ'לט־באָמבע (ס)

fissionable שפּאַ'לטעוודיק

fissure דער שפּאַלט (ן)

fist די פֿויסט (ן), דער קוליק (עס)

fit[1] 1. *adj.* פּאַסיק, צו'געפּאַסט, טוי'ג(עווד)יק, מסוגל אַפּ [MESUGL] ⊣ **be f.** *also* טויג|ן*, אויס|טויג|ן* זיך ⟨—צו⟩ ⊣ 2. *n.* די פֿוגע (ס); ⊣ **be a tight f.** פּאַס|ן דער מיטשטים (ען) ⊣ **be a loose f.** פּאַס|ן לויז, נעט/שטילנע ⊣ 3. *v.* (be suitable) פּאַס|ן ⊣ אָפּ|שטיי|ן* || (match) *also* פּאָר|ן זיך ⟨מיט⟩ ⊣ (זיך) ⟨צו⟩ (clothes: size) פּאַס|ן ⟨ד⟩ || (clothes: appearance) *also* קלייד|ן ד || (fit in) -אַרײַנ|צו|-, ⊣ פּאַס|ן זיך, °פּאַטויפּע|ן זיך ⊣ (make suitable) אַרײַנ|פּאַס|ן, °פּאַטויפּע|ן || **f. out** אויס|ריכט|ן || **fit in** (with) *vi.* שטימ|ען ⟨מיט⟩

fit[2] (seizure) דער אָנפֿאַל (ן) || **have a f.** (of) פֿאַרגיי'|ן* זיך ⟨אין אינפֿ⟩ ⊣ **by f.s and starts** קוי'דערווײַלעך; ווען ניט ווען

fitful אוי'מרויִק

fitness די טוי'גיקייט

fitting 1. *adj.* פּאַסיק || **be f.** פּאַס|ן, גע-

די אַרמאַטו'ר ‏**2.** *n.* (fixture) — שיק\|ן זיך
דאָס אָ'נמעסטן (clothes) — (ן)

five פֿינף

five-year plan דער פֿי'נפֿיאָר־פּלאַן (־פּלענער)

fix 1. *n.* (fixing) דער פֿיקסי'ר (ן) \|\| (tight spot) די קלעם \|\| 2. *v.* (make fast) פֿאַר־אײַנ\|שטעל\|ן — פֿע'סטיק\|ן, פֿיקסיר\|ן (rules) — פֿאַרריכט\|ן, צו רעכט מאַכ\|ן, \|\| (repair) \|\| באַשטימ\|ען (determine) — פֿיקס\|ן אַמער \|\| (time) *also* [KOYVEYE] קובֿע זײַן* \|\| (gaze) אָנ\|שטעל\|ן \|\| (by bribery) פֿאַר־אײַנ\|אָ'רדענ\|ען **f. up** — רײַב\|ן

fixed (firm) *also* פֿעסט

fixer דער מאַכער (ס)

fixture די אײַ'נאָרדענונג (ען); די אַרמאַטו'ר (ן) \|\| (permanent thing) די בתמידות־זאַך (ן) [BITMI'DES] — **f.s** *also* דאָס געשלידער

fizz מוסיר\|ן, שפּיל\|ן

fizzle out פֿלאַצ\|ן \|\| (*rev. con.*) אויס\|לאָז\|ן זיך אומפּ אַ טײַך/בוידעם פֿון

fjord דער פֿיאָרד (ן)

flabby שלאַ'בעריק, פֿאַלב

flag די פֿאָן (ען)

flagrant רײַסיק, שרײַיִק, הי'מל־שרײַענדיק, אוי'גן־שטעכיק

flagstaff דער פֿאָ'נענמאַסט (ן)

flair דער חוש (ים)

flake די שופּ (ן) \|\| (snow) דאָס שניי'עלע (ך) \|\| (soap) דאָס זיי'פֿעלע (ך)

flamboyant אוי'סגעפּײַנט, אוי'סגעפּוצט, אוי'גן־שטעכיק — (speech) *also* מליצהדיק [MELI'TSEDIK]

flame דער פֿלאַם (ען)

flamethrower דער פֿלאַ'מען־וואַרפֿער (ס)

flaming פֿלאַ'מ(ענד)יק

flammable ברע'נעוודיק

flank דער פֿלאַנק (ען)

flannel 1. *adj.* פֿלאַ'נעלַ·ן \|\| 2. *n.* דער פֿלאַ'נעלַ

flap די קליאַפּע (ס) \|\| (of a table) דער בלאַט (בלעטער)

flapper (girl) דאָס פֿלאַ'מפּלעצל (עך)

flare 1. *n.* דער שײַ'נסיגנאַל (ן), דער שײַ'נראַקעט (ן) — 2. *v.* **f. up** אויפֿ\|פֿלאַמ\|ען, ־\|פֿלאַ'־קער\|ן, ־\|שײַנ\|ען; אָנ\|צינד\|ן זיך, צעפֿלאַמ\|ען זיך, צעפֿלאַ'קער\|ן זיך

flash 1. *n.* דער בליץ (ן) \|\| 2. *v. imp/pf* (אויפֿ)בליצ\|ן

flash bulb דאָס בלי'צלעמפּל (עך)

flash gun דער בליצער (ס)

flashlight דאָס לאַ'מטערל (עך), די באַטערייקע (ס)

flashy בלענדיק, בליציק, סענסאַציאָנע'ל

flask דער פֿלאַקאָ'ן (ען), דער בוטל (ען)

flat 1. *adj.* פֿלאַך; פֿלאַטשיק \|\| (½ note) — בעמאָ'לַ \|\| לַאַ בעמאָ'לַ .A f \|\| **f. on the ground** אַדוו פֿלאַזעם \|\| *cf.* **fall** \|\| **play/sing f.** פֿאַ'לשעווע\|ן \|\| 2. *n.* די דירה (—ות) [DIRE] — (music) דער בעמאָ'לַ (ן) \|\| (tire) די געפּלאַצט\|ע רייף (ן), דער פֿאַנטשער (ס)

flatcar דער פֿלאַטפֿאָ'רמע־וואַגאָן (ען)

flat foot דער פֿלאַט(ש)פֿוס (...פֿיס)

flatiron דער פּרעס (ן)

flatten צעפּלעטש\|ן, פֿלאַטשיק מאַכ\|ן \|\| **f. out** אויס\|פֿלאַ'טשיק\|ן

flatter חנפֿע\|נען [KhANFE], קריכ\|ן ד אין די אויגן; °אונטער\|לעק\|ן זיך, חנפֿע\|נען זיך צו—

flatterer דער חניפֿהניק (עס) [ ], דער חונף (ים) [KhOYNEF—KhONFIM], דער או'נטערלע־קער (ס)

flattering: be f. (clothes) קלייד\|ן ⟨ד⟩

flattery די חניפֿה [KhNIFE]

flatus די נפֿיחה (—ות) [NEFIKhE]

flaunt אויס\|שטעל\|ן זיך, שטעכ\|ן די אויגן —מיט

flavor 1. *n.* דער אַראָמאַ'ט (ן) \|\| 2. *v.* צו\|ריכט\|ן, פֿאַרפֿראַווע\|ן, צו\|פֿראַווע\|ן

flaw דער פּגם (ים) [PGAM—PGOMIM]

flax דער פֿלאַקס, דער לײַן

flaxen פֿלאַקס·ן

flay פֿאַ'סעווע\|ן, שינד\|ן ד די הויט

flea דער פֿלוי (פֿליי)

fledgling דער אפֿרוח (ים) [EFROYEKh— EFROYKhIM]

flee ⟨—פֿון⟩ אַנטלויפֿ\|ן, עוקר זײַן* [OYKER] \|\| (*hum.*) נעמ\|ען די פֿיס אויף די פּלייצעס, מאַכ\|ן פּליטה [PLEYTE]

fleece 1. *n.* די פֿעל (ן) || 2. *v.* באַרײַס|ן, שינדן ד די הויט

fleet *n.* דער פֿלאָט (ן)

flesh דאָס פֿלייש; דער גוף, דאָס לײַב || (skin) די הויט ⊣ (not spirit) דער חומר [KhOY-MER] ⊣ **f. and bones** הויט און ביינער || **own f. and blood** אייגן בלוט און פֿלייש

flexibility די ביי'גיקייט

flexible ביי'ג(עווד)יק

flexion די בייגונג (ען)

flicker 1. *n.* דער צאַנק (ען) || 2. *v/imp* צאַנק|ען

flier דער פֿלי:ער (ס)

flight (flying) דער פֿלי (ען) || (fleeing) דאָס אַנטלויפֿן, די °פּליטה [PLEYTE] ⊣ (of stairs) דער גאָרן (ס)

flimsy נישטיק

fling 1. *n.*: **have a f.** אַ הוליע טאָ|ן*, לאָז|ן זיך ווילגיין ⊣ 2. *vt.* שלײַ'דער|ן, אַ שמיץ טאָ|ן*

flint דער פֿײַ'ערשטיין, דער קרעמען (ס)

flirt 1. *n.* דער קאָקע'ט (ן), די קאָקעטקע (ס), דער חנדלער (ס) [ ] ⊣ 2. *v.* קאָקעטיר|ן, חנדל|ען זיך ⟨צו⟩ [KhEYNDL]; פֿלי'רטעווע|ן ⟨מיט⟩, מאַכ|ן חן ⟨ד⟩ [KhEYN]

flirtation דער פֿלירט (ן)

flirtatious קאָקעטיש, חנדלדיק [ ]

float 1. *n.* דאָס שווי'מערל (עך) || (parade) דער פּאַראַ'ד־וואָגן (ס) ⊣ 2. *vt.* לאָז|ן שווימען || *vi.* טראָג|ן זיך || (in water) *also* שווימ|ען, האַלט|ן זיך (אויפֿן וואַסער) || (on air) *also* שוועב|ן || **f. in** (*fig.*: have aplenty) באָד|ן זיך אין

flock 1. *n.* די סטאַדע (ס), די טשע'רעדע (ס) || (birds) די טשאַטע (ס) || 2. *vi.* צונויפֿ|-לויפֿ|ן זיך, -|פֿלי:|ען זיך

floe די קרי:ע (ס)

flog קאַ'טעווע|ן

flood 1. *n.* די פֿאַרפֿלייצונג (ען), דאָס געוויסער (ס) ⊣ 2. *v.* פֿאַרפֿלייצ|ן, פֿאַרטרענק|ען, פֿאַרשווענק|ען

floor 1. *n.* די פּאַדלאָגע (ס), דער דיל (ן) || (story) דער גאָרן (ס) || (parliamentary procedure) דאָס וואָרט || **ask for the f.** בעט|ן אַ וואָרט ⊣ **give the f. to** געב|ן* ד דאָס וואָרט ⊣ **take the f.** נעמ|ען דאָס וואָרט ⊣ 2. *v.* אַוועק|לייג|ן (אויף דער ערד) ⊣ (daze) פּריטשמעליע|ן (לאָ'פּעטקעס) ⊣

floor lamp דער שטיילאָמפּ (ן)

floor show די (קאַבאַרע'־)פֿאָ'רשטעלונג (ען)

flop פּאָכ(ע)|ן, קלאַפּ|ן ⟨—מיט⟩

florid בלומיק, מליצהדיק [MELI'TSEDIK]

flounder די פֿלאָ'נדערקע (ס)

flour די מעל

flourish 1. *n.* דער צוק (ן) || 2. *v.* בלי:|ען || **begin to f.** אויפֿ|בלי:|ען, צעבלי:|ען זיך

flow 1. *n.* דער שטראָם (ען), דער פֿלייץ (ן), דער גאָס (ן); דאָס גיסן זיך ⊣ (tide) דער צו־פֿליס|ן ⊣ 2. *v.* •פֿליס|ן, שטראָמ|ען, גיס|ן זיך, לויפֿ|ן ⊣ פֿלייץ (ן) ⊣ (into) || אַרײַנ|גיס|ן זיך ⊣ (gush out) פֿלייצ|ן, זעצ|ן

flower 1. *n.* די בלום (ען), דער קווייט (ן) || 2. *v.* בלי:|ען

flowerpot דער וואַזאָ'ן (ען)

flowery געבלימלט, באַבלו'מט || (style) בלומיק, מליצהדיק [ ] ⊣ **f. expression** די מליצה (—ות) [MELITSE] ⊣ **f. language** די מליצה

flu *see* **influenza**

fluctuate פֿלוקטו:ר|ן, וואַקל|ען זיך

fluctuation די פֿלוקטו:רונג (ען), דאָס וואַ'קלעניש (ן)

flue די יושקע (ס)

fluent גלאַט, פֿליסיק

fluently *also* ווי געשמי'רט, ווי אַ וואַסער

fluff דער פּוך

fluffy פּוכיק, ווילַנע

fluid 1. *adj.* פֿליסיק, גיסיק || 2. *n.* די פֿלי'סיקייט (ן)

fluoresce פֿלואָרעסציר|ן || **f.nt light** די פֿלואָרעסצירקע (ס)

fluoridate פֿלואָרידיר|ן

flurry דער ווייע (ן), דער אויפֿבלאָז (ן), דער אויפֿריר (ן)

flush 1. *adj.* גלאַט, גלײַך, נעט || 2. *vt.* אַראָפּ|לאָז|ן ⊣ **f. a toilet** דורכ|שווענק|ען דאָס וואַסער ⊣ *vi.* פֿלייצ|ן

flushed פֿאַרפֿלאַ'מט || (blushing) פֿאַר־צעהי'צט ⊣ (hot) רייטלט

flustered פֿאַרלויר'ן || **become f.** פֿאַר־ליר|ן זיך

flute די פֿלייט (ן)

flutter 1. *n.* דער פֿאָך, דער פֿלאַטער || 2. *vt.* לאָז|ן פֿלאַ'טערן; מאַכ|ן, פֿאָכ(ע)|ן — מיט || *vi.* פֿלאַ'טער|ן, פֿאָכ(ע)|ן, פּלאָשע|ן

fly 1. *n.* די פֿליג (ן) || (crotch) דער קראָק (ן) ⊣ 2. *vt.* פֿיר|ן, פּילאָטיר|ן א/מיט || *vi.* פֿלי|ען || (flutter) פֿאָכ(ע)|ן

flying 1. *adj.* פֿלי..., פֿלי'ענדיק || 2. *n.* די אַוויאַציע, דאָס פֿליערײַ'

flying saucer דאָס פֿליי'־טעלערל (עך)

flyleaf דער פֿאָרזאַץ (ן)

flywheel די אי'מפּעטראָד (...רעדער)

foam 1. *n.* דער שוים (ען), די פּינע (ס) || **f. rubber** די שוי'מגומע || 2. *v.* שוימ|ען, פּינע|ן

focus 1. *n.* דער פֿאָקוס (ן) || 2. *vt/vi* פֿאָ־קוסיר|ן, קאָנצענטריר|ן (—זיך)

fodder דאָס געפֿיטער, די קאָרמע

foe דער פֿײַנד (—), דער צורר (ים) [TSOYRER], דער שׂונא (ים) [SOYNE—SONIM]

fog דער נעפּל (ען), דער טומאַ'ן (ען) || (mixed with drizzle) די מראַקע (ס)

foggy פֿאַרנעפּלט, נע'פּלדיק

foible די שוואַכקייט (ן)

foil[1] 1. *n.* (obstacle) דער שטער (ן) || 2. *v.* פֿאַרשטער|ן

foil[2] (thin metal) דער לייש (ן) || **spread with f.** (אויס|)לייש|ן

fold 1. *n.* דער קנייטש (ן), דער פֿאַלב (ן), דער פֿאַלץ (ן) ⊣ 2. *v/imp* קנייטש|ן, פֿעלבל|ען || *pf.* אײַנ|-, צונויפֿ|קנייטש|ן || (one's arms) אויפֿ|-, צונויפֿ|לייג|ן, פֿאַרלייג|ן ⊣ **sit with legs f.ed** זיצ|ן אויף טערקיש

...fold ...פֿאַכיק || threefold דרײַ'פֿאַכיק

folder (file) דאָס קנייטשל (עך), די טעקע (ס) || (prospectus) דער פּראָספּע'קט (ן)

folding bed דאָס צעליי'ג־בעטל (עך)

foliage דאָס געבלעטער

folk 1. *adj.* ...פֿאָלקס || 2. *n.* דאָס פֿאָלק; אייגענע, לײַט —מצ ⊣ **f.s** לײַט מצ || my **f.s** מײַנע איי'גענע || **well, f.s** (*Jew.*) נו ייִדן!

folklore דער פֿאָלקלאָ'ר || **study of f.** די פֿאָלקלאָריסטיק

folksong דאָס פֿאָלקסליד (ער)

folktale די פֿאָ'לקס־מעשׂה (—יות) [MAYSE—MAYSES]

follow *vt/vi* נאָכ|גיי|ן*, •נאָכ|פֿאָלג|ן || (in a vehicle) נאָכ|פֿאָר|ן ‹ד› || *vi.* (come afterwards) קומ|ען נאָך דעם || (result) אַרויס|דרינ|ג|ען, זײַן* געדרונגען ⊣ (be inferred) אַרויס|וואַקס|ן ⊣ **it f.s** נימצא [NIM-TSE] ⊣ (from what I/we said) היוצא־מדבֿרינו [HAYOYTSE-MIDVORE'YNU] ⊣ **as f.s** אַזוי'; אָ'ט ווי (אַזוי') || (before a quotation) *also* אַזוי' צו זאָגן || **f. up** נאָכ|גיי|ן* ד

follower דער אָ'נהענגער (ס), דער חסיד (ים) [KhOSED—KhSIDIM]; דער נאָ'כגייער (ס)

following 1. *adj.* ווײַ'טערדיק; אָט וואָסער, אָט וועלכ|ער ⊣ **the f. people** די ווײַ'טער־דיקע מענטשן; אָט וועלכע מענטשן ⊣ **in the f. words** (often *hum.*) בזה־הלשון [BE-ZE'-HALO'ShN] ⊣ 2. *n.* די אָ'נהענגערשאַפֿט

follow-up דער נאָכגיי

folly די נאַ'רישקייט (ן), דאָס טיפּשות [TIPShES], דער שטות (ים), דאָס שטותערײַ' ⊣ **commit a f.** אָפּ|טאָ|ן* אַ נאַ'רישקייט, באַנאַ'ריש|ן זיך

foment אויפֿ|רו'דער|ן || **f. rebellion among** אויפֿ|בו'נטעווע|ן

fond: be f. of ליב האָב|ן*, האָלט האָב|ן*, זײַן* צום האַרצן, (*rev. con.*) ⊣ האַלט|ן פֿון זײַן* ניחא —ד [NIKhE]

fondle פּעסטע|ן, צערטל|ען, ליובע|ן || (*iro.*) קאָשקע|ן || **f. each other** ליובע|ן זיך

fondling (*hum.*) (דאָס) קו'צעניו־מו'צעניו

fondness די סימפּאַ'טיע, די ליבשאַפֿט ‹—צו›

font די קאַסע (ס); דער שריפֿט (ן)

food דאָס עסן (ס), די שפּײַז (ן), דאָס ע'סנוואַרג, לע'בנס־מיטל מצ, די צערונג, מזונות מצ—ל [ME-ZOYNES] ⊣ (kind of f.) דער מאכל (ים) [MAYKhL—MAYKhOLIM]

fool 1. *n.* דער נאַר (נאַראָנים), דער טיפּש (ים)

[TIPESh—TIPShIM], דער שוטה (—ים) [ShOYTE—ShOYTIM], דאָס פֿערד (—) ⊣ **f.'s errand** [SU'KE] דער גאַנג נאָך אַ סוכּה־שער || **make a f. of oneself** מאַכ|ן זיך נאַריש; באַנאַ'ריש|ן זיך ⊣ **make a f. of** האָב|ן* דאָס גענאַ'ר פֿון, מאַכ|ן/שטעל|ן א צום נאַר, מאַכ|ן אַ קאָטער אויס ⊣ **play the f.** מאַכ|ן זיך נאַריש || (affect ignorance) מאַכ|ן זיך תּמעוואַטע [TAMEVATE], מאַכ|ן זיך כּלא־ידע [KILE-YODE] ⊣ 2. *vt/imp* נאַר|ן; טרײַב|ן קאַטאָוועס מיט ⊣ *pf.* פֿאַרפֿיר|ן, אַרײַנ|נאַר|ן || **no f.ing!** אָן קאַטאָוועס! אָן אַ שפּאַס!

foolhardy ריזיקאַליש, ריזיקאַנטיש

foolish נאַריש; תּמעוואַטע [TAMEVATE]

foolishness *see* **folly**

foot 1. *n.* דער פֿוס (פֿיס) || (of a bed, mountain etc.) דער צופֿוסנס || (measure) דער פֿוס (—) || **at the f. of** צופֿוסנס פֿון ⊣ **set f. on** באַטרעט|ן || **put one's f. down** אײַנ|שפּאַר|ן זיך || 2. *v.* **f. the bill** באַצאָל|ן דעם חשבון [KhEZhBM], אויס|שטיי|ן* די הוצאָות [HETSOES]

football דער פֿוטבאָל (ן)

footbridge די קלאַטקע (ס)

foothold || דער אָנהאַלט (ן), דער אײַנגרונט (ן) **establish a f.** אײַנ|גרו'נטעווע|ן זיך

footing דער אָנשפּאַר (ן), דער אָנהאַלט (ן), דער יסוד (ות) [YESO'D—YESOYDES]

footlights די ראַמפּע (ס) אַצ

footnote די הערה (—ות) [HEORE]

footpath די סטעשקע (ס)

footprint די שפּור (ן), דער פֿוסדרוק (ן)

footstep דער טראָט (טריט), דער טריט (—)

footstool דאָס פֿו'סבענקל (עך)

footwear דאָס שוכוואַרג

fop דער פֿראַנט (ן), דער פֿאַצע'ט (ן)

for 1. *prep.* (intended recipient) פֿאַר || this is f. you דאָס איז פֿאַר דיר || (price) פֿאַר ⊣ I bought it f. $5 איך האָב עס געקוי'פֿט פֿאַר $5 ⊣ (barter) אויף || I exchanged it f. a coat איך האָב עס אוי'סגעביטן אויף אַ מאַנטל ⊣ (intended duration) אויף || I came f. a week איך בין געקומען אויף אַ וואָך ⊣ (elapsed and elapsing time) *omitted* || I waited f. two days איך האָב געוואַ'רט צוויי טעג || (purpose) אויף, צו || what does he need it f.? צו/אויף וואָס דאַרף ער עס? || (object of fetching) נאָך || I came f. him איך בין געקומען נאָך אים || (destination) אין, קיין || he left f. London ער איז אַוועק'געפֿאָרן קיין לאָנדאָן ⊣ *cf. also* **as, example, good, shame,** *and individual verbs* || 2. *conj.* וואָרן

forbid פֿאַרווער|ן || (*Jew.*) *also* אַסר|ן [ASER] ⊣ **God f.** גאָט זאָל אָ'פּהיטן! אָסור (מיר)! —אינט [OSER]; חס־ושלום [KhAS-VESho'LEM], חלילה־וחס —אַדוו [KhOLILE-VEKhA'S]

forbidden *also* פֿאַרבאָט·ן || (*Jew.*) אָסור [ ] אַפּ ⊣ **be f.** (*rev. con.*) ניט טאָר|ן* || it is f. to enter מע טאָר ניט אַרײַנגיין

forbidding אָ'פּשרעקנדיק

force 1. *n.* דער כּוח (ות) [KOYEKh—KOYKhES], די גוואַלד, די קראַפֿט (ן) ⊣ **by f.** מיט/איבער גוואַלד, בגוואַלד [BIGVA'LD], מיט כּוח, אויף ס'כּוח, מיט בײזן ⊣ **in f.** אין קראַפֿט ⊣ 2. *v.* נייט|ן, צווינג|ען || (an issue etc.) פֿאָרסיר|ן || **f. oneself** (to) אָנ|טאָ|ן* זיך אַ כּוח/נויט ⟨און ...⟩

forced גענײ'ט, געצוווּנגען; געמאַטערט || **be f. to** (do something) ״ באונס [BEOYNES], ״ בהכרח [BEHEKhREKh] ⊣ *cf.* **labor**

forcible (obtained by force) געצוווּנגען || (showing force) גוואַלד...

forcibly *also* אויף ס'כּוח [KOYEKh], בגראַנדע [BIGRANDE]

ford 1. *n.* דער אי'בערפֿאָר (ן) || 2. *v.* דורכ|בראָדיע|ן

fore: to the f. אַפֿע'ר אַדוו

forecast 1. *n.* דער פֿאָרויסזאָג (ן), דער פּראָגנאָ'ז (ן) ⊣ 2. *v.* פֿאָרויס|זאָג|ן

foreclose (mortgage) קאַסיר|ן || (exclude) אויס|שליס|ן (אין פֿאָרוי'ס)

forefathers אָבֿות [OVES], ע'לטער־ע'לטערן —מצ

forefinger דער טײַ'טפֿינגער (—)

forefront דער סאַמע פֿאָרנט/פֿראָנט

foreground דער פֿאָ'דערגרונט (ן), דער ערשט|ער פּלאַן

forehead דער שטערן (ס)

foreign פֿרעמד || (from abroad) אוי'סלענדיש ⊣ **f. legion** דער פֿרע'מדן־לעגיאָן || **f. minister** דער אוי'סלאַנד־מיניסטער || **f. countries** דאָס אויסלאַנד קאָל

foreigner דער אוי'סלענדער (—)

forelady די אוי'פֿזעערין (ס)

forelock די טשופּרינע (ס)

foreman דער אוי'פֿזעער (ס), דער •פֿאָרמאַן (פֿאָרלײַט) אַמער

foremost ווי'כטיקסט*; הויפּט...

forenoon דער פֿאַ'רמיטאָג (ן) || **in the f.** פֿאַר מיטאָג

forerunner דער פֿאָרוי'סגייער (ס), דער פֿי'רגייער (ס)

foresee פֿאָרויס|זע|ן*

foreshadow אָנ|שאָ'טענ|ען; אָנ|ווינקע|ן אויף

foresight די אוי'סגערעכנטקייט, די באַקלע'ריקייט

forest דער וואַלד (וועלדער)

forestall פֿאַרהיט|ן, פֿאַרכאַפּ|ן, פֿאַרלויפֿ|ן ד דעם וועג ⊣ **f. other people** *also* מקדים זײַן* זיך [MAKDEM]

forester דער ווע'לדערער (ס)

forestry דאָס וועלדערײַ'

foretell פֿאָרויס|זאָג|ן

forethought די באַקלע'ריקייט, די אוי'סגערעכנטקייט

forever אויף שטענדיק, אויף אייביק || **f. and ever** [LEOYLEM-VO'ED] לעולם־ועד

forewarned געוואָרנט || (by experience) אָ'נגעלערנט

foreword די הקדמה (—ות) [HAGDOME], דאָס וואָרט פֿריִער

forfeit 1. *n.* דער פֿאַנט (ן) || 2. *v.* פֿאַרשפּיל|ן, אָנ|ווער|ן; מוותּר זײַן* אויף [MEVATER]

forge[1] 1. *n.* די קוזניע (ס) || 2. *v. imp/pf* (אויס|)שמיד|ן, (אויס|)קאָווע|ן

forge[2] (fake) פֿעלש|ן, נאָכ|מאַכ|ן, °אונטער|מאַכ|ן, פֿאַלסיפֿיציר|ן

forger דער פֿעלשער (ס), דער פֿאַלסיפֿיקאַטאָר (...אָ'רן)

forgery די פֿעלשונג (ען), די נאָ'כמאַכונג (ען), דער פֿאַלסיפֿיקאַ'ט (ן)

forget פֿאַרגעס|ן || **f. completely** (*rev. con.*) אַרויס|גיי|ן* ד פֿון זינען || I forgot the matter completely די זאַך איז מיר אַרוי'ס פֿון זינען ⊣ **f. it!** מילא! [MEYLE]; איז ניט! ⊣ I **f.** what he said איך האָב פֿאַרגעסן וואָס ער האָט געזאָגט

forget-me-not דאָס פֿאַרגע'סניטל (עך)

forgive מוחל זײַן* [MOYKhL], שענק|ען, •פֿאַרגעב|ן ⟨ד—⟩

forgiveness די מחילה [MEKhILE]

forgo מוותּר זײַן* אויף [MEVATER]

fork 1. *n.* דער גאָפּל (ען) || (hay) דיווידלע (ס) ⊣ (road) דער שיידוועג (ן) || 2. *v.* אָנ|שטעכ|ן אויף אַ גאָפּל

forlorn עלנט, פֿאַרלאָז·ן

form 1. *n.* די פֿאָרעם (פֿאָרמען) || (grammatical item) די פֿאָרמע (ס) || 2. *v.* (אויס|)פֿו'רעמ|ען, פֿאָרמיר|ן

formal (form) פֿאָרמאַ'ל || (formality) פֿאָרמע'ל

formality די פֿאָרמאַליטע'ט (ן); די פֿאָרמעלקייט ⊣ **as a f.** *also* לפּנים [LEPONEM]

formation די פֿאָרמירונג (ען), די פֿו'רעמונג (ען) ⊣ (shape) די פֿאָרמאַציע (ס)

formative פֿאָרמאַטי'וו, פֿורעמ...

former פֿריִ'ערדיק*; אַמאָליק*, אוי'סגעוואָר·ן || **the f. and the latter** דער ערשט|ער און דער צווייט|ער ⊣ (ex-...) געוועז·ן

formerly אַ מאָל, פֿריִער, פֿאַר צײַטנס || the f. larger area דער געווע'זט גרע'סער|ער שטח [ShETEKh]

formidable מורא(נ)דיק [MO'YRE(N)DIK]; נישקשה פֿון אַ ... [NIShKOShE]

formless אָ'נפֿאָ'רעמדיק || (*iro.*) אָן הענט און אָן פֿיס

formula די פֿאָרמל (ען)

formulate פֿאָרמוליר|ן

formulation די פֿאָרמולירונג (ען)

forsake אַוועק|וואַרפֿ|ן; פֿאַרלאָז|ן, איבער|-

לאָז|ן (אויף גאָטס באַראָ'ט, אויף הפֿקר) [HEFKER]; מפֿקיר זײַן* ל [MAFKER]

fort דער פֿאָרט (ן)

forte די גבֿורה (—ות) [GVURE]; דער קאַניאָ'ק (עס)

forth אַווע'ק, אַרוי'ס —אַדוו; אַרוי'ס, אַווע'ק, אַפֿע'ר —קוו ⊣ **back and f.** אַהי'ן און אַהע'ר

forthcoming אָ'נקומענדיק, בקרובֿדיק [BEKO'REVDIK], קו'מעדיק

forthwith או'מגעזאַ'מט, תּיכּף־ומיד [TEYKEF-UMIYA'D], תּוך־כּדי־דיבור [TO'Kh-KEDEY-DI'BER]

fortieth פֿערציקסט

fortification די באַפֿע'סטיקונג (ען), די פֿאָרטיפֿיקאַציע (ס)

fortify באַפֿע'סטיק|ן || (defenses) *also* פֿאָרטיפֿיציר|ן

fortitude די גבֿורה [GVURE]

fortnight פֿערצן טעג, צוויי וואָכן —מצ

fortress די פֿעסטונג (ען)

fortuitous טראַפֿ..., צו'פֿעליק

fortunate מזלדיק [MA'ZLDIK]

fortunately צום גליק

fortune דאָס מזל (ות) [MAZL—MAZOLES], די מערכה (—ות) [MAROKhE] ⊣ (wealth) דאָס עשירות [AShIRES], דער מאַיאָנטיק (...ט־קעס) ⊣ (*hum.*) די פּותיקי (—ות) [PO'YTIKE] ⊣ cost a f. קאָסט|ן אַ מאַיאָנטיק ⊣ **good f.** דאָס מזל, די גוט|ע מערכה ⊣ **have one's f. told** לאָז|ן זיך פֿאַרוי'סזאָגן דאָס מזל

fortune hunter דער אַוואַנטורי'סט (ן)

fortuneteller דער וואָ'רזאָגער (ס), דער טרעפֿער (ס), דער קאָ'רטן־וואַרפֿער (ס)

forty פֿערציק

forum דער פֿאָרום (ס)

forward 1. *adj.* פֿעדערשט* || (fresh) חוצפּהדיק [KhU'TSPEDIK], נאַכאַלנע° ⊣ 2. *adv.* פֿאָרוי'ס ⊣ 3. *v.* איבער|שיק|ן

fossil דער פֿאָסי'ל (ן)

foster האָ'דעווע|ן, כאָווע|ן; שטיצ|ן || **f. child** דאָס אוי'פֿציקינד (ער) ⊣ **f. parent** דער אוי'פֿציער (ס), קע'סט־עלטערן —מצ

foul שמוציק, ברודיק, אומריין || **run f. of** צונויפֿ|שטויס|ן זיך מיט; פֿאַרפּלאָ'נטער|ן זיך אין

found פֿאַרלייג|ן, אַוועק|שטעל|ן, מיסד זײַן* ל [MEYASED]

foundation (of a building) דער פֿונדאַמע'נט (ן) ⊣ (of a system etc.) דער גרונט (ן), דער יסוד (ות) [YESO'D—YESOYDES] || (fund) די פֿונדאַציע (ס) || **lay the f.s of** גרו'נטפֿעסטיק|ן ל *also* || *cf.* **founding**

founded: ill-f. שוואַך פֿאַרגרונטיקט || **well-f.** שטאַרק פֿאַרגרונטיקט

founder דער גרינדער• (ס), דער פֿאַרלייגער (ס)

founding די עטאַבלירונג, דאָס פֿאַרלייגן, דאָס פֿאַרליי'גט ווערן

foundling דאָס או'נטערגעוואָרפֿענ|ע קינד (ער), דער או'נטערוואַרפֿלינג (ען)

foundry די גיסערײַ' (ען), די גיסאַרניע (ס)

fountain דער פֿאָנטאַ'ן (ען) || **drinking f.** די קוואַלפּען (ען) ⊣ **f. pen** טרינקרער (ן)

four פֿיר

fourteen פֿערצן

fourteenth פֿערצעט

fourth 1. *adj.* פֿערט || 2. *n.* דאָס פֿערטל (עך) ⊣ (music) די קוואַרטע (ס)

fowl (*sg.*) דאָס עוף (ות) [OF—OYFES] || (*coll.*) עופֿות מצ

fox דער פֿוקס (ן)

foxhole די פֿו'קסנלאָך (...לעכער)

fox trot דער פֿאָקסטראָ'ט (ן)

foyer דאָס פֿירהויז (...הײַזער), דער פֿאָיע' (ען)

fracas דאָס געשלע'ג (ן)

fraction (number) די בראָכצאָל (ן), דער תּשבורת (—) [TIShBOYRES] ⊣ (fragment) דער בראָכטייל (ן)

fracture 1. *n.* דער בראָך (ן) || 2. *v.* צעברעכ|ן

fragile ברע'כ(עווד)יק

fragment דער פֿראַגמע'נט (ן)

fragmentary פֿראַגמענטאַריש

fragrance דאָס גערו'ך (ן)

fragrant שמע'קעדיק

frail שוואַך, ברעכיק, איי'דל

frailty די שוואַכקייט; דער מיחוש (ן) [MEYKhESh]

frame 1. *n.* די ראַם (ען), די רעם (ען) || **f. of mind** דאָס געמי'ט || **f. of reference** די שײַכות־רעם (ען) [ShA'YKhES], דאָס גע־ווערדליק (ן) ⊣ 2. *v.* אײַנ|רעמל|ען || (calumniate) [BILBL] מאַכ|ן אַ בילבול אויף

framework דאָס גערע'ם (ען)

France (דאָס) פֿראַנקרײַך

franchise (vote) דאָס שטימרעכט || (business) די קאָנצע'סיע (ס)

frank אָפֿ'ן, אָ'פֿנטלעך

frankfurter דאָס ווורשטל (עך)

frankly אָפֿ'ן; אָפֿ'ן גערע'דט

frankness די אָ'פֿנקייט

frantic טירופֿדיק [TI'REFDIK], פּאַניש, מטורף [METUREF]

fraternal ברו'דעריש; פֿראַטערנאַ'ל

fraternity די ברו'דערשאַפֿט (ן) || *cf.* **brotherhood**

fraud דער שווינדל (ען), דאָס רמאָות [RAMOES] || **obtain by f.** אויס|נאַר|ן

fraudulent שווי'נדלעריש, רמאָיש [RAMOISh]

freak דער קאַפּרי'ז (ן) || (monster) דאָס פּאַרזע'ניש (ן)

freckle דאָס זו'מער־שפּרענקל (עך) || **f.s** *also* מצ קלײַען

free 1. *adj.* פֿרײַ; פֿראַנק־און־פֿרײַ || (gratis) אומזי'סט, בחינמדיק [ ]; בחינם אַפּ [BEKhINEM] ⊣ (exempt) פֿרײַ, פּטור אַפּ [POTER] || **make f. with** וואַרפֿ|ן זיך מיט || 2. *v.* אַרויס|לאָז|ן; באַפֿרײַ|ען

freedom די פֿרײַהייט (ן), די פֿרײַקייט (ן) || **in f.** אויף דער פֿרײַ

freely: spend/use f. וואַרפֿ|ן זיך מיט

freemason דער פֿרײַ'מײַער (ס)

freethinker דער פֿרײַ'דענקער (ס)

freeway דער פֿרײַשטראָז (ן), דער אויטאָסטראַ'ד (ן)

freeze *vt.* אײַנ|פֿריר|ן || (allocate) פֿאַר־בראָניר|ן ⊣ *vi/imp* פֿריר|ן || *pf.* פֿאַרפֿרוירן ווער|ן

freezing (cold) אײַזקאַלט || **be f.** זײַן* אַ פֿראָסט אומפּ ⊣ **f. weather** דער פֿראָסט (פֿרעסט) ⊣ **f. point** דער פֿרירפּונקט (ן)

freight דער פֿראַכט, די משׂא [MASE] || (freight train) די משׂא־באַן (ען)

French 1. *adj.* פֿראַנצייזיש || 2. *n.* (language) דאָס פֿראַנצייזי'ש || **the F.** (people) מצ די פֿראַנצויזן

Frenchman דער פֿראַנצוי'ז (ן)

French toast דאָס געפּרישט|ע ברויט, דער געפּרישט|ער קוילעטש

frenzy דאָס משוגעת [MEShUGA'S], דער טירוף [TIREF]

frequency די אָפֿטקייט (ן); די פֿרעקווע'נץ (ן)

frequent 1. *adj.* אָפֿט || 2. *v.* •באַזוכ|ן, (אָפֿט) אַרײַנ|גיי|ן* אין, זײַן* אַ אײַ'נגייער אין/בײַ

frequently אָפֿט (מאָל), אַ סך מאָל [SAKh], ⊣ אַלע ווײַלע ⊣ (*hum.*) אַלע מאָנטיק און דאָ'נערשטיק

fresh פֿריש, צאַ'פּלדיק || (water: non-salt) זיס ⊣ (impudent) חוצפּהדיק [KhU'TSPEDIK], שקאָציש ⊣ **be f.** *also* זײַן* אַ שייגעץ

freshman דער ע'רשטיאָרלער (ס)

fret וואַרפֿ|ן זיך; ברוגז|ן זיך [BROYGES]; עס|ן זיך, גריזשע|ן זיך

fricative 1. *adj.* רײַב..., רײַביק || 2 *n.* דער רײַבקלאַנג (ען)

friction (physical) די רײַבונג || (social) מצ רײַ'בונגען; דער ברוגז [BROYGES]

Friday דער פֿרײַטיק (ן) || **F.'s** אַדי פֿרײַ'טיקדיק

friend דער פֿרײַנד (—), דער חבֿר (ים) [KhAVER—KhAVEYRIM] ⊣ **good f.** דער גוט|ער־פֿרײַ'נד (—) ⊣ **be (good) f.s** (with) זײַן* (זייער) באַפֿרײַ'נדט ⟨מיט⟩; חבֿר|ן זיך ⟨מיט⟩ || **become/make f.s** (with) צונויפֿ|חבֿר|ן זיך, באַפֿרײַנד|ן זיך ⟨—מיט⟩ ⊣ **f. of the Jews** *also* דער אוהבֿ־ישׂראל (אוהבֿי־) [OYEV-YISRO'EL—O'YEVE]

friendly פֿרײַנדלעך, חבֿריש [KhA'VERISh] || **on f. terms** (with) באַפֿרײַ'נדט, אוי'פֿגעטראָג'ן ⟨—מיט⟩

friendship די (גוט־)פֿרײַנדשאַפֿט (ן), די גוט־ברו'דערשאַפֿט (ן), די חבֿרשאַפֿט (ן) [KhA'VERShAFT]

frigate דער פֿרעגאַ'ט (ן)

fright דער שרעק; דער דערשרע'ק, דער אי'בער־

שרעק (ן) ⊣ **extreme f.** די אימת־מוות [EYMES-MO'VES]

frighten *v/imp* שרעק|ן || *pf.* איבער|-, אָנ|שרעק|ן, דערשרעק|ן ⊣ (horse) צעספּוזשע|ן, ספּאָלאָשע|ן

frightened דערשראָק·ן, צעשראָק·ן || **be(come) f.** דערשרעק|ן זיך; אַנטשטאַנען ווער|ן ⊣ I was **terribly f.** *also* ס'איז מיר אַנטפֿאַלן דער מאַמעס מילך

frightening שרעקלעך, מורא(נ)דיק [ ] || **be f.** *also* זײַן* אומפּ אַ מורא [MOYRE] ⟨צו אינפֿ⟩

frightful מורא(נ)דיק [MO'YRE(N)DIK], מאוימדיק [MU'YEMDIK]

frigid פֿריריק, קרירהדיק [KRI'REDIK] || (sexually) פֿריגי'ד || **f. woman** (*hum.*) די קאַלט|ע קוזיניע (ס)

frigidity די פֿרי'ריקייט; די פֿרוי'ען־קאַלטקייט

fringe פֿרענדז מצ; דער ראַנד (ן)

fringe benefit דאָס צו'מגעצאָלטס (ן), דער בײַ'־בענעפֿיט (ן)

frivolity די גרינג|ע דעה [DEYE]; די •לײַ'כטזיניקייט

frivolous גרינג־דעהדיק [ ], •לײַ'כטזיניק, פֿאַרשײַ'ט, פֿאַרשאַ'רט, פֿליאַ'דערדיק ⊣ **be f.** *also* זײַן* גרינג אויף דער דעה || **f. person** דער פֿליאַדער (ס)

fro: to and f. אַהי'ן־אַהע'ר, אַהי'ן און צורי'ק, הין און קריק

frock דער ראָק (רעק), דאָס רעקל (עך); דער כאַלאַ'ט (ן)

frog די זשאַבע (ס), די פֿראָש (פֿרעש)

frogman דער זשאַ'בעניק (עס)

frolic 1. *n.* דאָס שטיפֿערײַ' (ען) || 2. *v.* שטיפֿ|ן

from פֿון || **f. ... on** פֿון ... אָן

front 1. *adj.* פֿאָ'רנטיק; פֿעדערשט* || 2. *n.* דער פֿראָנט (ן); דער פֿאָרנט (ן) ⊣ **in f.** פֿאָרנט אַדוו ⊣ **in f. of** פֿאַר || **f. seat** דער אָרט פֿון פֿאָרנט

frontier דער גרענעץ (ן) || (f. country) דאָס גרע'נעצלאַנד

frost (frozen dew) דאָס נעפּרי'ר || (cold) דער פֿראָסט (פֿרעסט)

frostbitten אָ'פּגעפֿרויר·ן

frosted glass דאָס מילכגלאָז

frosting *see* **icing**

frosty פֿראָסטיק

froth 1. *n.* דאָס ברויזעכץ || (on lips) די סמאַהע ⊣ 2. *v.* ברויז|ן

frown 1. *n.* דאָס קרומ|ע פּנים (ער) [PONEM—PE'NEMER] ⊣ 2. *v.* קרימ|ען זיך, מאַכ|ן אַ קרום פּנים ⊣ **f. upon** קוק|ן קרום אויף

frozen פֿאַרפֿרויר·ן || **f. stiff** פֿאַרשטאַ'רט

frugal שפּאָ'רעוודיק; צי'מצומדיק [ ]

frugality די שפּאָ'רעוודיקייט, דער צימצום [TSIMTSEM]

fruit די פֿרוכט (ן), די פּרי (פּרות) [PEYRE]; דאָס אויפּס קאָל

fruitful פֿרוכטיק

fruitless או'מפֿרוכטיק, אומזי'סט, אַרוי'סגעוואָרפֿ·ן ⊣ (work) *also* אומני'שט אַדוו || **be f.** (*rev. con.*) אויס|לאָז|ן זיך אַ בוידעם/טײַך פֿון אומפּ

frustrate (plan) קאַליע מאַכ|ן, פֿאַרשטער|ן, מעכּבֿ זײַן* [MEAKEV] ⊣ (person) ניט לאָז|ן אוי'ספֿירן, פֿרוסטריר|ן

frustration די פֿאַרשטערונג (ען); די פֿרוסטרירונג (ען); די פֿרוסטרירטקייט

fry פּרעגל|ען, פֿראַזשע|ן

frying pan די פֿאַן (ען), די סקאָ'וורעדע (ס)

fuel דאָס ברענוואַרג קאָל || (for heating) דאָס הייצוואַרג ⊣ **f. cell** דאָס היי'ץ־קעמערל (עך)

fugitive 1. *adj.* אַנטלאָפֿ·ן || 2. *n.* דער אַנטלאָ'פֿענ|ער געב

fugue די פֿוגע (ס)

...ful פֿול ... ⟨מיט⟩ || a drawerful of papers אַ שופֿלאָד (מיט) פּאַפּירן; אַ שופֿלאָד פֿול מיט פּאַפּירן ⊣ two spoonfuls of soup צוויי לעפֿל זופּ

fulcrum דער אָ'נשפּאַר(פּונקט) (ן)

fulfill דערפֿי'ל|ן, אויס|פֿאָלג|ן, מקיים זײַן* [MEKAYEM]

fulfilled מקוים אַפּ [MEKUYEM] || **be f.** מקוים ווער|ן

fulfillment די אוי'ספֿאָלגונג, די דערפֿילונג

full (of) פֿול ⟨מיט⟩ || (emotions) *also* מלא־... [MOLE] ⊣ (sated) זאַט || (relation) לײַבלעך || my f. brother מײַן

גאַנץ || (moon) ⊣ לײַ'בלעכער ברודער
chock f. (of) אָ'נגעפּיקעוועט ⟨מיט⟩ || **f. to the brim** פֿול ווי אַן אויג || **f. blast** מיטן פֿולן ברען ⊣ (*hum.*) אויף וואָס די וועלט שטייט; אויף טיש און אויף בענק ⊣ **in full** אין גאַנצן ⊣ **in f. bloom** אין רעכטן בלי || his **f.** length/height/... ווי לאַנג/הויך/... ער איז

full-face: **f. portrait** דער אַנפֿאַ'ס־פּאָרטרעט (ן)

fullness די פֿולקייט; די זאַטקייט

full-time גאַ'נצטאָגיק

fully גאָר, אין גאַנצן, פֿאַר פֿו'ל

fulminate פֿײַ'ער|ן

fumble *vi.* באָברע|ן זיך, אַרומ|טאַפּ|ן; טאַפּ|ן די ווענט

fume 1. *n.* דער רויך (ן), דער גאַז (ן) || 2. *v.* קאָכ|ן זיך ⊣ (*fig.*) ריי'כער|ן

fumigate אויס|ריי'כער|ן

fun [HANOE] די הנאה || (ridicule) דער חוזק [KhOYZEK] ⊣ **in/for f.** אויף קאַטאָוועס || **have f.** הנאה האָב|ן*, פֿאַרווײַל|ן זיך; שטיפֿ|ן ⊣ **make f.** (of) טרײַב|ן קאַטאָוועס ⟨מיט⟩, לצעווע|ן ⟨פֿון⟩ [LE'TSEVE], אָנ|ציִ|ען א

function 1. *n.* די פֿונקציע (ס) || 2. *v.* פֿונקציאָניר|ן ⊣ (watch) *also* גיי|ן* || (machine) *also* אַ'רבעט|ן

functionary דער פֿונקציאָנאַ'ר (ן)

fund דער פֿאָנד (ן) || **f.s** דאָס געלט קאָל, מצ געלטער ⊣ **vast f.s** קאַסע־קאַסאָ'עס (געלט)

fundamental פֿונדאַמענטאַ'ל, גרונט..., עיקר־... [IKER], עצם־... [ETSEM]; (ב)עצמדיק [ ], יסודותדיק [YESO'YDESDIK]

fundamentally אין גרונט, בעצם [BEETSEM]

fundraiser דער גע'לטשאַפֿער (ס)

fundraising דאָס געלטשאַפֿערײַ'

funeral די לוויה (—ות) [LEVAYE] || **f. march** דער טרוי'ערמאַרש (ן) ⊣ **f. parlor** דער לוויה־זאַל (ן)

funereal לוויהדיק [ ]

fungus דער שוואָם (ען) || (skin) דער לישײַ' (ען)

funnel 1. *n.* דאָס קריינדל (עך), די לייקע (ס) || 2. *v.* גיס|ן

funny (comical) קאָמיש; וויציק, שפּאַסיק; צום לאַכן ⊣ (odd) מאָדנע

fur דער פּעלץ (ן), דער פֿוטער (ס), דאָס רויכוואַרג קאָל ⊣ **f. coat** דער פֿוטער (ס)

furious צאַ'רנדיק, צעקאָ'כט, אויסער זיך, אוי'פֿגעקאָכט, מלא־כּעס [MOLE-KA'AS] אַפּ, מלא־רציחה [RETSI'KhE] אַפּ, מלא־חמה [KhE'YME] אַפּ ⊣ **be f.** (at) *also* צע'קאָכ|ן זיך ⟨אויף—⟩ ⊣ **become f.** *also* רעַנ|ען אויף

furlough 1. *n.* דער אורלויב (ן) || 2. *v.* אָפּ|-, אַרויס|לאָז|ן אויף אורלויב

furnace דער אויוון (ס); די הרובע (ס)

furnish (furniture) *imp/pf* (אויס|)מעבליר|ן ⊣ (supply) פֿאַר|זאָרג|ן ⟨א מיט⟩, צו|-, צו|שטעל|ן, צו|שאַנצ|ן ⟨א —⟩

furniture מצ מעבל || **household f.** דאָס כּלי־בית [KLEBAYES]

furrier דער קירזשנער (ס)

furrow די גאַרע (ס), די בראָזדע (ס)

further 1. *adj.* ווײַ'טערדיק || 2. *adv.* ווײַטער ⊣ 3. *v.* העלפֿ|ן ד, פּראָטעזשיר|ן

furthermore דערצו', חוץ דעם; אי דאָ'ס, אויך, ווײַטער ⊣ f. he said אויך האָט ער געזאָ'גט

furtive גנבֿיש [GANEYVISh]; כיטרע

fury דער צאָרן, די רציחה [RETSIKhE]

fuse 1. *n.* (cord) דער צינדשנור (ן) || (detonator) דער צינדער || (electric) דער קאָריק (עס), די זי'כערונג (ען) ⊣ 2. *vt/vi* צונויפֿ|שמעלצ|ן (זיך), צונויפֿ|גיס|ן (זיך)

fuselage דער גוף (ים)

fusion דער צונויפֿשמעלץ (ן), די צונויפֿשמעלצונג (ען) ⊣ **f. bomb** די שמע'לצבאָמבע (ס) || **f. language** די שמעלצשפּראַך (ן)

fuss 1. *n.* דער טאַרעראַ'ם (ען) || (*hum.*) דער צימעס ⊣ **make a f.** (over) מאַכ|ן אַ צימעס ⟨פֿון⟩ ⊣ 2. *v.* טאַרעראַמ|ען, אַרומ|טאַנצ|ן ⟨—אַרום⟩, פֿאַרע|ן זיך, צערעמאָניע|ן זיך, מאַכ|ן מחזקות [MAKhZOKES] ⟨מיט—⟩ || (with pride/delight) צאַצקע|ן זיך ⟨מיט⟩

fussy אי'בערקלײַבעריש || **f. person** דער אי'בערקלײַבער (ס)

futile אַרוי׳סגעוואָרפֿ׳ן, אומזי׳סט(יק) || **be f.** (*rev. con.*) אויס|לאָז|ן זיך אומפּ אַ בוידעם — **make f. attempts** קריכ|ן אויף פֿון — **talk f.ly** רעד|ן צו דער גלאַטע ווענט וואַנט

future 1. *adj.* קו׳מע(נ)דיק, עתידיק [ ] || 2. *n.* די קו׳מעדיקייט, דער עתיד [OSED], די צוקונפֿט, דער וועט־זײַ׳ן — **in the f.** להבא [LEHABE] — **for the f.** אויף להבא

fuzz דער פֿוך, די באַרווע

fuzzy האָריק, פֿוכיק, באַ׳רוועדיק; אומקלאָר, פֿאַרווי׳שט

G

G (letter) דער גע (ען) || (note) דער סאָל (ן)

gab 1. *n.* דאָס פּלוידערײַ || **gift of the g.** אַ מויל אויף רעדער; אַ צונג אויף שרויפֿן || 2. *v.* פּלוי'דער|ן

gaberdine דער גאַבאַרדי'ן (ען) || (cloak) די קאַפּאָטע (ס)

gable דער (דאַך)שפּיץ (ן)

gadabout דער פּלוט (ן), דער אומראַש (ן)

gadget די המצאה (—ות) [HAMTSOE], דער דזשימדזשיק (עס)

gadgetry דאָס המצאהוואַרג [ ], דאָס דזשי'מדזשיק־וואַרג

gag 1. *n.* (stop) דאָס שפּרײַזל (עך) || (joke) דער שפּאַס (ן), די הלצה (—ות) [HALOTSE] || 2. *vt.* פֿאַרשפּרײַזל|ען (ד דאָס מויל) || *vi.* קרעכ|ן זיך, פֿאַרכליניע|ן זיך ⟨—מיט⟩

gaggle גאָ'נער|ן

gaiety די שימחה [SIMKhE], די גדולה [GDULE] ⊣ (*hum. Jew.*) דער יובֿל ליהודים [LAYEHUDIM]

gain 1. *n.* דאָס געווי'נס (ן), די רבֿותא [REVUSE] || 2. *v.* געווינ|ען || (weight etc.) צו|נעמ|ען ⊣ **g. by** האָב|ן* עפּעס פֿון, האָב|ן* אַ נוצן, נהנה זײַן* [NE'ENE], מרוויח זײַן* [MARVIEKh] ⟨—פֿון⟩ ⊣ **g. weight** *also* אָנ|צער|ן זיך

gained: be g. אַרויס|קומ|ען || what is g. by וואָס קומט אַרוי'ס פֿון

gainsay איבער|שפּאַר|ן א

gait דער גאַנג (גענג), דער הילוך [HILEKh]

gaiter דער קאַמאַ'ש (ן), די געטרע (ס)

gala *adj.* יום־טובֿדיק [YO'NTEVDIK]

gale דער (ים־)שטאָרעם (ס) [YA'M], די בורע (ס)

Galilee דער גליל [GOLEL] || **Sea of G.** דער ים־כּנרת [YAM-KINE'RES]

gall די גאַל || (impudence) דאָס יאַנדעס

gallant 1. *adj.* גאַלאַ'נט || 2. *n.* דער גאַלאַנטאָ'ן (ען)

gall bladder דער גאַ'לפּענכער (ס), די גאַל (ן)

gallery די גאַלעריע (ס)

gallon דער גאַלאָ'ן (ען)

gallop 1. *n.* דער גאַלאָ'פּ || **at a g.** גאַלאָ'פּ, שוואַלאָם —אַדוו ⊣ 2. *v.* גאַלאָפּיר|ן

gallows (*sg.*) די תּליה (—ות) [TLIE]

galore לרובֿ [LERO'V]; וויפֿל ס'האַרץ גלוסט

galoshes קאַלאָשן מצ

gamble 1. *n.* די רי'זיקע (ס), דער אײַ'נשטעל (ן), דאָס אײַ'נשטעלעניש ⊣ 2. *v.* שפּיל|ן אויף געלט, שפּיל|ן אין אַזאַ'רטשפּילן; אײַנ|שטעל|ן

gambler דער אַזאַ'רטשפּילער (ס), דער ריזיקאַ'נט (ן)

gambling 1. *adj.* ...אַזאַ'רט || 2. *n.* דער אַזאַ'רט, אַזאַ'רטשפּילן מצ

game די שפּיל (ן) || (hunting) דאָס געווי'לד || (ball game) דער מאַטש (ן) || (round) די פּאַ'רטיע (ס)

gamut די גאַמע (ס)

gander דער גאָנער (ס)

gang 1. *n.* די באַנדע (ס), די שײַקע (ס) || (bunch of friends) די חבֿרה (—ות) [KhEVRE], די חבֿרותא (—ות) [KhAVRUSE], די כאַליאַסטרע (ס), די כאָפּטע (ס), די כנופֿיא (—ות) [KNUFYE], די קאָמאַנדע (ס) ⊣ 2. *v.* **g. up on** אָנ|זעצ|ן זיך אויף (צוזאַמען)

gangrene די גאַנגרע'ן (ען), די בראַנד

gangster דער באַנדי'ט (ן), דער גענגסטער (ס) אַמער

gangway! *int.* (מאַכט) אַ וואַרע!

gantry די רישטאָוואַניע (ס)

gap דער בלויז (ן), דער ריס (ן), דער אײַנרײַס (ן), || דער מהלך (ן) [MEHALEKh], דער שרונט (ן) **full of g.s** בלייזיק

gape גאַפֿ|ן, גאַפּע|ן

garage דער גאַראַ'זש (ן)

garb די קליידונג (ען), דער לבֿוש (ים) [LE-VU'sh]

garbage דער אָפּפֿאַל (ן), דאָס מיסט || **g. can** דער מיסטלער ⊣ **g. man** דער מי'סטקאַסטן (ס) (ס) ⊣ **g. truck** דער מי'סטאויטאָ (ס)

garble פֿאַרדריי|ען

garden 1. *n.* דער גאָרטן (גערטנער) || 2. *v.* פֿיר|ן אַ/דעם גאָרטן, גע'רטנער|ן

gardener דער גערטנער (ס)

gardening דאָס גערטנערײַ'

gargle 1. *n.* דאָס שווענקעכץ (ן) || 2. *v.* שווענק|ען, גאָרגל|ען

garland די גירלאַנדע (ס), דער קראַנץ (קרענץ)

garlic דער קנאָבל

garment דער בגד (ים) [BEGED—BGODIM], דאָס מלבוש (ים) [MALBESh—MALBUShIM] || **g. industry** די באַקליי'ד־אינדוסטריע

garnish באַברעמ|ען, גאַרניר|ן

garret דער בוידעם (ס), דאָס בוי'דעמשטיבל (עך)

garrison 1. *n.* דער גאַרניזאָ'ן (ען) || 2. *v.* באַזעצ|ן; גאַרניזאָניר|ן

garrulous באַרע'דעוודיק

garter דאָס זאָ'קן־בענדל (עך), די פּאָ'דישקע (ס) ⊣ **g. belt** מצ פּאָ'דישקעס

gas 1. *n.* דער גאַז (ן) || 2. *v.* פֿאַרגאַזיר|ן

gas mask די גאַ'זמאַסקע (ס)

gasoline דער גאַזאָלי'ן, דער בענזי'ן

gasp סאַפּע|ן, דישע|ן זיך, דעכע|ן, קײַכ|ן

gastric מאָגן...

gastronomic גאַסטראָנאָמיש

gate דער טויער (ן) || **city g.** די בראָם (ען) || **field g.** די ראָגאַטקע (ס)

gatekeeper דער טוי'ערמאַן (טוי'ערלײַט)

gather *vt/vi imp.* קלײַב|ן (זיך) || *pf.* -|אָנ, -|אויפֿ, צונויפֿ|קלײַב|ן (—זיך); -|אָנ, -|אויפֿ, פֿאַר- ⊣ (loose things) *vt.* צונויפֿ|זאַמל|ען (זיך) ⊣ (convene) *vt/vi* צונויפֿ|נעמ|ען || אַראָפּ|נעמ|ען (harvest) ⊣ זאַמל|ען (זיך) (conclude) דרינג|ען

gathering דער צונויפֿקום (ען), דער צוזאַמען (ס); ⊣ (audience) דער קרענצל (עך) דאָס ⊣ (company) די מסיבה [MESIBE] (—ות) ⊣ עולם (ס) [OYLEM]

gaudy רײַסיק, שרײַיק, בונט, באַפֿליטערט

gauge 1. *n.* || די מאָס (ן); דער אָפּשטאַנד (ן) **broad-g.** ברייט־אָ'פּשטאַנדיק || 2. *v.* *imp/pf* (אָפּ|)מעסט|ן

Gaul (די) גאַ'ליע

gaunt דאַר, אָ'פּגעצערט

gauze די גאַזע, די מערלַע

gavel דאָס הע'מערל (עך)

gay פֿריילעך

gaze 1. *n.* דער בליק || 2. *v.* **g. at** אָנ|קוק|ן, גאַפֿ|ן אויף

gear 1. *n.* (wheel) || די ציינראָד (...רעדער) (automobile) || דער גאַנג (גענג) || (implements) || מצ כּלים [KEYLIM]; ...וואַרג diving g. || דאָס טונקוואַרג || 2. *vt.* צו|פּאַס|ן

gee! *int.* אײַ!

gelatin דער זשעלאַטי'ן

gem דער איי'דלשטיין (ער), דער אבֿן־טובֿ (אַבֿנים־טובֿות) [E'VNTOV—AVONIM-TOY'-VES], דער שײַנדלינג (ען)

Gemara די גמרא [GMORE]

gendarme דער זשאַנדאַ'ר (ן)

gender דער (גראַמאַ'טיש|ער) מין (ים)

gene די גענע (ס)

genealogy די גענעאַלאָגיע

general 1. *adj.* אַ'לגעמיין || (manager, secretary) ...גענעראַ'ל־ || **in g.** בכלל [BIKLAL], אין אַ'לגעמיין ⊣ **g. delivery** פּאָסטרעסטאַ'נט ⊣ 2. *n.* דער גענע-ראַ'ל (ן)

generality די אַ'לגעמיינקייט (ן)

generalization די גענעראַליזירונג (ען)

generalize גענעראַליזיר|ן

generally בכלל [ ], בדרך־כּלל [BEDE-REKh-KLA'L]

generate אַרויס|געב|ן*, גענעריר|ן

generation (age) דער דור (ות) [DOR— DOYRES] ⊣ **for g.s** אויף (דור־)דורות || (production) די גענערירונג || *cf.* **rise**

generator דער דינאַמאָ (ס), דער גענעראַטאָר (...אָ'רן)

generosity די ברייטהאַרציקייט; די אָ'פֿענ|ע האַנט, דאָס וותּרנות [VATRONES]

generous ברייט, ברייטהאַרציק, בריי'ט־ גיביק ⊣ **g. person** דער וותּרן (ים) [VATREN —VATRONIM] ⊣ **be g.** האָב|ן* אַן אָ'פֿענע האַנט

generously *also* מיט דער ברייטער האַנט, מיט אַן אָ'פֿענער האַנט

genesis דער אָנהייב, דער בראשית [BREYSHES] || **book of G.** בראשית

genetics די גענעטיק

genial פֿרײַנדלעך, סימפּאַטיש

genitals געשלעכט־אָרגאַנען, גענִיטאַלן —מצ

genitive דער גענִיטי'וו (ן)

genius (person) דער זשעני' (ען), דער גאָון [GOEN—GEOYNIM] (גאונים) ⊣ (young) דער עילוי (ים) [ILE—ILUIM] ⊣ (ability) דער זשעני', דאָס גאונות [GEOYNES] ⊣ (spirit) דער גײַסט

genocide דער גענאָצי'ד, דער פֿע'לקערמאָרד

genre דער זשאַנער (ס)

genteel בעל־הבתּיש [BALEBATISH], אייד'ל

gentile 1. *adj.* גוייִש [GOISH] || (*cont.*) דער ערל (ים) [ORL—AREYLIM] ⊣ **g. boy** דער שייגעץ (שקצים) [SHKOTSIM] ⊣ **g. girl** די שיקסע (ס) ⊣ **the g. nations** (*coll.*) די גויים, די אומות־העולם —מצ [UMES-HOO'YLEM] ⊣ 2. *n.* דער גוי (ים) || (*fem.*) די גויע (ס) [GOYE] || **g.s** (*cont.*) דאָס גײַעס קאָל [GAYES]

gentle צאַרט, לינד, מילד, צערטלעך, זײַד'ן

gentleman דער הער (ן) || (chivalrous) דער דזשע'נטלמען (ער) ⊣ **gentlemen!** *int.* מײַנע הערן! חשובֿע פֿרײַנד! [KHO'SHEVE] || (*Jew.*) *also* רבותי! [RABOYSAY]

gentleness די צאַרטקייט, די מילדקייט, די לינדקייט

genuine עכט, אמתדיק [E'MESDIK], קוואַ־ סאַמעראָדנע; (*hum.*) ⊣ ליק, וואָ'רצלדיק ⊣ **a g. watch** אַ זייגער ⊣ אַ ... פֿון ...לאַנד פֿון זיי'גערלאַנד

genus דער מין (ים)

geodesy די געאָדע'זיע

geodetic געאָדעזיש

geographer דער געאָגראַ'ף (ן)

geographical געאָגראַפֿיש

geography די געאָגראַפֿיע

geological געאָלאָגיש

geologist דער געאָלאָ'ג (ן)

geology די געאָלאָגיע

geometrical געאָמעטריש

geometry די געאָמעטריע

geranium דער געראַ'ניום (ס)

geriatrics די געריאַטריק

germ די גערמע (ס) || (microbe) דער מיקראָ'ב (ן), די באַקטעריע (ס)

German 1. *adj.* (of Germans) דײַטש(יש) || (of Germany) דײַ'טשלענדיש || *cf.* **measles** || 2. *n.* דער דײַטש (ן)

Germanic גערמאַניש

Germany (דאָס) דײַטשלאַנד

gesticulate זשעסטיקוליר|ן, מאַכ|ן תּנועות [ ]

gesture די העוויה (—ות) [HAVAYE], דער זשעסט (ן), די תּנועה (—ות) [TNUE]

gesundheit! צו געזו'נט!

get נעמ|ען || where did you g. it? ווו האָסטו עס גענומען? ⊣ *cf.* **receive, obtain** || (become) ווער|ן || he got bigger ער איז געוואָרן גרעסער ⊣ *cf.* **bring** || (understand) כאַפּ|ן, פֿאַרשטיי'|ן* || I didn't get you כ'האָב אײַך ניט פֿאַרשטאַנען || **have got** (possess) האָב|ן* || I've got a book איך האָב אַ בוך ⊣ **have got to** מוז|ן*, ער מוז/דאַרף ⊣ he's got to obey דאַרפֿ|ן* פֿאָלגן ⊣ **g.** (sb.) **to** ברענג|ען צו || how did you g. him to laugh? ווי האָסטו אים געבראַ'כט צום לאַכן? ווי האָסטו געמאַ'כט ער זאָל לאַכן? ⊣ **g. across** (transport) *vt/vi* אַריבער|קריג|ן (זיך), אַריבער|פֿעק־ ל|ען (זיך) ⊣ (intent) *vt.* מאַכ|ן פֿאַר־ שטיי'|ן ⊣ *vi.* פֿאַרשטאַנען ווער|ן || **g. ahead** אויס|קומ|ען ⊣ **g. along** אַרויפֿ|אַ'רבעט|ן זיך

⟨מיט⟩ ⊣ (somehow) מיטל|ען זיך || **g.**
around אַרומ|פֿאָר|ן || **g. around to**
נעמ|ען זיך צו ד/אינפֿ, אויס|קלײַב|ן זיך צו אינפֿ
|| **g. at** צו|קריג|ן זיך, צו|שלאָג|ן זיך, צו|-
קומ|ען צו ⊣ **g. away** *vt.* צו|נעמ|ען || *vi.*
אָפּ|טראָג|ן זיך, אַנטלויפֿ|ן ⊣ **g. away with**
⟨—מיט⟩ אָפּ|קומ|ען, [YOYTSE] יוצא זײַן* ⊣ **g.**
down *vt.* אַראָפּ|נעמ|ען || (swallow)
אַראָפּ|שלינג|ען ⊣ *vi.* אַראָפּ|קריכ|ן || **g.**
down to נעמ|ען זיך צו || **g. in** *vt/vi*
(זיך) אַרײַנ|קריג|ן ⊣ **g. off** *vt.* באַ-
פֿרײַ|ען ⊣ *vi.* באַפֿרײַ|ען זיך || (dis-
mount) אַראָפּ|גיי|ן* || (fare) אָפּ|קומ|ען,
⟨גוט/שלעכט⟩ אָפּ|שנײַד|ן ⊣ **g. on** *vt.* אָנ|-
טאָ|ן*, אויפֿ|זעצ|ן ⊣ *vi.* אויפֿ|זעצ|ן זיך ||
cf. **g. along** || **getting on in years** שוין
אין די יאָרן ⊣ **g. out** *vt.* אַרויס|קריג|ן || *vi.*
אַרויס|קריג|ן זיך, אַרויס|דריי|ען זיך ⊣ **g. out!**
אַרויס! ⊣ **g. over** (recover from) קומ|ען
איבער|גיי|ן* ⟨ד⟩ (*rev. con.*) ⊣ צו זיך פֿון
|| **g. through** *vt/vi* דורכ|קריג|ן (זיך) ||
g. under אַרונטער|קריכ|ן || **g. up** *vt.*
אַרויפֿ|קריג|ן; אײַנ|אָ'רדענ|ען ⊣ *vi.* אויפֿ|-
שטיי|ן*, אויפֿ|הייב|ן זיך

get-together דער צוזאַמען (ס), דער צונויפֿ-
טרעף (ן)

geyser דער גײַזער (ס)

Ghana (די) גאַנע

ghastly גרוויליק, מאַקאַבריש

ghetto די געטאָ (ס)

ghost דער רוח (ות) [RUEKh—RUKhES], דער
שד (ים) [ShED—ShEYDIM], דער גײַסט (ער),
דער ניט־גוט|ער געב, דער מת (ים) [MES—MEY-
SIM]

ghostly מתים־... [ ]; שדיש [ShEDISh]

ghost writer דער הי'נטערשרײַבער (ס)

giant דער ריז (ן), דער גיגאַ'נט (ן)

gibber באַלעמוטשע|ן

gibberish דאָס פּלאַפּלערײַ' || (*hum.*) דאָס
תּרגום־לשון [TA'RGEMLOShN], (דאָס) טאָ'-
טעריש

giblets דאָס דרויב קאָל

giddy שווי'נדלדיק, פֿאַרטאַמלט, פֿליאַ'דער-
דיק ⊣ **feel g.** (*rev. con.*) שווינדל|ען אומפּ
עס שווינדלט מיר ⊣ I feel g. ד אין קאָפּ
אין קאָפּ

giddy-up! וויאָ!

gift די מתּנה (—ות) [MATONE], דאָס געשאַ'נק
(עך) ⊣ (talent) דער פּרעזע'נט (ן), די גאָב (ן)
דער טאַלאַ'נט (ן)

gifted טאַלאַנטי'רט, באַשאָנקען ⟨מיט⟩

gigantic רי'ז(עד)יק, רי'זנדיק, גיגאַנטיש

giggle כיכיקע|ן, כיכע|ן

gild *v/imp* גילט|ן || *pf.* אָפּ|גילט|ן, באַ-
(באַ)לייש|ן ⊣ (with gold leaf) גילד|ן

gill די זשאַברע (ס)

gimlet דער עקבער (ס)

gimmick דער דזשימדזשיק (עס); דאָס איי'בער-
שפּיצל (עך)

gin דער דזשין || (cotton) דער (באַ'וול־)דרע-
שער (ס)

ginger דער אינגבער || **g. ale** דאָס אי'נגבער־
וואַסער

gingerbread דער (אי'נגבער־)לעקעך

giraffe דער זשיראַ'ף (ן)

gird אָנ|גורט|ן, אַרומ|גאַרטל|ען

girder דער באַלקן (ס)

girdle דער פּאַס (ן); דאָס גאָרסעדל (עך)

girl דאָס/די מיידל (עך) || **as a g.** מיי'דלווײַז
אַדוו

girlhood די מיי'דלשאַפֿט

girlish מיידלש

gist דער תּמצית [TAMTSES]

give געב|ן*, אָפּ|געב|ן* || (hand; give cere-
monially) דערלאַנגען || (donate) שענ-
ק|ען ⊣ (in marriage) אויס|געב|ן* || **g.**
back אָפּ|געב|ן*, אומ|קער|ן || **g. in** נאָכ|-
געב|ן* ⊣ **g. off** אַרויס|געב|ן* || **g. out**
אָפּ|לאָז|ן, מוותּר ⊣ **g. up** אויס|לאָז|ן זיך
זײַן* ⟨אויף⟩ [MEVATER]; מיאש זײַן* זיך ⟨אין⟩
אויפֿ|געב|ן* א [MEYAESh], ⊣ **g. oneself**
up אונטער|געב|ן* זיך || **g. oneself**
up to איבער|געב|ן* זיך ד || **g. it to**
(sb.) געב|ן*, דערלאַנג|ען —ד || **g. onto**
(view) (אַרויס|)קוק|ן || **g. way** (to) אָפּ|-
טרעט|ן, אָפּ|רוק|ן זיך ⟨—פֿאַר⟩, נאָכ|געב|ן* ⟨ד⟩

given געגעב'ן, באַשטי'מט, געווי'ס || (des-
tined) באַשע'רט ⟨ד⟩ || **be g.** (liable) **to**

גרינג/אָפּט ח ⊣ he is g. to weeping ער ווײנט גרינג/אָפּט

gizzard דער פּופּיק (עס)

glacier דער גלעטשער (ס)

glad צופֿרידן || **be g.** (of) פֿרײ|ען זיך ⟨מיט⟩ ⊣ (*rev. con.*) פֿרײ|ען אומפּ אַ || I am g. he is here איך פֿרײ זיך וואָס ער איז דאָ ⊣ **be g. to** זײַן* גערן צו

gladden דערפֿרײ|ען

glade די פּאָליאַנע (ס), דער לאַן (ען)

gladly גערן

glamor דאָס בלענדעכץ, דער בלישטש

glamor girl דאָס בלי'שטשמיידל (עך)

glamorous בלענדיק (שיין), בלישטש שיין

glance 1. *n.* דער בליק (ן), דער קוק (ן) || **at first g.** אויפֿן ערשטן בליק, אין פֿלוג, אויפֿן אָנבליק ⊣ **exchange g.s** איבער|קוק|ן זיך ⟨מיט⟩ ⊣ 2. *vi.* (at) אַ בליק/קוק טאָ|ן* ⟨אויף⟩

gland די דריז (ן)

glare 1. *n.* דער אָפּשײַן (ען), דער בליאַסק (ן) ⊣ 2. *v.* אָפּ|שײַנ|ען, רײַס|ן די אויגן || (stare) אויפֿ|-, אויס|שטעל|ן אַ פּאָר אויגן ⟨אויף⟩

glaring (אוי'גן־)רײַסיק

glass 1. *adj.* גלע'זערן || 2. *n.* (material) די גלאָז (גלעזער) ⊣ (drinking) דאָס גלאָז || (pane) דאָס גלעזל (עך), די שויב (ן) || *cf.* **cut glass** || **wine g.** דער בעכער (ס)

glasses (*pl.*) ברילן מצ

glassware דאָס גלאָזוואַרג

glassworks די הוטע (ס)

glaze 1. *n.* די גלאַזו'ר || 2. *v. imp/pf* (אָפּ|)גלייז|ן

glazier דער גלעזער (ס)

gleam 1. *n.* דער גלאַנץ || 2. *v.* גלאַנצ|ן, בלאַנק|ען, פֿינקל|ען

glee די גדולה [GDULE], די חדווה [KhEDVE]

glee club דער געזאַנגקלוב (ן)

gleeman דער שפּילמאַן (...מענער)

glib גלאַט, געשליפֿן

glide *v.* גליטש|ן זיך || (in gliders) שוועב|ן, פּלאַ'נער|ן

glider דער פּלאַנער (ס)

glimpse 1. *n.* דער בליק (ן), דער קוק (ן) || 2. *v.* כאַפּ|ן אַ בליק ⟨אויף⟩, דערזע'|ן*

glisten שימעריר|ן

glitter פֿינקל|ען, בלאַנק|ען, מיניע|ן זיך, פֿעכל|ען

global גלאָבאַ'ל; וועלט...

globe די קויל (ן), דער קײַלעך (ער) || (earth) דער גלאָבוס ⊣ (geographic) דער ע'רדקײַלעך (ן)

gloom די מראַקע, דער חושך [KhOYShEKh] || (mood) דער אומער, דער אומעט, די מרה־שחורה [MORESHKhOYRE]

gloomy או'מעטיק, פֿאַראומערט, סומנע, קאַלעמוטנע, מרה־שחורהדיק, פֿאַרמרה־שחורהט [ ] ⊣ **become g.** אָנ|כמאַרע|ן זיך

glorify גלאָריפֿיציר|ן, פֿאַרפּראַ'כטיק|ן, הייב|ן אין טאָג אַרײַ'ן

glorious גלאָ'ריעדיק, •גלאָררײַך

glory די גלאָריע, דער •רום, דער גלאַנץ, דער כּבֿוד [KOVED], די גדולה [GDULE] || **in one's g.** אין די פֿע'דערן

gloss[1] (shine) דער גלאַנץ, דער שימער

gloss[2] (word) דער אָפּטײַטש (ן), די גלאָסע (ס)

glossary דער גלאָסאַ'ר (ן)

glossy גלאַנציק, בלאַנק

glove די הענטשקע (ס)

glow 1. *n.* די שײַן, דער גלאַנץ, דער גלי || 2. *v.* שײַנ|ען, גלי|ען, טלי|ען (זיך)

glue 1. *n.* דער קליי (ען) || **all-purpose g.** דאָס קלעפּאַלץ ⊣ 2. *v.* קלעפּ|ן; צו|-, אָנ|-קלעפּ|ן

gluey קלייִיק

glum אָ'נגעכמורעט, אָ'נגעזאָליעט || **g. person** דער מרוק (עס)

glutton דער פֿרעסער (ס), דער געשמדט|ער [GESHMA'T] ⊣ **g. and drunkard** הוללדז דער זולל־וסובֿא (ס) [ZOYLEL-VESO'YVE]

gnarl דער סוק (עס)

gnarled סוק(עוו)אַטע

gnash (teeth) קריצ|ן, פֿאַרקריצ|ן ⟨—מיט⟩

gnat די מוק (ן)

gnaw גריזשען, נאָג|ן, כראָמטשע|ן || (ache) נויע|ן

gnome דאָס שרעטל (עך)

go גיי|ן* || (other than on foot) פֿאָר|ן || (to no definite place) אַהינ|טאָ|ן* זיך || (proceed) צו|גיי|ן* || **let go** אָפּ|-, נעמ|ען זיך צו ⊣ אַרויס|לאָז|ן **go about** || not know how to **go about it** also ניט וויס|ן* מיט וואָס מען עסט עס || **go ahead** *cf.* **begin; continue** || **go ahead and ...** נעמ|ען און ״ || he went ahead and bought it ער האָט גענומען און האָט עס געקויפֿט ⊣ **go around** (with thing, idea) אומ|גיי|ן*, אַרומ|טראָג|ן זיך ⟨מיט—⟩ ⊣ **go away** || אַוועק|גיי|ן*, -|פֿאָר|ן (pain) איבער|גיי|ן* || (rash) אײַנ|גיי|ן* || **go back** (on one's word) צוריק|- ⊣ צי|ען (זיך); משנה זײַן* ל [MESHANE] ⊣ **go between** פֿאַרמיטל|ען ⟨צווישן⟩ || **go by** || פֿיר|ן זיך לויט ⊣ (adhere) פֿאַרבײַ|גיי|ן* **go down** אַראָפּ|-, אַרונטער|גיי|ן* || (sink) אונטער|גיי|ן* ⊣ (be agreeable to) באַ- פֿאַרגיי|ן* (אַזוי') ⊣ **go (so) far** קומ|ען ד ליב האָב|ן* א; זײַן* אַ בעלן ⊣ **go for** ווײַט [BALN] אויף ⊣ **go in for** פֿאַרנעמ|ען זיך אַרײַנ|לאָז|ן זיך אין ⊣ **go into** (details) מיט || **go off** (explosive) אויס|שיס|ן || **go on** (happen) (אָפּ|)טאָ|ן* זיך || what's going on? וואָס טוט זיך דאָ? || (continue) **with** ממשיך זײַן* ⟨אַ/צו אינפֿ⟩ [MAMShEKh], ווײַטער || ווײַטער! נו? ⊣ **go on!** ״ , •אָנ|גיי|ן* מיט (come, come) גיי(ט) שוין גיי(ט) || **go out** (fire etc.) אויס|גיי|ן* || (on a date) פֿאַרברענג|ען, גיי|ן* פֿאַרברענגען, •אויס|גיי|ן* אַריבער|- ⊣ **go over** (pass) אַמער ⟨—מיט⟩ איבער|גיי|ן* ⊣ (review, repeat) גיי|ן* ⟨צו⟩ || דורכ|גיי|ן* ⊣ **go through** איבער (an experience) דורכ|מאַכ|ן, איבער|לעב|ן, דער- ⊣ **go through with** מיט|מאַכ|ן צו|גיי|ן* ⊣ **go up** (approach) ע'נדיק|ן (אויפֿ|)הייב|ן זיך ⊣ (rise) ⟨צו⟩ || **go up in smoke** אַוועק|גיי|ן* מיטן רויך || *cf.* **going, gone**

goad 1. *n.* דער געוווי'ר־אײַזן (ס) || 2. *v.* *imp/pf* (דער)טרײַב|ן, אונטער|טרײַב|ן

go-ahead דער פֿאָ'רסיגנאַל (ן)

goal דער ציל (ן) || (soccer) דער טויער (ן)

goat (she) די ציג (ן) || (he) דער באָק (בעק), ציג'ן אַדי ⊣ **g.'s** דער צאַפּ (עס)

goatee דאָס צאַ'פּנבערדל (עך)

gobble[1] אײַנ|שלינג|ען || **g. it down** אַרײַנ|- רײַב|ן

gobble[2] (sound) האָ'לדער|ן

go-between דער פֿאַרמיטלער (ס)

goblet דער בעכער (ס), דער כּוס (ות) [KOS—KOYSES]

god דער גאָט (געטער); דער אָפּגאָט (אָ'פּגעטער)

God (דער) גאָט, השם־יתברך [HAShE'M-YIS-BOREKh] ⊣ *cf.* **Lord** || **G. grant** הלוואַי [HALEVA'Y] ⊣ **for G.'s sake** ווי גאָט איז דיר/אײַך ליב! למען־השם [LEMA'NA-ShE'M] ⊣ **my G.!** גאָט מײַנער! || **G. forbid** [KhOLILE] חלילה || (*more emph.*) חלילה־וחס [VEKhA's], חס־וחלילה, חס־ושלום [VESho'LEM] ⊣ **G. knows ...** מי־יודע ... [MIDEYE] ⊣ G. knows how many מי־יודע וויפֿל || *cf.* **bless**

goddess די געטין (ס)

godfather דער קוואַטער (ס)

God-fearing גאָ'טספֿאָרכטיק || (*Jew.*) *also* [ ] יראַ־שמימדיק ⊣ **G. person** דער יראַ־שמים [YORE-ShOMA'IM—YIRE] (יראַי־)

godmother די קוואַ'טערין (ס)

godsend (די) גאָטס גאָב (ן)

God-speed דער פֿאָ'ר־געזונט

goggles קוקערס מצ; ווי'נטברילן, וואַ'סער־ברילן —מצ

going: be g. to (intend) קלײַב|ן זיך אינפֿ || **keep g.** *vt.* האַלט|ן אין גאַנג || *vi.* גיי|ן*/ פֿאָר|ן ⊣ **get g.** (on a trip) *vt/vi* ווײַטער אַרויס|פֿראַוועו|ן (זיך)

gold 1. *adj.* גאָלד'ן || 2. *n.* דאָס גאָלד || **fine g.** דאָס גינגאָלד

golden גאָלד'ן, גילד'ן

gold-plated געגי'לט, באַגי'לדט

goldrush דאָס גאָ'לדגעיעג

goldsmith דער גאָלדשמיד (ן)

golf דער גאָלף

gone אַוועק', ניטאָ', פֿאַרבײַ' —אַפּ

good 1. *adj.* גוט; ווויל; געראָט'ן || (valid) גילטיק ⊣ **not too g.** *also* ניט פֿוי'גלדיק,

ניט פּאָ'דער(יק) ⊣ **pretty g.** *also* נישקשה- [NISHKO'SHE] (דיק) ⊣ **g. and ...** || גוט g. and sick גוט קראַנק || **g. for you!** גוט! בראַוואָ! ⊣ **be g.** (for) *also* טויג\|ן* ⟨צו/אויף⟩ ⊣ **be no g.** ניט טויג\|ן* || **be g.** (at) [BERYE] ⟨אויף⟩ זײַן* אַ בריה || **be very g.** (at) ⟨אויף⟩ זײַן* אַ מאדים [MAYDEM] ⊣ **for g.** אויף שטענדיק, [LEDOYRES] לדורות ⊣ **have a g. time** ווײַל\|ן זיך, אַמוזיר\|ן זיך, גוט פֿאַרברענג\|ען, [HANOE] הנאה האָב\|ן* ⊣ **be g. for nothing** טויג\|ן* אויף כּפּרות [KAPORES], טויג\|ן* אויפֿן פֿײַער ⊣ **in g. time** בײַ צײַטנס || **as g. as the next person** אַ גלײַכער יחסן (מיט [YAKHSN] (אַ'נדערע ⊣ **make g.** *vt.* (debt) באַצאָל\|ן ⊣ *vi.* (get rich) אַרײַנ\|גיי\|ן* אין די פֿע'דערן ⊣ **g. day** אַ גוטן (טאָג)!—אַ גוט-יאָ'ר! ⊣ **g. evening** גוטן אָוונט!—גוט-יאָ'ר! || **g. morning** גוט-מאָ'רגן!—גוט-יאָ'ר! || **g. night** אַ גוטע נאַכט!—אַ גוט-יאָ'ר! || 2. *n.* [TOYVE] דאָס גוטס; די טובֿה ⊣ **for his own g.** פֿון זײַן איי'גענער טובֿה וועגן ⊣ **do g.** (remedy) ⟨ד⟩ העלפֿ\|ן || **what g. is ...** ?... ⟨ד⟩ וואָס טויג ⊣ **public g.** דער טובֿת-הכּלל [TOYVES-HAKLA'L] ⊣ **it's a g. thing that he came** אַ מערכה וואָס ער איז געקומען [MAROKHE] ⊣ **g. things of life** גו'טיקייטן מצ (פֿון לעבן)

good-bye אַ גוטן (טאָג)!—אַ גוט יאָר! אַדיע'! [DY], זײַ(ט) געזו'נט!

good-for-nothing דער גאָ'רניט (ן), די פּוסטע כּלי (ס) [KEYLE], דער באָדיונג (ען)

goodies דאָס נאַשוואַרג קאָל, גוטע-זאַכן מצ

good-natured גו'טמוטיק || **g. person** דער מזג-טובֿ [ME'ZEKTOV]; אַ מענטש אָן אַ גאַל

goodness די גוטסקייט || **my g.!** גאָט מײַנער! ⊣ **g. gracious** אוי-ווײ! ווײ איז מיר! גאָ'טעניו ליבער! [NY], טאַ'טעניו ליבער! [NY], גאָט אין הימל!

goods [SKHOYRE] (—ות) די סחורה אצ

goodwill דער גוט\|ער ווילן, די לײַ'טזעליקייט

goody *see* **goodies**

goose 1. *adj.* גענדז'ן || 2. *n.* די גאַנדז (גענדז)

gooseberry (—) דער אַגרעס

gooseflesh די גע'נדזענ\|ע הויט

gopher wood דאָס פּי'מסנהאָלץ

gorge דער באַרגשפּאַלט (ן), די •שלוכט (ן)

gorge oneself *v/imp* פֿרעס\|ן || *pf.* אָנ\|-פֿרעס\|ן זיך ⟨מיט⟩

gorgeous בילד שיין, פּרעכטיק, הידורדיק [HI'DERDIK]

gorilla די גאָרילע (ס)

gosh! (admiration) אָוואַ'! || (regret) אײַ!

gospel די עוואַנגע'ליע (ס) || **g. truth** (*fig.*: *Jew.*) [TOYRES-MO'YSHE] תּורת-משה

gossamer [ERTSIS-RO'EL] ארץ-ישׂראל-פֿעדעם מצ

gossip 1. *n.* דאָס רכילות [REKHILES], דאָס באַרעדערײַ' ⊣ (person) דער רכילות-טרײַבער (ס), דער קיפּלער (ס) ⊣ **a piece of g.** די פּליאָטקע (ס), די פּאָטשט (ן) || 2. *v.* טרײַב\|ן רכילות, מאָטל\|ען, פּלויש\|ן || באַרעד\|ן *also* ⊣ **g. about** ⟨—אויף⟩ ⊣ **become the object of g.** אַרײַנ\|פֿאַל\|ן אין לײַ'טישע מײַלער

got *see* **get**

Gothic גאָטיש

gouge *v.* (אויס\|)דלובע\|ן

goulash דער גולאַש (ן)

gout די פּאָדאַגרע

govern רעגיר\|ן ⟨מיט⟩; •באַהערש\|ן || (apply to) [KHAL] חל זײַן* אויף

governess די גוווערנאַנטקע (ס), די ניאַניע (ס)

government די רעגירונג (ען) || (Russian province) די גובערניע (ס)

governor דער גובערנאַטאָר (...אָ'רן) || **g. general** דער גענעראַ'ל-גובערנאַטאָר, דער פּלאַ'צהאַלטער (ס)

gown דאָס קלייד (ער); דאָס באַלקלייד (ער) || **evening g.** דאָס אָ'וונטקלייד (ער)

grab *imp/pf* (אָנ\|)כאַפּ\|ן

grace דער חסד [KHESED], די גנאָד (ן), די לײַ'טזעליקייט; די גראַציעזקייט, די גראַציע, דער חן [KHEYN]

graceful [ ] גראַציע'ז, בנעימותדיק

gracefully *also* [BENEIMES] בנעימות

gracious גנעדיק, לײַ'טזעליק, חסדימדיק [KhSO'DIMDIK]

gradation די גראַדאַציע (ס), דאָס געשטאַפּל (ען)

grade 1. *n.* דער גראַד (ן), די מדרגה (—ות) [MADREYGE] ⊣ (class) דער קלאַס (ן) || (mark) דער צייכן (ס), די מיינונג (ען) || **2.** *v.* אײַנ|גראַדיר|ן; צעשטאַפּל|ען ⊣ (students) שטעל|ן צייכנס ⟨ד⟩

gradual בהדרגהדיק [ ]

gradually בהדרגה [BEHADROGE], בי'ס-לעכווײַז

graduate 1. *adj.* ...גראַדויִר'־ || **g. school** *also* די איי'בערשול (ן) || **2.** *n.* דער אַב-סאָלווע'נט (ן), דער גראַדואַ'נט (ן), דער אַביטוריע'נט (ן) ⊣ **3.** *v.* (grade) גראַדיר|ן || (finish) גראַדויִר|ן, ע'נדיק|ן

graduation די גראַדויִרונג (ען), דער סיום (ס) [SIEM]

graft[1] 1. *n.* דער שטשעפּ (ן) || **2.** *v. imp/pf* (צו|)שטשעפּע|ן

graft[2] *n.* (bribe) דער כּאַבאַ'ר, דער שוחד [shoykhed]

grain די תּבֿואה (—ות) [TVUE] || (granule) דער סלוי (עס) ⊣ (of wood) דאָס קערל (עך) || **against** (sb.'s) **g.** קעגן סלוי, קעגן האָר || **g. of sand** דאָס זעמדל (עך)

gram דער גראַם (ען)

grammar די גראַמאַטיק (עס) || (Hebrew) *also* דער דיקדוק [DIKDEK]

grammarian דער גראַמאַ'טיקער (ס) || (Hebrew) *also* דער בעל־דיקדוק (בעלי־) [BAL-—BALE-]

grammatical גראַמאַטיש

granary דער שפּײַכלער (ס)

grand גרויס; געהויב'ן, גראַנדיע'ז [DY]; || ...גרויס ⊣ **g. duke** דער גרויספֿירשט (ן) || **g. jury** די גרוי'סזשורי (ען) || **g. larceny** די גרוי'ס־גנבֿה [GANEYVE]

grandchild דאָס איי'ניקל (עך)

granddaughter דאָס איי'ניקל (עך)

grandeur די גדולה [GDULE], די געהויי'בנ-קייט, די גראַנדיעזקייט [DY] ⊣ **achieve g.** עולה־לגדולה זײַן* [OYLE-LIGDU'LE]

grandfather דער זיידע* (ס)

grandmother די באָבע (ס)

grandparents זיידע־באָ'בע מצ

grandson דער/דאָס איי'ניקל (עך)

grandstand די טריבונע (ס)

granite דער גראַני'ט

granny די באָ'בעשי (ס)

grant 1. *n.* די באַווי'ליקונג (ען), דער שענק-די סובווע'נץ (ן), ⊣ (subsidy) בריוו (—) דערלויב|ן, נאָכ|געב|ן*, ⊣ **2.** *v.* דער שטיץ (ן) באַווי'ליק|ן; באַגאַב|ן מיט, צו|טייל|ן

granted אָ'נגענומען; אָ'ננעמעדיק || **take for g.** אָנ|נעמ|ען פֿאַר דערוויזן, נעמ|ען אויף זיכער

granulated גרײַ'פּלדיק, גרײַפּל... || **g. sugar** *also* דער מעלעץ

granule דאָס גרײַפּל (עך)

grape די ווײַנטרויב (ן)

grapefruit דער גרייפּפֿרו(כ)ט (ן)

grapevine די פֿאַנטאַ'פּל־פּאָסט

graph דער גראַפֿיק (ן), די דיאַגראַ'ם (ען) [DI], די קרומע (ס)

...graph דער ...גראַף (ן) || *cf. also individual entries*

...grapher דער ...גראַף (ן) || *cf. also individual entries*

graphic גראַפֿיש; בי'לדערדיק || **g. arts** די גראַפֿיק

...graphy די ...גראַפֿיע (ס)

grasp 1. *n.* דער אָנכאַפּ (ן); דער באַנע'ם (ען) || **2.** *v.* אָנ|כאַפּ|ן (זיך אין) || (understand) תּופֿס זײַן* [TOYFES], באַנעמ|ען, באַהייב|ן

grass דאָס גראָז (ן)

grasshopper דער שפּרינגער (ס)

grass widow די שטרוי'ען|ע אַלמנה (—ות) [ALMONE], די עגונה (—ות) [AGUNE]

grate 1. *n.* די גראַטע (ס) || **2.** *vt. imp/pf* סקריפּע|ן, גרילצ|ן, ⊣ *vi.* (אָנ|-, צע)רײַב|ן רומפּל|ען, ראַצ|ן, כריפּע|ן, זשומזשע|ן

grateful דאַנקבאַר• || **be g.** (to) קומ|ען/ זאָג|ן ⟨ד⟩ אַ דאַנק

grater דער רי'באײַזן (ס)

gratification די צופֿרי'דן־שטעלונג; די צו-פֿרי'דנקייט

gratify צופֿרידן שטעל|ן, באַפֿרי'דיק|ן || (oblige) [MEHANE] *מהנה זײַן
gratis 1. *adj.* אומזי'סט || 2. *adv. also* [BEKhINEM] בחינם
gratitude דער דאַנק, די דאַנקשאַפֿט
grave[1] *adj.* ערנצט
grave[2] *n.* [KEYVER—KVORIM] דער קבֿר (ים); דער גרוב (גריבער)
gravedigger [KABREN—KABRONIM] דער קברן (ים), דער קבֿרות־מאַן (־לײַט) [KVORES]
gravel דער זשוויר
gravestone [MATSEYVE] די מצבֿה (—ות)
gravitate צי|ען זיך, גראַוויטיר|ן
gravitation [KOYEKh] דער צו'צי־כּוח
gravity (seriousness) די ע'רנצטקייט || (weight) די וואָג || (force of g.) די שווערקראַפֿט
gravy די (בראָט)יויך
gray גראָ/גרוי || (ashy) *also* פּאָפּע־ליאַטע
graze[1] (feed) *vt/vi* פּאַשע|ן (זיך), פּי'טער|ן (זיך)
graze[2] (touch) זני'טנדיק פֿאַרטשעפּע|ן
grease 1. *n.* דאָס שמירעכץ (ן), דאָס פֿעטס || 2. *v. imp/pf* (אָנ)שמיר|ן
greasy פֿעט, שמאַלציק, פֿאַרשמאָלצ'ן
great 1. *n.* גרויס || **g.est possible** מאַקסי־מאַ'ל אַדי ⊣ **a g. many** [SAKh] זייער אַ סך || 2. *prefix* (ancestors) ...עלטער || **g.-grandfather** דער ע'לטער־זיידע (ס) || (progeny) ..אור || **g.-granddaughter** דאָס או'ראייניקל (עך) ⊣ **g.-grandson** דער/דאָס או'ראייניקל (עך)
Great Britain (די) גרוי'ס־בריטאַ'ניע
greater ...גרויס || **g. Boston** גרוי'סבאָסטאָן
greatly שטאַרק, זייער
greatness די גרויסקייט
Greece (דאָס) גרי'כנלאַנד
greed די זשע'דנעקייט, די גי'ריקייט•
greedy זשעדנע, •גיריק; כאַ'פּעריש; להוט אַפֿ [LOET] ⟨נאָך⟩ ⊣ **be g.** *also* *גרויסע האָב|ן אויגן
Greek 1. *adj.* גריכיש || **G. Orthodox** פּראַוואָסלאַוונע ⊣ 2. *n.* דער גריך (ן)

green 1. *adj.* גרין || 2. *n.* דאָס גרין (ען) || (park) דאָס סעדל
greenhorn דער גרי'נהאָרן (ס)
greenhouse די אָראַנזשעריע (ס)
greenish גרינבלעך
greet באַגריס|ן; באַגריס|ן זיך, וויטע|ן זיך ⟨מיט—⟩ ⊣ (upon arrival) *שלום געב|ן [ShOLEM] ⟨ד⟩ ⊣ **g. each other** וויטע|ן זיך, באַגריס|ן זיך ⊣ **g. with a cordial handshake** [ALE'YKhEM] ד שלום־עליכם אָפּ|שטעק|ן
greeting דער גרוס (ן), די באַגריסונג (ען) || (*pl.*) *also* דער גרוס
gregarious סטאַ'דעדיק
grenade דער גראַנאַ'ט (ן)
grey *see* **gray**
greyhound דער כאַרט (ן)
grid די נעץ (ן), דאָס געפֿלע'כט (ן)
griddlecake די לאַטקע (ס)
grief דער טרויער, דער צער [TSAR], דאָס ע'רגער־ניש (ן) ⊣ **come to g.** קומ|ען צו שאָדן
grievance די עוולה (—ות) [AVLE], די קריוודע (ס)
grieve *vt/vi* קלעמ|ען, אָפּ|עס|ן ⟨ד⟩ דאָס האַרץ, שווער מאַכ|ן ⟨ד⟩ דאָס האַרץ, מצער זײַן* [METSAER] (—זיך) ⊣ *vt. also* קרענק|ען || *vi. also* טרוי'ער|ן
grieved *also* צעקלע'מט, פֿאַרקלע'מט
grievous אָ'נגעווייטיקט, פֿאַרדראָסיק
grill 1. *n.* די בראָ'ט־רעשאָטקע (ס) || 2. *v. imp/pf* (צו)בראָט|ן (אויף אַ/דער רע־שאָטקע)
grim פֿאַרביס'ן
grimace דער פּיסק (עס), די העוויה (—ות) [HAVAYE], די גרימאַסע (ס)
grin 1. *n.* דער שמאָך (ן), דער ברייט|ער שמייכל (ען) ⊣ 2. *v.* שמאָכ|ן, ברייט שמייכל|ען, לאַכ|ן מיט ציינער
grind *imp/pf* (צע)מאָל|ן || (teeth) פֿאַר־קריצ|ן אַ; קריצ|ן, שטשירע|ן ⟨—מיט⟩
grindstone דער שלײַפֿשטיין (ער); דער מילשטיין (ער)
grip דער כאַפּ; דער אָנהאַלט; די שליטה [ShLITE]
grippe די גריפּע (ס)

grit (פֿאַר)קריצ|ן מיט
grits די גריץ אצ
gritty זע'מדלדיק
groan 1. *n.* דער קרעכץ (ן) || 2. *v/imp* קרעכצ|ן
grocer דער שפּײַ'זקרעמער (ס)
grocery די שפּײַזקראָם (ען)
groin דער ווינקל (ען)
groove די רינ(וו)ע (ס), די גאַרע (ס)
grope טאַפּ|ן, מאַצע|ן, ני'שטער|ן
gross 1. *adj.* ...גראָב; ברוטאָ || g. income ברו'טאָ־הכנסה [HAKhNOSE] ⊣ 2. *n.* דער גראָס (ן)
grotesque גראָטע'סק
grotto די גראָטע (ס)
ground 1. *n.* (soil) די ערד, דער גרונט, דער באָדן (ס) ⊣ (reason) דער גרונד, דער טעם [TAM—TAYMIM] (ים) ⊣ (basis) דער סמך [SMAKh] ⊣ **common g.** דער צד־השווה [TSAD-HAShO'VE] ⊣ **g. floor** דער פּאַרטער'ר || **g. fog** דער ביידערע'רדיק|ער נעפּל || **g.s** (excuse) *also* דער פּיתחון־פּה [PIS-KhN-PE'] ⊣ 2. *vt.* (wire, plane) צו|ע'רדיק|ן ⊣ (argument) פֿאַרגרו'נטיק|ן
grounding: have a (good) g. in *זײַן (פֿעסט) פֿאַרגרונטיקט אין
groundless אומזי'סט, אָן אַ גרונד
groundwork דער פֿונדאַמע'נט (ן) || (*fig.*) *also* דער יסוד [YESO'D—YESOYDES] (ות)
group 1. *n.* די גרופּע (ס); דער קיבוץ [KIBETS—KIBUTSIM], דער ציבור [TSIBER] || (small gathering) דאָס רעדל (עך), דאָס קרענצל (עך) ⊣ (going through a procedure) די פּאַ'רטיע (ס) || **in a g. of** זאַלבע ⊣ in a g. of three זאַלבע דרי'ט || in a g. of four זאַלבע פֿע'רט || 2. *vt/imp* גרופּיר|ן, שטעל|ן, לייג|ן ⊣ *pf.* אויס|גרופּיר|ן, -|שטעל|ן, צעשטעל|ן, אויס|לייג|ן, צעלייג|ן
grouping די גרופּירונג (ען)
grove דאָס וועלדל (עך)
grow *vt.* (cultivate) האָ'דעווע|ן || (sprout, as roots) אַרויס|לאָז|ן || (let grow, as hair, nails) פֿאַרלאָז|ן זיך || *vi.* וואַקס|ן || (become) ווער|ן || **g. back** אָפּ|-וואַקס|ן ⊣ **g. bigger** צעוואַקס|ן זיך || **g. up** אויס|-, אויפֿ|וואַקס|ן
grower דער האָ'דעווער (ס)
growl 1. *n.* דער וואָרטש (ן) || 2. *v.* וואָרטשע|ן
grown: g. over (with) באַוואַקס·ן ⟨מיט⟩
grown-up 1. *adj.* דערוואַקס·ן; אין די יאָרן || 2. *n.* דער דערוואַ'קסענ|ער געב || **fully g. person** *also* דער לײַט (—)
growth די וואַקסונג; דער וווּקס (ן); דאָס געוווּ'קס
grub (clear) (אויס|)קאָ'רטשעווע|ן
grudge *n.* דער פֿאַראיבל (ען); אַ האַרץ || **have a g. against** *טראָג|ן אַ האַרץ, האָב|ן פֿאַראיבל ⟨—אויף⟩
grudgingly ניט פֿאַרגי'נענדיק; אָן חשק [KhEYShEK]
gruesome גרויליק, מאוימדיק [MU'YEM-DIK], מאַקאַבריש
gruff בייזלעך, רוגזהדיק [ ]
gruffness די רוגזה [RUGZE]
grumble בורטשע|ן, וואָרטשע|ן, מרוקע|ן
grumbler דער מרוק (עס), דער וואָרטשו'ן (עס), דער קנור (ן)
grunt 1. *n.* דער כרוק (ן) || 2. *v.* כרוקע|ן, יוטשע|ן
guarantee 1. *n.* די גאַראַ'נטיע (ס), דאָס ערבֿות [ORVES] ⊣ 2. *v.* גאַראַנטיר|ן, קאַוויר|ן, ערבֿ [OREV] *זײַן
guarantor דער ערבֿ [OREV—ORVIM] (ים)
guard 1. *n.* (person) דער שומר [ShOYMER—ShOMRIM] (ים), דער וועכטער (ס), דער היטער (ס) ⊣ (detachment) די שמירה [ShMIRE] (—ות), די וואַך (ן) ⊣ (royal) די גוואַ'רדיע (ס) || (alertness) די וואַ'כיקייט || **g. of honor** די ע'רנוואַך (ן) || **on one's g.** אויף דער וואַך ⊣ **off one's g.** או'מגע-וואָ'רנט; פֿאַרטראַ'כט, פֿאַרטאָ'ן אַפּ ⊣ 2. *vt/imp* היט|ן, שיצ|ן, באַוואַכ|ן || *pf.* אויס|-היט|ן ⊣ *vi.* **g. against** היט|ן זיך פֿאַר
guarded (speech) האַ'לבמויליק, ני'ט־דער־זאָ'גנדיק
guardhouse דער קאַראַו'ל (ן)
guardian דער היטער (ס) || (legal) דער אַפּוטרופּס [APETROPES—APETROP-] (ים)

SIM]; דער קע'סטפּאָטער (ס), די קע'סט-מוטער (ס)

gubernatorial גובערנאַטאָריש; דעם גובער-נאַטאָרס

guerrilla 1. *adj.* פּאַרטיזאַניש || 2. *n.* דער פּאַרטיזאַנער (ס)

guess 1. *n.* די השערה (—ות) [HAShORE], טרעפֿ\|ן, ⊣ 2. *v.* די סבֿרא (—ות) [SVORE] אָנ\|שטויס\|ן זיך ⟨אויף⟩ ⊣ *cf.* **imagine**

guesswork דאָס טרעפֿערײַ'

guest דער גאַסט (געסט), דער אורח (ים) [OYREKh—ORKhIM]

guest list דער גע'סטצעטל (עך)

guffaw כאָכאָטשע\|ן

guidance די הדרכה [HADROKhE] || (steer-ing) די קע'רעווונג, די פֿירשאַפֿט

guide 1. *n.* (leader) דער פֿירער (ס), דער מדריך ⊣ (spiritual) דער וועגווײַזער (ס) [MADREKh—MADRIKhIM] (ים) ⊣ **g. book** *also* דער וועגווײַזער (ס) || 2. *v.* פֿיר\|ן; מדריך זײַן* ⊣ (remote control) קע'רע-ווע\|ן, טעלעגידיר\|ן

guided (tour) געפֿי'רט || (missile) גע-לאָז\|ן ⊣ קע'רעוועט, טעלעגידי'רט **be g. by** זיך פֿירן פֿון

guild דער צעך (ן), די גי'לדיע (ס)

guilder דער גולדן (ס)

guillotine 1. *n.* די גיליאָטי'ן (ען) || 2. *v.* גיליאָטיניר\|ן

guilt די שולד (ן)

guilty שולדיק; חייבֿ אַפּ [KhAYEV]

Guinea גווינעע (די)

guinea-pig דאָס ים־חזירל (ים־חזירימלעך) [YA'M-KhAZERL— -KhAZEYRIMLEKh] || (*fig.*) **use as a g.** לערנ\|ען זיך שערן אויף פּאָס באָרד

guitar די גיטאַ'ר (ן)

gulch דער יאַר (ן)

gulf דער אײַנגאָס (ן)

gull די מעווע (ס)

gullet די שלונג, דער ווײשט [VEYShET], דער גאָרגל (ען)

gullible גרי'נגלייביק, לײַ'כטגלייביק

gulp (drink) 1. *n.* דער זשליאָק (ן) || 2. *v.* שלינג\|ען, (food) ⊣ זשליאָקע\|ן, כליאָבע\|ן אַרײַנ\|רײַב\|ן

gum[1] די יאַסלע (ס) || **g.s** *also* דאָס ציינפֿלייש קאָל

gum[2] (rubber) די גומע || *cf.* **glue**

gun (pistol) דער פּיסטוי'ל (ן) || (rifle) די ביקס (ן) ⊣ (cannon) דער האַרמאַ'ט (ן)

gurgle ריזל\|ען

gush גיס\|ן זיך, פּלייצ\|ן, אַרויס\|שלאָג\|ן; זעצ\|ן *also* **g. out** ⊣ פּליוכע\|ן

gust דער בלאָז (ן), דער פֿלאָש (ן)

gusto דער טשאַק || **with g.** טשאַ'קעדיק; געשמאַ'ק

guts (innards) קישקעס מצ

gutter דער רינשטאָק (ן)

guttural גאָרגל...; געגאָרגלט

guy דער חבֿרה־מאַן (־לײַט) [KhE'VRE], דער יאַט (ן)

guzzle (*cont.*) זויפֿ\|ן, כליעפּטשע\|ן

gymnasium דער ספּאָרטזאַל (ן), דער גימ-נאַ'סטיש\|ער זאַל (ן) ⊣ (European school) די גימנאַ'זיע (ס)

gymnastics די גימנאַסטיק קאָל

gypsum דער גיפּס

Gypsy 1. *adj.* ציגײַ'נעריש || 2. *n.* דער ציגײַנער (—)

gyroscope דער גיראָסקאָ'פּ (ן)

H

H (ען) דער האַ
habeas corpus (דער) האַ'בעאַס־קאָ'רפּוס
haberdasher דער גאַלאַנטע'ריע־קרעמער (ס)
haberdashery די גאַלאַנטעריע
habit די גערוווינטשאַפֿט (ן), די °געוווינהייט (ן), || די מידה (—ות) [MIDE], דער הרגל [HERGL] (force of h.) [REGILES] דאָס רגילות || (*pl.*: whims) *also* מצ ניטן || **get into the h.** (of) *vt/vi* איַנ|געוויינ|ען (זיך), איַנ|ניט|ן (זיך), °איַנ|טרײַע|ן (זיך) אַמער ⟨—אין ד/צו אינפֿ⟩ || **break the h.** (of) ⟨פֿון⟩ אָפּ|געוויינ|ען זיך
habitat דער ווין (ען)
habit-forming צו'געווייניק
habitual געוויינטלעך, איַ'נגעוויינט; רגילותדיק [ ]
habitually *also* [BETEVE] בטבֿע
hackneyed שאַבלאָניק, קאַזיאָנע, באַנאַ'ל, אוי'סגעדראָש׳ן
had: not to be h. ניט צו קריגן; ניטאָ' [REFUE] (אויף קיין רפֿואה)
hag די באַבע (ס), די באָ'בעצע (ס)
Haggadah [HAGODE] די הגדה (—ות)
haggard אוי'סגעדאַרט, דאַר און קוואַר; אַראָ'פּ [PONEM] פֿון פּנים
haggle דינג|ען זיך
Hagiographa [KSUVIM] מצ כתובֿים
ha-ha (spite, contempt) העַ'הע'
hail[1] 1. *n.* דער האָגל (ען) || 2. *v.* האָגל|ען ⟨מיט⟩
hail[2] *vt.* (greet) באַגריס|ן || (call) צו|- קומ|ען ⊣ *vi.* **h. from** פֿון רופֿ|ן
hair (—) די האָר || **split h.s** פּילפּול|ען זיך [PILPL], מפּלפּל זײַן* זיך ל [MEFALPL]
hair brush דאָס קאָ'פּנבערשטל (עך)
haircut: get a h. אָפּ|שער|ן זיך || **give a h. to** אָפּ|שער|ן א
hairdo די פֿריזו'ר (ן), דער פֿאַרקאַ'ם (ען)
hairdresser דער פֿריזירער (ס)
hairpin די האָ'רשפּילקע (ס)
hair-splitting 1. *adj.* פּילפּולדיק [ ] || 2. *n.* [PILPL] דער פּילפּול
hairy האָריק, באַוואַקס׳ן, רויכיק
Halakah [HALOKhE] די הלכה (—ות)
half 1. *adj.* האַלב || 2. *n.* די העלפֿט (ן), צוויי (און) אַ האַלב ⊣ two and a h. די האַלב (ן) דריט האַלבן; ⊣ three and a h. דרײַ (און) אַ האַלב; פֿערט האַלבן ⊣ **one and a h.** אָ'נדערטהאַ'לבן || **be h. dead** פּאָכ|ן [NEShOME] מיט דער נשמה ⊣ **h. measure** דאָס האַ'לבמיטל (ען)
half-breed דער מישלינג (ען)
halfway *adv.* אויפֿן האַלבן וועג
half-wit [TAM] דער תם (ען)
halfwitted [ ] תמעוואַטע
halibut דער האַ'ליבוט (ן)
halitosis [REYEKh] דער מוי'ל־ריח
hall (large room) דער זאַל (ן) || (meeting room) *also* דער לאָקאַ'ל (ן) || (anteroom) דאָס פֿירהויז (...הײַזער), דער פֿאָ'רצימער (ן) || (corridor) דער קאָרידאָ'ר (ן)
hallah [KhALE] די חלה (—ות)
hallelujah *int.* אַ לויב דעם איי'בערשטן! [HALELUYO] הללויה ל
hallmark די פֿראָבע (ס)
hallow [MEKADESh] מקדש זײַן*
halloween דער האַלאָווי'ן אַמער

hallucination די האַלוצינאַציע (ס), דאָס זע'וועניש (ן)

halt *int.* !האַלט! סטאָפּ || *cf.* **stop**

halting הי'נקעדיק; קווע'נקלדיק

halve צעהאַלב|ן, האַלביר|ן

ham די שינקע (ס)

hamantash [HO'MEN] דער המן־טאַש (ן)

hamburger דער (געהאַקט|ער) קאָטלעט (ן), דער האַ'מבורגער (ס) אַמער

hamlet דער כוטער (ס), דאָס דערפֿל (עך)

hammer 1. *n.* דער האַמער (ס) || **2.** *v.* האַ'מער|ן; שמיד|ן

hammock די שפּאַנבעט (ן), דער האַמאַ'ק (ן)

hamper 1. *n.* דער ווע'שקויבער (ס) || **2.** *v.* שטער|ן

hamster דער האַ'מסטער (ס)

hand 1. *n.* די האַנט (הענט) || (clock) דער ווײַזער (ס) ‖ (measure) [TE- דער טפֿח (ים) FEKh—TFOKhIM] ‖ **at h.** בײַ דער האַנט || **at first h.** פֿון דער ערשטער האַנט || **by h.** מיט דער האַנט ‖ **by the h.** פֿאַר דער האַנט || **have a h. in** [KhEY- האָב|ן* אַ חלק אין LEK] ‖ **in h.** אין דער האַנט || **lay h.s on** ‖ אַרויפֿ|לייג|ן אַ האַנט אויף פּאַק|ן (catch) ‖ דערבײַ'; אויפֿן לאַגער, אין דער || **on h.** קאַסע ‖ **on the one h.** פֿון איין זײַט || **on the other h.** צוריק גערע'דט; פֿון דער אַ'נדערער זײַט ‖ (*less emph.*) זעט איר ‖ אַ(נט)קעגן זשע, ווידער (זשע) (before question) *also* אַמי'ן, אַמע'ר || **change h.s** (אַריבער)גיי|ן* פֿון האַנט צו האַנט || **from h. to h.** פֿון האַנט צו האַנט, מיד־ליד [MIYA'D-LEYA'D] ‖ **h. and glove (with)** (*hum.*) [BEKNI'PL] קניפּל־בקניפּל ⟨מיט⟩ || **live from h. to mouth** עס|ן פֿון אַרבל, [ShIE-PI'E] לעב|ן פֿון שהי־פּהי ‖ **h.s off!** הענט אין אַוועק מיט די הענט! ‖ **h.s up!** צו|לייג|ן אַ האַנט, ‖ **lend a h.** דער הייך! ‖ **2.** *v.* דער־ אונטער|שטעל|ן אַ פּלייצע || **h. in** אַרײַנ|געב|ן*; ‖ לאַנג|ען; אָפּ|געב|ן* || **h. out** אויס|טייל|ן, באַטייל|ן אַ מיט || **h. over** דערלאַנג|ען, אַהער|געב|ן*, איבער־געב|ן*

handbook דאָס האַנטבוך (...ביכער)

handcuff 1. *n.* דאָס (האַ'נט)קייטל (עך) || **2.** *v.* אײַנ|קייטל|ען (די הענט)

handful דער הויפֿן (ס), די זשמעניע (ס), די האַנט (הענט) ⟨—נאָס⟩

handicap דער שטער (ן), די מניעה (—ות) [MENIE], דער עיכּובֿ (ים) [IKEV—IKUVIM] || (in a race) דער האַנדיקאַ'פּ (ן)

handicapped (defective) מומיק || **be h. by** לײַד|ן פֿון, זײַן* געהאַ'מעוועט פֿון

handicraft די מלאָכה (—ות) [MELOKhE], די האַ'נטאַרבעט (ן)

handiwork די מלאָכה [ ], די אַרבעט

handkerchief דאָס נאָ'זטיכל (עך)

handle 1. *n.* דאָס הענטל (עך), דער טראָניק ‖ (vessel) || די קליאַמקע (ס) (door) ‖ (עס) ‖ **fly off the h.** דער אויער (ן) ‖ אַרויס|גיי|ן* [KEYLIM] פֿון די כּלים ‖ **2.** *v.* באַהאַנדל|ען, ‖ (touch) באַגיי|ן* זיך מיט טשעפּע|ן (מיט די הענט)

handout דאָס בעטלברויט קאָל; די קיצבֿה [KITSVE] קאָל

handsome שיין || **very h. person** דער הדרת־פּנים [HADRES-PO'NEM]

handwriting [KSAV] דער כּתבֿ || **h. on the wall** די וואָ'רנווערטער אויף דער וואַנט

handy (convenient) האַנטיק, צו דער האַנט || (skillful) [BERYESh] בריהש

handyman דער פֿאַרריכטער (ס)

hang *vt. imp/pf* (אויפֿ|)הענג|ען || *vi.* ‖ הענג|ען ‖ **h. around** אַרומ|דריי|ען זיך || **h. on** (to) אָנ|הענג|ען זיך ⟨אין⟩ || **h. out with** רײַב|ן זיך צווישן

hangar דער האַנגאַ'ר (ן)

hanger (clothes) דער הענגער (ס)

hanging דאָס אוי'פֿהענגען, דער הענגאַקט (ן) || **death by h.** [TLIE] די תּליה

hangman [TALYEN—TALYO- דער תּלין (ים) NIM], דער הענקער (ס)

hangover דער קאַ'צן־יאָמער (ס)

Hanukkah [KhA'NIKE] דער חנוכּה

haphazardly אויף טראַף, על־פּי טראַף [ALPI], אַבי' ווי, אָן אַ טאַלק, כאַפּ־לאַ'פּ

Haphtarah [HAFTOYRE] די הפֿטורה (—ות)

happen געשע'|ן*, טרעפֿ|ן זיך, פּאַסיר|ן, פֿאַר־

לויפֿ|ן זיך ⟨—מיט⟩ ⊣ **h. to** גראָד וו; פּונקט באַ-
דאַרפֿ|ן* אינפֿ ⊣ (*rev. con.*) אויס|קומ|ען אומפּ
צו ד ⊣ it h.ed to be raining ס'האָט
פּונקט באַדאַ'רפֿט רע'גענען; ס'האָט גראָד גע-
רעגנט ⊣ I h.ed to see him ס'איז מיר
אויס'געקומען אים צו זען ⊣ (go on) טאָ|ן* זיך
‖ **things are h.ing** עס טוט זיך (מעשׂים)
[MAYSIM] ⊣ **so h.** מאַכ|ן זיך ‖ it so h.ed
that ס'האָט זיך געמאַ'כט אַז ‖ **h. upon**
אָנ|טרעפֿ|ן ⟨אויף⟩ ⊣ (*rev. con.*) צו האַנט
קומ|ען ⟨ד⟩ ⊣ **as if nothing h.ed** ווי קיין
מאָל גאָרניט

happily גליקלעך; אין פֿריידן ‖ (luckily) צום גליק

happiness דאָס גליק

happy גליקלעך ‖ **extremely h.** אין זי'בעטן
הימל ⊣ **be h.** (*rev. con.*) זײַן* גוט, זײַן*
(—ווי די וועלט) ⟨—ד⟩ ווויל —אומפּ ⊣ he is very
h. here אים איז דאָ גוט (און ווויל) ‖
be h. with/that *also* מחיה זײַן* זיך
⟨מיט/וואָס⟩ ⊣ **h. is** the man **who** ווויל איז
דעם מענטשן וואָס ⊣ **h. New Year!** אַ גוט-
יאָר! ⊣ (*Jew.*) *also* אַ כּתיבֿה וחתימה טובֿה!
[KSIVE VAKhSIME TOYVE] ⊣ **h. birth-**
day! [MAZL] מיט מזל געיע'רט זיך!

harass פּלאָג|ן, מאַרע|ן, °טאָ|ן* ד דעם טויט

harbor דער פּאָרט (ן), דער האַוון (ס)

hard 1. *adj.* (not soft) האַרט ‖ (difficult)
שווער ⊣ **atrociously h.** (work) •קאַ'-
טאָרזשנע ⊣ **h. to understand** *also* קשה אַפּ
[KOShE] ⊣ **h. of hearing** טויבלעך ‖ **h.**
up for געע'נגט אין ‖ **h. labor** די שטראָ'פּ-
אַרבעט ⊣ **try h.** שטאַרק פּרוביר|ן ‖ 2. *adv.*
also שווער און ביטער

hard-boiled האַרט

hard-core קע'רן־קע'רנדיק

hard-cover *adj.* באַטאָוולט

hard-earned פֿאַרהאָ'רעוועט

harden *vt.* (פֿאַר)האַ'רטעווע|ן, פֿאַרגלי'ווער|ן
‖ *vi.* פֿאַרהאַ'רטעוועט ווער|ן, פֿאַרגליווערט
ווער|ן

hard-hearted האַרט

hardly כּמעט ניט [KIMA'T], קוים

hardness די האַרטקייט

hardship די נויט, דאָס אָ'פּקומעניש (ן), דאָס
מאַ'טערניש (ן)

hardware דאָס אײַ'זנוואַרג ‖ **h. store** די
אײַ'זנקראָם (ען)

hardy פֿאַרהאַ'רטעוועט

hare דער האָז (ן)

harem דער האַרעם (ס)

harlot די זונה (—ות) [ZOYNE], די גאַ'סנפּרוי
(ען)

harm 1. *n.* דאָס בייז, דער שאָדן, די רעה [ROE],
דאָס בייז־אוי'ג, דאָס גוט־אוי'ג ⊣ **there is no h.**
in ס'קען ניט שאַטן צו אינפֿ ‖ 2. *v.* (פֿאַר)-
שאַט|ן, טאָ|ן* בייזס —ד

harmful שעדלעך, שאַטיק

harmless או'משעדלעך, אָן בייז ‖ **be h.**
(thing) ניט קענ|ען פֿאַרשאַטן ‖ (person)
ניט טשעפּע|ן קיין פֿליג אויף דער וואַנט

harmonica די האַרמאָ'ניקע (ס)

harmonious האַרמאָניש

harmony די האַרמאָ'ניע (ס) ‖ (domestic)
דער שלום־בית [ShOLEM-BA'YES]

harness 1. *n.* דאָס געשפּאַ'ן (ען) ‖ 2. *v.*
imp/pf (אײַנ)שפּאַנ|ען

harp די האַרף (ן)

harpoon דער האַרפּו'ן (ען)

harried פֿאַרטרודט [FARTORET]

harrow 1. *n.* די בראָנע (ס) ‖ 2. *v.* בראָ'-
נעווע|ן

harry פּלאָג|ן, מאַ'טער|ן, ע'דער|ן

harsh גראָב, רוי, בײַסיק, האַרב, שטרענג,
גרילציק

harshly *also* מיטן האַרבן וואָרט

harum-scarum כאַפּ־לאַ'פּ; ווי אַ פֿאַר-
סמטע מויז [FARSAMTE]

harvest 1. *n.* דער שניט (ן); דאָס גערע'טעניש
(ן) ⊣ 2. *v.* שנײַד|ן, אַראָפּ|נעמ|ען

harvester דער שניטער (ס)

hash דאָס האַקפֿלייש

hashish דער האַשי'ש

Hasid דער חסיד (ים) [KhOSED—KhSIDIM]

Hasidic חסידיש [KhSIDISh]

Hasidism דאָס חסידות [KhSIDES], דער
חסידיזם [KhSIDIZM]

Haskalah די השׂכּלה [HASKOLE]

haste דאָס גע־אײַ'ל; די •האַסט; דאָס אײַ'לעניש, דאָס יאָ'געניש, דאָס כאַ'פּעניש ⊣ **in h.** *also* אַדוו בחפּזון [BEKhIPOZN], אין דער גיך || **make h.** (צו|)אײַל|ן זיך

hasten *vt/vi* אײַל|ן (זיך), צו|אײַל|ן (זיך)

hastily אויף (דער) גיך, ראַפּטעם, אויף איין פֿוס

hasty אײַליק, צו'געאײַלט, האַסטיק, כאַפּיק || **be h.** כאַפּ|ן || **don't be h.** כאַפּ ניט!

hat דער הוט (היט) || (man's) דער קאַ'פּעליוש (ן) ⊣ **keep under one's h.** מאַכ|ן אַ שווײַג ⊣ **talk through one's h.** וועגן זויג|ן פֿון פֿינגער

hatch[1] (opening) די לוקע (ס) || (cover) דאָס לעדל (עך)

hatch[2] (breed) *vt.* אויס|ברי:|ען, -|וואַ'-רעמ|ען ⊣ *vi. see* (**be**) **hatched** -|פֿיר|ן, -|זיצ|ן

hatch[3] (line) *vt.* שטריכיר|ן

hatched: be h. *v/imp* פּיק|ן זיך || *pf.* אויס|פּיק|ן זיך, -|ברי:|ען זיך

hatchet דאָס העקל (עך) || **bury the h.** באַגראָב|ן די קריגסהאַק

hate 1. *n.* די שׂינאה [SINE], די פֿײַנטשאַפֿט, פֿײַנט האָב|ן*, •האַס|ן, ניט ⊣ 2. *v.* דער •האַס ⊣ (be unwilling) ניט קענ|ען אָ'נקוקן ⊣ **come to h.** פֿײַנט קריג|ן ⊣ וועל|ן*

hateful פֿאַרהאַ'סט ‹בײַ›, מיאוס אַפּ ‹ד› [MIES], מאָוס אַפּ ‹ד› [MOES]

hatless *see* **bareheaded**

hatred (for) די שׂינאה (—ות) [SINE], די פֿײַנטשאַפֿט (ן), דער •האַס ‹—צו›

hatter דער הי'טל־מאַכער (ס); דער קירזשנער (ס)

haughtiness די פֿאַררי'סנקייט, די גאווה [GAYVE]

haughty פֿאַרריס'ן, גרויס בײַ זיך, גאווה־דיק [ ] ⊣ **h. person** דער בעל־גאווה (בעלי־גאוות) [BAL-GAYVE]

haul 1. *n.* (distance) דער מהלך [MEHA-LEKh] ⊣ 2. *vt.* שלעפּ|ן; פֿיר|ן

haunt אומ|גיי|ן* ‹אין›; ניט אָפּ|לאָז|ן, נויע|ן, נאָג|ן

haunted ...שדים־ [ShEYDIM] || h. house דאָס שדים־הויז

have האָב|ן* || (food) *imp/pf* (אָפּ|)עס|ן || (drink) (אויס|)טרינק|ען || (take!) נאַ ⊣ have a candy! נאַ דיר אַ, נאַט אײַך אַ צו'קערל! נאַט אײַך אַ צו'קערל ⊣ **h. a seat!** זיצ(ט)! || (let be) לאָז|ן ⊣ h. a chair made לאָז|ן מאַכן אַ שטול ⊣ h. it announced to the children that ... לאָז|ן אָ'נזאָגן די קינדער אַז ... || **h. something against** האָב|ן* צו/קעגן || **I will h. you know** איך זאָלט וויסן זײַן || **h. on** (clothes) טראָג|ן || **had better** *cf.* **better** || **h. to** דאַרפֿ|ן*, מוז|ן* || (occasionally; *rev. con.*) אויס|קומ|ען אומפּ ⊣ I h. to travel occasionally עס קומט מיר אויס אַרו'מצופֿאָרן ⊣ **not h. to** ניט דאַרפֿ|ן*, ניט מוז|ן* —אינפֿ; פֿאַרשפּאָר|ן צו

haven דער האַ'רבעריק (ן), דער מקום־מיקלט [MOKEM-MI'KLET]

havoc [KhURBM] דער חורבן, [TEL] דער תּל || **play h. with** מאַכ|ן אַ תּל פֿון, חרובֿ מאַכ|ן [KhOREV]

hawk[1] *n.* דער פֿאַלק (ן)

hawk[2] *v.* כראַקע|ן

hay דאָס היי

hayfever דער היי'פֿיבער

haystack דער סטויג (ן) היי, די סקירדע (ס) היי

hazard 1. *n.* די רי'זיקע (ס) || (danger) די סכּנה (—ות) [SAKONE] ⊣ 2. *v.* ריזיקיר|ן מיט

haze דער נעפּל (ען), דער נע'פּל־שלייער (ס)

hazelnut דאָס האָז'ן ניסל (עך)

hazy נע'פּלדיק, פֿאַרנעפּלט

H-bomb די הידראָגע'ן־באָמבע (ס)

he ער || **he who** says דער וואָס זאָגט

head 1. *adj.* ..אייבער || h. waiter דער אײי'בערסאַרווער ⊣ 2. *n.* דער קאָפּ (קעפּ) || (brains) *also* דער מוח (ות) [MOYEKh—MOYKhES] ⊣ (cabbage, lettuce, garlic) *also* דאָס הייפּטל (עך) || (chief) דער שעף (ן), דער ראָש (ים); אייבער.., הויפּט... ⊣ (of bed) דער אויבנאָ'ן (ען) ⊣ (of table) דער צוקאָפּנס || **at the h.** (**of**) בראָש ‹פֿון› [BERO'sh] || (of a table) אויבן אָן ‹פֿון› || **h. of state** דער מלוכה־ראָש (ים) [MELU'KhE-ROSh] ||

from h. to foot פֿון קאָפּ ביז די פֿיס ‖ **h.s or tails** קאָפּ צי שלאַק ‖ **make h. or tail of** אַ טאָלק דערגיי|ן* ‖ **h. and shoulders above** מיט אַ גאַנצע קעפּ העכער ‖ **come to a h.** צו|שפּיצן זיך -‖ **bring to a h.** פֿאַרסיר|ן ‖ **h. over heels** 3. *vt.* סטראַם־הזאַלעווי* ‖ בראַש, שטיי|ן* אין דער שפּיץ (—פֿון) *pf.* פֿאַרנעמ|ען גיי|ן*, פֿאָר|ן *vi/imp* נאָך דעם האָט זיך - then he h.ed back אַפּ- **h. off** -ער זיך פֿאַרנומען אויף צוריק פֿאַרפֿאָר|ן/פֿאַרלויפֿ|ן ד דעם (sb.) - וועג

headache (ן) דער קאָפּ׳פּווייטיק

heading (ן) די רוברי׳ק ;(עך) דאַס קעפּל

headlight (ן) דער פֿאַנאַ׳ר

headline די קאָפּ׳פֿן־שורה ;(עך) דער קאָפּ [shure] (ות—)

headlong דירע׳קט

head-on פֿראָנטאַ׳ל

headquarters די הוי׳פּטקװאַרטיר (ן), די - **general h.** (ן) דער שטאַב ;(ס) צענטראַלע (ן) דער גענעראַ׳ל־שטאַב

headstrong עקשניש [akshonish], האַ׳רט- נעקיק, קשה־עורפֿדיק [kshey-o'yrefdik]

headway: make h. ריר|ן זיך, רוק|ן זיך (פֿון אָרט—)

head word דאַס זוכװאָרט (...ווערטער)

heal *vt.* הייל|ן זיך ‖ *vi/imp* הייל|ן ‖ *pf.* אויס|הייל|ן זיך, פֿאַרהייל|ן זיך

health גאַ׳וונט דאַס ‖ **H., Education and Welfare** גאַזו׳נט, בילדונג און וווילזײַן ‖ **in perfect h.** בקוהברי׳אות [beka'v- habri'es] - **your h.!** [lekha- im] - **drink the h. of** טרינק|ען לחיים פֿאַר

healthy גאַזו׳נט

heap 1. *n.* די קופּע (ס), דער הויפֿן (ס), דער קויפּ (ן), דער באַרג (בערג), די קוטשע (ס), די גוזמא (—ות) - (*fig.*) *also* (ס) [guzme] - **2.** *v.* **h. up** אָנ|שיט|ן, -לייג|ן, -קויפֿ|ן, -הויפֿענען, -גאַ׳רדענ|ען

heaping (spoonful) מיט אַ שמיץ/ווערער

hear דערהער|ן ‖ הער|ן (suddenly) ‖ **h. to the end** אויס|הער|ן

hearing (sense) די שמיעה דאַס גענהער׳ר, [shmie] - (of arguments) דער פֿאַרהער׳ר (ן)

hearing aid דאַס דערהערל (עך)

hearken האָרכ|ן

hearse (*Jew.*) [agole] (ות—) די עגלה

heart דאַס האַרץ* (הערצער) ‖ (of the matter) *cf.* **essence** ‖ **h.s** (in cards) אויף/פֿון - by h. דאָס רויטס, דאָס אייכל אויס|לערנ|ען - learn by h. אוי׳סנווייניק אויף - with all my h. אוי׳סנווייניק מיטן גאַנצן האַרצן - from the bottom of my h. פֿון טיפֿסטן האַרצן ‖ in his h. of h.s אין די טי׳פֿעניש פֿון זײַן האַרץ with h. and soul [bele'v- vone'fesh] - a מיט לײַב און לעבן בלב־ונפֿש heavy h. אַ שווער געמיט פֿאַר- **lose h.** ‖ לירן דעם מוט, אַראָפּ|פֿאַל|ן בײַ זיך **not have the h. to** ניט האָב|ן קיין האַרץ set one's h. on -פֿאַר פֿאַרלייג|ן זיך, פֿאַר- מאַכ|ן זיך - **take h.** קוואַפּע|ן זיך אויף— נעמ|ען זיך צום האַרצן - **take to h.** האַרץ

heartache דער האַ׳רצווייטיק, דאַס ענמת־נפֿש [agmesnefesh]

heartbeat דאַס האַ׳רץ־קלאַפּעניש ‖ (single) (קלעפּ...) דער האַרצקלאַפּ

heartbreaking האַ׳רץ־רײַסנדיק

heartbroken מיט אַ צעבראָכן האַרץ; צע- בראָכ׳ן, פֿאַרצערט [fartsa'rt]

heartburn דאָס ברע׳נעניש (ן) (אוי׳נטערן (הארצן

heartfelt אמתדיק, רייונהאַר- [e'mesdik], ציק; פֿון האַרצן

hearth דער הײַ׳מפֿײַער (ן), דער הײַמברּאַנד (ן)

heartless אָן אַ [umbe- rakhmo'nesdik] - **be h.** האָב|ן* אַ האַרץ ווי אַ שטיין, האָב|ן* אַ האַרץ פֿון אַ טאָטער

heartrending האַ׳רץ־רײַסנדיק

hearty האַרציק; מונטער; געשמאַ׳ק ‖ **eat heartily** (*hum.*) אַרײַנרײַב|ן

heat 1. *n.* די היץ ‖ (weather) *also* היצן מ - (excitement) דער אַזאַ׳רט ‖ (ani- mal's) די צעפֿלאַמטקייט ‖ **extreme h.**

[KhMIME] די חמימה ⊣ **in h.** צעפֿלאַ'מט || 2. *v/imp* וואַ'רעמ|ען || (a building) באַהייצ|ן || *pf.* אָנ|-, אָנ|וואַ'רעמ|ען, אָנ|היצ|ן; אָנ|גלי|ען

heated (building) באַהײַ'צט || (argument) צעהי'צט

heater דער הייצער (ס)

heathen דער גע'צנדינער (ס); עכו"ם מצ [AKUM]

heating די (באַ)הייצונג || **central h.** די צענטראַ'ל־הייצונג ⊣ **h. pad** דאָס וואַ'רעם־קישעלע (ך)

heave *vt/vi* הייב|ן (זיך) || (shovel) רידל|ען ⊣ **h. a sigh** אָפּ|זיפֿצ|ן

heaven דער הימל (ען) || **in seventh h.** אין זי'בעטן הימל ⊣ **move h. and earth** אײַנ|לייג|ן וועלטן || **for h.'s sake** גוואַלד געשריגן! ⊣ **Heavens!** גאָט אין הימל!

heavenly הימל(י)ש

heavy (weight) שווער || (dense) געדי'כט || **give/get a h. blow** *also* °געב|ן*/°קריג|ן אין דער זי'בעטער ריפּ

Hebrew 1. *adj.* העברעיִש || (Israeli) *also* עבֿריתיש [ ] ⊣ (traditional) *also* לשון־קודש [ ] ⊣ (letters) ייִדיש || 2. *n.* (language) דאָס העברעיִש || (traditional) *also* דאָס לשון־קודש [ ] || (Israeli) *also* דאָס עבֿרית [IVRI'T] ⊣ (person) דער העברעער (ס), דער עבֿרי (ים) [IVRI]

Hebrew-Aramaic (rabbinical) *adj., n.* (דאָס) לשון־קודש [LOShNKOYDESh]

heckle העצ|ן

heckler דער צווי'שנרופֿער (ס)

hedge 1. *n.* דער (לע'בעדיק|ער) פּלויט (ן); דער אײַנצאַם (ען) ⊣ 2. *v.* רעד|ן מיט אַ האַלבן מויל

hedgehog דער שטעכלער (ס)

heed *v.* רע'כענ|ען זיך מיט

heel (foot) די פּיאַטע (ס) || (shoe) דער קנאַפּל (—), דער אַפּצאַ'ס (ן) ⊣ **take to one's h.s** (*hum.*) נעמ|ען די פֿיס אויף די פּלייצעס, מאַכ|ן ויבֿרח [VAYIVREKh]

heifer די טע'ליצע (ס)

height די הייך (ן) || (human) דער וווקס (ן) || **h.s** (high place) די הוי'כעניש (ן)

heinous נבֿלהדיק [ ] || **stg. h.** די נבֿלה (—ות) [NEVOLE]

heir דער יורש (ים) [YOYRESh—YORShIM] || **male h.** (*Jew.: often hum.*) דער קדיש (ים) [KADESh—KADEYShIM] ⊣ **be h. to** *see* **inherit**

heiress די יורשטע (ס) [ ]

helicopter דער העליקאָפּטער (ס)

hell דאָס גיהנום (ס) [GEHENEM] || **to h.!** צו אַל די שוואַרצע יאָר! ⊣ **to h. with** כאַפּט דער רוח! [RUEKh] ⊣ **go to h.** גיי|ן* אין דר'ערד, גיי|ן* אין דער אַדמה [ADOME] || **h. has broken loose** עס טוט זיך חושך [KhOYShEKh]

hello גוט־מאָ'רגן, גוטן־אָ'וונט, גאָט העלף, שלום־עליכם—[ShOLEM-ALE'YKhEM] עליכם־שלום [ALEYKhEM-ShO'LEM] ⊣ (on holidays) גוט־יום־טובֿ! [YO'NTEV] || (on the telephone) האַלאָ'

helm דער רודער (ס), די קערמע (ס)

helmet דער קיווער (ס), די קאַסקע (ס)

help 1. *n.* די הילף || 2. *v/imp* העלפֿ|ן ⟨ד⟩ || *pf.* אַרויס|-, אויס|העלפֿ|ן ⟨—ד⟩ || (a little) אונטער|העלפֿ|ן ⊣ 3. *int.* גוואַלד! || (*Jew.*) *also* שמע־ישׂראל! [ShMA'-YISROEL] || **be of h.** זײַן* בײַ'הילפֿיק ⟨ד⟩ || **I can't h. it** וואָס קען איך טאָן?

helper דער העלפֿער (ס), דער געהי'לף (ן); דער מענטש (ן)

helpful נוציק, אוי'סהעלפֿיק, העלפֿיק; בײַ'הילפֿיק, גרייט צו העלפֿן ⟨—ד⟩

helpless אָ'פּהענטיק, או'מבאַהאָ'לפֿן, אָן הילף, ˚הילפֿלאָז ⊣ **be h.** *also* ניט וויס|ן* ווי אַ קאַץ דעם עק צו פֿאַרבינדן ⊣ **h. person** דאָס נע'בעכל (עך)

helter-skelter שור־בו'ר, כאַפּ־לאַ'פּ

hem[1] 1. *n.* דער זוים (ען) || 2. *v.* (פֿאַר)־(אײַנ|)צאַמ|ען ⊣ (*fig.*) זיימ|ען

hem[2]**: h. and haw** דריי|ען מיט דער צונג

hemisphere דער האַ'לבקײַלעך (ער), די האַלבקויל (ן)

hemorrhage דער בלו'טאויסגאָס (ן)

hemp דער האַנעף, קאַנאָפּליעס מצ
hen די הון (הינער)
hence פֿון דאַנעט || (therefore) דעריבער; [ALKEYN] על־כּן
henceforth פֿון איצט אָן (און ווײַטער)
henpecked: be h. (by) זײַן* או'נטערן פֿאַנטאָפּל ⟨בײַ⟩ ⊣ **h. husband** דער פּאַנ־טאָ'פּל־מאַן (־מענער)
her 1. *poss. adj.* איר || 2. *pron.* (*dat.*) איר || (*acc.*) זי
herald 1. *n.* דער שטאַפֿע'ט (ן), דער הערא'לד (ן) ⊣ 2. *v* [MEVA- ל זײַן* מבֿשׂר [SER]; זײַן* אַן אָנזאָג פֿון; אָנ|זאָג|ן
heraldry די העראַלדיק
herb דאָס קרײַטעכץ (ער)
herd די סטאַדע (ס), די טשע'רעדע (ס)
here דאָ || (in this locality) דאָ־הי', הי || (hither) אַהע'ר, אַהע'ר צו (צו) || (in pointing) אָט || (in giving) נאַ ⊣ **through h.** דאָ אַ־(דיר), נאַט (אײַך) ⊣ **neither h. nor there** ניט אַהי'ן רומערט ⊣ **h. and there** ע'רטערווײַז, ניט אַהע'ר ⊣ **h. goes!** הײַדאַ! || **h., kitty, kitty!** קיץ־קיץ־קיץ!
hereabout(s) דאָ ערגעץ
hereafter 1. *adv.* פֿון איצט אָן, להבא [LEHABE] ⊣ 2. *n.* יע'נ|ע וועלט
hereby דערמי'ט; דערבײַ'
hereditary [YERU'shEDIK] ירושהדיק
heredity [ ] די ירושהדיקייט || **by h.** [BEYERUShE] בירושה
herein דערי'ן
hereof דערפֿו'ן
heresy די הערע'זיע (ס) || (*Jew.*) דאָס [APIKORSES] אַפּיקורסות (שטיק)
heretic 1. *adj.* הערעטיש || (*Jew.*) אַפּיקור־[APIKORSISh] סיש ⊣ 2. *n.* דער הערע'־טיקער (ס) ⊣ (*Jew.*) דער אַפּיקורס (ים) [APIKOYRES—APIKORSIM]
hereupon דערוי'ף
herewith דערמי'ט
heritage די ירושה [YERUShE], דער עזבֿון [IZOVN]
hermit דער נזיר (ים) [NOZER—NEZIRIM]

hernia דער ווי'נקלבראָך (ן)
hero דער העלד (ן), דער גיבור (ים) [GIBER—GIBOYRIM]
heroic העראָיש, העלדיש, גיבוריש [GIBOY-RISh]
heroin דער העראָי'ן
heroine די העלדין (ס)
heroism די הע'לדישקייט, די גבֿורה [GVURE] || **act of h.** די גבֿורה (—ות) || **display h.** באַווײַז|ן גבֿורות
herring דער הערינג (ען)
hers איר|ער; אי'ריק|ער אַדי || **of h.** אירער אַ ...
herself (reflexive) זיך (אַליי'ן) || **she h.** זי אַליי'ן, זי גופֿא [GUFE]
Heshvan (month) [KhEZhVN] דער חשוון
hesitant קווע'נקלדיק, אי'בערקלעריק, אומ־פֿעסט
hesitate וואַקל|ען זיך, קווענקל|ען זיך; איבער|קלער|ן, שלאָג|ן זיך מיט דער דעה [DEYE], יישובֿ|ן זיך [YIShEV] ⊣ **I h. to** say it איך קווענקל זיך צי זאָל איך עס זאָגן
hesitation דאָס וואַ'קלעניש (ן), דאָס קווע'נקלע־ניש (ן)
heuristic דרוש־...; הייריסטיש
hew *imp/pf* (אויס|)האַק|ן, (אויס|)טעסע|ן
hexagram די העקסאַגראַ'ם (ען) || (*Jew.*) דער מגן־דוד (ן) [MOGN-DO'VED]
hexameter דער העקסאַמעטער (ס)
hey! *int.* היי!
heyday די בליצײַט, בלי'־יאָרן מצ
hibernate ווי'נטער|ן
hiccup 1. *n.* דער שלוקערץ (ן) || 2. *v.* שלו'קערצ|ן
hick דער זשלאָב (עס), דער העקמענטש (ן) || **h. town** די העק (ן)
hide[1] *n.* די פֿעל (ן)
hide[2] *vt/vi imp.* באַהאַלט|ן (זיך) || אויס|באַהאַלט|ן *pf.* (—זיך), פֿאַרטײַע|ן || באַהאַלט|ן (put away) *vt. also* באַשטאַט|ן
hide-and-seek באַהע'לטערלעך מצ
hideous מיאוס־ומאָוס [MIES-UMO'ES], גרוי־ליק

hideout דאָס בּאַהעלטעניש (ן), דער פֿאַרטיי'
‖ (in a German-imposed ghetto) די
מאַלינע (ס)

hierarchical היעראַרכיש

hierarchy די היעראַרכיע (ס)

hieroglyphic *n.* דער היעראָגלי'ף (ן)

hi-fi *adj.* הוי'כגעטרײַ, הײַ־פֿײַ...

high הויך ‖ (raised in pitch) געהעכערט
‖ (in set phrases) ...הויכ... ‖ **h. voltage**
דער הוי'כוואָלטאַזש דער הויכפּונקט
‖ (*fig.*) *also* דער גלאָנצפּונקט (ן) ‖ **the h.**
seas [YAM] דער אָ'פֿענער ים ‖ **h. time**
מאַקסי־ ‖ **h.est possible** דער עכטסט/ע ציַיט
צאַסק ‖ **be in h. spirits** זיַין* מונ־
ימים־ ‖ **H. Holidays** טער/אויפֿגעלייענט
[YOMIM-NERO'IM] נוראָים

highbrow *adj.* אינטעליגענטיש

highchair די קאָ'רמעסטול (ן)

high-handed [TKI'FESDIK] תּקיפֿותדיק

highland(s) דאָס הויכלאַנד

highlight 1. *n.* דער הויכפּונקט (ן) ‖ 2. *v.*
אַרויס'הייבן

highly: think h. of האַלטן ‖ **think**
very h. of האַלטן אַן עולם־ומלואו פֿון
[O'YLEM-UMLO'YE]

highminded גרויס'האַרציק, פּרינ'ציפּיסטיק

highschool די מיטלשול (ן)

highstrung אָ'נגעצויגן, איי'בערנעשפּאַ'נט,
איי'בערשפּי'רעוודיק

highway דער שאָסיי' (ען), דער טראַקט (ן), דער
שטראַ' (ן)

highwayman דער פֿעלד־גזלן (ים) [GAZLEN
GAZLONIM] —, דער הױדאַמאַ'ק (עס)

hike 1. *n.* דער אַרויס'סשפּאַציר (ן), די וואַ'נ־
(raise) דערונג (ען), די עקסקור'סיע (ס)
שפּאַציר|ן, גיי|ן .v 2. ‖ די העל'כערונג (ען)
אויף אַ שפּאַציר

hiker דער גייער (ס), דער שפּאַצירער (ס)

hilarious (people) ‖ היולאדיק [ ] צע־
דער טעאַטער ‖ **h. scene** *also* פֿריילעכט

hilarity די היולא [HILULE]

hill דאָס בערגל (עך), דער קופּ (ן)

hilly בע'רגלדיק

hilt דאָס הענטל (עך), דער טראַ'ניק (עס)

him אים

himself (reflexive) זיך (אַליי'ן) ‖ **he h.**
ער אַליי'ן, ער גופֿא [GUFE]

hinder שטערן ד־, ליגן ד־ שטיינער אין
וועג

hindmost הינטערשט

hindrance די מניעה (—ות) [MENIE], דער
שטער (ן), דער עיכּוב (ים) [IKEV—IKUVIM]

hinge 1. *n.* די זאַווישע (ס), דער שאַרניר (ן)
‖ 2. *v.* **h. upon** הענגען אויף

hint 1. *n.* די אָ'נצוהערעניש (ן), דער (אָנ)ווונק
(ען), דער רמז (ים) [REMEZ—REMOZIM], דאָס
(ער) קאָפּוליער ‖ **broad h.** אָ'נגעבל (עך)
געבן* ‖ 2. *v.* אָ'נצוהערעניש
אָנ|ווינק|ען, מרמז זיַין* [MERAMEZ]

hip די לענד (ן); דער קלוב (עס)

hippopotamus דער היפּאָפּאָטאַ'ם (ען)

hire 1. *n.*: **for h.** צום דינגען ‖ 2. *v.* אָנ־
שטעל|ן, -נעמ|ען; (אָנ|)דינג|ען

his זיַינ|ער ‖ **of h.** זיַין; זיַינ|ער; זיַי'ניק|ער צד־
אַ ...

hiss סיקע|ן, צישע|ן, זיד|ן (ווי אַ שלאַנג)

historian דער היסטאָ'ריקער (ס)

historic(al) היסטאָריש

history די געשיכטע (ס), די היסטאָ'ריע (ס)

hit 1. *n.* דער קלאַפּ (קלעפּ), דער זעץ (ן) ‖
דער (popular) ‖ דער טראַף (ן)
דער סוקצע'ס (ן) שלאַגער (ס), **make a h.**
אויס|נעמ|ען, אָנ|רײַס|ן (—בײַ); צו|- (with)
פֿאַליובע|ן (—ד־ **h. or miss**
אַ קלאַפּ טאָ|ן*, אַ זעץ ‖ 2. *v.* אויף טראַף
טרעפֿ|ן (goal) ‖ טאָ|ן* (אַ/אין); שלאָג|ן אַ
אָנ|שלאָג|ן זיך, (knock against) אָנ|טרעפֿ|ן (אין)
פֿאַל|ן, ‖ אָנ|שטויס|ן זיך (—אין) **h. upon**
אָנ|טרעפֿ|ן—אויף **h. the mark, h. the**
צו|טרעפֿ|ן, אַרײַנ|־ **nail on the head**
טרעפֿ|ן (אין פֿינטל), טרעפֿ|ן אין קאַרב אַרײַ'ן
‖ **h.** (sb.'s) eye ד־ אין אויג; אַ זעץ טאָ|ן* אַ
טאָ|ן* ד־ אין אויג

hitch: h. up צו|טשעפּע|ן; אויפֿ|שפּאַ|ן|ען
אונטער|פֿאָר|ן; לאָז|ן זיך מיט־ **hitchhike**
נעמען

hitchhiker דער אוי'נטערפֿאָרער (ס)

hitherto ביז אַהע׳ר, ביז איצט, לעת־עתּה [LESATE]

hoard 1. *n.* [OYTSER— (ות) דער אוצר OYTSRES], דער זאַפּאַ׳ס (ן), דער מטמון (ים) [MATMEN—MATMOYNIM] ⊣ 2. *v.* -אָנ|שפּאָר|ן, (אויפֿ|)מטמונ|ען [ ]

hoarder דער (פֿאַ׳ניש|ער) אָ׳נשפּאָרער (ס), דער מטמוניק (עס) [MA′TMENIK]

hoarfrost דאָס זי׳לבער־פֿרעסטל (עך), דאָס גע- פֿרי׳ר (ן)

hoarse היי׳זעריק

hoary גרײַז גראָ

hoax 1. *n.* דער אָפּנאַר, דער בלאָף (ן), דער שווינדל (ען), די אַפּעֿרע (ס), די קנוניא (—ות) [KNU′NYE] ⊣ 2. *v.* נעמ|ען אויף זיכער

hobble *vt.* פּענטע|ן || *vi.* -(אונטער|) הינק|ען, קוליע|ן, דרעפּטשע|ן

hobby דער צײַ׳טפֿאַרברענג (ען), דאָס פֿערדל (עך)

hobo דער שלעפּער (ס) || (*pl.*) אָרחי־פּרחי [ORKhEPORKhE] מצ

hockey דער האָקי

hocus-pocus דער האָקוס־פּאָ׳קוס

hodgepodge דער מיש־מאַש, דער שור־בו׳ר, דאָס אָ׳נגעוואָרף

hoe 1. *n.* די סאַפּע (ס) || 2. *v.* -(אַרומ|) סאַפּע|ן

hog דער חזיר (ים) [KhAZER—KhAZEYRIM]

hold 1. *n.* [HASh- דער אָנהאַלט (ן); די השפּעה POE] ⊣ **get h. of** אָנ|כאַפּ|ן, פּאַק|ן —אַ || **take h. of** נעמ|ען אַ אין די הענט || 2. *vt/vi* האַלט|ן (זיך) || (restrain) -אײַנ| צו|האַלט|ן ⊣ (for a moment) האַלט|ן || (a meeting) אָפּ|האַלט|ן || **h. forth** (to) ⟨מיט⟩ קנעל|ן ;[DARSh·N] דרשענ|ען ⊣ **h. on** (to) ⟨אין⟩ אָנ|האַלט|ן זיך || **h. one's own** אײַנ|שטיי|ן*, האַלט|ן זיך, באַשטיי|ן* / זײַן* שטעטל .../איר ⊣ **h. out** אויס|האַלט|ן || (hope etc.) גיב|ן* || **h. out on** -ניט דער האַלט|ן ⊣ גיב|ן*, ניט דערזאָג|ן —ד **h. water** וואַסער, האָב|ן* אַ האַפּט

holdings דער פֿאַרמאָ׳ג אוו (ן), פּאָסע׳סיעס מצ

hole די לאָך (לעכער) || **full of h.s** לע׳כער- דיק

holiday [YONTEV—YON- (ים) דער יום־טובֿ TOYVIM] ⊣ **non-Jewish h.** די חגא (חגאָות) [KhOGE] ⊣ **day following a major h.** (*Jew.*) [I′SREKhAG] דער איסרו־חג

holier-than-thou: h. person דער וצדקתך [VE′YTSITKOSKho] (ס)

holiness די היי׳ליקייט

Holland (דאָס) האָלאַנד

hollow 1. *adj.* [ ] הויל, פּוסט, חללדיק || 2. *n.* דער חלל (ס) [KhOLEL], די פּוסט (ן)

holocaust [KhURBM— (ות) דער חורבן KhURBONES]; דער אומקום

holy הייליק || **h. of holies** דער קדשי־קדשים [KODShE-KODO′ShIM]

homage [KOVED] דער כּבֿוד, די אָ׳כפּערונג || **pay h. to** אָפּ|געב|ן* כּבֿוד ד , אָ׳כפּער|ן אַ

home 1. *adj.* היימיש || 2. *n.* די היים (ען), די שטוב (שטיבער) ⊣ **at h.** אין דער היים, בײַ זיך ⊣ **in one's own h.** אין שטוב, בײַ זיך ⊣ **make oneself at h.** זיך אין דער היים זײַן* ווי בײַ זיך אין דער היים; אײַנ|היי׳מיש|ן זיך ⊣ **feel completely at h.** זײַן* ווי אַ פֿיש אין וואַסער ⊣ **come to feel at h.** (in) אײַנ|לעב|ן זיך, -|איי׳נגענ|ען זיך ⟨אין⟩ || **away from h.** אין דער פֿרעמד || 3. *adv.* (direction) אַהיי׳ם || **strike h.** טרעפֿ|ן געב|ן* צו ⊣ **drive h. a point** אין פּינטל פֿאַרשטיי|ן, אַרײַנ|זאָג|ן ווי געהעריק

homebody דער היי׳מבלײַבער (ס), דער שטו׳ב- זיצער (ס), דער יושבֿ־אוהל (יושבֿי- [YOY- ShEV-O′YEL—YOShVE]

homeless אָ׳נהיי׳מיק, היימלאָז• || (far from home) פֿאַרוואָגלט || **h. person** *also* דער נע־ונדניק (עס) [ ] ⊣ **be h.** זײַן* נע־ונד [NAVENA′D], וואַ׳לגער|ן זיך

homelike היימלעך

home-made היימיש

home rule די אויטאָנאָמיע

homesick פֿאַרבע׳נקט || **be h.** (for) פֿאַרבענק|ען ⟨נאָך⟩ ⊣ **get h.** (for) בענק|ען ⟨נאָך⟩ זיך ⟨נאָך⟩

homesickness דאָס בע׳נקעניש (ן)

homestead דער היימפּלאַץ (...פּלעצער)

homeward אַהיי׳ם אדוו

homework די ;מצ (צו מאַכן) לעקציעס מאַכן|ן (די) ⊣ **do one's h.** היי'מאַרבעט אַמער לעקציעס

homicide דער (מע'נטשנ)מאַרד (ן)

homogeneous האָמאָגע'ן, גליַי'ך־מיניק

homogenized האָמאָגעני'רט

homosexual 1. *adj.* האָמאָסעקסוע'ל || 2. *n.* דער האָמאָסעקסואַלי'סט (ן)

honest ערלעך, אָ'רנטלעך, ראַיע'ל || **extremely h.** הוי'פּט ערלעך

honestly *also* [BENEMONES] באמנות

honesty די ע'רלעכקייט, די אָ'רנטלעכקייט

honey דער האָניק

honeydew די צעסאַרקע (ס)

honeymoon דער האָ'ניק־חודש [KHOYDESh]; (trip) ⊣ די קושוואָך (ן) די חתונה־נסיעה [KhA'SENE-NESIE] (—ות)

honk *v/imp* טרובע|ן ⟨אין⟩

honor 1. *n.* [KOVED] דער כּבֿוד || (rare) [SKhIE] (—ות) די זכיה ⊣ **have the h.** (to) *also* [ZOYKhE] ⟨צו⟩ *זוכה זײַן || **place of h.** דער אויבנאָ'ן ⊣ **in h. of** [LEKO- פּרעפּ לכּבֿוד VED] ⊣ **upon my h.** אויף מײַן (ע'רנ)וואָרט || **sense of h.** (*hum.*) דער האָנער || **your h.** אײַער כּבֿוד || **of h.** ...ערנ || **h.s** מצ כּיבודים || **do the h.s** צו|טייל|ן די כּיבודים ⊣ אָפּ|געב|ן* ד כּבֿוד; כּבֿוד ⊣ 2. *v.* || לייג|ן אויף, ערלעך האַלט|ן א ;• באַער|ן א **h.** (sb.) **with** [MEKhA- מיט *מכבד זײַן א BED] ⊣ **h. profusely** (אַרום)טראָג|ן אויף די הענט

honorable ע'רנהאַפֿטיק, אָ'נשטענדיק;• בכּבֿו־ דיק [ ]

honorably *also* [BEKOVED] בכּבֿוד

honorary ...ערנ

honoring: h. one's father דער כּיבוד־אָבֿ [KIBED-A'V] ⊣ **h. one's mother** דער כּיבוד־אם [E'YM] ⊣ **h. one's parents** כּיבוד־אָבֿ־ואם [VOE'YM]

hood די הויב (ן), דער קאַפּטער (ן), דער קאַפּישאָ'ן (ען)

hooded באַקאַפּטערט

hoodlum דער בויאַ'ן (עס)

hoof די טלאָ (ען), די קאָ'פּעטע (ס)

hook 1. *n.* דער האָק (ן), דער האָקן (ס), דאָס העקל (עך), דער קרוק (עס); דאָס מענדל (עך) || **h. and eye** מענדל און ווײַבל || **by h. or by crook** אַזוי' צי אַזוי', מיט גוטן צי מיט פֿאַרטשעפּע|ן, פֿאַרהעקל|ען ⊣ 2. *v.* ⊣ בײַזן אָנ|טשעפּע|ן (זיך) *vt/vi* **h. on** ⊣ ⟨אין —א⟩ אָנ|העקל|ען (זיך) ⟨אין⟩ *vt/vi* **h. up** ⊣ ⟨אין⟩

hook-up דער אָ'נקניפּ (ן)

hoop די רייף (ן)

hop אונטער|שפּרינג|ען, האָפּקע|ן

hope 1. *n.* די האָ'פֿענונג (ען), דער אויסקוק (ן) || **give up h.** [MEYA- ⟨אין⟩ זיך *מיאש זײַן ESh] ⊣ 2. *v.* האָפֿ|ן; פֿאַרהאָפֿ|ן || **h. for** האָפֿ|ן אויף

hopeful צו'זאָגנדיק, פֿול מיט האָ'פֿענונג

hopeless פֿאַרפֿאַל'ן, אָן אַ האָ'פֿענונג, אָן אַן אויסקוק;• האָ'פֿענונגסלאָז

hops מצ האָפּן

hopscotch מצ קלאַסן

hora די האָרע (ס)

horde די האָרדע (ס)

horizon דער האָריזאָ'נט (ן)

horizontal האָריזאָנטאַ'ל

hormone דער האָרמאָ'ן (ען)

horn 1. *adj.* האָר'ן || 2. *n.* (animal's; musical) דער האָרן (הערנער) || (auto) ⊣ *cf.* **shophar** דער טרומיי'ט (ן)

horned האָרנ...; באַהערנערט

hornet די פֿערדבין (ען)

horn-rimmed האָר'ן

horoscope דער האָראָסקאָ'פּ (ן)

horrible [MU'YEM- שוי'דערלעך, מאוימדיק DIK], גרויליק, אימהדיק [ ]

horrify [MOY- אָנ|וואַרפֿ|ן אַ גרויל/מורא אויף RE]

horror דער גרויל (ן), דער שוידער (ס), די אימה [EYME]

horse דאָס פֿערד (—) || **beat a dead h.** ⊣ רײַס|ן זיך אין אַן אָ'פֿענער טיר **h.'s** ⊣ אַדי פֿערדיש **from the h.'s mouth** פֿון רעכטן צאַפּן

horseback: on h. רײַ'טנדיק, אויף אַ פֿערד

horseman דער רײַטער (ס)

horsepower די פֿע'רדנקראַפֿט (—)

horseradish דער כריין

horseshoe די פּאָ'טקעווע (ס)

horticulture דאָס גערטנערײַ'

hose (pipe) די קישקע (ס) || (stockings) זאָקן, שטרימפּ —מצ

hosiery דאָס זאָ'קנוואַרג

hospitable גאַ'סטפֿרײַנדלעך || **h. person** דער מכניס־אורח (ים) [MAKhNES-O'YREKh — -O'RKhIM]

hospital דער שפּיטאָ'ל (ן)

hospitality די גאַ'סטפֿרײַנדלעכקייט, דאָס [HAKhNOSES-O'RKhIM] הכנסת־אורחים || **offer h.** (to) *also* [ ] ⟨אַ⟩ *מכניס־אורח זײַן

hospitalization די אײַ'נשפּיטאָלונג

hospitalize אײַנ|שפּיטאָל|ן

host[1] (multitude) [MAKh- (—ות) די מחנה NE]

host[2] (person) דער גאַ'סטגעבער (ס), דער בעל־הבית (בעלי־בתּים) [BALEBO'S—BALEBA-TIM], דער מכניס־אורח (ים) [MAKhNES-O'YREKh— -O'RKhIM]

hostage דער ערבֿניק (עס) [O'REVNIK], דער לע'בעדיק|ער משכּון (משכּנות) [MAShKN—MAShKONES]

hostess די גאַ'סטגעבערין (ס), די בעל־הביתטע (ס) [BALEBOSTE], די מכניס־אורחטע (ס) [ ]

hostile פֿײַנדלעך, קע'גנעריש

hostilities פֿײַ'נדלעכקייטן, מלחמה־אַקציעס [MILKhOME] —מצ

hot הייס || (biting) שאַרף || **boiling h.** (liquid) קאָ'כעדיק, זודיק; פֿון דער זאָט

hotbed די ספּעקטע (ס)

hotcake די לאַטקע (ס) || **sell like h.s** פֿאַרקויפֿ|ן זיך ווי מצה־וואַסער [MA'TSE]

hot dog דאָס ווורשטל (עך)

hotel דער האָטע'ל (ן)

hotelkeeper דער האָטעליע'ר (ן) [LY]

hothead דער היצקאָפּ (...קעפּ), דער גראַטש (ן)

hot-headed היציק

hothouse דאָס וואַ'רעמהויז (...הײַזער), די אָראַנזשעריע (ס)

hotshot דער צעלייגער° (ס)

hot-tempered [RAGZONISh] רגזניש || **h. man** דער רגזן (ים) [RAGZN—RAGZONIM]

hot-water bottle די וואַ'רעמפֿלאַש (...פֿלע־שער)

hound דער שפּירהונט (...הינט)

hour [sho] די שעה (ען) || **for h.s on end** שע'העןווײַז ⊣ **every h. on the h.** אַלע שעה צו דער שעה

hour-hand [sho'EN] דער שעהען־ווײַזער (ס)

hourly *adv.* [ ] אַלע שעה

house 1. *n.* דאָס הויז (הײַזער), די שטוב (שטיבער) ⊣ **keep h.** פֿיר|ן אַ/די שטוב, בעל־הבתּעווע|ן [BALEBA'TEVE] ⊣ **bring down the h.** מיט|רײַס|ן דעם עולם [OYLEM] ⊣ **H. of Representatives** דאָס רעפּרעזענטאַ'נטן־הויז ⊣ **at her h.** בײַ איר || **to her h.** צו איר || **from her h.** פֿון איר ⊣ 2. *v.* באַהויז|ן

housecoat דער כאַלאַ'ט (ן), דער שלאָפֿראָק (...רעק)

household דאָס בעל־הבתּישקייט [BALEBA'-TIShKEYT], דאָס (הויז)געזי'נד (ער) ⊣ **member of the h.** דער בן־בית (בני־) [BEN-BA'YES—BNEY]

housekeeper די בעל־הביתטע (ס) [BALE-BOSTE], די שטו'בפֿירערין (ס)

housewares שטו'בזאַכן, כּלי־בית —מצ [KLE-BAYES]

housewarming דער חנוכּת־הבית [KhANU-KES-HABA'YES]

housewife די בעל־הביתטע (ס) [ ] || **efficient h.** *also* די בריה (—ות) [BERYE], די ווערטאַנעס (ן)

housing די באַהויזונג; דירות מצ [DIRES] || **h. conditions** *also* מצ וווי'ן־באַדינגונגען

hover (אַרום)שוועב|ן, הוי'ער|ן (אין דער לופֿטן)

how || ווי (אַזוי'); ווי'ערנאָך, ווי אַרומער(ט) **h. many, h. much** וויפֿל, ווי פֿיל || (with *adj.*) ווי || how big is the room? ווי גרויס איז דער צימער? || h. big a room do you want? ווי גרויס זאָל זײַן דער צימער וואָס איר ווילט? ⊣ **and h.!** (און) וואָס **h. about** ⊣ נאָך ווי! אוי־אוי!

איז מיט ⊣ **h. about that?** ווי געפֿעלט דיר/אײַך די מעשׂה? [MAYSE]

however *conj.* אָבער, פֿונדע׳סטוועגן; ניש־מע׳ר

howl 1. *n.* דער רעוו (ן), דער ווי (ען) || (human) דער געוואַ׳לד (ן) || (*hum.*) דער ויצעקו [VAYTSAKU] ⊣ 2. *v.* וויע|ן, רעווע|ן ⊣ (human) מאַכ|ן געוואַלדן || (*hum.*) מאַכ|ן אַ ויצעקו

hub די בוקשע (ס), דער קאָפּ (קעפּ); דער מי׳טל־פּונקט (ן) ⊣ (communications) דער קנופּ (ן)

hubbub דער הו־האַ׳

huckleberry טשע׳רניצע (ס)

huddle 1. *n.* דאָס רעדל (עך), דאָס קרענצל (עך) ⊣ 2. *v.* טוליע|ן זיך אין אַ רעדל

hue[1] (color) די שאַטירונג (ען), די באַ־פֿאַרבונג (ען), דער באַפֿאַ׳רב (ן)

hue[2]**: h. and cry** דער געוואַ׳לד, דער ויצעקו [VAYTSAKU] ⊣ **raise a h. and cry** מאַכ|ן אַ געוואַלד/ויצעקו

huff: in a h. אַ׳נגעדרודלט אַדי

hug 1. *n.* דער אַרומנעם (ען), די האַלדזונג (ען) ⊣ 2. *v.* אַרומ|נעמ|ען, האַלדז|ן, אַרומ|כאַפּ|ן

huge רי׳ז(עד)יק

hullaballoo דער הו־האַ׳, דאָס גערודער, די בהלה [BEHOLE]

hum 1. *n.* דער ברום, דער זשוזש || 2. *v.* ברומ|ען; זשוזשע|ן, הודיע|ן, זשומ|ען || (melody) ברומ|ען, ניגונ|ען [NIG'N] || (in accompaniment) צו|ברומ|ען, צו|באַמ־קע|ן

human (as humans are) מענטשיש || (as humans should be) מענטשלעך

humane מענטשלעך, הומאַ׳ן

humanitarian *adj.* הומאַניטאַ׳ר

humanity (mankind) דער מין מענטש, די מענטשהייט ⊣ (humaneness) די מע׳נטש־לעכקייט ⊣ **the humanities** די הומאַניסטיק

humble 1. *adj.* (meek) הכנעהדיק [HAKh-NO'EDIK], עניוותדיק [ANI'VESDIK] || (lowly) פּראָסט, שפֿל [ShOF'L] || **h. person** דער ניכנע (ים) [NIKhNE—NIKhNOIM]

|| 2. *v.* מבֿייש זײַן* [MEVAYESh], שטעל|ן אין ביוש [BIESh]

humbug דאָס זשוליקערײַ׳, דער הומבוג, די בליאַגע

humid פֿײַכט, דעמפּיק, פּאַרנע

humidifier דער באַפֿײַכטער (ס)

humidity די פֿײַכטקייט

humiliate מבֿייש זײַן* [MEVAYESh], שטעל|ן אין ביוש [BIESh], מבֿויש שטעל|ן [MEVU-YESh], דערני׳דעריק|ן, מזלזל זײַן* ל [ME-ZALZL] ⊣ **h. oneself** *also* שוואַרצ|ן זיך דאָס פּנים [PONEM], מכניע זײַן* זיך ל [MAKhNIE]

humiliated *also* מבֿויש [MEVUYESh], פֿאַר־שפֿלט [FARShOFLT]

humiliation די בושה [BUShE], דער ביוש (ים) [BIESh—BIUShIM], דער זילזול (ים) [ZILZL—ZILZULIM]; די דערני׳דעריקונג (ען)

humility די ענווה [ANOVE]; דאָס עניוות [ANIVES], די הכנעה [HAKhNOE]

humor 1. *n.* דער הומאָ׳ר || **sense of h.** דער הומאָ׳ר ⊣ he has a sense of h. ער האָט הומאָ׳ר ⊣ **be in good/bad/... h.** (*rev. con.*) זײַן* אומפּ ד גוט/שלעכט/... אויפֿן הומאָ׳ר ⊣ 2. *v.* דערגאָדזשע|ן ⊣ האַרצן

humorous שפּאַסיק; הומאָריסטיש || **h. story** די הומאָרעסקע (ס)

hump דער האָרב (ן)

humph הם!

hunch: I have a h. דאָס האַרץ זאָגט מיר

hunchback דער הויקער (ס)

hunched הוי׳קערדיק, האָרבאַטע, אײַ׳נגע־הויקערט

hundred 1. *n.* דער הונדערט (ער); די מאה (—ות) [MEYE] ⊣ 2. *num.* **a h., one h.** הונדערט

Hungarian 1. *adj.* או׳נגעריש || 2. *n.* (person) דער אונגער (ן) || (language) דאָס או׳נגעריש

Hungary (דאָס) או׳נגערן

hunger דער הונגער

hungry הו׳נגעריק || **be h.** *also* (*rev. con.*) הו׳נגער|ן אומפּ אַ

hunk די לוסטע (ס)

hunt 1. *n.* דאָס געיעג (ן) || 2. *v.* גיי|ן* אויף געיעג ⟨אויף⟩, יאָג|ן זיך נאָך

hunter דער יעגער (ס)

hunting דאָס געיעג; דאָס יעגערײַ'

hurl *v/imp* וואַליע|ן, שלײַ'דער|ן, זרקע|ן [ZARKE]

hurly-burly דער האַרמידער (ס)

hurrah *int.* הוראַ'

hurricane דער הוראַגאַ'ן (ען)

hurried געאײַ'לט, האַסטיק

hurry 1. *n.* דאָס אײַ'לעניש, דאָס געאײַ'ל || **what's the h.?** וווּ ברענט? || **what's her h.?** וואָס ברענט איר? וואָס האָט זי קיין צײַט ניט? ⊣ **be in a h.** אײַל|ן זיך, קיין צײַט ניט האָב|ן* ⊣ **be in a great h.** שטאַרק אײַל|ן זיך ⊣ (*rev. con.*) די הויט ברענט אויף ⊣ 2. *vt.* אײַל|ן, צו|-, אונטער|-אײַל|ן; אונטער|יאָג|ן ⊣ *vi.* אײַל|ן זיך, יאָג|ן זיך ⊣ **h. through** (an act etc.) אָפּ|כאַפּ|ן ⊣ **h. up** *vi.* צו|אײַל|ן זיך

hurt 1. *adj.* [TSEMAZEKT] צעמזיקט || (offended) אָ'נגעשטויס·ן, באַליידיקט || **get h.** [NIZEK] צעמזיקט ווער|ן, ניזוק ווער|ן ל || did anyone **get h.?** *also* צי איז ע'מעצן עפּעס געשע'ן (שלעכטס)? ⊣ (in a fight) קריג|ן קלעפּ ⊣ **be h.** (by) (offended) *also* (*rev. con.*) פֿאַרדריס|ן ד || 2. *n.* דער ווייטיק (ן); די ווונד (ן) ⊣ 3. *vt.* שאַט|ן ⟨ד⟩ || (damage) *v/imp* שע'דיק|ן || *pf.* באַ-שע'דיק|ן, צעקלאַפּ|ן, צעשע'דיק|ן ⊣ (cause pain) וויי טאָ|ן* ד || (cause bleeding) צעבלו'טיק|ן ⊣ *vi.* וויי טאָ|ן* || my feet h. די פּיס טוען מיר וויי

husband דער מאַן (ען)

hush 1. *n.* דאָס שווײַגן, די שטילקייט, דאָס גע-שווײַ'ג ⊣ 2. *int.* שאַ, שאַט; פּתח שין שאַ! [PASEKh] ⊣ 3. *v.* אײַנ|שטיל|ן

husk די שאָלעכץ (ן)

husky געזו'נט, •קרעפּטיק || **h. man** אַ יונג מיט ביינער

hustle 1. *n.* דאָס האַ'וועניש || 2. *v.* האַווע|ן

hut די כאַטע (ס), די כאַלופּע (ס), די הײַזקע (ס)

hyacinth דער היאַצי'נט (ן)

hybrid 1. *adj.* מיש... || 2. *n.* דער מישלינג (ען)

hydrant דער לעשפּלומפּ (ן), דער הידראַ'נט (ן)

hydraulic הידרויליש

hydrogen דער וואַ'סערשטאָף, דער הידראָגע'ן

hydrophobia די וואַ'סערשרעק

hyena די היענע (ס)

hygiene די היגיענע

hygienic היגיעניש

hymn דאָס קלויסטערליד (ער) || (*Jew.*) דער פּיוט (ים) [PIET—PIUTIM]

hyper-... היפּער.. || h. sensitive הי'פּער-שפּי'רעוודיק

hyphen [MAKEF] דער מקף (ן)

hyphenate באַהעפֿט|ן

hypnosis דער היפּנאָ'ז

hypnotic היפּנאָטיש

hypnotize היפּנאָטיזיר|ן

hypochondria די היפּאָכאָנדריע

hypocrisy דאָס צבֿיעות [TSVIES], די היפּאָ-קריטסטווע, די צבֿועצסטווע [TSVUATSTVE]

hypocrite דער צבֿועק (עס) [TSVUA'K], דער היפּאָקרי'ט (ן), דער צדיק אין פּעלץ [TSADEK] || (religious) *also* דאָס שמים־פּנימל (עך) [ShOMA'IM-PENEML]

hypocritical צבֿועקיש [ ], צבֿיעותדיק [ ], היפּאָקריטיש, פֿאַלש ⊣ (in religious matters) *also* באַגאָטיש

hypodermic *n.* דער שפּריץ (ן)

hypotenuse די היפּאָטענו'ז (ן)

hypothesis די סבֿרא (—ות) [SVORE], די השערה (—ות) [HAShORE], דער היפּאָטע'ז (ן)

hypothetical היפּאָטעטיש

hysteria די היסטעריע

hysterical היסטעריש

hysterics די היסטעריק (עס) || **person given to h.** דער היסטע'ריקער (ס)

I

I[1] (letter) דער אי (ען)

I[2] (*pron.*) איך

iamb דער יאַמב (ן)

iambic יאַמביש

ibid. [GUFE] דאָרט, ד״ג=דאָרטן גופֿא

...ible *cf.* **...able**

ICBM אינטערקאָנטינענטאַ'ל־ראַקעט (ן)

ice דאָס אײַז

iceberg דער אײַזבאַרג (...בערג)

icebox דער אײַ'זקאַסטן (ס)

ice cream דער אײַזקרעם

Iceland (דאָס) איסלאַנד

Icelandic אי'סלענדיש

ices דאָס געפֿרוירנס קאָל

ice skate דער גליטשער (ס)

ice skating דאָס גליטשן זיך || **go i. s.** גיי|ן* אויפֿן גליטש

icicle דאָס (אײַ'ז)ליכטל (עך), דאָס סטרעמפּל (עך)

icing די באַצו'קערונג (ען), דאָס באַזיסעכץ (ן)

icy אײַזיק, אײַז קאַלט

idea דער געדאַ'נק (ען), די אידעע (ס), דער פּלאַן (פּלענער), דער אײַנפֿאַל (ן), די המצאה [HAMTSOE] (—ות) ⊣ (conception) די השגה [HASOGE] (—ות) ⊣ (inkling) דער באַגרי'ף (ן) ⊣ **I have no i.** איך הייב ניט אָן צו וויסן ⊣ **I don't have the slightest i.** פֿרעג מיך בחרם [BEKHEYREM] ⊣ **it wouldn't be a bad i.** *also* ס'וואָלט געווע'ן אַ סבֿרא [SVORE], ס'וואָלט ניט געשאַ'ט || **get an i.** *also* (*rev. con.*) אײַנ|פֿאַל|ן

אומפ ד

ideal 1. *adj.* אידעאַ'ל || 2. *n.* דער אידעאַ'ל (ן)

idealism דער אידעאַליזם

idealist דער אידעאַלי'סט (ן)

idealistic אידעאַליסטיש

idée-fixe די שליטה (—ות) [SHLITE], די מאַנקאָ'ליע (ס)

identical אַלצאיי'ן; אידענטיש; נעמלעך || (twin) איי'נאייִק

identification די אידענטיפֿיצירונג (ען) || (document) די לעגיטימאַציע (ס)

identify *vt.* אידענטיפֿיציר|ן; דערקענ|ען || **i. oneself** (prove identity) לעגיטימיר|ן זיך ⊣ *vi.* אידענטיפֿיציר|ן זיך || **i. oneself with** סאָלידאַריזיר|ן זיך מיט

identity די אידענטיטע'ט, די אידע'נטישקייט, די זע'לביקייט (ן) ⊣ **mistaken i.** די ני'ט־דערקע'נונג ⊣ **reveal one's i.** געב|ן* זיך צו דערקענען, באַקענ|ען זיך

ideological אידעאָלאָגיש; אידעיִש

ideologist דער אידעאָלאָ'ג (ן)

ideology די אידעאָלאָגיע (ס)

idiocy די אידיאָ'טישקייט (ן), דער אידיאָטיזם [DY] (ען)

idiom [DY] דער אידיאָ'ם (ען)

idiomatic [DY] אידיאָמאַטיש

idiosyncrasy [DY] די אידיאָסינקראַ'זיע (ס)

idiosyncratic [DY] אידיאָסינקראַטיש

idiot [DY] דער אידיאָ'ט (ן) || **village i.** דער שטאָ'ט־משוגענ|ער [MEShU'GEN|ER]

idiotic [DY] אידיאָטיש

idle 1. *adj.* (unoccupied) ליידיק, פּוסט־ ⊣ (vain) אומ־פּאַ'ס אַפּ, שלינג־און־שלאַ'נג אַפּ

פּוסט, אַרוי'סגעוואָרפֿ'ן, בטלניש [BATLO-NISh] ⊣ **be i.** (person) (אום|-, אַרום|)-גיי|ן* ליידיק/פּוסט־און־פּאַ'ס/שלינג־און־שלאַ'נג || (machinery etc.) שטיי|ן* ליידיק || **i. person** *see* **idler** || **i. story** *also* די כּאַנ־דראָניע (ס) ⊣ **i. words** *also* דבֿרים־בטלים [DVORIM-BTE'YLIM] מצ ⊣ **2.** *v.* (motor) צעבטל|ען [TSE-BATL] ⊣ **i. away** לויפֿ|ן ליידיק

idleness דאָס ליי'דיק־גייערײַ'; דאָס שטיין ליידיק

idler דער ליי'דיק־גייער (ס)

idol דער געץ (ן), דער אָפּגאָט (אָ'פּגעטער)

idolatry די עבֿודה־זרה [AVOYDE-ZO'RE], דאָס געצן־דינערײַ'

idolize פֿאַרגע'טער|ן; קוק|ן ד אין די אויגן

idyll די אידי'ליע (ס)

i.e. ד"ה = דאָס הייסט

if אויב, טאָמער, אַז, ווען; באם ל [BEI'M] || (whether) צי || **if not** *also* אַני'(ש)ט || **if only** אויב נאָר, באַדײַ' || **if so** *also* אם־כּן ל [IMKEYN] ⊣ **if even** (used to begin an afortiori argument) מה־דאָך [MA'DOKh] ⊣ **as if** *see* **as**

ignite אָנ|צינד|ן

ignition די צינדונג, דער אָנצונד

ignoble אומבכּבֿודיק [U'MBEKO'VEDIK], אומחשובֿ [U'MKhoshEV], געמיי'ן, שפֿל [ShOF'L]

ignominious שענדלעך, בושהדיק [BU'ShE-DIK], בזיונדיק [BIZO'YENDIK] ⊣ **end i.ly** האָב|ן* אַ מיאוסן סוף [MI'ESN SOF], קריג|ן אַ מיאוסן פּסק [PSAK]

ignoramus דער עם־האָרץ (עם־הארצים) [AM-ORETS—AMERATSIM]

ignorance דאָס או'מוויסן, דאָס עם־הארצות [AMERATSES]; דאָס או'מקענטעניש

ignorant עם־הארציש [AMERATSISh], או'מ־ווי'סנדיק, פֿאַרגרע'בט ⊣ **be i. of** ניט וויס|ן*, ניט קענ|ען* —א

ignore איגנאָריר|ן, מאַכ|ן זיך ניט ווי'סנדיק פֿון || (*hum.*) הער|ן ווי דעם קאָטער

ill 1. *adj.* ניט־געזו'נט, קראַנק, שלאַף, פֿאַר־שלאַ'פֿט ⊣ **slightly i.** ניט מיט אַ'לעמען || **i. person** *also* דער חולה (חולאָים) [KhOYLE—KhELOIM] ⊣ **critically i. person** דער נוטה־למות [NOYTE-LO'MES] ⊣ **2.** *adv.* שלעכט ⊣ **3.** *n.* דאָס בייז, דאָס שלעכטס

ill-bred שלעכט דערצויג'ן, או'מדערצוי'ג'ן

ill-considered או'מבאַטראַ'כט, או'מבאַ־קלע'רט, או'מבאַרע'כנט

illegal או'מלעגאַ'ל, °בלאַט

illegally *also* °אויף בלאַט

illegible או'מליי'נעוודיק, ניט אי'בערצולייענען

illegitimate או'מגעזעצלעך || (child) אָנ־קידושינדיק [O'NKDU'ShNDIK]

illiteracy די או'משריפֿטיקייט, די אומעבֿרי־דיקייט [ ], דער אַנאַלפֿאַבעטיזם

illiterate או'משריפֿטיק, אומעבֿרידיק [U'M-I'VREDIK], אַנאַלפֿאַבעטיש ⊣ **i. person** דער אומעבֿרידיק|ער נעב, דער אַנאַלפֿאַבע'ט (ן) || **be i.** (*Jew.*) *also* ניט קענ|ען קיין צלם פֿון קיין אַלף [TSEYLEM ... ALEF]

illness די קרענק (ען), די קראַנקייט (ן), די שלאַפֿקייט (ן)

illogical או'מלאָגיש

ill-timed או'מפּאַסיק || (*hum.*) ווי אַ יוון אין סוכּה [YOVN ... SUKE]

illuminate באַלײַכט|ן, אילומיניר|ן

illumination די באַלײַכטונג, די אילומינאַציע

illusion די אילו'זיע (ס), דער אָפּדוכט (ן), דאָס אוי'סדוכטעניש (ן) ⊣ **have the i.** (that) (*rev. con.*) (אויס|-, אָפּ|)דוכט|ן זיך אומפּ ד ‹אַז›

illusory אילוזאָריש, (אָ'פּ)דוכטיק, געדו'כט

illustrate אילוסטריר|ן || (by example) *also* [MOShL] אָפּ|משל|ען

illustration דאָס געמע'ל (ן), די אילוסטראַציע (ס) ⊣ (example) דער משל (ים) [MOShL—MEShOLIM]

illustrious באַרי'מט, גערי'מט, ליכטיק, לוי'כנדיק

ill-wisher דער ניט־פֿאַרגי'נער (ס)

image דאָס בילד (ער), דאָס געשטאַ'לט (ן) || (poetic) דאָס בילד (ער), דער אימאַ'זש (ן)

imaginary אוי'סגעטראַכט, געדו'כט || (number) געדו'כט, אימאַגינע'ר

imagination די פֿאַנטאַ'זיע (ס), די דאַכטונג

[DIMYEN] דער דמיון (עון) ⊣ (power of i.) [KOYEKh-HA] דער כּוח־הדמיון

imaginative -(רײַך־) (רײַך) פֿאַרטראַ'כט; דמיונדיק [ ], פֿאַנטאַ'זיעדיק

imagine *vt/vi* -(|אויס) (זיך), פֿאָר|שטעל|ן ‖ **i.!** רע'כע|נ|ען (guess) ⊣ מאָל|ן זיך באַרעכנ(ט) (נאַר)!

imbecile 1. *adj.* שוואַ'כקעפּיק ‖ 2. *n.* דער [PEREODEM] (ס) פּרא־אָדם

imbibe [KOYSE] כּוסע|ן

imitate נאָכ|מאַכ|ן, נאָכ|טאָ|ן*, אימיטיר|ן, נאָכ|קרימ|ען (ד–); איבער|קרימ|ען; נאָכ|- נאָכ|טאַנצ|ן (ד) (*cont.*) ⊣ גײ|ן* (נאָך)

imitation 1. *adj.* ...קונסט, נאָ'כגעמאַכט ‖ 2. *n.* דער נאָכטו, דער נאָכגײ, די נאָ'כמאַכונג; דער נאָכמאַך (ן), די אימיטאַציע (ס)

imitative נאָ'כטויִק

immaculate או'מבאַפֿלעקט

immaterial ניט וויכטיק, אומבאַטרעפֿיק ‖ **be i.** *also* ניט שפּיל|ן קיין ראָלע

immature או'מצײַטיק ‖ (*iro.*) ני'ט־דער־ באַ'קן

immeasurable ניט אוי'סצומעסטן; או'מאוי'ס־ מעסטלעך

immeasurably [EREKh] אָן אַן ערך

immediate (in time) באַלדיק, תּיכּפֿדיק או'מפֿאַרמי'טלט, (direct) ⊣ [ ], מאָמענטאַ'ל דירע'קט

immediately תּיכּף [TEYKEF], תּיכּף־ומיד [UMIYA'D], אויף דער רגע [REGE]

immemorial: from time i. פֿון קדמונים [KADMOYNIM] אָן, פֿון איי'ביקע יאָרן

immense רי'ז(עד)יק, גוואַלדיק; אין־לשער [EYN-LEShA'ER] אַפּ

immerse אײַנ|טונק|ען

immersion דער אײַנטונק (ן) ‖ (ritual: *Jew.*) [TVILE] די טבֿילה

immigrant 1. *adj.* אימיגראַנטיש ‖ 2. *n.* דער אימיגראַ'נט (ן) ⊣ (to Israel) דער עולה [OYLE—OYLIM] (—ים)

immigrate אימיגריר|ן, אײַנ|וואַ'נדער|ן ‖ (to Israel) [ ] עולה זײַן*

immigration די אימיגראַציע (ס); די אײַ'נ־ וואַנדערונג ⊣ (to Israel) [ALIE] די עליה

imminent אָט־אָ'ט־יק ‖ **be i.** האַלט|ן אומפּ בײַ (אָט־אָ'ט) ⊣ war is i. ס'האַלט אָט־אָ'ט בײַ אַ מלחמה [MILKhOME]

immobile או'מבאַווע'גלעך

immoderate אָן אַ מאָס, איבער דער מאָס

immolate ברענג|ען אַ (פֿאַר) אַ קרבן [KORBM]

immolation (of) דאָס ברענגען ⟨אַ⟩ פֿאַר אַ קרבן [ ], דער קרבן־אַקט (ן) [ ]

immoral או'ממאָראַ'ליש

immortal או'משטאַרביק, או'משטערבלעך•

immortality די או'משטאַרביקייט, די או'מ־• שטע'רבלעכקייט ⊣ **i. of the soul** דער [HAShORES-HANE'FESh] השאָרת־הנפֿש

immortalize פֿאַראיי'ביק|ן

immune אימו'ן ⟨קעגן⟩

immunity די אימוניטע'ט

immutable או'מבײַ'טעוודיק

imp דאָס שדל (שדימלעך) [ShEDL—ShE'Y-DIMLEKh], דער שאָ'דנווינקל (ען)

impact דער פּראַל (ן), דער (אַרײַנ)טרעף (ן); [KOYEKh] דער טרעף־כּוח ⊣ *cf.* **influence**

impair קאַליע מאַכ|ן, פֿאַרשע'דיק|ן

impanel אײַנ|ליי'סטער|ן

impart איבער|געב|ן*, מודיע זײַן* [MEDIE]

impartial או'מפּאַרטיי'יִש, אומצדדימדיק [U'MTSDO'DIMDIK]

impartiality די או'מפּאַרטיי'יִשקייט, די אומ־ [ ] צדדימדיקייט

impassable ניט דו'רכצוגיין, ניט דו'רכצו־ קריכן

impasse דער פֿאַרהאַ'ק (ן), דער ניט־אַהי'ן־ניט־ אַהע'ר ⊣ **reach an i.** פֿאַרהאַק|ן זיך

impatience די או'מגעדולד

impatient או'מגעדולדיק ‖ **be i.** *also* ניט קענ|ען* אײַ'נזיצן, שפּרינג|ען פֿון דער הויט ‖ (*rev. con.*) ד אומפּ אָנ|שפּאַר|ן ‖ he is i. עס שפּאַרט אים אָן ⊣ **be i. for** אויס|גײ|ן*° נאָך, ניט קענ|ען* זיך דערוואַרטן אויף ‖ **be extremely i.** עק|ן זיך

impeach אײַנ|שו'לדיק|ן

impeachment די אײַ'נשולדיקונג (ען)

impede שטער|ן, מעכּבֿ זײַן* ל [MEAKEV]

impediment די מניעה (—ות) [MENIE], דער

עיכּובֿ (ים) [IKEV—IKUVIM], דער שטער (ן)

impel שטויס|ן, טרײַב|ן

impend אָנ|רוק|ן זיך

impending: the **i.** war די מלחמה וואָס [MILKhOME] אָט־אָ'ט ברעכט זי אויס

impenetrable ניט דו'רכצודרינגען

imperative 1. *adj.*: **be i.** זײַן* אַ מוז || 2. *n.* דער אימפּעראַטי'וו (ן)

imperceptible ניט צו באַמערקן

imperfect פֿע'לערדיק, דעפֿעקטי'וו, פּגימה־דיק [ ]

imperfection דער דעפֿע'קט (ן), דער פֿעלער (ן), דער פּגם (ים) [PGAM—PGOMIM], די פּגימה (—ות) [PGIME]

imperial קיי'סעריש; דעם קייסערס

imperialism דער אימפּעריאַליזם

imperialist דער אימפּעריאַלי'סט (ן)

imperialistic אימפּעריאַליסטיש

imperil שטעל|ן אין סכּנה [SAKONE]

imperious הע'רשוויליק, תּקיפֿותדיק [TKI'-FESDIK]

imperishable גערדײַיק, או'מפֿאַרלע'נדלעך

impermanent פֿאַרגייִק

impersonal או'מפּערזע'נלעך

impersonate נאָכ|מאַכ|ן ד, פֿאַרשטעל|ן זיך, אָנ|געב|ן* זיך פֿאַר

impertinence די חוצפּה [KhUTSPE], דאָס עזות [AZES], די העזה [HOZE]

impertinent חוצפּהדיק [ ], העזהדיק [ ], עזותדיק [ ] ⊣ **i. person** דער חוצפּהניק (עס), דער עזות־פּנים (ער) [AZESPONEM—-PE'NE-MER]; דער מחוצף (ים) [MEKhUTSEF—MEKhUTSOFIM]

impetuous (action) האַסטיק || (person) היציק, היי'סבלוטיק ⊣ **be i.** האָב|ן* הייס בלוט ⊣ **i. person** דער היצקאָפּ (...קעפּ)

impetus דער שטופּ; דער אימפּעט

impious גאָטלאָז• || **i. Jew** דער פּושע־ישׂראל [POShE-YISRO'EL—POShE] (פּושעי־)

implacable ני'ט־פֿאַרגי'ביק, ניט צו באַרו'יִקן, ניט אײַ'נצובעטן

implant אײַנ|פֿלאַנצ|ן, פֿאַרפֿלאַנצ|ן || **i. firmly** פֿאַרפֿו'נדעווע|ן

implement 1. *n.* דער מכשיר (ים) [MAKh-ShER—MAKhShIRIM] ⊣ 2. *v.* אויס|פֿאָלג|ן, מקיים זײַן* [MEKAYEM], דורכ|פֿיר|ן (אין לעבן)

implicate אַרײַנ|צי|ען, פֿאַרמיש|ן

implicated גענכאַ'פּט ⟨אין⟩

implication די אימפּליקאַציע (ס); די משמע (ס) [MAShME] ⊣ **by i.** ניט דערזאָ'גנדיק

implicit ני'ט־דערזאָ'גט, ניט־בפֿירוש [BEFEY-RESh] ⊣ (faith) בלינד

implied ני'ט־דערזאָ'גט, געמיי'נט; פֿאַרשוויג־ן || **be i.** זײַן* צו דערינגען ⟨פֿון⟩

implore בעט|ן זיך, בעט|ן רחמים ⟨—בײַ⟩ [RAKhMIM]; באַשווער|ן

imply מיינ|ען; געב|ן* אָ'נצוהערן || *cf.* **implied**

impolite או'מאיידל

import 1. *n.* דער אַרײַנפֿיר (ן), דער אימפּאָ'רט (ן) ⊣ (significance) דער באַטײַ'ט (ן), דער באַטרע'ף ⊣ (article) דער אימפּאָ'רט־אַרטיקל (ען) ⊣ 2. *v.* אַרײַנ|פֿיר|ן, אימפּאָרטיר|ן

importance די ווי'כטיקייט, דאָס חשיבֿות [KhShIVES], די וואָ'גיקייט; דער באַטרע'ף; דער ייִחוס [YIKhES] || (*hum.*) ⊣ אָנזען || **attach i. to** לייג|ן אַכט אויף

important וויכטיק, וואָגיק, חשובֿ [KhOShEV] || **be i. to** (sb.) *also* גיי|ן* אומפּ ד אין || the price is not i. to me עס גייט מיר ניט אין פּרײַז

importunate אײַ'נגענעס־ן, צו'שטייִק

importune אָנ|זעצ|ן זיך אויף, צו|שטיי|ן* צו, מפֿציר זײַן* ל [MAFTSER]

impose *vt.* (put on) אָנ|טאָ|ן*, -|זעצ|ן, אַרויפֿ|לייג|ן, -|נייט|ן ⊣ **i. on** ⟨אויף⟩ (bother) מטריח זײַן* [MATRIEKh] || (fool) נעמ|ען אויף זיכער

imposing אימפּאָזאַ'נט

imposition (putting on) דאָס אַרוי'פֿלייגן || (bother) די טירחה (—ות) [TIRKhE], דאָס אָ'נזעצעניש (ן) ⊣ *cf.* **deception**

impossibility די או'ממי'גלעכקייט

impossible או'ממי'גלעך || **be i.** *also* ניט קענ|ען* געמאָ'לט זײַן ⊣ **attempt the i.** קריכ|ן אויף גלאַטע ווענט, גיי|ן* מיטן קאָפּ

דורך דער וואַנט; שלאָג|ן זיך קאָפּ אין וואַנט || **i. to** ניט צו אינפ || i. to find ניט צו געפֿינען

impost [NESINE] די נתינה (—ות)

impostor [RAMAY— דער רמאַי (רמאָים RAMOIM], דער שאַרלאַטאַ'ן (ען)

impotence די מע'נערשוואַכקייט; די אימפּאָ־טע'נץ

impotent מע'נערשוואַך; אימפּאָטע'נט; אָן כּוח [KOYEKh]

impoverish פֿאַראָ'רעמ|ען

impoverished פֿאַראָרעמט || **i. man** דער יורד (ים) [YOYRED—YORDIM]

impractical או'מפּראַקטיש; בטלניש [BATLO-NISh] ⊣ **i. person** *also* דער בטלן (ים) [BATLEN—BATLONIM]

impracticality דאָס בטלנות [BATLONES]; די או'מפּראַקטישקייט

impregnate (permeate) || אימפּרעגניר|ן (make pregnant) טראָ'געדיק מאַכ|ן

impress אימפּאָניר|ן ד; מאַכ|ן אַ רושם [ ], •מאַכ|ן אַן אײַנדרוק ⟨—אויף⟩, באַרושמ|ען [ ]

impressed: be i. (by) נתפּעל ווער|ן ⟨פֿון⟩ [NISPOEL]

impression דער רושם (ס) [ROYShEM], דער •אײַנדרוק (ן); דאָס אײַ'נגעפֿינס (ן) || (imprint) דער אָפּדרוק (ן); דער אָפּצוג (ן)

impressionable מו'שפּעדיק

impressive אימפּאָזאַ'נט, רושמדיק [ ], אײַ'נ־דריקלעך ⊣ (*iro.*) וואַזשנע

imprint דער אָפּדרוק (ן) || (publisher's) די פֿירמע (ס)

imprison אײַנ|זעצ|ן, פֿאַרשפּאַר|ן (—אין תּפֿיסה) [ ]

imprisonment די תּפֿיסה [TFISE], דאָס גע־פֿע'נקעניש; דאָס זיצן/זעצן אין תּפֿיסה

improbable: be i. ניט לייג|ן זיך אויפֿן שׂכל [SEYKhL]

improper או'מפּאַסיק; או'מאײַדל, •או'מאָנ־שטענדיק

improve *vt.* פֿאַרבע'סער|ן, מתקן זײַן* [ME-SAKN] ⊣ *vi.* בע'סער|ן זיך (פֿאַר)

improvement די פֿאַרבע'סערונג (ען); דער [TIKN—TIKUNIM] תּיקון (ים) ⊣ (health etc.) די בע'סערונג (ען)

improvisation די אימפּראָוויזאַציע (ס), דער עקספּראָ'מפּט (ן)

improvise *vt/vi* אימפּראָוויזיר|ן || *vi. also* שיט|ן פֿון אַרבל

impudence די חוצפּה [KhUTSPE], די או'מ־פֿאַרשע'מטקייט, דאָס עזות [AZES], דאָס געהײַ'

impudent חוצפּהדיק [ ], עזותדיק [ ], או'מ־פֿאַרשע'מט ⊣ **i. boy** דער שייגעץ (שקצים) [—ShKOTSIM] ⊣ **i. man** דער חצוף (ים) [KhOTSEF—KhTSUFIM] ⊣ **i. person** דער עזות־פּנים (ער) [AZESPONEM— -PE'NEM-ER] ⊣ **i. woman** *also* די חצופֿה (—ות) [KhTSUFE]

impulse דער שטופּ (ן), דער אימפּו'לס (ן), דער שטויס (ן)

impulsive היציק

impure אומריין; טמא אַפּ [TOME]

impurity די או'מרייניקייט; די טומאה [TUME] || (substance) דאָס אומריינס

in 1. *adv.* אַרײַ'ן || 2. *prep.* אין || (language, manner) אויף || (opinion) לויט, נאָך ... נאָך ⊣ one **in** a hundred איינער פֿון הונדערט ⊣ **in that ...** מיט דעם וואָס ... ⊣ he is right in that ... ער איז גערע'כט מיט דעם וואָס ער ...

in absentia הינטער די אויגן; אָן פּאַס בײַזײַן

inaccessible ניט צו דערגרייכן, או'מגרייכ־לעך

inaccurate או'מפּינקטלעך; פֿאַרגרײַ'זט

inanimate או'מבאַלעבט

inapplicable ניט אָ'נצווווענדן

inasmuch as אַזוי' ווי, היות ווי [HEYO'YS]

inaugural אײַנשווער...; אָנהייב...

inaugurate (officials) אײַנ|שווער|ן, אינויגו־ריר|ן ⊣ (project) אָנ|הייב|ן || (building) מחנך זײַן* [MEKhANEKh]

inauguration די אײַ'נשווערונג (ען), די אינויגו־ראַציע (ס) ⊣ (of a building) דער חנוכּת־הבית [KhANUKES-HABA'YES]

inborn אײַ'נגעבוירן

incalculable או'מבאַרע'כנדלעך

incantation דער שפּראָך (ן)

incapable או'מפֿעיִק, ניט אין שטאַנד, ניט בכּוח [BEKOYEKh]

incarnate פֿאַרקע'רפּער|ן, פֿאַרלײַב|ן

incendiary 1. *adj.* צי'נדנדיק; הע'צעריש || 2. *n.* (bomb) די צי'נדבאָמבע (ס)

incense[1] *n.* דער ווײַרעך

incense[2] *v.* דערצע'רענ|ען

incensed *also* [MOLE-RE-TSI'KhE] מלא־רציחה אַפּ

incentive דער סטימו'ל (ן), דער אָנרייץ (ן)

incessant אָנאויפֿהערדיק

incest דער אינצעסט || (*Jew.*) *also* דאָס גילוי־עריות [GILE-ARO'YES]

incestuous אינצעסטיק

inch (—) דער צאָל || (3)**-i.** (*adj.*) (3)־צעליק

incidence דער פּירקום

incident דער אינצידע'נט (ן)

incidental אַגבֿדיק [ ], צו'פֿעליק

incidentally אַגבֿ [AGEV], דרך־אַגבֿ [DE-REKh], מחשבֿותן [MAKhsho'VESN]; כּלאַחר־יד [KILAKhER-YA'D]

incinerator דער צעאַשער (ס), דער אינ־צינעראַטאָר (...אָ'רן)

incision דער אײַנשניט (ן)

incisive (אײַ'נ)שנײַדיק

incite אויפֿ|רייצ|ן, -|רו'דער|ן, העצ|ן, אונ־טער|-, אויפֿ|העצ|ן; אָנ|רעד|ן אַ ‹צו›, אָנ|רייצ|ן אַ ‹אויף› ⊣ **i. to rebellion** אויפֿ|בו'נטעווע|ן

incitement די העצע (ס), די אויפֿרייצונג

inclination די נטיה (—ות) [NETIE], די •נייגונג (ען) ⊣ (to an alternative) די הכרעה (—ות) [HAKhROE] ל ⊣ **i. to evil** דער יצר־הרע [YEYTSER-HO'RE]

incline 1. *n.* דער שיפּוע (ים) [ShIPUE—ShIPUIM] ⊣ 2. *vt/vi* אײַנ|בייג|ן (זיך), נייג|ן (זיך) ⊣ (*fig.*) *vi.* נוטה זײַן* [NOYTE]

inclined (sloping) משופּעדיק [MEShU'PE-DIK] ⊣ (disposed) גענייגט, נייגיק, נוטה [NOYTE] ‹צו—›

include אַרײַנ|נעמ|ען, •אײַנ|שליס|ן, כּולל זײַן* [KOYLEL] ⊣ (in a count) אַרײַנ|-, צו|-רע'כענ|ען, מצרף זײַן* [METSAREF] ל

included: be i. *also* אַרונטער|גיי|ן* ‹אונטער›, אַרײַנ|גיי|ן* ‹אין›, ניכלל זײַן* ‹אין› [NIKhLEL]

including אַרײַ'נרעכענענדיק, אײַ'נשליסנדיק; בתוכם [BESOYKhEM]

inclusive אײַ'נשליסיק; אַרײַ'נגערעכנט || i. of the tax דעם שטײַער אַרײַ'נגערעכנט || **(all-)i.** כּוללדיק [KO'YLELDIK]

incognito אינקאָ'גניטאָ

incoherent: he is i. עס קלעפּט זיך בײַ אים ניט אַ וואָרט צו אַ וואָרט

income די הכנסה (—ות) [HAKhNOSE] || i. tax דער הכנסה־שטײַער || **low/middle/high i. groups** דער או'נטערשטאַנד/מי'טל־שטאַנד/איי'בערשטאַנד ⊣ low i. housing או'נטערשטאַנד־דירות מצ [DIRES]

incoming אַרײַ'נ... || i. mail די אַרײַ'נפּאָסט

incomparable או'מפֿאַרגלײַ'כלעך, ניט צו פֿאַרגלײַכן

incompatible ניט־אוי'סשטימלעך, ניט־אוי'סקומיק ⊣ (*hum.*) ווי אַ לולבֿ מיט אַן אתרוג [LULEV ... ESREG]

incomplete ני'ט־דערע'נדיקט; •או'מפֿולשטענדיק

incomprehensible •או'מפֿאַרשטע'נדלעך, ניט צו פֿאַרשטיי'ן

inconceivable או'מבאַנע'מלעך; ניט אוי'סצומאָלן זיך

inconclusive אומפֿעסט, או'מזיכער אין אויספֿיר, תּיקודיק [TE'YKUDIK]

inconquerable ניט מנצח צו זײַן [MENATSEYEKh], ניט אײַ'נצונעמען; •או'מבאַזי'גלעך

inconsiderate אָן אײַ'נזעעניש ‹פֿאַר›

inconsistency די או'מקאָנסעקווענץ

inconsistent או'מקאָנסעקווענט

incontestable ניט אָ'פּצוווענדן, ניט אָ'פּצופֿרעגן; כּפֿול־שמונהדיק [KOFL-ShMO'YNE-DIK]

inconvenience דער שטער (ן), די או'מבאַקווע|מקייט (ן), די הכבדה (—ות) [HAKhBODE]

inconvenient או'מבאַקוועם

incorporate אינקאָרפּאָריר|ן || (include) אײַנ|גלי'דער|ן

incorrect פֿאַלש, ני'ט־רי'כטיק, או'מקאָרעקט; פֿאַרגרײַ'זט

increase 1. *n.* דער וווּקס, דער צוּוווּקס (ן), דער צוּקוּם (ען) ⊣ (in numbers) דער אָנוואַקס (ן), also די פֿאַרמערונג ‖ 2. *vt.* פֿאַרגרע'סער\|ן ‖ *vi.* פֿאַרגרע'סער\|ן זיך, וואַקס\|ן ‖ (in number) פֿאַרמער\|ן זיך ‖ (procreate) פּרו'כפּער\|ן זיך

incredible ניט צו גלייבן, או'מגלייבלעך

incriminate אינקרימיניר\|ן, שו'לדיק\|ן

incriminatory אינקרימיני'רנדיק, שו'לד-שאַפֿיק

incubate *vt/vi* אויס\|וואַ'רעמ\|ען (זיך)

incubation די אינקובאַציע (ס)

incubator דער אינקובאַטאָר (...אָ'רן)

inculcate אײַנ\|פּלאַנצ\|ן

incumbent 1. *adj.* איצטיק ‖ 2. *n.* דער אי'צטיק\|ער גע׳, דער אי'צטהאַלטער (ס)

incunabulum דער אינקונאַבל (ען)

incur ברענג\|ען אויף זיך, אַרויפֿ\|שלעפּ\|ן אויף זיך, פֿאַרקריכ\|ן אין

incurable או'מהיי'לעוודיק

indebted (in debt) פֿאַרחובֿט [FARKhO'YFT] ⊣ **be i. to** (sb.) **for** האָב\|ן* ד צו פֿאַרדאַנק\|ען א

indecision די או'מבאַשלאָ'סנקייט, דאָס קווע'נקלעניש

indeed טאַקע, באמת [BEEMES], כלעבן; פֿאַר וואָ'ר ל

indefatigable או'מפֿאַרמאַ'טערלעך

indefinite או'מבאַשטימט ‖ (article) או'מ-געווי'סיק

indelible ניט אָ'פּצומעקן, או'מאָ'פּמעקלעך

indemnity דאָס היזק־געלט [HE'ZEK], די פֿאַרגי'טיקונג (ען), די אַנטשע'דיקונג (ען)

indent אײַנ\|צי\|ען, אָפּ\|רוק\|ן; אײַנ\|ציינדל\|ען

indentation די אײַ'נציינדלונג (ען)

independence די זע'לבשטענדיקייט, די או'מ-אָפּהענגיקייט, די פֿאַ'רזיכדיקייט

independent זע'לבשטענדיק, או'מאָפּהענגיק, פֿאַ'רזיכדיק

independently *also* פֿאַ'ר זיך

indescribable או'מבאַשרײַ'בלעך

index 1. *n.* דער אינדעקס (ן), דער ווי'צטעל (ען) ⊣ **i. finger** (—) דער טײַ'טפֿינגער ‖ 2. *v.* אינדעקסיר\|ן

India דער טוש (ן) ‖ **I. ink** (די) אי'נדיע

Indian 1. *adj.* (Asian) אינדיש ‖ (American) [DY] אינדיאַניש ⊣ **I. summer** דער שפּע'טזומער, דער חשוון־זומער [KhE'zhVN] ‖ 2. *n.* (Asian) (—) דער אי'נדיער ‖ (American) [DY] (—) דער אינדיאַנער

indicate (אָנ\|)ווײַז\|ן

indication דער אָנווײַז (ן); די אָ'נווײַזונג (ען), דער סימן (ים) [SIMEN—SIMONIM]

indicative 1. *adj.* (אָ'נ)ווײַזיק ‖ **i. of** אַ סימן אויף (דעם אַז) [SIMEN] ⊣ 2. *n.* דער אינ-דיקאַטי'וו (ן)

indict (for) אײַנ\|קלאָג\|ן ⟨אין⟩

indictment די אײַ'נקלאָגונג (ען) ‖ (text) דער שולדאַקט (ן)

Indies (די) אי'נדיע ‖ **East I.** מיזרח־אינדיע [MI'ZREKh] ⊣ **West I.** מערבֿ־אינדיע [MA'YREV]

indifference דער גלײַכגילט

indifferent גלײַ'כגילטיק ‖ **i. person** *also* (*hum.*) אַ קאַלטער לונג־און־לע'בער/מלאך [MALEKh] ⊣ **be completely i.** (*hum.*) *also* (*rev. con.*) אַר\|ן אומפּ ד ווי דעם קאָטער

indigenous אַ'לט־געזעס'ן, ע'לטסט־געזעס'ן, היי'־געוואַ'קס'ן

indigestible ניט צו פֿאַרדײַען; או'מפֿאַרדײַ'-לעך

indigestion די ני'ט־פֿאַרדײַ'ונג; דער בוי'כווייטיק

indignant אוי'פֿגעבראַכט, אוי'פֿגעקאָכט

indignation די אוי'פֿגעבראַכטקייט, די אוי'פֿ-געקאָכטקייט; דער בייזער

indignity די או'מווערדיקייט (ן), דער בזיון (ות) [BIZOYEN—BIZYOYNES]

indigo 1. *adj.* אינדעך בלאָ ‖ 2. *n.* דער אינדעך

indirect או'מדירעקט; פֿאַרמיטלט

indirectly (from a side source) *also* מן־הצד [MINATSA'D]

indiscreet או'מדיסקרעט

indiscretion דער אַרויסכאַפּ (ן), די או'מדיס-קרעטקייט (ן), או'מבאַקלערט\|ע טוונג (ען)

indiscriminate בלינד, ניט־אי'בערקלײַבנ-דיק, אָן אַן אי'בערקלײַב; אָן אי'בערקלער

indispensable נייטיק (ווי דאָס לעבן), או'מ-

דאָס איי'בערשט|ע פֿון ... stg. i. ⊣ באַגיי'לעך שטייסל

indisputable או'מאָ'פּפֿרעגלעך || **i. truth** *also* [KA'YMELON] (עך) דער קײַמא־לן

indistinct אומקלאָר, מטושטש [METUSh-TESh]

indivisible או'מטייליק, או'מצעטיי'ל(עוו)יק

individual 1. *adj.* איינציק, אינדיווידוע'ל, יחידיש [YEKhIDISh] ⊣ 2. *n.* דער יחיד (ים) [YOKhED—YEKhIDIM], דער אינדיווי'ד (ן)

indoctrinate אינדאָקטריניר|ן

indoor *adj.* דרי'נענדיק, שטוביק, שטוב...

indoors *adv.* אי'נעווייניק, אין שטוב, דרינען

indubitable [O'NSO'FEKDIK] אָנספֿקדיק

induce [POYEL] פּועל|ן בײַ || how can I i. her to come? ווי קען איך בײַ איר פּועלן זי זאָל קומען?

inducement דער שטויס (ן), דער סטימו'ל (ן), דער אָנרייץ (ן), דאָס לע'קעכל (עך)

induct אײַנ|זע'לנער|ן, -|רוק|ן

induction די אינדוקציע (ס) || (military) די אײַ'נזעלנערונג

indulge *vt.* נאָכ|געב|ן*, פֿאַרגינ|ען —ד; פֿאַרגינ|ען זיך, דער- ⊣ *vi.* **i. in** פּעסטע|ן לויב|ן זיך —אַ/צו

indulgence דאָס אײַ'נזעעניש; די ווייכקייט; די פֿאַרלי'טנקייט; דאָס מידת־הרחמים [MIDES-HO-RA'KhMIM] ⊣ (religious) די אינדולגע'נץ (ן) ⊣ **beg** (sb.'s) **i.** בעט|ן אײַ'נזעעניש ⟨בײַ⟩

indulgent אײַ'נזעעריש, פֿאַרליט·ן, סבֿלניש [SAVLONISh]

industrial אינדוסטריע־...; אינדוסטריע'ל

industrialist דער אינדוסטריאַלי'סט (ן)

industrious מתמידיש [ ], התמדהדיק [ ], פֿלײַסיק ⊣ **i. person** דער מתמיד [MASMED—MASMIDIM]

industry די אינדוסטריע (ס) || (diligence) דער פֿלײַס, די התמדה [HASMODE]

inefficiency די או'מעפֿעקטיווקייט; דאָס בטלנות [BATLONES]

inefficient או'מעפֿעקטיוו; בטלניש [BATLO-NISh]

inept או'מפּאַסיק; או'מבאַהאָ'לפֿ·ן

inert אינע'רט

inertia די אינערציע

inevitable באַשע'רט; או'מפֿאַרמײַ'דלעך

infallible או'מפֿעליק, אומטעותדיק [U'MTO'-ESDIK]; או'מפֿאַרזי'נדלעך

infamous פֿאַרנאַ'נט, נבֿלהדיק [ ]

infamy די אינפֿאַמיע, די נבֿלה [NEVOLE]

infancy די עופֿלשאַפֿט [E'YFLShAFT]

infant דאָס עופֿעלע (ך) [E'YFELE], דאָס זייג-קינד (ער), דאָס ווי'קלקינד (ער)

infantile קינדיש

infantry די אינפֿאַנטעריע

infantryman דער אינפֿאַנטערי'סט (ן)

infatuation די פֿאַרבלענדונג (ען), דאָס קע'ל-בערנ|ע התפּעלות [HISPAYLES]

infect אָנ|שטעק|ן

infected (wound) איי'טערדיק || **i.** (with) אָ'נגעשטעקט ⟨מיט⟩ ⊣ (*fig.*) *also* אָ'נגעשמעקט מיט ⊣ **become i.** אָנ|רײַס|ן

infection די אָ'נשטעקונג (ען), די אינפֿעקציע (ס); דער אָנרײַס (ן)

infectious אינפֿעקטי'וו || *cf.* **contagious**

infer אָפּ|לערנ|ען, אַרויס|דרינג|ען; לערנ|ען פּשט [PShAT] ⟨אַז⟩

inference דער אויספֿיר (ן), די מסקנא (—ות) [MASKONE], דאָס געדראַ'נג (ען), דער דרי'נג-דערווײַז (ן); דער קל־וחומר (ס) [KAL-VEKhOYMER]

inferior ערגער; ני'דעריק, מי'נערווערטיק, שפֿל [ShOF·L], טפֿלדיק [TO'FLDIK]; זײַן* אַ הונט° ⊣ **be far i. to** דערו'נטערדיק אַנטקעגן

inferiority די מי'נערקייט, די מי'נערווערטי-קייט; דאָס שיפֿלות [ShIFLES] ⊣ **i. complex** דער שיפֿלות־קאָמפּלעקס (ן)

infernal גיהנומדיק [ ], העליש; פֿאַרשאָלט·ן

inferno דאָס גיהנום (ס) [GEHENEM]

infest פֿאַרפּלייצ|ן, פֿאַרשרצ|ן [FARShE-RETS]

infiltrate *vt.* דורכ|דרינג|ען ⟨מיט⟩ || *vi.* אַרײַנ|דרינג|ען ⟨אין⟩

infiltrator דער אַרײַ'נדרינגלער (ס)

infinite או'מע'נדיק, אָנסופֿיק [O'NSO'FIK]

infinitive דער אינפֿיניטי'וו (ן)

infinity די או'מע'נדיקייט; דער אין־סוף [EYN-SO'F]

infirmary (for out-patients) די אַמבולאַ־ די קליניק (עס) ⊣ (hospital) טאָריע (ס)

inflame אָנ|צינד|ן || (enrage) *also* אויפֿ־ העצ|ן

inflammable *see* **flammable**

inflammation די אָ'נצינדונג (ען), די פֿאַר־ צינדונג (ען)

inflatable ...אָנבלאָז

inflate אָנ|בלאָז|ן, ־|לופֿט|ן || (*fig.*) אויפֿ־ בלאָז|ן

inflated אָ'נגעבלאָז־ן, אוי'פֿגעבלאָז־ן

inflation (economic) די אינפֿלאַציע (ס)

inflect בייג|ן

inflection (grammar) די בייגונג (ען) || (voice) דער שטימבייג (ן), די אינטאָנאַציע (ס)

inflict (blows) דערלאַנג|ען || (pain, damage) *אָנ|טאָ|ן || (punishment) אַרויפֿ־ לייג|ן

influence 1. *n.* די השפּעה (—ות) [HASh-POE] ⊣ (power) די שליטה [ShLITE], די דעה [DEYE] ⊣ (pull) די פּראָטעקציע || **have an i.** (in/on) האָב|ן* אַ דעה ⟨אין/בײַ⟩ || 2. *v.* משפּיע זײַן* אויף [MAShPIE], באַ־ ווירק|ן

influential השפּעהדיק [ ], משפּיעדיק [ ], [TAKEF] תּקיף אַפּ ⊣ **i. person** דער בעל־ השפּעה (בעלי־) [BAL-HAShPO'E—BALE-], דער תּקיף (ים) [—TAKIFIM], דער בעל־דעה (בעלי־דעות) [BAL- —BALEDE'YES] || (*hum.*) דער מאַכער (ס)

influenza די אינפֿלוענציע

influx דער צושטראָם, דער אָנפֿלייץ

inform *vt.* אָנ|זאָג|ן ⟨ד⟩, לאָז|ן וויסן, געב|ן* צו וויס|ן ⟨ד⟩, אינפֿאָרמיר|ן, מודיע זײַן* [MEDIE] || *vi.* **i. against** מסר|ן ⟨אויף⟩ [MASER]

informal או'מפֿאָרמעל; היימיש

informant דער אינפֿאָרמאַ'נט (ן)

information די אינפֿאָרמאַציע (ס), די ידיעה (—ות) [YEDIE]

informer דער מסור (מוסרים) [MOSER—MOSRIM], דער זאָגטער (ס)

infra ..אונטער.., אינפֿראַ.. || **i.-human** או'נטערמענטשיש ⊣ **i.-red** אי'נפֿראַרויט

infringe ברעכ|ן, פּורץ־גדר זײַן* [POYRETS-GE'DER]

infuriate צערייצ|ן, דערצע'רע|נ|ען, צעיושע|ן, אַרײַנ|ברענג|ען אין רציחה [RETSIKhe]

infuriated *also* מלא־חמה [MOLE-KhE'Y-ME], אש־להבֿה אַפּ —⟨אויף⟩— [EYSh-LEHO'VE]

ingenious המצאהדיק [HAMTSO'EDIK] || (thing) *also* קונציק, קינצלעך || **extremely i.** *also* גאוניש [GEOYNISh] || **i. person** דער בעל־המצאה (בעלי־) [BAL-HAMTSO'E—BALE]

ingenuity די קי'נצלעכקייט; די המצאהדיקייט [ ]

ingot דער צאַנקען (ס)

ingratitude דער אומדאַנק

ingredient דער באַשטייטייל (ן); דער אײַנגרעד־ יע'נט (ן) [DY]

ingrown אַרײַ'נגעוואַקס־ן

inhabit באַווינ|ען

inhabitant דער אײַ'נוווינער (ס)

inhale אײַנ|אָ'טעמ|ען || (smoke) *vt.* פֿאַר־ צי|ען ⊣ *vi.* פֿאַרצי|ען זיך

inherent תּוכיק [TOKhIK], עצמדיק [E'TSEMDIK] ⊣ **be i. in** שטעק|ן אין ... גופֿא [GUFE]

inherit ירשענ|ען [YARSh·N]

inheritable ירשעוודיק [ ]

inheritance די ירושה (—ות) [YERUShE], די נחלה (—אָות) [NAKhLE—NAKhLOES] || (act/process) די ירשונג [YARShUNG] || **by i.** בירושה [BEYERUShE]

inhibit האַ'מעווע|ן, אײַנ|האַלט|ן, מעכּבֿ זײַן* [MEAKEV]

inhibition דער אײַנהאַלט (ן), דער עיכּובֿ (ים) [IKEV—IKUVIM]

inhuman או'ממע'נטשלעך

initial 1. *adj.* ע'רשט(מאָליק), אָנהייב...; תּחילתדיק [ ] ⊣ 2. *n.* דער איניציאַ'ל (ן) || **i.s** *also* דער ראָשי־תּיבֿות (ן) אַצ [ROShE-TE'YVES]

initially תּחילת [TKhILES], לכתּחילה [LE-KhATKhILE], אָנהייבס

initiate (custom) אָנ|הייב|ן, אײַנ|פֿיר|ן || (action) *also* איניציִר|ן || (person) אַרײַנ|פֿיר|ן

initiation די התחלה (—ות) [HASKhOLE], די אײַ'נפֿירונג (ען) ⊣ (of person) די אַרײַ'נ־פֿירונג (ען)

initiative די איניציאַטי'וו

inject (fluid) אײַנ|שפּריצ|ן || (words) אַרײַנ|וואַרפֿ|ן

injection די אײַ'נשפּריצונג (ען)

injunction דער (גערי'כט־)פֿאַרווע'ר (ן); דאָס (גערי'כט־)געהיי'ס (ן)

injure (body) פֿאַרווו'נדיק|ן, צעקאַליעטשע|ן || (feelings etc.) אָנ|ריר|ן, פּוגע זײַן* ל [POYGEYE]

injured פֿאַרווונדיקט || **be i.** *also* ניזוק ווער|ן ל [NIZEK], געניזוקט ווער|ן

injurious שעדלעך, ניזוקדיק [ ]

injury די ווונד (ן), דער נהרג (ן) [NEREK]; די ניזוקונג ל [ ], דער שאָדן (ס); די עוולה (—ות) [AVLE]

injustice דער אומיושר [U'MYOYShER], דאָס אומרעכט ⊣ (unjust act) די עוולה (—ות) [AVLE]; די קריוודע (ס)

ink די טינט (ן) || **printer's i.** די דרוקפֿאַרב

inkling דער (אָנ)ווונק; די אָנונג ל, דער חשש [KhShASh]

inkpad דאָס שטע'מפּל־קישעלע (ך)

inkspot דער קלעק (ן)

inkwell דער טינטער (ס)

inland 1. *adj.* אי'נלענדיש || 2. *adv.* אין לאַנד (אַרײַ'ן)

in-laws מחותּנים מצ [MEKhUTONIM]

inmate דער זיצער (ס), דער תּושבֿ (ים) [TOYShEV—TOYShOVIM], דער וווינער (ס)

inn די אַכסניא (—ות) [AKhSANYE], די קרעטשמע (ס), דער טראַקטי'ר (ן), דאָס אײַ'נ־פֿאָרהויז (...הײַזער), דער אײַנפֿאָר (ן)

innate אײַ'נגעבויר־ן, מי'טגעבויר־ן

inner אי'נעווייניקסט*

innermost אי'נעווייניקסט*

innkeeper דער קרעטשמער (ס), דער בעל־אַכסניא (—ות) [BAL-AKhSANYE]

innocence די אומשולד

innocent או'משולדיק || **completely i.** *also* גאָט די נשמה שולדיק [NEShOME]

innocently (guiltless) *also* אומזי'סט־אום־ני'שט

innovate מחדש זײַן* [MEKhADESh]

innovation דער חידוש (ים) [KhIDESh—KhIDUShIM]

innumerable או'מציייליק, או'מגעציילט, אָן אַ צאָל

inoculate אײַנ|אייגל|ען; אינאָקולי'ר|ן

input דאָס אַרײַנוואַרג || (path) דער אַרײַ'ן־קאָנטאַקט (ן)

inquest דער טוי'טאויספֿאָרש (ן); די (גערי'כט־)אוי'ספֿאָרשונג (ען); די חקירה־ודרישה (—ות) [KhKIRE-DRI'ShE] (—ות)

inquire פֿרעג|ן ⟨אַ/בײַ⟩ || **i.** (after) נאָכ|־, פֿונאַנדער|פֿרעג|ן זיך ⟨בײַ ... אויף⟩; אָנ|פֿרעג|ן זיך ⟨בײַ ... וועגן⟩ ⊣ **i. into** אויס|פֿאָרש|ן אַ

inquiry (question) דער (אָנ)פֿרעג (ן) || (investigation) דער אויספֿרעג (ן), דער אויס־פֿאָרש (ן), די אוי'ספֿאָרשונג (ען)

Inquisition די אינקוויזיציע

inquisitive נײַ'געריק, פֿרע'געריש || **i. person** דער פֿרעגער (ס)

insane גײַסטיק/פּסיכיש קראַנק, משוגען [ME-ShUG·N]; חסר־דעה [KhOSERDEYE], משוגע [MEShUGE] —אַ ⊣ **i. people** *also* משוגעים [MEShUGOIM] מצ ⊣ **become i.** *also* אַראָפּ|גיי|ן* פֿון זינען ⊣ **i. asylum** דער שפּיטאָ'ל פֿאַר גײַסטיק/פּסיכיש קראַנקע; דאָס משוגעים־הויז (־הײַזער)

insanity דאָס משוגעת [MEShUGA'S]

inscription די אויפֿשריפֿט (ן), די אײַנשריפֿט (ן), דאָס אײַ'נגעשריפֿטס (ן)

insect דער אינסע'קט (ן)

insecure או'מזיכער

insemination די אײַ'נזוימענונג

insensible: be i. of ניט מערק|ן אַ

inseparable ניט אָ'פּצוטיילן, או'מצעשיי'ד־לעך

insert 1. *n.* דער אַרײַנשטעל (ן) || 2. *v.* אַרײַנ|לייג|ן, ־|שטעל|ן, ־|טאָ|ן*, ־|פֿלעכט|ן, ־|רוק|ן

inside 1. *adj.* אי'נעווייניקסט* || **i. pocket**

אי׳נעווייניק 2. *adv.* ⊣ די בו׳זעם־קעשענע (ס) || 3. *n.* די (garment) || דער אי׳נעווייניק || 4. *prep.* דער אי׳נעווייניק אַצ ⊣ **i.s** לינק|ע זײַט אין (אי׳נעווייניק)

insight דאָס חריפֿות [KhARIFES], דאָס פֿאַר־שטע׳נדעניש; דער אײַנבליק (ן), דער אַרײַנבליק (ן)

insignificant או׳מוויכטיק, נישטיק, או׳מבאַ־טײַ׳טיק ⊣ **i. thing** דער טפֿל (ען) [TOFL]

insinuate (hint) געב|ן* אָ׳נצוהערן, אינסי־נויִר|ן ⊣ (inject) אַרײַנ|נאַדיע|ן

insinuation דאָס אָ׳נצוהערעניש (ן), דער שטאָך (שטעך)

insist (on) •באַשטיי׳|ן* ‹אויף›, בלײַב|ן בײַ ד; ⊣ **I i.** אײַנ|שפּאַר|ן זיך, צו|שטיי׳|ן* צו ‹—אַז› *also* איך בלײַב בײַ מײַנס

insistent צו׳שטייִק

insofar as אויף וויפֿל

insolence דאָס עזות [AZES]

insolent עזותדיק [ ] || **i. person** דער עזות־פּנים (ער) [AZESPONEM— -PE′NEMER]

insomnia דער אומשלאָף, די •שלאָ׳פֿלאָזיקייט

inspect דורכ|קוק|ן, בודק זײַן* [BOYDEK]; אָנ|קוק|ן; אינספּעקטיר|ן ⊣ (slaughtered animal: *Jew.*) בדקע|ן [BATKE]

inspection דער דורכקוק (ן), דער אַרומקוק (ן), דער אי׳בערקוק (ן), דער אָנקוק (ן); די אינ־ספּעקציע (ס) ⊣ (*Jew.*) די בדיקה [BDIKE]

inspector דער אינספּעקטאָר (...אָ׳רן), דער רעוויזאָ׳ר (ן)

inspiration די אינספּיראַציע (ס), דער רוח־הקודש [RUEKh-HAKO′YDESh] ⊣ **at the i. of** אינספּירי׳רט פֿון

inspire אינספּיריר|ן, באַגײַ׳סטער|ן

install אײַנ|פֿיר|ן, אינסטאַליר|ן, (אײַנ|)מאָנ־טיר|ן

installation (act) די אײַ׳נמאָנטירונג (ען); די אינסטאַלירונג (ען) ⊣ (thing, place) די אינסטאַלאַציע (ס)

installment די ראַטע (ס), די אָ׳פּצאָלונג (ען) || **by i.s** ראַ׳טעסווײַז || **pay in i.** אויס|צאָל|ן ⊣ **i. plan** דער אוי׳סצאָלפּלאַן (...פּלע־נער) ⊣ **on the i. plan** אויף אויסצאָל

instance דער פֿאַל (ן); דער אויפֿווײַז (ן), דער משל (ים) [MOShL—MEShOLIM], דער •בײַשפּיל (ן) || **for i.** למשל [LEMOShL], אַ שטייגער; עלעהיי׳

instant 1. *adj.* מאָמענטאַ׳ל, תּיכּפֿדיק [ ], || די תּיכּף־קאַווע ⊣ **i. coffee** תּיכּף... [ ] 2. *n.* די רגע (ס) [REGE], דער מאָמע׳נט (ן), דער (כּ)הרף־עין [(KE)HEREF-A′YEN]

instantly *also* כּהרף־עין [ ], תּיכּף(־ומיד) [TEYKEF(-UMIYA′D)], תּוך־כּדי־דיבור [TO′Kh-KEDEY-DI′BER], אויפֿן אָרט, אויף דער רגע [ ]

instead *adv.* אַנשטאָ׳ט, אַנשטאָ׳ט דעם || **i. of** שטאָטס —פּרעפּ

instinct דער אינסטי׳נקט (ן)

instinctive אינסטינקטי׳וו

institute 1. *n.* דער אינסטיטו׳ט (ן) || 2. *v.* אײַנ|פֿיר|ן, אײַנ|שטעל|ן, אינסטיטויִר|ן

institution די אינסטיטוציע (ס), דער אינסטי־טו׳ט (ן), דער אַנשטאַ׳לט (ן)

institutionalize (establish) אינסטיטוציאָ־ניר|ן ⊣ (hospitalize) אַרײַנ|נעמ|ען אין (אַן) אַנשטאַ׳לט

instruct *pf.* אויס|לערנ|ען, אָנ|ווײַז|ן ‹ד›, אינ־סטרויִר|ן; פֿאַרזאָג|ן

instruction (direction) די אינסטרוקציע (ס) ⊣ (teaching) דאָס לערנען, דער לימוד [LIMED] ⊣ (*pl.*) *also* די אָ׳נווײַזונג (ען) אַצ

instructive באַלע׳רנדיק, אינסטרוקטי׳וו

instructor דער אינסטרוקטאָר (...אָ׳רן), דער דאָצע׳נט (ן)

instrument דער אינסטרומע׳נט (ן), די כּלי (ים) [KEYLE—KEYLIM] ⊣ (tool) *also* דער מכשיר (ים) [MAKhShER—MAKhShIRIM]

instrumental (music) אינסטרומע׳נט... || **be i. in** צו|דינ|ען בײַ

insubordinate ווי׳דערשפּעניק

insubordination די ווי׳דערשפּעניקייט, דאָס ניט פֿאָלגן, דאָס ניט או׳נטערוואַרפֿן זיך

insufficient ניט־גענו׳גיק || **be i.** ניט קלעק|ן

insulation די איזאָלאַציע (ס)

insult 1. *n.* די באַליי׳דיקונג (ען) || 2. *v.* באַליי׳דיק|ן

insurance די פֿאַרזי׳כערונג, די אַסעקוראַציע, די סטראַכירונג

insure (insurance) אַסעקוריר|ן, פֿאַר- ⊣ (make sure) זי'כער|ן, (פֿאַר)סטראַכיר|ן פֿאַרזי'כער|ן זיך ⟨אַז⟩

insurgency די מרידה (—ות) [MERIDE] || counter-i. measures קעגנמרידה־מיטלען

insurmountable ניט גובֿר צו זײַן [GOY-VER]

insurrection דער אויפֿשטאַנד (ן), די מרידה [MERIDE] (—ות)

intact גאַנץ, בשלום אַפּ [BESHOLEM]; בשלמות- [BISHLE'YMESDIK] דיק

intangible ניט אָ'נצוטאַפּן

integer די גאַנצצאָל (ן)

integral *adj.* אינטעגראַ'ל

integrate *vt.* אויס|שטימ|ען; אײַנ|היי'מיש|ן; ⊣ *vi.* אינטעגריר|ן, שטעל|ן מיט לײַטן גלײַך אינטעגריר|ן זיך

integration די אינטעגראַציע; די אינטעגרירונג

integrity די אָ'רנטלעכקייט; דער גוט|ער נאָמען || **man of i.** דער איש־מהימן [ISh-MEHE'Y-MEN]

intellect דער אינטעלע'קט (ן), דער שׂכל [SEYKhL]

intellectual 1. *adj.* אינטעלעקטוע'ל, גײַס- ⊣ טיק 2. *n.* דער אינטעליגע'נט (ן); דער קאָפּמענטש (*iro.*) ⊣ אינטעלעקטואַ'ל (ן) ⊣ **i.s** קאָל די אינטעליגע'נץ (ן)

intellectually *also* [ ] מיטן שׂכל

intelligence די אינטעליגע'נץ || (military) ⊣ **i. quotient** דער אינטעלי- ⊣ דער אויסשפּיר גע'נץ־ווייפֿלער (ס)

intelligent [ ] אינטעליגע'נט, בר־דעתדיק || **i. person** דער בר־דעת (ן) [BARDA'AS]

intelligentsia די אינטעליגע'נץ

intelligible פֿאַרשטענדלעך

intend האָב|ן* בדעה [BEDEYE]; אויסן זײַן*, מכוון זײַן* ל ⟨—צו⟩ [MEKhAVN]; קלײַב|ן זיך אינפֿ , האָב|ן* בכּוונה צו [BEKAVONE]

intense טיף, אינטענסי'וו, אָ'נגעשטרענגט

intensify פֿאַרשטאַרק|ן, פֿאַרשאַרפֿ|ן

intensity די אינטענסיווקייט, די שטאַרקייט

intensive אינטענסי'וו

intent 1. *adj.* אַרײַ'נגעטאָן אַפּ || **be i. upon** האָב|ן* זיך אַרײַ'נגענומען אין זינען ⊣ 2. *n.* דער מיין (ען), די כּוונה (—ות) (meaning) [KAVONE]

intention די כּוונה (—ות) [KAVONE], דער מיין (ען), דער כּיוון [KIVN]

intentional [ ] (ב)כּיוונדיק

intentionally בכּיוון [BEKIVN], מיט אַ כּיוון, אומישנע, במזיד [BEMEYZED], ווי'לנדיק, אויף צופֿלײַסנס

inter... צווישנ..יש, צווישנ..דיק || intercity צווי'שנשטאָטיש ⊣ interstate צווי'שנשטאַטיש || intergovernmental צווי'שנרעגי'רונג-דיק

inter *v.* באַהאַלט|ן, מקבר זײַן* [MEKABER]

intercede מי|ען זיך, אײַנ|שטעל|ן זיך, משתדל זײַן* זיך [MIShTADL]

intercept (איבער|)כאַפּ|ן

intercession דאָס השתּדלות (ן) [HIShTAD-LES], דאָס שתּדלנות (ן) [ShTADLONES]

intercessor דער שתּדלן (ים) [ShTADLEN—ShTADLONIM]; דער מליץ־יושר [MEYLETS-YO'YShER]

interchange 1. *n.* דער אויסבײַט (ן), דער אויס- • איבערבײַט (ן) || דער אי'בעררעד (ן) (dialogue) ⊣ טויש (ן) 2. *v.* איבער|בײַט|ן, איבער|שטעל|ן; אויס-|בײַט|ן זיך ⟨מיט⟩

intercourse דער פֿאַרקע'ר, דער • אומגאַנג, באַ-צי'ונגען מצ ; דער מגע־ומשׂא [MAGEMASE] || **sexual i.** סעקסועלע באַצי'ונגען מצ , דער תּשמיש(־המיטה) [TAShMESh(-HAMI'TE)]

interdependent אַנאַ'נדגעוועדט, צווי'שנ-אָ'פּהענגיק

interdict אַסר|ן [ASER]

interdiction דער איסור (ים) [ISER—ISURIM]

interest 1. *n.* (concern) דער אינטערע'ס (ן) ⊣ (eagerness) ⟨אין⟩ דאָס בעלנות ⟨אויף⟩ [BA-LONES] ⊣ (borrowing charge) דער פּראָ-צע'נט (ער), צינדזן מצ ⊣ **take an i.** (in) (פֿאַר)אינטערעסיר|ן זיך ⟨מיט⟩ *imp/pf* || **catch the i. of** פֿאַראינטערעסיר|ן אַ || 2. *v.* (פֿאַר)אינטערעסיר|ן *imp/pf*

interested פֿאַראינטערעסי'רט || **be i.** (in) אינטערעסיר|ן זיך ⟨מיט⟩ ⊣ (eager) זײַן* אַ בעלן ⟨אויף⟩ [BALN]

interesting אינטערעסאַ'נט, טשיקאַ'וו(ע)

interfaith [...EMU'NE...] צווישנאמונהדיק

interfere (with) אַרײַנ|מיש|ן זיך ⟨אין⟩, ⟨אין⟩ שטער|ן ⟨ד⟩; אינטערפֿעריר|ן ⟨אין⟩

interference די אַרײַ'נמישונג (ען), דער אַרײַנמיש (ן), די אינטערפֿערע'נץ

interim 1. *adj.* דערווײַליק || 2. *n.* די צווי'שנצײַט

interior 1. *adj.* *אי'נעווייניקסט || (domestic) אי'נלענדיש ⊣ 2. *n.* דער אי'נעווייניק; דאָס אינלאַנד ⊣ **Department of the I.** דער אי'נלאַנד־דעפּאַרטעמענט ⊣ **Secretary of the I.** דער אי'נלאַנד־סעקרעטאַר

interject אַרײַנ|וואַרפֿ|ן

interjection (grammar) די אינטעריעקציע (ס) ⊣ (heckling) דער צווי'שנרוף (ן)

interlock *vt/vi* צונויפֿ|שליס|ן (זיך)

interlocutor דער מי'טשמועסער (ס)

interlude דער אינטערלו'ד (ן), די צווי'שנשפּיל (ן)

intermarriage מי'ש־זיווגים [ZIVUGIM], געמישטע חתונות [KhA'SENES] מצ

intermarry (two groups) חתונה האָב|ן* [KhA'SENE] איינס מיטן אַ'נדערן ⊣ (outside one's group) חתונה האָב|ן* מחוץ־למחנה [MIKhU'TS-LEMAKhNE], חתונה האָב|ן* מחוץ דער גרופּע

intermediary *n.* דער פֿאַרמיטלער (ס)

intermediate צווי'שנדיק*, מי'טנדיק*; מיטל*; צווישנ...

interment די קבֿורה (—ות) [KVURE]

interminable (גאָר) אָן אַ סוף [SOF]

intermission די הפֿסקה (—ות) [HAFSOKE], דער אי'בעררײַס (ן)

intermittent אַלעווײַליק; צומאָליק; אי'בעררײַסיק

intermittently אַלע ווײַלע, צו מאָל

internal *אי'נעווייניקסט

internalize פֿאַראי'נעווייניק|ן

internally אי'נעווייניק || (within the group) *also* כּלפּי־פּנים [KLAPE-PNI'M] || (within the body) אין גוף

international 1. *adj.* אינטערנאַציאָנאַ'ל || 2. *n.* דער אינטערנאַציאָנאַ'ל (ן)

Internationale (song) דער אינטערנאַציאָנאַ'ל

interpret *v/imp* טײַטש|ן; לערנ|ען פּשט ⟨פֿון⟩ [PShAT] ⊣ (esp. *Jew.*) דרשענ|ען [DARSh'N] ⊣ *pf.* פֿאַרטײַטש|ן, אויס|טײַטש|ן, אויס|לייג|ן ⊣ (dreams) פּותר זײַן* [POYSER] ⊣ **i. a dream** פּותר־חלום זײַן* [KhO'LEM]

interpretation דער אויסטײַטש (ן), די אוי'סטײַטשונג (ען), דער פּירוש (ים) [PEYRESh—PERUShIM]

interpreter דער אי'בערזעצער (ס); דער אוי'סטײַטשער (ס)

interracial צווי'שנראַ'סנדיק

interrelation די צווי'שנבאַציִונג (ען)

interrogate אויס|פֿרעג|ן

interrogation די אוי'ספֿרעגונג (ען), דער פֿאַרהער (ן)

interrogative פֿרעג...

interrupt איבער|שלאָג|ן, -|רײַס|ן, אָפּ|האַק|ן; מפֿסיק זײַן* [MAFSEK]; אַרײַנ|פֿאַל|ן ד אין די רייד

interruption דער אי'בעררײַס (ן)

intersect *vt/vi* איבער|שנײַד|ן (זיך)

intersection דער ראָג (ן); דער שנײַדפּונקט (ן), דער אי'בערשנײַד (ן)

intersession דער בין־הזמנים [BEYNAZMANIM]

intersperse דורכ|וואַרפֿ|ן

intertwine *vt/vi* צונויפֿ|-, דורכ|פֿלעכט|ן (זיך)

interval דער אינטערוואַ'ל (ן), דער מהלך (ן) [MEHALEKh], דער אָפּרוק (ן); דער צווישן (ס); די צווי'שנצײַט (ן)

intervene (come between) אַרײַנ|קומ|ען (אין מיטן) ⊣ (intercede) אַרײַנ|מיש|ן זיך, אַרײַנ|לייג|ן זיך אין שלום [ShOLEM]; אינטערווענ|ער|ן ⊣ **i.** (for) משתדל זײַן* זיך (פֿאַר) [MIShTADL]

intervening צווי'שנווײַליק

intervention דער אַרײַנמיש (ן), די אַרײַ'נמישונג; די אינטערווע'נץ (ן) ⊣ *cf.* **intercession**

interview 1. *n.* דער אינטערוויו' (ען) || 2. *v.* אינטערוויויר|ן

intestine די קישקע (ס) || **i.s** מצ געדערעם

intimacy די אינטימקייט

intimate 1. *adj.* אינטי'ם, אוי'סגעבונד'ן, היימיש ⟨מיט—⟩; צו'געלאָזט ⟨צו⟩ ⊣ 2. *n.* דער לײַבמענטש (ן), דער מקורבֿ (ים) [MEKUREV—MEKUROVIM] ⊣ (*iro.*) דער שמעלקע (ס) || 3. *v.* אָנ|ווינק|ען, געב|ן* אָ'נצוהערן

intimation דער אָנוווּנק (ען)

intimidate אָנ|-, אײַנ|שרעק|ן

into אין, אין ... אַרײַ'ן

intolerable ניט צו פֿאַרטראָגן, ניט אַרי'בער־צוטראָגן, ניט סובֿל צו זײַן [SOYVL]; ני'ט־דערלאָ'זלעך

intonation די אינטאָנאַציע (ס)

intoxicate פֿאַרשיכּור|ן [FARShIKER]

intoxicated *also* בגילופֿין [BEGILUFN]

intramural ...אין־בנין [BINYEN]

intransitive או'מטראַנסיטי'וו

intricate פֿאַרפּלאָכט'ן, פֿאַרוויקלט

intrigue 1. *n.* די אינטריגע (ס), די מאַכינאַציע (ס) ⊣ 2. *v. imp/pf* (פֿאַר)אינטריגיר|ן

intrinsic עצמדיק [E'TSEMDIK], תּוכיק [TOKhIK], מהותיק [MEHUSIK]

intrinsically בעצם [BEETSEM]

introduce באַקענ|ען, פֿאָר|שטעל|ן; אַרײַנ|-, אײַנ|פֿיר|ן ⊣ (custom, system) פֿיר|ן

introduced: be i. (to) באַקענ|ען זיך ⟨מיט⟩

introduction דאָס פֿאָ'רשטעלן, דאָס באַקענען; דאָס אײַ'נפֿירן ⊣ (book etc.) דער אַרײַנפֿיר (ן)

introductory ...אַרײַנפֿיר־

introspection די אינטראָספּעקציע, דער חשבון־הנפֿש [KhEZhBM-HANE'FESh]

introspective אינטראָספּעקטי'וו, אײַ'נזיכדיק

introvert דער אינטראָווע'רט (ן)

intrude *vi.* אַרײַנ|רײַס|ן זיך || **i. upon** שטער|ן ד

intruder דער אַרײַ'נדרינגער (ס), דער שטערער (ס), דער ני'ט־געבעטענ|ער גאַסט (געסט)

intuition די אינטויִציע (ס)

intuitive אינטויִטי'וו

invade באַפֿאַל|ן ⟨א⟩, אַרײַנ|רײַס|ן זיך ⟨אין⟩

invader דער אַרײַ'נדרינגער (ס), דער אינוואַזירער (ס)

invalid 1. *adj.* או'מגילטיק; פּסול [POS'L] || 2. *n.* דער אינוואַלי'ד (ן)

invalidate פּסל|ען [PASL]

invaluable ניט אָ'פּצושאַצן, אָן אַ שאַץ

invariably תּמיד [TOMED]; ניט אַנדערש ⟨ווי⟩

invasion די אינוואַ'זיע (ס) || (violation) דער פֿאַרשטע'ר (ן)

invective דאָס זידלערײַ' (ען), דאָס מענה־לשון [MA'YNELOShN]

invent אויס|געפֿינ|ען, -|טראַכט|ן || (a story) אויס|זויג|ן פֿון פֿינגער

invented (untrue) אוי'סגעטראַכט

invention דאָס אוי'סגעפֿינס (ן), דער צוטראַכט (ן), דער צוקלער (ן), די דערפֿינדונג (ען) || (fantasy) דאָס אוי'סטראַכטעניש (ן)

inventive אוי'סגעפֿינעריש

inventor דער אוי'סגעפֿינער (ס)

inventory דער אינווענטאַ'ר (ן)

inverse פֿאַרקע'רט

inversely *also* קאַפּויער

invert איבער|קער|ן, -|דריי|ען (—קאַפּויער), קאַפּויער|שטעל|ן

invertebrate *adj.* אָנשדרדהדיק [O'NShE'D-REDIK]

invest (money) אינוועסטיר|ן || (effort) *also* אַרײַנ|לייג|ן

investigate *v/imp* פֿאָרש|ן || *pf.* אויס|-פֿאָרש|ן; חוקר־ודורש זײַן* [KhOYKER-VE-DO'YRESh]

investigation די (אוי'ס)פֿאָרשונג (ען), דער אויספֿאָרש (ן) ⊣ **thorough i.** די חקירה־ודרישה (—ות־—ות) [KhKIRE-DRI'ShE]

investment די אינוועסטירונג; די אינוועסטיציע (ס) ⊣ (principal) דער קרן [KERN]

invigorate אויפֿ|מי'נטער|ן, שטאַרק|ן, אָפּ|-פֿריש|ן

invincible ניט גובֿר צו זײַן [GOYVER], ניט מנצח צו זײַן [MENATSEYEKh]; או'מאײַ'נ־נעמיק

inviolable או'מבאַרי'רלעך || **i. law** דער חוק־ולא־יעבֿור [KhOK-VELOYYA'AVER]

invisible או'מזעיִק, אינו־ניראהדיק [ ] || **i. person** דער רואה־ואינו־ניראה [ROYE-VE-EYNE-NI'RE]

invitation די פֿאַרבעטונג (ען)

invite (to) (פֿאַר)בעט|ן ⟨אויף⟩

invoice די פֿאַקטו'ר (ן)

invoke רופֿ|ן צו הילף; באַשווער|ן; פֿאַררופֿ|ן זיך אויף, עדות|ן זיך מיט [EYDES]

involuntarily ניט־ווי'לנדיק, בשוגג [BESHOY-GEG]

involuntary געצווונגען; שוגגדיק [ ], הכרחדיק [HE'KhREKhDIK]

involve אַרײַנ|צי|ען; אָנ|ריר|ן, זײַן* נוגע [NEGEYE]; זײַן* פֿאַרבונד־ן, °שמעק|ן ⟨—מיט⟩; אויס|לאָז|ן זיך צו

involved (complex) פֿאַרוויקלט, קאָמפּלי־צי'רט ‖ **be i. in** *also* שטעק|ן אין ⊣ **be i. with** האָב|ן* צו טאָן מיט, פֿיר|האָב|ן* מיט

involvement דער אַרײַנצי; די אַרײַ'נגעצויגנקייט, די אַרײַ'נגעפֿלאָכטנקייט

inward אי'נזיכדיק, פּנימיותדיק [ ]

inwardly אי'ן זיך

inwardness דאָס פּנימיות [PNI'MIES]

iodine דער יאָד

ionize יאָניזיר|ן

ionosphere די יאָנאָספֿע'ר (ן)

iota דער שמץ [ShEMETS], דער קוצו־של־יוד [KU'TSE-ShELYU'D] ⊣ **he hasn't changed one i.** ער הייבט ניט אָן צו בײַטן זיך; ער האָט זיך ניט געביטן אויף קיין האָר

I.O.U. דער וועקסל (ען)

I.Q. א"וו=דער אינטעליגע'נץ־ווי'פֿלער (ס)

Iran (דאָס) איראַ'ן

Iranian *adj.* איראַניש

irascible: i. person דער כּעסן (ים) [KA'YSN—KAYSONIM]

irate אָ'נגעצונד־ן, צעכּעסט [ ]

ire דער כּעס [KAAS], דער ירגזון [YIRGOZN]

Ireland (דאָס) אירלאַנד

iridescent רע'גן־בויגנדיק; מי'ניעדיק

Irish איריש

Irishman דער אי'רלענדער (—)

irk פֿאַרדריס|ן, ע'דער|ן; אַ צופּ טאָ|ן*, אַ ברען טאָ|ן*, אַן עדער טאָ|ן*

irksome פֿאַרדראָסיק, ע'דערדיק, זלידנע ‖ **i. thing** *also* דאָס אָ'נשיקעניש (ן)

iron 1. *adj.* אײַ'זערן ‖ 2. *n.* דאָס אײַזן ‖ (flatiron) דאָס פּרעסל (עך) ‖ 3. *v.* *imp/pf* (אויס|)פּרעס|ן ‖ **i.ing board** די פּרעסברעט (ער)

ironical איראָניש

irony די איראָ'ניע (ס); דאָס געשפּע'ט

irradiate באַשטראַל|ן, דורכ|שטראַל|ן

irrational או'מראַציאָנע'ל

irrefutable ניט אָ'פּצופֿרעגן, או'מאָ'פּפֿרעג־לעך

irregular או'מרעגולע'ר

irregularity די או'מרעגולערקייט (ן)

irrelevant ניט־שייכדיק [ ]; ניט־שייך אַפּ [ShAYEKh], ניט צו דער זאַך ⊣ **i. example** (*hum.*) אַ משל אַנטקעגן אַ טאָרבע פֿלעקער [MOShL] ⊣ **be i.** (*hum.*) קלעפּ|ן זיך ווי אַרבעס אין וואַנט

irreparable ניט צו פֿאַרריכטן

irresistible ניט אַנטקע'גנצושטעלן זיך

irresolute או'מדעצידי'רט, אומפֿעסט (בײַ זיך), או'מבאַשלאָ'ס־ן

irrespective of ניט געווע'נדט אין, או'מאָפּ־הענגיק פֿון

irresponsibility דאָס אומאַחריות [U'MAKh-RA'YES], דאָס קלות [KALES]

irresponsible אומאַחריותדיק [ ], קלותדיק [ ], •או'מפֿאַראַ'נטוואָרטלעך

irrevocable ניט צורי'קצוציִען, בלי־חרטהדיק [ ]; או'מאָ'פּשרײַלעך

irrevocably בלי־חרטה [BLI-KhARO'TE]

irrigate באַוואַ'סער|ן

irrigation די באַוואַ'סערונג

irritate רייצ|ן, בײַס|ן; שטעכ|ן ⟨ד⟩ די אויגן

irritation די רייצונג; די גערייצטקייט

...ish ...לעך ‖ bluish בלוילעך

Islam דער איסלאַ'ם

Islamic איסלאַמיש

island דער אינדזל (ען)

islet די וויספּע (ס), די קעמפּע (ס)

ism דער איזם (ען)

isolate איזאָליר|ן, אָפּ|זו'נדער|ן

isolated איזאָלי'רט, אָ'פּגעשניט־ן

isolation די איזאָלירונג (ען), די אָ'פּזונדערונג, די אָ'פּגעשניטנקייט ⊣ **i. ward** דער איזאָלי'ר (ן)

isolationism דער איזאָלאַציאָניזם
isolationist 1. *adj.* איזאָלאַציאָניסטיש || 2. *n.* דער איזאָלאַציאָני'סט (ן)
Israel [YISROEL] ישׂראל (דאָס) || **people of I.** [A'M] דאָס פֿאָלק ישׂראל, דער עם־ישׂראל || **State of I.** [MEDI-NES] מדינת־ישׂראל (די)
Israeli 1. *adj.* ,[YISREE'YLISh] ישׂראליש [YISRO'ELDIK] ישׂראלדיק• ⊣ 2. *n.* דער [YISREEYLI] ישׂראלי (ם)
Israelite *n.* (*masc.*) דער בן־ישׂראל (בני־) [BEN-YISRO'EL—BNEY] ⊣ (*fem.*) די בת־ [BAS] ישׂראל
issue 1. *n.* (result) דער אויסגאַנג (ען) || (progeny) [ZERE] דער נאָכוווקס, די זרע || (stocks, bonds) דער אַרויסלאָז (ן) || (edition) דער נומער (ן) || (question) די פֿראַגע (ס) ⊣ (contested point) דער קאַמפּפּונקט (ן), דער אַ'מפּערפּונקט (ן); די [PLUKTE] פּלוגתּא (—ות) ⊣ **be at i.** (things: *rev. con.*) אומפּ אין גיי|ן* || (persons) [MEKhULEK] זײַן* מחולק ⟨מיט⟩ || **make an i.** (of) °מאַכ|ן אַ צימעס ⟨פֿון⟩, ⊣ °מאַכ|ן אַ טאַרעראַ'ם ⟨איבער⟩ 2. *vt.* -אַרויס| ⊣ געב|ן*, -|לאָז|ן, -|טראָג|ן *vi.* -אַרויס| קומ|ען
...ist 1. *adj.* ...יסטיש || segregationist סעגרעגאַציאָניסטיש ⊣ 2. *n.* ...י'סט (ן) || segregationist דער סעגרעגאַציאָני'סט (ן)
isthmus דער איסטמאָס (ן)
it עס || (*before verb*) *also* סע
Italian 1. *adj.* [LY] איטאַליעניש || 2. *n.* (person) [LY] דער איטאַליענער (—) || (language) [LY] דאָס איטאַליעניש
italic *adj.* קורסי'וו
italics דער קורסי'וו קאָל
Italy איטאַ'ליע (די)
itch 1. *n.* דאָס בײַ'סעניש (ן) || 2. *v.* (*rev. con.*) אומפּ לאָפּטשע|ן אומפּ, גענדזל|ען זיך ⟨—ד⟩ || my feet **i.** עס בײַסן מיך די פֿיס || **i. to** [KhALESh] ⊣ לעכצ|ן, חלש|ן —צו ⊣ (*rev. con.*) צי|ען אומפּ אַ צו || he is i.ing to try ער חלשט/לעכצט אַ פּרווו צו טאָן; עס ציט אים אַ פּרווו צו טאָן
item דער נומער (ן), די פּאָזיציע (ס), דער פּונקט (ן), דער איינס (ן), דער גם (ען) [GAM]
itemize [TSE- איבער|רע'כענ|ען, צעפּרטל|ען PRATL] , צעענצל|ען
itinerant ...וואַ'נדערנדיק, וואַנדער
itinerary דער מאַרשרו'ט (ן)
...itis דער ...י'ט (ן) || appendicitis דער אַפּענדיציט'ט ⊣ laryngitis דער לאַרינגי'ט
its זײַן
itself (reflexive) זיך, זיך אַליי'ן || (subject) אַליי'ן || the book i. דאָס בוך אַליי'ן ⊣ (as such) [ETSEM] אַדי—אינו עצם || the approach i. דער עצם צוגאַנג || **of i.** [BEMEYLE] פֿון זיך אַליי'ן, במילא
ivory 1. *adj.* העלפֿאַנדביינערן || 2. *n.* דער העלפֿאַנדביין
Ivory Coast דער העלפֿאַנדביין־באָרטן
ivy קלע'טערבלעטער מצ ; דער ווילד|ער ווײַן, דער פּליושטש
Iyar (month) [IER] דער אייר

J

J דער יאָט (ן)

jab 1. *n.* דער טיק (ן), דער סטוסאַ'ק (עס), דער שטורך (ן) ⊣ 2. *v.* טיקע|ן, טאָרע|ן; אַ זעץ טאָ|ן*, אַ שטורך טאָ|ן*

jabber פּלאַפּל|ען

jack 1. *n.* (mechanical) דער או'נטערהייבער (ס), דער דאָמקראַט (ן) ⊣ (in cards) דער פּויער (ים) ⊣ **J. Frost** פֿעטער שניאור [shNEYER] ⊣ 2. *v.* **j. up** אונטער|הייב|ן

jackal דער שאַקאַ'ל (ן)

jacket די יאַק (ן), דער זשאַקע'ט (ן), דאָס קאַפּטל (עך) ⊣ (of a suit) די מאַרינאַרקע (ס) || (wind j.) די קורטקע (ס) || (traditional long j.) די בע'קעשע (ס) || (book) די הילע (ס), דאָס העמדל (עך)

jack-of-all-trades דער כּל־בוניק (עס) [KOLBOYNIK]

jade[1] (stone) דער גרינשטיין

jade[2] (mare) די שקאַפּע

jag דער צאַקן (ס), דער שטשערב (עס)

jagged געצאַ'קנט, שטשערבאַטע

jail 1. *n.* די תּפֿיסה (—ות) [TFISE], די טורמע (ס), דער קרימינאַ'ל (ן) ⊣ 2. *v.* אײַנ|זעצ|ן

jailbird דער תּפֿיסהניק (עס) [ ]

jailer דער תּפֿסן (ים) [TAFSN—TAFSONIM]

jalopy די קאַטערינקע (ס)

jam[1] (preserve) דאָס אײַ'נגעמאַכטס (ן), די פּאָ'ווידלע ⊣ (prune) די וואַרעניע (ס)

jam[2] 1. *n.* דאָס געדראַ'נג, דאָס גע'נג; די צרה [TSORE], די קלעם ⊣ **lead into a j.** אַרײַנ|פֿיר|ן אין אַ זומפּ ⊣ *cf. also* **dilemma** || 2. *vt/vi* פֿאַרהאַק|ן (זיך) || (broadcasts) *vt.* פֿאַרשטער|ן || **j. in** *vt/vi* אַרײַנ|קוועטש|ן (זיך), אַרײַנ|שטאָפּ|ן (זיך)

jamming די (טראַנסמי'סיע־)פֿאַרשטערונג

janitor דער סטראָזש (סטרעזשער), דער קערער (ס); דער שווייצאַ'ר (ן)

January דער יאַ'נואַר

Japan (דאָס) יאַפּאַ'ן

Japanese 1. *adj.* יאַפּאַניש || 2. *n.* (person) דער יאַפּאַנער (—) || (language) דאָס יאַפּאַניש

jar 1. *n.* דער סלוי (עס) || 2. *v.* גרילצ|ן || **j. with** אַ סותר זײַן* [SOYSER]

jargon דער זשאַרגאָ'ן (ען)

jaundice די געל|ע זאָך

jaunty גרינג, פֿע'דערדיק, כוואַטסקע

javelin די וואַרפֿשפּיז (ן)

jaw דער קײַער (ס), דער באָרדביין (ער)

jazz דער דזשעז

jealous קינאהדיק [ ]; איי'פֿערזיכטיק || **become j.** (of) מתקנא זײַן* זיך ⟨אין⟩ [MISKANE] ⊣ **be j.** (of) מקנא זײַן* [MEKANE], ניט פֿאַרגינ|ען ⟨—ד⟩

jealousy די קינאה [KINE] || (sexual) די איי'פֿערזוכט (ן)

jeer at העצקע|ן אַ, איזדיע'קעווע|ן זיך איבער

jell *vt/vi* פֿאַרגלי'ווער|ן (זיך), פֿאַרקיל|ן (זיך)

jellied געגליווערט || **j. calves' feet** דער פּעצע'

jelly דאָס אײַ'נגעמאַכטס (ן); דער גליווער (ס), דער גאַלאַרע'ט (ן), דער זשעלע' (ען)

jeopardize שטעל|ן אין (אַ) סכּנה [ ]

jeopardy די סכּנה [SAKONE] || **double j.**

צוויי'מאַליקע אין־סכנה־שטעלונג ⊣ **be in j.**
also הימל|ען
jerk 1. *n.* דער צי (ען), דער דריגע (ס), דער
שלעפּ (ן); דער צאַפּל (ען) ⊣ 2. *v.* אַ שלעפּ
טאָ|ן*, אַ צי טאָ|ן*, אַ דריגע טאָ|ן*
jerky צאַפּלדיק, דרי'געדיק, טראָמאַסיק
jerry-built טאַנדע'ט געבוי'ט
Jerusalem [YERUSHOLAIM] ירושלים (דאָס)
jest 1. *n.* דער וויץ (ן), די הלצה (—ות)
[HALOTSE], דער קאַטאָוועס (ן) ⊣ **in j.** אויף
צופּלײַסנס, אויף קאַטאָוועס ⊣ 2. *v.* טרײַב|ן
קאַטאָוועס
jester דער מאַ'רשעליק (עס)
Jesuit 1. *adj.* יעזויִטיש || 2. *n.* דער יעזויִ'ט
(ן)
Jesus [YEYSHU] יעזוס, ישו
jet[1] 1. *n.* (flow) דער שפּריץ (ן), דער וואַ'סער־
שטראַל (ן) ⊣ (motor) דער דזשעט (ן), דער
רעאַקטי'וו (ן) ⊣ **j. plane** דער דזשע'ט־
(אַ)עראָפּלאַן (ען), דער רעאַקטי'וו־(אַ)עראָ־
פּלאַן (ען) ⊣ 2. (flow) *vi.* אַרויס|פֿלייצ|ן,
-|שפּריצ|ן ⊣ (fly) *vt/vi* דזשעט|ן (זיך)
jet[2] (mineral) דער גאַגאַ'ט || **j. black** קוילן
שוואַרץ
Jew דער ייִד (ן), דער בן־ישׂראל (בני־ישׂראל) ||
[BEN-YISRO'EL—BNEY] ⊣ (*fem.*) *also*
דאָס ייִדיש־קי'נד, די ייִ'דיש|ע טאָכטער ||
West-European or Westernized J.
(*hum.*) [YAHUDI] דער יהודי (ם) ||
German J. (*hum.*) דער יעקע (ס)
jewel דער באַרליאַ'נט (ן), דער איי'דלשטיין
(ער), דער אבֿן־טובֿ (אַבֿנים־טובֿות) [E'VNTOV
—AVONIM-TO'YVES]
jeweler דער יווועלירער (ס)
jewelry דאָס צירונג
Jewess די ייִ'דישקע (ס), דאָס ייִדיש־קי'נד ||
(petty, sentimental, talkative) די
ייִ'דענע (ס)
Jewish ייִדיש || (as distinct from Yid-
dish) בײַ ייִדן || **traditionally J.** ייִ'דיש־
לעך ⊣ **after the J. manner** ייִ'דישלעך ||
the J. people *also* [KNE- די כּנסת־ישׂראל
SES-YISRO'EL] ⊣ **in J. society** אויף דער
ייִ'דישער גאַס

Jewishness דאָס/די ייִ'דישקייט
Jewry ייִדן; דאָס •ייִ'דנטום
jiffy [REGE] די רגע || **in a j.** *also* צווישן
יאָ און ניין, אין איין ויהי [VAYHI']
jig דאָס טענצל (עך) || **dance a j.** גיי|ן* אַ
טענצל
jigsaw די לאָבזעג (ן) || **j. puzzle** דאָס געזע'ג־
(־רעטעניש) (ן)
jingle 1. *n.* דאָס קלי'מפּערלידל (עך), דאָס
זינגל (עך) ⊣ 2. *v.* גלעקל|ען, קלינגל|ען,
קלי'מפּער|ן
job (position) די שטעלע (ס), די אַרבעט (ן)
|| (assignment) די אַרבעט (ן), דאָס טועכץ
(ן), די עובֿדה (—ות) [UVDE] ⊣ (achieve-
ment) די אַרבעט (ן), דאָס שטיק (ער) אַרבעט
|| **make a fair/good j.** (of) נישקשה־
דיק/גוט זיך אַן עצה געב|ן* ⟨מיט⟩ [NISH-
KO'SHEDIK ... EYTSE] ⊣ *cf.* **odd** || **a bad
j.** אַ פֿאַרפֿאַ'לענע זאַך
Job (person; book) [IEV] איובֿ
jobber דער פֿאַקטער (פֿאַקטוירים); דער שטי'ק־
אַרבעטער (ס)
job corps [TA'KHLES] דער תּכלית־קאָרפּוס
jockey 1. *n.* דער זשאָקיי' (ען) || 2. *v.* לאַוויר|ן
jodhpurs רייטוזן מצ
join *vt.* פֿאַרבינד|ן, באַהעפֿט|ן || (a group)
אַרײַנ|טרעט|ן אין, פֿאַרבינד|ן זיך מיט, צו|־
שטיין* צו, •אָנ|שליס|ן זיך אין ⊣ (sit down
with) צו|זעצ|ן זיך צו || (j. in doing stg.)
מיט|״ ⟨מיט⟩ ⊣ j. in singing מיט|זינג|ען
⟨מיט⟩ ⊣ j. in eating מיט|עס|ן ⟨מיט⟩ ||
may I j. you? צי מעג איך מי'טעסן/מי'ט־
זינגען/... מיט אײַך? ⊣ **j. a waiting group**
אונטער|קומ|ען
joint 1. *adj.* בשותּפֿות(דיק) [ ], אינאיי'נעמ־
דיק ⊣ 2. *n.* (body) דאָס געלע'נק (ען) ||
(mechanical) די שליסונג (ען), דער שלאָס
(שלעסער); די פֿוגע (ס), דער שאַרני'ר (ן)
jointly [BESHUTFES] אין איינעם, בשותּפֿות
joke 1. *n.* דער וויץ (ן), די חכמה (—ות)
[KHOKHME], דער שפּאַס (ן) ⊣ **practical j.**
דאָס שפּיצל (עך) ⊣ **some j.!** אַ חכמה! ||
as a j. אויף קאַטאָוועס || 2. *v.* וויצל|ען
זיך, חכמה|ן זיך, ווערטל|ען זיך

joking דאָס געשפּאַ'ס || **all j. aside** דאָס גע־לעכטער אין אַ זײַט

jolly פֿריילעך

jolt *v/imp* טרעסע\|ן, טראָמאַסע\|ן, רו'דעווע\|ן

Jordan (river) [YARDN] דער ירדן || (country) (דאָס) ירדן

Jordanian *adj.* [YARDEYNISh] ירדניש

jostle *vt/vi* שטופּ\|ן (זיך), שטורכע\|ן (זיך), בוצקע\|ן (זיך)

jot down פֿאַרצײ'כע\|נען, פֿאַרנאָטיר\|ן

journal (diary) דאָס טאָגבוך (...ביכער) || (magazine) דער זשורנאַ'ל (ן)

journalism די זשורנאַליסטיק || (educational) די פּובליציסטיק

journalist דער זשורנאַלי'סט (ן) || (columnist) דער פּובליצי'סט (ן)

journey 1. *n.* די נסיעה (—ות) [NESIE], די רײַזע (ס)• ⊣ 2. *v.* פֿאָר\|ן; דער וועג (ן)

journeyman דער געזע'ל (ן)

joy די פֿרייד (ן), דאָס פֿאַרגעניגן (ס), די שׂימחה [SIMKhE] ⊣ **j. and jubilation** שׂשׂון־ושׂימחה [SOSN-VESI'MKhE] ⊣ **full of j.** מלא־שׂימחה אַפּ [MOLE]

joyful פֿריידיק, מלא־שׂימחה אַפּ [ ]

joyous פֿריידיק, שׂשׂון־ושׂימחהדיק [ ]

jubilant שטראַ'לנדיק, איבערגליקלעך || **be j.** *also* שטראַל\|ן

jubilee דער יובֿל (ען) [YOYVL], דער יובילײ' (ען)

Judaism די/דאָס ייִ'דישקייט, דאָס יהדות [YA'A-DES] ⊣ **Reform J.** *also* דער יודאַיזם

Judaize אײַנ\|ייִ'דיש\|ן

Judeo-... ...ייִדיש || J.-Christian ייִדיש־קריסטלעך

Judeo-Spanish 1. *adj.* דזשודעזמיש || 2. *n.* (דאָס) דזשודעזמע

judge 1. *n.* דער ריכטער (ס) || (referee) דער שופֿט (ים) [ShOYFET—ShOFTIM] || (connoisseur) דער מבֿין (ים) [MEYVN—MEVINIM] ⊣ **final j.** דער פּוסק־אַחרון [POYSEK-A'KhREN] ⊣ **Book of J.s** שופֿטים [ShOYFTIM] ⊣ 2. *v.* מישפּט\|ן [ ] || (decide) פּסקע\|ן [PASK'N]

judgment (verdict) דער פּסק (ים) [PSAK—PSOKIM] ⊣ (award) דער פּסק־די'ן (ים), ⊣ (evaluation) די צו'פּסקענונג (ען) דער אָפּ־שאַץ (ן), ⊣ (ability to judge) די אָ'פּשאַצונג (ען) דער פֿאַרשטאַ'נד, די מיושבֿדיקייט [MEYU'ShEVDIKEYT] ⊣ **of good j.** פֿאַר־שטאַנדיק ⊣ **person of good j.** דער בר־דעת [BARDAAS] (ן) ⊣ **expert j.** דאָס מבֿינות [MEVINES] ⊣ **pass j.** (on an object) מבֿינות זאָג\|ן ⟨אויף⟩ ⊣ (on a defendant) דן זײַן* אַ [DAN]

judicial געריכטיק; יוסטי'צ..., גערי'כט...

judiciary 1. *adj.* געריכטיק || 2. *n.* **the j.** די גערי'כטיק\|ע מאַכט

judicious אוי'סגערעכנט, באַקלעריק

jug דער קרוג (קריג), דער קאַראַפֿי'ן (ען), דער לאַדי'ש (ן)

juggle זשאָנגליר\|ן ⟨מיט⟩

juggler דער זשאָנגליאָ'ר (ן), דער קו'נצן־מאַכער (ס)

jugular vein די נאַ'קן־אָדער (ן)

juice דער זאַפֿט (ן)

juicy זאַפֿטיק, סאָקיק, ווײַניק

jukebox דער שפּי'לקאַסטן (ס)

July דער יולי

jumble 1. *n.* דער פּלאָנטער (ס) || 2. *vt.* צעפּלאָ'נטער\|ן, פֿאַרפּוטע\|ן

jump 1. *n.* דער שפּרונג (ען) || **be one j. ahead** (of) האַלט\|ן מיט איין טראָט ווײַטער כאַפּ\|ן זיך || 2. *v.* שפּרינג\|ען || **j. at** ⟨פֿון⟩ ⊣ צו; לאָז\|ן זיך, אַ לאָז טאָ\|ן* זיך, אַ וואָרף טאָ\|ן* זיך —צו/אויף ⊣ **j. up** אויפֿ־שפּרינג\|ען

jumping board די שפּרינגברעט (ער)

jump rope דער שפּרינגשנור (ן)

junction דער קנופּ (ן)

juncture דער העפֿט(פּונקט) (ן)

June דער יוני

jungle דער דזשאָנגל (ען)

junior 1. *adj.* ייִנגער, ני'דעריקער; אונטער..; יוגנט־... ⊣ j. college דער או'נטערקאָלעדזש (ן) ⊣ j. high school די או'נטערמיטלשול (ן) || j. library די יו'גנט־ביבליאָטעק (ן) || 2. *n.* (younger): he is my j. (by 3 years) ער איז (מיט 3 יאָר) ייִנגער פֿאַר מיר ||

(third-year student) דער דרי'טיאָרלער (ס) ⊣ 3. **title** (jr.) יו'ניאָר

junk דער אָפּפֿאַל || (inferior goods) דאָס באָוול, דער ראַמש

Jupiter (דער) יו'פּיטער

jurisdiction די יוריסדיקציע (ס), די קאָמפּעטע'נץ, דער רשות [RESHU'S]

jurisprudence די יורי'(ספּרודע'נץ)

juror דער (אײַ'נ)געשוווי'רענ|ער געב, דער זשורי'סט (ן)

jury די זשורי' (ען); געשוווי'רענע מצ, די קאָלעגיע (ס) געשוווי'רענע ⊣ **grand j.** די גרוי'ס־זשורי (ען) ⊣ **j. box** די זשוריבאַנק (...בענק) || **j. duty** דער זשורימוז; דאָס זשורידינסט || **on j. duty** אין זשורידינסט

just 1. *adj.* גערע'כט, גערעכטיק, יושרדיק [ ] ⊣ 2. *adv.* (now) אָקערשט, גראָד, אָט || (exactly) פּונקט || (only) נאָר, בלויז || **j. let me see!** ווײַז(ט) מיר אַקאָ'רשט! אַנו' ווײַז(ט) מיר!

justice דער יושר [YOYShER], די גערע'כטיקייט || (divine) *also* דער צדק [TSEDEK] || (person) דער ריכטער (ס) || (administration of j.) די יוסטי'ץ || **Department of J.** דער יוסטי'ץ־דעפּאַרטעמענט ⊣ **j. of the peace** דער שלום־ריכטער (ס) [sho'LEM] ⊣ **do j.** (to) באַגיי'|ן* זיך מיט יושר ⟨מיט⟩, אָפּ|שאַצ|ן א מיט יושר, יוצא זײַן* ⟨לגבי⟩ [YOYTSE ... LEGABE] ⊣ **sense of j.** *also* דאָס ישרנות [YAShRONES]

justification די באַרע'כטיקונג (ען), דער תּירוץ (ים) [TERETS—TERUTSIM], דער פֿאַרענטפֿער (ן); די באַגרינדונג (ען); דער זכות (ים) [SKhUS]

justify באַרע'כטיק|ן, באַגרינד|ן, פֿאַרע'נטפֿער|ן; כּשר|ן [KAShER], רע'כטפֿאַרטיק|ן ל, מצדיק זײַן* ל [MATSDEK]; מלמד־זכות זײַן* אויף [MELAMED-SKhU'S] ⊣ **the end doesn't j. the means** דער ציל כּשרט ניט די מיטלען

justly מיט רעכט || **and j. so** און מיט רעכט

jut out אַרויס|שטעק|ן, -|שטאַרצ|ן, -|קוק|ן

juvenile יוגנט..., יו'גנטלעך; קינדער..., קי'נדעריש

K

K דער קאַ (ען)

kaftan די קאַפּאָטע (ס), דער קאַפֿטן (ס)

kaleidoscope דער קאַלײדאָסקאָ'פּ (ן)

kangaroo דער קענגורו' (ען)

Karaite דער קראָי (ם) [KROI], דער קאַראַ:ימער (—)

kasha די (רע'טשענ|ע) קאַשע

kashruth דאָס כשרות [KAShRES]

keel דער קיל (ן)

keen שאַרף, חריפֿותדיק [ ]; פֿלײַסיק; אײַ'פֿער־דיק, זשעדנע

keenness (sharpness) די שאַרפֿקײט, דאָס חריפֿות [KhARIFES], דאָס טבֿיעות־עין [TVIES-A'YEN] ⊣ (eagerness) דער חשק [KhEY-ShEK], די זשע'דנעקײט

keep 1. *n.* די פֿאַרזאָרגונג, די קעסט, מזונות מצ [MEZOYNES], די מחיה [MIKhYE] ⊣ 2. *vt.* האַלט|ן ⊣ (retain) לאָז|ן בײַ זיך || (preserve) אויפֿ|היט|ן || (detain) אָפּ|האַלט|ן, פֿאַרהאַלט|ן ⊣ (raise) כאָווע|ן, האָ'דעווע|ן || *vi.* (stay unspoiled) האַלט|ן זיך || (not cease) האַלט|ן אין איין אינפֿ; רק וו [RAK]; ניט אויפֿ|הער|ן צו אינפֿ ⊣ he k.s falling ער האַלט אין איין פֿאַלן; רק ער פֿאַלט; ער הערט ניט אויף צו פֿאַלן || **k. books** פֿיר|ן ביכער || **k. faith with** בלײַב|ן געטרײַ' ד ⊣ **k. house** *see* **house** || **k. in mind** האָב|ן* (װײַטער) אין זינען || **k. one's silence** שװײַג|ן || **k. one's word** האַלט|ן װאָרט || **k. company with** פֿאַרברענג|ען מיט ⊣ **k. time** (referee) אָפּ|היט|ן די צײַט ⊣ (watch) װײַז|ן די צײַט || (with music) האַלט|ן דעם טאַקט || **k. waiting** לאָז|ן װאַרטן || **k. away** *vt/vi* האַלט|ן (זיך) פֿון דער װײַטן ⊣ *vi. also* װײַכ|ן פֿון ⊣ **k. clear** *vi.* האַלט|ן זיך פֿרײַ/װײַט/אָ'פּגערוקט ‹פֿון› ⊣ **k. down** *vt.* ניט אַרויפֿ|לאָז|ן ⊣ *vi.* בלײַב|ן ני'דעריק/אונטן || **k. (from)** (prevent, abstain) *vt/vi* אָפּ|האַלט|ן (זיך) ‹פֿון› ⊣ (hide) *vt.* באַהאַלט|ן ‹פֿון› ⊣ **k. in** *vt.* ניט אַרויס|לאָז|ן || **k. off** *vt.* ניט אַרויפֿ|לאָז|ן, ניט צו|לאָז|ן || *vi.* ניט אַרויפֿ|גיי|ן* ⊣ **k. on** *vt.* ניט אַראָפּ|לאָז|ן || *vi.* (continue) ניט אויפֿ|הער|ן צו אינפֿ || **k. out** *vt.* ניט אַרײַנ|לאָז|ן || *vi.* ניט אַרײַנ|גיי|ן* ⊣ **k.** (to) *vi.* האַלט|ן זיך, בלײַב|ן ‹בײַ —› ⊣ **k. up** *vt.* (high) האַלט|ן הויך, ניט אַראָפּ|לאָז|ן ⊣ (continue) װײַטער וו, װײַטער טאָ|ן*/פֿיר|ן א ⊣ *vi.* (with) מיט|האַלט|ן ‹מיט›

keeper דער היטער (ס)

keeping: in k. with בהסכם מיט [BEHESKEM] ⊣ **out of k. with** ניט בהסכם מיט

keepsake דער אָנדענק (ען)

keg דאָס פֿעסל (עך), דאָס טונדל (עך)

kennel די הינטאַרניע (ס)

kerchief די טוך (טיכער); דאָס (קאָ'פּן־)טיכל (עך), די פֿאַטשיילע (ס)

kerchoo! טשכי! אַפּטשו'!

kernel דער קערן (ס), דאָס קע'רנדל (עך), דער יאָדער (ן)

kerosene דער נאַפֿט, דער קעראָסי'ן

ketchup *see* **catchup**

kettle דער קעסל (ען)

kettledrum די קע'סלפּויק (ן)

key (—) דער שליסל || (piano, typewriter) די טאָנאַציע (music) ⊣ דער קלאַווי'ש (ן) (ס)

keyboard די קלאַוויאַטו'ר (ן), דאָס געשליסל (ען)

keyhole די שלי'סללאָך (...לעכער)

keynote דער שלי'סלטאָן (...טענער)

keystone דער שלי'סלשטיין (ער) || (*fig.*) דער ווי'נקלשטיין (ער)

khaki *adj.* כאַקי...

kibbutz דער קיבו'ץ (ים)

kibitz קי'בעצ|ן

kibitzer דער קי'בעצער (ס)

kick 1. *n.* דער בריק (ן), דער קאָפּע (ס), דער בריקע|ן, קאָפּע|ן, ⊣ 2. *v/imp* דריגע (ס) ⊣ **k. out** אַרויס|וואַרפֿ|ן ⊣ דריגע|ן

kid 1. *adj.* (goat's) ציג'ן || **k. gloves** (*fig.*) זײַ'דענע הענטשקעס || 2. *n.* (goat) דאָס קינד (ער) (child) ⊣ דאָס ציי'קעלע (ך) 3. *vt.* (deceive) *see* **fool** || *vi.* (give birth to goats) (אָפּ)ציקל|ען זיך || **k. around** טרײַב|ן קאַטאָוועס, חכמה|ן זיך [KHOKHME] ⊣ **no kidding!** טאַקע! אויף [NEMONES] !מײַנע נאמנות ⊣ (*Jew.*) ווי איך בין אַ ייִד ⊣ **no kidding?** טאַקע? וואָס רעדט איר?

kidnap אַוועק|כאַפּ|ן, קי'דנעפּ|ן אַמער

kidnapper דער קי'נדכאַפּער (ס), דער קי'ד-נעפּער (ס) אַמער

kidnapping די קי'נדכאַפּונג (ען), די קי'ד-נעפּונג (ען) אַמער

kidney די ניר (ן)

kill *v.* -טייט|ן, (דער)הרגע|נען [HARGE], אומ|ברענג|ען; °אַוועק|הרגע|נען, °אַוועק|לייג|ן, || פֿאַרטרײַב|ן (time) ⊣ °מאַכ|ן ד דעם טויט **k. off** אויס|הרגע|נען || **k. oneself** *also* °מאַכ|ן זיך דעם טויט ⊣ (work hard) °מאָ'רדעווע|ן זיך

killed [ ] געהרגעט, דערהרגעט || **k. person** *also* דער הורג (הרוגים) -[HOYREG—HARU-GIM]

killing די הריגה (—ות) [HARIGE], דער מאָרד (ן)

killjoy דער (פֿריי'ד־)פֿאַרשטערער (ס)

kiln דער ברע'נאויוון (ס), דער קאַ'לכאויוון (ס)

kilogram דער קילאָ (ס); דער קילאָגראַ'ם (ען)

kilometer דער קילאָמעטער (ס)

kin (*coll.*) די משפּחה אצ [MISHPOKhE], אײַ'גענע מצ

kind 1. *adj.* ;ליב, פֿרײַנדלעך, האַ'רצ(עד)יק זײַד'ן ⊣ *cf.* **kindhearted** || 2. *n.* דער מין (ים), דער סאָרט (ן), דער זגאַל (ן), דער שטייגער (ס) ⊣ **a k. of** *also* ... אַזאַ' || a k. of table אַ טיש אַזאַ' || **nothing of the k.** עס הייבט זיך גאָרניט אָן! ⊣ **of the same k.** פֿון איין מין/סאָרט ⊣ **what k. of** וואָסער (מין); וואָס פֿאַר אַ ⊣ **my/your/... k.** מײַנס/דײַנס/ ... אונדזערס גלײַכן ⊣ he and his k. ער און זײַנס גלײַכן || **k.s of** *also* [MINE] מיני ⊣ these k.s of books אַזעלכע מיני ביכער ⊣ **k.s of** *also* ...ערליי' (added to numerals) || two k.s of צוויי'ערליי' || a thousand k.s of טוי'זנטערליי' || all k.s of אַ'לערליי', כּלערליי -[KO'LER-KOLAMI'NIM] כּל־המינים ;[LE'Y] ⊣ **pay in k.** [sho'VE- צאָל|ן מיט שווה־כּסף -KESEF] ⊣ **k. of** מע'ר־ווײַ'ניקער || I k. of expected it כ'האָב זיך מער־ווייניקער גע-רי'כט אויף דעם

kindergarten דער קי'נדער־גאָרטן (־גערטנער)

kindhearted גו'טהאַרציק || **k. person** *also* לבֿ־טובֿ [ME'ZEKTOV], דער מזג־טובֿ [LEFTOV]

kindle *vt/vi* (אָנ)צינד|ן (זיך)

kindling (wood) דער קין

kindly *adj.* || ליב; פֿרײַנדלעך, לי'בהאַרציק (with imperatives) ,זײַ(ט) אַזוי' גוט [MOYKhL] זײַ(ט) (זשע) מוחל ⊣ k. stop it הערט אויף זײַט מוחל

kindness די פֿרײַ'נדלעכקייט, די גו'טהאַרצי- קייט, די לי'בהאַרציקייט ⊣ (act) די טובֿה [TOYVE] (—ות), די פֿײַנקייט (ן)

kindred [KROYVISh] קרובֿיש

king דער מלך (ים) [MEYLEKh—MLOKhIM], [MALKhES] דער קיניג (ן); דער מלכות ⊣ **Book of K.s** [MLOKhIM] מלכים

kingdom דאָס מלכות (ן) [MALKhES], דאָס קי'ניגרײַך (ן)
kinship די קרובֿישאַפֿט [KRO'YVIShAFT]
kinsman דער קרובֿ (ים) [KOREV—KROYVIM]
kinswoman די קרובֿה (—ות) [KROYVE]
Kislev (month) דער כּיסלו [KISLEV]
kiss 1. *n.* דער קוש (ן) ‖ **cover with k.es** צעקוש|ן ⊣ 2. *vt/imp* קוש|ן ‖ *pf.* אַ קוש טאָ|ן* ⊣ *vi. imp/pf* קוש|ן זיך *(צע)*, אַ קוש געב|ן* ד
kit דער עטוי' (ען), דער שטוטי'ץ (ן); דאָס געצײַ'ג קאָל ‖ ⊣ **building k.** דאָס בוי'געצײַג ‖ **k. and caboodle** קינד־און־קיי'ט; האַק־און־פּאַ'ק
kitchen די קיך (ן)
kite די פֿלישלאַנג (ען)
kith: k. and kin קינד־און־קיי'ט
kitten 1. *n.* דאָס קעצל (עך) ‖ 2. *v.* קעצל|ען זיך
knack דאָס געלע'נק (ען) ‖ **have a k. for** *also* זײַן* אַ מזיק אויף [MAZEK]
knapsack דער רוקזאַק (...זעק)
knead *imp/pf* (אויס)קנעט|ן
knee דער קני (—)
kneel *v/imp* קני|ען, שטיי|ן* אויף די קני ‖ *pf.* שטעל|ן זיך אויף די קני ‖ (in deference) פֿאַל|ן כּורעים [KOYRIM]
knickers אַרי'בערגעוואָרפֿענע הויזן מצ
knife דער מעסער (ס) ‖ (pocket k.) דאָס מע'סערל (עך) ⊣ (small kitchen k.) *also* דער קניפּיק (עס) ⊣ **slaughtering k.** (*Jew.*) דער חלף (ים) [KhALEF—KhALOFIM]
knight דער ריטער (ס)
knighthood די ריטערשאַפֿט
knish דער קניש (עס)
knit *imp/pf* (אויס)שטריק|ן ‖ **k. one's brow** *imp/pf* (פֿאַר)קנייטש|ן דעם שטערן ‖ **k. together** (*fig.*) געקני'פּט און גע־בונד'ן
knitting דאָס שטריקערײַ'
knitwear דאָס שטריקוואַרג, דער טריקאָטאַ'זש
knob דער קנאָפּ (קנעפּ), די קליאַמקע (ס), די סקיפּקע (ס)

knock 1. *n.* דער קלאַפּ (קלעפּ) ‖ 2. *v/imp* קלאַפּ|ן ⊣ *pf.* אָנ|קלאַפּ|ן, אַ קלאַפּ טאָ|ן* ⊣ **k. down** אַנידער|־, אומ|וואַרפֿ|ן ⊣ ⟨—אין⟩ ‖ **k. off** אָפּ|שלאָג|ן, אַראָפּ|זעצ|ן ‖ **k. out** אויס|האַק|ן, ־|זעצ|ן, ־|שלאָג|ן ⊣ (make unconscious) דערלאַנג|ען ד אַ נאָ'קאַוט, אַוועק|לייג|ן מיט אַ נאָ'קאַוט; דערטשמעליע|ן ‖ **k. oneself out** (strain) אַרויס|שלאָג|ן זיך ⊣ פֿון די כּוחות [KOYKhES] ⊣ **k. on wood!** קיין עין־הרע! [EYNORE]
knocker דאָס קלע'פּ(ער)ל (עך)
knockout דער נאָ'קאַוט (ן)
knoll דער קויפּ (ן), די בערטע (ס)
knot דער קנופּ (ן), דאָס קניפּל (עך) ‖ (wood) דער סוק (עס)
knotty (wood) סוקעוואַטע ‖ (string; *fig.*) קני'פּלדיק
knout די נאַגײַקע (ס), דער קנוט (ן)
know (facts) וויס|ן* ‖ (persons, languages, skills) קענ|ען* ‖ **who k.s** (how many/what/when/...) מי־יודע וויפֿל/ [MIDEYE] וואָס/ווען/... ⊣ **k. ye** זײַט וויסן ‖ **not k. the first thing about it** ניט וויס|ן* מיט וואָס מען עסט עס ⊣ **make believe that one doesn't k.** מאַכ|ן זיך [KILEYODE] כּלא־ידע ⊣ **before you k. it** ⊣ **as everyone k.s** *also* אײדער וואָס ווען [KEYEDUE] כּידוע אדוו ⊣ **what do you k.!** טע־טע־טע! הערסט אַ מעשׂה! [MAYSE]
know-how דאָס ידענות [YADONES]
knowingly ווי'סנדיק, ביודעים [BEYOYDIM]
know-it-all 1. *adj.* אַלצווייסעריש ‖ 2. *n.* דער אַלצווייסער (ס)
knowledge דאָס וויסן ‖ **a person's k.** *also* דאָס קע'נטעניש (ן) ⊣ **k. in a given field** די ידיעה (—ות) [YEDIE], די קענטשאַפֿט ⊣ **to my k.** אויף וויפֿל איך וויים
knowledgeable: k. person דער ידען (ים) [YADN—YADONIM]
known באַוווּ'סט, באַקאַ'נט; ידוע [YEDUE], [MEFURSEM] מפֿורסם —אַ ⊣ **as is k.** *also* ווי באַקאַ'נט, כּידוע [KEYEDUE]
knuckle דאָס קנעכל (עך) ‖ **brass k.** דער קאַסטע'ט (ן), די אײַ'זערנ|ע הענטשקע (ס)

|| **rap the k. of** ד איבער די *געב\|ן פֿינגער

kolkhoz (ן) דער קאָלווי'רט

Kol Nidre [KOLNIDRE] כל־נדרי (דער)

kopeck (ס) די קאָ'פּעקע

Korea קאָרעע (די)

Korean 1. *adj.* קאָרעיִש || 2. *n.* דער קאָרעער (—)

kosher [KOShER] כּשר || **k. food** *also* דאָס [KAShRES] כּשרות ⊣ **make k.** (meat) ⊣ כּשר מאַכ\|ן (for Passover) כּשר\|ן [KAShER]

Kremlin דער קרעמל

kreplekh מצ קרעפּלעך

kulak [BALGU'F— דער בעל־גוף (בעלי־גופֿים BALEGUFIM]

L

L דער על (ן)

label 1. *n.* דער עטיקע'ט (ן), דער קלע'פּצעטל (ען), די פֿירמע (ס); די באַציי'כענונג (ען) || 2. *v.* באַציי'כענ|ען; באַצעטל|ען

labial ליפּנ..., ליי'פּנדיק

labor 1. *n.* (work) דאָס מאַ'טערניש, די האָרעוואַניע ⊣ **hard l.** (penal) די שטראָ'פֿ-אַרבעט, די קאַ'טאָרגע ⊣ (workers) די אַ'רבעטערשאַפֿט קאָל; אַ'רבעטער(ס) מצ ⊣ (l. force) אַ'רבעט־כּוחות מצ [KOYKhES] || **extremely hard l.** די עבֿודת־פּרך [AVOYDES-PE'REKh] ⊣ (birth) (געבו'רט־)ווייען מצ || **be in l.** גיי|ן* צו קינד || 2. *v.* האָ'רעווע|ן, פּראַ'צעווע|ן, מאַ'טער|ן זיך

laboratory די לאַבאָראַטאָריע (ס) || **l. worker** דער לאַבאָראַ'נט (ן)

Labor Day דער אַ'רבעטער־טאָג, דער •לייבאָר־דיי —אַמער

labored געמאַטערט, האַ'מעטנע

laborer דער (שוואַ'רץ־)אַ'רבעטאָרער (ס)

labor-saving ראַציאָנאַליזי'ר־...

labyrinth דער לאַבירי'נט (ן)

lace 1. *n.* (shoes) דאָס שנירל (עך) || (ornamental) שפּיצן מצ || 2. *v.* *imp/pf* (פֿאַר)שנו'רעווע|ן

lacemaker דער שמוקלער (ס)

lack 1. *n.* דער דוחק ⟨אין⟩ [DOYKhEK], דאָס פֿעלן ⟨פֿון⟩ ⊣ 2. *vt/imp* (*rev. con.*) פֿעל|ן ד/בײַ, אָפּ|גיי|ן* ד ⊣ they l. money עס פֿעלט זיי געלט, בײַ זיי פֿעלט געלט ⊣ what does she l.? וואָס גייט איר אָפּ? || *pf.* (*rev. con.*) אויס|פֿעל|ן ד || *vi. cf.* **lacking**

lackadaisical פֿאַרחלומט [FARKhOLEMT]; אָ'פּגעשלאַפֿט

lackey דער לאַקיי' (ען)

lacking פֿע'לנדיק || **be l.** פֿעל|ן

lackluster מאַט, בלייז

lacquer 1. *n.* דער לאַקי'ר || 2. *v.* לאַקיר|ן

lad דער יאַט (ן), דער יונג (ען), דער בחור (ים) [BOKhER]

ladder דער לייטער (ס)

laden באַלאָד˙ן, אָ'נגעלאָד˙ן

Ladino (דאָס) לאַדינאָ

lady די דאַמע (ס/ן) || **ladies!** מײַנע דאַמען! || **ladies and gentlemen** מײַנע דאַמען און הערן! חשובֿע פֿרײַנד! [Kho'shEVE] || **ladies'** דאַמענ..., דאַמסקע

ladybug דאָס משה־רבנוס קי'עלע (ך) [MOY-shE-RABE'YNES], דאָס משיחל (עך) [ME-shI'EKhL]

lady-in-waiting די (הוי'פֿ)פֿרײַלין (ס)

lady-killer דער ווײַ'בערניק (עס)

ladylike דאַמיש

lag 1. *n.* דער אָפּשטיי || 2. *v.* זײַן* הי'נטער־שטעליק ⟨הינטער⟩, אָפּ|שטיי|ן* ⟨פֿון⟩

Lag b'Omer דער ל״ג־בעומר [LEGBOYMER]

laggard דער בײַבאַ'ק (עס)

lagoon דער לאַגו'ן (ען)

lair די נאָרע (ס)

lake די אָ'זערע (ס)

lamb די לאַם (לעמער), דאָס לעמל (עך), דאָס שע'פּעלע (ך) || (mutton) דאָס שעפּסנס ⊣ **l. chop** דער שע'פּסן־קאָטלעט (ן)

lambskin דער שמויש (ן)

lame *adj.* לאָם, הי'נקעדיק

lament 1. *n.* דאָס געוויי'ן (ען), די קלאָג, די יללה (—ות) [YELOLE], דאָס ווײַ'געשריי (ען), דאָס געיאָמער, דער יאָמער (ן); דאָס קלאָגליד (ער)

|| (*Jew.*) [KINE] די קינה (—ות) || 2. *vt.* באַקלאָג|ן, באַוויינ|ען; קלאָג|ן, יאָ'מער|ן, וויינ|ען —אויף ⊣ *vi. also* מאַכ|ן יללות

lamentable פֿאַרדראָסיק, צרהדיק [TSO'RE-DIK]

Lamentation (Book of) איכה [EYKho]

lamp דער לאָמפּ (ן)

lampoon דער פֿאַמפֿלע'ט (ן), דער פֿאַשק(ע)ווי'ל (ן)

lampoonist דער פֿאַמפֿלעטי'סט (ן)

lamppost דער לאַמטע'רן־סלופּ (עס)

lampshade דער אַבאַזשו'ר (ן)

lance די פּיקע (ס)

lancer דער אולאַנער (ס)

lancet דער לאַנצע'ט (ן)

land 1. *n.* דאָס לאַנד (לענדער) || (dry l.) די יבשה [YABOShe] ⊣ (ground) די ערד || 2. *v.* (plane, ship) לאַנד|ן || (passengers, troops) אַרויס|זעצ|ן

landing (ship) די לאַנדונג (ען) || (plane) *also* דער אַראָפּלאָז (ן) || (invasion) דער דעסאַ'נט (ן) ⊣ (stairs) די האַלב|ע טרעפּ; די פּלאַטפֿאָרמע (ס) ⊣ **l. place** דער לאַנדאָרט (...ערטער)

landlady די בעל־הביתטע (ס) [BALEBOSTE], די לע'נדלערקע (ס)• אַמער ⊣ (renting out rooms) די מיסעס (ן)• אַמער

landlord דער בעל־הבית (בעלי־בתּים) [BALE-BO'S—BALEBATIM], דער לענדלער• (ס) אַמער

landmark דער גרע'נעצשטיין (ער), דער אָריענטי'ר (ן) ⊣ (historical) דער אָ'נדענקפּונקט (ן) ⊣ (event) דער ווענדפּונקט (ן)

landowner דער ע'רד־פֿאַרמאָגער (ס); דער פּריץ [PORETS—PRITSIM] (ים)

landscape דער לאַנדשאַפֿט (ן), דער פּייסאַ'זש (ן)

landslide דער ערדגליטש (ן)

lane דער שטעג (ן); דער פֿאָרוועג (ן), דער שפּאַלי'ר (ן) ⊣ 4-l. highway דער 4־שפּאַלי'ריקער שטראָז

language די שפּראַך (ן), דאָס לשון (ות) [LOShN—LEShOYNES]; ווערטער, רייד מצ

languid שמאַכטיק, פֿאַרשמאַ'כט, שלאַף

languish שמאַכט|ן, אָפּ|קומ|ען || **l. for** לעכצ|ן נאָך

languishing פֿאַרשמאַ'כט

languor די שלאַפֿקייט, די שמאַכט

lantern דער לאַמטערן (ס) || **magic l.** דער כּישוף־לאַמטערן (ס) [KI'ShEF] ⊣ **Chinese l.** דער לאַמפּיאָ'ן (ען)

lap דער שויס (ן) || (clothes) די פּאָלע (ס) || (of a trip) דער עטאַ'פּ (ן) || (of a race) די לענג (ען)

lapel דער לאַץ (ן)

lapse 1. *n.* דער אויסגליטש (ן) || 2. *v.* אויס|לויפֿ|ן, -|גיי|ן* ⊣ **l. into** אַרײַנ|פֿאַל|ן אין

larceny די גנבֿה [GANEYVE]

lard די חזיר־שמאַלץ [KhA'ZER]

large גרויס || **at l.** (free) אויף דער פֿרײַ || (as a whole) אין גאַנצן גענומען || (generally representative) כּלל־... [KLAL] || (in detail) באַריכות [BARIKhES]

largely אין אַ גרויסער מאָס, על־פּי רובֿ [ALPI RO'V]

lark דאָס טרי'לערל (עך)

larva דאָס שליי'ערל (עך), די לאַרווע (ס)

larynx דער גאָרגל (ען)

lascivious גלו'סטשאַפּיק

laser דער לאַזער (ס)

lash[1] 1. *n.* די בײַטש (ן); דער שמיץ (—) || **l.es** *also* מלקות [MALKES] מצ || 2. *vt.* שמײַס|ן, קאַ'טעווע|ן ⊣ (tie) צו|בינד|ן || **l. about** *vi.* שמיצ|ן זיך, כליאַפּע|ן

lash[2] *see* **eyelash**

lass די מויד (ן), די בחורטע (ס) [BO'KhERTE]

last[1] 1. *adj.* (final) לעצט* || (most recent) פֿאַרגאַנגען ⊣ **at l.** סוף־כּל־סוף [SOFKL-SO'F], ענדלעך• ⊣ (do stg.) **at l.** *also* אויס|קלײַב|ן זיך צו אינפֿ ⊣ **at long l.** (*hum.*) קוים מיט צרות [TSORES] ⊣ **l. but not least** אַחרון אַחרון חבֿיבֿ [AKhREN AKhREN KhOVIV] ⊣ 2. *adv.* צו לעצט

last[2] *v.* אָנ|האַלט|ן, געדוי'ער|ן, ציִ|ען זיך, האַלט|ן זיך, געווער|ן ⊣ (suffice) קלעק|ן, סטײַע|ן

last[3] *n.* דער קאַפּו'ל (עס)

lasting בלײַביק, גערײַיק

lastly לסוף [LESO'F], צו לעצט
latch דער רוקער (ס)
late 1. *adj.* פֿאַר־ (tardy) || שפּעט(יק) || (deceased) פֿאַרשטאָרב׳ן ⊣ שפּעטיקט (*Jew.*) *also* עליו־השלום ע״ה=(*masc.*) [OLEVASHOLEM] ⊣ (*fem.*) עליה־השלום [OLEHASHOLEM] ⊣ 2. *adv.* שפּעט || **as l. as** ערשט || **of l.** לעצטנס || **be l.** פֿאַר־ שפּע׳טיק|ן (זיך) ⊣ *cf.* **later, latest**
lately לעצטנס
latent פֿאַרבאַהאַלט׳ן, לאַטע׳נט
later 1. *adj.* שפּע׳טערדיק || 2. *adv.* || שפּעטער; אין ... אַרו׳ם; שפּעטער מיט ... **3 years l.** אין 3 יאָר אַרו׳ם; שפּעטער מיט 3 יאָר
lateral זײַ׳טנדיק
latest לעצט, נײַסט || **at the l.** ניט שפּעטער ⟨ווי⟩
lathe די טאָק (ן)
lather די פּינע; מו׳לינעס מצ
Latin 1. *adj.* לאַטײַניש || 2. *n.* דאָס לאַטײַ׳ן || **L. America** (די) לאַטײַ׳ן־אַמעריקע
latitude || די (געאָגראַ׳פֿיש)ע ברייט (ן) (margin) די קערברייט
latter לעצט, צווייט
latter-day הײַנטיק || (*iro.*) אוי׳סגעשלאָפֿ׳ן
lattice דאָס געפּלע׳כט (ן), דאָס געגראַ׳ט (ן)
Latvia (דאָס) לעטלאַנד
Latvian 1. *adj.* לעטיש || 2. *n.* דער לעט (ן)
laugh 1. *n.* || דאָס לאַכן; דאָס געלעכטער (ס) 2. *v.* לאַכ|ן || **l. at** אָפּ|לאַכ|ן פֿון || **l. in one's sleeve** לאַכ|ן אין אַרבל || **l. through tears, l. on the wrong side of the mouth** לאַכ|ן מיט יאַ׳שטשערקעס
laughable לע׳כערלעך•, צום לאַכן
laughing-stock דאָס געלעכטער (ס) || **become the l.** (of) ווער|ן צו (לײַטיש) געלעכטער ⟨בײַ⟩
laughter דאָס געלעכטער || **split one's sides with l.** האַלט|ן זיך בײַ די זײַטן (פֿון לאַכן); צעזע׳צט ווער|ן לאַ׳כנדיק°
launch 1. *n.* (ship) דער קאַטער (ס), די מאַטאָרשיף (ן) ⊣ *cf.* **launching** || 2. *v.* לאָז|ן אין גאַנג (enterprise) ⊣ לאַנציר|ן || (ship) *also* (אויפֿן וואַסער) אַראָפּ|לאָז|ן || (rocket) *also* אַרויפֿ|שיס|ן
launching דער לאַנציר (ן) || (rocket) *also* דער אַרויפֿשאָס (ן)
launder וואַש|ן
laundress די ווע׳ש(ער)ין (ס)
laundry (place) די וועשערײַ׳ (ען) || (wash) דאָס וועש, דאָס גרעט
laurels דער לאָ׳רבערקראַנץ מצ (...קרענץ)
lava די לאַווע
lavatory דער וואַ׳שצימער (ן)
lavish 1. *adj.* רײַך, פּזרניש [PAZRONISh], טשאַ׳קנדיק; כּיד־המלך אַדוו/אַפּ [KIYA'D-HAME'YLEKh] ⊣ 2. *v.* וואַרפֿ|ן זיך, שיט|ן מיט; באַשיט|ן א מיט— ⊣ **l. compliments on him** באַשיטן אים מיט קאָמפּלימענטן
lavishness דאָס פּזרנות [PAZRONES]; דער טשאַק
law דער דין (ים), דאָס געזע׳ץ (ן) || (*Jew.*) דער חוק (ים) [KhOK—KhUKIM] ⊣ (study, practice of l.) די יורי׳(ספּרודע׳נץ) || **l. school** די יוריספּרודע׳נץ־שול (ן) || **the Jew. Law** די תּורה [TOYRE] || **be at l.** (with) לאָד|ן זיך ⟨מיט⟩
lawful (legal) געזעצלעך || (regular) גע־ זעציק
lawfully (*Jew.*) *also* על־פּי דין [ALPI DI'N]
lawless הפֿקרדיק [ ]; הפֿקר אַפּ [HEFKER], מחוץ דעם געזע׳ץ [MIKhU'TS], לית דין ולית דיין [LES DI'N VELES DA'YEN]
lawlessness דער הפֿקר [ ]
lawn די לאָנקע (ס), דער גראָ׳זגאָרטן (...גערט־ נער)
lawnmower דער גראָ׳ז־שנײַדער (ס)
lawsuit דער פּראָצע׳ס (ן) || (*Jew.*) דער דין־ תּורה (ס) [DINTOYRE]
lawyer דער אַדוואָקאַ׳ט (ן), דער לויער• (ס) אַמער
lax אָ׳פּגעלאָז׳ן, נאָ׳כגעלאָזט, שלאַ׳בעריק
laxative דאָס אָ׳פּפֿירעכץ (ן)
lay[1] *v. imp/pf* (אַוועק)לייג|ן || (eggs) אָפּ|לייג|ן; אָפּ|שפּאָר|ן, פֿאַר־ ⊣ **l. by** לייג|ן ⊣ אַ׳יבעריק|ן || **l. down** אַנידער|לייג|ן || **l. hold of** פּאַק|ן || **l. low** אַראָפּ|וואַרפֿ|ן;

[MAKhREV] *מחריבֿ זײַן ⊣ **l. off** (workers) (פֿון דער אַרבעט) אַראָפּ|נעמ|ען ⊣ (leave alone) לאָז|ן צו רו || **l. open** צעלייג|ן; אויס|שטעל|ן || צע-ע׳פֿענ|ען ⊣ **l. out** (money) אויס|לייג|ן

lay[2] *adj.* [SY] ני׳ט־פּראָפֿעסיאָנע׳ל || (non-clerical) לאַיִש

layer דער שיכט (ן), דער פּלאַסט (ן), די וואַרשט (ן), די שיכטע (ס)

layman דער הדיוט (ים) [HEDYET—HEDYOYTIM] ⊣ (non-cleric) דער לאַ׳יִקער (ס)

layoff דער אָפּשאַף, דער דערוויַ׳ליק|ער אַראָפּ-נעם (—פֿון דער אַרבעט)

layout דער צעשטעל (ן)

laziness די פֿוילקייט

lazy פֿויל || **be l.** פֿויל|ן זיך, פֿוי׳לעצ|ן || **be a little l.** אונטער|פֿויל|ן זיך || **l. man** דער פֿוילער (ס) ⊣ (*more cont.*) דער פֿוילִיאַ׳ק (עס)

lb(s) פֿונט=פֿ || 53 lbs. 53 פֿ

lead[1] (metal) **1.** *adj.* בלײַען || **2.** *n.* דאָס בלײַ ⊣ (for a pencil) דער שטיפֿט (ן)

lead[2] **1.** *n.* די פֿאָרהאַנט || (in a game) דער פֿאָר ⊣ **have the l.** (over) האָב|ן* פֿאָר ⟨אַנטקעגן⟩ ⊣ **take the l.** נעמ|ען זיך פֿאָר; שטעל|ן זיך בראָש [BERO'sh] ⊣ **2.** *v.* **l. aside** אָפּ|פֿיר|ן || **l. on** (mislead) פֿאַר-פֿיר|ן ⊣ **l. the way** גיי|ן* אַפֿרױער || **l. to** (cause) אַרויס|רופֿ|ן

leader דער (אָ׳נ)פֿירער (ס); דער טוער (ס), דער מנהיג (ים) [MANEG—MANHIGIM] ⊣ (of a movement etc.) *also* דער קאָרי׳פֿיי (ען) || (leading person) דער פּאר [PER] || (spokesman) דער ראָש־המדברים (ראָשי־) [ROSh-HAMDA'BRIM—ROSHE] ⊣ **l. of the community** (*Jew.*) דער ראָש־הקהל [ROShEKOOL]

leadership די פֿי׳רערשאַפֿט

leading פֿי׳רנדיק

leaf **1.** *n.* דער בלאַט (בלעטער) || **stray l.** (of a sacred book: *Jew.*) די שיימע (שמות) [ShEYME] ⊣ **turn over a new l.** אָנ|הייב|ן אַ נײַ קאַפּיטל ⊣ *cf.* **tea** || **2.** *v.* **l. through** *imp/pf* (דורכ|)בלע׳טער|ן אַ

leaflet דאָס (פֿלי׳)בלעטל (עך); די פּראָקלאַמאַציע (ס)

league די ליגע (ס), דער בונד (ן) || **L. of Nations** די פֿע׳לקער־ליגע || **in l. with** אַדוו בחבֿרותא מיט [BEKhAVRUSE]

leak **1.** *n.* דער רין (ען), דער לעכץ (ן) || **2.** *vi.* רינ|ען || (be leaky) זײַן* צעלעכצט ⊣ **l. out** *vt.* לאָז|ן אויס|רינ|ען || *vi.* אויס|רינ|ען

leaky צעלע׳כצט

lean[1] *adj.* מאָגער, דאַר

lean[2] *vt.* אָנ|שפּאַר|ן ⟨אין⟩ || *vi.* אָנ|שפּאַר|ן זיך, אָנ|לענ|ען זיך ⟨—אין/אויף⟩ ⊣ (incline) בייג|ן זיך ⊣ (*fig.*) *נוטה זײַן [NOYTE]

leaning **1.** *adj.* אָ׳נגעבויג׳ן || **2.** *n.* די נטיה (—ות) [NETIE], די *נייגונג (ען)

leap **1.** *n.* דער שפּרונג (ען) || **by l.s and bounds** שפּרו׳נגענווײַז || **grow by l.s and bounds** וואַקס|ן ווי אויף הייוון || **2.** *v.* שפּרינג|ען

leapfrog *v.* שפּרינג|ען זשאַבקע

leap year דאָס עיבור־יאָר (ן) [I'BER]

learn *imp/pf* (אויס|)לערנ|ען (זיך) || (find out) דערוויס|ן זיך, געוווי׳ר ווער|ן, אויס|געפֿינ|ען, דערגיי׳|ן* ⊣ **l. a lot from** *also* גיי|ן* אין חדר בײַ [KhEYDER] || **l. thoroughly** אײַנ|קנעל|ן, אײַנ|שטודיר|ן

learned געלערנט, וווי׳ל־קע׳נעוודיק || (books: *Jew.*) לומדיש [LOMDISh] || **l. man** (*Jew.*) דער למדן (ים/לומדים) [LAMDN—LAMDONIM/LOMDIM], דער מלומד (ים) [MELUMED—MELUMODIM], דער תּלמיד־חכם (תּלמידי־חכמים) [TALMED-KhO'KhEM—TALMI'DE-KhAKhO'MIM]

learning דאָס וויסן || (*Jew.*) תּורה [TOYRE] || (erudition: *Jew.*) דאָס לומדות [LOMDES]

lease **1.** *n.* די דינגונג, דאָס דינגען || (contract) דער די׳נגאָפּמאַך (ן) || (of an estate) די אַרענדע, די פּאַכט || **2.** *v.* (as lessee) דינג|ען; נעמ|ען אין אַרענדע || (as lessor) פֿאַרדינג|ען; אָפּ|געב|ן* אין אַרענדע

leash די פּעטליע (ס), דאָס שטריקל (עך)

least **1.** *adj.* קלענסט*, מינדסט*, מינימאַ׳ל || **l. possible** מינימאַ׳ל || **2.** *adv.* צום

ווײַ'ניקסטן, צום ווי'נציקסטן ⊣ **at l.** צום
ווײַ'ניקסטן/ווי'נציקסטן, ווײַ'ניקסטנס/ווי'נציק-
סטנס, לכל־הפּחות [LEKho'L-HAPOKhES],
|| לפּחות [LEPOKhES], כאָטשבע, מי'נימום
(*less emph.*) כאָטש || 3. *n.* **to say the l.** אײדל גערע'דט || **not in the l.** אויף אַ האָר ניט ⊣ *cf.* **bother**

leather 1. *adj.* לע'דערן || 2. *n.* די לעדער

leave 1. *n.* דער אורלויב (ן); דער רשות [RESHU's] ⊣ **take l.** נעמ|ען זיך רשות || (part) געזע'גענ|ען זיך ⟨מיט⟩ || 2. *vt.* (depart) ⊣ (איבער)לאָז|ן; פֿאַרלאָז|ן; אַוועקגיי|ן*, -|פֿאָר|ן ⟨—פֿון⟩ ⊣ *cf.* **left** || **l.** (with all one's belongings) אַוועק|-פּעקל|ען זיך ⊣ (an organization) אַרויס|-טרעט|ן פֿון ⊣ **l. alone** (in peace) אָפּ|-לאָז|ן, אָפּ|טשעפּע|ן זיך פֿון, לאָז|ן צו רו, לאָז|ן געמאַ'ך ⊣ **l. behind** איבער|לאָז|ן || **l. out** אויס(נ)|-, אַרויס|לאָז|ן

leaven 1. *n.* דאָס זוי'ערטייג, די ראָ'שטשענע || 2. *v.* זײַ'ער|ן, פֿאַרראָשטשינע|ן || **l.ed dough/bread** (*Jew.*) דער חמץ [KhO-METS]

Lebanese *adj.* [ ] לבֿנונש

Lebanon [LEVONEN] לבֿנון (דאָס)

lecher [NOYEF] דער נואף (ים)

lechery [NIEF] דער ניאוף

lectern דער שטענדער (ס) || (synagogue) דער עמוד (ים) [OMED—AMUDIM]

lecture 1. *n.* די לעקציע (ס), דער רעפֿעראַ'ט (ן) ⊣ 2. *v.* האַלט|ן אַ לעקציע/רעפֿעראַ'ט; רעפֿעריר|ן ⊣ (chastise) מוסר|ן [MUSER]

lecturer דער לעקטאָר (...אָ'רן), דער רעפֿע-רע'נט (ן), דער פּרעלעגע'נט (ן)

ledge דער פֿע'לדזנראַנד (ן), דער גזימס (ן) || (window) די פֿע'נצטערברעט (ער)

ledger דאָס הויפּטבוך (...ביכער)

leech די פּיאַווקע (ס)

leek די פּאָ'רע־ציבעלע (ס)

leer (at) שיקל|ען, זײַטל|ען זיך ⟨—אויף⟩; עס|ן מיט די אויגן

leeway די אוי'סקערברייט

left¹: **be l. (over)** איבער|בלײַב|ן || **be l. out** אויסן בלײַב|ן ⟨פֿון⟩

left² 1. *adj.* לינק || 2. *adv.* לינקס || 3. *n.* **the L.** די לינקע מצ

left-handed געלי'נקט || (with the left hand) ליי'נקהאַנטיק

leftist 1. *adj.* לינק || 2. *n.* דער לינק|ער געב

leftovers דער אי'בערבלײַב אצ (ן); שיריים מצ [ShIRAIM]

leg דער פֿוס (פֿיס) || (furniture) דאָס פֿיסל (עך) ⊣ (of a trip) דער עטאַ'פּ (ן) || (of a triangle) דער קאַטע'ט (ן) || *cf.* **trousers**

legacy [IZOVN] דער לעגאַ'ט (ן), דער עיזבון

legal (conforming with law) לעגאַ'ל, געזעצלעך ⊣ (pertaining to law) יורידיש, געזעציק, רעכטיק ⊣ (*Jew.*) על־פּי דין [ALPI DI'N] ⊣ **completely l.** (*Jew.* or *hum.*) כּשר־ויישר [KO'ShER-VEYO'ShER] || **l. scholar** דער יורי'סט (ן)

legation די לעגאַציע (ס)

legend די לעגענדע (ס) || (*Jew.*) *also* די מסורה (—ות) [MESOYRE], די אַגדה (—ות) [AGODE]

legging די ווי'קלשנור (ן) || (peasants') די אָ'נעטשע (ס)

legible ליי'נעוודיק

legion *n.* דער לעגיאָ'ן (ען)

legislate אַרויס|געב|ן* געזעצן, לעגיסליר|ן

legislation די געזע'ץ־געבונג, די לעגיסלאַציע (ס)

legislative געזע'ץ־געבעריש, לעגיסלאַטי'וו

legislator דער געזע'ץ־געבער (ס), דער לעגיס-לאַטאָר (...אָ'רן)

legislature די לעגיסלאַטו'ר (ן), די געזע'ץ־געבערײַ' (ען)

legitimate לעגיטי'ם, געזעצלעך || (child) קידושינדיק [KDU'ShNDIK] ⊣ *cf.* **legal**

legitimize לעגיטימיר|ן

leisure די פֿרײַ|ע צײַט, די פֿרײַצײַט

leisurely געלאַס'ן, ניט געכאַ'פּט, באַזאַ'כט

lemon דער ציטרי'ן (ען), די לי'מענע (ס)

lemonade דער לימענאַ'ד

lend (אַנט)לײַ|ען, אויס|לײַ|ען, (אויס)באָרג|ן ⊣ **l. itself to** פּאַס|ן זיך צו; זײַן* מסוגל צו [MESUGL] ⟨—ד⟩, לאָז|ן זיך (גרינג) אינפֿ

lender דער בעל־הלוואה (בעלי־ [BAL-

[MAL- (ים—) דער מלווה ,HALVO'E—BALE] VE—MALVIM]

length (ען) די לענג || **at l.** באַריכות [BARIKhES] ⊣ **to great l.s** גאָר ווײַט || **go to all l.s** שפּרינג|ען פֿון דער הויט

lengthen *vt/vi* -לענגער מאַכ|ן/ווער|ן, פֿאַר לע'נגער|ן (זיך)

lengthwise אין דער לענג

lengthy (און ברייט) לאַנג || **l. document** (*hum.*) [MEGILE] די לאַנג|ע מגילה || **be l.** (speaker, writer) [MAYR- *מאריך זײַן EKh]

lenient מילד, לאַגאָדנע || **l. person** דער [MEYKL—MEYKILIM] (ים) מקיל ⊣ **be l.** (to) *also* [MEYTEV] ⟨מיט⟩ *מטיבֿ זײַן

lens (ן) די לינדז || (camera) *also* דער אָביעקטי'וו (ן)

lentil (ן) די לינדז

leopard (ן) דער לעמפּערט

leotard(s) (ען) דער טריקאָ' אצ

leprosy [TSORAAS] די צרעת

less ווייניקער, ווי'נציקער; מינער || (minus) מינוס ⊣ **no l. than** אַ קײַמאַ־לן פֿון [KA'YMELON]

...less אָן (אַ) || ... ,אָנ...יק || aimless אָן אַ צילָ, אָ'נצילִיק ⊣ sleeveless אָ'נאַ'רבלדיק || wordless אָן ווערטער, אָ'נוווע'רטערדיק

lessee דער דינגער (ס); דער פּאָסעסאָר (ס) || (farmer) דער רענדאַ'ר (ן)

lesser קלענער, ווי'נציקער

lesson (ס) די לעקציע || (object l.) די אָ'נלערנונג ⊣ (in the Talmud) דער [SHIER—SHIURIM] (ים) שיעור ⊣ **teach a l.** אָנ|לערנ|ען א , לערנ|ען בלק מיט [BOLEK] ⊣ **learn a l.** ⟨פֿון⟩ אָפּ|לערנ|ען

lessor (ס) דער פֿאַרדינגער

lest [KEDE'Y] כּדי ... ניט

let *vt.* לאָז|ן || (lease) פֿאַרדינג|ען || **l. go, l. loose, l. off** אָפּ|לאָז|ן, לאָז|ן אין גאַנג || **l. see** ווײַז|ן || **l. oneself into** -אַרײַנ לאָז|ן זיך אין ⊣ **l. him/her/them** זאָל ער/זי, זאָלן זיי ⟨—אינפֿ⟩ ⊣ **l. me** לאָמיך אינפֿ || **l. us** לאָמיר אינפֿ

lethargic לעטאַרגיש; אין הי'נערפּלעט

lethargy די לעטאַרגיע; דער הי'נערפּלעט

letter (character) [OS— (יות) דער אות OYSYES] ⊣ (epistle) (—) דער בריוו || **l.s** (as object of knowledge) -די שוואַר ⊣ (literature) -די ליטעראַ צע פּי'נטעלעך ⊣ **man of l.s** (ן) דער ליטעראַ'ט ⊣ טו'ר

letterhead (stationery) דער פּי'רמעבלאַנק (ען)

lettuce שאַלאַטן מצ , דער סאַלאַ'ט

leukemia די לייקעמיע

levee דער אָנשיט (ן), דער שיצוואַל (ן)

level 1. *adj.* ,גלײַך; אויף איין הייך ⟨מיט⟩ ⊣ 2. *n.* [MAD- (—ות) די מדרגה ,REYGE] די הייך (ן), דער ניוואָ' (ען), די פֿלאַך (ן); ⊣ (water etc.) דאָס שטאַפּל (ען) || דער שפּיגל *also* (sea) ⊣ גערייב (ן) (tool) די וואַ'סערוואָג (ן) || **on a l. with** אויף איין הייך מיט ⊣ **on the l.** (seriously) ערנצט ⊣ 3. *v.* (even) -ניווע'לירן, אויס גלײַכ|ן ⊣ (direct at) ⟨אויף⟩ ווענד|ן

lever (ס) דער הייבער

leviathan [LEVYOSN] דער לוויתן

Levite [LEYVI—LEVIIM] (ים) דער לוי

Leviticus [VAYIKRO] ויקרא

levity דאָס קלות [KALES], די לײַ'כטזיניקייט

levy [NESINE] (—ות) די נתינה

lewd אוי'סגעלאַסן

lewdness די אוי'סגעלאַסנקייט

lexical לעקסיש

lexicographer (ן) דער לעקסיקאָגראַ'ף

lexicography די לעקסיקאָגראַפֿיע

lexicon (ען) דער לעקסיקאָ'ן

liability דאָס אַחריות [AKhRAYES], דאָס [HISKhAYVES] (ן) התחייבֿות ⊣ (accounting) (ן) דער פּאַסי'וו || (disadvantage) (ן) דער מינוס

liable עלול [OLEL], מסוגל [MESUGL], חייבֿ [KhAYEV] ⟨צו—⟩ אַפּ—

liaison (military) דער פֿאַרבי'נד || (amatory) (ען) די פֿאַרבינדונג || **l. officer** דער פֿאַרבינדלער (ס)

liar [ShAKREN (ים) דער שקרן ,(ס) דער ליגנער —ShAKRONIM]

libel 1. *n.* [MALShINES (בכּתבֿ) דאָס מלשינות

(BIKSA'V)] ⊣ 2. *v.* (בכתב) *מלשין זײַן [MALShN] אויף
libelous [ ] מלשינותדיק
liberal 1. *adj.* ליבעראַ'ל || (generous) ברייט, מיט אַ ברייטער האַנט ⊣ **l. donor** דער [PAZREN—PAZRONIM] (ים) פּזרן ⊣ 2. *n.* דער ליבעראַ'ל (ן)
liberate באַפֿרײַ|ען
liberation די באַפֿרײַונג
liberator דער באַפֿרײַער (ס)
libertine דער הולטײַ' (עס), דער מופקר (ים) [MUFKER—MUFKORIM]
liberty די פֿרײַהייט (ן), די פֿרײַ || **at l.** פֿרײַ ⊣ **take the l.** נעמ|ען זיך רשות ⟨צו⟩ [RESHU'S]
librarian דער ביבליאָטעקער (ס)
librarianship דאָס ביבליאָטעקערײַ'
library די ביבליאָטע'ק (ן) || **l. science** דאָס ביבליאָטעקערײַ'
license || די ליצע'נץ (ן), דער דערלוי'ב (ן) (poetic) די פֿרײַשאַפֿט
licentious -מופקר ,[HE'FKERDIK] הפֿקרדיק [MU'FKERDIK] דיק
lichen דער לישײַ' (ען)
lick *v/imp* לעק|ן || (beat) || צעשלאָג|ן **l. one's fingers** (at) באַלעק|ן זיך ⟨מיט⟩
licorice דער לאַקרעץ
lid די דעק (ן), דאָס לעדל (עך), דאָס דעקל (עך) || (of a pot) *also* דאָס שטערצל (עך), די פּאָ'קרישקע (ס)
lie[1] 1. *n.* (falsehood) דער ליגן (ס), דער שקר [SHEKER—SHKORIM] (ים) ⊣ **give** (sb.) **the l.** [PONEM] וואַרפֿ|ן ד דעם ליגן אין פּנים || **give the l. to** אָפּ|לײי'קענ|ען א || 2. *v.* לײַג|ן, ליגן זאָג|ן, זאָג|ן אַ ליגן
lie[2] ליג|ן || **l. around** וואַ'לגער|ן זיך || **l. down** (אַוועק)לייג|ן זיך || (for a while) צו|לײיג|ן זיך ⊣ **l. in wait** (for) טשאַ'טע- ⊣ **l. still** אײַנ|ליג|ן ⊣ ווע|ן ⟨אויף⟩
lie detector דער פּאָליגראַ'ף (ן) || **subject to a l. d. test** פּאָליגראַפֿיר|ן
lieu: in l. of אַנשטאָ'ט, אויפֿן אָרט פֿון
lieutenant דער לייטענאַ'נט (ן) || **l.-colonel** דער או'נטערפּאָלקאָווניק (עס), דער או'נטער-
גענעראַ'ל- ⊣ **l.-general** קאָלאָנעל (ס) אַמער ⊣ דער ווי'צעגובער- **l.-governor** ⊣ לייטענאַ'נט נאַטאָר (...אָ'רן)
life דאָס לעבן (ס) || **long l.** *also* דאָס אַריכות- [ARIKhES-YO'MIM] ימים ⊣ **with l. and soul** מיט לײַב און לעבן || **for l.** אויפֿן אַ/זײַן לעבן ⊣ **all his l.** *also* גאַנצן לעבן [KOLYOMEV] לאַנג, כּל־ימיו ⊣ **question of l. or death** די לע'בנס־פֿראַגע (ס) || **be a matter of l. or death** (to) גיי|ן* אויפֿ|לעב|ן, ⊣ **come to l.** אין לעבן ⟨ד⟩ אומפּ || ⊣ **enjoy l.** לעב|ן לע'בעדיק וואַר|ן פֿון טויט לע'בעדיק ⊣ **live the l. of Riley** לעב|ן ווי אַ טאָג ⊣ **l. expectancy** דער גאָט אין אַדע'ס ⊣ **l. imprison-ment** [ ] אַריכות־ימים־שאַץ [TFISE] די איי'ביק|ע תּפֿיסה || **l. insurance** די לע'בנס־אַסעקוראַציע || **l. preserver** דער ראַטירינג (ען) || **l. size** די נאַטי'רלעכ|ע גרייס
lifebelt דער ראַטירפּאַס (ן)
lifeboat דאָס ראַטי'רשיפֿל (עך)
lifeguard דער ראַטירער (ס)
lifeless אָן לעבן
lifelike נאַטירלעך, נאַטו'ר־געטרײַ, ווי לע'בע-דיק
lifelong לע'בנסלאַנג
lifesize *adj.* פֿון נאַטי'רלעכער גרייס
lifetime [MEShEKh] דאָס לעבן; דער משך || **in his l.** פֿאַר זײַן לעבן; אין זײַן משך || **once in a l.** [YOYVL] איין מאָל אין אַ יובֿל
lift 1. *n.* (act) דער (או'נטער)הייב || (device) דער הייבער (ס), די היי'במאַשין (ען) || (power) די הייבקראַפֿט || **give a l. to** (in a car) אונטער|פֿיר|ן || (spirits) הייב|ן (זיך) ⊣ מאַכ|ן האַרץ ד ⊣ 2. *vt/vi imp.* || *pf.* (זיך) אויפֿ|-, אָפּ|הייב|ן || (slightly) פֿאַררײַס|ן ⊣ אונטער|הייב|ן (with a jerk)
lift-off דער אָפּפֿלי (ען)
ligament דאָס געבי'נד (ן)
light[1] (in weight) גרינג, לײַכט
light[2] 1. *adj.* ליכטיק || (in color) *also* העל || 2. *n.* די ליכט, די שײַן || (lamp) דער לאָמפּ (ן), דער לאַמטערן (ס) ⊣ (flame for a cigarette) פֿײַער || **l. of day** די

לײַ'כטיק|ע שײַן || **in the l.** אין דער ליכטיק || **the l.s are on** עס לײַכט זיך || **cast l. on** באַלײַכט|ן, באַשײַנ|ען || 3. *vt.* אָנ|צינד|ן || (cigarette, pipe, etc.) פֿאַררײי'כער|ן || (stove) אײַנ|הייצ|ן אַ/אין || **l. up** *vt.* באַלײַכט|ן || *vi.* אויפֿ|שײַנ|ען; פֿאַררײי'כער|ן

lighten *vt.* פֿאַרגרי'נגער|ן, פֿאַרלײַ'כטער|ן

lighter דער אָ'נצינדער (ס)

lighthouse דער לײַ'כטטורעם (ס)

lighting די באַלײַכטונג

lightness די גרינגקייט

lightning דער בליץ (ן)

lightning rod דער בלי'ץ־אָפּפֿירער (ס)

light-weight גרינג

likable ליב, סימפּאַטיש

like 1. *adj.* גלײַך, ענלעך || **and the l.** און דאָס גלײַכן || **just l.** ... אויסן אויג || 2. *conj.* ווי, אַזוי' ווי, מעשה [MAYSE] || **look l.** אויס|זע|ן* ווי, זײַן* ענלעך צו || **feel l.** (*rev. con.*) וועל|ן* זיך אומפּ ד || I feel l. walking מיר ווילט זיך גיין || **l. that** אָט ווי (אַזוי'), אָט אַזוי' || 3. *n.* **l.s and dislikes** סימפּאַ'טיעס און אַנטיפּאַ'טיעס || 4. *v.* ליב האָב|ן*, האָלט האָב|ן*, •גלײַכ|ן אַמער || (*rev. con.*) געפֿעל|ן, ליב זײַן* ד— || I l. him very much ער געפֿע'לט מיר זייער; ער איז מיר זייער ליב || **I should l. to** איך וואָלט וועלן אינפֿ || **come to l.** ליב קריג|ן, האָלט קריג|ן || **if you l.** געזו'נטערהיי'ט || taste it if you l. פֿאַרזו'כ(ט) עס געזו'נטערהיי'ט

likely: be l. שיק|ן זיך; °שמעק|ן אומפּ מיט || rain is l. עס שמעקט מיט רעגן || **l. to** קער|ן* אינפֿ || **be l. to** עלול צו [OLEL] || **be l. that** זײַן* אַ סבֿרא אַז [SVORE] || he is a l. candidate ער וועט, אַ סבֿרא, זײַן אַ קאַנדידאַ'ט || **a l. story!** פּונקט! || is he **l. to** come? צי מעג מען רע'כענען אַז ער וועט קומען?

liken (צו|)גלײַכ|ן

likeness די ע'נלעכקייט (ן), דאָס געשטאַ'לט (ן); דאָס בילד (ער)

likewise 1. *adv.* דעסט/דאָס גלײַכן, פּונקט

אַזוי'; אילץ || 2. *int.* (same to you) גם־אַתּם [GAMATEM]

liking דער גוסט (ן) ⟨פֿאַר⟩, די סימפּאַ'טיע (ס) ⟨צו⟩ || **to one's l.** נאָך פּאָס גוסט נאָך; נאָך פּאָס האַרצן || **have a l. for** האָלט האָב|ן* || **get a l. for** האָלט קריג|ן

lilac דער בעז, דער מײַ

Lilith לילית [LILES]

lily די לי'ליע (ס)

limb דער אבֿר (ים) [EYVER—EYVRIM], דאָס ענדגליד (ער)

limbo דער כּף־הקלע [KAFAKA'L(E)]

lime[1] דער קאַלך || (slaked) די וואַפּנע

lime[2] (fruit) די גרינ|ע לי'מענע (ס), דער לײַם• (ען) אַמער

limestone דער קאַלכשטיין

limit 1. *n.* דער גרענעץ (ן), דער גבֿול (ן); דער שיעור [SHIER], דער מאַ'קסימום (ען); דער תּחום (ים) || **without l.** אָן אַ שיעור || **within l.s** אין אַ געוויסן גבֿול || **off l.s** פֿאַרווע'רט; אויף יענער זײַט פּלאַנקען || **there is no l. to** his desires מאַלע וואָס ער וויל? || 2. *v.* באַגרע'נעצ|ן, מצמצם זײַן* [METSAMTSEM]

limitation די באַגרע'נעצונג (ען), דער גדר (ים) [GEDER—GDORIM]

limp 1. *adj.* שלאַ'בעריק, שלאַף, אָ'פּגעשלאַפּט || 2. *v.* הינק|ען

linden די ליפּע (ס)

line 1. *n.* די לי'ניע (ס), דער פּאַס (ן) || (rope) דער שנור (ן) || (row) די שורה (—ות) [SHURE], די ריי (ען), די שערענגע (ס) || (of writing) די שורה (—ות) || (of business) די בראַנזשע (ס) || (succession) די גזע (ס) [GEZE] || (boundary) דער גרענעץ (ן) || **in l. with** כּפֿי [KEFI'] || 2. *vt.* (cover) באַדעק|ן, באַשלאָג|ן, באַלייג|ן || (lining) אונטער|שלאָג|ן || (rule) (אויס|)ווירע|ן, (אויס|)ליניר|ן

lineage דער ייִחוס [YIKhES]

linen 1. *adj.* לײַוונט'ן || 2. *n.* די לײַוונט (ן); דאָס ווײַסצײַג; דאָס וועש

liner דער לײַנער (ס)

linger זאַמ|ען זיך, הײַע|ן (זיך)

lingering אָ'נהאַלטיק
linguist דער לינגווי'סט (ן) || (polyglot) דער שפּראַ'כן־קענער (ס)
linguistic שפּראַכ..., שפּראַכיק; לינגוויסטיש
linguistics די לינגוויסטיק, די שפּראַ'ך־וויסנשאַפֿט
lining דער או'נטערשלאַק (...שלעק)
link 1. *n.* דער (בינד)רונג (ען), דאָס צווי'שנדל (עך) ⊣ 2. *vt/vi* פֿאַרבינד\|ן (זיך) ⟨מיט⟩, אָנ\|קניפּ\|ן (זיך) ⟨אין⟩, צו\|רינגל\|ען (זיך) ⟨צו⟩ || *vi. also* קייטל\|ען זיך
linkage די פֿאַרקניפּונג (ען)
linoleum דער לינאָלֿיי' (ען)
linseed דער לײַ'נזוימען
lion דער לייב (ן)
lioness די ליי'ביכע (ס)
lip די ליפּ (ן), די לעפּץ (ן)
lipstick דאָס (לי'פּן־)רייטל (עך)
liqueur דער ליקע'ר (ן)
liquid 1. *adj.* פֿליסיק, גיסיק || 2. *n.* די פֿלי'סיקייט (ן)
liquidate ליקווידיר\|ן
liquidation די ליקווידירונג
liquor דער אַלקאָהאָ'ל (ן), דער בראָנפֿן, די משקה (משקאָות) [MAShKE—MAShKOES]; || דער שנאַפּס, דער יין־שׂרף [YAYEN-SO'REF] (*hum.*) דער יש [YASh] || **l. store** דער ווײַ'נהאַנדל (ען)
lisp *v.* שעפּעליאַווע\|ן
list 1. *n.* די רשימה (—ות) [RESHIME], די ליסטע (ס), דער לייסטער (ס) ⊣ 2. *v.* מאַכ\|ן אַ צעטל פֿון; איבער\|-, אויס\|רע'כענ\|ען
listen (to) הער\|ן, אויס\|הער\|ן ⟨אַ⟩; אײַנ\|הער\|ן זיך ⟨אין⟩; צו\|הער\|ן זיך, צו\|לייג\|ן אַן אויער ⊣ **l. attentively** *also* די אָנ\|שטעל\|ן אוי'ערן, אָנ\|שטעל\|ן מויל און אוי'ערן ⟨—אויף⟩ ⟨—צו⟩
listener דער צו'הערער (ס)
litany די ליטאַ'ניע (ס), דער פּיזמון (ים) [PIZ-MEN—PIZMOYNIM] ⊣ (*cont.*) דאָס געבלע־קעכץ
literacy די שרי'פֿטיקייט, די עבֿרידיקייט [I'VREDIKEYT]
literal אות־באותיק [ ], *בו'כשטעבלעך; פּשט־פּשוט [PShAT-PO'ShET], פּראָסט־פּשוט —אַפּ || **l. meaning** דער פּשט (ים) [PShAT—PShO-TIM]
literally *also* ממש [MAMESh], אות־באות [OS-BEO'S], כּפשוטו [KEPShUTE], פּשוטו־כמשמעו [PShUTE-KEMAShMO'E]
literary ליטעראַריש, ליטעראַטו'ר־...
literate שריפֿטיק, עבֿרידיק [I'VREDIK]
literature די ליטעראַטו'ר (ן)
lithograph 1. *n.* די ליטאָגראַפֿיע (ס) || 2. *v.* ליטאָגראַפֿיר\|ן
lithography די ליטאָגראַפֿיע
Lithuania ליטע (די) || (historical) די ליטע
Lithuanian 1. *adj.* ליטוויש || **L. Jew** דער ליטוואַק (עס) ⊣ (*fem.*) די לי'טוויטשקע (ס) || 2. *n.* (person) דער ליטווינער (—) || (language) דאָס ליטוויש
litigate *vt/vi* לאָד\|ן (זיך)
litmus דער לאַקמוס
litter 1. *n.* (brood) דער פּליד (ן) || *cf.* **garbage; stretcher** || 2. *vt.* פֿאַר־אָנ\|וואַרפֿ\|ן ⊣ *vi.* מי'סטיק\|ן
little 1. *adj.* קליין; קאַרג || **l. bit** (of) דאָס ביסל, דאָס פּיצל, דער קאַפּ, דער עוקץ ⟨—נאָמ⟩ [OYKETS] ⊣ **make l. of** מאַכ\|ן זיך גאָרניט פֿון ⊣ 2. *adv.* ווייניק, ווינציק (—וואָס) || **a l.** אַ ביסל || **l. by l.** בי'סלעכווײַז, צו ביסלעך
live 1. *adj.* לע'בעדיק || 2. *v.* (be alive) לעב\|ן ⊣ (in a certain place) || וווינ\|ען || **l. to see** דערלעב\|ן ⟨אַ⟩, זוכה זײַן* צו [ZOYKhE] ⊣ **l. peacefully with** הויז\|ן ⊣ **l. down** פֿאַרגלעט\|ן, איבער\|קומ\|ען ⊣ מיט || **l. up to** אויס\|האַלט\|ן
livelihood די חיונה [KhEYUNE], די יניקה [YENIKE], די מחיה (—ות) [MIKhYE]
lively רי'רעוודיק, לע'בעדיק, באַלע'בט, לופֿטיק ⊣ (nimble) זשוואַווע
liver די לעבער (ס)
livery די ליוורעע (ס)
livestock דאָס פֿיך; דער לע'בעדיק\|ער אינווענ־טאַ'ר
livid בלײַ גראָ
living 1. *adj.* לע'בעדיק || **l. being** דער

בעל־חי (בעלי־חיים) [BALKhA'Y—BALE-KhA'IM] ⊣ 2. n. דאָס לעבן, די פּרנסה [PAR-NOSE] || די חיונה [KhEYUNE], דאָס ברויט || **modern l.** דער מאָדערנ|ער שטייגער || **make a l.** (have an income) האָב|ן* פּרנסה, האָב|ן* פֿון וואָס צו לעבן, פֿאַרדינ|ען נישקשה [NISHKOShE] ⊣ **make a l. from** מאַכ|ן אַ לעבן ^{אַמער}• ציִ|ען די חיונה/יניקה פֿון, לעב|ן פֿון ⊣ **earn a l.** *also* פֿאַרדינ|ען זיך דאָס לעבן, האָב|ן* פֿאַס אוי'סקומעניש

living room דער ווױ'נצימער (ן); די מי'טל־שטוב (ן)

lizard די יאַ'שטשערקע (ס)

lo הױ; ערשט

load 1. *n.* די משׂא (משׂאָות) [MASE—MASO-ES], די לאַסט (ן) ⊣ (of wood) דער ברעם (ען) || (of wash) דאָס געוועש (ן) || **I got a l. off my chest** עס איז מיר אַראָפּ אַ שטיין פֿון האַרצן ⊣ 2. *v/imp* || לאָד|ן, גרוזע|ן *pf.* (contents) אָנ|לאָד|ן || (carrier) *also* באַלאָד|ן

loaf[1] *n.* (bread) דער לאַבן (ס), דאָס לעבל (עך) || (sugar) דאָס היטל (עך)

loaf[2] *v.* גיי|ן* ליידיק, פּוסטעפּאַ'סעווע|ן, ניט אַרײַנ|טאָ|ן* קיין פֿינגער אין קאַלט וואַסער

loafer דער ליי'דיק־גייער (ס), דער פּוסטעפּאַס־ניק (עס) ⊣ (shoe) דער פּאַנטאָפֿל (—)

loan *n.* דער אַנטלײַ (ען); די אַנטלײַונג (ען) || (money) די הלוואה (—ות) [HALVOE] || **l. without interest** דאָס גמילות־חסד (ים) [GMILES-KhE'SED— -KhSODIM] ⊣ **on l.** אויף באָרג, בהלוואה [BEHALVOE]

loanword דאָס לײַוואָרט (...ווערטער)

loathe פֿײַנט האָב|ן* (בתּכלית־השׂינאה) [BE-TAKhLES-HASI'NE], מיאוס|ן זיך פֿאַר [MIES]; האַדיע|ן זיך, ברידזע|ן זיך —פֿאַר

loathsome מיאוס [ ], חלשותדיק [KhALO'-ShESDIK], פּאַסקודנע, °האַדקע, °ברידקע || **extremely l.** חולשה־חלשות ^{אַ} [KhULShE-KhALO'ShES] ⊣ **make l.** פֿאַרמיאוס|ן [ ] || **stg. l.** די/דאָס מיאוסקייט [ ]

lobby 1. *n.* דער פֿאָיע (ען), דאָס פֿירהויז (...הײַזער) ⊣ קולוואַרן ^{מצ}; (parliamentary) די שתּדלנימשאַפֿט [ShTADLO'-NIMShAFT] ⊣ 2. *v.* משתּדל זײַן* זיך [MIShTADL]

lobbyist דער שתּדלן (ים) [ShTADLEN—ShTADLONIM], דער קולוואַרי'סט (ן)

lobe (of ear) דאָס (אוי'ער־)לעפּל (עך)

lobster דער האָמאַ'ר (ן), דער °לאָבסטער (ס) ^{אַמער}

local ...אָרטיק, לאָקאַ'ל || (belonging here) *also* היג*, דאָיִק || (belonging there) *also* דאָרטיק ⊣ (train etc.) לאָקאַ'ל

locale דער אָרט (ערטער); דער פּלאַץ (פּלעצער), די סבֿיבֿה (—ות) [SVIVE]

localism דער לאָקאַליזם (ען) || (word) *also* דאָס העקוואָרט (...ווערטער) ⊣ (custom) דער העקפּיר (ן)

locality דער אָרט (ערטער), דער מקום (ות) [MOKEM—MEKOYMES]

locate (find) געפֿינ|ען, לאָקיר|ן || (place) לייג|ן, שטעל|ן, פּלאַציר|ן

located: be l. געפֿינ|ען זיך, ליג|ן

location דער פּלאַץ (פּלעצער), דער אָרט (ערטער), דער ווו (ען), דער פּלאַצי'ר (ן) || **on l.** אויפֿן אָרט

lock[1] 1. *n.* דער שלאָס (שלעסער) || (sluice) דער שליוז (ן) ⊣ 2. *v.* פֿאַרשליס|ן || **l. in** אײַנ|שליס|ן, פֿאַרשליס|ן ⊣ **l. out** אַרויס|שליס|ן ⊣ **l. oneself in** פֿאַרשליס|ן זיך || **l. up** פֿאַרשליס|ן

lock[2] *n.* (hair) די לאָק (ן)

locker דאָס שענקל (עך)

locket דער אויבל (ען), דער מעדאַליאָ'ן (ען) [LY]

lockout דער לאָ'קאַוט (ן)

locksmith דער שלאָסער (ס)

locomotion די לאָקאָמאָציע

locomotive *n.* דער לאָקאָמאָטי'וו (ן)

locust דער היי'שעריק (ן)

lodge 1. *n.* (branch) די לאָזשע (ס) || (hut) דאָס פֿע'לדשטיבל (עך), דאָס יע'גער־שטיבל (עך), די ווע'כטער־קוואַרטיר (ן) ⊣ 2. *vt.* (quarter) באַשטאַט|ן || (stick) פֿאַר־שטעק|ן ⊣ *vi.* (stay) אײַנ|שטיי|ן* || (temporarily) פֿאַרפֿאָר|ן ⟨צו⟩

lodged: be l. (stuck) שטעק|ן

lodger דער קוואַרטיראַ'נט (ן)

lodgings די קוואַרטי'ר, די סטאַנציע – אַצ || **night's l.** דער נאַ'כטלעגער (ס)

loft די בוי'דעמשטוב (...שטיבער)

lofty געהויב'ן

log¹ דער קלאָץ (קלעצער)

log² 1. *n.* see **logbook** || 2. *v.* אָנ|לאָג|ן

logarithm דער לאָגאַריטם (ען)

logbook דער שי'פֿזשורנאַל (ן), דער אָ'מטזשור-נאַל (ן), די לאָגהעפֿט (ן)

loggerheads: at l. קידער־ווי'דער אַדוו

logic די לאָגיק

logical לאָגיש

logician דער לאָ'גיקער (ס)

logistic לאָגיסטיש

logistics די לאָגיסטיק

loin די לענד (ן) || (*pl.*) *also* מצ קרי'זשעס || (*fig.*) *also* אַצ דער שויס

loiter אַרומ|דריי|ען זיך

lollipop דאָס לעי'קערל (עך), דאָס נאָטשל (עך)

loneliness די עלנט, די ע'לנטקייט, דאָס איינ-זין, די איי'נזינקייט, די •איי'נזאַמקייט

lonely/lonesome עלנט, •איינזאַם; או'מע-טיק, סמוטנע

long¹ *adj.* לאַנג || **as long as** (temporally) [KOLZMA'N] כּל־זמן || (*fig.*) *also* אַבי' ⊣ **before l.** אין גיכן, קירצלעך || **in the l. run** [SOFKL-SO'F] סוף־כּל־סוף || **the l. and the short of it** קורץ און גוט; קורץ פֿון דער זאַך ⊣ **for a l. time now** שוין לאַנג, פֿון לאַנג אָן ⊣ **of l. standing** לאַנגסטיק, לאַנגאָניק

long² *v.* בענק|ען ⟨נאָך⟩ || (*rev. con.*) ציִ|ען ⟨אַ צו⟩ אומפּ ⊣ **I l. for her** עס ציט מיך צו איר ⊣ (slightly: *rev. con.*) בענק|ען זיך אומפּ ⟨ד נאָך⟩ ⊣ (desperately) אויס|קוק|ן זיך די אויגן ⟨אויף⟩

long-distance [MEHA'-LEKhDIK] וויַ'ט־מהלכדיק ⊣ **l. call** דער וויַ'טקלונג (ען)

longed-for אוי'סגעבענקט, גלוסטיק

longer לענגער || **no l.** שוין ניט, מער ניט

longevity [ARIKhES- YO'- MIM] דאָס אַריכות־ימים

longhand [KSAV] דער נאָרמאַ'ל־כּתבֿ

longing די בענקשאַפֿט, דאָס בע'נקעניש (ן)

longish *לענגער

longitude די (געאָגראַ'פֿיש|ע) לענג (ען)

longitudinal אינדערלענגיק

long-lasting געדויִ'ערדיק, לאַ'נגלעקיק; [DO'YRESDIK] דורותדיק

long-lived [ARIKhES-YO'-MIMDIK] אַריכות־ימימדיק

long-playing לאַ'נגשפּיליק

long-range (distance) וויַט־מהלכדיק [ ], ⊣ (time) וויַט פֿלי'ענדיק, וויַ'טגרייכיק [ME'ShEKhDIK] לאַ'נג־משכדיק

longshoreman דער פּאָ'רט־אַרבעט(אָר)ער

longstanding לאַנגאָניק, לאַנגסטיק

long-term [ ] לאַ'נג־משכדיק

look 1. *n.* דער קוק (ן), דער בליק (ן) || (mien) דער אויס-זע, די מראה [MARE] ⊣ (*pl.*: appearance) די מינע (ס) ⊣ **get a good l.** (at) איַנ|קוק|ן זיך (גוט) ⟨אין⟩ ⊣ 2. *v.* (appear) קוק|ן ⟨אויף⟩, ⊣ (view) אויס|זע|ן*, -|קוק|ן אָנ|קוק|ן אַ ⊣ **l. who's here!** סקאָצל קומט! || **l. after** צו|זע|ן* ד || **l. around** אום|-, אַרומ|קוק|ן זיך ⊣ **l. for** זוכ|ן אַ || **l. for a fight** (with) זוכ|ן זיך ⟨צו⟩ || **l. forward to** אַרויס|קוק|ן אויף || **l. here!** הער(ט) ⊣ (זיך איַן)! ⊣ **l. into** אָריענטיר|ן זיך אין, [KhOYKER] חוקר זיַן* ל ⊣ **l. like** (stg.) *also* [PONEM] האָב|ן* אַ פּנים פֿון || **l. on** צו|קוק|ן זיך ⟨צו⟩, צו|זע|ן* אַ/ווי ⊣ **l. out for** (take care) אַכטונג געב|ן* אויף || (beware) היט|ן זיך ⟨פֿאַר⟩ || **l. over** איבער|-, אַרומ|קוק|ן, באַקוק|ן ⊣ **l. to** בוי|ען אויף ⊣ **we l. to him for help** מיר ריכטן זיך ער זאָל אונדז העלפֿן ⊣ **l. up** (find out) אויס|-, אויפֿ|זוכ|ן

lookout: be on the l. for טשאַ'טעווע|ן אויף || **keep a sharp l.** קוק|ן מיט אויגן

loom¹ *n.* די וועבשטול (ן)

loom² *vi. imp/pf* (דער)זע|ן* זיך

loop דער שלייף (ן), די פּעטליע (ס)

loophole די שיסלאָך (...לעכער) || (*fig.*) דאָס שפּעלטל (עך)

loose (not tight) לויז || (free) פֿריַ; אויף|צעלאָז|ן, אָפּ|לאָז|ן ⊣ **let l.** דער פֿריַ || *vi.* צעלאָז|ן זיך

loose-leaf notebook די רי'נגלהעפֿט (ן), די קלעמהעפֿט (ן)

loosen *vt.* לויז מאַכ|ן; אָפּ|שפּאַנ|ען || *cf.* **unbutton, unlace,** etc.

loot 1. *n.* דאָס (זאַק)רויב || 2. *vt.* (objects) באַראַ'בעווע|ן || (victim) צעראַ'בעווע|ן ⊣ *vi.* ראַביר|ן, ראַ'בעווע|ן

lopsided קרום

lord 1. *n.* דער לאָרד (ן); דער האַר (ן), דער שׂררה [SRORE] (—ות), דער פּריץ (ים) [PORETS—PRITSIM] ⊣ **my l.** *also* אַדוני [ADOYNI] ⊣ **House of L.s** דאָס לאָ'רדנהויז || 2. *v.* **l. it** פּרי'צעווע|ן

Lord דער רבונו־של־עולם [REBO′YNE-shEL-OYLEM], דער איי'בערשט|ער געב, הקדוש־ברוך־הוא [HAKO′DEsh-BO′RKhu] ⊣ **the dear L.** זײַן ליב|ער נאָמען

lordly פּריציש

lore דאָס קע'נטעניש, דאָס וויסן || (superstitious) דאָס ווייסעכץ

lose אָנ|ווער|ן, פֿאַרליר|ן || (contest, game) פֿאַרשפּיל|ן ⊣ (money in a business) *also* דערלייג|ן, צו|לייג|ן ⊣ *cf.* **courage; patience; weight**

loss דער אָנווער (ן), די אַבֿדה (—ות) [AVEY-DE], דער שאָדן (ס), דער היזק (ות) [HEZEK—HEZEYKES] ⊣ **suffer a l.** האָב|ן* (אַ) שאָדן, האָב|ן* היזק ⊣ **be at a l.** זײַן* צעטומלט, ניט וויס|ן* ווו אײַן און ווו אויס

lost פֿאַרלויר·ן, פֿאַרפֿאַל·ן || **completely l.** *also* ווי אין וואַסער אַרײַ'ן || **get l.** פֿאַרפֿאַלן ווער|ן, פֿאַרלוירן גיי|ן*, פֿאַרליר|ן זיך || (lose one's way) פֿאַרבלאָנדזשע|ן || **be l.** (one's way) האָב|ן* פֿאַרבלאָנדזשעט || **give up for l.** מיאש זײַן* זיך אין [MEYAESh]

lost-and-found דער אָפּזוך

lot (fortune) די דאָליע (ס), דער גורל [GOYRL], די מערכה (—ות) [MAROKhE] || (plot) דער (בוי)פּלאַץ (...פּלעצער), דער פּאַרצע'ל (ן), די נחלה (—אָות) [NAKhLE—NAKhLOES] ⊣ (amount) דער סכום (ען); די פּאַ'רטיע (ס) ⊣ **burial l.** (*Jew.*) די קרקע (ות) [KARKE—KARKOES] || **throw l.s** וואַרפֿ|ן גורל || **a l.** (of) אַ סך [SAKh], אַ מאַסע, אַ פֿולע ⟨—נאָם⟩; אַ וועלט, אַ ים [YAM], אַ שלל [ShLAL], אַ גוזמא [GUZME] ⟨—נאָם/מיט⟩; כּמה ⟨נאָם⟩ [KAME] || (with verbs) װ און װ || it rains a l. עס רעגנט און רעגנט ⊣ **there is a l.** ס'איז פֿאַראַ'ן און פֿאַראַ'ן

lotion דאָס אײַ'נרײַבעכץ (ן), דאָס שמירעכץ (ן)

lottery די לאָטעריע (ס)

lotto דער לאָטאָ' (ען)

loud הויך, הילכיק, שרײַיִק || (color) *also* רײַסיק

loudspeaker דער הילכער (ס) || (bullhorn) דער מעגאַפֿאָ'ן (ען)

lounge 1. *n.* דער רו'צימער (ן), דער סאַלאָ'ן (ען) ⊣ 2. *v.* שליאָ'נדער|ן

louse די לויז (לײַז)

love 1. *n.* די ליבע (ס), די ליבשאַפֿט || (divine) די אַהבֿה [A′AVE] || **in l.** (with) פֿאַרלי'בט, אײַ'נגעליבט ⟨—אין⟩ ⊣ **fall in l.** (with) פֿאַרליב|ן זיך, אײַנ|ליב|ן זיך ⟨—אין⟩ || **be in l. with** (*hum.*) *also* אויס|גיי|ן* נאָך, קאָכע|ן זיך אין ⊣ **make l.** ליב|ן זיך, ליובע|ן זיך ⊣ **my l.** ליו'בעניו [NY] || **send one's l.** (to) לאָז|ן גריסן ⟨ד⟩ || 2. *v.* ליב האָב|ן*, ליב|ן•; °אויס|גיי|ן* ⟨פֿאַר⟩ ⊣ (*hum.*) °זײַן* די כּפּרה פֿאַר [KAPORE] ⊣ **l. each other** ליב|ן• זיך

love affair די ליבע (ס), דער ראָמאַ'ן (ען)

lovely שיין, חנעוודיק [KhE′YNEVDIK]

lover דער ליי'בהאָבער (ס), דער געליבט|ער געב || (of art etc.) *also* דער מוקיר (ים) [MOYKER—MOYKIRIM]

low ני'דעריק || (mean) געמיי'ן || (mood) קאָ'דערדיק

low-... ...קנאַפּ || l.-salt diet זאַ'לצקנאַפּ|ע דיעטע [DI]

lower 1. *adj.* ני'דעריקער; אונטערשט*; אונטער.. ⊣ l. New York או'נטערניו־יאָרק ⊣ 2. *v.* אַראָפּ|לאָז|ן

lowest ני'דעריקסט*, אונטערשט*

lowland(s) דאָס פֿלאַכלאַנד, די נידער

lowly פּראָסט, שפֿל [ShOF·L], נחות־דרגאדיק [NEKhO′S-DA′RGEDIK]

low-necked דעקאָלטי'רט, אויסגעשניט'ן
lox דער לאַקס
loyal געטרײַ', לאָיאַ'ל
loyalty די געטרײַשאַפֿט, די לאָיאַלקייט; די לאָ־יאַליטע'ט (ן)
lozenge די פּאַסטילקע (ס)
lubricant דאָס שמירעכץ (ן)
lubricate *imp/pf* (אײַנ|-, אָנ|)אייל|ן, (אָנ|)-שמיר|ן
lubrication די שמירונג
lucid דו'רכזעיק, דו'רכבליקלעך
luck [MAZL] דאָס מזל || **bad/ill l.** דאָס [shLIMAZL] שלימזל ⊣ **good l.** דאָס מזל, דאָס גליק ⊣ (*hum.*) דאָס דאָברע־מזל || **have good l.** באַגליק|ן || **have a stroke of l.** (*rev. con.*) אומפּ ד אָפּ|גליק|ן || **as l. would have it** אויף מײַן/דײַן/... (דאָברע־)מזל; [MAYSE-SO'TN] מעשה־שׂטן ⊣ **good l.!** זאָל זײַן מיט מזל/גליק! אין אַ מזלדיקער שעה! [sho] ⊣ **just** my **l.!** דאָס אַל דאָס גוטס; האָט מיר געפּע'לט!
luckily צום גליק || **l. for me** אויף מײַן מזל [ ]
lucky [ ] מזלדיק || **be l.** (*rev. con.*) *also* אומפּ ד אָפּ|גליק|ן, -|גילט|ן— ⊣ **l. person** דער בר־מזל (ס) [BARMAZL], דער מוצלח (ים) [MUTSLEKh—MUTSLOKhIM]
ludicrous חוזקדיק [ ], שטותיק || **l. thing** אַ חוזק [KhOYZEK]
lug טאַסקע|ן
luggage דער באַגאַ'זש; טשעמאָדאַנעס מצ
lugubrious קלאָ'געדיק, מיזערנע, נע'בעכדיק
lukewarm לעבלעך
lull 1. *n.* דער אײַנשטיל (ן) || 2. *v.* אײַנ|-וויג|ן, פֿאַרוויג|ן, פֿאַרשפּיל|ן, פֿאַרשלע'פֿער|ן, אײַנ|ליוליע|ן
lullaby דאָס וויגליד (ער)
lumber דאָס געהי'לץ
lumberjack דער האָ'לצהעקער (ס)
luminous לײַ'כט(נד)יק
lump 1. *adj.* ...אַהו'ל־ || l. sum די אַהו'ל־סומע ⊣ 2. *n.* די הרודע (ס), די פּײַדע (ס), דער בײַל (ן), דער קנויל (ן) ⊣ (swelling) דער גוז (ן) ⊣ 3. *v.* **l. together** צונויפֿ|-, אויס|מיש|ן
lumpy הרו'דעדיק, קנויליק
lunacy דער לונאַטיזם, דער טירוף [TIREF]
lunar לבֿנה־... [LEVONE]
lunatic 1. *adj.* לונאַטיש, טירופֿדיק [ ] || 2. *n.* דער מטורף (ים) [METUREF—METUROFIM]
lunch 1. *n.* דאָס אָ'נבײַסן (ס), דער לאָנטש (ן) ⊣ 2. *v.* אַמער ⊣ עס|ן אָ'נבײַסן
lunchbox דאָס שפּײַ'זרענצל (עך)
lung די לונג (ען)
lurch: leave in the l. לאָז|ן אין אַ קלעם
lure 1. *n.* דאָס פֿאַרנאַרעכץ (ן), דער כּויך (ן); דאָס מאַ'ניעניש (ן), דער צי, דער צי'־כּוח (ות) [KOYEKh] ⊣ 2. *v/imp* מאַניע|ן || *pf.* צו|צי|ען; פֿאַרמאַניע|ן, פֿאַרנאַדיע|ן ⊣ (into) אַרײַנ|נאַר|ן
lurk לאָ'קער|ן, טשאַ'טעווע|ן
luscious מעדנימדיק [MAYDA'NIMDIK]; מלא־טעם [MOLE-TA'M], טעם־גן־עדן [GANE'YDN] —אַפּ ⊣ **be l.** *also* דעם האָב|ן* זי'בעטן טעם; האָב|ן* אַ טעם ווי צפּיחת־בדבֿש [KETSAPIKhES-BIDVO'sh]
lust די תּאווה [TAYVE], דער באַגע'ר, די תּשוקה [TSHUKE], דער גלוסט; דער יצר־הרע [YEY-TSER-HO'RE], דער וועלער°
luster דער בלי'אַסק, דער גלאַנץ
lusty געזו'נט, קראַ'פֿטיק; מגושמדיק [MEGU'-shEMDIK]
lute די לוטניע (ס)
luxurious לו'קסוסדיק
luxury דער לוקסוס (ן), דער וווילטאָג, מותרות [MOYSRES] מצ ⊣ (*iro.*) דער שוווילטאָג
lye דער לויג
lying לי'גנעריש
lymph די לימפֿע
lynch לינטש|ן
lynching די לינטשונג (ען)
lyric(al) ליריש || **l. poetry** די ליריק
lyrics דער (ליד)טעקסט (ן) אצ

M

M דער עם (ען)

macaroni מאַקאַראָנען מצ

macaroon דאָס מאַקעראָנדל (עך)

Maccabees חשמונאָים מצ [KhASHMENOIM]

machination די מאַכינאַציע (ס)

machine די מאַשי'ן (ען) || **monstrous m.** די מאַכינע (ס)

machine gun דער קוי'לן־וואַרפֿער (ס), די מאַשינביקס (ן)

machine-made מאַשינאָווע

machinery די מאַשינעריע (ס)

mad דול, ווילד, משוגען [MEShUG'N]; משוגע אַפּ [MEShUGE] ⊣ *cf.* **angry** || **go m.** ווילד ווער|ן, משוגע ווער|ן ⊣ **drive m.** *see* **madden**

madam מאַדאַ'ם

madden משוגע מאַכ|ן [ ]

madhouse דאָס משוגעים־הויז (־הײַזער) [MEShUGO'IM], דאָס מאַנהויז (...הײַזער)

madly משו'גענערווײַ'ז [ ]

madman דער משוגענ|ער געב [ ], דער מטורף (ים) [METUREF—METUROFIM] ⊣ (*pl.*) משוגעים [MEShUGOIM]

madness דאָס משוגעת [MEShUGA'S], דער טירוף־הדעת [TIREF-HADA'AS], דער שגעון [ShIGOEN]

madwoman די משוגענ|ע געב [MEShU'GENE]

magazine דער זשורנאַ'ל (ן) || (storehouse) דער מאַגאַזי'ן (ען)

maggot די מאָד (ן)

magic 1. *adj.* מאַגיש, כּישוף־... [KIShEF] || **m. carpet** די שוועבשפּרייט (ן) || 2. *n.* דער כּישוף, די מאַגיע ⊣ **practice m.** טאָ|ן* כּישוף, כּישופֿ|ן

magician דער כּישוף־מאַכער (ס) [ ], דער מכשף (ים) [MEKhAShEF—MEKhAShFIM], דער מאַ'גיקער (ס)

magistrate דער (אָ'רטיק|ער) ריכטער (ס) || **m.'s court** דאָס אָ'רטיק|ע גערי'כט

magnanimity די גרוי'סהאַרציקייט, די הוי'כ־האַרציקייט

magnanimous גרוי'סהאַרציק, הוי'כהאַרציק

magnate דער מאַגנאַ'ט (ן)

magnesia די מאַגנע'זיע

magnet דער מאַגנע'ט (ן)

magnetic מאַגנעטיש

magnetism דער מאַגנעטיזם

magnificence די פּראַכט

magnificent פּראַכטיק, גלע'נצנדיק, גראַנ־דיע'ז [DY]

magnify פֿאַרגרע'סער|ן

magnifying glass די לופּע (ס), דאָס פֿאַר־גרע'סער־גלאָז (־גלעזער)

magnitude די גרייס (ן)

mahogany 1. *adj.* מאַהאָנען || 2. *n.* דער מאַהאָ'ן

maid די מויד (ן) || (servant) די דינסט־(מויד) (ן), דאָס די'נסטמיידל (עך) ⊣ **old m.** די אַלט|ע מויד, די פֿאַרזע'סענ|ע (מויד)

maiden 1. *adj.* מיידלש, בתולה־... [ ] || **m. name** דער מיי'דלש|ער נאָמען || 2. *n.* די מויד (ן), די בתולה (—ות) [PSULE]

mail 1. *n.* די פּאָסט || 2. *v.* אָפּ|־, אַרויס|־ שיק|ן, באַלייג|ן ⊣ (on a large scale) צע־שיק|ן, עקספּעדיר|ן

mailbox דער ברי'ווקאַסטן (ס), דאָס פּאָ'סט־קעסטל (עך)

mailing די עקספּעדיציע || **m. address** דער

די פּאָ'סטליסטע ‑ **m. list** פּאָ'סטאַדרעס (ן) (ס)

mailman דער בריווטרעגער (ס)

mails די פּאָסט

maim צעמזיק|ן [TSEMAZEK], צענהרג|ן [TSENEREK], צעדמ|ען [TSEDA'M]

main 1. *adj.* הויפּט..., גרויס || (*iro.*) די מאַגיסטראַ'ל־רער ‑ 2. *n.* (pipe) גלאַוונע ‑ **in the m.** אין תּוך אַרײַ'ן [TOKh] ‑ (ן)

mainland (dry land) די יבשה [YABOShE] || (not island) דאָס יאַ'דערלאַנד, דאָס קע'רנ־לאַנד

mainly דער הויפּט, איבער הויפּט, דער־עיקרשט [DERIKERShT]

mainspring (—) די האָר || (*fig.*) *also* די טרײַ'בפֿעדער (ן)

mainstay די הויפּטשטיץ (ן)

maintain האַלט|ן || (claim) *also* טענה|ן [TAYNE] ‑ (keep up) אָנ|־, אויפֿ|־ האַלט|ן, דערהאַלט|ן ‑ (a dependent) אויס|האַלט|ן ‑ (nourish) שפּײַז|ן

maintenance (support) די אוי'סהאַלטונג, ‑ (service) די אוי'פֿהאַלטונג דער אויסהאַלט

majestic מאַיעסטעטיש

majesty די/דער מאַיעסטע'ט (ן)

major 1. *adj.* גרעסער; וויכטיק(סט); הויפּט... || (music) מאַזשאָ'ר || 2. *n.* (rank) דער מאַיאָ'ר (ן) ‑ (main subject) דער הוי'פּט־לימוד [LIMED] ‑ (music) דער מאַזשאָ'ר || 3. *v.* **m. in** האָבן* פֿאַר אַ הוי'פּט־לימוד I m. in French *also* מײַן הוי'פּט־לימוד איז פֿראַנצייזיש

major general דער גענעראַ'ל־מאַיאָר (ן)

majority דאָס רובֿ [ROV], די מערהייט (ן), די מאַיאָריטע'ט (ן), דער רבים (ס) [RABIM] || (age) די פֿו'ליעריקייט

make 1. *n.* דער פֿאַסאָ'ן (ען), דער מאָדע'ל (ן), דער שניט (ן); דאָס געבײַ' (ען); די מאַרקע (ס) || 2. *vt.* מאַכ|ן || (train, deadline) באַוויז|ן ‑ (garment) (אויפֿ|)ניי|ען || (bed: open) אויס|בעט|ן || (bed: close) פֿאַר־בעט|ן ‑ (fire) צעלייג|ן || (money: earn) לייז|ן ‑ (money: take in) פֿאַרדינ|ען || (friends) *see* **friend** || (speech) האַלט|ן

|| (turn into) מאַכ|ן 〈אַ〉 פֿאַר; פֿון ... 〈אַ〉 they made him a soldier מע האָט אים געמאַ'כט פֿאַר אַ זעלנער; מע האָט פֿון אים געמאַ'כט אַ זעלנער ‑ (cause) מאַכ|ן נאָמ ‑ **m.** him eat מאַך ער זאָל; מאַכ|ן אַ אינפֿ ‑ *vi.* (amount to) זײַן* ‑ מאַך אים עסן; זאָל עסן || זײַן* נאָמ, דינ|ען ווי ‑ (serve as) זײַן* ‑ **m. after** לאָז|ן זיך נאָך || **m. as if** מאַכ|ן ‑ **m. believe** מאַכ|ן דעם זיך אַז/ווי ‑ **m. for** (run, go) לאָז|ן זיך ‑ אָנשטעל 〈אַז〉 ‑ (bring about) ברענג|ען, צו/קיין/אין ‑ **m. good** *vt.* (a wrong) פֿיר|ן ‑ צו— ‑ (a loss) גוט מאַכ|ן, מתקן זײַן* [MESAKN] || (a promise) האַלט|ן || *also* אומ|קער|ן *vi.* (succeed) מצליח זײַן* [MATSLIEKh] || **m. into** מאַכ|ן אַ פֿון || **m. it** (in time) אַרײַנ|גיי|ן* אין די° באַוויז|ן ‑ (succeed) ‑ **m. of** (interpret) פֿאַרשטיי|ן* ‑ פֿע'דערן || **m. off** אַנטלויפֿ|ן, אָפּ|טראָג|ן זיך ‑ אַ פֿון **m. out** *vt.* (discern) באַמערק|ן || (decipher) דערקענ|ען, פֿאַרשטיי'|ן*; דערגיי'|ן* || אַ טאָלק, פֿונאַנדער|קלײַב|ן זיך ‑ אין— (draw up) אויס|שרײַב|ן, ־|שטעל|ן || *vi.* (succeed) מאַכ|ן || (*rev. con.*) גיי|ן* ד אומפּ אים וועט גיין גוט, || he'll m. out well ער וועט מאַכן גוט° ‑ **m. over** (transfer) אַריבער|טראָג|ן, אָפּ|שרײַב|ן ‑ (convert) איבער|מאַכ|ן ‑ **m. sure** (whether) קאָנ־פֿאַרזי'כער|ן זיך ‑ (that) טראַליר|ן 〈צי〉 〈אַז〉 ‑ **m. up** *vt.* (loss) אָנ|יאָג|ן || (wrong) *also* גוט מאַכ|ן || (invent) אויס|קלער|ן, צונויפֿ|־|טראַכט|ן ‑ (put together) צונויפֿ|־ ‑ (apply make-up to) אָנ|רייט־שטעל|ן ‑ |רוזש|ן, ־|ל|ען ‑ (*cont.*) אָנ|שמיר|ן || (an actor) (אויס)גרימיר|ן ‑ (pages) ברעכ|ן || *vi.* (be reconciled) איבער|בעט|ן זיך || (constitute) זײַן* נאָמ; פֿאַר|שטעל|ן מיט || **m. up for** קאָמפּענסיר|ן ‑ זיך אַ || **m. up one's mind** *see* **mind**

make-believe דער אָנשטעל

maker דער פֿאַבריקאַ'נט (ן), דער מאַכער (ס) || **the M.** דער בורא [BOYRE]

makeshift 1. *adj.* נויט... || 2. *n.* די נויטזאַך (ן), די נויט־עצה (—ות) [EYTSE]

make-up (composition) דער באַשטאַ'נד || (cosmetic) די קאָסמעטיק, די שמינקע || (actor's) דער גרים || (printing) דער צעשטע'ל (ן); דאָס ברעכן זײַטלעך

making: be in the m. האַלט|ן אין ווערן, מאַכ|ן זיך ⊣ **have the m.s of** שנײַד|ן זיך אויף

malaria די מאַלאַ'ריע

Malay *adj.* מאַלײַיִש

Malaya (די) מאַלײַע

Malaysia (די) מאַלײַ'זיע

malcontent *adj.* או'מבאַפֿרי'דיקט

male 1. *adj.* מענלעך || 2. *n.* דער מאַנצביל (ן), דער זכר (ים) [ZOKhER—SKhORIM] || (of a species) דער ער (ן)

malevolence די ביי'זוויליקייט

malevolent ביי'זוויליק

malice דאָס רישעות [RIShES], די בייזקייט, די רוגזה [RUGZE], די גאַל ⊣ **bear m.** טראָג|ן אַ שינאה [SINE] ⟨אויף⟩

malicious בייז, שלעכט, רישעותדיק [ ], רוגזהדיק [ ], גאַליק ⊣ **m. man** דער רשע (ים) [ROShE—RESHOIM] ⊣ **extremely m. man** דער רשע־מרושע [ROShE-MERU'ShE] || **m. woman** די מרשעת (ן) [MARShA'S]

malign אַרוי'ס|לאָז|ן אַ שלעכטן רוף, רעד|ן לשון־הרע [LOShN-HO'RE], מלשין זײַן* [MALShN] ⟨אויף—⟩

malignant ביי'זוואוקסיק, ביי'זמיניק || **m. tumor** דער בייזוואוקס (ן)

malleable שמי'ד(עווד)יק

mallet דאָס (הי'לצערנ|ע) הע'מערל (עך)

malnutrition די ני'ט־דערשפּײַ'זטקייט

malt דאָס מאַלץ

malted milk די מאַ'לצ(נ)מילך

maltreat שלעכט באַהאַנדל|ען

mammal דער זויגער (ס)

man 1. *n.* (male) דער מאַנצביל (ן) || (*hum.*) דער מאַ'נספּאַרשוין (ען) || (human) דער בן־אָדם (בני־) [BENODEM—BNEY] ⊣ (mortal) דער מענטש (ן), דער בשׂר־ודם (ס) [BOSERVEDO'M] ⊣ **to a m.** ביז איינעם || **2-m.** mission 2־אי'רעדיקע קאָמאַנדירונג || **m.'s** (male) מענער...; מענערש, מאַנצ־בילש —אַדי ⊣ 2. *v.* באַמענטש|ן, עקיפּיר|ן; נעמ|ען זיך צו

manage 1. *vt.* (direct) (אָנ|)פֿיר|ן א/מיט; פֿאַרוואַ'לט|ן• מיט ⊣ (household) *also* בעל־הבתעווע|ן [BALEBA'TEVE] איבער || (a task) באַהייב|ן; ספּראַווע|ן זיך, אַן עצה [EYTSE] געב|ן* זיך ⟨—מיט⟩ ⊣ 2. *vi.* אויס|קומ|ען, -|קע'רעווע|ן זיך ⊣ (under difficult circumstances) *also* באַשטיי'|ן*/זײַן* איר/... שטעטל, בריה|ן זיך [BERYE], אויס|מיטל|ען זיך

management די פֿאַרוואַלטונג (ען), די אָ'נ־פֿירונג (ען), די דירעקציע (ס), די אַדמיניס־טראַציע (ס) ⊣ (managers) די פֿאַר־וואַ'לטערשאַפֿט

manager דער פֿאַרוואַלטער (ס), דער אָ'נ־פֿירער (ס) || דער געשע'פֿט(ס)־פֿירער (ס) (artist's or performer's) דער אימפּרע־סאַריאָ (ס)

managing געשע'פֿט...

mandate דער מאַנדאַ'ט (ן)

mandolin די מאַנדאָלי'ן (ען)

mane די גריווע (ס)

maneuver 1. *n.* די מאַנעוורע (ס), דער לאַווי'ר (ן) || (military) דער מאַנעווער (ס) || 2. *v.* מאַנעווריר|ן, לאַוויר|ן

manganese דער מאַנגאַ'ן

manger דער זשאָלעב (עס)

mangy קרעציק

manhole די קרי'כלאָך (...לעכער)

manhood די מאַ'נצבילשקייט, דאָס זכרות [ZAKhRES] ⊣ (*coll.*) די מע'נערשאַפֿט

mania די מאַ'ניע (ס)

maniac דער מאַניאַ'ק (ן) [NY]

manic מאַניש

manicure 1. *n.* דער מאַניקו'ר || 2. *v.* מאַני־קוריר|ן

manifest 1. *adj.* באַשײַ'מפּערלעך, אָ'פֿנוואָר || 2. *n.* דער לאָ'דלייסטער (ס) || 3. *v.* (show) אויס|דריק|ן ⊣ (express) *also* אַרויס|ווײַז|ן || **m. itself** *also* לאָז|ן זיך דערקענען

manifestation דער אַרויסווײַז (ן), די אַרוי'ס־ווײַזונג (ען); די דערשײַנונג• (ען)

manifesto דער מאַניפֿע'סט (ן)

manifold *adj.* פֿי'לפֿאַכיק
manipulate מאַניפּוליר|ן
mankind די מענטשהייט; דער מענטש קאָל; דער מין מענטש
manly מע'נעריש, בראַוו, גבֿריש [ ] || **m. person** דער מאַ'נספּאַרשוין (ען), דער גבֿר [GVAR] (ן)
man-made קינסטלעך; געמאַ'כט פֿון מענטשן
manna דער מן [MAN]
manned באַמע'נטשט, עקיפּי'רט; פּילאָטי'רט
manner (way) דער אופֿן (ים) [OYFN—OYFANIM], דער גאַנג (גענג), דער שטייגער (ס), דער מאַני'ר (ן) ⊣ (manners) דער שניט (ן) ⊣ די מידה (—ות) [MIDE] ⊣ **m.s** *also* דאָס תּרבות [TARBES] ⊣ **mind one's m.s** האַלט|ן זיך אין דער מעלה [MAYLE]
mannerism די מידה (—ות) [MIDE], די פּאָ'סטעמקע (ס)
mannerly סטאַטעטשנע
mannish מאַ'נצבילדיק
manor דער מאַיאָנטיק (...טקעס)
manpower די (מע'נטשלעכ|ע) אַ'רבעט־קראַפֿט, די מע'נטשנקראַפֿט, די מע'נטשנשאַפֿט
mansion דאָס פּריי'ציש|ע הויז (הײַזער)
manslaughter די (שוגג־)טייטונג [sho'YGEG]
mantelpiece דער קאַמינגזימס (ן)
mantle דער מאַנטל (ען), דער שלייער (ן), דער צודעק (ן)
manual 1. *adj.* האַנט... || **m. work** די פֿי'זיש|ע אַרבעט ⊣ 2. *n.* דאָס האַנטבוך (...ביכער)
manufacture 1. *n.* (production) די אוי'ס־אַרבעטונג (ען), די פֿאַבריקאַציע (ס) ⊣ (product) דער פֿאַבריקאַ'ט (ן) || 2. *v.* אויס|אַ'רבעט|ן, פֿאַבריציר|ן
manufacturer דער פֿאַבריקאַ'נט (ן) || **home m.** דער כאַלופּניק (עס)
manure דאָס מיסט
manuscript דער כּתבֿ־יד (ן) [KSAVYA'D], דער מאַנוסקריפּ'ט (ן)
many אַ סך [ASA'Kh], אַ פֿולע, פֿיל• || **so m., as m.** אַזוי' פֿיל, אַזאַ' סך || **too m.** צו פֿיל || **how m.** וויפֿל, ווי פֿיל || **not m.** ניט קיין סך

map 1. *n.* די קאַרטע (ס), די מאַפּע (ס) || (city) דער פּלאַן (פּלענער) || 2. *v.* אָנ|מאַ'פּעווע|ן, אויס|מאַרקיר|ן
maple דער נעזבוים (...ביימער)
mar צעשע'דיק|ן; פֿאַרשטער|ן
marathon דער מאַראַטאָ'ן (ען)
maraud מאַראָדיר|ן
marauder דער מאַראָדירער (ס)
marble 1. *adj.* מי'רמלען || 2. *n.* דער מי'רמלשטיין, דער מאַרמער ⊣ (toy) דאָס ביקל (עך), דאָס רעשל (עך)
march 1. *n.* דער מאַרש (ן) || 2. *vi.* מאַרשיר|ן ⊣ **m. past** (פֿאַרבײַ|)דעפֿיליר|ן
March דער מאַרץ
march-past די דעפֿילאַדע (ס)
mare די קליאַטשע (ס), די שקאַפּע (ס)
margarine דער מאַרגאַרי'ן
margin דער גליון (ות) [GILYEN—GILYOYNES]; דער ראַנד (ן), דער גרענעץ (ן) ⊣ (reserve) דער זאַפּאַ'ס (ן) || (excess) דער עודף [OYDEF] (ן) ⊣ (latitude) די (אוי'ס)קער־ברייט
marginal מאַרגינאַ'ל; מאַרגינאַ'ל־..., ראַנד...
marijuana די מאַריכואַנע
marina דער יאַ'כטבאַסיין (ען); דער ים־פּראָמענאַ'ד (ן) [YA'M]
marinate מאַריניר|ן
marine 1. *adj.* ים־... [YAM] || 2. *n.* דער מאַרינער (ס)
marital זיווג־... [ZIVEG], חתונה־... [KhA'SENE], מאַן־און־ווײַ'ב־... ⊣ **m. status** דער ציווילשטאַנד
maritime ים־..., ים־פֿאַרנדיק [YA'M]
mark 1. *n.* דער סימן (ים) [SIMEN—SIMONIM], דער צייכן (ס) || (target) דער ציל (ן) || (report card) דער צייכן (ס) || **hit the m.** טרעפֿ|ן אין פּינטל ⊣ 2. *v.* באַצײַ'כענ|ען, אָנ|צײַ'כענ|ען, מאַרקיר|ן ⊣ (give marks) שטעל|ן צייכנס ד ⊣ (an occasion) אָפּ|ריכט|ן ⊣ **m. down** (price) אַראָפּ|לאָז|ן (פֿון פּרײַז) ⊣ **m. off** אָפּ|צאַמ|ען, -|גרע'נעצ|ן ⊣ **m. out** אויס|מאַרקיר|ן || **m. time** מאַרשיר|ן אויפֿן אָרט ⊣ **m. up** (price) אויפֿ|שלאָג|ן ⊣ (soil) באַפּאַטשקע|ן

marked (distinct) [BOY-LET] קענטיק, בולט
market 1. *n.* (מערק) דער מאַרק || 2. *vt.* אָפּ|זעצ|ן
marketing (as a business) דאָס אָפּזעצערײַ || *cf.* **shopping**
marketplace (מערק) דער מאַרק
marmalade (ן) דער מאַרמעלאַ'ד
maroon קעסטן ברוין
marrano (ען), דער מאַראַ'ן (אַנוסים) דער אָנוס [ONES—ANUSIM]
marriage (event) [KHA'-SENE] (—ות) די חתונה ⊣ (*Jew.*) *also* [KHUPE] די חופּה || (match) ,[ZIVEG—ZIVUGIM] (ים) דער זיווג ⊣ (matrimony) די פּאָרפֿאָלקשאַפֿט (ן) ⊣ די זיווגשאַפֿט, דאָס מאַן־און־ווײַ'ב־לעבן, דאָס זיווג־לעבן ⊣ **give in m.** חתונה מאַכ|ן || **m. broker** [SHATKHN—SHATKHONIM] (ים) דער שדכן ⊣ **m. license** דער חתונה־דערלויב (ן) ⊣ **m. contract** (*Jew.*) די [KSUBE] (—ות) כּתובה ⊣ **m. certificate** חתונה־פּאַפּירן מצ
marriageable [ROE-LE-KHU'PE] ראָוי־לחופּה אַפּ ⊣ **m. girl** (ן) די כּלה־מויד ,[KA'LE] ⊣ **m. young man** די מויד צו לײַטן [KHO'SN-BOKHER] (ים) דער חתן־בחור || **of m. age** אין די יאָרן
married (life etc.) ...מאַן־און־ווײַ'ב־ || (person) [ ] חתונה־געהאַט || (man) *also* באַ־ווײַ'בט ⊣ (woman) *also* באַמאַ'נט || **get m.** חתונה האָב|ן* [ ]
marrow דער מאַרך, דער קליאַק
marry (get married) חתונה האָב|ן* ⟨מיט/ פֿאַר⟩ [ ]; שטעל|ן (אַ) חופּה ⟨מיט⟩ [KHUPE], [VEKDU'SHN] גיב|ן* ד חופּה־וקידושין || (perform a marriage between) חתונה מאַכ|ן א ⊣ **m. off** *also* אויס|געב|ן* א
Mars (דער) מאַרס
marsh (ס) דער זומפּ (ן), די בלאָטע
marshal 1. *n.* (ן) דער מאַרשאַ'ל || 2. *v.* צונויפֿ|נעמ|ען, מאָביליזיר|ן
martial ...מלחמה־ [MILKHOME], קריגס... || (music) מיליטעריש
Martian *adj.* מאַרסיש
martyr (ס) דער מאַרטירער || (*Jew.*) *also* [KODESH—KDOYSHIM] (ים) דער קדוש
martyrdom די מאַרטי'רערשאַפֿט || (*Jew.*) *also* [KIDESH-HASHE'M] דער קידוש־השם
martyred: be m. שטאַרב|ן (ווי) אַ מאַר־טירער ⊣ (*Jew.*) *also* אום|קומ|ען על־קידוש־השם [AL]
marvel 1. *n.* (ס) דער ווונדער || (*pl.*) *also* [PILE-PLO'IM] פּילאי־פּלאָים מצ ⊣ 2. *v.* באַווו'נדער|ן א ⊣ **m. at** ווו'נדער|ן זיך ⟨אויף⟩
marvelous ווו'נדערלעך
marzipan (עס) דער מאַרצעפּאַ'ן
mascot דער מאַסקאָ'ט (ן), דאָס מזל (ך) [MA'ZELE]
masculine מענלעך, מאַנצבילש || (grammar) מענלעך, מאַסקולי'ן || **m. gender** *also* [LOSHN-ZO'KHER] דאָס לשון־זכר
mash *v.* צעקווועטש|ן || **m.ed** potatoes די קאַרטאָ'פֿל־קאַשע
mask 1. *n.* (ס) די מאַסקע || 2. *v.* *imp/pf* (פֿאַר)מאַסקיר|ן
mason (ס) דער מולער || *cf.* **freemason**
masquerade (ן) דער מאַסקאַראַ'ד
mass[1] 1. *adj.* ...מאַ'סנ || m. media מאַ'סן־מעדיומס מצ ⊣ 2. *n.* (ס/מאַסן) די מאַסע || (bulk of a population) דער רובֿ־מנין [ROVMI'NYEN-VEROVBI'NYEN] ורובֿ־בנין || 3. *v.* מאַסיר|ן
mass[2] (service) (ס) די מעסע
massacre 1. *n.* ,[SHKHITE] (—ות) די שחיטה [HARIGE] (—ות) די הריגה ⊣ 2. *v.* אויס|הרגע|נען [HARGE]
massage 1. *n.* (ן) דער מאַסאַ'זש || 2. *v.* מאַסאַזשיר|ן
masseur (ן) דער מאַסאַזשי'סט
massif (ן) דער מאַסי'וו
massive מאַסי'וו
mast (...ביימער) דער מאַסטבוים
master 1. *n.* (owner) דער בעל־הבית (בעלי־בתּים) [BALEBO'S—BALEBATIM]; דער מײַנס־טער (ס) ⊣ (great craftsman) דער מײַסטער (ס) ⊣ (teacher) דער רבי (ס) [REBE] ⊣ (of Arts, of Science) דער מאַגיסטער (ס) ⊣ *cf.* **early** || **m. of**

ceremonies [SY] (ען) דער קאָנפֿעראַנסיע' || **past m.** (ס) דער אַ'לטמײַסטער || 2. *v.* באַגעווע'לטיק|ן; ווער|ן דער בעל־הבית איבער; גוט־גו'ט אויס|לערנ|ען זיך, ווער|ן [BOKE] (שטאַרק) בקי אין

masterful מײַ'סטעריש

master key (ען) דער אי'בערשליסל

masterpiece דאָס מײַ'סטערווערק (—), דער שעדעווער (ס)

mastery די שליטה [shLITE]; די מײַ'סטער־ שאַפֿט ⊣ (of a language, skill) דאָס קע'נ־ טעניש, דאָס בקיאות [BEKIES], די באַהערשונג•

masturbate אָנאַניר|ן

masturbation דער אָנאַניזם

mat די ראָגאָזשע (ס), דער טרעטער (ס), די מאַטע (ס)

match[1] דאָס שוועבעלע (ך)

match[2] 1. *n.* די פּאָר (ן); דער זיווג (ים) [ZIVEG—ZIVUGIM] ⊣ (marriage) *also* דער שידוך (ים) [shIDEKh—shIDUKhIM] || **propose a m.** (to) רעד|ן ⟨ד⟩ אַ שידוך || **meet one's m.** געפֿינ|ען זײַנס גלײַכן || 2. *vt.* צונויפֿ|פּאַס|ן, ־פּאָר|ן || (counter) אַנטקעגנ|קומ|ען ⟨ד מיט⟩ ⊣ (select) צו־ פּאָר|ן זיך, שטימ|ען ⟨—מיט⟩, ⊣ *vi.* קלײַב|ן פּאַס|ן זיך ⟨צו⟩

matchmaker [shATKhN— (ים) דער שדכן shATKhONIM]

matchmaking דאָס שדכנות [shATKhONES]

mate[1] *see* **checkmate**

mate[2] 1. *n.* די פּאָר (ן), דער זיווג (ים) [ZIVEG—ZIVUGIM], דער בן־זוג (בני־) [BEN- ZU'G—BNEY] ⊣ 2. *vt/vi* (זיך) פּאָר|ן

material 1. *adj.* מאַטעריע'ל; גשמיותדיק [GA'shMIESDIK] ⊣ (cloth) געוואַנט·ן, שטאָפֿ·ן ⊣ 2. *n.* דער מאַטעריאַ'ל (ן) || (cloth) דאָס געוואַ'נט (ן), דער שטאָף (ן) || **raw m.** דאָס רויוואַרג קאָל, דער רוי'־מאַטעריאַ'ל (ן)

materialism דער מאַטעריאַליזם

materialize *vt.* מקיים זײַן* [MEKAYEM] || *vi.* מקוים ווער|ן [MEKUYEM], צו שטאַנד קומ|ען

maternal מוטער...; פֿון דער מוטערס צד [TSAD] ⊣ (motherly) מו'טעריש

maternity די מו'טערשאַפֿט || **m. clothes** די שוואַ'נגערקליידער מצ ⊣ **m. ward** די קי'מ־ פּעט־פּאַלאַטע (ס)

mathematical מאַטעמאַטיש

mathematician דער מאַטעמאַ'טיקער (ס)

mathematics די מאַטעמאַטיק

matinée דער מאַטינע' (ען), די נאָכמי'טאָג־ פֿאָרשטעלונג (ען)

matrimony די זיווגשאַפֿט [ZI'VEGshAFT], דאָס מאַן־און־ווײַ'ב־לעבן

matron די מאַדאַ'ם (ען), די מאַטראָנע (ס)

matter 1. *n.* (not energy) די מאַטעריע || (not spirit) דער חומר [KhOYMER] || (thing, concern) דער ענין (ים) [INYEN—INYONIM], דער עסק (ים) [EYSEK—ASOKIM], די זאַך (ן) ⊣ (contents etc.) דער שטאָף ⊣ (trouble) דער מער, די מעשׂה [MAYSE] ⊣ **what's the m.** (with ...) וואָס איז ⟨מיט ...⟩? *also* וואָס טוט זיך מיט ...? || what's the m. with you? *also* גאָט איז מיט דיר! ⊣ **in the m. of** בנוגע [BENEGEYE] ⊣ **no m.** אַלץ איינס || **no m. how good** *also* ווי גוט עס זאָל ניט זײַן || **no m. what** אָווע־טאָ'ווע || **be a m. of** האַנדל|ען• זיך ווענג, גיי|ן* אין ⊣ **m.s** (of) דאָס הילכות [HILKhES] ⟨נאָס⟩ ⊣ in m.s of money אין הילכות געלט ⊣ **as a m. of fact** בעצם [BEETSEM] ⊣ **it's a m. of fact** ס'איז אַ פֿאַקט ⊣ 2. *vi.* (to) אויס|מאַכ|ן ⟨ד⟩, אָנ|גיי|ן* ⟨אַ⟩

matter-of-fact זאַכלעך

mattock דאָס גראָ'באײַזן (ס)

mattress דער מאַטראַ'ץ (ן)

maturation די צײַ'טיקונג

mature 1. *adj.* צײַטיק, דערוואַקס·ן; בעל־ הבתּיש [BALEBATISh] ⊣ **m. person** דער מענטש (ן) ⊣ 2. *vi.* (אויס)צײַ'טיק|ן זיך; אויס|־ מענטשל|ען זיך ⊣ (fall due) פֿעליק ווער|ן

maturity די צײַ'טיקייט

matzah די מצה (—ות) [MATSE] || **m. balls** (מצה־)קניידלעך מצ

mausoleum דער מאַוזאָלײ' (ען)

mauve מאַלווע לילאַ, ראָ'זלעך־לי'לאַ — אינוו

maverick דער פֿאַרבלאָ'נדזשעט|ער געב; דער אָ'נפּאַרטייִ'יש|ער געב

maximum 1. *adj.* מאַקסימאַ'ל || 2. *n.* דער מאַ'קסימום (ס)

may (be allowed) מעג|ן* || (be likely) קער|ן* ⊣ **m. not** (must not) ניט טאָר|ן*

May דער מײַ

maybe [EFShER] אפֿשר

May Day דער ערשט|ער מײַ

mayhem [TSEDAMUNG] די צעדמונג

mayonnaise דער מאַיאָנע'ז

mayor דער בי'רגער־מײַסטער (ס), דער ראש־עירון (ס) [REShEYRN], דער מייאָר (ס) אַמער

maze די בלאָנדזשערײַ' (ען), דער לאַבירי'נט (ן)

mead דער מעד

meadow די לאָנקע (ס), די טאָ'לעקע (ס), דער לאַן (ען) ל

meager קנאַפּ

meal דער מאָלצײַט (ן); די סעודה (—ות) [SUDE] ⊣ (flour) די מעל || **get a square m.** קריג|ן אָ'פּצועסן צו זאַט

mean[1] *adj.* (low) געמיי'ן, וואָ'כעדיק; °פֿאַר־שלעכט, בייז; ⊣ (malicious) שיווע, הינטיש [RI'ShESDIK] רישעותדיק

mean[2] 1. *adj.* (average) דו'רכשניטלעך || 2. *n.* דער דורכשניט (ן) || *cf.* **means**

mean[3] *v.* באַטײַט|ן, הייס|ן, מיינ|ען || (intend) אויסן זײַן*

meander שלענגל|ען זיך, שלע'נדער|ן זיך

meaning דער טײַטש (ן), דער באַטײַ'ט (ן) || *cf.* **literal**

meaningless אָ'נזי'נעדיק, אָן אַ זינען

meanness די געמיינקייט; דאָס רישעות (ן) [RIShES]

means דאָס מיטל (ען), די תּחבולה (—ות) [TAKhBULE] ⊣ **by m. of** דורך || **by all m.** ניט אַנדערש, אַוודאי [AVADE], •או'מבאַ־דינגט ⊣ (urging) *also* אַדרבא אינט [A'DERA-BE] ⊣ **by no m.** בשום־אופֿן ... ניט [BE-ShU'M-O'YFN], באין־אופֿן ... ניט [BEE'YN], פֿאַר קיין פֿאַל ... ניט ⊣ **by what m.** ווי אַזוי', ווי'ערנאָך ⊣ **of m.** (well-to-do) פֿאַרמעגלעך, יוסט, בעל־הבתּיש [BALEBA-TISh]

meanwhile דערווײַ'ל(ע), אין צווישן, אין דע'ם, בינו־לבינו [BEYNE-LEBE'YNE]

measles מאָזלען מצ || **German m.** די קושוליע ⊣ **have the m.** *imp/pf* (אָפּ|)־מאָזל|ען

measure 1. *n.* די מאָס (ן); דאָס מעסטל (עך) || (music) דער טאַקט (ן) || (step) דאָס מאָ'סמיטל (ען) ⊣ **take m.s** טאָ|ן* מיטל, אָנ|נעמ|ען (מאָ'ס)מיטלען ⊣ **made to m.** געמאַ'כט אויף מאָס; (ווי) אָ'נגעמאָסט·ן || 2. *v/imp* מעסט|ן || *pf.* אויס|-, אָפּ|מעסט|ן

measurement די מעסטונג (ען); די מאָס (ן) || **take m.s** (אַראָפּ|)נעמ|ען אַ מאָס

meat דאָס פֿלייש

meatloaf דער קלאָפּס (ן)

mechanic דער מעכאַ'ניקער (ס), דער מײַנסטער (ס)

mechanical מעכאַניש

mechanics די מעכאַניק

mechanism דער מעכאַניזם (ען), דאָס געווע'רק (ן)

mechanize מעכאַנ(יז)יר|ן

medal דער מעדאַ'ל (ן), דער אָרדן (ס)

medallion דאָס הע'רצעלע (ך), דער אויבל (ען)

meddle (אַרײַנ|)מיש|ן זיך, קריכ|ן, שטעק|ן זיך ⟨—אין⟩

meddler דער קאָ'כלעפֿל (—)

mediate *vt/vi* פֿאַרמיטל|ען || *vi. also* אַרײַנ|לייג|ן זיך אין שלום [ShOLEM]

mediation די פֿאַרמיטלונג, דאָס פּשרנות [PASh-RONES], דאָס השתּדלות [HIShTADLES]

mediator דער פֿאַרמיטלער (ס), דער פּשרן (ים) [PAShREN—PAShRONIM]

medic (doctor) דער מע'דיקער (ס) || (attendant) דער סאַניטאַ'ר (ן)

medical מעדיציניש || **m. man** דער מע'די־קער (ס) ⊣ **m. supplies** מעדיקאַמענטן מצ

medicare דער מע'דפֿאַרזאָ'רג

medication דער מעדיקאַמע'נט (ן)

medicinal [ ] רפֿואהדיק

medicine (profession) די מעדיצי'ן || (drug) די מעדיצי'ן (ען), די רפֿואה (—ות) [REFUE] ⊣ **m. chest** דאָס אַפּטייקל (עך) || **m. man** דער (כּישוף־)היילער (ס) [KI'ShEF]

medieval מי'טל־עלטעריש

mediocre מי'טלמאָסיק

mediocrity די מי'טלמאָסיקייט

meditate , [MEHARHER] *קלער\|ן, מהרהר זײַן טראַכט\|ן הוריות [HO'YRIES]

meditation דאָס קלערן; הירהורים מצ ; דער חשבון־הנפֿש [KhEZhBM-HANE'FESh], דאָס התבוננות [HISBO'YNENES]

Mediterranean 1. *adj.* מי'טלענדיש \|\| 2. *n.*: **the M.** דער מי'טלענדיש\|ער ים [YAM]

medium 1. *adj.* מיט־ל, מי'טלמאָסיק \|\| 2. *n.* דאָס מיטל (ען); דער מע'דיום (ס) ⊣ *cf.* **mass**

medley דאָס געמי'ש (ן); דער פּאָפּורי' (ען)

meek הכנעהדיק [ ] \|\| **m. person** דער ניכנע [NIKhNE—NIKhNOIM] (ים), דער ענוו (ים) [ONEV—ANOVIM]

meekness די הכנעה [HAKhNOE]

meet טרעפֿ\|ן (זיך מיט); אָנ\|טרעפֿ\|ן, באַ־ אָנ\|גע'גענ\|ען (unexpectedly) ⊣ גע'גענ\|ען \|\| (requirements) באַפֿרי'דיק\|ן \|\| **go to m.** גיי\|ן* ד אַנטקעגן \|\| (be introduced to) באַקענ\|ען זיך מיט ⊣ **make ends m.** מיטל\|ען זיך ⊣ *vi.* טרעפֿ\|ן זיך, באַ־ גע'גענ\|ען זיך

meeting דער צוזאַ'מענטרעף (ן), דאָס באַגע'געניש (ן), די זיצונג (ען), די פֿאַרזאַמלונג (ען), די אַסיפֿה (—ות) [ASIFE] ⊣ (mass m.) דער מיטינג (ען)

mega... ..מעגאַ \|\| **megaton** מעגאַטאָ'ן

megalomania די גרויס'קייט־מאַניע

megalopolis דער גרויס־כּרך (ן) [KRAKh]

megaphone דער מעגאַפֿאָ'ן (ען)

melancholy 1. *adj.* מעלאַנכאָליש, מרה־ שחורהדיק [ ], פֿאַרמרה־שחורהט [ ] ⊣ 2. *n.* די מרה־שחורה [MORESHKhOYRE], די מע־ לאַנכאָ'ליע

mellow צײַטיק ווייך, זענפֿטיק

melodrama די מעלאָדראַמע (ס)

melody די מעלאָ'דיע (ס), דער ניגון (ים) [NIGN—NIGUNIM]

melon דער מעלאָ'ן (ען), די דיניע (ס)

melt *vt/imp* שמעלצ\|ן \|\| *pf.* צעשמעלצ\|ן, צעשמאָלצן ווער\|ן, צעגיי'\|ן* ⊣ *vi.* צעלאָז\|ן (זיך)

member דער מיטגליד (ער) \|\| (limb) דאָס גליד (ער)

membership (members) די מי'טגלידער־ שאַפֿט ⊣ (belonging) *also* די צו'געהעריקייט ⟨צו⟩

membrane די מעמבראַ'ן (ען), דאָס הײַטל (עך)

memento דער אָנדענק (ען), דאָס אָ'נדענקל (עך)

memoirs זכרונות [ZIKhROYNES], מעמואַרן מצ—

memorabilia דאָס אָ'נדענקוואַרג

memorable צו געדענקען; געדע'נקעוודיק

memorandum דער מעמאָראַנדום (ס)

memorial 1. *adj.* ...געדע'נק..., אָנדענק \|\| **m. service** (*Jew.*) די הזכּרה (—ות) [HASKORE] ⊣ 2. *n.* דער דענקמאָל (ן)

memories זכרונות מצ [ZIKhROYNES]

memorize פֿאַרגעדענק\|ען, אויס\|לערנ\|ען אויף אוי'סנווייניק, אײַנ\|חזר\|ן (זיך) [KhAZER]

memory דער זכּרון (ס) [ZIKORN] \|\| (remembrance) דער אָנדענק (ען), דאָס גע־ דע'כעניש (ן) ⊣ **in m. of** צום אָנדענק פֿון, לזכּרון פּרעפּ [LEZIKORN] ⊣ **weak m.** דער קע'ציש\|ער מוח [MOYEKh] ⊣ *cf.* **memories** \|\| **good m.** דער אײַ'זערנ\|ער זכּרון \|\| **of blessed m.** (*masc./fem.*) = [ZAL] ז"ל זכרונו־לבֿרכה/זכרונה־לבֿרכה [ZIKhROYNE-LIVRO'KhE] ⊣ **person with good m.** דער בעל־זכּרון (בעלי־) [BAL-ZIKO'RN—BALE]

menace 1. *n.* די סכּנה (—ות) [SAKONE] \|\| 2. *v.* שטעל\|ן אין (אַ) סכּנה; סטראַשע\|ן, דראָ\|ען ⟨ד—⟩

menaced: be m. (by) *also* זײַן* אוי'סגע־ שטעלט אויף דער סכּנה ⟨פֿון⟩ [ ]

menagerie די מענאַזשעריע (ס)

mend *vt.* צו רעכט מאַכ\|ן, פֿאַרריכט\|ן; (פֿאַר)לאַטע\|ן, (פֿאַר)צי'רעווע\|ן

mendacious לי'גנעריש, כּזבֿ־ושקרדיק [KO'ZEV-VESHE'KERDIK]

menial לאַקייִש, משרתיש [MESHORSISH]

menorah די מנורה (—ות) [MENOYRE]

menses די וסת אצ [VEST]

menstruate האָב\|ן* די צײַט, מענסטרויִר\|ן \|\| **begin to m.** קריג\|ן די צײַט

menstruation די צײַט; די מענסטרואַציע

mental גײַסטיק, פּסיכיש \|\| **m. life** די פּסיכיק

mentality די פסיכאָלאָגיע

mention 1. *n.* די דערמאָנונג (ען) || **special m.** די אױ'סשטײלונג || **give honorable m. to** דערמאָנ|ען אַ צום גוטן || 2. *v.* דער־ אױס|מאָנ|ען, אָנ|רופֿ|ן ⊣ **m. specially** -מאָנ|ען ⊣ טײל|ן ⊣ **don't m. it** ניטאָ' פֿאַר װאָס!

mentor דער מענטאָר (...אָ'רן), דער מדריך (ים) [MADREKh—MADRIKhIM]

menu דער מעניו' (ען)

mercenary 1. *adj.* געדונגען; העלנדלעריש || 2. *n.* דער געדו'נגענ|ער געב, דער געדו'נגענ|ער זעלנער (ס)

merchandise די סחורה [SKhOYRE]

merchant דער סוחר (ים) [SOYKhER—SOKhRIM], דער הענדלער (ס) ⊣ **m. marine** דער האַ'נדלפֿלאָט

merciful מרחמדיק [MERA'KhEMDIK], באַ־ רעמהאַרציק, גנעדיק, דערבאַ'רעמדיק ⊣ **be m.** *also* האָב|ן* גאָט אין האַרצן || **m. man** דער רחמן (ים) [RAKhMEN—RAKh- MONIM]

merciless אומברחמנותדיק [U'MBERAKh- MO'NESDIK], או'מבאַרעמהאַ'רציק, או'מ- דערבאַ'רעמדיק

mercurial קװע'קזילבערדיק, או'מראַסיק || **m. person** דער אומראַס (ן)

mercury דאָס קװע'קזילבער

Mercury (דער) מערקו'ר

mercy רחמים מצ [RAKhMIM], דער חסד [KhESED], די גנאָד, די באַרעמהאַ'רציקײט, דאָס רחמנות [RAKhMONES] ⊣ **at the m. of** אױף פּאָס באַראָ'ט, בײַ ד אין די הענט

mere נאָר, בלױז, לױטער, ניט מער װי —אַדװ || a m. hint ניט מער װי אַן אָנװונק

merge *vt/vi* צונױפֿ|גיס|ן (זיך)

merger דער צונױפֿגאָס (ן)

meridian דער מערידיאַ'ן (ען) [DY]

merit 1. *n.* די/דער װערט; די מעלה (—ות) [MAYLE] ⊣ **m.s** *also* דער זכות [SKhUS] || **on its m.s** מעריטאָריש || 2. *v.* פֿאַרדינ|ען || (*rev. con.*) קומ|ען ד

mermaid דאָס ים־מײדל (עך) [YA'M]

merriment די פֿרײ'לעכקײט; די חוכא־וטלולא [KhUKhE-TLU'LE]

merry פֿרײלעך, לע'בעדיק || **make m.** משׂמח זײַן* זיך [MESAMEYEKh]

merry-go-round די קאַרוסע'ל (ן)

mesh *n.* דאָס אײגל (עך); די נעץ (ן)

mess 1. *n.* דער באַלאַגאַ'ן, דאָס חזירײַ' [KhA- ZERA'Y], דאָס פּאַטשקערײַ'; די צרה [TSORE] || **make a m. of** פֿאַרפּאַרטאַ'טשעװע|ן || **make a m. of things** פֿאַרקאָכ|ן אַ קאַשע || 2. *v.* **m. up** (soil) באַפּאַטשקע|ן

message דער אָנזאָג (ן), די ידיעה (—ות) [YEDIE], די בשׂורה (—ות) [PSURE]; דער זײַ־ דאָס בריװל ⊣ (written note) װײ'סן (ס) || די װענדונג (ען) (address) ⊣ (עך) **give a m. to** לאָז|ן אַ װיסן; אָנ|זאָג|ן, איבער|- לאָז|ן אַן ⊣ **leave a m.** גיב|ן*, באַפֿעל|ן —ד אָנזאָג

messenger דער שליח (ים) [ShELIEKh— ShLIKhIM], דער משולח (ים) [MEShULEKh —MEShULOKhIM], דער לײפֿער (ס)

Messiah (דער) משיח (ים) [MEShIEKh— MEShIKhIM]

Messrs. הה'=הערן, חח'=חבֿרים [KhA- VEYRIM]

metal 1. *adj.* מעטאַ'לן || 2. *n.* דער מעטאַ'ל (ן)

metallurgy די מעטאַלורגיע

metamorphosis דער מעטאַמאָרפֿאָ'ז (ן), דער גילגול (ים) [GILGL—GILGULIM]

metaphor דער מעטאַפֿאָ'ר (ן)

metaphysics די מעטאַפֿיזיק

meteor דער מעטעאָ'ר (ן)

meteorology די מעטעאָראָלאָגיע

mete out צו|פּסקענ|ען [PASK'N], אױס|- מעסט|ן

meter דער מעטער (ס) || (prosodic) *also* דער מישקל (ים) [—MIShKOLIM] ⊣ (instru- ment) דער צײלער (ס)

method דער מעטאָ'ד (ן), דער גאַנג (גענג), די שיטה (—ות) [ShITE]

methodical מעטאָדיש, צי'לװיסיק

Methodist דער מעטאָדי'סט (ן)

methodology די מעטאָדיק, די מעטאָדאָ־ לאָגיע

meticulous קפּדניש [KAPDONISh] || **be m.**

[MEKADYKE- *מקפיד זײַן* [MAKPED], מדקדק זײַן [ME-DAKDEK] ⊣ **m. person** דער קפּדן (ים) [KAPDN—KAPDONIM]
metropolis די גרויסשטאָט (...שטעט), די מעטראָפּאָ'ליע (ס), דער כּרך (ן) [KRAKh]
metropolitan שטאָטיש; גרוי'סשטאָטיש
mew מיאַוקע|ן, קאַנויקע|ן
Mexican 1. *adj.* מעקסיקאַניש ‖ 2. *n.* דער מעקסיקאַנער (—)
Mexico (די) מע'קסיקע
mezuzah [MEZUZE] (—ות) די מזוזה
mica דער גלי'מערשטיין
microbe דער מיקראָ'ב (ן)
microphone דער מיקראָפאָ'ן (ען)
microscope דער מיקראָסקאָ'פּ (ן)
microscopic מיקראָסקאָפּיש
mid-... דער מיטן ⟨נאָם⟩, האַלב... ‖ in m.-August אין מיטן אויגוסט, אַרו'ם האַלבן אויגוסט ⊣ in m.-stream אין מיטן שטראָם ‖ **in m.-air** אין דער לופטן
midday 1. *adj.* מיטאָג... ‖ 2. *n.* (דער) האַלב|ער טאָג
middle 1. *adj.* מיט'ל*, מיטלסט* ‖ 2. *n.* דער מיטן (ס), די מיט ⊣ **in the m.** אין דער מיט, אין מיטן ⊣ **M. Ages** דער מי'טל־עלטער ‖ **m. class** דער מי'טלקלאַס ‖ **m. of the road** דער מי'טלוועג
middle-aged אין די מי'טעלע יאָרן
middleman דער פֿאַרמיטלער (ס), דער סרסר [SARSER—SARSORIM] (ים)
midget דער ליליפּו'ט (ן), דער קאַרליק (עס)
midnight (די) האַלב|ע נאַכט
Midrash דער מדרש (ים) [MEDRESh—MEDROShIM]
midst: in the m. (of) אין מיטן ⟨נאָם⟩ ‖ **in our m.** צווישן אונדז ‖ **in our own m.** צווישן אונדז גופֿא [GUFE]
midtown 1. *adj.* מי'טלשטאָטיש ‖ 2. *n.* די מי'טלשטאָט
midway *adv.* אויפֿן האַלבן וועג
midwife די הייבאַם (ען); די אַקושערקע (ס)
midwifery די אַקושעריע
might[1] *n.* די מאַכט (ן); די גבֿורה [GVURE], דער כּוח [KOYEKh] ⊣ **with all one's m.** מיט אַלע כּוחות [KOYKhES] ⊣ **with m. and main** מיט לײַב און לעבן
might[2] *aux. v.* קענ|ען*, קער|ן* ⟨—אינפֿ⟩
mighty מעכטיק, מאַכטיק; גוואַלדיק
migrant 1. *adj.* נע־ונדיק [NAVENADIK] ‖ 2. *n.* דער נע־ונדניק (עס) [ ]
migrate איבער|וואַ'נדער|ן
migration די וואַ'נדערונג (ען)
mild מילד, לינד, לאַגאָדנע
mildew דער שימל
mildly: to put it m. איידל גערע'דט
mile די מײַל (ן)
mileage די מײַ'לנצאָל, דאָס געמײַ'ל
milestone דער מײַלשטיין (ער)
militant קע'מפֿעריש
militarism דער מיליטאַריזם
military מיליטעריש; מיליטע'ר־...; זע'ל־נעריש ⊣ **m. service** *also* דאָס זעלנערײַ' ‖ **the m.** די מיליטע'ר־לײַט מצ, דאָס מילי־טע'ר
militia די מילי'ץ
militiaman דער מיליציאָנע'ר (ן)
milk 1. *n.* די מילך ‖ **give m.** מעלק|ן זיך ‖ 2. *v. imp/pf* (אויס|)מעלק|ן
milkman דער מי'לכיקער (ס)
milk pail די די'ניצע (ס)
milkshake די מישמילך
milksop די לע'מישקע (ס), דאָס לאַ'פּן־מיצל (עך)
Milky Way דער מילכוועג
mill 1. *n.* די מיל (ן) ‖ 2. *vt.* (grain) מאָל|ן ⊣ (metal) וואַלצ|ן
millennium דער יאָרטויזנט (ער) ‖ **the m.** (*Jew.*) משיחס צײַטן [MEShIEKhS] ⊣ **the coming of the m.** (*Jew.*) דער קץ [KETS] ‖ **when the m. comes** (*Jew.*) לעתיד־לבֿוא [LEO'SED-LOVE]
miller דער מילנער (ס)
millet דער הירזש
milliner (*fem.*) די מאָדיסטקע (ס), די פּו'צערקע (ס)
millinery דאָס (הו'טן־)פּוצערײַ'
million דער מיליאָ'ן (ען) [LY]
millionaire דער מיליאָנע'ר (ן) [LY]

millstone דער מילשטיין (ער)
milt די מילץ
mimeograph *v.* (אָפּ|)מימעאָגראַפֿיר|ן
mimic 1. *n.* דער מי'מיקער (ס) ‖ 2. *v.* נאָכ|־קרימ|ען ⟨ד⟩, איבער|קרימ|ען
mimicry די מימיק ‖ (in biology) די מי'מיקרי
mince *imp/pf* (צע)האַק|ן ‖ **not m. matters** רעד|ן קלאָרע דיבורים, רעד|ן מיט באַ'קציינער
mincemeat דאָס קרע'פּלפֿלייש ‖ **make m. of** *also* מאַכ|ן אַש (און בלאָטע) פֿון
mind 1. *n.* דער מוח (ות) [MOYEKh—MOYKhES]; דער זינען; די מיינונג; דער גײַסט (ער) ⊣ **keen/dull m.** שאַרפֿ|ער/טעמפּ|ער מוח ⊣ **out of one's m.** אַפּ חסר־דעה [KhOSER-DE'YE] ⊣ **change one's m.** איבער|קלער|ן, בײַט|ן די מיינונג, איבער|באַ־שליס|ן ⊣ **make up one's m.** באַשליס|ן בײַ זיך, דעצידיר|ן זיך ⊣ (to do something) פֿיר|נעמ|ען זיך ⟨צו⟩ ‖ **make up your m.!** נו שוין! אַהי'ן אָדער אַהע'ר! ממה־נפֿשך! [MO'NEShEKh] ⊣ **give a piece of one's m. to** געב|ן* ד אַ פֿאַרציע/חלק [KhEYLEK] ⊣ **keep in m.** האָב|ן* אין זינען ⊣ **lose one's m.** אַראָפּ|גיי|ן* פֿון זינען ⊣ **have a m. to** האָב|ן* חשק צו [KhEYShEK], זײַן* אַ בעלן צו [BALN] ‖ **be of one m.** זײַן בדעה־אַחת [BEDEYE-A'KhES] ⊣ 2. *v.* (take care of) אַכטונג געב|ן* אויף ‖ (object) (*rev. con.*) אַר|ן ‖ I don't m. the wind מיך אַרט ניט דער ווינט ⊣ **never m.** מילא! [MEYLE]; לאָז(ט) צו רו! ⊣ **I don't m.** פֿון מײַנט וועגן! ‖ **I don't m.** your laughing איך בין דיר מוחל דײַן לאַכן [MOYKhL] ⊣ **in one's right m.** בײַם פֿולן זינען
mine[1] (my) מײַנ|ער; מײַ'ניק|ער אַדי ‖ **of m.** אַ מײַנ|ער ...
mine[2] 1. *n.* די גרוב (ן), די שאַכטע (ס) ‖ (explosive) די מינע (ס) ‖ 2. *v.* (dig for) גראָב|ן ⊣ (lay mines in) מיניר|ן
minelayer די מינירשיף (ן)
miner דער גרעבער (ס), דער בערגער (ס), דער שאַכטיאָ'ר (ן) ⊣ **coal m.** דער קוי'לן־גרעבער (ס)
mineral 1. *adj.* ...מינעראַ'ל־ ‖ 2. *n.* דער מינעראַ'ל (ן)
minesweeper די אָ'פּמיניר־שיף
mingle *vt.* אויס|מיש|ן ‖ *vi.* אויס|מיש|ן זיך; אײַנ|לעב|ן זיך ⟨—מיט⟩
miniature *n.* די מיניאַטו'ר (ן) [NY]
minimal מינימאַ'ל
minimize מינימיזיר|ן; מאַכ|ן צו קליינגעלט
minimum 1. *adj.* מינימאַ'ל ‖ 2. *n.* דער מי'נימום (ס)
mining דאָס בערגערײַ', די באַ'רג־אינדוסטריע, דאָס מינערײַ'; דאָס מינירן
minister (of state) דער מיניסטער (...טאָ'רן) ‖ (Christian) דער גײַ'סטלעכ|ער נעב, דער גלח (ים) [GALEKh—GALOKhIM] ⊣ *cf.* **envoy** ‖ **king's m.** דער שני־למלך [ShEY-NE-LEME'YLEKh]
ministry (of state) דער מיניסטעריום (ס)
mink 1. *adj.* מינק·ן ‖ 2. *n.* דער מינק (ען)
minor 1. *adj.* מי'נערוועריק, מי'נערדיק, טפֿלדיק [TO'FLDIK] ⊣ (music) מינאָ'ר ‖ (under age) מי'נער־יעריק ‖ 2. *n.* (person) דער מי'נער־יעריק|ער נעב ‖ (subject) דער בײַ'לימוד (ים) [LIMED—LIMUDIM] ‖ (music) דער מינאָ'ר ‖ 3. *v.* **m. in** האָב|ן* אַ פֿאַר אַ בײַ'לימוד
minority דער מיעוט (ים) [MIET—MIUTIM], די מינאָריטע'ט (ן) ⊣ (age) די מי'נער־יעריקייט
minstrel דער מי'נעזינגער (ס), דער מינסטרעל (ן) אַמער ⊣ *cf.* **gleeman**
mint 1. *n.* די מינץ ‖ 2. *v.* שלאָג|ן, (אויס|)־מינצ|ן
minus 1. *n.* דער מינוס (ן) ‖ 2. *conj.* מינוס
minute 1. *adj.* (small) פּיצינק*, מאַנטשינק* ‖ (detailed) דראָבנע, תּגינדיק [ ] ‖ **m. thing** דאָס פּיצל (עך), דער מאַנץ (ן) ‖ 2. *n.* די מינו'ט (ן) ⊣ **m. hand** דער מינוטניק (עס)
minutes דער פּראָטאָקאָ'ל (ן) ‖ **take (the) m. (of)** פּראָטאָקאָליר|ן
minutia די פּי'טשעווקע (ס) ‖ (*pl.*) *also* תּגין [TAGN] מצ

miracle דער נס (ים) [NES—NISIM], דער מופֿת (ים) [MOYFES—MOFSIM] ⊣ **m.s and wonders** נסים־ונפֿלאָות [VENIFLOES]

miracle worker דער בעל־מופֿת (בעלי־ מופֿתים) [BALMOYFES—BALEMOFSIM] || (*Jew.*) *also* דער בעל־שם (בעלי־) [BAL-ShE'M]

miraculous נסימדיק [ ]

miraculously *also* על־פּי נס [ALPI]

mirage דער מיראַ'זש (ן)

mire דער טוואַן (יעס) [NY]

mirror 1. *n.* דער שפּיגל (ען) || 2. *v.* אָפּ|־שפּיגל|ען

mirth די פֿריי'לעכקייט, די שׂימחה [SIMKhE], די הילולא [HILULE]

mis... שלעכט; פֿאַלש, קרום || misbehave פֿאַלש שלעכט אויפֿ|פֿיר|ן זיך ⊣ misinform פֿאַלש אינפֿאָרמיר|ן ⊣ misuse דער קרומ|ער באַנו'ץ

misanthrope דער מיזאַנטראָ'פּ (ן)

miscalculate *vt.* פֿאַלש באַרע'כעַנ|ען || *vi.* פֿאַררע'כעַנ|ען זיך

miscarriage די מפּלונג (ען) [ ]

miscarry מפּל|ען [MAPL] || (go wrong) אויס|פֿאַל|ן באָקעם°

miscellaneous 1. *adj.* פֿאַרשיידי'ן || 2. *n.* פֿאַרשיי'דענע מצ

mischief (harm) דער שאָדן || (bad ways) דאָס שטיפֿערײַ'; שלעכט|ע דרכים מצ [DRO-KhIM] ⊣ **m. maker** דער שאָ'דנווינקל (ען)

mischievous ווויי'לעריש || **m. boy** דער שטיפֿער (ס), דער מזיק (ים) [MAZEK—MAZI-KIM]

misconception די פֿאַלש|ע השגה (—ות) [HA-SOGE], דאָס אײַ'נרעדעניש (ן)

misdeed די מעשׂה־רע [MAYSE-RA']

misdemeanor אי'בערשפּרײַזל (עך)

miser דער קמצן (ים) [KAMTSN—KAMTSO-NIM]

miserable נע'בעכדיק, קלאָ'געדיק, מיזערנע, ⊣ צרהדיק [TSO'REDIK]; אויף צרות [ ] ⊣ **be m.** *also* (*rev. con.*) ד זײַן* ביטער אומפּ || **be in a m. state** *also* ליגן אין דער אַדמה [ADOME] ⊣ **make life m. for** פֿאַר־שוואַרצ|ן ד די יאָרן

misery צרות [TSORES], ליידן ־מצ ; די נויט

misfortune דאָס אומגליק (ן), דאָס מאַלע'ר (ן); דאָס שלימזל [ShLIMAZL]

misgiving דער חשש (ים) [KhshAsh—KhshoshIM]

misguided קרום פֿאַרטראַ'כט; פֿאַרבלאָנ־דזשעט

mishap די סיבה (—ות) [SIBE]

Mishnah די משנה [MIShNE] || (printed) **M. set** דער משניות (ן) [MIShNAYES]

Mishnaic משנה־... [ ], מישניש

misinform פֿאַלש/שלעכט אינפֿאָרמיר|ן

misinterpret שלעכט פֿאַרשטיי'|ן*, פֿאַלש אויס|טײַטש|ן

mislay פֿאַרלייג|ן

mislead פֿאַרפֿיר|ן

misleading פֿאַרפֿי'רעריש

misplace פֿאַרוואַרפֿ|ן, פֿאַרלייג|ן

misprint דער דרוקגרײַז (ן)

misrepresent פֿאַרדריי|ען, פֿאַרקרימ|ען, פֿאַלש פֿאָר|שטעל|ן

miss[1] (title) פֿרײַלין (=פֿרל') || (in certain circles) חבֿרטע (=ח'טע) [KhA'VER-TE]

miss[2] 1. *n.* (non-hit) דער פֿאַרבײַשאָס (ן) || 2. *v.* (not attend) פֿאַרפֿעל|ן || (not hit) פֿאַרבײַ|שיס|ן, פֿאַרשיס|ן זיך; כיביע|ן, ניט טרעפֿ|ן ⟨אין⟩ ⊣ (not guess) ניט טרעפֿ|ן || (not hear) פֿאַרהער|ן || (pass by) פֿאַר־בײַ|פֿאָר|ן ⊣ (long for) בענק|ען נאָך || (*rev. con.*) ד פֿעל|ן || I m. him איך בענק נאָך אים; ער פֿעלט מיר ⊣ (be late for) פֿאַרשפּע'טיק|ן, פֿאַרזאַמ|ען || (by sleeping) פֿאַרשלאָפֿ|ן || **m. each other** (bypass) אויס|מײַד|ן זיך

missile דער ראַקע'ט (ן), דער מיסל (ען)

missing פֿע'לנדיק || **be m.** פֿעל|ן

mission די מי'סיע (ס), דאָס שליחות (ן) [ShLIKhES] ⊣ (assignment) די קאָמאַנ־דירונג (ען) ⊣ (Christian) דער מיסיאָ'ן (ען) [SY]

missionary דער מיסיאָנע'ר (ן) [SY]

mist דער נעפּל (ען), דער טומאַ'ן (ען)

mistake 1. *n.* דער טעות (ן) [TOES], דער

גרײַז (ן), דער פֿעלער (ן) ⊣ **by m.** על־פּי טעות [ALPI] ⊣ **make a m.** אַ טעות האָב|ן* || 2. *v.* (פֿאַלש) אָנ|נעמ|ען

mistaken: be m. [TOYE] טועה זײַן* זיך

Mister || הער (=ה'), מיסטער (=מ"ר) אַמער || (*Jew.*) [REB] רב (=ר') || (in certain circles) [KhAVER] חבֿר (=ח') || **M.!** רב ייִד! *also* (*Jew.*) ⊣ פֿעטער!

mistress די בעל־הביתטע (ס) [BALE-BOSTE] ⊣ (beloved) די האַ'רינטע (ס); די מעטרעסע (ס), נעב געליבט|ע

mistrust 1. *n.* דער או'מצוטרוי ⟨צו⟩ || 2. *v.* ניט געטרוי|ען ד

misty נע'פּלדיק

misunderstanding דאָס או'מפֿאַרשטייעניש (ן), דאָס ניט־דעררע'דעניש (ן)

mite די מילב (ן)

mitigate לײַ'נדער|ן

mitigation די לײַ'נדערונג (ען)

mitten דאָס קו'ליקל (עך)

mix 1. *n.* דאָס פֿאַרמישעכץ (ן) || 2. *vt/vi imp* /*pf* (אויס|-, פֿאַר)מיש|ן (—זיך); אי'בער|-, אונטער|שלאָג|ן מיט ⊣ **mix up** *see* **confuse**

mixed געמי'שט || **m. up** || אוי'סגעמישט (confused) צעמי'שט

mixing bowl די מאַ'קרעטע (ס)

mixture || דאָס געמי'ש (ן), די מישונג (ען) (medicinal) די מיקסטו'ר (ן)

moan 1. *n.* דער יענק (ן) || 2. *v.* יענק|ען, (אָכצ|ן און) קרעכצ|ן

mob [HAMO'YN] דער המון (ען)

mobile רי'ר(עוד)יק, באַוועגלעך || **m. library** ביבליאָטע'ק אויף רעדער

mobility די באַווע'גלעכקייט

mobilization די מאָביליזאַציע

mobilize *vt/vi* מאָביליזיר|ן (זיך)

mock 1. *adj.* צופֿלײַ'סנדיק || **m. hero** *also* דער שטרוי'ען|ער קאָזאַק ⊣ 2. *v.* נאָכ|מאַכ|ן; -|קרימ|ען, -|שפּעט|ן ⟨—ד⟩; חוזק|ן [ ], שפּעט|ן ⟨—פֿון⟩

mockery דער חוזק [KhOYZEK], דער שפּאָט, דאָס געשפּע'ט, דאָס לצנות [LETSONES]

mock-up דער מאַקע'ט (ן)

model 1. *n.* דער מאָדע'ל (ן); דער אַפּי'ר (ן) || **scale m.** *also* דער מאַקע'ט (ן) || 2. *vt.* מאָדעליר|ן

moderate 1. *adj.* מילד, מאָסיק, •מעסיק, באַשײד'ן, לאַגאָדנע ⊣ 2. *vt.* (make moderate) פֿאַרמי'לדער|ן || (discussion) זײַן* אַ שליש בײַ [ ]

moderation די מאָס, די מאָ'סיקייט || **in m.** מיט אַ מאָס

moderator דער שליש (ים) [ShOLESh—ShLIShIM]

modern מאָדערן, נײַ'צײַטיש; הײַ'נטוועלטיק

modernize פֿאַרהײַ'נטיק|ן, מאָדערניזיר|ן

modest באַשײד'ן, עניוותדיק [ ], צניעות־דיק [ ] ⊣ **m. person** דער ענוו (ים) [ONEV—ANOVIM], דער פּשטן (ים) [PAShTN—PASh-TONIM]

modesty די באַשײ'דנקייט, דאָס ענווות [ANI-VES], דאָס צניעות [TSNIES]

modification די מאָדיפֿיצירונג (ען), דער בײַט (ן)

modify מאָדיפֿיציר|ן, בײַט|ן

Mogen David דער מגן־דוד (ן) [MOGN-DO'VED]

mohair די מאָרע

Mohammedan 1. *adj.* מחמדאַניש [MAKh-MEDANISh] ⊣ 2. *n.* דער מחמדאַנער (—)

moist נאַסלעך, פֿײַכט

moisten אײַנ|נעצ|ן, באַנעצ|ן, באַנעצל|ען

moisture די פֿײַכטקייט, די נעץ

molar דער באַקצאָן (...ציינער)

molasses די פּאַ'טיקע

mold[1] 1. *n.* דער פֿורעם (ס) || 2. *v/imp* אויס|פֿו'רעמ|ען, *pf.* ⊣ פֿו'רעמ|ען, גיס|ן אויס|-, אָפּ|גיס|ן

mold[2] דער שימל

moldy פֿאַרשימלט || **grow m.** פֿאַרשימלט ווער|ן

mole[1] (animal) דער מו'לטוואָרעם (...ווע-רעם), דער קראָט (ן)

mole[2] (skin) די בראָ'דעווקע (ס)

molecule דער מאָלַעקו'ל (ן)

molehill דאָס קראָ'טבערגל (עך)

molest טשעפּע|ן; טאָ|ן* ד שלעכטס

molester דער פֿרוי'ען־טשעפּער (ס), דער קי'נדער־טשעפּער (ס)

Molotov cocktail דאָס צי'נדפֿלעשל (עך)
moment די רגע (ס) [REGE], דער מאָמע'נט (ן) || (importance) די וואָ'גיקייט || **for the m.** אויף דער רגע || **in a m.** אין אַ רגע, אין אַ מאָמע'נט, אָט־אָ'ט ⊣ **a m. ago** אָקערשט, נאָר וואָס
momentarily אויף אַ/דער רגע [ ]
momentary פֿאַרבײַ'גייענדיק, פֿאַרגייִק, רגע־דיק [ ]; אויף אַ רגע ⊣ **something m.** (as pleasure or relief) די חיי־שעה [KhAYE-sho′]
momentous וואָגיק, ברומו־של־עולמדיק (עקסט) [BERUME-shELO′YLEMDIK]
momentum דער אימפּעט || **gather m.** (in running) אָנ|לוי'פֿ|ן זיך
monarch דער מאָנאַ'רך (ן)
monarchy די מאָנאַרכיע (ס)
monastery דער מאָנאַסטי'ר (ן)
monaural איי'ן־אוי'ערדיק, מאָנוראַ'ל
Monday מאָ'נטיק || **M.'s** אַדי מאָ'נטיקדיק
monetary גערטיק; געלט...
money דאָס געלט (ער) || *cf.* **dough**
money-changer דער חלפֿן (ים) [KhALFN—KhALFONIM]
money-lender *see* **lender**
money order די פּאָ'סט־אָנווײַזונג (ען)
monk דער מאָנאַ'ך (ן)
monkey די מאַלפּע (ס) || **make a m. out of** מאַכ|ן א צום נאַר
monkey bar די קרי'כלקע (ס)
monkey business דער קונקל־מונקל°
monogram די מאָנאָגראַ'ם (ען)
monograph די מאָנאָגראַפֿיע (ס)
monologue דער מאָנאָלאָ'ג (ן)
monopolize מאָנאָפּאָליזיר|ן
monopoly דער מאָנאָפּאָ'ל (ן)
monorail דער איינרעלס (ן)
monotheism דער מאָנאָטעיִזם
monotonous מאָנאָטאָ'ן, איי'נטאָניק
monotony די מאָנאָטאָנקייט
monster דאָס פֿאַרזע'עניש (ן), דאָס מאָנקאַלב (קעלבער...) ⊣ (legendary) דער פּיפּער־נאָטער (ס)
monstrous ווילד, מאָ'נסטערדיק
month דער חודש (חדשים) [KhOYDESh—KhADOShIM]
monthly 1. *adj.* חודשלעך, חודש־... [ ] || 2. *n.* דער חודשניק (עס)
monument דער מאָנומע'נט (ן), דער דענקמאָל (ן)
monumental מאָנומענטאַ'ל
moo מוקע|ן
mood דאָס געמי'ט (ער), די שטימונג (ען) || (grammatical) דער מאָדוס (ן)
moody קאַפּריזיק; עצבֿותדיק [A′TSVESDIK]
moon די לבֿנה (—ות) [LEVONE] || **new m.** דער מולד [MOYLED]
moonlight דאָס לבֿנה־ליכט, די לבֿנה־שײַן [ ]
moonlit לבֿנהדיק [ ]
moonstruck לונאַטיש
Moor דער מורי'ן (ען)
Moorish מוריניש
moot אָפֿ'ן, או'מפֿאַרע'נטפֿערט, תּיקודיק [TE′YKUDIK]
mop 1. *n.* דער ווי'שבעזעם (ס) || 2. *v.* **m. (up)** (די פּאַדלאָגע) אָפּ|ווישן || **m. up behind** נאָכ|ווישן הינטער
mopping-up דאָס נאָ'כווישן || (military) *also* די אָ'פּריי'ניק־אַקציע
moral 1. *adj.* מאָראַליש || 2. *n.* די מאָראַ'ל || (of a fable) דער מוסר־השכל (ען) [MUSER-HA′SKL] ⊣ *cf.* **morals**
morale די מאָראַ'ל
morality די מאָראַ'ל
moralize זאָג|ן מוסר ⟨ד⟩ [MUSER], מוסר|ן
moralizing *n.* דער מוסר [ ]
morals די מאָראַ'ל; מידות מצ [MIDES]
morbid קרענקלעך; קרענקיק
more (not less) מער(ער); מיין || (additional) נאָך || **m. and m. beautiful** וואָס ווײַטער אַלץ שענער ⊣ **m. or less** פֿיל־ווייניק, מער־ווײ'ניקער ⊣ **a dollar m. or less** אַ דאָלאַר אַרוי'ף אַ דאָלאַר אַראָ'פּ || **m. than once** ניט איין מאָל || **all the m.** הײַנט, אַפּשיטא שוין [APShITE], מכל־שכּן [MIKO′LShKN], על־אַחת־כּמה־וכּמה [AL-A′KhES-KA′ME-VEKA′ME] ⊣ **no m.** מער ניט; אויס ⊣ **be no m.** זײַן* אויס ||

(with verbs) cook/write/... **some m.** עפּעס צו|קאָכ|ן/צו|שרײַב|ן/...

moreover [AKhU'TS] דערצו', אַחוץ דעם —אַדוו ; הײַנט קאָ

mores פּי'רונגען, ניטן, —מצ

morgue דאָס מתים־שטיבל (עך) [ME'YSIM], דער מאָרג (ן)

moribund [NOYTE-LO'MES] נוטה־למות

Mormon 1. *adj.* מאָרמאָניש ‖ 2. *n.* דער מאָרמאָ'ן (ען)

morning דער אינדערפֿרי' (ען), דער פֿרימאָרגן ‖ דער פֿאַ'רמיטאָג (ן) (forenoon) ⊣ (ס) ‖ **in the m.** אין דער פֿרי, פֿאַר מיטאָג ‖ **on the m. after** אויף צו מאָרגנס ⟨נאָך⟩ ‖ **good m.** גוט־מאָרגן!

Morocco (דאָס) מאַראָקאָ

moron דער מאָראָ'ן (ען); דער °באַלוואַ'ן (עס), די בהמה (—ות) [BEHEYME]

moronic מאָראָניש, °באַלוואַנסקע, בהמיש [ ]

morose אָ'נגעכמורעט, פֿאַראומערט, עצבֿות־דיק [A'TSVESDIK]

morrow דער מאָרגן (ס), דער אויפֿצומאָרגנס (ן)

morsel דאָס כּזית (ן) (small) ‖ דער ביסן (ס) [KEZAYES] ⊣ **juicy m.** דער פֿעט|ער ביסן

mortal 1. *adj.* שטאַרביק, שטערבלעך ‖ (deadly) טויט... ‖ 2. *n.* דער בשׂר־ודם (ס) [BOSERVEDO'M], דער שטאַ'רביק|ער געב

mortality די שטאַ'רביקייט

mortar (cement) די (בוי')וואַפּנע ‖ (crusher) דער מערזשער (ס) ‖ (household) *also* דאָס שטײסל (ען) ‖ (military) דער מאָרטי'ר־האַרמאַט (ן)

mortgage 1. *n.* די היפּאָטע'ק (ן) ‖ 2. *v.* פֿאַרמשכּונ|ען [MAShK'N]

mortification (of the flesh) סיגופֿים מצ ‖ **act of m.** דער סיגוף (ים) [SIGEF—SIGUFIM]

mortify (vex) קרענק|ען, מבֿזה זײַן* [MEVAZE] ⊣ **m. the flesh** פּראַווע|ן סיגופֿים

mosaic די מאָזאַיִק (עס)

Mosaic: M. Law תּורת־משה [TOYRES-MO'YShE] ⊣ **M. faith** משהס גלויבן [ ]

Moslem דער מחמדאַנער (—) [MAKhME-DANER], דער מוסולמאַ'ן (מוסולמענער)

mosque דער מעטשעט (ן)

mosquito דער קאָמאַ'ר (ן), דער מאָסקי'ט (ן)

moss דער מאָך (ן)

most 1. *adj.* מערסטע מצ ‖ **m. children** ס'רובֿ קינדער [SROV] ⊣ **for the m. part** מערסטן טייל, מערסטנס ⊣ 2. *adv.* צום מערסטן ⊣ 3. *n.* **at the m.** ניט מער ווי; העכסטנס, מאַ'קסימום ⊣ **make the m. of** אויס|ניצ|ן ביזן מאַ'קסימום; אויס|גוסטיר|ן

mostly מערסטן טייל, מערסטנס

motel דער מאָטע'ל (ן)

moth דער מאָל (ן)

mother 1. *n.* די מאַמע* (ס), די מוטער (ס) ‖ 2. *v.* מאַמע|ן

motherhood די מאַ'מעשאַפֿט, די מו'טערשאַפֿט

mother-in-law די שוויגער (ס)

motherly מאַמיש, מו'טעריש

mother-of-pearl 1. *adj.* פּע'רל־מוטערן ‖ 2. *n.* דאָס פּע'רל־מוטער

Mother's Day דער מו'טערטאָג

mother tongue די מו'טערשפּראַך (ן), דאָס מאַ'מע־לשון [LOShN]

motion דער באַוועג (ן), די באַוועגונג (ען) ‖ (gesture) *also* די תּנועה (—ות) [TNUE] ‖ (parliamentary) דער פֿירלייג (ן), דער פֿאָרשלאָג (ן)

motionless או'מבאַוועגלעך, ווי אָ'נגעמאָלט

motion picture דער פֿילם (ען), דאָס קי'נאָ־בילד (ער)

motivate מאָטיוויר|ן

motivation די מאָטיווירונג (ען)

motive דער מאָטי'וו (ן), דער טעם (ים) [TAM—TAYMIM], דער געדאַ'נק (ען)

motley פֿאַרשיי'דן־פֿאַרביק, פּיסטרע ‖ **m. crowd** דאָס אוי'פֿגעלאַף (ן)

motor דער מאָטאָ'ר (ן)

motorcycle דער מאָטאָציקל (ען)

motorcyclist דער מאָטאָציקלי'סט (ן)

motorist דער אויטאָמאָבילי'סט (ן), דער מאָטאָרי'סט (ן)

motorize מאָטאָרי(זי)ר|ן

motorman דער מאַשיני'סט (ן)

motto דער מאָטאָ (ס), דער דעוויז (ן)

mount *vt.* (horse) אויפֿ|זיצ|ן, אַרויפֿ|זעצ|ן

זיך ⟨אויף—⟩ ⊣ (stairs) אַרויפֿ|גיי|ן* ||
(pictures) אָנ|קלעפּ|ן, מאָנטיר|ן ||
(jewels) אײַנ|פֿאַס|ן || *cf.* **climb**

mountain דער באַרג (בערג) || (*pl.*) דאָס גע-
בע'רג קאָל ⊣ **make a m. out of a mole-**
hill מאַכ|ן פֿון אַ פֿליג אַ העלפֿאַנד, מאַכ|ן
פֿון אַ וואָרט אַ קוואָרט

mountaineering דער אַלפּיניזם, דאָס באַ'רג-
קלעטערײַ

mountainous באַרגיק

mourn *vt.* באַוויינ|ען || *vi.* טרוי'ער|ן

mourner דער אָבֿל (ים) [OVL—AVEYLIM]

mournful פֿאַרטרויערט; טרוי'עריק, סומנע

mourning דער טרויער || **wear m.** גיי|ן* אין
קלאָג

mouse די מויז (מײַז)

mouth דאָס מויל (מײַלער) || (animal's) דער
פּיסק (עס) ⊣ (of a river) די לעפֿצונג (ען) ||
open one's big m. °ע'פֿענ|ען אַ/דעם פּיסק

mouthful אַ פֿול מויל; אַ מויל (פֿול) ⟨מיט⟩

mouthwash דאָס שווענקעכץ (ן)

mouthy פּיסקאַטע

movable באַוועגלעך

move 1. *n.* דער באַוועג (ן), דער מאַך, דער קער,
די תּנועה (—ות) [TNUE] ⊣ (in a game) דער
גאַנג (גענג) ⊣ (house change) דער אי'בער-
צי (ען), דאָס צי:ען זיך; דאָס •מופֿן אַמער
|| **make a m.** אַ ריר טאָ|ן* זיך || 2. *vt.*
באַוועג|ן, ריר|ן אַ/מיט; (איבער|)רוק|ן ⊣ (by
carrying) אַריבער|טראָג|ן || (in vehicle)
אַריבער|פֿיר|ן ⊣ (emotionally) (אָנ|)-
ריר|ן; פֿאַרקלעמ|ען אַ בײַם האַרצן ⊣ (in
parliamentary procedure) פֿיר|לייג|ן ||
vi. באַוועג|ן זיך, ריר|ן זיך, רוק|ן זיך;
אַריבער|טראָג|ן זיך ⊣ (in a game) גיי|ן*
(אַ גאַנג) ⊣ (household) איבער|צי:|ען זיך,
-|קלײַב|ן זיך, •מופֿ|ן אַמער ⊣ **m. in** אַרײַנ|-
צי:|ען זיך, -|קלײַב|ן זיך ⊣ **m. on** לאָז|ן זיך
ווײַטער ⊣ **m. out** אַרויס|צי:|ען זיך, -|קלײַב|ן
זיך ⊣ **m. heaven and earth** אײַנ|לייג|ן
וועלטן

movement די באַוועגונג (ען) || (physical)
see **move** (*n.*)

mover דער מע'בל־פֿירער (ס)

movie (film) דער פֿילם (ען) || (house) דער
קינאָ (ס) ⊣ **at/to the m.s** אין קינאָ ||
m. camera די פֿילמירקע (ס)

moving van די מע'בלפֿור (ן)

mow קאָשע|ן

Mr. *see* **Mister**

Mrs. פֿר'=פֿרוי; מאַדאַ'ם; מר"ס (=•מיסעס)
אַמער ⊣ (in certain circles) ח'טע=חבֿרטע
[KhA'VERTE]

much אַ סך [ASA'Kh], אַ פֿולע || **as m. as**
אַזוי' פֿיל ווי; אַזש ⊣ **how m.** וויפֿל
|| **so m.** אַזוי' פֿיל || **not so m. as** אַפֿילו
ניט [AFILE] ⊣ **so and so m.** אַזוי' און
אַזוי' פֿיל; כּך־וכּך [KA'Kh-VEKA'Kh] ||
not m. ניט קיין סך [SAKh] || **not m. of**
קנאַפּ אַדי; אויך מיר אַ ... ⊣ **very m. so**
גרײַלעך ⊣ **make m. of** °מאַכ|ן אַ צימעס פֿון

muck דאָס געמויזעכץ

mucus דער שלײַם

mud די בלאָטע (ס)

muddle 1. *n.* דער פּלאָנטער (ס) || 2. *v.*
פֿאַרפּלאָ'נטער|ן, צעפּלאָ'נטער|ן, פֿאַרנעפּל|ען

muddy 1. *adj.* (grimy) בלאָטיק, פֿאַר-
בלאָטיקט ⊣ (opaque) מוטנע || 2. *v.*
פֿאַרבלאָ'טיק|ן; מוטנע מאַכ|ן

muff די מופֿטע (ס)

muffle *v.* פֿאַרשטיק|ן, פֿאַרדושע|ן, פֿאַרטויב|ן

muffler דער פֿאַרטויבער (ס)

mufti[1] (Arab) דער מופֿטי (ס)

mufti[2]**: in m.** אין ציווי'ל

mug[1] *n.* (jug) דער קופּל (ען) || (face) דער
פּרצוף (ים) [PARTSEF—PARTSUFIM], די
פּאַרצע (ס)

mug[2] *v.* באַפֿאַל|ן

mugger דער באַפֿאַלער (ס)

mugging דער באַפֿאַ'ל (ן), די באַפֿאַלונג (ען)

mulatto דער מולאַ'ט (ן)

mule דער מוי'לאייזל (ען)

multi... פֿיל..., סך־... [SAKh], עטלעכ... ||
multilingual פֿי'לשפּראַכיק, ע'טלעך־
שפּראַכיק ⊣ multipurpose סך־ציליק,
ע'טלעך־ציליק

multifarious פֿי'ל־מיניק, פֿאַרשיי'דן־מיניק

multiple 1. *adj.* פֿי'לטייליק, פֿי'לפֿאַכיק;

multiplication 210 **mythology**

2. *n.* ⊣ כּפֿל־כּפֿלים אדוו [KEYFL-KIFLA'IM] דער כּפֿל (ען) [ ]

multiplication דער כּפֿל [KEYFL] || **m. table** די כּפֿל־טאַבעלע (ס)

multiply *vt/vi imp/pf* (פֿאַר)מער|ן (זיך) || (numbers) *vt.* כּפֿל|ען [ ]

multitude די מאַסע (מאַסן), די מחנה (—ות) [MAKhNE], דער המון (ען) [HAMO'YN]

mum שאַ! || **keep m.** מאַכ|ן אַ שוויַיג, °שוויַיג|ן ווי יורקעס הונט ⊣ **m.'s the word** פּתח שין שאַ! [PASEKh]

mumble בעבע|ן, רעד|ן אונטער דער נאָז

mumbo-jumbo דאָס געפּרעפּל

mummy די מומיע (ס)

mumps דער מומס, דאָס חזירל [KhA'ZERL]

mundane ערדיש, וועלטלעך

Munich (דאָס) מינכן

municipal שטאָטיש

munitions די אַמוניציע קאָל

mural דאָס וואַ'נטגעמעל (ן)

murder 1. *n.* דער מאָרד (ן); די •דערמאָרדונג (ען) ⊣ 2. *v. imp/pf* •(דער)מאָרד|ן, דער־הרגע|נען [DERHARGE]

murderer דער מערדער (ס), דער רוצח (ים) [RETSEYEKh—ROTSKhIM]

murderous מע'רדעריש, רוצחיש [ROTS-KhISh], רציחהדיק [RETSI'KhEDIK], גזלניש [GAZLONISh], גזלעוויע [GAZLEVOYE]

murmur 1. *n.* דער מורמל || 2. *v.* מורמל|ען

muscle דער מוסקל (ען)

muscular מוסקל... || (developed) מוס־קולע'ז

muse 1. *n.* די מוזע (ס) || 2. *v.* קלער|ן, טראַכט|ן הוריות [HO'YRIES]

museum דער מוזיי' (ען)

mushroom דער שוווים (ען), דאָס שוועמל (עך)

music די מוזי'ק || (*Jew.*) *also* די נגינה [NEGINE] ⊣ (written; sheet m.) נאָטן מצ || **m. paper** דאָס נאָ'טן־פּאַפּיר || **m. lesson** די מוזי'ק־לעקציע

musical מוזי'ק...; מוזיקאַליש

musician (artist) דער מו'זיקער (ס) || (player: less respectful) דער מוזיקאַ'נט (ן), דער כּלי־זמר (—) [KLEZMER]

musings הוריות מצ [HO'YRIES]

musk דער פּיזעם

must מוז|ן* ⟨אינפֿ⟩ || **m. not** ניט טאָר|ן* ⟨אינפֿ⟩

mustache די וואָנצע (ס); וואָנצעס מצ

mustard דער זענעפֿט, די גאָ'רטשיצע

mutation די מוטאַציע (ס)

mute שטום

muted פֿאַרשטי'לט

mutilate צעמום|ען

mutineer דער בונטאַ'ר (ן)

mutinous צעבו'נטעוועט

mutiny 1. *n.* דער בונט (ן) || 2. *v.* צע־בו'נטעווע|ן זיך

mutter מו(ר)מל|ען, בורטשע|ן, פּרעפּל|ען, רעד|ן אונטער דער נאָז

mutton דאָס שעפּסנס

mutual •קע'גנזיַיטיק, אַנאַנדיק || **m. fund** דער בציבור־פֿאָנד [BETSI'BER]

muzzle (mouth) דער פּיסק (עס) || (gun) *also* דאָס מויל (מיַילער) || (covering) דער מוילשלאָס (...שלעסער)

my מיַין

myriad דער מיליאַ'ס (ן) [LY] || (*pl.*) *also* מילי־מיליאַסן

myrrh די מירע

myrtle די מירט || **m. branch** *also* דער הדס (ן) [HODES]

myself (reflexive) זיך (אַליי'ן) || **I m.** איך אַליי'ן, איך גופֿא [GUFE]

mysterious סודותדיק [ ], רע'טענישדיק, מיסטעריע'ז

mystery דער סוד (ות) [SOD—SOYDES], דאָס רע'טעניש (ן), די מיסטעריע (ס) ⊣ **mysteries of the Torah** סיתרי־תּורה מצ [SISRE-TO'YRE]

mystery novel דער קרימינאַ'ל־ראָמאַן (ען)

mystic דער מי'סטיקער (ס)

mystical מיסטיש

mysticism די מיסטיק

mystify מיסטיפֿיציר|ן

mystique די מיסטיק (עס)

myth דער מיטאָס (ן)

mythical מיטיש

mythology די מיטאָלאָגיע

N

N דער ען (ען)

nag טשעפּען; דערקוטשע|ן, יאַדע|ן, גריזשע|ן, טאָטשע|ן ⟨ד⟩

nail 1. *n.* (finger) דער נאָגל (נעגל) || (hardware) *also* דער טשוואָק (טשוועקעס) || **hit the n. on the head** טרעפֿ|ן אין קאַרב אַרײַ'ן, טרעפֿ|ן אין פּינטל ⊣ 2. *v.* **n.** (**down**) צו|קלאַפּ|ן, ־|נאָגל|ען, ־|שלאָג|ן

nail clippers דאָס נע'גלשערל (עך)

nail polish דער נע'גל־לאַקיר (ן)

naïve נאַי'וו, תּמימותדיק [ ] || **n. person** דער תּמים (ים) [TOMEM—TMIMIM]; דער/די תּם (ען) [TAM] ⊣ (*cont.*) לע'מישקע (ס) || **be n.** קיין צוויי ניט קענ|ען* ציילן

naïveté דאָס תּמימות [TMIMES], די נאַיוווקייט

naked נאַקעט || **stark n.** מוטער נאַקעט, אָדם נאַקעט [ODEM]

name 1. *n.* דער נאָמען (נעמען) || **what's the n. of** ווי הייסט נאָם || **by the n. of** וואָס הייסט ⊣ **acquire a n.** (reputation) קונה־שם זײַן* (זיך) [KOYNE-shE'M] ⊣ **call n.s** זידל|ען || **fictitious n.** אַ נאָמען פֿון דער הפֿטורה [HAFTOYRE] ⊣ **God's n.** דער שם [shEM] ⊣ 2. *v.* (give a n.) אָנ|רופֿ|ן, אַ נאָמען טאָ|ן* ד; באַנאָ'מענ|ען ⊣ (appoint) באַשטימ|ען ⊣ **be n.d after** זײַן* אַ נאָמען נאָך

nameless אָן אַ נאָמען, אַנאָני'ם

namely דהײַנו [DEHAYNE], הײַנו [HAYNE]

namesake דער חבֿר צום נאָמען [KhAVER]

nap[1] 1. *n.* דער דרעמל || **take a n.** כאַפּ|ן אַ דרעמל, צו|שפּאַר|ן זיך ⊣ 2. *v.* דרעמל|ען

nap[2] (of cloth) די באַרווע (ס)

napalm דער נאַפּאַלם

nape (of neck) די פּאַטי'לניצע (ס)

napkin די סערוועטקע (ס)

narcissus דער נאַרצי'ס (ן)

narcotic 1. *adj.* נאַרקאָטיש || 2. *n.* דער נאַרקאָטיק קאָל ⊣ (*pl.*) דער נאַרקאָטיק

narrate דערצייל|ן

narrative די דערציילונג (ען)

narrator דער דערציילער (ס), דער נאַראַטאָר (...אָ'רן)

narrow 1. *adj.* שמאָל, ענג || *cf.* **escape** || 2. *vt/vi* פֿאַרענג|ען (זיך), אײַנ|ענג|ען (זיך)

narrow-minded שמאָ'לקעפּיק, מחמיריש [MAKhMIRISh], באַגרענעצט

nasal נאַזאַ'ל; נאָז... || (twangy) פֿאָנפֿאַטע

nasty פּאַסקודנע, ברידקע

nation דאָס לאַנד (לענדער), דאָס פֿאָלק (פֿעלקער), די אומה (—ות) [UME]

national (countrywide) לאַנדיש, לאַנד... || (governmental) מלוכיש [MELU-KhISh] ⊣ (nationality) נאַציאָנאַ'ל

nationalism דער נאַציאָנאַליזם

nationality (group membership) די נאַציאָנאַליטע'ט (ן) ⊣ (group) *also* די נאַציע (ס) ⊣ (citizenship) די בי'רגערשאַפֿט (ן)

native 1. *adj.* אײַ'נגעבויר'ן, הי'־געבויר'ן, דאָ'רט־געבויר'ן ⊣ **n. language** די מו'טער־שפּראַך (ן) ⊣ 2. *n.* דער אײַ'נגעבוירענ|ער געב

natural נאַטירלעך

naturalization די אײַ'נבירגערונג, די נאַטוראַליזירונג

naturalize נאַטוראַליזיר|ן, אײַנ|בי'רגער|ן || **become n.d** אײַנ|בי'רגער|ן זיך

naturally געוויינטלעך, פֿאַרשטייט זיך; נאַטי'ר־לעך; ווי דער סדר איז [SEYDER]

nature די נאַטו'ר || (of a thing) די טבֿע (ס) [TEVE] ⊣ (essence) דאָס מהות (ן) [ME-HU'S] ⊣ **by n.** בטבֿע [BETEVE]

naughty או'מדערצויגן, שטי'פֿעריש || **n. child** דער שטיפֿער (ס) || **be n.** ניט פֿאָלג|ן, זײַן* אַ שלעכט|ער; שטיפֿ|ן, קאָמאַ'נ־דעווע|ן

nausea די ניט־גו'טקייט, דער מיגל

nauseate מיגל|ען, שלאָג|ן צום האַרצן, שלאָג|ן° ⟨—ד⟩ צו דער גאַל, מלויע|ן ⊣ (*rev. con.*) זײַן* אומפּ ד ניט־גו'ט פֿון

nauseated: be n. (by) *also* האַדיע|ן זיך ⟨פֿאַר⟩ ⊣ (*rev. con.*) זײַן* אומפּ ד ניט־גו'ט ⟨פֿון⟩, קער|ן אומפּ ד ברעכן ⟨פֿון⟩, •איבל|ען אומפּ ד ⟨פֿון⟩

nauseating מי'גלדיק, האַדקע, חלשותדיק [ ]; חלשות אַפּ [KhALOSHES]

nautical ים־... [YAM], שיפֿ...

naval פֿלאָט..., ים־...

navel דער פּופּיק (עס), דער נאָפּל (ען)

navigable שיפֿיק

navigate נאַוויגיר|ן

navigation די נאַוויגאַציע, דאָס שיפֿערײַ'

navigator דער נאַוויגאַטאָר (...אָ'רן)

navy דער (ים־)פֿלאָט (ן) [YA'M]

nay דער ניין (ען), די שטים (ען) אויף ניין

Nazi 1. *adj.* נאַציש || 2. *n.* דער נאַצי (ס)

near 1. *adj.*, 2. *adv.* נאָענט || 3. *prep.* לעבן, בײַ ⊣ 4. *v.* גענענ|ען צו, צו|קומ|ען נאָענט/נע'ענטער צו

nearby 1. *adj.* נאָענט, דערבײַיִק || 2. *adv.* אין דער נאָענט, דערבײַ', ניט ווײַט (פֿון דאָרטן)

nearly כמעט [KIMA'T], באַלד, קרובֿ צו [KOREV], שיִער ניט

near-sighted קו'רצזעיִק || **be n.** *also* האָב|ן* אַ ני'דעריקע ראיה [RIE]

neat ציכטיק, סדרדיק [ ]; על־פּי סדר [ALPI SEYDER], אוי'פֿגעראַמט

necessarily דווקא [DAFKE] || **not n.** *also* לאַוו־דווקא [LAV]

necessary נייטיק || **if n.** *also* פֿאַר נויט

necessitate פֿאָ'דער|ן, מחייבֿ זײַן* [MEKhA-YEV], נייטיק מאַכ|ן

necessity די ניי'טיקייט (ן); דער הכרח [HEKhREKh] ⊣ **of n.** במילא [BEMEYLE]

neck דער האַלדז־און־(נ)אַקן (ס), דאָס גענִי'ק (ן), דער קאַרק (עס) ⊣ (of a bottle) דאָס העלדזל (עך) ⊣ (of a fowl) *also* דאָס גערגל (עך), דער קראָגן (ס) ⊣ **break one's n.** ברעכ|ן האַלדז־און־(נ)אַקן

necklace די האַלדזבאַנד (...בענדער), דער האַלדז־שנור (ן)

necktie דער שניפּס (ן), דער קראַוואַ'ט (ן), דער אוי'סבינדער (ס)

née (אַ) געבוי'רענ|ע

need 1. *n.* (want) די נויט || (necessity) די ניי'טיקייט (ן) ⊣ (that which is needed) דער באַדאַ'רף (ן), דאָס באַדע'רפֿעניש (ן), דאָס הצטרכות (ן) [HITSTARKhES] ⊣ **be in n. of** ניי'טיק|ן זיך אין || **if n. be** פֿאַר נויט || **not n. to** (באַ)דאַרפֿ|ן ⊣ 2. *v.* פֿאַרשפּאָר|ן ⊣ **that's all I n.!** מער פֿעלט מיר ניט! ⊣ **not n. at all** דאַרפֿ|ן° אויף כּפּרות [KAPORES]

needed: be n. *also* בעט|ן זיך אומפּ || **another word is n. here** דאָ בעט זיך נאָך אַ וואָרט

needle 1. *n.* די נאָדל (ען) || **look for a n. in a haystack** זוכ|ן אַ שפּילקע אין אַ וואָגן היי ⊣ **knitting n.** דאָס שפּיזל (עך) || 2. *v.* שטעכעליר|ן

needless או'מנייטיק, אי'בעריק

needy נוי'ט־באַדערפֿטיק, אָרעם; אין נויט

ne'er-do-well דער שלימזל (ען) [ShLIMAZL], דער לא־יוצלח (ס) [LOY-YU'TSLEKh]

nefarious שענדלעך, טרייף, טומאהדיק [TU'-MEDIK]

negate פֿאַרניינ|ען

negation די פֿאַרניינונג (ען)

negative 1. *adj.* נעגאַטי'וו || 2. *n.* דער נעגאַטי'וו (ן)

neglect 1. *n.* די אָ'פּגעלאָזנקייט, דאָס הפֿקרות [HEFKEYRES] ⊣ 2. *v.* פֿאַרלאָז|ן, פֿאַר־נאַכלעס... ניט לייג|ן גענו'ג אַכט ⊣ (slight) וואָ'רלאָז|ן ⊣ (overlook) פֿאַרזע'|ן* ⊣ אויף

neglected אָ'פּגעלאָז'ן, פֿאַרוואָרלאָזט
negligée דער נעגליזשע' (ען)
negligence די אָ'פּגעלאָזנקייט, די או'מגעהי'טקייט
negligent אָ'פּגעלאָז'ן, או'מגעהי'ט
negligible נישטיק || **a n. amount** °קײַ־און־שפּײַ'
negotiable פֿאַרקויפֿלעך
negotiate (argue) פֿאַרהאַנדל|ען ⟨וועגן⟩ || (manage) באַהייב|ן
negotiations מצ פֿאַרהאַ'נדלונגען
Negro 1. *adj.* נעגער(י)ש || 2. *n.* דער נעגער (ס)
neigh הירזשע|ן
neighbor דער שכן (ים) [SHOKHN—SHKHEYNIM]
neighborhood דער געגנט (ן), דער קוואַרטאַ'ל (ן)
neighboring דערבײַיִק, אַרומיק, שכניש [SHKHEYNISH]
neighborly גוט־שכניש [SHKHE'YNISH]
neither 1. *adj.*, 2. *pron.* ניט דער ניט יענ|ער ⊣ 3. *adv.* אויך ניט || 4. *conj.* **n. ... nor** ניט ... ניט
neo-... ..נעאָ
neologism דער נעאָלאָגיזם (ען)
nephew דער פּלימעניק (עס), דער ברו'דער־זון (־זין)
Neptune דער נעפּטו'ן
nerve דער נערוו (ן) || (impudence) דאָס יאַנדעס, דאָס געהײַ'
nervous נערוועו'ז, נערוועיִש; נערוון...
nest די נעסט (ן)
nest egg (*fig.*) דאָס קניפּל (עך)
nestle *vt.* טוליע|ן || *vi.* טוליע|ן זיך, לאַשטשע|ן זיך ⟨צו—⟩
net[1] 1. *n.* די נעץ (ן) || 2. *v.* כאַפּ|ן (אין נעץ)
net[2] 1. *adj.* ...נעטאָ; ריין || 2. *adv.* נעטאָ
Netherlands 1. *adj.* ני'דערלענדיש || 2. *n.* ני'דערלאַנדן
nettle די קראָ'פּעווע
network די נעץ (ן)
neurosis דער נעוורא'ז (ן)
neurotic 1. *adj.* נעוורא'טיש || 2. *n.* דער נעוורא'טיקער (ס)
neuter נייטראַ'ל, זאַכלעך• || **n. gender** *also* דער דריט|ער מין
neutral נייטראַ'ל || (*hum.*) פֿאַרעוו
neutrality די נייטראַליטע'ט
neutralize נייטראַליזיר|ן
never קיין מאָל ... ניט || *cf.* **mind**
nevertheless פֿונדע'סטוועגן, פֿאָרט, אַלץ
new נײַ || **what's n.?** וואָס הערט זיך (נײַס)? וואָס הערט זיך גוטס?
newborn נײַ'געבוי'ר'ן || **n. child** *also* דאָס קי'מפּעטקינד (ער)
newcomer דער נײַ'געקו'מענ|ער גוב; דאָס פּנים־חדשות [PONEM-KHADO'SHES]
new-fangled נײַ'מאָדיש
newly אָקערשט, ניט לאַנג; נײַ
news מצ נײַעס || **local n.** די כראָניק || **n. item** דאָס נײַ'עסל (עך) || **piece of n.** די ידיעה (—ות) [YEDIE], די בשׂורה (—ות) [PSURE]; די שמועה (—ות) [SHMUE]
newsboy דאָס צײַ'טונג־ייִנגל (עך)
newsdealer דער צײַ'טונג־פֿאַרקויפֿער (ס)
newspaper די צײַטונג (ען)
newsprint דאָס צײַ'טונג־פּאַפּי'ר
newsreel דער אַקטואַליטע'טן־פֿילם (ען), דער נײַ'עס־פֿילם (ען)
newsstand דער קיאָ'סק (ן)
news ticker דער נײַ'עס־טיקער (ס)
New Year דער נײַיאָר || **N. Y.'s eve** דער ערבֿ־נײַ'יאָר [EREV]; דער סילווע'סטער(־אָוונט)
next 1. *adj.* נאָ'ענטסט*, קו'מע(נ)דיק*, אַנדער* ⊣ **n. week** איבער איוודע וואָך, אַכט טאָג, די אַ'נדער|ע וואָך ⊣ **n. year** קו'מעדיקן יאָר, איבער אַ יאָר ⊣ **on the n. day** אויף מאָרגן, אויפֿן צווייטן/אַ'נדערן טאָג || **n. to last** פֿאַרלעצט* || 2. *adv.* ווײַטער ⊣ **what n.?** וואָס ווײַטער? || **n. to** נאָך; לעבן; אַנטקעגן || **n. to nothing** כמעט גאָרניט [KIMA'T]
next door (to) די אַ'נדערע טיר, מיט אַ טיר ווײַטער ⟨—פֿון⟩, אין שכנות ⟨מיט⟩ [SHKHEY-NES]; אַ טיר לעבן אַ טיר ⟨מיט⟩; שכניש אַדי

[shKhEYNIsh] ⊣ **n. d. neighbor** דער נאָ'ענטסט\|ער שכן [shoKhN]

nibble נאַש\|ן; גריזשע\|ן, שטשיפּע\|ן

nice פֿײַן, ווויל, ליב, סימפּאַטיש \|\| (minute) דראָבנע ⊣ it's **n. and** warm ס'איז פֿײַן וואַרעם

nicety די פֿײַנקייט (ן) \|\| (*pl.*) *also* דיקדוקי־עניות מצ [DIKDUKE-ANI'ES]

niche די נישע (ס), די פֿראַמוגע (ס)

nick 1. *n.* דער קאַרב (ן), דער ראַץ (ן) \|\| **in the n. of time** צו דער מינו'ט ⊣ 2. *v.* אַ ראַץ טאָ\|ן*

nickel (metal) דער ניקל \|\| (5 cents) דאָס פֿי'נפֿעלע (ך), דער ניקל (ען) אַמער

nickel-plated באַניקלט, געניקלט

nickname דער צו'נאָמען (צו'נעמען), דאָס צו'־נעמעניש (ן)

nicotine דער ניקאָטי'ן

niece די פּלימע'ניצע (ס), די ברו'דער\|־טאָכטער (־טעכטער)

niggard דער קמצן (ים) [KAMTSN—KAMTSO-NIM]

niggardly [KAMTSONIsh] קמצניש

night די נאַכט (נעכט) \|\| **at n., by n.** בײַ נאַכט ⊣ **good n.** אַ גוטע נאַכט \|\| **last n.** נעכטן אין אָוונט, נעכטן בײַ נאַכט ⊣ **spend the n.** *imp/pf* (איבער\|)נע'כטיק\|ן \|\| **n. and day** טאָג ווי נאַכט

night cap דער קאָלפּיק (עס)

night club דער נאַ'כטלאָקאַל (ן), דער נאַכט־קלוב (ן), דער קאַבאַרע' (ען)

nightgown דאָס נאַכטהעמד (ער)

nightingale דער סאָלאָוויי' (ען)

nightly 1. *adj.* נאַכט... \|\| 2. *adv.* אַלע נאַכט, •נאַ'כט־נע'כטלעך

nightmare דער קאָשמאַ'ר (ן)

night school די אָ'וונטשול (ן)

nighttime 1. *adj.* *בײַנאַכטיק \|\| 2. *n. see* **night**

nihilism דער ניהיליזם

nil גאָרנישט, נול

Nile דער ניל(וס)

nimble פֿלינק, לופֿטיק, שמײַדיק

nine נײַן

nineteen נײַנצן

nineteenth נײַנצעט

ninetieth נײַנציקסט

ninety נײַנציק

ninth 1. *adj.* נײַנט \|\| 2. *n.* דאָס נײַנטל (עך)

nip 1. *n.* דער קניפּ (ן), דער צופּ (ן) \|\| 2. *v/imp* קנײַפּ\|ן, צופּ\|ן ⊣ **n. in the bud** בײַ צײַטנס פֿאַרכאַפּ\|ן; דערשטיק\|ן אין קנאָספּ

nipple דער אָפּל (ען)

Nissan (month) דער ניסן [NISN]

nit דאָס ניסל (עך)

nitrogen דער שטיקשטאָף, דער אַזאָ'ט

no 1. *art.* קיין \|\| I have no money איך האָב ניט קיין געלט ⊣ **in no time** תּיכּף [TEYKEF] ⊣ **no longer** שוין ניט, גאָר גיך \|\| מער ניט; אויס ⊣ **no more** מער ניט \|\| **be no more** זײַן* אויס \|\| **no one** קיינ\|ער ... ניט ⊣ 2. *int.* ניין

nobility (stratum) דער אַדל \|\| (of character) די איי'דלקייט, דער איי'דלמוט

noble אַ'דלדיק; איי'דלמוטיק, אייד·ל

nobleman דער אַ'דלמאַן (אַ'דללײַט)

noblewoman די אַ'דלפֿרוי (ען)

nobody 1. *pron.* קיינ\|ער ... ניט \|\| 2. *n.* דער נול (ן), דער גאָרני(ש)ט (ן)

nocturn דער נאָקטורן (ען)

nocturnal נאַכטיק, נאַכט...

nod 1. *n.* דער שאָקל (ען); דער יאָ (ען) \|\| 2. *v/imp* מאַכ\|ן/שאָקל\|ען מיטן קאָפּ (אויף יאָ)

noise דער טומל, דאָס געפּילדער, דער ליאַרעם, [KOYLES] קולות מצ; [RASh] דער רעש \|\| (faint n.) *also* דאָס געררוי'ש (ן) \|\| **make n.** טומל\|ען, רעש\|ן [ ], ליאַ'רעמ\|ען, פּי'לדער\|ן

noisy טו'מלדיק, רעשיק [ ], ליאַ'רעמדיק

nomad דער נאָמאַ'ד (ן)

nomadic נאָמאַדיש

no man's land (דאָס) קיי'נעמסלאַנד

nomenclature די נאָמענקלאַטו'ר

nominal נאָמינע'ל; אַבי' אַ ...; ... נאָר אין נאָמען

nominate נאָמיניר\|ן

nomination די נאָמינירונג (ען)

nominative דער נאָמינאַטי'וו (ן)

nominee דער נאָמינירט|ער נעב , דער נאָמינאַ'ט (ן)

non- ..ניט־..., אומ || non-conformist דער או'מקאָנפֿאָרמיסטיש ⊣ non-smoker דער ני'ט־רייכערער (ס)

nonchalance דער גלײַכגילט

nonchalant קאַ'לטבלוטיק, גלײַ'כגילטיק

nonchalantly *also* [KILAKHER-YA'D] כּלאַחר־יד; פּונקט ווי גאָרניט, או'מגעאַ'רט

non-commissioned officer דער או'נטער־אָפֿיציר (ן)

non-committal ני'ט־בי'נדנדיק, האַ'לב־מויליק; מיטן האַלבן מויל

nondescript: n. thing ניט דאָס (און) ניט יענץ

none קיינ|ער ... ניט, קיין איינ|ער ... ניט

nonentity דער גאָרני(ש)ט (ן), דער גאָרניט־[shebeni't] שבניט

non-existent ני'ט־עקסיסטי'רנדיק || (*hum.*) ניט־געשטויגן ניט־געפֿלויגן

non-Jew דער ניט־ייִד (ן) || *cf.* **gentile** || **among n.s** *also* בײַ לײַטן

non-Jewish [GOISH] ניט־ייִדיש; גוייִש

nonsense דער או'מזינען, דער שטות, דער הבֿל [HEVL]; שמאַכטעס, שמאָנצעס —מצ ⊣ **talk n.** רעדן פֿון היץ, ° האַקן אַ טשײַניק ⊣ **n.!** בלאָטע!

non-stop אָן אָפּשטעל

noodle דער לאָקש (ן)

nook דאָס ווי'נקעלע (ך)

noon (דער) האַלב|ער טאָג, די מי'טאָגצײַט || **at n.** מי'טאָגצײַט, אום האַלבן טאָג || **12 o'clock n.** 12 אַ זייגער בײַ טאָג || **n. hour** [sho] די מי'טאָג־שעה

noose די פּעטליע (ס), דער ווערגשלייף (ן)

nor אויך ניט

norm די נאָרמע (ס); דער כּלל [KLAL]

normal נאָרמאַ'ל

north [TSOFN] דער צפֿון

northeast *n.* [MI'ZREKh] דער צפֿון־מיזרח

northeastern צפֿון־מיזרח־..., צפֿון־מיזרח־דיק [ ]

northerly/northern צפֿון־...; צפֿונדיק [ ] || **n. lights** דאָס צפֿון־ליכט אצ

north star דער פּאָלאַ'ר־שטערן

northward 1. *adj.* [ ] ...־צפֿון || 2. *adv.* אויף צפֿון

northwest *n.* [MA'YREV] דער צפֿון־מערבֿ

northwestern צפֿון־מערבֿ־...; צפֿון־מערבֿ־דיק [ ]

Norway (די) נאָרוועגיע

Norwegian 1. *adj.* נאָרוועגיש || 2. *n.* דער נאָרוועגער (—)

nose די נאָז (נעזער)

nostalgia די בענקשאַפֿט

nostalgic פֿאַרבע'נקט

nostril די נאָזלאָך (...לעכער)

nosy: be n. מיש|ן זיך, רוק|ן זיך

not ני(ש)ט || **is that n. so?** אַיאָ'? || **n. at all, n. in the least** גאָר! ווו! || (you're welcome) *see* **welcome** || *cf.* **all** || **it does n. help at all** עס הייבט ניט אָן צו העלפֿן ⊣ **he said n. a word** ער האָט ניט אוי'סגערעדט דאָס אַ'נדערע וואָרט

notable מע'רקווערדיק || (known) באַ־וווּ'סט, באַרי'מט

notary (public) דער נאָטאַ'ר (ן)

notch 1. *n.* הער קאַרב (ן), דער שטשערב (עס), דער אײַנשניט (ן); די פּגימה (—ות) [PGIME] || 2. *v.* אײַנ|שטשערבן

note 1. *n.* (written) דער צעטל (ען), דאָס קוויטל (עך); דאָס בריוול (עך); די נאָטי'ץ (ן) || (promissory) דער וועקסל (ען) || (diplomatic) די נאָטע (ס) || (music) דער טאָן (טענער) ⊣ **bank n.** דער באַנקנאָ'ט (ן) || **take n.s** מאַכ|ן נאָטיצן || 2. *v.* באַ־מערק|ן, פֿאַרציי'כענ|ען

notebook די (נאָטיצ)העפֿט (ן), דאָס נאָטיצבוך (...ביכער)

noted *adj.* באַוווּ'סט

noteworthy אַ'כטווערדיק, באַמע'רק־ווערדיק

nothing 1. *pron.* גאָרני(ש)ט, קיין זאַך ... ני(ש)ט ⊣ **for n.** אומזי'סט || **n. but** לויטער || **n. of the kind!** אַ נע'כטיקער טאָג! || **I'll do n. of the kind** איך קלײַב זיך [AFILE] אַפֿילו ניט אַזוי'נס צו טאָן ⊣ **it's n.** *also* ס'איז בלאָטע ° || **make n. of** מאַכ|ן

⊣ **be n. compared to** °זײַן* זיך גאָרניט פֿון אַ הונט אַנטקעגן

nothingness די ני׳שטיקייט, דער הבֿל [HEVL]

notice 1. *n.* דער באַמע׳רק, די אַכט || (newspaper) *also* די נאָטי׳ץ (ן) || (announcement) די מעלדונג (ען), די מודעה [MEDOE] (—ות) ⊣ (warning) די וואָ׳רענונג ⊣ (advice) דער אַווי׳ז || **on short n.** מיט אַ קורצער וואָ׳רענונג; אָקערשט אַוויזי׳רט ⊣ **on** 3 weeks' **n.** מיט אַן אָנזאָג פֿון 3 וואָכן ⊣ **give** (sb.) **n.** (of) לאָז|ן ⟨אַ⟩ וויסן, מעלד|ן ⟨ד⟩ ⟨—וועגן⟩ ⊣ **give n. to** (employee) אָפּ|שאָפּ|ן, °קי׳נדיק|ן || **take n.** (of) אַכטונג געב|ן* ⟨אויף⟩ || **take n. of** *also* באַמערק|ן, נעמ|ען צו קע׳נטעניש, מהדר זײַן* —אַ [MEHADER], לייג|ן אַכט אויף || **serve n.** (upon) אַוויזיר|ן ⟨אַ⟩, געב|ן* ⟨ד⟩ צו קע׳נטעניש ⊣ 2. *v.* באַמערק|ן, דערזע׳|ן*, מהדר זײַן*

noticeable (באַ)מערקלעך, אָ׳נזעעוודיק || **be n.** אָנ|זע|ן* זיך, מערק|ן זיך

notification דער אָנזאָג (ן), דער אַווי׳ז (ן)

notify געב|ן* צו וויסן, אָנ|זאָג|ן —ד, אַוויזיר|ן אַ

notion דער באַגרי׳ף (ן), דער אײַנפֿאַל (ן)

notions (goods) דער צעלניק קאָל

notorious טרוי׳עריק באַרי׳מט; פֿאַרנאַ׳נט

notwithstanding *prep.* ניט געקוקט אויף

nought דער נול (ן)

noun דער סובסטאַנטי׳וו (ן), דאָס זאַכוואָרט (...ווערטער)

nourish שפּײַז|ן, °דערנער|ן

nourishing זעטיק, נע׳ר(עווד)יק

nourishment די שפּײַזונג || (spiritual) די יניקה [YENIKE]

novel 1. *adj.* נײַ, או׳מגעוויי׳נטלעך, חידוש־דיק [ ] ⊣ 2. *n.* דער ראָמאַ׳ן (ען)

novelist דער ראָמאַני׳סט (ן)

novelty דאָס נײַס (ן), דער חידוש (ים) [KHIDESH—KHIDUSHIM]

November דער נאָוועמבער

novice דער צניף (ן), דער פֿריץ (ן)

now 1. *adv.* איצט, אַצי׳נד || **n. and then** פֿון צײַט צו צײַט ⊣ **every n. and then** אַלע ווײַלע ⊣ **just n.** (a moment ago) נאָר וואָס ⊣ 2. *conj.* **n. that** איצט אַז || **now ... now ...** אָט ... אָט, דאָ ... דאָ, דאָס ... דאָס ...

nowadays הײַ׳נטיקע צײַטן

nowhere אין ערגעץ ... ניט || **be n. near** (in merit) ניט קומ|ען צו

nozzle דאָס נעזל (עך)

nuance דער ניואַ׳נס (ן), דער קנייטש (ן)

nubile אין די יאָרן

nuclear יאָדער...

nucleus דער יאָדער (ס), דער קערן (ס)

nude 1. *adj.* נאַקעט || 2. *n.* די נאַ׳קעט|ע פֿיגור (ן) ⊣ (art) דער אַקט (ן)

nudge אַ שטורך/טאָרע טאָ|ן* ⟨ד⟩

nuisance דאָס אָ׳נשיקעניש (ן), דאָס צו׳טשעפּעניש (ן), דער שלאַק (שלעק) ⊣ **make a n. of oneself** זײַן* אַן אָ׳נשיקעניש, קריכ|ן ⟨ד⟩ אין די אויגן

null 1. *adj.*: **n. and void** בטל־ומבֿוטל [BO'TL-UMVU'TL] ⊣ 2. *n.* דער נול (ן)

numb *adj.* געליי׳מט, אָ׳פּגעטייט

number 1. *n.* (quantity, figure) די צאָל (ן) ⊣ (designation) דער נומער (ן) || (digit) דער ציפֿער (—) || **Book of N.s** במדבר [BAMIDBOR] ⊣ 2. *v.* צייל|ן || (mark) נומעריר|ן

numbered (few) געציי׳לט

numeral דער ציפֿער (—) || (grammar) דאָס צאָלוואָרט (...ווערטער)

numerator דער ציילער (ס)

numerical נומעריש, צאָליק

numerous פֿי׳לצאָליק

nun די מאָנאַשקע (ס)

nurse 1. *n.* (sicknurse) די קראַ׳נקן־שוועסטער (—), די וואַ׳רטאָרין (ס) || (baby) די ניאַניע (ס) || (wetnurse) די נאַם (ען) ⊣ **male n.** דער סאַניטאַ׳ר (ן) || 2. *v.* פֿי׳לַ(נ)עווע|ן; ניאַנטשע|ן || (suckle) זייג|ן

nursery (room) דער קי׳נדער־צימער (ן) || (school) די קי׳נדערהיים (ען) || (trees) די ביי׳מערשול (ן) ⊣ **n. rhyme** דאָס קי׳נדער־לידל (עך)

nursing דאָס (קראַנקן־)שוועסטערײַ', דאָס וואַר־טאָרײַ'

nursing home די קורירהיים (ען); דער (פּריוואַט|ער) מושבֿ־זקנים (ס) [MOYShEV-SKE'YNIM]

nut דער נוס (ניס) || (for bolt) די מו'טערקע (ס)

nutcracker דאָס קנאַ'קניסל (עך)

nutmeg דער מושקאַט

nutrition די שפּײַזונג, די •דערנערונג

nutritious נע'ר(עווד)יק

nutshell די נו'סשאָלעכץ || **in a n.** על־רגל־אַחת [ALREGL-A'KhES]

nylon 1. *adj.* נײַ'לאָנען || 2. *n.* דער נײַלאָן

nymph די נימפֿע (ס)

O

O (letter) דער אָ (ען)

o *int.* אָ

oak 1. *adj.* דעמב׳ן || 2. *n.* דער דעמב (ן)

oakum די קליאָטשע

oar דער רודער (ס), די וועסלע (ס)

oasis דער אָאַזיס (ן)

oath [shvue] די שבֿועה (—ות) || **solemn o.** די קללה (—ות) (curse) ⊣ הייליק|ע שבֿועה [klole] ⊣ **take an o.** || גענב|ן* אַ שבֿועה **administer an o.** (to) משביע זײַן* [mashbie]

oatmeal דער האָ'בערגריץ

oats דער האָבער קאָל

obedience דאָס פֿאָלגן; די פֿאָ'לגעוודיקייט, די געהאָ'רכיקייט

obedient פֿאָ'לגעוודיק, (גע)האָרכיק

obese אי'בערפֿע'ט

obey פֿאָלג|ן ⟨ד⟩; האָרכ|ן, הער|ן ⟨—ד⟩ || (with devotion) קוק|ן ⟨ד⟩ אין די אויגן

obituary *n.* דער נעקראָלאָ'ג (ן)

object 1. *n.* דער אָביע'קט (ן), דער חפֿץ (ים) [kheyfets—khfeytsim] ⊣ (intention) די כּוונה (—ות) [kavone] ⊣ (aim) דער ציל (ן) ⊣ (of a parable) דער נימשל (ים) [nimshl—nimsholim] ⊣ **money is no o.** || אַ רענדל אַרויף אַ רענדל אַראָ'פּ 2. *v.* אײַנ|ווענד|ן (קעגן), האָב|ן* קעגן

objection דער אײַנווענד (ן)

objectionable ניט גלײַך

objective 1. *adj.* אָביעקטי'וו || 2. *n.* דער ציל (ן)

objector דער ניי'נזאָגער (ס)

obligate מחייבֿ זײַן* [mekhayev]; •פֿאַר־פֿליכט|ן

obligation דאָס התחייבֿות (ן) [hiskhayves], די שו'לדיקייט (ן), דער מוז (ן), דער חיובֿ (ים) [khiev—khiyuvim], די •פֿאַרפֿליכטונג (ען)

obligatory אָבליגאַטאָריש, מוז ...

oblige || נייט|ן, מחייבֿ זײַן* [mekhayev] (do a favor) טאָ|ן* ד צו ליב || (gratify) מהנה זײַן* [mehane]

obliged *also* מחויבֿ אַפּ [mekhuyev] || *cf.* **behoove**

oblique •שרעג, קאָסע, אוקאָס..., באַלכסונדיק [ ]

obliquely *also* באַלכסון [balakhsn], אויף אוקאָס, אין דער קרים

obliterate אָפּ|וויש|ן, צענישט|ן

oblivion דאָס פֿאַרגע'סעניש

oblivious: be o. of פֿאַרגעס|ן אין || **be o. to** ניט מערק|ן אַ

oblong לענגלעך

obnoxious דערווידער אַפּ; דערווי'דערדיק

oboe די אָבאָע (ס)

obscene גראָב, •או'מאָנשטענדיק, מיאוס [mies], ניבול־פּהיק [ ] ⊣ **o. person** דער גראָביאַ'ן (ען)

obscenity די גראָבקייט; דער ניבול־פּה [nibl-pe']

obscure 1. *adj.* טונק׳ל, אומקלאָר, נע'פּל־דיק; או'מבאַקאַנט ⊣ 2. *v.* פֿאַרטונקל|ען

observable (באַ)מערקלעך

observance די אָ'פּהיטונג, דאָס פּראַוועו

observant באַמע'רקעריש, מהדרדיק [me-ha'derdik], •אוי'פֿמערקזאַם ⊣ (pious)

פֿרום ⊣ **strictly o.** (*Jew.*) חרדיש [KhAREYDISh] ⊣ **strictly o. Jew** דער חרד [KhORED—KhAREYDIM] (ים) ⊣ **extremely o. Jews** *also* מהדרין־מן־המהדרין [MEHA'DRIN-MIN-HAMEHA'DRIN] ⊣ **o. Jew** דער שומר־מיצוות (שומרי־) [ShOYMER-MITSVES—ShOMRE]

observation די אָבסערוואַציע (ס), די אַ'כט־געבונג (ען) ⊣ (remark) די באַמערקונג (ען)

observatory די אָבסערוואַטאָריע (ס)

observe אָבסערוויר|ן, באַטראַכט|ן, אַכט|־געב|ן* ⊣ (notice) באַמערק|ן, מהדר זײַן* [MEHADER] ⊣ (holidays, laws) אָפּ|־היט|ן ⊣ (holidays) *also* פּראַווע|ן

observer דער אָבסערוואַטאָר (...אָ'רן), דער אַ'כטגעבער (ס)

obsessed באַנומען

obsession דאָס באַנע'מעניש (ן), די מאַנקאָ'ליע (ס), די שליטה (—ות) [ShLITE]

obsolescent || אַלטלעך, האַלב פֿאַרעלטערט ⊣ **be o.** האַלט|ן אין אַלט ווערן

obsolete פֿאַרעלטערט, עבֿר־זמניק [OVER-ZMANIK]

obstacle די מניעה (—ות) [MENIE], דער אָפּ־האַלט (ן), דער שטער (ן), דער מיכשול (ים) [MIKhShL—MIKhShOYLIM], דער שטיין (ער) אין וועג

obstetrician דער אָבסטע'טריקער (ס)

obstetrics די אָבסטעטריק

obstinacy דאָס עקשנות [AKShONES], די אײַ'נ־געגעסנקייט

obstinate פֿאַרעקשנט [ ], עקשנותדיק [ ], אײַ'נגעגעס'ן, אײַ'נגעשפּאַרט, פֿאַרביס'ן || **be o.** *also* פֿאַרעקשנ|ען זיך [ ], אײַנ|־שפּאַר|ן זיך ⊣ **o. person** דער עקשן (ים) [AKShN—AKShONIM]

obstruct פֿאַרשטעל|ן || (legally) אָב־סטרויִר|ן

obstruction די פֿאַרשטעלונג (ען), דער פֿאַר־שטע'ל (ן) ⊣ (legal) די אָבסטרוקציע (ס)

obtain קריג|ן, באַקומ|ען, אײַנ|שאַפֿ|ן זיך || (by pleading) אויס|בעט|ן || (by fighting) אויס|קעמפֿ|ן || (by deception) אַרויס|נאַר|ן

obtuse טעמפּ || (mentally) *also* אָקס'ן*

obvious קלאָר (פֿון זיך), קלאָר ווי דער טאָג, באַשײַ'מפּערלעך; ניכּר אַפּ [NIKER] ⊣ **belabor the o.** ברעכ|ן זיך אין אַן אָ'פֿענער טיר

obviously *also* (*less emph.*) דאָך

occasion די געלע'גנהייט (ן) || on this o. בײַ דער'ר געלע'גנהייט ⊣ **have o. to** (*rev. con.*) אויס|קומ|ען אומפּ ד צו || **on the o. of** לכּבֿוד [LEKOVED]

occasional טײ'למאָליק || he smokes an **o.** cigarette ער רייכערט אַ מאָל (אויס) אַ פּאַפּיראָ'ס

occasionally טייל מאָל, פֿון צײַט צו צײַט, ווען ניט ווען

Occident דער מערבֿ [MAYREV]

occidental מערבֿדיק [ ]

occult אָקו'לט; ניסתּרדיק [NI'STERDIK]

occupation דער פֿאַך (ן), די פּראָפֿע'סיע (ס), דאָס טועכץ (ן) ⊣ (military) די אָקופּאַציע (ס) ⊣ (seizing) *also* די פֿאַרנעמונג

occupational פֿאַך...

occupied (busy) פֿאַרנומען

occupy פֿאַרנעמ|ען || (take possession of) *also* באַזעצ|ן, אָקופּיר|ן || (inhabit) באַ־וווינ|ען ⊣ **o. oneself with** *also* עוסק זײַן* זיך מיט [OYSEK], עוסק זײַן* אין

occur געשע'|ן*, פּאַסיר|ן, טרעפֿ|ן (זיך), פֿיר|־קומ|ען ⟨—מיט⟩ ⊣ (come to mind) אײַנ|־פֿאַל|ן, קומ|ען ⟨—ד⟩ אויפֿן זינען ⊣ (*rev. con.*) פֿאַל|ן אויף

occurrence די פּאַסירונג (ען), דער טראַף (ן) || **actual o.** די מעשׂה־שהיה [MA'YSE-ShE-HO'YE]

ocean דער אָקעאַ'ן (ען)

o'clock ...ע; אַ זייגער || three o. דרײַ אַ זייגער; דרײַע

octave די אָקטאַ'וו (ן)

October דער אָקטאָבער

octogenarian דער בן־שמונים (בני־) [BEN-ShMOYNIM—BNEY]

oculist דער אוי'גן־דאָקטער (־דאָקטוירים)

odd 1. *adj.* (strange) מאָדנע || (excess) איבעריק ⊣ (not even) נומיק || **o. job**

(עך) דאָס פֿאַרדינסטל ⊣ **o. number** *also* דער
(ען) נום ⊣ 2. *num.* ע'טלעכע און ||
twenty-o. ע'טלעכע און צוואַנציק

oddball דער אָריגינאַ'ל (ן), דער טשודאַ'ק (עס)

oddity די מאָ'דנעקייט (ן)

odds שאַנסן מצ || (advantage) דער פֿאָר ||
o. and ends רעשטלעך מצ, דער ראַמש

ode די אָדע (ס)

odious דערווידער, מאָוס —אַפּ [MOES]; דער-
ווי'דערדיק, •ע'קלדיק

odor [REYEKh—REYKhES] דער ריח (ות) ||
bad o. דער אַוויר [AVER], דער שמוכט

of פֿון || the father **of** the children
דער טאַטע פֿון די קינדער ⊣ made **of** glass
געמאַ'כט פֿון/אויס גלאָז ⊣ all **of** us מיר אַלע
|| the state **of** New York דער שטאַט
ניו־יאָרק ⊣ a glass **of** tea אַ גלאָז טיי ||
a friend **of** mine אַ פֿרײַנד מײַנ|ער || this
friend **of** mine דע'ר פֿרײַנד מײַנ|ער

off 1. *adv.* אַוועק, אָפּ, אַראָ'פּ —אַדוו; אַוועק,
ווי ווען, **o. and on** ⊣ אָפּ, אַראָ'פּ —קוו
אָפּ|טראָג|ן ⊣ **be o.** (depart) ⊣ ווי אַ מאָל
|| זײַן* פֿרײַ (be free) ⊣ זיך, אָפּ|צי:|ען
a day o. אַ פֿרײַ|ער טאָג || **take some**
time o. באַפֿרײַ|ען זיך אַ ביסל || **we're o.!**
הײַדאַ! ⊣ *cf.* **call off; turn off; badly;**
well || 2. *prep.* ניט ווײַט פֿון; אַראָ'פּ פֿון ||
o. the coast ניט ווײַט פֿון באָרטן || o. the
table אַראָ'פּ פֿון טיש

offal [PSOYLES] דאָס פּסולת

off-duty *adj.* ני'ט־דעזשורי'רנדיק, ני'ט־דע-
זשו'ריק

offend באַליי'דיק|ן, פֿאַרשו'לדיק|ן זיך אַנט-
קעגן; פֿאַרטשעפּע|ן, אָנ|טרעט|ן ד אויפֿן
פּוס; פּוגע־בכּבֿוד זײַן* [POYGEYE-BEKO'-
VED] ⊣ (*hum.*) אָנ|ריר|ן ד דעם האָנער

offended (with) *also* ,[BROYGES] ברוגז
אָ'נגעברוגזט, אָ'נגעשטויס'ן, באַליידיקט
האָב|ן* פֿאַר- *also* **be o. at** ⊣ ⟨—אויף⟩
איבל אויף

offender דער אי'בערשפּרײַזער (ס)

offense די באַליי'דיקונג (ען) || (attack)
דער אי'בערשפּרײַז (ן) (crime) ⊣ די אָפֿענסיווע
|| (*Jew.* and *fig.*) (חטאָים) דער חטא
[KhET—KhATOIM] ⊣ **take o.** (at) האָב|ן*
⟨אויף⟩ פֿאַראיבל ⊣ **take o.** (at sb.) *also*
אָנ|בלאָז|ן זיך ⟨אויף⟩

offensive 1. *adj.* באַליי'דיקנדיק; דער-
ווי'דערדיק ⊣ (military) אָפֿענסי'וו || 2. *n.*
די אָפֿענסיווע (ס)

offer 1. *n.* דער אָנבאָט (ן), דער פֿירלייג (ן),
(ן) דער אָנשלאָג (ן), דער •פֿאָרשלאָג ⊣ 2. *v.*
(אָנ|)באָט|ן, פֿאָר|-, פֿיר|לייג|ן; נאַרײַע|ן, אָנ|-
שלאָג|ן ⊣ (possibility) גיב|ן* || (sacri-
fice) ל גענענ|ען || **o. one's services** (to)
אָנ|באָט|ן זיך ⟨ד⟩

offering דער אָנבאָט (ן) || *cf.* **sacrifice;**
contribution

offhand אין פֿלוג; אויפֿן אָרט; אויף איין
פֿוס

office דער אַמט (ן) || (place) דאָס ביוראָ'
(ען), די קאַנצעלאַריע (ס), די קאַנטאָ'ר (ן);
דער (professional) ⊣ דער •אָפֿיס (ן) אַמער
דער אַמט (ן), דער (job) ⊣ קאַבינע'ט (ן)
דער ביוראַלי'סט *also* **o. worker** ⊣ פּאָסטן (ס)
(ן)

officer (official) דער באַאַמט|ער געב ||
(commander) דער אָפֿיצי'ר (ן) || (police-
man) דער פּאָליציאַ'נט (ן)

official 1. *adj.* אָפֿיציע'ל, אַמטיק || 2. *n.*
דער באַאַמט|ער געב, דער פֿונקציאָנאַ'ר (ן); דער
[POKED—PKIDIM] פּקיד (ים) ⊣ **uni-**
formed o. (*cont.*) דאָס קנעפּל (עך)

officiate אַמטיר|ן

offing: be in the o. האַלט|ן אומפּ בײַ

offprint דער סעפּאַראַ'ט(־אָפּדרוק) (ן)

offset 1. *n.* דער אָפּבייג (ן) || (printing
process) דער (פֿאָטאָ)אָפֿסעט || **print by**
o. אָפֿסעטיר|ן || 2. *v.* אַנטקעגנ|וועג|ן

offshoot דער אָפּשפּראָץ (ן)

off-shore (near shore) בײַ'באָ'רטנדיק ||
(toward sea) פֿו'נבאָ'רטנדיק

offspring דער נאָ'כקומלינג (ען) || (*coll.*) דער
נאָכוווקס, דער זוימען

often אָפֿט, אָפֿט מאָל, אַ סך מאָל [SA'Kh]

ogle [KhEYNDLEKh] ⟨צו⟩ מאַכ|ן חנדלעך

oh *int.* (pain, fright) אוי! || (surprise)
also טאַקע? || (anxiety, disapproval)

also אַך || (impatience) *also* אײַ || **oh for ...** ?... ווי נעמט מען ... וווּ דערלעבט || **oh that ...** ?... הלוואַי זאָל ... מען ⊣ [HALEVA'Y]

oil 1. *n.* דער אײל (ן) || (fuel) דער נאַפֿט || (edible) דער בוימל || 2. *v. imp/pf* (אײַנ|-, אָנ|)אײל|ן

oilcloth די צעראַטע (ס)

oil field דאָס נאַפֿטפֿעלד (ער)

oil painting דאָס אײלבילד (ער)

oil well דער נאַפֿטקוואַל (ן)

oily אײליק, בוי'מלדיק || (soiled) פֿאַר־אײלעצט, פֿאַרפֿע'טסט

oink 1. *int.* כרוק || 2. *v.* כרוקע|ן

ointment די זאַלב (ן)

O.K. 1. *adj.* אַקײי'• אַמער ;גוט; ריכטיק || **it's O.K.** *also* !ס'גייט || 2. *int.* !גוט || (agreed!) [GEPOYELT] !געפּועלט || 3. *v.* אַקײי|ען• אַמער ⊣ *cf.* **approve**

old אַלט; לאַנגאָניק || **of o.** פֿאַר צײַטן || **grow o.** ע'לטער|ן זיך || **o. age** די עלטער || **o. things** דאָס אַלטוואַרג || **o. hand** (*iro.*) דער אַלט|ער הי'נער־פּרעסער (ס) ⊣ **o. maid** *see* **maid** || **o. man** דער זקן (ים) [ZOKN— SKEYNIM] ⊣ **o. story** *also* אַ מעשׂה מיט [MAYSE] אַ באָרד ⊣ **o. woman** די זקנה [SKEYNE] (—ות)

old-age ...עלטער || **o. home** דער מושבֿ־זקנים (ס) [MOYShEV-SKE'YNIM]

old-fashioned אַ'לטמאָדיש, אַלטפֿרענקיש

old-time אַמאָליק, לאַנגאָניק

old-timer דער אוי'סגעוועזענ|ער/דו'רכגעמאַכט|ער/אײַ'נגעזעסענ|ער מענטש (ן)

olive די מאַסלינע (ס), דער אײלבערט (ן)

...ological ...אָלאָגיש || cardiological קאַר־דיאָלאָגיש [DY]

...ologist דער ...אָלאָ'ג (ן) || entomologist ענטאָמאָלאָ'ג

...ology די ...אָלאָגיע (ס) || cosmology קאָסמאָלאָגיע

omelet דער פֿײַ'נקוכן (ס), דער אָמלע'ט (ן)

omen דער (בי'טער|ער) סימן (ים) [SIMEN— SIMONIM], דער אָנזאָג (ן), דער וואָ'רצייכן (ס) ⟨—אויף⟩

Omer דער עומר [OYMER] || **count the O.** *also* [SFIRE] ציל|ן ספֿירה

ominous [ ] ניט || **be o.** בײַ'ז־סי'מנדיק זײַן* קיין גוטער סימן [ ]

omission דער אויסלאָז (ן), דער דורכלאָז (ן), די השמטה (—ות) [HAShMOTE]

omit אויס|-, דורכ|לאָז|ן, איבער|היפּ|ן

omnipotence די אַלמאַ'כטיקייט

omnipotent אַלמאַכטיק

omniscience די אַלצווי'סיקייט

omniscient אַלצוויסיק, יודע־הכּלדיק [YE-DEYE-HA'KLDIK]

on 1. *adj.* (put on) אָ'נגעטאָן || (lit) אָ'נ־געצונדן ⊣ (in operation) ;אָ'נגעשטעלט || אין גאַנג ⊣ 2. *adv.* (further) ווײַטער || 3. *prep.* [AF] אויף || (train, bus) אין, מיט || (on one's person) בײַ || I don't have it on me איך האָב עס ניט בײַ זיך || (coincidence) בײַ || on arriving בײַם אָנקומען ⊣ (concerning) וועגן; אויף דער (אד"ט) טעמע ⊣ a paper on "Science and Politics" אַ רעפֿעראַ'ט אויף דער טעמע „וויסנשאַפֿט און פּאָליטי'ק"

once 1. *adv.* איין מאָל || **at o.** (in one time) פֿאַר/אויף/מיט איין מאָל || (immediately) שוין, גלײַך, תּיכּף [TEYKEF] || **o. for all** איין מאָל פֿאַר אַלע מאָל || **o. in a blue moon** איין מאָל אין אַ יובֿל [YOYVL], איין מאָל אין אַ שמיטה [ShMITE] || 2. *conj.* (as soon as) ווי נאָר || (after) נאָך דעם ווי

one 1. *num.* איין, איינ|ער, איינס || **o. by o.** אײ'נציקווײַז ⊣ *cf.* **half** || 2. *adj.* איין, דער איין־און־איינציק ⊣ **the o. and only** אײ'נציק|ער ⊣ **o. of us/you/them** אַן אײ'געַנ|ער מענטש ⊣ 3. *pron.*: *omitted* || the old **o.** דער אַלט|ער || the **o.s** we saw די וואָס מיר האָבן געזע'ן || (indefinite) מע(ן) ⊣ o. should not do that מע דאַרף עס ניט טאָן ⊣ what does o. do? וואָס טוט מען? ⊣ 4. *n.* (numeral) דער/די איינס (ן)

oneness די איינסקייט (ן)

oneself זיך, זיך אַליי'ן || see **for o.** אַליי'ן זע|ן*

one-sided איי'נזײַטיק
one-time איי'נמאָליק
one-way ...אַהי'נ || o. street די אַהיננאַס
|| o. ticket דער אַהי'ן־בילעט (ן)
onion די ציבעלע (ס) || **o. stalks** צי'בעכעס מצ
only 1. *adj.* איינציק || **o. daughter** די בת־יחידה (—ות) [BASYEKHIDE] || **o. son** דער בן־יחיד (בני־יחידים) [BENYOKHED—BNEY-YEKHI'DIM] || 2. *adv.* נאָר, מער־ניט || (as recently as) ני(ש)ט, בלויז; ניט מער ווי ערשט || (necessarily) [DAF-KE] דווקא || 3. *conj.* ל נאָר; נײַערט || **not o.** ניט נאָר; לאָדי' [LOYDA'Y]
onslaught דער (אָנ)פּראַל (ן), דער אָנפֿלייץ (ן)
on-the-spot אויפֿן־אָרטיק
onus דער עול [OL]
onward פֿאָרויס'
ooze *v.* רינ|ען, דריפּע|ן
opaque מאַט
op. cit. דצ"וו=דאָס ציטירט|ע ווערק
open 1. *adj.* (to) ⟨פֿאַר⟩ אָפֿ'ן || 2. *adv.* אויף קוו || break/tear o. אויפֿ|ברעכ|ן, -|רײַס|ן || **lay o.** *see* **o. up** || 3. *vt/vi* ע'פֿענ|ען, אויפֿ|מאַכ|ן (—זיך) || (book) *vt. also* אויפֿ|מיש|ן || (business) *vt. also* אויפֿ|ע'פֿענ|ען (זיך) || **o. up** *vt/vi* שלאָג|ן || **o. wide** צעע'פֿענ|ען (זיך) (ברייט)
opening 1. *adj.* ...עפֿנ || o. speech די פֿרעמיערע (ס) || **o. night** ע'פֿן־רעדע || 2. *n.* די ע'פֿענונג (ען) || **job o.** די פֿרײַ|ע שטעלע (ס)
openly *also* בפֿרהסיא [BEYOYDIM], ביודעים [BIFRESYE]
opera די אָ'פּערע (ס) || **o. glasses** דער בינאָקל אצ (ען)
operate (surgery; army) אָפּעריר|ן || (machine) *vt.* אַ'רבעט|ן בײַ, אָפּעריר|ן מיט, רי'כטעווע|ן || (car) פֿיר|ן || *vi.* אַ'רבעט|ן, אָפּעריר|ן, פֿונקציאָניר|ן
operatic ...אָ'פּערע־
operation (surgical; military) די אָפּעראַציע (ס) || (functioning) דאָס אַ'רבעטן || **in o.** אין גאַנג; די אָפּערירונג ⟨מיט/פֿון⟩ || **be in o.** *also* אַ'רבעט|ן, פֿונקציאָניר|ן
operative 1. *adj.* אין קראַפֿט, אין גאַנג || 2. *n.* דער אַגע'נט (ן)
operator דער אָפּעראַטאָר (...אָ'רן), דער אָפּרייטער (ס) אמער || (telephone: *masc.*) דער טעלעפֿאָני'סט || (*fem.*) די טעלע־פֿאָניסטקע (ס)
operetta די אָפּערעטע (ס)
opinion די מיינונג (ען), דער קוק (ן), די סבֿרא [SVORE] (—ות) || **expert o.** דאָס מבֿינות [MEVINES] || (expressed) דער חוות־דעת [KhAVES-DA'AS] || **public o.** די ע'פֿנטלעכ|ע מיינונג, דער דעת־הקהל [DAAS-HAKO'-OL] || **be of the o.** זײַן* מיינ|ען, האַלט|ן || **state one's o.** *also* אַרויס|ברענג|ען דער מיינונג || **in my o.** זאָג|ן זיך נאָך מײַן מיינונג; לפֿי־דעתי [LEFIDATI]
opium דער אָפּיום
opponent דער קעג(ע)נער (ס), דער אָפּאָנע'נט (ן), דער בעל־פּלוגתא (בעלי־ [BAL-PLU'KTE —BALE]
opportune גינציק, פּאַסיק, אָ'נגעמאָסט'ן
opportunism דער אָפּאָרטוניזם
opportunist דער אָפּאָרטוני'סט (ן), דער כּדאַיניק [KEDAYNIK] (עס)
opportunity די געלע'גנהייט (ן), די מי'גלעכ־קייט (ן); די אָקאַ'זיע (ס) || **seize the o.** (to) ⟨אױף⟩ אַרײַנ|כאַפּ|ן
oppose קעגנ|שטעל|ן (אַנט)קעגנ|| (resist) אָפּאָניר|ן ⟨ד⟩ שטעל|ן זיך || (in debate) אָפּאָניר|ן
opposing אַנטקעגנדיק
opposite 1. *adj.* פֿאַרקע'רט, אַנטקע'גנדיק, היפּוכדיק [ ] || 2. *adv.* אַנטקעגן, פֿאַרקערט, קאַפּויער || (vis-à-vis) קעגן איבער || 3. *prep.* אַ(נט)קעגן || 4. *n.* דער היפּוך (ים) [HEYPEKh—HIPUKhIM]
opposition די אָפּאָזיציע (ס), דער קעגנאַנאַ'נד (ן) || (resistance) דער קע'גנשטעל (ן), דער ווי'דערשטאַנד (ן)°
oppress באַדריק|ן, גנאָ'טעווע|ן, דריק|ן
oppressed *also* [MESHUBED] ⟨בײַ⟩ משועבד || **be o.** (by) *also* ⟨בײַ⟩ זײַן* אין גלות [GOLES]

oppression די באַדריקונג (ען), די אונטער־•דריקונג (ען), דער יאָך

oppressive (באַ)דרי'קנדיק || **be o.** *also* זײַן* אַ יאָך, זײַן* אַן עול [OL] ⟨—אויף⟩

oppressor דער באַדריקער (ס), דער אונטער־•דריקער (ס)

optical אָפּטיש

optician דער אָ'פּטיקער (ס)

optics די אָפּטיק

optimism דער אָפּטימיזם

optimist דער אָפּטימי'סט (ן), דער בעל־בטחון [BAL-BITO'KhN—BALE] (בעלי־)

optimistic אָפּטימיסטיש

option די ברירה (—ות) [BREYRE], דער אויס־קלײַב; דאָס אָפּטירערעכט (—)

optional ברירהדיק [ ], מעג...

optometrist דער אָ'פּטיקער (ס)

opulence דאָס עשירות [AShIRES], די שפֿע [ShEFE] ⊣ (excessive) דער שווילטאָג

opus דאָס ווערק (—)

or צי; אָדער || **or else** אַני'(ש)ט || **or possibly** עווענטוע'ל

oracle דער אָראַקל (ען)

oral (through mouth) מויל...; מוי'ליק || (verbal) [ ] בעל־פּה־...

orally (through mouth) דורכן מויל || (verbally) [BALPE'] בעל־פּה

orange 1. *adj.* אָראַ'נזש אַפּ; אָראַנזשן || 2. *n.* דער מאַראַ'נץ (ן)

orate דרשענ|ען [DARSh'N]

oration די רעדע (ס), די דרשה (—ות) [DROShE] ⊣ **funeral o.** *see* **eulogy**

orator דער אָראַטאָר (...אָ'רן), דער רעדנער (ס) || **tedious o.** (*hum.*) דער בעל־דרשן (ס) [BAL-DARShN]

oratorio די אָראַטאָריע (ס)

oratory די אָראַטאָריע

orbit 1. *n.* דער אָרבי'ט (ן) || 2. *v.* (put in orbit) אַרויס|לאָז|ן אין אָרבי'ט || (go in orbit) *vt/vi* (אַרומ|)אָרביטיר|ן ⟨אַרום⟩

orbital אָרביטי'ר־...

orchard דער סאָד (סעדער)

orchestra דער אָרקעסטער (ס) || (ground floor) דער פּאַרטע'ר

orchestral אָרקעסטער־...

orchid די אָרכידעע (ס)

ordain (priest) אָרדיניר|ן || (rabbi) געב|ן* ד׳ סמיכה [SMIKhE] ⊣ *cf.* **decree** || **o.ed** *cf.* **destined**

ordeal די פּרוּוונג (ען); דאָס אָ'פּקומעניש (ן)

order 1. *n.* (arrangement) דער סדר (ים) [SEYDER—SDORIM], דער טאָלק, די אָ'רדענונג (ען) ⊣ (command) דער באַפֿע'ל (ן) || (customer's) די באַשטעלונג (ען) || (organization) דער אָרדן (ס) || (degree) די מדרגה (—ות) [MADREYGE] ⊣ (medal) דער אָרדן (ס) ⊣ **in o. to** כּדי צו [KEDE'Y], בכּדי צו [BIKhDE'Y] ⊣ **in regular o.** כּסדר [KESEYDER] ⊣ **in good o.** כּשורה [KEShURE] ⊣ **out of o.** ניט אין אָ'רדענונג, קאַליע אַפּ ⊣ **bring into o.** מאַכ|ן אַ טאָלק אין ⊣ **put in o.** אָ'רדענ|ען, (אויס|)סדר|ן [SADER] ⊣ (make) **to o.** אויף באַשטעלונג ⊣ 2. *v.* (command) הייס|ן, באַפֿעל|ן, געבאָט|ן ⟨—ד אינפֿ⟩ ⊣ I o. you to come איך הייס דיר קומען || (to be delivered) באַשטעל|ן, שאַפֿ|ן || (by mail) *also* אויס|שרײַב|ן || **o. around** שאַפֿ|ן זיך מיט

orderly 1. *adj.* מיט אַ טאָלק, טאָלקיק, סדר־דיק [ ]; על־פּי סדר [ALPI] ⊣ 2. *n.* דער אָרדינאַ'נס (ן)

ordinal [ ] סדר־...

ordinance די פֿאַראָ'רדענונג (ען)

ordinary געוויינטלעך; געמיי'ן; פּראָסט, וואָ'כעדיק; סתם אַ ... [STAM]

ore דאָס אַרץ (ן)

organ דער אָרגאַ'ן (ען) || (pipe o.) דער אָרגל || (reed o.) די פֿיסהאַרמאָ'ניע (ס) ⊣ **barrel o.** די קאַטערינקע (ס)

organ-grinder דער קאַטערינשטשיק (עס)

organic אָרגאַניש

organism דער אָרגאַניזם (ען)

organist דער אָרגלער (ס)

organization (action) דאָס אָרגאַניזיר|ן, די אָרגאַניזירונג ⊣ (body) די אָרגאַניזאַציע (ס)

organize *vt/vi* אָרגאַניזיר|ן (זיך)

organizer דער אָרגאַניזאַטאָר (...אָ'רן)

orgasm דער אָרגאַזם (ען)

orgy די אָרגיע (ס), די וואַקכאַנאַ'ליע (ס)

Orient *n.* דער אָריע'נט, דער מיזרח [MIZREKh]

orient *v.* אָריענטיר|ן

oriental 1. *adj.* אָריענטאַליש, מיזרחדיק [ ] || 2. *n.* דער אָריענטאַ'ל (ן)

orientation די אָריענטירונג (ען)

oriented אָריענטי'רט || **be/get o.** אָריענטיר|ן זיך ⊣ **be well o.** *also* פֿונאַנדער|קלײַב|ן זיך, וויס|ן* ווו אײַן און ווו אויס

orifice דאָס מײַלכל (עך)

origin דער אָנהייב (ן), דער אויפֿקום; דער אָפּשטאַם, דער מקור (ים) [MOKER—MEKOYRIM] ⊣ (*pl.*) — אַצ דער אויפֿקום, דער אָפּשטאַם

original 1. *adj.* (beginning) ערשטיק, תּחילתדיק [ ], לכתּחילהדיק [ ]; קדמון־... [KADMEN] ⊣ o. sin דער קדמון־חטא [KhET] || (novel, underived) אָריגינע'ל || 2. *n.* דער אָריגינאַ'ל (ן)

originality די אָריגינעלקייט

originally תּחילת [TKhILES], לכתּחילה [LEKhATKhILE]

originate *vt.* אָנ|הייב|ן; איניציִיר|ן || *vi.* אָנ|הייב|ן זיך; אויפֿ|קומ|ען; נעמ|ען זיך, קומ|ען (לכתּחילה) ⟨פֿון—⟩ [ ]

originator דער איניציאַטאָר (...אָ'רן)

ornament דער ציר, דער פּאר [PER], דער פֿאַרפּו'ץ; דער אָרנאַמע'נט (ן), די באַפּוצונג (ען), דאָס שײַנדל (עך), דער שײַנדלינג (ען), די צאַצקע (ס)

ornamental אָרנאַמענטאַ'ל; ציר..., פּוצ...

ornate געצאַצקעט || (*iro.*) צאַ'צקעדיק

orphan דער יתום (ים) [YOSEM—YESOYMIM]

orphanage דאָס יתומים־הויז (־הײַזער) [ ]

orphaned פֿאַריתומט [ ]

orthodox אָרטאָדאָקסיש || **o. person** דער אָרטאָדאָ'קס (ן) ⊣ *cf.* **observant**

orthodoxy די אָרטאָדאָ'קסיע

orthographical אָרטאָגראַפֿיש

orthography די אָרטאָגראַפֿיע

oscillate וואַקל|ען זיך, אָסציליר|ן

ostensible כּלומרשטיק [ ]

ostensibly כּלומרשט [KLOYMERShT]

ostentation דער פּוץ; דאָס אויסשטעלערײַ'

ostentatious אוי'סשטעלעריש

ostracize אָסטראַקיר|ן, אַוועק|שטעל|ן מחוץ־למחנה [MIKhU'TS-LEMA'KhNE] ⊣ (*Jew.*) אַרײַנ|לייג|ן אין חרם [KhEYREM]

ostrich דער שטרויס (ן)

other אַנדער || **the o. day** אַנומלט || **each o.** איינ|ער דעם אַ'נדערן || **every o.** ... איבער ... || every o. page אַ זײַט איבער אַ זײַט; יעדער צווייט|ע זײַט || **one or the o.** איינס פֿון די צוויי || *cf.* **hand**

otherwise אַנדערש; אַני'(ש)ט, (אַ)זי'סט

other-worldly יע'נוועלטיק

otter די ווידרע (ס)

ouch *int.* אוי

ought זאָל|ן*, דאַרפֿ|ן* —אינפֿ; וואָלט געדאַ'רפֿט אינפֿ ⊣ you o. to come איר וואָלט געדאַ'רפֿט קומען; איר דאַרפֿט קומען ⊣ you o. to have come איר האָט געזאָ'לט קומען; איר האָט געדאַ'רפֿט קומען

ounce די אונץ (ן) || **half o.** דער לויט (—)

our אונדזער

ours אַדי או'נדזעריק; או'נדזער|ער || **of o.** ... אַ או'נדזער|ער

ourselves (reflexive) זיך (אַלײ'ן) || **we o.** מיר אַלײ'ן, מיר גופֿא [GUFE]

oust אַרויס|וואַרפֿ|ן, -|שטופּ|ן; הייס|ן ד גיין

out 1. *adj.* (not in) אַרוי'ס || (not at home) ניט(אָ') אין דער היים || (extinguished) פֿאַרלאָשן || (washed out) אַווע'קגעשווענקט ⊣ the secret is **o.** דער סוד איז אַרוי'ס [SOD] ⊣ **o. of** (outside) ניט אין/אויף; אין דרויסן פֿון ⊣ (considerations) אויס, פֿאַר; מתּוך [MITO'Kh] || o. of town ניט אין שטאָט || o. of place ניט אויפֿן אָרט ⊣ o. of fashion ניט אין דער מאָדע ⊣ o. of joy אויס/פֿאַר/מתּוך פֿרייד ⊣ **be o. of the question** (*rev. con.*) זײַן* אומפּ אָ'פּגערעדט פֿון ⊣ **be o.** (of consideration) אָפּ|פֿאַל|ן || **be o. of** (lack; *rev. con.*) זײַן* אוי'סגעגאַנגען ⟨בײַ⟩ || **be o. for** (intend) זײַן* אויסן אַ || **be o. to** אינפֿ זײַן* אויסן צו ⊣ **have it o. with** דעררעד|ן זיך צו אַ טאָלק מיט; צעשלאָג|ן זיך מיט

|| **o. of the way** (far) אויסן וועג || (removed) באַזײַ'טיקט || 2. *adv.* אַרוי'ס אַדוו; אַרוי'ס קוו ⊣ crawl o. אַרויס|קריכ|ן || **o. and o.** דורך און דורך, לחלוטין [LAKhLUTN]

out... איבער קוו || outyell איבער|שרײַ|ען

outage דער אויסלעש (ן)

outbid אויס|קאָנקוריר|ן

outbreak דער אויסבראָך (ן)

outburst דער אויסבראָך (ן)

outcast דער אויסוואָרף (ן)

outcome דער רעזולטאַ'ט (ן), דער אַרויסקום (ען)

outcry דער אוי'סגעשריי (ען), דאָס וויי'געשריי (ען)

outdo אַריבער|שטײַג|ן || (*hum.*) °פֿאַר־שטעק|ן אין גאַרטל

outdoor דרוי'סנדיק

outdoors 1. *adv.* אין דרויסן || 2. *n.* דער (אין)דרויסן

outer אוי'סווייניקסט*

outfit 1. *n.* דער גאַרניטער (ס); דער אויסריכט (ן) ⊣ 2. *v.* אויס|ריכט|ן

outflow דער אַרויספֿלייץ

outgoing (extrovert) עקסטראָווע'רט || (on its way out) אַרוי'ס... || **o. mail** די אַרויספּאָסט

outgrow (sb.) אַריבער|וואַקס|ן || (stg.) אַרויס|וואַקס|ן פֿון; אַרויס|גיי|ן* פֿון די יאָרן

outgrowth דער אויסוווקס (ן), דער אַרויסוואַקס (ן)

outhouse (privy) דער אָפּטרעט (ן)

outing די עקסקו'רסיע (ס), דער אַרויספֿאָר (ן)

outlandish אוי'סטערליש

outlast איבער|לעב|ן

outlaw 1. *n.* דער באַנדי'ט (ן) || 2. *v.* פֿאַר־ווער|ן, אַסר|ן [ASER]

outlet דער אויסגאַנג (ען), דער ווענטי'ל (ן), דער אויסוועג (ן) ⊣ (economic) *also* דער מאַרק (מערק) ⊣ (electric) דער קאָנטאַ'קט (ן)

outline 1. *n.* דער קאָנטו'ר (ן), די סכעמע (ס), דער אָנוואַרף (ן), דער קאָנצע'פּט (ן); ראָשי־פּרקים מצ [ROShE-PRO'KIM] ⊣ 2. *v.* אָנ|וואַרפֿ|ן, -|קאָנטוריר|ן; סקיציר|ן

outlive איבער|לעב|ן

outlook דער אויסבליק (ן), דער (אויס)קוק (ן), דער אַרויסקוק (ן); דער האָריזאָ'נט (ן)

outnumber אַריבער|שטײַג|ן אַ (אין צאָל)

out-of-date פֿאַרעלטערט

out-of-doors אין דרויסן; אונטערן פֿרײַען הימל

out-of-town *adj.* אוי'סערשטאָטיש; ניט־הי'ג* || *cf.* **out**

outpost דער אַוואַנפּאָ'סט (ן)

outpour(ing) דער אויסגאָס (ן), דער פֿלייץ (ן)

output די פּראָדוקציע; דער אַרוי'ס־קאָנטאַקט (ן); דאָס אַרויסוואַרג

outrage דער סקאַנדאַ'ל, די מעשׂה־רע [MAYSE-RA'], די רציחה (—ות) [RETSIKhE]

outrageous סקאַנדאַליע'ז [LY], •ני'דער־טרעכטיק

outrank זײַן* העכער (אין ראַנג) פֿון

outright 1. *adj.* דירע'קט, או'מפֿאַרמי'טלט; קאַטעגאָריש ⊣ 2. *adv. also* בפֿירוש [BEFEYRESh], אָן שהיות [ShIES]

outrun איבער|יאָג|ן

outshine אַריבער|שײַנ|ען, °פֿאַרשטעק|ן אין גאַרטל

outside 1. *adj.* דרוי'סנדיק, אוי'סנווייניקסט* || 2. *adv.* אין דרויסן; אוי'סנווייניק || 3. *n.* דער אוי'סנווייניק || from the o. פֿון אוי'סנווייניק ⊣ **on the o.** אוי'סנ־ווייניק ⊣ 4. *prep.* אין דרויסן פֿון, מחוץ [MIKhU'TS]

outsider דער זײַ'טיק|ער, דער דרוי'סנדיק|ער —געב

outskirts דער זוים (ען), די פּעריפֿעריע (ס)

outsmart *see* **outwit**

outspoken אָפֿ'ן, אָ'פֿן־האַרציק, אָ'פֿנטלעך

outstanding אָ'נגעזע'ן, בולט [BOYLET] || **be o.** *also* אויס|טייל|ן זיך || **o. person** דער מופֿלג (ים) [MUFLEG—MUFLOGIM]

outstretched אוי'סגעצויג'ן || (arms) אָפֿ'ן

outstrip איבער|יאָג|ן

outward דרוי'סנדיק, •אוי'סערלעך; חיצוניות־דיק [KhITSO'YNIESDIK]

outwardly *also* כּלפּי־חוץ [KLAPE-KhU'TS]

outweigh איבער|-, אַריבער|וועג|ן

outwit איבער|קליג|ן, -|כי'טרעווע|ן

oval 1. *adj.* אָוואַ'ל || 2. *n.* דער אָוואַ'ל (ן)
ovary דער איי'ערשטאָק (ן)
ovation די אָוואַציע (ס)
oven דער אויוון (ס) || **baking o.** *also* דער באַ'קרייער (ן)
over 1. *adj.* (gone) אויס, פֿאַרבײַ' || 2. *adv.* (above) אַריבער || **o.** (again) ווידער || **o. and o.** ווידער און אָבער ⊣ אַ מאָל || **o. against** אַנטקעגן || 3. *prep.* איבער || **all o.** the floor איבער דער גאַנצער פּאַדלאָגע
over... (excess) קוו איבער || overpay איבער|צאָל|ן
overall *adj.* [KO'YLELDIK] כּוללדיק
overalls (*sg.*) די קאָמבינאַציע (ס), דאָס אי'בעראַלץ (ן), די ספּעצקליידונג — אַצ
overboard פֿון באָרט אַראָ'פּ
overburden איבער|לאָד|ן
overcast פֿאַרוואָלקנט; פֿאַרצויג·ן
overcharge (price) איבער|רע'כע|ען, באַ־רײַס|ן
overcoat דער מאַנטל (ען), דער פּאַלטן (ס)
overcome 1. *adj.* (emotionally) גערי'רט || **be o. by** (a force) זײַן*/פֿאַל|ן אַ קרבן פֿון [KORBM], לײַד|ן אַ מפּלה בײַ [MAPOLE] || he was o. by the heat ער איז געפֿאַלן אַ קרבן פֿון דער היץ; די היץ האָט אים בײַ|קומ|ען, גובֿר זײַן* [GOYVER] ⊣ אַווע'קגעלייגט ⊣ 2. *v.* (emotionally) רי'ר|ן
overcrowded פֿאַרפּראָ'פּט, אי'בערגעפּאַקט
overdo איבער|טרײַב|ן, איבער|כאַפּ|ן די מאָס, איבער|ציִ|ען דאָס שטריקל
overdue אי'בערפֿעליק; פֿאַרשפּעטיקט
overeat איבער|עס|ן זיך
overestimate איבער|שאַצ|ן
overflow 1. *n.* דער אי'בערפֿלייץ (ן) || 2. *vt.* איבער|גיי|ן*, -|לויפֿ|ן, אַריבער|גיס|ן ⊣ *vi. also* אויס|לויפֿ|ן ⊣ זיך ⟨—איבער⟩
overgrown (person) אי'בערגעוואַקס·ן || (surface) באַוואַקס·ן
overhaul רעמאָנטיר|ן
overhauling דער רעמאָ'נט (ן)
overhead 1. *adj.* (high) סטעליע... || (general) גענעראַ'ל־... || o. lamp דער סטע'ליעלאָמפּ ⊣ 2. *adv.* אויבן, אי'בערן ⊣ קאָפּ ⊣ 3. *n.* מצ גענעראַ'ל|ע הוצאות [HETSOES]
overhear אונטער|הער|ן, איבער|כאַפּ|ן
overlook (not see) פֿאַרזע'|ן*, פֿאַרקוק|ן, פֿאַרפֿעל|ן ⊣ (look down) אַראָפּ|קוק|ן אויף
overly אי'בעריק(ס)
overnight 1. *adj.* איבערנאַ'כטיק; נעכטיק... || 2. *adv.* איבער נאַכט || **stay o.** (איבער|)נע'כטיק|ן
overplay אויס|ניצ|ן איבער דער מאָס
overpopulated אי'בערבאַפֿע'לקערט
overpower אי'בער|שטאַרק|ן
overprotective אי'בערבאַשי'צעריש
overrate איבער|שאַצ|ן
overreach oneself איבער|כאַפּ|ן די מאָס, איבער|ציִ|ען דאָס שטריקל
overripe אי'בערצײַ'טיק
overrule (objection) אַנידער|פּסקענ|ען [PASK·N] ⊣ (judgment) *also* אַנוליר|ן || (proponent, objector etc.) אַנידער|־פּסקענ|ען פּאַס מיינונג/פֿירלייג/...
overrun אײַנ|נעמ|ען; באַדעק|ן
overseas *adv.* [MEEYVER-LE-YA'M] מעבֿר־לים
overseer דער אויפֿזעער (ס)
overshadow פֿאַרשאָ'טענ|ען
oversight דער פֿאַרזע' (ען)
oversize אי'בערגרוי'ס
oversleep פֿאַרשלאָפֿ|ן
overt אָפֿ·ן
overtake איבער|יאָג|ן
overthrow 1. *n.* דער אי'בערקער (ן) || 2. *v.* (government) איבער|קער|ן, אײַנ|וואַרפֿ|ן ⊣ אַראָפּ|וואַרפֿ|ן
overtime *n.* מצ אי'בערשעהען [I'BER-SHOEN]
overtly *also* [BEYOYDIM] ביודעים
overtone דער איי'בערטאָן (...טענער)
overture די אוווערטו'ר (ן)
overturn *vt/vi* איבער|קער|ן (זיך) || *vt.* *also* קאַפּויער|וואַרפֿ|ן
overweight *n.* די אי'בערוואָג

overwhelm פֿריטשמעליע|ן, °אַוועק|לייג|ן

overwork 1. *n.* די אי'בעראַרבעט || 2. *v.* איבער|אַ'רבעט|ן זיך

owe קומ|ען, זײַן* שולדיק ⟨—א ד⟩; האָב|ן* א צו פֿאַרדאַנקען ד

owl די סאָווע (ס)

own 1. *adj.* אייג'ן || (fully related) לײַבלעך ⊣ my o. son מײַן לײַ'בלעכ|ער זון ⊣ **on one's o.** פֿאַ'ר זיך, אויף איי'גענעם באַראָ'ט, על־דעת־עצמו [ALDAAS-A'TSME] || **for its o. sake** לשמה [LISHMO'] || make one's **o.** bed אַליי'ן מאַכן די בעט || **hold one's o.** *see* **hold** || **come into one's o.** קריג|ן וואָס עס קומט ד; צײַטיק ווער|ן, צעבלי|ען זיך ⊣ 2. *v.* פֿאַרמאָג|ן, || האָב|ן* פֿאָס אייגנס, האָב|ן* אַן אייג'ן ... (*rev. con.*) געהער|ן ד || I o. a car איך פֿאַרמאָ'ג אַן אויטאָ; איך האָב אַן איי'גענעם אויטאָ ⊣ who o.s this house? וועמען געהע'רט דאָס הויז? ⊣ they o. it זיי האָבן עס זייער אייגנס

owner דער בעל־הבית (בעלי־בתּים) [BALE-BO'S—BALEBATIM], דער •באַזיצער (ס), דער פֿאַרמאָגער (ס)

ownerless הפֿקר [HEFKER] אַפּ

ownership דער •באַזי'ץ, די פֿאַרמאָ'גערשאַפֿט

ox דער אָקס (ן)

oxide דער אָקסי'ד (ן)

oxygen דער זוי'ערשטאָף

oyster דער אויסטער (ס)

P

P דער פּע (ען)

p. ז'=זײַט

pace 1. *n.* (length) דער שפּאַן (ען) || (walk) דער גאַנג (גענג) || (rate) דער טעמפּ (ן), דער טעמפּאָ (ס) ⊣ **set the p.** אײַנ|שטעל|ן דעם טעמפּ ⊣ 2. *v.* (the floor) אַרומ|שפּאַנ|ען (אי'בערן צימער) ⊣ **p. off** אָפּ|מעסט|ן אויפֿן שפּאַן

pacesetter דער טע'מפּ־אײַנשטעלער (ס)

pacific פֿרידלעך

Pacific 1. *adj.* פּאַציפֿיש || 2. *n.* דער פּאַציפֿיק, דער פּאַצי'פֿיש|ער/שטיל|ער אָקעאַ'ן

pacifier דער סמאָטשיק (עס), דאָס מיזיוקל (עך)

pacify באַרו'יִק|ן, אײַנ|רו'יִק|ן, -|שטיל|ן, -|נעמ|ען

pack 1. *n.* דער פּאַק (פּעק) || (gang) די באַנדע (ס) ⊣ (wolves) די סטײַע (ס), די טשאַטע (ס) ⊣ (cards) דער פּאַש (ן), דאָס פּעשל (עך) ⊣ 2. *vt. imp/pf* (אײַנ|)פּאַק|ן || *vi.* (one's things) (אײַנ|)פּאַק|ן זיך || **p. off** *vt/vi* אַוועק|פּעקל|ען (זיך) || **p. up** *vt/vi* פֿאַרפּאַק|ן (זיך)

package 1. *n.* דאָס פּעקל (עך); די פּאַקונג (ען) || 2. *v.* אײַנ|פּאַק|ן

packed (with) אָ'נגעפּאַקט, אָ'נגעשטאָפּט ⟨מיט—⟩

pact דער פּאַקט (ן)

pad 1. *n.* (cushion) דאָס קי'שעלע (ך) || (mat) דער אויסבעט (ן) || (launching) *also* די פּלאַטפֿאָרמע (ס) || (writing) דער בלאָק(נאָ'ט) (ן) ⊣ 2. *v.* אויס|בעט|ן, (אויס|)וואַטיר|ן

padding וואַטן מצ, דאָס געבעטעכץ; די וואַטירונג

paddle 1. *n.* דער רודער (ס), די לאָ'פּעטע (ס) || 2. *v.* רו'דער|ן

padlock דער הענגשלאָס (...שלעסער)

pagan 1. *adj.* פּאַגאַניש || 2. *n.* דער גע'צן־דינער (ס), דער פּאַגאַנער (ס) ⊣ *cf.* **heathen**

page[1] (leaf) די זײַט (ן), דאָס זײַטל (עך) || (of the Talmud) [DAF] דער דף (ן)

page[2] 1. *n.* (servant) דער פּאַזש (ן) || 2. *v.* (אַרויס|)רופֿ|ן

pageant דער ספּעקטאַקל (ען), דאָס לע'בעדיק|ע בילד (ער)

pageantry דער פּאַראַ'ד, דער אויפֿצוג

pail דער עמער (ס), דער קיבל (ען)

pain 1. *n.* דער ווייטיק (ן), דער וויי (ען); יסורים [YESURIM] מצ ⊣ (*pl.*: effort) די טירחה [TIRKhE] ⊣ **take p.s** (באַ)מיִ|ען זיך, אָנ|טאָ|ן* זיך אַ כּוח [KOYEKh] ⊣ **labor p.s** חבֿלי־לידה מצ [KhEVLE-LE'YDE] ⊣ (*fig.*) וויי|ען מצ ⊣ 2. *v. see* **hurt**

painful וויי'טיקדיק, אָ'נגעווייטיקט || (mentally) פּײַנלעך

painless אָ'נוויי'טיקדיק

painstaking זאָ'רגעוודיק, מיִיק

paint 1. *n.* די פֿאַרב (ן) || 2. *v/imp* מאָל|ן || *pf.* (rooms etc.) אויס|מאָל|ן || (picture) אָנ|מאָל|ן || (wall, surface) באַמאָל|ן ⊣ **p. white** אָפּ|מאָל|ן אויף ווײַס

painter (artist) דער מאָלער (ס) || (house-painter) דער מאַלי'ער (ס)

painting דאָס מאָלערײַ' (ען); דאָס געמע'ל (ן)

pair 1. *n.* די פּאָר (ן) || **in p.s** פּאָרווײַז || 2. **p. (off)** *vt/vi* צונויפֿ|פּאָר|ן (זיך)

pajamas (pair) די פּיזשאַמע אצ (ס)

palace דער פּאַלאַץ (...אַ'צן)
palatable אַפּעטיטלעך; צום גומען
palate דער גומען (ס)
pale[1] 1. *adj.* בלאַס, בלייך (ווי די וואַנט), טויט ⊣ 2. *v.* בלאַס ווער|ן
pale[2] (district) דער תּחום (ען) || **P. of Settlement** דער תּחום־המושבֿ [HAMO'Y-SHEV]
paleolithic *adj.* פּאַלעאָליטיש
Palestine (דאָס) ארץ־ישׂראל [ERTSISROEL], (די) פּאַלעסטינע
Palestinian ארץ־ישׂראליש [ERTSISREEY-LISH], פּאַלעסטיניש
palette די פּאַליטרע (ס)
palliative 1. *adj.* לי'נדערנדיק, לינדער... || 2. *n.* דאָס לי'נדער־מיטל (ען)
pallid בלאַס
pallor די בלאַסקייט
palm (hand) די דלאָניע (ס) || (tree) די פּאַלמע (ס) ⊣ **p. branch** (*Jew.*) דער לולבֿ [LULEV—LULOVIM] (ים)
palmistry די חכמת־היד [KHOKHMES-HA-YA'D], די כיראָמאַ'נטיע
palpitation || דער (האַרצ)קלאַפּ (...קלעפּ) **p.s** דאָס האַ'רץ־קלאַפּעניש
pamper באַ'לעווע|ן, פּעסטע|ן, קעכל|ען, קאָשקע|ן, פּאַ'נקעווע|ן [NY]
pamphlet די בראָשו'ר (ן), דער חיבור (ים) [KHIBER—KHIBURIM]; דער פּראָספּע'קט (ן)
pamphleteer דער בראָשו'רן־שרײַבער (ס), דער פּובליצי'סט (ן)
pan די פּאַן (ען), די סקאָ'וואָראָדע (ס), די רײַן (ען) ⊣ **roasting p.** דער בעקן (ס)
pan... פּאַנ.. || pan-American פּאַנ־אַמעריקאַניש
panacea די פּאַנאַצעע (ס), דאָס הײלאַלץ (ן)
pancake די לאַטקע (ס)
pancreas די או'נטערמאָגן־דריז אצ (ן)
pandemonium דער פּאַנדעמאָ'ניום (ס); דער שדים־טאַנץ [SHE'YDIM]
pane די שויב (ן)
panel 1. *n.* || די טאַפּליע (ס), דער טאָוול (ען) (group) די דיסקוטי'ר־גרופּע (ס), דער דיס־קוטי'ר־טיש (ן), ⊣ (jury) דער פּאַנע'ל (ן) אַמער || דער לייסטער (ס); די קאָלעניע (ס) *also* 2. *v.* פּאַנעליר|ן, באַטאָוול|ען
paneling דאָס געטאָוול (ען), דער פּאַנעלי'ר (ן)
panelist דער דיסקוטאַ'נט (ן), דער פּאַנעלי'סט (ן) אַמער
pang דער צופּ (ן), דער שטאָך (שטעך) || *cf.* **pain**
panic די פּאַניק (עס), די בהלה (—ות) [BEHO-LE]
panicky פּאַניש
panorama די פּאַנאָראַמע (ס)
pansy דאָס חנהלעס איי'געלע (ך) [KHA'-NELES]
pant סאָפּע|ן, פּרײַכ|ן
pantheon דער פּאַנטעאָ'ן (ען)
panther דער פּאַנטע'ר (ן)
pantomime די פּאַנטאָמימע (ס)
pantry די שפּײַזאַרניע (ס)
pants הויזן מצ
papa דער פּאַפּע*, דער טאַטע*
papacy די פּוי'פּסנשאַפֿט
papal פּויפּסיש
paper 1. *adj.* פּאַפּי'רן || 2. *n.* דאָס פּאַפּי'ר (ן) ⊣ (newspaper) די צײַטונג (ען), דאָס בלאַט (בלעטער) ⊣ (school theme) די (שרי'פֿטלעכ|ע) אַרבעט (ן) ⊣ (learned) דער רעפֿעראַ'ט (ן) ⊣ (article) דער אַרטיקל (ען) || (governmental) **white p.** דאָס ווײַסבוך (...ביכער)
paperback 1. *adj.* בראָשי'רט || 2. *n.* דאָס בראָשירט|ע ביכל (עך) ⊣ **in p.** בראָשי'ר־ט(ערהיי'ט)
par: be on a p. (with) זײַן* גלײַך ⟨מיט⟩
parable דער משל (ים) [MOSHL—MESHO-LIM]
parachute 1. *n.* דער פּאַראַשו'ט (ן) || 2. *vt/vi* (אַראָפּ)פּאַראַשוטיר|ן (זיך)
parachutist דער פּאַראַשוטי'סט (ן)
parade 1. *n.* דער פּאַראַ'ד (ן) || 2. *vt.* פּאַראַ־דיר|ן מיט ⊣ *vi.* פּאַראַדיר|ן
paradise דער גן־עדן (ס) [GANEYDN]
paradox דער פּאַראַדאָ'קס (ן)
paradoxical פּאַראַדאָ'קס, פּאַראַדאָקסאַ'ל
paragon דער בחיר (ים)

paragraph דער פּאַראַגראַ'ף (ן) || **new p.** also [SHURE] די נײַ|ע שורה (—ות)
parakeet דער לאַ'נגעקיק|ער פּאָפּוגײַ' (ען), דער פּאַראַקי'ט (ן)
parallel 1. *adj.* פּאַראַלע'ל || 2. *n.* דער פּאַראַלע'ל (ן) ⊣ 3. *v.* גיי|ן* פּאַראַלע'ל מיט
paralysis דער פּאַראַליז (ן)
paralyze פּאַראַליזיר|ן; אָפּ|נעמ|ען אומפּ
paralyzed also געליי'מט
paramount ...העכסט*; שפּיצ
paraphernalia דאָס קלאַ'פּער־געצײַג
paraphrase 1. *n.* דער פּאַראַפֿראַ'ז (ן) || 2. *v.* פּאַראַפֿראַזיר|ן
parasite דער פּאַראַזי'ט (ן)
paratrooper דער פּאַראַשוטי'סט (ן)
parboiled ני'ט־דערקאָ'כט
parcel דאָס פּעקל (עך) || **p. post** די פּע'קל־פּאָסט
parchment 1. *adj.* פּאַ'רמעט·ן || 2. *n.* דער פּאַרמעט (ן)
pardon 1. *n.* [MEKhILE] די מחילה || (clemency) די באַגנע'דיקונג (ען) || **I beg your p.** זײַ(ט) (מיר) מוחל [MOYKhL]; האָב /⊣ האָט קיין פֿאַראיבל ניט **begging your p.** [BIMKhILE] ⊣ במחילה 2. *v.* [ ],* מוחל זײַן ⊣ •אַנטשו'לדיקן (—אַ ד); שענק|ען (אַ ד) (criminal) באַגנע'דיק|ן || **p. me** זײַ(ט) מוחל; (ט)•אַנטשולדיק ⊣ **p. the expression** איך בעט איבער דײַן/אײַער כּבֿוד [KOVED]
pare אַרומ|שנײַד|ן; אָפּ|שייל|ן
parent דער פֿאָטער; די מוטער || (*pl.*) ע'לטערן, טאַטע־מאַ'מע —מצ
parentage [YIKhES] דער אָפּשטאַם, דער יִחוס
parental ...ע'לטערן
parenthesis דער קלאַמער (ן), די האַלב|ע לבֿנה [LEVONE] (—ות)
parenthesize אײַנ|רינגל|ען, שטעל|ן אין האַלבע לבֿנות [ ]
parents-in-law שווער־און־שוויגער מצ
parish די פּאַראַפֿיע (ס)
parity די פּאַריטע'ט
park 1. *n.* דער פּאַרק (ן), דער שטאָ'טגאָרטן (...גערטנער) ⊣ (small) also דאָס סקוועריק (עך) || 2. *vt/vi* פּאַרקיר|ן
parka די פּאַרקע (ס)
parking 1. *adj.* ...פּאַרקי'ר || **p. lot** דער פּאַרקירפּלאַץ (...פּלעצער) ⊣ 2. *n.* דאָס פּאַ'קירן ⊣ **no. p.** ניט פּאַרקירן
parley -פֿאַרהאַ'נדלונגען מצ, דער אי'בער שמועס (ן), דער מדובר (ס) [MEDUBER]
parliament דער פּאַרלאַמע'נט (ן) || (Israeli) also [KNESET] די כּנסת
parliamentary פּאַרלאַמענטאַ'ר(יש)
parlor דער גאַ'סטצימער (ן), די זאַל (ן)
parochial פּאַראַפֿיאַ'ל || (*fig.*) קלײַ'נשטעטלדיק || **p. school** די עדה־שול (ן) [E'YDE] || (Catholic) also די פּאַראַפֿיאַל|ע שול (ן)
parody 1. *n.* די פּאַראָ'דיע (ס) || 2. *v.* פּאַראָדיר|ן
parole 1. *n.* דאָס ע'רנוואָרט || (liberty) די תּנאַי־פֿרײַ [TNA'Y] ⊣ **free on p.** תּנאַי־פֿרײַ || 2. *v.* באַפֿרײַ|ען אויף ע'רנוואָרט/תּנאַי
parrot 1. *n.* דער פּאָפּוגײַ' (ען) || 2. *v.* נאָכ|רעד|ן ד , -|מאַ'לפּעווע|ן
parry 1. *n.* דער פּאַרי'ר (ן) || 2. *v.* (אָפּ|)-פּאַריר|ן, אָפּ|שפּאַר|ן
parsley די פּע'טרישקע (ס)
parsnips דער פּאַ'סטערנאַק
part 1. *n.* (division) דער טייל (ן), דער חלק [KhEYLEK—KhALOKIM] (ים) ⊣ (participation) די ראָלע (ס), דער אײַנטייל (ן), דער אָנטייל (ן) ⊣ (in hair) דער שרונט (ן) || **p.s** (region) [MEKOYMES] מקומות מצ || **in p.** צום טייל || **on the p. of** פֿון פּאָס זײַט, [MITSA'D] ד מצד ⊣ **for the most p.** מער [ALPI ROV] פֿאַר אַלץ, על־פּי רובֿ ⊣ **the greater p.** דער רובֿ־מנין־ורובֿ־בנין [ROV-MI'NYEN-VEROVBI'NYEN] ⊣ **take p. in** נעמ|ען אַן אָנטייל/אײַנטייל, אָנטייל/אײַנטייל נעמ|ען, שפּיל|ן אַ ראָלע, באַטיי'ליק|ן זיך (אין—) ⊣ **p. and parcel** אַ טייל ניט אָ'פּצו- טאָ|ן* זײַנס/ ⊣ רײַסן **do his/my/... p.** מײַנס/... ⊣ **p. of speech** דער וואָרטקלאַס (ן) ⊣ **take the p. of** (defend) אָנ|נעמ|ען זיך, אײַנ|שטעל|ן זיך (פֿאַר—) ⊣ 2. *vt.* -צע (צע)שייד|ן זיך, געזע'גענ|ען זיך ⊣ *vi.* שייד|ן (מיט—)
partake נעמ|ען אַן אָנטייל/אײַנטייל, אָנטייל/

אײַנטײל נעמ|ען ⟨—איז⟩, נהנה זײַן* ⟨פֿון⟩ [NE'ENE]

partial פּאַרטײיִש, איי'נזײַטיק, צדדימדיק [TSDO'DIMDIK] ⊣ (incomplete) טײלװײַז

partiality די איי'נזײַטיקייט, די צדדימדיקייט [ ], דער משׂא־פּנים [MASE-PO'NEM] ⊣ **treat with p.** *also* נושׂא־פּנים זײַן* [NOYSE-PO'NEM]

participant דער באַטײ'ליקט|ער גוּב, דער אָ'נטײל־נעמער (ס)

participate אָנטײל/אײַנטײל נעמ|ען, באַ-טײ'ליק|ן זיך ⊣ (in a discussion) *also* נעמ|ען אַ װאָרט

participation דער אָנטײל/אײַנטײל (ן), די באַ-טײ'ליקונג (ען)

participle דער פּאַרטיציפּ (ן)

particle דאָס טײ'לעכל (עך) ‖ (dust) דאָס שטײַבל (עך) ⊣ (grammar) דער פּאַרטיקל (ען) ⊣ (*fig.*) [ShEMETS] דער שמץ

particular 1. *adj.* באַזונדער, ספּעציפֿי'ש ‖ **in p.** *see* **particularly** ‖ **p.** (fastidious) **person** [MAKPED—MAK-PIDIM] דער מקפּיד (ים) ⊣ **be p.** איבער|קלײַב|ן, מקפּיד זײַן* ‖ 2. *n.* [PRAT—PROTIM] דער פּרט (ים) ‖ (*hum.*) די פּי'טשעװקע (ס)

particularly דער הױפּט, באַזונדערש, ספּע-ציפֿי'ש, בפֿרט [BIFRA'T]

parting *n.* די צעשײדונג (ען), די געזע'גענונג (ען)

partisan 1. *adj.* (party) ...פּאַרטײ' ‖ (guerilla) פּאַרטיזאַניש ‖ *cf.* **partial** ‖ 2. *n.* דער אָ'נהענגער (ס) ‖ (guerilla) דער פּאַרטיזאַנער (ס)

partition 1. *n.* (act) די צעטײלונג (ען), די חלוקה (—ות) [KhALUKE] ⊣ (wall) די מחיצה (—ות) [MEKhITSE], דער צװיי'שנשײד (ן) ⊣ די צװיי'שנװאַנט (...װענט) ⊣ 2. *v.* אײַנ|-טײל|ן

partly צום טײל, טײלװײַז

partner [ShUTEF—ShUTFIM] דער שותּף (ים) ‖ (dance) דער מי'טטענצער (ס)

partnership דאָס שותּפֿות (ן) [ShUTFES], די שו'תּפֿישאַפֿט (ן)

partridge די קוראָפּאַטע (ס)

part-time האַ'לב(טאָגיק); טײ'לצײַטיק

party (political) די פּאַרטײ' (ען) ‖ (participant) [TSAD— ⟨אין⟩ (צדדים) דער צד TSDODIM] ⊣ (group) די פּאַ'רטיע (ס), די שׂימחה ⊣ (celebration) די געזעלשאַפֿט (—ות) [SIMKhE], דאָס קע'רמעשל (עך), די ליאַמע (ס), דער פּאַרברענגענס (ן) ⊣ **going-away p.** [TSEYSKhO-LEShO'LEM] דער צאתך־לשלום

party line (political) די פּאַרטײ'־ליניע ‖ (telephone) די בשותּפֿותדיק|ע לי'ניע [BE-ShU'TFESDIK]

party man (political) דער פּאַרטײער (ס), דער פּאַרטײמענטש (ן)

parvenu דער אױ'פֿגעקומענ|ער גוּב, דער פּאַר-װעניו' (ען), דער אָלרײַטניק (עס) אַמער

pass 1. *n.* (route) דער דורכגאַנג (ען), דער פּאַסי'ר־צעטל (ען), (permit) ⊣ פּאַס (ן) דער (act of passing) ⊣ דאָס פּאַסירל (עך) פּאַרבײַגאַנג (ען), דער פּאַרבײַפֿאָר (ן), דער פּאַר-בײַפֿלי (ען) ⊣ 2. (distance) *vt/vi* פֿאַרבײַ|-, דורכ|-, אַריבער|גײ|ן*, -|פֿאָר|ן, -|פֿלי|ען ⊣ (overtake) איבער|יאָג|ן ‖ (hand) דערלאַנג|ען ‖ (go over to) פֿאַרברענג|ען ⊣ אַריבער|גײ|ן* צו (time) *vt.* ‖ *vi.* פֿאַרבײַ|-, דורכ|גײ|ן* ‖ (exam) אָנ|נעמ|ען ‖ *vi.* אױס|האַלט|ן ⊣ (law) *vt.* דורכ|-, פֿאַרבײַ|לאָז|ן ⊣ **let p.** דורכ|גײ|ן* ‖ **bring to p.** ברענג|ען צו (דעם אַז) ‖ **come to p.** פּאַסיר|ן, טרעפֿ|ן זיך, קומ|ען צו דעם אַז ⊣ **p. around** *vt.* אַרום|דער-לאַנג|ען ⊣ **p. away** *vi.* פֿאַרגײ|ן* ‖ (die) ‖ פֿעל|ן זיך, אַװעק|גײ|ן* פֿון דער װעלט **p. by** *see* **p.** ‖ **p. off** *vt.* אָנ|געב|ן* ‖ *vi.* (be valid) ⟨פֿאַר—⟩ אָנ|גײ|ן*, גילט|ן ‖ **p. on** *vt.* איבער|געב|ן*, דערלאַנג|ען װײַטער ‖ *vi.* גײ|ן* װײַטער ⊣ **p. over** *see* **omit, skip**

passable דו'רכגײעװדיק, דו'רכפֿאָרעװדיק ‖ (acceptable) [NIShKO'ShE-DIK] נישקשהדיק

passage (transition) דער אי'בערגאַנג (ען), דער דורכ- *also* (route) ⊣ דער פּאַרבײַגאַנג (ען) גאַנג (ען), דער אי'בערפֿאָר (ן), דער דורכפֿאָר (ן) ⊣ (ship) *also* (...פֿלעצער) דער שיפֿפּלאַץ

|| (corridor) *also* דער פּאַסאַ'זש (ן) || (in a book) די שטעל (ן), דער אָפּשניט (ן)

passé אוי'סגעשפּילט

passenger דער פּאַסאַזשי'ר (ן), דער פּאַרשוי'ן (ען)

passer-by דער פֿאַרבײַ'גייער (ס)

passim כּ"ע=כּמה ערטער [KAME]

passing *adj.* פֿאַרבײַ'גייענדיק || (impermanent) פֿאַרגייִק || **in p.** פֿאַרבײַ'גייענדיק, דרך־אַגבֿ [DEREKh-A'GEV], אַגבֿ־אורחא [U'RKhE]

passion די לײַ'דנשאַפֿט (ן), די תּאווה (—ות) [TAYVE] ⊣ (rage) די פּאַ'סיע, געבליטן מצ ⊣ (desire) *also* די תּשוקה (—ות) [TShUKE], דער יצר־הרע [YEYTSER-HO'RE] ⟨—צו⟩

passionate לײַ'דנשאַפֿטלעך, תּאוההדיק [ ], הײַ'סבלוטיק; פּאַטעטיש ⊣ **be p.** האָב|ן* הייס בלוט

passive 1. *adj.* פּאַסי'וו || 2. *n.* דער פּאַסי'וו (ן)

Passover 1. *adj.* פּסחדיק [ ] || 2. *n.* דער פּסח [PEYSEKh]

passport דער פּאַס (פּעסער)

password דער פּאַראָ'ל (ן), דער וואָ'רטצייכן (ס)

past 1. *adj.* פֿאַרגאַנגען, געוועז'ן, אַמאָליק, עבֿרדיק [ ] ⊣ **for some time p.** אַ שטיק צײַט שוין ⟨ווי⟩ ⊣ **p. master** דער אַ'לט־מײַסטער (ס) ⊣ 2. *adv.* *also* פֿאַרבײַ' || 3. *prep.* ווײַטער פֿון; נאָך; מחוץ [MI-KhU'TS] ⊣ **half p.** two האַלב דרײַ; •האַלב נאָך צוויי אַמער ⊣ 4. *n.* דער עבֿר [OVER], דער אַמאָ'ל, די •פֿאַרגאַ'נגענהייט

paste 1. *n.* די פּאַסטע (ס); דער פּאַפּ || 2. *v.* קלעפּ|ן ⊣ **p. on** צו|־, אָנ|קלעפּ|ן

pastime די פֿאַרווײַלונג (ען), דער צײַ'טפֿאַרברענג (ען)

pastor דער פּאַסטאָר (...אָ'רן)

pastoral פּאַ'סטעכיש, פּאַסטאָראַ'ל, דאָרפֿיש

pastrami די פּאַסטראַמע

pastry דאָס (צו'קער־)געבעקס (ן)

pasture די פּאַשע; די טאָ'לעקע (ס)

pat 1. *adv.* פּונקט, אַקוראַ'ט || 2. *n.* דאָס קלעפּל (עך), דאָס פּע'טשעלע (ך) ⊣ **a p. on the back** (*fig.*) אַ קניפּ אין בעקל || 3. *v.* גרינג אַ קלאַפּ טאָ|ן*, אַ קלעפּל טאָ|ן*, אַ פּעטשל טאָ|ן* ⟨—ד/אין⟩

patch 1. *n.* די לאַטע (ס) || 2. *v/imp* לייג|ן לאַטעס ⟨אויף⟩, לאַטע|ן ⊣ *pf.* פֿאַרלאַטע|ן

patchwork דאָס געלאַטעכץ (ן)

patent 1. *adj.* אָפֿ'ן, אָ'פֿנוואָר || 2. *n.* דער פּאַטע'נט (ן) ⊣ **p. medicine** דער פּרעפּאַראַ'ט (ן) ⊣ **p. leather** די פּאַטע'נט־לעדער || 3. *v.* פּאַטענטיר|ן

paternal פֿאָטער...; פֿון פֿאָטערס/טאַטנס צד [TSAD] ⊣ (fatherly) פֿאָ'טעריש, טאַטיש

paternity די פֿאָ'טערשאַפֿט

path דער שטעג (ן); דאָס וועגל (עך) || (foot path) *also* די סטעשקע (ס) || (*fig.*) דער דרך (ים) [DEREKh—DROKhIM] ⊣ **beat a p. to the door of** אָפּ|שלאָג|ן די טירן ד

pathetic רי'רנדיק; קלאָ'געדיק

pathological פּאַטאָלאָגיש

patience די געדו'לד; די פֿאַרלי'טנקייט || (tolerance) דאָס סבֿלנות [SAVLONES] || **lose p.** *also* אַרויס|גיי|ן* פֿון די כּלים [KEYLIM] ⊣ he **lost** his **p.** *also* די געדו'לד האָט אים געפּלאַ'צט

patient 1. *adj.* געדולדיק; פֿאַרליט'ן || **p. person** דער סבֿלן (ים) [SAVLEN—SAVLONIM] ⊣ 2. *n.* דער פּאַציע'נט (ן), דער חולה (חולאָים) [KhOYLE—KhELOIM]

patio דאָס הייפֿל (עך), דער פּאַ'טיאָ (ס) אַמער

patriarch דער פּאַטריאַ'רך (ן)

patriot דער פּאַטריאָ'ט (ן)

patriotic פּאַטריאָטיש

patriotism דער פּאַטריאָטיזם

patrol 1. *n.* דער פּאַטראָ'ל (ן) || 2. *v.* פּאַטראָליר|ן

patron דער פּאַטראָ'ן (ען), דער גו'טסגינער (ס); דער מעצענאַ'ט (ן) ⊣ (client) דער (שטע'נדיק|ער) קונה (—ים) [KOYNE—KOYNIM] || **be a p. of** (arts) *also* מעצעניר|ן || *cf.* **patronize**

patronage די שטע'ל־באַטיילונג, (די צעגעבונג פֿון רעגי'רונג־שטעלעס מצ

patronize (client) זײַ|ן* אַ שטע'נדיקער קונה

(look down) ⊣ בײַ [ ], געב|ן* צו לײַזן ד פּאַטראָניזיר|ן, קוק|ן פֿון אויבן אַראָ'פּ אויף

patter דאָס געקלאַפּער

pattern 1. *n.* דער פֿורעם (ס); דער מוסטער (ן), דער שני'טמוסטער (sewing) ⊣ דער אוזער (ס) (grammatical) *also* דער מישקל (ים) [MIShKL—MIShKOLIM] ⊣ (ן) 2. *v.* (after) נאָכ|פֿו'רעמ|ען ⟨נאָך⟩

patterned (modeled) || נאָ'כגעפֿורעמט (variegated) געמוסטערט

paunch דער טרעלבוך (עס)

pauper דער קבצן (ים) [KAPTSN—KAPTSO-NIM], דער אבֿיון (ים) [EVYEN—EVYOYNIM]

pauperize פֿאַראָבֿיונ|ען [ ], פּויפּעריזיר|ן

pause 1. *n.* די הפֿסקה (—ות) [HAFSOKE], די פּויזע (ס) ⊣ 2. *v.* אָפּ|שטעל|ן זיך, בלײַבן שטיין

pave *imp/pf* (אויס|)ברוקיר|ן || **p. the way** ע'פֿענ|ען אַ/דעם וועג

pavement (sidewalk) || דער פּאַרוועג (ן) ⊣ **cobblestone p.** דער טרעטאַ'ר (ן) דער ברוק

pavilion דער פּאַוויליאָ'ן (ען) [LY]

paw 1. *n.* די לאַפּע (ס) || 2. *v.* באַטאַפּ|ן

pawn[1] (chess) דער פּיאָן (ען)

pawn[2] 1. *n.* דער משכון (משכּנות) [MAShKN—MAShKONES] ⊣ 2. *v.* פֿאַרזעצ|ן, פֿאַר-משכּונ|ען

pawnbroker דער לאָמבאַרדי'ר (ן), דער בעל-משכּון (בעלי־משכּנות) [BAL—BALE]

pawnshop דער לאָמבאַרד (ן)

pay 1. *n.* דאָס געצאָ'לט, שׂכירות מצ [SKhIRES], דאָס •געהאַ'לט; די •פּיידע אַמער ⊣ 2. *v.* *imp/pf* (באַ)צאָל|ן ⊣ *vi.* (be worthwhile) לוינ|ען (זיך) ⊣ (an additional payment) באַצאָל|ן זיך, אויס|טראָג|ן זיך || (a visit) צו|צאָל|ן || אָפּ|שטאַט|ן || **p.** (sb.) **a visit** *also* צו|קוק|ן ⊣ **p. attention** קומ|ען צו גאַסט צו || זיך, אײַנ|הער|ן זיך, צו|לייג|ן קאָפּ ⟨—צו⟩ **p. off** *vt.* (debt) אָפּ|צאָל|ן, סילוק|ן [SI-LEK] ⊣ (creditor) סילוק|ן מיט || *vi.* באַ-צאָל|ן זיך ⊣ **p. off one's debts** *also* אַרומ|צאָל|ן זיך ⊣ **p. up** *vt.* || אויס|צאָל|ן *vt/vi* באַצאָל|ן, סילוק|ן

payable צו באַצאָלן

payday דער צאָלטאָג (...טעג)

payload די טראָ'גלאָדונג (ען)

payment די (אײַ'נ)צאָלונג (ען), דער אײַנצאָל (ן) ⊣ **additional p.** דער צוצאָל (ן) || **make a p.** אײַנ|צאָל|ן

pea דער אַרבעס (—)

peace || דער שלום [ShOLEM], דער פֿרידן **p. of mind** די (פּסי'כיש|ע) מנוחה [MENU-KhE] ⊣ **at p.** (with) בשלום [BEShOLEM], גוט־פֿרײַנד ⟨—מיט⟩ ⊣ **domestic p.** דער שלום־בית [BA'YES] ⊣ **P. Corps** דער שלום־קאָרפּוס || **make p.** (with) שלום מאַכ|ן, שליס|ן שלום ⟨—מיט⟩

peaceful פֿרידלעך

peach די פֿערשקע (ס)

peacock די פּאַווע (ס)

peak דער הויכפּונקט (ן), דער שפּיץ (ן); הויכ... || p. season דער הוי'כסעזאָן

peaked שפּיציק

peal 1. *n.* דער בראַזג; דאָס קלינגען || 2. *v.* קלינג|ען

peanut די (פּי')סטאַשקע (ס), דאָס רבי־ניסל [RE'BE] (עך) ⊣ **p. butter** די סטאַ'שקעשמיר

pear די באַר (ן)

pearl די פּערל (—)

peasant 1. *adj.* (peasant-like) || פּויעריש (of peasants) || פּוי'עריש || 2. *n.* דער פּויער (ים); דער כלאָפּ (עס)

peasantry די פּוי'ערימשאַפֿט

peat דער טאָרף

pebble דאָס שטיינדל (עך)

pebbly שטיי'נדלדיק

pecan דער פּעקאַ'ן (ען)

peccadillo דאָס חטאל (חטאָימלעך) [KhETL—KhATO'IMLEKh]

peck *vt/vi* פּיק|ן זיך, דזשאָבע|ן (זיך)

peculiar מאָדנע, קרײַטיש || **p. to** כאַראַק-טעריסטיש פֿאַר

peculiarity די איי'גנקייט (ן), די מאָ'דנעקייט (ן)

pedagogy די פּעדאַגאָגיק

pedal 1. *n.* דער טרעטל (ען), דער פּעדאַ'ל (ן) || 2. *v.* טרעטל|ען

pedant דער פּעדאַ'נט (ן), דער מדקדק (ים) [MEDAKDEK]

pedantic פּעדאַנטיש || **be p.** מדקדק זײַן* [MEDAKDEK]

pedantry די פּעדאַ'נטישקייט; די פּעדאַנטעריע, דקדוקי־עניות מצ [DIKDUKE-ANI'ES]

peddle פּעדל|ען

peddler דער פּעדלער (ס), דער (מדינה־)גייער [MEDI'NE] (ס)

pedestal דער פּעדעסטאַ'ל (ן)

pedestrian 1. *adj.* ...פֿו'סגייער־ || (uninspiring) פּעכאָטנע; וואָס גייט צו פֿוס || 2. *n.* דער פֿו'סגייער (ס)

pedigree דער יִחוס [YIKhES]; דער יִחוס־בריוו (—), דער שטאַמבוים• (...ביימער)

peek 1. *n.* דאָס קו'קעלע (ך) || 2. *vi.* כאַפּ|ן אַ קוק אַרײַ'ן, אונטער|קוק|ן זיך

peel 1. *n.* די שאָלעכץ (ן) || 2. *vt. imp/pf* (אָפּ|)שייל|ן ⊣ *vi.* שייל|ן זיך || **p. off** *vi. also* אָפּ|קריכ|ן

peep¹ (sound) 1. *n.* דער פּיפּס (ן) || 2. *v.* פּיפּס|ן

peep² (peek) אַרײַנ|קוק|ן; אונטער|קוק|ן זיך

peephole דאָס אויג (ן), דאָס לעכל (עך)

peer¹ (equal) דער גלײַכ|ער געב || (nobleman) דער פּער (ן)

peer² 〈אין〉 אײַנ|קוק|ן זיך || **p. down** אַראָפּ|קוק|ן

peeved: be p. at (*rev. con.*) פֿאַרדריס|ן ד

peevish קאַפּריזנע

peg דאָס פֿלעקל (עך) || (in wall) דער קרוק (עס)

pellet דאָס שרייטל (עך), דאָס גרײַפּל (עך)

pell-mell כאַפּ־לאַ'פּ

pelt¹ *n.* די פֿעל (ן), דער פּעלץ (ן)

pelt² *vt.* באַוואַרפֿ|ן, פֿאַרוואַרפֿ|ן 〈—א מיט〉

pelvis דער בעקן (ס)

pen די פֿעדער (ס), די פּען (ען)

penal ...שטראָפֿ

penalty די שטראָף (ן) || (moral) *also* דער עונש (ים) [OYNESh—ONShIM]

penance די תּשובֿה [TShUVE] || **do p.** תּשובֿה טאָ|ן*

pencil דער בלײַער (ס)

pencil sharpener דער שניצער (ס)

pending 1. *adj.* הע'נגענדיק || **be p.** הענג|ען ⊣ 2. *prep.* ביז

pendulum דער אומרו (ען), דער פּאָמפּעדיקל (ען)

penetrate *vt.* דורכ|נעמ|ען, -|דרינג|ען; אַרײַנ|דרינג|ען, פֿאַרגיי'|ן* —אין; °דער־ אַרײַנ|דרינג|ען *vi.* ⊣ ביווע|ן זיך צו/ביז

penetration דער דורכדרונג (ען), דער אַרײַנ־דרונג (ען)

penicillin דער פּעניצילי'ן

peninsula דער האַ'לבאינדזל (ען)

penis דער פּעניס (ן), דער מע'נלעכ|ער אבֿר (ים) [EYVER—EYVRIM]

penitent 1. *adj.*: **be p.** תּשובֿה טאָ|ן* [TShUVE] ⊣ 2. *n.* דער בעל־תּשובֿה (בעלי־) [BAL—BALE]

penitentiary דאָס שטראָפֿהויז (...הײַזער)

penmanship די קאַליגראַפֿיע; דער כּתבֿ [KSAV]

pen name דער פּסעוודאָני'ם (ען)

pennant דאָס פֿענדל (עך)

penniless אָן אַ גראָשן (בײַ דער נשמה) [NEShOME]

penny דער פּעני (ס) || (farthing; *fig.*) די פּרוטה (—ות) [PRUTE], דער גראָשן (ס)

pension 1. *n.* די פּע'נסיע (ס) || 2. *v.* **p. (off)** פּענסיאָניר|ן [SY]

pensioner דער פּענסיאָנע'ר (ן) [SY], דער פּע'נסיע־נעמער (ס)

pensive פֿאַרטראַ'כט, פֿאַרקלע'רט

pentagon דער פֿינפֿעק (ן) || **the P.** דער פּענטאַגאָ'ן

Pentateuch דער חומש [KhUMESh], די תּורה [TOYRE] ⊣ (traditional Yiddish version) דער טײַ'טש־חומש

Pentecost (Christian) די גרי'ן־חגא [Kho-GE] ⊣ *cf.* **Shabuoth**

penthouse די דאַ'ך־דירה (—ות) [DIRE]

pent-up פֿאַרשטי'קט, אײַ'נגעהאַלט'ן; אָ'נגע־קליב'ן

people 1. *n.* (ethnic group; *sg.*) דאָס פֿאָלק (פֿעלקער) ⊣ די אומה (—ות) [UME] ⊣ (persons; *pl.*) מענטשן, לײַט || **p.'s** ...פֿאָלקס || 2. *v.* באַפֿע'לקער|ן

pep דאָס הייבעכץ
pepper דער פֿעפֿער
peppermint דאָס פֿע'פֿערמינץ
per אַ || 500 miles p. hour 500 מײַל אַ שעה
perambulator דאָס גאַ'נגוועגעלע (ך)
perceive (באַ)מערק|ן; פֿאַרנעמ|ען ל || *cf.* **detect**
percent דער פּראָצע'נט (—)
percentage דער פּראָצע'נט (ן)
perceptible מערקלעך
perception די מערקונג, די תּפֿיסה [TFISE]
perceptive באַמע'רקעריש, פֿײַ'נפֿיליק, צאַ'רטפֿיליק
perch[1] (fish) דער אָקון (יעס) [NY]
perch[2] (seat) 1. *n.* די סי'דעלע (ס) || 2. *vi.* זיצ|ן
percolate דורכ|רינ|ען, -|דרינג|ען
percolator דער בולבלער (ס)
percussion דער שלאָג; די באַקלאַפּונג || **p. instrument** דער שלאַ'ג־אינסטרומענט (ן)
perennial יאָ'ר־יע'רלעך || (plant) פֿי'ל־יאָריק
perennially *also* יאָר־אײַן יאָר־אויס
perfect 1. *adj.* פּערפֿע'קט, שלמותדיק [ ], || פֿולקום, פֿאַרפֿולקומט ⊣ (*iro.*) פֿאַלנע 2. *v.* אויס|אַ'רבעט|ן, -|פֿאַ'רטיק|ן, פֿאַרפֿו'ל־קומ|ען, פֿאַרגאַנצ|ן; משלים זײַן* ל [MAShLEM]
perfection דאָס שלמות [ShLEYMES]
perfectly *also* בשלמות [BIShLEYMES]
perforate דורכ|לעכל|ען
perforce ממילא [MIMEYLE], באונס [BEOY-NES], בהכרח [BEHEKhREKh], בלית־ברירה [BELE'S-BRE'YRE], בעל־כּרחו [BALKORKhE]
perform *vt.* דורכ|פֿיר|ן, פֿאַר|שטעל|ן || (ceremony) אָפּ|ריכט|ן || *vi.* (act) אַרויס|-, אויפֿ|טרעט|ן; געב|ן* קאָנצע'רט
performance (mechanism) די פּעולה [PULE] (—ות), דער פֿונקציאָני'ר (ן) || (task) דער דורכפֿיר (ן), די אוי'ספֿירונג (ען) || (play) די פֿאָ'רשטעלונג (ען), די אוי'פֿפֿירונג (ען) ⊣ (by a performer) דער אַרויסטרעט (ן) ⊣ (*iro.*) דער אַרויספֿאַר (ן)

perfume 1. *n.* דער פּאַרפֿו'ם (ען) || 2. *v.* פּאַרפֿומיר|ן
perfunctory מעכאַניש, אויבנאויפֿיק; כּלאַחר־יד אַפּ [KILAKhER-YA'D]; אויף יוצא צו זײַן, פֿון יוצא וועגן [YOYTSE]
perhaps טאָמער, אפֿשר [EFShER] || (in questions) ניט אַ מאָל? || **or p.** עווענ־טועל
perigee דער פּעריגיי' (ען)
peril די סכּנה [SAKONE] (—ות)
perilous *see* **dangerous**
period (term) דער פּעריאָ'ד (ן) || (punctuation) דאָס פּינטל (עך)
periodic פּעריאָדיש
periodical *n.* די צײַטשריפֿט (ן)
peripheral פּעריפֿעריש
periphery די פּעריפֿעריע (ס)
periphrastic פּעריפֿראַסטיש
periscope דער פּעריסקאָ'פּ (ן)
perish אומ|קומ|ען || **p. the thought!** חס־וחלילה! [KhA'S-VEKhOLI'LE]
perishable קאַ'ליע־ווערעוודיק
perjurer דער עובֿר־שבֿועהניק (עס) [ ]
perjury די פֿאַלשע שבֿועה [ShVUE], די עבֿירת־שבֿועה [AVEYRES] ⊣ **commit p.** פֿאַלש שווער|ן, עובֿר־שבֿועה זײַן* [OYVER]
perk up *vt.* אונטער|הייב|ן || (nose) פֿאַר־ריס|ן ⊣ (ears) אָנ|שפּיצ|ן || *vi.* אויפֿ|מי'נטער|ן זיך
permanent 1. *adj.* (פֿאַר)בלײַביק, באַשטייִק, שטענדיק, פּערמאַנע'נט ⊣ 2. *n.* (wave) די אָנדולירונג (ען), דער פּערמאַנע'נט (ן) אַמער
permanently *also* לדורות [LEDOYRES]
permeate *vt/vi* דורכ|נעמ|ען, -|דרינג|ען; || דורכ|וועפּ|ן זיך, -|שנירל|ען זיך ⟨—דורך⟩ (odor) *vt. also* פֿאַרשמעק|ן
permissible דערלויבט, דערלאָזלעך || (*Jew.*) מותּר אַפּ [MUTER]
permission דאָס דערלוי'בעניש (ן), דער רשות [RESHU'S], די הרשאה (—ות) [HARShOE] || (rabbinical) דער היתּר (ים) [HETER—HETEYRIM]; דער הכשר (ים) [HEKhShER—HEKhShEYRIM]

permit 1. *n.* דער דערלוי'ב (ן), דאָס דערלוי'בעניש (ן) ⊣ 2. *v.* דערלויב|ן, דערלאָז|ן, ⊣ צו|לאָז|ן; געב|ן* רשות [ ] ⊣ (rabbinical) מתּיר זײַן* [MATER]

peroxide דער סופּעראָקסי'ד

perpendicular 1. *adj.* פּערפּענדיקולאַ'ר ‖ 2. *n.* דער פּערפּענדיקולאַ'ר (ן)

perpetrate אָפּ|טאָ|ן*

perpetual אייביק, דורותדיק [DO'YRESDIK]

perpetuate פֿאַראײ'ביק|ן

perplex פּלעפֿ|ן, מבֿלבל זײַן* [MEVALBL]

perplexed געפּלע'פֿט, מבֿולבל אַפּ [ME-VULBL] ⊣ **become p.** מבֿולבל ווער|ן

perplexing: p. question *also* די קלאָץ־קשיא [KAShE] (—ות)

perplexity דאָס געפּלע'ף (ן)

persecute רודפֿ|ן [ROYDEF], •פֿאַרפֿאָלג|ן

persecution די רדיפֿה (—ות) [REDIFE], די •פֿאַרפֿאָלגונג (ען); נגישות מצ [NEGIShES]

perseverance דער אוי'סהאַלט־כּוח [KOY-EKh], די האַפּט ⊣ (*hum.*) דאָס זיצפֿלייש

persevere בלײַב|ן בײַ מײַנס/דײַנס/...; דורכ|האַלט|ן; האַלט|ן זיך, האָב|ן* אַ האַפּט, האָב|ן* אַ תּקומה [TKUME]

Persia (די) פּע'רסיע

Persian 1. *adj.* פּערסיש ‖ 2. *n.* דער פּערסער (—)

persist איבער|בלײַב|ן, אָנ|האַלט|ן; אײַנ|שפּאַר|ן זיך ⊣ **p. in** וו װײַטער ‖ they p. in their request זיי בעטן װײַטער

persistence די האַפּט, די תּקומה [TKUME]; די האַ'פּטיקייט, די אָ'נהאַלטונג; דאָס עקשנות [AKShONES]

persistent עקשנותדיק [ ]; אָ'נהאַלטיק; האַפּ-טיק, תּקומהדיק [ ]

person די פּערזאָ'ן (ען), דער פּאַרשוי'ן (ען) ‖ (*with num.*) אירע ‖ 5 p.s 5 אירע ‖ **in p.** פּערזענלעך; גופֿא [GUFE] ‖ (*iro.*) בכבֿודו־ובעצמו [BIKhVO'YDE-UBEA'TS-ME] ⊣ **p.-to-p. call** דער פּערזאָ'נקלונג (ען)

personage דער פּאַרשוי'ן (ען), די אָסאָבע (ס)

personal פּערזענלעך ‖ (related to persons) פּערסאָנע'ל ‖ (very own) לײַבלעך

personality די פּערזע'נלעכקייט (ן)

personify פּערסאָניפֿיציר|ן; פֿאַרלײַב|ן, פֿאַרגופֿ|ן

personnel דער פּערסאָנאַ'ל

perspective די פּערספּעקטי'וו (ן)

perspiration דער שווייס

perspire שוויצ|ן

perspiring פֿאַרשווי'צט

persuade אײַנ|רעד|ן אַ, אײַנ|דרינג|ען ד; איבער|רעד|ן, -|צײַג|ן —אַ; פּועל|ן בײַ [POY-EL] ⊣ (by asking) *also* אײַנ|בעט|ן (זיך בײַ)

persuasion די איבערצײַגונג (ען) ‖ (persuading) דאָס אײַ'נרעדן, דאָס אײַ'נדרינגען ‖ **by p.** מיט גוטן ‖ **obtain by p.** אויס|פּועל|ן ⟨בײַ⟩

persuasive איבערצײַגיק

pert פֿאַרשײַ'ט, פֿאַרשאַ'רט; זשוואַווע, שקאָציש

pertain to זײַן* שייך [ShAYEKh], זײַן* נוגע אַ [NEGEYE]; •באַלאַנג|ען צו; אָנ|קער|ן זיך מיט

pertinent צודערזאַכיק; שייך אַפּ ⟨צו⟩ [ ]

perturb באַאו'מרויִק|ן

perusal דער דורכקוק (ן)

peruse דורכ|קוק|ן, (דורכ|)בלע'טער|ן

pervade דורכ|נעמ|ען, -|דרינג|ען —אַ, צע-גיס|ן זיך דורך

pervasive דו'רכנעמיק

perverse פּערווע'רס, פֿאַרדריי'ט; קאַפּוי'ער-דיק

perversion די פֿאַרדרייונג; די פֿאַרקרימונג; די פֿאַרקרימטקייט; די פּערווע'רסיע (ס)

pervert 1. *n.* דער פּערווע'רט (ן) ‖ 2. *v.* פֿאַרדריי|ען, פֿאַרקרימ|ען, אַראָפּ|פֿיר|ן פֿון גלײַכ|ן וועג, קאָרומפּיר|ן

peso די פּעזע (ס)

pessimism דער פּעסימיזם

pessimist דער פּעסימי'סט (ן)

pessimistic פּעסימיסטיש

pest די פּעסט ‖ (pesterer) די זלידנע (ס), דאָס צו'טשעפּעניש (ן), דער נודניק (עס)

pester דערקוטשע|ן, דול|ן אַ קאָפּ/מוח [MOYEKh], פּיק|ן דעם קאָפּ, דערגיי'|ן* די יאָרן —ד

pestilence די מגפֿה (—ות) [MAGEYFE], די פּעסט

pet 1. *n.* (human) דער ליבלינג (ען), דער פּאַ-

דער גלעטלינג (ען) (animal) ⊣ וואַרי'ט (ן) || p. name דער צע'רטל־נאָמען (־נעמען) || 2. v. גלעט|ן, קאַשקע|ן
petal דאָס קרוי'נבלעטל (עך)
petite דראָבנע
petition 1. n. די פּעטיציע (ס) || 2. v. פּעטיציאָניר|ן
petrel דער שטו'רעם־פֿויגל (־פֿייגל); דער רוח (ות) [RUEKh—RUKhes], דער בראַנד
petrify פֿאַרשטיי'נער|ן
petroleum דער נאַפֿט
petticoat דאָס או'נטערקלייד (ער)
pettifogger דער ווי'נקל־אַדוואָקאַט (ן)
pettiness די קליי'נלעכקייט
petty (thing) נישטיק || (person) קליינ־לעך, גראָ'שנדיק, גרײַ'צערדיק ⊰ (law) ⊣ קליינ... || p. jury די קליי'נזשורי
pew די קלוי'סטערבאַנק (...בענק)
pewter 1. adj. צי'נערן || 2. n. דאָס (ע'נגליש|ע) צין
phantom 1. adj. אָ'פּגעדוכט, אָ'פּדוכטיק || 2. n. דער פֿאַנטאָ'ם (ען), דער אָפּדוכט (ן)
Pharaoh [PARE] דער פּרעה (ס)
pharisaical [ ] צבֿועקיש
pharisee [TSVUA'K] דער צבֿועק (עס)
Pharisee (Jew.) דער פּרושי (ם)
pharmaceutical 1. adj. פֿאַרמאַצעווטיש || 2. n. p.s דאָס אַפּטייקוואַרג
pharmacist דער אַפּטייקער (ס), דער פֿאַרמאַ־צע'ווט (ן)
pharmacy דאָס אַפּטייקערײַ'; די פֿאַרמאַצעווטיק || (shop) די אַפּטיי'ק (ן)
phase די פֿאַזע (ס), די סטאַ'דיע (ס)
pheasant דער פֿאַזאַ'ן (ען)
phenomenon די ווײַ'זנעבונג (ען), דער פֿענאָ־מע'ן (ען), די *דערשײַנונג (ען)
phew int. אוף!
philander פֿלי'רטעווע|ן, שפּיל|ן אַ ליבע ⟨—מיט⟩; פּאַדע|ן ⟨אַרו'ם⟩
philanthropic [ ] ...פֿילאַנטראָפּיש, צדקה־
philanthropist דער פֿילאַנטראָ'פּ (ן), דער בעל־צדקה (בעלי־) [BAL—BALE]
philanthropy די פֿילאַנטראָפּיע, די צדקה [TSDOKE]
philatelist דער פֿילאַטעלי'סט (ן)
philately די פֿילאַטעליסטיק
philistine 1. adj. כניאָקיש || 2. n. דער כניאָק (עס)
Philistine 1. adj. פּלישתּיש || 2. n. דער פּלישתּי (ם)
philological פֿילאָלאָגיש
philologist דער פֿילאָלאָ'ג (ן)
philology די פֿילאָלאָגיע
philosopher דער פֿילאָסאָ'ף (ן)
philosophical פֿילאָסאָפֿיש
philosophize פֿילאָסאָפֿיר|ן
philosophy די פֿילאָסאָפֿיע (ס)
phlegm דאָס לייכעץ, דער שלײַם
phlegmatic פֿלעגמאַטיש
phone see **telephone**
phoneme די פֿאָנע'ם (ען)
phonetic פֿאָנעטיש
phonetics די פֿאָנעטיק
phonograph דער פֿאָנאָגראַ'ף (ן), דער גראַמאַ־פֿאָ'ן (ען)
phosphorus דער פֿאָספֿאָר
photogenic פֿאָטאָגעניש
photograph 1. n. די פֿאָטאָגראַפֿיע (ס) || 2. v. פֿאָטאָגראַפֿיר|ן
photographer דער פֿאָטאָגראַ'ף (ן)
photography די פֿאָטאָגראַפֿיע
phrase 1. n. די פֿראַזע (ס) || 2. v. פֿאָרמו־ליר|ן
phylacteries [TFILN] מצ תּפֿילין
physical (material) פֿיזיש || (of physics) פֿיזיש, קע'רפּערלעך ⊣ (bodily) פֿיזיקאַליש ⊣ (medical) מעדיציניש || p. educa-tion די גימנאַסטיק; די פֿיזקולטו'ר
physician דער דאָקטער (דאָקטוירים)
physicist דער פֿי'זיקער (ס)
physics די פֿיזי'ק
physiognomy [ZY] די פֿיזיאָנאָמיע (ס) || (fig.) also [PARTSEF-PO'NEM—PE'NEMER] דער פּרצוף־פּנים (ער)
physique דער וווּקס (ן), דער גו'ף־געבוי (ען)
pianist דער פּיאַני'סט (ן)
piano די פּיאַנע (ס) || grand p. דער פֿאָרטע־פּיאַ'ן (ען)

picayune נישטיק, קליינלעך, גראָ'שנדיק

piccolo דער פּי'קאָלאָ (ס)

pick 1. *n.* (digging) *see* **pickaxe** || (strumming) דאָס ביינדל (עך) || (choice) **take one's p.** (of) אויס|קלײַב|ן זיך ⟨אַ⟩ || 2. *v.* צופּ|ן, פּיק|ן, קאַלופּע|ן, דלובע|ן || (harvest) קלײַב|ן || (flowers) אָנ|רײַס|ן ⊣ (teeth) אויס|מאַכ|ן || **p. a quarrel** (with) צעקריג|ן זיך, געפּינ|ען זיך, פֿאַר(צו)טשעפּע|ן ⊣ **p. on** טשעפּע|ן זיך ⟨—מיט⟩ || זיך צו, אָנ|טשעפּע|ן זיך אין, זוכ|ן זיך מיט **p. out** (choose) אויס|קלײַב|ן, -|זוכ|ן || (stress) אַרויס|הייב|ן || (tune, on instrument) צו|קלײַב|ן || **p. up** (lift) אויפֿ|הייב|ן ⊣ (obtain) קריג|ן || (snatch up) אויפֿ|כאַפּ|ן || (recover) *vi.* פֿאַר|ריכט|ן זיך

pickaback באַראַנטשיק || **carry p.** טראָג|ן באַראַנטשיק

pickaxe די קירקע (ס), די שפּיצהאַק (...העק)

picket 1. *n.* (in a fence) דער שטאַכע'ט (ן) || (strike) דער פּיקע'ט (ן) || 2. *v.* פּיקעטיר|ן

pickle 1. *n.* די זויע'ר|ע או'גערקע (ס) || 2. *v.* זײַע'ר|ן, מאַריניר|ן ⊣ (vegetables) *also* שטעל|ן

pickled זויער, מאַריני'רט, אײַ'נגעלייגט

pickpocket דער קע'שענע־גנבֿ (ים) [GANEF—GANOVIM]

picnic 1. *n.* דער פּיקניק (ן) || 2. *v.* מאַכ|ן אַ/דעם פּיקניק

pictorial בילדער...; בי'לדערדיק

picture 1. *n.* דאָס בילד (ער) || **take a p.** (of) פֿאָטאָגראַפֿיר|ן, נעמ|ען אַ בילד ⟨פֿון⟩ || **have one's p. taken** פֿאָטאָגראַפֿיר|ן זיך ⊣ **p. postcard** דאָס בי'לדקאַרטל (עך) || 2. *v.* אויס|מאָל|ן || (imagine) אויס|מאָל|ן זיך

picturesque מאָ'לעריש, בי'לדעריש

pie דער פּײַ (ען) אַמער || **meat p.** דער פּיראָ'ג (ן), דער פּאַשטע'ט (ן) ⊣ **p. in the sky** דאָס טע'לערל פֿון הימל ⊣ **have one's finger in the p.** האָב|ן *צו שטעקן אין דער זאַך

piece 1. *n.* דאָס שטיק (ער) || (for performance) *also* די פּיעסע (ס) || (chess) די פֿיגו'ר (ן) ⊣ **in p.s** (אויף) צעבראָ'כ|ן ⊣ **to p.s** (אויף שטיקער/שטיקלעך) || **go to p.s** מבֿולבל ווער|ן [MEVULBL], צעבראָכן ווער|ן; ווער|ן אויס מענטש ⊣ 2. *v.* **p. together** צונויפֿ|שטו'קעווע|ן

piecemeal בי'סלעכוויז, שטי'קלעכוויז, צו ביסלעך

piecework די שטי'קאַרבעט

pier דער דאָק (ן), דער מאָל (ן)

pierce דורכ|שטעכ|ן

piercing (sound) דו'רכנעמ(ענד)יק

piety די פֿרומקייט, דאָס צידקות [TSITKES] || (reverence) די פּיעטע'ט

pig דער חזיר (ים) [KHAZER—KHAZEYRIM]

pigeon די טויב (ן) || **p.'s milk** פֿוי'גל־מילך

pigeonhole 1. *n.* די טוי'בנלאָך (...לעכער) || (*fig.*) די רובריק (ן) ⊣ 2. *v.* (sort) (אויס)רובריקיר|ן ⊣ (delay) ווײַט פֿאַרשטעק|ן

piggyback *see* **pickaback**

piggybank די שפּאָ'רפּושקע (ס)

pig iron דער טשוגו'ן

pigment דער פּיגמע'נט (ן)

pigsty די חזיר־שטאַל (ן) [ ]

pigtail דאָס צעפּל (עך)

pike[1] (tool) די פּיקע (ס)

pike[2] (fish) דער העכט (—)

pile[1] 1. *n.* (heap) די קופּע (ס), דער הויפֿן (ס), דער קויפּ (ן), דער סטויג (ן), די סקירדע (ס) || **atomic p.** דער אַטאָמקויפּ (ן) || 2. *vt.* אָנ|לייג|ן ⊣ **p. in** *vt/vi* אַרײַנ|שטופּ|ן (זיך) || **p. up** אָנ|קויפּ|ן || (disorderly) אָנ|וואַ'לגער|ן

pile[2] (pole) דער סלופּ (עס), דער סטויפּ (ן)

piles מערידן מצ

pilfer צו|לקחענ|ען [LAKKh'N]; באַגנבֿע|נען [BAGANVE]

pilgrim דער פּילגרי'ם (ען) || (to Palestine: *Jew.*) דער עולה־רגל (עולי־) [OYLE-RE'GL]

pilgrimage די פּילגרי'ם־נסיעה (—ות) [NESIE] ⊣ **make a p.** (*Jew.*) עולה־רגל *זײַן [ ]

pill די פּיל (ן)
pillar דער זײַל (ן)
pillory 1. *n.* דער שאַנדקלאָץ (...קלעצער) ‖ 2. *v.* שטעל\|ן צום שאַנדסלופּ; מאַכ\|ן טורעס פֿון, מאַכ\|ן אַ ללעג־ולקלס [LELA'AG-ULKE'LES]
pillow דער קישן (—/ס)
pillowcase דאָס ציכל (עך)
pilot 1. *n.* דער פּילאָ'ט (ן) ‖ 2. *v.* פּילאָטיר\|ן
pimple דער פּרישטש(יק) (עס)
pin 1. *n.* די שפּילקע (ס) ‖ (mechanism) דער שטיפֿט (ן) ⊣ **sit on p.s and needles** זיצ\|ן אויף שפּילקעס ⊣ **p. down** (*fig.*) צו-\|צוּ\|שפּיליע\|ן ⊣ 2. *v.* קוועטש\|ן צו דער וואַנט
pinafore דאָס שערצל (עך)
pincers דער פּינצע'ט אַ (ן)
pinch 1. *n.* דער קניפּ ‖ (need) די נויט ‖ *cf.* **dash** ‖ **a p. of** ... אויפֿן שפּיץ מעסער ‖ **p. of snuff** דער שמעק טאַביק ‖ **at a p.** פֿאַר נויט ⊣ 2. *v/imp* קנײַפּ\|ן; קוועטש\|ן
pincushion דער נאָ'דל־קישן (ס)
pine[1] (tree) 1. *adj.* ...סאָסנע, סאָסנאָווע ‖ 2. *n.* די סאָסנע (ס)
pine[2] *v.* שמאַכט\|ן
pineapple דער אַנאַנאַ'ס (ן)
ping-pong דער פּינגפּאָ'נג
pink ראָ'ז(עווע)
pinky (finger) דער מיזיניק (עס)
pinnacle דער שפּיץ (ן), די הייך (ן), דער הויכ-פּונקט (ן)
pinpoint 1. *adj.* (accuracy) האָר־האָ'ריק ‖ 2. *v.* לאָקיר\|ן, באַשטימ\|ען (—ביז אַ האָר)
pint דער פּינט (ן), דער פּײַנט (—) אַמער ‖ **half p.** דאָס קוואַטירל (עך)
pioneer 1. *n.* דער פּיאָניר (ן) ‖ (in Palestine) דער חלוץ (ים) [KHOLETS—KhALUTSIM] ⊣ 2. *v.* זײַן* אַ/דער פּיאָניר ⟨אין⟩
pious פֿרום ‖ (*Jew.*) *also* ערלעך ‖ **p. man** (*Jew.*) דער צדיק (ים) [TSADEK—TSADI-KIM] ⊣ **p. woman** די צדקת (ן) [TSEDEY-KES], די צנועה (—ות) [TSNUE]
pipe 1. *n.* די רער (ן), די טרויב (ן) ‖ (tobacco) די ליולקע (ס), די פּיפּקע (ס) ‖ 2. *v.* (transmit) (אַריבער)\|פֿיר\|ן, ברענג\|ען (—דורך רערן)
pipeline די רע'רן־ליניע (ס)
piping hot זודיק (הייס)
piracy דאָס פּיראַטערײַ'
pirate 1. *n.* דער פּיראַ'ט (ן) ‖ 2. *v.* (אַוועק\|)-פּיראַ'טעווע\|ן
pistil דער פּעסטל (ען)
pistol דער פּיסטוי'ל (ן), דער נאַגאַ'ן (עס)
piston דער פּיסטאָ'ן (ען)
pit 1. *n.* דער גרוב (גריבער) ‖ (stone) דאָס קערל (עך) ⊣ **p. of the stomach** דאָס לע'פֿעלע (ך) ⊣ 2. *v.* (put up) אַנט-קעגנ\|שטעל\|ן ⊣ (remove pits from) אָפּ-\|שטופּל\|ען ⊣ (mark) קערל\|ען
pitch[1] (tar) דאָס פּעך, די דיעגעכץ ‖ **p. black** פּעך שוואַרץ ⊣ **p. dark** שטאָק פֿינצטער
pitch[2] 1. *n.* (throw) דער וואָרף ‖ (degree) די הייך, דאָס גראַד (ן), די הייך ⊣ (tone) ⊣ 2. *v.* גע'העכער (ס), דער טאָ'נשטאַפּל (ען) ⊣ 2. *v.* (צו\|)וואַרפֿ\|ן, שליי'דער\|ן ⊣ (tent) אויפֿ-\|שלאָג\|ן
pitchblende דער פּעכבלענד
pitcher[1] (baseball) דער (ביי'סבאָל־)וואַרפֿער (ס)
pitcher[2] (jug) דער קרוג (קריג)
pitchfork דיווידלע (ס)
pitfall דער כאַפּגרוב, דער פֿאַלגרוב (...גריבער) ‖ (*fig.*) *also* דער מיכשול (ים) [MIKhshL—MIKhshOYLIM]
pith דאָס האַרץ
pithy יאָ'דערדיק
pitiful נעבעכדיק
pitiless או'מברחמנותדיק [U'MBERAKhMO'-NESDIK]
pittance דער שיבוש [shIBESH]
pitted געשטופּלט
pituitary gland די שלײַמדריז (ן)
pity 1. *n.* דאָס רחמנות ⟨אויף⟩ [RAKhMONES], די מיטלייד ⟨מיט⟩; דער שאָד ⊣ **it's a p.** (that) אַ שאָד, אַ פֿאַרדראָ'ס, אַ ריס אין האַרצן ⊣ **what a p.** סאַראַ שאָד! ⟨—וואָס/אַז⟩ ‖ **p. for living things** דער צער־בעלי־חיים [TSA'R-BALEKhA'IM] ⊣ **have a p.** *האָב\|ן

גאָט אין האַרצן ⊣ **take p.** (on) רחמנות קריג|ן, מרחם זײַן* זיך [MERAKhEM], דער־באַ'רעמ|ען זיך ⟨—אויף⟩ ⊣ 2. *v.* רחמנות האָב|ן* אויף

pivot דער דרייפונקט (ן)

pizza די פּיצע (ס)

placable פֿאַרגיביק

placate מפֿייס זײַן* [MEFAYES]

placard דער פּלאַקאַ'ט (ן)

place 1. *n.* דער אָרט (ערטער), די שטעל (ן), דער פּלאַץ (פּלעצער); דער מקום (ות) [MOKEM—MEKOYMES] ⊣ **take p.** •פֿאָר|-, פֿיר|קומ|ען ⊣ (stg. unusual) אָפּ|שפּיל|ן זיך || 2. *v.* (אַוועק|)שטעל|ן, (אַוועק|)לייג|ן; אײַנ|אָרט|ן, אײַנ|פּלאַציר|ן ⊣ (snugly) אײַנ|מאָסטע|ן ⊣ (seat) (אַוועק|)זעצ|ן || (insert) אַרײַנ|געב|ן*, -|טאָ|ן* || (enroll) פֿאַרשרײַב|ן*

placid שלווהדיק [ShA'LVEDIK]

plagiarism דער פּלאַגיאַ'ט (ן)

plagiarist דער פּלאַגיאַטאָר (...אָ'רן)

plagiarize פּלאַגיִיר|ן

plague 1. *n.* די מגפֿה (—ות) [MAGEYFE]; די פּלאָג (ן), די מכּה (—ות) [MAKE] ⊣ 2. *v.* פּלאָג|ן, מאַ'טער|ן

plain 1. *adj.* (simple) פּשוט [POShET], פּראָסט ⊣ (clear) קלאָר, דײַטלעך || (homely) מיאוס [MIES] || **p. man** *also* אַ פּראָסט|ער חי־וקים [KhAY-VEKA'YEM] || 2. *n.* דער פּליין (ען), די פֿלאַך (ן)

plaintiff דער אָ'נקלאָגער (ס), דער תּובֿע (ים) [TOYVEYE—TOYVIM]

plaintive וויי'נעוודיק, סומנע

plan 1. *n.* דער פּלאַן (פּלענער) || **according to p.** על־פּי פּלאַן [ALPI]; כּשורה [KEShU-RE] ⊣ 2. *v.* *imp/pf* (אויס|)פּלאַ'נעווע|ן, (אויס|)פּלאַניר|ן

plane 1. *adj.* פֿלאַך || 2. *n.* די פֿלאַך (ן) || (background) דער פֿאָן (ען) || (tool) דער הובל (ען) ⊣ *cf.* **airplane** || 3. *v.* (אַרומ|)הובל|ען ⊣ **p. off** אָפּ|הובל|ען

planet דער פּלאַנע'ט (ן)

plank דער פּלאַנקען (ס) || (political) דער פּראָגראַמפּונקט (ן)

planning 1. *adj.* ...פּלאַני'ר || 2. *n.* די פּלאַנירונג

plant 1. *n.* (botanical) דאָס געוויקס (ן) || (factory) די פֿאַבריק (ן), דער זאַוואָ'ד (ן) || 2. *v.* (פֿאַר)זעצ|ן, פֿאַרפֿלאַנצ|ן, אײַנ|פֿלאַנצ|ן ⊣ (abandon) אונטער|וואַרפֿ|ן

plantation די פּלאַנטאַציע (ס)

plasma די פּלאַזמע

plaster 1. *n.* דער טינק || **p. of Paris** דער גיפּס ⊣ 2. *vt.* אויס|טי'נקעווע|ן

plastic 1. *adj.* פּלאַסטיש, קנעטיק || (of plastic) פּלאַ'סטיק·ן || 2. *n.* דער פּלאַסטיק (ן)

plate 1. *n.* די פּלאַטע (ס); דאָס שילדל (עך) || (dish) דער טעלער (—) || 2. *v.* *see* **chromium; gold; nickel; silver**

plateau דער פּלאַטאָ' (ען)

platform די פּלאַטפֿאָרמע (ס) || (railroad) דער פּעראָ'ן (ען)

platinum 1. *adj.* פּלאַטינען || 2. *n.* דאָס פּלאַטי'ן

platitude די פּלאַ'טשיקייט (ן)

platoon דער פּלאַטאָ'ן (ען)

platter די טאַץ (ן); דער פּאַלו'מעסיק (...סקעס)

plausible גלייבלעך, גליי'בווערדיק || **be p.** *also* לייג|ן זיך אויפֿן שׂכל [SEYKhL], שיק|ן זיך אומפּ

play 1. *n.* די שפּיל (ן); די פֿאָ'רשטעלונג (ען), די פּיעסע (ס) ⊣ (leeway) דער עודף [OYDEF], די קערברייט ⊣ **p. on words** די ווע'רטערשפּיל (ן) || 2. *vt.* (instrument) שפּיל|ן אויף ⊣ (game) שפּיל|ן אין || (trick) אָפּ|טאָ|ן*, אָפּ|שפּיל|ן || **p. to the end** אויס|שפּיל|ן || **begin to p.** (a piece) אויפֿ|שפּיל|ן ⊣ *vi.* (with) שפּיל|ן זיך, שטיפֿ|ן ⟨—מיט⟩ ⊣ **begin to p.** צעשפּיל|ן זיך ⊣ **p. up** *vt.* אַרויס|הייב|ן || *vi.* צע־שפּיל|ן זיך

playbill דער אַפֿי'ש (ן)

playboy דער לעביונג (ען), דער ווויל|ער־יו'נג (ען), דער פּליאַדער (ס)

player דער שפּילער (ס); דער מי'טשפּילער (ס)

playful שפּי'לעוודיק, שטי'פֿעריש

playgoer דער טעאַ'טער־גייער (ס)

playground (...פּלעצער) דער שפּילפּלאַץ
playmate דער מי'טשפּילער (ס), דער שפּי'ל-חבֿר (ים) [KhAVER—KhAVEYRIM]
playpen דאָס שפּי'לבעטל (עך)
plaything דאָס שפּי'לעכל (עך)
playwright דער דראַמאַטו'רג (ן)
playwriting די דראַמאַטורגיע
plaza דער סקווער (ן), דער (שטאָט)פּלאַץ (...פּלעצער)
plea די בקשה (—ות) [BAKOShe], דאָס געבעט ‖ (in court) דער ענטפֿער (ס) ‖ (ן)
plead [TAYNE] טענה‖ן ‖ **p.** (with) בעט‖ן ⟨מיט⟩ זיך ⟨בײַ⟩, אײַנ‖טענה‖ן ‖ **p. guilty/innocent** ע'נטפֿער‖ן שולדיק/או'משולדיק ‖ **p. for** (a party) פֿאַרטיי'דיק‖ן, זײַן* דער פֿי'רשפּרעכער פֿאַר
pleasant אײַ'נגענעם(ען), ליב, סימפּאַטיש, בנעימותדיק [ ]
pleasantly *also* [BENEIMES] בנעימות
pleasantry דאָס קאַטאָ'ווועסל (עך) ‖ **exchange pleasantries** שמו'עסל‖ען, פּלויש‖ן
please 1. *v.* געפֿעל‖ן, געפֿעלן ווער‖ן, ליב זײַן*, ניחא זײַן* [NIKhe] —ד; הנאה טאָ‖ן* ד [HANOE], צו‖טרעפֿ‖ן ד; נושא־חן זײַן* בײַ [NOYSE-KhE'YN]; פּאַליובע‖ן° ד; מוצא־חן [MOYTSE] זײַן* בײַ ל ‖ **if you p.** *see* 2. ‖ 2. *int.* זײַ(ט) אַזוי' גוט, איך בעט דיך/אײַך, זײַ(ט) (זשע) מוחל [MOYKhL], ביטע•
pleased צופֿרי'דן
pleasing *see* **pleasant; pleasurable**
pleasurable תּענוגדיק [ ], פֿאַרגעניניק
pleasure דער תּענוג (ים) [TAYNEG—TAYNU-GIM], דאָס פֿאַרגעניגן (ס) ‖ (enjoyment) *also* [HANOE] די הנאה ⟨פֿון⟩ ‖ (mixed with pride) [NAKhES] דאָס נחת ‖ (something pleasant) *also* [MEKhAYE] אַ מחיה ‖ (spiritual pleasure) [RU'-EKh] דער נחת־רוח ‖ **worldly p.s** [OYLEM-HA'ZE] דער עולם־הזה ‖ **at your p.** ווען איר וועט וועלן, מיטן שענסטן ‖ **with p.!** ווען אײַער ווילן איז כּבֿוד [KOVED], מהיכא־תּיתי [MEKhTEYSE], [A'DERABE] אַדרבא ‖ **with the greatest p.** *also* [VEA'DERABE] אַדרבא־ואַדרבא ‖
for p. פֿון הנאה וועגן ‖ **p. boat** די ווײַ'לטאָגשיף (ן) ‖ **derive p.** (from) הנאה האָב‖ן*, האָב‖ן* תּענוג, קלײַב‖ן/שעפּ‖ן נחת ⟨—פֿון⟩
pleat דער פֿאַלב (ן)
plebiscite דער פּלעביסצי'ט (ן)
pledge 1. *n.* דער צוזאָג (ן), דאָס וואָרט, די הבֿטחה (—ות) [HAFTOKhe] ‖ (pawn) דער משכּון (משכּנות) [MAShKN—MAShKONES], צו‖זאָג‖ן, מבֿטיח זײַן* .2. *v.* ‖ דער פֿאַנט (ן) [MAFTIEKh] ‖ (donation) מנדר זײַן* [MENADER] ‖ (pawn) אײַנ‖לייג‖ן ‖ **p. oneself** [MISKhAYEV] מתחייבֿ זײַן* זיך
plenary פּלענאַ'ר ‖ **p. session** דער פּלענום (ס)
plenipotentiary דער באַפֿו'למאַכטיקט‖ער געב
plentiful שפֿעדיק [ ]; בשפֿע אַדוו [BEShEFE]
plenty די שפֿע (ס) [ShEFE], דאָס גערע'טעניש ‖ (ן), די זעט; דער זול ⟨אויף⟩ [ZOL] ‖ **p. of** באַד‖ן ‖ גענו'ג, אַ מאַסע — נאָמ ‖ **have p. of** ‖ ניט פֿעל‖ן ⟨ד⟩ ‖ (*rev. con.*) זיך אין ‖ **p. of good things** (מ)כּל־טובֿ [(MI)KOL-TU'V]
plexiglass דאָס פּלע'קסיגלאָז
pliable קנעטיק, ביי'ג(עווד)יק
pliers (*sg.*) די (דראָט)צוואַנג (ען)
plight [TSORE] די קלעם, די צרה
plod טאָפּטשע‖ן (זיך), בראָדיע‖ן
plot 1. *n.* (story) דער סיפּור־המעשה [SIPER-HAMA'YSE], דער סוזשע'ט (ן) ‖ (scheme) ‖ די אינטריגע (ס); דער קאָמפּלאָ'ט (ן) ‖ (ground) ‖ דער פּאַרצע'ל (ן) ‖ 2. *vt.* אינטריגיר‖ן ‖ *vi.* פּלאַ'נעווע‖ן ‖ **p. against** *also* גראָב‖ן אַ גרוב אויף
plotter דער אינטריגאַ'נט (ן)
plow 1. *n.* דער אַקער (ס) ‖ (hook p.) די סאָכע (ס) ‖ 2. *v.* אַ'קער‖ן ‖ **p. under** צעאַ'קער‖ן ‖ **p. up** פֿאַראַ'קער‖ן
plowshare דער אַ'קער־אײַזן (ס)
pluck 1. *n.* דער צופּ (ן), דער פֿליק (ן) ‖ (spirit) דער קוראַ'זש ‖ 2. *v/imp* פֿליק‖ן, צופּ‖ן
plug 1. *n.* דער צאַפּן (ס), דאָס פֿאַרשטעקל (עך) ‖ (electric) דער גאָפּל (ען) ‖ 2. *v.* -פֿאַר

אַרײַנ|שטעק|ן ⊣ **p. in** שטאָפּ|ן, פֿאַרשטעק|ן || **p. up** פֿאַרשטעק|ן

plum די פֿלוים (ען)

plumb(-line) דער לאָט (ן), דער בלײַשנור (ן)

plumber דער אינסטאַלאַטאָר (...אָ'רן)

plumbing דאָס (וואַ'סער־)גערע'ר

plume די פֿעדער (ן)

plump פֿליישיק, אױ'סגעפּאַשעט

plunder *vt.* (victim) באַראַ'בעווע|ן || (loot) צעראַ'בעווע|ן, אַוועק|גזל|ען [GAZL] || *vi.* גזל|ען, ראַ'בעווע|ן

plunge 1. *n.* דער שפּרונג (ען) || 2. *vt/vi* אַראָפּ|וואַרפֿ|ן (זיך), אַרײַנ|וואַרפֿ|ן (זיך) || (into work) *also* פֿאַרלייג|ן זיך אויף, אַרײַנ|טאָ|ן* זיך ⟨אין⟩

pluperfect דער פּלו'סקוואַמפּערפֿע'קט

plural די מערצאָל; דער רבים (ס) [RABIM]

plurality די פּלוראַליטע'ט (ן), דאָס רעלאַטיוו|ע רובֿ (ן) [ROV]

plus 1. *n.* דער פּלוס (ן) || 2. *conj.* פּלוס

plush 1. *adj.* פּליוש'ן || 2. *n.* דער פּליוש

Pluto (דער) פּלוטאָ'ן

ply *vt.* (a trade) אַ'רבעט|ן בײַ, פֿאַרנעמ|ען זיך מיט ⊣ (with questions) באַוואַרפֿ|ן מיט ⊣ *vi.* (of ships) קרייסיר|ן, קורסיר|ן

plywood 1. *adj.* דיכט'ן || 2. *n.* דער דיכט

pneumatic פּנעוומאַטיש

pneumonia די לו'נגען־אָנצינדונג (ען)

poach (transgress) מסיג־גבֿול זײַן* ⟨ד⟩ [MASEG-GVU'L] ⊣ (cook) (אָפּ)|קאָכ|ן אָן שאָלעכץ ⊣ **p.ed eggs** פֿאַרלױ'רענע אייער מצ

pock די פּאָק (ן)

pocket 1. *n.* די קע'שענע (ס) || 2. *v.* אַרײַנ|שטעק|ן אין קע'שענע

pocketbook דאָס קע'שענע־ביכל (עך) || (lady's) דער טאַש (ן), דער האַ'נטבײַטל (ען) || (*fig.*: purse) די קע'שענע

pock-marked געשטופּלט

pod דער שויט (ן)

poem דאָס ליד (ער), דער שיר (ים) || (long) די פּאָעמע (ס)

poet דער פּאָע'ט (ן), דער דיכטער (ס)

poetess די פּאָעטעסע (ס), די פּאָעטין (ס)

poetic פּאָעטיש, די'כטעריש

poetics די פּאָעטיק

poetry די פּאָע'זיע, די •דיכטונג

pogrom דער פּאָגראָ'ם (ען)

pogromist דער פּאָגראָמשטשיק (עס)

poignant שאַרף, בײַסיק; רי'רנדיק

point 1. *n.* (dot) דאָס פּינטל (עך) || (location; score) דער פּונקט (ן) || (issue) די זאַך (ן); די פֿראַגע (ס) ⊣ (tip; climax) דער שפּיץ (ן) ⊣ (sense) דער זינען || (consideration) דער מאָמע'נט (ן) || **beside the p.** ניט צו דער זאַך || **to the p.** צו דער זאַך; זאַכלעך אַדי ⊣ **that is the p.** דאָס איז די זאַך ⊣ **be the p.** (intent) **of** (*rev. con.*) זײַן* אויסן || that's not my p. ניט דאָס בין איך אויסן ⊣ **there is no p. in** ס'איז ניט שייך צו אינפֿ [SHAYEKh] ⊣ **be on the p. of** האַלט|ן בײַ אינפֿ; האַלט|ן דערבײַ' אַז ⊣ when it came to the p. of ווען ס'האָט געהאַלטן דערבײַ' אַז ⊣ **make a p. of** ספּעציע'ל/דווקא ⟨װ⟩ [DAFKE] ⊣ **have a p.** (be right) זײַן* גערע'כט || **p. of interest** דאָס טשיקאַוועס (ן) || **p. of order** (אַ) פֿראַגע צום סדר [SEYDER] ⊣ **p. of view** דער אוי'סבליקפּונקט (ן), דער קו'קווינקל (ען), דער •שטאַנדפּונקט (ן) ⊣ six **p.** four (6.4) זעקס קאָמע פֿיר, זעקס פּונקט פֿיר אַמער || 2. *vt.* (aim) אָנ|שטעל|ן || (indicate with) טײַטל|ען מיט ⟨אויף⟩ ⊣ *vi.* (be directed) ווײַז|ן ⟨אויף⟩ || (indicate) טײַטל|ען ⟨אויף⟩, אָנ|ווײַז|ן ⟨אויף⟩ ⊣ **p. out** אַרויס|הייב|ן

point-blank דירע'קט

pointed שפּיציק; צו'געשפּיצט || (*fig.*) טרעפֿיק, בײַסיק ⊣ **make more p.** צו|שפּיצ|ן

pointer דער טײַטל (ען) || (synagogal) דער יד (ן) [YAD]

pointless טעמפּ; אָן אַ זינען, אָן אַ טעם [TAM]

poise 1. *n.* דער סטאַטיק; דאָס האַלטן זיך; די גלײַכוואָג ⊣ 2. *vt.* באַלאַנסיר|ן || *vi.* הענג|ען, שוועב|ן

poised: well-p. person דער סטאַטיק (עס)

poison 1. *n.* [SAM] (ען) דער סם || **deadly p.** [HAMO′VES] דער סם־המוות ⊣ 2. *v.* פֿאַר־סמ|ען, אָפּ|סמ|ען

poisoning [FARSAMUNG] (ען) די פֿאַרסמונג

poison ivy [SA′M] סם־בלעטלעך מצ

poisonous ג׳יפֿטיק•, [SAMIK] סמיק

poke *vt.* שטורכע|ן, שטופּ|ן || (finger etc.) טיטשע|ן ⟨מיט⟩

poker[1] (tool) (ס) די קאָ'טשערע

poker[2] (game) דער פּאָקער

Poland פּוילן (דאָס)

polar פּאָלאַ'ר || **p. bear** דער ווײַס|ער בער (ן)

polaroid פּאָלאַראָ:'ד

pole[1] (of an axis) (ן) דער פּאָלוס

pole[2] דער סלופּ (עס), דער סטויפּ (ן), די שטאַבע (ס), די פּאַליע (ס), דער דראָנג (ען) || (wooden) *also* (ס) דער פֿלאָקן || (of a wagon) דער דישעל (דישלען)

Pole דער פּאָליאַק (פּאָליאַ'קן)

polemic *adj.* פּאָלעמיש

polemic(s) (עס) די פּאָלעמיק אצ

police 1. *adj.* פּאָליצייִש || 2. *n.* די פּאָליצי'י ⊣ 3. *v.* פּאָליצייִש באַוואַכ|ן

policeman (ן) דער פּאָליציאַ'נט

policy (program: *sg.* and *pl.*) די פּאָליטי'ק || (insurance) (ן) דער פּאָלי'ס

polish 1. *n.* (substance) (ן) די פּאָליטו'ר || (shoes) דער שוואַקס || (effect) דער גלאַנץ, דער פּאָלי'ר (ן) ⊣ 2. *v.* *imp/pf* || (shoes) (אָפּ|)פּוצ|ן ⊣ (אָפּ|)פּאָליר|ן (glass) (אָפּ|)שלײַפֿ|ן || (buff) פֿראָטיר|ן || (*fig.*) *also* טאָק|ן

Polish פּויליש

polite אייד·ל, בנימוסדיק [ ], •העפֿלעך

politely *also* [BENIMES] בנימוס

politeness דער נימוס [NIMES], די איי'דלקייט, די •הע'פֿלעכקייט; דאָס תּרבות [TARBES]

political פּאָליטיש

politician דער פּאָליטיקאַ'נט (ן); דער •פּאָליטישן (ס) אַמער

politics (די) פּאָליטי'ק

polka 1. *n.* (ס) די פּאָלקע || 2. *v.* גיי|ן* אַ פּאָלקע

poll 1. *n.* (vote) (ען) די אָ'פּשטימונג || (of opinion) דער אויספֿרעג (ן), די אַנקעטע (ס) || 2. *v.* (votes) באַקומ|ען || (people) אויס|פֿרעג|ן ⊣ **p.ing booth** די שטי'מבודקע (ס)

pollen דער (בלו'מענ)שטויב

pollinate באַשטויב|ן

pollination די באַשטויבונג

poll tax דאָס קאָפּגעלט; דער ווײַ'לשטײַער (ן)

pollute באַשמוצ|ן, באַפֿלעק|ן, פֿאַראו'מ־ רייניק|ן, פֿאַרפּע'סטיק|ן ⊣ (*fig.*) *also* מטמא [METAME] *זײַן

pollution די פֿאַרפּע'סטיקונג

polygon (ן) דער פֿילעק

polysyllabic מע'רטראַפֿיק

polytheism דער פּאָליטעיִזם

pomegranate (ען) דער מילגרוים

pomp די פּאָמפּע, דער פּאַראַ'ד, דער שטאַט

pompous אָ'נגעבלאָז·ן, באָמבאַסטיש, מליצה־ דיק [MELI′TSEDIK], פּאָמפּע'ז

pond דער סטאַוו (ן), די סאַ'זשלקע (ס)

ponder *vt.* באַקלער|ן || *vi.* קלער|ן, פֿאַר־ טראַכט|ן זיך ⟨—וועגן⟩

pontoon (ען) דער פּאָנטאָ'ן

pony (ס) דער פּאָני

ponytail (עך) דאָס לאָ'שיק־עקל

poodle (ען) דער פּודל

pooh *int.* בע! ווייס איך וואָס!

pooh-pooh *v.* אַוועק|מאַכ|ן אַ מיט דער האַנט, מאַכ|ן בלאָטע פֿון

pool[1] 1. *n.* (puddle) (ס) די (קאַ)לושע || (artificial) (ס) דער בעקן || (swimming etc.) (ען) דער באַסיי'ן || (partnership) דער קאָלעקטי'וו (ן); דער צונויפֿ (ן) ⊣ 2. *v.* צונויפֿ|נעמ|ען, -|לייג|ן, -|גיס|ן

pool[2] (game) [LY] דער ביליאַ'רד || **p. room** די ביליאַרדשטוב (...שטיבער)

poor (destitute) אָרעם; בדלות אפּ [BEDA-LES] ⊣ (wretched) || בידנע; נעבעך אַדוו (health; argument) שוואַך || (idea) קרום ⊣ **p. man** דער אָרעמאַ'ן (אָרעמע־לײַ'ט), דער דלפֿון (דלפֿנים) [DALFN—DALFONIM] || *cf.* **pauper** || **p. woman** דאָס אָרעם־מע'נטש (ן) ⊣ **the p. child!** דאָס בידנע קינד

(*more emph.*) ⊣ נעבעך! ווי איז דעם קינד! אַז אָך און ווי איז דעם קינד!

poorhouse [HEGDESh—HEGDEYShIM] דאָס הקדש (ים)

poorly *adv.* שוואַך, שוואַכלעך, שלעכט

pop 1. *n.* דער קנאַל (ן), דער פּוק (עס), דאָס פּוקען, קנאַל|ן ⊣ 2. *v/imp* קנאַלכל (עך)

popcorn מצ קאָקאָשעס

pope דער פּויפּס (ן)

poplar די טאָפּאָליע (ס)

poppy דער מאָן

poppycock מצ נאַ'רישקייטן, דער שטות, דער קוואַטש•

populace דאָס (פּראָסט|ע) פֿאָלק, דער המון־עם [HAMOYNA'M]

popular (people's) ...פֿאָלקס || (simple) (פּשוט־)פֿאָלקיש [ ], פּאָפּולאַ'ר ⊣ (beloved) באַלי'בט, פּאָפּולאַ'ר ⊣ **become** (unduly) **p.** (custom) אַרײַנ|גיי|ן* אין שו'סטערגאַס

popularity די פּאָפּולאַ'ריטעט; די (פּשוט־)פֿאָ'ל־קישקייט [POShET]

populate באַפֿע'לקער|ן

population די באַפֿע'לקערונג (ען); די אײַ'נ־וווינערשאַפֿט

porcelain 1. *adj.* פּאָרצעלײַען || 2. *n.* דאָס פּאָרצעלײַ'

porch דער גאַניק (עס)

porcupine [KhA- דער שטע'כל־חזיר (־חזירים) ZER—KhAZEYRIM]

pore[1] *n.* די פּאָרע (ס)

pore[2] *v.* (over) ⟨אין⟩ פֿאַרטיפֿ|ן זיך

porge (*Jew.*) טריי'בער|ן

pork [KhA'ZER] דאָס חזיר(־פֿלייש)

porous פּאָרע'ז

porridge די קאַשע

port[1] (harbor) דער פּאָרט (ן), דער האַוון (ס)

port[2] (left side) דער לינק|ער באָרט

portable *adj.* פּאָרטאַטי'וו

portal דער טויער (ן), די בראָם (ען)

portend אָנ|זאָג|ן, זײַן* אַן אָנזאָג אויף

portent דער וואָ'רצייכן (ס), דער בייז|ער סימן (ים) [SIMEN—SIMONIM], דער אָנזאָג (ן)

porter דער טרעגער (ס) || (doorman) דער פּאָרטיע' (ען) [TY]

portfolio דער פּאָרטפֿע'ל (ן), די טעקע (ס)

porthole די לוקע (ס)

portion [KhEYLEK—KhA- דער חלק (ים) LOKIM], די פּאָרציע (ס)

portly סטאַטעטשנע; באַלײַ'בט

portrait דער פּאָרטרע'ט (ן)

portray *imp/pf* שי'לדער|ן, •(אויס|)מאָל|ן

Portugal (דאָס) פּאָ'רטוגאַל

Portuguese 1. *adj.* פּאָרטוגאַליש || 2. *n.* דער פּאָרטוגאַלער (—)

pose 1. *n.* די פּאָזע (ס), דער אָנשטעל (ן) || 2. *v.* פּאָזיר|ן ⟨ווי⟩, מאַכ|ן אַן אָנשטעל ⟨פֿון⟩; || אויס|געב|ן* זיך, פֿאַרשטעל|ן זיך —⟨פֿאַר⟩ (question) שטעל|ן

position 1. *n.* די פּאָזיציע (ס), די •לאַגע (ס), די פּלאַ- ⊣ (location) דער מצבֿ [MATSEV] צירונג (ען), דער פּלאַצי'ר (ן) ⊣ (job) די שטעלע (ס), דער פּאָסטן (ס) ⊣ 2. *vt.* פּלאַצי'ר|ן

positive 1. *adj.* (definite) בפֿירוש [BE- FEYRESh] ⊣ (confident) זיכער, אי'בער־צײַגט ⊣ (affirmative) פּאָזיטי'וו || 2. *n.* דער פּאָזיטי'וו (ן)

positively *also* (ווי) דורכוי'ס; ניט אַנדערש

possess (own) פֿאַרמאָג|ן, האָב|ן* (אַן אײַנ׳ן ...)

possessed (obsessed) באַנומען

possession דאָס פֿאַרמאָגן; דאָס האָבן (בײַ זיך) || **p.s** *see also* **property** || **be in p. of** (own) *see* **possess** || (have on one's body) האָב|ן* בײַ זיך || (have control over) [REShU'S] האָב|ן* אין רשות || **in p. of one's senses** בײַם (פֿולן) זינען || **in p. of one's powers** בײַ די כּוחות [KOYKhES] ⊣ **have in one's p.** *see* **possess** || **take p. of** נעמ|ען אין רשות || (place) *also* באַזעצ|ן

possessive 1. *adj.* (greedy) כאַ'פּעריש || 2. *n.* (grammar) דער פּאָסעסי'וו (ן)

possessor דער פֿאַרמאָגער (ס)

possibility די מי'גלעכקייט (ן)

possible מיגלעך || **make it p. for** געב|ן* לאָז|ן ⊣ **be p.** *also* ד די מי'גלעכקייט ⟨צו⟩ זיך ⊣ **everything p.** אַלץ וואָס עס לאָזט זיך ⊣ **as ... as p.** וואָס ...ער, ווי צום

...סטן ⊣ as fast as p. וואָס גיכער; ווי צום גיכסטן ⊣ **how is that p.?** *also* אינט סטײַטש? || **is it p.?** *also* [HAYITOKhN] אינט היתּכן? || **do everything p.** [MAYSIM] אַ'רבעט|ן מעשׂים, אײַנ|לייג|ן וועלטן

possibly *also* [EFShER] עווענטוע'ל, אפֿשר

post[1] 1. *n.* דער סלופּ (עס), דער סטויפּ (ן) || 2. *v.* אויס|הענג|ען

post[2] (position) דער פּאָסטן (ס)

post... נאָכ...יק || postnatal נאָ'כגע־בו'רטיק ⊣ postwar [MILKhO'ME] נאָ'כמלחמהדיק

postage דער פּאָרטאָ, דאָס פּאָסטגעלט || **p. due** דער נאָכצאָל ⊣ **p. stamp** די מאַרקע (ס)

postal פּאָסט...

postcard דאָס פּאָ'סטקאַרטל (עך)

poster דער אַפֿי'ש (ן), דער פּלאַקאַ'ט (ן)

posterior *adj.* הינטערשט*; הינטער...; שפּע'טערדיק

posterity קינדסקינדער מצ; קו'מעדיקע [DOYRES] מצ דורות

postgraduate נאָ'כגראַדויִ'ר־...

posthumous פּאָסטו'ם, אי'בערגעלאָזט

posthumously *also* נאָכן טויט

postman דער ברי'וו־טרעגער (ס)

postmark דער פּאָ'סטשטעמפּל (ען) || **be p.ed** טראָג|ן דעם/אַ פּאָ'סטשטעמפּל ⟨פֿון⟩

postmaster דער פּאָ'סטמײַסטער (ס) || **P. General** דער גענעראַ'ל־פּאָסטמײַסטער

post-mortem 1. *n.* דער פּאַלמעס (ן) || **make a p. examination** (of) פּאַ'למעס|ן

post office די פּאָסט, די פּאָ'סטסטאַנציע (ס), דער פּאָסטאַמט (ן) ⊣ **p. o. box** דאָס פּאָ'סט־קעסטל (עך)

postpaid פֿראַנקאָ

postpone אָפּ|לייג|ן

postponement דער אָפּלייג (ן)

postscript דער פּאָסטסקריפּטום (ס), דאָס נאָכ־וואָרט (...ווערטער)

posture דאָס האַלטן זיך, די האַלטונג (ען)

pot דער טאָפּ (טעפּ) || (stake in a game) דער קאָן (ען)

potash דער פּאָטאַש

potassium דער קאַ'ליום

potato דער קאַרטאָפֿל (—), די קאַרטאָפֿליע ⊣ **sweet p.** די באַטאַטע (ס), די• בולבע (ס)

pot cheese דער (טרו'קענ|ער) צוואָרעך

potent שטאַרק, מאַכטיק

potential 1. *adj.* פּאָטענציע'ל || 2. *n.* דער פּאָטענציאַ'ל (ן)

potentially *also* [BEKOYEKh] בכּוח

pothole (in a street) דאָס טי'נטערל (עך)

potion דער טרונק (ען)

pot roast דאָס טאָ'פּ־געבראָטנס, דאָס ראָ'סלפֿלייש

potter *n.* דער טעפּער (ס)

pottery דאָס טעפּערײַ'; דאָס טע'פּערוואַרג

pouch די טאַש (ן), דאָס זעקל (עך), דער בײַטל (ען)

poultry [OYFES] מצ עופֿות

pound[1] *n.* דער פֿונט (ן)

pound[2] *v.* האַ'מער|ן, שמיד|ן || (crush) צעשטויס|ן, צעמורשט|ן

pour (liquid) *vt. imp/pf* (אָנ)גיס|ן || *vi.* גיס|ן זיך ⊣ (heavily) [MABL] מבול|ען || (dry) *vt. imp/pf* (אָנ)שיט|ן || *vi.* שיט|ן זיך

pout *vt.* (lips) פֿאַרשאַרצ|ן || *vi.* בלאָז|ן זיך, דויע|ן זיך, פּיסקל|ען זיך, מאַכ|ן לופּעס

poverty די אָ'רעמקייט, דער [DALES] דלות

powder 1. *n.* דער פּראָשיק (עס) || (cosmetic) דער פּודער (ס) || (explosive) דער פּולווער ⊣ 2. *v.* (cosmetic) באַפּו'דער|ן || (dust) באַפּראָשע|ן

powdered פּראָשיק...; שיטיק || p. milk מי'לכפּראָשיק

powder puff דאָס פּו'דער־קישעלע (ך)

power 1. *adj.* (motorized) מאָטאָ'ר... || p. saw די מאָטאָ'רזעג || 2. *n.* דער כּוח (ות) [KOYEKh—KOYKhES], די קראַפֿט (ן); די מאַכט, די [ShLITE] שליטה; דאָס [TKIFES] תּקיפֿות ⊣ (of representation) די פּו'ל־מאַכט (ן) ⊣ (nation) די גרויסמאַכט (ן) || (electric) די עלעקטרי'ע || **have in one's p.** האַלט|ן אין די הענט || **have it in one's p. to** [BIKhOYLES] זײַן* ביכולת צו || **more p. to** [(YA)Sh(ER)-KO'YEKh] אַ יישר־כּוח ד ⊣ **person in p.** דער מאַ'כט־האַלטער (ס), דער מאַ'כטהאָבער (ס) ⊣ **the**

p.s (that be) [MAL-KhES] די מאַכט; מלכות ⊣ **3.** *v.* (אָנ|)טרײַב|ן; באַכּוח|ן

powered: gasoline p. גאַזאָלי'ן־געטריב׳ן, גאַזאָלי'ן־באַכּוחט

powerful [ ] שטאַרק, מעכטיק, כּוחדיק || (socially) [TAKEF] תּקיף אַ || **p. person** דער תּקיף (ים) [—TAKIFIM]

powerless [KOYEKh] אָן כּוח || **be p. to** קיין כּוח ניט האָב|ן* צו

power plant || די קראַ'פֿטסטאַנציע (ס) (electric) *also* די עלעקטרי' (ען)

pp. זז'=זײַטן

practicable פּראַקטיש, דו'רכפֿירלעך

practical [TA'KhLES-DIK] פּראַקטיש; תּכליתדיק ⊣ **p. person** דער בעל־תּכלית (בעלי־) [BAL-TA'KhLES—BALE]

practically *cf. also* **almost**

practice 1. *n.* (custom) דער פֿיר (ן), דאָס פּירעכץ (ן) ⊣ (experience) די פּראַקטיק; דאָס פֿירעכץ (ן) ⊣ **in p.** (not in theory) אין דער פּראַקטיק || (accustomed) אײַ'נגעניט || **out of p.** אָ'פּגעניט || **get into p.** אײַ'נגעניט|ן זיך || **2.** *v.* (carry out) אויס|פֿיר|ן || (profession) די גענײַטשאַפֿט ⊣ פּראַקטיציר|ן ⊣ (exercise) *vi.* געניט|ן זיך ⟨אין⟩

prairie די פּרעריע (ס)

praise 1. *n.* [shvAKh—shvokhIM] די לויב, דער שבֿח (ים) ⊣ **2.** *v.* לויב|ן, רימ|ען, לויב|ן אין טאָג ⊣ **p. highly** פֿאַרלויב|ן, אַרײַ'ן

praiseworthy לוי'בווערדיק

prank דאָס שפּיצל (עך), דער אָפּטו (ען) || (*pl.*) *also* [shMA'D] מצ (שמד־)שטיק

prankster דער לץ (ים) [LETS—LEYTSIM], דער קונדס (ים) [KUNDES—KUNDEYSIM], דער שפּיצלינג (ען)

pray תּפֿילה טאָ|ן* [TFILE], מתפּלל זײַן* [MISPALEL] ⊣ (*Jew.*) *also* בעט|ן גאָט || מאָליע|ן זיך *also* (Christian) ⊣ דאַווענ|ען **p. for** בעט|ן אויף

prayer די תּפֿילה (—ות) [TFILE], דאָס געבעט (ן)

prayer book (*Jew.*) דער סידור (ים) [SIDER—SIDURIM] ⊣ (for the holidays) דער מחזור (ים) [MAKhZER—MAKhZOYRIM]

pre... ...פֿאַר..יק, פּרע.., ביז..; פֿאָרוי'ס || prerevolutionary פֿאַררעוואָלו'ציעדיק || prehistoric פּרעהיסטאָריש || prefabricate פֿאָרויס|פֿאַבריציר|ן

preach פּריי'דיק|ן, דרשענ|ען [DARSh'N]

preacher דער פּריי'דיקער (ס) || (*Jew.*) דער מגיד (ים) [MAGED—MAGIDIM], דער בעל־דרשן (ס) [BALDARShN]

preamble די הקדמה (—ות) [HAGDOME]

precarious או'מזיכער; וואַ'קלדיק; אויף מישקולת [MIShKOYLES], אויף הי'נערשע פֿיס

precaution דאָס פֿאַרהי'ט־מיטל (ען), דאָס באַוואָ'רעניש (ן) ⊣ **take (certain) p.s** (ווי ניט איז) באַוואָ'רענ|ען זיך

precede גיי|ן* ⟨ד⟩ אַפֿריער, קומ|ען אַפֿריער ⟨פֿון⟩

precedence די פֿאָרהאַנט, די בכורה [PKhOY-RE] ⊣ **take p. over** דוחה זײַן* ל [DOYKhE]

precedent דער פּרעצעדע'נט (ן) || **p.-setting** פּרעצעדענטיק

preceding פֿרי'ערדיק*

precept דער כּלל (ים) [KLAL—KLOLIM], די תּקנה (—ות) [TAKONE]

precinct דער רעווי'ר (ן), דער קאָמיסאַריאַ'ט (ן), דער פּרעצי'נקט (ן) אַמער

precious טײַער || (arty) געצאַצקעט || (metal) איידל || **something p.** דער אוצר ⊣ **be p.** *also* זײַן* אַ רענדל אומפּ ⊣ אַנטי'ק (ן) ... אַ

precipice דער תּהום (ען) [THOM], דער אָפּגרונט (ן)

precipitate *vt.* || דערפֿיר|ן צו (דעם אַז) *vi.* אָפּ|זעצ|ן זיך

precipitation דער אָפּזעץ (ן)

precipitous תּהומיק [ ]; שלאַקסיק; צו'גע־אײַלט, האַסטיק

precise || פּרעצי'ז, גענוי', בדיוקדיק [ ] **make more p.** פּרעציזיר|ן

precisely 1. *adv. also* [BEDIEK] בדיוק || **2.** *int.* גאַנץ ריכטיק

precision די פּרעציזקייט

preclude [MIMEYLE] אויס|שליס|ן (ממילא)
precocious אַלטקלוג, פֿאַרפֿרי'צײַטיק || **be p.** (child) *also* האָב|ן* אַן אַלט געמי'ט
preconceived פֿאָרויסיק, אַפֿריִער צו'גע־טראַכט
predatory רויב...; באַפֿאַ'לעריש, גזלניש [GAZLONISh]
predecessor דער פֿאָרוי'סגייער (ס), דער פֿי'ר־גייער (ס)
predestination די באַשערטקייט
predestined באַשע'רט
predetermine פֿאָרויס|באַשטימ|ען
predicament די קלעם
predicate *n.* דער פּרעדיקאַ'ט (ן)
predict [NOVI] פֿאָרויס|זאָג|ן; זײַן* אַ נבֿיא אַז
prediction דער פּראָגנאָ'ז (ן), דער פֿאָרויסזאָג (ן)
predominance די העגעמאָ'ניע
predominant הע'רשנדיק
predominate הערש|ן, איבער|ווענ|ן•
pre-eminent: p. person דער מופֿלג (ים) [MUFLEG—MUFLOGIM]
preface די הקדמה (—ות) [HAGDOME], דאָס פֿרי'ער וואָרט (ווערטער)
prefer בעסער וועל|ן*, ליבערשט וועל|ן*/ האָב|ן*, העלטער האָב|ן*
preferable אָ'נגעלייגטער
preference די לי'בערשטקייט (ן), די פּרע־פֿערע'נץ (ן)
preferred בילכער
prefix דער פּרעפֿי'קס (ן)
pregnancy דאָס טראָגן, די •שוואַ'נגערשאַפֿט
pregnant טראָ'געדיק, •שוואַנגער; מעוברת אַפּ [MUBERES] ⊣ (*fig.*) פּרעגנאַ'נט || **be p.** פֿאַרגיי|ן* ⊣ **become p.** •שוואַ'נגער|ן, טראָג|ן אין טראָגן, פֿאַרשווע'נגער|ן
prehistory די פּרעהיסטאָ'ריע
prejudice דער פֿאָ'ראורטל (ען)
prejudiced: be p. האָב|ן* אַ פֿאָ'ראורטל
prejudicial שעדלעך, גנאַײַק
preliminary 1. *adj.* פֿאָר..., פּרעלימינאַ'ר || 2. *n.* (*pl.*) דער איידער־וואָס־ווע'ן
prelude די פֿאָרשפּיל (ן) || (music) דער פּרעלו'ד (ן)
premature צו פֿרײַק, •פֿרי'צײַטיק

premier דער פּרעמיע'ר (ן)
première די פּרעמיערע (ס)
premise די הנחה (—ות) [HANOKhE]
premises דער לאָקאַ'ל אַ || **on the p.** אויפֿן אָרט
premium די פּרעמיע (ס) || (installment) די ראַטע (ס) ⊣ **put a p. on** לייג|ן אַ (ספּעציעלן) ווערט אויף
premonition דאָס פֿאָ'רגעפֿיל (ן), די אָנונג (ען) ל || **have a p.** *also* אָנ|ען ל || I have a p. *also* דאָס האַרץ זאָגט מיר
preoccupied פֿאַרטרודט [FARTORET], פֿאַר־האַוועט, פֿאַרטאָ'ן אַפּ
preparation די צו'גרייטונג (ען), די הכנה [HAKhONE] (—ות) ⊣ (medical, chemical) דער פּרעפּאַראַ'ט (ן)
preparatory (צו)גרייט...
prepare *vt/imp* גרייט|ן || *pf.* פֿאַרטיק מאַכ|ן, אָנ|-, צו|גרייט|ן, צו|ריכט|ן; מכין זײַן* [MEYKhN] ל ⊣*vi. imp/pf* (צו)גרייט|ן זיך
preponderance די איי'בערוואָג, די הכרעה [HAKhROE] ל
preposition די פּרעפּאָזיציע (ס)
preposterous אַבסו'רד || (*hum.*) פֿי'ד־רעכדיק, ניט־געשטויג־ן ניט־געפֿלויג־ן
prescribe פֿיר|שרײַב|ן || (medicine) פֿאַר־שרײַב|ן
prescription (medical) דער רעצע'פּט (ן)
presence דאָס בײַזײַן || **p. of mind** די אָריענטירונג ⊣ **Divine P.** (*Jew.*) די שכינה [ShKhINE]
present[1] 1. *adj.* (current) איצטיק, הײַנטיק || (in attendance) בײַ'זײַיק*; דאָ, פֿאַראַ'ן; בײַ|זײַן* ⟨בײַ⟩ ⊣ **be p.** דערבײַ' —אַפּ ⊣ **at p.** איצט, אַצי'נד || **for the p.** דערווײַ'ל, לעת־עתּה [LESATE], איידער וואָס [LEFIShO'] ⊣ 2. *n.* דער איצט, ווען, לפֿי־שעה [HOYVE] ⊣ 3. *v.* די אי'צטיקייט, דער הווה פּרעזענטיר|ן, ווײַז|ן ⊣ (hand) *also* דער־לאַנג|ען ⊣ (show) *also* אויפֿ|פֿיר|ן || (a present) געב|ן*, שענק|ען || (introduce) מעלד|ן זיך ⊣ **p. oneself** *also* פֿאָר|שטעל|ן
present[2] (gift) די מתּנה (—ות) [MATONE], דאָס דרשה־ ⊣ **wedding p.** דער פּרעזע'נט (ן)

[DRO'ShE] (ען) געשאַ'נק ⊣ **going-away p.**
דאָס לע'צטגעלט

presentable שטאַלטיק, פּרעזענטאַבל || **be**
p. *also* ניט האָב|ן* מיט וואָס זיך צו שעמען

presentation די פּרעזענטירונג || (show)
also (ען) די אוי'ספֿירונג

present-day הײַ'נטוועלטיק, הײַנטיק

presently (soon) אָט(־אָ'ט), באַלד

preserve 1. *n.* (ן) דער רעזערוואַ'ט || (*pl.*:
food) (ן) דאָס אײַ'נגעמאַכטס || 2. *v.* -אויפֿ|
באַ- ⊣ (protect) היט|ן, פּרעזערוויר|ן
|| קאָנסערוויר|ן (food) ⊣ שי'רעמ|ען
(fruit) *also* אײַנ|מאַכ|ן

preside ⟨א⟩ זײַן* דער פֿאָ'רזיצער ⟨בײַ⟩; פֿיר|ן

presidency די פּרעזידענטשאַפֿט

president (ן) דער פּרעזידע'נט || (of Israel)
also [NOSI—NESIIM] (ים) דער נשׂיא

presidential (for president) -פּרעזי
דעם פּרע- ⊣ (the president's) ...דע'נט־
פּרעזידענטיש (president-like) ⊣ זידע'נטס

presidium (ס) דער פּרעזי'דיום

press 1. *n.* (ן) דער פּרעס || (printing es-
tablishment) די דרוק || (newspapers)
(ס) די פּרעסע ⊣ **go to p.** גיי|ן* אין דרוק ||
come off the p. אַרויס|גיי|ן* פֿון דרוק
|| 2. *vt/imp* דריק|ן, קוועטש|ן || (on a
press) פּרעס|ן || *pf.* -אָנ|-, צו|דריק|ן, צו|
בעט|ן זיך, (urge) ⊣ קוועטש|ן; אויס|פּרעס|ן
מאָנ|ען ⟨—בײַ⟩, °רײַס|ן ד די פּאָלעס, דוחק זײַן*
[DOYKhEK] ל ⊣ (hasten) || יאָג|ן *vi.*
(זיך) שפּאַר|ן (זיך), אײַל|ן

pressed (for) ⟨אין⟩ געע'נגט || I am **badly**
p. for time *also* די הויט ברענט אויף
מיר

pressing (urgent) אײַליק, דרינגלעך

pressure דער (אָנ)דריק (ן), די דריקונג (ען),
(ן) דער דרוק ⊣ **high p.** || דער הויכדרוק
high-p. salesman (ס) דער כויכע || **high-**
p. salesmanship דאָס כויכערײַ'

pressure cooker (...טעפּ) דער דרוקטאָפּ

prestige דער פּרעסטי'זש || (reputation) דער
[ShEM] שם

presumably [MAShMOES] משמעות

presume (suppose) אָנ|נעמ|ען, משער זײַן*
[MEShAER] ⊣ (make bold) דערלויב|ן זיך,
מע'כטיק|ן זיך ⟨—צו⟩

presumption [HAShORE] (—ות) די השערה
|| (impudence) [HOZE] די העזה

presumptuous [ ] העזהדיק

presuppose אָנ|נעמ|ען אויף פֿאָרוי'ס, נעמ|ען
אויף זיכער; האָב|ן* פֿאַר אַ תּנאַי־קודם־למעשׂה
[TNA'Y-KO'YDEM-LEMA'YSE]

pretend מאַכ|ן זיך ⟨אַז⟩, מאַכ|ן אַן אָנשטעל
⟨אַז/פֿון⟩ ⊣ **p. to** פּרעטענדיר|ן אויף ד/צו אינפֿ
|| **p. to be** מאַכ|ן זיך פֿאַר || **p. not to**
נדיק... מאַכ|ן זיך ניט ⊣ p. not to hear
מאַכ|ן זיך ניט הע'רנדיק ⊣ **p. not to know**
also [KILEYODE] מאַכ|ן זיך כּלא־ידע

pretense דער אָנשטעל (ן), די אוי'סגעבונג (ען)
|| **under false p.s** -אונטער פֿאַלשע אויס'
געבונגען

pretension (ס) די פּרעטענציע

pretentious פּרעטענציע'ז

pretext [TERETS—TERU- (ים) דער תּירוץ
TSIM], דער אויסרעד (ן), דער פּיתחון־פּה
[PISKhN-PE']

pretty 1. *adj.* שיין || 2. *adv.* (rather)
גאַנץ

pretzel (ך) דאָס בײ'געלע

prevail קריג|ן/האָב|ן* די איי'בערהאַנט; אײַנ|-
[MISGABER] ל שטעל|ן זיך; מתגבר זײַן* זיך ||
p. upon אויס|פֿיר|ן, אײַנ|בעט|ן זיך,
פּועל|ן —בײַ [POYEL]; ווירק|ן אויף

prevalent (ברייט) פֿאַרשפּריי'ט, אײַ'נגע-
שטעלט

prevent (occurrence) פֿאַרהיט|ן, פֿאַר-
ניט לאָז|ן א אינפֿ, מײַד|ן ⊣ **p.** (sb.) **from**
אָפּ|האַלט|ן א פֿון, שטער|ן ד צו

prevention די פֿאַרהיטונג

preventive פֿאַרהי'ט..., פֿאַרהי'טנדיק

preview 1. *n.* (ען) די פֿאָרוי'סיק|ע ווײַזונג ||
2. *v.* זע|ן*/ווײַז|ן אין פֿאָרוי'ס

previous פֿרי'ערדיק*, ביזאַהעריק*, פֿאַ'ר-
דעמדיק*

previously ביז אַהע'ר || (with adj.) *also*
גענוע'זט ⊣ p. open fields גענוע'זט אָ'פֿענע
פֿעלדער

prey 1. *n.* [KORBM] דאָס רויב, דער קרבן ||

fall p. to ווער|ן אַ קרבן פֿון || **bird of p.** דער רוי'בפֿויגל ⊣ 2. *v.* **p. upon** באַפֿאַל|ן, יאָג|ן זיך נאָך; מאַ'טער|ן

price דער פּרײַז (ן), דער מקח (ים) [MEKEKh—MEKOKhIM] ⊣ **at any p.** פֿאַר יעדן פּרײַז || **at a fair p.** אין גלײַכן געלט

priceless אָן אַ שאַץ

price list דער פּרײַזקוראַ'נט (ן)

prick 1. *n.* דער שטאָך (שטעך) || 2. *v/imp* שטעכ|ן ⊣ **p. up** (ears) אָנ|שפּיצ|ן

prickle 1. *n.* די שטע'כלקע (ס) || 2. *v.* שטעכל|ען אומפּ ⟨ד⟩

prickly שטעכיק

pride 1. *n.* דער שטאָלץ || 2. *v.* **p. oneself** (on) שטאָלציר|ן, גרייס|ן זיך, איבער|נעמ|ען זיך ⟨—מיט⟩

priest דער פּריסטער (ס) || (Christian) דער גלח (ים) [GALEKh—GALOKhIM] || (Greek-Orthodox) *also* דער פּאָפּ (ן) || (*Jew.*) דער כהן (ים) [KOYEN—KEHANIM]

priesthood די פּרי'סטערשאַפֿט || (*Jew.*) די כהונה [KEHUNE]; די כהנימשאַפֿט [ ]

prim שטײַף, קאָרע'קט

primacy די ע'רשטיקייט; די איי'בערשאַפֿט, דער פּרימאַ'ט

primary עיקר־... [IKER], גרונט...; ערשטיק, עיקרדיק ⊣ (election) פּרימאַ'ר... || (education) *also* ...עלעמענטאַ'ר־ || **p. election** *also* נאָמיני'ר־וואַלן מצ

prime 1. *adj.* ע'רשטראַנגיק, הויפּט... || 2. *n.* דער (פֿול|ער) בלי || 3. *v.* (paint) אונטער|גיס|ן ⊣ (pump) גרו'נטעווע|ן

prime minister דער פּרעמיע'ר (ן)

primer דער אָ'נפֿאַנגער (ס)

primeval קדמוניש [KADMOYNISh], בראשית־דיק [BRE'YShESDIK] ⊣ **p. times** קדמונים מצ [KADMOYNIM]

primitive *adj.* פּרימיטי'וו

primogeniture די בכורה [PKhOYRE]

primrose דער פּרימל (ען)

prince דער פּרינץ (ן), דער בן־מלך [BEN-MEYLEKh] ⊣ (*fig.*) דער שׂר (ים) [SAR—SORIM]

princess די פּרינצעסין (ס), די בת־מלכה [BASMALKE] (—ות)

principal 1. *adj.* הויפּט... || 2. *n.* (chief) דער דירעקטאָר (...אָ'רן), דער שעף (ן) || (school) *also* דער פּרינציפּאַ'ל (ן) אַמער || (investment) דער קרן [KERN]

principle דער פּרינצי'פּ (ן), דער עיקר (ים) [IKER—IKRIM] ⊣ **in p.** אין פּרינצי'פּ || **of p.** פּרינציפּיע'ל אַדי || **on p.** פּרינ־ציפּיע'ל אַדוו

print 1. *n.* דער דרוק (ן), דער אָפּדרוק (ן) || (photo) די קאָפּיע (ס) || **out of p.** אויס־פֿאַרקויפֿט ⊣ 2. *v. imp/pf* (אָפּ|)דרוק|ן || (photos) קאָפּיר|ן || (use block letters) שרײַב|ן מיט געדרוקטע אותיות [OYSYES], כתיבֿה|ן [KSIVE]

printed matter די דרוקזאַך אצ (ן)

printer דער דרוקער (ס)

printing shop די דרוק (ן), די דרוקערײַ' (ען)

prior 1. *adj.* פֿאַ'רדעמדיק*, פֿרי'ערדיק* || 2. *adv.* **p. to** פֿריִער פֿון, פֿאַר פּרעפּ

priority די בי'לכערקייט (ן); די פּריאָריטע'ט (ן)

prism די פּריזמע (ס)

prison די טורמע (ס), די תּפֿיסה (—ות) [TFISE] || **be in p.** *also* זיצ|ן (אין תּפֿיסה)

prisoner דער אַרעסטאַ'נט (ן), דער געפֿאַ'נ־גענ|ער געב ⊣ (war) *also* דער פּלעניק (עס)

privacy די אַליינקייט, דאָס יחידות [YEKhIDES]; דער ייִחוד [YIKhED]

private 1. *adj.* (personal) פּריוואַ'ט אַדי; ⊣ (confidential) קאָנפֿידענ־ציע'ל, בסודיק [BESODIK] ⊣ 2. *n.* דער פּראָסט|ער זעלנער (ס), דער פּרײַוועט (ס) אַמער || **p. property** דאָס פּריוואַ'ט־אייגנס, דער רשות־היחיד [RESHU'S-HAYO'KhED]

privately פּריוואַ'ט || (alone) ביחידות [BIKhIDES], אונטער פֿיר אויגן, אויג אויף אויג ⊣ (in secret) בסוד [BESO'D]

privilege די פּריווילעגיע (ס), די זכיה (—ות) [SKhIE] ⊣ **rare p.** דער זכות

privileged פּריווילעגי'רט || **p. person** דער יחסן (ים) [YAKhSN—YAKhSONIM]

prize 1. *n.* דער פּריז (ן), די פּרעמיע (ס), דאָס

(ן) דאָס גרויס|ע געווי'נס ⊣ **grand p.** געווי'נס || **2.** *v.* טײַער האַלט|ן
prizefight דער (באָקס)מאַטש (ן)
prizefighter דער באָקסער (ס)
pro... פּראָ.. || pro-Arab פּראָאַראַביש
probability דאָס משמעות [MAShMOES] || (statistical) משמעותדיקייט [ ]
probable: be p. קענ|ען* גרינג געמאָ'לט זײַן, געשיק|ן זיך, לייג|ן זיך אויפֿן שׂכל [SEYKhL]
probably משמעות [ ], מן־הסתּם [MINAS-TA'M], מסתּמא [MISTOME], אַ סבֿרא ‹אַז› [SVORE] ⊣ **most p.** גיכער פֿאַר אַלץ
probate 1. *n.* די באַע'כטיקונג (ען) || **2.** *v.* באַע'כטיק|ן
probation *see* **parole**
probative דערווײַזיק
probe 1. *n.* דער זאָנד (ן) || **2.** *v.* זאָנדיר|ן; בודק זײַן* ‹—א› [BOYDEK], גריבל|ען זיך ‹אין›
problem די פּראָבלעם (ען) || (task) די פּראָבלעמאַטיק ⊣ **set of p.s** אויפֿגאַבע (ס)
procedure די פּראָצעדו'ר (ן)
proceed גיי|ן* ווײַטער; גיי|ן* פֿאָרוי'ס; רוק|ן זיך ⊣ (act) האַנדל|ען, פֿיר|ן זיך || **p. from** (hail) קומ|ען, שטאַמ|ען ‹—פֿון› || **p. to** צו|טרעט|ן, נעמ|ען זיך ‹—צו› ⊣ **p. with** ממשיך זײַן* [MAMShEKh], ווײַטער װ
proceedings פֿאַרהאַ'נדלונגען מצ, די פּראָצעדו'ר אצ ⊣ (records) אַקטן מצ (ן)
proceeds די לייזונג
process 1. *n.* דער פּראָצע'ס (ן), דער גאַנג || **in the p.** (of) אין גאַנג פֿון, פֿאַר איין ‹מיט› ⊣ **2.** *v.* ווענס פּראָצעסיר|ן
procession די פּראָצע'סיע (ס)
proclaim פּראָקלאַמיר|ן, מכריז זײַן* [MAKh-REZ], אויס|רופֿ|ן
proclamation די פּראָקלאַמאַציע (ס), דער כּרוז (ים), דער קול־קורא (ס) [KOLKOYRE], די הכרזה (—ות) ל [HAKhROZE]
procrastinate באַלעמוטשע|ן, אָפּ|לייג|ן
procreation די פּרו'כפּערונג און מערונג
procure אײַנ|שאַפֿ|ן, (פֿאַר)שאַפֿ|ן || (for sb.) *also* צו|שאַנצ|ן ד אַ

procurement די אײַ'נשאַפֿונג
prod *v.* שטעכ|ן, שטויס|ן; באַאײַל|ן, אונטער|-יאָג|ן, -|שטופּ|ן
prodigal אוי'סברענגעריש
prodigy דער עילוי (ים) [ILE—ILUIM], דאָס ווו'נדערקינד (ער)
produce 1. *n.* (ע'רד)פּראָדוקטן מצ || **2.** *v.* פּראָדוציר|ן, אויס|אַ'רבעט|ן ⊣ (fruit etc.) שטעל|ן, אויפֿ|פֿיר|ן ⊣ (a play) טראָג|ן
producer דער פּראָדוצירער (ס), דער פּראָדו־צע'נט (ן) ⊣ (play etc.) *also* דער אוי'פֿפֿירער (ס)
product דער פּראָדו'קט (ן), דער פֿאַבריקאַ'ט (ן)
production די פּראָדוקציע, די אוי'סאַרבעטונג || די אוי'פֿפֿירונג (ען) ⊣ (of a play) (ען)
means of p. פּראָדוצי'ר־מיטלען מצ
productive פּראָדוקטי'וו, אוי'פֿטויִק, שאַ'-גיביק ⊣ (yielding much) *also* פֿעריש
profane || וועלטלעך; וואָ'כעדיק; פּראָפֿאַ'ן (speech) גראָב || **p. thing** *also* דער דבֿר־חול [DVARKhO'L]
profanity די גראָבקייט (ן)
profess (believe) גלייב|ן אין || (claim) טענה|ן ‹אַז› [TAYNE]
profession || דער פֿאַך (ן), די פּראָפֿע'סיע (ס) (learned) די פֿרײַ|ע פּראָפֿע'סיע (ס) || (declaration) די פֿאַרזי'כערונג (ען)
professional 1. *adj.* פּראָפֿעסיאָנע'ל [SY], פֿאַ'כמעניש ⊣ **2.** *n.* דער פֿאַכמאַן (פֿאַכלײַט)
professor דער פּראָפֿעסאָר (...אָ'רן)
professorship די פּראָפֿעסו'ר (ן)
proficiency די באַהאַ'וונטקייט, דאָס בקיאות [BEKIES]
proficient (אײַ'נ)געניי'ט, באַהאַוונט, בקי אַפּ [BOKE] ‹—אין›
profile דער פּראָפֿי'ל (ן)
profit 1. *n.* דער רווח (ים) —REVEKh] REVOKhIM], דער פּראָפֿי'ט (ן); דער נוצן, דער נוץ || **2.** *v.* געניס|ן; פּראָפֿיטיר|ן, האָב|ן* עפּעס, האָב|ן* נוצן, מרוויח זײַן* ‹—פֿון› [MARVI-EKh]
profitable רווחדיק [ ], טראָגיק, כּדאַי אַפּ [KEDA'Y] ⊣ **be p.** לוינ|ען (זיך), ברענג|ען/ טראָג|ן רווח

profiteer 1. *n.* דער ספּעקולאַ'נט (ן) ‖ 2. *v.* ספּעקולי'ר|ן, פּראָפֿיטי'ר|ן

profligacy דאָס פּריצות [PRITSES]

profligate אוי'סגעלאַס'ן, פֿאַרשײַ'ט, פּריצות־דיק [ ]

profound טיף; חריפֿותדיק [ ], עמוק אַפּ [OMEK]

profundity די טיפֿקייט (ן); דאָס חריפֿות [KhARIFES], דאָס עמקות [AMKES]

profusely בשפֿע [BEShEFE]

progenitor דער געבוירער (ס)

progeny דער נאָכקום, די זרע [ZERE]; דער אָפּשפּראָץ (ן)

program 1. *n.* די פּראָגראַ'ם (ען) ‖ 2. *v.* פּראָגראַמי'ר|ן

progress 1. *n.* דער פּראָגרע'ס; דער גאַנג; די פּעולה [PULE] ⊣ **in p.** אין גאַנג ‖ **make p.** ריר|ן זיך פֿון אָרט, רוק|ן זיך פֿון אָרט, טאָ|ן* אַ פּעולה ⊣ 2. *v.* גיי|ן* פֿאָרוי'ס, פּראָגרעסי'ר|ן

progressive פּראָגרעסי'וו

prohibit פֿאַרווע'ר|ן ‖ (*Jew.*) *also* אַסר|ן [ASER]

prohibited פֿאַרווע'רט ‖ (*Jew.*) *also* אָסור אַפּ [OSER]

prohibition דער פֿאַרווע'ר (ן) ‖ (religious) דער לאָוו (ן) ⊣ (on liquor) די פּראָהיביציע ‖ (*Jew.*) *also* דער איסור (ים) [ISER—ISURIM]

prohibitive ניט צו באַהייבן, או'מבאַהיי'בלעך

project 1. *n.* דער פּראָיע'קט (ן) ‖ 2. *vt.* פּראָיעקטי'ר|ן ⊣ *vi.* (jut) אַרוי'ס|שטעק|ן, -|שטאַרצ|ן, -|קוק|ן

projectile דער פּראָיעקטי'ל (ן)

projector דער פּראָיעקטאָר (...אָ'רן)

proletarian 1. *adj.* פּראָלעטאַריש ‖ 2. *n.* דער פּראָלעטאַריער (ס)

proletariat דער פּראָלעטאַריאַ'ט

proliferate *vt/vi* צעמער|ן (זיך)

proliferation די צעמערונג ‖ **nuclear p.** די צעמערונג/צעשפּרייטונג פֿון יאָ'דער־באָמבעס

prolific פֿרו'כפּערדיק, פּראָדוקטי'וו, שפֿעדיק [ShE'FEDIK]

prologue דער פּראָלאָ'ג (ן)

prolong פֿאַרלע'נגער|ן

prominence די פּראָמינע'נץ, דאָס חשיבֿות [KhShIVES]

prominent פּראָמינע'נט, באַווו'סט, חשובֿ [KhoshEV] ⊣ (jutting) אַרוי'סשטאַרצנ־דיק ⊣ **p. man** *also* דער גדול (ים) [GODL—GDOYLIM], דער חשובֿ (ים) [KhoshEV—KhShUVIM]

promiscuity די אוי'סגעמישטקייט; די פּראָמיסקויִטע'ט

promiscuous אוי'סגעמישט; (סעקסוע'ל) ניט־אי'בערקלײַבעריש, מופֿקרדיק [MU'FKER-DIK]

promise 1. *n.* דער צוזאָג (ן), דאָס וואָרט ‖ 2. *v.* צו|זאָג|ן, געב|ן* ‹—ד› אַ וואָרט ‹אַז›

promissory note דער וועקסל (ען)

promote (person) הע'כער|ן ד (דעם ראַנג), פּראָמאָווי'ר|ן ⊣ (cause) פּראָטעזשי'ר|ן ‖ (product) פֿאַרשפּרייט|ן; צו'|רעד|ן

promoter דער פֿאַרשפּרייטער (ס); דער אימפּרעסאַריאָ (ס); דער צו'רעדער (ס)

promotion (person) די הע'כערונג (אין ראַנג), די פּראָמאָציע (ס) ⊣ (cause) די פּראָטעזשירונג ⊣ (products) די צו'רעדונג

prompt 1. *adj.* פּינקטלעך, בײַצײַ'ט(נד)יק* ‖ (immediate) באַלדיק ‖ 2. *v.* טרײַב|ן, סטימולי'ר|ן —אַ צו ⊣ (give cues) אונטער|זאָג|ן, סופֿלי'ר|ן ‹—ד› ⊣ *cf.* **prod**

prompter דער סופֿליאָ'ר (ן)

promptitude די פּי'נקטלעכקייט

promptly פּונקט; באַלד

promulgate באַקאַ'נט מאַכ|ן, מכריז זײַן* [MAKhREZ]

prone נאַ'זנדיק ‖ **p. to** נוטה אַפּ צו [NOYTE]

prong דער צאָן (ציינער), דער שפּיץ (ן)

pronoun דער פּראָנאָ'ם (ען)

pronounce אַרוי'ס|רעד|ן ‖ (declare) דערקלער|ן ⊣ **have trouble in pronouncing** ברעכ|ן זיך די צונג ‹מיט›

pronunciation דער אַרויסרעד (ן) ‖ (of Hebrew) די הבֿרה [HAVORE]

proof 1. *adj.* (against) באַוואָרנט ‹קעגן› ‖ rainproof רע'גנ־באַוואָרנט ‖ soundproof קלאַ'נג־באַוואָרנט ⊣ 2. *n.* דער דערווײַ'ז (ן) ‖ (printing) די קאָרעקטו'ר (ן), די קאָרעקטע

(ס) ⊣ **in p. of** א צו באַווײַזן ‖ **and here is the p.** *also* [VEHO'-RA'YE] והאָ־ראַיה

proofread לייִ'ענ|ען קאָרעקטו'ר פֿון

proofreader דער קאָרעקטאָר (...אָ'רן)

prop 1. *n.* דער אָנשפּאַר (ן), דער או'נטערשפּאַר (ן) ⊣ *cf.* **property** ‖ 2. *v.* **p. up** -אונטער|שפּאַר|ן

propaganda די פּראָפּאַגאַנדע

propagandize פּראָפּאַגאַנדיר|ן

propagate *vt/vi* פֿאַרמער|ן, פֿאַרשפּרייט|ן (—זיך)

propel שטויס|ן, (פֿאָרויס)טרײַב|ן; באַכּוח|ן [BAKOYEKh]

propeller דער פּראָפּעלער (ס)

proper געהעריק; רעכט; לײַטיש ‖ (in question) [GUFE] גופֿא ‖ the house p. דאָס הויז גופֿא ⊣ **be p.** פּאַס|ן (זיך), שיק|ן ⊣ **p. name** דער פּרט־נאָמען (־נעמען) אומפּ זיך [PRA'T]

properly רעכט, ווי געהעריק, ווי ס'געהע'רט צו זײַן, ווי ס'(באַ)דאַ'רף צו זײַן, כּשורה [KESHURE], כּדבעי [KEDEBOE] ⊣ (*hum.*) ווי גאָט האָט געבאָטן, ווי אין פּסוק שטייט [POSEK]

property (possession) דער פֿאַרמאָ'ג, דאָס אייגנס, דאָס האָב־און־גו'טס, דאָס האָב ⊣ (attribute) די איי'גנקייט (ן) ‖ (theater) דער רעקוויזי'ט קאָל ⊣ (spiritual) *also* דער קנין [KINYEN] ⊣ *cf.* **private**

prophecy [NEVUE] די נבֿואה (—ות)

prophesy [NEVIES] נבֿיאות זאָג|ן

prophet [NOVI—NEVIIM] דער נבֿיא (ים)

prophetess [NEVIE] די נבֿיאה (—ות)

prophetic [NEVIISh] נבֿיאיש

prophylactic פּראָפֿילאַקטיש

propitious [MA'ZLDIK] מזלדיק ‖ **p. time** [EYS-RO'TSN] דער עת־רצון

proponent דער פֿי'רלייגער (ס), דער אָ'נהענגער (ס)

proportion די פּראָפּאָרציע (ס) ‖ **in p. to** צו פּראָפּאָרציאָנע'ל ⊣ (*pl.*: measurements) מאָסן מצ

proportional פּראָפּאָרציאָנע'ל

proposal דער פֿאָרלייג (ן), דער פֿירלייג (ן), דער פֿאָרשלאָג (ן), דער אָנשלאָג (ן)•

propose *vt.* פֿאָר|-, פֿיר|לייג|ן, פּראָפּאָניר|ן, בדעה האָב|ן* ⟨צו⟩ -BEDE] ⊣ *vi.* פֿיר|געב|ן* YE] ⊣ (marriage) פֿאָר|לייג|ן ⟨ד⟩ חתונה צו האָבן [KhA'SENE]; אָנ|שלאָג|ן ⟨ד⟩ אַ שידוך [ShIDEKh]

proposition די פֿאָרלייג (ן) ‖ (logic) די פּראָפּאָזיציע (ס) ⊣ (project) דער עסק (ים) [EYSEK—ASOKIM], דאָס געשע'פֿט (ן)

proprietor דער בעל־הבית (בעלי־בתּים) [BA-LEBO'S—BALEBATIM]

prosaic פּראָזאַיִש

proscribe מחרים זײַן* [MAKhREM]; אַסר|ן [ASER]

prose די פּראָזע ‖ **p. writer** דער פּראָזאַי'קער (ס)

prosecute (war, trade) ענערגיש פֿיר|ן; פֿיר|ן ווײַטער ⊣ (legally) פּראָקוריר|ן

prosecution (legal action) די פּראָקורי־רונג, דאָס פּראָקוריר|ן ⊣ (prosecutors) די פּראָקוראַטו'ר

prosecutor דער פּראָקוראָ'ר (ן) ‖ (moral) דער קטיגור (ס) [KATEYGER]

proselyte *see* **convert**

prosody די פּראָסאָ'דיע

prospect דער אויסבליק (ן), דער אויסקוק (ן), די פּערספּעקטי'וו (ן) ⊣ **be in p.** דער אַרויסקוק (ן), פֿאָרויס|זע|ן* זיך ‖ **have in p.** האָב|ן* אַן אויג אויף

prospective פּראָספּעקטי'וו, פֿאָרוי'סגעזע'ן

prospector דער אַ'רצזוכער (ס)

prospectus דער פּראָספּע'קט (ן)

prosper בלי|ען, געדײַ|ען, מצליח זײַן* [MATSLIEKh] ⊣ **begin to p.** *also* אויפֿ|-בלי|ען

prosperity דער ווילטאָג, די פּראָספּעריטע'ט, די בלי'ונג, די מזל־ברכה [MAZL-BRO'KhE]

prosperous (flourishing) בלי'ענדיק ‖ **p. person** דער גבֿיר (ים) ‖ **be p.** (*rev. con.*) גיי|ן* אומפּ ד זייער גוט ⊣ **become p.** אוי'פֿ-געריכט ווער|ן

prostate דער פּראָסטאַ'ט (ן)

prostitute 1. *n.* די זונה (—ות) [ZOYNE], די

|| פּראָסטיטויר|ן ⊣ 2. *v.* פּראָסטיטוטקע (ס) **p. oneself** *also* (פֿאַר גנעלט) פֿאַרקויפֿ|ן זיך
prostitution דער זנות, די פּראָסטיטוציע
prostrate 1. *adj.* -אַני'דערגעוואָרפֿ:ן; אוי'ס- ⊣ 2. *vt.* געצויג:ן; פֿאַרשמאַ'כט; אוי'סגעשעפּט ⊣ **p. oneself** אַנידער|וואַרפֿ|ן, פֿאַרלענד|ן ⊣ (*fig.*) *also* פֿאַל|ן כורעים ⊣ אַנידער|פֿאַל|ן [KOYRIM]
protagonist דער (הויפּט)העלד (ן)
protect (באַ)שיצ|ן, באַשי'רעמ|ען, אויס|היט|ן || **p. and save** [SHOY-MER-UMA'TSL] שומר־ומציל זײַן* ⊣ **Heaven p. us** גאָט זאָל (אונדז) שומר־ומציל זײַן!
protection דער שיץ (ן), דאָס שי'צמיטל (ען), די באַשיצונג (ען)
protective (באַ)שי'צ...
protector דער באַשיצער (ס)
protectorate דער פּראָטעקטאָראַ'ט (ן)
protein דער פּראָטעי:'ן (ען)
protest 1. *n.* דער פּראָטע'סט (ן) || **what use are p.s?** (*hum.*) [KhAY-VEKA'YEM] גיי שרײַ חי־וקים ⊣ 2. *vt.* פּראָטעסטיר|ן קעגן || *vi.* פּראָטעסטיר|ן
Protestant 1. *adj.* פּראָטעסטאַנטיש || 2. *n.* דער פּראָטעסטאַ'נט (ן)
prothesis דער פּראָטע'ז (ן)
proto... [KADMEN] ...קדמון־ || **proto-human** קדמון־מענטשיש
protocol דער פּראָטאָקאָ'ל (ן)
protoplasm די פּראָטאָפּלאַזמע
prototype דער פּראָטאָטי'פּ (ן)
protract פֿאַרצי:|ען, פֿאַרשלעפּ|ן
protracted פֿאַרשלע'פּט || **be p.** -פֿאַר שלעפּ|ן זיך
protractor דער ווי'נקל־מעסטער (ס)
protrude אַרויס|שטעק|ן, -|שטאַרצ|ן
proud שטאָלץ ‹מיט›; האָ'פֿערדיק || **be p.** (of) *also* שטאָלציר|ן ‹מיט› || **be p. to be descended from** *also* ייחוס|ן זיך [YIKhES] מיט ⊣ **p. flesh** דאָסווילדפֿלייש
provable דערווײַזלעך
prove *vt.* דערווײַז|ן; אויפֿ|ווײַז|ן || *vi.* -אַרויס ווײַז|ן זיך פֿאַר
proverb דאָס ווע'לטסווערטל (עך), דאָס שפּריכ- ווערטער...) ⊣ וואָרט **Book of P.s** משלי [MIShLE]
provide -פֿאַרזאָרג|ן, באַזאָרג|ן ‹—א מיט›; צו| שטעל|ן ‹ד א› ⊣ *cf.* (**make**) **provision**
provided בתנאַי ‹אַז› [BITNA'Y]; ווען איז דאָס געווען ...? ווען... דאָס גערע'דט געוואָרן?
providence די השגחה(־פּרטית) [HAZhGO-KhE(-PRO'TES)]
providential מן־השמים אַפּ [MINAShOMAIM]
provider דער שפּײַזער (ס), דער פֿאַרזאָרגער (ס)
province די פּראָווי'נץ (ן) || (in Czarist Russia) די גובערניע (ס)
provincial 1. *adj.* -פּראָווינציע'ל, קליינ שטע'טלדיק ⊣ 2. *n.* דער פּראָווינציאַ'ל (ן)
provision (condition) דער תנאַי (תּנאָים) [TNAY—TNOIM], דער באַדי'נג (ען) ⊣ (*pl.*: food) דער פּראָוויאַ'נט, די פּראָווי'זיע, דער צדה־לדרך ⊣ (for a trip) *also* כאַרטש — אַצ [TSEYDE-LEDE'REKh] ⊣ **make p.** (for) פֿאַרזאָרג|ן ‹א/אַז›; פֿאָרויס|זע|ן*; (צו|)גרייט|ן זיך פֿאַר, באַוואָ'רענ|ען זיך קעגן
provisional -פּראָוויזאָריש, דערווײַליק, לעת עתּהדיק [LESA'TEDIK]
provocation די פּראָוואָקאַציע (ס), די אוי'פֿ- רייצונג (ען), דער אויפֿרייץ (ן)
provoke (feeling) אַרויס|רופֿ|ן || (person) פּראָוואָציר|ן, אויפֿ|רייצ|ן, צערייצ|ן, -צע בייזער|ן, אַרויס|ברענג|ען פֿון געדו'לד
prow דער שנאָבל (ען)
prowess די גבֿורה [GVURE]
prowl שלײַכ|ן זיך, לונ|ן
prowler דער נאָ'כטשלײַכער (ס)
proximity די נאָ'ענט(קייט)
proxy די פֿולמאַכט (ן), דער בימקום (ס) [BIM-KEM] ⊣ **p. vote** די פֿאַרטרעטשטים (ען) || **p. voter** דער פֿאַרטרעטער (ס)
prudent שׂכלדיק [SE'YKhLDIK], באַדאַ'כט, באַרעכנט, אוי'סגערעכנט
prudery דאָס אי'בערצניעות [I'BERTSNIES]
prudish איבערצניעותדיק [ ] || **p. person** *also* דאָס שמים־פּנימל (עך) [ShOMA'IM-PENEML]
prune די (געטריקנט|ע) פֿלוים (ען)
Prussia (דאָס) פּרײַסן

Prussian 1. *adj.* פּרײַסיש || 2. *n.* דער פּרײַס (ן)

pry[1] (press) (אַראָפּ|-, אַרויפֿ|)קוועטש|ן || **p. loose** אָפּ|רײַס|ן || **p. open** אויפֿ|רײַס|ן

pry[2] (peer) אויס|קוק|ן || **p. into** אַרײַנ|-שמעק|ן אין

P. S. פּ"ס=פּאָסטסקריפּטום; ע"ש=עיקר שכחתּי [IKER SHOKHAKHTI]; שנ"פֿ=שיִער ניט פֿאַרגעסן

psalm דאָס קאַפּיטל (ען) תּהילים [ ]; דער מיזמור (ים) [MIZMER—MIZMOYRIM] || **Book of P.s** דער תּהילים [TILIM]

pseudo-... פּסעוודאָ..., כּמו [KMOY] || **p.-scientific** פּסעוודאָווי'סנשאַפֿטלעך, כּמו ווי'סנשאַפֿטלעך

pseudonym דער פּסעוודאָני'ם (ען)

psyche די פּסיכיק

psychedelic פּסיכעדעליש

psychiatric פּסיכיאַטריש

psychiatrist דער פּסיכיאַטער (ס)

psychiatry די פּסיכיאַטריע

psychic (mental) פּסיכיש || (telepathic) טעלעפּאַטיש

psychoanalysis דער פּסיכאָאַנאַליז

psychoanalyst דער פּסיכאָאַנאַלי'טיקער (ס)

psychological פּסיכיש; פּסיכאָלאָגיש

psychologist דער פּסיכאָלאָ'ג (ן)

psychology די פּסיכאָלאָגיע

pub די שענק (ען)

public 1. *adj.* פֿאָלקס...; ע'פֿנטלעך; קהלש [ ]; כּלל־... [ ] ⊣ **p. affairs** קהלשע ענינים [INYONIM], כּלל־ענינים ⊣ **p. health** דאָס פֿאָ'לקסגעזונט ⊣ **p. park** דער פֿאָלקספּאַרק, ע'פֿנטלעכ|ער פּאַרק ⊣ **p. property** דאָס כּלל־אייגנס, דער רשות־הרבים [RESHU'S-HORA'BIM] ⊣ **be p. knowledge** זײַן* ידוע־לכּל [YEDUE-LA'KL] ⊣ 2. *n.* דער עולם [OYLEM], די ע'פֿנטלעכקייט ⊣ (*Jew.*) *also* דאָס קהל [KOOL] ⊣ **p. at large** דער כּלל [KLAL] ⊣ **in p.** ע'פֿנטלעך, בפֿרהסיא [BIFRESYE]

publication (object) די אוי'סגאַבע (ס), די פּובליקאַציע (ס) ⊣ (act) דאָס אַרוי'סגעבן, די פּובליקירונג

publicity די רעקלאַמע; דער פּירסום [PIRSEM]

publicize געב|ן* פּירסום ד [ ], מפֿרסם זײַן* [MEFARSEM]

publish אַרויס|געב|ן*, פּובליקיר|ן

published: be p. אַרויס|גיי|ן*, °דערשײַנ|ען

publisher (person) דער פֿאַרלעגער (ס), דער אַרוי'סגעבער (ס) ⊣ (firm) דער פֿאַרלאַ'ג (ן)

publishing דאָס אַרויסגעבערײַ', דאָס פֿאַרלעגערײַ' ⊣ **p. house** דער פֿאַרלאַ'ג (ן)

pucker: p. up (one's lips) מאַכ|ן אַ ווײַנשל/קאַרש (פֿון די ליפּן)

pudding דער קוגל (ען), דאָס טייגעכץ (ן) || (sweet) *also* דער פּודינג (ען)

puddle די (קאַ)לוזשע (ס)

pudgy פּוכקע

puerile קינדעריש

puff 1. *n.* (pant) דער פּרײַך (ן), דער סאָפּע (ס) || (on a pipe) דער צי (ען) || (little cloud) דער פּוף (ן), ⊣ (pad) דאָס וואָ'לקנדל (עך) ⊣ דער פּויש (ן), דאָס קי'שעלע (ך) ⊣ 2. *v.* פּרײַכ|ן, בלאָז|ן (פֿון זיך) ⊣ **p. at** (pipe) פּיפּקע|ן, צי|ען פֿון ⊣ **p. out** *vt/vi* אויס|-, אָנ|פּויש|ן, ⊣ **p. up** *vt/vi* פּויש|ן (זיך) אָנ|בלאָז|ן (—זיך)

puffy פּושיק, אוי'פֿגעפּוישט; פּוכקע

pugnacious שלע'געריש, קרי'געריש

pull 1. *n.* דער צי (ען), דער שלעפּ (ן) || (influence) די פּראָטעקציע ⟨בײַ⟩ || 2. *vt/vi* *imp/pf* צי|ען, שלעפּ|ן, רײַס|ן ⊣ (tooth) (אַרויס|)רײַס|ן ⊣ **p. the ear of** אָנ|דריי|ען ד די אוי'ערן || אַ פֿאַרן אויער, אָנ|דריי|ען **p. (sb.'s) leg** אַ אָנ|צי|ען || **p. down** (building) צעוואַרפֿ|ן || **p. oneself together** מענטש|ן זיך, נעמ|ען זיך אין די הענט ⊣ **p. through** *vi.* איבער|שטופּ|ן, צו|פֿאָר|ן ⟨צו⟩, ⊣ **p. up** *vi.* דורכ|האַלט|ן אָפּ|שטעל|ן זיך, בלײַב|ן שטיין ⟨—בײַ⟩

pulley דער בלאָק (ן), דער טריץ (ן)

pulp די ווײ'כעניש; דער פּאַפּ, די קאַשע; די (ווייכ|ע) מאַסע

pulpit דער פּולפּי'ט (ן), דער שטענדער (ס) || (*Jew.*) דער עמוד (ים) [OMED—AMUDIM]

pulsate דפּק|ן [ ], פּולסיר|ן

pulse דער דפּק [DEYFEK], דער פּולס (ן)

pulverize צעשטויב|ן, צעפּראָשע|ן
pumice דער פּימס
pump 1. *n.* די פּאָמפּע (ס), דער פּלומפּ (ן) || 2. *v.* פּאָמפּע|ן
pumpkin דער קירבעס (ן), די דיניע (ס)
pun די ווע'רטערשפּיל (ן), דער קאַלאַמבו'ר (ן)
punch[1] (drink) דער פּונטש
punch[2] (blow) 1. *n.* דער זעץ (ן) || 2. *v/imp* זעצ|ן
punch[3] 1. *n.* (tool) דער פּאַנץ (ן) || 2. *v.* (hole) דורכ|האַק|ן ⊣ דורכ|לעכל|ען || **p.ed card** דאָס געלע'כלט|ע קאַרטל
puncher דער לעכלער (ס)
punctilious דיקדוקי־עניותדיק [DIKDUKE-ANI'ESDIK]
punctual פּינקטלעך
punctually *also* פּונקט
punctuate אינטערפּונקטיר|ן
punctuation די אינטערפּונקציע, די פּונקטו־אַציע ⊣ **p. mark** דער אָ'פּשטעל־צייכן (ס)
puncture 1. *n.* דאָס לעכל (עך), דער דורכ־שטאָך (ן), דער אײַנשטאָך (ן) ⊣ 2. *v.* דורכ|לעכל|ען, ־|שטעכ|ן, אײַנ|שטעכ|ן
pungent בײַסיק, שאַרף, שטעכיק, בריִיק
punish *imp/pf* (באַ)שטראָפֿ|ן
punishable באַשטראָפֿלעך || **be p. by** טראָג|ן אַ שטראָף פֿון
punishment די שטראָף (ן) || (moral) דער עונש [OYNESh]
puny נישטיק, נע'בעכדיק
pup דאָס הינטל (עך); דער צוציק (עס)
pupa דאָס גולמל (עך) [GO'YLEML]
pupil דער תּלמיד (ים) [TALMED—TALMIDIM], דער שילער (ס) ⊣ (of the eye) דאָס שוואַ'רצ־אַפּל (ען)
puppet די ליאַלקע (ס), די מאַריאָנע'ט (ן), דאָס טעקל (עך) ⊣ **p. government** די מאַריאָנע'טן־רעגירונג
purchase 1. *n.* דער אײַנקויף (ן), די קניה (—ות) [KNIE] ⊣ 2. *v.* קויפֿ|ן, אײַנ|האַנדל|ען
pure ריין, לויטער, הויל, גאָלע
purgatory דער לײַ'טערבראַנד, דער כּף־הקלע [KAFAKA'L(E)]
purge 1. *n.* די ריי'ניקונג (ען) || 2. *v.* (אויס)|ריי'ניק|ן ⊣ **p. oneself** (of charges) אָפּ|שו'לדיק|ן זיך
purification די ריי'ניקונג, די לײַ'טערונג || **p. of a dead body** (*Jew.*) די טהרה [TA'ARE]
purify ריי'ניק|ן, קלער|ן, (אויס)|לײַ'טער|ן || **p. a dead body** (*Jew.*) מטהר זײַן* [METAER]
Purim דער פּורים || **P. presents** דער שלח־מנות [ShALAKhMONES] ⊣ **P. goodies** דאָס פּו'רים־גרעט
purist דער פּורי'סט (ן)
Puritan 1. *adj.* פּוריטאַניש || 2. *n.* דער פּוריטאַנער (ס)
puritanical פּוריטאַניש
purity די ריינקייט || (*Jew.*) די טהרה [TA'A-RE]
purple 1. *adj.* לילאַ אינוו || (*fig.*) פּו'רפּעלן || 2. *n.* דאָס לילאַ || (*fig.*) דער פּורפּל
purpose דער ציל (ן), דער צוועק (ן) || (intention) דער כּיוון (ס) [KIVN] || **practical p.** *also* דער תּכלית (ים) [TAKhLES—TAKhLEYSIM] ⊣ **on p.** *see* **purposely**
purposeful (intentional) צי'לגעווענדט, צי'לוויסיק, אָ'נגעצילט ⊣ (conscious) כּיוונדיק [ ]
purposeless גלאַט אַזוי' אַפּ
purposely עקסטרע, אומיסטן, אומישנע, בכּיוון [BEKIVN]; אויף צופֿלײַסנס
purr מרוקע|ן
purse 1. *n.* דאָס בײַטל (עך), דער טײַסטער (ס) || 2. *v.* (one's lips) מאַכ|ן אַ קאַרש/ווײַנשל פֿון
purser דער (שי'פֿ)קאַסי'ר (ן)
pursuance: in p. of *see* **pursuant**
pursuant to כּפֿי' [KEFI'], אויפֿן סמך פֿון [SMAKh]
pursue (follow) נאָכ|גיי|ן*, נאָכ|לויפֿ|ן || (chase) נאָכ|לויפֿ|ן נאָך, (נאָכ)|יאָג|ן (זיך) נאָך ⊣ (continue) ממשיך זײַן* [MAMShEKh]; אַרומ|רעד|ן ווײַטער
pursuit דאָס (נאָ'כ)יאָגן, די יאָג ⟨נאָך⟩, די שטרעבונג ⟨צו⟩ ⊣ (business) די באַשע'פֿטיקונג (ען), דאָס טועכץ (ן)

purveyor דער ליווערא'נט (ן)
pus די מאַטעריע, דער אייטער
push 1. *n.* דער שטופּ (ן), דער שטויס (ן) || (shove) דער רוק (ן) || 2. *vt/vi* (*imp*) שטופּ|ן, שפּאַר|ן, שטויס|ן, שטורכ|ען || (shove) רוק|ן || **p. along** *vt.* -|אונטער ⊣ **p. one's way through** -|דורכ שטופּ|ן זיך, -|שפּאַר|ן זיך, -|שלאָג|ן זיך ⊣ **p. one's way in** (—דורך) אַרײַנ|שפּאַר|ן זיך
pushbutton די קנאָפּקע (ס)
pushcart דאָס שטו'פּוועגל (עך)
pushover: be a p. *זײַן גרינג ווי אַ האָר פֿון מילך
pussy דאָס קע'צעלע (ך)
pussycat די קאָ'טינקע (ס)
pussyfoot דער דרייער (ס)
pustule דער טשיריק (עס)
put *imp/pf* (in upright position) || (אַוועק)|שטעל|ן ⊣ (flat) (אַוועק)|לייג|ן || (seat) (אַוועק)|זעצ|ן || (in no definite place) *אַהינ|טאָ|ן || (question) שטעל|ן, || זאָג|ן, פֿאָרמוליר|ן ⊣ (formulate) פֿרעג|ן || how shall I p. it? ?ווי זאָל איך זאָגן || **p. aside, p. by** אָפּ|לייג|ן, פֿאַראי'בעריק|ן || **p. away** אַוועק|-, אַנידער|לייג|ן, אַוועק|-, || (jail) אײַנ|זעצ|ן ⊣ אַנידער|שטעל|ן || (food) **p. down** (write) -פֿאַר ⊣ אַרײַנ|רײַב|ן || (suppress) -דער ⊣ שרײַב|ן, אָנ|שרײַב|ן || *cf.* **ascribe** || **p. forth** -|אַרויס ⊣ שטיק|ן || **p. forward** -|אַרויס, -|זאָג|ן, ⊣ געב|ן* || **p. in** -|לייג|ן, ⊣ פֿיר|ברענג|ען || (time) אַרײַנ|שטעל|ן* || (a word) -|אַרײַנ || אָפּ|געב|ן* || **p. in another place** -|איבער ⊣ ווארפֿ|ן || **p. into** (con- זעצ|ן, -|שטעל|ן, -|לייג|ן ⊣ text) אַרײַנ|פֿלעכט|ן || **p. off** (postpone) אָפּ|לייג|ן (אויף) || (turn aside) אָנ|טאָ|ן* || ⊣ **p. on** (clothes) אָפּ|ווענד|ן || (feign) אויפֿ|פֿיר|ן || (play) מאַכ|ן זיך || (weight) צו|נעמ|ען || he is p.ting it on ער מאַכט זיך ⊣ **p. out** (lay out) -|אויס, אַרויס|לייג|ן, אויס|-, אַרויס|שטעל|ן ⊣ (let out) אַרויס|לאָז|ן || (extinguish) -פֿאַר ⊣ לעש|ן, אויס|לעש|ן ⊣ **p. past:** I wouldn't p. it past him איך וואָלט אים עס אויף דורכ|לייג|ן, ⊣ **p. through** געגליי'בט ⊣ (connect) (מיט) פֿאַרבינד|ן ⊣ דורכ|שטעל|ן || **p. to death** טייט|ן, קעפּ|ן || **p. to flight** אַנטלויפֿ|ן ⊣ מאַכ|ן ⊣ **p. to shame** פֿאַרשעמ|ען || **p. to the test** שטעל|ן צו דער פּרווו || **p. to use** אויס|ניצ|ן || **p. up** *vt.* -|אויפֿ ⊣ שטעל|ן || (notices) אויס|הענג|ען || (in a sitting position, as on a horse) -|אויפֿ ⊣ זעצ|ן || (cooking) צו|שטעל|ן || (guests) אײַנ|קוואַרטיר|ן; באַלייג|ן ⊣ *vi.* (at a hotel) (אין) פֿאַרפֿאָר|ן ⊣ **p. up with** אָנ|נעמ|ען פֿאַר ליב, מקבל־באַהבֿה זײַן* אַ -[MEKABL*] [BEA'AVE]; אויס|שטיי|ן*
putrid פֿויל, פֿאַרפֿוי'לט
putty דער קיט
puzzle 1. *n.* דאָס רע'טעניש (ן); דער פּלעף (ן); די טרעפֿשפּיל (ן), די געדו'לדשפּיל (ן) ⊣ 2. *v/imp* אינטריגיר|ן || *pf.* פֿאַראינטריגיר|ן
puzzled: be p. *also* אויס|שטעל|ן אַ פּאָר אויגן || **look p.** ברעכ|ן זיך דעם קאָפּ
puzzling רע'טענישדיק, האַרב, פּלע'פּנדיק, [KOShE] קשה
pyjamas *see* **pajamas**
pyramid דער פּיראַמי'ד (ן)
pyre דער שײַטער (ס)

Q

Q דער קו (ען)
quack[1] *v.* קוואַק|ען
quack[2] *n.* דער זנאַכער (ס), דער פֿלע'קל־דאָקטער (־דאָקטוירים)
quackery דאָס זנאַכערײַ'
quadrangle דער פֿירעק (ן)
quadrangular פֿי'רעק(עכ)יק
quadruple פֿירפֿאַכיק
quail *n.* דער וואַכטל (ען)
quaint אוי'סטערליש, אַלטפֿרענקיש, אַלט־פֿע'טעריש
qualification די קוואַליפֿיקאַציע (ס); די באַ־גרע'נעצונג (ען)
qualify *vt.* קוואַליפֿיציר|ן || (limit) באַגרע'נעצ|ן, אײַנ|ענג|ען, מאָדיפֿיציר|ן || (grammar) באַשטימ|ען || *vi.* טויג|ן*, זײַן* ראָוי [ROE]; קוואַליפֿיציר|ן זיך; אָנ|גיי|ן* ⟨פֿאַר⟩
qualitative איכותדיק [ ], קוואַליטאַטי'וו
quality די קוואַליטע'ט (ן), דאָס איכות [EY-KhES] ⊣ (property) די איי'גנקייט (ן), די וואָ'סערקייט (ן)
qualm (nausea) ניט־גו'טקייט || (scruple) דער אי'בערטראַכט (ן), דער חשש (ים) [KhshAsh—Khshoshim], דער קלער (ן)
quandary די קלעם
quantitative כּמותדיק [ ], קוואַנטיטאַטי'וו
quantity די קוואַנטיטע'ט (ן), דאָס כּמות [KAMES] ⊣ (amount) דער סכום (ען)
quarantine 1. *n.* דער קאַראַנטי'ן (ען) || 2. *v.* קאַראַנטיניר|ן
quarrel 1. *n.* די קריג (ן), דאָס קריגערײַ' (ען), דאָס מחלוקת (ן) [MAKhLOYKES] ⊣ (not on speaking terms) דער רוגז (ן) [ROYGES] || *cf.* **pick** || 2. *v.* קריג|ן זיך, רײַס|ן זיך (begin to q.) צעקריג|ן זיך
quarrelsome קרי'געריש, מחלוקתדיק [ ] || **be q.** *also* גיי|ן* מיט סטירדעס
quarry (pit) די שטיינערײַ' (ען)
quart די קוואָרט (ן)
quarter 1. *n.* (fraction) דאָס פֿערטל (עך) || (25 cents) דער קוואָדער (ס) אַמער || (of a town) דער קוואַרטאַ'ל (ן) || (of a year) דער קוואַרטל (ען) || (mercy) די גנאָד ⊣ (*pl.*: lodgings) די קוואַרטי'ר (ן) אַצ || (directions) זײַטן מצ || (circles) קרײַזן מצ ⊣ 2. *v.* צעפֿערטל|ען || (lodge) אײַנ|קוואַרטיר|ן
quarterly 1. *adj.* קוואַ'רטלדיק, פֿע'רטל־יאָריק ⊣ 2. *n.* דער קוואַ'רטלניק (עס), די פֿערטליאָ'ר־שריפֿט (ן)
quartermaster דער קוואַרטי'ר־מײַסטער (ס)
quartet דער קוואַרטע'ט (ן)
quartz דאָס קוואַרץ
quasi קוואַזי..., כּמו [KMOY]
queen די מלכּה (—ות) [MALKE], די קי'ניגין (ס)
queer מאָדנע, אוי'סטערליש, משונהדיק [ ], טשודנע, יוצא־דופֿנדיק [YOYTSE-DO'YFN-DIK]; משונה אַפּ [MEShUNE] ⊣ **q. person** *also* דער טשודאַ'ק (עס)
quell *v/imp* שטיל|ן || *pf.* צו|שטיק|ן, דער־שטיק|ן, אײַנ|שטיל|ן
quench שטיל|ן

querulous: q. person דער יאַ'בעדניק (עס)

quest דאָס זוכן, די זוכונג (ען) || **in q. of** אַ זו'כנדיק

question 1. *n.* די פֿראַגע (ס), די שאלה (—ות) [shAYLE], די קשיא (—ות) [KAShE], דער ספֿק [SO-FEK] ‏⊣ (uncertainty) פֿרעג (ן) ⊣ **perplexing q.** די קלאָ'ץ־קשיא || **q. of life and death** די לע'בנס־פֿראַגע (ס) || **in q.** (under discussion) וואָס ווענגן ⊣ **the man in q.** אים/איר/זיי רעדט זיך || *also* דער בעל־דבֿר (ס) [BALDOVER] || **be a q. of** •האַנדל|ען זיך ווענגן; גיי|ן* אין, ⊣ **be out of the q.** זײַן* אַ רייד ווענגן ⊣ (*rev. con.*) ניט קומ|ען אין באַטראַ'כט ⊣ **beg the q.** זײַן* אומפּ אָ'פּגערעדט פֿון *see* **beg** || 2. *v.* (interrogate) אויס|ספֿק|ן אין, קוועסטיאָניר|ן ⊣ (doubt) ⊣ פֿרעג|ן

questionable פּראָבלעמאַטיש, ספֿקדיק [ ], אונטער אַ פֿרע'גצייכן

question mark דער פֿרע'גצייכן (ס)

questionnaire די אַנקעטע (ס), דער פֿרע'גבויגן (ס)

queue 1. *n.* די ריי (ען) || 2. *v.* **q. up** שטעל|ן זיך אין ריי

quibble 1. *n.* דאָס פּשטל (עך) [PShETL] || 2. *v.* פּשטל|ען זיך

quibbling *adj.* פּשטלדיק [ ]

quibblingly *also* מיטן גראָבן פֿינגער

quick 1. *adj.* גיך, •שנעל || 2. *n.*: **to the q.** ביזן ביין ⊣ **touch to the q.** *also* אָנ|נעמ|ען בײַם האַרצן, °נעמ|ען ד די לעבער אַ

quicken *vt/vi* פֿאַרגי'כער|ן (זיך)

quicklime דער (ניט־געלאָ'שענ|ער) קאַלך

quickly *also* גיך, געשווי'נד || אויף (דער) (*hum.*) אין איין שמיי'־דריי'

quicksand זי'נק־גרונט / זי'נק־געזעמדן מצ

quicksilver דאָס קווע'קזילבער

quick-witted געשײַ'ט; דערלאַ'נגעריש

quiet 1. *adj.* רויִק, שטיל || **very q.** שאַ־שטיל ⊣ **keep q. about** || פֿאַרשווײַג|ן 2. *n.* די רו, די שטיל(קייט) || 3. *v.* באַ־רו'יִק|ן, אײַנ|שטיל|ן ⊣ 4. *int.* זאָל שאַ(ט)! זײַן שאַ! פּתח שין שאַ! [PASEKh]

quietly *also* אין דער שטיל, שטי'לערהיי'ט

quill די (גע'נדזענ|ע) פֿעדער (ס)

quilt 1. *n.* || די (געשטעפּט|ע) קאָלדרע (ס) 2. *v.* *imp/pf* (צו|)שטעפּ|ן

quinine דער כיני'ן

quirk די מאָ'דנעקייט (ן) || (*pl.*) *also* ניקן מצ

quit *v.* (abandon) אַוועק|וואַרפֿ|ן || (cease) פֿאַרלאָז|ן ⊣ (depart) אויפֿ|הער|ן

quite (pretty) גאַנץ || (very) || גאָר, °גוט **q. a ...** שוין איין מאָל אַ ...!; ...—אַ קליי'ני־קייט!

quits קוויט

quiver[1] *n.* (bag) די פֿײַלנטאַש (ן)

quiver[2] *v.* ציטער|ן, צאַפּל|ען, פֿאָרפּל|ען זיך, דראָזשע|ן אומפּ אַ ⊣ (*rev. con.*) וואַרפֿ|ן זיך

quiz 1. *n.* דער אוי'ספֿרעג (ן); די פֿרע'ג־פּראָגראַם (ען), דער העראונטרע'ף (ן) ⊣ 2. *v.* אויס|פֿרעג|ן

quorum דער קוואָרום (ס), דער מיספּר (ים) [MISPER—MISPORIM] ⊣ (for prayers: *Jew.*) דער מנין (ים) [MINYEN—MINYO-NIM]

quota די קוואָטע (ס)

quotation דער ציטאַ'ט (ן) || (price) די פּרײַ'ז־נאָטירונג (ען)

quotation marks (*pl.*) פֿרע'מדצייכנס, גע'נדזן־פֿיסלעך —מצ

quote ציטיר|ן || (refer to) פֿאַררופֿ|ן זיך אויף, אָנ|רופֿ|ן ⊣ (put in quotes) אײַנ|פֿיסל|ען

quotient דער ווײַפֿלער (כ)

R

R דער ער (ן)

rabbi [ROV—RABONIM] דער רבֿ (רבנים) || (title) [HORA'V] הרבֿ || **r.!** (direct address) [REBE] רבי! || **r.'s wife** [RE'BETSN] די רביצין (ס) ⊣ **Hasidic r.** דער רבי* (ים) [REBE—RABEIM], דער צדיק (ים) [TSADEK—TSADIKIM], דער גוט|ער־ייִ'ד (ן) || **non-Orthodox r.** דער ראַבינער (ס), דער ראַביי (ס) אַמער

rabbinate (office, calling) דאָס רבנות [RABONES] ⊣ (non-Orthodox) דאָס ראַבינערײַ' ⊣ (institution) דער ראַבינאַ'ט (ן)

rabbinical [RABONISh] רבניש || (non-Orthodox) ראַבי'נעריש

rabbit דאָס קי'ניגל (עך)

rabble דער המון (ען) [HAMO'YN], דער ערבֿ־רבֿ [E'REVRAV]

rabble-rouser דער או'נטערהעצער (ס)

rabid משוגען [MESHUG'N], מטורף [METUREF]; משוגע אַפּ [MESHUGE]

rabies דאָס (הי'נטיש|ע) משוגעת [MESHUGA'S], די וואַ'סערשרעק

raccoon דער שאָפּ (ן)

race[1] די ראַסע (ס); די גזע (ס) [GEZE], דער שטאַם• (ען)

race[2] (contest) 1. *n.* דאָס געיעג' (ן), דער פֿאַרמעסט' (ן) ⊣ 2. *vi.* יאָג|ן זיך

racetrack || דער יאָגוועג (ן), די יאָגערײַ' (ען) || (horse) *also* דער היפּאָדראָ'ם (ען)

racial ראַ'סנדיק, ראַסיש; ראַסע...

rack 1. *n.* דאָס געשטעל' (ן) || (clothes) דער הענגער (ס) || (torture) די עינוי [INE] ⊣ 2. *v.* פּײַ'ניק|ן || **r. one's brains** ברעכ|ן זיך דעם קאָפּ/מוח [MOYEKh], קלײַג|ן זיך

racket[1] (tennis) די ראַקעטקע (ס)

racket[2] דער טומל (ען), דאָס געפּילדער, דער ליאַרעם (ס); קולות מצ [KOYLES] || (swindle) דער שווינדל (ען), די אַפּערע (ס) || **make a r.** ליאַ'רעמ|ען, פּי'לדער|ן, לישע|ן

racketeer דער שווינדלער (ס), דער אַפּערי'סט (ן)

racy פּריש; געווירציק || (joke, story) *also* געזאַלצ'ן

radar דער ראַדאַר (ן)

radiance דער גלאַנץ

radiant שטראַ'לנדיק, לײַ'כטנדיק

radiate *vt/vi* (אויס|)שטראַל|ן

radiation די (אוי'ס)שטראַלונג (ען), די באַשטראַלונג (ען) ⊣ **r. therapy** די באַשטראַ'ל־טעראַפּיע

radiator (heating) דער קאַלאָריפֿע'ר (ן), דער ראַדיאַטאָר (...אָ'רן) אַמער [DY] ⊣ (automobile) דער קילער (ס)

radical 1. *adj.* ראַדיקאַ'ל || 2. *n.* דער ראַדיקאַ'ל (ן)

radically *also* ביזן וואָרצל

radio 1. *n.* דער ראַ'דיאָ (ס) || 2. *v.* ראַדיאָ'ר|ן, איבער|געב|ן* דורך ראַ'דיאָ

radioactive [DY] ראַדיאָאַקטי'וו

radish דער רעטעך (ער) || (red) דאָס (ראש־)חודש־רעטעכל (עך) [(RESh)Kho'YDESh]

radium דער ראַ'דיום

radius דער ראַ'דיוס (ן)

raffle 1. *n.* דער פֿלעט (ן) || 2. *v.* **r.** (off) (אויס)פֿלעט|ן

raft דער פֿליט (ן), די טראַטווע (ס)

rafter די קראָקווע (ס), דער באַלקן (ס)

rag די שמאַטע (ס), דער קאָדער (ס) || **r.s and tatters** לאַכמאַנעס מצ || **in r.s** (dress) אָ'פּגעריס׳ן און אָ'פּגעשליס׳ן, קרוע־בלוע

rage 1. *n.* דער צאָרן, דער ירגזון [YIRGOZN], די מלאַ־רציחה אַפּ [MOLE-RETSI'KhE] ⊣ **in a r.** יוכע ⊣ 2. *v.* -בו'שעווע|ן, שטו'רעמ|ען, ווייווע|ן, ווי'לדעווע|ן

ragged אָ'פּגעריס׳ן, צעקאָדערט, שמאַ'טע־דיק, צעפֿלי'קט; קרוע־בלוע אַפּ

raggle-taggle אָ'פּגעריס־ן־אָ'פּגעשליס׳ן

raid 1. *n.* דער אָנפֿאַל (ן) || (search) די אָנפֿלי (ען) || (air r.) ⊣ אָבלאַווע (ס) 2. *v.* באַפֿאַל|ן || (police) מאַכ|ן אַן אָבלאַווע אויף

rail דער רעלס (ן)

railing דער פּאַרע'נטש (ן), דאָס געלענדער (ס)

railroad די (איַ'זנ)באַן (ען) || **r. worker** דער באַנער (ס)

railroading דאָס באַנעריַי'

rain 1. *n.* דער רעגן (ס) || 2. *v.* רע'גנ|ענ|ען

rainbow דער רע'גן־בויגן (ס)

raincoat דער רע'גן־מאַנטל (ען)

rainfall דער (סכום) רעגן

rainy רע'גנדיק

raise 1. *n.* (in pay) די הוספֿה (—ות) [HESOFE] ⊣ 2. *v.* (lift) (אויפֿ|)הייב|ן || (prices, wages) הע'כער|ן || (money) אַרויס|רופֿ|ן ⊣ (doubt, objection) שאַפֿ|ן || (point in discussion) -אויפֿ|הייב|ן, אָנ| -האָ'דעווע|ן, ⊣ (plants, animals) ריר|ן -אויפֿ ⊣ (children) -ציַ|ען, קו'לטיווויר|ן ציַ|ען, דערציַ|ען (אויס|-, אויפֿ|)האָ'דעווע|ן, [MEGADL] מגדל זיַין* ל

raiser דער ציַער (ס), דער האָ'דעווער (ס)

raisin די ראָ'זשינקע (ס)

raising דאָס ציַען, דאָס האָ'דעווען; די ...ציַונג || cattle r. די פֿי'־כציַונג

raison d'être דער זכות־הקיום [SKhUS-HA-KI'EM]

rake[1] (tool) 1. *n.* די גראַבליע (ס) || 2. *v.* גראַ'בליעווע|ן, שאַר|ן

rake[2] (scoundrel) דער שאָלטיק (עס), דער מה־יפֿהניק (עס) [MAYA'YSENIK]

rally 1. *n.* דער מיטינג (ען) || 2. *vt.* -צונויפֿ| זאַמל|ען; אויפֿ|מו'נטער|ן ⊣ *vi.* (strength) שטאַרק|ן זיך ⊣ (people) צונויפֿ|זאַמל|ען זיך

ram דער באַראַן (...אַ'נעס), דער ווידער (ס)

ramble (אַרומ)שליאָ'נדער|ן, -|בלאָנדזשע|ן, -|וואַ'נדער|ן

ramification דער אָפּצווייַג (ן); דער צעצווייַ'ג (ן), די צעצווייַגונג (ען)

ramify *vt/vi* צעצווייַג|ן (זיך)

ramp די ראַמפּע (ס)

rampant או'מגעצוי'מט || **be r.** *also* -בו'שעווע|ן

rampart דער (שי'ץ)וואַל (ן), דער אָנשיט (ן)

ramshackle וואַ'קלדיק; אויף הי'נערשע פֿיס

ranch דער ראַנטש (ן) אַמער

rancid יעלקע

random טראַפֿ... || r. sample -דער טראַ'פֿ מוסטער ⊣ **at r.** אויף טראַף, שלעגיש, סתם [STAM] (אַזוי')

range 1. *n.* (series) די ריי (ען) || (mountains) די קייט (ן) || (cooking) די פּליטע (ס) ⊣ (width) דער דיאַפּאַזאָ'ן (ען) [DI]; די גאַמע (ס) ⊣ (extent) דער גרייך (ן) || (shooting) דער שיספּלאַץ (...פּלעצער) || *cf.* **rocket** || 2. *vi.* (extend) גרייכ|ן

range finder דער ווייַ'טקייט־מעסטער (ס)

ranger (forest) דער וועלדערער (ס)

rank 1. *n.* די ריי (ען); דער ראַנג (ען) || **r. and file** די מאַסע || 2. *v.* פֿאַררע'כענ|ען || (put in ranks) אויס|ריי|ען

ranking הע'כסטראַנגיק

rankle אַ ברי טאָ|ן*; יאַדע|ן, רופֿע|ן

ransack (search) (דורכ|)ני'שטער|ן

ransom 1. *n.* (sum) דער פּדיון (ות) [PID-YEN—PIDYOYNES], דאָס אוי'סלייזגעלט || (act) די אוי'סלייזונג (ען) || 2. *v.* -אויס| קויפֿ|ן, -|לייז|ן ⊣ **r.ing of prisoners** דער פּדיון־שבֿוים [ShVU'IM]

rant *v.* ליאַ'רעמ|ען; גוואַ'לדעווע|ן

rap 1. *n.* דער קלאַפּ (קלעפּ) || 2. *v.* *imp/pf*

(אָנ|)קלאַפּ|ן אין ⊣ r. (sb.) on געב|ן* ⟨ד⟩ איבער

rape 1. *n.* די פֿאַרגוואַ'לדיקונג (ען), די שענדונג (ען) ⊣ 2. *v.* פֿאַרגוואַ'לדיק|ן, שענד|ן, מאַנס זײַן* [MEANES]

rapid גיך, •שנעל, ביסטרע

rapidly *also* געשווי'נד

rapids די שטראָמשוועל (ן)

rapt פֿאַרטאָ'ן, אַרײַ'נגעטאָן —אַפּ; פֿאַרזונקען

rapture דאָס התפּעלות [HISPAYLES], דאָס התלהבֿות [HISLAYVES]

rare (uncommon) זעלט'ן || (not thick) שיטער

rarity די זע'לטנקייט (ן), דאָס יקר־המציאות (ן) [YEKA'R-HAMTSI'ES], דער אַנטי'ק (ן), דער ראַר (ן)

rascal דער יונגאַ'טש (עס), דער כּל־בוניק (עס) [KOLBOYNIK], דער שי'בעניק (עס)

rash[1] (eruption) דער אויסשיט (ן)

rash[2] *adj.* גרינג־דעהדיק [DE'YEDIK], האַס־טיק, או'מבאַטראַ'כט, היציק ⊣ **r. person** דער היצקאָפּ (...קעפּ)

rashly *also* ניט אי'בערקלערנדיק, ניט אי'בער־קלײַבנדיק

rasp 1. *n.* (tool) די ראַשפּײַל (ן) || 2. *v.* ריפּע|ן, קראַצ|ן, ראַצ|ן

raspberry די מאַ'לענע (ס)

rat דער שטשור (עס), דער ראַץ (ן) || (*fig.*) דער חזיר (ים) [KhAZER—KhAZEYRIM], דער פֿאַרך° (עס) ⊣ **smell a r.** דערשמעק|ן אַ צרה [TSORE]

ratchet wheel דאָס גראַ'גערערדל (עך)

rate 1. *n.* (of exchange) דער קורס (ן) || (of speed) די גיכקייט (ן), דער טעמפּאָ (ס) || **r. of interest** דער צי'נדזנקורס (ן), די פּראָצע'נטיקייט (ן) ⊣ **birth r.** די געבו'ר־טיקייט ⊣ **death r.** די שטאַ'רביקייט || **crime r.** די פֿאַרברע'כיקייט || **r.s** (schedule) דער טאַרי'ף אַז (ן) ⊣ **at any r.** על־כּל־פּנים [ALKOLPONEM], •יעדן פֿאַלס, לכל־הדעות [LEKhO'LADEYES] ⊣ 2. *v.* (אָפּ|)שאַצ|ן, פֿאַררע'כענ|ען

rather (quite) גאַנץ || (preferable) לי־בערשט ⊣ (more likely) גיכער, ענדער(שט)

ratify ראַטיפֿיציר|ן

rating די שאַצונג (ען), דער שאַץ; דער ראַנג (ען)

ratio דאָס פֿאַרהע'לטעניש (ן), די פּראָפּאָרציע (ס)

ration 1. *n.* די ראַציע (ס), דער •פּאַיאָ'ק (עס) || 2. *v.* ראַציאָניר|ן

rational ראַציאָנע'ל; בר־דעתדיק [BARDA'-ASDIK]

rationale דער שׂכל [SEYKhL]

rationalization די ראַציאָנאַליזאַציע (ס)

rationalize ראַציאָנאַליזיר|ן

ratrace (*fig.*) די גראַטשקע (ס)

rattle 1. *n.* (toy) דער גראַגער (ס), די קאַלעקאָטקע (ס) ⊣ (sound) דאָס גראַגערײַ'; דער כאָרכל ⊣ 2. *v.* (shake) *vt/vi* שאָקל|ען, בויטע|ן, קאַלעקאָטשע|ן (—זיך) ⊣ (sound) גראַ'גער|ן, קלאַ'פּער|ן ⟨—מיט⟩ ⊣ (voice) כאָרכל|ען ⊣ (upset) צערו'דער|ן, צע־טרייסל|ען ⊣ **r. off** אָפּ|כאַפּ|ן, אָפּ|גראַ'גער|ן

rattlesnake די קלאַ'פּערשלאַנג (ען)

ravage חרובֿ מאַכ|ן [KhOREV], מחריבֿ זײַן* [MAKhREV]

rave ברעדיע|ן, רעד|ן פֿון היץ; גוואַ'לדעווע|ן || **r. about** (praise) לויב|ן אין הימל אַרײַ'ן, ניט קענ|ען* זיך אָ'פּלויבן פֿון

raven דער וואָראָן (עס), דער ראָב (ן)

ravenous (appetite) וועלפֿיש

ravine דער (באַרג)שפּאַלט (ן), דער יאַר (ן), די •שלוכט (ן)

raw רוי || **completely r.** קיז רוי

ray דער שטראַל (ן)

rayon 1. *adj.* קונסטזײַד'ן || 2. *n.* די קונסט־זײַד

razor דער גאָ'למעסער (ס) || **safety r.** דער גאָ'ל־אַפּאַראַט (ן) ⊣ **r. blade** דאָס גאָ'ל־מעסערל (עך)

re בנוגע [BENEGEYE], שייך (צו) [ShAYEKh]

re... רע.. || (again) *also* ווידער || (back) *also* קריק קוו || (afresh) פֿון ס'נײַ, איבער קוו || **reactivate** קריק|אַקטיוויר|ן || **rediscover** ווידער געפֿינ|ען || **repolish** איבער|פּאָליר|ן ⊣ **reorganize** רעאָרגאַני־זיר|ן, איבער|אָרגאַניזיר|ן

reach 1. *n.* דער גרייך (ן) || **out of r.** ניט צו

דערגרייכן ⊣ **within r.** אין גרייך || **within easy r.** גרינג צו גרייכן || 2. *v.* (hand) דערלאַנג|ען || (extend) גרייכ|ן, דערגרייכ|ן || (goal) דערשלאָג|ן זיך צו/ביז, °דערביווע|ן זיך צו/ביז ⊣ (destination) דערגיי|ן*, דערפֿאָר|ן, דערפֿלי|ען —ביז; אָנ|שפּאַר|ן אין ⊣ *cf.* ...דער in Yiddish-English part of the Dictionary

react רעאַגיר|ן, אָפּ|רופֿ|ן זיך ⟨—אויף⟩

reaction די רעאַקציע (ס), דער אָפּרוף (ן)

reactionary 1. *adj.* רעאַקציאָנע'ר || 2. *n.* דער רעאַקציאָנע'ר (ן)

reactor דער רעאַקטאָר (...אָ'רן)

read *vt. imp/pf* (איבער|)לייע'נ|ען || *vi.* (instruments) ווײַז|ן ⊣ לייע'נ|ען זיך || **not know how to r.** *also* ניט קענ|ען* קיין צורת־אות [TSURES-O'S] ⊣ **r.** (**aloud**) (to) פֿיר|-, פֿאָר|לייע'נ|ען ⟨ד⟩ || **r. into** (ascribe) אַרײַנ|טײַטש|ן || **r. up** (a little) אַ לייען טאָ|ן* ⟨וועגן⟩ ⊣ (additional) צו|לייע'נ|ען ⟨וועגן⟩

readable (גרי'נג־)לייע'נעוודיק

reader (person) דער לייע'נער (ס) || (book) דאָס לייע'נבוך (...ביכער), די כרעסטאָמאַ'טיע (ס)

readership די לייע'נערשאַפֿט (ן)

readily גרינג; גערן

readiness די גרייטקייט

reading דאָס לייע'נען || (r. matter) די לעקטו'ר ⊣ (variant) די גירסא (—ות) [GIRSE] ⊣ **r. of Hebrew** (as a skill; *Jew.*) די עבֿרי [IVRE]

readjust *vt/vi* פֿון ס'נײַ צו|פּאַס|ן (זיך) || *vt. also* איבער|רעגוליר|ן

ready גרייט, פֿאַרטיק || **quite r.** *also* מוכן־ומזומן אַפּ—ל [MUKhN-UMZU'MEN] ⊣ **get r.** *vt/vi* מאַכ|ן (זיך) גרייט, (אָנ|)גרייט|ן (זיך) || **make r.** *also* אָנ|ברייט|ן; אויס|פֿאַ'רטיק|ן

ready-made פֿאַרטיק

real אמת [EMES], רעאַ'ל, פֿאַקטיש

real estate (property) דאָס גרו'נטאייגנס || (business) דער גרו'נט־מיסחר [MISKhER] || **r. e. dealer** דער גרו'נט־סוחר (ים) [SOY-KhER—SOKhRIM]

realism דער רעאַליזם

realist דער רעאַלי'סט (ן)

realistic רעאַליסטיש

reality די וואָר, דאָס ממשות [MAMOShES]; דער פֿאַקט ⊣ **in r.** אויף דער וואָר || (actually) אויף אַן אמת [EMES], לעולם [LEOYLEM] || (*pl.*) פֿאַקטן מצ

realization (becoming real) דאָס מקוים [ ] ווערן ⊣ (making real) דאָס מקיים [ ] זײַן*, די רעאַליזירונג ⊣ (finding) דאָס אײַ'נ־געפֿינס (ן); דער אײַנזע (ען), די אײַ'נזעונג (ען)

realize *vt.* (make real) רעאַליזיר|ן, מקיים [MEKAYEM] זײַן*, צו וועגן ברענג|ען, צו שטאַנד ברענג|ען ⊣ (understand) פֿאַרשטיי|ן*, אײַנ|-, אַרויס|זע|ן*, כאַפּ|ן זיך; ⊣ *vi.* (after consideration) אײַנ|געפֿינ|ען באַרע'כענ|ען זיך, אַרומ|זע|ן* זיך

realized: be r. מקוים [MEKUYEM] ווער|ן

really טאַקע, באמת [BEEMES], אויף אַן אמת [EMES]

realm די מלוכה (—ות) [MELUKhE] || (*fig.*) די ספֿערע (ס), דאָס געגנבֿו'ל (ן), דאָס •געבי'ט (ן); דאָס מלכות (ן) [MALKhES]

ream דער ריז (ן)

reap שנײַד|ן

reaper דער שניטער (ס)

rear[1] (hind) 1. *adj.* הינטערשט*; הינטער.. || 2. *n.* דער הינטן (ס), דער הי'נטערטייל (ן) || (military area) דאָס הי'נטערלאַנד

rear[2] *vt. see* **raise** || *vi.* (horse) שטעל|ן זיך דיבעם

reason 1. *n.* דער טעם (ים) [TAM—TAYMIM], דער גרונד (ן), דער פֿאַרוואָ'ס (ן) ⊣ (intellect, judgment) דער שׂכל [SEYKhL] || **for no** (**good**) **r.** גלאַט אַזוי' (זיך), סתּם [STAM] (אַזוי' זיך), אומני'שט, גלאַט אין דער וועלט אַרײַ'ן, אַזוי' זיך ⊣ **by r. of** פֿון וועגן, אין זכות פֿון ⊣ **it stands to r.** דער שׂכל טראָגט אויס, דער שׂכל איז •מתחייבֿ [MISKhAYEV] || 2. *vi.* קלער|ן || **r.** (**with**) רעד|ן על־פּי שׂכל [ALPI], אײַנ|טענה|ן [TAYNE] ⟨—מיט⟩

reasonable שׂכלדיק [ ] || (idea, price) *also* גלײַך || (person) *also* אײַ'נזעעריש ||

(moderate) מעסיק, לאַגאָדנע• || **be r.** (idea) לאָז|ן זיך הערן || *cf.* **price**

reasoning (way of thought) דער נע־דאַ'נקען־גאַנג

reassure ווידער פֿאַרזי'כער|ן; באַרו'יק|ן

rebate דער צוריקצאָל (ן)

rebel 1. *n.* דער בונטאַ'ר (ן), דער רעבע'ל (ן), דער אויפֿשטענדלער (ס), דער מורד (ים) [MOYRED—MORDIM] ⊣ 2. *v/imp* בו'נטעווע|ן זיך, ווידער|שפּע'ניק|ן, רעבעליר|ן || *pf.* צעבו'נטעווע|ן זיך, מורד זײַן*

rebellion דער אויפֿשטאַנד (ן), די מרידה (—ות) [MERIDE], דער בונט (ן)

rebellious בונטאַריש, ווי'דערשפּעניק; צעבו'נטעוועט

rebound אָפּ|-, צוריק|שפּרינג|ען, אָפּ|באַ'לעמ|ען זיך

rebuff 1. *n.* דער אָפּשטויס (ן), די מפּלה (—ות) [MAPOLE]; דער אָפּשניט (ן); דער °באַגראָ'ב (ן) || 2. *v.* אָפּ|שטויס|ן, גראָב/או'מגעריכט אָפּ|קריג|ן/°כאַפּ|ן ⊣ זאָג|ן, °באַגראָב|ן **be r.ed** אַן אָפּשניט

rebuke 1. *n.* דער אויסרעד (ן), דער אָ'נגעשריי (ען) ⊣ 2. *v.* אויס|רעד|ן, אָנ|ביי'זער|ן זיך ⊣ **r.** (sb.) **for** אויס|וואַרפֿ|ן ד * אויף

rebus דער רעבוס (ן)

rebut אָפּ|ע'נטפֿער|ן אויף

recalcitrant האַ'רטנעקיק, ווי'דערשפּעניק

recall 1. *n.* דער צוריקרוף (ן) || 2. *v.* (call back) צוריק|רופֿ|ן || (remember) דערמאָנ|ען זיך

recant *vt.* צוריק|צי|ען, מכחיש זײַן* ל [MAKKhESh]

recantation דער צוריקצי, די הכחשה (—ות) [HAKKhOShE]

recapitulate איבער|חזר|ן די ראָשי־פּרקים [KhAZER ... ROShE-PRO'KIM], רעזומיר|ן

recede אָפּ|גיי|ן*, -|טרעט|ן

receipt (receiving) דאָס קריגן || (note) די קבלה (—ות) [KABOLE], דער קוויט (ן) || (*pl.*) די לייזונג, די הכנסה —אַז [HAKhNOSE] || **acknowledge r. of** קוויטיר|ן

receive קריג|ן, באַקומ|ען || (guests) אויפֿ|נעמ|ען

receiver דער אויפֿנעמער (ס) || (telephone) דאָס טרײַבל (עך)

recent נײַ, פֿריש; אַנו'מלטיק, ניט־לאַ'נגסטיק || **very r.** אָ'קערשטיק

recently אַנו'מלט(ן), ניט לאַנג

receptacle די כּלי (ם) [KEYLE—KEYLIM]

reception דאָס קבלת־פּנים [KABOLES-PO'NEM], דער אויפֿנעם (ען); דער לעקעך־און־בראָ'נפֿן (ס)

receptionist (*fem.*) די אוי'פֿנעמערין (ס)

receptive אוי'פֿנעמיק

recess (niche) די פֿאַרטיפֿונג (ען), די נישע (ס) || (intermission) די הפֿסקה (—ות) [HAFSOKE]

rechargeable קרי'קאָ'נלאָדלעך; צום צורי'ק אָ'נלאָדן

recipe דער רעצע'פּט (ן)

recipient דער/די וואָס באַקו'מט; דער באַקומער (ס) ⊣ (of a prize) דער פּרעמירט|ער גנב ⟨מיט⟩

reciprocal (קעגנ)אַנאַנדיק, אַנטקעגנ'נדיק || (number) או'מגעווענדט

reciprocally *also* איינס דאָס אַ'נדערע

reciprocate *vt.* אָפּ|דאַנק|ען, -|דינ|ען, -|צאָל|ן (מיט דער איי'גענער מטבע ⟨—ד⟩) [MATBEYE] || *vi. also* רעוואַנשיר|ן זיך

reciprocity די קעגנאַנאַ'נדיקייט

recital (narration) די דערציילונג || (musical) דער קאָנצע'רט (ן) || (verbal) *also* די רעציטאַציע (ס)

recite (narrate) (אויס)דערצייל|ן || (declaim) דעקלאַמיר|ן, רעציטיר|ן || (answer) ע'נטפֿער|ן

reckless הפֿקרדיק [HE'FKERDIK], מופֿקר־דיק [ ], קלותדיק [KA'LESDIK], אַזאַרטיק || **r. person** דער מופֿקר (ים) [MUFKER—MUFKORIM]

reckon *v/imp* רע'כענ|ען, חשבונ|ען [KhEZhB'N] ⊣ *pf.* אויס|-, באַרע'כענ|ען ⊣ **r. with** רע'כענ|ען זיך מיט ⊣ רע'כענ|ען

reckoning (vengeance) דער דין־וחשבון [DIN-VEKhE'ZhBM], די אָ'פּרעכענונג ⊣ **day of r.** דער יום־הדין [YOM-HADI'N] || *cf.* **calculation**

recline *vi.* זיצ|ן אָ'נגעלענט, אָנ|לענ|ען זיך

recluse [NOZER—NEZIRIM] דער נזיר (ים) || (*Jew.*) [PORESh—PRUShIM] דער פּרוש (ים)
recognition די דערקענונג || (acknowledgment) די אָנערקענונג
recognize דערקענ|ען || (acknowledge) אָנערקענ|ען ⊣ (realize) באַרע'כענ|ען זיך, אײַנ|זע|ן*
recoil 1. *n.* דער אָפּפּראַל (ן) || 2. *v.* צוריק|-, אָפּ|שפּרינג|ען, -|פּראַל|ן (זיך)
recoilless או'מפּראַליק
recollect *vt/vi* דערמאָנ|ען זיך
recollection די דערמאָנונג; דאָס נעדע'כעניש (ען)
recommend רעקאָמענדיר|ן
recommendation די רעקאָמענדאַציע (ס); דער נאַרײַ' (ען)
reconcile אויס|גלײַכ|ן, -|שטימ|ען, -|איינ|ען; [MAShVE] משווה זײַן*
reconciled: be r. שלום מאַכ|ן [ShOLEM], מושווה ווער|ן [MUShVE], איבער|בעט|ן זיך ⟨מיט—⟩
reconciliation דער אויסגלײַך (ן)
reconnaissance דער רעקאָנעסאַ'נס (ן)
reconnoiter רעקאָגנאָסציר|ן
reconsider *vt.* איבער|קלער|ן, -|באַטראַכט|ן || *vi. also* באַקלער|ן זיך
reconstruct רעקאָנסטרויִר|ן
reconstruction די רעקאָנסטרוקציע (ס)
reconstructionist דער רעקאָנסטרוקציאָני'סט (ן)
reconvert *vt.* קריק|פֿאַרוואַנדל|ען || (to Judaism) *vi.* אויס|קומ|ען
record 1. *n.* דאָס פֿאַרצײַ'כעניש (ן) || (minutes) דער פּראָטאָקאָ'ל (ן) || (known facts; highest achievement) דער רעקאָ'רד (ן) || (phonograph) דער דיסק (ן) || **on r.** פֿאַרשריב'ן, פֿאַרצײַכנט ⊣ the hottest day on r. דער הייסטער פֿאַרשרי'בענער טאָג || **off the r.** ניט צום פֿאַרשרײַבן || **break a r.** שלאָג|ן רעקאָ'רד ⊣ **break a new r.** ווידער שלאָג|ן רעקאָ'רד; שלאָג|ן אַ פֿרישן רעקאָ'רד ⊣ **r.s** (files) אַקטן מצ || **book of r.s** [PINKES—PINKEYSIM] דער פּינקס (ים) ⊣ 2. *v.* פֿאַרשרײַב|ן, פֿאַרצײַ'כענ|ען || (phonograph etc.) רעקאָרדיר|ן
recorder (recording instrument) די רעקאָרדירקע (ס)
recourse די ברירה [BREYRE], דער אויסוועג || **have r. to** אָנ|קומ|ען צו
recover *vt.* צוריק|קריג|ן, -|באַקומ|ען || (retrieve) אָפּ|זוכ|ן || *vi.* קומ|ען צו זיך, גענעזן ווער|ן
recovery (retrieval) דער אָפּזוך || (betterment) דאָס געזו'נט ווערן, די גענעזונג || **wish** (sb.) **a speedy r.** ווינטש|ן ד אַ רפֿואה־שלמה [REFUE-ShLE'YME]
recreation די (פֿאַר)ווײַלונג (ען), דער צײַ'ט-פֿאַרברענג (ען)
recreational ...פֿאַרברענג
recruit 1. *n.* דער רעקרו'ט (ן) || 2. *v.* רעקרוטיר|ן, ווערביר|ן
rectangle דער גראָדעק (ן)
rectum די גראָד|ע קישקע (ס)
recuperate קומ|ען צו זיך, פֿאַרריכט|ן זיך
recur [KhAZER] איבער|חזר|ן זיך
red רויט || **blood r.** בלוט רויט, ריץ רויט || **see r.** צעיושעט ווער|ן
redden *vi/pf* פֿאַררייטל|ען זיך
redeem אויס|קויפֿ|ן, -|לייז|ן, דערלייז|ן
redeemer דער אוי'סלייזער (ס) || (spiritual) דער גואל (ים) [GOYEL], דער דערלייזער (ס)
redemption די אוי'סלייזונג (ען), דער אויסלייז (ן) ⊣ (spiritual) די גאולה [GEULE], די דערלייזונג
red-handed: take r. כאַפּ|ן בײַ דער האַנט/בעת־מעשה [BEYS-MA'YSE]
red-hot (הייס) צעגלי'ט
redouble פֿאַרטאָפּל|ען
redress 1. *n.* די פֿאַרגי'טיקונג ⟨פֿאַר⟩, דער תּיקון [TIKN] ⊣ 2. *v.* צוריק|שטעל|ן; פֿאַרגי'טיק|ן; [MESAKN] מתקן זײַן* ⟨פֿאַר⟩
red tape די ביוראָקראַ'טישקייט
reduce *vt.* (equate) דערפֿיר|ן || (lessen) רעדוציר|ן, מי'נער|ן ⊣ (price) אַראָפּ|לאָז|ן ⟨אָ/פֿון⟩ ⊣ *vi.* אָפּ|צער|ן זיך, פֿאַרליר|ן וואָג
reduction די רעדוקציע (ס); דאָס מי'נערן, די מי'נערונג (ען)

redundancy די אי'בעריקייט
redundant אי'בעריק
reed דער ראָר (ן); דער אַ:'ר
reef דער ריף (ן)
reek (of) שמוכט|ן ⟨מיט⟩
reel 1. *n.* די שפּול (ן) || 2. *v.* דריי|ען זיך, וויג|ן זיך
reelect ווידער אויסקלײַבן
reelection דאָס ווידער אוי'סקלײַבן; דאָס ווידער אוי'סגעקליבן ווערן; די •ווי'דערדערוויילונג
reentry דער קריקקום (ען)
reexamine איבער|פּרוּוו|ן
refer *vt.* (to) פֿאַררופֿ|ן זיך ⟨אויף⟩; אָפּ|שיק|ן ⟨צו⟩ ⊣ *vi.* **r. to** זײַן* שייך צו [shAYEKh], זײַן* נוגע א [NEGEYE]
referee דער שופֿט (ים) [shOYFET—shOFTIM]
reference (mention) דאָס דערמאָנען || (pointer) דער אָפּשיק (ן) ⟨צו⟩ || (allusion) דער פֿאַררו'ף (ן) ⟨אויף⟩ ⊣ (letter of r.) די רעפֿערע'נץ (ן) ⊣ **with/in r. to** בנוגע פּרעפּ [BENEGEYE] ⊣ *cf.* **frame**
reference book דאָס אײַ'נקוקבוך (...ביכער)
referendum דער רעפֿערענדום (ס)
referring to בנוגע פּרעפּ [BENEGEYE]
refine ראַפֿיניר|ן; לײַ'טער|ן, אויס|איידל|ען
refined ראַפֿיני'רט; אייד־ל
refinement די ראַפֿינירטקייט; די איי'דלקייט; די אוי'סאיידלונג
refinery די ראַפֿינעריע (ס)
reflect *vt.* אָפּ|שפּיגל|ען, -|שלאָג|ן || *vi.* (be reflected) אָפּ|שפּיגל|ען זיך, -|שלאָג|ן זיך, -|גלאַנצ|ן, -|שײַנ|ען ⊣ (consider) איבער|טראַכט|ן; פֿאַרקלער|ן זיך, פֿאַרטראַכט|ן זיך
reflection די אָ'פּשפּיגלונג (ען), דער אָפּשײַן (ען), דער אָפּשלאָג (ן), דער אָפּגלאַנץ (ן); דאָס שפּי'גלבילד (ער) ⊣ (thought) די אי'בערטראַכטונג (ען), דער הירהור (ים) [HIRER—HIRHURIM]; דער יישובֿ־הדעת [YIShEV-HADA'AS]
reflector דער רעפֿלעקטאָר (...אָ'רן)
reflex דער רעפֿלע'קס (ן) || **conditioned r.** דער באַדינגט|ער רעפֿלע'קס ⊣ *cf.* **reflection**
reflexive רעפֿלעקסי'וו

reforestation די (קרי'ק)באַוואַלדונג
reform 1. *n.* די רעפֿאָרעם (רעפֿאָרמען) || **R. Judaism** די/דאָס רעפֿאָ'רעם־ייִדישקייט || 2. *vt.* רעפֿאָרמיר|ן || *vi.* פֿאַרבע'סער|ן זיך
Reformation די רעפֿאָרמאַציע
reformed רעפֿאָרמי'רט
reformer דער רעפֿאָרמאַטאָר (...אָ'רן)
refraction די ברעכונג
refrain[1] *vi.* אָפּ|-, צוריק|האַלט|ן זיך ⟨פֿון⟩
refrain[2] *n.* דער רעפֿרע'ן (ען), דער צוזונג (ען)
refresh דערפֿריש|ן, דערקוויק|ן; אָפּ|פֿריש|ן
refreshment די דערקוויקונג, די לאָבונג; דאָס/דער כּיבוד אצ [KIBED], ⊣ (*pl.*) אי'בערבײַסן, טראַקטאַמענטן מצ
refrigerator דער קע'לטערער (ס), דער פֿרידזשידע'ר (ן)
refuge דער אָפּדאַך (ן), דער רעזערוואַ'ט (ן); דער מקום־מנוחה [MOKEM-MENU'KhE], דער מקום־מיקלט [MI'KLET] ⊣ **take r.** געפֿינ|ען אַנטרינונג
refugee דער פּליט (ים) [POLET—PLEYTIM]
refund 1. *n.* דער קריקצאָל (ן) || 2. *v.* אום|קער|ן, קריק|צאָל|ן
refusal דער אָפּזאָג (ן)
refuse 1. *n.* דער אָפּפֿאַל, דאָס מיסט, דאָס פּסולת [PSOYLES] ⊣ 2. *vt.* **r.** (to give) אָפּ|זאָג|ן ⟨ד⟩ א ⊣ **r.** (to take) אָפּ|זאָג|ן זיך פֿון; דוחה זײַן* ל [DOYKhE] ⊣ *vi.* אָפּ|זאָג|ן זיך ⟨צו/פֿון⟩
refutation דער אָפּפֿרעג (ן)
refute אָפּ|פֿרעג|ן, -|שפּאַר|ן
regard 1. *n.* דער דרך־ארץ [DERKhERETS], די •אַכטונג ⊣ (particular) דער פּרט (ים) [PRAT—PROTIM] ⊣ (heed) || דאָס אײַנזען || **in this r.** אין דעם פּרט || **in r. to** בנוגע [BENEGEYE], אַנטקעגן —פּרעפּ ⊣ **r.s** (greetings) דער גרוס אצ (ן) || **send r.s** (to) גריס|ן, לאָז|ן גריס|ן ⟨ד—⟩ ⊣ 2. *v.* אָנ|קוק|ן, באַטראַכט|ן
regarding וועגן פּרעפּ
regardless of ניט געקוקט אויף, או'מאָפּהענגיק פֿון; אַלץ איינס ווער/וואָס/...
regency די רעגענטשאַפֿט

regenerate רעגענעריר|ן

regent דער רעגע'נט (ן)

regime דער רעזשי'ם (ען); די ממשלה (—ות) [MEMShOLE], די מאַכט (ן)

regimen דער רעזשי'ם (ען)

regiment 1. *n.* דער רעגימע'נט (ן), דער פּאָלק (ן) ⊣ 2. *v.* רעגימענטיר|ן; רעגלאַמענטיר|ן

region דער געגנט (ן), דער קאַנט (ן), דער ראַיאָ'ן (ען); דאָס געמאַ'רק (ן)

regional געגנט..., ראַיאָ'נ...; גע'גנטיק, רעגיאָנאַ'ל, ראַיאָניק, קאַנטיש

register 1. *n.* דער רייסטער (ס), דער רעגיסטער (ס), דער פּנקס (ים) [PINKES—PINKEYSIM] ⊣ **cash r.** די (אָ'פּקלינג־)קאַסע ⊣ 2. *vt/vi* רעגיסטריר|ן, פֿאַרשרײַב|ן, אײַנ|ריי'סטער|ן (—זיך); אָפּ|קלינג|ען (ס)

registrar דער רעגיסטראַ'ר (ן)

registration די פֿאַרשרײַבונג (ען); די רעגיסטרירונג, די רעגיסטראַציע ⊣ **r. fee** דאָס אײַ'נ־שרײַבגעלט

regret 1. *n.* (*also pl.*) די חרטה [KhAROTE], דאָס קלע'מעניש (ן), דער באַדויער ⊣ 2. *v.* באַדוי'ער|ן, חרטה האָב|ן* אויף/אַז, קלעמ|ען אויפֿ|עס|ן זיך ⊣ **r. bitterly** זיך וועגן/אַז פֿאַר דעם וואָס, בײַס|ן זיך די פֿינגער וואָס/אַז

regrettable באַדוי'ערלעך, צום באַדוי'ערן

regular רעגולע'ר, געוויינטלעך || (lawful) געזעציק ⊣ (real) [EMES] אמת || *cf.* **fellow**

regularity די רעגולערקייט; די געזע'ציקייט (ן)

regulate רעגוליר|ן, אָנ|שטעל|ן; רעגלאַמענטיר|ן

regulation דאָס רעגולירן, די רעגולירונג, די רעגלאַמענטירונג ⊣ (rule) די תּקנה (—ות) [TAKONE], די באַשטימונג (ען) ⊣ (*pl.*) *also* דער רעגלאַמע'נט אַצ (ן)

rehabilitate רעהאַביליטיר|ן

rehabilitation די רעהאַביליטירונג || **r. center** דער רעהאַביליטי'ר־צענטער (ס)

rehearsal די רעפּעטיציע (ס), די פּראָבע (ס)

rehearse (practice) *v/imp* רעפּעטיר|ן || *pf.* אויס|רעפּעטיר|ן, ־|פּרוּוו|ן

reign 1. *n.* די ממשלה (—ות) [MEMShOLE], די הערשאַפֿט (ן) ⊣ 2. *v.* הערש|ן, קי'ניג|ן

reimburse אומ|קער|ן ד די הוצאָות [HETSOES]

rein די לייצע (ס)

reindeer דער רעניפֿע'ר (ן)

reinforce פֿאַרשטאַרק|ן, אײַנ|מאָ'צעווע|ן || **r.d concrete** דער אײַ'זן־בעטאָן

reinforcement די פֿאַרשטאַרקונג (ען)

reiterate (כּסדר) איבער|חזר|ן [(KESEYDER) ... KhAZER]

reject אָפּ|וואַרפֿ|ן, פֿאַרבראַקיר|ן, אויס|בראַקיר|ן, פּסל|ען [PASL]

rejoice *vi.* פֿריי|ען זיך, יובל|ען, משׂמח זײַן* זיך [MESAMEYEKh]

rejoicing די שׂימחה [SIMKhE]; °ליהודים [LAYEHUDIM]

rejoinder דער אָ'פּענטפֿער (ס)

rejuvenate פֿאַריי'נגער|ן

relapse 1. *n.* דער רעצידי'וו (ן) || 2. *v.* צוריק|פֿאַל|ן

relate (put in relation) פֿאַרבינד|ן || (recount) איבער|געב|ן*, דערצייל|ן

related [KROYVISh] קרובֿיש || **be r.** (to) ⟨מיט/צו⟩ זיך *אָנ|קער|ן ⊣ **we are r. as cousins** מיר קערן זיך אָן שוועסטער־קינדער

relation *n.* דאָס שייכות (ן) [ShAYKhES], •דאָס פֿאַרהע'לטעניש (ן), די (באַ)ציִונג (ען), דער קרובֿישאַפֿט [ ] (ן) ⊣ (relatedness) די אָנקער (ן) ⊣ (person) *see* **relative** (*n.*) || (grammatical) די ציִונג (ען) || **in r. to** לגבי פּרעפּ [LEGABE]

relationship *see* **relation**

relative 1. *adj.* רעלאַטי'וו, לפֿי־ערכדיק [ ], וועדליק; כּלפּי [KLAPE] ⊣ **r. to** געוועדליקט || 2. *n.* דער קרובֿ (ים) [KOREV—KROYVIM] ⊣ **r. by marriage** דער איי'גענ|ער געב, דער מחותּן (ים) [MEKhUTN—MEKhUTONIM]

relatively *also* [LEFIEREKh] לפֿי־ערך

relativity די רעלאַטיוויטע'ט, די וועדליקייט

relax *vt/vi* (זיך) אָפּ|שפּאַנ|ען (זיך), ־|רו|ען || (relent) נאָכ|לאָז|ן

relaxation דער אָפּשפּאַן (ען), די אָ'פּשפּאַנונג (ען), דער אָפּרו (ען)

relay 1. *n.* (device, game) דער רעלע׳ (ען) || (process) דאָס אי׳בערגעבן || 2. *v.* איבער|געב|ן*, אַריבער|טראָג|ן

release 1. *n.* דער אַרויסלאָז, די באַפֿרײַונג || **news r.** די מעלדונג (ען) || 2. *v.* אָפּ|לאָז|ן, אַרויס|געב|ן*, באַפֿרײַ|ען

relegate פֿאַרשטופּ|ן, פֿאַרשטעק|ן || **r. to an inferior place** פֿאַרטפֿל|ען [FARTOFL]

relent אײַנ|שטיל|ן זיך, בעסער ווער|ן, נאָכ|לאָז|ן

relentless פֿאַרביס׳ן; אומברחמנותדיק [U'M-BERAKhMO'NESDIK]

relevance די שייכדיקייט [ ]

relevant באַטײַטיק, שייכדיק [ ]; שייך אַפּ [SHAYEKh], צו דער זאַך, אויפֿן אָרט

reliable פֿאַרלאָזלעך, סאָלי׳ד, באַגלײי׳בט, ראַיע׳ל

reliance דער צוטרוי ⟨צו⟩, דאָס פֿאַרלאָזן זיך ⟨אויף⟩, דער בטחון ⟨אין⟩ [BITOKhN]

relic דאָס אי׳בערבלײַבס (ן); די רעליקוויע (ס)

relief די הילף; די קיצבֿה [KITSVE]; דער רעלי׳ף אַמער; די פֿאַרגרי׳נגערונג, די פֿאַרלײַ׳כטערונג || (sculpture) דער רעליע׳ף [LY] ⊣ **high r.** דער אָרעליע׳ף [LY] || **low r.** דער באַרעליע׳ף [LY] ⊣ **on r.** אויף קיצבֿה || **sigh with r.** אָפּ|אָ׳טעמ|ען || **what a r.!** אַראָ׳פּ אַ שטיין פֿון האַרצן! ⊣ **r. rolls** דער קי׳צבֿה־דרייסטער

relieve פֿאַרגרי׳נגער|ן, פֿאַרלײַ׳כטער|ן, לײַ׳נדער|ן ⊣ (free) באַפֿרײַ|ען

relieved: I was r. עס איז מיר אַראָ׳פּ (געפֿאַלן) אַ שטיין פֿון האַרצן

religion די רעליגיע (ס), דער דת [DAS]

religious רעליגיע׳ז; רעליגיע־...

relinquish אָפּ|לאָז|ן, אוי׳פֿ|געב|ן*, מוותר זײַן* אויף [MEVATER]

relish 1. *n.* (flavoring) דאָס זויערס || *cf.* **pleasure; taste** || 2. *v.* לאָב|ן זיך, °פּאַסמאַ׳קעווע|ן זיך ⟨—מיט⟩, גוסטיר|ן

reluctance דער אומחשק [U'MKhEYShEK], דער או׳מווילן

reluctant: be r. (to) ברעקל|ען זיך, שײַ|ען זיך, ניט האָב|ן* קיין חשק ⟨צו⟩ [KhEYShEK], וו אָן חשק

reluctantly אָן חשק [ ], או׳מגערן•

rely פֿאַרלאָז|ן זיך, שטעל|ן, בוי|ען, שטיצ|ן זיך, סומך זײַן* זיך ⟨—אויף⟩ [SOYMEKh] || **r. on oneself** אײַ׳גענ|ען זיך

remain (פֿאַר)בלײַב|ן || (be left over) *also* איבער|בלײַב|ן

remainder דער רעשט (ן), דער נישאר [NISHER]

remaining געבליב׳ן

remains דאָס אי׳בערבלײַבס || (bodily) דאָס געביי׳ן אַצ; דער בר־מינן (ס) [BA'RMENEN]

remark 1. *n.* די באַמערקונג (ען) || 2. *v.* באַמערק|ן

remarkable (באַ)מע׳רקווערדיק, חידושדיק [ ] ⊣ (*iro.*) וואַזשנע || **r.!** הפֿלא־ופֿלא אַפּ [HA'FLE-VOFE'LE] ⊣ **r. thing** דער חידוש [KhIDESh]

remedy 1. *n.* די סגולה (—ות) [ZGULE], דאָס מיטל (ען), די תּרופֿה (—ות) [TRUFE], די תּחבולה (—ות) [TAKhBULE] ⊣ (medical) די רפֿואה (—ות) [REFUE] ⊣ 2. *v.* העלפֿ|ן, פֿאַרריכט|ן, מתקן זײַן* [MESAKN]

remember *v/imp* געדענק|ען, °האַלט|ן קאָפּ || *pf.* (commit to memory) פֿאַרגעדענק|ען ⊣ *pf.* (recollect) דערמאָנ|ען זיך ⊣ (commemorate) || דערמאָנ|ען ⊣ **r. well** (*iro.; rev. con.*) אַרײַנ|גיי|ן* ⟨ד⟩ ⊣ **be unable to r.** ניט געדענק|ען, אין נאָז ניט קענ|ען* זיך דערמאָנען

remembrance די דערמאָנונג (ען); דער זכר [ZEYKhER], דאָס געדע׳כעניש

remind (to/of) דערמאָנ|ען ⟨ד⟩ ⟨צו/אין⟩

reminder דער דערמאָ׳ן (ען), די דערמאָנונג (ען)

reminisce דערמאָנ|ען זיך; בלע׳טער|ן דעם זכּרון [ZIKORN], זכרונעווע|ן [ZIKhRO'Y-NEVE]

remit (send) צו|שיק|ן

remnant דער רעשט (ן), דאָס אי׳בערבלײַבס (ן); דער זכר (ס) [ZEYKhER], דער שׂריד(־ופּליט) [SORED(-UPO'LET)] ⊣ (cloth) דאָס רעשטל (עך), די רע׳מניצע (ס) אַמער ⊣ **surviving r.s of a disaster** די שארית־הפּליטה [ShEY-RES-HAPLE'YTE] ⊣ *cf.* **leftovers**

remorse די חרטה [KhAROTE]

remote ווײַט(יק), דערווײַטערט, אָ׳פּגעלעג׳ן,

העט־הע׳טיק; טעלע.. ⊣ **r. control** דער טעלעקאָנטראָ׳ל ⊣ **in a r. place** אין די מרחקים [MERKhAKIM], הינטער די הרי־חושך [HORE-Kho'YShEKh]

removal די באַזײַ׳טיקונג (ען)

remove באַזײַ׳טיק|ן, צו|נעמ|ען, אָפּ|ראַמ|ען || *cf.* **depose**

remunerate באַצאָל|ן, משלם זײַן* ל ⟨ד—⟩ [MEShALEM]

remuneration דאָס באַצאָלן; דאָס געצאָ׳לטס

renaissance דער רענעסאַ׳נס (ן)

rend (צע)רײַס|ן

render (favors etc.) אַרויס|ווײַז|ן || (perform) אויפֿ|פֿיר|ן, פֿאַר|שטעל|ן || (cause to be) מאַכ|ן ⟨פֿאַר א⟩ || **r. aid** קומ|ען ⟨ד⟩ צו הילף

rendezvous דער אויפֿטרעף (ן), די טרעפֿונג (ען), דער ראַנדעוווּ׳ (ען)

renegade דער רענעגאַ׳ט (ן)

renew באַנײַ|ען, אָפּ|פֿריש|ן

renewal די באַנײַונג, דער באַנײַ׳ || **urban r.** דער שטאָ׳טבאַנײַ

renounce אָפּ|זאָג|ן זיך פֿון, מוותר זײַן* אויף [MEVATER], אָפּ|דאַנק|ען פֿון; פֿאַר־לײי׳קענ|ען

renovate רעמאָנטיר|ן; באַנײַ|ען

renovation דער רעמאָ׳נט (ן)

renown דער שם [ShEM], די באַרי׳מטקייט

renowned באַרי׳מט, פֿאַרשמט [FARShE'MT] ⟨פֿאַר⟩ ⊣ **r. thing/person** דער שם־דבֿר (ס) [ShE'MDOVER] ⊣ **be r. (as)** also שמ|ען [ShEM] ⟨פֿאַר⟩

rent 1. *n.* דאָס דירה־געלט [DI'RE] || 2. *v.* (from) דינג|ען, נעמ|ען אויף ניצגעלט ⟨בײַ—⟩ ⊣ (to) פֿאַרדינג|ען ⟨א ד⟩

rental (fee) דאָס ניצגעלט || (act) דאָס דינגען

renunciation דאָס אָ׳פּזאָגן זיך ⟨פֿון⟩

repair 1. *n.* די רעפּאַראַטו׳ר (ן); דאָס צורע׳כט־מאַכן ⊣ **in good r.** אין אַ גוטן מצבֿ [MATSEV] ⊣ **under r.** אין רעפּאַראַטו׳ר || 2. *vt.* צו רעכט מאַכ|ן, פֿאַרריכט|ן, רע־פּאַריר|ן ⊣ (redress) מתקן זײַן* [MESAKN]

repairman דער מײַנסטער (ס)

reparation די רעפּאַראַציע (ס)

repartee דאָס אָ׳פּענטפֿערן

repast די סעודה (—ות) [SUDE]

repay אָפּ|-, צוריק|צאָל|ן, פֿאַרגי׳טיק|ן, ממלא זײַן* ⟨ד—⟩ [MEMALE]; אָפּ|דינ|ען ⟨ד⟩ ⊣ **r. a debt** *also* יוצא זײַן* [YOYTSE]

repeal 1. *n.* דאָס אַנולירן, דאָס אָ׳פּשאַפֿן, די אַנולירונג (ען), דער אָפּשאַף (ן), די קאַסירונג || **effect a r.** אָפּ|שרײַב|ן || 2. *v.* אַנוליר|ן, אָפּ|שאַפֿ|ן, קאַסיר|ן

repeat איבער|חזר|ן [KhAZER], ־|זאָג|ן || (after sb.) נאָכ|זאָג|ן || (ad nauseam) איבער|קײַ|ען ⊣ (a narrative) נאָכ|דער־צייל|ן

repeated נאָ׳כאַמאָליק, פֿי׳למאָליק

repeatedly אַ סך [SAKh] מאָל

repeater (criminal) דער רעצידיוויִ׳סט (ן)

repel אָפּ|-, צוריק|שטויס|ן; אָפּ|שטופּ|ן, ־|טרײַב|ן; אָפּ|-, צוריק|שלאָג|ן

repellent 1. *adj.* אָ׳פּטרײַביק || 2. *n.* דאָס אָ׳פּטרײַבעכץ (ן)

repent חרטה האָב|ן* [KhAROTE], שלאָג|ן זיך על־חטא ⟨—אויף⟩ [ALKhE'T]

repentance די חרטה [KhAROTE], די תשובֿה [TShUVE]

repercussion דער אָפּקלאַנג (ען), דער אָפּשלאָג (ן)

repertoire דער רעפּערטואַ׳ר (ן)

repertory דער רעפּערטואַ׳ר (ן)

repetition די אי׳בערחזרונג (ען) [I'BERKhA-ZERUNG]

replace פֿאַרבײַט|ן, פֿאַרנעמ|ען דאָס אָרט

replaceable פֿאַרבײַטלעך

replacement (act) דער פֿאַרבײַ׳ט, דאָס פֿאַר־בײַטן ⊣ (person) דער פֿאַרבײַטער (ס)

replenish צורי׳ק אָנ|פֿיל|ן; דערגיס|ן

replica די רע׳פּליקע (ס), דאָס נאָ׳כגעמאַכטס (ן)

reply 1. *n.* דער ענטפֿער (ס), די תשובֿה (—ות) [TShUVE] ⊣ 2. *v.* ע׳נטפֿער|ן

report 1. *n.* (noise) דער קנאַל (ן), דער (אויס)־מעלדונג (ען), די שאָס (ן) — (message) דער באַרי׳כט (ן), ⊣ (account) רעפּאָ׳רט (ן) ⊣ (denunciation) די רעפּאָרטאַ׳זש (ן) דער

[MESIRE] (—ות) מסירה ⊣ (rumor) דער קלאַנג (ען) ⊣ 2. *vt.* (communicate) מעלד|ן, איבער|געב|ן* ⟨—אַ/וועגן⟩ ⊣ (denounce sb.) פֿאַרקלאָג|ן, (פֿאַר)מסר|ן [MASER] ⊣ (*hum.*) צו|שטעל|ן ד אַ בע'נקע־לע ⟨פֿאַר⟩ ⊣ (misdeed: tattle) אָפּ|- (אָפּ)געב|ן* ⊣ (give account of) טראָג|ן ⊣ אַ באַרי'כט וועגן, רעפּעריר|ן אַ/וועגן ⊣ *vi.* רעפּאָרטיר|ן, געב|ן* אַ רעפּאָ'רט ⊣ (present oneself) מעלד|ן זיך

report card דאָס באַרי'כט־קאַרטל (עך)

reporter דער רעפּאָרטע'ר (ן) || **court r.** דער גערי'כט־פּראָטאָקאָליסט (ן)

repose 1. *n.* די רו, די מנוחה [MENUKhE] || 2. *v.* רו|ען

represent פֿאָר|שטעל|ן (מיט זיך) || (as a substitute) פֿאַרטרעט|ן || (as a delegate) רעפּרעזענטיר|ן

representation די פֿאַרטרעטונג (ען); די רע־פּרעזענטירונג ⊣ (image) די אוי'סמאָלונג (ען) ⊣ (protest) די אָ'פּמאָלונג (ען), די טענה (—ות) [TAYNE]

representative 1. *adj.* רעפּרעזענטאַטי'וו || 2. *n.* דער פֿאַרטרעטער (ס), דער רעפּרעזענ־טאַ'נט (ן), דער פֿאָ'רשטייער (ס) ⊣ (parliament) דער דעפּוטאַ'ט (ן) || (U.S. Congress) דער רעפּרעזענטאַ'נט (ן)

repress דערשטיק|ן, פֿאַרשטיק|ן, פֿאַרשטויס|ן

repression די פֿאַרשטיקונג, די פֿאַרשטויסונג (ען)

reprimand 1. *n.* דער אויסרעד (ן), די נזיפֿה (—ות) [NEZIFE] ⊣ 2. *v.* אויס|רעד|ן

reprint 1. *n.* דער אי'בערדרוק (ן), דער נאָכ־דרוק (ן) ⊣ (offprint) דער סעפּאַראַ'ט (ן) || 2. *v.* איבער|-, נאָכ|דרוק|ן

reprisal די רעפּרע'סיע (ס), דער נקמה־אַקט (ן) [NEKO'ME]

reproach די טענה (—ות) [TAYNE], דער אויס־רעד (ן), דער אויפֿוואָרף (ן), דער פֿירוואָרף (ן) || (*pl.*) די טענה־ומענה (—ות־ —ות) [UMAYNE] ⊣ 2. *v/imp* טענות האָב|ן* ד ⊣ *pf.* אויפֿ|וואַרפֿ|ן ד ⟨צו⟩, מוסר|ן [MUSER] ⊣ **r.** (sb.) **for** אויס|רעד|ן, אויס|מוסר|ן, אַז ⊣ אַ—|אויס|רעד|ן, אויס|וואַרפֿ|ן ד אַ

reproduce (copy) *vt/vi* רעפּראָדוציר|ן (זיך) ⊣ (multiply) *vi.* *also* פֿאַרמער|ן זיך

reproduction (replica) די רעפּראָדוקציע (ס) ⊣ (procreation) די פֿאַרמערן זיך, דאָס פֿאַרמערונג

reproof דער פֿירוואָרף (ן), דער אויפֿוואָרף (ן); דער מוסר [MUSER]; די נזיפֿה [NEZIFE]; שטראָפֿרייד מצ

reprove מוסר|ן [ ], שטראָפֿ|ן

reptile די רעפּטי'ליע (ס); דער שרץ (ים) [ShERETS—ShROTSIM]

republic די רעפּובלי'ק (ן)

republican 1. *adj.* רעפּובליקאַניש || 2. *n.* דער רעפּובליקאַנער (—)

repudiate אָפּ|וואַרפֿ|ן; ניט אָנערקענ|ען, פֿאַר־שטויס|ן

repugnant אָ'פּשטויסנדיק, דערווי'דערדיק ⟨ד⟩; דערווידער אַפּ ⟨ד⟩

repulse אָפּ|שטויס|ן, אָפּ|שטופּ|ן, צוריק|־טרײַב|ן

repulsion דער אָפּשטויס; דער דערווידער ⟨—צו⟩

repulsive אָ'פּשטויסנדיק, חלשותדיק [ ]; דערווידער אַפּ ⊣ **utterly r.** *also* חולשה־חלשות אַפּ [KhULShE-KhALO'ShES]

reputable יוסט, לײַטיש, אָ'נשטענדיק•

reputation דער שם [ShEM] || **acquire a r.** קונה־שם זײַן* (זיך) [KOYNE-ShE'M]

reputed: be r. to be שמ|ען [ ], גילט|ן ⊣ (*rev. con.*) הייס|ן אומפּ אַז —פֿאַר || he is r. to have been here עס הייסט אַז ער איז דאָ געווע'ן

request 1. *n.* די בקשה (—ות) [BAKOShE], די ביטע• (ס), דער פֿאַרלאַ'נג (ען) ⊣ **at his r.** אויף זײַן פֿאַרלאַ'נג ⊣ 2. *v.* בעט|ן

require (need) (באַ)דאַרפֿ|ן* (האָבן) || (call for) פֿאָ'דער|ן, פֿאַרלאַנג|ען

requirement די פֿאָ'דערונג (ען); דאָס באַ־דע'רפֿעניש (ן)

requisition 1. *n.* די רעקוויזיציע (ס) || 2. *v.* רעקוויזיר|ן

rescind אָפּ|רופֿ|ן, בטל מאַכ|ן [BOTL]

rescript דער רעסקרי'פּט (ן), דער גזר (ן) [GZAR]

rescue 1. *n.* דער ראַטונק (...נקעס), די

ראַטירונג (ען), די הצלה [HATSOLE] ⊣ **r. ship** די ראַטירשיף (ן) ⊣ **2.** *v.* (אַרויס)ראַ'טעווע|ן, -|ראַטיר|ן, מציל זײַן* [MATSL]

research די פֿאָרשונג (ען)

resemblance די געראָ'טנקייט (ן), די ע'נלעכקייט (ן), די געגלי'כנקייט (ן)

resemble זײַן* געראָטן אין, זײַן* געגליכן, זײַן* ענלעך —צו; °כאַפּ|ן דעם אָנבליק פֿון

resembling געראָט'ן אין, ענלעך צו

resent (action) נעמ|ען אַ פֿאַר אומגוט; האָב|ן* פֿאַראיבל אויף ⊣ (*rev. con.*) פֿאַרדריס|ן אַ ‖ (fact: *rev. con.*) פֿאַרדריס|ן אומפּ אויף ‖ I r. your answer דײַן ענטפֿער פֿאַרדרי'סט מיך ⊣ I r. my fate ס'פֿאַרדרי'סט מיר אויף מײַן דאָליע ⊣ (person) *also* טראָג|ן אַ האַרץ אויף

resentment דער פֿאַרדראָ'ס (ן) ⟨אויף⟩

reservation (proviso) דאָס באַוואָ'רעניש (ן) ‖ (table, tickets) די רעזערוואַציע (ס) ‖ (tract of land) דער רעזערוואַ'ט (ן)

reserve 1. *n.* דער רעזע'רוו (ן), דער זאַפּאַ'ס (ן) ⊣ (restraint) די אײַ'נגעהאַלטנקייט ‖ **2.** *v.* רעזערוויר|ן, איבער|לאָז|ן זיך ‖ (judgment etc.) דערווײַ'ל ניט אַרויס|זאָג|ן

reserved רעזערווי'רט ‖ (seats) *also* נומערי'רט ⊣ (restrained) צורי'קגעהאַלט'ן•

reservoir דער רעזערוואַ'ר (ן)

reside וווינ|ען

residence דער וווינאָרט (...ערטער), די וווינונג (ען) ⊣ (palatial, official) די רעזידע'נץ (ן)

resident דער תּושבֿ (ים) [TOYShEV—TOYShOVIM], דער אײַ'נוווינער (ס)

residential ...וווינ

residue דער רעשט (ן), דער בלײַב (ן), דער אָפּזעץ (ן)

resign רעזיגניר|ן, דעמיסיאָניר|ן [SY] ‖ **r. oneself to** שלום מאַכ|ן מיט (דעם אַז) [ShOLEM]

resignation דאָס רעזיגנירן, די רעזיגנירונג (ען), די דעמי'סיע (ס) ⊣ (despair) דער יאוש [YIESh]

resigned: be r. to האָב|ן* שלום געמאַ'כט מיט (דעם אַז) [ ]

resilient עלאַ'סטיש, פֿע'דערדיק, גיביק

resin דער רעזי'ן (ען), די סמאָלע (ס)

resist (אַנט)קעגנ|שטעל|ן זיך ⟨ד⟩; בײַ|שטיי|ן*, אויס|האַלט|ן

resistance דער קע'גנשטעל, דאָס שטעלן זיך אַנטקעגן, דער ווי'דערשטאַנד• ⊣ (endurance) דער אוי'סדויער•, דער אויסהאַלט ⊣ (stamina) די קע'גנשטעליקייט, דער אוי'סהאַלט־כּוח [KOYEKh]

resistant קע'גנשטעליק, אוי'סהאַלטיק

resolute פֿעסט (בײַ זיך), צי'לוויסיק ‖ (speech) *also* מיטן פֿולן מויל

resolution די רעזאָלוציע (ס), די החלטה [HAKhLOTE] (—ות); די פֿעסטקייט

resolve באַשטימ|ען; אָנ|נעמ|ען די/אַ החלטה [ ]; געב|ן* זיך דאָס וואָרט; פֿיר|נעמ|ען זיך ‖ (solve) פֿאַרע'נטפֿער|ן

resolved (to) דעצידי'רט ⟨צו⟩ ‖ **be r.** (decided) באַשלאָסן ווער|ן, בלײַב|ן

resonance דער אָפּקלונג; די רעזאָנאַ'נץ (ן)

resonate אָפּ|קלינג|ען, -|הילכ|ן

resort 1. *n.* דער קוראָרט (...ערטער), דאָס (וואַ'רעם)באָד (...בעדער) ⊣ **2.** *v.* **r. to** נעמ|ען זיך, אָנ|קומ|ען —צו

resound (אָפּ)קלינג|ען, -|הילכ|ן

resounding הילכיק

resource דאָס מיטל (ען), דער רעסו'רס (ן) ‖ **natural r.s** נאַטי'רלעכע אוצרות [OYTSRES]

resourceful המצאהדיק [ ] ‖ **r. person** דער בעל־המצאה (בעלי־) [BAL-HAMTSO'E—BALE]

respect 1. *n.* דער דרך־ארץ [DERKhERETS], דער רעספּע'קט, דער כּבֿוד [KOVED], די אַכטונג•, דער אָפּשײַ ⊣ (aspect) דער פּרט (ים) [PRAT—PROTIM] ⊣ **with r. to** אין פּרט פֿון ⊣ (regarding) בנוגע [BENEGEYE] ‖ **treat** (sb.) **with r.** *also* האָב|ן* תּרבות פֿאַר [TARBES] ⊣ **teach r.** ווײַז|ן ד ווער עלטער איז ⊣ **with all due r. to** ס'זאָל ד צו קיין גנאַי ניט זײַן ⊣ **2.** *v.* האָב|ן* דרך־ארץ, האָב|ן* תּרבות —פֿאַר, רעספּעקטיר|ן אַ, כּבֿוד לייג|ן ⟨אויף⟩

respectability די אָ'נשטענדיקייט•, די לײַ'טישקייט, דאָס חשיבֿות [KhShIVES]

respectable •אָ'נשטענדיק, אָ'רנטלעך, חשובֿ [KhoshEV], בכּבֿודיק [BEKO'VEDIK], לײַ־טיש; סאָלי'ד; ראַיע'ל ⊣ **r. person** דער לײַט (—) ⊣ **become r.** אויס|מענטשל|ען ⊣ **look r.** *also* האָב|ן* אַ פּנים [PONEM] ⊣ זיך

respected [KhoshEV] חשובֿ || **r. man** *also* דער מכובד (ים) [MEKhUBED—MEKhUBODIM]

respectful [ ] דרך־ארצדיק || **r.ly yours** מיט (גרויס) דרך־ארץ [ ]

respective יע'דער|ער ... זײַן/איר || we found our r. places מיר האָבן געפֿונען יע'דערער זײַן אָרט

respectively אין דע'ם סדר [SE'YDER] (*usually omitted*)

respiration דאָס אָ'טעמען || **artificial r.** די קי'נסטלעכ|ע אָ'טעמונג

respiratory אָטעמ...

respite די חיי־שעה (ען) [KhAYESho'], דער אָ'פּאָטעם (ס); דאָס אָ'פּכאַפּן דעם אָטעם

respond (to) אָפּ|רופֿ|ן זיך ⟨אויף⟩, אויפֿ|נעמ|ען ✱

respondent (answerer) דער ע'נטפֿערער (ס) || (legal) דער ניטען (ים) [NITN—NITONIM]

response דער אָפּרוף (ן), דער ענטפֿער (ס), די תּשובֿה (—ות) [TShUVE]; דער אָפּקלאַנג (ען)

responsibility דאָס אַחריות (ן) [AKhRAYES], די •פֿאַראַ'נטוואָרטלעכקייט (ן)

responsible (reliable) אַחריותדיק [ ], שולדיק, •פֿאַראַ'נטוואָרטלעך ⊣ (guilty) [KhAYEV] חייבֿ ⊣ **be r.** (in charge *or* to blame) [ ] טראָג|ן דאָס אַחריות || **r. person** דער מענטש (ן); דער בעל־אַחריות (בעלי־) [BAL-AKhRA'YES—BALE] ⊣ (person in charge) דער ממונה (—ים) [MEMUNE—MEMUNIM]

responsive אָ'פּרופֿיק, אוי'פֿנעמיק || **be r. to** *see* **respond**

rest[1] 1. *n.* די רו; דער אָפּרו (ען); די מנוחה [MENUKhE] ⊣ (support) דער אָנלען (ען) || **place of r.** *also* דער מקום־מנוחה [MOKEM] || 2. *vt.* אָפּ|-, אויס|רו|ען || (lean) אָנ|-, צו|שפּאַר|ן ⊣ *vi.* רו|ען; אויס|-, אָפּ|רו|ען ⊣ **r. on** (depend) זיך; אָנ|-, צו|שפּאַר|ן זיך ⊣ **may he/she r. in peace** זײַן* געבוי'ט אויף פֿריד אויף אים/איר || (*Jew.*) אַ ליי'כטיקן גן־עדן זאָל ער/זי האָבן [GAN-EYDN] ⊣ (*less emph.*) עליו־השלום [OLEVAShOLEM] ⊣ (*fem.*) עליה־השלום [OLEHAShOLEM]

rest[2] דער רעשט || **the r.** *also* דאָס אי'בעריק|ע, די אי'בעריקע מצ

restaurant דער רעסטאָראַ'ן (ען)

restive ווי'דערשפּעניק || (horse) זאַטערע־וואַטע

restless או'מרויִק || **be r.** ניט קענ|ען* ⊣ אײַ'נזיצן/אײַ'נליגן/אײַנשטיין ⊣ **make r.** *also* רופּע|ן אומפּ

restore (stg. damaged) אויפֿ|ריכט|ן, צוריק אויפֿ|שטעל|ן, רעסטאַווריר|ן ⊣ (return) צוריק|ברענג|ען, אומ|קער|ן

restrain *imp/pf* (אײַנ|)צאַמ|ען, (אײַנ|)־האַ'מעווע|ן, אײַנ|-, צוריק|האַלט|ן

restrained געצאַ'מט, אײַ'נגעהאַלט'ן

restraint די צאַמונג (ען), דער אײַנהאַלט; די •באַהערשונג ⊣ (self-r.) די •צוריי'קגעהאַלטנקייט, די אײַ'נגעהאַלטנקייט

restrict באַגרע'נעצ|ן || **r. oneself** *also* מצמצם זײַן* זיך [METSAMTSEM]

restriction די באַגרע'נעצונג (ען)

rest room דער אָפּטרעט (ן)

result 1. *n.* דער רעזולטאַ'ט (ן), דער פּועל־יוצא (ס) [POYEL-YO'YTSE], די פּעולה (—ות) [PULE]; דער תּכלית [TAKhLES] ⊣ 2. *v.* אַרויס|קומ|ען

resume ווידער נעמ|ען אינפֿ; נעמ|ען זיך ווידער/צוריי'ק צו ד

resumption דאָס או'מקערן זיך ⟨צו⟩

resurrect *vt.* צוריי'ק באַלעב|ן; מחיה־מתים זײַן* [MEKhAYE-ME'YSIM]

resurrected: be r. אויפֿ|שטיי|ן* תּחית־המתים [ ]

resurrection דאָס ווי'דעראויפֿלעבן || (of the dead) דער תּחית־המתים [TKhIES-HAME'YSIM]

resuscitate *vt.* אָפּ|מי'נטער|ן

retail 1. *adj.* ...ענצל..., לאַחדים־... [LAKhO-

DIM] ⊣ **at r.** אויף ענצל/לאַחדים ⊣ 2. *vt/vi* פֿאַרקויפֿ|ן (זיך) אויף ענצל/לאַחדים

retailer דער לאַחדימניק (עס) [ ]

retain (keep) לאָז|ן בײַ זיך, איבער|לאָז|ן ⊣ (*rev. con.*) בלײַב|ן בײַ ⊣ זיך

retainer (lawyer's) די פּראָצעס־פֿולמאַכט ⊣ **r. fee** דאָס פֿו'למאַכט־געלט (ן) ⊣

retaliate *vi.* דערלאַנג|ען צורי'ק

retaliation דער קרי'קדערלאַנג, דער צוריקשלאָג || **in r.** אויף קרי'קצודערלאַנגען

retard פֿאַרפּאַמע'לעכ|ן; אָפּ|האַלט|ן

retarded (mentally) אָ'פּגעשטאַנען

retch מקיאנ|ען [MEYK'N]

reticent אײַ'נגעהאַלט'ן; שווײַ'געוודיק || **r. person** דער שווײַגער (ס)

retina דאָס נע'צהײַטל (עך)

retinue די פֿאָ'לגערשאַפֿט (ן), די סוויטע (ס)

retire *vt/vi* (pull back) צוריק|צי|ען (זיך) || (from business) *also* פּענסיאָניר|ן (זיך) [SY] ⊣ (academic) *also* עמעריטיר|ן (זיך) || (go to bed) לייג|ן זיך

retired צורי'קגעצויג'ן, פּענסיאָני'רט [SY], עמעריטי'רט; אוי'סגעדינט ⊣ **r. person** דער פּענסיאָנע'ר (ן) [SY]

retirement דער צוריקצי, די פּענסיאָנירונג [SY], די צורי'קציִונג, די עמעריטו'ר ⊣ **in r.** *also* צורי'קגעצויג'ן; אויף פּענסיע [SY]

retort 1. *n.* דער אָ'פּענטפֿער (ס) || 2. *v.* אָפּ|ע'נטפֿער|ן

retouch רעטושיר|ן

retract *vt/vi* צוריק|צי|ען (זיך)

retractable קרי'קצײַיק

retraction דער צוריקצי; די הכחשה (—ות) [HAKKhoshE]

retreat 1. *n.* דער צוריקצי (ען), דער אָפּטראָט (ן) ⊣ (refuge) דער צוריקטראָט (ן) [MIKLET—MIKLOTIM] מיקלט (ים) ⊣ 2. *v.* צוריק|צי|ען זיך, אָפּ|-, צוריק|טרעט|ן

retribution די נקמה [NEKOME]; די רעטרי־בוציע

retrieval דער קרי'קבאַקום

retrieve צוריק|קריג|ן, צוריק|-, קריק|באַ־קומ|ען

retroactive קרי'קווירקיק, רעטראָאַקטי'וו

retro-rocket דער רעטראָראַקע'ט (ן)

retrospect דער רעטראָספּע'קט (ן), דער קריק־בליק (ן) ⊣ **in r.** [BEDIEVED] בדיעבֿד

return 1. *adj.* ..קריק || r. ticket דער קרי'קבילעט (ן) ⊣ by r. mail מיט קריק־פּאָסט ⊣ 2. *n.* (coming) דער צוריקקער (ן), דער אומקער, די (giving) ⊣ דער קריקקער (ן) ⊣ (declaration) די דעקלאַראַ־ציע (ס) ⊣ קרי'קגעבונג ⊣ (of goods) *also* די חזרה [KhAZORE] ⊣ **in r.** דערפֿאַ'ר; אַנטקעגן; [BEKhAZORE] בחזרה ⊣ **r.s** (yield) דאָס (וואַ'ל)־ (election results) ⊣ געטראָ'ג (ן) ⊣ ביז **many happy r.s** באַריכטן מצ ⊣ איר (*less emph.*) ⊣ הונדערט און צוואַנציק! ⊣ *cf.* זאָלט דערלעבן איבער אַ יאָר! **diminish** || 3. *vt.* אומ|קער|ן, אָפּ|- ⊣ (carry ברענג|ען, אָפּ|-, קריק|געב|ן* back) *also* אָפּ|טראָג|ן, -|פֿיר|ן || (verdict) אָפּ|גריס|ן ⊣ **r. a greeting** אַרויס|טראָג|ן || *vi.* אומ|-, קריק|-, צוריק|קער|ן זיך, קריק|-, צוריק|קומ|ען

reunion דער ווי'דערטרעף (ן)

revamp איבער|ני'|צעווע|ן

reveal אַנטפּלעק|ן, אויס|זאָג|ן, מגלה זײַן* [MEGALE]

revealed: be r. *also* נתגלה ווער|ן [NIS-GALE]

revel 1. *n.* די הוליאַנקע (ס) || 2. *v.* קווײַל|ן פֿון, קוויק|ן זיך, ⊣ **r. in** הוליע|ן לאָב|ן זיך —מיט

revelation די רעוועלאַציע (ס); די אַנטפּלעקונג (ען); דאָס התגלות ל [HISGALES]

revelatory אַנטפּלע'קעריש

revelry דאָס הוליען

revenge די נקמה [NEKOME]

revenue די הכנסה (—ות) [HAKhNOSE]

reverberate *vi.* אָפּ|קלינג|ען

reverberation דער אָפּקלאַנג

revere אַ'כפּער|ן א, האָב|ן* (גרויס) אָפּשײַ פֿאַר

reverence דאָס יִראת־הכּבֿוד [YIRES-HAKO'-VED], דער אָפּשײַ, די אַ'כפּערונג, די אַ'כפּער־קייט, די פּיעטע'ט

reverend (title) רע'ווערענד אַמער

reverent(ial) [ ] אַ'כפּערדיק, יִראת־הכּבֿודיק
reversal דער אי'בערקער (ן); די מפּלה (—ות) [MAPOLE]
reverse 1. *adj.* פֿאַרקע'רט ‖ 2. *n.* דער היפּוך (ים) [HEYPEKh—HIPUKhIM] ⊣ **in r.** פֿאַרקע'רט ‖ (rearward) הי'נטער־ווײַלעכץ ⊣ 3. *v.* איבער\|דריי\|ען ‖ (verdict) קאַסיר\|ן
reversible אי'בערקערלעך; צום אי'בערקערן
revert (to) צוריק\|קומ\|ען, -\|גיי\|ן* ⟨צו—⟩
review 1. *n.* (summary) דער אי'בערקוק (ן) ⊣ (repetition) די אי'בערבליק (ן), דער אי'בערחזרונג (ען) [ ] ⊣ (parade) דער פּאַראַ'ד (ן) ⊣ (critique) די רעצע'נזיע (ס), די אָ'פּשאַצונג (ען) ⊣ 2. *v.* איבער\|קוק\|ן, איבער\|חזר\|ן ⊣ (repeat) -\|גיי\|ן*, -\|זע\|ן* [KhAZER] ⊣ (books etc.) רעצענזיר\|ן
reviewer דער רעצענזע'נט (ן)
revile זידל\|ען און שנידל\|ען ‖ (*hum.*) מאַכ\|ן ✱ צו אַש און צו בלאָטע, °שלאָג\|ן כּפּרות מיט [KAPORES], °אויס\|בײַטל\|ען אַלע [KhALOYMES] ⟨אויף⟩ ווייסטע חלומות
revise איבער\|אַ'רבעט\|ן, -\|קוק\|ן, באַאַ'ר־בעט\|ן, דורכ\|קוק\|ן, רעווידיר\|ן
revision די אי'בעראַרבעטונג (ען), די באַ־אַ'רבעטונג (ען), די אוי'סבעסערונג (ען); די רעווי'זיע (ס)
revival דער אויפֿלעב (ן), דער אויפֿבלי (ען), דער ווי'דעראויפֿקום (ען); די אמונה־שטאַרקונג [EMU'NE]
revive *vt.* אויפֿ\|לעב\|ן; מחיה־מתים זײַן* [ME-KhAYE-ME'YSIM]; אויפֿ\|-, אָפּ\|מי'נטער\|ן, -\|טשוכע\|ן, -\|חיע\|ן [KhAYE] ⊣ **attempt to r.** מי'נטער\|ן ‖ *vi.* אויפֿ\|לעב\|ן; אויפֿ\|שטיי\|ן* [TKhIES] תּחית־המתים
revoke אָפּ\|רופֿ\|ן, בטל מאַכ\|ן [BOTL]
revolt 1. *n.* דער רעוואָ'לט (ן), דער אויפֿ־שטאַנד (ן), די מרידה (—ות) [MERIDE] ‖ 2. *vt.* (repel) אָפּ\|שטויס\|ן; ווי'דערצ\|ן ‖ *vi.* (rebel) רעוואָלטיר\|ן, אויפֿ\|שטיי\|ן*, מורד זײַן* [MOYRED]
revolution (turn) דער (אַרומ)דריי (ען), דער אומדריי (ען) ⊣ (political) די רעוואָלוציע (ס)
revolutionary 1. *adj.* רעוואָלוציאָנע'ר ‖ 2. *n.* דער רעוואָלוציאָנע'ר (ן)
revolutionize רעוואָלוציאָניר\|ן
revolve *vt/vi* (אַרומ\|)דריי\|ען (זיך)
revolver דער רעוואָלווער (ס)
revolving ...דריי ‖ **r. door** די דרייטיר (ן) ‖ **r. fund** דער קרן־פֿאָנד (ן) [KE'RN]
revulsion דער מיגל
reward 1. *n.* דער שׂכר (ן) [SKhAR], דער באַ־לוי'ן (ען), די באַלוינונג (ען) ⊣ 2. *v.* באַ־לוינ\|ען
rhetoric די רעטאָריק
rhetorical רעטאָריש
rheumatic רעוומאַטיש
rheumatism דער רעמאַטעס, דער רעוומאַטיזם
Rhine דער רײַן
rhinoceros דער נאָ'זהאָרן (ס)
rhubarb דער ראַבאַרבער
rhyme 1. *n.* דער גראַם (ען) ‖ **without r. or reason** אָן אַ טעם און אָן אַ גראַם [TAM] ‖ 2. *vt/vi* גראַמ\|ען (זיך)
rhythm דער ריטעם (ריטמען)
rhythmic(al) ריטמיש
rib די ריפּ (ן)
ribbon די סטענגע (ס), די טאַשמע (ס), די באַנד (בענדער), די לענטע (ס)
rice דער רײַז
rich רײַך ‖ (food) זעטיק ‖ **immensely r.** שטיין רײַך ‖ **r. man** דער גבֿיר (ים), דער נגיד (ים) [NOGED—NEGIDIM] ‖ **r. man's** גבֿיריש, נגידיש [NEGIDISH] ‖ **become r.** *also* נתעשר ווער\|ן* [NIS-ASHER] ⊣ **strike it r.** *also* אַרײַנ\|פֿאַל\|ן אין אַ שמאַלצגרוב
riches (*coll.*) דאָס עשירות [ASHIRES]
rid 1. *adj.* פּטור ⟨פֿון⟩ [POTER] ‖ **get r. of** פּטור ווער\|ן פֿון, אָפּ\|פּטר\|ן [PATER], באַפֿרײַ\|ען ⊣ 2. *v.* אויס\|האָב\|ן*
riddance: good r. ברוך שפּטרני [BOREKh SHEPOTRANI]
riddle דאָס רע'טעניש (ן)
ride 1. *n.* דער פֿאָר (ן), די יאַזדע (ס); דאָס פֿאָרן; די נסיעה (—ות) [NESIE] ⊣ (distance) דער מהלך (ן) [MEHALEKh] ⊣ 2. *vt/vi* פֿאָר\|ן

⟨אין/אויף⟩ ⊣ (on an animal) פֿאָר|ן
⟨אויף—⟩ רײַ'טנדיק, רײַט|ן

rider (ס) דער רײַטער || (vehicle) דער
(ס) דער אָנהאַנג (on a bill) ⊣ (מי'ט)פֿאָרער
(ען), דאָס צו'גאָבל (עך), דער רײַדער (ס) אַמער

ridge (ען) דער באַ'רגרוקן (ס), דער קאַם

ridicule 1. *n.* דער חוזק [KHOYZEK], דאָס גע-
[KHUKhE-TLU'LE] שפּע'ט, די חוכא־וטלולא
|| 2. *v.* -(אָפּ)|, אויס|לאַכ|ן, פֿון חוזק מאַכ|ן
שפּעט|ן פֿון

ridiculous לעכערלעך || be r. אַ זײַן*
[PONEM] געלעכטער, האָב|ן* אַ פּנים פֿון חוזק

rife פֿול מיט || r. with אָפּט, פֿאַרשפּרייט

riffraff דער ערבֿ־רבֿ [E'REVRAV], דאָס גע-
הינטעכץ

rifle די ביקס (ן)

rift דער שפּאַלט (ן); די שפּאַלטונג (ען)

right 1. *adj.* (not left) רעכט || (factually correct) ריכטיק || (justified) גערע'כט || (appropriate) גלײַך || (angle) גראָד || 2. *adv.* (to the right) (אויף) רעכטס || (correctly) ריכטיק || r. away גלײַך, [TEYKEF] זאַרעס, תּיכּף ⊣ 3. *n.* דאָס רעכט (—) ⊣ (entitlement) *also* די חזקה (—ות) [KhAZOKE] ⟨אויף⟩ ⊣ by r. על־פּי יושר [YOYShER] ⊣ to the r. (אויף) רעכטס || with equal/full r.s גלײַ'כרעכטיק/פֿו'ל- רעכטיק ⊣ sacred r.s *also* זכיות [ZO'-KhIES] ⊣ the (political) R. די רעכטע מצ || 4. *vt.* (צורי'ק) אויפֿ|שטעל|ן; מתקן זײַן* [MESAKN]

righteous רע'כטפֿאַרטיק

right-handed רע'כטהאַנטיק

rightist 1. *adj.* רעכט || 2. *n.* דער רעכט|ער נעב

right-minded רע'כטפֿאַרטיק

rigid שטײַף, פֿעסט, או'מבייגעוודיק

rigmarole דאָס פּלוידערײַ' (ען); דער פּיזמון (ים) [PIZMEN—PIZMOYNIM]

rigor די שטרענגקייט, די האַרבקייט || r. mortis דער גליווער פֿון טויט

rigorous שטרענג, האַרב || be r. *also* [MAKhMER] מחמיר זײַן* ל ⊣ r. person דער מחמיר (ים) [—MAKhMIRIM]

rim דער קאַנט (ן), דער ראַנד (ן)

rime *see* **rhyme**

rind די שאָלעכץ (ן)

ring[1] (circle) 1. *n.* דער רינג (ען) || (on a finger) דאָס פֿי'נגערל (עך) || 2. *v.* -אײַנ| רינגל|ען

ring[2] (sound) 1. *n.* דער קלונג (ען) || 2. *v.* *imp/pf* ⟨אין⟩ (אָנ|)קלינג|ען

ringleader דער רע'דל־פֿירער (ס)

rink *see* **skating rink**

rinse 1. *n.* (action) דער שווענק (ען) || (fluid) דאָס שווענקעכץ (ן) || 2. *v.* *imp/pf* (אויס|-, דורכ|-, אָפּ|)שווענק|ען

riot 1. *n.* די מהומה (—ות) [MEHUME]; או'מ- רוען, עקסצעסן מצ— ⊣ 2. *v.* מאַכ|ן אַ מהומה

rioter דער מהומה־מאַכער (ס), דער מהומהניק (עס) [ ]

rip 1. *n.* דער ריס (ן) || violent r. דער גוואַלדריס (ן) ⊣ 2. *v.* *imp/pf* (צע)רײַס|ן || (unsew) (אויס)טרענ|ען || r. open אויפֿ|רײַס|ן; אויפֿ|טרענ|ען

ripe צײַטיק

ripen *vi.* צײַטיק ווער|ן, דערגיי'|ן*, אויפֿ|- קומ|ען

ripple 1. *n.* דאָס קרײַזל (עך), דאָס רונצל (עך), די כוואַליע (ס) ⊣ 2. *v.* קרײַזל|ען זיך, רונצל|ען זיך

rise 1. *n.* דער אויפֿהייב (ן), דער אויפֿגאַנג (ען); די עליה (—ות) [ALIE], דער אויפֿשטײַג (ן), די (פֿאַר)- (raising) ⊣ דער אויפֿקום || דער צוקום (increment) ⊣ די העכערונג (ען) give r. to אויפֿ|הייב|ן; גורם זײַן* [GOY-REM] ⊣ 2. *v.* (אויפֿ)הייב|ן זיך || (get up; revolt) אויפֿ|שטיי|ן* || (stand up) *also* אויפֿ|גיי|ן*, -|שײַנ|ען (sun) ⊣ שטעל|ן זיך || (to greatness) נתעלה ווער|ן [NISALE] || r. early פֿע'דער|ן זיך || r. to דער- הייב|ן זיך צו ⊣ rising generation דער או'נטערוווקס (ן)

risk 1. *n.* די ריזיקע (ס), דער אײַנשטעל (ן), דאָס אײַ'נשטעלעניש (ן) ⊣ take a/the r. of ...ing אײַנ|שטעל|ן און || run the r. (of) ריזיקיר|ן ⟨צו⟩; שטיי|ן* אין סכּנה צו/פֿון [SAKONE] ⊣ at the r. of ריזיקי'רנדיק

(אַפֿילו) מיט [AFILE] ⊣ 2. *vt.* ריזיקיר|ן מיט, אײַנ|שטעל|ן ⊣ **r. one's life** אײַנ|שטעל|ן דאָס לעבן

risky ריזיקאַליש

rite דער ריטוס (ן), דער מינהג (ים) [MINEG—MINHOGIM] ⊣ **last r.s** די לוויה [LEVAYE]

ritual 1. *adj.* ריטוע'ל || **r. objects** (*Jew.*) תּשמישי־קדושה מצ [TASHMIShE-KDU'ShE] || 2. *n.* דער ריטואַ'ל (ן)

rival 1. *n.* דער קאָנקורע'נט (ן) || 2. *v.* קאָנקוריר|ן, ריוואַליזיר|ן —מיט

rivalry די קאָנקורע'נץ, די קינאה־שׂינאה [KINE-SI'NE]

river דער טײַך (ן)

rivet 1. *n.* די ניטע (ס) [NY] || 2. *v.* צו|קאָווע|ן; פֿאַרני'טעווע|ן, צו|ני'טעווע|ן

road דער וועג (ן) || (unpaved) דער שליאַך (ן)

roadblock דער פֿאַרצאַ'ם (ען), די באַריקאַדע (ס)

roadhouse דער טראַקטי'ר (ן)

roam *vi.* אַרומ|בלאָנקע|ן (זיך), וואָגל|ען

roar 1. *n.* דער ברום (ען), דער בריל (ן) || 2. *v.* רעווע|ן, ריטשע|ן, ברומ|ען, בריל|ן

roast 1. *n.* דאָס געבראָטנס || 2. *v. imp/pf* (אָפּ|-, אויס|)בראָט|ן

rob *vt.* (victim) באַנעמ|ען, באַגזל|ען [BAGAZL] ⊣ (by theft) באַגנבֿע|נען [BAGANVE] ⊣ (object) צו|ראַ'בעווע|ן, צו|גנבֿע|נען א ⟨בײַ⟩

robber דער גזלן (ים) [GAZLEN—GAZLONIM], דער רויבער (ס)

robbery די גזלה (—ות) [GZEYLE]

robe דער כאַלאַ'ט (ן) || (*Jew.*) דער קיטל (ען) || **judicial r.s** דאָס רי'כטער־מלבוש [MALBESh]

robin דאָס רוי'טהעלדזל (עך)

robot דער ראָבאָט (ן), דער גולמאַט (ן) [GOYLEMA'T]

robust געזו'נט (ווי אַ פּויער), (געזו'נט און) שטאַרק, כּוחדיק [KO'YEKhDIK], קרעפֿ•טיק

rock[1] דער שטיין (ער), דער פֿעלדז (ן) || **r. candy** דער קאַ'נדל־צוקער

rock[2] *vt/vi* שאָקל|ען, וויג|ן (זיך) || (to sleep) *vt.* אײַנ|ליוליע|ן || **be r.ed by** וויג|ן זיך פֿון

rocket דער ראַקע'ט (ן) || **r. range** די ראַקעטערײַ' (ען)

rocketry דאָס ראַקעטערײַ'

rocking chair די וויגשטול (ן)

rocky שטיי'נערדיק, פֿעלדזיק

rod די רוט (ריטער), דער פּרענט (ן), דאָס דרענגל (עך); די שטאַבע (ס)

rodent דער נאָגער (ס)

rodeo דער ראָ'דעאָ (ס), דאָס גערײַ'ט (ן)

roe[1] (deer) די סאַרנע (ס)

roe[2] (of fish) דער רויג (ן)

rogue דער זשוליק (עס), דער מה־יעשׂהניק (עס) [MAYA'YSENIK]

rogues' gallery דער פֿאַרברע'כער־אַלבאָם (ען)

role די ראָלע (ס)

roll 1. *n.* (list) דער רייסטער (ס) || (stg. rolled) די ראָלקע (ס) || (bread) דער זעמל (—), די בולקע (ס) ⊣ **flat r.** דאָס פּלעצל (עך) ⊣ 2. *vt/vi* קײַקל|ען, קאַטשע|ן (—זיך) ⊣ (mill) וואַלצ|ן || (dough) קאַטשע|ן, ווע'לגער|ן ⊣ (wallow) *vi. imp/pf* (אויס|)קאַטשע|ן זיך || **r. up** אויפֿ|-, צונויפֿ|דריי|ען, -|וויקל|ען ⊣ (sleeves) פֿאַרקאַטשע|ן ⊣ (eyes) פֿאַרגלאָצ|ן

roll-call דער (נע'מען)אויסרוף (ן), דער אַפּע'ל (ן)

roller דער וואַל (ן), דער וואַליק (עס), דער וואַלץ (ן)

roller-coaster די באַרג־און־טאָ'ל־באַן (ען)

roller-skate 1. *n.* דער רע'דלשוך (...שיך) || 2. *v.* רעדל|ען זיך

rolling-mill די וואַלצאַרניע (ס)

rolling pin דאָס וואַ'לגערהאָלץ (...העלצער)

roly-poly: r. person דער קאַראַפּו'ז

Roman 1. *adj.* רוימיש || **R. Catholic** רוימיש־קאַטויליש ⊣ 2. *n.* דער רוימער (—) || **R. Catholic** דער רוימיש|ער קאַטוי'ל (ן)

romance דער ראָמאַ'נס (ן); דער ראָמאַ'ן (ען), די ליבע (ס); די ראָמאַנטיק ⊣ **passing r.** (*hum.*) דאָס געגועימל (עך) [GAGU'IML]

Romance *adj.* ראָמאַניש

romantic ראָמאַנטיש
romanticism די ראָמאַנטיק
romanticist דער ראָמאַ'נטיקער (ס)
Rome (דאָס) רוים
roof דער דאַך (דעכער)
rook *see* **castle**
room (chamber) דער צימער (ן), דער חדר (ים) [KhEYDER—KhADORIM] ⊣ (space) דאָס אָרט, דער פּלאַץ ⊣ **r. and board** דער פּאַנסיאָ'ן [SY]; די קעסט ⊣ **have r. and board** *also* ‹בײַ› זײַן* אויף אַלעם גרייטן
roomy גערױ'ם
roost דער קאַטו'ך (ן), די הי'נערשטאַל (ן); די סי'דעלע (ס)
rooster דער האָן (הענער)
root 1. *n.* דער וואָרצל (ען) || (*fig.*) *also* דער שורש (שרשים) [ShOYRESh—ShEROShIM] || **take r.** שלאָג|ן וואָרצלען || 2. *vt.* פֿאַר־וואָרצל|ען ⊣ **r. out** אויס|וואָרצל|ען, עוקר־מן־השורש זײַן* [OYKER-MINAShO'YRESh]
rooted פֿאַרוואָרצלט || **be r. in** *also* וואָרצל|ען אין
rope 1. *n.* דער שטריק (—), דער שנור (ן) || **know the r.s** וויס|ן* ווו אַ טיר עפֿנט זיך || **r. maker** דער שטרי'קדרייער (ס) || 2. *v.* צו|בינד|ן/כאַפּ|ן מיט אַ שטריק ⊣ **r. off** אָפּ|טייל|ן מיט אַ שטריק
rose די רויז (ן)
Rosh Hashanah דער ראָש־השנה [ROShE-ShONE]
rosin די קאַנפֿאָליע
roster דער רייסטער (ס), דער לייסטער (ס)
rosy ראָזיק, ראָ'זע(ווע)
rot 1. *n.* דאָס פֿוילעכץ || 2. *v/imp* פֿויל|ן || *pf.* פֿאַרפֿויל|ן, פֿאַרפֿױ'לט ווער|ן
rotary ...דריי
rotate *vt/vi* (אַרומ)דריי|ען, ראָטיר|ן (—זיך)
rotation דער אַרומדריי (ען), דער ראָטי'ר (ן); די אַרו'מדרייונג (ען), די ראָטירונג (ען)
rotor דער דריי'פֿליגל; דער ראָטאָר (...אָ'רן)
rotten פֿאַרפֿױ'לט, צעפֿױ'לט || (miserable) פּאַסקודנע, הינטיש
rouge דאָס (באַ'קן)רייטל, די שמינקע
rough (to touch) רוי, שאָרסטיק, ראַציק, רויכיק ⊣ (crude) גראָב || (approximate) בערכדיק [ ] ⊣ **make a r. guess** טרעפֿ|ן אויפֿן אויג
roughly מער־ווי'יניקער, בערך [BEEREKh], אויפֿן אויג
round 1. *adj.* קײַ'לעכיק || **r. trip** דער אַהי'ן־קרי'ק־פֿאָר (ן) ⊣ **r. trip ticket** דער אַהי'ן־קרי'ק־בילע'ט ⊣ 2. *adv.* אַרו'ם || **all year r.** אַ גאַנץ/קײַ'לעכיק יאָר || 3. *n.* (turn) די רונדע (ס) || (game) דער קאָן (ען) ⊣ (dance) *also* דער קאַראַהאָ'ד (ן) || 4. *v.* **r. off** פֿאַרקײַ'לעכ|ן || **r. out** אויס|ע'נדיק|ן ⊣ **r. up** אויפֿ|קלײַב|ן
roundabout *adj.* או'מדירעקט || **r. way** דער אָ'נלייגוועג (ן)
rouse ריר|ן, אויפֿ|רו'דער|ן || (spiritually) באַגײַ'סטער|ן, מעורר זײַן* [MEOYRER]
route דער מאַרשרו'ט (ן), די רוטע (ס)
routine 1. *adj.* אײַ'נגעשטעלט || 2. *n.* די רוטי'ן (ען), דער אײַ'נגעפֿאָרענ|ער וועג
rove אַרומ|וואַ'נדער|ן, -|וואָגל|ען
row[1] די ריי (ען), די שורה (—ות) [ShURE], דער ראָנד (ן)
row[2] *vi.* רו'דער|ן
row[3] (quarrel) דאָס מחלוקת (ן) [MAKhLOY-KES], דאָס קריגערײַ' (ען)
rowboat דאָס רו'דערשיפֿל (עך)
rowdy 1. *adj.* טו'מלדיק || 2. *n.* דער כוליגאַ'ן (עס), דער באָדיונג (ען)
royal קי'ניגלעך || (king's) *also* דעם קיניגס
royally *also* כּיד־המלך [KIYA'D-HAME'Y-LEKh]
royalty (persons) דאָס מלכות [MALKhES] || (author's) דער טאַנטיע'ם (ען) [TY], דער האָנאָראַ'ר (ן) ⊣ (*pl.*) *also* דער טאַנטיע'ם, דער האָנאָראַ'ר — אַצ
rub[1]**: there is the r.** דאָ ליגט דער הונט באַגראָבן
rub[2] *vt.* רײַב|ן || **r. down** מאַס(אַזש)יר|ן || **r. in** אײַנ|רײַב|ן || **r. it in** שיט|ן ‹ד› זאַלץ אויף די וווּנדן ⊣ *vi.* רײַב|ן זיך || **r. off** *vt/vi* אָפּ|רײַב|ן (זיך)
rubber 1. *adj.* גומען || 2. *n.* (soft) די גומע, די גומעלאַסטיק ⊣ (hard) *also* דער

קויטשוך ⊣ (galoshes) (ן) דער קאַלאָ'ש ||
r. band (ס) די גומקע

rubbish דאָס מיסט || (*fig.*) דער או'מזינען, קוואַטש• ⊣ **fill with r.** אָנ|מי'סטיק|ן

rubble דאָס (בוי)ברעך, דער רים

ruble דער רובל (—); דאָס קערבל (עך)

ruby דער רובי'ן (ען)

rudder די קערמע (ס)

ruddy רויט, פֿריש, ראָ'זע(ווע)

rude גראָב, אומבתּרבותדיק [U'MBETA'RBES-DIK] ⊣ **r. person** דער גראָביאַ'ן (עס)

rudeness די גראָבקייט, דאָס אומתּרבות [U'M-TARBES]

rudimentary עלעמענטאַ'ר, יסודותדיק [YE-SO'YDESDIK], רודימענטאַ'ר

rue (*rev. con.*) קומ|ען ‹ד› צו די אויגן

ruffian דער גראָב|ער־יו'נג (ען), דער כוליגאַ'ן (עס)

ruffle 1. *n.* דאָס קרײַזל (עך), די שליאַרע (ס) || (*fig.*) די אומרו || **2.** *v.* רונצל|ען, צעפּודל|ען, צע- (rumple) ⊣ קרײַזל|ען אָנ|ריר|ן, (upset) ⊣ וואַרפֿ|ן, צעקנוי'דער|ן פֿאַרשטער|ן

rug דער טעפּעך (ער), דער דיוואַ'ן (ען), דער קיליעם (עס)

rugged || גראָב, אומגלײַך, גראָבלעך (strong) שטאַרק, סאָלי'ד, מאַסי'וו || (difficult) שווער, האַרב

ruin 1. *n.* (ruination) דער חורבן (ות) [KhURBM—KhURBONES], דער תּל [TEL] || (ruined building) די חורבֿה (—ות) [KhURVE], די מפּולת (ן) [MAPOYLES], די רוי'ן (ען) ⊣ **utter r.** דער תּל־עולם [TEL-OYLEM] ⊣ **2.** *v.* רויני'ר|ן, חרובֿ מאַכ|ן [KhOREV] ⊣ (spoil) מאַכ|ן אַ תּל פֿון ⊣ פּטר|ן [PATER] ⊣ (*hum.*) קוילע|ן

ruined רויני'רט, חרובֿ [KhOREV] || **become r.** (*rev. con.*) [ ] ‹פֿון› ווער|ן אַ תּל אומפּ

ruinous קאַטאַסטראָפֿאַ'ל

rule 1. *n.* דער כּלל (ים) [KLAL—KLOLIM], די תּקנה (—ות) [TAKONE], דער חוק (ים) [KhOK—KhUKIM] ⊣ (reign) די ממשלה (—ות) [MEMShOLE], די הערשאַפֿט• (ן) || (line) די לײַ'ניע (ס) || **make it a r. that** אײַנ|פֿיר|ן אַז ⊣ **as a r.** בדרך־כּלל [BE-DEREKh-KLA'L] ⊣ **2.** *v.* (govern) •באַ- הערש|ן ‹א›; •הערש|ן, געוועלטיק|ן ‹—איבער› || (harshly) *also* הע'רשעווע|ן, שאַ'לטעווע|ן ‹—איבער›, בעל־הבתּעווע|ן ‹מיט› [BALE-BA'TEVE] ⊣ (decide) פּסקענ|ען [PASK'N] || (draw lines) *imp/pf* (אויס|)ווירע|ן

ruler[1] (sovereign) דער הערשער (ס), דער מושל (ים) [MOYShL—MOShLIM]

ruler[2] (drawing guide) די ווירע (ס) || **straight as a r.** גלײַך ווי אַ סטרונע

ruling דער פּסק (ים) [PSAK—PSOKIM], די פּסקענונג (ען) [ ]

rum דער ראָם (ען)

Rumania (די) רומע'ניע

Rumanian 1. *adj.* רומעניש || **2.** *n.* דער רומענער (—)

rumble בורטשע|ן, ברומל|ען, קנאַקל|ען

ruminate מעלה־גירה|ן [MALEGEYRE] || (*fig.*) קלער|ן ‹וועגן›, גריבל|ען זיך ‹אין›

rummage ני'שטער|ן, ריִע|ן

rummage sale דער ראַ'משפּאַרקויף (ן)

rumor דער קלאַנג (ען), דאָס גלימל (עך), די פּאַטשט (ן), די שמועה (—ות) [ShMUE] || **r. has it that** ס'גייען קלאַנגען אַז

rump דער טול (ן)

rumple *see* **ruffle**

run 1. *n.* דער לויף, דער גאַנג || (on merchandise) דאָס אוי'סכאַפּעניש (ן) || **in the long r.** פֿרי'ער אָדער שפּעטער, סוף־כּל־סוף [SOFKL-SO'F] ⊣ **have a r. in one's stocking** פֿאַרליר|ן אַן אייגל (אין זאָק) || **dry r.** דער אויספּרוּוו (ן) (אויף טרוקן) || **2.** *vt.* (business) פֿיר|ן || (machine) באַ'רבעט|ן ⊣ (bootleg) שוואַרצ|ן אויף/בײַ || פֿיר|ן מיט; אַ (move, e.g. one's hand) ⊣ פֿיר טאָ|ן*, אַ גליטש טאָ|ן*—מיט *vi.* (distance) *imp/pf* (אָפּ|-, דורכ|)לויפֿ|ן || (machine, enterprise) גיי|ן*, אַ'ר- בעט|ן ⊣ (fever) האָב|ן* || (for office) קאַנדידיר|ן ‹אויף›, •לויפֿ|ן ‹פֿאַר› אַמער || (fluid) גיס|ן זיך; רינ|ען || **r. in** (sb.'s) **blood** ליג|ן ‹ד› אין בלוט || **r. after** נאָכ|- לויפֿ|ן, נאָכ|יאָג|ן (זיך נאָך) ⊣ **r. away** אַנט-

נעמ|ען די (*hum.*) ⊣ לויפֿ|ן, אָפּ|טראָג|ן זיך פֿיס אויף די פּלייצעס, מאַכ|ן פּליטה [PLEY-TE] ⊣ **r. down** (exhaust) אויס|מוטשע|ן || (track) דערוויש|ן || **r. foul of** -אײַנ|שטויס|ן זיך אין ⊣ **r. into** רײַס|ן זיך מיט || **r. low** טאָג|ן || **r. off** (print) -אָפּ|דרוק|ן ⊣ **r. out** (trickle) אויס|רינ|ען || אויס|גיי|ן*, אויס- (r.: short of: *rev. con.*) נעמ|ען זיך ⟨בײַ⟩; פֿאַרפֿעל|ן ⟨בײַ⟩ ⊣ **r. over** (in a vehicle) איבער|פֿאָר|ן || **r. through** (pierce) דורכ|שטעכ|ן || (rehearse) צו|לויפֿ|ן || ⊣ **r. up** (close) דורכ|גיי|ן* (accumulate) אָנ|קלײַב|ן

runaround: give the r. to שיק|ן אַ נאָך אַ [SU'KE] סוכּה־שער

runaway *adj.* אַנטלאָפֿ·ן

rung דער שטאַפּל (ען)

run-in דאָס צעוועו'רטלעניש (ן), די סטיטשקע (ס)

runner דער לויפֿער (ס), דער שטאַפּע'ט (ן) || (sleigh) דאָס גרײַ'נדזשעלע (ך) || (rug) דער טרעטער (ס)

running 1. *adj.* (water) פֿלי'סנדיק || 2. *n.* דאָס לויפֿעניש, דאָס געלאַ'ף || **be in the r.** זײַן* אַ קאַנדידאַ'ט || **out of the r.** אויס קאַנדידאַ'ט

running board די טרעטברעט (ער)

run-off election [GMA'R] מצ גמר־וואַלן

runway דער סטאַרטפּאַס (ן), דער אי'מפּעטוועג (ן)

rupture 1. *n.* דער בראָך (ן), דער ריס (ן) || (hernia) דער ווי'נקלבראָך || 2. *vt/vi* -צע

רײַס|ן (זיך), צעלע'כער|ן (זיך) ⊣ **r. oneself** אונטער|רײַס|ן זיך

rural דאָרפֿיש

rush[1] 1. *n.* דאָס געיאָ'ג, דאָס געאײַ'ל; דאָס כאַ'פּע-ניש, דאָס יאָ'געניש; דאָס געדראַ'נג ⊣ (busy working period) די ביזע• (ס) אַמער || **r. hour** [sho] די אײַ'ל־שעה || **r. shipment** די אײַ'לשיקונג (ען) ⊣ 2. *vt.* (persons) אײַל|ן ⊣ (objects) אײַליק שיק|ן || *vi.* אײַל|ן זיך, יאָג|ן זיך, כאַפּ|ן ⊣ (stream) פֿלייצ|ן, שטו'רעמ|ען, יושע|ן, ווי'כער|ן || (make a r.ing sound) רויש|ן || **don't r.!** כאַפּ(ט) ניט! האָב/האָט צײַט!

rush[2] (plant) דער קאַמי'ש (ן)

rushed (very busy) [TORED] טרוד

Russia (דאָס) רוסלאַנד

Russian 1. *adj.* (of Russians) רוסיש || (of Russia) רו'סלענדיש || 2. *n.* דער רוס (ן)

rust 1. *n.* דער זשאַווער || 2. *v/imp* זשאַ'ווער|ן || *pf.* פֿאַרזשאַווערט ווער|ן

rustic 1. *adj.* פּוי'עריש || 2. *n.* דער כלאָפּ (עס)

rustle 1. *n.* דער שאָרך (ן) || 2. *v.* שאָרכ|ן ⟨מיט⟩

rusty פֿאַרזשאַווערט

rut די רע'דערשפּור (ן) || **in a r.** -פֿאַר קראָכ·ן (אין אַ לאָך)

Ruth (biblical book) [RUS] רות

ruthless ,[AKhzo'RYESDIK] אַכזריותדיק [U'MBERAKhMO'NESDIK] אומברחמנותדיק

rye 1. *adj.* קאָר·ן || 2. *n.* דער קאָרן

S

S דער עס (ן)

Sabbath 1. *adj.* שבתדיק [ ] || **2.** *n.* דער שבת (ים) [shABES—shABOSIM]

sabbatical *adj.* [shMITE] ...שמיטה־

saber די סאַבליע (ס)

sable 1. *adj.* סויבעלן || 2. *n.* דער סויבל

sabotage 1. *n.* דער סאַבאָטאַ'זש || 2. *v.* סאַבאָטיר|ן

saboteur דער סאַבאָטאַזשניק (עס)

saccharine 1. *adj.* לאַ'קרעצדיק || 2. *n.* דער סאַכאַרי'ן

sack[1] דער זאַק (זעק), די טאָרבע (ס)

sack[2] (loot) צעראַ'בעווע|ן

sackcloth דאָס זאַ'קלײַוונט, די רעדנע

sacred הייליק

sacrifice 1. *n.* דער קרבן (ות) [KORBM—KORBONES]; דער אָפּער ל (ס) ⊣ (of Isaac) די עקדה [AKEYDE] ⊣ **make s.s** ברענג|ען קרבנות ⊣ 2. *vt.* מקריבֿ זײַן* [MAKREV], ⊣ (forego) ברענג|ען אַ קרבן ⊣ מוותר זײַן* אויף [MEVATER] ⊣ **s. oneself** *also* מפֿקיר זײַן* זיך [MAFKER] ⊣ **s. one's life** מוסר־נפֿש זײַן* זיך [MOYSER-NE'-FESh]

sacrilege דער חילול־השם [KhILEL-HA-shE'M]

sad או'מעטיק, טרויִ'עריק, פֿאַרטרויערט, פֿאַר־אומערט, עצבֿותדיק [ ]

sadden פֿאַראו'מער|ן

saddle 1. *n.* דער זאָטל (ען) || 2. *v.* אָנ|זאָטל|ען

Sadducee דער צדוקי (ם) [TSIDUKI]

sadness דער אומעט, דאָס עצבֿות [ATSVES]

safe 1. *adj.* זיכער || (unharmed) בשלום [BEShOLEM] אַדוו ⊣ 2. *n.* דער סייף (ן), די פֿײַ'ער־קאַסע (ס)

safe-conduct דער שיצבריוו (—)

safeguard 1. *n.* דאָס באַוואָ'רעניש (ן) || 2. *v.* באַוואָ'רענ|ען

safely *also* [BEShOLEM] בשלום

safety 1. *adj.* ...שיץ || s. belt דער שיץ־פּאַס (ן) ⊣ 2. *n.* די זי'כערקייט

safety pin די זי'כער־שפּילקע (ס), די אַגראַפֿקע (ס)

safflower די זייפֿבלום (ען)

saffran דער זאַפֿרען

sag בייג|ן זיך, אַראָפּ|הענג|ען

saga די סאַגע (ס)

sage דער חכם (ים) [KhOKhEM—KhAKho-MIM]

said ד|ער דאָ'זיק|ער || s. house דאָס דאָ'זיק|ע הויז ⊣ **be s. to** זאָל|ן*; מע זאָגט אַז || he is s. to be rich מע זאָגט אַז ער איז רײַך; ער זאָל זײַן רײַך ⊣ **no sooner s. than done** געזאָ'גט איז געטאָ'ן

sail 1. *n.* דער זעגל (ען) || 2. *v/imp* פֿאָר|ן (מיט אַ שיף), זעגל|ען ⊣ *pf.* -|אָפּ|שיפֿ|ן, אָפּ|פֿאָר|ן

sailboat די זע'גלשיף (ן)

sailor דער מאַטראָ'ס (ן)

saint דער היי'ליק|ער געב || (*Jew.*) *also* דער צדיק (ים) [TSADEK—TSADIKIM] ⊣ *cf.* **martyr**

Saint (*prefix*) סאַנקט־...; סיינט־... אַמער

saintliness די היי'ליקייט || (*Jew.*) דאָס צידקות [TSITKES], די קדושה [KDUShE]

saintly הייליק || **s. man** (*Jew.*) דער צדיק [TSADEK—TSADIKIM] (ים)
sake: for the s. of [LEShE'M] צוליב, לשם || **for ...'s s.** *also* פֿון ... פֿאַס (טובֿה) וועגן [TOYVE] ⊣ **for mother's s.** פֿון דער מאַמעס (טובֿה) וועגן ⊣ **for my/your/his/... s.** פֿון מײַנט/דײַנט/זײַנט/... וועגן
salacious [KhE'YLEVDIK] חלבֿדיק
salad דער סאַלאַ'ט (ן)
salami דער סאַלאַמי (ס); דער ווורשט (ן)
salary שׂכירות מצ [SKhIRES], דאָס געצאָ'לט (ן)
sale (transfer action) די מכירה (—ות) [MEKhIRE] ⊣ (selling of goods) דער פֿאַר־קוי'ף ⊣ (clearance) דער אוי'ספֿאַרקויף (ן) || (*pl.*) דער פֿאַרקוי'ף אצ
salesman דער פֿאַרקויפֿער (ס) || **traveling s.** דער קאָמיוואָיאַזשאָ'ר (ן)
saleswoman די פֿאַרקוי'פֿערין (ס)
salient [BOYLET] שטאַרציק, רײַסיק, בולט
saliva דאָס שפּײַעכץ
sallow געלבלעך; קרענקלעך
sally דער אויספֿאַל (ן)
salmon דער לאַקס (ן)
saloon די שענק (ען)
saloonkeeper דער שענקער (ס)
salt 1. *n.* די זאַלץ (ן) || **2.** *v.* *imp/pf* (אײַנ|-, באַ)זאַלצ|ן
salt cellar דאָס זאַ'לצמעסטל (עך)
salt shaker דאָס זע'לצערל (עך)
salty געזאַלצ'ן
salute 1. *n.* דער סאַלו'ט (ן), די באַגריסונג (ען) || **2.** *v.* סאַלוטיר|ן || (hail) באַגריס|ן
salvage 1. *n.* די ראַטירונג || **2.** *v.* ראַטיר|ן, אָפּ|ראַ'טעווע|ן
salvation די דערלייזונג; די גאולה [GEULE]; די ישועה (—ות) [YEShUE]
Salvation Army די דערליי'ז־אַרמיי
salve 1. *n.* די זאַלב (ן), די מאַסט (ן) [TY] || **2.** *v.* (אײַנ)זאַלב|ן
salvo דער זאַלפּ (ן)
same *adj.* זע'לביק|ער, איי'גענ|ער, נע'מ־לעכ|ער; איין ⊣ **it's the same model** ס'איז איין מאַרקע ⊣ **at the s. time** (as) אין איין צײַט ‹מיט›, ‹מיט...› בײַ גלײַך || פֿאַר איינס, אין איין (in the same act) אַלץ איינס ⊣ **all the s.** ‹מיט—› וועגס || **s. to you!** [GAMATEM] גם־אַתּם!
samovar דער סאַמאָוואַ'ר (ן)
sample 1. *n.* דאָס פּרוּוול (עך), דער מוסטער (ן), די דוגמא (—ות) [DUGME] ⊣ **2.** *vt.* פֿאַר־זוכ|ן, פּרוביר|ן —פֿון; נעמ|ען אַ פּרוּוול פֿון, אַ מוסטער טאָ|ן*
sampling די מו'סטערונג (ען)
sanatorium די סאַנאַטאָריע (ס)
sanctify פֿאַרהיי'ליק|ן || (*Jew.*) *also* מקדש [MEKADESh] זײַן*
sanctimonious באַגאָטיש, פֿרומאַקיש
sanction 1. *n.* די סאַנקציע (ס) || **2.** *v.* סאַנקציאָניר|ן
sanctity די היי'ליקייט || (*Jew.*) *also* קדושה [KDUShE]
sanctuary דער קדשי־קדשים [KODShE-KODO'ShIM] ⊣ (refuge) דער מקום־מיקלט [MOKEM-MI'KLET] ⊣ (Jew. prayer-house) דער מקום־קדוש [KO'DESh]
sanctum: inner s. דער קדשי־קדשים [ ]
sand 1. *n.* דאָס זאַמד || **grain of s.** דאָס זעמדל (עך) ⊣ **s.s** (sandy area) געזעמדן מצ ⊣ **2.** *vt.* (strew) באַזאַמד|ן || (rub) אָפּ|זאַמד|ן
sandal דער סאַנדאַ'ל (ן)
sandalwood דאָס צי'נדל(האָלץ)
sandbox (blotting) דער זעמדער (ס) || (playing) דער זאַ'מדקאַסטן (ס)
sandwich די שניטקע (ס), דער סענדוויטש (ן) אַמער
sandy זאַמדיק
sane [MEYU- פּסיכיש געזו'נט; קלאָר, מיושבֿ ShEV], בײַם זינען
sanguinary בלו'טדאָרשטיק, בלוטיק
sanguine סאַנגוויניש; האָ'פֿערדיק
sanitary היגיעניש, סאַניטאַריש || **s. napkin** דער דאַ'מען־באַנדאַזש (ן)
sanitation די היגיענע, די ריי'נטלעכקייט || (garbage removal) דער מי'סטאָפּפֿיר, די סאַניטאַציע אַמער
sanity דאָס פּסי'כיש|ע געזו'נט; די מיושבֿדיקייט [MEYU'ShEVDIKEYT], די קלאָרקייט

sap דער זאַפּט (ן), דער סאָק (ן)
sapling דער שנעק (*fig.*) || דאָס שפּראָצל (עך) (ן)
sapphire דער שאַפּי'ר (ן)
sarcasm דער סאַרקאַזם
sarcastic סאַרקאַסטיש
sardine דער סאַרדי'ן (ען)
sash די שאַרף (ן)
Satan [SOTN] דער שׂטן
satchel דאָס רענצל (עך), דאָס שע'פּעטל (עך)
satellite דער סאַטעלי'ט (ן), דאָס לבֿנהלע (ך) [LEVO'NELE]
satiate *imp/pf* (אָנ)זע'טיק|ן
satiation די זע'טיקונג; די זעט
satiety די זאַטקייט, די זעט
satin 1. *adj.* אַ'טלעס·ן || 2. *n.* דער אַטלעס
satire די סאַטירע (ס)
satirical סאַטיריש
satirist דער סאַטי'ריקער (ס)
satisfaction די באַפֿרי'דיקונג, דאָס נחת ⟨—פֿון⟩ [NAKhES], די צופֿרי'דנקייט ⟨מיט/פֿון⟩ || (reparation) די אָנטשע'דיקונג, די פֿאַר־גי'טיקונג; די צופֿרי'דן־שטעלונג ⊣ **derive s.** ⊣ קלײַב|ן/שעפּ|ן נחת (from occupation, environment) *also* אויס|לעב|ן זיך ⟨אין⟩
satisfactory באַפֿרי'דיקנדיק, צופֿרי'דן־שטעל(נד)יק; צום הארצן, ווי ס'געהע'ר צו זײַן
satisfied (content) באַפֿרי'דיקט || (full) באַנו'גענ|ען זיך מיט ⊣ **be s. with** *also* זאַט
satisfy באַפֿרי'דיק|ן, צופֿרי'דן שטעל|ן; דער־(אָנ)- ⊣ (satiate) *imp/pf* גאָדזשע|ן ⊣ זע'טיק|ן || (condition) באַפֿרי'דיק|ן || (doubt, requirement) פֿאַרע'נטפֿער|ן ⊣ **s.** (sb.) **with** *also* יוצא זײַן פֿאַר ... מיט [YOYTSE]
saturate *imp/pf* (אָנ)זע'טיק|ן
saturation די זע'טיקונג
Saturday [SHABES—SHABO-SIM] דער שבת (ים) ⊣ **on S.** (אום) שבת || **S.'s** שבתדיק ⊣ **S. evening** שבת צו נאַכטס אַדי
Saturn (דער) סאַטורן
sauce דער סאָס (ן) || **brown s.** דער אײַ'נברען
saucepan דאָס פֿענדל (עך)
saucer דאָס טעצל (עך), דאָס טע'לערל (עך)
saucy [KhU'TSPEDIK] פֿאַרשײַ'ט, חוצפּהדיק
sauerkraut די זויער|ע קרויט
sausage דער וווּרשט (ן)
sauté *vt.* (צונ)רייש|ן
savage 1. *adj.* ווילד || (cruel) רציחהדיק [ ] ⊣ [ ], אַכזריותדיק ⊣ 2. *n.* דער וואַלדמענטש (ן), דער ווילד|ער געב, דער פּרא־אָדם (ס) [PEREODEM]
savagery די ווילדקייט; דאָס אַכזריות [AKhZOR-YES], די רציחה [RETSIKhE]
savant דער ידען (ים) [YADN—YADONIM]
save (rescue) ראַ'טעווע|ן, מציל זײַן* [MATSL] ⊣ (redeem) אויסלייז|ן || (salvage) ראַטיר|ן, אָפּ|ראַ'טעווע|ן || (economize on) אײַנ|ברענג|ען, (פֿאַר)שפּאָר|ן, אָפּ|שפּאָר|ן ⊣ (put away) אײַנ|שפּאָר|ן || (spare) שאַ'נעווע|ן || (preserve) אויפֿ|היט|ן
saved: be s. (rescued) *also* ניצול ווער|ן [NITSL] ⊣ (by divine intervention) געהאָלפֿן ווער|ן
saving (economizing) דאָס שפּאָרן; די אײַ'נ-שפּאָרונג (ען) ⊣ (benefit) דער אײַנברענג (ען) ⊣ (*pl.*) דער אָפּשפּאָר (ן), דער אײַנשפּאָר (ן) ⊣ (*hum.*) דאָס קניפּל (עך) || **s.s bank** אַצ (דער) **s. of life** ⊣ די שפּאָרבאַנק (...בענק) [PIKUEKh-NE'FESh] פּיקוח־נפֿש
savior דער ראַ'טעווער (ס), דער גואל (ים) [GOYEL], דער אוי'סלייזער (ס)
savor גוסטיר|ן
saw 1. *n.* די זעג (ן) || 2. *v.* *imp/pf* (צע)זעג|ן ⊣ **s. in two** *also* איבער|זעג|ן
sawbuck די קאָזלע (ס)
sawdust דאָס זעגעכץ, פּאַלעווינעס מצ
sawmill דער טאַרטאַק (...אַ'קעס), די זעגמיל (ן)
saxophone דער סאַקסאָפֿאָ'ן (ען)
say 1. *n.*: **have a s.** (in) האָב|ן* אַ דעה [DEYE] ⊣ האָב|ן* צו זאָגן ⟨—אין⟩ ⊣ **I have had my s.** איך האָב געזאָ'גט מײַנס || 2. *v.* זאָג|ן ⊣ (*unemphatic*) מאַכ|ן || **says he** מאַכט ער ⊣ **s. too much** אָנ|פּלוי'דער|ן || **that is to s.** דאָס הייסט || **you don't s.!** וואָס דו זאָגסט! וואָס איר זאָגט! אַזוי' גאָר? ||

I s.! הער(ט) נאָר! || **do as** (sb.) **s.s** פֿאָלג|ן ד ⊣ he does as I s. ער פֿאָלגט מיר

saying דאָס ווערטל (עך)

scab דער סטרופּ (עס) || (strikebreaker) דער שטרײַ'קברעכער (ס)

scabbard די שייד (ן)

scabies קרעץ מצ

scaffold די רישטאָוואַניע (ס), דאָס געשטע'ל (ן) || (for gallows) דער עשאַפֿאָ'ט (ן)

scald *imp/pf* (אָפּ|-, פֿאַר)ברי|ען

scale[1] (fish) די שופּ (ן)

scale[2] די וואָגשאָל (ן) || (*pl.*: balance) די וואָג (ן)

scale[3] **1**. *n*. די סקאַלע (ס), דער מאַשטאַ'ב (ן), דער מעסטער (ס) ⊣ (music) די גאַמע (ס) || **2**. *vt*. (climb) אַרויפֿ|קריכ|ן ⟨אויף⟩

scallions דאָס אַשלעך קאָל

scallop 1. *n*. דער סקאַלאָפּ (ן) אַמער || **2**. *v*. סקאַלאָפּיר|ן, אַרומ|ציינדל|ען

scalp 1. *n*. דער סקאַלפּ (ן) || **2**. *v*. סקאַלפּיר|ן || (prices) באַרײַס|ן

scalpel דער סקאַלפּע'ל (ן)

scamper קאַראַפּקע|ן זיך

scan *vt*. (view) איבער|קוק|ן; בע'זעמ|ען מיטן בליק; אויס|לוג|ן ⊣ (verse) סקאַנדיר|ן || **scanning beam** דער צעליי'גשטראַל (ן)

scandal דער סקאַנדאַ'ל (ן), די אַוואַנטורע (ס)

scandalize שאָקיר|ן, סקאַנדאַליזיר|ן

scandalous [LY] סקאַנדאַליע'ז

scant קנאַפּ || **be s.** קלעק|ן אויף אַ צאָן

scapegoat דער שׂעיר־לעזאָזל [SOER-LAZO'ZL] (ען), דאָס כּפּרה־הינדל [KAPO'RE] (עך)

scar דער שנאַר (ן), דער העפּט (ן), דער שטראָם (ען), דער שראַם (ען)

scarce זעלט'ן, קנאַפּ || **be s.** *also* ניט וואַ'לגער|ן זיך

scarcely קוים, כּמעט ניט [KIMA'T]

scarcity דער דוחק [DOYKhEK] ⟨אין⟩ || (on the market) דאָס יקרות [YAKRES] ⟨אויף⟩

scare 1. *n*. דער אי'בערשרעק (ן) || **2**. *vt*. דערשרעק|ן, איבער|שרעק|ן, אָנ|וואַרפֿ|ן אַ מורא אויף [MOYRE] ⊣ **s. off** אָפּ|שרעק|ן

scarecrow דער שרע'קפֿויגל (ען), די סטראַשידלע (ס)

scared: be s. מורא האָב|ן* [MOYRE] || **he is s.** *also* די הויט ציטערט אויף אים

scarf די שאַל (ן), די שאַרף (ן)

scarlet שאַרלעך רויט; פּורפּל אַפּ, פּו'רפּעלן

scarlet fever דער סקאַרלאַטי'ן

scat! *int*. אַקי'ש! || (to cats) אַקאָטאַ! || (to dogs) פּאַשאָ'ל (וואָן)

scathing [SA'RFEDIK] בײַסיק, שׂרפֿעדיק

scatter *vt/vi* צעשיט|ן, צעוואַרפֿ|ן (—זיך) || *vi. also* צעלויפֿ|ן זיך || *vt. also* צעשפּרענקל|ען, צעזיי|ען

scatterbrain דער פּלוט (ן), דער פֿלאַ'טערקאָפּ (...קעפּ)

scatterbrained פּלוטיש

scattered צעוואָרפֿ'ן, צעזיי'ט || **be s.** *also* וואַ'לגער|ן זיך ⊣ **widely s.** צעזיי'ט און צעשפּריי'ט

scenario דער סצענאַ'ר (ן)

scene די סצענע (ס) || (*hum.*) די חתונה [KhA'SENE] (—ות) ⊣ (part of act) *also* דער אַרײַנקום (ען) ⊣ **make a s.** מאַכ|ן אַ סצענע ⊣ (*hum.*) אָפּ|שפּיל|ן אַ חתונה/פֿרימאָרגן ⊣ **behind the s.s** הינטער די קוליסן

scenery (stage) די דעקאָראַציע (ס) || (landscape) דער לאַנדשאַפֿט

scent 1. *n*. דער ריח [REYEKh—REYKhES] (ות); דער פּאַרפֿו'ם (ען); דער שמוכט (ן); דער קענט (ן) ⊣ **2**. *v*. פּאַרפֿומיר|ן

scepter דער סקעפּטער (ס), די בולאַווע (ס)

schedule 1. *n*. דער (צײַט)פּלאַן (...פּלענער) || (rail, bus) דער פֿאָרפּלאַן (...פּלענער) || (plane) דער פֿליפּלאַן || **on s.** על־פּי פּלאַן [ALPI], לויטן צײַטפּלאַן ⊣ **2**. *v*. (events) אויס|זמנ|ען [ZMAN] ⊣ (single event) באַשטימ|ען

schematic סכעמאַטיש

scheme 1. *n*. די סכעמע (ס) || (plan) דער פּלאַן (פּלענער), דער פֿאַרקלע'ר (ן) ⊣ (*hum.*) דאָס דריידל (עך) ⊣ **2**. *v*. אינטריגיר|ן, מאַכ|ן הי'נטערשיסעלעך

schemer דער אינטריגאַ'נט (ן)

schizophrenia די סכיזאָפֿרע'ניע

scholar דער געלע'רנט|ער געב, דער ווי'סנשאַפֿט־

לער (ס) ⊣ (researcher) דער פֿאָרשער (ס) || (scholarship recipient) דער סטיפּענדיאַ'ט [DY] (ן) ⊣ (*Jew.*) דער למדן [LAMDN—LAMDONIM] (ים), דער בן־תּורה [BENTOYRE—BNEY] (בני־), דער תּלמיד־חכם [TALMED-KhO'KhEM—TALMIDE-KhAKhO'MIM] (תּלמידי־חכמים) ⊣ **distinguished s.** (*Jew.*) דער מופֿלג [MUF-LEG—MUFLOGIM] (ים)

scholarly וויסנשאַפֿטלעך; געלערנט || (*Jew.*) לומדיש [LOMDISh]

scholarship די וויסנשאַפֿט || (*Jew.*) די תּורה [TOYRE]; דאָס לומדות [LOMDES] ⊣ (stipend) די סטיפּע'נדיע (ס)

scholastic (of scholasticism) סכאָלאַסטיש || (of schools) שול...; ... אין לערנען || s. achievement פּעולה אין לערנען [PULE]

school 1. *n.* די שול (ן) || (secular) *also* די שולע (ס) ⊣ **s. of thought** די שיטה (—ות) [ShITE] ⊣ (faction) די כּיתּה (—ות) [KITE] || **tell tales out of s.** אויס|זאָג|ן פֿון חדר [KhEYDER] ⊣ 2. *v. imp/pf* (אויס|)שול|ן

schooling די אוי'סשולונג

schoolroom דער קלאַ'ס(צימער) (ן)

science די וויסנשאַפֿט (ן) || (natural) די נאַטו'ר־וויסנשאַפֿט (ן) ⊣ **s. fiction** די (וויסנשאַפֿטלעכ|ע) פֿאַנטאַסטיק, די פֿאַקטאַ'זיע

scientific וויסנשאַפֿטלעך

scientist דער וויסנשאַפֿטלער (ס), דער פֿאָרשער (ס), דער געלע'רנט|ער געב

scion דער (אָפּ)שפּראָץ (ן)

scissors דאָס שערל (עך)

sclerosis דער סקלעראָ'ז

scoff (at) אויס|לאַכ|ן זיך, אָפּ|שפּעט|ן, יעק|ן ⟨—פֿון⟩

scoffer דער לץ [LETS—LEYTSIM] (ים)

scofflaw דער הפֿקרניק [HE'FKERNIK] (עס)

scold *imp/pf* (אָנ|)שרײַ|ען, (אָנ|)בײַ'זער|ן זיך ⟨—אויף⟩; (אויס|)זידל|ען, (אויס|)מוסר|ן [MUSER] ⊣ *pf. also* פֿי'ר|האַלט|ן ד, °אויס|שיי'געצ|ן, °געב|ן* ד, °געב|ן* ד אַ פּסק [ ]

scolding דאָס אָ'נשרײַען; דאָס זידלערײַ' (ען); דער פּסק [PSAK], די °פּאַרציע ⊣ **get a s.** קריג|ן אַ פּסק/°פּאַרציע, °קריג|ן (from) ⟨—פֿון⟩

scoop 1. *n.* דער שופֿל (ען); די שעפּ (ן) || (news) דער (נײַ'עס־)אויסכאַפּ (ן) || 2. *v.* שעפּ|ן ⊣ **s. up** *imp.* דלובע|ן, קאַלופּע|ן

scooter דאָס רײַ'טוועגל (עך), דער סקוטער (ס)

scope דער פֿאַרנעם (ען), דער גרייך (ן), דער היקף [HEKEF—HEKEYFIM] (ים)

scorch פֿאַרברענ|ען, אָפּ|ברענ|ען, פֿאַרשרפֿע|ן [FARSARFE]

score 1. *n.* (account) דער חשבון [KhEZhBM—KhEZhBOYNES] (ות) ⊣ (in a game) דער (פּו'נקטן־)חשבון (ות), דער וויפּל־ווע'ר (ן), דער שפּי'ל־חשבון (ות) ⊣ (music) די פּאַרטיטו'ר (ן) ⊣ (20) צוויי צענדלינג || four s. אַכט צענדלינג || **what's the s.?** ווו האַלט די שפּיל? ⊣ 2. *vt.* (notch) אײַנ|קריצ|ן, -|קאַרב|ן || (points) מאַכ|ן ⊣ (victory) אָפּ|האַלט|ן || *vi.* מאַכ|ן אַ פּונקט

scorn 1. *n.* דער ביטול [BITL], די פֿאַראַ'כטונג• || 2. *v.* האָב|ן* (אַ) ביטול צו, פֿאַראַ'כט|ן•, מאַכ|ן אַש (און בלאָטע) פֿון

scornful ביטולדיק [ ], מיט ביטול [ ]

scorpion דער סקאָרפּיאָ'ן (ען), דער עקדיש (ן) ל

Scotland (דאָס) שאָטלאַנד

Scottish שאָטיש

scoundrel דער אויסוואָרף (ן), דער דבֿר־אַחר [DOVERAKhER] (ס), דער פּאַסקודניאַ'ק (עס), דער לײַדאַ'ק (עס), דער ימח־שמוניק [YE-MAKh-ShMO'YNIK] (עס)

scour *imp/pf* (אויס|)שײַ'ער|ן

scourge די פּלאָג (ן), די מכּה [MAKE] (—ות)

scout דער אוי'סקוקער (ס) || **boy s.** דער סקויט (ן) ⊣ **girl s.** די סקויטקע (ס)

scowl 1. *n.* דאָס קרומ|ע/פֿי'נצטער|ע פּנים [PONEM] ⊣ 2. *v.* אָנ|כמורע|ן דאָס פּנים

scramble *vt.* צונויפֿ|מיש|ן || *vi.* שטופּ|ן זיך, קאַראַפּקע|ן זיך ⊣ (up a vertical surface) דראַפּע|ן זיך, גראַבל|ען זיך *also* ⟨—אויף⟩

scrambled צעמי'שט || **s. eggs** די פֿרע'זשעניצע (ס)

scrap דאָס ברעקל (עך) || (junk) דאָס ברעך,

דאָס בראָכוואַרג, דאָס שמעלץ ⊣ **s. iron** דאָס אײַ'זנברעך ⊣ *cf.* **leftovers** || **s. paper** די מאַקולאַטו'ר

scrapbook דער אַלבאָ'ם (ען)

scrape *imp/pf* (אָפּ|)שקראָבע|ן, -|קראַצ|ן, -|שאָב|ן ⊣ (feet) שאַר|ן ⟨מיט⟩ || **s. together** צונויפֿ|קראַצ|ן, -|שקראָבע|ן

scratch 1. *n.* דער קראַץ (ן), דער קרעל (ן), דער דראַפּ (ן), דער ראַץ (ן) ⊣ **start from s.** אָנ|הייב|ן פֿון (דער) אַלף [ALEF] ⊣ 2. *v.* *imp/pf* (צע)קראַצ|ן, (צע)קרעל|ן, (צע)ריצ|ן, (צע)דראַפּע|ן ⊣ (so as to cause bleeding) צעקרעל|ן

scrawl 1. *n.* קאָ'טשערעס מיט לאָ'פּעטעס מצ || 2. *v.* טינטל|ען, טערכע|ן, פּאַטשקע|ן מיט דער פּען

scream 1. *n.* דאָס געשריי' (ען), דער גוואַלד (ן), דער קוויטש (ן) ⊣ 2. *v.* שרײַ|ען (גוואַלד), גוואַ'לדעווע|ן, קוויטשע|ן, מאַכ|ן גוואַלדן

screen 1. *n.* די שירמע (ס) || (folding) דער פּאַראַוואַ'ן (ען), דאָס שפּאַ'ניש|ע ווענטל (עך) || (movie, TV) דער עקראַ'ן (ען) || (sieve) די זיפּ (ן) ⊣ (window, door) די נעץ (ן) || 2. *vt.* (shield) פֿאַרשטעל|ן || (sift) דורכ|זיפּ|ן ⊣ (project) ווײַז|ן, פּראָיעקטיר|ן

screening די זיפּונג (ען); די ווײַזונג (ען)

screw 1. *n.* דער שרויף (ן) || he **has a s. loose** עס פֿעלט אים אַ קלעפּקע || 2. *v.* שרויפֿ|ן ⊣ **s. closed/tight** פֿאַרשרויפֿ|ן

screwdriver דער שרוי'פֿן־ציִער (ס)

scribble (quickly) געב|ן* אַ שרײַב אָן || (sloppily) *see* **scrawl**

scribbler דער טינטלער (ס), דער גראַפֿאָמאַ'ן (ען)

scribe דער שרײַבער (ס) || (of Torah scrolls) דער סופֿר (ים) [SOYFER—SOFRIM]

script דער שריפֿט (ן) || (scenario) דער סקריפּט (ן), דער סצענאַ'ר (ן)

scripture כּתבֿי־הקודש מצ [KISVE-HAKO'Y-DESh]

scroll די מגילה (—ות) [MEGILE] || **s. of the Torah** די ספֿר־תּורה (—ות) [SEYFERTOY-RE], די ריי'ניקייט (ן)

scrotum דער כּיס (ים)

scrounge זשע'ברעווע|ן

scrub גוט אויס|וואַש|ן, (אויס|)שײַ'ער|ן || (hair) (אויס|)צוואָג|ן

scruple דער סקרופּל (ען), דער אי'בערטראַכט (ן), דער פּיקפּוק (ים) [PIKPEK—PIKPUKIM]

scrupulous געווי'סנדיק

scrutinize אײַנ|קוק|ן זיך אין, בודק זײַן* [BOYDEK], חוקר־ודורש זײַן* [KhOYKER-VEDO'YRESh]

scrutiny דער אײַנקוק, די בדיקה [BDIKE], די חקירה־ודרישה [KhKIRE-DRI'ShE]

scuff פֿראָטיר|ן

scuffle דאָס געשלע'ג (ן)

sculptor דער סקולפּטאָר (...אָ'רן)

sculpture די סקולפּטו'ר (ן)

scum דער שלײַם || (on lips) *also* די סמאַהע || (*fig.*) דער אָפּפֿאַל

scurvy דער סקאָרבו'ט

scythe די קאָסע (ס)

sea דער ים (ען) [YAM] || **at s.** אויפֿן ים || (*fig.*) אויפֿן וואַסער || **beyond the s.** מעבֿר־לים [MEEYVER-LEYA'M]

seafood די ים־שפּײַז [ ], דאָס פֿי'ליערוואַרג

seagoing ים־... [ ], אָקעאַ'ן־...

sea gull די מעווע (ס)

seal[1] דער ים־הונט (־הינט) [ ]

seal[2] 1. *n.* דער חותם (ס) [KhOYSEM], דער זיגל (ען) ⊣ **metal s.** די פּלאָמבע (ס) || 2. *v.* פֿאַרחתמע|נען [FARKhASME], פֿאַרזיגל|ען ⊣ (envelope) פֿאַרקלעפּ|ן || (with metal) (פֿאַר)פּלאָמביר|ן

sea level דער ים־שפּיגל [YA'M]

sealing wax דער טריוואַקס

seam די נאָט (נעט)

seaman דער ים־מאַן (ים־לײַט) [ ], דער מאַטראָ'ס (ן)

seamstress די ניי'טאָרין (ס)

seamy: s. side די לינק|ע/שאָ'טנדיק|ע זײַט

seaplane דער הידראָפּלאַ'ן (ען)

seaport דער ים־פּאָרט (ן) [YA'M]

search 1. *n.* דאָס זוכן, די זוכונג (ען), דאָס זו'כעניש (ן), דער דורכזוך (ן); דער אָפּזוך (ן) || (official) די רעווי'זיע (ס) || **in s. of** זו'כנדיק ⊣ **set out in s. of** אַרויס|לאָז|ן

זוכ|ן (מיט ליכט); אַרומ|- 2. *v.* ⊣ זיך זוכן
|| (a house) באַזוכ|ן (a person) ⊣ זוכ|ן
דורכ|זוכ|ן
searching שאַרף, ני'שטער(נ)דיק
searchlight דער פּראָיעקטאָר (...אָ'רן)
seashell דאָס מיי'ערקעפּל (עך), די מושל (ען), דאָס ים־מולטערל (עך) [YA'M]
seasick [ ] ים־קראַנק
seasickness [ ] די ים־קרענק
season 1. *n.* (of the year) די צײַט (ן) פֿון
|| (commercial) דער סעזאָ'ן (ען) ⊣ יאָר
2. *v.* ווירצ|ן, צו|ריכט|ן, -|פּראַווע|ן, פֿאַר-
פּראַווע|ן
seasonable נאָך דער צײַט פֿון יאָר נאָך ||
(*fig.*) אַקטועל
seasonal צײַט..., סעזאָ'נ...
seasoning די ווירצונג
seat 1. *n.* דאָס זיצל (עך); דער זיצאָרט
(...ערטער) ⊣ **have a s.!** !זיצ(ט) || 2. *v.*
imp/pf (אַוועק|-, אַנידער|)זעצ|ן, באַזעצ|ן
|| (each in his own place) אויס|זעצ|ן
seat cover דער אי'בערציִער (ס)
seated: be s. *imp.* זיצ|ן || *pf.* זעצ|ן זיך
seaweed [YA'M] דאָס ים־גראָז (ן)
secede אַרויס|טרעט|ן
secession דער אַרויסטרעט (ן), די סעצעס'יע
(ס)
seclude אָפּ|זו'נדער|ן || **s. oneself** אָפּ|-
זו'נדער|ן זיך, פֿאַרקריכ|ן, פֿאַרקלײַב|ן זיך
secluded אָ'פּגעזונדערט, פֿאַרוואָרפֿ'ן
seclusion די אָ'פּזונדערונג, דאָס התבודדות
[HISBO'YDEDES]
second[1] 1. *adj.* *צווייט || 2. *n.* (in a duel)
דער סעקונדאַ'נט (ן) ⊣ 3. *v.* (motion)
שטיצ|ן
second[2] *n.* (time) די סעקונדע (ס) || **s.
hand** (of a watch) דער סעקונדניק (עס)
secondary [ ] צווייטיק, סעקונדע'ר, טפֿלדיק
|| **s. thing** די בײַזאַך (ן); דער טפֿל [TOFL]
second-best *צווייטבע'סט
secondhand 1. *adj.* געני'צט || **s. book-
seller** דער אַנטיקוואַ'ר (ן) || **deal in s.
goods** טענדל|ען || 2. *adv.* פֿון דער
צווייטער האַנט; אַנטיקוואַריש
secondly [sheynes] צווייטנס, שנית || **and
s.** *also* [VEHAsheynes] והשנית
second-rate צוויי'טראַנגיק || (cheap) טאַנ-
דע'ט
secrecy [ ] די בסודיקייט
secret 1. *adj.* •געהיי'ם, [BESO'DIK] בסודיק
|| **keep s.** [BESO'D] האַלט|ן בסוד || 2. *n.*
[SOD—SOYDES] דער סוד (ות) ⊣ **keep a s.**
האַלט|ן סוד ⊣ **discuss s.s** סודע|ן זיך
[SOYDE]
secretarial סעקרעטאַריש || **s. work** *also*
דאָס סעקרעטאַרײַ'
secretary דער סעקרעטאַ'ר (ן)
secrete פֿאַרבאָרג|ן || (gland) אויס|שייד|ן
secretion (process) דאָס אוי'סשיידן, די אוי'ס-
שיידונג ⊣ (product) דער אויסשייד (ען)
(ן)
secretly [BESO'D] בסוד; בגנבֿה [BIGNEY-
VE], בשתיקה [BIShTIKE] ⊣ **very s.**
[BESO'D-SOY'DES] בסוד־סודות
sect די סעקטע (ס), די כּיתה (—ות) [KITE],
די כּת (כּיתות) [KAT—KITES]
sectarian סעקטאַנטיש
section (cut) דער שניט (ן) || (division) דער
אָפּטייל (ן), די אָ'פּטיילונג (ען), די סעקציע (ס),
|| דער חלק (ים) [KhEYLEK—KhALOKIM]
(of fruit) דער פּענעץ (ער) || (of the
Talmud) די מסכתּא (—ות) [MESEKhTE]
sector דער סעקטאָר (...אָ'רן), דער אָפּשניט (ן)
secular וועלטלעך
secure 1. *adj.* זיכער, געזיכערט, באַשי'צט,
באַוואָ'רנט ⊣ 2. *v.* באַוואָ'רעַנ|ען || (hide)
באַשטאַט|ן ⊣ (obtain) אײַנ|שאַפֿ|ן || (stake
a claim to) פֿאַרפֿלעקל|ען
security די זי'כערקייט || (guarantee) די
|| די דעקונג (ען) ⊣ (collateral) גאַראַ'נטיע
(*pl.*: papers) ווע'רטפּאַפּירן *מצ* || **S.
Council** דער זי'כערקייט־ראַט
sedan (chair) די טראָג (ן), די לעקטיק (עס)
|| (car) דער סעדאַ'ן (ען)
sedate געזע'צט, מיושבֿדיק [MEYU'shEV-
DIK], געלאַס'ן
sedative דאָס אײַ'נשטילעכץ (ן)
sedentary זיציק || **s. person** דער יושבֿ-

[YOYSHEV-O'YEL—YOYSH- (יושבֿ־) אוהל VE]
Seder [SEYDER—SDORIM] (ים) דער סדר
sediment (ן) דער אָפּזעץ
sedition דער אויפֿריר, די אוי'פֿהעצונג (צו בגידה/•פֿאַררא'ט), די קראַמאָלע
seditious אוי'פֿרירעריש, אי'בערקערעריש
seduce פֿאַרפֿיר|ן, פֿאַרנאַר|ן || (sb.'s wife) אָפּ|רעד|ן
seducer דער פֿאַרפֿירער (ס)
seduction דאָס פֿאַרפֿירן, די פֿאַרפֿירונג (ען)
seductive פֿאַרפֿי'רעריש
see זע|ן* || (understand) פֿאַרשטיי'|ן* || (realize) איינ|זע|ן* || (meet and talk with) זע|ן* זיך מיט || **I s.** !אַהאַ || **you s.?** ?פֿאַרשטיי'סט? איר פֿאַרשטיי'ט || my house, **you s.,** burned down מיין הויז, פֿאַרשטיי'ט איר מיך, איז אָ'פּגעברענט געוואָרן || **s. home** באַלייט|ן אַהיי'ם || **s. off /out** אַרויס|באַלייט|ן || **s. through** דורכ|- ⊣ **s.** the battle **through** דורך קוו באַזאָרג|ן, פֿאַר- ⊣ **s. to** קעמפּ|ן דעם קאַמף || זע|ן* אַז נאָמ זאָל אינפֿ ⊣ **s. to it that** זאָרג|ן || **I'll be s.ing you** זיי(ט) מיר דערוויי'ל געזו'נט
seed 1. *n.* דער זוימען (ס), די זריעה (—ות) [ZRIE]; די זרע [ZERE] ⊣ 2. *v.* באַזוי'מענ|ען
seeing (not blind) זע'עוודיק
seek (look for) זוכ|ן א || (strive for) שטרעב|ן צו
seem *v/imp* דאַכט|ן זיך || *pf.* אויס|קומ|ען, -|דאַכט|ן זיך, -|וויז|ן (זיך) ⊣ (look, appear) אויס|זע|ן*
seemingly [APONEM] אַ פּנים || (*iro.*) יאַקבע
seep רינ|ען
seepage דאָס רינעכץ
seer דער זעער (ס)
seersucker דער רו'נצלשטאָף
seesaw *n.* די וויגברעט (ער)
seethe זיד|ן, קאָכ|ן, צוואַ'לעווע|ן
Sefardic *see* **Sephardic**
segment 1. *n.* דער אָפּשניט (ן); דער סעגמע'נט (ן) ⊣ 2. *v.* איינ|שניד|ן, דער פּענעץ (ער); סעגמענטיר|ן

segregate סעגרעגיר|ן
segregation די סעגרעגאַציע (ס)
segregationist דער סעגרעגאַציאָני'סט (ן)
seismograph דער סייסמאָגראַ'ף (ן)
seize (grasp) אָנ|נעמ|ען, אָנ|כאַפּ|ן (זיך אין) || (catch) (פֿאַר)כאַפּ|ן; קאָנפֿיסקיר|ן
seizure די פֿאַרכאַפּונג; דער אַרע'סט (ן); די דער אָנפֿאַל (attack) ⊣ קאָנפֿיסקאַציע (ס) (ן)
seldom זעלטן (ווען)
select 1. *adj.* אָ'פּגעקליב·ן, אוי'סדערוויילט || **s. individuals** *also* מצ יחידי־סגולה [YEKhIDE-ZGU'LE] ⊣ 2. *v.* אָפּ|-, אויס|- קלייב|ן, אויס|זוכ|ן
selection דער אָפּקלייב (ן); די סעלעקציע (ס)
selective סעלעקטי'וו, אי'בערקלייבעריש || **s. service** דער מיליטע'ר־אָפּקלייב || **s. service board** דער מיליטע'ר־אַמט (ן)
...self *see* **herself, himself, itself, myself, oneself, ourselves, yourself, themselves**
self *n.* דער (איי'גענ|ער) איך (ן), דער אי'ך־גופֿא [GU'FE] (ס)
self-... (by oneself) ...אַליי'נ || (for/upon oneself) ...זיכ; ... צו זיך || (with oneself) ...זיכ; ... מיט/ביי זיך || **s.-service** אַליי'ך ⊣ די אַליי'ן־באַדינונג ⊣ **s.-propelled** [BAKOYEKhT] באַכוחט ⊣ **s.-addressed** די זי'ך־שינאה, זי'ך־אַדרעסי'רט ⊣ **s.-hatred** [SINE] די שינאה צו זיך ⊣ **s.-justification** די זי'ך־פֿאַרע'נטפֿערונג
self-assurance [BETUKhES] דאָס בטוחות
self-centered פֿאַרנומען מיט זיך, עגאָ־צענטריש
self-confidence דאָס תּקיפֿות [TKIFES], דער זי'כצוטרוי, די זי'כערקייט ביי זיך
self-confident האָ'פֿערדיק, זיכער ביי זיך || **be s.** *also* שטעל|ן אויף זיך
self-conscious שיי'עוודיק, זי'ך־באַ־טראַ'כט(נד)יק ⊣ **be s.** *also* האָב|ן* זיך (אַליי'ן) אין אויג
self-control [ShLITE] די שליטה איבער זיך || **exercise s.** *also* האַלט|ן זיך אין די הענט, •באַהערש|ן זיך

self-defense די זי'ך־פֿאַרטיי'דיקונג; די זעלב־שוץ ⊣ **in s.** פֿאַרטיי'דיקנדיק זיך
self-evident קלאָר ווי דער טאָג, אָ'פּגערעדט, ממילאדיק [MIME'YLEDIK], פֿאַרשטענדלעך פֿון זיך (אַליי'ן)
self-explanatory: be s. רעד|ן פֿאַר זיך אַליי'ן
self-government די אַליי'ן־פֿאַרוואַלטונג
self-immolation דער קרבן־אַקט (ן) [KORBM], דאָס ברענגען זיך אַ קרבן
self-incriminating זי'ך־שו'לדיקנדיק, זי'ך־אינקרימיני'רנדיק
self-interest דאָס אויסן זײַן זי'ך, די פֿאַר־זי'כיקייט, דער איי'גננוץ
selfish עגאָיִסטיש
selfishness דער עגאָיִזם
selfless מוסר־נפֿשדיק [MOYSER-NE'FEShDIK]
self-reliant זיכער בײַ זיך, בטוחיש [BETUKhISh] ⊣ **be s.** *also* שטיי|ן* אויף די איי'גענע פֿיס
self-respect דער זי'ך־דרך־ארץ [DERKhERETS], דער דרך־ארץ צו זיך
self-righteous רע'כטפֿאַרטיק בײַ זיך; סטײַטשיק
self-sacrifice דאָס מסירת־נפֿש [MESIRES-NE'FESh]
self-sacrificing קרבנות־גרייט [KORBO'NES], מוסר־נפֿשדיק [MOYSER-NE'FEShDIK]
self-satisfied צופֿרי'דן מיט זיך || **be s.** (*hum.*) פֿאַטש|ן זיך אין בײַכל
self-sufficiency דער אַליי'ן־אויסקום
self-sufficient: be s. ניט דאַרפֿ|ן* אָ'נקומען צו קיינעם
self-supporting: make s. שטעל|ן אויף די פֿיס ⊣ **be s.** שטיי|ן* אויף די איי'גענע פֿיס
sell *vt.* פֿאַרקויפֿ|ן, פֿאַרהאַנדל|ען || *vi.* פֿאַרקויפֿ|ן זיך
seltzer water דאָס זע'לצער־וואַסער
semblance דער אויסזע, דאָס פּנים [PONEM]
semen די זרע [ZERE]
semester דער סעמעסטער (ס), דער זמן (ים) [ZMAN]

semi-... האַלב... || **s.-annual** האַ'לביאָ'ריק || **semicircular** האַ'לבקײַ'לעכ(ד)יק || **s.-retired** האַ'לב־פּענסיאָני'רט [SY]
semicolon די פּי'נטל־קאָמע (ס)
seminar(y) דער סעמינאַ'ר (ן)
Semite דער סעמי'ט (ן)
Semitic סעמיטיש
senate דער סענאַ'ט (ן)
senator דער סענאַטאָר (...אָ'רן)
send *imp/pf* (צו|)שיק|ן || **s. for** (אַוועק|)שיק|ן נאָך ⊣ **s. forth** אַרויס|לאָז|ן || **s. off** אָפּ|-, אַרויס|שיק|ן ⊣ (*hum.*) משלח זײַן* [MEShALEYEKh] ⊣ **s. out** (many) צעשיק|ן ⊣ **s. word** באַפֿעל|ן, לאָז|ן וויסן
sender דער אָ'פּשיקער (ס)
senile עובֿר־בטל [OYVERBOT'L]; סעני'ל
senior 1. *adj.* עלטער || 2. *title* סע'ניאָר || 3. *n.* (school) דער פֿע'רטיאָרלער (ס) || **he is my s. by four years** ער איז מיט פֿיר יאָר עלטער פֿון מיר
seniority (in employment) דער סטאַזש (ן)
sensation די שפּירונג (ען); דאָס געפֿי'ל (ן) || (excitement) די סענסאַציע (ס) || **cause a s.** אָנ|מאַכ|ן אַ סענסאַציע; מרעיש־עולם זײַן* [MARESh-O'YLEM]
sensational סענסאַציאָנע'ל
sense 1. *n.* (judgment) דער שׂכל [SEYKhL], דאָס דעת [DAAS] ⊣ (sensation) דאָס געפֿי'ל || (one of the five senses) דער חוש (ים) || (meaning) דער פּשט [PShAT], דער טײַטש (ן) ⊣ (order) דער טאָלק || (value) דער זינען ⊣ **in a s.** אין אַ געוויסן זינען || **in the s. of** בתורת [BETOYRES] פּרעפּ || **in one's s.s** בײַם (פֿולן) זינען/דעת || **make s.** (be meaningful) האָב|ן* אַ זינען || (speak understandably) רעד|ן מיט אַ טאָלק || **make s. of** פֿונאַנדער|קלײַב|ן זיך, דערגיי'|ן* אַ טאָלק —אין ⊣ **bring/come to one's s.s** ברענג|ען/קום|ען אויפֿן שׂכל, אויס|טשוכע|ן (זיך) ⊣ 2. *v.* דערשפּיר|ן, דערפֿיל|ן
senseless (without sense) או'מזיניק, אָן אַ זינען, אָ'נזי'נענדיק ⊣ (without sensa-

tion) פֿאַרחלשט [FARKhALEShT]; אָן שפּירונג

sensible (perceivable) פֿיליק || (prudent) זי'נענדיק, בר־דעתדיק [ ]; באַקלע'רט, באַרעכנט, אוי'סגערעכנט ⊣ (idea) *also* גלײַך || **s. person** דער בר־דעת (ן) [BARDAAS] ⊣ **s. thing** די חכמה (—ות) [KhOKhME]

sensibly *also* מיט קאָ'פּ

sensitive שפּי'רעוודיק, סענסיטי'וו || (touchy; *hum.*) האָנעראָווע || **be s. about** נעמ|ען זיך א צום האַרצן

sensual חו'ש(ימד)יק, סענסוע'ל, עולם־הזה־דיק [OYLEM-HA′ZEDIK], יצר־הרעדיק [ ] || **s. desire** דער יצר־הרע [YEYTSER-HO′RE]

sensuous חו'שימדיק, גשמיותדיק [GA′Sh-MIESDIK]

sentence 1. *n.* (phrase) דער זאַץ (ן) || (verdict) דער אורטל (ען), די שטראָף (ן) || (doom) דער גזר (ן) [GZAR] || 2. *v.* פֿאַראורטל|ען, פֿאַרמישפּט|ן [FARMIShPET]

sentiment דער סענטימע'נט (ן) || (opinion) די מיינונג (ען)

sentimental סענטימענטאַ'ל

sentry דער וועכטער (ס), דער שומר (ים) [ShOYMER—ShOMRIM]

sepal דאָס בע'כער־בלעטל (עך)

separate 1. *adj.* באַזונדער, אָ'פּגעזונדערט, פֿאַ'ר זיך ⊣ 2. *vt/vi* צעשייד|ן, צעטייל|ן, אָפּ|טייל|ן, -|שייד|ן (—זיך) ⊣ *vi.* (from spouse) פֿונאַנדער|גיי|ן* זיך ⟨מיט⟩

separated צעשיי'דט || (spouses) *also* פֿונאַ'נדערגעגאַנגען

separately *also* לחוד [LEKhU′D] ל

separation דאָס צעשיידן (זיך); די צעשיידונג (ען), די אָ'פּזונדערונג (ען)

Sephardi דער ספֿרדי (ם) [SFARDI]

Sephardic ספֿרדיש [ ]

September דער סעפּטעמבער

septuagenarian דער בן־שיבֿעים (בני־) [BEN-ShIVIM—BNEY]

sequel דער המשך (ים) [HEMShEKh—HEMShEYKhIM]; דער דערנאָכדעם ⊣ **in the s.** דערנאָכדעם

sequence דער סדר (ים) [SEYDER—SDORIM]; די ריי (ען); די נאָכאַנאַ'נדיקייט

seraph דער שׂרף (ים) [SOREF—SROFIM]

serenade 1. *n.* די סערענאַדע (ס) || 2. *v.* סערענאַדיר|ן

serene קלאָר; שלווהדיק [ ]

serenity די שלווה [ShALVE]

serf דער לײַבקנעכט (—)

serfdom די לײַ'בקנעכטשאַפֿט

serge די סאַרזשע

sergeant דער סערזשאַ'נט (ן)

series די סעריע (ס), די ריי (ען)

serious ערנצט || **stg. serious** דער ערנצט

seriously *also* אויף אַן אמת [EMES] || (*hum.*) אָן קאַטאָוועס, אָן חכמות [KhOKhMES]

sermon די פּרייִדיק (ן) || (*Jew.*) די דרשה (—ות) [DROShE]

serpent די שלאַנג (ען)

serum דער סערום (ס)

servant דער •דינער (ס), דער באַדינער (ס), דער משרת (ים) [MEShORES—MEShORSIM] || (*fem.*) די דינסט (ן) || **s.s** די די'נערשאַפֿט קאָל

serve דינ|ען ⟨ד⟩ || (wait on) באַדינ|ען א || (food etc.) דערלאַנג|ען, אויפֿ|געב|ן*, סערוויר|ן ⊣ (in office) *also* אַמטיר|ן || **s. out** (a prison term) אָפּ|זיצ|ן || **s.s him right!** אַ מיצווה אויף אים! [MITSVE]; גוט אויף אים! רעכט אויף אים!

service 1. *n.* (being a servant) דאָס דינסט (ן); דאָס דינען ⊣ (military etc.) *also* די דינונג || (of customers) די באַדינונג, דאָס באַדינען || (favor) די טובֿה [TOYVE] || (dishes) דער סערווי'ז (ן) ⊣ **s. charge** דער באַדי'ן־אָפּצאָל ⊣ **in the s.** אויף דינסט || **divine s.** דאָס גאָטסדינסט (ן), די עבֿודה (—ות) [AVOYDE] ⊣ **be of s.** (to) צו|דינ|ען ⟨ד⟩ || **at the s. of** צו פּאָס דינסט || 2. *v.* באַדינ|ען

serviceable ניצלעך, טוי'געוודיק

service station די גאַזאָלי'ן־סטאַנציע (ס)

servile שקלאַפֿיש, קנעכטיש, או'נטערטעניק, הכנעהדיק [ ] ⊣ **be s.** *also* זינג|ען מה־יפֿית

[KODESh] שפּרינג|ען קדוש ,[MAYOFES]
⟨—פֿאַר⟩ ⊣ **s. person** (עס) דער מה־יפֿיתניק

servility [HAKhNOE] די הכנעה

servitude די קנעכטשאַפֿט

session דער ;(ען) די זיצונג ,(ס) די סע'סיע
סעאַ'נס (ן)

set 1. *adj.* פֿעסט || (certain) || באַשטי'מט
(regular) *also* רעגולע'ר ,אײַ'נגעשטעלט ||
(prepared) גרייט || (adjusted) -אָ'נגע
שטעלט ⊣ **s. upon** אײַ'נגעשטעלט אויף ||
2. *n.* (objects) (ען) דער סכום || (books,
tools, etc.) דער קאָמפּלע'ט ,(גענג) דער גאַנג
(ן) די גאַרניטו'ר ,(ן) ⊣ (people) דער
(ן) קרײַז ⊣ (radio etc.) (ן) דער אַפּאַראַ'ט ||
s. of teeth ציינער (ס) דער קאַסטן ||
s. theory די סכו'מען־טעאָריע || *cf.* **chess**
|| 3. *vt.* ליינ|ן ;שטעל|ן || (determine)
[KOYVE- ל *קובֿע זײַן ;אָפּ|רעד|ן ,באַשטימ|ען
YE] ⊣ (diamonds) אײַנ|פֿאַס|ן || (gaze,
dials, watch) אָנ|שטעל|ן || (tone) -אָנ|
שלאָג|ן ⊣ (trap) פֿאַרלייג|ן || (type)
(אויס|)זעצ|ן ⊣ *vi.* (heavenly bodies)
*פֿאַרגיי|ן ,*אונטער|גיי|ן ,זעצ|ן זיך ⊣ **s.**
about נעמ|ען זיך צו || **s. aside** אָפּ|לייג|ן
פֿאַראַ'יבעריק|ן ,אָן אַ זײַט ⊣ *cf.* **annul** ||
s. back קאָסט|ן ;אָפּ|שטופּ|ן || **s. down**
אַראָפּ|זעצ|ן ;אַנידער|שטעל|ן ⊣ (in writing)
אָנ|קומ|ען; אײַנ|שטעל|ן ⊣ **s. in** אָנ|שרײַב|ן
זיך ⊣ **s. off** *vt.* אויס|טייל|ן ,אַרויס|הייב|ן ||
(explode) אויפֿ|רײַס|ן || **s.** (dogs) **on**
⟨אויף⟩ אַ אָנ|רייצ|ן ⊣ **s. out** *vi.* ,-|אַרויס)
(פֿיר|)נעמ|ען ⊣ אַוועק|)לאָז|ן זיך ⊣ **s. out to**
-|אויפֿ **s. up** || אָפּ|זעגל|ען ⊣ **s. sail** ⊣ זיך
שטעל|ן ,אײַנ|אָ'רדענ|ען ⊣ (business) *also*
דעק|ן/גרייט|ן ⊣ **s. the table** ⊣ אויפֿ|שלאָג|ן
צו|פֿאַס|ן מוזי'ק צו ⊣ **s. to music** ⊣ צום טיש

setback דער אָפּשטופּ (ן), די מפּלה (—ות)
[MAPOLE]

settle *vt.* (territory) באַזעצ|ן || (dispute)
פֿאַרע'נטפֿער|ן ⊣ (question) ⊣ אויס|גלײַכ|ן
סילוק|ן [SILEK], ליקווי- (accounts) ||
דיר|ן ⊣ (agree on) אָפּ|רעד|ן || *vi.*
(precipitate) אָפּ|זעצ|ן זיך || (s. down
to live) באַזעצ|ן זיך || (set) זעצ|ן זיך
|| **s. accounts** (with) צערע'כענ|ען זיך
⟨מיט⟩ ⊣ **s. down** אײַנ|אָ'רדענ|ען זיך; ווער|ן
אַ מענטש ⊣ **s. for** *אײַנ|גיי|ן אויף || **s. on**
באַ- ⊣ (price, etc.) דעצידיר|ן זיך אויף
אָפּ|עק|ן מיט ⊣ **s. with** דינג|ען זיך אויף

settled (stable) גענזע'צט, געשטע'לט ||
(populated) באַזע'צט

settlement (agreement) ;(ן) דער אויסגלײַך
[HESKEM] דער הסכּם ⊣ (debts) דער סילוק
[SILEK] ⊣ (colony) [YI- (ים) דער ישובֿ
shEV—YIshUVIM] ⊣ **arrive at a s.**
אויס|גלײַכ|ן זיך

settler דער באַזעצער (ס), דער קאָלאָני'סט
(ן)

seven זיבן

seventeen זי'בעצן

seventeenth זיבעצט

seventh 1. *adj.* זיבעט || 2. *n.* (fraction)
(עך) דאָס זי'בעטל ⊣ (musical interval)
(ס) די סע'פּטימע

seventieth זי'בעציקסט

seventy זי'בעציק

sever אָפּ|רײַס|ן; צערײַס|ן

several (a number of) ע'טלעכע ||
(separate) באַזונדער

severe שטרענג; האַרב || (austere) אָן באַ-
פּו'צונגען

severity די שטרענגקייט; די ע'רנצטקייט || **s.**
of the law [MIDES-HADI'N] דאָס מידת־הדין

sew *imp/pf* (אויפֿ|)ניי|ען || **s. up** פֿאַר-
ניי|ען

sewage דער אָפּגאַנג

sewer דער (אָ'פּגאַנג־)קאַנאַ'ל (ן)

sewerage די קאַנאַליזאַציע

sewing דאָס נייען; דאָס גענייי' || **s. machine**
די ניי'מאַשין (ען)

sex דאָס געשלע'כט (ער), דער מין (ים); דער סעקס

sexagenarian [BEN- (בני־) דער בן־שישים
shIShIM—BNEY]

sexton (*Jew.*) [shAMES— (ים) דער שמש
shAMOSIM]

sexual געשלע'כט...; סעקסוע'ל, געשלעכטיק

shabby אָ'פּגעכוימלט, אָ'פּגעטראָג'ן, אָ'פּגע-
לאָז'ן

Shabuoth 1. *adj.* [ ] שבֿועותדיק || 2. *n.* דער שבֿועות [shVUES]

shackle 1. *n.* די קייט (ן) || 2. *v.* צו|קייטל|ען; בינד|ן, שמיד|ן/שליס|ן (אין קייטן)

shade 1. *n.* דער שאָטן (ס) || (color) די שאַטירונג (ען), דער ניואַ'נס (ן) ⊣ (blind) דער אַבאַזשו'ר (ן) ⊣ **lamp s.** די שטאָרע (ס) || 2. *v.* פֿאַרשטעל|ן

shadow 1. *n.* דער שאָטן (ס) || 2. *v.* נאָכ|שפּיר|ן

shady שאָ'טנדיק || (sinister) טונק·ל, °טרייף

shaft די שטיל (ן), די אַנטאַבע (ס), דער טראָניק (עס) ⊣ (of a cart) די האָלאָבליע (ס) || (elevator, mine) די שאַכטע (ס)

shag דער צויט (ן), די קודלע (ס)

shaggy צויטיק, קודלאַטע, צעפּלי'קט

shake 1. *n.* דער שאָקל (ען) || 2. *vt/vi* טרייסל|ען, שאָקל|ען ⟨—מיט/א⟩, בויטע|ן, האָצקע|ן, קלויצע|ן, וואַקל|ען (—זיך) ⊣ (*rev. con.*) וואַרפֿ|ן אומפּ מיט || he is shaking עס וואַרפֿט מיט אים ⊣ **s. off** אָפּ|טרייסל|ען, אָפּ|טשעפּע|ן —זיך פֿון ⊣ **s. one's head** שאָקל|ען מיטן קאָפּ (אויף ניין) ⊣ **s. up** אויפֿ|טרייסל|ען, צעטרייסל|ען ⊣ (liquid) צעבויטע|ן ⊣ **s. hands** (with) געב|ן*/דריק|ן ⟨ד⟩ די האַנט ⊣ **s. the world** איבער|קער|ן די וועלט, מרעיש־עולם זײַן* [MAREsh-O'YLEM]

shaky וואַ'קלדיק, הוי'דעוודיק; אויף הי'נערשע פֿיס ⊣ **be s.** *also* האַלט|ן זיך אויף משקולת [MIShKOYLES]

shall (future) וועל* אינפֿ || (obligation) זאָל* אינפֿ ⊣ thou shalt not דו זאָלסט ניט

shallow פֿליטקע, פּלאַטשיק

sham 1. *adj.* פֿאַלש, כּלומרשטיק [KLO'Y-MERShTIK], צופֿלי'סנדיק, געמלאָכהט [GE-MLOKhET] ⊣ 2. *n.* די פֿעלשונג (ען)

shambles דער תּל [TEL]; די שיבֿרי־כּלי [ShI'VRE-KEYLE]

shame 1. *n.* די חרפּה [KhARPE], די בושה [BUShE], די שאַנד, דער בזיון [BIZOYEN], דער ביוש [BIESh]; דער שאָד ⊣ **put to s.** פֿאַרשעמ|ען; שטעל|ן אין ביוש ⊣ **be put to s.** צו שאַנד ווער|ן ⊣ **it's a s.** (ס'איז) אַ שאָד || **for s.!** פֿוי! אַ חרפּה! || **s. on you** שעמ(ט) זיך! שעמ(ט) זיך אין ווײַטן האַלדז אַרײַ'ן! || 2. *v.* פֿאַרשעמ|ען, מבֿייש זײַן* [MEVA-YESh], שטעל|ן אין ביוש, צו שאַנד מאַכ|ן

shameful שענדלעך, בזיונדיק [ ]

shameless או'מפֿאַרשע'מט || **s. person** דער בעזבושניק (עס) [BEZBUShNIK]

shampoo 1. *n.* דער שאַמפּו' (ען), די צוואָג (ן), דאָס צוואָ'גוואַסער ⊣ 2. *v.* שאַמפּוניר|ן, (אויס)|צוואָג|ן

shape 1. *n.* די פֿאָרעם (פֿאָרמען), דאָס גע־שטאַ'לט (ן), דער שטאַלט (ן) ⊣ **take s.** (אויס)|פֿו'רעמ|ען זיך, (אויס)|וועב|ן זיך || 2. *v. imp/pf* (אויס)|פֿו'רעמ|ען, -|גע|שטאַ'לטיק|ן, -|קנעט|ן

shapeless אָן אַ געשטאַ'לט

shapely שטאַלטיק, שיין/ווויל געפֿורעמט

shaping די פֿו'רעמונג

share 1. *n.* דער חלק (ים) [KhEYLEK—KhA-LOKIM], דער פּײַ (ען) ⊣ (stock) די אַקציע (ס) || 2. *v.* ⊣ טייל|ן זיך ⟨מיט ... מיט⟩ ⊣ I will s. the bread with him איך וועל זיך מיט אים טיילן מיטן ברויט

sharecropper דער שע'רקראָפּער (ס) אַמער

shareholder דער אַקציאָנע'ר (ן)

shark דער הײַפֿיש (ן)

sharp 1. *adj.* שאַרף, שנײַדיק || (cunning) שאַרף, פֿאַרשפּי'צט, געבי'פֿט ⊣ (taste) פּיקאַ'נט, טערפּקע, בײַסיק ⊣ (raised note) דיעז [DY] ⊣ 2. *adv.* פּונקט || 5 o'clock s. פּונקט 5 אַ זייגער ⊣ 3. *n.* (knife, sword) די שאַרף (ן) ⊣ (music) דער דיעז (ן) [DY]

sharpen (knife etc.) *imp.* שאַרפֿ|ן, שלײַפֿ|ן || *pf.* אָנ|שאַרפֿ|ן, אָנ|שלײַפֿ|ן || (pencil) אָפּ|שניצ|ן, פֿאַרשניצ|ן

shatter צעשמעטער|ן, צעפּיצל|ען, צע|ברעקל|ען

shave 1. *n.* די גאָלונג (ען) || **get a s.** לאָז|ן זיך אָ'פּגאָלן ⊣ **have a close s.** קוים־קוים אַרויס|גיי|ן* ⊣ (*Jew.*) דאַרפֿ|ן* בענטשן גומל [GOYML] ⊣ 2. *vt/vi imp/pf* (אָפּ)|גאָל|ן, -|ראַזיר|ן (—זיך)

shaver דער גאָלער (ס)

shaving (slice) די סטרושקע (ס); דאָס אָ'פּשניצל (עך) ⊣ **s. brush** דער גאָ'לפּענדזל (ען) ⊣ **s. cream** דער גאָלקרעם (ען)

Shavuoth *see* **Shabuoth**

shawl די שאַל (ן); די טוך (טיכער), די פֿאַטשיילע (ס)

she זי || **she-** (with names of animals) ...יכע ⊣ she-bear די בע'ריכע (ס)

sheaf דער סנאָפּ (עס), דער גאַרב (ן)

shear *imp/pf* (אָפּ|)שער|ן

shears די שער אצ (ן)

sheath די שייד (ן)

Shebat (month) [ShVAT] דער שבֿט || **15th of S.** [KhAMIShO'-SER(-BIShVA'T)] דער חמישה־עשׂר(־בשבֿט)

shed[1] *n.* דער אָפּדאַך (ן), דער סאַרײַ' (ען), די פּאָוויטקע (ס), דאָס שטעלכל (עך)

shed[2] *v.* (tears) פֿאַרגיס|ן || (light) וואַרפֿ|ן || (discard) אַראָפּ|וואַרפֿ|ן פֿון זיך || **s. tears** *also* וויינ|ען מיט טרערן

sheep די שאָף (—), דער שעפּס (ן)

sheepish (expression) קע'לבערן

sheepskin coat דער טולעפּ (ן)

sheer לויטער, גאָלע, איין —אינוו || **s. goodness** די גוטסקייט אַליי'ן

sheet דער בלאַט (בלעטער), דער בויגן (ס) || (raglike) די פֿלאַכטע (ס) || (bedsheet) דער לײַלעך (ער) ⊣ **s. metal** דאָס בלעך || **s. music** נאָטן מצ

shelf די פּאָ'ליצע (ס), דער פֿאַך (ן)

shell 1. *n.* (skin) די שאָלעכץ (ן), די שאָל (ן) || (explosive) דער גראַנאַ'ט (ן) || 2. *v.* באָמבאַרדיר|ן, באַשיס|ן

shellac 1. *n.* דער שעלאַ'ק (ן) || 2. *v.* שעלאַקיר|ן

shellfish [BRIE] די מו'לטער־בריאה (—ות)

shelter 1. *n.* דער האַ'רבעריק (ן), דער אָפּדאַך (ן); אַ דאַך אי'בערן קאָפּ ⊣ (raid) דער באַהאַלטער (ס) ⊣ (institution) דער פּאַטראָנאַ'ט (ן) ⊣ 2. *v.* באַשיצ|ן, געב|ן* ד אַ דאַך אי'בערן קאָפּ

shelve אָפּ|לייג|ן אין אַ זײַט, אָפּ|לייג|ן אין דער לאַנגער באַנק אַרײַ'ן

shepherd דער פּאַסטעך (ער)

shepherdess די פּאַ'סטעכין (ס), די פּאַסטושקע (ס)

sherbet דאָס פֿרוכטאײַז

sheriff דער שעריף (ן) אַמער

shield 1. *n.* דער פּאַנצער (ס), דער שילד (ן) || 2. *v.* באַשי'רעמ|ען, פֿאַרשטעל|ן

shift 1. *n.* דער אי'בעררוק (ן), דער בײַט (ן) || (factory) דער שיכט (ן) || 2. *vt/vi* איבער|רוק|ן זיך ⊣ **s. for oneself** זאָרג|ן פֿאַר זי'ך, מיטל|ען זיך

shifty [GANEYVISh] גנבֿיש

shilly-shally ברעקל|ען זיך

shinbone דער שינביין (ער)

shine 1. *n.* דער גלאַנץ, דער בלישטש || 2. *vt. imp/pf* (אָפּ|)פּוצ|ן, -|פּאָליר|ן || *vi.* לײַכט|ן, שײַנ|ען, גלאַנצ|ן, בלישטשע|ן

shingle (roof) די דאַ'כלקע (ס), די שינדל (ען) ⊣ (sign) דאָס אוי'סהענגל (עך)

shiny בלאַנק, גלאַנציק

ship 1. *n.* די שיף (ן) || 2. *v.* איבער|שיק|ן, טראַנספּאָרטיר|ן; עקספּעדיר|ן

shipment דער טראַנספּאָ'רט (ן), די שיקונג (ען)

shipper דער עקספּעדיטאָר (...אָ'רן)

shipping (by ships) דאָס שיפֿערײַ' || (sending out) די עקספּעדיציע || **s. clerk** דער עקספּעדיטאָר (...אָ'רן) ⊣ **s. circles** שיפֿערײַ'־קרײַזן מצ

shipwreck דער שיפֿבראָך

shipwrecked שי'פֿבראָכיק || **be s.** לײַד|ן שיפֿבראָך

shipyard די שי'פֿבויערײַ' (ען)

shirk אַרויס|דריי|ען זיך פֿון

shirt דאָס העמד (ער)

shiver 1. *n.* דער ציטער (ן) || 2. *v.* צי'טער|ן

shoal די זאַמדבאַנק (...בענק)

shock[1] 1. *n.* דער קלאַפּ (קלעפּ), דער שאָק (ן); די אוי'פֿטרייסלונג (ען) ⊣ **s. troops** (זעלנערס־)שלאָגלערס מצ ⊣ **s. worker** דער שלאָגלער (ס) || 2. *v.* שאָקיר|ן; אויפֿ|טרייסל|ען; אונטער|טראָג|ן

shock[2] (hair) דער שויבער (ס)

shocked שאָקי'רט, אוי'פֿגעטרייסלט || **be s.** *also* אויפֿ|שוי'דער|ן

shoe 1. *n.* דער שוך (שיך) || *cf.* **horseshoe** ||

2. *v.* באַשוכ|ן || (a horse) אונטער|־שמיד|ן

shoehorn דער שו'כלעפּל (—)

shoelace דאָס שו'כבענדל (עך)

shoemaker דער שוסטער (ס)

shoeshine boy דער שי'כפּוצער (ס)

shoestring *see* **shoelace** || **live on a s.** לעב|ן פֿון שהי־פּהי [SHIE-PI'E] ⊣ **s. budget** דער שהי־פּהי־בודזשעט [ ]

shoot 1. *n.* (sprout) דער שפּראָץ (ן) || 2. *v.* שיס|ן || (to death) דערשיס|ן || (film) דריי|ען || **s. up** צעשיס|ן || **s.!** (go ahead) וואַלײַ!

shooting דאָס שיסערײַ' (ען) || (execution) די דערשיסונג (ען) ⊣ **s. star** דער פֿאַ'לנדיק|ער שטערן (—)

shop 1. *n.* די קראָם (ען), די קלייט (ן) || (workshop) דער וואַרשטאַ'ט (ן), דער שאַפּ ⊣ **talk s.** רעד|ן פֿון צעך, (שעפּער) אַמער שמו'עס|ן עסק [EYSEK] ⊣ 2. *v.* **s.** (for) גיי|ן* אײַ'נקויפֿן, אײַנ|קויפֿ|ן ⟨—אַ⟩

shophar דער שופֿר (ות) [SHOYFER—SHOYFRES]

shopkeeper דער קרעמער (ס)

shopper דער אײַ'נקויפֿער (ס)

shopping 1. *adj.* ...אײַנקויפֿ || 2. *n.* דאָס אײַ'נקויפֿן ⊣ **go s.** גיי|ן* אײַ'נקויפֿן

shopworn אָ'פּגעניצט, אָ'פּגעבאַרעט || **s. articles** די לע'גער־סחורה [SKHOYRE] אַ

shore דער ברעג (ן), דער באָרטן (ס) || (land) די יבשה [YABOSHE]

short קורץ || (stature) ני'דעריק, קליין גע־וואַקס'ן ⊣ (scant) קאַרג || **be s. of** ניט פֿעל|ן ד ⊣ (*rev. con.*) האָב|ן* גענו'ג אַ || **in s.** בקיצור [BEKITSER], אין קורצן; אַ קיצור [KITSER], מיט איין וואָרט, אַ כּלל [KLAL] ⊣ **everything s. of** אַלץ נאָר קיין זאַך ניט ⊣ **nothing s. of** ניט חוץ; דווקא [DAFKE] ⊣ **fall s.** ניט קלעק|ן, כאַפּ|ן קורץ ⊣ **cut s.** איבער|רײַס|ן || **to make a long story s.** קורץ פֿון דער זאַך/מעשה [MAYSE]; וואָס זאָל איך דיר/אײַך לאַנג ברײַען? ⊣ **call** (sb.) **for s.** פֿאַרצי|ען || **in s. order** איינס־צוויי'

shortage דער דוחק [DOYKHEK] ⟨אין⟩, דער אויספֿעל (ן) ⟨פֿון⟩; דער מחק (ים) [MEKHA'K—MEKHAKIM]

short circuit 1. *n.* דער קורצשלוס (ן) || 2. *v.* מאַכ|ן אַ קורצשלוס אין

shortcoming דער חסרון (ים) [KHISORN—KHESROYNIM], די פּגימה (—ות) [PGIME]

shortcut דער דורכוועג (ן), דער שניט (ן); דער קפֿיצת־הדרך [KFITSES-HADE'REKH]

shorten *imp/pf* (פֿאַר)קירצ|ן

shortening דאָס (באַק)פֿעטס, דאָס געשמי'לץ

shorthand *n.* די סטענאָגראַפֿיע, די גיכשריפֿט || **in s.** סטענאָגראַפֿיש || **take down in s.** (פֿאַר)סטענאָגראַפֿיר|ן

short-handed: be s. (*rev. con.*) זײַן* אומפּ קנאַפּ מיט אַ'רבעטערס בײַ

short-lived קיצור־ימימדיק [KITSER-YO'MIMDIK], קו'רציאָריק

shortly באַלד, בקרובֿ [BEKOREV]

shorts קורצ|ע הייזלעך, קורצקעס —מצ

shortsighted קו'רצזעיִק

short story די נאָווועלע (ס)

short-term קו'רץ־משכדיק [ME'SHEKH-DIK], קו'רץ־טערמי'ניק

short-wave קו'רץ־כוואַ'ליעדיק

short-winded סאָ'פּעדיק, פֿאַרסאָפּעט

shorty דער קוצעפּינדריק (עס)

shot דער שאָס (ן) || (marksman) דער שיסער (ס) ⊣ (pellets) דער שרויט קאָל ⊣ **not by a long s.** ווײַט ניט אַזוי'

should (ought) זאָל* אינפֿ || (would) וואָלט

shoulder דער אַקסל (ען), די פּלייצע (ס) || **give the cold s. to** אויס|דריי|ען זיך מיט דער פּלייצע צו

shoulder blade די לאָ'פּעטקע (ס)

shout 1. *n.* דאָס געשריי' (ען), דער שרײַ || 2. *v.* שרײַ|ען || **what is there to s. about?** מה־רעש? [MARA'SH]

shove 1. *n.* דער שטופּ (ן), דער רוק (ן) || 2. *v/imp* שטופּ|ן, רוק|ן

shovel 1. *n.* די לאָ'פּעטע (ס), דער רידל (ען), דער שופֿל (ען) ⊣ 2. *v.* שופֿל|ען, רידל|ען

show 1. *n.* די פֿאָ'רשטעלונג (ען), דער ספּעקטאַקל (ען), די שפּיל (ן) ⊣ (exhibi-

tion) די אוי'סשטעלונג (ען) || (TV program) די פּראָגראַ'ם (ען) || (ostentation) דער פּוץ ⊣ 2. vt. ווײַז|ן || (prove) באַווײַז|ן ⊣ vi. ווײַז|ן זיך, (אַרויס|)זע|ן* זיך || **s. around** אַרומ|פֿיר|ן || **s. in** אַרײַנ|בעט|ן, -|פֿיר|ן ⊣ **s. off** vt/vi אויס|פֿײַנ|ען זיך ⟨מיט⟩, קאָקעטיר|ן ⟨מיט⟩ ⊣ (distastefully) קריכ|ן ⟨ד⟩ אין די אויגן || **s. out** vt. אַרויס|באַלייט|ן, -|פֿיר|ן ⊣ **s. through** vi. דורכ|זע|ן* זיך ⊣ **s. up** vt. פֿאַרשעמ|ען || vi. (באַ)ווײַז|ן זיך || (iro.) יאַווע|ן זיך

show business דאָס טעאַטערײַ'

showcase די וויטרינע (ס), דאָס גלאָ'זקעסטל (עך)

show-cause order דער פֿאַרע'נטפֿער־באַפֿעל (ן)

shower (rain) דאָס רע'גנדל (עך) || (bath) דער שפּריץ (ן) ⊣ (party) דאָס באַוואַרפֿנס || **take a s.** מאַכ|ן זיך אַ שפּריץ

showing די ווײַזונג (ען), דער סעאַ'נס (ן)

showman דער טעאַטראַ'ל (ן)

show-off דער אוי'ספֿײַנער (ס)

showroom דער אוי'סשטעלזאַל (ן), דער ווײַזזאַל (ן)

show window די וויטרינע (ס), דער ווײַ'ז־פֿענצטער (—)

shrapnel דער שראַפּנע'ל

shred 1. n. דאָס ברעקל (עך), דאָס פּיצל (עך), דאָס דרויבל (עך), דאָס ברייזל (עך) ⊣ (*fig.*) *also* [SHEMETS] דער שמץ || 2. v. (צע)בראָק|ן; צעשטיקל|ען, צעפּיצל|ען

shrew די קליפּה (—ות) [KLIPE], די אַרורה (—ות) [ARURE]

shrewd פֿאַרשײַ'ט, פֿאַרשאַ'רט, חריפֿותדיק [ ], קלי'געריש, געבי'פֿט, פֿיפֿיק ⊣ **s. man** דער חריף (ים) [KhAREF—KhARIFIM], דער פּיקח (ים) [PIKEYEKh—PIKKhIM]

shrewdness דאָס פּיקחות [PIKKhES], דאָס חריפֿות [KhARIFES]

shriek 1. n. דער קוויטש (ן), דער ג(ע)וואַ'לד (ן) || 2. v. קוויטשע|ן, ג(ע)וואַ'לדעווע|ן

shrieking (yell) באַנומען

shrift: make short s. of אָפּ|פּטר|ן [PATER]

shrill קוויטשיק, רײַסיק, שרײַיִק

shrimp דאָס ראַקל (עך), דער שרימפּ (ן) אַמער || (*fig.*) דער שנעק (עס)

shrine דאָס היכלע (ך) [HE'YKhELE], דער משכּן (ס) [MIShKN]; די היי'ליקייט (ן) || (roadside) *also* די קאַפּליצע (ס)

shrink vt. אײַנ|ציִ|ען, -|שרומפּ|ן || vi. אײַנ|ציִ|ען זיך, אײַנ|-, אויפֿ|לויפֿ|ן, אײַ'נגעשרומפּן ווער|ן

shrivel vi. אײַ'נגעשרומפּן ווער|ן, אײַ'נגעדאַרט ווער|ן

shrouds (*Jew.*) תּכריכים מצ [TAKhRIKhIM]

shrub דער קשאַק (עס)

shrubbery דאָס געקשאַ'ק

shrug v.: **s. one's shoulders** הייב|ן מיט די אַקסל|ען, קוועטש|ן מיט די פּלייצעס ⊣ **s. off** אַוועק|מאַכ|ן מיט דער האַנט, מאַכ|ן גאָרניט פֿון

shrunken אײַ'נגעשרומפּ·ן

shudder 1. n. דער גרויל (ן), דער שוידער (ס), דער סקרוך (ן) ⊣ 2. v. אויפֿ|צי'טער|ן, -|שוי'דער|ן ⊣ (*rev. con.*) גרויל|ן אומפּ ד || **I s.** עס גרוילט מיר; עס גייט מיר איבער אַ גרויל

shuffle שאַר|ן, דרעפּטשע|ן || (cards) *imp/pf.* (איבער|)טאַש|ן

shun ווײַכ|ן פֿון, אויס|מײַד|ן אַ

shunt vt. איבער|שליס|ן, -|מאַנעוורי|ר|ן

shut 1. adj. פֿאַרמאַ'כט; צו אַפּ || **keep one's mouth s.** האַלט|ן ס'מויל || 2. vt/vi פֿאַרמאַכ|ן, צו|מאַכ|ן (—זיך) ⊣ **s. one's eyes to** קוק|ן דורך די פֿינגער אויף || **s. down** vt/vi (close) פֿאַרמאַכ|ן (זיך) || (stop) אָפּ|שטעל|ן (זיך) ⊣ **s. in** אײַנ|שליס|ן, -|שפּאַר|ן (זיך) ⊣ **s. out** אויס|שליס|ן || **s. tight** צו|שפּאַר|ן || **s. up** אײַנ|שליס|ן || (be still) שווײַג|ן, אַנטשוויגן ווער|ן || **s. up!** שווײַג(ט) (שוין)! || (vulgar) האַלט ס'מויל!

shutter (window) דער לאָדן (ס) || (camera) דאָס לעדל (עך)

shuttle 1. n. דאָס ווע'בשיפֿל (עך) || **s. train** די פּאָמפּעדי'קל־באַן (ען) ⊣ 2. v. פּאָמפּעדיקל|ען

shy שע'מעוודיק || **s. person** דער בײַשן (ים), [BAYShn—BAYShONIM] דער בושת־פּנים [BOYShES-PO'NEM— -PE'NEMER] (ער)

Siberia (דאָס) סיביר

Siberian סיבירער אינוו

sick קראַנק || (slightly) ניט־געזונט || **be** (continually) **s.** קרענק|ען || **take s.** פֿאַרשלאָפּט ווער|ן || **be s. of** (bored with: *rev. con.*) זײַן* דערעסן ד || **get s. of** (bored with: *rev. con.*) דערעסן ווער|ן אומפּ ⫞ **be s. in the stomach** ברעכן ד אומפּ קער|ן ⫞ **s. man** דער חולה [KhOYLE—KhELOIM] (חולאָים) ⫞ **dangerously s. man** דער חולה־מסוכּן [ME-SUKN], דער שכיב־מרע [ShKhI'VMERA]

sicken *vt.* מאַכ|ן קראַנק || (disgust) מיגל|ען ד ⫞ *cf.* **bore**

sickle דער סערפּ (ן)

sick leave דער קרע'נקאורלויב

sickly קרענקלעך

sickness די קרענק (ען)

sickroom דער קראַ'נקן־אַלקער (ס)

side 1. *adj.* זײַטיק || 2. *n.* די זײַט (ן) || (dispute, descent, etc.) דער צד (צדדים) [TSAD—TSDODIM] ⫞ **s. by s.** לעבן אַנאַ'נד, זײַט בײַ זײַט ⫞ **be on the s. of** (מיט) **also** האַלט|ן מיט

sideboard די קרעדע'נץ (ן)

sideburns באַ'קנבערד מצ

side curl די פּאה (—ות) [PEYE]

sidetrack *v.* אָפּ|פֿיר|ן אין אַ זײַט, אַראָפּ|פֿיר|ן פֿון וועג

sidewalk דער טרעטאָ'ר (ן), די לאַווע (ס)

sideways מיט דער זײַט; פֿון דער זײַט; אין אַ זײַט

siding דאָס בײַ'גערעלס (ן)

siege די באַלע'גערונג (ען) || **lay s. to** באַלע'גער|ן

sieve די זיפּ (ן); די רע'שעטע (ס)

sift *imp/pf* (דורכ|)זיי|ען, -|זיפּ|ן, -|בײַטל|ען

sifter די זיפּ (ן)

sigh 1. *n.* דער זיפֿץ (ן) || 2. *v. imp/pf* (אָפּ|)זיפֿצ|ן

sight 1. *n.* (spectacle) דאָס בילד (ער); דער ספּעקטאַקל (ען); ... צו זען ⫞ it was a beautiful s. ס'איז געווע'ן שיין צו זען || (sense) די ראיה [RIE] || (stg. worth looking at) דאָס טשיקאַוועס (ן) || (*pl.*) *also* חידושים מצ || (range of view) דער/דאָס צי'לערל (עך) ⫞ (viewer) אוי'גנגרייך || **amazing s.** דאָס בייז־ווו'נדער || **in the s. of** פֿאַר ד אין די אויגן || (**with**)**in s.** וווּ מע זעט; ווי ווײַט דאָס אויג גרייכט || **be in s.** *also* (אָנ|)זע|ן* זיך || **come into s.** דערזע'|ן* זיך || **out of s.** וווּ מע זעט ניט; מחוץ דעם אוי'גנגרייך [MIKhU'TS] || **be out of s.** *also* ניט (אָנ|)זע|ן* זיך || **at s.** אויפֿן ערשטן קוק; אויף ווייסטע; קוק|ן און וו' || translate at s. קוק|ן און איבער|זעצ|ן || **catch s. of** באַמערק|ן, דערזע'|ן* || **stand the s. of** אָנ|זע|ן*, -|קוק|ן || **lose s. of** פֿאַרליר|ן פֿון די אויגן || 2. *v.* (aim) קוק|ן ⫞ (descry) דערזע'|ן*

sight-see אָנ|קוק|ן (די) טשיקאַ'וועסן

sight-seeing 1. *adj.* טשיקאַוועס־...; טו־ריסטן־... ⫞ s. tour דער טשיקאַוועס־טור || 2. *n.* דאָס אָ'נקוקן (די) טשיקאַ'וועסן

sight-seer דער אָ'נקוקער (ס)

sign 1. *n.* דער סימן (ים) [SIMEN—SIMO-NIM], דער צייכן (ס) ⫞ (signboard) דער שילד (ן) ⫞ **s. language** דאָס שטו'ם־לשון [LOShN] ⫞ 2. *v.* אונטער|שרײַב|ן, חתמ|ע|נען [KhASME] (—זיך אונטער) ⫞ **s. one's name** אונטער|שרײַב|ן זיך, חתמ|ע|נען זיך || **s. up** (as) *vt/vi* פֿאַרשרײַב|ן (זיך) ⟨פֿאַר⟩

signal 1. *n.* דער סיגנאַ'ל (ן) || 2. *v.* סיגנאַל(יז)יר|ן; זײַן* אַ סיגנאַ'ל/סימן פֿון [SIMEN]

signatory דער או'נטערגעשרי'בענ|ער גענ, דער חתום (ים) [KhOSEM—KhSUMIM]

signature די חתימה (—ות) [KhSIME], די דרו'ק- (printing) ⫞ דער או'נטערשריפֿט (ן) ⫞ (music) די סיגנאַטו'ר (ן) ⫞ בויגן (ס)

signboard דער שילד (ן)

signet דער סיגנע'ט (ן)

significance דער באַטײַ'ט (ן), די ווערדע (ס); דער באַטרע'ף; די וואָ'גיקייט; די באַטײַ'טיקייט

significant (meaning) זי'נענדיק; באַטײַטיק

|| (import) וואָגיק, באַטרעפֿיק || (full of meaning) פֿי'ל־זאָ'געוודיק
signify באַטײַט|ן, הייס|ן, מיינ|ען
silence 1. *n.* די שטילקייט, דאָס שווײַגן || **s.!** 2. *v.* אײַנ|שטיל|ן || (*hum.*) שאַ(ט)! ⊣ פֿאַרשטאָפּ|ן די דאָס מויל
silent שטיל, שווײַ'גנדיק || **be s.** שווײַג|ן, אַנטשווײַגן ווער|ן ⊣ **fall s.** *also* שטומ|ען ל ⊣ אָנ|נעמ|ען אַ (*hum.*) ⊣ פֿאַרשטו'מט ווער|ן מויל מיט וואַסער
silently *also* [BIShTIKE] בשתּיקה
silhouette דער סילוע'ט (ן)
silk 1. *adj.* זײַד'ן || 2. *n.* די זײַד, דאָס זײַדנס
sill (window) די פֿע'נצטערברעט (ער)
silly נאַריש
silo דער סילאָ (ס)
silver 1. *adj.* זי'לבערן || 2. *n.* דאָס זילבער
silver-plated באַזילבערט
silverware דאָס זי'לבערוואַרג || (knives and forks) מצ גאָפּל־לעפֿל
silvery זי'לבערן, זי'לבערדיק
Simhath Torah [SIMKhES-TO'YRE] דער שׂימחת־תּורה
similar ⟨צו⟩ ענלעך || **s. to** *also* געגליכן צו, געראָטן אין
similarity די ע'נלעכקייט (ן), די געגלי'כנקייט (ן)
simile די פֿאַרגלײַכונג (ען)
simmer *vt/vi* מלי|ען (זיך) || *vi. also* אונטער|זיד|ן
simple [POShET] פּשוט || **s.** (modest) **person** [PAShTN—PASh-TONIM] דער פּשטן (ים)
simple-minded יאָלדיש, נאַרישעוואַטע
simpleton [TAM] דער תּם (ען)
simplicity [PAShTES] דאָס פּשטות
simplification [ ] די פֿאַרפּשוטערונג (ען)
simplify [FARPO'ShETER] פֿאַרפּשוטער|ן
simulate סימוליר|ן
si·multaneous איי'נצײַטיק, •גלײַ'כצײַטיק
simultaneously *also* מיט איין קלאַפּ, פֿאַר איין ווענס
sin 1. *n.* (—) די זינד || (*Jew.*) די עבֿירה [AVEYRE], (—ות) דער חטא (חטאָים)

[KhET—KhATOIM] ⊣ 2. *v/imp* זי'נדיק|ן || *pf.* פֿאַרזי'נדיק|ן זיך, פֿאַרשטיפֿ|ן
since 1. *prep.* (פֿון) זינט; פֿון ... אָן || 2. *conj.* (time) (פֿון) זינט || (cause) אַזוי' ⊣ (*hum.*) ווי, ווײַל, ווי באַלד באשר־בכן [BANShER-BEKhE'YN] ⊣ 3. *adv.* פֿון דעמאָלט אָן
sincere אָ'פֿן־האַרציק, •אױ'פֿריכטיק, ריי'נ־האַרציק; האַרציק
sincerely *also* [BEEMES] באמת || **s. yours** מיט גרוס דײַן/אײַער ...
sincerity די •אױ'פֿריכטיקייט, די אָ'פֿן־האַרצי־קייט; די האַ'רציקייט
sine דער סינוס (ן)
sinew די שפּאַ'נאָדער (ן)
sinful זינדיק || **s. Jew** דער פּושע־ישׂראל [POShE-YISRO'EL—POShE] (פּושעי־)
sing 1. *n.* דאָס זינגערײַ' (ען) || 2. *v. imp/pf* (אויס|)זינג|ען
singe *imp/pf* (אָפּ|)סמאַליע|ן, -|זענג|ען
singer דער זינגער (ס)
singing דאָס געזאַ'נג || (*Jew.*) *also* די נגינה [NEGINE] ⊣ **s. bird** דער שפּי'לפֿויגל (...פֿייגל) ⊣ **s. voice** [KOL] דאָס קול־נגינה
single 1. *adj.* איינציק || (occurring once) איי'נמאָליק ⊣ (unmarried) ניט־חתונה־געהאַט [KhA'SENE], פֿרײַ'לײדיק; או'מבאַ־מאַ'נט, או'מבאַווײַ'בט ⊣ 2. *v.* **s. out** אויס|טייל|ן
single-breasted איי'נבאָרטיק, איי'נרייִק
single-handed איינ|ער אַליי'ן אַפּ
singly איי'נציקווײַז
singsong 1. *n.* דער טראַלאַלײַ' || 2. *v.* שאַלעמויז|ן
singular 1. *adj.* (strange) מאָדנע, משונה־דיק [MEShU'NEDIK] ⊣ 2. *n.* די איינצאָל [YOKhED] דער יחיד, (ן)
sinister בייז, טונק'ל, פֿינצטער
sink 1. *n.* (kitchen) דער אָפּגאָס (ן) || (bathroom) דער וואַשטיש (ן) || 2. *vt.* אײַנ|זינק|ען || *pf.* ⊣ *vi/imp* זינק|ען ⊣ זינק|ען, פֿאַרזונקען ווער|ן (ship) *also* ⊣ אונטער|גיי|ן* ⊣ **s. into thought** פֿאַר־טראַכט|ן זיך, פֿאַרקלער|ן זיך

sinner דער זי'נדיק|ער גנב , דער בעל־עבֿירה (בעלי־עבֿירות) [BAL-AVE'YRE—BALE-AVE'YRES]
sinuous שלע'נגלדיק
sinus דער שטע'רןחלל [KhOLEL], דער סינוס (ן)
sip 1. *n.* דער זופּ (ן) || 2. *v.* זופּ|ן || (loudly) כליעפּטשע|ן
sir מײַן הער; פּאַניע;• סער אַמער
sire 1. *n.* (progenitor) דער געבוירער (ס) || 2. *int.* (to a king) אַדוני מלך [ADOYNI MEYLEKh] ⊣ 3. *v.* געבויר|ן, זײַן* דער געבוירער פֿון
siren די סירענע (ס)
sirloin די לע'דוויצע (ס)
sissy דאָס נע'בעכל (עך); דאָס ניו'נקעלע (ך) [NY]
sister די שוועסטער (—)
sister-in-law די שווע'גערין (ס)
sit זיצ|ן || **s. down** (אַוועק|־, אַנידער|)־ זעצ|ן זיך ⊣ (each in his own place) צו|זעצ|ן זיך ⊣ (for a moment) אויס|זעצ|ן זיך ⊣ (have a seat) *also* זיצ|ן זיך || **s. in (on)** צו|זעצ|ן זיך ‹צו›, בײַ|זײַן* ‹בײַ› || **s. up** אויפֿ|זעצ|ן זיך || (stay awake) בלײַב|ן אויף
site דער (בוי)פּלאַץ (...פּלעצער), די לאָקירונג (ען)
sit-in דער זיצשטרײַק (ן)
situated: be s. געפֿי'נ|ען זיך, ליג|ן
situation די סיטואַציע (ס), די לאַגע (ס),• דער מצבֿ [MATSEV] ⊣ (job) די שטעלע (ס)
Sivan (month) דער סיוון [SIVN]
six זעקס
sixteen זעכצן
sixteenth זעכצעט
sixth 1. *adj.* זעקסט || 2. *n.* דאָס זעקסטל (עך) ⊣ (music) די סעקסטע (ס)
sixtieth זעכציקסט
sixty זעכציק || (threescore) *also* דער שאָק (—)
sizable היפּש
size די גרייס (ן) || (clothes, shoes) דער נומער (ן) ⊣ (of a book) דער פֿאָרמאַ'ט (ן)

sizzle ציש(ע)|ן, זיד|ן
skate 1. *n.* (ice) דער גליטשער (ס) || (roller) דער רע'דלשוך (...שיך) || 2. *v.* גליטש|ן זיך; רעדל|ען זיך
skateboard די רע'דלברעט (ער)
skater דער גליטשלער (ס)
skating rink דער גליטש (ן); די רעדלערײַ'
skein דער מאָטיק (עס)
skeleton דער סקעלע'ט (ן); דאָס געביי'ן
skeleton key דער וויטריך (ן), דער נאָ'כשליסל (ען)
skeptic דער סקע'פּטיקער (ס)
skeptical סקעפּטיש
skepticism די סקע'פּטישקייט, דער סקעפּטיציזם
sketch 1. *n.* די סקיצע (ס) || 2. *v.* סקיציר|ן, אָנ|וואַרפֿ|ן
sketchy סכעמאַטיש, קאָנטוריש, סקיציק
skew קרום, געקריי'מט, שיף•
skewer דאָס (בראָ'ט)שפּיזל (עך)
ski 1. *n.* די נאַרטע (ס) || 2. *v.* נאַרטל|ען זיך
skid (אויס)גליטש|ן זיך
skier דער נאַרטלער (ס)
skiing דאָס נאַרטלערײַ'
skill די געניטשאַפֿט; דאָס בקיאות [BEKIES], די ספּעציאַליטע'ט (ן) ⊣ (*iro.*) די תּורה [TOY-RE]
skilled בקי אַפּ [BOKE] || (worker) קוואַלי־פֿיצי'רט ⊣ **s. person** דער בקי (בקיאים) [—BEKIIM]
skillful בריהש [BERYESh], געשי'קט; באַ־האַוונט• ⊣ **s. person** דער/די בריה (—ות) [BERYE]
skim *vt.* (milk) אָפּ|שעפּ|ן || (book) טראָג|ן זיך ⊣ *vi.* כאַפּיק ליי'ענ|ען || **s. off** אָפּ|הייב|ן
skimmed milk די אָ'פּגעשעפּט|ע מילך
skin 1. *n.* די הויט (ן) || (hide) די פֿעל (ן) || (fruit) די שאָלעכץ (ן) || (container) דער לאָגל (ען) ⊣ **by the s. of one's teeth** קוים־קוים ⊣ **get under the s. of** פֿאַר־קריכ|ן ד אונטער די נעגל, אַרײַנקריכ|ן ד אין האַרצן ⊣ 2. *v. imp/pf* (אָפּ|)שינד|ן א, אָפּ|־שינד|ן ד די פֿעל

skinny מאָגער, דאַר; הויט און ביינער
skip *imp/pf* (איבער|)הי'פּער|ן, שפּרינגל|ען || **s. rope** שפּרינג|ען מיט אַ שפּרינגשנור
skirmish *n.* דער צונויפֿשטויס (ן), דאָס שלאַכטל (עך)
skirt 1. *n.* דאָס האַלב|ע) קליידל (עך), דאָס רעקל (עך) ⊣ *cf.* **lap** || 2. *vt.* (border) גיי|ן*, פֿאָר|ן ⊣ (pass around) אַרומ|זוימ|ען אַרו'ם—
skit די לאַכערײַ'קע (ס)
skittish: s. person דער דרייקאָפּ (...קעפּ)
skull דער שאַרבן (ס)
skullcap (*Jew.*) די יאַ'רמלקע (ס)
skunk דער טכויר (ן)
sky דער הימל (ען) || **out of a clear s.** פֿון (דער) העלער הויט; פּלוצעם אין אַ מיטוואָך
skylight די דאַ'כפֿאָרטקע (ס)
skyline [NY] די הי'מל-ליניע (ס)
skyscraper דער וואָ'לקן-קראַצער (ס)
slab די פּלאַטע (ס), די טאַפֿליע (ס); דאָס טע'וועלע (ך)
slack 1. *adj.* לויז || 2. *n.* דער או'מסעזאָן (ען), דער סלעק אַמער
slacken *vt/vi* (זיך) פֿאַרפּאַמע'לעכ|ן
slacks פּלו'דערן מצ
slain [DERHARGET] דערהרגעט || **s. person** *also* [HOYREG—HARUGIM] דער הורג (הרוגים)
slake (lime) (אָפּ)לעש|ן || (thirst) שטיל|ן
slam 1. *n.* דער כמאַל (ן); דער זעץ (ן) || 2. *vt/vi* ⟨מיט⟩ אַ קלאַפּ/זעץ טאָ|ן* || (door) *also* (זיך) פֿאַרהאַק|ן
slander 1. *n.* דאָס [REKhILES] רכילות, דאָס [MALSHINES (BALPE')] מלשינות (בעל־פּה) || 2. *v.* רעד|ן רכילות אויף, מלשין זײַן* (בעל־פּה) אויף [ ], מוציא־שם־רע זײַן* אויף [MOYTSE-SHE'MRA]
slanderer [MALSHN—MAL-SHINIM] דער מלשין (ים), דער רכילותניק (עס) [ ]
slang דער סלענג
slant 1. *n.* די קרים, דער אוקאָס; דער אָנבייג (ן) || 2. *vt.* אָנ|בייג|ן, שטעל|ן קאָסע || *vi.* בייג|ן זיך, שטיי|ן* קאָסע
slanted (slanting) אָ'נגעבויג'ן, קאָסע || (distorted) פֿאַרקרי'מט
slap 1. *n.* דער פּאַטש (פּעטש) || 2. *v/imp* פּאַטש|ן, פּליאַסקע|ן ⊣ **s. on** אָנ|ליאַפּע|ן
slapstick די בופֿאָנאַדע
slash *v.* (צע)האַק|ן
slate (stone) דער שי'ווערשטיין || (board) דער (שי'ווער־)טאָוול (ען) ⊣ (list) דער צעטל (ען)
slattern די דראַבקע (ס), די טשוכטע (ן)
slaughter 1. *n.* די קײַלונג || (kosher) די [SHKhITE] שחיטה ⊣ (murder) *also* די [HARIGE] הריגה (—ות) ⊣ 2. *v.* קײַל|ן || (kosher) שעכט|ן, קויל|ען || (murder) אויס|שעכט|ן, *also* (mass) ⊣ צעקײַל|ן ⊣-|קויל|ען
slaughterer דער קײַלער (ס) || (kosher) דער [SHOYKhET—SHOKhTIM] שוחט (ים)
slaughterhouse די בוינע (ס), דאָס שעכטהויז (...הײַזער)
Slav דער סלאַוו (ן)
slave 1. *n.* דער שקלאַף (ן), דער קנעכט (—) || 2. *v.* שקלאַפֿ|ן, מאַ'טער|ן זיך, מוטשע|ן זיך
slave driver דער שקלאַ'פֿן-טרײַבער (ס)
slavery דאָס שקלאַפֿערײַ', די קנעכטשאַפֿט || (moral) *also* [AVDES] דאָס עבֿדות
Slavic סלאַוויש
slay [HARGE] טייט|ן, (דער)הרגע|נען
sled 1. *n.* דער שליטן (ס) || 2. *vi.* שליטל|ען זיך
sledgehammer דער זע'צהאַמער (ס), דער שמי'דהאַמער (ס)
sleek גליטשיק; גלאַטיק
sleep 1. *n.* דער שלאָף || **put to s.** לייג|ן שלאָפֿן ⊣ (make sleepy) פֿאַרשלע'פֿער|ן, אײַנ|שלע'פֿ(ער)|ן ⊣ **talk in one's s.** רעד|ן פֿון שלאָף ⊣ **get enough s.** אויס-|שלאָפֿ|ן זיך ⊣ 2. *v.* שלאָפֿ|ן || (*cont.*) פּאָפּ|ן
sleeping: s. car דער שלאָ'פֿוואַגאָן (ען) || **s. pill** די שלעפֿפּיל (ן)
sleepless אָן שלאָף || **is s.** (*rev. con.*) דער שלאָף נעמט אַ ניט ⊣ **becomes s.** (*rev. con.*) דער שלאָף טוט זיך אָפּ פֿון

sleepwalker דער סאָמנאַמבולי'סט (ן), דער לונאַ'טיקער (ס)
sleepy פֿאַרשלאָפֿ'ן, שלע'פֿעריק
sleepyhead דער פּעפּער (ס)
sleet דער אײַ'זרעגן, דער גרײַ'פּלרעגן || (on ground) דער רע'גנפֿריר
sleeve דער אַרבל (—) || **laugh in one's s.** || לאַכ|ן אין די פֿויסטן, לאַכ|ן אין אַרבל **up one's s.** צו'געקלערט; באַהאַלט'ן
sleigh דער שליטן (ס) || **go s.-riding** שליטל|ען זיך
slender שלאַנק; דאַר, מאָגער
slice 1. *n.* דאָס רעפֿטל (עך), דער פּענעץ (ער) || די לוסטע (ס), די סקיבע (ס) || (large) 2. *v.* אָנ|שנײַד|ן, צערעפֿטל|ען, צעפּע'נעצ|ן
slick גלאַט; גליטשיק; צאַ'צקעדיק
slide 1. *n.* (event) דער רוק (ן), דער גליטש (ן) || (moving part) דער רוקער (ס) || (children's) די גלי'טשלקע (ס) || (projection) דאָס ליכטבילד (ער), דאָס שײַנבילד (ער) || 2. *vt.* רוק|ן || *vi.* רוק|ן זיך, גליטש|ן זיך
slide rule די רו'קווירע (ס)
slight 1. *adj.* קליין; קנאַפּ || 2. *n.* דער אומכּבֿוד [U'MKOVED], דאָס פּחיתת־הכּבֿוד [PKhISES-HAKO'VED] ⊣ 3. *v.* אָנ|ריר|ן דעם כּבֿוד פֿון, פּוגע־בכּבֿוד זײַן* [POYGEYE-BEKO'VED]
slightly אַ ביסל || (with *adj.*) ...לעך || s. naïve נאַיִוולעך
slim שלאַנק; מאָגער, אײדעל; קנאַפּ
slime דער שלײַם
slimy שלײַמיק || (*fig.*) געבי'פּט || **s. person** *also* דער קריכער (ס)
sling 1. *n.* (shot) די וואַ'רפֿלקע (ס), דער שפּראָץ (ן) ⊣ (surgical) די בינדע (ס) || 2. *v.* שלײַ'דער|ן
slink לוג|ן, שלײַכ|ן זיך
slip 1. *n.* (slide) דער אויסגליטש (ן) || (error) *also* דער פֿאַרזע'ן (ען), דער טעות (ן) [TOES] ⊣ (of paper) דער צעטל (ען), דאָס קוויטל (עך), דאָס פּאַפּירל (עך) ⊣ (petticoat) דאָס או'נטערקלייד (ער) || 2. *vt.* (hand secretly) אונטער|רוק|ן אַ ד || *vi.* אויס|גליטש|ן זיך || **s. the mind of** אַרויס|גיי|ן* ד פֿון זינען ⊣ **s. away** *vt/vi* אַרײַנ|רוק|ן || ⊣ **s. in** *vt.* אַוועק|מאַכ|ן (זיך) *vi.* אַרײַנ|דריי|ען זיך, אַרײַנ|כאַפּ|ן זיך || **s. out** *vt.* אַרויס|כאַפּ|ן זיך
slipcover דער טשעכאָ'ל (ן)
slipper די מעשטע (ס), דער שטעקשוך (...שיך), דער לאַטש (ן)
slippery גליטשיק || (*fig.*) *also* געבי'פּט || **it's s.** outside אין דרויסן איז אַ גליטש
slipshod אָ'פּגעלאָז'ן
slit 1. *n.* דער שניט (ן) || 2. *v.* -אויפֿ|-, איבער| שנײַד|ן
slob דער/די מורזע (ס), דער שווינטוך (עס), די דראַבקע (ס)
slobber דער גאַווער
slogan דאָס קלינגוואָרט (...ווערטער), דער לאָזונג (ען)
slop 1. *n. see* **slops** || 2. *v.* (אַרומ|)פּליוכע|ן
slope 1. *n.* דער שיפּוע (ים) [SHIPUE—SHIPU-IM]; דער באַרגאַראָ'פּ (ן), דער באַרגאַרוי'ף (ן) || 2. *v.* גיי|ן* באַרג־אַראָ'פּ/־אַרוי'ף
sloped/sloping משופּעדיק [MEShU'PEDIK], קאָסע
slop pail דער פּאָ'מעשאַף (ן)
sloppy בלאָטיק; אָ'פּגעלאָז'ן, פֿאַרטאַטשטיש
slops פּאַמויעס מצ
slot דאָס שפּעלטל (עך)
Slovak 1. *adj.* סלאָוואַקיש || 2. *n.* דער סלאָוואַ'ק (ן)
Slovene 1. *adj.* סלאָווועניש || 2. *n.* דער סלאָווענער (—)
slovenly צעקראַכ'ן || **s. person** *cf.* **slattern, slob**
slow 1. *adj.* פּאַמעלעך, פּאַוואָליע; באַזאַ'כט; מאַרודנע ⊣ (dull) טעמפּלעך || **be s.** קריכ|ן, מאַרודיע|ן, קאַלופּע|ן זיך ⊣ (of a watch) קריכ|ן || 2. **s. down/up** *vt.* פֿאַרפּאַמע'לעכ|ן ⊣ *vi.* פֿאַרפּאַמע'לעכ|ן זיך, גיי|ן*/פֿאָר|ן... פּאַמע'לעכער
slow motion די קרײַ'כיקייט
slowpoke דער מאַרודניק (עס), דער קריכער (ס), דער בלײַ'ענ|ער פֿויגל (פֿייגל)
slug דאָס מעטאַלכל (עך)
sluggard דער פֿוילער (ס)

sluggish פֿויל, פֿאַרשלאָפֿ׳ן; לעפּיש
sluice דער שליוז (ן)
slum דאָס דלות־הויז (־הײַזער) [DA'LES], די מפּולת (ן) [MAPOYLES] ⊣ **s. area** דער דלות־קוואַרטל (ען) ⊣ **s. dweller** דער דלות־ווײַנער (ס)
slumber *v.* דרעמל|ען
slumlord דער בעל־הבית פֿון דלות־הײַזער (בעלי־בתּים) [BALEBO'S—BALEBATIM], דער דלות־פּריץ (ים) [PORETS—PRITSIM], דער בעל־מפּולת (בעלי־) [BAL-—BALE]
slump דער פּרײַ'זנפֿאַל (ן), דער פֿלו'צעמדיק|ער זול [ZOL]
slur 1. *n.* דער פֿלעק (ן) ‖ 2. *vt.* (words) אומקלאָר אַרויס|רעד|ן, זופּ|ן ⊣ **s. over** אַריבער|גליטש|ן זיך איבער
slush די סליאָטע (ס)
slut די דראַבקע (ס), די נאַכלײַע (ס)
sly כיטרע, פֿאַרשפּי'צט, געשעדיקט, געבי'פּט ‖ **s. person** *also* דער כיטראַ'ק (עס)
smack[1] **of** שמעק|ן מיט
smack[2] 1. *n.* דער פּאַטש (פּעטש) ‖ (ringing) דער פּראַסק (ן), דער פֿלעם (ען), דער כמאַל (ן) ‖ 2. *vt.* (slap) געב|ן* ד אַ פּאַטש/כמאַל ‖ (lips) שמו'צער|ן מיט
small 1. *adj.* קליין ‖ **s.est possible** מינימאַ'ל ⊣ **s. talk** דאָס נעפּלוי'ש ‖ 2. *n.* **s. of the back** מצ קריזשעס
small fry דאָס דרויב, דאָס קליינוואַרג
smallpox מצ פּאָקן
smart 1. *adj.* קלוג, געשײַ'ט ‖ (sly) געריב׳ן ‖ (elegant) מאָדיש, עלעגאַ'נט ‖ **s. fellow** *also* דער חכם (ים) [KhOKhEM—KhAKhOMIM] ⊣ **be s.** *also* האָב|ן* אַ קאָפּ אויף די פּלייצעס ⊣ **be very s.** (*hum.*) *also* האָב|ן* אַ קאָפּ פֿון אַ מיניסטער ⊣ 2. *v.* שמאַרצ|ן
smart aleck דער שייגעץ (שקצים) [—ShKOTSIM], דער בע'סער־ווייסער (ס)
smash צעשמע'טער|ן, צעדריזג|ען, צעמורזש|ן, צעמורשט|ן; °פּלעט|ן
smattering: have a s. of קענ|ען* אויפֿן שפּיץ מעסער
smear 1. *n.* דער שמיר (ן) ‖ 2. *v/imp* שמיר|ן ‖ *pf.* (substance) צעשמיר|ן, אָנ|שמיר|ן ‖ (surface) באַשמיר|ן ‖ (soil) פֿאַרשמיר|ן ‖ (name) באַשמוצ|ן
smell 1. *n.* דער ריח (ות) [REYEKh—REYKhES] ⊣ 2. *vt/imp* שמעק|ן ‖ *pf.* (perceive) דערשמעק|ן ‖ *vi.* (of) שמעק|ן ⟨מיט⟩
smelt[1] *imp/pf* (צע)שמעלצ|ן
smelt[2] *n.* (fish) די שטינקע (ס)
smile 1. *n.* דער שמייכל (ען) ‖ 2. *v.* שמייכל|ען
smirk *n.* דאָס שפּע'טשמייכעלע (ך)
smith *see* **blacksmith**
smithereens מצ פּיץ־פּיצלעך
smithy די קוזניע (ס), די שמידערײַ' (ען)
smock דער כאַלאַ'ט (ן)
smog דער טשאַ'דנעפּל
smoke 1. *n.* דער רויך (ן) ‖ **have a s.** פֿאַררײַ'כער|ן ⊣ 2. *vt.* רײַ'כער|ן ‖ (fish, meat) *also* וויאָנדזל|ען ‖ *pf.* אויס|רײַ'כער|ן ⊣ *vi.* רײַ'כער|ן ‖ **no smoking** ניט רײַ'כערן
smokescreen דער רוי'כשלייער (ן)
smokestack דער קוימען (ס)
smoky רויכיק, פֿאַררייכערט
smolder טליִע|ן (זיך), זשאַרע|ן זיך
smooth 1. *adj.* גלאַט(יק), געשליפֿ׳ן ‖ 2. *v.* פֿאַררײַב|ן, פֿאַרגלעט|ן ⊣ **s. over** אויס|גלעט|ן
smoothly גלאַט(יק) ‖ **very s.** *also* ווי געשמי'רט ⊣ **go s.** °גיי|ן* אַ גאַנג
smother דערשטיק|ן
smudge 1. *n.* דער שמיר (ן) ‖ 2. *v.* פֿאַרשמיר|ן, פֿאַרריס|ן
smug צופֿרי'ד׳ן מיט זיך, זי'ך־צופֿרי'ד׳ן
smuggle שמוגל|ען, שוואַרצ|ן
smuggler דער שמוגלער (ס)
smut דאָס שמוץ, די בלאָטע
snack דאָס אי'בערבײַסן (ס) ‖ **have a s.** איבער|בײַס|ן; איבער|כאַפּ|ן עפּעס, אונטער|לענ|ען זיך דאָס האַרץ ⊣ **afternoon s.** דער עשפּער
snag 1. *n.* דער וואָרצל (ען) ‖ (*fig.*) דער פֿאַרהאַ'ק (ן), די מניעה (—ות) [MENIE] ‖ 2. *v.* פֿאַרהאַק|ן, פֿאַרטשעפּע|ן
snagged פֿאַרהאַ'קט; פֿאַרטשעפּעט ‖ **get s.**

(on) פֿאַרהאַק|ן זיך, פֿאַרטשעפּע|ן זיך ⟨אין—⟩

snail דער שנעק (ן), די פּוילע־רוי'לע (ס)

snake די שלאַנג (ען)

snap 1. *n.* (sound) דער קנאַק (ן), דאָס קנאַקל (עך) || (bite) דער כאַפּ (ן) || (fastener) די קנאָפּקע (ס) || 2. *vt.* (grasp) אָנ|כאַפּ|ן || (click) אַ קנאַק(ל) טאָ|ן* || (break) צעברעכ|ן || (shut with a click) צו|קלאַפּ|ן || (photograph) אַראָפּ|כאַפּ|ן

snapdragon דאָס ליי'בנמויל

snap lock דער קלאַפּשלאָס (...שלעסער)

snapshot דאָס מאָמענטבילד (ער), דער אַראָפּכאַפּ (ן)

snare די סילצע (ס), דאָס כאַ'פּשטײַגל (עך)

snarl[1] 1. *n.* דער פּלאָנטער (ס) || 2. *v.* (tangle) פֿאַרפּלאָ'נטער|ן

snarl[2] (growl) קנורע|ן, וועל|ן* אײַ'נבײַסן

snatch אָנ|-, אַרויס|כאַפּ|ן || **s. away** אויס|-, אַוועק|-, צו|כאַפּ|ן || **s. up** אויפֿ|-, אַרײַנ|כאַפּ|ן || (all of) צעכאַפּ|ן

sneak *vi.* שלײַכ|ן זיך || **s. away** אַוועק|גנבֿע|נען זיך [GANVE], -|מאַכ|ן זיך || **s. in** אַרײַנ|גנבֿע|נען זיך, -|דריי|ען זיך || **s. out** אַרויס|גנבֿע|נען זיך || **s. up** (on) אונטער|-, צו|גנבֿע|נען זיך ⟨צו⟩

sneaker דער גו'מעשוך (...שיך)

sneaky גנבֿיש [GANEYVISh]

sneer 1. *n.* דער שפּע'טשמייכל (ען) || 2. *v.* **s.** (at) שפּעט|ן ⟨פֿון⟩

sneeze 1. *n.* דער נאָס (ן) || 2. *v/imp* ניס|ן || **not to be s.d at** ניט אַבי' וואָס/וועער

snicker כיכע|ן, לאַכ|ן אין אַרבל

sniff 1. *n.* דער שמעק (ן) || 2. *v/imp* סמאָרע|ן, שנאַפּ|ן, ניוכע|ן, צי:|ען מיט דער נאָז

snipe (at) אַפֿער|שיס|ן ⟨אויף⟩

sniper דער שאַ'רפֿצילער (ס)

snivel צי:|ען מיט דער נאָז || (*rev. con.*) רינ|ען אומפּ ד פֿון נאָז || (cry) העשע|ן

snob דער סנאָב (ן)

snobbish סנאָביש

snore כראָפּע|ן, שנאָרכצ|ן

snort שנאָרכצ|ן, פּירכע|ן, סמאָרע|ן, פֿאָרשקע|ן

snout דער פּיסק (עס) || (trunk) דער שנוק (ן)

snow 1. *n.* דער שניי (ען) || 2. *v.* שניי|ען || **cover with s.** פֿאַרשניי|ען || it is s.ing עס שנייט; עס גייט אַ שניי

snowball די שנייקויל (ן)

snowdrift דאָס אָ'נגעשניי (ען), דער פֿאַרשניי' (ען)

snowflake דאָס שניי'עלע (ך)

snowstorm דער שניי'שטורעם (ס), די מעטע'ליצע (ס)

snowsuit שנייקעס מצ

snowy שנייִק

snub 1. *n.* דער אָפּשטויס (ן), דער אומכּבֿוד [U'MKOVED] 2. *v.* באַהאַנדל|ען ניט נאָך זײַן/איר/...כּבֿוד נאָך; אָנ|טאָ|ן* ד אַן אומכּבֿוד

snub-nosed קאַרנאָסע

snuff 1. *n.* דער (שמע'ק)טאַביק || (of a candle) דער שנויץ (ן) || **pinch of s.** דער שמעק טאַביק || **take s.** שמעק|ן טאַביק || **s. box** די טאַ'ביק־פּושקע (ס) || 2. *v.* (a candle) (אַרומ|)שנײַצ|ן

snug (fit) שטילנע, נעט, שליסיק || (cozy) נו'רעדיק

snuggle *vt.* צו|נורע|ן || **s. in** *vi.* אײַנ|נורע|ן זיך || **s. up** *vi.* צו|נורע|ן זיך

so (thus) אַזוי' || (then; therefore) איז, טאָ, הייסט עס; ... זשע || **so (as to)** כּדי צו [KEDE'Y], בכדי צו [BIKhDE'Y] || **so that** אַזוי' אַז || (in order to) כּדי, בכדי || **so be it** זאָל זײַן אַזוי' || **is that so?** אַזוי' גאָר? טאַקע? גאָר אַזוי'? || **I hope/think/... so** איך האָף/מיין/... אַז יאָ; אַזוי' האָף/מיין/... איך || **so am/do I** איך אויך || **... or so** אַ (וואָ'סערע) ... || 50 people or so אַ (וואָ'סערע) 50 אירע || **so what?** איז וואָס? מה־בכך? [MA'-BEKA'Kh]; מה־רעש? [MA-RA'sh] || **so it was** כּך־הווה [KA'Kh-HA'VE] || **so there!** זעסטו? זעט איר? אַהאַ'! אינט || **so-and-so** דער און דער, די און די; אַזאַ' און אַזאַ'; אַזוינ|ער און אַזעלכ|ער || *cf.* **so-so**

soak *vt.* *imp/pf* (אײַנ|-, דורכ|)ווייק|ן || *vi.* ווייק|ן זיך || **s. in** *vt/vi* אײַנ|זאַפּ|ן (זיך)

soap 1. *n.* די זייף (ן) || **s. opera** די זייף־אָפּערע (ס) ⊣ 2. *v.* אײַנ|זייפֿ|ן

soapy אָ'נגעזייפֿט, אײַ'נגעזייפֿט; זייפֿיק

soar *v/imp* (אַרויפֿ)שוועב|ן, פֿלי|ען || (prices, hopes) צעשפּיל|ן זיך; אַ פֿלי טאָ|ן*

sob 1. *n.* דער כליפּ (ן) || 2. *v.* כליפּע|ן, העשע|ן

sober 1. *adj.* ניכטער || 2. *v.* **s. up** *vt/vi* אויס|ני'כטער|ן (זיך)

so-called אַזוי' גערופֿ־ן (=אַ"ג)

soccer דער פֿוסבאָל

sociability די געזע'לשאַפֿטיקייט, די חבֿרותא־דיקייט [ ]

sociable געזע'לשאַפֿטיק, חבֿרותאדיק [KhAV-RU'SEDIK]

social (societal) געזע'לשאַפֿטלעך || (public-welfare) *also* סאָציאַ'ל, סאָציאַ'ל... || (entertainment) פֿאַרברענג... || **s. science** די סאָציאַ'ל־וויסנשאַפֿט || **s. security** די סאָציאַ'ל־פֿאַרזיכערונג, דער סאָצפֿאַרזיכער || **s. worker** דער סאָציאַ'ל־אַרבעטער (ס)

socialism דער סאָציאַליזם

socialist 1. *adj.* סאָציאַליסטיש || 2. *n.* דער סאָציאַלי'סט (ן)

societal געזע'לשאַפֿטיק, געזעלשאַפֿט־...

society די געזעלשאַפֿט (ן); די חבֿרה (—ות) [KhEVRE] ⊣ **high s.** *also* די הויכע פֿענצטער מצ ⊣ **organized s.** *also* די געזע'לשאַפֿטלעכקייט

sociological סאָציאָלאָגיש

sociologist דער סאָציאָלאָ'ג (ן)

sociology די סאָציאָלאָגיע

sock דער סקאַרפּע'ט (ן), דער זאָק (ן)

socket (eye) דער (אוי'ג־)חלל (ס) [KhOLEL] || (plug-in) דער קאָנטאַ'קט (ן) || (screw-in) דער פּאַטראָ'ן (ען)

soda די סאָדע (ס)

soda fountain די סאָדאַרניע (ס)

sodium דער נאַ'טריום

Sodom (דאָס) סדום [SDOM]

sofa די סאָפֿע (ס), די קאַנאַפּע (ס), דער דיוואַ'ן (ען)

soft (not hard) ווייך || (not loud) שטיל, ני'דעריק ⊣ (drink) או'מאַלקאָהאָ'ליש || (*fig.*) ווייך, לינד || **s. boiled** לויז

soften פֿאַרוויי'כער|ן

softness די ווייכקייט; די שטילקייט, די ני'דעריקייט

soggy צעקוואַטשעט, דו'רכגעווייקט

soil[1] (ground) *n.* דער גרונט (ן), דער באָדן (ס)

soil[2] *v.* באַפֿלעק|ן, באַשמוצ|ן, פֿאַרפּעטס|ן, אײַנ|שמוצ|ן, -|מאַכ|ן, -|חזיר|ן [KHAZER], -|ריכט|ן, פֿאַראו'מרייניק|ן; אָנ|מאַכ|ן אין/אויף

sojourn 1. *n.* דער אויפֿהאַלט (ן), דאָס אי'בערזײַן || 2. *v.* *אי'בער|זײַ|ן

solace די נחמה [NEKhOME]

solar זונ... || s. system די זו'נסיסטעם

solder 1. *n.* דאָס לייטעכץ || 2. *v.* *imp/pf* (צו|)לייט|ן

soldier דער זעלנער (ס), דער סאָלדאַ'ט (ן) || **s.'s** אַדי זע'לנעריש

soldierly זע'לנעריש

sold out אוי'סגעפֿאַרקויפֿט

sole[1] *adj.* (איין־און־)איינציק

sole[2] (of foot) די פּיאַטע (ס) || (of shoe) די זויל (ן), די פּאַדעשווע (ס)

sole[3] (fish) די ים־צונג (ען) [YA'M]

solemn פֿײַ'ערלעך

solemnity די פֿײַ'ערלעכקייט

solicit (from) ווערביר|ן, ווענד|ן זיך נאָך ⟨בײַ—⟩ ⊣ (beg) בעטל|ען

solicitous זאָ'רגעריש

solid 1. *adj.* האַרט; סאָלי'ד, מאַסי'וו || (whole) גאַ'נצנ|ער || s. fuel דאָס האַרט|ע הייצוואַרג ⊣ 3 s. hours 3 גאַ'נצנע שעה || **s. geometry** די סטערעאָמעטריע || 2. *n.* דער האַרט|ער קערפּער (ס)

solidarity די סאָלידאַ'רישקייט, די סאָלידאַריטע'ט

solidary סאָלידאַריש

soliloquy דער מאָנאָלאָ'ג (ן)

solitaire (at cards) דער פּאַסיאַ'נס (ן) [SY] || **play s.** לייג|ן אַ פּאַסיאַ'נס

solitary באַזונדער, איינציק, אָ'פּגעזונדערט || **s. confinement** דער איזאָלי'ר

solitude די עלנט, דאָס איינזײַן, די איי'נזאַמקייט

solo 1. *n.* דער סאָלאָ (ס) || 2. *adv.* סאָלאָ || 3. *v.* פֿלי|ען סאָלאָ

so long זײַ(ט) מיר/אונדז דערווײַ'ל געזו'נט

solstice די זונשטיל (ן)

soluble (substance) צעלאָזלעך || (problem) באַשיידלעך, פֿאַרע'נטפֿערלעך

solution (fluid) די צעפֿירונג (ען) || (of a problem) די פֿאַרע'נטפֿערונג (ען), דער באַ־שיי'ד (ן), דער פֿאַרענטפֿער (ן) ⊣ (remedy) די סגולה (—ות) [ZGULE]

solve פֿאַרע'נטפֿער|ן, באַשייד|ן

solvent 1. *adj.* צאָ'לפֿעיִק, קאַראַ'נט || 2. *n.* (substance) דער צעפֿירער (ס)

some (a few) ע'טלעכע || (a little) אַ ביסל || s. water spilled *also* ס'האָט זיך אויס־געגאָסן וואַסער ⊣ (for) s. time אַ (שטיק) צײַט ⊣ (certain) (אַ) טייל, אַ'נדערע, אײַ'ניקע• ⊣ s. people like it (אַ) טייל מענטשן געפֿע'לט עס ⊣ (a certain) עפּעס אַ || s. child left it עפּעס אַ קינד האָט עס אי'בערגעלאָזט ⊣ (roughly) אַ || s. fifty אַ פֿופֿציק ⊣ (what a ...) !... שוין איין מאָל אַ ...! נישקשה פֿון אַ [NISHKOSHE]

somebody עמעץ*, ע'מעצ|ער

somehow ווי עס איז, ווי ניט איז

someone עמעץ*, ע'מעצ|ער

somersault 1. *n.* דער קאָ'זשעליק (קאָ'זשל־קעס) ⊣ **turn s.s** מאַכ|ן קאָ'זשלקעס || 2. *v.* איבער|קוליע|ן זיך

something עפּעס, וואָס עס איז, וואָס ניט איז || **s. of a ...** אַ שטיקל ...

sometime 1. *adv.* אַ מאָל || 2. *adj.* געווע'זט

sometimes אַ מאָל, אָפֿט מאָל, ווען עס איז || **s. one way, s. another** ווי אַ מאָל

somewhat אַ ביסל, עפּעס

somewhere (אין) ערגעץ, ערגעץ ווו || **s. else** אַנדערש ווו

son דער זון (זין) || (*pl.*: *hum.*, *cont.*) בנים מצ [BONIM] ⊣ **the s. of** (*Jew.*: in names) בן [BEN]

song דאָס (זינג)ליד (ער) || **Sabbath s.s** (*Jew.*) זמירות מצ [ZMIRES] || **S. of Songs** שיר־השירים [SHIR-HASHI'RIM]

son-in-law דער איידעם (ס) || **s.'s father** דער מחותּן (ים) [MEKhUTN—MEKhUTONIM] ⊣ **s.'s mother** די מחותּנתטע (ס) [MEKhUTE'NESTE]

sonnet דער סאָנע'ט (ן)

sonny זו'נעניו [NY]

sonorous קלי'נגעוודיק, קלי'נגענדיק

soon באַלד, אין גיכן, בקרובֿ [BEKOREV], קירצלעך ⊣ **as s. as** באַלד ווי, גלײַך ווי || **no s.er** ווי נאָר

soot 1. *n.* די סאַזשע || 2. *v.* אײַנ|ריס|ן

soothe באַרו'יִק|ן, לי'נדער|ן

soothsayer דער וואָ'רזאָגער (ס)

sooty רוסיק, אײַ'נגעריסט

sophisticated ראַפֿיני'רט

sophistication די ראַפֿינירטקייט

sophomore דער צוויי'טיאָרלער (ס)

sophomoric צני'פֿיש־אַלצוויי'סעריש

soporific 1. *adj.* שלעפֿיק || 2. *n.* דאָס שלעפֿעכץ (ן)

soprano דער סאָפּראַ'ן (ען)

sorcerer דער כּישוף־מאַכער (ס) [ ], דער מכשף [MEKhASHEF—MEKhASHFIM] (ים)

sorceress די כּישוף־מאַכערין (ס) [ ], די מכשפֿה [MAKhSHEYFE] (—ות)

sorcery דער כּישוף [KIShEF]

sordid שמוציק; געמיי'ן; גײַציק, כאַ'פּעריש

sore 1. *adj.* ווײ'טיקדיק, צעווייטיקט, אָ'נגע־ווייטיקט ⊣ (inflamed) אָ'נגעריס'ן || (angry) ברוגז [BROYGES] || **be s.** רײַס|ן ⊣ I have a s. finger מיר רײַסט אַ פֿינגער ⟨ד⟩ אומפּ || **s. throat** דער האַ'לדזווייטיק ⊣ 2. *n.* די וווּנד (ן)

sorrel דער שטשאַוו

sorrow דער טרויער, דער צער [TSAR], די לייד (ן)

sorrowful טרוי'עריק, סמוטנע

sorry (lugubrious) נע'בעכדיק, קלאָ'געדיק || **be s.** (that) באַדוי'ער|ן ⟨וואָס/אַז⟩ || (*rev. con.*) פֿאַרדריס|ן, באַנג/°לייד טאָ|ן* ⊣ is **s.** that *also* ס'קלעמט ד אומפּ— ⟨וואָס/אַז⟩ ⊣ **be s. for** (pity) ד דאָס האַרץ ⟨וואָס⟩ באַדוי'ער|ן, רחמנות האָב|ן* אויף [RAKhMONES] || (*rev. con.*) באַנג טאָ|ן* ד אויף ⊣ (regret) [KhARO- חרטה האָב|ן* וואָס/אויף

TE] ⊣ I am **s. to** say צום באַדוי'ערן מוז
איך זאָגן ⊣ **so s.!** [MOYKhL] מוחל זײַ(ט)
sort 1. *n.* דער זגאַל (ן), דער סאָרט (ן), דער מין (ים)
(ן) ⊣ **s. of** עפּעס || **all s.s of** אַלערליי'
|| *cf.* **kind** || **out of s.s** ניט מיט אַ'לעמען;
[BRO'YGESLEKh] ברוגזלעך ⊣ 2. *v. imp/*
pf. (אויס|)סאָרטיר|ן
sortie דער אַרויספֿלי' (ען)
so-so [NIShKOShE] נישקשה
sought-after געזו'כט
soul די נשמה (—ות) [NEShOME], דאָס נפֿש
[NEFESh—NEFAShES] (ות) ⊣ **not a liv-**
ing s. קיין מו'טערמענטש ... ניט
sound¹ *adj.* געזו'נט
sound² 1. *n.* דער קלאַנג (ען) || (merest s.)
(ן) דער פּיפּס ⊣ **make a s.** אַרויס|געב|ן* אַ
קלאַנג ⊣ **not make a s.** *also* קיין פּיפּס
ניט טאָ|ן* ⊣ 2. *vt.* קלינג|ען אין, לאָז|ן
אוי'פֿהילכן ⊣ *vi.* קלינג|ען, אויפֿ|הילכ|ן
sound³ *n.* (passage) דער דורכגאָס (ן)
sound⁴ *v.* (probe) זאָנדיר|ן
sounding board דער רעזאָנאַטאָר (...אָ'רן)
soundproof קלאַ'נג־באַוואָרנט
soup די זופּ (ן)
soup kitchen די גאָרקיך (ן)
sour זויער || **s. milk** די זוי'ערמילך
source דער קוואַל (ן), דער מקור (ים) [MOKER
—MEKOYRIM]
south [DOREM] דער דרום
southeast [MI'ZREKh] דער דרום־מיזרח
southeastern דרום־מיזרח־...; דרום־מיזרח־
דיק [ ]
southerly/southern [ ] דרום־...; דרומדיק
southward 1. *adj.* [ ] ...־דרום || 2. *adv.*
אויף דרום
southwest [MA'YREV] דער דרום־מערבֿ
southwestern דרום־מערבֿ־...; דרום־מערבֿ־
דיק [ ]
souvenir דער אָנדענק (ען), דער סוווועני'ר
(ן)
sovereign 1. *adj.* סוווערע'ן || 2. *n.* דער
איי'בערהאַר (ן), דער הערשער (ס)
sovereignty די סוווערעניטע'ט, די איי'בער־
האַרשאַפֿט

Soviet 1. *adj.* סאָוועטיש; סאָוועטן־... ||
S. Union דער סאָוועטן־פֿאַרבאַנד, דער ראַ'טן־
פֿאַרבאַנד ⊣ 2. *n.* דער סאָוועט (ן)
sow¹ *n.* די ליאָכע (ס), די חזירטע (ס) [KhA'-
ZERTE]
sow² *imp/pf* (פֿאַר)זיי|ען
sowing דער פֿאַרזיי' (ען)
soy beans די סויע קאָל
spa דאָס וואַ'רעמבאָד (...בעדער), דער קוראָרט
(...ערטער)
space 1. *n.* (cosmos) דער קאָסמאָס, דאָס גע־
רעם, דאָס אָרט, ⊣ (room) שפּריי'ט; די ספּערן מצ
דער אָפּשטאַנד (ן), דער ⊣ (gap) דער פּלאַץ
(ן) ⊣ (interlinear) *also* דער אינטער־ אָפּרוק (ן)
|| (printer's) *also* (ן) דער שפּײַץ ⊣ וואַ'ל (ן)
double s. צוויי'יק|ער אינטערוואַ'ל || 2. *v.*
צערוק|ן, צעשטאַפּל|ען, צעשיכט|ן; אויס|-
(צע)- (letters) ⊣ שטעל|ן מיט אָ'פּרוקן
צעשטאַפּל|ען *also* (vertically) ⊣ שפּײַצ|ן
spacecraft די קאָ'סמאָסשיף (ן)
spaceman דער קאָ'סמאָסניק (עס), דער קאָס־
מאָנוי'ט (ן)
spacious גערא'ם, רחבֿותדיק [RA'KhVES-
DIK]
spade די לאָ'פּעטע (ס), דער רידל (ען), דער
פּיק, שוואַרץ ⊣ **s.s** (in cards) שפּאָדל (ען)
spaghetti ספּאַגעטי מצ
Spain (די) שפּאַ'ניע
span 1. *n.* דער שפּאַן (ען), דער גרייך (ן) ||
2. *v.* מעסט|ן, דורכ|שפּאַנ|ען || (cover)
דעק|ן
spangle 1. *n.* דאָס פֿלי'טערל (עך) || 2. *v.*
באַפֿלי'טער|ן
Spaniard דער שפּאַ'ניער (—)
Spanish שפּאַניש
spank 1. *n.* דער שמיץ (ן) || 2. *v.* אָפּ|שמײַס|ן
|| (*hum.*) אַרײַנ|צימבל|ען ד
spare 1. *adj.* זאַפּאַסיק; רעזע'רוו..., זאַ־
פּאַ'ס... ⊣ s. part זאַפּאַסטייל || 2. *v.*
(economize) זשאַ'לעווע|ן || (exempt)
באַ־ (get along without) ⊣ פֿאַרשפּאָר|ן
אָן זיך גיי'|ן* ⊣ (refrain from injuring)
שאַ'נעווע|ן
spark 1. *n.* דער פֿונק (ען) || (*fig.*) דער ניצוץ

[NITSETS—NITSOYTSES] (ות) ⊣ 2. *v.* אָנ|צינד|ן

sparkle 1. *n.* דער בלישטש, דער פֿינקל, || פֿינקל|ען, 2. *v.* || דער שפּריץ (fizz) ברויז|ן, מוסיר|ן (bubble) ⊣ בלישטשע|ן

sparkler דער קאַלט|ער פֿײַער קאָל

sparrow דער שפּערל (עך)

sparrow hawk דער שפּאַרבער (ס)

sparse שי'טער(לעך)

spasm די ספּאַזמע (ס)

spat דער קאַמאַ'ש (ן)

spatial גערשפּרייטיק; געשפּריי'ט..., ספּע'רנ...

spatter *v/imp* שפּריצ|ן ⟨מיט⟩ || *pf.* באַ־שפּריצ|ן, באַשפּרענקל|ען, באַפּליוכע|ן, באַ־פּלונטש|ן ⟨מיט⟩

spatula דער שפּאַטל (ען)

spawn 1. *n.* דער רויג (ן) || 2. *vt.* אָנ־רוי'גענ|ען; אויס|פּלאָדיע|ן ⊣ *vi.* אויס־פּלאָדיע|ן זיך

SPCA די צער־בעלי־חיים־געזעלשאַפֿט [TSA'R-BALEKhA'IM]

speak *vt.* (אַרויס|)זאָג|ן || *vi.* (to) רעד|ן רעד|ן ווערטער; גענב|ן* לשון° ⊣ **s. out** ⟨מיט⟩ [LOShN] ⊣ **s. up** (louder) רעד|ן העכער || (respond) אָפּ|רופֿ|ן זיך || (take floor) רעד|ן שלעכטס/ **s. ill of** ⊣ נעמ|ען אַ וואָרט || לשון־הרע —אויף [HO'RE], אָפּ|ריכט|ן ד **so to s.** אַזוי' צו זאָ'גן

speaker דער רעדנער (ס) || (lecturer) דער וואָ'רט־ (discussant) ⊣ רעפֿערע'נט (ן) דער רעדער (of a language) ⊣ נעמער (ס) דער ספּיקער (ס) **S. of the House** ⊣ (ס)

spear די שפּיז (ן)

spearhead דער שפּי'זנשפּיץ (ן)

special ספּעציע'ל, באַזונדער, עקסטער אינוו

specialist דער ספּעציאַלי'סט (ן), דער מומחה [MUMKhE—MUMKhIM] (—ים), דער ספּעץ (ן)

specialize *vi.* ספּעציאַליזיר|ן זיך

specialty די ספּעציאַליטע'ט (ן)

specie דאָס מעטאַלגעלט

species דער זגאַל (ן)

specific ספּעציפֿיש

specification (mention) די אוי'סטיילונג || די ספּעציפֿיקאַציע (ס) (detail) ⊣ (ען) **s.s** (description) די באַשרײַבונג מצ (ען)

specify ספּעציפֿיציר|ן, דערמאָנ|ען בפֿירוש [BEFEYRESh]; אויס|טייל|ן

specimen דאָס פּרוּוול (עך), דער מוסטער (ן); דער עקזעמפּלאַ'ר (ן)

speck דאָס שפּרענקל (עך)

speckled באַשפּרענקלט, ראַבע

spectacle דער ספּעקטאַקל (ען)

spectacles שפּאַקולן מצ

spectacular ספּעקטאַ'קלדיק; פּלאדיק [PE'-LEDIK]

spectator דער צו'זעער (ס), דער צו'קוקער (ס)

specter דאָס דערזע'עניש, די ווײַ'זנגעבונג (ען), דאָס •געשפּע'נסט (ן)

spectrum דער ספּעקטער (ס)

speculate ספּעקוליר|ן || (ponder) איבער|־טראַכט|ן, חקירה|ן זיך ⟨—וועגן⟩ [KhKIRE], גריבל|ען זיך ⟨אין⟩

speculation די ספּעקולאַציע (ס) || (pondering) די חקירה (—ות) [KhKIRE]

speculative ספּעקולאַטי'וו || (uncertain) חקרניש (intellectual) ⊣ אוי'סגעחקירהט [ ] [KhAKRONISh] ⊣ **s. thinker** דער חקרן [KhAKREN—KhAKRONIM] (ים)

speculator דער ספּעקולאַ'נט (ן)

speech די רייד מצ || (public address) די רעדע (ס) ⊣ (*iro.*) [DROShE] (—ות) די דרשה || **make a s.** האַלט|ן אַ רעדע

speechless אָן לשון [LOShN] || **be s.** *also* ניט האָב|ן* קיין ווערטער;° ניט קענ|ען* ע'פּענען קיין מויל

speed 1. *n.* די גיכקייט, די געשווינדקייט; די גיך || **at full s.** מיט דער פֿולער גיכקייט, הענדעם־פּע'נדעם ⊣ **s. limit** די מאַקסימאַל|ע גיכקייט || 2. *vt/vi* יאָג|ן, פֿאַרגי'כער|ן, צו|אײַל|ן (—זיך)

speedometer דער גי'כמעסטער (ס)

speed-up דער צואײַל (ן), די פֿאַרגי'כערונג (ען)

speedy געשווי'נד, גיך

spell[1] (period) די רגע (ס) [REGE], דער משך [MEShEKh] ⊣ (attack) דאָס צײַטל (עך) || די קעלט (ן) ⊣ **cold s.** דער אָנפֿאַל (ן)

hot s. די היץ (ן) || **for a s.** *also* אַ (אויף) ווײַל

spell[2] (magic) דער כּישוף (ים) [KIShEF—KIShUFIM]

spell[3] *v.* (write) אויס|לייג|ן || (name the letters) זאָג|ן די אותיות פֿון [O'YSIES] || **s. out** (*fig.*) צעלייג|ן אויף טע'לערלעך

spellbound [FARKIShEFT] פֿאַרכּישופֿט

spelling דער אויסלייג (ן)

spend (money) אויס|געב|ן* || (use up) פֿאַרטאָ'|ן* ⊣ (time) פֿאַרברענג|ען, צו|ברענג|ען

spender דער בעל־הוצאה (—ות) [BAL-HETSO'E—BALE]

spendthrift דער אוי'סברענגער (ס)

spent (tired) אוי'סגעשעפּט

sperm [ZERE] די ספּערמע, די זרע

sphere (figure) די קויל (ן), דער קײַלעך (ער) || (range) די ספֿערע (ס)

spherical ספֿעריש, קײַ'לעכ(ד)יק

spice 1. *n.* דאָס געווי'רץ (ן) || (*pl.*) *also* [PSOMIM] בשׂמים ⊣ **s. box** דאָס הדסל (עך) [HO'DESL] ⊣ 2. *vt.* (פֿאַר)ווירצ|ן, צו|ווירצ|ן

spick-and-span שפּיגל ריין, זויבער־ריין, פֿי'נקלדיק און פֿע'כלדיק

spicy געווירציק; בשׂמימדיק [ ], שאַרף, פּי־קאַ'נט

spider די שפּין (ען)

spike 1. *n.* דער (רע'לסן־)נאָגל (נעגל) || 2. *v.* צו|נאָגל|ען

spill *vt/vi* (liquid) פֿאַרגיס|ן (זיך) || (pour out) אויס|גיס|ן (זיך) || (solid) פֿאַרשיט|ן (זיך) ⊣ (pour out) אויס|שיט|ן (זיך)

spin 1. *n.* דאָס געשפּי'ן; דער וויקל (ען), דער אומדריי (ען) ⊣ 2. *vt.* (thread) שפּינ|ען || (turn) *vt.* גיך דריי|ען || *vi.* דריי|ען זיך, וויקל|ען זיך, שפּינ|ען זיך

spinach דער שפּינאַ'ט

spinal ...רו'קנביין־... || **s. chord** דער חוט־השדרה (—ות) [KhUT-HAShE'DRE]

spindle דאָס שפּינדל (ען)

spine דער רו'קנביין (ער), די שדרה (—ות) [ShEDRE]

spinning wheel די שפּינראָד (...רעדער)

spinster די אַלט|ע מויד (ן)

spiral 1. *adj.* ספּיראַליש || **s. staircase** די שווי'נדלטרעפּ (ן) ⊣ 2. *n.* דער ספּיראַ'ל (ן)

spire דער טו'רעמשפּיץ (ן)

spirit דער גײַסט (ער) || (character) *also* דאָס געמי'ט (ער) ⊣ (mood) דער סטרוי (ען) || (courage) דער קוראַ'זש || (vehemence) דער ברען ⊣ (alcohol) דער שפּירט || **divine s.** [RUEKh-HAKO'YDESh] דער רוח־הקודש || **evil s.** דער ניט־גוט|ער געב ; די קליפּה (—ות) [KLIPE] ⊣ **s.s** (mood) די שטימונג || (liquor) דער בראָנפֿן || **in high s.s** גוט געשטי'מט; בײַם מוט, אוי'פֿגעלייגט ⊣ **in low s.s** שלעכט געשטי'מט || **be in low s.s** (*rev. con.*) זײַן* אומפּ ד אָ'נגעזאָליעט אויפֿן האַרצן

spirited לע'בעדיק, פֿײַ'ערדיק, מיט ברען

spiritual גײַסטיק, רוחניותדיק [ ]

spirituality [RU'KhNIES] דאָס רוחניות

spit[1] *imp/pf* (אויס)שפּײַ|ען

spit[2] *n.* (skewer) די בראָטשפּיז (ן) || (of land) [YABO'ShE] די יבשה־צונג (ען)

spite 1. *n.* דער להכעיס [LEHAKhES], דער צו־להכעיס [TSELOKhES] ⊣ **for s.** אויף צו להכעיס ⊣ **in s. of** ניט געקוקט, ניט קו'קנדיק —אויף ⊣ **as if in s.** אויף צו להכעיס ד [MAYSE-SO'TN] מעשׂה־שׂטן ⊣ 2. *v.* טאָ|ן* ד (אויף) צו להכעיס, °צעזעצ|ן/איבער|קער|ן ד די גאַל, °טאָ|ן* ד אין דער גאַל אַרײַ'ן

spiteful להכעיסדיק [ ] || **be s.** *also* גיי|ן* מיט סטירדעס ⊣ **s. person** דער להכעיסניק (עס)

spitoon דאָס שפּײַ'קעסטל (עך)

spittle די סלינע

splash 1. *n.* דער פּליוך (ן), דער פּליושק (ן) || 2. *vt.* שפּריצ|ן, פּליושקע|ן ⟨—אויף⟩, באַ־שפּריצ|ן; פּליושקע|ן זיך ⊣ *vi.* שפּריצ|ן || **s. down** אַראָפּ|פּלונטש|ן

splashdown דער אַראָפּפּלונטש (ן)

spleen די מילץ

splendid גלע'נצנדיק, פּראַכטפֿול, פּראַכטיק, קעסטלעך ⊣ (*iro.*) האַ'קנדיק און טשאַ'קנדיק, מיטן גאַנצן טשאַק

splendor דער פּראַכט; דער פּוץ || (*iro.*) דער טשאַק

splint דאָס בי'נדברעטל (עך)

splinter דער שפּילטער (ס), די סקאַבקע (ס) || **get a s. in** פֿאַרשטעכ\|ן זיך, פֿאַרסקאַבע\|ן זיך — אַ

split 1. *adj.* געשפּאָלט'ן || **s. second** דער הרף־עין [HEREF-A'YEN] ‖ 2. *n.* דער שפּאַלט (ן), די שפּאַלטונג (ען) ‖ *cf.* **hair; laughter** || 3. *vt. imp/pf* (צע)שפּאַלט\|ן || *vi.* שפּאַלט\|ן זיך; פּלאַצ\|ן || **s. off** אָפּ\|־שפּאַלט\|ן זיך

splurge *v.* לאָז\|ן זיך קאָסטן

spoil *vt.* קאַליע מאַכ\|ן, פּטר\|ן [PATER], פֿאַרשטער\|ן || (mar) ‖ איבער\|פֿיר\|ן (child) ‖ צעבאַ'לעווע\|ן, צעלאָז\|ן, צעפּעסטע\|ן (en-terprise: *hum.*) צו רעכט מאַכ\|ן, באַגראָב\|ן || *vi.* קאַליע ווער\|ן, איבער\|פֿיר\|ן זיך

spoiled אַפּ קאַ'ליעדיק, קאַליע || (child) *see* **spoil** || **act s.** פּעסטע\|ן זיך

spoils דאָס רויב קאָל

spoke די ספּיצע (ס)

spokesman דער פֿי'רשפּרעכער (ס), דער ראָש־המדברים [ROSH-HAMDA'BRIM—(ראָשי־) ROSHE]

sponge דער שוואָם (ען)

spongecake דער טאָרט (ן), דער צו'קער־לעקעך (ער)

sponsor 1. *n.* דער פּאַטראָ'ן (ען), דער צו'־צו\|שטעל\|ן, פּאַטראָניר\|ן ‖ 2. *v.* שטעלער (ס)

sponsorship די צו'שטעלערשאַפֿט (ן), דער פּאַטראָנאַ'ט (ן)

spontaneous ספּאָנטאַ'ן, פֿון זיך אַליי'ן

spoof דאָס געלע'כטערל (עך), דאָס פּאַראָ'דיעלע [DY] (ך)

spool דאָס קלעצל (עך), די שפּולקע (ס)

spoon 1. *n.* דער לעפֿל (—) || (teaspoon) דאָס לע'פֿעלע (ך) ‖ **be born with a silver s. in one's mouth** געבוירן ווער\|ן אין אַ הײַבל ‖ 2. *v.* **s. out** אויס\|לעפֿל\|ען

spoonful דער לעפֿל (—) || **by the s.** לע'פֿלווײַז

sporadic ספּאָראַדיש

spore דער ספּאָר (ן)

sport 1. *n.* דער ספּאָרט (ן) || (person) דער ספּאָרטלער (ס), דער ספּאָרטסמע'ן (ער) || (gentleman) דער גאַלאַנטאָ'ן (ען) || 2. *vt.* אַרום\|גיי\|ן* מיט/אין ד (און ווײַז\|ן עס); אויס\|־שטעל\|ן זיך מיט

sportsmanlike (physical) ספּאָ'רטלעריש || (moral) גוט־ספּאָ'רטיש, או'מנצחניש [U'MNATSkho'NISH], גאַלאַנטאָניש

sportsmanship די גוט־ספּאָ'רטישקייט

spot 1. *n.* דער פֿלעק (ן), די פּליאַמע (ס) || (place) דער אָרט (ערטער) || **on the s.** אויפֿן אָרט ‖ **in s.s** ע'רטערווײַז || 2. *v.* (soil) באַפֿלעק\|ן || (notice) דערטאַפּ\|ן, דערוויש\|ן; אויס\|שפּיר\|ן; דערזע'\|ן*

spotless אָן אַ פֿלעק

spotlight דער פּראָיעקטאָר (...אָ'רן)

spotted געשפּרענקלט, געפּינטלט; ראַבע || (fever etc.) פֿלעק...

spotty פֿלעקיק, שפּרע'נקלדיק; ע'רטערווײַז אַדוו

spout 1. *n.* דער שנאָבל (ען) || 2. *vt.* אַרויס\|שפּריצ\|ן ‖ *vi.* שפּריצ\|ן מיט

sprain 1. *n.* דער לונק (ען) || 2. *v.* אויס\|־דריי\|ען זיך, אויס\|לינק\|ען זיך — אַ

sprawl 1. *n.*: **urban s.** דער שטאָ'טאויסצי־צעלייג\|ן זיך; ליג\|ן אוי'סגעצויגן || 2. *vi.*

spray 1. *n.* (jet) דער שפּריץ (ן) || (com-pound) דאָס שפּריצעכץ (ן) || 2. *vt/vi* באַשפּריצ\|ן (מיט)

spraygun דער פּולוועריזאַטאָר (...אָ'רן)

spread 1. *n.* די פֿאַרשפּרייטונג, דער אויסשפּרייט, די צעשפּרייטונג ‖ (substance) דאָס באַ־שמירעכץ (ן) ‖ 2. *vt/imp* (פֿאַר)שפּרייט\|ן || *pf.* פֿאַרשפּרייט\|ן, צעשפּרייט\|ן, צעטראָג\|ן, || (lay out) אויס\|לייג\|ן ‖ אויס\|שפּרייט\|ן (butter etc.) (צע)שמיר\|ן || (rumor) צעפּויק\|ן, צעטראָג\|ן אויף טע'לערלעך || (אויס)שפּרייט\|ן זיך, פֿאַרשפּרייט\|ן זיך, *vi.* צעטראָג\|ן זיך ‖ (rumor) צעשפּרייט\|ן זיך || (butter etc.) שמיר\|ן זיך

spree די הוליאַנקע (ס) || **go on a s.** זיך לאָז\|ן ווײַלגיין

sprightly לע'בעדיק, באַלע'בט, שמײַדיק

spring 1. *n.* (source) דער קוואַל (ן), די פֿעדער (elastic body) ‖ קרע'ניצע (ס)

(ן), די ספּרונזשינע (ס) ⊣ (of a vehicle)
דער רעסאָ'ר (ן) ⊣ (season) דער פֿרילינג (ען),
[PE'YSEKh] || די וועסנע (ס), דער פֿאַרפּסח
in the s. פֿרי'לינגצײַט || 2. *vt.* (surprise)
אַ וואָרף טאָ|ן* ⊣ *vi.* (leap) אַ שפּרונג טאָ|ן*
|| (originate) אַרויס|קוואַל|ן, קומ|ען
⟨פֿון—⟩ ⊣ **s. forth** אַרויס|שפּרינג|ען || **s. up**
[NITSMEKh] אויפֿ|קומ|ען, ניצמח ווער|ן
springboard די שפּרינגברעט (ער), די
שפּרי'נגלקע (ס)
springy פֿע'דערדיק
sprinkle 1. *n.* דער שפּריץ || 2. *vt/imp*
שפּריצ|ן, פּראָשע|ן ⊣ *pf.* (substance)
אָנ|שפּריצ|ן, אָנ|פּראָשע|ן ⊣ (target) באַ-
שפּריצ|ן, באַשפּרענקל|ען (מיט—)
sprinkler דער באַשפּריצער (ס)
sprout 1. *n.* דער שפּראָץ (ן) || 2. *vi.* שפּראָצ|ן
(זיך); שיט|ן זיך
spruce דער טע'נענבוים (...ביימער)
spruce up *vt.* צו|פּוצ|ן
spur 1. *n.* (horseman's) דער שפּאָר (ן) ||
(stimulus) דער שטויס (ן) || **on the s.**
of the moment אויפֿן מאָמע'נט, אויף
דער הייסער מינו'ט ⊣ 2. *v.* אונטער|-
געב|ן* ד חשק [KhEYShEK], צו|נייט|ן, אָנ•-
שפּאָ'רע|ן
spurious אומעכט
spurt 1. *n.* דער שפּריץ (ן); דער ריס (ן), דער
אויפֿבּרויז (ן) ⊣ 2. *v.* אַ שפּריץ טאָ|ן*; אַ ריס
טאָ|ן* זיך
sputter שפּרודל|ען, שפּריצ|ן, שפּריצל|ען ||
(engine) אונטער|הוסט|ן
spy 1. *n.* דער שפּיאָן (ען) || 2. *v.* שפּיאָניר|ן
spyglass דער שפּאַקטי'וו (ן)
squad דער רינג (ען), דער אָפּטייל (ן)
squadron דער עסקאַדראָ'ן (ען)
squalid אָ'פּגעלאָז|ן, ברודיק; פֿאַראָרעמט,
דלותדיק [ ], אָ'רעמאַנסקע°
squalor דער ברוד; דער דלות [DALES]
squander צעטרענצל|ען, צענישטשע|ן, צע-
בטל|ען [TSEBATL], פֿאַרתּכלעווע|ן [FAR-
TA'KhLEVE]
squanderer דער פּזרן (ים) [PAZREN—PAZRONIM]

squandering די צעטרענצלונג (ען); דאָס
[PAZRONES] פּזרנות
square 1. *adj.* ...קוואַדראַ'ט, קוואַדראַטיש ||
(quits) קוויט || **s. mile** די קוואַדראַטמײַל
|| **s. root** דער קוואַדראַ'ט־וואָרצל || 2. *n.*
דער קוואַדראַ'ט (ן) ⊣ (place) דער סקווער (ן),
דער פּלאַץ (פּלעצער) ⊣ 3. *vt.* קוואַדראַטיר|ן
|| (settle) [SILEK] סילוק|ן || *cf.* **meal**
square dance דער קוואַדראַטטאַנץ (...טענץ)
|| **go square dancing** גיי|ן* טאַנצן
קוואַדראַטטענץ
squarehead דער גראָב|ער קאָפּ (קעפּ)
squash[1] (vegetable) דער קאַבאַ'ק (ן)
squash[2] *v.* דערשטיק|ן; צעקוועטש|ן
squat זיצ|ן אויף די פּיאַטעס; צו|זעצ|ן זיך אויף
די פּיאַטעס
squeak 1. *n.* דער פּישטש (ן); דער סקריפּ (ן) ||
2. *v.* סקריפּע|ן; פּישטשע|ן
squeamish מי'גלדיק, מלאָסנע ⟨ד—⟩ ||
(fastidious) אי'בערקלײַבעריש || **feel s.**
also (*rev. con.*) גענדזל|ען אומפּ ד אין בויך,
מלויע|ן אומפּ ד בײַם האַרצן
squeeze 1. *n.* דער קוועטש (ן) || 2. *v/imp*
קוועטש|ן ⊣ **s. out** אויס|קוועטש|ן
squid דער טינטפֿיש (—)
squint *vt.* שיקל|ען, קוק|ן קאָסע; פֿאַר-
זשמורע|ן די אויגן
squirm צאַפּל|ען, באָרבל|ען זיך
squirrel די ווע'ווערקע (ס) || **grey s.** דער
פּיי (ען)
squirt 1. *n.* דער שפּריץ || 2. *v.* שפּריצ|ן
stab 1. *n.* דער שטאָך (שטעך) || **a s. in the**
back אַ מעסער אין רוקן || 2. *v/imp*
שטעכ|ן ⊣ *pf.* (to death) דערשטעכ|ן
stability די סטאַבילקייט, די פֿעסטקייט
stabilize סטאַביליזיר|ן
stable[1] *adj.* סטאַבי'ל
stable[2] *n.* די שטאַל (ן)
stack 1. *n.* (heap) די קאַ'פּיצע (ס) ||
(neat) דער שטויס (ן) || *cf.* **haystack** ||
2. *v.* אָנ|לייג|ן; אויפֿ|לייג|ן (אין אַ שטויס)
|| (cards) אויס|לייג|ן (שווינדלעריש)
stadium דער סטאַדיאָ'ן (ען) [DY]
staff (stick) דער שטעקן (ס) || (personnel)

דער פּערסאָנאַ'ל ⊣ (servants) די באַדי'נער־שאַפֿט ⊣ (military) דער שטאַב (ן) || **general s.** דער גענעראַ'ל־שטאַב (ן)

stag דער הירש (ן)

stage 1. *n.* די סצענע (ס), די •בינע (ס) || (phase) די פֿאַזע (ס), די סטאַ'דיע (ס) || (rocket) *also* דאָס גליד (ער) || (journey) דער עטאַ'פּ (ן) ⊣ 2. *v.* שטעל|ן, אָפּ|שפּיל|ן, אויס|פֿיר|ן, אינסצעניר|ן ⊣ (prepare) גרייט|ן

stage coach דער דיליזשאַ'נס (ן)

stage fright די טרעמע, דער לאָ'מפּן־פֿיבער

stage hand דער סצע'נע־אַרבעטער (ס), דער סצעני'סט (ן)

stagger *vt.* מאַכ|ן זיך וויגן, אונטער|האַק|ן ד די פֿיס, פּריטשמעליע|ן ⊣ (*rev. con.*) פֿאַר־שווינדל|ען אומפּ ד אין קאָפּ פֿון ⊣ (space) צעשטאַפּל|ען, צעשיכט|ן ⊣ *vi.* שאַטײַע|ן זיך, טאַמל|ען, גיי|ן* ווי אַ שיכּור [ShIKER]

staggering שווי'נדלדיק, (פּרי)טשמע'ליענדיק, טאַ'מלדיק

staging 1. *adj.* גרייט... || 2. *n.* די גרייטונג || (theater) די מיזאַנסצענע (ס)

stagnant פֿאַרדומפּ·ן, שטייִק, שטיי'עדיק, סטאַגנאַ'נט

staid מיושבֿדיק [MEYU’ShEVDIK], געזע'צט

stain 1. *n.* דער פֿלעק (ן), די פּליאַמע (ס) || (coloring) דער בייץ (ן) || (moral) *also* די פּגימה (—ות) [PGIME], דאָס או'מטיידערל (עך) ⊣ 2. *v.* באַפֿלעק|ן; פֿאַרב|ן || (color) בייצ|ן

stainless (unstained) או'מבאַפֿלע'קט || (stain-proof) פֿלע'ק־באַוואָרנט; זשאַ'ווער־באַוואָרנט

stair דאָס טרעפּל (עך) || **flight of s.s** דער גאָרן (ס), טרעפּ, די טרעפּ (ן)

stake 1. *n.* (peg) דאָס פֿלעקל (עך) || (post) דער סטויפּ (ן) ⊣ (risk) דער קאָן || (burning) דער שײַ'טער־הויפֿן (ס) || **at s.** אין קאָן ⊣ **at the s.** בײַם סלופּ || **play for high s.s** אײַנ|שטעל|ן אַ סך [SAKh] אין שפּיל ⊣ 2. *v.* שטעל|ן (אין קאָן)

stale פֿאַרטריקנט; אוי'סגעבלעזלט; פֿאַרלעג·ן || (air, smell) טוכלע, דומפּיק || (bread) *also* אַלט־געבאַ'ק·ן || (esp. butter) *also* יעלקע ⊣ **become s.** (lose effervescence) *also* אויס|וועפּ|ן זיך, -|בלעזל|ען זיך

stalemate דער פּאַט (ן), דער ניט־אַהי'ן־ניט־אַהע'ר

stalk[1] *n.* די זאַנג (ען), דאָס שטענגל (עך) || (of fruit) דאָס הע'נגערל (עך) || (of cabbage etc.) דער קאַטשן (קאַ'טשענעס)

stalk[2] *v.* (march) שפּרײַז|ן || (hunt) אָפּ|־טשאַ'טעווע|ן

stall 1. *n.* די שטאַל (ן) || (booth) די שטעל (ן), די בודע (ס) ⊣ 2. *vt.* (stop) לאָז|ן זיך פֿאַרהאַקן ⊣ (delay) אָפּ|האַלט|ן || *vi.* (stop) פֿאַרהאַק|ן זיך || (delay) מאַכ|ן שהיות [ShIES]

stallion דער אָגער (ס)

stalwart קראַפֿטיק, גבֿורהדיק [GVU’REDIK], שטאָל־און־אײַזן אַפּ

stamen דער שטוי'בפֿאָדעם (...פֿעדעם)

stamina דער אוי'סהאַלט־כּוח [KOYEKh], די קע'גנשטעליקייט, דער •אוי'סדויער — אַצ

stammer שטאַמל|ען (מיט דער צונג), פּלאָ'נטער|ן מיט דער צונג, פֿאַרהיקע|ן זיך, קע'קעצ|ן

stamp 1. *n.* (impression) דער אָפּדרוק (ן) || (rubber) דער שטעמפּל (ען) || (seal) דער חותם (ס) [KhOYSEM] ⊣ (postage) די מאַרקע (ס) ⊣ 2. *v.* (make impression) אָפּ|שטעמפּל|ען ⊣ (affix stamp) אָנ|קלעפּ|ן אַ מאַרקע אויף ⊣ (feet) טופּע|ן מיט || (with a die) שטאַמפּ|ן || **s. out** (with die) אויס|שטאַמפּ|ן || (with feet) צע־טרעט|ן ⊣ (*fig.*) דערשטיק|ן, אויס|האָב|ן*, מאַכ|ן אַ סוף צו [SOF]

stampede די פּאַניק (עס), די בהלה (—ות) [BEHOLE], די מהומה (—ות) [MEHUME]; דאָס (פֿי'כ)געלאַ'ף (ן)

stand 1. *n.* (position) די שטעלונג (ען) || (seller's) די שטעל (ן) || (resistance) דער קע'גנשטעל ⊣ (spectator's) די טריבונע (ס) ⊣ (table, support) דער שטענדער (ס), דאָס געשטע'ל (ן) ⊣ **take a s.** אָנ|נעמ|ען אַ שטעלונג ⊣ **make a s.** (against) אַנט־קעגנ|שטעל|ן זיך ⟨ד⟩ ⊣ *cf.* **witness** || 2. *vt.* (אַוועק|)שטעל|ן ⊣ (endure) לײַד|ן, אויס|־

(stop) || *שטיי|ן vi. ⊣ האַלט|ן, פֿאַרטראָג|ן || (relative position) ⊣ בלײַב|ן שטיין ⊣ האַלט|ן; האַלט|ן אומפּ מיט || where does he s.? וווּ האַלט ער? וווּ האַלט עס מיט אים? || **s. between** פֿאַרמיטל|ען צווישן || **s. by** (be ready) *זײַן גרייט ⊣ *שטיי|ן דערבײַ' || (support) *בײַ|שטיי|ן ד, אָנ|נעמ|ען זיך פֿאַר || **s. for** (allow) דערלאָז|ן || (represent) מיינ|ען, רעפּרעזענטיר|ן || **s. off** *vt.* *אָפּ|שטיי|ן *vi.* ⊣ האַלט|ן פֿון דער ווײַטנס || **s. out** אַרויס|קוק|ן, -|שטאַרצ|ן || (*fig.*) וואַרפֿ|ן זיך אין די אויגן ⊣ **s. still** *אײַנ|שטיי|ן || **s. up** *vt.* אַוועק|-, אויפֿ|שטעל|ן || *vi.* ⊣ אויפֿ|שטעל|ן זיך, -|שטיי|ן* ⊣ *cf.* **reason**

standard 1. *adj.* ...נאָרמאַ'ל; סטאַנדאַ'רד || **s. language** די כּלל־שפּראַך (ן) [KLA'L] || **s. Yiddish** דאָס כּלל־ייִדיש || 2. *n.* דער סטאַנדאַ'רד (ן), דער עטאַלאָ'ן (ען), די וואָג־און־מאָ'ס (ן) ⊣ s. of living דער לע'בן־סטאַנדאַרד

standardize סטאַנדאַרדיזיר|ן, נאָרמיר|ן

standby *adj.* ...רעזע'רוו..., זאַפּאַ'ס

standing 1. *adj.* (erect) שטיי'ענדיק || (permanent) שטענדיק || 2. *n.* (position) דער מעמד [MAYMED], דער שטאַנד (ן), די פּאָזיציע (ס)

standpoint דער •שטאַנדפּונקט (ן)

standstill: be at a s. ניט ריר|ן זיך || **come to a s.** אָפּ|שטעל|ן זיך, בלײַב|ן שטיין; פֿאַרברעכ|ן זיך ⊣ **bring to a s.** אָפּ|שטעל|ן (אין גאַנצן)

stanza די סטראָפֿע (ס)

staple[1] (chief commodity) דער גרו'נט־פּראָדוקט (ן)

staple[2] (fastener) 1. *n.* דאָס דרעטל (עך) || 2. *v.* צונויפֿ|דרעטל|ען, -|העפֿט|ן

stapler דער דרעטלער (ס)

star דער שטערן (—) || **lucky s.** דאָס מזל (ות) [MAZL—MAZOLES] ⊣ **s.-studded** אוי'ס־געשטערנט ⊣ **s.s and stripes** שטערן און שטרײַפֿן

starboard דער רעכט|ער באָרט

starch 1. *n.* דער קראָכמל || 2. *v.* אָנ|קראָכמל|ען

stare (at) גלאָצ|ן, פֿאַרקוק|ן זיך, אויס|גלאָצ|ן/פֿאַרגלייז|ן/אויס|טאַראַשטשע|ן די אויגן ⟨אויף—⟩

stargazer דער שטע'רן־זעער (ס)

starry (night) שטערנ..., אוי'סגעשטערנט || (eyes) פֿאַרגלאָ'צט

star-spangled באַשטערנט

start 1. *n.* דער ציטער, דער רי'ס אויף, דער צאַפּל || (beginning) דער אָנהייב (ן) ⊣ (sport) דער סטאַרט (ן) || 2. *vt.* לאָז|ן אין גאַנג, אָנ|הייב|ן ⊣ (conversation, quarrel) אָנ|הייב|ן *also* פֿאַר־פֿיר|ן || *vi.* (be startled) אַ ציטער טאָ|ן*, אויפֿ|צאַפּל|ען, -|צי'טער|ן, -|שפּרינג|ען, רײַס|ן זיך || (begin) אָנ|הייב|ן זיך ⊣ (set out) (אַרויס|)לאָז|ן זיך

starter דער סטאַרטער (ס)

starting point דער אַרויספּונקט (ן)

startle איבער|-, אויפֿ|שרעק|ן, דערשרעק|ן

startling אוי'פֿשרעקנדיק; פּלאדיק [PE'LE-DIK]

starvation דער הונגער; דער הו'נגערטויט

starve *vt.* אויס|הו'נגער|ן || *vi/imp* הו'נגער|ן ⊣ *pf.* שטאַרב|ן פֿון/פֿאַר הונגער, פֿאַרהונגערט ווער|ן

starving טויט הו'נגעריק; פֿאַרהונגערט

state 1. *adj.* (governmental) מלוכיש [MELUKhish] ⊣ (of one of the U.S.) שטאַטיש ⊣ 2. *n.* (condition) דער •צושטאַנד, דער מצבֿ [MATSEV], דער מעמד [MAYMED], די הייט (ן) ⊣ (nation) די מלוכה (—ות) [MELUKhE] ⊣ (Israel) די מדינה [MEDINE] || (one of the U.S.) דער שטאַט (ן) || **Secretary of S.** דער שטאַ'ט־סעקרעטאַר ⊣ **S. Department** דער שטאַ'ט־דעפּאַרטעמענט (ן) ⊣ 3. *v.* (say formally) קאָנסטאַטיר|ן, פֿעסט|שטעל|ן, •דערקלער|ן || (set forth) אַרויס|זאָג|ן, אָנ|געב|ן*

statehood (within U.S.) די שטאַ'טנשאַפֿט || (international) די מלוכהשאַפֿט [ ] || (Israeli) די מדינהשאַפֿט [ ]

stately שטאַלטיק, סטאַטעטשנע, מאַיעסטעטיש || (**person of**) **s. appearance** *also* דער הדרת־פּנים (ער) [HADRES-PO'NEM— -PE'-NEMER]

statement די אַרוי'סזאָגונג (ען), די קאָנסטאַ־
טירונג (ען), די •דערקלערונג (ען), די פֿע'סט־
שטעלונג (ען), דער אַרויסזאָג (ן), דער אָנגעב (ן)
|| (of account) דער (קאָ'נטע־)אויסצוג (ן)
stateroom די קאַיו'ט (ן)
statesman [MELU'- דער מלוכה־מאַן (־לײַט)
KhE], דער פּאָלי'טיקער (ס)
static 1. *adj.* סטאַטיש || 2. *n.* די סטאַטיק
station 1. *n.* די סטאַנציע (ס) || (depot)
also דער וואָקזאַ'ל (ן) || (in life) די פּאָזיציע
|| (ס), דער מעמד [MAYMED], דער שטאַנד (ן)
s.-to-s. call דער נו'מערקלונג (ען) || 2. *v.*
צעשטעל|ן; סטאַציאָניר|ן
stationary שטייִק; פֿעסט, סטאַבי'ל
stationery דאָס שרײַבוואַרג || (paper) דאָס
בריווּפּאַפּיר ⊣ (store) די פּאַפּירקראָם
(ען)
station house די פּאָליציי'־סטאַנציע (ס)
station wagon דער פֿורגאָ'ן־אויטאָ (ס)
statistic (*sg.*, *pl.*) די סטאַטיסטיק
statistical סטאַטיסטיש
statistician דער סטאַטי'סטיקער (ס)
statistics די סטאַטיסטיק אצ
statue די סטאַ'טוע (ס)
stature (growth) דער וווּקס (ן) || (value)
די ווערדע (ס)
status דער מצבֿ [MATSEV], די שטעלונג (ען),
דער סטאַטוס (ן) ⊣ **high s.** (*Jew.*, *fig.*)
די מיזרח־וואַנט [MI'ZREKh]
status quo דער סטאַטוסקוואָ' (ען)
statute דאָס געזע'ץ (ן), די תּקנה (—ות) [TA-
KONE]
stave 1. *n.* די קלעפּקע (ס) || 2. *v.* **s. off**
אָפּ|שטופּ|ן, ־|ווענד|ן, פֿאַרהיט|ן (זיך) פֿון
stay 1. *n.* דער וויזי'ט (ן) || (sojourn) דאָס אי'־
בערזײַן ⊣ (of execution) דער אָפּהאַלט (ן)
|| 2. *vt.* (פֿאַר־)|אײַנ|־, אָפּ|האַלט|ן || *vi.*
בלײַב|ן; אויפֿ|האַלט|ן זיך, איבער|זײַן*, ווײַל|ן
|| (be lodged) אײַנ|שטיי|ן* || (for some
time) אָפּ|זײַן* || **s. (too) long** היניע|ן ||
s. away ניט זײַן*, ניט (צוריק|)קומ|ען; זײַן*
אויסן ⊣ **s. out** אַווע'קגעגאַנגען/אַווע'קגעפֿאָרן
s. up || דורכ|זײַן* **s. through** ⊣ בלײַב|ן
בלײַב|ן אויף

stay-at-home דער היי'מבלײַבער (ס), דער
דריי'מזיצער (ס)
stead: **in** (sb.'s) **s.** אויף דאָס אָרט || **stand**
in good s. גוט צו ניץ קומ|ען ⟨ד⟩
steadfast פֿעסט, ניט אָ'פּצוּווענדן
steady פֿעסט; כּסדרדיק [KESE'YDERDIK],
זײַן* אַ פֿאָרל ⟨מיט⟩ **go s.** (with) ⊣ שטענדיק
steak דער בעפֿשטיק (ן), דער (ביפֿ)סטייק (ן) אַמער
steal *vt.* *imp/pf* (צו|־, אַוועק|)גנבֿע|נען
[GANVE] ⊣ *cf.* **rob** || *vi.* **s. across the**
border גנבֿע|נען/שוואַרצ|ן דעם גרענעץ ||
s. in אַרײַנ|גנבֿע|נען זיך || *cf.* **sneak** || **s.**
from באַגנבֿע|נען א
stealthy גנבֿיש [GANEYVISh]; בשתּיקה [BI-
ShTIKE], בגנבֿה —אַדוו [BIGNEYVE]
steam דער דאַמף, די פּאַרע || **s. engine** דער
דאַ'מפֿמאָטאָר
steam bath די שוויצבאָד (...בעדער)
steamer דער דאַמפֿער (ס), די דאַמפֿשיף (ן),
דער •פּאַראַכאָ'ד (ן)
steamroller דער דאַמפֿוואַלץ (ן)
steam shovel דער עקסקאַוואַטאָר (...אָ'רן)
steel 1. *adj.* שטאָל'ן || **s. wool** די שטאָ'ל־
וואַטע ⊣ 2. *n.* דאָס שטאָל
steep שטאָציק
steeple דער קלוי'סטער־טורעם (ס)
steer[1] *n.* דאָס עקסל (עך)
steer[2] *v.* קע'רעווע|ן, פֿיר|ן ⟨—א/מיט⟩,
ריי'כטעווע|ן א
steerage דער צווי'שנדעק
steering די קע'רעווונג
steering wheel דער קע'רעווער (ס), די
קערמע (ס)
stem 1. *n.* דער שטאַם (ען), דאָס שטענגל (עך) ||
cf. **stalk** || 2. *v.* **s. from** שטאַמ|ען,
קומ|ען —פֿון
stemware דאָס כּוסוואַרג [KOSVARG]
stench דאָס געשטאַ'נק (ען), דער עיפּוש [IPESh],
די געסרחה [GESROKhE]
stencil 1. *n.* דער שטענצל (ען), דער שאַבלאָ'ן
(ען) ⊣ 2. *v.* אָנ|שטענצל|ען
stenographer דער סטענאָגראַפֿי'סט (ן)
stenographic סטענאָגראַפֿיש
step[1] 1. *n.* דער טריט (—), דער טראָט (טריט); דער

(stair) דאָס טרעפּל (עך) ⊣ שפּאַן (ען) || (degree) דער שטאַפּל (ען) || (procedure) דאָס (מאָ'ס)מיטל (ען) ⊣ **s. by s.** טריט ביי טריט || **in s.** (with) אין טראָט ⟨מיט⟩ || **out of s.** (with) ניט אין טראָט ⟨מיט⟩ || **take s.s** שטעל|ן טריט || (*fig.*) אָנ|נעמ|ען מיטלען ⊣ **a s. away (from)** אַ קאַ'צנשפּרונג ⟨פֿון⟩ || 2. *v/imp* טרעט|ן ⊣ *pf.* (on) אַרויפֿ|-, אָנ|טרעט|ן ⟨אויף⟩ || **s. aside** אָפּ|גיי|ן*, אָפּ|טרעט|ן || **s. over** (cross) איבער|טרעט|ן ⟨אַ⟩, אַריבער|טרעט|ן ⟨איבער⟩ ⊣ (approach) צו|גיי|ן*

step-...[2] שטיפֿ־... || stepbrother דער שטי'פֿ־ברודער

steppe דער סטעפּ (עס)

stereo *n.* דער סטערעאָפֿאָ'ן (ען)

stereophonic סטערעאָפֿאָניש

stereotype דער סטערעאָטי'פּ (ן)

stereotyped סטערעאָטיפּיש

sterile סטערי'ל || *cf.* **barren**

sterilize סטעריליזיר|ן

stern[1] *adj.* ערנצט; שטרענג

stern[2] *n.* דער הי'נטערבאָרט

stevedore דער (שי'פֿ)לאָדער (ס)

stew 1. *n.* (meat) דאָס געדישעכץ (ן) || (fruit, vegetables) דער צימעס (ן) || 2. *v.* דישע|ן, טושע|ן, דעמפּ|ן

steward דער פֿאַרוואַלטער (ס) || (estate) דער עקאָנאָ'ם (ען) ⊣ (ship, plane) דער סטואַרד (ן)

stewardess די סטו'אַרדקע (ס)

stewed געדע'מפּט || **s. fruit** דער קאָמפּאָ'ט (ן) ⊣ **s. apples** דער ע'פּל־צימעס (ן)

stick 1. *n.* דער שטעקן (ס), דאָס שטעקל (עך), דאָס דרענגל (עך) ⊣ 2. *v.* (insert, be inserted) שטעק|ן || (prick) שטעכ|ן || (glue) צו|קלעפּ|ן || (adhere) (צו|)קלעפּ|ן זיך ⟨צו⟩; ⊣ (cling) האַלט|ן זיך ⟨ביי⟩ *also* אײַנ|עס|ן זיך || **s. in** אַרײַנ|שטעק|ן || **s. out** *vt.* אַרויס|שטעק|ן || *vi. also* אַפֿער|-, אַרויס|קוק|ן, -|שטאַרצ|ן ⊣ **s. up for** אײַנ|שטעל|ן זיך פֿאַר, אָנ|נעמ|ען זיך פֿאַס קריוודע/קירץ

sticker דער קלע'פּצעטל (ען)

stickler (for) דער קפּדן (ים) ⟨אויף⟩ [KAPDN—KAPDONIM]

sticks די העק אצ (ן) || **out in the s.** (ערגעץ) אין אַ העק

sticky קלע'פּ(עד)יק, לעפּקע || (problem) דעליקאַ'ט

stiff שטײַף; פֿאַרגליווערט || (limb) *also* פֿאַרשטאַ'רט, פֿאַרקליאַנעט ⊣ (language) האַ'מעטנע ⊣ (exam) האַרב || (drink; wind) שטאַרק, היפּש || (price) היפּש, נישקשהדיק [NISHKO'ShEDIK] ⊣ **have a s. leg** האָב|ן* אַ שטײַפֿקייט אין פֿוס

stiffen *vt.* פֿאַרשטײַפֿ|ן || *vi.* פֿאַרשטײַפֿ|ן זיך, שטײַף ווער|ן

stifle *vt.* דערשטיק|ן, צו|שטיק|ן || *vi. imp/pf* (דער)שטיק|ן זיך

stigma דער (שאַנד)פֿלעק (ן)

still[1] 1. *adj.* רויִק, שטיל || (picture/camera) שטייִק || **be s.** (silent) *also* שווײַג|ן || 2. *adv.* נאָך, (נאָך) אַלץ/אילץ || 3. *conj.* פֿונדע'סטוועגן, דאָך, פֿאָרט

still[2] (liquor) דאָס ברײַזל (עך)

stillborn טויט געבויר'ן || **s. child** דאָס מפּיל־קינד (ער) [MA'PL]

stilt דער שטאָלץ (ן)

stilted שטאָ'לצנדיק, מליצהדיק [MELI'TSE-DIK], געקינצלט

stimulant דער סטימולאַ'נט (ן); דאָס מי'נטערעכץ (ן)

stimulate סטימוליר|ן, אַנטוועק|ן; צעוועק|ן

stimulus דער סטימו'ל (ן), דער שטויס (ן)

sting 1. *n.* דער שטאָך (שטעך) || 2. *v. imp/pf* (אײַנ|)שטעכ|ן

stinginess דאָס קמצנות [KAMTSONES], די קאַרגשאַפֿט

stingy קאַרג || **s. person** דער קמצן (ים) [KAMTSN—KAMTSONIM], דער חזיר (ים) [KhAZER—KhAZEYRIM] ⊣ **be s. with** קאַרג|ן, זײַן* אַ קמצן אויף ⊣ **be too s. to** ניט פֿאַרגינ|ען זיך צו

stink 1. *n. see* **stench** || 2. *v.* שטינק|ען, עיפּוש|ן [IPESh]

stinking פֿאַרשטונקען, פֿאַרעיפּושט [FAR-IPESHT]

stipulate אויס|נעמ|ען (אַ תּנאַי) ⟨אַז⟩, באַ- ווּאָ'רעַנ|ען זיך ווענן/אַז ⊣ **s. explicitly** אויסרעד|ן ברחל בתּך הקטנה (*hum.*) [BEROKhL BITKho HAKTANO]

stipulation דאָס אוי'סנעמעניש (ן)

stir 1. *n.* דאָס גערודער (ס), דער קאָך, דער || אויפֿריר (ן), דער אוי'פֿרודער, דער טומל (ען) (אָנ|)מאַכ|ן אַ טומל/קאָך, **create a s.** ⊣ מרעיש־עולם זײַן* [MARESh-O'YLEM] ⊣ 2. *vt.* (mix) *imp/pf* (דורכ|)מיש|ן || (rouse) ריר|ן, אויפֿ|ריר|ן, -|רו'דער|ן, -|שטו'רעמ|ען, מעורר זײַן* ל *also* (spiritually) ⊣ -|העצ|ן [MEOYRER] ⊣ *vi.* ריר|ן זיך, רו'דער|ן זיך; ⊣ **s.** (liquid) **vigorously** באָברע|ן זיך *imp/pf* (צע)קלויצע|ן

stirring רי'רנדיק; פּאַטעטיש

stirrup דער סטרעמען (עס), דער אוי'פֿזעצרונג (ען)

stitch 1. *n.* דער שטאָך (שטעך) || (in knitting) דאָס אייגל (עך) || **give** (surgical) **s.es** צונויפֿ|ניי|ען || **be in s.es** האַלט|ן זיך אַ שטאָך אַרבעט **a s. of work** ⊣ פֿאַר די זײַטן || 2. *v.* שטעפּ|ן, ניי|ען; העפֿט|ן || **s. on** צו|שטעפּ|ן

St. John's bread דער באָקסער (ן)

stock 1. *adj.* (hackneyed) סקאַרבאָווע || 2. *n.* (axe) די טאָפּאָריסקע (ס) || (rifle) די קאָלבע (ס) || (race) די גזע (ס) [GEZE] ⊣ (finance) אַקציעס מצ || (supply) דער זאַפּאַ'ס (ן), דער אינווענטאַ'ר (ן); דער לע'בע- ⊣ (livestock) ⊣ דער לאַגער (ס) דער באַ- **rolling s.** ⊣ דיק|ער אינווענטאַ'ר (פֿאַראַ'ן) **in s.** ⊣ רע'דערדיק|ער אינווענטאַ'ר ניט(אָ') אויפֿן **out of s.** ⊣ אויפֿן לאַגער מאַכ|ן אַ אינווענ- **take s.** (of) ⊣ לאַגער טאַ'ר ⟨פֿון⟩, אינווענטאַריזיר|ן; אָפּ|געב|ן* זיך אַ [KhEZhBM] ⟨פֿון⟩ חשבון ⊣ 3. *v.* פֿאַר- זאָרג|ן, אָנ|פֿיל|ן; האָב|ן*/אָנ|נעמ|ען אויפֿן לאַגער

stockade די אײַ'נצאַמונג (ען) || (jail) דער קאַראַ'ל (ן)

stockbroker דער בע'רזע־מעקלער (ס)

stock exchange די בערזע (ס)

stockholder דער אַקציאָנע'ר (ן)

stocking דער זאָק (ן)

stock room דער מאַגאַזי'ן (ען)

stocktaking דער אי'בערקוק (ן), די אינווענ- טאַריזירונג (ען) ⊣ (spiritual) דער חשבון [KhEZhBM-HANE'FESh] הנפֿש

stoic 1. *adj.* סטאָיִש || 2. *n.* דער סטאָ'יִקער (ס)

stoicism די סטאָ'יִשקייט

stomach 1. *n.* -ער מאָגן (ס) || **on an empty s.** אויפֿן ני'כטערן האַרצן || 2. *v.* פֿאַרטראָג|ן

stone 1. *adj.* שטיי'נערן || 2. *n.* דער שטיין (ער) ⊣ (pit) דאָס קערל (עך) || **leave no s. unturned** זוכ|ן מיט ליכט; אַ'רבעט|ן [MAYSIM] מעשׂים ⊣ 3. *v.* פֿאַרשטיינ|ען

stone-deaf טויב ווי די וואַנט

stony שטיי'נערדיק, פֿעלדזיק

stool דאָס בענקל (עך), דער טאַבורע'ט (ן) || (bowel movement) דער שטולגאַנג

stool pigeon דער פּראָוואָקאַטאָר (...אָ'רן), דער מסור (מוסרים) [MOSER—MOSRIM], דער שפּיצל (ען)

stoop[1] 1. *n.* די אָ'נגעבויגנקייט || 2. *v.* אָנ|- בייג|ן זיך, אַראָפּ|לאָז|ן זיך

stoop[2] (porch) דער גאַניק (עס)

stooped אײַ'נגעבויג'ן, אָ'נגעבויג'ן

stop 1. *n.* דער אָפּשטעל (ן) || (on an instrument) די קלאַפּע (ס) || 2. *vt.* אָפּ|- שטעל|ן, -|האַלט|ן, פֿאַרהאַלט|ן ⊣ (cease) בלײַב|ן שטיין, אָפּ|שטעל|ן ⊣ *vi.* ⊣ אויפֿ|הער|ן זיך, -|האַלט|ן זיך, פֿאַרהאַלט|ן זיך ⊣ **have stopped** (watch) שטיי|ן* || **s. off** אָפּ|- פֿאַרשטאָפּ|ן, פֿאַר- **s. up** (clog) ⊣ טרעט|ן שטעק|ן

stopgap דאָס פֿאַרשטעקל (עך) || (*fig.*) דער איידער־וואָ'ס־ווע'ן (ען)

stoppage דאָס בלײַבן שטיין, דער אָפּשטעל (ן)

stop watch דער סטאָפּער (ס)

storage דער לאַגער || **in s.** אין לאַגער

store 1. *n.* (shop) די קראָם (ען), די קלייט (ן) || (reserve) דער זאַפּאַ'ס (ן) || **be in s.** (for) פֿאַר|שטיי|ן* ⟨ד⟩, וואַרט|ן ⟨אויף⟩ || **set great s. by** לייג|ן גרויס וואָג אויף || 2. *v.* (keep) אײַנ|שפּײַ'כלער|ן, אָפּ|לייג|ן; האַלט|ן

storehouse דער סקלאַד (ן), דער שפּײַכלער (ס)

...-storied ...גאָ'רנדיק || two-s. צוויי־גאָ'רנדיק

stork דער בושל (ען)

storm 1. *n.* דער שטורעם (ס) || 2. *v.* שטו'רעמ|ען

stormy שטו'רעמדיק

story[1] (tale) די מעשׂה (—יות) [MAYSE], די דערציילונג (ען), די געשיכטע (ס) ⊣ (repetitive) דער פּיזמון [PIZMEN] || **short s.** די נאָוועלע (ס) ⊣ *cf.* **humorous**

story[2] (floor) דער גאָרן (ס)

storybook דאָס מעשׂה־ביכל (עך) [ ]

storyteller דער דערציילער (ס)

stout דיק, באַלײַ'בט

stove (cooking) דער אויוון (ס) || (range) די הרובע (ס) ⊣ (heating) די פּליטע (ס) || **be on the s.** *also* קאָכ|ן זיך

stowaway דער בלינד|ער פּאַסאַזשי'ר (ן)

straddle (legs) צעגאָפּל|ען || (with the legs) זיצ|ן רײַ'טנדיק אויף; אײַנ|גאָפּל|ען אַ מיט די פֿיס

straight גלײַך, גראַד; גלײַך וועגס אַדוו || **put s.** מאַכ|ן אַ טאַלק פֿון/אין/בײַ

straighten *vt/vi* אויס|גלײַכ|ן (זיך) || **s. up** *vi.* אויס|גלײַכ|ן זיך; אויפֿ|האָ'דער|ן זיך

straightforward דירע'קט; ערלעך, אָ'פֿנטלעך

straightjacket דאָס משוגעים־העמדל (עך) [MEShUGO'IM]

straightness די גלײַכקייט

strain[1] 1. *n.* (muscular) דער צי (ען) || (effort) דער אָנשטרענג (ען) || (tension) די שפּאַנונג (ען) ⊣ 2. *vt.* (exert) אָנ|צי|ען, -|שטרענג|ען ⊣ (tire) איבער|מאַ'טער|ן || *vi.* מוטשע|ן זיך, שטרעק|ן זיך, אָנ|שטרענג|ען זיך; קוועטש|ן° זיך ⊣ (futilely) קריכ|ן אויף גלאַטע/גלײַכע ווענט, רײַס|ן זיך דעם פּעלץ, קריכ|ן פֿון דער הויט אַרויס

strain[2] *vt.* (sift) *imp/pf* (דורכ|-, איבער|-)זײ|ען

strain[3] (race) די גזע (ס) [GEZE]

strainer דער זײַער (ס)

strait(s) (passage) דער דורכגאַס (ן) || (need) די קלעם, דער דחק [TKhAK]

strand דאָס שנירל (עך), די פֿיבערע (ס) || (*fig.*) די אָדער (ן) || **s. of hair** דאָס העירעלע (ך)

stranded שטע'קן געבליבּן

strange פֿרעמד; מאָדנע, אוי'סטערליש; משונה [MEShUNE] אַפּ ⊣ (completely) ווילד פֿרעמד

stranger דער פֿרעמד|ער געב

strangle *vt/vi* דערשטיק|ן (זיך)

strap 1. *n.* דער רימען (ס) || 2. *v.* צו|פֿאַ'סטיק|ן (מיט אַ רימען)

stratagem די מאַניפּאַרגע (ס), די איי'בער־הסברה (—ות) [HAZBORE], די מאַנעוורע (ס)

strategic סטראַטעגיש

strategist דער סטראַטע'ג (ן)

strategy די סטראַטעגיע

stratification די צעשיכטונג (ען)

stratified צעשי'כט(לט)

stratify צעשיכט|ן

stratosphere די סטראַטאָספֿע'ר

stratospheric סטראַטאָספֿעריש

stratum דער שיכט (ן), דער פּלאַסט (ן)

straw 1. *adj.* שטרויען || 2. *n.* די שטרוי קאָל || (single) דער שטרוי (ען) || **the last s.** דאָס רעשטל צו די צרות [TSORES]

strawberry (cultivated) די טרוסקאַפֿקע (ס) ⊣ (wild) די פּאָ'זעמקע (ס)

stray 1. *adj.* הפֿקר אַפּ [HEFKER]; הפֿקר־... || (bullet) בלינד || 2. *v.* (rove) פֿאַרבלאָנדזשע|ן ⊣ (deviate) בלאָנדזשע|ן

streak דער פּאַס (ן) || (*fig.*) די אָדער (ן)

stream 1. *n.* דער שטראָם (ען) || (river) דער טײַך (ן), דער באַך (ן) ⊣ *cf.* **brook** || 2. *v.* שטראָמ|ען

streamline 1. *n.* די שטראָ'מליניע (ס) [NY] || 2. *v.* עפֿעקטיווי'ר|ן, מאָדערניזי'ר|ן

streamlined שטראָ'מליניק; עפֿעקטיווי'רט, מאָדערניזי'רט

street די גאַס (ן)

streetcar דער טראַמווײַ' (ען)

streetwalker די גאַ'סנפֿרוי (ען)

strength די שטאַרקייט || (human) דער כּוח,

[KOYEKh—KOYKhES] מצ כּוחות ⊣ (hero-
ic) [GVURE] די גבֿורה || **on the s. of**
[SMAKh] אויפֿן סמך פֿון ⊣ **with all one's s.**
כּוח גאַנצן מיטן כּוחות, אַלע מיט ⊣ **vital s.**
[KhIES] דאָס חיות

strengthen (פֿאַר)שטאַרק|ן, באַפֿע'סטיק|ן,
פֿאַרפֿע'סטיק|ן

strenuous מאַ'טערדיק, אָ'נשטרענג(ענד)יק

stress 1. *n.* דער דרוק, דער (אָנ)דריק ||
(accent) *also* (—) דער טראָפּ || **s. and
strain** דער דריק־און־שטי'ק || 2. *v.* שטעל|ן
דעם טראָפּ אויף, אונטער|שטרײַכ|ן, אַרויס|-
הייב|ן

stretch 1. *n.* די צי (ען) || (distance) דער
[MEHALEKh] מהלך (ן) ⊣ 2. *vt/vi*
(צע)צי|ען, אָנ|-, אויס|צי|ען, אויס|שטרעק|ן
⊣ **s. oneself** אויס|- (—זיך); אָנ|שפּאַנ|ען
⊣ צי|ען זיך ⊣ **s. one's imagination** פֿאַנ-
טאַזיר|ן, אַ פֿאַנטאַזי'ר טאָ|ן* ⊣ **s. a point**
[PShETL] פּשטל|ען זיך ⊣ **s. out** *vt/vi also*
צעלייג|ן (זיך)

stretcher דאָס טראָ'גבעטל (עך)

stretchy צײַיק

strew *v/imp* שיט|ן ⟨מיט⟩ || *pf.* (sub-
stance) באַשיט|ן || (surface) אָנ|שיט|ן

stricken (by) געטראָפֿ'ן ⟨פֿון⟩, געשטראָ'פֿט
(ill) ⊣ ⟨מיט⟩ פֿאַרשלאָ'פֿט

strict שטרענג || **be s.** *also* מדקדק זײַן*
[MEDAKDEK] ⟨אויף⟩ ⊣ **s.** (punctilious)
person דער מדקדק (ים), דער מחמיר (ים)
[MAKhMER—MAKhMIRIM], דער קפּדן (ים)
[KAPDN—KAPDONIM]

strictures [TARUMES] מצ תּרעומות

stride 1. *n.* דער שפּאַן (ען), דער שפּרײַז (ן) ||
in one's s. פֿאַרבײַ'גייענדיק; מיר־ניט דיר־
[KILAKhER-YA'D] ניט; כּלאַחר־יד ⊣ 2. *v.*
שפּאַנ|ען, שפּרײַז|ן

strife די קריג (ן)

strike 1. *n.* (hit) דער אַרײַנטרעף (ן) ||
(find) דאָס געפֿי'נס (ן) || (labor) דער שטרײַק
(ן), ⊣ דער סטרײַק (ן) אַמער **be/go on s.** *see*
vi. || 2. *vt.* (hit) (אַרײַנ)טרעפֿ|ן, אָנ|-,
שטויס|ן זיך, -|שלאָג|ן זיך —אין; פֿאַל|ן אויף
|| (beat: target) *imp.* שלאָג|ן אַ, דער-

שלאָג|ן/דער- (instrument) ⊣ לאַנג|ען ד
געב|ן* ד אַ זעץ/קלאַפּ *pf.* ⊣ לאַנג|ען מיט
(a || אויס|שלאָג|ן (the hour) ⊣ ⟨אַ/מיט⟩
blow) דערלאַנג|ען || (a match) אָנ|-
רײַב|ן ⊣ (a pose) אָנ|נעמ|ען || (an enter-
prise) פֿאַרשטרײַק|ן קענען || (discover)
געפֿינ|ען, טרעפֿ|ן אויף ⊣ (pull down)
דערלאַנג|ען *vi.* ⊣ אַראָפּ|צי|ען, -|רײַס|ן
פֿאַר- (go on strike) ⊣ אַ/דעם קלאַפּ
|| שטרײַק|ן (be on strike) ⊣ שטרײַק|ן
מאַכ|ן אַ/דעם רושם אַז/פֿון (impress)
[ROYShEM] ⊣ (clock) שלאָג|ן || **s. back**
וואַרפֿ|ן ⊣ **s. the eye** דערלאַנג|ען צורי'ק
|| אומ|וואַרפֿ|ן **s. down** ⊣ זיך ⟨ד⟩ אין די אויגן
(annul) קאַסיר|ן || **s. out** (erase) אויס|-
|| אַרויס|לאָז|ן זיך (depart) ⊣ שטרײַכ|ן
s. up (friendship, conversation) פֿאַר-
פֿיר|ן ⊣ (music) אויפֿ|שפּיל|ן || (song)
אויפֿ|זינג|ען

striker דער שטרײַקער (ס), דער סטרײַקער (ס)
אַמער

striking מע'רקווערדיק, שלאָ'גנדיק, רײַסיק
|| **be s.** *also* וואַרפֿ|ן זיך אין די אויגן

string 1. *n.* דאָס שטריקל (עך), דאָס שנירל
(עך) ⊣ (cord) דער שפּאַגאַ'ט || (musical)
די סטרונע (ס) ⊣ **pull all the s.s** (*hum.*)
פֿיר|ן די גרענדע° ⊣ 2. *v.* אָנ|צי|ען || (instru-
ment) אָנ|צי|ען סטרונעס אויף || (beads)
אָנ|סיליע|ן

string bean די גרינ|ע פֿאַסאָליע (ס), דאָס
לאָ'פּעטקעלע (ך)

strip 1. *n.* דער פּאַס (ן), די פּאַסמע (ס), דער
אויס|בלייז|ן, אַנטבלויז|ן ⊣ 2. *v.* שטרײַף•(ן)
|| (undress) *vt/vi* אויס|טאָ|ן* (זיך) נאַקעט
|| **s. off** (clothes) אַראָפּ|צי|ען

stripe דער פּאַס (ן), דער פּאַסיק (עס) || (in-
signia) דאָס טרעסטל (עך)

striped געפּאַסיקט, •געשטרײַ'פֿט

striptease דער בלייזטאַנץ (...טענץ)

stripteaser די בליי'זטענצערקע (ס)

strive שטרעב|ן, (באַ)מי|ען זיך, רײַס|ן זיך,
שטרײַכ|ן זיך ⟨—צו⟩

striving דער שטרעב (ן), דער דראַנג (ען)

stroke 1. *n.* דער מאַך (ן), דער קלאַפּ (קלעפּ),

דער זעץ (ן); דער צי (ען) ⊣ (swimming) דער שווום (ען) ⊣ (pen etc.) דער צי (ען), דער שטראָך (ן) ⊣ (attack of illness) דער אָנפֿאַל (ן); דער שלאַק (שלעק) ⊣ **at the s. of ten** פּונקט צען ⊣ **s. of luck** דער גלי'קלעכ|ער טראַף ⊣ **s. of genius** דער גאָ'לדענ|ער/ געניאַ'ל|ער אײַנפֿאַל [NY] ⊣ 2. *v.* גלעט|ן

stroll 1. *n.* דער שפּאַצי'ר (ן) || 2. *v/imp* שפּאַציר|ן, שליאָ'נדער|ן ⊣ *pf.* דורכ|שפּאַציר|ן זיך, דורכ|גיי|ן* זיך

strong שטאַרק, קראַפֿטיק || (sharp) האַרב || **s. man** *also* דער גבֿר (ן) [GVAR]

strongbox די פֿײַ'ער־קאַסע (ס), דער סייף (ן)

stronghold די פֿאַרפֿע'סטיקונג (ען), דער אָנהאַלט (ן)

strongly: very s. *also* שטאָל־און־אײַזן

structure (make-up) די סטרוקטו'ר (ן), דער בוי (ען), דער געבוי' (ען) ⊣ (edifice) דאָס געבײַ' (ען), דער בנין (ים) [BINYEN—BINYONIM]

strudel דער שטרודל (ען)

struggle 1. *n.* דער קאַמף (ן), דאָס געראַנגל (ען), דאָס געשלעג' (ן), דער קאָנפֿלי'קט (ן) ⊣ 2. *v.* קעמפֿ|ן, ראַנגל|ען זיך מיט ⊣ **s. against** ווער|ן זיך קעגן

strum גרימפּל|ען, רומפּל|ען

stub דער וואָרצל (ען), דאָס שטאָרצל (עך), דאָס בלײַבל (עך)

stubble דאָס שניטפֿעלד, דאָס געשני'ט

stubbly שאָרסטיק, געפּניאַקלט

stubborn פֿאַרעקשנט [ ], עקשנותדיק [AKShO'NESDIK], אײַ'נגעשפּאַרט, פֿאַרבי'ס׳ן || **be(come) s.** אײַנ|עקשנ|ען זיך [AKSh'N], אײַנ|שפּאַר|ן זיך ⊣ **s. person** דער עקשן (ים) [AKShN—AKShONIM]

stucco די שטוקאַטו'ר

stuck: get s. פֿאַרהאַק|ן זיך, פֿאַרקריכ|ן, בלײַב|ן שטעקן ⊣ *cf.* **bog**

stuck-up פֿאַרריס׳ן, גאווהדיק [GA'YVEDIK] || **s. person** דער גרוי'סהאַלטער (ס)

stud[1] (horses) דער זאַוואָ'ד (ן)

stud[2] 1. *n.* (post) דער וואַנטזײַל (ן) || (nail) דער שטיפֿט (ן) ⊣ (collar) די שפּאָנקע (ס) || 2. *v.* באַשיט|ן || *cf.* **star**

student דער תּלמיד (ים) [TALMED—TALMIDIM], דער שילער• (ס) ⊣ (college or university) דער סטודע'נט (ן) || (rabbinical) דער לערנער (ס) ⊣ *cf.* **scholar**

student body די תּלמידימשאַפֿט (ן) [ ]; די סטודע'נטנשאַפֿט (ן)

studies דער שטו'דיום (ס); לימודים מצ

studio דער סטו'דיאָ (ס), דער אַטעליע' (ען) [LY] || (theatrical) *also* די סטו'דיע (ס)

studious אַרײַ'נגעטאָן אַפּ אין לערנען; פֿלײַסיק, מתמידיש [ ] ⊣ **s. person** דער מתמיד (ים) [MASMED—MASMIDIM]

studiously *also* מיט התמדה [HASMODE]

study 1. *n.* דאָס פֿאָרשן, דאָס לערנען; דער לימוד [LIMED] ⊣ (piece of research) די שטו'דיע (ס), די פֿאָרשונג (ען) ⊣ (less formal) דער עטיו'ד (ן) ⊣ (room) דער קאַבינע'ט (ן) || *cf.* **studies** || 2. *vt.* (investigate) שטודיר|ן, פֿאָרש|ן ⊣ (learn) לערנ|ען (זיך) || *vi.* לערנ|ען זיך

stuff 1. *n.* דער שטאָף (ן) || (cloth) *also* דאָס צײַג ⊣ 2. *v. imp/pf* (אָנ|)שטאָפּ|ן || *pf. also* אָנ|פֿיל|ן || (taxidermy) אויס|שטאָפּ|ן

stuffed אָ'נגעשטאָפּט || (food) געפֿי'לט || (furniture) געבע'ט

stuffing דאָס געפֿילעכץ

stuffy פֿאַרשטי'קט, דושנע || (person, speech) אָ'נשטעלעריש || **be s.** (person) מאַכ|ן אָ'נשטעלן; בלאָז|ן זיך

stumble *v/imp* שטאָ'מפּער|ן || *pf.* אָנ|שטויס|ן זיך, פֿאַרטשעפּע|ן זיך, ספּאָטיקע|ן זיך ⟨אין —⟩ ⊣ (*fig.*) געשטרויכלט ווער|ן, ניכשל ווער|ן ⟨אין —⟩

stumbling block דער שטרוי'כלשטיין (ער), דער אבֿן־נגף [EVN-NE'GEF], דער מיכשול (ים) [MIKhShL—MIKhShOYLIM]

stump 1. *n.* דער קאָרטש (ן), דער סטאָטשיק (עס), דער פּניאַק (עס) ⊣ 2. *vt.* (remove s.s) אויס|קאָרטשע|ן || (campaign) קאַמפּאַ'ניעווע|ן איבער ⊣ *cf.* **puzzle**

stun פֿאַרדול|ן, פֿריטשמעליע|ן, •פֿאַרבליפֿ|ן

stunning פּלעפֿיק, טשאַ'קענדיק

stunt 1. *n.* די קונץ (ן) || 2. *v.* פֿאַרקאַ'רליק|ן

stupefy פּלעפּ|ן, פֿריטשמעליע|ן
stupendous [PE'LEDIK] פּלאדיק
stupid נאַריש || **s.!** [KhOKhEM] !חכם איינער
stupidity [TIPShES] די נאַ'רישקייט, דאָס טיפּשות
stupor דער הי'נערפּלעט
sturdy קרעפּקע, פֿאַרהאַ'רטעוועט
sturgeon דער באַלי'ק (עס)
stutter שטאַמל|ען, פֿאַרהיקע|ן זיך
stutterer דער שטאַמלער (ס)
sty[1] (on eye) דער גערשט (ן)
sty[2] (pigs') דער כליעוו (עס), די חזיר־שטאַל [KhA'ZER] (ן)
style 1. *n.* דער סטיל (ן), דער נוסח (אָות) [NUSEKh—NUSKhOES] ⊣ (fashion) די מאָדע (ס), דער פֿאַסאָ'ן (ען) ⊣ **in s.** אין דער מאָדע ⊣ **live in great s.** פֿיר|ן אַ גרויסן שטאַט ⊣ **2.** *v.* (give s.) אויס|סטיל(יז)יר|ן || (title) באַטיטל|ען
stylish מאָדיש, עלעגאַ'נט, מאָדערן
stylistic סטיליסטיש
suave [BENEI'-MESDIK] סאַ'מעטיק, גלאַט; בנעימותדיק
sub... אונטער.., סוב..; וויצע || subcommittee די סו'בקאָמיסיע, די או'נטערקאָמיסיע || subdivide אונטער|(צע)טייל|ן, וויצע אונטער|(צע)טייל|ן ⊣ sublease *v.* אונטער|פֿאַר-דינג|ען, וויצע ⊣ substructure פֿאַרדינג|ען דאָס או'נטערגעבײַ (ען)
subconscious 1. *adj.* או'נטערוויסיק || 2. *n.* די או'נטערוויסיקייט
subdue אײַנ|נעמ|ען, באַהערש|ן || (soften) אָפּ|טונקל|ען *also* (light) ⊣ פֿאַרוויי'כער|ן || (noise) *also* פֿאַרשטי'ל(ער)|ן
subject 1. *adj.* (subjugated) או'נטערגע-וואָרפֿ'ן, או'נטערטעניק ⊣ (inclined to) [NOYTE] אָ'נקרייטיק, נוטה (—צו) ⊣ s. to headaches נוטה צו קריגן קאָ'פּווייטיק || (possibly undergoing) [OLEL] עלול צו || s. to withdrawal עלול צוריקצוציִען ⊣ (not exempt) [KhAYEV] חייבֿ צו ווערן || (exposed) אוי'סגעשטעלט אויף || **2.** *n.* (of a sovereign) דער או'נטערטאַנער (ס) || (topic) די טעמע (ס) || (grammatical) דער סוביע'קט ⊣ (of instruction) דער לימוד [LIMED—LIMUDIM] (ים) ⊣ **3.** *v.* -אונטער|וואַרפֿ|ן ⊣ (expose) אויס|שטעל|ן ⟨א אויף⟩
subjective סוביעקטי'וו
subject matter דער אינהאַלט, די טעמאַטיק
subjugate או'נטערטעניק מאַכ|ן, אונטער|-טע'ניק|ן, -|יאָכ|ן, באַצווינג|ען
subjunctive דער קאָניונקטי'וו (ן)
sublime געהויב'ן
submarine די טונקשיף (ן), דער סובמאַרי'ן (ען)
submerge *vt/vi* אײַנ|-, אונטער|טונק|ען, אונטער|טוק|ן (—זיך)
submerged: be s. in *also* טונק|ען זיך אין
submersible 1. *adj.* ...טונק || 2. *n.* די טונקשיף (ן)
submission דאָס או'נטערוואַרפֿן זיך, דאָס נאָ'כ-געבן; דאָס אײַ'נגעבן
submissive או'נטערגיביק, נאָ'כגיביק, ני'כ-נעדיק, או'נטערטעניק ⊣ **s. person** *also* דער ניכנע (ים) [NIKhNE—NIKhNOIM]
submit *vt.* פֿיר|לייג|ן, דערלאַנג|ען, צו|-אָנ|-, אײַנ|געב|ן* (application) ⊣ שטעל|ן || *vi.* **s. to** לאָז|ן זיך אונטער|וואַרפֿ|ן אױף , זיך ד ; אַראָפּ|שלינג|ען א
subordinate 1. *adj.* ..אונטער || 2. *n.* דער סובאָרדינאַ'ט (ן), דער אונטער (ס) ⊣ **3.** *v.* אונטער|אָ'רדענ|ען, סובאָרדיניר|ן
subpoena 1. *n.* די סובפּענע (ס) || 2. *v.* -סוב פּעניר|ן
subscribe (to) ⟨א—⟩ אַבאָניר|ן, אויס|שרײַב|ן || (views) האַלט|ן פֿון, צו|שטיי|ן* צו
subscriber דער אַבאָנע'נט (ן)
subscription דער אַבאָנעמע'נט (ן) || (fee, price) דאָס אַבאָניר־געלט
subsequent ווײַ'טערדיק; שפּע'טערדיק, נאָ'כ-דעמדיק
subsequently דערנאָ'ך, נאָך דעם, שפּעטער, [BEDIEVED] בדיעבֿד
subside נאָכ|לאָז|ן, אײַנ|שטיל|ן זיך, איבער|-נעמ|ען זיך
subsidize סובסידיר|ן
subsidy די סובסי'דיע (ס), די סובווע'נץ (ן)
subsist עקסיסטיר|ן, לעב|ן, אויס|האַלט|ן זיך ⟨—פֿון⟩

subsistence די פּרנסה, די אוי'סהאַלטונג, [PARNOSE], דאָס אוי'סקומעניש

substance די סובסטאַ'נץ (ן); דער תּוך [TOKh]; דאָס ממשות [MAMOShES] ⊣ **in s.** די האַפּט, ⊣ אין תּוך ⊣ **of s.** (rich) אַדי פֿאַרמעגלעך

substantial ממשותדיק [ ], היפּש, תּוכיק [ ] [NIShKO'ShEDIK] נישקשהדיק ⊣ (nourishing) נע'רעוודיק, האַפּטיק || **something s.** דער יש (ן) [YESh]; עפּעס רעכטס

substantially (basically) בעצם [BEETSEM] ⊣ (considerably) היפּש, ממשותדיק [ ] || (*hum.*) קיין עין־הרע [EYNORE]

substantiate באַווײַז|ן, באַגרינד|ן, באַקרע'פֿטיק|ן

substantive 1. *adj.* ...תּוך־ [TOKh] || **s. matter** די תּוך־זאַך || 2. *n.* דער סובסטאַנטי'וו (ן)

substitute 1. *adj.* ...פֿאַרבײַ'ט..., בימקום־ [BIMKEM] ⊣ 2. *n.* (person) דער פֿאַרטרעטער (ס), דער פֿאַרבײַטער (ס), דער ממלא־מקום (ס) [MEMALE-MO'KEM], דער בימקום (ס) ⊣ (thing) *also* דער סוראָגאַ'ט (ן), דער סובסטיטו'ט (ן) ⊣ 3. *vt.* סובסטיטויר|ן; אַנשטאָ'ט דעם געבן|*/שטעל|ן/... ⊣ *vi.* (for) ממלא־מקום זײַן* ⟨אַ⟩

substitution די סובסטיטוציע (ס), דאָס אַוועקשטעלן ⟨אַ⟩ אויף דע'ם אָ'רט

substratum דער סובסטראַ'ט (ן), דער או'נטערשיכט (ן)

subterranean או'נטערע'רדיש

subtle סובטי'ל, פֿאַרשפּי'צט

subtract אַראָפּ|נעמ|ען, -|רעכע|נען

subtraction דער חיסור [KhISER]

suburb די פֿאָרשטאָט (פֿאָרשטעט), די פֿירשטאָט (פֿירשטעט)

suburban פֿאָ'רשטאָטיש, הי'נטערשטאָ'טיש

suburbia די הי'נטערשטאָט; (דאָס) הי'נטערשטאָטסק

subversive אי'בערקערעריש, סובווערסי'וו

subway די או'נטערבאַן (ען), די °סאָבוויי (ס) אַמער

succeed (follow) קומ|ען || (achieve success) באַגליק|ן; מצליח זײַן* [MATSLIEKh], אויס|פֿיר|ן, באַווײַז|ן, פּועל|ן ⟨—צו⟩ [POYEL]

|| **s. in** (*rev. con.*) געראָט|ן, אײַנ|געב|ן* זיך אומפּ —ד

success די הצלחה (—ות) [HATSLOKhE], דער באַגלי'ק (ן), דער סוקצע'ס (ן), דער דערפֿאָ'לג (ן); די מזל־ברכה [MAZL-BRO'KhE] ||

be a s. (with) אויס|נעמ|ען ⟨בײַ⟩

successful (venture) געראָ'טן, אײַ'נגעגעב'ן, הצלחהדיק [ ] ⊣ (person) גליקלעך || **s. person** דער מוצלח (ים) [MUTSLEKh—MUTSLOKhIM] ⊣ **be s.** (*rev. con.*) -אָפּ|אײַנ|געב|ן* זיך, עולה־יפֿה זײַן* [OYLE-YO'FE] ⊣ (venture) -|גילט|ן, גליק|ן —אומפּ ד

succession דער נאָכאַנאַ'נד, דער (ירשע־)סדר [(YA'RShE-)SEYDER], די ריי, די נאָ'כקומערשאַפֿט ⊣ **in s.** נאָך אַנאַ'נד, כּסדר [KESEYDER] ⊣ **in s. to** ווי דער נאָ'כקומער פֿון ⊣ **in quick s.** גיך איינס נאָכן אַ'נדערן

successive נאָכאַנאַנדיק; נאָך אַנאַ'נד

successively נאָך אַנאַ'נד

successor דער נאָ'כקומער (ס), דער יורש (ים) [YOYRESh—YORShIM], דער ממלא־מקום (ס) [MEMALE-MO'KEM]

succinct טרעפֿיק, תּמציתדיק [TA'MTSES-DIK], בקיצורדיק [BEKI'TSERDIK]

Succoth *see* **Sukkoth**

succulent זאַפֿטיק, סאַקיק

succumb (to) פֿאַל|ן ⟨אונטער⟩, ווער|ן אַ קרבן פֿון [KORBM] ⊣ (die) שטאַרב|ן ⟨פֿון⟩

such אַזאַ' אינוו; אַזעלכ|ער, אַזוינ|ער || **as s.** עצם אינוו [ETSEM] ⊣ **the system as s.** די עצם סיסטע'ם ⊣ **s. and s.** דער און דער, די און די, דאָס און דאָס

suck זויג|ן || (candy) סמאָקטשע|ן

sucker דער °יאָלד (ן)

suckle זייג|ן

suction די זויגונג

sudden פּלו'צלינגדיק, פּלו'צעמדיק || **all of a s.** אין מיטן דערינען, אין מיטן העלן טאָג

suddenly פּלוצלינג, פּלוצעם, ראַפּטעם, מיט אַ מאָל, מיט איין מאָל ⊣ (*hum.*) פּלוצט־פֿון הײַנט אויף מאָרגן ⊣ (overnight) האַלבן

suds מו'לינעס מצ

sue לאָד|ן ⟨אַ⟩, אײַנ|געב|ן* אין געריכט ⟨אויף⟩

suède דאָס שוועדיש|ע לעדער

suffer *vt.* אויס|שטיי|ן* א , ליַיד|ן ⟨א⟩, פּלאָג|ן *vi. also* ⊣ זיך ⟨מיט⟩, האָב|ן* יסורים [ ] ⟨פֿון⟩ אָפּ|קומ|ען, מוטשע|ן זיך, אוי'סגעריסן ווער|ן, °קיַי|ען די ערד, °פֿאַרשוואַ'רצט ווער|ן ‖ **s. for** (previous deeds) *also* °אויס|- קרענק|ען

suffering ליידן, יסורים [YESURIM] —מצ, דאָס אָ'פּקומעניש (ן) ⊣ **mental s.** דאָס עגמת־ נפֿש [AGMES-NE'FESh]

suffice (in number) קלעק|ן, זיַין* גענו'ג, טויג|ן* ⊣ (in quality) סטיַיע|ן

sufficient גענוגיק; גענו'ג אַפּ

suffix דער סופֿי'קס (ן)

suffocate *vt/vi* דערשטיק|ן (זיך) ‖ *vi. also* דערשטי'קט ווער|ן .

suffocation די דערשטיקונג

suffrage דאָס שטימרעכט

suffragette די סופֿראַזשי'סטקע (ס)

sugar דער צוקער

sugar beet דער צו'קער־בוריק (עס)

sugar bowl די צו'קערניצע (ס)

sugar cane דער צו'קערראָר

suggest פֿיר|-, פֿאָר|לייג|ן, אָנ|מוט|ן, סוגע- ריר|ן ⊣ (less graciously) ‖ נאַריַיע|ן (diffidently) ‖ לאָז|ן פֿאַלן אַ וואָרט אַז (resemble) דערמאָנ|ען אין, האָב|ן* אַ פּנים [PONEM] פֿון ⊣ (put into mind) אַרויפֿ|- ברענג|ען אויפֿן געדאַ'נק אַז

suggestion דער פֿירלייג (ן), דער פֿאָרלייג (ן), דער °פֿאָרשלאָג (ן), דער אָנמוט (ן), דער נאַריַי' (ען)

suggestive סוגעסטי'וו, ווע'קנדיק

suicide (act) דער אַליינמאָרד (ן) ‖ (person) דער אַליי'נמערדער (ס) ‖ **commit s.** נעמ|ען זיך דאָס לעבן, °אָנ|טאָ|ן* זיך אַ מעשׂה [MAYSE]

suit 1. *n.* (clothes) דער קאָסטיו'ם (ען), דער מאַסט (ן) [TY], ⊣ (cards) גאַרניטער (ס) דער פּראָצע'ס ⊣ (law) דער קאָלי'ר (ן) ⊣ 2. *v.* ‖ (please) טויג|ן* פּאַס|ן ⟨ד⟩ ⟨ד⟩; זיַין* ניחא ⟨ד⟩ [NIKhE]; דערגאָדזשע|ן ⟨ד⟩ ⊣ **not s.** (sb.'s appearance) *also* (*hum.*) פּאַס|ן ⟨ד⟩ ווי אַ חזיר אַ זאָטל [KhAZER]

suitable פּאַסיק, טוי'געוודיק ‖ (highly) (ווי) אָ'נגעמאָסט'ן

suitcase דער טשעמאָדאַ'ן (עס), די וואַליזע (ס)

suite (retinue; musical) די סוויטע (ס) ‖ (rooms) דער גאַנג (גענג) צי'מערן, דאָס געצימער (ן)

suitor (at law) דער טוען (ים) [TOYEN] ‖ (in love) דער אָווירער (ס), דער קאַוואַלע'ר (ן)

Sukkoth 1. *adj.* סוכּותדיק [ ] ‖ 2. *n.* דער סוכּות [SUKES]

sulk זיַין* ברוגז [BROYGES]

sulky ברוגז [ ], אָ'נגעדראָדלט, פֿאַרביי'זט

sullen אָ'נגעכמורעט, ברוגז(לעך) [ ], פֿאַר- ביי'זט, צעשטאָרקעט

sulphur דער שוועבל

sultan דער סולטאַ'ן (ען)

sultry פּאַרנע ‖ **be s.** *also* פּאַרע|ן

sum 1. *n.* די סומע (ס), דער באַטרע'ף (ן) ‖ (total) דער סך־הכּל (ען) [SAKhAKL] ‖ **s. of money** (*hum.*) די מטבע (ות) [MATBE-YE] ⊣ **in s.** אַ כּלל [KLAL] ‖ 2. *v.* **s. up** סומיר|ן, מאַכ|ן/אונטער|צי|ען דעם סך־הכּל, פֿאַרסך־הכּל|ען

summarize פֿאַרסך־הכּל|ען [ ], רעזומיר|ן

summary דער קיצור (ים) [KITSER—KITSU-RIM], דער רעזומע' (ען)

summation די פֿאַרסך־הכּלונג (ען), די רע- זומי'ר־רעדע (ס)

summer 1. *adj.* זו'מערדיק, זומער... ‖ 2. *n.* דער זומער (ן) ‖ **in the s.** זו'מער- (צײַט); זו'מערלעב ⊣ *cf.* **Indian**

summery זו'מערדיק

summit דער שפּיץ (ן), דער הויכפּונקט (ן) ‖ **s. conference** די שפּי'צן־קאָנפֿערענץ (ן)

summon אַרויס|-, איַינ|רופֿ|ן

summons דער איַינרוף (ן); די הזמנה (—ות) [HAZMONE]

sumptuous פּראַכטיק, לו'קסוסדיק; כּיד־ המלך אַפּ [KIYA'D-HAME'YLEKh]

sun 1. *n.* די זון (ען) ‖ **in the s.** אויף דער זון ‖ 2. *v.* וואַ'רעמ|ען/באַק|ן זיך אויף דער זון

sunbeam דער זו'נענשטראַל (ן), דער שטראַל (ן) זון

sunburn דער זו'נענברען

sunburned אָ'פּגעברענט (פֿון דער זון)

sundae דער סאַנדיי (ס) אַמער

Sunday || זונטיק (דער) זונטיק (ן) || **on S.** זונטיק || **S.'s** זו'נטיקדיק אַדו

sundial דער זו'נזייגער (ס)

sundry כּלערליי [KO'LERLE'Y], מיני [MI-NE], אַלערהאַ'נט

sunflower די זונרויז (ן)

sunglasses זו'נברילן מצ

sunken פֿאַרזונקען; אײַ'נגעפֿאַל'ן

sunlamp דער קוואַרצלאָמפּ (ן)

sunlight די זו'נענשײַן

sunlit זוניק

sunny זוניק

sunrise דער זו'נאויפֿגאַנג (ען)

sunset דער זו'נפֿאַרגאַנג (ען), די שקיעה [shKIE] (—ות)

sunshine די זון

sunstroke דער זו'נענשלאַק (...שלעק)

sunsuit זונקעס מצ

suntan lotion דאָס זו'נשמירעכץ (ן)

suntanned אָ'פּגעברוינט (פֿון דער זון)

super... אי'בער... || **superhuman** איבער.. || superhuman אי'בער- מענטשיש ⊣ superman דער אי'בערמענטש || superstructure דאָס אי'בערגעבײַ (ען)

superb ע'רשטקלאַסיק, מהודרדיק [ ], פּרעכ- טיק ⊣ **stg. s.** [MEHUDER] דער מהודר

superficial פֿונאוי'בנדיק; אויבנאויפֿיק

superfluous אי'בעריק

superintendent דער אוי'פֿזעער (ס) || (janitor) דער סטראָזש (סטרעזשער)

superior 1. *adj.* העכער || 2. *n.* דער הע'- כער|ער נעב ; דער שעף (ן)

superiority די הע'כערקייט; די איי'בערהאַנט, די שטאַ'רקערקייט; די איי'בערשאַפֿט

superlative דער סופּערלאַטי'וו (ן)

supermarket דער סו'פּערמאַרק (...מערק)

supernatural אי'בערנאַטי'רלעך

supersede פֿאַרבײַט|ן, פֿאַרנעמ|ען דעם אָרט פֿון

supersonic סופּערסאָניש, אי'בערקלאַ'נגיק

superstition דאָס אײַ'נגלייבעניש (ן), דאָס גלייבעכץ (ן)

superstitious (belief) גליי'בעכצדיק || (person) *also* אײַ'נגעגלייבט

supervise אויפֿ|פּאַס|ן, האַלט|ן אַן אויג ⟨—אויף⟩

supervision די השגחה [HAZhGOKhE], דער אויפֿזע, די אוי'גהאַלטונג

supervisor דער משגיח (ים) —MAZhGIEKh] [MAZhGIKhIM], דער ממונה (—ים) -MEMU] [NE—MEMUNIM], דער אוי'פֿזעער (ס), דער אוי'גהאַלטער (ס); דער בעל־השגחה (בעלי־) [BAL- —BALE]

supine אוי'סגעצויג'ן; ראַקעם אַדוו

supper די וועטשערע (ס)

supplant פֿאַרבײַט|ן, אַרויס|שטופּ|ן, ממלא־ מקום זײַן* [MEMALE-MO'KEM]

supple בייגיק

supplement 1. *n.* די הוספֿה [HESO- (—ות) FE], דער צולאָג (ן), דער סופּלעמע'נט (ן) || 2. *v.* סופּלעמענטיר|ן, דערלייג|ן צו

supplementary צוגאָב...

supply 1. *n.* (stock) דער זאַפּאַ'ס (ן) || (delivery) דער צושטעל, דער צופֿיר (—פֿון); די פֿאַרזאָרגונג, די באַשפּײַזונג ⟨—מיט⟩ ⊣ (vs. demand) דער אָנבאָט || (*pl.*) זאַפּאַסן מצ || (food) *also* דער פּראָוויאַ'נט אַצ || **office s.s** דאָס ביוראָוואַרג ⊣ (**electric**) **power s.** די עלעקטראָשפּײַזונג ⊣ 2. *v.* פֿאַרזאָרג|ן אַ מיט, ⊣ (a missing part) דערמאַכ|ן, ⊣ לײַ'ווער|ן דערשטו'קעווע|ן

supply line די צו'פֿיר־ליניע (ס) [NY]

supply room דער מאַגאַזי'ן (ען)

support 1. *n.* (physical) דער אָנשפּאַר (ן), דער אָנהאַלט ⊣ (footing) דער אויפֿהאַלט (ן) || דער אויסהאַלט (ן) ⊣ (subsistence) (ן) (aid) דער שטיץ (ן), די אונטערשטיצונג (ען) || (*fig.*) *also* די תּמיכה [TMIKhE] || **means of s.** די חיונה [KhEYUNE] || **be left without s.** בלײַב|ן ווי אויפֿן וואַסער || 2. *v.* (physically) אונטער|-, אויפֿ|האַלט|ן; אויס|- ⊣ אונטער|שפּאַר|ן (economically) [MEFARNES] *האַלט|ן, מפֿרנס זײַן ⊣ (help) (אונטער)שטיצ|ן, אויפֿ|האַלט|ן ⊣ (a cause) *also* סאָלידאַריזיר|ן זיך מיט

supporter דער אָ'נהענגער (ס), דער שטיצער (ס)

|| (economically) ,(ס) דער אוי'סהאַלטער [BAL- —BALE] (בעלי־) דער בעל־חיונה

supportive שטיצ..., שטיציק

suppose 1. *v.* -|אָנ| ,[MEShAER] משער זײַן* נעמ|ען ⊣ 2. *conj.* אויב אַ שטייגער || **s. that** לאָז זײַן אַז; לאָמיר זאָגן אַז; זאָל זיך דאַכטן אַז

supposed: be s. to *דאַרפֿ|ן || **have been s. to** *also* האָב|ן* געזאָ'לט || how am I **s. to know?** פֿון וואַנען זאָל איך וויסן? גיי וויס!

supposedly [MAShMOES] משמעות

supposition [HAShORE] (—ות) די השערה

suppository דאָס צעפּל (עך)

suppress דערשטיק|ן, פֿאַרשטיק|ן, •אונטער|- דריק|ן

suppression דאָס דערשטיקן; די דערשטיקונג, די פֿאַרשטיקונג, די •אונטערדריקונג

suppurate איי'טער|ן

supra... ..איבער || supranational -אי'- בערמלו'כיש

supremacy [ShLI- ײַ העכערקייט; די שליטה [TE, די אי'בערוואָג

supreme העכסט*, איי'בערשט* || **S. Court** דאָס העכסט|ע געריכט

surcharge דער צוצאָל (ן)

sure זיכער; געוויס* אַפּ/אַדוו || **for s.** אויף געווי'ס, אויף זיכער, בלי־חרטה [KhARO'TE] || **s. (enough)!** פֿאַרשטיי'ט זיך! °וואָדע'ן? || **to be s.** אמת [EMES], ס'וואָר || I am **s.** I don't know [BEE- איך ווייס באמת ניט MES] ⊣ he is **s.** to fall ער וועט געווי'ס פֿאַלן ⊣ you may **be s.** that איר מעגט זיך פֿאַרלאָזן אַז; °פֿאַרלאָ'זט זיך אַז ⊣ **be s. to** איר זאָלט ניט אַנדערש ⊣ be s. to write ניט אַנדערש אַנדערש שרײַבן ⊣ **be absolutely s. to** [LEMA'NAShE'M] למען־השם ⊣ **make s.** (check) פֿאַרזי'כער|ן זיך ⟨אַז⟩ || (insure) באַוואָ'רענ|ען זיך ⟨אַז⟩

surf 1. *n.* דער אי'נדנברעך || **ride the s.** אינדל|ען זיך ⊣ 2. *v.* אינדל|ען זיך

surface 1. *n.* די איי'בערפֿלאַך (ן), דער אויבנ- אוי'ף (ן) ⊣ (water) *also* דער שפּיגל || **on the s.** אויבן אויף (פֿון) || 2. *vi.* אַרויס|טונק|ען זיך, אויפֿ|טונק|ען

surf rider דער אינדלער (ס)

surge 1. *n.* דער (אָנ)פֿלייץ (ן) || 2. *v.* פֿלייצ|ן, כוואַליע|ן

surgeon דער כירו'רג (ן) || (old-time) דער פֿעלדשער (ס)

surgery די כירורגיע

surgical כירורגיש

surly פֿאַרמרוקעט, מרה־שחורהדיק [MORE-ShKhO'YREDIK] ⊣ **s. person** דער מרוק (עס)

surmise 1. *n.* דער אָנשטויס (ן) || 2. *v.* (אָנ|)שטויס|ן זיך

surmount גובֿר זײַן* [GOYVER], מתגבר זײַן* [MISGABER] זיך איבער

surname די פֿאַמי'ליע (ס), דער פֿאַמי'ליע־נאָמען (־נעמען)

surpass אַריבער|שטײַג|ן || (*hum.*) °פֿאַר- שטעק|ן אין גאַרטל

surplus [OYDEF] דער עודף || **s. value** דער מערווערט

surprise 1. *n.* (feeling) דער חידוש [KhIDESh] ⊣ (object) דער סורפּריז (ן) ⊣ 2. *v.* || פֿאַרחידוש|ן, פֿאַרוווּ'נדער|ן (pleasantly) דערפֿריי|ען || (come unexpectedly) או'מגעריכט אונטער|קומ|ען צו

surprised: be s. *v/imp* ,[ ] חידוש|ן זיך פֿאַרחידוש|ן זיך *pf.* ⊣ ווו'נדער|ן זיך ⟨—אויף⟩ ⟨אויף⟩

surprising [ ] חידושדיק || **it is s. how much** he bought אַ פֿאַרמעגנס וויפֿל ער האָט געקוי'פֿט

surrealism דער סורעאַליזם

surrender 1. *n.* (delivery) דאָס אי'בער- געבן, דאָס אָ'פּגעבן, דאָס אַרוי'סגעבן ⊣ (capitulation) דאָס או'נטערגעבן זיך, די קאַפּי- טולירונג (ען) ⊣ 2. *vt.* -|אָפּ| ,-|אַרויס| ,-|איבער| אונטער|-, ⊣ *vi.* געב|ן*; איבער|ע'נטפֿער|ן איבער|געב|ן* זיך; קאַפּיטוליר|ן

surreptitious [ ] בשתיקהדיק

surreptitiously [BIShTIKE] בשתיקה

surrogate [YERU'- (ס) דער ירושה־ריכטער ShE] ⊣ **s. court** דאָס ירושה־געריכט

surround אַרומ|רינגל|ען

surrounding אַרומיק

surroundings די סבֿיבֿה [SVIVE], דער אַרו'ם (ען) —אצ

surveillance דאָס האַלטן אַן אויג ⟨אויף⟩, די אוי'גהאַלטונג ⊣ **keep under s.** האַלט|ן אַן אויג אויף

survey 1. *n.* דער אי'בערבליק (ן), דער אַרומ־קוק (ן) ⊣ (land) די מעסטונג || (views) דער אַרומפֿרעג (ן) ⊣ 2. *v.* איבער|קוק|ן, מאַכ|ן אַן אי'בערבליק/אַרומקוק ⟨איבער⟩ ⊣ (land) (אויס)|מעסט|ן

surveying די ע'רדמעסטונג

surveyor דער ע'רדמעסטער (ס), דער פּלאַ'נ־מײַסטער (ס)

survival 1. *adj.* [NITSL] ...ניצול־ || s. kit דאָס ניצול־געצײַ'ג ⊣ 2. *n.* (escape) דאָס ניצול ווערן, דאָס לעבן בלײַבן ⊣ (further existence) דער קיום [KIEM], די תּקומה [TKU-ME], דאָס לעבן ווײַטער ⊣ (surviving thing) דער אי'בערבלײַב (ן), דער שׂריד (ים) [SORED—SRIDIM] ⊣ **s. of the soul** דאָס השאָרת־הנפֿש [HASHORES-HANE'FESh]

survive *vt.* איבער|קומ|ען, אַרויס|גיי|ן* מיטן לעבן פֿון; ניצול ווערן [ ] ⊣ *vi.* בלײַב|ן לעבן, האָב|ן* אַ תּקומה [ ]

survivor דער לעבן געבלי'בענ|ער נעב || (*pl.*: s.s of a catastrophe) די שאָרית־הפּליטה [ShEYRES-HAPLE'YTE] אצ

susceptible (to) אָ'נקרײַטיק ⟨צו/אויף⟩

suspect 1. *adj.* [KhoshED] חשוד אַפּ || 2. *n.* דער חשוד (ים) [—KhshUDIM] ⊣ 3. *v.* (sb. of) חושד זײַן* ⟨אַ אין⟩, [KhoyshED] האָבן* אַ חשד [KhshAD] ⟨אויף ... אַז⟩

suspend אויפֿ|הענג|ען || (payment) אָפּ|שטעל|ן ⊣ (activity) אָפּ|האַלט|ן || (sentence, membership) סוספּענדיר|ן, פֿאַר־הענג|ען

suspenders שלײקעס מצ

suspense די שפּאַנונג || **keep in s.** האַלט|ן אָ'נגעצויגן; צי|ען° די עצמות בײַ [ATSOMES]

suspension 1. *adj.* ...הענג || s. bridge די הענגבריק ⊣ 2. *n.* דאָס אוי'פֿהענגען; דאָס סוספּענדירן

suspension points דרײַ פּי'נטעלעך מצ

suspicion דער חשד (ים) [KhshAD—KhshoDIM] ⊣ (apprehension) דער חשש (ים) [KhshASh—KhshoshIM]

suspicious (arousing suspicion) חשוד [KhoshED], ניט גלאַט(יק) ⊣ (inclined to suspicion) חשדימדיק [Khsho'DIMDIK] || **s. person** *also* דער בעל־חשדים (בעלי־) [BAL- —BALE]

sustain (support) אונטער|האַלט|ן, שטיצ|ן || (keep up) אויס|האַלט|ן

sustenance דער אויסקום; דאָס אוי'סקומעניש

suture די נאָט (נעט)

swab 1. *n.* (act) דער וויש (ן) || (tool) דער ווישער (ס) ⊣ 2. *v.* אַ וויש טאָ|ן*, איבער|וויש|ן

swaddle *imp/pf* (אײַנ|-, איבער|)וויקל|ען

swaddling clothes ווי'נדעלעך, ווי'קעלעך מצ

swagger גיי|ן* קוממיות [KOYMEMIES]; פּרי'צעווע|ן; אויס|פּײַנ|ען זיך, טשאַקע|ן

swaggering טשאַ'קענדיק, באַמבאַסטיש

swallow[1] (bird) די שוואַלב (ן)

swallow[2] 1. *n.* דער שלונג (ען) || 2. *v.* *imp/pf* (אײַנ|-, אַראָפּ|)שלינג|ען || (insult) *also* פֿאַרשווײַג|ן

swamp דער זומפּ (ן)

swampy זומפּיק

swan דער שוואַן (ען)

swap 1. *n.* דער אויסבײַט (ן) || 2. *v.* אויס|בײַט|ן זיך מיט, שטע'כעווע|ן

swarm 1. *n.* דער רוי (עס), דער שוואָרעם (ס) || 2. *v.* שוויבל|ען און גריבל|ען, רויע|ן זיך, ווי'דמע|נען זיך ⟨—מיט⟩

swashbuckler דער פֿלאַ'קן־שיסער (ס), דער שטרוי'ענ|ער קאָזאַק (...אַ'קן)

swastika דער האַ'קנקרייץ (ן), די סוואַ'סטיקע (ס)

sway 1. *n.* (power) די שליטה [ShLITE], די דעה [DEYE] ⊣ 2. *vt.* וויג|ן || (persuade) אײַנ|בעט|ן ⊣ *vi.* וויג|ן זיך, וואַ'קעווע|ן זיך

swaying *adj.* צעווי'גט

swear (זיך) שווער|ן || (curse) זידל|ען זיך || I could have sworn that איך וואָלט געמע'גט שווערן אַז ⊣ **s. in** אײַנ|שווער|ן ||

s. off פֿאַרשווער|ן זיך ניט צו אינפּ || make s. באַשווער|ן

sweat 1. *n.* דער שווייס || **cold s.** מצ אַנגסטן || 2. *vi.* שוויצ|ן

sweater דער סוועטער (ס)

Swede דער שוועד (ן)

Sweden (דאָס) שוועדן

Swedish *adj.* שוועדיש

sweep 1. *n.* דער מאַך; די בע'זעמונג || 2. *vt/imp* בע'זעמ|ען || (with a broom) קער|ן || *pf.* אויס|קער|ן, פֿאַרקער|ן || (emotionally) מיט|רײַס|ן || (constituency) *also* קריג|ן אַ מכריעדיקן [ ] רובֿ שטימען פֿון [ROV], קריג|ן אַ פֿאַרפֿליי'צנדיקן רובֿ פֿון || *vi.* אויס|קער|ן; גליטש|ן זיך, בע'זעמ|ען זיך

sweeping גרונטיק, כּוללדיק [KO'YLELDIK], ווײַ'טגרייכיק, מכריעדיק [MAKhRI'EDIK]

sweepings דאָס קערעכץ

sweet 1. *adj.* זיס || **have a s. tooth** זײַן* אַ נאַשער ⊣ **s. and sour meat** דאָס ע'סיקפֿלייש ⊣ 2. *n.* (*pl.*) דאָס זיסוואַרג, דאָס נאַשוואַרג, מצ מטעמים [MATAMIM]

sweetbread די גראַ'שיצע

sweeten פֿאַרזיס|ן

sweetheart 1. *n.* דער געליבט|ער, די געליבט|ע —געב ⊣ 2. *int.* האַ'רצעניו! [NY] || *cf.* **darling**

sweetness די זיסקייט || (*fig.*) *also* דאָס מתיקות [MESIKES]

swell[1] 1. *adj.* טײַער° || 2. *n.* די פֿײַנע־בריה (—ות) [BE'RYE]

swell[2] *vi.* געשוואָלן ווער|ן, אויפֿ|לויפֿ|ן, אָ'נ־געקוואָלן/אָ'נגעדראָלן ווער|ן ⊣ **s. with pride** ווער|ן ברייטער ווי לענגער

swelling דאָס געשווילעכץ (ן)

swelter אָפּ|קומ|ען פֿאַר היץ, באָד|ן זיך אין שווייס

swerve *vi.* אַ ריס טאָ|ן* זיך (אין אַ זײַט)

swift ביסטרע, געשווי'נד

swig דער טרונק (ען), דער זופּ (ן), דער שלוק (ן)

swill זשליאָקע|ן, זויפֿ|ן

swim 1. *n.* דער שווום (ען) || 2. *vt.* דורכ|שווימ|ען א/דורך ⊣ *vi.* שווימ|ען

swimmer דער שווימער (ס)

swimming דאָס שווימען, דאָס שווימערײַ' || **go s.** *also* גיי|ן* זיך באָדן || **s. pool** דער שווי'מבאַסיין (ען), די שווימערײַ' (ען)

swindle 1. *n.* דער שווינדל (ען) || 2. *v.* אָפּ|נאַר|ן, באַשווינדל|ען

swindler דער שווינדלער (ס), דער אַפּערי'סט (ן)

swine דער חזיר (ים) [KhAZER—KhAZE'YRIM]

swing 1. *n.* (movement) דער מאַך (ן), די מאַ'כגעבונג (ען), דער •שווונג (ען) ⊣ (children's) די הוידע (ס) || (music) דער סווינג אַמער ⊣ 2. *vt.* וויג|ן, מאַכ|ן מיט || *vi.* וויג|ן זיך

swipe (pilfer) *imp/pf* (צו|)לקחענ|ען [LAKKh·N]

Swiss 1. *adj.* שווייצער אינוו || 2. *n.* דער שווייצער (—)

switch 1. *n.* דער אי'בערבײַט (ן) || (electric) דער אוי'סשליסער (ס) ⊣ 2. *vt.* אויס|־, איבער|בײַט|ן ⊣ *vi.* (swap) בײַט|ן זיך ⟨מיט⟩ || (go over) אַריבער|גיי|ן* ⟨אויף⟩ || **s. off** אויס|שליס|ן ⊣ **s. on** אײַנ|שליס|ן, אָנ|צינד|ן || **s. over** *vt.* איבער|שליס|ן, ־|שטעל|ן

switchboard די שליסברעט (ער) || **s. operator** דער טעלעפֿאָני'סט (ן)

Switzerland (די) שווייץ

swivel chair די דריישטול (ן)

swollen געשוואָל·ן, אָ'נגעקוואָל·ן, אוי'פֿגע־לאָפֿ·ן, אָ'נגעדראָל·ן

swoon 1. *n.* דאָס חלשות [KhALOShES] || 2. *v.* פֿאַל|ן (אין) חלשות

swoop אַ לאָז טאָ|ן* זיך || **s. down** געב|ן* זיך אַ לאָז אַראָ'פּ

sword די שווערד (ן)

syllable דער טראַף (ן)

syllogism דער סילאָגיזם (ען)

symbol דער סימבאָ'ל (ן)

symbolic סימבאָליש

symbolize סימבאָלי(זי)ר|ן; פֿאָר|שטעל|ן מיט זיך

symmetrical סימעטריש

symmetry די סימעטריע

sympathetic: be s. to *see* **favor; sympathize**
sympathize (favor) ‹מיט› סימפּאַטיזיר|ן || (have compassion) האָב|ן* מי'טגעפֿיל ‹מיט›, מיט|פֿיל|ן ‹ד›
sympathizer דער סימפּאַ'טיקער (ס)
sympathy דאָס מי'טגעפֿיל ‹מיט›
symphonic סימפֿאָניש
symphony 1. *adj.* סימפֿאָניש || 2. *n.* די סימפֿאָ'ניע (ס)
symposium דער סימפּאָ'זיום (ס)
symptom דער סימפּטאָ'ם (ען)
symptomatic סימפּטאָמאַטיש
synagogal שול..., סינאַגאָגאַ'ל
synagogue די שול (ן); די דאַ'וונשול (ן), די שיל (ן), דאָס בית־הכּנסת (בתּי־כּנסיות) [BEYS-AK-NESES—BOTEKNE'SYES] ⊣ (small Orthodox) *also* דאָס בית־מדרש (בתּי־מדרשים) [BESMEDRESH—BOTE-MEDRO'SHIM], די קלויז (ן) ⊣ (non-Orthodox) די סינאַגאָגע (ס)
synchronize סינכראָני(זי)ר|ן
synchronous סינכראָ'ן
syncopate סינקאָפּיר|ן
syndicate 1. *n.* דער סינדיקאַ'ט (ן) || 2. *v.* סינדיקיר|ן
synonym דער סינאָני'ם (ען)
synonymous סינאָני'ם
syntactic סינטאַקטיש
syntax דער סינטאַקס
synthesis דער סינטע'ז (ן)
synthesize סינטעזיר|ן
synthetic סינטעטיש
syphilis דער סי'פֿיליס
Syria (די) סיריע
Syrian 1. *n.* סיריש || 2. *n.* דער סיריער (—)
syringe דער שפּריץ (ן)
syrup דער סירעפּ (ן), דער סאָק (ן)
system די סיסטע'ם (ען) || (order) דער טאָלק ⊣ (doctrine) די שיטה (—ות) [SHITE]
systematic סיסטעמאַטיש, מיט אַ טאָלק
systematize סיסטעמאַט(יז)יר|ן
systemize *imp/pf* סיסטעמיר|ן(|אויס)

T

T דער טע (ען)

tab דאָס קוויטל (עך), דאָס בלײַבל (עך); דער קלע'פּצעטל (ען)

tabernacle [MIShKN] דער מישכּן (ס) || (Sukkah) [SUKE] די סוכּה (—ות) || **Feast of T.s** *see* **Sukkoth**

table 1. *n.* דער טיש (ן) || (statistics etc.) די טאַבעלע (ס) ⊣ **turn the t.s** איבער|דריי|ען דאָס רעדל ⊣ 2. *vt.* (motion) אָפּ|לייג|ן (אויפֿן טיש)

tablecloth דער טישטעך (ער), דער סערוועט (ן)

tablespoon דער ע'סלעפֿל (—)

tablet || דער טאָוול (ען), דאָס טע'ווּעלע (ך) (drug) דער טאַבלעט (ן) || **the T.s of the Law** [LUKhES] די לוחות מצ

tabloid *n.* די בולוואַ'ר־צײַטונג (ען), דער טאַבלאָ:'ד (ן) אַמער

taboo 1. *n.* דער טאַבו' (ען) || 2. *v.* שטעל|ן אונטער אַ/דעם טאַבו'

tabulate טאַבעליר|ן

tabulator דער טאַבעלירער (ס)

tacit שטיל, שווײַ'גנדיק

taciturn שווײַ'גנדיק, אײַ'נגעשוויג·ן, פֿאַרשוויג·ן

tack 1. *n.* דער שטיפֿט (ן) || (thumbtack) די קנאָפּקע (ס) ⊣ 2. *vt.* (maneuver) לאַוויר|ן ⊣ **t. on** צו|קנאָ'פּקעווע|ן

tackle *v.* (task) אַ נעם טאָ|ן* זיך צו

tact דער טאַקט

tactful טאַקטיש

tactical טאַקטיש

tactics די טאַקטיק אצ (עס)

tactless או'מטאַקטיש

tadpole דאָס קאָ'פּעקל (עך)

taffeta 1. *adj.* טאַפֿט·ן || 2. *n.* דער טאַפֿט

tag 1. *n.* דער צעטל (ען), דאָס קוויטל (עך), דער עטיקע'ט (ן); די באַצײ'כענונג (ען) || (game) יאָ'גערלעך מצ || 2. *vt.* באַ|צעטל|ען

taiga די טײַגע (ס)

tail דער עק (ן), דער וויידל (ען) || *vi.* (along) נאָכ|שלעפּ|ן זיך

tail coat דער פֿראַק (ן)

tailor דער שנײַדער (ס)

tailor-made געמאַ'כט אויף מאָס

tailor shop די שנײַדערײַ' (ען)

taint 1. *n.* דער פֿלעק (ן) || 2. *v.* באַפֿלעק|ן

take 1. *n.* (catch) די כאַפּונג || (income) די לייזונג, די קאַסע ⊣ 2. *vt/imp* נעמ|ען || *pf.* צו|נעמ|ען || (carry to destination) *imp/pf* (אָפּ|)טראָג|ן || (lead to destination) *imp/pf* (אָפּ|)פֿיר|ן || (medicine) אײַנ|נעמ|ען ⊣ (catch) דערוויש|ן || (conquer) אײַנ|נעמ|ען || (occupy) פֿאַר|נעמ|ען ⊣ (opportunity) אויס|ניצ|ן || (steps) אָנ|נעמ|ען || (road) גיי|ן* מיט || (as an example) אָנ|כאַפּ|ן° || (temperature) אויס|מעסט|ן || *vi.* (last) פֿאָ'דער|ן ⊣ (require) נעמ|ען, געדויער|ן ⊣ (catch on) אָנ|נעמ|ען זיך ⊣ זיך || **t. it that** אָנ|נעמ|ען אַז, פֿאַרשטיי'|ן* אַז || **t. aback** איבער|ראַש|ן• || **t. after** נאָכ|גיי|ן* || ד ; פֿאַרקוק|ן זיך אויף, זײַן* געראָטן אין || **t. back** צו|נעמ|ען צוריי'ק; אָפּ|טראָג|ן, פֿאַר|-|פֿיר|ן (צוריי'ק) ⊣ **t. down** (note) פֿאַר|שרײַב|ן, פֿאַרציי'כענ|ען ⊣ **t. for** האַלט|ן פֿאַר || **t. in** (grasp) [TOYFES] תּופֿס זײַן* ||

(make smaller) שמעלער/קירצער מאַכ|ן || **t. off** אַרויס|לאָז|ן זיך || (plane) -אָפּ| פֿלי|ען ⊣ **t. on** (assume) || אָנ|נעמ|ען (challenge) || פֿאַרמעסט|ן זיך קעגן || **t. out** (girl) גיי|ן* פֿאַרברענג|ען מיט, אויס|נעמ|ען || אויס|לאָז|ן ⟨צו⟩ (anger etc.) ⊣ אַמער **t. over** || איבער|נעמ|ען || **t. to** באַלד זיך נעמ|ען זיך צו ⊣ **t. up** (topic) צו|בינד|ן צו || (occupy) פֿאַרנעמ|ען || (tune, drift of discussion) אויפֿ|כאַפּ|ן || **t. it upon oneself** נעמ|ען אויף זיך צו אינפֿ, מע'כטיק|ן זיך צו אינפֿ

take-off (airplane) דער אָפּפֿלי (ען) || (parody) די פּאַראָ'דיע (ס)

tale די דערציילונג (ען), די מעשה (—יות) [MAYSE] ⊣ (*iro.*) די היסטאָריע (ס)

talent דער טאַלאַ'נט (ן)

talented טאַלאַנטי'רט, כּישרונדיק [ ] || **t. person** *also* דער בעל־כּישרון (בעלי־) [BAL-KI'shREN—BALE]

talent show דער אַמאַטאָ'רן־באַוויז (ן)

talk 1. *n.* רייד מצ, דער שמועס (ן), דאָס גערייד' || (speech) די רעדע (ס) || **have a t.** דורכ|רעד|ן זיך, -|שמו'עס|ן זיך ⊣ (on a definite subject) || איבער|רעד|ן ⟨וועגן⟩ || **2.** *v.* רעד|ן, שמו'עס|ן || **t. a blue streak** אַיינ|נעמ|ען פּלוי'דער־וואַסער ⊣ **t. at length** [MAYREKh] מאריך זײַן* ⊣ **t. over** אַרומ|- רעד|ן

talkative באַרע'דעוודיק

tall הויך || (person) *also* וווקסיק, געוויקסיק || **t. man** (*hum.*) דער דראָנג (ען) || **t. story** [MAYSE] די באָ'בע־מעשה (—יות)

tallow [KhEYLEV] דאָס חלב

tally *v.* שטימ|ען ⟨מיט⟩

Talmud (usually) [GMORE] די גמרא (—ות) || *also* [TALMUD] דער תּלמוד, [shAS] דער ש"ס, [TOYRE-shEBALPE'] די תּורה־שבעל־פּה

Talmudic [TALMUDISh] גמרא־...; תּלמודיש

Talmudist [ ] דער תּלמודי'סט (ן) || (*Jew.*) [LAMDN—LAMDONIM] דער למדן (ים)

Talmud Torah די תּלמוד־תּורה (—ות) [TALMETOYRE]

tambourine דער טאַמבורי'ן (ען)

tame 1. *adj.* שטוביק; געצאַ'מט || **2.** *v.* *imp/pf* (אײַנ|)צאַמ|ען

Tammuz (month) [TAMEZ] דער תּמוז

tamper with א טשעפּע|ן || (jury etc.) קאָנספּירי'ר|ן מיט, פּרוּוו|ן או'נטערקויפֿ|ן

tan 1. *adj.* געל־ברוין; בעזש אַפּ || **2.** (leather) *vt.* גאַרב|ן || (skin) *vt/vi* (זיך) אָפּ|ברוינ|ען

tandem: in t. נאָשפּיץ

tangent דער טאַנגע'נט (ן) || **go off on a t.** (*hum.*) פֿאַרפֿאָר|ן אין בוי'בעריק

tangible -אָ'נ, [MAMO'shESDIK] ממשותדיק טאַפּיק; אָ'נצוטאַפּן אַפּ

tangle 1. *n.* דער פּלאָנטער (ס) || **2.** *vt.* פֿאַרפּלאָ'נטער|ן

tango דער טאַנגאָ (ס)

tank (container) די ציסטערנע (ס), דער רעזערוואַ'ר (ן), ⊣ (armored) דער טאַנק (ען) דער טאַנק (ען)

tanned אָ'פּגעברענט

tanner דער גאַרבער (ס)

tannery די גאַרבערײַ' (ען)

tantalize טאַנטאַליזיר|ן, ציִ|ען די עצמות בײַ [ATSOMES]

tantamount to אַזוי' פֿיל/גרויס ווי, גלײַך צו

tap[1] **1.** *n.* דער צאַפּן (ס), דער שפּונט (ן) || *cf.* **faucet** || **2.** *v.* (vessel) *imp.* צאַפּ|ן ⊣ פֿון; אײַנ|שפּענטע|ן (contents) *imp/pf* (אָפּ|-, אויס|)צאַפּ|ן

tap[2] (knock) **1.** *n.* דאָס קלעפּל (עך) || **2.** *v.* קלעפּל|ען ⊣ (feet) טופּע|ן ⟨מיט⟩

tape 1. *n.* די לענטע (ס) || (adhesive) דער פּלאַסטער (ס), די קלעפּבאַנד (...בענדער) || (cellophane) דער קלע'פּ־צעלאָפֿאַן || **2.** *v.* (paste) פֿאַרפּלאַ'סטער|ן || (record) רעקאָרדיר|ן

tape recorder דער מאַגנעטאָפֿאָ'ן (ען), די רעקאָרדירקע (ס)

tapestry (single) דאָס וואַ'נטגעוועב (ן), דער גאָבעלע'ן (ען) ⊣ (*coll.*) גאָבעלענען מצ

tar די סמאָלע (ס), די דיעגעכץ

tardy פֿאַמעלעך || (late) פֿאַרשפּעטיקט

target דער ציל (ן), די צילברעט (ער) || **t. practice** די שי'ס־געניטונג

tariff דער צאָל (ן), דער צאָ'לטאַריף (ן)

tarnish מאַט מאַכ|ן; באַפֿלעק|ן

tarpaulin דער ברעזע'נט (ן)

tarry זאַמ|ען זיך, היניע|ן, הײַע|ן

tart[1] *adj.* טערפקע

tart[2] *n.* דאָס טערטל (עך)

Tartar *see* **Tatar**

task די עובֿדה (—ות) [UVDE], די אַרבעט (ן), דאָס טועכץ (ן), די •אוי'פֿגאַבע (ס) ⊣ **take to t.** נעמ|ען צום סמיך/סמיטשיק, נעמ|ען אויפֿן צימבל ⊣ **this is no mean t.** פֿאָלג מיך אַ גאַנג!

tassel דער טראָלד (ן)

taste 1. *n.* דער טעם (ען) [TAM], דער געשמאַ'ק (ן); דער גוסט (ן) ⊣ different **in t.** אַנדערש אויפֿן טעם ⊣ **get a t. of** פֿאַרזוכ|ן, טועם־טעם זײַן* [TOYEM] ⊣ 2. *vt/imp* פֿיל|ן דעם טעם ⟨פֿון⟩ ⊣ *pf.* פֿאַרזוכ|ן, טועם זײַן* ‖ *vi.* האָב|ן* אַ טעם ⟨פֿון⟩

taste bud דאָס טעם־וואָרצעלע (ך) [TA'M]

tasteful ווי'ל־טעמיק [ ], מיט געשמאַ'ק

tasteless אָן טעם [ ], או'מבאַטע'מט [ ]

tasty געשמאַ'ק, באַטעמט [BATA'MT]

Tatar 1. *adj.* טאָ'טעריש ‖ 2. *n.* דער טאָטער (ן)

tatter די שמאַטע (ס), דער קאָדער (ס)

tatterdemalion דער/די פֿליאַסקעדריגע (ס)

tattoo 1. *n.* די טאַטויִרונג (ען) ‖ 2. *v.* טאַטויִר|ן

taunt יעק|ן ⟨פֿון⟩

taut שטײַף, (אָ'נ)געשפּאַ'נט, אָ'נגעצויגן

tavern די קרעטשמע (ס), די טרינקשטוב (...שטיבער), די שענק (ען)

tax 1. *n.* דער שטײַער (ן) ‖ 2. *v.* באַשטײַ'ער|ן, אַרויפֿ|לייג|ן אַ שטײַער אויף ⊣ (strain) אָנ|שפּאַנ|ען, ־|שטרענג|ען

taxable שטײַ'ערדיק

taxation די באַשטײַ'ערונג; שטײַ'ערן מצ

tax collector דער שטײַ'ער־מאָנער (ס), דער אײַ'נמאָנער (ס)

tax-free ניט־שטײַ'ערדיק; אָן שטײַער

taxi 1. *n.* דער טאַקסי (ס) ‖ 2. *vi.* (plane) אונטער|פֿאָר|ן

taxidermist דער אוי'סשטאָפּער (ס)

tea די טיי

teabag דאָס סע'נצערל (עך)

teach *vt/imp* לערנ|ען ⟨אַ⟩, לערנ|ען מיט ‖ *pf.* אויס|לערנ|ען ‖ (drill) קנעל|ן ⟨מיט⟩ ‖ (a moral) לאָז|ן הערן ‖ *vi.* זײַן* אַ לערער; געב|ן* קורסן ⊣ **t.** (sb.) **a lesson** אָנ|לערנ|ען

teacher דער לערער (ס) ‖ (master) דער רבי [REBE] (ס) ⊣ (elementary: *Jew.*) דער מלמד (ים) [MELAMED—MELAMDIM]

teaching (being a teacher) דאָס לערערײַ' ‖ (doctrine) די תּורה (—ות) [TOYRE] ‖ (*pl.*) די תּורה

teahouse די טשײַנ(י)ע (ס)

tea leaf דאָס טיי'עלע (ך)

team 1. *n.* דער קאָלעקטי'וו (ן) ‖ (sport) די מאַנשאַפֿט (ן) ⊣ (animals) דאָס געשפּאַ'ן (ען) ⊣ 2. *v.* **t. up** *vt/vi* סקאָמפּאַנייע|ן (זיך)

teamwork די צוזאַ'מענאַרבעט, די אַרבעט בציבור [BETSIBER]

teapot דער טשײַניק (עס)

tear[1] *n.* (weeping) די טרער (ן) ‖ **t.s came to his eyes** טרערן האָבן זיך אים געשטעלט ⊣ **melt into t.s** באַוואַש|ן זיך אין די אויגן מיט טרערן ⊣ **t. gas** דער טרע'רנגאַז

tear[2] (rip) 1. *n.* דער ריס (ן) ‖ **make a small t. in** אײַנ|רײַס|ן ‖ 2. *vt/vi imp/pf* (זיך) (צע)רײַס|ן ⊣ **t. down** אַראָפּ|רײַס|ן, אײַנ|וואַרפֿ|ן, ־|לייג|ן ⊣ **t. open** אויפֿ|רײַס|ן ‖ **t. up** צערײַס|ן

tearful ווײ'נעריש; פֿאַרוויי'נט, פֿאַרטרע'רט

tease רייצ|ן זיך ⟨מיט⟩

teaspoon דאָס (טיי'־)לע'פֿעלע (ך)

teat די ציצ(ק)ע (ס)

Tebeth (month) דער טבֿת [TEYVES]

technical טעכניש

technician דער טע'כניקער (ס)

technique די טעכניק (עס)

technological טעכנ(אָלאָג)יש, אינזשעניריש

technology די טעכנאָלאָגיע, די טעכניק, די אינזשעניריע

tedious מאַרודנע, נודנע ‖ **become t.** צו|עס|ן זיך ⟨ד⟩

teem רויע|ן זיך

teenager דער צע'נערלינג (ען)

teens צע'נער־יאָרן מצ
teethe מאַכ|ן ציינער || the child is teething *also* בײַם קינד שנײַדן זיך ציינער
telegram די טעלעגראַ'ם (ען)
telegraph 1. *n.* דער טעלעגראַ'ף (ן) || **t. office** דער טעלעגראַ'ף (ן) || 2. *v.* טעלעגראַפֿיר|ן
telepathy די טעלעפּאַ'טיע
telephone 1. *adj.* טעלעפֿאָניש || 2. *n.* דער טעלעפֿאָ'ן (ען) ⊣ **by t.** טעלעפֿאָניש || 3. *v. imp/pf* (אָנ)טעלעפֿאָניר|ן ⟨ד⟩
telescope 1. *n.* דער טעלעסקאָ'פּ (ן) || 2. *v.* צונויפֿ|רוק|ן
teletype *n.* דער טעלעטי'פּ (ן)
televise טעלעוויזיר|ן
television די טעלעוויזיע || **t. set** דער טעלעוויזאָר (...אָ'רן)
tell *vt.* זאָג|ן || (narrate) דערצייל|ן || (reveal) אויס|זאָג|ן || (know) וויס|ן* || (perceive a difference) דערקענ|ען || (order) זאָג|ן ⟨ד⟩ ... זאָל; הייס|ן ⟨ד⟩ אינפֿ || I told him to sing איך האָב אים געזאָ'גט ער זאָל זינגען; איך האָב אים געהייסן זינגען || **who can t.?** ?ווער ווייסט || *vi.* (have an effect) אָנ|זע|ן* זיך || **t. off** ד אַרײַנ|זאָגן || **t.** (on) אויס|זאָג|ן ⟨אויף⟩
teller דער קאַסי'ר (ן)
telling 1. *adj.* ווי'רקעוודיק, צו געדענקען || 2. *n.*: there is **no t.** who/where/... .../מאַלע ווער/וווּ
telltale 1. *adj.* אַנטפּלע'קנדיק || 2. *n.* דער מסור (מוסרים) [MOSER—MOSRIM], דער זאָגטער (ס)
temerity די או'מבאַדאַ'כטקייט, די אײַ'נשטעלערישקייט ⊣ **have the t. to** אײַנ|שטעל|ן און ״ , מע'כטיק|ן זיך און ״
temper 1. *n.* דער טעמפּעראַמע'נט (ן), דער מזג [MEZEG] (ן) ⊣ (patience) די געדו'לד, געבליטן מצ ⊣ **hold one's t.** באַהערש|ן זיך• || **lose one's t.** אַרויס|גיי|ן* פֿון די כּלים [KEYLIM] ⊣ 2. *v.* (soften) פֿאַרוויי'כער|ן || (harden) (פֿאַר)האַ'רטעווע|ן
temperance די אײַ'נגעהאַלטנקייט
temperate אײַ'נגעהאַלט־ן; מילד, מעסיק•
temperature די טעמפּעראַטו'ר (ן) || (fever) *also* די היץ
tempest דער שטו'רעמווינט (ן)
tempestuous שטו'רעמדיק
temple[1] דער טעמפּל (ען), דער היכל (ען) [HEYKhL] ⊣ **the T.** (*Jew.*) דאָס בית־המיקדש (ן) [BEYSAMIKDESh]
temple[2] (head) די שלייף (ן)
tempo דער טעמפּ (ן), דער טעמפּאָ (ס)
temporal צײַ'טעדיק
temporary דערווײַליק
temporize הײַע|ן; באַלעמוטשע|ן, רעד|ן מיטן האַלבן מויל
tempt פּרווו|ן; שטרויכל|ען, שטעל|ן פֿאַר אַ נסיון [ ]
temptation דער נסיון (ות) [NISOYEN—NISYOYNES], די שטרויכלונג (ען); דער יצר־הרע [YEYTSER-HO'RE]
tempting נסיונדיק [ ] || (dish) אַפּעטיטלעך ⊣ **be t.** זײַן* אַ נסיון [ ]
ten 1. *n.* דער צענדלינג (ער) || 2. *num.* צען
tenable האַפֿטיק
tenacious פֿעסט, פֿאַרעקשנט [FARAKShNT]
tenacity די פֿעסטקייט, דאָס עקשנות [AKShONES]
tenant דער לאָקאַטאָר (...אָ'רן), דער קוואַרטיראַ'נט (ן), דער טענער• (ס) אַמער ⊣ **t. innkeeper** דער רענדאַ'ר (ן)
tench דער שלײַען (ס)
tend[1] (lean) נוטה זײַן* ⟨צו⟩ [NOYTE]
tend[2] (herd) פּאַשע|ן || (machine) באַדינ|ען, אויפֿ|פּאַס|ן אויף
tendency די טענדע'נץ (ן), די נטיה (—ות) [NETIE]
tendentious טענדענציע'ז
tender[1] *adj.* ווייך, צאַרט, צערטלעך, צײַ'טערדיק, צאַ'רטפֿיליק
tender[2] 1. *n.* דער אָנבאָט (ן) || 2. *v.* אָנ|באָט|ן || **t. one's resignation** אָנ|געב|ן* זיך אין דעמי'סיע
tenderness די צע'רטלעכקייט, די ווייכקייט
tendon די שפּאַ'נאָדער (ן); דאָס האַרפֿלאַקס קאָל
tenement דאָס דירות־הויז (־הײַזער) [DIRES], דאָס טע'נעמענט־הויז (־הײַזער) אַמער

tenet [IKER—IKRIM] דער עיקר (ים)
tennis דער טעניס
tenor דער טאָן, דער מיין || (voice) דער טענאָ'ר (ן)
tense[1] *n.* (grammar) די צײַט (ן)
tense[2] 1. *adj.* אָ'נגעצויג'ן, געשפּאַ'נט || 2. *v.* אָנ|שפּאַנ|ען
tension די אָ'נגעצויגנקייט, די שפּאַנונג (ען) || (non-speaking terms) [ROYGES] דער רוגז
tent דאָס געצע'לט (ן)
tentacle דאָס טאַ'פּערל (עך); דער פֿאַ'נגאָרעם (ס)
tentative פּרווו, טענטאַטי'וו...
tenterhooks: sit on t. זיצ|ן (ווי) אויף שפּילקעס
tenth 1. *adj.* צענט || 2. *n.* דאָס צענטל (עך)
tenure די חזקה [KhAZOKE], דאָס פֿאַ'סטנרעכט ⟨—אויף⟩; דער עטאַ'ט ⊣ (occupation) דער אַ'מטפֿאַרנעם (ען)
tephillin [TFILN] מצ תּפֿילין
tepid לעבלעך
terephah *see* **tref**
term 1. *n.* (period) דער פּעריאָ'ד (ן), דער משך [MEShEKh] (ן) ⊣ (school) דער זמן [ZMAN] (ים) ⊣ (in office) די קאַדע'נץ (ן) || (expression) דער טערמי'ן (ען) || **t.s** (conditions) [TNOIM] מצ תּנאָים || (relations) מצ באַצי'ונגען || **come to t.s** אײנס ווער|ן, מושווה ווער|ן [MUShVE], דורכ|קומ|ען || **on good t.s** ⟨מיט—⟩ אפּ גוט, שווה־בשווה [ShOVE-BEShO'VE] ⊣ **on friendly t.s** גוט־פֿרײַנד ⟨מיט⟩ ⊣ **in** your **t.s** אין דײַנע טערמינען ⊣ **on** your **t.s** אויף דײַנע תּנאָים || 2. *vt.* אָנ|רופֿ|ן
terminal 1. *adj.* [SOF] ...־סוף || 2. *n.* די סוף־סטאַנציע (ס) ⊣ **air t.** דער וואָקזאַ'ל (ן); דער לו'פֿטוואָקזאַל
terminate *vt.* פֿאַרע'נדיק|ן || *vi.* פֿאַרע'נדיק|ן זיך, אויס|לאָז|ן זיך
terminology די טערמינאָלאָגיע (ס)
termite דער טערמי'ט (ן)
terrace די טעראַסע (ס)
terrain דער באָדן (ס), דער טערע'ן (ען)
terrestrial ערדיש

terrible שרעקלעך, געפּערלעך, ווילד° || (suffering) *also* געברע'נט°
terrific גוואַלדיק || (*hum.*) גוואַלדאָווונע
terrify אָנ|וואַרפֿ|ן אַ שרעק/מורא אויף [MOYRE]
territorial טעריטאָריע'ל
territory די טעריטאָריע (ס)
terror דער שרעק, די אימה [EYME] || **extreme t.** דער טויטשרעק || (political) דער טעראָ'ר
terrorist דער טעראָרי'סט (ן)
terrorize טעראָריזיר|ן
terrycloth: t. towel דער רײַ'ביק|ער האַנטעך (ער)
terse קורץ און תּמציתדיק [TA'MTSESDIK], שאַרף
test 1. *n.* דער (אויס)פּרווו (ן), די פּראָבע (ס) || (psychological, medical) דער טעסט (ן) ⊣ **t. case** דער פּרווופֿאַל (ן) || **t. flier** דער פּרווופֿליִער (ס) ⊣ 2. *v.* איבער|-, אויס|-פּרווו|ן; פּרוביר|ן; טעסטיר|ן
testament (will) די צוואה (צוואָות) [TSA-VOE] ⊣ (Bible) דער טעסטאַמע'נט (ן) || **Old T.** *also* די תּורה־שבכּתבֿ [TOYRE-ShEBIK-SA'V] ⊣ **New T.** *also* דער ברית־חדשה [BRIS-KhADO'ShE]
test-fire אויס|טעסטיר|ן
testicle [BEYTSE—BEYTSIM] די ביצה (—ים)
testify (to) [EYDES] עדות זאָג|ן* ⟨אויף⟩
testimonial 1. *adj.* ...ערנ || **t. dinner** דער באַנקע'ט (ן) ⊣ 2. *n.* (certificate) דער אַטעסטאַ'ט (ן) ⊣ (honor) דער כּבֿוד־אויס־דרוק [KO'VED] (ן)
testimony די עדותשאַפֿט, דאָס עדות־זאָגן [ ]; דער גבֿית־עדות [GVIES-E'YDES] (ן)
test tube די פּרובירקע (ס)
tether 1. *n.* דער פּאַסטראָניק (...נקעס), דאָס שטריקל (עך), דער צובונד (ן) ⊣ **beyond one's t.** איבער די כּוחות [KOYKhES] || **be at the end of one's t.** (שוין) מער ניט קענ|ען* ⊣ he is **at the end of his t.** *also* עס זײַנען אים אויסגעגאַנגען די כּוחות; ער האָט מער קיין געדולד ניט; באָו מים עד נפֿש [BOU MAIM AD NEFESh] ⊣ 2. *v.*

(צו)בינד|ן (אויף אַ שטריקל/פּאַסטראָניק); צו|שטריקל|ען

tetherball דער הע'נגבאַלעם

Teutonic גערמאַניש, טעווטאָניש

text דער טעקסט (ן)

textbook דאָס לע'רנבוך (...ביכער)

textile דער טעקסטי'ל (ן), די מאַנופֿאַקטו'ר (ן)

textual טעקסט...

texture דאָס געוועב(ס) (ן); די פֿאַקטו'ר (ן); דאָס געטאַ'פּ (ן)

than ווי, איידער — נאָס ; פֿון, פֿאַר — ד

thank *v/imp* דאַנק|ען || *pf.* אָפּ|דאַנק|ען ⊣ **t. you** אַ דאַנק ⟨ד⟩, באַדאַנק|ען אַ ⊣ **t. God** גאָט צו דאַנקען, (דיר/איַיך) ⊣ (*non-emph.*) ברוך־השם ⊣ דאַנקען גאָט [BORKhASHE'M]

thankful דאַנקבאַר• || *cf.* **grateful**

thankless (person) אָן דאַנק, אומדאַנקבאַר• || (action) *also* (האַלב) אַרויסגעוואָרפֿ'ן

thanks *n.* דער דאַנק || (in admiration) אַ יישר־כּוח ⟨ד⟩ [(YA)sh(ER)-KO'YEKh] || **many t.** אַ גרויסן דאַנק || **t. a million** אַ דאַ'נק ⊣ לאַנג לעבן זאָלסטו/זאָלט איר ⊣ **t. to** ד ⊣ **no, t.** ניין אַ דאַנק || (*iro.*) מוחל! [MOYKhL]

Thanksgiving Day דער דאַנקטאָג (...טעג)

that 1. *adj.* יענ|ער; דער/די/דאָס || 2. *pron.* דאָס; יענץ ⊣ **at t.** דערביַי' || 3. *rel. pron.* וועלכ|ער ⊣ וואָס; ⊣ 4. *conj.* אַז || **not t.** ניט וואָס ⊣ **in t.** מיט דעם וואָס

thatch דער שטרוי'ענ|ער דאַך (דעכער); די דאַכשטרוי

thatched שטרויען

thaw 1. *n.* די אָ'דליגע (ס) || 2. *vt.* לאָז|ן אָפּ|גיי|ן*, ⊣ *vi.* אָפּגיין/צעגיי'ן, צעלאָז|ן צעגיי|ן*

the 1. *art.* (*masc.*) דער || (*fem.*) די || (*neut.*) דאָס || (*pl.*) די || 2. *conj.* **the ...er the ...er** (וואָס) ...ער אַלץ ...ער || the wider the stronger וואָס ברייטער אַלץ שטאַרקער ⊣ the longer one cooks it the softer it gets וואָס לענגער מע קאָכט עס אַלץ ווייכער ווערט עס; מער/מיין מע קאָכט עס ווערט עס (אַלץ) ווייכער

theater דער טעאַטער (ס)

theatrical טעאַטער־...; טעאַטראַליש

thee *see* **thou**

theft די גנבֿה (—ות) [GANEYVE]

their זייער

theirs זיי'ער|ער; זיי'עריק אַדי || **of t.** זיי'ער|ער אַ ...

theme (topic) די טעמע (ס) || (*hum.*) די סדרה [SEDRE] ⊣ (melody) דער מאָטי'וו (ן) || (composition) די (שריי'פֿטלעכ|ע) אַר־בעט (ן)

themselves (reflexive) זיך (אַליי'ן) || **they t.** זיי אַליי'ן, זיי גופֿא [GUFE]

then 1. *adv.* (at that time) דעמאָלט, יעמאָלט ⊣ (later) ווײַטער || **t. again** צוריי'ק גערע'דט; עווענטוע'ל ⊣ 2. *conj.* (therefore) דערפֿאַ'ר, דעריבער, איז, בכן [BEKhE'YN] ⊣ (in that case) ... זשע [IMKEYN] אַמע'ר; אם־כּן ⊣ 3. *adj.* דע'מאָלטיק

theologian דער טעאָלאָ'ג (ן)

theology די טעאָלאָגיע

theorem די טעאָרע'ם (ען)

theoretical טעאָרעטיש

theoretician דער טעאָרע'טיקער (ס)

theorize טעאָריזיר|ן, חקירה|ן זיך [KhKIRE]

theory די טעאָריע (ס)

therapeutic היי'לנדיק, טעראַפּעווטיש

therapist דער טעראַפּע'ווט (ן)

therapy די טעראַפּיע (ס)

there 1. *adv.* דאָרט(ן) || (in pointing) אָט || (thither) אַהי'ן (צו) || **belonging t.** (local) דאָרטיק אַדי || **who's t.?** ווער איז? ⊣ 2. (*expletive*) עס, ס', סע || **t. will come a time** עס וועט קומען אַ צײַט || **t. is/are** עס איז/זײַנען דאָ || **t. is/are not** עס איז/זײַנען ניטאָ' || **t. was/were (not)** עס איז/זײַנען (ניט) געווע'ן || 3. *int.* **there, there!** שאַ, שאַ! || **t. you are!** אָט האָט איר איַיך! אָט האָסטו דיר!

thereabouts דאָרטן ערגעץ || (quantity) אין דעם ערך [EREKh]

thereafter דערנאָ'כ(דעם); נאָך דעם

thereby דערמי'ט

therefore דעריבער, דערפֿאַ'ר, איז, בכן [BEKhE'YN], במילא [BEMEYLE], על־כּן [ALKEYN], לכן [LOKhN] ⊣ (*hum.*) דערימער ⊣ he is sick, **t.** he is in bed *also* ער איז קראַנק, ליגט ער אין בעט

thereof דערפֿו'ן

thereupon נאָך דעם; און גלײַך

thermometer דער טערמאָמעטער (ס)

thermonuclear טערמאָיאָ'דער־...

thermos bottle דער טערמאָס (ן)

these *see* **this**

thesis דער טעזיס (ן)

they זיי

thick (width) דיק, גראָב || (density) געדי'כט ⊣ **through t. and thin** דורך פֿײַער און (דורך) וואַסער

thicket די געדי'כטעניש (ן)

thickness די גרעב (ן)

thief דער גנבֿ (ים) [GANEF—GANOVIM]

thievish גנבֿיש [GANEYVISH]

thigh דער דיך (ן) || (*hum.*) די פֿאָלקע (ס)

thimble דער פֿי'נגערהוט (...היט)

thin 1. *n.* (not wide) דין, דאַר || (not dense) שיטער || **out of t. air** פֿון דער העלער הויט ⊣ 2. *v.* **t. out** *vt/vi* שי'טער(ער) מאַכ|ן/ווער|ן ⊣ *vi.* *also* צע־קריכ|ן זיך

thine דײַנ|ער

thing די זאַך (ן); דער חפֿץ (ים) [KhEYFETS—KhFEYTSIM] ⊣ (*iro.*) דאָס זאַ'כעניש (ן)

think טראַכט|ן, קלער|ן || (be of the opinion) מיינ|ען, האַלט|ן || I t. so אַזוי' מיין איך ⊣ **t. it over** באַטראַכט|ן זיך, באַקלער|ן זיך ⊣ **t. through** אַרײַנ|טראַכט|ן זיך אין, דורכ|טראַכט|ן ⊣ **t. up** אויס|טראַכט|ן, ־|קלער|ן, צו|קלער|ן

thinker דער דענקער (ס)

third 1. *adj.* דריט || **a t. time** אָבער אַ מאָל || 2. *n.* (fraction) דאָס דריטל (עך) || (interval) די טערציע (ס)

thirdly דריטנס

thirst 1. *n.* דער דאָרשט || 2. *v.* דאַרשט|ן, לעכצ|ן ⟨—נאָך⟩

thirsty דאָרשטיק || **be t.** *also* (*rev. con.*) דאַרשט|ן אומפּ אַ

thirteen דרײַצן

thirteenth דרײַצעט

thirtieth דרײַסיקסט

thirty דרײַסיק

this (*masc.*) דע'ר || (*fem.*) די' || (*neut.*) דאָ'ס || (*pl.*) די' || (*more emph.*) אָט דע'ר/די'/דאָ'ס; דער דאָ'־זיק|ער; דע'ר/די'/דאָ'ס אָ' ⊣ **of t. place** היג* ⊣ **t. and that** דאָס און יענץ

thistle די שטע'כלקע (ס)

thong דער רימען (ס) || (shoe) דער פֿי'נגער־שוך (...שיך)

thorax דער ברו'סטקאַסטן (ס)

thorn דער דאָרן (דערנער)

thorny דע'רנערדיק

thorough גרונטיק; פֿו'לשטענדיק

thoroughbred *adj.* ריי'נבלוטיק

thoroughfare דער דורכפֿאָר (ן)

thoroughgoing גרונטיק, דורכאונדורכיק

thoroughly דורך און דורך || (with adj.) *also* הויפּט || t. honest הויפּט ערלעך

those *see* **that**

thou דו

though כאָטש, הגם [HAGA'M] || **as t.** פּונקט ווי; עלעהיי'

thought (reflection) דאָס טראַכטן, דאָס קלערן, דאָס דענקען• ⊣ (idea) דער געדאַ'נק (ען), דער רעיון (ות) [RAYEN—RAYOYNES], די מחשבֿה (—ות) [MAKhshove] ⊣ (world of t.) די געדאַ'נקען־וועלט

thoughtful (pensive) פֿאַרטראַ'כט, פֿאַר־קלע'רט ⊣ (rich in thought) באַקלעריק || *cf.* **attentive** || **t. person** *also* דער בעל־מחשבֿות (בעלי־) [BAL—BALE]

thoughtless או'מבאַקלע'רט; אָן אײַ'נזעעניש

thousand 1. *n.* דער טויזנט (ער) || 2. *num.* טויזנט ⊣ **a t.** טויזנט

thrash *vt/imp* שמײַס|ן, פּיצקע|ן || **t. out** (problem) דערגיי'|ן* אַ טאָלק אין

thread 1. *n.* דער פֿאָדעם (פֿעדעם) || (screw) דער גווינט (ן) ⊣ **hang by a t.** הענג|ען אויף

2. *vt.* (needle) אײַנ|פֿע'דעמ|ען, ⊣ אַ האָר אָנ|-, אײַנ|סיליע|ן

threadbare אױ'סגעריב׳ן, אױ'סגעדריבלט, אָ'פּגעבאַרעט, אָ'פּגעקראָכ׳ן

threat (danger) [SAKONE] (—ות) די סכּנה || (threatening) (...נקעס) דער סטראַשוניק || **by t.s** מיט בײזן

threaten (make threats) סטראַשע|ן, שרעק|ן, רעד|ן מיט בײזן ⊣ (imperil) שטעל|ן אין סכּנה, אױס|שטעל|ן אױף אַ/דער סכּנה [ ]

three 1. *num.* דרײַ || 2. *n.* (ען) די דרײַ || (in cards) (עך) דאָס דרײַטל

thresh דרעש|ן || *cf.* **thrash**

threshold (ן) די שװעל

thrift די שפּאָ'רעװדיקײט

thrifty שפּאָ'רעװדיק

thrill 1. *n.* דער סקרוך (עס), דער (פֿאַר)ציטער || (pleasure) [TAYNEG] דער תּענוג (ן) ⊣ 2. *vt.* מאַכ|ן אױ'פֿציטערן, געב|ן* ד ⊣ *vi.* אױפֿ|ציטער|ן ⊣ סקרוכעס

thrilling סקרו'כעדיק, שפּאַ'נענדיק, סענסאַציאָנע'ל

thrive בלי|ען, געדײַ|ען || **t. on** פּאָזשיװע|ן° זיך מיט

throat דער האַלדז (העלדזער), דער גאָרגל (ען), || אָפּ|הוסט|ן ⊣ **clear the t.** די קעל (ן) **cut** (sb.'s) **t.** (*hum.*) מאַכ|ן ד כיק

throb 1. *n.* דער טיאָך (ן), דער טיאָכקע (ס) || 2. *v.* פּולסיר|ן, טיאָכקע|ן || my heart t.s *also* עס טיאָכקעט מיר אין האַרצן

throe (ען) דער װײ || **be in the t.s of** האַלט|ן אין אױ'סװײטיקן

throne דער טראָן (ען) || **God's t.** דער כּיסא־הכּבֿוד [KISE-HAKO'VED]

throng 1. *n.* דאָס געדראַ'נג; דאָס אױ'פֿגעלאַף (ן) || 2. *v. see* **crowd**

throttle 1. *n.* (עך) דאָס גערגל || 2. *vt.* (choke) דערשטיק|ן || (shut off) פֿאַר־גערגל|ען

through 1. *adj.* דורכ..., טראַנס.. || t. ticket דער טראַ'נסבילעט || (finished) פֿאַרבײַ', אױס —אַפּ ⊣ (over) פֿאַרטיק || 2. *adv.* דורך קװ || run t. דורכ|לױפֿ|ן || walk t. דורכ|גײ|ן* || 3. *prep.* דורך || **t. here/there** *also* דאָ/דאָרטן אַרומערט || **t. where** *also* װוּ אַרומערט || **t. the back** הינטן אַרומערט

throughout 1. *adv.* דורכו'ס || 2. *prep.* דורך; אין גאָר ... ⊣ t. the house אין גאָר דער שטוב

throw 1. *n.* (ן) דער װאָרף || 2. *v/imp* װאַרפֿ|ן ⊣ **t. at each other** איבער|װאַרפֿ|ן ⊣ **t. oneself** (at) װאַרפֿ|ן זיך ⊣ זיך מיט ⊣ **t.** ⟨אױף⟩, (צו)כאַפּ|ן זיך, צופֿאַל|ן ⟨—צו⟩ ⊣ **open** אױפֿ|פּראַל|ן || **t. out** אַרױס|װאַרפֿ|ן || (a person) *also* װײַז|ן ד דעם װעג° || **t. to** (with contempt) צו|װאַרפֿ|ן ד || **t. up** אױס|ברעכ|ן

thrum ריפּע|ן, דרומל|ען

thrust 1. *n.* דער שטױס (ן), דער פּראַל (ן), דער אָנשטױס (ן); די שטױסקראַפֿט ⊣ 2. *v/imp* שטױס|ן; פּראַל|ן

thruster (ס) דער שטױסער

thruway (ן) דער דורכשטראָז

thud 1. *n.* דער בענטש (ן), דער ליש (ן) || 2. *v.* לישע|ן

thumb 1. *n.* (—) דער גראָבער פֿינגער || 2. *v.* **t. through** דורכ|בלע'טער|ן || **t. one's nose at** אױס|שטעל|ן אַ נאָז אױף

thumbtack (ס) די קנאָפּקע

thump דער זעץ (ן), דער טופּ (ן)

thunder 1. *n.* (ן) דער דונער || 2. *v.* דו'נער|ן

thunderbolt דער בליץ (ן) און דונער (ן)

thunderous דו'נערדיק

thunderstorm דער שטורעם (ס), דאָס געדונער (ס)

thunderstruck דערשטמעליעט; װי אַ דונער װאָלט מיך/דיך/... געטראָפֿן

Thursday (דער) דאָ'נערשטיק || **on T.** דאָ'נערשטיקדיק ⊣ **T.'s** אַדװ דאָ'נערשטיק

thus אַזױ' (נאָך), אַזױ'ערנאָך || (by this means) *also* אַזױ' אַרו'ם

thwart קאַליע מאַכ|ן, צעני'שט(יק)|ן || *cf.* **frustrate**

thy דײַן

thyme דער טימיאַ'ן

thyroid *n.* די שילדדריז

tic דער צוק (ן)
tick[1] (sound) **1.** *n.* דאָס טיקען; דער טיקטאַק ||
2. *v.* [DEYFEK] טיקע|ן, גיי|ן*, דפֿק|ן
tick[2] (animal) דער קליעשטש (עס)
ticket **1.** *n.* (passage) דער בילע'ט (ן) ||
(pawn) דער קוויט (ן) || (police) דער
שטראָפֿקוויט (ן) ⊣ (election) די וואַ'לליסטע
(ס) ⊣ **ship t.** די שי'פֿסקאַרטע (ס) || **t.**
office די קאַסע (ס) || **2.** *vt.* באַצעטל|ען
ticking דער טיקטאַק
tickle **1.** *n.* דער קיצל || **2.** *v/imp* קיצל|ען
tidal פֿלייץ... || t. wave די פֿליי'צכוואַליע
(ס)
tidbit *see* **titbit**
tide **1.** *n.* דער ים־פֿלייץ [YA'M]; דער צו־ און
אָפּ־פֿלייץ ⊣ (current) *also* דער שטראָם ||
the t. turned (*fig.*) דאָס רעדל האָט זיך
אי'בערגעדרייט ⊣ **t.s** *also* דאָס געפֿליי'ץ ||
2. t. over *vt.* לאָז|ן אי'בערקומען || *vi.*
איבער|קומ|ען, דורכ|שטופּ|ן
tidings [PSURE] די בשורה אַצ (—ות)
tidy **1.** *adj.* זויבער(־ריין), ציכטיק || **t. wo-**
man *also* די צוכט (ן) || **2.** *n.* דער טשעכאַ'ל
(ן), דער אי'בערצי (ען), די ציך (ן) ⊣ **3.** *v.*
t. up צו|קלײַב|ן
tie **1.** *n.* (bond) דער (פֿאַר)בו'נד (ן), די
(פֿאַר)קניפּונג (ען) ⊣ **railroad t.** דער שפּאַל
(עס) ⊣ *cf.* **necktie** || **2.** *v.* בינד|ן ||
(knot) פֿאַרבינד|ן || (a person) בינד|ן
|| **t. down/up** צו|בינד|ן || **t. up** (traffic)
פֿאַרהאַלט|ן
tier די ריי (ען); דער ריי'ענשיכט (ן)
tie-up (halt) דער פֿאַרהאַ'לט (ן) || (con-
nection) די פֿאַרקניפּונג (ען)
tiger דער טיגער (ס)
tight ענג, שטײַף; אָ'נגעצויג׳ן
tighten פֿאַרשטײַפֿ|ן || (by pulling or
lacing) אײַנ|-, אָנ|צי|ען || (by pressing)
פֿאַרצי|ען, פֿאַרקוועטש|ן ⊣ (by screwing)
פֿאַרשרויפֿ|ן
tights דער טריקאָ' אַצ (ען)
tigress די טי'געריכע (ס)
tile די קאַכל (ען) || (roof) די דאַ'כלקע
(ס)

till[1] *prep/conj* ביז
till[2] *v.* באַאַ'רבעט|ן, אַ'קער|ן
till[3] (cash) די קאַסע (ס)
tilt צו|-, אָנ|בייג|ן
timber דאָס וואַלד; דאָס געהי'לץ
timbre דער טעמבער (ס)
time **1.** *n.* די צײַט (ן) || **the t.s** *also* די צײַט
|| (allotted) דער זמן (ים) [ZMAN], דער משך
[MEShEKh] ⊣ (instance) דאָס מאָל (—) ||
(music) דער טאַקט || **what t. is it?**
וויפֿל איז דער זייגער? ⊣ four **t.s** three
פֿיר מאָל דרײַ ⊣ four **t.s** bigger *also*
אין פֿירן גרעסער ⊣ **any t.** צו יעדער צײַט ||
at t.s צײַ'טנווײַז, אַ מאָל, פֿון צײַט צו צײַט
|| **at the t.** בעת־מעשׂה [BEYSMAYSE],
[BEShA'S] בשעת־מעשׂה ⊣ **(at) any t.** צו
יעדער צײַט, אַבי' ווען ⊣ **at any t. but**
ווען ווען נאָר ניט ... ⊣ *cf.* **whenever** ||
at the same t. *also* אין איין צײַט; צו גלײַך;
פֿאַר איין וועג(ס), פֿאַר איינס ⊣ **t. and**
again אָבער און ווידער || **before one's**
t. פֿאַ'ר דער צײַט || **behind the t.s** אָ'פּ־
געשטאַנען, הי'נטערשטעליק ⊣ **by that t.**
(ביז) דעמאָלט ⊣ **every t.** יעדער מאָל ||
(with comparisons) וואָס אַ מאָל || more
beautiful every t. וואָס אַ מאָל שענער
|| **for the t. being** דערווײַ'ל, לעת־עתּה
[LESATE]; אויף דער רגע [REGE]; לפֿי־שעה
[LEFIShO'] ⊣ **in the course of t.** מיט
דער צײַט ⊣ **beginning of t.** ששת־ימי־
בראשית מצ [ShEYShES-YEME'Y-BERE'Y-
ShES] ⊣ **end of t.** דער סוף־כּל־הדורות
[SOF-KO'L-HADO'YRES] ⊣ **in no t.** כּהרף־
עין [KEREF-A'YEN], איינס־צוויי' ⊣ **on t.**
צו דער צײַט, בײַ צײַטנס ⊣ **some t. ago**
also °לענגער || **many t.s over** כּפֿל־
[KEYFL-KEFLA'IM] כּפֿלים ⊣ **from t.**
immemorial [KADMOYNIM] פֿון קדמונים
|| (*hum.*) פֿון מלך סאָבעצקיס צײַטן
[MEYLEKh] ⊣ **have t. for** *also* באַווײַז|ן
צו אינפֿ ⊣ **have a good t.** ווײַל|ן זיך, אַמוזיר|ן
זיך, האָב|ן* תּענוג [TAYNEG], הנאה האָב|ן*
[HANOE] ⊣ we had **a wonderful t.**
[KhAY] ס'איז געווע'ן חי־געלע'בט ⊣ **keep t.**

(watch) ווײַז|ן די צײַט || (at a contest) היט|ן די צײַט ⊣ (music) האַלט|ן דעם טאַקט || **as t. goes by** מיט דער צײַט || 2. *vt.* (arrange a t.) צו|זײַ'גער|ן, צו|טרעפֿ|ן, סינכראָני(זי)ר|ן 〈מיט〉 ⊣ (measure speed or time) אָפּ|זײַ'גער|ן

timeless אי'בערצײַ'טיש, אײביק

timely בײַצײַ'ט(נד)יק; אַקטוע'ל

timetable דער שעהען־פּלאַן [sho'EN], דער צײַטפּלאַן (...פּלענער) ⊣ (travel) דער פֿאַר־פּלאַן (...פּלענער)

timid שרע'קעוודיק, מוראוודיק [MO'YREV-DIK], אי'בערגעפֿאַ'לן

timing די (צו')זײַ'גערונג (ען), די סינכראָני(זי)רונג (ען)

timorous (fearful) פּחדליווע [PAKhED-LIVE] ⊣ (anxious) פּחדימדיק [PKho'-DIMDIK], צי'טערדיק

tin 1. *adj.* צינען || 2. *n.* דאָס צין || (sheet metal) דאָס בלעך

tincture דער צומיש (ן), דער צופֿאַרב (ן); די טינקטו'ר (ן)

tinder דער צונטער (ס)

tine דער צאָן (צײנער)

tinge *v.* צו|פֿאַרב|ן, באַפֿאַרב|ן

tingle *vi.* (*rev. con.*: ears) קלינג|ען אומפּ || שטעכל|ען אומפּ אין (limbs) ⊣ אין (shiver) דראָזשע|ן

tinker מײַ'סטרעווע|ן || **t. at** פּאָרקע|ן זיך מיט/בײַ

tinkle קלינגל|ען

tinsel דאָס שעך, פֿלי'טערלעך מצ

tinsmith דער בלעכער (ס)

tint דער צופֿאַרב (ן)

tiny קלײנטשיק*, מאָ'נטשינק*, פּי'צינק* || **t. bit** דאָס קאַ'פּעלע (ך), דאָס קאַ'פּעטשקע (ס), דער מאָנ(ץ) ⊣ **something t.** דאָס פּיצל (עך)

tip[1] 1. *n.* (end) דער שפּיץ (ן) ⊣ **2. t. over** *vt/vi* איבער|קער|ן (זיך)

tip[2] 1. *n.* (fee) דאָס בירגעלט, דאָס טרינקגעלט || (hint) דער אָנווונק (ען) || 2. *v.* (pay) געב|ן* 〈ד〉 בירגעלט/טרינקגעלט ⊣ **t. off** אויס|זאָג|ן, בסוד אָנ|זאָג|ן 〈—ד〉 [BESO'D]

tipsy פֿאַרכּוסעט [FARKOYSET], בגילופֿין אַפּ [BEGILUFN], או'נטערן גלעזל ⊣ (*hum.*) פֿאַרשנאַשקעט

tiptoe 1. *n.* דער שפּיץ פֿינגער; ציפּקעס מצ || **on t.** אויף די שפּיץ פֿינגער, אויף די ציפּקעס || 2. *v.* צי'פּקעווע|ן

tirade די טיראַדע (ס), דער ווע'רטער־מבול (ען) [MABL]

tire[1] *n.* דער (גו'מע)רייף (ן)

tire[2] *v.* פֿאַרמאַ'טער|ן, אײַנ|מיד|ן || **t. out** אויס|מאַ'טער|ן

tired מיד, פֿאַרמאַטערט || **be t. of** *also* זײַן* זאַט פֿון

tireless או'מפֿאַרמאַ'טערלעך

tiresome מאַ'טערדיק; לאַ'נגווײַליק; נימאס אַפּ [NIMES]

Tishre (month) דער תּשרי [TIShRE]

tissue דאָס געוועב (ן) || **paper t.** דאָס ווײ'ש־פּאַפּיר; דאָס ווײ'שפּאַפּירל (עך) ⊣ **t. paper** דאָס זײַ'דפּאַפּיר

titbit דאָס לע'קעכל (עך), דאָס נאַשערײַ' (ען)

tit for tat אַן אויג פֿאַר אַן אויג, אַ וואָרט פֿאַר אַ וואָרט

tithe 1. *n.* דער מעשׂר (ות) [MAYSER—MAYSRES] ⊣ 2. *v.* נעמ|ען/צאָל|ן מעשׂר

title דער טיטל (ען) || (heading) דאָס קעפּל (עך) ⊣ (rights) די חזקה 〈אויף〉 [KhAZOKE]

title page דער שער־בלאַט (־בלעטער) [ShA'R]

titter כיכיקע|ן

titular ... אין נאָמען, ... על־פּי טיטל [ALPI]

to צו || (destination) אין || (with names of cities and countries) קיין || (to the limit of) ביז || (with direct objects) ד || he gave it to me ער האָט עס מיר געגעבן ⊣ **to and fro** אַהי'ן און אַהע'ר

toad די ראָפּוכע (ס), די בראָסקע (ס), די לוהאַשקע (ס)

toadstool דאָס (סם־)שוועמל (עך) [SA'M]

toady דער טע'לער־לעקער (ס)

toast 1. *n.* (bread) דער טאָסט || (drink) דער טאָסט (ן) ⊣ 2. *v.* (bread) צו|ברוינ|ען, -|פֿריש|ן ⊣ (drink) (אויס|)טרינק|ען לכּבֿוד [LEKOVED]

toaster דער צו'ברוינער (ס)

tobacco דער טאַביק (ן), דער טיטו'ן || **chewing t.** דער קײַ'טאַביק

...-to-be קו'מעדיק || the king-to-be דער קו'מעדיק|ער קיניג

toboggan דער טאָבאָ'גאַן(־שליטן) (ס)

tocsin דער גוואַלדגלאָק (...גלעקער)

today הײַנט || **t.'s** אַדי הײַנטיק

toddle דרעפּטשע|ן

to-do דער הו־האַ'

toe דער פֿינגער (—) (פֿון פֿוס) || **on one's t.s** (*fig.*) אויף דער וואַך

toenail דער (פֿו'ס)נאָגל (...נעגל)

together אין איינעם, צוזאַמען; צו גלײַך; מיט אַנאַ'נד(ער), בײַנאַ'נד; צונױ'ף, צוזאַמען ־קוו || (with num.) זאַלבע || three t. זאַלבע דרי'ט ⊣ four t. זאַלבע פֿע'רט || two t. זאַלבענאַ'נד/זאַלבע צוויי'ט

toil 1. *n.* די מי, די האָרעוואַניע, די פּראַצע || 2. *v.* האָ'רעווע|ן, פּראַ'צעווע|ן, טוואָרע|ן

toiler דער האָרעפּאַשניק (עס), דער יגיע־כּפּימניק [YEGI'E-KAPA'IMNIK] (עס)

toilet (attire) דער טואַלע'ט (ן) || (bathroom) דער קלאָזע'ט (ן) || **t. paper** דאָס קלאָזע'ט־פּאַפּיר, דאָס אַשר־יצר־פּאַפּיר [ASh-ERYO'TSER] ⊣ **t. case** דער נעסעסע'ר (ן) || **t. seat** די קלאָזעטברעט (ער) || **t. water** דאָס טואַלע'ט־וואַסער

toilet-train אַרויס|פֿיר|ן אַ פֿון די ווי'נדעלעך

toiling *adj.* האָרעפּאַשנע

token דער סימן (ים) [SIMEN—SIMONIM], דער באַווײַ'ז (ן) || (coin) דאָס מינצל (עך)

in t. of ווי אַ סימן/באַווײַ'ז פֿון

told: all t. אַרו'ם און אַרו'ם, סך־הכּל [SAKhAKL]

tolerable נישקשהדיק [ ], צו דערלײַדן

tolerably נישקשה [NIShKOShE]

tolerance די טאָלעראַ'נץ || (patience) דאָס סבֿלנות [SAVLONES] ⊣ (ability to bear) די פֿאַרטראָגונג ⊣ (precision) דער־לאָזט|ער אָפּווײַך (ן)

tolerant טאָלעראַ'נט || **t. person** *also* דער סבֿלן (ים) [SAVLEN—SAVLONIM]

tolerate טאָלעריר|ן; דערלאָז|ן, פֿאַרטראָג|ן; סובֿל זײַן* [SOYVL]

toll דער (אָפּ)צאָל, דאָס בריקגעלט, דאָס וועגגעלט || (*fig.*) *also* דער צינדז || (number of victims) די צאָל קרבנות [KORBONES] || **t. bridge** די אָ'פּצאָלבריק (ן) || **t. gate** די אָ'פּצאָל־פֿאָרטקע (ס) ⊣ **t. road** דער אָ'פּצאָלשטראָז (ן)

tomato דער פּאָמידאָ'ר (ן)

tomb דער קבֿר (ים) [KEYVER—KVORIM]

tombstone די מצבֿה (—ות) [MATSEYVE]

tomorrow 1. *adv.* מאָרגן || 2. *n.* דער מאָרגן (ס) ⊣ **t.'s** אַדי מאָ'רגנדיק || **day after t.** איבער מאָרגן

ton די טאָן (ען)

tone 1. *n.* דער טאָן (טענער) || **set the t.** אָנ|געב|ן* דעם טאָן ⊣ 2. *v.* **t. down** פֿאַר־שטי'לער|ן, פֿאַרווײ'כער|ן

tongs די צוואַנג אַצ (ען)

tongue (organ) די צונג (צינגער) || (language) דאָס לשון (ות) [LOShN—LEShOY-NES]

tongue twister די צי'נגלקונץ (ן)

tonic *n.* (medical) דאָס שטאַרקעכץ (ן) || (musical) דער טאָניק (ן)

tonight הײַנט אויף דער נאַכט, הײַנט בײַ נאַכט, הײַ'נטיק|ע נאַכט

tonnage דער טאָנאַ'זש

tonsil דער מאַנדל (ען)

tonsillitis די אַנגינע

too (also) אויך || (excessively) צו

tool דער מכשיר (ים) [MAKhShER—MAKh-ShIRIM] ⊣ (*pl.*) דאָס געצײַ'ג קאָל

toot טרומיי'טער|ן, טרובע|ן

tooth דער צאָן (ציין)

toothache דער צײ'נווייטיק

toothbrush דאָס צײַ'נבערשטל (עך)

toothless אָ'נצײ'ניק; אָן ציינער

toothpick דער צײ'נשטעכער (ס)

top 1. *adj.* מאַקסימאַ'ל; העכסט* || 2. *n.* (high point) דער אויבן (ס), דער שפּיץ (ן) || (removable) דאָס איי'בערל (עך) || (toy) דאָס דריידל (עך) ⊣ 3. *v.* (cover) באַדעק|ן || (surpass) אַריבער|שטײַג|ן || **to t. it off** צו די אַלע זאַכן

topcoat דער מאַנטל (ען), דער אי'בערציִער (ס)

top hat דער צילינדער (ס)
top-heavy פֿון אויבן אי'בערגעלאָד'ן
topic די טעמע (ס) || (of discussion, esp. rabbinical) די סוגיא (—ות) [SUGYE]
topical אַקטוע'ל
topmost *איי'בערשט, *העכסט
tops פּרימאַ
top secret *adj.* סוד־הסודותדיק [SO'D-SO'Y-DESDIK]
topsy-turvy פּי'דרעכדיק, קאַפּוי'ערדיק; האָר־קאָ'רן, כאָ'דראָם —אַפּ/אַדוו
Torah די תּורה [TOYRE]
torch דער שטורקאַ'ץ (ן)
torment 1. *n.* דאָס מאַ'טערניש (ן) || **extreme t.** איובֿס יסורים [IEFS YESURIM] || 2. *v.* פּלאָג|ן, פּײַ'ניק|ן, מוטשע|ן, מאַ'טער|ן
tornado דער טאָרנאַדאָ (ס)
torpedo 1. *n.* די טאָרפּעדע (ס) || 2. *v.* טאָרפּעדיר|ן
torrent דער גאָס (ן), דער פֿלייץ (ן), דער מבול (עך) [MABL]
torrid ברע'נענדיק || **t. zone** די הייס|ע זאָנע
torso דער טול (ן)
tortoise די טשערעפּאַ'כע (ס)
tortuous געדריי'ט
torture 1. *n.* די פּײַ'ניקונג (ען), דאָס אָ'פּקומעניש (ן), עינויים מצ [INUIM] ⊣ 2. *v.* פּײַ'ניק|ן, מוטשע|ן, ע'דער|ן, נעמ|ען אויף דער עינוי [INE]
toss 1. *n.* דער וואָרף (ן) || 2. *vt/vi* וואַרפֿ|ן (זיך)
toss-up די גאָטזאַך
tot (child) דאָס ברעקל (עך)
total 1. *adj.* (whole) גאַנץ || (all-out) טאָטאַ'ל ⊣ 2. *n.* דער סך־הכּל (ען) [SAKhAKL] || 3. *vi.* זײַן* בסך־הכּל [BE...] || **t. up** *vt.* אונטער|צי|ען דעם סך־הכּל אונטער
totality די גאַנצהייט (ן) || **in its t.** אין גאַנצן
totalitarian טאָטאַליטאַריש
totem pole דער טאָ'טעמסלופּ (עס)
touch 1. *n.* דער (צו)ריר (ן), דער אָנריר (ן), דער באַרי'ר (ן) ⊣ (small amount) דער שמץ [ShEMETS] ⊣ **sense of t.** דער חוש־המישוש [HAMI'shESh] ⊣ **put in t.** פֿאַרבינד|ן || **get in t.** פֿאַרבינד|ן זיך, צונויפֿ|רעד|ן זיך || **keep in t.** בלײַב|ן אין קאָנטאַ'קט || **put the finishing t.es to** אויס|ע'נדיק|ן, צו|ניי|ען די קנעפּלעך צו ⊣ 2. *vt/imp* ריר|ן, טשעפּע|ן ⊣ *pf.* אָנ|ריר|ן, °באַריר|ן, צו|ריר|ן (זיך צו) ⊣ *vi.* צו|ריר|ן זיך || **t. off** לאָז|ן אין גאַנג ⊣ **t. up** אָפּ|פֿריש|ן; רעטושיר|ן || **t. upon** אָנ|ריר|ן
touched (mentally) גערי'רט || **be t. off** ניצמח ווער|ן [NITSMEKh]
touching רי'רנדיק, האַרציק
touchstone דער אבֿן־בוחן (ס) [EVN-BO'-YKhN], דער פּרו'ווּשטיין (ער)
touchy (person) שפּי'רעוודיק, האָנעראָווע || (subject) *also* דעליקאַ'ט
tough האַרט; שווע'רברעכיק; האַ'רטנעקיק; ניט אײַ'נצורײַסן, ניט אײַ'נצובײַסן —אַפּ
tour 1. *n.* דער טור (ן), די נסיעה (—ות) [NESIE] ⊣ 2. *vt.* אַרומ|פֿאָר|ן (איבער)
tourism די טוריסטיק
tourist דער טורי'סט (ן)
tournament דער טורני'ר (ן)
tourniquet דער טורניקע'ט (ן)
tousle צעפּאַטל|ען
tow שלעפּ|ן, בוקסיר|ן
toward(s) צו (... צו) || t. the city צו דער שטאָט (צו) ⊣ t. evening צו אָוונט צו; אָ'וונטצײַט
towel דער האַנטעך (ער) || **dish t.** די סצירקע (ס)
tower 1. *n.* דער טורעם (ס) || 2. *v.* טו'רעמ|ען זיך
town דאָס שטעטל (עך) || **in t.** אין שטאָט; דאָ־הי ⊣ **out of t.** (away) ניט(אָ') הי || (outside the city) מחוץ דער שטאָט [MIKhU'TS]
town hall דאָס ראָטהויז
township דאָס שטעטל (עך); די שטאָטשאַפֿט (ן)
tow truck דער שלע'פּאויטאָ (ס)
toy די צאַצקע (ס), דאָס שפּילכל (עך) || (*pl.*) דאָס שפּילוואַרג קאָל
trace 1. *n.* די שפּור (ן), דער סליד (ן), דער זכר (ס) [ZEYKhER] ⊣ 2. *v.* (draw) אָנ|צײ'כענ|ען ⊣ (copy) איבער|צײ'כענ|ען ||

(track) נאָכ|שפּיר|ן; אַרויס|זוכ|ן, דערוויש|ן || (descent) (אַרויס)|פֿיר|ן || **t. back to** צוריק|פֿיר|ן ביז

trachea די לופֿטרער (ן)

track 1. *n.* (trace) די שפּור (ן) || (racing) דער לויפֿוועג (ן), דער יאָגוועג (ן) ⊣ (rails) דאָס גערע'לס (ן), דער פּלאַנט (ן) ⊣ **keep t.** (of) זײַן* (כּסדר) אויף דער שפּור ⟨פֿון⟩ [KESEYDER] ⊣ **lose t.** (of) פֿאַרליר|ן די שפּור ⟨פֿון⟩ ⊣ 2. *vt.* נאָכ|שפּיר|ן, -|סלי'דעווע|ן, || נאָכ|גיי|ן* פּאָס קענט ⊣ **t. down** אויס|שפּיר|ן, דערוויש|ן ⊣ **have a one-t. mind** זײַן* משוגע־לדבֿר־אחד [MEShUGE-LEDOVER-E'KhED]

tracking station די נאָ'כשפּיר־סטאַנציע (ס)

trackless אָ'נשטעגיק, אָ'נרע'לסיק

track team די לוי'ף־קאָמאַנדע (ס)

tract (area) דער שטח (ים) [ShETEKh—ShTOKhIM] ⊣ (treatise) דער מאמר (ים) [MAYMER—MAYMORIM]

tractate דער מאמר (ים) [ ] || (Talmudic) די מסכתּא (—ות) [MESEKhTE]

traction די ציִונג; די ציקראַפֿט

tractor דער טראַקטאָר (...אָ'רן)

trade 1. *n.* דער האַנדל, דער מיסחר [MISKhER] ⊣ (occupation) דער פֿאַך (ן) || (craft) די מלאָכה (—ות) [MELOKhE] || (exchange) דער אויסבײַט (ן) || 2. *vt.* (exchange) (אויס|)בײַט|ן זיך ⟨מיט⟩ || *vi.* האַנדל|ען ⟨מיט⟩ ⊣ (exchange) מאַכ|ן אַ בײַט ⊣ **t. on** אויס|ניצ|ן, ספּעקוליר|ן אויף

trade-in דער אײַנבײַט

trademark די האַ'נדל־מאַרקע (ס)

trade school די פֿאַכשול (ן)

trade-union דער פּראָפֿעסיאָנעל|ער פֿאַראיי'ן (ען) [SY], דער פּראָפֿפֿאַראיי'ן (ען), די יו'ניאָן (ס) אַמער

trading האַנדל... || **t. stamp** די האַ'נדל־מאַרקע (ס)

tradition די טראַדיציע (ס) || (legend) די מסורה (—ות) [MESOYRE]

traditional טראַדיציאָנע'ל || (*Jew.*) *also* בקבלהדיק [BEKABO'LEDIK]

traffic דער פֿאַרקע'ר, דאָס געפֿאָ'ר, דער טראַפֿי'ק || **t. light** דער פֿאָ'רסיגנאַל (ן) || **t. jam** דאָס פֿאָ'רגעענג (ען)

tragedy די טראַגע'דיע (ס)

tragic טראַגיש

tragi-comic טראַגיקאָמיש

trail 1. *n.* (track) די שפּור (ן) || (path) דאָס וועגל (עך), דער שטעג (ן), די סטעשקע (ס) || 2. *vt.* (follow along) נאָכ|שלעפּ|ן זיך, -|גיי|ן*, -|פֿאָר|ן ⟨—ד/נאָך⟩ ⊣ (track) נאָכ|שפּיר|ן ⊣ **t. after** נאָכ|שלעפּ|ן זיך נאָך

trailblazing וועגווײַזיק

trailer דער נאָ'כפֿאָרער (ס)

train 1. *n.* (of dress) די שלעפּ (ן) || (followers) די סוויטע (ס) || (rail) די באַן (ען), דער צוג (ן) ⊣ **t. of thought** די געדאַ'נקען־קייט (ן), די קלערונג (ען) ⊣ 2. *v. imp/pf* (people) *vt/vi* (אויס|)שול|ן (זיך) ⊣ (animals) (אויס|)טרעניר|ן || (drill) אויס|מושטיר|ן

training (human) די (אוי'ס)שולונג, די •אוי'סבילדונג ⊣ (animals) די טרענירונג

trait די איי'גנקייט (ן), דער שטריך (ן)

traitor דער •פֿאַררעטער (ס)

trajectory דער שאָסוועג (ן), די טראַיעקטאָריע (ס)

trammel *v. imp/pf* (אײַנ|)פּענטע|ן

tramp דער שלעפּער (ס)

trample *v/imp* טרעט|ן || *pf.* צעטרעט|ן; דורס זײַן* [DOYRES]

trance דער טראַנס (ן)

tranquil זאַכט, שלווהדיק [ ], באַרו'ט

tranquility די זאַכטקייט, די שלווה [ShALVE]

tranquilize באַרו'יק|ן

tranquilizer דאָס באַרועכץ (ן)

trans... ..טראַנס || transcontinental טראַנסקאָנטינענטאַ'ל

transact דורכפֿיר|ן

transaction די טראַנסאַקציע (ס), דער משׂא־ומתּן (ס) [MASEMATN]

transcend אַריבער|שטײַג|ן

transcendental טראַנסצענדענטאַ'ל

transcribe (copy) איבער|שרײַב|ן || (in a different system) טראַנסקריביר|ן

transcription די טראַנסקריפּציע (ס)

transfer 1. *n.* דער אַרי'בערפֿיר (ן), דער טראַנספֿע'ר (ן) ⊣ **t. ticket** דער טראַנספֿערי'ר־בילעט (ן) ⊣ **t. picture** דאָס קלעפּבילד (ער) || 2. *vt.* אַריבער|טראָג|ן, -|פֿיר|ן, טראַנספֿעריר|ן ⊣ (with many verbs describing manipulation) איבער קוו || t. by pouring איבער|גיס|ן, -|שיט|ן || t. by planting איבער|זעצ|ן ⊣ **t. the ownership of** איבער|שרײַב|ן

transform איבער|מאַכ|ן, °פֿאַרוואַנדל|ען, טראַנספֿאָרמיר|ן ⊣ **be t.ed into** מגולגל ווער|ן אין [MEGULGL]

transformation די טראַנספֿאָרמאַציע (ס), דער גילגול (ים) [GILGL—GILGULIM]

transformer דער טראַנספֿאָרמאַטאָר (...אָ'רן)

transfusion די אי'בערגיסונג (ען); די טראַנספֿו'זיע (ס)

transgress איבער|שפּרײַז|ן; עובֿר זײַן* [OY-VER], מסיג־גבֿול זײַן* [MASEG-GVU'L], פּורץ־גדר זײַן* ⟨אויף—⟩ [POYRETS-GE'DER]

transgression דער אי'בערשפּרײַז (ן), די עבֿירה (—ות) [AVEYRE]

transgressor דער אי'בערשפּרײַזער (ס)

transient 1. *adj.* פֿאַרבײַ'גייענדיק, פֿאַרגייִק ⊣ 2. *n.* דער דו'רכפֿאָרער (ס)

transistor דער טראַנסיסטאָר (...אָ'רן)

transit דער דורכפֿאָר, דער דורכוועג; דאָס דו'רכפֿאָרן ⊣ **be in t.** האַלט|ן אין דו'רכפֿאָרן || **t. system** די טראַנספּאָ'רט־סיסטעם || **public t.** דער פֿאָ'לקסטראַנספּאָרט || **rapid t.** דער גי'כטראַנספּאָרט

transition דער אי'בערגאַנג (ען)

transitional אי'בערגײ־...

transitive טראַנסיטי'וו

transitory פֿאַרגייִק, פֿאַרבײַיִק || **something t.** *also* די חיי־שעה [KHAYESHO']

Transjordan (דאָס) עבֿר־הירדן [EYVER-HAYA'RDN]

translatable אי'בערזעצעוודיק

translate איבער|זעצ|ן, פֿאַרטײַטש|ן

translation דער אי'בערזעץ (ן), די איבערזעצונג (ען); די פֿאַרטײַטשונג (ען); די העתּקה (—ות) ל [HATOKE]; דער אָפּטײַטש (ן)

translator דער אי'בערזעצער (ס); דער פֿאַרטײַטשער (ס)

translucent דו'רכלײַכטיק

transmission דאָס אי'בערשיקן; דאָס אַרי'בערטראָגן (זיך) ⊣ (mechanical) די טראַנסמי'סיע (ס)

transmit איבער|שיק|ן || (radio etc.) טראַנסמיטיר|ן

transmitter דער אוי'פֿגעבער (ס), דער טראַנסמיטאָר (...אָ'רן)

transom דער באַ'לקן־פֿענצטער (—)

transparency (quality) די דו'רכזעיִקייט || (slide) דער דיאַפּאָזיטי'וו (ן) [DI]

transparent דו'רכזעיִק, דו'רכזעעוודיק

transplant איבער|פֿלאַנצ|ן

transport 1. *n.* (act) דאָס אַרי'בערפֿירן; דער טראַנספּאָ'רט, דער אַרי'בערפֿיר (ן) ⊣ (system) די טראַנספּאָ'רט־סיסטעם || (means of t.) דאָס טראַנספּאָרטוואַרג קאָל || **troop t.** די זע'לנערשיף (ן) ⊣ 2. *v.* טראַנספּאָרטיר|ן, אַריבער|פֿיר|ן ⊣ (excite) מיט|רײַס|ן

transportation דער טראַנספּאָ'רט || (passenger) די קאָמוניקאַציע

transpose איבער|שטעל|ן || (music) טראַנספּאָניר|ן

transverse קווער...

transversely אין דער קווער, פּאָ'פּעריק

trap 1. *n.* די פּאַסטקע (ס), דאָס כאַ'פּשטײַגל ⊣ 2. *v.* כאַפּ|ן/פּאַק|ן (אין אַ פּאַסטקע) ⊣ (עך)

trap door דאָס כאַ'פּטירל (עך)

trapeze דער טראַפּע'ז (ן)

trapezoid דער טראַפּע'ז (ן)

trash דער אָפּפֿאַל || **literary t.** דער שונד

trashbox דער מי'סטקאַסטן (ס)

trauma די טראַוומע (ס)

traumatic טראַוומאַטיש

travel 1. *adj.* ...פֿאָר || t. agency די פֿאָ'ר־אַגענטור (ן) ⊣ 2. *n.* דאָס אַרו'מפֿאָרן || (*pl.*) נסיעות מצ [NESIES] ⊣ 3. *vi.* אַרומ|פֿאָר|ן ⊣ **t. through all of** אויס|פֿאָר|ן אַ ⟨איבער/דורך⟩

traveler דער וועגסמאַן (וועגסלײַט), דער פֿאָרער (ס) ⊣ **t.'s check** דער וועגסטשעק (ן)

traveling וועגס... || t. clothes וועגס־

דער קאָמיװאָיאַ- **t. salesman** ⊣ קלײדער זשאָ'ר (ן)

traverse 1. *adj.* ...קװער ‖ 2. *v.* -דורכ|גײ|ן*

travesty די טראַװעסטיע (ס), דער חוזק [KhOYZEK]

tray די טאַץ (ן)

treacherous (deceptive) פֿאַרפֿי'רעריש, בגידהדיק ⊣ (traitorous) פֿאַ'סטקעדיק [ ], פֿאַררע'טעריש•

treachery די פֿאַלשקײט, די פֿעלטשונג; דער פֿאַרראַ'ט•, די בגידה [BGIDE]

tread טרעט|ן, טאָפּטשע|ן ‖ **t. water** גײ|ן* טריט־װאַסער

treason דער פֿאַרראַ'ט•, די בגידה [BGIDE]

treasonable בגידהדיק [ ]

treasure 1. *n.* דער אוצר (ות) [OYTSER—OYTSRES], דער מטמון (ים) [MATMEN—MATMOYNIM] ⊣ 2. *v.* טײַער האַלט|ן

treasurer דער אוצרער (ס) [O'YTSERER] ‖ (in a small organization) דער קאַסי'ר (ן)

treasury די אױצאַרניע (ס), די שאַ'צקאַמער• (ן); די (מלוכה־)קאַסע (ס), דער מלוכה־אוצר [MELU'KhE] ⊣ **Secretary of the T.** דער אוצר־סעקרעטאַר [ ]

treat 1. *n.* דער מאכל [MAYKhL], די לאַ'קעטקע (ס) ⊣ 2. *vt.* באַגײ|ן* זיך מיט ‖ (patient) קורי'ר|ן *also* באַהאַנדל|ען ‖ (illness) *also* טראַקטיר|ן, מכבד זײַן* [ME-KhABED] ‖ ⟨מיט ⟨א—⟩, פֿו'נדרעװע|ן ⟨ד⟩ א ‖ t. me to an ice-cream פֿו'נדעװע מיר אײַזקרעם

treatise די אָ'פּהאַנדלונג (ען), דער טראַקטאַ'ט (ן), דער חיבור (ים) [KhIBER—KhIBURIM]

treatment דער באַהאַנדל (ען), די באַהאַנדלונג (ען); דער אופֿן [OYFN] ⟨מיט⟩ באַגײ'ן זיך ‖ (of an illness) *also* די קוראַציע (ס) ‖ **undergo medical t.** הײל|ן זיך

treaty דער אָפּמאַך (ן), דער טראַקטאַ'ט (ן)

treble 1. *n.* דער דיסקאַ'נט (ן) ‖ **t. clef** דער פֿי'דל־שליסל (ען) ⊣ 2. *v.* פֿאַרגרע'סער|ן אין דרײַען

tree דער בױם (בײמער)

tref טרײפֿ'ן* אַדי, טרײף אַפּ

tremble ציטער|ן

tremendous קאָלאָסאַ'ל, או'מגעהײַ'ער

tremulous צי'טערדיק

trench די טראַנשעע (ס), דער שאַנץ (ן), די אַקאָפּע (ס)

trend די נטיה (—ות) [NETIE]; דער גאַנג, דער שטראָם (ען), די טענדע'נץ (ן)

trespass 1. *n.* דאָס הסגת־גבֿול [HASOGES-GVU'L] ⊣ 2. *v.* עובֿר זײַן* [OYVER], מסיג־גבֿול זײַן* —אױף [MASEG-GVU'L]

tress די לאָק (ן), דער קרױז (ן)

trestle די קאָזלע (ס)

trial (test) דער (אױס)פּרוּװ (ן) ‖ (court) דער פּראָצע'ס (ן), דער משפּט (ים) [MIShPET—MIShPOTIM] ⊣ (ordeal) די פּרוּװונג (ען) ‖ **t. and error** טרעף און טעות [TOES] ‖ **bring to t.** פֿאַרפֿיר|ן אַ פּראָצע'ס קעגן ⊣ **come to t.** דערגײ'|ן צו אַ/דעם פּראָצע'ס ⊣ **t. balloon** דער פּרו'װבאַלאָן (ען)

triangle דער דרײַעק (ן)

triangular דרײַ'עק(עכ)יק

tribal שבֿט־... [ ], שבֿטים־... [ ]

tribe דער שבֿט (ים) [ShEYVET—ShVOTIM] ‖ **the Ten Lost T.s** די עשׂרת־השבֿטים [ASERES-HAShVO'TIM] ⊣ (*hum.*) די רױטע ייִ'דעלעך

tribunal דער טריבונאַ'ל (ן)

tribune דער טריבו'ן (ען), דער מליץ (ים) [MEYLETS—MELITSIM]

tributary *n.* דער בײַטײַך (ן)

tribute (payment) די קאָנטריבוציע (ס), דער טריבו'ט (ן), דער צינדז (ן) ⊣ (honor) דער כּבֿוד [KOVED] ⊣ **pay t.** (honor) -אָפּ|געב|ן* כּבֿוד ⟨ד⟩

trick 1. *n.* (clever) די קונץ (ן), דער טריק (ן), דער דרײ (ען), ⊣ (deceit) דער פֿאָקוס (ן) ⊣ **dirty t.** דאָס שפּיצל (עך), דאָס גע'נגעלע (ך) [KhAZERA'Y] ⊣ **play a t.** (on) דאָס חזירײַ (ען) ⟨ד⟩ *אָפּ|טאָ|ן (אַ שפּיצל) ‖ **perform t.s** מאַכ|ן/װײַז|ן קונצן ‖ 2. *vt.* -אָפּ|, אַרײַנ|נאַר|ן

trickery דאָס גענאַרערײַ', דער שװינדל; דאָס קו'נצן־מאַכערײַ'; קונצן מצ

trickle 1. *n.* דאָס רי'טשקעלע (ך); דאָס געריי'נס || 2. *v.* קאַפּע|ן; ריזל|ען, רינ|ען

trickster דער שווינדלער (ס)

tricky קונציק, אָ'פּנאַרעריש, פֿאַרפֿי'רעריש, קרײַטיש

tricycle די דרײַראָד (...רעדער)

trifle 1. *n.* די קליי'ניקייט (ן), דער שיבוש (ים) [SHIBESH—SHIBUSHIM], די/דאָס נאַ'רישקייט (ן), דאָס נישטל (עך), דאָס שפּילכל (עך) || (*cont.*) די שמאַכטע (ס) || (*pl.*) *also* הבֿל [HEVL] קאָל ⊣ 2. *vi.* **t. with** שפּיל|ן זיך מיט

trigger 1. *n.* דאָס צינגל (עך) || 2. *v.* לאָז|ן אין גאַנג

trigger-happy שי'סעריש || he is **t.** *also* באַלד כאַפּט ער זיך שיסן; בײַ אים איז באַלד געשאָסן

trigonometry די טריגאָנאָמעטריע

trill 1. *n.* דער טריל || 2. *v.* טרי'לער|ן

trilogy די טרילאָגיע (ס)

trim 1. *adj.* או'נטערגעשויר'ן, או'נטערגע-פּוצט, אָ'פּגעניגלט ⊣ 2. *v.* (clip) אַרומ|-שנײַד|ן, -שער|ן; אָפּ|ניגל|ען; פֿאַרגלײַכ|ן || (decorate) באַפּוצ|ן, צו|פּוצ|ן

trimming(s) דער באַפּו'ץ אַצ (ן)

trinity די דרײַאיי'ניקייט

trinket די צאַצקע (ס), די טשאַטשקע (ס)

trio דער טריאָ (ס)

trip 1. *n.* די נסיעה (—ות) [NESIE] || (short) די יאַזדע (ס), דער פֿאָר (ן) ⊣ **take a short t.** (to) דורכ|פֿאָר|ן זיך ⟨קיין⟩, צו|-פֿאָר|(ט) ⊣ **have a nice t.** פֿאָר|ן קיין געזו'נט! ⊣ 2. *vt.* (make stumble) אונטער|שטעל|ן ד אַ פֿיסל ⊣ *vi.* (stumble) ספּאָטיקע|ן זיך ⟨אין⟩ ⊣ (hop) טיאָפּקע|ן

tripe דער וואַמפּ (ן)

triple דרײַיק

triplet דער דרײַ'לינג־ברודער (־ברידער), די דרײַ'לינג־שוועסטער (—) ⊣ **set of t.s** דער דרײַלינג (ען)

tripod דער דרײַפֿוס (ן)

trite באַנאַ'ל, אוי'סגעדראָש'ן, סקאַרבאָווע

triumph 1. *n.* דער טריו'מף (ן), דער נצחון (ות) [NITSOKhN—NITSKhOYNES] ⊣ 2. *v.* טריומפֿיר|ן, מנצח זײַן* [MENATSEYEKh]

triumphant טריומפֿאַ'ל, נצחונדיק [ ] || **be t.** טריומפֿיר|ן

triumvirate דער טריומווירא'ט (ן)

trivial (גאָ'ר)נישטיק, טריוויאַ'ל

triviality די ני'שטיקייט || (*pl.*) *also* דער הבֿל [HEVL] קאָל

Trojan טרויאַניש

trolley די וואַגאָנעטקע (ס) || **t. car** (street-car) דער טראַמוויי' (ען) || **t. bus** דער טראָ'לייבוס (ן)

trombone דער טראָמבאָ'ן (ען)

troop די טרופּע (ס) || (*pl.*) דאָס מיליטע'ר קאָל; זעלנערס מצ, דאָס חיל [KhAYEL] ⊣ **t. ship** די זע'לנערשיף (ן) ⊣ **t. train** דער עשעלאָ'ן (ען), די זע'לנערבאַן (ען)

trophy די טראָפֿעע (ס)

tropic *n.* דער טראָפּיק (ן) || **the T.s** די טראָ'פּישע לענדער

tropical טראָפּיש

trot 1. *n.* דער טליס (ן) || 2. *v.* טליסע|ן

trouble 1. *n.* (calamity) די צרה (—ות) [TSORE] ⊣ (effort) די טירחה (—ות) [TIR-KhE], די מי ⊣ (friction) דער קאָנפֿלי'קט (ן), דער רוגז (ן) [ROYGES], דער אײַנריס (ן) ⊣ **time of t.** די עת־צרה [EYS-TSO'RE] || **be in t.** האָב|ן* צרות, זײַן* אויף צרות ⊣ **be in t. with** זײַן* אין קאָנפֿלי'קט מיט; האָב|ן* זיך אײַ'נגעריסן מיט ⊣ **have t.** (with) האָב|ן* צרות ⟨פֿון⟩ ⊣ **have t. with** *also* האָב|ן* צו טאָן מיט ⊣ **have no end of t.** (with) האָב|ן* צו זינגען און צו זאָגן ⟨פֿון⟩ ⊣ **what's the t.** (with) וואָס איז ⟨מיט⟩ || **the t. is that** די (גאַנצע) צרה איז וואָס/אַז; דער חסרון וואָס [KhISORN] ⊣ **take the t.** (to) מטריח זײַן* זיך [MATRIEKh], נעמ|ען זיך די מי ⟨—און וו⟩ ⊣ 2. *v.* (bother) שטער|ן, באַמי|ען, מטריח זײַן* ⊣ (make anxious) באַאו'מרויק|ן

troubled או'מרויק; פֿאַרצרהט [ ]

troublemaker דער שטערער (ס)

troublesome צרהדיק [ ] || **be t.** שטער|ן, (אָנ)מאַכ|ן צרות [ ] ⊣ **t. thing/person** דאָס אָ'נשיקעניש (ן)

trough (drinking) די קאָ'רעטע (ס) ||

(feeding) דער זשאָלעב (עס) || (bread-kneading) די דייזשע (ס) || (hallah-kneading) דער מולטער (ס) || (low point) דער טיפֿפּונקט (ן)

troupe די טרופּע (ס)

trousers הויזן מצ || **trouser leg** דער הויז (ן)

trousseau דער שטאַפֿי'ר (ן)

trout די סטראָנגע (ס)

trowel די קעלניע (ס)

Troy טרויע (די)

truancy דאָס אָפּציִערײַ'

truant דער אָ'פּציִער (ס)

truce דער (דערווײַ'ליק|ער) וואָ'פֿן־שטילשטאַנד (ן)

truck דער משׂא־אויטאָ (ס) [MA'SE], דער •לאַ'סט־אויטאָ (ס) ⊣ **hand t.** דאָס וועגנדל (עך), דאָס שטו'פּוועגל (עך)

truckload (of) דער משׂא־אויטאָ (ס) (פֿול מיט) [ ]

truculence דאָס נצחנות [NATSKhONES]

truculent פֿאַרביס׳ן, נצחניש [NATSKhO-NISh]

trudge שלעפּ|ן זיך, טאָפּטשע|ן זיך

true אמת [EMES]; ממש אַ ... [MAMESh] || **come t.** מקוים ווער|ן [MEKUYEM] || **make come t.** פֿאַראמת|ן [ ]

truism דער טרויִזם (ען), דער פֿאַרשטיי'ט־זיך (ער)

truly אמתדיק [ ], רעכט

trump דער קאָזער (ס) || **t. card** דער קאָזער (ס)

trumpet 1. *n.* דער טרומיי'ט (ן) || 2. *v.* (אויס|)טרומיי'טער|ן

trumpeter דער טרומייטער (ס)

trunk (of a tree) דער שטאַם (ען) || (torso) דער טול (ן) || (luggage) דער באַגאַזשניק (עס) || (car) ⊣ קופֿערט (ן) || (snout) דער שנוק (ן)

trunks (swimming) שווימקעס מצ

truss (sheaf) דאָס בינטל (עך) || (hernia) דער בראָ'כגאַרטל (ען) ⊣ (engineering) דער שפּאַ'רבאַלקן (ס)

trust 1. *n.* דער צוטרוי || (confidence) דאָס נאמנות [NEMONES] ⊣ (financial combination) דער טרעסט (ן) || (stg. entrusted) דער פּקדון [PIKODN] || 2. *vt.* געטרוי|ען ד ⊣ *vi.* *זײַן* בטוח [BETU-EKh]

trusted באַגליי'בט

trustee דער נאמן (ים) [NEMEN—NEMONIM]; דער קוראַטאָר (...אָ'רן), דער ממונה (—ים) [MEMUNE—MEMUNIM]

trusteeship דאָס נאמנות [NEMONES] || (U.N.) **T. Council** דער נאמנות־ראָט

trust fund דער פּקדון־פֿאָנד (ן) [ ]

trustworthy געטרוילעך, באַגליי'בט; בטוח [ ] אַפּ ⊣ **t. person** דער בטוח (ים) [—BETU-KhIM]

trusty דער (תּפֿיסה־)בטוח (ים) [TFI'SE]

truth דער אמת (ן) [EMES], די רי'כטיקייט || **in t.** אין (דער) אמתן || **to tell the t.** דעם אמת זאָ'גנדיק, למען־האמת [LEMA'N-HOE'MES]

truthful אמתדיק [ ], וואָ'רהאַפֿטיק || **be t.** (person) זאָג|ן דעם אמת

try 1. *n.* דער פּרווו (ן) || 2. *v.* (attempt) *imp.* פּרוּוו|ן, פּרוביר|ן || (test) אויס|-פּרוּוו|ן ⊣ (judge) מישפּט|ן [MIShPET] || **t. hard** סטאַרע|ן זיך, פֿלײַס|ן זיך ⟨—צו⟩ || **t. one's hand** (at) פּרוּוו|ן ⟨אַ/אינפֿ⟩ || **t. on** (clothes) אָנ|מעסט|ן || **t. out** אויס|פּרוּוו|ן

tryout דער אויספּרוּוו (ן), די פּראָבע (ס)

T-shirt דאָס (אַ'רבלדיק|ע) לײַבל (עך)

T square דער טע'־ווינקל (ען)

tub דער צובער (ס), דער ביט (ן) || (bath) די וואַנע (ס)

tuba די טובע (ס)

tube די רער (ן), דאָס רערל (עך), דאָס טרײַבל (עך) ⊣ (squeezable) די טובע (ס) || (electronic) דאָס (וואַ'קוּום־)לעמפּל (עך) || **inner t.** דער פּעטי'וו (ן)

tuber דער קנויל (ן)

tuberculosis דער טובערקולאָ'ז

Tu-Bishvat דער חמישה־עשׂר [KhAMIShO'-SER]

tubular רע'רנדיק

tuck: t. in (person) אײַנ|דעק|ן, -|טוליע|ן || (shirt) אַרײַנ|שטעק|ן || **t. up** -פֿאַר הײב|ן, פֿאַרשאַרצ|ן, פֿאַרקאַטשע|ן
Tuesday דער דינסטיק (ן) || **on T.** דינסטיק || **T.'s** אַדי די'נסטיקדיק
tuft די קודלע (ס), די פּאַטלע (ס), דער צויט (ן), דער זשמוט (ן)
tug *v.* שלעפּ|ן, צי|ען, צופּ|ן
tugboat דער בוקסי'ר (ן)
tuition (fee) דער שׂכר־לימוד [SKhAR-LIMED] ⊣ **free t.** דער לימוד בחינם [BE-KhINEM]
tulip דער טולפּאַ'ן (ען)
tulle 1. *adj.* טיול'ן || 2. *n.* דער טיול
tumble *v/imp* פֿאַל|ן; קוליע|ן זיך || *pf.* (אומ|-, אײַנ|-, קאַפּויער)פֿאַל|ן
tumbler (mechanical) די גאַשעטקע (ס) || (glass) דער קע'לישיק (...שקעס) || (acrobat) דער אַקראָבאַ'ט (ן)
tumbling *n.* די אַקראָבאַטיק
tumor דער טומאָר (ס), דער אָנוווקס (ן)
tumult דער האַרמידער (ס), דער ליאַרעם (ס), די מהומה (—ות) [MEHUME]
tuna fish דער טונפֿיש
tune 1. *n.* די מעלאָ'דיע (ס); דער מאָטי'וו (ן), דער ניגון (ים) [NIGN—NIGUNIM] ⊣ (without words) *also* דער זמר (ס) [ZEMER] || **put in t. with** אויס|שטימ|ען מיט || 2. *v.* אָנ|שטימ|ען, -|סטרויע|ן
tuner דער סטרויער (ס)
tuning fork דער קאַ'מערטאָן (...טענער)
tunnel 1. *n.* דער טונע'ל (ן) || 2. *vt.* -דורכ|טונעליר|ן
turban דער טורבאַ'ן (ען)
turbid מוטנע
turbine די טורבי'ן (ען)
turbulence דאָס געבערוי'ז, די ברויזונג || (political) מצ או'מרוען
turbulent ברויזיק, שטו'רעמדיק; או'מרויִק
turf דער טאָרף
Turk דער טערק (ן)
turkey דער אינדיק (עס)
Turkey (די) טערקײַ'
Turkic טורקיש
Turkish טערקיש || **T. bath** די שוויצבאָד (...בעדער)
turmoil די בהלה (—ות) [BEHOLE], דער קאָך, דאָס געקאָ'ך || די מהומה (—ות) [MEHUME] || **in t.** אַפּ מבֿוהל [MEVUEL] || **be in a t.** (over) קאָכ|ן ⟨מיט⟩
turn 1. *n.* דער (אומ)דריי (ען), דער קער (ן), || דער אויסדריי (ען) (bend) ⊣ דער ווענד (ן) (place in order) די ריי (ען), די טשערע (ס), דער נעקסט* (ן) אַמער ⊣ **good t.** די טובֿה (—ות) [TOYVE] ⊣ **bad t.** די רעה (—ות) [ROE] ⊣ **in t.** (alternately) אַ מאָל איבער ⊣ (by t.s) נאָך דער ריי; טשע'רעווײַז ⊣ אַ מאָל || (on the other hand) אָבער, ווידער, אַקעגן זשע ⊣ **at every t.** כּסדר [KESEY-DER], אילע מאָל ⊣ **take a t.** (towards) פֿאַרקע'רעווע|ן זיך ⊣ **take a t. for the better/worse** (*rev. con.*) ווער|ן אומפּ ד בעסער/ערגער ⊣ **take a t.** (at) אַ פּרווו ⊣ **take one's t. at** וו נאָך דער ריי* טאָ|ן ⟨אַ⟩ ⊣ **take t.s** (at) בײַט|ן זיך ⟨בײַ⟩ || נאָך **give/get a t.** (fear) דערשרעק|ן (זיך) || **t. of speech** די ווענדונג (ען) || **t. of the century** דער סוף יאָרהונדערט [SOF] || 2. *vt. imp/pf* דריי|ען || *pf.* אויס|דריי|ען, אַ דריי טאָ|ן* ⊣ (direct) *also* ווענד|ן || (steer) *also* (אויס|-, פֿאַר)קע'רעווע|ן || (on a lathe) (אויס|)טאָק|ן || (leaves) פֿאַרדריי|ען ⊣ (sb.'s head) (איבער)מיש|ן || *vi/imp* דריי|ען זיך || *pf.* אַ דריי טאָ|ן* || זיך, אויס|-, איבער|-, אַרומ|דריי|ען זיך (be directed; address) ווענד|ן זיך || (be steered) (אויס|-, פֿאַר)קע'רעווע|ן זיך || (left, right) *also* פֿאַרנעמ|ען זיך ⟨אויף⟩ || (depend) אָפּ|הענג|ען || (throw oneself) וואַרפֿ|ן זיך || (become) ווער|ן נאָס || **t. against** *vt.* אויפֿ|העצ|ן קעגן, אָנ|רייצ|ן || *vi.* ⊣ [SOYNE] ווער|ן אַ שונא ד ⊣ אויף
t. aside *vt/vi* אָפּ|קער|ן, -|ווענד|ן (זיך) (אין אַ זײַט) ⊣ **t. around** (back) *vt/vi* אַרומ|-, אויס|-, אומ|דריי|ען (זיך) ⊣ (spin) דריי|ען (זיך) ⊣ **t. away** *vt/vi* אַוועק|- דריי|ען, אָפּ|קער|ן (—זיך) ⊣ (applicants etc.) אַוועק|שיק|ן || (feelings) *vt/vi* -אָפּ

טאָ|ן* (זיך) ⊣ **t. back** *vt.* צוריק|דריי|ען || *vi.* צוריק|גיי|ן* || *cf.* **t. away** || **t. down** *vt.* אַראָפּ|דריי|ען || (stream, volume) (אַ ביסל) אַראָפּ|לאָז|ן, פֿאַרדריי|ען ⊣ (offer) אָפּ|וואַרפֿ|ן, -|זאָג|ן ⊣ **t. in** *vt.* (deliver) אָפּ|-, איבער|געב|ן* (דער מאַכט) ⊣ *vi.* (drive) פֿאַרפֿאָר|ן ⟨אין⟩ || (retire) לייג|ן זיך ⊣ **t. into** (transform) *vt.* •פֿאַר-וואַנדל|ען אַ אין, מאַכ|ן אַ פֿון ⊣ *vi.* מגולגל ווער|ן [MEGULGL], •פֿאַרוואַנדל|ען זיך —אין || (magically) *vt/vi also* פֿאַרוואַרפֿ|ן (זיך) אין ⊣ **t. off** *vt.* (apparatus) פֿאַר-דריי|ען; פֿאַרלעש|ן ⊣ *vi.* פֿאַרדריי|ען זיך || **t. on** (apparatus) אָנ|שטעל|ן; אָנ|צינד|ן || **t. out** *vt.* (expel) אַרויס|וואַרפֿ|ן || (inside out) אויס|דריי|ען, -|קער|ן || (lights) פֿאַרלעש|ן || (produce) פֿאַברי-ציר|ן, פּראָדוציר|ן ⊣ *vi.* (appear at last) אַרויס|שטעל|ן, -|ווײַז|ן —זיך ⊣ (result) אויס|-פֿאַל|ן, -|לאָז|ן זיך ⊣ **t. out to be** אַרויס|-שטעל|ן זיך, -|ווײַז|ן זיך —פֿאַר ⊣ **t. over** *vt/vi* איבער|דריי|ען, -|קער|ן, קאַפּויער|-שטעל|ן (—זיך) ⊣ **t. the pages** (of) בלע'טער|ן ⟨אַ⟩ ⊣ **t. to** *vi.* (conversation) קומ|ען אויף ⊣ **t. up** *vt.* אויפֿ|הייב|ן, פֿאַר-הייב|ן ⊣ (nose) פֿאַררײַס|ן || *vi.* (appear) באַווײַז|ן זיך ⊣ (surprisingly) *also* יאַווע|ן זיך ⊣ (in a strange place) פֿאַר-וואָגלט ווער|ן, פֿאַרוואַ'לגער|ן זיך, מגולגל ווער|ן [ ]

turner דער טאָקער (ס)

turning point דער קערפּונקט (ן)

turnip די ברוקווע (ס)

turnout דער עולם [OYLEM]

turnover דער אויסקער, דער •אומזאַץ

turnpike (bar) דער שלאַבאַ'ן (ען) || (road) דער (אָ'פּצאָל)שטראָז (ן)

turnstile דער טורניקע'ט (ן)

turpentine דער טערפּענטי'ן

turret דאָס (שי'ס)טו'רעמל (עך)

turtle די (וואַ'סער־)טשערעפּאַכע (ס)

turtledove די טע'רקלטויב (ן)

tut *int.* וויי'ס איך וואָס!

tutor דער דאָצע'נט (ן) || (private) דער פּריוואַט|ער לערער (ס) ⊣ (for additional drill) דער רעפּעטיטאָר (...אָ'רן)

tutoring דאָס רעפּעטיטאָרײַ'

twang דאָס פֿאָנפֿען || **with a t.** פֿאָנפֿאַטע || **speak with a t.** פֿאָנפֿע|ן

tweed דער טוויד

tweezers דער פּינצע'ט אצ (ן), דער צוויקער אצ (ס)

twelfth 1. *adj.* צוועלפֿט || **2.** *n.* דאָס צוועלפֿטל (עך)

twelve צוועלף

twentieth *adj.* צוואַנציקסט/צוואָנציקסט

twenty צוואַנציק/צוואָנציק

twice צוויי מאָל

twig דאָס צווײַגל (עך), דאָס ריטל (עך)

twilight 1. *adj.* •דעמער... || **2.** *n.* דאָס בין־השמשות [BEYNASHMOSHES]

twin 1. *adj.* צווילינג... || **2.** *n.* דער צווי'לינג־ברודער (־ברידער), די צווי'לינג־שוועסטער (—) ⊣ **pair of t.s** דער צווילינג (ען)

twine 1. *n.* דער שפּאַגאַ'ט || **2.** *v.* פֿלעכט|ן

twinge דער צופּ (ן)

twinkle שימעריר|ן, פֿינקל|ען, בליצל|ען

twirl *vt/vi* דריידל|ען (זיך)

twist 1. *n.* דער דריי (ען), דער קרים (ען), דער בייג (ן) ⊣ (dance) דער טוויסט || **t. and turn** דער קער און ווענד || **2.** *vt.* (make crooked) קאָרטשע|ן; פֿאַרדריי|ען, פֿאַרקרימ|ען, אויס|קרימ|ען ⊣ (wreathe) (אויס|)פֿלעכט|ן ⊣ (dislocate) אויס|לינק|ען || *vi.* (be crooked) דריי|ען זיך, קאָר-טשע|ן זיך

twitch 1. *n.* דער צוק (ן) || **2.** *v.* צוק|ן אומפּ ⟨ד⟩; צוק|ן ⟨מיט⟩

twitter *v.* צווי'טשער|ן

two צוויי

type 1. *n.* דער טיפּ (ן) || (printing) דער שריפֿט קאָל (ן) ⊣ (actor's specialty) *also* דער אַמפּלואַ' (ען) ⊣ (style) דער פֿאַסאָ'ן (ען) || **2.** *v.* *imp/pf* (אָפּ|)טיפּיר|ן, (אויס|)-, (איבער|)קלאַפּ|ן אויף דער מאַשי'ן

typefounder דער שריי'פֿטגיסער (ס)

typescript דער טיפּאָסקרי'פּט (ן)

typewriter די שרײַבמאַשין (ען)
typhoid fever דער בויכטיפֿוס
typhus דער (פֿלעק)טיפֿוס
typical טיפּיש
typify טיפּיזיר|ן, פֿאַר|שטעל|ן (מיט זיך) || *cf.* **exemplify**
typist דער טיפּיסט (ן), דער שרײַבמאַשיניסט (ן) || (*fem.*) די טיפּיסטקע (ס), די שרײַב־מאַשיניסטקע (ס)
typographical טיפּאָגראַפֿיש; דרוק... || **t.** error דער דרוקגרײַז (ן), דער טעות־הדפֿוס (ן) [TOES-HATFU'S]
tyrannical טיראַניש
tyrannize טיראַניזיר|ן
tyranny די טיראַנײַ (ען)
tyrant דער טיראַן (ען)
tyro דאָס מלופֿן־קינד (ער) [MELU'PM], דער צניף (ן)

U

U דער או (ען)
ubiquitous אומעטומיק
U-boat דער סובמאַרי'ן (ען), די טונקשיף (ן)
udder דער אײַטער (ס)
ugliness די מיאוסקייט [ ]
ugly מיאוס [MIES]; שפּעטנע, ברידקע || **stg. u.** די/דאָס מיאוסקייט (ן)
Ukraine (די) אוקראַ'ינע
Ukrainian 1. *adj.* אוקראַ'יניש || 2. *n.* (person) דער אוקראַ'ינער (—) || (language) (דאָס) אוקראַ'יניש
ulcer דאָס (מאָ'גן־)געשווי'ר (ן)
ulterior ווײַ'טערדיק*, שפּע'טערדיק*; הינטער.. ⊣ **u. motive** דער הי'נטערגעדאַנק (ען), די פּניה (—ות) [PNIE]
ultimate לע'צט(גילטיק), •ע'נדגילטיק
ultimately צו לעצט, לסוף [LESO'F], אין דער או'נטערשטער שורה [ShURE]
ultimatum דער אולטימאַטום (ס)
ultra... אולטראַ..; הינטער.. || u. violet או'לטראַוויאָלע'ט ⊣ u.-Martian הינטער־מאַרסיש
umbilical cord דער נאָ'פּלשנור (ן)
umbrage: give/take u. באַליי'דיק|ן (זיך)
umbrella דער שירעם (ס)
umpire דער שופֿט (ים) [ShOYFET—ShOFTIM]
U.N. די אונאָ, די פֿ״פֿ (=פֿאַראיי'ניקטע פֿעלקער), דער יו־ע'ן אמער
un...[1] (with adj.) אומ.., ניט־... || unfriendly או'מפֿרײַנדלעך || unpainted ני'ט־באַפֿאָ'רב'ן || un-American או'מ־אַמעריקאַ'ניש
un...[2] (with verbs: detach) אָפּ קוו || unhook אָפּ|העקל|ען || untie אָפּ|בינד|ן || (open) אויס קוו || unpack אויס|פּאַק|ן || unwind אויס|וויקל|ען || (take apart) צע.. ⊣ untie צע|בינד|ן || unpack צע־פּאַק|ן ⊣ unbutton צעקנעפּל|ען
un...able אומ..לעך; ניט צו אינפֿ || undiscoverable ניט אוי'סצוגעפֿינען || unbelievable או'מגלײ'בלעך, ניט צו גלייבן || unconquerable ניט גובֿר צו זײַן [GOYVER], ניט אײַ'נצונעמען
unaccustomed ני'ט־געוווי'נט
unanimity די איי'נשטימיקייט
unanimous איי'נשטימיק
unanimously *also* פּה־אחד אדוו [PE-E'KhED]
unassuming באַשיי'ד'ן || **u. person** *also* דער מהיכא־תּיתיניק (עס) [MEKhTE'YSENIK]
unaware ניט ווי'סנדיק ⟨פֿון/אַז⟩
unawares או'מגעריכט; בשוגג [BEShOYGEG]
unbending האַרט, ניט אײַ'נצובעטן
unbiased אָנפּניותדיק, אָן פּניות [PNIES]
unbounded או'מבאַגרע'נעצט
unbroken ני'ט־צעבראָ'כ'ן, ני'ט־אי'בערגעריס'ן
unbusinesslike (גאָר)ניט מעשׂה סוחר אדוו [MAYSE SOYKhER]
unbutton *vt/vi* צעקנעפּל|ען, צעשפּיליע|ן, אָפּ|קנעפּל|ען, -|שפּיליען —זיך
unbuttoned (shirt) *also* צעכראַסטעט
uncalled-for או'מנייטיק
uncanny טשודנע, געהײַריש, שדיש [ShEDISh]
unceasing אָ'נאויפֿהערדיק
uncertain או'מזיכער || **be u.** (outcome) הענג|ען אויף אַ האָר
unchecked ני'ט־געצאַ'מט

uncle דער פֿעטער (ס)

unclear אומקלאָר || (cloudy) מוטנע

uncomfortable או'מבאַקוועם || **be u.** *also* ניט געפֿינ|ען זיך קיין אָרט ⊣ (*rev. con.*) *זײַן איבער דער טבֿע [TEVE] ד

uncommon או'מגעוויי'נטלעך

uncommunicative פֿאַרשלאָס׳ן, אײַ'נגע־שוויג׳ן

uncomplimentary [GNAY] גנאַי־...

uncompromising [U'MPsho'-RESDIK] אומפּשרותדיק ⊣ *also* **be u.** *זײַן ניט אײַ'נצובעטן; ניט גיי|ן* אויף קיין קאָמפּראָמיסן

unconcern דער גלײַכגילט

unconcerned או'מבאַזאָ'רגט ‹וועגן› || **be u. about** (*rev. con.*) ניט אַר|ן א || (*iro.*) אַר|ן א ווי די וואַנט, אַר|ן א ווי דער פֿאַראַיאָ'־ריקער שניי

unconditional •או'מבאַדי'נגט, אָן באַדינגען, אָ'נתּנאַי'יִק

unconscious 1. *adj.* או'מוויסיק; פֿאַרחלשט [FARKhALEShT], •אָן באַוווסטזײַן, •ניט בײַם באַוווסטזײַן ⊣ 2. *n.* די או'מוויסיקייט

uncouth [MEGU'ShEMDIK] מגושמדיק

uncover אויפֿ|־, אָפּ|דעק|ן; אויס|בלייז|ן

uncrowded גערא'ם

unctuous [ShEMEN-ZA'YESDIK] בוי'מלדיק; שמן־זיתדיק

undamaged [BE-ShOLEM] או'מגעשע'דיקט; בשלום אדוו

undaunted או'מדערשראָ'ק׳ן

undecided ני'ט־באַשלאָ'ס׳ן; או'מבאַשלאָס׳ן, או'מדעצידי'רט ⊣ **be u.** ניט קענ|ען פּועלן [PO'YELN] בײַ זיך

undeniable או'מ(אָפּ)לײַ'קנדלעך

under 1. *adv.* פֿאַר.. || **snow u.** פֿאַר־שניי|ען ⊣ 2. *prep.* אונטער (אַרונטער קוו) || **crawl u. the bed** קריך אַרונטער אונטער דער בעט

under... (with noun, adj.) אונטער.. || (with verb) אונטער.. קוו, ניט דער... || **u.-gardener** דער או'נטערגערטנער || **u.soil** דער או'נטערבאָדן ⊣ **u.pay** ניט דערצאָל|ן || **u.populated** או'נטערבאַפּעלקערט || **u.-estimate** ניט דערשאַצ|ן, אונטער|שאַצ|ן

underbrush דער רוישט, דאָס געקו'סט

underclothes דאָס או'נטערוועש

undercover קאָנספּיראַטי'וו, בסודיק [ ], •געהיי'ם... ; בסוד־... [BESO'D] —אַדי •געהיי'ם

undercut אונטער|שנײַד|ן; אָפּ|שוואַכ|ן

underdeveloped או'נטעראַנטוויקלט || (*iro.*) ני'ט־דערבאַ'ק׳ן

undergo *דורכ|גיי|ן || (experience) *also* איבער|לעב|ן, דורכ|מאַכ|ן

undergraduate 1. *adj.* בי'זגראַדוי'ר־ אַמער || 2. *n.* דער בי'זגראַדוי'רט|ער געב

underground 1. *adj.* או'נטערע'רדיש, או'נ־טערגרו'נטיק ⊣ 2. *adv.* אונטער דער ערד || 3. *n.* די או'נטערערד

underhand (quietly) [BIShTIKE] בשתּיקה || (fraudulently) *also* דריי'דלדיק

underlie *זײַן דער סמך/יסוד פֿאַר [SMAKh/YESO'D]

underline אונטער|שטרײַכ|ן

underlying פֿונדאַמענטאַ'ל, גרונט...

undermine אונטער|גראָב|ן

underneath 1. *prep.* אונטער || 2. *adv.* אונטן, אין דער נידער

undernourished ני'ט־דערשפּײַ'זט

underpinning(s) דאָס או'נטערגעבײַ (ען) אצ

underprivileged או'נטערפּריווילעגי'רט, באַ־עוולט [BAAVLT], נחות־דרגאדיק [NEKho'S-DA'RGEDIK]

underscore אונטער|שטרײַכ|ן

undersea [U'NTERYA'MISh] אונטערימיש

undershirt דאָס או'נטערהעמד (ער), דאָס קאַפּטל (עך), דאָס לײַבל (עך)

undersigned דער או'נטערגעשריבענ|ער געב || **the u.** החתום־מטה (החתומים־) [HEKho-SEM-MA'TO—HAKhSUMIM]

understand פֿאַרשטיי'|ן*; באַנעמ|ען || (*hum.*) צעקײַ|ען || (be an expert on) *פֿאַרשטיי'|ן* זיך אויף ⊣ (assume, interpret) אײַנ|זע|ן* || (realize) אָנ|נעמ|ען || (gather) דרינג|ען; האָב|ן* געהע'רט || **I u. that you were sick** איך האָב געהע'רט אַז איר זײַט געווע'ן קראַנק ⊣ *cf.* **understood**

understandable פֿאַרשטײַיִק; גרינג צו פֿאַר־שטיי'ן

understanding 1. *adj.* פֿאַרשטיי'ענדיק || **be (very) u.** אַרויס|ווײַז|ן (אַ סך) פֿאַר- שטע'נדעניש/איַי'נזעעניש ⊣ 2. *n.* (comprehension) דאָס פֿאַרשטע'נדעניש || (expert's) דאָס מבֿינות [MEVINES] ⊣ (power to judge) דער פֿאַרשטאַ'נד, דאָס פֿאַרשטיי'ן, די הבֿנה [HAVONE] ⊣ (agreement) דער דורכקום [MEDUBER] (ס) דער מדובר ,(ען) ⊣ **reach an u.** דורכ|קומ|ען, קומ|ען צו אַ טאָלק, מיטן תּנאַי ⊣ דעררעד|ן זיך ⊣ **on the u. that** [TNAY] אַז

understated ני'ט־דערזאָ'גט

understatement די ני'ט־דערזאָ'גונג (ען)

understood פֿאַרשטאַנען || **it is u. that** עס ווערט פֿאַרשטאַנען אַז; מען איז משער [MESHAER] ⊣, מע נעמט אָן ⟨—אַז⟩ the rest **is u.** די רעשט פֿאַרשטיי'ט מען אַליי'ן

understudy דער דובלירער (ס) || **be an u.** (for) ⟨אַ⟩ דובליר|ן

undertake אונטער|-, פֿיר|נעמ|ען זיך

undertaker דער לוויה־אונטערנעמער (ס) -LE] [LEVAYER] (ס) דער לווייהר ,VA'YE]

undertaking די אונטערנעמונג (ען), דער פֿיר- נעם (ען)

undertow דער או'נטערשטראָם (ען)

underwear דאָס (או'נטער)וועש

underweight: be u. ניט וועגן|ן גענו'ג

underworld די או'נטערוועלט

underwrite נעמ|ען אויף זיך, ערבֿ זײַן* פֿאַר [OREV]; פֿאַרסטראַכיר|ן

undisputed בלי־שום־ספֿקדיק; אָנספֿקדיק [SOFEK]; ניט אָ'פּצופֿרעגן

undisturbed ני'ט־געשטע'רט || (unperturbed) גאָרניט או'מרויִק

undo (open) אויפֿ|מאַכ|ן || (render null) צו נישט מאַכ|ן, מאַכ|ן צו גאָרניט ⊣ (*hum.*) באַגראָב|ן

undoing די צוני'שט־מאַכונג || (*hum.*) דאָס באַגרע'בעניש (ן) ⊣ (cause of trouble) דאָס אומגליק

undoubtedly [SOFEK] בלי־ספֿק

undress *vt/vi* (זיך) *אויס|טאָ|ן

undue אי'בעריק

undulate *vt/vi* (זיך) כוואַליע|ן

undying או'מפֿאַרגיי'יִק, או'משטאַרביק

unearth אַרויס|ריַי|ן, אויס|גראָב|ן; אַרויס|- זוכ|ן

uneasiness די אומרו

uneasy (anxious) או'מרויִק || **be u.** (uncomfortable: *rev. con.*) זײַן* אומפּ או'מבאַ- קוועם ד

unemployed אָן אַרבעט, אַ'רבעטלאָז

unemployment די אַ'רבעטלאָזיקייט

unequalled אָן אַ גלײַכן || **be u.** *ניט האָב|ן קיין גלײַכן

unerring [U'MTO'ESDIK] אומטעותדיק

uneventful גלאַטיק, אָן פּאַסי'רונגען

unexpected או'מגעריכט

unfailing או'מפֿאַרמאַ'טערלעך, או'מאויס- שעפּלעך ⊣ (constant) [KESE'Y- כסדרדיק DERDIK], בתּמידותדיק [BITMI'DESDIK] || **be u.** ניט פֿאַרפֿעל|ן

unfair או'מאָ'רנטלעך; אומיושרדיק -U'M] YO'YSHERDIK]

unfit או'מפּאַסיק; פּסול [POS'L]; ניט ראָוי [ROE]

unfold *vt/vi* (open) פֿונאַנדער|קנייטש|ן, אַנטוויקל|ען ⊣ (develop) -|וויקל|ען (זיך) אַנטפּלעק|ן (—זיך)

unforeseeable ניט פֿאָרוי'סצוזען || **u. circumstance** די גאָטזאַך (ן)

unforeseen ני'ט־פֿאָרוי'סגעזע'ן

unfortunate או'מגליקלעך; ... נעבעך || the **u.** girl דאָס מיידל נעבעך

unfortunately צום באַדוי'ערן, צום אום- גליק/צער [TSAR]; אַ שאָד וואָס

unfounded או'מבאַגרי'נדט

unfriendly (gruff) בייז || (not amicable) או'מפֿרײַנדלעך

unfurl צעוויקל|ען

unfurnished ני'ט־מעבלי'רט

ungrateful אָן דאַנק; או'מדאַנקבאַר•

unhappy או'מגליקלעך || **u. is the man who ...** ווי איז דעם וואָס || **be u.** *also* (*rev. con.*) זײַן* אומפּ ד פֿינצטער

unharmed [BESHOLEM] בשלום אַדוו || **come out u.** *also* אָפּ|שנײַד|ן טרוקן°

unheard-of ני׳ט־געהע׳רט || **stg. u.** *also* אַן אַקט פֿון דער וועלט!

unholy או׳מהייליק; בייז

uni... ...איינ || unicellular איי׳ן־קע׳מערל־דיק ⊣ unidimensional איי׳ן־געמע׳סטיק

unicorn דער איי׳נהאָרן (ס)

unification די פֿאַראיי׳ניקונג (ען)

unification

uniform 1. *adj.* איי׳נהייטלעך, גלײַ׳כ־פֿאָרמיק, אוי׳סגעאיינט ⊣ **make u.** אויס|איינ|ען ⊣ 2. *n.* דער מונדי׳ר (ן), די אוניפֿאָרעם (...רמען)

unify פֿאַראיי׳ניק|ן, אוניפֿיצי׳ר|ן

unilateral איי׳נזײַטיק

unimpeachable אָן אַ פּסול, או׳מאָ׳פּפֿרעג־לעך

unintentional ני׳ט־ווי׳לנדיק, או׳מגע׳רנדיק, [sho'YGEGDIK] שוגגדיק

unintentionally *also* או׳מגערן, בשוגג [BE-shOYGEG], ניט אומיסטן

uninterrupted ני׳ט־אי׳בערגעריס׳ן, כּסדר־דיק [KESE'YDERDIK]

union די פֿאַראיי׳ניקונג (ען), די באַהע׳פֿטונג (ען); דער פֿאַרבאַ׳נד (ן), דער פֿאַראיי׳ן (ען) || (labor) דער פּראָ׳פֿפֿאַראיי׳ן (ען), דער פּראָפֿעסיאָנעל|ער פֿאַראיי׳ן [SY]; די יו׳ניאָן (ס)אַמער ⊣ **U. of Soviet Socialist Republics** פֿאַרבאַ׳נד סאָווע׳טישע סאָציאַלי׳סטישע רעפּובליקן (=פֿסס״ר)

union suit די קאָמבינאַציע (ס)

unique איינציק, איינ|ער אין דער וועלט || **u. thing/person** דער יחיד־במינו [YOKhED-BEMI'NE] ⊣ **u. copy** דער או׳ניקום (ס)

uniqueness די יחיד־במינודיקייט [ ]

unison דער אוניסאָ׳ן

unit דער איינס (ן) || (whole) *also* די גאַנצהייט ⊣ (appliance) דער אַפּאַראַ׳ט (ן)

Unitarian 1. *adj.* אוניטאַריש || 2. *n.* דער אוניטאַ׳ריער (ס)

unite *vt/vi* פֿאַראיי׳ניק|ן, באַהעפֿט|ן (—זיך)

united פֿאַראייניקט; אייניק || **U. Nations** די פֿאַראיי׳ניקטע פֿעלקער ⊣ **U. States** די פֿאַראיי׳ניקטע שטאַטן

unity דאָס אַחדות [AKhDES], די איי׳ניקייט; די איינהייט, די גאַנצקייט

universal אוניווערסאַ׳ל, אַלוועלטלעך

universe די אַלוועלט (ן), דער אוניווע׳רס (ן)

university 1. *adj.* אוניווערסיטעטיש || 2. *n.* דער אוניווערסיטע׳ט (ן)

univocal איי׳נטײַטשיק

unkind או׳מפֿרײַנדלעך; בייז

unknowingly בלא־יודעים [BELO'Y-YO'Y-DIM]

unknown או׳מבאַקאַנט

unleavened או׳מגעזײַ׳ערט || **u. bread** (for Passover) די מצה (—ות) [MATSE]

unless סײַדן, °כּיבֿע

unlike 1. *adj.* ני׳ט־ע׳נלעך ⟨צו⟩ || 2. *prep.* (גאָר) ניט ווי

unlikely: be u. to מסתּמא ניט [MISTOME] װ || he is u. to come ער וועט מסתּמא ניט קומען

unlisted או׳מפֿאַררעגי׳סטערט, או׳מאָ׳פֿנטלעך

unload אויס|לאָד|ן

unlock אויפֿ|שליס|ן

unlucky שלימזלדיק [ ] || **u. person** דער שלימזל (ס) [shLIMAZL] ⊣ **very u. person** דער שלי׳ם־שלימזל (ס)

unmarried *see* **single** || **remain u.** (beyond customary age) פֿאַרזעסן ווער|ן

unmask דעמאַסקיר|ן

unmatched אָן אַ גלײַכן/גלײַ׳כעניש

unmentionable ני׳ט־געדאַ׳כט; ניט אוי׳סצו־רעד|ן

unmistakable בולט [BOYLET], אָ׳נספֿקדיק [SO'FEK]

unnatural או׳מנאַטירלעך, מחוץ־לדרך־הטבֿע [MIKhU'TS-LEDEREKh-HATE'VE] אַ

unnecessarily אומזי׳סט

unnecessary או׳מנייטיק

unparalleled אָן אַ גלײַ׳כעניש

unpleasant או׳מאײַ׳נגענעם, פּריקרע || **painfully u.** פּײַנלעך || **make u.** פֿאַרמיאוס|ן [FARMIES]

unplug אָפּ|שטעק|ן

unprecedented אָן אַ פּרעצעדע׳נט; נאָך ניט געהע׳רט

unprofitable: be u. ניט לוינ|ען זיך

unprovoked ני'ט־פּראָוואָצי'רט

unqualified (without reservations) אָן באַדינגען/באַוואָ'רענישן, פֿון גאַנצן האַרצן, ⊣ *cf.* **unfit; unskilled** •או'מבאַדי'נגט

unquestionably אָן אַ ספֿק [SOFEK], בלי־ספֿק [ ]

unravel צעדריבל|ען; פֿונאַנדער|פּלאָ'נטער|ן

unreasonable (idea) קרום, או'משׂכלדיק [SEY'KhL] ⊣ (person) ני'ט־אײַ'נזעעריש, אָן אײַ'נזעעניש

unrest די או'מרויִקייט; די אומרו || (disorders) *also* או'מרועןמצ

unrestrainedly בהרחבֿה אַדוו [BEHARKhOVE]

unroll צעוויקל|ען, צעע'פֿנ|ען

unruly ני'ט־פֿאָ'לגעוודיק, נאַטערעוואַטע; צעיושעט

unscrew אָפּ|-, אַרויס|שרויפֿ|ן, אַרויס|דריי|ען

unscrupulous אָן סקרופּלען, אָן פּרינציפּן, אָן גאָט אין האַרצן

unseal אָפּ|פּלאָמביר|ן, -|חתמע|נען [KhASME]

unseat אַראָפּ|זעצ|ן

unseen 1. *adj.* או'מבאַמע'רקט || 2. *adv.* או'מבאַמערקטערהיי'ט

unsettled (undecided) או'מבאַשלאָ'ס־ן || (unpaid) ני'ט־געסילוקט [GESI'LEKT] || (unstable) ני'ט־אײַ'נגעאָרדנט || (unpopulated) או'מבאַזע'צט

unshakable או'מצעטריי'סלעך; כּפֿול־שמונה־דיק [KOFL-ShMO'YNEDIK]

unskilled (labor) ני'ט־קוואַליפֿיצי'רט, או'מקוואַליפֿיצי'רט

unsound או'מגעזו'נט; או'משׂכלדיק [SE'YKhL] ⊣ (shaky) וואַ'קלדיק

unsparing: be u. of ניט קאַרג|ן

unspeakable ניט צו באַשרײַבן, ניט אוי'סצודערציילן

unsuccessful (venture) ני'ט־געראָ'ט־ן || (person) אָן מזל [MAZL], אָן הצלחה [HATSLOKhE] ⊣ **be u.** (venture) ניט קיין מזל ניט האָב|ן*, ⊣ (person) געראָט|ן ⊣ ניט באַגליק|ן ⊣ **u. person** *also* דער לא־יוצלח [LOY-YU'TSLEKh] (ס)

unsuitable או'מפּאַסיק || **be u.** *also* טויג|ן* אויף כּפּרות [KAPORES]°

unsung או'מבאַזו'נגען

unsystematic או'מסיסטעמאַטיש; אָן אַ טאָלק

unthinkable ניט משׂיג צו זײַן [MASEG]

untie אָפּ|-, אויפֿ|בינד|ן, צעבינד|ן || (knot) *also* אָפּ|קניפּ|ן, צעקניפּ|ן

until (וואַנעט) ביז (אַזש) || **u. now** *also* ביז אַהע'ר, עד־היום [ADAYEM]

untimely פֿאַרדערצײַטיק, צופֿריִק

untold או'מגעציי'לט; ני'ט־אוי'סדערציילט

untouchable *adj.* או'מבאַרי'רלעך || (*Jew., fig.*) מוקצה אַפּ [MUKTSE]

untoward או'מגינציק

untrue ני'ט־אמת [E'MES], אוי'סגעטראַכט || **entirely u.** ניט־געשטויג־ן ניט־געפֿלויג־ן

unusual או'מגעוויינטלעך, מחוץ־לדרך־הטבֿע אַפּ [MIKhU'TS-LEDEREKh-HATE'VE]

unusually *also* באַזונדערש

unveil אָפּ|-, אויפֿ|דעק|ן; אויפֿ|-, אָפּ|שליי'ער|ן

unveiling די (מצבֿה־)אוי'פֿדעקונג (ען) [MATSE'YVE]

unwarranted או'מבאַרעכטיקט

unwed אָנקידושינדיק [O'NKDU'ShNDIK]

unwelcome ני'ט־אָ'נגעלייגט

unwell ניט־געזו'נט, ניט מיט אַ'לעמען; אומלא־עליכמדיק [LOY-ALE'YKhEMDIK] ⊣ (*hum.*) פּאַס אַפּ

unwilling אָנחשקדיק [O'NKhE'YShEKDIK], בעל־כּרחודיק [BALKO'RKhEDIK]

unwitting או'מגעו'רנדיק

unwittingly או'מגערן, בשוגג [BEShOYGEG], ניט אומיסטן

unworthy ניט ראָוי ⟨אויף ד; צו אינפֿ⟩ [ROE], או'מווערדיק ⟨צו⟩

unwrap אויס|וויקל|ען, -|פּאַק|ן

unyielding האַרט, ני'ט־נאָ'כגיביק, פֿאַרעקשנט [FARAKShNT], ניט אײַ'נצובעטן, אײַ'נגעגעס־ן

unzip אויפֿ|שלעסל|ען

up 1. *adv.* אַרוי'ף אַדוו/קוו || climb up אַרויפֿ|קריכ|ן ⊣ 2. *adj.* (risen) אוי'פֿגעשטאַנען ⊣ *cf.* **awake** || (erected) אוי'פֿגעשטעלט ⊣ (pulled up) אַרוי'פֿגעצויג־ן ||

(elapsed) פֿאַרבײַ', אױ'סגעגאַנגען || **be up in the air** || הענג|ען אין דער לופֿטן **up to** (until) ביז || (depending) גע־שטיי|ן* פֿאַר, װוּ'נדט אין ⊣ **be up against** האָב|ן* צו באַקעמפֿן ⊣ **be up to** (have in mind) אין זינען האָב|ן* || (equal to) קענ|ען* באַהייבן ⊣ **what's up?** וואָס הערט זיך? ⊣ 3. *n. cf.* **ups** || 4. *prep.* אַרױ'ף ⊣ up the river אַרױ'ף (מיט) דעם (מיט) ד טײַך

upbringing די דערציִונג (ען), די האָדעוואַניע

upcoming אָ'נקומענדיק

update דערהײַ'נטיק|ן

upheaval דאָס אי'בערקערעניש (ן)

uphill *adv.* באַרג־אַרױ'ף

uphold אונטערהאַלט|ן, שטיצ|ן; זײַן* געטרײַ' ד

upholster באַשלאָג|ן

upholstered געבעט'ט

upholsterer דער טופּיצער (ס)

upholstery דאָס טופּיצערײַ'

upkeep דער אויסהאַלט

upon [AF] אויף

upper אייבער..., אייבערשט* || **the u. hand** די איי'בערהאַנט ⊣ u. New York איי'בער־ניו־יאָרק ⊣ U. Volta (די) איי'בערוואָלטע

uppermost 1. *adj.* אייבערשט* || 2. *adv.* סאַמע (פֿון) אויבן

upright שטיי'ענדיק || (righteous) רע'כט־פֿאַרטיק

uprising דער אויפֿשטאַנד (ן)

uproar דער ליאַרעם || (*hum.*) דער יריד (ן) [YARI'D]

uproot אויס|וואָרצל|ען || (thoroughly: *fig.*) עוקר־מן־השורש זײַן* [OYKER-MINA-SHO'YRESH]

ups and downs דאָס אַרױ'ף־און־אַראָ'פּ, דאָס מזל [MAZL], דער דריי פֿון רעדל

upset 1. *adj.* צערודערט, צעטראָג'ן, צע־צעשרויפֿט, צעיאַכמערט ⊣ 2. *n.* דאָס אי'בער־קערעניש (ן) ⊣ 3. *v.* איבער|קער|ן, קאַ־צערו'דער|ן, (worry) ⊣ פֿויער|וואַרפֿ|ן צעשרויפֿ|ן, אויפֿ|רעג|ן

upshot דער אַרויסקום, די פּעולה [PULE], די אוי'נטערשט|ע שורה [SHURE]

upside down מיטן קאָפּ אַראָ'פּ (און מיט די פֿיס אַרױ'ף)

upstairs 1. *adj.* אייבערשט* || 2. *adv.* (location) אויבן; אויפֿן גאָרן; אין דער הייך || (direction) *also* (די טרעפּ) אַרױ'ף || 3. *n.* דער אויבן; דער גאָרן

upstart דער אױ'פֿגעקומענ|ער גוב, דער אָלרײט־ניק (עס) אַמער

upstate 1. *adj.* איי'בערשטאַטיש || 2. *adv.* (location) אין איי'בערשטאַט || (direction) אַרױ'ף־שטאָ'ט

up-to-date אַזשוריק, נײַ'סטמאָדיש; דערפֿי'רט ביז הײַנט, אַזשו'ר אַפּ

uptown 1. *adj.* איי'בערשטאָטיש || 2. *adv.* (location) אין איי'בערשטאָט || (direction) אַרױ'ף־שטאָ'ט || 3. *n.* די איי'בער־שטאָט

upward(s) (צו) אַרױ'ף || **u. of** העכער פּרעפּ

upwind אַרױ'ף־ווי'נט

uranium דער אוראַ'ניום

Uranus (דער) אוראַ'ן

urban שטאָטיש; שטאָט... || u. renewal דער שטאָ'טבאַנײַ

urbane גרוי'סשטאָטיש, אורבאַ'ן, בנימוס־דיק [BENI'MESDIK]

urbanity די גרוי'סשטאָטישקייט; דער נימוס [NIMES]

urbanization די אורבאַניזירונג, די פֿאַר־שטאָ'טיקונג

urchin דער ווײַס|ער־חבֿרהניק (עס) [KhE'V-RENIK], דער לאָבעס (עס), דער שנעק (עס), דאָס ווײַ'סע חבֿרה קאָל ⊣ (*pl.*) וועי'וריקל (עך) || **street u.** דער גאַ'סניונג (ען) || *cf.* **porcupine**

urge 1. *n.* (desire) דער חשק [KhEYShEK] || (drive) דער יצר (ים) [YEYTSER—YETSORIM] ⊣ **have an u. to/for** *also* זײַן* אַ בעלן צו/אויף [BALN] ⊣ 2. *v.* (argue) צו|רעד|ן; דוחק זײַן* [DOYKhEK], רײַס|ן ⊣ מפֿציר זײַן* ל— [MAFTSER] (*hum.*) אָנ|טרײַב|ן, (hasten) **u. on** ⊣ ד די פּאָלעס אונטער|טרײַב|ן, ־יאָג|ן, צו|אײַל|ן, צו|נייט|ן

urgency די אײַ'ליקייט, די געניי'טיקייט

urgent אײַליק, גענייטיק, דרינגלעך

urinal דער אורינאַ'ל (ן)
urinate [MAShTN] *אורינירןן, משתין זײַן
urine [HAShTONE] דער אורי'ן, די השתּנה
urn די אורנע (ס)
U.S.(A.) פּ"ש=פּש"אַ
usable *טויג|ן || **be u.** ניצלעך, טוי'געוודיק
usage [HERGL] דער באַני'ץ (ן); דער הרגל
use 1. *n.* (usage) דער באַני'ץ (ן) || (usefulness) דער נוץ (ן), דער נוצן || (end served) *also* [PULE] די פּעולה || **be of u.** (to) ⟨ד—⟩ *טויג|ן, ניצ|ן, נוצ(ן) ד ברענג|ען || **make u. of** זיך באַדינ|ען, אויס|ניצ|ן ⊣ מיט **have no u. for** °*אויף דאַרפֿ|ן [KAPORES] כּפּרות ⊣ **it's no u.** !פֿאַרפֿאַלן ⊣ **what's the u.** (of) !ס'איז אַרױ'סגעוואָרפֿן ⊣ **2.** *vt.* נאָס טויג וואָס ,⟨פֿון⟩ וואָס איז די פּעולה ⊣ **u. up** פֿאַרניצ|ן, ניצ|ן, באַניצ|ן (זיך מיט) ⊣ **be able to u.** (*rev. con.*) *פֿאַרטאָ|ן ⊣ **I could u. a hammer** צו ניץ קומ|ען ד
מיר וואָלט צו ניץ געקומען אַ האַמער
used[1] (to) *aux.* פֿלעג || **I u. to sing** איך פֿלעג זינגען
used[2] 1. *adj.* (not new) געני'צט || (accustomed) צו'געוווינט, געוויי'נט || **2.** *v.* **get u. to** *imp/pf* (צו|-, אײַנ|)געוויינ|ען זיך ⊣ **get u.** —צו/אין, צו|טרײַע|ן זיך צו אַמער ⊣ **get u. not to** אָפּ|געוויינ|ען זיך פֿון || **get u. to living with/in** אײַנ|לעב|ן זיך מיט/בײַ/ ⊣ **get u. to** (an environment) *also* אין ⊣ **get u. to** (a job) אַרײַנ|לעב|ן זיך אין
אײַנ|אַ'רבעט|ן זיך אין
useful נוציק || **be u.** *also* צו ניץ קומ|ען
useless אומזי'סט; אָן אַ נוצן, אַרױ'סגעוואָרפֿ·ן || **u. addition** אַ פֿינפֿט|ע ראָד צום וואָגן || **u. remedy** [REFUE] אַ קאַלט|ע רפֿואה || **be u.** °*טויג|ן* אויפֿן פֿײַער, טויג|ן אויף כּפּרות [KAPORES], °העלפֿ|ן ווי אַ טויטן באַנקעס (NY)[,] °העלפֿ|ן ווי אַ קאָזאַק אַן עיך [EYNORE] הרע
user דער באַניצער (ס)
usher 1. *n.* דער אָ'רדענער (ס) || **2.** *v.* **u. in** אַרײַנ|באַלייט|ן
U.S.S.R. פּסס"ר
usual געוויי'נטלעך || **as u.** *also* ווי דער שטייגער איז ⊣ **as is u. for** (sb.) ווי פֿאַס שטייגער איז
usurer דער וואָ'כערער (ס)
usurp אויס|כאַפּ|ן, פֿאַרכאַפּ|ן, אוזורפּיר|ן
usurpation די אוזורפּירונג (ען), דאָס הסגת־ [HASOGES-GVU'L] גבֿול
usurper דער אוזורפּאַטאָר (...אָ'רן)
usury דער וואָכער
utensil [MAKhshER— דער מכשיר (ים) MAKhshIRIM]
uterus די היי'במוטער (ס)
utilitarian [LE- אוטיליטאַריש; לתּשמיש אַ TAShMESh]
utility די נו'ציקייט (ן) || **public utilities** ע'פֿנטלעכע נו'ציקייטן
utilize אויס|ניצ|ן, פֿאַרניצ|ן
utmost מאַקסימאַ'ל; ווײַטסט*, העכסט*, עקסט* ⊣ **to the u.** ביז גאָר
Utopia (די) אוטאָפּיע (ס)
Utopian אוטאָפּיש
utter 1. *adj.* •גאָר, איין; פֿו'לשטענדיק || **in u. terror** אין איינע שרעק || **2.** *v.* -אַרויס| זאָג|ן, -|רעד|ן, (פֿיר|)ברענג|ען פֿאַר די ליפּן, אויס|רעד|ן
utterance די אַרוי'סזאָגונג (ען), דער אַרויסזאָג (ן)
U-turn דער או'־אויסבייג (ן), דער כף־אויסבייג (ן) [KhO'F]
uvula דאָס (האַ'לדז)צינגל (עך), די או'וולע (ס)
uvular צינגל..., צי'נגלדיק

V

V דער ווע (ען)

vacancy די וואַקאַ'נץ (ן); דער פֿרײַ|ער אָרט (ערטער)

vacant פּוסט, ליידיק, פֿרײַ, וואַקאַ'נט || **stand v.** *also* פּו'סטעווע|ן || **v. lot** דער פּוסטפּלאַץ (...פּלעצער)

vacation 1. *n.* די וואַקאַציע (ס) || 2. *v.* פֿאַרברענג|ען די וואַקאַציע, זײַן* אויף וואַקאַציע

vaccinate וואַקציניר|ן || (against smallpox) שטעל|ן ⟨די⟩ פּאָקן

vaccination די וואַקצינירונג (ען), די פּאָ'קן־שטעלונג (ען)

vaccine דער וואַקצי'ן (ען)

vacillate וואַקל|ען זיך

vacuum 1. *n.* דער וואַ'קוום (ס) || 2. *v.* *imp/pf* (אָפּ|)שטויב|ן (מיט אַ/דער מאַשי'ן)

vacuum cleaner די שטוי'במאַשין (ען)

vagabond דער וואַגאַבו'נד (ן), דער וואַ'נדערער (ס), דער שלעפּער (ס)

vagina די וואַגינע (ס), די מו'טערשייד (ן)

vagrancy דאָס שלעפּערײַ'

vagrant דער שלעפּער (ס)

vague אומקלאָר, או'מבאַשטימט, או'מבאַשטי'מלעך, נע'פּלדיק, מטושטש [METUSHTESH], צעשוווּמען

vain (conceited) גדלותדיק [GA'DLESDIK], אײַ'נגעגלייבט אין זיך ⊣ (futile) פּוסט, אומזי'סט ⊣ **in v.** אַרויסגעוואָרפֿ'ן, אומזי'סט || אומני'שט, (גלאַט) אין דער וועלט אַרײַ'ן **v. person** דער גדלן (ים) [GADLEN—GADLONIM], דער רודף־כּבֿוד (רודפֿי־) [ROYDEF-KO'VED—ROYDFE]

vainglorious: v. person אַ פּריץ (ים) (בײַ זיך) [PORETS—PRITSIM]

valet דער (קאַ'מער־)דינער (ס)

valiant גבֿורהדיק [GVU'REDIK], באַהאַ'רצט, גיבוריש [GIBOYRISh]

valid גילטיק || **be v.** גילט|ן; אויס|האַלט|ן

validate באַגי'לטיק|ן; באַקרע'פֿטיק|ן, פֿאַראמת|ן [FAREMES]

validity די גי'לטיקייט, די גילטונג

valley דער טאָל (ן) || (small) די דאָ'לענע (ס)

valor די גבֿורה [GVURE], די הע'לדישקייט, דער (הע'לדנ)מוט ⊣ **woman of v.** די אשת־חיל [EYShES-KhA'YEL]

valuable ווערטיק, •ווערטפֿול, טײַער

value 1. *n.* די/דער ווערט (ן); דער שאַץ; דער אָפּשאַץ (ן) ⊣ **v. judgment** דער ווע'רט־באַטרע'ף (ן) ⊣ 2. *v.* (אָפּ|)שאַצ|ן; האַלט|ן טײַער

valve דער ווענטי'ל (ן)

vampire דער וואַמפּי'ר (ן)

van די משׂא־פֿור (ן) [MA'SE], די (מע'בל)פֿור (ן)

vandal דער וואַנדאַ'ל (ן)

vandalism דער וואַנדאַליזם

Vandyke beard דאָס קמץ־בערדל (עך) [KO'METS]

vanguard דער אַוואַנגאַ'רד (ן)

vanilla דער וואַני'ל

vanish נעלם ווער|ן, ניט ווער|ן

vanity (conceit) דאָס גדלות [GADLES], די איי'טלקייט, דאָס כּבֿוד־זוכערײַ' [KO'VED] || (futile thing) דער הבֿל(־הבֿלים) [HEVL-(HAVOLIM)], די ני'שטיקייט (ן)

vanquish גובֿר זײַן* [GOYVER], בײַ|קומ|ען
vantage דער אויסבליק (ן)
vapor די פּאַרע (ס), דער וועפּ (ן), דאָס וועפּעכץ (ן)
vaporize צעפּאַרע|ן
variable בײַ'טעוודיק || **v. number** דער וואַריאַבל (ען)
variance: at v. with מחולק מיט [MEKHULEK] ⊣ **be at v.** *also* ניט שטימ|ען, ניט הסכּמ|ען זיך [HESKEM]
variant 1. *adj.* פֿאַרשייד'ן, אָ'פּווײַכיק || 2. *n.* דער וואַריאַ'נט (ן)
variation די וואַריאַציע (ס)
varicose veins געדראָ'לענע אָ'דערן מצ
variety די פֿאַרשיי'דנקייט || (choice) דער אויסקלײַב ⊣ (kind) דער גאַטוניק (...נקעס) || (show) דער וואַריעטע' || **a v.** (many kinds) **of** אַלערליי'
various פֿאַרשייד'ן; פֿאַרשיי'דנערליי', אַ'לערליי', כּלערליי [KO'LERLE'Y], אַלערהאַ'נט —אינוו
varnish 1. *n.* דער פּאָקאָסט (ן) || 2. *v.* (אָפּ|)פּאָקאָסטיר|ן
vary *vt.* וואַרייִר|ן || *vi.* זײַן* אַנדערש; בײַט|ן זיך, וואַרייִר|ן
vase די וואַזע (ס)
vaseline דער וואַזעלי'ן (ען)
vassal דער וואַסאַ'ל (ן)
vast רי'ז(עד)יק || **v. sum** *also* אַ פֿאַרמעגנס
Vatican דער וואַטיקאַ'ן
vault 1. *n.* (structure) דאָס געווע'לב (ן); די געוועלבונג (ען) ⊣ 2. *v.* (leap) אַריבער|שפּרינג|ען ⟨אַ/איבער⟩
veal 1. *adj.* קע'לבערן || 2. *n.* דאָס קע'לבערנס
veer to פֿאַרנעמ|ען זיך אויף
vegetable דאָס גרינס (ן) || (plant) דאָס געווי'קס (ן) ⊣ (*pl.*) דאָס גאָ'רטנוואַרג קאָל
vegetarian 1. *adj.* וועגעטאַריש || 2. *n.* דער וועגעטאַריער (—)
vegetation די וואַקסונג, דאָס געווע'קס
vehement שטו'רעמדיק, ברויזיק, אי'מפּעטיק
vehicle דאָס פֿאָ'רמיטל (ען) || (*pl.*) דאָס פֿאָרוואַרג קאָל

veil 1. *n.* דער שלייער (ס); דער וואַל (ן) || (bridal) *also* דאָס דע'קטיכל (עך) || 2. *v.* פֿאַרשליי'ער|ן
vein די אָדער (ן) || (not artery) די וועגע (ס) ⊣ (tone) דער טאָן (טענער) || in this v. אין דע'ם טאָן
velocity די גיכקייט (ן)
velvet 1. *adj.* סאַ'מעט'ן || 2. *n.* דער סאַמעט
velveteen 1. *adj.* פּליס'ן || 2. *n.* דער פּליס
venal פֿאַרקויפֿלעך
vending machine די פֿאַרקוי'ף־מאַשין (ען), דער פֿאַרקויפֿאָמאַ'ט (ן)
vendor דער פֿאַרקויפֿער (ס)
veneer דער פֿאַני'ר (ן)
venerable אַ'כפּערלעך, געאַכפּערט
venerate אַ'כפּער|ן אַ, האָב|ן* גרויס אָפּשײַ פֿאַר
veneration די אַ'כפּערונג, דאָס ייִראת־הכּבֿוד [YIRES-HAKO'VED]
venereal ווענעריש
vengeance די נקמה [NEKOME], די אָ'פּ־רעכענונג ⊣ **have one's v.** (on) קיל|ן זיך דאָס האַרץ ⟨אין⟩
venison דאָס הירשנס
venom דער סם (ען) [SAM]
venomous סמיק [ ], •גיפֿטיק
vent 1. *n.* דער ווענטי'ל (ן), דער אויסגאַנג (ען) || **give v. to** אויס|גיס|ן, לאָז|ן זיך אוי'סגיסן ⊣ 2. *v.* אַרויס|לאָז|ן, אויס|גיס|ן
ventilate *v/imp* לו'פֿטער|ן, ווענטיליר|ן || *pf.* אויס|לו'פֿטער|ן
ventilation די ווענטילאַציע (ס)
ventriloquist דער בוי'כרעדער (ס)
ventriloquy דאָס בויכרעדערײַ'
venture 1. *n.* די אונטערנעמונג (ען), דער פֿירנעם (ען), דאָס אײַ'נשטעלעניש (ן) ⊣ 2. *vt.* ריזיקיר|ן, אײַנ|שטעל|ן ⊣ *vi.* (dare) דערוועג|ן זיך
Venus (די) ווענוס
veracious וואָ'רהאַפֿטיק, גליי'בווערדיק
verb דער ווערב (ן)
verbal (spoken) בעל־פּה־... [ ], •מינדלעך || (of words) וואָרט... || (of verbs) ווערבאַ'ל

verbally בעל־פּה [BALPE′]; מיט ווערטער
verbatim פּראָטאָקאָליש, וואָרט פֿאַר וואָרט, וואָ'רט־ווע'רטלעך
verbose ווע'רטערדיק
verdict דער פּסק (ים) [PSAK—PSOKIM], דער פּסק־דין (ים) [PSAKDI′N], דער ווערדי'קט (ן)
verdigris דער גרינשפּאָן
verge 1. *n.* דער גרענעץ (ן) || **be on the v. of** האַלט|ן בײַ(ם) || 2. *v.* **v. on** גרע'נעצ|ן זיך מיט
verifiable קאָנטראָלירלעך
verify קאָנטראָליר|ן
verily פֿאַר וואָר ל
veritable אמת [EMES], אמתדיק, רעכט
vermillion דער צינויבער, דער ווערמי'ל
vermin דאָס אומפּלייט
vermouth דער ווערמוט
vernacular *n.* די לאַנדשפּראַך (ן), די פֿאָלק־שפּראַך (ן), די וואָ'כעדיק|ע שפּראַך (ן)
versatile (גע)שמײַדיק, פֿי'לזײַטיק
verse דער פֿערז (ן) || *(coll.)* פֿערזן מצ || (of a sacred book) דער פּסוק (ים) [POSEK—PSUKIM] ⊣ **blank v.** ווײַסע פֿערזן מצ
versed באַהאַוונט, בקי [BOKE], קלאָר ⟨אין—⟩ || **well v. person** דער בקי (בקיאים) [—BEKIIM]
version דער נוסח (נוסחאָות) [NUSEKh—NUSKhOES] ⊣ (latter v.) *also* דער גילגול (ים) [GILGL—GILGULIM] ⊣ (reading) די גירסא (—ות) [GIRSE]
versus כּנגד [KENEGED], קעגן
vertebra דער וואַרבל (ען)
vertebrate *adj.* שדרהדיק [ShE′DREDIK]
vertical ווערטיקאַ'ל
verve דער ברען
very 1. *adj.* זע'לביק|ער, רעכט; סאַמע, אותו [OYSE] אינו׳— ⊣ to the v. bottom ביזן רעכטן דנאָ ⊣ the v. words די זע'לביקע ווערטער ⊣ the v. smallest דער סאַמע קלענסטער ⊣ that v. minute די אותו מינו'ט || 2. *adv.* שטאַרק, זייער; ביז גאָר ⊣ v. hot שטאַרק/זייער הייס
vessel || די כּלי (ם) [KEYLE—KEYLIM] (ship) די שיף (ן) || *cf.* **blood vessel**

vest דער זשילע'ט (ן), דאָס ווע'סטל (עך)
vested (interest) פֿאַרפֿו'נדעוועט || **be v. in** ליג|ן בײַ ד אין די הענט
vestige דאָס אי'בערבלײַבס (ן), די שפּור (ן), דער שריד (ים) [SORED—SRIDIM]
veteran 1. *adj.* גענייט; אוי'סגעדינט || 2. *n.* דער וועטעראַ'ן (ען)
veterinarian דער וועטערינאַ'ר (ן)
veterinary וועטערינאַריש || **v. medicine** די וועטערינאַריע
veto 1. *n.* דער וועטאָ (ס) || **v. power** דאָס ווע'טאָרעכט ⊣ 2. *v.* וועטאָיר|ן
vex רייצ|ן, דענערוויר|ן, דערצע'רענ|ען, טרענ|ען ד די אָ'דערן, ע'דער|ן ⊣ (maliciously) שיקאַניר|ן
vexation דאָס קלע'מעניש (ן), די גריזאָטע (ס); ⊣ די רייצונג (ען), די שיקאַנע (ס) ⊣ (*pl.*) *also* נגישות מצ [NEGIShES]
vexed גערייצט || (question) *also* אָ'נגעווייטיקט
via איבער, דורך, וויִאַ, פּער
viable לעביק
viaduct דער וויאַדו'קט (ן)
vial דער פֿיאָ'ל (ן)
vibrate *vt.* לאָז|ן וויברירן || *vi.* צי'טער|ן, וויבריר|ן
vibration דער וויברי'ר (ן); דאָס וויברירן, די וויברירונג (ען)
vicar || דער ממלא־מקום [MEMALE-MO′KEM] (ecclesiast.) דער וויקאַ'ר (ן)
vicarious פֿאַרבײַטיק, אַנשטאָטיק
vice דער פֿאַרדאַ'רב (ן), דער מאָראַ'ליש|ער חסרון (ים) [KhISORN—KhESROYNIM]; דאָס פּסלנות [PASLONES]
vice... וויצע.. || v.-president דער ווי'צע־פּרעזידענט (ן)
vice squad די מאָראַ'ל־פּאָליצײַ
vice versa פֿאַרקע'רט
vicinity דאָס שכנות [ShKhEYNES]; די סבֿיבֿה [SVIVE] ⊣ **in the v. of** אין שכנות פֿון
vicious בייז, רוצחיש [ROTSKhISh], רציחה־דיק [RETSI′KhEDIK]; מלא־רציחה אַפּ [MO-LE-RETSI′KhE]
vicissitudes בײַ'טענישן, דרייען פֿון רעדל

⊣ **the v. of** *also* בייזע באַגע'גענישן מצ וואָס נאָם האָט אַלץ דו'רכגעמאַכט

victim [KORBM—KORBO-NES] דער קרבן (ות), דער געלי'טענ|ער נעב

victor דער געווינער (ס), דער בעל־נצחון (בעלי־) [BAL-NITSO'KhN—BALE]

victorious נצחונדיק [ ], מנצחדיק [ ] || **be v.** מנצח זײַן* [MENATSEYEKh]

victory דער נצחון (ות) [NITSOKhN—NITS-KhOYNES], די געווינונג (ען)

victuals דער כאַרטש, די צערונג

vie פֿאַרמעסט|ן זיך

Vienna (דאָס) ווין

view 1. *n.* (sight) דער אויסבליק (ן) || (opinion) די מיינונג (ען), דער קוק (ן), די השקפֿה (—ות) [HAShKOFE] ⊣ (*pl.*) *also* דער קוק אצ ⊣ **be in v.** זע|ן* זיך || **on v.** אוי'סגעשטעלט ⊣ **point of v.** דער זעפּונקט (ן), דער קו'קווינקל (ען) ⊣ **in v. of** קו'קנדיק אויף ד ⊣ **in v. of** his coming *also* אַזוי' ווי ער קומט ⊣ **with a v. to** מיטן צוועק, בכדי — צו [BIKhDE'Y] ⊣ 2. *v.* באַטראַכט|ן

viewer (device) דער קוקער (ס) || (spectator) דער צו'קוקער (ס)

vigil די וואַך || (night) די וואַכנאַכט (...נעכט) || **keep v.** וואַכ|ן

vigilance די וואַ'כיקייט

vigilant וואַכיק

vigilante (group) די בי'רגערוואַך (ן) || (member) דער בי'רגערוואַכניק (עס)

vignette דער ווינייע'ט (ן)

vigor די ענערגיע, די קראַפֿט

vigorous ענערגיש, קראַפֿטיק

vile געמיי'ן, מנוּוולדיק [MENU'VLDIK], שפֿל [ShOF'L], פֿאַרשיווע°

vilification די באַשמוצונג, דאָס לשון־הרע [LOShN-HO'RE], זילזולים מצ

vilify באַשמוצ|ן, מזלזל זײַן* [MEZALZL], מאַכ|ן בלאָטע פֿון°

villa די ווילע (ס)

village דאָס דאָרף (דערפֿער), דער יישובֿ (ים) [YIShEV—YIShUVIM]

villain דער רשע (ים) [ROShE—RESHOIM]

vim דער כוח [KOYEKh], דאָס הייבעכץ

vindicate גערע'כט(יק)|ן, באַרע'כטיק|ן, כשר|ן [KAShER]

vindictive נקמה־זו'כעריש [NEKO'ME] || **v. person** דער נוקם־ונוטר (ס) [NOYKEM-VENO'YTER]

vine דער ווײַנשטאָק (ן); קלע'טערבלעטער מצ

vinegar דער עסיק

vineyard דער ווײַ'נגאָרטן (...גערטנער)

vintage די לייז (ן)

viola די וויאָלע (ס)

violate אָנ|ריר|ן, עובֿר זײַן* אויף [OYVER] || (law) ברעכ|ן || (ravage) מאַנס זײַן* [MEANES], שענד|ן ⊣ **v. the Sabbath** (*Jew.*) מחלל־שבת זײַן* [MEKhALEL-ShA'BES]

violation דאָס עובֿר זײַן [ ], דער חילול (ים) [KhILEL—KhILULIM], די (געזע'ץ־)ברעכונג (ען)

violator דער (געזע'ץ־)ברעכער (ס), דער עובֿר (ים) [OYVER—OYVRIM]

violence (quality) די היץ, די רציחה [RETSIKhE] ⊣ (actions) גוואַ'לד־מעשׂים מצ [MAYSIM]

violent (strong) היציק, שטורמיש, רציחה־דיק [ ] ⊣ (forcible) גוואַלד...

violently *also* מיט/איבער גוואַלד

violet 1. *adj.* וויאָלע'ט, לילאַ אינוו || 2. *n.* (flower) די פֿיאַלקע (ס)

violin דער פֿידל (ען)

violinist דער פֿידלער (ס)

virgin די בתולה (—ות) [PSULE] || **v. soil** *also* די קרקע־בתולה [KARKE]

virginity די בתולהשאַפֿט [ ]

virile גבֿרותדיק [ ]

virility דאָס גבֿרות [GAVRES], דער כוח־גבֿרא [KOYEKh-GA'VRE]

virtual פֿאַקטיש, בעצמדיק [BEE'TSEMDIK], איי'גנטלעך•

virtually *also* כמעט (ווי) [KIMA'T], אַזוי' גוט ווי

virtue (merit) די מעלה (—ות) [MAYLE] || (moral excellence) דאָס צידקות [TSITKES] || (good habit) די גוט|ע מידה (—ות) [MIDE] ⊣ (chastity) דאָס צניעות [TSNIES] ||

in v. of מיטן כּוח פֿון [KOYEKh]; איפֿן [SMAKh] סמך פֿון ⊣ **relate the v.s of** דערציילן | פּאָס שבֿחים [shvoKhIM]
virtuosity די ווירטואָזקייט
virtuoso 1. *adj.* ווירטואָ'ז ‖ 2. *n.* דער ווירטואָ'ז (ן)
virtuous [ ] צניעותדיק ‖ (*Jew.*) ערלעך, [KOShER] כּשר
virulent גאַליק; [SAMIK] סמיק
virus דער ווירוס (ן)
visa די וויזע (ס)
vis-à-vis אַנטקעגן, קעגן איבער, וויזאַווי', [KLAPE] כּלפּי
viscera אי'נגעוויד מצ
viscosity די קלייִ'יִקייט
viscount דער וויקאָ'נט (ן)
viscous קלייִיִק
vise דער אורוואַנט (ן) ‖ (*fig.*) *also* די קלעם
visible קענטיק, אָ'נזעעוודיק ‖ **be v.** *also* (אָנ)זען* זיך
vision (eyesight) [RIE] די ראיה ‖ (imaginary picture) די ווי'זיע (ס), די זעונג (ען), דער חזיון (ות) [KhIZOYEN—KhEZYOYNES]
visionary 1. *adj.* [ZY] פֿאַנטאַזיאָריש ‖ 2. *n.* דער פֿאַנטאַזיאָ'ר (ן)
visit 1. *n.* דער וויזי'ט (ן) ‖ 2. *v.* גיי|ן*/קומ|ען צו גאַסט ⟨צו⟩ ⊣ (inspect) אָנ|קוק|ן ‖ (a sick person) געווויי'ר ווער|ן, מבֿקר־חולה [MEVAKER-Kho'YLE] זײַן* ⊣ (be v.ing) זײַן* צו גאַסט, גאַסטיר|ן ⟨—בײַ⟩
visitation (inspection) די וויזיטאַציע (ס) ‖ (divine) דער אָנשיק (ן)
visitor דער גאַסט (געסט), דער אורח (ים) [OYREKh—ORKhIM]; דער אָ'נקוקער (ס) ‖ **frequent v.** *also* דער אײַ'נגייער (ס) ⟨בײַ⟩
visor דער דאַשיק (עס)
Vistula די ווײַסל
visual וויזועל; זע..., ווײַז...
visualize אויס|מאָל|ן (זיך)
vital נייטיק (ווי) אין לעבן, לע'בנס־נייטיק, [KhI'ESDIK] חיותדיק ⊣ **v. question** די לע'בנס־פֿראַגע (ס)
vitality די לע'ב(עד)יקייט, די וויטאַליטע'ט
vitamin דער וויטאַמי'ן (ען)
vituperate שילט|ן, זידל|ען (און שנידל|ען)
vivacious רי'רעוודיק, זשוואַווע, לע'בנס־פֿריידיק
vivid שלאַגיק, לע'בעדיק; בי'לדערדיק, בולט [BOYLET]
vixen די פֿו'קסיכע (ס)
viz. [DEHAYNE] דהײַנו
vizier דער וויזי'ר (ן)
vocabulary דער וואָקאַבולאַ'ר (ן), דער ווע'ר־טער־אוצר [OYTSER]
vocal (for voice) שטימ..., געזאַ'נג... ‖ (loud) [ ] קולותדיק ,שרײַ'עריש ‖ **be v.** מאַכ|ן קולות [KOYLES]; לאָז|ן זיך הערן
vocation דער פֿאַך (ן)
vocational פֿאַכ... ‖ v. school די פֿאַכשול (ן)
vociferous [KO'YLESDIK] קולותדיק
vogue די מאָדע (ס) ‖ **in v.** אין דער מאָדע; גייִיק אַדי
voice דאָס קול (ער) [KOL—KELER], די שטים ‖ (grammar) [DI] דער דיאַטע'ז (ן) ⊣ (ען)
oracular v. [BASKOL] דאָס בת־קול (ן)
voiced שטימיק
voiceless או'משטימיק
void 1. *adj.* ניט גילטיק, פּסול [POS'L], [BOT'L] בטל ⊣ **make v.** *also* פּסל|ען [PASL] ⊣ 2. *n.* [KhOLEL] דער חלל
volatile אוי'סוועפּיק ‖ (*fig.*) היציק, צינדיק
volcanic ווולקאַניש
volcano דער ווולקאַ'ן (ען)
volley דער זאַלפּ (ן)
volleyball דער נעצבאַל
volt דער וואָלט (ן)
voltage דער וואָלטאַ'זש (ן)
voluble באַרע'דעוודיק ‖ **be v.** *also* האָב|ן* נײַן מאָס רייד
volume (book) דער באַנד (בענד) ‖ (capacity) דער פֿאַרנע'ם (ען) ‖ (quantity) [KAMES] דאָס כּמות ⊣ (turnover) דער אויסקער ⊣ (loudness) די הויכקייט
voluntarily מיטן פֿרײַען ווילן, פֿרײַ'וויליק, [BEROTSN] ברצון
voluntary פֿרײַ'וויליק
volunteer 1. *n.* דער וואָלונטי'ר (ן), דער

אָנ|באָט|ן, 2. *vt.* ⊣ פֿרײַ'וויליק|ער געב
נאַרײַע|ן (ני'ט־געבע'טענערהיי'ט), זאָג|ן (ני'ט־
וואָלונ־ *vi.* ⊣ געפֿרע'גטערהיי'ט), פֿאָר|לייג|ן
טיר|ן, אָנבאָט|ן זיך

voluptuous תאווהדיק [TA'YVEDIK], יצר־
הרעדיק [YEYTSER-HO'REDIK], עולם־הזה־
דיק [OYLEM-HA'ZEDIK]

vomit 1. *n.* די קיאה [KEYE], דאָס ברעכעכץ
|| 2. *v. imp/pf* (אויס|-, אָפּ|)ברעכ|ן

voracious פֿרע'סעריש, שלי'נגעריש || **be a v. reader** שלינג|ען ביכער

vote 1. *n.* די שטים (ען) || (voting) דער
אָפּשטים (ען), די אָ'פּשטימונג (ען) ⊣ **take a v.**
אָפּ|שטימ|ען; מאַכ|ן אַן אָפּשטים ⊣ 2. *vt.*
אָפּ|- *vi. imp/pf* ⊣ אָפּ|שטימ|ען וועגן
אַרײַנ|באַלאָטיר|ן || **v. out** ⊣ **v. in** שטימ|ען
אַרויס|באַלאָטיר|ן

voter דער וויילער (ס)

vouch for קאַוויר|ן, ערבֿ זײַן* —פֿאַר [OREV]

vow 1. *n.* דער נדר (ים) [NEYDER—NE-DORIM] ⊣ 2. *v.* טאָ|ן* אַ נדר ⟨אַז⟩, מנדר זײַן* [MENADER] ⟨אַז/אַ⟩

vowel דער וואָקאַ'ל (ן) || **v. sign** (in Hebrew writing) די נקודה (—ות) [NEKUDE] || **add v. signs to** באַפּינטל|ען, מנקד זײַן* [MENAKED]

voyage 1. *n.* די נסיעה (—ות) [NESIE] ||
2. *v.* (אַרומ|)פֿאָר|ן

voyager דער וועגסמאַן (וועגסלײַט)

vulgar פּראָסט, ווולגאַ'ר

vulgarity די פּראָסטקייט, די ווולגאַרקייט

vulnerable שפּי'רעוודיק || **is v.** עס איז
גרינג ד ווײַ צו טאָן; עס איז גרינג צו טאָן
ד בייזס; עס איז גרינג צו באַפֿאַלן/באַ־
שע'דיקן אַ

vulture דער גריף (ן)

W

W דער טאָ'פּלווע (ען)

wabble *see* **wobble**

wad דער זשמוט (ן), דאָס פּעקל (עך); די וואַטקע (ס); דאָס קישל (עך)

wade בראָדיע|ן, טאָפּטשע|ן זיך || (through snow or mud) *also* שליאָפּע|ן

waffle די וואַפֿליע (ס)

wag[1] *v.* מאַכ|ן מיט

wag[2] *n.* דער וויצלינג (ען), דער לץ (ים) [LETS—LEYTSIM], דער קונדס (ים) [KUNDES—KUNDEYSIM]

wage 1. *n.* (wages) דאָס געצאָ'לט, דער לוין; די •פּיידע (ס) אַמער ⊣ 2. *v.* (conduct) פֿיר|ן ⊣ **w‿ war** *also* מלחמה האַלט|ן ⟨מיט⟩ [MILKhOME]

wage earner דער פֿאַרדינער (ס), דער בעל־חיונה (בעלי־) [BAL-KhIYU'NE—BALE]; דער לוי'ננעמער (ס)

wager 1. *n.* דאָס געווע'ט (ן), דער וועט (ן) || 2. *v.* (sb.) וועט|ן זיך ⟨מיט⟩ || (stg.) וועט|ן זיך אויף

wagon די פֿור (ן)

waif דאָס וואָ'גלקינד (ער), דאָס הפֿקר־קינד (ער) [HE'FKER]

wail 1. *n.* די יללה (—ות) [YELOLE] || 2. *v.* מאַכ|ן יללות, קלאָג|ן, יעלה|ן [YAYLE]

Wailing Wall דער כּותל־מערבֿי [KOYSL-MAARO'VI]

waist די טאַ'ליע (ס) || (of a garment) *also* דער סטאָן (ען)

wait 1. *n.* דאָס וואַרטן || **lie in w.** (for) לאָ'קער|ן ⟨אויף⟩ ⊣ **have a long w.** דאַרפֿ|ן* לאַנג וואַרטן ⊣ 2. *v.* וואַרט|ן, האַר|ן ⟨—אויף⟩ ⊣ **w. a little** צו|-, אונטער|וואַרט|ן || **w. on** באַדינ|ען א, אונטער|טראָג|ן ד || **w. until after** איבער|וואַרט|ן א || **w.!** *also* שאַ(ט)! || **w. till you hear this** נו־נו! || **w. on tables** סאַ'רווער|ן

waiter דער סאַרווער (ס)

waitress די סאַ'רווערין (ס)

waive מוותּר זײַן* אויף [MEVATER], מוחל זײַן* [MOYKhL]

waiver דער וויתּור (ים) [VITER—VITURIM]

wake[1] (track) דער נאָכברויז (ן)

wake[2] *vt. imp/pf* (אויפֿ|)וועק|ן || *vi.* וואַכ|ן || **w. up** אויפֿ|כאַפּ|ן זיך || (completely) אויס|טשוכע|ן זיך ⊣ (to a realization) אויס|שלאָפֿ|ן זיך

Wales (דאָס) וויילז

walk 1. *n.* דער שפּאַצי'ר (ן) || (gait) דער גאַנג, דער הילוך [HILEKh] ⊣ **w. of life** דער שטאַנד (ן) ⊣ **take for a w.** פֿיר|ן שפּאַצירן ⊣ **take a w.** גיי|ן* שפּאַצירן, דורכ|גיי|ן* זיך, -|שפּאַציר|ן זיך ⊣ 2. *vt.* (accompany) (צו|)פֿיר|ן || (take for a w.) פֿיר|ן שפּאַציר|ן || *vi.* (go for a w.) גיי|ן* שפּאַצירן, שפּאַציר|ן ⊣ (not ride) גיי|ן* צו פֿוס ⊣ **w. the length and width of** אויס|גיי|ן* א

wall 1. *n.* די וואַנט (ווענט) || (stone) דער מויער (ן) ⊣ *cf.* **carpet** || 2. *v.* **w. in** אײַנ|מוי'ער|ן

wallet דאָס בײַטל (עך), דער פּאָרטמאָנע' (ען); דער פּאָליאַרעס (ן)

wallow *v/imp* קאַטשע|ן זיך, באָד|ן זיך || *pf.* אויס|קאַטשע|ן זיך

wallpaper טאַפּעטן מצ
walnut דער וועלטשענ|ער נוס (ניס)
walrus דאָס ים־פֿערד (—) [YA'M], דער מאָרזש (ן)
waltz 1. *n.* דער וואַלס (ן) || 2. *v.* טאַנצ|ן/*גיי|ן א/דעם וואַלס
wand דאָס שטעקל (עך)
wander וואַ'נדער|ן, וואָגל|ען (זיך), נע־ונד זײַן* [NAVENA'D]
wanderer דער וואַ'נדערער (ס), דער נע־ונדניק (עס) [NAVENADNIK], דער וואָגלער (ס)
wandering 1. *adj.* ...וואַנדער || **W. Jew** דער אייביק|ער ייִד ⊣ 2. *n.* די וואַ'נדערונג (ען), דער וואָגל
wane קלענער/שוואַכער ווער|ן
want 1. *n.* (desire) דער באַגער (ן), דאָס באַ־ ווע'לעניש (ן) ⊣ (requirement) דער דוחק ⟨אין⟩ ⊣ (lack) דע'רפֿעניש (ן) [DOYKhEK] ⊣ (poverty) די נויט, דאָס [DAKhKES] דחקות ⊣ **for w. of** צולי'ב דוחק אין; ווײַל עס פֿעלט א; ניט האָ'בנדיק א ⊣ 2. *vt.* (האָבן) וועל|ן* א || (lack) קיין א (*rev. con.*) פֿעל|ן, אָפּ|גיי|ן* —ד || **w. no longer** (*rev. con.*) איבער|וועל|ן* זיך, גלוסט|ן זיך —ד
want ad דער געזו'כט־אַנאָנס (ן)
wanted (ad) געזו'כט
wanting (disappointing) ניט דאָ'ס || he found it w. בײַ אים איז עס געווע'ן ניט דאָס
wanton [ ] פֿאַרשײַ'ט, פֿאַרשאַ'רט; הפֿקרדיק
wantonness דער הפֿקר [HEFKER], דאָס הפֿקרות [HEFKEYRES]
war 1. *adj.* ...מלחמה־ [ ], קריג(ס)... || 2. *n.* די מלחמה (—ות) [MILKhOME] ⊣ **make w.** (on) מלחמה האַלט|ן ⟨מיט⟩ || 3. *v.* קריג|ן ⟨אויף⟩
warble צווי'טשער|ן, טרי'לער|ן
ward 1. *n.* (child) דאָס קעסטקינד (ער), דער פּאַלאַטע ⊣ (hospital) די האָדעוואַניק (עס) ⊣ (city) דער ראַיאָ'ן (ען) (ס) || 2. *v.* **w. off** אָפּ|ווער|ן, -|שטויס|ן
warden דער שומר (ים) [ShOYMER—ShOM-RIM] ⊣ (prison) דער (תּפֿיסה־) פֿאַרוואַלטער [TFI'SE] (ס)
wardrobe דער גאַרדעראָ'ב (ן) || (closet) *also* די קליי'דער־שאַפֿע (ס)
ware די סחורה (—ות) [SKhOYRE] || (*pl.*) *also* די סחורה || (in compounds) ...וואַרג || chinaware פֿאָרצעלײַוואַרג
warehouse דער מאַגאַזי'ן (ען), דער אַמבאַ'ר (ן), דער סקלאַד (ן)
warfare די מלחמה־פֿירונג [MILKho'ME]
warhead דער אוי'פֿרײַסשפּיץ (ן)
warlike קרי'געריש
warm 1. *adj.* וואַרעם || (friendly) *also* האַרציק ⊣ 2. **w. oneself** וואַ'רעמ|ען זיך || **w. up** *vt.* צעהיצ|ן, צע־ אָנ|וואַ'רעמ|ען; דערוואַ'רעמ|ען זיך, אָנ|- ⊣ *vi.* וואַ'רעמ|ען וואַ'רעמ|ען זיך; צעוואַ'רעמ|ען זיך
warmonger דער מלחמה־צינדער (ס) [ ]
warmth די וואַ'רעמ(קייט)
warn וואָ'רענ|ען; מוסר־מודעה זײַן* ⟨ד⟩ [MOY-SER-MEDO'E], מתרה זײַן* [MASRE], מזהיר זײַן* —ל [MAZER]
warning דער וואָרן (ס), די וואָ'רענונג (ען), די התראה (—ות) [HASROE], די אַזהרה (—ות) [AZHORE]
warp *vt/vi* אויס|קרימ|ען (זיך)
warrant 1. *n.* (arrest) דער אַרע'סט־באַפֿעל ⊣ (search) דער זו'כבאַפֿעל (ן) (ן) || 2. *v.* (justify) באַרע'כטיק|ן || *cf.* **guarantee**
warrior דער קריגער (ס), דער שלאַכטמאַן (שלאַכטלײַט)
warship די קריגשיף (ן)
wart די בראָ'דעווקע (ס), דער וואָרצל (ען)
wary געוואָרנט ⟨וועגן⟩; וואַכיק
wash 1. *n.* דאָס (גע)וועש, דאָס גרעט || (liquid) דאָס וואַשעכץ, דאָס שווענקעכץ ⊣ 2. *vt/imp* וואַש|ן ⊣ *pf.* אויס|וואַש|ן || **w. one's hands of** (*fig.*) אָפּ|טרייסל|ען זיך פֿון || *vi.* (אויס)וואַש|ן זיך || **w. out** אויס|וואַש|ן || (erode) אונטער|-, אַוועק|שווענק|ען
washable וואַ'שעוודיק
washer דאָס בלעטל (עך), דאָס שײַבל (עך)
washerwoman די וועשין (ס)
washing machine די וואַ'שמאַשין (ען)
washstand דער וואַשטיש (ן)
washtub די באַ'ליע (ס)

wasp די וועספּ (ן)
waste 1. *adj.* וויסט, חרובֿ [KhOREV] ||
lay w. חרובֿ מאַכ|ן, מחריבֿ זײַן* [MAKhREV]
|| 2. *n.* די ווי'סטעניש (ן) || (refuse) דער
אָפּפּאַל (ן) ⊣ (wasting) דאָס פּטרן [ ], דער
איבוד [IBED]; דער טרענצל ⊣ **a w. of** אַ שאָד,
אַן עבֿירה ⟨אַ—⟩ [AVEYRE] ⊣ **go to w.** גיי|ן*
לאיבוד/חסר [LEIBED/KhOSER], גיי|ן* אין
ניוועץ ⊣ 3. *v.* (צע)פּטר|ן [PATER], (צע)-
בטל|ען [BATL], (צע)טרענצל|ען ⊣ (time)
also צערײַב|ן
wastebasket דער פּאַפּי'רקאָרב (...קערב),
דאָס מי'סטקעסטל (עך), דאָס קיי'בערל (עך)
wasteful אוי'סברענגעריש
wasteland די פּו'סטעניש (ן); דאָס ני'ווועצלאַנד
watch 1. *n.* (vigil) די וואַך, די שמירה
[ShMIRE] ⊣ (clock) דאָס זיי'גערל (עך) ||
keep w. האַלט|ן וואַך, שטיי|ן* שמירה ||
2. *v.* (observe) באַטראַכט|ן, אָבסערוויר|ן;
צו|קוק|ן זיך ⟨צו⟩, אויפֿ|פּאַס|ן, האַלט|ן אַן אויג
⟨אויף—⟩ ⊣ (guard) באַוואַכ|ן, היט|ן ||
w. (sb.'s actions) **carefully** קוק|ן ד
אויף די פֿינגער ⊣ **w. out** היט|ן זיך ||
w. out! *also* איי! אַזאַ'ס! || **w. over** היט|ן
|| **w. your step** פּאַמעלעך ווי דו גייסט!
פּאַמעלעך ווי איר גייט! ⊣ **w. television**
קוק|ן (אויף) טעלעווי'זיע
watchful וואַכיק, אויף דער וואַך
watchmaker דער זיי'גער־מאַכער (ס)
watchman דער וועכטער (ס)
watchword דער פּאַראָ'ל (ן)
water 1. *n.* דאָס וואַסער (ן) || **not hold w.**
(*fig.*) הינק|ען || 2. *vt.* (plants) באַ-
גיס|ן ⊣ (animals) *imp.* פּויע|ן || *pf.*
אָנ|פּויע|ן, -|טרינק|ען ⊣ *vi.* (eyes) פֿאַר-
טרע'רט ווער|ן ⊣ his mouth **w.s** די סלינע
רינט אים
water color די וואַ'סערפֿאַרב (ן), דער
אַקוואַרע'ל (ן)
waterfall דער וואַ'סערפֿאַל (ן)
watering can דאָס גי'סערל (עך)
watermark דער וואַ'סער־צייכן (ס)
watermelon די קאַ'ווענע (ס), דער אַרבו'ז (ן)
watershed דער וואַ'סערשייד (ן)

watery וואַ'סערדיק
watt דער וואַט (ן)
wave 1. *n.* די כוואַליע (ס); די אינד ל (ן) ||
(motion) דער מאַך (ן) || (hair) די
אָנדולירונג (ען) ⊣ 2. *vt.* מאַכ|ן, פֿאָכ(ע)|ן
מיט— ⊣ *vi.* פֿלאַ'טער|ן, פֿאָכע|ן || **w. aside**
אַוועק|מאַכ|ן מיט דער האַנט ⊣ **w. on** הייס|ן ד
גיין/פֿאָרן ווײַטער
wavelength די כוואַ'ליעלענג (ען)
waver צאַנק|ען; וואַקל|ען זיך || (hesitate)
קווענקל|ען זיך, °צע'גער|ן
wavy כוואַ'ליעדיק, געכוואַליעט
wax[1] (increase) גרעסער ווער|ן || (be-
come) ווער|ן
wax[2] 1. *adj.* ווע'קס·ן || 2. *n.* דער וואַקס ||
3. *v. imp/pf* (אָנ|)וועקס|ן
way (road) דער וועג (ן) || (*fig.*) דער דרך
[DEREKh—DROKhIM] (ים) ⊣ (manner)
דער אופֿן (ים) [OYFN—OYFANIM], דער
שטייגער (ס) ⊣ (distance) דער מהלך (ן)
[MEHALEKh] ⊣ **w.s** (habits) פּאָ'סטעמ-
קעס מצ ⊣ **w. of life** דער שטייגער לעבן ||
all the w. (to, from etc.) אַזש || **by w.**
of (as) בתורת [BETOYRES] || (through)
דורך ⊣ **by the w.** אַגבֿ(־אורחא) [AGEV-
(U'RKhE)], דרך־אַגבֿ ⊣ **in a w.** ווי ניט
איז; לעולם [LEOYLEM] ⊣ **in his (own)**
w. לשיטתו [LEShITOSE] || **in what**
w.? ווי (אַזוי')? || **any w.** they **please**
ווי נאָר זיי ווילן ⊣ **in such a w.** אַזוי' ||
be in the w. (of) שטער|ן, שטיי|ן* אין
וועג ⟨—ד⟩ ⊣ **on the w.** אונטער וועג(נ)ס ||
out of the w. אויסן וועג || **go out of**
the w. אָנ|לייג|ן וועג || **go out of one's**
w. to מטריח זײַן* זיך דווקא צו אינפֿ
[MATRIEKh ... DAFKE] ⊣ **this w.** דורך
דאַנען; דאָ אַרומערט ⊣ (hither) אַהע'ר ||
(thus) אַזוי' || **under w.** אין וועג || **get**
under w. לאָז|ן זיך אין וועג || **give w.**
see **give** || **have one's w.** פּועל|ן
[POYEL]; אויס|פֿיר|ן זײַנס/אירס/... ⊣ **know**
one's w. about אָ'ריענטיר|ן זיך; וויס|ן*
ווו אײַן און ווו אויס; וויס|ן* ווו אַ טיר עפֿנט
זיך ⊣ **lose one's w.** פֿאַרבלאָנדזשע|ן ||

find one's w. to דערגיי'|ן*/דערשלאָג|ן זיך צו ⊣ **make w.** (for) אָפּ|ראַמ|ען דעם וועג ⟨פֿאַר⟩ ⊣ (ceremonially) דורכ|לאָז|ן א; מאַכ|ן אַ וואַרע ⟨פֿאַר⟩ ⊣ **w. out** (exit) דער אויסוועג (ן) ⊣ (*fig.*) אַרויסגאַנג (ען) || **W.s and Means Committee** די פֿינאַ'נץ־קאָמיסיע [SY]

waylay אָפּ|טשאַ'טעווע|ן

wayward קאַפּריזיק, קאַפּריזנע

we מיר

weak שוואַך, אָ'פּגעשוואַכט

weaken *vt.* אָפּ|שוואַכ|ן || *vi.* (become weaker) שוואַכער ווער|ן || (yield) נאָכ|געב|ן*

weakling דער שוואַ'כינק|ער געב, דער חלוש (ים) [KhOLESh—KhALUShIM]

weakness די שוואַכקייט (ן); דער מיחוש (ן) [MEYKhESh]

wealth די רײַכקייט, דאָס עשירות [AShIRES]

wealthy רײַך, גבֿיריש || **w. man** דער גבֿיר (ים), דער נגיד (ים) [NOGED—NEGIDIM], דער עושר (עשירים) [OYShER—AShIRIM] || **the w.** (*coll.*) די גבֿי'רימשאַפֿט

wean אַנטוויינ|ען

weapon דער וואָפֿן (ס), דאָס כּלי־זיין (—) [KLEZAYEN]

wear 1. *n.* דאָס אָ'פּניצן || (clothing) די הלבשה [HALBOShE] ⊣ **w. and tear** דער אָפּניץ ⊣ 2. *vt.* טראָג|ן א, גיי|ן* א/אין || **w. it in good health!** טראָג(ט) (עס) געזו'נטערהיי'ט! ⊣ **w. off** *vi.* אויס|וועפּ|ן זיך || **w. out** (clothes) אָפּ|טראָג|ן || (parts) (אויס|)מאַ'טער|ן ⊣ (exhaust) אָפּ|ניצ|ן || **w. oneself out** *also* אָנ|ווער|ן די כּוחות [KOYKhES]

weary מיד, פֿאַרמאַטערט, פֿאַרהאָ'רעוועט, אויס'געמאַטערט

weasel דאָס ווי'זעלע (ך)

weather 1. *n.* דער וועטער (ן), דער דרויסן (ס) || **cold w.** די קעלט, קעלטן מצ || **hot w.** די היץ, היצן מצ ⊣ 2. *vt.* איבער|האַלט|ן; בײַ|קומ|ען

weather bureau דאָס וועטער־ביוראָ (ען)

weathering די צעווע'טערונג

weatherman דער וועטער־נבֿיא (ים) [NOVI—NEVIIM]

weave 1. *n.* דאָס געוועב (ן) || 2. *v. imp/pf* (אויס|)וועב|ן

weaver דער וועבער (ס)

weaving דאָס וועבערײַ' || **w. plant** די וועבערײַ' (ען)

web דאָס געוועב (ן); דאָס געשפּי'נס (ן); די נעץ (ן) ⊣ (water birds) די פּלַעטווע (ס), דאָס שווי'מהײַטל (עך)

web-footed פּלַע'טוועדיק

wedding די חתונה (—ות) [KhA'SENE]; די חופּה [KhUPE] ⊣ **w. gown** דאָס חופּה־קלייד (ער)

wedding ring דאָס קידו'שין־פֿי'נגערל (עך) [KDU'ShN]

wedge 1. *n.* דער קלין (ען) || 2. *vt.* **w. in** אַרײַנ|שפּאַר|ן

wedlock די זיווגשאַפֿט [ZI'VEGShAFT] || (*Jew.*) *also* חופּה־וקידושין [KhUPE-VE-KDU'ShN]

Wednesday דער מיטוואָך || **on W.** מיטוואָך || **W.'s** מי'טוואָכדיק

weed 1. *n.* דאָס ווילדגראָז (ן) || 2. *v. imp/pf* (אויס|)פּאָלע|ן, -|יעט|ן

week די וואָך (ן) || **next w.** קו'מעדיקע וואָך ⊣ **a w. ago** פֿאַראַכטטאָגן, איוודע וואָך || **last w.'s** פֿאַראַכטטאָ'ג(עד)יק || **a w. later** איבער אַכט טאָג || **during the w.** דורך דער וואָך

weekday דער וואָ'כנטאָג (...טעג) || **on w.s** אין דער וואָכן

weekend דער שבת־זו'נטיק (ן) [ShABES], דער סוף־וואָ'ך (ן) [SOF]

weekly 1. *adj.* וואָ'כנדיק, וואָכנ... || 2. *n.* דאָס וואָ'כנבלאַט (...בלעטער)

weep וויינ|ען

weigh *vt. imp/pf* (אָפּ|)וועג|ן || *vi.* וועג|ן

weight די וואָג || (weighing tool) דאָס געווי'כט (ן) ⊣ **carry great w.** האָב|ן* גרויס וואָג ⊣ **lose/gain w.** אָפּ|-/אָנ|צער|ן זיך ⊣ **lose w.** *also* אַראָפּ|גיי|ן* פֿון פּנים [PONEM], פֿאַרליר|ן לײַב

weightless אָ'נוואָ'גיק

weighty וואָגיק, באַטרעפֿיק

weird משונהדיק [MESHU'NEDIK], או'מהיימ•־לעך, טשודנע

welcome 1. *adj.* אַ'נגעלייגט || **you are w.** צו געזו'נט; אַדרבא [A'DERABE]; זאָל (עס) דיר/אײַך ווויל באַקומען ⊣ 2. *n.* די באַ־גריסונג (ען), דאָס קבלת־פּנים [KABOLES-PO'NEM], דער ברוך־הבא [BORKhABE] || 3. *v.* מקבל־פּנים זײַן* [MEKABL-PO'NEM], באַגריס|ן ⊣ 4. *int.* ברוך־הבאָ! [BOREKh-ABO']; ברוכים־הבאָים מצ [BRUKhIM-HA-BO'IM]; סקאַצל קומט!

weld (צו)שווייס|ן; צו|קאָווע|ן

welfare (good) דאָס ווויל || (well-being) דאָס וווילזײַן ⊣ (support) דער (סאָ'צ)פֿאַר־זאָ'רג ⊣ w. department דער פֿאַרזאָ'רג־אָפּטייל ⊣ w. state די פֿאַרזאָ'רג־מלוכה [MELUKhE] ⊣ **be on w.** לעב|ן פֿון פֿאַר־זאָ'רג

well[1] 1. *n.* דער ברונעם (ס), די קרע'ניצע (ס) || 2. *v.* שפּרודל|ען, קוואַל|ן

well[2] 1. *adj.* געזו'נט || **get w.** (after critical illness) געהאָלפֿן ווער|ן || 2. *adv.* גוט ⊣ **w. and good** גוט און ווויל || **turn out w.** גערשאָט|ן || **be w. off** (*rev. con.*) זײַן* גוט ד ⊣ **as w. as** ווי אויך || **w. done!** (אַ) יישר־כּוח ⟨ד⟩ [(YA)sh(ER)-KO'YEKh] || 3. *int.* (impatience) נו || (all right) נו ⊣ (resignation) טאַ; מילא [MEYLE] || (hesitation) כ'ווייס? || (resumption of discussion) איז || **w., w.!** (surprise) זע(ט) נאָר זע(ט); טע־טע־טע'

well-being דאָס וווילזײַן; געזו'נט

well-considered באַקלע'רט

well-known באַווו'סט

well-off גוט־אָפּ• אַמער || **be w.** (*rev. con.*) זײַן* גוט אומפּ ד

well-read אָ'נגעלייענט

well-rested אוי'סגערוט, אוי'סגעשלאָפֿ'ן

well-to-do פֿאַרמעגלעך, בעל־הבתּיש [BAL-EBATISh]

Welsh וועלשיש

weltanschauung דער ווע'לטבאַנעם (ען), דער וועלטבליק (ן)

werewolf דער וואָלקעלאַ'ק (עס)

west דער מערבֿ [MAYREV]

westerly/western מערבֿדיק; מערבֿ־... [ ]

wet 1. *adj.* נאַס || **get w. in the rain** פֿאַררעגנט ווער|ן ⊣ **wringing w.** פּיטש נאַס || 2. *v/imp* נעצ|ן || *pf.* אָנ|־, אײַנ|נעצ|ן, באַנעצ|ן, פֿאַרנעצ|ן; באַגיס|ן, אָפּ|גיס|ן

wetnurse די זיי'גערין (ס), די נאַם (ען)

whack *n.* דער כמאַל (ן)

whale דער וואַלפֿיש (ן)

whaling דאָס וואַלפֿישערײַ'

wharf די ווערף (ן)

what 1. *pron.* וואָס || **w. for** צו וואָס, נאָך וואָס, למאַי [LEMA'Y] ⊣ **or w. not** און דאָס גלײַכן, און אַזוי' ווײַטער ⊣ **w. about him?** וואָס איז מיט אים? || **and w. if** און טאָמער ⊣ **what's more** נאָך מער; וואָס דאַרפֿט איר מער? ⊣ 2. *pro-adj.* וואָסער, וועלכ|ער ⊣ w. coat to wear וואָסער/וועלכן מאַנטל צו טראָגן ⊣ **w.** money I have דאָס געלט וואָס איך האָב || 3. *adj.* (admiration, surprise) סאַראַ אינוו || 4. *int.* וואָס? האַ?

what-d'ye-call-it דער ווי־רו'פֿט־מען־עס

what(so)ever 1. *pron.* וואָס נאָר, וואָס עס זאָל ניט זײַן ⊣ 2. *pro-adj.* וואָסער/וועלכ|ער ... ס'זאָל ניט זײַן

wheat 1. *adj.* ווייצ'ן || 2. *n.* דער ווייץ || **whole w.** דער קלײַ'ענווייץ

wheedle אונטער|לעק|ן זיך ⟨צו⟩, בעט|ן זיך ⟨בײַ⟩ ⊣ **w. out** אויס|בעט|ן, ־|חנפֿע|נען [KhANFE]

wheel 1. *n.* די ראָד (רעדער) || *cf.* **steering w.** || **break on the w.** ראָד|ברעכ|ן, רע'דער|ן ⊣ 2. *vt.* פֿיר|ן

wheelbarrow די טאַטשקע (ס)

wheelchair די רע'דערשטול (ן)

wheeled באַרעדערט || four-**w.** פֿי'ררעדיק

wheelwright דער סטעלמאַך (ן)

wheeze 1. *n.* דער כאָרכל (ען), דער פֿרײַך (ן) || 2. *v.* כאָרכל|ען, פֿרײַכ|ן

whelp 1. *n.* דער צוציק (עס) || 2. *vi.* (אָפּ|)צײַקל|ען זיך

when (interrogative) ווען || (relative) ווען, אַז

whenever ווען נאָר ;ווע'ן
where ווו || (whither) ווהי'ן || **from w.** פֿון וואַנעט
whereabouts: his w. are unknown מע ווייסט ניט ווו ער איז (ערגעץ)
whereas (considering that) (ווי) היות [HEYO'YS] ⊣ (when on the contrary) [BESHA'S] בשעת ווען
whereupon אויף דעם קו'קנדיק; (און) דער־נאָ'ך
wherever ווו'; ווו נאָר
whet *imp/pf* (אָנ)שאַרפֿ|ן, -|שליפֿ|ן || (appetite etc.) צו|געב|ן* ⟨ד⟩ אַ
whether צי || **w. ... or** צי ... צי
whetstone דער שאַרפֿשטיין (ער)
whew פֿיו! אופֿאַ'!
whey די סראָ'וועטקע
which (interrogative) וואָסער, וועלכ|ער || (w. in order) דער ווי'פֿלט|ער || (relative) וואָס, וועלכ|ער
whiff דער שמעק (ן), דער הויך (ן)
while 1. *n.* די ווײַל, די ווײַלע (ס), די רגע (ס) [REGE] ⊣ 2. *conj.* בשעת [BESHA'S], בעת [BEYS] ⊣ (with adj.) ...ערהיי'ט; בײַם אינפֿ || w. young יו'נגערהיי'ט || (with nouns) ...ווײַז ⊣ w. a child קינדווײַז || w. eating בײַם עסן; ע'סנדיק(ערהיי'ט)
whim דער קאַפּרי'ז (ן), דער שגעון [shi-GOEN], די מעלינגע (ס) ⊣ (*pl.*) *also* חפֿציות [KhEFTSES], (שמד־)שטיק –מצ [shMA'D]
whimper *v.* ווי'מפּער|ן, קאַנויקע|ן, פּכיקע|ן
whimsical קאַפּריזיק, קאַפּריזנע
whine 1. *n.* דער פּישטש, דער יאָמער, דער פּכיק || 2. *v.* פּישטשע|ן; יאָ'מער|ן, פּכיקע|ן
whinny הירזשע|ן
whip 1. *n.* (animals) די בײַטש (ן) || (disciplinary) דער קאַנטשיק (עס) || (knout) דער קנוט (עס) ⊣ 2. *v.* (lash) *imp/pf* (אָפּ)שמײַס|ן ⊣ **w. up** אויפֿ|שלאָג|ן; געב|ן* אַ שטעל צונויף
whipped cream דער קרעם
whipping שמיץ, מלקות –מצ [MALKES] || **give a w. to** אָפּ|שמײַס|ן אַ || (*hum.*) אַרײַנ|צימבל|ען ד
whirl 1. *n.* דאָס געדריי', דער קאָך || 2. *vi.* דריי|ען זיך; ווי'כער|ן, קאָכ|ן
whirlpool דער קע'סלגרוב (...גריבער)
whirlwind דער וויכער (ס)
whisk away אַוועק|כאַפּ|ן, -|מאַכ|ן
whisk broom די קליי'דערבאַרשט (...בערשט)
whiskers באַ'קנבערד מצ || (animal's) וואָ'נצעלעך מצ
whisky דער וויסקי; דער בראָנפֿן, דער שנאַפּס
whisper 1. *n.* דער שעפּטש (ן) || **in a w.** (prayers: *Jew.*) [BELAKhESh] בלחש || 2. *vt.* שעפּטשע|ן, אײַנ|רוימ|ען, -|שושקע|ן || *vi.* שעפּטשע|ן, שושקע|ן || **w. to each other** שושקע|ן זיך, סודע|ן זיך [SOYDE]
whistle 1. *n.* דער פֿײַף (ן) || (piercing) דער סווישטש (ן) ⊣ (instrument) דאָס פֿײַפֿל (עך) ⊣ 2. *v/imp* פֿײַפֿ|ן || (piercingly) סווישטשע|ן
white 1. *adj.* ווײַס || **w. bread** דאָס ווײַס־ברויט ⊣ **w. meat** דער בייליק || 2. *n.* (egg; eye) דאָס ווײַסל (עך)
white-collar *adj.* ווײַ'ס־קאָ'לנערדיק || **w. worker** דער ווײַסקאָ'לנערניק (עס)
whiten פֿאַרווײַס|ן || (with cream etc.) אונטער|שלאָג|ן
whitewash (whiten) *imp/pf* (אָפּ)־קאַלכ|ן ⊣ (vindicate) ריינ|וואַש|ן; כּשר|ן [KAShER]
Whitsuntide די גרי'ן־חגא [KhOGE]
whittle *imp/pf* (אויס)שניצ|ן
whiz זשוזשע|ן
who (interrogative) ווער || (relative) וואָס, וועלכ|ער
whoa טפּררר
whoever ווע'ר, ווער נאָר, ווער עס זאָל ניט זײַן
whole 1. *adj.* גאַנץ, גאָר || 2. *n.* דאָס גאַנצ|ע גוב , די גאַנצהייט (ן) ⊣ the **w. of** America גאַנץ אַמע'ריקע
wholeheartedly מיטן גאַנצן האַרצן
wholeness די גאַנצקייט
wholesale 1. *adj.* ...הורט || 2. *adv.* אויף הורט ⊣ 3. *n.* דער הורט
wholesaler דער הורטאָווניק (עס)

wholesome געזו'נט
whoop 1. *n.* דער הוק (עס) || 2. *v.* הוקע|ן
whooping cough דער קײכהוסט
whore 1. *n.* די הור, די זונה (—ות) [ZOYNE], זײַן* אַ זונה; מזנה זײַן* [MEZANE] 2. *v.* ⊣ (ן)
whorl (pattern) דאָס געדרייל, די רינגונג (ען) || (spinning) די פּראַ'סליצע (ס), די שפּי'נ- שפּולקע (ס)
whortleberry די (שוואַרצ|ע) יאַגדע (ס)
whose (interrogative) וועמע(נ)ס || (relative) וואָס זײַן/איר/זייער
why 1. *adv.* פֿאַר וואָס, למאַי [LEMA'Y], נאַכסאָ'ל° ⊣ אַלמאַי [ALEMA'Y], **w., of all things?** וואָס עפּעס? || **w. then** אַלמאַי || 2. *int.: usually omitted*
wick דער קנויט (ן)
wicked בייז, שלעכט; שאַ'לקהאַפּטיק || **w. man** *also* דער רשע (ים) [ROSHE—RESHO-IM] ⊣ **w. woman** די מרשעת (ן) [MARSHA'S]
wicker 1. *adj.* געפּלאָכט·ן || 2. *n.* דאָס פּלעכטוואַרג
wicket די פֿאָרטקע (ס)
wide ברייט || **w. awake** אוי'סגעטשוכעט || **w. of the mark** ווײַט פֿון ציל || **...wide** גאַנצ...יש || citywide גאַ'נצ- שטאָ'טיש ⊣ **w. open** ברייט/פּראַל אָפֿ·ן
widen *vt/vi* (אויס)ברײי'טער|ן (זיך), פֿאַר- ברײי'טער|ן (זיך)
widespread פֿאַרשפּרײי'ט
widow די אַלמנה (—ות) [ALMONE]
widowed [ ] פֿאַראַלמנט || **become w.** ווערן|ן אַן אַלמן/אַלמנה [ ]
widower דער אַלמן (ס) [ALMEN]
widowhood די אַלמנהשאַפֿט [ ]
width די ברייט (ן)
wield האַלט|ן (אין האַנט), באַגיי'|ן* זיך מיט
wife דאָס ווײַב (ער); די פֿרוי (ען) || (*iro.*) די פּלוניתטע (ס) [PLO'YNESTE] ⊣ **old wives'** אַדי באַבסקע
wig דער פּאַרו'ק (ן) || **traditional woman's w.** (*Jew.*) *also* דאָס שייטל (ען)
wild ווילד, צעווי'לדעוועט || (barbarized) פֿאַרווי'לדעוועט ⊣ **w. with fright** צע- ספּוזשעט, צעפּאַלאָשעט

wildcat די וואַלדקאַץ (...קעץ) || **w. strike** דאָס שטרײַקל (עך) פֿאַ'ר זיך; דער שטרײַק (ן) פֿאַ'ר זיך
wilderness די ווי'לדעניש (ן) || *cf.* **desert**
will 1. *n.* דער ווילן (ס); דער רצון [ROTSN] || (testament) די צוואה (צוואָות) [TSAVOE] || **at w.** ווען/ווי ד ווילט זיך || **against one's w.** קעגן פּאָס ווילן, איבער דאַנק || 2. *aux. v.* וועל*|| I w. see איך וועל זען || 3. *v.* (wish) וועל|ן* || *cf.* **bequeath**
willful (intentional) כיוונדיק [KI'VNDIK] || (obstinate) פֿאַרעקשנט [FARAKSHNT]
willfully במזיד [BEMEYZED], בכּיוון [BE-KIVN]
willing (גע'רן)וויליק, גרייט; מרוצה אַפּ [ME-RUTSE]
willingly גע'רן-וויליק; מיט גוטן
willingness די גע'רנקייט, די גרייטקייט
will-o'-the-wisp דאָס פֿאַרפֿי'ר-ליכטל (עך)
willow די ווערבע (ס)
willy-nilly ווי'לנדיק-ניט-ווי'לנדיק
wilt *vi.* פֿאַרוועלק|ן, פֿאַרוויאַנעט ווער|ן
wily כיטרע, אי'בערגעשפּיצט, געבי'פֿט
win געווינ|ען || **w. out** אויס|פֿיר|ן || **w. out over** (in competition) *also* אויס|קאָנ- קורי'ר|ן ⊣ **w. over** (to a cause) געווינ|ען ⟨פֿאַר⟩
wince צוריק|צי|ען זיך; אַ צאַפּל טאָ|ן*
wind[1] *n.* דער ווינט (ן) || **preach to the w.** רעד|ן צו דער וואַנט, רעד|ן צום לאָמפּ || **get w. of** דערהער|ן, דערוויס|ן זיך || **w. instrument** דער בלאָ'ז-אינסטרומענט (ן)
wind[2] *vt.* אָנ|דריי|ען, -|צי|ען, אויפֿ|וויקל|ען || *vi.* וויקל|ען זיך, דריי|ען זיך, שלענגל|ען זיך
windbag דער פּלוי'דערזאַק (...זעק)
winding *adj.* געשלענגלט, שלע'נגלדיק
windmill די ווינטמיל (ן)
window דער פֿענצטער (—) || (display) די וויטרינע (ס)
windpipe די לופֿטרער (ן); די לינק|ע קעל (ן)
windshield די ווינטשויב (ן) || **w. wiper** דער (שוי'ב)ווישער (ס)
windy ווינטיק

wine דער ווײַן (ען)

wing דער פֿליגל (ען) || (theater) דער קולי'ס (ן) ⊣ **take w.** לאָז|ן זיך פֿליִען; טאָ|ן* אַ פֿלי אַווע'ק

winged באַפֿליגלט

wink 1. *n.* דער ווונק (ען) || 2. *v.* פֿינטל|ען (מיט די אויגן); ווינק|ען ⊣ **w. at** (overlook) קוק|ן דורך די פֿינגער אויף ⊣ **w. to** צו|ווינק|ען ד ⊣ **w. at each other** איבער|ווינק|ען זיך

winner דער געווינער (ס)

winnings דאָס געווי'נס אצ (ן)

winnow (איבער|-, דורכ|)ווייע|ן; ווי'נטשויפֿל|ען

winter 1. *adj.* ווי'נטערדיק || 2. *n.* דער ווינטער (ן) ⊣ **in the w.** ווי'נטערצײַט; ווי'נטערלעב ⊣ **Old Man W.** (דער) פֿעטער שניאור [shNEYER]

wintry ווי'נטערדיק

wipe *imp/pf* (אויס|-, אָפּ|)ווייש|ן

wire 1. *adj.* דראָט·ן || 2. *n.* דער דראָט (ן) || (telegram) די טעלעגראַ'ם (ען), די דעפּע'ש (ן) ⊣ **w. service** די טעלעגראַ'פֿן־אַגענטור (ן) || 3. *v.* (fasten) צו|דראָ'טעווע|ן || (provide with wiring) דורכ|פֿיר|ן דראָטן אין, באַדראָט|ן ⊣ (telegraph) טעלעגראַפֿיר|ן, דעפּעשיר|ן

wireless 1. *adj.* אָ'נדראָ'טיק || 2. *n.* דער ראַ'דיאָ (ס)

wiretapping דער (טעלעפֿאָ'ניש|ער) או'נטערהער

wiring דאָס געדראָ'ט; די באַדראָטונג

wisdom די חכמה [KhOKhME], די קלוגשאַפֿט || **w. tooth** דער חכמה־צאָן (...ציינער)

wise *adj.* קלוג || (remarks etc.) *also* עמוק אַפּ [OMEK] ⊣ **w. man** דער חכם (ים) [KhOKhEM—KhAKhOMIM] ⊣ *cf.* **clever**

wish 1. *n.* (desire) דער פֿאַרלאַ'נג (ען), די ווינטשונג (ען) ⊣ (expression of regard) דער צווּווינטש (ן), די ווינטשעוואַניע (ס) ⊣ 2. *v.* וועל|ן*; וואָלט* וועלן, ווינטש|ן ⊣ (*rev. con.*) וועל|ן* זיך, גלוסט|ן זיך ד— ⊣ (convey good wishes) (צו|)ווינטש|ן ⟨ד⟩ || **I w. that...** (unreal wish) הלוואַי וואָלט [HALEVA'Y] ⊣ I w. he were here הלוואַי וואָלט ער דאָ געווע'ן

wishful פֿאַרבע'נקט || **w. thinking** דער הלוואַי־געדאַנק (ען) [ ]

wishing: w. ring דאָס ווי'נטש־פֿינגערל (עך) || **w. well** דער ווי'נטשברונעם (ס)

wishy-washy וואַ'סערדיק, פֿאַרעוו, האַ'לב־מויליק

wisp דער דרים (ען), דאָס ווישל (עך)

wistful פֿאַרבע'נקט, זשעדנע

wit די חכמה [KhOKhME], דער שׂכל [SEYKhL]; דער הומאָ'ר, די ווי'ציקייט ⊣ (person) דער וויצלינג (ען); דער פּיקח (ים) [PIKEYEKh—PIKKhIM] ⊣ **be at one's w.'s end** אַרומ|גיי|ן* אָן אַ קאָפּ ⊣ **have one's w.s about one** אָריענטיר|ן זיך

witch די מכשפֿה (—ות) [MAKhshEYFE], די כּישוף־מאַכערין (ס) [ ]

witchcraft דער כּישוף [KIShEF]

witch-hunt דאָס מכשפֿה־געיעג (ן) [ ]

with מיט || (in the mind of) בײַ || (at the house of) בײַ

withdraw *vt.* צוריק|צי|ען || (deposits) אַרויס|צי|ען ⊣ *vi.* אַרויס|-, צוריק|צי|ען זיך, דערווײַ'טער|ן זיך

withdrawal דער צוריקצי (ען), דער אָפּטראָט (ן); דאָס צורי'קציִען (זיך) ⊣ (bank) דער אַרויסצי (ען)

wither *vi.* (פֿאַר)וועלק|ן, דאַר|ן, פֿאַרדאַ'רט ווער|ן, אָפּ|שטאַרב|ן, -|לעב|ן

withered פֿאַרווע'לקט, פֿאַרדאַ'רט

withhold צוריק|האַלט|ן

withholding (of tax) דער שטײַ'ער־פֿאַרהאַלט

within *prep.* (אי'נעווייניק) אין; אין ניט מער ווי ⊣ w. two minutes אין ניט מער ווי צוויי מינו'ט

without *prep.* אָן || **do w.** באַגיי'|ן* זיך אָן

withstand בײַ|שטיי|ן*, געשטיי'|ן* אַנטקעגן ⟨—ד⟩

witness 1. *n.* דער עדות (—) [EYDES] || **cite as one's w.** עדות|ן זיך מיט || 2. *v.* זײַן* אַן עדות פֿון, צו|זע|ן* א/ווי

witness box/stand די עדות־באַנק [ ]

|| take the w. s. אויפ̄|טרעט|ן ווי אַן עדות

witticism דאָס גלײַכוואָרט (...ווערטער), דאָס גלײַ'כווערטל (עך), די הלצה (—ות) [HALO-TSE], די חכמה (—ות) [KhOKhME], דאָס אָ'פ̄שניצל (עך)

witty וויציק, חכמהדיק [ ], פיקחיש

wizard דער מכשף (ים) [MEKhAShEF—MEKhAShFIM] ⊣ (expert at) דער מזיק (ים) ⟨אויף⟩ [MAZEK—MAZIKIM]

wobble *vi.* וואַ'קעווע|ן זיך, וואַקל|ען זיך, טעלעבענדע|ן זיך, פלאָ'נטער|ן מיט די פ̄יס

wobbly וואַ'קלדיק, טעלעבענדיק, הוי'דעוודיק

woe 1. *n.* די צרה (—ות) [TSORE] || 2. *int.* וויי איז (צו) מיר! ⊣ **w. is** me וויי ⟨ד⟩ ⊣ **w. to** ווינד איז מיר! °אַ בראָך איז מיר! *also* °אַ קלאָג צו

wolf דער וואָלף (וועלף)

woman 1. *adj.* ...ין, ...שע, ...קע, ...טע (*see* individual entries in Yiddish-English part of the Dictionary) || 2. *n.* די פ̄רוי (ען) || **women's** ...פ̄רויענ || (*hum.*) ווײַבערש

womanhood (state) די פ̄רוי'ענשאַפ̄ט || (women) די פ̄רויען מצ

womanizer דער באַבניק (עס), דער חמור־אייזל (ען) [KhA'MER-EYZL]

womb די טראַכט (ן) || (poetic) דער שויס ל (ן)

wonder 1. *n.* דער וווּנדער (—), דער חידוש (ים) [KhIDESh—KhIDUShIM] ⊣ (*pl.*) פילאי־פלאָים מצ [PILE-PLO'IM] ⊣ 2. *v.* (be unsure) קלער|ן, וועל|ן* וויסן, פ̄רעג|ן זיך || I **w.** who will come איך וואָלט וועלן וויסן ווער עס וועט קומען; אינטערעסאַ'נט ווער עס וועט קומען ⊣ **w.** (marvel) **at** וווּ'נדער|ן זיך, חידוש|ן זיך —וועגן/אַז

wonderful וווּ'נדערלעך; אַ מחיה [MEKhA-YE]

wondrous פלאָימדיק [ ]

wont: be w. to נוהג זײַן* זיך צו [NOYEG]

woo שדכנ|ען זיך צו [ShATKh·N], אָווירע|ן

wood (material) דאָס האָלץ || (forest) דער וואַלד (וועלדער) ⊣ **knock on w.!** קיין עין־הרע! [EYNORE]

woodcut די האָ'לצגראַוויור (ן), דער האָלצשניט (ן)

woodcutter דער האָ'לצהעקער (ס)

wooden הי'לצערן

woodpecker דער פיקהאָלץ (ן)

wood pulp די האָ'לצמאַסע

woodwork די האָ'לצאַרבעט

wool 1. *adj.* וואָל·ן || 2. *n.* די וואָל || **pull the w. over the eyes of** פ̄אַררעד|ן ד די ציינער

word 1. *n.* דאָס וואָרט (ווערטער) || (*pl.*) *also* דיבורים, רייד —מצ ⊣ **plain w.s** קלאָרע דיבורים ⊣ **man of his w.** דער וואָרטסמאַן (וואָרטסלײַט) ⊣ **w. for w.** וואָרט אין/פ̄אַר וואָרט ⊣ **put in a good w.** (for) זאָג|ן אַ גוט וואָרט ⟨פ̄אַר⟩ ⊣ **in a w.** מיט איין וואָרט, אַ כלל [KLAL] ⊣ **take the w. of** גלייב|ן ד אויפ̄ן וואָרט ⟨אַז⟩; גלייב|ן ד אויף נאמנות [NEMONES] ⊣ **take at one's w.** האַלט|ן/כאַפ̄|ן א בײַם וואָרט ⊣ **send w. to** לאָז|ן וויסן ד ⊣ **by w. of mouth** פ̄ון מויל צו מויל, בעל־פה אדוו [BALPE'] ⊣ **exchange** (angry) **w.s** (with) (צע)ווערטל|ען זיך ⟨מיט⟩ ⊣ **upon my w.** כלעבן || 2. *v.* פ̄אָרמוליר|ן

wording די פ̄אָרמולירונג (ען)

wordy ווע'רטערדיק, פ̄אַרווערטערט

work 1. *n.* (labor) די אַרבעט (ן) || (opus) די אַרבעט (ן), דאָס ווערק (—) ⊣ **at w.** בײַ דער אַרבעט ⊣ **out of w.** אָן אַרבעט || **w.s** (mechanism) דאָס געווע'רק (ן) || (factory) דער זאַוואָ'ד (ן) || (actions) מעשים מצ [MAYSIM] ⊣ (writings) ווערק מצ || **public w.s** ע'פ̄נטלעכע אַ'רבעטן מצ || 2. *vi.* אַ'רבעט|ן; פ̄ונקציאָניר|ן, גיי|ן* || *vt.* (material, land) באַאַ'רבעט|ן || (machine) אַ'רבעט|ן בײַ || (tool) אַ'רבעט|ן מיט ⊣ (people) מאַכ|ן אַ'רבעטן || **w. out** *vt/vi* אויס|אַ'רבעט|ן (זיך) || **w. up** אַרײַנ|-/ צעבלאָז|ן ⊣ **w. one's way in/up** אַרויפ̄|אַ'רבעט|ן זיך ⊣ **w. one's way through** דורכ|אַ'רבעט|ן זיך ⟨דורך⟩ ||

(maintain oneself) אויס|האַלט|ן זיך
אַליי'ן אין ⊣ **w. to death** פֿאַרמוטשע|ן
(אויף טויט)
workable אויספֿירלעך, דו'רכפֿירלעך
workaday וואָ'כעדיק
workbench דער וואַרשטאַ'ט (ן) ‖ (in a
factory) דער סטאַנאָ'ק (עס)
workday דער אַ'רבעטסטאָג (...טעג) ‖ **on a**
w. *also* אין דער וואָכן ‖ **on an ordinary**
w. *also* אין אַ פּראָסטן מיטוואָך
worked up אוי'פֿגעטראָג'ן
worker דער אַ'רבעטער (ס)
workhouse דאָס אַ'רבעטסהויז (...הײַזער)
working *adj.* אַ'רבעט...; פֿונקציאָני'רנדיק ‖
w. shoes מצ אַ'רבעטשיך ‖ w. model
⊣ דער פֿונקציאָני'רנדיק|ער מאָדע'ל ⊣ **w.**
clothes *also* די ספּעצקליידונג
workingman דער אַ'רבעטסמאַן (אַ'רבעטס-
לײַט), דער אַ'רבעטסמענטש (ן)
workman דער אַ'רבעטער (ס)
workmanship (execution) די אַרבעט, די
מײַ'סטערשאַפֿט, (skill) ⊣ אוי'סאַרבעטונג
די קי'נסטלערשאַפֿט
workout די געניטונג (ען)
workshop דער וואַרשטאַ'ט (ן)
world די וועלט (ן) ‖ **this w.** די'י וועלט ‖
the next w. יע'נ|ע וועלט, די אמת|ע וועלט
[EMES] ⊣ **in(to) the w.** אויף דער וועלט
‖ **the w. to come** (דער) עולם־הבא
[OYLEM-HA'BE]
world-famous וועלט באַרי'מט
worldly [ ] ערדיש; עולם־הזהדיק ‖ (sophisticated) [OYLEMSh] עולמש ‖ **w. pleasures** [OYLEM-HA'ZE] (דער) עולם־הזה ‖
w. person דער וועלטסמענטש (ן)
world-wide וועלט...; אויף דער גאָרער וועלט
worm 1. *n.* דער וואָרעם (ווערעם) ‖ (screw)
דער שנעק (ן) ⊣ **2.** *v.* **w. one's way in**
אַרײַנ|נאַדיע|ן זיך, -|ווע'רעמ|ען זיך ⊣ **w. out**
vt. אַרויס|באַקומ|ען
worm-eaten צעוווערעמט, ווע'רעמדיק
wormy ווע'רעמדיק
worn אָ'פּגעטראָג'ן, אָ'פּגעניצט, אָ'פּגעבאַרעט,
אוי'סגעריב'ן

worried [ ] באַזאָ'רגט, פֿאַרזאָ'רגט, פֿאַרדאגהט
‖ **be w.** *see* **worry**
worry 1. *n.* די דאגה (—ות) [DAYGE], די זאָרג
(ן), דאָס קאָ'פּ־דרייעניש (ן), יסורים מצ [YESURIM] ⊣ **2.** *vt.* (cause concern) מצער זײַן*
[METSAER] ⊣ (vex) אָנ|טאָ|ן* ד יסורים
⊣ *vi.* דאגה|ן, זאָרג|ן זיך, אָפּ|עס|ן זיך ⊣ רופֿע|ן
דאָס האַרץ, האָב|ן* יסורים, מצער זײַן*
זיך ⊣ (be apprehensive) איבער|-
טראַכט|ן, -|קלער|ן ⟨וועגן⟩, צי'טער|ן ⟨איבער⟩
‖ **I should w.!** בין אי'ך בדלות! [BEDALES]
worse ערגער ‖ **no w. than anyone else**
מיט לײַטן גלײַך ⊣ **if w. come to worst**
פֿאַר נויט, אין ערגסטן פֿאַל ⊣ he is **none the**
w. for it עס האָט אים גאָרניט געשאַ'ט
worsen *vt/vi* פֿאַרע'רגער|ן (זיך)
worship 1. *n.* (adoration) די פֿאַר-
געטערונג, דער קולט ⊣ (service) די עבֿודה
[AVOYDE] ⊣ **2.** *vt.* בוק|ן א, פֿאַרגע'טער|ן
⊣ *vi.* דינ|ען גאָט, מתפּלל זײַן* ⊣ זיך צו, דינ|ען ד
[MISPALEL] ⊣ (*Jew.*) אָפּ|ריכט|ן די עבֿודה
worst 1. *adj.* ערגסט* ‖ **get the w. of it**
[MIES] ⊣ **2.** פֿאַרשפּיל|ן, מיאוס אָפּ|שנײַד|ן
adv. צום ערגסטן
worsted 1. *adj.* קאַ'נגאַר'ן ‖ **2.** *n.* דער
קאַ'נגאַרן
worth 1. *adj.* ווערט ‖ **w. it** כּדאַי אַפּ
[KEDA'Y] ⊣ **not w. a straw** ניט ווערט
די/דער ווערט (ן); די ⊣ **2.** *n.* קיין צי'בעלע
זײַן* די ווערט א ⊣ **be w.** ווערדע; דער שאַץ
worthless נישטיק, אָן אַ ווערט
worthwhile [KEDA'Y] כּדאַי אַפּ ‖ **be w.**
also לוינ|ען זיך
worthy [ROE] ווערדיק; ווערט, ראָוי —אַפּ ‖
be w. of *also* [ZOYKhE] זוכה זײַן* א/צו אינפֿ
would וואָלט* ‖ he w. understand ער
וואָלט פֿאַרשטיי'ן/פֿאַרשטאַנען
would-be כּמו אינוו [KMOY], כּלומרשטיק
[KLO'YMERShTIK]; אויך מיר אַ ..., שיִער
ניט אַ ...
wound 1. *n.* די ווונד (ן) ‖ **2.** *v.* פֿאַר-
ווו'נדיק|ן; ראַנע|ן

wow! *int.* !אָוואַ! הורהאַ! איין קליי'ניקייט

wrangle 1. *n.* (ס) דאָס געאַמפּער || 2. *v.* שפּאַר|ן זיך, אַ'מפּער|ן זיך

wrangling דאָס אַ'מפּערן זיך, דאָס אַ'מפּערניש (ן)

wrap 1. *n.* (ס) דער אי'בערציִער || 2. *vt/imp* אײַנ|וויקל|ען, וויקל|ען, היל|ן, פּאַק|ן — *pf.* -|היל|ן, -|פּאַק|ן; אַרומ|וויקל|ען; אײַנ|טוליע|ן || **w. around one's finger** (*fig.*) פֿיר|ן פֿאַר דער נאָז

wrapper די הילע (ס), דער אײַנהיל (ן) || (for mailing) דער באַנדעראָ'ל (ן)

wrapping די פּאַקונג (ען) || **w. paper** דאָס פּאַ'קפּאַפּיר

wrath דער (גרי'מ)צאָרן, דער ירגזון [YIRGOZN] || **full of w.** *also* מלא־חמה ⟨אויף⟩ [MOLE-KhE'YME]

wreak (anger etc.) אויס|לאָז|ן ⟨צו⟩ || (havoc) אָנ|מאַכ|ן

wreath דער קראַנץ (קרענץ)

wreathe (אַרומ)קראַנצ|ן, -|פֿלעכט|ן, -|וויקל|ען

wreck 1. *n.* דער וורעאַק (ן); די שיבֿרי־כּלי (ס) [ShI'VRE-KEYLE] — (decline) דער או'נ־צעשע'דיק|ן, חרובֿ מאַכ|ן — 2. *v.* טערגאַנג [KhOREV]

wreckage דער וורעאַק; דאָס ברעך

wren דער ראָב (ן)

wrench 1. *n.* דער (מו'טער־)שליסל (ען) || 2. *v.* אַוועק|-, אַרויס|רײַס|ן; אַ לונק טאָ|ן*

wrest אַרויס|רײַס|ן

wrestle ראַנגל|ען זיך, שטײַ'ער|ן זיך

wrestler דער ראַנגלער (ס)

wrestling דאָס ראַנגלערײַ'

wretch דאָס נע'בעכל (עך) || (scoundrel) דער ימח־שמוניק (עס) [YEMAKh-ShMO'Y-NIK]

wretched נע'בעכדיק; או'מגליקלעך, קלאָ'-געדיק; צרהדיק [TSO'REDIK], בידנע*

wriggle דריי|ען זיך, וואַרפֿ|ן זיך, באַרבל|ען זיך, צאַפּל|ען

wring (hands) פֿאַרברעכ|ן || (neck) אויס|דריי|ען, **w. out** — אַראָפּ|דריי|ען — **w.ing wet** פּיטש נאַס — |דרינג|ען

wrinkle 1. *n.* דער קנייטש (ן), דער רונצל (ען) || 2. *vt.* קנייטש|ן, רונצל|ען || (material) רונצל|ען זיך *vi.* — צעקנייטש|ן

wrist דאָס (האַ'נט)געלע'נק (ען) || **w. watch** דאָס האַ'נט־זייגערל (עך)

writ דאָס געשרי'פֿטס (ן), דער כּתבֿ (ים) [KSAV—KSOVIM]

write *imp/pf* (אָנ)שרײַב|ן || (a letter) *also* אַוועק|שרײַב|ן || **w. up** (an event) באַשרײַב|ן

writer דער שרײַבער (ס)

writhe קאָרטשע|ן זיך

writing דער כּתבֿ (ים) [KSAV—KSOVIM], די — (inscription etc.) דאָס גע־שריפֿט (ן) — **in w.** בכּתבֿ, שריפֿטלעך, שרי'פֿטס (ן) [BIKSA'V]

written [ ] ...שריפֿטלעך; געשריב'ן; בכּתבֿ־ || **be w.** שטיי|ן* (געשריבן)

wrong 1. *adj.* (incorrect, unexpected) פֿאַלש; פֿאַרקע'רט — (inappropriate) *also* קרום — (side of cloth) לינק || (person answering wrongly or acting unjustly) או'מגערעכט || **the w. way** קאַפּויער — **be w.** (err) זײַן* או'מגערעכט, אַ טעות האָב|ן* [TOES], טועה זײַן* זיך [TOYE] — **do w.** טאָ|ן* שלעכטס ⟨ד⟩; פֿאַר־אַראָפּ|גיי|ן* פֿון — **go w.** שו'לדיק|ן זיך ⟨קעגן⟩ ריי'כטיקן וועג, פֿאַרבלאָנדזשע|ן — (mis-carry) אויס|פֿאַל|ן || (*hum.*) ניט געראָט|ן — **stg. is w.** (with) עפּעס באַקעם — **what's w.?** וואָס איז — איז דער מער ⟨מיט⟩ — **take w.** שלעכט פֿאַר־ (דער מער) ⟨מיט⟩? — שטיי'|ן*/אויס|טײַטש|ן — 2. *n.* די עוולה (—ות) [AVLE], די רעה (—ות) [ROE], די טאָ|ן* ד אַן — 3. *v.* קריוודע (ס); דאָס אומרעכט עוולה, טאָ|ן* ד אַ רעה, טאָ|ן* ד שלעכטס; באַעוול|ען, קריוודע|ן —אַ

wrongdoer דער בעל־עוולה (בעלי־עוולות) [BAL- —BALE]

wrongdoing דאָס שלעכטס; דער פֿאַרברע'ך (ן), מעשׂים־רעים מצ [MAYSIM-RO'IM]

wrought אוי'סגעאַרבעט || **w. iron** דאָס שמי'דאײַזן

wry קרום, פֿאַרקרי'מט; זוי'ער(לעך)

X

X דער איקס (ן)

xenophobia די קסענאָפֿאָביע

xerographic קסעראָגראַפֿיש || **x. copy** די קסעראָקאָפּיע (ס)

xerography די קסעראָגראַפֿיע

X-ray 1. *adj.* רענטגען־... || **X. camera** דער רע'נטגען־אַפּאַראַט ⊣ **X. picture** *also* דער רענטגען (ס) ⊣ 2. *n.* דער רע'נטגען־שטראַל (ן), דער איקסשטראַל (ן) ⊣ 3. *v.* דורכ|איקס|ן, -|לײַכט|ן

xylophone דער קסילאָפֿאָ'ן (ען)

Y

Y דער איגרעק (ן)

yacht דער יאַכט (ן)

yam דער יאַם (ען)

yank אַ שלעפּ/ריס טאָ|ן*

Yankee דער יענקי (ס)

yard[1] (court) דער הויף (ן) || (farm) דאָס געהע'פֿט (ן) ⊣ (depot) | דער סקלאַד (ן)

yard[2] (36 in.) דער יאַרד (ן)

yarn דער גאַרן || (tale) די מעשׂה (—יות) [MAYSE—MAYSES]

yawn 1. *n.* דער גענעץ (ן) || 2. *v/imp* גע'נעצ|ן

yea (vote) דער יאָ (ען)

year דאָס יאָר (ן) || **next y.** איבער אַ יאָר || **this y.** הײַנטיקס יאָר, הײַיאָר || **last y.** פֿאַר אַ יאָרן ⊣ **every y.** אַלע יאָר || **all y.** אַ גאַנץ יאָר ⊣ **all one's y.s** אַלע יאָרן || **y. of publication** (of a periodical) דער יאָרגאַנג (...גענג) ⊣ **this y.'s** הײַ'יאָריק אַדי || **last y.'s** פֿאַראַיאָריק אַדי

yearly יערלעך, יאָריק

yearn בענק|ען, גאַר|ן, °אויס|גיי|ן*, לעכצ|ן, זײַן* זשעדנע ⟨—נאָך⟩; אויס|קוק|ן (זיך) די אויגן ⟨אויף⟩

yearning 1. *adj.* זשעדנע; פֿאַרבע'נקט || 2. *n.* די לעכצונג, די בענקשאַפֿט; דאָס לעכצן, דאָס בענקען ⟨—נאָך⟩

yeast הייוון מצ

yell 1. *n.* דאָס געשריי' (ען) || 2. *v/imp* שרײַ|ען ⊣ (at the top of one's voice) רײַס|ן זיך דעם האַלדז
yellow געל
yellowish געלבלעך
yelp סקאַווטשע|ן
Yemen [TEYMEN] תּימן (דאָס)
yen דאָס צי'עניש (ן) || **have a y. for** (*rev. con.*) ווּעל|ן* זיך ד || **get a y. for** (*rev. con.*) פֿאַרוועל|ן* זיך ד
yes יאָ, יע
yeshivah [YESHIVE] די ישיבֿה (—ות)
yes man דער אָמן־זאָגער (ס) [O'MEN], דער צו'באָמקער (ס)
yesterday נעכטן || **y.'s** אַדי נעכטיק || **day before y.** איי'(ער)נעכטן
yet (after all) פֿונדע'סטוועגן, דאָך, פֿאָרט || (still) נאָך (אַלץ) || **not y.** נאָך (אַלץ) ניט
Yiddish 1. *adj.* יידיש || 2. *n.* דאָס יידיש; דאָס מאַ'מע־לשון [LOSHN] ⊣ (archaic) דאָס עבֿרי־טײַטש [I'VRE]
yield 1. *n.* דאָס געטראָ'ג (ן) || 2. *vt.* (produce) טראָג|ן || (ground) אָפּ|טרעטן || *vi.* בעסער ווער|ן, נאָכ|געב|ן* || **y. to temptation** ניכשל ווער|ן
yielding (נאָ'כ)גיביק
yodel *v.* יאָדל|ען
yoghurt דער יאָגורט
yoke דער יאָך (ן)
yokel דער זשלאָב (עס)
yolk דאָס געלכל (עך)
Yom Kippur 1. *adj.* [ ] יונ־כּיפּורדיק || 2. *n.* [YINKIPER] דער יום־כּיפּור
you (*sg.*: familiar) דו || (formal) איר || (*pl.*) איר || (indefinite) מע(ן) || (polite; *Jew.*) אַ ייִד || where are y. from? פֿון וואַנעט איז אַ ייִד? || y. can't tell מע קען ניט וויסן
young יונג || **very y.** בלוט יונג || **y. man** דער בחור (ים) [BOKhER]; דער יונג|ער־מאַ'ן ⊣ **y. people** דאָס יונגוואַרג ⊣ געב (יונגע־לײַ'ט)
youngest יינגסט* || **y. daughter** די מיזיניק (עס) ⊣ **y. son** דער מיזינקע (ס)
youngster (*masc.*) דער בחור (ים) [BO-KhER], דאָס בחורל (בחורימלעך) ⊣ (*pl.*) דאָס קליינוואַרג, דאָס יונגוואַרג —קאָל
your (*sg.*: familiar) דײַן || (formal) אײַער || (*pl.*) אײַער
yours דײַנ|ער; אײַ'ער|ער; דײַניק*, אײַ'עריק* ⊣ **of y.** ... אַ דײַנ|ער/אײַ'ער|ער —אַדי
yourself (reflexive) זיך (אַליי'ן) || **you y.** דו אַליי'ן, דו גופֿא [GUFE]
yourselves (reflexive) זיך (אַליי'ן) || **you y.** איר אַליי'ן, איר גופֿא [GUFE]
youth יונגע יאָרן מצ , די יוגנט || **in one's y.** יו'נגערהיי'ט
youthful יו'נגיאָריק, יו'גנטלעך; בלוט און מילך
Yugoslav 1. *adj.* יוגאָסלאַוויש || 2. *n.* דער יוגאָסלאַ'וו (ן)
Yugoslavia (די) יוגאָסלאַוויע

Z

Z דער זעט (ן)

zeal די התמדה [HASMODE], דער ברען, דאָס קנאָות [KANOES]

zealot דער מתמיד (ים) [MASMED—MASMIDIM], דער קנאָי (ם) [KANOI]

zealous איי'פֿערדיק, קנאָיִש [ ], פֿאַרברע'נט

zebra די זעברע (ס)

zenith דער זעני'ט (ן)

zero 1. *n.* דער נולָ (ן) || 2. *v.* **z. in** (on) דערפּינטל|ען זיך ⟨צו⟩

zest (taste) דער טעם [TAM] || (pungency) די פּיקאַנטקייט ⊣ (delight) דער תּענוג [TAYNEG] ⊣ (drive) דער אימפּעט

zigzag 1. *n.* דער זיגזאַ'ג (ן) || 2. *v.* זיגזאַגיר|ן

zigzaggy זיגזאַגיש, הינהעריק

zinc דאָס צינק

Zion (דאָס) ציון [TSIEN]

Zionism דער ציוניזם [ ]

Zionist 1. *adj.* ציוניסטיש [ ] || 2. *n.* דער ציוני'סט (ן)

zip (**up**) *vt.* פֿאַרשלעסל|ען

zipper דאָס (בלי'צ)שלעסל (עך)

zizith ציצית מצ [TSITSES]

zodiac דער זאָ'דיאַק, מזלות מצ [ ] || **sign of the z.** דאָס מזל (ות) [MAZL—MAZOLES]

Zohar דער זוהר [ZOYER]

zone 1. *n.* די זאָנע (ס) || 2. *v.* (איינ|)זאָניר|ן

zoo דער זאָאָ־גאָרטן (...גערטנער)

zookeeper דער זאָאָ־גערטנער (ס)

zoological זאָאָלאָגיש

zoologist דער זאָאָלאָ'ג (ן)

zoology די זאָאָלאָגיע

zwieback דער סוכער (עס)

מאָדערן
ענגליש-ייִדיש
ייִדיש-ענגליש
ווערטערבוך

מאָדערן ענגליש-ייִדיש ייִדיש-ענגליש ווערטערבוך

אוריאל ווײַנרײַך

פּראָפֿעסאָר פֿון ייִדישער שפּראַך, ליטעראַטור און קולטור
אויף דער קאַטעדרע א"נ פּ. ז. אַטראַן, קאָלאָמביע-אוניווערסיטעט

ייִדישער וויסנשאַפֿטלעכער אינסטיטוט — ייִוואָ
ביכער-פֿאַרלאַג מעגראָ-היל
ניו-יאָרק **1968**

דאָס זעצן דאָס איצטיקע ווערטערבוך איז מיגלעך געוואָרן
אַ דאַנק אַן אָפּשרײַב פֿון ה׳ שלמה באָגאָראַד (1884–1964) פֿון ראָטשעסטער, נ״י,
און צוויי באַוויליקונגען פֿון דער אַטראַן־פֿונדאַציע
צום ייִדישן וויסנשאַפֿטלעכן אינסטיטוט — ייִוואָ

פֿאַר מײַנע קינדער
סטעפֿאַניע־שיפֿרה און דן

אַ וואָרט פֿריִער

דאָס איצטיקע ווערטערבוך האָט פֿאַר זיך צוויי צילן: (א) קומען צו הילף דעם ייִדיש־לערנער, און (ב) אָפּגעבן דעם ייִדישן שפּראַך־כּלל אַ פּראָוויזאָרישן דין־וחשבון וועגן דער לעקסיקאַלישער אַנטוויקלונג פֿון אונדזער ליטעראַטור־שפּראַך. אַ גענויערע כאַראַקטעריזירונג פֿון אָט די צילן, און אַ פּרטימדיקע דערקלערונג פֿון דעם אופֿן, ווי אַזוי דער מחבר האָט געפּרוווט זיי דערגרייכן, ווערט פּובליקירט באַזונדער דורכן ייִוואָ אין אַ בראָשור די ייִדישע כּלל־שפּראַך אין דער צווייטער העלפֿט צוואַנציקסטן יאָרהונדערט, וואָס דינט פֿאַר איינס ווי אַ פֿולערער אַרײַנפֿיר צום איצטיקן ווערטערבוך. אינעם „וואָרט פֿריִער" איז דעריבער גענוג צו פּרעזענטירן די כּוונות און די שיטה פֿונעם בוך נאָר בתּכלית־הקיצור.

(א) דאָס ווערטערבוך איז אויסן קודם־כּל צו העלפֿן דעם ייִדיש־לערנער סײַ בײַם לייענען ייִדיש, סײַ בײַם שרײַבן און רעדן דאָס לשון קאָרעקט און אידיאָמאַטיש. אינעם ווערטערבוך איז אַרײַנגעפּרעסט אַ היפּשער סכום אינפֿאָרמאַציע, און צוליב אײַנשפּאָרונגען אין אָרט איז די אינפֿאָרמאַציע קאָנדענסירט אויף וויפֿל ס'איז נאָר מיגלעך. מיר עצהן דעם באַנוצער, אַז איידער ער גייט צו צום ווערטערבוך גופֿא, זאָל ער זיך באַקענען מיט די סימבאָלן און קירצונגען וואָס זײַנען דעשיפֿרירט אין די טאַבעלעס אויף ז' xxi און זז' xliii–xl און מיט די אויפֿקלערונגען אויף זז' יג–טז. אַחוץ די ספּעציעלע טעכנישע המצאָות וואָס זײַנען נייטיק אין אַ בוך מיט צוויי אַלף־ביתן (וואָס לייענען זיך נאָך דערצו אין פֿאַרשיידענע ריכטונגען) איז דאָס ווערטערבוך געבויט אויף די זעלביקע פּרינציפּן ווי די וואָס ווערן גענוצט אין אַנדערע שפּראַכן. עס האָט אין זינען אַן אינטעליגענטן באַנוצער וואָס איז אַ ביסל גענוט אין אַרײַנקוקן אין ווערטערביכער. דאָס צונויפֿשטעלן „פֿאַרגרינגערטע" ווערטערביכלעך פֿאַר קינדער אָדער פֿאַר וויניקער עבֿרידיקע אַרײַנקוקערס בלײַבט פֿאַר דער ייִדישער לעקסיקאָגראַפֿיע אַן עבֿודה אויף להבא.

עס ווילט זיך האָפֿן, אַז ווי אַ שליסל צו דער ייִדישער וויסנשאַפֿטלעכער ליטעראַטור, צו דער פּובליציסטיק און צו דער וועלטפּרעסע פֿון דער הײַנטיקער צײַט איז דאָס ווערטערבוך גענוג כּוללדיק. אַ ריי אויספּרוּוון האָבן אָבער געוויזן, אַז אויך בײַם לייענען די שיינע ליטעראַטור קען דאָס איצטיקע ווערטערבוך דינען גאָר ניט צו פֿאַרזינדיקן.

בהסכּם מיטן הויפּטציל פֿונעם ווערטערבוך זײַנען די פּראַקטישע אָנווײַזונגען וועגן זײַן באַנוץ געגעבן באַריכות נאָר אויף ענגליש (זז' xliii–xiii). גראַמאַטיש, פֿאָנעטיש און פֿראַזעאָלאָגיש אַנאַליזירט איז נאָר דער ייִדישער, ניט דער ענגלישער מאַטעריאַל. פֿאַרשטייט זיך, אַז אין אַ געוויסער מאָס קען דאָס ווערטערבוך צו ניץ קומען אַ ייִדיש־קענער בײַם לערנען זיך ענגליש (אַ שטייגער מחוץ צפֿון־אַמעריקע). אָבער פֿאַר איין וועגס אַנטקעגנקומען סיסטעמאַטיש

די באַדערפֿענישן אויך פֿון יענעם טיפּ באַנוצער וואָלט פֿאַרגרעסערט דאָס בוך איבער די גרענעצן פֿון דעם מחברס און די אַרויסגעבערס׳ איצטיקע מיגלעכקייטן.

(ב) ווי אַ דין־וחשבון פֿון דעם כּלל־שפּראַכיקן ווערטער־אוצר איז דאָס איצטיקע ווערטער־בוך אַן ערשטער פּרווו. עס פֿאַרבײַט ניט נ. סטוטשקאָווס אוצר פֿון דער ייִדישער שפּראַך (ניו־יאָרק: ייִוואָ, 1950), וואָס איז אויסן געווען אַרײַנצונעמען אין זיך דאָס גאַנצע לעקסישע האָב־און־גוטס און עס אויסשטעלן לויט סעמאַנטישע גרופּעס; און אַוודאי איז עס פּרינציפּיעל אַנדערש ווי דער גרויסער ווערטערבוך פֿון דער ייִדישער שפּראַך (ניו־יאָרק: באַנד 1, 1961, א — אום; באַנד 2, 1967, אום — אײַנבינדערײַ), מיט זײַן מאַקסימאַל כּוללדיקער פּראָגראַם און מיט זײַנע אילוסטראַציעס און אויפֿווײַזן.

דאָס איצטיקע ווערטערבוך — אַחוץ דעם וואָס עס עקסיסטירט שוין — קען דורכפֿירן אַ פֿונקציע וואָס די אַנדערע, גרעסערע ווערק זײַנען דערצו ניט מסוגל: קאָנפֿראָנטירן ייִדיש מיט אַ צווייטער ברייט אַנטוויקלטער קולטורשפּראַך. אַזאַ קאָנפֿראָנטירונג גיט אונדז אַ השגה פֿון דעם וואָס מיר פֿאַרמאָגן און וואָס עס פֿעלט אונדז. זי רופֿט אונדז אַרויס צו באַלאַנסירן דעם נחת פֿון סינאָנימען־רײַכקייט אויף טייל שטחים מיט אַ דאגה וועגן דעם דערווײַליקן דוחק אויף אַנדערע שטחים.

די ייִדישע כּלל־שפּראַך האַלט זיך אין איין באַרײַכערן, גאָר ניט אין פּראָפּאָרציע צום קאַטאַסטראָפֿאַלן אָפּקום פֿון ריידערס און שרײַבערס בעת און נאָך דער צווייטער וועלט־מלחמה. חידושים קומען צו פֿון פֿאַרשיידענע קוואַלן. בײַ דער צעזייטקייט און צעשפּרייטקייט פֿונעם ייִדישן שפּראַך־כּלל זײַנען אָבער די פֿאַרשיידענע באַרײַכער־פּראָצעסן ניט קאָאָרדינירט. נוציקע נײַווערטער פֿון איין יחיד אָדער איין קרײַז דערגייען ניט צו אַנדערע. אַז זיי ווערן ניט פֿאַרצייכנט אין קיין געהעריק אײַנקוקבוך, זײַנען זיי ניטאָ צו דער האַנט ווען מע דאַרף זיי האָבן אַ צווייט מאָל. גאַנצע זאָרגעוודיק קאָנסטרויִרטע טערמינאָלאָגישע סיסטעמען ליגן פֿאַרגעסענע אין זעלטענע אויסגאַבעס. ס׳גייט אין ניוועץ המצאהדיקייט אויף אומנייטיקע אימפּראָוויזירטע דובלעטן, בשעת פֿאַרדראָסיקע בלויזן בלײַבן ניט־אויסגעפֿילט.

כּוללדיקע אײַנשפּראַכיקע ווערטערביכער זײַנען באַרעכטיקט אָנצוטייען פֿון דעם ניט־פּלאַנירטן אָנוואַקס, צו זען אין אים אַ סימן פֿון עשירות און לעבעדיקייט. אַנטקעגן זשע פֿירט די קאָנפֿראָנטירונג מיט אַ צווייטער ליטעראַטור־שפּראַך אַרײַן אַנדערע מאָסן וואָס זײַנען פּונקט אַזוי באַרעכטיקט: מאָסן פֿון שפּאָרעוודיקייט, פֿון פּרעציזקייט, פֿון אַ קאַליברירטקייט מיט אינטערנאַציאָנאַלע באַגריפֿן־סיסטעמען. בײַ אַזעלכע מאָסן ווערן די צעוואַקסונגען און די בלויזן פֿון ייִדיש אַנדערש באַלויכטן. די שפּע קען דעמאָלט אויסקומען ווי אַן איבעריקייט, בפֿרט כּל־זמן עס פֿעלן נייטיקייטן. נאָר די נייטיקסטע וואַריאַנטן און פּאַראַלעליזמען געהערן אין אַ צווייִשפּראַכיק ווערטערבוך. אין ייִדיש־ענגלישן חלק פֿון דעם איצטיקן ווערטערבוך זײַנען זיי געגעבן מיט אַ ברייטלעכער האַנט, ווי אַ הילף דעם לייענער פֿון פֿאַקטישע ייִדישע טעקסטן. אינעם ענגליש־ייִדישן חלק קומען זיי אַ סך שפּאָרעוודיקער.

בײַם צונויפֿשטעלן דאָס ווערטערבוך האָט דער מחבר ניט געוואָלט אָפּשפּיגלען דאָס כּלומרשטע, אומבעל־הבתּישע „עשירות״ וואָס זעט זיך, לאָמיר זאָגן, אין די טערמינאָלאָגישע אימפּראָוויזירונגען אויף דער הייסער מינוט אויפֿן שטח פֿון מלחמה־פֿירונג, קאָסמאָס־פֿאָרשונג, יוריספּרודענץ אד״גל. דעריבער איז אויסגעקומען אַ סך אָפּצוקלײַבן. דער אָפּקלײַב פֿון צווישן דער שפּע באַמערקטע פֿירלייגן איז געבויט אויף אַן אַרײַנקלער אין זייער פּינקטלעכקייט, זייער אידיאָמאַטישקייט און זייער אויסגעשטימטקייט מיט וואַקסנדיקע טערמינאָלאָגישע סיסטעמען.

אין דער אונטערשטער שורה זײַנען די רעקאָמענדאַציעס וואָס ווערן געמאַכט אין דעם ווערטערבוך, בפֿירוש אָדער געדרונגענערהייט, געבויט אויף דעם מחברס געשמאַק. קיין רשות צו אַסרן אָדער כּשרן ווערטער אין נאָמען פֿון כּלל האָט ער ניט; אָבער אַרויסדרייען זיך פֿונעם

אַחריות צו רעקאָמענדירן האָט ער אויך ניט געקענט. קיינער נאַרט זיך ניט, אַז אַלץ וואָס ווערט דאָ רעקאָמענדירט וועט אָנגענומען ווערן מיט ביידע הענט פֿון אַלע ייִדיש־ניצערס. מע מעג אָבער אפֿשר יאָ האָפֿן, אַז יעדער איינער — אַפֿילו דער גענייטסטער סטיליסט, ווי שטאַרק ער זאָל ניט זײַן געוווינט צו בויען אויף זײַן אייגענעם זכּרון און אויף זײַנע המצאָות — וועט געפֿינען אין דעם ווערטערבוך פֿון וואָס נהנה צו זײַן: גוטע ווערטער אויסגעלייזטע פֿון פֿאַרגעסנקייט אָדער פֿאַרוואָרפֿנקייט. זאָל יעדערער נעמען וואָס דאָס ווערטערבוך גיט אים, און זאָל ער פֿירלייגן בעסערס אויב ער קען. דער מחבר זאָגט פֿון פֿאָרויס זײַן דאַנק פֿאַר עצות וועגן פֿאַרבעסערן דאָס ווערטערבוך אין די ווײַטערדיקע אויסגאַבעס.

די סכּנות פֿון דורכלאָזן נייטיקס, פֿון אָפּטײַטשן ניט גענוג פּינקטלעך, פֿון פֿאַרבראַקירן גוטס אָדער מתּיר זײַן פּסולס טשאַטעווען אויפֿן צונויפֿשטעלער פֿון אַ ווערטערבוך אויף יעדער טראָט. דאָס ווערטערבוך מוז באַאַרבעט ווערן, עס מוז אַרויסקומען ווידער אַ מאָל און אָבער אַ מאָל אין אַ פֿאַרבעסערטער פֿאָרעם; וועגן דעם קען קיין ספֿק ניט זײַן. בײַ ווײַטער־דיקע באַאַרבעטונגען דאַרף ווערן פּינקטלעכער די אָפּמשלונג פֿון דעם שפּראַכבאַנוץ. אָבער אַחוץ דעם וועט זיך דאָך דער באַנוץ אויך ווײַטער בײַטן — און אפֿשר אַפֿילו צום בעסערן ווי אַ פּעולה פֿון דעם ווערטערבוך: אין טייל פּרטים וועט דער כּלל אָננעמען דאָס וואָס ס'ווערט דאָ רעקאָמענדירט, אין אַנדערע וועלן יחידים רעאַגירן מיט פֿירלייגן בעסערס. אַ כּלל־שפּראַך וואָס לעבט דאַרף זיך אָפּט „לעקסיקאָגראַפֿירן" און זיך אַראָפּנעמען אַ מוסר פֿון די חסרונות וואָס זי דערזעט בײַ זיך אין לעקסיקאָגראַפֿישן שפּיגלבילד.

אַראָפּגערעכנט דעם וואָקאַבולאַר וואָס איז צוגעגעבן צו *College Yiddish** איז איינער פֿון דעם מחברס פֿריִיִקע פּרוּוון אין לעקסיקאָגראַפֿיע געווען דאָס צוגרייטן אַ ווערטערביכל וואָס האָט געהאַט אין זינען די באַדערפֿענישן פֿון די תּלמידים אין ייִדישע אָנהייב־ און מיטל־שולן. די אַרבעט האָט זיך אָנגעהויבן אין 1948 אויף דער איניציאַטיוו פֿון לערער־קאָמיטעט וואָס פֿ' יוסף כּראָמאָוו האָט געהאַט געשאַפֿן. מיט אַ יאָר שפּעטער איז דער כּתבֿ־יד געווען פֿיל־ווינציק אויסגעפֿאַרטיקט, אָבער דאָס ווערטערביכל איז קיין מאָל ניט אַרויס, ווײַל פֿ' כּראָמאָוו איז אַוועק פֿונעם פּראָיעקט און דער לערער־קאָמיטעט האָט אויפֿגעהערט עקסיסטירן. דער מחבר וואָלט אָבער דאָ וועלן דערמאָנען מיט דאַנק פֿ' ישׂראל זילבערבערגן און פֿ' מענדל האָפֿמאַנען און אויך די פֿאַרשטאָרבענע יוסף כּראָמאָוו, ד"ר חיים פּאָמעראַנץ און ריווע טשערי־קאָווער פֿאַר זייער מונטערונג און הילף בשעת ער האָט געאַרבעט אויף יענעם ווערטערביכל.

פֿון זינט דעם סוף פֿערציקער יאָרן האָט דער אינטערעס פֿאַר ייִדיש און פֿאַר שטודירן ייִדיש זיך כּסדר גענומען שטאַרקן אין די אינטעלעקטועלע קרײַזן פֿון אַמעריקע, און צוזאַמען דערמיט האָט זיך אַלץ בולטער אַרויסגעוויזן דאָס באַדערפֿעניש אין אַן ענגליש־ייִדישן, ייִדיש־ענגלישן ווערטערבוך וואָס זאָל אָפּשפּיגלען די מאָדערנע ייִדישע קולטורשפּראַך. זינט די פֿריִיִקע פֿופֿציקער יאָרן האָט דער מחבר געגרייט דאָס איצטיקע בוך. ער דערמאָנט זיך מיט דאַנק אין דעם אינטערעס וואָס פּראָפֿעסאָר חיים פּייפּער האָט יעמאָלט אַרויסגעוויזן צו דער אַרבעט. ווען ס'האָט זיך אין 1964 געעפֿנט דער וועג צו פּובליקירן דאָס ווערטערבוך, האָט דער מחבר שטאַרק אויסגעברייטערט און גרונטיק רעווידירט זײַן מאַטעריאַל ביז וואַנען ער האָט אים דערבראַכט צו דער איצטיקער מדרגה.

עס בלײַבט נאָך אַרויסצוזאָגן אַן אויפֿריכטיקן דאַנק די אַלע וואָס האָבן געהאָלפֿן מקיים זײַן דעם אַלטן חלום פֿון אַ צווייִשפּראַכיק ווערטערבוך. פֿ' רחמיאל צוקערמאַן האָט געגעבן

---

* *College Yiddish.* An Introduction to the Yiddish Language and to Jewish Life and Culture by Uriel Weinreich (YIVO, New York, 397 pp.).
ערשטע אויסגאַבע 1948; פֿערטע געבעסערטע אויסגאַבע, צווייטער אָפּדרוק, 1966, 399 זז'.

אַ שפּאָר ביסל געראָטענע עצות. פּראָפֿעסאָר מאַקס ווײַנרײַך האָט געגעבן צו שטײַער אַ סך ציטאַטן פֿון זײַנע פֿאַרצייכענונגען און רעקאָמענדאַציעס וועגן אָפּקלײַבן וואַריאַנטן. פֿ׳ שמעון דאַווידאָוויטש, מיטאַרבעטער פֿון ייִוואָ, האָט געגעבן הילף אײַן־לשער אי ווי אַ מומחה אין תּוך־זאַכן אי ווי אַן ערשטקלאַסיקער קאָרעקטאָר. אָבער מער ווי וועלכער עס איז אַנדער פֿאַקטאָר האָט די מוסר־נפֿשדיקע, בקיאותדיקע מיטהילף פֿון פּראָפֿעסאָר מרדכי שעכטערן פֿאַרזיכערט, אַז אין ווערטערבוך זאָל זיך אָפּשפּיגלען דער בעסטער מאָדערנער באַנוץ. דאָס אַחריות פֿאַר וועלכע עס איז דעפֿעקטן ליגט אויפֿן מחבר, אָבער דעם קרעדיט פֿאַר מעלות וואָס דאָס ווערטערבוך פֿאַרמאָגט וויל ער יושרדיק טיילן מיט זײַנע העלפֿערס, און דער עיקר מיט פּראָפֿעסאָר שעכטערן.

ד״ר מאָריס דזשייקאָבס איז תּמיד געווען גרייט אויסצופֿאָלגן די האַרבע דרוקטעכנישע פֿאָדערונגען וואָס שטעלן זיך בײַ אַזאַ קאָמפּליצירטער אונטערנעמונג. פֿ׳ פֿישל הערשטיין, דער זעצער פֿונעם ווערטערבוך אין ד״ר דזשייקאָבסעס דרוק, האָט מיט גרויס אײַנפֿעליקייט און אָן אַ שיעור טירחה געטאָן זײַנס צו דערפֿירן דאָס ווערטערבוך צו זײַן איצטיקער טעכנישער שלמות.

מיט געפֿילן פֿון דאַנק דערמאָנט זיך דער מחבר אויך אין דער מוטיקונג וואָס ער האָט באַקומען פֿון פֿאַרשטאָרבענעם אַהרן פֿישמאַנען פֿון פֿילאַדעלפֿיע.

צום סוף וויל דער מחבר אַרויסברענגען זײַן דאַנקשאַפֿט צו זײַן פֿרוי, בינה סילווערמאַן־ווײַנרײַך, וואָס האָט אָנטייל גענומען אין דער אַרבעט פֿון דער התחלה ביזן סוף און האָט צוגעלייגט אַ האַנט אין איטלעכער סטאַדיע פֿון דער אַרבעט, פֿון די סובטילסטע פּראָבלעמען פֿון פּלאַנירן ביז די סאַמע סקאַרבאָווע טעכנישע דעטאַלן.

אַרײַנפּרעסן אַ שפּראַך אין פֿורעם פֿון אַ צווייִשפּראַכיק ווערטערבוך מוז פֿאַרשטייט זיך פֿירן דערצו, אַז איר סטרוקטור און איר האָב־און־גוטס זאָלן זײַן פּרעזענטירט אַ ביסל סובייעקטיוו. אָבער אויף אייביק אָפּשטופּן די עבֿודה טאָר מען ניט. ס׳איז שוין לאַנג צײַט, מע זאָל ערגעץ ווו אָנהייבן, און דערנאָך זאָלן קומען הוספֿות וואָס וועלן מתקן זײַן. ס׳איז צו האָפֿן, אַז די אויסבעסערונגען וואָס וועלן קומען וועלן אויסמאָלן מיט מער פּינקטלעכקייט דעם פּראָפֿיל פֿון דער שפּראַך און אויך אָפּשפּיגלען דעם ווײַטערדיקן בײַט וואָס וועט זיך פֿאַרלויפֿן אין שפּראַכבאַנוץ. אַ דאַנק פֿאָרויס פֿאַר קריטישע באַמערקונגען און פֿאַר פֿירלייגן תּיקונים.

או. וו.

דעם טעקסט פֿונעם וואָרט פֿריִער האָט דער מחבר געהאַט אָנגעוואָרפֿן אין די לעצטע חדשים פֿון זײַן לעבן. דעם 30סטן מאַרץ 1967 איז אוריאל ווײַנרײַך אַוועק פֿון דער וועלט, ווען ער איז נאָך ניט געווען אַלט קיין פֿולע 41 יאָר. ער האָט ניט זוכה געווען צו זען אָפּגעדרוקט דאָס ווערטערבוך, אין וועלכן ער האָט אַרײַנגעלייגט אַזוי פֿיל יאָרן האָרעוואַניע. ער האָט אָבער יאָ באַוויזן צו פֿאַרענדיקן דעם גאַנצן כּתבֿ־יד פֿון ווערטערבוך, צו לייענען די גאַנצע ערשטע קאָרעקטור און אַ היפּשן טייל פֿון דער צווייטער. אויך האָט ער נאָך אַרומגערעדט מיטן פֿאַרלאַג מעגראָ־היל פֿאַרשיידענע טעכנישע פּרטים פֿונעם ווערטערבוך וואָס איז אים געווען אַזוי נאָענט צום האַרצן. דאָס ווערטערבוך גייט איצט אַרויס אין פֿולן הסכּם מיט דעם מחברס כּוונות אַ דאַנק דעם וואָס פֿר' בינה ווײַנרײַך האָט זיך אין דעם אַרײַנגעטאָן בלבֿ־ונפֿש און וואָס די פּפּ' שמעון דאַווידאָוויטש און מאַקס ווײַנרײַך האָבן צוגעלייגט אַ האַנט. פֿר' חנה מלאָטעק האָט פֿרײַנדלעך מיטגעהאָלפֿן בײַם לייענען די לעצטע קאָרעקטור. הה' יצחק האָפּמאַן און מאיר ווייציל אין ד"ר דזשייקאָבסעס דרוק האָבן אויסגעשטעלט די זײַטן און בשלמות אויסגעענדיקט די אַרבעט.

ווען מיר האָבן זיך אין 1964 געווענדט צו ד"ר אוריאל ווײַנרײַכן וועגן אַרויסגעבן זײַן ענגליש־ייִדיש, ייִדיש־ענגליש ווערטערבוך דורכן ייִוואָ, האָבן מיר גערעכנט, אַז זײַן כּתבֿ־יד איז פֿיל־ווינציק גרייט צום זעצן. דער מחבר אַליין האָט געהאַלטן אַנדערש. ער האָט נאָך געוואָלט אַרײַנגעבן הונדערטער נײַע אידיאָמען און צענדלינגער אויסדרוקן וואָס האָבן אַ שײַכות צו ייִדיש לעבן און ייִדישער קולטור; אין דעם זײַנען געווען אַ היפּש ביסל אויפֿגעקליבענע דורכן ייִדישן שפּראַך־ און קולטור־אַטלאַס פֿון קאָלאָמביע־אוניווערסיטעט, וואָס אוריאל ווײַנרײַך האָט געשאַפֿן און אָנגעפֿירט ווי זײַן ערשטער דירעקטאָר. ער איז ווידער דורכגעגאַנגען דעם גאַנצן גראַמאַטישן, פֿאָנעטישן און פּראַזעאָלאָגישן אַנאַליז, צו באַפֿרידיקן די הויכע פֿאָדערונגען, צו וועלכע ער האָט זיך געהאַט דעראַרבעט אין זײַנע פֿאָרשערישע דערגרייכונגען פֿון די לעצטע יאָרן. ער האָט הייסט עס איבערגעאַקערט דעם גאַנצן כּתבֿ־יד פֿון אָנהייב ביזן סוף. אין משך פֿון אַקאַדעמישן יאָר 1965/66, בשעת ער איז געווען פֿרײַ פֿונעם חובֿ צו געבן לעקציעס און פֿאַרבראַכט אין צענטער פֿאַר העכערע שטודיעס אין אויפֿפֿיר־וויסנשאַפֿטן אין סטאַנפֿאָרד, קאַליפֿ', האָט ער אָפּגעגעבן דעם גרעסטן טייל צײַט אויפֿן ווערטערבוך. אומגעקערט זיך צום קאָלאָמביע־אוניווערסיטעט אין סעפּטעמבער 1966 און ביז אַ פּאָר טעג פֿאַר זײַן פּטירה האָט ער ווידער צום מערסטן געאַרבעט אויפֿן ווערטערבוך. דער מאַטעריאַל וואָס ווערט דאָ דערלאַנגט איז בכן דער שפּיץ פֿון דעם, אויף וואָס מיר מעגן זיך פֿונעם מחבר ריכטן. דאָס ווערטערבוך איז געגרונטפֿעסטיקט אויף זײַנע טיפֿע שטודיעס אין סעמאַנטיק און לעקסיקאָגראַפֿיע, וואָס האָבן אים געבראַכט ברייטע אָנערקענונג אין דעם אינטערנאַציאָנאַלן ציבור פֿון לינגוויסטן.

אין זײַן וואָרט פֿריִער דערמאָנט ד״ר ווײַנרײַך די געפּלאַנטע בראָשור **די ייִדישע כלל־שפּראַך אין דער העלפֿט צוואַנציקסטן יאָרהונדערט**, וואָס ער האָט זי געוואָלט אַרויסגעבן איינצײַטיק מיטן איצטיקן ווערק כּדי אַרויסצוברענגען די טעאָרעטישע יסודות און די פּראַקטישע צילן פֿונעם ווערטערבוך אין אַ געהעריקן היסטאָרישן קאָנטעקסט. אָט די שטודיע איז געבליבן ניט־אָנגעשריבן. אָבער ס׳זײַנען פֿאַראַן אַ סך נאָטיצן וואָס דער מחבר האָט איבערגעלאָזט, און מען קען זיך סומך זײַן אויף זײַנע פּובליקירטע אַרבעטן אין דעם פֿעלד, אויף זײַן קאָרעספּאָנדענץ מיט די מיטהעלפֿערס און, פֿאַרשטייט זיך, אויפֿן ווערטערבוך גופֿא. דער ייִוואָ פֿאַרהאָפֿט אַרויסצוגעבן אָט די באַלייט־שטודיע צום ווערטערבוך נאָך אין משך פֿון 1968.

די באַצייכענונג **מאָדערן** ווערטערבוך איז פֿאָרגעלייגט געוואָרן דורך די אַרויס־געבערס פֿון מעגראָ־היל, און דער מחבר האָט זי געהאַט אַקצעפּטירט. עס שטעקט אין אָט דעם נאָמען אַ התחײַבֿות צו האַלטן די ווײַטערדיקע אויסגאַבעס אין טראָט מיט דער צײַט, און דער ייִוואָ פֿון זײַן זײַט איז מבֿטיח, אַז ער וועט טאָן אַלץ וואָס ס׳איז אין זײַנע כּוחות ניט צו בלײַבן הינטערשטעליק. בײַם דורכפֿירן שינויים שפּעטער צו, וואָס וועגן זייער נייטיקייט רעדט דער מחבר אַזוי קלאָר אין זײַן וואָרט פֿריִער, איז פֿאַר די באַנוצערס פֿונעם ווערטערבוך אויך אָנגעצייכנט אַ חשובֿע ראָלע. בכן ווערט דאָ מיטן פֿולן מויל איבערגעחזרט דעם מחברס בקשה, אַז די באַנוצערס זאָלן פֿירלייגן הוספֿות און תּיקונים. די קאָרעספּאָנדענץ דאַרף ווערן אַדרעסירט צום ייִוואָ, 1048 פֿינפֿטע עוועניו, ניו־יאָרק, נ״י 10028.

דער ייִוואָ גיט אָפּ אַ האַרציקן דאַנק זײַנע גוטע־פֿרײַנד וואָס האָבן מיטגעהאָלפֿן צו ברענגען דעם אַמביציעזן פּלאַן פֿון פּובליקירן אָט דאָס ווערטערבוך צו אַ גמר. קודם־כּל קומט דער דאַנק ה׳ סאָלאָמאָן באָגאָראַדן ע״ה פֿון ראָטשעסטער, נ״י, וואָס זײַן אָפּשרײַב אין 1964 האָט מיגלעך געמאַכט פֿאַרן ייִוואָ צו נעמען טראַכטן וועגן אַרויסברענגען מכּוח אל הפּועל אוריאל ווײַנרײַכס ווערטערבוך, און דער אַטראַן־פֿונדאַציע, ניו־יאָרק, וואָס צוויי ברייט־האַרציקע באַוויליקונגען אירע האָבן געהאַט אַ גוואַלדיקע ווערדע אין די ווײַטערדיקע סטאַדיעס פֿון דער אַרבעט. ווײַטער ווערט דערמאָנט מיט דאַנק די צוהילף פֿון די פֿפֿ׳ ה. אַ. אַבראַמסאָן, לאה אײַזענבערג, יודל באָרענשטיין, די משפּחה סאָל בראָדסקי און אײַדע סעלצער, פֿיליפּ און עדוואַרד סאַלאָמאָן און יוסף פּערלאָוו צום אָנדענק פֿון זײַן פֿרוי דאָרע.

אַפּריל 1968

ייִדישער וויסנשאַפֿטלעכער אינסטיטוט — ייִוואָ

אויפֿקלערונגען ווי אַזוי צו ניצן דאָס ווערטערבוך

אַלע סימבאָלן און קירצונגען, סײַ ייִדישע סײַ ענגלישע, זײַנען אַנאַליזירט אין די טאַבעלעס אויף ז' xxi און זז' xliii–xl.

1. אויסשטעל פֿון מאַטעריאַל אין ייִדיש־ענגלישן חלק

א. סדר פֿון אַלף־בית

דער סדר פֿון אַלף־בית איז באַשטימט פֿון די „תּקנות פֿון ייִדישן אויסלייג" וואָס דער ייִדישער וויסנשאַפֿטלעכער אינסטיטוט — ייִוואָ האָט פּראָקלאַמירט אין 1936. בֿ גילט פֿאַר אַן אות וואָס איז באַזונדער פֿון ב; דעריבער קומט למשל אָבער פֿריִער פֿון אָבֿ. דעסט גלײַכן זײַנען כּ און כ, פּ און פֿ, ש און שׂ, תּ און ת באַזונדערע אותיות וואָס קומען אין דעם אָנגעוויזענעם סדר.

אַנטקעגן זשע רעכענען זיך א, אַ און אָ פֿאַר איין אות; דעסט גלײַכן ו און וּ, י און יִ, יי און ײַ. דעריבער קומט וואָר פֿאַר וואַשן, ווײַזן פֿאַר ווייניען אאַז"וו. נאָר אין פֿאַלן ווען די נקודה איז דער איינציקער חילוק צווישן צוויי ווערטער קומט אַ פֿאַר אָ אאַז"וו (מאַן פֿאַר מאָן).

אין די זעלטענע פֿאַלן, ווען איינסן פֿון לשון־קודשן אָפּשטאַם שיידן זיך אונטער בלויז אין דער נקודה, גייען קודם־כּל די ווערטער מיט שוואָ (נול) און דערנאָך גייט דער אַלף־בית־סדר לויט די וואָקאַלן: [A O U OY I EY E]. פֿ"גל אונטער זכר, חבֿר, סמך א"אַנד.

ב. אַקצענט; צוויי מינים מקף

די מערסטע מערטראַפֿיקע ייִדישע ווערטער האָבן דעם אַקצענט אויפֿן פֿאַרלעצטן טראַף. אין ווערטער וואָס ווערן אַקצענטירט ניט אויפֿן פֿאַרלעצטן טראַף ווערט דער הויפּטאַקצענט באַצייכנט דורכן סימן ' לינקס פֿון געהעריקן אות, למשל: קע'שענע, ניטאָ', אַרײַ'ן, אוי'סגעגראָבן, מאַרשי'רט.

אין דעם איצטיקן ווערטערבוך ווערן גענוצט צוויי מינים מקף: (א) אַ דינערער, נאָענט צום מיטן שורה (-), אָנצוּווײַזן, אַז די שורה איז געווען צו קורץ אַרײַנצונעמען דאָס גאַנצע וואָרט; (ב) אַ גרעבערער, סאַמע אויבן אין דער שורה (־), אָנצוּווײַזן, אַז אין דעם אָרט קומט תּמיד אַ מקף על־פּי די אויסלייג־תּקנות. אַ שטייגער: אונטער, זאַפּאַסטיר לייגט מען אויס אין איינעם; טאָמער איז די שורה צו קורץ אַרײַנצונעמען דאָס גאַנצע וואָרט, טראָגט מען אַריבער און-טער, זאַ-פּאַס-טיר מיט אַ דינעם מקף. אַנטקעגן זשע ווערן טעלעגראַף־אַגענטור, ניט־דערזאָגנדיק, קלאָץ־קשיא תּמיד אויסגעלייגט מיט אַ מקף אומאָפּהענגיק פֿון זייער אָרט אין דער שורה; און דאָ ניצט דאָס ווערטערבוך דעם גרעבערן מקף.

די אַקצענטן און ביידע מינים מקף קומען אין ייִדישע ווערטער אין ביידע חלקים ווערטערבוך.

ג. געבוי פֿון אַרטיקלען

אין יעדער אַרטיקל איז דער סדר פֿון מאַטעריאַל אַזאַ:

דאָס זוכוואָרט, ד"ה דאָס ייִדישע זוכוואָרט וואָס נאָך זײַן געשריבענער פֿאָרעם נאָך איז באַשטימט דער אָרט פֿונעם אַרטיקל אין סדר פֿון אַלף־בית.

די באַצייכענונג פֿון גראַמאַטישן קלאַס (און בײַ סובסטאַנטיוון — די באַצייכענונג פֿון מין) צו וועלכן עס געהערט דאָס זוכוואָרט; באַצייכנט דורך אַ קירצונג מיט פּעטיט־אותיות, דערקלערט אין דער טאַבעלע אויף זז' xliii–xlii.

די בייגונג פֿונעם וואָרט, אויב שייך: אין

האַלבע לבֿנות די מערצאָל פֿון סובסטאַנטיוון, דער פֿאַראַנגענער פּאַרטיציפּ פֿון ווערב.

דעריווירטע פֿאָרמעס: דימינוטיוון און ווײַבלעכע פֿאָרמעס פֿון סובסטאַנטיוון, קאָמפּאַראַטיוון פֿון אַדיעקטיוון, אויסגעטיילט דורך ספּעציעלע סימבאָלן (זען טאַבעלע אויף זז' xli–xl).

אָנווײַזונגען אויף סינטאַקטישע קאָנסטרוקציעס — באַהערשטער בייגפֿאַל אָדער פּרעפּאָזיציע, דערעיקרשט נאָך ווערבן (ברירהדיקע קאָנסטרוקציעס אין ווינקלדיקע קלאַמערן ⟨ ⟩).

דער אַרויסרעד פֿון וואָרט: אין קאַנטיקע קלאַמערן, בײַם רובֿ אײנסן פֿון לשון־קודש אָפּשטאַם ווו ס'איז ניט אַרויסצודרינגען דעם אַרויסרעד פֿון דער גראַפֿישער פֿאָרעם.

די ענגלישע אָפּטײַטשונג פֿונעם זוכוואָרט.

ד. נעסטווערטער

אין פּשוטע אַרטיקלען ווערט אָפּגעטײַטשט נאָר דאָס זוכוואָרט. אַרטיקלען אין וועלכע עס גייט אַרײַן ניט נאָר דאָס זוכוואָרט גופֿא, נאָר אויך אַנדערע ייִדישע פֿאָרמעס (וואַריאַנטן פֿונעם זוכוואָרט אָדער פֿראַזעס מיטן זוכוואָרט) הייסן ווערטערנעסטן. אַן אָפּגעטײַטשט וואָרט אָדער אַ פֿראַזע אין אַ נעסט הייסט אַ נעסטוואָרט.

אויב אַ זוכוואָרט אָדער נעסטוואָרט האָט מער ווי איין ענגלישן אָפּטײַטש לייענט זיך די ענגלישע סעריע אינעם לאַטײַנישן סדר, פֿון לינקס אויף רעכטס. למשל:

באַדינער דער (ס) ⊡ servant, attendant

אויב אין אַ שורה קלעקט ניט קיין אָרט צו פֿאַרענדיקן אַן ענגלישע אָפּטײַטשונג, גייט די אָפּטײַטשונג ווײַטער אין דער רעכטער זײַט פֿון דער קומענדיקער שורה. למשל:

מאַ'טערניש דאָס (ן) torment; labor, pains;

②⟶ ⟵①

hardship

③⟶

פֿאַר אַ נעסטוואָרט, אָדער צווישן אַ פֿאַרענדיקטער אָפּטײַטשונג און אַ נעסטוואָרט, שטייט דער סימן ||. למשל (פֿאַרפּשוטערט):

בלינד אַדי blind || בלינד מאַכן blind

④⟶ ⟵③ || ②⟶ ⟵①

אויב נאָך אַן ענגלישער אָפּטײַטשונג, וואָס איז פֿאַרענדיקט אויף אַזאַ אופֿן, קומט אַ נײַ ייִדיש נעסטוואָרט, איז עס אָפּגעטיילט פֿונעם סוף פֿון דער אָפּטײַטשונג מיטן סימן ⊢. דער סימן הייסט: קודם־כּל לייענען דאָס וואָס ס'שטייט אויף רעכטס, ווײַל דאָס איז דער המשך פֿון דער פֿריערדיקער שורה. למשל:

בליק דער (ן) look, glance, gaze;

②⟶ ⟵①

at first glimpse ⊢ אויפֿן ערשטן בליק

⑤⟶ ⟵④ ⊢ ③⟶

glance

⑥⟶

כּדי צו פֿאַרשפּאָרן איבערחזרונגען ווערט דאָס זוכוואָרט, אויב עס קומט עטלעכע מאָל אין דער נעסט, פֿאַרשטריכלט. אין די אָקערשט געגעבענע דוגמות האָט מען די נעסטווערטער ב ל י נ ד אָדער ב ל י ק געקענט איבערגעבן דורך ב'; און אַזוי שטייט טאַקע אין ייִדיש־ענגלישן חלק. טייל מאָל קען צו דער פֿאַרשטריכלטער קירצונג צוגעגעבן ווערן אַן ענדונג; אַ שטייגער א'ן אין נעסטוואָרט א ו י ג באַטײַט א ו י ג ן.

אָט איז אַ דוגמא פֿון אַ נעסט מיט ביידערליי אָפּטייל־סימנים, || און ⊢, מיט אַן אָנווײַז אויפֿן סדר, אין וועלכן מע דאַרף לייענען דעם מאַטעריאַל, און מיט אַ פֿאַרשטריכלט נעסטוואָרט:

מאָרגן אַדוו tomorrow || איבער מ' day

④⟶ ⟵③ || ②⟶ ⟵①

the day (ס) אויף מ'(ס) ⊢ after tomorrow

⑦⟶ ⟵⑥ ⊢ ⑤⟶

after

⑧⟶

ה. גראַמאַטישער אַנאַליז

נומער (ן), נזיר (ים), נוסח (אָות) באַטײַט, אַז די מערצאָל־פֿאָרמעס פֿון די ווערטער זײַנען נומערן, נזירים, נוסחאָות. (—) באַטײַט, אַז מערצאָל און איינצאָל זײַנען אידענטיש, אַ שטייגער פֿערד דאָס (—) באַטײַט, אַז סײַ איינצאָל סײַ מערצאָל איז פֿערד. טייל מאָל ווערט פֿון קלאָרקייט וועגן געגעבן די פֿולע מערצאָל־פֿאָרמע, אַ שטייגער: קאָפּ (קעפּ), וואַלד (וועלדער), פֿורמאַן (פֿורלײַט), צוואה (צוואָות). אויב די איינצאָל פֿון סובסטאַנטיוו ענדיקט זיך אויף י און די מערצאָל־ענדונג איז (ען), ווערט אין מערצאָל דער י אָרטאָגראַפֿיש פֿאַרביטן דורך ײ; אַ שטייגער ברי (ען) באַטײַט, אַז מערצאָל פֿון ברי ווערט אויסגעלייגט בריען.

בײַ דימינוטיוון מיט די סופֿיקסן ל, לע, עלע איז דער אַרטיקל אַלע מאָל דאָס. דימינוטיוון וואָס ווערן געפֿורעמט מיט אַנדערע סופֿיקסן בלײַבן בײַם גראַמאַטישן מין פֿון דער גרונטפֿאָרמע; אין די געציילטע פֿאַלן ווו דער גראַמאַטישער מין פֿון דימינוטיוו איז אַן אַנדערער איידער אין דער גרונטפֿאָרמע איז דער אַרטיקל בפֿירוש באַצייכנט. אַ שטייגער הויז (הײַזער) דאָס △ הײַזל/די הײַזקע באַטײַט, אַז דער אַרטיקל פֿון הײַזקע איז די; הײַזל האָט דעם אַרטיקל דאָס (און דערפֿאַר איז ער ניט באַצייכנט).

אויב אַן אַדיעקטיוו איז געגעבן ניט אין דער שטאַמפֿאָרמע, נאָר אין דער געבויגענער פֿאָרמע ווי אַ טייל פֿון אַ ייִדישער פֿראַזע, איז די ענדונג אָפּגעטיילט דורך אַ ווערטיקאַל, אַ שטייגער: דער קאַנטיק|ער קלאַמער; דער גוט|ער־ברודער. דאָס באַטײַט, אַז אויב די פֿראַזע זאָל קומען ניט אין נאָמינאַטיוו, דאַרף די ענדונג געביטן ווערן, אַ שטייגער: (דעם) קאַ'נטיקן (קלאַמער); (דעם) גוטן־ברו'דער.

אַ שטערנדל בײַ אַן אַדיעקטיוו באַצייכנט, אַז מע קען אים ניצן נאָר אַטריבוטיוו. אַ שטייגער פּיצינק* באַטײַט, אַז ס'קען זײַן דאָס פּי'צינקע שטײַ'בעלע, אָבער ניט: דאָס שטײַ'בעלע איז פּיצינק. די קירצונג אַפּ בײַ אַן אַדיעקטיוו באַצייכנט, אַז מע קען אים ניצן נאָר פּרעדיקאַטיוו. אַ שטייגער ראָוי אַפּ באַטײַט, אַז ס'קען זײַן דער מענטש איז ראָוי, אָבער ניט: דער ראָוי מענטש.

בײַם געבן אין האַלבע לבֿנות דעם פֿאַרגאַנגענעם פּאַרטיציפּ פֿון אַ ווערב מיט זיך איז דער זיך ניט איבערגעחזרט. אַ שטייגער: דאַכט|ן זיך (געדאַ'כט) באַטײַט, אַז די פֿאַרגאַנגענע צײַט פֿון דאַכט|ן זיך איז האָט זיך געדאַ'כט. אויב די פֿאַרגאַנגענע צײַט פֿון אַ ווערב ווערט געפֿורעמט מיטן העלפֿווערב זײַן, שטייט אין די האַלבע לבֿנות פֿאַרן פֿאַרגאַנגענעם פּאַרטיציפּ איז. אַ שטייגער: קומ|ען וו (איז געקומען) באַטײַט, אַז he came איז ער איז געקומען.

אַ קאָנווערב וואָס איז אין אינפֿיניטיוו פּרעפֿיקסירט צום שטאַם פֿון ווערב איז אין דעם ווערטערבוך אָפּגעצייכנט דורך אַ ווערטיקאַל. אַ שטייגער אויס|גראָב|ן וו (אוי'סגעגראָבן) באַטײַט, אַז אין דער איצטיקער צײַט איז די קאָניוגאַציע איך גראָב אויס, דו גראָבסט אויס אאַז"וו; דער פֿאַרגאַנגענער פּאַרטיציפּ איז אוי'סגעגראָבן. אין אָפּ|פּאָליר|ן וו ◇ איז דער פֿאַרגאַנגענער פּאַרטיציפּ אָ'פּפּאָלירט. אויב דער שטאַם פֿון ווערב ענדיקט זיך אויף י, ווערט דער י אָרטאָגראַפֿיש פֿאַרביטן אויף ײ אין די פֿאַלן, ווו נאָך אים קומט אַן ע: איך צי, דו ציסט אאַז"וו, אָבער: ציען, צי'ענדיק.

אַ נאָטירונג ווי פֿאַרבע'סערן (זיך) וו ◇ improve *vt/vi* באַטײַט, אַז פֿאַרבע'סערן גיט איבער improve מיטן טראַנסיטיוון טײַטש און פֿאַרבע'סערן זיך improve מיטן אומטראַנסיטיוון טײַטש. אַ שטייגער פֿון נעמען וו take דאַרף מען דרינגען, אַז take me איז נעם מיך. אין טעלעפֿאָנירן וו ◇ ד telephone באַטײַט דער ד, אַז telephone me איז טעלעפֿאָני'ר מיר. פֿון העלפֿן וו ⟨ד⟩ help דאַרף מען דרינגען, אַז בײַ העלפֿן

קען געמאָלט זײַן אויך אַ קאָנסטרוקציע ווי ה ע ל ף ש ר ײַ ב ן; אָבער אויב ס'קומט אַן אָביעקט אין אַ בײַשפּיל, דאַרף ער זײַן אין דאַטיוו. אַ שטײַנער ה ע ל ף מ י ר.

2. אויסשטעל פֿון מאַטעריאַל אין ענגליש־ייִדישן חלק

ווי אין ייִדיש־ענגלישן חלק לייענען זיך סעריעס ענגלישע ווערטער פֿון לינקס אויף רעכטס און סעריעס ייִדישע ווערטער פֿון רעכטס אויף לינקס.

אַ טראַנסקריפּציע מיט לאַטײַנישע אותיות אין קאַנטיקע קלאַמערן רעכנט זיך ווי דער לעצטער טייל פֿון אַ ייִדישן וואָרט צו וועלכן זי איז שייך.

אויב אויף אַ שורה איז ניטאָ קיין אָרט צו פֿאַרענדיקן אַ ייִדישע אָפּטײַטשונג, גייט זי ווײַטער אין דער לינקער העלפֿט פֿון דער קומענדיקער שורה. למשל:

דאָס אָ'נבײַסן (ס), דאָס (main meal) **dinner**

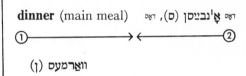

וואַרמעס (ן)

אויב נאָכן סוף פֿון אַזאַ ייִדישער אָפּטײַטשונג קומט אַ נײַ ענגליש נעסטוואָרט ווערט עס אָפּגע־טיילט פֿון דעם המשך פֿון דער ייִדישער אָפּטײַטשונג מיטן סימן ⊣. דער סימן הייסט: קודם־כּל לייענען וואָס עס שטייט אויף לינקס פֿון אים, וואָרן דאָס איז דער המשך פֿון דער פֿריִערדיקער שורה. למשל:

דאָס אָ'נבײַסן (ס), דאָס (main meal) **dinner**

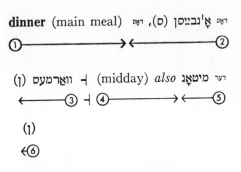

דער מיטאָג *also* (midday) ⊣ וואַרמעס (ן)

(ן)

אויף אָפּצוטיילן אַן ענגליש נעסטוואָרט פֿון אַ ייִדישער אָפּטײַטשונג, וואָס איז אָנגעהויבן און פֿאַרענדיקט אויף דער זעלביקער שורה, גילט דער סימן ||. אָט איז אַ דוגמא פֿון אַ נעסט וווּ ס'ווערן גענוצט בײדע אָפּטייל־סימנים, ⊣ און ||, מיט אַן אָנווײַז אויפֿן סדר אין וועלכן מע דאַרף לייענען דעם מאַטעריאַל:

די ווידלע (hay) || דער גאָפּל (ען) **fork 1.** *n.*

אָנ־ *v.* .2 || דער שיידוועג (ן) (road) ⊣ (ס)

שטעכ|ן אויף אַ גאָפּל

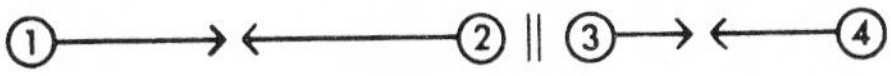

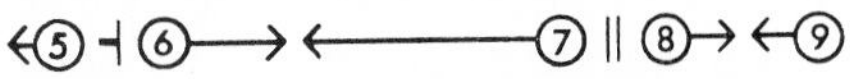

א

א דער/די [ALEF] letter of Yiddish alphabet (not pronounced); numerical value: 1; *called* שטומע(ר) אַלף *to distinguish it from* אַ, אָ; *cf.* אַ ל ף

אַ דער/די [PA'SEKh-ALEF] variant of the letter א; pronounced [A]

אַ 1. אַרט a(n) || 2. אַדוו some, about || אַ 30 טעג some 30 days || 3. פּרעפּ per || 500 אױ'מדרייען אַ מינו'ט 500 revolutions per minute

אַ דער (ען) (the Latin letter) A

אָ דער/די [KO'METS-ALEF] variant of the letter א; pronounced [O]

אָ אינט o, oh

אָ פּאַרט *demonstrative element* || דער אָ, די אָ, דאָס אָ this || די אָ these || דאָ אָ right here

אָ דער (ען) (the Latin letter) O

א"אַ=און אַ'נדערע and others; etc.

אאַז"וו=און אַזוי' ווײַטער and so forth, etc., and the like

אָאַזיס דער (ן) oasis

א"אַנד=און אַ'נדערע and others; etc.

אאַ"פֿ=אויפֿן אַדרעס פֿון c/o

אַבאַזשו'ר דער (ן) lamp shade

אַבאָניר־געלט דאָס subscription (fee)

אַבאָניר|ן וו ◇ ⟨אַ⟩ subscribe (to)

אַבאָנעמע'נט דער (ן) subscription

אַבאָנע'נט דער (ן) subscriber

אָבאָע די (ס) oboe

אַבאָ'רט דער (ן) abortion

אַבאָרטניק דער (עס) □–ניצע abortionist

אַבדיקיר|ן וו ◇ ⟨פֿון⟩ abdicate

אַבי'/אַ'בי 1. אַדי—אינוו any || אַ' אַ וואָרט any word at all ⊢ אַ' וואָס anything; at the drop of a hat ⊢ אַ' ווו anywhere || אַ' ווי anyhow, carelessly, haphazardly ⊢ אַ' ווען any time || אַ' ווער anybody ⊢ ניט אַ' וואָס/ווער nobody/nothing to be sneezed at ⊢ 2. קאָנ as long as, only ⊢ אַ' צו זײַן מיט דיר only to be with you

אַביטוריע'נט דער (ן) ⊡ graduate

אַביסי'ניע (די) Abyssinia

אָביע'קט דער (ן) object

אָביעקטי'וו 1. אַדי objective, impartial || 2. דער (ן) lens (of camera etc.)

אָבלאַווע די (ס) police raid, search

אָבליגאַטאָריש אַדי compulsory, obligatory

אָבליגאַציע די (ס) bond, debenture

אַבסאָלווע'נט דער (ן) ⊡ graduate

אַבסאָלו'ט אַדי absolute

אַבסאָרבירונג די absorption

אַבסאָרביר|ן וו ◇ absorb

אַבסו'רד 1. אַדי absurd, preposterous || 2. דער (ן) absurdity

אָבסטעטריק די obstetrics

אָבסטעט'ריקער (ס) ⊡ obstetrician

אַבסטראַהיר|ן וו ◇ abstract

אַבסטראַ'קט אַדי abstract

אַבסטראַקציע די (ס) abstraction

אָבסטרויר|ן וו ◇ (legally) obstruct, filibuster

אָבסטרוקציע די (ס) (legal) obstruction, filibuster

אָבסערוואַטאָר דער (...אָ'רן) □שע observer

אָבסערוואַטאָריע די (ס) observatory

אָבסערוואַציע די (ס) observation

אָבסערוויר|ן װ ◇ observe, watch

אָבער 1. אַדװ : אָ' (אַ מאָל) a third time || אָ' און ווידער time and again || 2. קאָנ but, however; in turn ‏— ער אָ' but he; he in turn

'אָבערגלויבן זען איבערגלייבעניש; גלייבעכץ

אָ'בערעם זען ברעם דער

אָבצאַ'ס דער (ן) זען אַפּצאַס

אָב¹ דער Ab, the 11th month in the Jew. calendar, coinciding with parts of July and August

אָב² דער (ות) ancestor, forefather; (*pl.*) *also* the biblical Patriarchs Abraham, Isaac, and Jacob

אַבֿדה די (—ות) [AVEYDE] loss

אבֿיון דער (ים) ◻טע [EVYEN—EVYOYNIM] pauper, poor man

אָבֿל דער (ים) ◻טע [OVL—AVEYLIM] mourner

אֲבֿלות דאָס [AVEYLES] bereavement

אבֿן־בוחן דער (ס) [EVN-BO'YKhN] touchstone

אבֿן־טובֿ דער (אֲבֿנים־טובֿות) [E'VNTOV—AVONIM-TO'YVES] gem, jewel

אבֿן־נגף דער (ן) [NE'GEF] stumbling block

אבֿר דער (ים) [EYVER—EYVRIM] limb || (מע'נלעכ|ער) אָ' penis

אַבֿרהם אָבֿינו פּנ [AVRO'M OVINU] (the Patriarch) Abraham Our Ancestor

אַ"ג=אַזוי' גערופֿ'ן so-called

אַגבֿ אַדװ [AGEV] incidentally, by the way

אַגבֿ־אורחא אַדװ [U'RKhE] by the way, in passing

אַגבֿדיק [ ] incidental

אַגדה די (—ות) [AGODE] legend; Aggadah, the non-legal, illustrative material in the Talmud and rabbinical literature, as opposed to Halakah

אַגיטאַציע די (ס) agitation, electioneering

אַגיטיר|ן װ ◇ agitate, electioneer

אַגע'נט דער (ן) ◻קע agent; operative

אַגענטו'ר די (ן) agency

אַגע'נץ: די יי'דיש|ע אַגע'נץ the Jewish Agency

אָגער דער (ס) stallion

אַגראַפֿקע די (ס) safety pin

אַגריקולטו'ר די agriculture

אַגריקולטורע'ל אַדי agricultural

אַגרעס דער (—) gooseberry

אַגרעסי'וו אַדי aggressive

אַגרע'סיע די (ס) aggression

אַ דאַנק פּרעפּ thanks to || פֿ"גל דאַנק

אַדאָפּטירונג די (ען) adoption

אַדאָפּטיר|ן װ ◇ adopt (a child)

אד"גל=און דאָס/דעס גלײַכן and the like

אַדוואָקאַ'ט דער (ן) ⊡ lawyer, attorney

אַדוואָקאַ'טנשאַפֿט די bar (association)

אַדווע'רב דער (ן) adverb

אדוני טיטל [ADOYNI] my lord || אָ' מלך [MEYLEKh] sire, my lord king ‏— אָ' פּריץ [PORETS] my lord

אַדו'רך, אַדו'רכ.. זען דורך, דורכ..

אד"ט=אויף דער טעמע on the subject

אַדיע' אינט [DY] good-bye

אַדיעקטי'וו דער (ן) [DY] adjective

אַדי'קט דער (ן) ◻קע addict

אַדיקציע די (ס) addiction

אַדל דער nobility

אַ'דלדיק אַדי noble

אָ'דליגע די (ס) thaw

אַ'דלמאַן דער (אַ'דללײַט) nobleman

אָדלער דער (ס) eagle

אַ'דלפֿרוי די (ען) noblewoman

אָדם פּנ [ODEM] Adam || אָ' נאַקעט stark naked

אדמה די [ADOME] (*hum.*) earth || °ליג|ן אין דער אַ' be in a miserable state || °גיי|ן* אין דער אַ' go to hell || *°האָב|ן אין דער אַ' hold in contempt, not give a damn about

אָדם הראשון פּנ [ODEM-HORI'ShN] Adam, the first man

אַדמיניסטראַטי'וו אַדי administrative

אַדמיניסטראַציע די (ס) administration, management

אַדמיניסטריר|ן וו ◇ administer
אַדמיראַ'ל דער (ן) admiral
אָדע די (ס) ode
אַדע'ס פּנ Odessa || לעב|ן ווי גאָט אין אַ' live the life of Riley
אָדעקאָלאָ'ן דער (ען) Cologne water
אַדעקוואַ'ט אַדי adequate
אָדער די/דער (ן) vein, blood vessel; (*fig.*) streak, strand ⊢ טרענ|ען ד די אָ'ן annoy, vex ⊢ שלאָג|ן ד צו דער אָ' bleed *vt.*
אָדער קאָנ or || אָ' ... אָ' either ... or || אָ'־אָ'! take it or leave it!
אַ'דערויף דער זען אַ ד ר ו י ף
אָ'דערל דאָס (עך) capillary
אָדר דער [ODER] Adar, the sixth month in the Jew. calendar, usually coinciding with parts of February and March
אַדרבא אינט [A'D(E)RABE] not at all, on the contrary; in fact; by all means; you are welcome
אַדרבא־ואַדרבא אינט [VEA'D(E)RABE] by all means, with the greatest of pleasure
אַדרוי'ף דער (ן) down payment, deposit || געב|ן* אַ' make a down payment
אַדרעס דער (...ע'סן) address || אויפֿן אַ' פֿון in care of, c/o
אַדרעסאַ'ט דער (ן) ⊡ addressee
אַדרעסיר|ן וו ◇ address
אַדרע'סן־בוך דאָס (־ביכער) directory
אַהאַ' אינט I see; so there!
אָהאָ' אינט wow!
אַהבֿה די [A'AVE] (divine) love
אַהו'ל... lump || אַ'־סומע lump sum
אַהולֿנע אַדי blanket
אַהיי'ם אַדוו home(ward)
אַהי'ן 1. אַדוו אַ' (צו), אַ' (צו צו) there, to that place ⊢ אַ' און אַהע'ר/צוריק back and forth, to and fro ⊢ ניט אַ' ניט אַהע'ר neither here nor there || אַ' אָדער אַהע'ר! make up your mind! || אַ' צו וועגנס on the way there || 2. קוו there, to that place || אַהינ|טראָג|ן carry to that place ⊢ אַהינ|פֿאָר|ן travel there, travel that way

אַהי'נ... one-way || אַהינגאַס one-way street
אַהינ|טאָ|ן* וו (אַהי'נגעטאָן) put (in no definite place) ⊢ ווו האָסטו עס אַהי'נגעטאָן? where on earth did you put it? || אַ' זיך go (to no definite place), do with oneself
אַהינטער אַדוו backward
אַהי'ן צו (צו) זען אַ ה י ן
אַהינ|קומ|ען וו (איז אַהי'נגעקומען) go; (*rev. con.*) become of ⊢ ווו איז ער אַהי'נגעקומען? what became of him? where is he now?
אַהי'ן־קרי'ק־... round-trip || אַ'־בילעט round-trip ticket
אַהי'ן־קרי'ק־פֿאָר דער (ן) round trip
אַהע'ר 1. אַדוו here, to this place, this way || ביז אַ' hitherto || אַ' צו (צו) here, to this place ⊢ אַ' צו וועגנס on the way here ⊢ 2. קוו here || אַהער|קומ|ען come here
אַהער|געב|ן* וו (אַהע'רגעגעבן) hand over
אַהע'ר צו (צו) זען אַ ה ע ר
אַהרן הכּהן פּנ [ARN HAKOYEN] Aaron (the Priest), brother of Moses
או דער (ען) (the letter) U
אואוווערטור זען א ו ו ו ע ר ט ו ר
או'־אויסבייג דער (ן) U-turn
או'גערקע די (ס) cucumber || זוי'ער|ע א' pickle; (*fig.*) wet blanket
אוהבֿ־ישׂראל דער (אוהבֿי־) [OYEV-YISRO'EL— O'YEVE] friend of the Jews
אוהל דער (ים) [OYEL] (*Jew.*) structure over the tomb of an important person
א"וו[1]=און ווײַ'טער(דיקע) and the following
א"וו[2]=אינטעליגע'נץ־וויפֿלער I.Q.
אָוואַ' אינט gosh! dear me! wow!
אַוואו זען ו ו ו
אָוואַ'ל 1. אַדי oval, elliptic || 2. דער (ן) oval, ellipse
אַוואַנגאַ'רד דער (ן) vanguard
אַוואַנטורי'סט דער (ן) ⊡קע adventurer, fortune hunter

אוואַנטורע די (ס) adventure; scandal
אוואַ'נס דער (ן) advance (payment)
אוואַנסיר|ן וו ◇ advance *vi.*
אוואַנפּאָ'סט דער (ן) outpost
אָוואַציע די (ס) cheer, ovation || געבן* ד
אַן אָוואַציע cheer, acclaim
אוואָקאַדאָ דער (ס) avocado
אוואַריע די (ס) accident, crash
אוודאי אַדוו [AVADE] of course, certainly
אווו' זען ו ו ו
אוווא' זען אָ ו ו אַ
או'וולע די (ס) uvula
אווערטו'ר די (ן) overture
'אַווטאָ... זען א ו י ט אָ ...
אוויאַטאָר דער (...אָ'רן) □שע aviator
אוויאָמוטער די (ס) aircraft carrier
אוויאָ'ן דער (ען) airplane
אוויאַציע די aviation; air force
אווי'ז דער (ן) advice, notification
אוויזיר|ן וו ◇ advise, notify
אוויר דער [AVER] bad odor; (*poet.*) air
אָווירונג די attentions
אָוויר|ן וו ◇ cultivate, woo
אָווירער דער (ס) suitor
אָוונט דער (ן) evening || אין אָ' in the evening ⊢ אַ גוטן אָ' good evening
אָ'וונטברויט דאָס supper
אָ'וונטקלייד דאָס (ער) evening gown
אָ'וונטשול די (ן) night school
אָוו־טאָ'ווע אַדוו no matter what
אוועלכ|ער זען ו ו ע ל ך
אַוועק 1. אַפּ gone || 2. אַדוו away, off || 3. אינט begone! || 4. קוו away, off, forth || אַוועק|נעמ|ען take away
אַוועק|גזל|ען וו [GAZL] ◇ plunder *vt.*
אַוועק|גיי|ן* וו (איז אַוועקגעגאַנגען) leave *vi.* || אַ' פֿון leave *vt.* || אַ' מיטן רויך go up in smoke
אַוועק|גנבֿ|ענ|ען וו [GANVE] ◇ steal *pf.* || אַ' זיך sneak away
אַוועק|געב|ן* וו (אַוועקגעגעבן) give away || אַ' אין באַגאַ'זש/גאַרדעראָ'ב check
°אַוועק|הרגע|נען וו ◇ [HARGE] kill *pf.*

אַוועקוואַרפֿונג די (ען) desertion, abandonment
אַוועק|וואַרפֿ|ן וו (אַוועקגעוואָרפֿן) discard, dump; abandon, quit, forsake, desert
אַוועק|זעצ|ן וו ◇ seat, put, place *pf.*
אַוועק|כאַפּ|ן וו ◇ snatch away, kidnap
אַוועק|לאָז|ן זיך וו ◇ set out (on a trip)
אַוועק|לייג|ן וו ◇ put, set down, lay, place *pf.*; overcome; °overwhelm, °kill ⊢ אַ' זיך lie down
אַוועק|מאַכ|ן (זיך) וו ◇ sneak away, slip away *vt/vi* ⊢ אַ' מיט דער האַנט shrug off, brush off (*fig.*)
אַוועק|פּעקל|ען (זיך) וו ◇ pack off *vt/vi*
אַוועקפֿאָר דער (ן) departure
אַוועק|פֿאָר|ן וו (איז אַוועקגעפֿאָרן) depart, leave *vi.* ⊢ אַ' פֿון leave *vt.*
אַוועק|קומ|ען וו (איז אַוועקגעקומען) disappear
אַוועק|רײַס|ן וו (אַוועקגעריסן) wrench
אַוועק|שווענק|ען וו ◇ wash out, erode
אַוועק|שטעל|ן וו ◇ place, stand; found, establish
אַוועק|שיק|ן וו ◇ send away; turn back/away
אַוועק|שרײַב|ן וו (אַוועקגעשריבן) write (a letter) ⊢ אַ' נאָך send for
אוזורפּאַטאָר דער (...אָ'רן) usurper
אוזורפּירונג די (ען) usurpation
אוזורפּיר|ן וו ◇ usurp
אוזער דער (ס) pattern
אוטאָפּיע די (ס) Utopia
אוטאָפּיש אַדי Utopian
אוטיליטאַריש אַדי utilitarian
אוי אינט oh! (*fright, pain*); ouch!
אוי־אוי' אינט oh-oh! and how!
אויב קאָנ if
אויבל דער (ען) locket, medallion
אויבן 1. אַדוו above; upstairs || (פֿון) א'
אויף on the surface || סאַמע (פֿון) א'
at the head ⟨פֿון⟩ א' אָן ⊢ uppermost
אַרויס|שטעל|ן ⊢ (of table, organization)
א' אָן feature || פֿון א' אַראָ'פּ con-
קוקן ⊢ descendingly, contemptuously

פֿון א' אַראָ'פּ אויף patronize || א' דער־מאָ'נט above(-mentioned) || 2. דער (ס) top

אויבנאוי'ף דער (ן) surface

אויבנאויפֿיק אדי superficial, cursory, perfunctory

אויבנאָ'ן דער (ען) head (of table), place of honor

•אויבער.. זען א י י ב ע ר ..

אויג דאָס (ן) △ אייגל eye; peephole || א' אויף א' in private; face-to-face || שטעל|ן (זיך) א' אויף א' מיט confront || אַן א' פֿאַר אַן א' tit for tat || אויפֿן א' roughly ⊦ טרעפֿ|ן אויפֿן א' make a rough guess ⊦ אויסן א' just like || דער טאַטע אויסן א' just like (his) father ⊦ אונטער פֿיר א'ן privately || אין די א'ן to one's face || אין פּאָס א'ן in the estimation of ⊦ הינטער די א'ן behind one's back; in absentia || פֿאַר ד אין די א'ן before, in the sight of || האָב|ן* גרויסע א'ן be greedy || אויס|קוק|ן זיך די א'ן אויף long desperately for ⊦ אויס|-, אויפֿ|שטעל|ן אַ פּאָר א'ן ⟨אויף⟩ stare, glare; look puzzled ⊦ האָב|ן* אַן א' אויף have in prospect || האָב|ן* אַן א' פֿאַר have an eye for || האַלט|ן אַן א' אויף keep an eye on, watch, supervise ⊦ וואַרפֿ|ן אַן א' אויף (*rev. con.*) catch the fancy of ⊦ וואַרפֿ|ן זיך ⟨ד⟩ אין די א'ן stand out, be conspicuous (to), strike the eye of ⊦ פֿאַרבינד|ן ד די א'ן blindfold ⊦ פֿאַרליר|ן פֿון די א'ן lose sight of ⊦ צו|מאַכ|ן אַן א' fall asleep || קומ|ען ד צו די א'ן (*rev. con.*) rue || קוק|ן מיט א'ן keep a sharp lookout || קוק|ן ד אין די א'ן idolize, obey with devotion || קריכ|ן ⟨ד⟩ אין די א'ן flatter; show off distastefully (before); make a nuisance of oneself ⊦ רײַס|ן ⟨ד⟩ די א'ן be glaring ⊦ שטעכ|ן ⟨ד⟩ די א'ן ⟨מיט⟩ irritate (by); flaunt

אויגאויפֿאויגיק אדי private, confidential

אוי'גהאַלטונג די surveillance

אוי'גהאַלטער דער (ס) ⊡ supervisor

אויגו'סט דער (ן) August

אוי'גן־אַפּל דאָס (ען) eyeball

•אוי'גנבליק דער (ן) glimpse; instant

אוי'גנגרייך דער: אין א' in sight || מחוץ דעם א' [MIKhu'TS] out of sight

אוי'גן־דאָקטער דער (־דאָקטוירים) □שע oculist

אוי'גן־לעדל/אוי'גן־לעפּל דאָס (עך) eyelid

אוי'גן־רײַסיק אדי glaring, conspicuous

אוי'גן־שטעכ(עד)יק אדי conspicuous; flamboyant; flagrant

אודיטאָריע די (ס) audience, public; auditorium

אודיע'נץ די (ן) [DY] audience (interview)

אודיציע די (ס) broadcast

אוי־ווײ!! אינט dear me! my goodness!

אויוון דער (ס) △ אייוול oven, stove, furnace

אויוון אדוו above

אויטאָ דער (ס) car, automobile

אויטאָבו'ס דער (ן) bus

אויטאָביאָגראַפֿיע די (ס) autobiography

אויטאָביאָגראַפֿיש אדי autobiographical

אויטאָגראַ'ף דער (ן) autograph

אויטאָגראַפֿיר|ן וו ◇ autograph

אויטאָדאַפֿע' דער (ען) auto-da-fé (execution, usually by burning, of Jews and Christian heretics by the Inquisition)

אויטאָמאָבי'ל דער (ן) car, automobile

אויטאָמאָבילי'סט דער (ן) □קע motorist

אויטאָמאַ'ט דער (ן) automat; automaton

אויטאָמאַטיר|ן וו ◇ automate

אויטאָמאַטיש אדי automatic

אויטאָמאַציע די automation

אויטאָמיר|ן וו ◇ automate

אויטאָנאָ'ם אדי autonomous

אויטאָנאָמיע די autonomy, home rule

אויטאָסטראַ'ד דער (ן) expressway, freeway

אויטאָקראַ'טיע די (ס) autocracy

אויטאָר דער (...אָ'רן) □שע author

אויטאָריזירונג די (ען) authorization

אויטאָריזיר|ן וו ◇ authorize

אויטאָריטאַריש אדי authoritarian

אויטאָריטע'ט .1 די (ן) authority (power)

|| .2 דער (ן) authority (trustworthy person)

אויטענטיקיר|ן וו ◇ authenticate

אויטענטיש אדי authentic

אויטע'נטישקייט די authenticity

אויך אדוו also, too; furthermore || א' האָט ער געזאָ'גט furthermore he said || א' אַ another ⊢ א' ניט either (neither), nor || א' מיר not much of a; would-be || א' מיר אַן אויפֿטו not much of a feat || ווי א' as well as

°אויכעט = אויך

אויס .1 אדוו no more, through || זי איז א' קינד she is a child no longer || ס'איז אויס יום־טובֿ, דער יום־טובֿ איז א' [YONTEV] the holiday is over ⊢ און א'! and that's all! ⊢ זײַן* אומפּ א' מיט (*rev. con.*) be through, be no more ⊢ ס'איז אויס מיט אים he is through || .2 פּרעפּ of, out of ⊢ א' גלאָז of glass || א' גוטסקייט out of kindness ⊢ א'ן וועג out of the way; farfetched ⊢ .3 קוו (*a*) complete ...ing; (*b*) empty, extract by ...ing; (*c*) undo by ...ing; (*d*) cover a distance/area by ...ing ⊢ אויס|טרינק|ען (*a*) drink to the end; have a drink ⊢ אויס|שיס|ן (*a*) fire a shot || אויס|קוועטש|ן (*b*) squeeze out || אויס|קלײַב|ן (*b*) pick out || אויס|פּלאָ'נטער|ן (*c*) untangle ⊢ אויס|גיי|ן* די גאַנצע גאַס (*d*) walk the length of the street

אויס|אָ'טעמ|ען וו ◇ exhale

אויס|איידל|ען וו ◇ refine

אויס|איינ|ען וו ◇ reconcile; make uniform

אויס|אינזשעניר|ן וו ◇ engineer

אוי'סאַרבעטונג די (ען) manufacture, production; finish; workmanship

אויס|אַ'רבעט|ן וו ◇ work out; produce, manufacture; (*dial.*) knit *pf.*

אויס|באָד|ן וו (אוי'סגעבאָדן) bathe *vt/pf* || א' זיך take a bath

אויס|באַהאַלט|ן וו (אוי'סבאַהאַלטן) hide, conceal

אויס|באַק|ן וו (אוי'סגעבאַקן) bake *pf.*

אויס|באָרג|ן וו ◇ ⟨ד⟩ lend (to) || א' ⟨בײַ⟩ borrow (from)

אויס|בוי|ען וו ◇ build *pf.*

אויס|בטל|ען וו ◇ [BATL]: א' אַלע וויסטע חלומות אויף [KhALOYMES] revile

אויסבייג דער (ן) bend, curve

אויס|בייג|ן (זיך) וו (אוי'סגעבויגן) bend, curve *vt/vi*

אויסבײַט דער (ן) exchange, barter

אויס|בײַט|ן וו (אוי'סגעביטן) ⟨אויף⟩ change *vt.*; switch; barter; exchange ⊢ א' זיך ⟨מיט⟩ trade, exchange, interchange

•אוי'סבילדונג די education, training

•אויס|בילד|ן וו ◇ educate (for a special purpose)

אוי'סבינדער דער (ס) necktie

אויס|בליאַקיר|ן וו ◇ fade; bleach

אויס|בלייז|ן וו ◇ uncover, denude, strip

אויסבליק דער (ן) outlook, view, vantage; prospect

אוי'סבליקפּונקט דער (ן) point of view

אויס|בלעזל|ען זיך וו ◇ become stale

אויסבעט דער (ן) pad

אויס|בעט|ן[1] וו (אוי'סגעבעט) make (a bed); pad

אויס|בעט|ן[2] וו (אוי'סגעבעטן) obtain by pleading, wheedle out

אוי'סבעסער דער (ן) amendment

אוי'סבעסער־דעפּאַרטעמענט דער (ן) department of correction

אוי'סבעסער־הויז דאָס (־הײַזער) house of correction

אוי'סבעסערונג די (ען) correction, revision, amendment

אויס|בע'סער|ן וו ◇ correct, amend

אויס|בראָט|ן וו (אוי'סגעבראָטן) roast *pf.*

אויסבראָך דער (ן) outbreak, outburst, eruption

אויס|בראַקיר|ן וו ◇ reject

•אויסברוך זעו אויסבראָך

אויסברי דער (ען) breed

אויסברײַ דער (ען) (*hum.*) conclusion

אוי'סברייטערונג די (ען) expansion

אויס|ברײ'טער|ן (זיך) וו ⊙ expand, widen *vt/vi*

אויס|ברײַ|ען וו ⊙ (*hum.*) conclude

אויס|ברי|ען וו ⊙ hatch *vt.* ‖ א' זיך be hatched

אויס|ברעכ|ן וו (אוי'סגעבראָכן) break out, erupt; vomit, throw up

אויס|ברענג|ען וו (⊙/אוי'סגעבראַכט) squander

אוי'סברענגער דער (ס) ◻קע spendthrift

אוי'סברענגעריש אדי wasteful, prodigal

אויס|ברענ|ען וו ⊙ burn (a hole etc.); fire (pottery)

אויסגאָב דער change (money returned)

אוי'סגאַבע די (ס) publication; edition

אויסגאַנג דער (ען) outlet; issue; vent

אויסגאָס דער (ן) outpour(ing), discharge

•אויסגוס זען אויסגאָס

אויס|גוסטיר|ן וו ◇ savor to the end; make the most of

אויס|גיי|ן* וו (איז אוי'סגעגאַנגען) die, expire; lapse; (time, money, strength) run out ⊢ א' א walk the length and width of ⊢ א'° נאָך be impatient for, yearn for; be in love with ⊢ א' פֿאַר ⊢ א'• ⟨מיט⟩ אַמער die of go out (with)

אויס|גיס|ן וו (אוי'סגעגאָסן) pour out, empty, spill *vt.*, vent ⊢ א' זיך spill *vi.*

אויס|גלאָצ|ן וו ⊙: א' די אויגן ⟨אויף⟩ stare (at)

אויסגליטש דער (ן) slip, lapse

אויס|גליטש|ן זיך וו ⊙ slip, skid

אויסגלײַך דער (ן) settlement, (re)conciliation; adjustment

אויס|גלײַכ|ן וו (⊙/אוי'סגעגליכן) straighten, even off, level; align; equalize; adjust, reconcile ⊢ א' זיך arrive at a settlement *also*

אויס|גלעט|ן וו (אוי'סגעגלעט) smooth

אוי'סגעאַרבעט אדי wrought

אוי'סגעבויג·ן אדי crooked, curved, arched

אוי'סגעבונג די (ען) pretense ‖ אונטער פֿאַלשע א'ען under false pretenses

אוי'סגעבונד·ן אדי ⟨מיט⟩ intimate

אויס|געב|ן* וו (אוי'סגעגעבן) spend (money); ‖ give (in marriage), marry off

א' זיך פֿאַר pose as, impersonate

‖ א' זיך צו lend itself to

אוי'סגעבענקט אדי longed-for

אוי'סגעגאַנגען אדי expired; (time) up

אוי'סגעדאַמפּט אדי evaporated

אוי'סגעדאַרט אדי haggard, emaciated

אוי'סגעדינט אדי retired (official, officer); veteran

אוי'סגעדראָש·ן אדי trite, hackneyed

אוי'סגעדריבלט אדי threadbare

אוי'סגעהאַלט·ן אדי consistent

אוי'סגעהאַלטנקייט די consistency

אוי'סגעוואָר·ן אדי former; defunct

אוי'סגעחקירהט אדי [...KhKIRET] speculative

אוי'סגעטיילט אדי conspicuous

אוי'סגעטראָט·ן אדי well-worn, beaten (path)

אוי'סגעטראַכט אדי fancied, imaginary, invented, untrue

אוי'סגעטשוכעט אדי fully awake

אוי'סגעלאַס·ן אדי lewd, debauched, profligate

אוי'סגעלאַסנקייט די lewdness, debauchery, profligacy

אוי'סגעלונקען אדי twisted, sprained

אוי'סגעמאַטערט אדי weary, exhausted

אוי'סגעמאָרעט אדי famished

אוי'סגעמישט אדי mixed; promiscuous

אוי'סגעמישטקייט די promiscuity

אוי'סגענייט אדי embroidered

אוי'סגעפּאַשעט אדי well-fed, plump

אוי'סגעפּוצט אדי dressed up; flamboyant ‖ א' אין עסיק און אין האָניק dressed up in fancy clothes

אוי'סגעפּוקלט אדי convex

אוי'סגעפֿאָר·ן אדי well-trodden

אוי'סגעפֿײַנט אדי flamboyant

אוי'סגעפֿינס דאָס (ן) invention

אויס|געפֿינ|ען וו (אוי'סגעפֿונען) learn, discover, find out; devise, invent

אוי'סגעפֿינער דער (ס) ⊡ inventor

אוי'סגעפֿינעריש אדי resourceful, inventive

אוי'סגעצויג·ן אַדי stretched out; outstretched, prostrate; supine

אוי'סגעציי'כנט אַדי excellent, admirable

אוי'סגעקליב·ן אַדי elected; ...-elect || דער אוי'סגעקליבענ|ער פּרעזידע'נט the president-elect

אוי'סגעקרימט אַדי crooked

אוי'סגערוט אַדי well-rested

אוי'סגעריב·ן אַדי worn, threadbare

אוי'סגעריסן ווער|ן וו (איז א' געוואָרן) suffer

אוי'סגערעכנט אַדי judicious, sensible, prudent

אוי'סגערעכנטקייט די prudence, foresight, forethought

אוי'סגעשטאָרב·ן אַדי extinct

אוי'סגעשטעלט אַדי exposed; on view || א' אויף subject to

אוי'סגעשטעלטקייט די exposure

אוי'סגעשטערנט אַדי starry, studded with stars

אוי'סגעשלאָפֿ·ן אַדי well-rested; (*hum.*) latter-day

אוי'סגעשניט·ן אַדי cut out; low-necked (dress)

אוי'סגעשעפּט אַדי exhausted, spent; prostrate

אוי'סגעשפּילט אַדי passé

אוי'סגעשריי דער (ען) outcry, exclamation

אויסגראָב דער (ן) dugout

אוי'סגראָבונג די (ען) excavation

אויס|גראָב|ן וו (אוי'סגעגראָבן) dig, mine *pf.*; excavate; unearth

אויס|גראַוויר|ן וו ◇ engrave *pf.*

אויס|גרופּיר|ן וו ◇ group *pf.*, arrange

אויס|גרינ|ען זיך וו ◇ אַמער (*hum.*) be Americanized

אויס|דאַכט|ן זיך וו—אומפּ (אוי'סגעדאַכט) ⟨ד⟩ (*rev. con.*) seem *pf.*

אויס|דאַמפּ|ן (זיך) וו ◇ evaporate *vt/vi*

•אויס|דאַמפֿ|ן = אויסדאַמפּן

•אוי'סדויער דער endurance, perseverance, resistance, stamina

אוי'סדוכטיק אַדי apparent

אויס|דוכט|ן זיך וו (אוי'סגעדוכט) זען אויס־דאַכטן זיך

אוי'סדוכטעניש דאָס (ן) illusion, delusion

אויס|דינג|ען וו (אוי'סגעדונגען) obtain (cheaply) by haggling

אויס|דלובע|ן וו ◇ gouge (out)

אויסדרוק דער (ן) expression || קומ|ען צום א' be expressed

אויסדריי דער (ען) turn

אויס|דריי|ען וו ◇ turn *vt.*, twist, sprain; wring ⊢ א' זיך turn around

אויס|דרינג|ען וו (אוי'סגעדרונגען) wring out

אויסדריק דער (ן) זען אויסדרוק

אוי'סדריקלעך אַדי expressive

•אויס|דריק|ן וו ◇ express; manifest

אויס|האָב|ן* וו (אוי'סגעהאַט) rid oneself of, stamp out

אויס|האָ'דעווע|ן וו ◇ raise, bring up *pf.*

אויסהאַלט דער support, maintenance, upkeep; resistance, endurance

אוי'סהאַלטונג די maintenance, upkeep, subsistence

אוי'סהאַלטיק אַדי resistant, durable

אוי'סהאַלט־כּוח דער [KOYEKh] stamina, endurance

אויס|האַלט|ן וו (אוי'סגעהאַלטן) endure, stand, resist; maintain, support; sustain; pass (an examination); live up to; be valid ⊢ א' זיך מיט subsist on || א' זיך אַליי'ן אין קאָלעדזש work one's way through college

אוי'סהאַלטעוודיק אַדי durable

אוי'סהאַלטער דער (ס) ⊡ supporter

אויס|האַפּט|ן וו (אוי'סגעהאַפּט/אוי'סגעהאָפּטן) embroider

אויס|האַק|ן וו ◇ knock out; chisel, hew *pf.*

אויס|הו'נגער|ן וו ◇ famish, starve *vt.*

אויס|היט|ן וו (אוי'סגעהיט) guard, protect *pf.*

אויס|הייל|ן וו ◇ cure || א' זיך be cured, heal up

אויס|הסכּמ|ען וו ◇ [HESKEM] bring (facts etc.) into line

אויסהעלף דער (ן) aid
אויסהעלפֿ... auxiliary
אוי'סהעלפֿיק אַדי helpful
אויס|העלפֿ|ן וו (אוי'סגעהאָלפֿן) ⟨ד⟩ help *pf.*
אוי'סהענגל דאָס (עך) shingle
אויס|הענג|ען וו (אוי'סגעהאַנגען) post, put up (notices)
אויס|העפּט|ן וו (אוי'סגעהאָפּטן) זען אויסהאַפּטן
אויס|הער|ן וו ◇ listen to, hear to the end; auscultate
אויס|הרגע|נען וו ◇ [HARGE] kill off, massacre
אויסוואו... זען אויסוווּ...
'אויסוואַל זען אויסקלײַב
אוי'סוואַנדערונג די (ען) emigration; exodus
אויס|וואַקס|ן וו (אוי'סגעוואַקסן) grow up; come into existence; (*hum.*) appear
אויס|וואַ'רעמ|ען (זיך) וו ◇ hatch, incubate *vt/vi*
אויסוואָרף דער (ן) outcast, scoundrel
אויס|וואַרפֿ|ן וו (אוי'סגעוואָרפֿן) ⟨ד א⟩ rebuke, reproach (sb.) for, criticize (sb.), blame (sb.) for having (stg.)
אויס|וואָרצל|ען וו ◇ eradicate, uproot
אויסוווּקס דער (ן) outgrowth; derivative
'אויסוווּרף זען אויסוואָרף
אויס|ווײַז|ן זיך וו (אוי'סגעוויזן) seem
אויס|ווייטיק|ן וו ◇ suffer the pain of; obtain by suffering ⊢ האַלט|ן אין א' be in the throes of
•אויס|וויילן זען אויסקלײַבן
אוי'סווייניק זען אויסנווייניק
אויס|וויינ|ען זיך וו ◇ have a (good) cry; cry enough ⊢ א' זיך די אויגן cry one's heart out
אויס|וויקל|ען וו ◇ unwrap
אויס|וויר|ן וו ◇ line, rule (paper)
אויס|וויש|ן וו ◇ dry, wipe *pf.*
אויס|וועב|ן¹ וו ◇ weave *pf.*
אויס|וועב|ן² זיך וו ◇ זען אויסוועפּן זיך
אויסוועג דער (ן) outlet; alternative, recourse, way out
אוי'סוועפּיק אַדי volatile

אויס|וועפּ|ן זיך וו ◇ evaporate; wear off, become stale
אויס|זאָג|ן וו ◇ reveal, disclose, divulge ‖ א' ד tip off ‖ א' אויף tell on
אויס|זוכ|ן וו ◇ pick, select; look up
אויס|זידל|ען וו ◇ curse, scold *pf.*
אויס|זײַן* וו (איז אוי'סגעווען) ♦ (*not used in present tense*) have been in (many places) ⊢ ער וועט א' די גאַנצע שטאָט he will have been everywhere in the city
'אויסזיכט זען אויסבליק
'אוי'סזיכטלאָז זען אָן; האָפֿענונג
אויס|זינג|ען וו (אוי'סגעזונגען) sing *pf.*
אויס|זיצ|ן וו (איז אוי'סגעזעסן) hatch *pf.*
אויס|זמנ|ען וו ◇ [ZMAN] schedule
אויסזע דער (ען) looks, semblance, appearance
אויסזען 1. דאָס looks, appearance ‖ 2. אויס|זע|ן* וו (אוי'סגעזען) seem, look, appear ‖ ווי עס זעט אויס to all appearances
אויס|זעצ|ן וו ◇ seat (each in his place); set, compose (in type) *pf.*; °knock out (teeth etc.) ⊢ א' זיך sit down (each in his place)
אויס|חילופֿ|ן וו ◇ [KhILEF] convert (money)
אויס|חנפֿע|נען וו ◇ [KhANFE] wheedle out
אויס|טאָ|ן* וו (אוי'סגעטאָן) take off (clothes), undress *vt.* ⊢ א' זיך undress *vi.* ⊢ א' זיך פֿון drop (a responsibility)
אויס|טאַנצ|ן וו ◇ dance *vt/pf*
אויס|טאָק|ן וו ◇ turn (on a lathe) *pf.*
אויס|טאַראַשטשע|ן וו ◇: א' די אויגן ⟨אויף⟩ stare at
אויס|טאַש|ן וו ◇ shuffle (cards) *pf.*
אויסטויג דער (ן) aptitude
אויס|טויג|ן* זיך וו ◇ ⟨צו⟩ be adept (at), be fit (for)
•אויסטויש זען אויסבײַט
אויסטײַטש דער (ן) interpretation
אוי'סטײַטשונג די (ען) interpretation, explanation

אויס|טײַטש|ן וו ⟐ interpret *pf.*; construe

אוי'סטיילונג די (ען) distribution; mention, specification

אוי'סטייליק אַדי distinctive

אויס|טייל|ן וו ⟐ dispense, distribute, hand out; farm out; confer *vt.*; specify, cite, single out, distinguish, set off ⊦ א' זיך ⟨מיט⟩ be distinctive/outstanding; be distinguished (by)

אויס|טי'נקעווע|ן וו ⟐ plaster *pf.*

אויס|טענה|ן זיך וו ⟐ ⟨מיט⟩ [TAYNE] present one's arguments (to); argue things out (with)

אויס|טעסטיר|ן וו ◇ test, test-fire

אויסטער דער (ס) oyster

אוי'סטערליש אַדי queer; quaint, outlandish, bizarre

אויס|טראָג|ן וו (אוי'סגעטראָגן) deliver (mail); amount to ⊦ דער שׂכל טראָגט אויס אַז [SEYKhL] it stands to reason that

אויס|טראַכט|ן וו (אוי'סגעטראַכט) think up, devise, invent; make up, fabricate

אויסטראַ'ליע (די) Australia

אויסטראַ'ליער דער (—) ⊡ Australian

אויסטראַליש אַדי Australian

אויס|טרינק|ען וו (אוי'סגעטרונקען) drink *pf.*

אויס|טרי'קענ|ען וו ⟐ dry, drain *pf.* || א' זיך drain, dry up *vi.*

אויס|טרעניר|ן וו ◇ train *pf.*

אויס|טרענ|ען וו ⟐ rip (sewing, knitting) *pf.*

אויס|טשוכע|ן זיך וו ⟐ wake up completely, shake off sleep; come to one's senses

אויס|יעט|ן וו (אוי'סגעיעט) weed *pf.*

אויס|כאָווע|ן וו ⟐ rear

אויסכאַפּ דער (ן) scoop

אויס|כאַפּ|ן וו ⟐ snatch up, snatch away; usurp

אוי'סכאַפּעניש דאָס ⟨אויף⟩ run (on merchandise)

אויס|לאָד|ן וו (אוי'סגעלאָדן) unload

אויסלאָז דער (ן) ending, close, conclusion; omission

אויס|לאָז|ן וו ⟐ end; leave out, omit || א' צו take (an emotion) out on, wreak (anger) on ⊦ א' זיך ⟨מיט⟩ end (in); ⊦ א' זיך צו come to, result in, involve in the end

אויס|לאַכ|ן וו ⟐ ridicule || א' זיך פֿון scoff at

אויס|לאמר|ן וו ⟐ [LEYMER] blab; scold

אויסלאַנד דאָס foreign countries || אין א' abroad ⊦ פֿון א' from abroad || קיין א' abroad, to another country

אוי'סלאַנד־מיניסטער דער (...אָ'רן) foreign minister

אויס|לוג|ן וו ⟐ scan

אויס|לויב|ן וו ⟐ eulogize

אויס|לויפֿ|ן וו (איז אוי'סגעלאָפֿן) lapse; overflow *vi.*, boil over

אויס|לו'פֿטער|ן וו ⟐ air, ventilate *pf.*

אוי'סליווערונג די (ען) extradition

אויס|לי'ווער|ן וו ⟐ extradite

אויסלייג דער (ן) spelling

אויס|לייג|ן וו ⟐ spread, arrange, group; spell; advance, lay out (money); interpret (dreams)

אויס|ליי'דיק|ן וו ⟐ drain, empty *vt.*

אויסלייז דער (ן) redemption

אוי'סלייזגעלט דאָס ransom

אוי'סלייזונג די (ען) redemption, ransom

אויס|לייז|ן וו ⟐ ransom, deliver; redeem, save

אוי'סלייזער דער (ס) redeemer, savior

אויס|לײַ'טער|ן וו ⟐ purify *pf.* || א' זיך (sky, weather) clear

אויס|לײַ|ען וו (אוי'סגעליגן) ⟨ד⟩ lend (to) *pf.* || א' ⟨בײַ⟩ borrow (from) *pf.*

אויס|לייש|ן וו ⟐ gild; spread with foil

אויס|ליניר|ן וו ◇ line, rule

אויס|לינק|ען וו (אוי'סגעלונקען) sprain

•אויס|לי'פֿער|ן וו ⟐ זען א ו י ס ל י ו ו ע ר ן

אויס|לעב|ן וו ⟐ א live (one's life) to the end ⊦ א' זיך אין derive satisfaction from (occupation, environment)

אוי'סלענדיש אַדי foreign, alien

אוי'סלענדער דער (—) ⊡ foreigner, alien

אויס|לערנ|ען וו ◈ ⟨א⟩ teach, instruct *pf.* || א' זיך ⟨א/אינפֿ⟩ learn *pf.*

אויסלעש דער (ן) outage

אויס|לעש|ן וו (אוי'סגעלאָשן) put out, extinguish *pf.*

אויס|מאָ'גער|ן וו ◈ emaciate

אויס|מאַ'טער|ן וו ◈ tire out, exhaust

אויס|מאַכ|ן וו ◈ נאָם amount to || א' ⟨ד⟩ matter (to) ⊢ עס מאַכט מיר ניט אויס it does not matter to me ⊢ א' א pick (teeth etc.)

אוי'סמאָלונג די (ען) representation

אויס|מאָל|ן וו ◈ paint *pf.*; describe, portray; picture, imagine *vt.* ⊢ א' זיך picture, imagine *vi.* ⊢ ניט אוי'סצומאָלן זיך unimaginable, inconceivable

אויס|מאָרע|ן וו ◈ famish

אויס|מאַרקיר|ן וו ◇ mark out, allot; map; arrange (stg.) so as to

אויס|מוטשע|ן וו ◈ exhaust, run down

אויס|מוסר|ן וו ◈ [MUSER] scold, reproach *pf.*

אויס|מושטיר|ן וו ◇ train, drill

אויס|מיטל|ען זיך וו ◈ manage *vi/pf*

אוי'סמײַדונג די (ען) evasion

אוי'סמײַדיק אַדי evasive

אויס|מײַד|ן וו (אוי'סגעמיטן) avoid, dodge; evade, elude ⊢ א' זיך miss each other

אוי'סמײַדנדיק אַדי evasive

אויס|מינצ|ן וו ◈ coin, mint

אויס|מיש|ן וו ◈ mix *vt/pf*, blend, mingle *vt.*, lump together ⊢ א' זיך be mixed up, mix *vi.*

אויס|מעבליר|ן וו ◇ furnish *pf.* (provide with furniture)

אויס|מעלק|ן וו ◈ milk *pf.*

אויס|מענטשל|ען זיך וו ◈ become respectable/mature

אוי'סמעסטונג די (ען) dimension || אין דרײַ א'ען three-dimensional

אויס|מעסט|ן וו (אוי'סגעמאָסטן) measure, survey *pf.*; dispense (justice) ⊢ ניט אוי'סצומעסטן immeasurable

אויס|מעק|ן וו ◈ erase, efface, cross out

אויסן¹=אויס דעם

אויסן² .1 אינט : א' זײַן* א mean, intend; ⊢ דאָס איז ער א' (*rev. con.*) be the point of; that is his point || .2 אַדוו/קוו out(side) || א' בלײַב|ן=אויסנ|בלײַב|ן ⟨פֿון⟩ be left out (of) ⊢ א' לאָז|ן=אויסנ|לאָז|ן ⟨פֿון⟩ leave out

•אויסנאָם זען אויסנעם

אויס|נאַר|ן וו ◈ ⟨בײַ⟩ obtain by fraud (from); cheat (sb.) of

אוי'סנווייניק .1 אַדוו outside, externally; by heart ⊢ פֿון א' from the outside || פֿון/אויף א' by heart || אויס|לערנ|ען אויף/פֿון א' memorize || .2 דער (ן) outside, exterior

אוי'סנווייניקסט אַדי* outside, external, exterior

אויס|נוצ|ן וו ◈ זען אויסניצן

אויס|ניוכע|ן וו ◈ ferret out

אוי'סנייזונג די (ען) embezzlement

אויס|נייז|ן וו ◈ embezzle

אוי'סנייזער דער (ס) ⌂קע embezzler

אוי'סנייעכץ דאָס (ן) embroidery

אויס|ניי|ען וו ◈ embroider

אויס|ני'כטער|ן זיך וו ◈ sober up *vi.*

אויס|ניצ|ן וו ◈ make use of, utilize, take advantage of, exploit, trade on; exercise (rights, power)

אויסנ|לאָז|ן וו ◈ זען אויסן²

אויסנעם דער (ען) exception

אוי'סנעמיק אַדי exceptional

אויס|נעמ|ען וו (אוי'סגענומען) ⟨בײַ⟩ be a success, make a hit (with) ⊢ ניט א' fall flat ⊢ •א' אַמער take out (a girl) || א' ⟨בײַ ... אַז⟩ stipulate || א' זיך run out

אוי'סנעמעניש דאָס (ן) stipulation

אוי'סנעמענס דאָס taking of the Torah scrolls from the synagogue ark

אויס|סאָרטיר|ן וו ◇ sort out

אויס|סדר|ן וו ◈ [SADER] arrange, put in order

אויס|סטיליזיר|ן וו ◇ style

אויס|סיסטעמיר|ן וו ◇ systemize

אויס|ע'נדיק|ן וו ◇ finish, round out, put the finishing touches to

אויס|ענצל|ען וו ◇ file

אויס|עצ|ן וו ◇ etch

•אויסער פּרעפּ besides, except || א' דעם• besides ⊢ א' זיך beside oneself, furious

אוי'סערגעווײ'נ(ט)לעך אַדי extraordinary, exceptional; eminent

•אוי'סערלעך אַדי outward, external

'אויסערן־... זען אויסלאַנד־...

אוי'סערשטאָטיש אַדי out-of-town

אויס|פּאַטש|ן וו ◇ slap the face of

אויס|פּאָלע|ן וו ◇ weed (out)

אויס|פּאַק|ן וו ◇ unpack *vt.*

אויס|פּאַרע|ן (זיך) וו ◇ evaporate *vt/vi*

אויס|פּאַשע|ן וו ◇ fatten

אויס|פּויש|ן וו ◇ puff out

אויס|פּועל|ן וו ◇ [POYEL] effect || א' ⟨בײַ⟩ obtain by persuasion (from)

אויס|פּוצ|ן וו ◇ clean *pf.*; dress up *vt.* || א' זיך dress up *vi.*

אויס|פּיק|ן וו ◇ peck out || א' זיך hatch *vi/pf*

אויס|פּלאָדיע|ן (זיך) וו ◇ spawn *vt/vi*

אויס|פּלאַ'טשיק|ן (זיך) וו ◇ flatten out *vt/vi*

אויס|פּלאָ'נטער|ן וו ◇ disentangle, untangle

אויס|פּלאַניר|ן וו ◇=אויספּלאַנעווען

אויס|פּלאַ'נעווע|ן וו ◇ plan *pf.*, design

אויס|פּלאַצ|ן וו ◇ ⟨מיט⟩ burst out (...ing)

אויס|פּלעט|ן וו (אוי'סגעפּלעט) raffle off

אויס|פּרואוו|ן זען אויספּרוּווּן

אויספּרווו דער (ן) trial, test, tryout || א' אויף טרוקן dry run || א'־פּליִער test flier

אויס|פּרווו|ן וו ◇ test, try out, rehearse *pf.*

אויס|פּרעס|ן וו ◇ iron *pf.*; extort || א' זיך be straightened out ⊢ עס וועט זיך א' it will be all right

אויספּאַל דער (ן) sally

אוי'ספּאָלגונג די ⟨פֿון⟩ compliance (with), fulfillment (of)

אויס|פֿאָלג|ן וו ◇ execute, fulfill, implement; comply with, accommodate

אויס|פֿאַל|ן וו (איז אוי'סגעפֿאַלן) (snow) fall; (hair etc.) fall out; turn out || א' אום/אין fall on (a date)

אויס|פֿאַ'רטיק|ן וו ◇ complete, make ready, perfect

אויס|פֿאָר|ן וו (איז אוי'סגעפֿאָרן) ⟨א⟩ travel through all of *pf.*

אוי'ספֿאַרקויף דער (ן) (clearance) sale

אוי'ספֿאַרקויפֿט אַדי sold out; out-of-print

אויס|פֿאַרריכט|ן וו (אוי'ספֿאַרריכט) correct *pf.*

אוי'ספֿאָרשונג די (ען) inquiry, investigation; exploration; inquest

אויס|פֿאָרש|ן וו ◇ investigate *pf.*, inquire into; explore

אויס|פֿו'רעמ|ען וו ◇ form, mold, fashion *pf.*

אויס|פֿײַנ|ען זיך וו ◇ show off *vi.*, swagger || א' זיך ⟨מיט⟩ show off *vt.*

אוי'ספֿײַנער דער (ס) ◻קע show-off

אויספֿײַנערײַ' דאָס ostentation

אוי'ספֿײַנעריש אַדי boastful, ostentatious

אויס|פֿײַ'נער|ן וו ◇ beautify

אויס|פֿײַפֿ|ן וו ◇ boo *vt.*

אויס|פֿיל|ן וו ◇ fill (out), fill (in) *pf.*

אויספֿיר דער (ן) conclusion, deduction, inference ⊢ קומ|ען צום א' conclude

אויספֿיר... executive || אוי'ספֿיר־באַאַמט|ער executive

אוי'ספֿירונג די (ען) execution, performance

אוי'ספֿירלעך אַדי feasible, workable; •detailed

אויס|פֿיר|ן וו ◇ execute, accomplish, effect; practice; hatch; succeed, prevail, win out, achieve one's purpose || א' מײַנס/דײַנס/... have my/your/... way ⊢ ניט לאָז|ן א' frustrate

אויספֿלאַם דער (ען) blast, burst

אויספֿעל דער (ן) shortage

אויס|פֿעל|ן װ—אומפּ ⟨ד⟩ ◈ be lacking; (*rev. con.*) lack

אויספֿרעג דער (ן) quiz, poll; inquiry

אוי'ספֿרעגונג די (ען) interrogation; debriefing

אויס|פֿרעג|ן װ ◈ question, poll; examine; quiz, interrogate; debrief

אויסצאָל דער disbursement || אויף א' on the installment plan

אוי'סצאָלונג די (ען) disbursement

אויס|צאָל|ן װ ◈ pay up; pay installments ⊢ ניט א' default (on) on; disburse || חשבונות צום א' [KhEZhBOYNES] accounts payable

אוי'סצאָלפּלאַן דער (...פּלענער) installment plan

אויס|צאַפּ|ן װ ◈ tap (contents of) *pf.*

אויסצוג דער (ן) excerpt, extract; statement (of account)

אויס|ציזעליר|ן װ ◇ chisel *pf.*

אויס|צײַ'טיק|ן זיך װ ◈ mature

אוי'סצייכענונג די (ען) distinction; award

אויס|צײ'כענ|ען זיך װ ◈ ⟨אין⟩ excel (in)

אויס|צי|ען װ (אוי'סגעצויגן) stretch, draw out *vt.* ⊢ א' זיך stretch out *vi.*, fall

אויס|ציר|ן װ ◈ adorn

אויס|צער|ן װ ◈ emaciate

אויס|קאָװע|ן װ ◈ forge (e. g. in a smithy)

אויס|קאַטאַלאָגיר|ן װ ◇ catalog *pf.*

אויס|קאַטשע|ן זיך װ ◈ roll, wallow *pf.*

אויס|קאָכ|ן װ ◈ cook *pf.*

אויס|קאָמביניר|ן װ ◇ devise, contrive

אויס|קאָמפּאָניר|ן װ ◇ compose (music) *pf.*

אויס|קאָנקוריר|ן װ ◇ outbid; win out over

אויס|קאָ'רטשעװע|ן װ ◈ clear (of stumps), grub *pf.*

אויס|קװעטש|ן װ ◈ squeeze out

אויס|קױלע|ן װ ◈ slaughter all of (a group)

אויס|קױפֿ|ן װ ◈ buy up; ransom, redeem || א' זיך ⟨פֿון⟩ atone (for)

אויסקום דער sustenance

אוי'סקומיק אַדי compatible

אוי'סקומיקייט די compatibility

אויס|קומ|ען װ (איז אוי'סגעקומען) be reconverted to Judaism; amount to; seem, appear ⊢ א' ⟨מיט⟩ manage, get along (with); make both ends meet || א' אָן dispense with || א' אומפּ ⟨ד⟩ (*rev. con.*) happen, have the occasion || עס איז מיר אוי'סגעקומען צו זײַן דאָרטן I happened to be there

אוי'סקומעניש דאָס sustenance, subsistence || האָב|ן* פּאָס א' make a living

אויסקוק דער (ן) outlook, hope, prospect || אָן אַן א' hopeless

אויס|קוק|ן װ ◈ pry || א' אַ await

אוי'סקוקער דער (ס) ⊡ scout

אויס|קלאַפּ|ן װ ◈ beat out; coin; beat the dust out of ⊢ א' (אויף דער מאַשי'ן) type

אויס|קלאָר|ן װ ◈ clarify, elucidate

אויסקלײַב דער (ן) choice, variety; option

אויסקלײַב... elective

אויס|קלײַב|ן װ (אוי'סגעקליבן) pick, select, choose *pf.* ⊢ א' פֿאַר elect (as) || א' זיך ⟨צו⟩ get around to (at last)

אויס|קלייד|ן װ ◈ dress (up) *vt.*

אויסקלער דער (ן) figment

אויס|קלער|ן װ ◈ think up, devise

אויס|קנעט|ן װ (אוי'סגעקנאָטן) knead, shape *pf.*

אויס|קעמפֿ|ן װ ◈ obtain by fighting

אויסקער דער turnover, volume

אוי'סקערברייט די (ן) leeway, margin

אויס|קער|ן װ ◈ turn (inside out); sweep *pf.*

אויס|קע'רעװע|ן װ ◈ turn *vt/pf* || א' זיך turn *vi.*; manage to get along

אויס|קריכ|ן װ (איז אוי'סגעקראָכן) (hair) fall out

אויס|קרימ|ען (זיך) װ ◈ twist, warp *vt/vi*

אויס|קריצ|ן װ ◈ engrave *pf.*

°אויס|קרענק|ען װ ◈ suffer for

אוי'סראָטונג די (ען) extermination

אויס|ראָט|ן װ (אוי'סגעראָטן) exterminate

אויס|ראַמ|ען װ ◈ clear away; clear, empty (of movable things)

אויס|רובריקיר|ן וו ◇ pigeonhole

אויס|רו|ען (זיך) וו ◇ rest *vt/vi*

אויסרוף דער (ן) exclamation; roll-call

אויס|רופֿ|ן וו (אוי'סגערופֿן) call out, exclaim; proclaim; call the roll (of)

אוי'סרופֿער דער (ס) crier

אוי'סרוף־צייכן דער (ס) exclamation point

אויסרייד דער (ן) reproach, reprimand; pretext

אויס|רייד|ן וו (אוי'סגערעדט) זען אויס־רעדן

אויס|ריי'כער|ן וו ◇ smoke *pf.*; fumigate

אויס|ריי'ניק|ן וו ◇ clean *pf.*; purge

אויס|ריי|ען וו ◇ rank

אויסריכט דער (ן) outfit; equipment

אוי'סריכטונג די (ען) equipment

אויס|ריכט|ן וו (אוי'סגעריכט) equip; fit out, outfit

אויס|רי'כטעווע|ן וו ◇ arrange

אויס|רינ|ען וו (איז אוי'סגערונען) run, leak out, trickle out

אויסרעד דער (ן) reproach, reprimand; pretext

אויס|רעד|ן וו ◇ utter; rebuke, reprimand || א' זיך ⟨פֿאַר⟩ confide (to) || פֿ״גל ברחל בתך הקטנה || א' ד דאָס האַרץ console

אוי'סרעכענונג די (ען) calculation

אויס|רע'כענ|ען וו ◇ calculate *pf.*; enumerate, list; design

אויס|רעפּעטיר|ן וו ◇ rehearse *pf.*

אויסשאָס דער (ן) blast, report, firing

אויס|שווענק|ען וו ◇ rinse *pf.*

אויסשול... training

אוי'סשולונג די training, schooling

אויס|שול|ן וו ◇ school, train, educate *pf.*

אוי'סשטאַטונג די (ען) equipment

אויס|שטאָפּ|ן וו ◇ stuff

אוי'סשטאָפּער דער (ס) taxidermist

אוי'סשטאַפּירונג די (ען) equipment

אויס|שטאַפּיר|ן וו ◇ equip

אויסשטאַרב דער extinction

אויס|שטאַרב|ן וו (איז אוי'סגעשטאָרבן) die out, become extinct

אויס|שטויב|ן וו ◇ dust

אויס|שטיי|ן* וו (איז אוי'סגעשטאַנען) bear, suffer, put up with ⊢ א' (זיך) age *vt/vi*

אוי'סשטײַער דער (ן) equipment, outfit

אוי'סשטימלעך אַדי compatible

אויס|שטימ|ען וו ◇ ⟨מיט⟩ reconcile, put in tune (with); integrate

אויסשטעל דער (ן) display; layout

אוי'סשטעלונג די (ען) exhibition, show

אוי'סשטעלזאַל דער (ן) showroom

אויס|שטעל|ן וו ◇ group, line up, lay out; display, exhibit; make out (check etc.) ⊢ א' ⟨אויף⟩ expose, subject to || א' זיך מיט flaunt

אויסשטעלערײַ' דאָס ostentation

אוי'סשטעלעריש אַדי ostentatious

אוי'סשטראַלונג די (ען) radiation

אויס|שטראַל|ן וו ◇ radiate

אויס|שטרײַכ|ן וו (◇/אוי'סגעשטראָכן) cross out, strike out

אויס|שטריכל|ען וו ◇ cross out, strike out

אויס|שטריק|ן וו ◇ knit *pf.*

אויס|שטרעק|ן וו ◇ stretch out, extend *vt.*

אויסשיט דער (ן) rash

אויס|שיט|ן וו (אוי'סגעשאָטן) spill, empty, dump *vt.* ⊢ א' זיך spill *vi.*; erupt

°אויס|שיי'געצ|ן וו ◇ dress down, scold

אויסשייד דער (ן) secretion (secreted substance)

אוי'סשיידונג די (ען) (process of) secretion

אויס|שייד|ן וו ◇ secrete

אויס|שייל|ן וו ◇ detach || א' זיך emerge, evolve

אויס|שײַ'ער|ן וו ◇ scour *pf.*

אויס|שיס|ן וו (אוי'סגעשאָסן) go off; fire *vi.* || א' פֿון fire

אויס|שלאָג|ן וו (אוי'סגעשלאָגן) knock out; strike (the hour) ⊢ א' (זיך) די הוצאות [HETSOES] cover one's expenses

אויס|שלאָפֿ|ן זיך וו (אוי'סגעשלאָפֿן) get enough sleep; wake up (to a realization)

אוי'סשליסונג די exclusion

אוי'סשליסיק אַדי exclusive

אוי'סשליסלעך אַדוו exclusively

אויס|שליס|ן וו (אוי'סגעשלאָסן) exclude, bar; || eliminate; switch off, disconnect || א' (ממילא) [MIMEYLE] preclude || א' (אין פֿאַרוי'ס) foreclose

אוי'סשליסער דער (ס) (electric) switch

אויס|שמיד|ן וו ◇ forge *pf.* (e.g. in a smithy)

אויסשניט דער (ן) clipping, cut; excision

אוי'סשניידונג די (ען) excision

אויס|שנייד|ן וו (אוי'סגעשניטן) cut out, clip out; excise

אויס|שנייצ|ן וו ◇ blow (nose) *pf.* || א' (זיך) די נאָז blow one's nose

אויס|שניצ|ן וו ◇ whittle, carve *pf.*

אויס|שעכט|ן וו (אוי'סגעשאָכטן) slaughter all of (a group)

אוי'סשעפּונג די exhaustion

אוי'סשעפּיק אַדי exhaustive

אויס|שעפּ|ן וו ◇ exhaust; deplete

אויסשער דער (ן) clipping

אויס|שער|ן וו (אוי'סגעשוירן) clip out

אויס|שפּאַנ|ען וו ◇ unharness, unhitch

אויס|שפּײַ|ען וו (אוי'סגעשפּיגן) spit *pf.*

אויס|שפּיל|ן וו ◇ play (a tune) *pf.*

אויסשפּיר דער (military) intelligence

אויס|שפּיר|ן וו ◇ ferret out, spot, track down

•אויסשפּראַך[1] זען אַרויסרעד; הבֿרה

•אויסשפּראַך[2] דער (ן) expression

אויסשפּרייט דער (ן) spread, expanse; firmament

אויס|שפּרייט|ן (זיך) וו (אוי'סגעשפּרייט) spread, expand *vt/vi pf.*

אויס|שרײַב|ן וו (אוי'סגעשריבן) make out (a check etc.); subscribe to; order by mail; discharge (from an institution)

אויס|שרײַ|ען וו (אוי'סגעשריגן) exclaim

אויער דער/דאָס (ן) ear; ear (of a pot) || ביז איבער די א'ן up to one's ears || אָנ|שטעל|ן די א'ן ⟨אויף⟩ prick up one's ears, listen attentively (to) ⊢ צו|ליי|ן אַן א' ⟨צו⟩ listen to, lend an ear

אוי'ערגרייך דער earshot

אוי'ער־דעקל דאָס (עך) earmuff

אוי'ערל דאָס (עך) (אויער △) eye (of a needle), ear (of a pot)

אוי'ער־לעפּל דאָס (עך) ear lobe

אוי'ערינג דער (ען) large earring

אויפּס דאָס fruit (*coll.*)

אויף 1. פּאַ up, awake || 2. פּרעפּ [AF] on, upon; in (a language); at (occasion); for (a time, a purpose); by (unit; multiplication) ⊢ א' דער וואַנט on the wall ⊢ א' ענגליש || in(to) English || א' אַ באַל at a ball || א' אַ קורצער צײַט for a short time ⊢ א' דער מײַל by the mile ⊢ 5 אויף 7 five by seven || 3. קוו (*a*) on, up; raise by ...ing; (*b*) open by ...ing; (*c*) together; join by ...ing ⊢ אויפֿ|שטעל|ן (*a*) put up, raise ⊢ אויפֿ|בינד|ן (*b*) untie, open by untying ⊢ אויפֿ|וויקל|ען (*c*) roll up, roll together

אויפֿאַנאָרטיק אַדי on-the-spot, immediate

אויפֿבוי דער construction

אויפֿ|בוי|ען וו ◇ erect (a building, a theory)

אויפֿ|בו'נטעווע|ן וו ◇ incite to rebellion, arouse

אויפֿ|בינד|ן וו (אוי'פֿגעבונדן) untie; tie together

אויפֿבלאָז דער (ן) flurry

אויפֿ|בלאָז|ן וו (אוי'פֿגעבלאָזן) blow up, inflate; exaggerate

אויפֿבלי דער (ען) boom, sudden prosperity; revival

אויפֿ|בלי|ען וו ◇ blossom forth; (begin to) prosper; flourish

אויפֿ|בליצ|ן וו ◇ flash *pf.*

אוי'פֿבלעכלער דער (ס) can opener

אויפֿברויז דער (ן) spurt

אויפֿ|ברעכ|ן וו (אוי'פֿגעבראָכן) break open

אויפֿגאָב דער (ן) deposit, down payment

•אוי'פֿגאַבע די (ס) problem, assignment, job, task

אויפֿגאַנג דער (ען) rise

אויפֿ|גיי|ן* וו (איז אויפֿגעגאַנגען) (sun; dough) rise

אויפֿגייענדיק אַדי rising, ascendant

אויפֿ|געב|ן* וו (אויפֿגעגעבן) serve (food); •give up, •relinquish ⊢ א' ⟨ד⟩ אַ charge (sb.) with (a task)

אויפֿגעבער דער (ס) (radio, TV) transmitter

אויפֿגעבראַכט אַדי enraged, indignant

אויפֿגעהאָדערט אַדי erect

אויפֿגעהויב׳ן אַדי aloft; lifted

אויפֿגעהײַטערט אַדי excited

אויפֿגעטראָג׳ן אַדי worked up, excited; indignant ⊢ א' מיט on friendly terms with

אויפֿגעטראָגנקייט די indignation

אויפֿגעלאַף דאָס (ן) throng, motley crowd

אויפֿגעלאָפֿ׳ן אַדי swollen

אויפֿגעלייגט אַדי chipper, cheerful, well-disposed, in high spirits

אויפֿגעפּוישט אַדי puffy

אויפֿגעקאָכט אַדי furious, indignant, exasperated

אויפֿגעקומענ|ער דער–געב parvenu, upstart

אויפֿגעקלערט אַדי enlightened

אויפֿגעראַמט אַדי cleaned, neat

אויפֿגעריכט ווער|ן וו (איז א' געוואָרן) become prosperous

•אויפֿגערעגט אַדי upset, excited

אויפֿגעשטאַנען אַדי up, arisen

אויפֿגעשטעלט אַדי up, erected

אויפֿגעשרויפֿט אַדי agitated

אויף דאָס נײַ זען נ ײַ

אויפֿדעקונג די (ען) discovery; unveiling

אויפֿ|דעק|ן וו ◇ uncover, bare, expose; unveil; discover

אויף דער וואַך זען וו אַ ך

אויפֿדערוואַ׳ך דער (ן) alert

אויף דערווי׳ף זען ד ע ר ו י ף

אויף דער נאַכט זען נ אַ כ ט

אויפֿ|דריי|ען וו ◇ roll up *vt.* ‖ א' זיך roll up *vi.*, coil up

אויפֿ|האָ׳דעווע|ן וו ◇ raise, rear *pf.*

אויפֿ|האָ׳דער|ן זיך וו ◇ straighten up *vi.*

אויפֿהאַלט דער (ן) support; stay, sojourn

אויפֿהאַלטונג די maintenance

אויפֿ|האַלט|ן וו (אויפֿגעהאַלטן) support, maintain ⊢ א' זיך stay

′אויפֿהויבן זען אויפֿהייבן

אויפֿהיט דער conservation (of resources)

אויפֿ|היט|ן וו (אויפֿגעהיט) preserve, keep, save

אויפֿהייב דער (ן) ascent, climb

אויפֿ|הייב|ן וו (אויפֿגעהויבן) raise, lift, pick up; bring up (in discussion); give rise to ⊢ א' זיך get up, rise, climb, lift *vi.*, ascend; take off

אויפֿ|הײַ׳טער|ן וו ◇ exhilarate

אויפֿ|הילכ|ן וו ◇ sound *vi.* ‖ לאָז|ן א' sound *vt.*

אויפֿ|הענג|ען וו (אויפֿגעהאָנגען) hang *vt/pf*, suspend

אויפֿהעצונג די (ען) incitement ‖ א' (צו בגידה [BGIDE]) sedition

אויפֿ|העצ|ן וו ◇ incite, inflame, stir up

אויפֿהער דער cessation ‖ אָן (אַן) א' ceaseless(ly), endless(ly)

אויפֿ|הער|ן וו ◇ stop, cease ‖ ניט א' צו keep on ...ing

אויפֿ|וואַכ|ן וו ◇ awaken *vi.*

אויפֿ|וואַקס|ן וו (איז אויפֿגעוואָקסן) grow up

אויפֿוואָרף דער (ן) charge, reproof, reproach

אויפֿ|וואַרפֿ|ן וו (אויפֿגעוואָרפֿן) ד אַ blame, reproach (sb.) for/with

אויפֿווײַז דער (ן) instance; indication, (piece of) evidence

אויפֿ|ווײַז|ן וו (אויפֿגעוויזן) attest, show, prove

אויפֿ|וויקל|ען וו ◇ roll up, wind up *vt.*

אויפֿ|וועל|ן וו ◇ bring (milk) to a boil

אויפֿ|וועק|ן וו ◇ awaken, arouse

אויפֿ|זאַמל|ען וו ◇ gather, collect *vt/vi pf.*

אויפֿ|זוכ|ן וו ◇ look up; find

אויפֿ|זיד|ן וו (אויפֿגעזאָטן) boil *pf.*

אויפֿזיכט די (legal) custody; •supervision

אויפֿ|זינג|ען וו (אויפֿגעזונגען) strike up (a song)

אויפֿ|זיצ|ן וו (איז אויפֿגעזעסן) ‹אויף› mount (a horse)
אויפֿזע דער charge, care, supervision
אויפֿזעער דער (ס) ⊡ superintendent, foreman, overseer
אויפֿ|זעצ|ן וו ◇ put up on (as on a horse) || א' זיך sit up || א' זיך אויף get up on
אויפֿזעצרונג דער (ען) stirrup
אויפֿ|טאָ|ן* וו (אויפֿגעטאָן) accomplish, achieve
אויפֿטו דער (ען) exploit, feat; accomplishment, achievement
אויפֿטויִק אדי productive, efficient
אויפֿטויִקייט די efficiency
אויפֿ|טונק|ען וו ◇ surface *vi.*
אויפֿטרייסלונג די (ען) concussion, shock
אויפֿ|טרייסל|ען וו ◇ shake (up) *pf.*, shock
אויפֿ|טרעט|ן וו (איז אויפֿגעטראָטן) appear (on stage), perform
אויפֿ|טרענ|ען וו ◇ rip open
אויפֿטרעף דער (ן) rendezvous
אויפֿ|יער|ן וו (אויפֿגעיוירן) ferment *pf.*
אויפֿ|כאַפּ|ן וו ◇ snatch up, pick up || (sounds, rumors); take up (song) א' זיך wake up *vi.*
אויפֿלאַגע די (ס) edition, printing
אויפֿ|לויפֿ|ן וו (איז אויפֿגעלאָפֿן) swell; shrink ⊢ א' זיך (crowd) assemble
אויפֿ|לו'סטיק|ן וו ◇ cheer up
אויפֿ|לייג|ן וו ◇ fold; dispatch
•אויפֿ|לייז|ן וו ◇ dissolve
אויפֿלעב דער boom, revival
אויפֿ|לעב|ן וו ◇ revive *vt/vi*; come to life; bring to life
אויפֿ|מאַכ|ן וו ◇ undo
אויפֿמונטערונג די encouragement
אויפֿ|מו'נטער|ן וו ◇ cheer up *vt.*, encourage, rally
אויפֿ|מטמונ|ען וו ◇ [MATMEN] hoard *pf.*
אויפֿ|מי'נטער|ן וו ◇ revive, invigorate || א' זיך perk up
אויפֿ|מיש|ן וו ◇ open (a book)
אויפֿמערק דער attention || א' פּאַס אָפּ|ווענד|ן divert, distract

•אויפֿמערקזאַם אדי alert, attentive, observant; considerate, thoughtful
•אויפֿמערקזאַמקייט די זען אויפֿמערק; איינזעעניש
אויפֿן=אויף דעם, •אויף דער
אויפֿ|נייג|ן וו ◇ open slightly
אויפֿ|ניי|ען וו ◇ make (a garment), sew *pf.*
אויפֿנעם דער (ען) reception
אויפֿנעמיק אדי receptive, responsive
אויפֿ|נעמ|ען וו (אויפֿגענומען) receive (guests, news); entertain (guests); take, react to, respond to
אויפֿנעמער .1 דער (ס) (radio) receiver || .2 דער (ס) ⊡ receptionist
אויף ס'כּוח זען כּוח
אויף ס'ניַ זען ניַ
°אויפֿעט זען אויף
אויפֿ|עס|ן וו (אויפֿגעגעסן) eat (food) *pf.* || א' זיך ‹דערפֿאַ'ר וואָס› regret bitterly
אויפֿ|ע'פֿענ|ען וו ◇ open up
אויפֿ|פּאַס|ן וו ◇ ‹אויף› supervise, tend, watch
אויפֿפּאַסער דער (ס) ⊡ camp counsellor
אויפֿ|פּלאָ'נטער|ן וו ◇ disentangle
אויפֿ|פּראַל|ן וו ◇ throw open
•אויפֿפֿאַליק אדי conspicuous
•אויפֿ|פֿאַל|ן וו (איז אויפֿגעפֿאַלן) ‹ד› be conspicuous (to)
'אויפֿפֿאַסונג זען באַנעם
אויפֿ|פֿאַסט|ן וו (אויפֿגעפֿאַסט) break a/the fast
אויפֿפֿיר דער (ן) conduct, behavior; bearing, demeanor ⊢ א'... behavioral
אויפֿפֿירונג די (ען) performance, (theater) showing; demeanor, conduct
אויפֿ|פֿיר|ן וו ◇ stage, produce (a play); render ⊣ א' זיך (שיין) behave (well)
אויפֿפֿירער דער (ס) ⊡ producer (of a play, film, etc.)
אויפֿפֿיר־פֿורעם דער (ס) behavior pattern
אויפֿ|פֿלאַמ|ען וו ◇ flame up, flare up
אויפֿ|פֿלאַ'קער|ן וו ◇ flare up
אויפֿ|פֿריי'לעכ|ן וו ◇ cheer up

אויפֿ|פּרעס|ן װ (אוי'פֿגעפּרעסן) devour *pf.*

אויפֿ|צאַפּל|ען װ ◇ start, be startled

אויפֿצוג דער pageantry

אויפֿצומאָרגנס דער (ן) morrow; morning after

אויפֿצי דער (ען) contraction

אוי'פֿציִונג די breeding

אויפֿ|צי'טער|ן װ ◇ start, shudder, thrill *vi.*

אויפֿ|ציִ|ען װ (אוי'פֿגעצויגן) raise, breed

אוי'פֿציִער דער (ס) ⊡ foster parent

אוי'פֿציקינד דאָס (ער) foster child

אויפֿ|קאָכ|ן װ ◇ boil *pf.*, bring/come to a boil; enrage, exasperate

אויפֿ|קויפֿ|ן װ ◇ buy up

אויפֿקום דער rise, origin(s)

אויפֿ|קומ|ען װ (איז אוי'פֿגעקומען) awaken, arise; originate, spring up, come into existence; ripen

אויפֿקלײַב דער (ן) compilation

אויפֿ|קלײַב|ן װ (אוי'פֿגעקליבן) gather, collect, round up *pf.* ⊢ א' זיך assemble, gather *vi.*

אוי'פֿקלערונג די enlightenment; clarification

אויפֿ|קלער|ן װ ◇ enlighten; clear up, clarify

אויפֿ|קנעפּל|ען װ ◇ unbutton

אויפֿ|ראַמ|ען װ ◇ clean up

אוי'פֿראַמערין די (ס) cleaning woman, chambermaid

אוי'פֿרודער דער (ן) stir, commotion

אוי'פֿרודערונג די (ען) stir, commotion

אויפֿ|רו'דער|ן װ ◇ stir, excite, incite, agitate, arouse

אויפֿרוף דער (ן) call, appeal

אויפֿ|רופֿ|ן װ (אוי'פֿגערופֿן) call upon (sb.) to read the Torah in a synagogue; call up (troops)

אוי'פֿרופֿנס דאָס calling of a bridegroom to read the Torah in the synagogue on the Sabbath preceding the wedding (connected with an extensive celebration)

אויפֿרײַס דער (ן) burst, blast, explosion

אוי'פֿרײַסוואַרג דאָס explosives (*coll.*) || שטאַרק א' high explosives

אוי'פֿרײַסיק אַדי explosive

אויפֿ|רײַס|ן װ (אוי'פֿגעריסן) tear/pry open; || explode, blow up *vt/vi*; set off א' זיך start up

אוי'פֿרײַסשפּיץ דער (ן) warhead

אויפֿרייץ דער (ן) (source of) provocation

אוי'פֿרייצונג די (ען) (state, process of) provocation, incitement; exasperation

אויפֿ|רייצ|ן װ ◇ provoke, incite, exasperate

•אוי'פֿריכטיק אַדי sincere

•אוי'פֿריכטיקייט די sincerity

אויפֿ|ריכט|ן װ (אוי'פֿגעריכט) restore

אויפֿריר דער (ן) stir, commotion, excitement, flurry; sedition

אויפֿ|ריר|ן װ ◇ stir, excite

אוי'פֿרירער דער (ס) ⊡קע seditionist

אוי'פֿרירעריש אַדי seditious

•אוי'פֿרעגונג די (ען) excitement

•אויפֿ|רעג|ן װ ◇ excite, upset, agitate, rouse ⊢ •א' זיך get/be excited

אויפֿ|רעד|ן זיך װ ◇ זען צונויפֿרעדן זיך

אויפֿשוואָ'רץ דער (ן) draft (rough version)

אוי'פֿשוידער דער (ן) shudder

אויפֿ|שוי'דער|ן װ ◇ shock; shudder, be shocked

אויפֿשטאַנד דער (ן) revolt, uprising, insurrection

אויפֿ|שטו'רעמ|ען װ ◇ arouse, stir

אויפֿשטײַג דער rise, ascent

אויפֿ|שטיי|ן* װ (איז אוי'פֿגעשטאַנען) rise, get up; stand up; revolt

אויפֿ|שטעל|ן װ ◇ erect; put up, set up; establish ⊢ א' זיך stand up || א' (צו'ריק) reestablish; right

אוי'פֿשטענדלער דער (ס) ⊡ rebel

אוי'פֿשטערצלער דער (ס) bottle opener

אויפֿ|שײַנ|ען װ ◇ flare (up), light up *vi.*; (sun) rise

אויפֿ|שלאָג|ן װ (אױ'פֿגעשלאָגן) break open; open, set up (a business); pitch (tents); mark up (prices); whip up
אױ'פֿשלאָגער דער (ס) egg beater
אויפֿ|שליי'ער|ן װ ◇ unveil
אויפֿ|שליס|ן װ (אױ'פֿגעשלאָסן) unlock
אויפֿ|שלעסל|ען װ ◇ unzip
אויפֿשניט דער cold cuts (*coll.*)
אויפֿ|שנײַד|ן װ (אױ'פֿגעשניטן) cut open, slit
אויפֿ|שפּול|ן (זיך) װ ◇ coil up *vt/vi*
אויפֿ|שפּיליע|ן (זיך) װ ◇ unbutton *vt/vi*
אויפֿ|שפּיל|ן װ ◇ strike up (a tune)
אויפֿ|שפּרינג|ען װ (איז אױ'פֿגעשפּרונגען) start up, jump up
אויפֿ|שרויפֿ|ן װ ◇ agitate, excite
אויפֿשריפֿט די (ן) inscription
אויפֿ|שרעק|ן װ (אױ'פֿגעשראָקן) startle
אויצאַרניע די (ס) treasury
אוי'רינגל דאָס (עך) earring
אולטימאַטום דער (ס) ultimatum
אולטראַ.. ultra... || אולטראַראַדיקאַ'ל ultraradical
אום אַ odd (not even)
אום פּרעפּ on, during (holiday) || אַ' פּסח [PEYSEKh] during Passover ⊢ אַ' שבת [shABES] on Saturday
*אום קאָ זען כּ ד י
אום קוו around, over (*unproductive complement*)
אומ.. (*negative prefix*) un..., dis...; ⊢ non-... ⊢ או'מאַמעריקאַ'ניש un-American ⊢ או'מצופֿרי'דין dissatisfied || או'מקאָנפֿאָרמי'סטיש non-comformist
אומ..לעך un...able, in...able || או'מבאַשרײַ'בלעך indescribable || או'מפֿאַרגע'סלעך unforgettable
או'מ..עוודיק un...able, in...able || או'מהע'רעוודיק inaudible
או'מאויסמעסטלעך אַדי immeasurable
או'מאויסשעפּלעך אַדי inexhaustible, unfailing
*אומאויפֿהערלעך זען אָנאויפֿהערדיק
אומאַחדות דאָס [U'MAKhDES] discord, disunity

אומאַחריות דאָס [U'MAKhRA'YES] irresponsibility
אומאַחריותדיק אַדי [ ] irresponsible
או'מאײדל אַדי impolite, improper
או'מאײַ'נגענעם אַדי unpleasant, disagreeable
או'מאײַ'נעמיק אַדי unconquerable
*או'מאַנטשלאָ'סן אַדי irresolute; unsettled (issue)
*או'מאַנטשלאָ'סנקייט די indecision
*או'מאָנשטענדיק אַדי improper, obscene
או'מאָפּהענגיק אַדי (פֿון) independent (of); irrespective, regardless (of)
או'מאָפּהענגיקייט די independence
או'מאָ'פּלייקנדלעך אַדי undeniable
או'מאָ'פּמעקלעך אַדי indelible
או'מאַפּעטי'טלעך אַדי unappetizing; nauseating
או'מאָ'פּפֿרעגלעך אַדי unimpeachable; irrefutable
או'מאָ'פּשרײַבלעך אַדי irrevocable
או'מאָפֿיציע'ל אַדי unofficial
או'מאָ'פֿנטלעך אַדי non-public, unlisted
או'מאָרדענונג די (ען) disorder
או'מאָ'רנטלעך אַדי dishonest, unfair
או'מבאַגיי'לעך אַדי indispensable
או'מבאַגרי'נדט אַדי unfounded, baseless
או'מבאַגרע'נעצט אַדי unlimited, absolute, boundless
*או'מבאַדי'נגט 1. אַדי absolute, unconditional ⊢ 2. אַדװ without fail; be sure to || *זאָלסט מיר אַ' שרײַבן be sure to write me
או'מבאַהאָ'לפֿן אַדי clumsy, inept, helpless
או'מבאַהיי'בלעך אַדי prohibitive; unfeasible
או'מבאַוואָ'רנט אַדי off one's guard
או'מבאַווײַ'בט אַדי single (man)
או'מבאַווע'גלעך אַדי motionless
או'מבאַזאָ'רגט אַדי unconcerned
או'מבאַזו'נגען אַדי unsung
*או'מבאַזי'גלעך אַדי invincible
או'מבאַטײַ'טיק אַדי insignificant
אומבאַטעמט אַדי [U'MBATA'MT] tasteless

או'מבאַטראַ'כט אדי ill-considered, rash

או'מבאַטרע'פֿיק אדי immaterial

או'מבאַלע'בט אדי inanimate

או'מבאַמאַ'נט אדי single (woman)

או'מבאַמע'נטשט אדי unmanned

או'מבאַמע'רקט אדי unnoticed

או'מבאַנע'מלעך אדי inconceivable

או'מבאַפֿלע'קט אדי stainless; immaculate

או'מבאַפֿרי'דיקט אדי dissatisfied, malcontent

אומבאַפֿרי'דיקנדיק אדי unsatisfactory

או'מבאַקאַ'נט אדי obscure, unknown

או'מבאַקווע'ם אדי uneasy, uncomfortable, inconvenient ⊢ זײַן* אומפּ א' ד (*rev. con.*) be uneasy

או'מבאַקווע'מ(לעכ)קייט די inconvenience, discomfort

או'מבאַקלע'רט אדי ill-considered, thoughtless

או'מבאַרי'רלעך אדי untouchable; inviolable

או'מבאַרע'כטיקט אדי unjustified, unwarranted

או'מבאַרע'כנ(ד)לעך אדי incalculable

או'מבאַרע'כנט אדי ill-considered

או'מבאַרעמהאַ'רציק אדי merciless

או'מבאַשטי'מט אדי vague, indefinite

או'מבאַשטי'מלעך אדי indeterminate

או'מבאַשלאָ'ס·ן אדי irresolute; undecided

או'מבאַשלאָ'סנקייט די indecision

או'מביי'געוודיק אדי rigid, inflexible

אומ'בײַ'טעוודיק אדי immutable

אומבכּבֿודיק אדי [U'MBEKO'VEDIK] ignoble; dishonorable

אומברחמנותדיק אדי [U'MBERAKhMO'NESDIK] merciless, pitiless, heartless, ruthless, relentless

אומ|ברענג|ען װ (◇/או'מגעבראַכט) kill

אומבתּרבותדיק אדי [U'MBETA'RBESDIK] rude

•אומגאַנג דער intercourse, dealings

'אומגאַנגשפּראַך זען שמועסשפּראַך

אומגוט אדװ: נעמ|ען פֿאַר א' resent, take amiss

אומ|גיי|ן* װ (איז או'מגעגאַנגען) ⟨מיט⟩ keep company, go around (with) ⊢ א' אין haunt

או'מגילטיק אדי invalid

או'מגינציק אדי unfavorable, untoward, adverse

או'מגליי'בלעך אדי incredible, unbelievable

אומגלײַך אדי unequal, uneven, rugged

אומגליק דאָס (ן) misfortune; accident, calamity; undoing ⊢ צום א' unfortunately

או'מגליקלעך אדי unfortunate, unhappy, wretched

•או'מגליקפֿאַל דער (ן) accident

או'מגעבי'לדט אדי uneducated

•או'מגעגנט די vicinity

או'מגעדולד די impatience

או'מגעדו'לדיק אדי impatient

או'מגעהי'ט אדי negligent

או'מגעהי'טקייט די negligence

או'מגעהײַ'ער אדי tremendous, enormous

או'מגעוואַ'ש·ן אדי with hands unwashed

או'מגעווי'נ(ט)לעך אדי unusual, uncommon, novel, extraordinary

או'מגעווי'סיק אדי indefinite (article)

או'מגעווענדט אדי reciprocal (number)

או'מגעזאַ'מט אדװ forthwith, without delay

או'מגעזײַ'ערט אדי unleavened

או'מגעזעצלעך אדי illegitimate, unlawful

או'מגעטיי'לט אדי undivided

או'מגעטרײַ אדי false, faithless

או'מגעלו'מפּערט אדי awkward, clumsy

'אומגעפּער זען א ר ו ם, ב ע ר ך, (אַן) ע ר ך

או'מגעצוי'מט אדי unbridled, rampant

או'מגעציי'לט אדי innummerable, untold

או'מגעקומענ|ער דער–געב killed person, fatality

או'מגעריכט אדי unexpected; unawares

או'מגערן אדװ accidentally, unintentionally; •unwillingly, •grudgingly

או'מגע'רנדיק אדי unwitting, unintentional

או'מגערעכט אדי wrong, unjust

או'מגעשליי'פֿ·ן אדי crude

אומגראָד אדי odd (not even)

או'מגרייכלעך אַדי inaccessible

אומדאַנק דער ingratitude

•או'מדאַנקבאַר אַדי thankless, ungrateful

או'מדיסקרע'ט אַדי indiscreet

או'מדיסקרע'טקייט די (ן) indiscretion

או'מדירעקט אַדי indirect, roundabout

או'מדעצידי'רט אַדי undecided, irresolute

או'מדערבאַ'רעמדיק אַדי merciless

•או'מדערהע'רט אַדי unheard-of

•או'מדערטרע'גלעך אַדי unbearable, intolerable

או'מדערצוי'גן אַדי ill-bred, naughty

או'מדערשראָ'קן אַדי undaunted, fearless

אומדריי דער (ען) turn, spin, revolution

אומדרך־ארץ דער [U'MDERKhE'RETS] disrespect

אומה די (—ות) [UME] nation, people

או'מהייליק אַדי unholy

או'מהיי'לעוודיק אַדי incurable

•או'מהיימלעך אַדי weird, uncanny

או'מהסכּם דער (ס) ⟨מיט⟩ [U'MHESKEM] disagreement, disapproval

אום|וואַרפֿ|ן וו (או'מגעוואָרפֿן) knock down, strike down

או'מוויכטיק אַדי unimportant, insignificant

או'מווילן דער reluctance

או'מוויסיק אַדי unconscious

או'מוויסיקייט די (the) unconscious

או'מוויסן דאָס ignorance

או'מווי'סנדיק אַדי ignorant

•אומוועג דער (ן) roundabout way; detour

או'מווערדיק אַדי unworthy

או'מווערדיקייט די (ן) indignity; unworthiness

אומות־העולם די־מצ [UMES-HOO'YLEM] the gentile nations

•אומזאַץ דער volume, turnover

או'מזיי'גערדיק אַדי counter-clockwise

'אומזיכטבאַר זען אומזעיִק

או'מזיכער אַדי unsure, uncertain, precarious

•אומזין זען אומזינען

או'מזיניק אַדי senseless

או'מזינען דער nonsense, rubbish

אומזי'סט 1. אַדי fruitless, futile, useless; ⊢ groundless; gratis, free ‖ 2. אַדוו in vain, to no avail; unnecessarily ‖ האַלב א' very cheaply ‖ א'־אומני'שט for no reason, innocently

אומזיסטיק אַדי futile

או'מזעיִק אַדי invisible

או'מזע'עוודיק אַדי = אומזעיִק

אומחן דער [UMKhEYN] disfavor, dislike ‖ וואַרפֿ|ן אַן א' אויף take a dislike to

אומחסד דער [U'MKhESED] disfavor

אומחשוב אַדי [U'MKhoshEV] disreputable, ignoble

אומחשק דער [U'MKhEYShEK] reluctance

או'מטאַקטיש אַדי tactless

או'מטיידערל דאָס (עך) (moral) blot, blemish, stain

או'מטיי'ל(עווד)יק אַדי indivisible

אומטעותדיק אַדי [U'MTO'ESDIK] unerring, infallible

אומטעם דער [UMTAM] distaste

או'מטראַנסיטי'וו אַדי intransitive

או'מטרײַבער דער (ס) □קע drifter

אומיושר דער [U'MYOYShER] injustice

אומיושרדיק אַדי [ ] unjust, unfair

אומיסטן/אומישנע אַדוו intentionally, on purpose ⊢ ניט א' unwittingly

אומיק זען נומיק

אומכּבֿוד דער [U'MKOVED] disgrace, dishonor; disrespect, snub ⊢ אָנ|טאָ|ן* ד' אַן א' snub

או'מכּבֿודיק אַדי [ ] derogatory

או'מלאָגיש אַדי illogical

אומליב אַפּ ⟨ד⟩ disagreeable (to)

או'מלײַטיש אַדי improper ‖ א'|ער אויפֿפֿיר disorderly conduct

או'מליי'קנדלעך אַדי undeniable

או'מלעגאַ'ל אַדי illegal

או'ממאָראַ'ליש אַדי immoral

או'ממי'גלעך אַדי impossible

או'ממי'גלעכקייט די impossibility

או'ממע'גלעך אַדי זען אוממיגלעך

או'מנאָרמאַ'ל אַדי abnormal

או'מניטיק אדי needless, unnecessary, uncalled-for
אומני'שט אדוו in vain, to no avail, for no reason
אומנצחניש אדי [U'MNATSKho'NISh] sportsmanly
אומסדר דער [U'MSEYDER] disorder
או'מסטאַבי'ל אדי unstable
או'מסימפּאַטיש אדי ⟨ד⟩ disagreeable (to)
או'מסעזאָן דער (ען) slack
אומעבֿרידיק אדי [U'MI'VREDIK] illiterate
אומעבֿרידיקייט די [ ] illiteracy
•אומעדו'ם זען אומעטום
•או'מעדיק זען אומעטיק
אומעט דער (ן) sadness, gloom
°אומעט קוו=אום קוו
אומעטו'ם אדוו everywhere
אומעטומיק אדי ubiquitous
או'מעטיק אדי sad, cheerless, lonesome
אומעכט אדי spurious
או'מע'נדיק אדי infinite
או'מע'נדיקייט די infinity
•או'מע'נדלעך אדי infinite
•או'מע'נדלעכקייט די infinity
או'מעפֿעקטי'וו אדי ineffective, inefficient
או'מעפֿעקטי'ווקייט די ineffectiveness, inefficiency
אומער דער gloom, dejection
או'מע'רלעך אדי dishonest, crooked
או'מע'רלעכקייט די dishonesty
אומפּאַס אפּ unwell, indisposed
או'מפּאַסיק אדי improper, unsuitable, unbecoming; ill-timed
או'מפּאַרטיי'יש אדי impartial
או'מפּינקטלעך אדי inaccurate; unpunctual
או'מפּיקאַנט אדי bland; corny
או'מפּראַליק אדי recoilless
או'מפּראָפּאָרציאָנע'ל אדי disproportionate
אומפשרותדיק אדי [U'MPSho'RESDIK] adamant, uncompromising
אומ|פֿאַלן וו (איז או'מגעפֿאַלן) fall, tumble
•או'מפֿאַראַ'נטוואָרטלעך אדי irresponsible
או'מפֿאַרגיי'יק אדי undying
או'מפֿאַרגלײַ'כלעך אדי incomparable
או'מפֿאַרדײַ'לעך אדי indigestible
•אומפֿאַרזיכטיק זען ניט־געהיט; אָפּגעהיטן, נעוואָרנט
או'מפֿאַרלע'נדלעך אדי imperishable
או'מפֿאַרמאַ'טערלעך אדי tireless, indefatigable, unfailing
או'מפֿאַרמי'טלט אדי direct, immediate, outright
או'מפֿאַרמײַ'דלעך אדי inevitable, unavoidable
או'מפֿאָרמעל אדי informal
או'מפֿאַרע'נטפֿערט אדי unanswered, moot
או'מפֿאַרשטיי'עניש דאָס (ן) misunderstanding
•או'מפֿאַרשטע'נדלעך אדי incomprehensible, unintelligible
או'מפֿאַרשע'מט אדי impudent, shameless
•או'מפֿולשטענדיק אדי incomplete
אומפֿלייט דאָס vermin
או'מפֿעיִק אדי incapable
או'מפֿעליק אדי infallible
אומפֿעסט אדי inconclusive, hesitant || א' (בײַ זיך) irresolute
או'מפֿרוכטיק אדי fruitless
או'מפֿרו'כפּערדיק אדי barren, fruitless
או'מפֿרײַנדלעך אדי unkind, unfriendly
אומצדדימדיק אדי [U'MTSDO'DIMDIK] impartial, dispassionate
אומצדדימדיקייט די [ ] impartiality
או'מצוטרוי דער mistrust, distrust
או'מצופֿרידן אדי discontented, dissatisfied, disgruntled
או'מצופֿרידנקייט די discontent, displeasure, dissatisfaction
או'מצײַטיק אדי immature
או'מציילִיק אדי countless, innumerable
או'מצעטיי'ל(עווד)יק אדי indivisible
או'מצעטריי'סלעך אדי unshakable
או'מצעשיי'דלעך אדי inseparable
או'מקאָנסעקווע'נט אדי inconsistent
או'מקאָנסעקווע'נץ די (ן) inconsistency
או'מקוואַליפֿיצי'רט אדי unskilled (labor)
אומקום דער (mass) death; holocaust
אומ|קומ|ען וו (איז או'מגעקומען) perish, die a violent death

אומ|קוק|ן זיך װ ◇ ⟨אויף⟩ pay some attention (to), look around (at)

או'מקלאָר אַדי fuzzy, unclear, dim, vague, obscure, indistinct

או'מקענטעניש דאָס ignorance

אומקער דער return

אומ|קער|ן װ ◇ return *vt.*, restore, refund; ⊢ א' זיך return *vi.*, come back ⊢ make good (loss)

או'מקרעמפּי'רט אַדי at ease

אומראַס דער (ן) gadabout, mercurial person

או'מראַסיק אַדי mercurial

או'מראַציאָנע'ל אַדי irrational

אומרו דער (ען) pendulum

אומרו די/דער (ען) anxiety, uneasiness, apprehension ⊢ מצ disturbances, riots, (political) unrest, turbulence

או'מרו:יק אַדי uneasy, restless, troubled, anxious; turbulent; ill at ease

או'מרו:יקייט די anxiety; restlessness, unrest

אומריין אַדי unclean, foul

אומריינס דאָס impurity; impurities (*coll.*)

או'מרעגולע'ר אַדי irregular

אומרעכט דאָס wrong, injustice

אומשולד די innocence

או'משולדיק אַדי innocent

אומשטאַנד דער (ן) circumstance

או'משטאַרביק אַדי immortal; undying

או'משטאַרביקייט די immortality

אומ|שטויס|ן װ (או'מגעשטויסן) knock over

אומשטיי'נס געזאָ'גט זען מ י ש ט י י נ ס ג ע ז אָ ג ט

או'משטימיק אַדי voiceless

•או'משטערבלעך אַדי immortal, undying

•או'משטערבלעכקייט די immortality

אומשלאָף דער insomnia

או'משעדלעך אַדי harmless

או'משריפֿטיק אַדי illiterate

או'משריפֿטיקייט די illiteracy

או'משכלדיק אַדי [U'MSE'YKhLDIK] unreasonable, unsound

אומתּרבות דאָס [U'MTARBES] rudeness

אומתּרבותדיק אַדי [ ] rude

און קאָ and || א' װ װ a great deal || עס רעגנט א' רעגנט it rains a great deal

'און.. זען אום..

אונאָ די/דער U.N.

אונגער דער (ן) ⊡ Hungarian

או'נגעריש אַדי Hungarian

או'נגערן (דאָס) Hungary

אונדז פּראָנ (נאָם: מיר) us

אונדזער פּאָס—אַדי our

אונדזערט: פֿון א' װעגן for our sake; as far as we are concerned

או'נדזעריק אַדי ours

אונטן 1. אַדװ below, underneath, downstairs ⊢ 2. דער (ס) bottom; downstairs

אונטער 1. פּרעפּ under(neath), beneath, below ⊢ 2. קװ (*a*) (from) beneath; (*b*) to a slight degree ⊢ אונטער|לייג|ן (*a*) put (from) beneath ⊢ אונטער|װאַרט|ן (*b*) wait a little ⊢ אונטער|שפּרינג|ען (*b*) hop

אונטער דער (ס) subordinate

אונטער.. under..., sub..., infra...; lower; deputy ⊢ או'נטערסעקרעטאַ'ר undersecretary ⊢ או'נטערװאַ'סערדיק underwater || או'נטערקלאַס subclass || או'נטערמע'נטשיש infrahuman || או'נטערעלזאַס Lower Alsace || או'נטערבי'רגערמײַסטער deputy mayor

אונטער|אײַל|ן װ ◇ hurry *vt/pf*

או'נטעראַנטװי'קלט אַדי underdeveloped

או'נטעראָפּטייל דער (ן) subdivision

או'נטעראָפֿיציר דער (ן) non-commissioned officer

אונטער|אָ'רדענ|ען װ ◇ subordinate

•או'נטערבאַװו'סטזײַן דאָס (the) subconcious

•או'נטערבאַװו'סטזיניק אַדי subconscious

או'נטערבאַן די (ען) subway

או'נטערגאַנג דער (ען) decline, (down)fall, doom; epidemic; blight

או'נטערגאָרן דער (ס) basement

או'נטערגיביק אַדי submissive

אונטער|גיי|ן* װ (איז או'נטערגעגאַנגען) go down, (ship) sink; (state, movement,

custom) decline, become extinct; (sun) set

אונטער|גיס|ן וו (או'נטערגעגאָסן) add (liquid); prime (pump)

אונטער|גנבע|נען זיך וו ◇ ⟨צו⟩ [GANVE] sneak up on

או'נטערגעבײַ דאָס (ען) substructure; underpinnings

אונטער|געב|ן* וו (או'נטערגעגעבן) add (small amounts of) || א' זיך ⟨ד⟩ surrender vi. (to)

או'נטערגעוואָרפֿ'ן אַדי subject (to); ⟨ד⟩ || א' קינד abandoned (child) foundling

או'נטערגעפּוצט אַדי trim

או'נטערגעשויר'ן אַדי trim

או'נטערגעשלאָג'ן אַדי whitened (soup etc.); black (eye)

או'נטערגעשריבענ|ער דער–געב undersigned

אונטער|גראָב|ן וו (או'נטערגעגראָבן) undermine

או'נטערגרונט דער underground

או'נטערגרו'נטיק אַדי underground

•אונטערדריקונג די suppression, oppression

•אונטער|דריק|ן וו ◇ suppress, oppress

•אונטערדריקער דער (ס) oppressor

אונטערדרערדיש זען א ו נ ט ע ר ע ר ד י ש

אונטער|האַלט|ן וו (או'נטערגעהאַלטן) support, sustain; bear out, uphold

•אונטערהאַנדלונג זען פֿ אַ ר ה אַ נ ד ל ו נ ג ע ן

אונטער|הודיע|ן וו ◇ incite, set against

או'נטערהויזן מצ drawers

אונטער|הוסט|ן וו (או'נטערגעהוסט) cough slightly; (engine) sputter

או'נטערהייב דער lift

אונטער|הייב|ן וו (או'נטערגעהויבן) lift up, boost, perk up

או'נטערהייבער דער (ס) (lifting) jack

אונטער|הייצ|ן וו ◇ make a fire in (the stove)

אונטער|הינק|ען וו (או'נטערגעהונקען) hobble; (explanation etc.) be faulty

אונטער|העלפֿ|ן וו (או'נטערגעהאָלפֿן) ⟨ד⟩ help (a little)

או'נטערהעמד דאָס (ער) undershirt

אונטער|העצ|ן וו ◇ incite

או'נטערהעצער דער (ס) rabble rouser

או'נטערהער דער eavesdropping || טעלע־פֿאָ'ניש|ער א' wiretapping

אונטער|הער|ן וו ◇ overhear || א' (זיך) eavesdrop

או'נטערוואַסער־שיף די (ן) submarine

אונטער|וואַרפֿ|ן וו (או'נטערגעוואָרפֿן) abandon (child), plant (stolen goods) || א' ⟨אַ ... ד⟩ throw (to), subject (to) || א' זיך ⟨ד⟩ submit (to)

או'נטערוווקס דער (ן) rising generation

או'נטערוויסיק אַדי subconscious

או'נטערוויסיקייט די (the) subconscious

אונטער וועג(נ)ס זען ו ו ע ג

או'נטערוועלט די underworld

או'נטערווערפֿלינג דער (ען) foundling

או'נטערוועש דאָס underclothes, underwear

אונטער|זאָג|ן וו ◇ prompt

•אונטערזוכונג די (ען) examination, inquiry

•אונטער|זוכ|ן וו ◇ examine

אונטער|זיד|ן וו (או'נטערגעזאָטן) simmer *vi.*

או'נטערטאַנער דער (ס) ⊡ (political) subject

אונטער|טונק|ען וו ◇ submerge *vt.* || א' זיך dive, submerge *vi.*

אונטער|טוק|ן וו ◇ duck, submerge *vt.* || א' זיך dive, submerge

אונטער|טייל|ן וו ◇ subdivide

או'נטערטעניק אַדי submissive, servile || א' מאַכ|ן subjugate

•אונטער|טע'ניק|ן וו ◇ subject, subjugate

או'נטערטעצל דאָס (עך) coaster

אונטער|טראָג|ן וו (או'נטערגעטראָגן) shock, exasperate || א' ⟨ד⟩ wait on

אונטער|טרײַב|ן וו (או'נטערגעטריבן) urge on, goad

אונטער|יאָג|ן וו ◇ hurry, urge on || א' זיך hurry *vi.*

אונטער|יאָכ|ן וו ◇ subjugate

אונטערימיש אַדי [U'NTERYA'MISH] undersea

אונטער|לייג|ן וו ◇ put (underneath) || א' ⟨אַ מיט⟩ line (with)

אונטער\|לענ\|ען וו ◇: א' זיך דאָס האַרץ have a bite to eat
אונטער\|לעק\|ן זיך וו ◇ ⟨צו⟩ fawn, flatter
או'נטערלעקער דער (ס) □קע flatterer, sycophant
או'נטערמאָגן־דריז די (ן) pancreas
°אונטער\|מאַכ\|ן וו ◇ forge, counterfeit
או'נטערמיטלשול די (ן) junior high school
או'נטערן=אונטער דעם, •אונטער דער
אונטערנעמונג די (ען) undertaking, enterprise; venture
אונטער\|נעמ\|ען זיך וו (או'נטערגענומען) ⟨א/צו⟩ undertake ⊢ קענען זיך א' be equal to
אונטערנעמער דער (ס) ⊡ enterpreneur, contractor
אונטערנע'מעריש אד' enterprising
או'נטערערד די underground
או'נטערע'רדיש אד' underground, subterranean
או'נטערפּאָלקאָווניק דער (עס) lieutenant-colonel
או'נטערפּריווילעגירט אד' underprivileged
אונטער\|פּאַרדינג\|ען וו (או'נטערפּאַרדונגען) sublease
אונטער\|פֿאָר\|ן וו (איז או'נטערגעפֿאָרן) take a short ride; (plane) taxi
או'נטערפֿאָרער דער (ס) □קע hitchhiker
אונטער\|פֿויל\|ן וו ◇ rot slightly \|\| א' זיך be a little lazy
אונטער\|פֿיר\|ן וו ◇ accompany; give a lift to
או'נטערפֿירער דער (ס) best man
או'נטערפֿירערין די (ס) bridesmaid
או'נטערצינדונג די (ען) (act of) arson
אונטער\|צינד\|ן וו (או'נטערגעצונדן) set fire to
או'נטערצינדער דער (ס) arsonist
אונטער\|צעטייל\|ן וו ◇ subdivide
או'נטערקאָלאָנעל דער (ן) lieutenant-colonel
או'נטערקאַלעדזש דער (ן) junior college
אונטער\|קויפּ\|ן וו ◇ bribe
אונטער\|קומ\|ען וו (איז או'נטערגעקומען) come around; join a waiting group
אונטער\|קוק\|ן זיך וו ◇ peek, peep

או'נטערקלייד דאָס (ער) slip, petticoat
או'נטערקעלער דער (ן) cellar
או'נטערקעפּל דאָס (עך) subheading, subtitle
אונטער\|רוק\|ן וו ◇ slip, hand secretly, make inconspicuously available
אונטער\|רײַס\|ן זיך וו (או'נטערגעריסן) rupture oneself; make a strenuous effort
אונטער\|רעד\|ן וו ◇ dub
אונטער\|שאַצ\|ן וו ◇ underrate, underestimate
או'נטערשווענקונג די erosion
אונטער\|שווענק\|ען וו ◇ erode *vt.*
או'נטערשט אד'* bottom, lower, lowest
או'נטערשטאָט די downtown (area) \|\| אין א' downtown
או'נטערשטאָטיש אד' downtown; •suburban
או'נטערשטאַנד דער low-income groups (*coll.*)
אונטער\|שטופּ\|ן וו ◇ push along
אונטערשטיצונג די (ען) support, backing
אונטער\|שטיצ\|ן וו ◇ support, back, endorse
אונטער\|שטעל\|ן וו ◇ put (underneath) \|\| א' זיך dare \|\| וואָס שטעלט איר זיך אונטער? how dare you?
או'נטערשטראָם דער (ען) undertow, undercurrent
אונטער\|שטרײַכ\|ן וו (◇/או'נטערגעשטראָכן) underline; emphasize, stress
או'נטערשייד דער (ן) difference
אונטערשיידונג די (ען) differentiation
•אונטערשיידלעך אד' distinctive
אונטער\|שייד\|ן וו ◇ distinguish, differentiate ⊢ א' זיך differ
או'נטערשיכט דער (ן) substratum
או'נטערשיסעלע דאָס (ך) cavil
אונטער\|שלאָג\|ן וו (או'נטערגעשלאָגן) line (a garment etc.)
או'נטערשלאַק דער (...שלעק) lining; background
אונטער\|שמיד\|ן וו ◇ shoe (a horse)
אונטער\|שמיר\|ן וו ◇ add grease to; (*hum.*) bribe

אונטער|שנײַד|ן װ (או'נטערגעשניטן) under-cut; curtail
או'נטערשפּאַר דער (ן) prop, support
אונטער|שפּאַר|ן װ ◇ bolster, prop up
אונטער|שפּרינג|ען װ (איז או'נטערגעשפּרונגען) hop, bounce
אונטער|שרײַב|ן װ (או'נטערגעשריבן) sign || א' זיך ⟨אויף/אונטער⟩ sign one's name (to)
או'נטערשריפט די (ן) signature
אוניווערמאַ'ג דער (ן) department store
אוניווע'רס דער (ן) universe
אוניווערסאַ'ל אדי universal || א'־קראָם de-partment store
אוניווערסיטע'ט דער (ן) university
אוניווערסיטעטיש אדי university
אוניטאַריער דער (ס) ⊡ Unitarian
אוניטאַריש אדי Unitarian
אוניסאָ'ן דער unison
אוניפאָר(ע)ם די (...רמען) uniform
אוניפיציר|ן װ ◇ unify
או'ניקום דער (ס) unique copy
אונס דער [OYNES] compulsion
אונץ די (ן) ounce
אר'ען דער זען א ו נ אָ
אוף אינט phew!
אופאַ' אינט whew!
אופן דער (ים) [OYFN—OYFANIM] way, manner ⊢ אויפן בעסטן א' at best
אוצר דער (ות) [OYTSER—OYTSRES] treas-ure, hoard; treasury; adorable thing || א'־סעקרעטאַר Secretary of the Treasury ⊢ נאַטירלעכע א'ות natural resources
אוצרער דער (ס) [ ] treasurer
אוצר־קאַמער די (ן) [ ] treasury
אוקאָס דער slant || אויף א' obliquely
אוקאָס... oblique
אוקראַ'יניש אדי Ukrainian
אוקראַ'ינע (די) the Ukraine
אוקראַ'ינער דער (—) ⊡ Ukrainian
אור..[1] great-... || או'ראו'ראײ'ניקל great-great-grandchild
*אור..[2] זען ק ד מ ו ן־...

או'ראײניקל 1. דאָס (עך) great-grand-daughter, great-grandchild ⊢ 2. דאָס/דער great-grandson (עך)
*אוראַלט אדי ancient
אוראַ'ן דער Uranus
אוראַ'ניום דער uranium
אורבאַ'ן אדי urbane
אורבאַניזירונג די urbanization
אורוואַנט דער (ן) clamp, vise
*אורזאַך זען ס י ב ה
אורח דער (ים) [OYREKh—ORKhIM] visitor, guest (esp. from afar); (poor) guest for the Sabbath
*אורטייל זען א ו ר ט ל; מ י ש פּ ט
*אורטיילן זען מ י ש פּ ט ן
אורטל דער (ען) sentence
אורים־ותּומים דער [URIM-VETU'MIM] Urim and Thummim, a breastplate used by the High Priest in biblical times as media for revealing the divine will
אורי'ן דער urine
אורינאַ'ל דער (ן) urinal
אוריניר|ן װ ◇ urinate
אורלויב דער (ן) leave, furlough || אָפּ|-, אַרויס|לאָז|ן אויף א' furlough *vt.*
אורנע די (ס) urn; ballot box
אושפּיזין מצ [UShPIZN] guests, i. e. the Patriarchs Abraham, Isaac, Jacob, Joseph, Moses, Aaron and King David, who, according to legend, come as visitors into the Sukkah of every Jew
אות דער/דאָס (אותיות) [OS—OYSYES] letter, character ⊢ זאָג|ן די א'ות ⟨פון⟩ spell (a word)
אות־באות אדװ [OS-BEO'S] literally, letter for letter
אות־באותיק אדי [ ] literal
אותו אדי—אינװ [OYSE] very || די א' רגע [REGE] this very instant
אותו־האיש דער [HOI'sh] Christ (*expres-sion used to avoid mentioning the name itself*)
אַז קאָ that; if, when

such; a kind of (מצ: אַזעלכע) אַדי—אינוו אַזאַ'
|| אַ' שפּיל such a game || אַ שפּיל אַ'
a kind of game
nitrogen דער אַזאָ'ט
such (*equivalent to* אַזאַ, *used* אַדי—אינוו אַזאַ'ן
optionally before words with initial
vowels)
watch out! don't you dare! אינט (יע)אַזאַ'ס
heat, excitement; gambling דער אַזאַ'רט
game of chance; (*pl.*) (ן) די אַזאַ'רטשפּיל
also gambling
gambler (ס) ⊡קע דער אַזאַ'רטשפּילער
אַזבעסט'ן אַדי || asbestos דער אַזבע'סט
warning [AZHORE] (—ות) די אַזהרה ל
so, thus; in such a way; as אַדוו אַזוי'
אַז אַ' || likewise פּונקט אַ' ⊦ follows
thus אַ' אַרו'ם/אַרומער(ט) ⊦ so that
is that so? ?אַ' גאָר ⊦ (by this means)
since, as, inas- אַ' ווי ⊦ you don't say!
as ... as אַ' ... ווי ⊦ much as; in view of
אַ' און אַ' || as good as he אַ' גוט ווי ער ||
in a certain way; blah-blah; thus and
fair; for no אַ' זיך || thus אַ' נאָך ⊦ so
at all אַ' צי אַ' ⊦ particular reason
make up your !אַ' צי אַ' ⊦ events
|| as follows אַזוי' צו זאָגן ⊦ mind!
so to speak; in the follow- אַ' צו זאָג|ן
thus; that's the !אָט אַ' ⊦ ing words
way! attaboy! that's better!
so-called אַדי אַזוי' גערופֿ'ן
אַזוי'נס און אַזע'לכס || such אַדי אַזוינ|ער
stg. exquisite/delightful
thus אַדוו אַזוי'ערנאָך
Asiatic [ZY] (ן) ⊡קע דער אַזיאַ'ט
Asiatic [ZY] אַדי אַזיאַ'טיש
o'clock אַ זייגער
asylum (ן) דער אַזי'ל
otherwise; (or) else אַדוו אַזי'סט
Asia די אַ'זיע
Asian ⊡ (—) דער אַ'זיער
ה ז כ ר ה זען אַזכּרה
such אַדי אַזעלכ|ער
lake (ס) די אָ'זערע
as much as, as many as; אַדוו .1 אַזש

as many as 15 מענטשן אַ' ⊦ all the way
all the way ביז ניו־יאָרק אַ' ⊦ 15 people
until; (so much) קאָנ .2 ⊦ to New York
-ער איז געגאַנגען אַ' ער איז גע ⊦ that
|| he walked until he arrived קומען
(*after inflected verb*) in fact, פּאַרט .3
–ער איז שרעקלעך מיד ⊦ actually, even
he is very tired; ער קען אַ' ניט שטיין
in fact, he cannot stand up
up to date אַפּ/אַדוו אַזשו'ר
up-to-date אַדי אַזשוריק
blackberry (ס) די אָ'זשענע
(*Jew.*) oneness (of [EKhO'D] דער אחד
God); the last word of the Jew.
credo; *cf.* ש מ ע י ש ר א ל
unity [AKhDES] דאָס אחדות
except, but, apart [AKhU'TS] פּרעפּ אַחוץ
moreover, אַ' דעם ⊦ from, exclusive of
besides
(per- [AKhIM-LETSO'RE] מצ אַחים־לצרה
sons) in the same boat (*fig.*)
after- [AKhER-HAMA'YSE] אַדוו אַחר־המעשׂה
wards, after the event
[AKhREN AKhREN פֿר אַחרון אַחרון חבֿיבֿ
KhOVEV] last but not least
responsibility; [AKhRAYES] (ן) דאָס אַחריות
liability
responsible, reliable [ ] אַדי אַחריותדיק
Ahasue- [AKhAShVEYRESh] פּנ אַחשוורוש
rus, Persian king prominent in the
Purim story
here, there (in pointing); just; אַדוו אָט
אָט דער, אָט די, אָט דאָס ⊦ presently
the following אָט וואָסער ⊦ this, these
אָט ... אָט || as follows (אָט ווי (אַזוי' ||
now ... now
presently, in a moment אַדוו אָט־אָ'ט
imminent אַדי אָט־אָ'טיק
atoll (ן) דער אַטאָ'ל
|| atomic ...אַטאָ'מ || atom (ען) דער אַטאָ'ם
atomic scientist אַ'־וויסנשאַפֿטלער
atomic scientist/ (ס) דער אַטאָ'מיקער
technician
atomic אַדי אַטאָמיש

אַטאָ'ם־מורשטער דער (ס) atom smasher
אַטאָמקויפּ דער (ן) atomic pile
אַטאַ'ק דער (ן) attack
אַטאַקיר|ן וו ◇ attack
אַטאַשע' דער (ען) attaché
אַטלאַנטיק דער Atlantic
אַטלאַנטיש אַדי Atlantic
אַטלאַס דער (ן) atlas
אַטלע'ט דער (ן) ◻קע athlete
אַטלעטיק די athletics
אַטלעטיש אַדי athletic
אַטלעס דער satin || אַ'טלעס׳ן אַדי
אַטמאָספֿע'ר די (ן) atmosphere
אַטענטאַ'ט דער (ן) ⟨אויף⟩ attempted assassination (of)
אַטעיִזם דער atheism
אַטעיִ'סט דער (ן) ◻קע atheist
אַטעליע' דער (ען) [LY] studio, atelier
אָטעם דער (ס) breath || אָן (אַן) אָ' breathless, out of breath ⊦ אָפּ|כאַפּ|ן דעם אָ' catch one's breath
אָטעמ... respiratory
אָ'טעם־אָפּכאַפּ דער (ן) breathing spell
אָ'טעמונג די respiration || קי'נסטלעכ|ע אָ' artificial respiration
אָ'טעמ|ען וו ◇ breathe
אַטע'ן (דאָס) Athens
'אַטענטאַט זען א ט נ ט א ט
אַטעסטאַ'ט דער (ן) diploma, certificate; testimonial
אַטעסטיר|ן וו ◇ certify
אַטראַקציע די (ס) attraction
אַטריבו'ט דער (ן) attribute
אי קאָ : אי ... אי both ... and || אי דאַס even then
אי דער (ען) (the letter) I
איאָ'? אינט isn't that so?
איבוד דער [IBED] waste
'איבונג זען ג ע נ י ט ו נ ג
•איבל|ען וו—אומפּ ◈ ⟨ד⟩ (*rev. con.*) be nauseated
'איבן זיך זען ג ע נ י ט ן ז י ך
איבער 1. פּרעפּ above, over; in excess of; || across; (*unstressed*) via; because of
אַ ... אַ' אַ every other, alternate || טאָג אַ' אַ טאָג every other day || אַ' אַ יאָר next year ⊦ אַ' מאָרגן day after tomorrow ⊦ 2. קוו (*a*) re..., again; (*b*) ... in excess; (*c*) transfer by ...ing ⊦ איבער|טראַכט|ן (*a*) reconsider ⊦ איבער|וועג|ן (*a*) weigh again || איבער|זאַלצ|ן (*b*) oversalt || איבער־קאָכ|ן (*b*) overcook || איבער|גיס|ן (*c*) transfer by pouring, pour into another vessel ⊦ איבער|זעצ|ן (*c*) reseat, transfer to another seat
איבער.. over..., super..., supra... || אי'בערמי'ד overtired || אי'בערמע'נטשיש superhuman || אי'בערמלוכיש [...MELU'KhISh] supranational
איבעראַיאָריק אַדי next year's
איבעראַכטטאָגיק אַדי next week's
'איבעראַל זען א ו מ ע ט ו ם
אי'בעראַלץ דאָס (ן) (pair of) overalls
איבער|אַ'נדערש|ן וו ◈ change, alter *pf.*
אי'בעראַרבעט די overwork
אי'בעראַרבעטונג די (ען) revision
איבער|אַ'רבעט|ן וו (אי'בערגעאַרבעט) revise || אַ' זיך overwork
איבער|באַזעצ|ן וו ◇ resettle
איבער|באַטראַכט|ן וו (אי'בערבאַטראַכט) reconsider
אי'בערבאַפֿע'לקערט אַדי overpopulated
אי'בערבאַשי'צעריש אַדי overprotective
איבער|באַשליס|ן וו (אי'בערבאַשלאָסן) change one's mind
אי'בערבײַט דער (ן) change, switch
איבער|בײַט|ן וו (אי'בערגעביטן) change, switch; interchange
אי'בערבײַין דער (ער) excrescence || בלײַב|ן ווי אַן אַ' remain as a vestige
אי'בערבײַסן דאָס (ס) breakfast; refreshments, snack
אי'בער|בײַס|ן וו (אי'בערגעביסן) bite in two; breakfast; have a snack
אי'בערבלײַב דער (ן) survival
איבער|בלײַב|ן וו (איז אי'בערגעבליבן) remain, be left over; persist

אי'בערבלײַבס דאָס (ן) vestige, relic, remnant

אי'בערבליק דער (ן) survey, review || מאַכ|ן אַן א' איבער survey, review

אי'בערבליקלעך אַדי clear, easily surveyed, lucid

אי'בערבעט דאָס (ן) featherbed

איבער|בעט|ן וו (אי'בערגעבעטן) beg pardon of ⊢ איך בעט איבער אײַער כּבֿוד [KOVED] I beg your pardon ⊢ א' זיך make up, be reconciled

אי'בערבראָך דער (ן) break, crisis

איבער|ברעכ|ן וו (אי'בערגעבראָכן) break in two

אי'בערגאַנג דער (ען) transition, passage

אי'בערגאָס דער (ן) transfusion

אי'בערגיי־... transitional

איבער|גיי|ן* וו (איז אי'בערגעגאַנגען) pass, cease ⊢ ס'גייט מיר איבער אַ פֿרעסטל I feel a thrill ⊢ א' ⟨ד⟩ (conditions) go away, blow over; (*rev. con.*) get over || ס'וועט אים א' די בענקשאַפֿט he'll get over his nostalgia ⊢ זאָל מײַנס א' let it pass; I defer to you ⊢ א' אַ review ⊢ א' איבער go over, overflow; repeat, review

אי'בערגיסונג די (ען) transfusion

איבער|גלוסט|ן זיך וו—אומפּ (אי'בערגעגלוסט) ⟨ד⟩ (*rev. con.*) want no longer ⊢ עס האָט זיך אים אי'בערגעגלוסט די וועטשערע he no longer wants his supper

אי'בערגלי'קלעך אַדי jubilant

אי'בערגעבײַ דאָס (ען) superstructure

איבער|געב|ן* וו (אי'בערגעגעבן) ⟨ד⟩ hand over, deliver, relay; turn in, entrust; impart; report, communicate ⊢ א' ⟨ד⟩ אַז pass the word (to sb.) that; give (sb.) a/the message that || בעט|ן א' ⟨ד⟩ אַז leave a message (for sb.) that ⊢ א' זיך ד surrender to; devote oneself to

אי'בערגעגעב·ן אַדי devoted, affectionate

אי'בערגעגעבנקייט די devotion

אי'בערגעוואַקס·ן אַדי overgrown

אי'בערגעטריב·ן אַדי excessive

אי'בערגעלאָד·ן אַדי overloaded || א' פֿון אויבן top-heavy

אי'בערגעלאָזט אַדי left over; posthumous

אי'בערגענו'גיק אַדי excessive

אי'בערגעפּאַקט אַדי overcrowded

אי'בערגעפֿאַל·ן אַדי timid

אי'בערגעצײַגטקייט די conviction

אי'בערגערעשט אַדי [...RASHT] taken aback

אי'בערגעשפּיצט אַדי crafty, cunning

אי'בערגרויס אַדי oversize

אי'בערדעק דער (ן) bedspread

איבער|דעק|ן וו ⟐ cover

איבער|דערצייל|ן וו ◇ retell

איבער|דרוק|ן וו ⟐ reprint

איבער|דריי|ען וו ⟐ turn over, invert, reverse

איבער|האַלט|ן וו (אי'בערגעהאַלטן) weather (difficulties)

איבער הויפּט אַדוו mainly, chiefly

איבער|הי'פּ(ער)|ן וו ⟐ skip, pass over, omit

אי'בערוואָג די overweight; preponderance, supremacy

איבער|וואַ'נדער|ן וו ⟐ migrate

איבער|וואַקס|ן וו (איז אי'בערגעוואָקסן) outgrow

איבער|וואַרט|ן וו (אי'בערגעוואַרט) ⟨אַ⟩ wait until after(wards)

איבער|וואַרפֿ|ן זיך וו (אי'בערגעוואָרפֿן) ⟨מיט⟩ throw (things) at each other

איבער|ווייע|ן וו ⟐ winnow *pf.*

איבער|ווינק|ען זיך וו (אי'בערגעווונקען) wink at each other

איבער|וויקל|ען וו ⟐ rewrap; swaddle, diaper *pf.*

איבער|וויש|ן וו ⟐ swab

איבער|וועג|ן וו (אי'בערגעווויגן) outweigh; prevail, predominate

איבער|וועל|ן* זיך וו—אומפּ (אי'בערגעוואָלט) ⟨ד⟩ (*rev. con.*) want no longer ⊢ עס האָט זיך אים שוין אי'בערגעוואָלט די וועטשערע he does not want his supper any longer

איבער|זאָג|ן וו ◇ repeat
איבער|זײַן* וו (איז אי'בערגעווען) (*not used in present tense*) sojourn
איבער|זײ|ען וו ◇ strain *vt.*, filter
איבער|זעג|ן וו ◇ saw in two
איבער|זע|ן* וו (אי'בערגעזען) check, review
אי'בערזעץ דער (ן) translation
אי'בערזעצונג די (ען) translation
איבער|זעצ|ן וו ◇ put in another seat; translate ⊢ א' זיך change seats
אי'בערזעצעוודיק אדי translatable
אי'בערזעצער דער (ס) ⊡ translator, interpreter
אי'בערחזרונג די (ען) [ ] repetition, review
איבער|חזר|ן וו ◇ [KHAZER] repeat ‖ א' זיך be repeated; recur; be repetitious
איבער|טאָ|ן* וו (אי'בערגעטאָן) change the clothes of ⊢ א' זיך change clothes
איבער|טראָג|ן וו (אי'בערגעטראָגן) bear ‖ ניט אי'בערצוטראָגן unbearable
אי'בערטראַכט דער (ן) qualm, scruple
אי'בערטראַכטונג די (ען) reflection
איבער|טראַכט|ן וו (אי'בערגעטראַכט) be apprehensive, be worried; reflect (on), consider
איבער|טרײַב|ן וו (אי'בערגעטריבן) overdo, carry to excess, exaggerate
איבער|טרעט|ן וו (אי'בערגעטראָטן) step over (threshold etc.)
איבער|יאָג|ן וו ◇ pass, overtake; outrun
אי'בעריאָר זען ע י ב ו ר - י אָ ר
אי'בעריק אדי superfluous, excess(ive), undue; •remaining ⊢ דאָס/די א'ע the rest
אי'בעריקייט די redundancy
אי'בעריקנס אדוו incidentally
אי'בעריקס אדוו overly
איבער|כאַפּ|ן וו ◇ have a bite of; overhear, intercept ⊢ א' עפּעס *also* have a snack, have a bite to eat
איבער|כי'טרעווע|ן וו ◇ outwit
איבער|לאָד|ן וו (אי'בערגעלאָדן) overburden, overload

איבער|לאָז|ן וו ◇ leave behind ‖ א' אויף גאָטס באַראָ'ט forsake ‖ א' זיך א reserve, retain
איבער|לויפֿ|ן וו (איז אי'בערגעלאָפֿן) overflow
איבער|לייג|ן וו ◇ put in another place
איבער|ליי'ענ|ען וו ◇ read *pf.* ‖ ניט אי'בערצולייענען illegible
אי'בערלעבונג די (ען) experience
איבער|לעב|ן וו ◇ experience, undergo (an experience); survive, outlast
איבער|מאַ'טער|ן וו ◇ strain, overtire
איבער|מאַכ|ן וו ◇ change, make over, alter *pf.*
איבער|מאַנעווריר|ן וו ◇ shunt
אי'בערמאָס די (ן) excess
אי'בערמאָסיק אדי excessive
איבער מאָרגן זען מ אָ ר ג ן
איבער|מיש|ן וו ◇ turn (leaves of a book) *pf.*
אי'בערמענטש דער (ן) superman
אי'בערן=איבער דעם, •איבער דער
אי'בערנאַטי'רלעך אדי supernatural
איבערנאַכטיק אדי overnight
איבער|ני'צעווע|ן וו ◇ turn (a coat), revamp
איבער|נע'כטיק|ן וו ◇ stay overnight, spend the night *pf.*
איבער|נעמ|ען וו (אי'בערגענומען) take over, assume; intercept ⊢ א' זיך subside ‖ א' זיך מיט take to heart; pride oneself on
איבער|סדר|ן וו ◇ [SADER] rearrange
איבער|ע'נטפֿער|ן וו ◇ abandon (unto an enemy); deliver, surrender
איבער|עס|ן זיך וו (אי'בערגעגעסן) overeat
איבער|פּרוּוו|ן וו ◇ test; reexamine
אי'בערפֿאַל דער (ן) ambush
איבער|פֿאַל|ן וו (איז אי'בערגעפֿאַלן) ambush
אי'בערפֿאָר דער (ן) ford, passage
איבער|פֿאַרדינג|ען וו (אי'בערפֿאַרדונגען) sublet
איבער|פֿאָר|ן וו (איז אי'בערגעפֿאָרן) run over (in a vehicle)

איבער|פֿו'רעמ|ען װ ⟐ recast

איבער|פּיר|ן װ ⟐ spoil *vt.* || א' זיך spoil *vi.*, be spoiled

איבער|פֿלאַנצ|ן װ ⟐ transplant

אי'בערפֿלייץ דער overflow

אי'בערפֿע'ט אַדי obese

אי'בערפֿע'ליק אַדי delinquent (note)

אי'בערפֿע'ליקייט די delinquency (of a note)

איבער|פֿרעג|ן װ ⟐ ask again

איבער|צאָל|ן װ ⟐ overpay

איבער|צוואָג|ן װ (אי'בערגעצוואָגן) wash (the hair of) ⊢ א' ד דעם מוח [MOYEKh] brainwash

אי'בערצי דער (ען) cover, tidy; move (to a new residence)

איבערצײַגונג די (ען) conviction, belief, persuasion

איבערצײַגיק אַדי conclusive, convincing, persuasive

איבער|צײַג|ן װ ⟐ persuade, convince

אי'בערצײַ'טיק אַדי overripe

אי'בערצײַ'טיש אַדי timeless

איבער|צײ'כענ|ען װ ⟐ trace (drawing)

איבער|צייל|ן װ ⟐ count *pf.*

איבער|צי|ען װ (אי'בערגעצויגן) cover || א' זיך ⟨אין⟩ move (to a new residence) || א' זיך מיט be covered with || א' דאָס שטריקל carry things to excess

אי'בערציִער דער (ס) seat cover; topcoat

איבער|צלמ|ען זיך װ ⟐ [TSEYLEM] cross oneself *pf.*

אי'בערצניעות דאָס [...TSNIES] prudery

איבערצניעותדיק אַדי [ ] prudish

איבער|קוליע|ן זיך װ ⟐ turn a somersault

איבער|קומ|ען װ (איז אי'בערגעקומען) survive; tide over; live down

אי'בערקוק דער (ן) check, inspection, review; stocktaking

איבער|קוק|ן װ ⟐ examine, look over; survey, scan; revise, review ⊢ א' זיך exchange glances

איבער|קײַ|ען װ ⟐ reiterate, repeat ad nauseam; (*cont.*) echo

אי'בערקלאַ'נגיק אַדי supersonic

איבער|קליג|ן װ ⟐ outsmart, outwit

אי'בערקלײַב דער choice, discrimination || אָן אַן א' indiscriminate(ly)

איבער|קלײַב|ן װ (אי'בערגעקליבן) be fastidious, be choosy, be particular || א' זיך ⟨אין⟩ move (to a new residence) ⊢ ניט א'דיק indiscriminately

אי'בערקלײַבער דער (ס) ◻קע fastidious/fussy/capricious person

אי'בערקלײַבעריש אַדי selective; fastidious, choosy, squeamish, capricious

אי'בערקלער דער (ן) hesitation, compunction

אי'בערקלעריק אַדי hesitant

איבער|קלער|ן װ ⟐ deliberate, reconsider *vt/vi*; hesitate; worry, be apprehensive ⊢ ניט א'דיק rashly, indiscriminately

אי'בערקער דער (ן) reversal, upheaval, overthrow

אי'בערקערלעך אַדי reversible

איבער|קער|ן װ ⟐ tip over, overturn *vt.*; invert ⊢ א' זיך tip over, turn over *vi.*

אי'בערקערעניש דאָס (ן) upset, upheaval; coup d'état

אי'בערקערעריש אַדי seditious, subversive

איבער|קרימ|ען װ ⟐ imitate, mimic

•איבערראַשונג די (ען) surprise

•איבער|ראַש|ן װ ⟐ take aback, surprise

אי'בעררוק דער (ן) shift

איבער|רוק|ן װ ⟐ shift

אי'בעררייד די זען איבעררעד

אי'בעררײַס דער (ן) interruption; intermission

אי'בעררײַסיק אַדי intermittent, discontinuous

איבער|רײַס|ן װ (אי'בערגעריסן) interrupt, disconnect, cut short; call it a day

אי'בעררעד דער (ן) argument; conversation

איבער|רעד|ן װ ⟐ ⟨אַ⟩ persuade || א' מיט have a talk (on a given subject) with

איבער|רע'כע̃נ|ען וו ◇ overcharge; itemize; recalculate

איבער|שאַצ|ן וו ◇ overrate, overestimate

איבער|שטאַרק|ן וו ◇ overcome, overpower

איבער|שטופּ|ן וו ◇ tide over, pull through

איבער|שטעל|ן וו ◇ move around, put in another place, switch over; transpose, interchange

איבער|שטערצל|ען וו ◇ cap

איבער|שיק|ן וו ◇ forward, ship; transmit

איבער|שלאָג|ן וו (אי'בערגעשלאָגן) cover ⟨מיט⟩ (with), mix (with) ‖ ⊢ א' ד די רייד interrupt

אי'בערשליסל דער (ען) master key

איבער|שליס|ן וו (אי'בערגעשלאָסן) switch over, shunt

אי'בערשמועס דער (ן) discussion, parley

אי'בערשנײַד דער (ן) intersection

איבער|שנײַד|ן וו (אי'בערגעשניטן) cut *pf.*, cut in two ‖ ⊢ א' זיך cross, intersect

אי'בערשעהען מצ [...shOEN] overtime

איבער|שפּאַר|ן וו ◇ contradict, gainsay

אי'בערשפּי'רעוודיק אדי oversensitive, high-strung

אי'בערשפּרײַז דער (ן) offense, transgression

אי'בערשפּרײַזל דאָס (עך) misdemeanor

איבער|שפּרײַז|ן וו ◇ transgress

אי'בערשפּרײַזער דער (ס) ⊡ offender, transgressor

איבער|שרײַב|ן וו (אי'בערגעשריבן) copy, rewrite; transcribe ‖ ⊢ א' זיך correspond

איבער|שרײַ|ען וו (אי'בערגעשריגן) outshout

אי'בערשרעק דער (ן) scare, (sudden) fright

איבער|שרעק|ן וו (אי'בערגעשראָקן) frighten, alarm, scare

איגנאָריר|ן וו ◇ ignore, disregard

איגרעק דער (ן) (the letter) Y

'איד זען י י ד

אידיאָ'ט דער (ן) [DY] idiot

אידיאָטיזם דער (ען) [DY] idiocy

אידיאָטיש אדי [DY] idiotic

אידיאָ'טישקייט די (ן) [DY] idiocy

אידיאָ'ם דער (ען) [DY] idiom

אידיאָמאַטיש אדי [DY] idiomatic

אידיאָסינקראַ'זיע די (ס) [DY] idiosyncrasy

אידיאָסינקראַטיש אדי idiosyncratic

אידיי' די (ען) זען אידעע

אידי'ליע די (ס) idyll

'אידיש זען י י ד י ש

אידעאַ'ל .1 אדי ideal ‖ .2 דער (ן) ideal

אידעאָלאָ'ג דער (ן) ⊡ ideologist

אידעאָלאָגיע די (ס) ideology

אידעאָלאָגיש אדי ideological

אידעאַליזם דער idealism

אידעאַלי'סט דער (ן) ⊡קע idealist

אידעאַליסטיש אדי idealistic

אידעיִש אדי ideological

אידענטיטע'ט די (ן) identity

אידענטיפֿיצירונג די (ען) identification

אידענטיפֿיציר|ן (זיך) וו ◇ identify *vt/vi*

אידענטיש אדי identical

אידעע די (ס) idea

אי"ה=אם ירצה השם [IM YIRTSE HAShE'M; °MIRTShEM] God willing

איובֿ פּנ [IEV] Job; the Book of Job ‖

איובֿס יסורים [YESURIM] extreme torment, suffering ‖ ⊢ איובֿס בשורות [PSURES] appalling news

איוודע וואָך אדי after this Sabbath; next week

איז .1 וו (אינפֿ: זײַן) is ‖ .2 קאָנ so, then, consequently; well (on resuming a story) ‖ ⊢ א' וואָס ווילסטו טאָן? well, what do you want to do?

איזאָלאַציאָניזם דער isolationism

איזאָלאַציאָני'סט דער (ן) ⊡קע isolationist

איזאָלאַציאָניסטיש אדי isolationist

איזאָלאַציע די (ס) isolation, insulation

איזאָלי'ר דער (ן) isolation ward; solitary confinement

איזאָלירונג די (ען) isolation

איזאָליר|ן וו ◇ isolate; insulate

איזדיע'קעווע|ן זיך וו ◇ איבער bully, jeer at, deride, bait

איזם דער (ען) ism

איטאַ'ליע (די) Italy

איטאַליעניש אדי [LY] Italian

איטאַליענער דער (—) ⊡ [LY] Italian

איטלעך פּראָ/אַדי each, every

איי דאָס (ער) egg || עס האָט ניט די ווערט קיין אוי'סגעבלאָזן איי it is completely worthless

איי אינט eh! watch it!

אײַ .1 אינט gee! oh boy! (*delight, admiration*); gosh (*regret*); oh, well (*impatience*) ⊢ אײַ זינגט ער oh boy, does he sing! ⊢ אײַ גענו'ג שוין oh, that's enough! ⊢ .2 קאָ but then (*used to introduce rhetorical questions which anticipate objections*) ⊢ ער איז גרייט; אײַ פֿאַר וואָס גייט ער ניט? ווײַל ... he is ready; why (you may ask) doesn't he leave then? Because ...

אײַ־אײַ' אינט gee (*more emph. than* אײַ); my goodness! (*consternation*)

אײַ־אײַ־אײַ' אינט wonderful! || ניט אַזוי א' not so hot

אייביק אַדי eternal, everlasting, timeless, perpetual ⊢ אויף א' forever || דער וואָס לעבט א' the Everlasting

איי'ביקייט די (ן) eternity

אייבער.. chief, supreme, head; upper || איי'בערקאָמאַנדיר commander-in-chief || איי'בערסאַרווער head waiter || איי'בער־קאָנדוקטאָר chief conductor || איי'בער־איטאַליע [LY] Upper Italy

איי'בערבאַן די (ען) elevated (railroad)

איי'בערהאַנט די upper hand, superiority || קריג|ן די א' ⟨איבער⟩ get the upper hand, prevail

איי'בערהאַר דער (ן) sovereign

איי'בערהאַרשאַפֿט די sovereignty

איי'בערהסברה די (—ות) [...HAZBORE] far-fetched idea; stratagem

•איי'בערהערשאַפֿט זען א י י ב ע ר ה אַ ר ש אַ פֿ ט

איי'בערוואָג די preponderance

איי'בערטאָן דער (...טענער) overtone

איי'בערל דאָס (עך) top, cap

איי'בערפֿלאַך די (ן) surface

•איי'בערפֿלעכלעך אַדי superficial

איי'בערשאַפֿט די sovereignty, superiority, primacy, authority; authorities, establishment

איי'בערשול די (ן) graduate school

איי'בערשט אַדי* supreme, uppermost || דאָס א'|ע פֿון שטייסל pestle of a mortar; (*fig.*) stg. indispensable

איי'בערשטאַט דער upstate || אין א' upstate

איי'בערשטאָט די uptown (area) || אין א' uptown

איי'בערשטאַטיש אַדי upstate

איי'בערשטאָטיש אַדי uptown

איי'בערשטאַנד דער upper-income group

איי'בערשט|ער דער—געב the Lord

איי'בערשפּיצל דאָס (עך) gimmick

אייגל דאָס (עך) (אויג △) eyelet; mesh; stitch (in knitting) ⊢ מאַכ|ן אייגלעך ד' throw eyes at ⊢ פֿאַרליר|ן אַן א' have a run (in one's stocking/knitting)

אייג'ן אַדי own; same || די איי'גענע folks, kin ⊢ מײַנע איי'גענע my folks || אַן איי'גענ|ער מענטש one of us/you/them || האָב|ן* א אַן/פּאָס אייגנס own, possess || דאָס איי'גענע likewise

•איי'גנאַרטיק אַדי ⟨פֿאַר⟩ peculiar (to)

•אייגנטום זען א י י ג נ ס

•איי'גנטימער דער (ס) ⊡ owner

•איי'גנטלעך .1 אַדי actual, virtual || .2 אַדוו as a matter of fact, actually

איי'גננוץ דער self-interest

איי'גננוציק אַדי self-interested

איי'גננוציקייט די self-interest

אייגנס .1 דאָס property, possession || .2 אַדוו expressly

איי'גנקייט די (ן) property, quality, characteristic, attribute, feature, peculiarity, trait

•איי'גנשאַפֿט די (ן)=א י י ג נ ק י י ט

אייגעניק די eugenics

איי'גענ|ען זיך וו ◇ rely on oneself, rely on one's own memory

איי'גענ|ער דער—געב זען א י י ג ן

איי'דל אַדי genteel, noble; polite, courteous; refined; precious (metal); slim, frail ⊢ א' גערע'דט to put it mildly

אײ'דלמוט דער nobility (of character)
אײ'דלקײט די (ן) courtesy, politeness || amenities מצ
אײ'דלשטײן דער (ער) gem, jewel
אײדעם דער (ס/עס) son-in-law
אײדער קאָ before; than || א' איך קום ⊢ before I come faster ⊢ גיכער א' איך than I ⊢ א' וואָס ווען for the present; before you know it
אײדער־וואָס־וועןן דער (ען) stopgap; preliminaries
אײַז דאָס ice || א' קאַלט ice cold, icy
אײַזבאַרג דער (...בערג) iceberg
אײַ'ז־ים דער [YAM] the Arctic Ocean
אײַזיק אַדי icy
אײזל דער (ען) ◻טע donkey, ass
אײַ'זליכטל דאָס (עך) icicle
אײַזן 1. דאָס (ס) iron || 2. דער (ס/אײַ'זנענעס) iron bar; flatiron
אײַ'זנבאַן די (ען) railroad
אײַ'זן־בעטאָן דער reinforced concrete
אײַ'זנברעך דאָס scrap iron
אײַ'זנוואַרג דאָס hardware
אײַ'זנקראָם די (ען) hardware store
אײַ'זערן אַדי iron
אײַ'זקאַסטן דער (ס) icebox
אײַ'זקרעם דער ice cream
אײַ'זרעגן דער (ס) sleet
איטאַנאַ'זיע די euthanasia
אײט־ל אַדי vain
אײ'טלקײט די vanity
אײטער דער pus
אײַטער דער (ס) udder
אײ'טערדיק אַדי suppurative, infected
אײ'טער|ן וו ◇ suppurate
אײַך פּראָ (נאָמ: איר) (*dat.-acc. of*) you (*pl.*)
אײכל דאָס hearts (in cards)
אײל די (ן) ell, cubit
אײל[1] דער (ן) oil
אײל[2] דער ale
אײַל... rush || אײַ'לשיקונג rush shipment
אײלבילד דאָס (ער) oil painting
אײלבערט דער (ן) olive
אײליק אַדי oily
אײַליק[1] אַדי urgent, pressing, hasty
אײַליק[2] אַדי זען ה ײַ ל י ק
אײל|ן וו ◇ lubricate
אײַל|ן וו ◇ hurry, rush *vt.* || א' זיך hurry, rush *vi.*, make haste ⊢ שטאַרק א' זיך be in a great hurry
אײַ'לעניש דאָס hurry, haste
אײַ'ל־שעה די (ען) [sho] rush hour
אײן 1. צוו one || אין א'עם (al)together; jointly ⊢ פֿ״ל א י י נ ס, א י י נ ע ר || 2. אַדי same; utter || ס'איז אײן געוואַ'נט it's the same material ⊢ אין א'(ע) שרעק in utter terror
אײנ... uni..., mono... || אײנראָד unicycle || אײ'נטראַפּיק monosyllabic
אײַן 1. אַדוו יאָר־א' יאָר־אױ'ס year in and year out ⊢ וויס|ן* ווו א' און ווו אױס be oriented, have one's bearings, know one's way about ⊢ ניט וויס|ן* ווו א' און ווו אױס be at a loss || 2. קוו in, into ⊢ אײַנ|פּאַק|ן pack, wrap
אײ'ן־אױ'ערדיק אַדי one-eared; monaural
אײ'ן־און־אײ'נציק אַדי sole, singular, one and only
אײַנ|אָ'טעמ|ען וו ◇ inhale
אײַנ|אײגל|ען וו ◇ inoculate
אײַנ|אײ'גענ|ען זיך וו ◇ come to feel at home
אײ'נאײַיק אַדי identical (twins)
אײַנ|אײל|ן וו ◇ oil, lubricate
אײַנ|אַ'רבעט|ן זיך וו ◇ ⟨אין⟩ get used (to a given job)
אײַ'נאָרדענונג די (ען) arrangement; fixture; facility (installation)
אײַנ|אָ'רדענ|ען וו ◇ fix up, accommodate, arrange ⊢ א' זיך arrange one's affairs, settle down
אײַנ|אָרט|ן וו (אײַ'נגעאָרט) place, position
אײַנ|באַדינג|ען וו ◇ condition
אײַנ|באַלזאַמיר|ן וו ◇ embalm
אײַנבאַנד דער (ן) זען א ײַ נ ב ו נ ד
אײ'נבאָרטיק אַדי single-breasted
אײַנ|בוכ|ן וו ◇ book
אײַנבונד דער (ן) (book) binding

אײַנ|בײג|ן װ (אײַ'נגעבויגן) bend *vt.*, incline || א' זיך bend *vi.*, crouch

אײַנבײַט דער (ן) trade-in || אויף א' as a trade-in ⊢ א'־הנחה [HANOKhE] trade-in allowance

אײַנ|בײַט|ן װ (אײַ'נגעביטן) trade in

אײַנ|בײַס|ן װ (אײַ'נגעביסן) bite (into) *pf.* || ניט אײַ'נצובײַסן tough

*אײַנבילדונג זען א ײַ נ ר ע ד ע נ י ש

אײַנ|בינד|ן װ (אײַ'נגעבונדן) bind (a book)

אײַ'נבינדער דער (ס) bookbinder

אײַ'נבירגערונג די naturalization

אײַנ|בי'רגער|ן װ ◇ naturalize || א' זיך be(come) naturalized

אײַנבליק דער (ן) insight

אײַנ|בעט|ן װ (אײַ'נגעבעטן) persuade (by asking), sway, bend ⊢ ניט אײַ'נצובעטן unbending, unyielding ⊢ א' זיך בײַ persuade (by asking), prevail upon

אײַנבראָך דער (ן) breakdown

אײַנ|ברעכ|ן װ (אײַ'נגעבראָכן) break (down) *pf.* ⊢ א' זיך break down *vi.*, collapse

אײַנברען דער (ען) brown sauce

אײַנברענג דער (ען) economy, saving

אײַ'נברענגיק אַדי economical

אײַנ|ברענג|ען װ (◇/אײַ'נגעבראַכט) save, economize on

אײַנגאָס דער (ן) gulf, bay

אײַנ|גאָפּל|ען װ ◇ (מיט די פּיס) straddle

אײַנ|גײ|ן* װ (איז אײַ'נגעגאַנגען) (rash) go away ⊢ א'• ⟨אויף⟩ agree, consent (to), settle (on)

אײַ'נגײער דער (ס) ⟨אין/בײַ⟩ frequent visitor, frequenter ⊢ זײַן* אַן א' אין/בײַ frequent

אײַנ|גלי'דער|ן װ ◇ incorporate

אײַ'נגלייבעניש דאָס (ן) superstition

אײַ'נגעבאַק·ן אַדי ד (אין האַרצן) dear to (the heart of)

אײַ'נגעבויג·ן אַדי bent, stooped

אײַ'נגעבויר·ן אַדי native, inborn, innate

אײַ'נגעבירגערט אַדי naturalized

אײַנ|געב|ן* װ (אײַ'נגעגעבן) administer (medicine); submit, file (official document) ⊢ א' אין גערי'כט אויף sue, take to court ⊢ א' זיך ⟨ד⟩ (*rev. con.*) succeed ⊢ די אַרבעט האָט זיך מיר אײַ'נגעגעבן I succeeded in my job

אײַ'נגעגלייבט אַדי superstitious || א' אין זיך vain; conceited ⊢ זײַן* א' אין trust implicitly

אײַ'נגעגעב·ן אַדי successful (enterprise)

אײַ'נגעגעס·ן אַדי unyielding, importunate

אײַ'נגעדאַרט אַדי dried up, dry || א' װער|ן shrivel, dry up *vi.*

אײַ'נגעהאַלט·ן אַדי restrained, temperate; reticent, aloof; pent-up

אײַ'נגעהאַלטנקייט די restraint, temperance, constraint; reticence, reserve

אײַ'נגעהויקערט אַדי hunchbacked

אײַנ|געוווי'נ|ען װ ◇ accustom || א' זיך ⟨אין⟩ ⟨אינפֿ⟩ get accustomed to, get into the habit of

אײַ'נגעזעס·ן אַדי settled; resident

אײַ'נגעחושכט אַדי [...KhOYShEKhT] gloomy, dejected

•אײַ'נגעטרײַעט אַדי—אַטער accustomed, in the habit

אײַ'נגעטריקנט אַדי dried up || א' װער|ן dry up *vi.*

אײַ'נגעליבט אַדי ⟨אין⟩ in love (with)

אײַ'נגעלייגט אַדי pickled || ליג|ן א' lie still, not make a move

אײַ'נגעמאַכטס דאָס (ן) jam, jelly, preserves

אײַ'נגענורעט אַדי bundled up

אײַ'נגעניט אַדי proficient; in practice

אײַנ|געני'ט|ן זיך װ (אײַ'נגעגעניט) get into practice

אײַ'נגענעמ(ען) אַדי enjoyable, pleasant, agreeable

אײַ'נגעפּוקלט אַדי concave

אײַ'נגעפֿאַל·ן אַדי sunken

אײַ'נגעפֿאָר·ן אַדי well-trodden; routine

אײַ'נגעפֿונדעוועט אַדי (well-)established

אײַ'נגעפֿינס דאָס (ן) impression, realization

אײַנ|געפֿינ|ען װ (אײַ'נגעפֿונען) realize, find (have the impression)

אײַ'נגעפּלאָכטנקייט די involvement

אײַ'נגעקלאָגט|ער דער—געב defendant

אײַ'נגעשווירענ|ער דער–געב jury || juror צמ

אײַ'נגעשוויג·ן אדי taciturn, uncommunicative

אײַ'נגעשטעלט אדי set, established; prevalent; routine ⊢ א' אויף set upon

•אײַ'נגעשלאָס·ן אדי included

אײַ'נגעשפּאַרט אדי stubborn, obstinate, headstrong

אײַ'נגעשרומפּ·ן אדי shrunken || א' ווער|ן shrink, dwindle, shrivel *vi.*

אײַ'נגעשריבּטס דאָס (ן) inscription

אײַנ|גראַדיר|ן וו ◇ grade, graduate (a scale)

אײַנ|גראַוויר|ן וו ◇ engrave *pf.*

אײַנגרונט דער (ן) foothold

אײַנ|גרו'נטעווע|ן זיך וו ◇ establish a foothold

אײַנ|דושע|ן וו ◇ muffle || פּ'גל טושען

אײַנ|דעק|ן וו ◇ cover, blanket; tuck in

•אײַנדרוק דער (ן) impression || מאַכ|ן אַן א' אויף impress

אײַנ|דריי|ען וו ◇ twist *vt/pf*

אײַ'נדרינגונג די persuasion

אײַנ|דרינג|ען וו (אײַ'נגעדרונגען) ⟨ד⟩ persuade

אײַנדריק דער (ן) depression, dip

אײַ'נדריקלעך אדי impressive

אײַנ|דרעמל|ען וו ◇ doze off, fall asleep

אײַנהאַלט דער (ן) restraint, inhibition

אײַנ|האַלט|ן וו (אײַ'נגעהאַלטן) hold, check, restrain ⊢ א' זיך inhibit, restrain oneself; hold one's own ⊢ א' זיך און ניט וו abstain from

אײַנ|האַ'מעווע|ן וו ◇ restrain, check *pf.*

אײַנ|האַנדל|ען וו ◇ purchase

איי'נהאָרן דער (ס) unicorn

אײנהייט די unity

איי'נהייטלעך אדי uniform

אײַנ|היי'ליק|ן וו ◇ consecrate

אײַנ|היי'מיש|ן וו ◇ make at home; integrate

אײַנ|הייצ|ן וו ◇ light a fire (in stove)

אײַנהיל דער (ן) wrapper

אײַנ|היל|ן וו ◇ wrap, envelop

אײַנהער דער attention

אײַ'נהעריק אדי attentive

אײַנ|הער|ן זיך וו ◇ ⟨אין⟩ listen, pay attention (to)

אײַ'נוואוינער זעו אײַנוווינער

אײַ'נוואַנדערונג די immigration

אײַנ|וואַ'נדער|ן וו ◇ immigrate

אײַנ|וואַרפֿ|ן וו (אײַ'נגעוואָרפֿן) tear down, fell; overthrow

אײַ'נוווינער דער (ס) ⊡ inhabitant, resident

אײַ'נוווינערשאַפֿט די residents (*coll.*); population

אײַנ|וויג|ן וו ◇ rock to sleep, lull

אײַנ|ווייק|ן וו ◇ soak *pf.*

אײַנ|וויקל|ען וו ◇ wrap *pf.*, bundle up, swaddle

אײַנווענד דער (ן) objection

אײַ'נווענדונג די (ען)=אײַנווענד

אײַנ|ווענד|ן וו ◇ ⟨קעגן⟩ object to, mind

איינו'ך דער (ן) eunuch

אײַ'נזאָגונג די (ען) briefing

אײַנ|זאָג|ן וו ◇ brief

אײַנ|זאַלב|ן וו ◇ salve

אײַנ|זאַלצ|ן וו ◇ salt *pf.*

•איינזאַם אדי lonely, solitary, lonesome

•איי'נזאַמקייט די loneliness, solitude

אײַנ|זאָניר|ן וו ◇ zone

אײַ'נזאַפּונג די absorption

אײַנ|זאַפּ|ן וו ◇ soak in *vt.*, absorb || א' זיך soak in *vi.*, be absorbed

אײַ'נזוימענונג די insemination

אײַנ|זוי'מען|ען וו ◇ inseminate

איי'נזײַטיק אדי one-sided, unilateral; partial

איי'נזײַטיקייט די one-sidedness, partiality

איינזײַן דאָס loneliness, solitude

איי'נזײַנקייט די=איינזײַן

אײַנ|זייפֿ|ן וו ◇ soap (up)

אײַנ|זינק|ען וו (איז אײַ'נגעזונקען) sink *vi/pf*

אײַנ|זיצ|ן וו (איז אײַ'נגעזעסן) remain sitting; also fidget, be impatient/restless ⊢ ניט קענ|ען* א' sit still

אײַנזעץ דער (ן) allowance; realization

אײַ'נזעונג די (ען) realization

אײַ'נזעלנערונג די induction

אײַנ|זע'לנער|ן װ ⟐ induct

אײַנזען 1. דאָס ⟨פֿאַר⟩ discretion, regard || 2. אײַנ|זע|ן* װ (אײַ'נגעזען) realize, recognize, understand

אײַ'נזעעניש דאָס consideration, indulgence || האָב|ן* א' פֿאַר bear with (sb.) || האָב|ן* א' מיט be considerate of (stg.) || בעט|ן א' בײַ beg the indulgence of || אָן א' ⟨פֿאַר⟩ unreasonable; inconsiderate (of) ⊢ מיט א' considerately

אײַ'נזעעריש אַדי considerate, indulgent, reasonable

אײַנ|זעצ|ן װ ⟐ jail, imprison

אײַנ|חזיר|ן װ ⟐ [KhAZER] soil

אײַנ|חזר|ן װ ⟐ [KhAZER] memorize

אײַנ|טאַ'מעװע|ן װ ⟐ dam up; bridle

איי'נטאָניק אַדי drab, monotonous

אײַנ|טוליע|ן װ ⟐ wrap

אײַנטונק דער (ען) immersion

אײַנ|טונק|ען װ ⟐ dip *pf.*, immerse, submerge

איי'נטײַטשיק אַדי univocal

אײַנטייל דער (ן) part || פֿ״גל אָ נ ט י י ל

אײַ'נטיילונג די (ען) division, partition

אײַנ|טייל|ן װ ⟐ divide, partition; allot

אײַנ|טענה|ן װ ⟐ מיט [TAYNE] plead, reason with

•אײַנטריט דער admission

•אײַנ|טרעט|ן זיך װ ⟐ אַמער ⟨צו אינפֿ; אין ד⟩ get into habit (of)

אײַנ|ייִ'דיש|ן װ ⟐ Judaize

איי'נינקער אַליי'ן אַפּ all alone

אייניק אַדי united, in accord

איי'ניקייט די unity

איי'ניקל 1. דער/דאָס (עך) grandchild, grandson; descendant ⊢ 2. דאָס (עך) granddaughter

•איי'ניקע אַדי—מצ some

•אײַ'נלאַדונג די (ען) invitation

•אײַנ|לאַד|ן װ (אײַ'נגעלאַדן) invite

אײַנ|לױפֿ|ן װ (איז אײַ'נגעלאָפֿן) shrink *vt.*

אײַנ|ליב|ן זיך װ ⟐ ⟨אין⟩ fall in love (with)

אײַנ|ליג|ן װ (איז אײַ'נגעלעגן) lie still || ניט קענ|ען* א' be restless

אײַנ|ליוליע|ן װ ⟐ lull, rock to sleep

אײַנ|לייג|ן װ ⟐ pledge, deposit; tear down (a house)

אײַנ|לעב|ן זיך װ ⟐ מיט get used to living with ⊢ א' זיך אין grow to be at home in

אײַנ|לערנ|ען װ ⟐ ⟨אַ ... מיט⟩ drill, coach (sb. in)

אײַ'נלערנער דער (ס) ⊡ coach

אײַנ|מאַכ|ן װ ⟐ preserve (food); soil

איין מאָל זען מ אָ ל

איי'נמאָליק אַדי single, one-time

אײַ'נמאָנטירונג די installation

אײַנ|מאָנטיר|ן װ ◇ install

אײַנ|מאָנ|ען װ ⟐ collect (one's due) || חשבונות צום א' [KhEZhBOYNES] accounts receivable

אײַ'נמאָנער דער (ס) (tax) collector

אײַנ|מאָסטע|ן װ ⟐ place, position

אײַנ|מאָ'צעװע|ן װ ⟐ fasten; strengthen; reinforce

אײַנ|מױ'ער|ן װ ⟐ wall in

אײַנ|מיד|ן װ ⟐ tire, fatigue

אײַנ|נורע|ן זיך װ ⟐ snuggle in

אײַנ|ניט|ן זיך װ (אײַ'נגעניט) ⟨אין⟩ get into the habit (of)

אײַננעם דער (ען) conquest

אײַ'ננעמען 1. דאָס conquest || 2. אײַנ|נעמ|ען װ (אײַ'נגענומען) capture, overrun, conquer (territory); appease, subdue, pacify; take (medicine)

אײַנ|נעצ|ן װ ⟐ moisten, wet *pf.*

איינס 1. דער/די (ן) (the number) one || 2. דער (ן) item, unit; entry || 3. צוו one (in counting) ⊢ אַלץ א' all the same ⊢ אַלץ א' װער/װאָס/... regardless of who/what/... ⊢ פֿאַר א' at the same time ⊢ װער|ן א' ⟨מיט⟩ reach an agreement, come to terms (with)

אײַנ|סדר|ן װ ⟐ [SADER] file

אײַנ|סיליע|ן װ ⟐ thread

איינסע אַדװ one o'clock

איינס־צוויי' אַדװ in no time, in short order

איי'נסקייט די oneness

איי'נעכטן זען אייערנעכטן

אײַנ|ענג|ען װ ⟐ narrow *vt.*, qualify

אײַנ|עס|ן זיך װ (אײַ'נגעגעסן) ⟨אין⟩ stick (to), cling (to)

אײַנ|עקשנ|ען זיך װ ⟐ [AKShN] be(come) stubborn

איינ|ער פּראָ one || קיין א' ניט no one, nobody ⊢ א' דעם אַ'נדערן each other || א' אין דער וועלט unique || ביז איינעם to a man, to the last man ⊢ אין איינעם together ⊢ ווי בײַ איינעם it depends || א' אַ a certain

אײַנ|פּאַנעליר|ן װ ⟐ impanel

אײַנ|פּאַק|ן װ ⟐ pack, wrap, package *pf.* || א' זיך pack one's things

אײַנ|פּלאַציר|ן װ ⟐ place, position

אײַנ|פּענטע|ן װ ⟐ trammel *pf.*

*אײַנפֿאַך זען פּשוט

אײַנפֿאַל דער (ן) idea, notion || גענײַאַל|ער א' [NY] brainstorm || אויף א' for (budgetary) contingencies

אײַנ|פֿאַל|ן װ (איז אײַ'נגעפֿאַלן) tumble, collapse, cave in ⊢ א' ⟨ד⟩ (idea) occur to

אײַנ|פֿאַס|ן װ ⟐ set, mount (jewels)

אײַנפֿאָר דער (ן) drive-in || א'־קינאָ drive-in movie

אײַ'נפֿאָרהויז דאָס (...הײַזער) inn

אײַנ|פֿאָר|ן װ (איז אײַ'נגעפֿאָרן) cover (a distance)

אײַנ|פֿו'נדעווע|ן װ ⟐ establish firmly

אײַנ|פֿײַכט|ן װ (אײַ'נגעפֿײַכט) dampen

אײַנ|פֿיסל|ען װ ⟐ put in quotes

אײַנפֿיר דער (ן) custom

אײַ'נפֿירונג די (ען) initiation

אײַנ|פֿיר|ן װ ⟐ introduce, institute (custom, system); make it a rule that; install, initiate

אײַנ|פֿלאַנצ|ן װ ⟐ implant, inculcate

•אײַנפֿלוס דער (ן) influence

•אײַ'נפֿלוסרײַך אַדי influential

אײַנ|פֿלעשל|ען װ ⟐ bottle

אײַנ|פֿע'דעמ|ען װ ⟐ thread

אײַנ|פֿריר|ן װ (אײַ'נגעפֿרוירן) freeze *vt/pf*

איינצאָל די (ן) singular

אײַנצאָל דער (ן) payment, deposit

אײַנ|צאָל|ן װ ⟐ pay in, make a payment

אײַ'נצאָלער דער (ס) depositor

אײַנצאַם דער (ען) hedge; containment

אײַ'נצאַמונג די (ען) stockade; restraint; containment

אײַנ|צאַמ|ען װ ⟐ fence in, hem in, curb *pf.*, tame

איי'נצײַטיק אַדי simultaneous

אײַ'נציינדלונג די (ען) indentation

אײַנ|ציינדל|ען װ ⟐ indent

אײַנ|צי|ען (זיך) װ (אײַ'נגעצויגן) contract, tighten, shrink *vt/vi*; indent

איינציק אַדי one, only, sole, single; individual; unique

איי'נציקווײַז אַדװ singly, one by one

אײַנ|קאַרביר|ן װ ⟐ crimp

אײַנ|קאַרב|ן װ ⟐ notch, score

אײַנ|קאַרטשע|ן (זיך) װ ⟐ double up *vt/vi*

אײַנ|קוואַרטיר|ן װ ⟐ put up, quarter

אײַנקוועטש דער (ן) dip, depression

אײַנ|קוועטש|ן װ ⟐ depress (physically)

אײַנקויף דער (ן) purchase

אײַנ|קויפֿ|ן װ ⟐ buy; shop (for)

אײַ'נקויפֿער דער (ס) ⊡ shopper; (professional) buyer

אײַ'נקויפֿפּרײַז דער (ן) cost || צום א' at cost

אײַנקוק דער ⟨אין⟩ attention; scrutiny

אײַ'נקוקבוך דאָס (...ביכער) reference book

אײַנ|קוק|ן זיך װ ⟐ ⟨אין⟩ look, have a good look (at), peer (at), scrutinize

אײַנ|קייטל|ען װ ⟐: א' ד די הענט handcuff

אײַ'נקלאָגונג די (ען) indictment

אײַנ|קלאָג|ן װ ⟐ indict

אײַנ|קלאַ'מער|ן װ ⟐ bracket

*אײַנקלאַנג זען הסכם

אײַנ|קלעמ|ען װ ⟐ clamp, catch (as in a vise)

אײַנ|קנייטש|ן װ ⟐ fold *pf.*

אײַנ|קנעל|ן װ ⟐ learn thoroughly || א' ⟨מיט⟩ coach (sb.) in

אײַנ|קעסטל|ען װ ⟐ box (in)

אײַנ|קריצ|ן וו ◇ score, engrave
אײַנ|רומ|ען וו ◇ ⟨צו ד⟩ whisper (stg. to)
אײַנ|רו'יִק|ן וו ◇ pacify
אײַנרוף דער (ן) summons
אײַנ|רופֿ|ן וו (אײַ'נגערופֿן) summon
אײַנ|רוק|ן וו ◇ be inducted into service
אײַנ|רײַב|ן וו (אײַ'נגעריבן) rub in
אײַ'נרײַבעכץ דאָס (ן) lotion
איי'נרייִיק אַדי single-breasted
אײַנרײַס דער (ן) gap
אײַנ|ריי'סטער|ן וו ◇ book, register
אײַנ|רײַס|ן וו (אײַ'נגעריסן) make a small tear in ⊢ א' זיך ⟨מיט⟩ pick a quarrel, break with, get into trouble with, run afoul of
אײַנ|ריי|ען וו ◇ align
אײַנ|ריכט|ן[1] וו (אײַ'נגעריכט) soil
'אײַנריכטן[2] זען א ײַ נ אָ ר ד ע נ ע ן
אײַנ|רינגל|ען וו ◇ ring, circle; parenthesize
אײַנריס דער (ן) trouble (hostility)
אײַנ|ריס|ן וו ◇ blacken with soot
אײַנ|רעד|ן וו ◇ ד coax, convince, persuade ⊢ א' זיך delude oneself, fancy
אײַ'נרעדעניש דאָס (ן) misconception; delusion, fantasy, conceit; idée fixe
איינרעלס דער (ן) monorail
אײַנ|רעמל|ען וו ◇ frame
אײַנשאַף דער (ן) (object of) acquisition
אײַ'נשאַפֿונג די (ען) acquisition, procurement
אײַנ|שאַפֿ|ן וו ◇ procure ‖ א' זיך acquire, obtain
אײַנשווער... inaugural
אײַ'נשווערונג די (ען) inauguration
אײַנ|שווער|ן וו (אײַ'נגעשווירן) swear in, inaugurate
אײַ'נשולדיקונג די (ען) impeachment
אײַנ|שו'לדיק|ן וו ◇ impeach
אײַנשטאָך דער (ן) sting; puncture
אײַנ|שטו'ביק|ן וו ◇ domesticate
אײַנ|שטודיר|ן וו ◇ learn thoroughly
אײַנ|שטײַגל|ען וו ◇ cage
אײַנ|שטיי|ן* וו (איז אײַ'נגעשטאַנען) stand still; hold one's own ⊢ א' אין/בײַ stay, lodge with ⊢ ניט קענ|ען* א' be restless
אײַנ|שטײַפֿ|ן וו ◇ stiffen *vt.*
אײַנשטיל דער (ן) lull
אײַנ|שטיל|ן וו ◇ hush, silence; appease, calm, pacify; quell ⊢ א' זיך die down, abate, subside
אײַ'נשטילעכץ דאָס (ן) sedative
איי'נשטימיק אַדי unanimous
אײַ'נשטימיק אַדי agreeable, consenting
איי'נשטימיקייט די unanimity
אײַנ|שטימ|ען וו ◇ ⟨מיט⟩ agree (with) ‖ א' ⟨אויף⟩ consent to
אײַנ|שטעכ|ן וו (אײַ'נגעשטאָכן) sting *pf.*, puncture
אײַנשטעל דער (ן) risk, gamble; attitude
אײַנ|שטעל|ן וו ◇ fix; institute, establish; ‖ risk, dare, take chances, gamble ‖ א' זיך set in, prevail ‖ א' זיך פֿאַר stick up for, intercede ⊢ א' און וו make bold to
אײַ'נשטעלעניש דאָס (ן) gamble, venture, risk; courage
אײַ'נשטעלער דער (ס) ◻קע daredevil
אײַ'נשטעלעריש אַדי daring
אײַנ|שטשערב|ען וו ◇ notch
אײַנ|שיפֿ|ן זיך וו ◇ embark *vi.*
אײַנ|שלאָפֿ|ן וו (איז אײַ'נגעשלאָפֿן) fall asleep
אײַנ|שלינג|ען וו (אײַ'נגעשלונגען) devour *pf.*, gobble
אײַ'נשליסיק אַדי inclusive
אײַנ|שליס|ן וו (אײַ'נגעשלאָסן) lock in, shut in; •include; switch on
אײַנ|שלע'פֿ(ער)|ן וו ◇ put to sleep
אײַנ|שמוצ|ן וו ◇ soil
אײַנשניט דער (ן) notch, dent; cut, break, incision
אײַ'נשנײַדיק אַדי incisive
אײַנ|שנײַד|ן וו (אײַ'נגעשניטן) cut into *vt.*; segment ⊢ א' זיך cut into *vi.*
אײַנ|שפּאַנ|ען וו ◇ harness *pf.*, hitch up
אײַנשפּאָר דער (ן) saving
אײַ'נשפּאָרונג די (ען) saving, economy

אײַנ|שפּאַר|ן זיך וו ◈ be(come) stubborn, put one's foot down; persist
אײַנ|שפּאָר|ן וו ◈ save *pf.*
אײַ'נשפּיטאָלונג די (ען) hospitalization
אײַנ|שפּיטאָל|ן וו ◈ hospitalize
אײַנ|שפּײַ'כלער|ן וו ◈ store
אײַנ|שפּענטע|ן וו ◈ tap
אײַ'נשפּריצונג די (ען) injection
אײַנ|שפּריצ|ן וו ◈ inject
אײַ'נשרײַבגעלט דאָס (ער) registration fee
אײַנשריפֿט די (ן) inscription
אײַנ|שרעק|ן וו (אײַ'נגעשראָקן) intimidate
אײַער פּאָס—אַדי your (*sg.-formal and pl.*)
איי'ער־בעכער דער (ס) eggcup
אײַערט: פֿון א' וועגן for your sake
איי'ערנעכטן אַדוו day before yesterday
איי'ערשטאָק דער (ן) ovary
אייפֿעמיזם דער (ען) euphemism
אייפֿעמיסטיש אַדי euphemistic
איי'פֿערדיק אַדי keen, zealous
איי'פֿערזוכט די (ן) (sexual) jealousy
איי'פֿערזיכטיק אַדי ⟨אויף⟩ (sexually) jealous
אייקאַלי'פּט דער (ן) eucalyptus
אייר דער [IER] Iyar, the eighth month in the Jew. calendar, coinciding with parts of April and May
איירא'זיע (די) Eurasia
אייראָפּע (די) Europe
אייראָפּעיש אַדי European
אייראָפּעער דער (—) ⊡ European
אײַריש זען א י ר י ש
איך 1. פּראָ (ד: מיר; א: מיך) I || 2. דער (ן) self ⊢ (איי'גענ|ער) א' ego
איך־גופֿא דער (ס) [GU'FE] self
איכה [EYKhE] the Book of Lamentations, read on the Ninth of Ab (the anniversary of the destruction of Jerusalem)
איכות דאָס (ן) [EYKhES] quality
איכותדיק אַדי [ ] qualitative
אילוזאָריש אַדי illusory
אילו'זיע די (ס) illusion
אילומינאַציע די illumination
אילומיניר|ן וו ◇ illuminate

אילוסטראַציע די (ס) illustration
אילוסטריר|ן וו ◇ illustrate
אילע זען אַ ל ע
אילערליי' זען אַ ל ע ר ל י י
אילץ אַדוו still; likewise; •(*dial.*) everything
אים פּראָ (נאָם: ער/עס) him; it
אימאַגינע'ר אַדי imaginary (number)
אימבאָסיר|ן וו ◇ emboss
אימבער דער זען א י נ ג ב ע ר
אימה די [EYME] horror, dread, terror
אימהדיק אַדי [ ] dread(ful), horrible
אימו'ן אַדי ⟨קעגן⟩ immune (from)
אימוניטע'ט די immunity
אימיגראַ'נט דער (ן) ◻קע immigrant
אימיגראַנטיש אַדי immigrant
אימיגראַציע די (ס) immigration
אימיגריר|ן וו ◇ immigrate
אימיטאַציע די (ס) imitation
אימיטיר|ן וו ◇ imitate
אי'מעצ(|ער) זען ע מ ע צ (ע ר)
אי'מערווײַב דאָס/די (ער) ex-wife
אי'מערמאַן דער (ען) ex-husband
אימפּאַזאַ'נט אַדי impressive, commanding
אימפּאָטע'נט אַדי impotent
אימפּאָטע'נץ די impotence
אימפּאָניר|ן וו ◇ ⟨ד⟩ impress
אימפּאָ'רט דער (ן) import(ation)
אימפּאָרטיר|ן וו ◇ import
אימפּו'לס דער (ן) impulse
אימפּליקאַציע די (ס) implication
אימפּעט דער (ן) momentum, impetus; zest ⊢ פֿאָר|ן/פֿלי|ען מיטן א' אַליי'ן coast
אי'מפּעטוועג דער (ן) runway
אי'מפּעטיק אַדי vehement
אי'מפּעטראָד די (...רעדער) flywheel
אימפּעראַטי'וו דער (ן) imperative
אימפּעריאַליזם דער (ען) imperialism
אימפּעריאַלי'סט דער (ן) imperialist
אימפּעריאַליסטיש אַדי imperialistic
אימפּעריע די (ס) empire
אימפּראָוויזאַציע די (ס) improvisation
אימפּראָוויזיר|ן וו ◇ improvise, ad-lib
אימפּרעגני'רט אַדי impregnated (material)

אימפּרעזע די (ס) (social) event; enterprise
אימפּרעסאַריאָ דער (ס) (artist's) manager, impressario; promoter
'אימשטאַנד זען (אין) שטאַנד
אימת־מוות דאָס [EYMES-MO'VES] deadly fright
אין[1] פּרעפּ in; at; to; inside, within || א' ניט מער ווי אַ שעה within an [sho] hour ⊢ א' ... אַרו'ם later, hence || א' 3 יאָר אַרו'ם three years later || א' דרײַען threefold
אין[2]=אין דעם, •אין דער
אין איינעם זען אײנער
אינאיי'נעמדיק אַדי joint
אינאַ'כטנעמונג די consideration
אין אמתן זען אמת
אינאָקוליר|ן וו ◇ inoculate
אין גאַנצן זען גאַנץ
אינגבער דער ginger
אי'נגבער־וואַסער דאָס ginger ale
אין גיכן זען גיך
'אינגל זען ייִנגל
אי'נגעווייד מצ viscera
'אינגער זען יונג
אינגרעדיע'נט דער (ן) [DY] ingredient
אינד די (ן) ל wave, billow
אינדאָקטריניר|ן וו ◇ indoctrinate
אינדאָרסיר|ן וו ◇ endorse, back
אינדוסטריאַ'ל דער (ן) industrialist
אינדוסטריאַלי'סט דער (ן) industrialist
אינדוסטריע די (ס) industry
אינדוסטריע־... industrial
אינדוסטריע'ל אַדי industrial
אינדוסטריעל|ער דער–געב industrialist
אינדוקציע די (logical, electrical) induction
אינדזל דער (ען) island
אינדיאַניש אַדי [DY] (American) Indian
אינדיאַנער דער (—) ⊡ [DY] (American) Indian
אינדיווי'ד דער (ן) individual
אינדיווי'דוום דער (ס) individual
אינדיווידוע'ל אַדי individual

אי'נדיטשקע די (ס) turkey hen
אינדיסקרעציע די (ס) indiscretion
אי'נדיע (די) India; Indies
אי'נדיער דער (—) ⊡ (Asian) Indian
אינדיק דער (עס) turkey
אינדיקאַטי'וו דער (ן) indicative
אינדיש אַדי (Asian) Indian
אינדל|ען זיך וו ◈ surf
אינדלער דער (ס) ⊡ surfer
אי'נדנבראָך דער surf
אינדעך דער indigo || א' בלאָ אַדי indigo
אין דע'ם אַדוו meanwhile
אינדעקס דער (ן) index
אינדעקסיר|ן וו ◇ index
אין דער אמתן זען אמת
אין דער היים זען היים
אין דער וואָכן זען וואָך
אין דערבײַ'ן זען דערבײַ
אינדערלענגיק אַדי longitudinal
אין דער מיט זען מיט די
אין דער פֿרי זען פֿרי
אינדערפֿרי' דער (ען) morning
אינדערפֿרי'ִיק אַדי early-morning
אין דרויסן זען דרויסן
אינדרויסן דער outdoors
אין דר'ערד זען ערד
אינהאַלט דער (ן) content(s); subject matter; table of contents ⊢ מיטן א' אַז to the effect that
אי'נהאַלט־צעטל דער (ען) table of contents
אינוואַ'זיע די (ס) invasion
אינוואַזירער דער (ס) invader
אינוואַלי'ד דער (ן) invalid, disabled person
אי'נווייניק זען אינעווייניק
אי'נווייניקסט זען אינעווייניקסט
אינווענטאַ'ר דער (ן) inventory; stock
אינווענטאַריזירונג די (ען) stocktaking
אינוועסטיציע די (ס) investment
אינוועסטירונג די (act of) investing
אינוועסטיר|ן וו ◇ invest
אינויגוראַציע די (ס) inauguration
אינו־ניראה דער (ס) [EYNE-NI'RE] invisible person
אינו־ניראהדיק אַדי [ ] invisible

אי'נזיכדיק אדי introspective, inward
אינזשעני'ר דער (ן) engineer
אינזשעניריע די engineering; technology
אינזשעניריש אדי engineering
אינזשעניר|ן וו ◇ engineer *imp.*
אינטאָנאַציע די (ס) intonation, inflection
אינטואיציע זען אינטויִציע
אינטויִטי'וו אדי intuitive
אינטויִציע די (ס) intuition
אינטי'ם אדי intimate
אינטימקייט די intimacy
אינטעגראַ'ל אדי integral
אינטעגראַציע די integration
אינטעגרירונג די integration
אינטעגריר|ן (זיך) וו ◇ integrate *vt/vi*
אינטעליגע'נט 1. אדי intelligent || 2. דער (ן) □קע intellectual
אינטעליגענטיש אדי highbrow
אינטעליגע'נץ די intelligence; intellectuals, intelligentsia
אינטעליגע'נץ־ווי־פֿלער דער (ס) I.Q., intelligence quotient
אינטעלע'קט דער (ן) intellect
אינטעלעקטואַ'ל דער (ן) intellectual
אינטעלעקטוע'ל אדי intellectual
אינטענדאַ'נט דער (ן) commissary officer
אינטענדאַנטו'ר די (ן) commissary
אינטענסי'וו אדי intense, intensive
אינטענסיווקייט די intensity
אינטער... inter...
אינטערוואַ'ל דער (ן) interval || שרײַב|ן מיט אַ צוויי'יִקן א' double-space
אינטערוויו' דער (ען) interview
אינטערוויויר|ן וו ◇ interview
אינטערוועניר|ן וו ◇ intervene
אינטערווע'נץ די (ן) intervention
אינטעריעקציע די (ס) interjection
אינטערלו'ד דער (ן) interlude
אינטערנאַ'ט דער (ן) (college) dormitory
אינטערנאַציאָנאַ'ל 1. אדי international || 2. דער (ן) International; the Internationale
אינטערע'ס דער (ן) ⟨אין/צו⟩ interest (in), || concern (for) ⊢ אָפּ|צי|ען פּאַס א' divert

אינטערעסאַ'נט אדי interesting || א' צי ... I/we wonder if ...
אינטערעסיר|ן וו ◇ interest || א' זיך ⟨מיט⟩ take an interest (in)
אינטערפּונקטיר|ן וו ◇ punctuate
אינטערפּונקטי'ר־צייכן דער (ס) punctuation mark
אינטערפּונקציע די punctuation
אינטערפֿעריר|ן וו ◇ interfere
אינטערקאָנטינענטאַ'ל־ראַקעט דער (ן) I.C.B.M.
אינטראָווע'רט דער (ן) introvert
אינטראָנירונג די (ען) enthronement
אינטראָניר|ן וו ◇ enthrone
אינטראָספּעקטי'וו אדי introspective
אינטראָספּעקציע די introspection
אינטריגאַ'נט דער (ן) □קע schemer, plotter
אינטריגיר|ן וו ◇ intrigue, puzzle; scheme, plot
אינטריגע די (ס) intrigue, plot
איניציאַטאָר דער (...אָ'רן) □שע originator
איניציאַטי'וו די (ן) initiative
איניציאַ'ל דער (ן) initial (letter)
איניציִיר|ן וו ◇ originate *vt.*, initiate
אין כּעס זען כּעס
אינכּעס אדי* [INKAAS] angry
אינלאַנד דאָס interior || א'־דעפּאַרטעמענט ⊢ Department of the Interior א'־ סעקרעטאַר Secretary of the Interior
אי'נלענדיש אדי domestic, interior; inland
אין־לשער אַפּ [EYN-LESHA'ER] immense, enormous
אין מיטן זען מיטן
°אינמיסטן זען אומיסטן
אין־סוף דער [EYNSO'F] infinity
אינסטאַלאַטאָר דער (...אָ'רן) plumber; appliance installer
אינסטאַלאַציע די (object of) installation; facility
אינסטאַלירונג די (ען) (act of) installation
אינסטאַליר|ן וו ◇ install
אינסטאַ'נץ די (ן) division (of the judiciary); agency; authorities
אינסטיטו'ט דער (ן) institute; (social) institution

אינסטיטויִר|ן וו ◇ institute
אינסטיטוציאָניר|ן וו ◇ institutionalize
אינסטיטוציע די (ס) institution
אינסטי'נקט דער (ן) instinct
אינסטינקטי'וו אַדי instinctive
אינסטרויִר|ן וו ◇ instruct
אינסטרומע'נט דער (ן) instrument
אינסטרומע'נט־... instrumental (music etc.)
אינסטרוקטאָר דער (...אָ'רן) ◻שע instructor
אינסטרוקטי'וו אַדי instructive
אינסטרוקציע די (ס) instruction, direction
אינסינויִר|ן וו ◇ insinuate
אין־סכנה־שטעלונג די [SAKO'NE]: צוויי'מאָליק|ע א' double jeopardy
אינסע'קט דער (ן) insect
אינספּיראַציע די (ס) inspiration
אינספּיריר|ן וו ◇ inspire
אינספּעקטאָר דער (...אָ'רן) ◻שע inspector
אינספּעקטיר|ן וו ◇ inspect
אינספּעקציע די (ס) inspection
אינסצענ(יז)יר|ן וו ◇ dramatize, make into a play, stage
אי'נעווייניק .1 אַדוו inside, indoors ‖ .2 דער interior, inside
אי'נעווייניקסט אַדי* inner, inside, interior, internal; domestic
אינעם=אין דעם
אין ערגעץ (ניט) זען ע ר ג ע ץ
•אי'נערלעך אַדי internal, inner
אינערציע די inertia
אינפֿאַמיע די infamy
אינפֿאַנטערי'סט דער (ן) foot soldier, infantryman
אינפֿאַנטעריע די infantry
אינפֿאָרמאַ'נט דער (ן) ◻קע informant
אינפֿאָרמאַציע די (ס) information
אינפֿאָרמי'רט אַדי ⟨וועגן⟩ informed, abreast (of)
אינפֿאָרמיר|ן וו ◇ inform
אינפֿלאַציע די inflation
אינפֿלוענציע די influenza
אינפֿעקטי'וו אַדי infectious
אינפֿעקציע די infection

אינפֿראַ... ‖ אי'נפֿראַרויט infra... ‖ infrared
אין צווישן זען צ ו ו י ש ן
אינצידע'נט דער (ן) incident
אינצינעראַטאָר דער (...אָ'רן) incinerator
אינצעסט דער incest
אינצעסטיק אַדי incestuous
אינקאָ'גניטאָ אַדוו incognito
אינקאַסע'נט דער (ן) collector
אינקאָרפּאָריר|ן וו ◇ incorporate
אינקובאַטאָר דער (...אָ'רן) incubator
אינקובאַציע די incubation
אינקוויזיציע די the Inquisition
אינקונאַבל דער (ען) incunabulum
אין קורצן זען ק ו ר ץ
אינקרימיניר|ן וו ◇ incriminate
איסור דער (ים) [ISER—ISURIM] prohibition, ban (*esp. Jew.*)
איסטמאָס דער (ן) isthmus
איסיי דער (ם) [ISII] Essene, member of a rigidly ascetic Jew. brotherhood from the 2nd century B.C. to the 2nd century A.D.
איסלאַ'ם דער Islam
איסלאַמיש אַדי Islamic
איסלאַנד (דאָס) Iceland
אי'סלענדיש אַדי Icelandic
איסרו־חג דער [I'SREKhAG] (*Jew.*) the day following a holiday
אַיעד|ער אַדי—פּראָ=אַיעדער אַדי—אינוו every; everyone
איצט .1 אַדוו now, at present ‖ ביז א' hitherto ‖ פֿון א' אָן hereafter ‖ .2 דאָס present
אי'צטהאַלטער דער (ס) ◻ incumbent
איצטיק אַדי present
אי'צטיקייט די (the) present
איצטער(ט) זען א י צ ט
איקס דער (ן) (the letter) X
אי'קסשטראַלן מצ X-rays
איר[1] פּראָ (ד/אַ: אײַך) you (*sg.-formal and pl.*)
איר[2] פּראָ (נאָם: זי) her
איר פּאָס—אַדי her, hers
אַ:ר דער reed; reeds (*coll.*)

אירא'ניע די irony
איראַניש אַדי Iranian
איראָניש אַדי ironical
אירט: פֿון א' וועגן for her sake; as far as she is concerned
איריש אַדי Irish
אירלאַנד (דאָס) Ireland
אי'רלענדער דער (—) ⊡ Irishman
אירע מצ persons
־אי'רעדיק -man || דריַי'־אי'רעדיקע קאָמי'סיע 3-man committee
אירעט זען א י ר ט
אירצ|ן װ ⟐ address by the polite form (איר)
אישה די (נשים) [ISHE—NOSHIM] female
איש־מהימן דער [ISH-MEHE'YMEN] man of integrity
אַ כּלל זען כּ ל ל
אַך אינט ah! (*admiration; regret*); oh! (*anxiety; disapproval*)
אָך[1] אינט alas, woe || אָך און וויי! alas and alack! ⊢ אַז אָך און וויי צו ד ...! poor ...
אָך[2] אינט certainly, with pleasure || אָך פֿאַר וואָס ניט? certainly, why not?
אַכזר דער (ים) □טע [AKHZER—AKHZORIM] brute, cruel person
אַכזריות דאָס (ן) [AKHZORYES] cruelty, atrocity, savagery
אַכזריות־אַקט דער (ן) [ ] atrocity
אַכזריותדיק אַדי [ ] atrocious, cruel, savage, ruthless
אַכט די notice; consideration || נעמ|ען/האַלט|ן אין אַ' consider, take into consideration ⊢ נעמ|ען זיך אין אַ' take care of oneself ⊢ לייג|ן אַ' ‹אויף› take notice (of), attach importance to || ניט לייג|ן גענו'ג אַ' אויף neglect
אַכט 1. צוו eight || איבער אַ' טאָג a week later/hence ⊢ פֿאַר אַ' טאָגן a week ago || 2. אַדי eighth || אַ' האַלבן seven and a half
אַ'כטגעבונג די (ען) observation
אַכט|געב|ן* װ (אַ'כטגעגעבן) observe
אַ'כטגעבער דער (ס) ⊡ observer

אַ'כטווערדיק אַדי noteworthy
אַכטונג די •respect, •regard, •esteem, •deference ⊢ •מיט אַ' respectfully || אַ' געב|ן* ‹אויף› mind, take care (of); look out (for) ⊢ אַ' טאָ|ן* נאָס זאָל... see to it that ⊢ אַ'! attention!
אַ'כטונג־געבער דער (ס) ⊡ caretaker
אַכטל דאָס (עך) eighth
אַכטנס אַדוו eighthly
אַכטע אַדוו eight o'clock
אַכילה די [AKhILE] (*hum.*) eating
אַכל|ען װ ⟐ (*hum.*) eat
אַכסניא די (—ות) [AKhSANYE] inn
אַ'כפּערדיק אַדי reverent(ial)
אַ'כפּערונג די veneration, homage, reverence
אַ'כפּערלעך אַדי venerable
אַ'כפּער|ן װ ⟐ revere, venerate, pay homage to
אַ'כפּערקייט די reverence
אַכציק צוו eighty
אַכציקסט אַדי eightieth
אַכצן צוו eighteen
אָכצ|ן װ ⟐ moan
אַכצנט/אַכצעט אַדי eighteenth
אַל זען ב י י ז ס, נ ו ט ס, י אָ ר, ר ו ח
אָל זען נ אָ ל
אלא קאָ [ELE] but, but if || א' ניט if not, or else ⊢ א' וואָס דען but
אַלאַ קאָ à la
...אָלאָ'ג דער (ן) ⊡ ...ologist || איכטיאָלאָ'ג ichthyologist
...אָלאָגיע די (ס) ...ology || פּאַלעאָנטאָלאָגיע paleontology
...אָלאָגיש אַדי ...ological || מאָרפֿאָלאָגיש morphological
אַלאָקירונג די (ען) allocation
אַלאָקיר|ן װ ◇ allocate
אַלאַרם זען אַ לאַ ר ע ם
אַלאַרמיר|ן װ ◇ alarm, alert
אַלאַרעם דער (ס) alarm, alert
אַלבאָ'ם דער (ען) album, scrapbook
אַלגעבראַ'יש אַדי algebraic
אַ'לגעברע די (ס) algebra

אַ'לגעמיין אדי general || אין אַ' generally
אַ'לגעמיינקייט די (ן) generality
אַל דאָס, אַל די זען בייזס, גוטס, יאָר, רוח
אַלדיי'נג(ס) זען אַלצדינג
אַלדע זען יאָר, רוח
אַלוועלט די (ן) universe
אַלוועלטלעך אדי universal
אַלו'זיע די (ס) allusion
אלול דער [ELEL] Elul, the 12th month in the Jew. calendar falling in early autumn and coinciding with parts of August and September
אלולדיק אדי [ ] early-autumn
אַלומי'ניום דער aluminum || אַלומי'ניען אדי
•אַלזאָ זען בכן, הייסן (הייסט עס), טאָ, (אַ) כלל, (אַ) קיצור
אַלט אדי (△ עלטער) old; back (number of a journal) ⊢ די אַ'|ע צייט זען אַלטצייַט
אַלט דער (ן) alto
אַלטאַנע די (ס) △ אַלטאַנקע arbor, bower
אַלטאַ'ר דער (ן) (*Chr.*) altar
אַלט־געבאַ'קן אדי stale (baked goods; *also fig.*)
אַלטוואַרג דאָס old clothes, old things
אַ'לטיידיש דאָס/אדי Old Yiddish (1250–1500)
אַלטלעך אדי obsolescent
אַ'לטמאָדיש אדי old-fashioned
אַ'לטמײַסטער דער (ס) past master
•אַ'לטערטום דאָס Antiquity
אַלטערנאַטי'וו די (ן) alternative
אַ'לט־פֿע'טעריש אדי old-fashioned, quaint
אַלטפֿרענקיש אדי old-fashioned, quaint
אַלטצײַט די Antiquity
אַ'לטצײַטיש אדי ancient (of Antiquity)
אַלטקלוג אדי precocious
אַלטרויִזם דער altruism
אַליאַי'רט זען אַליִירט
אַליאַ'נץ די (ן) [LY] alliance
אַ'ליאַס 1. דער (ן) alias || 2. קאָ alias
אליהו־הנבֿיא פּנ [ELYO'HU-HANO'VI/°ELYE-NOVE] the prophet Elijah (in Jew. lore, a miraculous savior of Jews in distress) ⊢ כּוס א'ס [KOS] the cup of wine poured for Elijah at the Passover feast
אַליטעראַציע די (ס) alliteration
אַלײַ' די (ען) זען אַלְעע
אַליי'ן אדוו alone; (one)self; for/by oneself; sheer, absolute ⊢ די ריי'כטיקייט אַ' the absolute truth
אַליי'נ... self... || אַליי'ן־באַדינונג self-service ⊢ אַליי'ן־פֿאַרוואַלטונג self-government
אַליי'ן־אויסקום דער self-sufficiency
אַליי'ן־באַכוחט אדי [BAKO'YEKhT] self-propelled
אַליינמאָרד דער (ן) (act of) suicide
אַליי'נמערדער דער (ס) ⬜קע suicide (person)
אַליינקייט די privacy
•אַליי'נט זען אַליין
אַליִי'רט אדי allied
אַליִי'רט|ער דער—געב ally
אַליִי'ר|ן זיך וו ◇ ally oneself
אַלימענטן מצ alimony
אַלכסון דער (ס) [ALAKhsN] diagonal
אָלְכע די (ס) alder
אַלכעמיע די alchemy
אַלמאַי אדוו [ALEMA'Y] why, why then
אַלמאַכטיק אדי almighty, omnipotent
אַלמאַ'כטיקייט די omnipotence
אַלמן דער (ס) [ALMEN] widower || ווער|ן אַן אַ' be(come) widowed
אַלמנה די (—ות) [ALMONE] widow || שטרויי'ענ|ע אַ' grass widow || ווער|ן אַן אַ' be(come) widowed
אַלמנהשאַפֿט די [ ] widowhood
אַלמעכטיק זען אַלמאַכטיק
אַלמער דער (ס) closet
•אַלס זען בתורת, ווי, מעשׂה
אַלע 1. אדי all; every || 2. פּראָ (ד/א: אַלע/אַ'לעמען) all, everyone
אַלעגאָריע די (ס) allegory
אַלעגאָריש אדי allegorical
אַלעווײַליק אדי intermittent
אַלע ווײַלע זען ווײַלע
אַלע טאָג זען טאָג

אַלע מאָל זען מ אָ ל
אַ'לעמען זען אַ ל ע ; אַ ל ץ
'אַלעס זען אַ ל ץ
אַלעע די (ס) avenue, tree-lined street
אַלערגיע די (ס) allergy
אַלערגיש אַדי ⟨צו⟩ allergic
אַלערהאַ'נט אַדי—אינוו all kinds of, various, sundry
אַ'לערליי' אַדי—אינוו all kinds of, a variety of, various, sundry
אַלערלייִק אַדי diverse, multifarious
אַלפּיניזם דער mountaineering
אַלפּן מצ—פּנ Alps
אַלף דער/די (ן) [ALEF] aleph (א), the first letter of the Jewish alphabet ⊢ פֿון אַ' ביז תּוו [TOF] from A to Z || אָנ|הייב|ן פֿון אַ' start from scratch || ניט קענ|ען* קיין אַ' be illiterate
אַלפֿאַבע'ט דער (ן) non-Jewish alphabet
אַלפֿאַבעטיזיר|ן וו ◇ put in (non-Jew.) alphabetical order
אַלפֿאַבעטיש אַדי in (non-Jew.) alphabetical order
אַלף־בית דער (ן) [A'LEFBEYS] alphabet (esp. the Jew. alphabet) ⊢ נאָכן אַ' alphabetical
אַלץ 1. פּראָנ (ד: אַלץ/אַלעם/אַ'לעמען) everything, all ⊢ נאָך אַ'לעמען after all || ס'איז נאָך אַ'לעמען the show is over || ניט מיט אַ'לעמען unwell, out of sorts || אַ' איינס all the same, regardless, no matter ⊢ 2. אַדוו (*unemphatic*) constantly, continually; nevertheless || נאָך אַ' still || נאָך אַ' ניט not yet
אַלצאיי'ן אַדי identical
אַלץ איינס זען אַ ל ץ
אַלצדי'נג פּראָנ everything
אַלצווייסער דער (ס) ◻קע know-it-all || אַלצ־ווייסעריש אַדי
אַ'לצוויסיק אַדי omniscient
אַ'לצוויסיקייט די omniscience
אַלקאָהאָ'ל דער (ן) alcohol, liquor
אַלקאָהאָ'ליקער דער (ס) ⊡ alcoholic
אַלקאָהאָליש אַדי alcoholic

אַלקער דער (ס) den, alcove, cubicle
אַ'לקערל דאָס (עך) (אַלקער △) cubbyhole
•אָלרײַ'ט אַפּ/אַדוו—אַטער all right
אַלרײַטניק דער (ס) ◻—ניצע אַטער (*cont.*) upstart, philistine, parvenu
אַם[1] די (ען) זען נ אַ ם
•אַם[2] זען צ ו ם
אַמאַטאָר דער (...אָ'רן) ⊡ amateur, dabbler
אַמאַטאָ'רן־באַווײַז דער (ן) talent show
אַמאַטאָ'רעווע|ן וו ◇ dabble
'אַמאָל אַדוו זען מ אָ ל
אַמאָ'ל דער past
אַמאָליק אַדי past, former; old-time, ancient
אַמאָרטיזיר|ן וו ◇ amortize
אַמבאַסאַדאָר דער (...אָ'רן) ◻שע ambassador
אַמבאַסאַדע די (ס) embassy
אַמבאַ'ר דער (ן) warehouse
אַמבולאַטאָריע די (ס) infirmary (for out-patients)
אַמבולאַ'נס דער (ן) ambulance
אַמבוסקאַדע די (ס) ambush
אַמביציע די (ס) ambition
אַמביציע'ז אַדי ambitious
אמהות מצ [IMOES] the biblical Matriarchs Sarah, Rebeccah, Rachel, and Leah
אַמוזיר|ן וו ◇ entertain, amuse || אַ' זיך enjoy oneself, have a good time
אמונה די (—ות) [EMUNE] faith; creed; confidence ⊢ האָב|ן* א' אין *also* lend credence to
אַמוניציע די ammunition; munitions
אמורא דער (—אָים) [AMOYRE—AMOYROIM] one of the amoraim (rabbis of the 3rd to 5th centuries A.D.) whose discussions of the Mishnah are included in the Talmud
אַמט דער (ן) office
אַ'מטזשורנאַל דער (ן) logbook
אַמטיק אַדי official
אַמטיר|ן וו ◇ serve (in office), act, officiate
אַמטי'רנדיק אַדי acting

•אַמטלעך אדי זען אַמטיק

אַ'מטפֿאַרנעם דער tenure

•אַמיזיר|ן וו ◇ זען אַמוזירן

אַמיי'ן זען אַמער

אם־ירצה־השם [IM YIRTSE HAShE'M/°MIR-TShEM] (*Jew.*) God willing

•אַמישנע זען אומישנע

אם־כּן קאָ—ל [IMKEYN] in that case; if so; then

אָמלֶע'ט דער (ן) omelet

אָמן אינט [OME'YN] amen

אָמן־זאָגער דער (ס) □קע [O'MEN] yes man

אָמן־סלה אינט [SE'LO] amen (*emph.*)

אַמנע'סטיע די (ס) amnesty

אַמנעסטיר|ן וו ◇ amnesty

אַמסטל דער (ען) blackbird

אַמענדירונג די (ען) amendment

אַמענדיר|ן וו ◇ amend

אַמע'ר קאָ then, thus; (*followed by a question*) on the other hand ⊣ אַ' || זאָג עס אים אַ' tell him then || וואָלסטו אונדז געהאָלפֿן hadn't you better help us?

אַמעריקאַניזירונג די Americanization

אַמעריקאַניזיר|ן וו ◇ Americanize || אַ' זיך become Americanized

אַמעריקאַניש אדי American

אַמעריקאַנער 1. אדי—אינוו American || 2. דער (—) ⊡ American

אַמע'ריקע (די) America

אַמפּוטירונג די (ען) amputation

אַמפּוטירט|ער דער—געב amputee

אַמפּוטיר|ן וו ◇ amputate

אַמפּלוּאַ' דער (ען) type (actor's specialty)

אַמפּליטו'ד די (ן) amplitude

אַ'מפּער|ן זיך וו ⟐ argue, bicker, wrangle

אַ'מפּערניש דאָס (ן) bickering, wrangling, argument

אַ'מפּערפּונקט דער (ן) issue (in a dispute)

אַמפֿי'ביש אדי amphibian

אמת [EMES] 1. אדי true, real || 2. אדוו ⊢ truly; admittedly || 3. דער (ן) truth || אין (דער) אמתן, אין אמתן אַרײַ'ן in truth || דעם אַ' זאָ'גנדיק to tell the truth || אויף אַן אַ' really, seriously || מיינ|ען אויף אַן אַ' be in earnest, mean business

אמתדיק 1. אדי [ ] truthful; genuine, heart-felt; veritable ⊢ 2. אדוו truly

א"נ=אויפֿן נאָמען פֿון named after || קולטורהויז א"נ אַטראַן Atran Culture House

אַן ארט a, an (*used before words beginning with* א, אַ, אָ *and* ע)

אָן[1] פּרעפּ without || אָן אַ ...less || אָן אַ ציל aimless ⊢ אָן שום without any, devoid of

אָן[2] פּרעפּ against, on || אָנ|שפּאַר|ן זיך אָן דער טיר lean against the door || פֿ״ל אין

אָן 1. אדוו : פֿון ... אָן from ... on || פֿון איצט אָן henceforth || 2. קוו (*a*) accumulate || by ...ing; (*b*) fasten by ...ing || אָנ|קאָכ|ן (*a*) cook a heap of || אָנ|...|בינד|ן (*b*) fasten by tying || אָנ|... זיך ... one's fill ⊢ אָנ|עס|ן זיך eat one's fill || אָנ|טרינק|ען זיך drink one's fill

אָנ..(ד)יק ...less || אָ'נקנע'פּלדיק button-less

אָ'נאױ'פֿהערדיק אדי incessant

אַנאַזי'ט דער (ן) aside; digression

אַנאַטאָמיע די (ס) anatomy

אָנ|אייל|ן וו ⟐ oil, lubricate *pf.*

אַנאַכראָניזם דער (ען) anachronism

אַנאַלאָגיע די (ס) analogy

אַנאַלאָגיש אדי analogous

אַנאַליז דער (ן) analysis

אַנאַליזיר|ן וו ◇ analyze

אַנאַלי'טיקער דער (ס) ⊡ analyst

אַנאַליטיש אדי analytic(al)

אַנאַלֲפֿאַבע'ט דער (ן) □קע illiterate

אַנאַלֲפֿאַבעטיזם דער illiteracy

אַנאַלֲפֿאַבעטיש אדי illiterate

אַנאַנאַ'ס דער (ן) pineapple

אַנאַ'נד... cross... || אַ'־באַפֿרוכפּערונג cross-fertilization

אַנאַנדיק אדי mutual, reciprocal

אַנאַנד(ער) פּראָנ each other || הינטער אַ' consecutively || לעבן אַ' near each other ⊢ מיט אַ' together || נאָך אַ'

successive, alternately ⊢ גיך נאָך אַ' in quick succession ⊢ צווישן אַ' among each other ⊢ קעגן אַ' opposite || אַלץ מיט אַ' altogether

אָנאַניזם דער masturbation

אַנאָני'ם .1 אַדי anonymous, nameless || .2 דער (עו) anonymous writer

אָנאַניר|ן וו ◇ masturbate

אַנאָ'נס דער (ן) advertisement, commercial

אַנאָנסיר|ן וו ◇ advertise

אַנאָנסירער דער (ס) advertiser

אַנאַרכי'סט דער (ן) anarchist

אַנאַרכיע די anarchy

אָנבאָט דער (ן) bid, offer; tender; offering; supply

אָנ|באָט|ן וו (אָ'נגעבאָטן) bid, offer, tender, volunteer *vt.* ⊢ אָ' זיך volunteer *vi.*, offer one's services

אָ'נבאָטער דער (ס) ⊡ bidder

אָנבייג דער (ן) slant

אָנ|בייג|ן וו (אָ'נגעבויגן) bend *pf.*, tilt, slant || אָ' זיך bend *vi.*, stoop

אָנ|ביי'זער|ן זיך וו ◇ אויף scold *pf.*, rebuke, bawl out

אָ'נבײַסן דאָס (ס) main meal; lunch

אָנבלאָז... inflatable

אָנ|בלאָז|ן וו (אָ'נגעבלאָזן) puff up, inflate || אָ' זיך become inflated; take offense

אָנבליק דער (ן) appearance, resemblance || האָב|ן*/°כאַפּ|ן דעם אָ' פֿון resemble || אויפֿן אָ' at first glance

אָנבראָך דער (אויף טאָג) daybreak

אַנגאַזשיר|ן וו ◇ engage; commit

אַנגאַ'ר דער (ן) זען האַנגאַר

אָנ|גאָ'רענ|ען וו ◇ heap, pile up

אָ'נגבֿו'ליק אַדי boundless

אָנ|גורט|ן וו (אָ'נגעגורט) gird

אָנ|גיי|ן* וו (איז אָ'נגעגאַנגען) arrive unexpectedly; pass, be allowed; be current; °go on ⊢ אָ' אַ concern, matter ⊢ דאָס גייט מיך אָן this matters to me || קענ|ען* אָ' ⟨פֿאַר⟩ to be acceptable, qualify (as)

אַנגינע די (ס) tonsillitis; angina

אָנ|גיס|ן וו (אָ'נגעגאָסן) pour *pf.*; fill with liquid

אַנגלאָסאַ'קס דער (ן) Anglo-Saxon || אַנגלאָ-סאַקסיש אַדי

אָנ|גלי:|ען וו ◇ heat (to a glow)

אַנגליציזם דער (ען) word of English origin used in substandard Yiddish

אָנגסטן מצ cold sweat

אָנגעב דער (ן) statement

אָ'נגעבויג׳ן אַדי leaning, slanting, bent, stooped

אָ'נגעבויגנקייט די stoop

אָ'נגעבל דאָס (עך) hint

אָ'נגעבלאָז׳ן אַדי inflated; conceited, pompous; sulky

אָנ|געב|ן* וו (אָ'נגעגעבן) state; submit; pass off; carry on (pranks); set (tone) || אָ' ⟨אויף⟩ apply (for)

אָ'נגעברוגזט אַדי ⟨אויף⟩ [...BRO'YGEST] offended, angry

אָנ|גע'|גענ|ען וו ◇ come across, meet unexpectedly

אָ'נגעדראָל׳ן אַדי swollen || אָ' ווער|ן swell *vi.*

אָ'נגעדרודלט אַדי in a huff

אָ'נגעהעריקייט זען צוגעהעריקייט

אָנ|געהער|ן* זיך וו ◇ זען אָנקערן זיך

אָ'נגעוואָרף דאָס (ן) hodge-podge

אָ'נגעוויז׳ן אַדי ⟨אויף⟩ dependent (on)

אָ'נגעוויזנקייט די ⟨אויף⟩ dependence

אָ'נגעווייטיקט אַדי sore, painful; grievous, vexed (question)

אָ'נגעווענדט אַדי applied

אָ'נגעזאָליעט אַדי: זײַן* אָ' אויפֿן האַרצן ⟨ד⟩ (*rev. con.*) be glum/dejected, be in low spirits

אָ'נגעזע׳ן אַדי distinguished, eminent, outstanding

אָ'נגעזעצט אַדי ⟨מיט⟩ crammed

אָנ|געטרוי|ען וו ◇ ⟨ד⟩ entrust (to)

אָ'נגעכמאַרעט אַדי cloudy, sullen, morose, glum ⊢ אָ'נגעכמורעט אַדי

אָ'נגעלאָד׳ן אַדי loaded, laden; charged

אָ'נגעלאַף דאָס (ן) clutter, hastily formed crowd
אָ'נגעלייגט אַדי welcome, desirable, appreciated
אָ'נגעלייגטער אַדי (אָ'נגעלייגט △) preferable
אָ'נגעלייענט אַדי well-read
אָ'נגעלערנט אַדי forewarned by experience
אָ'נגעמאָסט·ן אַדי made to measure, highly suitable, commensurate ⊢ ווי אָ' very appropriate
אָ'נגענומען אַדי customary, accepted, conventional
אָ'נגענומענקייט די (ן) convention
אָ'נגענעמ(ען) זען א ײַ נ ג ע נ ע מ ע ן
אָ'נגעפּיקעוועט אַדי ⟨מיט⟩ chock-full (of)
אָ'נגעפּראָפּט אַדי overcrowded, stuffed
אָ'נגעצויג·ן אַדי taut; tight, tense, high-strung
אָ'נגעצויגנקייט די tension
אָ'נגעצונד·ן אַדי burning; furious, irate
אָ'נגעצילט אַדי aimed; purposeful
אָ'נגעקוואָל·ן אַדי ⟨מיט⟩ chock-full (of); swollen ⊢ אָ' ווער|ן swell up *vi.*
אָ'נגעקלאָגט|ער דער—געב accused, defendant
אָ'נגעקליב·ן אַדי accumulated; pent-up
אָ'נגעריס·ן אַדי sore, infected
אָ'נגעשטאָפּט אַדי ⟨מיט⟩ filled, packed, crammed
אָ'נגעשטויס·ן אַדי ⟨אויף⟩ offended, angry, hurt
אָ'נגעשטופּ דאָס (ן) congestion, clutter, crush
אָ'נגעשטעלט|ער דער—געב employee
אָ'נגעשטרענגט אַדי intense; strained
אָ'נגעשלאָג·ן אַדי ⟨מיט⟩ filled, crowded
אָ'נגעשמעקט אַדי infected (with radical ideas)
אָ'נגעשניי דאָס (ען) snowdrift
אָ'נגעשפּאַנט אַדי taut, tense
אָ'נגעשפּיצט אַדי alert
אָ'נגעשריי דער (ען) scolding, rebuke
אָנ|גרייט|ן וו (אָ'נגעגרייט) prepare, get ready *vt.*
אָנגרײַף דער (ן) assault
אָנ|גרײַפֿ|ן וו ⊙ assault
אָ'ן דאָס אַדוו anyway
אָנדולירונג די (ען) permanent wave (hair setting)
אָנ|דינג|ען וו (אָ'נגעדונגען) hire
אָנדענק דער (ען) memento, keepsake, souvenir; memory ⊢ צום אָ' פֿון in memory of ⊢ באַצײ'כענ|ען דעם אָ' פֿון commemorate
אָנדענק... memorial
אָ'נדענקוואַרג דאָס memorabilia
אָ'נדענקל דאָס (עך) memento
אָ'נדענקפּונקט דער (ן) landmark
אַנדער אַדי* other; second; next || (אַן) אַנדער another || (דער) אַ'נדער|ער the other, the alternate ⊢ די אַ'ע טיר the second door; next door ⊢ ניט ... דאָס אַ'ע וואָרט not a word || די אַ'ע טעג פּסח [PEYSEKh] the last (two) days of Passover ⊢ פּ"גל אַ נ ד ע ר ע, אַ נ ד ע ר ש
•אַנדערט = אַ נ ד ע ר נייטר
אַנדערטהאַלבן צוו one and a half
אַ'נדערע אַדי—מצ others; some
אַנדערש אַפּ/אַדוו different(ly); else || ניט אַ' ⟨ווי⟩ none but, nothing less than; positively, invariably, by all means, without fail; be sure to ⊢ זײַן* אַנדערש ⟨פֿון⟩ vary, differ (from)
אַנדערש ווּ אַדוו somewhere else, elsewhere
אַנדערשט זען אַ נ ד ע ר ש
אַ'נדערש־טראַ'כטנדיק אַדי dissident
אָ'נדראָ'טיק אַדי wireless
אָנ|דריי|ען וו ⊙ wind (clock); dial (a number) ⊢ אָ' ד די אוי'ערן pull the ears of
אָנדריק דער (ן) pressure, stress
אָנ|דריק|ן וו ⊙ press *pf.*
אָנהאַלט דער (ן) (foot)hold, footing, grip; stronghold; support
אָ'נהאַלטונג די persistence
אָ'נהאַלטיק אַדי persistent
אָנ|האַלט|ן וו (אָ'נגעהאַלטן) maintain; last,

hold ⊢ אָ' זיך ⟨אין⟩ continue, persist
on (to)
אָנהאַנג דער (ען) (parliamentary) rider
'אָנהויב, 'אָנהויבן זען אָ נ ה י י ב, אָ נ ה י י ב ן
אָנ|הוי'פֿען|ען וו ◇ heap up
אָנהייב דער (ן) beginning, start; origin
אָנהייב... initial
אָנ|הייב|ן וו (אָ'נגעהויבן) begin, start,
begin, ⊢ אָ' זיך originate *vt.*; initiate
start ⊢ אָ° זיך מיט start, originate *vi.*
⊢ ניט אָ' צו וויסן an argument with
⊢ עס הייבט זיך (גאָר)ניט אָן! have no idea
not at all! nothing of the kind!
אָנהייבס אַדוו initially, at first
אָ'נהייבער דער (ס) ⊡ beginner, novice
אָ'נהיי'מיק אַדי homeless
אָנ|הייצ|ן וו ◇ heat *pf.*
אָנ|הענג|ען וו (אָ'נגעהאָנגען) foist || אָ' זיך
⟨אין/אויף⟩ hang on (to)
אָ'נהענגער דער (ס) ⊡ adherent, proponent,
admirer, supporter, fan, partisan
אָ'נהענגערשאַפֿט די following
אָנ|העפֿט|ן וו (אָ'נגעהאָפֿטן) ⟨אין⟩ attach (to)
אָנ|העקל|ען וו ◇ hook up
אָנ|הער|ן זיך וו ◇ מיט/א hear a lot of,
hear one's fill of
אָנו' .1 אינט come on; well then || אָ' פּרוּוו
נאָר just try; I dare you || .2 דער (ען)
challenge
אָ'נוואָ'גיק אַדי weightless
אָנ|וואַ'לגער|ן וו ◇ pile up
אָנוואַקס דער (ן) increase
אָנ|וואַקס|ן וו (אָ'נגעוואָקסן) grow over a
surface; accrue
אָנ|וואַ'רעמ|ען וו ◇ warm up *vt.*, heat *pf.*
|| אָ' זיך warm up, heat up *vi.*
אָנוואַרף דער (ן) draft, outline
אָנ|וואַרפֿ|ן וו (אָ'נגעוואָרפֿן) litter; outline,
draft, sketch
אָנוווּנק דער (ען) hint, intimation; inkling
אָנוווּקס דער (ן) growth, tumor
אָנווייז דער (ן) indication
אָ'נווייזונג די (ען) indication; instructions
אָ'נווייזיק אַדי indicative

אָנ|ווייז|ן וו (אָ'נגעוויזן) indicate, instruct ||
אָ' אויף point out
אָ'נוויי'טיקדיק אַדי painless
אָנ|ווינק|ען וו (אָ'נגעוווּנקען) intimate, hint
|| אָ' אויף foreshadow
אָ'נווענדונג די (ען) application
אָ'נווענדלעך אַדי applicable
אָנ|ווענד|ן וו ◇ ⟨אויף⟩ apply, administer
(to); bring to bear
אָנ|וועקס|ן וו ◇ polish, wax *pf.*
אָנווער דער (ן) loss
אָנ|ווער|ן וו (אָ'נגעווווירן) lose; forfeit
אַנולירונג די (ען) cancellation, annulment,
repeal
אַנוליר|ן וו ◇ cancel, repeal, annul;
overrule (a ruling)
אַנומלט אַדוו recently, the other day
אַנו'מלטיק אַדי recent
אַנו'מלטן זען אַ נ ו מ ל ט
'אַנונג זען י ד י ע ה
אָנונג די (ען) ל inkling, premonition
אָנוס דער (אָנוסים) [ONES—ANUSIM] marra-
no, secret practitioner of Judaism in
Spain or Portugal whose ancestors,
to escape persecution, converted to
Christianity at the end of the Middle
Ages
אָנזאָג דער (ן) message, announcement,
⊢ זײַן* אַן אָ' notification; portent, omen
אויף portend || מיט אַן אָ' פֿון 3 וואָכן
with 3 weeks' notice
אָנ|זאָג|ן וו ◇ ⟨ד⟩ announce, give a mes-
sage (to); notify, inform; warn ||
אָ' א/אויף portend, herald
אָ'נזאָגער דער (ס) ⊡ announcer
אָנ|זאָטל|ען וו ◇ saddle *pf.*
אָנ|זאַמל|ען וו ◇ gather *pf.*, accumulate
vt. ⊢ אָ' זיך accumulate *vi.*
אָנ|זאַפּ|ן זיך וו ◇ מיט absorb
אָנ|זייפֿ|ן וו ◇ soap up
אָ'נזי'נענדיק אַדי meaningless, senseless
אָנ|זע'טיק|ן וו ◇ satisfy, satiate *pf.*;
saturate
אָנזען .1 דער esteem, importance || האָב|ן*

גרויס אָ' be in high esteem || 2. אָנ|זע|ן* זיך וו (אָ'נגעזען) be visible/evident/apparent/conspicuous; be in sight; tell (have an effect)
אָ'נזעעוודיק אַדי conspicuous, visible, noticeable
אָנזעץ דער (ן) bankruptcy
אָנ|זעצ|ן וו ⊙ impose *pf.*; go broke || אָ' זיך אויף press, beset, insist, importune; gang up on
אָ'נזעצעניש דאָס (ן) imposition
אָ'נחשקדיק אַדי [...KhE'YShEK...] unwilling
אַנטאַבע די (ס) shaft (of an axe etc.)
אַנטאַגאָניזם דער (ען) antagonism
אַנטאַגאָני'סט דער (ן) ◻קע adversary
אַנטאָלאָגיע די (ס) anthology
אָנטאָן 1. דאָס clothes, apparel || 2. אָנ|טאָ|ן* וו (אָ'נגעטאָן) put on (clothes); dress, clothe ⊢ אָ' ‹ד א› cause, impose (pain, damage) ⊢ אָ' זיך get dressed
אָ'נטאַפּיק אַדי tangible
אָנ|טאַפּ|ן וו ⊙ feel (by touch) *pf.*
אַנטאַרקטיק דער the Antarctic
אַנטאַרקטיש אַדי Antarctic
אַנטבלויז|ן וו ◇ bare, strip
•אַנטדעקונג די (ען) discovery
•אַנטדעק|ן וו ◇ discover
אַנטדרעמלט ווער|ן וו (איז אַ' געוואָרן) doze off
•אַנטהאַלט|ן וו (אַנטהאַלטן) contain
•אַנטוואָ'פֿענונג די disarmament
•אַנטוואָ'פֿענ|ען וו ◇ disarm
אַנטוויינ|ען וו ◇ wean
אַנטוויקלונג די (ען) development, evolution
אַנטוויקל|ען וו ◇ develop, unfold, evolve *vt.* ⊢ אַ' זיך develop, evolve *vi.*
אַנטוויקלער דער (ס) developer
אַנטוועקונג די (ען) excitation
אַנטוועק|ן וו ◇ excite, arouse
אַנטוישונג די (ען) disappointment
אַנטויש|ן וו ◇ disappoint
אָ'נטועכץ דאָס (ן) attire, costume
•אַנטזאַלצ|ן וו ◇ desalinate

•אַנטטוישונג זען אַ נ ט ו י ש ו נ ג
•אַנטטויש|ן זען אַ נ ט ו י ש ן
אַנטי... anti-... || אַנטיאַמעריקאַניש anti-American ⊢ אַנטי־ייִדיש anti-Jewish ||
אַנטידלות־פּראָגראַם [DALES] anti-poverty program
אַנטיביאָטיק דער (ן) antibiotic
אַנטידאָ'ט דער (ן) antidote
אַנטיטע'ז דער (ן) antithesis
אָנטייל דער (ן) part, participation || אָ' נעמ|ען, נעמ|ען אַן אָ' ‹אין› take part; partake, participate
אָ'נטייל־נעמער דער (ס) ⊡ participant
אָנ|טייע|ן וו ⊙ ‹פֿון› derive enjoyment (from), delight in
אַנטיסעמי'ט דער (ן) ◻קע anti-Semite
אַנטיסעמיטיזם דער anti-Semitism
אַנטיסעמיטיש אַדי anti-Semitic
אַנטיפּאַ'טיע די (ס) dislike
אַנטי'ק 1. אַדי ancient, antique || 2. דער (ן) antique, rarity ⊢ אַן אַ' exquisite, stg. precious/exquisite, a honey
אַנטיקוואַ'ר דער (ן) ⊡ antiquarian, second-hand bookseller
אַנטיקוואַריאַ'ט דער (ן) antique shop; second-hand book shop
אַנטיקוואַריש אַדי antiquarian; second-hand (book)
אַ'נטיקערפּער דער (ס) antibody
אַנטלאָפֿ'ן אַדי escaped, fugitive; runaway
אַנטלאָ'פֿענ|ער דער—געב fugitive
אַנטלוי'ף דער (ן) escape
אַנטלויפֿן 1. דאָס flight || 2. אַנטלויפֿ|ן וו (איז אַנטלאָפֿן) ‹פֿון› get away, run away, escape (from), flee
אַנטלײַ' דער (ען) (object of) loan, borrowing
אַנטלײַונג די (ען) (act of) loaning, borrowing
אַנטלײַ|ען וו (אַנטליגן/אַנטליִען) ‹ד› lend (to) *pf.* ⊢ אַ' ‹בײַ› borrow (from) *pf.*
•אַנטמו'טיק|ן וו ◇ discourage
אָנ|טעלעפֿאָניר|ן וו ◇ ‹ד› call up
אַנטענע די (ס) aerial, antenna

אַנטפּלעקונג די (ען) disclosure, revelation
אַנטפּלעק|ן וו ◇ bare, reveal, disclose, expose, unfold ‖ אַ' זיך become disclosed; reveal oneself; unfold *vi.*
אַנטפּלע'קנדיק אדי revealing, telltale
אַנטפּלע'קעריש אדי revelatory
אַנטפֿאַל|ן וו (איז אַנטפֿאַלן): דער מאַמעס מילך איז מיר/אים/... אַ' I/he/... was terribly frightened
•אַנטציק|ן וו ◇ delight, charm
אַנטקעגן 1. אדוו opposite, vis-à-vis; in return ‖ אַ' זשע in turn, on the other hand ‖ *אַרויס|גיי|ן ⟨ד⟩ אַ' go to meet ‖ רעד|ן ⟨ד⟩ אַ' contradict ‖ 2. פּרעפּ against; opposite, vis-à-vis; compared to; next to; in regard to; versus ‖ 3. קוו (*a*) counter, opposite, against; (*b*) to meet ‖ אַנטקעגנ|לייג|ן (*a*) counterpose, lay opposite ‖ אַנטקעגנ|לויפֿ|ן ⟨ד⟩ (*b*) run to meet (sb.)
אַנטקע'גנדיק אדי opposite; opposing; reciprocal
אַנטקעגנ|ווירק|ן וו ◇ ⟨ד⟩ counteract
אַנטקעגנ|וועג|ן וו (אַנטקע'גנגעוווגן) ⟨ד⟩ counterbalance, offset
אַנטקעגנ|קומ|ען וו (איז אַנטקע'גנגעקומען) ⟨ד מיט⟩ accommodate (sb.) by; cater to (sb.) by ‖ מיט וואָס קען איך אײַך אַ'? what can I do for you?
אַנטקעגנ|שטעל|ן וו ◇ ⟨ד⟩ pit, oppose (stg.) to ‖ אַ' זיך ⟨ד⟩ oppose, resist, make a stand (against) ‖ ניט אַנטקע'גנצושטעלן זיך irresistible
אַנטקע'גנער דער (ס) counterpart, corresponding item
אָנ|טראָג|ן וו (אָ'נגעטראָגן) bring (unexpectedly), blow in ‖ אָ' ⸗ מיט fill (a place) by bringing stg.
אַנטראָפּאָלאָ'ג דער (ן) ⊡ anthropologist
אַנטראָפּאָלאָגיע די anthropology
אַנטראָפּאָלאָגיש אדי anthropologic(al)
אַנטראַצי'ט דער anthracite
אַנטרונען ווער|ן וו (איז אַ' געוואָרן) disappear, escape

אָנ|טרײַב|ן וו (אָ'נגעטריבן) drive (horses), power, run *vt.*
אָ'נטרײַבער דער (ס) coachman
אַנטרינונג די escape; refuge ‖ געפֿינ|ען אַ' אין take refuge in
אַנטרינ|ען וו (איז אַנטרונען) disappear, escape, abscond
אָנ|טרינק|ען וו (אָ'נגעטרונקען) water (animals); make drunk
אָנ|טרעט|ן וו (אָ'נגעטראָטן) אויף step on *pf.*
אָנ|טרעפֿ|ן וו (אָ'נגעטראָפֿן) encounter ‖ אָ' אויף happen upon, hit upon
אַנטשאָ'וס דער (ן) anchovy
אַנטשוויגן ווער|ן וו (איז אַ' געוואָרן) become silent, shut up
אַנטשו'לדיקונג די (ען) apology
•אַנטשו'לדיק|ן וו ◇ ⟨ד⟩ pardon, excuse ‖ •אַ' זיך apologize ‖ •אַנטשולדיק(ט) pardon me, excuse me
אַנטשטאַנען ווער|ן וו (איז אַ' געוואָרן) become frightened; (blood) curdle
•אַנטשטייונג די rise
•אַנטשטיי|ן וו זען אויפֿקומען, ניצמח ווערן
•אַנטשיי'דנדיק אדי decisive, crucial
•אַנטשלאָ'סן אדי resolute ‖ אַ' ⟨צו⟩ determined, resolved (to)
•אַנטשלאָ'סנקייט די determination
אַנטשלאָפֿן ווער|ן וו (איז אַ' געוואָרן) fall asleep
•אַנטשליי'ער|ן וו ◇ unveil
•אַנטשליס|ן זיך וו (אַנטשלאָסן) make up one's mind ‖ •אַ' זיך אויף settle on
•אַנטשע'דיקונג די compensation
•אַנטשע'דיק|ן וו ◇ compensate
אָנ|טשעפּע|ן וו ⊙ attach, hook on ‖ אָ' זיך ⟨אין⟩ pick (on)
אָנ|יאָג|ן וו ⊙ catch up with; make up (lost time)
אַנידער קוו down ‖ אַנידער|פֿאַל|ן fall down
אַנידער|וואַרפֿ|ן וו (אַני'דערגעוואָרפֿן) knock/throw down, prostrate
אַנידער|זעצ|ן וו ⊙ seat ‖ אַ' זיך sit down

אַנידער|לייג|ן וו ⊙ put/set/lay down || אַ' זיך lie down

אַנידער|פּסקענ|ען וו ⊙ [PASK'N] overrule

אַנידער|פֿאַל|ן וו (איז אַני'דערגעפֿאַלן) fall, prostrate oneself

אַנידער|שטעל|ן וו ⊙ put/set down

אַני־הקטן פּראָ—ל [ANI'-HAKOTN] my humble self

אַני'ט אַדוו otherwise, else; or else, if not

אָ'ניטשע די (ס) legging

אַני־מאמין דער (ס) [ANI-MA'YMEN] credo

אָ'ניצע זען אָ נ י ט ש ע

אַני'שט זען אַ נ י ט

אָנכאַפּ דער (ן) grasp; bully

אָנ|כאַפּ|ן וו ⊙ get hold of, seize, grasp, grab, snatch; engage, clutch; °take as an example ⊢ אָ' זיך catch fire; fly into a rage ⊢ אָ' זיך אין grasp at; get enthusiastic over

אָנ|כמאַרע|ן זיך וו ⊙ become cloudy

אָנ|כמורע|ן זיך וו ⊙ (sky) become cloudy; (person) become gloomy; knit one's eyebrows ⊢ אָ' דאָס פּנים [PONEM] scowl

אָנ|לאָג|ן וו ⊙ log (record a distance)

אָנ|לאָד|ן וו (אָ'נגעלאָדן) load *pf.*, charge

אָנ|לויפֿ|ן וו (איז אָ'נגעלאָפֿן) come running || אָ' זיך gather momentum

אָנ|ליאַפּע|ן וו ⊙ slap on

אָנ|לופּט|ן וו (אָ'נגעלופּט) inflate

אָ'נלייגוועג דער (ן) detour, roundabout way

אָנ|לייג|ן וו ⊙ pile, stack, heap up || אָ' וועג make a detour; go by a longer route than necessary

אָנ'לענ|ען זיך וו ⊙ recline || אָ' זיך ⟨אין/אויף⟩ lean *vi.*

אָ'נלערנונג די (ען) lesson

אָנ|לערנ|ען וו ⊙ א teach (sb.) a lesson

אָ'נלערעניש דאָס (ן) lesson

אָנ|מאַכ|ן וו ⊙ cause; make a lot of || אָ' ⟨אין/אויף⟩ soil (with urine or feces)

אָנ|מאַ'פּעווע|ן וו ⊙ map, chart

אָנמוט דער (ן) suggestion

אָנ|מו'טיק|ן וו ⊙ encourage

אָנ|מוט|ן וו (אָ'נגעמוט) suggest

אָנ|מי'סטיק|ן וו ⊙ ⟨אין⟩ litter, fill with rubbish

אָ'נמעסטן 1. דאָס fitting || 2. אָנ|מעסט|ן וו (אָ'נגעמאָסטן) fit, try on for size

'אָנמערקונג זען באַ מ ע ר ק ו נ ג; ה ע ר ה

אָננעם דער acceptance

אָ'ננעמלעך אַדי acceptable

אָנ|נעמ|ען וו (אָ'נגענומען) seize, clasp; presume, assume; accept, embrace, adopt; employ, hire; pass, enact (a law); carry (a motion); take (measures); strike (pose) ⊢ אָ' מיט fill with ⊢ אָ' זיך become accepted || אָ' זיך מיט catch (disease); take (courage etc.) ⊢ אָ' זיך פֿאַר stick up for, stand by, champion ⊢ אָ' א פֿאַר take for ⊢ (פֿאַלש) אָ' א פֿאַר mistake for

אָנ|נעצ|ן וו ⊙ wet, dab

אָנסופֿיק אַדי [O'NSO'FIK] infinite, endless

אָנ|סטרויע|ן וו ⊙ tune (an instrument) *pf.*

אָנ|סיליע|ן וו ⊙ string (onto a thread)

אָנספֿקדיק אַדי [O'NSO'FEKDIK] indisputable, unmistakable, indubitable

'אָנעטשע זען אָ נ י ט ש ע

אָנעם = אָן דעם

אַנעמיע די anemia

אַנעמיש אַדי anemic

אָנ|ען וו—ל ⊙ אַז have a premonition that

אַנעסטע'זיע די anesthesia

אַנעסטעטיק דער (ן) anesthetic

אַנעקדאָ'ט דער (ן) anecdote

אַנעקדאָטיש אַדי anecdotal

אַנע'קס דער (ן) annex

אַנעקסיר|ן וו ◇ annex

אַנערכדיק אַדי [ANE'REKhDIK] approximate

אָנערקענונג די appreciation, credit, recognition, acknowledgment

אָנערקענ|ען וו ◇ recognize, admit

אָנ|פּאַטשקע|ן וו ⊙ make a mess; scribble *pf.*

אָנ|פּאַק|ן וו ⊙ cram

אָ'נפּאַרטיי'יש אַדי maverick

אָנ|פּו'דער|ן וו ◇ powder *pf.*

אָנ|פּויע|ן וו ◇ water (animals) *pf.*

אָנ|פּויש|ן וו ◇ puff up

אָנ|פּלאָדיע|ן וו ◇ bring forth (in great numbers)

אָנ|פּלוי'דער|ן וו ◇ say too much

אָנ|פּעטשל|ען וו ◇ dab

אָנפּראַל דער (ן) onslaught

אָנ|פּראָשע|ן וו ◇ ⟨אויף⟩ sprinkle (onto)

אָנפֿאַל דער (ן) fit, spell, stroke, seizure; attack, raid; aggression

אָנ|פֿאַל|ן וו (איז אָ'נגעפֿאַלן) ⟨אויף⟩ attack, assail

אָ'נפֿאַלער דער (ס) ⊡ assailant; aggressor

'אָנפֿאַנג, 'אָנפֿאַנגען זען אָ נ ה י י ב, אָ נ ה י י ב ן

אָ'נפֿאַנגער דער (ס) primer

אַנפֿאַ'ס אדוו full face || אַ'־פּאָרטרעט full-face portrait

אָנ|פאָר|ן וו (איז אָ'נגעפאָרן) arrive (unexpectedly)

אָ'נפֿאָ'רעמדיק אדי formless

אָנ|פֿײַפֿ|ן וו ◇ ⟨ד⟩ (*hum.*) cheat

אָנ|פֿיל|ן וו ◇ ⟨מיט⟩ fill, stuff, stock *pf.*; infest ⊢ צוריק אָ' replenish

אָ'נפֿירונג די (ען) direction, management, administration ⊢ אָ' ⟨מיט⟩ conduct (of)

אָנ|פֿיר|ן וו ◇ direct; prosecute (war) || אָ' מיט manage, administer, conduct

אָ'נפֿירער דער (ס) ⊡ leader; manager

אָנפֿלי דער (ען) air raid

אָנפֿלייץ דער (ן) influx, onslaught, surge

אָנפֿרעג דער (ן) inquiry

אָנ|פֿרעג|ן זיך וו ◇ ⟨בײַ⟩ inquire

אָנ|פֿרעס|ן זיך וו (אָ'נגעפֿרעסן) ⟨מיט⟩ gorge oneself (on)

אָ'נצוגעהערעניש דאָס (ן) זען אָ נ צ ו ה ע ר ע נ י ש

אָ'נצוהערן: געב|ן* ⟨ד⟩ אָ' hint, imply, suggest, insinuate

אָ'נצוהערעניש דאָס (ן) hint, insinuation || אַ קאַפּוליער אָ' (*iro.*) a broad hint

אָנצונד דער (ן) ignition

אָנ|צײַ'כענ|ען וו ◇ draw, trace; draft; mark

אָ'נציי'ניק אדי toothless

אָ'נצי'ליק אדי aimless

אָנ|ציל|ן וו ◇ aim

אָ'נצינדונג די (ען) inflammation

אָ'נצינדלעך אדי flammable

אָנ|צינד|ן וו (אָ'נגעצונדן) kindle, spark, light, turn on, switch on, ignite; arouse, inflame, fire ⊢ אָ' זיך catch fire; light up; get excited; flare up

אָ'נצינדער דער (ס) lighter

אָנ|ציִ|ען וו (אָ'נגעצויגן) stretch, strain, tighten *vt.*; wind (clock); string (strings on an instrument); kid, make fun of, pull (sb.'s) leg

אָנ|צער|ן וו ◇ stuff (with food) || אָ' זיך gain weight

אָנ|קאָנטוריר|ן וו ◇ outline

אָנ|קאָרמע|ן וו ◇ feed *pf.*

אָנ|קוועל|ן וו (אָ'נגעקוואָלן) ⟨פֿון⟩ beam with joy (at), be delighted (by)

אָנ|קויפּ|ן וו ◇ heap, stack; amass

אָנקום דער arrival, coming

אָנ|קומ|ען וו (איז אָ'נגעקומען) ⟨אין⟩ arrive (at/in); enter (school, organization); set in ⊢ אָ' ד fall to the lot of || אָ' ד גרינג/שווער be easy/hard for || אָ' צו receive assistance from ⊢ אָ' צו ... נאָך draw upon (sb.) for; have recourse to, resort to ⊢ דאַרפֿ|ן* אָ' be due (to arrive) ⊢ דאַרפֿ|ן* אָ' צו ... נאָך depend on (sb.) for ⊣ ניט דאַרפֿ|ן* אָ' צו קיינעם be self-sufficient

אָ'נקומענדיק אדי forthcoming, upcoming

אָנקוק דער (ן) inspection

אָנ|קוק|ן וו ◇ אַ look at, eye, gaze, regard; visit (a sight) ⊢ ניט קענ|ען* אָ' hate the sight of

אָ'נקוקער דער (ס) ⊡ visitor, sight-seer

אָנקידושינדיק אדי [O'NKDU'shNDIK] unwed (mother); illegitimate (child)

'אָנקל זען פֿ ע ט ע ר

אָנקלאָג דער (ן) accusation

אָנ|קלאָג|ן וו ◇ ⟨אין⟩ accuse (of)

אָ'נקלאָגער דער (ס) ⊡ plaintiff, accuser

אָנ|קלאַפּ|ן וו ◈ ⟨אין⟩ knock, rap (on) || אָ' זיך ⟨אין⟩ bump (into)

אָנ|קלויב|ן וו (אָ'נגעקלויבן) זען אָ נ ק ל ײַ ב ן

•אַנקלויפּ|ן וו (איז אַנקלאָפּן) (*dial.*) run away

אָנ|קלײַב|ן וו (אָ'נגעקליבן) accumulate, gather *vt.*, run up ⊢ אָ' זיך collect, accumulate *vi.*

אָנ|קלינג|ען וו (אָ'נגעקלונגען) ⟨אין⟩ ring *pf.* || אָ' בײַ ring the doorbell of || אָ' ד/צו call up (phone)

אָנ|קלעפּ|ן וו ◈ paste on, glue, mount (pictures)

אָנקניפּ דער (ן) hook-up

אָנ|קניפּ|ן וו ◈ link *vt.*, establish (contacts) ⊢ אָ' זיך link up, be linked *vi.*

אַנקעטע די (ס) questionnaire, poll

אַנקער דער (ס) anchor

אָנקער דער (ן) relation

אָנ|קער|ן* זיך וו ◈ ⟨מיט ... נאָם⟩ be related (to), be connected (with), pertain (to) ⊢ מיר קערן זיך אָן שוועסטערקינדער we are related as cousins

אָ'נקערעניש דאָס (ן) relation

אָנ|קראָכמל|ען וו ◈ starch

אָ'נקרייטיק אַדי ⟨צו⟩ susceptible (to)

אָנ|רוזש|ן וו ◈ rouge

אָנ|רוי'גענ|ען וו ◈ spawn *pf.*

אָנרוף דער (ן) designation

אָנ|רופֿ|ן וו (אָ'נגערופֿן) mention, quote, call, name, dub ⊢ אָ' זיך say (*preceded or followed by a direct quotation*)

אָנ|רוק|ן וו ◈ pull over || אָ' זיך creep up; impend

אָנ|רײַב|ן וו (אָ'נגעריבן) grate *pf.*; chafe; strike (match); get a blister on

אָנ|רייטל|ען וו ◈ make up (face)

אָנרײַס דער (ן) infection || זײַן* אַן אָ' אויף (*rev. con.*) be in sudden great demand

אָנ|רײַס|ן וו (אָ'נגעריסן) pick (a bunch of); become sore/infected ⊢ אָ' (בײַ) (performance etc.) make a hit (with)

אָנרייץ דער (ן) inducement, incentive

אָנ|רייצ|ן וו ◈ ⟨אַ אויף⟩ incite, set (dogs) on, turn against

אָנריר דער (ן) contact, touch

אָנ|ריר|ן וו ◈ touch, lay hands on, violate; affect, involve; injure, ruffle, move (emotionally); raise, touch upon (a topic)

אָנ|רעד|ן וו ◈ ⟨צו⟩ incite (to)

אָ'נרע'לסיק אַדי trackless, railless

אָנ|שאָ'טענ|ען וו ◈ foreshadow

אָנ|שאַרפֿ|ן וו ◈ sharpen, whet *pf.*

אָנשדרההדיק אַדי [O'NSHE'DREDIK] invertebrate

אַנשטאָ'ט פּרעפּ instead of, by way of, in lieu of ⊢ אַ' דעם instead || אַ' דעם שטעל|ן/לייג|ן/געב|ן* substitute

אַנשטאַטיק אַדי vicarious

אַנשטאַ'לט דער (ן) institution || אַרײַנ|נעמ|ען/-|געב|ן* אין אַן אַ' institutionalize

אָנ|שטאָפּ|ן וו ◈ cram, stuff *pf.*

אָנשטויס דער (ן) surmise

אָנ|שטויס|ן זיך וו (אָ'נגעשטויסן) ⟨אויף⟩ guess, surmise, divine ⊢ אָ' זיך ⟨אין/אויף⟩ come across, stumble (on), knock (against), bump (into); hit, run into

אָנשטופּ דער (ן) thrust

אָנ|שטיי|ן* וו (איז אָ'נגעשטאַנען) ד befit || ניט אָ' ד be beneath the dignity of

אָנ|שטימ|ען וו ◈ tune (instrument)

אָ'נשטע'גיק אַדי trackless

אָנ|שטעכ|ן וו (אָ'נגעשטאָכן) stick onto (a sharp object); fork, spear

אָנשטעל דער (ן) pretense, make-believe || מאַכ|ן דעם/אַן אָ' make believe, pretend, fake; keep up appearances || מאַכ|ן דעם אָ' פֿון feign, pose as, affect || מאַכ|ן אָ'ן be stuffy

אָנ|שטעל|ן וו ◈ set (watch), turn on, activate (mechanism), fix (gaze), point (gun); engage, hire, employ ⊢ אָ' זיך פֿאַר assume the air of

אָ'נשטעלעריש אַדי stuffy

•אָ'נשטענדיק אַדי decent, respectable, honorable

fulcrum	אָ|נשפּאַר|פּונקט דער (ן)
record (on tape, records, ◇ etc.)	אָנ|שפּיל|ן וו
prick up (ears), perk up ◇	אָנ|שפּיצן וו
stuff, fill ◇	אָנ|שפּי'קעווען|ען וו
splash, sprinkle (liquid) ◇ *vt/pf*	אָנ|שפּריצן וו
write (down) *pf.*,	אָנ|שרײַב|ן וו (אָ'נגעשריבן)
scribble ⊢ set down אָ שרײַב |נעבֿ|ן	
bawl out, scold	אָנ|שרײַ|ען וו (אָ'נגעשרינין) אויף
frighten, in-timidate	אָנ|שרעק|ן וו (אָ'נגעשראָקן)
personage	אָסאָבֿע די (ס)
(parliamentary) assem-bly	אַסאַמבלעע די (ס)
assonance	אַסאָנאַ'נס דער (ן)
association (of thoughts)	אַסאָציאַציע די (ס)
associate	אַסאָ'ציירט|ער דער--נעבֿ
associate *vt.* ◇ וו || אַ' זיך מיט be (psychologically) associated with	אַסאָצייר|ן
forbidden, prohibited [OSER] אַפּ 1.	אָסור
God forbid! אינט (מיר) 2. || אָ' אויב איך	
I'll be darned if I know ווייס	
gesundheit [AS(US)E] אינט	אַסותא
asthma	אַסטמע די
astrology	אַסטראָלאָגיע די
astronomer ⊡ (ען) דער	אַסטראָנאָ'ם
astronomy	אַסטראָנאָמיע די
astronomical	אַסטראָנאָמיש אדי
astronaut ⊡ (ן) דער	אַסטראָנוי'ט
astronautics	אַסטראָנויטיק די
ostracize ◇	אָסטראַקיר|ן וו
appropriation (ען)	אַסיגנירונג די
assign, appropriate, allo- ◇ cate, allot	אַסיגניר|ן וו
assimila-tionist (...אָ'רן) דער	אַסי זעו אַ י ס י י אַסימילאַטאָר מ שע
assimilation	אַסימילאַ'ציע די (ס)
assimilate *vt/vi* ◇ וו (זיך)	אַסימיליר|ן
aspen	אָסינע די (ס)

decency, respectability די	•אַ'נשטענדיקייט
stencil *vt.* ◇	אַנ|שטענצל|ען וו
infection (ען) די	אַ'נשטעקונג
catching, contagious אדי	אָ'נשטעקיק
infect ◇ וו || אָ' זיך (מיט) become infected, catch	אָנ|שטעק|ן
effort, strain, exertion (ען) דער	אָנשטרענג
אָ'נשטרענונג די (ען)= אָ נ ש ט ר ע נ ג	
strenuous אדי	אָ'נשטרענגיק
exert, strain *pf.*, tax ◇ || make an effort, strain *vi.* אָ' זיך	אָנ|שטרענג|ען
זעו אָ נ ש ט ר ע נ ג י ק	אָ'נשטרענגנדיק
embankment, rampart, (ן) דער levee	אַנסיט
heap up, pour, fill (אָ'נגעשאָטן) with (dry material)	אָנ|שיט|ן
make drunk [SHIKER] ◇ וו || get drunk אָ' זיך	אָנ|שיכור|ן
visitation (of wrath etc.) (ן) דער	אָנשיק
affliction, nuisance, (ן) דאָם irksome/troublesome thing/person	אָ'נשיקעניש
offer, proposal (ן) דער	אַנשלאָג
give a beating (אָ'נגעשלאָגן) וו	אָנ|שלאָג|ן
to; set (tone); offer, propose אָ' אין ⊢	
strike (stg.) against אָ' זיך אין ⊢ strike/knock against *vi.*	
whet, sharpen (אָ'נגעשליפֿן) וו *pf.*	אָנ|שלײַפֿ|ן
join; (אין) (אָ'נגעשלאָסן) זיך וו concur (in)	•אָנ|שליס|ן
grease; smear *pf.*; (*cont.*) ◇ make up (face); scribble *pf.*	אָנ|שמיר|ן
slice (אָ'נגעשניטן) וו	אָנ|שנײַד|ן
draw (liquid) ◇ וו	אָנ|שעפּֿ|ן
stretch, tax; tense ◇ וו	אָנ|שפּאַנ|ען
support, prop; rest, (ן) דער fulcrum; refuge	אָנשפּאַר
lean, rest *vt.* (against); ◇ וו (אין) base; reach, come as far as אָ ⊢ (ר) אומפּ אָ' (*rev. con.*) be impatient עס שפּאַרט he is impatient (אין) אים אָן || אָ' זיך lean *vi.* (against)	אָנ|שפּאַר|ן
save up, hoard ◇ וו	אָנ|שפּאָר|ן
prod, spur ◇ וו	•אָנ|שפּאָ'ר|ענ|ען

58

אַסיסטע'נט דער (ן) ⊡/□קע assistant

אָסיען דער (ס) autumn

אַסיפֿה די (—ות) [ASIFE] assembly, meeting

אַ סך [ASA'Kh] .1 אַדי—אינוו many, a lot of || .2 אַדוו much, a lot, a great deal

אַסכערליי אַדי—אינוו [ASA'KhERLE'Y] many kinds of

*אַסעמבלַעע זען אַ ס אַ מ ב לַ ע ע

אַסעקוראַציע די insurance

אַסעקוריר|ן וו ◇ insure

אַספּיראַ'נט דער (ן) ⊡ aspirant; research student

אַספּיראַציע די (ס) aspiration

אַספּירי'ן דער aspirin

אַספּע'קט דער (ן) aspect

אַספֿאַ'לַט דער (ן) asphalt || אַספֿאַלט·ן אַדי

אַספֿאַלַטיר|ן וו ◇ asphalt

אָסציליר|ן וו ◇ oscillate

אַסקע'ט דער (ן) ascetic || אַסקעטיש אַדי

*אסרו־חג זען א י ס ר ו ־ ח ג

אַסר|ן וו ⟐ [ASER] (esp. Jew.) forbid, interdict, prohibit, ban, outlaw

אסתּר(־המלכּה) פּנ [ESTER-HAMA'LKE] Esther, the heroine of the Purim story

אסתּר־תּענית דער [ESTER-TO'NES] (Jew.) the fast on the day before Purim

אַעראָפּלאַ'ן דער (ען) airplane

אַעראָפּלאַ'נען־שיף די (ן) aircraft carrier

אָפּ .1 אַפּ (stage direction) exit || .2 קוו (a) away, off; (b) finish ...ing; (c) un... ; (d) back ⊢ אָפּ|שיק|ן (a) send away, send off ⊢ אָפּ|עס|ן (b) finish eating ⊢ אָפּ|בינד|ן (c) untie || אָפּ|וואַקס|ן (d) grow back

אַפּאָגיי' דער (ען) apogee

אָפּאָזיציע די (ס) opposition

אַפּאַ'טיע די (ס) apathy

אַפּאַטיש אַדי apathetic

אָ'פּאָטעם דער (ס) respite

אָפּ|אָ'טעמ|ען וו ⟐ sigh with relief; catch one's breath, breathe more easily

אַפּאָלאָגעטיש אַדי apologetic

אַפּאַלאַכן מצ—פּנ Appalachians

אָפּאָניר|ן וו ◇ oppose (in a debate)

אָפּאָנע די (ס) tire

אָפּאָנע'נט דער (ן) ⊡/□קע opponent

אַפּאָסטאָל דער (...אָ'לן) apostle

אַפּאָסטראָ'ף דער (ן) apostrophe

אַפּאָפּלַע'קסיע די (ס) apoplexy

אַפּאָקריפֿן מצ apocrypha

אַפּאַראַ'ט דער (ן) apparatus; camera; (radio) set; unit ⊢ מצ appliances

אַפּאַראַטו'ר די (ן) apparatus; appliances

אָפּאָרטוניזם דער opportunism

אָפּאָרטוני'סט דער (ן) □קע opportunist

אָפּ|באָד|ן וו (אָ'פּגעבאָדן) bathe vt/pf || אָ' זיך take a bath

אָפּ|באַ'לעמ|ען (זיך) וו ⟐ bounce off vt/vi

אָפּבייג דער (ן) offset

אָפּבײַט דער (ן) alternation

אָפּ|בײַט|ן (זיך) וו (אָ'פּגעביטן) alternate vt/vi

אָפּ|בײַס|ן וו (אָ'פּגעביסן) bite off

אָפּ|בינד|ן וו (אָ'פּגעבונדן) untie; disconnect

אָפּ|בעט|ן זיך וו (אָ'פּגעבעטן) be excused

אָפּ|בערשט|ן וו (אָ'פּגעבערשט) brush off

אָפּ|בראָט|ן וו (אָ'פּגעבראָטן) roast pf.

אָפּ|ברוינ|ען (זיך) וו ⟐ tan vt/vi

אָפּ|ברי:|ען וו ⟐ scald pf.

אָפּ|ברעכ|ן וו (אָ'פּגעבראָכן) break off; vomit pf.

אָפּ|ברענג|ען וו (⟐/אָ'פּגעבראַכט) return (bring back)

אָפּ|ברענ|ען וו ⟐ scorch; burn down vi. || אָ' זיך tan vi.

אָפּגאָט דער (אָ'פּגעטער) god, idol

אָפּ|גאָל|ן (זיך) וו ⟐ shave vt/vi pf.

אָפּגאַנג דער sewage

אָ'פּגאַנגגרוב דער (...גריבער) cesspool

אָ'פּגאַנגראָוו דער (ן) drainage ditch

אָ'פּגאַנגרער די (ן) drain (pipe)

אָפּגאָס דער (ן) (kitchen) sink

אָפּ|גט|ן וו (אָ'פּגעגט) [GET] divorce

אָפּ|גיי|ן* וו (איז אָ'פּגעגאַנגען) step aside; || (train, boat) depart; recede, abate

אָ' ד (rev. con.) want, lack || וואָס גייט דיר אָפּ? || what is it you lack? || לאָז|ן אָ' defrost, thaw vt.

אָפּ|גילט|ן[1] וו—אומפּ (אָ'פּגעגאָלטן) ⟨ד⟩ (rev. con.) be successful/lucky

אָפּ|גילט|ן[2] וו (אָ'פּגעגילט) gild

אָפּ|גיס|ן וו (אָ'פּגעגאָסן) cast, mold pf. || אָ' ⸗ מיט pour (stg.) on

אָפּגלאַנץ דער (ן) reflection

אָפּ|גלאַנצ|ן וו ◇ be reflected

אָפּ|גלייז|ן וו ◇ glaze pf.

אָפּ|גליק|ן וו—אומפּ ◇ ד (rev. con.) be lucky/successful

אָ'פּגעבאַרעט אַדי worn out, threadbare

אָ'פּגעבליאַקעוועט אַדי faded

אָפּ|געב|ן* וו (אָ'פּגעגעבן) deliver, hand; turn in, surrender; give back, return; put in (time); cast (ballot); devote, devote oneself ⊢ אָ' זיך ד/מיט dedicate to; attend to

אָ'פּגעברוינט אַדי (sun)tanned

אָ'פּגעברענט אַדי fire-ravaged, burned down; left homeless by fire ⊢ אָ' (פֿון דער זון) tanned, sunburned

אָ'פּגעדוכט אַדי phantom

אָ'פּגעהיט(ן) אַדי cautious, careful || ניט אָ' careless

אָ'פּגעהיט(נ)קייט די care, caution

אָפּ|געוויינ|ען זיך וו ◇ ⟨פֿון⟩ break the habit (of); get used to not ...ing

אָ'פּגעזונדערט אַדי separate; discrete; solitary

אָ'פּגעטאָן אַפּ/אַדי—נייטר (אָ'פּגעטאָנען) done

אָ'פּגעטייט אַדי numb

אָ'פּגעטראָג׳ן אַדי worn out

אָ'פּגעכוימלט אַדי shabby

אָ'פּגעלאָז׳ן אַדי neglected; shabby, dingy, slipshod; negligent, careless, lax

אָ'פּגעלאָזנקייט די neglect; negligence

אָ'פּגעלעבט אַדי decrepit

אָ'פּגעלעג׳ן אַדי faraway, remote

אָ'פּגעמאַכט אַדי conventional; agreed upon ⊢ אָ'! it's a deal!

אָ'פּגעניגלט אַדי trim

אָ'פּגעניט אַדי out of practice

אָ'פּגענייגט אַדי devious

אָ'פּגעניצט אַדי worn (out), shabby

אָ'פּגעפֿרויר׳ן אַדי frostbitten

אָ'פּגעפֿרעמדט אַדי alienated, estranged

אָ'פּגעציטערט אַדי tenderly guarded, solicitously protected

אָ'פּגעצערט אַדי gaunt, drawn

אָ'פּגעקליב׳ן אַדי select, choice

אָ'פּגעקראָכ׳ן אַדי threadbare

אָ'פּגעריס׳ן אַדי ragged, shabby || אָ'־אָ'פּגע־שליס׳ן in rags and tatters, raggle-taggle

אָ'פּגערעדט אַדי arranged; self-evident || אָ' דערפֿו'ן || let alone... || וואָס אָ' פֿון זײַן* אומפּ (rev. con.) be out of the question

אָ'פּגעשוואַכט אַדי weak, weakened

אָ'פּגעשטאַנען אַדי backward, behind the times; retarded

אָ'פּגעשלאַפּט אַדי limp; lackadaisical

אָ'פּגעשניט׳ן אַדי isolated; (years) shortened through grief

אָ'פּגעשעפּט אַדי skimmed

אָפּ|גראַ'גער|ן וו ◇ rattle off

אָפּגרונט דער (ן) abyss, precipice

אָפּ|גריס|ן וו ◇ ⟨ד⟩ return a greeting (of)

אָפּ|גרע'נעצ|ן וו ◇ mark off, demarcate

אָפּדאַך דער (ן) shed; shelter, refuge

אָפּ|דאַנק|ען וו ◇ ⟨ד⟩ thank pf.; reciprocate || אָ' פֿון renounce

אָפּ|דאַר|ן וו ◇ dry up vi.

אָפּדוכט דער phantom; illusion, misconception

אָ'פּדוכטיק אַדי illusory; phantom

אָפּ|דוכט|ן זיך וו—אומפּ (אָ'פּגעדוכט) ⟨ד⟩ seem, (rev. con.) have the illusion that

אָ'פּדוכטעניש דאָס (ן) illusion, misconception

אָפּ|דינ|ען וו ◇ ד compensate; reciprocate

אָפּ|דעק|ן וו ◇ uncover, unveil

אָפּדרוק דער (ן) imprint, stamp, impression

אָפּ|דרוק|ן וו ◇ print pf., run off || אָ' ⟨ד⟩ די פֿינגער fingerprint

אָפּהאַלט דער (ן) drawback, obstacle; delay; stay, deterrent

אָ'פּהאַלטונג די (ען) abstention

אָפּ|האַלט|ן וו (אָ'פּגעהאַלטן) stop *vt.*; keep, prevent; deter, detain, retard; suspend (activity); hold (meeting); score (a victory) ⊢ אָ' זיך ⟨פֿון⟩ refrain, abstain (from)

אָפּהאַנג דער (ען) cliff

אָ'פּהאַנדלונג די (ען) treatise, discourse, dissertation

אָפּ|האַק|ן וו ⊙ cut off, chop off; interrupt

אָפּ|הובל|ען וו ⊙ plane off

אָפּ|הוסט|ן וו (אָ'פּגעהוסט) clear one's throat

אָ'פּהיטונג די observance

אָפּ|היט|ן וו (אָ'פּגעהיט(ן)) keep, take care of, cherish; observe (holidays) ⊢ גאָט זאָל אָ' God forbid

אָפּ|הייב|ן וו (אָ'פּגעהויבן) lift; skim (milk); cut (cards); move (corpse) from bed to floor

אָפּ|הילכ|ן וו ⊙ echo, resound, resonate

אָ'פּהענגיק אַדי ⟨אין⟩ dependent, contingent (upon) ⊢ זײַן* אָ' אין depend on

אָ'פּהענגיקייט די dependence

אָ'פּהענגיק|ער דער–געב dependent

אָפּ|הענג|ען וו (איז אָ'פּגעהאָנגען) אין turn on, depend on

אָ'פּהענטיק אַדי helpless; discouraged, despairing

אָפּ|העקל|ען וו ⊙ unhook

אָ'פּוואָפֿענונג די disarmament

אָפּ|וואָ'פֿענ|ען וו ⊙ disarm

אָפּ|וואַקסן וו (איז אָ'פּגעוואָקסן) grow back

אָפּ|וואַרט|ן וו (אָ'פּגעוואַרט) await *pf.*; wait until after(wards)

אָפּ|וואַרפֿ|ן וו (אָ'פּגעוואָרפֿן) reject, disapprove of, turn down, repudiate

אָפּ|ווו'נדער|ן זיך וו ⊙ ⟨פֿון⟩ stop wondering at

אָפּוויַיך דער (ן) departure, deviation, divergence ⊢ דערלאָזט|ער אָ' tolerance, leeway

אָ'פּוויַיכיק אַדי variant, aberrant

אָפּ|וויַיכ|ן וו ⊙ deviate, diverge

אָפּ|וויש|ן וו ⊙ wipe *pf.*; wipe off; obliterate, efface

אָפּ|וועג|ן וו (אָ'פּגעווויגן) weigh *vt/pf*

אָפּווענד דער (ן) feint, diversion

אָפּ|ווענד|ן וו ⊙ turn aside, head off, divert, stave off ⊢ ניט אָ'פּצוווענדן incontestable ⊢ אָ' זיך turn aside *vi.*

אָ'פּווערטונג די depreciation

אָפּ|װער|ן וו ⊙ ward off

אַפּוטרופּס דער (ים) □טע [APETROPES—APETROPSIM] guardian

אַפּוטרופּסות דאָס [APETROPSES] guardianship

אַפּותּיקי די (—ות) זען פּ ו ת י ק י

אָפּזאָג דער (ן) refusal; dismissal, discharge

אָפּ|זאָג|ן וו ⊙ dismiss, fire; decline; bequeath ⊢ אָ' זיך ⟨פֿון⟩ refuse *vt/vi*, renounce; decline ⊢ אָ' זיך צו אינפֿ refuse to

אָפּ|זאַמד|ן וו ⊙ sand (off)

•אָפּזאַץ דער (ן) paragraph || פֿ״גל אָ פּ ז ע ץ

אָפּזוך דער (ן) recovery; lost-and-found office

אָפּ|זוכ|ן וו ⊙ find, recover

אָ'פּזונדערונג די separation, seclusion

אָפּ|זו'נדער|ן וו ⊙ cut off, seclude, separate

אָפּ|זיי'גער|ן וו ⊙ time

אָפּ|זײַן* וו (איז אָ'פּגעווען) (*not used in present tense*) stay (as long as)

אָפּ|זיפֿצ|ן וו ⊙ heave a sigh

אָפּ|זיצ|ן וו (איז אָ'פּגעזעסן) sit (a certain time); serve out (a prison term) || אָ' ⟨פֿון⟩ dismount *vi.*

אָפּ|זעגל|ען וו ⊙ ⟨קיין⟩ set sail (for)

אָפּזעץ דער (ן) sediment; precipitation; residue

אָפּ|זעצ|ן וו ⊙ market || אָ' זיך settle, precipitate

אָפּזוצערײַ' דאָס (art or business of) marketing

אָפּ|חיִע|ן וו ◈ [KhAYE] revive

אָפּ|חתמע|נען וו ◈ [KhASME] unseal

אָפּ|טאָ|ן* וו (אָ'פּגעטאָן) finish doing; || play (trick), perpetrate; turn away
אָ' אַ שפּיצל (ד) play a trick (on) || אָ' זיך be turned away; (rumpus) be going on

אָפּטו דער (ען) prank

אָפּ|טובֿל|ען וו ◈ [TOYVL] immerse ceremonially

אָפּ|טונקל|ען וו ◈ dim, subdue (light)

אָ'פּטועניש דאָס (ן) prank

אָפּ|טײט|ן וו (אָ'פּגעטײט) deaden

אָפּטײַטש דער (ן) gloss, translation

אָפּטײל דער (ן) section; compartment; department, division; squad, detachment

אָ'פּטײלונג די (ען) department, section

אָפּ|טײל|ן וו ◈ detach, separate || ניט אָ'פּ-צוטײלן (פֿון) inseparable; part and parcel of

אַפּטײ'ק די (ן) pharmacy, dispensary

אַפּטײקוואַרג דאָס pharmaceuticals

אַפּטײקל דאָס (עך) (△ אַפּטײק) medicine chest

אַפּטײקער דער (ס) ⊡ druggist, pharmacist

אַפּטײקערײַ' דאָס (profession of) pharmacy

אַפּטײקקראָם די (ען) drugstore

אָפּטימיזם דער optimism

אָפּטימי'סט דער (ן) □קע optimist

אָפּטימיסטיש אַדי optimistic

אָפּ|טיפּיר|ן וו ◇ type *pf.*

אָפּטיק די optics

אָ'פּטיקער דער (ס) optician, optometrist

אָפּטירעכט דאָס (—) option

אָפּטיש אַדי optical

אָפּ|טעמפּ|ן וו ◈ dull, blunt

אָפּ|טראָג|ן וו (אָ'פּגעטראָגן) take/carry to its owner, return (carry back); report (tattle); wear out *vt.* ⊢ אָ' זיך make off, run away, get away; wear out *vi.*

אָפּטראָט דער (ן) withdrawal, retreat

אָפּטריט דער (ן) זען אָ פּ ט ר ע ט

אָ'פּטרײַביק אַדי repellent

אָפּ|טרײַב|ן וו (אָ'פּגעטריבן) drive off, repel

אָ'פּטרײַבעכץ דאָס (ן) repellent

אָפּ|טרײסל|ען וו ◈ shake off *vt.* || אָ' זיך פֿון wash one's hands of

אָ'פּטריניק אַדי dissident

אָפּטרעט דער (ן) restroom; outhouse

אָ'פּטרעטונג די (ען) digression

אָפּ|טרעט|ן וו (אָ'פּגעטראָטן) (פֿאַר) defer, || yield *vt.*, cede, give way (to) אָ' (פֿון) digress

אָפּ|טשאַ'טעווע|ן וו ◈ waylay, ambush, stalk

אַפּטשו' אינט kerchoo

אָפּ|טשוכע|ן וו ◈ revive, bring to one's senses

אָפּ|טשעפּע|ן וו ◈ detach || אָ' זיך פֿון shake off, leave alone

אָפּיום דער opium; (*fig.*) opiate

°אַפּיטרופּוס זען אַ פּ ו ט ר ו פּ ס

אַפּי'ל דער (ן) אַמער || appeal for funds פֿאַראײ'ניקט|ער יי'דיש|ער אַ' United Jewish Appeal

אַפּיקורס דער (ים) [APIKOYRES—APIKORSIM] (*Jew., fig.*) heretic

אַפּיקורסות דאָס [APIKORSES] (*Jew., fig.*) heresy ⊢ דאָס שטיק אַ' heresy

אַפּיקורסיש אַדי [APIKORSISh] (*Jew., fig.*) heretical

אָפּ|כאַפּ|ן וו ◈ hurry through, rattle off (an act, a ceremony)

°אָפּ|כויכע|ן וו ◈ dupe, cheat

אַפּל דער (ען) nipple

אַפּלאָדיסמענטן מצ applause

אַפּלאָדיר|ן וו ◇ (ד) applaud

אָפּ|לאָז|ן וו ◈ let go, let loose; abandon, drop, release, give up; leave alone, ⊢ אָ' פֿון relinquish; abate, desist from ⊢ אָ' זיך cut down on || *also* despond
ניט אָ' haunt

אָפּ|לאַכ|ן וו ◈ פֿון laugh at, deride

אָפּ|לויב|ן זיך וו ◈: ניט קענ|ען* זיך אָ' פֿון rave about, have no end of praise for

אָפּ|לויפֿ|ן וו (איז אָ'פּגעלאָפֿן) run (its course) *vt/pf*

אָפּלייג דער (ן) postponement; deferment

אָפּ|לייג|ן וו ⟐ put aside, store, lay by; put off, postpone, procrastinate; defer ⊢ אָ' אויפֿן טיש table (a motion)

אָפּ|לייז|ן וו ⟐ collect (a debt)

אָפּ|ליי'קענ|ען וו ⟐ deny *pf.*, give the lie to

אָפּ|לייש|ן וו ⟐ gild

אָפּ|ליציטיר|ן וו ◇ auction off

אַפּליקאַ'נט דער (ן) ⊡ applicant

אַפּליקאַציע די (ס) application

אָפּ|לעב|ן וו ⟐ come to life; wither, become decrepit

אָפּ|לערנ|ען וו ⟐ deduce, infer; learn a lesson

אָפּ|לעש|ן וו (אָ'פּגעלאָשן) extinguish (coals); blot (ink); slake (lime)

אָפּמאַך דער (ן) agreement, understanding, bargain, deal; treaty, covenant

אָפּ|מאַכ|ן וו ⟐ agree (on a procedure) || אָ' מיט arrange with

אָ'פּמאָלונג די (ען) representation

אָפּ|מאָל|ן וו ⟐ paint (object)

אָפּ|מאָנ|ען וו ⟐ collect, claim

אָפּ|מאַרקיר|ן וו ◇ demarcate, mark

אָפּ|מו'טיק|ן וו ⟐ discourage

אָפּ|מימעאָגראַפֿיר|ן וו ◇ mimeograph, run off *pf.*

אָפּ|מי'נטער|ן וו ⟐ resuscitate

אָ'פּמיניר־שיף די (ן) minesweeper

אָפּ|מעסט|ן וו (אָ'פּגעמאָסטן) measure *pf.*

אָפּ|מעק|ן וו ⟐ erase *pf.*; efface, raze

אָפּ|משל|ען וו ⟐ [MOSHL] describe; illustrate

אָפּנאַר דער (ן) deceit, deception, hoax, fake

אָפּ|נאַר|ן וו ⟐ deceive, delude; trick; cheat; disappoint ⊢ אָ' זיך ⟨אין⟩ be disappointed (in)

אָ'פּנאַרעריש אַדי deceptive, tricky

אָפּנייג דער (ן) deviation

אָ'פּנייגלער דער (ס) ⊡ deviationist

אָפּ|נייג|ן וו ⟐ deflect || אָ' זיך deviate

אַ פּנים אַדוו [APONEM] apparently, seemingly

אָפּניץ דער wear and tear

אָפּ|ניצ|ן וו ⟐ wear out

אָפּנעם דער deprivation

אָפּ|נעמ|ען וו (אָ'פּגענומען) call for, claim, fetch; deliver (baby) ⊢ אומפּ || paralyze עס האָט אים אָ'פּגענומען די הענט his arms/hands were paralyzed

אָפּ|סמאַליע|ן וו ⟐ singe *pf.*

אָפּ|סמ|ען וו ⟐ [SAM] poison *pf.*

אַפּעטי'ט דער (ן) appetite

אַפּעטיטלעך אַדי appetizing, tempting

אַפּע'ל דער (ן) appeal; roll-call

אַפּעלאַציע די (ס) (legal) appeal

אַפּעלי'ר־געריכט דאָס (ן) Court of Appeals

אַפּעליר|ן וו ◇ appeal

אַפּענדיציט דער (ן) appendicitis

אָ'פּענטפֿער דער (ס) retort, repartee

אָ'פּענטפֿערן דאָס .1 repartee || .2 אָפּ|ע'נטפֿער|ן וו ⟐ counter, retort || אָ' אויף rebut

אָפּ|עס|ן וו (אָ'פּגעגעסן) eat (a meal) *pf.* || פֿ״גל האַרץ

אָפּ|עק|ן וו ⟐ ⟨מיט⟩ settle (things) with, finish

אָפּער דער (ס) ל offering, sacrifice

אָפּעראַטאָר דער (...אָ'רן) operator

אָפּעראַציע די (ס) operation

אָפּעריר|ן וו ◇ ⟨אַ⟩ operate (on) || אָ' מיט operate *vt.*, operate with

אָ'פּערע די (ס) opera

אָ'פּערע־... operatic

אָפּערעטע די (ס) operetta

אָפּ|פּאָליר|ן וו ◇ burnish, shine, polish *pf.*

אָפּ|פּוצ|ן וו ⟐ clean off, polish, shine (shoes)

אָפּ|פּטר|ן וו ⟐ [PATER] brush off; make short shrift of

אָפּ|פּסקענ|ען וו ⟐ [PASK'N] make a hasty ruling; condemn

אָפּפּראַל דער (ן) recoil

אָפּ|פּראַל|ן (זיך) וו ⟐ recoil

אָפּפּאַל דער garbage, refuse, junk; dregs, scum

אָפּ|פֿאַל|ן וו (איז אָ'פּגעפֿאַלן) fall off; lose weight; be out (of consideration), drop out

אָפּ|פֿאַסט|ן וו (אָ'פּגעפֿאַסט) break a/the fast

אָפּפֿאָר דער (ן) departure

אָפּ|פֿאַרב|ן וו (אָ'פּגעפֿאָרבן) color, dye *pf.*

אָפּ|פֿאַ'רטיק|ן וו ⟐ dismiss || אָ' זיך מיט be through with, finish with

אָפּ|פֿאָר|ן וו (איז אָ'פּגעפֿאָרן) depart

אָפּ|פֿיר|ן וו ⟐ take (to one's destination), take home; take back (in a vehicle); lead aside

אָ'פּפֿירעכץ דאָס (ן) laxative

אָפּפֿלאָס דער (ן) ebb

אָפּפֿלי דער (ען) take-off

אָפּפֿלייץ דער (ן) ebb

אָפּ|פֿליס|ן וו (איז אָ'פּגעפֿלאָסן) drain *vi.*, ebb

אָפּ|פֿלי:|ען וו (איז אָ'פּגעפֿלויגן) (airplane) depart, take off

אָפּ|פֿריש|ן וו ⟐ refresh, invigorate, renew; brush up on

אָפּפֿרעג דער (ן) refutation

אָפּ|פֿרעג|ן וו ⟐ argue *vt.*, contradict, refute, disprove ⊢ ניט אָ'פּצופֿרעגן undisputed(ly)

אָפּ|פֿרעמד|ן וו ⟐ estrange, alienate || אָ' זיך become estranged

אָ'פּפֿרעסער דער (ס) caterpillar

אָפּצאָל דער (ן) charge, fee; fare; dues; toll

אָ'פּצאָלבריק די (ן) toll bridge

אָ'פּצאָלונג די (ען) installment

אָפּ|צאָל|ן וו ⟐ repay || אָ' (מיט דער איי'גענער מטבע [MATBEYE]) reciprocate

אָ'פּצאָלעוודיק אַדי dutiable

אָ'פּצאָל־פֿאָרטקע די (ס) tollgate

אָ'פּצאָלפֿרײַ אַדי duty-free

אָ'פּצאָלשטראָז דער (ן) turnpike

אָ'פּצאַמונג די (ען) enclosure

אָפּ|צאַמ|ען וו ⟐ mark off, fence off

אַפּצאַ'ס דער (ן) heel (of shoe)

אָפּ|צאַפּ|ן וו ⟐ drain *vt.*, tap || אָ' זיך drain *vi.*

אָפּצוג דער (ן) impression, printed copy

אָפּצווײַג דער (ן) branch; ramification

אָפּ|צווײַג|ן זיך וו ⟐ branch off

אָפּצי דער (ען) diversion

אָ'פּצייכן דער (ס) badge

אָפּ|ציי'כענ|ען וו ⟐ earmark

אָפּצייל דער (ן) countdown

אָפּ|צייל|ן וו ⟐ count off

אָפּ|צי:|ען וו (אָ'פּגעצויגן) draw aside, drain off; divert (attention) ⊢ אָ' (פֿון שול) play truant

אָ'פּצי:ער דער (ס) □קע truant

אָפּצי:ערײַ' דאָס truancy

אָפּ|צער|ן וו ⟐ emaciate || אָ' זיך lose weight, reduce

אָפּ|קאָכ|ן וו ⟐ boil, cook *pf.*

אָפּ|קאַלכ|ן וו ⟐ whitewash *pf.*

אָפּ|קאָמפּרימיר|ן וו ◇ decompress

אָפּ|קאָסט|ן וו (אָ'פּגעקאָסט) cost *pf.*

אָפּ|קאָפּיר|ן וו ◇ copy *pf.*

אָפּ|קאָרדאָניר|ן וו ◇ cordon off

אָפּ|קויפֿ|ן וו ⟐ א ⟨בײַ⟩ buy (from)

אָפּקום דער (ען) decrease

אָפּ|קומ|ען וו (איז אָ'פּגעקומען) suffer, languish ⊢ אָ' מיט get away with, get off with (a light sentence) ⊢ אָ' פֿאַר atone for, make amends for ⊢ פֿ'גל ש ה י ־ פּ ה י

אָ'פּקומעניש דאָס (ן) hardship, deprivation; torture, suffering; atonement

אָפּ|קיל|ן וו ⟐ cool off *vt/pf*

אָ'פּקירצונג די (ען) abbreviation

אָפּ|קירצ|ן וו ⟐ abbreviate

אָפּקלאַנג דער (ען) echo, reverberation, repercussion

אָפּ|קלויב|ן וו (אָ'פּגעקלויבן) זען אָ פּ ק ל ײַ ב ן

אָפּקלונג דער (ען) resonance, reverberation

אָפּקלײַב דער (ן) assortment, selection

אָפּ|קלײַב|ן וו (אָ'פּגעקליבן) select

אָפּ|קלינג|ען וו (אָ'פּגעקלונגען) resound,

resonate, reverberate, echo *vi.*; ring up (in a cash register)

אָ'פּקלינג־קאַסע די (ס) cash register

אָפּ|קלעפּ|ן זיך וו ◈ come off (what had been glued on)

אָפּ|קלעק|ן וו ◈ blot *pf.*

אָפּ|קניפּ|ן וו ◈ untie (knot), detach

אָפּ|קנעפּל|ען וו ◈ unbutton

אָפּ|קערל|ען וו ◈ pit, remove pits from

אָפּ|קער|ן וו ◈ turn aside *vt.*, deflect || אָ' זיך turn aside *vi.*

אָפּ|קריכ|ן וו (איז אָ'פּגעקראָכן) peel off *vi.*

אַפּראָבירונג די (ען) approval

אַפּראָביר|ן וו ◇ approve

אָפּ|ראַזיר|ן (זיך) וו ◇ shave *vt/vi pf.*

אָפּ|ראָט|ן וו (אָ'פּגעראָטן) פֿון advise not to, dissuade

אָפּ|ראַ'טעווע|ן וו ◈ save *pf.*, salvage

אָ'פּראַמונג די clearance

אָפּ|ראַמ|ען וו ◈ clear, remove

אָ'פּראַמער דער (ס) busboy

אָפּרו דער (ען) rest, relaxation || אָ' אויף אַ ווײַלע respite

אָפּ|רו|ען וו ◈ rest, relax *vt.* || אָ' זיך rest *vi.*

אָפּרוף דער (ן) response, reaction

אָ'פּרופֿיק אַדי responsive

אָפּ|רופֿ|ן וו (אָ'פּגערופֿן) call off, cancel, revoke, rescind ⊢ אָ' זיך speak up || אָ' זיך אויף react, respond to; affect, have an effect on

אָפּרוק דער (ן) interval

אָפּ|רוק|ן וו ◈ move over *vt.*; indent || אָ' זיך ⟨פֿאַר⟩ give way (to)

•**אַפּריי'טער** דער (ס) □קע אַמער operator

אָ'פּרייניק־אַקציע די (ס) mopping-up (operation)

אָפּ|ריי'ניק|ן וו ◈ clean, clear

אָפּ|רײַס|ן וו (אָ'פּגעריסן) tear off, sever, pry loose

אָפּ|ריכט|ן וו (אָ'פּגעריכט) celebrate, perform (ceremony), mark (an occasion) || אָ' די עבֿודה [AVOYDE] worship || אָ' פֿון backbite, speak ill of

אַפּרי'ל דער (ן) April || ערשט|ער אַ' April Fool's Day

אָפּרין דער (ען) drain

אָפּ|רינ|ען וו (איז אָ'פּגערונען) drain *vi.*, run off

אַפּריקאָ'ס דער (ן) apricot

אָפּרעד דער (ן) arrangement, agreement; engagement

אָפּ|רעד|ן וו ◈ agree upon, arrange, settle; make an appointment; seduce || אָ' ⟨פֿון⟩ discourage, advise not to, dissuade ⊢ אָ' זיך ⟨מיט⟩ make an appointment (with)

אָ'פּרעכענונג די (ען) deduction; vengeance, reckoning

אָפּ|רע'כענ|ען וו ◈ deduct || אָ' זיך ⟨מיט⟩ get even (with)

אָפּ|שאַב|ן וו (אָ'פּגעשאָבן) scrape *pf.*

אָפּשאַף דער (ן) repeal, abolition, dismissal || דערוויי'ליק|ער אָ' (פֿון דער אַרבעט) layoff

אָ'פּשאַפֿונג די (ען) repeal, abolition, dismissal

אָפּ|שאַפֿ|ן וו (◈/אָ'פּגעשאַפֿן) abolish, repeal; dismiss, give notice to (employee)

אָפּשאַץ דער (ן) estimate; evaluation, critique, judgment

אָ'פּשאַצונג די (ען) estimate; estimation, appreciation; evaluation, judgment; (book) review, critique

אָפּ|שאַצ|ן וו ◈ rate, value, evaluate, appraise; appreciate ⊬ ניט אָ'פּצושאַצן invaluable, inestimable

אָפּ|שוואַכ|ן וו ◈ weaken, undercut

אָפּ|שווײַג|ן וו (אָ'פּגעשוויגן) ⟨ד⟩ have no answer (for), have no comment; swallow an insult

אָ'פּשווענקונג די erosion

אָפּ|שווענק|ען וו ◈ rinse *pf.*; erode

אָפּ|שו'לדיק|ן וו ◈ clear, acquit || אָ' זיך purge oneself (of charges)

אָפּ|שטאַט|ן וו (אָ'פּגעשטאַט): אָ' אַ וויזי'ט ⟨ד⟩ pay a visit (to)

אָפּשטאַם דער (ען) origin(s), derivation, descent, parentage, extraction

אָ'פּשטאַמלינג דער (ען) descendant
אָפּ|שטאַמ|ען װ ⟐ פֿון be descended from
אָפּשטאַנד דער (ן) gauge; •interval, •distance; •space (in writing) ⊢ ברייט-
אָ'פּשטאַנדיק broad-gauge
אָפּ|שטאַרב|ן װ (איז אָ'פּגעשטאָרבן) die down, wither
אָפּשטויב דער (ן) fallout
אָפּ|שטויב|ן װ ⟐ dust off; vacuum *pf.*
אָפּשטויס דער (ן) repulsion; rebuff, snub
אָפּ|שטויס|ן װ (אָ'פּגעשטויסן) ward off; repel, revolt, nauseate ⊢ גראָב/או'מגע-ריכט אָ' rebuff
אָ'פּשטויסנדיק אדי repugnant, repulsive
אָפּשטופּ דער (ן) repulse, setback
אָפּ|שטופּ|ן װ ⟐ push back; stave off, set back, repel, repulse
אָפּשטיי דער (ען) lag
אָפּ|שטיי|ן* װ (איז אָ'פּגעשטאַנען) ⟨פֿון⟩ be a loose fit; lag (behind); stand off; fall behind; remain aloof ⊣ אָ' פֿון eschew
אָפּשטים דער (ען) vote
אָ'פּשטימונג די (ען) vote, poll || מאַכ|ן אַן אָ' take a vote
אָפּ|שטימ|ען װ ⟐ take a vote
אָפּשטעל דער (ן) (bus, train) stop; stop-page ⊢ אָן אָ' non-stop
אָפּ|שטעל|ן װ ⟐ stop, discontinue; shut down; suspend (payment); appoint (a time, a place) ⊢ אָ' זיך stop, pause || אָ' זיך אויף dwell upon
אָ'פּשטעל-צייכן דער (ס) punctuation mark
אָפּ|שטעמפּל|ען װ ⟐ stamp *pf.*
אָפּ|שטעק|ן װ ⟐ unplug || אָ' ד שלום-עליכם [shOLEM-ALE'YKhEM] (esp. *Jew.*) greet with a cordial handshake
אַפּשיטא (שוין) קא [APShITE] all the more, let alone
אָפּשײַ דער respect, reverence, awe
אָ'פּשיידיק אדי distinctive
אָפּ|שייד|ן װ ⟐ separate, detach, dissociate
אָ'פּשיידנדיק אדי distinctive
אָ'פּשייד־סימן דער (ים) [SIMEN—SIMONIM] distinctive feature
אָפּ|שייל|ן װ ⟐ peel, pare *pf.*
אָפּשײַן דער (ען) glare
אָפּ|שײַנ|ען װ ⟐ be reflected, glare
אָפּ|שינד|ן װ (אָ'פּגעשונדן) skin *pf.*
אָפּ|שיפֿ|ן װ ⟐ sail *vi/pf*
אָפּשיק דער (ן) reference
אָפּ|שיק|ן װ ⟐ mail || אָ' א צו refer to
אָ'פּשיקער דער (ס) ⊡ sender; hence, return address
אָפּשלאָג דער (ן) repercussion; reflection
אָפּ|שלאָג|ן װ (אָ'פּגעשלאָגן) knock off, repel, repulse; reflect; dissuade ⊢ אָ' זיך ⟨פֿון⟩ bounce off || אָ' ד די טירן beat a path to the door of
אָפּ|שלאַמ|ען װ ⟐ dredge
אָפּ|שליי'ער|ן װ ⟐ unveil
אָפּ|שלײַפֿ|ן װ (אָ'פּגעשליפֿן) polish *pf.*
אָפּ|שמד|ן װ ⟐ [shMAD] convert (a Jew)
אָ'פּשמוכטער דער (ס) deodorant
אָ'פּשמועס דער (ן) appointment (to meet)
אָפּ|שמו'עס|ן װ ⟐ agree upon, arrange || אָ' זיך ⟨מיט⟩ make an appointment (with)
אָפּ|שמײַס|ן װ (אָ'פּגעשמיסן) whip, spank *pf.*
אָפּ|שנו'רעווע|ן װ ⟐ unlace
אָפּשניט דער (ן) segment; sector; passage (in a text); defeat, rebuff ⊢ כאַפּ|ן אַן אָ' be defeated, be rebuffed
אָפּ|שנײַד|ן װ (אָ'פּגעשניטן) cut off; get off || אָ' גוט/שלעכט get off well/badly || אָ° טרוקן get by safely
אָ'פּשניצל דאָס (עך) (wood) shaving; witticism
אָפּ|שניצ|ן װ ⟐ sharpen (pencil)
אָפּ|שעפּ|ן װ ⟐ skim (off)
אָפּ|שער|ן װ (אָ'פּגעשוירן) cut, shear *pf.*; give a haircut to ⊣ אָ' זיך get a haircut
אָפּ|שפּאַלט|ן (זיך) װ (אָ'פּגעשפּאָלטן) split off *vt/vi*
אָפּשפּאַן דער (ען) relaxation
אָ'פּשפּאַנונג די = אָ פּ ש פּ אַ ן

אָפּ|שפּאַנ|ען וו ⟐ loosen; relax *vt.* ||
אָ' זיך relax *vi.*
אָפּשפּאָר דער (ן) savings
אָ'פּשפּאָרונג די (ען) savings
אָפּ|שפּאַר|ן וו ⟐ parry; refute, confute
אָפּ|שפּאָר|ן וו ⟐ lay by, save
אָ'פּשפּיגלונג די (ען) reflection
אָפּ|שפּיגל|ען וו ⟐ reflect, mirror
אָפּ|שפּיליע|ן וו ⟐ unbutton
אָפּ|שפּיל|ן וו ⟐ stage; play (trick) ||
אָ' זיך (stg. dramatic) take place
אָפּשפּיר דער detection
אָפּ|שפּיר|ן וו ⟐ detect
אָפּ|שפּעט|ן וו (אָ'פּגעשפּעט) פֿון scoff at, ridicule, deride
אָפּשפּראָץ דער (ן) offshoot, scion; progeny
אָפּ|שפּרינג|ען וו (איז אָ'פּגעשפּרונגען) bounce (off), rebound, recoil; (enamel) chip off
אָפּ|שפּרעכ|ן וו (אָ'פּגעשפּראָכן) exorcise
אָפּ|שקראָבע|ן וו ⟐ scrape (off) *pf.*
אָפּ|שרויפֿ|ן וו ⟐ unscrew
אָפּשרײַב דער (ן) bequest
אָפּ|שרײַב|ן וו (אָ'פּגעשריבן) transfer ownership of, make over, bequeath; confiscate, seize (assets)
אָפּ|שרײַ|ען וו (אָ'פּגעשריגן/אָ'פּגעשרײַען) effect the repeal of, have revoked
אָפּשרעק דער (ן) deterrent
אָפּ|שרעק|ן וו (אָ'פּגעשראָקן) frighten off, scare off, deter
אָ'פּשרעקנדיק אַדי forbidding
אַף' זען א ו י ף
אַפֿאָריזם דער (ען) aphorism
אַף־ברי' פּר at daybreak
אַ פֿולע 1. אַדי—אינו many || 2. אַדוו much
אָפֿט 1. אַדי frequent, rife || 2. אַדוו often
|| אָ' מאָל often, frequently, sometimes
אָפֿטקייט די (ן) frequency
אַפֿידייוויט דער (ן) אַמער affidavit (of support for a prospective immigrant)
אַפֿילו אַדוו [AFILE] even || אַ' ניט not even, not so much as

אַפֿיליאַציע די (ס) [LY] affiliation
אַפֿילייִר|ן (זיך) וו ◇ affiliate *vt/vi*
•אָפֿיס דער (ן) אַמער office
אָפֿיציע'ל אַדי official
אָפֿיצי'ר דער (ן) (military, naval) officer
אַפֿיקומן דער (ס) [AFIKOYMEN] afikomon, piece of matzah hidden by the head of the household during the Passover feast for the children to "steal" and hold out for "ransom"
אָפּי'ר 1. דער (ן) model (for replication)
|| 2. קוו זען אַ פֿ ע ר
אַפֿי'ש דער (ן) poster, (play)bill
אָפֿ'ן אַדי open, overt; blunt, frank, outspoken; moot (question); high (seas)
|| האַלב אָפֿ'ן ajar
אָ'פֿן־האַרציק אַדי sincere, candid, outspoken
אָ'פֿן־האַרציקייט די sincerity, candor
אָ'פֿנוואָר אַדי manifest, patent
אָ'פֿנטלעך אַדי frank, candid, straightforward, outspoken
אָ'פֿנקייט די candor, frankness
אָפֿסעט דער offset (printing process)
אָפֿסעטיר|ן וו ◇ print by offset
אָפֿענסי'וו אַדי offensive (military)
אָפֿענסיווע די (ס) offense (vs. defense); offensive
אַפֿע'ר קוו forth, out (from under, from behind); to the fore ⊢ אַפֿער|קומ|ען come out (from under)
אַפֿער|ברענג|ען וו (◇/אַפֿע'רגעבראַכט) advance (example, argument)
אַפֿערי'סט דער (ן) ◻קע racketeer, swindler
אַפֿער|כּישופֿ|ן וו ⟐ [KISHEF] conjure up
אַפֿער|נעמ|ען זיך וו (אַפֿע'רגענומען) ⟨צו/אַ⟩ undertake, make up one's mind to
אַפֿערע די (ס) racket, swindle, hoax
אַפֿער|קוק|ן וו ⟐ stick out, look out
אַפֿער|שטאַרצ|ן וו ⟐ stick out
אַפֿער|שטעל|ן וו ⟐ feature
אַפֿער|שיס|ן וו (אַפֿע'רגעשאָסן) snipe
אפֿרוח דער (ים) [EFROYEKh—EFROYKhIM] fledgling

אַפֿריער אַדוו || beforehand; in advance קומ|ען אַ' precede || גיי|ן* אַ' lead the way, precede

אַפֿריקאַניש אַדי African

אַפֿריקאַנער דער (—) ⊡ African

אַ'פֿריקע (די) Africa

אפֿשר אַדוו [EFShER] perhaps, maybe

אַצי'נד/אַצינדער(ט) אַדוו now, at present

אַקאַדעמיע די (ס) academy

אַקאַדע'מיקער דער (ס) ⊡ academician

אַקאַדעמיש אַדי academic

אָקאַ'זיע די (ס) opportunity

אַקאַטאַ אינט scat!

אַקאָמפּאַניאַטאָר דער (...אָ'רן) ⊡שע [NY] accompanist

אַקאָמפּאַנימע'נט דער (ן) (musical) accompaniment

אַקאָמפּאַני'ר|ן וו ◇ ⟨ד⟩ accompany (on an instrument)

אַקאָפּע די (ס) trench

אַקאָ'רד דער (ן) (musical) chord

אַקאָ'רשט פּאַרט *urging particle, used with imperatives or* זאָל*-clauses which are at the same time conditions* ⊢ גיב מיר אַ' דאָס בוך, וועל איך דיר ווײַזן give me the book, and (if you do) I will show you ⊢ זאָל ער אַ' קומען, וועלן מיר זען let him come, and (if he does) then we will see

'אַקאָרשט זעו אָ ק ע ר ש ט

אַקדמות [AKDOMES] akdomuth, hymn recited by Ashkenazic Jews on the first day of Shabuoth

אַקוואַריום דער (ס) aquarium

אַקוואַרע'ל דער (ן) water color (paint, painting)

אַקוזאַטי'וו דער (ן) accusative

אַקו'ט אַדי acute (illness)

אָקו'לט אַדי occult

אַקומולאַטאָר דער (...אָ'רן) (storage) battery

אָקון דער (יעס) [NY] perch (fish)

אַקוסטיק די acoustics

אַקוסטיש אַדי acoustic

אָקופּאַציע די (ס) (military) occupation

אָקופּיר|ן וו ◇ occupy (hostile territory)

אַקוראַ'ט 1. אַדי meticulous || 2. אַדוו *also* exactly

אַקושעריע די midwifery

אַקושערקע די (ס) midwife

אַקט דער (ן) act, deed; painting of a nude || מצ acts; files, records || אַן אַ' פֿון דער וועלט stg. unheard-of

אָקטאָבער דער (ס) October

אָקטאַ'ווע די (ן) octave

אַקטואַ'ליטעטן מצ current events || אַ'־פֿילם newsreel

אַקטוע'ל אַדי timely, topical, seasonable

אָקטיאַבער דער (days of) the October (1917) Revolution

אַקטיאָ'ר דער (ן) actor

אַקטי'וו 1. אַדי active || 2. דער (ן) active (voice) ⊢ מצ assets

אַקטיוויטע'ט די (ן) activity (action)

אַקטיוויר|ן וו ◇ activate (a person)

אַקטיווקייט די activity (being active)

אַקטריסע די (ס) actress

•אָקיי' אינט—אַמער O.K.

•אָקייגן זעו אַ נ ט ק ע ג ן

•אָקיי'|ען וו ◇ אַמער O.K.

אַ קיצור זעו ק י צ ו ר

אַקי'ש אינט scat!

אַקלימאַטיזאַציע די acclimatization

אַקלימאַטיזיר|ן (זיך) וו ◇ acclimatize *vt/vi*

•אַקן דער (ס) זעו נ אַ ק ן

אַקס די (ן) axis, axle

אָקס דער (ן) ox

אַקסיאָ'ם די (ען) [SY] axiom

אַקסל דער (ען) shoulder || הייב|ן מיט די אַ'ען shrug one's shoulders

אָקס'ן אַדי ox's, ox-like, obtuse

אָקעאַ'ן דער (ען) ocean

אָקעאַ'ן... oceanic; ocean-going, seagoing

אַקעגן זעו אַ נ ט ק ע ג ן

אַקער[1] דער (ס) plow

אַקער[2] דער (ס) acre

אַ'קער־אײַזן דער (ס) plowshare

אַ'קער|ן וו ◇ plow, till

אַ'קערערד די arable land

אָקערשט אדוו a moment ago, just now

אָ'קערשטיק אדי* very recent

אַקציאָנע'ר דער (ן) shareholder, stockholder

אַקצידע'נט דער (ן) (traffic) accident

אַקצי'ז דער (ן) excise

אַקציע די (ס) (capital) share; action, campaign ⊢ מצ *also* shares, stock

אַקצעלעראַטאָר דער (...אָ'רן) accelerator

אַקצע'נט דער (ן) accent

אַקצענטיר|ן וו ◇ accentuate

אַקראָבאַ'ט דער (ן) □קע acrobat; tumbler

אַקראָבאַטיק די acrobatics; tumbling

אַקראָבאַטיש אדי acrobatic

אַקרײַטשיק דער (עס) (first) cut, end of a loaf

אָקרעפּ דער boiling water

אַראַביע (די) Arabia

אַראַביש אדי Arab; Arabic; Arabian

אַראַבער דער (—) ⊡ Arab

אָראַטאָר דער (...אָ'רן) □שע orator

אָראַטאָריע די oratory; oratorio

אַראָמאַ'ט דער (ן) aroma

אַראַמעיִש זען אַ ר מ י ש

אָראַ'נזש אפּ orange (color) || אָראַנזש·ן אדי

אַראַנזשירונג די (ען) (musical) arrangement

אַראַנזשיר|ן וו ◇ arrange

אָראַנזשעריע די (ס) greenhouse, hothouse

אַראָ'פּ 1. אדוו down(ward), downstairs || אַ' מיט down || אַ' מיטן טײַך down the river ⊢ אַ' צו (צו) downward(s) || פֿון פּנים אַ' [PONEM] emaciated || 2. קוו down; off ⊢ אַראָפּ|טראָג|ן carry down || אַראָפּ|שטופּ|ן push down/off

...־אַראָ'פּ down || באַרג־אַ' downhill

אַראָ'פּ־באַרג אדוו downhill

אַראָפּ|ברענג|ען וו (⟐/אַראָ'פּגעבראַכט) bring from afar

אַראָפּגאַנג דער (ען) descent

אַראָפּ|גיי|ן* וו (איז אַראָ'פּגעגאַנגען) go down, descend ⊢ אַ' פֿון get off

אַראָפּ|דריי|ען וו ⟐ turn down(wards); wring

אַראָפּ|דריק|ן וו ⟐ depress

אַראָפּהאַנג דער (ען) drop; (steep) cliff

אַראָפּ|האַק|ן וו ⟐ knock down, knock off, fell

אַראָפּ|הענג|ען וו (איז אַראָ'פּגעהאַנגען) droop, sag; dangle

אַראָפּ|וואַרפֿ|ן וו (אַראָ'פּגעוואָרפֿן) throw down; overthrow (government); lay low ⊢ אַ' פֿון זיך shed || אַ' זיך plunge

אַראָ'פּ־ווינט אדוו downwind

אַראָפּ|זעצ|ן וו ⟐ set down; knock off; unseat, depose

אַראָפּכאַפּ דער (ן) snapshot

אַראָפּ|כאַפּ|ן וו ⟐ snatch down; snap (a picture of)

אַראָפּלאָז דער (ן) chute; descent, landing

אַראָ'פּלאָז־מולטער דער (ס) chute

אַראָפּ|לאָז|ן וו ⟐ turn down, lower, let down; launch ⊢ ניט אַ' keep up || אַ' (פֿון די רעלסן) derail || אַ' פֿון cut ⊢ אַ' פֿון פּרײַז mark down, reduce ⊢ אַ' זיך descend; stoop; deign, condescend ⊢ געב|ן* זיך אַ לאָז אַראָ'פּ swoop down

אַראָפּ|מאַכ|ן וו ⟐ debunk

אַראָפּ|ני'דער|ן וו ⟐ descend

אַראָפּ|נעמ|ען וו (אַראָ'פּגענומען) take down; lay off (workers); subtract; harvest

°אַראָפּעט זען אַ ר אָ פּ

אַראָפּ|פּאַראַשוטיר|ן (זיך) וו ◇ parachute *vt/vi*

אַראָפּפּלונטש דער (ן) splashdown

אַראָפּ|פּלונטש|ן וו ⟐ splash down

אַראָפּ|פֿאַל|ן וו (איז אַראָ'פּגעפֿאַלן) fall; (airplane) crash ⊢ אַ' בײַ זיך lose heart, lose courage

אַראָפּפֿאָר דער (ן) descent

אַראָ'פּ צו (צו) זען אַ ר אָ פּ

אַראָפּ|צי|ען וו (אַראָ'פּגעצויגן) strip off, strike (tents), pull down

אַראָפּ|קוועטש|ן וו ⟐ depress

אַראָפּ|קוק|ן וו ⟨אויף⟩ ◇ look/peer down (upon), overlook

אַראָפּ|קראַכ|ן וו ◇ crash

אַראָפּ|קריכ|ן וו (איז אַראָ'פּגעקראָכן) get down, climb down

אַראָפּ|רײַס|ן וו (אַראָ'פּגעריסן) tear down, raze, demolish; denounce, pan

אַראָפּ|רע'כע|נ|ען וו ◇ subtract, deduct; debit

אַראָפּרעלסונג די (ען) derailment

אַראָפּ|שווענק|ען וו ◇ erode, flush down

אַראָ'פּ־שטאָט אדוו (in the direction of) downtown

אַראָ'פּ־שטראָם אדוו downstream

אַראָפּ|שלינג|ען וו (אַראָ'פּגעשלונגען) swallow *pf.*; submit to

אָראַקל דער (ען) oracle

אַרבו'ז דער (ן) watermelon

אָרבי'ט דער (ן) orbit || אַרויס|לאָז|ן אין אָ' put into orbit

אָרביטי'ר־... orbital

אָרביטי'ר|ן וו ◇ orbit *vi.*

אַרביטער דער (ס) arbiter

אַרביטראַ'זש דער arbitration

אַרביטראַריש אדי arbitrary

אַרבל דער (—) sleeve || לאַכ|ן אין אַ' laugh in one's sleeve ⊢ עס|ן פֿון אַ' live from hand to mouth ⊢ שיט|ן פֿון אַ' improvise, extemporize

אַ'רבלדיק אדי sleeved

אַ'רבל־פּראָזע די ad-libbing || רעד|ן אַ' ad-lib

אַרבעט די (ן) work; job, employment; function, task; handiwork; workmanship ⊢ אַ גוט שטיקל אַ' a good job (done) ⊢ שרײַ'פֿטלעכ|ע אַ' paper, composition, theme ⊢ אַ טאָג אַ' a day's work ⊢ אָן אַ' out of work || ע'פֿנטלעכע אַ'ן מצ public works

אַרבעט... working || אַרבעטשיך working shoes ⊢ פּ״ל אַ ר ב ע ט ס ...

אַ'רבעטאָרין די (ס) woman worker

אַ'רבעטאָרער דער (ס) laborer

אַ'רבעט־געבער דער (ס) ⊡ employer

אַ'רבעטהויז דאָס (...הײַזער) workhouse

•אַ'רבעטזאַם אדי industrious

אַ'רבעטן דאָס .1 ⟨מיט/פֿון⟩ operation (of a machine etc.) ⊢ .2 אַ'רבעט|ן וו (געאַרבעט) operate, work *vi.*; (*dial.*) knit *imp.* || אַ' מיט/בײַ operate, work *vt.*

אַ'רבעט־נעמער דער (ס) ⊡ employee

אַ'רבעטסטאָג דער (...טעג) workday

אַ'רבעטסלאָז אדי unemployed

אַ'רבעטסלאָזיקייט די unemployment

אַ'רבעטסמאַן דער (אַ'רבעטסלײַט) working man

אַ'רבעטסמענטש דער (ן) working person

אַ'רבעטסקראַפֿט די (ן) אַ ר ב ע ט ק ר אַ פֿ ט

אַ'רבעטער דער (ס) ⊡ worker, workman || מצ labor

אַ'רבעטער־טאָג דער—אַמער Labor Day

אַ'רבעטערשאַפֿט די labor

אַ'רבעטקראַפֿט די labor force || (מע'נטש־לעכ|ע) אַ' manpower

אַרבע כּוסות מצ [ARBE KOYSES] the four cups of wine drunk at the Passover feast

אַרבע־כּנפֿות דער (ן) [ARBEKANFES] the undergarment worn by orthodox Jews which covers the chest and upper part of the back, and which has an opening for the head and tassels on its four corners

אַרבעס דער (—) pea || קלעפּ|ן זיך ווי (אַן) אַ' אין וואַנט (*hum.*) be irrelevant

אָרגאַזם דער (ען) orgasm

אָרגאַ'ן דער (ען) organ

אָרגאַניזאַטאָר דער (...אָ'רן) ⊡שע organizer

אָרגאַניזאַציע די (ס) (result of) organization

אָרגאַניזירונג די (act of) organization

אָרגאַניזיר|ן (זיך) וו ◇ organize *vt/vi*

אָרגאַניזם דער (ען) organism

אָרגאַניש אדי organic

אַרגומע'נט דער (ן) argument (reason)

אַרגומענטאַציע די (ס) argumentation

אַרגומענטיר|ן וו ◇ argue (reason) *vi.*

אָרגיע די (ס) orgy

אָרגל דער (ען) (musical) organ
אָרגלער דער (ס) organist
אַרגסט זען ע ר ג ס ט
אַרגענטינע (די) Argentina
אַרגענטינער אַדי–אינוו Argentine
אַרגער זען ע ר ג ע ר
אָרדינאַ'נס דער (ן) orderly
אָרדיניר|ן וו ◇ ordain (priest, minister)
אָרדן דער (ס) medal; order (decoration; organization)
אָ'רדענונג די (ען) order, arrangement
אָ'רדענער דער (ס) ⊡ usher
אַרוי'ס 1. אַדוו out, forth || 2. אינט get out! || 3. קוו out, forth || אַרויס|שטופּ|ן push out
אַרוי'ס... outgoing || אַרוי'ס־געפֿאָר out-going traffic
אַרויס|באַגלייט|ן וו (אַרוי'סבאַגלייט) זען אַ ר ו י ס ב אַ ל י י ט ן
אַרויס|באַלאָטיר|ן וו ◇ vote out
אַרויס|באַלייט|ן וו (אַרוי'סבאַלייט) see out, show out; see off
אַרויס|באַקומ|ען וו (אַרוי'סבאַקומען) elicit, worm out; extract
אַרויס|ברענג|ען וו (◇/אַרוי'סגעבראַכט) ex-press; bring forth
אַרויסגאַנג דער (ען) exit
אַרויס|גיי|ן* וו (איז אַרוי'סגעגאַנגען) go out, depart (on foot); be published
אַרויס|גליטש|ן זיך וו ⟐ ⟨פֿון⟩ slip out; elude
אַרויס|גנבֿע|נען (זיך) וו ⟐ [GANVE] slip out, sneak out *vt/vi*
אַרויס|געב|ן* וו (אַרוי'סגעגעבן) issue, release, publish; emit, give off, generate; surrender, betray
אַרוי'סגעבער דער (ס) ⊡ publisher
אַרויסגעבערײַ' דאָס publishing
אַרוי'סגעוואָרפֿ'ן אַדי vain, useless, fruit-less, futile ⊢ (האַלב) אַ' thankless
אַרויס|גראָב|ן וו (אַרוי'סגעגראָבן) dig up || אַ' (פֿון קבֿר [KEYVER]) exhume
אַרויסדריי דער evasion
אַרויס|דריי|ען וו ⟐ unscrew || אַ' זיך ⟨פֿון⟩ be unscrewed; escape, evade, dodge, shirk; get out of (a predicament)
אַרוי'סדרייעריש אַדי evasive
אַרויס|דרינגע|ן וו 1. (אַרוי'סגעדרונגען) infer, derive, deduce ⊢ 2. (איז אַרוי'סגע-דרונגען) follow (be inferred)
אַרויסהייב דער (ן) emphasis
אַרוי'סהייבונג די (ען)=אַ ר ו י ס ה י י ב
אַרויס|הייב|ן וו (אַרוי'סגעהויבן) pick out; set off; stress, emphasize, highlight, play up
אַרויס|העלפֿ|ן וו (אַרוי'סגעהאָלפֿן) ⟨ד⟩ assist
אַרויסוואוקס דער (ן) outgrowth
אַרויס|וואַקס|ן וו (אַרוי'סגעוואָקסן) evolve *vi.* || אַ' פֿון grow out of; outgrow
אַרויסוואָרג דאָס output
אַרויסוואָרף דער (ן) ejection
אַרויס|וואַרפֿ|ן וו (אַרוי'סגעוואָרפֿן) oust, turn out, kick out, expel; eject; evict
אַרויסווײַז דער (ן) manifestation, display
אַרויס|ווײַז|ן וו (אַרוי'סגעוויזן) display, exhibit, manifest; evince; render (favors etc.) ⊢ אַ' זיך ⟨פֿאַר⟩ turn out (to be), prove *vi.*
אַרויסזאָג דער (ן) statement, utterance
אַרוי'סזאָגונג די (ען)=אַ ר ו י ס ז אָ ג
אַרויס|זאָג|ן וו ⟐ state, express, utter, put forward, speak *vt.* ⊢ אַ' זיך state one's opinion, have one's say ⊢ אַ' זיך ⟨פֿאַר/קעגן⟩ commit oneself
אַרויס|זוכ|ן וו ⟐ trace, unearth
אַרויס|זע|ן* וו (אַרוי'סגעזען) realize || אַ' זיך show *vi.*
אַרויס|זעצ|ן וו ⟐ land (passengers, troops); evict
אַרויס|חנפֿע|נען וו ⟐ [KhANFE] obtain by cajolery
אַרויס|טונק|ען זיך וו ⟐ surface *vi.*
אַרויס|טראָג|ן וו (אַרוי'סגעטראָגן) carry out-(side); return, issue (verdict)
אַרויסטריט דער (ן) זען אַ ר ו י ס ט ר ע ט
אַרויס|טרײַב|ן וו (אַרוי'סגעטריבן) expel, banish

אַרויסטרעט דער (ן) performance, (stage) appearance; secession

אַרוי'סטרעטונג די (ען)=אַ ר ו י ס ט ר ע ט

אַרויס|טרעט|ן וו (איז אַרוי'סגעטראָטן) come out publicly, appear on stage ⊢ אַ' פֿון leave (an organization); secede from

אַרויסכאַפּ דער (ן) indiscretion

אַרויס|כאַפּ|ן וו ⟐ snatch ‖ אַ' זיך slip out *vi.* ⊢ אַ' זיך מיט blurt out

אַרויסלאָז דער (ן) release; (stock/bond) issue; graduating class

אַרויס|לאָז|ן וו ⟐ let out, emit; issue, put out; vent, send forth, grow (leaves, roots); let go, set free; leave out, omit ‖ ניט אַ' keep in ‖ אַ' זיך set out, take off, strike out ⊢ אַ' זיך ⟨אויף⟩ embark (on)

אַרויס|לייג|ן וו ⟐ expound

אַרויס|נאַר|ן וו ⟐ obtain by deception

°אַרויסעט זען אַ ר ו י ס

אַרויספּאָסט די outgoing mail

אַרויספּונקט דער (ן) starting point, point of departure

אַרויס|פּלאַצ|ן וו ⟐ מיט blurt out

אַרויס|פּעקל|ען וו ⟐ bundle off

אַרויס|פּראַווע|ן וו ⟐ dispatch, get going *vt.* ‖ אַ' זיך get going *vi.*

אַרויס|פּרעס|ן וו ⟐ exact, extort

אַרוי'ספֿאָדער דער (ן) challenge

אַרויס|פֿאָ'דער|ן וו ⟐ ⟨אויף⟩ challenge (to)

אַרויס|פֿאַל|ן וו (איז אַרוי'סגעפֿאַלן) fall out, drop out

אַרוי'ספֿאַלער דער (ס) □קע drop-out

אַרויספֿאָר דער (ן) departure; outing; (*iro.*) performance ⊢ דער ערשט|ער אַ' start, beginning; virgin voyage

אַרויס|פֿאָר|ן וו (איז אַרוי'סגעפֿאָרן) leave, depart, sail

אַרויספֿיר דער (ן) export

אַרויס|פֿיר|ן וו ⟐ lead out, show out; export; derive, trace

אַרויספֿלי דער (ען) sortie

אַרויספֿלייץ דער (ן) outflow

אַרויס|פֿלייצ|ן וו ⟐ jet, gush out

אַרויסצי דער (ען) withdrawal

אַרויס|צי:|ען וו (אַרוי'סגעצויגן) extract; withdraw (a deposit) ⊢ אַ' זיך withdraw *vi.*; move out

אַרוי'ס־קאָנטאַקט דער (ן) output (jack)

אַרויס|קוואַל|ן וו ⟐ spring

אַרויסקום דער (ען) outcome, upshot; edition

אַרויס|קומ|ען וו (איז אַרוי'סגעקומען) come out, issue; emerge, result, be gained ‖ וואָס קומט מיר אַרוי'ס דערפֿו'ן? what do I gain by that?

אַרויסקוק דער (ן) outlook, prospect, expectation

אַרויס|קוק|ן וו ⟐ look out; stick out, jut out, project ⊢ אַ' אויף await eagerly, look forward to; (view) give onto

אַרויס|קלײַב|ן זיך וו (אַרוי'סגעקליבן) move out *vi.* (of a house etc.)

אַרויס|קריג|ן וו (אַרוי'סגעקראָגן) elicit, exact

אַרויס|ראַ'טעווע|ן וו ⟐ rescue

אַרויסרוף דער (ן) challenge

אַרויס|רופֿ|ן וו (אַרוי'סגערופֿן) summon; page; develop (photograph); provoke (feeling); call forth, lead to, cause, raise (question, objection) ⊢ אַ' ⟨אויף⟩ challenge (to)

אַרויסרייד דער (ן) זען אַ ר ו י ס ר ע ד

אַרויס|רײַס|ן וו (אַרוי'סגעריסן) wrest; wrench; pull (a tooth)

אַרויס|רינ|ען וו (איז אַרוי'סגערונען) leak out, escape

אַרויס|רי:ע|ן וו ⟐ unearth

אַרויסרעד דער (ן) pronunciation

אַרויס|רעד|ן וו ⟐ pronounce

אַרויס|שווימ|ען וו (איז אַרוי'סגעשווומען) emerge

אַרוי'סשטאַרציק אַדי jutting, prominent

אַרויס|שטאַרצ|ן וו ⟐ stick out, project, jut out, protrude

אַרויסשטויס דער (ן) ejection; exhaust

אַרויס|שטויס|ן וו (אַרוי'סגעשטויסן) eject

אַרויס|שטופּ|ן וו ⟐ push out, oust; displace; supplant

אַרויס|שטעל|ן וו ⟐ put out, stick out ‖ אַ' זיך ⟨פֿאַר⟩ turn out (to be)

אַרויס|שטעק|ן וו ⟐ stick out *vt/vi*; jut out, protrude

אַרויס|שטראָמ|ען וו ⟐ flow out

אַרויס|שייל|ן זיך וו ⟐ emerge

אַרויס|שיק|ן וו ⟐ send, mail, dispatch

אַרויס|שלאָג|ן וו (אַרוי'סגעשלאָגן) knock out; gush out; eliminate

אַרויס|שליס|ן וו (אַרוי'סגעשלאָסן) lock out

אַרוי'סשפּאַציר דער (ן) hike

אַרויס|שפּאַר|ן וו ⟐ displace

אַרויס|שפּרינג|ען וו (איז אַרוי'סגעשפּרונגען) jump out, spring forth

אַרויס|שפּריצ|ן וו ⟐ spout, jet

אַרויס|שרויפֿ|ן וו ⟐ unscrew

אַרוי'ף 1. אַדוו up, upward(s) ‖ אַ' מיט ⊢ up (*prep.*) ‖ אַ' מיטן טײַך up the river ‖ אַ' (די טרעפּ) upstairs ‖ אַ' ... אַראָ'פּ ⊢ more or less ‖ אַ דאָלאַר אַ' אַ דאָלאַר a dollar more or less; money ‖ אַראָ'פּ ⊢ is no object ‖ אַ' צו (צו) upward(s) ‖ 2. קוו up, upstairs; on ‖ אַרויפֿ|לויפֿ|ן run up(stairs) ⊢ אַרויפֿ|ציי'כענ|ען draw on ‖ ...־אַרוי'ף up... ‖ שטראָם־אַ' upstream

אַרויפֿ|אַ'רבעט|ן זיך וו (אַרוי'פֿגעאַרבעט) get ahead, work one's way up

אַרוי'ף־באַרג אַדוו uphill

אַרויפֿגאַנג דער (ען) ascent

אַרויפֿ|גיי|ן* וו (איז אַרוי'פֿגעגאַנגען) go up- (stairs); ascend *vt/vi*

אַרויפֿ|וואַרפֿ|ן וו (אַרוי'פֿגעוואָרפֿן) cast up ‖ אַ' ⟨אַ ... אויף⟩ turn (sb.) against

אַרוי'ף־ווינט אַדוו upwind

אַרויפֿ|זעצ|ן וו ⟐ seat (high) ‖ אַ' זיך ⟨אויף⟩ mount *vt/vi*

אַרויפֿ|טרעט|ן וו (איז אַרוי'פֿגעטראָטן) אויף step *pf.* on(to)

אַרויפֿ|לאָז|ן וו ⟐ admit; let ascend ‖ ניט אַ' keep off, keep down *vt.*

אַרויפֿ|לייג|ן וו ⟐ put up; impose, inflict (punishment)

אַרוי'פֿלייטערונג די escalation

אַרויפֿ|ליי'טער|ן (זיך) וו ⟐ escalate *vt/vi*

אַרויפֿ|נייט|ן וו (אַרוי'פֿגענייט) impose

°אַרויפֿעט זען אַרויף

אַרוי'ף צו (צו) זען אַרויף

•אַרויפֿ|צווינג|ען וו (אַרוי'פֿגעצוווּנגען) impose

אַרויפֿ|קוועטש|ן וו ⟐ press on; pry up

אַרויפֿ|קריכ|ן וו (איז אַרוי'פֿגעקראָכן) ⟨אויף⟩ climb *vt/vi*, scale

אַרויפֿשאָס דער (ן) blast-off, launching

אַרויפֿ|שווימ|ען וו (איז אַרוי'פֿגעשוווּמען) emerge

אַרוי'פֿשווימענדיק אַדי emergent

אַרויפֿ|שוועב|ן וו ⟐ soar *imp.*, float upwards

•אַרויפֿ|שטײַג|ן וו (איז אַרוי'פֿגעשטיגן) ⟨אויף⟩ ascend

אַרויפֿ|שיס|ן (זיך) וו (אַרוי'פֿגעשאָסן) blast off *vt/vi*

אַרויפֿ|שיק|ן וו ⟐ send up, send aloft

אַרויפֿ|שלעפּ|ן וו ⟐ pull up ‖ אַ' אויף זיך *also* incur

אַרו'ם 1. אַדוו around ‖ אַ' און אַ' altogether ⊢ אין ... אַרו'ם זען אי ן ‖ 2. פּרעפּ around, about; approximately ⊢ 3. קוו (a)round, about ⊢ אַרומ|לויפֿ|ן run around, run about ⊢ 4. דער (ען) environment, surroundings

אַרומ|אָרביטיר|ן וו ◇ orbit *vt/vi*

אַרומ|בלאָנקע|ן (זיך) וו ⟐ roam, ramble

אַרומ|גאַרטל|ען וו ⟐ gird

אַרומ|גיי|ן* וו (איז אַרו'מגעגאַנגען) ⟨אַרו'ם⟩ go around; circle, skirt; circulate

אַרומ|גרע'נעצ|ן וו ⟐ fence in, delimit

אַרומדריי דער (ען) revolution, rotation

אַרו'מדרייונג די (ען) זען אַרומדריי

אַרומ|דריי|ען וו ⟐ rotate, revolve *vt.* ‖ אַ' זיך turn, rotate, revolve *vi.*; loiter, hang around

אַרומ|וויקל|ען וו ⟐ wreathe, wrap *pf.*

אַרו'מוועגיק אַדי devious

אַרומ|זוימ|ען וו ⟐ זען אַרומזיימען

אַרומ|זוכ|ן וו ⟐ search

אַרומ|זיימ|ען וו ⟐ border, skirt

אַרומ|זע|ן* זיך וו (אַרו'מגעזען) look around; realize (after consideration)

אַרומ|טאַנצ|ן וו ◇ bustle, fuss
אַרומ|טאַפּ|ן וו ◇ finger; fumble
אַרומ|טראָג|ן וו (אַרו'מגעטראָגן) carry around
|| אַ' זיך מיט carry around, go around with
אַרומיק אַדי* surrounding, neighboring
אַרומ|כאַפּ|ן וו ◇ embrace *vt.*, hug; engulf
|| אַ' זיך embrace *vi.*
אַרומנעם דער (ען) embrace, hug; circumference
אַרו'מנעמיק אַדי comprehensive
אַרומ|נעמ|ען וו (אַרו'מגענומען) embrace *vt.*, hug, clasp; comprise ⊢ אַ' זיך embrace *vi.*
אַרו'מנעמענדיק אַדי זען אַרומנעמיק
אַרומ|סאַפּע|ן וו ◇ hoe
°אַרומעט זען אַרום; אַרומער (ט)
אַרומער(ט) through, around || דאָ אַ' through here ⊢ דאָרטן אַ' through there ⊢ הינטן אַ' through the back, the back way around ⊢ ווו אַ' where ⊢ ווי אַ' how
אַרומ|פּליוכע|ן וו ◇ slop around
אַרומ|פֿאָר|ן וו (איז אַרו'מגעפֿאָרן) ⟨איבער⟩ travel, voyage; cruise; tour ⊢ אַ' אַרו'ם go/get around, circle, skirt
אַרו'מפֿאָרער דער (ס) ⊡ traveler
אַרומ|פֿלי|ען וו (איז אַרו'מגעפֿלויגן) fly about/around ⊢ אַ' ⟨אַרו'ם⟩ circle (in flight)
אַרומ|פֿלעכט|ן וו (אַרו'מגעפֿלאָכטן) wreathe
אַרומפֿרעג דער (ן) survey
אַרומ|צאָל|ן זיך וו ◇ pay off one's debts
אַרומ|צאַמ|ען וו ◇ enclose, fence in
אַרומ|צײַנדל|ען וו ◇ scallop
אַרומקוק דער (ן) survey, inspection
אַרומ|קוק|ן וו ◇ look over || אַ' זיך look around ⊢ איידער מע קוקט זיך אַרו'ם before you know it
אַרומ|קראַנצ|ן וו ◇ wreathe
אַרו'מרינגלונג די encirclement
אַרומ|רינגל|ען וו ◇ (en)circle; surround; beset
אַרומרעד דער (ן) discussion

אַרומ|רעד|ן וו ◇ talk over, discuss
אַרומ|שאַר|ן זיך וו ◇ sneak about
אַרומ|שוועב|ן וו ◇ float about, hover
אַרומשיט דער (ן) embankment
אַרומ|שיפֿ|ן (זיך) וו ◇ ⟨אַרו'ם⟩ circumnavigate
אַרומ|שנײַד|ן וו (אַרו'מגעשניטן) trim, crop; pare
אַרומ|שער|ן וו (אַרו'מגעשוירן) trim (with shears or scissors)
אַרומ|שפּאַנ|ען וו ◇ ⟨איבער⟩ pace *vt/vi*
אָרון דער (אַרונות) [ORN—AROYNES] (*Jew.*) coffin, casket
אַרונג די concern
אַרונטער קוו •down; down and under || •אַרונטער|קריכ|ן climb down || אַרונטער|קריכ|ן אונטער get under, crawl under (bed etc.)
אַרונטער|גיי|ן* וו (איז אַרו'נטערגעגאַנגען) אונטער be included in, fall under
אָרון־קודש דער (ן) [ORNKOYDESH] (*Jew.*) the Holy Ark, the repository of the Torah scrolls in the synagogue
אַרורה די (—ות) [ARURE] shrew
אָרחי־פּרחי מצ [ORKhEPORKhE] bums, hoboes
'אַרט זען אופֿן; זגאַל; מין; סאָרט
אָרט 1. דאָס פּ״נל || room, space || גוט־אָרט 2. || דער (ערטער) place, spot; location; seat; locale, locality ⊢ אויפֿן אָ' in place; on the premises, on the spot; relevant ⊢ אויף פּאַס אָרט in place of, in (sb.'s) stead ⊢ ניט אויפֿן אָ' out of place; off the premises ⊢ ניט געפֿינ|ען זיך קיין אָ' fidget, be uncomfortable ⊢ פֿאַרנעמ|ען דעם אָ' פֿון supersede, replace
אָרטאָגראַפֿיע די orthography; spelling system
אָרטאָגראַפֿיש אַדי orthographical
אָרטאָדאָ'קס דער (ן) ⊡ orthodox person
אָרטאָדאָ'קסיע די orthodoxy
אָרטאָדאָקסיש אַדי orthodox
אַרטילעריע די artillery
אַרטי'סט דער (ן) ◻קע actor

אַרטיסטיש אַדי actor's
אַרטיסטקע די (ס) actress
אָרטיק *אַדי local || אָ' געריכט magistrate's court
אַרטיקולאַציע די articulation
אַרטיקוליר|ן וו ◇ articulate
אַרטיקל דער (ען) article, (learned) paper; commodity
אַרטישאָ'ק דער (ן) artichoke
אַרטעריע די (ס) artery
אַריבער 1. אַדוו: אַ' איבער over, across || אַ' און אַ' more than enough || 2. קוו over, across ⊢ אַריבער|וואַרפֿ|ן throw across, throw over
אַרי'בערגאַנג דער (ען) crossing
אַריבער|גיי|ן* וו (איז אַרי'בערגעגאַנגען) אין go over, pass into ⊢ אַ' איבער exceed || אַ' אויף switch *vi.* to
אַריבער|גיס|ן זיך וו (אַרי'בערגעגאָסן) ⟨איבער⟩ overflow
אַריבער|גליטש|ן זיך וו ◇ איבער slur over
אַרי'בערגעוואָרפֿ·ן אַדי: אַרי'בערגעוואָרפֿענע הויזן knickers
אַריבער|וואַקס|ן וו (איז אַרי'בערגעוואַקסן) outgrow (sb.)
אַריבער|וועג|ן וו (אַרי'בערגעוווגן) outweigh
אַריבער|טראָג|ן וו (אַרי'בערגעטראָגן) move *vt.* (by carrying); relay, transfer, pass, make over; endure *vt.* ⊢ אַ' זיך move *vi.*
אַריבער|כאַפּ|ן וו ◇: אַ' די מאָס ⟨מיט⟩ carry (stg.) to excess ⊢ אַ' זיך ⟨צו/קיין⟩ make a short visit
אַריבער|פּעקל|ען וו ◇ bring/get across
אַרי'בערפֿאָר דער (ן) crossing
אַריבער|פֿאָר|ן וו (איז אַרי'בערגעפֿאָרן) move *vi.* to a new house; run over *vt.* (in a vehicle)
אַרי'בערפֿיר דער transport
אַריבער|פֿיר|ן וו ◇ transport, transfer, move, ferry, convey
אַרי'בערפֿלי דער (ען) crossing
אַריבער|פֿלי|ען וו (איז אַרי'בערגעפֿלויגן) ⟨איבער⟩ cross (in flight)
אַריבער|קלײַב|ן זיך וו (אַרי'בערגעקליבן) move (to a new house)
אַריבער|קריג|ן זיך וו (אַרי'בערגעקראָגן) ⟨אי־בער⟩ get across
אַריבער|שטײַג|ן וו (איז/האָט אַרי'בערגעשטיגן) be ahead of, surpass, exceed; outdo
אַריבער|שיפֿ|ן וו ◇ ferry across
אַריבער|שפּרינג|ען וו (איז אַרי'בערגעשפּרונגען) ⟨א/איבער⟩ jump over, vault
אָריגינאַ'ל דער (ן) original; oddball
אָריגינע'ל אַדי original
אָריגינעלקייט די originality
אַריטמעטיק די arithmetic
אַריטמעטיש אַדי arithmetical
אַרײַ'ן 1. קוו in(to) || אַרײַנ|פֿלי|ען fly in || 2. אינט come in (in stage directions); enter
אַרײַ'נ... incoming
אַרײַנ|באַגלייט|ן וו (אַרײַ'נבאַגלייט) זע אַרײַנ־באַלייטן
אַרײַנ|באַלאָטיר|ן וו ◇ vote in
אַרײַנ|באַלייט|ן וו (אַרײַ'נבאַלייט) usher in
אַרײַנ|בוצקע|ן זיך וו ◇ אין bump into
אַרײַנבליק דער (ן) insight
אַרײַנ|בעט|ן וו (אַרײַ'נגעבעטן) call in, show in
אַרײַנברעך דער (ן) burglary
אַרײַנ|ברעכ|ן זיך וו (אַרײַ'נגעבראָכן) ⟨אין⟩ break in(to); burglarize
אַרײַ'נברעכער דער (ס) ◻קע burglar
אַרײַנגאַנג דער (ען) entrance || אַ' פֿאַרווע'רט no admittance
אַרײַנ|גיי|ן* וו (איז אַרײַ'נגעגאַנגען) ⟨אין⟩ go in, enter; frequent; be included ⊢ ניט אַ' no admittance
אַרײַנ|גיס|ן וו (אַרײַ'נגעגאָסן) pour (liquid) ⊢ *pf.* אַ' זיך flow in, (river) empty *vi.*
אַרײַנ|גנבֿע|נען (זיך) וו ◇ [GANVE] sneak in *vt/vi*
אַרײַנ|געב|ן* וו (אַרײַ'נגעגעבן) enter *vt.*; place, hand in, submit
אַרײַ'נגעוואַקס·ן אַדי ingrown
אַרײַ'נגעטאָן אַפּ (אַרײַ'נגעטאָנען אַדי) rapt, absorbed

אַרײַ'נגערעכנט אַדי ⟨אַ⟩ inclusive, included || דעם שטײַער אַ' inclusive of the tax

אַרײַנדרונג דער (ען) penetration

אַרײַנ|דריי|ען זיך וו ◇ slip in, sneak in *vi.*

אַרײַ'נדרינגלער דער (ס) ◻קע infiltrator, intruder

אַרײַנ|דרינג|ען וו (איז אַרײַ'נגעדרונגען) penetrate, infiltrate

אַרײַ'נדרינגער דער (ס) ◻קע invader, intruder

אַרײַנוואַרג דאָס input (material)

אַרײַנ|וואַרפֿ|ן וו (אַרײַ'נגעוואָרפֿן) throw in, drop in *vt.*, inject; interject ⊢ אַ' זיך plunge

אַרײַנוועג דער (ן) input (channel)

אַרײַנ|ווע'רעמ|ען זיך וו ◇ worm one's way in

אַרײַנ|זאָג|ן וו ◇ ⟨ד⟩ tell off

אַרײַנ|טאָ|ן* וו (אַרײַ'נגעטאָן) ⟨אין⟩ put in(to) || אַ' זיך ⟨אין⟩ become absorbed (in), plunge (into work)

אַרײַנ|טײַטש|ן וו ◇ ⟨אין⟩ read in(to)

אַרײַנ|טראָג|ן וו (אַרײַ'נגעטראָגן) bring in, carry in; enter *vt.*, file

אַרײַנ|טראַכט|ן וו (אַרײַ'נגעטראַכט) cogitate || אַ' זיך אין think through

אַרײַנטרעט דער admission, entry

אַרײַנ|טרעט|ן וו (איז אַרײַ'נגעטראָטן) ⟨אין⟩ step in(to); join, enter (an organization)

אַרײַנטרעף דער (ן) impact, strike

אַרײַנ|טרעפֿ|ן וו (אַרײַ'נגעטראָפֿן) hit the mark

אַרײַנ|כאַפּ|ן וו ◇ snatch up; °catch (beating, scolding etc.); perform/consume hastily ⊢ אַ' (און וו) seize the opportunity (to) ⊢ אַ' זיך ⟨צו⟩ drop in (for a short visit with), slip in(to)

אַרײַנ|לאָז|ן וו ◇ let in, admit || ניט אַ' keep out ⊢ אַ' זיך ⟨אין⟩ let oneself in(to), embark on (a venture), go into (details); barge in(to)

אַרײַנ|לייג|ן וו ◇ put in, insert; invest || אַ' זיך אין put all one's effort into || אַ' זיך אין שלום [SHOLEM] intervene (as a peacemaker)

אַרײַנ|לעב|ן זיך וו ◇ ⟨אין⟩ get used (to an environment)

אַרײַנמאַרש דער (ן) festive entry

אַרײַנמיש דער (ן) interference, intervention

אַרײַ'נמישונג די (ען) = אַ ר ײַ נ מ י ש

אַרײַנ|מיש|ן וו ◇ mix in *vt.* || אַ' זיך mix in *vi.*, cut in, meddle, interfere

אַרײַנ|נאַדיע|ן זיך וו ◇ worm one's way in

אַרײַנ|נאַר|ן וו ◇ ⟨אַ ... אין⟩ fool, lure, entice (into)

אַרײַננעם דער (ען) capacity

אַרײַננעמיק אַדי capacious; compendious

אַרײַנ|נעמ|ען וו (אַרײַ'נגענומען) take in, contain, include, embrace; comprise

°אַרײַנעט זען אַ ר ײַ ן

אַרײַנפּאָסט די incoming mail

אַרײַנ|פֿאַל|ן וו (איז אַרײַ'נגעפֿאַלן) fall in; barge in; be deceived ⊢ אַ' אין lapse into

אַרײַנפֿאָר דער (ן) entry, entrance (in/for a vehicle)

אַרײַנ|פֿאָר|ן וו (איז אַרײַ'נגעפֿאָרן) ⟨אין⟩ drive in(to); crash (into)

אַרײַנפֿיר דער (ן) introduction; import(ation)

אַרײַנפֿיר־... introductory

אַרײַ'נפֿירונג די importation; initiation

אַרײַנ|פֿיר|ן וו ◇ lead in, show in; introduce; initiate; import

אַרײַנ|פֿלעכט|ן וו (אַרײַ'נגעפֿלאָכטן) put in(to context), insert

אַרײַנצי דער involvement

אַרײַנ|צימבל|ען וו ◇ ⟨ד⟩ (*hum.*) spank, give a whipping

אַרײַנ|צי|ען וו (אַרײַ'נגעצויגן) pull in; enlist *vt.*; involve, implicate ⊢ אַ' זיך move in *vi.*

אַרײַ'נקאָנטאַקט דער (ן) input (jack)

אַרײַנ|קוועטש|ן וו ◇ squeeze in, join in

אַרײַנקום דער (ען) entrance, entry; scene (part of an act)

אַרײַנ|קומ|ען וו (איז אַרײַ'נגעקומען) ⟨אין⟩ enter *vt/vi*

אַרײַנ|קוק|ן וו ◈ look/peep in || אַ' אין consult, browse in

אַרײַנ|קלאַפּ|ן וו ◈ knock in, drive (nails)

אַרײַנ|קלײַב|ן זיך וו (אַרײַ'נגעקליבן זיך) move in

אַרײַנ|קלער|ן וו ◈ ⟨אין⟩ contemplate *vt/vi*

אַרײַנ|קריג|ן (זיך) וו (אַרײַ'נגעקראָגן) get in *vt/vi*

אַרײַנ|רוק|ן וו ◈ slip in *vt.*, insert

אַרײַנ|רײַב|ן וו (אַרײַ'נגעריבן) rub in; °gobble down, °put away (food)

אַרײַנ|רײַס|ן זיך וו (אַרײַ'נגעריסן) ⟨אין⟩ break in(to), intrude (upon), invade

אַרײַנ|רע'כענ|ען וו ◈ count, include

אַרײַ'נרעכענענדיק אַדוו ⟨אַ⟩ including

אַרײַנ|שטאָפּ|ן וו ◈ stuff in, jam in

אַרײַ'נשטופּונג די (ען) encroachment

אַרײַנ|שטופּ|ן וו ◈ push in, pile in *vt.* || אַ' זיך ⟨אין⟩ push in, pile in *vi.*; encroach (upon)

אַרײַנ|שטעל|ן וו ◈ put in, stick in, insert

אַרײַנ|שטעק|ן וו ◈ stick in, tuck in

אַרײַנ|שיט|ן וו (אַרײַ'נגעשאָטן) pour *pf.* (dry substance)

אַרײַנ|שיק|ן וו ◈ send in, file

אַרײַנ|שמעק|ן וו ◈ ⟨צו⟩ drop in (for a short visit) ⊢ אַ' ⟨אין⟩ pry (into)

אַרײַנ|שפּאַר|ן וו ◈ wedge in || אַ' זיך push one's way in

אריכות־ימים דאָס [ARIKhES-YO'MIM] longevity, long life ⊢ באַרעכנט אַ' life expectancy

אריכות־ימימדיק אַדי [ ] long-lived

אריכות־ימים־שאַץ דער (ן) [ ] life expectancy

אַריסטאָקראַ'ט דער (ן) □קע aristocrat

אַריסטאָקראַ'טיע די (ס) aristocracy

אַריסטאָקראַטיש אַדי aristocratic

אַריע די (ס) aria

אָריע'נט דער Orient

אָריענטאַ'ל דער (ן) ⊡ Oriental

אָריענטאַליש אַדי oriental

אָריענטי'ר דער (ן) landmark

אָריענטירונג די (ען) bearings, presence of mind; orientation

אָריענטיר|ן וו ◇ orient || אָ' זיך have/get one's bearings, be/get oriented; know one's way about; have one's wits about one ⊢ אָ' זיך אין look into

אַרכאַיזם דער (ען) archaism; archaic expression

אַרכאַיש אַדי archaic

אַרכאַנגל דער (ען) (*Chr.*) archangel

אָרכידעע די (ס) orchid

אַרכי'וו דער (ן) archives

אַרכיוואַ'ר דער (ן) ⊡ archivist

אַרכיטע'קט דער (ן) ⊡ architect

אַרכיטעקטו'ר די (ן) architecture

אַרכיטעקטיש אַדי architectural

אַרכיפּעלאַ'ג דער (ן) archipelago

אַרכעאָלאָ'ג דער (ן) ⊡ archaeologist

אַרכעאָלאָגיע די archaeology

אַרכעאָלאָגיש אַדי archaeological

אַרמאַטו'ר די (ן) armature; fitting, fixture

אַרמיי' די (ען) army

אַרמיש אַדי [ARAMISh] Aramaic

אַרמע'ניע (די) Armenia

אַרמענער 1. דער (—) ⊡ Armenian || 2. אַדי Armenian

אַר|ן וו ◇ bother; concern; (*rev. con.*) mind, care ⊢ עס אַרט מיך ניט it doesn't bother me, I don't care

אָרנאַמע'נט דער (ן) ornament

אָרנאַמענטאַ'ל אַדי ornamental

אָ'רנטלעך אַדי respectable, honest, fair

אָ'רנטלעכקייט די honesty, integrity, fairness

...אַרניע די (ס) place of ... || קיבעצאַרניע kibitzers' gathering place

אַרסענאַ'ל דער (ן) arsenal, armory

אַרעליע'ף דער (ן) [LY] high relief

אָרעם אַדי poor, destitute

אָרעם דער (ס) arm

אָרעמאַ'ן דער (אָרעמע־לײַ'ט) poor man

°אָרעמאַנסקע אַדי squalid

אָרעם־מע'נטש דאָס (ן) poor woman

אָ'רעמקייט די poverty

אַרענדאַ'ר דער (ן) זען ר ע נ ד אַ ר

אַרענדע די (ס) || lease (of estate etc.)
נעמ|ען/אָפּ|געב|ן* אין אַ' lease (as lessee/lessor)

אַרענע די (ס) arena

אַרע'סט דער (ן) arrest, seizure; detention, custody ⊢ שטעל|ן אונטער אַ' take into custody

אַרעסטאַ'נט דער (ן) ◻קע prisoner, convict

אַרע'סט־באַפֿעל דער (ן) warrant

אַרעסטיר|ן וו ◇ arrest

אַרץ דאָס (ן) ore

אַ'רצזוכער דער (ס) prospector

אַרציביסקופּ דער (ן) archbishop

ארץ־ישׂראל (דאָס) [ERTSISROEL] Palestine

ארץ־ישׂראלדיק אַדי [ ] Palestinian

ארץ־ישׂראל־עפּעלע דאָס (ך) [ ] crabapple

ארץ־ישׂראל־פֿעדעם מצ [ ] gossamer

אַרצע.. arch... (evil) || אַרצערשע [ROSHE] arch-villain

אַרקטיק דער the Arctic

אַרקטיש אַדי Arctic

אָרקעסטער דער (ס) orchestra

אָרקעסטער־... orchestral

אַרשי'ן דער (ען) arshin, a measure of length formerly used in Russia, equal to 28 inches

אַרשעניק דער arsenic

אַש דאָס ash(es) || מאַכ|ן אַש און בלאָטע פֿון scorn, make mincemeat of

אַש־און־פּאַ'רעך dust and ashes

אַשבוים דער (...ביימער) ash (tree)

•אשה זען א י ש ה

אַשור (דאָס) Assyria

אַשוריש אַדי Assyrian

אַ שטייגער זען ש ט י י ג ע ר

אַ'שטעצל דאָס (עך) ashtray

אַשכּנז דאָס [A'shKENAZ] (*Jew.*) Medieval Germany; Ashkenazic Jewry

אַשכּנזי דער (ם) [ASHKENAZI] Ashkenazi, one of the Jews of central and northern Europe and their descendants, as opposed to the Sephardim

אַשכּנזיש אַדי [ ] Ashkenazic

אַשכּנזער אַדי—אינוו [ASHKENEZER] = אַשכּנזיש

אש־להבֿה אַפּ ⟨אויף⟩ [EYSh-LEHO'VE] infuriated

אַשלעך דאָס scallions (*coll.*)

אַשמדאַי [A'shMEDAY]: דער אַ' Ashmodai, Asmodeus, (in Jew. lore) the king of demons

אַש'ן אַדי ash (wood)

אַשרי [AShRE]: קלאָר ⟨אין ד⟩ ווי אַ ייִד אין אַ' fully conversant (with)

אַשר־יצר־פּאַפּיר דאָס [AShERYO'TSERPAPIR] toilet paper

אשת־איש די [EYShES-I'sh] married woman

°אשת־אישניצע די (ס) [ ] adulteress

°אשת־אישניק דער (עס) [ ] adulterer

אשת־חיל די (ס) [EYShES-KhA'YEL] woman of valor

אַתּה בחרתּנו פֿר [ATO BOKhARTONU] "Thou hast chosen us," a phrase in a prayer referring to the view of the Jews as a Chosen People

אתרוג דער (ים) [ESREG—ESROYGIM] ethrog, citron, a fruit over which blessings are said during the Sukkoth holiday

ב

ב דער/די [BEYS] letter of the Yiddish alphabet; pronounced [B]; numerical value: 2

▾באַאָבאַכטונג זען אָבסערוואַציע, אַכטגעבונג

▾באַאָבאַכטן זען אָבסערווירן, אַכטגעבן

▾באַאָבאַכטער זען אָבסערוואַטאָר, אַכטגעבער

באַאו'מרויִק|ן װ ◇ disturb, alarm, perturb, trouble ‖ ב' זיך be disturbed, be alarmed

•באַאײַ'נפֿלוס|ן װ ◇ influence

באַאַמט|ער דער—געב clerk; official, (civil) officer

באַאַ'רבעטונג די (ען) cultivation; adaptation, revision

באַאַ'רבעט|ן װ (באַאַרבעט) till, cultivate, farm, work *vt.*; canvass (an area); elaborate; adapt, revise

באָב דער (עס) △ בעבל bean; beans (*coll.*)

באַבלו'מט אַדי flowery

באַבניק דער (עס) womanizer

באַבסקע אַדי old wives'

באַבע די (ס) hag

באָבע די (ס) grandmother; midwife ‖ מײַן ב'ס דאגה [DAYGE]! what do I care?

באָ'בע־מעשׂה די (—יות) [MAYSE] tall story, fairy tale (*cont.*)

באָ'בעצע די (ס) hag

באָ'בעשי די (ס) granny

באַבקע די (ס) babka (a sweet cake)

באַברעמ|ען װ ◇ garnish, border

באָברע|ן זיך װ ⊙ fumble around, rummage, stir

•באַגאַ'בט אַדי gifted

באַגאָב|ן װ ◇ ¤ מיט confer upon, grant to

באַגאַ'זש דער (ן) baggage, luggage

באַגאָטיש אַדי hypocritical in religious matters; sanctimonious, bigoted

באַגול|ן װ ◇ זען באַגילדן

באַגזל|ען װ ◇ [BAGAZL] rob *vt.*

באַגי'טיקונג די fertilization (of soil)

באַגי'טיק|ן װ ◇ fertilize (soil)

•באַגיי'|ן* װ (מיר/זיי באַגייען; איז באַגאַנגען) commit ‖ ב' זיך אָן do without, spare ‖ ב' זיך מיט treat, handle, wield

באַגײַ'סטערונג די (ען) enthusiasm

באַגײַסטערט אַדי enthusiastic

באַגײַ'סטער|ן װ ◇ inspire, rouse

באַגי'לדט אַדי gilded, gold-plated

באַגילד|ן װ ◇ gild

באַגי'לטיק|ן װ ◇ validate

באַגילט|ן װ (באַגי'לט) זען באַגילדן

באַגינען 1. אַדװ at dawn ‖ 2. דער (ס) dawn

באַגי'נציק|ן װ ◇ favor, be conducive to

באַגיס|ן װ (באַגאָסן) water, wet, douse

באַגלײ'בט אַדי trusted; dependable, reliable, trustworthy

באַגלײ'ט... זען באַלייט...

▾באַגלײַך זען (בײַ) גלײַך

באַגלי'ק דער (ן) success

באַגליק|ן װ ◇ succeed, have good luck

באַגנבֿע|נען װ ◇ [BAGANVE] pilfer, rob, steal from

באַגנו'גענ|ען װ ◇ זען באַנוגענען

באַגנע'דיקונג די (ען) clemency, pardon

באַגנע'דיק|ן וו ◇ show clemency to, pardon

באַגנע'ט דער (ן) bayonet

באַגע'געניש דאָס (ן) encounter, meeting; date ⊢ מצ adventures || בייזע ב'ן vicissitudes

באַגע'גענ|ען וו ◇ meet *vt.*, encounter || ב' זיך ⟨מיט⟩ meet *vt/vi*

באַגווע'לטיק|ן וו ◇ master

באַגע'ר דער (ן) desire, lust

באַגער|ן וו ◇ desire, crave, covet

°באַגראָ'ב דער (ן) scolding; rebuff

באַגראָב|ן וו (באַגראָבן) bury; (*hum.*) undo, spoil (an enterprise); °rebuff

•באַגרײַפֿ|ן וו (באַגריפֿן/◇) comprehend

באַגרינדונג די (ען) justification

באַגרינד|ן וו ◇ justify, substantiate

באַגריסונג די (ען) greeting, welcome

באַגריס|ן וו ◇ greet, welcome; acclaim, hail, salute; applaud (an action) || ב' זיך מיט greet

באַגרי'ף דער (ן) concept, notion, idea

באַגריפֿיק אַדי conceptual

°באַגרע'בעניש דאָס (ן) (*hum.*) undoing

באַגרע'נעצונג די (ען) restriction, limitation, qualification; abridgment

באַגרענעצט אַדי limited; narrow-minded

באַגרע'נעצ|ן וו ◇ limit, confine; abridge (rights); restrict, qualify

באָד 1. די (בעדער) bath(house) || °(אַוועק|)פֿיר|ן אין ב' (אַרײַ'ן) (*hum.*) dupe, deceive ⊢ 2. דאָס (בעדער) resort

באַדאַ'כט אַדי prudent

באַדאַנק|ען וו ◇ thank *pf.*

באַדאַ'רף דער (ן) need

באַדאַרפֿ|ן* וו (ער באַדאַ'רף; ◇) ⟨אַ; (צו) אינפֿ⟩ || require, need, have to; happen to || ווי ס'באַדאַ'רף צו זײַן properly

באָ'דהיטל דאָס (עך) bathing cap

באַדויער דער regret(s)

באַדוי'ערונג די זען ב אַ ד ו י ע ר

באַדוי'ערלעך אַדי deplorable, regrettable

באַדוי'ער|ן וו ◇ אַ/וואָס regret, be sorry about, deplore ⊢ צום ב' regrettably; unfortunately

באָדיונג דער (ען) good-for-nothing, rowdy, loafer

באַדײַ' אַדוו even; if only || ער וועט ב' קראַנק ווערן — אַבי' ניט אַ'רבעטן he would rather be sick than work ⊢ ב' קומט ער if he would only come

•באַדײַטונג די (ען) זען ב אַ ט ײַ ט

•באַדײַט|ן וו (באַדײַט) זען ב אַ ט ײַ ט ן

באַדי'נ... service || באַדי'ן־אָפּצאָל service charge

באַדי'נג דער (ען) condition, provision

באַדינגונג די (ען) conditioning; •condition

באַדי'נגט אַדי conditioned

באַדינגיק אַדי conditional

באַדינג|ען זיך וו (באַדונגען) (וועגן) settle on (a price etc.)

באַדינונג די (ען) service

באַדי'ן־סטאַנציע די (ס) service station

באַדינ|ען וו ◇ serve, wait on; service, tend; cater to ⊢ ב' זיך מיט make use of

באַדינער דער (ס) ⊡ servant, attendant

באַדי'נערשאַפֿט די (ן) (body of) servants, service staff

באָ'דכאַלאַט דער (ן) bathrobe

באַדמינטאָ'ן דער badminton

באָדן דער (ס) ground, soil, terrain

באָד|ן וו (געבאָדן) bathe *vt/imp* || ב' זיך bathe *vi.*, take a bath ⊢ *גיי|ן ב' bathe ⊢ ב' זיך אין *also* go swimming in; wallow in, float in, have plenty of; bask in

באָדנער דער (ס) cooper

באָדעם דער (ס) bottom

באַדעק|ן וו ◇ cover *pf.*, top; line; overrun

באַדעקנס דאָס (*Jew.*) veiling of the bride prior to the wedding ceremony

באַדע'רפֿעניש דאָס (ן) need, want, requirement

באָ'דקאָסטיום דער (ען) bathing suit

באַדראָטונג די wiring

באַדראָט|ן וו (באַדראָ'ט) wire, provide with wiring

'באַדראָען זען (שטעלן אין) סכּנה

באַדריקונג די oppression

באַדריק|ן וו ◇ oppress

באַדרי'קנדיק אַדי oppressive

באַדריקער דער (ס) ◻קע oppressor

באַדרע'נגעניש דאָס (ן) anxiety

באַהאַוונט אַדי ⟨אין⟩ versed, proficient; skillful

באַהאַ'וונטקייט די proficiency

באַהאַלט·ן 1. אַדי hidden; covert || 2. באַהאַלט|ן וו (באַהאַלטן) hide *vt.*, conceal, keep (a secret) from; inter ⊢ ב' זיך hide *vi.*

באַהאַלטער דער (ס) shelter

באַהאַנדל דער (ען) זען באַהאַנדלונג

באַהאַנדלונג די (ען) treatment

באַהאַנדל|ען וו ◇ treat, handle; deal with || שלעכט ב' maltreat || פֿאַלש ב' abuse

באַהאָפֿט·ן אַדי joined; hyphenated

באַהאַ'רצט אַדי bold, brave, courageous, valiant ⊢ ב' באַגע'גענ|ען brave *vt.*

באַהאַ'רצטקייט די courage

באַהויזונג די housing

באַהויז|ן וו ◇ house

'באַהויפּטן זען דרינגען, טענהן

באַהייבלעך אַדי feasible

באַהייב|ן וו (באַהויבן) grasp; manage, negotiate (an obstacle); have in one's power ⊢ קענ|ען* ב' be equal to, be up to

באַהייצונג די heating

באַהייצ|ן וו ◇ heat, provide with heating

באַהילפֿיק זען בײַהילפֿיק

באַהעביק אַדי affluent

באַהע'ביקייט די affluence

באַהע'לטעניש דאָס (ן) concealment, hiding; hide-out

באַהע'לטערלעך מצ hide-and-seek

באַהעפֿטונג די (ען) union; uniting

באַהעפֿט|ן וו (באַהאָפֿטן) join, unite; hyphenate ⊢ ב' זיך unite *vi.*; copulate

באַהערנערט אַדי horned

•באַהערשונג די restraint; mastery (of a skill)

•באַהערש|ן וו ◇ rule, control, dominate; master, subdue; command ⊢ •ב' זיך control/collect oneself, hold one's temper

באַוואו..., 'באַוואוי... זען באַווו..., באַוווי'...

באַוואַכ|ן וו ◇ guard || פּאָליצײַיש ב' police

באַוואַלדונג די reforestation

באַוואַ'סערונג די irrigation

באַוואַ'סער|ן וו ◇ irrigate

באַוואָפֿנט אַדי armed

באַוואָ'פֿענונג די armament

באַוואָ'פֿענ|ען (זיך) וו ◇ arm *vt/vi*

באַוואַקס·ן אַדי overgrown, grown over (with); hairy

באַוואָרנט אַדי ⟨קעגן⟩ secure(d), proof (against)

...־באַוואָרנט אַדי ...proof || הי'ץ־באַוואָרנט heatproof ⊢ וואַ'סער־ב' waterproof || קוי'לן־ב' bulletproof

באַוואָ'רעניש דאָס (ן) precaution, reservation, safeguard ⊢ אָן ב'ן unqualified

באַוואָ'רענ|ען וו ◇ secure, safeguard, make sure ⊢ ב' זיך take precautions; make provisions; stipulate; make sure

באַוואַרפֿ|ן וו (באַוואָרפֿן) ⟨מיט⟩ pelt, ply with

באַוואַרפֿנס דאָס gift shower; (*Jew.*) ceremony of showering bridal couple with rice or sweets

באַוואַש|ן וו (באַוואַשן) (waves etc.) wash || ב' זיך מיט טרערן melt into tears

באַוווינ|ען וו ◇ occupy, inhabit

באַווו'נדערונג די admiration

באַווו'נדער|ן וו ◇ admire, marvel at

באַווו'נדערער דער (ס) ⊡ admirer

באַווו'סט אַדי (well-)known, noted, eminent

באַוווסטזײַן דאָס consciousness || •אָן ב' unconscious, senseless ⊢ בײַם ב' conscious ⊢ •ניט בײַם ב' unconscious

באַוווּסטזיניק 711 באַטאָנען

באַוווּ'סטזיניק אַדי conscious (of one's status, cause etc.)
באַווײַ'בט אַדי married (man)
באַווײַ'ז דער (ן) token; demonstration || evidence מצ
באַווײַזונג די (ען) apparition
באַווײַז|ן וו (באַוויזן) exhibit, show; demonstrate, substantiate ⊢ ב' ⟨צו⟩ make (come on time for); have time for; succeed in ⊢ ב' זיך appear, show up
באַוויינ|ען וו ◇ mourn, lament *vt.*
באַווי'ליקונג די (ען) grant
באַווי'ליק|ן וו ◇ grant, accord || ב' צו deign to
באַווירק|ן וו ◇ affect, influence
באַוול דער cotton; thread
באָוול דאָס junk, poor merchandise
באַ'וול־דרעשער דער (ס) cotton gin
באַווע'ג דער (ן) move
באַוועגונג די (ען) motion; movement
באַוועגלעך אַדי mobile, movable
באַווע'גלעכקייט די mobility
באַוועג|ן (זיך) וו ◇ move *vt/vi*; exercise *vt/vi*
באַ'וועלן אַדי cotton
באַווער|ן וו ◇ materialize, realize
באָו מים עד נפֿש פֿר [BOU MAIM AD NEFESh] we/they/... are at the end of our/their/... tether
באונס אַדוו [BEOYNES] under compulsion, perforce ⊦ ב' וו be forced to
באַזאַ'כט אַדי slow, leisurely, deliberate, demure, dispassionate
באַזאַלצ|ן וו ◇ salt
באַזאַמד|ן וו ◇ sand, strew with sand
באַזאַ'ר דער (ן) bazaar
באַזאָ'רגט אַדי anxious, worried
באַזאָרג|ן וו ◇ attend to, see to; provide
באַזבֿל|ען וו ◇ [BAZEVL] besmirch
באַזוי'מענ|ען וו ◇ seed
•באַזו'ך דער (ן) visit; attendance; stay
באַזוכ|ן וו ◇ search (a person); •visit, •call upon; •frequent
•באַזוכער דער (ס) ⊡ visitor

באַזונדער 1. אַדי separate; distinct, particular; special ⊦ (מצ) several || 2. אַדוו separately, apart
באַזונדערש אַדוו unusually, particularly, especially
•באַזיג|ן וו ◇ conquer *vt.*, subdue; defeat
באַזײַ'טיקונג די (ען) removal, elimination, disposal
באַזײַטיקט אַדי removed, out of the way
באַזײַ'טיק|ן וו ◇ remove, eliminate, dispose of; expel
באַזילבערט אַדי silver-plated
באַזינג|ען וו (באַזונגען) celebrate (in song etc.)
באַזיניקט אַדי conscious
באַזיס דער (ן) basis
באַ'זיסדיק אַדי basic
באַזיסעכץ דאָס (ן) icing
•באַזי'ץ דער possession, ownership
•באַזיצ|ן וו (◇/באַזעסן) possess, own
•באַזיצער דער (ס) ⊡ possessor, owner
באַזיר|ן וו ◇ base
באַזיש אַדי alkaline
באַזע די (ס) base; alkali
באַזע'צט אַדי occupied; manned
באַזעצ|ן וו ◇ seat; occupy, settle *vt.*; man; garrison; take possession of || ב' זיך settle *vi.*
באַזעצנס דאָס traditional seating of girl on bridal chair, as part of Jew. wedding ceremony
באַזעצער דער (ס) ⊡ settler
באַחנט אַדי [BAKhE'YNT] charming
באָט דער (ן) (rain/snow) boot
באַטאָ'גט אַדי elderly
באַטאָוולט אַדי hard-cover (book)
באַטאָוול|ען וו ◇ panel
באַטאַטע די (ס) sweet potato
באַטאַליאָ'ן דער (ען) [LY] battalion
באָטאַניק די botany
באָטאַ'ניקער דער (ס) ⊡ botanist
באָטאַניש אַדי botanical
•באַטאָנ|ען וו ◇ accentuate, stress

באַטאַפּ|ן וו ◇ feel, paw
באַטיטל|ען וו ◇ style, give (sb.) the title of
באַטײַ'ט דער (ן) meaning, significance
באַטײַטיק אַדי significant, relevant
באַטײַ'טיקייט די significance
באַטײַט|ן וו (באַטײַ'ט) mean, signify, denote
באַטיי'ליקונג די participation
באַטיי'ליקט|ער דער—געב participant
באַטיי'ליק|ן זיך וו ◇ ⟨אין⟩ take part (in), participate (in), be a party (to)
באַטייל|ן וו ◇ אַ מיט hand out (stg.) to, confer (stg.) upon
באַטי'סט דער cambric || באַטיסט'ן אַדי
באָט|ן וו (געבאָטן) bid, offer
באַטעמט אַדי [BATA'MT] tasty, delicious; cute
באַטע'פּעכונג די carpeting
באַטע'פּעכ|ן וו ◇ carpet
באַטערייקע די (ס) small battery; battery light
באַטעריע די (ס) battery
באַטראַ'כט דער consideration || נעמ|ען אין ב' take into consideration || ניט קומ|ען אין ב' be out of the question
באַטראַכטונג די (ען) deliberation, examination, consideration ⊢ (מעדיצי'ניש|ע) ב' checkup
באַטראַכט|ן וו (באַטראַ'כט) observe, regard, watch; examine; consider, contemplate, deliberate ⊢ ב' זיך consider *vi.*, think it over
•באַטרי'בט אַדי sad
באַטרעט|ן וו (באַטראָטן) set foot on
באַטרע'ף דער (ן) amount, sum; value, import(ance), significance ⊢ האָב|ן* אַ ב' count
באַטרעפֿיק אַדי significant, material, weighty
באַטרעפֿ|ן וו (באַטראָפֿן) amount to
באָטשאַן דער (...אַ'נעס) זען בושל[1]
באַיאָ|ען וו ◇ affirm, confirm

באַיאָ'רנט אַדי aged
באין־אופֿן אַדוו [BEE'YN-O'YFN] by no means, in no case
'באַיקאָט זען בויקאָט
באַכּוח|ן וו ◇ [BAKOYEKh] power; propel
באַכּישופֿ|ן וו ◇ [BAKIShEF] fascinate, enchant
באַך אינט thump! bang!
באָך דער (ן) river, stream
באַכראָ'מט אַדי chromium-plated
באַל[1] דער (ן) playing ball
באַל[2] דער (בעלער) ball (festivity)
באַלאַבעטשע|ן וו ◇ זען באַלעבעטשען
באַלאַגאַ'ן דער (ען) mess, bedlam
באַלאַ'גערונג, באַלאַ'גער|ן זען באַלעגערונג, באַלעגערן
באַלאַד'ן 1. אַדי laden || 2. באַלאָד|ן וו (באַלאָדן) load, burden
באַלאַדע די (ס) ballad
באַלאַלײַקע די (ס) balalaika
באַלאָ'ן דער (ען) balloon
•באַלאַנג|ען וו ◇ belong, pertain
באָלאָניער וווּרשט דער bologna
באַלאַ'נס דער (ן) balance
באַלאַנסיר|ן וו ◇ poise, balance; counterbalance
באַלאַ'סטיקונג די (ען) encumbrance, burden
באַלאַ'סטיק|ן וו ◇ encumber, burden
באַלאַסט|ן וו (באַלאַ'סט) charge (an account)
באַלבאָ'ס דער (באַלבאַטים) זען בעל־הבית
באַלבעטשע|ן וו ◇ זען באַלעבעטשען
באַלד אַדוו soon, shortly, presently; almost, nearly; from the first, at first || ב' ווי as soon as || ווי ב' whereas, since
באַלדיק אַדי immediate, early, prompt
°באַלוואַ'ן דער (עס) moron
°באַלוואַנסקע אַדי moronic
באַלוי'ן דער (ען) reward
באַלוינונג די (ען) reward, decoration
באַלוינ|ען וו ◇ reward || ב' ⟨מיט⟩ award, decorate (with) ⊢ מע האָט אים באַלוי'נט

מיט אַ מעדאַ'ל he was awarded a medal

באַלזאַם דער balm

באַלזאַמיש אַדי balmy

באַלטיש אַדי Baltic

באַלי'בט אַדי beloved, favorite, popular

באַלײַ'בט אַדי portly, stout, corpulent

באַלייג|ן וו ◇ cover, line; put to bed; put up (guests); mail (letter)

באַליי'דיקונג די (ען) insult, offense

באַליידיקט אַדי hurt, offended

באַליי'דיק|ן וו ◇ insult, offend || ב' זיך ⟨אויף⟩ be insulted, be offended at, be hurt by; take umbrage at

באַליי'דיקנדיק אַדי offensive

באַלייט... attendant || ב'־סימפּטאָם attendant symptom

באַלייטונג די (ען) escort; accompaniment

באַלייט|ן וו (באַליי'ט) escort, accompany, attend ⊢ ב' אַהיי'ם see home

באַלייטער דער (ס) ⊡ escort, companion; chaperon

באַליי'טערין די (ס) (*fem.*) companion, chaperone

באַלײַ'כט דער (ן) (photo) exposure

באַלײַכטונג די (ען) lighting; illumination

באַלײַכט|ן וו (באַלויכטן/באַלײַ'כט) illuminate, light up; (in photography) expose; elucidate

באַלייש|ן וו ◇ gild (with gold leaf)

באַ'ליע די (ס) washtub

באַלי'ק דער (עס) sturgeon

באַלכסון אַדוו [BALAKhSN] diagonally, obliquely

באַלכסונדיק אַדי [ ] diagonal, oblique

באַלמוטשע|ן וו ◇ זען באַלעמוטשען

באַלן דער (ס) bale

באַלעבאָ'ס דער (באַלעבאַטים) זען בעל־הבית

באַלע'בט אַדי animated, lively, sprightly; animate

באַלעב|ן וו ◇ animate || ווידער ב' resurrect

באַלעבעטשע|ן וו ◇ babble, chatter

באַלע'גערונג די (ען) siege

באַלע'גער|ן וו ◇ besiege, lay siege to

באַ'לעווע|ן וו ◈ pamper

באַלע'ט דער (ן) ballet

באַלעם דער (ס) playing ball

באַלעמוטשע|ן וו ◇ gibber; temporize, dilly-dally, procrastinate

באַ'לעמ|ען (זיך) וו ◈ bounce *vt/vi* (*imp.*)

באַלעמער דער (ס) almemar, synagogue platform from which the Torah is read

באַלעק|ן זיך וו ◇ ⟨מיט⟩ lick one's lips/fingers (at)

באַלערינע די (ס) ballerina

באַלע'רנדיק אַדי instructive

באַלקאָ'ן דער (ען) balcony

באַלקלייד דאָס (ער) (evening) gown

באַלקן דער (ס) beam, girder; rafter

באַ'לקן־פֿענצטער דער (—) transom

באם קאָנ—ל [BEI'M] if

באַמאָל|ן וו ◇ paint *pf.*

באַמאַ'נט אַדי married (woman)

באָמבאָניערקע די (ס) [NY] box of candy

באָמבאַסטיש אַדי inflated, pompous, swaggering

באָמבאַרדירונג די (ען) bombing, shelling

באָמבאַרדיר|ן וו ◇ bomb, shell

באָמבאַרדע די (ס) bombing, bombardment

באָמבל|ען (זיך) וו ◈ dangle *vt/vi*

באָמבע די (ס) bomb

באמונה־שלמה אַדוו [BEEMU'NE-ShLE'YME] with complete faith

באַמי:ונג די (ען) effort, endeavor

באַמי'סטיק|ן וו ◇ fertilize, strew with fertilizer

באַמי:|ען וו ◇ trouble, inconvenience || ב' זיך strive, make an effort, endeavor, take pains

באַמענטש|ן וו ◇ man

באַמע'רק דער notice

באַמע'רק־ווערדיק אַדי remarkable, noteworthy

באַמערקונג די (ען) remark, observation, comment
באַמערקלעך אַדי noticeable, observable
באַמערק|ן וו ◇ notice, discern; note; be aware of, be conscious of; remark, comment || ⊢ ניט צו ב' imperceptible
באַמע'רקעריש אַדי perceptive, observant
באמת אַדוו [BEEMES] indeed, really; sincerely
באַן די (ען) railroad; train
באַנאַ'ל אַדי commonplace, hackneyed, trite
באַנאַליטע'ט די (ן) banality
באַנאָ'מענ|ען וו ◇ name, designate
באַנאַ'ן דער (ען) banana
'באַנאַנד זען ב ײַ נ אַ נ ד
באַנאַנע די (ס) זען ב אַ נ אַ ן
באַנאַ'ריש|ן זיך וו ◇ make a fool of oneself; commit a folly, blunder
באַ'נבעטל דאָס (עך) sleeping-car berth
באַנג טאָ|ן* וו–אומפּ (ב' געטאָ'ן) ⟨ד⟩ (*rev. con.*) be sorry, regret || ⊢ ב' טאָ|ן* אויף (*rev. con.*) be sorry for
באַנד די (בענדער) △ בענדל ribbon, band, tape
באַנד דער (בענד) volume (book)
באַנדאַ'זש דער (ן) bandage
באַנדזשאָ דער (ס) banjo
באַנדי'ט דער (ן) bandit, gangster; rascal
באַנדע די (ס) gang, band, pack
באַנדעראָ'ל דער (ן) (mailing) wrapper
באַנו'גענ|ען זיך וו ◇ מיט be satisfied with
באַנוול דער זען ב אַ ו ו ל
באַנוי' אַדוו almost
באַנומען אַדי possessed (as by an evil spirit); shrieking (yell)
באָנוס דער (ן) bonus
באַנו'ץ דער (ן) זען ב אַ נ י ץ
באַנוצ|ן וו ◇ זען ב אַ נ י צ ן
באַנוצער דער (ס) זען ב אַ נ י צ ע ר
באַנײַ' דער renewal
באַנײַונג די renewal; renovation
באַנײַ|ען וו ◇ renew; renovate

באַני'ץ דער (ן) use, usage || אַרויס|גיי|ן* פֿון ב' go out of use, fall into disuse
באַניצ|ן וו ◇ use, employ; consult (a book) || ⊢ ב' זיך מיט use; consult (a book) || ⊢ קרום ב' abuse
באַניצער דער (ס) ⊡ user
באַניקלט אַדי nickel-plated
באַנע'ם דער (ען) conception, comprehension
באַנעמיק אַדי cognitive
באַנעמ|ען וו (באַנומען) grasp, understand; conceive, comprehend; rob
באַנע'מעניש דאָס (ן) obsession
באַנעצל|ען וו ◇ moisten
באַנעצ|ן וו ◇ moisten, wet; baste
באַנער דער (ס) railroad worker
באַנערײַ' דאָס railroading
באַנק¹ די (בענק) △ בענקל bench || אָפּ|לייג|ן אין דער לאַנגער ב' אַרײַ'ן shelve, pigeonhole
באַנק² די/דער (בענק) (financial) bank
באַנק: דורך ס'באַנק on the average
באַ'נקבעטל דאָס (עך) bunk, cot
באַנקי'ר דער (ן) banker
באַנקנאָ'ט דער (ן) banknote, (money) bill
באַנקע די (ס) [NY] cupping glass (formerly used by physicians to draw blood to the skin, as a remedy for various maladies) || ⊢ העלפֿ|ן ווי אַ טויטן ב'ס be useless, be ineffective
באַנקע'ט דער (ן) banquet, testimonial dinner
באַנקערײַ' דאָס banking
באַ'נקקאָנטע די (ס) bank account
באַ'נקקוועטשער דער (ס) □קע bookworm
באַנקראָ'ט 1. אַדי bankrupt || 2. דער (ן) bankruptcy
באַנקראָטיר|ן וו ◇ go bankrupt, fail
באַס דער (בעסער) bass (voice or instrument), basso
באַסטיאָ'ן דער (ען) [TY] bastion
באַסיי'ן דער (ען) pool, basin
באַעוולט אַדי [ ] wronged; underprivileged
באַעוול|ען וו ◇ [BAAVL] abuse, wrong

באַע'כטיקונג די (ען) probate
באַע'כטיק|ן וו ◇ authenticate, probate
°באַער|ן וו ◇ honor
באַפּאַטשקע|ן וו ◇ mark up, mess up
באַפּו'ץ דער (ן) trimming(s)
באַפּוצונג די (ען) decoration, trimming, ornament
באַפּוצ|ן וו ◇ decorate, embellish, trim
באַפּינטל|ען וו ◇ dot; add vowel points (to letters)
באַפּלונטש|ן וו ◇ spatter (surface)
באַפּליוכע|ן וו ◇ spatter (surface)
באַפֿאַ'ל דער (ן) attack, mugging
באַפֿאַלונג די (ען) = ב אַ פֿ אַ ל
באַפֿאַל|ן וו (איז באַפֿאַלן) attack; invade; ⊦ זײַן* אומפּ גרינג assault, prey upon; mug
צו ב' א (rev. con.) be vulnerable
באַפֿאַלער דער (ס) □קע attacker; mugger
באַפֿאַ'לעריש אַדי predatory
באַפֿאַ'רב דער (ן) hue
באַפֿאַרבונג די (ען) colorings; hue
באַפֿאַרב|ן וו (באַפֿאַרבן/◇) color, tinge
באַפֿו'למאַכטיקט|ער דער—געב plenipotentiary
באַפֿו'למאַכטיק|ן וו ◇ authorize, empower
באַפֿײַכט|ן וו (באַפֿײַ'כט) dampen
באַפֿײַכטער דער (ס) humidifier
באַפֿליגלט אַדי winged
באַפֿליטערט אַדי gaudy
באַפֿלי'טער|ן וו ◇ spangle
באַפֿלעק|ן וו ◇ spot, soil, stain, tarnish, taint; pollute
באַפֿע'ל דער (ן) order, command
באַפֿעל|ן וו (באַפֿוילן) ד || order, command
ב' א (ד) convey, communicate (to)
|| ב' ד אַז send word to, give (sb.) a/the message that
באַפֿע'לקערונג די (ען) population
באַפֿע'לקער|ן וו ◇ populate
באַפֿע'סטיקונג די (ען) fortification; bastion
באַפֿע'סטיק|ן וו ◇ fortify, strengthen
באַפֿרו'כפּער|ן וו ◇ fertilize
באַפֿרי'דיקונג די (ען) satisfaction; contentment

באַפֿרידיקט אַדי satisfied, content
באַפֿרי'דיק|ן וו ◇ satisfy, gratify; accommodate (objection, request)
באַפֿרי'דיקנדיק אַדי satisfactory
באַפֿרײַונג די (ען) liberation; release, discharge; exemption
באַפֿרײַ'נדט אַדי (מיט) || familiar, friendly
זײַן* (זייער) ב' (מיט) be (good) friends
באַפֿרײַנד|ן וו ◇ acquaint, start a friendship between
⊦ ב' זיך make friends
באַפֿרײַ|ען וו ◇ free, liberate; rid; release, discharge; relieve; exempt
באַפֿרײַער דער (ס) ⊡ liberator
באַצאָל|ן וו ◇ (ד פֿאַר) pay *pf.*, remunerate; ⊦ ב' זיך pay, make good, answer for
|| ⊦ צו ב' payable ⊦ be worthwhile
ניט צו ב' exorbitant
'באַצוג זען שײַכות
°באַצווינג|ען וו (באַצוווּנגען) subjugate, overwhelm
באַצו'קערונג די (ען) frosting, icing
באַציִונג די (ען) || relation, attitude מצ also terms; intercourse
באַציי'כענונג די (ען) label, (*fig.*) tag; designation
באַציי'כענ|ען וו ◇ label, mark; designate
באַציִעכץ דאָס bedding, bed linens
באַצי|ען וו (באַצויגן) cover (with cloth)
באַציר|ן וו ◇ adorn
באַצעטל|ען וו ◇ label, tag, ticket
באַק די (ן) △ בעקל cheek
באָק דער (בעק) △ בעקל he-goat
באַקאַלאַווער דער (ס) ⊡ Bachelor (of Arts etc.)
באַקאַלאַווראַ'ט דער (ן) baccalaureate
באַקאַ'נט אַדי familiar; acquainted; ⊦ ווי ב' as is known ⊦ known, eminent
|| ב' מאַכ|ן announce, promulgate
°באַקאַ'נט־מאַכונג די (ען) announcement
באַקאַנט|ער דער—געב (person of) acquaintance
באַקאַנטשאַפֿט די (ן) acquaintance
באַקאָנ|ען וו ◇ זען ב אַ ק ע נ ע ן
באַקאַפּטערט אַדי hooded

באַקווע'ם אַדי comfortable; convenient, handy

באַקווע'מלעכקייט די (ן) comfort || מצ facilities

באַקוועמקייט די (ן) convenience, comfort || מצ facilities

באַקומ|ען וו (באַקומען) get, obtain, receive || צו ב' available || ב' ד go down || ⊢זאָל עס דיר/אײַך ווויל ב' with you are welcome, enjoy it

באַקומער דער (ס) ⊡ recipient

באַקוק|ן וו ◇ examine, look over

באַקטעריאָלאָגיע די bacteriology

באַקטעריע די (ס) bacterium, germ

באַקלאָגלעך אַדי deplorable

באַקלאָג|ן וו ◇ lament || ב' זיך ⟨אויף⟩ complain *pf.* (about)

באַקלאַפּונג די (medical) percussion

באַקליי'ד־אינדוסטריע די garment industry

באַקלייד|ן וו ◇ clothe

באַקלע'רט אַדי sensible, well-considered; deliberate

באַקלעריק אַדי thoughtful, judicious

באַקלע'ריקייט די foresight, forethought

באַקלער|ן וו ◇ consider, ponder || ב' זיך think it over, reconsider

באַק|ן וו (געבאַקן) bake *vt/imp* || ב' זיך bake *vi.*

באַ'קנבערד מצ whiskers, sideburns

באַ'קן־רייטל דאָס rouge

באָקס דער boxing

באָקס|ן זיך וו ⟐ ⟨מיט⟩ box

באָקסער[1] דער (ס) boxer, prizefighter

באָקסער[2] דער (ס) carob pod, St. John's bread

°באָקעם: אויס|פֿאַל|ן ב' go wrong, go amiss, miscarry; boomerang

באָ'קעמל דאָס (עך) dud

באַקעמפֿ|ן וו ◇ fight *vt.*, combat, contest

באַקענט|ער דער—געב זען ב אַ ק אַ נ ט ע ר

באַקענ|ען וו ◇ ⟨מיט⟩ introduce (to), || acquaint with, familiarize with || ב' זיך ⟨מיט⟩ meet, be introduced (to), ⊢ get acquainted (with) ⊢ ב' זיך ⟨צו⟩ reveal one's identity (to)

באַקפֿעטס דאָס shortening

באַקצאָן דער (...ציינער) molar || רעד|ן מיט באַ'קציינער speak in no uncertain terms, not mince words

באַ'קרייער דער (ן) baking oven

באַקרע'פֿטיק|ן וו ◇ substantiate, corroborate, validate, bear out

באַקרער זען ב אַ ק ר י י ע ר

באַר די (ן) pear

באַר דער (ן) (drinking) bar

באַראַבאַ'ן דער (ען) drum

באַראַבאַ'נעווע|ן וו ◇ drum

באַראַ'בעווע|ן וו ◇ rob, plunder, loot *vt.* (a victim)

באַראָ'ט דער care, custody || אויף איי'גענעם ב' on one's own || איבער|לאָז|ן אויף נאָטס ב' forsake || אויפֿן ב' פֿון at the mercy of

באַראָטונג די (ען) conference, consultation

•באַראָט|ן זיך וו (באַראָטן) ⟨מיט⟩ consult, confer

באַראָמעטער דער (ס) barometer

באַראַן דער (...אַ'נעס) ram

באַראָ'ן דער (ען) baron

באַראַנטשיק אַדוו pickaback || טראָג|ן אַ קינד ב' carry a child pickaback

באַראָנעסע די (ס) baroness

באַראַ'ק דער (ן) barrack

באַראָ'ק **1.** דער baroque || **2.** אַדי

באַרבאַ'ר דער (ן) ⊡ barbarian

באַרבאַריש אַדי barbarian

באַרבל|ען זיך וו ⟐ wriggle, squirm

באַרג דער (בערג) △ בערגל mountain; heap

באָרג די credit || אויף ב' on credit; on loan

באַרג־און־טאָ'ל־באַן די (ען) roller-coaster

באַרג־אַראָ'פּ אַדוו downhill

באַרגאַראָ'פּ דער (ן) (descending) slope, decline

באַרג־אַרוי'ף אַדוו uphill

באַרגאַרוי'ף דער (ן) (ascending) slope; climb

באַרגיק אַדי mountainous
באָרג|ן וו ◇ ⟨ד⟩ lend (to) || ב׳ ⟨בײַ⟩ borrow (from)
באַ׳רג־קלעטערײַ דאָס mountain climbing
באַ׳רגרוקן דער (ס) ridge
באַרגשפּאַלט דער (ן) ravine
באָרד די (בערד) △ בערדל beard; chin || אַ מעשׂה מיט אַ באָרד [MAYSE] an old story
באָרדביין דער (ער) jaw
באָ׳רהייפּטיק אַדי bareheaded
באַרו׳איק|ן וו ◇ זען באַרויִקן
באַרווע די (ס) nap (of cloth); fuzz
באַ׳רוועדיק אַדי fuzzy
באָרוועס אַדי/אַדוו barefoot
באַרו׳ט אַדי calm, tranquil
באַרויב|ן וו ◇ זען באַראַבעווען
באַרו׳יִק|ן וו ◇ quiet, calm, soothe; reassure, set at ease; tranquilize; appease, pacify
באַרועכץ דאָס (ן) tranquilizer
באַרושמ|ען וו ◇ [BAROYShEM] impress
באָ׳רזײַערס דאָס boric acid
באָרט דער (ן) (ship)board || לינק|ער ב׳ port ⊢ רעכט|ער ב׳ starboard || פֿון ב׳ אַראָ׳פּ overboard || אויפֿן ב׳ ⟨פֿון⟩ aboard
באָרט־אַראָ׳פּ אַדוו aft
באָרטיר|ן וו ◇ board
באָרטן דער (ס) shore, coast
באַריטאָ׳ן דער (ען) baritone
באַרייד|ן וו (באַרע׳דט) זען באַרעדן
באַריי׳דעוודיק אַדי זען באַרעדעוודיק
באַרײַ׳כער|ן וו ◇ enrich
באַרײַס|ן וו (באַריסן) overcharge, fleece, scalp
באַריכות אַדוו [BARIKhES] extensively, at length
באַרי׳כט דער (ן) report, account || מצ also returns ⊢ אָפּ|געב|ן* אַ ב׳ report
˙באַריכטן וו זען איבערגעבן; (אָ׳פּגעבן אַ באַריכט; מודיע זײַן
באַרי׳כט־קאַרטל דאָס (עך) report card
באַרי׳ם דער (ען) boast

באַרי׳מט אַדי famous, notable, eminent
באַרימטקייט די (ן) fame, renown; celebrity
באַרימ|ען זיך וו ◇ ⟨מיט⟩ boast, brag (about)
באַרימער דער (ס) ◻קע braggart
באַרימערײַ׳ דאָס (ען) boast || מצ boasting
באַרי׳מעריש אַדי boastful
באַרינגל|ען וו ◇ (en)circle
באַריע׳ר דער (ן) barrier
באַריקאַדע די (ס) barricade; roadblock
באַרי׳ר דער (ן) touch, contact; contiguity
באַרירונג די (ען) זען באַריר
˙באַריר|ן וו ◇ touch upon; bring up (a problem)
באַרליאַ׳נט דער (ן) diamond, jewel
באַרנע די (ס) זען באַר די
באַרעד|ן וו ◇ backbite, discuss (sb.) behind his back, gossip about; calumniate
באַרע׳דעוודיק אַדי voluble, talkative
באַרעדערט אַדי wheeled || ב׳|ער אינווענטאַ׳ר rolling stock
באַרעדערײַ׳ דאָס gossip
באַרע׳כטיקונג די (ען) justification
באַרעכטיקט אַדי justified || ב׳ צו entitled to
באַרע׳כטיק|ן וו ◇ justify, warrant; vindicate; entitle
באַרעכנט אַדי prudent, sensible
באַרע׳כנטקייט די prudence
באַרע׳כע(נ)|ען וו ◇ calculate *pf.*, consider *vt.* ⊢ באַרעכנ(ט) נאַר! imagine! || ב׳ זיך consider *vi.*, recognize, bethink oneself, realize
באַרעליע׳ף דער (ן) [LY] low relief
באַ׳רעמהאַרציק אַדי merciful
באַ׳רעמהאַרציקייט די mercy
באַרקע די (ס) barge
באַרשט די (בערשט) △ בערשטל brush
באָרשט דער (ן) beet soup, borsht
באַרשט|ן וו (געבאַ׳רשט/געבאָרשטן) brush
באָרשטש דער (ן) זען באָרשט

באַ'רשענקער דער (ס) bartender

באַשאָנקען אַדי ⟨מיט⟩ gifted (with)

באַשאַ'ף דער Creation

באַשאַפֿ|ן וו (באַשאַפֿן) create

באַשווינדל|ען וו ◇ cheat *vt.*, defraud, swindle

באַשווערדיק אַדי cumbersome

באַשווער|ן[1] וו (באַשווירן) implore; make swear; invoke

באַשווער|ן[2] וו ◇ encumber

באַשוכ|ן וו ◇ shoe

באַשו'לדיקונג די (ען) accusation, charge

באַשו'לדיקט|ער דער–נעב accused

באַשו'לדיק|ן וו ◇ ⟨אַ אין⟩ accuse (of), charge (with)

באַשטאַט|ן וו (באַשטאַ'ט) hide, secure

באַשטאַ'נד דער composition, make-up; mess

•באַשטאַנדטייל דער (ן) זען באַשטייטייל

באַשטויבונג די pollination

באַשטויב|ן וו ◇ pollinate

באַשטייטייל דער (ן) component, ingredient, constituent

באַשטייִק אַדי permanent

באַשטיי'|ן* וו (מיר/זיי באַשטייען; איז באַשטאַנען) ⟨אַז⟩ consent, allow || ב' ⟨אויף⟩ be amenable (to); •insist (upon) || ב' פֿון consist of

באַשטײַ'ערונג די taxation

באַשטײַ'ער|ן וו ◇ tax || ב' זיך ⟨מיט⟩ contribute

באַשטימונג די (ען) appointment, designation; appropriation; determination; regulation; destination

באַשטי'מט אַדי definite, set, given

באַשטימיק אַדי conclusive, decisive

באַשטימ|ען וו ◇ appoint, name, designate; determine, set, fix, define, assign; appropriate; decide; schedule

באַשטי'מענדיק אַדי conclusive, decisive

באַשטע'טיקונג די (ען) confirmation; acknowledgment; certificate

באַשטע'טיק|ן וו ◇ certify, confirm, corroborate; acknowledge; approve

באַשטעלונג די (ען) order (for merchandise etc.); appointment (to meet) ⊢ מאַכ|ן אויף ב' make to order

באַשטעל|ן וו ◇ אַ ⟨מיט⟩ cover (with erect objects) ⊢ ב' אַ ⟨בײַ⟩ order, book (from); apprentice (to)

באַשטערנט אַדי star-spangled

באַשטראַלונג די (ען) (ir)radiation

באַשטראַ'ל־טעראַפּיע די (ס) radiation therapy

באַשטראַל|ן וו ◇ irradiate

באַשטראָפֿלעך אַדי punishable

באַשטראָפֿ|ן וו ◇ punish *pf.*, discipline

באַשיט|ן וו (באַשאָטן/באַשי'ט) ⟨מיט⟩ stud, strew (surface); lavish upon

באַשיי'ד דער (ן) solution

באַשיידלעך אַדי soluble; clear, explicit

באַשייד·ן אַדי modest, unassuming

באַשייד|ן וו ◇ solve

באַשיי'דנקייט די modesty

באַשײַ'מפּערלעך אַדי evident, manifest, obvious

באַשיינ|ען וו ◇ lend beauty to

באַשײַנ|ען וו ◇ throw light on

'באַשײַנפּערלעך זען באַשײַמפּערלעך

באַשיס|ן וו (באַשאָסן) fire upon, shell

באַשי'צ... protective || באַשי'ץ־הענטשקעס protective gloves

באַשיצונג די (ען) protection || מצ defenses

באַשי'צט אַדי secure, protected

באַשיצ|ן וו ◇ protect *pf.*, shelter, defend

באַשיצער דער (ס) ⊡ protector

באַשי'צעריש אַדי protective (attitude etc.)

באַשי'רעמ|ען וו ◇ protect, shield, preserve

באַשלאָג|ן וו (באַשלאָגן) upholster; line, cover; (sweat, rash) break out on

•באַשלו'ס דער (ן) decision, resolution

באַשליס|ן וו (באַשלאָסן) decide || ב' בײַ זיך make up one's mind, determine

באַשמוצונג די defamation; vilification

באַשמוצ|ן וו ◇ soil, defile, pollute; smear, besmirch

באַשמיר|ן וו ◇ ⟨מיט⟩ smear, coat (with)

באַשמירעכץ דאָס (ן) spread

באַשע'דיק|ן וו ◇ hurt, damage || זײַן* אומפּ גרינג צו ב' (*rev. con.*) be vulnerable

באַשענק|ען וו (באַשאָנקען) מיט endow with, bestow upon

באַשע'פֿטיקונג די (ען) employment, pursuit

באַשע'פֿטיק|ן וו ◇ employ

באַשע'פֿטיקער דער (ס) ⊡ employer

באַשע'פֿעניש דאָס (ן) creature

באַשעפֿער דער Creator

באַשע'רט אַדי inevitable, (pre)destined, given

באַשערטקייט די predestination

באַשע'רעמ|ען וו ◇ זען באַשירעמען

באַשפּײַזונג די (food) supply

באַשפּײַז|ן וו ◇ supply with food, feed

באַשפּריצ|ן וו ◇ ⟨מיט⟩ spray (a target), sprinkle, splash, spatter *vt.* (with)

באַשפּריצער דער (ס) sprinkler

באַשפּרענקלט אַדי speckled

באַשפּרענקל|ען וו ◇ ⟨מיט⟩ spatter, sprinkle *vt.* (a target) with

באשר קאָ [BANSHER] just because; because it is said that

באשר־בכן קאָ [BEKhE'YN] (*hum.*) as, since ⊢ ב' דו ביסט אַזאַ' חכם [KhOKhEM] since you are so clever

באַשרײַבונג די (ען) description

באַשרײַביק אַדי descriptive

באַשרײַב|ן וו (באַשריבן) put writing upon; cover with writing; describe, write up ⊢ ניט צו ב' unspeakable, indescribable

'באַשרענקט זען באַגרענעצט

בב' = בענד volumes

בבֿל (דאָס) [BOVL] Babylonia || פּ"נ באָוול

בבֿלי דער (ס) [BAVLI] Babylonian

בבֿליש אַדי [BAVLISh] Babylonian

בגד דער/דאָס (ים) [BEGED—BGODIM] garment, piece of clothing ⊢ מצ clothes

בגוואַלד אַדוו [BIGVA'LD] by force

בגידה די [BGIDE] treason

בגידהדיק אַדי [ ] treacherous; treasonable

בגילוי־ראָש אַדוו [BEGILE-RO'sh] (*Jew.*) with head uncovered, bareheaded

בגילופֿין אַפּ [BEGILUFN] intoxicated, tipsy

בגימטריא אַדוו [BEGIMA'TRIE] (*Jew.*) equal as to numerical value of its component letters ⊢ פּ"נ גימטריא

בגנבֿה אַדוו [BIGNEYVE] secretly, covertly, stealthily

בגראַנדע אַדוו [BIGRANDE] (*hum.*) forcibly

בדחן דער (ים) [BATKhN—BATKhONIM] (*Jew.*) entertainer at a wedding, specializing in humorous and sentimental semi-improvised rhymes

בדחנות דאָס [BATKhONES] (*Jew.*) the profession of *badkhn*; the type of improvisation characteristic of *badkhonim*

בדיוק אַפּ/אַדוו [BEDIEK] precise(ly)

בדיוקדיק אַדי [ ] precise

בדיל־הדל אַפּ [BEDILADA'L] utterly destitute

בדיעבֿד אַדוו [BEDIEVED] afterwards, subsequently; in retrospect

בדיקה די (—ות) [BDIKE] inspection, esp. (*Jew.*) of a slaughtered animal for possible impurities

בדיקת־חמץ דער [BDIKES-Kho'METS] (*Jew.*) the ceremonial search for leavened dough, carried out on the day before the Passover, in which the house is cleaned of all traces of leaven

בדלות אַפּ [BEDALES] poor; (financially) embarrassed ⊢ בין איך ב'! I should worry!

בדעה [BEDEYE]: האָב|ן* ב' intend, contemplate, propose to *vi.*

בדעה־אַחת [A'KhES]: זײַן* ב' ⟨מיט⟩ see eye to eye (with)

בדקע|נען = בדקענ|ען וו ◇ [BATKE/BATK'N] (*Jew.*) inspect (esp. slaughtered animal for impurities)

בדרך־כּלל אַדוו [BEDEREKh-KLA'L] as a rule, in general, generally

בדרך־משל אדוו [MO'shL] figuratively
ב"ה זען ב ר ו ך ־ ה ש ם
בהדרגה אדוו [BEHADROGE] gradually, by degrees
בהדרגהדיק אדי [ ] gradual
בהכרח אדוו [BEHEKhREKh] perforce || ב' וו be forced to
בהלה די (—ות) [BEHOLE] confusion, turmoil, hullaballoo; consternation; stampede
בהלוואה אדוו [BEHALVOE] on loan, as a loan
בהמה די (—ות) [BEHEYME] head of cattle; || cow; (mute) beast; fool, moron
cattle מצ
בהמיש אדי [BEHEYMISh] bovine; moronic
בהסכם אדוו מיט [BEHESKEM] in accordance/conformity/keeping with ⊢ ניט ב' מיט out of keeping with || ב' דער־מי'ט accordingly
בהסכם־כולם אדוו [KU'LEM] with the general consensus
בהרחבֿה אדוו [BEHARKhOVE] comfortably, at ease, unrestrained
בוגד זײַן וו (ב' געווע'ן) [BOYGED] ⟨אין⟩ be a traitor (to), betray
בודזשע'ט דער (ן) budget
בודזשעטיר|ן וו ◇ budget
בודע די (ס) △ בודקע booth; stall; doghouse
בודק זײַן* וו (ב' געווע'ן) [BOYDEK] examine, scrutinize, inspect
בודק־חמץ זײַן* וו (ב' געווען) [KhO'METS] (*Jew.*) search for leavened dough, i. e. perform the ceremonial removal of leaven from the house on the day before the Passover
בוהײַ' דער (עס) bull
בוזעם דער (ס) bosom
בו'זעם־קעשענע די (ס) inside coat pocket
בוטאָ'ן דער (ען) bud
בוטל דער (ען) flask
בוי דער structure
בויאַ'ן דער (עס) hoodlum

בוי'בעריק: פֿאַרפֿאָר|ן קיין ב' (*hum.*) digress, go off on a tangent
בויברעך דאָס rubble, debris
בויגן דער (ס) △ בייגל sheet; arc, bow, curve, arch
בוי'גן־שיסער דער (ס) ⊡ archer
בויד די (ן) △ בײַדל covered wagon
בוידעם דער (ס/ביי'דעמער) || attic, garret
אויס|לאָז|ן זיך אַ ב' אומפּ ⟨פֿון⟩ come to naught, fizzle out
בוי'דעמשטוב די (...שטיבער) loft
בוי'דעמשטיבל דאָס (עך) (בוי'דעמשטוב △) garret
בוי'וואַפּנע די mortar
בויטע|ן (זיך) וו ◇ shake (esp. liquid) *vt/vi*
בויך דער (בײַכער) △ בײַכל abdomen, belly
בויכ... abdominal
בוי'ך־גרימעניש דאָס colic
בוי'כווייטיק דער (ן) stomach ache; indigestion
בוי'כטיפֿוס דער typhoid fever
בוי'כרעדער דער (ס) □קע ventriloquist
בויכרעדערײַ' דאָס ventriloquy
בוים דער (ביימער) △ ביימל tree
בוימל דער (ען) (edible) oil
בוי'מלדיק אדי oily; bland
בוינע די (ס) slaughterhouse
בויע די (ס) buoy
בוי|ען וו ⊙ build *imp.*, construct || ב' אויף count on, rely on, depend on, look to
בויער דער (ס) drill
בוי'ער|ן וו ◇ bore, drill *imp.*
בויפּלאַץ דער (...פּלעצער) building lot/site
בויקאָ'ט דער (ן) boycott
בויקאָטיר|ן וו ◇ boycott
בוך דאָס (ביכער) △ ביכל book || פֿיר|ן ביכער keep books
בו'כהאַלטער דער (ס) □שע bookkeeper
בוכהאַלטעריע די bookkeeping
בו'כהענדלער דער (ס) ⊡ bookseller
בוכטע די (ס) bay
בוכ|ן וו ◇ book (register)
'בוכשטאַב זען א ו ת
•בו'כשטעבלעך אדי literal

בולאַווע די (ס) club, stick; scepter; baton, mace
•בולבע די (ס) (*dial.*) potato; potatoes (*coll.*)
בולגאַריע (די) Bulgaria
בולדאָג דער (ן) bulldog
בולוואַ'ר דער (ן) boulevard
בולוואַרבלאַט דאָס (...בלעטער) tabloid newspaper
בולט אַדי [BOYLET] outstanding, clear, marked, distinct; vivid
בוליאָ'ן דער (ען) [LY] bouillon
בולעטי'ן דער (ען) bulletin
בולקע די (ס) (baked) roll
בומעראַ'נג דער (ען) boomerang
בונד[1] דער (ן) tie, binding, bond; covenant, alliance, league
בונד[2] דער Jewish Labor Bund, socialist labor party influential in Poland and other East European countries until World War II
בונדי'סט דער (ן) □קע follower of the Bund
בונט אַדי colored; gaudy
בונט[1] דער (ן) mutiny, rebellion
בונט[2] דער (ן) △ בינטל bundle
בונטאַ'ר דער (ן) □קע rebel, mutineer
בונטאַריש אַדי rebellious
בו'נטעווע|ן וו ◇ incite to rebellion || ב' זיך rebel *imp.*
בוס דער (ן) bus
בוסאַ'רד דער (ן) buzzard
בוסיר|ן וו ◇ bus
בופאָנאַדע די (ס) slapstick (act)
בופלאָקס דער (ן) buffalo
בופע'ט דער (ן) eating counter; china cupboard; buffet
בוצקע|ן (זיך) וו ◇ jostle, bump *vt/vi*
בוק דער (עס) beech
בוק|ן זיך וו ◇ ⟨צו⟩ bow (to) || ב' זיך צו worship *vt.*
בוקסי'ר דער (ן) tugboat
בוקסיר|ן וו ◇ tow
בוקע'ט דער (ן) bouquet

בוקשע די (ס) hub
בורא דער [BOYRE] the Creator, the Maker
בורא־עולם דער [O'YLEM] Creator (of the World)
בורזשואַ' דער (ען) bourgeois
בורזשואַ'ז אַדי bourgeois
בורזשואַ'זיע די bourgeoisie
בורזשו'י דער (עס/ען) (*cont.*) bourgeois
בורטשע|ן וו ◇ rumble, grumble, mutter
בוריק דער (עס) beet
בורסי'ט דער bursitis
בורע די (ס) gale
בורר דער (ים) [BOYRER—BO'RERIM] arbitrator
בוררות דאָס [BO'RERES] arbitration
בורר|ן וו ◇ [ ] arbitrate
בורשטי'ן דער amber || בורשטינען אַדי
בושה די [BUShE] shame || זײַן* אומפּ אַ ב' ⟨ד⟩ צו (*rev. con.*) be ashamed to
בושהדיק אַדי [ ] ignominious
בושל[1] דער (ען) stork
בושל[2] דער (ען) אַמער bushel
בו'שעווע|ן וו ◇ rage; be rampant
בושת־פּנים דער (ער) [BOYShES-PO'NEM—-PE'NEMER] shy person
בזה־הלשון אַדוו [BEZE'-HALO'ShN] as follows, in the following words (*often hum.*)
בזול אַפּ [BEZO'L] cheap
בזיון דער (ות) [BIZOYEN—BIZYOYNES] shame, disgrace; indignity ⊢ גראַוו צמ embarrassment
בזיונדיק אַדי [ ] shameful
בחבֿרותא אַדוו ⟨מיט⟩ [BEKhAVRUSE] in league (with)
בחור דער (ים) [BOKhER] chap, lad, young man, youngster; bachelor ⊢ אַלט|ער ב' bachelor
בחורטע די (ס) [ ] lass
בחורע'ץ דער (ן) [BOKhERE'TS] brat
בחוש אַדוו [BEKhU'sh] (feel, see) clearly, distinctly
בחינה די (—ות) [PKhINE] category

בחינם אדוו [BEKhINEM] free, gratis; to no avail

בחינמדיק אדי [ ] gratis

בחיר דער (ים) paragon

בחפזון אדוו [BEKhIPOZN] in haste, cursorily

בחצי־חינם אדוו [BEKhOTSEKhINEM] very cheaply, dirt-cheap

בחרם [BEKhEYREM]: פֿרעג(ט) מיך ב' I don't have the slightest idea

בחשיבֿות אדוו [BIKhshIVES] in esteem

בטבֿע אדוו [BETEVE] by nature; customarily, habitually

בטוח 1. אפּ [BETUEKh] confident, trustworthy ⊢ זײַן* ב' ⟨אַז⟩ *also* trust *vi.* (that) ⊢ 2. דער (ים) [—BETUKhIM] trustworthy person; trusty

בטוחות דאָס [BETUKhES] self-assurance

בטחון דער ⟨אין⟩ [BITOKhN] faith; confidence, reliance

בטל אדי [BOT'L] void || ב' ווער|ן come to nothing ⊢ ב' מאַכ|ן annul, cancel, revoke, rescind, abrogate ⊢ דערקלער|ן פֿאַר ב' renounce (agreement)

בטל־בשישים אפּ [BEShI'ShIM] diluted beyond recognition

בטל־ומבֿוטל אפּ [BO'TL-UMVU'TL] null and void

בטלן דער (ים) [BATLEN—BATLONIM] impractical/idle person

בטלנות דאָס [BATLONES] inefficiency, impracticality

בטלניש אדי [BATLONISh] impractical, idle; inefficient

בטל|ען וו ◈ [BATL] waste

ביאָגראַפֿיע די (ס) biography

ביאור דער (ים) [BIER—BIURIM] commentary ⊢ דער ב' Hebrew commentary on the Bible by Moses Mendelssohn and his disciples

ביאָכעמיע די biochemistry

ביאָלאָ'ג דער (ן) ⊡ biologist

ביאָלאָגיע די biology

ביאָלאָגיש אדי biological

ביבל די (ען) (usually Christian) Bible

ביבליאָגראַפֿיע די (ס) bibliography

ביבליאָטע'ק די (ן) library

ביבליאָטעקער דער (ס) ⊡ librarian

ביבליאָטעקערײַ' דאָס library science, librarianship

ביבליש אדי biblical

ביבער דער (ס) beaver || בי'בערן אדי

ביגאַמיע די bigamy

בידנע אדי* poor, wretched

ביודעים אדוו [BEYOYDIM] openly, overtly, knowingly

ביוואַ'ק דער (ן) bivouac

ביוסט דער (ן) bust

ביוראָ' דאָס/דער (ען) bureau; office

ביוראָ'... office, clerical

ביוראָוואַרג דאָס office supplies

ביוראַלי'סט דער (ן) ⊡ office worker, clerk

ביוראָקראַ'ט דער (ן) bureaucrat

ביוראָקראַ'טיע די bureaucracy

ביוראָקראַטיש אדי bureaucratic

ביוראָקראַ'טישקייט די red tape

ביוש דער [BIESh] shame, degradation, humiliation ⊢ אין ב' שטעל|ן humiliate, put to shame, humble, denounce

ביז פּרעפּ/קאָנ until, till; by (a certain time); as far as; pending ⊢ ב' 5 אַ זייגער until/by 5 o'clock ⊢ ב' אַהע'ר hitherto, previously

ביז.. pre... || בי'זסאָוועטיש pre-Soviet

ביזאַהעריק אדי* previous

ביזאיצטיק אדי* previous || ב'|ער באַאַמטער incumbent

ביזאַנט(ינ)יש אדי Byzantine

ביזאַ'נץ (דאָס) Byzantium

ביזאַ'ר אדי bizarre

בי'זגראַדוי'ר־... undergraduate

בי'זגראַדוי'רט|ער דער–געב undergraduate

ביז וואַנעט/וואַנען קאָנ until

ביזן=ביז דעם; °ביז דער

°ביזע די (ס) אַמער busy period, rush

°ביזקל זעו ב י ז

ביחידות אדוו [BIKhIDES] alone, privately

ביט דער (ן) basin, tub

ביטול דער [BITL] ⟨צו⟩ contempt, disparagement, scorn ⊦ ב' צום געריכט contempt of court

ביטולדיק אַדי [ ] contemptuous, scornful

ביטניק דער (עס) ם—ניצע beatnik

•ביטע 1. די (ס) request ‖ 2. אינט please

ביטער אַדי bitter; dire ‖ זײַן* ב' ⟨ד⟩ (*rev. con.*) be miserable

בי'טערזאַלץ די epsom salts

בי'טערקייט די bitterness

בי'טשענע אַדי beech

בײַ 1. פּרעפּ at, beside, near, by; with, at the house of; on (the person of); in the mind of; about, around; on (coincidence); in the eyes of ⊦ בײַ דער וואַנט by/at/near the wall ‖ בײַם פֿענצטער at the window ‖ בײַ מײַן מומע at my aunt's house ⊦ בײַ 15 מינוט about 15 minutes ⊦ בײַם אָ'נקומען on arriving ⊦ בײַ מיר איז עס שיין in my eyes it's pretty ⊦ 2. קוו by, along (*unproductive complement*)

..בײַ secondary, by-... ‖ בײַזאַך secondary thing ⊦ בײַוועג by-way

בײַ'אַפּאַראַט דער (ן) extension telephone

בײַבאַ'ק דער (עס) laggard

בײַ'באָרטנדיק אַדי offshore

•בייבי דאָס (ס) אַמער baby

בײַ'בענעפֿיט דער (ן) fringe benefit

בייג דער (ן) bend, twist; curve

בייגונג די (ען) inflection, flexion

בייגיק אַדי pliant, supple, flexible

בייגל דאָס (עך) (בויגן △) small sheet; small arc

בייגל דער (—) bagel, a hard doughnut-shaped roll

בייג|ן וו (געבויגן) *vt/imp*, curve, bow, bend; lean; inflect ⊦ ב' זיך *vi/imp*, curve, slant, bow, sag

בײַ'געבײַ דאָס (ען) annex

ביי'געוודיק אַדי flexible, pliable

ביי'געוודיקייט די flexibility

בײַ'געלייגט אַדי enclosed

ביי'געלע דאָס (ך) (דאָס בייגל △) very small sheet; very small arc

ביי'געלע דאָס (ך) (דער בייגל △) small bagel; pretzel

בײַ'גערעלס דאָס (ן) siding

בייגפֿאַל דער (ן) case (of a declension)

בײַדל דאָס (עך) (בויד △) booth; bungalow, cabin

ביידע 1. פּראָ (ד/א: ביידע/ביידן) both ‖ מיר ב' both of us ‖ 2. אַדי—אַדוו both

בײַ דערבײַ' זען ד ע ר ב ײַ

ביי'דערליי' אַדי—אינוו both kinds (of)

בײַ דער נאַכט זען נ אַ כ ט

בײַדערערדיק אַדי* close to the ground

בײַ'הילפֿיק אַדי ⟨ד⟩ helpful, of assistance (to)

•בײַ|ווינ|ען וו ◇ attend

בייז 1. אַדי bad, evil, wicked; malicious, vicious, angry; unkind, unfriendly; sinister, ominous, unholy ⊦ 2. דאָס זען ב י י ז ס

בייז־אויג דאָס evil eye ‖ קיין ב' זאָל איר ניט שאַטן may no harm befall her

בײַזאַץ דער (ן) subordinate clause

בייז־וווּ'נדער דאָס (בייזע־וווּ'נדער) amazing sight

בייזוווקס דער (ן) malignancy, malignant tumor

ביי'זוווקסיק אַדי malignant

ביי'זוויליק אַדי malevolent

בײַ'זײַיק אַדי* present

בײַזײַן 1. דאָס presence, attendance ‖ 2. בײַ|זײַן* (איז בײַ'געווען) ⟨בײַ⟩ be present at, sit in on, attend (*not used in present tense*)

בײַזי'ך דער (ן) at-home

בייזלעך אַדי gruff

ביי'ז־מיניק אַדי malignant

בייזן זען ב י י ז ס

בייז|ס דאָס—נעב evil; harm ‖ אַל דאָס ב' everything evil ⊦ אָן ב' harmless ‖ מיט בייזן by threats, by force ‖ רעד|ן מיט בייזן threaten ‖ טאָ|ן* ד ב' harm

ביי'ז־סימנדיק אַדי [SI'MENDIK] ominous
בייזער דער anger; indignation
ביי'זער|ן זיך וו ◈ ⟨אויף⟩ be angry (with),
scold *imp.*
בייזקייט די malice
בייט די (ן) (garden) bed
בײַט דער (ן) modification, change; ex-
change; shift ⊢ מאַכ|ן אַ ב' trade, swap
בײַ טאָג זען ט אָ ג
בײַטאָגיק אַדי* daytime
בײַ'טהאַנדל דער barter
בײַטײַך דער (ן) tributary
בײַטל דער (ען) / דאָס (עך) purse, wallet;
pouch
בײַ'טלדיק אַדי baggy
בײַטל|ען וו ◈ sift (esp. flour)
בײַט|ן וו (געביטן) change, vary, alter *vt.*,
modify; convert (money) ⊢ ב' זיך
change, vary, alternate *vi.* ⊢ ב' זיך
⟨מיט⟩ trade, swap, switch ‖ ב' זיך ⟨בײַ⟩
take turns (at)
בײַ'טעוודיק אַדי changeable, variable,
fickle
בײַ'טענישן מצ ups and downs, vicissitudes
בײַטש די (ן) (animal) whip, lash
בײַטשטראָם דער alternating current
בײַכיק אַדי big-bellied; bulging
בײַכל דאָס (בויך △) belly ‖ פּאַטש|ן זיך אין ב'
congratulate oneself, be self-satisfied
בײַ'כלדיק אַדי bulging
בײַכל|ען זיך וו ◈ bulge
בײַל דער/די (ן) bump, lump (swelling)
•בײַ'לאַגע די (ס) supplement, enclosure
בײַלייג דער (ן) enclosure
בײַ|לייג|ן וו ◈ enclose, attach (in a letter)
בײַלימוד דער (ים) [BA'YLIMED—BA'YLI-
MUDIM] minor (subject) ⊢ האָב|ן* פֿאַר
אַ ב' minor in
בייליק דער white meat (of fowl)
בײַל|ן וו ◈ clench *imp.*
בײַם = בײַ דעם, •בײַ דער ‖ ב' אינפֿ while, on ‖
ב' אַוועקגיין while/on leaving
ביי'מערשול די (ן) (tree) nursery
ביין דער (ער) △ ביינדל bone ‖ ביז ב'
to the quick ⊢ ווי אַ ב' אין האַלדז
awkward, unmanageable ⊢ אָנ|ברעכ|ן ד
די ביינער give a beating to ‖ מיט די
ביינער just like ‖ ער איז דער טאַטע מיט
די ביינער he is the image of his father
בײַ נאַכט זען נ אַ כ ט
בײַנאַכטיק אַדי* night, nighttime
בײַנאַ'נד אַדוו side by side, together
ביינדל דאָס (עך) (ביין △) pit, stone (of
fruit) ⊢ אָפּ|לעק|ן אַ ב' ⟨בײַ⟩ (*hum.*)
benefit (from)
ביי'נערדיק אַדי bony
בייסבאָל דער (game of) baseball
ביי'סבאָל־וואַרפֿער דער (ס) pitcher
בײַסיק אַדי biting, harsh, pungent,
poignant; caustic, scathing
בײַס|ן וו (געביסן) bite *imp.* ‖ אומפּ ⟨א⟩
itch (*rev. con.*) ⊢ עס בײַסט מיך I itch ‖
ב' ⟨ד⟩ itch ‖ די האַנט בײַסט מיר my
hand itches
בײַ'סעניש דאָס (ן) itch
בײַ'עריש אַדי Bavarian
בײַ'ערן (דאָס) Bavaria
בייץ¹ דער (ן) (wood) stain
בייץ² דער (בצים) זען ב י צ ה
בײַצײַטיק = ב ײַ צ ײַ ט נ ד י ק
בײַצײַ'טנדיק אַדי* timely, prompt
בײַ צײַטנס אַדוו in time, on time
בייצ|ן וו ◈ stain (give hue to wood)
בײַצ|ן וו ◈ = ב י י צ ן
בייקאָן דער—אַמער bacon
בײַקולכל דאָס (עך) [BA'YKELKhL] falsetto
בײַ|קומ|ען וו (איז בײַ'געקומען) ⟨א⟩ overcome,
vanquish; defeat
בײַ'שטאָט די suburbia
בײַ'שטידל דאָס (עך) doorpost
בײַ|שטיי|ן* וו (איז בײַ'געשטאַנען) ⟨ד⟩ resist,
withstand ⊢ ב' ד stand by (sb.), be
of help to
בײַ'שטײַער דער (ן) donation, contribution
בײַ'שטײַערונג די (ען) = ב ײַ ש ט ײַ ע ר
בײַ|שטײַ'ער|ן וו ◈ א contribute, donate
בײַ'שטײַערער דער (ס) ⊡ contributor
בײַשטראָך דער (ן) comma

בײַשן דער (ים) ◻טע [—BAYSHONIM] bash-ful/shy person

•בײַשפּיל דער (ן) example, instance || •צום ב׳ for example || •זײַן* אַ ב׳ פֿון exemplify

ביכורים מצ first fruit, firstlings

ביכולת [BIKHOYLES]: זײַן* ב׳ ⟨צו⟩ be able, have it in one's power (to)

בי׳כערדיק אדי bookish

בי׳כער־וואָרעם דער (־ווערעם) bookworm

בי׳כער־ווינקל דער (ען) book end

בי׳כער־רעוויזאָר דער (ן) ◻שע auditor

בי׳כער־רעוויזיע די (ס) audit

בי׳כערשאַנק די (...שענק) bookcase

ביל דער (ן) אַמער (legislative) bill || דער ב׳ פֿון רעכט the Bill of Rights

בילאַ׳נץ דער (ן) balance (of account)

בילאַנציר|ן וו ◇ balance (an account)

בילבול דער (ים) [BILBL—BILBULIM] calum-ny, false accusation, frame-up ⊢ מאַכ|ן אַ ב׳ אויף calumniate, frame

בילד דאָס (ער) picture; image; sight || ב׳ שיין gorgeous || לע׳בעדיק ב׳ pageant

בי׳לדגעשטעל דאָס (ן) easel

בילדונג די education

בילדונגס... educational

•בילד|ן וו ◇ educate

בילדער... pictorial

בי׳לדערדיק אדי pictorial

בי׳לדעריש אדי vivid, graphic, picturesque

בי׳לדערשטרײַף דער (ן) comic strip

בי׳לדקאַרטל דאָס (עך) picture postcard

בילו Jew. students' movement for agricultural settlement in Palestine which originated after the 1881 pogroms in Russia

ביליאָ׳ן דער (ען) [LY] billion

ביליאַ׳רד דער [LY] billiard, pool

ביליאַ׳רדזאַל דער (ן) poolroom

ביליק אדי cheap || ב׳ ווי באָרשט (*hum.*) dirt-cheap

בי׳לכער אדי preferred, preferable

בי׳לכערקייט די (ן) priority

בילן|ן וו ◇ ⟨אויף⟩ bark (at)

בילע׳ט דער (ן) ticket

בים־באָם אינט ding-dong

בימה די (—ות) [BIME] almemar, the platform in a synagogue from which the Torah is read

בימקום דער (ס) [BIMKEM] substitute, proxy ⊢ ב׳־לערער substitute teacher

בין די (ען) bee

בין וו (אינפֿ: זײַן) am

בינאָקל דער (ען) (pair of) opera glasses, binoculars

בי׳נדברעטל דאָס (עך) splint

בינדוואָרט דאָס (...ווערטער) conjunction

בינדונג די (ען) affiliation, association; commitment

בינדיק אדי coherent

בי׳נדיקייט די coherence

בינד|ן וו (געבונדן) tie, bind, shackle || ב׳ זיך *also* commit oneself

בינדע די (ס) sling

בינדרונג דער (ען) △ בי׳נדרינגל link

בין־הזמנים דער (ס) [BEYNAZMANIM] inter-session

בין־השמשות דאָס/דער (ן) [BEYNAShMOShES] twilight, dusk

בינו־לבינו אדוו [BEYNE-LEBE'YNE] mean-while, in the meantime

בינטל דאָס (עך) (בונט △) bundle, batch, bunch; truss

•בינע די (ס) stage

בינער דער (ס) beekeeper

בינערײַ דאָס beekeeping

בינשטאָק דער (ן) beehive

ביס[1] דער (ן) bite

ביס[2] דער (ן) .1 encore || אויף ב׳ as an encore ⊢ .2 ב׳ אינט encore!

ביסט וו (אינפֿ: זײַן) (you) are

ביסטרע אדי swift, agile, rapid

ביסל דאָס (עך) bit || אַ ב׳ a few; a little, some, slightly ⊢ צו ביסלעך piece-meal, little by little; somewhat

בי׳סלעכווײַז אדוו gradually, bit by bit, little by little, piecemeal

ביסן דער (ס) morsel, bite

ביסקווי'ט דער (ן) cracker, biscuit
ביסקופּ דער (ן) bishop
בי'סקופּיש אַדי episcopal
בי'סקופּשאַפֿט די (ן) diocese
ביעור־חמץ דער [BIER-KhO'METS] ceremonial burning of the traces of leaven on the day before Passover
ביפֿאָקאַ'ל אַדי bifocal
ביפֿסטייק דער (ן) אַמער (beef) steak
ביצה די (—ים) [BEYTSE—BEYTSIM] testicle
ביציקל דער (ען) bicycle
ביק דער (עס) bull
ביקור־חולים דער [BIKER-KhO'YLIM] the (Jew.) commandment to visit the sick; primitive hospital
ביקל דאָס (עך) (playing) marble
ביקס די (ן) gun, rifle
בי'קסנשווייַג דער (ן) cease-fire
ביר דאָס beer
ביראָבידזשאַ'ן (דאָס) Biro-Bidjan, territory in Eastern Asia designated by the U.S.S.R. in 1928 as an autonomous Jew. region, with Yiddish as an official language
בירגעלט דאָס tip
בירגער דער (ס) ⊡ citizen; bourgeois
בירגער... civil, civic
בי'רגערוואַך די (ן) vigilante committee
בי'רגערוואַכניק דער (עס) member of vigilante committee
בי'רגערלעך אַדי civil; bourgeois
בי'רגער־מייַסטער דער (ס) mayor
בי'רגער־מלחמה די (—ות) [MILKhOME] civil war
•בי'רגערקריג דער/די (ן) civil war
בי'רגעררעכט דאָס (—) citizen's right || מצ civil rights
בי'רגערשאַפֿט די (ן) citizenship, nationality
בירושה אַדוו [BEYERUShE] by inheritance; by heredity
בישעף דער (ן) זען ביסקופּ
בית דער/די (ן) [BEYS] bet, name of the letter ב

בית־דין דאָס (ס) [BEZ(D)N] rabbinical court
בית־הכּנסת דאָס (בתּי־כּנסיות [BEYSAKNESES —BOTE-KNE'SYES] synagogue
בית־המדרש זען בית־מדרש
בית־המיקדש דאָס/דער (ן) [BEYSAMIGDESh] the Temple in Jerusalem
בית־הקבֿרות דער/דאָס (ן) [BEYSAKVORES] (*Jew.*) cemetery
בית־מדרש דער/דאָס (בתּי־מדרשים) [BESMEDRESh—BOTE-MEDRO'ShIM (*Jew.*) prayer and study house; small Orthodox synagogue
בית־עולם דער/דאָס (ס) [BESOYLEM] cemetery
בית־עלמין דער/דאָס (ס) [BESALMEN] cemetery (usually *Jew.*)
בכּבֿוד אַדוו [BEKOVED] honorably
בכּבֿודיק אַדי [ ] honorable, respectable, dignified; creditable
בכּוונה אַדוו [BEKAVONE]: האָב|ן* ב' אַ/אַז intend to, have an eye to
בכּוח [BEKOYEKh] .1 אַדי able || ניט ב' ⟨צו⟩ unable, incapable ⊦ זײַן* ב' צו be able || .2 אַדוו potentially
בכּיוון אַדוו [BEKIVN] on purpose, deliberately, intentionally
בכּיוונדיק אַדי [ ] intentional
בכּלל אַדוו [BIKLA'L] in general
בכּתבֿ אַדוו [BIKSA'V] in writing
בכּתבֿ־... [ ] written (language, evidence, etc.)
בכּבֿודו־ובעצמו אַדוו [BIKhVOYDE-UBEA'TSME] in person, personally
בכדי קאָנ [BIKhDE'Y] so that || ב' צו in order to, so as to, with a view to
בכור דער (ים) [PKhOR—PKhOYRIM] first-born son
בכורה די [PKhOYRE] primogeniture; precedence
בכי־טובֿ אַדוו [BEKhI-TO'YV] auspiciously
בכל־אופֿן אַדוו [BEKhO'L-OYFN] in any case
בכלל אַדוו [BIKhLA'L] זען בכּלל
בכן .1 אַדוו [BEKhE'(Y)N] then, therefore || .2 דער (ען) implication
בלאָ אַדי blue

בלאָז דער (ן) blow, blast, gust

בלאָ'ז־אינסטרומענט דער (ן) wind instrument

בלאָזזאַק דער (...זעק) bellows

בלאַזן דער (ס) clown

בלאָז|ן וו (געבלאָזן) blow || ב' זיך be stuffy, give oneself airs, pout || ב' פֿון זיך puff; be haughty

בלאַט 1. דער/דאָס (בלעטער) leaf; △ בלעטל || sheet (of paper); flap (of table) **2.** דאָס (בלעטער) (news)paper

°בלאַט אַדי illegal, underworldly || אויף ב' illegally, under the counter, without a permit ⊢ שלאָגן ב' ⟨מיט⟩ make common cause (with)

בלאָטיק אַדי muddy, filthy

בלאָטע 1. די (ס) mud, filth, dirt; smut; marsh ⊢ ס'איז ב' it's nothing || °מאַכ|ן ב' פֿון pooh-pooh; vilify || **2.** אינט nonsense!

בלאָ'טע־פֿליגל דער (ען) fender

בלאָטער דער (ס/ן) blister, blotch

בלא־יודעים אַדוו [BELO'Y-YO'YDIM] unknowingly

בלאָלעכץ דאָס זען ב ל אָ ע כ ץ

בלאַמאַ'זש דער (ן) disgrace, embarrassment

בלאַמיר|ן זיך וו ◇ disgrace oneself

בלאָנד אַדי blond, fair

בלאָנדזשע|ן וו ◈ stray, ramble (having lost one's way)

בלאָנדזשערײַ' די (ען) maze

בלאָנדינ(ק)ע די (ס) blonde

בלאַנק אַדי glossy, shiny, brilliant, spick-and-span

בלאַנק דער (ען) blank (form)

בלאַנקאָ... blank (check etc.); blanket

בלאַנקיר|ן וו ◇ bleach

בלאַנקעט אַדי azure

בלאַנק|ען וו ◈ gleam, glitter

בלאָנקע|ן זיך וו ◈ stray, not know the way

בלאַס אַדי pale, pallid, colorless

בלאַסקייט די pallor

בלאָעכץ דאָס blueing

בלאָף דער (ן) bluff; hoax

בלאָפֿ|ן וו ◈ bluff

בלאָק דער (ן) block; pulley; (writing) pad

בלאָקאַדיר|ן וו ◇ blockade

בלאָקאַדע די (ס) blockade

בלאָקי'ר דער (ן) curfew

בלאָקיר|ן וו ◇ blockade, block

בלאָקנאָ'ט דער (ן) (writing) pad

•בלבול זען ב י ל ב ו ל

בלב־ונפֿש אַדוו [BELE'V-VONE'FESh] with heart and soul

בלוז(ק)ע די (ס) blouse

בלוט דאָס blood || ב' און מילך youthful/buxom person ⊢ ב' יונג very young || ביז ב' until it bleeds || בייז ב' animosity, hostility ⊢ אייגן ב' און פֿלייש own flesh and blood ⊢ האָב|ן* הייס ב' be impetuous ⊢ ליג|ן ד אין ב' run in the blood of ⊢ לאָז|ן ד ב' bleed *vt.* || אָפּ|גיי|ן* מיט ב' bleed *vi.* heavily || עס גייט בלוט פֿון is bleeding

בלו'טאויסגאָס דער (ן) hemorrhage

בלו'טאָרעם אַדי anemic

בלוטבאָד די carnage

בלוט־בילבול דער (ים) [BILBL—BILBULIM] blood accusation, esp. a false charge (made repeatedly since the Middle Ages) accusing Jews of the ritual murder of Christian children

בלו'טגעפֿעס דאָס (—) blood vessel

בלו'טדאָרשטיק אַדי bloodthirsty, ferocious, sanguinary

בלוטיק אַדי bloody, sanguinary

בלו'טיק|ן וו ◈ bleed *vi.*

בלו'ט־מחלוקת דאָס (ן) [MAKhLOYKES] feud

בלו'טסטראָפּן דער (ס) drop of blood in a fertilized egg, making it inedible under Jew. dietary laws

בלו'ט־סיכסוך דער (ים) [SIKhSEKh—SIKhSUKhIM] feud

בלו'ט־פֿאַרגיסונג די bloodshed

בלוי אַדי זען ב ל אָ

בלויז 1. אַדי bare, blank || **2.** אַדוו only,

ב ל י י ז פֿינ ⊢ just, merely, exclusively
דער

•בלוי'זקעפּיק אדי bareheaded

בלוינע־בלאָ' אפּ black and blue

בלום די (ען) △ בלימל flower

בלומיק אדי flowery, florid

בלו'מען־בעכערל דאָס (עך) calyx

בלו'מען־ציבעלע די (ס) (flower) bulb

בלו'מענקרויט דאָס cauliflower

בלחש אדוו [BELAKhESh] under one's breath (esp. parts of a prayer)

בלי דער bloom, prime || אין (פֿולן/רעכטן) ב' in (full) bloom, in one's prime

בלי... blooming

בלי־... [B(E)LI'] without

בליאַגע די humbug, imposture

בליאַגער דער (ס) □קע humbug, impostor

בליאונג זען ב ל י ו נ ג

בליאַסק דער glare, luster

בליאַקיר|ן וו ◇ bleach; fade (color)

בליאַ'קעווע|ן וו ◇=ב ל י אַ ק י ר ן

בלי־גוזמא אדוו [GU'ZME] (with figures) literally, without exaggeration

בליונג די (ען) blooming; bloom; prosperity

בליושטש דער זען פּ ל י ו ש ט ש

בלי־חרטה אדוו [KhARO'TE] without regret, for sure

בלי־חרטהדיק אדי [ ] irrevocable

בליי דאָס lead || ב' גראָ livid

בליי'־יאָרן מצ heyday

בלייב דער (ן) residue

בלייביק אדי permanent

בלייבל דאָס (עך) stub, tab, butt

בלייב|ן וו (איז געבליבן) remain, stay; stand (remain unchanged) ⊢ ב' נאָמ end up (as) ⊢ ב' בײַ keep to; (rev. con.) retain ⊢ דאָס בוך בלײַבט בײַ מיר I am retaining the book ⊢ ב' בײַ מײַנס/דײַנס/זײַנס/... persevere (in one's opinion) ⊢ ב' אומפּ אַז be decided/resolved that ⊢ ב' לעבן survive || צווישן אונדז זאָל עס ב' between you and me

בלייז אדי lackluster, dull

בלייז דער (ן) gap, blank

בלייזטאַנץ דער (...טענץ) striptease

בליי'זטענצערקע די (ס) stripteaser

בלייזיק אדי full of gaps

בלייך אדי pale

בלייכ|ן וו ◇ bleach

בלייכעכץ דאָס (ן) bleach

בלײַען אדי lead(en) || ב'|ער פֿויגל clumsy fellow, slowpoke

בלײַער דער (ס) pencil

בלײַ'ער|ן וו ◇ doodle

•בלײַ'פֿענדל דאָס (עך) pencil

•בלײַ'פֿעדער די (ס) pencil

בלײַשנור דער (ן) plumb line

בלימפּ דער (ן) blimp

בלינד אדי blind; indiscriminate; stray (bullet) ⊢ ב' מאַכ|ן blind || אויף ב' blindly ⊢ ב' געסל cul-de-sac, dead-end street

בלי'נדזעקייט די blindman's buff

בלינדקייט די blindness

בלי־נדר אדוו [NE'YDER] "without making a vow," phrase used by very pious Jews whenever speaking of a future action, to avoid the risk of unavoidably breaking one's word

בלינצל|ען וו ◇ twinkle, flash, blink

בלינצע די (ס) blintz

בלי־ספֿק אדוו [SO'FEK] no doubt, unquestionably

בליִעכץ דאָס bloom, blossoms (*coll.*)

בלי|ען וו ◇ flower, bloom, blossom; prosper, flourish, thrive

בלי'ענדיק אדי blooming, thriving, prosperous

בליץ דער (ן) flash, burst; lightning || ב' שנעל instantly

בלי'ץ־אָפּפֿירער דער (ס) lightning rod

בליצײַט די heyday

בליציק אדי flashy

בליצלאָמפּ דער (ן) extra-bright lamp

בלי'צלעמפּל דאָס (עך) flash bulb

בליצל|ען וו ◇ זען ב ל י נ צ ל ע ן

בליצ|ן וו ⟐ flash; lighten || עס בליצט there are flashes of lightning
בליצער דער (ס) flash gun
בלי'צשלעסל דאָס (עך) zipper
בליק דער (ן) look, glance, gaze; glimpse || אויפֿן ערשטן ב' at first glance || אַ ב' טאָ|ן* glance || כאַפּ|ן אַ ב' אויף glimpse
בלי־שום־ספֿק אַדוו [SO'FEK] no doubt at all, most decidedly
בלי־שום־ספֿקדיק אַדי [ ] undisputed
בלישטש דער sparkle, shine; glamor || ב' שיין glamorous
בלי'שטשמיידל דאָס (עך) glamor girl
בלישטשע|ן וו ⟐ sparkle, shine
בלית־ברירה אַדוו [B(E)LE'S-BRE'YRE] perforce
בלע"ז אַדוו [B(E)LA'Z] in the foreign/profane language (*used with vernacular equivalents of Hebrew or Aramaic words*); (*hum.*) otherwise known as
בלעזל דאָס (עך) bubble
בלע'זל־גומע די bubble gum
בלעזל|ען וו ⟐ bubble
בלעטל דאָס (עך) (בלאַט △) leaflet; washer
בלע'טער|ן וו ⟐ peruse, turn (pages of), leaf through, browse (in)
בלעך .1 דאָס tin plate, sheet metal || .2 די (ן) tin pan, tin can
בלעכל דאָס (עך) tin badge; tin can
בלע'כן אַדי tin, (of) sheet metal
בלע'כערן=בלעכן
בלענד דער dazzle
בלענדיק אַדי flashy, dazzling || ב' (שיין) glamorous
בלע'נדיקייט די glamor
בלענד|ן וו ⟐ blind, dazzle *imp.*
בלענדעכץ דאָס glamor
בלע'נדעניש דאָס blindman's buff
בלע'קעצ|ן וו ⟐ chant unintelligibly
בלק [BOLEK]: לערנ|ען ב' מיט teach (sb.) a harsh/impressive lesson
במדבר [BAMIDBOR] Book of Numbers in the Old Testament
במזומן אַדוו [BIMZUMEN] in cash
במזיד אַדוו [BEMEYZED] deliberately, intentionally, willfully
במחילה אַדוו [BIMKhILE] begging your pardon
במילא אַדוו [BEMEYLE] of necessity; of itself; therefore, consequently
במציאות אַפּ [BIMTSIES] available || זײַ|ן* ב' exist
•במקום זען בימקום
במשך פֿון פּרעפּ [BEMEShEKh] during, in the course of
במתּנה אַדוו [BEMATONE] as a gift; in a complimentary way
בן טיטל [BEN] the son of || יעקבֿ בן יצחק [YANKEV ... YITSKhOK] Jacob the son of Isaac
בן־אָדם דער (בני־) [BENODEM—BNEY] man, mortal, human being
בנאמנות אַדוו [BENEMONES] honestly
בן־בית דער (בני־) [BEN-BAYES—BNEY] member of the household, one of the family
בן־דור דער (בני־) [BENDO'R—BNEY] contemporary
בנוגע פּרעפּ [BENEGEYE] concerning, in regard to, in reference to, re
בן־זוג דער (בני־) [BENZU'G—BNEY] mate
בני־בית דאָס/מצ [BNEYBAYES] members of the household (*coll.*)
בן־יחיד דער (בני־יחידים) [BENYOKhED—BNEY-YEKhI'DIM] only son
בנים מצ [BONIM] (*hum., cont.*) sons
בנימוס אַדוו [BENIMES] politely
בנימוסדיק אַדי [ ] urbane, polite
בנימצא אַפּ [BENIMTSE] available, in existence
בנין דער/דאָס (ים) [BINYEN—BINYONIM] building, edifice, structure
בן־יקיר דער (ס) [BENYAKER] darling (*masc.*)
בן־ישׂראל דער (בני־) [BEN-YISRO'EL—BNEY] Israelite
בן־מלך דער (בני־מלכים) [BENMEYLEKh—BNEYMELOKhIM] prince

•בנמצא זען ב נ י מ צ א

בנעימות אדוו [BENEIMES] gracefully, pleasantly

בנעימותדיק אדי [ ] graceful, pleasant, suave

בן־עיר דער (בני־) [BEN-I'R—BNEY] fellow townsman

בן־שיבֿעים דער (בני־) [BENSHIVIM—BNEY] septuagenarian

בנשימה־אַחת אדוו [BINSHIME-A'KHES] in one breath

בן־שישים דער (בני־) [BENSHISHIM—BNEY] sexagenarian

בן־שמונים דער (בני־) [BENSHMOYNIM—BNEY] octogenarian

בן־תּורה דער (בני־) [BENTOYRE—BNEY] (*Jew.*) scholar

בסוד אדוו [BESO'D] secretly, confidentially; covertly, privately ⊢ האַלט|ן ב' keep secret ⊢ אָנ|זאָג|ן ב' ⟨ד⟩ tip off

בסודיק אדי [ ] secret, undercover

בסודיקייט די [ ] secrecy

בסוד־סודות אדוו [SO'YDES] very secretly

בסך־הכּל אדוו [BES(A)KHAKL] all told, in all

בע דער (ען) (the letter) B

בע אינט pooh!

בעבל דאָס (עך) (באָב Δ) bean

בע'בעכעס מצ (*iro.*) bag and baggage

בעבע|ן וו ⟐ babble, mumble

בעדוי:נער דער (—) ⊡ Bedouin

בעדער דער (ס) ◻קע bathhouse attendant

בע"ה זען ב ע ז ר ת ־ ה ש ם

בעוונותינו־הרבים אדוו [BAVOYNESE'YNU-HO-RA'BIM] in view of our many sins (*said with reference to the inevitability of an unfavorable development*)

בעז דער lilac

בעזבושהניק דער (עס) ◻—ניצע [BEZBUSHNIK] shameless person

בעזעם דער (ער/(ע)ס) broom

בע'זעמונג די sweep

בע'זעמ|ען (זיך) וו ⟐ sweep *vt/vi*

בעזרת־השם פֿר [BEEZRES-HASHE'M] "by the help of God" (formula used by Orthodox Jews at the head of written documents; abbrev. בע"ה)

בעט די/דאָס (ן) bed || אויפֿן טויטן ב' on one's deathbed

בעטאָ'ן דער concrete || בעטאָנען אדי

בע'טגעוואַנט דאָס bedding

בעטל דאָס (עך) (בעט Δ) berth

בע'טלברויט דאָס—קאָל handouts

בעטל|ען וו ⟐ beg

בעטלער דער (ס) ◻קע beggar

בעט|ן וו (געבעטן) ask; request, bid, beg; invite ⊢ איך בעט דיך/אײַך please || ב' גאָט pray || ב' ⟨אויף⟩ pray (for) || ב' זיך ⟨בײַ ... אַז⟩ beg, implore, entreat, beseech, plead with, wheedle ⊢ עס בעט זיך אומפּ be needed/desirable || אַן אַנדער וואָרט בעט זיך another word is needed || לאָז|ן זיך ב' be coy

בעטשע|ן וו ⟐ bawl

בעכער דער (ס) wine glass, goblet

בע'כער־בלעטל דאָס (עך) sepal

בע'כערל דאָס (עך) (בעכער Δ) calyx

בעל־... [BAL-; *pl.* BALE-] man of, person of; owner of

בעל־אַחריות דער (בעלי־) [AKHRA'YES] responsible person

בעל־אַכסניא דער (בעלי־אַכסניות) [AKHSA'NYE] innkeeper

בעל־בטחון דער (בעלי־) [BITO'KHN] man of faith, optimist

בעל־בית זען ב ע ל ־ ה ב י ת

בעל־ברית דער (בעלי־) father of boy being circumcised

בעל־גאווה דער (בעלי־גאוות) [GA'YVE] haughty person

בעל־גאוותניק דער (עס) = בעל־גאווה

בעל־גוף דער (בעלי־גופים) [GU'F] corpulent man; kulak

בעלגיע (די) Belgium

בעלגיש אדי Belgian

בעל־דבֿר דער (בעלי־) [DO'VER] person in question; culprit

בעל־דיקדוק דער (בעלי־) [DI'KDEK] (Hebrew) grammarian

בעל־דעה דער (בעלי־דעות) [DE'YE] person in authority; influential person

בעל־דרשן דער (ס/ים) [DARShN—DARSho'NIM] tedious orator; (*Jew.*) preacher

בעל־דרשער דער (בעלי־דרשערס) = בעל־דרשן

בעל־הבית דער (בעלי־בתּים) [BAL(E)BO'S—BAL(E)BATIM] △ בעל־הביתל [BAL(E)BESL] proprietor, owner; host; boss, master; landlord ⊢ זײַן* אַ/דער ב׳ איבער control

בעל־הביתטע די (ס) [BAL(E)BOSTE] (*fem.*) proprietor, owner, mistress; hostess; housekeeper, housewife; landlady

בעל־הביתל 1. דאָס (עך) (△ בעל־הבית) [BAL(E)BESL] (*iro.*) newly-wed man ‖ 2. דאָס (בעלי־בתּימלעך) [BALEBA'TIMLEKh] (*cont.*) petty bourgeois

בעל־הביתלדיק אַדי [ ] petit-bourgeois

בעל־הבתּיש אַדי [BAL(E)BATISh] patrician; mature; of means; courtly, well-to-do, genteel, comfortable

בעל־הבתּישקייט דאָס/די (ן) [ ] economy, household

בעל־הבתּעווע\|ן וו ◇ [BAL(E)BA'TEVE] keep house, manage *vi.* ⊢ ב׳ איבער/מיט rule; bully

בעל־הוצאה דער (בעלי־הוצאָות) [HETSO'E] spender

בעל־הלוואה דער (בעלי־הלוואָות) [HALVO'E] (money) lender

בעל־המצאה דער (בעלי־המצאָות) [HAMTSO'E] ingenious person

בעל־השגחה דער (בעלי־) [HAZhGO'KhE] supervisor

בעל־השפּעה דער (בעלי־) [HAShPO'E] influential person

בעל־זכּרון דער (בעלי־) [ZIKORN] person with good memory

בעל־חוב דער (בעלי־חובֿות) [KhO'YV] debtor

בעל־חי דער (ים) [KhA'Y] animal, living being

בעל־חיונה דער (בעלי־) [KhEYU'NE] supporter, wage earner

בעל־חיִיש אַדי [BALKhAISh] animal

בעל־חלומות דער (בעלי־) [KhALO'YMES] dreamer

בעל־חשדים דער (בעלי־) [KhShO'DIM] suspicious person

בעל־טובֿה דער (בעלי־טובֿות) [TO'YVE] benefactor

בעל־יובֿל דער (בעלי־) ◻טע [YO'YVL] person whose anniversary is being celebrated

בעל־יועץ דער (בעלי־יועצים) [YO'YETS—YO'YETSIM] adviser

בעל־כּישרון דער (בעלי־כּשרונות) [KIShREN—KIShRO'YNES] talented person

בעל־כּרחו אַדוו [KO'RKhE] perforce

בעל־כּרחודיק אַדי/אַדוו [ ] unwilling(ly)

בעל־כּרחך אַדוו [KO'RKhOKh] perforce

בעל־מום דער (בעלי־מומים) [MU'M] cripple

בעל־מופֿת דער (בעלי־מופֿתים) [MO'YFES—MO'FSIM] miracle worker

בעל־מחשבֿות דער (בעלי־) [MAKhShO'VES] thoughtful person

בעל־מיצווה זען בר־מיצווה

בעל־מלאָכה דער (—ות) [MELO'KhE] craftsman, artisan

בעלמע די (ס) cataract

בעל־מפּולת דער (בעלי־) [MAPO'YLES] slumlord

בעל־משכּון דער (בעלי־משכּנות) [MA'ShKN—MAShKO'NES] pawnbroker

בעלן דער (ים) ◻טע [BALN—BALONIM] interested person; volunteer ⊢ זײַן* אַ בעלן אויף ד, זײַן* אַ ב׳ צו אינפֿ be interested in; go for, have an urge for/to, be eager to/for ⊢ זײַן* אַ ב׳ צו wish, not mind ⊢ כ׳בין אַ ב׳ צו וויסן I wouldn't mind knowing

בעלנות דאָס (ן) [BALONES] eagerness, interest

בעל־נצחון דער (בעלי־נצחונות) [NITSO'KhN—NITSKhO'YNES] victor, conqueror

בעל־עבֿירה דער (בעלי־עבֿירות) [AVE'YRE] sinner

בעל־עגלה דער (—ות) [AGO'LE] (wagon) driver, coachman

בעל־עוולה דער (—ות) [A'VLE] wrongdoer

בעלעטרי'סט דער (ן) ⊡ fiction writer

בעלעטריסטיק די fiction

בעלעטריסטיש אַדי fictional

בעל־פּה אַדוו [BALPE'] orally, verbally, by word of mouth

בעל־פּה־... [ ] oral, verbal

בעלפֿער דער (ס) assistant teacher in traditional heder

בעל־צדקה דער (בעלי־) [BAL-TSDO'KE] charitable person, philanthropist

בעל־קורא דער (ס) [KO'YRE] reader of the Torah in the synagogue

בעל־קריאה דער (בעלי־) [KRI'E] = בעל־קורא

בעל־שם דער (בעלי־שם) [shE'M] (*Jew.*) miracle worker

בעל־שׂימחה דער (בעלי־שׂימחות) [SI'MKhE] person being honored at or sponsoring a celebration

בעל־תּוקע דער (ס) [TEKE'YE] blower of the ram's horn in the synagogue

בעל־תּכלית דער (בעלי־) [TA'KhLES] practical man

בעל־תּקיעה דער (בעלי־) [TKI'E] זען בעל־תּוקע

בעל־תּשובֿה דער (בעלי־) [TShU'VE] penitent

בעמאָ'ל דער (ן) flat ‖ רע ב' D flat

בע־מע' אינט blah-blah

בענדל דאָס (עך) (די באַנד △) ribbon

בענזי'ן דער gasoline; benzine

בענטש דער (ן) thud

בענטשליכט מצ candles for Sabbath or holiday benediction

בענטש|ן וו ◇ bless (a person); (*Jew.*) *also* say the benediction after a meal

בענעפֿי'ט דער (ן) benefit (payment, performance)

בענקל דאָס (עך) (די באַנק △) chair, stool

בע'נקעלע דאָס (ך) (בענקל △): צו|שטעל|ן ד אַ ב' פֿאַר report (sb.) to

בענק|ען וו ◇ ⟨נאָך⟩ long, be homesick, long ⊢ ב' זיך אומפּ ⟨ד⟩ yearn (for) slightly (for)

בע'נקעניש דאָס (ן) longing, homesickness

בענקשאַפֿט די (ן) longing, nostalgia

בעסט אַדי* (גוט △△) best

בעסטיאַליש אַדי [IY] beastly, bestial

בע'סטיע די (ס) beast, brute

בע'סטסעלער דער (ס) best seller

בעסער אַדי (גוט △) better; rather ‖ ב' זאָג אים ניט you had better not tell him ‖ ב' ווער|ן yield, come around, relent ‖ ב' ווער|ן אומפּ ד take a turn for the better

בע'סער־ווייסער דער (ס) ⊡קע smart aleck

בע'סערונג די improvement

בע'סער|ן זיך וו ◇ improve *vi.*

בעפֿשטיק דער (ן) beef steak

בעצם אַדוו [BEETSEM] basically, intrinsically, fundamentally, as a matter of fact, in essence

בעצמדיק אַדי [ ] fundamental, virtual

בעקן דער (ס) △ בע'קעלע basin, (artificial) pool; pelvis; roasting/baking pan

בעק|ן וו ◇ bleat

בעקער דער (ס) ⊡קע baker

בעקערײַ' די (ען) bakery

בע'קעשע די (ס) long jacket

בער דער (ן) bear ‖ ווײַס|ער ב' polar bear ‖ דער גרויס|ער ב' the Big Dipper

בערגל דאָס (עך) (באַרג △) hill; knoll

בע'רגלדיק אַדי hilly

בערגער דער (ס) miner

בערגערײַ' דאָס mining

בערזע די (ס) (stock) exchange

בע'רזע־מעקלער דער (ס) stockbroker

בערטע די (ס) knoll

בעריאָזע די (ס) זען בערעזע

בערך אַדוו [BEEREKh] about, approximately, roughly

בערכדיק אַדי [ ] approximate, rough

בערנע די זען באַר

בערעזע די (ס) birch || בערע'זעווע אַדי
בערשטי'ן דער זען בורשטין
בע'רשטלהאָר מצ bristle
בערשטן וו (געבע'רשט) זען באַרשטן
בעת [BEYS] .1 קאָ as, while || .2 פּרעפּ during
בעת־מעשה [MA'YSE] אַדוו at the (same) time
בפּועל [BEPOYEL] אַדוו actually
בפּועל־ממש [MA'MESh] אַדוו actually
בפירוש [BEFEYRESH] .1 אַדי clear, explicit, downright, decided, positive || .2 אַדוו decidedly, outright
בפּרהסיא [BIFRESYE] אַדוו openly, in public
בפּרוטרוט [BIFROYTRET] אַדוו in detail
בפּרט [BIFRA'T] אַדוו particularly, especially, in particular
בפּרטיות [BIFRO'TIES] אַדוו in detail
בצוואה [BETSAVOE] אַדוו in one's last will || אָפּ|זאָגן|ן ב' bequeath
בציבור [BETSIBER] אַדוו collectively
בציבור־פֿאָנד דער (ן) [ ] mutual fund
בצים זען ביצה
בצימצום [BETSIMTSEM] אַדוו austerely, frugally
בקבלה [BEKABOLE] אַדוו by oral tradition
בקבלהדיק אַדי [ ] traditional
בקו(ו)־הבריאות [BEKA'V-HABRI'ES] אַדוו in perfect health
בקול־רם [BEKO'L-RO'M] אַדוו aloud
בקי [BOKE] .1 אַפּ ⟨אין⟩ versed, skilled, proficient, adept ⊢ ווערן|ן (שטאַרק) ב' אין master || .2 דער (בקיאים) [BEKIIM] versed/skilled person
בקיאות דאָס (ן) ⟨אין⟩ [B(E)KIES] proficiency, skill, mastery
בקיצור [BEKITSER] אַדוו in short, briefly
בקיצורדיק אַדי [ ] succinct
בקיצורל דאָס (עך) [ ] news brief
בקרובֿ [BEKOREV] אַדוו soon, shortly
בקרובֿדיק אַדי* [ ] forthcoming
בקשה די (—ות) [BAKOShE] request, plea
בראָדיע|ן וו ⟐ wade, plod
בראָ'דעווקע די (ס) mole, wart
בראַוו אַדי bold, brave, manly
בראַוואָ אינט bravo! well done! || פּאַטש|ן ב' applaud
בראַזג דער (ן) clatter, peal
בראַזגע|ן וו ⟐ clatter
בראָזנע די (ס) furrow
בראָטיויך די gravy
בראָט|ן וו (געבראָטן) roast || ב' (אוי'נטערן פֿײַער) broil
בראָטער דער (ס) broiler
בראָ'טרעשאָטקע די (ס) (roasting) grill
בראָטשפּיז די (ן) spit
בראָטשפּיזל דאָס (עך) (בראָטשפּיז △) skewer
בראָך דער (ן) break, fracture, crack; disaster ⊢ אַ° ב' איז מיר! woe is me!
בראָ'כגאַרטל דער (ען) hernial truss
בראָכוואַרג דאָס scrap
בראָכטייל דער (ן) fraction, fractional part
בראָכצאָל די (ן) fraction, fractional number
בראָם די (ען) portal, city gate
בראָם דער bromine
בראַנד .1 דער (ן) conflagration, blaze; petrel ⊢ ב' טײַער extremely expensive || .2 די (ן) gangrene; (grain) blight
בראַ'נדאָפּער דער (ס) burnt-offering
בראָנדז דאָס bronze || בראָנדזי'ן אַדי
בראָנדזעלע'ט דער (ן) bracelet
בראַנד|ן וו ⟐ brand
בראַ'נדצייכן דער (ס) brandmark
בראַנזשע די (ס) line (of business)
בראָנע די (ס) harrow
בראָ'נעווע|ן וו ⟐ harrow
בראָנפֿן דער (ס) liquor, whisky || טרײַב|ן ב' distil liquor
בראַסלע'ט דער (ן) bracelet
בראָסקע די (ס) toad
בראַק דער damaged/condemned goods; trash
בראַקיר|ן וו ⟐ reject, condemn *imp.*
בראָק|ן וו ⟐ shred, crumble *vt.*
בראָש די (ן) △ בראָשקע brooch
בראָש אַדוו ⟨פֿון⟩ [BERO'sh] at the head (of)

|| שטיי|ן* ב' פֿון head || שטעל|ן זיך ב' head, take the lead
בראָשו'ר די (ן) booklet, pamphlet
בראָשי'רט אדי soft-covered, paperback
בראשית דער [BREYShES] genesis; Book of Genesis
בראשיתדיק אדי [ ] primeval
בר־דעת דער (ן) [BARDA'AS] sensible person
בר־דעתדיק אדי [ ] intelligent, rational
ברואים מצ [BRUIM] creatures
ברוגז 1. אדי ⟨אויף⟩ [BROYGES] sore, angry, offended; sullen, cross ⊦ זײַן* ב' ⟨אויף⟩ also sulk (at) ⊦ 2. דער (ן) friction; broken relationship
ברוגזלעך אדי [ ] out of sorts
ברוגז|ן זיך וו ◇ [ ] ⟨אויף⟩ be angry, fret
ברוד דער filth, squalor
ברודיק אדי foul, filthy, squalid
ברודער דער (ברידער) brother
ברו'דעריש אדי brotherly, fraternal
ברו'דערן־זון דער (־זין) nephew
ברו'דערן־טאָכטער די (־טעכטער) niece
°ברו'דערקע buddy
ברו'דערשאַפֿט די (ן) brotherhood, fraternity (organization)
ברוטאָ... gross || ברוטאָ־הכנסה [HAKhNOSE] gross income
ברוטאַ'ל אדי brutal
ברויז די (ן) △ ברײַזל brewery
ברויזונג די ferment
ברויזיק אדי frothy; vehement, turbulent
ברויז|ן וו ◇ sparkle, effervesce
ברויזעכץ דאָס froth
ברויט דאָס (ן) △ ברייטל bread; loaf; livelihood
ברוי'טניצע די (ס) breadbox
•ברויכ|ן* וו (ער ברויך; ◇) have to, need
ברוין אדי brown || ב' און בלאָ black and blue
ברוך דיין אמת פֿר [BOREKh DAYEN EMES] "Blessed Be the True Judge," words said upon being informed of someone's death

ברוך־הבאָ 1. דער (ס) [BORKhABE] welcome || 2. אינט [BOREKhABO'] welcome!
ברוך־הוא פֿר [BORUKh-HU'/°BORKhU'] blessed be He (phrase added after גאָט)
ברוך־הנימצא אינט [BOREKh-HANI'MTSE] reply to ברוך־הבאָ said in welcome
ברוך־השם אדוו [BORKhAShE'M] thank God
•ברוכטייל דער (ן) זען בראָכטייל
ברוכים־הבאָים אינט [BRUKhIM-HABO'IM] welcome! (to more than one arrival)
ברוכים־היושבֿים אינ [HAYOYShVIM] reply to ברוכים־הבאָים or ברוך־הבאָ
•ברוכצאָל די (ן) זען בראָכצאָל
ברוך שפּטרני פֿר [BOREKh ShEPOTRANI] father's benediction at son's Bar-Mitzvah; (hum.) good riddance
ברום דער (ען) hum; roar
ברומו־של־עולם אדוו [BERUME-ShELO'YLEM] (fig.) at the top of the world
ברומו־של־עולמדיק אדי [ ] momentous
ברומ|ען וו ◇ hum; roar
ברונע די (ס) = ברונעם
ברונעם דער (ס/ברי'נעמער) well
ברוסט די (בריסט) breast
ברו'סטקאַסטן דער (ס) thorax, chest
ברו'סניצע די (ס) cowberry, mountain cranberry
ברוק דער cobblestone pavement
ברוקווע די (ס) turnip; turnips (coll.)
ברוקיר|ן וו ◇ pave (with cobblestones)
ברוקשטיין דער (ער) cobblestone
ברחל בתך הקטנה פֿר [BEROKhL BITKho HAKTANO]: אויס|רעד|ן ב' ב' ה' (hum.) stipulate most explicitly
ברי דער (ען) (scalding) burn || אַ ב' טאָ|ן* ❖ burn, scald; rankle
בריאה די (—ות) [BRIE] creature, being
בריגאַדע די (ס) brigade
ברידזע|ן זיך וו ◇ ⟨פֿאַר⟩ loathe, be disgusted (by)
ברידזש דער bridge (game)
ברי'דערלעך זען ברודעריש
ברי'דערקריג דער/די (ן) civil war

ברי'דערשאַפֿט די (feeling of) brotherhood, fraternity

ברידקע אַדי loathsome, ugly, nasty

בריה .1 דער/די (—ות) [BERYE] efficient, skillful person ⊢ זײַן* אַ ב' אויף be good/apt/skillful at ‖ .2 די (—ות) efficient housewife

בריה|ן זיך וו ◇ [ ] manage (under difficult circumstances) ⊢ ב' זיך קענען brave *vt.*

בריהש אַדי [BERYESh] skillful, handy, deft, dexterous, efficient

בריהשאַפֿט די [ ] efficiency; achievement

בריהשקייט די [ ] dexterity, efficiency

בריוו דער (—) letter, epistle

ברי'ווטרעגער דער (ס) זען בריוון־טרעגער

בריוול דאָס (עך) (בריוו △) note, message

ברי'וון־טרעגער דער (ס) mailman

ברי'ווּפּאַפּיר דאָס stationery

ברי'ווקאַסטן דער (ס) mailbox

בריטאַ'ן דער (עס) bully

בריטאַ'נעווע|ן וו ◇ be a bully ‖ ב' איבער bully

בריטיש אַדי British

ברייזל .1 דאָס (עך) crumb, shred ‖ .2 דאָס bread crumbs (*coll.*)

ברײַזל דאָס (עך) (ברויז △) still, illegal distillery

ברייט .1 אַדי wide, broad, ample; far-reaching, extensive; liberal, generous ‖ .2 די (ן) width, breadth; latitude; amplitude ⊢ אין דער ב' across, crosswise

ברײ'טגײַסטיק אַדי broadminded

ברײ'טהאַרציק אַדי generous, magnanimous

ברײ'טהאַרציקייט די generosity, magnanimity, bounty

ברייטער אַדי* (ברייט △) relatively broad; comprehensive ⊢ ווער|ן ב' ווי לענגער swell with pride

ברײַ|ען¹ וו ◇ brew

ברײַ|ען² וו ◇ ‖ expatiate, talk at length

וואָס זאָל איך אײַך לאַנג ב'? to make a long story short

ברײַק אַדי scalding; pungent

ברײַתא די (—ות) [BRAYSE] baraitha, a discussion by rabbis of the Mishnaic period which was not included in the Mishnah but in the Gemara

בריל דער (ן) roar

ברי־לי קאָ [BO'RELI] even if

בריליאַ'נט [LY] .1 אַדי brilliant ‖ .2 דער (ן) diamond; jewel

בריליאַ'נטן אַדי [LY] diamond; precious, darling

ברילן מצ (eye)glasses

בריל|ן וו ◇ roar

בריסל (דאָס) Brussels

בריסלער קרויט דאָס—קאָל Brussels sprouts

ברי|ען וו ◇ boil, scald, burn *imp.*

בריק די (ן) bridge; (*dial.*) •floor

בריק דער (ן) זען בריקע

בריקגעלט דאָס bridge toll

בריקע דער (ס) kick ‖ אַ ב' טאָ|ן* ⟨ד⟩ kick *pf.*

בריקע|ן וו ◇ kick *imp.*

ברירה די (—ות) [BREYRE] alternative, choice, option, recourse

ברירהדיק אַדי [ ] optional

ברית דער (ן) the Covenant between God and Abraham; (*Jew.*) circumcision ceremony

ברית־חדשה דער [BRIS-KhADO'ShE] New Testament

בריתיצע די (ס) celebration connected with girl's birth (a regional folk custom)

ברית־מילה די [BRISMILE] (*Jew.*) circumcision ceremony

ברכה די (—ות) [BROKhE] blessing, benediction; boon

בר־מזל דער (ס) [BARMAZL] lucky person

בר־מינן דער (ס) [BA'RMENEN] dead body, corpse; remains

בר־מיצווה .1 די (בר־מיצוות) [BARMITSVE] (*Jew.*) Bar Mitzvah, a boy's coming of age and assumption of religious

responsibility at the age of thirteen
דער .2 || be Bar-Mitzvahed 'ווער|ן ב ||
a boy at the time of his (בר־מיצוות)
Bar Mitzvah
Bar [BOKhER] (ים) דער בר־מיצווה־בחור
Mitzvah boy
•בר־מצווה זען ב ר ־ מ י צ ו ו ה
human be- [BARNA'sh] ל (ן) דער בר־נש
ing
authority, [BARSAMKhE] (ס) דער בר־סמכא
expert
edge; brim, border; (ן/עס) דער ברעג
[YAM] דער ב' ים ⊦ bank, shore, coast
also ashore 'אויפֿן ב ⊦ coast, beach
Coast Guard די ברעגוואַך
rave ◇ וו ברעדיע|ן
אַדי ברעזענט·ן || tarpaulin (ן) דער ברעזע'נט
board (ער) די/דאָס ברעט
debris, rubble; scrap; wreckage דאָס ברעך
breach; violation; re- (ען) די ברעכונג
fraction
fragile, frail ברעכיק
break *vt/imp*; in- (געבראָכן) וו ברעכ|ן
fringe upon, violate; vomit *imp.*;
break 'ב' זיך ⊦ make up (pages)
(*rev. con.*) ⟨ד פֿון⟩ 'קער|ן ב' אומפּ ⊦ *vi/imp*
be nauseated (by)
fragile, breakable אַדי ברע'כעוודיק
vomit דאָס ברעכעכץ
crowbar (עֶן) דער ברעכשטאַנג
(eye)brow (ען) די ברעם
armload (ען) דער ברעם
burn; fervor, zeal, spirit, verve דער ברען
full 'מיטן פֿולן ב || spirited 'מיט ב ||
blast
kiln (ס) דער ברע'נאויוון
bring, fetch; (◇/געבראַ'כט) וו ברענג|ען
cause, bring about, ב' צו ⊦ adduce
ב' אויף זיך ⊦ entail, bring to pass
bring up (a topic) ב' צו רייד ⊦ incur
bearer ⊡ (ס) דער ברענגער
firewood דאָס ברענהאָלץ
fuel דאָס ברענוואַרג
burn (ן) די ברענוווּנד

torrid אַדי ברע'נעדיק
flammable אַדי ברע'נעוודיק
|| burn *vi.*, be on fire ◇ וו ברענ|ען
מע זאָל אים ב' און || fire! !עס ברענט
no matter what you do to ברא̇טן
also irk, ∗ *אַ ב' טאָ|ן ⊦ persuade him
dismay
'ב || burning (sensation) דאָס ברע'נעניש
heartburn (אין האַרצן)
scrap, chip, crumb, bit, (עך) דאָס ברעקל
shred; tot
ב' זיך || crumble *vt.* ◇ וו ברעקל|ען
crumble *vi.*; be reluctant
voluntarily [BEROTSN] אַדוו ברצון
unwittingly, un- [BEShOYGEG] אַדוו בשוגג
awares
on [BEShU'M-O'YFN] אַדוו ... ניט בשום־אופֿן
no account, by no means
jointly, [BEShUTFES] ⟨מיט⟩ אַדוו בשותּפֿות
in common, in conjunction (with)
|| joint, common [ ] אַדי (דיק)בשותּפֿות
party line ב'|ער טעלעפֿאָ'ן
next to, [BIShKhEYNES] ⟨מיט⟩ אַפּ בשכנות
next door to
intact, safely, [BEShOLEM] אַדוו בשלום
at peace (with) ⟨מיט⟩ 'ב ⊦ unharmed
perfectly, com- [BIShLEYMES] אַדוו בשלמות
pletely
intact [ ] אַדי/אַדוו בשלמותדיק
in his time; at that [BEShATE] אַדוו בשעתו
time
in their time [BEShATEM] אַדוו בשעתם
קאָ .2 || during פּרעפּ .1 [BEShA's] בשעת
whereas, when on ב' ווען ⊦ as, while
the contrary
at the (same) [MA'YSE] אַדוו בשעת־מעשה
time
בשעתן=בשעת דעם
abundant, plenti- [BEShEFE] אַפּ/אַדוו בשפֿע
abound 'זײַן* ב ⊦ ful, aplenty; profuse
silently, sur- [BIShTIKE] אַדוו בשתּיקה
reptitiously, stealthily; underhand
surreptitious [ ] אַדי בשתּיקהדיק
message, an- [PSURE] (—ות) די בשורה

nouncement; (exciting/upsetting) news, tidings

spices; (*Jew.*) the [PSOMIM] מצ בשׂמים spices smelled during the habdalah ceremony at close of the Sabbath

perforated con- [ ] (עך) דאָס בשׂמים־ביקסל tainer for spices used in the habdalah ceremony

spicy [ ] אַדי בשׂמימדיק

man, [BOSERVEDO'M] (ס) דער בשׂר־ודם mortal

kosher meat [BOSER KOSHER] בשׂר כּשר (inscription found on kosher butcher shops)

as, in the sense [BETOYRES] פּרעפּ בתּורת of; by way of ⊢ איך גיב עס אײַך ב׳ הלוואה I give it to you as [HALVOE] a loan

(*Jew.*) those parts of [BATIM] מצ בתּים the phylacteries which contain the inscribed slips of parchment

with ex- [BETAKhLES-HA...] בתּכלית־ה.. treme ... ⊢ ער טוט עס בתּכלית־הפּי'נקט־ לעכקייט he does it with extreme precision ⊢ פֿײַנט האָבן* בתּכלית־השׂינאה [SINE] loathe

permanently [BITMIDES] אַדוו בתּמידות

unfailing [ ] אַדי בתּמידותדיק

permanent fixture [ ] (ן) די בתּמידות־זאַך

on the condition [BITNA'Y] (אַז) אַדוו בתּנאַי that, provided that

in answer [BITShUVE] ⟨אויף⟩ אַדוו בתּשובֿה (to)

בת טיטל [BAS] the daughter of || דינה בת יעקבֿ [DINE ... YANKEV] Dinah the daughter of Jacob

בתוכם אַדוו [BESOYKhEM] including || אַלע קינדער און בערל ב׳ all the children, including Berl

virgin, maiden [PSULE] (—ות) די בתולה

virginity [ ] די בתולהשאַפֿט

בת־יחידה די (—ות) [BASYEKhIDE] Δ בת־יחידקע only daughter

Israelite [BAS-YISRO'EL] די בת־ישׂראל woman; Jewess

Bath [BASMITSVE] אַמער (—ות) די בת־מיצווה Mitzvah, girl assuming the responsibilities of an adult Jewess at her thirteenth birthday; ceremony marking this event

princess [BASMALKE] (—ות) די בת־מלכּה

oracular voice [BASKOL] (ן) דאָס בת־קול

בֿ

letter of the Yiddish [VEYS] דער/די בֿ alphabet; pronounced [v]; numerical value (identical with ב): 2. (*No words begin with this letter*)

vet, name of the [VEYS] (ן) דער/די בֿית letter בֿ

ג

ג דער/די [GIML] letter of the Yiddish alphabet; pronounced [G]; numerical value: 3

ג=גראַם gram

גאָב די (ן) gift, bounty || גאָטס ג' godsend

גאַבאַרדי'ן דער gabardine

גאָבעלע'ן דער (ען) tapestry

גאַגאַ'ט דער jet (mineral)

גאָגאָטשע|ן וו ◇ cackle

גאָגל־מאָ'גל דער (ען) egg flip

גאָ'גער|ן וו ◈ cackle

גאווה די [GAYVE] conceit, arrogance, haughtiness

גאווהדיק אדי [ ] arrogant, haughty, conceited

גאָווער דער slobber

גאַ'ווער|ן וו ◈ drool

גאולה די [G(E)ULE] salvation, deliverance, redemption; the coming of the Messiah

גאָון דער (גאונים) [GOEN—GEOYNIM] brilliant man, genius; Gaon, head of a Jew. academy in Babylonia between the 7th and 11th centuries A.D.

גאונות דאָס [GEOYNES] brilliance, genius

גאוניש אדי [GEOYNISH] extremely ingenious, brilliant

גאַז דער (ן) gas; fume

גאַזאָלי'ן דער gasoline

גאַזיר|ן וו ◇ gas *imp.*

גאַ'זמאַסקע די (ס) gas mask

גאַזע די (ס) gauze

גאָט 1. (דער) God || ג' צו דאַנקען, דאַנקען ג' thank God ⊢ ג' מײַנער! my goodness! ⊢ ג' די נשמה שולדיק [NESHOME] my God! ⊢ ג' העלף! entirely innocent || hello! || אָן ג' האָב|ן* ג' אין האַרצן be merciful || אָן ג' אין האַרצן unscrupulous || ווי ג' איז דיר ליב! for God's sake! || ג' איז מיט דיר/אײַך! what's the matter with you? ⊢ ווי ג' האָט געבאָטן properly || „גאָט פֿון אַבֿרהם" a "God of Abraham," a prayer said mainly by women at the close of the Sabbath ⊢ 2. דער (געטער) god, deity

גאָטהייט די (ן) divinity, deity

גאָטוניק דער (...נקעס) kind, variety

גאָטזאַך די (ן) unforeseeable circumstance/factor/outcome; toss-up

גאָטיעס מצ זען גאַטקעס

גאָטיש אדי Gothic

°גאָטלאָז אדי impious

גאָטסדינסט דאָס (ן) divine service

גאָטס נאָמען דער the day after Yom Kippur

גאַטקעס מצ underpants, drawers

גאַל די bile, gall; gall bladder; malice || אַ מענטש אָן אַ ג' good-natured person || °צעזעצ|ן/°איבער|קער|ן ד די ג' spite || °שלאָג|ן ⟨ד⟩ צו דער ג' nauseate

גאַלאָ'ן דער (ען) gallon

גאַלאַ'נט אדי gallant

גאַלאַנטאָ'ן דער (ען) sport, gallant

גאַלאַנטאָניש אדי sportsmanlike, gallant

גאַלאַנטעריע די haberdashery

גאַלאָ'פּ 1. אדוו at a gallop || 2. דער gallop

גאָ'ל־אַפּאַראַט דער (ן) safety razor

גאַלאָפּיר|ן וו ◇ gallop

גאַלאַרע'ט דער (ן) jelly

גאָלד דאָס gold; darling || מיט ג' גלײַך extremely rare/expensive

גאָלד'ן אַדי golden; darling

גאָלדשמיד דער (ן) goldsmith

גאַ'ליע (די) Gaul

גאַליציאַנער .1 אַדי–אינוו Galician || .2 דער (—) ⊡ native of Galicia

גאַליציע (די) Galicia, a province north of the Eastern Carpathian Mountains, belonging formerly to Austria-Hungary, then to Poland, and now split between Poland and the U.S.S.R.

גאַליק אַדי bitter, malicious; virulent

גאָ'למעסער דער (ס) razor

גאָ'למעסערל דאָס (עך) razor blade

גאָל|ן (זיך) וו ◇ shave *vt/vi*

גאָלע אַדי–אינוו pure, sheer

גאָלער דער (ס) shaver

גאַלעריע די (ס) gallery

גאָ'לפּענדזל דער (ען) shaving brush

גאַ'לפּענכער דער (ס) gall bladder

גאָלף דער golf

גאָלפֿפּלאַץ דער (...פּלעצער) golf course

גאָלקרעם דער (ען) shaving cream

גאָמבע די (ס) chin

גאַמע די (ס) scale; gamut, range

גאַנג דער (גענג) walk, gait, pace; move (in a game); errand; course, process; method, manner, habit; drift, trend; complete set, suite; (automobile) gear ⊢ פֿאַר איין ג' at the same time || גיי|ן* אַ ג' run an errand; °go smoothly, hum ⊢ שיק|ן אַ ג' send on an errand ⊢ לאָז|ן אין ג' launch, start, set off; actuate ⊢ אין ג' in progress, in operation; operative ⊢ גיי|ן* מיטן ג' אַז proceed on the assumption that || (*hum.*) it's a far cry! פֿאָלג מיך אַ ג'! this is no small distance! this is no mean task!

•גאַנגבאַר אַדי current

גאַ'נג־וועגעלע דאָס (ך) baby carriage

גאַנגרע'ן די (ען) gangrene

גאַנדז די (גענדז) △ גענדזל goose

גאַניק דער (עס) porch, stoop

גאַנע (די) Ghana

גאָנער דער (ס) gander

גאָ'נער|ן וו ◇ gaggle

גאַנץ .1 אַדי whole, entire, complete; intact; full (moon) ⊢ אין ג'ן altogether, all, fully, quite; in full || אין ג'ן גענומען at large || .2 אַדוו quite, rather, pretty, fairly

גאַנצ..יש ...wide || גאַנצשטאָטיש citywide

גאַנצבילד דאָס overall picture, gestalt

גאַ'נצדי'ליק אַדי wall-to-wall

גאַנצהייט די (ן) complete unit, whole, totality

גאַ'נצטאָ'גיק אַדי all-day, full-time

גאַנצ'ן אַדי* (*iro., emph.*) whole || גאַ'נצענע טעג days on end

גאַ'נצצײַ'טיק full-time

גאַנצקייט די (ן) wholeness, completeness, entirety; whole, unity

גאַס די (ן) △ געסל street || יי'דיש|ע ג' Jewish quarter ⊢ אויף דער יי'דישער ג' in Jewish society

גאָס דער (ן) flow, torrent

גאָ'סאײַזן דאָס cast iron

גאַסט דער (געסט) visitor, guest || מצ *also* company ⊢ קומ|ען/זײַן* צו ג' ⟨בײַ⟩ visit *vt/vi*

גאַ'סטגעבער דער (ס) ⊡ host

גאַסטיר|ן וו ◇ בײַ be visiting

גאַ'סטפֿרײַנדלעך אַדי hospitable

גאַ'סטפֿרײַנדלעכקייט די hospitality

גאַ'סטצימער דער (ן) parlor

גאַסטראָנאָמיש אַדי gastronomical

גאַ'סניונג דער (ען) street urchin

גאַ'סנפּרוי די (ען) harlot, streetwalker

גאַפּיע|ן וו ◇ gape

גאָפּל דער (ען) fork; (electric) plug

גאָפּל־לע'פֿל מצ silverware, knives and forks

גאַפּע|ן וו ◇ זען ג אַ פּ י ע ן

גאַפּ|ן וו ◇ gape, gaze at

גאָר 1. אַדי whole, entire || אויף דער ג'ער וועלט in the whole world || ג' דאָס געלט all the money ⊢ אין ג' דער שטוב throughout the house ⊢ **2.** אַדוו all, altogether, quite, utmost, fully, completely, extremely; (*unstressed*) surprisingly ⊢ ג'! not at all! || ג' אַזוי'? is that so? ⊢ ג'־ג' extremely || ביז ג' extremely, exceedingly ⊢ דאָס איז ג' that is all ⊢ ג' ווײַס completely white ⊢ דו ביסט ג' דאָ? you are here, of all places? ⊢ ג' רעכטס on the far right

גאָר דער (ן) Hanukkah top

גאַראַ'זש דער (ן) garage

גאַראַ'נטיע די (ס) pledge, guarantee; security

גאַראַנטיר|ן וו ◇ guarantee

גאַרב דער (ן) sheaf (of grain)

גאַרב|ן וו ◇ tan (leather)

גאַרבער דער (ס) □קע tanner

גאַרבערײַ' די (ען) tannery

גאָרגל דער (ען) △ גע'רגעלע throat, larynx, gullet; Adam's apple

גאָרגל|ען וו ◇ gargle

גאָ'רגלקאָפּ דער (...קעפּ) larynx

גאָ'רגלקנאָפּ דער (...קנעפּ) Adam's apple

גאָ'רגל־שנײַדער דער (ס) cutthroat

גאַרדי'ן דער (ען) drape

גאַרדעראָ'ב דער (ן) wardrobe; cloak room, checkroom

גאַרטל דער (ען) belt; esp. (*Jew.*) belt worn during prayer ⊢ פֿאַרשטעק|ן° אין ג' surpass, outdo, outshine

גאָרטן דער (גערטנער) △ גע'רטנדל garden || פֿיר|ן אַ ג' garden

גאָ'רטנוואַרג דאָס vegetables (*coll.*)

גאָ'רטשיצע די (ס) mustard

גאָרילע די (ס) gorilla

גאַרן דער yarn

גאַר|ן וו ◇ נאָך crave for, yearn for

גאָרן דער (ס) floor, story; upper story; flight of stairs

...גאָ'רנדיק אַדי -storied || צוויי'־ג' two-storied

גאַרניזאָ'ן דער (ען) garrison

גאָרניט זען גאָרנישט

גאַרניטו'ר די (ן) set (of tools, parts, etc.)

גאַרניטער דער (ס) outfit, suit

גאָרניט־שבניט זען גאָרנישט־שבנישט

גאַרניר|ן וו ◇ garnish *imp.*

גאָרנישט 1. אַדוו (not) at all || ווי קיין מאָל ג' as if nothing happened ⊢ **2.** פּראָנ nothing, nil ⊢ מאַכ|ן צו ג' belittle, shrug off; undo; destroy, obliterate || מאַכ|ן זיך ג' פֿון make little/nothing of ⊢ **3.** דער (ן) nonentity, nobody; good-for-nothing

גאָ'רנישטיק אַדי trivial

גאָרנישט־שבנישט [SHEBENI'SHT] **1.** פּראָנ nothing whatever ⊢ **2.** דער complete nonentity

גאָרסעדל דאָס (עך) girdle

גאַרע די (ס) groove; furrow

גאָ'רפֿינקל דער (ען) carbuncle

גאָרקיך די (ן) soup kitchen

גאַשעטקע די (ס) (mechanical) tumbler

גבאָות דאָס [GABOES] office of the *gabe*

גבאי דער (גבאָים) [GABE—GABOIM] trustee or warden of a public institution, esp. a synagogue; manager of the affairs of a Hasidic rabbi

גבאיטע די (ס) [GA'BETE] (*Jew.*) wife of a *gabe*; lady trustee

•גבור זען גיבור

גבֿול דער (ן) limit, bounds, domain || אין ג' פֿון within the bounds of, within the confines of ⊢ מחוץ דעם ג' ⟨פֿון⟩ [MIKhU'TS] out of bounds (of) || אין אַ געוויסן ג' within limits

גבֿורה די (—ות) [GVURE] might, prowess, strength; valor, heroism, fortitude; exploit, feat; forte

גבֿורהדיק אַדי [ ] valiant, stalwart

גבֿורהשאַפֿט די [ ] זען גבֿורה

גבֿיר דער (ים) □ (ינ)טע rich man

גבֿי'רימשאַפֿט די the wealthy

גבֿיריש אַדי* affluent; of the wealthy

גבֿי'רישאַפֿט די wealth, affluence

גבֿית־עדות דער (ן) [GVIES-E'YDES] testimony

גבֿר דער (ן) [GVAR] strong man, manly person

גבֿרות דאָס [GAVRES] virility

גבֿרותדיק [ ] virile

גבֿריש אַדי [GVARISH] manly

גדול דער (ים) [GODL—GDOYLIM] celebrity, prominent man

גדולה די [GDULE] glory, grandeur; glee, exultation, gaiety; something to boast about ⊢ וואָס איז די ג'? what is there to celebrate? what is there to boast about?

גדלות דאָס [GADLES] conceit, arrogance, vanity

גדלותדיק אַדי [ ] conceited, vain

גדלן דער (ים) ◻טע [GADLEN—GADLONIM] conceited/vain person

גדר דער (ים) [GEDER—GDORIM] restraint, limitation

גואוורנאַנטקע זען גוווערנאַנטקע

גואל דער (ים) [GOYEL—GO'YELIM/GOYALIM] redeemer, savior

גובערנאַטאָר דער (...אָ'רן) ◻שע governor

גובערנאַטאָריש אַדי gubernatorial

גובערניע די (ס) government (province in Czarist Russia)

גובֿר זײַן* וו (ג' געווע'ן) [GOYVER] overcome, vanquish, surmount, conquer || ניט גובֿר צו זײַן invincible, unconquerable

גוואַלד 1. די violence, force || מיט/איבער ג' violently, by force ⊢ 2. דער (ן/עס) cry, scream, shriek; hue and cry; emergency ⊢ מאַכ|ן אַ ג' raise a cry || שרײַ|ען ג' scream || 3. אינט help! || ג' געשריגן! for heaven's sake!

גוואַלד... violent; emergency || גוואַ'לד־טאָרמאַז emergency brake || ג'־מעשׂים [MAYSIM] violent acts, violence

גוואַלדאָוונע אַדי (*hum.*) terrific

גוואַלדגלאָק דער (...גלעקער) tocsin, alarum; (burglar) alarm

גוואַלדיק אַדי immense, mighty, terrific

גוואַ'לדעווע|ן וו ◇ scream, shriek; rave, rant

גוואַלדריס דער (ן) violent rip

גוואַלט זען גוואַלד

גוואַ'רדיע די (ס) (royal) guard

גווערנאַנטקע די (ס) governess

גווינט דער (ן) (screw) thread

גווינעע (די) Guinea

גוז דער (ן) bump, lump

גוזמא די (—ות/גוזמאָות) [GUZME—GUZMES/GUZMOES] exaggeration; °lot, °heap

גוזמאדיק אַדי [ ] exaggerated; extravagant

גוזמאדיקייט די [ ] extravagance

גוזר זײַן* וו (ג' געווע'ן) [GOYZER] decree (*usu.* stg. unfavorable)

גוט 1. אַדי (△ בעסער; △△ בעסט) good; ⊢ °ג' הייס °quite hot; good and hot ⊢ אַזוי' ג' ווי as good as; virtually || ג' און וויל fine; well and good || זײַ(ט) אַזוי' ג' please, kindly || ג' אויף ד! serves ... right! ⊢ אַ ג'ן מאָרגן — אַ ג' יאָר good morning ⊢ (אַ) ג'ן אָוונט — אַ ג' יאָר good evening || אַ ג'ן (טאָג) — אַ ג' יאָר goodbye || אַ ג'ע נאַכט — אַ ג' יאָר good night ⊢ פֿ"גל וואָך; שבת || ג' מאַכ|ן make good, make up || זײַן* גוט אומפּ ⟨ד⟩ (*rev. con.*) be well-off/happy/lucky ⊢ מיר איז ג' I am happy/lucky ⊢ זײַן* ג' מיט be on good terms with ⊢ פֿ"גל גוטס || 2. אַדוו well; ⊢ all right, O.K. 3. דאָס (גיטער) estate

גוט־אוי'ג דאָס evil eye; harm

•גוט־אָ'פּ אַפּ—אַמער well-off

גוט־אָ'רט זען גוטע־אָרט

גוט־ברו'דערשאַפֿט די (good) fellowship, friendship, comradeship

גו'טגינציק אַדי favorable; benevolent || זײַן* ג' צו favor

גו'טהאַרציק אַדי benevolent, kind(hearted)

גו'טהאַרציקייט די benevolence, kindness

'גוטהייסן װעָן אָננעמען, אַפּראָבירן, באַשטעטיקן

גוט־װאָ'ך אינט good evening (*said at the conclusion of the* Sabbath)

גו'טטויִק אדי beneficial

גוט־יאָ'ר אינט reply to any greeting beginning with גוט־

גוט־יום־טובֿ אינט [YO'NTEV] greeting used on Jew. holidays

גו'טיקייטן מצ (פֿון לעבן) good things of life

גוט־מאָ'רגן אינט good morning; hello

גו'טמוטיק אדי good-natured, benign

גו'ט־מיניק אדי benign

גוטן װעָן גוט; גוטס

גוטן־אָ'װנט אינט good evening

גוט|ס דאָס—געב good || אַל דאָס ג' all that is good; good luck! ⊢ מיט ג'ן amicably, by persuasion ⊢ מיט ג'ן צי מיט בייזן by hook or by crook ⊢ צו(ם) ג'ן, צו ג'נס favorably ⊢ דערמאָנ|ען א צום ג'ן give honorable mention to

גו'טסגינער דער (ס) ⊡ patron

גוט־ספּאָ'רטיש אדי sportsmanlike

גוט־ספּאָ'רטישקייט די sportsmanship, sportly ethics

גוטסקייט די goodness

גוט|ע־אָ'רט דאָס—געב (אַ גוט־אָ'רט) (*Jew.*) cemetery

גוטע־זאַ'כן מצ candy, goodies

גוט|ער־ברו'דער דער (גוטע־ברי'דער) comrade, buddy; regular fellow

גוט|ער־יאָ'ר דער—געב devil

גוט|ער־ייִ'ד דער—געב (גוטע־ייִ'דן) Hasidic rabbi

גוט|ער־פֿרײַ'נד דער—געב (גוטע־פֿרײַ'נד) close friend

גוט־פֿרײַ'נד אדװ ⟨מיט⟩ at peace, on friendly terms (with)

גוט־פֿרײַ'נדשאַפֿט די friendship

גוט־שבת אינט [shA'BES] good evening; good morning (*said on the Sabbath*)

גוט־שכניש אדי [shKhE'YNISH] neighborly

גוי דער (ים) gentile, non-Jew; Jew ignorant of Jewish traditions

גוידער דער (ס) double chin

גויִש אדי [GOISH] gentile, non-Jewish

גוי'ע(טע) די (ס) gentile, non-Jewish woman

גולאַש דער (ן) goulash, stew

גולדן דער (ס) guilder

גולם דער (ים/ס) [GOYLEM—GOYLOMIM] dummy; artificial man, such as the one created, according to legend, by the Maharal in Prague in the 16th century ⊢ ליי'מענ|ער ג' *also* clumsy fellow

גולמאַ'ט דער (ן) [ ] robot

גולמדיק אדי [ ] crude

גולמל דאָס (עך) (גולם △) [ ] pupa

גומי דער װעָן גומע

גומל [GOYML] the blessing said by Jews after escaping a great danger ⊢ בענטש|ן ג' to say that blessing

גומע די (ס) (soft) rubber, elastic

גומעלאַסטיק די rubber, elastic

גומען אדי rubber

גומען דער (ס) palate

גו'מעשוך דער (...שיך) sneaker

גוס דער (ן) cast

גו'סאײַזן דאָס װעָן גאָסאײַזן

גוסט דער (ן) liking, taste || נאָך פּאָס ג' נאָך to the liking of

גוסטיר|ן װ ◇ savor, soak in

גוסס דער (ים) [GOYSES] dying person

גוססדיק אדי [ ] dying, moribund

גוסס|ן װ ◇ [ ] be in mortal agony, be dying

גוסע|נען װ ◇ [GOYSE] = גוססן

גוף דער (ים) body; flesh; fuselage || אין ג' bodily

גופֿא אדװ [GUFE] proper; in person, my-, your-, himself (etc.) ⊢ דער פּרעזידע'נט ג' the president himself

גו'ף־באַטראַכטונג די (ען) physical examination

גו'ף־געבוי דער (ען) constitution, physique

גופֿיק אדי bodily, physical

גורט|ן װ (געגו'רט) װעָן אָנגורטן

גורל דער/דאָס (ות) [GOYRL—GOYROLES] fate, lot, destiny, doom ⊢ וואַרפֿ|ן ג' throw lots

גורלדיק אַדי [ ] fateful

גורם דער (ים) [GOYREM—GOYRMIM] factor

גורם זײַן* וו (ג' געווע'ן) [ ] cause, give rise to, effect, bring about; entail

גורס זײַן* וו [GOYRES] (ג' געווע'ן) accept (an interpretation or reading)

•גזילה זען גזלה

גזימס דער (ן) cornice; ledge

גזירה די (—ות) [GZEYRE] evil decree; edict

גזלה די (—ות) [GZEYLE] robbery; booty

גזלן דער (ים) [GAZLEN—GAZLONIM] ◻טע robber, bandit

גזלניש אַדי [GAZLONISh] murderous; predatory

גזלעוויע אַדי [GAZLEVOYE] murderous

גזל|ען וו ◇ [GAZL] plunder *vi.*

גזע די (ס) [GEZE] stock, line, breed, race, strain

גזר דער (ן) [GZAR] fateful sentence; rescript; fiat ⊢ על־פּי ג' [ALPI] by fiat

גט דער (גטן) [GET—GETN] divorce

גט|ן וו (געגט) [—GEGE'T] divorce ‖ ג' זיך get divorced ⊢ ג' זיך מיט divorce *vt.*

גיבור דער (ים) [GIBER—GIBOYRIM] ◻טע strong person; hero

גיבוריש אַדי [GIBOYRISh/GI'BERISh] heroic, valiant

גיביק אַדי elastic, resilient, yielding; productive, fertile

גי'ביקייט די elasticity; fertility, productivity

•גיב|ן וו (געגיבן) זען געבן

גיגאַ'נט דער (ן) giant

גיגאַנטיש אַדי gigantic

גידול־בנים דער [GIDL-BO'NIM] the raising of children

גידוף דער (ים) [GIDEF—GIDUFIM] blasphemy; diatribe

גיהנום דאָס (ס) [G(EH)ENEM] hell, inferno

גיהנומדיק אַדי [ ] infernal

גיטאַ'ר די (ן) guitar

גיור דער [GIER] conversion to Judaism

גיות דאָס [GAYES] זען גײַעס

גייזער דער (ס) geyser

גייִק אַדי current, acceptable, in vogue

גיי|ן* וו (מיר, זיי גייען; איז געגאַנגען/•געגאַ'ן) go (on foot), walk; (mechanism) work, function; (clock) *also* tick; wear ⊢ ג' ⁎ make a move (in a game) ‖ ג' אומפּ ⟨ד⟩ (*rev. con.*) be, fare ‖ עס גייט אים גוט he is well, he fares well ⊢ ג' אומפּ אין be a question/matter of; ⊢ ג' אומפּ ⟨ד⟩ אין (*rev. con.*) be at issue ⊢ be important (to sb.) ⊢ עס גייט ניט אין געלט money is not what is at issue ‖ גיי(ט) גיי(ט)! come now! ‖ גיי(ט) שוין גיי(ט)! go on! ‖ גיי(ט) (*with imperatives*) how can one...? ⊢ גיי פֿאַרשטיי' אַז ... how could I...? ‖ how was I to understand that ‖ גייט עסט, אַז ס'איז ניטאָ' וואָס how can one eat when there is nothing to eat? ‖ ג' פֿאָרויס advance, progress ‖ ס'גייט! O.K.!

גײַסט דער (ער) spirit, genius; ghost

גײַסטיק אַדי spiritual; mental; intellectual ‖ ג' קראַנק insane

גײַסטלעך אַדי clerical (of clergy)

גײַ'סטלעכ|ער דער—געב clergyman, minister

גײַסטרײַך אַדי witty

גײַעס דאָס (*usu. cont.*) gentiles, non-Jewish populace

גייער דער (ס) ⊡ peddler; tramp; hiker

גײַציק אַדי avaricious

גײַ'ציקייט די avarice

גיך 1. אַדי fast, quick, rapid, speedy ‖ אויף ג' quickly, hastily ‖ אין ג'ן soon, before long ⊢ ג'־ג' very fast ‖ 2. די speed ⊢ אויף/אין דער ג', אויף ג' in haste

גיכבאַן די (ען) express train

גי'כטראַנספּאָרט דער rapid transit

גי'כמעסטער דער (ס) speedometer

גיכער אַדוו (גיך △) rather

גיכקייט די (ן) speed, velocity; rate || מאַקסימאַל|ע ג׳ speed limit

גיכשטראָז דער (ן) expressway

גיכשריפֿט די shorthand

גילגול דער (ים) [GILGL—GILGULIM] transformation, metamorphosis; version; according to Jew. lore, the being (human or animal) into which the soul of a dead person may pass to continue life and atone for sins committed in the previous incarnation

גילגול־הנפֿש דער [HANE'FESh] transmigration of the soul

גי'לדיע די (ס) merchants' guild

גילדן דער (ס) zloty

גילד'ן אַדי golden || גי'לדענ|ע יויך wedding soup

גי'לדערן זען גילדן אַדי

גילוי־עריות דאָס [GILE-ARO'YES] (*Jew.*) incest

גילטונג די validity

גילטיק אַדי valid, good, effective || ניט־ג׳ invalid, void

גי'לטיקייט די validity

גילט|ן[1] וו (געגאָלטן) apply, be valid, be in effect ⊢ ג׳ פֿאַר pass for, be considered ⊢ ער גילט פֿאַר אַ למדן [LAMDN] he is considered a scholar

גילט|ן[2] וו (געגי'לט) זען אָפּגילטן[2]

גיליאָטי'ן די (ען) guillotine

גיליאָטינירן וו ◇ guillotine

•גיליון זען גליון

גילן זען גילדן דער

גימטריא די (—ות) [GIMA'TRIE] (*Jew.*) computation of numerical values of the letters of a word, equating two words on the basis of identical numerical values (a method used in Jew. mysticism)

גימל דער/די (ען) gimmel, name of the letter ג

גימנאַזי'סט דער (ן) □קע student of a *gimnazye*

גימנאַ'זיע די (ס) European school equivalent to high-school and junior college

גימנאַסטיק די calisthenics, exercise; physical education

גימנאַסטיש אַדי pertaining to calisthenics || ג׳|ער זאַל gymnasium || ג׳|ער שוך gym shoe; sneaker

גינגאָלד דאָס fine gold

'גינסטיק זען גינציק

גינציק אַדי favorable, opportune, conducive, auspicious ⊢ זײַן* ג׳ פֿאַר *also* favor

גיסאַרניע די (ס) foundry

גיסיק אַדי liquid, fluid

גיס|ן וו (געגאָסן) pour (liquid) *imp.*, funnel; cast, mold ⊢ ג׳ זיך flow

גיסערײַ' די (ען) foundry

גי'סערל דאָס (עך) watering can

גיפּס דער (ן) gypsum, plaster of Paris; (surgical) cast ⊢ גיפּס'ן אַדי

•גיפֿט דער (ן) poison, venom

•גיפֿטיק אַדי poisonous, venomous

גיראָסקאָ'פּ דער (ן) gyroscope

גירוש דער (ים) [GEYRESh—GERUShIM] expulsion, banishment

•גיריק אַדי greedy; avid

•גי'ריקייט די greed; avidity

גירלאַנדע די (ס) garland

גלאָבאַ'ל אַדי global

גלאָבוס דער (ן) (geographic) globe

גלאַוונע אַדי* (*iro.*) main

גלאָז 1. דאָס glass (material) || 2. די/דאָס (גלעזער) △ גלעזל (drinking) glass

גלאָזוואַרג דאָס glassware

גלאַזו'ר די (ן) glaze

גלאָ'זקעסטל דאָס (עך) showcase

גלאַט 1. אַדי smooth, even; fluent; slick, glib; uneventful ⊢ 2. אַדוו on general principles ⊢ ג׳ אַזוי' (זיך), ג׳ אין דער וועלט אַרײַ'ן for no good reason, without purpose

גלאַטיק=גלאַט אַדי || ניט ג׳ fishy

גלאָמפּ דער (ן) stalk, stem (of cabbage, lettuce); dummy, yokel

גלאַנץ דער (ן) polish, gleam, luster, gloss, shine; radiance, glory

גלאַנציק אַדי glossy, brilliant, shiny

גלאַנצ|ן וו ◇ shine, gleam

גלאָנצ|ן וו ◇ זען גלאָצן

גלאַנצפּונקט דער (ן) high point

גלאָסאַ'ר דער (ן) glossary

גלאָסע די (ס) gloss

גלאָצ|ן וו ◇ stare

גלאָק דער (גלעקער) △ גלעקל bell

גלאָ'קנשפּיל די (ן) chime; glockenspiel

גלאָריע די glory

גלאָ'ריעדיק אַדי glorious

גלאָריפֿיציר|ן וו ◇ glorify

•גלאָררײַך אַדי glorious

•גלגול זען גילגול

גלוח דער (ים) [GOLUEKh—GLUKhIM] Jew whose beard has been shaved, in violation of Jew. law

גלויבן 1. דער (ס) faith, belief, conviction || 2. וו זען גלייבן

גלוי'בנבײַט דער (ן) conversion

•גלויי־ראָש זען בגילוי־ראָש

גלוסט דער ⟨צו/נאָך⟩ desire, lust

גלוסטונג די (ען) desire

גלוסטיק אַדי longed-for; desirable

גלוסט|ן וו (געגלו'סט) ⟨אַ/נאָך⟩ covet, desire || וויפֿל דאָס האַרץ גלוסט to one's heart's content ⊢ ג' זיך אומפּ ⟨ד⟩ (*rev. con.*) wish for

גלו'סטשאַפּיק אַדי lascivious

גלות דאָס/דער (ן) [GOLES] exile, diaspora || אָפּ|ריכט|ן ג' suffer exile || זײַן* אין ג' בײַ be oppressed by

גלח דער (ים) [GALEKh—GALOKhIM] Chr. minister, esp. Catholic priest

גלי דער glow

גליד דאָס (ער) limb, member; (rocket) stage

גליד־גלי'ד־שוועסטערקינד דאָס (ער) third cousin

גלי'דרעטל דאָס (עך) filament

גלי'ד־שוועסטערקינד דאָס (ער) (first) cousin once removed; second cousin

גלי'וואָרעם דער (...ווערעם) firefly

גליווער דער (ס) jelly; rigidity || ג' פֿון טויט rigor mortis

גליון דער (ות) [GILYEN/GILOYEN—GILYOYNES] margin

גליטש דער (ן) slippery area; slippery conditions; ice skating rink ⊢ גיי|ן* אויפֿן ג' go ice skating || אַרויפֿ|פֿיר|ן אויפֿן ג' (*fig.*) dupe

גליטשיק אַדי slippery, sleek, slick; elusive

גליטשלער דער (ס) □קע ice skater

גלי'טשלקע די (ס) (children's) slide

גליטש|ן זיך וו ◇ slide, glide *vi/imp*; skid; skate

גליטשער דער (ס) ice skate

גליי'בווערדיק אַדי plausible; veracious

גליי'ביק|ער דער—געב faithful, believer

גלייבלעך אַדי credible, plausible

גלייב|ן וו ◇ ד believe (sb.) || ג' אַ believe (stg.) ⊢ ג' אין believe in; profess || ניט צו ג' incredible || אויף איר וואָלט איך עס געגליי'בט I wouldn't put it past her

גלייבעכץ דאָס (ן) superstitious

גלײַך 1. אַדי straight; direct; erect; level, even; equal; like, alike; sensible, reasonable, right (idea) ⊢ ניט ג' *also* objectionable ⊢ אין ג'ן געלט at a reasonable price ⊢ זײַן* ג' צו equal || אַ בלום צו אַ בלום איז ניט ג' there are flowers and flowers ⊢ ניט האָב|ן* קיין ג'ן צו זיך be unequaled || 2. אַדוו *also* immediately; right away ⊢ ג' מיט equal to, on a par with ⊢ ג' צו tantamount to ⊢ ג' ווי as if; as soon as || ג' אויף ג' equally, into equal parts || בײַ ג' alongside || בײַ ג' מיט together with, at the same time as ⊢ מיט ... צו ג' at the same time as

•גלײַ'ך־באַרעכטיקט אַדי with equal rights

גלײַכגילט דער indifference; unconcern, nonchalance

גלײַ'כגילטיק אַדי indifferent, nonchalant, casual

גלײַ'כגילטיקייט די detachment, unconcern

•גלײַכגעוויכט זען גלײַכוואָג

גלײַכהייט די mathematical equality; •equality (of status etc.)

גלײַכוואָג די balance, equilibrium; poise

גלײַכוואָרט דאָס (...ווערטער) ∆ ...ווערטל witticism, *bon mot*, aphorism

גלײַך װעגס אַדװ straight, directly

גלײַכװערט די/דער (ן) equivalence

גלײַ'כװערטיק אַדי equivalent

גלײַכונג די (ען) equation

גלײַ'כמאָסיק אַדי uniform, even, equal

גלײַ'ך־מיניק אַדי homogeneous

גלײַכן דאָס kind, equal || פֿאַס ג' the equal of || מײַנס/דײַנס/... ג' my/your/... kind || אָן אַ ג' unequaled, unmatched || ס'איז ניטאָ' קיין ג' צו there is no equal of || געפֿינ|ען פֿאַס ג' meet one's match || דאָס/דעס(ט) ג' ditto || און דאָס/דעס(ט) ג' and the like, and what not

גלײַכ|ן וו (געגליכן) צו liken, compare to || קענ|ען* זיך ג' צו be equal to || ווי קענסטו זיך ג' צו אים? how can you compare yourself with him? ⊢ ג' זיך מיט compare oneself with ⊢ ג'• אַמער like

גלײַכנאַכט די (...נעכט) equinox

גלײַ'כעניש: אָן אַ ג' unparalleled, unmatched

גלײַכ|ער 1. דער—געב equal, peer || 2. אַדי (∆ גלײַך) more reasonable, better

גלײַ'כפֿאָרמיק אַדי uniform

•גלײַ'כצײַטיק 1. אַדי simultaneous || 2. אַדװ simultaneously, at the same time

גלײַכקייט די straightness, equality

גלײַ'כרעכטיק אַדי endowed with equal rights

גלײַ'כרעכטיקייט די equality of rights

גליל (דאָס) [GOLEL] Galilee, province of northern Palestine

גלילה די [GLILE] the rolling up and wrapping of the Torah scroll after reading from it in the synagogue

גלימל דאָס (עך) rumor, report

גלי'מערשטיין דער mica

גלי|ען וו ◇ glow

גליק דאָס (ן) good fortune, good luck; happiness ⊢ צום ג' fortunately, luckily ⊢ מצ material benefits

•גלי'קזעליק אַדי blissful

•גלי'קזעליקייט די bliss

גליקלעך אַדי happy

גליק|ן וו ◇ זען אָפּגליקן

גלעזל דאָס (עך) (גלאָז ∆) small drinking glass; glass part of a device; lens; pane ⊢ או'נטערן ג' tipsy, in one's cups || ג' טיי glass of tea; get-together, tea (in sb.'s honor) ⊢ ג' משקה [MAShKE] *also* cocktail party

גלעזער דער (ס) glazier

גלע'זערן אַדי glass

גלעט דער (ן) caress

גלעטלינג דער (ען) pet

גלעט|ן וו (געגלעט) caress, pet, stroke

גלע'טעניש דאָס (ן) blandishment

גלַעטשער דער (ס) glacier

גלע'נצנדיק אַדי splendid, magnificent

גלעקל דאָס (עך) (גלאָק ∆) (door)bell

גלעקל|ען וו ◇ jingle

גם־אַתּם אינט [GAMATEM] same to you! likewise!

גם זו לטובֿה פֿר [GA'M ZU LETO'YVE] it's all for the best; this, too, is for the best

גמילות־חסד דאָס/דער (ים) [GMILES-KhE'SED—-KhSODIM] loan without interest

גמר דער (ן) [GMAR] conclusion, decision

גמרא די (—ות) [G(E)MORE] the Talmud; esp. the Gemara, that part of the Talmud which comments on the Mishnah

גמרא־ניגון דער [NIGN] the chant with which the Talmud is studied

גמר־וואַלן מצ [GMA'R] run-off elections

גמר חתימה טובֿה אינט [GMAR KhSIME TOYVE] (*Jew.*) "the conclusion of a good sealing" ⊣ אַ ג' ח' ט' greeting exchanged between Yom Kippur and the seventh day of the Sukkoth holiday ⊢ פֿ"גל כתיבֿה וחתימה טובֿה

גנאָד די (ן) grace, favor; mercy; quarter (in battle)

גנאָ'טעווע|ן װ ◇ oppress

גנאַי דער derogatory comment || זאָל אים צו קיין ג' ניט זײַן with all due respect to him

גנאַי־... derogatory, uncomplimentary

גנאַ'י־אָפּשאַץ דער condemnation

גנאַ'י־וואָרט דאָס (־ווערטער) derogation

גנאַייִק אַדי derogatory, adverse, prejudicial

גנאַ'י־רייד מצ derogation

גנבֿ דער (ים) ◻טע [GANEF—GANOVIM] thief

גנבֿה די (—ות) [GANEYVE/G(E)NEYVE] theft; larceny

גנבֿיש אַדי [GANEYVISh] thievish; sneaky, shifty, furtive, stealthy

גנבֿע|נען װ ◇ [GANVE] steal || ג'|קװ זיך sneak ⊢ אַרײַנ|גנבֿע|נען זיך sneak, slip in, slip in

גניזה די (—ות) [GNIZE] genizah, the storeroom of a synagogue where torn leaves of damaged books are kept until they could be buried

גנעדיק אַדי gracious, merciful

גן־עדן דער/דאָס (ס) [GANEYDN] the Garden of Eden; paradise ⊢ אַ לי'כטיקן ג' זאָל ער האָבן may he rest in peace

גסיסה די [KSISE] agony of death

גע..ערײַ' די constant ...ing || געבילערײַ' constant barking ⊢ געשרײַבערײַ' constant writing

געאָגראַ'ף דער (ן) ⊡ geographer

געאָגראַפֿיע די geography

געאָגראַפֿיש אַדי geographical

געאָדע'זיע די geodesy

געאָדעזיש אַדי geodetic

געאײַ'ל דאָס rush, haste, hurry

געאײַ'לט אַדי hurried

געאַכפּערט אַדי venerable

געאָלאָ'ג דער (ן) ⊡ geologist

געאָלאָגיע די geology

געאָלאָגיש אַדי geological

געאָמעטריע די geometry

געאָמעטריש אַדי geometrical

געאַמפּער דאָס (ס) wrangle

געאָרעמט אַדי arm in arm

געבאָ'ט דאָס (—/ן) commandment

געבאָט|ן װ (געבאָטן) order || ווי גאָט האָט ג' properly

געבאָר|ן װ (געבאָרן) זען ג ע ב ו י ר ן

געבוי' דער (ען) construction, structure

געבוי'ט אַדי built; based || זײַן* ג' אויף rest on

געבויר|ן 1. װ (געבוירן) give birth to; sire || 2. געבוי'רן אַדי born || אַ געבוי'רענ|ע née || ג' ווער|ן be born || 3. געבוירן דאָס birth ⊢ פֿון ג' אָן from/since birth

געבוי'רן־טאָג דער (־טעג) birthday

געבוירער דער (ס) progenitor, sire

געבו'רט די/דאָס (ן) birth

געבו'רטיקייט די (ן) birth rate

•געבורטסטאָג דער (...טעג) זען ג ע ב ו י ר ן־ ט אָ ג

•געבי'ט דאָס (ן) realm, domain, field (of knowledge)

געבײַ' דאָס (ען) structure, edifice, construction

•געבײַדע די (ס). building

געביי'ן דאָס bones, skeleton; remains

געבי'נד דאָס (ן) ligament

געבי'פּט אַדי shrewd, slippery, slimy, wily

געבליב'ן אַדי remaining

געבליטן מצ blood; passion, temper

געבלימלט אַדי flowery

געבלעטער דאָס foliage

געבלעקעכץ דאָס (*cont.*) litany

געב|ן* װ (גיב, גיסט, גיט, גיבן, גיט, גיבן; געגעבן) ⟨ד אַ⟩ give; administer (aid); ⊢ deal (cards); °scold ⊢ ג'° ⟨ד ... מיט⟩ strike (sb. with) ⊢ ג' אַ ... *auxiliary for instantaneous aspect* ⊢ ער קלאַפּט he is knocking ⊢ ער גיט אַ קלאַפּ he knocks (once) ⊢ ג' זיך (איינער דעם אַ'נדערן) exchange

געבע'ט דאָס (ן) plea, entreaty; prayer

געבע'ט אַדי upholstered, stuffed

געבעטעכץ דאָס padding

געבע'קס דאָס (ן) pastry

געבע'רג דאָס mountains (*coll.*)
•געבע'ר־מוטער די (ס) uterus, womb
•געבער|ן וו (געבוירן) זען געבוירן
געבראָטנס דאָס roast
געברוי'ז דאָס turbulence
•געברוי'ך דער use
•געברויכ|ן וו ◇ use
•געברויכער דער (ס) user
געברײַ' דאָס (ען) brew
°געברע'נט אַדי terrible (suffering)
געגאָרגלט אַדי guttural
געגבֿו'ל דאָס (ן) domain, realm
געגועימל דאָס (עך) [GAGU'IML] (*hum.*) passing romance
געגי'לט אַדי gold-plated
געגלידערט אַדי articulate(d)
געגליווערט אַדי jellied
געגליכנ(ט) אַפּ similar || זײַן* ג' צו resemble
געגלי'כנ(ט)קייט די similarity, resemblance
'געגן, 'געגנ... זען קעגן, קעגנ...
געגנט דער/די (ן) region, neighborhood; countryside
גע'גנטיק אַדי regional
•גע'גנטלעך אַדי = געגנטיק
געגעב'ן אַדי given || געגע'בענע מצ *also* data
געגראַ'ט דאָס (ן) lattice
געגראָט|ן וו (געגראָטן) זען געראָטן
געדאַ'כט: ניט דאָ ג', ניט פֿאַר אײַך ג', ניט פֿאַר קיין ייִדן ג' Heaven preserve us; may this never happen here (*or* to you) || ג' ווער|ן be mentioned (at all)
געדאַ'נק דער (ען) thought, idea; motive || בײַ אַלע ג'ען mentally sound; fully conscious
געדאַ'נקען־גאַנג דער reasoning
געדאַ'נקען־וועלט די thought || די כינע'זישע ג' Chinese thought
געדאַ'נקען־קייט די (ן) train of thought
געדויער דער (ס) duration
געדוי'ערדיק אַדי long-lasting
געדוי'ער|ן וו ◇ last, continue
געדו'כט אַדי imaginary, illusory
געדו'לד די/דאָס patience, temper || די ג' האָט איים געפּלאַ'צט he lost his patience || אַרויס|ברענג|ען פֿון ג' provoke
געדולדיק אַדי patient
געדו'לדשפּיל די (ן) puzzle
געדונגען אַדי hired; mercenary
געדו'נגענ|ער דער—געב mercenary
געדונער דאָס (ס) thunderstorm
געדײַיִק אַדי durable, lasting, imperishable
געדײַ|ען וו ◇ endure *vi.*, prosper, thrive
געדי'כט אַדי thick, dense; close; heavy
'געדי'כט דאָס זען ליד, פּאָעמע, שיר[1]
געדי'כטעניש די (ן) thicket
געדיכטקייט די consistency; density
געדישעכץ דאָס (ן) stew
געדע'כעניש דאָס recollection, remembrance, memory
געדע'נק... memorial
געדע'נק־ווערדיק אַדי memorable
געדע'נקעוודיק אַדי memorable, easy to remember
געדענק|ען וו ◇ remember *imp.* || צו ג' memorable ⊢ האָב|ן* צו ג' be profoundly impressed by; remember (an object lesson) well
געדערעם מצ bowels, intestines
געדראָ'ט דאָס wiring
געדראָ'לן אַדי varicose
געדראַ'נג דאָס (ען) congestion, jam, rush; throng; implication, inference
געדרונגען: זײַן* ג' || follow, be implied
פֿאַלש ג' fallacious
געדריי' דאָס (ען) whirl, eddy; whorl
געדריי'ט אַדי twisted, tortuous
•געהאַ'לט דאָס (ן) salary, pay
געהאָלפֿן ווער|ן וו (איז ג' געוואָרן) be saved (from dire straits), esp. by divine intercession; recover from a critical illness
געהאַ'מעוועט אַדי פֿון handicapped by
געהאַ'פּט דאָס (ן) embroidery
'געהאָרכזאַם זען געהאָרכיק, פֿאָלגעוודיק
געהאָרכיק אַדי compliant, obedient

געהאָ'רכיקייט די compliance, obedience

געהויב'ן אדי grand, dignified, lofty, exalted, sublime

געהוי'בנקייט די grandeur, loftiness

געהיט אדי careful, cautious

געהיי' דאָס abode, dwelling

געהי'מ' דאָס impudence, nerve

געהיי'ב דאָס (ן) level (of water, snow, etc.)

געהיי'ם אדי secret, covert, private, undercover

געהיי'ס דאָס (ן) injunction

געהיימעריש אדי uncanny

געהיי'לך דאָס loud sound, reverberation

געהיי'לף דער (ן) ⊡ helper, assistant, aide

געהיי'לפֿ... ג'־בי'רגער־מיַיסטער assistant || assistant mayor

געהיי'לץ דאָס timber, lumber

געהינטעכץ דאָס riffraff

געהירן מצ brains

געהעכער דאָס (ס) (musical) pitch

געהעכערט אדי high (in pitch)

געהע'פֿט דאָס (ן) compound, (farm)yard

געהע'ר דאָס (ן) (musical) ear, hearing

געהע'רט: (נאָך) ניט ג' unheard-of; unprecedented; preposterous

געהעריק 1. אדי* appropriate, proper, due || 2. אדוו ג' וי duly properly

געהער|ן וו (ער געהער'(ט); ◇ ד/צו belong וי ס'געהער'ט צו to; (rev. con.) possess properly, satisfactorily זיַין

געוואַ'גט אדי bold, daring

געוואַוי'..., "געוואַוי'... זען געוווו..., געווי...

געוואַ'לד זען גוואַלד

געוואַ'נט דאָס (ן) || געוואַנט'ן אדי cloth

געוואָ'ר זען געווויר

געוואָרנט אדי cautious, wary, circumspect || ג' (ניט) צו אינפֿ careful (not) to

געוואָרע זען געווויר

געווי'ראָהיזן דער (ס) goad

˙געווווינהייט די (ן) habit

געוווי'נט אדי צו used to || ג' ווער|ן צו be(come) used to

געווווינטשאַפֿט די (ן) habit

געווינ|ען וו ◇ זען געוויינען

גענעווער = געוווויר

געוווי'ר ווער|ן וו (איז ג' געוואָרן) learn, find out, discover; visit (sb., esp. to find out how he/she is)

געוווונטש... אדי וו ג' desirable || ג' וי as desired

געוווואָנדזעלט אדי smoked

געוווי'ין דאָס (ען) lament

געוווי'נט אדי used, accustomed

געוווי'נטלעך 1. אדי usual, common, regular || 2. אדוו also of course

געוווייַנטשאַפֿט די (ן) habit

געוווייַנלעך זען געווויינטלעך

געוווי'נ|ען זיך וו ◇ צו imp. get used to

געוווינטשאַפֿט די (ן) זען געווויינטשאַפֿט

געוווי'כט דאָס (ן/ער) weight (weighing device); ˙weight (amount weighed)

געוווי'לד דאָס game

געוווינונג די (ען) victory

געוווי'נס דאָס (ען) prize; winnings; gain || דאָס גרויס|ע ג' grand prize

געוווי'נ|ען וו (געוווונען) win, gain; win over; beat (in ג' בײַ ⊢ bear (child), beget a game)

געוווינער דער (ס) ⊡ victor, winner

געוווי'נערין די (ס) woman in childbed

געוווי'ס 1. אדי* certain, given || 2. אדי sure || 3. אדוו sure, of course || ער וועט ג' || אויף ג' he is sure to fall פֿאַלן for sure

געוווי'סיק אדי definite (article)

געוווי'סן דאָס (ס) conscience || ליגן ד אויפֿן ג' (rev. con.) have on one's conscience

געוווי'סנדיק אדי conscientious, scrupulous

געוווי'סער דאָס (ס) flood

געוווי'קס דאָס (ן) plant; member of the vegetable kingdom

געוווי'קסיק אדי tall

געוווי'רץ דאָס (ן) spice

געוווירציק אדי spicy

געוווע'ב דאָס (ן) tissue; web, weave; fabric, texture

געוווע'בס דאָס (ן) texture

געוווענדליק דאָס frame of reference

געוווענדליקט אדי relative

120

געווע'זט 1. אדוו sometime, formerly || דער ג' באַרימטער אַקטיאָ'ר the formerly famous actor ⊢ 2. *particle used in forming the pluperfect* ⊢ ער האָט ג' געשריבן he had written

געוועז·ן אדי former, past, ex-...

געווע'ט דאָס (ן) bet, wager || ניי|ן* אין ג' ‹מיט› bet (*vt.*)

געווע'לב 1. דאָס (ן) vault || 2. דאָס (ער/ן) shop, store

געוועלבונג די (ען) firmament, vault

געווע'לטיקונג די domination

געווע'לטיק|ן וו ◇ ‹איבער› dominate, rule

געווע'ן זען זײַן

געווע'נדט אדי אין depending on, up to; contingent on ⊢ ניט ג' אין irrespective of

געווענד|ן זיך וו ◇ זען ווענדן זיך

געווענט·ן אדי (of) cloth

געווע'קס דאָס foliage, growth, vegetation

געווע'ר[1] דאָס arms

געווע'ר[2] דאָס duration; durability

געווערִיק אדי durable

געווער|ן וו ◇ endure, last

געווע'רק דאָס (ן) clockwork; mechanism

געזאָ'גט: אויף ד ג' געוואָרן! if only this were true of ... ⊢ אויף אונדז אַ'לעמען ג' געוואָרן! || if only this were true of all of us! ווען איז דאָס ג' געוואָרן? when is this applicable?

געזאַלצ·ן אדי salty; racy (joke)

געזאַ'נג דאָס (ען) singing; chant

געזאַ'נג־פֿאַראיין דער (ען) glee club

געזאַנגקלוב דער (ן) glee club

▼**געזאַנדטער** זען געשיקטער, לעגאַט

▼**געזאַנדשאַפֿט** זען לעגאַציע

געזו'כט אדי sought-after; || ג'־אַנאָנס wanted ad

געזו'נט 1. אדי (△ געזינטער) well, healthy; buxom; wholesome ⊢ ג' און שטאַרק robust ⊢ זײַ(ט) ג' farewell, goodbye || זײַ(ט) (מיר/אונדז) דערווײַ'ל ג' I/we'll be seeing you, so long ⊢ ג' זאָלט איר/זאָלסטו זײַן! man alive! || 2. דאָס health, well-being ⊢ ג', בילדונג און וווילזײַן Health, Education and Welfare || צו ג' God bless you, gesundheit (*in response to sneeze*); you're welcome (*in response to thanks*); may this help you (*in administering medicine*) ⊢ אַ ג' צו דיר/אײַך! bless you! attaboy!

געזו'נטערהיי'ט אדוו in good health; (*with imperatives*) enjoy your ...ing; if you like ⊢ שרײַב(ט) ג' enjoy your writing; write if you like (but don't blame me) || גיי(ט)/פֿאָר(ט) ג' have a nice trip, bon voyage ⊢ טראָג(ט)/צערײַ'ס(ט) עס ג' wear it well, enjoy wearing it

געזי'כט דאָס (ער) countenance

געזיכערט אדי assured; secure

געזי'מס דער (ן) זען גזימס

געזי'נד דאָס (ער) family; household

געזינדל דאָס (עך) (געזינד △) (*iro.*) bunch (of people)

געזי'נט דאָס זען געזינד

געזע'ג דאָס (ן) jigsaw puzzle

געזע'גענונג די (ען) parting, leavetaking, farewell

געזע'גענ|ען זיך וו ◇ ‹מיט› take leave (of), part (with), say goodbye (to)

געזע'ג־רעטעניש דאָס (ן) jigsaw puzzle

געזע'ל דער (ן) journeyman

געזעלן דער (—) = געזעל

געזעל|ן זיך וו ◇ associate *vi.*

געזע'לנשאַפֿט די (ן) commonwealth

געזעלשאַפֿט די (ן) society

געזעלשאַפֿט־... society, societal

געזע'לשאַפֿטיק אדי sociable; societal

געזע'לשאַפֿטיקייט די sociability

געזע'לשאַפֿטלעך אדי social, communal

געזע'לשאַפֿטלעכקייט די organized society

געזעמדן מצ sands, sandy areas

געזעמל דאָס (עך) clump, cluster

געזע'ס דאָס (ן) seat, buttocks

געזע'ץ דאָס (ן) law, statute || מחוץ דעם ג' [MIKhU'TS] lawless ⊢ שטעל|ן מחוץ דעם ג' outlaw

געזע'ץ־ברעכונג די (ען) violation

נעזע'ץ־ברעכער דער (ס) ⊡ violator; delinquent

נעזע'ץ־ברעכערײַ די delinquency

נעזע'ץ־ברעכעריש אַדי delinquent

נעזע'ץ־געבונג די legislation

נעזע'ץ־געבער דער (ס) ⊡ legislator

נעזע'ץ־געבערײַ די (ען) legislature

נעזע'ץ־געבעריש אַדי legislative

נעזע'צט אַדי settled, staid, sedate

נעזעציק אַדי legal (pertaining to law); regular, lawful

נעזע'ציקייט די regularity, lawfulness

נעזעצלעך אַדי legal (permitted by law), lawful, legitimate

נעזע'ץ־פּראָיעקט דער (ן) bill

נעטאָ די (ס) ghetto

נעטאָוול דאָס paneling

נעטאַ'פּ דאָס (ן) feel, texture

נעטין די (ס) goddess

נעטלעך אַדי divine

נעטראָ'ג דאָס (ן) yield, return

נעטראַ'נק דאָס (ען) beverage, drink, refreshment

נעטרויבריוו דער (—) (security) clearance

נעטרוילעך אַדי trustworthy

נעטרוי\|ען וו ◇ ד || trust *vt.*, confide in || ניט ג' ד mistrust, distrust

...געטרײַ'ב\|ן אַדי powered || בענזי'ן\|ג' gasoline-powered

נעטרײַ' אַדי ⟨ד⟩ devoted, faithful, loyal (to) || בלײַב\|ן ג' ד keep faith with

נעטרײַשאַפֿט די (ן) devotion; loyalty; allegiance

נעטרע די (ס) gaiter

נעיאָ'ג דאָס rush

נעיאָמער דאָס lament

נעיע'ג דאָס (ן) race, hunt, chase; hunting || גיי\|ן* אויף ג' ⟨אויף⟩ hunt (*vt.*)

נעכתיבֿהט אַדי [GEKSIVET] printed (letters)

נעכאַ'פּט אַדי hasty || ניט ג' leisurely || ג' אין implicated in

נעכוואַליעט אַדי wavy; corrugated

געל אַדי yellow

געלאַטעכץ דאָס patchwork

געלאַ'ס\|ן אַדי easy-going, leisurely, sedate

געלאַ'ף דאָס (ן) stampede

געלבלעך אַדי yellowish; sallow

געל־ברוי'ן אַדי yellow-brown, tan

•געלונגען זען געראָטן אַדי

געלופֿטערט אַדי ventilated; air-conditioned

געלזוכט די jaundice

געלט דאָס (ער/ן) money; funds || מצ funds || זײַן* בײַ ג' be in funds || שפּיל\|ן אויף ג' ⊢ פֿיגל gamble || אָנ\|נעמ\|ען פֿאַר גלײַך ⊢ accept at face value גוט ג'

געלט־... monetary

געלטיק אַדי monetary

גע'לטשאַפֿער דער (ס) fundraiser

געלטשאַפֿערײַ' דאָס fundraising

געלטשטראָף די (ן) fine

געליבט\|ע די—נעב sweetheart, beloved; mistress

געליבט\|ער דער—נעב sweetheart, beloved; lover

געלי'טענ\|ער דער—נעב victim

געליי'מט אַדי paralyzed; numb

•געלינג\|ען וו (איז געלונגען) succeed || •עס איז מיר געלונגען צו געפֿינען אַרבעט I succeeded in finding work

געלי'נקט אַדי left-handed

געלכל דאָס (עך) yolk

געלע'גנהייט די (ן) chance, occasion; opportunity

געלעגן ווער\|ן וו (איז ג' געוואָרן) ⟨מיט⟩ have a baby, be delivered of (a child)

געלעגער דאָס (ס) couch, bed, place to sleep; (river) bed; (mineral) deposit

געלעכטער דאָס (ס) laugh, laughter; || זײַן* אַ ג' ⊢ laughing-stock be ridiculous ⊢ אויס\|שיס\|ן מיט אַ ג' burst out laughing ⊢ אַ ג' אין אַ זײַט all joking aside ⊢ ווער\|ן צו (לײַטיש) ג' ⟨בײַ⟩ become the laughing-stock (of)

געלע'כטערל דאָס (עך) (געלעכטער △) spoof

געלענדער דאָס (ס) railing

געלע'נק דאָס (ען) wrist; joint; aptitude, knack

געלערנט אדי learned; erudite, scholarly

געלע'רנט|ער דער—געב scholar, scientist

געלע'רנטקייט די erudition

געמאַטערט אדי labored, forced, far-fetched

געמאַ'ך דאָס (ן) edifice; (large) chamber

געמאַ'ך אדוו: לאָז|ן ג' leave in peace, leave alone

געמאַ'כט אדי contrived, artificial, affected

געמאָ'לט אדי painted; imagined || קענ|ען* ג' זײַן be possible || קענ|ען* גרינג ג' זײַן be probable

געמאַ'רק דאָס (ן) domain, region

געמבע די (ס) זען נאָמבע

געמוטיקט אדי encouraged

געמויזעכץ דאָס (ן) muck

געמוסטערט אדי patterned

געמי'ט דאָס (ער) disposition, mood, spirit, (frame of) mind ⊢ שווער/גרינג ג' heavy/light heart ⊢ האָב|ן* אַן אַלט ג' be precocious

געמיטלעך אדי cozy, gemütlich || זײַן* ג' ⟨ד⟩ (*rev. con.*) be at ease

געמייזעכץ דאָס זען געמויזעכץ

געמײַ'ל דאָס mileage

געמיי'ן אדי common, mean, base, vile

'געמיינזאַם זען אינאיינעמדיק, בשותּפֿות

געמיי'נט אדי alleged

געמי'ש דאָס (ן) mixture, blend, medley

געמלאָכהט אדי [GEMLOKHET] artificial, sham

געמע'ל דאָס (ן) illustration; painting; diagram

געמע'סט דאָס (ן) dimension

געמעסיקט אדי moderate

גענאָ'ד די זען גנאָד

•גענאָסע דער (גענאָסן) comrade, a title formerly common in the American Jew. labor movement

גענאָצי'ד דער (ן) genocide

גענאַ'ר דאָס: האָב|ן* דאָס ג' פֿון deceive, fool, make a fool of

גענאַרונג די disillusionment

גענאַ'רט אדי disappointed

גענאַ'ר־מינע די (ס) booby trap

גענאַר|ן זיך וו ◇ ⟨אין⟩ be disappointed (in)

גענאַרערײַ' דאָס deceit, deception, trickery

גענגסטער דער (ס) אַמער gangster

גע'נגעלע דאָס (ך) (גאַנג △△) trick

גענדזל|ען וו—אומפּ ⟐: ג' א אין בויך (*rev. con.*) be squeamish ⊢ ג' זיך ד ⟨אין⟩ (*rev. con.*) itch ⊢ עס גענדזלט זיך מיר אין פֿוס my leg itches

גענדז'ן אדי goose's || גע'נדזענע הויט goose flesh

גע'נדזן־פֿיסלעך מצ quotation marks

גענו'ג אדוו enough, sufficient, ample || ניט ג' insufficient ⊢ איבער ג' more than enough, ample ⊢ זײַן* ג' suffice

גענוגיק אדי sufficient, ample, adequate

גענוי' אדי exact, precise, accurate

געניאַ'ל אדי [NY] brilliant

געניזוקט ווער|ן וו (איז ג' געוואָרן) [GENIZEKT] be injured

געני'ט אדי experienced, proficient; veteran

געניטאַלן מצ genitals

געניטונג די (ען) exercise; workout

געניטי'וו דער (ן) genitive

געניט|ן זיך וו (געני'ט) exercise, practice

געניטשאַפֿט די experience, skill

געניי' דאָס sewing, work being sewn

געניי'גט אדי inclined, disposed

געניי'ט אדי forced

גענייטיק אדי urgent

געניי'טיקייט די urgency

געניס|ן וו (גענאָסן) ⟨פֿון⟩ profit (by), enjoy, benefit (from)

געניסער דער (ס) ⊡ beneficiary

געני'צט אדי used, second-hand

געני'ק דאָס neck

געניקלט אדי nickel-plated

גענע די (ס) gene

גענעאַלאָגיע די (ס) genealogy

גענעזהיים די (ען) convalescent home

גענעזונג די (ען) recovery

גענעזן ווער|ן וו (איז ג' גענווּאָרן) recover
גענעטיק די genetics
גענענ|ען וו—ל ◇ ⟨צו⟩ approach, near || ג' ❋ bring near; offer up (a sacrifice)
גענעץ דער (ן) yawn || געב|ן*/טאָ|ן* אַ ג' yawn *pf.*
גע'נעצ|ן וו ◇ yawn *imp.*
גענעראַטאָר דער (...אָ'רן) generator
גענעראַ'ל 1. דער (ן) general || 2. אַדי general; overhead (expenses)
גענעראַ'ל-... general (manager etc.)
גענעראַ'ל-אָפּצאָל דער (ן) cover charge
גענעראַ'ל-בריגאַדיר דער (ן) brigadier general
גענעראַליזירונג די (ען) generalization
גענעראַליזיר|ן וו ◇ generalize
גענעראַ'ל-לייטענאַנט דער (ן) lieutenant general
גענעראַ'ל-מאַיאָר דער (ן) major general
גענעראַ'ל-פּאָסטמײַסטער דער (ס) postmaster general
גענעראַ'ל-פּראָבע די (ס) dress rehearsal
גענעראַ'ל-שטאַב דער (ן) general staff; general headquarters
גענעריר|ן וו ◇ generate
גע'סטצעטל דער (ען) guest list
געסל דאָס (עך) (נאָס △) alley
געסקע די (ס) alley
געסרחה די (—ות) [GESROKhE] stink, stench
גע'ענג דאָס (ען) jam, congestion
'געערט זען חשוב
געפּאַנצערט אַדי armored
געפּאַסיקט אַדי striped
געפּאַ'קט אַדי crowded
געפּועלט! אינט [GEPOYELT] O.K.! agreed!
געפּילדער דאָס clamor, noise, racket, din
געפּלאַפּל דאָס chatter
געפּלאַ'צט אַדי burst, cracked; flat (tire)
געפּלוי'ש דאָס small talk, chit-chat
געפּלע'ף דאָס (ן) perplexity, bafflement
געפּלע'פּט אַדי bewildered, baffled, dumbfounded
געפּניאַקלט אַדי stubbly

געפּרו'וו דאָס experience
געפּרוּוויק אַדי experiential
געפּרעגלעכץ דאָס (ער) fried food
געפּרע'סט אַדי compressed; concise
געפּרעפּל דאָס mumbo-jumbo
געפֿאַ'לן 1. אַדי fallen; decadent || ג' בײַ זיך || dejected, crestfallen, downhearted
2. געפֿאַל|ן וו (איז געפֿאַלן) אום (holiday) fall on, coincide with
געפֿאַ'לנקייט די dejection
געפֿאַנגען אַדי captive
געפֿאַ'נגענ|ער דער—געב prisoner, captive
געפֿאַ'נגענשאַפֿט די captivity
•געפֿאַ'ר די (ן) danger, peril
געפֿאָ'ר דאָס (vehicular) traffic
געפֿיטער דאָס feed, fodder
געפֿי'ל דאָס (ן) feeling, sensation || קריג|ן אַ ג' פֿאַר get a feeling for, get the feel of ⊦ וואָסער ג' איז (עס) צו how does it feel to ⊦ ס'איז אַ מאָדנע ג' it feels funny about ⊦ האָב|ן* אַ שלעכט ג' וועגן feel bad about
געפֿי'לט אַדי stuffed
געפֿילעכץ דאָס (ן) stuffing, filling
געפֿי'נס דאָס (ן) find, strike
געפֿינ|ען וו (געפֿונען) find, locate || ג' זיך אין ⊦ be located/situated in ⊦ ג' זיך ⟨מיט⟩ pick a quarrel (with)
געפֿלאָכט'ן אַדי twisted; (of) wicker
געפֿליי'ץ דאָס (ן) tide(s)
געפֿלע'כט דאָס (ן) grid; lattice
געפֿעל|ן וו (איז געפֿעלן) ד please, appeal to || עס געפֿע'לט מיר it pleases me, I like ⊦ ניט ג' ד displease || ווי געפֿע'לט דיר/אײַך די מעשׂה? [MAYSE] how about that?
געפֿעלן ווער|ן וו (איז ג' געוואָרן) = געפֿעלן
געפֿע'נקעניש דאָס captivity, imprisonment
געפֿע'ס דאָס dishes (*coll.*) || פּ"גל בלוט-געפֿעס
געפֿערלעך אַדי dangerous, perilous; terrible
געפֿרוירנס דאָס ices (*coll.*)
געפֿרי'ר דאָס (hoar)frost

געפּרי'שט אדי: ג' ברויט, ג'|ע חלה [KhALE] French toast
געצאָ'לט(ס) דאָס wage(s), pay, remuneration, salary
געצאַ'מט אדי tame
געצאַצקעט אדי ornate, fancy, precious
געצאַ'ק(נ)ט אדי jagged
געצווווּנגען אדי forced, involuntary
געצײַ'ג דאָס kit; tools (*coll.*) || צײַ'כן־ג' drawing kit ⊢ שווײַ'סגעצײַג welding tools
געציי'לט אדי few, numbered
געצײַ'ן דאָס (ען) denture
געצימער דאָס (ן) suite (of rooms)
געצלמט אדי [GETSEYLEMT] criss-cross
גע'צן־דינער דער (ס) ◻קע pagan, heathen
געצן־דינערײַ' דאָס idolatry
געצע'לט דאָס (ן) tent
געצענטלט אדי decimal (fraction)
געקאָ'ך דאָס turmoil
געקו'סט דאָס bushes (*coll.*); underbrush
געקו'קט: ניט ג' אויף regardless of
געקי'לט אדי cooled, air-conditioned
געקינצלט אדי artificial, contrived, stilted
געקלאָגט|ער דער—געב defendant
געקלאַפּער דאָס patter, clatter
געקלע'פּ דאָס (ן) collage
געקנאַ'ק(ל) דאָס crackle
געקני'פּט און געבונד'ן אדי closely linked, knit together
געקע'כטס דאָס (ן) cooked food || קאָכ|ן זיך דערבײַ' אַן אייגן ג' have one's own axe to grind
געקעסטלט אדי checkered, criss-cross
געקרײַזלט אדי curly
געקרי'מט אדי skew
געקשאַ'ק דאָס shrubbery
געראָ'ט דער (ן) crop
געראָ'טן 1. אדי successful, good, fair || געראָ'טענע קינדער bright/good-looking children ⊢ געראָ'טענע אַרבעט work that has turned out well ⊢ ג' אין similar to || זײַן* ג' אין resemble, take after || 2. געראָט|ן וו (איז געראָטן) turn out well ⊢ ניט ג' || fail, fall flat ג' ד (*rev. con.*) succeed in, contrive to
געראָ'טנקייט די (ן) ‹אין› resemblance (to)
געראַ'ם אדי spacious, roomy, uncrowded, capacious
געראַנגל דאָס (ען) struggle, conflict
געראַ'ניום דער (ס) geranium
גערגל דאָס (עך) (גאָרגל △) neck; throttle
גערודער דאָס stir, commotion, disturbance, excitement, hullaballoo
גערוי'ם אדי זען ג ע ר אַ ם
גערויי'ש דאָס (ן) (faint) noise
גערו'ך דאָס (ן) fragrance
גערונען ווער|ן וו (איז ג' געוואָרן) curdle
גערו'ס דער (ן) זען ג ר ו ס
גערו'קט אַפּ apart (in years)
גערטנער דער (ס) ⊡ gardener
גערטנערײַ' דאָס gardening, horticulture
גע'רטנער|ן וו ◇ garden
גערטענירער דער (ס) ⊡ gardener
געריאַטריק די geriatrics
געריב'ן אדי smart, crafty
גערייי'ד דאָס talk
גערײַ'ט דאָס (ן) rodeo
גערי'כט[1] דאָס (ן) course (of a meal)
גערי'כט[2] דאָס (ן) court || דאָס העכסט|ע ג' Supreme Court ⊢ שטעל|ן צום ג' arraign, prosecute
גערי'כט־געהיים דאָס (ן) court order, injunction
גערי'כטיק אדי judiciary; judicial || די ג'|ע מאַכט the judiciary
•געריכטלעך אדי judicial
גערי'כטס דאָס (ן) זען ג ע ר י כ ט[1]
גערי'כט־פּראָטאָקאָליסט דער (ן) court reporter
גערי'כט־שרײַבער דער (ס) court clerk
גערי'מט אדי illustrious
גערימפּל דאָס din
גערי'נס דאָס trickle
גערינ|ען וו (איז גערונען) זען ג ע ר ו נ ע ן ו ו ע ר ן
געריס|ן וו (געגריסט) זען ג ר י ס ן

גערי'רט אדי moved, disturbed, overcome || ג' (פֿון זינען) deranged

גערמאַניש אדי Germanic

גערמע די (ס) germ

גערן אדוו gladly; •willingly || זײַן* ג' צו be glad to

גע'רן־ווי'ליק אדי willing, ready

גע'רנקייט די willingness

גערע'דט אדי spoken || זײַן* ג' געוואָרן אויף ⊢ apply to ⊢ נאָר ווען איז דאָס ג' געוואָרן but with the proviso

גערע'טעניש דאָס (ן) (good) harvest, crop; plenty

גערע'כט אדי right, fair, just || געב|ן* ד ג' ⊢ admit that (sb.) is right ⊢ זײַן* ג' *also* have a point

גערעכטיק אדי fair, just

גערע'כטיקייט די justice || אויס ג' צו in justice to

גערע'כטיק|ן וו ◇ vindicate

גערע'לס דאָס (ן) (rail) track

גערע'ם דאָס (ען) framework

גערעם דער (ער) זען ג ע ר מ ע

גערע'ר דאָס (ן) pipe system, plumbing

גערשט דער (ן) (grain of) barley; sty (on eye)

געשאַ'נק דאָס (ען) gift, bounty

געשוואָ'ל|ן אדי swollen || ג' ווער|ן swell *vi.*

געשווי'רענ|ער דער—געב juror || די (קאָלעגיע) געשווי'רענע jury

געשוויבל דאָס (ען) eddy

געשווײַ'ג דאָס hush

געשווילעכץ דאָס (ן/ער) swelling

געשווי'נד אדוו fast, quickly, rapidly, speedily, swiftly

געשווינדקייט די speed

געשווי'ר דאָס (ן) abscess, ulcer

געשוועסטערקי'נד דאָס (ער) זען ש וו ע ס ט ע ר - ק י נ ד

געשטאַ'לט דאָס/די (ן) shape, figure, cast; image, likeness ⊢ פֿ"גל ש ט אַ ל ט

געשטאַ'לטיק|ן וו ◇ shape, fashion

געשטאַ'נק דאָס (ען) stench

געשטאַפּל דאָס (ען) gradation

געשטוי'גן: ניט ג' ניט געפֿלוי'גן entirely untrue

געשטופּלט אדי pitted, pock-marked

געשטיי|ן* וו (מיר/זיי געשטייען; איז געשטאַנען): ג' אַנטקעגן ד defy, withstand

געשטי'מט אדי in a mood; disposed

געשטי'קט אדי embroidered

געשטע'ל דאָס (ן) scaffold; stand, rack, easel

געשטע'לט אדי settled, established (in life)

געשטרויכלט ווער|ן וו (איז ג' געוואָרן) stumble

•געשטרײַ'פּט אדי striped

געשײַ'ט אדי clever, smart, crafty

געשיכטע די (ס) history; story

•געשי'קט אדי skillful, deft, dexterous

געשיקט|ער דער—געב envoy

•געשיקטקייט די dexterity

געשיק|ן זיך וו ◇ be probable; be fitting/appropriate ⊢ ג' זיך פֿאַר behoove, befit

געשלידער דאָס complex; appurtenances (*coll.*), fixtures

געשליסל דאָס (ען) keyboard

געשלי'פֿ'ן אדי smooth, polished, glib

געשלע'ג דאָס (ן) fight, scuffle; struggle

געשלע'כט דאָס (ער) sex

געשלע'כט... sexual

געשלעכטיק אדי sexual

געשלענגלט אדי winding

געשמאַ'ק 1. אדי tasty, delicious || 2. אדוו deliciously; heartily, with gusto || 3. דער (ן) taste; gusto || מיט ג' tasteful(ly)

געשמײַדיק אדי versatile

געשמי'לץ דאָס (ן) shortening; food containing fat or shortening

געשמי'רט אדי lubricated || ווי ג' very smoothly

געשמע'לץ דאָס (ן) alloy

געשני'ט דאָס stubble

געשני'ץ דאָס (ן) carving

געשעדיקט אדי damaged; sly

געשע'|ן* וו (זיי געשעען; איז געשע'ן) ⟨ד/מיט⟩ happen (to), occur, befall

געשע'עניש דאָס (ן) event

געשע'פֿט דאָס (ן) business; deal, °proposition ⊢ פֿיר|ן/טרײַב|ן ג' be in business
געשע'פֿט... commercial; managing
געשעפֿטלעך .1 אַדי business || .2 אַדוו on business
געשע'פֿטן־וועלט די business world
געשעפֿט(ס)מאַן דער (געשעפֿט(ס)לײַט) businessman
געשע'פֿט(ס)־פֿירער דער (ס) ⊡ manager
געשפּאַ'ן דאָס (ען) harness; team
געשפּאַ'נט אַדי tense, strained, taut
געשפּאַ'ס דאָס joking
געשפּי'ן דאָס spin
געשפּי'נס דאָס (ן) web
געשפּי'קעוועט אַדי husky, burly
געשפּע'ט דאָס derision, mockery, ridicule, irony
•געשפּע'נסט דאָס (ן) specter
געשפּריי'ט דאָס (ן) space, extension, expanse
געשפּרייטיק אַדי spatial
'געשפּרעך זען איבעררעד, שמועס
געשריי' דאָס (ען) clamor, cry, scream, shout, yell
געשריי'פֿטס דאָס (ן) writing; writ
געתּנאַי דאָס [GETNA'Y] set of conditions
גר דער (ים) ⊡טע [GER—GEYRIM] convert to Judaism
גראָ/גרוי אַדי gray
גראָב אַדי (△ גרעבער) thick; fat; coarse, rough, crude; harsh, gruff; rude, obscene, dirty, crass; egregious ⊢ ג'|ער פֿינגער thumb
גראָ'באײַזן דאָס (ס) mattock
גראָבי'אַן דער (ען) rude/obscene person
גראַבליע די (ס) rake
גראַ'בליעווע|ן וו ◇ rake
גראַבל|ען וו ◇ scratch || ג' זיך ⟨אויף⟩ scrabble, scramble (up a vertical surface)
גראָבן .1 דער (ס) ditch; dugout || .2 גראָב|ן וו (געגראָבן) dig *imp.*, mine
גראָב|ער־יו'נג דער (גראָבע־יו'נגען) ruffian, boor

גראָבקייט די (ן) rudeness; obscenity, profanity
גראַגער דער (ס) rattle
גראַגערײַ' דאָס rattling
גראַ'גער|ן וו ◇ rattle
גראַד דער (ן) grade, degree
גראָד .1 אַדי straight; even (not odd); ⊢ right (angle) || .2 אַדוו just now || ג' וו happen to
גראַדאַציע די gradation(s)
גראַדוא'נט דער (ן) ⊡ graduate
גראַדוי'ר־... graduate; graduating, graduation
גראַדוי'רונג די (ען) graduation
גראַדוי'ר|ן וו ◇ graduate
גראַדיר|ן וו ◇ grade
'גראַדע זען גראָד
גראָדעק דער (ן) rectangle
•גראָוו זען גראָ
גראַווי'ר די (ן) engraving
גראַוויטיר|ן וו ◇ gravitate
גראַוויר|ן וו ◇ engrave
גראַווירער דער (ס) engraver
גראָז דאָס (ן/גרעזער) grass
גראָ'זגאָרטן דער (...גערטנער) lawn
גראָ'ז־שנײַדער דער (ס) lawnmower
גראַטוליר|ן וו ◇ congratulate
גראַטע די (ס) זען קראַטע
גראָטע די (ס) grotto
גראָטע'סק אַדי grotesque
גראַטש דער (ן) hot-headed person
גראַטשקע די (ס) ratrace
גראַם[1] דער (ען) rhyme
גראַם[2] דער (ען) gram
גראַם/גראָם אַדי זען געראַם
גראַמאַטיק די (עס) grammar
גראַמאַ'טיקער דער (ס) grammarian
גראַמאַטיש אַדי grammatical
גראַמאַפֿאָ'ן דער (ען) phonograph
גראַמ|ען וו (זיך) ◇ rime *vt/vi*
גראַם־שטראַ'ם (דער) doggerel
גראַנאַ'ט דער (ן) shell; grenade
גראַנדיע'ז אַדי [DY] grand, magnificent
גראַנדיעזקייט די [DY] grandeur

גראַני'ט דער granite || גראַניט·ן אדי
גראַנעט אדי dark (navy) blue
גראָס דער (—) gross
גראַף דער (ן) count
...גראַ'ף¹ דער (ן) graph... || ספּעקטראָגראַ'ף spectrograph
...גראַ'ף² דער (ן) ⊡ grapher... || געאָגראַ'ף ⊡ geographer
גראַפאָמאַ'ן דער (ען) compulsive scribbler
גראַפאָמאַ'ניע די compulsion to write; worthless scribbling
גראַפֿיניע די (ס) countess
...גראַפֿיע¹ די (ס) graph... || ליטאָגראַפֿיע lithograph
...גראַפֿיע² די graphy... || ליטאָגראַפֿיע lithography
גראַפֿיק 1. די graphic arts || 2. דער (ן) graph
גראַפֿיש אדי graphic
גראַ'פֿנשאַפֿט די (ן) county
גראַציע די (ס) grace(fulness)
גראַציע'ז אדי graceful
גראַציעזקייט די grace(fulness)
גראַ'שיצע די (ס) sweetbread
גראָשן דער (ס) grosz; penny, small coin || אָן אַ ג' (בײַ דער נשמה [NESHOME]) penniless
גראָ'שנדיק אדי petty, picayune
גרגרת די [GARGERES]: קריכ|ן ד אין דער ג' get under the skin of
גרוב 1. די (ן) mine || 2. דער/די (גריבער) △ גריבל pit; dungeon; grave || גראָב|ן אַ ג' אויף plot against
גרודע די (ס) clod (of earth)
גרוזנע די (ס) bog
גרו'זע(ווע)|ן וו ◇ load
גרוי זען גראָ
גרויזאַם' זען אַכזריותדיק, רוצחיש
גרויל דער (ן) horror; shudder
גרויליק אדי horrible, gruesome, appalling, hideous; dire
גרויל|ן וו—אומפּ ◇ ⟨ד⟩ (rev. con.) shudder || עס גרוילט מיר I shudder
גרוילעך אדי grayish, drab

גרוים זען נעראַם
גרויס 1. אדי (△ גרעסער; △△ גרעסט) great, big, large; grand; main ⊢ ג' בײַ זיך haughty, conceited ⊢ האַלט|ן זיך ג', האַלט|ן זיך אין ג'ן put on airs || 2. אפּ אַזוי' ג' ווי as much as, tantamount to || 3.' די זען גרייס
...גרויס grand; greater || ג'־גנבֿה [GANEY-VE] grand larceny ⊢ גרויספֿירשט grand duke ⊢ ג'־לאָס־אַנדזשעלעס Greater Los Angeles
גרוי'ס־בריטאַ'ניע (די) Great Britain
גרוי'סהאַלטער דער (ס) □קע boaster, stuck-up person
גרוי'סהאַלטעריש אדי boastful
גרוי'סהאַנטיק אדי capital (letter)
גרוי'סהאַרציק אדי magnanimous
גרוי'סהאַרציקייט די magnanimity
גרוי'סזשורי די (ען) grand jury
גרוי'ס־כּרך דער (ן) [KRAKh] megalopolis
גרויסמאַכט די (ן) great power (nation)
גרוי'ס־מיסחר דער [MISKhER] big business
גרויסקייט די greatness
גרוי'סקייט־מאַניע די megalomania
גרויסשטאָט די (...שטעט) metropolis
גרוי'סשטאָטיש אדי metropolitan; urbane
גרויפּ די (ן) △ גרײַפּל grain of cereal; pellet ⊢ מצ cereal; (esp.) barley
גרונד דער (ן) ground, reason, basis || אָן אַ ג' baseless
גרונט דער (ן) soil, ground; bottom, foundation, basis ⊢ אין ג' basically, fundamentally
...גרונט basic, fundamental, underlying, primary
גרו'נטאייגנס דאָס real estate
גרונטיק אדי sweeping, thorough; basic
גרו'נט־מיסחר דער [MISKhER] real estate business
גרו'נט־סוחר דער (ים) [SOYKhER—SOKhRIM] real estate dealer
גרו'נטעווע|ן וו ◇ prime (before painting) *imp.*
גרו'נטפּראָדוקט דער (ן) staple (product)

גרו'נטפֿעסטיק|ן וו—ל ◇ establish firmly, lay the foundations of
גרונטצאָל די (ן) cardinal number
גרונטשטיין דער (ער) cornerstone
גרוס דער (ן) △ גריסקע greeting(s); regard(s), compliments ⊦ מיט ג'—אײַער/ דײַן sincerely yours
גרופּירונג די (ען) grouping
גרופּיר|ן וו ◇ group *imp.* || ג' (זיך) cluster *vt/vi*
גרופּע די (ס) △ גרופּקע group
גרופּקע די (ס) (גרופּע △) cluster
גרוש דער (ים) [GORESh—GRUShIM] divorcé
גרושה די (—ות) [GRUShE] divorcée
גריבל|ען זיך וו ◇ ⟨אין⟩ ruminate, probe, speculate over
גרי'בענעס מצ זען גריוון
גרי'בערדיק אדי bumpy; rugged
גריוון מצ cracklings, well-browned roasted bits of goose skin
גריווע די (ס) △ גריווקע mane
גריווקע די (ס) (גריווע △) bangs (hair)
גריזאָטע די vexation
גריזשע|ן וו ◇ nibble, gnaw; nag || ג' זיך fret
גרײַז דער (ן) error, mistake
גרײַז אדי (ן) •ancient || ג' גראָ hoary, gray (hair)
גרײַזל דאָס (עך) curl
גרײַזל|ען (זיך) וו ◇ (hair) curl *vt/vi*
גרײַזלער דער (ס) curler
גרייט אדי ready, set, willing || מאַכ|ן זיך ג' get ready ⊦ *זײַן ג' be ready, stand by || *זײַן אויף אַלעם ג'ן have room and board
גרייט... staging; preparatory || גריי'טהאַוון staging port
גרייטונג די staging
גרייט|ן וו (געגרייט) prepare *vt.*, stage (an expedition) ⊦ ג' צום טיש set the table || ג' זיך ⟨צו⟩ prepare (to) *vi/imp* || ג' זיך פֿאַר prepare, make provisions for
גרייטקייט די readiness, willingness

גרייך דער (ן) reach, range, scope || אין ג' within reach
גרייכ|ן וו ◇ range, reach, extend || גרינג צו ג' within easy reach || ווײַט
גריי'כנדיק far-reaching
גרײַלעך אדוו eminently, very much (so), most certainly
גרייס די (ן) size, magnitude, extent
גרייס|ן וו ◇ extol || ג' זיך ⟨מיט⟩ boast (of), pride oneself (on)
גרײַפּל דאָס (עך) (גרויפּ △) pellet, granule || מצ dry cereal
גרײַפּל... granulated
גרײַ'פּלדיק אדי grainy, rough(-textured)
גרײַ'פּל־רעגן דער sleet
גרייפּפֿרו(כ)ט דער (ן) grapefruit
גריך דער (ן) ⊡ Greek
גריכיש אדי Greek
גרי'כנלאַנד (דאָס) Greece
גריל די (ן) cricket
גרילציק אדי grating, harsh
גרילצ|ן וו ◇ (sound) grate
גרי'לצנדיק אדי זען גרילציק
גרים דער (ען) (actor's) make-up
גרים מצ זען גר
גרימאַסע די (ס) grimace
גרימיר|ן (זיך) וו ◇ (actor) make up *vt/vi*
גרי'מעניש דאָס colic
גרימפּל|ען וו ◇ strum tunelessly
גרי'מצאָרן דער wrath
גרין אדי green
גרינבלעך אדי greenish
גרינג 1. אדי light(-weight); easy; jaunty || מאַכ|ן זיך ג' דאָס לעבן take it easy || 2. אדוו easily, readily; lightly || אָנ|קומ|ען ג' ⟨ד⟩ be easy (for) || עס קומט אים אָן ג' דאָס ליי'ענען he finds reading easy || 3. די : פֿון דער ג' casually
גרי'נגגלייביק אדי credulous, gullible
גרי'נג־דעהדיק אדי [DE'YEDIK] frivolous, rash
גרינגקייט די ease; lightness
גרינד דער (ן) canker
•גרינדונג די establishment

גרי'נדונגס־פֿאַרזאַמלונג די (ען) constituent assembly

גרי'נדזשעלע דאָס (ך) runner (of a sleigh)

'גרינדלעך זעו גרונטיק

•גרינד|ן וו ⟐ found, establish

•גרינדער דער (ס) ⊡ founder

גרי'נהאָרן דער (ס) אַמער greenhorn

גרי'ן־חגא די [KhOGE] Pentecost, Whitsuntide

גרינס דאָס (ן) vegetable; green plants (*coll.*)

גרינ|ער דער—געב אַמער a green person, i.e. an immigrant who has not yet been Americanized

גרינשטיין דער jade

גרינשפּאָן דער verdigris

גריס|ן וו ⟐ send regards to || לאָז|ן ג' send regards (to), send one's love (to)

גריפּע די (ס) grippe

גריף דער (ן) vulture

גריץ די grits (*coll.*)

גריקע די זעו רעטשקע

גרעב די (ן) thickness

גרעבער דער (ס) miner

גרענער דער (ס) זעו גראַנער

גרעזל דאָס (עך) (גראָז △) blade of grass

גרעט דאָס laundry, clothes being (or to be) washed; wash

גרע'טקלאַמער דער (ן) clothespin

גרעטשטריק דער (—) clothesline

°גרענדע: פֿירן די ג' pull all the strings, be in complete charge

גרענעץ דער/די (ן) border, frontier, boundary, limit; verge || ־אָן אַ ג' boundless

גנבֿע|נען דעם ג' [GANVE] steal across the frontier

גרענעצ... borderline || גרע'נעצפֿאַל borderline case

גרע'נעצלאַנד דאָס frontier (area)

גרע'נעצ|ן זיך וו ⟐ ⟨מיט⟩ border, verge (on)

גרע'נעצשטיין דער (ער) landmark

גרעסער אַדי* (גרויס △) major || זײַן* ג' פֿון exceed

גרעפּץ דער (ן) belch

גרעפּצ|ן וו ⟐ belch *imp.*

גרעק[1] דער (ן) bun (hairdo)

•גרעק[2] דער (ן) Greek

•גרעקיש אַדי Greek

גשמיות דאָס [GAShMIES] materiality

גשמיותדיק אַדי [ ] material, sensuous, earthy

ד

ד דער/די [DALET] letter of the Yiddish alphabet; pronounced [D]; numerical value: 4

דאָ אדװ here || עס איז/זײַנען דאָ there is/are ⊢ דאָ ערגעץ hereabout(s) || דאָ ... דאָ now ... now

דאָ דער (the musical note) C

דאָ אַרו'מ(ערט) אדװ through here, this way

דאָברע־מזל דאָס [MA'ZL] (*hum.*) luck || צו מײַן ד' just my luck

דאגה די (—ות) [DAYGE] worry, care, anxiety; bother; concern

דאגה|ן װ ◇ [ ] ⟨װעגן⟩ worry; bother about || נישט געדאגהט! keep your chin up! don't worry!

דאָגמאַטיש אדי dogmatic

דאָגמע די (ס) dogma

דאָדערט• אדװ here

דאָ־הי' אדװ here, in this locality

דאַװנ|ען װ ⊙ (*Jew.*) pray

דאַ'װנשול די (ן) synagogue

דאַ'װענ|ען װ ⊙ זעו דאַװנען

דאָ'זיק|ער פּראָ (דער דאָ'זיק|ער, די דאָ'זיק|ע/...) this, these; the said

דאָזע די (ס) dose

דאַט דער (ן) datum

דאַטי'װ דער (ן) dative

דאַטיר|ן װ ◇ date (mark the day)

דאַטן מצ data

דאַטע די (ס) (calendar) date

דאַטשע די (ס) country house || אויף ד' in the country

דאָ'יִק אדי local, belonging here

דאַך דער (דעכער) △ דעכל roof || שטרוי'־ענ|ער ד' thatch || אַ ד' איבערן קאָפּ shelter ⊢ געב|ן* ד אַ ד' איבערן קאָפּ shelter

דאָך אדװ yet, still; (*unstressed*) obviously, as you know ⊢ ס'איז דאָך מאָנטיק it's Monday, isn't it?

דאַ'ך־דירה די (—ות) [DIRE] penthouse

דאַכטונג די (ען) fantasy, imagination

דאַכט|ן זיך װ (געדאַ'כט) ⟨ד⟩ seem (to) || זאָל זיך ד' suppose || פּ"ל געדאַכט

דאַ'כלקע די (ס) shingle, roof tile

דאַ'כפֿאָרטקע די (ס) skylight

דאַכשטוב די (...שטיבער) penthouse

דאַכשטרוי די thatch

דאַכשפּיץ דער (ן) gable

דאָלאַר דער (...אַ'רן) dollar

דאָליע די (ס) lot, fate

דאָ'לעטע די (ס) זעו דלאָט

דאָ'לענע די (ס) small valley; depression in the ground

דאַם דער (ען) (game of) checkers

דאַמאָלסט זעו דעמאָלט

דאַמב דער (דעמבעס) זעו דעמב

דאַמבע די (ס) dam, dike

ד אַמות מצ [DALET AMES] four ells (square); one's own dwelling/(*fig.*) domain ⊢ אין פּאָס ד אַ' very close to

דאָ'מינאָ דער (ס) domino

דאָמינאַ'נט אדי dominant

דאָמי'ניע די (ס) dominion

דאָמיניר|ן װ ◇ dominate

דאָמיני'רנדיק אַדי dominant, commanding
דאַמיש אַדי ladylike
דאַמסקע אַדי ladies'
דאַמע די (ס/ן) lady || מײַנע דאַמען! ladies! || מײַנע דאַמען און הערן! ladies and gentlemen!
דאַמענ... ladies'
דא'מען־באַנדאַזש דער (ן) sanitary napkin
דאַמף דער steam
דאַמפּוואַלץ דער (ן) steamroller
דא'מפּמאַטאָר דער (ן) steam engine
דאַמפּער דער (ס) steamer
דאַמפּשיף די (ן) steamer
דאַמקע די (ס) checkers
•דאַן אַדוו then
דאָנאַט דער (ס) אַמער doughnut
דאָן־זשואַ'ן דער (ען) Don Juan
דאַנעט: פֿון ד' from here, hence || דורך ד' this way ⊦ ביז ד' up to here
דאַנען = דאַנעט
דאָ'נערשטאָג = דאָ'נערשטיק .1 דער (ן) Thursday ⊦ .2 אַדוו on Thursday
דאָ'נערשטיקדיק אַדי Thursday's
דאַנק דער (ען) (expression of) thanks; acknowledgment; gratitude ⊦ אַ ד' (דיר/אײַך) thanks, thank you || פֿול מיט ד' deeply grateful || אָן ד' thankless, ungrateful ⊦ קומ|ען/זאָג|ן די אַ ד' be grateful to ⊦ איבער ד' against one's will
•דאַנקבאַר אַדי grateful, thankful; appreciative
•דאַ'נקבאַרקייט די gratitude
דאַנקטאָג דער (...טעג) אַמער Thanksgiving Day
דאַנק|ען וו ◇ ⟨ד⟩ thank
דאַנקשאַפֿט די gratitude
דאָס .1 אַרט the (*neuter*) || .2 פּראָ this || ד' ... ד' now ... now || ניט ד' און ניט יענץ nondescript || ניט ד'° stg. disappointing ⊦ אָ'ן ד' anyway
דאָסיע' דער (ען) [SY] file, dossier
'דאָפּלט זען טאָפּל
דאָצע'נט דער (ן) instructor, tutor

דאָק דער (ן) dock, pier
'דאָקוטשען זען דערקוטשען
דאָקומע'נט דער (ן) document
דאָקומענטיר|ן וו ◇ document
דאָקטאָר דער (...אָ'רן) ⊡ doctor (holder of doctor's title)
דאָקטער דער (דאָקטוירים) ◻שע medical doctor, physician
דאָקטערײַ' דאָס (practice of) medicine
דאָ'קטער|ן זיך וו ◇ make frequent visits to doctors
דאָקטרי'ן די (ען) doctrine
דאַר אַדי skinny, slender, thin; dried (fruit) ⊦ ד' און קוואַר haggard
דאָר זען דער די
דאָרט זען דאָרטן
דאָרט־געבוי'ר'ן אַדי native
דאָרטיק אַדי local, belonging there
דאָרטן אַדוו there || ד' ערגעץ thereabout(s) || ד' (גופֿא) [GUFE] ibid. || ד' אַרום(ערט) through there
דאַר|ן וו ◇ wither *vi/imp*
דאָרן דער (דערנער) thorn
דאָ'רעמערט זען דאָ אַרומערט
דאָרף דאָס (דערפֿער) △ דערפֿל village || אין ד' *also* in the country
דאָרפֿיש אַדי rural, country, pastoral
דאַרפֿ|ן* וו (ער דאַרף; ◇) require, need, || have to; ought; be supposed to || ד' זײַן be due || ער דאַרף דאָ זײַן מאָנטיק he is due here on Monday ⊦ ווי עס דאַרף צו זײַן properly || וואָס דאַרפֿט איר מער? and what's more
דאָרפֿסייִד דער (ן) village Jew
דאָרש דער (ן) cod
דאָרשט דער thirst
דאָרשטיק אַדי thirsty
דאַרשט|ן וו—אומפּ (געדאַ'רשט) ⊗ (*rev. con.*) be thirsty
דאַרשט|ן וו (געדאַ'רשט) נאָך thirst for || ד' אומפּ זען דאַרשטן
דאַשיק דער (עס) peak, visor
דבר|ן וו ◇ [DABER] babble; (*cont.*) talk

דבֿקות דאָס [DVEYKES] (*Jew.*) religious ecstasy, attained by banishing all profane thoughts and communing with God

דבֿר־אַחר דער (ס) □טע [DOVERAKhER] scoundrel

דבֿר־חול דער [DVARKho'L] profane thing

דבֿרי־הימים [DIVRE-HAYO'MIM] the Book of Chronicles

דבֿרים [DVORIM] the Book of Deuteronomy

דבֿרים־בטלים מצ [B(E)TE'YLIM] idle words

ד"ה = דאָס הייסט i.e.

דהײַנו קאַ [DEHAYNE] namely, viz.

דו פּראָ (ד׳: דיר; א: דיך) you (*sg. familiar*); thou

דובליר|ן װ ◇ א be an understudy (for)

דובלירער דער (ס) ⊡ stand-in, understudy

דובלע'ט דער (ן) doublet; double

דוגמא די (—ות/אָות) [DUGME—DUGMES/ DUGMOES] example, sample ⊢ זײַן* אַ ד׳ פֿון/אויף exemplify

דודע די (ס) △ דודקע ‖ fife ‖ °האַלט|ן זיך מיט דער ד׳ be left holding the bag

דומוויראַ'ט דער (ן) duumvirate

דווקא אַדוו [DAFKE] only, necessarily; ‖ none other than, nothing short of ‖ ד׳ װ make a point of ...ing ‖ ד׳ לויפֿ|ן make a point of running

דווקא־... [ ] essential

דוחה זײַן* װ—ל (ד׳ געווע'ן) [DOYKhE] refuse; take precedence over, annul, cause the postponement of ⊢ ד׳ זײַן* דעם קץ [KETS] delay the end of the Diaspora (by one's sinful actions)

דוחק דער ⟨אין⟩ [DOYKhEK] lack, dearth, want, shortage, deficiency ⊢ מחמת ד׳ אין [MAKhMES] for want of

דוחק זײַן* װ (ד׳ געווע'ן) [ ] exhort, press, urge

דויע|ן זיך װ ◇ pout

דויער דער duration

דוך דער (ן) breath

דוכט|ן װ (גערדו'כט) זען דאַכטן

דוכנ|ען װ ◇ [DUKh·N] (*Jew.*) perform the priestly benediction, while the congregation covers its heads with prayer shawls or closes its eyes

דול אַדי mad, confused

˚דולדן זען אַריבערטראָגן, סובֿל זײַן

דולהויז דאָס (...הײַזער) insane asylum; bedlam

דול|ן װ ◇ annoy, bother ‖ ד׳ ד אַ קאָפּ/מוח [MOYEKh] pester

דו'לעניש דאָס (ן) bother

דומע|ן װ ◇ brood

דומפּיק אַדי stale

דונאָם דער (—) dönüm, area measure used in Palestine and Israel, equal to .22 acre

דונײַ' דער Danube

דונער דער (ן) thunder(bolt)

דו'נערדיק אַדי thunderous

דו'נער|ן װ ◇ thunder

דו'סט = דו האָסט; דו וועסט

דוע'ט דער (ן) duet

דוע'ל דער (ן) duel

דועליר|ן זיך װ ◇ duel

דופּליקאַ'ט דער (ן) duplicate

דופּליקיר|ן װ ◇ duplicate

דופּע|ן װ ◇ אויף count on

•דופֿק דער [DOYFEK] זען דפֿק

דוצ|ן װ ◇ address by the familiar pronoun (דו)

דור דער (ות) [DOR—DOYRES] ‖ generation ⊢ אויף ד׳־דורות for generations

דורותדיק אַדי [DO'YRESDIK] perpetual, perennial, long-lasting

דורך 1. פּרעפּ through, throughout; per; ‖ via; by, by means of, by way of 2. אַדוו: ד׳ און ד׳ thoroughly, out and out, to the core ⊢ 3. קוו ‖ through

דורכ|רײַט|ן ride through

˚דורכאויס זען דורכויס

דורכאונדורכיק אַדי thoroughgoing

דורכ|איקס|ן װ ◇ X-ray

דו'רכבליקלעך אַדי lucid

דורכ|בלע'טער|ן וו ◇ leaf through, peruse, thumb through

דורכ|בראָדיע|ן וו ◇ ford

דורכבראָך דער (ן) breach, breakthrough

דורכ|ברעכ|ן וו (דו'רכגעבראָכן) break through, breach

דורכגאַנג דער (ען) passage, aisle

דורכגאָס דער (ן) strait, sound

דורכ|גיי|ן* וו (איז דו'רכגעגאַנגען) go through, undergo; run through (rehearse); traverse ⊦ ניט דו'רכצוגיין impassable ⊦ ד' זיך take a walk/stroll

דו'רכגייעוודיק אד' passable

דו'רכגעווייקט אד' drenched, soggy

דו'רכגעטריב'ן אד' cunning, crafty

דו'רכגעצלמט אד' [TSEYLEMT] criss-cross

דורכדרונג דער penetration

דורכ|דרינג|ען וו (האָט/איז דו'רכגעדרונגען) penetrate, pervade, permeate, infiltrate ⊦ ניט דו'רכצודרינגען impenetrable

דורכ|האַלט|ן וו (דו'רכגעהאַלטן) persevere, pull through

דורכ|וואַרפ|ן וו (דו'רכגעוואָרפן) throw through; intersperse; fail (a student on an exam)

דורכ|ווייע|ן וו ◇ winnow *pf.*

דורכ|ווייק|ן וו ◇ soak *pf.*, drench

דורכוועג דער (ן) shortcut; transit

דו'רכווענטילאַציע די cross-ventilation

דורכ|וועפּ|ן זיך וו ◇ permeate *vi.*

דורכ|ווערטל|ען זיך וו ◇ exchange (angry) words

דורכוי'ס אדוו throughout; absolutely, positively

דורכזוך דער (ן) search

דורכ|זײַ|ן* וו (איז דו'רכגעווען) (*not used in the present tense*) stay through

דורכ|זײַ|ען וו ◇ strain, sift, filter

•דו'רכזיכטיק אד' transparent

דורכ|זיפּ|ן וו ◇ strain, sift, screen

דו'רכזעיִק אד' transparent

דורכ|זע|ן* וו (דו'רכגעזען) see through || ד' זיך show through

דורכ|טונעליר|ן וו ◇ tunnel *vt.*

דורכ|טרײַב|ן וו (דו'רכגעטריבן) chase away

דורכלאָז דער (ן) omission

דורכ|לאָז|ן וו ◇ let through, pass; omit

דו'רכלײַכטיק אד' lucid, translucent

דורכ|לײַכט|ן וו (דו'רכגעלײַכט) shine through; X-ray

דורכ|לעכל|ען וו ◇ punch, puncture, perforate

דורכ|לע'כער|ן וו ◇ = דורכלעכלען

דורכ|מאַכ|ן וו ◇ experience, go through, undergo

דורכ|מיש|ן וו ◇ stir *pf.*

דורכ|מעק|ן וו ◇ cross out

דורכן = דורך דעם, •דורך דער

דו'רכנעמיק אד' pervasive; penetrating

דורכ|נעמ|ען וו (דו'רכגענומען) penetrate, permeate, pervade

דו'רכנעמענדיק אד' penetrating, piercing

דורכפֿאַל דער (ן) failure; •diarrhea

דורכ|פֿאַל|ן וו (איז דו'רכגעפֿאַלן) fall through; fail *vi.*

דורכפֿאָר דער (ן) thoroughfare, passage; transit

דו'רכפֿאַרהער דער (ן) cross-examination

דורכ|פֿאָר|ן וו 1. (איז דו'רכגעפֿאָרן) pass (on a trip) 2. ⊦ דאָס transit

דו'רכפֿאָרעוודיק אד' passable (to a vehicle)

דו'רכפֿאָרער דער (ס) ⊡ transient

דורכפֿיר דער (ן) enforcement; performance

דו'רכפֿירונג די (ען) = דורכפֿיר

דו'רכפֿירלעך אד' feasible, workable, practicable

דורכ|פֿיר|ן וו ◇ carry out, perform, administer, execute, enforce; conduct (electricity) ⊦ ד' (אין לעבן) implement

דו'רכפֿירער דער (ס) (electrical) conductor

דורכ|פֿלעכט|ן (זיך) וו (דו'רכגעפֿלאָכטן) intertwine *vt/vi*

דורכקום דער (ען) understanding, agreement

דורכ|קומ|ען וו (איז דו'רכגעקומען) come to terms, come to an understanding

דורכקוק דער (ן) perusal, inspection, examination

דורכ|קוקן וו ⊙ ⁎/דורך look through; inspect, examine; peruse; revise

דורכ|קריגן זיך וו (דו'רכגעקראָגן) ‹דורך› get through

דורכ|קריכן וו (איז דו'רכגעקראָכן) ‹דורך› crawl through ├ ניט דו'רכצוקריכן impassable

דורכרײַס דער (ן) breach, breakthrough

דורכ|רײַסן זיך וו (דו'רכגעריסן) ‹דורך› make/push one's way through, break through ├ ד' זיך דורך breach

דורכ|רינען וו (איז דו'רכגערונען) ‹דורך› trickle/leak through, percolate

דורכ|רעדן זיך וו ⊙ ‹מיט› have a talk (with)

דורכ|שווענקען וו ⊙ flush

דורכשטאָך דער (ן) puncture

דורכ|שטעכן וו (דו'רכגעשטאָכן) run through, pierce, puncture

דורכשטראָז דער (ן) thruway

דורכ|שטראַלן וו ⊙ irradiate

דורכ|שטרײַכן וו (דו'רכגעשטראָכן) cross out

דורכ|שלאָגן זיך וו (דו'רכגעשלאָגן) ‹דורך› push one's way through, break through

דורכשלאַק דער (ן) colander

דורכ|שמו'עסן זיך וו ⊙ ‹מיט› have a chat (with)

דורכשניט דער (ן) cut; average, mean ‖ אין ד' on the average

דו'רכשניטלעך .1 אַדי average, mean ‖ .2 אַדוו on the average

דורכ|שנירלען זיך וו ⊙ ‹דורך› permeate

דורכ|שפּאַנען וו ⊙ span; cover (a considerable distance) on foot

דורכ|שפּאַצירן זיך וו ◇ go for a walk, stroll *pf.*

דורכ|שפּאַרן זיך וו ⊙ push one's way through

דורכ|שרײַבן זיך וו (דו'רכגעשריבן) ‹מיט› correspond (with)

דורס זײַן* וו (ד' געווען) [DOYRES] trample (upon); tear (a living being) to pieces (esp. in anger)

ᵛדורשט זען ד אָ ר ש ט

דושנע אַדי stuffy

דושע|ן וו ⊙ stew

דזשאָבע|ן וו ⊙ peck

דזשאָנגל דער (ען) jungle

דזשודעזמיש אַדי Dzhudezmo

דזשודעזמע דאָס Dzhudezmo, a language spoken by many Sephardic Jews (sometimes called Ladino)

דזשימדזשיק דער (ס) gadget, gimmick

דזשי'מדזשיקוואַרג דאָס gadgetry

דזשימדזשע די (ס) cymbal

דזשין דער gin (alcohol)

דזשעגעכץ די/דאָס זען ד י ע ג ע כ ץ

דזשעז דער jazz

דזשעט דער (ן) jet airplane

דזשעט|ן (זיך) וו (געדזשע'ט) jet, fly by jet *vt/vi*

דזשע'נטלמען דער (ער) (chivalrous) gentleman

דחק דער [TKhAK] extremity, straits

דחקות דאָס [DAKhKES] want

די .1 אַרט the (*fem., pl.*) ‖ .2 פּראָ this ‖ this, these ├ די אָ (*fem.*); these ‖ די וואָס... she who...; they who...

דיאַבע'ט דער [DI] diabetes

דיאַבע'טיקער דער (ס) ⊡ [DI] diabetic

דיאַגאָנאַ'ל [DI] .1 אַדי diagonal ‖ .2 דער (ן) diagonal

דיאַגנאָ'ז דער (ן) [DI] diagnosis ‖ שטעל|ן דעם ד' diagnose

דיאַגנאָזיר|ן וו ◇ [DI] diagnose

דיאַגראַ'ם די (ען) [DI] graph, chart

דיאַגראַמיר|ן וו ◇ [DI] diagram

דיאַטע'ז דער (ן) [DI] (active/passive) voice

דיאַלאָ'ג דער (ן) [DI] dialogue

דיאַלע'קט דער (ן) [DI] dialect

דיאַלעקטיק די [DI] dialectic

דיאַלעקטיש אַדי [DI] dialectal; dialectic

דיאַמעטער דער (ס) [DI] diameter

דיאַפּאַזאָ'ן דער (ען) [DI] range (of voice, instrument, etc.)

דיאַפּאַזיטי'וו דער (ן) [DI] transparency

דיאַפֿראַגמע די (ס) [DI] diaphragm

דיאָצע'ז דער (ן) [DI] diocese

דיבוק דער (ים) [DIBEK—DIBUKIM] dibbuk, in Jew. lore an evil spirit or soul of a dead person residing in the body of a living individual, which can be expelled only by magic means

דיבורים מצ words || קלאָרע ד' plain words ⊢ רעד|ן קלאָרע ד' not mince words, speak explicitly

דיבעם: שטעל|ן זיך ד' (horse) rear

די־והותר אדוו [DA'Y-VEHO'YSER] more than enough

דיוואַ'ן דער (ען) rug; sofa

דיווידע'נד דער (ן) dividend

דיווי'זיע די (ס) (army) division

דיווערגע'נץ די (ן) divergence

דיווע'רסיע די (ס) diversion, feint

דיווערסיפֿיציר|ן וו ◇ diversify *vt.*

דיונע די (ס) dune

דיזל דער (ען) Diesel || ד'־מאָטאָר Diesel engine

'דיזער זען דאָזיקער

דיזשו'ר דער (ן) (tour of) duty

דיזשוריר|ן וו ◇ be on duty

דיטאָ אדוו ditto

דייזשע די (ס) kneading trough for bread; round water trough

דײַטלעך אדי plain, clear, distinct

דײַטש 1. אדי German || 2. דער (ן) ◻קע German

דײַטשיש אדי = דײַטש

דײַטשלאַנד (דאָס) Germany

דײַ'טשלענדיש אדי pertaining to Germany

דײַ'טשמעריש אדי (*Jew.*) too much like German (said of modern German words or phrases sporadically used in Yid. but not accepted by cultivated stylists)

•דײַם דער (ען) אמער dime

דיין דער (ים) [DAYEN—DAYONIM] assistant to a rabbi, charged with deciding questions of ritual cleanliness and settling minor disputes

דײַן אדי–פּאָס your (*sg. familiar*); thy

דיינו אינט [DAYEYNU] enough (for us)! that's plenty!

דיינות דאָס [DAYONES] office of the *dayen*

דײַנט: פֿון ד' וועגן for your sake; as far as you are concerned

דײַנעט = דײַנט

דייקא זען [DEYKE] דווקא

דײַקע זען דווקא

דיך דער/די (ן) thigh

דיך פּראָ–אַ (נאָמ: דו) you (*sg. familiar*); thee

דיכאָטאָמיע די (ס) dichotomy

דיכט דער plywood

•דיכטונג די poetry

דיכט'ן אדי plywood

•דיכט|ן וו (געדי'כט) write (poetry)

דיכטער דער (ס) ⊡ poet

די'כטעריש אדי poetic

•דיכען וו ◇ זען דעכען

דיל דער/די (ן) floor

דיליזשאַ'נס דער (ן) stage coach

דילעמע די (ס) dilemma

•דימיון זען דמיון

דימינוטי'וו דער (ן) diminutive

דימע(נ)ט דער (ן) diamond || ד' האַרט adamant ⊢ די'מע(נ)ט'ן אדי

דין אדי thin

דין דער (ים) law, esp. Jew. religious law || על־פּי ד' [ALPI] according to (Jew.) law; lawfully

דינאָזאַווער דער (ס) dinosaur

דינאַמאָ דער (ס) dynamo

דינאַמי'ט דער dynamite

דינאַמיק די dynamics

דינאַמיש אדי dynamic

דינאַ'סטיע די (ס) dynasty

די'נגאָפּמאַך דער (ן) lease (agreement)

דינגונג די (ען) lease, charter

דינג|ען וו (גע־דונגען) hire, rent, lease, charter ⊢ ד' זיך haggle, bargain

דינגער דער (ס) lessee

דין־וחשבון דער [DIN-VEKhE'zhBM] account, accounting, reckoning
דיני־כּשרות מצ [DINE-KA'shRES] Jew. dietary laws
דיניע די (ס) pumpkin; (*dial.*) cantaloupe
די'ניצע די (ס) milk pail
דינסט **1.** די (ן) maid servant || **2.** דאָס service ⊢ צו פּאָס ד' at the service of || מיליטע'ר־ד' military service
דינסטאָג = דינסטיק **1.** דער (ן) Tuesday || **2.** אַדװ on Tuesday
די'נסטיקדיק אַדי Tuesday's
דינסטמויד די (ן) △ ...מיידל maid servant
דינ|ען װ ◇ ⟨ד⟩ serve; worship (God, idol)
דינער• דער (ס) ⊡ servant
דינקע די (ס) [NY] cantaloupe
דין־תּורה דער/די (—ות) [DINTOYRE] lawsuit before a rabbinical court
דיסאַװוּ:ר|ן• װ ◇ זען דעזאַװוּ:ירן
דיסאילוזיאָנירונג די (ען) [ZY] disillusionment
דיסאילוזיאָניר|ן װ ◇ [ZY] disillusion
דיסאינפֿיציר|ן װ ◇ disinfect
דיסאינפֿיצירעכץ דאָס (ן) disinfectant
דיסאינפֿעקציע די disinfection
דיסאָנאַ'נץ דער (ן) dissonance
דיסאַפּראָבאַציע די (ס) disapproval
דיסאַפּראָביר|ן װ ◇ disapprove (of)
דיסאָציִיר|ן װ ◇ dissociate
דיסאָרגאַניזיר|ן װ ◇ disorganize
דיסהאַרמאָ'ניע די disharmony, discord
דיסטאַ'נץ די (ן) distance || האַלט|ן ד' keep one's distance
דיסטיליר|ן װ ◇ distill
דיסטילעריע די (ס) distillery, still
דיסטרי'קט דער (ן) district
דיסטרי'קט־פּראָקוראָר דער (ן) district attorney
דיסלאָקירונג די (ען) dislocation
דיסענטעריע די dysentery
דיסערטאַציע די (ס) dissertation
דיספּאָזיציע די disposition || צו פּאָס ד' at the disposal of

דיספּאַטשער דער (ס) dispatcher
דיספּאָניר|ן װ ◇ מיט have at one's disposal
דיספּו'ט דער (ן) disputation
דיסציפּלי'ן די discipline
דיסציפּליניר|ן װ ◇ discipline
דיסק דער (ן) disk; record
דיסקאָטע'ק די (ן) discothèque; record library
דיסקאַ'נט דער (ן) treble
דיסקאָנטיר|ן װ ◇ collect (on a credit instrument), deducting a collection fee
דיסקוטאַ'נט דער (ן) ⊡ discussant, panelist
דיסקוטי'ר־טיש דער (ן) discussion panel
דיסקוטיר|ן װ ◇ discuss, debate
דיסקו'סיע די (ס) discussion
דיסקרימינאַציע די discrimination
דיסקרימינירונג די (ען) (act of) discrimination
דיסקרימיניר|ן װ ◇ discriminate
דיסקרעדיטיר|ן װ ◇ discredit
דיסקרע'ט אַדי discreet
דיעגעכץ די/דאָס pitch, tar
דיעז דער (ן) [DY] (musical) sharp || דאָ ד' C sharp
דיע'ט... [DI] dietary, dietetic
דיעטע די (ס) [DI] diet || האַלט|ן ד' diet
דיעטעטיש אַדי [DI] dietetic
דיי־פּי' דער (ען) D.P., displaced person
דיפּלאָ'ם דער (ען) diploma; (academic) degree
דיפּלאָמאַ'ט דער (ן) diplomat
דיפּלאָמאַ'טיע די diplomacy
דיפּלאָמאַטיש אַדי diplomatic
דיפֿטאָ'נג דער (ען) diphthong
דיפֿטערי'ט דער diphtheria
דיפֿערע'נץ די (ן) difference
דיפֿערענצירונג די (ען) (act of) differentiation
דיפֿערענצירטקייט די (state of) differentiation
דיפֿערענציר|ן װ ◇ differentiate

דיק אדי thick, fat, stout
דיקדוק דער [DIKDEK] grammar, (esp.) Hebrew grammar
דיקדוקי־עניות מצ [DIKDUKE-ANI'ES] pedantry; niceties
דיקדוקי־עניותדיק אדי [ ] punctilious
דיקטאַ'ט דער (ן) dictation
דיקטאַטאָר דער (...אָ'רן) ☐שע dictator
דיקטאַטו'ר די (ן) dictatorship
דיקטאָר דער (...אָ'רן) ☐שע announcer
דיקטיר|ן וו ◇ dictate
דיקלעך אדי chubby
דיקציע די (ס) enunciation
דירה די (—ות) [DIRE] apartment, dwelling ⊢ מצ *also* housing
דירה־געלט דאָס [ ] rent
דירות־הויז דאָס (־הײַזער) [DI'RES] apartment house, tenement
דיריגירונג די control
דיריגיר|ן וו ◇ ⟨מיט⟩ control; conduct (an orchestra)
דיריגע'נט דער (ן) ⊡ (orchestra) conductor
דיריזשאַבל דער (ען) dirigible, blimp
דירע'קט אדי direct, immediate, outright, straightforward
דירעקטאָר דער (...אָ'רן) ☐שע director; principal
דירעקטאָריום דער (ס) board of directors
דירעקטאָ'רשאַפט די (ן) directorship; board of directors
דירעקציע די (ס) management; the directors (*coll.*)
דישעל דער (...שלען) wagon shaft
דישען וו ◇ choke *vt.* || ד' זיך choke *vi.*, gasp
דלאָט דער (ן) chisel
דלאָניע די (ס) palm (of hand)
דלד דער/די (ן) [DALET] זען ד ל ת
דלובען וו ◇ pick, gouge, scoop
דלות דער [DALES] poverty, squalor
דלות־געגנט דער (ן) [ ] slum area
דלותדיק אדי [ ] squalid
דלות־הויז דאָס (־הײַזער) [ ] slum
דלות־וווינער דער (ס) slum dweller
דלות־פּריץ דער (ים) [PORETS—PRITSIM] slum lord
דלפּון דער (דלפּנים) ☐טע [DALFN—DALFONIM] poor man
דלת דער/די (ן) [DALET] dalet, name of the letter ד
דמיון דער [DIMYEN] imagination
דמיונדיק אדי [ ] imaginative
דם־שונא דער (ים) [DA'MSOYNE—DA'MSONIM] deadly enemy
דמשק פּנ [DAMESEK] Damascus
דנאָ דער (ען) bottom
דן זײַן* וו (איז דן געווע'ן) [DAN] pass judgment, adjudge ⊢ דן זײַן* ⟨ד⟩ לכּף־זכות [LEKA'F-SKhU'S] give the benefit of the doubt ⊢ דן זײַן* ⟨ד⟩ לכּף־חובֿ [KhO'YV] deprive of the benefit of the doubt
דע דער (ען) (the letter) D
דעאָדאָראַ'נט דער (ן) deodorant
דעבאַטיר|ן וו ◇ debate
דעבאַטע די (ס) debate
דעביו'ט דער (ן) debut
דעביוטיר|ן וו ◇ make one's debut
דעבעט דער (ן) debit
דעבעטיר|ן וו ◇ debit
דעגענעראַ'ט דער (ן) degenerate, pervert
דעגענעריר|ן וו ◇ degenerate
דעגראַדאַציע די (ס) degradation
דעגראַדיר|ן וו ◇ degrade
דעדוקטי'וו אדי deductive
דעדוקציע די (ס) deduction (as form of reasoning)
דעדיקאַציע די (ס) dedication
דעה די (—ות) [DEYE] authority, influence ⊢ האָב|ן* אַ ד' ⟨בײַ/אין⟩ have a say (in), have influence (with) ⊢ זאָג|ן אַ ד' have a say || ⊢ זאָג|ן ד אַ ד' dictate to ⊢ זײַן* גרינג אויף דער ד', האָב|ן* אַ גרינגע ד' be frivolous ⊢ מיט דער ד' צו with the intention to ⊢ שלאָג|ן זיך מיט דער ד' hesitate
דעה־זאָגער דער (ס) ☐קע [ ] person of authority
דעהידריר|ן וו ◇ dehydrate

דעוויז 654 דעפּוטאַציע

דעוויז דער (ן) motto || also foreign currency מצ

דעז... זען ד י ס ...

דעזאַוווּיר|ן וו ◇ disavow

דעזערטי'ר דער (ן) deserter, defector

דעזערטירונג די (ען) desertion, defection

דעזערטיר|ן וו ◇ desert, defect

•דעזשור, •דעזשורירן זען ד י ז ש ו ר, ד י ז ש ו ר י ר ן

דעטאַ'ל דער (ן) detail

דעטאַליר|ן וו ◇ detail

דעטוריר|ן (זיך) וו ◇ detour *vt/vi*

דעטעקטי'וו דער (ן) detective

דעכע|ן וו ◇ gasp, breathe hard; (*dial.*) •breathe

דעלטע די (ס) delta

דעליקאַ'ט אַדי delicate, dainty; touchy, sticky (problem)

דעליקאַטע'ס דער (ן) (food) delicacy

דעליקאַטעסן דער (ס) אַמער delicatessen shop

דעליקאַטקייט די delicacy

דעלעגאַ'ט דער (ן) ⊡ delegate

דעלעגאַציע די (ס) delegation

דעלעגיר|ן וו ◇ delegate

דעלפֿי'ן דער (ען) dolphin

דעלקל דאָס (עך) Danish pastry

דעמאַגאָ'ג דער (ן) demagogue

דעמאַגאָגיע די (ס) demagogy

דעמאָלט אַדוו then || פֿון ד' אָן (ever) since

דע'מאָלטיק אַדי contemporary, then

דעמאָליר|ן וו ◇ demolish

דעמאָנסטראַטי'וו אַדי demonstrative

דעמאָנסטראַציע די (ס) demonstration

דעמאָנסטריר|ן וו ◇ demonstrate

דעמאַסקיר|ן וו ◇ unmask

דעמאָקראַ'ט דער (ן) democrat

דעמאָקראַ'טיע די (ס) democracy

דעמאָקראַטיש אַדי democratic

דעמאָראַליזיר|ן וו ◇ demoralize

דעמאַ'רק דער (ן) demarcation

דעמב דער (ן) oak || דעמב'ן אַדי

דעמיסיאָניר|ן וו ◇ [SY] resign

דעמי'סיע די (ס) resignation

'דעמלט זען ד ע מ אָ ל ט

•דעמער... twilight

•דעמער|ן וו—אומפּ ◇ be twilight

דעמפּיק אַדי humid

דעמפּ|ן וו ◇ stew

דען אַדוו • (*after interrogative pron. or adv.*) then; (*otherwise, implies negative answer*) ווער ד'? ⊢ who then (if not...)? ווו ד'? ⊢ where then (if not...)? || ער איז דען דאָ? he isn't here, is he?

דענאָמינאַציע די (ס) denomination

דענטי'סט דער (ן) □קע dentist

דעניש אַדי Danish

דענמאַרק (דאָס) Denmark

דענסטמאָל זען ד ע מ אָ ל ט

דענער דער (—) ⊡ Dane

דענערווי'רט אַדי edgy

דענערוויר|ן וו ◇ vex, put on edge || ד' זיך be nervous

דענצמאָל זען ד ע מ אָ ל ט

דענקמאָל דער (ן/...מעלער) monument, memorial

•דענק|ען וו ◇ reason, cogitate

דענקער דער (ס) ⊡ thinker

דעס זען ד ע ס ט

דעסאַליניר|ן וו ◇ desalinate

דעסאַ'נט דער (ן) (troop) landing

דעסבראַ'ט דער (ן) daredevil

דעסט: ד' גלײַכן likewise, the like || פֿון ד' האַלבן on this account || פֿון ד' וועגן however

דעסטיליר|ן וו ◇ זען ד י ס ט י ל י ר ן

דעסטרויער דער (ס) destroyer

דעסן דער (ס) design

דעסע'רט דער (ן) dessert

דעספּאָ'ט דער (ן) despot

דעספּאָטיש אַדי despotic

דעפּאָניר|ן וו ◇ deposit

דעפּאָרטירונג די (ען) deportation

דעפּאָרטיר|ן וו ◇ deport

דעפּאַרטעמע'נט דער (ן) department (esp. of U.S. government)

דעפּוטאַ'ט דער (ן) ⊡ representative, deputy

דעפּוטאַציע די (ס) delegation

דעפּע'ש די (ן) dispatch, wire

דעפּעשיר|ן וו ◇ wire, telegraph

דעפּרימיר|ן וו ◇ depress

דעפּרע'סיע די (ס) depression

דעפֿאַמאַציע די defamation

דעפֿאָרמיר|ן וו ◇ deform

דעפֿילאַדע די (ס) march-past

דעפֿיליר|ן וו ◇ march past, parade

דעפֿיניטי'וו אַדי definitive

דעפֿיניציע די (ס) definition

דעפֿיניר|ן וו ◇ define

דעפֿיצי'ט דער (ן) deficit

דעפֿלאַציע די (ס) deflation

דעפֿענסי'וו אַדי defensive

דעפֿענסיווע די (ס) defensive

דעפֿע'קט דער (ן) defect, imperfection

דעפֿעקטאָר דער (...אָ'רן) אַמער defector

דעפֿעקטי'וו אַדי defective

דעפֿעקטיר|ן וו—אַמער ◇ defect

דעפֿעקציע די (ס) אַמער defection

דעצידיר|ן וו ◇ decide, resolve, settle (an issue) ⊦ ד' זיך make up one's mind ‖ ד' זיך ⟨אויף⟩ decide, settle (on) *vi.*

דעצימאַ'ל 1. אַדי decimal ‖ 2. דער (ן) decimal

דעצימאַ'ל־פּונקט דער (ן) decimal point

דעצעמבער דער (ס) December

דעצענטראַליזירונג די decentralization

דעק[1] דער (ן) bottom; cover, lid; blanket

דעק[2] דער (ן) deck

דעקאַדע'נט אַדי decadent

דעקאַדע'נץ די decadence

דעקאָלטי'רט אַדי low-necked

דעקאָלטע' דער (ען) décolletage

דעקאַ'ן דער (ען) dean

דעקאַנאַ'ט דער (ן) dean's office; deanship

דעקאָראַטאָר דער (...אָ'רן) ◻ שע decorator

דעקאָראַטי'וו אַדי decorative

דעקאָראַציע די (ס) decoration; (piece of) stage scenery

דעקאָריר|ן וו ◇ decorate

דעקונג די (ען) coverage; security, backing

דעקטוך דאָס (...טיכער) △ דע'קטיכל bridal veil

דעקל דאָס (עך) (דעק[1] △) cover, lid

דעקלאַמיר|ן וו ◇ recite

דעקלאַראַציע די (ס) declaration; (tax) return

דעקלאַריר|ן וו ◇ declare

דעקלינאַציע די (ס) declension

דעקליניר|ן וו ◇ decline (grammatically)

דעק|ן וו ⊙ cover *imp.*; coat; span; compensate for ⊦ ד' צום/דעם טיש set the table ⊦ ד' זיך ⟨מיט⟩ correspond (to)

דע'קנאָמען דער (...נעמען) cover name, alias

דעקע• די (ס) blanket

דע'קעלע דאָס (עך) (דעקל △) cap

דעקרע'ט דער (ן) decree

דעקרעטיר|ן וו ◇ decree

דער 1. אַרט the (*masc.*) ‖ 2. פּראָנ this ‖ ד' און ד' so-and-so, such and such ‖ ד' וואָס ... he who ... ⊦ ד' אָ this

דער די consumption, TB

..דער *verbal prefix which, when attached to verbs denoting progress, signifies the reaching of a goal* ⊦ דערגיי'|ן* reach (on foot) ⊦ דערפֿאָר|ן reach (by vehicle) ⊦ דערליי'ענ|ען reach (a point) in reading, read as far as

דערבאַ'רעמדיק אַדי merciful

דערבאַ'רעמ|ען זיך וו ◇ ⟨אויף⟩ take pity (on)

דערבאַ'רעמקייט די mercy

°דערביווע|ן זיך וו ◇ צו/ביז penetrate to, reach with some difficulty

דערבײַ' אַדוו hereby; at that; present, on hand, nearby ⊦ זײַן* ד' be present ‖ ניט זײַן* ד' be absent

דערבײַאיק זען ד ע ר ב ײַ י ק

דערביי'זער|ן וו ◇ anger, make angry

דערבײַיק אַדי* nearby, adjacent, neighboring

דערגאָדזשע|ן וו ◇ ד humor, suit, satisfy (the whims of)

דערגאַ'נץ דער (ן) complement

דערגאַנצונג די (ען) complementation; complement

דערגאַנציק אַדי complementary

דערגאַנצ|ן וו ◇ complete, eke out, complement

דערגיי' דער (ען) finding

דערגייונג די (ען) finding

דערגיי'|ן* וו (מיר/זיי דערגייען; איז דערגאַנגען) ripen; arrive (on foot, with some difficulty) ⊦ ד' א/אַז find out, learn || ד' ⟨א⟩ אויף געווי'ס ascertain || ד' ביז ⊦ reach, attain עס דערגיי'ט שוין אַזוי' ווײַט אַז it has come so far as to || ד' ד די יאָרן annoy, bother, pester

דערגיס|ן וו (דערגאָסן) add by pouring; replenish

דערגעב|ן* וו (דערגי'ב, דערגי'סט, דערגי'ט, דערגיבן, דערגי'ט, דערגיבן; דערגעבן) add || ניט ד' ד hold out on

דערגרו'נטעווע|ן וו ◇ (א/זיך צו) fathom, get to the bottom of

דערגרײ'ך דער (ן) achievement, accomplishment

דערגרייכונג די (ען) = דערגרייך

דערגרייכלעך אדי accessible; achievable

דערגרייכ|ן וו ◇ reach, accomplish, attain ⊦ ניט ד' fall short of || ניט צו ד' out of reach, inaccessible

דער דאָ'זיקער זעו דאָזיקער

דערהאַלט|ן וו (דערהאַלטן) maintain; •receive ⊦ ד' א בײַם לעבן, ד' ד דאָס חיות [KhAYES] keep alive

דערהויב·ן אדי august, elevated; exalted

דער הויפּט אדוו especially, chiefly, mainly

דערהייבונג די (ען) exaltation, elevation

דערהייב|ן וו (דערהויבן) elevate; exalt || ד' זיך ⟨צו⟩ rise (to)

דערהייכונג די elevation; exaltation

דערהייכט אדי august

דערהײַ'נטיק|ן וו ◇ update, bring up to date

•דערהי'צט אדי flushed; heated (*also* argument)

•דערהיצ|ן וו ◇ heat, warm up; enrage

דערהערל דאָס (עך) hearing aid

דערהער|ן וו ◇ hear, detect (by ear); get wind of

דערהרגע|נען וו ◇ [DERHARGE] kill, slay, assassinate *pf.*

דערוואַקסונג די (process of) adolescence

דערוואַקסלינג דער (ען) adolescent

דערוואַ'קסלינגווײַז אדוו during (one's) adolescence

דערוואַ'קסלינגשאַפֿט די (age of) adolescence

דערוואַקס·ן אדי adult, grown-up

דערוואַ'קסנשאַפֿט די adulthood

דערוואַ'קסענ|ער דער–געב adult

דערוואַרג|ן וו (דערוואָרגן) choke *vt.*

•דערוואַרטונג די (ען) expectation

דערוואַרט|ן וו (דערוואַ'רט) •expect, •await || ד' זיך ⟨אויף ד; צו אינפֿ⟩ wait long enough; live to see ⊦ ניט קענ|ען* זיך ד' ⟨אויף⟩ be impatient (for)

דערוואַ'רעמ|ען (זיך) וו ◇ warm up *vt/vi*

דערווידער 1. אפּ ⟨ד⟩ distasteful, repugnant, obnoxious; odious (to) ⊦ 2. דער (ס) ⟨צו⟩ distaste, aversion (for), repulsion

דערווי'דערדיק אדי offensive, distasteful, abominable

דערווײַזנס דאָס stg. proved || דרינג|ען פֿון נאָך ניט ד' beg the question

דערווײַ'ז דער (ן) proof

דערווײַזיק אדי conclusive, probative

דערווײַזלעך אדי provable

דערווײַז|ן וו (דערוויזן) prove

דערווײַטערט אדי estranged; remote

דערווײַ'טער|ן זיך וו ◇ withdraw *vi.*

דערווײַ'ל זעו דערווײַלע

•דערוויילונג די election

דערווײַליק אדי temporary, provisional, interim

•דערוויילן|ן וו ◇ elect

דערווײַלע אדוו meanwhile, for the present, for the time being

דערוויס|ן זיך וו (דערוווּ'סט) learn, find out; get wind of

דערוויש|ן וו ◇ catch, spot; trace, track down, run down

דערוועגן אדוו about it, about that

דערוועג|ן זיך וו ◇ ⟨צו אינפ⟩ dare, venture
דערוועג|ן וו (דערוואָרגן) זעו דערוואַרגנ|ען
דערווי'ס אדוו of it, from it
דערווי'ף אדוו hereupon; on it, for it || אויף ד' on that
דערונטער אפ under it
דערו'נטערדיק אדי inferior
דערזאָג|ן וו ◇ say to the end || ניט ד' hold back; imply
דער זע'לב(יק)ער זעו זעלביקער
דערזע'|ן* וו (מיר/זיי דערזעען; דערזע'ן) || spot, glimpse, sight, notice, discern || ד' פֿאַר די אויגן set eyes on || ד' זיך appear (in view)
דערזע'עניש דאָס (ן) apparition, specter
דערטאַפּ|ן וו ◇ feel, detect (by touch); spot, find (unexpectedly); get hold of
דערטרונקען ווער|ן וו (איז ד' געוואָרן) drown *vi.*
דערטרײַב|ן וו (דערטריבן) goad *pf.*
דערטרינק|ען וו (דערטרונקען) זעו דערטרונקען; דערטרענקען
דערטרענקונג די (ען) drowning
דערטרענק|ען (זיך) וו (◇/דערטראָנקען) drown *vt/vi*
דערטשמעליעט אדי thunderstruck
דערטשמעליע|ן וו ◇ knock out, stupefy
דעריאָג|ן וו ◇ catch up with
דעריבער אדוו therefore, then, hence, consequently
דעריוואַ'ט דער (ן) derivative
דעריווירונג די (ען) (grammatical) derivation
דעריוויר|ן וו ◇ derive (in grammar)
•דערײַ'ן: אין ד'=אין דעם; מיט ד'=מיט דעם
דערימעך אדוו (*hum.*) therefore
דערי'(נע)ן אדוו herein; in it || אין ד' in that ⊢ פֿיגל מיטן
דע'ריקקראַן דער (ען) derrick
דערכּעס|ן וו ◇ [DERKAAS] anger, enrage
דערלאָזלעך אדי admissible, permissible
דערלאָז|ן וו ◇ allow, permit, admit, stand for; tolerate
דערלאַנג|ען וו ◇ hand, serve, reach, pass; present, submit; inflict ⊢ ד' (צורי'ק) ד' זיך || retaliate, strike back || ד' זיך (איינ|ער דעם אַ'נדערן) exchange || ד' זיך קלעפּ exchange blows
דערלאַ'נגעריש אדי quick-witted; quick to retaliate
דערלוי'ב דער (ן) permission, license, permit
דערלויב|ן וו ◇ ⟨ד' צו⟩ allow, permit, grant || ד' זיך א/צו *also* presume, make bold to, indulge in
דערלוי'בעניש דאָס (ן) permission; permit
דערליי|ן וו ◇ lose (money in a business) || ד' צו supplement
•דערליי'דיק|ן וו ◇ take care of
דערלײַדן: צו ד' bearable
דערלייזונג די redemption, salvation
דערלייז|ן וו ◇ redeem, save
דערלייזער דער (ס) redeemer, savior
דערלעב|ן וו ◇ live to see || (דו) זאָלסט/איר זאָלט ד' איבער אַ יאָר many happy returns
דערמאַכ|ן וו ◇ make (a missing part)
דערמאָ'ן דער (ען) reminder
דערמאָנונג די (ען) mention; reminder; remembrance
דערמאַנ|ען=דערמאָנ|ען וו ◇ א mention, cite || ד' ⟨ד⟩ אין remind (one) of, suggest || ד' ד צו remind (sb.) to ⊢ ד' זיך reminisce ⊢ ד' זיך א/אַז recollect, remember, recall ⊢ ד' זיך אין recall
•דערמאָרדונג די (ען) murder, assassination
•דערמאָרד|ן וו ◇ murder, assassinate
•דערמו'טיקונג די (ען) encouragement
•דערמו'טיק|ן וו ◇ encourage
•דערמי'גלעכ|ן וו ◇ make possible, enable
דערמי'ט אדוו herewith, thereby, hereby; with it, with this ⊢ מיט ד' with it
דערנאָ'ך אדי afterwards, thereafter, subsequently
דערנאָכדעם .1 אדוו afterwards, in the sequel ⊢ .2 דער (ס) aftermath, sequel
•דערני'דעריקונג די (ען) humiliation

•דערני'דעריק|ן וו ◇ humiliate, abase

דערנע'(ע)נטערונג די (ען) approach; rapprochement

דערנע'(ע)נטער|ן וו ◇ bring closer || ד' זיך approach ⟨צו⟩

דע'רנערדיק אַדי thorny

•דערנערונג די nourishment, nutrition

•דערנער|ן וו ◇ nourish, maintain, feed *vt.* ⊢ ד' זיך ⟨מיט⟩ feed *vi.* (on)

דער עיקר זען ע י ק ר

דערעיקרשט אַדוו [DERIKERShT] chiefly, especially, mainly

דערע'נדיק|ן וו ◇ complete, go through with

דערעס|ן וו (דערעסן) ⟨ד⟩ bore, sicken || זײַן* ד' ⟨ד⟩ (*rev. con.*) be bored with, be sick of ⊢ די שפּיל איז מיר ד' I am sick of the game

דערעסן ווער|ן = ד ע ר ע ס ן

דערפּינטל|ען זיך וו ◇ ⟨צו⟩ zero in (on)

•דערפֿאָ'לג דער (ן) success

דערפֿאַ'ר אַדוו for it; therefore, then; in return ⊢ פֿאַר ד' = דערפֿאַ'ר

•דערפֿאַרונג זען א י ב ע ר ל ע ב ו נ ג, נ ע - פּ ר ו ו ו, פּ ר אַ ק ט י ק

•דערפֿאַרן זען ג ע נ י ט

דערפֿו'ן אַדוו of it, hereof, thereof || פֿון ד' = דערפֿון

דערפֿילונג די fulfillment

דערפֿיל|ן¹ וו ◇ detect, sense

דערפֿיל|ן² וו ◇ fulfill

•דערפֿינדונג די (ען) invention

דערפֿיר|ן וו ◇ ⟨ביז⟩ bring (as far as); precipitate, bring about ⊢ ד' צו reduce to

דערפֿל דאָס (עך) (דאָרף △) hamlet

דערפֿרויר'ן אַדי זען פֿ אַ ר פֿ ר ו י ר ן

דערפֿריי|ען וו ◇ gladden, surprise pleasantly, delight ⊢ ד' זיך ⟨מיט⟩ be delighted (with)

דערפֿריש|ן וו ◇ refresh

דערפֿרעג|ן זיך וו ◇ ⟨בײַ⟩ find out by inquiring (from)

דערצאָל|ן וו ◇ pay (in addition)

דערצו' אַדוו to it, moreover, in addition, furthermore; to boot ⊢ צו ד' = דערצו

דערצווישן אַדוו between them; in between

דערצויג'ן אַדי brought up || שלעכט ד' ill-bred

דערציִונג די upbringing, education

דערציילונג די (ען) story, tale; narrative, account

דערצייל|ן וו ◇ tell, relate, narrate || ד' ביז count as far as

דערציילער דער (ס) ⊡ storyteller; narrator

דערציִ|ען וו (דערצויגן) stretch (up to); bring up, educate, raise

דערציִער דער (ס) ⊡ educator

דערציִ'עריש אַדי educational

דערצע'רנ|ען וו ◇ enrage, infuriate, incense

דערקוויק|ן וו ◇ refresh; delight

דערקוטשע|ן וו ◇ pester

•דערקונדיקן זיך זען ד ע ר פֿ ר ע ג ן ז י ך; נ אָ כ פֿ ר ע ג ן ז י ך

דערקלערונג די (ען) explanation, •declaration; •statement

דערקלער|ן וו ◇ account for, explain; pronounce || ד' פֿאַר ⊢ •declare, •state ⊢ ד' זיך ⟨ד⟩ אין ליבע declare one's love (to), propose (marriage) to

דערקעגן אַדוו against it; •on the contrary

דערקענ|ען וו ◇ recognize, make out, identify ⊢ געבן* זיך צו ד' reveal one's identity ⊢ לאָז|ן זיך ד' manifest oneself

דעררגזנ|ען וו ◇ [DERRAGZ'N] enrage

דעררעד|ן זיך וו ◇ reach an understanding (in a conversation) ⊢ ד' זיך צו come to the conclusion that

דערשאַצ|ן וו ◇ appreciate || ניט ד' underestimate

•דערשטוינונג די amazement

•דערשטוי'נט אַדי astounded

•דערשטוינ|ען וו ◇ amaze, astound

דערשטו'קעווע|ן וו ◇ make/supply (a missing piece)
דערשטיקונג די suffocation; suppression
דערשטי'קט ווער|ן וו (איז ד' געוואָרן) suffocate *vi.*
דערשטיק|ן וו ◇ choke *vt/pf*, strangle, stifle; stamp out, suppress, repress, squash ⊢ ד' זיך strangle, choke, suffocate *vi.*
דערשטי'קעניש דאָס (ן) suffocating conditions; crowd
דערשטעכ|ן וו (דערשטאָכן) stab to death
•דערשי'טערונג די (ען) shock
•דערשי'טער|ן וו ◇ shock
•דערשײַנונג די (ען) phenomenon, manifestation
•דערשײַנ|ען וו (◇/איז דערשינען) be published
דערשיסונג די (ען) shooting (execution)
דערשיס|ן וו (דערשאָסן) shoot to death
דערשלאָג·ן אַדי 1. dejected, depressed, downhearted ⊢ 2. דערשלאָג|ן וו (דערשלאָגן) depress || ד' זיך צו reach, attain
דערשמעק|ן וו ◇ detect (by smelling)
דערשנאַפּ|ן וו ◇ detect (by smelling; *also fig.*), sense (intuitively)
דערשפּיל|ן וו ◇ dub in
דערשפּיר|ן וו ◇ feel, detect, sense
דערשפּריצונג די (ען) booster injection
דערשראָק·ן אַדי ⟨פֿאַר⟩ frightened, afraid (of)
דערשרע'ק דער (ן) fright
דערשרעק|ן וו (דערשראָקן) frighten, scare, startle, give a turn ⊢ ד' זיך ⟨פֿאַר⟩ be frightened (of), get a turn
דערשרע'קעניש דאָס (ן) fright
דעשיפֿריר|ן וו ◇ decipher, decode
דעת דאָס/דער [DAAS] senses || בײַם פֿולן ד' in one's senses
דעת־הקהל דער [HAKO'OL] public opinion
דף דער (ים/ן) [DAF] page (esp. of the Talmud)
דפֿק דער (ן) [DEYFEK] pulse

דפֿק|ן וו ◈ [ ] pulsate
דצ"וו=דאָס ציטירט|ע ווערק op. cit.
•דקדוק, •דקדוקי־... זען דיקדוק, דיקדוקי־...
ד"ר=דאָקטאָר, דאָקטער Dr.
דראָבנע אַדי minute, fine, nice, petite
דראַבקע די (ס) slattern, slob
דראָזשע|ן וו—אומפּ ◈ ⟨אין⟩ (*rev. con.*) tingle; quiver
דראָזשקע די (ס) זען דראָשקע
דראָט דער/דאָס (ן) wire || דורכ|פֿיר|ן ד'ן דורך wire
דראָ'טאַרבעט די filigree; hence, finesse, refinement
דראַטווע די (ס) cobbler's thread
דראָט·ן אַדי wire
דראָ'טעווע|ן וו ◈ wire, fix with wire
דראָטצוואַנג די pliers
דראַמאַטו'רג דער (ן) ⊡ playwright, dramatist
דראַמאַטורגיע די playwriting
דראַמאַטיזיר|ן וו ◇ dramatize, make dramatic
דראַמאַטיש אַדי dramatic
דראַמע די (ס) drama
דראַמקרײַז דער (ן) drama club
דראַנג דער (ען) striving
דראָנג דער (ען/עס/דרענגער) △ דרענגל bar, pole; (*hum.*) tall man
דראַסטיש אַדי drastic
•דראָ|ען וו ◈ ⟨ד⟩ menace, threaten
דראַפּ דער (ן) scratch
דראַפּי'ר דער drape(ry)
דראַפּיר|ן וו ◇ drape
דראַפּע|ן וו ◈ scratch || ד' זיך ⟨אויף⟩ scrabble, scramble (up a vertical surface)
דראַפּעריע די (ס) drapery
דראַקאָ'ן דער (ען) dragon
דראָשקע די (ס) (horse)cab
דרדקי־מלמד דער (ים) [DA'RDEKE-MELAMED— -MELAMDIM] (*Jew.*) teacher of the youngest children
דרויב דאָס giblets; small fry

דרויבל דאָס (עך) shred
דרויסן 1. אַדוו outdoors || 2. דער (ס) face, || exterior; outdoors; (*dial.*) weather
אין ד' outside, outdoors
דרוי'סנדיק אַדי exterior, external, outward, outdoor, outside
דרוי'סנדיק|ער דער–געב outsider
דרום דער [DOREM] south
דרום־... [ ] southern
דרומדיק אַדי [ ] southern
דרומל|ען וו ◇ thrum, drum, rumble
דרום־מיזרח דער [DOREM-MI'ZREKh] south-east
דרום־מיזרחדיק אַדי [ ] southeastern
דרום־מערבֿ דער [MA'YREV] southwest
דרום־מערבֿדיק אַדי [ ] southwestern
דרוק 1. דער (ן) pressure, stress; print || 2. די (ן) printing press, printer's shop || גיי|ן* אין ד' go to press || אַרוי'ס פֿון ד' off the press ⊢ אין ד' in press
דרו'קבויגן דער (ס) printer's sheet (signature)
דרוקגרײַז דער (ן) misprint, typographical error
דרוקזאַך די (ן) (piece of) printed matter
דרוקטאָפּ דער (...טעפּ) pressure cooker
דרוק|ן וו ◇ print
דרוקער דער (ס) printer
דרוקערײַ' די (ען) printing shop
דרוקפֿאַרב די printer's ink
•דרו'קפֿעלער דער (ן) misprint, typographical error
דרוקרעכט דאָס copyright
דרוש דער (ים) (*Jew.*) the homiletic interpretation of a sacred text
דרוש־... homiletic; heuristic
דריבנע זען ד ר אָ ב נ ע
דריגע דער (ס) jerk, kick
דרי'געדיק אַדי jerky
דריגע|ן וו ◇ ⟨מיט⟩ jerk, kick
דריז די (ן) gland
דריט אַדי third || ד' האַלבן two and a half || ד'|ער מין neuter gender

דרײַ'טיאָרלער דער (ס) ⊡ (college, high-school) junior
דריטל דאָס (עך) third
דריטנס אַדוו thirdly
דריי דער (ען) turn, twist; revolution; trick
דריי... revolving, rotary
דרײַ צוו three
דרײַאיי'ניקייט די trinity
דרײַאיק זען ד ר ײַ ע ק
דריידל דאָס (עך) top, teetotum; (*hum.*) scheme ⊢ מצ chicanery
דריי'דלדיק אַדי twisted; underhand
דריידל|ען (זיך) וו ◇ twirl *vt/vi*
דרייטיר די (ן) revolving door
דרײַטל דאָס (עך) three (in cards)
דרײַיִק אַדי triple
דרײַלינג דער (ען) set of triplets
דרײַ'לינג־ברודער דער (־ברידער) (male) triplet
דרײַ'לינג־שוועסטער די (—) (female) triplet
דריי'מזיצער דער (ס) ⊡ homebody, stay-at-home
דרייסט אַדי bold
דרייסטקייט די boldness
דרײַסיק צוו thirty
דרײַסיקסט אַדי thirtieth
דרײַע אַדוו three o'clock
דריי|ען וו ◇ rotate, turn *vt.*, twist; dial (a number); shoot (a film); cheat || ד' מיט דער צונג hem and haw || ד' זיך turn *vi.*, revolve, rotate; whirl, spin; wriggle, wind, twist *vi.*
דרײַען צוו three persons || אין ד' three together, threefold
דרײַעק דער (ן) triangle
דרײַ'עק(עכ)יק אַדי triangular
דרייער דער (ס) □קע evasive person; pussyfoot
דרייפּונקט דער (ן) pivot
דרײַפֿוס דער (ן) tripod
דרייפֿליגל דער (ען) rotor
דרייפֿ|ן וו ◇ drift
דרײַצן צוו thirteen

דרײַצנט = דרײַצעט אדי thirteenth
דרייקאָפּ דער (...קעפּ) skittish person, gad-about
דרײַראָד די (...רעדער) tricycle
דריישטול די/דער (ן) swivel chair
דרילינג דער (ען) זען ד ר ײַ ל י נ ג
דרים דער (ען) wisp; piece of thread
דרימל דער זען ד ר ע מ ל
דרימל|ען וו ⟐ זען ד ר ע מ ל ע ן
דרי'נגדערוויַיז דער (ן) piece of circumstantial evidence; inference
•דרינגלעך אדי urgent, pressing
דרינג|ען וו (געדרונגען) argue, claim; gather, conclude, deduce ⊦ זײַן* צו ד' be implied (by) ⟨פֿון⟩
דרינען אדוו indoors; (*dial.*) in the adjoining room ⊦ פֿ׳גל ד ע ר י נ ע ן, מ י ט ן
דרי'נענדיק אדי indoor
דריסת־הרגל דאָס ⟨אין⟩ [DRISES-HORE'GL] access (to a place)
דריפּע|ן וו ⟐ drip, ooze
דריפּקע די (ס) slob, slattern
דריק דער stress, pressure
דריק־און־שטי'ק דער stress and strain
דריקונג די (ען) pressure
דריק|ן וו ⟐ press; oppress
דרי'קנדיק אדי oppressive
דרכי־שלום [DARKE-SHO'LEM]: פֿון ד' וועגן for the sake of peace
דרך דער (ים) [DEREKH—DROKHIM] (*fig.*) way, path

דרך־אַגבֿ אדוו [A'GEV] in passing, by the way, incidentally
דרך־ארץ דער [DERKHERETS] respect, regard, esteem; decorum ⊦ מיט ד' respectful(ly) ⊦ מיט גרויס ד' very respectfully (yours) ⊦ האָב|ן* ד' פֿאַר respect
דרך־ארצדיק אדי [ ] respectful
דרך־הטבֿע דער [DEREKH-HATE'VE] the way of nature
דרעטל דאָס (עך) (דראָט △) wire staple
דרעטלער דער (ס) stapler
דרעמל דער nap ‖ כאַפּ|ן אַ ד' take a nap
דרעמל|ען וו ⟐ nap, doze
דרענגל דאָס (עך) (דראָנג △) stick, rod
דרעפּטשע|ן וו ⟐ hobble, shuffle
דר'ערד זען ע ר ד
דרעש|ן וו (געדראָשן) thresh
דרעשע|ן וו ⟐ = ד ר ע ש ן
דרש דער (ן) [DRASH] non-literal (esp. scholastic) interpretation of a text
דרשה די (—ות) [DROSHE] (*Jew.*) sermon; (*iro.*) speech, oration
דרשה־געשאַ'נק דאָס [DRO'SHE] wedding present(s)
דרשן דער (ים) [DARSHN—DARSHONIM] (*Jew.*) preacher; (*iro.*) tedious orator
דרשע|ן = דרשענ|ען וו ⟐ [DARSHE/DARSH'N] preach (*esp. Jew.*); interpret; orate, hold forth
דת דער [DAS] religion

ה

ה דער/די [HEY] letter of the Yiddish alphabet; pronounced [H]; numerical value: 5

ה'[1]=הער Mr.

ה'[2]=ה ע פֿ ט fascicle, number (of a journal)

הא דער/די (ען) [HEY] he, name of the letter ה

האַ אינט eh? what?

האַ דער (ען) (the letter) H

האָב דאָס property

האָב־און־גו'טס דאָס property, possession(s), belongings, effects

האָב|ן* .1 וו (האָב, האָסט, האָט, האָבן, האָט, האָבן; געהאַ'ט) have; give birth to; run (temperature) ⊢ ה' צו concern, have something to do with; blame, have something against ⊢ ה' צו טאָן מיט || contend with, be involved with ה' קעגן object || ה' עפּעס פֿון profit by, gain by ⊢ וועל|ן* ה' want || אָט האָסטו דיר! there you are! || 2. הוו used to form the past tense

האַ'בעאַס־קאָ'רפּוס דער habeas corpus

האָבער דער/דאָס oat, oats (*coll.*)

האָ'בערגריץ דער—אצ oatmeal (*coll.*)

האָ'בערן אַדי oat

האָגל דער (ען) hail

האָגל|ען וו ⊙ ⟨מיט⟩ hail

°האָדיע אינט enough! that's plenty!

האַדיע|ן וו ⊙ disgust, nauseate || ה' זיך ⟨פֿאַר⟩ loathe, be nauseated (by)

האָדעוואַניע די upbringing

האָדעוואַניק דער (עס) ם—ניצע ward, charge

האָ'דעווע|ן וו ⊙ grow *vt.*, cultivate, raise (plants etc.); bring up, rear, breed

האָ'דעווער דער (ס) raiser, grower, breeder

האַדקע אַדי disgusting, loathsome

האַוויר|ן וו ◇ cultivate, woo, try to please

האַוון דער (ס) harbor, port

האַווע|ן וו ⊙ hustle

האַ'וועניש דאָס hustle, bustle

האַווקע|ן וו ⊙ ⟨אויף⟩ bark (at)

האָז דער (ן) △ העזל hare || שיסן צוויי ה'ן מיט איין שטאָס kill two birds with one stone

האָז־ן אַדי hare's || פֿ׳גל נ י ס ל[1]

האָטע'ל דער (ן) hotel

האָטעליע'ר דער (ן) ם שע [LY] hotel keeper

האַלאָ' אינט hello (*on telephone*)

האַלאָבליע די (ס) shaft, thill (of a cart)

האַלאָווי'ן דער—אַמער halloween

°האָלאָוועשקע די (ס) זען ה אָ ל ע ו ו ע ש ק ע

האָלאַנד (דאָס) Holland

האַלב אַדי half; part-time || ה' אויף ה' fifty-fifty ⊢ ה' איינס half past twelve || ה' צוויי half past one || ה'|ע שטעלע part-time job ⊢ ה'|ער טאָג noon || ה'|ע נאַכט midnight || ה' קליידל skirt

האַלב... semi...

האַ'לבאינדזל דער (ען) peninsula

האַ'לבטאָ'גיק אַדי part-time

האַ'לביאָ'ריק אַדי semiannual

האַ'לביע'רלעך אַדי=ה אַ ל ב י אָ ר י ק

האַלביר|ן וו ◇ halve

האַ'לבמוי'ליק אַדי guarded (speech), non-committal, wishy-washy

האַ'לבמיטל דאָס (ען) half measure

האַלבן צוו (*with ordinal numerals*) minus
½ ⊢ דריט ה' 2½ || פֿערט ה' 3½
האַלבקויל די (ן) hemisphere
האַ'לבקײַלעך דער (ן) hemisphere
האַ'לבקײַ'לעכ(ד)יק אַדי semicircular
האַלבקרײַז דער (ן) semicircle
האַלבראָד די (...רעדער) semicircle
האַלדז דער (העלדזער) △ העלדזל neck,
throat ⊢ טרײַ'פֿענ|ער ה' glutton ||
פֿאַל|ן ד אויפֿן ה' embrace || אי'בערן
ה' more than enough || קריכ|ן ⟨ד⟩
פֿון ה' be coming out of one's ears ||
רײַס|ן זיך דעם ה' yell at the top of
one's voice ⊢ שעמ|ען זיך אין ווײַטן ה'
(אַרײַ'ן) be thoroughly ashamed
האַלדז־אוי'(נ)אַ'קן דער (ס) neck
האַלדזבאַנד די (...בענדער) necklace
האַ'לדזווייטיק דער (ן) throat pain || האָב|ן ה'
have a sore throat
האַלדזונג די (ען) embrace
האַלדז|ן (זיך) וו ◇ embrace *vt/vi*
האַ'לדזצינגל דאָס (עך) uvula
האַלדז־שנור דער (ן) △ האַ'לדז־שנירל neck-
lace
האַ'לדער|ן וו ◇ gobble
האַלוצינאַציע די (ס) hallucination
האַלט אינט halt
האַלט האָב|ן* וו (ה' געהאַ'ט) like, care for,
be fond of ⊢ ניט ה' האָב|ן* dislike ||
פֿ״גל האָלט קריגן
האַלטונג די (ען) posture, carriage, poise;
bearing; attitude
האַלט|ן וו (געהאַלטן) hold, contain; keep,
store; believe, think, be of the
opinion; maintain, contend, affirm;
observe (holiday); live up to (prom-
ises, principles); stand ⊢ ווו האַלטן מיר?
where do we stand? ⊢ ה' אין אינפֿ be in
the middle of ⊢ ה' אין איין אינפֿ not
cease to, (do stg.) continually ||
ה' אומפּ בײַ (*rev. con.*) be imminent, be
in the offing ⊢ ה' דערבײַ' אַז be on the
point of ⊢ ה' בײַם אינפֿ be about to,
be on the verge of; be as far as ||
ה' מיט be on the side of || ה' פֿאַר
deem, consider, take for ⊢ ה' פֿון
believe in, think highly of, be fond of;
subscribe to, advocate ⊢ ניט ה' פֿון dis-
approve of ⊢ ה' אומפּ מיט stand, be ||
ווי האַלט עס מיט אים? how does he
stand? how is he? ⊢ ה' זיך last, hold
vi., persevere, bear up, keep *vi.*;
behave ⊢ ה' זיך בײַ stick to, adhere to,
keep to ⊢ ה' זיך אויפֿן וואַסער float
האַלטן זיך דאָס bearing, poise
האַלטער דער (ס) container, holder
האָלט קריג|ן וו (ה' געקראָגן/געקריגן) come
to like, take a fancy to
האַ'ליבוט דער (ן) halibut
האַלעוועשקע די (ס) ember, cinder
האָ'לענדיש אַדי Dutch
האָ'לענדער דער (—) ⊡ Dutchman
האָ'לעפּצעס מצ stuffed cabbage
האָלץ דאָס wood
האָ'לצאַרבעט די woodwork
האָ'לצגראַוויור די (ן) woodcut
האָ'לצהעקער דער (ס) lumberjack, wood-
cutter
האָ'לצמאַסע די wood pulp
האָ'לצערן זען ה י ל צ ע ר ן
האָ'לצקוילן מצ charcoal
האָלצשניט דער (ן) woodcut
האָמאָגע'ן אַדי homogeneous
האָמאָגעני'רט אַדי homogenized
האָמאָסעקסואַלי'סט דער (ן) ◻קע homosexual
האָמאָסעקסועל אַדי homosexual
האַמאַ'ק דער (ן) hammock
האָמאַ'ר דער (ן) lobster
האַ'מבורגער דער (ס) אַמער hamburger
האַמסטער דער (ס) hamster
האַ'מעווע|ן וו ◇ restrain, check, brake
imp.; inhibit
האַ'מעטנע אַדי crude, stiff, labored; corny
(joke)
האַמער דער (ס) △ הע'מערל hammer
האַ'מער|ן וו ◇ hammer, pound (at)
האַ'מפּער|ן זיך וו ◇ זען אַ מ פּ ע ר ן ז י ך
האָן דער (הענער) △ הענדל cock, rooster

האָנאָראַ'ר דער (ן) royalties; author's/actor's fee

האַנגאַ'ר דער (ן) hangar

האַנדיקאַ'פּ דער (ן) handicap (in a race)

האַנדל דער trade, commerce; dealings

...האַנדל דער (ען) store || ספֿרים־האַנדל [SFO'RIM] traditional Jew. bookshop

האַנדל... business, commercial

•האַנדלונג די (ען) deed, action

האַנדל־מאַרקע די (ס) trading stamp; trademark

האַנדלס... זען ה אַ נ ד ל ...

האַ'נדלס־קאַמער די (ן) chamber of commerce

האַנדל|ען וו ⟐ •act, •proceed; (dial.) purchase || ה' מיט ⊢ trade, deal in || •ה' זיך וועגן be a question/matter of

האַ'נדלפֿלאָט דער merchant marine

האַנט די (הענט) Δ הענטל hand; arm || ביי דער ה' at hand || מיט דער ה' by hand || צו דער ה' handy; available || (אַרי־בער)גיי|ן* פֿון ה' צו ה' change hands || פֿון דער ערשטער ה' at first hand || הענט אין דער הייך! hands up! || מיט אַ ברייטער ה' liberally, generously || אָ'פֿענ|ע ה' generosity || צו ה' קומ|ען ד (rev. con.) happen upon ⊢ האָב|ן* גרינגע/גי'לדענע הענט be deft || האָב|ן* ליי'מענע הענט be clumsy, be butter-fingered ⊢ צו|לייג|ן אַ ה' ⟨צו⟩ lend a hand || אָוועק|מאַכ|ן מיט דער ה' wave aside, disparage, pooh-pooh ⊢ ליג|ן ביי ד אין די הענט be in the hands of, be vested in ⊢ (אַרומ|)טראָג|ן אויף די הענט honor profusely ⊢ האַלט|ן אין די הענט have in one's hands/power ⊢ האַלט|ן זיך אין די הענט exercise self-control || נעמ|ען אין די הענט take hold of || נעמ|ען זיך אין די הענט pull oneself together || געב|ן*/דריק|ן ד די ה' shake hands with

האַנט... hand, manual

האַ'נטאַרבעט די (ן) hand work; handicraft, arts and crafts

האַנטבוך דאָס (...ביכער) manual, handbook

האַ'נטבײַטל דער (ען) (ladies') purse

האַנטגעלט דאָס deposit, down payment

האַ'נטגעלענק דאָס (ען) wrist

האַ'נטווערקער דער (ס) ⊡ artisan

האַ'נט־זייגערל דאָס (עך) wrist watch

האַנטיק אַדי accessible, handy

האַנטעך דער/דאָס (ער) towel

האַנטפֿאַס דאָס (...פֿעסער) (Jew.) ritual washstand

האַ'נטקייטל דאָס (עך) handcuff, manacle

האַ'נטשערקע די (ס) dish rag

•האַנטשריפֿט די (ן) handwriting

האָניק דער honey

האָ'ניקדיק אַדי honeyed; bland

האָניק־חודש דער (־חדשים) [KhOYDESh—KhADOShIM] honeymoon

האָ'ניק־לעקעך דער (ער) honeycake

האָנער דער (hum.) sense of honor, dignity || אָנ|ריר|ן ד דעם ה' offend

האָנעראָווע אַדי touchy, sensitive

האַנף דער hemp

•האַס דער hate, hatred

•האַסט די/דער haste

האַסטיק אַדי hurried, hasty, rash, precipitous, impetuous

•האַס|ן וו ⟐ hate, despise, detest, loathe

האָפּן מצ hops

האָפּקע|ן וו ⟐ hop

האָפֿונג די (ען) hope

האַפֿט די substance, coherence; persistence; perseverance ⊢ האָב|ן* אַ ה' (fig.) hold water; persevere

האַפֿט דער embroidery

האַפֿטיק אַדי coherent, substantial; cohesive; persistent; tenable

האַ'פֿטיקייט די persistence; cohesion

•האָפֿן דער (ס) זען ה אַ ו ו ן

האָפֿ|ן וו ⟐ ⟨אויף/צו⟩ hope (for/to)

האָ'פֿענונג די (ען) hope

•האָ'פֿענונגסלאָז אַדי hopeless

האָ'פֿערדיק אַדי sanguine; proud; self-confident

האָ'צעפּלאָץ (דאָס) town proverbial for its remoteness ⊢ פֿון ה' Heaven knows

from where ⊢ פֿאַרקריכ|ן קיין ה' wander
far afield
האָ'צקעדיק אדי bumpy
האָצקע|ן זיך וו ◇ shake, bump *vi.*
האַק די (העק) △ העקל axe, hatchet ||
מיט ה'־און־פּאַק with kit and caboodle;
with all one's belongings, with bag
and baggage
האָק דער (ן) △ העקל hook, crook
האָקוס־פּאָקוס דער hocus-pocus
האָקי דער hockey
האַ'קמעסער דער (ס) chopper, cleaver
האַק|ן וו ◇ chop; hew; mince; slash ||
ה' אין beat violently at
האָקן דער (ס) △ העקל hook, crook
האַ'קנדיק און טשאַ'קנדיק אדוו in splendor,
splendidly
האַ'קנקרייץ דער (ן) swastika
האַקפּלייש דאָס hash
האַר דער (ן) □ינטע lord, master
האָר די (—) △ הערל hair; mainspring;
bit, iota ⊢ אַ ה' גרעסער the least bit
larger ⊢ אויף אַ ה' in the least ||
הענג|ען אויף אַ ה' hang by a thread, be
uncertain ⊢ ביז אַ ה' exactly, with
pinpoint accuracy ⊢ ס'זאָל פֿעלן אַ ה'
exactly
האָראָסקאָ'פּ דער (ן) horoscope
האַרב אדי difficult, severe; strong;
rugged, arduous; stiff (exam); harsh
(words); puzzling, baffling (question)
האָרב דער (ן) hump
האָרבאַטע אדי hunched, hump-backed
האַרבו'ז דער (ן) זען אַ ר ב ו ז
האַרבסט דער (ן) fall, autumn
האַרבסטיק אדי autumnal
האַ'רבעריק דער (ן) haven, shelter
האָרדע די (ס) horde
האָר־האָ'ריק אדי extremely precise, pin-
point (accuracy)
האַרט 1. אדי hard, solid, tough, unbend-
ing; hard-boiled (egg; character);
callous, heartless ⊢ 2. אדוו ⟨בײַ⟩ very
close (to)

האַ'רטנעקיק אדי tough, recalcitrant, head-
strong
האַ'רטעווע|ן וו ◇ temper, harden *vt/imp*
האַרטקייט די hardness, toughness
האָריזאָ'נט דער (ן) horizon; outlook
האָריזאָנטאַ'ל אדי level, horizontal
האַ'רינטע די (ס) mistress, owner
האָריק אדי hairy, fuzzy
האָרכיק אדי obedient
האָרכ|ן וו ◇ hear; obey
האַרמאַ'ט דער (ן) artillery gun, cannon
האָרמאָ'ן דער (ען) hormone
האַרמאָ'ניע די (ס) harmony; accordion
האַרמאָניש אדי harmonious
האַרמאָשקע די (ס) harmonica
האַרמידער דער (ס) din, hurly-burly
האַרמל דער (ען) ermine
האַר|ן וו ◇ ⟨אויף⟩ wait (for)
האָרן דער/דאָס (הערנער) horn
האָרנ... horned
האָר'ן אדי (of) horn; horn-rimmed
האָרן־קאָ'רן אדוו topsy-turvy
האָרע די (ס) hora
האָרעוואַניע די toil, labor, drudgery
האָ'רעווע|ן וו ◇ toil, labor, drudge
האַרעם דער (ס) harem
האָרעפּאַשניק דער (עס) □–ניצע toiler
האָרעפּאַשנע אדי toiling
האַרפּו'ן דער (ען) harpoon
האַרף די/דער (ן) harp
האַרפּלאַקס דאָס tendons (*coll.*)
האַרפּע די (ס) זען ה אַ ר ף
האַרץ דאָס (הערצער; ד: האַרץ/האַרצן) △ הערצל
heart; core, pith; feeling ⊢ מיט ה'
with feeling ⊢ מיטן גאַנצן ה'ן whole-
heartedly ⊢ נאָך פּאָס ה'ן to the liking of
|| פֿון טיפֿן ה'ן from the bottom of
one's heart ⊢ ברייט ה' bounty || צום
ה'ן ⟨ד⟩ satisfactory, congenial (to) ||
זײַן* ד צום ה'ן (*rev. con.*) be fond of
|| אויפֿן ני'כטערן ה'ן on an empty
stomach ⊢ זײַן* גוט/שלעכט/... אויפֿן ה'ן
(*rev. con.*) feel good/bad/..., be in
good/bad/... humor ⊢ אויס|רעד|ן זיך

דאָס ה', אַראָפּ|רעד|ן זיך פֿון ה'ן get stg. off one's chest ⊦ אונטער|לעג|ן זיך דאָס ה' || have a snack, take refreshments

אָנ|נעמ|ען ביים ה'ן touch to the quick || אָנ|נעמ|ען זיך מיט ה' pluck up one's courage ⊦ אָפּ|עס|ן זיך דאָס ה' grieve, worry ⊦ אַריינ|קריכ|ן ד אין ה'ן get under the skin of ⊦ האָב|ן*/טראָג|ן אַ ה' ⟨אויף⟩ || bear a grudge against; resent

ניט האָב|ן* קיין ה' צו not have the heart to ⊦ ליג|ן ד אין ה'ן || be in one's blood

מאַכ|ן ד ה' || encourage; give a lift to

מאַכ|ן זיך ה' || take heart נעמ|ען זיך צום ה'ן be sensitive about, be moved by, take to heart ⊦ קיל|ן זיך דאָס ה' ⟨אין⟩ || have one's sweet vengeance (on)

שלאָג|ן ⟨ד⟩ צום ה'ן nauseate || דאָס ה' זאָגט מיר I have a hunch/presentiment ⊦ דאָס ה' קלעמט א (*rev. con.*) is sorry ⊦ פֿאַרקלעמ|ען א ביים ה'ן אומפּ (*rev. con.*) || be seized by regret/pity

דאָס ה' איז ד אַרויסגעפֿאַלן heart dropped in (sb.'s) mouth ⊦ עס איז מיר אַראָפּ אַ שטיין פֿון ה'ן I was relieved, I got a load off my chest ⊦ האָב|ן* אַ ה' ווי אַ שטיין, האָב|ן* אַ ה' פֿון אַ טאַטער be heartless ⊦ וויפֿל ס'האַרץ גלוסט galore

|| שווער מאַכ|ן ד דאָס ה' distress

האַרצ... cardiac

האַ'רצברעטל דאָס (עך) chest

האַ'רצווייטיק דער (ן) heartache

האַרציק אַדי cordial, sincere, touching, hearty

האַ'רציקייט די sincerity, cordiality

האַ'רצעדיק אַדי dear, kind

האַ'רצעניו אינט [NY] darling, sweetheart

האַ'רצפֿעלער דער (ן) cardiac condition

האַרצפֿריינד דער (—) chum

האַרצקלאַפּ דער (...קלעפּ) (single) heartbeat

האַ'רץ־קלאַפּעניש דאָס heartbeat; palpitations

האַ'רץ־קלעמעניש דאָס heart pangs, aggravation

האַ'רצרייסיק אַדי = ה אַ ר ץ ־ ר יי ס נ ד י ק

האַ'רץ־רייסנדיק אַדי heartrending

האַ'רשפּילקע די (ס) hairpin, bobby pin

האַשי'ש דער hashish, marijuana

הבֿדל דער (ים) [HEVDL—HEVDEYLIM] distinction

הבֿדלה די (—ות) [HAVDOLE] habdalah, the ceremony performed at the close of the Sabbath to distinguish between its holiness and the profaneness of the ensuing weekdays, consisting of prayers and songs, of lighting a twisted candle, and of a blessing over wine; *also* the habdalah candle

הבטחה די (—ות) [HAFTOKhe] assurance; pledge

הבֿל דער (ים) [HEVL—HAVOLIM] vanity, nothingness, nonsense, trivialities, trifles ⊦ הבֿל־הבֿלים vanity of vanities

הבֿנה די [HAVONE] comprehension, understanding

הברה די (—ות) [HAVORE] pronunciation of Hebrew (Ashkenazic, Sephardic, etc.)

הגבה(ה) [HAGBE] the raising of the Torah scroll for wrapping after reading from it in the synagogue

הגדה די (—ות) [HAGODE] Haggadah, the collection of adages, tales, hymns, psalms, and songs recited at the festive meals on the first two nights of Passover

הגם קאָנ [HAGA'M] although, though

הדגשה די (—ות) [HADGOShe] emphasis

הדיוט דער (ים) [HEDYET—HEDYOYTIM] layman

הדס דער (ן) [HODES] myrtle branch

הדסל דאָס (עך) [HO'DESL] (△ הדס) spice box

הדרכה די [HADROKhe] guidance || פֿאַ'ך־ה' vocational guidance

הדרת־פּנים דער (ער) [HADRES-PO'NEM—-PE'NEMER] (person of) stately appearance

הה'=הערן Messrs.

הובל דער (עך) plane (tool)
הו'בלעווע|ן = הובלען
הובל|ען וו ◇ plane
הודאה די (—ות) [HOYDOE] confession
הודזשע|ן = הודיע|ן וו ◇ hum, drone
הודעה די (—ות) [HOYDOE] announcement, declaration
הו־האַ' 1. דער hullabaloo, to-do, bustle || 2. אינט wow!
הווה דער [HOYVE] present (tense)
הוט דער/די (ן/היט) △ היטל hat
הוטע די (ס) glassworks
הוי אינט lo!
הויב די (ן) △ הײַבל bonnet
'הויבן זען הייבן וו
הוידע די (ס) swing
הוי'דעוודיק אַדי shaky, wobbly
הוידע|ן וו (זיך) ◇ swing *vt/vi*
הויז דאָס (הײַזער) △ הײַזל/די הײַזקע house || גיי|ן* איבער די הײַזער go begging
הויז דער (ן) pant leg
הוי'ז־באַדינער דער (ס) butler
הוי'זגעזינד (—) (members of) household
הוי'זמײַנסטער דער (ס) handyman
הויזן מצ △ הייזלעך trousers, pants
הויז|ן וו ◇ ⟨מיט/בײַ⟩ live peacefully (with)
הויט די △ הײַטל skin; flesh || ה' און ביינער skinny, flesh and bones ⊢ פֿון (דער) העלער ה' out of thin air, out of a clear sky ⊢ שינד|ן ד די הויט flay, fleece || שפּרינג|ען פֿון דער ה' be impatient || קריכ|ן פֿון דער ה' strain every nerve || די ה' ברענט אויף (*rev. con.*) is in a great hurry ⊢ די ה' ציטערט אויף (*rev. con.*) is afraid
הויך 1. אַדי (△ העכער) high, tall; loud; exalted ⊢ 2. 'די זען הייך
הויך' דער (ן) breath (of air)
הויכ... high; peak || הוי'כוואָלטאַזש high voltage ⊢ הוי'כסעזאָן peak season
הוי'כגעטרײַ אַדי high-fidelity
הוי'כהאַרציק אַדי magnanimous
הוי'כהאַרציקייט די magnanimity
הויכלאַנד דאָס highland(s)

הוי'כעניש די (ן) height, high place
הויכפּונקט דער (ן) peak, pinnacle, summit; high point, highlight
הויכקייט די (ן) loudness, volume
הויל אַדי hollow, cavernous; bare; pure
הויסן' אַדוו (*dial.*) outside
הוי'ער|ן וו ◇ crouch || ה' (אין דער לופֿטן) hover
הויפּט אַדוו (*with adj.*) thoroughly || ה' ערלעך completely honest || פֿ״גל איבער הויפּט, דער הויפּט
הויפּט... chief, main, major, head, fore-most ⊢ הויפּטזאַך main thing || הוי'פּט־קאָנדוקטאָר chief conductor || הוי'פּט־סאַרווער head waiter
הויפּטבוך דאָס (...ביכער) ledger
הויפּטהעלד דער (ן) ⊡ protagonist
הויפּטזאַץ דער (ן) main clause; main sentence
הוי'פּט־לימוד דער (ים) [LIMED—LIMUDIM] major subject ⊢ האָב|ן* אַ פֿאַר אַ ה' major in
הוי'פּטנומער דער (ן) feature
הוי'פּטקוואַרטיר די (ן) headquarters
הויפּטשטאָט די (...שטעט) capital
הויפּטשטיץ די (ן) mainstay
הויף דער (ן/הײף) △ הײפֿל yard; court
הוי'פֿדאַמע די (ן) (*fem.*) courtier
הויפֿמאַן דער (הויפֿלײַט) (*masc.*) courtier
הויפֿן דער (ס) △ הײַפֿל handful; pile, heap
הוי'פֿפֿרײַלין די (ס) lady-in-waiting
הויקע|ן וו ◇ זען האַווקען
הויקער דער (ס) ◻טע hump, hunchback
הוי'קערדיק אַדי hunched
הולטײַ' דער (עס) ◻קע libertine
הולטײַיש אַדי dissolute, debauched
הולטײַסטווע די debauchery
הולטײַ'עווע|ן וו ◇ lead a dissolute life
הוליאַנקע די (ס) revel, spree
הוליע|ן וו ◇ frolic, revel, carouse || אַ הוליע טאָ|ן* have a fling
הולך דער (ן) [HOYLEKh] (*iro.*) attire
הומאַ'ן אַדי humane
הומאַניטאַ'ר אַדי humanitarian

הומאַניסטיק די the humanities
הומאָ'ר דער (ן) humor, wit; sense of humor
הומאָריסטיש אַדי humorous
הומבוג דער humbug
הון די (הינער) △ הינדל hen, chicken
הונגער דער hunger; starvation; famine || שטאַרב|ן* פֿון/פֿאַר ה' starve *vi.*
הו'נגערטויט דער starvation
הו'נגעריק אַדי hungry
הו'נגער|ן וו ⟐ starve *vi.* || ה' אומפּ אַ (*rev. con.*) be hungry
הונדערט 1. צוו a hundred || 2. דער (ער) hundred ⊢ ה' און צוואַנציק a hundred and twenty ⊢ ביז ה' און צוואַנציק! happy birthday! many happy returns!
הו'נדערט־יאָריק אַדי centennial
הו'נדערטער דער (ס) a hundred; $100 bill
הונט דער (הינט) △ הינטל dog || דאָ ליגט דער ה' באַגראָבן there is the rub || זײַן°* אַ ה' אַנטקעגן ד be far inferior to; be nothing compared to ⊢ שווײַג|ן° ווי יור־ קעס ה' keep mum
הוסט דער cough || אַ ה' טאָ|ן*/געב|ן* cough *pf.*
הוסטל|ען וו ⟐ cough lightly
הוסט|ן וו (געהו'סט) cough *imp.*
הו'סטפּלעצל דאָס (עך) cough drop
הו'סט־צוקערל דאָס (עך) cough drop
•הוס|ן וו ⟐ = הוסטן
הוספֿה די (—ות) [HESOFE] supplement; appendix (to a book); raise (in pay)
הוצאה די (—ות) [HETSOE] expense, expenditure; costs ⊢ געגעראַלע הוצאָות overhead expenses ⊢ אויס|שלאָג|ן ד די הוצאָות cover the expenses of || אויס־ שטיי|ן* די הוצאָות foot the bill || אומ־ קער|ן ד די הוצאָות reimburse
הוק דער (עס) din; whoop
הוקע|ן וו ⟐ whoop
הור די (ן) whore
הוראַ' 1. דער (ען) cheer || 2. אינט hurrah! || שרײַ|ען ה' cheer

הוראַגאַ'ן דער (ען) hurricane
הורבע די (ס) heap
הורג דער (הרוגים) [HOYREG—HARUGIM] killed person
•הורה זען הארע
הורט דער wholesale || אויף ה' in bulk, wholesale
הורט... bulk || הו'רטטאַריף bulk rate || הו'רטשיקונג bulk shipment
הורטאָווניק דער (עס) □—ניצע wholesaler
הורטלער דער (ס) □קע wholesaler
הוריות מצ [HO'YRIES] musings || טראַכט|ן ה' muse, meditate, daydream
הושטשע די dregs
הושענא די (—ות) [HESHAYNE] one of the bunch of willow twigs beaten against the reading desk of the synagogue to accompany a certain Sukkoth prayer || שלאָג|ן הושענות perform that Sukkoth ceremony ⊢ אַן אָ'פּגעשלאָגענע ה' a frayed willow twig; (*fig.*) stg. threadbare or shabby; person shorn of his glory
הושענא־רבה די [RA'BE] the seventh day of the Sukkoth holiday, when, according to Jew. lore, every man's fate for the coming year is irrevocably sealed in Heaven
הזכּרה די (—ות) [HASKORE] (*Jew.*) memorial service for the dead
הזכּרת־נשמות דער [HASKORES-NESho'MES] the custom of praying for the souls of deceased relatives on certain Jew. holidays
הזמנה די (—ות) [HAZMONE] summons
החלטה די (—ות) [HAKhLOTE] resolution, decision ⊢ אָנ|נעמ|ען די/אַ ה' resolve
החתום־מטה (החתומים־) [HEKhOSEM-MA'TO —HAKhSUMIM] the undersigned
הי אַדוו here, in this town
היאַצי'נט דער (ן) hyacinth
היג אַדי* local, belonging here || זײַן* ווי ניט קיין ה'|ער be distraught
היגיעניש אַדי sanitary, hygienic

היגיענע די hygiene

הי'גלענדיש אַדי local, domestic

הי'-געבוי'ר־ן אַדי native (to this place)

הי'-געוואַ'קס־ן אַדי indigenous

הי"ד=השם ינקום דמו פר [HAShE'M YINKOYM DOMOY] "may the Lord avenge his blood" (*phrase added after the name of a martyred Jew*)

הידור דער (ים) [HIDER—HIDURIM] ornament, decoration

הידורדיק אַדי [ ] superb, gorgeous

הידראָגע'ן דער hydrogen

הידראַ'נט דער (ן) hydrant

הידראָפּלאַ'ן דער (ען) seaplane, flying boat

הידרויליש אַדי hydraulic

היהי' אינט te-hee

היוצא מדבֿרינו פר [HAYOYTSE MIDVOREYNU] it follows from what we said

היות (ווי) קאָ [HEYO'YS] whereas, inasmuch as

היזק דער (ות) [HEZEK—HEZEYKES] loss; damage

היזק-געלט דאָס [ ] indemnity

היט די (ן) glass works

היטל דאָס (ען/עך) (הוט △) hat; cap; loaf (of sugar)

הי'טל-מאַכער דער (ס) hatter

היט|ן וו (געהי'ט/געהיטן) guard, watch over, look out for ⊦ ה' זיך ⟨פֿאַר⟩ watch out (for), beware (of), guard *vi.* against, look out (for)

היטער דער (ס) ⊡ guardian, keeper, custodian, guard

היי דאָס hay

היי אינט hey!

הייבאַם די (ען) midwife

הײַבל דאָס (עך) (הויב △) hood, bonnet ‖ געבוירן ווער|ן אין אַ ה' be born with a silver spoon in one's mouth

היי'במאַשין די (ען) elevator, lift

הייבן די (ס) זען הייבאַם

הייב|ן וו (געהויבן) raise, lift *imp.*; heave; enhance ⊦ ה' (אין הימל אַרײַ'ן) ‖ exalt ‖ ה' אומפּ אַ (*rev. con.*) be indignant ‖ עס הייבט מיך I am indignant ‖ ה' זיך rise, go up, climb, heave *vi.*

הייבעכץ דאָס pep, vim

הייבער דער (ס) lever; lift

הייבקראַפֿט די lift, lifting power

היי'בראַקעט דער (ן) booster rocket

הײַדאַ אינט we're off! here goes!

הײַדאַמאַ'ק דער (עס) highwayman

הייוון מצ yeast ‖ ווי אויף ה' by leaps and bounds

•הייוון די (ס) זען הייבאַם

הײַזל דאָס (עך) (הויז △) brothel

הייזלעך מצ (הויזן △) pants ‖ קורצע ה' shorts

היי'זעריק אַדי hoarse

הײַזקע די (ס) (הויז △) hut, cottage, bunk

הייט די (ן) state

הײַטל דאָס (עך) (הויט △) membrane, film

•הײַטער אַדי cheerful

הײַיאָר אַדוו this year

הײַ'יאָריק אַדי* this year's

הײַ'יעריק=הײַיאָריק

הייך די (ן) height, altitude; elevation; pinnacle; level; pitch ⊦ אין דער ה' up; aloud; above, upstairs ⊦ אויף איין ה' ⟨מיט⟩ on a level (with)

הייכ|ן וו ⟐ promote ‖ ה' און קריינ|ען exalt

הייל די (ן) cave, cavern

הייל... curative

היילאַלץ דאָס (ן) panacea

היילונג די (ען) cure

הייליק אַדי holy, sacred

הײַליק אַדי (teeth) on edge

הייליק-אָ'רט זען הייליקע-אָרט

•היי'ליקטום דאָס (...טימער) shrine, holy place; stg. sacred

היי'ליקייט די (ן) holiness, sanctity; stg. sacred; holy place; shrine

היי'ליק|ן וו ⟐ consecrate, dedicate

היי'ליק|ע-אָ'רט דאָס (*Jew.*) cemetery

היי'ליק|ער דער—געב saint

הייל|ן וו ⟐ heal *vt/imp* ‖ ה' זיך heal *vi/imp*; undergo treatments

•הײַל|ן וו ◇ זען א ײַ ל ן
הײ'לנדיק אַדי curative, therapeutic
הײ'לעוודיק אַדי curable
הײלער דער (ס) medicine man, healer
היים די (ען) home || אין דער ה' at home
|| די אַלט|ע ה' the Old Country
הײ'מאַרבעט די—אַמער homework
הײ'מבלײַבער דער (ס) ⊡ homebody, stay-at-home
היימבראַנד דער (ן) fireside, hearth
היימיש אַדי home (*adj.*), domestic, home-made; cozy, snug; familiar, intimate, informal
•היימלאָז אַדי homeless
היימלאַנד דאָס (...לענדער) country, fatherland
היימלעך אַדי homelike, cozy || זײַן* ד ה' אומפּ (*rev. con.*) be at ease
היימפּלאַץ דער (...פּלעצער) homestead
הײ'מפּײַער דער (ן) hearth
הײַנו זען ד ה ײַ נ ו
הײַנו־הך פּר [HAYNE-HA'Kh] the same thing
הײַנט 1. אַדוו today || •ה' צו טאָג nowadays ⊦ ה' אויף דער נאַכט, ה' בײַ נאַכט tonight ⊦ 2. דער the present || 3. קאָנ moreover, besides, all the more
הײַ'נטוועלטיק אַדי modern, present-day
הײַנטיק אַדי present(-day), contemporary; today's; latter-day ⊦ ה'ע צײַטן nowadays
הײַנט־מאָ'רגן אַדוו any day now
הײַ'נטצײַטיק אַדי contemporary, modern
הײַ'נטצײַטיש אַדי = ה ײַ נ ט צ ײַ ט י ק
הייס אַדי hot; ardent, fervent; torrid (zone); devoted
הײ'סבלוטיק אַדי passionate, impetuous
הייס|ן וו (געהייסן) ⟨ד⟩ tell, bid, order, command, direct ⊦ ה' ד גיין oust || ה' ברענגען call for || ה' נאָמ be called; ⊦ דאָס הייסט mean, denote, signify ⊦ הייסט עס that is so, in that case, consequently, that is
הייסקייט די ardor, fervor, devotion

הײַע|ן (זיך) וו ◇ be delayed; tarry, linger, dilly-dally; procrastinate, temporize
הײַער זען ה ײַ י אָ ר
הייפּטל דאָס (עך) head (cabbage etc.)
הײ'פֿיבער דער hayfever
הײַ־פֿײַ דער (ען) hi-fi
הייפֿיש אַדי courtly
הײַפֿיש דער (ן) shark
הייף דאָס (עך) (הויף △) patio
הײַפֿל דאָס (עך) (הויפֿן △) bunch, cluster, clump
הײַפֿל|ען (זיך) וו ◇ cluster *vt/vi*
הייצ... heating; fuel || ה'־קעמערל fuel cell
הייצוואַרג דאָס fuel
הייצונג די heating
הייצ|ן וו ◇ ⟨אין⟩ heat, make a fire (in)
הייצער דער (ס) fireman, stoker; heater
'הייראַט זען ז י ו ו ג, ח ת ו נ ה
הייריסטיש אַדי heuristic
הײ'שעריק דער (ן) locust
היכל דער (ען) [HEYKhL] (*Jew.*) Temple
היכלע דאָס (ך) (היכל △) [HE'YKhELE] shrine
הילוך דער (ן) [HILEKh] gait, walk; conduct; attire
הילולא די (—ות) [HILULE] hilarity, mirth; joyful celebration
הילולאדיק אַדי [ ] hilarious
הילכות דאָס [HILKhES] field, matters || אין ה' געאָגראַפֿיע in matters of geography
הילכיק אַדי loud, resounding
הילכ|ן וו ◇ resound, sound *vi.* || ה' אין sound *vt.* (alarm etc.)
הילכער דער (ס) loudspeaker
היל|ן וו ◇ wrap, envelop
הילע די (ס) jacket, wrapper, paper cover
הילף די help, assistance, aid; relief || גיכ|ע ה' first aid || קומ|ען ⟨ד⟩ צו ה' come to the aid (of), render aid (to) || זײַן* ד צו הילף aid
•הילפֿלאָז אַדי helpless

•הילפּס... auxiliary
הי'לצערן אדי wooden
הילקע די (ס) (wooden) bat
הימל דער (ען) sky; heaven || אין זי'בעטן ה' in seventh heaven, extremely happy || אוי'נטערן פֿרײַען ה' out-of-doors || ה' עפֿן זיך! God knows what! || אויפֿן ה' אַ יריד [YARI'D] much ado about nothing
הימל... celestial
הימליש אדי celestial, heavenly
הי'מל־ליניע די (ס) skyline
הימל|ען װ ◇ be in balance, be in jeopardy
הימלש אדי celestial
הי'מל־שרײַ'ענדיק אדי flagrant
הימען דער (ס) anthem
'הין זע אַ ה י ן
הינד די (ן) doe
הינהעריק אדי zigzaggy
'הינזיכט זע פּ ר ט, צ ו ז אַ מ ע נ ה אַ נ ג
הינטאַרניע די (ס) kennel
הינטיש אדי canine, dog's; mean, rotten
הינטל דאָס (עך) (הונט △) pup
הינטן 1. אדוו behind, in back || אויף ה' back(ward), to the rear ⊢ פֿון ה' from/in the back ⊢ ה' אַרומערט round the back way ⊢ 2. דער (ס) back, rear
הינטער פּרעפּ behind, in back of
הינטער.. back; ulterior; ultra... || הי'נטערטיר back door || הי'נטערגעדאַנק ulterior motive ⊢ הי'נטערמאַרסיש ultra-Martian
הינטעראַנאַנדיק אדי consecutive
הי'נטערבאַרט דער (ן) stern
הי'נטערגרונט דער (ן) background
הי'נטערווײַלעכץ אדוו backward, in reverse
הינטערחלק דער (ים) [...KhEYLEK—KhALOKIM] rear end
הי'נטערטייל דער (ן) rear end; rear
הי'נטערלאַנד דאָס hinterland; rear zone (of an army)
הינטערשט אדי* back, rear, posterior
הי'נטערשטאָט די suburbia
הי'נטערשטאָטיש אדי suburban || ה'ער קלוב country club
הי'נטערשטאָטסק (דאָס) suburbia
הי'נטערשטעליק אדי backward; in arrears; behind the times ⊢ זײַן* ה' be behind, lag
הי'נטערשיסעלע דאָס (ך) scheme || מצ *also* equivocation ⊢ מאַכן|ה'ך scheme
הי'נטערשרײַבער דער (ס) ⊡ ghost writer
הינ(י)ע|ן װ ◇ tarry, stay (too) long
•הינען אדוו (*dial.*) in this room
הי'נעראויג דאָס (ן) corn (on toe)
הי'נערפּלעט דער lethargy; daze, stupor
הי'נער־פּרעסער דער: אַלט|ער ה' (*iro.*) old hand, old-timer
הינערש אדי chicken('s)
הי'נערשטאַל די (ן) roost
הי'נקעדיק אדי lame, limping, halting
הינק|ען װ (געהונקען) limp, hobble; (argument etc.) be faulty, not hold water
•הינ|ריכט|ן װ (הי'נגעריכט) execute
היסטאָריע די (ס) history, tale
היסטאָ'ריקער דער (ס) ⊡ historian
היסטאָריש אדי historic; historical
היסטעריע די (ס) hysteria
היסטעריק די (עס) hysterics
היסטע'ריקער דער (ס) ⊡ person given to hysterics
היסטעריש אדי hysterical
היענע די (ס) hyena
היעראָגלי'ף דער (ן) hieroglyph || מצ hieroglyphics
היעראַרכיע די (ס) hierarchy
היעראַרכיש אדי hierarchic(al)
היפּאָדראָ'ם דער (ען) (horse) racetrack
היפּאָטע'ז דער (ן) hypothesis
היפּאָטעטיש אדי hypothetical
היפּאָטענו'ז די (ן) hypotenuse
היפּאָטע'ק די (ן) mortgage
היפּאָכאָנדריע די hypochondria
היפּאָפּאָטאַ'ם דער (ען) hippopotamus
היפּאָקרי'ט דער (ן) hypocrite
היפּאָקריטיש אדי hypocritical
היפּאָקריטסטווע די hypocrisy

היפוך דער (ים/הפֿכים) [HEYPEKh—HIPU-KhIM/HAFOKhIM] contrary, opposite, reverse; contrast; antithesis
היפוכדיק אַדי [ ] opposite, contrary
היפּ|ן וו ◇ skip *vi.* || ה' איבער skip *vt/imp*
היפּנאָ'ז דער hypnosis
היפּנאָטיזיר|ן וו ◇ hypnotize
היפּנאָטיש אַדי hypnotic
היפּער... hyper... || הי'פּערשפּאַנונג hyper-tension
הי'פּער|ן וו ◇ זען היפּן
היפּש .1 אַדי* considerable, substantial, sizable, appreciable; stiff (drink, wind, price) ⊦ אַ ה' ביסל a good deal (of) ⊦ .2 אַדוו fairly, considerably
היץ די (ן) heat; hot spell; fever; delirium; violence, fervor ⊦ מצ heat, hot weather ⊦ רעד|ן פֿון ה' rave, talk nonsense ⊦ רעד|ן מיט ה' speak fervently
°היצט(ערט) אַדוו (*dial.*) now
היציק אַדי feverish, rash, impetuous, volatile, excitable, impulsive, hot-headed, violent
היצ|ן וו ◇ heat *imp.* || ה' זיך get excited continually; be excited
היצעל דער (עס) dogcatcher
היצקאָפּ דער (...קעפּ) hothead, excitable/rash/impetuous person
היקף דער (ים) [HEKEF—HEKEYFIM] scope
הירהור דער (ים) [HIRER—HIRHURIM] reflection, thought ⊦ מצ also meditation
הירזש דער millet || הירזש'ן אַדי
הירזשע|ן וו ◇ neigh, whinny
°הירצ|ן וו ◇ זען אירצן
הירש דער (ן) stag
הירשנס דאָס venison
היתּכן אינט [HAYITOKhN] is it possible? how come?
היתּר דער (ים) [HETER—HETEYRIM] permission; (*Jew.*) rabbinical permission
הכחשה די (—ות) [HAKKhOShE] denial, retraction, recantation

הכּלל זען (אַ) כּלל
הכבדה די (—ות) ל [HAKhBODE] burden, inconvenience, encumbrance
הכנה די (—ות) [HAKhONE] preparation
הכנסה די (—ות) [HAKhNOSE] income, receipts, revenue
הכנסה־שטײַער דער (ן) [ ] income tax
הכנסת־אורחים דאָס [HAKhNOSES-O'RKhIM] hospitality; (*Jew.*) the commandment of hospitality to guests, esp. on the Sabbath and holidays; Sabbath shelter for poor wanderers
הכנסת־כּלה [KA'LE] (*Jew.*) the marrying of orphaned or other poor girls by the community as a philanthropic service
הכנעה די [HAKhNOE] servility, humility, meekness
הכנעהדיק אַדי [ ] servile, humble, meek, abject
הכרזה די (—ות) ל [HAKhROZE] proclamation
הכרח דער [HEKhREKh] necessity
הכרחדיק אַדי [ ] involuntary
הכרעה די (—ות) ל [HAKhROE] inclination (to an alternative); preponderance
הכשר דער (ים) ⟨אויף⟩ [HEKhShER—HEKh-ShEYRIM] permission; (*Jew.*) rabbinical approval
הכשרה די (—ות) [HAKhShORE] the preparatory training for prospective agricultural emigrants to Palestine/Israel
הלבשה די (—ות) [HALBOShE] attire, clothing
הלוואה די (הלוואָות) [HALVOE] loan
הלוואַי אַדוו [(H)ALEVA'Y] (*unreal wish*) God grant ..., I wish that ..., oh ⊦ ה' קומט ער if only he came that ... || ה' ווײַטער (ניט ערגער/אַרגער) so far so good
הלוואַי־געדאַנק דער (ען) [ ] wishful thought || מצ wishful thinking
הלישע|ן וו ◇ זען לישען
הלכה די (—ות) [HALOKhE] Halakah, the

legislative part of the Talmud or rabbinical literature, as opposed to Aggadah

•הלכות זען הילכות

הלל דער [HALEL] hallel, a hymn of praise consisting of certain psalms and recited on particular holidays

הללויה אינט—ל [HALELUYO] hallelujah

הלמאַי זען למאַי

הלצה די (—ות) [HALOTSE] witticism, jest, gag

הם אינט ahem; humph

המון דער (ען) [HAMO'YN] mob, rabble, multitude

המון־העצער דער (ס) [ ] rabble rouser

המון־עם דער [HAMOYNA'M] common people, populace

המוציא (די) [HAMOYTSE] blessing said over bread; slice (of bread)

המן פּנ [HOMEN] Haman, anti-Jewish Persian minister prominent in the Esther story ⊢ ה'ס מפּלה [MAPOLE] an ignominious defeat

המן־טאַש דער (ן) [ ] triangular Purim pastry filled with poppy seeds and honey or plum preserves

המן־קלאַפּער דער (ס) [ ] (type of) Purim rattle

המצאה די (המצאָות) [HAMTSOE] gadget, device; idea

המצאהדיק אַדי [ ] resourceful, ingenious

המצאהדיקייט די [ ] ingenuity

המצאהוואַרג דאָס gadgetry

המשך דער (ים) [HEMShEKh—HEMShEYKhIM] sequel, continuation

המשכדיק אַדי [ ] continuous

המשכדיקייט די [ ] continuity

הן קאָנ [HEN]: ה' ... ה' both ... and

הנאה די (הנאָות) [HANOE] pleasure, fun, delight, enjoyment ⊢ האָב|ן* ה' have fun, enjoy oneself ⊢ האָב|ן* ה' פֿון enjoy || ה' טאָ|ן* ד delight, please

הנהגה די [HANHOGE] conduct

הנחה די (—ות) [HANOKhE] premise; concession; discount, allowance

הניט דער זען ניט דער

הנ"ל פּר [HANA'L] the above-mentioned (*used esp. as a signature to a postscript*)

הסב־בעט די (ן) [HE'SEBET] seat equipped with pillows for the head of the household at the Passover feast

הסברה די (—ות) [HAZBORE] explanation, elucidation

הסגת־גבֿול דאָס ⟨פֿון⟩ [HASOGES-GVU'L] trespass, encroachment, usurpation

הסכם דער (ס) [HESKEM] agreement; compliance; settlement

הסכמה די (—ות) [HASKOME] agreement, approval, assent, consent

הסכם־כּולם דער [HESKEM-KU'LEM] consensus

הסכמ|ען זיך וו ◇ ⟨מיט⟩ [HESKEM] fit, accord (with) ⊢ ניט ה' זיך ⟨מיט⟩ be at variance (with)

הספּד דער (ים) [HESPED—HESPEYDIM] funeral oration ⊢ מאַכ|ן אַ ה' ⟨פֿאַר⟩ eulogize

הסתּדרות די [HISTADRU'T] Histadruth, the general labor organization of Palestine and Israel

הע? אינט eh?

העבראַיִסט דער (ן) ⊡ (often non-Jewish) Hebrew scholar

העברעיִזם דער (ען) word of Hebrew origin

העברעיִסט דער (ן) adherent of the movement to make Hebrew the revived vernacular of world Jewry

העברעיִש 1. אַדי Hebrew || 2. דאָס Hebrew (language)

העברעער דער (ס) ⊡ Hebrew (person); devotee of the Hebrew language

העגעמאָניע די hegemony, predominance, rule

הע־הע' אינט ha-ha (*contempt, spite*)

העוויה די (—ות) [HAVAYE] face, grimace, gesture

העזה די [HOZE] impertinence, presumption, audacity
העזהדיק אדי [ ] impertinent, presumptuous, audacious
העט אדוו 'way || ה' ווײַט || far away || ה' הינטער די בערג 'way beyond the ⊢ mountains || ה'־ה' far away || ה' ווען long long ago
העט־הע'טיק אדי* remote
העכט דער (—) pike (fish); (*hum.*) bigshot
העכסט 1. אדי* (הויך △△) highest, supreme, paramount, utmost, top || 2. •אדוו extremely
העכסטנס אדוו at best, at most
הע'כסטראַנגיק אדוו (highest-)ranking
העכער 1. אדי (הויך △) higher, taller; ⊢ superior; advanced ⊢ louder 2. אדוו upwards; 3. פרעפ above, upwards of, in excess of
הע'כערונג די (ען) promotion, rise || געב\|ן* ד אַ ה' promote
הע'כער\|ן וו ◇ raise (prices, wages); promote
הע'כער\|ער דער—געב superior
הע'כערקייט די superiority, supremacy
העל אדי bright, fair, light (in color)
העלד דער (ן) ⊡ hero; protagonist, character (in a story)
העלדזל דאָס (עך) (האַלדז △) neck (chicken; bottle)
העלדיש אדי heroic, daring
הע'לדישקייט די (ן) daring, bravery, heroism, valor
הע'לדנמוט דער valor
הע'לזעער דער (ס) ⊡ clairvoyant
העלזעערײַ' דאָס clairvoyance
העלטער האָב\|ן* וו (ה' געהאַ'ט) prefer, like better
העליקאָפּטער דער (ס) helicopter
העליש אדי infernal
העלפֿ... auxiliary
העלפֿאַנד דער (ן) ⊡יכע elephant
הע'לפֿאַנדביין דער ivory || הע'לפֿאַנדביינערן אדי
הע'לפֿאַנדביין־באָרטן דער Ivory Coast

העלפֿאַנט זען העלפֿאַנד
העלפֿט די (ן) half
העלפֿיק אדי* helpful
העלפֿ\|ן וו (געהאָלפֿן) ⟨ד⟩ help, remedy, aid, assist *imp.*; further; do good ⊢ ניט ה' be of no avail
העלפֿער דער (ס) ⊡ helper
העמד דאָס (ער) shirt || דאָס לעצט\|ע ה' the shirt off one's back ⊢ בלײַב\|ן אין איין ה' become destitute ⊢ ניט האָב\|ן* קיין ה' אויפֿן לײַב be destitute
העמדל דאָס (עך) (העמד △) (book) jacket
הע'מערל דאָס (עך) (האַמער △) gavel || (הי'לצערן) ה' mallet
הענגאַקט דער (ן) hanging
הע'נגבאַלעם דער (ס) tetherball
הענגבריק די (ן) suspension bridge
הענגונג די (ען) hanging
הענגל דאָס (עך) bunch (of grapes)
הע'נגלײַכטער דער (ס) chandelier
הע'נגל־לײַכטער דער (ס) = הענגלײַכטער
הענג\|ען וו 1. (געהאַנגען) hang *vt.* || 2. (איז געהאַנגען) hang *vi.*, hinge (upon), be poised ⊢ ה' אין דער לופֿטן be up in the air
הע'נגענדיק אדי hanging, suspended; baggy
הע'נגערל דאָס (עך) stalk (of fruit)
הענגשלאָס דער (...שלעסער) padlock
הענדלער דער (ס) ⊡קע merchant, dealer
הע'נדלעריש אדי mercenary
הענדעם־פּע'נדעם אדוו at full speed, swiftly
הענטל דאָס (עך) (האַנט △) handle, hilt
הענטשקע די (ס) glove || אײַ'זערנ\|ע ה' brass knuckle
הע'נטשקע־לשון דאָס [LOSHN] thieves' cant
הענקער דער (ס) hangman, executioner
•העסלעך אדי ugly
העפֿט די (ן) notebook, copybook; logbook
העפֿט דער (ן) scar; juncture
העפֿטפּונקט דער (ן) juncture
•העפֿלעך אדי polite, civil, courteous
•הע'פֿלעכקייט די courtesy
העצ\|ן וו ◇ incite || ה' קעגן bait, heckle

העצע די (ס) incitement, agitation, baiting
העצער דער (ס) ◻קע baiter
הע'צעריש אדי incendiary (speech etc.)
העצקע|ן וו ◇ jeer at; bounce *vt.* || ה' זיך bounce *vi.*
העק די/דאָס hick town; the sticks || ערגעץ אין אַ ה' out in the sticks
העקוואָרט דאָס (...ווערטער) local expression
העקל¹ דאָס (עך) (האַק △) hatchet
העקל² דאָס (עך) (האָק △) hook; crochet needle
העקל|ען וו ◇ crochet
העקמענטש דער (ן) hick
העקסאַגראַ'ם די (ען) hexagram
העקסאַמעטער דער (ס) hexameter
הע'קעלע דאָס (ך) (האָק △△) catch (*also fig.*)
העקפּיר דער (ן) local custom
הער 1. דער (ן) gentleman || מײַן ה' Sir || 2. טיטל Mr.
הער־און־טרע'ף דער (ן) quiz (program)
העראָי'ן דער heroin
הערא'יש אדי heroic
הערא'לד דער (ן) herald
הערא'לדיק די heraldry
הערב דער (ן) coat-of-arms, crest
הערה די (—ות) [HEORE] footnote
הערינג דער (—/ען) herring
הער|ן וו ◇ hear, obey, listen to || ה' ווי דעם קאָטער pay no attention to || לאָז|ן ה' teach || וואָס לאָזט עס מיך ה'? what does it teach me? ⊢ לאָז|ן זיך ה' be vocal; (idea) be acceptable/reasonable ⊢ הער(ט) זשע look here || וואָס ה' זיך (גוטס/נײַס)? what's new? what's up?
הע'רעוודיק אדי audible
הערע'זיע די (ס) heresy
הערע'טיקער דער (ס) ⊡ heretic
הע'רעלע דאָס (ך) (האָר △△) strand of hair
הערער דער (ס) earphone
הערצאָג דער (ן) ⊡ duke
הע'רצאָגשאַפט די (ן) duchy
הע'רצעלע דאָס (ך) (האַרץ △△) medallion
•הערשאַפט די reign, rule
הע'רשווייליק אדי imperious
•הערש|ן וו ◇ rule, reign, (pre)dominate
הע'רשנדיק ruling, predominant
הע'רשעווע|ן וו ◇ rule arbitrarily/cruelly
הערשער דער (ס) ⊡ ruler, sovereign
הע'רשעריש אדי domineering
העשע|ן וו ◇ snivel, sob
העתּקה די (—ות) ל [HATOKE] translation
הפּנים זען אַ פּנים
הפטורה די (—ות) [HAFTOYRE] haphtarah, a lesson from the Prophets read in the synagogue ⊢ אַ נאָמען פֿון דער ה' a fictitious name
הפלא־ופלא אפּ [HAFLE-VOFELE] amazing, remarkable
הפסקה די (—ות) [HAFSOKE] pause, break, intermission
הפקר 1. אַפּ [HEFKER] stray, ownerless, lawless, wanton ⊢ 2. דער lawlessness, wantonness, arbitrariness ⊢ לאָז|ן אויף ה' abandon || ה' פּע'טרישקע (*hum.*) anything goes
הפקר־... [ ] arbitrary, wanton
הפקרדיק אדי [ ] wanton, reckless, licentious
הפקרות דאָס [HEFKEYRES] neglect, wantonness, arbitrariness
הפקר־לאָזונג די [ ] abandonment, desertion
הפקר־מענטש דער (ן) [ ] (human) derelict
הפקרניק דער (עס) [ ] scofflaw
הפקר־קינד דאָס (ער) [ ] waif
הפקר־שיף די (ן) [ ] derelict vessel
הצטרכות דאָס (ן) [HITSTARKhES] need
הצלה די (—ות) [HATSOLE] escape, rescue
הצלחה די (—ות) [HATSLOKhE] success
הקדוש־ברוך־הוא [HAKODESh-BO'RKhU] the Lord
הקדמה די (—ות) [HAGDOME] preface, foreword; preamble
הקדש דאָס (ים) [HEGDESh—HEGDEYShIM]

filthy place; (*Jew.*) poorhouse, hospital for the poor

הקדשדיק אדי [ ] dingy

•הקיצור אדוו [HAKITSER] זען (אַ) ק י צ ו ר

הקפֿות מצ [HAKOFES] the circular procession with the Torah scrolls around the reading platform of the synagogue in celebration of the completed year's reading cycle on Simhath Torah

הרבֿ טיטל [HORA'V] Rabbi (*title preceding the name*)

הרגל דער [HERGL] habit, usage

הרגע|(נע)ן וו ◇ [HARGE] kill, murder

•הרהור זען ה י ר ה ו ר

הרובע די (ס) furnace; heating stove

הרוג זען ה ו ר ג

הרודע די (ס) lump

הרו'דעדיק אדי lumpy

הרודקע די (ס) (הרודע △) blob

הרחבֿה די [HARKhOVE] comfort, ease

הריגה די (—ות) [HARIGE] killing, slaughter, massacre

הרי־חושך מצ [HORE-KhO'YShEKh] legendary "mountains of darkness" ⊢ הינטער די ה' in a remote place

הרף־עין דער (ס) [HEREF-A'YEN] instant, split second

הרשאה די (—ות) ל [HARShOE] permission

השאָרת־הנפֿש דער [HAShORES-HANE'FESh] immortality of the soul

השבעה די (—ות) [HAShBOE] conjuration

השבֿת־אֲבֿדה די [HAShOVES-AVE'YDE] returning of a found object

השגחה די ⟨איבער/אויף⟩ [HAZhGOKhE] care, supervision; charge, custody; auspices; Providence ⊢ אונטער מײַן ה' under my care, in my custody

השגחה־פּרטית די [PRO'TES] Providence

השמטה די (—ות) [HAShMOTE] omission

השם־יתברך [HAShE'M-YISBOREKh] the Lord

השערה די (—ות) [HAShORE] assumption, conjecture, supposition, guess, hypothesis

השפּעה די (—ות) [HAShPOE] influence

השפּעהדיק אדי [ ] influential

השקפֿה די (—ות) [HAShKOFE] view (opinion)

השתּדלות דאָס (ן) [HIShTADLES] endeavor (on sb.'s behalf), mediation, intercession

השתּנה די [(HA)ShTONE] urine

השׂגה די (—ות) [HASOGE] idea, conception; comprehension, power of conception

השׂכּלה די [HASKOLE] Haskalah, the Jew. Enlightenment movement which flourished in the 19th century

התּקווה די [HATIKVO] Hatikvah ("The Hope"), Zionist and Israeli national anthem

התבודדות דאָס [HISBO'YDEDES] seclusion

התבוננות דאָס [HISBO'YNENES] meditation

התגלות דאָס—ל [HISGALES] revelation (esp. of a concealed saint)

התחײַבֿות דאָס (ן) [HISKhAYVES] duty, obligation, commitment

התחלה די (—ות) [HASKhOLE] beginning, initiation

התלהבֿות דאָס [HISLAYVES] rapture, ecstasy, exaltation, ardor

התלהבֿותדיק אדי [ ] ecstatic, ardent

התמדה די [HASMODE] zeal, industry, diligence ⊢ מיט ה' *also* studiously

התמדהדיק אדי [ ] industrious

התנגדות דאָס (ן) [HISNAGDES] opposition

התנצלות דאָס (ן) [HISNATSLES] apology (for a course of action etc.)

התעוררות דאָס—ל [HISO'YRERES] (spiritual) awakening

התפּעלות דאָס [HISPAYLES] enthusiasm, rapture, verve ⊢ קע'לבערן ה' ⟨פֿאַר⟩ infatuation

התראה די (—ות) ל [HASROE] warning, admonition

ו

ו דער/די [VOV] letter of the Yiddish alphabet; pronounced [U]; numerical value: 6; *cf.* וּ, וו, וי

וּ דער/די [MELU'PM-VO'V] variant of the letter ו, written before or after וו to represent the vowel in the sequences [VU] or [UV], or before י to represent the vowel in the sequence [UY]

ואָדר דער [VE'YODER] Veadar, the added month of the Jew. leap year, occurring after Adar

והאָ־ראַיה קאָ [VEHO'-RA'YE/AVERA'] and here is the proof

והשנית אַדוו [VEHASHEYNES] and secondly

וו מצ [TSVEY VOVN] doubled letter ו, pronounced [V]

וואָג די (ן) scales, balance; weight, gravity ⊢ האָב|ן* גרויס וו' carry great weight || לייג|ן גרויס וו' אויף set great store by ⊢ צו|נעמ|ען וו' gain weight || פֿאַר־ליר|ן וו' reduce

וואַגאַבו'נד דער (ן) vagabond

וואָג־און־מאָ'ס די (ן) standard

וואַגאָ'ן דער (ען) railroad car, carriage

וואַגאָנעטקע די (ס) trolley

וואַגאָ'ן־רעסטאָראַ'ן דער (ען) dining car

וואַגינע די (ס) vagina

וואָגיק אַדי important, significant, momentous

וואָ'גיקייט די importance, significance

וואָגל דער wandering

וואָגל|ען וו ◇ wander, roam

וואָ'גלעניש דאָס (ן) wandering

וואָגלער דער (ס) ⊡ wanderer

וואָ'גלקינד דאָס (ער) waif

'וואַגן זען דערוועגן זיך

וואָגן דער (ס/וועגן/ווע'גענער) △ וועגל/ווע'גנדל cart, buggy

וואָגשאָל די (ן) scale, scale dish

°וואָדע'ן? אַדוו what else? sure!

וואו... זען וווּ...

וואָוו דער/די (ן) vav, name of the letter ו

'וואוי... זען וווּי...

וואַזאָ'ן דער (ען) flower pot

וואַזאָנע די (ס) = וואַזאָן

וואָזנע דער (ס) bailiff

וואַזע די (ס) vase

וואַזעלי'ן דער (ען) vaseline

וואַזשנע אַדי (*iro.*) remarkable, impressive

וואַט דער (ן) watt

וואַטיקאַ'ן דער Vatican

וואַטירונג די padding, featherbedding

וואַטיר|ן וו ◇ pad

וואַטן מצ padding

וואַ'טן־מאַכער: כאַפּט אים/זי/זיי דער וו' devil take him/her/them

וואַטע די cotton

וואַטקע די (ס) wad (of cotton)

'וואָיען זען וווּיען

וואַך 1. אַפּ awake || זײַן* וו' be awake || בלײַב|ן וו' stay up, stay awake || 2. די (ן) guard, watch; vigil || אויף דער וו' on (one's) guard, alert, watchful || האַלט|ן וו' keep watch

וואָך די (ן) week || אַ גוטע וו' good evening (*said at the conclusion of the Sabbath*) ⊢ אין דער וו'ן on weekdays, on a workday

וואַכטל דער (ען) quail
וואַכיק אַדי watchful, alert, vigilant ‖ וו' מאַכ|ן alert
וואָכיק אַדי weekly
וואַ'כיקייט די vigilance, guard, alertness
וואַכ|ן וו ⊙ wake *vi.*, keep a vigil
וואָכנ... weekly
וואַכנאַכט די night vigil; (*Jew.*) the night before a circumcision
וואָ'כנבלאַט דאָס (...בלעטער) weekly (periodical)
וואָ'כנגעלט דאָס (weekly) allowance
וואָ'כנדיק אַדי weekly
וואָ'כנטאָג דער (...טעג) weekday
וואָ'כעדיק אַדי everyday, workaday, commonplace, profane ⊦ וו'|ע שפּראַך vernacular
וואָכער דער usury
וואָ'כערער דער (ס) ⊡קע usurer
וואַל דער (ן) roller; bulwark, rampart
וואַל... elective
וואָל די wool
וואַ'ל-אַגיטאַציע די electioneering
וואַ'לגערהאָלץ דאָס (...העלצער) rolling pin
וואַ'לגער|ן וו ⊙ roll *vt.* ‖ וו' זיך lie around, be scattered, be homeless ⊦ ניט וו' זיך be scarce ⊦ וו' זיך אין די גאַסן be a dime a dozen
וואַלד 1. דער (וועלדער) △ וועלדל forest, wood ⊦ 2. דאָס timber
וואַ'לד־חזיר דער (ים) [KhAZER—KhAZEYRIM] boar
וואַלדמענטש דער (ן) savage
וואַלדניסל דאָס (עך) filbert
וואַלדקאַץ די (...קעץ) wildcat
וואָלוו'ל אַדי (△ ווע'לוועלער) cheap
וואַלוטע די (ס) ‖ foreign currency ‖ וו'־סיסטעם currency
וואָלונטי'ר דער (ן) ⊡קע volunteer
וואָלונטיר|ן וו ◇ volunteer *vi.*
וואָלט הוו should, would
וואָלט דער (ן) volt
וואַלטאָג דער (...טעג) election day
וואָלטאַ'זש דער (ן) voltage
וואַליזע די (ס) △ וואַליזקע bag, suitcase
°וואַלײַ' אינט shoot!
וואַליק דער (עס) roller; bolster
וואַ'לליסטע די (ס) (election) ticket
וואַלן מצ election
וואָל'ן אַדי wool(en)
וואַלס דער (ן) waltz ‖ גיי|ן*/טאַנצ|ן אַ וו' waltz
וואַ'לעכל דאָס (עך) lively Jew. folk tune and dance
וואָלף דער (וועלף) △ וועלפל wolf
וואַלפיש דער (ן) whale
וואַלפישערײַ' דאָס whaling
וואָלפצאָן דער (...ציינער) canine tooth
וואַלץ דער (ן) roller
וואַלצאַרניע די (ס) rolling-mill
וואַלצ|ן וו ⊙ mill, roll (metal etc.)
וואָלקן דער (ס) cloud
וואָ'לקנבראָך דער (ן) cloudburst
וואָ'לקנדיק אַדי cloudy
וואָ'לקנדל דאָס (עך) (△ וואָלקן) puff
וואָ'לקן־קראַצער דער (ס) skyscraper
וואָלקעלאַ'ק דער (ן) werewolf
וואַמפּ דער (ן) tripe
וואַמפּי'ר דער (ן) vampire
וואַנדאַ'ל דער (ן) vandal
וואַנדאַליזם דער vandalism
וואַנדער... itinerant, migratory
וואַ'נדערונג די (ען) migration, wandering; hike
וואַ'נדער|ן וו ⊙ wander
וואַ'נדערער דער (ס) wanderer; vagabond
וואַנט די (ווענט) △ ווענטל wall ‖ צו|דריק|ן צו דער וו' push to the wall; insist ‖ רעד|ן צו דער וו' talk futilely, preach to the wind ⊦ זײַן* ווי אונטער דער וו' ‖ be downhearted, be in the dumps ‖ קריכ|ן אויף גלאַטע/גלײַכע ווענט strain futilely; attempt the impossible ‖ טאַפּ|ן די ווענט fumble
וואַ'נטגעוועב דאָס (ן) tapestry
וואַ'נטגעמעל דאָס (ן) mural
וואַנטזײַל דער (ן) stud
וואַני'ל דער vanilla

וואַנע די (ס) bath tub || מאַכ|ן אַ וו' take a bath

וואַנעט: פֿון וו'? from where? || דורך וו'? which way? ⊢ ביז וו'? up to where? ⊢ ביז וו' how long? until

וואַנען=וואַנעט

וואַ'נע־צימער דער (ס) bathroom

וואַנץ די (ן) bedbug

וואָנצע די (ס) half of a mustache || מצ mustache

וואָ'נצעלעך מצ (△ וואָנצעס) (animal's) whiskers

וואָס 1. פּראָ what || וו' פֿאַר why || וו' נאָר whatever || וו' פֿאַר אַ what kind of ⊢ וו' עס איז something, anything ⊢ וו' איז מיט...? what about...? || וו' איז? what's the matter? || וו' עפּעס? why in the world? ⊢ 2. פּראָ—רעל which, who, that ⊢ מיט דעם וו' in that || 3. קאָ that || איך בין צופֿרידן וו' דו ביסט דאָ I am glad that you are here || וו' וו' אָבער... anything but || וו'...ער as ... as possible ⊢ וואָס גיכער as quickly as possible ⊢ וואָס...ער אַלץ...ער the ... the ... || וו' גיכער אַלץ זי'כערער the faster the safer || וו' אַ מאָל...ער ...er every time || וו' אַ מאָל שענער more beautiful every time || ניט וו' not that || ניט וו' ער קען ניט it's not that he can't

וואַסאַ'ל דער (ן) vassal

וואַסער 1. דאָס (ן) water || אויפֿן וו' afloat; at sea ⊢ בלײַב|ן ווי אויפֿן וו' be left without support ⊢ ווי אַ וו' fluently || ווי אין וו' אַרײַ'ן completely lost || אַראָפּ|לאָז|ן דאָס וואַסער flush the toilet || 2. דער/דאָס (ן) (body of) water

וואָסער אַדי which, what, what kind of; some ⊢ וו' קאָליר which color || (אַ) וו'ע 30 קינדער some 30 children || וו' ... ס'זאָל ניט זײַן whatever

וואַ'סער־באַוואָרנט אַדי waterproof

וואַ'סערבין די (ען) drone

וואַ'סער־ברילן מצ water goggles

וואַ'סערדיק אַדי watery, wishy-washy

וואַ'סערוואָג די (ן) carpenter's level

וואַ'סער־טשערעפּאַכע די (ס) turtle

•וואַ'סער־לייטונג די plumbing

וואַ'סער־ליליע די (ס) water lily

וואַ'סערפֿאַל דער (ן) waterfall, falls

וואַ'סערפֿאַרב די (ן) water color

וואַ'סער־צייכן דער (ס) watermark

וואַ'סערקייט די (ן) quality

וואַ'סערקרענק די dropsy

וואַ'סערשטאָף דער hydrogen

וואַ'סערשטראַל דער (ן) jet (of water)

וואַ'סערשייד דער (ן) divide, watershed

וואַ'סערשרעק די hydrophobia, rabies

וואַפּנע די mortar; slaked lime

וואַפֿליע די (ס) waffle

וואָפֿן דער (ס) arm, weapon || מצ armaments

וואָ'פֿן־געיעג דאָס arms race

וואָ'פֿנרו די armistice

וואָ'פֿן־שטילשטאַנד דער (ן) armistice || (דערוויי'ליק|ער) וו' truce

וואָקאַבולאַ'ר דער (ן) vocabulary

וואָקאַ'ל דער (ן) vowel

וואַקאַ'נט אַדי vacant (office)

וואַקאַ'נץ די (ן) vacancy

וואַקאַציע די (ס) vacation

וואַ'קוום דער (ס) vacuum

וואָקזאַ'ל דער (ן) station building, terminal, depot

וואַקכאַנאַ'ליע די (ס) orgy

וואַ'קלדיק אַדי shaky, ramshackle, precarious, unsound

וואַקל|ען וו ◇ shake *vt.* || וו' זיך shake, wobble, waver, totter; hesitate, oscillate, vacillate

וואַ'קלעניש דאָס (ן) hesitation, fluctuation

וואַקס דער (ן) wax

וואַקסונג די growth; vegetation

וואַקס|ן[1] וו (איז געוואָקסן/געוואַקסן) grow, increase ⊢ וו' פֿון come, be derived, emanate from

וואַקס|ן[2] וו ◇ זען וועקסן וו

וואַ'קעווע|ן זיך וו ◇ sway, waddle, wobble

וואַקצי'ן דער (ען) vaccine

וואַקצינירונג די (ען) vaccination

וואַקציניר|ן וו ◇ vaccinate

וואָר די reality || אויף דער וו' in reality || פֿאַר וו' indeed, verily

וואָראָן דער (עס) raven

וואָראָנע די (ס) crow

וואַרבל דער (ען) vertebra

...וואַרג דאָס ...ware; equipment, gear

וואַרג|ן וו (געוואָרגן) choke *vt/imp* || וו' זיך choke *vi.* (on) ⟨מיט⟩

וואָ'רהאַפֿטיק אַדי veracious, truthful

'וואָרום זען (פֿאַר) וואָס

וואָ'רזאָגער דער (ס) ⊡ soothsayer, fortuneteller

וואָרזאָגערײַ' דאָס soothsaying || וו' (לויט פֿייגל) augury

וואָ'ר־חלום דער (ות) [KhOLEM—KhALOYMES] daydream

וואָרט דאָס (ווערטער) △ ווערטל word; promise, pledge ⊢ וו' אין וו', וו' פֿאַר וו' word for word, verbatim ⊢ מיט איין וו' in a word, in short ⊢ אויף מײַן וו' upon my honor ⊢ אַ וו' פֿאַר אַ וו' tit for tat || געב|ן* ⟨ד⟩ אַ וו' promise || געב|ן* זיך דאָס וו' אַז resolve that || האַלט|ן וו' keep one's word ⊢ זאָג|ן אַ גוט וו' ⟨פֿאַר⟩ put in a good word (for) ⊢ בעט|ן אַ וו' ask for the floor ⊢ נעמ|ען אַ/דאָס וו' take the floor ⊢ געב|ן* ד דאָס וו' give the floor to ⊢ נעמ|ען אַ וו' participate in a discussion, speak up ⊢ לאָז|ן פֿאַלן אַ וו' suggest ⟨אַז⟩ || רעד|ן ווערטער speak clearly/explicitly ⊢ ניט האָב|ן* קיין ווערטער be speechless || גלייבן ⟨ד⟩ אויפֿן וו' (אַז) take (sb.'s) word (for) || האַלט|ן/כאַפּ|ן אַ בײַם וו' take at one's word ⊢ מיטן האַרבן וו' strictly, explicitly ⊢ מאַכ|ן פֿון אַ וו' אַ קוואָרט exaggerate, make a mountain out of a molehill ⊢ פֿ״גל וואָרט פֿריִער

וואַרטאָרײַ' דאָס nursing

וואַ'רטאָרין די (ס) (sick)nurse

וואָרט־ווע'רטלעך אַדוו verbatim

וואַרטונג די (ען) expectation

וואַרט|ן וו (געוואַ'רט) ⟨אויף⟩ wait (for), await, be in store (for)

וואָ'רטנעמער דער (ס) ⊡ speaker (in a debate)

וואָ'רטסמאַן דער (וואָ'רטסלײַט) man of his word

וואָרט פֿריִער דאָס (ווערטער פֿריִער) foreword

וואָ'רטצייכן דער (ס) password

וואָרטקלאַס דער (ן) part of speech

וואָרטש דער (ן) growl

וואָרטשו'ן דער (ען) grumbler

וואָרטשע|ן וו ◈ grumble, growl

וואָרטשפּיל די/דאָס (ן) pun

וואַריאַבל דער (ען) variable

וואַריאיר|ן וו ◇ זען וואַרי:יר|ן

וואַריאַ'נט דער (ן) variant

וואַריאַציע די (ס) variation

וואַרי:יר|ן וו ◇ vary *vt/vi*

וואַריעטע' דער (ען) variety show

וואַרמעס דאָס (ן) warm meal; dinner

וואָרן דער warning

וואָרן קאָנ for, because

וואָ'רנדל דאָס (עך) (וואָרן △) warning signal

וואָ'רנוואָרט דאָס (...ווערטער) warning message

וואַרע¹: מאַכ|ן אַ וו' make way || מאַכט אַ וו'! gangway!

°וואַרע² די (ס) cloth, material

וואַרעם 1. אַדי warm; affectionate || 2. די warmth

וואָרעם דער (ווערעם) △ ווע'רעמל worm || °מיט גרינע ווערעם with great difficulty

וואָרעם קאָנ זען וואָרן קאָנ

וואַ'רעמבאָד דאָס (...בעדער) (water) resort, spa

וואַ'רעמהויז דאָס (...הײַזער) hothouse

וואַ'רעמ|ען וו ◈ heat *imp.* || וו' זיך warm oneself, bask

וואַ'רעמעס דאָס (ן) זען וואַרמעס

וואַ'רעמפֿלאַש די (...פֿלעשער) hot-water bottle

וואַ'רעמקייט די warmth; affection; fever

וואַ'רעם־קישעלע דאָס (ך) heating pad

וואָ'רענונג די (ען) warning, admonition,

⊢ מיט אַ קורצער וו' on short notice

וואָרעניע די (ס) jam

וואַרעניק דער (עס) cheese or jam filled dumpling

וואָ'רענ|ען וו ⟐ warn, admonish

וואָרף דער (ן) pitch, throw || אַ וו' טאָ|ן* throw *pf.*

וואָ'רפֿלקע די (ס) sling (weapon)

וואַרפֿ|ן וו (געוואָרפֿן) throw, cast, toss; shed (light) ⊢ אומפּ מיט/אַ (*rev. con.*) ⊢ עס וואַרפֿט מיט מיר I am shaking ⊢ וו' זיך wriggle, quiver; fret || וו' זיך ⟨אויף⟩ throw oneself (at), turn upon ⊢ וו' זיך ⟨מיט⟩ spend lavishly; lavish; utter freely

וואַרפֿער דער (ס) (baseball) pitcher

וואַרפֿשפּיז די (ן) javelin

וואַ'רפֿשפּיזל דאָס (עך) dart

וואָ'רצייכן דער (ס) omen, portent, augury

וואָרצל¹ דער (ען) △ ווערצל root; snag, stub ⊢ שלאָג|ן/לאָז|ן וו'ען take root || ביזן וו' radically

וואָרצל² דער (ען) △ ווערצל wart

וואָ'רצלדיק אַדי authentic, genuine

וואָרצל|ען וו ⟐ אין be rooted in

וואָרקע|ן וו ⟐ coo

וואָרשט די (ן) layer

וואַרשטאַ'ט דער (ן) workshop, shop; workbench

וואַרשטאַ'ט דער (וואַרשטע'ט) = ו ו אַ ר ש ט אַ ט

וואַרשע (די) Warsaw

וואַ'רשעווער אַדי—אינוו Warsaw

וואַ'שבעזעם דער (ער) wet mop

וואַשונג די (ען) washing; lotion

וואַשטיש דער (ן) washstand, (bathroom) sink

וואַ'שמאַשין די (ען) washing machine

וואַש|ן וו (געוואַשן) wash *vt.*; launder || וו' זיך wash *vi.*

וואַ'שעוודיק אַדי washable

וואַשעכץ דאָס wash (coloring)

וואַ'שצימער דער (ן) lavatory, bathroom

ווו 1. אַדוו (ד: וואַנעט) where || ווו' נאָר, ווו עס זאָל ניט זײַן wherever, anywhere || ווו ניט איז somewhere || ווו ניט ווו here and there ⊢ ווו אַהי'ן זען ו ו ו ה י ן || ווו ווו נאָר ניט ... anywhere but ... || ווו אַרומערט through where? which way? || **2.** ווו! אינט not at all!

וווּאַ'ל דער (ן) lady's veil

וווּהי'ן 1. אַדוו where to, whither || **2.** דער (ען) destination

ווויל (△ וווילער/ווײַלער) **1.** אַדי good, nice || ד וו' אומפּ זײַן* (*rev. con.*) be happy || ⊢ עס זאָל דיר/אײַך וו' באַקומען you are welcome ⊢ אים איז דאָ גוט און וו' he is very happy here ⊢ וו' איז דעם וואָס happy is he who || **2.** אַדוו well || וו' געפֿורעמט well-formed; shapely || **3.** דאָס welfare

ווויל־גיין: לאָז|ן זיך וו' have a fling, go on a spree

וווי'ל־דערצי'עריש אַדי educational

וווילזײַן דאָס welfare, well-being

וווילטאָג דער comfort, luxury, prosperity

וווי'לטאָגשיף די (ן) pleasure boat

וווי'לטויִק אַדי charitable, beneficial

וווי'לטוער דער (ס) ⊡ benefactor

'וווילטעטיק זען ו ו ו י ל ט ו י ִ ק

וווי'ל־טעמיק אַדי [TAMIK] tasteful

ווויל|ער־יו'נג דער (וווילע־יו'נגען) playboy

וווי'לעריש אַדי mischievous

ווויל־קע'נעוודיק אַדי learned, erudite

וווין דער (ען) habitat, abode

ווינ... residential || וווי'נגעגנט residential neighborhood ⊢ וווי'ן־באַדינגונגען housing conditions

וווינאָרט דער (...ערטער) residence, domicile

וווינונג די (ען) dwelling, residence, apartment

וווינ|ען וו ⟐ live, dwell, reside

וווינער דער (ס) ⊡ inmate

וווי'נצימער דער (ן) living room

ווויע|ן וו ⟐ howl

'וווּכער זען ו ו אָ כ ע ר

וווּלגאַ'ר אַדי vulgar

וווּלגאַ'רקייט די (ן) vulgarity

וווּלקאַ'ן דער (ען) volcano

וווּלקאַניש אַדי volcanic

וווּנד די (ן) wound, hurt, sore, injury

וווּנדער דער (ס) wonder, marvel || וו' איבער וו' something amazing

וווּנדער... amazing

•וווּ'נדערבאַר אַדי marvelous, wonderful

וווּ'נדערלעך אַדי marvelous, wonderful

וווּ'נדער|ן וו ◇ astonish, surprise *imp.* || וו' זיך ⟨אויף/וואָס⟩ wonder, marvel, be surprised (at/that)

וווּ'נדערקינד דאָס (ער) prodigy, child wonder

•וווּנטש דער (ן) wish

וווּנק דער (ען) wink, hint, inkling || געב|ן* ⟨ד⟩ אַ וו' beckon (to)

וווּקס דער (ן) growth; stature, (human) height

וווּקסיק אַדי tall

וווּרשט דער (ן) sausage, salami

וווּרשטל דאָס (עך) (וווּרשט △) frankfurter

וווּרשטערײַ' די (ען) delicatessen (store)

ווי 1. אַדוו how || ווי פֿיל how much, how many ⊢ ווי עס איז, ווי עס זאָל ניט זײַן anyhow, somehow, anyway ⊢ ווי נאָר no matter how ⊢ ווי דען? certainly! || ווי' נאָך how, by what means || נאָך ווי'! and how! ⊢ ווי וואָס it depends on the thing ⊢ ווי ווו/ווען/ווער it depends on the place/time/person ⊢ ווי אַרומערט how, in what way ⊢ ווי לאַנג/הויך ער איז his full length/height ⊢ ווי אַזוי' = ווי || 2. קאָנ as; like; than; when || ווי אויך as well as ⊢ ווי נאָך depending on || ווי נאָר no sooner than, once || אַזוי' ווי like; as, since ⊢ ניט ווי unlike || ווי צום ...סטן as ... as possible || ווי צום גיכסטן as soon/fast as possible || טאָג ווי נאַכט day and night

ווי:אַ פּרעפּ via

וויאָ! אינט giddy-up!

וויאַדו'קט דער (ן) viaduct

ווי אַזוי' אַדוו how

וויאָלאָנטשע'ל דער (ן) cello

וויאָלע די (ס) viola

וויאָלע'ט אַדי violet

וויאַל|ן וו ◇ fade *vi.*

וויאַנדזל|ען וו ◇ smoke (fish, meat)

וויאַנע|ן וו ◇ fade *vi.*

וויאָרסט דער (ן) verst, a measure of distance formerly used in Russia, equal to about .66 of a mile

ווי באַ'לד קאָנ as, since

וויבריי'ר דער (ן) (single) vibration

וויברירונג די vibration

וויברירן|ן וו ◇ vibrate *vi.* || לאָז|ן וו' vibrate *vt.*

וויג די (ן) cradle, crib

וויגברעט די (ער) seesaw

וויגליד דאָס (ער) lullaby

וויג|ן וו ◇ rock, swing *vt.* || וו' זיך rock *vi.*, sway, reel, totter

וויגשטול די/דער (ן) rocking chair

ווידוי די (ים) [VIDE—VIDUIM] (*Jew.*) confession of sins, as on Yom Kippur or before death

ווידלע די (ס) (hay) fork, pitchfork

•ווידמונג די (ען) dedication

•ווידמע|ן וו ◇ dedicate

ווי'דמע|נען זיך וו ◇ swarm

ווידער אַדוו again; on the other hand; re...; in turn ⊢ וו' באַטראַכט|ן reconsider ⊢ וו' אַ מאָל (over) again || וו' און אָבער again and again, over and over ⊢ וו' נעמ|ען אינפֿ resume ...ing || ווידער זשע on the other hand, in turn

ווידער דער (ס) ram

ווי'דעראויפֿקום דער revival

ווידעראַנאַ'נד דער (ן) contrast, contradiction

•ווי'דערדערוויילונג די reelection

ווידערהאָלן זען א י ב ע ר ח ז ר ן

ווידערווילן זען ד ע ר ו ו י ד ע ר

ווי'דערטעם דער [...TAM] (unpleasant) aftertaste

ווי'דערטרעף דער (ן) reunion

ווי'דערצ|ן וו—אומפּ ◇ ⟨ד פֿון⟩ (*rev. con.*) revolt, nauseate, bore

ווי'דערקול דאָס (ות) [...KOL—KOYLES] echo

°ווי'דערשטאַנד דער opposition, resistance

ווי'דערשפּעניק אַדי rebellious, restive, recalcitrant, insubordinate

ווי'דערשפּעניקייט די insubordination

ווידער|שפּע'ניק|ן וו ⟐ ⟨קעגן⟩ rebel

ווידרע די (ס) otter

וויוואַ'ט .1 אינט long live, hurrah, three cheers ⊢ .2 דער (ן) cheer

ווי ווי'ל קאָנ although

וויזאַווי' פּרעפּ vis-à-vis

וויזוע'ל אַדי visual

וויזי'ט דער (ן) visit

וויזיטאַציע די (ס) visitation, inspection

וויזי'ט־קאַרטל דאָס (עך) calling card

ווי'זיע די (ס) (prophetic) vision

וויזי'ר דער (ן) vizier

ווי'זלטיר דאָס (ן) bison, aurochs

וויזע די (ס) visa

ווי'זעלע דאָס (ך) weasel

וויטאַליטע'ט די vitality

וויטאַמי'ן דער (ען) vitamin

וויטע|ן זיך וו ⟐ greet each other ‖ וו' זיך מיט greet

וויטריך דער (ן) skeleton key

וויטרינע די (ס) display case, shop window, showcase

ווײ .1 דער (ען) throe, pain ‖ מצ birth pangs, labor ‖ .2 אינט alas, woe! ⊢ וו' איז מיר! my goodness! woe is me! ⊢ וו' איז דעם וואָס woe to him who; unhappy is he who ⊢ ווײ איז דעם קינד! the poor child! ⊢ פֿ״גל ווײ טאָ|ן

ווײַב דאָס/די (ער) wife ‖ מצ also women

ווײַבל דאָס (עך) (ווײַב ◬) young married woman; eye (loop) ⊢ יונג וו' bride

ווײַבלעך אַדי female; feminine

ווײַ'בערטײַטש דער old Yiddish type face

ווײַ'בערניק דער (עס) lady-killer

ווײַבערש אַדי (*iro.*) women's, feminine

ווײ'געשריי דאָס (ען) lament, outcry

ווײדל דער (ען) tail

ווײַז... visual

...ווײַז while a, as a ...; by, in groups of ... ⊢ קינדווײַז as a child ‖ בי'סלעכווײַז by bits ⊢ טיי'לנווײַז by parts

ווײַ'זגעבונג די (ען) phenomenon; apparition, specter

ווײַזונג די (ען) showing, screening; (TV) show ⊢ פּאָרווי'סיק|ע וו' preview

ווײַ'זזאַל דער (ן) showroom

ווײַזיק אַדי indicative

ווײַז|ן וו (געוויזן) show; screen, present; (clock, dial) read *vi.* ⊢ וו' אויף point to ‖ וו' זיך show up, appear

ווײַזער דער (ס) hand (of a clock/watch); needle (of an instrument)

ווײַ'זפֿינגער דער (—) index finger, forefinger

ווײַ'זפֿענצטער דער (—) show window

ווײַט .1 אַדי far(away), distant, remote ‖ פֿון וו'ן, פֿון (דער) ווײַטנס from afar, from a distance ⊢ האַלט|ן פֿון דער וו'ן hold at bay ⊢ וו' און ברייט far and wide ⊢ .2 אַדוו by far ‖ דער וו' גרעסטער the largest by far ⊢ ניט ווײַט פֿון off ‖ גאָר וו' very far; to great lengths ‖ ניט וו' (פֿון דאָרטן) nearby ‖ האַלט|ן וו' be advanced

ווײַט... long-distance ‖ ווײַטקלונג long-distance phone call

ווייטאָג דער (ן) זען ו ו ײ ט י ק

ווײטאָגדיק אַדי זען ו ו ײ ט י ק ד י ק

ווײ טאָ|ן* וו (ווײ געטאָ'ן) ⟨ד⟩ hurt, ache, pain ⊢ די האַנט טוט מיר ווײ my hand hurts, my hand is sore

ווײַ'טגרייכיק אַדי sweeping, far-reaching, long-range

ווײַ'טהאַלטער דער (ס) ⊡ advanced student ‖ רוסיש פֿאַר וו'ס advanced Russian

°ווײַ'טזיכטיק = ו ו ײַ ט ז ע ִי ק

ווײַ'טזעיִק אַדי far-sighted

ווייטיק דער (ן) pain, ache, hurt

ווײַטיק אַדי remote

ווײ'טיקדיק אַדי painful, sore

ווײַ'ט־מהלכדיק אַדי [MEHA'LEKhDIK] long-range

ווײַטער .1 אַדוו next, further, then; on, away; sub... ⊢ 5 מײַל וו' 5 miles away

|| וו' פֿאַרדינג|ען sublease || וו' פֿון continue to, persist in, וו' וו ⊢ beyond || continue to וו' שרײַב|ן ⊢ go on ...ing || continue (stg.) וו' פֿיר|ן אַ ⊢ write האַלט|ן וו' ⟨פֿון⟩ be ahead (of) || וואָס וו' אַלץ ...ער more and more ... || עס ווערט it's getting worse וואָס וו' אַלץ ערגער and worse ⊢ 2. אינט go on!

ווײַ'טערדיק אַדי* further, subsequent, following, additional, ulterior

ווײַטער|פֿיר|ן וו ◇ continue *vt.*

ווײַ'ט פֿלי'ענדיק אַדי long-range

ווײַטקייט די (ן) distance

ווײַ'טקייט־מעסטער דער (ס) range finder

ווייך אַדי soft, tender

ווייכביין דער cartilage

ווײַכ|ן וו ◇ eschew || וו' פֿון shun, avoid, keep away from; depart from (a theme)

ווײ'כעניש די pulp

ווייכקייט די softness, tenderness; indulgence

ווײַל די (ן) while, spell

ווײַל קאָ because, since; as long as

ווײַלונג די (ען) recreation

ווײלז (דאָס) Wales

•וויילן וו ◇ elect *imp.*

ווײַל|ן וו ◇ stay || וו' זיך enjoy oneself, have a good time

ווײַלע די (ס) △ ווײַ'ליטשקע while || אַלע וו' frequently, constantly; intermittently

ווײלער דער (ס) voter, constituent; elector

ווײ'לערשאַפֿט די (ן) constituency; electorate

ווײ'לשטײַער דער (ן) poll tax

ווײַמפּערל דאָס (עך) currant

ווײַן דער (ען) wine || ווילד|ער וו' ivy; vine

ווײַ'נגאָרטן דער (...גערטנער) vineyard

ווײנדל דער (ען) זען ו ו י י ד ל

ווײַ'נהאַנדל דער (ען) wine/liquor store

ווײַנטרויב די (ן) grape

ווייניק אַדי few, little || וו' וואָס not enough that

ווײַניק אַדי winy, juicy

ווײ'ניקסטנס אַדוו at least

וויינ|ען וו ◇ weep, cry

וויינער דער (ס) ◻קע crybaby

ווײ'נעריש אַדי plaintive, tearful

ווײַנשטאָק דער (ן) vine

ווײַנשל דער (—) sour cherry || מאַכ|ן אַ וו' (פֿון די ליפּן) pucker (one's lips)

ווייס זען ו ו י ס ן

ווײַס אַדי white

ווײַסבוך דאָס (...ביכער) White Paper

ווײַסברויט דאָס white bread

ווייסט זען ו ו י ס ן

ווײַסל דאָס (עך) (egg)white; white of eye; albumen

ווײַסל די Vistula

וויסן זען ו ו י ס ן

ווייסעכץ דאָס lore

ווײַס|ער־חבֿרהניק דער—געב (ווײַסע־חבֿרהניקעס) [KhE'VRENIK] urchin

ווײַסצײַג דאָס linen

ווײַ'ס־קאָ'לנערדיק אַדי white-collar

ווײַ'ס־קאָ'לנערניק דער (ס) ◻–ניצע white-collar worker

ווייע דער (ן) flurry

ווייע|ן וו ◇ (wind) blow; winnow

ווייען מצ זען ו ו י י

ווייץ דער wheat || ווייצ'ן אַדי

וויק|ן (זיך) וו ◇ soak *vt/vi*

וויקשאַפֿ(ט) דער (ן) soaking dish, esp. for ritual preparation of meat

ווײַרעך דער incense

וויכוח דער (ים) [VIKUEKh—VIKUKhIM] debate

וויכטיק אַדי important, major || ניט וו' unimportant, immaterial ⊢ האַלט|ן פֿאַר וו' attach importance to

ווי'כטיקייט די importance

ווי'כטיקסט אַדי* (וויכטיק △△) foremost

וויכער דער (ס) whirlwind

ווי'כער|ן וו ◇ whirl, rush *vi.*

וויל זען ו ו ע ל ן

ווילגאָטנע אַדי damp

ווילד אַדי wild, savage, mad; absurd;

egregious; °terrific ⊢ ווי' ווער|ן go mad || ווי' פֿרעמד completely strange

ווילדגראָז דאָס weeds (*coll.*)

ווי'לדוויליק אַדי arbitrary

ווי'לדווילן דער arbitrariness

ווי'לדעווע|ן וו ⟐ rage, rampage

ווי'לדעניש די (ן) wilderness

ווילד|ער דער–געב savage

ווילדפֿלייש דאָס proud flesh

ווילדקייט די savagery; wildness; absurdity

ווילט זען וועלן

וויליק אַדי willing

ווי'ליקייט די willingness

ווילן דער (ס) will || גוט|ער ווי' goodwill, benevolence ⊢ ווען אײַער ווי' איז at your pleasure

ווילן וו זען וועלן

ווי'לנדיק אַדוו intentionally || ניט ווי' unintentionally ⊢ ווי' ניט־ווי' willy-nilly

ווילנע (די) Vilna, Vilnius

ווילנע אַדי fluffy

ווילסט זען וועלן

ווילע די (ס) villa

ווי'מפּער|ן וו ⟐ whimper

ווי'מפּערניש דאָס whimper

ווין (דאָס) Vienna

ווינד אינט woe || ווי' איז מיר! woe is me! || ווי' און וויי alas and alack

ווינדל דאָס (עך) △ ווי'נדעלע diaper || מצ swaddling clothes

ווינט דער (ן) wind

ווי'נטברילן מצ goggles

ווינטיק אַדי windy

ווינטל דאָס (עך) (△ ווינט) breeze

ווי'נטלדיק אַדי breezy

ווינטמיל די (ן) windmill

ווינטער 1. דער (ן/ס) winter || 2. אַדוו in the winter

ווי'נטערבײַלן מצ chilblains

ווי'נטערדיק אַדי winter, wintry

ווי'נטערלעב אַדוו in the wintertime

ווי'נטער|ן וו ⟐ hibernate; spend the winter

ווי'נטערצײַט אַדוו in the winter

ווי'נטפּאָקן מצ chicken pox

ווי'נטשברונעם דער (ס) wishing well

ווינטשויב די (ן) windshield

ווי'נטשויפֿל|ען וו ⟐ winnow

ווינטשונג די (ען) wish

ווינטש|ן וו (געווונטשן) wish

ווינטשעוואַניע די (ס) good wish, congratulation

ווי'נטשעווע|ן וו ⟐ ⟨ד⟩ congratulate, wish

ווי'נטש־פֿינגערל דאָס (עך) wishing ring

וויניע'ט דער (ן) vignette

ווינציק זען ווייניק

ווינקל דער (ען) angle; corner; part (of a region); groin

ווי'נקל־אַדוואָקאַט דער (ן) pettifogger

ווי'נקלבראָך דער (ן) hernia, rupture

ווי'נקלדיק אַדי angular

ווי'נקל־מעסטער דער (ס) protractor

ווי'נקלשטיין דער (ער) cornerstone

ווי'נקעלע דאָס (ך) (△ ווינקל) nook

ווינק|ען וו (געווונקען) ⟨ד⟩ beckon, wink (to)

וויסט אַדי deserted, bleak, desolate; dismal, waste ⊢ ווי' און לער waste and void

וויסטע: אויף ווי' at sight || שפּיל|ן אויף ווי' play at sight

ווי'סטעניש די (ן) waste, arid area

וויסטקייט די desolation

וויסיק אַדי conscious

ווי'סיקייט די consciousness, awareness

וויסן 1. דאָס knowledge; learning; lore || 2. וו (וויס, וויסט, ווייס(ט), וויסן, ווייסט, וויסן; געווו'סט) know || ווי' פֿון know of, be aware of ⊢ ניט ווי' be ignorant (of) ⊢ לאָז|ן ווי' אַ, געב|ן* צו ווי' ד inform, notify, send word, advise ⊢ וועל|ן* ווי' *also* wonder ⊢ אויף ווי'פֿל איך ווייס to my knowledge ⊢ מע קען ניט ווי' you can't tell, there is no telling || ניט ווי' ווי דער קאַץ דעם עק צו פֿאַרבינדן be helpless ⊢ גיי ווייס! how am I supposed to know? do I know? || ווייס איך וואָס! tut! pooh! nonsense! fiddlesticks! ⊢ כ'ווייס? well (*hesitation*)

וויסנדיק אדוו knowingly || ניט וו' unaware ⊢ מאַכ|ן זיך ניט וו' ⟨וועגן⟩ feign ignorance (of); ignore

וויסן זײַן* וו know (*infin., imperative*) || דו זאָלסט וו' זײַן, איר זאָלט וו' זײַן I'll have you know ⊢ זײַ(ט) וו' be advised; know ye

ווי'סנשאַפֿט 1. די (ן) science, scholarship || 2. דאָס knowledge

ווי'סנשאַפֿטלעך אדי scientific, scholarly

ווי'סנשאַפֿטלער דער (ס) ⊡ scientist, scholar

וויספּע די (ס) islet

וויסקי דער (ס) whisky

וויִע די (ס) eyelash

ווי:'ערנאָך אדוו how, by what means

ווי פֿיל = וויפֿל

וויפֿל 1. אדי—אינוו how many || 2. אדוו how much ⊢ אויף וו' insofar as || אויף וו' איך וויים/קען to the best of my knowledge/ability

וויפֿל-ווע'ר דער score (in a game)

וויפֿלט אדי which (in order) || דער ווי'פֿל-טער? which one? the third דער דריטער || דער ווי'פֿלטער איז הײַנט? what is today's date?

ווי'פֿלטל: אַ וו' what (fractional) part

וויפֿלער דער (ס) quotient

וויץ דער (ן) joke, jest

וויצבילד דאָס (ער) cartoon

וויציק אדי witty, funny

ווי'ציקייט די wit

וויצלינג דער (ען) wit, wag

וויצל|ען זיך וו ⟐ joke

וויצע.. vice... || ווי'צעפּרעזידענט vice-president

ווי'צעגובערנאַטאָר דער (...אָ'רן) lieutenant-governor

וויקאָ'נט דער (ן) viscount

וויקאַ'ר דער (ן) vicar (cleric)

וויקל דער (ען) spin

ווי'קלטרעפּ די (ן) escalator

וויקל|ען וו ⟐ wrap, swaddle *imp.* || וו' זיך wind *vi.*; spin

ווי'קלקינד דאָס (ער) baby, infant

ווי'קלשנור די (ן) legging; long swaddling cloth

ווי'קעלע דאָס (ך) (וויקל △) diaper || מצ swaddling clothes ⊢ אין די וו'ך (*fig.*) in its beginnings

ווירבל|ען (זיך) וו ⟐ whirl; seethe

ווירוס דער (ן) virus

ווי־רו'פֿט־מען־עס דער what-d'ye-call-it

ווירטואָ'ז דער (ן) virtuoso || ווירטואָ'ז אדי

ווירטואָזקייט די virtuosity

'ווירטשאַפֿט זעו בעל־הבתּישקייט, עקאָנאָמיע

'ווירטשאַפֿטלעך זעו עקאָנאָמיש

ווירע די (ס) ruler, straightedge

ווירע|ן וו ⟐ line, rule

ווירצונג די seasoning

ווירצ|ן וו ⟐ spice, season

ווירק דער (ן) effect, impact

ווירקונג די (ען) effect

'ווירקלעך זעו אמת, אמתדיק, באמת, טאַקע

•ווירקלעכקייט די reality; realities

ווירק|ן וו ⟐ ⟨אויף⟩ have an effect upon, affect, prevail upon; be active || לאָז|ן וו' bring to bear || נעמ|ען וו' take effect

ווי'רקעוודיק אדי effective, telling

וויש דער (ן) wipe; blur

ווי'שבעזעם דער (ס) (dry) mop

ווישל דאָס (עך) wisp

וויש|ן וו ⟐ dry, wipe *imp.*

ווישניק דער cherry brandy

ווישער דער (ס) swab; mop; window wiper

ווי'שפּאַפּירל דאָס (עך) paper tissue

וויתור דער (ים) [VITER—VITURIM] waiver

ולד דער (ן) [VLAD] fetus

וסת די [VEST] menses || האָב|ן* די וו' menstruate

ווע דער (ען) (the letter) V

וועבל דאָס linen

וועב|ן וו ⟐ weave *imp.* || וו' זיך shape up, take shape

וועבער דער (ס) ⊡/קע weaver

וועבערײַ' די (ען) 1. weaving plant || 2. דאָס weaving (craft)

וועבשטול די (ן) (weaving) loom

ווע'בשיפֿל דאָס (עך) shuttle

וועג דער (ן) way, road, path, drive; journey ⊢ אויסן וו' out of the way || אונטער וועג(נ)ס on the way || אין/פֿאַר אײ'ן וועגס at the same time || אַהי'ן (צו) וו'ס on the way there || צורי'ק (צו) וו'ס on the way back ⊢ אַ שטיק וו'(ס) part of the way ⊢ אין וו' under way || אויפֿן האַלבן וו' halfway || אַנ|ליי'ג|ן וו' go out of the way ⊢ וויַז|ן° ד דעם וועג out of the way ⊢ לאָז|ן זיך אין וו' throw (sb.) out ⊢ get under way ⊢ נעמ|ען דעם וו' take off, set out ⊢ שטיי|ן* ⟨ד⟩ אין וו' be in the way (of) ⊢ רעד|ן פֿון וו' speak deliriously || אַראָפּ|גיי|ן* פֿון (גלײַכן) וו' go astray || אַראָפּ|פֿיר|ן פֿון (גלײַכן) וו' lead astray, sidetrack

וועגגעלט דאָס road toll

ווע'גוויַזיק אַדי trailblazing

ווע'גוויַזער דער (ס) ⊡ guide; guidebook

וועגל דאָס (עך) (וועג ∆) trail, path

ווע'גלאַנטעך דער (ן) dufflebag

וועג|ן וו (געווויגן) weigh *vt/vi*

וועגן פּרעפּ about, regarding, on || פֿון וו' because of, for the sake of ⊢ צו וו' ברענג|ען bring on, bring about

ווע'גנדל דאָס (עך) (וואָגן ∆) hand truck

וועגס זען וועג

וועגס... traveling || ווע'גסקליידער traveling clothes

וועגסטשעק דער (ן) traveler's check

וועגסמאַן דער (וועגסלײַט) voyager, traveler

וועגעטאַריאַנער דער (ס) = וועגעטאַריער

וועגעטאַריער דער (—) ⊡ vegetarian

וועגעטאַריש אַדי vegetarian

וועגעטיר|ן וו ◇ vegetate

וועד אַרבע אַרצות דער [VAAD ARBA AROTSES] the Council of Four Lands, an autonomous Jew. governing body in Eastern Europe in the 16th–18th centuries

וועדליק פּרעפּ according to, considering, relative to ⊢ וו' דעם accordingly

ווע'דליקייט די relativity

ווע'ווערקע די (ס) squirrel

וועווריק דער (ס) squirrel; urchin || (געשטרײַפּט|ער) וו' chipmunk

וועט דער (ן) bet, wager

וועט הוו זען וועל

וועטאָ דער (ס) veto

וועטאָיר|ן וו ◇ veto

ווע'טאָרעכט דאָס veto power

וועט־זײַ'ן דער future

וועט|ן זיך וו (געוועט) ⟨מיט ... אויף⟩ bet, wager ⊢ איך וועט זיך מיט דיר אויף $5 I bet you $5

וועטער דער (ן) weather

וועטעראַ'ן דער (ען) veteran

ווע'טער־ביוראָ דאָס (ען) weather bureau

וועטערינאַ'ר דער (ן) veterinarian

וועטערינאַריע די veterinary medicine

וועטערינאַריש אַדי veterinarian

ווע'טער־נבֿיא דער (ים) [NOVI—NEVIIM] weatherman

ווע'טשערע די (ס) supper

וועכטער דער (ס) ⊡ guard, sentry, watchman

'וועכנטלעך זען וואָכנ..., וואָכנדיק

וועל הוו (וועל, וועסט, וועט, וועלן, וועט, וועלן) (*used in forming the future tense*) shall, will

וועלאָסיפּע'ד דער (ן) bicycle

ווע'לגער|ן וו ⊙ roll *vt.*

וועלדל דאָס (עך) (וואַלד ∆) grove

וועלדערײַ' דאָס forestry

ווע'לדערער דער (ס) forester, forest ranger

וועלונג די (ען) desire

וועלט די (ן) world; the people of the world ⊢ אַ וו' ⟨מיט⟩ a lot (of) || די' וו' this world ⊢ יע'נע וו', די אמת|ע וו' [E'MESE] the next world, the hereafter ⊢ אויף דער וו' in the world || איי'נער אין דער וו' unique || ברענג|ען אויף דער וו' bring into the world || ס'איז אויס וו' it's the end of the world ||

אויף וואָס די וו' שטייט full blast, with might and main ⊢ ווו די וו' האָט אַן עק (to) the ends of the earth ⊢ אַוועק|גיי|ן* פֿון דער וו' pass away ‖ קער|ן/אײַנ|לייג|ן וו'|ן move heaven and earth ‖ איבער|קער|ן די וו' cause a great stir ⊢ אין דער וו' אַרײַ'ן aimless, in vain ‖ ווויל ווי די וו' happy, blissful

וועלט... global, world-wide

וועלטבאַנעם דער (עז) weltanschauung

וועלט באַרי'מט אַדי world famous

וועלטבליק דער (ן) weltanschauung

וועלטטייל דער (ן) continent

וועלטלעך אַדי secular, profane, mundane

וועלט־מלחמה די (—ות) [MILKhOME] World War

וועלטסווערטל דאָס (עך) proverb

וועלטסמענטש דער (ן) worldly person

וועלטש'ן אַדי זען נוס

וועלך 1. אַדי/פּראָנ which, what (one) ‖ וו' ... ס'זאָל ניט זײַן whatever ‖ 2. פּראָנ—רעל which, who, that ⊢ וו'|ער ס'זאָל ניט זײַן whichever

וועל'מיר = וועלן (הוו) מיר

וועל|ן¹ וו (וויל, ווילסט, וויל, ווילן, ווילט, ווילן; געוואָ'לט) want, wish ‖ בעסער וו' prefer ⊢ ניט וו' אינפֿ also hate to ‖ איך וואָלט וו' I should like (to) ‖ זייער/שטאַרק וו' be eager for ‖ פֿ'גל ווילנדיק; וועלן זיך

וועל|ן² וו (⊙/געוואָלן) boil (milk)

וועלן הוו זען וועל

וועל|ן* זיך וו—אומפּ (עס ווילט זיך) ⟨ד⟩ (rev. con.) have a yen for, wish to, feel like ‖ עס ווילט זיך מיר זינגען I feel like singing ⊢ ווי/ווען ד ווילט זיך at will

וועלעניש דאָס (ן) desire

°וועלער דער urge; greed; lust; greedy person

וועלפֿיש אַדי wolfish, ravenous (appetite)

וועלק|ן וו ⊙ fade, wither *vi.*

וועלשיש אַדי Welsh

וועמען פּראָנ (נאָם: ווער) whom

וועמע(נ)ס פּאָס אַדי whose

ווען 1. אַדוו when ‖ וו' נאָר whenever ‖ וו' עס איז sometimes, ever ‖ וו' ניט וו' occasionally, by fits and starts ‖ וו' וו' נאָר ניט... any time but ‖ 2. קאָנ if, as

ווענגער דער (ס) eel

ווענד דער (ן) turn

ווענדונג די (ען) turn; turn of speech; message (address); application

ווענד|ן וו (⊙/געוואָנדן) turn, direct ‖ וו' אויף level at ‖ וו' זיך ⟨צו ... נאָך⟩ turn to for, call upon, solicit (sb.) for

ווענדן זיך וו ⊙ turn to

ווענדפּונקט דער (ן) landmark; turning point

•ווענדקע די (ס) זען ווענטקע

ווענוס (די) Venus

ווענטי'ל דער (ן) valve, vent, outlet

ווענטילאַטאָר דער (...אָ'רן) (electric) fan

ווענטילאַציע די ventilation

ווענטיליר|ן וו ◇ ventilate

ווענטל דאָס (עך) (וואַנט △) wall, screen ‖ שפּאַניש וו' folding screen

ווענטקע די (ס) fishing rod

ווענס אַדוו ever

ווענע די (ס) vein

ווענעריש אַדי venereal

ווענסט הוו זען וועל

וועסטל דאָס (עך) vest

וועסלע די (ס) oar

וועסנע די (ס) spring (season)

וועספּ די (ן) wasp

וועפּ דער (ן) = וועפּעכץ

וועפּעכץ דאָס (ן) vapor

וועקזייגער דער (ס) alarm clock

וועק|ן וו ⊙ awaken, wake *vt/imp*

וועקנדיק אַדי rousing, suggestive

וועקסל דער (ען) promissory note, I.O.U.

וועקס'ן אַדי wax

וועקס|ן וו ⊙ wax, polish

וועקער דער (ס) alarm clock

ווער פּראָנ (ד/אַ: וועמען) who ‖ וו' נאָר whoever; anybody who, anyone who ‖ וו' וו' נאָר ניט... anybody but ‖ וו' עס

זאָל ניט זײַן anybody || וו' דאָקטער וואָס דאָקטער? who said anything about a doctor?

ווערב דער (ן) verb

ווערבאַ'ל אַדי verbal (of a verb)

ווערביר|ן װ ◇ solicit, recruit *imp.*, canvass

ווערבע די (ס) willow || ווײַ'נע(נ)דיקע וו' weeping willow

ווערג|ן װ (געוואָרגן) זען וואַרגן

ווערגשלייף דער (ן) hangman's noose

ווערדיק אַדי worthy; dignified

ווערדי'קט דער (ן) verdict

ווערדע די (ס) worth, significance; stature, dignity ⊢ ניט האָב|ן* קיין וו' be of no account

ווערט 1. אַפּ worth, worthy || זײַן* וו' צ be worth; deserve, be entitled to 2. די/דער (ן) worth, value, merit || זײַן*/האָב|ן* די וו' נאָם be worth

ווערטאַנעס די (ן) efficient housewife

ווע'רטאָפּשאַץ דער (ן) value judgment

ווערטיק אַדי valuable

ווערטיקאַ'ל אַדי vertical

ווערטל דאָס (עך) saying

ווערטל|ען זיך װ ⊙ joke, be witty

ווע'רטער־אוצר דער [OYTSER] vocabulary

ווע'רטערבוך דאָס/דער (...ביכער) △ ווע'רטער־ביכל dictionary

ווע'רטערדיק אַדי verbose, wordy

ווע'רטערשפּיל די/דאָס (ן) pun, play on words

ווע'רטפּאַפּירן מצ securities

•ווערטפֿול אַדי valuable

ווערמוט דער vermouth

ווערמי'ל דער vermilion

ווער|ן¹ װ (איז געוואָרן) become, turn, get, grow, set in ⊢ ער איז געוואָרן 50 יאָר he turned 50 ⊢ האַלט|ן אין וו' be in the making ⊢ פֿ"נל ניט ווערן

ווער|ן² זיך װ ⊙ defend oneself, struggle

ווערעך דער heap (in a spoon) || מיט אַ וו' heaping (spoonful)

ווע'רעמדיק אַדי wormy, worm-eaten

ווערף די (ן) wharf

ווערפֿל דער (—) die || מצ dice

ווערצל¹ דאָס (עך) (וואָרצל¹ △) root || אַ וו' כריין a horseradish root

ווערצל² דאָס (עך) (וואָרצל² △) wart

ווערק דאָס (—) opus, work (of art, etc.)

וועש דאָס wash, laundry; underwear, linen

וועשין די (ס) laundress, washerwoman

וועשערײַ' די (ען) laundry

ווע'שערין די (ס) זען וועשין

ווע'שקויבער דער (ס) laundry hamper

ווע'שקלאַמער דער (ן) clothespin

וורак דער (ן) wreck, wreckage

ווושט דער (ן) [VEYShET] gullet, esophagus

וותרן דער (ים) □טע [VATREN—VATRONIM] generous person

וותרנות דאָס [VATRONES] generosity

וי [VOV YUD] combination of the letters ו and י, representing the diphthong [OY]

°ויִבֿרח [VAYIVREKh]: מאַכ|ן ו' (*hum.*) run away, take to one's heels

ויהי דער (ען) [VAYHI'] calamity || אין איין ו' in a jiffy

ויצעקו דער [VAY(I)TSAKU] howl, hue and cry ⊢ מאַכ|ן אַ ו' howl, raise a hue and cry

ויקראָ [VAYIKRO] Leviticus

וכדומה פֿר [VEKEDOYME] et cetera

וכ' = וכדומה

וכּדומה פֿר [UKhDOYME] et cetera

ונתנה־תּוקף דער [UNSANE-TO'YKEF] a hymn recited on High Holidays, describing the Day of Judgment ⊢ גיי לאָד מיך צום ו' report me to the Heavenly Court; you can't touch me!

•וסת זען ווסת

ועל־כּולם אַדוו [VEALKULEM] and above all

וצדקתך דער (ס) [VE'YTSITKOSKhO] holier-than-thou person

...ו'ק דער (עס) *suffix expressing contempt* ⊢ שוסטערו'ק contemptible cobbler

ז

ז דער/די [ZAYEN] letter of the Yiddish alphabet; pronounced [z]; numerical value: 7; *cf.* **זש**

ז'=זײַט(ל) p.

זאָאָ־גאָרטן דער (...גערטנער) zoo

זאָאָ־גערטנער דער (ס) zookeeper

זאָאָלאָ'ג דער (ן) zoologist

זאָאָלאָגיע די zoology

זאָאָלאָגיש אַדי zoological

זאָגטער דער (ס) informer, telltale

זאָג|ן וו ◇ say, tell, state, speak *vt.* || האָב|ן* צו ז' have a say || לאָמיר ז' let us say, suppose ⊢ וואָס דו זאָגסט! וואָס איר זאָגט! פּ"ל you don't say! || ג ע ז אָ ג ט

זאָגער דער (ס) ⊡ announcer

זאָ'גערקע די (ס) woman who reads prayers in the women's section of the synagogue, for the other women to repeat

•**זאָדע** די זען ס אָ ד ע

•**זאַהיקע|ן זיך** וו ◇ stutter

זאַוואָ'ד דער (ן) plant, works; stud (of horses)

זאַווּליק דער (עס) alley

זאַווײ' דער (ען) (snow)drift

זאַוויסע די (ס) hinge

זאַווערוכע די (ס) blizzard

זאַט אַדי satisfied, full || צו ז' one's fill ⊢ עס|ן צו ז' eat one's fill || זײַן* ז' ⟨פֿון⟩ be fed up (with), be tired (of)

זאָט די boiling water || אָפּ|גיס|ן מיט ז' ⊢ *also* denounce (אָקערשט) פֿון דער ז' boiling hot

זאָטל דער/דאָס (ען) saddle

זאַטקייט די fullness, satiety

זאַטשעפּע|ן וו ◇ זען פּ אַ ט ש ע פּ ע ן

זאַך די (ן) thing; business; cause || גוטע־ז'ן candy || דאָס איז די ז' that's the point ⊢ דאָס איז מײַ'ן ז' that is my business ⊢ ניט דײַ'ן/אײַ'ער ז'! none of your business! ⊢ קיין ז' ניט nothing, (not) anything ⊢ צו דער ז' relevant, to the point ⊢ ניט צו דער ז' irrelevant, beside the point ⊢ מיט אַלע זיבן ז'ן with all the appurtenances ⊢ זײַן* פֿון די גרינגע ז'ן be an easy matter

זאַך: די געלע ז' yellow jaundice

זאַכוואָרט דאָס (...ווערטער) noun

זאַכט אַדי tranquil

זאַכלעך אַדי matter-of-fact; to the point; •neuter (gender)

זאַכ|ן וו ◇ (*cont.*) be ill

זאַ'כעניש דאָס (ן) (*iro.*) thing

זאַל 1. דער (ן) hall; auditorium || **2.** די (ן) parlor

זאַלב די (ן) salve, ointment

זאַלב|ן וו ◇ salve; anoint

זאַלבע אַדוו (*with numerals*) together, in a group of ⊢ ז' דרי'ט three together, in a group of three ⊢ ז' פֿע'רט four together, in a group of four

זאַלבענאַ'נד אַדוו two together; the two of us/you/them

זאָל|ן* הוו (ער זאָל; געזאָ'לט) ought, should

‖ זאָל ער/זי אינפֿ let him/her ‖ ז' האָבן אינפֿ allegedly ⊢ ער זאָל האָבן דאָ געווען he was allegedly here ⊢ וואָס עס זאָל ניט זײַן anything ⊢ ווער עס זאָל ניט זײַן anybody

זאַלפּ דער (ן) volley, salvo

זאַלץ די/דאָס (ן) salt ‖ שיט|ן ⟨ד⟩ ז' אויף די וווּנדן rub it in

זאַ'לצמעסטל דאָס (עך) salt cellar

זאַלצ|ן וו ⟐ salt *imp.*

זאַמד דאָס/דער (ן/זעמד) sand ‖ שיט|ן ד ז' אין די אויגן throw dust into the eyes of

זאַמדבאַנק די (...בענק) shoal

זאַמדיק אַדי sandy

זאַ'מדקאַסטן דער (ס) sandbox

זאַמלונג די (ען) collection, compilation

זאַמל|ען (זיך) וו ⟐ gather, collect *vt/vi* (*imp.*)

זאַמלער דער (ס) ⊡ collector

זאַמ|ען זיך וו ⟐ linger, dally, tarry

זאָמען דער זען זוימען דער

זאַמש דער chamois ‖ זאַמש'ן אַדי

זאַנג די (ען) stalk; ear (of corn)

זאָנד דער (ן) probe

זאָנדיר|ן וו ⟐ probe, sound

זאָניר|ן וו ⟐ zone

זאָנע די (ס) zone

זאַסיק דער (עס) bin

זאַפּאַ'ס דער (ן) reserve, margin, supply, hoard

זאַפּאַ'ס... spare, emergency, standby ‖ זאַפּאַסטיר emergency door ‖ זאַפּאַס־רייף spare tire

זאַפּאַסיק אַדי spare, reserve

זאַפּאַסנע אַדי = זאַפּאַסיק

זאַפּיק אַדי absorbent

זאַפּ|ן וו ⟐ זען אײַנזאַפּן

זאַפּט דער (ן) juice, sap

זאַפּטיק אַדי juicy, succulent

זאַפֿרען דער saffron

זאַץ דער/דאָס (ן) sentence; composition (in printing)

זאַק דער (זעק) △ זעקל bag, sack

זאָק דער/די (ן) △ זעקל sock; stocking ‖ מצ *also* hose

זאָ'קלײַוונט דאָס sackcloth

זאָ'קן־בענדל דאָס (עך) garter

זאָ'קנוואַרג דאָס hosiery

זאַקרויב דאָס/דער booty, loot

זאַראַזע די (ס) blight

זאָרג די (ן) care, worry ‖ אָן ז'ן carefree

•זאָרגלאָז אַדי carefree

זאָרג|ן וו ⟐ ⟨פֿאַר/וועגן⟩ care (for) ‖ ז' פֿאַר cater to ⊢ ז' זיך ⟨וועגן⟩ worry ‖ ז' פֿאַר זי'ך shift for oneself

זאָ'רגעוודיק אַדי careful, painstaking

זאָ'רגעריש אַדי solicitous

זאַרעס אַדוו right away

זאת־חנוכּה דער [ZO'YS-KhA'NIKE] the last day of Hanukkah

זגאַל דער (ן) species; kind, sort

זהירות דאָס [ZHIRES] care, circumspection

זהירותדיק אַדי [ ] careful, circumspect

זו'ברעווע|ן וו ⟐ cram (for an exam)

זודיק אַדי boiling hot

זוהר דער [ZOYER] Zohar, the holiest mystical book of the Kabbalah

זויבער אַדי tidy, clean

זוי'בער־דרײַ'ן אַדי tidy, spick-and-span

זוי'ג־חיה די (—ות) [KhAYE] mammal

זויגונג די suction

זויג|ן וו ⟐ suck

זויגער דער (ס) mammal

•זויגקינד דאָס (ער) זען זייגקינד

זויל די (ן) sole (of shoe)

זוים דער/די (ען) hem; edge; outskirts

זוימען דער seed; offspring

זוימ|ען וו ⟐ זען זיימען

זוימ|ען זיך וו ⟐ זען זאַמען זיך

זויער אַדי sour, acid; pickled; wry ‖ זוי'ער|ע או'גערקע pickle

זוי'ערטייג דאָס leaven

זוי'ערמילך די sour (curdled) milk

זויערס דאָס (ן) relish (condiment)

זוי'ערשטאָף דער oxygen

זויפֿ|ן וו ⟐ (*cont.*) guzzle, swill

זו'כבאַפֿעל דער (ן) search warrant

זוכה זײַן* וו (ז' געווע'ן) ⟨צו⟩ [ZOYKhE] be

worthy (of), have the honor (of), live to see

זוכוואָרט דאָס (...ווערטער) entry word

זוכונג די search

זוכ|ן וו ⟐ look for, seek, search || ז' זיך ⟨צו/מיט⟩ look for a fight (with), pick a quarrel (with)

זו'כעניש דאָס (ן) searching

זו'כצעטל דער (ען) index

זול דער [ZOL] cheapness, plenty || זײַן* אַ ז' אויף (*rev. con.*) be cheap || עס איז אַ ז' אויף קרויט cabbage is cheap || פּלו'צעמדיק|ער ז' slump

זולל־וסובֿא דער (ס) [ZOYLEL-VESO'YVE] glutton and drunkard

זומז|ן וו ⟐ buzz

זומזער דער (ס) buzzer

זומזערײַ' דאָס buzz

זומער **1.** דער (ן/ס) summer || **2.** אַדוו in the summer

זו'מערדיק אַדי summer(y)

זו'מערלעב אַדוו in the summer

זו'מערפּלאַץ דער (...פּלעצער) country place

זו'מער־פֿייגעלע דאָס (ך) butterfly

זו'מערצײַט אַדוו in the summer

זו'מער־שפּרענקל דאָס (עך) freckle

זומפּ דער (ן) swamp, bog, marsh || אַרײַנ|פֿיר|ן אין אַ ז' ensnare, lead into a jam

זו'מפּיק אַדי swampy

זון די (ען) sun; sunshine || אויף דער ז' in the sun

זון דער (זין) △ זונדל=זינדל son

זונ... sun, solar || זו'נברילן sunglasses || זו'נסיסטעם solar system

זו'נאויפֿגאַנג דער (ען) sunrise

זו'ן־אונטערגאַנג דער (ען) sunset

זונה די (—ות) [ZOYNE] harlot, whore, prostitute

זו'נזייגער דער (ס) sundial

זונטאָג=זונטיק **1.** דער (ן) Sunday || **2.** אַדוו on Sunday

זו'נטיקדיק אַדי Sunday's

זוניק אַדי sunny

זו'נענברען דער suntan

זו'נעניו דער [NY] sonny

זו'נענשטראַל דער (ן) sunbeam

זו'נענשלאַק דער (...שלעק) sunstroke

זו'נפֿאַרגאַנג דער (ען) sunset

זונק דער (ען) drop

זונקעס מצ sunsuit

זונרויז די (ן) sunflower

זונשטיל די (ן) solstice

זו'נשמירעכץ דאָס (ן) suntan lotion/ointment

זופּ **1.** די (ן) soup || **2.** דער (ן) sip

זופּ|ן וו ⟐ sip; slur

זו'פּנפֿלייש דאָס boiled beef

זז'=זײַטן, זײַטלעך pp.

זי **1.** פּראָנ (ד: איר; א: זי) she || **2.** די (ען) female

זיבן צוו seven

זיבעט אַדי seventh

זי'בענע אַדוו seven o'clock

זי'בעציק צוו seventy

זי'בעציקסט אַדי seventieth

זי'בעצן צוו seventeen

זי'בעצנט=זי'בעצעט אַדי seventeenth

•זיג דער (ן) victory

זיגזאַג דער (ן) zigzag

זיגזאַגיר|ן וו ◇ zigzag

זיגזאַגיש אַדי zigzaggy

זיגל דער/דאָס (ען) seal

•זיג|ן וו ⟐ conquer *vi.*, be victorious

•זיגער דער (ס) conqueror

'זיגרײַך זען נ צ ח ו נ ד י ק

זי'דלוואָרט דאָס (...ווערטער) abusive word, cussword

זידל|ען וו ⟐ curse *imp.*, call names, berate ⊢ ז' זיך be abusive, swear, vituperate ⊢ ז' און שנידל|ען revile, vituperate

זידלערײַ' דאָס (ען) invective, swearing, abuse

זיד|ן וו (געזאָטן/געזאָדן) seethe, boil, sizzle || ז' (ווי אַ שלאַנג) hiss

זיווג דער (ים) [ZIVEG—ZIVUGIM] match, marriage; mate

זיווג־לעבן דאָס [ ] marriage, married life

זיווגשאַפֿט די (ן) [ ] marriage, matrimony, wedlock

זיווגשאַפֿטיק אַדי [ ] conjugal

זיי פּראָ they, them

זײַ זען **זײַן**

זייג|ן וו ⟐ suckle, nurse

זיי'געדיק אַדי suckling (child)

זײַ'געזונט דער (ן) farewell

זייגער דער (ס) clock || **אַ ז׳** o'clock || **וויפֿל איז דער ז׳?** what time is it?

זיי'גערווײַלעכץ אַדוו clockwise

זיי'גערונג די timing

זיי'גערין די (ס) wetnurse

זיי'גערל דאָס (עך) (זייגער △) watch

זיי'גער־מאַכער דער (ס) watchmaker

זיי'גערן 1. אַדי exact according to the clock ⊢ **דרײַ ז׳ע שעה** [sho] three hours exactly ⊢ **2. זיי'גער|ן** וו ⟐ time

זייגקינד דאָס (ער) infant

זײַד די/דאָס silk

זײַ'דוואָרעם דער (...ווערעם) silkworm

זײַד'ן אַדי silken; gentle, kind || **זײַ'דענע הענטשקעס** (*fig.*) kid gloves

זײַדנס דאָס silk

זיידע דער (ס) (ד/אַ : זיידן; פּאָס : זיידנס) grand-father

זיידע־באָ'בע מצ grandparents

זײַ'דפּאַפּיר דאָס tissue paper

זײַ־ווי'סן דער (ס) message

זײַט די (ן) side; direction; page || **אין אַ ז׳** aside, apart ⊢ **דאָס געלעכטער אין אַ ז׳** all joking aside ⊢ **ז׳ בײַ ז׳** (מיט) along-side (of) ⊢ **אויף יענער ז׳ טײַך** beyond/across the river ⊢ **פֿון** פּאָס **ז׳** on the part of ⊢ **מיט דער ז׳** sideways || **פֿון איין ז׳** on the one hand ⊢ **פֿון דער אַ'נדערער ז׳** on the other hand ⊢ **פֿון אַלע ז׳ן** from all sides/quarters ⊢ **האַלט|ן זיך בײַ די ז׳ן** (פֿון לאַכן) split one's sides (with laughter), be in stitches ⊢ **אויפֿ|שטיי|ן* אויף דער לינקער ז׳** get up in a bad temper

זײַט וו זען **זײַן**

זײַט² פּרעפּ זען **זינט**

זײַ'ט־זשע־מוחל דער (ס) [MO'YKhL] (human) rear end, behind

זײַטיק אַדי side; irrelevant, extraneous

זײַ'טיק|ער דער—געב outsider

זײַטל דאָס (זײַט △) page

זײַ'טלדיק אַדי sideways, grazing

זײַטל|ען זיך וו ⟐ ⟨אויף⟩ leer (at)

זײַ'טנדיק אַדי lateral

זײַל דער (ן) column, pillar

זיימ|ען וו ⟐ hem

זיין דער/די (ס) [ZAYEN] zayin, name of the letter ז

זײַן פּאָס אַדי his, its

זײַן* וו (בין, ביסט, איז, זײַנען/זענען, זײַט/זענט, זײַנען/זענען; איז געווע'ן; זײַ, זײַט) be; make ⊢ **ער איז אַ גוטער אַדוואָקאַ'ט** he is/makes a good lawyer ⊢ **ניט ז׳** be absent ⊢ **זײַ(ט) אַזוי' גוט** please || **וואָס איז?** what's the matter? || **ווי איז צו** how does it feel to

זײַנט: פֿון ז׳ וועגן for his sake; as far as he is concerned

זײַנעט זען **זײַנט**

זײַנען זען **זײַן**

זיי|ען=זייע|ן וו ⟐ sow *imp.*

זײַ|ען וו (⟐/געזיגן) strain, sift *imp.*

זייער פּאָס אַדי their

זייער אַדוו very, greatly; (want, need) badly ⊢ **ז׳ אַ סך** [SAKh] a great many

זײַער דער (ס) strainer

זייערט: פֿון ז׳ וועגן for their sake; as far as they are concerned

זײַ'ער|ן וו ⟐ leaven; pickle

זײַערס דאָס (ן) acid

זייף די/דאָס (ן) soap

זיי'ף־אָפּערע די (ס) אַמער soap opera

זיי'פֿבלום די (ען) safflower

זיי'פֿבלעזל דאָס (עך) soap bubble

זייפֿיק אַדי soapy

זיי'פֿעלע דאָס (ך) soap flake

זיך פּראָ oneself; each other; (*makes verbs intransitive or reciprocal*) ⊢ **אויסער ז׳** beside oneself || **אין ז׳** inward

פֿאַר ז' on one's own, independently
|| ז' (אַליי'ן) ...self; oneself, myself,
of itself, פֿון ז' אַליי'ן ⊢ yourself, etc.
|| of one's own accord, spontaneously
שלאָג|ן ז' fight *vi.*; fight each other
|| וואַ'רעמ|ען זיך || warm oneself פֿאַר-
קויפֿ|ן זיך sell *vi.* (be sold)
זיכ... self
זי'ך־אַדרעסי'רט אַדי self-addressed
זי'ך־אינקרימיני'רנדיק אַדי self-incriminating
זי'ך־באַטראַ'כטנדיק אַדי self-conscious
זי'ך־באַשי'צונג די self-defense
זי'ך־דרך־ארץ דער [DERKhE'RETS] self-respect
זיכער 1. אַדי || sure, certain; secure, safe
ז' ⟨אין⟩ confident (of) || ז' בײַ זיך self-confident ⊢ 2. אַדוו || *also* of course
אויף ז' for sure || נעמ|ען אויף ז' presuppose, take (stg.) for granted; impose
⊢ נעמ|ען די זאַך אויף ז' upon (sb.), hoax
beg the question
זי'כערונג די (ען) (safety) fuse
זי'כער־נאָדל די (ען) safety pin
זי'כערקייט די safety, certainty, assurance; security
זי'כערקייט־ראָט דער (U.N.) Security Council
זי'כער־שפּילקע די (ס) safety pin
זי'ך־פֿאַרטיי'דיקונג די self-defense
זי'ך־פֿאַרע'נטפֿערונג די self-justification
זי'כצוטרוי דער self-confidence
זי'ך־צופֿרי'ד'ן אַדי smug
זי'ך־שו'לדיקנדיק אַדי self-incriminating
זי'ך־שינאה די [SINE] self-hatred
•זילב די (ן) syllable
זילבער דאָס silver
זי'לבערדיק אַדי silvery
זי'לבערוואַרג דאָס silverware
זי'לבערן אַדי silver, silvery
זי'לבער־פּאַפּיר דאָס tin foil
זי'לבער־פֿרעסטל דאָס (עך) hoarfrost
זילזול דער (ים) [ZILZL—ZILZULIM] defamation, abuse, humiliation
⊢ מצ vilification

זילזולדיק אַדי [ ] abusive, derogatory
'זין דער זען זינען
•זין דער/די זען זיין
זינגל דאָס (עך) jingle
זינגליד דאָס (ער) song
זינג|ען וו (געזונגען) sing; chant || האָב|ן* צו ז' have no end of trouble און צו זאָגן
זינגער דער (ס) ⊡ singer
זינגערײַ' דאָס (ען) (community) sing
זינד די (—) sin
זינדיק אַדי sinful
זי'נדיק|ן וו ⟐ sin
זי'נדיק|ער דער—געב sinner
זינט פּרעפּ/קאָנ since || פֿון ז' (ever) since
זינען דער mind; sense, point || בײַם (פֿולן) ז' sane, in one's right mind, in one's senses ⊢ אָן אַ ז' || senseless, pointless
אין ז' האָב|ן* ⟨אַ/צו⟩ keep in mind; be up to ⊢ האָב|ן* אַ ז' || make sense
האָב|ן* זיך אַרײַ'נגענומען אין ז' be intent upon ⊢ אַראָפּ|גיי|ן* פֿון ז' lose one's mind, go crazy ⊢ אַרויס|גיי|ן* ד פֿון ז' escape, slip the mind of ⊢ קומ|ען ד
אויפֿן ז' || enter the mind of, occur to
וואָסער ז' האָט עס צו גיין? what is the point of going? ⊢ אין אַ געוויסן ז' in a sense
זי'נענדיק אַדי significant, sensible
זי'נק־געזעמדן מצ quicksand
זינק|ען וו 1. (געזונקען) sink *vt.* || 2. (איז געזונקען) sink *vi.*, ebb
זיס אַדי sweet; cute; fresh (water)
זיסוואַרג דאָס candy, sweet
זיסט אַדוו otherwise
זיסלעך אַדי sweetish
זיסקייט די sweetness
זיפּ די (ן) sieve, sifter; screen
זיפּונג די (ען) screening
זיפּ|ן וו ⟐ sift *imp.*; screen *imp.*
זיפֿץ דער (ן) sigh
זיפֿצ|ן וו ⟐ sigh *imp.*
זיץ דער (ן) seat
זיצאָרט דער (...ערטער) seat
זי'צוואַגאָן דער (ען) railroad coach

זיצונג די (ען) meeting; session; conference (with few participants)

זיציק אַדי sedentary

זיצל דאָס (עך) seat

זיצ|ן וו (איז געזעסן) sit; be seated; be in prison ⊢ זיצ(ט)! have a seat!

זיצער דער (ס) ⊡ inhabitant; inmate

זיצפֿלייש דאָס (*hum.*) perseverance

זיצשטרײַק דער (ן) sit-down strike, sit-in

זכרון דער (ס) [ZIKORN] memory || בלע'טער|ן דעם ז' reminisce

זכות דער (ן/ים) [SKhUS] merit; justification; accumulation of merit in the divine reckoning; rare privilege ⊢ אין ז' פֿון || אין פּאָס ז': by reason of, on account of, in virtue of the good deeds (or accumulated merits) of || פּאָס ז' זאָל ד בײַשטיין may (sb.'s) accumulated merits be credited to the account of ⊢ זײַן ז' זאָל מיר בײַשטיין may his accumulated merits be credited to me; may my fate benefit from his virtue ⊢ געפֿינ|ען אַ ז' ⟨אויף⟩ find stg. in favor (of) ⊢ געניס|ן דעם ז' ⟨פֿון⟩ benefit from the merits (of)

זכות־אָבֿות דער [O'VES] accumulated merits of one's ancestors

זכות־הקיום דער [HAKI'EM] right to existence; raison d'être

זכות־עצמו דער [A'TSME] one's own accumulated merits

זכיה די (—ות) [SKhIE] rare honor, privilege ⊢ האָב|ן* די ז' ⟨צו⟩ have the honor (to)

זכיות מצ [ZO'KhIES] sacred rights

זכר¹ דער (ים) [ZOKhER—SKhORIM] male

זכר² דער (ס) [ZEYKhER] trace, remnant, remembrance

זכרונה לבֿרכה פֿר [ZIKhROYNE-LIVRO'KhE] of blessed memory; may her memory be blessed (*said after the name of a respected dead Jew. woman*)

זכרונו לבֿרכה פֿר [ ] *same as above, with reference to a respected dead Jew. man*

זכרונות מצ [ZIKhROYNES] memories; memoirs

זכרונם לבֿרכה פֿר [ZIKhROYNOM] *same as above, with reference to several people*

זכרונעווע|ן וו ◇ [ZIKhRO'YNEVE] reminisce

זכרות דאָס [ZAKhRES] manhood

זכר־לחורבן דער [ZEYKhER-LEKhU'RBM] reminder of ruin, esp. the portion of a wall in a Jew. house left unpainted in memory of the destruction of Jerusalem at the hands of the Romans

זכר צדיק לבֿרכה פֿר [ZEYKhER TSADEK LIVROKhE] may the memory of a righteous person be blessed (*said after the name of a deceased righteous Jew*)

ז"ל [ZAL] = זכרונה לבֿרכה, זכרונו לבֿרכה, זכרונם לבֿרכה

•זלזול זען זילזול

זלידנע .1 אַדי annoying, vexatious, irksome ⊢ .2 די/דער (ס) pest

זמירות מצ [ZMIRES] Sabbath songs

זמן דער (ים) [ZMAN] term, (allotted) time; semester

זמר דער (ס) [ZEMER] tune

זנאַכער דער (ס) ⊡קע quack (doctor)

זנאַכערײַ' דאָס quackery

זנות דער debauchery, prostitution

זעברע די (ס) zebra

זעג די (ן) saw

זעגל דער (ען) sail

זע'גלשיף די (ן) sailboat

זעגמיל די (ן) sawmill

זעג|ן וו ◈ saw

זעגעכץ דאָס sawdust

זעונג די (ען) appointment, date; (prophetic) vision

זעט די satiation, satiety, abundance, plenty ⊢ צו (דער) ז' זען זאַט

זעט דער (ן) (the letter) Z

זעטיק אַדי nourishing, rich

זע'טיקונג די satiation, saturation

זע'טיק|ן וו ◈ satisfy, satiate; saturate *imp.*

זעכציק צוו sixty
זעכציקסט אַדי sixtieth
זעכצן צוו sixteen
זעכצנט = זעכצעט אַדי sixteenth
זע'לביקייט די (ן) identity
זע'לב(יק)|ער אַדי same
•זעלבסטמאָרד דער (ן) suicide
•זע'לבסטמערדער דער (ס) ⊡ (person committing) suicide
•זע'לבסט־פֿאַרשטע'נדלעך אַדי self-evident
•זע'לבסט־פֿאַרשטע'נדלעכקייט די (ן) truism
זעלבשוץ די/דער (organization for) self-defense (esp. against pogroms)
זע'לבשטענדיק אַדי independent
זע'לבשטענדיקייט די independence
זעלט'ן 1. אַדי rare, scarce; exquisite || 2. אַדוו rarely, seldom || ז' ווען seldom
זע'לטנקייט די (ן) rarity
זעלנער דער (ס/—) soldier
זע'לנערבאַן די (ען) troop train
זעלנערײַ' דאָס military service
זע'לנער(י)ש אַדי soldierly, soldier's, military
זע'לנערשיף די (ן) troopship
זע'לצער־וואַסער דאָס seltzer water
זע'לצערל דאָס (עך) salt shaker
זע'לצער־קלייטל דאָס (עך) candy store
זעמדל דאָס (עך) grain of sand
זע'מדלדיק אַדי gritty
זעמל דער/די (—) roll
זע'מלמעל די/דאָס best flour; cream of the crop
זעמש זען זאַמש
זע|ן* וו (מיר/זיי זעען; געזע'ן) see, behold || ז' אַז נאָס זאָל see to it that || שיין צו ז' a beautiful sight ⊢ ניט צו ז' out of sight; invisible ⊢ ז' זיך be in view, loom ⊢ ניט ז' זיך be out of sight || ז' זיך מיט see (sb.), esp. by appointment ⊢ זע(ט) נאָר זע(ט) well, well! ⊢ זעסטו, זעט איר what do you know! on the other hand
זעני'ט דער (ן) zenith
זעני'ט... also anti-aircraft || זעני'ט־האַר־מאַט דער (ן) anti-aircraft gun
זענען זען זײַן
זענעפֿט דער mustard
זענפֿטיק אַדי mellow
זע'נפֿטיקייט די beatitude
זע'נפֿטיק|ן וו ⟐ beatify
זע'עוודיק אַדי seeing (not blind)
זע'עניש דאָס (ן) hallucination
זעער דער (ס) ⊡ seer
זעפּונקט דער (ן) point of view
זעץ דער (ן) hit, stroke, blow, slam, punch; bump, thump ⊢ געב|ן* אַ ז', אַ ז' טאָ|ן* ⟨—ד⟩ strike, hit, punch
זע'צהאַמער דער (ס) sledgehammer
זעצל דאָס (עך) brood
זעצ|ן וו ⟐ seat, place, put *imp.*; plant; || compose (type); flow out, gush || ז' זיך sit down; settle; (sun) set
זעצער דער (ס) compositor
זעקל דאָס (עך) (זאַק △) pouch
זעקס צוו six
זעקסט אַדי sixth
זעקסע אַדוו six o'clock
זצ"ל = זכר צדיק לבֿרכה
זקן דער (ים) [ZOKN—SKEYNIM] old man, ancient
זקנה די (—ות) [SKEYNE] old woman
זריעה די (—ות) [ZRIE] seed
זרע די [ZERE] semen; seed, issue, progeny
זרקע|ן וו ⟐ [ZARKE] hurl
זש sequence of the letters ז and ש, pronounced [zh]
זשאַבע די (ס) △ זשאַבקע frog
זשאַ'בעניק דער (עס) frogman
זשאַבקע: שפּרינג|ען ז' leapfrog
זשאַברע די (ס) gill
זשאַווער דער rust; (plant) blight
זשאַ'ווער|ן וו ⟐ rust
זשאַ'ווערפֿרײַ אַדי stainless
זשאַלו'זיע די (ס) (Venetian) blind
זשאָלעב דער (עס) manger, trough
זשאַ'לעווע|ן וו ⟐ ⟨אַ⟩ economize on, con-

serve, spare ⊢ ד ז' begrudge || ניט ז'
be extravagant with

זשאָנגליאָ'ר דער (ן) ◻קע juggler

זשאָנגליר|ן וו ◇ juggle

זשאַנדאַ'ר דער (ן) gendarme

זשאַנער דער (ס) genre

זשאָקיי' דער (ען) jockey

זשאַקע'ט דער (ן) jacket

זשאַר דער embers

זשאַרגאָ'ן דער (ען) jargon; Yiddish (*cont. term sometimes used by detractors of the language*)

זשאַרגאָניש אַדי (*cont.*) Yiddish

זשאַרע|ן זיך וו ◈ smolder

זשוואַווע אַדי brisk, lively, pert, vivacious

זשוויר דער gravel

זשוזשע|ן וו ◈ hum, drone

זשוליק דער (עס) crook, rogue, blackguard

זשום דער (ען) buzz, hum

זשומזשע די (ס) bumblebee

זשומ(זש)ע|ן וו ◈ hum, buzz, whiz

זשו'פּיצע די (ס) long coarse man's frock

זשוק דער (עס) beetle, bug

זשוראַווינע די (ס) זען ז ש ו ר ע כ ל י נ ע

זשורי' די (ען) jury

זשוריבאַנק די (...בענק) jury box

זשורידינסט דאָס jury service

זשורימוז דער jury duty

זשורי'סט דער (ן) juror

זשורנאַ'ל דער (ן) magazine, journal

זשורנאַלי'סט דער (ן) ◻קע journalist

זשורנאַליסטיק די journalism

זשורעכלינע די (ס) cranberry

זשילע'ט דער (ן) vest

זשיפּע|ן וו ◈ breathe with difficulty || קוים ז' be barely alive

זשיראַ'ף דער (ן) giraffe

זשיריר|ן וו ◇ endorse (check etc.)

זשירע די (ס) endorsement

זשלאָב דער (עס) yokel, hick, boor

זשליאָק דער (ן) gulp

זשליאָקע|ן וו ◈ swill, gulp

זשמוט דער (ן) wad, tuft (of hair)

זשמעניע די (ס) handful

זשע פּאַרט so, then

זשע'ברע(ווע)|ן וו ◈ scrounge

זשעדנע אַדי yearning, avid, greedy, wistful ⊢ זײַן* ז' ⟨אַ⟩ yearn (for) || ז' (אויף געלט) avaricious

זשע'דנעקייט די eagerness, greed || ז' (אויף געלט) avarice

זשעט זען ז ש ע

זשעלאַטי'ן דער gelatin

זשעלע' דער (ען) jelly

זשעני' דער (ען) genius

זשעסט דער (ן) gesture

זשעסטיקוליר|ן וו ◇ gesture, gesticulate

זשערעבטשיק דער (עס) colt

ח

ח דער/די [KhES] letter of the Yiddish alphabet; pronounced [Kh]; numerical value: 8

ח'=חבֿר [KhAVER] Comrade; Mr.

חבֿלי־לידה מצ [KhEVLE-LE'YDE] pains of childbirth

חבֿר¹ .1 דער (ים) ◻טע [KhAVER—KhAVEYRIM] friend, comrade, chum ⊢ .2 טיטל (*in certain social and political circles*) Mister; Comrade

חבֿר² דער (ס) [KhOVER] ⊡ fellow, fellowship holder

חבֿרה די (—ות) [KhEVRE] gang, bunch of friends; society (*coll.*) ⊢ ווײַסע ח' urchins

חבֿרה־מאַן דער (חבֿרה־לײַט) [ ] fellow, guy; brat

חבֿרה־קדישא די [KEDI'ShE] (*Jew.*) voluntary burial society

חבֿרותא די (—ות) [KhAVRUSE] company, bunch, gang

חבֿרותאדיק אַדי [ ] sociable

חבֿרותאדיקייט די [ ] sociability

חבֿרטאָרין די (ס) [KhA'VERTORN] = חבֿרטע .1

חבֿרטע .1 די (ס) [KhA'VERTE] (girl) friend ⊢ .2 טיטל (*in certain circles*) Mrs., Miss; Comrade

חבֿרייא די (—ות) [KhEVRAYE] gang, bunch

חבֿריש אַדי [KhA'VERISh] friendly

חבֿר|ן זיך וו ◇ ⟨מיט⟩ [KhAVER] be friends (with), associate *vi.* (with)

חבֿרשאַפֿט¹ די [KhA'VERShAFT] friendship, comradeship

חבֿרשאַפֿט² די (ן) [Kho'VERShAFT] fellowship

חגא די (—ות/חגאָות) [KhOGE—KhOGES/KhAGOES] non-Jewish holiday

חד־גדיא [KhAD-GA'DYE] "Song of the Kid," contained in the Haggadah and sung at the Passover feast; °clink (jail)

חדווה די [KhEDVE] bliss

חדווהדיק אַדי [ ] blissful

•חדוש זען ח י ד ו ש

חדר דער (ים) [KhEYDER—KhADORIM] room, chamber; heder, traditional Jew. religious school ⊢ גיי|ן* אין ח' בײַ learn a lot from ⊢ אויס|זאָג|ן פֿון ח' tell tales out of school

חדר־ייִנגל דער/דאָס (עך) [ ] heder student, schoolboy

חדר־מיוחד דער [MEYU'KhED] secluded chamber, separate room

חדשים זען ח ו ד ש

חובֿ דער (ות) [KhOYV] debt, duty, due

חודש דער (חדשים) [KhOYDESh—KhADOShIM] month

חודש־... [ ] monthly || ח'־געלט monthly allowance

חודשלעך אַדי [ ] monthly

חודשניק דער (עס) [ ] monthly (periodical)

חודש־רעטעכל דאָס (עך) [ ] red radish

חוות־דעת דער (ן) [KhAVES-DA'AS] (statement of) expert opinion

חוזק דער [KhOYZEK] mockery, ridicule, derision; travesty ⊢ ח' מאַכ|ן ⟨פֿון⟩

האָב|ן* אַ פּנים ⊢ mock; deride, ridicule ⊢ פּון ח' [PONEM] appear ridiculous

חוזקדיק אַדי [ ] ludicrous

חוט־השדרה דער (—ות) [KhUT-HAShE'DRE] spinal chord

חוכא־וטלולא די [KhUKhE-TLU'LE] merriment, hilarity; ridicule

חולה דער (חולאָים/חוליאים) [KhOYLE—KhELOIM/KhELIIM] sick/ill person; patient

חול־המועד דער [KhALEMOYED] during the Passover and Sukkoth holidays, the intermediary weekdays between the first two and last days of the holiday

חולה־מסוכן דער [KhOYLE-MESU'KN] dangerously sick person

חולם דער (ס) [KhOYLEM] the Hebrew vowel sign ˙, pronounced [OY] by most Eastern Ashkenazim after the consonant over whose letter it is placed, e.g. מֹ = [MOY]

חולק זײַן* װ (ח' געווע'ן) אויף [KhOYLEK] contest

חולשה די (—ות) [KhULShE] faintness, weakness; epidemic, plague

חולשה־חלשות אַפּ [KhALO'ShES] utterly repulsive, extremely loathsome

חומר דער [KhOYMER] matter (not spirit); flesh

חומרא די (—ות) [KhUMRE] complication; strict interpretation

חומש דער (ים) [KhUMESh—KhUMOShIM] Pentateuch

חונף דער (ים/חניפֿים) ⊡טע [KhOYNEF—KhONFIM/KhANEYFIM] flatterer

חופּה די (—ות) [KhUPE] (*Jew.*) wedding canopy; marriage ceremony; hence, wedding ⊢ שטעל|ן ח' מיט marry

חופּה־וקידושין מצ [KhUPE-VEKDU'ShN] (*Jew.*) marriage ceremony; wedlock ‖ געב|ן* ד ח' marry (a woman)

חופּה־קלייד דאָס (ער) [ ] wedding gown

חופּה־שטאַנג דער/די (ען) [ ] one of the four poles supporting the Jew. wedding canopy

חוץ פּרעפּ except, apart from ‖ ח' דעם besides, furthermore

חוצ.. extra ‖ חו'צחו'שיק extrasensory ‖ חו'צפּראָגראַ'מיק extracurricular

חוץ־לאָרץ (דאָס) [LOORETS]: אין ח' outside Palestine/Israel ⊢ פֿון ח' from outside Palestine/Israel

חוץ־לדרך־הטבֿע אַפּ [LEDE'REKh-HATE'VE] extraordinary

חוצפּה די [KhUTSPE] impertinence, impudence, nerve

חוצפּהדיק אַדי [ ] impertinent, impudent, fresh, cocky

חוצפּהניק דער (עס) [ ] ⊡—ניצע impertinent man

חוק דער (ים) [KhOK—KhUKIM] law, rule

חוק־ולא־יעבֿור דער [KhO'K-VELOYA'AVER] inviolable law

חוקר־ודורש זײַן* װ (ח' געווע'ן) [VEDO'YRESh] examine closely, scrutinize, investigate thoroughly

חוקר זײַן* װ—ל (ח' געווע'ן) [KhOYKER] look into, investigate

חורבן דער (ות) [KhURBM—KhURBONES] ruin, destruction, catastrophe, devastation, havoc, holocaust

חורבן־בית־ראשון דער [BAYES-RI'ShN] destruction of the first Temple in Jerusalem by the Babylonians in 586 B.C.

חורבן־בית־שני דער [ShE'YNI] destruction of the second Temple in Jerusalem by the Romans in 70 A.D.

חורבֿה די (—ות) [KhURVE] ruin

חוש דער (ים) sense (one of the 5); feeling, flair ⊢ האָב|ן* אַ ח' פֿאַר *also* have an eye for

חושד זײַן* װ (ח' געווע'ן) ⟨אין⟩ [KhOYShED] suspect (of)

חוש־המישוש דער [HAMI'ShESh] tactile sense

חושים 1. אַפּ bewildered ‖ 2. דער bewildered person; idiot

חו'שימדיק אַדי sensual, sensuous

חושיק אַדי sensual

חושך דער/דאָס [KhOYShEKh] darkness, gloom ⊦ עס טוט זיך ח' hell has broken loose

חותם דער (ס) [KhOYSEM] seal, stamp

חזיון דער (ות) [KhIZOYEN—KhEZYOYNES] (prophetic) vision

חזיר דער (ים) [KhAZER—KhAZEYRIM] pig, || swine, hog; pork; stingy person פּאַס|ן ווי אַ ח' אַ זאָטל be utterly unsuitable

חזירײַ דאָס/די (ען) [ ] filth, mess; dirty trick

חזירל דאָס [ ] (חזיר △) mumps

חזיר־ניסל דאָס (עך) [ ] acorn

חזיר־פֿלייש דאָס [ ] pork

חזיר־קאָטלעט דער (ן) [ ] pork chop

חזיר־שטאַל די/דער (ן) [ ] pigsty

חז"ל מצ [KhAZA'L] "our Sages of Blessed Memory," i.e. the doctors of the Mishnah and the Gemara

חזן דער (ים) ◻טע [KhAZN—KhAZONIM] cantor

חזנות דאָס [KhAZONES] cantorial art; cantorship

חזקה די (—ות) ⟨אויף⟩ [KhAZOKE] claim (to), right of possession, right (to), title; tenure

חזרה די [KhAZORE] return (of goods to seller)

חזר|ן וו ◇ [KhAZER] repeat

חח'=חבֿרים [KhAVEYRIM] Comrades, Messrs.

חטא דער (חטאָים) [KhET—KhATOIM] sin, offense

חטאל דאָס (חטאָימלעך) (חטא △) [KhETL—KhATO'IMLEKh] peccadillo

חטף דער/די [KhATEF] diacritic symbol combined with the Hebrew vowel signs patah, kames, and segol, in certain positions, yielding the composite accents ֲ, ֳ and ֱ

חיבוט־הקבֿר דער [KhIBET-HAKE'YVER] in Jew. lore, the suffering of a dead sinner in his grave

חיבור דער (ים) [KhIBER—KhIBURIM] addition; composition, treatise

חיבור־מאַשין די (ען) [ ] adding machine

חי־געלע'בט פֿר [KhA'Y] || it's a great life! עס איז געווע'ן ח' we had a wonderful time

חידוש דער/דאָס (ים) [KhIDESh—KhIDUShIM] remarkable thing; innovation, novelty; (feeling of) surprise, astonishment || מצ sights || זײַן* אַ ח' בײַ/ד (rev. con.) be surprised at ⊦ פֿאַרדראָ'סיק|ער ח' dismay

חידושדיק אַדי [ ] surprising, remarkable, novel, astonishing

חידוש|ן זיך וו ◇ [ ] ⟨אויף⟩ be surprised, wonder, marvel (at)

חיה די (—ות) [KhAYE] animal, beast

חיה־רעה די (חיות־רעות) [RO'E] wild beast

חיובֿ דער (ים) [KhIEV—KhIYUVIM] obligation, duty

חיונה די [KhEYUNE] living, livelihood, means of support ⊦ צי|ען ח' פֿון make a living from

חי־וקים [KhAY-VEKA'YEM]: אַ פּראָסט|ער ח' || plain man, man in the street שרײַ|ען ח' (hum.) protest in vain

חיות דאָס [KhAYES] life || ח' נישט זיכער one's life is in danger ⊦ ליב האָב|ן* אַ דאָס ח' adore

חיות דאָס' [KhIES] vital strength; delight

חיותדיק אַדי [KhI'ESDIK] vital

חיות|ן זיך וו ◇ מיט [KhIES] be delighted with

חייבֿ אַפּ [KhAYEV] guilty, responsible; liable, subject

חייל דאָס (ות) [KhAYEL—KhAYOLES] army, troops

חיִיש אַדי [KhAISh] animal, bestial, beastly

חיי־שעה די (ען) [KhAYEShO'] respite; transitory pleasure

חילול דער (ים) [KhILEL—KhILULIM] desecration, violation

חילול־הזיווג דער [HAZI'VEG] adultery

חילול־הכּבֿוד דער [HAKO'VED] disparagement

חילול־השם דער [HAShE'M] blasphemy

חילול־שבת דער [ShA'BES] desecration of the Sabbath

חילוף דער (ים) [KhILEF—KhILUFIM] conversion, exchange of money

חילוק דער (ים) [KhILEK—KhILUKIM] distinction, difference

חילוקי־דעות דאָס/דער (ן) [KhILUKE-DE'YES] controversy, divergence of views, dispute, difference of opinion

חינוך דער [KhINEKh] dedication; Jew. education

חיסור דער [KhISER] subtraction

חיפֿה (די) [KhEYFE] Haifa

חיריק דער (ן) [KhIREK] the Hebrew vowel sign ִ, pronounced [I] after the consonant under whose letter it appears, e.g. מִ = [MI]

חיריק־יו'ד דער/די (ן) [ ] the letter ִי

חיתוך־הדיבור דער [KhITEKh-HADI'BER] articulation, enunciation

חיתוך־הדיבורדיק אַדי [ ] articulate

חית דער/די (ן) [KhES] het, name of the letter ח

חכם דער (ים) [KhOKhEM—KhAKhOMIM] smart person; wise man, sage; (*iro.*) fool ⊢ ח' איינער! stupid!

חכמה[1] די (—ות) [KhAKhOME] wise woman; (*iro.*) foolish woman

חכמה[2] די (—ות) [KhOKhME] wisdom; wit; || witticism, facetious remark, joke || אַ ח'! some joke! || אָן חכמות serious(ly)

חכמה|(נע)ן זיך וו ◇ [KhOKhME] joke, kid *vi.*, be facetious

חכמה־צאָן דער (־ציינער) [ ] wisdom tooth

חכמת די (ן) [KhAKhEYMES] wise woman

חכמת־היד די [KhOKhMES-HAYA'D] palmistry

חל זען חל זײַן

חלאַת דאָס (ן) [KhALA'S] (*slightly cont.*) disease

חלבֿ דאָס [KhEYLEV] tallow

חלבֿדיק אַדי [ ] greasy; salacious

חלבֿן אַדי [ ] (of) tallow

חלה די (—ות) [KhALE] hallah, a twisted white bread eaten on the Sabbath || נעמ|ען ח' (*Jew.*) remove a piece of dough for burning, in a ceremony prescribed for women

חלום דער (ות) [KhOLEM—KhALOYMES] dream ⊢ בייז|ער ח' nightmare || פּוסטע ח'ות idle fancies || קומ|ען ד צו ח' appear in a/the dream of

חלומ|ען וו ◇ [ ] dream || ח' אויף דער וואָר daydream ⊢ ח' זיך אומפּ ד (*rev. con.*) dream ⊢ עס חלומט זיך מיר די מאַמע I dream of my mother

חלוץ דער (ים) [KhOLETS—KhALUTSIM] (*masc.*) pioneer, settler (in Palestine)

חלוצה די (—ות) [KhALUTSE] (*fem.*) pioneer, settler (in Palestine)

חלוקה די (—ות) [KhALUKE] partition

חלוש דער (ים) [KhOLESh—KhALUShIM] weakling

חל זײַן* וו (איז חל געווע'ן) ⟨אויף⟩ [KhAL] (rule, law) apply (to), govern; behoove ⊢ ח' זײַן* אום (holiday) fall on

חלילה אַדוו/אינט [KhOLILE] God forbid!

חלילה־וחס אַדוו/אינט [VEKhA'S] God forbid! (*more emph.*)

חליצה די [KhALITSE] (*Jew.*) the act of refusal of a man to marry his childless brother's widow; a release from the obligation of levirate marriage || געב|ן* ח' ⟨ד⟩ release from the obligation of levirate marriage ⊢ נעמ|ען ח' be released from that obligation

חלל דער (ס) [KhOLEL] void; hollow, socket

חללדיק אַדי [ ] hollow

חללע דאָס (ך) (חלל △) [Kho'LELE] small cavity

חלף דער (ים) [KhALEF—KhALOFIM] (*Jew.*) slaughtering knife

חלפֿן דער (ים) [KhALFN—KhALFONIM] money changer

sec- [KhEYLEK—KhALOKIM] (ים) חלק דער
*tion, part, share; portion, cut ⊢ האָב|ן
have a hand in || אַ ח' אין געב|ן* ד אַ ח'
give a piece of one's mind to ⊢ דריט/
one-third/one-fourth/... ח' .../פֿערט
faint, swoon; [KhALOSHES] חלשות דאָס
nausea ⊢ פֿאַל|ן (אין) ח' faint, swoon
nauseating, disgusting, [ ] חלשותדיק אַדי
repulsive
faint [KhALESh] ◇ חלש|ן וו || ח' נאָך ד, ח'
be itching, be dying (for) צו אינפֿ
ass, [KhAMER—KhAMOYRIM] (ים) חמור דער
fool
womanizer [ ] (ען) חמור־אייזל דער
extreme heat [KhMIME] חמימה די
[KhAMIShO'SER(-BI- דער חמישה־עשׂר(־בשבֿט
ShVA'T)] Tu Bishvat, the 15th Day of Shebat, (Jew.) New Year's Day for trees
(Jew.) leavened [KhOMETS] חמץ דער/דאָס
dough or bread, all traces of which are burned before the Passover holiday
containing or contami- [ ] חמצדיק אַדי
nated by leavened dough or bread, and thus forbidden during Passover
•חמשה־עשׂר דער זען חמישה־עשׂר
charm, grace, appeal [KhEYN] (ען) חן דער
be extremely || האָב|ן* דעם זי'בעטן חן
charming ⊢ געפֿינ|ען חן בײַ find favor
with ⊢ מאַכ|ן חן ‹ד› flirt (with),
ogle
dimple [ ] (ך) חן־גריבעלע דאָס
affectation; co- [KhEYNDL] (עך) חנדל דאָס
quettish gesture ⊢ מצ || coquetry
ogle מאַכ|ן ח'עך
flirt (with) [ ] ‹צו› ◇ חנדל|ען זיך וו
flirt [ ] (ס) ◻קע חנדלער דער
[KhA'NELES] (ך) חנהלעס איי'געלע דאָס
pansy
(Jew.) Hanukkah, [KhA'NIKE] חנוכּה דער
the eight-day holiday commemorating the purification of the Temple in Jerusalem by the Maccabees

money given to child- [ ] חנוכּה־געלט דאָס
ren as a Hanukkah present
menorah, candle- [ ] (ן) חנוכּה־לאָמפּ דער
stick for Hanukkah candles
Hanukkah candle [ ] (עך) חנוכּה־ליכטל דאָס
de- [KhANUKES-HABA'YES] חנוכּת־הבית דער
dication of a building; inauguration, housewarming
(fem.) flatterer [KhNUFE] (—ות) חנופֿה די
flattery, ca- [KhNIFE] (—ות) חניפֿה די
jolery
flatterer [ ] (עס) ◻–ניצע חניפֿהניק דער
charming; [KhE'YNEVDIK] חנעוודיק אַדי
lovely
flatter [KhANFE] ◇ חנפֿע|(נע)|ן וו || ח' זיך
engage in flattery; flatter, cajole ‹צו›
favor, [KhESED—KhSODIM] (ים) חסד דער
mercy, clemency, grace ⊢ מיט ח' bear-
ably; considerately; might be worse
gracious [KhSO'DIMDIK] חסדימדיק אַדי
God [KhA'S-VEKhOLI'LE] חס־וחלילה אַדוו/אינט
forbid! perish the thought!
God forbid! [VEShO'LEM] חס־ושלום אַדוו/אינט
fol- [KhOSED—KhSIDIM] (ים) חסיד דער
lower, admirer; Hasid, an adherent of a Jew. religious movement founded in the 18th century in Eastern Europe, organized into groupings devoted to particular rabbis and generally stressing pious devotion and ecstasy more than learning
Hasidism, the [KhSIDES] חסידות דאָס
movement of the Hasidim
[KhSIDE-UMES-HO- חסידי־אומות־העולם מצ
O'YLEM] gentile friends of Jews
Hasidism [Kh(A)SIDIZM] חסידיזם דער
Hasidic [KhSIDISh] חסידיש אַדי
(type of) [KhO'SEDL] (עך) חסידל דאָס
Hasidic dance
go to waste גיי|ן* ח' :[KhOSER] חסר
defective [KhO'SERDIK] חסרדיק אַדי
insane, out of one's [DE'YE] חסר־דעה אַפּ
mind
[KhISORN—KhESROYNIM (ים/ות) חסרון דער

/KhESROYNES] fault, defect; disad-
מאַראַ'ליש|ער ח' ⊢ vantage, drawback
the trouble is that דער ח' וואָס ⊢ vice

[KhEYFETS—KhFEYTSIM] (ים) דער חפֿץ
article, thing, object

whims [KhEFTSES] מצ חפֿצ(י)ות

externality, [KhITSO'YNIES] דאָס חצוניות
outwardness

outward, external [ ] אַדי חצוניותדיק

im- [KhOTSEF—KhTSUFIM] (ים) דער חצוף
pudent man

impudent [Kh(A)TSUFE] (—ות) די חצופֿה
woman

midnight; esp. (*Jew.*) [KhTSOS] דער חצות
the custom of rising at midnight for
study and prayer, in commemoration
of the destruction of Jerusalem, as
-|אָפּ ⊢ practiced by the most pious
rise at midnight for study ריכט|ן ח'
and prayer

mid- [KhOTSE-Kho'YDESh] דער חצי־חודש
month, time of the full moon

speculation [KhKIRE] (—ות) די חקירה

[DRI'ShE] (חקירות־ודרישות) די חקירה־ודרישה
close examination, thorough investi-
gation, scrutiny, inquest

theorize, speculate [ ] ◇ וו חקירה|ן זיך

[KhAKREN—KhAKRONIM] (ים) דער חקרן
speculative thinker

speculative [KhAKRONISh] אַדי חקרניש

[KhORED—KhAREYDIM] (ים) דער חרד
strictly observant Jew

(*Jew.*) strictly [KhAREYDISh] אַדי חרדיש
observant

|| destroyed, waste [KhOREV] אַדי חרובֿ
destroy, ruin, wreck, ravage, ח' מאַכ|ן
annihilate

a brown [Kh(A)RO'YS(I)ES] דאָס חרוסת
sweet paste, prepared from nuts,
apples, spices, and wine, and eaten
at the Passover feast as a reminder
of the clay used by the Jews in
Egypt in making bricks

regret, remorse, re- [KhAROTE] די חרטה
regret, be ⟨אויף⟩ *ח' האָב|ן ⊢ pentance
sorry (for), repent

[KhAREF—Kh(A)RIFIM] (ים) דער חריף
shrewd person

shrewdness, [Kh(A)RIFES] דאָס חריפֿות
keenness, insight, acumen, profun-
dity

shrewd, keen, acute, [ ] אַדי חריפֿותדיק
profound, astute

[KhEYREM—KhEYREMS/ (ס/ים) דער חרם
Kh(A)ROMIM] (*Jew.*) ban, excom-
(*Jew.*) ⊢ munication (אַרײַנ|)לייג|ן אין ח'
אַרויפֿ|לייג|ן ⊢ excommunicate, ostracize
(*Jew.*) ban אַ ח' אויף

[KLOLES ... KhRO- מצ: קללות און ח' חרמות
MES] vehement curses

disgrace, [KhARPE] (—ות) די חרפּה
shame

[KhEZhBM—KhEZhBOYNES] (ות) דער חשבון
|| account, bill; score; calculation
-|אָפּ || at the expense of אויפֿן ח' פֿון
געב|ן אַ ח' ⟨פֿון⟩ || account for אָפּ|געב|ן
take stock (of), be ⟨פֿון⟩ זיך אַ ח'
aware (of)

meditation, [HANE'FESh] דער חשבון־הנפֿש
introspection, spiritual stocktaking

figure, reckon, [KhEZhB'N] ◇ וו חשבונ|ען
calculate

accountant [ ] ⊡ (ס) דער חשבון־פֿירער

accounting [ ] דאָס חשבון־פֿירערײַ

suspi- [KhShAD—KhShODIM] (ים) דער חשד
suspect ⟨אויף⟩ ח' אַ *האָב|ן ⊢ cion

suspicious, [KhSho'DIMDIK] אַדי חשדימדיק
inclined to suspect

[KhE'- חשובֿער △) [KhoShEV] אַדי 1. חשובֿ
ShEVER]) distinguished, respected,
(ים) דער 2. ⊢ prominent; important
[—KhShUVIM] dignitary, prominent
man

suspect, suspi- [KhoShED] אַדי 1. חשוד
sus- [—KhShUDIM] (ים) דער 2. ⊢ cious
pect

Heshvan, the second [KhEZhVN] דער חשוון
month in the Jew. calendar, coincid-

ing with parts of October and November

חשוון־זומער דער [ ] Indian summer

חשיבֿות דאָס [KhSHIVES] importance, dignity, esteem, respectability

חשכות דאָס [KhASHKhES] utter darkness

חשמונאָים מצ [KhASHMENOIM] Maccabees, the family of a father and five sons who led the revolt against the Greeks in the 2nd century B.C.

חשק דער [KhEYSHEK] eagerness, desire || האָב|ן* ח' ⟨צו⟩ have a mind to, be eager (to), desire ⊦ ניט האָב|ן* קיין ח' ⟨צו⟩ be reluctant (to) ⊦ אונטער|געב|ן* ח' ד encourage, spur

חשש דער (ים/ות) [KhSHASH—KhSHOSHIM/KhSHOSHES] suspicion, misgiving, apprehension, qualm ⊦ וואַרפֿ|ן אַ ח' אויף implicate

חתום דער (ים) [KhOSEM—KhSUMIM] signatory

חתונה די (—ות) [KhA'SENE] marriage; °scene ⊦ געמישט|ע חתונות mixed marriages, intermarriage ⊦ ח' האָב|ן* get married ⊦ ח' האָב|ן* מיט/פֿאַר marry || ח' האָב|ן* איינער מיטן אַ'נדערן (inter)marry ⊦ ח' מאַכ|ן marry off, give in marriage ⊦ °אָפּ|שפּיל|ן אַ ח' ⟨ד⟩ make a scene

חתונה־... marital

חתונה־געהאַ'ט אדי* [ ] married || ער איז אַ חתונה־געהאַטער he is married

חתונה־דערלויב דער (ן) [ ] marriage license

חתונה־פּליטה די (—ות) [PLEYTE] elopement

חתימה די (—ות) [KhSIME] signature; (imprint of a) seal

חתמע|(נע)ן וו ◇ [KhASME] sign || ח' זיך ⟨אויף⟩ sign one's name (to)

חתן דער (ים) [KhOSN—KhASANIM] bridegroom(-to-be), fiancé ⊦ ווער|ן אַ ח' become engaged

חתן־בחור דער (ים) [BOKhER] marriageable young man

חתן־כלה מצ [KA'LE] engaged couple, bride and groom ⊦ ווער|ן ח' become engaged ⊦ ווער|ן אויס ח' break one's engagement

חתן־מאָל דאָס (ן) [ ] pre-wedding feast

ט

ט דער/די [TES] letter of the Yiddish alphabet; pronounced [T]; numerical value: 9

ט' = אָ ט

'ט = ה אָ ט; ו ו ע ט

טאַ אינט well ... (*resignation*)

טאָ קאָ then (*with imperatives and adverbial questions*) ⊢ טאָ רעד ניט then don't talk ⊢ טאָ ווען וועסטו קומען? then when will you come?

טאָבאָ'גאַן־שליטן דער (ס) toboggan

טאַבאַ'ק דער (ן) tobacco

טאַבו' דער (ען) taboo

טאַבורע'ט דער (ן) stool

טאַביק זען ט אַ ב י ק ע

טאַ'ביקע די tobacco; snuff || שמעק|ן ט' take snuff ⊢ אַ שמעק ט' a pinch of snuff

טאַ'ביק־פּושקע די (ס) snuffbox

טאַבלאָי'ד דער (ן) אַמער tabloid

טאַבלע'ט דער (ן) (medicine) tablet

טאַבעליר|ן וו ◇ tabulate

טאַבעלירער דער (ס) tabulator

טאַבעלע די (ס) table, chart

טאָג דער (טעג) day || בײַ ט' in the daytime ⊢ פֿאַר ט'(ס) at the crack of dawn || מיטן ט' גלײַך at daybreak || אַלע ט' every day ⊢ ט' פֿאַר ט' daily, day by day ⊢ ט'־אײַ'ן ט'־אוי'ס daily, day in and day out ⊢ אַ גאַנצן ט' all day || האַלב|ער ט' noon || אַ גוטן ט' good-bye || אַ גרויס|ער/העל|ער ט' broad daylight || נע'כטיק|ער ט' nothing of the kind; it's hopeless ⊢ ביז אין ווײַסן ט' אַרײַ'ן until dawn ⊢ אין מיטן העלן ט' in broad daylight; all of a sudden ⊢ גאַנצע טעג days on end ⊢ עס ווערט ט' day is breaking ⊢ הייב|ן אין ט' אַרײַ'ן glorify || לעב|ן אַ ט' enjoy life, have a good time || עס וועט קומען אויף ד אַ טאָג (sb.'s) day (of judgment) will come ⊢ דער ט' שטייט ניט we haven't all day || עס|ן טעג eat as a guest at a certain house on given days of the week

טאָגבוך דאָס (...ביכער) journal, diary

טאָגהיים די (ען) day-care center

טאָ'ג־טע'גלעך אַדי day-to-day, everyday

טאָגליכט דאָס daylight

טאָג|ן וו—אומפּ ◇ dawn; (*hum.*) run low, be nearly empty ⊢ אין טעפּל טאָגט שוין the pot is nearly empty

טאָ'גצײַטונג די (ען) daily (newspaper)

טאָגקעמפּ דער (ן) אַמער day camp

'טאַדלען זען א ו י ס ר ע ד ן, ט ע נ ה (האָבן טענות)

טאָוול דער (ען) △ טע'וועלע board, blackboard; tablet; panel; (book) cover

•טאָוסט דער זען ט אָ ס ט

'טאַט זען ט ו ו נ ג; מ ע שׂ י ם

טאָטאַ'ל אַדי total

טאָטאַליטאַריש אַדי totalitarian

טאַטוי'רונג די (ען) tattoo

טאַטוי'ר|ן וו ◇ tattoo

טאַטיש אַדי fatherly

טאַטע דער (ס) (ד/אַ: טאַטן; פּאָס: טאַטנס) father, dad ⊢ אַ טאַטנס אַ קינד a child of a good family

טאַטע־מאַ'מע מצ (both) parents

טאָ'טעמסלופּ דער (עס) totem pole

טאָטער דער (ן) Tatar

טאָ'טעריש 1. אַדי Tataric || 2. (דאָס) Tatar language; (*hum.*) gibberish

טאַ'טעשי דער (ס) daddy

טאַטשע|ן וו ◇ nag

טאַטשקע די (ס) wheelbarrow

טאָכטער די (טעכטער) △ טע'כטערל daughter ⊢ יי'דיש|ע ט' Jewish woman/girl

טאָל דער (ן/טעלער) valley

טאַלאַ'נט דער (ן) talent, gift

טאַלאַנטי'רט אַדי talented, gifted

טאַ'ליע די (ס) waist

טאָלכל דאָס (עך) (טאָל △) dale

טאַלעבענדע|ן (זיך) וו ◇ זען ט ע ל ע ב ע נ ד ע ן

•טאַלע'נט דער (ן) זען ט אַ ל אַ נ ט

טאָ'לעקע די (ס) meadow, pasture

•טאָ'לער דער (ס) זען ד אָ ל אַ ר

טאָלעראַ'נט אַדי tolerant

טאָלעראַ'נץ די tolerance

טאָלעריר|ן וו ◇ tolerate

טאָלק דער order, system; sense || אָן אַ ט' unsystematic, haphazard ⊢ מיט אַ ט' systematic, orderly ⊢ רעד|ן מיט אַ ט' talk sense ⊢ מאַכ|ן אַ ט' ⟨אין⟩ bring order (into), arrange, put straight || דערגיי'|ן* אַ ט' ⟨אין⟩ make head or tail of, make out, have it out (with), thrash out ⊢ קומ|ען צו אַ ט' reach an understanding ⊢ דעררעד|ן זיך צו אַ ט' ⟨מיט⟩ have it out (with)

•טאָלקאָווע אַדי = ט אָ ל ק י ק

טאָלקיק אַדי orderly

טאַמבאַנק דער (טאַמבענק) (shop) counter

טאַמבורי'ן דער (ען) tambourine

טאַ'מלדיק אַדי staggering (walk etc.)

טאַמל|ען וו ◇ stagger

טאַמע די (ס) dam

טאַ'מעווע|ן וו ◇ dam *imp.*

טאָמער 1. קאָ if, in case, in the event that; perhaps ⊢ און ט' and what if || 2. דער (ן) contingency

טאָן די (ען) ton

טאָן דער (טענער) tone, note; tenor, vein || פֿאַלש|ער ט' sour note || (אָנ)געב|ן* דעם ט' set the tone || אין דע'ם ט' in this vein

טאָ|ן*/טו|ן* וו (טו, טוסט, טוט, טוען, טוט, טוען; געטאָ'ן/געטו'ן) do || ט' ד do to || וואָס וועסטו אים ט'? what will you do to him? ⊢ וואָס טוט מען? what to do? || האָב|ן* צו ט' מיט associate with *vi.*, deal with, concern, involve; be involved with, have to do with, have trouble with ⊢ ט' אַנטקעגן ד defy || ט' זיך be going on, happen; be ado || וואָס טוט זיך דאָ? what's going on here? ⊢ עס טוט זיך מעשׂים [MAYSIM] things are happening ⊢ ט' זיך ⟨מיט⟩ be the matter (with) ⊢ וואָס טוט זיך מיט דיר? what is the matter with you?

טאָנאַ'זש דער (ן) tonnage

טאָנאַ'ציע די (ס) (musical) key

טאַנגאָ דער (ס) tango

טאַנגע'נט דער (ן) tangent

טאַנדע'ט 1. אַדי cheap, second-rate; bungling; jerry-built ⊢ 2. דער old clothes; bungling work

טאַנטאַליזיר|ן וו ◇ tantalize

טאַנטיע'ם דער (ען) [TY] royalty

•טאַנטע זען מ ו מ ע

טאָניק דער (ן) tonic note

טאַנץ דער (טענץ) △ טענצל dance

טאַנצזאַל דער (ן) dance hall, ballroom

טאַנצ|ן וו ◇ dance

טאַנק דער (ען) tank (container; armored vehicle)

טאָ'נשטאַפּל דער (ען) (musical) pitch

טאָסט דער (ן) toast

טאַסקע|ן וו ◇ lug

טאָפּ דער (טעפּ) △ טעפּל pot

טאָפּאָליע די (ס) poplar

טאָפּאָריסקע די (ס) (axe) stock

טאָ'פּ־געבראָטנס דאָס pot roast

טאָפּטשע|ן וו ◇ plod, tread, stamp (one's feet) ⊢ ט' זיך trudge, plod along, wade

טאַפּ'ל .1 אַדי double || אין טאָ'פּעלן (folded) double ⊢ .2 דער (ען) double
טאָ'פּלווע דער (ען) (the letter) W
•טאָ'פּלפּונקט דער (ן) זען צווייפּינטל
טאָ'פּלשטיין דער (ער) die || מצ dice
טאַפּ|ן וו ◇ feel (by touch) *imp.*, grope || אַ טאַפּ טאָ|ן* touch *pf.*, get a feel of
טאַפּעטן מצ wallpaper
טאַפּעצירער דער (ס) ⊡ זען טופּיצער
טאַפּעצירערײַ' דאָס זען טופּיצערײַ
טאָ'פּערל דאָס (עך) (animal) antenna, tentacle
טאַפֿט דער taffeta || טאַפֿט'ן אַדי
טאַפֿליע די (ס) slab; panel; (*dial.*) •pane
טאַץ די/דער (ן) △ טעצל platter, tray; cymbal
טאַק דער זען טאַקט
טאָק[1] די (ן) lathe
טאָק[2] די/דער (ן) △ טעקל dummy, doll
טאַקט דער (ן) tact; (in music) bar, measure; cadence, time, beat ⊢ צום ט' in time
טאַקטיק די (ס) tactic; tactics
טאַקטיש אַדי tactical; tactful
טאַ'קטשטעקל דאָס (עך) conductor's baton
טאָק|ן וו ◇ turn (on a lathe), polish (*fig.*)
טאַקס דער (ן) badger
טאַקסי דער/די (ס) taxicab
טאַקסיר|ן וו ◇ assess
טאַקסע די (ס) tax on kosher meat
טאַקע אַדוו indeed, really || ט'? oh? no kidding! you don't say! ⊢ ט' דער, ט' יענער, דער זע'לביקער ט' the very same
טאָקער דער (ס) turner
טאַראַקאַ'ן דער (עס) cockroach
טאַראַראַ'ך אינט crash! thump!
•טאַראַראַם זען טאַרעראַם
טאָרבע די (ס) sack
טאָ'רבעלע דאָס (ך) (טאָרבע △) bag || ט'ך אונטער די אויגן bags under one's eyes
טאָרט דער (ן) △ טערטל cake, esp. jam or cream filled; spongecake
טאַרטאַק דער (...אַ'קעס) sawmill
טאַרטשען|ן וו ◇ זען סטאַרטשען
טאַרי'ף דער (ן) (schedule of) rates
טאָרמאַז דער (ן) brake
טאָרמאַזיר|ן וו ◇ brake *imp.*
טאָר|ן* וו (ער טאָר; געטאָ'רט): ניט ט' not be permitted to; be forbidden to || ער טאָר ניט אַוועקגיין he must not leave ⊢ מע טאָר ניט אַרײַנגיין it is forbidden to enter
טאָרנאַדאָ דער (ס) tornado
טאַרע|ן וו ◇ jab; harass, annoy, badger || אַ טאַרע טאָ|ן* nudge
טאַרעראַ'ם דער (ען) fuss || °מאַכ|ן אַ ט' make an issue (of) ⟨איבער⟩
טאַרעראַמ|ען וו ◇ fuss
טאָרפּעדיר|ן וו ◇ torpedo
טאָרפּעדע די (ס) torpedo
טאָרף דער turf, peat
טאָרקל|ען וו ◇ coo
טאָרקע|ן וו ◇ זען טאָרען
טאַש די/דער (ן) △ טעשל bag, pouch; pocketbook
טאַשמע די (ס) ribbon, tape
טאַש|ן וו ◇ shuffle (cards)
טבֿילה די (—ות) [TVILE] (*Jew.*) ritual immersion for the purification of one's body
טבֿיעות־עין דאָס [TVIES-A'YEN] acuteness, keenness
טבֿע די (ס) [TEVE] nature; character || זײַן*/ווער|ן אומפּ ד איבער דער ט' make uncomfortable, make ill at ease
טבֿת דער [TEYVES] Tebeth, the fourth month in the Jew. calendar, coinciding with parts of December and January
טהרה די [TA'ARE] (*Jew.*) ritual cleansing of a dead body before burial
טהרה־ברעט די (ער) [ ] (*Jew.*) the board on which dead bodies are laid for cleansing before burial
טהרה־שטיבל דאָס (עך) [ ] (*Jew.*) shed at a cemetery in which dead bodies are cleansed before burial

טהרת־המשפחה די [TA'ARES-HAMISHPO'KhE] (*Jew.*) observance of sexual mores; marital fidelity

טו 1. וו זען ט אָ ן וו || 2. דער (ען) זען ט וו נ ג

טואונג זען ט וו נ ג

טואַלע'ט דער (ן) toilet (attire; grooming)

טואַלע'ט־וואַסער דאָס toilet water

טובאַנק זען ט אָ מ ב אַ נ ק

טובע די (ס) (squeezable) tube; tuba

טובערקולאָ'ז דער tuberculosis

טובֿה די (—ות) [TOYVE] favor, kindness, || good turn, service; benefit, good || בע'ריש|ע ט' unintentional wrong || האָב|ן* אַ ט' פֿון benefit by || טאָ|ן* אַ ט' ⟨ד⟩ do a favor (to) || פֿון פּאַס ט' וועגן for the sake of

טובֿל זײַן* וו—ל (ט' געווע'ן) [TOYVL] immerse ⊦ ט' זײַן* זיך (*Jew.*) immerse oneself (*pf.*) for ritual purification

טובֿל|ען זיך וו ⟐ [ ]= טובֿל זײַן זיך

טובֿת־הכּלל דער [TOYVES-HAKLA'L] public good

טוואַן דער (יעס) [NY] mire, slush

טוואָרע|ן וו ⟐ toil

טוויד דער tweed

טוונג די (ען) action, act, deed

טוט דער (ן) △ טיטל paper bag

טוט וו זען ט אָ ן וו

טוי דער dew

טויב אַדי deaf || ט' ווי די וואַנט stone deaf

טויב די (ן) △ טײַבל pigeon; dove

טויבלעך אַדי hard of hearing

טוי'בנלאָך דאָס (...לעכער) pigeonhole

טוי'בנשלאַק דער (...שלעק) pigeon coop

טוי'ב־שטו'ם אַדי deaf-mute

טויגיק אַדי fit

טוי'גיקייט די fitness

טויג|ן* וו (ער טויג; געטוי'גט) ⟨צו/אויף⟩ be fit, be good for, be adequate, qualify *vi.*; suit ⟨ד⟩ ⊦ ט' do, suffice (as to quality) || וואָס טויג ⟨ד⟩ what's the use of, what good is (stg.) (to)?

טוי'געוודיק אַדי fit, usable, capable, suitable, serviceable

טויז דער (טײַז) ace (in cards)

טויזנט 1. צוו a thousand || 2. דער (ער) thousand

טויט 1. אַדי dead; deathly pale || ט' געבוירן stillborn ⊦ ט' הו'נגעריק starving || ט' מיד dead tired ⊦ ט' קראַנק fatally ill || ט' שיכּור [ShIKER] dead drunk || ניט ט' ניט לע'בעדיק more dead than alive || ווער|ן פֿון ט' לע'בעדיק come to life || 2. דער (ן) death || אויף ט' fatally, to death ⊦ נאָך פּאַס ט' posthumously || טאָ|ן* אַ צום ט' be the death of || מאַכ|ן° ד דעם ט' harass; kill || מאַכ|ן° זיך דעם ט' kill oneself

טויט... fatal, deadly, deathly

טוי'טאויספֿאָרש דער (ן) inquest

טוי'טאורטל דער (ען) death sentence

טוי'טנבעט דאָס deathbed

טויטפֿאַל דער (ן) fatality, (a) death

טוי'טפֿאָרשער דער (ס) coroner

טויטקלאַפּ דער (...קלעפּ) deathblow

טויטשטראָף די death penalty; capital punishment

טויטשרעק דער extreme terror, fear of death

טויִק אַדי dewy

טויער דער (ן) gate; goal (in soccer)

טוי'ערמאַן דער (טוי'ערלײַט) gatekeeper; (soccer) goalkeeper

•טויפֿונג די (ען) baptism

•טויפֿ|ן וו ⟐ baptize

טוּיִק אַדי active

•טויש|ן וו ⟐ change, exchange

טוך 1. דאָס (טיכער) cloth || 2. די (טיכער) △ טיכל kerchief, (woman's) shawl

טוכלע אַדי stale

טול דער (ן) trunk, torso, rump; fuselage

טוליע|ן וו ⟐ clasp, nestle *vt.* || ט' זיך ⟨צו⟩ cling, nestle *vi.*, huddle

טולעפּ דער (ן) sheepskin coat

טולפּאַ'ן דער (ען) tulip

טום דער (ען) cathedral

טומאה די [TUME] (*Jew.*) impurity, ritual uncleanness; sinfulness

טומאהדיק אַדי [ ] nefarious

טומאַ'ן דער (ען) fog, mist

טומאָר דער (ס) tumor

טומל דער (ען) noise, din, racket, stir || מאַכ|ן אַ ט' create a stir

טו'מלדיק אַדי noisy, boisterous, blatant

טומל|ען וו ◇ make noise, make a racket || ט' זיך אומפּ: עס טומלט זיך אַרו'ם אים there is a fuss about him

טון די (ען) barrel

טו|ן* וו זען טאָ ן וו

טונדל דאָס (עך) (טון △) keg

טונע'ל דער (ן) tunnel

טונעליר|ן וו ◇ tunnel *vt.*

טונפֿיש דער (ן) tuna fish

טונק דער (ען) dip

טונק... diving, submersible || טו'נקקאַסקע diving helmet

טונק'ל אַדי (△ טי'נקעלער; △△ טונקלסט) || dark; dim, obscure; sinister, shady ט'ע געשעפֿטן monkey business

טו'נקל־קאַמער די (ן) darkroom

טונק|ען וו (◇/געטונקען) dip *vt.* || ט' זיך אין be submerged in

טונקער דער (ס) ⊡ diver

טונקערײַ' דאָס diving

טונקשיף די (ן) submersible, submarine

טוסט זען טאָ ן וו

טועה זײַן* זיך וו (ט' געווע'ן) [TOYE] err, be mistaken, be wrong

טועכץ דאָס (ן) job, task; calling, occupation, pursuit

טועם זײַן* וו (ט' געווע'ן) [TOYEM] taste *vt.*, savor

טועם־טעם זײַן* וו [TA'M] get a taste of

טוען דער (ים) [TOYEN] plaintiff, suitor

טוען וו זען טאָ ן וו

טוער דער (ס) ⊡ || active person, leader זײַן* אַ ט' ⟨אין⟩ be active (in the affairs of)

טופּ דער (ן) thump

טופּיצער דער (ס) ⊡קע upholsterer

טופּיצערײַ' דאָס upholstery

טופּע|ן וו ◇ ⟨מיט⟩ tap, stamp (one's feet)

טוץ דער/דאָס (ן) dozen

טוקונג די (ען) dive

טו'קערין די (ס) (*Jew.*) ritual bathhouse attendant

טור דער (ן) tour

טורבאַ'ן דער (ען) turban

טורבי'ן די (ען) turbine

טורי'סט דער (ן) ⊡ tourist

טוריסטיק די tourism

טוריסטן־... tourists', sight-seeing

טורמע די (ס) prison, jail

טורניקע'ט דער (ן) turnstile; tourniquet

טורני'ר דער (ן) tournament

טורעם דער (ס) tower, spire

טו'רעמל דאָס (עך) (טורעם △) turret

טו'רעמ|ען (זיך) וו ◇ tower *vi.*

טו'רעמשפּיץ דער (ן) spire

טורעם: מאַכ|ן ט' פֿון make fun of; pillory

טורקיש אַדי Turkic

טו'רקלטויב די (ן) זען טערקלטויב

טוש דער (ן) India ink

טוש|ען וו ◇ stew

טושפֿלייש דאָס stew

טיאָך דער (ן) throb

טיאָכקע דער (ס) = טיאָך

טיאָכק|ען וו—אומפּ ◇ throb || עס טיאָכקעט מיר אין האַרצן my heart throbs

טיאָפּקע|ן וו ◇ trip *vi.*, move lightly

טיגער דער (ס) ⊡יכע tiger

טיו'ל דער tulle || טיו'לן אַדי

טיטוליר|ן וו ◇ address (by a title)

טיטו'ן דער tobacco

טיטל דער (ען) title || על־פּי ט' [ALPI] titular

טיטשע|ן וו ◇ ⟨מיט⟩ poke (finger etc.)

טיי די (ען) tea

טייג דאָס dough, batter || פֿון איין ט' געקנאָטן (*fig.*) birds of a feather

טייגל דאָס (עך) dough pellet || מצ *also* a confection made of pellets of dough cooked in honey

טײַגע די (ס) taiga

טייגעכץ דאָס (ן) (kind of) baked pudding

טײַוואָליש אַדי זען טײַוולאָניש

טייוורשט דער bologna

טײַוול דער (טײַוואָלים) devil, fiend || צום ט' the devil! devil take it!

טײַוולאָניש אַדי fiendish, devilish, diabolical

טײַוולש אַדי devilish

טייטונג די manslaughter

טייטל דער/די (ען) date (fruit)

טײַטל דער (ען) pointer

טײַטל|ען וו ◇ ⟨מיט ... אויף⟩ point || ט' מיטן פֿינגער אויף דער שטוב point one's finger at the house

טייט|ן וו (געטייט) kill, slay, put to death

טײַט|ן וו (געטײַט) זען טײַטלען

טײַטפֿינגער דער (—) index finger

טײַטש דער/די (ן) meaning || זײַן* דער/די ט' נאָמ mean, denote

טײַטש־חומש דער [KHUMESh] a Yiddish version of the Pentateuch, traditionally read mostly by women

טײַטש|ן וו ◇ interpret *imp.*

טײַך דער (ן) river || אויס|לאָז|ן זיך אַ ט' אומפּ ⟨פֿון⟩ fizzle out, be fruitless

טײַכל דאָס (עך) (טײַך △) stream, creek, brook

טייל דער/די (ן) part, division || אַ ט' some || צום ט' in part, partly

טיילווײַז 1. אַדי partial || 2. אַדוו partly

טיילווײַזער דער (ס) זען טיילער

טיילונג די (ען) division

טיילזאַץ דער (ן) clause

טייליק אַדי ⟨אויף⟩ divisible (into)

טיילכל דאָס (עך) (טייל △) particle

טייל מאָל זען מאָל

טיילמאָליק אַדי occasional

טייל|ן וו ◇ ⟨אויף⟩ divide (into) || ט' מיט share with ⊢ ט' זיך ⟨אויף⟩ be divided (into), be divisible (by) ⊢ ט' זיך ⟨מיט ... מיט⟩ share || איך וועל זיך ט' מיט דיר מיטן ברויט I will share the bread with you

טיילעוודיק אַדי ⟨אויף⟩ divisible

טיילעכל דאָס (עך) זען טיילכל

טיי־לעפֿעלע דאָס (ך) teaspoon

טיילער דער (ס) denominator || (מינדסט|ער)

שו'תּפֿיש|ער ט' (least) common denominator

טיי'לצײַטיק אַדי part-time

טײַסטער דער (ס) purse

טיי'עלע דאָס (ך) tea leaf

טײַע|ן וו ◇ conceal *imp.*

טײַער אַדי dear; expensive, valuable; || adorable, °swell; beloved, precious || האַלט|ן ט' treasure, value, prize, cherish ⊢ קאָסט|ן ט' cost much

טײַ'ער|ער! darling!

טײַ'ערינק|ער אַדי* darling

'טיכטיק זען אויפֿטויִק, בריהש, טויגעוודיק, פֿעיִק

טיכל דאָס (עך) (טוך △) kerchief; cloth

טימיאַ'ן דער thyme

טינוף דער [TINEF] filth

טינט די (ן) ink

טינטל|ען וו ◇ scribble, scrawl, smear

טינטלער דער (ס) ☐קע scribbler

טינטער דער (ס) inkwell

טי'נטערל דאָס (עך) (טינטער △) pothole (in a street)

טינטפֿיש דער (—) squid

טינק דער/די plaster

טינקטו'ר די (ן) tincture

טי'נקעווע|ן וו ◇ plaster

טיפּ דער (ן) type; °character (strange person)

טיפּאָסקרי'פּט דער (ן) typescript

טיפּיזיר|ן וו ◇ typify

טיפּיסטקע די (ס) (*fem.*) typist

טיפּיר|ן וו ◇ type *imp.*

טיפּיש אַדי typical

טיפּש דער (ים) [TIPESh—TIPShIM] fool

טיפּשות דאָס [TIPShES] folly, foolishness, stupidity

טיף 1. אַדי deep; intense; profound || 2. די depth ⊢ אין דער ט' in depth

טי'פֿבאָמבע די (ס) depth charge

טיפֿוס דער typhus

טי'פֿעניש דאָס (ן) depth

טיפֿקייט די (ן) depth; profundity

טיק דער (ן) jab

טיקטאַק דער ticking
טיקע|ן[1] וו ◇ tick
טיקע|ן[2] וו ◇ jab
טיר די (ן) door; doorway || ט' צו ט' ⟨מיט⟩ next door (to) ⊦ וויס|ן* ווו אַ ט' עפֿנט זיך know one's way about, know the ropes ⊦ אָפּ|שלאָג|ן ד די טירן (rev. con.) be in great demand, be very popular (with) ⊦ ברעכ|ן זיך אין אַן אָ'פֿענער ט' belabor the obvious
טיראַדע די (ס) tirade
טיראַ'זש דער (ן) circulation (of a periodical); drawing (of a lottery)
טיראַ'ן דער (ען) ◻קע tyrant
טיראַניזיר|ן וו ◇ tyrannize
טיראַנײַ' די (ען) tyranny
טיראַ'ניע די (ס) = טיראַנײַ
טיראַניש אַדי tyrannical, oppressive
טי'רגלעקל דאָס (עך) doorbell
טירוף דער [TIREF] lunacy; frenzy
טירופֿדיק אַדי [ ] lunatic; frantic, frenzied
טירוף־הדעת דער [HADA'AS] madness
טירחה די (—ות) [TIRKhE] trouble, pains, imposition
טיש דער (ן) table; panel; board || גרייט|ן צום ט', דעק|ן דעם ט' set the table || אַ'רבעט|ן אויף ט' און אויף בענק spare no effort ⊦ עקספּע'רטן־טיש board of experts
טישטעך דער/דאָס (ער) tablecloth
טי'שקעסטל דאָס (עך) table/desk drawer
טית דער/די (ן) tet, name of the letter ט
טכויר דער (ן) skunk; coward
טלאָ די (ען) hoof
טל־ומטר [TAL-UMO'TER] "dew and rain," a prayer said by Jews during the months of drought in Palestine, the text of which is printed in very small type
טלומיק דער (עס) bundle
טליס דער (ן) trot
טליסע|ן וו ◇ trot
טליִע|ן (זיך) וו ◇ smolder, glow
טלית דער (ים) [TALES—TALEYSIM] tallith, a striped tasseled shawl worn by Jews during certain prayers
טלית־קטן דער (ס) [KO'TN] four-cornered tasseled undergarment worn by Orthodox Jews
טמא אַדי—אינװ [TOME] (Jew.) ritually impure (as corpses, lepers, etc.), or defiled by contact with impurity
טע דער (ען) (the letter) T
...טע די (ס) *suffix denoting femaleness* || אייזלטע || female donkey, she-ass
חזנטע [KhA'ZNTE] cantor's wife; female cantor
טעאַטער דער (ס) theater; °stg. hilarious
טעאַ'טער־גייער דער (ס) ⊡ playgoer
טעאַטערײַ' דאָס show business
טעאַטראַ'ל דער (ן) ◻קע showman; theater enthusiast
טעאַטראַליש אַדי theatrical
טעאָלאָ'ג דער (ן) theologian
טעאָלאָגיע די theology, divinity
טעאָריע די (ס) theory
טעאָריזיר|ן וו ◇ theorize
טעאָרע'טיקער דער (ס) ⊡ theoretician
טעאָרעטיש אַדי theoretical
טעאָרע'ם די (ען) theorem
טעגלעך אַדי daily
טעווטאָניש אַדי Teutonic
טע'־ווינקל דער (ען) T square
טע'װעלע דאָס (ך) (טאָוול △) slab, tablet
טעות דער/דאָס (ן/ים) [TOES—TO'ESN/TEU'SIM] error, mistake, slip ⊦ על־פּי ט' [ALPI] by mistake ⊦ אַ ט' האָב|ן* make a mistake, be wrong, err
טעותדיק אַדי [ ] erroneous
טעות־הדפּוס דער (ן) [HATFU'S] typographical error
טעזיס דער (ן) thesis; contention
•טעטיק אַדי active
•טע'טיקייט די (ן) activity
טע־טע־טע' אינט well, well! what do you know!
טעכנאָלאָגיע די technology
טעכנאָלאָגיש אַדי technological

טעכניק די (עס) technique, technology

טע'כניקער דער (ס) ⊡ technician

טעכניש אַדי technical

טע'ליצע די (ס) heifer

טעלעבענדע|ן וו ◇ dangle *vt.* || ט' זיך wobble, dangle *vi.*, totter

טעלעגידיר|ן וו ◇ guide by remote control

טעלעגראַ'ם די (ען) telegram, wire, cable

טעלעגראַ'ף דער (ן) telegraph; telegraph office

טעלעגראַפֿיר|ן וו ◇ telegraph, wire, cable

טעלעגראַ'פֿן־אַגענטור די (ן) wire service

טעלעוויזאָר דער (...אָ'רן) television receiver/set

טעלעווי'זיע די television

טעלעוויזיר|ן וו ◇ televise

טעלעטי'פּ דער (ן) teletype

טעלעסקאָ'פּ דער (ן) telescope

טעלעפּאַ'טיע די telepathy

טעלעפּאַטיש אַדי telepathic, psychic

טעלעפֿאָ'ן דער (ען) telephone

טעלעפֿאָני'סט דער (ן) ⊡/□קע (switch-board) operator; line man

טעלעפֿאָניר|ן וו ◇ ד telephone, call

טעלעפֿאָניש אַדי/אַדוו by telephone || רעד|ן ט' talk on the telephone

טעלעקאָנטראָ'ל דער remote control

טעלער דער (—/ס) plate

טע'לערל דאָס (עך) (טעלער △) || saucer || דאָס ט' פֿון הימל pie in the sky || צעלייג|ן אויף ט'עך explain in detail; (*iro.*) spell out ⊢ צעטראָג|ן אויף ט'עך spread (a rumor) widely

טע'לער־לעקער דער (ס) □קע flatterer, toady

טעם **.1** דער (ען) [TAM] taste; zest || אויפֿן ט' in taste ⊢ אָן אַ ט' tasteless; pointless || אָן אַ ט' און אָן אַ ראַם without rime or reason ⊢ האָב|ן* אַ ט' פֿון taste like || האָב|ן* דעם זי'בעטן ט' be luscious || **.2** דער (ים) [—TAYMIM] motive, reason, ground ⊢ פּ"ל ט ע מ י ם

טעמאַטיק די (עס) subject matter

טעמבער דער (ס) timbre

טעם־גן־עדן דער [TA'M-GANE'YDN] luscious taste

טעם־וואָרצעלע דאָס (ך) [ ] taste bud

טעמים מצ [TAYMIM] the musical accents written in Hebrew Bible texts as guides to correct cantillation

טעמע די (ס) topic, subject, theme || אויף דער ט' (book, lecture) on

טעמפּ אַדי dull, blunt; obtuse, dense || ט'|ער ווינקל obtuse angle; (*fig.*) deadlock

טעמפּ דער (ן) tempo, pace, rate

טעמפּאָ דער (ס) = ט ע מ פּ דער

טע'מפּ־איינשטעלער דער (ס) ⊡ pace-setter

טעמפּל דער (ען) temple

טעמפּלער אַדי slow(-witted)

טעמפּעראַטו'ר די (ן) temperature

טעמפּעראַמע'נט דער (ן) temperament, disposition

טענאָ'ר דער (ן) tenor (voice)

טענדל|ען וו ◈ deal in second-hand goods

טענדע'נץ די (ן) tendency; trend

טענדענציע'ז אַדי tendentious

טענה די (—ות) [TAYNE] claim, complaint, contention ⊢ האָב|ן* טענות ⟨צו⟩ reproach

טענה־ומענה די (טענות־ומענות) [UMA'YNE] argument, reproach

טענה|ן וו ◈ [TAYNE] maintain, argue, claim, plead, profess, contend

טענטאַטי'וו אַדי tentative

טעניס דער tennis

טע'ניספּלאַץ דער (...פּלעצער) tennis court

טע'נעמענט־הויז דאָס (־הײַזער) אַמער tenement house

טע'נענבוים דער (...ביימער) spruce

טענער[1] דער (—) palm (of hand)

•**טענער**[2] דער (ס) אַמער □קע tenant

טענצל דאָס (עך) (טאַנץ △) || dance, jig || גיי|ן* אַ ט' do a jig

טענצער דער (ס) ⊡ dancer

טעסט[1] דער (ן) crucible

טעסט[2] דער (ן) test

טעסטאַמע'נט דער (ן) (Old/New) Testament
טעסטיר|ן וו ◇ test (psychologically); test-fire
טעסלער דער (ס) carpenter
טעס|ן וו ⟐ hew
טעפּוואַרג דאָס pottery, earthenware
טעפּל דאָס (עך) (טאָפּ △) cup
טעפּעך דער (ער) carpet, rug
טעפּער דער (ס) □קע potter
טעפּעריי' דאָס pottery (craft); ceramics
טעצל דאָס (עך) (טאַץ △) saucer
טעקטו'ר די cardboard || טעקטור'ן אַדי
טעקל דאָס (עך) (טאָק △) doll, puppet
טעקסט דער (ן) text; (song) lyrics
טעקסט... textual
טעקסטי'ל דער (ן) textile
טעקע די (ס) file, folder; brief case
טעראַסע די (ס) terrace
טעראַפּיע די (ס) therapy
טעראַפּע'ווט דער (ן) ⊡ therapist
טעראַפּעווטיש אַדי therapeutic
טעראָ'ר דער (political) terror
טעראָריזיר|ן וו ◇ terrorize
טעראָרי'סט דער (ן) □קע terrorist
טערטל דאָס (עך) (טאָרט △) tart (cake)
טעריטאָריאַליזם דער territorialism, esp. a Jew. movement advocating the establishment of an autonomous Jew. territory in a location other than Palestine
טעריטאָריע די (ס) territory
טעריטאָריע'ל אַדי territorial
טערכע|ן וו ⟐ bungle, botch; scrawl
טערמאָיאָדער־... thermonuclear
טערמאָמעטער דער (ס) thermometer
טערמאָס דער (ן) thermos bottle
טערמי'ט דער (ן) termite
טערמי'ן דער (ען) deadline; (technical) term ⊢ אין די' ט'ען in these terms
טערמינאָלאָגיע די (ס) terminology
טערע'ן דער (ען) terrain
טערפּענטי'ן דער turpentine
טערפּקע אַדי sharp, tart

טערציע די (ס) third (three-note interval)
טערק דער (ן) ⊡ Turk
טערקיי' (די/דאָס) Turkey
טערקיש אַדי Turkish || אָפּ|טאָ|ן* ד אויף ט' play a dirty trick on ⊢ זיצ|ן אויף ט' sit with one's legs folded under
טע'רקלטויב די (ן) turtledove
טעשע|ן וו ⟐ זען ט ע ס ע ן
טפּרו! אינט whoa!
•טפּש זען ט י פּ ש
טפֿו אינט phooey || ט' זאָלסטו ווערן! go to the devil!
טפֿח דער (ים) [TEFEKh—TFOKhIM] (breadth of) hand (measure)
טפֿל דער (ים/ען) [TOFL—TFEYLIM] insignificant/secondary thing
טפֿלדיק אַדי [ ] inferior, secondary, insignificant
טראָג די (ן) sedan chair
טראָ'גבעטל דאָס (עך) stretcher
טראָגיק אַדי profitable
טראַגיקאָמיש אַדי tragi-comic
טראַגיש אַדי tragic
טראָ'גלאָדונג די (ען) payload
טראָג|ן וו (געטראָגן) bear, carry, take; || wear, have on; produce, yield || ט' ⟨מיט⟩ be pregnant (with) || פֿאַרגיי'|ן* אין ט' become pregnant || טראָג(ט) (עס) געזו'נטערהיי'ט! wear it in good health! || ט' זיך drift, float; (garment) wear vi.; (sound) carry vi. ⊢ געטראָגן ווער|ן drift
טראַגע'דיע די (ס) tragedy
טראָ'געדיק אַדי pregnant || מאַכ|ן ט' impregnate
טראָגער דער (ס) ⊡ bearer
טראָ'ג־פֿאַרהיטונג די contraception
טראָ'ג־פֿאַרהיט(נד)יק אַדי contraceptive
טראָ'ג־פֿאַרהיטער דער (ס) contraceptive
טראַדיציאָנע'ל אַדי traditional
טראַדיציע די (ס) tradition
טראַוומאַטיש אַדי traumatic
טראַוומע די (ס) trauma
טראַווע'סטיע די (ס) travesty

טראָט דער (טריט) (foot)step, pace || ט' ביי ט' step by step || ט' פֿאָרוי'ס advance ⊢ אין ט' ⟨מיט⟩ in step (with) || ניט אין ט' מיט out of step with
טראָטואַ'ר דער (ן) sidewalk
טראַטווע די (ס) raft
טראַטע די (ס) (bank) draft
טראַך אינט bang! crash!
טראַכט די (ן) womb
•טראַכט דער (ן) costume
טראַכט|ן וו (געטראַ'כט) think || ט' אויף פּאָס לעבן make designs upon the life of
טראַלאַלײַ' דער singsong
טראָלד דער (ן) tassel
טראָ'לייבוס דער (ן) trolley bus, trackless trolley car
טראָמאַסיק אַדי bumpy, jolting, jerky
טראָמאַסע|ן וו ◇ jolt
טראָמבאָ'ן דער (ען) trombone
טראַמווײַ' דער (ען) trolley car, street car
טראַמפּאָלי'ן דער (ען) trampoline
טראָן[1] דער (ען) throne
טראָן[2] דער פֿ"גל פּ י ש ט ר אָ ן
טראַנטע די (ס) rag; tattered piece of clothing; stg. broken down or worn out
טראַנטעוואַטע אַדי dowdy
טראָניק דער (עס) stock, shaft, hilt, handle
טראַנס דער (ן) trance
טראַנס.. trans..., through || טראַנס־קאָנטינענטיש transcontinental || טראַנס־בוס through bus
טראַנסאַטלאַנטיש אַדי transatlantic
טראַנסאַקציע די (ס) transaction
טראַנסיטי'וו אַדי transitive
טראַנסיסטאָר דער (...אָ'רן) transistor
טראַנסמיטאָר דער (...אָ'רן) transmitter
טראַנסמיטיר|ן וו ◇ broadcast, transmit
טראַנסמי'סיע די (ס) (mechanical) transmission; broadcast
טראַנסמי'סיע־פֿאַרשטערונג די jamming
טראַנספּאָניר|ן וו ◇ transpose (music)
טראַנספּאָ'רט דער (ן) shipment; transportation; transport/transit (system) ⊢ ט'־
דעפּאַרטעמענט Department of Transportation
טראַנספּאָרטוואַרג דאָס (means of) transport
טראַנספּאָרטיר|ן וו ◇ transport *imp.*, ship
טראַנספּאָ'רט־סיסטעם די (ען) transit/transport system
טראַנספּאָ'רט־פֿירמע די (ס) transport agency, carrier
טראַנספֿאָרמאַטאָר דער (...אָ'רן) transformer
טראַנספֿאָרמיר|ן וו ◇ transform
טראַנספֿו'זיע די (ס) (blood) transfusion
טראַנספֿע'ר דער (ן) transfer
טראַנספֿערי'ר־בילעט דער (ן) transfer (ticket)
טראַנספֿערירונג די (ען) transfer
טראַנספֿעריר|ן וו ◇ transfer
טראַנסצענדענטאַ'ל אַדי transcendental
טראַנסקריביר|ן וו ◇ transcribe
טראַנסקריפּציע די (ס) transcription (into a different system)
טראַנשיי' דער (ען) trench
טראַנשעע די (ס) trench
טראָסט דער (ן) אַמער זען ט ר ע ס ט
טראַסק דער (ן/טרעסק) crash, crack, blow, bang ⊢ פֿיר|ן זיך מיט ט' live in high style
טראַסקע|ן וו ◈ clatter, bang
טראָפּ[1] דער (—) stress, emphasis; musical accents used in cantillating the Torah || שטעל|ן דעם ט' אויף accentuate, stress
טראָפּ[2] דער: נאַריש|ער ט' fool
טראָפּיק דער (ן) tropic
טראָפּיש אַדי tropical
טראָפּן דער (ס) △ טרעפּל drop; blob || דער ביי'טער|ער ט' (*hum.*) alcohol, whisky || ווי צוויי ט'ס וואַסער identical
טראַפּע'ז דער (ן) trapeze; trapezoid
טראַף[1] דער (ן) syllable
טראַף[2] דער (ן) hit, chance; event, occurrence ⊢ גלי'קלעכ|ער ט' stroke of luck || אויף ט' at random, haphazard, hit or miss ⊢ על־פּי טראַף [ALPI] by chance
טראַפֿ... fortuitous
טראַפֿאַרע'ט דער (ן) cliché

טראַ'פּגעזעץ דאָס law of chance
טראָפּיי' דער (ען) trophy
טראַפּיק אַדי syllabic
טראַפּי'ק דער traffic
טראַ'פּמוסטער דער (ן) random sample
'טראָץ זען (ניט) געקוקט (אויף)
'טראָץ דעם זען פּאָרט אַדוו
טראַקט דער (ן) highway
טראַקטאַ'ט דער (ן) treatise; treaty
טראַקטאַמענטן מצ refreshments
טראַקטאָר דער (...אָ'רן) tractor
טראַקטי'ר דער (ן) inn, roadhouse
טראַקטיר|ן וו ◇ ⟨מיט⟩ treat (sb.) to
טרובע|ן וו ⊙ ⟨אין⟩ honk (*vt.*)
טרוד אַפּ [TORED] busy, rushed
טרויאַניש אַדי Trojan || ט' פֿערד Trojan horse
טרויב[1] די (ן) (△ טרײַבל) pipe
טרויב[2] די (ן) זען ווײַנטרויב
טרויִזם דער (ען) truism
טרוים דער (ען) dream (ideal)
טרוימ|ען וו ⊙ dream (as of an ideal)
טרויע (די) Troy
טרויער דער grief, sorrow, mourning
טרוי'עריק אַדי sad, mournful, sorrowful
טרוי'ערמאַרש דער (ן) funeral march
טרוי'ער|ן וו ⊙ ⟨נאָך⟩ mourn, grieve (for)
טרומיי'ט דער (ן) trumpet, bugle
טרומייט|ן וו (טרומיי'ט) זען טרומייטערן
טרומייטער 1. דער (ס) ⊡ trumpeter, bugler
|| 2. דער (ס) זען טרומייט
טרומיי'טער|ן וו ◇ toot, blow, trumpet
טרונע די (ס) (*Chr.*) coffin, casket
טרונק דער (ען) drink, draft, swig; potion
|| אַ ט' וואַסער a drink of water
טרוסקאַפּקע די (ס) (cultivated) strawberry
טרופּע די (ס) troop, troupe; (play) cast
טרוק'ן אַדי (△ טרי'קענער) dry; arid, barren ⊦ אָפּ|שנײַד|ן ט'° come out unharmed
טריִאָ דער (ס) trio
'טריאומף זען טריומף
•טריב אַדי dismal, bleak, gloomy, dreary

טריבו'ט דער (ן) tribute (payment)
טריבו'ן דער (ען) tribune (person)
טריבונאַ'ל דער (ן) tribunal
טריבונע די (ס) dais; grandstand
טריגאָנאָמעטריע די trigonometry
טריוואַקס דער sealing wax
טריוויאַ'ל אַדי trivial
טריומוויראַ'ט דער (ן) triumvirate
טריו'מף דער (ן) triumph
טריומפֿאַ'ל אַדי triumphant
טריומפֿיר|ן וו ◇ triumph; be triumphant
טריט דער (—) זען טראָט || •אויף ט' און שריט at every step, wherever one turns
טריט־וואַסער: גיי|ן* ט' tread water
'טרײַ זען געטרײַ
טרײַבהאָלץ דאָס driftwood
טרײַבל דאָס (עך) (טרויב △) tube; telephone receiver
טרײַב|ן וו (געטריבן) drive (a horse etc.); power, propel; chase ⊦ ט' ⟨צו⟩ goad *imp.*, prompt, impel (to)
טריי'בער|ן וו ⊙ (*Jew.*) porge (meat), i.e. remove the forbidden fat and veins from meat to make it kosher
טרייסט די (ן) consolation, comfort
טרייסט|ן וו (געטרייסט) console, comfort || ט' זיך ⟨מיט⟩ take comfort (in)
טרייסל|ען (זיך) וו ⊙ shake *vt/vi*
טרייף אַדי non-kosher, tref, i.e. forbidden by Jew. dietary laws, because of the ritual impurity of the animal (pork, shellfish, carrion), the improper purification of the meat, or because of contamination of meat with milk; hence, illegitimate, shady, nefarious || ט' מאַכ|ן make tref, contaminate
טרייפּ'ן אַדי* shady, nefarious (*more cont. than* טרייף)
טרייף־פּסול דער (ען) [PO'SL] (*Jew.*) secular or heretical book, shunned by the Orthodoxy
טריל דער (ן) trill
טרילאָגיע די (ס) trilogy
טרי'לערל דאָס (עך) lark

טרי'לער|ן וו ◈ trill, warble

טרינקגעלט דאָס tip(s) || געב|ן* ⟨ד⟩ ט' tip

טרינק|ען וו (געטרונקען) drink, have (a drink) ⊢ ט' לכּבֿוד ד [LEKOVED] drink to, toast ⊢ ט' זיך drown *vi.*

טרינקרער די (ן) drinking fountain

טרינקשטוב די (...שטיבער) tavern

טריף [TREYF] זען ט ר י י ף

•טריפֿה פֿ״גל ט ר י י ף, ט ר פֿ ה

טריפּלעך מצ eggdrops

טריפּ|ן וו ◈ drip

טריץ דער (ן) pulley

טריק דער (ן) trick

טריקאָ' דער (ען) (pair of) tights, leotards

טריקאָטאַ'זש דער knitwear

טרי'קעניש די (ן) drought

טרי'קענ|ען (זיך) וו ◈ dry, drain *vt/vi*

°טרעאַטער דער (ס) comedy

טרעגער דער (ס) carrier; porter

טרעטאַ'ר דער (ן) sidewalk

טרעטאַרשוועל די (ן) curb

טרעטברעט די (ער) running board

טרעטל דער/דאָס (ען/עך) pedal

טרעטל|ען וו ◈ pedal

טרעט|ן וו (געטראָטן) step, tread, trample

טרעטער דער (ס) runner, (door)mat

טרעלבוך דער (עס) paunch

טרעמאָסע|ן וו ◇ זען ט ר אָ מ אַ ס ע ן

טרענירונג די (ען) training, drilling

טרעניר|ן וו ◇ train (animals, soldiers etc.) *imp.*

טרענירער דער (ס) □קע trainer, coach

טרענ|ען וו ◈ rip (sewing, knitting) *pf.*

טרענצל דער waste

טרענצל|ען וו ◈ waste *imp.*

טרענק|ען (זיך) וו (◈/געטראָנקען) drown *vt/vi imp.*

טרעסט דער (ן) (financial) trust

טרעסטל דאָס (עך) (military) stripe

טרעסע|ן וו ◈ shake, jolt

טרעפּ די (—) (flight of) stairs || האַלב|ע ט' landing

טרעפּל דאָס (עך) (טרעפּ △) stair, step

טרעף¹ דער (ן) impact

טרעף² דער clubs (in cards)

טרעף³ דער guess || ט' און טעות [TOES] trial and error

טרעפֿונג די (ען) date, rendezvous

טרעפֿיק אַדי pointed, succinct

טרע'ף־כּוח דער (ות) [KOYEKh—KOYKhES] (force of) impact

טרעפֿ|ן וו (געטראָפֿן) meet *vt.*, encounter; hit *vt.* ⊢ ט' אין guess, divine || ניט ט' miss; fail to guess ⊢ ט' זיך ⟨מיט⟩ meet *vi.* (with); happen (to), befall || ט' זיך ⟨אַז⟩ occur, chance, come to pass (that) ⊢ ט' צו find one's way to

טרע'פֿעניש דאָס (ן) encounter

טרעפֿער דער (ס) □קע fortuneteller

טרעפֿעריי' דאָס fortunetelling; guesswork

טרעפֿשפּיל די (ן) puzzle

טרער די (ן) tear || הייסע/בי'טערע ט'ן bitter tears ⊢ ט'ן האָבן זיך אים געשטעלט אין די אויגן tears came to his eyes || באַוואַש|ן זיך מיט ט'ן melt into tears || וויינ|ען מיט ט'ן shed tears

טרער|ן וו ◈ (eyes) fill with tears

טרע'רנגאַז דער tear gas

טרעשטש דער (ן) creak

טרעשטשע|ן וו ◈ creak

טרפֿה די [TREYFE] non-kosher food || פֿ״גל ט ר י י ף

טרפֿות דאָס [TARFES] (*Jew.*) non-kosher food; non-kosherness of food

טשאַד דער charcoal fumes, carbon monoxide

טשאַ'דנעפּל דער (ען) smog

טשאַדע|ן וו ◈ exude carbon monoxide

טשאַטע די (ס) flock (of birds), pack (of wolves etc.)

טשאַ'טעווע|ן וו ◈ ⟨אויף⟩ be on the lookout (for), lurk, lie in wait (for)

טשאַטשקע די (עס) bauble, trinket

טשאָלנט דער/דאָס (ן/ער) (*Jew.*) a baked dish of meat, potatoes, and legumes served on the Sabbath, kept warm from the day before in view of the

prohibition against cooking on the Sabbath

טשאַמקע|ן וו ◇ ⟨מיט⟩ smack (lips)

טשאַק דער (*iro.*) lavishness, splendor, gusto ⊦ מיטן גאַנצן ט' (*iro.*) splendid, splendidly

טשאַ'קעדיק אַדי זען טשאַקענדיק

טשאַקע|ן וו ◇ bluff, swagger

טשאָקע|ן וו ◇ clink *vi.* || ט' מיט clink *vt.*

טשאַ'קענדיק אַדי buoyant; lavish, stunning; with gusto

טשאַרטער דער (ס) אַמער charter (basic law)

טשוגו'ן דער pig iron, cast iron || טשוגונען אַדי

טשודאַ'ק דער (עס) crank, oddball ◻–אַטשקע

טשודנע אַדי uncanny, queer, bizarre

טשוואָק דער (טשוועקעס) nail △ טשוועקל

טשוכט די (ן) slattern

טשופּרינע די (ס) forelock

טשײַנ(י)ע די (ס) teahouse

טשײַניק דער (עס) teapot || °האַק|ן ⟨ד⟩ אַ ט' talk nonsense (to)

טשיפּמאַנק דער (ן) chipmunk

טשיקאַ'וו(ע) אַדי curious, interesting

טשיקאַוועס דאָס (ן) curiosity, point of interest, sight ⊦ אויף ט' as a matter of curiosity ⊦ אַנ|קוק|ן די ט'ן sight-see, go sight-seeing

טשיריק דער (עס) pustule

טשיריקע|ן וו ◇ chirp

טשירקו'ן דער (עס) cricket

טשכי אינט kerchoo

טשמע'ליע(נ)דיק אַדי staggering (impression etc.)

טשעך דער (ן) ⊡ Czech

טשעכאָ'ל דער (ן) blanket cover, slipcover, tidy

טשעכאָסלאָוואַקײַ' (די) Czechoslovakia

טשעכיש אַדי Czech

טשעלאָ דער (ס) cello

טשעמאָדאַ'ן דער (עס) suitcase, bag || מצ also luggage

טשעמפּיאָ'ן דער (ען) champion ◻קע

•טשעסלער דער (ס) זען טעסלער

טשעפּיק דער (עס) bonnet

טשעפּע|ן וו ◇ touch, handle; bother, badger, tamper with ⊦ ט' זיך ⟨צו⟩ bother, pick on, annoy, bully

טשעק דער (ן) (money) check

טשע'קקאָנטע די (ס) checking account

טשע'רניצע די (ס) huckleberry

טשערע די (ס) turn || עס איז געקומען מײַן ט' my turn came

טשע'רעדע די (ס) flock

טשע'רעווײַז אַדוו by turns

טשערעפּאַכע די (ס) tortoise; turtle

•טשעשע|ן וו ◇ זען טעסען

י

י דער/די [YUD] letter of the Yiddish alphabet; pronounced [Y] when adjoining a vowel and [I] otherwise; numerical value: 10; *cf.* ִי, יי, ײַ

ִי דער/די [KhI'REK-YUD] variant of the letter י, used to represent the vowel [I] after another vowel and after a י representing [Y], or, if stressed, before another vowel

יאָ .1 דער (ען) assent, yea, aye; nod || **אויף יאָ** in the affirmative || **צווישן יאָ און ניין** in a jiffy || **.2** אינט yes || **.3** אַדוו *emphasis* ⊢ **ער איז יאָ געגאַנגען** he did go || **איך ווייס יאָ** I do know

יאַ'בעדניק דער (עס) ם—ניצע chatterbox, caviller, querulous person

יאַ'בעדע די (ס) chatter; cavil

יאָג די (ן) ⟨נאָך⟩ chase, pursuit

יאַגדע די (ס) berry

יאַגוועג דער (ן) racetrack

יאָגורט דער (ן) yoghurt

יאָג|ן וו ◇ chase; speed, press || **י' זיך** speed, race ⊢ **י' זיך נאָך** chase, hunt, pursue, prey upon; be eager for

יאַ'גנעדע די (ס) זען **יאַגדע**

יאָ'געניש דאָס haste, rush

יאָגערײַ' די (ען) racetrack

יאָ'גערלעך מצ (game of) tag

יאָד דער iodine

יאָדלע די (ס) fir

יאָדל|ען וו ◇ yodel

יאַ'דעדיק אַדי irksome

יאַדע|ן וו ◇ rankle, nag, irk

יאָדער דער/די (ן) kernel, nucleus

יאָ'דער... nuclear || **יאָ'דער־באָמבע** nuclear bomb

יאָ'דערדיק אַדי pithy

יאָ'דערלאַנד דאָס mainland

יאָ'ד(ע)רע די (ס) זען **יאָדער**

יאַהודי דער (ם) (*cont.*) West European or westernized Jew

יאַווע|ן זיך וו ◇ turn up, show up surprisingly, crop up

•**יאוש** זען **ייִאוש**

יאָ'זאָגונג די (ען) assent

יאַזדע די (ס) ride, short trip

•**יאָזש** דער (ן) porcupine

יאַט דער (ן) chap, guy, lad

יאָט דער (ן) (the letter) J

°**יאַ'טיכע** די (ס) lass

יאַ־טעבע־דאַ'ם דער (ען) (*iro.*) bigshot

יאַטקע די (ס) butcher shop

יאָך דער/די (ן) yoke; burden, oppression

יאַכט דער (ן) yacht

יאַ'כטבאַסיין דער (ען) marina, yacht basin

יאָלד דער (ן) chump, dupe, sucker

יאָלדיש אַדי simple-minded

יאַם דער (ען) yam

יאַמב דער (ן) iamb

יאָמער דער (ן) lament

יאָ'מער|ן וו ◇ ⟨אויף⟩ lament

יאַמש דער bamboo || **יאַ'מש'ן** אַדי

יאָן דער (ען) ion

יאָנאָספע'ר די ionosphere

יאַנדעם דאָס nerve, gall; conscience

יאַ'נואַר דער (ן) January

יאָניזיר|ן וו ◇ ionize

יאַסינאָווע אַדי ash (wood)

יאַסינע די (ס) ash (tree)

יאַסלע די (ס) gum (in mouth)

יאַפּאַ'ן (דאָס) Japan

יאַפּאַניש אַדי Japanese

יאַפּאַנער דער (—) ⊡ Japanese

יאַק די/דער (ן) jacket

יאַקבע אַדוו allegedly, as it were, (*iro.*) seemingly

יאַר דער (ן) gulch, ravine

יאָר דאָס (ן) year || הײַנטיקס י' this year || איבער אַ י' next year || פֿאַר אַ י'ן last year ⊢ אַלע י' every year || אויף ס'יאָר next year ⊢ אַ גאַנץ י' all year || אַלע י'ן all one's years || אין די י'ן grown up; elderly; nubile ⊢ אין איינע י'ן ⟨מיט⟩ the same age (as) || י'־אײַ'ן י'־אוי'ס every year, perennially || ד צו לע'נגערע י' (*Jew.*) *said after the name of a living person mentioned in the same breath as a dead person* || °אַזאַ' י' אויף ... if this were only true of (sb.) ⊢ זײַן* אַרויס פֿון די י'ן have outgrown stg. ⊢ אַ י' מיט אַ מיטוואָך a year and day ⊢ צו אַל די שוואַרצע י' to hell ⊢ אַ גוט י' זען גוט־יאָר

יאָרבוך דאָס (...ביכער) annual

יאָרגאַנג דער (...גענג) year (of publication)

יאָרגעלט דאָס (ער) annuity

יאַרד דער (ן) yard (measure)

יאָרהונדערט דער (ער) century

יאָרטאָג דער (...טעג) anniversary (day)

יאָרטויזנט דער (ער) millennium

יאַרי'ד דער (ן) זען יריד

יאָ'ר־יע'רלעך אַדי annual; perennial

יאָריק אַדי year-long; yearly, annual

יאַ'רמלקע די (ס) cap, esp. (*Jew.*) skull cap

יאָר|ן זיך וו ◇ זען יערן זיך

יאָרצײַט דער/די (ן) anniversary of death

יאָ'רצײַט־ליכט דאָס (—) (*Jew.*) candle lit on anniversary of a death

יאָרצענדלינג דער (ער) decade

יאַ'שטשערקע די (ס) lizard || לאַכ|ן מיט י'ס laugh through tears, laugh on the wrong side of the mouth

יאַשיק דער (עס) small cushion

יבשה די [YABOShE] (dry) land, shore; mainland ⊢ אויף דער י' *also* ashore

יבשה־צונג די (ען) [ ] spit (of land)

יגיע־כפּימניק דער (עס) ☐–ניצע [YEGI'E-KA-PA'IMNIK] toiler

יד דער (ן) [YAD] pointer used in reading the Torah in the synagogue

יד־אַחת דער (ן) [YADAKhES] agreement (on concerted action); partnership, alliance ⊢ מאַכ|ן י' agree (on concerted action)

יד־אַחתניק דער (עס) ☐–ניצע [ ] conspirator

ידוע אַפּ [YEDUE] known

ידוע־לכל אַפּ [LA'KL] a matter of public knowledge

ידיעה די (—ות) [YEDIE] information, message, news; (a person's) knowledge (in a given field)

ידען דער (ים) ☐טע [YADN—YADONIM] savant, expert, knowledgeable person

ידענות דאָס [YADONES] know-how

י"ה = יאָרהונדערט century

יהדות דאָס [YA'ADES] Judaism || פֿ'נל יאַנדעס

יהודי זען יאַהודי

יהי דער [YEHI'] fiat

יואוועליר זען יוּוועליר

יובילאַ'ר דער (ן) person whose anniversary is being celebrated

יובילײ' דער (ען) jubilee; round-numbered anniversary

יובל דער merriment, gaiety

יובל|ען וו ◇ rejoice

יובֿל דער (ען) [YOYVL] jubilee; round-numbered anniversary ⊢ איין מאָל אין אַ י' once in a lifetime, once in a blue moon

יובֿל|ען וו ◇ [ ] celebrate (an anniversary)

יוגאָסלאַ'וו דער (ן) ⊡ Yugoslav
יוגאָסלאַוויע (די) Yugoslavia
יוגאָסלאַוויש אַדי Yugoslav
יוגנט 1. די youth || 2. די (ן) young woman
יוגנט... junior; youth, juvenile || י'־באַוועגונג youth movement || יו'גנטהיים ⊢ youth hostel || י'־ביבליאָטעק ⊢ junior library || י'־ליטעראַטור ⊢ juvenile literature
יו'גנטלעך אַדי youthful, juvenile
יוד דער/די (ן) yud, name of the letter י
יודאַיזם דער (Reform) Judaism
יודע־הכּל דער [YEDEYE-HA'KL] the Omniscient One
יודע־הכּלדיק אַדי [ ] omniscient
יוון 1. דער (ים) [YOVN—YEVONIM] (*iro.*) Russian soldier ⊢ ווי אַ י' אין סוכּה [SUKE] (*hum.*) ill-timed ⊢ 2. (דאָס) Greece (as a Jew. subculture area)
יווניש אַדי [YEVONISH] Judeo-Greek
יווועלי'ר דער (ן) jeweler
יווועלירער דער (ס) = יווועליר
יוטשע|ן וו ◇ grunt, oink
יויך די (ן) △ ייִכל broth, gravy || גי'לדענ|ע י' (*Jew.*) soup served at a wedding
יוכט דער cowhide || יוכט'ן אַדי
יוכע די rage
יולדת די (ן) [YOLDES] woman in childbirth
יולי דער (ס) July
יום־הדין דער [YOM-HADI'N] day of reckoning, doomsday
יום־ולילה אַדוו [VOLA'YLE] day and night
יום־טובֿ דער (ים) [YONTEV/YONTEF—YONTOYVIM] holiday; festival
יום־טובֿדיק אַדי [ ] festive, gala
יום־כּיפּור דער [YINKIPER/YONKIPER] Yom Kippur, the day of atonement, most solemn Jew. holiday and fastday, when every man's fate for the coming year is said to be decided
יומם־ולילה זען יום־ולילה
יונג 1. אַדי (△ ייִנגער) young || י'ע יאָרן youth ⊢ 2. דער (ען) △ ייִנגל fellow, lad || פֿיגל גראָבער־יונג, וווילער־יונג
יונגאַ'טש דער (עס) brat, rascal
יו'נג־געזעלין די (ס) bridesmaid
יונגוואַרג דאָס young people
יו'נגערהיי'ט אַדוו in one's youth
יונג|ער־מאַ'ן דער—גענ (יונגע־לײַ'ט) young man
יוני דער (ס) June
יו'ניאָן די (ס) אַמער labor union
יו'ניאָר טיטל junior
יוסט אַדי well-to-do, substantial, of means, reputable, genteel
יוסטי'ץ די (administration of) justice
יוסטי'צ... judicial
יוסף הצדיק פּ [YOYSEF HATSADIK] Joseph, the son of the patriarch Jacob
יו־ע'ן דער—אַמער U.N.
יועץ דער (ים) [YOYETS] adviser
יו'פּיטער (דער) Jupiter
יוצא [YOYTSE]: פֿון י' וועגן perfunctorily, for appearances' sake ⊢ און י' and that's enough
יוצא־דופֿנדיק אַדי [DO'YFNDIK] queer
יוצא זײַן* וו (י' געווע'ן) [ ] repay || י' זײַן* פֿאַר satisfy ⊢ י' זײַן* מיט get away with || י' זײַן* לגבי [LEGABE] do justice to || אויף י' צו זײַן perfunctorily
יוצא־מן־הכּלל דער (ן) [MINAKLA'L] exception
יוצר דער [YOYTSER] a certain portion of the Jew. holiday liturgy
יוצרות מצ [YOYTSRES]: פֿאַרבײַט|ן די י' (*hum.*) confuse several things, confound one thing with another
יורד דער (ים) [YOYRED—YORDIM] impoverished man; Israeli expatriate
יורי' די jurisprudence, (practice/study of) law ⊢ יורישול law school
יורידיש אַדי (of) law, legal || י'|ע פּערזאָ'ן corporate body
יוריסדיקציע די (ס) jurisdiction
יורי'סט דער (ן) ⊡ legal scholar/practitioner

יוריספּרודע'נץ די (study of) law, jurisprudence ⊢ י'־שול law school

יורש דער (ים) ▭טע [YOYRESH—YORSHIM] heir

יושבֿ־אוהל דער (יושבֿי־) [YOYSHEV-O'YEL—YOSHVE] homebody, stay-at-home; sedentary person

יושע|ן וו ◇ rush

יושקע די (ס) (chimney) flue

יושר דער [YOYSHER] justice, fairness, equity ⊢ על־פּי י' [ALPI] in (all) fairness, by right

יושרדיק אַדי [ ] fair, just

יזכּור [YISKER] (*Jew.*) a prayer commemorating the dead

יחיד דער (ים) [YOKHED—YEKHIDIM] individual; singular number

יחיד־במינו דער [BEMI'NE] unique thing/person

יחיד־במינודיק אַדי [ ] unique

יחיד־במינודיקייט די [ ] uniqueness

יחידות דאָס [YEKHIDES] privacy

יחידי־סגולה מצ [YEKHIDE-ZGU'LE] select individuals, chosen ones

יחידיש אַדי [YEKHIDISH] individual

יחסן דער (ים) ▭טע [YAKHSN—YAKHSONIM] privileged person ⊢ אַ גלײַכ|ער י' מיט as good as

יחסנ|ען זיך וו ◇ מיט [YAKHS'N] זען ייִחוס|ן זיך

...י'ט דער (ן) ...itis ‖ לאַרינגי'ט laryngitis ‖ אַפּענדיצי'ט appendicitis

יי [TSVEY YUDN] graphic representation of the diphthong [EY]

ײַ [PASEKH TSVEY YUDN] graphic representation of the diphthong [AY]

ייִאוש דער [YIESH] despair, resignation, disappointment

ייִד דער (ן) Jew; (*in contexts where Jewishness is irrelevant*) man, person ‖ (די) ייִדן מצ Jewry, Jews ‖ וואָס וויל דער ייִד? what does the man want? ‖ °אַ ייִד you (*very polite*) ‖ פֿון וואַנעט קומט אַ ייִד? where are you from? ‖ °ר' ייִד! [REB] Mister ‖ דער אייביק|ער ייִד the Wandering Jew ‖ ווי איך בין אַ ייִד no kidding

ייִדיש .1 אַדי Jewish; Yiddish ‖ י'|ער אַלף־בית [A'LEFBEYS] Hebrew alphabet ⊢ נעמ|ען אַ י' וואָרט אין מויל (*Jew.*) say one's prayers ⊢ .2 דאָס Yiddish (language)

...ייִדיש Judeo-... ‖ ייִ'דישדײַטש Judeo-German ⊢ י'־קריסטלעך Judeo-Christian

ייִ'דישלעך אַדי traditionally Jewish; in the Jewish manner; according to Jewish patterns

ייִ'דיש|ן וו ◇ (*Jew.*) circumcise

ייִ'דישקייט דאָס/די Jewishness; Judaism

ייִדיש־קי'נד דאָס—נעב (ייִדישע־קי'נדער) Jewess

ייִ'דישקע די (ס) Jewess

ייִ'דל|ען זיך זען קריסטל|ען זיך

•ייִ'דנטום דאָס Jewry

ייִ'דעלע דאָס (ך) (ייִד △△) Jew (*endearing*) ‖ די רויטע י'ך (*hum.*) the Ten Lost Tribes of Israel

ייִ'דענע די (ס) Jewish woman; esp. a petty, sentimental, talkative Jewess

ייִחוד דער [YIKhED] privacy; (*Jew.*) the prohibited seclusion of a person with someone of the opposite sex other than his or her spouse; (*Jew.*) the seclusion of bride and groom after the wedding ceremony; (*Jew.*) oneness (of God)

ייִחוס דער [YIKhES] descent, pedigree, lineage, parentage; (*hum.*) importance; (*Jew.*) aristocracy

ייִחוס־בריוו דער (—) [ ] pedigree

ייִחוס|ן זיך וו ◇ [ ] ⟨מיט⟩ be proud of one's ancestry; be proud to be descended from; hence, be proud of

ייִנגל דאָס/דער (עך) boy

ייִ'נגלווײַז אַדי when a boy, in one's boyhood

ייִנגל(י)ש אַדי boyish

ייִ'נגלשאַפֿט די boyhood

יינגער אדי (יונג △) younger; junior

יין־נסך דער [YAYEN-NE'SEKh] (*Jew.*) wine used by pagans for sacrifices, prohibited to Jews

יין־שׂרף דער [SO'REF] liquor

°ייִסורים זען יסורים

יִראת־הכּבֿוד דאָס [YIRES-HAKO'VED] reverence, awe, veneration

יִראת־הכּבֿודיק אדי [ ] reverent(ial)

יִראת־שמים דער [ShOMA'IM] fear of God

°יי"ש דער [YASh] זען יש 1

יִשובֿ דער (ים) [YIShEV—YIShUVIM] settlement, colony, village; the Jew. population in Palestine

יִשובֿ־הדעת דער [HADA'AS] deliberation, reflection; consultation

יִשובֿ|ן זיך וו ⟐ [ ] deliberate, consider, hesitate

יִשובֿניק דער (עס) ם—ניצע [YEShUVNIK] village Jew

יישר־כּוח דער ⟨ד⟩ [(YA)Sh(ER)-KO'YEKh] appreciation (for); thanks (to) ⊦ !אַ י' well done! more power to you!

יִתור דער [YITER] leftover material retained by a tailor after making a garment to order

יכולת דאָס (ן) ⟨צו אינפֿ⟩ [YEKhOYLES] capacity, faculty

יכל|ען וו ⟐ [YOKhL] (*hum.*) be able, know how, know one's stuff

יללה די (—ות) [YELOLE] || lament, wail ⊦ מאַכ|ן יללות wail

ים דער (ען/ים) [YAM] sea || °אַ ים ⟨מיט⟩ a lot (of)

ים־... [ ] marine, nautical, naval

ים־בוזעם דער (ס) [ ] bay

ים־גראָז דאָס (ן) [ ] seaweed

ים־הונט דער (־הינט) [ ] seal

ים־המלח דער [HAME'LEKh] Dead Sea

ים־חזירל דאָס (־חזירימלעך) [KhAZERL—-KhAZEYRIMLEKh] guinea-pig

ימח־שמו פֿר (מצ: ימח־שמם) [YEMAKh-ShMO'Y — -ShMO'M] may his/their name(s) be erased (*a curse*)

ימח־שמו־וזכרו פֿר (מצ: ...־וזכרם) [VEZIKhRO'Y — -VEZIKhRO'M] may his/their name(s) and remembrance(s) be erased (*more emphatic curse*)

ימח־שמוניק דער (עס) [ ] ם—ניצע scoundrel, wretch

ימח־שמם זען ימח־שמו

ימים־נוראָים מצ [YOM(IM)-NERO'IM] (*Jew.*) the Days of Awe, i.e. the High Holidays, the ten days from Rosh Hashanah to Yom Kippur

ים־כּנרת דער [YAM-KINE'RES] Sea of Galilee

ים־מאַן דער (־לײַט) [ ] seaman

ים־מולטערל דאָס (עך) [ ] seashell

ים־מיידל דאָס (עך) [ ] mermaid

ים־פּאָרט דער (ן) [ ] seaport

ים־פּראָמענאַ'ד דער (ן) [ ] marina

ים־פֿאָרנדיק אדי [ ] maritime

ים־פֿלאָט דער (ן) [ ] navy

ים־פֿלייץ דער (ן) [ ] tide

ים־פֿערד דאָס (—) [ ] walrus

ים־פֿערדל דאָס (עך) seahorse

ים־צונג די (ען) [ ] sole (fish)

ים־קאַרטע די (ס) [ ] sea chart

ים־קראַנק אדי [ ] seasick

ים־קרענק די [ ] seasickness

ים־שטאָרעם דער (ס) [ ] gale

ים־שפּיגל דער [ ] sea level

ים־שפּײַז די [ ] seafood

...ין די (ס) [(I)N] || *feminine suffix*

לע'רערין [LE'RER(I)N] woman teacher

יניקה די [YENIKE] livelihood; spiritual nourishment ⊦ ציִ|ען די י' פֿון make a living from/by; be (spiritually) nourished by

יסוד דער (ות) [YESO'D—YESOYDES] basis, foundation, footing; (*fig.*) groundwork ⊦ מצ elements || זײַן* דער י' פֿאַר underlie

יסודותדיק אדי [YESO'YDESDIK] fundamental, rudimentary

יסורים מצ [YESURIM] suffering, agony, anguish, pain; worry ⊦ האָבֿ|ן* י' suffer

fer; worry ⊢ אָנ|טאָ|ן* ד י' cause suffering to, worry *vt.*

יע זען יאָ

יעגער דער (ס) ⊡ hunter

יעגערײַ' דאָס hunting

•יעדן פֿאַלס זען פֿאַל

יעדער אַדי—אינוו each, every || י' צווייט|ער every other, alternate

יע'דער|ער פּראָ everybody, everyone, each one; anybody, anyone

יעזוי'ט דער (ן) Jesuit

יעזוס פּנ Jesus

יע'טווידער 1. אַדי each, every || 2. יע'טוויד|ער פּראָ everyone

יעט|ן וו (געיע'ט) weed *imp.*

יעלה|ן וו ◇ [YAYLE] wail

יעלקע אַדי rancid, putrid (esp. butter)

יעמאָלט אַדוו then

יע'נוועלטיק אַדי other-worldly

יענטע די (ס) vulgar/sentimental woman

יע'ניק|ער אַדי that || די יע'ניקע וואָס those who

יענוועלטיק זען יענוועלטיק

יענ|ער אַדי/פּראָ (נייטר: יענץ) that || פֿ״ג וועלט

יענק דער (ען) moan

יענקי דער (ס) Yankee

יענקע|ן וו ◇ moan

•יעצט זען איצט

יעקבֿ אָבֿינו פּנ [YANKEV OVINU] the Patriarch Jacob

יעק|ן וו ◇ scoff at, taunt

יעקע דער (ס) (*hum.*) German Jew

יערטאָג דער (...טעג) anniversary

יערלעך אַדי yearly, annual

יער|ן[1] וו (געיוירן) ferment

יער|ן[2] זיך וו ◇ have a birthday || מיט מזל געיע'רט זיך! [MAZL] happy birthday!

יפֿו (דאָס) [YAFE] Jaffa

יפֿיפֿיה די (—ות) [YEFE'YFIE] belle

יפֿת־תּואר די (ן) [YEFASTOYER] beauty, beautiful woman

יצחק אָבֿינו פּנ [YITSKhOK OVINU] the Patriarch Isaac

יציאה די [YETSIE] exodus

יציאת־מצרים דער [YETSIES-MITSRA'IM] the Exodus of the Jews from Egypt

יציאת־נשמה די [NESho'ME] last breath

יצירה די [YETSIRE] Creation

יצר דער (ים) [YEYTSER—YETSORIM] urge, (psychological) drive

יצר־הרע דער (ס) [HO'RE] passion, lust; sensual desire; temptation; inclination to evil (personified) ⊢ דער י' האָט אים אָ'נגענומען he was seized by a passionate desire

יצר־הרעדיק אַדי [ ] sensual, voluptuous

יצר־טובֿ דער [TO'(Y)V] moral sense, inclination to good (personified)

...יק אַדי ...ish, ...ly, -like

יקר־המציאות דאָס (ן) [YEKA'R-HAMTSI'ES] rarity

יקרות דאָס/דער (ן) ⟨אויף⟩ [YAKRES] (seasonal) dearth, scarcity ⊢ זײַן* אַ י' אומפּ אויף (*rev. con.*) be expensive ⊢ עס איז אַ י' אויף עפּל apples are expensive

ירא־שמים דער (יראי־) [YORE-ShOMA'IM—YIRE] God-fearing person

ירא־שמימדיק אַדי [ ] God-fearing

•יראת־... זען יִרְאַת־...

ירגזון דער [YIRGOZN] wrath, rage, ire

ירדן 1. דער [YARDN] Jordan River || 2. דאָס (Kingdom of) Jordan

ירושה די (—ות) [YERUShE] inheritance; heritage

ירושה־געריכט דאָס (ן) [ ] surrogate court

ירושהדיק אַדי [ ] hereditary

ירושהדיקייט די [ ] heredity

ירושה־ריכטער דער (ס) [ ] surrogate

ירושלים (דאָס) [YERUShOLAIM] Jerusalem

יריד דער (ן) [YARI'D/YERI'D] fair; uproar || אויפֿן הימל אַ י' much ado about nothing

ירידה די [YERIDE] decline, decadence

יריחו (דאָס) [YERIKhE] Jericho

ירשונג די (ען) [YARShUNG] act/process of inheriting

ירשעוודיק אדי [YA'RShEVDIK] inheritable

ירשע|ן וו ⊙ = ירשענען

ירשענ|ען וו ⊙ [YARSh·N] inherit, be heir to

ישׁ[1] דער [YASh] booze, liquor

יש[2] דער (ן) [YESh] entity, being; something substantial

יש אומרים פר [YESh OMRIM] there are some who say

•ישוב זען יישוב

ישו (־הנוצרי) פנ [YIShU/YEYShU(-HANO'Y-TSRI)] Jesus (the Nazarene)

ישועה די (—ות) [YEShUE] salvation

ישיבֿה די (—ות) [YEShIVE] (*Jew.*) yeshivah, an institution of higher Talmudic learning; (in U.S.) Orthodox Jew. all-day school

ישיבֿה־בחור דער (ים) [BOKhER] yeshivah student

יש־מאַין דער (ס) [YE'Sh-MEA'YEN] creation *ex nihilo*; something out of nothing

ישרנות דאָס [YAShRONES] sense of justice; equity; fair play

ישׂראל (דאָס) [YISROEL] Israel

•ישׂראלדיק אדי [ ] Israeli

ישׂראלי דער (ם) [YISREEYLI] Israeli

ישׂראליש אדי [YISREEYLISh] Israeli

ישׂראלית די (ישׂראליות) [YISREEYLIS—YISREE'YLIES] Israeli (*fem.*)

יתום דער (ים) [YOSEM—YESOYMIM] orphan (*masc.*)

יתומה די (—ות) [YESOYME] orphan (*fem.*)

יתומים־הויז דאָס (־הײַזער) [YESO'YMIM] orphanage

כּ

כּ דער/די [KOF] letter of the Yiddish alphabet; pronounced [K]; numerical value: 20

כאילו קאָ [KEILE] as if

כאילו־לא־ידע זעו כּ ל א ־ י ד ע

כּבֿד־פּה דער (ען) [KVATPE'] person with speech defect, stammerer

כּבֿוד דער [KOVED] dignity, honor; glory, homage ⊢ אײַער כּ' your honor ‖ אָפּ|געבן|* ד כּ' honor, pay tribute ⊢ לייג|ן כּ' אויף esteem ‖ מיטן שענסטן כּ' with the greatest of pleasure ‖ איך בעט איבער אײַער כּ' I beg your pardon; pardon the expression

כּבֿוד־אויסדרוק דער (ן) [ ] testimonial

כּבֿוד־זוכער דער (ס) [ ] vain person

כּבֿוד־זוכערײַ' דאָס [ ] vanity

כּבֿיכול אדוו .1 [KAVYOKhL] as if it were possible (*used in speaking of God to avoid offensive anthropomorphism*) ‖ .2 God ‖ האָט כּ' געזאָגט and God said

כּדאַי אַפּ/אדי° [KEDA'Y] worthwhile, worth it, advisable, profitable

כּדאַיניק דער (עס) ם—ניצע [ ] opportunist

כּדאַיִקייט די [ ] advisability

כּדבעי אדי [KEDEBOE] properly

כּדומה־למשל אדוו [KEDOYME-LEMOShL] (*hum.*) for example

כּדי פּרעפּ [KEDE'Y] so that ‖ כּ' צו in order to, so as to ⊢ כּ' ניט צו lest

כּדין־וכּדת אדוו [KEDI'N-VEKEDA'S] according to the Jew. law and faith

כּהונה די [KEHUNE] (*Jew.*) priesthood, the office of the priest

כּהן דער (ים) [KOYEN—KO'YENIM/KEHANIM] (*Jew.*) priest in ancient Palestine; descendant of the priests, accorded certain privileges and obligations by the Jew. religion

כּהן־גדול דער [GO'DL] (*Jew.*) High Priest in ancient Palestine

כּהנימשאַפֿט די [KO'YENIMShAFT/KEHA'NIMShAFT] the (Jew.) priesthood

כּהרף־עין אדוו [KEREF-A'YEN] instantly, in no time

כּוהן זעו כּ ה ן

כּוונה די (—ות) [KAVONE] intention, object; intent; fervor

כּוח דער (ות) [KOYEKh—KOYKhES] force, strength; power, might; effort ⊢ מצ strength ⊢ מיט כּ' by force ‖ מיטן כּ' פֿון in virtue of ⊢ מיטן גאַנצן כּ' with all one's strength ⊢ אויף ס'כּוח by force ‖ פּראָגראַ'ם אויף ס'כּוח crash program ‖ אָן כּ' powerless, impotent ‖ אָנ|טאָ|ן* זיך אַ כּ' (און) take pains; force oneself (to) ⊢ איבער די כּ'ות too difficult ‖ בײַ די כּ'ות in possession of one's powers ⊢ מיט אַלע כּ'ות with all one's might ⊢ אַוועק|לייג|ן אַלע כּ'ות spare no effort ⊢ אַרויס|שלאָג|ן זיך פֿון די כּ'ות knock oneself out ⊢ אָנ|ווער|ן די כּ'ות wear oneself out

כּוח־גבֿרא דער [GAVRE] virility

כּוחדיק אדי [ ] powerful

כוח־הדיבור דער [HADI'BER] eloquence

כוח־הדמיון דער [HADI'MYEN] (power of) imagination

כולו אדוו [KULE] entirely || כ' שוואַרץ entirely black

כוללדיק אדי [ ] overall, blanket, (all-) inclusive, sweeping

כולל זײַן* וו (כ' געווע'ן) [KOYLEL] contain, include, combine, comprise, embody

כומר דער (ים) [KOYMER—KOMRIM] Christian clergyman

כוס דער (ות) [KOS—KOYSES] goblet, cup

כוסוואַרג דאָס [KOSVARG] stemware

כוסיע די (ס) = כוסע

כוסע די (ס) [KOYSE] (alcoholic) drink || מאַכ|ן אַ כ' have a drink

כוסע|(נע)ן וו ◇ [ ] imbibe

כופֿר־בעיקר דער (כופֿרים־) [KOYFER-BEI'KER —KOFRIM-] (*Jew.*) atheist

כורעים [KOYRIM]: פֿאַל|ן כ' kneel (in awe or adoration); prostrate oneself (often *fig.*)

כותל־מערבֿי דער [KOYSL-MAARO'VI] the Wailing Wall, i.e. the remaining western wall of the Temple in Jerusalem, where Jews came for centuries to pray and lament its destruction

כזבֿ דער (ים) [KEZEV—KZOVIM] falsehood

כזבֿ־ושקר דער [KOZEV-VESHE'KER] utter falsehood

כזבֿ־ושקרדיק אדי [ ] mendacious

כזית דאָס (ן/ים) [KEZAYES—KEZA'YESN/KE-ZEYSIM] morsel as large as, or larger than, an olive

כזית־שניטקע די (ס) [ ] canapé

•כח זען כוח

כיבוד דער [KIBED] .1 refreshments || .2 דער (ים) [—KIBUDIM] tribute (honoring) ⊢ צו|טייל|ן די כ'ים do the honors

כיבוד־אָבֿ דער [A'V] honoring one's father

כיבוד־אָבֿ־ואם דער [VOE'YM] honoring one's parents

כיבוד־אם דער [E'YM] honoring one's mother

כיד־המלך אדוו [KIYA'D-HAME'YLEKh] royally, lavishly, sumptuously

כידוע אדוו [KEYEDUE] as is known, as everyone knows

כיוון דער (ס) [KIVN] intention, purpose || מיט אַ כ' intentionally

כיוונדיק אדי [ ] deliberate, intentional, purposeful, willful

כיור דער (ס) [KIER] washstand in a synagogue or at a Jew. cemetery

כיזובֿ דער (ים) [KIZEV—KIZUVIM] lie, falsehood

כיס דער (ים) scrotum

כיסא־הכּבֿוד דער [KISE-HAKO'VED] God's throne

כיסלו דער [KISLEV] Kislev, the third month in the Jew. calendar, coinciding with parts of November and December

כישוף דער (ים) [KIShEF—KIShUFIM] spell, enchantment, charm; magic, witchcraft, sorcery ⊢ טאָ|ן*/מאַכ|ן כ' conjure

כישוף־לאַמטערן דער (ס) [ ] magic lantern

כישוף־מאַכער דער (ס) ⊡ [ ] magician, sorcerer

כישופֿ|ן וו ◇ [ ] conjure, practice magic

כישרון דער (ות) [KIShREN—KIShROYNES] talent

כישרונדיק אדי [ ] talented

כיתּה די (—ות) [KITE] sect, school of thought, faction

כיתבֿי־הקודש מצ [KISVE-HAKO'YDESh] (*Jew.*) Holy Scriptures

כך־הווה פֿר [KA'Kh-HA'VE] and so it was; and sure enough

כך־וכך אדוו [KA'Kh-VEKA'Kh] so and so much/many

כלאַחר־יד אדוו [KILAKher-YA'D] carelessly, nonchalantly, in one's stride, incidentally; perfunctorily

כלא־ידע אדוו [KILEYODE] as if one doesn't

know ⊢ מאַכ|ן זיך כ' pretend ignorance, play the fool

כל־בו דער (ען) [KOLBO'Y] catchall

כל־בוניק דער (עס) ם–ניצע [ ] jack of all trades; rascal

כלב דער (ים) [KELEV—KLOVIM] cur, vicious dog

כלבטע די (ס) [KLAFTE] (*cont., fig.*) bitch

כלב־שבכלבים דער [ShEBEKLO'VIM] vicious dog; despicable scoundrel

כלה די (—ות) [KALE] bride(-to-be), fiancée ⊢ ווער|ן אַ כ' become engaged

כלה־מויד די (ן) △ ־מיידל [ ] marriageable girl

כל־המינים אַדי—אינו [KOLAMINIM] all kinds of

כל הקודם זוכה פֿר [KOL HAKOYDEM ZOKhE] first come first served

כל־ולך דער [KO'LVELOKh] bigshot

כלומרשט אַדוו [KLOYMERShT] as it were, allegedly, ostensibly ⊢ אויף צו כ'=כלומרשט

כלומרשטיק אַדי [ ] apparent, ostensible, feigned; would-be; sham

כל־זמן קאָ [KOLZMA'N] as long as

כל־טוב דאָס [KOLTU'V] plenty of good things

כלי די (ם) [KEYLE—KEYLIM] dish, receptacle, vessel; instrument ⊢ מצ gear || אויף אַלע כ'ם with might and main ⊢ אַרויס|גיי|ן* פֿון די כ'ם lose patience, lose one's temper ⊢ אַרויס|ברענג|ען פֿון די כ'ם enrage || פּוסט|ע כ' good-for-nothing

כלי־בית דאָס/מצ [KLEBAYES] housewares, household furniture

כלי־זיין דאָס [KLEZAYEN] weapon, arm; (*coll.*) arms

כלי־זמר דער (—/ס/ים) [KLEZMER—KLEZMORIM] musician (player)

כלים זען כ ל י

כלים־וואַשער דער (ס) [KE'YLIM] dishwasher

כל־ימיו אַדוו [KOL-YO'MEV] all his life

כלי־קודש מצ [KLEKOYDESh] (*Jew.*) clergy

כל־ישׂראל (קאָל) [KO'L-YISROEL] all the Jews

כלל [KLAL] .1 אַדוו: כ' ניט not at all || .2 דער (ים) [—KLOLIM] rule, precept; norm; the public, community at large || אַ כ' in short, in sum

כלל־... [ ] communal; standard (language etc.); at large

כלל־טוער דער (ס) ⊡ [ ] person active in communal work; community leader

כלל־ייִדיש דאָס [ ] standard Yiddish

כלל־ישׂראל דער [YISROEL] Jewry, the Jewish people as a whole

כלל־ענינים מצ [INYONIM] public affairs

כלל־שפּראַך די (ן) [ ] standard language

כל־נדרי (דער) [KOLNIDRE] Kol Nidre, prayer recited on Yom Kippur eve

כלערליי אַדי—אינו [KO'LERLE'Y] various, sundry, all kinds of

כלערלייִק אַדי [ ] diverse

כלפּי פּרעפּ [KLAPE] relative to, vis-à-vis

כלפּי־חוץ אַדוו outwardly

כלפּי־פּנים אַדוו [PNI'M] internally

כל־שכן זען מ כ ל ־ ש כ ן

כמה אַדי—אינו [KAME] || quite a lot of || כ' ערטער passim

כמה־וכמה אַדי—אינו [VEKA'ME] a great many

כמו אינו [KMOY] pseudo-, quasi, would-be

כמות דאָס (ן) [KAMES] quantity, volume

כמותדיק אַדי [ ] quantitative

כמעט אַדוו [KIMA'T] almost; nearly, virtually ⊢ כ' ניט hardly, scarcely

כנגד .1 פּרעפּ [KENEGED] versus, as opposed to ⊢ .2 דער (ים) [KENEGDIM] opponent; counterpart

כנופֿיא די (—ות) [KNUFYE] bunch, gang, clique

כנסת די [KNESET] the Israeli parliament

כנסת־ישׂראל די [KNESES-YISRO'EL] the Jewish people

כנען (דאָס) [KNAAN] Canaan

כּנפֿע די (כּנפֿות) [KANFE] one of the four corners of the *arbe-kanfes*, the ritual male garment

כּנרת זען ים־כּנרת

•כּסא־הכּבֿוד זען כּיסא־הכּבֿוד

כּסדר אַדוו [KESEYDER] constantly; continually; in turn, in regular order, consecutively, in succession ‖ 3 טעג כּ' 3 days on end

כּסדרדיק אַדי [ ] constant, steady, unfailing, continuous; consecutive

כּסלו זען כּיסלו

כּ"ע=כּמה ערטער [KAME] passim

כּעס דער [KAAS] anger, ire ‖ אין כּ' ⟨אויף⟩ angry (with) ‖ אַרײַנ|ברענג|ען אין כּ' anger

כּעסן דער (ים) ◻טע [KAYSN—KAYSONIM] irascible person

כּעס|ן זיך וו ◇ ⟨אויף⟩ [KAAS] be angry (at)

כּפּרה די (—ות) [KAPORE] (*Jew.*) fowl representing scapegoat in pre-Yom Kippur atonement ceremony; hence, an object or person getting punishment intended for someone else; hence, a scapegoat ‖ זאָל דאָס זײַן די כּ' פֿאַר let that redeem (sb.) from his deserved punishment ‖ זײַן* אַ כּ' פֿאַר be punished instead of ‖ °די כּ' ווער|ן get a crush on ‖ °זײַן* די כּ' פֿאַר love ‖ °אַ שיינע ריינע כּ'! serves him right!

כּפּרה־הינדל דאָס (עך) [ ] scapegoat

כּפּרות מצ the pre-Yom Kippur atonement ceremony ‖ שלאָג|ן כּ' to perform the ceremony ‖ שלאָג|ן כּ' מיט (*hum.*) abuse, revile ‖ °טויג|ן* אויף כּ' be good for nothing, be useless, be unsuitable ‖ °דאַרפֿ|ן* אויף כּ' have no use for

כּפּשוטו אַדוו [KEPSHUTE] literally

כּף דער/די [KOF] kaph, name of the letter כּ

כּף־הקלע דער [KAFAKA'L(E)/KAFAKELE] limbo, purgatory

כּפֿול־שמונהדיק אַדי [KOFL-SHMO'YNEDIK] unshakable, incontestable

כּפֿי [KEFI'] .1 פּרעפּ pursuant to, according to, in line with ‖ .2 קאָנ as

כּפֿירה די [KFIRE] (*Jew.*) atheism

כּפֿל .1 דער [KEYFL] multiplication ‖ .2 דער (ען) multiple

כּפֿל־טאַבעלע די (ס) [ ] multiplication table

כּפֿל־כּפֿלים אַדוו [KEFLA'IM] many times over

כּפֿל|ען וו ◇ ⟨אויף⟩ [KEYFL] multiply (by)

כּפֿלער דער (ס) [ ] factor

כּצפּיחת־בדבֿש [KETSAPIKHES-BIDVO'SH]: אַ טעם ווי כּ' [TAM] luscious taste

כּקריעת־ים־סוף אַדוו [KIKRIES-YA'MSUF] extremely difficult (like the parting of the Red Sea)

כּרובֿ דער (ים) cherub

כּרוז דער (ים) (*Jew.*) decree, proclamation by a rabbinical authority

כּרך דער (ן) [KRAKH] metropolis, big city

כּרפּס דער [KARPES] celery or parsley eaten during the Passover feast

כּשורה אַדוו [KESHURE] properly, in good order, in the right order, according to plan

כּשר אַדי [KOSHER] kosher, proper according to Jew. dietary laws; hence, pure, justly ‖ כּ' פֿאַרדי'נט fair, virtuous ‖ כּ'|ע מציאה [METSIE] real ‖ earned ‖ כּ' מאַכ|ן bargain ‖ make kosher (meat)

כּשר־וישר אַפּ [VEYO'SHER] fair and square; completely legal

כּשרות דאָס [KASHRES] kashruth, Jew. dietary laws; kosherness; kosher food

כּשר|ן וו ◇ [KASHER] prepare (utensils) for Passover according to provisions of the Jew. dietary laws; justify, vindicate, whitewash ‖ דער ציל כּשרט ניט די מיטלען the aim doesn't justify the means

כּת די (כּיתּות) [KAT—KITES] sect

•כתה זען כ י ת ה

כתבֿ 1. דער/דאָס (ים) [KSAV—KSOVIM] writing; writ 2. דער/דאָס (ן) handwriting; penmanship

כתבֿ־יד דער/דאָס (ן) [KSAVYA'D] manuscript

•כתבֿי־הקודש זען כ י ת בֿ י ־ ה ק ו ד ש

כתובה די (—ות) [KSUBE] (*Jew.*) marriage contract

כתובֿים מצ [KSUVIM] Hagiographa, the third part of the Old Testament

כתיבֿה די [KSIVE] ornate writing; block letters (esp. Jew.)

כתיבֿה וחתימה טובֿה די [VEKhsI'ME TO'YVE] (*Jew.*) "a good writing and sealing," a good wish before and during the High Holidays, referring to the verdict then in preparation for every man's fate in the coming year

כתיבֿה|ן וו ◇ [ ] write ornately; print in block letters

כתיבֿהרײַ דאָס [ ] penmanship

כתר דער (ים) [KESER—KSORIM] ornamental crown set upon the Torah scrolls in the synagogue

כ

כ דער/די [KHOF] letter of the Yiddish alphabet; pronounced [KH]; written ך (*lange*[*r*] *khof*) at the end of a word; numerical value (identical with כּ): 20

כ'=איך

כאַאָטיש אַדי chaotic, confused

כאַאָס דער (ן) chaos, confusion

כאַבאַ'ר דער bribe; bribery, graft

כאָ'דאָראָם אַדוו topsy-turvy || כ' גיי|ן* be in confusion

כאָווע|ן וו ◇ cultivate, raise, keep; foster

כאַטע די (ס) cottage, hut, cabin

כאָטש 1. אַדוו at least || 2. קאָנ although, though; (*with imper.*) one might as well ⊢ ס'איז שלעכט כאָטש זעץ זיך און וויין it is so bad one might as well sit down and cry

כאָטשבע אַדוו at least

כאָטשע זען כ אָ ט ש

כאַ־כאַ' אינט ha-ha

כאַכאָטשע|ן וו ◇ guffaw

כאַלאַ'ט דער (ן) robe, smock, frock, housecoat

כאַלופּניק דער (עס) ◻–ניצע home manufacturer

כאַלופּע די (ס) hut

כאַ'לט = נ ע כ ײַ (וואָלט)

כאַליאַסטרע די (ס) bunch, gang

כאָ'ליעווע די (ס) bootleg

כאַלי'ף דער (ן) caliph

כאַליפֿאַ'ט דער (ן) caliphate

כאָלערע די cholera

כאַם דער (עס) boor, cad, extremely rude person

כאַמעלעאָ'ן דער (ען) chameleon

כאַנדראָניע די (ס) idle talk, tale of a tub

כאַפּ דער (ן) clasp, grip; snap

כאַפּגרוב דער (...גריבער) pitfall

כאַפּונג די (ען) catch, take

כאַ'פּטירל דאָס (עך) trap door

כאָפּטע די (ס) bunch, gang

כאַפּיק אַדי hasty

כאַפּ־לאַ'פּ אַדוו haphazardly, harum-scarum, helter-skelter

כאַפּ|ן וו ◇ catch, grab; seize, capture, intercept; rush, be hasty; °amount to || כ' (אין נעץ) net || כאַפּ(ט) ניט! take it easy! ⊢ כ' בײַ דער האַנט take red-handed ⊢ כ' פֿיש fish || כ' זיך discover, realize; (*rev. con.*) dawn upon || כ' זיך ⟨צו⟩ jump (at), throw oneself (at)

כאַ'פּעניש דאָס rush, haste

כאַ'פּעריש אַדי greedy, possessive, sordid

כאַ'פּשטײַגל דאָס (עך) snare, trap

כאַקי דער khaki

כאָר דער (ן) choir, chorus

כאָר... choral

כאָראַ'ל דער (ן) chorale

כאַראַקטער דער (ס/...ע'רן) character

כאַראַקטעריזיר|ן וו ◇ characterize

כאַראַקטעריסטיק די (עס) characteristic, characterization

כאַראַקטעריסטיש אַדי 〈פֿאַר〉 characteristic (of), peculiar (to)

כאָרדע די (ס) (geometrical) chord

כאַרט דער (ן) greyhound

כאַ'רטיע די (ס) charter (basic law)

כאַרטש דער victuals

כאָרי'סט דער (ן) ⊡ chorus singer; choir-boy

כאָרכל דער (ען) rattle, wheeze

כאָרכל|ען וו ⟐ wheeze, rattle

כאָרעאָגראַפֿיע די choreography

כוואַט דער (ן) □קע dapper, dashing, skillful or efficient person

כוואַטיש אַדי dapper, dashing, skillful, efficient, jaunty

כוואַטסקע = כ ו ו אַ ט י ש

כוואַליע די (ס) wave || קורצ|ע כ'ס short waves

כוואַ'ליע־ברעכער דער (ס) breakwater

כוואַ'ליעדיק אַדי wavy

כוואַ'ליעלענג די (ען) wave length

כוואַליע|ן (זיך) וו ⟐ undulate, surge

כוואַלקע די (ס) (כוואַליע △) ripple

כוטער דער (ס) hamlet

כויך דער (ן) decoy, lure

כויכע דער (ס) high-pressure salesman

כויכערײַ' דאָס high-pressure salesmanship, hard-sell

כוליגאַ'ן דער (עס) □קע ruffian, rowdy

כיביע|ן וו ⟐ miss (a target)

•כיבע קאָ unless

כיטראַ'ק דער (עס) □–אַטשקע sly person

כיטרע אַדי sly, cunning, wily

כי'טרעקייט די craft, cunning

°כײַ זען נ ע כ ײַ

כי־כי' אינט te-hee

כיכיקע|ן וו ◇ = כ י כ ע ן

כיכע|ן וו ⟐ giggle, snicker, titter

כי'כעניש דאָס (ן) giggle, giggling

כיני'ן דער quinine

כינע (די) China

כינעזיש אַדי Chinese

כינעזער דער (—) ⊡ Chinese

כיק אינט sound of cutting || מאַכ|ן כ' 〈ד〉 (*hum.*) cut, cut the throat of

כיראָמאַ'נטיע די palmistry

כירו'רג דער (ן) surgeon

כירורגיע די surgery

כירורגיש אַדי surgical

כ'ל=איך ו ו ע ל

כלאָפּ דער (עס) peasant, rustic

כלאַפּאָטשע|ן וו ◇ (*iro.*) bustle

כלאָר דער chlorine

כלאָריר|ן וו ◇ chlorinate

כליאָבע|ן וו ⟐ gulp

כליאַפּע|ן וו ⟐ (wet things) lash

כליעוו דער (עס) (pig)sty

כליעפּטשע|ן וו ⟐ sip loudly, guzzle

כליפּ דער (ן) sob

כליפּע|ן וו ⟐ sob

כלעבן אינט upon my word, believe me, indeed

כמאַל דער (ן) whack, slam, smack || געב|ן* ד אַ כ' smack

כמאַרנע אַדי cloudy, dreary, gloomy

כמאַרע די (ס) (threatening) cloud

כניאָק דער (עס) bigot, philistine; petty/unreasonable conservative

כניאָקיש אַדי philistine, unreasonably conservative

כע'לעמער 1. אַדי–אינוו pertaining to Khelem || 2. דער (—) a native of Khelem (Chelm), a town in Poland; in Jew. folklore, a proverbial fool

כעמיע די chemistry

כעמיקאַ'ליע די (ס) chemical

כע'מיקער דער (ס) ⊡ chemist

כעמיש אַדי chemical

כע'מישוואַרג דאָס–קאָל chemical(s)

כף דער/די [KHOF] khaph, name of the letter כ ⊦ letter ך לאַנג|ע(ר) כף the letter ך

כראָם דער chromium

כראָמאָסאָ'ם דער (ען) chromosome

כראָמטשע|ן וו ⟐ gnaw, crunch

כראָמסקע די cartilage

כראָמען אַדי chromium

כראָמקע|ן וו ⊙ זען כ ר אָ מ ט ש ע ן
כראָנאָלאָגיע די (ס) chronology
כראָנאָלאָגיש אַדי chronological
כראָניק די (עס) chronicle; local news
כראָ'ניקער דער (ס) ⊡ chronicler
כראָניש אַדי chronic
כראַפּע|ן וו ⊙= כ ר אָ פּ ע ן
כראָפּע|ן וו ⊙ snore
כראַקע|ן וו ⊙ hawk (clear throat)

כרוז זען כּ ר ו ז
כרוק דער (עס) grunt; oink
כרוקע|ן וו ⊙ grunt; oink
כרושטש דער (עס) beetle, bug
כריין דער horseradish
כריפּע|ן וו ⊙ rasp, grate
כרעמזל דאָס (עך) Passover pancake
כרעסטאָמאַ'טיע די (ס) reader (book), chrestomathy

ל

ל דער/די [LAMED] letter of the Yiddish alphabet; pronounced [L]; numerical value: 30

לֿ *for explanation see Guidelines,* § 4e5 (*ii*)

לא אינט [LOY] no || ל' מיט אַן אלף [ALEF] absolutely not

לאַ דער (ען) (the musical note) A

לאַבאָראַטאָריע די (ס) laboratory

לאַבאָראַ'נט דער (ן) ⊡ laboratory worker

לאַבונג די (ען) refreshment

לאָבזעג די (ן) jigsaw

לאַבירי'נט דער (ן) labyrinth

לאַבן דער (ס) △ לעבל loaf

לאַב|ן זיך וו ◇ ⟨מיט⟩ relish, revel in

•לאָבסטער דער (ס) אַמער lobster

לאָבעס דער (עס/ן) urchin

לאַגאָדנע אַדי mild, moderate, easy-going, balmy, reasonable, lenient

לאָגאַריטם דער (ען) logarithm

לאָגהעפֿט די (ן) logbook

לאַגו'ן דער (ען) lagoon

לאָגיסטיק די logistics

לאָגיסטיש אַדי logistic

לאָגיק די logic

לאָ'גיקער דער (ס) ⊡ logician

לאָגיש אַדי logical

לאָגל דער (ען) skin (vessel)

•לאַגע די (ס) situation, position

לאַגער דער (ן) camp; stock; storage, depot, dump || אין ל' in storage || אויפֿן ל' on hand, in stock || האַלט|ן אויף ל' store, stock || אין די געטאָס און ל'ן in the German-made ghettos and (concentration) camps

לאַ'גערונג די (ען) (mineral) deposit

לאַ'גער|ן (זיך) וו ◇ camp

לאָדונג די (ען) cargo; (electrical, explosive) charge

לאַ־די קאָ (אַז/וואָס) [LOY-DA'Y] not enough (that)

לאַדינאָ (דאָס) Ladino, the archaic version of the Dzhudezmo language, used by Sephardic Jews in translating sacred texts

לאַדי'ש דער (עס) jug

לאַ'דלייסטער דער (ס) manifest

לאָדן דער (ס/לעדן) △ לעדל shutter

לאָד|ן¹ וו (געלאָדן) load, charge (electrically) *imp.*

לאָד|ן² וו (געלאָדן) litigate, sue (at law) || ל' זיך ⟨מיט⟩ sue (at law), litigate, be at law with

לאָ'דעניש דאָס (ן) lawsuit, litigation

לאָדער דער (ס) loader, stevedore

לאָ'דצעטל דער (ען) bill of lading

•לאָדקע די (ס) זעו לאָטקע

לאַוו דער (ן) [LAV—LAVN] (religious) prohibition

לאַו־דווקא אַדוו [DA'FKE] not necessarily

לאַו־דווקא־... [ ] dispensable

לאַווינע די (ס) avalanche

לאַווי'ר דער (ן) maneuver

לאַוויר|ן וו ◇ maneuver, tack, jockey

לאַווע **1.** די (ס) sidewalk || **2.** די lava

לאַווריר|ן וו ◇ זעו לאַווירן

לאַ־ולאַ אינט [LO'Y-VELO'Y] a thousand times no

•...לאָז אדי ...less

לאָזונג דער (ען) slogan

לאָז|ן וו (⊙/געלאָזן) leave *vt.*, let; keep || ל' וואַרטן keep waiting || ל' וויסן זעו וויסן || ל' בײַ זיך retain || ל' אין גאַנג ⊢ activate, trigger ⊢ ל' אינפֿ have (stg.) done ⊢ ל' מאַכן אַ שטול have a chair made ⊢ ניט ל' אַ אינפֿ prevent (from) || ל' זיך set out, start; be possible || אַלץ וואָס עס לאָזט זיך everything possible || לאָז זײַן אַז suppose || ל' זיך אינפֿ submit (oneself) to ⊢ ל' זיך צו/אין/קיין make for ⊢ ל' זיך צו/אויף dash/jump at ⊢ ל' זיך נאָך make after, give chase to ⊢ ל' זיך ווײַטער move on || ל' זיך גרינג אינפֿ lend itself to ...ing || ניט ל' זיך באַשרײַבן defy description

לאַזער דער (ס) laser

לאָזשע די (ס) (theater) box, loge; lodge

לאַחדים אדוו [LAKhODIM] by retail || פֿאַרקויפֿ|ן (זיך) אויף ל' retail *vt/vi*

לאַחדים־... [ ] retail

לאַחדימניק דער (עס) [ ] retailer

לאַחר־המעשה זעו אַחר־המעשה

לאָט דער (ן) plumbline

לאָטאָ' דער (ען) lotto

לאַטײַ'ן דאָס Latin (language)

לאַטײַ'ן־אַמעריקע (די) Latin America

לאַטײַניש אדי Latin

לאַטכע|ן וו ⊙ זעו לקחענען

לאַטע די (ס) patch || לייג|ן ל'ס patch, sew on patches

לאַטעכץ דאָס זעו געלאַטעכץ

לאַטע|ן וו ⊙ mend, patch *imp.*

לאַטע'נט אדי latent

לאָטעריי' די (ען) = לאָטעריע

לאָטעריע די (ס) lottery

לאַטקע די (ס) pancake, griddle cake

לאָטקע די (ס) boat

לאַטש דער (ן) slipper, houseshoe

לאָיאַ'ל אדי loyal

לאָיאַליטע'ט די (ן) loyalty

לאיבוד אדוו [LEIBED] to waste, to naught || גיי|ן* ל' go to waste

לא־יוצלח דער (ס) □טע [LOY-YU'TSLEKh] ne'er-do-well, failure, washout

לא־יוצלחדיק אדי [ ] abortive

'לאָיער זעו לויער

לאַ'יקער דער (ס) layman

לאַיִש אדי lay (non-clerical)

לאָך די/דער (לעכער) △ לעכל hole, cavity || פֿאַרקריכ|ן אין אַ ל' get in a rut

לאַכמאַנעס מצ rags and tatters

לאַכ|ן וו ⊙ laugh || ל' אין זיך chuckle || צום ל' funny

לאַכערײַקע די (ס) (humorous) skit

לאַם די (לעמער) △ לעמל lamb

לאָם אדי lame

לאָמבאַרד דער (ן) pawnshop

לאָמבאַרדי'ר דער (ן) pawnbroker

לאַמטע'ר די (ן) זעו לאַמטערן

לאַמטערל דאָס (עך) (△ לאַמטערן) flashlight

לאַמטערן דער (ס) lantern

לאַמטע'רן־סלופּ דער (עס) lamppost

לאָמיך ⟨אינפֿ⟩ let me

לאָמיר ⟨אינפֿ⟩ let us

לאָמפּ דער (ן/לעמפּ) △ לעמפּל lamp || רעד|ן צום ל' preach to the wind

לאַמפּיאָ'ן דער (ען) Chinese lantern

לאַ'מפּן־פֿיבער דער stage fright

לאמר|ן וו ⊙ [LEYMER] blab; scold *imp.*

לאָן דער (ען) ל glade, meadow

לאַנג אדי (△ לענגער) long || ל' ווי דער ייִ'דישער גלות [GOLES] very long time || ניט ל' (צורי'ק) recently || פֿון ל' (אָן) for a long time now

לאַנגאָ'נ(עד)יק אדי old, old-time, of long standing

לאַנגווײַל די boredom

לאַ'נגווײַליק אדי boring, tiresome

'לאַנגזאַם זעו פּאַוואָליע, פּאַמעלעך

לאַ'נג־משכדיק אדי [ME'shEKhDIK] long-range, long-term

לאַנגסטיק אדי ancient, old-time

לאַ'נגקלעקיק אדי long-lasting

לאַ'נגשפּיליק אדי long-playing

לאַנד דאָס (לענדער) △ לענדל country, land; nation ⊢ אין ל' (אַרײַ'ן) inland || טראָ'פּישע לענדער the tropics || אַ ...פֿון ...לאַנד genuine, excellent, outstanding ⊢ אַ קוכן פֿון קו'כנלאַנד an excellent cake

לאַנד... national; excellent || לאַ'נד־פֿאַרבאַנד national association || לאַנד־שידוך [ShIDEKh] excellent match

לאַנדאָרט דער (...ערטער) (place for) landing

°לאַנדווירטשאַפֿט זען אַגריקולטור, ערד־אַרבעט

לאַנדונג די (ען) (ship, plane) landing

לאַנדיש אַדי national

לאַנד|ן וו ◇ land

לאַנדסמאַן דער (לאַנדסלײַט) countryman, compatriot

לאַנדספֿרוי די (ען) countrywoman, (*fem.*) compatriot

לאַנדשאַפֿט דער/די (ן) landscape; scenery

לאַנדשפּראַך די (ן) vernacular, language of the country

לאַנטש דער (ן) אַמער lunch

לאַנצי'ר דער (ן) launching

לאַנציר|ן וו ◇ launch

לאַנצי'ר־פּלאַטפֿאָרמע די (ס) launching pad

לאָנקע די (ס) lawn, meadow

לאָס דער (ן) ⊡יכע elk

לאַסט די (ן) burden || פֿאַל|ן ד צו ל' burden

•לאַ'סטאַויטאָ דער (ס) truck

לאַסקע די (ס) (condescending/reluctant) favor ⊢ אָנ|קומ|ען צו פּאָס ל' depend on the favor of

לאָ־עליכם אינט [LOY-ALE'YKhEM] God preserve you (*said after mentioning a misfortune*)

לאָ־עליכמדיק אַדי [ ] (*hum.*) unwell

לאָער אַפּ זען להוט

לאַפּטשע|ן וו ◇ itch, burn

לאַפּיטו'ט דער (ן) ⊡קע minor demon

לאַ'פּן־מיצל דאָס (עך) milksop

לאַפּע די (ס) paw

לאָ'פּעטע די (ס) △ לאָ'פּעטקע spade, shovel; paddle ⊢ ל'ס און קאָ'טשערעס scrawling handwriting

לאָ'פּעטקע די (ס) shoulder blade || אַוועק|לייג|ן אויף די ל'ס floor

לאָ'פּעטקעלע דאָס (ך) string bean

לאָף דער (ן) dash (in a race) || אַ ל' טאָ|ן* (make a) dash

לאָפֿער דער (ס) bishop (in chess)

לאַץ דער/די (ן) lapel || אָנ|נעמ|ען בײַם ל' buttonhole

לאָק די (ן) curl, lock, tress

לאָ'קאַוט דער (ן) lockout

לאָקאַטאָר דער (...אָ'רן) tenant

לאָקאַ'ל 1. אַדי local (train) || 2. דער (ן) (meeting) hall; premises

לאָקאַ'ל... local

לאָקאַליזם דער (ען) localism, local expression

לאָקאָמאָטי'וו דער (ן) locomotive, engine

לאָקאָמאָציע די locomotion

לאַקיי' דער (ען) lackey

לאַקייִש אַדי menial

לאַקי'ר דער (ן) lacquer

לאָקירונג די (ען) site; (act of) location

לאַקיר|ן וו ◇ lacquer

לאָקיר|ן וו ◇ locate

לאַקמוס דער litmus

לאַקס דער (ן) salmon; lox

לאַ'קעטקע די (ס) treat

לאָקער דער (ן) ambush

לאָ'קער|ן וו ◇ ⟨אויף⟩ lurk, lie in wait (for)

לאַקרעץ דער licorice

לאַ'קרעצדיק אַדי saccharine, oversweet

לאָקש דער (ן) noodle

לאָ'קשנברעט די (ער) noodle board

לאָ'רבערבלאַט דער (...בלעטער) bay leaf

לאָ'רבערקראַנץ דער (...קרענץ) (wreath of) laurels

לאָרד דער (ן) lord

לאָ'רדנהויז דאָס House of Lords

לאַרווע די (ס) larva

לאַשטשע|ן זיך וו ◇ ⟨צו⟩ nestle (to), fawn (on)

לאַ'שטשעניש דאָס (ן) blandishment

לאָשיק דער (עס) colt

לאָ'שיק־עקל דאָס (עך) ponytail

לבריאת־העולם אַדוו [LEBRI'ES-HOO'YLEM] from the creation of the world, i.e. (year) reckoned according to the Jew. calendar

לבֿוש דער/דאָס (ים) [LEVU'sh] garb

לבֿ־טובֿ דער [LEFTOV] kind-hearted person

לבֿטלה זען ב ר כ ה

לבֿנה די (—ות) [LEVONE] moon || האַלבע לבֿנות parentheses

לבֿנה־... lunar || לבֿנה־זאָנד lunar probe

לבֿנהדיק אַדי [ ] moonlit

לבֿנה־ליכט דאָס [ ] moonlight

לבֿנהלע דאָס (ך) (לבֿנה △) [ ] satellite

לבֿנה־שײַן די [ ] moonlight

לבֿנון (דאָס) [LEVONEN] (State of) Lebanon

לבֿנונש אַדי [ ] Lebanese

לגבי פּרעפּ [LEGABE] in relation to, compared to

ל"ג־בעומר דער [LEGBOYMER] Lag b'Omer, a Jew. spring holiday celebrated by outings

לגמרי אַדוו [LEGAMRE] altogether, absolutely, at all

לגנאַי אַדוו [LIGNA'Y] adversely || אָפּ|שאַצ|ן ל' condemn

לדוגמא אַדוו [LEDUGME] for example

לדורות אַדוו [LEDOYRES] for (future) ages; for good, permanently

להבא אַדוו [LEHABE] in the future, hereafter ⊢ אויף ל' for the future

להבֿדיל אינט [LEHAVDL] to make a distinction (between sacred and profane things mentioned successively) ⊢ אַ מענטש און ל' אַ מאַלפּע a man and an ape

להוט אַפּ (אויף ד; צו אינפֿ) [LOET/LOER] greedy, eager, anxious (for) ⊢ זײַן* ל' צו אינפֿ be anxious to || זײַן* ל' נאָך covet

להיפּוך אַדוו [LEHEYPEKh] on the contrary || ל' צו contrary to, counter to || גיי|ן* ל' צו run counter to

להכעיס דער [LEHAKhES] spite || אויף צו ל' ד in spite (of) [LEHAKhES/LOKhES]

להכעיסדיק אַדי [ ] spiteful

להכעיסניק דער (עס) [ ] ם–ניצע spiteful man

ל"ו זען ל"ו צדיקים

לוג|ן וו ◇ slink, prowl

לוהאַשקע די (ס) toad

לווה דער (—ים) [LOYVE—LOYVIM] debtor

לוי דער (ים) [LEYVI—LEVIIM] Levite, one of the descendants of the tribe of Levi, who had special functions in theTemple in Jerusalem and who are today assigned certain distinctive functions in the Jew. liturgy

לוויה די (—ות) [LEVAYE] funeral, last rites

לוויה־אונטערנעמער דער (ס) אַמער [ ] undertaker

לוויהדיק אַדי [ ] funereal

לוויה־זאַל דער (ן) אַמער [ ] funeral parlor

לוויהר דער (ס) [LEVAYER] funeral director, undertaker

לוויתן דער [LEVYOSN] leviathan, a legendary giant fish which, according to Jew. lore, will be eaten by the virtuous when the Messiah comes

ל"וניק זען למד־וואָווניק

לוזשע די (ס) זען קאַלוזשע

לוח דער (ות) [LUEKh—LUKhES] traditional Jewish calendar ⊢ מצ the tablets on which the Mosaic law was first engraved

לוטניע די (ס) lute

לויב די (ן) praise || אַ ל' צו praise to || אַ ל' דעם איי'בערשטן! praise the Lord! Hallelujah!

לוי'בגעזאַנג דאָס (ען) paean, eulogy

לוי'בווערדיק אַדי commendable, praiseworthy

לויב|ן וו ◇ praise, commend, extol || ל' אין טאָג/הימל אַרײַ'ן praise highly, rave about

לויג דער lye

לויגוואַרג דאָס detergent

•לויה זעו לוויה

לויז אַדי loose, slack; baggy; soft-boiled (egg) ⊢ ל׳ מאַכ|ן loosen

לויז די (לײַז) △ לײַזל louse

לויט דער (ן) ½ ounce

לויט פּרעפּ by, according to, in accordance with

לויטער אַדי pure; mere, sheer; nothing but; fair (weather)

לויכט|ן וו (געלוי׳כט) זעו לײַכטן

לוי׳כנדיק אַדי august; illustrious

לוין דער wage(s)

לוינונג די expediency

לויניק אַדי expedient

לוי׳ניקייט די expediency

לוי׳נענעמער דער (ס) ⊡ wage earner

•לוינע זעו שטימונג

לוי׳נעוודיקייט די worthwhileness || פּונקט פֿון געמי׳נערטער ל׳ point of diminishing returns

לוינ|ען (זיך) וו ⟐ be worthwhile, pay, be profitable/expedient ⊢ עס לוינט ניט it doesn't pay

•לויער דער (ס) ▭קע אַמער lawyer, attorney

•לויערן זעו לאָקערן

לויף דער course, run, drift

לויפֿוועג דער (ן) track

לויפֿיק אַדי current, up-to-date

לויפֿ|ן וו (איז געלאָפֿן) run; flow; (watch) be fast

לוי׳פֿעניש דאָס (ן) run; running

לויפֿער דער (ס) ⊡ runner || פֿ״ל לאַפֿער

לוי׳ף־קאָמאַנדע די (ס) track team

•לויתן זעו לוויתן

לולבֿ דער (ים) [LULEV—LULOVIM] lulab, the palm branch which is carried and waved in the synagogue during the Sukkoth holiday, and over which, along with the citron, benedictions are said ⊢ אַ ל׳ מיט אַן אתרוג [ESREG] (*hum.*) ill-matched, incompatible pair

לומדות דאָס [LOMDES] (*Jew.*) learning, erudition, scholarship

לומדים זעו למדן

לומדיש אַדי [LOMDISh] (*Jew.*) learned, scholarly; erudite (book); bookish

לונאַטיזם דער sleepwalking

לונאַ׳טיקער דער (ס) ⊡ sleepwalker

לונאַטיש אַדי sleepwalking; moonstruck

לו׳נאַפּאַרק דער (ן) amusement park

לונג די (ען) lung

לונג־און־לע׳בער דער: אַ קאַלטער ל׳ (*hum.*) an indifferent person ⊢ °אָנ|הענג|ען ד אַ ל׳ אויף דער נאָז (*hum.*) dupe, hoax

לו׳נגען־אָנצינדונג די (ען) pneumonia

ל״וניק זעו למד־וואָווניק

לונק דער (ען) sprain, dislocation || אַ ל׳ טאָ|ן* wrench

לוסט די cheer

לוסטיק אַדי cheerful

לוסטע די (ס) big slice, hunk

לוסטרע די (ס) chandelier

לופּע די (ס) pouting lip

לופּע די (ס) magnifying glass

לופֿט די air || אין (דער) ל׳ן in (mid-)air, aloft

לופֿט... aerial

לופֿטבריק די (ן) airlift

לו׳פֿטוואָקזאַל דער (ן) air terminal

לופֿטיק אַדי airy, cool; nimble, lively

לופֿטל דאָס (עך) dandelion

לו׳פֿטליניע די (ס) airline || מיט דער ל׳ as the crow flies

לופֿטמענטש דער (ן) person without a definite occupation

לו׳פֿטערונג די ventilation

לו׳פֿטער|ן וו ⟐ air, ventilate *imp.*

לופֿטפּאָסט די airmail

לופֿטפֿלאָט דער (ן) air force

לו׳פֿטקילונג די air conditioning

לו׳פֿטקילער דער (ס) air conditioner

לופֿטרער די (ן) trachea, windpipe

לופֿטשיף די (ן) aircraft

ל״ו צדיקים מצ [LAMEDVO'V TSADIKIM] the Thirty-Six Good Men, legendary hidden saints who justify the exis-

tence of the world, according to Jew.
lore
luxury (ן) דער לוקסוס
luxurious, sumptuous אד׳ לו'קסוסדיק
porthole (ס) די לוקע
in memory of [LEZIKORN] פרעפ לזכּרון
separately, in(to) [LEKhU'D] אדוו—ל לחוד
a category of its own
לחות זען ל י י כ ע ץ
"to (long) life" [LEKhAIM] אינט לחיים
(*said when drinking an alcoholic*
|| have a drink מאַכ|ן אַ ל׳ ⊢ *drink*)
drink the health of טרינק|ען ל׳ פֿאַר
altogether, ab- [LAKhLUTN] אדוו לחלוטין
solutely, at all, out and out
advantageous, [LETOYVE] ⟨ד⟩ אפּ לטובֿה
to one's advantage
in behalf of, for [LETOYVES] פרעפּ לטובֿת
the benefit of, in favor of
brine דער ליאַג
any אַ ל׳ מינו'ט || any אדי—אינוו ליאַדע
anybody at all אַ ל׳ ווער ⊢ minute now
sow (ס) די ליאַכע
doll, puppet (ס) די ליאַלקע
party (celebration) (ס) די ליאַמע
din, noise, uproar, (ס) דער ליאַרעם
clamor
noisy אד׳ ליאַ'רעמדיק
make noise, rant ◇ וו ליאַ'רעמ|ען
|| dear; kind, nice, likable אד׳ ליב
please, be agreeable to; (*rev.* ד *ל׳ זײַן
I like ער איז מיר זייער ל׳ ⊢ *con.*) like
oblige, טאָ|ן* ⟨ד⟩ צו ל׳ ⊢ him very much
|| do a favor (to), accommodate
put up with, accept, אָנ|נעמ|ען פֿאַר ל׳
ל׳ אײַך מיט אײַער גאַסט! ⊢ acquiesce in
welcome to your guest!
love, like, care (ל׳ געהאַ'ט) וו *ליב האָב|ן
דאָס א *ל׳ האָב|ן ⊢ for, be fond of, fancy
ניט ל׳ || adore [KhAYES] לעבן/חיות
האָב|ן* || dislike פֿ״גל ל י ב ק ר י ג ן
lover; amateur ⊡ (ס) דער לי'בהאָבער
kindly, amiable אד׳ לי'בהאַרציק
kindness די לי'בהאַרציקייט

darling, pet (ען) דער ליבלינג
benign, affable אד׳ ליבלעך
love each ל׳ זיך || love ◇ וו •ליב|ן
other; make love
|| love; love affair, romance (ס) די ליבע
have a love affair, ⟨מיט⟩ שפּיל|ן אַ ל׳
court, philander
dragonfly (ס) די לי'בעלע
|| liberal, broadminded אד׳ .1 ליבעראַ'ל
liberal (ן) דער .2
ל׳ האָב|ן*/ווע'ל|ן* || rather אדוו ליבערשט
prefer
preference (ן) די לי'בערשטקייט
get a liking (ל׳ געקראָגן) וו ליב קריג|ן
for, come to like/love
libretto, book (of a (ס) דער ליברעטאָ
musical play)
love, fondness, affection די ליבשאַפֿט
ל׳ זאָג|ן, || lie, falsehood (ס) דער ליגן
זאָג|ן אַ ל׳ || lie, tell a lie וואַרפֿ|ן דעם
give (sb.) the [PONEM] ל׳ ד אין פּנים
lie
lie; be located/ (איז געלעגן/געליגן) וו ליג|ן
|| situated; run (in one's blood)
this package אין דעם פּעקל ליגן ביכער
contains books
ליגנט די/דער (ן) זען ל י ג ן דער
liar □קע (ס) דער ליגנער
league (ס) די ליגע
easychair (ן) די ליגשטול
song; poem (ער) דאָס ליד
lyrics (of a song) (ן) דער לידטעקסט
•לידקע די (ס) זען ל י ט ק ע
(there is) ל׳ *זײַן :[LAYEHUDIM] ליהודים
gaiety, joy, rejoicing (*hum. Jew.*)
darling אינט ליובטשע
bast דער ליוביסטיק
darling (ס) די ליובע
amorous אד׳ ליו'בעדיק
my love, darling [LY] אינט ליו'בעליו
fondle ל׳ זיך || fondle ◇ וו ליובע|ן
each other, make love
my love, darling [NY] אינט ליו'בעניו
(*iro.*) fondle, pet ◇ וו ליובקע|ן

ליוועראַ'נט דער (ן) contractor, purveyor; caterer

לי'ווער|ן וו ◇ supply *imp.*

ליוורעע די (ס) livery

ליו'לינקע=ליוליע אינט lullaby

ליולקע די (ס) tobacco pipe || (אוי'ס)גע־ריי'כערט|ע ל' old hand

ליחות זען ל י י כ ע ץ

ליטאָגראַפֿיע די (ס) lithograph; lithography

ליטאָגראַפֿיר|ן וו ◇ lithograph

ליטאַ'ניע די (ס) litany

ליטוואַק דער (עס/ליטוואַ'קעס) Lithuanian Jew; (proverbially) an incredulous, rationalistic, learned, strictly observant person

לי'טווישקע די (ס) Lithuanian Jewess

ליטווינער דער (—) ⊡ Lithuanian

ליטוויש אַדי Lithuanian; northeastern Yiddish

ליטײַ'ן זען ל אַ ט ײַ ן

ליטע (די) Lithuania; (*Jew.*) the northeast of the European Jew. settlement area, corresponding to Lithuania, Belorussia, and Latvia

ליטער דער (ס) liter

ליטעראַ'ט דער (ן) man of letters

ליטעראַטו'ר די (ן) literature, letters

ליטעראַטו'ר־... literary

ליטעראַריש אַדי literary

ליטקע די (ס) calf (of leg)

לייב דער (ן) ⊡יכע lion

לײַב דאָס (ער) body; flesh || מיט ל' און לעבן with life and soul, with might and main ⊢ מיט ל' און זעל with life and soul ⊢ אַראָפּ|גיי|ן* פֿון ל', פֿאַרליר|ן ל' lose weight

לײַבוואַך די (ן) bodyguard (troop)

לײַ'בוועכטער דער (ס) bodyguard (person)

ליי'ביכע די (ס) lioness

לײַביק אַדי corpulent

לײַבל דאָס (עך) jacket; undershirt

לײַבלעך אַדי personal; blood (relative) || מײַן ל'|ער ברודער my full brother || מײַן ל'|ער זון my own son || ל' שוועסטער־קי'נד cousin-german

לײַבמענטש דער (ן) intimate, factotum

ליי'בנמויל דאָס snapdragon

לײַ'בסערדאַק דער (עס) זען אַ ר ב ע ־ כּ נ פֿ ו ת

לײַ'ב־צודעקל דאָס (עך) זען אַ ר ב ע ־ כּ נ פֿ ו ת

לײַבקנעכט דער (—) serf

לײַ'בקנעכטשאַפֿט די serfdom

לייג|ן וו ◇ put, lay, place; group || ל' זיך lie down, turn in || ל' זיך שלאָפֿן go to bed

לײַג|ן וו ◇ lie, tell lies

לייד די (ן) suffering, sorrow || מצ suffering, misery

לײַדאַ'ק דער (עס) scoundrel

•לייד טאָ|ן* וו—אומפּ ⟨ד אַז⟩ (*rev. con.*) be sorry (that)

ליידיק אַדי empty, vacant; idle; blank || גיי|ן* ל' (persons) loaf, be idle || שטיי|ן* ל' (machines etc.) be idle

ליי'דיק־גייער דער (ס) ⊡קע loafer, idler

ליי'דיק־גייערײַ' דאָס idleness

ליידן מצ זען ל י י ד

לײַדן 1. דאָס suffering, misery || 2. לײַד|ן וו (געליטן) suffer, bear, stand || ל' פֿון *also* be handicapped by

לײַ'דנשאַפֿט די (ן) passion

לײַ'דנשאַפֿטלעך אַדי passionate

•ליידער אַדוו alas, unfortunately

לײַוואָרט דאָס (...ווערטער) loanword

לײַוונט די/דאָס (ן) linen, canvas || לײַ'וונט'ן אַדי

לייז די (ן) vintage

לייזונג די receipts, proceeds; •solution

לייז|ן וו ◇ take in (receipts); •solve || געב|ן* ד צו ל' patronize

לײַט דער (—) fully grown-up adult; מצ respectable/dependable person ⊢ folk(s), people ⊢ בײַ לײַט(ן) among fine people; among non-Jews ⊢ (מיט) ל'ן גלײַך no worse than anyone else || שטעל|ן מיט ל'ן גלײַך emancipate, integrate ⊢ צו ל'ן (girl) of marriageable age

•ליי'ט־אַרטיקל דער (ען) editorial

לײַ'טזעליק אַדי amiable, gracious, benign
לײַ'טזעליקייט די grace, favor, goodwill
לײַטיש אַדי proper, respectable, decent
לײַ'טישקייט די respectability, decency
לייט|ן וו (געלײי'ט) solder
לײַ'טן־גלײַכקייט די equality (of status)
לייטעכץ דאָס solder
לייטענאַ'נט דער (ן) lieutenant
לייטער דער (ס) ladder
לײַ'טערבראַנד דער purgatory
לײַ'טערונג די purification
לײַ'טער|ן וו ⊙ purify, refine *imp.*
לײַכט אַדי easy, light
לײַ'כטגלייביק אַדי gullible, credulous
•לײַ'כטזיניק אַדי rash, reckless, frivolous, thoughtless
•לײַ'כטזיניקייט די frivolity, levity
לײַ'כטטורעם דער (ס) lighthouse
לײַכטיק אַדי luminous; lucid
לײַכט|ן וו (געלײַ'כט/געלויכטן) shine, give light ⊦ ל' זיך be alight
לײַ'כטנדיק אַדי luminous; radiant
לײַכטער דער (ס) candlestick
לײַכטקייט די ease
לייכעץ דאָס phlegm
לײַלעך דער/דאָס (ער) bed sheet
ליים די/דאָס clay
•לײַם דער (ען) lime (fruit)
ליימוואַרג דאָס crockery
ליימיק אַדי clayey
ליימען אַדי* earthen, clay; clumsy || האָב|ן* ל'ע הענט be clumsy
לײַן דער flax
לײַ'נזוימען דער linseed
ליי'נעוודיק אַדי legible, readable
לײַנער דער (ס) (air, sea) liner
לײַסט די (ן) (strip of) molding
לייסטער דער (ס) roster, list, panel
לײַ|ען וו (געליגן/געליִען) ⟨ד⟩ lend (to) || ל' ⟨בײַ⟩ borrow (from)
ליי'ענ|ען (זיך) וו ⊙ read *vt/vi* || אַ לייען טאָ|ן* וועגן read up on
ליי'ענער דער (ס) ⊡ reader
ליי'ענערשאַפֿט די (ן) readership
ליי'ען־צייכן דער (ס) bookmark
לייפֿער דער (ס) messenger || פֿ״ל לאַפֿער; לויפֿער
לייץ די (ן) = לייצע
לייצע די (ס) rein
לֵייקע די (ס) funnel
לֵייקעמיע די (ס) leukemia
ליי'קענ|ען וו ⊙ ⟨אַ/אַז/אין⟩ deny, disavow, disclaim ⊦ ל' שטיין און ביין deny everything, deny vociferously
לייש|ן וו ⊙ gild (with gold leaf)
ליכט 1. די/דאָס light || 2. דאָס/די (—) candle || זוכ|ן מיט ל' search intensively, leave no stone unturned
ליכטבילד דאָס (ער) (projection) slide
לי'כטבענטשן דאָס the saying of blessings over candles, a Jew. women's Sabbath rite ⊦ אַ מינו'ט פֿאַר ל' (*fig.*) at the eleventh hour
ליכטיק 1. אַדי bright; illustrious || 2. די: אין דער ל' in the light
לילאַ אַדי—אינוו violet, purple
לי'ליע די (ס) lily
ליליפּו'ט דער (ן) midget
לילית פּנ [LILES] Lilith, in Jew. lore the queen of demons, preying esp. upon new-born infants
ליל־שימורים דער [LEYL-shIMU'RIM] the first night of Passover
לימאָנאַ'ד דער זען לימענאַד
לימוד דער (ים) [LIMED—LIMUDIM] subject of study; instruction, tuition ⊦ מצ studies; classes
לימענאַ'ד דער (ן) lemonade
לי'מענע די (ס) lemon || גרינ|ע ל' lime
לימפֿע די lymph
לינאָלײי' דער (ען) linoleum || לינאָלײיען אַדי
לינגווי'סט דער (ן) ⊡ linguist (investigator of languages)
לינגוויסטיק די linguistics
לינגוויסטיש אַדי linguistic
לינד אַדי gentle, mild, soft
לינדז די (ן) lentil; lens

לי'נדן־וואָרעם דער dragon

לינדער... extenuating; palliative

לי'נדערונג די alleviation, mitigation

לי'נדער־מיטל דאָס (ען) palliative

לי'נדער|ן וו ⟐ relieve, soothe, alleviate; mitigate

לי'נדערנדיק אַדי soothing; extenuating

לינטשונג די (ען) lynching

לינטש|ן וו ⟐ lynch

לי'ניע די (ס) line

ליניע|ן וו ⟐ fade; molt

ליניר|ן וו ◇ line, rule

לינק אַדי left; leftist; inside, wrong, seamy (side)

לי'נקהאַנטיק אַדי left-handed

לינקס אַדוו left

לינק|ער דער—געב leftist; Communist sympathizer

ליסטע די (ס) list || שוואַרצ|ע ל' blacklist

ליסע אַדי bald

לי'סעקאָפּ דער (...קעפּ) bald pate, bald head

ליע... זעו לַע...

ליפּ די (ן) lip || ברענג|ען פֿאַר/אויף די ל'ן utter

לי'פּנדיק אַדי labial

לי'פּן־רייטל דאָס (עך) lipstick

ליפּע די (ס) linden

ליפֿט דער (ן) elevator

ליציטאַטאָר דער (...אָ'רן) ◻שע auctioneer

ליציטאַציע די (ס) auction

ליציטיר|ן וו ◇ auction *imp.*

ליצע'נץ די (ן) license

ליק דער (עס) alley

ליקווידאַציע די (ס) liquidation; abolition

ליקווידיר|ן וו ◇ liquidate, abolish

ליקוי די (ים) [LIKE—LIKUIM] eclipse

ליקוי־חמה די [KhA'ME] solar eclipse

ליקוי־לבֿנה די [LEVO'NE] lunar eclipse

ליקע'ר דער (ן) liqueur

ליריק די lyric poetry

ליריש אַדי lyric(al)

ליש דער (ן) thud

לישײַ' דער (ען) lichen; skin fungus, tetter

לישע|ן וו ⟐ make a din, make a racket, thud

לית דין ולית דיין אַפּ [LES DI'N VELES DA'YEN] lawless, without a law and without a judge

לכּבֿוד פּרעפּ [LEKOVED] in honor of, on the occasion of

לכּל־הפּחות זעו ל כ ל ־ ה פ ח ו ת

לכּף־זכות אַדוו זעו ד ן ז ײַ ן

לכּף־חובֿ אַדוו זעו ד ן ז ײַ ן

לכתּחילה(דיק) זעו ל כ ת ח י ל ה, ל כ ת ־ ח י ל ה ד י ק

לכּבֿוד דער (ן) [LIKhVO'YD] dedication (of a book etc.)

לכל־הדעות אַדוו [LEKho'LADEYES] at any rate

לכל־הפּחות אַדוו [LEKho'LAPOKhES] at least

לכן קאָנ [LOKhN] therefore, consequently

לכתּחילה אַדוו [LEKhATKhILE] at first, initially, originally

לכתּחילהדיק אַדי [ ] original

ללעג־ולקלס [LELA'AG-ULKE'LES]: מאַכ|ן אַ ל' pillory

למאַי אַדוו [LEMA'Y] why? what for? how come?

למד דער/די (ן) [LAMED] lammed, name of the letter ל

למד־וואָ'וניק דער (עס) [ ] (*Jew.*) one of the Thirty-Six Good Men ⊢ פֿ״גל ל״ו צדיקים

למדן דער (ים/לומדים) [LAMDN—LAMDONIM/LOMDIM] (*Jew.*) scholar, learned man, Talmudist

למדנות דאָס [LAMDONES] (*Jew.*) learning

למזל אַדוו [LEMAZL] in a propitious hour (*said in reference to the beginning of an important undertaking*)

למעלה אַדוו [LEMAYLE]: זײַן* ל' פֿון exceed, surpass

למען־האמת אַדוו [LEMA'N-HOE'MES] to be truthful, to tell the truth

למען־השם אַדוו [LEMA'NASHE'M] for God's sake, without fail; be sure to ||

זאָלסט מיר ל׳ שרײַבן be sure to write me
למשל אדוו [LEMOShL] for example, for instance
לנוי אפּ [LENO'Y] (merely) decorative
לסוף אדוו [LESO'F] finally, in conclusion, ultimately
לסירוגין אדוו [LESE'YRUGIN] alternately
...־לעב dear || מאַ׳מע־ל׳ mother dear
לעביונג דער (ען) playboy
לעביק אדי viable
לע׳ביקייט די viability; vitality
לעבל דאָס (עך) (לאַבן △) loaf
לעבלעך אדי lukewarm, tepid
לע׳במיידל דאָס (עך) call girl
לעבן 1. דאָס (ס) life; lifetime; living || אויפֿן (גאַנצן) ל׳ for life || בײַם ל׳ alive, ⊢ אַ ל׳ לאַנג all one's life ⊢ while alive || •מאַכן| אַ ל׳ אמער make a living || פֿאַרדינ|ען זיך דאָס ל׳ earn a living || אײַנ|שטעל|ן (זיך) דאָס ל׳ risk one's life ⊢ אַרויס|גיי|ן* מיטן ל׳ survive || נעמ|ען זיך דאָס ל׳ commit suicide || גיי|ן* ⟨ד⟩ אין ל׳ be a matter of life or death ⊢ אַ ל׳ אויף דיר/אײַך! (to) bless you! ⊢ מײַן ל׳! darling! || 2. לעב|ן וו ◇ live || ל׳ פֿון make a living from, ⊢ האָב|ן* פֿון וואָס צו ל׳ subsist on ⊢ בלײַב|ן ל׳ stay alive, make a living ⊢ איך זאָל אַזוי ל׳! upon my life! ⊢ לאַנג ל׳ זאָלסטו! לאַנג לעבן זאָלט איר! survive bless you! thanks a million!
לעבן פּרעפּ near, beside, by
לעבן=לעבן דעם, •לעבן דער
...־לעבן dear, darling || ברו׳דער־ל׳ brother dear
לע׳בן געבלי׳בענ|ער דער—געב survivor
•לע׳בנס־געפֿערלעך אדי deadly
לע׳בנס־הוצאה די [HETSOE] cost of living
לע׳בן־סטאַנדאַרד דער standard of living
לע׳בנסלאַנג אדי lifelong
לע׳בנס־מיטל מצ food
לע׳בנס־נייטיק אדי vital, essential
לע׳בנס־פֿראַגע די (ס) vital question, question of life or death
לע׳בנספֿריידיק אדי vivacious, convivial (person)
לעבנ(ס)־שטייגער זען שטייגער (לעבן)
לע׳בעדיק אדי alive, live, living; lively, brisk, spirited; merry; vivid ⊢ ל׳|ער אינווענטאַר livestock || ווי ל׳ lifelike
לע׳בעדיקייט די vitality
לעבער די (ס) liver || °נעמ|ען ד די ל׳ touch to the quick
לע׳בער־ים דער [YAM] legendary congealed sea
לע׳בערל דאָס (עך) (לעבער △) (chicken etc.) liver; birthmark
לעגאַ׳ט דער (ן) ◻ legacy; minister, envoy
לעגאַ׳ל אדי legal
לעגאַציע די (ס) legation
לעגיאָ׳ן דער (ען) legion
לעגיטי׳ם אדי legitimate
לעגיטימאַציע די (ס) identification (paper)
לעגיטימיר|ן וו ◇ legitimize; identify *vt.* || ל׳ זיך identify oneself
לעגיסלאַטאָר דער (...אָ׳רן) ◻שע legislator
לעגיסלאַטו׳ר די (ן) legislature
לעגיסלאַטי׳וו אדי legislative
לעגיסלאַציע די legislation
לעגיסליר|ן וו ◇ legislate
לעגירונג די (ען) alloy
לעגענדע די (ס) legend
לע׳גער־סחורה די [SKhOYRE] shopworn articles
לע׳דוויצע די (ס) sirloin
לעדל דאָס (עך) (לאָדן △) cover, hatch, lid; (camera) shutter
לעדער די/דאָס leather || שווע׳דיש ל׳ suède
לע׳דערן אדי leather
לעולם אדוו [LEOYLEM] actually, as a matter of fact; in a way
לעולם־ועד אדוו [VO'ED] forever and ever
ילעזן זען לייענען
ילעזער זען לייענער
לעט דער (ן) ◻ Latvian
לעטאַרגיש אדי lethargic

לעטיש אדי Latvian

לעטלאַנד (דאָס) Latvia

לעילא־ולעילאדיק אדי [LEYLE-ULE'YLEDIK] exquisite

...לעך¹ אדי ...ish || שוואַרצלעך blackish || נאַי'ווּלעך slightly naïve

...לעך² אדי ...able || דערגרייכלעך accessible, reachable

לעכל דאָס (עך) (לאָך △) aperture; peephole; puncture

לעכל|ען וו ⟐ perforate, punch

לעכלער דער (ס) puncher

לע'כערדיק אדי full of holes

•לע'כערלעך אדי laughable, ridiculous, ludicrous

לעכץ דער (ן) leak

לעכצונג די (ען) yearning

לעכצ|ן וו ⟐ ⟨נאָך⟩ languish, yearn, thirst, itch (for)

•לעם פּרעפּ (*dial.*) near

לע'מישקע 1. די (ס) porridge || 2. דער/די (ס) milksop, naïve person

לעמל דאָס (עך) (לאַם △) lamb

לעמפּל דאָס (עך) (לאָמפּ △) lightbulb; (vacuum) tube

לעמפּערט דער (ן) ◻יכע leopard

לענג די (ען) length; longitude; lap (of a race) || אין דער ל' ⊢ lengthwise

לייג|ן זיך אין דער ל' און אין דער ברייט make every effort

לענג־אוי'ס פּרעפּ along

לענגלעך אדי oblong

לענגער (לאַנג △) 1. אדי* extended, longish || 2° אדוו quite some time ago

לענד די (ן) hip, (*fig.*) loin

•לענדלער דער (ס) ◻קע אַמער landlord

לענטע די (ס) ribbon, tape

לע'סטערונג די (ען) blasphemy

לע'סטער|ן וו ⟐ blaspheme

לע'פּטשיכע די (ס) (woman) gossip

לעפּיש אדי awkward, clumsy, sluggish, crude

לעפּל דאָס (עך) (ear) lobe

לעפּקע אדי sticky

לעפֿל דער (—) (table)spoon; spoonful

לע'פֿעלע דאָס (ך) (לעפֿל △) teaspoon; pit of the stomach

לעפֿץ די (ן) ל lip

לעפֿצונג די (ען) estuary, mouth (of a river)

לעצונגעלט דאָס going-away present

לעצט 1. אדי* last, final, ultimate; ⊢ latest; latter || 2. אדוו extremely || צו(ם) ל' lastly, ultimately

לע'צטגילטיק אדי final

לע'צטמאָדיש אדי fashionable

לעצטנס אדוו lately, of late

לעקטאָר דער (...אָ'רן) ⊡ lecturer

לעקטו'ר די reading

לעקטיק די (עס) sedan chair

לעקיש דער (ן) fool, dummy

לעק|ן וו ⟐ lick *imp.* || ל' (זיך) די פֿינגער ⟨פֿון⟩ be delighted (by)

לעקסיקאָגראַ'ף דער (ן) lexicographer

לעקסיקאָגראַפֿיע די lexicography

לע'קסיקאָן דער (ען) lexicon; handbook

לעקסיש אדי lexical

לעקעך דער (ער/ן) cake; diamond (shape; suit in cards)

לעקעך־און־בראָ'נפֿן דער (ס) reception (at which alcoholic drinks are served)

לע'קעכל דאָס (עך) (לעקעך △) cookie, ⊢ titbit; bait; inducement || ווײַז|ן ד אַ ל' entice

לע'קערל דאָס (עך) lollipop

לעקציע די (ס) lesson; lecture || (צו מצ) homework || מאַכ|ן (די) ל'ס do one's homework

לער די apprenticeship

לערך [LEEREKh] זען בערך

לע'רנבוך דאָס (...ביכער) textbook

לע'רנייִנגל דאָס (עך) apprentice

לערנ|ען וו ⟐ teach; study || ער לערנט מיך טאַנצן he is teaching me to dance || איך לערן פֿראַנצייזיש I teach French; ⊢ I am studying French || קענ|ען ל' ⊢ know the Talmud || ל' זיך study, learn

לערנער דער (ס) (*Jew.*) Talmudic student

לערע די (ס) (a particular) teaching, doctrine

•לע'רע|נען וו ◇ זען ל ע ר נ ע ן

לערער דער (ס) ⊡/⊡קע || teacher || פּרי־וואַט|ער ל' tutor

לערערײַ' דאָס teaching (as a profession)

לע'רערשאַפֿט די faculty

לע'שאויטאָ דער (ס) fire engine

לעש|ן וו (געלאָשן) extinguish *imp.*; slake (lime)

לעשפּלומפּ דער (ן) hydrant

לע'ש־קאָמאַנדע די (ס) fire brigade

לעששפּריץ דער (ן) fire extinguisher

לעתיד־לבֿוא אדוו—ל [LEOSED-LO'VE] in/for the future, when the Messiah comes

לעת־עתּה אדוו [LESATE] for the present, for the time being; hitherto

לעת־עתּהדיק אדי [ ] provisional

לפּחות אדוו [LEPOKhES] at least

לפּנים אדוו [LEPONEM] for appearance's sake, as a formality

לפּי־דעתּי אדוו [LEFIDATI] in my opinion

לפּי־ערך אדוו [LEFIEREKh] relatively, comparatively

לפּי־ערכדיק אדי [ ] relative, comparative

לפּי־שעה אדוו [LEFIShO'] for the present, for the time being

לץ דער (ים/לצנים) [LETS—LEYTSIM/LETSONIM] buffoon, clown, wag, prankster; scoffer

לצנות דאָס [LETSONES] mockery, buffoonery, clowning

לצעווע|ן וו ◇ (פֿון) [LE'TSEVE] clown, scoff (at)

לקחענ|ען וו ◇ [LAKKh'N] swipe

לרובֿ אדוו [LERO'V] galore, in abundance, aplenty

לרעה אדוו (ד) [LEROE] detrimental (to), ⊢ (אויס|)ניצ|ן ל' to the detriment (of) abuse

לרצון [LEROTSN]: זײַן* (ד) ל' be agreeable (to)

לשבֿח אַפּ (ד) [LIShVA'Kh] complimentary (remark), creditable

לשון דאָס (ות) [LOShN—LEShOYNES] language, tongue ⊢ אָן ל' || speechless || °געבן* ל' speak out

לשון־הרע דאָס [HO'RE] vilification || רעד|ן ל' אויף malign, speak ill of

לשון־זכר דאָס [ZO'KhER] masculine gender

לשון־יחיד דאָס [YO'KhED] singular number

לשון־נקבֿה דאָס [NEKE'YVE] feminine gender

לשון־נקיה דאָס [NEKI'E] euphemistic language/expression

לשון־קודש [KO'YDESh] (דאָס) .1 traditional Hebrew, the Sacred Tongue; rabbinical Hebrew-Aramaic ⊢ .2 אדי

לשון־רבים דאָס [RA'BIM] plural number

לשיטתו אדוו [LEShITOSE] according to his conception/theory

לשם פּרעפּ [LEShE'M] for the sake of

לשמה אדוו [LIShMO'] for its own sake; unselfishly

לשם־שמים אדוו [LEShE'M-ShOMA'IM] idealistically; for the sake of Heaven, i.e. for the glorification of God

לשנה הבאה בירושלים פֿר [LEShONO HABO' BIRUShOLAIM] "next year in Jerusalem," a wish exchanged by Jews on Yom Kippur and during the Passover feast

לשנה־טובֿה זען ש נ ה ־ ט ו ב ה

לשנה טובֿה תּכּתבֿו (ותחתמו) פֿר [TOYVO TIKOSEYVU (VESEYKhOSEYMU)] "may a good year be inscribed and sealed for you," a wish exchanged by Jews before and during the High Holidays

לתּשמיש אַפּ [LETAShMESh] utilitarian

מ

מ דער/די [MEM] letter of the Yiddish alphabet; pronounced [M]; written ם (*shlos-mem*) at the end of a word; numerical value: 40

מ=מעטער meter

מ' זען מ ע

מאָביליזאַציע די (ס) mobilization

מאָביליזיר|ן וו ◇ mobilize *vt.*, marshal || מ' זיך mobilize *vi.*

מאַגאַזי'ן דער (ען) magazine (machine part); depot, warehouse; stock room, supply room

מאַגיסטער דער (ס) ⊡ Master (of Arts, Sciences etc.)

מאַגיסטראַ'ט דער (ן) city hall

מאַגיסטראַ'ל דער (ן) (traffic) artery; main (pipe)

מאַגיע די magic

מאַגיק די = מ אַ ג י ע

מאַ'גיקער דער (ס) ⊡ magician

מאַגיש אַדי magic(al)

מאָגן דער (ס/מע'גענער) stomach || אַ לויז|ער מ' diarrhea || האָב|ן* דעם מ' move one's bowels

מאָגנ... gastric

מאַגנאַ'ט דער (ן) magnate

מאַגנע'זיע די magnesia

מאַגנע'ט דער (ן) magnet

מאַגנעטאָפֿאָ'ן דער (ען) tape recorder

מאַגנעטיש אַדי magnetic

מאָגער אַדי lean, skinny, slender, slim

מאָד די (ן) maggot

מאַדאַ'ם 1. די (ען) matron || 2. טיטל Madam, Mrs.

מאָדוס דער (ן) (grammatical) mood

מאַדזגע|ן וו ◇ dabble

מאַדזגער דער (ס) ◻קע dabbler

מאדים דער (ס) [MAYDEM] adept; smart fellow; ace

מאָדיסטקע די (ס) milliner (*fem.*)

מאָדיפֿיצירונג די (ען) modification

מאָדיפֿיציר|ן וו ◇ modify, qualify

מאָדיש אַדי fashionable; stylish, smart

מאָדליען זיך וו ◇ זען מ אָ ל י ע ן ז י ך

מאָדנע אַדי strange, odd, queer, singular

מאָ'דנעקייט 1. די oddity, strangeness || 2. די/דאָס (ן) quirk

מאָדע די (ס) style, fashion, vogue || אין דער מ' in style, fashionable

מאָדע'ל דער (ן) model; make, design

מאָדעליר|ן וו ◇ model

מאָדערן אַדי modern; fashionable, stylish

מאָדערניזיר|ן וו ◇ modernize, streamline

מאה די (—ות) [MEYE] hundred; (*iro.*) money

מאַהאָ'ן דער mahogany || מאַהאָנען אַדי

מאה־דעה די [MEYEDEYE] the Establishment

מאַוזאָלײ' דער (ען) mausoleum

מאוימדיק אַדי [MU'YEMDIK] dreadful, gruesome, horrible, frightful

מאָוס אַפּ [MOES] hateful, odious, disgusting

מאָזאַיִק די (עס) mosaic

מאָזאָליע די (ס) callus

מאָזלען 1. מצ measles || 2. מאָזל|ען וו ◇ have the measles

מאַזשאָ'ר אַדי (music) major
מאַט אַדי dull, lackluster; opaque || מ' מאַכ|ן tarnish
מאַט דער (check)mate || מאַכ|ן ד מ' checkmate
מאָטאָ דער (ס) motto
מאָטאָציקל דער (ען) motorcycle
מאָטאָציקלי'סט דער (ן) ◻קע motorcyclist
מאָטאָ'ר דער (ן) motor, engine
מאָטאָרי(זי)ר|ן וו ◇ motorize
מאָטאָרי'סט דער (ן) ◻קע motorist
מאָטאָרשיף די (ן) motor boat, launch
מאָטי'וו דער (ן) motive, consideration; motif, theme; tune, air
מאָטיווירונג די (ען) motivation
מאָטיוויר|ן וו ◇ motivate
מאַטינע' דער (ען) matinée
מאָטיק דער (עס) skein
מאַטיקע די (ס) hoe
מאַטי'קעווע|ן וו ◇ hoe
מאַטל|ען וו ◇ ⟨אויף⟩ gossip, backbite
מאַטע די (ס) mat
מאָטע'ל דער (ן) motel
מאָטעליע'ר דער (ן) ◻ [LY] motel keeper
מאַטעמאַטיק די mathematics
מאַטעמאַ'טיקער דער (ס) ◻ mathematician
מאַטעמאַטיש אַדי mathematical
מאַ'טערדיק אַדי tiresome, arduous, strenuous
מאַטעריאַ'ל דער (ן) material; matériel
מאַטעריאַליזם דער materialism
מאַטעריע די (ס) matter; pus
מאַטעריע'ל אַדי material; financial
מאַ'טער|ן וו ◇ torment; harry, prey upon, plague ⊢ מ' זיך suffer; drudge, slave, labor
מאַ'טערניש דאָס (ן) torment; labor, pains; hardship
מאַטראָנע די (ס) matron
מאַטראָ'ס דער (ן) sailor, seaman
מאַטראַ'ץ דער (ן) mattress
מאַטריאַ'ל דער (ן) זען מ אַ ט ע ר י אַ ל
מאַטש דער (ן) (ball) game; prizefight
¹מאַי זען מ ײַ

מאַיאָנטיק דער (...טקעס) estate, manor || °אַ מ' (מיט געלט) a fortune
מאַיאָנעז דער mayonnaise
מאַיאָ'ר דער (ן) (army) major
מאַיאָריטע'ט די (ן) majority
¹מאַיִל זען מ אָ ל
מאַיעסטע'ט די/דער (ן) majesty
מאַיעסטעטיש אַדי majestic, stately
מאיר בעל־הנס־פּושקע די (ס) [MEYER BALA-NE'S] alms box in a synagogue or home
מאַך דער (ן) stroke, move, sweep, swing, wave
מאָך דער (ן) moss
מאַ'כגעבונג די (ען) sweep, swing
מאַכט די (ן) might, power; regime; authorities ⊢ די מ' the powers that be
מאַ'כטאָרגאַנען מצ authorities
מאַ'כטהאָבער דער (ס) ◻ person in power
מאַ'כטהאַלטער דער (ס) ◻ person in power
מאַכטיק אַדי potent, mighty
מאַכינאַציע די (ס) machination, plot, intrigue
מאַכינע די (ס) monstrous machine
מאכל דער/דאָס (ים) [MAYKhL—MAYKhOLIM] (kind of) food, dish; treat, delight, stg. delicious
מאכלדיק אַדי [ ] delightful, delicious, enjoyable
מאַכ|ן וו ◇ make, do; say; be (feel); make out ⊢ מאַכט ער says he || וואָס מאַכט ער? how is he? || מ' מיט swing, wag, wave, flutter *vt.* ⊢ מ' פֿאַר render, make ⊢ מע האָט אים געמאַ'כט פֿאַר אַ זעלנער they made him a soldier || מ' נאָם זאָל אינפֿ make (sb.) do stg. || מ' זיך be done; be in the making; (opportunity) arise, come up; so happen, chance; fake, put on, feign, pretend || מ' זיך ניט ...נדיק pretend not to || מ' זיך פֿאַר pretend to be || קוו|מאַכ|ן זיך sneak in, sneak, slip ⊢ אַרײַנ|מאַכ|ן זיך slip in; etc. ⊣ °מ' גוט make out well

מאַכער° דער (ס) ‏□קע influential person; fixer

מאַכערײַקע די (ס) contraption

מאָל דאָס (—) time, instance || צווײ מ' צווײ two times two ⊢ אַ מ' sometimes, occasionally, at times; formerly, sometime; ever ⊢ אַ מ' איבער אַ מ' by turns, alternately ⊢ וואָס אַ מ' ...ער more ... every time ⊢ וואָס אַ מ' שענער more beautiful every time ⊢ אַ סך מ' [SAKh] many times, often, repeatedly || ווי אַ מ' it depends; sometimes one way — sometimes another ⊢ ווידער אַ מ' once again || טײל מ' sometimes || נאָך אַ מ' again || איין מ' once || איין מ' פֿאַר אַלע מ' once and for all || אַן אַנדער(ט)/אַנדערש(ט) מ' some other time ⊢ שוין איין מ' אַ ... ! some ... ! quite a ... ! (*iro.*) ⊣ אַלע מ' always || אָפֿט מ' often, frequently, sometimes ⊢ קיין מ' ... ניט never || קיין איין מ' ... ניט never, not once || אַ מ' perhaps || צו מ' even; intermittently, occasionally ⊢ אויף/מיט אַ מ', אויף/מיט איין מ' suddenly; (all) at once

מאָל דער (ן) pier

מאָל דער (ן) moth

מאַלאַריע די malaria

מאַלווע לילאַ אַדי—אינװ mauve

מאַלויע|ן וו ◇ זען מ ל ו י ע ן

מאַלײַ'זיע (די) Malaysia

מאַלײַיש אַדי Malay

מאַלײַע (די) Malaya

מאַלינע די (ס) hide-out, esp. in a German-imposed Jew. ghetto during World War II

מאַליע|ן זיך וו ◇ (of Christians) pray

מאַליער דער (ס) (house) painter

מאָל|ן¹ וו (◇/געמאָלן) paint, portray *imp.* || עס קען ניט געמאָ'לט זײַן it is impossible || מ' זיך imagine *vt/vi*, fancy

מאָל|ן² וו (געמאָלן) grind, mill

מאַלע אַדװ there is no telling (*before an interrogative word, denotes an unlimited number of possibilities*) || מ' וואָס ער וויל! there is no limit to what he may want! who cares what he wants?

מאַ'לענע די (ס) raspberry

מאָלעקו'ל דער (ן) molecule

מאָלער דער (ס) □ (art) painter

מאַלע'ר דאָס (ן) misfortune

מאָלערײַ' דאָס (ען) painting

מאָ'לעריש אַדי picturesque

מאַלפּע די (ס) monkey, ape

מאַלץ דאָס malt

מאָלצײַט דער (ן) meal

מאַ'לצ(נ)מילך די malted milk

מאמין דער (ים) [MAYMEN—MAYMINIM] believer

מאַמיש אַדי motherly

מאַמע די (ד: מאַמע(ן), מצ: מאַמעס) mother

מאַמעליגע די a pudding made of corn flour, popular esp. in Rumania

מאַ'מע־לשון דאָס [LOShN] mother tongue; esp. the Yiddish language ⊢ אויף מ' in Yiddish

מאַמע|ן וו ◇ mother

מאָמע'נט דער (ן) moment, instant; consideration, point ⊢ אויפֿן מ' on the spur of the moment

מאָמענטאַ'ל אַדי instant, immediate

מאָמענטבילד דאָס (ער) snapshot

מאַ'מעניו די [NY] mommy

מאַ'מעשאַפֿט די motherhood

מאַ'מעשי די (ס) mommy

מאמר דער (ים) [MAYMER—MAYMORIM] (*usu.* boring, lengthy) written article; tract, tractate

מאַן 1. דער (מענער) husband; •man || מצ husbands, men ⊢ 2. דער (ען) husband

מאָן דער poppy; poppy seed; stg. tiny

מאָנאָגראַ'ם די (ען) monogram

מאָנאָגראַפֿיע די (ס) monograph

מאָנאַוראַ'ל אַדי monaural

מאַן־און־ווײַ'ב מצ married couple

מאַן־און־ווײַ'ב־... married, conjugal, marital

מאַן־און־ווײַ'ב־לעבן דאָס marriage, married life, matrimony

מאַן־און־ווײַ'בשאַפֿט די marriage, matrimony

•מאָנאַט דער (...אַ'טן) month

מאָנאָטאָ'ן אַדי monotonous

מאָנאָטאָנקייט די monotony

מאָנאָטעיִזם דער monotheism

מאָנאַ'ך דער (ן) monk

מאָנאָלאָ'ג דער (ן) monologue, soliloquy

מאָנאַסטי'ר דער (ן) convent, monastery

מאָנאָפּאָ'ל דער (ן) monopoly

מאָנאָפּאָלי(זי)ר|ן וו ◇ monopolize

מאָנאַ'רך דער (ן) monarch

מאָנאַרכיע די (ס) monarchy

מאָנאַשקע די (ס) nun

מאַנגאַ'ן דער manganese

'מאַנגל זען ד ו ח ק

מאַנדאַ'ט דער (ן) mandate; credentials

מאַנדאָלי'ן די (ען) mandolin

מאַנדל דער (ען) almond; tonsil

מאָנדל דאָס (עך) poppy-seed bun

מאַנהויז דאָס (...הײַזער) bedlam, madhouse

מאָנומע'נט דער (ן) monument

מאָנומענטאַ'ל אַדי monumental

מאַנוסקרי'פּט דער (ן) manuscript

מאַנופֿאַקטו'ר די textiles (*coll.*)

מאַנזשע'ט דער (ן) cuff

מאָנטאַג זען מ אָ נ ט י ק

מאָנטאַ'זש דער (ן) assembly || מ'־ליניע assembly line

מאָנטיק 1. דער (ן) Monday || יעדער מ' און דאָ'נערשטיק ⊢ frequently ⊢ 2. אַדוו on Monday

מאָ'נטיקדיק אַדי Monday's

מאָנטיר|ן וו ◇ install; mount (pictures, parts)

מאַנטל דער (ען) coat, overcoat; cloak

מאַנטשינק אַדי* tiny, minute

מאַניאַ'ק דער (ן) [NY] maniac

מאַ'ניע די (ס) ⟨פֿאַר⟩ mania (for), addiction (to)

מאַניע|ן וו ◈ lure *imp.*

מאַ'ניעניש דאָס (ן) lure

מאַניפּוליר|ן וו ◇ manipulate

מאַניפּאָרגע די (ס) stratagem

מאַניפֿע'סט דער (ן) manifesto

מאַניפֿעסטאַציע די (ס) demonstration

מאַניפֿעסטיר|ן וו ◇ demonstrate

מאַניקו'ר דער (ן) manicure

מאַניקוריר|ן וו ◇ manicure

מאַני'ר דער (ן) manner; (good) manner(s)

מאַניש אַדי manic

'מאַנכער זען ט י י ל

מאַנסביל דער (ן) זען מ אַ נ צ ב י ל

מאַנס זײַן* וו (מ' געווע'ן) [MEANES] violate, rape

מאַ'נספּאַרשוין דער (ען/מאַנסלײַט) man, manly person

מאַנע די farina

מאַנעוור דער (ס) (military) maneuver

מאַנעווריר|ן וו ◇ maneuver

מאַנעוורע די (ס) maneuver, stratagem

מאָנ|ען וו ◈ ⟨בײַ⟩ demand one's due (from), dun

מאַ'נע־קאַשע די farina

מאַ'נעשעך זען מ מ ה ־ נ פֿ ש ך

מאַנץ דער (ן) dwarf; tiny, minute thing

מאַנצביל דער (ן/מאַנסלײַט) man, male

מאַ'נצבילדיק אַדי = מ אַ נ צ ב י ל ש

מאַנצבילש אַדי masculine

מאַ'נצבילשקייט די masculinity, manhood

מאַנצבל דער (ען) זען מ אַ נ צ ב י ל

•מאָנק פּרעפּ (*dial.*) among

מאָנקאַלב דאָס (...קעלבער) monster

מאָנקאָליע די (ס) obsession, idée fixe

מאַנקע'ט דער (ן) זען מ אַ נ ז ש ע ט

מאַנשאַפֿט די (ן) team, crew

מאָס די (ן) measure; measurement; extent; gauge, criterion; moderation || מצ proportions || איבער דער מ' immoderate, excessive ⊢ אָן אַ מ' immoderate ⊢ גאָר אָן אַ מ' exorbitant || מיט אַ מ' in moderation || ביז אַ געוויסער מ' to a certain extent || אין אַ גרויסער מ' largely || געמאַ'כט אויף מ'

|| made to measure, tailor-made
איבער|כאַפּ|ן די מ' overdo, overreach
(אַראָפּ|)נעמ|ען אַ מ' ⊢ oneself take
האָב|ן* נײַן מ' רייד ⊢ measurements be extremely garrulous
מאַסאַ'זש דער (ן) massage
מאַסאַזשי'סט דער (ן) □קע masseur, masseuse
מאַסאַזשיר|ן וו ◇ massage, rub down
מאַסאָ'ן דער (ען) (free)mason
מאָ'סגיביק אַדי authoritative, dependable (source)
מאַסט דער (ן) mast
מאַסט דער (ן) [TY] suit (in cards)
מאַסט די (ן) [TY] salve
מאַסטבוים דער (...ביימער) mast
מאַסי'וו 1. אַדי solid, bulky, rugged, massive ⊢ 2. דער (ן) massif
מאָסיק אַדי moderate
מאַסיר|ן[1] וו ◇ massage, rub down
מאַסיר|ן[2] (זיך) וו ◇ mass *vt/vi*
מאַסלינע די (ס) olive
מאַ'סלינקע די buttermilk
מאָ'סמיטל דאָס (ען) measure, step
מאַסנ... mass || מאַ'סן־מעדיום mass medium
מאַסע 1. די (ס) mass, bulk; pulp || אַ מ' a lot, plenty (of) ⊢ 2. די (מאַסן) mass, crowd, multitude; rank and file
מאַסקאָ'ט דער (ן) mascot
מאַסקאַראַ'ד דער (ן) mascarade
מאַסקולי'ן אַדי masculine (gender)
מאָסקי'ט דער (ן) mosquito
מאַסקיר|ן וו ◇ mask *imp.*
מאַסקע די (ס) mask; (*fig.*) cloak
•מאָסשטאַב דער (ן) scale (of measurement)
מאַפּע די (ס) map
מאַצע|ן וו ◇ grope
מאַקאַבריש אַדי gruesome, ghastly, macabre
מאַקאַראָנען מצ macaroni
מאַקולאַטו'ר די scrap paper
מאַקסימאַ'ל אַדי highest/greatest possible, top, maximum
מאַ'קסימום 1. אַדוו at most || 2. דער (ס) maximum, upper limit ⊢ אויס|ניצ|ן ביזן מ' make the most of
מאַקע'ט דער (ן) scale model, mock-up; decoy
מאַקעראָנדל דאָס (עך) macaroon
מאַ'קרעטע די (ס) mixing bowl
מאַראָדיר|ן וו ◇ maraud
מאַראָדירער דער (ס) marauder
מאַראַטאָ'ן דער marathon
מאָראַ'ל די moral; morals, morality; morale
מאָראַליש אַדי moral
מאָראַ'ל־פּאָליצײַ די vice squad
מאַראַ'ן דער (ען) marrano, a secret practitioner of Judaism in Spain or Portugal whose ancestors, to escape persecution, converted to Christianity at the end of the Middle Ages
מאָראָ'ן דער (ען) moron
מאַראַניש אַדי marrano
מאָראָניש אַדי moronic
מאַראַ'נץ דער (ן) orange
מאַראָקאָ (דאָס) Morocco
מאַראָקאַניש אַדי Moroccan
מאָרג דער (ן) morgue
מאָרג די (ן) acre
מאַרגאַרי'ן דער margarine
מאַרגינאַ'ל אַדי marginal
מאַרגינאַ'ל־... marginal
מאָרגן 1. אַדוו tomorrow || איבער מ' day after tomorrow ⊢ אויף מ'(ס) the day after ⊢ (אויף) צו מאָרגנס the next morning ⊢ 2. דער (ס) morrow; tomorrow ⊢ גוט־מ' good morning
מאָ'רגנדיק = מאָ'רגנעדיק אַדי tomorrow's
מאַרגעריטקע די (ס) daisy
מאָרד דער (ן) murder, killing, assassination, homicide
...מאָרד דער (ן) ...cide (killing) || קי'נדער־מאָרד infanticide
•מאָרד|ן וו ◇ murder *imp.*
°מאָרדע די (ס) chin

°מאַ'רדעווען זיך וו ◇ kill oneself, i.e. exert oneself to the limit
מאַרדער דער (ס) marten
מאַרודיע|ן וו ◇ dawdle, be slow, dilly-dally
מאַרודניק דער (עס) ם–ניצע slowpoke, dawdler
מאַרודנע אַדי dawdling, slow, tedious
מאָרזש דער (ן) walrus
מאָרטי'ר־האַרמאַט דער (ן) mortar
מאַרטירער דער (ס) ⊡ martyr
מאַרטי'רערשאַפֿט די martyrdom
מאַריאָנע'ט די (ן) △קע marionette, puppet
מאַריכואַנע די marijuana
מאריך זײַן* וו (מ' געווע'ן) [MAYREKh] expatiate, talk/write at (excessive) length
מאַרינאַרקע די (ס) (man's) jacket
מאַריניר|ן וו ◇ pickle, marinate
מאַרינער דער (ס) marine
מאַרך דער brain; marrow
מאָרמאָ'ן דער (ען) םקע Mormon ‖ מאָר־מאָניש אַדי
מאַרמעלאַ'ד דער (ן) marmalade
מאַרמער דער marble ‖ מאַ'רמערן אַדי
מאַרס (דער) Mars
מאַרסיש אַדי Martian
מאָרע די mohair
מאַרץ דער (ן) March
מאַרצעפּאַ'ן דער (עס) marzipan
מאַרק דער (מערק) market; marketplace; outlet ⊢ אַראָ'פּ פֿון מ'! that's all for you/him/... !
מאַרקיר|ן וו ◇ mark
מאַרקע די (ס) brand, make; (postage) stamp
מאַרש דער (ן) march
מאַרשאַ'ל דער (ן) marshal
מאַרשיר|ן וו ◇ march ‖ מ' אויפֿן אָרט mark time
מאַ'רשעליק דער (...לקעס) jester
מאַרשרו'ט דער (ן) route, itinerary
מאַשטאַ'ב דער (ן) scale
מאַשי'ן די (ען) machine; automobile; typewriter ⊢ (איבער|)שרײַב|ן/(אָפּ|)קלאַפּ|ן אויף דער מ' type
מאַשינאָווע אַדי machine-made
מאַשינביקס די (ן) machine gun
מאַשיני'סט דער (ן) motorman, (train) engineer
מאַשיניסטין די (ס) (*fem.*) typist
מאַשינעריע די (ס) machinery
מבול דער (ען) [MABL] deluge; downpour, torrent
מבול|ען וו ◇ [ ] pour *vi.* torrentially
מבֿאר זײַן* וו (מ' געווע'ן) [MEVAER] expound
מבֿוהל אַפּ [MEVUEL] bewildered, perplexed
מבֿוזה אַפּ [MEVUZE] degraded
מבֿוזהדיק אַדי [ ] degraded, detestable, dishonorable
מבֿויש אַפּ [MEVUYESh] humiliated
מבֿויש שטעל|ן וו (מ' געשטעי'לט) [ ] humiliate
מבֿולבל ווער|ן וו (איז מ' געוואָרן) [MEVULBL] become confused/perplexed; go to pieces
מבֿזה זײַן* וו (מ' געווע'ן) [MEVAZE] degrade, abuse
מבֿחין זײַן* וו–ל (מ' געווע'ן) [MAFKhN] differentiate, discriminate
מבֿטיח זײַן* וו (מ' געווע'ן) [MAFTIEKh] assure, pledge
מבֿטל זײַן* וו (מ' געווע'ן) ⟨פֿון⟩ [MEVATL] distract (from) ⊢ פּ״על ב ט ל; מ ב ט ל מ אַ כ ן
מבֿטל מאַכ|ן וו (מ' געמאַ'כט) [ ] discredit, disparage, belittle
מבֿייש זײַן* וו (מ' געווע'ן) [MEVAYESh] shame, disgrace, degrade, humiliate
מבֿין דער (ים) םטע ⟨אויף⟩ [MEYVN—MEVINIM] expert, connoisseur, judge ⊢ זײַן* אַ מ' אויף appreciate
מבֿינות דאָס ⟨אויף⟩ [MEVINES] criticism, opinion, expert judgment ⊢ מ' זאָג|ן ⟨אויף⟩ ‖ criticize, pass judgment (on) ‖ אויף פּאָס מ' for the evaluation of
מבֿלבל זײַן* וו–ל (מ' געווע'ן) [MEVALBL] confuse, perplex, abash

מבער־חמץ זײַן* װ (מ' געװוע'ן) [MEVAER-KHO'METS] perform the ceremony of burning leaven before Passover

מבקר־חולה זײַן* װ (מ' געװוע'ן) ⟨א⟩ [MEVAKER-KHO'YLE] visit (a sick person)

מבשׂר(־בשׂורה) זײַן* װ (מ' געװוע'ן) [MEVA-SER(-PSURE)] herald

מג = מיליגראַ'ם mg. (milligram)

מגדל זײַן װ—ל (מ' געװוע'ן) [MEGADL] bring up, raise (children)

מגולגל װער|ן װ (איז מ' געװאָרן) אין [ME-GULGL] turn into *vi.*, be transformed into; turn up (in a surprising place)

מגושם אַפּ/אַדװ [MEGUShEM] crude(ly)

מגושמדיק אַדי [ ] crude, uncouth, burly; crass

מגושמדיקײט די [ ] crudeness, crassness

מגזם זײַן* װ (מ' געװוע'ן) [MEGAZEM] exaggerate

מגיד דער (ים) [MAGED—MAGIDIM] (*Jew.*) preacher

מגידות דאָס [MAGIDES] (*Jew.*) preaching

מגיה דער (ים) [MAGIE—MAGIIM] (*Jew.*) proofreader

מגייר זײַן* װ (מ' געװוע'ן) [MEGAYER] convert to Judaism ⊢ מ' זײַן* זיך be converted to Judaism

מגילה די (—ות) [MEGILE] scroll; (*hum.*) lengthy document; (*Jew.*) one of the five books of the Old Testament: Song of Songs, Ruth, Ecclesiastes, Lamentations, and Esther, which are read on certain holidays; explicitly, the Book of Esther

•מגיפֿה זען מ ג פֿ ה

מגלה זײַן* װ (מ' געװוע'ן) [MEGALE] reveal, disclose, divulge

מגן־דוד דער (ן) [MOGN-DO'VED] Mogen Dovid, hexagram, six-pointed star often used as a symbol of Judaism

מגע־ומשׂא דער (ס) ⟨מיט⟩ [MAGEMASE] dealings, (social) intercourse

מגפֿה די (—ות) [MAGEYFE] plague, pestilence

מגרש זײַן װ—ל (מ' געװוע'ן) [MEGAREsh] banish

•מדבר זען מ י ד ב ר

•מדה זען מ י ד ה

מדובר דער (ס) [MEDUBER] parley; agreement, arrangement, understanding

מדינה די (—ות) [MEDINE] country; state (of Israel)

מדינה־גײער דער (ס) [ ] peddler

מדינהשאַפֿט די [ ] (Israeli) statehood

מדינת־ישׂראל (די) [MEDINES-YISRO'EL] State of Israel

מדקדק דער (ים) [MEDAKDEK] pedant, strict person

מדקדק זײַן* װ (מ' געװוע'ן) ⟨אויף⟩ [ ] be pedantic, be strict/meticulous (about)

מדרגה די (—ות) [MADREYGE] degree, level; extent; grade

מדריך דער (ים) [MADREKh—MADRIKhIM] guide, mentor

מדריך זײַן* װ (מ' געװוע'ן) א [ ] guide, coach

מדרש דער (ים) [MEDRESh—MEDROShIM] Midrash, a body of post-Talmudic literature of Biblical exegesis; *also*, a Midrash book or passage

מה־בכך אינט [MA'-BEKA'Kh] so what?

מה־דאָך קאָ [MADEKh] if even (*used to begin an afortiori argument*) || מ' כ'האָב ניט דערצײלט דעם טאַטן — זאָל איך דיר דערצײלן? if I didn't tell it even to my father, should I tell it to you?

מהדרדיק אַדי [ ] observant, alert

מהדר זײַן* װ (מ' געװוע'ן) [MEHADER] observe, notice

מהדרין־מן־המהדרין מצ [MEHA'DRIN-MIN-HA-MEHA'DRIN] extremely observant Jews

מהודר דער [MEHUDER] stg. superb

מהודרדיק אַדי [ ] exquisite, choice, superb

מהומה די (—ות) [MEHUME] turmoil, riot, stampede

מהומהניק דער (ס) ם—ניצע [ ] rioter

מהות דער (ן) [MEHU'S] essence, nature
מהותיק אַדי [ ] intrinsic, essential
מהיכא־תּיתי אינט [MEKhTEYSE] all right, with pleasure
מהיכא־תּיתידיק אַדי [ ] unassuming
מהיכא־תּיתיניק דער (עס) ם—ניצע unassuming person
מה־יעשׂהניק דער (עס) [MAYA'YSENIK] rogue, rascal; rake
מה־יפֿית דער [MAYOFES] (*Jew.*) "how beautiful," a song sung on Friday nights ⊢ זינג|ען מ' (*fig.*) cringe, be servile
מה־יפֿיתניק דער (עס) [ ] servile person
מהירות דאָס [MEHIRES] dexterity, facility
מהלך דער (ן) [MEHALEKh] distance, stretch; interval, gap; haul
מהלך־רבֿ דער [RA'V] great distance
מהנה זײַן* וו (מ' געווע'ן) א ⟨מיט⟩ [MEHANE] gratify; oblige
מה־נשתּנה פֿר [MA-NIShTA'NE] "how does it differ," the beginning of the four questions asked by the youngest child at the Passover feast
מהרהר זײַן* וו—ל (מ' געווע'ן) [MEHAR(H)ER] meditate, cogitate
מה־רעש אינט [MARA'Sh] so what? what is there to shout about?
מה־רעשיקייט די [ ] complacency
מודה דער (ס) [MOYDE] confession
מודה־ומתוודה זײַן* זיך וו (מ' געווע'ן זיך) [UMISVA'DE] confess in full
מודה זײַן* וו (מ' געווע'ן) [ ] admit, acknowledge, concede ⊢ מ' זײַן* זיך confess (to/that) ⟨אין/אַז⟩
מודיע זײַן* וו (מ' געווע'ן) [MEDIE] announce, inform, communicate, declare
מודעה די (—ות) [MEDOE] notice, announcement; advertisement
מוהל דער (ים) [MOYEL] (*Jew.*) circumciser
מוותּר זײַן* וו (מ' געווע'ן) ⟨אויף⟩ [MEVATER] give up, renounce; forgo, forfeit, relinquish, waive, sacrifice

מוז דער (ן) essential thing; obligation || זײַן* אַ מ' be imperative
מוז... obligatory, compulsory; compulsive ⊢ מו'ז־לימוד [LIMED] compulsory subject ⊢ מו'ז־רייכערער compulsive smoker
מו'זדינסט דאָס conscription
מוזיי' דער (ען) museum
מוזי'ק די music
מוזיקאַליש אַדי musical
מוזיקאַ'נט דער (ן) ם—קע musician (player)
מו'זיקער דער (ס) ⊡ musician (artist)
מוז|ן* וו (ער מוז; ◇) איפֿ must
מוזע די (ס) muse
מוח דער (ות) [MOYEKh—MOYKhES] mind, brains; head ⊢ שאַרפֿ|ער מ' keen mind || טעמפּ|ער מ' dull mind || קע'ציש|ער מ' weak memory ⊢ ברעכ|ן זיך דעם מ' rack one's brains ⊢ צו'לייג|ן מ' ⟨צו⟩ concentrate (on) ⊢ מ' און כּוח [KOYEKh] brain and brawn ⊢ (איבער)צוואָג|ן די דעם מ' brainwash
מוחל אינט [MOYKhL] (*iro.*) no, thanks! (*somewhat rude*) never mind!
מוחל זײַן* וו (מ' געווע'ן) ⟨די א⟩ [ ] pardon, || excuse, forgive; waive; condone ⊢ איך בין איר מ' דעם טעות [TOES] I forgive her the mistake ⊢ איך בין דיר° מוחל די וועט'שערע you may keep your supper! never mind the supper! || זײַ(ט) (מיר/אונדז) מ' excuse/pardon me/us ⊢ זײַ(ט) מ' א please hand me/us the towel please || זײַ(ט) מ' דעם האַנטעך
מוח־צוואָג די [MO'YEKh] brainwashing
מוחרם דער (ים) [MUKhREM—MUKhROMIM] (*Jew.*) excommunicated/ostracized person
מוט דער •courage, •boldness, •audacity || בײַם מ' in high spirits || אין גוטן מ' amiably ⊢ •אָנ|נעמ|ען זיך מיט מ' pick up one's courage ⊢ •פֿאַרליר|ן דעם מ' lose heart, lose courage ⊢ •צו'|געב|ן* מ' ד encourage ⊢ זײַן* ד צו מ' (*rev. con.*) feel like

מוטאַציע די (ס) mutation
מוטוויל דער arbitrariness
מו'טווילִיק אַדי arbitrary
•מוטיק אַדי courageous, brave, daring, bold
מו'טיקונג די encouragement
מו'טיק|ן וו ◇ encourage
מוטל־בספק אַפּ [BESO'FEK] doubtful, debatable
מוטל זײַן* וו (מ' געווע'ן) אויף be incumbent upon, behoove
מוטנע אַדי cloudy, muddy, turbid
מוטער די (ס) mother
מוטער... maternal
מו'טערטאָג דער Mother's Day
מו'טעריש אַדי maternal, motherly
•מו'טערלעך אַדי motherly; maternal
מו'טערמענטש: קיין מ' no man alive, not a living soul
מוטער נאַקעט אַדי stark naked
מו'טער־פּערל זען פּערל־מוטער
מו'טער־צייכן דער (ס) birthmark
מו'טערקע די (ס) nut (for a bolt)
מו'טערשאַפֿט די motherhood; maternity
מו'טערשייד די (ן) vagina
מו'טערשיף די (ן) aircraft carrier
מו'טער־שליסל דער (ען) wrench
מו'טערשפּראַך די (ן) mother-tongue, native language
מוטשע|ן וו ◇ torment, torture || מ' זיך suffer, toil, slave
מויד די (ן/מיידן) maiden, lass; maid || פֿאַרזע'סענ|ע/אַלט|ע מ' old maid, spinster
מויז די (מײַז) △ מײַזל mouse || ווי אַ פֿאַרסמטע מ' [FARSAMTE] madly, harum-scarum
מויל דאָס (מײַלער) △ מײַלכל mouth; (gun) muzzle; orifice ⊢ מיטן פֿולן מ' clearly, explicitly, resolutely ⊢ רעד|ן מיט אַ האַלבן מ' hedge, pussyfoot, speak in hints, temporize ⊢ אַ מ' אויף שרויפֿן the gift of gab ⊢ אָנ|נעמ|ען אַ מ' מיט וואַסער keep silent || אָנ|שטעל|ן מ' און אוי'ער|ן (אויף) pay close attention (to), be all ears/eyes ⊢ אַרײַנ|ליי'ג|ן ד אַ פֿינגער אין מויל (*iro.*) explain things in detail || אַרײַנ|פֿאַל|ן אין לײַ'טישע מײַלער become the object of gossip ⊢ ברענג|ען פֿאַרן מ' utter ⊢ °האַלט|ן ס'מויל keep one's mouth shut; shut up (*vulgar*) || נעמ|ען אין מ' אַרײַ'ן have a bite to eat || ע'פֿענ|ען אַ מ' אויף berate, curse up and down ⊢ °ניט קענ|ען* ע'פֿענען קיין מ' be speechless ⊢ פֿאַרשטאָפּ|ן ד דאָס מ' put to silence, cut short ⊢ פֿון דײַן/אײַער מ' אין גאָטס אוי'ערן amen; may your words come true ⊢ פֿון מ' צו מ' by word of mouth
מויל דער (—) זען מאַל
מויל... oral, buccal || מ'־חלל [KHOLEL] buccal cavity
מוי'לאייזל דער (ען) mule
מויליק אַדי oral
מוי'ל־ריח דער [REYEKh] halitosis
מוילשלאָס דער (...שלעסער) muzzle
מויער דער/די (ן) (outside) wall
מויער דער (ן) זען מורין
מוי'ערער דער (ס) bricklayer
מוי'ערקעפּל דאָס (עך) זען מייערקעפּל
מוכּז דער [MUKA'Z] bearer (of a document)
מוכן־ומזומן אַפּ [MUKhN-UMZU'MEN] quite ready
מוכר־ספֿרים דער (מוכרי־) [MOYKhER-SFO'RIM—MOYKhRE] bookseller
מולאַ'ט דער (ן) mulatto
מולד דער [MOYLED] new moon
מו'לטוואָרעם דער (...ווערעם) mole (animal)
מולטער די (ס) trough
מו'לטער־בריאה די (—ות) [BRIE] shellfish
מוליד זײַן* וו (מ' געווע'ן) [MOYLED] beget
מו'לינעס מצ suds, lather
מוליער דער (ס) mason, bricklayer
מום דער (ים) defect, deformity
מומחה דער (מומחים) ◻טע [MUMKhE—MUMKhIM] expert, specialist
מומיע די (ס) mummy
מומיק אַדי physically handicapped

מומל|ען וו ◇ mutter, complain

מומס דער mumps

מומע די (ס) aunt || קאַלט|ע מ' aunt by marriage

מומר דער (ים) [MUMER—MUMRIM] apostate

מונדי'ר דער (ן) uniform

מונטער אַדי cheerful, hearty || זײַן* מ' be in high spirits

מו'נטערונג די encouragement, stimulation

מו'נטער|ן וו ◇ cheer up, animate; encourage

מו'נטערקייט די cheer

מוסולמאַ'ן דער (...מע'נער) Moslem

מוסטער דער (ן) pattern, design; sample, specimen

מו'סטערדיק אַדי exemplary

מו'סטערונג די (ען) sampling

מו'סטער|ן וו ◇ sample

מוסיף זײַן* וו—ל (מ' געווע'ן) [MOYSEF] add, append

מוסיר|ן וו ◇ sparkle, effervesce, fizz

מוסכם אַפּ—ל [MUSKEM] agreed

מוסף דער (ים) [MUSEF—MUSOFIM] extension of the morning prayer, recited on the Sabbath and on holidays

מוסקולע'ז אַדי muscular

מוסקל דער (ען) muscle

מוסקל... muscular

מוסר דער [MUSER] edification, moralizing; reproof ⊦ זאָג|ן ⟨ד⟩ מ' edify, moralize ⊦ אַראָפּ|נעמ|ען זיך אַ מ' ⟨פֿון⟩ draw a moral (from)

מוסר־השׂכל דער (ען) [MUSER-HA'SKL] moral (of a story)

מוסר־מודעה זײַן* וו (מ' געווע'ן) [MOYSER-MEYDO'E] declare openly, announce publicly, warn

מוסר|ן וו ◇ [MUSER] reproach *imp.*, scold; chastise; lecture, edify, moralize

מוסרניק דער (עס) [ ] adherent of a 19th-20th cent. Jew. religious movement which stresses moral edification

מוסר־נפֿשדיק אַדי [ ] selfless

מוסר־נפֿש זײַן* זיך וו (מ' געווע'ן) [MOYSER-NE'FESh] sacrifice one's life

מוסר־ספֿר דער (־ספֿרים) [MU'SER-SEYFER—-SFORIM] (*Jew.*) edifying book

מוסר־שטיבל דאָס (עך) [MU'SER] study house of the *muser* movement

מופֿטי דער (ס) (Arab) mufti

מופֿטע די (ס) muff

מופֿלג דער (ים) [MUFLEG—MUFLOGIM] preeminent/outstanding person; (*Jew.*) distinguished scholar

•מופֿ|ן וו ◇ אַמער move *vt/vi* (change residence)

מופֿקר דער (ים) □טע [MUFKER—MUFKORIM] libertine, reckless person

מופֿקרדיק אַדי [ ] reckless, licentious, promiscuous

מופֿת דער/דאָס (ים) [MOYFES—MOFSIM] miracle, magical sign/demonstration

מוצא־חן זײַן* וו—ל (מ' געווע'ן) ⟨בײַ⟩ [MOYTSE-KhE'YN] please, find favor (with)

מוצאי־... [MOTSE] close of (the Sabbath/holiday) ⊦ מוצאי־שבת [ShA'BES] (at) the close of the Sabbath

מוציא־שם־רע זײַן* וו (מ' געווע'ן) אויף [MOY-TSE-ShE'MRA] slander

מוצלח דער (ים) □טע [MUTSLEKh—MUTSLOKhim] successful/lucky person

מוק די (ן) gnat

מוקיר דער (ים) [MOYKER—MOYKIRIM] patron, lover

מו'קנשמאַלץ די gnat's fat; hence, rarity, stg. unobtainable

מוקע|ן וו ◇ moo

מוקצה אַפּ [MUKTSE] (*Jew.*) forbidden to be touched (by reason of impurity) or to be carried on the Sabbath; (*fig.*) untouchable

מורא די (ס) [MOYRE] fear, apprehension || זײַן* אומפּ אַ מ' ⟨צו אינפֿ⟩ be dangerous; be frightening ⊦ אָנ|וואַרפֿ|ן אַ מ' אויף horrify, scare

מוראדיק אַדי [ ] dreadful, frightful, formidable

מורא האָב|ן* וו (מ' געהאַ'ט) ⟨פֿאַר⟩ [ ] be afraid (of), fear

מוראוודיק אַדי [ ] timid, fearful

מוראנדיק אַדי [ ] זען מוראדיק

מוראַשניק דער (עס) anthill

מוראַשקע די (ס) ant

מורד דער (ים) [MOYRED—MORDIM] rebel

מורד זײַן* וו (מ' געווע'ן) [ ] revolt, rebel

מורזע דער/די (ס) slob

מורי'ן דער (ען) ◻צע Moor

מוריניש אַדי Moorish

מורמל|ען וו ◇ murmur, mutter

מושבֿ דער [MOYShEV] filth; filthy household

מושבֿ־זקנים דער (ס) [SKE'YNIM] old-age home ⊢ פּריוואַט|ער מ' אַמער nursing home

מושווה ווער|ן וו (איז מ' געוואָרן) ⟨מיט⟩ [MUShVE] come to terms, arrive at an agreement; be reconciled

מושטו'ק דער (עס) mouthpiece; bit (of a bridle)

מושטי'ר דער (ן) (military) drill

מושטיר|ן (זיך) וו ◇ drill *vt/vi*

מושל די (ען) (sea)shell

מושל דער (ים) [MOYShL—MOShLIM] ruler

מושלם דער (ים) [MUShLEM—MUShLOMIM] man of great distinction/accomplishment

מו'שפּעדיק אַדי impressionable

מושקאַט דער (ן) nutmeg

מושקע די (ס) bow tie

מושג דער (ים) [MUSEG—MUSOGIM] concept

מותר אַפּ [MUTER] allowed, permissible (according to Jew. religious law)

מותרות מצ [MOYSRES] luxury

מזבח דער (ות) [MIZBEYEKh—MIZBEYKhES] (*Jew.*) sacrificial altar

מזג דער (ן) [MEZEG] temper, disposition

מזג־טובֿ דער [ME'ZEKTOV] kind-hearted/good-natured person

מזהיר זײַן* וו—ל (מ' געווע'ן) [MAZER] warn, caution

מזוזה די (—ות) [MEZUZE] mezuzah, a small tube containing an inscribed strip of parchment, attached to the doorpost of premises occupied by observant Jews, and symbolically kissed by persons entering or leaving; a similar tube worn as a locket

מזומן [MEZUMEN] 1. אַדוו in cash || 2. דאָס (ים) currency, ⊢ מצ [—MEZUMONIM] cash ⊢ 3. דער (*Jew.*) company of three to nine men, for whom the form of the after-meal benediction is slightly different from that prescribed for fewer or more

מזונות מצ—ל [MEZOYNES] food; keep; alimony

מזיק דער (ים) [MAZEK—MAZIKIM] mischievous child ⊢ זײַן* אַ מ' אויף have a knack for

מזיק|ן וו ◇ [ ] זען צעמזיקן

מזכּה זײַן* וו (מ' געווע'ן) אַ מיט [MEZAKE] favor ⊢ ער איז מיך מ' מיט אַ בליק he favors me with a glance

מזכּיר־נשמות זײַן* וו (מ' געווע'ן) [MASKER-NEShO'MES] perform the synagogal commemoration of the dead on certain holidays

מזל דאָס (ות) [MAZL—MAZOLES] luck, || fortune; star, sign of the zodiac ⊢ אויף פּאָס מ' luckily for; as luck would have it ⊢ זאָל זײַן מיט מ'! good luck! || מיט מ' זאָלסטו/זאָלט איר לעבן! thanks! (*in response to congratulations*)

מזל־ברכה די [BRO'KhE] success, prosperity

מזל־ברכהדיק אַדי [ ] prosperous, booming, abundant

מזלדיק אַדי [ ] lucky, fortunate; auspicious, propitious ⊢ אין אַ מ'ער שעה! [Sho] good luck!

מזלזל זײַן* וו (מ' געווע'ן) [MEZALZL] cheapen; humiliate, snub; vilify

מזל־טובֿ [MA'ZLTOV] 1. דער (ן) congratulations ⊢ אָפּ|געב|ן* ⟨ד⟩ מ' congratulate || 2. אינט congratulations!

מזלע דאָס (ך) [MA'ZELE] mascot

•מזמור זען מ י ז מ ו ר

מזנה זײַן* װ (מ' געװע'ן) [MEZANE] commit fornication; whore

•מזרח זען מ י ז ר ח

•מח זען מ ו ח

מחבר דער (ים) ☐טע [MEKhABER—MEKhABRIM] author

מחבר זײַן* װ—ל (מ' געװע'ן) [ ] compile, author

מחבר־שורה די (—ות) [ShURE] by-line

מחדש זײַן* װ (מ' געװע'ן) [MEKhADESh] || innovate, introduce innovations

מ' זײַן* די לבֿנה [LEVONE] (*Jew.*) bless the new moon

מחויבֿ אַפּ [MEKhUYEV] obliged

מחולק אַפּ ⟨מיט⟩ [MEKhULEK] at odds, at variance (with) ⊢ זײַן* מ' ⟨מיט⟩ differ, disagree, dissent

מחולקדיק אַדי [ ] dissident

מחוץ פּרעפּ [MIKhU'TS/MEKhU'TS] outside, beyond, past

מחוץ־... [ ] extra... || מחוץ־ערדיש extra-terrestrial

מחוץ־לדרך־הטבֿע אַפּ [LEDEREKh-HATE'VE] unusual, unnatural

מחוץ־למחנה אַפּ [LEMA'KhNE] outside the group ⊢ שטעל|ן מ' ostracize

מחוץ־פּראָגראַ'מיק אַדי [ ] extracurricular

מחוצף דער (ים) ☐טע [MEKhUTSEF—MEKhUTSOFIM] impertinent person

מחותן דער (ים) [MEKhUTN—MEKhUTONIM] son-in-law's/daughter-in-law's father; relative by marriage; °pretender to familiarity ⊢ װאָס פֿאַר אַ מ' בין איך דיר? what am I to you? ⊢ מצ in-laws

מחותּנישאַפֿט די [MEKhUTO'NEShAFT] relation by marriage

מחותּנתטע די (ס) [MEKhUTE'NESTE] son-in-law's/daughter-in-law's mother; relative by marriage (*fem.*)

מחזור דער/דאָס (ים) [MAKhZER—MAKhZOYRIM] prayer book for the Jew. holidays

מחזוקות מצ [MAKhZOKES] dealings; temporizing ⊢ האָב|ן*/מאַכ|ן מ' מיט bother, fuss with

מחיה[1] די [MEKhAYE] || delight, pleasure

אַ מ' wonderful

מחיה[2] די (—ות) [MIKhYE] livelihood, keep

מחיהדיק אַדי [MEKhA'YEDIK] delicious, delightful, enjoyable

מחיה זײַן* זיך װ (מ' געװע'ן) ⟨מיט⟩ [MEKhAYE] enjoy oneself greatly ⊢ מ' זײַן* זיך װאָס be happy that

מחיה־מתים זײַן* װ (מ' געװע'ן) [ME'YSIM] resurrect, revive (from the dead)

מחיה־נפֿשות אַדװ [NEFO'ShES] delightfully

מחיה־נפֿשותדיק אַדי [ ] delightful

מחייבֿ זײַן* װ (מ' געװע'ן) [MEKhAYEV] oblige, necessitate, pledge ⊢ דער שׂכל איז מ' [SEYKhL] it stands to reason

מחילה די [MEKhILE] pardon, forgiveness || בעט|ן ⟨א⟩ מ' also apologize (to)

מחיצה די (—ות) [MEKhITSE] partition

מחלוקה די (—ות) [MAKhLOYKE] = מ ח ל ו ק ת

מחלוקת דאָס (ן) [MAKhLOYKES] quarrel, row, feud

מחלוקתדיק אַדי [ ] quarrelsome; controversial

מחלל־זיװוג דער (מחללי־זיװוגים) [MEKhALEL-ZI'VEG—MEKhA'LELE-ZIVU'GIM] adulterer

מחלל־זיװוג זײַן* װ (מ' געװע'ן) [ ] commit adultery

מחלל־שבת זײַן* װ (מ' געװע'ן) [ShA'BES] (*Jew.*) desecrate the Sabbath

מחלל־שם זײַן* װ (מ' געװע'ן) [ShE'M] blaspheme

מחמדאַניש אַדי [MAKhMEDANISh] Mohammedan

מחמדאַנער דער (—) ⊡ [MAKhMEDANER] Mohammedan

מחמיר דער (ים) [MAKhMER—MAKhMIRIM] rigorous person, strict constructionist

מחמיר זײַן* װ (מ' געװע'ן) [ ] be rigorous, construe strictly

מחמיריש אַדי [MAKhMIRISh] rigorous; narrow-minded

מחמת [MAKhMES] .1 פרעפּ because of, on account of, due to ⊦ .2 קאָ because
מחנה די (—ות) [MAKhNE] host, multitude; (*fig.*) camp
מחק דער (ים) [MEKhA'K—MEKhAKIM] shortage, quantitative deficiency
מחריבֿ זײַן* וו (מ' געווע'ן) [MAKhREV] lay waste, ravage, devastate
מחרים זײַן* וו (מ' געווע'ן) [MAKhREM] proscribe; (*Jew.*) excommunicate
מחשבֿה די (—ות) [MAKhshOVE] thought
מחשבֿותן אַדוו [MAKhshO'VESN] incidentally
מטבע די (ות) [MATBEYE] coin; (*hum.*) sum of money
מטהר זײַן* וו (מ' געווע'ן) [METAER] (*Jew.*) purify, esp. wash a dead body before burial
מטופּל דער (ים) [METUPL—METUPOLIM] man with a burden, esp. man burdened with many children
מטורף .1 דער (ים) ▭טע [METUREF—METUROFIM] madman, lunatic ⊦ .2 אַדי frantic, rabid, deranged
מטורפֿדיק אַדי [ ]= מ ט ו ר ף אַדי
מטושטש אַדי [METUShTESh] vague, indistinct, diffuse
מטיבֿ זײַן* וו—ל (מ' געווע'ן) ⟨אַ⟩ [MEYTEV] be lenient (to), treat well ⊦ מ' זײַן* ⟨מיט⟩ make amends (for)
מטלטלים מצ [META'LTELIM] chattels
מטמא זײַן* וו (מ' געווע'ן) [METAME] defile, pollute, contaminate
מטמון דער (ים) [MATMEN—MATMOYNIM] treasure, hoard
מטמוניצע די (ס) [ ] hoarder (*fem.*)
מטמוניק דער (ס) [ ] hoarder
מטמונ|ען וו ⟐ [ ] hoard *imp.*
מטעמים מצ [MATAMIM] sweets, delicacies
מטריח זײַן* וו (מ' געווע'ן) [MATRIEKh] trouble, burden; impose upon ⊦ מ' זײַן* זיך און וו take the trouble to, make the/an effort to; be so kind as to || מ' זײַן* זיך דווקא צו [DAFKE] go out of one's way to

מי די (ען) trouble, effort; toil || נעמ|ען זיך די מי take the trouble
מי דער (the musical note) E
מיאוס אַדי [MIES] ugly; loathsome, hateful; dirty, obscene ⊦ מ' אָפּ|שנײַד|ן get the worst of it
מיאוס־ומאָוס אַפּ [UMO'ES] disgusting, hideous
מיאוס|ן זיך וו ⟐ ⟨פֿאַר⟩ [ ] be disgusted (by), abhor, loathe
מיאוסקייט [ ] .1 די ugliness || .2 די/דאָס (ן) stg. ugly/loathsome
מיאַוקע|ן וו ⟐ mew
מיאש זײַן* וו (מ' געווע'ן) [MEYAESh] disappoint, disillusion ⊦ מ' זײַן* זיך ⟨אין⟩ be disappointed; give up (hope for); give up for lost
מיבם זײַן* וו (מ' געווע'ן) [MEYABEM] (*Jew.*) marry a childless brother's widow in conformity with the (now abolished) levirate marriage
מיגל דער nausea, disgust
מי'גלדיק אַדי nauseous, disgusting; squeamish
מיגלעך אַדי possible
מי'גלעכקייט די (ן) possibility, opportunity, contingency ⊦ געב|ן* די מ' enable
מיגל|ען וו—אומפּ ⟐ ד ⟨פֿון⟩ (*rev. con.*) be nauseated, be disgusted (by)
מיד אַדי tired, weary
מידבר די/דער (יות) [MIDBER—MIDBORYES] desert
מידברדיק אַדי [ ] arid
מידה די (—ות) [MIDE] habit, manner; mannerism (of character) ⊦ גוט|ע מ' virtue
מיד־ליד אַדוו [MIYA'D-LEYA'D] from hand to hand
מידקייט די fatigue
מידת־הדין דאָס [MIDES-HADI'N] severity, esp. full severity of the law
מידת־הרחמים דאָס [HORA'KhMIM] indulgence

מיוחס דער (ים) [MEYUKhES—MEYUKhOSIM] man of aristocratic descent

מיוחסת די (ן) [MEYUKhESES] woman of aristocratic descent

מיושב אַפּ [MEYUShEV] sane

מיושבֿדיק אַדי [ ] deliberate, sedate, staid, demure

מיושבֿדיקייט די [ ] staidness; good judgment, sanity

מיזאַנטראָ'פּ דער (ן) misanthrope

מיזאַנסצענע די (ס) staging (of a play)

מיזיוקל דאָס (עך) pacifier

מיזיניק דער (עס) youngest son; pinky

מיזינקע די (ס) youngest daughter

מיזמור דער (ים) [MIZMER—MIZMOYRIM] psalm ⊢ ווי אַ מ' (*hum.*) smoothly

מיזערנע אַדי lugubrious

מיזרח 1. דער [MIZREKh] east; Orient; (*Jew.*) east, the direction in which Orthodox Jews face during prayer || דער ווײַט|ער מ' the Far East || דער מי'טעל|ער מ' the Middle East || דער נאָ'ענט|ער מ' the Near East || 2. דער (ים) [—MIZROKhIM] a fixture on the east wall of an Orthodox household, often in the form of a Palestinian scene, to mark the direction in which Jerusalem lies

מיזרחדיק אַדי [ ] eastern; oriental

מיזרח־וואַנט די (־ווענט) [ ] the east wall of a synagogue, along which sit the most highly privileged; (*fig.*) persons of high status

מיחוש דער (ן) [MEYKhESh] weakness, frailty

•מיחיה זען מ ח י ה [2]

מיט די middle || אין דער מ' in the middle

מיט 1. פּרעפּ with; by (vehicle, tool) || מיט אַ מעסער with a knife || מ' דער באַן by train ⊢ מ' אַנאַ'נד(ער) together || מ' דעם וואָס in that || ער איז אַ נאַר מ' דעם וואָס ער ... he is a fool in that he ... ⊢ מ' ... צוריק ago || מ' אַ יאָר צוריק a year ago || 2. קוו with, along ⊢ מיט|עס|ן with; join ...ing || מיט אונדז מיט|עס|ן join us in eating

מיט.. fellow, co... || מיטמענטש fellow man ⊢ מי'טפּילאָט copilot

מיטאָג דער (ן) midday meal; dinner || פֿאַר מ' in the morning, in the forenoon ⊢ נאָך מ' in the afternoon

מיטאָג... midday

מי'טאָגצײַט 1. די noon || 2. אַדוו at noon

מי'טאָג־שעה די (ען) [sho] noon hour

מיטאָלאָגיע די mythology

מיט אַ מאָל זען מ אָ ל

מיטאַמאָליק אַדי abrupt

מיטאָס דער (ן) myth

מי'טאַרבעט די cooperation, collaboration

מיט|אַ'רבעט|ן וו (מי'טגעאַרבעט) ⟨מיט⟩ cooperate, collaborate

מי'טאַרבעטער דער (ס) ⊡ associate, fellow worker; contributor

מי'טבאַטײַט דער (ן) connotation

מיט|גיי|ן* וו (איז מי'טגעגאַנגען) ⟨מיט⟩ accompany

מיטגליד דער (ער) member

מי'טגלידערשאַפֿט די membership

מי'טגלייביק|ער דער־געב coreligionist

מי'טגנבֿ דער (ים) [MI'TGANEF—MI'TGANOVIM] accomplice (in theft)

מי'טגעבוירן אַדי innate

מי'טגעפֿיל דאָס ⟨מיט⟩ sympathy, compassion (with) ⊢ האָב|ן* מ' ⟨מיט⟩ sympathize

מיט דערמי'ט זען ד ע ר מ י ט

מיטה די (—ות) [MITE] (*Jew.*) stretcher on which corpse is placed or carried

מי'טהאַלטונג די conformity

מיט|האַלט|ן וו (מי'טגעהאַלטן) ⟨מיט⟩ keep up; conform (with)

מיטהאַלטערײַ' דאָס conformity

מי'טהאַפֿטיקייט די cohesion

מיטהילף די assistance

מי'טהעלפֿער דער (ס) ⊡ accomplice

מיטוואָך 1. דער (ן) Wednesday || פּלוצעם אין אַ מ' out of a clear sky || אין אַ

פֿראָסטן מ' on an ordinary workday || 2. אדוו on Wednesday

מי'טוואָכדיק אדי Wednesday's

'מיטטיילונג זען צו־וויסן, ידיעה

'מיטטיילן זען (לאָזן) וויסן, מודיע זײַן

מי'טטענצער דער (ס) ⊡ (dancing) partner

מיטינג דער (ען) mass meeting, rally

מיטיש אדי mythical

מיט'ל 1. אדי* middle; medium; central; intermediate ⊦ אין די מי'טעלע יאָרן middle-aged ⊦ 2. דאָס (ען) means, resource; medium; device, remedy || מצ facilities || אָנ|נעמ|ען מ'ען, טאָ|ן* מ' take measures/steps

'מיטל־אַלטער זען מיטל־עלטער

מיטלוועג דער (ן) middle way; middle of the road

מי'טלויפֿער דער (ס) ⊡ (political) fellow traveler

מיטלייד די ⟨מיט⟩ compassion, pity

מי'טל־ייִדיש דאָס/אדי Middle Yiddish (1500–1700)

מי'טל־לענדיש אדי זען מיטלענדיש

מי'טלמאָסיק אדי medium; mediocre

מי'טלמאָסיקייט די mediocrity

•מי'טל־מעסיק אדי זען מיטלמאָסיק

מי'טלסט אדי* middle, central

מי'טל־עלטער דער Middle Ages

מי'טל־עלטעריש אדי medieval

מי'טלענדיש אדי Mediterranean || דער מי'טלענדיש|ער ים [YAM] the Mediterranean

מיטל|ען זיך וו ◇ get along (somehow), manage *vi.*, make (both) ends meet

מי'טלפּונקט דער (ן) center, hub

מי'טלקלאַס דער (ן) middle class

מי'טלשול די (ן) highschool

מי'טלשטאָט די midtown || מי'טלשטאָטיש אדי

מי'טלשטאַנד דער middle-income group(s)

מי'טלשטוב די (ן) living room

מיט|מאַכ|ן וו ◇ experience, go through

מיטמענטש דער (ן) fellow (man)

מי'טמעסטלעך אדי commensurate

מיטן דער (ס) middle, center || אין מ' in the middle, in the midst (of) || אין מ' דערינען all of a sudden

מיטן=מיט דעם, •מיט דער

מי'טנדיק אדי central, intermediate

מיטניטען דער (ים) [MI'TNITN—MI'TNITO-NIM] co-respondent

מי'טפֿאַרברעכער דער (ס) ⊡ accomplice

מיט|פֿאָר|ן וו (איז מי'טגעפֿאָרן) ⟨מיט⟩ accompany (in a vehicle)

מי'טפֿאָרער דער (ס) ⊡ rider; fellow traveler

מיט|פֿיל|ן וו ◇ ד sympathize with

מי'טצײַטיש אדי contemporary

מי'טצײַטלער דער (ס) ⊡ contemporary

מיט|רײַס|ן וו (מי'טגעריסן) carry away, transport (*also fig.*) ⊦ מ' דעם עולם [OYLEM] bring down the house

מיטשולד די complicity

מי'טשולדיק|ער דער–געב accomplice

מיטשטים דער (ען) fit

מי'טשטימונג די (ען) correspondence, agreement (with)

מי'טשלעפּער דער (ס) ⊡ bedfellow

מי'טשמועסער דער (ס) ⊡ interlocutor

מי'טשפּילער דער (ס) ⊡ (fellow) player; playmate

מײַ דער (ען) May; lilac || דער ערשט|ער מ' May Day

מייאָר דער (ס) אַמער mayor

•מייאש זײַן* זען מיאש זײַן

מיידל דאָס/די (עך) girl

מיי'דלוויַיז אדוו as a girl

מיידלש אדי maiden, girlish || מ'|ער נאָמען maiden name

מיי'דלשאַפֿט די girlhood

מײַד|ן וו (געמיטן/◇) ⟨פֿון⟩ shun, eschew

מי־יודע אדוו [MIDEYE] who knows, God knows ⊦ מ' וויפֿל knows, any... how many

מײַטקעס מצ bloomers

מײַל די (ן) mile

מײַלכל דאָס (עך) (מויל △) orifice

מײַ'לנצאָל די mileage

מײַלשטײן דער (ער) milestone

מיין דער (ען) intent(ion); tenor

מיין אדוו more

מײַן פּאָס—אדי my, mine

מיינונג די (ען) opinion, view, contention; (school) mark, grade ⊢ בײַט|ן די מ' change one's mind ⊢ זײַן* בײַ/מיט דער מ' be of the opinion

מײַנט: פֿון מ' וועגן for my sake; as far as I am concerned

מיינסט: צום מ'ן אדוו mostly, at most

מיינסטנס אדוו mostly

מײַנסטער דער (ס) □קע mechanic, repairman; workshop proprietor ⊢ פֿ״גל מײַסטער

מײַנעט זען מײַנט

מיינ|ען וו ◇ mean, signify, stand for; ‖ believe, think; drive at, imply ⊢ ווי מיינסטו? ווי מיינט איר? what do you think? ⊢ אַזוי' מיין איך I think so

מײַסטער דער (ס) ⊡ master craftsman; champion ⊢ פֿ״גל מײַנסטער

מײַ'סטערווערק דאָס (—) masterpiece

מײַ'סטעריש אדי masterly

מײַ'סטערשאַפֿט די mastery; championship; workmanship

מײַ'סטערעווע|ן וו ◇ ⟨אַ⟩ tinker (with)

מייער דער (ן) זען מער די

מײַ'ערקעפּל דאָס (עך) seashell

מײַזיק אדי painstaking

מײַ'קענ|ען=מײַ'קע|נען וו ◇ retch

•מײַשבֿ זײַן* זיך זען מישבֿ זײַן זיך

מיך פּראָ—אַ (נאָם: איך) me

מיכשול דער (ים) [MIKhshl—MIKhshOYLIM] stumbling block, obstacle, pitfall

מיל די (ן) mill

מילא אינט [MEYLE] never mind, forget it, well (=let it be so), anyhow

מילב די (ן) mite

מילגרוים דער (ען) pomegranate

מילד אדי mild, gentle; bland; moderate, lenient, temperate

מילה די [MILE] (*Jew.*) the act/institution of circumcision

מיליאָ'ן דער (ען) [LY] million

מיליאָנע'ר דער (ן) [LY] millionaire

מיליאַ'ס דער (ן) [LY] myriad

מיליאַ'רד דער (ן) [LY] (*in European usage*) billion

מיליטאַריזם דער militarism

מיליטע'ר דאָס army, troops (*coll.*)

מיליטע'ר־... military; draft ‖ מ'־עלטער draft age ⊢ מ'־אַמט draft board

מיליטע'ר־אָפּקלײַב דער selective service

מיליטעריש אדי military; martial (music)

מיליטע'ר־לײַט מצ the military; soldiers

מיליטע'ר־מײַדער דער (ס) draft dodger

מילי־מיליאַ'סן מצ [LY] myriads

מילי'ץ די (ן) militia

מיליציאָנע'ר דער (ן) militiaman

מילך די milk; (fish) milt

מילכגלאָז דאָס frosted glass

מילכוועג דער the Milky Way

מילכיק אדי milky; (*Jew.*) dairy (food), as contrasted with meat dishes from which it must be kept separate according to the dietary laws

מילכיקס דאָס dairy food

מי'לכיקער דער (ס) milkman; dairyman

מילכ(יק)ערײַ' די (ען) dairy

מילנער דער (ס) □קע miller

•מילעך די זען מילך

מילץ די (ן) spleen; milt

מילשטיין דער (ער) grindstone, millstone

מימיק די mimicry; facial gestures

מי'מיקער דער (ס) ⊡ mimic

מי'מיקרי די (biological) mimicry

מימעאָגראַפֿיר|ן וו ◇ mimeograph

מין דער/דאָס (ים) kind, sort; sex; genus ‖ (גראַמאַ'טיש|ער) מ' gender

מינאָ'ר 1. דער minor (music) ‖ 2. אדי minor (in music)

מינאָריטע'ט די (ן) minority

•מינדלעך אדי oral, verbal

מינדסט אדי* least ‖ מ'|ער פֿינגער little finger

•מינדער ... זען מינער ...

•מי'נדערהייט די (ן) minority

מינהג דער (ים) [MINEG—MINHOGIM] custom, rite

מינו'ט די (ן) minute || אַ ליאַדע מ' any minute now ⊦ צו דער מ' in the nick of time ⊦ אויף דער (הייסער) מ' on the spur of the moment

מינוטניק דער (עס) minute hand

מינוס 1. דער (ן) disadvantage, liability; minus sign ⊦ 2. קאָ minus, less

מינחה (די) [MINKhE] Minhah, the Jew. afternoon prayer

מי'נטער|ן וו ⟐ attempt to revive, stimulate

מי'נטערעכץ דאָס (ן) stimulant

מיני אַדי—אינוו [MINE] kinds of, sundry

מיניאַטו'ר די (ן) [NY] miniature

מינימאַ'ל 1. אַדי least/smallest possible, minimum, minimal ⊦ 2. אַדוו least

מי'נימום 1. אַדוו at least || 2. דער (ס) minimum

מינימיזיר|ן וו ◇ minimize, reduce to a minimum

מיניסטער דער (...אָ'רן) ◘שע (cabinet) minister

מיניסטעריום דער (ס) ministry

מי'ניעדיק אַדי [NY] iridescent

מיניע|ן זיך וו ⟐ glitter, change color

מינירונג די mining

מיניר|ן וו ◇ mine (lay mines); mine (excavate)

מינירשיף די (ן) minelayer

מינכן (דאָס) Munich

מינסטרעל דער (ן) אַמער minstrel

מינע[1] די (ס) face, look, mien, countenance; facial expression

מינע[2] די (ס) (explosive) mine

מי'נעזינגער דער (ס) ⊡ minstrel

מינע|ן זיך וו ⟐ זען מ י נ י ע ן ז י ך

מי'נעפעלד דאָס (ער) minefield

מינער אַדוו less

מינעראַ'ל דער (ן) mineral

מי'נערדיק אַדי minor

מי'נערווערט די/דער = מ י' נ ע ר ו ו ע ר ט י ק י י ט

מי'נערווערטיק אַדי inferior, minor

מי'נערווערטיקייט די inferiority

מי'נערונג די (ען) reduction

מינערײַ' דאָס mining

מי'נער־יעריק אַדי minor, under age

מי'נער־יעריקייט די minority (in age)

מי'נער־יעריק|ער דער—געב minor (in age)

מי'נער|ן וו ⟐ פון reduce, diminish imp., detract

מי'נערנדיק אַדי derogatory

מי'נערקייט די inferiority

מינץ 1. דאָס small change || 2. די (ן) mint

מינצל דאָס (עך) token (coin)

מינצ|ן וו ⟐ coin, mint || פֿאַלש מ' counterfeit

מינק דער (ען) mink || מינק'ן אַדי

מיסד זײַן* וו—ל (מ' געווע'ן) [MEYASED] found

מיסחר דער [MISKhER] trade, commerce, business

מיסחר־קונסט די [ ] commercial art

מיסט דאָס manure; rubbish, garbage || קינסטלעך מ' fertilizer

מי'סטאויטאָ דער (ס) garbage truck

מי'סטאָפּפּיר דער sanitation

מיסטוואָרף דער (ן) dump

מיסטיפֿיציר|ן וו ◇ mystify

מיסטיק אַדי filthy

מיסטיק די (עס) mysticism; mystique

מי'סטיקער דער (ס) ⊡ mystic

מיסטיש דער mystical

מיסטלער דער (ס) garbage man

מיסטער טיטל—אַמער Mister

מיסטעריע די (ס) mystery

מיסטעריע'ז אַדי mysterious

מי'סטקאַסטן דער (ס) trash box, garbage can

מי'סטקעסטל דאָס (מי'סטקאַסטן △) waste basket

מיסיאָ'ן דער (ען) [SY] missionary establishment; missionary work

מיסיאָנע'ר דער (ן) ⊡ [SY] missionary

מי'סיע די (ס) mission

מיסל דער (ען) missile

•מיסעס די (ן) אַמער Mrs.; landlady, woman renting out rooms

מיספּר דער (ים) [MISPER—MISPORIM] quorum; number

'מיספּאַרשטייעניש זען אומפֿאַרשטייעניש, ניט־דעררעדעניש

מיעוט דער (ים) [MIET—MIUTIM] minority

מי|ען זיך װ ⊙ strive, take pains || מ' זיך פֿאַר intercede on behalf of

'מיף זען מיטאָס

מיצווה די (—ות) [MITSVE] (*Jew.*) commandment; good deed ⊢ אַ מ' אויף אים! serves him right!

מיצל דאָס (עך) cap

מיצרי דער (ם) Egyptian

•מיצרים זען מצרים

מיצריש אַדי Egyptian

מיצרית די (מיצריות) [MITSRIS—MI'TSRIES] Egyptian (*fem.*)

מיקווה די (מיקוואָות) [MIKVE—MIKVOES] (*Jew.*) pool for ritual immersion; ritual bath house

מיקלט דער (ים) [MIKLET—MIKLOTIM] retreat, asylum

מיקסטו'ר די (ן) (medicinal) mixture

מיקע די (ס) mica

מיקראָ'ב דער (ן) microbe, germ

מיקראָסקאָ'פּ דער (ן) microscope

מיקראָסקאָפּיש אַדי microscopic

מיקראָפֿאָ'ן דער (ען) microphone

מיר[1] פּראָנ (ד/אַ : אונדז) we

מיר[2] פּראָנ—ד (נאָמ : איך) me || מ'־ניט דיר־ניט in one's stride

מיראַ'זש דער (ן) mirage

מירט די (ן) myrtle

°מירטשעם זען אם ירצה השם

מי'רמלשטיין דער marble

מי'רמעלן אַדי marble

מיר'ן=מיר װעלן; מיר האָבן

מירע די myrrh

מיש... hybrid

מישבֿ זײַן* זיך װ (זיך מ' געװע'ן) [MEYASHEV] || deliberate, reflect; take counsel ⊢ מ' זײַן* זיך ⟨מיט⟩ consult, confer (with)

מישונג די (ען) mixture, blend

מישטיי'נס געזאָ'גט אינט alas (*said to dispel* the evil eye) ⊢ דער מענטש מ' an illusion of glory) man, of whom some think so highly ג'

מישכּן דער (ס) [MISHKN] shrine; the ark of the covenant, in which Moses placed the tablets of the Law

•מישלי זען משלי

מישלינג דער (ען) hybrid, half-breed

מיש־מאַש דער (ן) hodge-podge

מישמילך די milkshake

מיש|ן װ ⊙ mix *vt.*, stir, blend *imp.*, mix ⊢ מ' זיך turn (leaves of a book) *vi.*; mix in, be nosy

מישנה די (—ות) [MISHNE] Mishnah, the collection of post-biblical laws and rabbinical discussions of the 2nd cent. B.C., forming part of the Talmud; passage in the Mishnah ⊢ פּ"ל משניות

מישנה־... [ ] Mishnaic

מישניש אַדי Mishnaic

מישפּט דער (ים) [MISHPET—MISHPOTIM] trial; judgment

מישפּט|ן װ (געמישפּט) [ ] || judge, try ⊢ מ' זיך ⟨מיט⟩ be at law (with)

מישקל דער (ים) [—MISHKOLIM] (prosodic) meter; grammatical pattern

מיתה־משונה די [MISE-MESHU'NE] violent death ⊢ °אײַנ|נעמ|ען אַ מ' (*cont.*) die a violent death

מכּה די (—ות) [MAKE] abscess; plague, scourge

מכּוח פּרעפּ [MIKOYEKh] about, concerning

מכחיש זײַן* װ—ל (מ' געװע'ן) [MAKKhESh] deny, recant

מכּלומרשט אַדװ [MIKLOYMERShT] זען כּלומרשט

מכּל־טובֿ פֿר [MIKO'L-TU'V] plenty of good things

מכּל־שכּן קאָנ [MIKOLShKN] all the more so

מכבד זײַן* װ (מ' געװע'ן) אַ ⟨מיט⟩ [MEKhABED] honor (sb.) with; treat, regale

מכביד זײַן* װ—ל (מ' געװע'ן) [MAKhBED] encumber

craft, trade; [MELOKhE] מלאָכה די (—ות)
handicraft; handiwork

angel [MALEKhAMO'VES] מלאך־המוות דער
of death

faint, squeamish (sensation) מלאָסנע אדי
(rev. con.) be faint || זיך* אומפ מ' ד
*מלאַפּום זען מלופֿן

מלא־רציחה אפ ‹אויף› [MOLE-RETSI'KhE]
incensed, vicious; furious, in a rage
(at)

full of joy, [SI'MKhE] מלא־שׂימחה אפ ‹מיט›
delighted, elated (at)

[MALBESh—MALBUShIM] מלבוש דאָס/דער (—ים)
clothes זא ⊦ garment, piece of clothing

(mon- [MALVE—MALVIM] מלווה דער (—ים)
ey) lender

(Jew.) [MELAVE-MA'LKE] מלווה־מלכּה
"the ushering out of the queen,"
the evening meal marking the con-
clusion of the Sabbath

nauseate; [ ] מליען וו ◇ ‹ביַם האַרצן› ⊗
(rev. con.) feel squeamish about

state [MELUKhE] מלוכה די (—ות)
treasury [OYTSER] מלוכה־אוצר דער
civil service [ ] מלוכה־דינסט דאָס
states- [ ] מלוכה־מאַן דער (מלוכה־לײַט)
man

treasury [ ] מלוכה־קאַסע די
head of state [ ] מלוכה־ראָש דער (—ים)
statehood [ ] מלוכהשאַפֿט די
(of) state, [MELUKhISh] מלוכיש אדי
national

[MELUMED—MELUMODIM] מלומד דער (—ים)
(Jew.) learned man

the diacritic of [MELUPM] מלופּן דער (ס)
the letter ו

the letter ו [ ] מלופּן־וואָוו דער (ן)
babe in the woods, [ ] מלופּן־קינד דאָס (ער)
tyro

מל זיַן* וו זען מלע זיַן [MAL]
|| war [MILKhOME] מלחמה די (—ות)
wage war, make ‹מיט› מ' האַלט|ן/פֿיר|ן
war on

martial [ ] מלחמה־...

מכובד דער (ים) [MEKhUBED—MEKhUBO-
DIM] respected man, dignitary

in- [MEKhAVN] מכוון זיַן* וו—ל (מ' געווע|ן)
tend

spoiled [MEKhULE] מכולה אפ

prepare [MEYKhN] מכין זיַן* וו—ל (מ' געווע|ן)

sale (act of [MEKhIRE] מכירה די (—ות)
selling)

מכניס־אורח דער (מכניסי־אורחים) [MAKh-
NES-O'YREKh—MAKhNISE-O'RKhIM]
hospitable person; host; (Jew.) one
who invites poor men, esp. for the
Sabbath or holidays

offer [ ] מכניס־אורח זיַן* וו (מ' געווע|ן)
hospitality to

מכפּר זיַן* וו (מ' געווע|ן) ‹אויף› [MEKhAPER]
atone (for)

pro- [MAKhREZ] מכריז זיַן* וו (מ' געווע|ן)
claim, promulgate

crucial, decisive [ ] מכריעדיק אדי

be [MAKhRIE] מכריע זיַן* וו (מ' געווע|ן)
decisive (in a question), decide, settle
(an issue)

[MAKhSHER—MAKhShIRIM] מכשיר דער (ים)
tool, utensil, instrument; appliance

[MEKhAShEF—MEKhAShFIM] מכשף דער (ים)
magician, wizard, sorcerer

witch, [MAKhShEYFE] מכשפֿה די (—ות)
sorceress

witch-hunt [ ] מכשפֿה־געיעג דאָס (ן)

מלא... [MOLE] full of (emotions) || מלא־
full of friendly feelings פֿריַנדשאַפֿט

chock- [VEGO'DESh] מלא־וגדוש אפ ‹מיט›
full (of)

furious, full [KhE'YME] מלא־חמה אפ ‹אויף›
of wrath (at)

charming [KhE'YN] מלא־חן אפ

delicious [TA'M] מלא־טעם אפ

junior member of a Jew. מלאָטשעו דער (ס)
voluntary burial society
*מלאָטשעו זען מלויען

furious [MOLE-KA'AS] מלא־כּעס אפ

an- [MALEKh—MALOKhIM] מלאך דער (ים)
indifferent person קאַלט|ער מ' ⊦ gel

מלחמה־אַקציעס מצ [ ] hostilities

מלחמה־האַלטונג די [ ] warfare

מלחמה־האַלטנדיק אַדי [ ] belligerent, warring

מלחמה־האַלטער דער (ס) [ ] belligerent

מלחמה־פּירונג די [ ] זען מלחמה־האַלטונג

מלחמה־פּי'רנדיק אַדי [ ] זען מלחמה־האַלטנדיק

מלחמה־פּירער דער (ס) [ ] belligerent

מלחמה־צינדער דער (ס) [ ] warmonger

מליִע|ן (זיך) וו ⊙ simmer *vt/vi*

מליץ דער (ים) [MEYLETS—MELITSIM] tribune, defender

מליצה די (—ות) [MELITSE] flowery expression, florid language

מליצהדיק אַדי [ ] flowery, pompous, flamboyant, stilted

מליץ־יושר דער (ס) ⟨פֿאַר⟩ [MEYLETS-YO'YSHER] defender (of), intercessor (for)

מלכּה די (—ות) [MALKE] queen

מלך דער (ים) [MEYLEKh—MLOKhIM] king || מצ *also* Book of Kings

מלכות [MALKhES] .1 דאָס (ן) realm, kingdom; royalty; the powers that be || .2 דער/דאָס king

מלמד דער (ים) [MELAMED—MELAMDIM] (*Jew.*) teacher of children in a heder

מלמד־זכות זײַן* וו (מ' געווע'ן) אויף [SKhU'S] speak favorably about, justify

מל|ן וו ⊙ = מלע זײַן

מלע זײַן* וו (מ' געווע'ן) אַ [MALE] circumcise

מלע|ן וו ⊙ = מלע זײַן

מלקות מצ [MALKES] lashes; whipping

מלשינות דאָס [MALShINES] slander, calumny ⊢ מ' בכתבֿ [ ] libel

מלשינותדיק אַדי [ ] libelous, slanderous

מלשין זײַן* וו (מ' געווע'ן) אויף [MALShN] slander, calumniate, malign ⊢ מ' זײַן* בכתבֿ [BIKSA'V] libel

ממ = מילימעטער mm. (millimeter)

מם דער/די (ען) [MEM] mem, name of the letter מ

ממה־נפֿשך אינט [MO'NEShEKh] either or; one or the other; make up your mind

ממונה דער (—ים) ⟨איבער⟩ [MEMU'NE—MEMUNIM] supervisor, caretaker; custodian; person responsible

ממזר דער (ים) □טע [MAMZER—MAMZEYRIM] bastard

ממילא אַדוו [MIMEYLE] as a matter of course, automatically, perforce

ממילאדיק אַדי [ ] automatic, self-evident

ממלא זײַן* וו (מ' געווע'ן) [MEMALE] complement ⊢ מ' זײַן* ד repay (sb.)

ממלא־מקום דער (ס) □טע [MO'KEM] substitute; successor; vicar

ממלא־מקום זײַן* וו (מ' געווע'ן) [ ] אַ ⟨פֿאַר⟩ substitute *vi.* (for); be a substitute for

ממש אַדוו [MAMESh] literally, truly (*used to intensify an exaggeration*), bodily || ער איז ממש אַ ריז he is a real giant

ממשדיק אַדי [ ] literal

ממשות דאָס [MAMOShES] substance, essence; reality

ממשותדיק אַדי [ ] substantial, tangible, concrete

ממשיך זײַן* וו (מ' געווע'ן) [MAMShEKh] pursue, continue, proceed

ממשלה די (—ות) [MEMShOLE] domination; regime, reign, rule; dominion

°ממתּקים מצ [MAMTAKIM] dough (money)

מן דער [MAN] manna

מנדבֿ דער (ים) □טע [MENADEV—MENADVIM] donor, contributor

מנדבֿ זײַן* וו (מ' געווע'ן) [ ] donate, contribute

מנדר זײַן* וו (מ' געווע'ן) [MENADER] vow

•מנהג זען מינהג

מנהיג דער (ים) [MANEG—MANHIGIM] leader (of a school, movement, etc.)

מן־הסתּם אַדוו [MINASTA'M] probably

מן־הצד אַפּ/אַדוו [MINATSA'D] aloof; from an indirect source

מן־השמים אַפּ/אַדוו [MINAShOMAIM] from Heaven; God-given; providential(ly)

מנוּוול דער (ים) □טע [MENUVL—MENU-

VOLIM] ugly/contemptible person, blackguard

מנוולדיק אדי [ ] vile, despicable, contemptible

מנוחה די [MENUKhe] rest, repose, peace of mind

מנורה די (—ות) [MENOYRE] (*Jew.*) menorah, a candelabrum with seven candlesticks

•מנחה זען מינחה

מנחם־אָבֿל זײַן* וו (מ' געווען) [MENAKhEM-O'VL] comfort (a mourner)

מנין דער (ים) [MINYEN—MINYONIM] (*Jew.*) prayer quorum of ten male adults, the minimum required for certain religious services

מניעה די (—ות) [MENIE] obstacle, hindrance, impediment, barrier; difficulty

מנצחדיק אדי [ ] victorious

מנצח זײַן* וו (מ' געווען) [MENATSEYEKh] conquer *vt/vi*, triumph, carry the day || ניט מ' צו זײַן inconquerable

מנקד זײַן* וו (מ' געווען) [MENAKED] add vowel points to (a Hebrew text or Yiddish words of Hebrew origin)

מסביר זײַן* וו (מ' געווען) [MASBER] explain, elucidate; construe

מסוגל אַפּ ⟨צו⟩ [MESUGL] liable, fit, equal (to a task); eligible ⊦ זײַן* מ' צו *also* lend itself to

מסוכּן אדי [MESUK'N] dangerous

מסופּק אַפּ [MESUPEK] doubtful, dubious, in doubt

מסופּקדיק אדי [ ] dubious

מסור דער (מוסרים) [MOSER—MOSRIM] informer, telltale

מסורה די (—ות) [MESOYRE] tradition; legend

•מסחר זען מיסחר

מסיבה די (—ות) [MESIBE] company, gathering; (*fig.*) circle

מסיג־גבֿול זײַן* וו—ל (מ' געווען) [MASEG-GVU'L] go out of bounds, transgress || מ' זײַן* ⟨ד⟩ encroach upon the rights (of), poach on

מסיכתא די (—ות) [MESIKhTE] זען מסכתא

מסירה די (—ות) [MESIRE] report, denunciation

מסירת־נפֿש דאָס [MESIRES-NE'FESh] devotion, self-sacrifice

מסירת־נפֿשדיק אדי [ ] self-sacrificing

מסכּים אַפּ [MASKEM] agreed

מסכּים זײַן* וו (מ' געווען) ⟨אויף⟩ [ ] agree (to); consent (to), approve, concur (in) ⊦ מ' זײַן* ⟨מיט⟩ agree (with) || ניט מ' זײַן* disagree

מסכתּא די (—ות) [MESEKhTE] tractate (of the Talmud)

מספּיד דער (ים) [MASPED—MASPIDIM] funeral speaker

מספּיד זײַן* וו (מ' געווען) [ ] eulogize (at a funeral)

מסקנא די (—ות) [MASKONE] inference, conclusion

מסרן|ען וו ◇ ⟨אַ/אויף⟩ [MASER] report, denounce (to the authorities), inform against, betray

מסרס זײַן* וו (מ' געווען) [MESARES] castrate

מסתּמא אדוו [MISTOME] probably || מ' וו be likely to ⊦ ס'וועט מ' רע'גענען it's likely to rain

מע פּראָ זען מען

מעאַ'נדער|ן וו ◇ meander

מעבל מצ/דאָס (—) furniture

מעבליר|ן וו ◇ furnish (a house etc.) *imp.*

מע'בלפֿור די (ן) (moving) van

מע'בל־פֿירער דער (ס) mover

מעבֿיר זײַן* וו (מ' געווען) [MAYVER] depose, remove from office; go over, read (the weekly lesson of the Torah)

מעבֿיר־נחלה זײַן* וו (מ' געווען) א [NA'KhLE] disinherit

מעבֿר־לים אדוו [MEEYVER-LEYA'M] overseas, beyond the sea

מעג... optional, elective || מע'גאָפּצאָל optional dues

מעגאַ.. ...mega || מעגאַטאָ'ן megaton

מעגאַפֿאָ'ן דער (ען) loudspeaker, megaphone, bullhorn

מעגלעך אַדי זען מ י ג ל ע ך

מע'גלעכקייט די (ן) זען מ י ג ל ע כ ק י י ט

מעג|ן* וו (ער מעג; ⊙) ⟨אינפֿ⟩ may, be allowed

מעד דער mead

מעדאַ'ל דער (ן) medal, decoration

מעדאַליאָ'ן דער (ען) [LY] medallion, locket

מע'דיום 1. דער (ס) medium || 2. דער/די (ס) (spiritualist) medium

מעדיצי'ן 1. די (profession of) medicine || 2. (ען) medicine (prescription), drug

מעדיציניש אַדי medical; physical (exam etc.)

מעדיקאַמע'נט דער (ן) medication, drug || מצ medical supplies

מע'דיקער דער (ס) ⊡ medic; medical man

מעדנימדיק אַדי [MAYDA'NIMDIK] luscious

מעדפֿאַרזאָ'רג דער medicare

מעוברת אַדי [M(E)UBERES] pregnant

מעוברת־קליידער מצ [ ] maternity clothes

מעווע די (ס) sea gull

מעורר זײַן* וו (מ' געווע'ן) [MEOYRER] stir, rouse (spiritually)

מעות־חיטים מצ [MOES-KhI'TIM] alms for providing the poor with their Passover needs

מעטאָ'ד דער (ן) method

מעטאָדאָלאָגיע די (ס) methodology

מעטאָדי'סט דער (ן) Methodist

מעטאָדיק די (עס) methodology; teaching methods (*coll.*)

מעטאָדיש אַדי methodical

מעטאַ'ל דער (ן) metal

מעטאַלגעלט דאָס specie, bullion

מעטאַלורגיע די metallurgy

מעטאַלכל דאָס (עך) slug

מעטאַ'לן אַדי metal

מעטאַמאָרפֿאָ'ז דער (ן) metamorphosis

מעטאַפֿאָ'ר דער (ן) metaphor

מעטאַפֿאָריש אַדי metaphorical

מעטאַפֿיזיק די metaphysics

מעטעאָ'ר דער (ן) meteor

מעטעאָראָלאָגיע די meteorology

מעטע'ליצע די (ס) snowstorm

מעטער דער (ס) meter

מעטראָפּאָ'ליע די (ס) metropolis

מע'טריקע די (ס) birth certificate

מעטרעסע די (ס) mistress

מעטשע'ט דער (ן) mosque

'מעיאָר זען מ י י אָ ר

מעכּבֿ זײַן* וו—ל (מ' געווע'ן) [MEAKEV] inhibit, impede, baffle, frustrate

מעכאַנ(יז)יר|ן וו ◇ mechanize

מעכאַניזם דער (ען) mechanism

מעכאַניק די mechanics

מעכאַ'ניקער דער (ס) ⊡ mechanic

מעכאַניש אַדי mechanical; perfunctory

מעכטיק אַדי powerful, mighty

מע'כטיק|ן זיך וו ⊙ presume, take it upon oneself, dare

מעל די/דאָס flour; meal

מעלאָ'דיע די (ס) melody, tune

מעלאָדראַמע די (ס) melodrama

מעלאָ'ן דער (ען) melon

מעלאַנכאָ'ליע די melancholy

מעלאַנכאָליש אַדי melancholy

מעלדונג די (ען) notice, (news) release, announcement

מעלד|ן וו (געמאָלדן) declare, give notice ⊦ מ' זיך report of, announce, report *vi.*, present oneself; answer (the phone)

מעלה די (—ות) [MAYLE] merit, virtue; advantage, benefit ⊦ האַלט|ן זיך אין דער מ' mind one's manners, behave well

מעלה־גירה|ן וו ⊙/◇ [MAL(E)GEYRE] ruminate, chew the cud

מעלינגע די (ס) whim

מעלעץ דער granulated sugar

מע'לצוקער דער granulated sugar

מעלק|ן וו (געמאָלקן) milk || מ' זיך allow oneself to be milked, give milk

מעמאָראַנדום דער (ס) memorandum
מעמבראַ'ן די (ען) membrane
מעמד דער [MAYMED] state, standing, station (in life), circumstances
מעמואַרן מצ memoirs
מען פּראָ one, you, they, people (*when preceding a verb, also* מע; *if verb begins with a vowel, also optionally* 'מ) || מע(ן) זאָגט they say, it is said || 'אַזוי עפּנט מען דאָס this is the way it is ⊢ opened || מע(ן) אַרבעט, מ'אַרבעט people are working
מענאַזשעריע די (ס) menagerie
מענאַרקע די (ס) (man's) jacket
מענדל דאָס (עך) hook || מ' און ווײַבל hook and eye
מענה-לשון דאָס [MA'YNELOShN] abusive language, invective
מענטאָר דער (ס) mentor
מע'נטעלע דאָס (ך) decorative mantle for the Torah scrolls
מענטש דער (ן) .1 man, human being; person; responsible/mature person; ⊢ helper, employee || *also* people מצ || דער מין מ' mankind, humanity || זײַן* אַ מ' ⊢ behave well, act one's age || ווער|ן אַ מ' ⊢ settle down || ווער|ן אוי'ס מ' collapse, ⊢ go to pieces .2 דאָס° (*dial.*) person (female)
מענטשהייט די mankind, humanity
מענטשיש אַדי human; decent
מענטשלעך אַדי humane; human
מע'נטשלעכקייט די humanity (humaneness)
מענטש|ן זיך וו ◇ pull oneself together; take courage
מע'נטשנמאָרד דער (ן) homicide
מע'נטשן־פֿרעסער דער (ס) ◻קע cannibal
•מע'נטשנקראַפֿט די manpower
מע'נטשנשאַפֿט די manpower
מעניו' דער (ען) menu
מענלעך אַדי male, masculine
מענסטרואַציע די menstruation
מענסטרויר|ן וו ◇ menstruate

מענער... male
מע'נעריש אַדי masculine, manly
מענערש אַדי man's
מע'נערשאַפֿט די manhood
מע'נערשוואַך אַדי (sexually) impotent
מע'נערשוואַכקייט די (sexual) impotence
מעסטונג די (ען) measurement; survey(ing)
מעסטל דאָס (עך) measure
מעסט|ן וו (געמאָסטן) measure *imp.*, gauge; survey; span
מעסטער דער (ס) measure, scale
•מעסיק אַדי moderate, reasonable, temperate
•מע'סיקייט די moderation
מעסע די (ס) (church) mass
מעסער דער/דאָס (ס) knife || אויף מ'ס ⟨מיט⟩ ⊢ at daggers drawn || אַ מ' אין רוקן stab ⊢ in the back || אויפֿן שפּיץ מ' a smattering of
מע'סערוואַרג דאָס cutlery
מע'סערל דאָס (עך) (מעסער △) pocket knife
מעצענאַ'ט דער (ן) patron
מעצעניר|ן וו ◇ patronize (a cause, institution, etc.)
מעקלער דער (ס) ◻קע broker
מעקלערײַ' דאָס brokerage
מעק|ן וו ◇ erase *imp.*
מעקסיקאַניש אַדי Mexican
מעקסיקאַנער דער (—) ⊡ Mexican
מע'קסיקע (די) Mexico
מעקע|ן וו ◇ bleat
מעקער דער (ס) eraser
מער אַדוו more || ניט מ' ווי merely || מ' ניט no longer, no more || מ' פֿאַר אַלץ ⊢ for the most part, above all || נאָך מ' ⊢ what's more || מער ווי דאָס ... ניט no ⊢ more || מערסטע most || צום מערסטן most, at most
מער די/דער (ן) carrot
מער דער matter || זײַן* דער מ' ⟨מיט⟩ be the matter, be wrong (with)
מערביק אַדי crisp
מערבֿ דער [MAYREV] west; occident

מערבֿ־... [ ] west, western
מערבֿדיק אַדי [ ] western; occidental
מערדער דער (ס) murderer, assassin,
...cide ⊢ מו'טער־מ' matricide
מע'רדעריש אַדי murderous
•מערהייט די (ן) majority
מע'ר־ווײַ'ניקער אַדוו more or less, roughly,
... or so; kind of
מערווערט דער surplus value
מערזשער דער (ס) (pounding) mortar
מע'רטראַפּיק אַדי polysyllabic
מעריבֿ (דער) [MAYREV] Maariv, the Jew.
evening prayer
מערידיאַ'ן דער (ען) [DY] meridian
מערידן מצ hemorrhoids, piles
מעריטאָריש אַדוו on its merits
•מע'רי(ט)שקע די (ס) זען מוראַשקע
מערכה די (—ות) [MAROKhE] fate, lot,
fortune ⊢ אַ גוט|ע מ' || a good fortune
אַ מ' וואָס ער איז געקומען it's a good
thing he came
מערלָע די gauze
מער|ן (זיך) וו ◇ multiply *vt/vi imp.*
מערני(ש)ט 1. אַדוו only || 2. קאָ but
מערסטנס אַדוו mostly
מערעזשע די (ס) darn; embroidery
מערעזשע|ן וו ◇ darn *imp.*
מערער אַדוו more
'מערץ זען מאַרץ
מערצאָל די (ן) plural
מע'רקווערדיק אַדי remarkable, notable,
striking
מערקונג די perception
מערקו'ר (דער) Mercury
מערקלעך אַדי noticeable, perceptible,
observable
מערק|ן וו ◇ be aware of, be conscious
of, perceive ⊢ ניט מ' be insensible of
|| מ' זיך be apparent/noticeable
מעש דאָס brass
מעשטע די (ס) slipper
מעש'ן אַדי brass
מעשה 1. די (—יות) [MAYSE] story, tale,
yarn; matter ⊢ די מ' איז אַז it so
happens that ⊢ אַ מ' מיט a story of;
a matter of ⊢ וואָס איז די מ' (מיט)
what's the matter (with) ⊢ ווי די מ' איז
be this as it may ⊢ קיין מ' ניט not too
bad ⊢ הערסט אַ מ'! what do you know!
|| °אָנ|טאָ|ן* זיך אַ מ' commit suicide ||
כאַפּ|ן בעת דער מ' catch in the act
|| פּ"נל מ ע ש י ם || 2. קאָ like || אָ'נגעטאָן
מ' אָרעמאַ'ן dressed like a pauper ||
מ' סוחר [SOYKhER] businesslike ||
(גאָר)ניט מ' סוחר unbusinesslike
מעשה־ביכל דאָס (עך) [ ] storybook, book
of fairytales
מעשה־ביכלדיק אַדי [ ] fairy-tale
מעשהלע דאָס (ך) (מעשה △) [ ] fairy tale
מעשה־רע די (מעשים־רעים) [MAYSERA'—
MAYSIM-RO'IM] outrage, misdeed ||
מצ wrongdoing
מעשה־שהיה די (ס) [MAYSE-ShEHO'YE]
actual occurrence
מעשה־שטן אַדוו [SO'TN] as if in spite;
as (bad) luck would have it
מעשים מצ [MAYSIM] actions, acts, deeds
|| אַ'רבעט|ן מ' do everything possible;
עס טוען ⊢ leave no stone unturned
זיך מ' things are happening
מעשים־טובֿים מצ [TO'YVIM] good deeds
מעשים־רעים מצ זען מ ע ש ה ־ ר ע
מעשׂר דער (ות) [MAYSER—MAYSRES] tithe
מעת־לעת דער/דאָס (ן) [MESLE'S] a day and
night, 24 hours
מפּולת די (ן) [MAPOYLES] dilapidated
structure; slum
מפּילדיק אַדי [MA'PLDIK] abortive
מפּיל זײַן* וו [MAPL] = מ פּ ל ע ן
מפּילע דאָס (ך) [MA'PELE] dud
מפּיל־קינד דאָס (ער) [ ] stillborn child
מפּלה די (—ות) [MAPOLE] defeat, failure,
downfall; rebuff, setback, reversal
מפּלהניק דער (עס) ם–ניצע [ ] defeatist
מפּלונג די (ען) [MAPLUNG] miscarriage
מפּל|ען וו ◇ [MAPL] miscarry
מפֿוניצע די (ס) [MEFU'NITSE] fastidious
woman

מפונק דער (ים) [MEFUNEK—MEFUNOKIM] fastidious man, epicure

מפורסם 1. אַפּ [MEFURSEM] widely known || 2. דער (ים) [—MEFURSOMIM] celebrity

מפטיר [MAFTER] the reading of the haphtarah (lesson from the Prophets) in the synagogue

מפייס זײַן* וו (מ' געווע'ן) [MEFAYES] placate, conciliate

מפלפל זײַן* זיך וו–ל (מ' געווע'ן) [MEFALPL] split hairs; dispute over details

מפסיק זײַן* וו (מ' געווע'ן) [MAFSEK] interrupt (esp. a prayer)

מפציר זײַן* וו–ל (מ' געווע'ן) [MAFTSER] urge, importune

מפקיר זײַן* וו–ל (מ' געווע'ן) [MAFKER] discard, abandon, forsake ⊢ מ' זײַן* זיך sacrifice oneself

מפרנס זײַן* וו (מ' געווע'ן) [MEFARNES] support (a family)

מפרסם זײַן* וו (מ' געווע'ן) [MEFARSEM] publicize

מפרש דער (ים) [MEFARESh—MEFORShIM] (*Jew.*) commentator, exegete

מפרש זײַן* וו (מ' געווע'ן) [ ] comment upon, esp. (*Jew.*) write a commentary upon (a sacred text)

מצבֿ דער [MATSEV] state, position, situation, status; state of repair ⊢ אין אַ גוטן מ' in good repair

מצבֿה די (—ות) [MATSEYVE] gravestone, tombstone

מצבֿה־אויפֿדעקונג די (ען) [ ] unveiling

מצד פּרעפּ [MITSA'D] on the part of

מצדיק זײַן* וו–ל (מ' געווע'ן) [MATSDEK] justify (an act etc.)

מצה די (—ות) [MATSE] matzah, the unleavened bread eaten during the Passover holiday; a piece of such bread

מצה־וואַסער [ ]: פֿאַרקויפֿן זיך ווי מ' sell like hotcakes

מצה־מעל די [ ] flour made of crushed matzah

מצה־קניידל דאָס (עך) [ ] matzah ball

מצה־שמורה זען ש מ ו ר ה ־ מ צ ה

•מצוה, •מצווה זען מ י צ ו ו ה

מציאה די (—ות) [METSIE] bargain; find ⊢ אַ° טײַ'ערע מ'! (*iro.*) big deal! || אַ° מ' פֿון אַ גנבֿ [GANEF] an extraordinary bargain

מציל זײַן* וו (מ' געווע'ן) [MATSL] save, rescue

מצליח זײַן* וו (מ' געווע'ן) [MATSLIEKh] succeed, prosper

מצמצם זײַן* וו (מ' געווע'ן) [METSAMTSEM] limit ⊢ מ' זײַן* זיך restrict oneself

מצער זײַן* (זיך) וו (מ' געווע'ן) [METSAER] grieve, worry *vt/vi*

•מצרי זען מ י צ ר י

מצרים (דאָס) [MITSRAIM] Egypt

מצרף זײַן* וו (מ' געווע'ן) ⟨צו⟩ [METSAREF] include (in a count)

מקבל־באַהבֿה זײַן* וו–ל (מ' געווע'ן) [MEKABL-BEA'AVE] put up with, bear without protest, acquiesce to, accept

מקבל־פּנים זײַן* וו (מ' געווע'ן) [PO'NEM] welcome

מקבל־קנין זײַן* וו (מ' געווע'ן) [KI'NYEN] confirm an agreement by touching a garment or a handkerchief

מקבר זײַן* וו (מ' געווע'ן) [MEKABER] (*Jew.*) bury, inter

מקדים זײַן* זיך וו (מ' געווע'ן) [MAKDEM] come earlier than others, get ahead of others, forestall others

מקדש זײַן* וו (מ' געווע'ן) [MEKADESh] hallow, sanctify ⊢ פּ"ל מ ח ד ש ז ײַ ן

מקובל דער (ים) [MEKUBL—MEKUBOLIM] cabalist, Jew. mystic

•מקווה זען מ י ק ו ו ה

מקוים ווער|ן וו (איז מ' געוואָרן) [MEKUYEM] materialize *vi.*, be fulfilled, come true

מקום דער/דאָס (ות) [MOKEM—MEKOYMES] (*iro.*) place, locality ⊢ מצ parts || אין די מ'ות in these parts

מקום־מיקלט דער [MI'KLET] refuge, safe haven, sanctuary

מקום־מנוחה דער [MENU'KhE] place of rest, refuge

מקום־קדוש דער [KO'DESh] (*Jew.*) prayer house

מקור דער (ים) [MOKER/MEKO'R—MEKOYRIM] source, origin

מקורבֿ דער (ים) [MEKUREV—MEKUROVIM] intimate

מקח דער (ים) [MEKEKh—MEKOKhIM] price

מקיאנ|ען = מקיא|(נע)ן װ זען מ י י ק ע נ ע ן

מקיים זײַן* װ (מ' געווע'ן) [MEKAYEM] fulfill, implement, execute, administer; materialize, realize *vt.*

מקיים־פסק זײַן* װ (מ' געווע'ן) ⟨ד⟩ [PSA'K] execute a sentence (on)

מקיל דער (ים) [MEYKL—MEKILIM] lenient person, loose constructionist

מקילדיק אדי [ ] lenient, broadminded

מקיל זײַן* װ (מ' געווע'ן) [ ] be lenient, construe matters loosely

מקנא זײַן* װ (מ' געווע'ן) ⟨ד⟩ [MEKANE] envy, be jealous (of)

מקפּיד דער (ים) [MAKPED—MAKPIDIM] particular/fastidious person

מקפּיד זײַן* װ (מ' געווע'ן) [ ] be particular, be fastidious/meticulous, insist (on accuracy)

מקף דער (ן) [MAKEF] hyphen

מקצר זײַן* װ (מ' געווע'ן) [MEKATSER] be brief (in speech or writing); abridge

מקרבֿ זײַן* װ (מ' געווע'ן) [MEKAREV] befriend

מקריבֿ זײַן* װ (מ' געווע'ן) [MAKREV] sacrifice

מ"ר = מיסטער אַמער Mr.

מראה די (—ות) [MARE] looks, appearance

מראַקע די (ס) fog mixed with drizzle; gloom

מראַקע|ן װ ◇ drizzle

מרה־שחורה די [MORESHKhOYRE] melancholy, gloom, the blues

מרה־שחורהדיק אדי [ ] melancholy, gloomy

מרה־שחורה|ן װ ◇ [ ] brood

מרוויח זײַן* װ—ל (מ' געווע'ן) ⟨פֿון⟩ [MARVIEKh] profit, benefit, gain

מרוצה אַפּ ⟨אויף⟩ [MERUTSE] agreeable, willing, amenable

מרוק דער (עס) grumbler; surly person, killjoy

מרוקע|ן װ ◇ purr; grumble

מרור דער [MORER] bitter herbs (e.g. horseradish) eaten at the Passover feast as a reminder of the sufferings of the Jews in Egypt

מרחמדיק אדי [ ] merciful, charitable

מרחם זײַן* זיך װ (מ' געווע'ן) ⟨אויף⟩ [MERAKhEM] pity, take pity (on)

מרחץ דאָס (ן) [MERKhETS] bathhouse

מרחק דער (ים) [MERKhEK—MERKhOKIM] distance

מרחקים מצ [MERKhAKIM] remote places

מרחשוון דער [MARKhEZhVN] זען ח ש ו ו ן

מרידה די (—ות) [MERIDE] revolt, rebellion, insurgency

מרמז זײַן* װ (מ' געווע'ן) ⟨אויף⟩ [MERAMEZ] allude (to), hint (at)

מר"ס = מיסעס אַמער Mrs.

מרעיש־עולם זײַן* װ (מ' געווע'ן) [MARESh-O'YLEM] shake the world, cause a sensation, create a stir

מרשעת די (ן) [MARShA'S] wicked/malicious woman

משאל־עצה זײַן* זיך װ (מ' געווע'ן) ⟨מיט⟩ [MEShAEL-E'YTSE] take counsel, consult (with)

משביע זײַן* װ (מ' געווע'ן) [MAShBIE] conjure (up); administer an oath to

משגיח דער (ים) [MAZhGIEKh—MAZhGIKhIM] supervisor, custodian; supervisor of Jew. dietary laws in an institutional kitchen

משדך זײַן* זיך װ (מ' געווע'ן) ⟨מיט⟩ [MEShADEKh] become connected by marriage, marry one's children into the family (of)

משה רבנו פּר [MOYShE RABEYNE] Moses (Our Teacher)

ladybug [ ] (ך) דאָס משה־רבנוס קי'עלע
|| crazy, mad [MEShUGE] אַפּ משוגע
drive crazy, madden מ' מאַכ|ן
madmen, insane [MEShUGOIM] מצ משוגעים
people
insane asylum [ ] (ן) דער משוגעים־אַזיל
madhouse [ ] (־הײַזער) דאָס משוגעים־הויז
straightjacket [ ] (עך) דאָס משוגעים־העמדל
insane asylum [ ] (ן) דער משוגעים־שפּיטאָל
[MEShUGE-LEDOVER- אַפּ משוגע־לדבֿר־אחד
|| E'KHED] obsessed with an idea
have a one-track mind זײַן* מ'
crazy, mad; [MEShUG'N] *אַדי משוגען
rabid
mad- [MEShU'GENER] דער—נעב משוגענ|ער
man, lunatic
madly [ ] אַדוו משוגענערווײַז
madness, [MEShUGA'S] (ן) דאָס משוגעת
אַרײַנ|פֿאַל|ן ⊦ insanity; craze, frenzy
rabies הינטיש מ' || go berserk אין מ'
recon- [MAShVE] א (מ' געווע'ן) וו *משווה זײַן
⟨א⟩ מ' ז' זיך || compensate ד מ' ז' ⊦ cile
agree (upon a price)
[MEShULEKh—MEShULO- (ים) דער משולח
KhIM] messenger, courier
[MEShUMED—MEShUMO- (ים) דער משומד
DIM] (*Jew.*) apostate, Jew who has
been baptized
bap- [MEShUME'DESTE] (ס) די משומדטע
tized Jewess
queer, strange [MEShUNE] אַפּ משונה
queer, strange, weird, [ ] אַדי משונהדיק
singular
משונהדיק = [MEShUNEN] *אַדי משונהן
enslaved, [MEShUBED] ⟨בײַ⟩ אַפּ משועבד
subjected (to)
sloped, [MEShU'PEDIK] אַדי משופּעדיק
sloping, inclined
choirboy in [MEShOYRER] (ים) דער משורר
a synagogue; Hebrew poet
[MEShIEKh— (ד/א-: משיחן) (ים) דער משיח
מ'ס צײַטן ⊦ MEShIKhIM] the Messiah
מע זאָל דערמאָנען מ'ן! ⊦ the millennium
"we should have mentioned the
Messiah" (*said when a person just mentioned appears*)
ladybug [ ] (△ משיח) (עך) דאָס משיחל
[MAShKN—MAShKONES] (משכנות) דער משכון
hostage לע'בעדיק|ער מ' ⊦ pawn, pledge
•משכן זען מ י ש כ ן
spell, duration, life- [MEShEKh] דער משך
during the אין פֿאַס מ' ⊦ time, period
during אין מ' פֿון ⊦ time of
ex- [MOShL—MEShOLIM] (ים) דער/דאָס משל
ample, instance, illustration, fable,
אַ° מ' אויף אַ טאָרבע פֿלעקער ⊦ parable
inapplicable example
[MEShALEYEKh] (מ' געווע'ן) וו *משלח זײַן
(*hum.*) dismiss, send off
Book of Proverbs [MIShLE] משלי
[MAShLEM] (מ' געווע'ן) וו—ל *משלים זײַן
complete; perfect
[MEShALEM] ⟨ד⟩ (מ' געווע'ן) וו—ל *משלם זײַן
remunerate
|| it follows that קאָ .1 [MAShME] משמע
implication (ס) די .2
probably, אַדוו .1 [MAShMOES] משמעות
prob- דאָס .2 ⊦ presumably; supposedly
ability
(statistical) proba- [ ] די משמעותדיקייט
bility
•משנה די זען מ י ש נ ה
[MEShANE] (מ' געווע'ן) וו—ל *משנה זײַן
alter; go back on one's word
set of the [MIShNAYES] (ן) דער/דאָס משניות
(six volumes of the) Mishnah
[MEShAER] (מ' געווע'ן) וו (זיך) *משער זײַן
מען איז מ' ⊦ assume, suppose, presume
it is understood
family, [MIShPOKhE] (—ות) די משפחה
kin
family life; marriage [ ] דאָס משפחה־לעבן
•משפט זען מ י ש פ ט
influential [ ] אַדי משפיעדיק
[MAShPIE] ⟨אויף⟩ (מ' געווע'ן) וו *משפיע זײַן
influence, exert influence (on)
[MAShKE—MAShKOES] (—אָות) די משקה
beverage; liquor

משקולת [MISHKOYLES]: (האַלטן|| זיך) אויף מ' (be) in balance, be shaky

•משקל זען מ י ש ק ל

משרת דער/דאָס (ים) □טע [MESHORES—MESHORSIM] servant

משרתיש אדי [MESHORSISH] menial

משתדל זײַן* זיך װ (מ' געווע'ן) ⟨פֿאַר⟩ [MISHTADL] intervene, intercede (on behalf of), lobby (for)

משתין זײַן* װ (מ' געווע'ן) [MASHTN] urinate

משא די (—אות) [MASE—MASOES] load, burden; freight ⊢ זײַן* אַ מ' פֿאַר burden, tax ⊢ מ' פֿאַרן כּלל [KLAL] public charge

משא־אויטאָ דער (ס) [ ] truck

משא־באַן די (ען) [ ] freight train

משא־ומתן דער (ס) [MA'TN] transaction, deal

משא־פּנים דער [PO'NEM] bias, partiality; biased person

משא־פֿור די (ן) [ ] van

•משיג־גבֿול זײַן* זען מ ס י ג ־ ג ב ֿ ו ל ז ײַ ן

משיג זײַן* װ (מ' געווע'ן) [MASEG] comprehend; conceive

משׂכּיל דער (ים) [MASKL—MASKILIM] an adherent of the Haskalah (Jew. Enlightenment) movement

משׂכּיליש אדי [MASKILISH] pertaining to or typical of the Haskalah

משׂמח זײַן* װ (מ' געווע'ן) [MESAMEYEKh] entertain ⊢ מ' זײַן* זיך rejoice, celebrate, make merry

מתוך פּרעפּ [MITOKh] out of || מ' אַ געפֿיל אַז out of a feeling that

מתּיר זײַן* װ—ל (מ' געווע'ן) [MATER] authorize, permit (in rabbinical questions; *also fig.*)

מתּן־בסתר דער [MATN-BESE'YSER] charity given in secret

מתּנה די (—ות) [MATONE] present, gift, donation

מתּן־תּורה דער [MATN-TO'YRE] God's granting of the Torah to the Jews at Mt. Sinai

מת דער/דאָס (ים) [MES—MEYSIM] dead man, dead body; ghost

מתגבר זײַן* זיך װ (מ' געווע'ן) [MISGABER] prevail ⊢ מ' זײַן* זיך איבער surmount

מתוודה זײַן* זיך װ (מ' געווע'ן) [MISVADE] confess

מתווכּח זײַן* זיך װ—ל (מ' געווע'ן) [MISVAKEYEKh] argue, dispute

•מתחייבֿ זײַן* װ (מ' געווע'ן) [MISKhAYEV] commit, obligate ⊢ •דער שׂכל איז מ' [SEYKhL] it stands to reason || פֿ"גל מ ח י י ב ֿ ז ײַ ן

מתחייבֿ זײַן* זיך װ (מ' געווע'ן) [ ] commit oneself, obligate oneself, pledge oneself

מתחתּן זײַן* זיך װ (מ' געווע'ן) ⟨מיט⟩ [MISKhATN] become connected by marriage, marry one's children into the family (of)

מתים־... [MEYSIM] dead men's; ghostly

מתים־שטיבל דאָס (עך) [ ] morgue

מתיקות דאָס [MESIKES] sweetness, bliss

מתכוון זײַן* װ (מ' געווע'ן) [MISKHAVN] זען מ כ ו ו ן || מ' זײַן* זיך intend

מתמיד דער (ים) [MASMED—MASMIDIM] industrious/diligent person, zealot

מתנגד דער (ים) [MISNAGED—MISNAGDIM] opponent of Hasidim (within Jew. Orthodoxy)

מתעסק זײַן* זיך װ—ל (מ' געווע'ן) ⟨מיט⟩ [MISASEK] busy oneself (with)

מתפּלל זײַן* װ (מ' געווע'ן) [MISPALEL] pray, worship

מתקן זײַן* װ (מ' געווע'ן) [MESAKN] improve, correct, redress, right (a wrong), remedy

מתקנא זײַן* זיך װ (מ' געווע'ן) ⟨אין⟩ [MISKANE] become jealous (of)

מתרה זײַן* װ—ל (מ' געווע'ן) [MASRE] warn, caution, admonish, exhort

נ

נ דער/די [NUN] letter of the Yiddish alphabet; pronounced [N]; written ן (*lange[r] nun*) at the end of a word; numerical value: 50

נ'=נומער number

נאַ ⟨דיר⟩ אינט (מצ: נאַט אײַך) here (*in giving*), have...! ⊢ נאַ דיר אַ צו'קערל have a piece of candy

נאַאי'וו זען נ אַ י ו ו

נאַגאַ'ן דער (עס) (type of) pistol

נאַגײַקע די (ס) blackjack, knout

נאָגל דער (נעגל) △ נע'געלע nail; spike; fingernail, toenail ⊢ קריכ|ן ד אונטער די נעגל get under the skin of ‖ בײַ ד אין די נעגל in the clutches of

נאָג|ן וו ◇ gnaw; (feeling) haunt

נאָגער דער (ס) rodent

נאָדל די (ען) needle

נאָ'דלבוים דער (...ביימער) evergreen, conifer

נאָ'דל־קישעלע דאָס (ך) pincushion

נאַדרוי'ף זען אַ ד ר ו י ף

נאַוויגאַטאָר דער (...אָ'רן) □שע navigator

נאַוויגאַציע די navigation

נאַוויגיר|ן וו ◇ navigate

נאָוועלע די (ס) short story

נאָוועמבער דער (ס) November

נאָ'וועגע: אין אַ נ' for a change

נאָז די (נעזער/נעז) △ נעזל nose ‖ אַראָפּ|לאָז|ן די נ' hang one's head, make a long face ⊢ מיט אַן אַראָ'פּגעלאָזטער נ' crest-fallen ⊢ אַרײַנ|גיי|ן* ד אין נ' (*rev. con.*) remember well (*iro.*) ⊢ אויס|שטעל|ן אַ נ' אויף thumb one's nose at ‖ בלײַב|ן מיט אַ נ' be left holding the bag ‖ האָב|ן* (דער) נ' אין פֿליי be haughty, have a bee in one's bonnet ⊢ פֿאַר|רײַס|ן די נ' ⟨אויף⟩ turn up one's nose (at) ‖ פֿיר|ן פֿאַר דער נ' lead by the nose ‖ קרימ|ען מיט דער נ' ⟨אויף⟩ pout (at), turn up one's nose (at) ⊢ רעד|ן אונטער דער נ' mutter, mumble ⊢ (אויס)שנײַצ|ן (זיך) די נ' blow one's nose

נאָז... nasal

נאַזאַ'ל אַדי nasal

נאָ'זהאָרן דער (ס) rhinoceros

נאָ'זטיכל דאָס (עך) handkerchief

נאָ'זלאָך די (...לעכער) nostril

נאָ'זנדיק אַדי prone, face up

נאָ'זנשווים דער backstroke

נאַט זען נ אַ

נאָט די (נעט) seam; suture

נאָטאַ'ר דער (ן) □שע notary public

נאַטו'ר די (ן) nature; disposition

נאַטו'ר־אויפֿהיט דער conservation

נאַטוראַליזירונג די naturalization

נאַטוראַליזיר|ן וו ◇ naturalize ‖ נ' זיך become naturalized

נאַטו'ר־געטרײַ אַדי lifelike

נאַטו'ר־וויסנשאַפֿט די (ן) (natural) science

נאָטי'ץ די (ן) note; notice ‖ מאַכ|ן נ'ן take notes

נאָטי'צביכל דאָס (עך) notebook

נאַטירלעך אַדי natural; lifelike

נאָטן מצ sheet music, written music

נאָ'טן־פּאַפּיר דאָס music paper

נאָ'טן־שליסל דער (עך) clef

נאָטע 1. די (ס) (diplomatic) note ‖ 2. די (נאָטן) (musical) note

נאַטערעוואַטע אַדי restive, unruly

נאַ'טריום דער sodium

•נאַטשאַלסטווע די (*hum.*) authorities

נאָטשל דאָס (עך) lollipop

נאַ'יוו אַדי naïve

נאַיוּוקייט די naïveté

'נאָיען זען נ ו י ע ן

נאָך אַדוו yet, still, more; else; another, additional; as early as ‖ ⊢ נ' בעסער all the better, still better ‖ ⊢ נ' ווי! and how!

נאָך[1] פּרעפּ (*always unstressed*) for (object of a trip) ‖ ⊢ ער קומט נ' דיר he is coming for you ‖ ⊢ נ' ... נ' according to ‖ נ' דײַן בריוו according to your letter ‖ ווי נ' ... נ' all according to ‖ ווי נ' זײַן געמי'ט נ' all according to his (varying) mood

נאָך[2] 1. פּרעפּ (*often stressed*) after, next to ‖ ער רעדט נאָ'ך דיר he is speaking after you ‖ ⊢ האַלב נ' אַמער half past (the hour) ‖ נ' אַנאַ'נד successively ‖ נ' דעם afterwards ‖ ⊢ נ' מיטאָג in the afternoon ‖ 2. קוו after, behind ‖ נאָכ|לויפֿ|ן run after *vt.*, run behind *vt/vi*

נאַכאַ'ל דער (ן) □קע forward person

°נאַכאַלנע אַדי forward, brash

נאָך אַ מאָל זען מ אָ ל

נאָ'כאַמאָליק אַדי repeated

נאָכאַנאַנדיק אַדי successive

נאָכאַנאַ'נדיקייט די (ן) sequence; continuum

נאָכברויז דער (ן) wake

נאָ'כגיביק אַדי docile, submissive, yielding

נאָ'כגיב־פּאָליטיק די appeasement policy

נאָכגיי דער imitation (in behavior); follow-up

נאָכ|גיי|ן* וו (איז נאָ'כגעגאַנגען) follow, trail, pursue, go after, follow; imitate; follow up

נאָ'כגייער דער (ס) ⊡ ⟨נאָך⟩ follower

•נאָכ'געביק זען נ אָ כ ג י ב י ק

נאָכ|געב|ן* וו (נאָ'כגעגעבן) ⟨ד⟩ give in (to), yield *vi.* (to), indulge ‖ ⊢ נ' ⟨ד א⟩ grant (sb. his demand, etc.)

נאָ'כגעדאַנק דער (ען) afterthought

נאָ'כגעלאָזט אַדי lax

נאָ'כגעמאַכט אַדי artificial, imitation, counterfeit

נאָ'כגעמאַכטס דאָס (ן) replica, imitation

נאָ'כגעריכט(ס) דאָס (ן) dessert

נאָ'כגעשמאַק דער (ן) aftertaste

נאָכגראַדו'ר־... אַמער postgraduate

נאָ'ך דעם זען נ אָ ך

נאָ'כדעמדיק אַדי subsequent

נאָכ|דערציי'ל|ן וו ◇ repeat, narrate (stg.) after

נאָכ|דרוק|ן וו ⊙ reprint, print another edition of

נאָכ|הענג|ען וו (איז נאָ'כגעהאַנגען) dangle *vi.*

נאָך וואָ'ס אַדוו what for

נאָכוואָרט דאָס (...ווערטער) postscript

נאָכוווקס דער offspring, issue

נאָ'כווייעניש דאָס (ן) (painful) aftereffect, aftermath

נאָכווירק דער (ן) aftermath

נאָכ|וויש|ן וו ⊙ mop up

נאָכ|זאָג|ן וו ⊙ repeat, echo

נאָכזוך דער scanning

נאָ'כזוכיק אַדי scanning

נאַכט די (נעכט) night ‖ אויף דער נ' in the evening ‖ ⊢ איבער נ' overnight ‖ אַלע נ' nightly ‖ ⊢ בײַ (דער) נ' at night ‖ האַלב|ע נ' midnight ‖ הײַ'נטיק|ע נ' tonight ‖ ⊢ יעדער נ' nightly ‖ פֿאַר נ' in the late afternoon, at dusk ‖ אַ גוטע נ' good night

נאַכט... nightly, nocturnal

נאָכ|טאָ|ן* וו (נאָ'כגעטאָן) ⟨ד⟩ emulate, imitate

נאָכ|טאַנצ|ן וו ⊙ ⟨ד⟩ (*cont.*) ape, imitate

נאַכטהעמד דאָס (ער) nightgown

נאָכטו דער (ען) imitation

נאָ'כטויִק אַדי imitative

נאַכטטאָפּ דער (...טעפּ) chamber pot

•נאַ'כטיגאַל די (ן) nightingale
נאָכ|טײַט|ן וו (נאָ'כגעטײַט) ⟨ד⟩ point after (sb.) with a finger
נאַכטיק אַדי nocturnal
נאַ'כטלאָקאַל דער (ן) nightspot, nightclub
נאַ'כטלעגער דער/דאָס (ס) night's lodging
•נאַ'כט־נע'כטלעך אַדוו nightly
נאָכטעם דער (ען) [NO'KhTAM] aftertaste
נאַכטקלוב דער (ן) nightclub
נאַ'כטשלײַכער דער (ס) prowler
נאָכ|יאָג|ן וו ◈ pursue, chase, run after
נאָכ|לאָז|ן וו ◈ subside, relent; relax *vt.*
נאַכלי:ע די (ס) slut
'נאַכלעסיק זען אָ פּ גע לאָ ז ן
נאָכמאַך דער (ן) imitation
נאָ'כמאַכונג די (ען) imitation, forgery
נאָכ|מאַכ|ן וו ◈ imitate, copy; forge; mock, impersonate
נאָכ|מאַ'לפּעווע|ן וו ◈ ד ape, parrot
נאָ'כמיטאָג דער (ן) afternoon
נאָכמי'טאָגדיק אַדי afternoon
נאָכמי'טאָג־פֿאָרשטעלונג די (ען) matinée
נאָ'כמלחמהדיק אַדי [MILKhO'MEDIK] post-war
נאַכסאָ'ל אַדוו (*dial.*) why, what for
נאָכ|סלי'דעווע|ן וו ◈ track
נאָ'כעפֿעקט דער (ן) aftereffect
•נאַכער/•נאַכע'ר אַדוו then
•נאָכ|פֿאָלג|ן וו ◈ אַ follow
•נאָ'כפֿאָלגער דער (ס) successor
•נאָ'כפֿאָלגערשאַפֿט די following
נאָכ|פֿאָר|ן וו (איז נאָ'כגעפֿאָרן) follow (in a vehicle), trail
נאָ'כפֿאָרער דער (ס) trailer
נאָכ|פֿו'רעמ|ען וו ◈ ⟨נאָך⟩ pattern (after)
נאָכפֿרעג דער demand
נאָכ|פֿרעג|ן זיך וו ◈ ⟨בײַ⟩ inquire (from); ask after; ⊢ נ' זיך אויף check (with) (*rev. con.*) be in demand
נאָכצאָל דער C.O.D.; postage due || שיק|ן אויף נ' send C.O.D.
נאָכקום דער progeny
נאָ'כקומיק אַדי amenable, agreeable
נאָ'כקומלינג דער (ען) offspring

נאָכ|קומ|ען וו (איז נאָ'כגעקומען) ד comply with
נאָ'כקומער דער (ס) ⊡ successor
נאָ'כקומערשאַפֿט די succession
נאָכ|קרימ|ען וו ◈ ape, mimic; mock
נאָכ|רעד|ן וו ◈ ד parrot
נאָ'כשליסל דער (ען) skeleton key
נאָכ|שלעפּ|ן זיך וו ◈ ⟨נאָך⟩ trail (after)
נאָכ|שפּיר|ן וו ◈ trail, shadow; track
נאָ'כשפּיר־סטאַנציע די (ס) tracking station
נאָכ|שפּעט|ן וו (נאָ'כגעשפּעט) mock
נאָל די (ן) awl
נאַם די (ען) wetnurse
נאָמאַ'ד דער (ן) nomad
נאָמאַדיש אַדי nomadic
נאָמינאַ'ט דער (ן) nominee
נאָמינאַטי'וו דער (ן) nominative
נאָמינאַ'ל־ווערט די (ן) face value
נאָמיני'ר־וואַלן מצ primary election(s)
נאָמינירונג די (ען) nomination
נאָמיניר|ן וו ◈ nominate
נאָמינע'ל אַדי nominal
נאמן דער (ים) [NEMEN—NEMONIM] trustee
נאמנה די (—ות) [NEMONE] (non-Jew.) creed, denomination
נאמנות 1. דאָס [NEMONES] trusteeship || 2. מצ confidence; trust || אויף נ' on trust, in good faith ⊢ גלייב|ן ⟨ד⟩ אויף נ' take the word (of) ⊢ אויף מײַנע נ' no kidding
נאמנותדיק אַדי [ ] bona-fide
נאמנות־ראָט דער [ ] Trusteeship Council
נאָמען דער (נעמען/•נע'מענער) name || אין נ' nominal ⊢ נאָר אין נ' titular || אין נ' פֿון in behalf of ⊢ אָן אַ נ' nameless || זײַן* אַ נ' נאָך be named after || אַ נ' טאָ|ן* אַ name (sb.), give a/the name to ⊢ חבֿר צום נ' [KhAVER] namesake || זײַן ליב|ער נ' the good Lord
נאָמענקלאַטו'ר די (ן) nomenclature
נאָנט אַדי (△ נענטער) זען נ אָ ע נ ט
נאָניע די (ס) bulbous nose
נאַס אַדי wet
נאָס דער (ן) sneeze

נאַסלעך אַדי moist
נאָענט .1 אַדי (△ נע'ענטער/נאָ'ענטער) near- (by), close; familiar ‖ .2 ⊢ די proximity ‖ אין דער נ' nearby
נאָענטסט אַדי* (נאָענט △△) next; next door
נאָ'ענטקייט די proximity
נאָ'ענטשאַפֿט די (ן) affinity
נאַפּאַלם דער napalm
נאָפּל דער (ען) navel
נאָ'פּלשנור דער (ן) umbilical cord
נאַפֿט דער (crude) oil, petroleum, kerosene
נאַפֿטפֿעלד דאָס (ער) oil field
נאַפֿטקוואַל דער (ן) oil well
נאַצי דער (ס) □כע Nazi
נאַציאָנאַ'ל אַדי ethnic; people's; national
נאַציאָנאַליזם דער nationalism
נאַציאָנאַליטע'ט די (ן) ethnic group, nationality
נאַציע די (ס) nation, ethnic group
נאַציש אַדי Nazi
נאָ'קאַוט דער (ן) knockout
נאָקטורן דער (ען) nocturn
נאַקן דער (ס) neck
נאַ'קן־אָדער די/דער (ן) jugular vein
נאַקעט אַדי bare, nude, naked; (*fig.*) bald
נאַר דער (נאַראָנים) fool ‖ מאַכ|ן/שטעל|ן צום נ' make a fool of
נאָר .1 אַדוו only, mere(ly), just, exclusively ⊢ נ' וואָס just now, a moment ago ⊢ ווי נ' once, no sooner than ‖ .2 קאָנ only, but ‖ נ' וואָס except that ⊢ נ' ניט anything/anyone but
נאַראַטאָר דער (...אָ'רן) □שע narrator
נאָרוועגיע (די) Norway
נאָרוועגיש אַדי Norwegian
נאָרוועגער דער (—) ⊡ Norwegian
נאַרטל|ען זיך וו ◈ ski, go skiing
נאַרטלער דער (ס) ⊡ skier
נאַרטלערײַ' דאָס skiing
נאַרטע די (ס) ski
נאַרײַ' דער (ען) suggestion, offer, tender, recommendation
נאַרײַע|ן וו ◇ suggest, offer, tender

נאַריש אַדי foolish, silly, stupid, dumb ‖ מאַכ|ן זיך נ' make a fool of oneself, play the fool
נאַרישעוואַטע אַדי simple-minded
נאַ'רישקייט .1 די folly, foolishness, stupidity ⊢ .2 די/דאָס (ן) stg. foolish; trifle ‖ מצ also poppycock! fiddlesticks!
נאָרמאַ'ל אַדי normal; standard
נאָרמיר|ן וו ◇ standardize
נאָרמע די (ס) norm
נאַר|ן וו ◈ deceive; fool *imp.*
נאַרע די (ס) plank cot
נאָרע די (ס) lair, den
נאַרציס דער (ן) narcissus ‖ געל|ער נ' daffodil
נאַרקאָטיזיר|ן וו ◇ drug
נאַרקאָטיק דער (ן) drug
נאַרקאָ'טיקער דער (ס) ⊡ drug addict
נאַרקאָטיש אַדי narcotic
נאַרקאָמאַ'ן דער (ען) drug addict
נאַרקאָמאַ'ניע די drug addiction
°נאַשבראַט דער (עס) regular fellow, buddy
נאַשוואַרג דאָס goodies, sweets, candy
נאַש|ן וו ◈ nibble (on); eat (sweets) ‖ נ' פֿון (*hum.*) benefit from, (esp.) learn from
נאַ'שנויידל (דאָס) Cinderella
נאַשער דער (ס) □קע person with a sweet tooth
נאַשערײַ' דאָס (ען) titbit ‖ מצ sweets
נאַשפּיץ אַדוו (horses) in tandem
•נבֿול־פּה זעו ניבול־פּה
•נבֿהל־ונשתּומם זעו ניבֿהל־ונשתּומם
נבֿואה די (—ות) [NEVUE] prophecy
•נבֿזה זעו ניבֿזה
נבֿיא דער (ים) [NOVI—NEVIIM] prophet ‖ מצ Prophets (division of Old Testament) ⊢ זײַן* אַ נ' אַז predict that
נבֿיאה די (—ות) [NEVIE] prophetess
נבֿיאות דאָס [NEVIES] prophesying
נבֿיאות זאָג|ן וו (נ' געזאָ'גט) prophesy
נבֿיאיש אַדי [NEVIISH] prophetic
נבֿלה[1] די (—ות) [NEVOLE] infamy; stg. heinous

נבֿלה² די (—ות) [NEVEYLE] carcass, carrion

נבֿלהדיק אַדי [NEVO'LEDIK] heinous, infamous

•נגזר זעו ניגזר

נגיד דער (ים) [NOGED—NEGIDIM] rich man

נגידיש אַדי [NEGIDISh] rich man's

נגידיתטע די (ס) [NEGI'DESTE] rich woman

נגינה די [NEGINE] (*Jew.*) music, esp. vocal music

נגישות מצ [NEGIShES] vexations, persecution

נדבֿה די (—ות) [NEDOVE] donation, alms

•נדחה זעו נידחה

נדן¹ דער (ס) [NADN] dowry || *אָנ|געב|ן אין נ' add to the bargain

נדן² דער (ען) [NEDA'N]=נדן¹

נדר דער (ים) [NEYDER—NEDORIM] vow || *טאָ|ן אַ נ' ⟨אַז⟩ vow (that)

נהנה זײַן* וו (נ' געווען) ⟨פֿון⟩ [NE'ENE] enjoy, partake (of); gain (by)

נהרג דער (ן) [NEREK] injury, bruise

נו אינט go on! well? (*impatience*); come on! ⊢ נו שוין! נו זשע! come on! || פֿ"גל נו־נו

נואף דער (ים) ☐טע [NOYEF] debaucher, lecher, adulterer

נואף זײַן* וו (נ' געווען) [ ] commit adultery

נוגע־בדבֿר אַפּ .1 [BEDO'VER] concerned, interested ⊢ ניט נ' disinterested || .2 דער (ס) involved party

נוגע זײַן* וו (נ' געווען) ⟨אַ⟩ [NEGEYE] concern, involve, refer to

נודאָטע די boredom

נודיע|ן וו ⟐ bore || נ' זיך be bored

נודניק דער (עס) ☐—ניצע bore, pest

נודנע אַדי dull, tedious, boring

נודע|ן וו ⟐ זעו נודיען

נוהג דער [NOYEG] wont; conduct

נוהג זײַן* זיך וו (נ' געווען) [ ] conduct oneself, act (habitually), be wont

נוזשל|ען וו ⟐ dawdle

נוח־לבריות [NOYEKh-LEBRI'ES] .1 אַפּ affable ⊢ .2 דער affable person

נוטה אַפּ ⟨צו⟩ [NOYTE] disposed, prone, inclined

נוטה זײַן* וו (נ' געווען) צו [ ] incline, tend to, (*fig.*) lean towards

נוטה־למות [LO'MES] .1 אַדי critically ill || .2 דער (נוטים־) [NOYTIM] critically ill person

נוטריקון דער [NUTRIKN] mystical technique of interpreting the letters of a word as initials of other words

נויט די (ן) need, want; hardship, distress; exigency, emergency, pinch || אין נ' if need be, at a pinch || פֿאַר נ' needy ⊢ *אָנ|טאָ|ן זיך אַ נ' force oneself

נוי'ט־באַדערפֿטיק אַדי needy

נויטזאַך די (ן) makeshift

•נויטיק זעו נייטיק

נוי'טמיטל דאָס (ען) expedient

נוי'ט־מצבֿ דער [MATSEV] (state of) emergency

נוי'ט־עצה די (—ות) [EYTSE] makeshift

נויטפֿאַל דער (ן) emergency, exigency

נויע|ן וו ⟐ ache, gnaw; (feeling) haunt

נול דער/די (ן) zero, nil; nonentity

נולד ווער|ן וו—ל (איז נ' געוואָרן) [NOYLED] (concept etc.) originate

נום דער (ען) odd number

נומיק אַדי odd (not even)

נומער דער (ן) number; item; feature, act (in a program); issue (of a periodical); size (of shoes, clothes); hotel room

נומערי'רט אַדי numbered; reserved (seats)

נומעריר|ן וו ◇ number

נומעריש/נו'מעריש אַדי numerical

נו'מערקלונג דער (ען) station-to-station call

נון דער/די (ען) nun, name of the letter נ || לאַנג|ע(ר) נ' the letter ן

נו־נו' אינט wait till you hear this! well ... (*expected disbelief*)

נוס דער/די (ניס) △ ניסל nut || וואַ'לטשענ|ע(ר) נ' walnut

נוסח דער (אָות) [NUSEKh—NUSKhOES] version; style

נוץ די/דער (ן) use (usefulness), profit, benefit ⊢ אָן אַ נ' useless || האָב|ן* אַ נ' פֿון gain, profit by || ברענג|ען אַ נ' ⟨ד⟩ be of use (to), benefit ⊢ פֿ״גל ניץ

נוציק אַדי useful, helpful

נו'ציקייט די (ן) usefulness; utility || עפֿנטלעכ|ע נ' public utility

נוצלעך אַדי זען ניצלעך

נוצן דער (ס) זען נוץ

נוצ|ן וו ⟐ זען ניצן

נוקם־ונוטר דער (ס) [VENO'YTER] vindictive person

נוקם זײַן* זיך וו (נ' געווע'ן) ⟨אין⟩ [NOYKEM] take revenge (on) ⊢ נ' זײַן* זיך פֿאַר avenge

נו'רעדיק אַדי snug; cuddly

נורע|ן וו ⟐ זען אײַננורען

נורקע די (ס) dive || מאַכ|ן אַ נ' dive

נורקער דער (ס) ◻קע diver

נושׂא־חן זײַן* וו (נ' געווע'ן) ⟨בײַ⟩ [NOYSE-KhE'YN] please, find favor (with)

נושׂא־פּנים זײַן* וו (נ' געווע'ן) [PO'NEM] treat with partiality

נזיפֿה די (—ות) [NEZIFE] reproof, reprimand

נזיר דער (ים) ◻טע [NOZER—NEZIRIM] hermit, recluse

נחות־דרגא דער (ס) [(NE)Kho'S-DA'RGE] lowly person

נחות־דרגאדיק אַדי [ ] underprivileged, lowly

נחלה די (—אָות) [NAKhLE—NAKhLOES] estate; lot (of land); inheritance

נחמה די (—ות) [NEKhOME] consolation, solace

נחת דאָס/דער [NAKhES] pleasure, satisfaction, proud enjoyment ⊢ קלײַב|ן/שעפּ|ן נ' ⟨פֿון⟩ derive proud pleasure (from)

נחת־רוח דער [RU'EKh] (spiritual) pleasure

נטיה די (—ות) [NETIE] leaning, bent, inclination, tendency, trend

נ״י = ניו־יאָרק N. Y. (New York)

ניאוף דער [NIEF] debauchery, lechery; adultery

ניאַמקע|ן וו ⟐ ⟨מיט⟩ smack (tongue)

ניאַנטשע|ן וו ⟐ nurse (baby)

ניאַניע די (ס) (child's) nurse, governess

ניבול־פּה דער [NIBLPE'] obscenity (*coll.*)

ניבול־פּהיק אַדי [ ] obscene

ניבֿהל־ונשתּומם ווער|ן וו (איז נ' געוואָרן) [NIVL-VENISHTO'YMEM] be(come) amazed, be astounded

ניבֿזה דער (—ים) [NIVZE—NIVZIM] contemptible person

ניבֿזהדיק אַדי [ ] detestable, despicable, contemptible

ניגון דער (ים) [NIGN—NIGUNIM] △ ניגונדל/ני'געלע melody, tune

ניגונ|ען וו ⟐ [NIG'N] hum

ניגזר ווער|ן וו (איז נ' געוואָרן) [NIGZER] (stg. evil) be decreed

ני'געלע דאָס (ך) (ניגון △) light tune

נידחה אַפּ [NITKhE] (*Jew.*) postponed (fastday), so as not to fall on a Sabbath, or a Friday

נידער 1. די lowland || אין דער נ' underneath ⊢ 2. אינט ⟨מיט⟩ down || נידער מיטן מלך! [MEYLEKh] down with the king!

•ני'דערטרעכטיק אַדי vile, outrageous

ני'דעריק אַדי low; short (in height); soft (sound) ⊢ האָב|ן* אַ נ'|ע ראיה [RIE] be shortsighted

ני'דעריקייט די lowness; softness (of sound)

ני'דעריקער אַדי* (ני'דעריק △) inferior, junior

ני'דערלאַנדן פּנ—מצ Netherlands || ני'דערלענדיש אַדי

ניהיליזם דער nihilism

ניואַ'נס דער (ן) shade, nuance

ניוואָ' דער (ען) level (of achievement, taste, etc.)

ניוועליר|ן וו ◇ level

ניוועץ: גיי|ן* אין נ' go to waste, be wasted

ני'וועצלאַנד דאָס wasteland

ני'וועצפֿעלד דאָס (ער) fallow field

ניוכע|ן וו ⟐ sniff *imp.*

ניו'נקעלע דאָס (ך) [NY] babe in the woods; sissy

ניזוקדיק אַדי [ ] injurious

ניזוק ווער|ן וו–ל (איז נ' געוואָרן) [NIZEK] be hurt, be injured

ניזוקונג די (ען) ל [ ] injury

ניחא אַפּ ⟨ד⟩ [NIKhE] agreeable (to) || זײַן* נ' ד please, suit; (*rev. con.*) be fond of

ניט דער (ן) [NY] brownness (of baked crust)

ניט אַדוו not || שוין נ' no longer || מער נ' no longer, no more ⊢ איז נ'! forget it! || ווײַט נ' not by a long shot || נ' מער ווי only ⊢ נ' איי'ן מאָל more than once || ניט ... ניט neither ... nor || נ' דע'ר נ' יע'נער neither one || נ' וו fail to || ער האָט ניט געענטפֿערט he did not answer, he failed to answer ⊢ ניט צו אינפֿ un...able ⊢ ניט צו פֿאַרשטיי'ן unintelligible, impossible to understand || פֿ"גל ניט ווערן

ניט־... non-, un... || ני'ט־באַפֿאַ'רב'ן unpainted ⊢ ני'ט־רייי'כערער non-smoker

ניטאָ' אַפּ absent, gone, away || עס איז/זײַנען נ' there is/are not || ער איז נ' he is away ⊢ נ' פֿאַר וואָ'ס you're welcome; don't mention it ⊢ נ' הי' out of town ⊢ שוין נ' אויף דער וועלט dead

ניט־אַהי'ן־ניט־אַהע'ר דער stalemate, deadlock, impasse

ני'ט־אוי'סדערציילט אַדי untold

ני'ט־אוי'סקומיק אַדי incompatible

ני'ט־אײַ'נזעעריש אַדי unreasonable (person)

ניט־גו'ט: זײַן* נ' וו–אומפּ ⟨ד פֿון⟩ (*rev. con.*) be nauseated by ⊢ עס איז מיר נ' פֿון קוקן אויף אים I am nauseated by the sight of him

ניט־גו'ט|ער דער–געב ghost, evil spirit, fiend

ניט־גו'טקייט די nausea

ני'ט־געבע'טענערהייט אַדוו unasked || אָנ|באָטן נ' volunteer *vt.*

ני'ט־געדאַ'כט אַדי unmentionable

ני'ט־געהי'ט אַדי careless

ני'ט־געזו'נט אַדי (slightly) ill; sick; unwholesome

ני'ט־געפֿרע'גטערהייט אַדוו unasked || זאָג|ן נ' volunteer *vt.*

ני'ט־גערא'ט דער (ן) failure

ני'ט־געשטוי'גן אַדי: נ' ניט־געפֿלויגן nonexistent, untrue, preposterous

ני'ט־דעזשו'ריק אַדי off-duty

ני'ט־דערבאַ'קן אַדי incompletely baked; (*iro.*) immature, underdeveloped

ני'ט־דערוואַ'קסן אַדי adolescent

ני'ט־דערזאָ'גונג די (ען) understatement

ני'ט־דערזאָ'גט אַדי understated, implied

ני'ט־דערזאָ'גנדיק אַדי guarded (statement); implicit

ני'ט־דערלאָ'זלעך אַדי intolerable

ני'ט־דערע'נדיקט אַדי incomplete

ני'ט־דערקאָ'כט אַדי parboiled; not cooked enough

ני'ט־דערקע'נונג די non-recognition; mistaken identity

ני'ט־דעררע'דעניש דאָס (ן) misunderstanding

ני'ט־דערשפּײַ'זט אַדי undernourished

ני'ט־דערשפּײַ'זטקייט די malnutrition

ני'ט־הי'ג אַדי* out-of-town, from afar

ניט ווער|ן וו (איז נ' געוואָרן) disappear, vanish

ני'ט־ייִד דער (ן) non-Jew

ני'ט־ייִ'דיש אַדי non-Jewish

ניטל דער (ען) Christmas

ני'ט־לאַ'נגסטיק אַדי recent

ני'טלבוים דער (...ביימער) Christmas tree

ני'טלדיק אַדי (of) Christmas

ניטן מצ mores; habits

ניטע די (ס) [NY] rivet

ניטע! אינט don't!

ניטען דער (ים) [NITN—NITONIM] respondent (in a lawsuit)

ני'ט־פּראָפֿעסיאָנע'ל אַדי [SY] unprofessional; lay

ניט־פֿאַרגי'נער דער (ס) ם–קע ill-wisher; person of jealous character

ני'ט־פֿאַרדײַ'ונג די indigestion

נײַ 1. אַדי (דעם נײַעם) new, recent || פֿון/אויף דאָס נײַ, פֿון/אויף ס'נײַ afresh, anew || 2. אַדוו newly || נײַ' געפֿו'נען newly found

•נייגונג די (ען) leaning, inclination

נייגיק אַדי ⟨צו⟩ prone (to), inclined (to)

נייג|ן (זיך) וו ◇ bow, incline *vt/vi imp.*

נײַ'־געבוי'ר'ן אַדי newborn

נײַ'־געקו'מענ|ער דער—געב newcomer

נײַ'געריק אַדי curious, inquisitive || נ' צו anxious/eager to

נײַ'געריקייט די curiosity; eagerness

ניי'טאָרין די (ס) seamstress, dressmaker

נייטונג די coercion, duress

נייטיק 1. אַדי necessary || נ' (ווי) אין לעבן, נ' ווי דאָס לעבן vital, indispensable || נ' מאַכ|ן necessitate || 2. אַדוו: דאַרפֿ|ן* נ' need badly

ניי'טיקייט די (ן) need, necessity

נייטיק|ן זיך וו ◇ ⟨אין⟩ need, be in need (of)

נייט|ן וו (גענייט) force, coerce, oblige, compel

נייטראַ'ל אַדי neutral; neuter

נייטראַליזיר|ן וו ◇ neutralize

נייטראַליטע'ט די neutrality

נײַיאָר דער New Year's Day || ערבֿ נ' [EREV] New Year's Eve

נײַ'־ייִדיש דאָס/אַדי Modern Yiddish (since 1700)

נײַ'מאָדיש אַדי fashionable; newfangled

ניי'מאַשין די (ען) sewing machine

ניין 1. אינט no || 2. דער (ען) dissent; nay

נײַן צוו nine || די נ' טעג the first nine days in the month of Ab, in which no meat or wine is consumed, an abstention expressing mourning for the last battles of Jerusalem prior to its destruction

ניי'נזאָגונג די (ען) dissent

ניי'נזאָגער דער (ס) ◻ dissenter, objector || נ' מתּוך געוויסן [MITO'Kh] conscientious objector

נײַנט אַדי ninth

נײַנטל דאָס (עך) ninth

נײַנע אַדוו nine o'clock

נײַנציק צוו ninety

נײַנציקסט אַדי ninetieth

נײַנצן צוו nineteen

נײַנצנט/נײַנצעט אַדי nineteenth

נײַס זען נ ײַ ע ס || איבער (אַ) נ' anew, from the beginning again

נײַסט אַדי* (נײַ △△) latest, newest

נײַ'סטיקער דער (ס) news ticker

נײַ'סטמאָדיש אַדי up-to-date, in the latest fashion

נײַ'ספֿילם דער (ען) newsreel

ניי|ען וו ◇ sew, stitch *imp.*

נײַעס 1. דאָס (—) report, piece of news || 2. דאָס (ן) novelty || מצ news

נײַ'עס־אויסכאַפּ דער (ן) (news) scoop

נײַ'עסל דאָס (עך) (נײַעס △) news item

נײַערט אַדוו/קאָנ but; only

נײַ'צײַטיק אַדי = נ ײַ צ ײַ ט י ש

נײַ'צײַטיש אַדי modern

•ניירראָטיש אַדי זען נ ע װ ו ר אָ ט י ש

ניכּר אַפּ [NIKER] apparent, obvious, evident || נ' אַז it is evident that

ניכבד דער (ים) [NIKhBED—NIKhBODIM] respected person

ניכטער אַדי sober, empty (stomach)

•ני'כטערן אַדי = נ י כ ט ע ר

'ניכײַ זען נ ע כ ײַ

ניכלל אַפּ [NIKhLEL] included

ניכנע דער (ים) [NIKhNE—NIKhNOIM] humble/meek/submissive person

ני'כנעדיק אַדי submissive, servile

ני'כנעקייט די meekness, servility

ניכשל ווער|ן וו (איז נ' געוואָרן) ⟨אין⟩ stumble against, yield to (the) temptation (of)

ניל(וס) דער—פּנ Nile

נימאס אַפּ ⟨ד⟩ [NIMES] tiresome, boring, disgusting || נ' זײַן*/ווער|ן ⟨ד⟩ (*rev.* con.) be/become bored with || נ' זײַן* ד be despised by

נימוס דער [NIMES] politeness, civility, decorum, custom, etiquette

נימוסדיק אַדי [ ] civil, polite

נימער אַדוו: נ' ערגער (*hum.*) so-so

נימפֿע די (ס) nymph

נימצא קאָ [NIMTSE] consequently, it follows

נימשל דער (ים) [NIMShL—NIMShOLIM] object of a parable

•ניסימדיק זען נסימדיק

ניסל[1] דאָס (עך) (נוס △) nut || האָזן נ' hazelnut

ניסל[2] דאָס (עך) nit

ניסן דער Nissan, the seventh month in the Jewish calendar, coinciding with parts of March and April

ניס|ן וו (גענאָסן) sneeze *imp.*

ניסתּרדיק אַדי [NI'STERDIK] occult

ניפֿטר דער (ים) [NIFTER—NIFTORIM] deceased person

ניפֿטר ווער|ן וו (איז נ' געוואָרן) [ ] die, become deceased

ניץ פּ"גל נוץ || צו נ' קומ|ען ⟨ד⟩ be of use (to); (*rev. con.*) find useful ⊢ גוט צו נ' קומ|ען ⟨ד⟩ stand in good stead

ניץ־און־קרי'ץ דער wear and tear

ניצגעלט דאָס rental (fee) || נעמ|ען אויף נ' rent

ניצול־... [NITSL] survival

ניצול־געצײַג דאָס [ ] survival kit

ניצול־ווערונג די [ ] (act of) survival

ניצול ווער|ן וו (איז נ' געוואָרן) ⟨פֿון⟩ [ ] survive; be saved, escape ⊢ קוים נ' ווער|ן have a narrow escape

ניצוץ דער (ות) [NITSETS—NITSOYTSES] (*fig.*) spark

ניצלעך אַדי usable, serviceable; •useful

ניצמח ווער|ן וו (איז נ' געוואָרן) [NITSMEKh] arise, spring up, be touched off

ניצ|ן וו ◇ use

ניקאָטי'ן דער nicotine

ניקוד דער [NIKED] the system of vowel signs used in conjunction with the Jewish alphabet ⊢ האַלב|ער נ' selective use of vowel signs ⊢ פֿול|ער נ' complete vocalization

ניקל **1.** דער nickel || **2.** דער (ען) אַמער nickel (5-cent piece)

ניקן מצ quirks

ני'קעלן אַדי nickel

ניר די (ן) kidney

נישאר דער [NIShER] remainder

נישט אַדוו not || צו נ' מאַכ|ן undo, annihilate, frustrate

נישטאָ' זען ניטאָ

נישטיק אַדי flimsy, puny, trivial; picayune; insignificant, negligible

ני'שטיקייט די triviality, worthlessness; vanity

נישטל דאָס (עך) worthless trifle

ני'שטער|ן וו ◇ ransack *vi.*, grope, rummage

ני'שטערנדיק אַדי searching

נישמע'ר קאָ however

נישע די (ס) niche, recess

נישקשה אַפּ—אַדוו [NIShKOShE] bearable; tolerably, fairly, so-so ⊢ נ' פֿון אַ ... a formidable ...

נישקשהדיק אַדי [ ] considerable, appreciable, fair, passable

נישרף דער (ים) [NISREF—NISROFIM] one who has lost his property in a fire

ניתּבע דער (ים) [NITBE—NITBOIM] defendant (in a civil suit)

•ניתבע דער (ים) [NISBE—NISBOIM] = ניתּבע

•נכנע, •נכשל, •נמאס, •נמצא, •נמשל זען ניכנע, ניכשל, נימאס, נימצא, נימשל

נ"מ = נאָך מיטאָג p.m.

ננ' = נומערן nos. (numbers)

נס דער (ים) [NES—NISIM] miracle || על־פּי נס [ALPI] miraculous(ly) || גאָטס נסים stg. amazing

נסיון דער (ות) [NISOYEN—NISYOYNES] temptation ⊢ זײַן* אַ נ' ⟨פֿאַר⟩ be tempting (to) ⊢ שטעל|ן פֿאַר אַ נ' tempt

נסיונדיק אַדי [ ] tempting

נסימדיק אַדי [NI'SIMDIK] miraculous

נסים־ונפֿלאָות מצ [VENIFLO'ES] miracles and wonders

נסיעה די (—ות) [NESIE] (long) trip, journey, voyage ⊢ מצ *also* travels

נסתלק ווער|ן וו (איז נ' געוואָרן) [NISTALEK] (Jew. saintly person) die
נעאָ... neo... || נעאָקלאַסיש neo-classic
נעאָלאָגיזם דער (ען) neologism
'נעבן זען ל ע ב ן פּרעפּ
נעבעך אינט poor, unfortunate || דאָס מיידל נ' the unfortunate girl
נע'בעכדיק אדי wretched, miserable, pitiful, lugubrious
נע'בעכל דאָס (עך) wretch, dupe; helpless person, sissy
נעגאַטי'וו 1. אדי negative || 2. דער (ן) negative
נע'גל־וואַסער: אָפּ|גיס|ן נ' (Jew.) to perform the ceremony of ritual hand-washing upon arising in the morning
נעגליזשע' דער (ען) negligée
נע'גל־לאַקיר דער (ן) nail polish
נע'גל־שערל דאָס (עך) nail clippers
נע'גלעך דאָס (ך) clove, carnation
נעגער דער (ס) ⊡/⊡טע Negro
נע'גער(י)ש אדי Negro
°נעווירע די (ס) זען ע ב י ר ה
נעוורא'ז דער (ן) neurosis
נעוורא'טיקער דער (ס) ⊡ neurotic
נעוורא'טיש אדי neurotic
נע־ונד אַפּ [NAVENA'D] wandering, homeless
נע־ונדיק אדי [ ] migrant
נע־ונדניק דער (עס) ⊡—ניצע migrant, wanderer, homeless person
נעזבוים דער (...ביימער) maple
נעזל דאָס (עך) (נאָז △) nozzle
נעט אדי flush, snug || פּאַס|ן נ' fit tightly
נעטאָ אדוו net (weight etc.)
נעטאָ... net || נע'טאָוואָג net weight
נעילה די [NILE] ne'ilah, the last prayer recited on Yom Kippur
נעכטיק אדי yesterday's || זײַן* ווי אַ נ'|ער ⊦ be downhearted/confused ניט קיין נ'|ער not born yesterday
נעכטיק... overnight || נ'־רענצל overnight bag
נע'כטיק|ן וו ◇ spend the night *imp.*

נעכטן אדוו yesterday || נ' אין אָוונט last night
°נעכײַ' אינט ⟨וואָלט ...⟩ would that, if he/she/... would only ...
נע'לם־ווערונג די (ען) disappearance
נעלם ווער|ן וו (איז נ' געוואָרן) disappear, vanish
נעמ... draft || נע'מסיסטעם draft system
נעמונג די (military) draft
נע'מונג־קאַרטל דאָס (עך) draft card
נעמלעך 1. אדי same, identical || 2'. אדוו זען ד ה י נ ו
נעמ|ען וו (גענומען) attract, excite || נ' ⟨בײַ⟩ take (from); administer (oath) (to)
|| נ' און ... go ahead and ... || נ' אויף זיך ⊦ underwrite || נ' (אין מיליטע'ר) draft || נ' זיך ⟨פֿון⟩ come, be derived, originate || ⊦ נ' זיך בײַ (rev. con.) get (from) פֿון וואַנעט נעמט זיך בײַ איר דער פּלאַן? || where does she get the idea? נ' זיך צו take up, get down to, ⊦ נ' זיך צוריק צו proceed to, set out to resume
נע'מען־אויסרוף דער (ן) roll call
נע'ם־קאָלעגיע די (ס) draft board
נע'נטער|ן זיך וו ◇ approach
נעסט די (ן) nest
נעסעסע'ר דער (ן) toilet case/kit
נעפּטו'ן (דער) Neptune
נעפּל דער (ען) fog, mist, haze
נע'פּלדיק אדי hazy, foggy; obscure, vague
נע'פּל־שלייער דער (ס) haze
נעץ[1] די (ן) net, network; mesh, web; grid; screen
נעץ[2] די wetness, moisture
נעצבאָל דער volleyball
נע'צהײַטל דאָס (עך) retina
נעצ|ן וו ◇ wet *imp.* || אומפּ be wet (esp. due to seepage or leakage)
•נעקסט דער (ן) אַמער turn || ס'איז מײַן נ' it's my turn
נעקראָלאָ'ג דער (ן) obituary notice
נערוו דער (ן) nerve

נערוויר|ן וו ◇ make edgy || נ' זיך be edgy/excited
נערוועז אַדי nervous
נערוועזיש אַדי = נערוועז
נעריק אַדי nutritious
נער|ן וו ◈ nourish
נע'רעוודיק אַדי nutritious, nourishing, substantial
•נפטר זען ניפטר
נפיחה די (—ות) [NEFIKhe] flatus
נפקא־מינה די (—ות) [NA'FKEMINE] difference
נפש דאָס (ות) [NEFEsh—NEFAShES] soul; creature
נצחון דער (ות) [NITSOKhN—NITSKhOYNES] victory, triumph, conquest
נצחונדיק אַדי [ ] victorious, triumphant
נצחנות דאָס [NATSKhONES] truculence, disputatiousness
נצחניש אַדי [NATSKhONISh] disputatious, truculent
נ"ק = נאָך קרי'סטוסן A.D.
נקבֿה די (—ות) [NEKEYVE] female
נקודה די (—ות) one of the vowel signs used with the Jewish alphabet
נקודים־ובֿרודימדיק אַדי [NEKU'DIM-UVRU'-DIMDIK] motley
נקמה די (—ות) [NEKOME] revenge, vengeance, retribution ⊢ נ' נעמ|ען פֿאַר avenge
נקמה־זוכעריש אַדי [ ] vindictive
נר־תּמיד דער (ן) [NEYRTOMED] eternal light, esp. one in the synagogue
נשים זען אישה
נשמה די (—ות) [NEShOME] soul || פֿאָכ(ע)|ן מיט דער נ' be on the brink of death
נשמה־יתירה די [YESE'YRE] the additional soul which is said to possess a Jew on the Sabbath; hence, Sabbath festiveness
נשתּוממדיק אַדי [ ] astounding
נשתּומם ווער|ן וו (איז נ' געוואָרן) [NIShTOY-MEM] be amazed/astounded
נשׂיא דער (ים) [NOSI—NESIIM] (Israeli) president
•נשׂרף זען נישׂרף
•נתבע זען ניתבע
נתגלה ווער|ן וו (איז נ' געוואָרן) [NISGALE] be revealed
נתחמץ ווער|ן וו (איז נ' געוואָרן) [NISKhA-METS] become contaminated (with leaven during Passover; also *fig.*)
נתינה די (—ות) [NESINE] impost, levy
נתעלה ווער|ן וו (איז נ' געוואָרן) [NISALE] rise (to greatness)
נתעשר ווער|ן וו (איז נ' געוואָרן) [NISAShER] become rich
נתפּעל ווער|ן וו (איז נ' געוואָרן) ⟨פֿון⟩ [NISPOEL] be impressed; be elated (by), become enthusiastic (over)

ס

ס דער/די [SAMEKh] letter of the Yiddish alphabet; pronounced [s]; numerical value: 60

ס=סענט ¢ (cent)

ס'[1] = ע ס || ס'גייט=עס גייט

ס'[2] = ד אָ ס || אויף ס'נײַ=אויף דאָס נײַ

ס'אַ=ס'איז אַ || ס'אַ לינן=ס'איז אַ לינן

סאַבאָטאַ'זש דער sabotage

סאַבאָטאַזשניק דער (עס) ◻–ניצע saboteur

סאַבאָטיר|ן וו ◇ sabotage

•סאָבוויי די/דער (ס) אַמער subway

סאַבליע די (ס) saber

סאַבעצקע: פֿון מלך ס'ס צײַטן [MEYLEKh] from time immemorial

סאַגע די (ס) saga

סאָד דער (סעדער) △ סעדל orchard

סאָדאַרניע די (ס) soda fountain

סאָדע די (ס) soda; bicarbonate of soda

סאָווע די (ס) owl

סאָוועט דער (ן) soviet

סאָוועטיש אַדי Soviet

סאָוועטן־... Soviet || ס'־מאַכט Soviet regime

סאָוועטן־פֿאַרבאַנד דער Soviet Union

סאָוס דער (ן) sauce, dressing

סאַזשלקע די (ס) pond

סאַזשע די soot

סאַטורן (דער) Saturn

סאַטיריש אַדי satirical

סאַטירע די (ס) satire

°סאָטן דער shade

סאַטעלי'ט דער (ן) satellite

סאַכאַרי'ן דער saccharine

סאָכע די (ס) hook plow

סאָל דער (the musical note) G

סאָלאָ 1. אַדוו solo || 2. דער (ס) solo

סאָלאָוויי' דער (ען) nightingale

סאַלאַ'ט דער (ן) salad; lettuce

סאַלאַמי דער (ס) salami

סאַלאָ'ן דער (ען) parlor, lounge, salon

סאָלדאַ'ט דער (ן) soldier

סאַלו'ט דער (ן) salute

סאַלוטיר|ן וו ◇ salute

סאָלי'ד אַדי solid, compact; rugged; reliable, respectable

סאָלידאַריזיר|ן זיך וו ◇ מיט make common cause with, support, identify oneself with (a person, a cause)

סאָלידאַריטע'ט די solidarity

סאָלידאַריש אַדי solidary

סאַליע זען זאַל די

סאַמאָוואַ'ר דער (ן) samovar

סאַמע אַדי—אינוו very || דער ס' סוף [SOF] the bitter end, the very end

סאַמעט דער velvet

סאַ'מעטיק אַדי velvety, suave

סאַ'מעט·ן אַדי (of) velvet

סאַמעראָדנע אַדי (*hum.*) genuine, true-blue

סאַנאַטאָריע די (ס) sanatorium

סאַנגוויניש אַדי sanguine

סאַנדאַ'ל דער (ן) sandal

סאָנדיי דער (ס) אַמער sundae

סאַ'נטאַ־קלאַוס פּנ—אַמער Santa Claus

סאַניטאַציע די—אַמער sanitation

סאַניטאַ'ר דער (ן) medic, male nurse

סאַניטאַריש אַדי sanitary
סאָנע'ט דער (ן) sonnet
סאַנקט־... Saint, St.
סאַנקציאָניר|ן וו ◇ sanction
סאַנקציע די (ס) sanction
סאָסנאָווע אַדי pine
סאָסנע די (ס) pine
סאַפּע די (ס) hoe
סאַ'פּעדיק אַדי panting, short-winded
סאַ'פּעווע|ן וו ⊙ hoe
סאַפּע|ן=סאָפּע|ן וו ⊙ pant, gasp
סאָפּראַ'ן דער (ען) soprano
סאָפֿע די (ס) sofa
סאָציאַ'ל אַדי social
סאָציאַ'ל... social || ס'־פֿאַרזיכערונג social security
סאָציאָלאָ'ג דער (ן) sociologist
סאָציאָלאָגיע די sociology
סאָציאָלאָגיש אַדי sociological
סאָציאַ'ל־אַרבעט די social work
סאָציאַ'ל־אַרבעטער דער (ס) ⊡ social worker
סאָציאַ'ל־וויסנשאַפֿט די (ן) social science
סאָציאַליזם דער socialism
סאָציאַלי'סט דער (ן) ⊡קע socialist
סאָציאַליסטיש אַדי socialist
סאָ'צפֿאַרזאָ'רג דער welfare
סאָ'צפֿאַרזי'כער דער social security
סאָק דער (ן) syrup; sap
סאַקוויאַ'זש דער (ן) traveling bag
סאָקיק אַדי juicy, succulent
סאַקסאָפֿאָ'ן דער (ען) saxophone
סאַראַ אַדי—אינוו what, how (*admiration, surprise*) ⊢ ס' גרויסע אויגן! what big eyes! ⊢ ס' ריינער צימער! what a clean room!
סאַרדי'ן דער (ען) sardine
סאַרווער דער (ס) ⊡ waiter
סאַ'רווער|ן וו ⊙ wait on tables
סאַרזשע די serge
סאָרט דער (ן) kind, sort, brand, class
סאָרטיר|ן וו ◇ sort *imp.*
סאַרײַ' דער (ען) shed
סאַרנע די (ס) deer, doe
סאַרקאַזם דער sarcasm

סאַרקאַסטיש אַדי sarcastic
׳סבה זען ס י ב ה
סבֿיבֿה די (—ות) [SVIVE] environment, surroundings; locale
סבֿלן דער (ים) [SAVLEN—SAVLONIM] patient/tolerant person
סבֿלנות דאָס [SAVLONES] patience, tolerance
סבֿלניש אַדי [SAVLONISH] indulgent, tolerant
סבֿרא די (—ות) [SVORE] guess, hypothesis || (עס איז) אַ ס' (אַז) it is likely that, probably ⊢ עס וואָלט געווע'ן אַ ס' אַז it wouldn't be a bad idea to
סגול דער (ען) [SEGL—SEGLEN] the Hebrew vowel sign ֶ representing the vowel [E] after the consonant under whose letter it is placed; e.g. מֶ=[ME]
סגולה די (—ות) [ZGULE] remedy, solution
סגל דער (ען) זען ס ג ו ל
סדום (דאָס) [SDOM] Sodom
סדום־בעטל דאָס (עך) [ ] Procrustean bed
סדר 1. דער (ים) [SEYDER—SDORIM] order, || arrangement, sequence, succession || על־פּי ס' [ALPI] orderly, neat || אין דע'ם ס' respectively || ווי דער ס' איז naturally ⊢ צום ס'! point of order! || 2. דער (ים) seder, the festive meal eaten on the first two nights of Passover; one of the six parts of the Mishnah
סדר־... [ ] ordinal
סדרדיק אַדי [ ] orderly, neat
סדרה די (—ות) [SEDRE] section of the Pentateuch assigned for a week's reading; (*hum.*) theme (of discussion etc.), object of extended concern
סדר־היום דער [SEYDER-HAYO'M] agenda
סואוו... זען ס ו ו ו...
סוב... sub...
סובאָרדינאַ'ט דער (ן) subordinate
סובווע'נץ די (ן) subsidy, grant
סובווערסי'וו אַדי subversive

סובטי'ל אדי subtle
סוביע'קט דער (ן) subject (of an experiment); (grammatical) subject
סוביעקטי'וו אדי subjective
סובמאַרי'ן דער (ען) submarine
סובסטאַנטי'וו דער (ן) substantive, noun
סובסטאַ'נץ די (ן) substance
סובסטיטו'ט דער (ן) substitute (thing substituted)
סובסטיטויר|ן וו ◇ substitute
סובסטיטוציע די (ס) substitution
סובסטראַ'ט דער (ן) substratum
סובסי'דיע די (ס) subsidy
סובסידיר|ן וו ◇ subsidize
סו'בקאָמיסיע די (ס) subcommittee
סובֿל זײַן* וו (ס' געווע'ן) [SOYVL] tolerate, countenance, endure
סוגיא די (—ות) [SUGYE] topic, (Talmudic) subject under discussion
סוגעסטי'וו אדי suggestive
סוגעריר|ן וו ◇ suggest
סוד דער (ות) [SOD—SOYDES] secret; mystery ⊢ האַלט|ן ס' keep a secret
סודותדיק אדי [SO'YDESDIK] mysterious
סודותדיקייט די [ ] secrecy
סודי־סודות מצ [SOYDE-SO'YDES] great secrets
סוד־סודותדיק אדי [SO'D-SO'YDESDIK] top secret
סודע|ן זיך וו ⟐ [SOYDE] discuss secrets, whisper to each other
סוואַ'סטיקע די (ס) swastika
ס'וואָר קאָ to be sure, admittedly
סוווני'ר דער (ן) souvenir
סווערע'ן אדי sovereign
סווערעניטע'ט די sovereignty
סוויטע די (ס) train, retinue; (musical) suite
סווישטש דער (ן) piercing whistle
סווישטשע|ן וו ⟐ whistle (piercingly)
סוועטער דער (ס) sweater
סוזשע'ט דער (ן) plot (of a work)
סוחר דער (ים) [SOYKhER—SOKhRIM] businessman, merchant, dealer
סוחריש אדי [SOKhRISH] commercial; businesslike
סוחרערײַ דאָס [SOKhRERA'Y] business, the business world
סויבל דער sable
סוי'בעלן אדי sable
סויע די soy beans (*coll.*)
סוכּה די (—ות) [SUKE] tabernacle erected in celebration of the Sukkoth holiday, in which meals are taken
סוכּה־שער: גיי|ן*/שיק|ן נאָך אַ ס' go/send on a fool's errand, get/give the runaround
סוכּות דער [SUKES] the Jew. Feast of Tabernacles, or Sukkoth, celebrated by living in booths or tabernacles
סוכּותדיק אדי [ ] of Sukkoth
סוכער דער (עס) zwieback
סולטאַ'ן דער (ען) sultan
סולת דאָס [SOYLES] purest flour; the cream of the crop
סומיר|ן וו ◇ sum up
סומך זײַן* וו (ס' געווע'ן) ⟨אויף⟩ [SOYMEKh] base (on) ⊢ ס' זײַן* זיך אויף rely, base oneself on
סומנע אדי mournful, plaintive, gloomy, drab
סומע די (ס) sum, amount
סוספּענדיר|ן וו ◇ suspend (membership, punishment, etc.)
סופּלעמע'נט דער (ן) supplement
סופּער... super...
סו'פּעראָקסי'ד דער (ן) peroxide
סופּערלאַטי'וו דער (ן) superlative (degree of an adjective)
סו'פּערמאַרק דער (...מערק) supermarket
סופּערסאָניש אדי supersonic
סוף דער (ן) [SOF] end, close, conclusion; turn (of century) ⊢ אָן אַ ס' endless, infinite, interminable ⊢ מאַכ|ן אַ ס' ⟨צו⟩ finish up, stamp out ⊢ נעמ|ען אַ ס' אומפּ end *vi.* ⊢ צום ס' in the end; actually
סוף־... [ ] final, terminal

סוף־וואָ'ך דער (ן) [ ] weekend
סופֿי'ט דער (ן) ceiling
סופֿי'קס דער (ן) suffix
סוף־כּל־הדורות דער [SOF-KO'L-HADO'YRES] the end of time
סוף־כּל־סוף אַדוו [SOFKL-SO'F] at last, eventually, in the long run; after all
סוף־כּל־סופֿיק אַדי [ ] eventual
סופֿליאָ'ר דער (ן) □שע prompter
סופֿליר|ן וו ◇ prompt (an actor)
סוף־סטאַנציע די (ס) [SO'F] terminal
סופֿר דער (ים) [SOYFER—SOFRIM] (*Jew.*) scribe, esp. of Torah scrolls, phylacteries, and mezuzoth
סופֿראַזשיסטקע די (ס) suffragette
סוק דער (עס) knot (of a tree), gnarl
סוק(עוו)אַטע אַדי knotty, gnarled
סוקצע'ס דער (ן) success; hit
סוראָגאַ'ט דער (ן) substitute
סורדו'ט דער (ן) long coat
סורפּרי'ז דער (ן) (cause of) surprise
סורעאַליזם דער surrealism
סותר זײַן* וו (ס' געווע'ן) [SOYSER] contradict ‖ ס' זײַן* זיך contradict, jar with oneself, conflict
סחורה די (—ות) [SKhOYRE] ware(s), commodity, goods; fabric
סט', 'סט=האָסט, וועסט
ס"ט=סאַנקט־, סיינט־ St.
סטאַבי'ל אַדי stable, stationary
סטאַביליזיר|ן וו ◇ stabilize
סטאַבילקייט די stability
סטאַגנאַ'נט אַדי stagnant
סטאַדיאָ'ן דער [DY] stadium
סטאַ'דיע די (ס) phase, stage
סטאַדע די (ס) herd, flock
סטאַ'דעדיק אַדי gregarious
סטאַוו דער (ן) pond, pool
סטאַזש דער (ן) length of service, seniority
סטאַטו'ט דער (ן) charter, bill; bylaw
סטאַטוס דער (ן) status
סטאַטוסקוואָ' דער (ען) status quo
סטאַ'טוע די (ס) statue
סטאַטיסטיק די (עס) statistic; statistics
סטאַטי'סטיקער דער (ס) ⊡ statistician
סטאַטיסטיש אַדי statistical
סטאַטיק די static; statics
סטאַטיק 1. דער poise, composure ‖ 2. דער (עס) well-poised person
סטאַטיש אַדי static
סטאַטעטשנע אַדי stately, dignified, portly
סטאַטשיק דער (עס) stump
'סטאַיע זען ס ט ײַ ע
סטאָ'יִקער דער (ס) stoic
סטאָיִש אַדי stoic
סטאָליער דער (ס) carpenter, cabinet-maker
סטאָליערײַ' דאָס carpentry, cabinetmaking
סטאַן דער (ען) waist (of a garment)
סטאַנאָ'ק דער (עס) workbench; machine, press, or other manned working position in an industrial assembly process
סטאַנדאַרד דער (ן) standard
סטאַנדאַרדיזיר|ן וו ◇ standardize
סטאַניק דער (עס) brassière
סטאַנציע די (ס) station; lodging
סטאָפּ אינט halt
סטאָפּער דער (ס) stop watch
סטאַציאָניר|ן וו ◇ station
•סטאַציע די (ס) station
סטאַרט דער (ן) start, take-off
סטאַרטער דער (ס) (engine) starter
סטאַרטפּאַס דער (ן) runway
סטאַרטשע|ן וו ◇ protrude
סטאַרע|ן זיך וו ◇ endeavor, try hard
סטאַשקע די (ס) peanut
סטאַ'שקעשמיר די peanut butter
סטואַרד דער (ן) □קע/⊡ steward
סטו'דיאָ דער (ס) (artist's) studio
סטו'דיע די (ס) theatrical studio
סטודע'נט דער (ן) □קע college/university student
סטודע'נטנשאַפֿט די (ן) student body
סטודענטקע די (ס) female student, coed
סטויג דער (ן) pile (of hay etc.)
סטויפּ דער (ן) post, pole, pile, stake ‖ בײַם ס' at the stake
סטוסאַ'ק דער (עס) blow, jab

סטיגאַטער דער (ס) opponent, antagonist, enemy
סטיטשקע די (ס) run-in, clash
סטײַטש? אינט how come? how is that possible?
סטײַטשיק אַדי self-righteous
סטײַע די (ס) swarm, (wolf) pack
סטײַע|ן וו ◈ last, suffice
סטיכיע די (ס) elemental force; the elements
סטיכיש אַדי elemental
סטיל דער (ן) style
סטיליסטיש אַדי stylistic
סטי'לפֿיגור די (ן) figure of speech
סטימו'ל דער (ן) stimulus, incentive
סטימולאַ'נט דער (ן) stimulant
סטימוליר|ן וו ◇ stimulate
סטיפּענדיאַ'ט דער (ן) ⊡ [DY] scholar (scholarship holder)
סטיפּע'נדיע די (ס) scholarship, fellowship
סטירדיש אַדי defiant
סטירדעס דאָס defiance || גיי|ן* אויף ס' קעגן defy
סטעזשקע=סטעטשקע די (ס) זען סטעשקע
סטעליע די (ס) ceiling
סטעלמאַך דער (ן) wheelwright
סטענאָגראַפֿי'סט דער (ן) ⊡/☐קע stenographer
סטענאָגראַפֿיע די shorthand
סטענאָגראַפֿיר|ן וו ◇ take down in shorthand
סטענאָגראַפֿיש 1. אַדי stenographic || 2. אַדוו in shorthand
סטענגע די (ס) ribbon
•סטענצל דער (ען) זען שטענצל
סטעפּ דער (עס) steppe
סטערדיש אַדי זען סטירדיש
סטערטע די (ס) זען סקירדע
סטערי'ל אַדי sterile
סטעריליזיר|ן וו ◇ sterilize
סטערעאָטי'פּ דער (ן) stereotype
סטערעאָטי'פּ(יש) אַדי stereotyped
סטערעאָמעטריע די solid geometry

סטערעאָפֿאָ'ן דער stereo, stereophonic phonograph
סטערעאָפֿאָניש אַדי stereo(phonic)
סטעשקע די (ס) footpath, trail
סטראָזש דער (סטרעזשער) ☐קע janitor, building superintendent
סטראַטאָספֿע'ר די stratosphere
סטראַטאָספֿעריש אַדי stratospheric
סטראַטע'ג דער (ן) ⊡ strategist
סטראַטעגיע די (ס) strategy
סטראַטעגיש אַדי strategic
סטראַכירונג די insurance
סטראַכיר|ן וו ◇ insure *vi.*
סטראַכי'ר-סטאַטיסטיקער דער (ס) ⊡ actuary
סטראָ'ם-האַלאַווויי' אַדוו head over heels
סטראָמפּליע די (ס) icicle
סטראָנגע די (ס) trout
סטראָפֿע די (ס) stanza
סטראַש דער (ן) scarecrow
סטראַשוניק דער (...נקעס) threat
סטראַשידלע די (ס) scarecrow
סטראַשע|ן וו ◈ ⟨ד⟩ threaten
סטרוזש דער (ן/עס) זען סטראָזש
סטרוזשקע די (ס) זען סטרושקע
סטרויער דער (ס) tuner
סטרונע די (ס) string (of an instrument)
סטרופּ דער (עס) scab (of a wound)
סטרוקטו'ר די (ן) structure
סטרושקע די (ס) (wood) shaving, chip
סטרי דער (ען) spirit, genius || כאַפּ|ן דעם ס' catch on
סטרי'געווע|ן וו ◈ baste *imp.*
סטרײַק דער (ן) אַמער strike || פֿ״גל שטרײַק
סטרײַק|ן וו ◈ אַמער strike *vi.* || פֿ״גל שטרײַקן
סטרײַקער דער (ס) אַמער striker || פֿ״גל שטרײַקער
סטרעמען דער (עס) stirrup
סטרעמפּל דאָס (עך) icicle
סי דער (ען) (the musical note) B
סיבה די (—ות) [SIBE] cause; reason; mishap
סיבהדיק אַדי [ ] causal
סיבותדיק אַדי [SI'BESDIK] = סיבהדיק
סיביר (דאָס) Siberia

סיבירער אַדי–אינוו Siberian

סיגוף דער (ים) [SIGEF—SIGUFIM] act of mortification (of the flesh) ⊦ מצ mortification ⊦ פּראַווע|ן סיגופֿים mortify the flesh

סיגנאַטו'ר די (ן) (musical) signature

סיגנאַ'ל דער (ן) signal

סיגנאַל(יז)יר|ן וו ◇ signal, signalize

סיגנע'ט דער (ן) signet

סידור דער (ים) [SIDER—SIDURIM] (*Jew.*) daily prayer book

סי'דעלע די (ס) perch, roost

סיוון דער Sivan, the ninth month in the Jew. calendar, coinciding with parts of May and June

סיום דער (ס) [SIEM] conclusion (of a project); graduation, commencement

סיטואַציע די (ס) situation

סיטרא־אַחרא די [SITRE-A'KhRE] the Devil and the evil spirits

סײַ: סײַ ווי סײַ anyhow, in any case || •סײַ ווער anyone || •סײַ ווו anywhere || •סײַ ווען at any time || סײַ ... סײַ both ... and; •whether ... or

סײַדן קאָ unless

סײַדנס = ס ײַ ד ן

סיינט־... אַמער St., Saint

סייסמאָגראַ'ף דער (ן) seismograph

סייף דער (ן) safe (deposit box), strongbox

סיכסוך דער (ים) [SIKhSEKh—SIKhSUKhIM] conflict, controversy, feud

סילאָ דער (ס) silo

סילאָגיזם דער (ען) syllogism

סילווע'סטער(־אָוונט) דער New Year's Eve

סילוע'ט דער (ן) silhouette

סילוק דער [SILEK] settlement

סילוק|ן וו ◇ [ ] settle, pay off (debts), ⊦ ס' מיט square (accounts) pay off (creditors)

סיליען וו ◇ thread *imp.* (a needle)

סילצע די (ס) snare

סימבאָ'ל דער (ן) symbol

סימבאָליש אַדי symbolic

סימבאָל(יז)יר|ן וו ◇ symbolize

סימוליר|ן וו ◇ simulate, feign

סימן דער (ים) [SIMEN—SIMONIM] sign, mark, indication, token ⊦ בייזע|ר ס' bad omen, portent ⊦ אַ ס' ⟨אויף⟩ indicative (of) ⊦ ווי אַ ס' פֿון in token of || זײַן* אַ גוטער ס' be auspicious

סימן־המין דער (סימני־) [SIMEN-HAMI'N—SIMONE-HAMI'N] earmark, differentia

סימן־מובֿהק דער [MU'VEK] clear sign, criterion, distinctive feature

סימעטריע די symmetry

סימעטריש אַדי symmetrical

סימפּאָ'זיום דער (ס) symposium

סימפּאַטיזיר|ן וו ◇ ⟨מיט⟩ sympathize (with), be in favor (of)

סימפּאַ'טיע די (ס) ⟨צו⟩ liking, fondness || ס'ס און אַנטיפּאַ'טיעס likes and dislikes

סימפּאַ'טיקער דער (ס) ⊡ sympathizer

סימפּאַטיש אַדי nice, genial, charming, likable, pleasant

סימפּטאָ'ם דער (ען) symptom

סימפּטאָמאַטיש אַדי symptomatic

סימפֿאָ'ניע די (ס) symphony; symphony orchestra

סימפֿאָניש אַדי symphonic || ס'|ער אָרקעסטער symphony orchestra

סינאַגאָגאַ'ל אַדי synagogal

סינאַגאָגע די (ס) (non-Orthodox) synagogue

סינאָני'ם 1. אַדי synonymous || 2. דער (ען) synonym

•סי'נגלמאַן דער (סי'נגללײַט) אַמער bachelor

סינדיקאַ'ט דער (ן) syndicate

סינדיקיר|ן וו ◇ syndicate

סינוס דער (ן) sine; sinus

סינטאַקטיש אַדי syntactic

סי'נטאַקס דער syntax

סינטע'ז דער (ן) synthesis

סינטע(טי)זיר|ן וו ◇ synthesize

סינטעטיש אַדי synthetic

סיני (דער) [SINAY] Sinai

סיניאַ'ק דער (עס) = ס י נ י ק

סיניק דער (עס) bruise, black and blue mark
סינכראָ'ן אַדי synchronous
סינכראָניזיר|ן וו ◇ synchronize
סינכראָנירונג די (ען) timing
סינכראָניר|ן וו ◇ זען סינכראָניזירן
סינקאָפּיר|ן וו ◇ syncopate
סיסטע'ם די (ען) system
סיסטעמאַט(יז)יר|ן וו ◇ systemize
סיסטעמאַטיש אַדי systematic
סיסטעמיר|ן וו ◇ systemize
סיפּור־המעשׂה דער [SIPER-HAMA'YSE] plot (of a story)
סי'פֿיליס דער syphilis
סיקע|ן וו ⊙ hiss
סיראָפּ דער (ן) זען סירעפּ
סיריע (די) Syria
סיריער דער (—) ⊡ Syrian
סיריש אַדי Syrian
סירענע די (ס) siren
סירעפּ דער (ן) syrup
סיתרי־תּורה מצ [SISRE-TO'YRE] the mysteries of the Torah; (*fig.*) mysteries
סכּנה די (—ות) [SAKONE/SEKONE] danger; jeopardy; threat ⊦ שטעל|ן אין (אַ) ס'
⊦ שטיי|ן* threaten, endanger, imperil
אין אַ ס' צו/פֿון run the risk of
סכּנהדיק אַדי [ ] dangerous, perilous
סכּנה־שטעלונג די [ ] jeopardy ‖ צוויי'מאָליקע ס' double jeopardy
סכּנות אַפּ [SAKONES/SEKONES] dangerous, awful
סכּנותדיק אַדי זען סכּנהדיק
סכּנת־נפֿשות דאָס [SAKONES-NEFO'ShES] deadly danger
סכּנת־נפֿשותדיק אַדי [ ] deadly
סך [SAKh]: אַ סך much, many ‖ אַזאַ' סך so much, so many
סך־... multi... ‖ סך־שפּראַכיק multilingual
סכאָלאַסטיש אַדי scholastic
סך־הכּל .1 דער (ען) [S(A)KhAKL] sum, total ‖ אונטער|צי|ען דעם/אַ ס' sum up, total all אַדוו .2 ⊦ up, compute the total told
סכום דער (ען) amount, quantity, lot; set
סכו'מען־טעאָריע די set theory
סכיזאָפֿרע'ניע די schizophrenia
סכך דער [SKhAKh] branches (usu. of red fir) used for covering a Sukkoth tabernacle
סכעמאַטיש אַדי schematic, sketchy
סכעמע די (ס) scheme, outline, blueprint
סלאַוו דער (ן) Slav
סלאָוואַ'ק דער (ן) Slovak
סלאַוויש אַדי Slavic
סלאָווענער דער (—) Slovene
סלוי[1] דער (עס) grain (of wood)
סלוי[2] דער (עס) △ סלוייק jar
סלופּ דער (עס) △ סלופּיק pole, post
סלופּיק דער (עס) (סלופּ △) column (of figures)
סליאָטע די slush
סליד דער (עס) track; clue
סליחה די (—ות) [SLIKhE] one of the prayers said during the days preceding the High Holidays through Yom Kippur, and on fastdays; book containing these prayers
סלינע די spittle ‖ די ס' רינט אים פֿון מויל his mouth waters
סלע־המחלוקת דער (ן) [SE'LE-HAMAKhLO'Y-KES] bone of contention
סלענג דער slang
•סלעק דער—אַמער (business) slack
סם דער (ען) [SAM] poison, venom
ס"ם דער [SAM; SAMEKh-ME'M] the Devil
סמאַהע די scum, froth (on lips)
סמאָטשיק דער (עס) pacifier
סמאָטשקע|ן וו ⊙ ⟨מיט⟩ smack (lips)
סמאל [SAMOEL] the Devil; Sammael, king of the evil spirits (in Jew. lore)
סמאַליע|ן וו ⊙ singe *imp.*
סמאָלע די (ס) tar, pitch, resin
סמאָקטשע|ן וו ⊙ suck (bone, candy)

סמאַרע|ן וו ◇ sniff, snort

סמבטיון דער [SAMBATYEN] the legendary impassable river of rocks, Sambation, behind which, according to Jew. lore, the Ten Lost Tribes of Israel live

סם־בלעטלעך מצ [SA'M] poison ivy

סם־המוות דער (ן) [SAM(-H)AMO'VES] deadly poison

סמוטנע אַדי lonely; sorrowful ‖ זײַן* אומפּ ד ס' be lonely

סמיטשיק דער (עס) זען ס מ י ק דער

סמיכה די [SMIKhE] authorization to be a rabbi; rabbinical ordination ‖ קריג|ן ס' be ordained as a rabbi

סמיכות־הפרשה די [SMIKhES-HAPA'RShE] (logical) connection

סמיק דער (עס) △ סמיטשיק bow (of a string instrument) ‖ נעמ|ען צום/אויפֿן ס' take to task

סמיק אַדי [SAMIK] poisonous, virulent

סמך דער (ן) [S(E')MAKh] ‖ basis, ground ‖ *also* אויפֿן ס' פֿון pursuant to, in virtue of ‖ זײַן* דער ס' פֿאַר underlie

סמך דער/די (ן) [SAMEKh] samek, name of the letter ס

סמע'טענע די cream, esp. sour cream; (*fig.*) cream of the crop

סמ|ען וו ◇ [SAM] poison *imp.*

סם־שוועמל דאָס (עך) [ ] toadstool

סנאָב דער (ן) snob

סנאָביש אַדי snobbish

סנאָפּ דער (עס) sheaf ‖ ס' ליכט beam of light

סנדק דער [SANDEK] (*Jew.*) man holding the baby while it is being circumcised

סניגור דער (ס) ל [SANEYGER] defender; (*Jew.*) defending angel

סע פּראָ it (*optionally used instead of* עס, *esp. before verbs beginning with a consonantal cluster*) ‖ סע שרײַבט it writes

סעאַ'נס דער (ן) session; showing; séance

סעגמע'נט דער (ן) segment

סעגמענטיר|ן וו ◇ segment

סעגרעגאַציאָני'סט דער (ן) ◻קע segregationist ‖ סעגרעגאַציאָניסטיש אַדי

סעגרעגאַציע די (system of) segregation

סעגרעגירונג די (ען) (act of) segregation

סעגרעגיר|ן וו ◇ segregate

סעדל דאָס (עך) (סאָד △) small park, green

סע'דעכע די (ס) gossip (gossiping woman)

סעדער דער (ס) ◻קע orchard keeper

סעודה די (—ות) [SUDE] repast, feast, banquet

סעודת־הבֿראה די [SUDES-HAVRO'E] meal prepared by friends for a mourner returning from a funeral as an expression of sympathy and consolation

סעזאָ'ן דער (ען) season

סעזאָ'נ... seasonal

•סעכער דער (עס) זען ס ו כ ע ר

סעלעקטי'וו אַדי selective

סעלעקציע די (ס) selection

סעלעריע די celery

סעמי'ט דער (ן) Semite

סעמיטיש אַדי Semitic

סעמינאַ'ר דער (ן) seminar; seminary

סעמעסטער דער (ס) semester

סענאַ'ט דער (ן) senate

סענאַטאָר דער (...אָ'רן) ◻שע senator

סענדוויטש דער (ן) אַמער sandwich

סענט דער (ן) cent

סענטימע'נט דער (ן) sentiment

סענטימענטאַ'ל אַדי sentimental

סע'ניאָר טיטל senior

סעני'ל אַדי senile

סענסאַציאָנע'ל אַדי sensational, thrilling, flashy

סענסאַציע די (ס) sensation, excitement

סענסוע'ל אַדי sensual

סענסיטי'וו אַדי sensitive

סענץ דער (ן) essence (esp. of tea)

סע'נצערל דאָס (עך) teabag

סענק דער (עס) זען ס ו ק

סע'סיע די (ס) session

סעפּאַראַ'ט(־אָפּדרוק) דער (ן) offprint, reprint

סע'פּטימע די (ס) seventh (musical interval)

סעפּטעמבער דער (ס) September

•סעפּעט דער (ן) זען שעפּעטל

סעצע'סיע די (ס) secession

סעקונדאַ'נט דער (ן) second (in a duel)

סעקונדניק דער (עס) second hand (of a watch)

סעקונדע די (ס) second (time, musical interval)

סעקונדע'ר אַדי secondary

סעקטאַנטיש אַדי sectarian

סעקטאָר דער (...אָ'רן) sector

סעקטע די (ס) sect

סעקס דער (matters of) sex

סעקסוע'ל אַדי sexual

סעקסטע די (ס) sixth (musical interval)

סעקציע די (ס) section

סעקרעטאַ'ר דער (ן) ⊡/◻שע secretary

סעקרעטאַרײַ' דאָס secretarial work

סער טיטל Sir

סערווי'ז דער (ן) service (set of dishes)

סערוויר|ן וו ◇ serve (food)

סערוועט דער/דאָס (ן) tablecloth

סערוועטקע די (ס) napkin

סערום דער (ס) serum

סערזשאַ'נט דער (ן) sergeant

•סערטיפֿיציר|ן וו ◇ זען צערטיפֿיציר|ן

•סערטיפֿיקאַ'ט דער (ן) זען צערטיפֿיקאַט

סעריע די (ס) series

סערענאַדיר|ן וו ◇ serenade

סערענאַדע די (ס) serenade

סערעפּ דער (ן) זען סירעפּ

סערפּ דער (ן/עס) sickle

סע'רצע(ניו) אינט darling

ספּאַגעטי מצ spaghetti

ספּאָדיק¹ דער (עס) saucer

ספּאָדיק² דער (עס) high fur cap || דריי|ען ⟨ד⟩ אַ ס' bother, annoy

ספּאַזמע די (ס) spasm

ספּאָטיקע|ן זיך וו ◇ ⟨אין⟩ trip, stumble (on)

ספּאָלאָשע|ן וו ◇ make wild with fright (as a horse)

ספּאָנטאַ'ן אַדי spontaneous

ספּאָר דער (ן) spore

ספּאָראַדיש אַדי sporadic

ספּאַרזשע די asparagus

ספּאָרט דער (ן) sport

ספּאָרטזאַל דער (ן) gymnasium

ספּאָרטלער דער (ס) ◻קע sportsman, sport (person)

ספּאָ'רטלעריש אַדי sportsmanlike

ספּאָרטסמע'ן דער (ער) sportsman

ספּיצע די (ס) spoke

ספּיקער דער (ס) אַמער Speaker (of the House of Representatives)

ספּיראַ'ל דער (ן) spiral || ספּיראַליש אַדי

ספּירט דער spirit (alcohol)

ספּעץ דער (ן) ⊡ specialist

ספּעציאַליזיר|ן זיך וו ◇ ⟨אין⟩ specialize (in)

ספּעציאַליטע'ט די (ן) specialty; skill

ספּעציאַלי'סט דער (ן) ◻קע specialist

ספּעציע'ל 1. אַדי special, particular || 2. אַדוו especially || ס' וו make it a point to

ספּעציפֿיציר|ן וו ◇ specify

ספּעציפֿיקאַציע די (ס) specification

ספּעציפֿיש אַדי specific

ספּעצקליידונג די working clothes, overalls

ספּעקולאַטי'וו אַדי speculative

ספּעקולאַ'נט דער (ן) ◻קע speculator, profiteer

ספּעקולאַציע די (ס) speculation

ספּעקוליר|ן וו ◇ speculate || ס' אויף *also* trade on

ספּעקטאַקל דער (ען) spectacle, sight; show, pageant

ספּעקטאַ'קלדיק אַדי spectacular

ספּעקטע די (ס) hotbed

ספּעקטער דער (ס) spectrum

ספּערמע די sperm, semen

ספּראַווע|ן זיך וו ⊙ ⟨מיט⟩ manage, acquit oneself (of)

ספּרוזשינע די (ס) △ ספּרוזשינקע (elastic) spring

ספּירה [SFIRE]: ציילן ס' to count the 49 days of the 'omer between Passover and Shabuoth

ספּעריש אַדי spherical

ספּערנ... space, spatial

ספּערע די (ס/ספּערן) sphere, domain || די ספּערן מצ space

ספק 1. דער (ות) [SOFEK—SFEYKES] doubt || אָן (אַ) ס' doubtless, indubitable || זײַן* אין ס' ⟨צי⟩ doubt (whether) || 2. קאָנ ס' ... ס' possibly ... or || אַ ס' בלאָער ס' שוואַרצער גאַרניטער a suit whose color may have been blue or black

ספקדיק אַדי [ ] doubtful, dubious, questionable

ספקן וו ◇ [ ] doubt, question

ספֿר דער/דאָס (ים) [SEYFER—SFORIM] (*Jew.*) religious book; hence, any important book

ספֿרד (דאָס) [SFARD] (*Jew.*) medieval Spain and Portugal

ספֿרדי דער (ם) [SFARDI] Sephardi, a Sephardic Jew, i.e. a Jew of medieval Spain or Portugal, or a descendant of those Jews

ספֿרדיש אַדי [ ] Sephardic

ספֿרים־חיצונים מצ [SFORIM-KhITSO'YNIM] secular books (from a traditional Jew. point of view); apocrypha

ספֿר־תּורה די (—ות) [SEYFERTOYRE] scroll of the Torah

סצירקע די (ס) dish towel

סצענאַ'ר דער (ן) scenario, script

סצעני'סט דער (ן) □קע stage hand

סצענע די (ס) scene; stage

סצע'נע־אַרבעטער דער (ס) stage hand

סצע'נע־דירעקטאָר דער (...אָ'רן) stage manager

סקאַבקע די (ס) splinter

סקאַווטשען וו ◇ yelp

סקאָ'ווערדע די (ס) = סקאָווראָדע

סקאָ'ווראָדע די (ס) frying pan

סקאַלאָפּ דער (ן) אַמער scallop

סקאַליטשען וו ◇ זען צעקאַליעטשען

סקאַלע¹ די (ס) scale (of measurement)

סקאַלע² די (ס) cliff

סקאַלפּ דער (ן) scalp

סקאַלפּירן וו ◇ scalp

סקאַלפּע'ל דער (ן) scalpel

סקאַמפּאַנייען (זיך) וו ◇ team up *vt/vi*

סקאַנדאַ'ל דער (ן) scandal; outrage

סקאַנדאַליזירן וו ◇ scandalize

סקאַנדאַליע'ז אַדי [LY] scandalous, outrageous

סקאַנדירן וו ◇ scan (verse)

סקאַסירן וו ◇ זען קאַסירן

סקאַצל קומט אינט look who's here! welcome!

סקאַרבאָווע אַדי commonplace, trite, stock

סקאָרבו'ט דער scurvy

סקאָ'רינקע די (ס) crust

סקאַרלאַטי'ן דער scarlet fever

סקאָרע די (ס) crust

סקאָרפּיאָ'ן דער (ען) scorpion

סקאַרפּע'ט דער (ן) sock

סקווער דער (ן) square, plaza

סקוטער דער (ס) scooter

סקוטשנע אַדי boring, dull || זײַן* אומפּ ס' ד (*rev. con.*) be bored (by) ⟨פֿון⟩

סקויט דער (ן) □קע (boy/girl) scout

סקולפּטאָר דער (...אָ'רן) □שע sculptor

סקולפּטו'ר די (ן) sculpture

סקי דער (—) ski

סקיבע די (ס) big slice, chunk

•סקיווקע די (ס) זען סקיפּקע

סקי'ערײַ' דאָס skiing

סקיפּקע די (ס) ferrule, knob

סקיציק אַדי sketchy

סקיצירן וו ◇ sketch, outline

סקיצע די (ס) sketch, draft

סקירדע די (ס) (hay) stack, pile

סקלאַד דער (ן) warehouse, storehouse; (lumber, coal) yard

סקלעראָ'ז דער sclerosis

סקעלע'ט דער (ן) skeleton; carcass

סקעפּטיציזם דער skepticism

סקע'פּטיקער דער (ס) ⊡ skeptic

סקעפּטיש אַדי skeptical

סקע'פּטישקייט די skepticism

סקעפּטער דער (ס) scepter

•סקראָבע|ן וו ⟐ זען ש ק ר אָ ב ע ן

סקרוך דער (עס) thrill, shudder || גע|ב|ן* ד ס'עס thrill *vt.*

סקרופּל דער (ען) scruple || אָן ס'ען unscrupulous

סקריפּ דער (ן/עס) squeak, creak

סקריפּט דער (ן) script (of a play etc.)

סקריפּע|ן וו ⟐ squeak, grate, creak

סראָ'וועטקע די whey

ס'רובֿ זען ר ו בֿ

סריס דער (ים) [SORES—SRISIM] eunuch

סרסר דער (ים) [SARSER—SARSORIM] broker, middleman

סתּירה די (—ות) [STIRE] discrepancy, contradiction

סתּם אדוו [STAM] without a good reason, at random; ordinary ⊢ ער איז ס' אַ מענטש he is an ordinary person, without anything unusual about him || ער רעדט ס' אַזוי' he talks at random, without a reason

•סתרי־תּורה זען ס י ת ר י ־ תּ ו ר ה

ע

ע¹ דער/די [AYEN] letter of the Yiddish alphabet; mostly pronounced [E]; numerical value: 70

ע² דער (ען) (the letter) E

ע'בנהאָלץ דאָס ebony

עבֿדות דאָס [AVDES] (moral) slavery

עבֿודה די [AVOYDE] worship, divine service

עבֿודה־זרה די [ZO'RE] idolatry

עבֿודת־פּרך די [AVOYDES-PE'REKh] back-breaking labor

עבֿירה די (—ות) [AVEYRE] sin, transgression; waste (of) ⊢ עס איז אַן ע' דאָס געלט it is a waste of money

עבֿירת־שבֿועה די [AVEYRES-shvU'E] perjury

עבֿר דער (ס) [OVER] past

עבֿרדיק אַדי [ ] (of the) past

•עבֿרה זען ע בֿ י ר ה

עבֿר־הירדן דאָס [EYVER-HAYA'RDN] Transjordan

עבֿר־זמניק אַדי [OVERZMANIK] obsolete, superannuated

עבֿרי 1. דאָס [IVRE] reading of Hebrew (in traditional elementary instruction) || 2. דער (ם) [IVRI] Hebrew (person)

עבֿרידיק אַדי [I'VREDIK] literate

עבֿרידיקייט די [ ] literacy

עבֿרי־טײַטש דאָס stylized archaic Yiddish used e.g. in the translation of sacred texts

עבֿרית דאָס [IVRI'T] modern Palestinian-Israeli Hebrew

עבֿריתיש אַדי [ ] modern Palestinian-Israeli Hebrew

עגאָטיזם דער egotism

עגאָיזם דער egoism, selfishness

עגאָי'סט דער (ן) □קע egoist

עגאָיסטיש אַדי selfish, egoistic

עגאָצענטריש אַדי self-centered

עגבער דער (ס) זען ע ק ב ע ר

עגונה די (—ות) [AGUNE] deserted wife, grass widow

'עגיפּטיש זען מ י צ ר י ש

'עגיפּטן זען מ צ ר י ם

עגלה די (—ות) [AGOLE] (*Jew.*) hearse

עגמת־נפֿש דאָס [AGMESNEFESh] heartache, aggravation

עדה די (—ות) [EYDE] religious community, congregation; Jew. ethnic subgroup

עד־היום אַדוו [ADAYEM] to this day, until now

עדות דער (—) witness || זײַן* אַן ע' attest (to) ⟨פֿון/אַז⟩

עדות־באַנק די [ ] witness stand

עדות זאָג|ן וו (ע' געזאָ'גט) [ ] give evidence, testify

עדות־זאָגן דאָס [ ] evidence, testimony

עדות|ן זיך וו ◇ [ ] מיט call upon (sb.) to be one's witness; invoke as evidence

עדותשאַפֿט די [ ] testimony

עדיטאָריאַ'ל דער (ן) editorial

עדיטאָריע'ל אַדי editorial

עדי'קט דער (ן) edict

עד־לחשבון אדוו [AD-LEKhE'zhBM] (payment) on account

ע'דערדיק אדי irksome

ע'דער|ן וו ⟐ torture by pulling the veins; nag, dismay, harry, torment, vex, irk

עד־ראיה דער (עדי־) [EYD-RI'E—EYDE] eye-witness

ע"ה = ע ל י ו ־ ה ש ל ו ם, ע ל י ה ־ ה ש ל ו ם

עובר דער (ים) [UBER—UBORIM] embryo

עוֹבדא די (—ות) = ע ו ב ד ה

עוֹבדה די (—ות) [UVDE] task, job, assignment

עוֹבר דער (ים) [OYVER—OYVRIM] violator

עוֹבר־בטל 1. אדי [OYVERBOT'L] ‖ senile
2. דער (ס) dotard

עוֹבר זײַן* וו (ע' געווע'ן) ⟨אויף⟩ [ ] transgress, trespass, violate

עוֹבר־שבֿועה זײַן* וו (ע' געווע'ן) [shVU'E] perjure oneself

עוֹבר־שבֿועהניק דער (עס) ם—ניצע perjurer

עודף דער [OYDEF] excess, surplus; margin, play

עודפֿדיק אדי [ ] excessive

עוואָלוציע די (ס) evolution

עוואַנגע'ליע די (ס) gospel

עוואַקוי'רונג די (ען) evacuation

עוואַקוי'ר|ן וו ◇ evacuate

...עוודיק אדי ...able ‖ שמי'רעוודיק smearable, spreadable

עווידע'נץ די evidence

עוולה די (—ות) [AVLE] wrong, injustice, injury, grievance

עווענטוע'ל 1. אדי ‖ possible, contingent
2. אדוו or possibly, then again, or perhaps

ע'וועניו די (ס) אַמער avenue

עול דער/דאָס (ן) [OL] onus, burden, drain
‖ זײַן* אַן ע' *also* be oppressive

עולה דער (עולים) [OYLE—OYLIM] (*Jew.*) pilgrim; immigrant to Palestine/Israel

עולה זײַן* וו (ע' געווע'ן) [ ] (*Jew.*) make a pilgrimage; immigrate to Palestine/Israel

עולה־יפֿה זײַן* וו (ע' געווע'ן) [YO'FE] prove successful

עולה־לגדולה זײַן* וו (ע' געווע'ן) [LIGDU'LE] achieve grandeur/distinction

עולה־רגל זײַן* וו (ע' געווע'ן) [RE'GL] make a pilgrimage, esp. to Jerusalem (for the Passover, Shabuoth or Sukkoth) in the days of the Temple

עולם דער (ס) [OYLEM] public; audience, crowd, turnout

עולם־האמת דער [HOE'MES] (*Jew.*) the World of Truth, i.e. the realm of the dead

עולם־הבא דער [HA'BE] world to come; a share in the world to come

עולם־הזה דער [HA'ZE] this world; worldly pleasures

עולם־הזהדיק אדי [ ] worldly, sensual, voluptuous

עולם־הזהניק דער (עס) [ ] ם—ניצע epicurean

עולם־ומלואו דער [UMLO'YE] huge amount
‖ האַלט|ן אַן ע' פֿון think very highly of

עולמות מצ [O'YLEMES] endowment

עולמות־פֿאָנד דער (ן) [ ] endowment fund

עולמש אדי [OYLEMSh] worldly (person)

עומר דער [OYMER] 'omer, the 49-day period between Passover and Shabuoth

עונג דער [OYNEG] enjoyment, pleasure

עונג־שבת דער (ים) [ShA'BES—ShABO'SIM] (*Jew.*) enjoyment of the Sabbath; a Friday evening gathering in honor of the Sabbath

עונש דער (ים) [OYNESh—OYNShIM] (moral) punishment, penalty

עוסק זײַן* וו—ל (ע' געווע'ן) אין [OYSEK] ‖ engage in, occupy oneself with
ע' זײַן* זיך מיט devote oneself to, be occupied with

עוף דאָס (ות) [OF—OYFES] fowl ‖ מצ poultry

עופֿל־גאָרטן דער (־גערטנער) [E'YFL] nursery

עופּלוויז אדוו [ ] in (one's) infancy

עופּלשאַפֿט די [ ] infancy

עופֿ'ן אדי [OF'N] (made of) fowl, poultry

עופֿעלע דאָס (ך) (עוף △△) [E'YFELE] baby, infant

עוקץ דער ⟨נאָם⟩ [OYKETS] little bit, dash (of)

עוקר זײַן* וו—ל (ע' געווע'ן) ⟨פֿון⟩ [OYKER] flee

עוקר־מן־השורש זײַן* וו (ע' געווע'ן) [MINA-SHO'YRESh] uproot thoroughly (*fig.*), eradicate

עושר 1. דער (עשירים) [OYShER—AShIRIM] wealthy person ⊢ 2. דער: אין ע' און אין כּבֿוד [KOVED] with honor and riches

עזבֿון דער (ות) [IZOVN—IZVOYNES] bequest, heritage, legacy

עזות דאָס [AZES] impertinence, impudence, insolence

עזותדיק אדי [ ] impertinent, presumptuous

עזות־פּנים דער/דאָס (ים) [PO'NEM—PE'NEMER] impertinent/insolent person

עזותקייט די (ן) [ ] impertinence

עזרת־נשים דער (ס) [EZRES-NO'ShIM] women's section in a synagogue; (*fig.*) distaff

עט! אינט oh, so what!

עטאַבליר|ן וו ◇ establish, found

•עטאַ'זש דער (ן) floor, story

עטאַ'ט דער (ן) tenure; Jew. community tax

עטאַלאָ'ן דער (ען) standard (of comparison etc.)

עטאַ'פּ דער (ן) stage (of a process), leg, lap (of a trip) ⊢ מיטן ע' in a procession of convicts

•עטוואָס זען עפּעס, (אַ) ביסל

עטוי' דער (ען) case, kit

עטיו'ד דער (ן) etude; study (as an art form)

עטימאָלאָגיע די (ס) etymology

עטיק די ethics

עטיקע'ט דער (ן) label, tag, etiquette

עטיש אדי ethical

עטל־בעי'טל cat's cradle

עטלעך־... multi... || ע'־שפּראַכיק multilingual

ע'טלעכע אדי—אינוו several, a few || ע' און צוואַנציק/דרײַסיק/... twenty/thirty/... odd

ע'טעמ|ען וו ◇ זען אָטעמען

עטער דער ether

עטרה די (—ות) [ATORE] ornamental collar of the prayer shawl

עיבור־יאָר דאָס (ן) [I'BER] leap year

עיגול דער (ים) ל [IGL—IGULIM] circle

•עיין זען עין

עיכּובֿ דער (ים) [IKEV—IKUVIM] impediment, hindrance, handicap; inhibition

עילוי דער (ים) [ILE—ILUIM] young genius, child prodigy

עילוייש אדי [ILUISh] young and brilliant

עין דער/די (ס) [AYEN] ain, name of the letter ע

עין־הרע 1. דער (ס) [EYN(H)ORE/AYEN-HO'RE] the Evil Eye which can, according to Jew. lore, inflict injury upon things or persons that are conspicuous by their goodness or beauty || געב|ן* ⟨ד⟩ אַן ע' injure by excessive praise (through pointing the praised person or object out to the Evil Eye) || קיין ע' knock on wood! (*used in mentioning any gratifying achievement*) ⊢ 2. די° (ס) [NEHORE] = עין־הרע 1

עינוי די (ים) [INE—INUIM] torture rack || נעמ|ען אויף דער ע' torture (on the rack) ⊢ מצ torture

עיפּוש דער [IPESh] stench

עיקר דער (ים) [IKER—IKRIM] principle, tenet ⊢ דער ע' chiefly, above all, especially

עיקר־... [ ] chief, fundamental, essential, basic, primary

עיקרדיק אדי [ ] essential, basic, primary

עירובֿ דער (ים) [EYREV—EYRUVIM] wire strung on the circumference of

a town to classify it as enclosed private property in which objects may be carried on the Sabbath according to Jew. law

עכו"ם מצ [AKUM] heathen (*coll.*)

עכאָ דער (ס) echo

עכט אַדי genuine, artless, authentic

על דער (ן) (the letter) L

על־אַחת־כּמה־וכמה קאַ [ALA'KhES-KA'ME-VEKA'ME] all the more so

עלאַסטיש אַדי elastic, resilient

עלאַ'סטישקייט די elasticity

עלאָקווע'נט אַדי eloquent

עלאָקווע'נץ די eloquence

על־דעת־עצמו אַדוו [ALDAAS-A'TSME] on one's own | ⊢ ע' װ take it upon oneself to

עלווע אַדוו זען ע ל ע ו ו ע

עלול אַפּ צו [OLEL] subject to

על־חטא דער [ALKhE'T] a prayer of confession said on Yom Kippur during the recitation of which one beats one's chest | ⊢ שלאָג|ן זיך ע' to say that prayer; hence, to regret, repent

ע'לטסט־געזע'ס'ן אַדי indigenous

עלטסטע מצ (אַלט △△ etc.) elders (of a tribe)

עלטער 1. אַדי (אַלט △) elder, senior || אויף די ע'ע יאָרן at an advanced age || וויס|ן/*וויַז|ן (ד) ווער ע' איז have/teach respect (to), get/give one's comeuppance | ⊢ 2. אַדי* elderly || 3. דער (ס) age || 4. די old age || טיפֿ|ע ע' very old age | ⊢ אויף דער ע' in one's declining years

ע'לטער־... great-...; old-age || ע'־זיידע great-grandfather | ⊢ ע'־פּענסיע old-age pension

ע'לטערונג די aging

ע'לטערן 1. מצ parents || 2. ע'לטער|ן װ ◇ age *vt.* | ⊢ ע' זיך age *vi.*, grow old

ע'לטערע מצ (אַלט △) (פֿון) (sb.'s) elders

ע'לטער־ע'לטערן מצ ancestors, forefathers

עליה די (—ות) [ALIE] rise; call to read a lesson from the Torah in the synagogue; immigration to Palestine/Israel

עליה־השלום פֿר [OLE(HA)ShOLEM] (*Jew.*) may she rest in peace

עליהם־השלום פֿר [ALE'YEM-HAShO'LEM] (*Jew.*) may they rest in peace

עליו־השלום פֿר [OLEVAShOLEM] (*Jew.*) may he rest in peace

עלי'ט דער (ן) élite

עליכם־שלום אינט [ALEYKhEM-ShO'LEM] hello (*in answer to* שלום־עליכם)

עלילת־דם דער [ALILES-DA'M] blood accusation (*cf.* בלוט־בילבול)

עלימינירונג די elimination

עלימיניר|ן װ ◇ eliminate

עליפּטיש אַדי elliptical, oval

עלי'פּס דער (ן) ellipse

על־כּל־פּנים אַדוו [ALK(O)LPONEM] at any rate, at all events

על כל צרה שלא תבֿוא פֿר [AL KOL TSORO ShELO'Y TOVOY] just in case; for any unforeseen emergency

על־כּן קאַ [ALKEYN] therefore, hence

ע'לנבויגן דער (ס) elbow

עלנט 1. אַדי lonely, lonesome, forlorn || 2. די solitude, desolation, loneliness

עלעגאַ'נט 1. אַדי elegant, smart, stylish || 2. דער (ן) dandy

עלעגאַ'נץ די elegance

עלעגיע די (ס) elegy

עלעגיש אַדי elegiac

עלעהיי' קאַ as if, as though, for instance

ע'לעווע אַדוו eleven o'clock

עלעמע'נט דער (ן) element

עלעמענטאַ'ר אַדי elementary

עלעף• צוו eleven

עלעפֿט• אַדי eleventh

עלעקטאָר דער (...אָ'רן) (Presidential) elector

עלעקטראָ.. electric

עלעקטראָמאָטאָ'ר דער (ן) electric motor

עלעקטראָ'ן דער (ען) electron

עלעקטראָניק די electronics

עלעקטראָניש אַדי electronic
עלעקטראָקוציע די (ס) electrocution
על'עקטראָשפּײַזונג די electric power supply
עלעקטריזיר|ן וו ◇ electrify (charge; excite)
עלעקטרײַ די (ען) electric power plant
עלעקטריע די electricity, electric power
עלעקטריפֿיציר|ן וו ◇ electrify (equip with electricity)
על'עקטריקער דער (ס) electrician
עלעקטריר|ן וו ◇ (אויף טויט) electrocute
עלעקטריש אַדי electric(al)
על־פּי פּרעפּ [ALPI] according to
עלף צוו eleven
עלף דער (ן) elf
עלפֿט אַדי eleventh
עלפֿטל דאָס (עך) eleventh
'עלצט זען ע ל ט ס ט ע
על־קידוש־השם אַדוו [ALKIDESh-HAShE'M]: אומ|קומ|ען ע' (*Jew.*) be martyred
על־רגל־אַחת אַדוו [ALREGL-A'KhES] in brief, in a nutshell
•עם זען א י ם
עמאַל דער (ן) enamel
עמאַליר|ן וו ◇ enamel
עמאַנציפּאַטאָר דער (...אָ'רן) emancipator
עמאַנציפּאַציע די emancipation
עמאַנציפּיר|ן וו ◇ emancipate
עמאָציאָנע'ל אַדי emotional
עמאָציע די (ס) emotion
עמבאַרגאָ דער (ס) embargo
עמבאַרגיר|ן וו ◇ embargo
עמבלעם די (...ע'מען) emblem; badge
עמבריאָ'ן דער (ען) embryo
עם־הארץ דער (עמי־הארצים) [AMORETS—AMEARATSIM] ignorant person, boor, ignoramus
עם־הארצות דאָס [AMERATSES] ignorance
עם־הארציש אַדי [AMERATSISh] ignorant, boorish
עמוד דער (ים) [OMED—AMUDIM] column (of print); (*Jew.*) pulpit, cantor's desk; synagogal lectern

עמוק אַפּ [OMEK] profound, wise
עמיגראַ'נט דער (ן) □קע emigrant
עמיגראַנטיש אַדי emigrant(s')
עמיגראַציע די emigration
עמיגריר|ן וו ◇ emigrate
עם־ישראל דער people of Israel
עמך דאָס—קאָל [AMKho] (*Jew.*) common people; Jews (as against Gentiles)
ע'מעצ(|ער) פּראָ (ד/אַ': עמעצן) somebody, someone
עמער דער (ס) pail, bucket
•עמערגע'נץ די (ן) emergency
עמעריטו'ר די retirement || אין ע' retired
עמעריטי'רט אַדי retired
עמעריטיר|ן (זיך) וו ◇ retire *vt/vi*
עמפּיריש אַדי empiric
עמפֿאַ'ז דער (ן) emphasis
עמפֿאַטיש אַדי emphatic
עמקות דאָס [AMKES] profundity
ען דער (ען) (the letter) N
ענג אַדי tight, narrow, crowded
ענגונג די (ען) bottleneck
ענגלאַנד (דאָס) England
ענגליש 1. אַדי English || 2. דאָס English (language) ⊢ ע'־שפּראַכיק English speaking
ע'נגלענדער דער (—) ⊡ Englishman || מצ *also* (the) English
ענגשאַפֿט די narrowness, crowdedness, clutter, crush
•ענד די (ן) end
ענדאָקרינאַ'ל אַדי endocrine
•ע'נדגילטיק אַדי final, ultimate; definitive
ענדגליד דאָס/דער (ער) limb, extremity
ענדונג די (ען) (grammatical) ending
ענדיק דער (עס) זען א י נ ד י ק
ע'נדיק|ן וו ⊙ end *vt.*, finish, graduate || ע' זיך end *vi.*
ענדלעך 1. אַדי finite || 2. •אַדוו at last
ענדל|ען וו ⊙ ד resemble
ע'נדעלע דאָס (ך) (ענד △△) end (of a string)
ענדער אַדוו זען ע נ ד ע ר ש ט
•ע'נדערונג די (ען) change

•ע'נדער|ן (זיך) וו ◇ change *vt/vi*

ענדערשט אדוו rather

ענוו דער (ים) □טע [ONEV—ANOVIM] meek/ modest person

ענווה די—ל [ANOVE] humility

ענטוזיאַזם דער (ען) [ZY] enthusiasm

ענטוזיאַ'סט דער (ן) □קע [ZY] enthusiast

ענטוזיאַסטיש אדי [ZY] enthusiastic

ענטל דאָס (עך) duck

ענטפֿער דער (ס) answer, reply; plea (to a charge)

ע'נטפֿערדיק אדי corresponding

ע'נטפֿער|ן וו ◇ ⟨ד⟩ answer, reply || ע' שולדיק/או'משולדיק plead guilty/innocent

ע'נטפֿערער דער (ס) respondent (to questions)

ענייוות דאָס [ANIVES] modesty, humility, meekness

ענייוותדיק אדי [ ] humble, modest, meek

ענין דער/דאָס (ים) [INYEN—INYONIM] matter, affair ⊢ (יורי'דיש|ער) ע' (legal) case

ענלעך אדי similar, like, alike || ניט ע' unlike ⊢ זײַן* ע' צו resemble

ע'נלעכקייט די (ן) likeness, similarity, resemblance

ענערגיע די (ס) energy, vigor

ענערגיש אדי energetic, vigorous

•ענפֿער דער (ס) זען ענטפֿער

•ע'נפֿער|ן וו ◇ זען ענטפֿערן

ענציקלאָפּע'דיע די (ס) encyclopedia

ענצל: אויף ע' at retail

•ענק זען אײַך

•ענקער זען אײַער

עס פּראָ (ד: אים; א: עס) it; (*expletive*) ⊢ עס וועט קומען אַ צײַט there will come a time

•עסט די (ן) זען נעסט

עסטיש דער (ן) dining table

עסטיש אדי Estonian

עסטלאַנד (דאָס) Estonia

עסטעטיק די esthetics

עסטעטיש אדי esthetic

עסטרײַך (דאָס) Austria

ע'סטרײַכיש אדי Austrian

עסיי' דער/די (ען) essay

עסייי'סט דער (ן) □קע essayist

עסיק דער vinegar || אין ע' און אין האָניק (dressed) in finery

ע'סיקפֿלייש דאָס sweet and sour meat, sauerbraten

ע'סלעפֿל דער (—) tablespoon

עסן 1. דאָס (ס) food || 2. עס|ן וו (געגעסן) eat, have (food) ⊢ ניט וויסן מיט וואָס מען עסט עס not know the first thing about it, not know how to go about it || ע' זיך fret

ע'סנוואַרג דאָס food

ע'סן־ליוועראַנט דער (ן) food supplier, caterer

ע'סעוודיק אדי edible

ע'סעריק אדי acrid

ע'סצימער דער (ן) dining room

עסק דער/דאָס (ים) [EYSEK—ASOKIM] business, concern, matter ⊢ שמו'עס|ן ע' talk shop

עסקאַדראָ'ן דער (ען) squadron

עסקאַלאַטאָר דער (...אָ'רן) escalator

עסקאַלאַציע די (ס) escalation

עסקאָרטיר|ן וו ◇ escort

עסקימאָ'ס דער (ן) Eskimo

ע'ס־שטעקעלע דאָס (ך) chopstick

ע"פּ = על־פּי [ALPI] according to

עפּאָכע די (ס) epoch

עפּאָ'כעדיק אדי epoch-making

עפּאָלע'ט דער (ן) epaulet

עפּאָס דער (ן) epic

עפּאָפּעע די (ס) epic

עפּיגראַ'ם די (ען) epigram

עפּידעמיע די (ס) epidemic

עפּידעמיש אדי epidemic

עפּיזאָ'ד דער (ן) episode

עפּיטאַ'ף דער (ן) epitaph

עפּיטע'ט דער (ן) epithet

עפּילאָ'ג דער (ן) epilogue

עפּיסקאָפּאַליש אדי Episcopalian

עפּיקורעער דער (—) epicure

עפּיש אַדי epic

עפּל דער (—) apple

ע'פּלוויַן דער hard cider

ע'פּלזאַפֿט דער apple cider

ע'פּל־צימעס דער (ן) stewed apples (*coll.*), apple sauce

עפּעס 1. אַדוו somewhat || 2. פּראָנ something, anything

עף דער (ן) (the letter) F

עפֿן־... opening || ע'־רעדע opening speech

ע'פֿנטלעך 1. אַדי public || 2. אַדוו publicly, in public

ע'פֿנטלעכקייט די public

עפֿעמעריש אַדי ephemeral

ע'פֿענונג די (ען) opening; aperture

ע'פֿענ|ען (זיך) וו ◇ open *vt/vi*

עפֿע'קט דער (ן) effect

עפֿעקטי'וו 1. אַדי effective, efficient || 2. דער (ן) complement (crew)

עפֿעקטיוויר|ן וו ◇ streamline; make (more) effective

עפֿעקטיוויקייט די efficacy, efficiency

עפֿעקטיק אַדי effective

עפֿר־ואפֿר (דער) [O'FER-VOE'YFER] dust and ashes

•עץ זען אי ר[1]

עצבֿות דאָס [ATSVES] sadness; blues

עצבֿותדיק אַדי [ ] sad, morose, moody

עצה די (—ות) [EYTSE] (piece of) advice, counsel ⊦ געב|ן* אַן ע' ⟨ד⟩ advise || אַן ע' געב|ן* זיך ⟨מיט⟩ manage, cope (with); acquit oneself ⊦ האַלט|ן זיך אַן ע' ⟨מיט⟩, פֿרעג|ן אַן ע' ⟨בײַ⟩ consult

עצה־געבער דער (ס) [ ] ⊡ adviser

עץ־הדעת דער [EYTS-HADA'AS] the tree of knowledge (in the Garden of Eden)

עצה־האַלטונג די (ען) [E'YTSE] consultation

עץ־החיים דער [EYTS-HAKhA'IM] the tree of life (in the Garden of Eden)

עצה|ן וו ◇ ⟨ד⟩ [EYTSE] advise, counsel

עצירות דאָס [ATSIRES] constipation

עצם [ETSEM] 1. אַדי—אינוו itself, as such || דער ע' צוגאַנג the approach itself || די ע' סיסטע'ם the system as such || 2. דער essence ⊦ אין ע' essentially || פֿ״גל עצמות

עצם־... [ ] fundamental

עצמדיק אַדי [ ] fundamental, inherent, intrinsic

עצמות [ATSOMES]: °צי|ען ⟨ד⟩ די ע' keep in suspense; torture, tantalize

עק דער (ן) tail; corner; end, extremity || אַן עק! enough! || עק וועלט (at) the end of the world ⊦ אָן אַן עק endless(ly) || דערגיי|ן* אַן עק ⟨אין⟩ get to the bottom (of) ⊦ מאַכ|ן אַן עק ⟨צו⟩ finish || מאַכ|ן מיטן עק wag one's tail ⊦ נעמ|ען אַן עק אומפּ ⟨צו⟩ end up *vi.* (*said with impatience*) ⊦ ווען וועט שוין נעמען אַן עק צו זײַן רעדע? when will his speech finally end?

עקאָנאָ'ם דער (ען) steward (on an estate)

עקאָנאָמי'סט דער (ן) ⊡ economist

עקאָנאָמיע די (ס) economy

עקאָנאָמיק די economics

עקאָנאָמיש אַדי economic(al)

עקבער דער (ס) drill, gimlet

ע'קבער|ן וו ◇ bore, drill *imp.*

עקדה די [AKEYDE] (*Jew.*) sacrifice, esp. the attempted sacrifice of Isaac by Abraham

עקדיש דער—ל (ן) scorpion

עקדת־יצחק [AKEYDES-YI'TSKhOK] the attempted sacrifice of Isaac by Abraham

עקוואַדאָ'ר (דאָס) Ecuador

עקוואַטאָ'ר דער equator

עקוויוואַלע'נט 1. אַדי equivalent || 2. דער (ן) equivalent

עקומעניש אַדי ecumenical

עקזאָטיש אַדי exotic

עקזאַלטיר|ן וו ◇ exalt

עקזאַמען דער (ס) examination || האַלט|ן ע' ⟨אויף⟩ take an examination (in) || אויס|האַלט|ן ע' ⟨אויף⟩ pass an examination (in)

עקזאַמעניר|ן וו ◇ examine (a pupil etc.)

עקזאַ'קט אדי exact
•עקזיסטיר|ן וו ◇ זען עקסיסטירן
•עקזיסטע'נץ די (ן) זען עקסיסטענץ
עקזעמפּלאַ'ר דער (ן) specimen; copy (of stg. printed)
עקזעקוטאָר דער (...אָ'רן) □שע bailiff; executor (of an estate)
עקזעקוטי'וו 1. אדי executive || 2. דער (ן) executive (official)
עקזעקוטי'וו... executive
עקזעקוטיווע די (ס) executive (board)
•עקזעקוטיר|ן וו ◇ execute (put to death)
•עקזעקוטירער דער (ס) executor (of a criminal)
•עקידה זען עקדה
עקיפּאַ'זש דער (ן) coach, carriage; crew, complement
עקיפּיר|ן וו ◇ man
...עקיק ...-cornered || פֿינפֿעקיק five-cornered
•עקל דער (ען) disgust, aversion
•ע'קלדיק אדי disgusting, odious
עקלי'פּס דער (ן) eclipse
•עקל|ען וו ⊙ ⟨ד⟩ disgust, sicken || •ע' אומפּ (*rev. con.*) be disgusted (by) ⟨ד פֿון⟩
עק|ן זיך וו ⊙ end *vi.*, be done for; be extremely impatient
..עקס ex-... (former)
עקסהיביציאָני'סט דער (ן) □קע exhibitionist
עקסט אדי* outermost, extreme; dire, utmost ⊢ די ע' רעכטע the Far Right
עקסטאַ'ז דער (ן) ecstasy
עקסטאַטיש אדי ecstatic
עקסטער/עקסטרע 1. אדי—אינוו extra, special || 2. אדוו specially, purposely
עקסטקייט די (ן) extreme
עקסטראַוואַגאַ'נץ די (ן) extravaganza
עקסטראָווע'רט 1. דער (ן) extrovert || 2. אדי extrovert, outgoing
עקסטראַ'קט דער (ן) extract
עקסטרע'ם 1. אדי extreme || 2. די (ען) extreme
עקסטרעמקייט די extremity (extreme degree)

עקסיסטיר|ן וו ◇ exist
עקסיסטע'נץ די (ן) existence
עקסיסטענציאַליזם דער existentialism
עקסיסטענציע'ל אדי existential
עקסל דאָס (עך) (אָקס △) steer
עקסמיטיר|ן וו ◇ evict
עקסמי'סיע די (ס) eviction
•עקסעלע'נץ די (ן) זען עקסצעלענץ
עקספּאַטריִרט|ער דער—געב expatriate
עקספּאַטריִר|ן וו ◇ expatriate
עקספּאָנאַ'ט דער (ן) exhibit (exhibited object)
עקספּאַ'נסיע די (ס) expansion
עקספּאָ'רט דער (ן) export
עקספּאָרטיר|ן וו ◇ export
עקספּלאָדיר|ן וו ◇ explode *vt/vi*
עקספּלואַטאַציע די exploitation
עקספּלואַטיר|ן וו ◇ exploit
עקספּעדיטאָר דער (...אָ'רן) shipper; shipping clerk
עקספּעדיציע די (ס) expedition; mailing, shipping
עקספּעדיר|ן וו ◇ mail (in bulk), ship
עקספּע'רט דער (ן) ⊡ expert
עקספּערימע'נט דער (ן) experiment
עקספּערימענטאַ'ל אדי experimental
עקספּערימענטיר|ן וו ◇ experiment
עקספּראָ'מפּט 1. אדי/אדוו extemporaneous(ly) ⊢ 2. דער (ן) improvisation
עקספּראָפּריאַציע די (ס) appropriation, seizure
עקספּראָפּריִר|ן וו ◇ appropriate, seize
עקספּרע'ס דער (ן) express
עקספּרע'ס... express; special delivery
עקספּרעסבריוו דער (—) special delivery letter
עקסצעלע'נץ די (ן) excellency
עקסצע'נטריקער דער (ס) ⊡ eccentric
עקסצענטריש אדי eccentric
עקסצע'נטרישקייט די (ן) eccentricity
עקסצערפּיר|ן וו ◇ excerpt
עקסקאַוואַטאָר דער (...אָ'רן) steam shovel
עקסקאָמוניקאַציע די (ס) (*Chr.*) excommunication

עקסקאָמוניקירן װ ◇ (*Chr.*) excommunicate

עקסקו'רסיע די (ס) excursion, outing, hike

עקסקלוסי'וו אַדי exclusive

...ע'קעדיק, ...ע'קעכיק זען ... ע ק י ק

עקראַ'ן דער (ען) (projection) screen

עקרה די (—ות) [AKORE] barren woman

עקשן דער (ים) ◻טע [AKShN—AKShONIM] stubborn/obstinate person

עקשנות דאָס [AKShONES] obstinacy, persistence

עקשנותדיק אַדי [ ] stubborn, obstinate, persistent

עקשניש אַדי [AKShONISh] headstrong

ער¹ .1 פּראָנ (ד/אַ : אים) he || .2 דער (ן) male

ער² דער (ן) (the letter) R

'ער.. זען ד ע ר . .

עראַטיש אַדי erratic

עראָטיש אַדי erotic

עראָפּלאַ'ן דער (ען) airplane

ערבין די (ען) drone

ערבֿ דער (ים) [OREV—ORVIM/AREYVIM] guarantor

ערבֿ פּרעפּ [EREV] before, the day before, on the eve of

ערבֿות(־געלט) דאָס [ORVES] bail; guarantee

ערבֿ זײַן* װ (ע' געווע'ן) [ ] ⟨פֿאַר⟩ vouch (for), answer (for), guarantee, underwrite

ערבֿניק דער (עס) ◻—ניצע [O'REVNIK] hostage

ערבֿ־רבֿ דער [E'REVRAV] rabble, riffraff

ערגסט אַדי* (שלעכט △△) worst

ערגעץ אַדוו somewhere, anywhere || ע' ווו somewhere ⊢ אין ע' somewhere || אין ע' ... ניט nowhere

ע'רגעצלאַנד דאָס fairyland

ערגער אַדי (שלעכט △) worse || ווער|ן ע' אומפּ (*rev. con.*) ⟨ד⟩ take a turn for the worse

ע'רגערניש דאָס grief

ערד די earth; land; ground; dirt || אונטער דער ע' underground || °גיי|ן* אין דר'ערד go to the devil || °האָב|ן* אין דר'ערד set no store by, not care a hoot for ⊢ °ליג|ן אין דר'ערד suffer || °קײַ|ען די ע' suffer || °אין דר'ערד מיט ... damn ...

ע'רדאַרבעט די agriculture

ע'רדאַרבעט־... agricultural

ע'רדאַרבעטער דער (ס) ⊡ agricultural worker, farmer

ערדגליטש דער (ן) landslide

ערדיש אַדי earthy; earthly, worldly, mundane, terrestrial

ע'רדמעסטונג די surveying

ע'רדמעסטער דער (ס) surveyor

ערד'ן אַדי earthen

ע'רדפּראָדוקטן מצ produce

ע'רד־פּאַרמאָגער דער (ס) ⊡ landowner

ע'רד־ציטערניש דאָס (ן) earthquake

ערדקויל די = ע ר ד ק ײַ ל ע ך

ע'רדקײַלעך דער earth, globe

...ערהיי'ט אַדוו while (*with adjectives and participles*) ⊢ קליי'נערהיי'ט while small || גיי'ענדיקערהיי'ט while walking || פֿאַרמאַ'כטערהיי'ט while closed

ע'רטערווײַז אַדוו here and there, in spots

...ערײַ' דאָס *suffix designating an activity, esp. one pursued professionally* ⊢ דאָס בעקערײַ' baking (as a profession)

...ערײַ' די (ען) *suffix designating a place where an activity is regularly carried on* || די בעקערײַ' bakery

ערך דער [EREKh]: אַן ע' about, approximately, or so ⊢ אין דעם ע' thereabouts ⊢ אָן אַן ע' immeasurably

ערל דער (ים) ◻טע [ORL—AREYLIM] (*cont.*) non-Jew

...ערלײי' kinds (of) (*with numerals*) || צוויי'ערלײי' two kinds (of) || דרײַ'ערלײי' three kinds (of)

ערלעך אַדי honest, virtuous; observant (Jew/Jewess); straightforward ⊢ ע' האַלט|ן treat honorably, honor

...ערנ... of honor, honorary, testimonial; honorable

ע'רנהאַפֿטיק אַדי honorable

ע'רנוואַך די (ן) guard of honor

ע'רנוואָרט דאָס word of honor; parole || אויף ע' on parole

ערנסט=ערנצט 1. אַדי serious, earnest || מיינ|ען ⟨אַ⟩ ע' be in earnest (about) || 2. דער earnestness, seriousness; stg. serious

ע'רנסטקייט=ע'רנצטקייט די gravity, severity

ערע[1] די (ס) era

'ערע[2] זען כּבֿוד

ערשט 1. אַדי* first; former; initial || צו(ם) ע'ן at first || צום (אַלעם) ע'ן first of all ⊢ 2. אַדוו as late as, only || ע' נעכטן only yesterday || 3. קאָנ lo; but it turns out that

ע'רשטיאָרלער דער (ס) ⊡ freshman

ערשטיק אַדי original, primary

ע'רשטיקייט די primacy

ע'רשטמאָליק אַדי initial, first-time

ערשטנס אַדוו first(ly), in the first place

ע'רשטקלאַסיק אַדי first-rate; superb, admirable

ע'רשטראַנגיק אַדי prime

עשאַפֿאָ'ט דער (ן) scaffold (for execution)

עשירות דאָס [ASHIRES] wealth, opulence; riches, fortune

עשעלאָ'ן דער (ן) echelon; troop train, troop transport

עשפּער דער afternoon snack

עשׂו פּנ [EYSEV] Esau; (*hum.*) the Gentiles

עשׂרת־הדיברות מצ [ASERES-HADI'BRES] the Ten Commandments, the Decalogue

עשׂרת־השבֿטים מצ [HASHVO'TIM] the Ten (Lost) Tribes

עשׂרת־ימי־תּשובֿה מצ [YIME'Y-TSHU'VE] the ten days of repentance from Rosh Hashanah to Yom Kippur

עתיד דער [OSED] future

עתידיק אַדי [ ] future

עת־צרה די [EYS-TSO'RE] time of trouble; emergency

עת־רצון דער [RO'TSN] propitious time

פּ

פּ דער/די [PEY] letter of the Yiddish alphabet; pronounced [P]; numerical value: 80

פּא דער/די (ען) [PEY] pe, name of the letter פּ

פּאַגאַניש אַדי pagan

פּאַגאַנער דער (ס) pagan

פּאָגראָ'ם דער (ען) pogrom

פּאָגראָמיר|ן וו ◇ stage a pogrom against

פּאָגראָ'משטשיצע די (ס) pogromist (*fem.*)

פּאָגראָמשטשיק דער (עס) pogromist

פּאָד דער floor of an oven, hearthstone

פּאָדאַגרע די gout

פּאָ'דישקע די (ס) garter || מצ also garter-belt

פּאַדלאָגע די (ס) floor

פּאַדלע די (ס) carrion

פּאָ'דלעקע די (ס) זען פּאַדלאָגע

פּאַדע|ן וו ⊙ ⟨אַרום⟩ fawn (on), philander, pay great attention (to), woo

פּאַדעשווע די (ס) (shoe) sole

°פּאָ'דקעווע די (ס) זען פּאָטקעווע

פּאה די (—ות) [PEYE] side curl || האָב|ן* א אין דער לינקער פּ' (*hum.*) not care about, not give a hoot about

פּאַוואָליע 1. אַדי slow || 2. אַדוו slowly, cautiously ⊢ 3. אינט take care! easy!

פּאָ'ווידלע די (ס) (prune) jam

פּאָוויטקע די (ס) shed

פּאַוויליאָ'ן דער (ען) [LY] pavilion

פּאַווע די (ס) (female) peacock, peahen

פּאָזיטי'וו 1. אַדי positive, affirmative || 2. דער (ן) (photographic) positive

פּאָזיציע די (ס) position; standing, station; item, entry

פּאָזיר|ן וו ◇ pose *vi.*

פּאַזע פּרעפּ along

פּאָזע די (ס) pose

פּאָ'זעמקע די (ס) wild strawberry

פּאַזש דער (ן) ⊡ page(boy)

°פּאָזשיווע|ן זיך וו ◇ ⟨מיט⟩ benefit (from), thrive on

פּאַזשיר|ן וו ◇ page, act as a page

פּאַט דער (ן) stalemate

פּאַטאָלאָגיש אַדי pathological

פּאַטאָס דער emotion, fervor

פּאַטאַ'קעווע|ן וו ◇ keep consenting

פּאָטאַש דער potash

°פּאַטויפּע|ן זיך וו ◇ fit, have enough room

פּאַ'טיאָ דער (ס) אַמער patio

פּאַטי'ל(נ)יצע די (ס) nape (of the neck)

פּאַ'טיקע די molasses

פּאַטלע די (ס) tuft (of hair)

פּאַטלעזשאַ'ן דער (עס) eggplant

פּאַטעטיש אַדי passionate, fiery

פּאַטע'נט דער (ן) patent

פּאַטענטיר|ן וו ◇ patent

פּאָטענציאַ'ל דער (ן) potential

פּאָטענציע'ל אַדי potential

פּאַטעפּאַלנע אַדי cocky, daring

פּאָ'טקעווע די (ס) horseshoe

פּאַטראָ'ל דער (ן) patrol

פּאַטראָליר|ן וו ◇ patrol *vi.*

פּאַטראָ'ן דער (ען) patron, sponsor; cartridge; (bulb) socket

פּאַטראָנאַ'ט דער (ן) patronage, sponsorship; auspices
פּאַטראָניזיר|ן וו ◇ patronize, be patronizing to
פּאַטראָניר|ן וו ◇ sponsor
פּאַטריאָ'ט דער (ן) ⊡/□קע patriot
פּאַטריאָטיזם דער (ען) patriotism
פּאַטריאָטיש אדי patriotic
פּאַטריאַ'רך דער (ן) patriarch
פּאַטש דער (פּעטש) △ פּעטשל || slap, smack || געב|ן* ⟨ד⟩ אַ פּ' slap, smack
פּאָטשט די (ן) rumor || מצ gossip
פּאַטש|ן וו ◇ smack, slap || פּ' (מיט) די הענט clap hands, applaud || פּ' ⟨ד⟩ בראַוואָ applaud
פּאַ'טשערקע די (ס) bead
פּאַטשקע|ן וו ◇ daub, smear || פּ' (מיט דער פּעדער) scribble, scrawl || פּ' זיך ⟨מיט⟩ bother with (stg. messy)
פּאַיאַ'ץ דער (ן) clown
פּאַיאַ'צעווע|ן וו ◇ clown
•פּאַיאָ'ק דער (עס) ration
'פּאָיען זען פּ ו י ע ן
פּאַכווע די (ס) armpit
פּאַכט די lease of an estate
פּאַכטער דער (ס) □קע lessee
•פּאָל דער (ן) (*dial.*) floor (of a room)
פּאַלאַטע די (ס) (hospital) ward
פּאַלאַץ דער (...אַ'צן) palace
פּאָלאַ'ר אדי polar
פּאָלאַ'ר... polar || פּ'־שטערן polar star
פּאָלאַראָ'יד אדי polaroid
פּאַלו'מעסיק דער (...סקעס) platter
פּאָלוס דער (ן) pole (magnetic etc.)
פּאַלטן דער (ס) overcoat
פּאָלי... poly... || פּאָליגאַמיע polygamy
פּאָליאַנע די (ס) glade, (forest) clearing
פּאָליאַק דער (...אַ'קן) Pole
פּאָליגראַ'ף דער (ן) lie detector, polygraph
פּאָליגראַפֿיר|ן וו ◇ subject to a lie-detector test
°פּאָליובע|ן וו ◇ ד agree with, make a hit with, catch the fancy of
פּאָליטו'ר די (ן) polish (substance)

פּאָליטי'ק די (ן) policy; policies; politics
פּאָליטיקאַ'נט דער (ן) politician
פּאָלי'טיקער דער (ס) statesman
פּאָליטיש אדי political
פּאָליטעיזם דער polytheism
פּאָליטרע די (ס) palette
פּאָלי'ס דער (ן) (insurance) policy
פּאָליע די (ס) pole || (אַרויפֿ|)זעצ|ן אויף דער פּ' empale *imp/pf*
פּאָליציאַ'נט דער (ן) policeman
פּאָליצײ' די police
פּאָליצײיִש אדי police
פּאָליצײ'־סטאַנציע די (ס) police station, station house
פּאָליצײ'־שעה די (ען) [sho] curfew
פּאָ'ליצע די (ס) shelf
פּאָלי'ר דער (ן) polish, finish (surface glow)
פּאָליר|ן וו ◇ polish, burnish *imp.*
פּאָליש דער/דאָס (ן) anteroom of a synagogue
פּאַלמע די (ס) palm (tree)
פּאָלמעס דער (ן) autopsy, post-mortem
פּאָ'למעס|ן וו ◇ perform an autopsy on; make a post-mortem examination of
פּאָלנע אדי (*iro.*) perfect, complete
פּאָלע די (ס) lap (skirt) of a garment || °רײַס|ן ⟨ד⟩ די פּאָלעס urge, press
פּאַלעאָליטיש אדי paleolithic
פּאָלעווינעס מצ sawdust
פּאָ'לעווע|ן וו ◇ זען פּ אָ ל ע ן
פּאָלעמיזיר|ן וו ◇ ⟨מיט⟩ argue, engage in polemics
פּאָלעמיק די (עס) argument, dispute, polemic(s)
פּאָלעמיש אדי polemic(al)
פּאָלען וו ◇ weed
פּאַלעסטיניש אדי Palestinian
פּאַלעסטינע (די) Palestine
פּאַלעץ דער (ן) זען פּ אַ ל אַ ץ
פּאָלק דער (ן) regiment
פּאָלקאָווניק דער (עס) colonel
פּאָלקע די (ס) drumstick (of a fowl); thigh
פּאָלקע די (ס) Polish woman; polka

פּאַמו(י)'ניצע די (ס) slops; slop pail
פּאַמויעס מצ slop(s)
פּאַמס דער crimson || פּאַמס·ן אַדי
פּאַ'מעלע די (ס) hearth broom
פּאַמעלעך אַדי slow, tardy || פּ' ווי דו גייסט, פּ' ווי איר גייט watch your step
פּאַמע'לעכן אַדוו slowly
פּאַ'מעניצע די זען פּאַמויניצע
•פּאַמעראַ'נץ דער (ן) זען מאַראַנץ
פּאַ'מעשאַף דער (ן/פּאַ'מעשעפער) slop pail
פּאָמפּע די (ס) pump; pomp
פּאָמפּעדיקל דער (ען) pendulum
פּאָמפּעדיקל|ען וו ◇ shuttle *vi.*
פּאָ'מפּעווע|ן וו ⟐ pump
פּאָמפּע'ז אַדי pompous
פּאָמפּע|ן וו ⟐ זען פּאָמפּעווען
פּאַמפּלע'ט דער (ן) lampoon
פּאַמפּלעטי'סט דער (ן) lampoonist
פּאַנ... pan... || פּאַנאַפריקאַניש pan-African
פּאַנאַצעע די (ס) panacea
פּאַנאָראַמע די (ס) panorama
פּאַנדעמאָ'ניום דער (ס) pandemonium
פּאַנטאָמימע די (ס) pantomime
פּאָנטאָ'ן דער (ען) pontoon
פּאַנטאָפל דער (—) slipper, loafer || זײַן* אונטערן פּ' בײַ be henpecked by
פּאַנטאָ'פל־מאַן דער (־מענער) henpecked husband
פּאַנטאָ'פל־פּאָסט די grapevine
פּאַנטעאָ'ן דער (ען) pantheon
פּאַנטע'ר דער (ן) panther
פּאַנטש דער (ן) punch (drink)
פּאַנטשער דער (ס) flat tire
פּאַניבראַ'ט: זײַן* פּ' ⟨מיט⟩ be on very familiar terms (with)
°פּאַניע אינט sir
פּאַניק די (עס) panic; stampede
פּאַניש אַדי panicky, frantic
פּאַנסיאָ'ן דער (ען) [SY] board; boarding-house, room and board
פּאַנסיאָנע'ר דער (ן) □קע [SY] boarder
פּאַנע'ל דער (ן) אַמער panel
פּאַנעלי'ר דער (ן) paneling
פּאַנעליר|ן וו ◇ panel *vt.*

פּאַנץ¹ דער (ן) paunch, bulge
פּאַנץ² דער (ן) punch (tool)
פּאַנצער דער (ס) shield; armor
פּאַנצער... armored || פּ'־אויטאָ armored car
פּאַ'נצערשיף די (ן) battleship
פּאַ'נקעווע|ן וו ⟐ [NY] pamper, baby
פּאַס¹ דער (ן) △ פּאַסיק stripe; line; streak; strip; belt, girdle
פּאַס² דער (פּעסער) pass (permit), passport
פּאַס³ דער (ן) (mountain) pass
פּאַסאַ'זש דער (ן) passage
פּאַסאַזשי'ר דער (ן) passenger || בלינד|ער פּ' stowaway
פּאָסט די (ן) mail; mails; post office
פּאָסט... postal, mailing || פּ'־באַאַמטער postal clerk ⊦ פּאָ'סטאַדרעס mailing address
פּאָסטאַמט דער (ן) post office
פּאָ'סט־אָנווײַזונג די (ען) money order
פּאַסטאָר דער (...אָ'רן) pastor
פּאָסטגעלט דאָס postage
פּאָסטו'ם אַדי posthumous
פּאַסטושקע די (ס) shepherdess
פּאָסטטויב די (ן) carrier pigeon
פּאַסטילקע די (ס) lozenge
פּאָ'סטליסטע די (ס) mailing list
פּאָ'סטמאַרקע די (ס) postage stamp
פּאָ'סטמײַסטער דער (ס) □קע postmaster
•פּאַסט|ן וו (געפּאַ'סט) זען פּאַסן
פּאָסטן דער (ס) position, post, office
פּאָ'סטנרעכט דאָס ⟨אויף⟩ tenure
פּאָ'סטסטאַנציע די (ס) post office
פּאָסטסקרי'פּט(ום) דער (ס) postscript
פּאַסטע די (ס) paste
פּאַסטעך דער (ער) ⊡ shepherd
פּאַ'סטעמקע די (ס) mannerism || מצ (undesirable) ways, conduct
פּאַ'סטערנאַק דער parsnips
פּאָ'סטקאַרטל דאָס (עך) postcard
פּאַסטקע די (ס) trap
פּאַ'סטקעדיק אַדי treacherous
פּאָ'סטקעסטל דאָס (עך) mailbox; post-office box

פּאַסטראַמע די pastrami
פּאַסטראָניק דער (...נקעס) tether
פּאַסטרעסטאַ'נט דער general delivery
פּאָ'סטשטעמפּל דער (ען) postmark
פּאַסיאַ'נס דער (ן) [SY] solitaire (at cards) || לייג|ן אַ פּ' play solitaire
פּאַסי'וו 1. אַדי passive || 2. דער (ן) passive (voice); liability
פּאַ'סיע די (ס) passion, rage
פּאַסיק אַדי fit, appropriate, acceptable, eligible; opportune
פּאַסיק דער (עס) (פּאַס △) strip, stripe; belt
פּאַסירונג די (ען) event, adventure, occurrence
פּאַסירל דאָס (עך) pass (permit)
פּאַסיר|ן וו ◇ ⟨מיט⟩ happen (to), occur, befall, come to pass
פּאַסי'ר־צעטל דער (ען) pass (permit)
פּאַסכע די Greek Orthodox Easter
°פּאַסמאַ'קעווע|ן זיך וו ◇ ⟨מיט⟩ relish
פּאַסמע די (ס) strip
פּאַס|ן (זיך) וו ◇ ⟨ד/צו⟩ fit, suit, match *vi.*; be fitting, be becoming, be proper, answer to
פּאַ'סעווע|ן וו ◇ flay
פּאַסע|ן וו ◇ זען פּ אַ ש ע ן
פּאַסעסאָר דער (ס) lessee (of an estate)
פּאַסעסי'וו דער (ן) possessive (case)
פּאַסע'סיע די (ס) estate || מצ holdings
פּאַסער דער (ס) □קע fence (for stolen goods)
פּאַסקודניאַ'ק דער (עס) □–אַטשקע scoundrel
פּאַסקודנע אַדי rotten, nasty, loathsome
פּאַסקודסטווע די (ס) filth, abomination
פּאָע'זיע די poetry
פּאָע'ט דער (ן) ⊡ poet
פּאָעטיק די poetics
פּאָעטיש אַדי poetic(al)
פּאָעטעסע די (ס) poetess
פּאָעמע די (ס) (long) poem
פּאַפּ דער paste, pulp
פּאָפּ דער (ן) Greek Orthodox priest
פּאַפּאַ דער papa

פּאָפּוגײַ' דער (ען) parrot || לאַ'נגעקיק|ער פּ' parakeet
פּאָפּוגע די (ס) = פּ אָ פּ ו ג ײַ
פּאָפּולע'ר אַדי popular
פּאָפּולערקייט די popularity
פּאָפּורי' דער (ען) medley, potpourri
פּאַפּי'ר דאָס (ן) paper
פּאַפּיראָ'ס דער (ן) cigarette
פּאַפּי'רן אַדי paper || פּאַפּי'רענ|ע שלאַנג kite
פּאַפּי'רקאָרב דער (...קערב) wastebasket
פּאַפּי'רקראָם די (ען) stationery
°פּאַפּלעקציע די (ס) apoplectic stroke
פּאַפּע דער (ס) (ד/אַ: פּאַפּן) daddy
פּאַפּעליאַטע אַדי (ashy) gray
פּאָ'פּעריק אַדוו athwart, transversely || שטעל|ן זיך פּ' stand athwart, block the way
פּאַפּקע די (ס) figurehead
פּאַפּשוי' דער (עס) (ear of) corn
פּאַפּשוי'־שנייעלעך מצ corn flakes
פּאָפּ|ן וו (◇/געפּאָפּן) (*cont.*) sleep
פּאָפּע|ן וו ◇ = פּ אָ פּ ן
פּאַציע'נט דער (ן) patient
פּאַציפֿיק דער Pacific || פּאַציפֿיש אַדי
פּאַק דער (פּעק) △ פּעקל bundle, pack
פּאָק די (ן) pock
פּאַקאָסט דער (ן) varnish
פּאַקאָסטיר|ן וו ◇ varnish
פּאַקונג די (ען) wrapping, package
פּאַקט דער (ן) pact
פּאַקיסטאַ'ן (דער) Pakistan
פּאַק|ן וו ◇ pack, wrap *imp.*; °get hold of, catch *pf.* ⊢ פּ' זיך pack one's things *imp.*
פּאָקן 1. מצ smallpox || שטעל|ן ⟨ד⟩ פּ' ⊢ vaccinate against smallpox ⊢ 2. פּאָק|ן וו ◇: פּ' און מאָזל|ען have chicken pox and measles; go through the childhood diseases
פּאָ'קן־שטעלונג די (ען) vaccination
פּאָקער דער poker (game)
פּאַ'קפּאַפּיר דאָס wrapping paper
פּאָ'קרישקע די (ס) lid, pot cover

פּאָר די/דאָס (ן) pair, couple; match, mate
|| אַ פּ' ⟨נאָם⟩ a few, a couple (of)
פּאר דער [PER] ornament; leader, leading person
פּאַראַגראַ'ף דער (ן) paragraph; (legal) clause
פּאַראַ'ד דער (ן) parade, review; pageantry, pomp, fanfare
פּאַראַדאָ'קס .1 דער (ן) paradox || .2 אַדי paradoxical
פּאַראַדאָקסאַ'ל אַדי paradoxical
פּאַראַ'ד־וואָגן דער (ס) float
פּאַראָ'דיע די (ס) parody, take-off
פּאַראָ'דיעלע דאָס (ך) (פּאַראָדיע △) spoof
פּאַראַדיר|ן וו ◇ parade vi. || פּ' מיט parade vt.
פּאַראָדיר|ן וו ◇ parody
פּאַראַוואַ'ן דער (ען) screen (partition)
פּאַראַזי'ט דער (ן) parasite
פּאַראַכאָ'ד דער (ן) steamer
פּאַראָ'ל דער (ן) watchword, password
פּאַראַליז דער paralysis
פּאַראַליזיר|ן וו ◇ paralyze
פּאַראַלע'ל .1 אַדי parallel || .2 דער (ן) parallel
פּאַראָ'ם דער (ען) זען פּ ר אָ ם
פּאַראַפּיאַ'ל אַדי parochial
פּאַראַפּיע די (ס) parish
פּאַראַפֿראַ'ז דער (ן) paraphrase
פּאַראַפֿראַזיר|ן וו ◇ paraphrase
פּאַראַקי'ט דער (ן) אַמער parakeet
פּאַראַשו'ט דער (ן) parachute
פּאַראַשוטי'סט דער (ן) □קע parachutist, paratrooper
פּאַראַשוטיר|ן (זיך) וו ◇ parachute vt/vi
פּאָרווײַז אַדוו in pairs
פּאַרוועניו' דער (ען) parvenu
פּאַרו'ק דער (ן) wig
פּאָרט דער (ן) harbor, port
פּאָרטאָ דער mailing charge, postage
פּאָרטאַטי'וו אַדי portable
פּאַרטאַ'טש דער (עס) □קע bungler
פּאַרטאַטשיש אַדי bungling, sloppy
פּאַרטאַ'טשעווע|ן וו ◇ bungle vi.

פּאָ'רט־אַרבעט(אָר)ער דער (ס) longshoreman
פּאָ'רטוגאַל (דאָס) Portugal
פּאָרטוגאַליש אַדי Portuguese
פּאָרטוגאַלער דער (—) ⊡ Portuguese
פּאַרטיזאַניש אַדי guerilla, partisan
פּאַרטיזאַנער דער (ס) □קע guerilla, partisan
פּאַרטיטו'ר די (ן) (musical) score
פּאַרטיי' די (ען) party
פּאַרטיי'... partisan
פּאַרטייִש אַדי partial; party (*adj.*)
פּאַרטייער דער (ס) ⊡ (political) party man
פּאַ'רטיע די (ס) group, bunch, lot; contingent; round of a game
פּאָרטיע' דער (ען) [TY] porter, doorman
פּאַרטיצי'פּ דער (ן) participle
פּאַרטיקל דער (ען) (grammatical) particle
פּאָרטמאָנע' דער (ען) wallet
פּאַרטע'ר דער (ן) ground floor; orchestra (section in a theatre)
פּאָרטפֿע'ל דער (ן) brief case, portfolio
פּאָרטציגאַ'ר דער (ן) cigar(ette) case
פּאָרטרע'ט דער (ן) portrait
פּאַריטע'ט די parity
פּאַרי'ר דער (ן) parry
פּאַריר|ן וו ◇ parry
°פּאַרך דער (עס) canker, ulcer; (*vulgar*) rat, stingy person
פּאָרל דאָס (עך) (פּאָר △) couple (boy and girl) ⊢ זײַן* אַ פּ' ⟨מיט⟩ go steady (with)
פּאַרלאַמע'נט דער (ן) parliament
פּאַרלאַמענטאַ'ר(יש) אַדי parliamentary
פּאַרמעט דער (ן) parchment || פּאַ'רמעט·ן אַדי
פּאָר|ן וו ◇ match, mate || פּ' זיך fit, be a match; mate *vi.*, copulate
פּאַרנע אַדי humid, sultry
פּאָרסקע|ן וו ◇ snort
פּאַרע די (ס) steam, vapor
פּאָרע די (ס) pore
פּאָ'רעדיק אַדי porous
פּאַ'רעוו(ע) אַדי (*Jew.*) neither dairy nor meat (food); hence, (*hum.*) neutral; wishy-washy
פּאָרעך דער dust

פּאַרע|ן װ ◇ steam || פּ' אומפּ be sultry

פּאָרע|ן זיך װ ◇ ⟨מיט⟩ busy oneself (with), fuss (over)

פּאַרע'נטש דער (ן) railing

פּאָ'רע־ציבעלע די leeks (*coll.*)

פּאַרפּל|ען זיך װ ◇ quiver

פּאָרפֿאָ'לק דאָס (ן/...פֿעלקער) married couple

פּאָרפֿאָלקבעט די/דאָס (ן) double bed

פּאָרפֿאָלקשאַפֿט די marriage (match)

פּאַרפֿו'ם דער (ען) perfume

פּאַרפֿומיר|ן װ ◇ perfume, scent

פּאָרציע די (ס) portion; °dressing-down, °scolding

פּאַרצע די (ס) mug (face)

פּאַרצע'ל דער (ן) (building) lot, plot

פּאָרצעלאַ'ן = פּ אָ ר צ ע ל ײַ

פּאָרצעלײַ' דאָס china, porcelain || פּאָר־צעלײַען אַדי

פּאַרק דער (ן) park

פּאַרקאַן דער (...אַ'נעס) זען פּ אַ ר ק ן

פּאַרקי'ר... parking || פּ'־משגיח [MAZhGI-EKh] parking attendant

פּאַרקיראָרט דער (...ערטער) parking place

פּאַרקיר|ן װ ◇ park *vt/vi*

פּאַרקירפּלאַץ דער (...פּלעצער) parking lot

פּאַרקן דער (ס/פּאַ'רקענעס) fence

פּאַרק|ן װ ◇ זען פּ אַ ר ק י ר ן

פּאַרקע די (ס) parka

פּאָרקע|ן זיך װ ◇ ⟨אין⟩ tinker, potter (at)

פּאַרשױ'ן דער (ען) person, personage; passenger; character (in a book etc.)

°פּאַרשיװע אַדי mean, vile

פּאַש דער (ן) Δ פּעשל pack, deck (of cards)

פּאַשאָ'ל (װאָ'ן) אינט scat! (*to dogs*)

פּאַשטע'ט דער (ן) meat pie

פּאַשע די (ס) pasture

פּאַשע|ן װ ◇ tend (grazing animals) || פּ' זיך feed, graze

פּאַשק(ע)װי'ל דער (ן) lampoon

פּגימה די (—ות) [PGIME] stain, blemish, defect; imperfection, shortcoming

פּגימהדיק אַדי [ ] defective, imperfect, faulty

פּגירה די (—ות) [PGIRE] death (of an animal); carcass, cadaver

פּגם דער (ים) [PGAM—PGOMIM] dent; blemish, flaw, imperfection ⊢ אָן אַ פּ' faultless

פּגר דער (ים) [PEYGER—PGORIM] carcass

פּגר|ן װ ◇ [ ] (animal) die

פּדיון דער (ות) [PIDYEN—PIDYOYNES] ransom; payment to Hasidic rabbi for advice etc.

פּדיון־שבֿוים דער [shvuim] ransoming of prisoners

פּה־אחד אַדװ [PE-E'KhED] unanimously

פּובליצי'סט דער (ן) writer on current public affairs; pamphleteer, columnist

פּובליציסטיק די writing on current public affairs; educational journalism

פּובליקאַציע די (ס) publication (object)

פּו'בליקום דער (ס) audience, public

פּובליקירונג די publication (act)

פּובליקיר|ן װ ◇ publish, promulgate

פּובערטע'ט די puberty

פּוגע־בכּבֿוד זײַן* װ (פּ' געווע'ן) [BEKO'VED] offend, snub

פּוגע זײַן* װ—ל (פּ' געווע'ן) [POYGEYE] injure (pride, reputation etc.)

פּוד דער (ן) pood (40 Russian lbs.)

פּודינג דער (ען) pudding

פּודל דער (ען) poodle

פּו'דעלע דאָס (ך) little box; carton, cardboard box

פּודער דער (ס) (cosmetic) powder

פּו'דער־נעצײַג דאָס—קאָל compact

פּו'דער|ן װ ◇ powder *imp.*

פּו'דער־קישעלע דאָס (ך) powder puff

פּוזע די (ס) big belly, paunch

פּוטער די butter || ס'גייט אים מיט דער פּ' אַראָ'פּ he is having a streak of bad luck

פּו'טער־בולקע די (ס) bun

פּו'טערברויט דאָס (ן) bread and butter sandwich

פּו'טערמילך די buttermilk

פו'טערניצע די (ס) butter dish
פויזע די (ס) pause
פויזע|ן וו ⟐ creep, crawl
פוי'טיקע די (ס) זען פ ו ת י ק י
פויליש אַדי Polish
פוילן (דאָס) Poland
פוילע־רוי'לע די (ס) snail
פויע|ן וו ⟐ give drink to (animals), water
פויער דער (ים) ◻טע △ פוי'ערל/פײַ'ערל peasant; farmer; jack (in cards)
פוי'ערימשאַפט די peasantry
פוי'עריש אַדי peasant, rustic
פויערש אַדי peasant-like; dull, boorish || פ'|ער קאָפ simple-minded person
פויפס דער (ן) pope
'פויפסט זען פ ו י פ ס
פויפסיש אַדי papal
פוי'פסנשאַפט די (ן) papacy
פויפעריזיר|ן וו ◇ pauperize
פויק די (ן) △ פײַקל drum
פויק|ן וו ⟐ drum
פוי'קעלע דאָס (ך) chick, fledgling
פוי'קשטעקל דאָס (עך) drumstick
פויש דער (ן) bulge, puff
פוישט דער felt || פוישט'ן אַדי
פוישיק אַדי bulging, chubby, puffy
פויש|ן זיך וו ⟐ bulge *vi.*
פוך דער down, fluff, fuzz
פוכיק אַדי fluffy, downy
פוכי'ר דער (ן) blister
פוכקע אַדי puffy, pudgy
פול[1] דער dust
פול[2] דער (ן) אַמער pool (billiard game)
פולווער דער (ס) gun powder || געבן|ן* ⟨ד⟩ פ' צו שמעקן show (sb.) that one means business
פולוועריזאַטאָר דער (...אָ'רן) sprayer, atomizer; spray gun
פולס דער (ן) pulse
פולסיר|ן וו ◇ throb, pulsate
פולפי'ט דער (ן) pulpit
פולקע די (ס) זען פ אָ ל ק ע
פונטש דער punch (drink)

פונקט 1. אַדוו exactly, just, punctually, sharp, at the stroke of ⊢ פ' אויף מיזרח [MIZREKh] due east ⊢ 2. דער (ן) △ פינטל point, dot; •period; item, clause ⊢ 3. אינט a likely story!
פונקטואַציע די punctuation
פונקטי'ר דער (ן) dotting; dotted line/area
פונקטיר|ן וו ◇ dot
פו'נקטן־חשבון דער (ות) [KhEzhBM—KhEzh-BOYNES] score (in a game)
פוסט 1. אַדי empty, hollow; blank (cartridge); idle; vacant; vain ⊢ 2. די (ן) hollow
פוסט־און־פאַ'ס אַפ idle || פ'נל פ ו ס ט ע־פ אַ ס נ י ק, פ ו ס ט ע פ אַ ס ע ו ו ע ן
פו'סטעווע|ן וו ⟐ stand vacant
פו'סטעניש די (ן) wasteland
פוסטעפאַסניק דער (עס) ◻–ניצע loafer, idler
פוסטעפאַ'סעווע|ן וו ⟐ loaf, go around idle
פוסטפלאַץ דער (...פלעצער) vacant lot
פוסק־אַחרון דער (ס) [POYSEK-A'KhREN] superarbiter, final judge
פוסקים מצ [POSKIM] post-Talmudic commentators
פועל־יוצא דער (ס) [POYEL-YO'YTSE] result, consequence
פועלי־ציון מצ [POYLE-TSI'EN] Labor Zionists
פועל|ן וו ⟐ [POYEL] have one's way, prevail; succeed ⊢ פ' ⟨בײַ ... זאָל ...⟩ persuade, convince, induce, prevail upon ⊢ פ' בײַ זיך decide || ניט קענ|ען* פ' בײַ זיך be undecided
פופיק דער (עס) navel; gizzard
פוף דער (ן) puff
פוץ דער splendor, finery; show, ostentation
פוצ... ornamental
פוצ|ן וו ⟐ clean; brush (teeth); shine (shoes) ⊢ פ' זיך dress up
פוצערײַ' דאָס millinery
פו'צערקע די (ס) milliner
פוק דער (עס) pop, crack

פוקל דער (ען) bump
פו'קלדיק אדי bumpy; bulging
פוקע|ן וו ◈ pop *imp.*
פוריטאַניש אדי puritanical; Puritan
פוריטאַנער דער (—) ⊡ Puritan
פורים דער Purim, the holiday celebrating the deliverance of the Jews from the persecution of the Persian Haman
פו'רים־גרעט דאָס Purim pastry and refreshments
פו'רים־שפּיל די (ן) a play performed on Purim
פורי'סט דער (ן) ◻קע purist
פורעניות דאָס (ן) [PURONYES] affliction, molestation
פורפּור = פּ ו ר פּ ל
פורפּל דער crimson; (*fig.*) purple
פו'רפּעלן אדי crimson; (*fig.*) purple
פורץ־גדר זײַן* וו (פּ' געווע'ן) ⟨אויף⟩ [POYRETS-GE'DER] infringe, transgress
פורש־בשמו זײַן* וו (פּ' געווע'ן) [POYRESh-BIShMO'Y] disclose the name (of)
פושטשאַ'ק דער (עס) hollow nut; dud
פושע־ישׂראל דער (פּושעי־) [POShE-YISRO'EL—POShE] an irreligious/impious/sinful Jew
פושקע די (ס) (tin) can; (alms) box
פותיקי די (—ות) [PO'YTIKE] (*hum.*) large fortune
פותר זײַן* וו (פּ' געווע'ן) [POYSER] interpret (dreams)
פותר־חלום זײַן* וו (פּ' געווע'ן) ⟨ד⟩ [KhO'LEM] interpret a/the dream (of)
פזרן דער (ים) ◻טע [PAZREN—PAZRONIM] liberal donor, squanderer, lavish/extravagant person
פזרנות דאָס [PAZRONES] lavishness, squandering, extravagance
פזרניש אדי [PAZRONISh] lavish, extravagant
פחד דער (ים) [PAKhED—PKhODIM] fear, || dread, awe; (psychol.) anxiety
האָב|ן* פּ' ⟨פֿאַר⟩ be afraid (of)

פחדימדיק אדי [PKhO'DIMDIK] anxious, distressing, causing anxiety
פחדיק אדי [PA'KhEDIK] timorous, timid
פחדליווע אדי [PAKhEDLIVE] timorous
פחדן דער (ים) ◻טע [PAKhDN—PAKhDO'NIM] coward
פחדנות דאָס [PAKhDONES] cowardice
פחדניש אדי [PAKhDONISh] cowardly
פטור 1. אפ ⟨פֿון⟩ [POTER] exempt, free || 2. אינט that's that; that's all
פטור ווער|ן ⟨פֿון⟩ וו (איז פּ' געוואָרן) [ ] get rid of, dispose of, do away with
פטירה די [PTIRE] death, demise
פטר|ן וו ◈ [PATER] spoil, ruin; waste
פטרניש דאָס [PA'TERNISh] riddance
פיאַווקע די (ס) leech
פיאַטע די (ס) sole/heel (of foot) ||
°האָב|ן* אַ אין דער לינקער פּ' not care about, hold in contempt
פיאָן דער (ען) (chess) pawn
פיאַני'סט דער (ן) ◻קע pianist
פיאָני'ר דער (ן) pioneer
פיאַנע[1] די (ס) piano
פיאַנע[2] די (ס) זען פּ י נ ע
פיגמע'נט דער (ן) pigment
פידזשאַ'ק דער (ן) coat
•פידיון זען פּ ד י ו ן
פידקאָווע די (ס) זען פּ אָ ט ק ע ו ו ע
פידרעך: ע'נטפֿער|ן פּ' answer at cross purposes
פי'דרעכדיק אדי (*hum.*) preposterous, topsy-turvy
פיוט דער (ים) [PIET/PAYET—PIYUTIM] (*Jew.*) hymn, liturgic poem
פיזמון דער (ים) [PIZMEN—PIZMOYNIM] liturgic poem with a refrain; (*iro.*) repetitive tale, rigmarole, litany
פיזעם דער musk
פיזשאַמע די (ס) (pair of) pajamas
פיטום דער (ס) [PITEM] protuberance on the blossom end of a citron
פיטעלקע די (ס) buttonhole
פּי'טשעווקע די (ס) detail, particular, minutia ⊢ מיט אַלע פּ'ס in great detail

פּײַ¹ דער (ען) share

פּײַ² דער (ען) אַמער pie

•פּיידע די (ס) אַמער wage(s)

פּײַדע די (ס) lump, chunk

פּײַן די (ען) anguish

פּײַנט דער (ן) אַמער pint

פּײַ'ניקונג די (ען) torture

פּײַ'ניק|ן וו ◈ torture, torment

פּײַ'ניקער דער (ס) ⊡ tormentor

פּײַנלעך אַדוו painfully unpleasant, (mentally) painful

פּייסאַ'זש דער (ן) landscape

פּײַ'ערטע די (ס) peasant woman

פּײַקל|ען וו ◈ drum

פּײַקלער דער (ס) drummer

פּײַ'קל־שטעקעלע דאָס (ך) drumstick

פּיל די (ן) pill

פּילאָווינעס מצ זען פּאַלעווינעס

פּילאָ'ט דער (ן) ⊡ pilot

פּילאָטי'רט אַדי manned (aircraft)

פּילאָטיר|ן וו ◇ ⟨אַ/מיט⟩ pilot

פּילאי־פּלאָים מצ [PILE-PLO'IM] marvels, wonders, amazing things

פּילגרי'ם דער (ען) ◻קע pilgrim

פּילגרי'ם־נסיעה די (—ות) [NESIE] (*Chr.*) pilgrimage

•פּילגש זען פּלגש

פּי'לדער|ן וו ◈ make noise, make a din/racket

פּי'לָ(נ)עווע|ן וו ◈ nurse; pamper

פּילפּול דער [PILPL] subtle argumentation, hair-splitting; casuistry

פּילפּול|ען זיך וו ◈ [ ] split hairs, subtilize

פּילקע די (ס) ball

פּימס דער pumice

פּי'מסנהאָלץ דאָס gopher wood

פּינגפּאָ'נג דער ping-pong

פּינט דער (ן) pint

פּינטל דאָס (עך) (פּונקט △) dot, point; period (.) ⊢ טרעפֿ|ן אין פּ' hit the mark, strike home; hit the nail on the head

פּינטל|ען וו ◈ blink *vi.* || פּ' מיט blink *vt.* || פּ' מיט די אויגן wink

פּי'נטל־קאָמע די (ס) semicolon

פּי'נטעלע דאָס (ך) (פּינטל △) dot || די שוואַרצע פּ'ך (*fig.*) writing || דרײַ פּ'ך suspension points, ellipsis ⊢ דאָס פּ' ייִד the quintessence of one's Jewish identity

פּינע די (ס) lather, foam

פּינע|ן וו ◈ foam

פּינצע'ט דער (ן) tweezers; pincers

פּינקטלעך אַדי accurate, exact, prompt, punctual

פּי'נקטלעכקייט די accuracy, promptitude

פּינקס דער (ים) [PINKES—PINKEYSIM] book of records, register

פּיסטאָלֶע'ט דער (ן) זען פּיסטויל

פּיסטאָ'ן דער (ען) (explosive) cap; piston

פּיסטוי'ל דער (ן) pistol

פּיסטרע אַדי motley

פּיסק דער (עס) snout, (animal) mouth, muzzle; (gun) muzzle; grimace, face || מאַכ|ן פּ'עס make faces || עפֿענ|ען אַ/דעם פּ' open one's big mouth || עפֿענ|ען אַ פּ' אויף heap abuse on

פּיסקאַטע אַדי mouthy

פּיסקל|ען זיך וו ◈ pout *vi.*

פּיעטע'ט די reverence

•פּיעכאָטנע זען פּעכאָטנע

פּיעסע די (ס) play, theater/musical piece

פּיעשטשע|ן וו ◈ זען פּעסטען

פּיפּס דער (ן) peep; the merest sound || *אַ פּ' טאָ|ן peep, make a sound; beep

פּיפּע'ט דער (ן) (medicine) dropper

פּיפּעטקע די (ס) = פּיפּעט

פּיפּערנאָטער דער (ס) dragon, legendary monster

פּיפּקע די (ס) tobacco pipe

פּיפּקע|ן וו ◈ ⟨אַ⟩ puff (on a pipe)

פּיף־פּאַף! אינט bang-bang! (*shooting*)

פּיצינק *אַדי tiny, minute

פּיצל דאָס (עך) ⟨נאָמ⟩ tiny bit, shred; a little ⊢ אַ פּ' קינד bit (of a) a tiny bit of a child, tot

פּיצע די (ס) pizza

פּי'ץ־פּי'צלעך מצ small bits || אויף פּ' to smithereens
פּיק¹ דער (ן) spades (in cards)
פּיק² דער (ן) peck
פּי'קאָלאָ דער (ס) piccolo; bell boy
פּיקאַ'נט אַדי sharp, spicy
פּיקאַ'נטקייט די spiciness, zest
פּיקהאָלץ דער (ן) woodpecker
פּיקוח־נפֿש דער [PIKUEKh-NE'FESh] saving of a life
פּיקח דער (ים) ◻טע [PIKEYEKh/PIKEKh—PIKKhIM] clever man
פּיקחות דאָס [PIKKhES] shrewdness, astuteness
פּיקחיש אַדי astute
פּיק|ן וו ◇ peck at || פּ' זיך hatch
vi/imp; peck ⊢ מע דאַרף אים די צונג ניט פּ' he is highly articulate
פּיקניק דער (ן) picnic
פּיקע די (ס) pike; lance
פּיקע'ט דער (ן) picket (pale); picket(er)
פּיקעטיר|ן וו ◇ picket
פּיקפּוק דער (ים) [PIKPEK—PIKPUKIM] scruple
פּיראָ'ג דער (ן) (meat) pie
פּיראַ'ט דער (ן) pirate
פּיראַ'טעווע|ן וו ◇ pirate *imp.*
פּיראַטערײַ' דאָס piracy
פּיראַמי'ד דער (ן) pyramid
פּירוש דער (ים) [PEYRESh—PERUShIM] commentary, explanation
פּירכע|ן וו ◇ snort
פּירסום דער [PIRSEM] publicity || גע|ן* פּ' ד publicize
פּירסומניק דער (עס) ◻—ניצע [ ] public relations man
פּירעג דער (ן/עס) זען פּ י ר אָ ג
פּירענעען מצ Pyrenees
פּירקי־אָבֿות [PIRKE-O'VES] (*Jew.*) "Ethics of the Fathers," a section of the Mishnah dealing with ethical principles
פּישטש דער (ן) squeal, whine
פּי'שטשעווקע די (ס) זען פּ י ט ש ע ו ו ק ע

פּישטשע|ן וו ◇ squeal, whine
פּיתחון־פּה דער [PISKhN-PE'] pretext, grounds
פּכיקע|ן וו ◇ whine, whimper
פּלא די [PELE] amazing thing
פּלאָג די (ן) plague; affliction, scourge
פּלאַגיאַ'ט דער (ן) plagiarism
פּלאַגיאַטאָר דער (...אָ'רן) plagiarist
פּלאַגיי'ר|ן וו ◇ plagiarize
פּלאָג|ן וו ◇ plague, harass, afflict, torment ⊢ פּ' זיך drudge; suffer
פּלאָדיע|ן (זיך) וו ◇ breed, multiply *vt/vi*
פּלאדיק אַדי [PE'LEDIK] astonishing, startling, stupendous, spectacular
פּלאָדע|ן וו ◇ זען פּ ל אָ ד י ע ן
פּלאַזמע די plasma
פּלאַזעם אַדוו flat on ground
פּלאַזשע די (ס) beach
פּלאַטאָ' דער (ען) plateau
פּלאַטאָ'ן דער (ען) platoon
פּלאַטי'ן דאָס platinum || פּלאַטינען אַדי
פּלאַטע די (ס) plate, slab; •(phonograph) record
פּלאַטפֿאָרמע די (ס) platform; paved pad; stair landing
פּלאַטפֿאָ'רמע־וואַגאָן דער (ען) flatcar
פּלאַטפֿוס דער (...פֿיס) זען פּ ל אַ ט ש פֿ ו ס
פּלאַטשיק אַדי flat, shallow || מאַכ|ן פּ' flatten
פּלאַ'טשיקייט די (ן) platitude
פּלאַטשפֿוס דער (...פֿיס) flat foot
פּלאָ'ימדיק אַדי [PLO'IMDIK] wondrous, amazing
•פּלאַי־פּלאָים זען פּ י ל א י ־ פּ ל אָ י ם
פּלאַכטע די (ס) sheet, sheetlike rag
פּלאָמביר|ן וו ◇ seal (with a lead seal); fill (a tooth) *imp.*
פּלאָמבע די (ס) metal seal; (dental) filling || לייג|ן* ⟨ד⟩ אַ פּ' fill a/the tooth (of)
פּלאַן דער (פּלענער) plan; schedule; draft, || blueprint, design; (city) map; idea || זײַן* אַ פּ' *also* be advisable || ערשט|ער פּ' foreground ⊢ לעצט|ער פּ' background
פּלאַנט דער (ן) (railroad) track

פלאַנטאַציע די (ס) plantation
פלאָנטע|ן װ ◇ זען פלאָנטערן
פלאָנטער דער (ס) tangle, jumble, snarl, muddle; confusion
פלאָ'נטער|ן װ ◇ confuse || פּ' מיט דער צונג ⊢ falter, stammer ⊢ פּ' מיט די פּיס ⊢ wobble ⊢ פּ' זיך אונטער די פּיס ⟨בײַ⟩ be in the way (of)
פלאַני'ר... planning || פּ'־קאָמיסיע planning commission/committee
פלאַני'ר|ן װ ◇ plan, design
פלאַ'נכענ|ען װ ◇ bawl
פלאַ'נמײַסטער דער (ס) surveyor
פלאַ'נעווע|ן װ ◇ plan *imp.*; plot
פלאַנע'ט דער (ן) planet
פלאַנער דער (ס) glider
פלאַ'נער|ן װ ◇ glide (in a glider)
פלאַנקען דער (ס) plank || אויף יענער זײַט פּ' off limits
פלאַסט דער (ן) layer, stratum
פלאַסטיק דער (ן) plastic
פלאַ'סטיק·ן אַדי (of) plastic
פלאַסטיש אַדי squeezable, plastic
פלאַ'סטמאַסע די (ס) plastic
פלאַסטעלי'ן דער molding clay
פלאַפּל|ען װ ◇ jabber, babble, chatter
פלאַפּלערײַ' דאָס chatter; gibberish
פלאַץ[1] דער (פלעצער) △ פלעצל place; room, space; lot, (building) site; (tennis) court; city square, plaza; seat; location, site, locale
פלאַץ[2] דער (ן) crack
פלאַ'צהאַלטער דער (ס) governor general
פלאַצי'ר דער (ן) location, position
פלאַצירונג די (ען) (act of) location
פלאַצי'ר|ן װ ◇ locate, position
פלאַצ|ן װ ◇ crack, split, (patience) give out; (heat, cold spell) end; (plan) fizzle out, burst *vi.*
פלאַקאַ'ט דער (ן) bill, poster
פלאַש דער (ן) gust
פלאַ'שע|ן װ ◇ flutter
פלגש די (ים) [PILEGESH—PILAKShIM] concubine

פלוגתא די (—ות) [PLUKTE] controversy, dispute, issue, disagreement
פלוגתאדיק אַדי [ ] controversial
פלו'דערן מצ slacks
פלוט דער (ן) scatterbrain, fickle person
פלוטאָ'ן (דער) Pluto
פלוטיש אַדי scatterbrained, fickle
פלוי'דער־וואַסער: אײַנ|נעמ|ען פּ' talk a blue streak
פלוי'דערזאַק דער (...זעק) windbag, chatterbox
פלוידערײַ' דאָס (ען) gab, chit-chat; rigmarole
פלוי'דער|ן װ ◇ gab, chatter
פלויט דער (ן) fence || לע'בעדיק|ער פּ' hedge
פלוין דער (ען) זען פליין
פלויש דער chatter
פלויש|ן װ ◇ gab, chatter, exchange pleasantries
פלומפּ דער (ן) pump
פלונטש דער (ן) splash
פלוני־בן־פלוני פּר [PLO'YNE-BEN-PLO'YNE] (Mr.) So-and-So
פלוניתטע די (ס) [PLO'YNESTE] missus, (*iro.*) wife
פלוס 1. דער (ן) plus sign; asset; advantage ⊢ 2. קאָנ plus
פלוסקוואַמפּערפֿע'קט דער pluperfect
פלו'צהאַ'לבן אַדװ suddenly (*usually hum.*)
פלוצלינג/פלוצעם אַדװ suddenly, abruptly
פלו'צלינגדיק/פלו'צעמדיק אַדי sudden, abrupt
פלוראַליטע'ט די (ן) plurality
פליאָטקע די (ס) (piece of) gossip
פליאַמע די (ס) spot, stain
פליד דער (ן) breed, brood, litter
פליוך דער (ן) splash, gush
פליוכע|ן װ ◇ pour, gush; slop
פליו'כרעגן דער (ס) downpour, torrential rain
פליוסקע|ן װ ◇ זען פליושקען
פליוש דער plush || פליו'ש·ן אַדי
פליושטש דער ivy

פליושק דער (ן) splash

פליושקע|ן (זיך) וו ⟐ splash *vt/vi*

פליט דער (ן) raft

פליט דער (ים) [POLET—PLEYTIM] refugee

פליטה די (—ות) [PLEYTE] refugee (*fem.*); (*hum.*) flight ‖ מאַכ|ן פּ' flee, escape, run away

פליטע די (ס) cooking stove, range

פליטקע אַדי shallow

פליין דער (ען) plain; (geometric) plane

פלייצע די (ס) shoulder; back ‖ אויס|דריי|ען זיך מיט דער פּ' צו give the cold shoulder ‖ נעמ|ען די פֿיס אויף די פּ'ס to flee, run away ‖ קוועטש|ן מיט די פּ'ס shrug one's shoulders ‖ אונטער|שטעל|ן אַ פּ' lend a hand

פליך דער (ן) bald pate

פלימעניצע די (ס) niece

פלימעניק דער (עס) nephew

פליס דער velveteen ‖ פליס'ן אַדי

פליעסק דער (ן) (hand) clap

פליעסקע|ן וו ⟐ ⟨מיט⟩ clap ‖ פּ' מיט די הענט applaud

פלישתּי דער (ים) Philistine

פלישתּיש אַדי Philistine

פּלעביסצי'ט דער (ן) plebiscite

פּלעווע די chaff

פּלעט דער/די (ן) raffle

פּלעטווע די (ס) (water birds') web

פּלע'טוועדיק אַדי web-footed

פּלעט|ן[1] וו (געפּלע'ט) raffle

°פּלעט|ן[2] וו (געפּלע'ט) smash, crack *vt.* ‖ פּ' ד דעם מוח [MOYEKh] bash (sb.'s) head in

פּלען דער captivity

פּלענאַ'ר אַדי plenary

פּלענום דער (ס) plenary session, assembly

פּלעניק דער (עס) captive, prisoner of war

פּלעף דער (ן) puzzle

פּלעפּיק זען פּ ל ע פֿ נ ד י ק

פּלעפֿ|ן וו ⟐ stupefy, slump; perplex

פּלע'פֿנדיק אַדי stunning; puzzling

פּלעצל דאָס (עך) flat roll; cracker

פּלע'קסיגלאָז דאָס plexiglass

•פלפול זען פּ י ל פּ ו ל

•פלשתּי זען פּ ל י ש ת י

פני מצ [PNEY] élite

פניאַק דער (עס) stump

פניה די (—ות) [PNIE] ulterior motive; bias ‖ אָן פניות disinterested; unbiased

פניותדיק אַדי [ ] biased

פנים דאָס (ער) △ פנימל [PONEM—PE'NEMER; △ PE'NEML] face, countenance; semblance, appearance ‖ אַ פנים אַדוו זען אַ פּ נ י ם ‖ קרום פּ' frown ‖ פֿינצטער פּ' scowl ‖ אַראָ'פּ פֿון פּ' haggard, emaciated ‖ אַראָפּ|גיי|ן* פֿון פּ' lose weight ‖ האָב|ן* אַ פּ' look respectable ‖ האָב|ן* איין פּ' look alike ‖ האָב|ן* אַ פּ' פֿון look like, suggest ‖ שוואַרצ|ן זיך דאָס פּ' humiliate oneself ‖ שטיי|ן* מיטן פּ' צו face ‖ קוק|ן ד אין פּ' face

פנים־... [ ] facial

פנים־אל־פנים אַפּ [EL-PO'NEM] face to face ‖ שטעל|ן א פּ' ⟨מיט⟩ confront

פנים־חדשות דאָס [KhADO'ShES] newcomer

פנימיות דאָס [PNI'MIES] inwardness, internality

פנימיותדיק אַדי [ ] (spiritually) inward

פּנעוומאַטיש אַדי pneumatic

•פנקס זען פּ י נ ק ס

פּ"ס = פּאָסטסקרי'פּט(ום) P.S.

פסול דער (ן) blemish ‖ אָן אַ פּ' unimpeachable

פסול אַדי [POS'L] void, invalid; unfit

פסולת דאָס [PSOYLES] chaff; offal, refuse; fallout

פסוק דער (ים) [POSEK—PSUKIM] verse (of a sacred book) ‖ ווי אין פּ' שטייט (*hum.*) properly, by the book

פסח דער [PEYSEKh] Passover

פסח(ד)יק אַדי [ ] pertaining to, or fit for, Passover

•פסיידאָ.. זען פּ ס ע ו ו ד אָ : :

פּסיכאָאַנאַליז דער psychoanalysis

פּסיכאָאַנאַלי'טיקער דער (ס) ⊡ psychoanalyst

פּסיכאָלאָ'ג דער (ן) ⊡ psychologist
פּסיכאָלאָגיע די (ס) psychology; mentality
פּסיכאָלאָגיש אַדי psychological
פּסיכיאַטער דער (ס) ◻שע psychiatrist
פּסיכיאַטריע די psychiatry
פּסיכיק די (עס) mental life; psyche
פּסיכיש אַדי mental, psychic, psychological
פּסיכעדעליש אַדי psychedelic
פּסלות דאָס [PASLES] delinquency (crime)
פּסלנות דאָס [PASLONES] vice
פּסל|ען וו ⟐ [PASL] declare void, invalidate, reject
פּסעוודאָ.. ..pseudo- || פּסעוו'ודאָווי'סנשאַפֿט pseudoscience
פּסעוודאָני'ם דער (ען) pseudonym, pen name
פּסק דער (ים) [PSAK—PSOKIM] judgment, || ruling, verdict; finding; °scolding
°געב|ן* ד אַ פּ' scold || האָב|ן*/°כאַפּ|ן אַ פּ' catch it; end מיאוסן פּ' [MI'ESN] ignominiously
פּסק־דין דער (ים) [PSAKDI'N] judgment, verdict
פּסק־וואָרט דאָס (־ווערטער) [ ] censure ||
אַרויס|געב|ן* אַ פּ' קעגן censure
פּסקענונג די (ען) [PA'SKENUNG] ruling
פּסקענ|ען=פּסקע|נען וו ⟐ [PASK'N/PASKE] judge, rule, decide
פּע דער (ען) (the letter) P
פּעדאַגאָ'ג דער (ן) ⊡ educator
פּעדאַגאָגיק די pedagogy; (science of) education
פּעדאַגאָגיש אַדי educational, pedagogic
פּעדא'ל דער (ן) pedal
פּעדאַ'נט דער (ן) ◻קע pedant
פּעדאַנטיש אַדי pedantic
פּעדאַ'נטישקייט די (ן) pedantry
פּעדאַנטעריע די pedantry
פּעדל|ען וו ⟐ peddle
פּעדלער דער (ס) ◻קע peddler
פּעדעסטאַ'ל דער (ן) pedestal
פּעולה די (—ות) [PULE] effect, upshot, result; progress, performance, || achievement (in a project); use
וואָס איז די פּ' ⟨פֿון⟩ what's the use (of)
|| טאָ|ן* אַ פּ' make progress
פּעולהדיק אַדי [ ] effective
פּעזע די (ס) peso
פּעטי'וו דער (ן) inner tube
פּעטיציאָניר|ן וו ◇ petition
פּעטיציע די (ס) petition
פּעטליע די (ס) loop; noose; coil, leash
פּע'טרישקע די (ס) parsley
פּעטשל דאָס (עך) (פּאַטש △) pat || אַ פּ' טאָ|ן* ⟨ד⟩ pat
פּע'טשעלע דאָס (ך) (פּאַטש △△) pat
פּעך דאָס/דער pitch || גיס|ן פּ' און שוועבל ⟨אויף⟩ thunder (against) ⊢ פּ' שוואַרץ pitch black
פּעכאַטנע אַדי (*fig.*) pedestrian
פּעכבלענד דער pitchblende
פּעלערינע די (ס) cape
פּעלץ דער (ן) fur, pelt || °רײַס|ן (זיך) דעם פּ' (*hum.*) strain oneself ⊢ איבער|קער|ן דעם פּ' (*hum.*) be converted to another religion
פּעמפּיק דער (עס) squat/chubby fellow
פּען די (ען) pen
פּענדזל דער (ען) paint brush
פּענטאַגאָ'ן דער the Pentagon
פּענטע די (ס) fetter, trammel
פּענטע|ן וו ⟐ fetter, trammel
פּעני דער (ס) אַמער penny
פּעניס דער (ן) penis
פּעניצילי'ן דער penicillin
פּענכער דער (ס) bladder
פּענסיאָניר|ן וו ◇ [SY] retire, pension (off) || פּ' זיך retire *vi.*
פּענסיאָנע'ר דער (ן) ◻שע [SY] pensioner; retired person
פּע'נסיע די (ס) pension; •salary || אויף פּ' in retirement, retired ⊢ אַרויס|ניי|ן* אויף פּ' retire *vi.*
פּע'נסיע־נעמער דער (ס) pensioner
פּענע די (ן) זען פ ע ן
פּענעץ דער (ער/ן) section, segment, slice
פּעסט די pest, pestilence

פּעסטל דער (ען) pistil
פּעסטעו|ן וו ◇ pamper, fondle, baby, indulge ⊢ פּ' זיך indulge oneself
פּעסימיזם דער pessimism
פּעסימי'סט דער (ן) □קע pessimist
פּעסימיסטיש אַדי pessimistic
פּעפּער דער (ס) □קע sleepyhead
פּעצע'¹ דער/די jellied calves' feet
פּעקאַ'ן דער (ען) pecan
פּעקל דאָס (עך) (פּאַק △) package, parcel, bundle, batch; wad; burden, bag of troubles
פּע'קלפּאָסט די parcel post
פּע'קלפֿלייש דאָס corned beef
פּער דער (ן) peer (nobleman)
פּער פּרעפּ per, by, via ‖ פּ' פּאָסט by mail
פּעראָ'ן דער (ען) station platform
פּערווע'רס אַדי perverse
פּערזאָ'ן די (ען) person
פּערזאָנקלונג דער (ען) person-to-person call
פּערזענלעך .1 אַדי personal ‖ .2 אַדוו in person, personally
פּערזע'נלעכקייט די (ן) personality
פּעריאָ'ד דער (ן) period, term
פּעריאָדיזיר|ן וו ◇ establish periods in
פּעריאָדיש אַדי periodic
פּעריגיי' דער (ען) perigee
פּעריסקאָ'פּ דער (ן) periscope
פּעריפֿעריע די (ס) periphery, outskirts
פּעריפֿעריש אַדי peripheral
פּעריפֿראַסטיש אַדי periphrastic
פּערל דער (—) pearl
פּע'רלגרויפּן מצ barley
פּע'רל-מוטער דאָס mother-of-pearl ‖ פּע'רל-מוטערן אַדי
פּערמאַנע'נט .1 אַדי permanent ‖ .2 דער (ן) permanent (wave) אָמער
פּערסאָנאַ'ל דער staff, personnel
פּערסאָניפֿיציר|ן וו ◇ personify
פּערסאָנע'ל אַדי personal (affecting persons)
פּע'רסיע (די) Persia
פּערסיש אַדי Persian
פּערסער דער (—) ⊡ Persian

פּערספּעקטי'וו די (ן) perspective, prospect
פּע'רענע די (ס) featherbed
פּערפּענדיקולאַ'ר .1 אַדי perpendicular ‖ .2 דער (ן) perpendicular
•פּערפֿומע די (ס) זען פּאַרפֿום
פּערפֿע'קט אַדי perfect
פּעשל דאָס (עך) (פּאַש △) pack, deck (of cards)
•פּעשקע די (ס) (chess) pawn
פּקדון דער (ס/ות) [PIKODN—PIKDOYNES] deposit, trust (that which is entrusted)
פּקדון-פֿאָנד דער (ן) [ ] trust fund
פּקח דער (ים) זען פּיקח
•פּקחות זען פּיקחות
פּקיד דער (ים) [POKED—PKIDIM] commissioner; official
פּראָ אַדוו pro
פּראָ.. ...pro ‖ פּראָכינעזיש pro-Chinese
פּרא־אָדם דער (ס) [PEREODEM] savage; imbecile
פּראָביר|ן וו ◇ assay ‖ פֿ״גל פּרובירן, פּרווון
פּראָבלע'ם די (ען) problem
פּראָבלעמאַטיק די (עס) set of problems
פּראָבלעמאַטיש אַדי questionable, dubious, problematic
פּראָבע די (ס) test, tryout; assay; hallmark; probation; rehearsal ⊢ אויף פּ' as a test; on trial
פּראָגנאָ'ז דער (ן) forecast, prediction, prognosis
פּראָגראַ'ם די (ען) program, schedule; curriculum ⊣ מחוץ דער פּ' [MIKhU'TS] extracurricular
פּראָגראַמיר|ן וו ◇ program
פּראָגראַמפּונקט דער (ן) (political) plank
פּראָגרע'ס דער progress
פּראָגרעסי'וו אַדי progressive
פּראָגרעסיר|ן וו ◇ progress
פּראָדוצי'ר-מיטל דאָס (ען) means of production
פּראָדוציר|ן וו ◇ produce, turn out
פּראָדוצירער דער (ס) ⊡ producer

פּראָדוצע'נט דער (ן) ⊡ producer

פּראָדו'קט דער (ן) product; crop || מצ also produce

פּראָדוקטי'וו אַדי productive; prolific

פּראָדוקטיווקייט די productivity

פּראָדוקציע די (ס) production, output

•פּראָדזשעקטאָר דער (...אָ'רן) זען פּראָיעקטאָר

פּראַוואָסלאַוונע אַדי Greek Orthodox

פּראָוואָציר|ן וו ◇ provoke

פּראָוואָקאַטאָר דער (...אָ'רן) □שע provocateur, stool pigeon

פּראָוואָקאַציע די (ס) provocation

פּראָוויאַ'נט דער provisions, supplies

פּראָוויזאָריש אַדי provisional

פּראָווי'זיע די provisions

פּראָווי'נץ די (ן) province

פּראָווינציאַ'ל דער (ן) provincial

פּראָווינציע'ל אַדי provincial

פּראַווע|ן וו ⊙ observe, celebrate; carry on

פּראָזאַ'יקער דער (ס) ⊡ prose writer

פּראָזאַיש אַדי prosaic

פּראָזע די prose

פּראַזשע|ן וו ⊙ fry

פּראָזשעקטאָר דער (...אָ'רן) זען פּראָיעקטאָר

פּראָטאָטי'פּ דער (ן) prototype

פּראָטאָפּלאַזמע די protoplasm

פּראָטאָקאָ'ל דער (ן) minutes, record; protocol

פּראָטאָקאָליר|ן וו ◇ take (the) minutes (of)

פּראָטאָקאָליש אַדי verbatim

פּראָטע'ז דער (ן) prothesis

פּראָטעזשיר|ן וו ◇ back, promote, further, countenance

פּראָטעי'ן דער (ען) protein

פּראָטע'סט דער (ן) protest

פּראָטעסטאַ'נט דער (ן) Protestant || פּראָטעסטאַנטיש אַדי

פּראָטעסטיר|ן וו ◇ protest

פּראָטעקטאָראַ'ט דער (ן) protectorate

פּראָטעקציע די patronage; pull, influence

פּראָיע'קט דער (ן) project; design; draft

פּראָיעקטאָר דער (...אָ'רן) projector; spotlight, searchlight

פּראָיעקטי'ל דער (ן) projectile

פּראָיעקטיר|ן וו ◇ project

פּראַכט די splendor, magnificence

פּראַכטיק אַדי splendid, magnificent, sumptuous

פּראַכטפֿול אַדי splendid, gorgeous

פּראַל דער (ן) thrust, impact, onslaught || אַ פּ' טאָ|ן* ⟨מיט⟩ thrust || פּ' אָפֿ'ן wide open

פּראָל דער (ן) boast

פּראָלאָ'ג דער (ן) prologue

פּראַל|ן וו ⊙ bounce, thrust *imp.*

פּראָלעטאַריאַ'ט דער (ן) proletariat

פּראָלעטאַריער דער (ס) ⊡ proletarian

פּראָלעטאַריש אַדי proletarian

פּראָם דער (ען) ferry

פּראָמינע'נט אַדי prominent

פּראָמיסקויטע'ט די promiscuity

פּראָנאָ'ם דער (ען) pronoun

פּראָסאָ'דיע די prosody

פּראָסט אַדי common, ordinary, plain; vulgar, coarse, crude; lowly, humble || פּ'|ער זעלנער private

פּראָסטאַ'ט דער (ן) prostate

פּראָסטיטוטקע די (ס) prostitute

פּראָסטיטויר|ן וו ◇ prostitute

פּראָסטיטוציע די prostitution

פּראָסט־פּשוט אַדי [PO'shET] utterly simple; literal (meaning)

פּראָסטקייט די vulgarity, crudeness

פּראַ'סליצע די (ס) spinning whorl

פּראָספּע'קט דער (ן) prospectus, folder, brochure, pamphlet

פּראָספּעקטי'וו אַדי prospective

פּראָספּעריטע'ט די prosperity

פּראָפּאַגאַנדיר|ן וו ◇ propagandize

פּראָפּאַגאַנדע די propaganda

פּראָפּאָזיציע די (ס) (logical) proposition

פּראָפּאָניר|ן וו ◇ propose

'פּראָפּאָ'רץ זען פּראָפּאָרציע

פּראָפּאָרציאָנע'ל 1. אַדי proportional || 2. אַדוו ⟨צו⟩ in proportion (to)

פּראָפּאָרציע די (ס) proportion, ratio
פּראָפּן דער (ס) cork, plug
פּראָ'פּן־ציִער דער (ס) corkscrew
פּראָפּעלער דער (ס) propeller
פּראָפאַ'ן אַדי profane
פּראָפי'ט דער (ן) profit
פּראָפיטיר|ן וו ◇ profit, profiteer
פּראָפי'ל דער (ן) profile
פּראָפילאַקטיש אַדי prophylactic
פּראָפעסאָר דער (...אָ'רן) ☐שע professor
פּראָפעסאָ'רנשאַפט די faculty
פּראָפעסו'ר די (ן) professorship, chair
פּראָפעסיאָנע'ל אַדי [SY] professional
פּראָפע'סיע די (ס) profession, occupation || פֿריַ|ע פּ' one of the professions
פּראָפֿפֿאַראיי'ן דער (ען) trade-union
פּראַצע די toil, labor
פּראָצעדו'ר די (ן) procedure; proceedings
פּראַ'צעווע|ן וו ◈ toil, labor
פּראָצע'נט .1 דער (ן) percent; rate (of interest); percentage ⊢ .2 דער/דאָס (ער) interest ⊢ פּ' אויף פּ' compound interest
פּראָצע'נטיקייט די rate of interest
פּראָצע'ס דער (ן) process; trial; lawsuit, litigation
פּראָצע'סיע די (ס) procession
פּראָצעסיר|ן וו ◇ process || פּ' זיך litigate *vi.*
°פּראָקאַ'ט: געב|ן*/נעמ|ען אויף פּ' rent
פּראָקוראַטו'ר די prosecution; district attorney's office
פּראָקוראָ'ר דער (ן) prosecutor, prosecuting attorney; district attorney
פּראָקורירונג די (act of) prosecution
פּראָקוריר|ן וו ◇ prosecute
פּראַקטיציר|ן וו ◇ practice, exercise
פּראַקטיק די experience, practice || אין דער פּ' in practice || האָב|ן* פּ' be experienced, have experience
פּראַקטיש אַדי practical, practicable
פּראָקלאַמאַציע די (ס) political leaflet; proclamation
פּראָקלאַמיר|ן וו ◇ proclaim; declare

פּראָשיק דער (...שקעס) powder || מי'לכ־פּראָשיק powdered milk || איי'ער־פּראָשיק powdered eggs
פּראָשע|ן וו ◈ sprinkle
פּרואוו... זען פּ ר ו ו ו ...
פּרוביר|ן וו ◇ try, test || פּ' ⟨פֿון⟩ sample
פּרובירקע די (ס) test tube
פּרווו .1 דער (ן) attempt, endeavor, try || אַ פּ' טאָ|ן* try; take a turn at || .2 די (ן) test; assay ⊢ שטעל|ן צו דער פּ' put to the test
פּרווו... trial, tentative || פּרו'וובאַלאָן trial balloon
פּרוווונג די (ען) ordeal, trial
פּרוויל דאָס (עך) sample, specimen
פּרווו|ן וו ◈ ⟨אַ/אינפֿ⟩ try, attempt; tempt || אַנו' פּרווו(ט) נאָר I dare you!
פּרוווּפֿאַל דער (ן) test case
פּרו'וופליִער דער (ס) test pilot
פּרוווּשטיין דער (ער) touchstone; criterion
פּרוזדור דער (ס) [PROYZDER] antechamber
פּרוטה די (—ות) [PRUTE] (*fig.*) farthing, penny
פּרוכת דער (ן) [POROYKhES] curtain over the ark in which the Torah scrolls are kept in a synagogue
פּרוש דער (ים) [PORESh—PRUShIM] (*Jew.*) recluse, one who devotes himself exclusively to the study of the sacred books
פּרושי דער (ם) Pharisee
פּרט דער (ים) [PRAT—PROTIM] particular, detail; regard, aspect, respect ⊢ אין פּ' פֿון with respect to || אין דע'ם פּ' in this regard
פּרטימדיק אַדי [PRO'TIMDIK] detailed, circumstantial
פּרט־נאָמען דער (־נעמען) [PRA'T] proper name
פּרי די (פּרות) [PEYRE] fruit
פּריאָריטע'ט די (ן) priority
פּריוואַ'ט אַדי private
פּריוואַ'ט... private || פּ'־אייגנס private property

פריווילעגיע די (ס) privilege

פריווילעגי'רט אַדי privileged

פריז דער (ן) prize, award

פריזיוו דער military conscription (in Czarist Russia); •conscription (elsewhere)

פריזמע די (ס) prism

פריטשמעליע|ן וו ◇ overwhelm, stupefy, stun, daze, stagger

פריידיק די (ן) sermon

פריי'דיק|ן וו ⟐ preach

פריי'דיקער דער (ס) ⊡ preacher

פרײַז דער (ן) price

פרײַ'ז־נאָטירונג די (ען) quotation (of a price)

פרײַ'זנפֿאַל דער (ן) slump

פרײַזקוראַ'נט דער (ן) price list

פרײַך דער (ן) wheeze; puff

פרײַכ|ן וו ⟐ pant, wheeze, puff

פרײַס דער (ן) Prussian; cockroach

פרײַסיש אַדי Prussian

פרײַסן (דאָס) Prussia

פריירי די (ס) זען פרעריע

פרימאַ אַדי—אינוו first-rate, tops

פרימאַ־אַפּרי'ליס דער April Fool's Day

פרימאַ'ט דער (ן) primacy

פרימאַ'ר... primary (election, education, etc.)

פרימיטי'וו אַדי primitive

פרימל דער (ען) primrose

פרינץ דער (ן) prince

פרינצי'פּ דער (ן) principle || אָן פּ'ן unscrupulous

פרינציפּאַ'ל דער (ן) אַמער (school) principal

פרינציפּיע'ל .1 אַדי (matter) of principle || .2 אַדוו on principle

פרינצעסין די (ס) princess

פריסטאַוו דער police commissioner in Czarist Russia

פריסטער דער (ס) ⊡ priest

פריסיק דער embers

פריִע|ן וו ⟐ chafe; irk

פרי'פּעטשיק דער (עס) (type of) cooking stove

פריץ דער (ים) [PORETS—PRITSIM] lord, landowner ⊦ זײַן* אַ פּ' habitually have one's own way ⊦ זײַן* אַ פּ' (בײַ זיך) be vainglorious

פריצה די (—ות) [PRITSE] זען פריצטע

פריצות דאָס [PRITSES] profligacy

פריצותדיק אַדי [ ] profligate

פריצטע די (ס) landowner's wife || פֿײַגל פריץ

פריציש אַדי landowner's, lordly || פּ' הויז manor

פרי'צעווע|ן וו ⟐ swagger, lord it

פריקרע אַדי awkward, disagreeable, unpleasant, embarrassing

פרי'קרעקייט די awkwardness, unpleasantness; embarrassment

פרישטש דער (עס) △ פרישטשיק pimple

פרנס דער (ים) [PARNES—PARNEYSIM/PARNOSIM] (*Jew.*) one of the (elected) heads of the community

פרנסה די (—ות) [PARNOSE] living, subsistence ⊦ האָב|ן* פּ' make a living; have a job ⊦ אויס|שלאָג|ן זיך דאָס ביסל פּ' eke out a living

פרעגל|ען וו ⟐ fry

פרעגנאַ'נט אַדי pregnant (*fig.*)

פרעדיקאַ'ט דער (ן) predicate

•פרע'דיק|ן וו ⟐ זען פריידיקן

פרעה דער (ס) [PARE] Pharaoh

פרעהיסטאָריע די prehistory

פרעהיסטאָריש אַדי prehistoric

פרעזי'דיום דער (ס) presidium

פרעזידע'נט דער (ן) ⊡ president

פרעזידענטיש אַדי presidential

פרעזידענטשאַפֿט די (ן) presidency

פרעזע'נט דער (ן) present, gift

פרעזענטאַב'ל אַדי presentable

פרעזענטירונג די (ען) presentation

פרעזענטיר|ן וו ◇ present

פרעזערוויר|ן וו ◇ preserve

פרע'זשעניצע די (ס) scrambled eggs

פרעטענדיר|ן וו ◇ ⟨אויף ד; צו אינפֿ⟩ pretend (to); claim

פרעטע'נזיע די (ס) claim

פרעטענציע די (ס) pretense; pretension
פרעטענציע'ז אדי pretentious, presumptuous
•פרעכטיק אדי superb, gorgeous
פרעלו'ד דער (ן) (musical) prelude
פרעלימינאַ'ר אדי preliminary
פרעלעגע'נט דער (ן) ⊡ lecturer
פרעמיע די (ס) prize, award; bonus, premium
פרעמיע'ר דער (ן) □שע premier, prime minister
פרעמיע'ר־מיניסטער דער (...אָ'רן) prime minister
פרעמיערע די (ס) opening night, première
פרעמירט|ער דער—געב recipient (of a prize, award, etc.)
פרענט דער (ן/עס) rod, bar
פרענטשע די (ס) זען פּ אַ ר ע נ ט ש
פרעס דער (ן) (flat) iron; press
פרע'סאײַזן דער (ס) iron
פרעסברעט די (ער) ironing board
פרעסטי'זש דער prestige
פרעסל דאָס (עך) pressing iron
פרעס|ן וו ⊙ press; iron
פרעסע די (ס) press (newspapers)
פרעפּאָזיציע די (ס) preposition
פרעפּאַראַ'ט דער (ן) compound, preparation; patent medicine
פרעפּל|ען וו ⊙ babble, mutter
פרעפֿאַבריצי'רט אדי prefabricated
פרעפֿי'קס דער (ן) prefix
פרעפֿערע'נץ די (ן) preference
פרעצי'ז אדי precise
פרעציזיר|ן וו ◇ make more precise, specify more fully
פרעציזקייט די precision
פרעצי'נקט דער (ן) אַמער precinct
פרעצעדע'נט דער (ן) precedent || אָן אַ פּ' unprecedented
פרעצעדענטיק אדי precedent-setting
פרעריע די (ס) prairie

פרצוף דער (ים) [PARTSEF—PARTSUFIM] (*cont.*) face, mug
פרצוף־פּנים דער (ער) [PO'NEM—PE'NEMER] (*fig.*) face, physiognomy
פרק דער (ים) [PEYREK—PROKIM] chapter; chapter in the Mishnah ⊣ זאָג|ן פּ' study the "Ethics of the Fathers" (*cf.* פּירקי־אָבֿות)
•פּרקי־אָבֿות זען פּ י ר ק י ־ אָ בֿ ו ת
פרשה די (—יות) [PARShE—PARShES] affair; (*Jew.*) section of the Pentateuch
פשוט אדי [POShET] simple, plain
פשוטו־כמשמעו אדוו [PShUTE-KEMAShMO'E] literally
פשוט־פּאָ'לקיש אדי [POShET] popular, plain
פשוט־פּאָ'לקישקייט די [ ] popularity, simplicity (of art, literature, etc.)
פשט דער (ים/ן) [PShAT—PShOTIM] literal meaning; sense; literal interpretation || לערנ|ען פּ' פֿון infer, interpret
פשטות דאָס [PAShTES] simplicity
פשטל דאָס (עך) [PShETL] quibbling, subtle/hair-splitting argument
פשטל|ען זיך וו ⊙ [ ] quibble, stretch a point
פשטן דער (ים) [PAShTN—PAShTONIM] simple/modest person
פשט־פּשוט אַפּ [PShAT-PO'ShET] literal
פשיטא זען אַ פּ ש י ט א
פשרה די (—ות) [PShORE] compromise || מאַכ|ן אַ פּ', גיי|ן* אויף פּשרות compromise *vi.*
פשרן דער (ים) □טע [PAShREN—PAShRONIM] mediator
פשרנות דאָס [PAShRONES] mediation, conciliation
פשרניש אדי [PAShRONISh] conciliatory
פתח דער [PASEKh] the Hebrew vowel sign ַ, signifying the vowel [A] after the consonant under whose letter it appears; e.g. מַ=[MA] ⊢ פּ' שין שאַ! hush! quiet! mum's the word!
•פּתחון־פּה זען פּ י ת ח ו ן ־ פּ ה

פֿ

פֿ דער/די [FEY] letter of the Yiddish alphabet; pronounced [F]; written ף (*lange[r] fey*) at the end of a word; numerical value (identical with פּ): 80

פֿ = פֿונט lb(s).

פֿ' = פֿרײַנד Mr.

פֿאַ דער/די (ען) [FEY] phe, name of the letter פֿ ⊢ לאַנגע|(ר) פֿאַ name of the letter ף

פֿאַ דער (ען) (the musical note) F

פֿאַבל די (ען) fable

פֿאַבריציר|ן וו ◇ manufacture, turn out, fabricate

פֿאַברי'ק די (ן) factory, plant

פֿאַבריקאַ'ט דער (ן) manufacture, product

פֿאַבריקאַ'נט דער (ן) manufacturer, maker

פֿאַבריקאַציע די manufacture

פֿאַגאָ'ט דער (ן) bassoon

פֿאָדעם דער (פֿעדעם) △ פֿע'דעמל thread

פֿאָדער אַפּ: זען פֿ אָ ד ע ר י ק

פֿאָדער.. fore...

פֿאָ'דערבאָרט דער (ן) (ship's) bow

פֿאָ'דערגרונט דער (ן) foreground

פֿאָ'דערונג די (ען) demand, requirement

פֿאָ'דעריק אַדי: ניט פֿ' not so good

פֿאָ'דער|ן וו ⊙ demand, call for; necessitate, require; claim *vt.*, exact ⊢ פֿ' זיך be required, take אומפּ

פֿאָדערשט אַדי* forward, front

פֿאָ'דערשטוב די (...שטיבער) anteroom

•פֿאַו דער (ען) זען וו ו ע

פֿאַזאַ'ן דער (ען) pheasant

פֿאַזע די (ס) phase, stage

פֿאָטאָגעניש אַדי photogenic

פֿאָטאָגראַ'ף דער (ן) ⊡ photographer

פֿאָטאָגראַפֿיע די (ס) photograph; photography

פֿאָטאָגראַפֿיר|ן וו ◇ photograph, take a picture (of) ⊢ פֿ' זיך have one's picture taken

פֿאַטאַ'ל אַדי fatal

פֿאָטע'ל דער (ן) armchair, easychair

פֿאָטער דער (ס) father

פֿאָ'טעריש אַדי fatherly, paternal

פֿאָ'טערלאַנד דאָס (...לענדער) fatherland

•פֿאָ'טערלעך אַדי זען פֿ אָ ט ע ר י ש

פֿאָ'טערשאַפֿט די paternity

פֿאָ'טערשטול די (ן) easychair, armchair

פֿאַטשיילע די (ס) kerchief, shawl

פֿאַיאַ'נץ דער crockery || פֿאַיאַנצ'ן אַדי

פֿאָיע' דער (ען) lobby

פֿאַך דער (ן) trade, specialty, vocation; shelf

פֿאַכ... vocational, trade, specialized || פֿאַ'כזשורנאַל trade journal || פֿאַ'כאויסדרוק specialized term

...פֿאַכיק ...fold || דרײַ'פֿאַכיק threefold

פֿאַכמאַן דער (פֿאַכלײַט) expert, professional

פֿאַ'כמעניש אַדי professional

פֿאָכ(ע)|ן וו ⊙ ‹מיט› wave, fan, flop; fly (in the wind) ⊢ פֿ' מיט דער נשמה [NE-SHOME] be half dead

פֿאָכער דער (ס) fan

פֿאַכשול די (ן) trade school, vocational school

פֿאַל דער (ן) fall, drop; case, contingency

|| אויף יעדן פֿ' in any case, anyhow,
at all events ⊢ אין פֿ' פֿון in the event
of ⊢ פֿאַר קיין פֿ' ניט by no means ||
אין בעסטן פֿ' at best || אין ערגסטן פֿ'
at worst, if worse comes to worst ||
•יעדן פֿאַלס=אויף יעדן פֿאַל
פֿאַלב אַדי flabby
פֿאַלב דער/די (ן) △ פֿעלבל fold, pleat
פֿאָלגן 1. דאָס obedience || 2. פֿאָלג|ן וו ◇ ⟨ד⟩
obey, take the advice (of) ⊢ פֿ' ד do as
(sb.) says ⊢ ניט פֿ' ⟨ד⟩ disobey; defy;
be naughty ⊢ פֿאָלג מיך אַ גאַנג! it's
quite a distance
'פֿאָלגנדיק זען אָט (וואָסער), ווײַטערדיק
פֿאָ'לגעוודיק אַדי obedient, docile
פֿאָ'לגעוודיקייט די obedience
פֿאָ'לגערשאַפֿט די (ן) retinue
פֿאַלגרוב דער/די (...גריבער) pitfall
פֿאַלד דער/די (ן) זען פֿאַלב
פֿאָלוואַרק דער (עס) farm, ranch
פֿאַלטש אַדי זען פֿאַלש
פֿאַליע די (ס) billow
פֿאַל|ן וו (איז געפֿאַלן) fall, drop *vi.*, tumble
|| פֿ' אויף fall upon, strike; (*rev. con.*)
occur to ⊢ פֿ' אונטער succumb to ||
לאָז|ן פֿ' drop *vt.* || פֿ' פֿון די פֿיס be
exhausted
פֿאַלס: •יעדן פֿ' זען (אויף יעדן) פֿאַל
פֿאַלסיפֿיציר|ן וו ◇ falsify; forge
פֿאַלסיפֿיקאַ'ט דער (ן) forgery
פֿאַלץ דער (ן) fold
פֿאַ'לצעווע|ן וו ◇ fold
פֿאַלק דער (ן) hawk
פֿאָלק דאָס (פֿעלקער) people, ethnic group,
nation; folk ⊢ דאָס (פּראָסט|ע) פֿ'
populace
פֿאָלק... זען פֿאָלקס...
פֿאָלקלאָ'ר דער folklore
פֿאָלקלאָריסטיק די study of folklore
פֿאָלקליד זען פֿאָלקסליד
פֿאָלקס... popular; people's; public;
ethnic; folk ⊢ פֿאָ'לקסגעזונט public
health ⊢ פֿאָ'לקס־כאַראַקטער ethnic
character ⊢ פֿאָ'לקס־רעפּובליק people's
republic ⊢ פֿאָ'לקסשרײַבער popular
writer ⊢ פֿאָלקסוויץ folk joke
•פֿאָ'לקסטימלעך אַדי popular, of/for plain
people
•פֿאָ'לקסטימלעכקייט די popularity
פֿאָלקסליד דאָס (ער) folksong
פֿאָלקס־מעשׂה די (—יות) [MAYSE] folktale
פֿאָ'לקסציילונג די (ען) census
פֿאָלקשול די (ן) public school
פֿאָלקשפּראַך די (ן) vernacular language
פֿאַלש אַדי wrong, erroneous, incorrect;
sour (note); false, fake, sham, coun-
terfeit; hypocritical, faithless ⊢ פֿ' אינ-
פֿאָרמיר|ן misinform || פֿ' געדרונגען
fallacious
פֿאַ'לשגעדראַנג דאָס (ען) fallacy
פֿאַ'לשגעמי'נצט אַדי counterfeit
•פֿאַ'לשירעם דער (ס) parachute
פֿאַ'לשמינצונג די counterfeiting
פֿאַ'לשעווע|ן וו ◇ cheat; sing/play flat
פֿאַלשקייט די (ן) hypocrisy, duplicity;
treachery
פֿאַמי'ליע די (ס) family name (last name);
•family
פֿאַמיליע'ר אַדי [LY] familiar
פֿאַן די (ען) △ פֿענדל (frying) pan
פֿאָן די (ען/פֿענער) △ פֿענדל flag
פֿאָן דער (ען) plane; background
פֿאָנאָגראַ'ף דער (ן) phonograph
פֿאַנאַטיזם דער fanaticism
פֿאַנאַ'טיקער דער (ס) ⊡ fanatic
פֿאַנאַטיש אַדי fanatic
'פֿאַנאַנדער זען פֿונאַנדער
פֿאָנאַ'ר דער (ן) headlight
פֿאַנג דער catch, capture
פֿאַ'נגאָרעם דער (ס) tentacle
פֿאַנג|ען וו (געפֿאַנגען) catch, capture
פֿאָנד דער (ן) fund
פֿאַנט דער (ן) pledge, forfeit
פֿאַנטאַזיאָ'ר דער (ן) □קע [ZY] dreamer,
visionary
פֿאַנטאַזיאָריש אַדי [ZY] visionary
פֿאַנטאַ'זיע די (ס) imagination, fancy;
fantasy

פֿאַנטאַ'זיעדיק אַדי [ZY] imaginative
פֿאַנטאַזיר|ן וו ◇ fancy; (day)dream
פֿאַנטאָ'ם דער (ען) phantom
פֿאַנטאַ'ן דער (ען) fountain
פֿאַנטאַסטיק די fantastic (literary/dramatic) material ⊢ ווי'סנשאַפֿטלעכ|ע פֿ' science fiction
פֿאַנטאַסטיש אַדי fantastic, fabulous
פֿאָניע (דער) (*hum.*) Russian; the Russians
פֿאַני'ר דער (ן) veneer
פֿאָנע די (ס) banner
פֿאָנעטיק די phonetics
פֿאָנעטיש אַדי phonetic
פֿאָנע'ם די (ען) phoneme
פֿאָ'נענמאַסט דער (ן) flagstaff
פֿאָ'נענשטאָף דער bunting
פֿאָנפֿאַטע אַדי nasal, twangy
פֿאַנפֿאַ'ר דער (ן) fanfare
פֿאָנפֿע|ן וו ⊙ speak with a twang
פֿאַס די/דאָס (פֿעסער) △ פֿעסל barrel || רעדן|פֿון דער פּוסטער פֿ' talk through one's hat
פֿאַסאַ'ד דער (ן) façade
פֿאַסאָליע די (ס) bean || גרינ|ע פֿ' string bean
פֿאַסאָ'ן דער (ען) make, style, type || האַלט|ן פֿ' keep up appearances
פֿאַסט|ן וו (געפֿאַ'סט) fast
פֿאַסטריגע די (ס) basting stitch
פֿאַסטרי'געווע|ן וו ◇ baste *imp.*
פֿאָסי'ל דער (ן) fossil
•פֿאַסן זעו אָ נ נ ע מ ע ן
פֿאָספֿאָר דער phosphorus
פֿאַסצינירטקייט די fascination (being fascinated)
פֿאַסציניר|ן וו ◇ fascinate
פֿאַצע'ט דער (ן) dandy, fop
פֿאַקולטע'ט דער (ן) faculty (university division)
פֿאָקוס דער (ן) focus; trick
פֿאָקוסיר|ן וו (זיך) ◇ focus *vt/vi*
פֿאַקט דער (ן) fact, reality || (געגע'בענע) פֿ'ן data

פֿאַקטאַ'זיע די science fiction
פֿאַקטאָר דער (...אָ'רן) factor
פֿאַקטו'ר די (ן) texture; invoice
פֿאַקטיש 1. אַדי actual, real, virtual || 2. אַדוו really, in fact; as a matter of fact, in effect
פֿאַ'קטנדיק אַדי factual
פֿאַקטער דער (פֿאַקטוירים) agent, broker, jobber
•פֿאַקל דער (ען) torch
פֿאָקסטראָ'ט דער (ן) fox trot
פֿאַקסי'מילע די (ס) facsimile
פֿאַר 1. אַדוו pro || זײַן* פֿ' ‹ד› be for, be in favor (of) ⊢ 2. פּרעפּ (*unstressed*) for; than; (be considered) as; (grasp) by; from, out of (fear, joy, etc.); (*stressed*) before, in front of, ahead of; prior to, ... ago ⊢ פֿאַר מי'ר for me || פֿאַ'ר מיר before me || פֿאַ'ר זיך apart, independent(ly), separate(ly); own
פֿאַ'ר.. pre... || פֿאַ'רמלחמהדיק pre-war
פֿאָר¹ דער (ן) short trip, ride
פֿאָר² דער lead (in a game) || נעמ|ען פֿ' take the lead ⊢ געב|ן* פֿ' give a handicap
פֿאָר.. preliminary || פֿאָ'רשמועסן preliminary conversations
פֿאָר... travel || פֿאָ'ראַגענט travel agent
פֿאַראָבֿיונ|ען וו ◇ [FAREVYEN] pauperize
פֿאָ'ר־אַגענטור די (ן) travel agency
פֿאַראו'מווערדיק|ן וו ◇ desecrate
פֿאַראומערט אַדי gloomy, despondent, morose, dejected, dismal
פֿאַראו'מער|ן וו ◇ sadden
פֿאַראו'מרייניק|ן וו ◇ pollute, defile, contaminate
•פֿאַראורזאַכן זעו ג ו ר ם ז ײַ ן
פֿאָ'ראורטל דער (ען) prejudice, bias || אָן פֿ'ען unbiased || האָב|ן* אַ פֿ' be prejudiced
פֿאַראו'רטל|ען וו ◇ sentence, doom
פֿאַראַיאָריק אַדי last year's
פֿאַר אַ יאָרן זעו י אָ ר

פֿאַראיבל דער (ען) ‹אויף› grudge || האָב|ן* פֿ' ‹אויף› be offended (at), have a grudge (against); take offense, take amiss, resent ⊢ האָב/האָט קיין פֿ' ניט I beg your pardon, forgive me

פֿאַראי'בעריק|ן וו ◇ lay by, put aside

פֿאַראיי'ביק|ן וו ◇ immortalize, perpetuate

פֿאַראיי'גענ|ען וו ◇ adapt

פֿאַראיילעצט אדי oily (soiled)

פֿאַראיי'ן דער (ען) union || פּראָפֿעסיאָנעל|ער פֿ' [SY] trade-union

פֿאַר איין וועגס זען וועג

פֿאַראיי'ניקונג די (ען) association, union; unification

פֿאַראיי'ניקטע נאַציעס מצ United Nations

פֿאַראיי'ניק|ן וו ◇ unite, combine *vt.*, unify ⊢ פֿ' זיך unite *vi.*

פֿאַר איינס זען איינס

פֿאַראינטערעסיר|ן וו ◇ catch the interest of ⊢ פֿ' זיך ‹מיט› take an interest (in) *pf.*

פֿאַראינטריגיר|ן וו ◇ puzzle, intrigue

פֿאַראי'נעווייניק|ן וו ◇ internalize

•פֿאַראַכטונג די scorn, contempt

פֿאַראַכטטאָגיק אדי last week's

פֿאַראַכטטאָגן אדוו a week ago

פֿאַראַכטטאָ'געדיק אדי זען פֿאַראַכטטאָגיק

•פֿאַראַכטיק אדי contemptuous

•פֿאַראַכטלעך אדי contemptible

•פֿאַראַכט|ן וו (פֿאַראַ'כט) scorn, despise

פֿאַראמת|ן וו ◇ [FAREMES] validate; make come true

פֿאַראַ'ן אפּ available, present || עס איז/זײַנען פֿ' there is/are

•פֿאַראַנטוואָרטונג זען אחריות

•פֿאַראַ'נטוואָרטלעך אדי responsible

•פֿאַראַ'נטוואָרטלעכקייט די (ן) responsibility

פֿאַראַנען אדי available

פֿאַראַ'נקער|ן וו ◇ anchor *vt.*

פֿאַראַ'קער|ן וו ◇ plow under

פֿאַראָ'רדענונג די (ען) decree || פֿ' (דורכן גערי'כט) injunction

פֿאַראָ'רדענ|ען וו ◇ decree, enact || פֿ' (דורכן גערי'כט) enjoin

פֿאַראָרעמט אדי impoverished, destitute, squalid

פֿאַראָ'רעמ|ען וו ◇ impoverish

פֿאַרב די (ן) color, dye, paint

פֿאַרבאַהאַלט·ן אדי hidden; latent

'פֿאַרבאָט, פֿאַרבאָטן זען פֿאַרווער, פֿאַרווערן

•פֿאַרבאָט·ן אדי forbidden

פֿאַרבאַ'נד דער (ן) association, union || פֿ' סאָוועטישע סאָציאַלי'סטישע רעפּובליקן Union of Soviet Socialist Republics

פֿאַרבאַנדאַזשיר|ן וו ◇ bandage *pf.*, dress (a wound)

פֿאַרבאָרג·ן 1. אדי hidden, concealed, latent ⊢ 2. פֿאַרבאָרג|ן וו (פֿאַרבאָרגן) conceal

פֿאַרבאָרג|ן זיך וו ◇ go deeply into debt

פֿאַרבאַריקאַדיר|ן וו ◇ barricade

פֿאַרבוי|ען וו ◇ block (by construction)

פֿאַרבוכ|ן וו ◇ book

פֿאַרבו'נד דער (ן) connection, tie, conjunction

פֿאַרבונד·ן אדי connected || זײַן פֿ' ‹מיט› be connected (with); involve

פֿאַרבי'טער|ן וו ◇ make bitter; embitter; exacerbate

פֿאַרבײַ' 1. אפּ gone, over, past; as good as gone (moribund) ⊢ 2. קוו past || פֿאַרבײַ|קריכ|ן crawl past

פֿאַרבײַגאַנג דער (ען) pass (walking past), passage

פֿאַרבײַ|גיי|ן* וו (איז פֿאַרבײַ'געגאַנגען) pass; elapse

פֿאַרבײַ'גייענדיק 1. אדי passing, transient, momentary ⊢ 2. אדוו in passing; in one's stride

פֿאַרבײַ'גייער דער (ס) ⊡ passer-by

פֿאַרבייג|ן (זיך) וו (פֿאַרבויגן) bow *pf.*, bend *vt/vi*

פֿאַרביי'זט אדי sullen, sulky

פֿאַרבײַ'ט דער (ן) replacement

פֿאַרבײַ'ט... substitute || פֿ'-לערער substitute teacher

פֿאַרבײַטיק אדי vicarious

remain, stay (אין פֿאַרבלײַבן) וו פֿאַרבלײַב|ן|

fade ◇ וו פֿאַרבלי|ען|

stunned אדי 'פֿאַרבלי'פֿט

infatuation (ען) די פֿאַרבלענדונג

blind, dazzle pf.; delude ◇ וו פֿאַרבלענד|ן|

delusion (ן) דאָס פֿאַרבלע'נדעניש

color, dye, stain (נעפֿאָרבן/◇) וו פֿאַרב|ן| imp.

invitation (ען) די פֿאַרבעטונג

invite וו פֿאַרבעט|ן|

cover with a bed- (פֿאַרבע'ט) וו פֿאַרבעט|ן|² spread

nostalgic; wishful, yearn- אדי פֿאַרבע'נקט ing

get a longing (נאָך) ◇ וו זיך פֿאַרבענק|ען| for, get homesick (for)

improvement (ען) די פֿאַרבע'סערונג

improve vt/vi; ◇ (זיך) וו פֿאַרבע'סער|ן| reform vt/vi

freeze (funds, person- ◇ וו פֿאַרבראַ'נירן| nel, etc.)

condemnation, disap- די פֿאַרבראַקירונג proval

condemn; reject, dis- ◇ וו פֿאַרבראַקיר|ן| approve of

brotherhood; fra- (ען) די פֿאַרברי'דערונג ternal union

widen; extend; am- ◇ וו פֿאַרברײַ'טער|ן| plify

scald, boil, soak in ◇ וו פֿאַרברי|ען| boiling water; brew (tea)

crime, offense, wrong- (ן) דער פֿאַרברע'ך doing שווער|ער פֿ ⊢ felony

criminal אדי פֿאַרברעכיק

crime rate די פֿאַרברע'כיקייט

crime (ס) דאָס פֿאַרברעכן

wring one's hands (פֿאַרבראָכן|) :וו פֿאַרברעכ|ן| די הענט פֿ' ⊢ break (voice) פֿ' זיך

criminal (ס) דער פֿאַרברעכער

rogues' gal- (ען) דער פֿאַרברע'כער-אַלבאָם lery

crime דאָס פֿאַרברעכערײַ'

criminal אדי פֿאַרברע'כעריש

---

replaceable אדי פֿאַרבײַטלעך

replace; supplant, (פֿאַרביטן) וו פֿאַרבײַט|ן| supersede

replacement, sub- ם (ס) דער פֿאַרבײַטער stitute

transitory אדי פֿאַרבײַיק

let pass ◇ וו פֿאַרבײַ|לאָז|ן|

1. dessert (ס) דאָס .1 פֿאַרבײַס ‖ 2. פֿאַרבײַסן bite (one's lips); eat (מיט) (פֿאַרביסן) וו (after a strong drink)

pass (אין פֿאַרבײַ'געפֿאָרן) וו פֿאַרבײַ|פֿאָר|ן| (in a vehicle); miss

pass (in flight) (ען) דער פֿאַרבײַפֿלי

pass (אין פֿאַרבײַ'געפֿלויגן) וו פֿאַרבײַ|פֿלי|ען| (in flight); miss

miss (ן) דער פֿאַרבײַשאָס

miss (in (פֿאַרבײַ'געשאָסן) וו פֿאַרבײַ|שיס|ן| shooting)

preview (ער) דאָס פֿאַרבילד

cheapen ◇ וו פֿאַרבי'ליק|ן|

liaison דער פֿאַרבי'נד

connection, tie; (ען) די פֿאַרבינדונג (chemical) compound; amatory liai- be in contact שטיי|ן* אין פֿ' (מיט) ⊢ son contact (with) שטעל|ן זיך אין פֿ' מיט ⊢

liaison officer (ס) דער פֿאַרבינדלער

tie, bind; link, (פֿאַרבונדן) וו פֿאַרבינד|ן| join; connect, relate; combine, asso- ciate vt. זיך פֿ' ⊢ join vi., con- (מיט) tact, communicate (with), get in touch with

stubborn, grim, dogged; אדי פֿאַרביס'ן truculent

colorful אדי פֿאַרביק

muddy ◇ וו פֿאַרבלאָ'טיק|ן|

misguided, lost; mav- אדי פֿאַרבלאָ'נדזשעט erick

=וו (אין פֿ' געוואָרן) פֿאַרבלאָנדזשעט ווער|ן| פֿ אַ ר ב ל אָ נ ד ז ש ע ן

lose one's way, get lost; go astray, stray ◇ וו פֿאַרבלאָנדזשע|ן|

block pf. ◇ וו פֿאַרבלאָקיר|ן|

bloody (clothes etc.) ◇ וו פֿאַרבלו'טיק|ן|

permanent אדי פֿאַרבלײַביק

פֿאַרברענג... recreational, social

פֿאַרברענג|ען וו (◇/פֿאַרבראַ'כט) spend (time) ⊢ גוט פֿ' enjoy oneself, have a good time ⊢ פֿ' מיט keep company with ⊢ גיי|ן* פֿ' || go out ⊢ גיי|ן* פֿ' מיט take out (a girl)

פֿאַר|ברענג|ען וו (◇/פֿאַ'רגעבראַכט) advance (claims etc.)

פֿאַרברענגענס דער (ן) party

פֿאַרברענונג די burning, combustion; cremation

פֿאַרברע'נט אדי burned; ardent, zealous

פֿאַרברע'נט ווער|ן וו (איז פֿ' געוואָרן) burn down

פֿאַרברענ|ען וו ◇ burn *vt.*; scorch; cremate

פֿאַרגאַ'ווער|ן וו ◇ soil with drivel

פֿאַרגאַנגען אדי set (sun); past

•פֿאַרגאַ'נגענהייט די past

פֿאַרגאַנצ|ן וו ◇ perfect

פֿאַרגאָפּלונג די (ען) bifurcation

פֿאַרגאַפֿונג די amazement

פֿאַרגאַ'פֿט אדי amazed

פֿאַרגוואַ'לדיקונג די (ען) rape

פֿאַרגוואַ'לדיק|ן וו ◇ rape

פֿאַרגופֿ|ן וו ◇ personify

פֿאַרגיביק אדי placable, forgiving

פֿאַרגי'טיקונג די ⟨פֿאַר⟩ satisfaction, compensation, redress; damages, indemnity

פֿאַרגי'טיק|ן וו ◇ ⟨ד⟩ compensate, repay, redress ⊢ פֿ' פֿאַר make amends (to)

פֿאַרגייִיק אדי momentary, ephemeral, transitory, transient, passing

פֿאַרגיי|ן* וו (מיר/זיי פֿאַרגייען; איז פֿאַרגאַנגען) || pass (away); (sun) set; penetrate || פֿ' אין טראָגן conceive, become pregnant ⊢ פֿ' זיך ⟨אין⟩ be convulsed, have a fit (of laughing, crying etc.) || פֿ' אַזוי' ווײַט אַז go so far that

•פֿאָ'רגייער דער (ס) forerunner

פֿאַרגי'כערונג די (ען) acceleration, speed-up

פֿאַרגי'כער|ן (זיך) וו ◇ speed up, accelerate *vt/vi*

פֿאַרגינ|ען וו (פֿאַרגונען) ⟨ד⟩ not begrudge, not envy; indulge *vt.* ⊢ פֿ' זיך ⟨אַ/צו⟩ afford; indulge in *vi.* ⊢ ניט פֿ' envy, begrudge; be jealous of ⊢ ניט פֿ' זיך צו be too stingy to

פֿאַרגיס|ן וו (פֿאַרגאָסן) spill; shed (tears, blood); cover (by pouring)

•פֿאַרגיפֿטונג די (ען) poisoning

פֿאַרגלאָ'צט אדי starry (eyes)

פֿאַרגלאָצ|ן וו ◇ roll up (eyes)

פֿאַרגלוסט|ן זיך וו—אומפּ (פֿאַרגלו'סט) ⟨ד⟩ (*rev. con.*) get a desire for

פֿאַרגליווערט ווער|ן וו (איז פֿ' געוואָרן) harden *vi.*, congeal, coagulate, jell

פֿאַרגלי'ווער|ן (זיך) וו ◇ jell *vt/vi*

פֿאַרגלײַ'בט אדי bigoted || זײַן* פֿ' אין have blind faith in

פֿאַרגלייבטקייט די bigotry

פֿאַרגלייב|ן וו ◇ entrust, confide *vt.* || פֿ' זיך אין develop blind faith in

פֿאַרגלייז|ן וו ◇ glaze (eyes) || פֿ' די אויגן ⟨אויף⟩ stare (at)

פֿאַרגלײַ'ך דער (ן) comparison

פֿאַרגלײַכונג די (ען) simile

פֿאַרגלײַכיק אדי comparative

פֿאַרגלײַכלעך אדי comparable

פֿאַרגלײַכ|ן וו (◇/פֿאַרגליכן) compare *vt.*; trim, even off ⊢ ניט צו פֿ' incomparable ⊢ פֿ' זיך compare *vi.*

פֿאַרגלעט|ן וו (פֿאַרגלע'ט) smooth over; live down

פֿאַרגע'ב דער (ן) assignment

פֿאַרגעב|ן* וו (פֿאַרגיב, פֿאַרגי'סט, פֿאַרגי'ט, פֿאַרגיבן, פֿאַרגי'ט, פֿאַרגיבן; פֿאַרגעבן) assign (a task, lesson); •condone, •forgive

פֿאַרגעדי'כטער|ן (זיך) וו ◇ thicken, condense *vt/vi*

פֿאַרגעדענק|ען וו ◇ memorize; remember *pf.*

פֿאָ'ר־געזונט דער (ן) God-speed

פֿאַרגע'טערונג די adoration, worship, idolizing

פֿאַרגע'טער|ן וו ◇ adore, worship, idolize

פֿאַרגעלט דאָס fare
פֿאַרגעניניק אַדי pleasurable
פֿאַרגעניגן דאָס/דער (ס) joy, delight, pleasure
פֿאַרגעסונג די oblivion
פֿאַרגעס|ן וו (פֿאַרגעסן) forget
פֿאַרגע'סניטל דאָס (עך) forget-me-not
פֿאַרגע'סעניש דאָס oblivion
פֿאַ'רגעענג דאָס (ען) traffic jam
פֿאַ'רגעפֿיל דאָס (ן) premonition, presentiment
פֿאַרגערגל|ען וו ◇ throttle
פֿאַרגראָב|ן וו (פֿאַרגראָבן) bury
פֿאַרגרוז(נ)עט ווער|ן וו (איז פֿ' געוואָרן) bog down *vi.*
פֿאַרגרו'נטיק|ן וו ◇ ground, found
פֿאַרגרײַ'זט אַדי full of errors, inaccurate, incorrect; corrupt (text)
פֿאַרגרייט|ן וו (פֿאַרגריי'ט) prepare, provide in advance
פֿאַרגרי'נגערונג די (ען) facilitation; relief
פֿאַרגרי'נגער|ן וו ◇ facilitate, lighten, ease; relieve
פֿאַרגרע'בט אַדי boorish, ignorant
פֿאַרגרע'בער|ן וו ◇ thicken
פֿאַרגרעסער דער (ס) enlargement (of a picture)
פֿאַרגרע'סער־גלאָז דאָס (־גלעזער) magnifying glass
פֿאַרגרע'סערונג די (ען) enlargement
פֿאַרגרע'סער|ן וו ◇ enlarge, increase *vt.*, magnify; augment ⊢ פֿ' זיך increase *vi.*, grow bigger
פֿאַרגרע'סערער דער (ס) enlarger
פֿאַרדאגהט אַדי [FARDAYGET] worried, careworn
'פֿאַרדאַכט זען חשד
•פֿאַרדאַמ|ען וו ◇ denounce, condemn
פֿאַרדאַנקען: האָב|ן* צו פֿ' ⟨ד⟩ ⟨אַ⟩ be indebted for, owe
פֿאַרדאַ'רב דער vice
פֿאַרדאַרבונג די (ען) corruption
פֿאַרדאַרב|ן וו (פֿאַרדאָרבן) corrupt
פֿאַרדאָרב'ן אַדי corrupt, depraved
פֿאַרדאַ'רבנקייט די depravity

פֿאַרדאַ'רט אַדי withered
פֿאַרדאַ'רט ווער|ן וו (איז פֿ' געוואָרן) wither *vi.*
פֿאַרדבֿקעט אַדי [FARDVEYKET] (religiously) ecstatic, absorbed in pious thoughts
פֿאַרדול|ן וו ◇ stun, daze
פֿאַרדומפּ'ן אַדי stagnant
פֿאַרדייונג = פֿאַרדײַונג די digestion
פֿאַרדיי|ען = פֿאַרדײַ|ען וו ◇ digest
פֿאַרדינג|ען וו (פֿאַרדונגען) let, rent, lease (as lessor)
פֿאַרדי'נסט דאָס (ן) earning(s)
פֿאַרדינסטל דאָס (עך) (פֿאַרדינסט △) odd job
פֿאַרדינ|ען וו ◇ earn; deserve, merit, be entitled to
'פֿאַרדעכטיק זען חשדימדיק; חשוד
פֿאַ'רדעמדיק אַדי* prior, previous, anterior, antecedent
פֿאַרדענק|ען וו ◇ ⟨ד⟩ ⟨אַ⟩ blame (for) || ווי קען איך איר דאָס פֿ'? how can I blame her for it? ⊢ ס'איז איר ניט צו פֿ' she is not to be blamed (for) ⟨וואָס⟩
פֿאַרדעק|ן וו ◇ cover
פֿאַר דערפֿאַ'ר זען דערפֿאַר
פֿאַרדערצײַטיק אַדי untimely
פֿאַרדראָ'ס דער ⟨אויף⟩ resentment, chagrin; pity ⊢ האָב|ן* אַ פֿ' ⟨אויף⟩ have a resentment (against) ⊢ עס איז אַ פֿ' ⟨אַז⟩ it is a pity (that)
פֿאַרדראָסיק אַדי grievous, lamentable; irksome
פֿאַרדריי'ט אַדי distorted, perverse; preoccupied
פֿאַרדריי|ען וו ◇ turn *pf.*; turn off (faucet), turn down; garble, twist; distort, misrepresent ⊢ פֿ' זיך turn *vi.*; be delayed
פֿאַרדריי'עניש דאָס (ן) (cause/state of) bother
פֿאַרדריס|ן וו—אומפּ (פֿאַרדראָסן) ⟨ד אַז⟩ irk, hurt; (*rev. con.*) be sorry, resent, be peeved (at)

פֿאַרהאַווועט אַדי preoccupied, bustling
פֿאַרהאַ'לט דער (ן) tie-up
פֿאַרהאַלטונג די detention; constipation
פֿאַרהאַלט|ן וו (פֿאַרהאַלטן) delay, detain, || tie up, stop, arrest; constipate ‖ פֿ' זיך be delayed
פֿאַרהאַ'מעווע|ן וו ◇ stop (by braking); baffle
•פֿאַרהאַ'ן זען פֿ אַ ר אַ ן
פֿאָרהאַנג דער (ען) זען פֿ י ר ה אַ נ ג
פֿאַרהאַ'נדלונגען מצ negotiations, parley; proceedings
פֿאַרהאַנדל|ען וו ◇ sell || פֿ' ⟨וועגן⟩ negotiate
פֿאָרהאַנט די (פֿאָרהענט) lead (in a game), advantage, precedence ⊦ האָב|ן* פֿ' ⟨אַנטקעגן⟩ have the advantage (of), have the lead (over)
פֿאַרהאַ'סט אַדי despised, hateful
פֿאַרהאָפֿ|ן וו ◇ hope
פֿאַרהאַ'ק דער (ן) snag, deadlock, impasse
פֿאַרהאַקונג די (ען) deadlock
פֿאַרהאַק|ן וו ◇ slam; snag || פֿ' זיך ⟨בײַ⟩ jam, stall *vi.*; get stuck, reach an impasse; become deadlocked; be baffled (at) ⊦ פֿ' זיך ⟨אין⟩ get snagged (on)
פֿאַרהאַ'רטעוועט אַדי hardened; hardy, sturdy; callous
פֿאַרהאַ'רטעוועט ווער|ן וו (איז פֿ' געוואָרן) harden *vi.*
פֿאַרהאַ'רטעווע|ן וו ◇ harden *vt.*, temper
פֿאַרהאָ'רעוועט אַדי hard-earned; weary with toil
פֿאַרהויל·ן אַדי concealed
פֿאַרהונגערט אַדי starving, famished
פֿאַרהו'נגער|ן וו ◇ starve *vi.*
פֿאַרהוסט|ן זיך וו (פֿאַרהו'סט) have a fit of coughing
פֿאַרהי'ט... preventive
פֿאַרהיטונג די prevention
פֿאַרהי'ט־מיטל דאָס (—/ען) preventive, precaution
פֿאַרהיט|ן וו (פֿאַרהי'ט) prevent, forestall, avert ⊦ פֿ' זיך פֿון stave off

פֿאַרהי'טנדיק אַדי preventive
פֿאַרהייב|ן וו (פֿאַרהויבן) tuck up
פֿאַרהיי'ליק|ן וו ◇ sanctify
פֿאַרהייל|ן זיך וו ◇ heal *vi/pf*
פֿאַרהײַ'נטיק|ן וו ◇ modernize
•פֿאַרהייראַט זען ב אַ ו ו ײַ ב ט, ב אַ מ אַ נ ט; ח ת ו נ ה ־ ג ע ה אַ ט
פֿאַרהילכ|ן וו ◇ deafen (with loud sound)
פֿאַרהיקע|ן זיך וו ◇ stammer, stutter; get stuck (in speaking)
פֿאַרהע'כערונג די (ען) rise
פֿאַרהע'לטעניש דאָס (ן) ratio; •relation
פֿאַרהענג|ען וו (פֿאַרהאַנגען) cover (as with a curtain); suspend (membership, punishment, etc.)
פֿאַרהעקל|ען וו ◇ hook; close by hooking /crocheting
פֿאַרהע'ר דער (ן) interrogation, hearing; audition
פֿאַרהער|ן וו ◇ examine; miss (mishear)
פֿאַרוואָגלט אַדי far from home, homeless
פֿאַרוואָגלט ווער|ן וו (איז פֿ' געוואָרן) turn up (in a surprising place); roam far from home
פֿאַרוואו... זען פֿ אַ ר ו ו ו ...
פֿאַרוואַ'לגער|ן זיך וו ◇ turn up (in a surprising place)
פֿאַרוואַלטונג די (ען) management; managing committee
•פֿאַרוואַלט|ן וו (פֿאַרוואַ'לט) מיט administer, manage
פֿאַרוואַלטער דער (ס) ⊡ manager; steward
פֿאַרוואַ'לטערשאַפֿט די management; managerial class
פֿאַרוואָלקנט אַדי cloudy, overcast
פֿאַרוואָ'לקענ|ען זיך וו ◇ cloud over *vi.*
פֿאַרוואַנדלונג די (ען) conversion; •transformation
פֿאַרוואַנדלעך אַדי convertible
פֿאַרוואַנדל|ען וו ◇ ⟨אין⟩ convert; •turn, •transform (into)
פֿאַר וואָס אַדוו why
פֿאַרוואָ'ס דער (ן) reason
פֿאַרוואַ'סער|ן וו ◇ water down, dilute

פֿאַר וואָר אַדוו—ל indeed, verily

פֿאָרוואַרג דאָס conveyances, vehicles (*coll.*)

•פֿאָרוואָרט דאָס (פֿאָ'רווערטער) foreword, preface

פֿאַרוואָ'רלאָז\|ן = פֿאַרוואָ'רלייז\|ן וו ◇ neglect, abandon

•פֿאָרוואָרף דער (ן) זען אויפֿוואָרף

פֿאַרוואַרפֿ\|ן וו (פֿאַרוואָרפֿן) ⟨אין⟩ misplace; turn into ⊦ פֿ' מיט pelt with ‖ פֿ' זיך אין be turned into

פֿאַרוואָרפֿ·ן אַדי faraway, secluded; castaway

פֿאַרוואָרצל\|ען וו ◇ root ‖ פֿ' זיך take root

פֿאַרוווּ'נדיק\|ן וו ◇ injure, wound

פֿאַרווונדלעך אַדי ⟨דורך⟩ vulnerable (to)

•פֿאַרווונד\|ן וו ◇ זען פֿאַרווונדיקן

פֿאַרוווּ'נדערונג די astonishment

פֿאַרוווּ'נדער\|ן וו ◇ astonish ‖ פֿ' זיך be astonished

•פֿאָרוווּרף זען אויפֿוואָרף

פֿאַרוויאַנעט ווער\|ן וו (איז פֿ' געוואָרן) wilt *vi.*

פֿאַרוויג\|ן וו ◇ lull (to sleep)

פֿאַרווײַבערט אַדי effeminate

פֿאַרוויי'כער\|ן וו ◇ soften, temper, subdue

פֿאַרווײַ'ל... pleasure ‖ פֿאַרווײַלשיף pleasure boat

פֿאַרווײַלונג די (ען) pastime, recreation, entertainment

פֿאַרווײַל\|ן וו ◇ entertain, amuse, divert ‖ פֿ' זיך have fun ‖ פֿ' זיך (גוט) enjoy oneself

פֿאַרוויי'נט אַדי tearful, bleary

פֿאַרווײַס\|ן וו ◇ whiten

פֿאַרווי'לדעוועט אַדי wild, barbarized

•פֿאַרוויסטונג די devastation, ravage

•פֿאַרוויסט\|ן וו (פֿאַרווי'סט) devastate, ravage, lay waste

פֿאַרוויקלט אַדי wrapped; involved, complicated, intricate

פֿאַרוויקל\|ען וו ◇ entangle

פֿאַרווי'קלעניש דאָס (ן) entanglement

פֿאַרווירצ\|ן וו ◇ spice

•פֿאַרווירקלעכן זען מקיים זײַן, רעאַליזירן

פֿאַרווי'שט אַדי fuzzy, blurred

פֿאַרוויש\|ן וו ◇ blur, efface

פֿאָ'רוועג דער (ן) traffic lane; vehicular pavement

פֿאַרוועט\|ן זיך וו (פֿאַרווע'ט) ⟨מיט⟩ bet (sb.) *pf.*

פֿאַרוועלוול\|ען וו ◇ cheapen

פֿאַרוועל\|ן* זיך וו (עס פֿאַרווי'לט זיך; פֿאַרוואָ'לט) ⟨ד⟩ (*rev. con.*) get a desire/yen for

פֿאַרוועלק\|ן וו ◇ fade, wither, wilt *vi.*

פֿאַרווענד\|ן וו ◇ interchange (two things) in confusion; •utilize

פֿאַרווע'ר דער (ן) ⟨אויף⟩ prohibition, ban, injunction

פֿאַרווע'רט אַדי prohibited; off-limits

פֿאַרווערטערט אַדי wordy

פֿאַרווער\|ן וו ◇ forbid, prohibit, ban, enjoin ⊦ פֿ' (דורכן געריכט) outlaw

פֿאָרוי'ס 1. אַדוו forward, ahead, onward; in advance ⊦ אויף/אין פֿ' in advance ‖ גיי\|ן* פֿ' progress; lead the way ‖ האַלט\|ן מיט איין טראָט פֿ' ⟨פֿון⟩ be one jump ahead (of) ⊦ 2. קוו ahead, forward ⊦ פֿאָרויס\|שטופּ\|ן push forward

פֿאָרויס\|באַשטימ\|ען וו ◇ predetermine

פֿאָרויסגאַנג דער advance, advancement

פֿאָרוי'סגייער דער (ס) ⊡ precursor, forerunner

פֿאָרוי'סגעזע·ן אַדי anticipated; prospective

פֿאָרויסזאָג דער (ן) prediction, forecast

פֿאָרויס\|זאָג\|ן וו ⟐ predict, forecast

פֿאָרויס\|זע\|ן* וו (פֿאָרוי'סגעזען) foresee, anticipate ⊦ פֿ' זיך be in prospect

פֿאָרויס\|טרײַב\|ן וו (פֿאָרוי'סגעטריבן) propel

פֿאָרויסיק אַדי* advanced; advance; preconceived

פֿאָרויס\|פֿאַבריציר\|ן וו ◇ prefabricate

פֿאָרום דער (ס) forum

פֿאַרזאָג\|ן וו ◇ ⟨ד⟩ pass the word (to); direct; warn ⊦ פֿ' אַ צענטן ⟨צו⟩ be careful in the future (not to...)

פֿאַרזאַמלונג די (ען) assembly, meeting

פֿאַרזאַמל|ען װ (זיך) ◇ convene, assemble,
gather *vt/vi*
פֿאַרזאַמ|ען װ ◇ miss (by arriving late) ||
פֿ' זיך be delayed
פֿאַרזאַץ דער (ן) flyleaf
פֿאַרזאָ'רג דער welfare || פֿ'־אָפּטייל welfare
department ⊢ פֿ'־אַרבעטער welfare
worker ⊢ פֿ'־מלוכה [MELUKhe] wel-
fare state ⊢ לעב|ן פֿון פֿ' be on welfare
פֿאַרזאָרגונג די supply; keep
פֿאַרזאָ'רגט אַדי apprehensive; worried
פֿאַרזאָרג|ן װ ◇ supply, equip, provide,
take care of ⊢ פֿ' מיט furnish, provide,
stock with
פֿאַרזאָרגער דער (ס) ⊡ provider
פֿאַרזוכ|ן װ ◇ taste || פֿ' פֿון sample
פֿאַרזונקען אַדי absorbed, engrossed, rapt
פֿאַרזונקען װער|ן װ (איז פֿ' געװאָרן) sink,
bog down
פֿאַרזיגל|ען װ ◇ seal
פֿאַרזײ' דער (ען) sowing
פֿאַרזײמ|ען װ ◇ hem *pf.*
פֿאַרזײ|ען װ ◇ sow *pf.*
פֿאַר זיך זען פֿ אַ ר
פֿאַ'רזיכדיק אַדי independent
פֿאַ'רזיכדיקייט די independence
•פֿאָ'רזיכטיק אַדי careful, cautious
פֿאַרזיכיק אַדי self-interested
פֿאַרזי'כערונג די (ען) assertion, profession
(of belief); insurance
פֿאַרזי'כער|ן װ ◇ assure; assert, affirm;
insure ⊢ פֿ' זיך ⟨אַז⟩ make sure (of a
result)
פֿאַרזי'נדיק|ן װ ◇: ניט צו פֿ' one cannot
complain ⊢ פֿ' זיך sin *pf.*, commit a sin
פֿאַרזינק|ען זיך װ (פֿאַרזונקען) become en-
grossed
פֿאַרזיס|ן װ ◇ sweeten
פֿאָרזיץ דער chair(manship)
פֿאָ'רזיצער דער (ס) ⊡ chairman, (*fig.*)
chair ⊢ זײַן* דער פֿ' ⟨פֿון⟩ preside (over)
פֿאַרזע' דער (ען) oversight, slip
פֿאַרזע'|ן װ (מיר/זײ פֿאַרזעען; פֿאַרזע'ן)
neglect, overlook

פֿאַרזעסן װער|ן װ (איז פֿ' געװאָרן) remain
an old maid
פֿאַרזע'עניש דאָס (ן) monster, freak
פֿאַרזעצ|ן װ ◇ plant; pawn
פֿאַרזשאַװערט אַדי rusty || פֿ' װער|ן rust
פֿאַרזשמורע|ן װ ◇ squint *vt.* || פֿ' די אויגן
squint *vi.*
פֿאַרזשעך דער (ער) peach
פֿאַרחובֿט אַדי [FARKhOYFT] indebted, deep
in debt
פֿאַרחושכט אַדי [FARKhOYShEKhT] gloomy,
depressed, dejected
פֿאַרחידוש|ן װ ◇ [FARKhIDESh] amaze,
astonish, surprise ⊢ פֿ' זיך be sur-
prised
פֿאַרחלומט אַדי [FARKhOLEMT] dreamy,
lackadaisical
פֿאַרחלשט אַדי [FARKhALEShT] uncon-
scious, in a faint
פֿאַרחתמע|נען װ ◇ [FARKhASME] seal
פֿאָרט דער (ן) fort
פֿאָרט אַדװ nevertheless, yet, after all, still
פֿאַרטאָ'ג דער (ן) dawn, daybreak
פֿאַר טאָג(ס) זען ט אָ ג
פֿאַרטאַ'כלעװע|ן װ ◇ זען פֿ אַ ר ת כ ל ע װ ע ן
פֿאַרטאַמלט אַדי astounded, giddy
פֿאַרטאָ'ן 1. אַדי (פֿאַרטאָ'נ|ענ|ער) absorbed,
engrossed, rapt; off one's guard; pre-
occupied ⊢ זײַן* פֿ' ⟨אין⟩ be engaged,
be absorbed (in) ⊢ 2. פֿאַרטאָ'|ן* װ
(פֿאַרטו', פֿאַרטו'סט, פֿאַרטו'ט, פֿאַרטוען;
פֿאַרטאָ'ן; פֿאַרטו'ענדיק) use up, spend
|| פֿ' זיך ⟨אין⟩ get engrossed (in)
פֿאַרטאָפּל|ען װ (זיך) ◇ (re)double *vt/vi*
•פֿאַרטאַרעט זען פֿ אַ ר ט ר ו ד ט
פֿאַרטויב|ן װ ◇ deafen, daze; drug; muffle
פֿאַרטויבעכץ דאָס (ן) drug, dope
פֿאַרטויבער דער (ס) muffler
פֿאַרטומל|ען װ ◇ confuse
פֿאַרטונקלונג די (ען) blackout
פֿאַרטונקל|ען װ ◇ darken, black out;
obscure, eclipse
פֿאַרטײַ' דער (ען) hideout
פֿאַרטייב|ן װ ◇ זען פֿ אַ ר ט ו י ב ן

פֿאַרטיידיק־... defensive

פֿאַרטיי'דיקונג די (ען) defense

פֿאַרטיי'דיק|ן וו ◇ defend; plead for

פֿאַרטיי'דיקעריש אַדי defensive

פֿאַרטײַטשונג די (ען) interpretation; translation (esp. from Hebrew into Yiddish)

פֿאַרטײַטש|ן וו ◇ interpret; translate (esp. from Hebrew into Yiddish)

פֿאַרטײַטשער דער (ס) ⊡ interpreter; translator

פֿאַרטיילונג די (ען) distribution

פֿאַרטייל|ן וו ◇ distribute; omit (sb. while handing things out)

פֿאַרטײַע|ן וו ◇ hide, conceal

פֿאַרטי'ליקונג די annihilation, extermination, destruction

פֿאַרטי'ליק|ן וו ◇ decimate, annihilate, exterminate, destroy

פֿאַרטיפֿונג די (ען) depression, dip, recess

פֿאַרטי'פֿט אַדי engrossed, absorbed

פֿאָרטיפֿיציר|ן וו ◇ fortify (build fortifications in)

פֿאָרטיפֿיקאַציע די (ס) fortification

פֿאַרטיפֿ|ן זיך וו ◇ ⟨אין⟩ pore over, become absorbed/engrossed (in), delve into

פֿאַרטי'פֿער|ן (זיך) וו ◇ deepen *vt/vi*

פֿאַרטיק 1. אַדי ready, finished; ready-made; ripe ‖ פֿ' ווער|ן ⟨מיט⟩ get through (with) ‖ פֿ' מאַכ|ן prepare 2. אַפּ through

פֿאָרטל דער/דאָס (ען) expedient, trick

פֿאַרטעך דער/דאָס (ער) apron

פֿאַרטע'מפּט אַדי dull, dulled

פֿאָרטעפּיאַ'ן דער (ען) grand piano

פֿאַרטפֿל|ען וו ◇ [FARTOFL] relegate to an inferior place

פֿאָרטקע די (ס) wicket; skylight; porthole

פֿאַרטראָגונג די tolerance

פֿאַרטראָ'גן 1. אַדי absent-minded ‖ 2. פֿאַר־טראָג|ן וו (פֿאַרטראָגן) carry away; bear, endure, tolerate, stomach ‖ ניט צו פֿ' intolerable

פֿאַרטראַ'כט אַדי thoughtful, pensive; off one's guard

פֿאַרטראַכט|ן וו (פֿאַרטראַ'כט) contrive, conceive ‖ פֿ' זיך sink into thought; reflect ‖ פֿ' זיך ⟨וועגן⟩ ponder

פֿאַרטרודט אַדי [FARTORET] harried, preoccupied

פֿאַרטרוי|ען (זיך) וו ◇ ⟨ד⟩ confide (to) *vt/vi*

פֿאַרטרויערט אַדי mournful, sad

פֿאַרטרײַב|ן וו (פֿאַרטריבן) expel, dispossess, exile; pass (the time)

פֿאַרטרייסל|ען וו ◇: פֿ' אַן אויג get something in one's eye

פֿאַרטרי'נק דער (ען) chaser; drink (after food)

פֿאַרטרינק|ען וו (פֿאַרטרונקען) spend (money) on drink ‖ פֿ' ⟨מיט⟩ drink (after dry or salty food); wash down

פֿאַרטריקנט אַדי dry, arid, stale

פֿאַרטרעטונג די (ען) representation

פֿאַרטרעט|ן וו (פֿאַרטראָטן) represent

פֿאַרטרעטער דער (ס) ⊡ representative, deputy; substitute; proxy

פֿאַרטרעטשטים די (ען) proxy vote

פֿאַרטרענק|ען וו (◇/פֿאַרטראָנקען) flood

פֿאַרטרע'רט אַדי tearful

פֿאַרטרע'רט ווער|ן וו (איז פֿ' געוואָרן) (eyes) water

פֿאַרטשעפּע|ן וו ◇ hook, snag, catch ‖ פֿ' זיך ⟨אין⟩ catch *vi.*; brush against ‖ stumble (on); get snagged (on) ‖ פֿ' זיך ⟨מיט⟩ pick a quarrel (with)

פֿאַריאָ'גט אַדי extremely busy

פֿאַריאָ'ג|ן וו ◇ drive away

'פֿאַריבל זען פֿ א ר א י ב ל

פֿאַריִיאושט אַדי [FARYIESHT] despairing, desperate

פֿאַריי'דיש|ן וו ◇ make more Jewish; lend a Jewish character to, give a Jewish form to

פֿאַריי'נגער|ן וו ◇ rejuvenate

פֿאַריתומט אַדי [FARYOSEMT] orphaned

פֿאַרכּוסעט אַדי [FARKOYSET] tipsy

פֿאַרכּישופֿט אַדי [ ] spellbound

פֿאַרכּישופֿ|ן וו ◇ [FARKISHEF] enchant, bewitch, charm

פֿאַרכאַפּונג די (ען) seizure, capture

פֿאַרכאַפּ|ן וו ◇ seize, capture; usurp, encroach, arrogate; captivate, fascinate; forestall ⊦ פֿ' בײַ צײַטנס nip in the bud

פֿאַרכאַ'פּנדיק אַדי fascinating

פֿאַרכאַפּער דער (ס) conqueror

פֿאָרכט די awe, dread

פֿאָרכטיק אַדי dread, fearful, fearsome

פֿאַרכליניע|ן זיך וו ◇ ⟨מיט⟩ choke in drinking, gag (on); drool with enthusiasm (over)

פֿאַרכמאַרעט אַדי cloudy

'פֿאַרלאָבן זיך זען (ווערן אַ) חתן, (ווערן אַ) כּלה, (ווערן) חתן־כּלה

פֿאַרלאַ'ג דער (ן) publishing house

פֿאַרלאָזלעך אַדי reliable, trustworthy, authoritative

פֿאַרלאָז'ן 1. אַדי deserted, desolate, forlorn ⊦ 2. פֿאַרלאָז|ן וו (◇/פֿאַרלאָזן) leave *vt.*; desert, quit; neglect, fail *vt.* ‖ פֿ' זיך grow, let grow (beard, nails, etc.) ⊦ פֿ' זיך ⟨אויף⟩ rely, depend, count (on) ⊦ פֿאַרלאָ'ז(ט) זיך אַז you may be sure that

פֿאַרלאַטע|ן וו ◇ patch *pf.*

פֿאַרלאַ'נג דער (ען) request; desire, wish

פֿאַרלאַנג|ען וו ◇ desire, require, ask for

פֿאַרלאָפֿן ווער|ן וו (איז פֿ' געוואָרן) ⟨מיט⟩ become covered with (as with a film) ‖ פֿ' וו' מיט בלוט become bloodshot

פֿאַרלאָר'ן אַדי זען פֿאַרלוירן

פֿאַרלאָש'ן אַדי extinguished

פֿאַרלויב|ן וו ◇ praise, commend

'פֿאַרלוימדונג, 'פֿאַרלוימדן זען בילבול, רכילות

•פֿאַרלוי'ף דער course

'פֿאָרלויפֿיק זען דערווײַל(יק), לעת־עתּה(דיק)

פֿאַרלויפֿ|ן וו (איז פֿאַרלאָפֿן): פֿ' ⟨ד⟩ דעם וועג anticipate, head off, forestall ⊦ פֿ' זיך ⟨מיט⟩ happen (to)

פֿאָ'רלויפֿער דער (ס) ⊡ forerunner, precursor

פֿאַרלוי'ר'ן אַדי lost; bewildered, flustered; poached (eggs)

פֿאַרלויר|ן גיין* וו (איז פֿ' נעגאַנגען) be lost

'פֿאַרלוסט זען אַבֿדה, אָנווער

פֿאַרלי'בט אַדי ⟨אין⟩ in love (with)

פֿאַרליב|ן זיך וו ◇ ⟨אין⟩ fall in love (with)

פֿאַרליט'ן אַדי patient, indulgent

פֿאַרלי'טנקייט די patience, indulgence, endurance

פֿאַרלײַב|ן וו ◇ personify; incarnate

פֿאָרלייג דער (ן) proposal, suggestion

פֿאַרלייג|ן וו ◇ mislay, misplace; clog; fold (arms); set (trap); establish, found ⊦ פֿ' זיך אויף plunge into, set one's heart on

פֿאָר|לייג|ן וו ⟐ ⟨ד אַ⟩ propose, suggest; offer, volunteer (to); move (a resolution)

•פֿאָ'רליידי די (ס) אַמער forelady

פֿאַרלײַ'כטערונג די (ען) relief

פֿאַרלײַ'כטער|ן וו ◇ facilitate; lighten, relieve

פֿאָר|ליי'ענ|ען וו ⟐ read aloud

פֿאַרליי'קענ|ען וו ◇ deny, disclaim, disown, renounce ⊦ ניט צו פֿ' undeniable

פֿאַרלי'ר|ן וו (פֿאַרלוירן/פֿאַרלאָרן) lose ‖ פֿ' זיך lose one's bearings, become lost; become flustered

פֿאַרלעב|ן וו ◇ use up (money) for living

פֿאַרלעג'ן אַדי old, stale

פֿאַרלע'גנהייט די (ן) embarrassment, perplexity ⊦ שטעל|ן אין אַ פֿ' embarrass

פֿאַרלעגער דער (ס) ⊡ publisher

פֿאַרלעגערײַ' דאָס publishing

פֿאַרלע'נגערונג די (ען) extension

פֿאַרלע'נגער|ן וו ◇ lengthen, extend *vt.*, prolong ⊦ פֿ' זיך lengthen *vi.*

פֿאַרלע'נגער־שנור דער (ן) extension cord

פֿאַרלענד|ן וו ◇ annihilate, ravage, prostrate

פֿאַרלע'נדנדיק אַדי scathing

'פֿאַרלעסלעך זען פֿאַרלאָזלעך

פֿאַרלעצט אַדי* next to last

ˈפֿאַרלעצן זען ברעכן, עובֿר זײַן, שעדיקן

פֿאַרלעש|ן װ (פֿאַרלאָשן) put out, turn off, extinguish, douse

פֿאַרם די (ען) אַמער farm

•פֿאָרם זען פֿאָרמע, פֿאָרעם

פֿאַרמאָ'ג דער (ן) property, holdings

פֿאַרמאָג|ן(*) װ (ער פֿאַרמאָ'ג(ט); ◇) own, possess ⊢ פֿ' צו קויפֿן be able to afford (the purchase of)

פֿאַרמאָגער דער (ס) ⊡ owner

פֿאַרמאָ'גערשאַפֿט די ownership

פֿאָרמאַ'ט דער (ן) format, size (of a book etc.)

פֿאָרמאַטי'וו אַדי formative

פֿאַרמאַטערט אַדי tired, weary

פֿאַרמאַ'טער|ן װ ◇ tire, fatigue

פֿאַרמאַכ|ן (זיך) װ ◇ close, shut (down) vt/vi

פֿאָרמאַ'ל אַדי formal

פֿאָרמאַליטע'ט די (ן) formality

•פֿאָרמאַן דער (פֿאָרלײַט) אַמער foreman

פֿאַרמאַניע|ן װ ◇ lure pf.

פֿאַרמאַסקיר|ן װ ◇ mask, disguise

פֿאָרמאַציע די (ס) formation (thing formed)

פֿאַרמאַצע'ווט דער (ן) ⊡ pharmacist

פֿאַרמאַצעווטיק די (profession of) pharmacy

פֿאַרמאַצעווטיש אַדי pharmaceutical

פֿאַרמאָרעט אַדי emaciated

פֿאַרמוטשע|ן װ ◇ (אויף טויט) work to death; exhaust (with tasks, questions, etc.)

פֿאָרמולירונג די (ען) formulation, wording

פֿאָרמוליר|ן װ ◇ formulate, word, phrase; draw up, draft

•פֿאָ'רמולע די (ס) זען פֿאָרמל

פֿאַרמיאוס|ן װ ◇ [FARMIES] make loathsome, make unpleasant

פֿאַרמיד|ן װ ◇ tire

פֿאַר מיטאָג זען מיטאָג

פֿאַ'רמיטאָג דער (ן) morning, forenoon

פֿאָ'רמיטל דאָס (ען) vehicle, conveyance

פֿאַרמיטלונג די mediation

פֿאַרמיטלט אַדי indirect

פֿאַרמיטל|ען װ ◇ mediate, go between

פֿאַרמיטלער דער (ס) ⊡ intermediary, mediator, go-between; middleman, jobber

פֿאַרמײַד|ן װ (פֿאַרמיטן) avoid, prevent

פֿאַרמי'לדער|ן װ ◇ moderate; commute (sentence)

פֿאַרמי'נערונג די (ען) decrease

פֿאַרמי'נער|ן װ ◇ diminish pf., lessen, decrease (in number or amount) || פֿ' זיך decline vi.

פֿאַרמיסחרונג די [FARMI'SKhERUNG] commercialization

פֿאַרמיסחרט אַדי [ ] commercialized

פֿאַרמי'סטיק|ן װ ◇ litter vt.

פֿאָרמירונג די (ען) (act of) formation

פֿאָרמיר|ן װ ◇ form

פֿאַרמיש|ן װ ◇ mix pf., concoct; confuse; implicate

פֿאַרמישעכץ דאָס (ן) mix

פֿאַרמישפּטונג די (ען) [ ] conviction

פֿאַרמישפּט|ן װ (פֿאַרמישפּט) [FARMIShPET] condemn, convict; doom ⊢ פֿ' אַ אויף sentence (sb.) to

פֿאָרמל די (ען) formula

פֿאַרמסר|ן װ ◇ [FARMASER] report (the performer of a prohibited act)

פֿאָרמע די (ס) form, grammatical item

פֿאַרמע'ג דער (ן) זען פֿאַרמאָג

פֿאַרמעגלעך אַדי well-to-do, of substance, of means

פֿאַרמעגן דאָס (ס) possession, estate

פֿאַרמעגנס: אַ פֿ' a vast sum || אַ פֿ' וויפֿל ... it is surprising how much ...

פֿאָרמע'ל אַדי formal

פֿאַרמע'סט דער (ן) (sport) competition, contest

פֿאַרמעסט|ן זיך װ (פֿאַרמאָסטן) compete, vie || פֿ' זיך אויף take as one's goal || פֿ' זיך צו assay || פֿ' זיך קעגן take on, challenge

פֿאַרמעק|ן װ ◇ cover up, efface

פֿאַרמער דער (ס) ◻קע farmer

פֿאַרמערונג די increase (in numbers); reproduction

פֿאַרמערײַ' דאָס farming

פֿאַרמער|ן וו ◇ multiply *vt/pf*, augment || פֿ' זיך increase in number; breed, reproduce, propagate

פֿאַרמערעזשע|ן וו ◇ darn *pf.*

פֿאַרמרה־שחורהט אדי [FARMORESHKHOYRET] gloomy, melancholy

פֿאַרמרוקעט אדי surly

פֿאַרמשכּונ|ען וו ◇ [FARMASHK'N] pawn, mortgage

•פֿאַרמשפּט|ן וו (פֿאַרמשפּט) זען פֿ אַ ר מ י ש פּ ט ן

פֿאַרן = פֿאַר דעם, •פֿאַר דער

פֿאָר|ן וו (איז געפֿאָרן) drive, ride *vi.*, go (by vehicle); sail *imp.*; voyage, journey ⊢ פֿ' אויף ride *vt.* || פֿאָר(ט) געזונ'ט bon voyage, have a nice trip

פֿאַרנאַדיע|ן וו ◇ lure, entice || פֿ' זיך ⟨אין⟩ worm one's way in(to)

פֿאַרנאָטיר|ן וו ◇ jot down

פֿאַר נאַכט זען נ אַ כ ט

פֿאַרנאַ'כט דער (ן) dusk, evening

פֿאַרנאַכטלעך אדוו toward evening

'פֿאַרנאַכלעסיקן זען פֿ אַ ר וו אָ ר ל אָ ז ן

פֿאַרנאַ'נט אדי notorious, infamous; disreputable

פֿאַרנאַר|ן וו ◇ seduce, entice

פֿאַרנאַרעכץ דאָס (ן) bait, decoy, lure

פֿאַ'רנהײַט Fahrenheit

פֿאַרנודיע|ן וו ◇ bore thoroughly, bore to tears

פֿאַרנומען אדי busy; occupied || זײַן* פֿ' מיט be engaged in ⊢ פֿ' מיט זיך self-centered

פֿאָרנט .1 אדוו in front, ahead || פֿון פֿ' = פֿאָרנט || .2 דער (ן) front

פֿאָ'רנטיק אדי* front

פֿאַרני'טעווע|ן וו ◇ [NY] rivet

פֿאַרנײ'ג דער (ן) bow

פֿאַרנייג|ן וו (זיך) ◇ bow *vt/vi*; dip *vt/vi*

פֿאַרניינונג די (ען) negation

פֿאַרניינ|ען וו ◇ negate

פֿאַרניי|ען וו ◇ sew up

•פֿאַרניכט|ן וו (פֿאַרני'כט) annihilate, destroy

פֿאַרני'ץ דער consumption, expenditure

פֿאַרניצ|ן וו ◇ use up, consume, utilize

פֿאַרנע'ם דער (ען) bulk, volume; scope, stature

פֿאַרנעמונג די occupation (of territory)

פֿאַרנעמיק אדי bulky

פֿאַרנעמ|ען וו (פֿאַרנומען) take up; occupy; perceive ⊢ פֿ' זיך turn, veer, head || פֿאַרנע'מ(ט) זיך! (right, left) ⊢ beat it! || פֿ' זיך מיט go about, engage in, ply (trade); take care of

פֿאַרנעפּלט אדי foggy, hazy

פֿאַרנעפּל|ען וו ◇ cloud, dull, muddle

פֿאַרנעצ|ן וו ◇ wet

פֿאַרס דער (ן) farce

פֿאַרסאָפּעט אדי breathless, out of breath, short-winded

פֿאַרסאָפּע|ן זיך וו ◇ lose one's breath

פֿאַרסטענאָגראַפֿיר|ן וו ◇ take down in shorthand

פֿאַרסטראַכיר|ן וו ◇ insure *pf.*; underwrite

פֿאַרסטרי'געווע|ן וו ◇ baste (in sewing) *pf.*

פֿאַרסטרײַק|ן וו ◇ אַמער go on strike

פֿאַ'רסיגנאַל דער (ן) traffic light; go-ahead

פֿאָרסיר|ן וו ◇ force (an issue), bring to a head

פֿאַרסך־הכּלונג די (ען) [ ] summation

פֿאַרסך־הכּל|ען וו ◇ [FARS(A)KhAKL] sum up

פֿאַרסליניע|ן זיך וו ◇ drool

פֿאַרסמונג די (ען) [ ] poisoning

פֿאַרסמ|ען וו ◇ [FARSA'M] poison

פֿאַרסקאַבע|ן זיך וו ◇ ⟨אַ⟩ get a splinter (in)

פֿאַרעיפּושט אדי [FARIPEShT] stinking

פֿאַרעלטערט אדי out-of-date, dated, obsolete ⊢ האַלב פֿ' obsolescent

פֿאָרעם די (פֿאָרמען) form, shape

פֿאַרענג|ען וו (זיך) ◇ narrow *vt/vi*

פֿאַרע'נדיקונג די completion

פֿאַרע'נדיק|ן וו ◇ complete, conclude,

finish, terminate *vt.* ‖ פֿ' זיך end, terminate *vi.*

•פֿאַרע'נדערונג די (ען) זען בײַט, שינוי

•פֿאַרע'נדער|ן וו ◇ זען בײַטן

פֿאַרענטפֿער דער (ן) excuse, justification; solution

פֿאַרע'נטפֿער־באַפֿעל דער (ן) show-cause order

פֿאַרע'נטפֿערונג די (ען) זען פֿאַרענטפֿער

פֿאַרע'נטפֿערלעך אַדי soluble (problem)

פֿאַרע'נטפֿער|ן וו ◇ solve, settle, resolve; excuse, justify, explain, satisfy (requirements) ‖ פֿ' זיך explain oneself, make excuses, apologize

•פֿאַרענפֿער דער (ן) זען פֿאַרענטפֿער

•פֿאַרע'נפֿער|ן וו ◇ זען פֿאַרענטפֿערן

פֿאַרעסקט אַדי [FAREYSEKT] (*iro.*) busy

'פֿאַרעפֿנטלעכן זען אַרויסגעבן, פּובליקירן, מפֿרסם זײַן

פֿאַרעקשנט אַדי [ ] stubborn, obstinate, dogged, tenacious

פֿאַרעקשנ|ען זיך וו ◇ [FARAKSh'N] be(come) stubborn

פֿאָרער דער (ס) ⊡ traveler, rider

פֿאַרע'רגערונג די (ען) deterioration

פֿאַרע'רגער|ן וו ◇ worsen *vt.*, aggravate, exacerbate ‖ פֿ' זיך worsen *vi.*, deteriorate

'פֿאַרערן זען (אָפּגעבן) כּבֿוד

פֿאַרפּאַמע'לעכ|ן וו ◇ retard ‖ פֿ' (זיך) slow down, slacken *vt/vi*

פֿאַרפּאַק|ן (זיך) וו ◇ pack up *vt/vi*

פֿאַרפּאַרטאַ'טשעווע|ן וו ◇ bungle *vt.*, make a mess of

פֿאַרפּוטע|ן וו ◇ jumble

פֿאַרפּו'ץ דער ornament

פֿאַרפּוצ|ן וו ◇ adorn

פֿאַרפּלאָמביר|ן וו ◇ seal *pf.* (with a metal seal)

פֿאָרפּלאַן דער (...פּלענער) timetable, (traveling) schedule

פֿאַרפּלאָנטע|ן וו ◇ זען פֿאַרפּלאָנטערן

פֿאַרפּלאָ'נטערונג די (ען) entanglement

פֿאַרפּלאָ'נטער|ן וו ◇ snare, muddle, tangle; entangle ‖ פֿ' זיך (אין) become entangled (in), run afoul of

פֿאַרפּסח דער [FA'RPE'YSEKh] spring

פֿאַרפּע'סטיקונג די pollution

פֿאַרפּע'סטיק|ן וו ◇ pollute

פֿאַרפּראַווע|ן וו ◇ season, flavor

פֿאַרפּראָטאָקאָליר|ן וו ◇ put into the minutes; book (an arrested person)

פֿאַרפּראַ'כטיק|ן וו ◇ glorify

פֿאַרפּראַ'פּט אַדי overcrowded

פֿאַרפּשוטערונג די (ען) [ ] simplification

פֿאַרפּשוטער|ן וו ◇ [FARPO'ShETER] simplify

פֿאַרפֿאַ'לב דער blight

פֿאַרפֿאַלב|ן וו ◇ fade *vi.*, become blighted

•פֿאַרפֿאָלגונג די (ען) persecution

•פֿאַרפֿאָלג|ן וו ◇ persecute

פֿאַרפֿאַ'ל 1. אַדי lost; hopeless, doomed ‖ 2. אינט it's no use! what's done is done!

פֿאַרפֿאַסט|ן וו (פֿאַרפֿאַ'סט) eat the last meal before a fast

'פֿאַרפֿאַסער זען מחבר

פֿאַרפֿאָר|ן וו (איז פֿאַרפֿאָרן) drive in, turn in *vi.*, put up (at a hotel), lodge temporarily ‖ פֿ' אין *also* (*hum.*) dip into (pocket etc.) ‖ פֿ' ד דעם וועג head off

פֿאַרפֿוי'לט אַדי rotten, putrid, decayed

פֿאַרפֿוי'לט ווער|ן וו (איז פֿ' געוואָרן) decay, rot *pf.*

פֿאַר פֿו'ל אַדוו fully, completely; aplenty

פֿאַרפֿול|ן וו ◇ fill

פֿאַרפֿו'לקומ|ען וו ◇ perfect

פֿאַרפֿו'נדעוועט אַדי vested (interest)

פֿאַרפֿו'נדעווע|ן וו ◇ establish/implant firmly

פֿאַרפֿו'ש(ער)|ן וו ◇ botch, bungle *vt.*

פֿאַרפֿײַ'נער|ן וו ◇ refine

פֿאַרפֿי'נצטערונג די (ען) blackout

פֿאַרפֿי'נצטער|ן וו ◇ black out; make bitter (life, lot)

פֿאַרפֿירונג די (ען) seduction

פֿאַרפֿי'ר־ליכטל דאָס (עך) will-o'-the wisp

פֿאַרפֿיר|ן וו ◇ start, strike up (conversation, quarrel, friendship); mislead, lead on; seduce; delude, fool || פֿ' אַ שמועס מיט engage (sb.) in conversation ⊢ פֿ' אַ פּראָצעס קעגן bring (sb.) to trial

פֿאַרפֿירער דער (ס) ⊡ seducer

פֿאַרפֿי'רעריש אַדי misleading, deceptive, tricky; seductive; treacherous

פֿאַרפֿל מצ farfl, a type of noodles

פֿאַרפֿלאָכט·ן אַדי braided; intricate

פֿאַרפֿלאַ'מט אַדי flushed, red (in the face)

פֿאַרפֿלאַנצ|ן וו ◇ implant

פֿאַרפֿלאַ'סטער|ן וו ◇ tape up (cover with adhesive)

'פֿאַרפֿלוכן זען פֿ אַ ר ש י ל ט ן

פֿאַרפֿלייצונג די (ען) flood

פֿאַרפֿלייצ|ן וו ◇ flood; infest

•פֿאַרפֿליכטונג די (ען) obligation

•פֿאַרפֿליכט|ן וו (פֿאַרפֿלי'כט) obligate

פֿאַרפֿלעכט|ן וו (פֿאַרפֿלאָכטן) braid (hair), make a braid out of

פֿאַרפֿלעקל|ען וו ◇ secure, assure a place for

פֿאַרפֿעטס|ן וו ◇ soil (with stg. greasy)

פֿאַרפֿעלונג די (ען) absence

פֿאַרפֿעל|ן וו ◇ miss (overlook); be absent (from); (*rev. con.*) run short of ⊢ פֿ' צו fail to

פֿאַרפֿעלער דער (ס) ⊡ absentee

פֿאַרפֿעלערײַ' דאָס absenteeism

פֿאַרפֿע'סטיקונג די (ען) stronghold, bastion

פֿאַרפֿע'סטיק|ן וו ◇ fasten, fix; strengthen

פֿאַרפֿרויר·ן אַדי frozen

פֿאַרפֿרוירן ווער|ן וו (איז פֿ' געוואָרן) freeze *vi/pf*

פֿאַרפֿרו'מט אַדי (overly) devout

פֿאַר פֿרי זען פֿ ר י

פֿאַרפֿרי'צײַטיק אַדי precocious

פֿאַרפֿריר|ן וו (פֿאַרפֿרוירן/פֿאַרפֿראָרן) freeze *vt/pf*

פֿאַרפֿרע'מדט אַדי estranged

פֿאַרצאַ'גט אַדי despondent

פֿאַרצאַ'ם דער (ען) (road) block

פֿאַרצאַמונג די (ען) fence

פֿאַרצאַמ|ען וו ◇ fence in; bar

פֿאַרצווייפֿלונג די despair, desperation

פֿאַרצווייפֿלט אַדי desperate || זײַן* פֿ' despair

פֿאַרצויג·ן אַדי covered; overcast; endearing (name)

פֿאַרצוק|ן וו ◇ devour

פֿאַרציטער דער (ן) thrill

פֿאַרציטערט ווער|ן וו (איז פֿ' געוואָרן) be struck with fear

פֿאַרצײַטיק=פֿאַרצײַטיש אַדי antique, ancient

פֿאַר צײַטנ(ס) זען צ ײַ ט

פֿאַרציי'כעניש דאָס (ן) record, jotting

פֿאַרציי'כענ|ען וו ◇ note, jot down, record, take down

פֿאַרצייל|ן וו ◇ זען ד ע ר צ י י ל ן

פֿאָרציל דער (ן) destination

פֿאָ'רצימער דער (ן) hall

פֿאַרצינדונג די (ען) inflammation

פֿאַרצי|ען וו (פֿאַרצויגן) tighten; delay; protract; call (sb.) for short; inhale (in smoking)

פֿאַרצי'רעווע|ן וו ◇ darn *pf.*

פֿאַרצערטלט אַדי effeminate

פֿאַרצער|ן וו ◇ devour

פֿאַרצרהט אַדי [FARTSORET] troubled

פֿאַרקאַטשע|ן וו ◇ roll up (sleeves), tuck up

פֿאַרקאָ'כט אַדי ⟨אין⟩ enthusiastic (about)

פֿאַרקאָכ|ן וו ◇ cook up, concoct || פֿ' זיך ⟨אין⟩ become an enthusiast (of)

פֿאַרקאַ'ם דער (ען) hairdo

פֿאַרקאַמ|ען וו ◇ comb *pf.* || פֿ' זיך comb one's hair

פֿאַרקאַ'רליק|ן וו ◇ stunt

פֿאַרקוואַפּע|ן זיך וו ◇ אויף get an appetite for; set one's heart on

פֿאַרקוועטש|ן וו ◇ clench, clutch, tighten

פֿאַרקוי'ף דער (ן) sale; sales

פֿאַרקויפֿלעך אַדי negotiable; venal

פֿאַרקוי'ף־מאַשין די (ען) vending machine

פֿאַרקויפֿ|ן וו (זיך) ◇ sell *vt/vi* || פֿ' זיך (פֿאַר געלט) prostitute oneself

פֿאַרקויפֿער דער (ס) ⊡/◻קע vendor; clerk, salesperson

•פֿאַר|קומ|ען וו (איז פֿאָ'רגעקומען) take place

פֿאַרקוק|ן וו ◇ overlook || פֿ' זיך let one's mind wander (while staring) ⊢ פֿ' זיך אויף stare at; take after (a model)

פֿאַרקייטל|ען וו ◇ lock with a chain || פֿ' אַ אין link (stg.) to

פֿאַרקײַ'לעכ|ן וו ◇ round off

פֿאַרקילונג די (ען) cold

פֿאַרקיל|ן וו ◇ jell; catch cold in (an organ) ⊢ פֿ' זיך catch cold

פֿאַרקי'רעווע|ן וו ◇ זען פֿ אַ ר ק ע ר ע ו ו ע ן

פֿאַרקירצונג די (ען) abbreviation; abridgment

פֿאַרקירצ|ן וו ◇ shorten *pf.*; abbreviate, abridge, curtail

פֿאַרקלאָג|ן וו ◇ report, turn in (a wrongdoer)

פֿאַרקליאַנעט אַדי stiff (limb)

פֿאַרקלײַב|ן זיך וו (פֿאַרקליבן) אין seclude oneself in; get into

•פֿאַרקליידונג די (ען) disguise

•פֿאַרקלייד|ן וו ◇ ⟨פֿאַר⟩ disguise (as)

פֿאַרקלע'מט אַדי depressed, grieving

פֿאַרקלעמ|ען וו ◇ catch (as in a vise) || פֿ' אומפּ אַ בײַם האַרצן ⟨פֿון⟩ (*rev. con.*) be moved emotionally (by)

פֿאַרקלע'נערונג די (ען) decrease

פֿאַרקלע'נער|ן וו ◇ lessen, decrease (in size) *vt.* ⊢ פֿ' זיך decline

פֿאַרקלעפּ|ן וו ◇ close by gluing; seal (envelope)

פֿאַרקלע'ר דער (ן) design, scheme

פֿאַרקלע'רט אַדי thoughtful, pensive, absorbed in thought

פֿאַרקלער|ן וו ◇ contrive, design || פֿ' זיך sink into thought, reflect

פֿאַרקניפּונג די (ען) tie-up, linkage

פֿאַרקניפּ|ן וו ◇ tie (in a knot); connect

פֿאַרקנסונג די (ען) [ ] engagement, betrothal

פֿאַרקנסט אַדי [ ] engaged

פֿאַרקנס|ן וו ◇ [FARKNA'S] betroth

פֿאַרקנע'כטיק|ן וו ◇ enslave

פֿאַרקנעפּל|ען וו ◇ button

פֿאַרקע'ר דער traffic; intercourse

פֿאַרקע'רט .1 אַדי reverse, opposite, inverse, converse; wrong ⊢ .2 אַדוו on the contrary, conversely; inversely; vice versa

פֿאַרקע'רעווע|ן (זיך) וו ◇ turn *vt/vi*

פֿאַרקע'רפּערונג די (ען) embodiment

פֿאַרקע'רפּער|ן וו ◇ embody

פֿאַרקריכ|ן וו (איז פֿאַרקראָכן) ⟨אין⟩ crawl in(to), seclude oneself; get stuck (in) || פֿ' אין incur (debts)

פֿאַרקרי'ם דער (ען) distortion

פֿאַרקרימונג די (ען) deformation, distortion

פֿאַרקרי'מט אַדי slanted, distorted, wry

פֿאַרקרימ|ען וו ◇ deform, distort, twist, misrepresent ⊢ פֿ' זיך make a sour face

פֿאַרקרי'סטיק|ן וו ◇ Christianize

פֿאַרקריפּל|ען וו ◇ cripple, disable

פֿאַרקריצ|ן וו ◇ ⟨מיט⟩ grind, grit, gnash (teeth)

•פֿאַררא'ט דער treason, treachery

•פֿאַרראַט|ן וו (פֿאַרראַטן) betray

פֿאַרראָשטשינע|ן וו ◇ leaven; set to ferment

'פֿאַררויטלען זיך זען פֿ אַ ר ר י י ט ל ע ן ז י ך

פֿאַררו'ף דער (ן) ⟨אויף⟩ reference, allusion (to)

'פֿאַררופֿ·ן אַדי זען פֿ אַ ר נ אַ נ ט

פֿאַררופֿ|ן וו (פֿאַררופֿן) call together, convoke ⊢ פֿ' זיך אויף refer to, cite, allude to, quote

פֿאַררו'קט אַדי blurred (photo)

פֿאַררוק|ן וו ◇ insert (by shoving); displace

פֿאַררוקער דער (ס) bolt

פֿאַרריגל|ען וו ◇ bolt

פֿאַרריזנעט זען פֿ אַ ר ג ר ו ז נ ע ט

פֿאַררײַב|ן וו (פֿאַרריבן) blur, smooth over; fix (a penalty) by bribery

פֿאַררייד|ן וו (פֿאַררע'דט) זען פֿ אַ ר ר ע ד ן

פֿאַררייטלט אַדי flushed

פֿאַררייטל|ען זיך וו ◇ blush, redden *vi/pf*

פֿאַררייכערט אַדי smoky

פֿאַררײַ'כער|ן וו ◇ blacken (with smoke); light (a cigarette/pipe), have a smoke

פֿאַררײַ'סטער|ן וו ◇ list

פֿאַררײַס|ן וו (פֿאַרריסן) lift (with a jerk); perk up (nose)

פֿאַרריכטונג די (ען) emendation

פֿאַרריכט|ן וו (פֿאַררי'כט/פֿאַרראָכטן) repair, fix, mend; correct ⊢ ניט צו פֿ' irreparable ⊢ פֿ' זיך recuperate, convalesce, pick up

פֿאַרריס·ן אַדי haughty, stuck-up ‖ פֿ' (בײַ זיך) conceited

פֿאַרריס|ן וו ◇ smudge (with soot)

פֿאַררי'סנקייט די haughtiness

פֿאַררעגנט ווער|ן וו (איז פֿ' געוואָרן) get drenched in the rain

פֿאַררעד|ן וו ◇: °פֿ' ד די ציינער distract ‖ פֿ' זיך forget oneself, blunder (in speaking); digress

•פֿאַררעטער דער (ס) ⊡ traitor

•פֿאַררע'טעריש אַדי traitorous; treacherous

פֿאַררע'כן־קאָנטע די (ס) charge account

פֿאַררע'כנ|ען וו ◇ consider, rate, rank; charge (to an account), credit, attribute ⊢ פֿ' ד charge to the account of ‖ פֿ' זיך miscalculate

פֿאַרשאַט|ן וו (פֿאַרשאַ'ט) harm *pf*.

פֿאַרשאָ'טענ|ען וו ◇ overshadow; dwarf

פֿאַרשאָלט·ן אַדי accursed

פֿאַרשאָ'ס דער (ן) miss (in shooting)

פֿאַרשאַפֿ|ן וו (◇/פֿאַרשאַפֿן) procure; cause (pleasure, grief, etc.)

פֿאַרשאַ'רט אַדי frivolous, wanton; shrewd; pert

פֿאַרשאַרפֿ|ן וו ◇ intensify, aggravate

פֿאַרשאַרצ|ן וו ◇ tuck up; pout (lip)

פֿאַרשוואונדן זען פֿאַרשוווּנדן

°פֿאַרשוואַ'רצט ווער|ן וו (איז פֿ' געוואָרן) suffer

פֿאַרשוואַרצ|ן וו ◇ blacken ‖ פֿ' ד די יאָרן make life miserable for

פֿאַרשווונד·ן אַדי disappeared

פֿאַרשווונדן ווער|ן וו (איז פֿ' געוואָרן) disappear

פֿאַרשוויג·ן אַדי kept quiet; unsaid; implied; taciturn

פֿאַרשווײַג|ן וו (פֿאַרשוויגן) keep quiet about; swallow (an offense); brush off (an accusation)

פֿאַרשווינדונג די disappearance

פֿאַרשווינדל|ען[1] וו ◇ dissipate (money etc.) through defraudation

פֿאַרשווינדל|ען[2] וו—אומפּ ◇ ד (*rev. con.*) get dizzy ⊢ פֿ' פֿון (*rev. con.*) be staggered by

•פֿאַרשווינד|ן וו (פֿאַרשוווּנדן) זען פֿאַרשוווּנדן ווערן

פֿאַרשווי'צט אַדי perspiring

פֿאַרשוועכ|ן וו ◇ dishonor, desecrate

פֿאַרשווע'נגערונג די conception

פֿאַרשווע'נגער|ן וו ◇ conceive, become pregnant

•פֿאַרשווענד|ן וו ◇ waste, squander

•פֿאַרשווע'נדעריש אַדי extravagant

פֿאַרשווענק|ען וו (◇/פֿאַרשוואָנקען) flood

פֿאַרשווערונג די (ען) conspiracy

פֿאַרשווער|ן וו (פֿאַרשווירן) conjure ‖ פֿ' זיך conspire, plot ‖ פֿ' זיך ניט צו אינפֿ swear off ...ing

פֿאַרשווערער דער (ס) ⊡ plotter

פֿאַרשווע'רער|ן וו ◇ make harder; aggravate

פֿאַרשו'לדיק|ן זיך וו ◇ do wrong ‖ פֿ' זיך אַנטקעגן offend; incur a debt from

פֿאָרשונג די (ען) study, research, exploration, investigation

פֿאָרשטאָט די (...שטעט) suburb

פֿאַרשטאָ'טיקונג די urbanization

פֿאָ'רשטאָטיש אַדי suburban

פֿאַרשטאַ'נד דער understanding, judgment

פֿאַרשטאַנדיק אַדי of good judgment

פֿאַרשטאַנען ווער|ן וו (איז פֿ' געוואָרן) be understood, get across *vi.*

פֿאַרשטאָפּונג די constipation

פֿאַרשטאָפּ|ן וו ◇ stop up, clog (up); constipate

פֿאַרשטאָרב'ן אדי deceased, dead; (the) late
פֿאַרשטאַ'רט אדי (frozen) stiff
פֿאַרשטאַרקונג די (ען) reinforcement
פֿאַרשטאַרק|ן וו ◇ strengthen *pf.*, reinforce, intensify, amplify
פֿאַרשטאַרקער דער (ס) amplifier
פֿאַרשטוי'בט אדי dusty
פֿאַרשטויסונג די (ען) repression
פֿאַרשטויס|ן וו (פֿאַרשטויסן) repudiate; displace; repress, inhibit
פֿאַרשטו'מט ווער|ן (איז פֿ' געוואָרן) become silent
פֿאַרשטונקען אדי stinking, fetid
פֿאַרשטופּ|ן וו ◇ push aside; relegate
פֿאַרשטיי'ט־זיך דער (ער) truism
פֿאַרשטייִק אדי understanding
פֿאַרשטיי'|ן* וו (מיר/זיי פֿאַרשטייען; פֿאַרשטאַנען) understand, realize, make out, see || *also* take it that ⊢ פֿ' אַז ⊢ געב|ן* צו פֿ' ⟨ד⟩ explain, drive home (a point) ⊢ פֿאַרשטיי'ט זיך of course, naturally, to be sure ⊢ ניט צו פֿ' incomprehensible ⊢ מאַכ|ן פֿ' get across (a point) ⊢ פֿ' זיך אויף be an expert on
פֿאַר|שטיי|ן* וו (איז פֿאָ'רגעשטאַנען) ⟨ד⟩ be in store (for)
פֿאַרשטיינ|ען וו ◇ stone (to death)
פֿאַרשטיי'נער|ן וו ◇ petrify
פֿאָ'רשטייער דער (ס) ⊡ representative, agent
פֿאַרשטײַפֿ|ן וו ◇ stiffen, tighten *vt.*
פֿאַרשטי'לט אדי muted (instrument)
פֿאַרשטי'ל(ער)|ן וו ◇ subdue, tone down
פֿאַרשטיפֿ|ן וו ◇ sin, err
פֿאַרשטיקונג די repression, suppression
פֿאַרשטי'קט אדי stuffy; suppressed, pent-up
פֿאַרשטיק|ן וו ◇ muffle, suppress, repress
פֿאָרשט|ן וו (געפֿאָ'רשט) זען פֿאָרשן
פֿאָרשטעג דער (ן) (highway) lane
פֿאַרשטעכ|ן זיך וו (פֿאַרשטאָכן) ⟨א⟩ get a splinter (in)

פֿאַרשטע'כעווע|ן וו ◇ barter *pf.*
פֿאַרשטעלונג די (ען) obstruction; disguise
פֿאָ'רשטעלונג די (ען) play, performance, show; concept, conception
פֿאַרשטע'לט אדי blocked; disguised, in disguise
פֿאַרשטעל|ן וו ◇ shield, shade, screen, || block, obstruct, eclipse; disguise
פֿ' זיך ⟨פֿאַר⟩ disguise oneself (as), pose (as), impersonate
פֿאָר|שטעל|ן וו ⟐ present, introduce; perform; render, represent, typify
פֿ' זיך introduce oneself; imagine *vt/vi* || ניט פֿאָ'רצושטעלן זיך inconceivable
פֿ' מיט זיך א make up, constitute, comprise, represent, symbolize, typify
פֿאַרשטע'נדיק|ן זיך וו ◇ communicate *vi.*
פֿאַרשטענדלעך אדי intelligible
פֿאַרשטע'נדעניש דאָס understanding, insight
פֿאַרשטעקל דאָס (עך) plug; stopgap
פֿאַרשטעק|ן וו ◇ stop up, plug up; relegate
פֿאַרשטע'ר דער (ן) invasion (of privacy etc.)
פֿאַרשטערונג די (ען) disruption; frustration
פֿאַרשטער|ן וו ◇ spoil; mar, baffle, frustrate, foil
פֿאַרשטערער דער (ס) □קע spoiler; killjoy
פֿאַרשטרײַק|ן וו ◇ go on strike
פֿאַרשטריכלט אדי (Yiddish word) abbreviated by means of apostrophe-like marks, e.g. פֿ"גל, ד"ר
פֿאַרשטשעמ|ען וו ◇ clench
פֿאַרשיד'ן אדי זען פֿ אַ ר ש י י ד ן
פֿאַרשיט|ן וו (פֿאַרשאָטן/פֿאַרשי'ט) cover (with snow, earth etc.); spill a small amount of (dry things)
פֿאַרשייד'ן אדי different, various, miscellaneous; variant
פֿאַרשיי'דנדיק אדי diverse
פֿאַרשיי'דן־מיניק אדי multifarious, diverse

פֿאַרשיי'דן־מיניקייט די diversity

פֿאַרשיי'דנקייט די variety

פֿאַרשיי'דנערליי' אַדי—אינו various (kinds of)

פֿאַרשײַ'ט אַדי frivolous, wanton; profligate; shrewd; pert, saucy

פֿאַרשיכּור|ן וו ◇ [FARShIKER] intoxicate; spend (money) on drink

פֿאַרשילטונג די denunciation

פֿאַרשילט|ן וו (פֿאַרשאָלטן) damn, curse *pf.*

פֿאַרשימלט אַדי moldy

פֿאַרשיס|ן זיך וו (פֿאַרשאָסן) miss (a target)

פֿאַרשיקונג די (ען) banishment

פֿאַרשיקט|ער דער—געב exile

פֿאַרשיק|ן וו ◇ exile, banish

פֿאָרשלאָג דער (ן) (parliamentary) motion; •suggestion, •proposal; •offer, •proposition

•פֿאָר|שלאָג|ן וו (פֿאָ'רגעשלאָגן) propose, suggest

פֿאַרשלאָס'ן אַדי locked; uncommunicative

פֿאַרשלאַ'פּט אַדי ill, stricken

פֿאַרשלאַ'פּט ווער|ן וו (איז פֿ' געוואָרן) take sick

פֿאַרשלאָפֿ'ן אַדי .1 sleepy, drowsy, sluggish || .2 פֿאַרשלאָפֿ|ן וו (פֿאַרשלאָפֿן) oversleep, miss (by sleeping)

פֿאַרשליי'ער|ן וו ◇ veil

פֿאַרשלינג|ען וו (פֿאַרשלונגען) consume, devour; engulf

פֿאַרשליס|ן וו (פֿאַרשלאָסן) lock up; lock in || פֿ' דעם וועג פֿאַר bar (the way to) || פֿ' זיך lock oneself in

פֿאַרשלעסל|ען וו ◇ zip (up)

פֿאַרשלע'פּט אַדי drawn-out (affair)

פֿאַרשלעפּ|ן וו ◇ drag away; protract || פֿ' זיך be protracted

פֿאַרשלע'פֿ(ער)|ן וו ◇ lull, put to sleep

פֿאַרשמאַ'כט אַדי faint, languid; languishing; prostrate

פֿאַרשמאַלצ'ן אַדי greasy

פֿאַרשמוצ|ן וו ◇ soil

פֿאַרשמט אַדי ⟨פֿאַר⟩ [FARShE'MT] renowned (as/for)

פֿאַרשמײַעט אַדי busy, bustling

פֿאַרשמיר|ן וו ◇ smear, soil, smudge

פֿאַרשמע'ל(ער)|ן (זיך) וו ◇ narrow *vt/vi*

פֿאַרשמעק|ן וו ◇ fill (with a smell); (*rev. con.*) ⊢ פֿ' ד (smell) permeate *vt.* be attracted by the smell of

פֿאָרש|ן וו ◈ investigate, study, explore *imp.*

פֿאַרשנאָל|ן וו ◇ buckle

°פֿאַרשנאָשקעט אַדי (*hum.*) tipsy, high

פֿאַרשנו'רעווע|ן וו ◇ lace

פֿאַרשניי' דער (ען) snowdrift

פֿאַרשנײַד|ן וו (פֿאַרשניטן) annihilate || פֿ' אַ בונד make a solemn covenant

פֿאַרשניי|ען וו ◇ cover with snow, snow under

פֿאַרשניצ|ן וו ◇ sharpen (pencil etc.)

פֿאַרשניר|ן וו ◇ זען פֿ אַ ר ש נ ו ר ע ו ו ע ן

פֿאַרשע'דיק|ן וו ◇ impair

פֿאַרשעלט|ן וו (פֿאַרשאָלטן) זען פֿ אַ ר ש י ל ט ן

פֿאַרשעמ|ען וו ◇ embarrass, disgrace, put to shame; show up *vt.* ⊢ פֿ' זיך become ashamed/embarrassed

פֿאַרשע'נער|ן וו ◇ beautify, embellish

פֿאָרשער דער (ס) ⊡ scholar, scientist, researcher

פֿאַרשפּאַלט|ן זיך וו (פֿאַרשפּאָלטן) crack slightly

פֿאַרשפּאַרונג די confinement

פֿאַרשפּאַר|ן וו ◇ block; imprison, confine, shut in, cage

פֿאַרשפּאָר|ן וו ◇ ⟨ד א⟩ spare, save *pf.* || פֿ' צו not need to

פֿאָרשפּיל די/דאָס (ן) prelude

פֿאַרשפּיליע|ן וו ◇ button

פֿאַרשפּיל|ן וו ◇ lose (in a game); forfeit; divert, lull (a child) by playing

פֿאַרשפּי'צט אַדי sharp; subtle, sly

פֿאַרשפּעטיקט אַדי belated, tardy, overdue

פֿאַרשפּע'טיק|ן וו ◇ ⟨א⟩ be late (for), miss || פֿ' זיך be late || פֿ' אויף אַ שעה [shO] be late by an hour

פֿאַרשפּרײַזל|ען וו ◇ gag *vt.*

פֿאַרשפּריי'ט אַדי .1 widespread, rife ||

(ברייט) פֿ' prevalent || 2. דער (ן) distribution

פֿאַרשפּרייטונג די (ען) spread, distribution, diffusion, promotion

פֿאַרשפּרייט\|ן וו (פֿאַרשפּריי'ט) spread, propagate vt., diffuse, distribute; promote ⊦ פֿ' זיך spread, propagate vi.

פֿאַרשפּרייטער דער (ס) ⊡ promoter

פֿאַרשפּלט אַדי [FARSHOFLT] humiliated

פֿאַרשקלאַפּ\|ן וו ◇ enslave

פֿאַרשקע\|ן וו ◇ snort

פֿאַרשרויפּ\|ן וו ◇ screw tight, screw closed

פֿאַרשרײַ'ב דער (ן) entry (in a book)

פֿאַרשרײַבונג די (ען) registration; entry

פֿאַרשרײַב\|ן וו (פֿאַרשריבן) take down, record, put down; register, enroll vt., place; prescribe ⊦ פֿ' זיך register, enroll vi., enlist ⊦ ניט צום פֿ' off the record

•פֿאַרשריפֿט זען תּקנה

פֿאַרשרצ\|ן וו ◇ [FARSHERETS] infest

פֿאַרשׂרפֿ\|ן וו ◇ [FARSARFE] scorch

פֿאַרתּכלעווע\|ן וו ◇ [FARTA'KhLEVE] squander

פֿאַשיזם דער Fascism

פֿאַשי'סט דער (ן) ⊡קע Fascist

פֿאַשיסטיש אַדי Fascist

פֿ"גל = פֿאַרגלײַכן cf.

פֿוגע¹ די (ס) fugue

פֿוגע² די (ס) fit, joint

פֿוטבאָל דער football

פֿוטליאַ'ר דער (ן) (instrument) case

פֿוטער דער (ס) fur; fur coat

פֿו'טערפֿאַס די (ן) case

פֿוי אינט phooey, fie

פֿויגל דער (פֿייגל/פֿויגלען) △ פֿיי'געלע bird || בלײַ'ען\|ער פֿ' slowpoke

פֿוי'גלבליק דער (ן) ⟨אויף⟩ bird's-eye view

פֿוי'גלדיק אַדי: ניט פֿ' not so good

פֿוי'גלוועג דער: מיטן פֿ' as the crow flies

פֿוי'גלמילך pigeon's milk; stg. rare/delicious; stg. unobtainable

פֿויגלש אַדי bird's

פֿויל אַדי lazy, sluggish; putrid

פֿוילונג די decay

פֿוילי'אַק דער (עס) ⊡–אַטשקע (cont.) lazy man

פֿויל\|ן וו ◇ rot || פֿ' זיך ⟨צו⟩ be (too) lazy (to)

פֿוי'לעצ\|ן וו ◇ be lazy

פֿוילער דער (ס) ⊡קע lazy person, sluggard

פֿוילקייט די laziness

פֿויסט די (ן) fist || לאַכ\|ן אין די פֿ'ן laugh in one's sleeve

•פֿויער אדוו (dial.) earlier || צו פֿ' = פֿויער

פֿוירהאַנג דער (ען) זען פֿ י ר ה אַ נ ג

פֿול אַדי ⟨מיט⟩ full (of), rife (with)

פֿו'לבלוטיק אַדי fullblooded; thoroughbred

פֿולבלעך אַדי rather full; buxom

פֿו'ליאָריק אַדי of age

פֿולמאַכט די (legal) power, proxy; power of attorney; retainer

פֿו'למאַכט־געלט דאָס (ער) retainer fee

פֿולקום אַדי entire, complete, perfect

פֿו'לקומקייט די fullness, completeness

פֿו'לרעכטיק אַדי with full rights

פֿו'לשטענדיק אַדי entire, complete, thorough, comprehensive; •utter

פֿון 1. פּרעפּ of; from, out of; by (agent); than ⊦ פֿ' ... אָן since, effective, as of || פֿ' איצט אָן (און ווײַטער) henceforth || פֿ' וועגן ד for the sake of, by reason of, on behalf of ⊦ פֿ' ... אַרויס out of || פֿ' זיך אַליי'ן of one's own accord || 2. פּרעפּ + אַרט = פֿון דעם, פֿון דער

פֿונאױ'בנאַראָ'פּ דער condescension

פֿונאױ'בנדיק אַדי superficial

פֿונאַנדער קוו apart || פֿונאַנדער\|רוק\|ן move apart/push apart

פֿונאַנדער\|אַ'רבעט\|ן וו (פֿונאַ'נדערגעאַרבעט) elaborate

פֿונאַ'נדערבוי דער development

פֿונאַנדער\|בוי\|ען (זיך) וו ◇ develop vt/vi

פֿונאַנדער\|גיי\|ן* זיך וו (איז פֿונאַ'נדערגעגאַנגען) diverge ⊦ פֿ' זיך ⟨מיט⟩ be separated (from, e.g. husband/wife); differ

פונאַ'נדערגעגאַנגען אַדי separated (spouse, couple)
פונאַ'נדערלאָזונג די dissolution
פונאַנדער|לאָז|ן וו ◇ dissolve, disband *vt.*
פונאַנדער|לויפ|ן זיך וו (איז פונאַ'נדערגעלאָפן) scatter *vi.*
פונאַנדער|פּלאָ'נטער|ן וו ◇ unravel
פונאַנדער|פֿרעג|ן זיך וו ◇ inquire
פונאַנדער|קלײַב|ן וו (פונאַ'נדערגעקליבן) analyze ⊢ פֿ' זיך ⟨אין⟩ make out, figure out, make sense of; be well oriented (in)
פונאַ'נדערשטעל דער (ן) deployment
פונאַנדער|שטעל|ן וו ◇ deploy
פונאַנדער|שייד|ן וו ◇ distinguish, differentiate
פונאַנדער|שיפֿריר|ן וו ◇ decode
פֿו'נבאָ'רטנדיק אַדי off-shore (wind etc.)
פונדאַמע'נט דער (ן) foundation, base, groundwork
פונדאַמענטאַ'ל אַדי fundamental, underlying
פֿון דאָס נײַ זען נ ײַ
פונדאַציע די (ס) foundation (fund)
פֿו'נדעוועןº וו ◇ ⟨אַ ד⟩ treat (sb.) (to)
פֿונדע'סטוועגן=פֿון דעסט וועגן קאָ however, yet, still, nevertheless
פֿון דער ווײַטנס זען ו ו ײַ ט
פֿון דערפֿו'ן זען ד ע ר פֿ ו ן
פֿונדרויסנדיק אַדי external
פֿון וואַנעט זען ו ו אַ נ ע ט
פֿונט דער/דאָס (ן) pound
פֿו'נצענטריש אַדי centrifugal
פֿונק דער (ען) spark || פֿ' נײַ brand new
פֿונקציאָנאַ'ר דער (ן) □שע functionary, official
פֿונקציאָני'ר דער (ן) performance, functioning
פֿונקציאָניר|ן וו ◇ function; work, operate *vi.*, be in operation
פֿונקציע די (ס) function
פֿוס 1. דער (פֿיס) △ פֿיסל foot; leg || צו פֿ' on foot || צו פֿ' גיי|ן* walk (not ride); (*fig.*) be pedestrian ⊢ אויף איין פֿ' hastily; off-hand ⊢ אויף הי'נערשע פֿיס shaky, ramshackle, precarious || נעמ|ען די פֿיס אויף די פּלייצעס (*hum.*) take to one's heels ⊢ שטעל|ן אויף די פֿיס make self-supporting || שטעל|ן זיך אויף די פֿיס stride ahead || שטיי|ן* אויף די איי'גענע פֿיס be self-reliant || 2. דער (—) foot (12 in.)
פֿו'סבאָל דער (ן) soccer; soccer ball
פֿו'סבענקל דאָס (עך) footstool
פֿו'סגייער דער (ס) ⊡ pedestrian
פֿוסדרוק דער (ן) footprint
פֿו'ס־טרי'ט אַדוו : נאָכ|גיי|ן* ד פֿ' follow on the heels of
פֿו'סנאָגל דער (...נעגל) toenail
פֿוסרינג דער (ען) anklet
פֿופֿציק צוו fifty
פֿופֿציקסט אַדי fiftieth
פֿופֿצן צוו fifteen
פֿופֿצנט=פֿופֿצעט אַדי fifteenth
פֿוקס דער (ן) △ פֿיקסל fox
פֿו'קסיכע די (ס) vixen
פֿו'קסנלאָך די (...לעכער) foxhole
פֿור די (ן) wagon, cart, van || זײַן* אויף איין פֿ' ⟨מיט⟩ be in the same boat (as)
פֿורגאָ'ן־אויטאָ דער (ס) station wagon
פֿורמאַן דער (עס/פֿורלײַט) wagoner, drayman, coachman
פֿורעם דער (ס) mold, cast, pattern
פֿו'רעמונג די (ען) formation, shaping
פֿו'רעמ|ען וו ◇ form, shape, fashion, mold *imp.* ⊢ פֿ' זיך take shape *imp.*
פֿו'שער|ן וו ◇ botch, bungle *imp.*
'פֿי זען פֿ י ך
פֿיאָ'ל דער (ן) vial
פֿיאָלע'ט אַדי זען ו י אָ ל ע ט
פֿיאַלקע די (ס) violet (flower)
פֿיאָרד דער (ן) fjord
פֿיבער דער/דאָס fever; delirium
פֿי'בערדיק אַדי feverish, fervent
פֿי'בער|ן וו ◇ be in fever
פֿיברע די (ס) fiber, strand
פֿיגו'ר די (ן) figure; chess piece || רעטאָ'ריש|ע פֿ' figure of speech

פֿיגוראַטי'וו אַדי figurative
פֿיגורי'ר|ן וו ◇ figure *vi.*, appear
פֿידל דער (ען) violin; fiddle
פֿידל|ען וו ◈ fiddle
פֿידלער דער (ס) ⊡ violinist
פֿי'דל־שליסל דער (ען) treble clef
פֿיו! אינט phew!
פֿיזיאָנאָמיע די (ס) [ZY] physiognomy
פֿיזי'ק די physics
פֿיזיקאַליש אַדי physical (of physics)
פֿי'זיקער דער (ס) ⊡ physicist
פֿיזיש אַדי physical (not mental or spiritual)
פֿיזיקולטו'ר די physical culture; physical education
פֿי'טער|ן וו ◈ feed *vt.* || פֿ' זיך feed *vi.*, graze
פֿיטש נאַס אַדי wringing wet
פֿיי דער grey squirrel
פֿײַג די (ן) fig
פֿיי'געלע דאָס (ך) (פֿויגל △) checkmark || לייג|ן זיך פֿ'ך אין בוזעם build castles in air
פֿייגלש אַדי זען פֿ ו י ג ל ש
פֿײַכט אַדי moist, damp, humid
פֿײַכטקייט די moisture, dampness, humidity
פֿײַל¹ די (ן) arrow || פֿ' אויסן/פֿון בויגן swift as an arrow
פֿײַל² די (ן) file (tool)
פֿײַל־און־בוי'גן דער (ס) bow-and-arrow
•פֿײַלכל דאָס (עך) violet
פֿײַל|ן וו ◈ file
פֿײַ'לן־בויגן דער (ס) bow
פֿײַ'לן־בויגער דער (ס) ⊡ archer
פֿײַלן־בויגערײַ' 1. דאָס archery || 2. די (ען) archery range
פֿײַ'לנטאַש די (ן) quiver
פֿײַלעכץ דאָס filings (*coll.*)
פֿײַן 1. אַדי nice; fine || 2. אַדוו nicely || ס'איז פֿ' וואַרעם it's nice and warm
פֿײַנברויט דאָס Danish pastry
פֿײַנד דער (—) enemy, foe
פֿײַנדלעך אַדי hostile
פֿײַ'נדלעכקייט די hostility || מצ hostilities, armed action
פֿײַנדשאַפֿט די enmity
פֿײַנט האָב|ן* וו (פֿ' געהאַ'ט) hate, despise, abhor, detest; dislike
פֿײַנט קריג|ן וו (פֿ' געקראָגן) get a dislike for, come to hate
פֿײַנטשאַפֿט די (ן) hate, hatred
פֿײַנע־בריה די (—ות) [BE'RYE] swell; rich/powerful person
פֿײַ'נפֿיליק אַדי perceptive
פֿײַ'נקוכן דער (ס) omelet
פֿײַנקייט די nicety, finesse; (act of) kindness
פֿייע זען פֿ ע ע
פֿײַער דער/דאָס (ן) fire, ardor || דורך פֿ' און (דורך) וואַסער through thick and thin || רעד|ן פֿאַר פֿ' און פֿאַר וואַסער talk a blue streak ⊢ געב|ן* פֿ' ⟨ד⟩ give a light (to) ⊢ טויג|ן* אויפֿן פֿ' be good for nothing, be useless ⊢ קריכ|ן אין פֿ', שפּיל|ן זיך מיט פֿ' court disaster || קאַלט|ער פֿ' sparklers (*coll.*)
פֿײַ'ער־אָפּשטעל דער (ן) cease-fire, armistice
פֿײַ'ער־געווע'ר דאָס firearms (*coll.*)
פֿײַ'ערדיק אַדי fiery, spirited
פֿײַ'ערווערק מצ fireworks
פֿײַ'ערווערקל דאָס (עך) firecracker
פֿײַ'ערונג די (ען) celebration
פֿײַ'ערטרעפּ די (ן) fire escape
פֿײַ'ערלעך אַדי solemn
פֿײַ'ערלעכקייט די (ן) solemnity
פֿײַ'ער־לעשער דער (ס) fireman
פֿײַ'ער|ן¹ וו ◈ fulminate
•פֿײַ'ער|ן² וו ◈ celebrate
פֿײַ'ער־קאַסע די (ס) safe
פֿײַ'ערשטיין דער (ער) flint
פֿײַף דער (ן) whistle; catcall
פֿײַפֿל דאָס (עך) (פֿײַף △) whistle (instrument)
פֿײַפֿ|ן וו ◈ whistle; boo *vi.* || °פֿ' אויף hold in contempt, not give a darn about
•פֿייק דער (ן) אַמער fake

פֿיך דאָס cattle, livestock
פֿי'כגעלאַף דאָס (ן) stampede
•פֿיל אַדי—אינוו many, much || אַזוי' פֿ' so much, as much, so many, as many || ווי פֿ' how much, how many || אַזוי' פֿ' ווי as much as; tantamount to
פֿיל... multi...
פֿילאַטעלי'סט דער (ן) ◻קע stamp collector, philatelist
פֿילאַטעליסטיק די stamp collecting, philately
פֿילאָלאָ'ג דער (ן) ⊡ philologist
פֿילאָלאָגיע די philology
פֿילאָלאָגיש אַדי philological
פֿילאַנטראָ'פּ דער (ן) ⊡ philanthropist
פֿילאַנטראָפּיע די philanthropy
פֿילאָסאָ'ף דער (ן) ⊡ philosopher
פֿילאָסאָפֿיע די (ס) philosophy
פֿילאָסאָפֿיר|ן וו ◇ philosophize
פֿילאָסאָפֿיש אַדי philosophical
פֿיל־וויי'ניק = פֿיל־ווי'נציק אַדוו more or less
פֿי'לווערִיק דער (...רקעס) זען פֿ אָ ל ו ו אַ ר ק
פֿילונג די (ען) filling
פֿיל־זאָ'געוודיק אַדי significant
פֿי'לזײַטיק אַדי many-sided, versatile
פֿי'לטייליק אַדי multiple, complex, composite
פֿילטער דער (ס) filter
פֿילטריר|ן (זיך) וו ◇ filter vt/vi
פֿיליאַ'ל דער (ן) [LY] branch (store/office)
פֿי'ליאָריק אַדי perennial (plant)
פֿיליבוסטער דער (ס) אַמער filibuster
פֿיליבו'סטער|ן וו ◇ אַמער filibuster
•פֿילײַכט זען אַ פֿ ש ר
פֿיליער דער (ס) fishmonger
פֿי'ליערוואַרג דאָס seafood
פֿיליק אַדי sensible (capable of sensation)
פֿילם דער (ען) film
פֿי'למאָליק אַדי repeated
פֿי'ל־מיניק אַדי multifarious, diverse
פֿי'ל־מיניקייט די diversity
פֿילמיר|ן וו ◇ film, take movies (of)
פֿילמירקע די (ס) movie camera
פֿיל|ן¹ וו ⊙ fill *imp.*
פֿיל|ן² וו ⊙ feel *vt.* || לאָז|ן פֿ' exert || פֿ' זיך ⟨אַדי⟩ feel *vi.* || איך פֿיל זיך גוט I feel good
פֿילע' דער (ען) filet
פֿילעכץ דאָס stuffing
פֿילעק דער (ן) polygon
פֿי'לפֿאַכיק אַדי multiple, manifold
פֿי'לפֿאַרביק אַדי colorful
פֿילץ דאָס felt
פֿי'לצאָליק אַדי numerous
פֿילצ'ן אַדי felt
פֿינאַ'נצ... fiscal, financial
פֿינאַנצי'סט דער (ן) financier
פֿינאַנציע'ל אַדי financial
פֿינאַנציר|ן וו ◇ finance
פֿינאַנצן מצ finance(s)
פֿינאַ'נץ־סעקרעטאַר דער (ן) financial secretary; Secretary of the Treasury
פֿינאַנצערײַ' דאָס (world of) finance || הויך־פֿ' high finance
פֿינאַ'נץ־קאָמיסיע די finance committee; Ways and Means Committee
פֿינגער דער (—) finger; toe || גראָב|ער פֿ' thumb ⊢ מיטן גראָבן פֿ' quibbling, stretching a point ⊢ גרויס|ער פֿ' middle finger ⊢ אויס|זויג|ן פֿון פֿ' concoct, invent (a story) ⊢ ניט אַרײַנ|טאָ|ן* קיין פֿ' אין קאַלט וואַסער loaf, not do a thing, be completely inactive ⊢ בײַס|ן זיך די פֿ' ⟨וואָס⟩ regret strongly || געב|ן* ד איבער די פֿ' rap the knuckles of || קוק|ן ד אויף די פֿ' watch (sb.) carefully ⊢ קוק|ן דורך די פֿ' ⟨אויף⟩ shut one's eyes (to), connive (at), wink (at) ⊢ קענ|ען* אויף די פֿ' have (facts) at one's fingertips ⊢ האָב|ן* קלע'פּיקע פֿ' be given to stealing ⊢ אָפּ|דרוק|ן ד די פֿ' fingerprint
פֿי'נגערדרוק דער (ן) fingerprint
פֿי'נגערהוט דער (...היט) thimble
פֿי'נגערוט דער (ן) = פֿ י נ ג ע ר ה ו ט
פֿי'נגערל דאָס (עך) (פֿינגער △) ring
פֿי'נגער|ן וו ⊙ finger
פֿי'נגערשוך דער (...שיך) thong

פֿינטע די (ס) feint
פֿיניש אַדי Finnish
פֿינלאַנד (דאָס) Finland
פֿי'נלענדער דער (—) ⊡ Finn
'פֿינסטער זען פֿ י נ צ ט ע ר
פֿי'נעווע אַדוו five o'clock
פֿינ(ע)ף צוו five
פֿינפֿט אַדי fifth
פֿינפֿטל דאָס (עך) fifth
פֿי'נפֿיאָר־פּלאַן דער (־פּלענער) five-year plan
פֿי'נפֿעלע דאָס (ך) nickel, 5-cent coin
פֿינפֿעק דער (ן) pentagon
פֿינפֿער דער (ס) five-spot, five-dollar bill
פֿינצטער 1. אַדי dark; sinister || זײַן* אומפּ
פֿ' די 2. || (*rev. con.*) be unhappy
in the dark ⊢ אין דער פֿ' dark
פֿי'נצטערלעך אַדי dim
פֿי'נצטערניש דאָס darkness
פֿינקל דער sparkle
פֿי'נקלדיק אַדי sparkling || פֿ' און פֿע'כלדיק spick and span
פֿינקל|ען וו ◇ sparkle, glitter, twinkle
פֿיסהאַרמאָ'ניע די (ס) reed organ
פֿיסטאַשקע די (ס) peanut
פֿיסל דאָס (עך) (פֿוס △) (furniture) leg ||
אונטער|שטעל|ן די אַ פֿ' trip
פֿיפֿט אַדי fifth
פֿיפֿטל דאָס (עך) fifth
פֿיפֿיק אַדי shrewd, cunning, crafty
פֿיצקע|ן וו ◇ thrash *imp.*
פֿיקטי'וו אַדי fictitious; sham
פֿיקסי'ר דער (ן) fix (location)
פֿיקסיר|ן וו ◇ fix (make permanent)
•פֿיקס|ן וו ◇ אַמער fix (repair, set up)
פֿיקציע די (ס) fiction (invention)
פֿיר דער (ן) practice, convention, custom
פֿיר צוו four
פֿיר קוו out, out of, out from under
פֿיר|ברענג|ען וו (◇/פֿי'רגעבראַכט) bring forward, advance, adduce ⊢ פֿ' פֿאַר די ליפּן utter
פֿי'רגייער דער (ס) ⊡ forerunner, predecessor

פֿיר|געב|ן* וו (פֿי'רגעגעבן) propose
פֿי'רגעריכט(ס) דאָס (ן) appetizer
פֿיר|האָב|ן* וו (פֿי'רגעהאַט) מיט be involved with
פֿיר|האַלט|ן וו (פֿי'רגעהאַלטן) ד scold
פֿירהאַנג דער (ען) △ פֿי'רהענגל curtain; drape
פֿירהויז דאָס (...הײַזער) hall, lobby, antechamber
פֿירוואָרף דער (ן) reproach, reproof
פֿירונג די (ען) conduct, habit, custom || mores מצ
פֿירלייג דער (ן) proposal, motion, offer, suggestion
פֿיר|לייג|ן וו ◇ propose, offer, suggest; submit
פֿי'רלייגער דער (ס) ⊡ proponent
פֿיר|ליי'ענ|ען וו ◇ ⟨ד⟩ read aloud (to)
פֿירמע די (ס) firm, concern; label, imprint; auspices
פֿי'רמעבלאַנק דער (ען) (piece of) letterhead stationery
פֿיר|ן וו ◇ lead, guide; walk *vt.*; carry, take (by vehicle); wheel; ferry; drive (a car), fly (a plane); conduct, run *vt.*, manage; chair, preside over (a meeting); wage (war) ⊢ פֿ' מיט manage, administer, run; steer ⊢ פֿ' מיט דער האַנט איבער run one's hand over || פֿ' צו lead to, be conducive to || פֿ' פֿאַר דער נאָז wrap around one's finger ⊢ פֿ' זיך conduct oneself, behave, act ⊢ פֿ' זיך לויט go by || פֿ' זיך אומפּ be the custom
פֿירנעם דער (ען) undertaking, enterprise
פֿי'רנעמונג די (ען) = פֿ י ר נ ע ם
פֿיר|נעמ|ען וו (פֿי'רגענומען) undertake ||
פֿ' זיך ⟨אַ/צו⟩ undertake, resolve, set out to
פֿי'רנעמער דער (ס) ⊡ entrepreneur
פֿי'רנעמעריש אַדי enterprising
פֿירע אַדוו four o'clock
פֿירעכץ דאָס (ן) odd custom, odd practice
פֿירעק דער (ן) quadrangle

פּי'רעק(עכ)יק אַדי quadrangular
פּירער דער (ס) ⊡ leader; guide
פּי'רער־ביכל דאָס (עך) guidebook
פּי'רערשאַפֿט די leadership
פּי'רפֿאָדעם דער (...פֿעדעם) clue
פּי'רפֿאַכיק אַדי quadruple
פּירקום דער incidence
פּיר|קומ|ען װ (איז פּי'רגעקומען) take place, occur
פּירשאַפֿט די guidance
פּירשט דער (ן) duke
פּירשטין די (ס) duchess
פּי'רשטנשאַפֿט די (ן) duchy
פּי'רשפּרעכער דער (ס) ⊡ spokesman || זײַן* אַ/דער פּ' פֿאַר plead for
פּיר|שרײַב|ן װ (פּי'רגעשריבן) prescribe
פּיש דער (—) fish || כאַפּ|ן פּ' fish || זײַן* װי אַ פּ' אין װאַסער feel at home || כאַפּ|ן די פּ' פֿאַ'ר דער נעץ put the cart before the horse
פּישטראָן דער cod liver oil
פּיש|ן װ ⟐ fish
פּישער דער (ס) ◻קע fisher
פּישערײַ' 1. דאָס fishing || 2. די (ען) fishery
פּי'שעררעכט דאָס (—) fishery, fishing right
פֿלאָדן דער (ס) △ פֿלעדל fruit layer cake
פֿלאָט דער (ן) navy; fleet
פֿלאָט... naval
פֿלאַ'טערל דאָס (עך) butterfly
פֿלאַ'טער|ן װ ⟐ wave, flutter *vi.*, shake (as with fear) ⊢ לאָז|ן פֿ' flutter *vt.*
פֿלאַ'טערקאָפּ דער (...קעפּ) scatterbrain
פֿלאַך 1. אַדי flat; •shallow; plane || 2. די (ן) plane, plain, level
פֿלאַכלאַנד דאָס flatland, lowland
פֿלאַם דער (ען) flame || אין פֿ'ען ablaze
•פֿלאָם די (ען) זען פֿ ל ױ ם
פֿלאַמיק אַדי flaming
פֿלאַמ|ען װ ⟐ blaze
פֿלאַ'מען־װאַרפֿער דער (ס) flamethrower
פֿלאַ'מפּלעצל דאָס (עך) flat cake; flapper (girl)
פֿלאַ'ם־פֿײַ'ערדיק אַדי fiery, blazing

פֿלאַ'נדערקע די (ס) flounder
פֿלאַנע'ל דער flannel || פֿלאַנעל'ן אַדי
•פֿלאַנץ די (ן) plant
•פֿלאַנצ|ן װ ⟐ plant
פֿלאַנק דער (ען) flank
פֿלאַסטער דער (ס) adhesive tape
פֿלאַ'ספּעדער די (ן) זען פֿ ל ו ס פּ ע ד ע ר
פֿלאַקאָ'ן דער (ען) flask
פֿלאָקן דער (ס/פֿלעקער) △ פֿלעקל pole, club
פֿלאָ'קן־שיסער דער (ס) ◻קע (*iro.*) braggart, swashbuckler
פֿלאַקס דער flax || פֿלאַקס'ן אַדי
פֿלאַקער דער (ס) flare
פֿלאַ'קער|ן װ ⟐ blaze
פֿלאַש די (פֿלעשער) △ פֿלעשל bottle
פֿלואָרידיר|ן װ ◇ fluoridate
פֿלואָרעסציר|ן װ ◇ fluoresce
פֿלואָרעסצי'רנדיק אַדי fluorescent
פֿלואָרעסצירקע די (ס) fluorescent lamp
פֿלוג: אין פֿ' off-hand, at first glance, on the face of it
פֿלו'גבלעטל דאָס (עך) leaflet
פֿלוי דער (פֿליי) flea || האָב|ן* פֿליי אין דער נאָז have a bee in one's bonnet
פֿלוים די (ען) △ פֿלײמל plum || (גע־טרי'קנט|ע) פֿ' prune
פֿלו'ספּעדער די (ן) fin
פֿלוק זען פֿ ל ו ג
פֿלוקטוי'רונג די (ען) fluctuation
פֿלוקטויר|ן װ ◇ fluctuate
פֿלי דער (ען) flight
פֿליאַדער דער (ס) ◻קע playboy; frivolous person
פֿליאַ'דערדיק אַדי giddy, fickle, frivolous
פֿליאַסקעדריגע דער/די (ס) tatterdemalion, botcher; slob
פֿליאַסקע|ן װ ⟐ slap
פֿלי'בלעטל דאָס (עך) leaflet
פֿליג די (ן) fly || ניט טשעפּע|ן קײן פֿ' אויף דער װאַנט be harmless || מאַכ|ן פֿון אַ פֿ' אַ העלפֿאַנד make a mountain out of a molehill ⊢ האָב|ן* פֿ'ן אין דער נאָז have a bee in one's bonnet

פֿליגל דער (לען/—) wing || אָפּ|האַק|ן ד די פֿ' clip the wings of

פֿלי'גערצײַג דאָס (—) aircraft

פֿליוואַרג דאָס aircraft (*coll.*)

פֿלי'טערל דאָס (עך) spangle || מצ tinsel

פֿליטש נאַס זען פֿ י ט ש נ אַ ס

פֿלייט די (ן) flute

פֿלײַס דער industry, diligence

פֿלײַסיק אַדי industrious, diligent, keen, studious

פֿלײַסן: אויף צו פֿ' זען צ ו פֿ ל ײַ ס נ ס

פֿלײַס|ן זיך וו ◇ ⟨צו⟩ try hard, endeavor

פֿלייץ דער (ן) torrent, flow, outpouring, burst

פֿלייצ... tidal

פֿליי'צכוואַליע די (ס) tidal wave

פֿלייצ|ן וו ◇ gush, flow, flush, rush, surge

פֿלי:ק אַדי elusive

פֿלייש דאָס (ן) meat; flesh || דאָס גראָב|ע פֿ' buttock(s)

פֿליישיק אַדי meaty, plump; (food) made of meat, as contrasted with dairy food, from which it must be kept separate according to Jew. dietary laws

•פֿליכט די (ן) duty

•פֿליכטלינג זען פּ ל י ט

פֿלינק אַדי agile, nimble, deft, dexterous

פֿלינקייט די dexterity, nimbleness

פֿליס דער flow

פֿליסיק אַדי liquid; fluent

פֿלי'סיקייט די (ן) fluid, liquid, lotion

•פֿליס|ן וו (איז געפֿלאָסן) flow, run

פֿלי:|ען וו (איז געפֿלויגן) fly, soar

פֿלי:ער דער (ס) ⊡ flier, aviator

פֿלי:'ערזיץ דער (ן) cockpit

פֿלי:ערײַ' דאָס flying, aviation

פֿלי:'ער־קאַבינע די (ס) cockpit

פֿליפֿלאַץ דער (...פּלעצער) airfield, airport

פֿליציל דער (ן) (flying) destination

פֿליק|ן וו ◇ pluck

פֿלירט דער (ן) flirtation

פֿלי'רטעווע|ן וו ◇ flirt, philander

פֿלישלאַנג די (ען) kite

פֿלעג(*) הוו (ער פֿלעג/פֿלעגט) used to

פֿלעגמאַטיש אַדי phlegmatic

פֿלע'דערוויש דער (ן) feather duster

פֿלע'דערמויז די (...מײַז) bat

פֿלעכטוואַרג דאָס wicker

פֿלעכטל דאָס (עך) twist (of dough etc.)

פֿלעכט|ן וו (געפֿלאָכטן) twist, braid, twine

פֿלעם דער (ען) ringing smack

פֿלעק דער (ן) stain, spot; blot, blur; slur, stigma, taint ⊢ אָן אַ פֿ' spotless

פֿלע'קטיפֿוס דער typhus

פֿלעקיק אַדי spotty

פֿלעקל דאָס (עך) (פֿלאָקן △) stake, peg

פֿלע'קל־דאָקטער דער (־דאָקטוירים) quack

פֿלע'קלשריפֿט די cuneiform writing

פֿלעשל|ען וו ◇ bottle

פֿ"מ = פֿאַר מיטאָג a.m.

פֿ"נ = פֿאַראיי'ניקטע נאַציעס U.N.

פֿסס"ר = פֿאַרבאַ'נד סאָווע'טישע סאָציאַלי'סטישע רעפּובליקן U.S.S.R.

פֿע! אינט fie!

פֿעאָדאַ'ל אַדי feudal

פֿעאָדאַליזם דער feudalism

פֿעאיק זען פֿ ע :ק

פֿע'ברואַר דער (ן) February

פֿעדער 1. די (ן) feather; plume; spring || אין די פֿ'ן in one's glory, in clover || אַרײַנ|גיי|ן* אין די פֿ'ן make good, get rich ⊢ 2. די (ס) pen || (גע'נדזענ|ע) פֿ' quill

פֿעדעראַ'ל אַדי federal

פֿעדעראַציע די (ס) federation

פֿע'דערגראָז דאָס (ן) fern

פֿע'דער(ד)יק אַדי springy, jaunty, elastic, resilient

פֿע'דער(ד)יקייט די elasticity

פֿע'דער|ן¹ וו ◇ be elastic

פֿע'דער|ן² זיך וו ◇ rise early, rise earlier; anticipate

פֿעדערשט זעו פֿ אָ ד ע ר ש ט

פֿעט אַדי fat, greasy || פֿ'|ער ביסן juicy morsel

פֿעטזײַט די bacon

פֿע'טיק|ן וו ◇ fertilize

פֿעטס דאָס (ן) fat, grease; shortening

פֿעטער דער (ס) uncle || פֿ' שניאור [shNE-YER] Old Man Winter; Jack Frost || פֿ'! mister!

פֿעיִק אַדי able, capable, bright

פֿע'יִקייט די (ן) ability, aptitude, faculty

פֿעכט|ן זיך וו (געפֿאָכטן) fence

פֿעכטערײַ' דאָס fencing

פֿעכל|ען וו ◇ glitter

פֿעכער דער (ס) fan

פֿעל די (ן) hide, skin, pelt

פֿעלבל|ען וו ◇ fold

פֿעלד דאָס (ער) field; domain; (*Jew.*) cemetery

פֿע'לדבעטל דאָס (עך) cot

פֿע'לד־גזלן דער (ים) [GAZLEN—GAZLONIM] highwayman

פֿע'לדוואַרמעס דאָס cook-out

פֿעלדז דער (ן) cliff, rock, boulder

פֿעלדזיק אַדי stony, rocky

פֿע'לדזנראַנד דער (ן) ledge

פֿע'לדטרומייט דער (ן) bugle

פֿע'לדטרומייטער דער (ס) bugler

פֿע'לדמאַרשאַל דער (...אַ'לן) field marshal

פֿעלדפֿלאַש די (...פֿלעשער) canteen

פֿעלַדשער דער (ס) old-time barber-surgeon

פֿעלטשונג די (ען) apostasy; treachery

פֿעלטש|ן וו ◇ אין betray

פֿעלטשער¹ דער (ס) ⊡ apostate

•פֿעלטשער² דער (ס) זעו פֿ ע לַ ד ש ע ר

פֿעליעטאָ'ן דער (ען) [LY] feature article; human-interest story

פֿעליק¹ אַדי complete

פֿעליק² אַדי due (payment) || פֿ' ווער|ן fall due

פֿע'ליקייט די (ן) deficiency || דורך פֿ' by default

פֿעל|ן וו ◇ ⟨ד/בײַ⟩ be missing, be lacking, be absent; (*rev. con.*) lack, want, be short of ⊢ פֿ' ד ail || וואָס פֿעלט אים? what ails him? ⊢ ס'פֿעלט זיי געלט they are short of money ⊢ מער פֿעלט מיר ניט! that's all I (would) need! ⊢ דאָס האָט מיר געפֿע'לט! just my luck! || פֿ' זיך pass away, die

פֿע'לנדיק אַדי missing, absent

פֿעלער דער (ן) fault, imperfection; error, mistake, blunder

פֿע'לערדיק אַדי faulty, imperfect

פֿע'לקער־ליגע די League of Nations

פֿע'לקערמאָרד דער genocide

פֿעלשונג די (ען) sham, forgery

פֿעלש|ן וו ◇ forge, falsify

פֿעלשער דער (ס) forger

פֿעמיני'ן אַדי feminine

פֿענאָמע'ן דער (ען) phenomenon

פֿענדל¹ דאָס (עך) (פֿאָן △) pennant

פֿענדל² דאָס (עך) (פֿאַן △) saucepan, pot

'פֿענסטער זעו פֿ ע נ צ ט ע ר

פֿענצטער דער (—) window || די הויכע פֿ' high society

פֿע'נצטערברעט די (ער) window sill, window ledge

פֿעסט אַדי firm, fast, fixed, stationary; set, rigid, steadfast, steady; resolute, tenacious

פֿעסטונג די/דאָס (ען) fortress

פֿעסטיוואַ'ל דער (ן) festival

פֿע'סטיק|ן וו ◇ state (with assurance)

פֿעסטקייט די firmness, stability; determination, resolution

פֿע'סטשטעלונג די (ען) statement, assertion

פֿעסט|שטעל|ן וו ◇ state, assert; determine, establish

פֿעסל דאָס (עך) (פֿאַס △) keg, cask

פֿעע די (ס) fairy

פֿע'ענלאַנד דאָס fairyland

פֿעפֿער דער pepper || ווו דער שוואַרצער פֿ' וואַקסט where the world has an end

פֿע'פֿערמינץ דאָס peppermint

פֿערד דאָס horse; fool || אויפֿן פֿ', אויף אַ פֿ' ⊢ on horseback ⊢ פֿערדס פֿוס פֿאָ'טקעוועס אַן איי'ניקל (*hum.*) distant relative

•פֿערד אַדי זען פֿ ע ר ט
פֿערד־און־וואָ'גן (דער) horse and buggy
פֿערדבין די (ען) hornet
פֿערדיש אַדי horse's; equine || פֿ'ע ציינער buck teeth
פֿערדל דאָס (עך) (פֿערד △) hobby
פֿע'רדנקראַפֿט די (—) horse power
פֿע'רדפֿאַרמעסט דער (ן) horse race || מצ horse racing
פֿערז דער (ן) •stanza || line of verse; מצ verse (*coll.*) || ווײַסע פֿ'ן blank verse
פֿערט אַדי fourth
פֿערטל דאָס (עך) quarter (¼)
פֿערטליאָ'ריק אַדי quarterly
פֿערטליאָ'ר־שריפֿט די (ן) quarterly
פֿע'ריס־ראָד די (־רעדער) Ferris wheel
פֿע'רישקע די (ס) זען פֿ ע ר ש ק ע
פֿערמע די (ס) farm
פֿערציק צוו forty
פֿערציקסט אַדי fortieth
פֿערצן צוו fourteen
פֿערצנט=פֿערצעט אַדי fourteenth
פֿערשקע די (ס) peach
פֿ"ק=פֿאַר קרי'סטוסן B.C.
פֿר'=פֿרוי Mrs.
פֿראַגמע'נט דער (ן) fragment
פֿראַגמענטאַריש אַדי fragmentary
פֿראַגע די (ס) question; issue, point
פֿראַזע די (ס) phrase; cliché
פֿראַטיר|ן וו ◇ scuff, rub, polish
פֿראַטערנאַ'ל אַדי fraternal
פֿראַכט דער cargo, freight
פֿראַמוגע די (ס) niche
פֿראַנדז די (פֿרענדז/ן) fringe || מצ fringe
פֿראַנט דער (ן) well-dressed man; dandy, fop
פֿראָנט דער (ן) front; front entrance
פֿראַנצוי'ז דער (ן) ⊡ △ פֿראַנצייזל French-man
פֿראַנצײ'ז (דאָס) French (language)
פֿראַנצייזיש אַדי French
פֿראַנק־און־פֿרײַ' אַדי free as a bird
פֿראַנקאָ אַדוו post paid
פֿראַנקרײַך (דאָס) France || לעב|ן ווי גאָט אין פֿ' live in clover
פֿראָסט דער (פֿרעסט) △ פֿרעסטל freezing temperature; freezing weather
פֿראָסטיק אַדי frosty
פֿראַסק דער (ן) powerful smack
פֿראַק דער (ן) dress coat, tails
פֿראַקציאָנע'ל אַדי factional
פֿראַקציע די (ס) faction; caucus
פֿראָש די/דער (פֿרעש) frog
פֿרוי 1. די (ען) △ •פֿרויקע woman; wife || 2. טיטל Mrs.
פֿרויִש אַדי womanly
פֿרויען... women's, feminine
פֿרוי'ען־טשעפּער דער (ס) molester
פֿרוי'ענצימער דער (ס) (*usu. iro.*) woman
פֿרוי'ענצימעריש אַדי feminine
פֿרוי'ען־קאַלטקייט אַדי frigidity
פֿרוי'ענשאַפֿט די womanhood
פֿרוכט די (ן) fruit
פֿרוכטאײַז דאָס sherbet
'פֿרוכטבאַר זען פֿ ר ו כ פּ ע ר ד י ק
פֿרוכטיק אַדי fruitful
פֿרו'כפּערדיק אַדי fertile, prolific
פֿרו'כפּערדיקייט די fertility
פֿרו'כפּערונג און מערונג די procreation
פֿרוכפּערן און מערן זיך = פֿ ר ו כ פּ ע ר ן ז י ך
פֿרו'כפּער|ן זיך וו ◇ increase, procreate
פֿרום אַדי (△ פֿרימער) pious, devout
פֿרומאַ'ק דער (עס) hypocritically pious man
פֿרומאַקיש אַדי sanctimonious
פֿרומקייט די piety
פֿרוסטרירונג די (ען) act of frustration
פֿרוסטרי'רט אַדי frustrated
פֿרוסטרירטקייט די feeling/state of frustration
פֿרוסטריר|ן וו ◇ frustrate
פֿרי 1. אַדוו early || פֿאַר פֿ' at the crack of dawn ⊦ 2. די: אין דער פֿרי in the morning
פֿריאיק זען פֿ ר ײַ ק
פֿריגי'ד אַדי (sexually) frigid

פֿריד דער—ל peace || פֿריד אויף ד may ... rest in peace
פֿרידזשידע'ר דער (ן) refrigerator
פֿרידלעך אַדי peaceful, amicable
פֿרידן דער peace
פֿריזו'ר די (ן) hairdo
פֿריזירער דער (ס) ⊡ hairdresser
פֿרײַ 1. אַדי free, at liberty; loose; vacant; ⊢ פֿ'|ער טאָג exempt; off; clear (of) ⊢ פֿ'|ע שטעלע day off || job opening || פֿ'|ע צײַט leisure time || 2. די liberty || אויף דער פֿ' in freedom; at large, loose
פֿרייד די (ן) joy, delight || אין פֿ'ן happily; when the troubles were/are over
פֿריידיק אַדי joyful, joyous
פֿרײַ'דענקער דער (ס) ⊡ freethinker
פֿריי'ד־פֿאַרשטערער דער (ס) □קע killjoy
פֿרײַהייט די (ן) freedom, liberty
פֿרײַ'הייט־אָפּנעם דער deprivation of liberty
פֿרײַ'וויליק אַדי voluntary, of one's own accord
פֿרײַ'זאָגונג די (ען) acquittal
פֿרײַ|זאָג|ן וו ⟐ acquit
פֿרײַטאָג = פֿרײַטיק דער Friday
פֿרײַ'טאָגדיק = פֿרײַ'טיקדיק אַדי Friday's
פֿרײַלײדיק אַדי single, unmarried
פֿרײַלײ'דיקייט די bachelorhood
פֿרײַלײ'דיק|ער דער—געב bachelor
פֿרײַלין 1. די (ס) miss || 2. טיטל Miss
פֿריילעך אַדי cheerful, gay, merry, amusing
פֿריילעכס דאָס (ן) cheerful tune
פֿריי'לעכקייט די cheer
פֿרײַ'מײַער דער (ס) freemason
פֿרײַנד 1. דער (—) ⊡ friend || 2. טיטל Mr., Mrs., Miss
פֿרײַנדלעך אַדי friendly, kind, amiable; amicable
פֿרײַ'נדלעכקייט די kindness, friendliness
פֿרײַנדשאַפֿט די (ן) friendship
פֿרײַנט דער (—) relative
פֿרײַנטל: שטיקלעך פֿ'עך distant relatives
פֿריי|ען וו ⟐ ⟨אַ⟩ make glad; (*rev. con.*) be glad of ⊢ פֿ' זיך be glad, rejoice
פֿרײַפּלאַץ דער clearance
פֿרײַ'־פֿירנעמערײַ' דאָס free enterprise
פֿרײַצײַט די leisure
פֿריִק אַדי early || צו פֿ' premature
פֿרײַקייט די (ן) freedom
פֿרײַשאַפֿט די liberty || פּאָע'טיש|ע פֿ' poetic license
פֿרײַשטראָז דער (ן) freeway
פֿרילינג דער (ען) spring
פֿרי'לינגדיק אַדי spring, vernal
פֿרי'לינגצײַט 1. די springtime || 2. אַדוו in the spring
פֿרימאָרגן דער (ס) morning
פֿריִער אַדוו ⟨פֿון⟩ earlier; before, beforehand, formerly, prior (to) ⊢ פֿ' אָדער שפּעטער sooner or later, in the long run ⊢ אויף צו פֿ' = פֿריִער
פֿרי'ערדיק אַדי* former, previous, preceding
פֿריִערט זען פֿ ר י ִ ע ר
פֿריץ דער (ן) novice; chump
•פֿרי'צײַטיק אַדי premature, untimely
פֿריריק אַדי frigid
פֿרי'ריקייט די frigidity
פֿריר|ן וו (געפֿרוירן/געפֿראָרן) freeze *vi.*
פֿרירפּונקט דער (ן) freezing point
פֿריש אַדי fresh; ruddy; recent
פֿרישטיק דער (ן) breakfast
פֿרל' = פֿרײַלין Miss
פֿרעג דער (ן) query, question
פֿרעג... interrogative
פֿרעגאַ'ט דער (ן) frigate
פֿרע'גבויגן דער (ס) questionnaire
פֿרעג|ן וו ⟐ ⟨אַ/בײַ⟩ ask, inquire || פֿ' אַ אַן עצה [EYTSE] consult || פֿ' זיך wonder; ⊢ פֿ' זיך בײַ ask ⊢ (question) arise
פֿרעגער דער (ס) □קע inquisitive person
פֿרע'געריש אַדי inquisitive
פֿרע'גפּראָגראַם די (ען) quiz program
פֿרע'גצייכן דער (ס) question mark || אונטער אַ פֿ' questionable

ˈפֿרעך זען העזהדיק, חוצפּהדיק, עזותדיק

פֿרעמד 1. אַדי strange, another's, someone else's; foreign, alien ⊢ 2. די: אין דער פֿ' abroad, away from home

פֿרע'מדן־לעגיאָן דער (ען) foreign legion

פֿרעמדס: אין דער פֿ' זען (אין דער) פֿרעמד

פֿרעמד|ער דער–געב stranger

פֿרע'מדצייכן דער (ס) quotation mark

פֿרעמדשאַפֿט די alienation

פֿרעסטל דאָס (עך) (פֿראָסט △) chill

פֿרע'סטלדיק אַדי chilly

פֿרעס|ן וו (געפֿרעסן) gorge oneself, devour *imp.*

פֿרעסער דער (ס) □קע glutton

פֿרעקווע'נץ די (ן) frequency

פֿ״ש = פֿאַראיי'ניקטע שטאַטן U.S.

פֿש״אַ = פֿאַראיי'ניקטע שטאַטן פֿון אַמע'ריקע U.S.A.

צ

צ דער/די [TSADEK] letter of the Yiddish alphabet; pronounced (TS); written ץ (*lange[r] tsadek*) at the end of a word; numerical value: 90

צאינה־וראינה די [TSENERENE] a Yiddish translation of the Pentateuch, enriched by illustrative stories, traditionally read chiefly by women

צאָל די (ן) number || גאַנצ|ע צ' integer || אָן אַ צ' countless, innumerable

צאָל[1] דער customs duty, tariff, toll

צאָל[2] דער (ן) inch

צאָלאַמט דער (ן) customs house

צאָלוואָרט דאָס (...ווערטער) numeral

צאָלונג די (ען) payment

צאָלטאָג דער (...טעג) payday

צאָ'לטאַריף דער (ן) tariff

צאָליק אַדי numerical

צאָל|ן וו ⟐ pay *imp.*

צאָ'לפֿעיִק אַדי solvent

צאָלפֿרײַ אַדי duty-free

°צאָלרײַך זען פֿ י ל צ אָ ל י ק

צאַם דער/די (ען) fence

צאַמונג די restraint

צאַמ|ען וו ⟐ tame, curb *imp.*, restrain

צאָן דער (ציין/ציינער) tooth; tine, prong; cog ⊦ לאַכ|ן מיט ציינער grin || פֿ"גל פֿ אַ ר ר ע ד ן || קלעק|ן אויף אַ צ' be hardly enough, be scant ⊦ ציינער שנײַדן זיך ד (*rev. con.*) cut teeth, teethe || שאַרפֿ|ן (זיך) די ציינער ⟨אויף⟩ have designs (on)

צאָנ... זען צ י י נ ...

צאַנק דער (ען) flicker

צאַנקען דער (ס) ingot, pig

צאַנק|ען וו ⟐ flicker *imp.*, waver

צאַפּ דער (עס) he-goat

צאָפּ דער (צעפּ) △ צעפּל braid

צאַפּל דער (ען) start, jerk || אַ צ' טאָ|ן* start, wince

צאַ'פּלדיק אַדי squirming, jerky; fresh

צאַפּל|ען (זיך) וו ⟐ squirm, wriggle, quiver

צאַפּן דער (ס) △ צעפּל plug, tap || פֿון רעכטן צ' from the very source, from the horse's mouth

צאַפּ|ן וו ⟐ drain, tap *imp.* || צ' בלוט בײַ bleed *vt.*

צאַ'פּן־בערדל דאָס (עך) goatee

צאַצקע די (ס) trinket, toy, bauble; ornament

צאַ'צקעדיק אַדי (*iro.*) ornate, slick, exquisite

צאַצקע|ן זיך וו ⟐ מיט fuss over (with pride or delight)

צאַקיק אַדי jagged

צאַקן דער (ס) jag

צאַר דער (ן) czar

צאַרט אַדי gentle, tender, dainty, delicate

צאַ'רטפֿיליק אַדי perceptive, tender

צאַרטקייט די gentleness

צאַריש אַדי czarist

צאָרן דער wrath, fury, rage

צאָ'רנדיק אַדי furious, fierce

צאָרענ|ען וו ⟐ זען צ ע ר ע נ ע ן

•צב"ש=צום בײַשפּיל e.g.

צבֿויאַ'ק דער (עס) זען צבֿועק

צבֿועטשקע די (ס) [TSVUATShKE] (*fem.*) hypocrite

צבֿועק דער (עס) [TSVUA'K] hypocrite

צבֿועקיש אַדי [ ] hypocritical

צבֿיעות דאָס [TSVIES] hypocrisy

צבֿיעותדיק אַדי [ ] hypocritical

צד דער (צדדים) [TSAD—TSDODIM] side in a contest/dispute; side of a family || פֿון דער מוטערס צ' maternal

צדדימדיק אַדי [TSDO'DIMDIK] biased, partial

צדה־לדרך די [TSEYDE-LEDE'REKh] food for a trip, provisions

צד־השווה דער [TSAD-HAShO'VE] common ground

צדוקי דער (ם) [TSIDUKI] Sadducee

צדיק דער (ים) [TSADEK—TSADIKIM] (*Jew.*) pious/saintly man; saint; Hasidic rabbi ⊢ צ' אין פּעלץ hypocrite

צדיק דער/די (ן) [TSADEK] sade, name of the letter צ ⊢ לאַנג|ע(ר) צ' the letter ץ

צד־פּאַפּיר דאָס (ן) [TSA'D] (legal) brief

צדק דער [TSEDEK] (divine) justice

צדקה די [TSDOKE] charity, alms

צדקה־... [ ] charitable

צדקהלע דאָס (ך) [ ] alms box

•צדקות זען צידקות

צדקת די (ן) [TSEDEYKES] pious/saintly woman

צו¹ .1 אַדוו too; excessively; apiece, each || צו 5 עפּל five apples apiece || צו איין דאָלאַר one dollar each ⊢ .2 פּרעפּ to, toward(s); at (time) ⊢ צו יעדער צײַט at any time ⊢ צו 4 יאָר at the age of four ⊢ צו די אַלע זאַכן to top it off

צו² .1 אַפּ shut || .2 קוו closer; some more; in accompaniment ⊢ צו|בראָט|ן fry some more ⊢ צו|שטופּ|ן push closer ⊢ צו|זינג|ען sing along

צואה די [TSOYE] excrement

צוואו... זען צוווו...

צו־ און אָפּ־פֿלייץ דער tide(s)

צואײַל דער (ן) speed-up

צו|אײַל|ן וו ◇ hasten, urge on, speed up, expedite ⊢ צ' זיך hurry (up) *vi.*, speed up *vi.*

צו|באַמקע|ן וו ◇ hum (in accompaniment); consent to everything; (*hum.*) chime in

צו'באַמקער דער (ס) yes man

צובוי דער (ען) annex

צובונד דער (ן) attachment

צו|ביינ|ן וו (צו'געבויגן) tilt (closer)

צו|בײַל|ן וו ◇ contract, clench (fist)

צו|בײַס|ן וו (צו'געביסן) have a snack

צו|בינד|ן וו (צו'געבונדן) tie *pf.*, lash; attach, confine ⊢ צ' זיך צו take to, become attached to

צו ביסלעך זען ביסל

צובער דער (ס) tub

צו|ברוינ|ען וו ◇ brown (meat), toast (bread)

צו'ברוינער דער (ס) toaster

צו|ברענג|ען וו (◇/צו'געבראַכט) bring *pf.*; spend (time)

צו|ברענ|ען וו ◇ burn (food, in cooking)

צוג דער (ן) train; draft of wind; move (in a game)

צוגאָב דער (ן) addition; accessory

צוגאָב... additional; supplementary; accessory

צו'גאָבל דאָס (עך) (צוגאָב △) rider (on a bill)

צוגאַנג דער (ען) approach, attitude || פּאָרוי'סיק|ער צ' bias

צו גאַסט זען גאַסט

צו|גיי|ן* וו (איז צו'געגאַנגען) go; step over || צ' גלאַטיק go smoothly || צ' ‹צו› go up (to), approach

צו|גלי'דער|ן (זיך) וו ◇ ‹צו› affiliate (with) *vt/vi*

צו גלײַך זען גלײַך

צו|גלײַכ|ן וו (צו'געגליכן/◇) liken, compare

צו|גנבֿע|נען וו ◇ [GANVE] steal *pf.*

צו'געאײַלט אַדי precipitous, hasty

צו|געבונד'ן אַדי attached; affectionate

צו'געבונדנקייט די attachment; affection

צו|געב|ן* וו (צו'געגעבן) add; admit || צ' (ד) אַפּעטי'ט whet the appetite (of)
צו'געבעכץ דאָס (ן) additive
צו'געהער דאָס belongings
צו'געהעריקייט די (ן) appurtenance || צ' (צו) belonging, membership
צו'געוואַקסן ווער|ן וו (איז צ' געוואָרן) become attached
צו|געווינ|ען וו ◇ זע צוגעוויינען
צו'געוויניק אַדי habit-forming
צו|געוויינ|ען וו ◇ accustom || צ' זיך (צו) get accustomed (to) *pf.*
צו'געזאָטן ווער|ן וו (איז צ' געוואָרן) become deeply attached
צו'געטאָן ווער|ן וו (איז צ' געוואָרן) become attached
צו'געטראַכט אַדי contrived || אַפּריִער צ' preconceived
•צו'געטרײַעט אַדי—אַמער accustomed
צו'געלאָזט אַדי familiar, intimate, affable
צו'געלעגערט אַדי stale
צו'געפּאַסט אַדי fit, adjusted
צו'געשפּיצט אַדי pointed
צו'גרייטונג די (ען) preparation, arrangement
צו|גרייט|ן (זיך) וו (צו'געגרייט) prepare (*pf.*) *vt/vi*
צו|גרעפּט|ן וו (צו'געגרעפּט) graft *pf.*
צודאַט דער (ן) attachment, accessory
צו|דושע|ן וו ◇ dampen (sounds)
צו|דינ|ען וו ◇ (ד) be of service (to) || צ' בײַ be instrumental in
צודעק דער (ן) cover; mantle, cloak
צו|דעק|ן וו ◇ cover *pf.*
צודערהאַנטיק אַדי available
צודערהאַ'נטיקייט די availability
צודערזאַכיק אַדי pertinent
צודערזאַ'כיקייט די pertinence
צו דערצו' זע דערצו
צו|דראָ'טעווע|ן וו ◇ wire (attach by wire)
צו|דריק|ן וו ◇ press *pf.*
צו|האַלט|ן וו (צו'געהאַלטן) hold *pf.*; hold for a moment
צוהאַנג דער (ען) appendix (to a book etc.)
צו|העלפֿ|ן וו (צו'געהאָלפֿן) aid, assist
צו|הענג|ען וו (צו'געהאַנגען) append
צוהעפֿט דער (ן) attachment
צו|העפֿט|ן וו (צו'געהאָפֿטן) attach
צו|הער|ן זיך וו ◇ listen
צו'הערער דער (ס) ⊡ listener
צוואָג די (ן) hairwashing, shampoo
צוואָ'גוואַסער דאָס shampoo
צוואָג|ן וו (געצוואָגן) scrub, shampoo (hair)
צוואה די (צוואָות) [TSAVOE] will, testament
צוואַ'לעווע|ן וו ◇ seethe
צוואַנג די (ען) △ צווענגל (pair of) pliers; (pair of) tongs
צוואַנג דער compulsion, constraint; duress, coercion
צוואַ'נגאַרבעט די forced labor
צוואַנגדינסט דאָס conscription
צוואַנציק=צוואָנציק צוו twenty
צוואַנציקסט=צוואָנציקסט אַדי twentieth
צוואַרעך דער cottage cheese || (טרו'קענ|ער) צ' pot cheese
צוואַקס דער (ן) increase
צו|וואַרט|ן וו (צו'געוואַרט) wait a bit
צו|וואַרפֿ|ן וו (צו'געוואָרפֿן) (ד) throw (contemptuously), pitch (to)
צוווּקס דער (ן) accretion, increase
צווינטש דער (ן) wish, good wishes
צו|ווינטש(עווע)|ן וו ◇ (ד) wish happiness, wish luck (to)
צו|ווינק|ען וו (צו'געווונקען) (ד) wink, beckon (to)
צו וויסן טאָן זע וויסן
צו|וירצ|ן וו ◇ spice
צו וועגן ברענגען זע וועגן
צוויט דער bloom; blossom
צוויט|ען וו ◇ bloom, flower
צווי'טשע(ר)|ן וו ◇ twitter, warble
צוויי צוו two || איינס־צ' quickly, one-two-three ⊢ איינס פֿון די צ' one or the other
צוויי'־אינטערוואַ'ליק אַדי double-spaced
צוויי'־באָרטיק אַדי double-breasted
צווײַג די/דער (ן) branch, bough
צווײַגל דאָס (עך) (צווײַג △) twig
•צוויי'דײַטיק זע צווייטײַטשיק

צוויי'וואָכיק = צוויי'־וואָ'כנדיק אַדי biweekly
צווייט אַדי second; latter; next || אויפֿן צ'ן טאָג the next day
צווייטבע'סט אַדי* second-best
צוויי'טײַטשיק אַדי ambiguous, equivocal
צוויי'טײַטשיקייט די (ן) ambiguity
צווייטיק אַדי secondary
צווייטנס אַדוו secondly
צוויי'טראַנגיק אַדי second-rate
צווייִיק אַדי double, dual
צווייע אַדוו two o'clock
צוויי'ענדיק אַדי double, dual
צוויי'־פּאַרטיי'יש אַדי two-party; bipartisan
צוויי'פּינטל דאָס (עך) colon
צוויי'־פּנימדיק אַדי [PO'NEMDIK/PE'NEMDIK] two-faced
צוויי'־פּנימדיקייט די [ ] duplicity
•צווייפֿל דער (ען) doubt
•צווייפֿל|ען וו ◇ doubt
צוויי'רייִק אַדי double-breasted (coat)
צוויי'שפּראַכיק אַדי bilingual
צוויי'שפּראַכיקייט די bilingualism
צווילינג דער (ען) pair of twins
צווי'לינג־ברודער דער (־ברידער) (male) twin, twin brother
צווי'לינג־שוועסטער די (—) (female) twin, twin sister
צווינג|ען וו (געצוווּנגען) force, compel, coerce
צווינטער דער (ס) non-Jewish cemetery
צוויק דער (עס) beet
צוויק: האַלט|ן אין צ' keep in check
צוויקער דער (ס) (pair of) tweezers
צווישן 1. פּרעפּ between, among, amid || צ' אונדז among us, in our midst || צ' אונדז גערע'דט confidentially || 2. אַדוו: אין צ' meanwhile || 3. דער (ס) interval
צווישנ.. inter..., intermediate || צווי'שנ־סטאַדיע intermediate stage || צווי'שנ־שטאַטיש interstate || צווי'שנרעגי'רונגדיק intergovernmental
צווישנאמונהדיק אַדי [...EMU'NEDIK] inter-faith

צווי'שנבאַציִונג די (ען) interrelation
צווי'שנדיק אַדי intermediate
צווי'שנדל דאָס (עך) link
צווי'שנדעק דער (ן) steerage
צווי'שנוואַנט די (...ווענט) partition
צווי'שנווײַ'ליק אַדי intervening
צווי'שנצײַט די interim, interval
צווי'שנראַ'סנדיק אַדי interracial
צווי'שנרוף דער (ן) (heckler's) interjection
צווי'שנרופֿער דער (ס) ◻קע heckler
צווי'שנשטאָטיש אַדי intercity, long-distance
צווי'שנשייד דער (ן) partition
צווי'שנשפּיל די (ן) interlude
צווע'לעווע אַדוו twelve o'clock
צוועל(ע)ף צוו twelve
צוועל(ע)פֿט אַדי twelfth
צוועק דער (ן) purpose, end, (final) cause || מיטן צ' צו with a view to
•צווע'קמעסיק אַדי expedient
צוזאָג דער (ן) promise, pledge
צו|זאָג|ן וו ◇ promise, pledge
צו'זאָגנדיק אַדי hopeful, promising
צוזאַמען 1. אַדוו together, altogether || 2. דער (ס) gathering, get-together || 3. קוו together || פֿ״ל צונויף
צוזאַמענ... פֿ״ל צונויפֿ...
צוזאַ'מענאַרבעט די collaboration, teamwork
צוזאַמענ|אַ'רבעט|ן וו (צוזאַ'מענגעאַרבעט) collaborate, cooperate
צוזאַ'מענגעבויט אַדי attached (house)
•צוזאַ'מענהאַנג דער (ען) connection, respect
צוזאַ'מענטרעף דער (ן) meeting
צוזאַ'מענפֿאַל דער (ן) coincidence
צוזאַ'מענפֿאָר דער (ן) convention
צוזאַ'מענשטויס דער (ן) collision, clash, conflict, crash
צוזונג דער (ען) chorus, refrain
צו'זײַנערונג די timing
צו|זײַ'נער|ן וו ◇ time
צו|זײַטל|ען זיך וו ◇ ⟨צו⟩ edge up (to)
צו|זע|ן* וו (צו'געזען) ⟨אַ⟩ witness, look on || צ' ד || look after, take good care of || (שווײַ'גנדיק) צ' countenance

צו'זעער דער (ס) ⊡ spectator

צו|זעצ|ן זיך וו ◈ sit down for a moment || צ' זיך צו join; sit in on

צו|טוליע|ן וו ◈ cuddle *vt.* || צ' זיך cuddle up *vi.*

צו'טיילונג די (ען) allocation, appropriation

צו|טייל|ן וו ◈ accord, award, grant; allot, assign, appropriate, allocate

צו|טראָג|ן וו (צו'געטראָגן) bring; contribute

צוטראַכט דער (ן) figment, invention

צו|טראַכט|ן וו (צו'געטראַכט) devise, think up

צוטרוי דער ⟨צו⟩ trust, confidence, reliance

צוטריט דער access

צו'טריטלעך אדי accessible

•צו|טרייַע|ן זיך וו—אַמער ◈ ⟨צו⟩ get used to

צו|טרינק|ען וו (צו'געטרונקען) ⟨ד⟩ drink the health (of)

צו|טרעט|ן וו (צו'געטראָטן) ⟨צו⟩ proceed (to a task)

צו|טרעפֿ|ן וו (צו'געטראָפֿן) ⟨ד⟩ make a hit (with), please; hit the nail on the head

צו|טשעפּע|ן וו ◈ attach, hitch up || צ' זיך צו pick on

צו'טשעפּעניש דאָס (ן) nuisance, pest

'צויבער זען כּישוף

צויג די (צייַג) △ צייַגל bitch

צויט דער/די (ן) tuft of hair, shag

צויטיק אדי shaggy

צוים¹ די/דער (ען) △ צייַמל bridle

צוים² דער/די זען צאַם

צוימ|ען וו ◈ זען צאַמען

צו כּלומרשט זען כּלומרשט

צו|כאַפּ|ן וו ◈ snatch away || צ' זיך צו throw oneself at (stg. attractive)

צוכט די (ן) tidy woman

צולאָג דער (ן) supplement; enclosure (in a mailing) ⊢ פֿאַר אַ צ' in addition, to boot

צולאָז דער (ן) admission

צו|לאָז|ן וו ◈ admit, allow, permit

צו|לאַ'טכענ|ען וו ◈ זען צולקחענען

צולהכעיס דער [TSELOKhES] spite, defiance ⊢ אויף צ' for spite || אויף צ'= אויף צו להכעיס ד in spite of

צולהכעיסדיק אדי [ ] spiteful, defiant

צולהכעיסניק דער (עס) ם–ניצע [ ] spiteful person

צו|לויפֿ|ן וו (איז צו'געלאָפֿן) ⟨צו⟩ run up (close) (to)

צולי'ב פּרעפּ because of; on account of, due to, for the sake of ⊢ פּ״נ (צו) ליב

צוליבזאַך די (ן) favor

צו ליב טאָ|ן* וו זען ליב

צו'ליבן=צוליב דעם

צו|לייג|ן וו ◈ ⟨צו⟩ add; apply || צ' צו די אַקטן file away || צ' זיך lie down for a while

צו|לייט|ן וו (צו'געלייט) solder *pf.*

צו|ליי'ענ|ען וו ◈ ⟨וועגן⟩ read up on

צו לעצט זען לעצט

צו|לקחענ|ען וו ◈ [LAKKh'N] pilfer, filch, swipe *pf.*

צום=צו דעם, •צו דער || צום ...סטן ...est || צום גיכסטן fastest || צום שענסטן most beautifully

צו|מאַכ|ן וו ◈ close, shut

צו מאָל זען מאָל

צומאָליק אדי intermittent

צו מאָרגנס זען מאָרגן

צו'מגעצאָלטס דאָס (ן) fringe benefit

צומיש דער (ן) admixture; tincture

צו|מיש|ן וו ◈ add (in mixing)

צום לעצט זען לעצט

צום מיינסטן זען מיינסט

צום ערשטן זען ערשט

צו'מצענטריש אדי centripetal

•צון=צו (*before vowels*) || •צון אונדז=צו אונדז

צו|נאָגל|ען וו ◈ nail, spike

צו נאַכטס זען נאַכט

צו'נאָמען דער (צו'נעמען) nickname

צונג די (ען/צינגער) △ צינגל tongue || °געשליי'פֿענ|ע צ' eloquent person || גלאַטע צ', אַ צ' אויף רעדער gift of gab || דריי|ען מיט דער צ' speak evasively,

pussyfoot ⊦ שלעפּן פֿאַר דער צ' draw the words out of ⊦ פּלאָ'נטער|ן מיט דער צ' stammer, falter, equivocate ⊦ ברעכ|ן זיך די צ' ‹אויף› find it hard to pronounce

צונוי'ף .1 קװ together || .2 דער (ן) pool (collectivity)

•צונויפֿ|ברעכ|ן װ (צונוי'פֿגעבראָכן) collapse vt/vi

צונויפֿ|ברענג|ען װ (◇/צונוי'פֿגעבראַכט) assemble, bring together, convene

צונויפֿגאָס דער (ן) merger

צו|נויפֿ|גיס|ן (זיך) װ (צונוי'פֿגעגאָסן) merge, blend, fuse, pool vt/vi

צונויפֿ|גלײַכ|ן װ (צונוי'פֿגעגליכן/◇) equate

צונוי'פֿגעהאָפֿט·ן אַדי compound (word)

•צונוי'פֿגעזעצט אַדי composite, complex

צונוי'פֿגעשטעלט אַדי composite, compound

צונויפֿ|דריק|ן װ ◇ compress

צונויפֿ|דרעטל|ען װ ◇ staple *pf.*

צונויפֿהאַלט דער cohesion

צונויפֿהעפֿט דער (ן) (grammatical) compound

צונויפֿ|העפֿט|ן װ (צונוי'פֿגעהאָפֿטן) combine; fasten, staple together; compound (grammatical forms)

צונויפֿ|װיקל|ען (זיך) װ ◇ roll up *vt/vi*

צונויפֿ|זאַמל|ען (זיך) װ ◇ assemble, rally *vt/vi*

צונויפֿ|זעצ|ן װ ◇ seat together; •combine

צונויפֿ|חבֿר|ן זיך װ ◇ ‹מיט› [KhA'VER] become friends (with)

צונויפֿטראַף דער (ן) coincidence

צונויפֿטרעף דער (ן) encounter; appointment; get-together

צונויפֿ|טרעפֿ|ן זיך װ (צונוי'פֿגעטראָפֿן) meet; coincide

צונויפֿ|לויפֿ|ן זיך װ (איז צונוי'פֿגעלאָפֿן) come running, flock

צונויפֿ|לייג|ן װ ◇ fold *vt.*; pool || צ' זיך fold *vi.*; chip in, contribute ⊦ צ' זיך מיט pool

צונויפֿ|מיש|ן װ ◇ mix up, scramble *vt.*

צונויפֿ|ניי|ען װ ◇ sew together, stitch together

צונויפֿנעם דער (ען) collection, compilation

צונויפֿ|נעמ|ען װ (צונוי'פֿגענומען) gather, compile; collate; marshal; pool

צונויפֿ|פּאַס|ן װ ◇ match up

צונויפֿ|פּאָר|ן װ ◇ match, pair off *vt.*

צונויפֿ|פֿאַל|ן זיך װ (איז צונוי'פֿגעפֿאַלן) collapse ⊦ צ' זיך ‹מיט› coincide (with)

צונויפֿ|פֿאָר|ן זיך װ (איז צונוי'פֿגעפֿאָרן) convene *vi.*

צונויפֿ|פֿיר|ן װ ◇ bring together; collate

צונויפֿ|פֿלעכט|ן װ (צונוי'פֿגעפֿלאָכטן) intertwine

צונויפֿצי דער (ען) contraction

צונויפֿ|צי|ען (זיך) װ (צונוי'פֿגעצויגן) contract, constrict *vt/vi*

צונויפֿ|קװעטש|ן װ ◇ compress

צונויפֿקום דער (ען) gathering

צונויפֿ|קומ|ען זיך װ (איז צונוי'פֿגעקומען) convene *vi.*; converge

צונויפֿ|קלאַ'מער|ן װ ◇ bracket, brace

צונויפֿ|קלײַב|ן (זיך) װ (צונוי'פֿגעקליבן) assemble, gather *vt/vi*

צונויפֿ|קלעפּ|ן װ ◇ glue, cement (together)

צונויפֿ|קנייטש|ן װ ◇ fold *pf.*

צונויפֿ|קראַצ|ן װ ◇ scrape together

צונויפֿ|רופֿ|ן װ (צונוי'פֿגערופֿן) call together, convene *vt.*

צונויפֿ|רוק|ן װ ◇ move close; telescope

צונויפֿרעד דער collusion

צונויפֿ|רעד|ן זיך װ ◇ ‹מיט› get in touch (with); agree (on a course of common action); understand each other; make oneself understood

צונויפֿ|רע'כענ|ען װ ◇ add up, compute

צונויפֿשטויס דער (ן) collision, clash; skirmish

צונויפֿ|שטויס|ן װ (צונוי'פֿגעשטויסן) ‹מיט› clash, collide (with), crash (into); run afoul of

צונויפֿ|שטו'קעװע|ן װ ◇ piece together

צונויפֿשטעל דער (ן) composition

צונויפֿ|שטעל|ן וו ⟐ make up, compose, draw up; assemble; constitute ‖ צ' זיך consist of פֿון

צונויפֿ|שליס|ן (זיך) וו (צונויפֿגעשלאָסן) interlock *vt/vi*

צונויפֿשמעלץ דער (ן) fusion

צונויפֿ|שמעלצ|ן (זיך) וו (צונויפֿגעשמאָלצן) fuse *vt/vi*

צו נוץ זען נ ו ץ

צו|נורע|ן (זיך) וו ⟐ snuggle up *vt/vi*

צונטער דער (ס) tinder

צו|ני'טעווע|ן וו ⟐ [NY] rivet

צו|נייז|ן זיך וו ⟐ arrogate

צו|נייט|ן וו (צו'גענייט) urge, spur

צו ניץ זען נ י ץ

צוני'שט־מאַכונג די (ען) annihilation, undoing

צו נישט מאַכ|ן זען נ י ש ט

צו|נעט|ן זיך וו (צו'גענעט) edge up

צו|נעמ|ען וו (צו'גענומען) ⟨בײַ⟩ take *pf.*, take away, remove (from); deprive of; gain (weight); employ ‖ צ' פֿאַר זיך appropriate

צו'נעמעניש דאָס (ן) nickname

צו|עס|ן זיך וו (צו'גענעסן) ⟨ד⟩ become boring /tedious (for)

צו|ע'רדיק|ן וו ⟐ ground (wire; plane)

צו ערשט זען ע ר ש ט

צופּ דער (ן) pluck; pang, twinge

צו'פּאַסונג די (ען) adaptation, adjustment

צו'פּאַסיק אדי adaptable

צו|פּאַס|ן וו ⟐ gear ‖ צ' (זיך) fit, adapt, conform ‖ צ' זיך match, adjust *vt/vi* ‖ צ' מוזי'ק צו set to music

צו|פּוצ|ן וו ⟐ trim, embellish

צופּ|ן וו ⟐ tug, pluck, pick

צו'פּסקענונג די (ען) [ ] award, judgment

צו|פּסקענ|ען וו ⟐ [PASK'N] award; mete out

צו|פּראַווע|ן וו ⟐ season, flavor

צופֿאַל דער (ן) accident, chance; coincidence ‖ על־פּי צ' [ALPI] by chance/ accident

צו|פֿאַל|ן וו (איז צו'געפֿאַלן) (night) fall ‖ צ' ד fall to the share of, devolve upon ‖ צ' צו throw oneself at

צופֿאָר דער (ן) (vehicular) approach

צופֿאָר... commuting ‖ צו'פֿאָרבאַן commuter train

צופֿאַרב דער (ן) tincture, tint

צו|פֿאַרב|ן וו (⟐/צו'געפֿאַרבן) tinge

צו|פֿאָר|ן וו (איז צו'געפֿאָרן) ⟨צו⟩ drive up (to) ‖ צ' אין/קיין take a short trip to

צו'פֿאָרער דער (ס) ⊡ commuter

צופֿאָרערײַ' דאָס commuting

צו פֿוס זען פֿ ו ס

צופֿוסנ(ס) 1. אדוו ⟨פֿון⟩ at the foot (of) ‖ 2. דער foot (of bed, mountain)

צופֿיר דער supply

צו'פֿיר־ליניע די (ס) [NY] supply line

צופֿלאָס דער tide, flow

צופֿלי דער (ען) (air) approach

צופֿלײַ'סנדיק אדי make-believe, sham, mock

צופֿלײַסנס דער make-believe ‖ אויף צ' intentionally, purposely; in jest

צו'פֿעליק 1. אדי accidental, fortuitous, incidental ‖ 2. אדוו by chance, by accident

צו|פֿע'סטיק|ן וו ⟐ fasten, strap, attach

צופֿרי'דן אדי glad, content, pleased ‖ צ' מיט/פֿון זיך self-satisfied, smug, complacent ‖ צ' שטעל|ן satisfy, accommodate, gratify

צופֿרי'דנקייט די contentment; satisfaction, gratification ‖ צ' פֿון/מיט זיך אַליי'ן self-satisfaction, complacency

צופֿרי'דן־שטעלונג די satisfaction, gratification

צופֿרי'דנשטעליק אדי satisfactory

צופֿרידנ|שטעל|ן וו ⟐ זען צ ו פֿ ר י ד ן

צופֿרײַיק אדי premature, untimely

צו|פֿריש|ן וו ⟐ freshen up; toast

צוצאָל דער (ן) surcharge, additional payment

צוצי דער (ען) attraction, appeal

צו'ציִונג די (ען) attraction ‖ צ' צום געריכט arraignment

צו'ציִיק אדי appealing, attractive
צו'צי־כּוח דער [KOYEKh] gravitation, power of attraction
צו|צי|ען וו (צו'געצויגן) attract, lure *pf.* || צ' צום געריכט arraign
צו'ציִענדיק אדי זען צוציִיק
צוציק דער (עס) whelp, puppy
צוק דער (ן) flourish; twitch, tic
צו|קאָווע|ן וו ⟐ rivet, weld *pf.*
צו|קאַמ|ען וו ⟐ comb *pf.*, finish combing
צוקאָפּנ(ס) .1 אדוו ⟨פֿון⟩ at the head (of bed) || .2 דער head of bed
צו|קוועטש|ן וו ⟐ press *pf.* || צ' צו דער וואַנט pin down
צוקום דער (ען) accretion, rise, increase
צו|קומ|ען וו (איז צו'געקומען) ⟨צו⟩ approach, come to, get at; be added
•צוקונפֿט די future
'צוקונפֿטיק זען קומעדיק
צו|קוק|ן (זיך) וו ⟐ ⟨צו⟩ watch, pay attention
צו'קוקער דער (ס) ⊡ viewer, spectator; bystander
צו|קייטל|ען וו ⟐ shackle, chain
צו|קיל|ן זיך וו ⟐ catch (a slight) cold
צו|קלאַפּ|ן וו ⟐ nail; snap (shut)
צו|קלײַב|ן וו (צו'געקליבן) match, choose to match; pick out (tune on an instrument); tidy up
צו|קלינג|ען וו (צו'געקלונגען) chime in
צו|קלעפּ|ן וו ⟐ glue, stick, cement *vt.* || צ' זיך stick *vi.*, get stuck
צוקלער דער (ן) invention
צו|קלער|ן וו ⟐ invent, think up (for a given occasion)
צוק|ן וו ⟐ ⟨מיט⟩ twitch *vt/vi*
צו|קנאָ'פּקעווע|ן וו ⟐ tack on
צו|קעמ|ען זען צוקאַמען
צוקער דער sugar; diabetes
צו'קער־בוריק דער (עס) sugar beet
צו'קער־געבעקס דאָס (ן) pastry
צו'קערל דאָס (עך) piece of candy
צו'קער־לעקעך דער (ער) spongecake
צו'קערניצע די (ס) sugar bowl
צוקערקע די (ס) piece of candy
צו'קער־קראַנק|ער דער–געב diabetic
צו'קערקרענק די diabetes
צו'קערראָר דער sugar cane
צו|קריג|ן וו (צו'געקראָגן) acquire, get (in addition) ⊢ צ' זיך צו get at
צו|קריכ|ן וו (איז צו'געקראָכן) creep up
צו|ראַ'בעווע|ן וו ⟐ ⟨בײַ⟩ rob (stg. from)
צו|ראַמ|ען וו ⟐ clean (house); clean lightly, finish cleaning
צורה די (—ות) [TSURE] face (*usually contemptuous or endearing*)
צו רו זען רו
צו|רופֿ|ן וו (צו'גערופֿן) call *pf.*, call over, hail
צו|רוק|ן וו ⟐ move up *vt.* || צ' זיך ⟨צו⟩ move up *vi.*, edge up (to)
צו|רייד|ן וו (צו'גערעדט) זען צורעדן
צו|רייש|ן וו ⟐ sauté
צו|ריכט|ן וו (צו'געריכט) prepare; season, flavor
צו|רינגל|ען (זיך) וו ⟐ link *vt/vi*
צורי'ק .1 אדוו back; again (in original state) ⊢ אויף צ' backward || צ' צו (צו) back || .2 קוו ago ⊢ מיט ... צוריק back || פֿינל קריק
|| צוריק|וויקל|ען roll back
צוריק|באַקומ|ען וו (צורי'קבאַקומען) recover *vt.*, retrieve
צוריק|ברענג|ען וו (⟐/צורי'קגעבראַכט) bring back, restore
צוריק|גיי|ן* וו (איז צורי'קגעגאַנגען) go back, revert to ⊢ צ' צו turn back
•צורי'קגעהאַלט׳ן אדי reticent, aloof, restrained
•צורי'קגעהאַלטנקייט די reserve, restraint
צורי'קגעצויג׳ן אדי retired; withdrawn
צורי'ק גערע'דט אדוו then again, on the other hand
צורי'ק געשמועסט = צוריק גערעדט
צוריק|האַלט|ן וו (צורי'קגעהאַלטן) withhold, restrain ⊢ צ' זיך ⟨פֿון⟩ refrain
'צוריקוויזן זען אָפּוואַרפֿן
צורי'ק וועגס אדוו on the way back
צוריקטראָט דער (ן) retreat

צוריק|טרײַב|ן וו (צורי'קגעטריבן) repulse
צוריק|טרעט|ן וו (צורי'קגעטראָטן) retreat
צוריק|פֿאַל|ן וו (איז צורי'קגעפֿאַלן) fall back, relapse
צוריק|פֿיר|ן וו ⊙ ⟨ביז⟩ take back (by vehicle); trace back (to)
צוריקצאָל דער (ן) rebate
צוריק|צאָל|ן וו ⊙ repay
צוריקצי דער (ען) retreat, withdrawal; retraction, recantation; retirement
צורי'קציִונג די retirement || אין צ' retired
צוריקציִ|ען וו (צורי'קגעצויגן) pull back, withdraw *vt.*, recant *vt.*, retract || צ' זיך retreat, withdraw *vi.*; retract *vi.*; wince; go back (on one's word) || צ' זיך (פֿון געשע'פֿט) retire
צוריק|קומ|ען וו (איז צורי'קגעקומען) ⟨צו⟩ come back, return, revert
צוריקקער דער (ן) return
צוריק|קער|ן זיך וו ⊙ return *vi.*
צוריק|קריג|ן וו (צורי'קגעקראָגן) recover *vt.*, retrieve
צוריקרוף דער (ן) recall
צוריק|רופֿ|ן וו (צורי'קגערופֿן) call back, recall
צוריק|שטויס|ן וו (צורי'קגעשטויסן) repel
צוריק|שטעל|ן וו ⊙ put back; redress
צוריקשלאָג דער retaliation
צוריק|שלאָג|ן וו (צורי'קגעשלאָגן) retaliate; repel
צוריק|שפּרינג|ען וו (איז צורי'קגעשפּרונגען) recoil, rebound
צוריר דער (ן) touch
צו|ריר|ן וו ⊙ touch *pf.* || צ' זיך ⟨צו⟩ touch *pf.*
צורך דער [TSOYREKh]: טאָ|ן* דעם צ' obey the call of nature
צו'רעדונג די promotion (of a product)
צו|רעד|ן וו ⊙ advise, urge, coax; promote (a product)
צו'רעדער דער (ס) promoter
צו רעכט מאַכ|ן זען ר ע כ ט
צו|רע'כענ|ען וו ⊙ ⟨ד⟩ attribute (to) || צ' ⟨צו⟩ include; add

צורר דער (ים) [TSOYRER] foe
צורר־היהודים דער [HAYHU'DIM] enemy of the Jews
צורת־אות [TSURES-O'S]: ניט קענ|ען* קיין צ' not know how to read or write
צו|שאַנצ|ן וו ⊙ ⟨≋⟩ pass (stg.) on to, furnish, procure for
צו|שווייס|ן וו ⊙ weld
•צושטאַנד דער (ן) state, condition
צו שטאַנד זען ש ט אַ נ ד
צו'שטײַיִק אַדי insistent, importunate
צו|שטיי|ן* וו (איז צו'געשטאַנען) ⟨צו⟩ join (a cause or group); stick, adhere || צ' ⟨צו ... אַז⟩ importune, insist
צושטײַער דער (ס) contribution, donation || פֿ״גל (צו) ש ט ײַ ע ר
צושטים דער (ען) consent, assent
צו'שטימונג די (ען) favor
צו|שטימ|ען וו ⊙ ⟨צו⟩ assent, accede to
צו|שטיק|ן וו ⊙ quell; stifle
צושטעל דער (ן) delivery, supply
צו'שטעלונג די (ען) = צ ו ש ט ע ל
צו|שטעל|ן וו ⊙ put up (for cooking); add; deliver; provide, furnish; submit; sponsor
צו'שטעלער דער (ס) sponsor
צו'שטעלערשאַפֿט די (ן) sponsorship
צו|שטעפּ|ן וו ⊙ stitch on; quilt *pf.*
צו|שטערצל|ען וו ⊙ cap
צושטראָם דער (ען) influx
צו|שטריקל|ען וו ⊙ tether
צו|שטשעפּע|ן וו ⊙ graft *pf.*
צו|שיק|ן וו ⊙ send *pf.*, remit
צו|שלאָג|ן וו (צו'געשלאָגן) nail on || צ' זיך צו get at
צו|שנײַד|ן וו (צו'געשניטן) cut (material for sewing)
צו'שנײַדער דער (ס) □קע cutter
צו|שפּאַר|ן וו ⊙ shut tight; rest *vt.* || צ' זיך lie down (as for a nap)
צושפּיל דער (ן) accompaniment
צו|שפּיליע|ן וו ⊙ pin *pf.*
צו|שפּיל|ן וו ⊙ ⟨ד⟩ accompany (on an instrument); (luck, weather) favor

צו|שפּיצ|ן וו ◇ make more pointed, bring to a head ⊢ צ' זיך come to a head

צו|שרײַב|ן וו (צו'געשריבן) ⟨ד⟩ ascribe, attribute ⊢ צ' ⟨צו⟩ add (in writing)

צי דער (ען) pull, stretch; stroke, jerk; (muscular) strain; lure ⊢ אַ צי טאָ|ן* pull, jerk

צי קאָ whether, if; or || צי ... צי whether ... or

ציאונג זעו צ ײ ו נ ג

ציאַנאָטי'פּ דער (ן) blueprint

ציאַנאָטיפּיר|ן וו ◇ blueprint

ציבור דער (ס) [TSIBER] community, group

צי'בעכעס מצ onion stalks

צי'בעלע די (ס) △ צי'בלקע(לע) onion; bulb ⊢ בי'טער|ע צ' (*fig.*) wet blanket || ניט ווערט קיין צ' not worth a straw

צי'בעלע־טרערן מצ crocodile tears

ציג די (ן) goat

ציגאַ'ר דער (ן) cigar

•ציגאַרע'ט דער (ן) זעו פּ אַ פּ י ר אָ ס

ציגײַנער דער (—) □קע Gypsy

ציגײַ'נעריש אַדי Gypsy

ציגל דער (—) brick; checker

ציג'ן אַדי goat's

צי'גן־בערדל דאָס (עך) goatee

צידקות דאָס [TSITKES] charity, piety, virtue, saintliness

ציווי'ל 1. אַדי civilian || 2. דער mufti

ציווי'לדינסט דאָס civil service

ציוויליזאַציע די (ס) civilization

ציוויליזיר|ן וו ◇ civilize

ציווילי'סט דער (ן) □קע civilian

ציווי'לשטאַנד דער marital status

ציווי'לשיץ דער civil defense

ציון (דאָס) [TSIEN] Zion

ציִונג די (ען) (lottery) drawing; relation (grammatical etc.)

...־ציִונג די raising, keeping || בי'נען־ציִונג bee-keeping

ציוניזם דער [TSIENIZM] Zionism

ציוני'סט דער (ן) □קע [ ] Zionist

ציוניסטיש אַדי [ ] Zionist

ציזעליר|ן וו ◇ chisel

ציטאַדע'ל דער (ן) citadel

ציטאַ'ט דער (ן) quotation

ציטיר|ן וו ◇ quote, cite

ציטער דער (ס) shiver, chill, start || אַ צ' טאָ|ן* start

צי'טערבוים דער (...ביימער) trembling aspen

צי'טער(ד)יק אַדי tremulous; anxious, apprehensive, tender

צי'טער|ן וו ◇ tremble, shiver, quiver, tingle, vibrate ⊢ צ' פֿאַר dread; cringe before ⊢ צ' איבער be anxious about

צי'טערניש דאָס (ן) awe, fear

ציטרי'ן דער (ען) lemon

צײַג דאָס cloth, stuff, fabric

צײַג'ן אַדי (of) cloth, fabric

'צײַגן זעו ו ו ײַ ז ן

צײַ'גניש דאָס (ן) certificate

צײַט 1. די (ן) time; age, era, times; tense ⊢ מיט דער צ' in the course of time, eventually, as time goes by || פֿאַר צײַט'ן of old || פֿרוי אויף דער צ' expectant mother ⊢ פֿ'נל ב ײַ צ ײַ ט נ ס || פֿון צ' צו צ' from time to time, now and then, occasionally ⊢ די גאַנצע צ' all along ⊢ העכסטע צ' high time || פֿרײַע צ' leisure ⊢ צ' פֿון יאָר season || היט|ן די צ' keep time (at a contest) ⊢ ווײַז|ן די צ' (clock) keep time ⊢ צערײַב|ן די צ' waste time ⊢ אַ שטיק צ' for a while; for some time past ⊢ קיין צ' ניט האָב|ן* be in a hurry ⊢ האָב/האָט צ'! don't rush! take it easy! ⊢ האָב|ן* די צ' menstruate || קריג|ן די צ' begin menstruating || 2. קאָ• since

...צײַט (אַדוו) during (*used after names of holidays, seasons, etc.*) ⊢ ווי'נטערצײַט in the wintertime ⊢ חנוכּה־צײַט [KhA'-NIKE] during Hanukkah

...צײַט temporal; seasonal

'צײַטוואָרט זעו ו ו ע ר ב

•צײַ'טווײַליק אַדי provisional

צײַטונג די (ען) newspaper

צײַ'טונג־ייִנגל דאָס (עך) newsboy
צײַ'טונג־פּאַפּיר דאָס newsprint
צײַ'טונג־פֿאַרקויפֿער דער (ס) ☐קע newsdealer
צײַטיק אַדי ripe, mature || צ' ווײַך mellow || צ' ווער|ן ripen, mature
צײַ'טיקונג די puberty, maturation
צײַ'טיקייט די maturity
צײַ'טיק|ן זיך וו ⟐ mature *vi.*
צײַטל דאָס (עך) (צײַט △) (short) spell
צײַ'טנווײַז אַדוו at times
צײַ'טעדיק אַדי temporal
צײַטפּלאַן דער (...פּלענער) schedule, timetable ⊢ נאָכן צ' נאָך on schedule
צײַ'טפֿאַרברענג דער (ען) recreation, diversion, amusement; hobby
צײַ'טפֿאַרטרײַב דער (ן) pastime
צײַ'ט־רעכענונג די era (chronological system)
צײַטשריפֿט די (ן) periodical
צייכן דער (ס) sign; mark; (school) grade
צייכענונג די (ען) design, drawing
ציי'כענ|ען וו ⟐ draw
ציי'כענער דער (ס) ⊡ draftsman
צייכענערײַ' דאָס drafting, draftsmanship
ציילונג די (ען) count
צייליק אַדי discrete, countable
ציי'ל|ן וו ⟐ count; number *vi.* || קיין צוויי ניט קענ|ען* צ' be (childishly) naïve/stupid
ציי'לעוודיק אַדי זען צ י י ל י ק
ציי'לעניש דאָס (ן) counting-out rhyme
ציילער דער (ס) counter; meter; numerator (of a fraction)
צײַמל דאָס (עך) (צוים △) bridle, curb, muzzle
ציין זען צ אָ ן
ציין... dental
ציי'נבערשטל דאָס (עך) toothbrush
ציי'נדאָקטער דער (...דאָקטוירים) ☐שע dentist
ציי'נדאָקטערײַ' דאָס dentistry
ציינדל דאָס (עך) (צאָן △) clove (of garlic)
ציי'נדרעטל דאָס (עך) dental brace
ציי'נווייטיק דער (ן) toothache
ציינער זען צ אָ ן

ציינפּלייש דאָס gum(s)
ציינראָד דאָס (...רעדער) gear, cogwheel
ציי'נשטעכער דער (ס) toothpick
צייִק אַדי stretchy
צײַקל|ען זיך וו ⟐ whelp
צי'־כּוח דער (ות) [KOYEKh—KOYKhES] lure; power of attraction
ציך די (ן) tidy; blanket cover
ציכטיק אַדי clean, tidy, neat
ציכל דאָס (עך) (ציך △) pillowcase
ציל דער (ן) purpose, aim, goal, objective; mark, target; destination
צי'לאַפּל דאָס (ען) bull's-eye
צילברעט די (ער) target, butt
צי'לגעווענדט אַדי purposeful
צי'לוויסיק אַדי determined, purposeful, resolute
צילינדער דער (ס) cylinder; top hat
ציל(עווע)|ן וו ⟐ aim, direct; take aim
צילע|ן וו ⟐ זען ס י ל ע ן
צי'לערל דאָס (עך) (gun) sight
צי'לפּינטל דאָס (עך) bull's-eye
צימבל דער (ען) cymbal || נעמ|ען אויפֿן צ' take to task
צימעס דער (ן) vegetable/fruit stew; (*hum.*) fuss ⊢ °מאַכ|ן אַ צ' פֿון make much of, make an issue of
צימער דער (ן) room
צי'מער־דעקאָראַטאָר דער (...אָ'רן) ☐שע interior decorator
צי'מערינג דער זען צ י מ ר י נ ג
צימצום דער [TSIMTSEM] frugality, austerity
צימצומדיק אַדי [ ] frugal, austere
צימרינג דער cinnamon
צין דאָס tin || ענגליש צ' pewter
צינגל דאָס (עך) (צונג △) trigger; uvula
צי'נגלדיק אַדי uvular
צי'נדבאָמבע די (ס) incendiary bomb
צינדונג די ignition
צינדז דער (ן) toll; tribute || מצ interest
צי'נדזנקורס דער (ן) rate of interest
צינדזער דער (ס) tax collector
צינדיק אַדי volatile

צי'נדל(האָלץ) דאָס sandalwood

צינד|ן וו (געצונדן) light, kindle *imp.*

צי'נדנדיק אַדי incendiary

צינדער דער (ס) (bomb) fuse

צי'נדפּלעשל דאָס (עך) Molotov cocktail

ציניבער דער cinnabar; vermilion

צינור דער (ות) [TSINER—TSINOYRES] (*fig.*) channel

ציניזם דער cynicism

צי'ניקער דער (ס) ⊡ cynic

ציניש אַדי cynical

צי'נע(ר)ן אַדי tin

צינק דאָס zinc || צינק'ן אַדי

ציסטערנע די (ס) tank

צי:|ען וו (געצויגן) pull, draw, tug; raise, breed ⊢ צ' אומפּ ⟨אַ צו⟩ (*rev. con.*) || be drawn to, long for, itch to ⊢ צ' זיך stretch, extend; continue, last || צ' זיך ⟨צו⟩ gravitate (to) || צ' מיט דער נאָז snivel || צ' אַ/פֿון puff on

צי:'עניש דאָס (ן) yen, yearning

צי:ער דער (ס) raiser, cultivator

צי'פּקעווע|ן וו ◈ tiptoe

ציפּקעס מצ toe tips || אויף די צ' on tiptoe

ציפּרע'ס דער (ן) cypress

צי'פֿויגל דער (...פֿייגל) decoy

ציפֿער דער/די (—) digit; figure (number); numeral

צי'פֿערבלאַט דער (...בלעטער) dial

ציץ דער chintz; calico

ציצה די (—ות/ציצית) [TSITSE] (*Jew.*) one of the four tassels on the undergarment worn by Orthodox Jews ⊢ מצ *also* the garment itself

ציצ'ן אַדי chintz; calico

ציצע די (ס) △ ציצל/די ציצקע teat

ציקאָריע די chicory

ציקל דער (ען) cycle

ציקלאָטראָ'ן דער (ען) cyclotron

ציקלאָ'ן דער (ען) cyclone

ציקל|ען[1] וו ◈ cycle

ציקל|ען[2] זיך וו ◈ sing coloratura

ציקל|ען[3] זיך וו ◈ (of goats) kid *vi.*

צי'קעלע דאָס (ך) kid (goat)

ציקראַפּט די traction

ציר דער (ן) ornament

ציר... ornamental

צירה די (—ות) זען צירי

צירונג דאָס (ען) jewelry

צירי די (ס) [TSEYRE] the Hebrew vowel sign .., denoting the diphthong [EY] after the consonant under whose letter it appears, e.g. מֵ = [MEY]

צירל|ען וו ◈ chirp

צירע די (ס) darn

צי'רעווע|ן וו ◈ darn, mend *imp.*

צירק דער (ן) circus

צירקולאַציע די (ס) circulation

צירקולאַ'ר דער (ן) circular (letter)

צירקוליר|ן וו ◇ circulate

צירקל דער (ען) (pair of) compasses

•צישן זען צווישן

ציש(ע)|ן וו ◈ hiss, sizzle

צישפּייז די bait, decoy

צלם דער (ים) [TSEYLEM—TSLOMIM] cross; ⊢ clubs (in cards) ⊢ ניט קענ|ען* קיין צ' פֿון קיין אַלף [ALEF] be illiterate

צלם־טרעגער דער (ס) [ ] crusader

צלמל דאָס (עך) [ ] cross (mark)

צלמ|ען זיך וו ◈ [ ] cross oneself *imp.*

צמ = צענטימעטער cm.

צמאָק דער (ן) click (with tongue)

צמאָקע|ן וו ◈ ⟨מיט⟩ click (tongue)

צמינטער דער (ס) זען צווינטער

צנועה די (—ות) [TSNUE] chaste/pious woman

צניעות דאָס [TSNIES] virtue, modesty || (סעקסוע'ל) צ' chastity

צניעותדיק אַדי [ ] virtuous, modest; chaste

צניף דער (ן) novice, tyro

צניפּיש אַדי callow

צניפּיש־אַלצוויי'סעריש אַדי sophomoric

צנע די [TSENE] (economic) austerity

צע... apart, un-... (*added to many verbs*) || צע... זיך begin ...ing || צענעמ|ען take apart ⊢ צעגאַרטל|ען ungird || צעשרײַ|ען זיך start shouting

צעאַ'קער|ן וו ◇ plow up

צעאַשער דער (ס) incinerator

צעבאַ'לעווע|ן וו ◇ spoil (a child)

צעבו'נטעוועט אדי rebellious, mutinous

צעבו'נטעווע|ן זיך וו ◇ mutiny, rebel *pf.*

צעבטל|ען וו ◇ [TSEBATL] squander, idle away *vt.*, waste

צעביי'זער|ן וו ◇ anger, provoke, exasperate

צעבײַט|ן וו (צעביטן) change (money) *pf.*

צעבינד|ן וו (צעבונדן) untie

צעבלאָז|ן וו (צעבלאָזן) fan (fire); work up *vt.*; exaggerate

צעבלו'טיק|ן וו ◇ bloody

צעבלי'ט אדי in bloom

צעבלי|ען זיך וו ◇ flourish, blossom forth; come into one's own

צעבער דער (ס) זען צ ו ב ע ר

צעבראָכ'ן אדי broken || מיט אַ צ' האַרץ heartbroken

צעברע'כ|ן וו (צעבראָכן) break *vt.*, crush *pf.*, fracture ⊢ צ' זיך break *vi/pf*

צעברעקל|ען (זיך) וו ◇ crumble, shatter *vt/vi*

צעגאָפּלונג די (ען) bifurcation

צעגאָפּל|ען וו ◇ straddle (legs)

צעגייונג די (ען) melting; divergence

צעגיי'|ן* (זיך) וו (מיר/זיי צעגייען; איז צעגאַנגען) melt, thaw *vi.* || לאָז|ן צ' thaw *vt.* ⊢ צ' זיך disperse

צעגיסונג די diffusion

צעגיס|ן וו (צעגאָסן) diffuse *vt.*, pour into smaller containers ⊢ צ' זיך flow out, pervade, diffuse *vi.*

צעגלי'דער|ן וו ◇ analyze, dissect

צעגלי'ט אדי red-hot

צעגעב|ן* וו (צעגי'ב, צעגי'סט, צעגי'ט, צעגיבן; צעגעבן) distribute, dispense; farm out

•צע'גער|ן זיך וו ◈ waver

•צע'גערניש דאָס (ן) hesitation

צעגרע'נעצ|ן וו ◇ delimit

צעדמונג די [ ] mayhem

צעדמ|ען וו ◇ [TSEDA'M] maim

צע'דערבוים דער (...ביימער) cedar

צעדראַפּע|ן וו ◇ scratch *pf.*

צעדרוזגע|ן וו ◇ dash, smash

צעדריבל|ען וו ◇ unravel

צעדריי|ען וו ◇ distort

צעדריק|ן וו ◇ crush

צעהאָדערט אדי זען צ ע ק אָ ד ע ר ט

צעהאַלב|ן וו ◇ halve

צעהאַק|ן וו ◇ chop, mince *pf.*, cut up (by chopping), slash

צעהיצ|ן וו ◇ warm up *vt.*; excite || צ' זיך get excited

°צעהרגע|נען וו ◇ [TSEHARGE] beat up

צעוואַקס|ן זיך וו (צעוואָקסן/צעוואַקסן) grow bigger

צעוואַ'רעמ|ען וו ◇ warm up *vt.*; arouse || צ' זיך warm up *vi.*

צעוואַרפֿ|ן וו (צעוואָרפֿן) scatter *vt.*, put in disorder; pull down (building)

צעווי'גט אדי swaying

צעוויינ|ען זיך וו ◇ burst into tears

צעווי'לדעוועט אדי wild

צעוויקל|ען וו ◇ unroll, unfurl; deploy

צעווירק|ן זיך וו ◇ take effect

°צעווישן זען צ ו ו י ש ן

צעווע'טערונג די weathering

צעוועק|ן וו ◇ arouse, stimulate

צעווערטל|ען זיך וו ◇ ⟨מיט⟩ exchange (angry) words ⟨with⟩

צעווע'רטלעניש דאָס (ן) run-in, quarrel

צעווערעמט אדי worm-eaten

צעזיי'ט און צעשפּריי'ט אדי widely scattered

צעזיי|ען וו ◇ scatter

צעזעג|ן וו ◇ saw into pieces

°צעזע'צט ווער|ן וו (איז צ' געוואָרן) burst

צעחו'שט אדי distraught, absent-minded

צעטאַטשעט אדי dilapidated

צעטומל|ען וו ◇ confuse, bewilder

צעטיילונג די (ען) division, partition

צעטייל|ן וו ◇ divide *pf.*, separate || צ' זיך divide *vi.* || צ' זיך מיט divide among each other

צעטל דער (ען) note, slip; tag; (election) slate ⊢ מאַכ|ן אַ צ' פֿון enumerate, list

צעטערכע|ן וו ◇ botch *pf.*

צעטראָג׳ן אַדי upset; absent-minded
צעטראָג|ן (זיך) וו (צעטראָגן) spread *vt/vi*
צעטרײַב|ן וו (צעטריבן) disperse, dispel
צעטרײַטלט אַדי distraught, absent-minded
צעטרייסלונג די (ען) grave upset; concussion
צעטרייסל|ען וו ◇ rattle, shake up
צעטרעט|ן וו (צעטראָטן) trample, crush (under foot), stamp out
צעטרענצל|ען וו ◇ waste, squander
צעיאָג|ן וו ◇ disperse *vt.*
צעיאַכמערט אַדי excited, upset
צעיאַ'כמער|ן זיך וו ◇ get excited/upset
צעיושעט אַדי wild, unruly
צעיושע|ן וו ◇ infuriate
צעכּעסט [TSEKAAST] אַדי irate
צעך דער (ן/עס) guild || רעד|ן (פֿון) צ' talk shop
צעכאַפּ|ן וו ◇ snatch up (all of)
צעכראַסטעט אַדי disheveled, unbuttoned (at the chest)
צעלאָזונג די (ען) solution (liquid)
צעלאָזלעך אַדי soluble (solid)
צעלאָז׳ן אַדי .1 spoiled (child) || .2
צעלאָז|ן וו (◇/צעלאָזן) melt, thaw *vt.*; || dissolve; spoil (child); let loose
צ' זיך bud
צעלאָמ|ען וו ◇ cripple
צעלאָפֿאַ'ן דער cellophane || צעלאָפֿאַנען אַדי
צעלויפֿ|ן זיך וו (איז צעלאָפֿן) scatter *vi.* (by running)
צעלולאָי'ד דער celluloid || צעלולאָיד׳ן אַדי
צעלזיוס: גראַד צ' centigrade
צעליי'גבעטל דאָס (עך) folding bed
צעלייגונג די decomposition; scanning
צעלייג|ן וו ◇ lay out; group, arrange; make (a fire); stretch out *vt.*; decompose *vt.* ⊢ צ' זיך stretch out *vi.*, sprawl, make oneself comfortable; decompose *vi.*
°צעלייגער דער (ס) □קע hotshot
צעלייגשטראַל דער (ן) scanning beam
...־צעליק -inch || 2־צע'ליקע|ר נאָגל 2-inch nail

צעלניק דער (sewing) notions (*coll.*)
צע'לניקער דער (ס) notions seller
צעלע'כער|ן (זיך) וו ◇ spring holes, rupture *vt/vi*
צעלע'כצט אַדי leaky
צעמאָל|ן וו (צעמאָלן) grind (up) *pf.*
צעמומ|ען וו ◇ mutilate
צעמורזש|ן וו ◇ = צ ע מ ו ר ש ט ן
צעמורשט|ן וו (צעמו'רשט) pound *pf.*, smash, crush
צעמזיק|ן וו ◇ [TSEMAZEK] maim, batter
צעמישונג די confusion
צעמי'שט אַדי mixed up
צעמיש|ן וו ◇ mix up, confuse, bewilder; confound, distract ⊢ צ' זיך become confused
צעמי'שעניש דאָס (ן) confusion, bewilderment
צעממית|ן וו ◇ [TSEMEYMES] batter
צעמע'נט דער cement
צעמענטיר|ן וו ◇ cement
צעמענט׳ן אַדי cement
צעמערונג די proliferation
צעמער|ן (זיך) וו ◇ proliferate *vt/vi*
צען צוו ten
צענדלינג = צענדליק דער (ער) ten || צוויי צ' score
צענהרג|ן וו ◇ [TSENEREK] maim, bruise
צענזאָר דער (...אָ'רן) □שע censor
צענזוס דער (ן) census
צענזו'ר די (ן) censorship
צענזוריר|ן וו ◇ censor
צענט אַדי tenth
צענטיגראַ'ד דער (ן) centigrade
צע'נטיק|ן וו ⊙ decimate
צענטער דער (ס) center
צע'נטער|ן וו ⊙ center
צענטראַ'ל אַדי central
צענטראַ'ל־הייצונג די central heating
צענטראַליזיר|ן וו ◇ centralize
צענטראַלע די (ס) headquarter(s); (telephone) exchange
צענטריפֿוגאַ'ל אַדי centrifugal

צענטריר|ן וו ◇ center
צעני'שטיק|ן וו ◇ baffle, thwart
צענישט|ן וו (צעני'שט) annihilate; squander; baffle, thwart
צענישטשע|ן וו ◇ = צענישטן
צענע אַדוו ten o'clock
צע'נעלע דאָס (ך) dime
צענעמ|ען וו (צענומען) take apart; move deeply
צע'נער־יאָרן מצ teens
צע'נערל דאָס (עך) $10 bill
צע'נערלינג דער (ען) teenager
צעסאַרקע די (ס) honeydew
צעספּושע|ן וו ◇ frighten (horse); make wild with fright
צעענצלונג די (ען) breakdown (of figures)
צעענצל|ען וו ◇ sort out, break down, itemize
צעעס|ן וו (צעגעסן) corrode
צעע'פּענ|ען וו ◇ open wide, lay open, unroll
צעפּאַטל|ען וו ◇ tousle, dishevel
צעפּלאָשעט אַדי wild with fright; dashing (horse)
צעפּאַק|ן וו ◇ unpack
צעפּאַרע|ן וו ◇ vaporize
צעפּודל|ען וו ◇ ruffle
צעפּויק|ן וו ◇ spread (rumor) *vt.*, broadcast
°צעפּוקעט ווער|ן וו (איז צ' געוואָרן) burst
•צעפּטער דער (ס) זען סקעפּטער
צעפּיעשטשע|ן וו ◇ זען צעפּעסטען
צעפּיצל|ען וו ◇ divide, cut up, break up (into small pieces), shatter; shred
צעפּל[1] דאָס (עך) (צאָפּ △) pigtail
צעפּל[2] דאָס (עך) (צאַפּן △) suppository
צעפּלאָ'נטער|ן וו ◇ jumble, muddle
צעפּלעטש|ן וו ◇ flatten
צעפּעלי'ן דער (ען) dirigible
צעפּע'נעצ|ן וו ◇ slice
צעפּעסטע|ן וו ◇ spoil (child)
צעפּראַל|ן וו ◇ open wide *vt.* || צ' זיך fly open
צעפּראָשע|ן וו ◇ pulverize

צעפּרטלונג די (ען) [ ] breakdown (of figures)
צעפּרטל|ען וו ◇ [TSEPRATL] sort out, itemize, detail, break down
צעפּר:יעט אַדי chafed (by sweat)
צעפֿאָכ(ע)|ן וו ◇ fan (a fire)
צעפֿאַ'ל דער breakdown, disintegration, decay, decomposition
צעפֿאַ'ל·ן אַדי broken-down, dilapidated
צעפֿאַל|ן זיך וו (איז צעפֿאַלן) fall apart, crumble, disintegrate, decay
צעפֿאַ'לנקייט די decadence
צעפֿאָר·ן אַדי disorganized, disjointed
צעפֿאָר|ן זיך וו (איז צעפֿאָרן) disperse, drive off in all directions
צעפֿוילונג די decay
צעפֿוי'לט אַדי rotten; decadent
צעפֿיבערט אַדי delirious
צעפֿירונג די (ען) solution
צעפֿיר|ן וו ◇ deliver; dilute, dissolve; distribute
צעפֿירער דער (ס) solvent
צעפֿלאַ'מט אַדי burning, ablaze; (animal) in heat
צעפֿלאַמטקייט די (animal) heat, rut
צעפֿלאַמ|ען זיך וו ◇ flare (up); burst into flames
צעפֿלאַ'קער|ן זיך וו ◇ flare up
צעפֿלויג·ן אַדי absent-minded
צעפֿלייצונג די diffusion, expansion
צעפֿלייצ|ן זיך וו ◇ diffuse
צעפֿלי'קט אַדי ragged, shaggy
צעפֿערטל|ען וו ◇ quarter
צעפֿריילעכט אַדי hilarious
צעפֿרעס|ן וו (צעפֿרעסן) corrode
צעצוויטעט אַדי in full bloom
צעצווײַ'ג דער (ן) ramification
צעצווײַגונג די (ען) ramification
צעצווײַג|ן וו ◇ ramify *vt.* || צ' זיך diverge, branch out
צעצווייונג די (ען) dichotomy, bifurcation
צעצוויי|ען וו ◇ bifurcate *vt.*
צעצי:|ען וו (צעצויגן) draw out, stretch *vt.*
צעקאָדערט אַדי ragged

צעקאָ'כט אדי furious

צעקאָכ|ן וו ◇ boil well; overboil || צ' זיך get excited, become furious

צעקאַליעטשע|ן וו ◇ injure, mutilate, bruise

צעקוואַטשעט אדי soggy

צעקוועטש|ן וו ◇ crush (by squeezing), crumple, squash, mash

צעקוש|ן וו ◇ cover with kisses || צ' זיך kiss *vi/pf*

צעקײַל|ן וו ◇ slaughter, butcher

צעקײַ|ען=צעקײַע|ן וו ◇ chew well; (*hum.*) understand

צעקלאַפּ|ן וו ◇ break into pieces; bruise, hurt; beat, defeat ⊢ צ' זיך bruise oneself, hurt oneself

צעקלויצ|ן וו ◇ stir vigorously *pf.*

צעקלע'מט אדי distressed, grieved, depressed

צעקנאַק|ן וו ◇ crack *pf.*, crush

צעקנוי'דער|ן וו ◇ ruffle, rumple, crumple

צעקנייטש|ן וו ◇ wrinkle, crease *pf.*, crumple

צעקניפּ|ן וו ◇ untie (a knot)

צעקנעפּל|ען וו ◇ unbutton

צעקראָכ'ן אדי slovenly

צעקראַצ|ן וו ◇ scratch *pf.*

צעקריג|ן זיך וו ◇ (begin to) quarrel

צעקריטיקיר|ן וו ◇ criticize sharply

צעקריכ|ן זיך וו (איז צעקראָכן) thin out

צעקרעל|ן וו ◇ scratch (so as to cause bleeding)

צער דער [TSAR] grief, sorrow || צום צ' unfortunately

צערא'בעווע|ן וו ◇ plunder, loot, sack

צעראַטע די (ס) oilcloth

צער־בעלי־חיים דער [TSA'R-BALEKhA'IM] pity for living things ⊢ צ'־געזעלשאַפֿט Society for the Prevention of Cruelty to Animals

צערו'דערונג די agitation

צערו'דער|ן וו ◇ upset, rattle

צערונג די food, victuals

צערוק|ן וו ◇ spread, space

צערטיפֿיציר|ן וו ◇ certify

צערטיפֿיקאַ'ט דער (ן) certificate

צערטל... endearing

צערטלעך אדי tender, gentle

צע'רטלעכקייט די tenderness

צערטל|ען וו ⊙ caress, fondle

צערײַב|ן וו (צעריבן) crush, grate *vt/pf*, waste (time)

צערײַסונג די denunciation (of an agreement)

צערײַס|ן וו (צעריסן) tear up, rip *vt/pf*; sever; denounce (agreement) ⊢ צ' זיך tear, rip *vi.*; (string) break

צערייצ|ן וו ◇ provoke, infuriate, exasperate

צערינונג די dissolution

צערינ|ען זיך וו (איז צערונען) dissolve *vi.*

צער|ן וו ⊙ feed

צערע[1] די (ס) complexion

•צערע[2] די (ס) זען צ י ר ע

צערע'כענ|ען זיך וו ◇ settle accounts

צערעמאָ'ניע די (ס) ceremony; (ceremonial) exercises ⊢ מצ fuss

צערעמאָניע|ן זיך וו ◇ ‹מיט› fuss

צע'רענ|ען וו ⊙ ‹אויף› be furious/wroth (at)

צערעפּטל|ען וו ◇ slice

צערקווע די (ס) Greek Orthodox church

צעשוווּמען אדי blurred, vague, diffused

צעשויבערט אדי disheveled

צעשטאַפּל|ען וו ◇ space (vertically), grade

צעשטאַרקעט אדי sullen

צעשטויב|ן וו ◇ pulverize; disperse

צעשטויס|ן וו (צעשטויסן) pound, crush

צעשטיקל|ען וו ◇ shred

צעשטע'ל דער (ן) layout, (page) make-up

צעשטעלונג די deployment

צעשטעל|ן וו ◇ group, arrange, line up; station, deploy

צעשטערונג די (ען) destruction

צעשטער|ן וו ◇ destroy, demolish; disrupt

צעשטע'רעריש אדי destructive, disruptive

צעשטראַ'לט אַדי radiant

'צעשטרייט זען צעטראָגן; צעפּלויגן

צעשיט‖ן װ (צעשאָטן/צעשי'ט) scatter *vt.* ‖

צ' זיך scatter *vi.*; crumble

צעשיידונג די (ען) separation, parting

צעשייד‖ן (זיך) װ ◇ separate, part *vt/vi*

צעשיכטונג די (ען) stratification

צעשי'כט(לט) אַדי stratified

צעשיכט‖ן װ (צעשי'כט) stagger, space; stratify

צעשיס‖ן װ (צעשאָסן) shoot up

צעשיק‖ן װ ◇ send out, mail out (many)

צעשלאָג‖ן װ (צעשלאָגן) batter, beat (defeat), lick; break up ⊢ צ' זיך get into a fight, have it out

צעשמאָלצן װער‖ן װ (איז צ' געוואָרן) melt *vi.*

צעשמיר‖ן װ ◇ smear, spread

צעשמע'טער‖ן װ ◇ smash, dash, crush

צעשמעלצ‖ן װ (צעשמאָלצן) melt *vt/pf*, smelt

צעשנײַד‖ן װ (צעשניטן) cut *pf.*

צעשע'דיק‖ן װ ◇ hurt, damage *pf.*, wreck, mar

צעשפּאַלט‖ן װ (צעשפּאָלטן) crack, split *pf.*

צעשפּיליע‖ן װ ◇ unbutton

צעשפּיל‖ן זיך װ ◇ begin to play (colors, feelings, imagination); play up *vi.*; soar

צעשפּלי'טער‖ן װ ◇ divide into small pieces

°צעשפּרונגען װער‖ן װ (איז צ' געוואָרן) burst

צעשפּרייטונג די spread, diffusion; diaspora

צעשפּרייט‖ן װ (צעשפּריי'ט) spread; disperse

צעשפּרענקל‖ען װ ◇ scatter

צעשראָק'ן אַדי frightened

צעשרויפּ‖ן װ ◇ upset

צפֿון דער [TSOFN] north ‖ אויף צ' northward

צפֿון־... [ ] north, northern, northward

צפֿונדיק אַדי [ ] northern

צפֿון־ליכט דאָס [ ] northern light, aurora borealis

צפֿון־מיזרח [MI'ZREKh] northeast

צפֿון־מיזרחדיק אַדי [ ] northeastern

צפֿון־מערבֿ דער [MA'YREV] northwest

צפֿון־מערבֿדיק אַדי [ ] northwestern

צרה די (—ות) [TSORE] trouble, distress, calamity, affliction, plight, woe, hardship ⊢ מצ aggravation; misery ‖ אויף צרות miserable, badly off ‖ קוים מיט צרות at long last; with (great) difficulty ⊢ פֿ״ל על כל צרה שלא תבוא

צרהדיק אַדי [ ] lamentable, miserable, wretched, troublesome

צרעת די [TSORAAS] leprosy

ק

ק דער/די [KUF] letter of the Yiddish alphabet; pronounced [K]; numerical value: 100

קאַ דער (ען) (the letter) K

קאָ.. co... || קאָ'פּילאָ'ט copilot

קאָאָפּטיר|ן וו ◇ co-opt

קאָאָפּעראַטי'וו 1. אַדי cooperative || 2. דער (ן) cooperative

קאָאָפּעראַציע די cooperation

קאָאָפּעריר|ן וו ◇ cooperate

קאָאָרדינאַ'ט דער (ן) coordinate

קאָאָרדינאַציע די (ס) coordination

קאָאָרדיניר|ן וו ◇ coordinate

קאַבאַ'ן דער (עס) boar

קאַבאַ'ק דער (ן) squash

קאַבאַרע' דער (ען) cabaret, night club

קאַבינע די (ס) cabin

קאַבינע'ט דער (ן) study, office; cabinet (of ministers)

קאַבל דער (ען) cable (wire)

קאַבלאָגראַ'ם די (ען) cable (message)

קאַבל|ען וו ⊙ cable

קאַברעץ דער (ן) carpet

קאָד דער (ן) code

קאָדיר|ן וו ◇ code

קאַדע'נץ די (ן) term (in office)

קאָדעקס דער (ן) (legal) code

קאַדער דער (ס) nucleus (of a staff), core

קאָדער דער (ס) tatter, rag

קאָ'דערדיק אַדי low (in mood)

קאַו... פֿ'גל קוי...

קאָובוי דער (ס) cowboy

קאָוואַדלע די (ס) anvil

קאַוואַלי'ר דער (ן) beau, suitor, escort; male (dance) partner

קאַוואַלעריע די cavalry

קאַוויאַר דער caviar

קאַוויר|ן וו ◇ guarantee, vouch

קאַוון דער (ס) זען ק אַ ו ו ע נ ע

קאַווע די coffee

קאָוואַל דער (עס) blacksmith

קאָווע|ן וו ⊙ forge (in a smithy)

קאַ'ווענִיק דער (עס) coffee pot

קאַ'ווענע די (ס) watermelon

קאַווקאַ'ז דער Caucasus

קאַווקאַזיש אַדי Caucasian

קאָוטש דער (ן) coach (trainer)

•קאַונטי די (ס) אַמער county

קאַזאַצקע די (ס) lively Jew. dance of Cossack origin

קאָזאַק דער (...אַ'קן) Cossack || אַ ייִ'דענע domineering/enterprising Jew. אַ ק' woman ⊢ שטרוי'ענ|ער ק' swashbuckler, mock hero ⊢ העלפֿ|ן ווי אַ ק' אַן עיךהרע [EYNORE] be useless

קאָזאַקיש אַדי Cossack

קאַזאַרמע די (ס) barracks

קאַזויִסטיק די casuistry

קאַזיאָנע אַדי (*cont.*) commonplace, stock, hackneyed

קאָזלע די (ס) trestle, sawbuck

קאָזער דער (ס) trump; trump card

קאָ'זשלקע די (ס) = ק אָ ז ש ע ל י ק

קאָ'זשעליק דער (...לקעס) somersault || מאַכ|ן קאָ'זשעלקעס turn somersaults

קאַט דער (ן) executioner

קאַטאָוועס דער/דאָס jest || אויף ק' as a joke, in jest, for fun ⊢ אָן ק' seriously, no fooling ⊢ טרײַב|ן ק' ⟨מיט⟩ jest, fool *vt.*, kid around, make fun of

קאַטאָ'וועסדיק אַדי facetious

קאַטאָ'וועסל דאָס (עך) pleasantry

קאַטאַלאָ'ג דער (ן) catalog

קאַטאַלאָגיר|ן וו ◇ catalog *imp.*

קאַטאָלי'ק דער (ן) Catholic

קאַטאַסטראָפֿאַ'ל אַדי disastrous, ruinous, catastrophic

קאַטאַסטראָפֿע די (ס) disaster, calamity, catastrophe

קאַטאַראַ'קט דער (ן) cataract

קאַ'טאָרגע די (penal) hard labor

קאַ'טאָרזשניק דער (עס) convict (on hard labor)

•קאַ'טאָרזשנע אַדי (punitively) hard (work)

קאַטוי'ל דער (ן) ⊡ Catholic

קאַטויליש אַדי Catholic

קאַטו'ך דער (עס) coop, roost

קאַ'טינקע די (ס) pussycat (*esp. as a term of endearment*)

קאַטלע'ט דער (ן) chop, cutlet; hamburger

קאַטעגאָ'ריע די (ס) category

קאַטעגאָריש אַדי categorical; outright

קאַטעדראַ'ל דער (ן) cathedral

קאַטעדרע די (ס) cathedral; (university) chair

קאַ'טעווע|ן וו ◇ lash, flog

קאַטע'ט דער (ן) leg (of a triangle)

קאַטער[1] דער (ס) (nose) cold

קאַטער[2] דער (ס) launch (ship), cutter

קאַטער דער (ס) tomcat || °הער|ן ווי דעם ק' (*hum.*) ignore ⊢ מאַכ|ן אַ ק' אויס make a fool of

קאַטערינקע די (ס) barrel organ; jalopy

קאַטערינשטשיק דער (עס) organ grinder

°קאַ'טער|ן וו ◇ bother

קאַטש די (ן) coach (vehicle)

קאַטשן דער (קאַ'טשענעס) stalk, stem (of cabbage, lettuce); cob (of corn)

קאַטשע|ן (זיך) וו ◇ roll, wallow (*imp.*) *vt/vi*

קאַטשער דער (ס) drake

קאַ'טשערע די (ס) poker (tool)

קאַטשקע די (ס) duck

קאַיאָ'ר דער (ן) dawn

קאַיו'ט די (ן) stateroom, cabin

קאָך דער turmoil, stir, whirl

קאָכבוך דאָס (...ביכער) cook book

קאַכל די (ען) tile

קאָ'כלעפֿל דער (—) dipper; meddler, busybody

קאָכ|ן וו ◇ || boil, cook *imp.*; seethe || ק' ⟨מיט⟩ be in a turmoil (over) || ק' זיך be on the stove, boil *vi.*; fume; be excited

קאָ'כעדיק אַדי boiling (hot)

קאָכע|ן זיך וו ◇ ⟨אין⟩ (*hum.*) be in love (with)

קאַל דער (animal) droppings

קאָלאַבאָראַטאָר דער (...אָ'רן) ⊡שע (political) collaborator

קאָלאַבאָראַציע די (political) collaboration

קאָלאַבאָריר|ן וו ◇ collaborate (politically)

קאָלאַ'זש דער (ן) collage

קאַלאַמבו'ר דער (ן) pun

קאָלאָניאַ'ל אַדי [NY] colonial

קאָלאָניזאַציע די colonization

קאָלאָניזיר|ן וו ◇ colonize

קאָלאָני'סט דער (ן) ⊡קע colonist, settler

קאָלאָ'ניע די (ס) colony

קאָלאָנע די (ס) column || פֿינפֿט|ע ק' fifth column

קאָלאָנע'ל דער (ן) colonel

קאָלאָסאַ'ל אַדי colossal, tremendous

קאָלאַציאָניר|ן וו ◇ collate

קאָלאָרי'ט דער (ן) local color

קאַלאָריע די (ס) calorie

קאַלאָריפֿע'ר דער (ן) radiator

קאַלאָ'ש דער (ן) rubber || מצ galoshes

קאַלב דאָס (קעלבער) calf △ קעלבל

קאָלבע די (ס) (rifle) butt, stock

קאָ'לד(ע)רע די (ס) blanket || (געשטעפּט|ע) ק' quilt

קאָלווי'רט דער (ן) kolkhoz

קאַלוזשע די (ס) pool, puddle

קאַלויצע|ן וו ◇ זען ק ל ו י צ ע ן

קאָלומני'סט דער (ן) columnist

קאָלומנע די (ס) (newspaper) column

קאַלופּע|ן וו ◇ pick, scoop || ק' זיך be slow, dawdle

קאַלט אַדי (△ קעלטער) cold || ק' און וואַרעם good and bad (treatment)

קאַ'לטבלוטיק אַדי coldblooded, callous; nonchalant

קאָלטן דער (ס/קאָ'לטענעס) elflock

קאַליבער דער (ס) caliber

קאַליגראַפֿיע די calligraphy, penmanship

קאַ'ליום דער potassium

קאַלײדאָסקאָ'פּ דער (ן) kaleidoscope

קאַליע אַפּ out of order, spoiled || ק' ווער|ן spoil *vi.*, break down ⊢ ק' מאַכ|ן spoil *vt.*, damage, impair; frustrate, thwart

קאַ'ליעדיק אַדי spoiled

קאַ'ליע־ווערעוודיק אַדי perishable

•קאַלי'ף, קאַליפֿאַ'ט זען כ אַ ל י ף, כ אַ ל י פֿ אַ ט

קאַליפֿיאָ'ר דער (ן) cauliflower

קאַ'ליקע דער/די (ס) cripple

קאָלי'ר דער (ן) color; complexion; suit (in cards) ⊢ אָן ק' colorless

קאָלי'רט אַדי colored

קאָליריק אַדי colorful

קאָלי'רן־בלינד אַדי color-blind

קאָלירפֿול אַדי colorful

קאַלך דער calcium; lime || ניט־געלאָ'שענ|ער ק' quicklime

קאַ'לכאויוון דער (ס) lime kiln

קאַלכשטיין דער limestone

קאָלנער דער (ס/קעלנער) collar

קאָלעגין די (ס) colleague (*fem.*)

קאָלעגיע די (ס) committee, board, (jury) panel

קאָלעגע דער (ס) colleague (*masc.*)

קאָלעדזש דער (ן) college

קאָלעדזש... collegiate

קאַ'לעזשע די (ס) זען ק אַ ל ו ז ש ע

קאַלעך דער זען ק אַ ל ך

קאַלעמוטנע אַדי gloomy, dejected || פֿ״נ מ ו ט נ ע

קאַלענדאַ'ר דער (ן) calendar

קאַלעקאַטקע די (ס) rattle

קאַלעקאַטשע|ן (זיך) וו ◇ rattle *vt/vi*

קאָלעקטי'וו אַדי **1.** collective || **2.** דער (ן) body (of workers etc.); group, team; collective economy; pool

קאָלעקטיווי(זי)ר|ן וו ◇ collectivize

קאָלעקציע די (ס) collection

קאַלפּיק דער (עס) night cap

קאַלציום דער calcium

קאַלקולאַציע די (ס) calculation

קאַ'לקולוס דער calculus

קאַלקע די (ס) carbon paper; calque

קאַם דער (ען) △ קעמל comb; (mountain) crest, ridge

קאַם אַדוו זען ק ו י ם

קאָם אַדוו זען ק ו י ם

קאָמאָ'ד דער (ן) dresser

קאָמאַטאָ'ז אַדי comatose || ק'|ער מצבֿ [MATSEV] coma

קאָמאַנדי'ר דער (ן) ▫שע commander

קאָמאַנדירונג די (ען) assignment, mission

קאָמאַנדי'ר|ן וו ◇ be in command || ק' מיט command

קאָמאַנדע די (ס) command; crew; team; bunch, gang

קאָמאַ'נדעווע|ן וו ◇ be noisy/disorderly, be naughty

קאָ'מאָנוועלט די (British) Commonwealth

קאָמאָנס דער House of Commons

קאָמאַ'ר דער (ן) mosquito

קאָמאַ'ש דער (ן) gaiter, spat; low laced boot

קאָמבאַטאַ'נט דער (ן) combatant

קאָמבינאַציע די (ס) combination; union suit, overalls

קאָמביניר|ן (זיך) וו ◇ combine *vt/vi*

קאָמונאַ'ל אַדי communal

קאָמוניזם דער Communism

קאָמוני'סט דער (ן) ▫קע Communist

קאָמוניסטיש אַדי Communist

קאָמוניקאַ'ט דער (ן) communiqué; communication

קאָמוניקאַציע די communication(s); passenger transportation
קאָמוניקאַ'ציע־מיטל דאָס (ען) conveyance
קאָמוניקי'ר־מיטל דאָס (ען) means of communication
קאָמוניקיר|ן זיך וו ◇ ⟨מיט⟩ communicate (with) *vi.*
קאָמונע די (ס) commune
קאָמופֿלאַ'זש דער camouflage
קאָמופֿליר|ן וו ◇ camouflage
קאָמיוואָיאַזשאָ'ר דער (ן) traveling salesman
קאָמיטע'ט דער (ן) (voluntary or honorary) committee
קאַמי'ן דער (ען) fireplace
קאַמינגזימס דער (ן) mantelpiece
קאָמיסאַ'ר דער (ן) ☐שע commissar
קאָמיסאַריאַ'ט דער (ן) commissariat; precinct
קאָמיסיאָנע'ר דער (ן) ☐שע [SY] commissioner
קאָמי'סיע די (ס) commission; (appointed or elected) committee
קאָ'מיקער דער (ס) ⊡ comic; comedian
קאַמי'ש דער (ן) rush (type of reed)
קאָמיש אַדי comical, funny || ק' זײַן* ד (*rev. con.*) be amused by
קאָמע די (ס) comma; (decimal) point || זעקס ק' אַכט six point eight (6.8)
קאָמעדיאַ'נט דער (ן) ☐קע [DY] (low) comedian
קאָמע'דיע די (ס) comedy
קאָמע'ט דער (ן) comet
קאַמ|ען וו ⟐ comb *imp.*
קאָמענדאַ'נט דער (ן) ☐קע commander, commandant
קאָמענטאַטאָר דער (...אָ'רן) commentator
קאָמענטאַ'ר דער (ן) comment; commentary
קאָמענטיר|ן וו ◇ comment *vi.*; comment on
•קאַ'מעניק דער (עס) ☐—ניצע tenant
קאַמער די (ן) chamber; cell
קאַ'מער־דינער דער (ס) valet
קאַ'מערטאָן דער (...טענער) tuning fork
קאַ'מער־מוזיק די chamber music

קאָמערסאַ'נט דער (ן) ☐קע businessman
קאָמע'רץ דער commerce
קאָמע'רצ... business, commercial
קאָמערציע'ל אַדי commercial
קאָמפּאָזיטאָר דער (...אָ'רן) ☐שע composer
קאָמפּאָזיציע די (ס) (musical or written) composition
קאָמפּאָ'ט דער (ן) fruit dessert
קאָמפּאַניאָ'ן דער (ען) ☐שע [NY] companion
קאַמפּאַ'ניע די (ס) campaign
קאָמפּאַ'ניע די (ס) (business) company; bunch (of people)
קאַמפּאַ'ניעווע|ן וו ◇ campaign || ק' איבער stump
קאָמפּאָניר|ן וו ◇ compose (music)
קאָמפּאַס דער (ן) compass
קאָמפּאַ'קט אַדי compact
קאָמפּאַראַטי'וו דער (ן) comparative
קאָמפּולסי'וו אַדי compulsive
קאַמפּוס דער (ן) אַמער campus
קאָמפּיוטער דער (ס) computer
קאָמפּילאַציע די (ס) compilation
קאָמפּלימע'נט דער (ן) compliment
קאָמפּליצי'רט אַדי involved, complex, complicated, elaborate
קאָמפּליציר|ן וו ◇ complicate
קאָמפּליקאַציע די (ס) complication
קאָמפּלע'ט דער (ן) complete set
קאָמפּלע'קס 1. אַדי complex, composite || 2. דער (ן) complex
קאָמפּעטע'נט אַדי competent
קאָמפּענסאַציע די (ס) compensation
קאָמפּענסיר|ן וו ◇ ⟨פֿאַר⟩ compensate, make amends, make up (for)
קאָמפּראָמי'ס דער (ן) compromise || ניט גיי|ן* אויף (קיין) ק'ן. be uncompromising
קאָמפּראָמעטאַציע די (ס) embarrassment, disgrace
קאָמפּראָמעטיר|ן וו ◇ compromise *vt.*, embarrass, disgrace, discredit ⊢ ק' זיך suffer embarrassment
קאָמפּרימיר|ן וו ◇ compress
קאָמפּרע'ס דער (ן) dressing, compress

struggle, fight; combat, action קאַמף דער (ן) ⊢ האַרט|ער ק' (*fig.*) crusade
(military) action קאַ'מפּאַקציע די (ס)
comfort קאָמפּאָ'רט דער
issue (in a struggle) קאַמפּפּונקט דער (ן)
battleground קאַמפּפּלאַץ דער (...פּלעצער)
cause (in a struggle) קאַמפּציל דער (ן)
קאַם־קאַם זען קוים־קוים
(water) can קאַן די (ען) △ קענדל
round (dance); stake (in a game) קאָן דער (ען/קענער) ⊢ אין ק' at stake
cable, heavy rope קאַנאַ'ט דער (ן)
connotation קאָנאָטאַציע די (ס)
canal; channel; sewer קאַנאַ'ל דער (ן)
sewerage קאַנאַליזאַציע די
canon קאַנאָ'ן דער (ען)
hemp קאַנאָפּליעס מצ
couch, sofa קאַנאַפּע די (ס)
canary קאַנאַריק דער (עס)
worsted קאַ'נגאַרן דער || קאַנגאַר'ן אדי
(Christian or non-Orthodox Jew.) congregation קאָנגרעגאַציע די (ס)
congress קאָנגרע'ס דער (ן)
congressional קאָנגרע'ס...
congressman קאָנגרעסמאַן דער (קאָנגרעסלײַט)
(train) conductor קאָנדוקטאָר דער (...אָ'רן) ☐שע
candidate קאַנדידאַ'ט דער (ן) ☐קע
candidacy קאַנדידאַטו'ר די (ן)
(candidate) run (for) קאַנדידיר|ן וו ◇ ⟨אויף⟩
rock candy קאַ'נדל־צוקער דער
chandelier קאַנדעלאַבער דער (ס)
condense *vt/vi* קאָנדענסיר|ן (זיך) וו ◇
canoe קאַנו' דער (ען)
convalesce קאָנוואַלעסציר|ן וו ◇
convalescent קאָנוואַלעסצע'נט דער (ן) ☐קע
convalescence קאָנוואַלעסצע'נץ די
convoy קאָנוואָ'י דער (ען)
convoy קאָנוווײַר|ן וו ◇
convulsion קאָנווו'לסיע די (ס)
conveyor (belt) קאָנווייער דער (ס)
canvas קאַנווע די (ס)

convent קאָנווע'נט דער (ן)
convention, agreement קאָנווע'נץ די (ן)
conventional קאָנווענציאָנע'ל אדי
convex קאָנווע'קס אדי
envelope; paper jacket קאָנווע'רט דער (ן)
convertible קאָנווערטירלעך אדי
convert (mechanically) *vt/vi* קאָנווערטיר|ן (זיך) וו ◇
convertible car קאָנווערטירקע די (ס)
mew, whimper קאַניקע|ן וו ◇
cone קאָנוס דער (ן)
conical קאָ'נוסדיק אדי
burrow, den קאַנורע די (ס) △ קאַנו'ריקל
קאַנט 1. דער/די (ן) edge, rim || 2. דער (ן) region
contaminate קאָנטאַמיניר|ן וו ◇
a Jew. boy pressed into long years of pre-military service under appalling conditions in Russia during the reign of Nicholas I (1825–55) קאַנטאָני'סט דער (ן)
contact; electric outlet, socket קאָנטאַ'קט דער (ן) ⊢ אין ק' ⟨מיט⟩ in touch (with)
contact קאָנטאַקטיר|ן וו ◇
contact lens קאָנטאַקטלינדז די (ן)
office קאַנטאָ'ר די/דער (ן) || אין ק' *also* over the counter
contour, outline קאָנטו'ר דער (ן)
sketchy קאָנטוריש אדי
contingent, consignment, shipment קאָנטינגע'נט דער (ן)
continuity קאָנטינויִטע'ט די
continent, mainland קאָנטינע'נט דער (ן)
angular קאַנטיק אדי || ק'|ער קלאַמער square bracket
קאַנטיק זען קענטיק
regional קאַנטיש אדי
(bank) account קאָנטע די (ס)
(bank) statement קאָ'נטע־אויסצוג דער (ן)
context קאָנטע'קסט דער (ן)
counter... קאָנטער.. || קאָ'נטעראָפֿענסיווע counteroffensive
counterrevolution קאָ'נטררעוואָלוציע די

קאָנטראַבאַ'נד דער contraband
קאָנטראַבאַ'ס דער (ן) double bass
קאָנטראַהע'נט דער (ן) contracting party
קאָנטראָווערסיאַ'ל אַדי [SY] controversial
קאָנטראָ'ל דער (ן) check, control; controls
קאָנטראָ'לברעט די (ער) control board; dashboard
קאָנטראָלירלעך אַדי verifiable
קאָנטראָליר|ן וו ◇ check, control || ק' ⟨צי⟩ make sure (of an answer), verify, check
קאָנטראָלירקע די (ס) checklist
קאָנטראַ'סט דער (ן) contrast
קאָנטראַפּו'נקט דער counterpoint
קאָנטראַ'קט דער (ן) contract
קאָנטראַקטאָר דער (...אָ'רן) contractor
קאָנטריבוציע די (ס) tribute
•קאָנטרע די (ס) אַמער country place || אין ק' in the country
קאַנטשאַפֿט די (ן) acquaintance || שליס|ן ק' get acquainted (with) ⟨מיט⟩
קאַנטשטיין דער (ער) curb
קאַנטשיק דער (עס) (disciplinary) whip
קאָניאָ'ק דער (עס) forte
קאָניאַק דער (ן) brandy
קאַניבאַ'ל דער (ן) cannibal
קאָניוגאַציע די (ס) [NY] conjugation
קאָניוגיר|ן וו ◇ [NY] conjugate
קאָניונקטו'ר די (ן) [NY] (favorable or unfavorable) set of circumstances
קאָניונקטי'וו דער [NY] subjunctive
קאָניונקציע די (ס) [NY] conjunction
קאַניפֿאָ'ליע די זען ק אַ נ פֿ אָ ל י ע
קאָניש אַדי conical
קאָנישינע די clover
קאָנסאָ'ל דער (ן) console
קאָנסאָלידיר|ן (זיך) וו ◇ consolidate *vt/vi*
קאָנסאָנאַ'נט דער (ן) consonant
קאָנסול דער (ן) consul
קאָנסולאַ'ט דער (ן) consulate
קאָנסולטאַ'נט דער (ן) ⊡ consultant
קאָנסולטאַציע די (ס) consultation
קאָנסומיר|ן וו ◇ consume
קאָנסומע'נט דער (ן) consumer
קאָנסומפּציע די consumption
קאָנסטאַטירונג די (ען) statement, assertion, finding
קאָנסטאַטיר|ן וו ◇ state, assert, find
קאָנסטאַ'נט 1. אַדי constant || 2. דער (ן) constant
קאָנסטיטואַנטע די (ס) constituent assembly
קאָנסטיטויר|ן וו ◇ constitute *vt.*, set up
קאָנסטיטוציאָנע'ל אַדי constitutional
קאָנסטיטוציע די (ס) constitution
קאָנסטערנאַציע די consternation
קאָנסטרויר|ן וו ◇ construct
קאָנסטרוקציע די (ס) construction
קאָנסעקווע'נט אַדי consistent
קאָנסעקווע'נץ די (ן) consequence; consistency
קאָנסערוואַטאָר דער (...אָ'רן) conservative
קאָנסערוואַטי'וו אַדי conservative
קאָנסערווירונג די conservation
קאָנסערווי'רט אַדי preserved, canned
קאָנסערוויר|ן וו ◇ can, preserve (food); conserve
קאָנסערוון מצ canned goods || פֿי'ש־ק' canned fish ⊢ אויפּס־ק' canned fruit
קאָנסע'רוון־פֿאַבריק די (ן) cannery
קאָנספּיראַטי'וו אַדי secret; cloak-and-dagger, undercover
קאָנספּיראַציע די (ס) conspiracy
קאָנספּיריר|ן וו ◇ conspire
קאַנע די (ס) enema
קאָנ|ען* וו ◈ זען ק ע נ ע ן
קאַנפֿאָליע די rosin
קאָנפֿאָרמיסטיש אַדי conformist
קאָנפֿאָרמיר|ן וו ◇ conform
קאָנפֿידענציע'ל אַדי confidential, private
קאָנפֿיסקאַציע די (ס) confiscation, seizure
קאָנפֿיסקיר|ן וו ◇ confiscate, seize
קאָנפֿירמאַציע די (ס) (religious) confirmation
קאָנפֿלי'קט דער (ן) struggle, conflict
קאָנפֿעדעראַ'ט דער (ן) ▭קע confederate
קאָנפֿעדעראַטיש אַדי confederate

קאָנפֿעדעראַציע די (ס) confederacy, confederation

•קאָנפֿע'סיע די (ס) confession

קאָנפֿערע'נץ די (ן) conference (of many people)

קאָנפֿראָנטיר|ן וו ◇ confront

קאַנצלער דער (ס) ⊡ chancellor

קאַנצעלאַריע די (ס) administrative office

קאָנצענטראַציע די concentration

קאָנצענטראַ'ציע־לאַגער דער (ן) concentration camp

קאָנצענטריר|ן (זיך) וו ◇ concentrate, focus *vt/vi*

קאָנצענטריש אַדי concentric

קאָנצע'סיע די (ס) franchise, charter; concession

קאָנצע'פּט דער (ן) draft, outline

קאָנצע'רט דער (ן) concert; recital; concerto ⊢ געב|ן* ק' perform

קאָנצערטינע די (ס) concertina

קאָנצע'רט־מײַסטער דער (ס) concert master

קאָנקאַ'וו אַדי concave

קאָנקוריר|ן וו ◇ ⟨מיט⟩ compete (with), rival

קאָנקורס דער (ן) contest

קאָנקורע'נט דער (ן) □קע competitor, rival

קאָנקורע'נץ די (ן) (economic) competition; rivalry

קאָנקרע'ט אַדי concrete, definite, tangible

קאַסאַציע די repeal, annulment

קאָסאָקע אַדי cross-eyed

קאָסטאַרד דער—אַמער custard

'קאָסטבאַר אַדי זען טײַער, קאָסטיק

קאָסטיו'ם דער (ען) suit; costume

קאָסטיק אַדי costly

קאַסטן דער (ס) △ קעסטל crate; chest, case, box; set (of teeth)

קאָסטן 1. מצ cost ‖ 2. קאָסט|ן וו (געקאָ'סט) cost ⊢ לאָז|ן זיך ק' splurge

קאַסטע די (ס) caste

קאַסטע'ט דער (ן) brass knuckle

קאַסטריר|ן וו ◇ castrate

קאַסינאָ דער (ס) casino

קאָ'סינוס דער (ן) cosine

קאַסי'ר דער (ן) □שע cashier, teller, treasurer

קאַסירונג די (ען) repeal, annulment

קאַסיר|ן וו ◇ cash; abrogate, repeal, reverse, strike down, annul; foreclose (mortgage)

קאָסמאָנוי'ט דער (ן) ⊡ spaceman

קאָסמאָנויטיק די astronautics

קאָסמאָס דער cosmos; (outer) space

קאָ'סמאָסניק דער (עס) spaceman

קאָ'סמאָסשיף די (ן) space craft

קאָסמאָפּאָלי'ט דער (ן) cosmopolitan

קאָסמאָפּאָליטיש אַדי cosmopolitan

קאָסמיש אַדי cosmic, space

קאָסמעטיק די make-up, cosmetic(s)

קאָסמע'טיקער דער (ס) ⊡ beautician

קאָסמעטיש אַדי cosmetic

קאַסע די (ס) till, cashbox; strongbox; (type) font; ticket window, box office; take, receipts; treasury ⊢ אין ק' (cash) on hand

קאָסע אַדי aslant, sloping, oblique ‖ קוק|ן ק' squint

קאָסע די (ס) scythe

קאָסע|ן וו ◇ זען קאָשען

קאַסע־קאַסאָ'עס מצ vast funds (of)

קאַסקע די (ס) helmet

קאָעדוקאַציע די coeducation

קאָעדוקאַציע־... coeducational

קאַפּ[1] דער (ן) cape (point of land)

קאַפּ[2] דער (ן) drop, little bit

קאָפּ דער (קעפּ) △ קעפּל head; (wheel) hub ⊢ אי'בערן ק' over one's ears ‖ אָן אַ ק' distraught, greatly distressed ‖ מיט ק' attentively; sensibly ‖ מיטן ק' אַראָ'פּ upside down ‖ פֿון ק' ביז די פֿיס from head to toe ‖ ק' אויף ק' densely crowded ⊢ פֿוי'ערש|ער ק' simple-minded person ⊢ האָב|ן* אַ ק' אויף די פּלייצעס, האָב|ן* אַ ק' פֿון אַ מיניסטער be very smart ‖ אַרומ|גיי|ן* אָן אַ ק' be at one's wits' end ‖ ברעכ|ן זיך דעם ק' rack one's brains ‖ גיי|ן* מיטן ק' דורך דער וואַנט attempt

the impossible ⊢ דריי|ען ד' אַ ק' bother, annoy ⊢ האַלט|ן ק'° remember || פּיק|ן ד' דעם ק' pester *vi.* || פֿאַר|דריי|ען דעם ק' bother; confuse || צו|לייג|ן ק' ⟨צו⟩ pay attention (to) || שלאָג|ן זיך ק' אין וואַנט attempt the impossible || ק' צי שלאַק heads or tails || דער ק' דרייט זיך ד' (*rev. con.*) is dizzy || ק' מוח [MOYEKh] מאַגיסטראַ'ט! (*iro.*) what a brilliant mind!

קאַפּאַבל אַפּ ⟨אויף⟩ capable (of stg. unusual) ⊢ ק' צו apt to

קאַפּאַוול אַפּ = קאַפּאַבל

קאַפּאָטע די (ס) kaftan, gaberdine, long coat traditionally worn by observant Jews

קאַפּאַ'ל אַפּ זען קאַפּאַבל

קאַ'פּאַליוש דער (ן) זען קאַפּעליוש

קאַפּאַציטע'ט די (ן) capacity; outstanding personality, big wheel

קאָ'פּגעלט דאָס poll tax

קאָ'פּ־דרייעניש דאָס (ן) worry, bother

קאַפּהאָ'ן דער (...הענער) capon

קאָ'פּווייטיק דער (ן) headache

קאַפּויער .1 אַדי opposite, reverse, topsy-turvy, the wrong way ⊢ שטעל|ן (זיך) ק' stand on end *vt/vi* .2 קוו the wrong way

קאַפּוי'ערדיק אַדי perverse, negative

קאַפּויער|וואַרפֿ|ן וו (קאַפּוי'ערגעוואָרפֿן) overturn, upset

קאַפּויער|פֿאַל|ן וו (איז קאַפּוי'ערגעפֿאַלן) tumble, overturn *vi.*

קאַפּויער|קומ|ען וו (איז קאַפּוי'ערגעקומען) appear, turn up unexpectedly

קאַפּויער|שטעל|ן וו ⟐ invert || ק' זיך turn over *vi.*

קאַפּוי'ר זען קאַפּויער

קאַפּו'ל דער (עס) cobbler's last

קאַפּוליער זען אָנצוהערעניש

קאַפּטער דער (ס) hood

קאַפּיטאַ'ל דער (ן) capital (funds) || מצ capital ⊢ שלאָג|ן ק' פֿון capitalize on

קאַפּיטאַליזם דער capitalism

קאַפּיטאַלי'סט דער (ן) □קע capitalist

קאַפּיטאַליסטיש אַדי capitalist(ic)

קאַפּיטאַ'ן דער (ען) captain

קאַפּיטולירונג די (ען) surrender

קאַפּיטוליר|ן וו ◇ surrender *vi.*, capitulate

קאַפּיטל דאָס/דער (עך) chapter || אָנ|הייב|ן אַ נײַ ק' turn over a new leaf

קאָ'פּיטע די (ס) זען קאָפּעטע

קאַפּילאַ'ריע די (ס) capillary

קאַפּילע די (ס) זען קאַפּול

קאָפּיע די (ס) copy (stg. copied); (photographic) print

קאָ'פּיצע די (ס) stack

קאָפּיר|ן וו ◇ copy; print (photos)

קאַפּישאָ'ן דער (ען) hood

קאַפּל דאָס (עך) skullcap

קאַפּליצע די (ס) (*Chr.*) shrine

קאָפּמענטש דער (ן) egghead, (*iro.*) intellectual

קאָ'פּנבערשטל דאָס (עך) hair brush

קאָ'פּנורקע די (ס) dive

קאָ'פּנטיכל דאָס (עך) kerchief

קאָ'פּן־שורה די (—ות) [SHURE] headline

קאָ'פּנשפּרונג דער (ען) (swimmer's) dive

קאַפּסל דאָס (עך) capsule

קאַפּע די (ס) bed spread

קאָפּע דער (ס) kick

קאָ'פּעטע די (ס) זען קאַפּאָטע

קאָ'פּעטע די (ס) hoof

קאָ'פּעטשקע דאָס (ס) tiny bit

קאַפּע'ל די (ן) chapel

קאַ'פּעליוש=קאַ'פּעליטש דער (ן) man's hat; dressy ladies' hat

קאַפּעליע די (ס) band

קאַפּע'ל־מײַסטער דער (ס) bandleader

קאַ'פּעלע דאָס (ך) (△△ קאַפּ) tiny bit

קאַפּע|ן וו ⟐ drip, trickle

קאָפּע|ן וו ⟐ kick

קאָ'פּעקל דאָס (עך) tadpole

קאָ'פּעקע די (ס) kopeck, 1/100 of a Russian ruble

קאַפּראַ'ל דער (ן) corporal

קאַפּרי'ז דער (ן) fancy, whim, freak

קאַפּריזיק = קאַפּריזנע אַדי capricious, whimsical, peevish, fickle, wayward

קאַפּטל דאָס (עך) (קאַפּטן △) undershirt; jacket

קאַפּטן דער (ס/קאַ'פּטענעס) kaftan, the long overcoat traditionally worn by observant Jews

קאַפֿע' דער (ען) café

קאַפֿעטעריע די (ס) cafeteria

קאַפֿעי'ן דער caffein

•קאָפֿער דער (ן) זען קופֿערט

קאַץ די (קעץ) △ קעצל ‖ cat ‖ אַרויס|לאָז|ן די ק' פֿון זאַק let the cat out of the bag ‖ ווי קומט די ק' אי'בערן וואַסער? how can the plan be carried out?

קאָץ דער/די (ן) blanket

קאַ'צן־יאָמער דער (ס) hangover

קאַ'צנשפּרונג דער step, short distance

קאַצע'ט דער (ן) German concentration camp

קאַצעטלער דער (ס) ⊡ concentration camp inmate/survivor

קאַקאַאָ דער cocoa

קאָ'קאָסנוס דער (...ניס) coconut

קאָקאַרדע די (ס) bow (ribbon); cockade

קאָקאָשעס מצ popcorn

•קאָקוס דער (ן) אַמער caucus

קאַקטוס דער (ן) cactus

קאָקטייל דער (ס) cocktail

קאָ'קטייל־קערמעשל דאָס (עך) cocktail party

קאָקס דער coke

קאָקע'ט דער (ן) □קע flirt

קאָקעטיר|ן וו ◇ flirt ‖ ק' מיט show off *vt.*

קאָקעטיש אַדי flirtatious, coquettish

קאָקעטעריע די coquetry

קאָקעטקע די (ס) coquette, flirt (*fem.*)

קאַראָ דער diamonds (in cards)

קאַראַהאָ'ד דער (ן) round (dance), circle

קאַראַוואַ'ן דער (ען) caravan

קאַראַו'ל דער (ן) guardhouse, stockade

קאַראַ'ט דער (ן) carat

קאַראָ'ט דער (ן) זען קאַרעטע

קאַראַ:יביש אַדי Caribbean

קאַראַ:ימער דער (—) Karaite, member of a sect which rejects the Talmud

קאָראַ'ל דער (ן) coral

קאָראַ'נט אַדי solvent

קאַראַנטי'ן דער (ען) quarantine

קאַראַנטיניר|ן וו ◇ quarantine

•קאָ'ראָנער דער (ס) אַמער coroner

קאַראָסעריע די (ס) (automobile) body

קאַראַפּו'ז דער (ן) roly-poly person, chubby child

קאַראַפּקע|ן זיך וו ◇ scramble, scamper

קאַראַ'ף דער (ן) decanter

קאַרב דער (ן) notch, nick, dent ‖ טרעפֿ|ן אין ק' (אַרײַ'ן) hit the nail on the head

קאָרב דער (קערב) △ קערבל basket

קאַרבוראַטאָר דער (...אָ'רן) carburetor

קאַרבירל דאָס (עך) curling iron, curler

קאַרב|ן וו ◈ score, notch

קאָרבע די (ס) crank

קאַרג 1. אַדי stingy; short, almost; not enough (*in questions anticipating affirmative answers*) ⊢ אַ ק'|ע וואָך almost a week ⊢ ק' ברויט האָסטו? don't you have enough bread? ⊢ 2. אַדוו little; not enough

קאַרג|ן וו ◈ be stingy with, economize on ⊢ ניט ק' be extravagant with, be unsparing of

קאָרדאָ'ן דער (ען) cordon

קאַרדינאַ'ל 1. אַדי cardinal ‖ 2. דער (ן) cardinal

קאָרומפּיר|ן וו ◇ corrupt

קאַרוסע'ל די (ן) merry-go-round, carousel

קאָרו'פּט אַדי corrupt

קאָרופּציע די corruption

קאָרט די (ן) △ קערטל playing card ‖ אויפֿ|דעק|ן די ק'ן put one's cards on the table ⊢ וואַרפֿ|ן/לייג|ן ק' tell fortunes ⊢ אַלץ וואָס אין דער ק' every possible evil

קאַרטאָטע'ק די (ן) file

קאַרטאָ'ן דער (ען) cardboard; cardboard container; carton

קאַרטאָנען אַדי (of) cardboard

קאַרטאָפֿל דער/די (—) potato

קאַרטאָפֿליע די (ס) = ק אַ ר ט אָ פֿ ל

קאַרטאָ'פֿל־קאַשע די mashed potatoes

קאַרטאָ'פֿל־קוועטשער דער (ס) potato masher

קאַרטאָ'פֿל־שיילער דער (ס) potato peeler

קאַרטל דאָס (עך) (קאַרטע △) card

קאָ'רטן־וואַרפֿער דער (ס) ◻קע fortune-teller

קאַרטע די (ס) △ קאַרטל map, chart

קאַרטע'ל דער (ן) cartel

קאָרטש[1] דער (עס) stump

קאָרטש[2] דער (עס) cramp

קאָ'רטשעווע|ן וו ⟐ grub (trees etc.)

קאָרטשע|ן וו ⟐ twist *vt.* || ק' זיך twist *vi.*, writhe

קאָריגיר|ן וו ◇ correct

קאָרידאָ'ר דער (ן) hall, corridor

קאַריערי'סט דער (ן) ◻קע careerist

קאַריערע די (ס) career

קאָריפֿיי' דער (ען) leader (of a movement or school of thought)

קאַרי'ק זען צ ו ר י ק

קאָריק דער (...רקעס) cork; (electric) fuse

קאַריקאַטו'ר די (ן) caricature; cartoon

קאַריקיר|ן וו ◇ caricature

קאַרליק דער (עס) dwarf, midget

קאַרמאַזין דער crimson

קאָרמע די feed, fodder

קאָ'רמע|(נע)|ן וו ⟐ feed *imp.*

קאָ'רמעשטול די (ן) (baby's) high chair

קאָרן דער rye || קאָר'ן אַדי

קאַרנאַוואַ'ל דער (ן) carnival

קאַרנאָסע אַדי snub-nosed

קאַרני'ז דער curtain rod; cornice

קאָרסאַ'זש דער (ן) corsage

קאָרסע'ט דער (ן) corset

קאָרע די (ס) bark

קאַ'רעטע די (ס) carriage, chariot, coach

קאָ'רעטע די (ס) trough

קאָרעיִש אַדי Korean

קאָ'רענע אַדי (of) bark

קאָרעספּאָנדיר|ן וו ◇ correspond (exchange letters)

קאָרעספּאָנדע'נט דער (ן) ◻קע correspondent

קאָרעספּאָנדע'נץ די (ן) correspondence

קאָרעע (די) Korea

קאָרעער דער (—) ⊡ Korean

קאָרע'קט אַדי correct; prim

קאָרעקטאָר דער (...אָ'רן) ◻שע proofreader

קאָרעקטו'ר די (ן) proof; correction || ליי'ענ|ען ק' ⟨פֿון⟩ read proof, proofread

קאָרעקטע די (ס) proofsheet

קאַרפּ דער (ן) carp

קאָרפּאָראַטי'וו אַדי corporate

קאָרפּאָראַ'ל דער (ן) corporal

קאָרפּאָראַציע די (ס) corporation

קאָרפּוס דער (ן) corps; corpus; set of buildings

קאַ'רפּנקאָפּ דער (...קעפּ) bigshot

קאַרפֿי'ן דער (ען) jug

קאַרצער דער (ס) dungeon

קאַרק דער (עס/קערק) neck || זיצ|ן ד אויפֿן ק' be a burden to

קאָ'רקן־ציִער דער (ס) corkscrew

קאַרש די (ן) cherry || מאַכ|ן אַ ק' purse/pucker up (one's lips)

קאָרשט זען אַ ק אָ ר ש ט

קאַשטן דער (קאַשטאַנעס/קאַ'שטענעס) horse chestnut, buckeye

קאָשיק דער (עס) basket

קאָשמאַ'ר דער (ן) nightmare

קאַשע די (ס) cereal, porridge; pulp || פֿאַרקאָכ|ן אַ ק' make a mess of things || ניט לאָז|ן זיך שפּײַען אין דער ק' stand for no bullying

קאָשע|ן וו ⟐ mow

קאַשקע'ט דער (ן) cap (type of hat)

קאַשקע|ן וו ⟐ fondle, pet, pamper

קבלה די (—ות) [KABOLE] receipt; transmitted legend; cabala, a Jew. mystical philosophy

קבלת־פּנים דאָס/דער [KABOLES-PO'NEM] reception, welcome

קבלת־שבת דאָס/דער [SHA'BES] (*Jew.*) Friday evening service inaugurating the Sabbath

קבצן דער (ים) ◻טע [KAPTSN—KAPTSONIM] poor man, pauper

קברן דער (ים) [KABREN—KABRONIM] gravedigger

קבֿוצה די (—ות) [KVUTSE] collective agricultural settlement in Palestine/Israel

קבֿורה די (—ות) [KVURE] burial || ברענג|ען צו ק' bury

קבֿר דער/דאָס (ים) [KEYVER—KVORIM] grave, tomb

־בֿר־אָבֿות (דער) [O'VES] parental graves || קומ|ען אויף ק' visit one's parents' graves

•קבֿרות דער (ן) [KVORES] cemetery

קבֿרות־מאַן דער (־לײַט) [ ] gravedigger

קבֿר־ישׂראל (דער) [KEYVER-YISRO'EL] burial in a Jew. cemetery

קג=קילאָגראַ'ם kg.

קדוש דער (ים) [KODESh—KDOYShIM] (*Jew.*) martyr; holy man, saint ⊢ שפּרינג|ען ק' ⟨פֿאַר⟩ be servile, (*cont.*) cringe

קדושה די [KDUShE] (*Jew.*) saintliness; sanctity

קדחת דאָס [KADOKhES] ague

קדיש 1. דער/דאָס (ים) [KADESh—KADEYShIM] kaddish, a prayer said by a mourner, esp. by a son for his dead parent || 2. דער (ים) the person who says the prayer; male heir

קדמון־... [KADMEN] proto-, original || ק'־מענטשיש protohuman

קדמון־זינד די [ ] original sin

קדמונים מצ [KADMOYNIM] primeval times; ancients ⊢ פֿון ק' אָן from time immemorial

קדמוניש אַדי [KADMOYNISh] ancient, primeval

קדשי־קדשים דער [KODShE-KODO'ShIM] holy of holies; inner sanctum

קהילה די (—ות) [KEHILE] community; organized Jew. community

קהילה־צענטער דער (ס) [ ] community center

קהל דאָס/דער [KOOL] (*Jew.*) (the people of a) community; public

קהל|ן זיך וו ◇ [ ] be active in communal affairs (*usu. iro.*)

קהלש אַדי [ ] public, communal

קהלת [KOYHELES] Book of Ecclesiastes, read during the Sukkoth holiday

קו די (קי) △ קיִעלע cow

קו דער (ען) (the letter) Q

קוב דער (ן) cube

קובאַ (דאָס) Cuba

קובאַנער 1. אַדי–אינוו Cuban || 2. דער (—) ⊡ Cuban

קובוץ דער [KUBUTS] the Hebrew vowel sign ⋱ , representing the vowel [U] after the consonant under whose letter it is written; e.g. מֻ=(MU]

קוביק דער (עס) cup

קובי'ק... cubic || קוביקפֿוס cubic foot

קוביר|ן וו ◇ cube (raise to third power)

קוביש אַדי cubic

קובֿע זײַן* וו—ל (ק' געווע'ן) [KOYVEYE] set, fix (a time)

קוגל דער (ען) (kind of) pudding

קודלאַטע אַדי shaggy

קודלע די (ס) tuft, shag

קודם אַדוו [KOYDEM] first (of all)

קודם־כּל אַדוו [KOL] first of all

קוואָדער דער (ס) אַמער quarter (25¢)

קוואַדראַ'ט דער (ן) square

קוואַדראַ'ט... square || קוואַדראַטמײַל square mile

קוואַדראַטטאַנץ דער (...טענץ) square dance

קוואַדראַטיש אַדי square

קוואַזי... quasi

קוואַטירל דאָס (עך) ½ pint

קוואָטע די (ס) quota

קוואַטער דער (ס) godfather

קוואַ'טערין די (ס) godmother

קוואַ'טערשאַפֿט די function/status of being godfather

•קוואַטש דער poppycock, rubbish

קוואַל דער (ן) spring, source

קוואַליטאַטי'וו אַדי qualitative

קוואַליטע'ט די (ן) quality

קוואַליפֿיצי'רט אַדי skilled

קוואַליפֿיציר|ן (זיך) וו ◇ qualify *vt/vi*

קוואַליפֿיקאַציע די (ס) qualification

קוואַליק אַדי gushing; genuine

קוואַל|ן וו ◇ well

קוואַלפֿען די (ען) fountain pen

קוואַנטיטאַטי'וו אַדי quantitative

קוואַנטיטע'ט די (ן) quantity

קוואַס דער kvass

קוואַפּע|ן זיך וו ◇ אויף be eager to have, have an appetite for

קוואָקטשע|ן וו ◇ cluck

קוואַקע|ן וו ◇ quack, croak

קוואַר אַדי dry

קוואָרום דער (ס) quorum

קוואָרט די/דאָס (ן/קווערט) quart

קוואַרטאַ'ל דער (ן) neighborhood, quarter (of a town)

קוואַרטי'ר די (ן) board, lodgings, quarters, accommodations ⊢ אויף מײַן ק' at my quarters

קוואַרטיראַ'נט דער (ן) □קע tenant, lodger, boarder

קוואַרטי'ר־מײַסטער דער (ס) quartermaster

קוואַרטל דער/דאָס (ען) quarter (of a year)

קוואַ'רטלדיק אַדי quarterly

קוואַ'רטלניק דער (עס) quarterly (journal)

קוואַרטע די (ס) fourth (musical interval)

קוואַרטע'ט דער (ן) quartet

קוואַר|ן וו ◇ wither *vi.*

קוואַרץ דאָס quartz

קוואַרצלאָמפּ דער (ן) sunlamp

קוויט אַפּ quits, square || זײַן* ק' ⟨מיט⟩ be even (with)

קוויט דער (ן) (pawn) ticket; receipt

קוויטאַנציע די (ס) receipt, check

קוויטיר|ן וו ◇ acknowledge, issue a receipt for

קוויטל דאָס (עך) (קוויט △) check (receipt), slip, note; tag, tab

קוויטש דער (ן) scream, shriek

קוויטשיק אַדי shrill; squeaky

קוויטשע|ן וו ◇ scream, shriek

קווייט דער (ן) flower, blossom

קווינטע די (עס) fifth (musical interval)

קוויק|ן זיך וו ◇ ⟨מיט⟩ revel in, be delighted (with)

קוועטש|ן וו ◇ press, squeeze, pinch || ק' זיך strain *vi.*

קוועל|ן וו (געקוואָלן) ⟨פֿון⟩ beam (at), be delighted (with), revel in

קוועלע זען מקור, קוואַל

קווע'נקלדיק אַדי hesitant, halting

קווענקל|ען זיך וו ◇ waver, hesitate

קווע'נקלעניש דאָס (ן) hesitation, indecision

קוועסטיאָניר|ן וו ◇ [TY] question (the truth or value of)

קווע'קזילבער דאָס mercury, quicksilver

קווע'קזילבערדיק אַדי mercurial

קווע'קזילבערן אַדי (of) mercury

קווער: אין דער ק' across, crosswise, transversely

קווער... transverse

קווערשניט דער (ן) cross section

קוזי'ן דער (ען) male cousin

קוזינ(ק)ע די (ס) female cousin

קוזניע די (ס) smithy, forge || קאַלט|ע ק' (*hum.*) frigid woman

קוטשע די (ס) clump, heap

קוטשער דער (ס) coachman

קויבער דער (ס) △ קײַ'בערל basket

קוי'דערווײַלעך אַדוו by fits and starts

קוידריש דאָס gibberish

קויזאַ'ל אַדי causal

קויטיק אַדי dirty

קויטשוק דער (hard) rubber || קוי'טשוק·ן אַדי

קויל די (ן) sphere, ball, globe; bullet

קויל דער/די (ן) piece of coal || מצ coal || ווייכע ק'ן bituminous coal || האַרטע ק'ן anthracite ⊢ ק' שוואַרץ jet black

קוי'לנגרוב די (ן/...גריבער) coal mine

קוי'לן־גרעבער דער (ס) coal miner

קוי'לן־וואַרפֿער דער (ס) machine gun

קוי'לן־זײַערס דאָס carbon dioxide

קוי'לנשטאָף דער carbon

קוילעטש דער (ן) △ קײַ'לעטשל hallah, a twisted loaf of white bread eaten on the Sabbath or (in some areas) on holidays

קוי'לע|(נע)ן וו ◇ slaughter; (*hum.*) ruin

קוי'לער|ן (זיך) וו ◇ roll *vt/vi*

קוים אדוו barely, scarcely

קוימען דער (ס/עס) chimney, smokestack

קוימען־קערער דער (ס) chimneysweep

קוים־קוי'ם אדוו barely, by the skin of one's teeth ⊢ איך בין ק' אַרוי'ס I had a close shave

קויפּ דער (ן) knoll, hill; pile, heap

קויפֿ|ן וו ◇ buy, purchase

קויציע די bail

קויקל|ען וו ◇ זען קײַקלען

קויקע די (ס) berth

קוירנעל דער (ס) אַמער colonel

קויש דער (ן) △ קיישל basket

קוישבאָל דער basketball

קוכן דער (ס) △ קיכל cake

קוכער דער (ס) ▭ קעכין cook, chef

קול דאָס (ער) [KOL—KELER] △ קולכל [KELKhL] voice ⊢ אויף אַ ק', אויפֿן ק' aloud ⊢ פֿ"גל קולות

קולאַ'ק דער (עס) זען קוליק

קולואַרי'סט דער (ן) lobbyist

קולואַרן מצ (parliamentary) lobby; corridors

קולואַ'רן־שתּדלנישאַפֿט די (ן) [ShTADLO'NE-ShAFT] lobby

קולות מצ [KOYLES] loud noise, racket, cries, shouting ⊢ מאַכ|ן ק' be vocal; shout

קולותדיק אַדי [ ] vocal, vociferous

קולט דער (ן) cult, worship

קולטו'ר די (ן) culture

קולטו'ר... cultural

קולטורע'ל cultured; cultural

קולטורשפּראַך די (ן) language of cultivated usage

קולטיווי'ר|ן וו ◇ raise (plants, animals); cultivate

קולינאַריש אַדי culinary

קולי'ס דער (ן) (theater) wing || הינטער די ק'ן behind the scenes

קוליע¹ די (ס) bundle (straw)

קוליע² די (ס) crutch

קוליע|ן¹ וו ◇ hobble

קוליע|ן² (זיך) וו ◇ tumble *vt/vi*

קוליק דער (עס) fist

קולי־קולות מצ [KOYLE-KO'YLES] loud cries

קו'ליקל דאָס (עך) (קוליק △) mitten

קולמינירונג די (ען) culmination

קולמיני'ר|ן וו ◇ culminate *vi.*

קולמיני'ר־פּונקט דער (ן) climax

קול־נגינה דאָס [KOL-NEGI'NE] singing voice

קול־קורא דער (ס) [KOLKOYRE] proclamation; appeal

קוממיות [KOYMEMIES]: גיי|ן* ק' swagger || שטיי|ן* ק' stand erect

קו'מעדיק אַדי future; forthcoming; ...-to-be

קו'מעדיקייט די future

קומ|ען¹ וו (איז געקומען) come, arrive || ק' אויף (conversation) turn to || ק' נאָך succeed ⊢ ק' נאָך דעם follow, ensue || ק' פֿון hail, come, stem, spring from || ק' צו זיך recover *vi.*, recuperate, convalesce ⊢ ניט ק' צו be nowhere near (in quality) ⊢ ק' צו גיין/פֿאָרן/... arrive ⊢ ווי קומסטו צו how dare you || ווי קומט עס ⟨אַז⟩ how come || זאָל ק' וואָס עס וויל זיך come what may

קומ|ען² וו ◇ owe; be due; (*rev. con.*) || deserve, merit, be entitled to ⊢ איך קום איר דאָס געלט I owe her the money ⊢ דאָס געלט קומט איר ניט פֿון מיר she is not entitled to (receive) the money from me ⊢ איך קום דיר אַ דאַנק I owe you thanks; I am grateful to you

קו'מענדיק אַדי* next; coming, future, ...-to-be

•קונד דער (ן) ⊡ customer

קונדס דער (ים) [KUNDES—KUNDEYSIM] prankster, wag; brat

קונדשאַפֿט די (ן) customers (*coll.*), clientele ⊢ שטע'נדיק|ע ק' patronage

קונה דער (—ים) [KOYNE—KOYNIM] ▭טע customer, buyer, purchaser ⊢ שטע'נ־דיק|ער ק' patron

קונה זײַן* וו–ל (ק' געווע'ן) [ ] acquire

קונה־שם זײַן* (זיך) וו (ק' געווע'ן) [ShE'M] acquire a reputation

קונסט די (ן) art || שײנע ק'ן fine arts

קונסט... || art; imitation, synthetic

קונסטקורס art course || קו'נסטגומע synthetic rubber ⊢ קו'נסטלעדער imitation leather

קונסטווערק דאָס (—) work of art

קונסטזײַד די/דאָס rayon || קו'נסטזײַדן אַדי

קונסטמיסט דאָס (artificial) fertilizer

קונץ די (ן) trick, stunt, feat || מצ trickery || ווײַז|ן/מאַכ|ן ק'ן perform tricks

קונציק אַדי tricky, ingenious

קו'נצן־מאַכער דער (ס) ⊡ trickster; juggler

קונצן־מאַכערײַ' דאָס trickery

°קונקל־מו'נקל דער monkey-business

קוסט דער (ן/עס) bush

קופּאָ'ל דער (ן) cupola, dome

קופּאָ'ן דער (ען) coupon

קופּלונג די (ען) clutch

קופּלע'ט דער (ן) couplet

קופּע די (ס) pile, heap

קופּע' דער (ען) (railroad) compartment

קופּער דאָס copper || קו'פּערן אַדי

קוף דער/די (ן) koph, name of the letter ק

קופל דער (ען) (drinking) mug

קופערט דער (ן) chest, trunk

קוצו־של־יוד דער [KUTSE-ShELYU'D] (*fig.*) iota

קו'צעניו־מו'צעניו (דאָס) [NY] (*hum.*) fondling, familiarity

קוצעפּינדריק דער (עס) shorty

קוק דער (ן) glimpse, look, glance; view(s), opinion, outlook ⊢ אַ ק' טאָ|ן* ⟨אויף⟩ glance (at) ⊢ אויפֿן ערשטן ק' at sight || כאַפּ|ן אַ ק' אַרײַ'ן peek in

קוקאַווקע די (ס) cuckoo

קו'קווינקל דער (ען) point of view

קוק|ן וו ◇ ⟨אויף⟩ look (at); (view) give onto ⊢ ניט ק' אויף disregard || ניט קו'קנדיק/געקו'קט אויף despite, in spite of, notwithstanding ⊢ ק' קרום אויף frown upon ⊢ ק' און וו at sight || ער קוקט און זעצט איבער he translates at sight ⊢ קו'קנדיק: אויף ד קו'קנדיק in view of; in deference to ⊢ און אויף דעם קו'קנדיק whereupon

קו'קעלע דאָס (ך) (קוק △△) peek

קוקער דער (ס) viewer (device) || מצ goggles

קוקעריקו' אינט cock-a-doodle-doo

קוראַ'זש דער spirit, pluck, courage, daring, boldness

קוראַטאָר דער (...אָ'רן) ⊡שע trustee; curator

קוראַ'נט דער (ן) chime

קוראָפּאַט(וו)ע די (ס) partridge

קוראַציע די (ס) treatment, cure

קוראָרט דער (...ערטער) spa, resort

קורטקע די (ס) (wind) jacket

קורטש דער זען ק אָ ר ט ש 2

קורטשוקל דאָס (עך) chick

קורטשענטע די (ס) chick, fledgling

קוריאָ'ז דער (ן) curiosity (thing)

קוריער דער (...ע'רן) courier

קו'ריערצוג דער (ן) express train

קוריר|ן וו ◇ treat (an illness or a patient)

קורס דער (ן) course; rate of exchange || אָ'פּענ|ער ק' extension course

קורסי'וו 1. דער italics || 2. אַדי italic

קורסיר|ן וו ◇ ply *vi.*, cruise, circulate

קורץ אַדי (קירצער △) short, brief || אין ק'ן ⊢ ק' און גוט, ק' פֿון in short, in brief ⊢ דער זאַך/מעשׂה [MAYSE] the long and the short of it, to make a long story short ⊢ ק' און שאַרף terse(ly), concise(ly) ⊢ כאַפּ|ן ק' fall short

°קו'רצזיכטיק = ק ו ר צ ז ע י ִ ק

קו'רצזעיִק אַדי nearsighted, shortsighted

קו'רץ־טערמיניק אַדי short-term

קו'רציאָריק אַדי short-lived

קו'רץ־כוואַליעדיק אַדי short-wave

קורצקעס מצ shorts (short pants)

קורצשלוס דער (ן) short circuit

קוש דער (ן) kiss || אַ ק' געב|ן* ⟨ד⟩, אַ ק' טאָ|ן* ⟨אַ⟩ kiss

קושוואָך די (ן) honeymoon; first week after the wedding

קושוליע די German measles

קוש|ן (זיך) וו ◇ kiss *vt/vi* (*imp.*) || ק' זיך מיט kiss *vt.*

קושעטקע די (ס) couch

קטגור דער (ים) [KATEYGER] accuser, (moral) prosecutor; (*Jew.*) accusing angel

•קטרוג זען ק י ט ר ו ג

קיאה די [KEYE] vomit

קיאָסק דער (ן) newsstand

קיבוץ .1 דער (ים) [KIBETS—KIBUTSIM] community, group ⊢ .2 [KIBU'TS] kibbutz, a large collective farm in Palestine/Israel

קיבוץ־גליות דער [GO'LYES] (*Jew.*) the ingathering of the exiles

קיבל דער (ען) pail

קיבעץ דער kibitzing

קי'בעצ|ן וו ◇ kibitz

קי'בעצער דער (ס) ◻קע kibitzer

קיבערנעטיק די cybernetics

קידוש דער [KIDESh] (*Jew.*) the benediction over wine; Sabbath forenoon celebration in honor of a joyous occasion ⊢ מאַכ|ן ק' to say the benediction

קידוש־השם דער [HAShE'M] (*Jew.*) martyrdom, death for being a Jew ⊢ אומ|קומ|ען אויף ק' (*Jew.*) be martyred

קידושינדיק אַדי [KDU'ShNDIK] legitimate (child)

קידושין־פֿינגערל דאָס (עך) [KDU'ShN] wedding ring

קידוש־לבֿנה דער [KIDESh-LEVO'NE] (*Jew.*) the custom of blessing the new moon

קי'דנעפּונג די (ען) אַמער kidnapping

קי'דנעפּ|ן וו ◇ אַמער kidnap

קי'דנעפּער דער (ס) ◻קע אַמער kidnapper

קידער־ווי'דער אַדוו at odds, at loggerheads

קיווער דער (ס) helmet

קיום דער [KIEM] existence; survival

קיז רוי אַדי entirely raw

קיט דער putty

קיטל דער (ען) (*Jew.*) man's solemn white linen robe

קיטרוג דער—ל [KITREG] accusation

°קיי'־און־שפּיי' (דאָס) (*hum.*) more bones than meat; worthless food; negligible amount

קיי'גומע די chewing gum

•קייגן זען ק ע ג ן

קייט די (ן) chain, shackle, bond; (mountain) range ⊢ צמ fetters

קיי'טאַביק דער chewing tobacco

קייטל|ען זיך וו ◇ link *vi.*, be linked

קיי'כהוסט דער whooping cough

קייכ|ן וו ◇ gasp

קיילונג די non-kosher slaughter(ing)

קייל|ן וו ◇ slaughter (in a non-kosher way)

קיילעך דער (ער) sphere, globe

קיי'לעכ(ד)יק אַדי circular, round

קיילער דער (ס) non-kosher butcher; slaughterer, butcher (*fig.*)

קיימא־לן דער (ען) [KA'YMELON] truism, indisputable truth ⊢ אַ ק' פֿון (*hum.*) no less than

קיין אַרט (*in negative sentences*) a, an; no, any ⊢ ק' זאַך ... ניט nothing, not anything

קיין פּרעפּ to; bound for

'קיין = ק י י ן

קיין מאָל זען מ אָ ל

קיי'נעמסלאַנד (דאָס) no man's land

קיינ|ער ... ניט פּראָ (ד/אַ: קיינעם) nobody, none, no one, not anybody

קייסעך דער Easter

קייסער דער (קייסאָרים/קיסרים) emperor

קייסערינ(י)ע די (ס) empress

קיי'סעריש אַדי imperial

•קיי'סערלעך אַדי = ק י י ס ע ר י ש

קיי|ען=קייע|ן וו ◇ chew *imp.*

קייער דער (ס) jaw

קייקל|ען (זיך) וו ◇ roll *vt/vi*

קייִש אַדי cow's

קיישל דאָס (עך) (קויש △) basket

קיך די (ן) kitchen; cuisine

קיכל דאָס (עך) (קוכן △) cookie
קיכל|ען וו ⟐ זען קעכלען
קיל אַדי cool, chilly; aloof
קיל דער (ן) keel
קילאָ דער (ס) = קילאָגראַם
קילאָגראַ'ם דער (ען) kilogram
קילאָמעטער דער (ס) kilometer
קילבלעך אַדי (rather) cool
קיליעם דער (עס) rug
קיל|ן וו ⟐ cool *imp.*
קילער דער (ס) cooler; (automobile) radiator
קילקייט די coolness; detachment, aloofness
קימל דער caraway (seeds)
'קימערן וו זען אָנגיין, אָנרירן, אַרן
קימפּעט די childbirth, confinement, labor
קי'מפּעטאָרין די (ס) woman in childbirth
קי'מפּעט־פּאַלאַטע די (ס) maternity ward
קי'מפּעטקינד דאָס (ער) newborn infant
קין[1] דער kindling wood
•קין[2] דער (ען) chin, jaw
קינאָ דער (ס) movie theater || אין ק' at/to the movies
קי'נאָבילד דאָס (ער) motion picture
קינאה די (—ות) [KINE] envy, jealousy
קינאה־שינאה די [SI'NE] rivalry
קינד דאָס (ער) child, kid || גיי|ן* צו ק' be in labor, be giving birth to a child ⊢ קינד אין וויג babe in arms
קינד־און־קיי'ט מצ kith and kin; kit and caboodle
קי'נדהיטן דאָס babysitting
קי'נדהיטער דער (ס) ⊡ babysitter
•קינדהייט די childhood
קינדווײַז אַדוו in childhood || פֿון ק' אָן from childhood
•קי'נדיק|ן וו ⟐ אַ give notice (of dismissal)
קינדיש אַדי childish, infantile
קי'נדכאַפּונג די (ען) kidnapping
קי'נדכאַפּער דער (ס) □קע kidnapper
קינדל|ען וו ⟐ have children
קי'נדל־קאָנטראָל דער birth control

קינדסקינדער מצ descendants; posterity
קינדער... children's, juvenile
קי'נדער־גאָרטן דער (־גערטנער) kindergarten
קי'נדערהיים די (ען) nursery (institution)
קי'נדער־טשעפּער דער (ס) molester of children
קי'נדער־יאָרן מצ childhood
קי'נדעריש אַדי childish, juvenile
קי'נדערלידל דאָס (עך) nursery rhyme
קי'נדער־פּאַראַ'ליז דער infantile paralysis
קי'נדער־צימער דער (ן) nursery (room)
קינדערש אַדי child's, children's
קינדשאַפֿט די childhood
קינה די (—ות) [KINE] (*Jew.*) lament upon the destruction of Jerusalem or other catastrophes in Jew. history
קינזשאַ'ל דער (ן) dagger
קיניג דער (ן) king
קי'ניגין די (ס) queen
קי'ניגל דאָס (עך) rabbit
קי'ניגלעך אַדי royal
קי'ניג|ן וו ⟐ reign
קי'ניגרײַך דאָס (ן) kingdom
קינסטלעך אַדי artificial, man-made
קינסטלער דער (ס) ⊡ artist
קי'נסטלעריש אַדי artistic
קינצלעך אַדי ingenious
קי'נצלעכקייט די ingenuity (of a concept or thing)
קיסר דער (ים) זען קייסער
קיפּל|ען וו ⟐ ⟨אויף⟩ find fault (with), backbite
קי'פּלערין די (ס) gossip
קיפּראָס (דער) Cyprus
קיצבֿה די [KITSVE] dole, hand-out; relief
קיצבֿה־רייסטער דער (ס) [ ] relief roll
קיצור דער (ים) [KITSER—KITSURIM] summary, abstract, digest, précis ⊢ אַ ק' in short, in a word
קיצור־ימימדיק אַדי [YO'MIMDIK] short-lived
קיצל דער (ען) tickle
קי'צלדיק אַדי ticklish
קיצל|ען וו ⟐ tickle

קיץ־קיץ־קיץ! אינט here, kitty, kitty!
קירבעס דער (ן) pumpkin
קירזשנער דער (ס) ◻קע furrier; hatter
•קירך די (ן) church
•קירכלעך אדי church, ecclesiastical
קי'רעווע\|ן וו ◈ זען קערעווען
קירץ די grievance; unjust treatment ‖ אָנ\|נעמ\|ען זיך פאס ק' stick up for
קירצונג די (ען) abbreviation; abridgment
קירצלעך אדוו soon
קירצ\|ן וו ◈ shorten, abridge *imp.*
קירקע די (ס) pick(axe)
קישל דאס (עך) (קישן △) cushion, bolster; wad
קישן דער (—/ס) △ קישל pillow, cushion
קי'שעלע דאס (ך) (קישן △△) pad, puff
קישקע די (ס) intestine; hose ‖ מצ guts ‖ געפּילט\|ע ק' stuffed derma ‖ בלינד\|ע ק' appendix ⊢ גראָב\|ע ק' colon ‖ גראָדע ק' rectum
קלאָ די (ען) זען טלאָ
קלאָג די lament ‖ ניי\|ן* אין ק' wear mourning ⊢ אַ ק' צו woe to ‖ אַ ק' צו אים! damn him!
קלאָגליד דאס (ער) dirge
קלאָג\|ן וו ◈ lament, wail ‖ ק' זיך ⟨אויף⟩ complain
קלאָ'געדיק אדי miserable, wretched, pathetic, dismal, lugubrious
קלאָגפּונקט דער (ן) count (in an indictment)
•קלאַדקע די (ס) זען קלאַטקע
קלאַוויאַטו'ר די (ן) keyboard
קלאַווי'ש דער (ן) (piano or typewriter) key
קלאַון דער (ען) clown
קלאָזע'ט דער (ן) toilet
קלאָזעטברעט די (ער) toilet seat
קלאָזע'ט־פּאַפּיר דאס toilet paper
קלאַטקע די (ס) foot bridge
•קלאַטשע די זען קליאַטשע
קלאַם דער (ען) אמער clam
קלאַמער דער (ן) △ קלע'מערל bracket, brace; parenthesis ⊢ פ״גל קליאַמרע

קלאַ'מער\|ן זיך וו ◈ ⟨אין⟩ cling (to)
קלאָמפּערשט זען כּלומרשט
•קלאַמרע די (ס) זען קליאַמרע
קלאַן דער (ען) clan
קלאַנג דער (ען) sound; rumor
קלאַ'נג־באַוואָרנט אדי soundproof
קלאַס דער (ן) class, grade; schoolroom ‖ מצ hopscotch
קלאַסיפֿיציר\|ן וו ◇ class, classify
קלאַסיפֿיקאַציע די (ס) classification
קלאַ'סיקער דער (ס) ⊡ classic (author etc.)
קלאַסיר\|ן וו ◇ class
קלאַסיש אדי classic
קלאַ'סנקאַמף דער (ן) class struggle
קלאַ'סצימער דער (ן) schoolroom, classroom
קלאַפּ דער (קלעפּ) stroke, blow, hit, rap; shock; percussion ⊢ מיט איין ק' at a single stroke; simultaneously ⊢ געב\|ן* ⟨ד⟩ אַ ק', אַ ק' טאָ\|ן* hit, strike ‖ אַ ק' טאָ\|ן* מיט strike, slam ‖ קריג\|ן קלעפּ be beaten up, get hurt (in a fight)
קלאַפּאָ'ט דער (ן) bother, care
קלאַפּ\|ן וו ◈ ⟨אין⟩ knock on, rap *imp.*; beat ⊢ עס קלאַפּט אים אַ צאָן אין/אָן אַ צאָן his teeth are chattering ‖ ק' ⟨אויף דער מאַשי'ן⟩ type *vi/imp*
קלאַפּ\|ן וו ◈ = קלאַפּן
קלאָפּס דער (ן) meat loaf
•קלאַפּע די (ס) זען קליאַפּע
קלאַ'פּער־געצײַג דאס paraphernalia
קלאַ'פּער\|ן וו ◈ clatter, rattle *vi.*
קלאַ'פּערשלאַנג די (ען) rattlesnake
קלאַפּשלאָס דער (...שלעסער) snap lock
קלאַפּטער דער (—) fathom ‖ לייג\|ן ק' swim the crawl
קלאַ'פּטערשווום דער crawl stroke
קלאָץ דער (קלעצער) △ קלעצל (wooden) beam
קלאָ'ץ־קשיא די (—ות) [KAShE] foolish/perplexing question
קלאָ'ץ־רעטעניש דאס (ן) baffling puzzle
קלאָר אדי (△ קלערער) clear, distinct, apparent, obvious; downright; clean (shirt); sane ⊢ ק' אין versed in ‖ ק' ⟨ווי

דער טאָג ⟩ self-evident, obvious ||
ק' מאַכ|ן explain, clarify, elucidate
קלאָ'רמאַכונג די (ען) explanation
קלאַרנע'ט דער (ן) clarinet
קלאָרקייט clarity; sanity
קלאָ'ררײדיק אַדי articulate
קלוב[1] דער (ן) club || הינטערשטאָ'טיש|ער ק' country club
קלוב[2] דער (עס) hip; buttock
קלוג אַדי (△ קליגער) wise, clever, smart
קלוגשאַפֿט די prudence, wisdom
קל־וחומר דער (ס) [KALVEKHOYMER] a fortiori argument, inference
קלויב|ן וו (געקליבן) זען קלײַבן
קלויז די (ן) △ קלײַזל small synagogue, house of study, frequently restricted to some occupational or social group
קלויסטער דער (ס) church
קלוי'סטערבאַנק די (...בענק) pew
קלוי'סטער־טורעם דער (ס) steeple
קלוי'סטעריש אַדי church, ecclesiastical
קלויצ|ן וו ◇ stir vigorously *imp.*
קלומיק דער (עס) זען טלומיק
קלומפּ דער (ן) clump
קלונג דער (ען) ring; (phone) call
קלות דאָס [KALES] levity, irresponsibility
קלותדיק אַדי [ ] irresponsible, reckless
קליאַטשע די (ס) mare
קליאָטשע די oakum
קליאַמקע די (ס) door handle, knob
קליאַמרע די (ס) clasp
קליאָן דער (ען) maple
קליאַפּע די (ס) lapel; flap
קליאָק דער marrow
קליאַקסע די (ס) (ink) blot
קליאָש דער (ן) glass serving bowl
קליג(לע)|ן זיך וו ◇ rack one's brains
קלי'געריש אַדי shrewd
קליוסקע די (ס) eggdrop
קליי דער (ען) glue
קלײַב|ן וו (געקליבן) choose; gather, collect *imp.*; pick (fruit, berries, etc.) || ק' זיך gather *vi.* || ק' זיך אינפֿ intend to, be going to

קלייד דאָס (ער) dress, gown || מצ clothes
קליידונג די apparel, clothing, garb
קלייד|ן וו ◇ clothe || ק' ⟨ד⟩ (clothes) fit, suit, be becoming/flattering to
קליי'דערבאַרשט די (...בערשט) whisk broom
קליי'דער־שאַפֿע די (ס) wardrobe
קלײַ'זלדיק אַדי clannish, parochial, factional
קלייט די (ן) shop, store
קלייטל דאָס (עך) (קלייט △) canteen (store)
קלייִק אַדי gluey, viscous
קליין אַדי (△ קלענער) little, small, slight, short
קליינ... petty || קליי'נזשורי petty jury
קליי'נאַזיע (די) [ZY] Asia Minor
קליי'נגעווער דאָס small arms
קליינגעלט דאָס small change || מאַכ|ן צו ק' belittle, minimize, debunk
קליינוואַרג דאָס youngsters, small fry
קליינטשי(נ)ק אַדי* tiny
קליי'ניקייט די (ן) trifle || איין ק'! wow! quite a ...
קליינלעך אַדי petty, cheap; picayune
קליי'נלעכקייט די pettiness
קליי'ן־שטע'טלדיק אַדי provincial
קלײַען מצ bran; freckles
קלײַ'ענווייץ דער whole wheat || קלײַ'ענווייצ־ן אַדי
קלימאַט דער (...אַ'טן) climate
קלימאַ'קס דער (ן) climax
קלי'מפּערלידל דאָס (עך) jingle
קלי'מפּער|ן וו ◇ jingle
קלין דער (ען) wedge
קלינג דער/די (ען) (knife, saw) blade
קלינגוואָרט דאָס (...ווערטער) slogan
קלינגל|ען וו ◇ tinkle, jingle
קלי'נגעוודיק אַדי sonorous
קלינג|ען וו (געקלונגען) ring, sound *vi.*, peal; tinkle || ק' ⊢ ⟨ד⟩ call up (phone) || ק' אײַן ring, sound *vt.*
°קלינגערס מצ dough (money)
קלינג־קלאַנג אינט ding-dong
קליניק די (עס) clinic; infirmary
קליניש אַדי clinical

קליסטי'ר דער (ן) enema

•קליסקע די (ס) זען קליוסקע

קליע'נט דער (ן) ⊡ [LI] client, customer

קליעשטש דער (עס) tick (bloodsucker); clutch

קליפּה די (—ות) [KLIPE] shrew; (*Jew.*) evil spirit

קליקע די (ס) clique

קלישע די (ס) cut, printer's engraving

קללה די (—ות) [KLOLE] curse, oath || טויטע קללות vehement curses

קלעב|ן וו ⟐ זען קלעפּן

קלעזמער זען כּלי־זמר

•קלע'טער|ן וו ⟐ climb

קלעם די vise; plight, straits, quandary, dilemma, predicament ⊢ זײַן* אין אַ ק' be in a fix ⊢ לאָז|ן אין אַ ק' fail, leave in the lurch

קלעמהעפט די (ן) binder, looseleaf notebook

קלעמ|ען וו ⟐ grieve *vt.* || ק' זיך grieve *vi.*, regret ⊢ פֿ״גל אײַנקלעמען

קלע'מעניש דאָס (ן) vexation, grief, aggravation, regret

קלע'מערל דאָס (עך) (קלאַמער △) (paper) clip

קלענער אַדי (קליין △) smaller, lesser

קלעפּאַלץ דאָס all-purpose glue

קלעפּבאַנד די adhesive tape

קלע'פּבאַנדאַזשל דאָס (עך) small adhesive bandage

קלעפּבילד דאָס (ער) transfer picture

קלעפּווײַז אַדוו blow by blow

קלעפּיק אַדי sticky; catching, contagious

קלעפּל דאָס (עך) (קלאַפּ △) pat, tap; knocker; clapper

קלעפּל|ען וו ⟐ tap

קלעפּ|ן וו ⟐ stick *vt/imp*, paste, glue || ק' זיך stick *vi/imp*, adhere; cling; be coherent

קלע'פּעדיק אַדי sticky

קלעפּעכץ דאָס (ן) adhesive

קלע'פּערל דאָס (עך) knocker

קלע'פּצעטל דער (ען) sticker, label, tab

קלע'פּ־צעלאָפֿאַן דער adhesive cellophane tape

קלעפּקע די (ס) (barrel) stave; (musical instrument) stop; (*hum.*) screw (in the head)

קלעצל דאָס (עך) (קלאָץ △) (wood) block; spool

קלעק דער (ן) (ink) spot, blot || שפּײַ|ען° ק' אויף execrate, berate

קלעק|ן וו ⟐ be enough, suffice (in number), do, last ⊢ ניט ק' fall short

קלעקער דער (ס) blotter

קלע'קפּאַפּיר דאָס blotting paper

קלער¹ דער (ן) thought; qualm

קלער² דער clergy

קלערונג די train of thought

קלעריקאַ'ל אַדי clerical (of clergy)

קלע'ריקער דער (ס) cleric, clergyman

קלער|ן¹ וו ⟐ ⟨אַ/אַז⟩ think, ruminate, contemplate, meditate; muse, brood ⊢ ק' וועגן (on) || ponder ק' צי wonder whether

קלער|ן² וו ⟐ purify

•קלפּי די (ס) [KALPE] = קלפּי

קלפּי די (ס) [KALFE] ballot box

קמ=קילאָמעטער km.

קמיע די (—ות) [KAMEYE] amulet, charm

קמץ דער [KOMETS] the vowel sign ָ, representing the vowel [O] after the consonant under whose letter it appears, e.g. מָ=[MO]

קמץ־אַלף דער/די [A'LEF] the letter אָ || ק'—אָ stg. very elementary; rudimentary knowledge

קמץ־בערדל דאָס (עך) [ ] Vandyke beard

קמצן דער (ים) ◻טע [KAMTSN—KAMTSONIM] stingy person, niggard, miser ⊢ זײַן* אַ ק' אויף be stingy with

קמצנות דאָס [KAMTSONES] stinginess

קנאָבל דער △ קנע'בעלע (head of) garlic

•קנאה זען קינאה

קנאָות דאָס [KANOES] fanaticism, zeal

קנאַי דער (ם) [KANOI] fanatic, bigot, zealot

קנאַיִש אד׳ fanatical, zealous
קנאַל דער (ן) crack, bang, pop, report
קנאָל דער (ן) tuber
קנאַל|ן וו ◇ crack, bang, pop
קנאָספּ דער (ן) bud
קנאַפּ אד׳ meager, scant, slight, scarce; ⊢ אַ ק׳|ע וואָך almost, not much of ... ⊢ אַ ק׳|ער אויפֿטו almost a week not much of a feat
קנאָפּ דער (קנעפּ) △ קנעפּל button; knob
קנאָפּקע די (ס) thumbtack; snap fastener; push button
קנאַפּל דער (—/ען) (shoe) heel
קנאַק דער (ן) crack, snap, click ‖ אַ ק׳ טאָ|ן* click
קנאַקל דאָס (עך) snap
קנאַקל|ען וו ◇ crackle, rumble
קנאַק|ן וו ◇ crack, snap *vi.* ‖ ק׳ מיט crack *vt.*
קנאַ׳קניסל דאָס (עך) nutcracker ‖ און רוף מיך ק׳! and call me what you want —I don't care!
קנאַ׳קעדיק אד׳ crackling
קנאַקער דער (ס) (*hum.*) bigshot
קנאַ׳ק־פֿײַערל דאָס (עך) firecracker
קנוט דער (ן) knout, whip
קנויט דער/די (ן) △ קנייטל wick
קנויל דער (ן) △ קנײַלכל bunch, cluster, lump, ball (of string, thread)
קנויליק אד׳ lumpy
קנוניא די (—ות) [KNUNYE] hoax
קנופּ דער (ן) △ קניפּל knot; junction, (communications) hub
קנופּבוים דער (...ביימער) elm
קנופּיק אד׳ crucial
קנור דער (ן) grumbler, killjoy
קנורע|ן וו ◇ snarl
קני דער/די (—/ען/עס) knee ‖ שטיי|ן*/שטעל|ן זיך אויף די ק׳ kneel *imp/pf*
קניה די (—ות) [KNIE] purchase
קניידל דאָס (עך) dumpling
קנייטל דאָס (עך) (קנויט △): לייג|ן ד ק׳ make things worse for (sb. being punished)

קנייטש דער (ן) fold, wrinkle, crease; nuance
קנייטשל דאָס (עך) (קנייטש △) folder
קנייטש|ן וו ◇ fold, wrinkle, crease, crumple *imp.*
קנײַפּ|ן וו (◇/געקניפּן) pinch, nip *imp.*
קנײַפּער דער (ס) bug
קנין דער (ים) [KINYEN—KINYONIM] acquisition; (spiritual) property
קני׳ע די (ס) זען ק נ י
קני׳|ען וו ◇ kneel *imp.*
קניפּ דער (ן) pinch, nip ‖ אַ ק׳ טאָ|ן* ⟨אַ⟩, אַ ק׳ געב|ן* ⟨ד⟩ pinch, nip *pf.* ‖ אַ ק׳ אין בעקל a pinch on the cheek, (*fig.*) a pat on the back
קניפּיק אד׳ coherent
קניפּיק דער (עס) small (kitchen) knife
קניפּל דאָס (עך) (קנופּ △) (*hum.*) savings, nest egg
קניפּל־בקניפּל אַפּ ⟨מיט⟩ [BEKNI'PL] hand and glove; chummy (with)
קני׳פּלדיק אד׳ knotty
קניקס דער (ן) curtsey
קניש דער (עס) knish, a bun filled with meat, potatoes, or buckwheat and served hot
קנס דער (ים) [KNAS—KNOSIM] fine
קנס־מאָל דער (ן) [ ] betrothal party
קנסע|ן וו ◇ [KANSE] fine
קנסענ|ען וו ◇ [ ]=ק נ ס ע ן
קנעטיק אד׳ pliable, plastic
קנעט|ן וו (געקנעטן/געקנאָטן) knead, shape *imp.*
קנעכט דער (—) slave
קנעכטיש אד׳ servile
קנעכטשאַפֿט די slavery, bondage, servitude
קנעכל דאָס (עך) ankle; knuckle
קנעל|ן וו ◇ ⟨מיט⟩ (*hum.*) teach; hold forth to
קנעפּל דאָס (עך) (קנאָפּ △) button; (*cont.*) official; chum ‖ ⊢ צו|ניי|ען די לעצטע ק׳עך ⟨צו⟩ put the finishing touches (to)
קסילאָפֿאָ׳ן דער (ען) xylophone

קסענאָפּאָביע די xenophobia
קסעראָגראַפֿיע די xerography
קסעראָקאָפּיע די (ס) xerographic copy
קעגליע די (ס) (bowling) pin || שפּיל|ן אין ק'ס bowl
קע'גליעשפּיל די (ן) bowling
קעגן פּרעפּ against; versus || האָב|ן* ק' be averse to ⊢ זײַן* ק' object to, mind || קעגן איבער vis-à-vis, opposite
קעגנ... counter..., anti...
קעגנאי'בערדיק אַדי opposite
קעגן אַנאַ'נד זען אַנאַנד (ער)
קעגנאַנאַ'נד דער (ן) opposition, contrast
קעגנאַנאַנדיק אַדי reciprocal
קעגנאַנאַ'נדיקייט די reciprocity
קע'גנוואג די (ן) counterweight, balance
'קעגנוואָרט זען איצטיקייט
'קעגנזאַץ זען היפּוך, סתּירה
•קע'גנזײַטיק אַדי reciprocal, mutual
•קע'גנזײַטיקייט די reciprocity
קע'גנחתימה די (—ות) [...KhSIME] counter-signature
קעגנ|חתמע|נען וו ⟐ [KhASME] counter-sign
קע'גנמיטל דאָס (ען) antidote, counter-measure
קעגנער דער (ס) זען קעגענער
קע'גנעריש אַדי hostile, adverse
קע'גנשטעל דער opposition, resistance, stand
קע'גנשטעליק אַדי resistant
קע'גנשטעליקייט די power of resistance, stamina
קע'גענער דער (ס) ⊡ adversary, opponent
קעז דער (ן) cheese
קעטשאָפּ דער—אַמער catchup
קעכין די (ס) cook (*fem.*)
קעכל|ען וו ⟐ pamper
קעכנע די (ס) זען קעכין
•קעכער דער (ס) זען קוכער
קעל די (ן) throat || לינק|ע ק' wind-pipe
קעלב|ן זיך וו ⟐ calve
קע'לבערן אַדי calf('s), veal; (*fig.*) sheepish

קע'לבערנס דאָס veal
קעלט די (ן) cold, chill; cold spell || מצ cold weather
קעלטיש אַדי Celtic
קע'לטערער דער (ס) refrigerator
קע'לישיק דער (...שקעס) (glass) tumbler
קעלן (דאָס) Cologne
קעלניע¹ די (ס) coachbox
קעלניע² די (ס) trowel
קע'לניע־שטיבל דאָס (עך) (locomotive, truck) cab
קעלניש דאָס Cologne water
•קעלנער דער (ס) waiter
•קע'לנערין=קע'לנערשע די (ס) waitress
קעלער דער (ס/ן) cellar, basement
קע'לערשטוב (...שטיבער/ן) basement
קעמל דער/דאָס (ען) camel
קעמל דאָס (עך) (קאַם △) comb
קעמ|ען וו ⟐ זען קאַמען
קע'מערל דאָס (עך) (קאַמער △) (biological) cell; party cell
קעמפּ דער (ן) אַמער summer camp
קעמפּע די (ס) islet
קעמפֿ|ן וו ⟐ fight *vi.*, struggle
קעמפֿער דער (ס) ⊡ fighter || האַרט|ער ק' crusader
קע'מפֿעריש אַדי militant
קענגורו' דער (ען) kangaroo
קענדל דאָס (עך) (קאַן △) dipper
קענט דער (ן) trace, track
קענטיק אַדי apparent, visible; evident, marked
קענטלעך אַדי familiar
קע'נטעניש דאָס (ן) knowledge, mastery; lore ⊢ נעמ|ען צו ק' take notice of || געב|ן* צו ק' serve notice of
קענטשאַפֿט די זען קאַנטשאַפֿט; קענ-טעניש
קעניג דער (ן) זען קיניג
קענ|ען* וו (ער קען; ⟐) (צו/אינפֿ) be able to; know (skill, language); know how to || טאָ|ן* וואָס מע קען make the best of it, do one's best ⊢ עס קען זײַן אַז ער איז דאָ he may be here

קענער דער (ס) ◻ ⟨אויף⟩ expert, connoisseur

קעסט¹ די room and board, keep, esp. (*Jew.*) that offered by a family to its new son-in-law to enable him to continue his studies without financial worries ⊢ זײַן* אויף ק' to have board, esp. with one's parents-in-law

קעסט² די (ן) chestnut || ק'ן ברוין maroon

קע'סטיק|ן װ ◇ castigate, chastise

קעסטל דאָס (עך) (קאַסטן △) box; check (design)

קעסטלעך אַדי exquisite, splendid

קע'סטל־רעטעניש דאָס (ן) crossword puzzle

קע'סטמוטער די (ס) foster mother, guardian (*fem.*)

קע'סטנבוים דער (...ביימער) chestnut tree

קע'סט־עלטערן מצ foster parents

קע'סטפֿאָטער דער (ס) foster father, guardian

קעסטקינד דאָס (ער) ward, charge

קעסל דער (ען) kettle, boiler

קע'סלגרוב דער/די (...גריבער) whirlpool

קע'סלפּויק די (ן) kettledrum

קעפּל דאָס (עך) (קאָפּ △) (pin) head; heading, headline, caption, title

קעפּ|ן װ ◇ behead; put to death

קעפּסווײַב דאָס (ער) concubine

קעציש אַדי cat's

קעצל דאָס (עך) (קאַץ △) kitten

קעצל|ען זיך װ ◇ kitten, have kittens

קע'קעצ|ן װ ◇ stammer

קער דער (ן) turn, move || ק' און װענד twist and turn

קער די (ן) זען קערן דער

קעראַמיק די ceramics

קעראָסי'ן דער kerosine

קערבל° דאָס (עך) ruble, Russian coin

קערברייט די (ן) latitude, margin

קערטל דאָס (קאָרט △): מאַכ|ן אַ ק' have a game of cards

קערל דאָס (עך) (קערן △) grain; stone, pit

קערמע די (ס) helm, rudder, steering wheel

קע'רמעשל דאָס (עך) party, celebration

קערן דער (ס) △ קערנדל/קערל kernel; nucleus

קער|ן¹ װ ◇ turn *vt.*; sweep *imp.* || ק' זיך turn *vi.*

•קער|ן²* װ ◇ זען נ ע ה ע ר ן

קער|ן* הװ (ער קער; ◇) may, might, be likely ⊢ זיי ק' װעלן טרינקען they may want a drink

קע'רניצע די (ס) זען ק ר ע נ י צ ע

קע'רנלאַנד דאָס mainland

קע'רןקע'רנדיק אַדי hard-core

קע'רעװונג די steering, control

קע'רעװע|ן װ ◇ ⟨אַ/מיט⟩ steer, guide (a projectile)

קע'רעװער דער (ס) steering wheel

קערעכץ דאָס sweepings

קערער דער (ס) ◻קע janitor

קערפּונקט דער (ן) turning point

קערפּער דער (ס) body || פֿעסט|ער ק' solid

קע'רפּערל דאָס (עך) (קערפּער △) corpuscle

קע'רפּערלעך אַדי corporal, bodily

קע'רפּערשאַפֿט די (ן) (administrative or corporate) body

קע'שענע די (ס) pocket; (*fig.*) pocketbook

קע'שענע־ביכל דאָס (עך) pocket book (small-size book)

קע'שענע־גנבֿ דער (ים) [GANEF—GANOVIM] pickpocket

קפּדן דער (ים) ◻טע ⟨אויף⟩ [KAPDN—KAPDONIM] fastidious/meticulous person, stickler

קפּדניש אַדי [KAPDONISh] exacting, meticulous

קפֿיצת־הדרך דער [KFITSES-HADE'REKh] shortcut

קץ דער [KETS] (*Jew.*) end of the exile, the coming of the Messiah

קצבֿ דער (ים) [KATSEF—KATSOVIM] butcher

•קצבֿה זען ק י צ בֿ ה

קצבֿיש אַדי [KATSOVISh] butcher's

קקיון־דיונה דער [KIKOYEN-DEYO'YNE] stg. ephemeral

קראָ די (ען) crow
קראַב דער (ן) crab
קראַגן דער (ס) collar
קראָגן[1] דער (ס) neck of a fowl
קראָגן[2] דער (ס) = קראַגן
קראַוואַ'ט דער (ן) necktie
קראָט דער (ן) mole
קראָ'טבערגל דאָס (עך) molehill
קראַטע די (ס) bar (over a window)
קראַטער דער (ס) crater
קראָי דער (ם) [KROI] Karaite, a member of a sect which rejects the Talmud
קראַך דער (ן) crash
קראָכמ(אַ)ל דער starch
קראַכ|ן וו ◇ crash
•קראָליק דער (עס) rabbit
קראָם די (ען) △ קרעמל shop, store
קראַמאָלע די sedition
קראַמפּ דער (ן) cramp
•קראַמף דער (ן) = קראַמפּ
קראַן דער (ען) derrick, crane || פֿ״גל קראַנט דער
קראַנט אַדי current; acceptable
קראַנט דער (ן) faucet
קראַנטקייט די currency, acceptability
קראָ'ניקע די (ס) chronicle, annals
קראָ'ניקער דער (ס) annalist
קראַנץ דער (ן/קרענץ) △ קרענצל wreath, garland
קראַנק אַדי ill, sick || °ניט זײַן* ק' צו אינפֿ be able to afford to, be quite capable of
קראַנקייט די (ן) disease, illness
קראַ'נקן־אַלקער דער (ס) sickroom
קראַ'נקן־שוועסטער די (—) nurse
קראַ'נקן־שוועסטערײַ' דאָס nursing
קראַסאַ'וויצע די (ס) beauty, belle
קראָפּ דער dill
קראָ'פּעווע די nettle
קראַפֿט די (ן) power, vigor, force || אין ק' in force, operative
קראַפֿטיק אַדי vigorous, lusty, stalwart
קראַ'פֿטסטאַנציע די (ס) power station
קראַץ דער (ן) scratch
קראַצ|ן וו ◇ scratch, scrape *imp.*, rasp
קראָק דער (ן) crotch
קראָקאָדי'ל דער (ן) crocodile
קראָקווע די (ס) rafter
קראַקע|ן וו ◇ crack
קרבן דער/דאָס (ות) [KORBM—KORBONES] || sacrifice; victim, prey; casualty || זײַן*/ווער|ן אַ ק' פֿון fall prey to, ⊢ פֿאַל|ן succumb to, be overcome by || אַ ק' ⟨פֿון⟩ ברענג|ען אַ be a victim (of) || ק' ברענג|ען אַ (פֿאַר) make a sacrifice || אַ ק' ברענג|ען sacrifice *vt.*, immolate || ק'ות make sacrifices || צאָל ק'ות toll
קרבן־אַקט דער (ן) [ ] (self-)immolation
קרבנות־גרייט אַדי [ ] self-sacrificing
קרובֿ [KOREV] .1 אַדוו ק' צו (*with numbers*) ⊢ nearly .2 דער (ים) [—KROYVIM] relation, relative (*masc.*), kinsman
קרובֿה די (—ות) [KROYVE] relative (*fem.*), kinswoman
קרובֿיש אַדי [KROYVISH] related, kindred; cognate
קרובֿישאַפֿט די [ ] kinship, relation, affinity
קרוג דער (ן/קריג) △ קריגל pitcher, jug
קרויז דער (ן) △ קרײַזל curl (of smoke); tress (of hair)
קרויט דאָס/די cabbage || ק' (ע)|זויער sauerkraut
קרוין די (ען) △ קרײנדל crown
קרוי'נבלעטל דאָס (עך) petal
קרוינונג די (ען) זען קריינונג
קרוינ|ען וו ◇ זען קריינען
קרוינשטאָט די (...שטעט) capital (city)
•קרוי'סטע|(נע)ן (זיך) וו ◇ (*dial.*) move (change residence) *vt/vi*
קרוכלע אַדי crisp
קרום .1 אַדי (△ קרימער) crooked, wry, skew, lopsided; deformed, lame; || poor, wrong, unreasonable (idea) .2 אַדוו askance || קוק|ן ק' ⟨אויף⟩ frown (upon), take a dim view of
קרו'מבאַניץ דער (ן) abuse
קרו'מגעדראַנג דאָס (ען) fallacy

קרומלעך אַדוו askance
קרומע די (ס) curve; graph
קרוע־בלו'ע אַדוו in rags and tatters
קרופּניק דער barley soup
קרוציפֿי'קס דער (ן) crucifix
קרוק דער (עס) hook, peg, crook
קריאת־שמע די [KRISHME] (*Jew.*) the prayer said upon going to bed, and as part of morning and evening prayers ⊢ ליי'ענ|ען ק' say that prayer
קריאת־שמע־לייענען דאָס (ס) [ ] ceremony on the eve of a male baby's circumcision, involving prayers by local schoolchildren
קריג **1.** די (ן) quarrel, strife || **2.** דער/די (ן) war
קריג|ן¹ וו (געקראָגן/געקריגן) get, receive, || obtain, acquire; contract (disease) °ק' (אַ פּסק, אַ חלק) [PSAK ... KhEYLEK] get a scolding ⊢ צו ק' available
קריג|ן² וו ⟐ ⟨אויף⟩ war (on) || ק' זיך quarrel
קריגס... war, martial
קרי'גסגעריכט דאָס (ן) court-martial
קריגסהאַק: באַגראָב|ן די ק' bury the hatchet
קריגער דער (ס) ⊡ warrior
קריגערײַ' דאָס (ען) quarrel, brawl, row; discord
קרי'געריש אַדי belligerent, warlike; pugnacious, quarrelsome
קרי'גערישקייטן מצ hostilities
קריגשיף די (ן) warship
קריוודע די (ס) ⟨אַנטקעגן⟩ wrong, injustice, unjust treatment; grievance ⊢ אָנ|נעמ|ען זיך פֿאַר ק' stick up for
קריוודע|ן וו ⟐ wrong
קריזיס דער (ן) crisis
קריזש דער (עס) half of lower back || מצ small of the back; loins
קריטי'ק די (ן) criticism; critique; censure
קריטיקיר|ן וו ◇ criticize
קרי'טיקער דער (ס) ⊡ critic
קריטיש אַדי critical; crucial

קריטעריע די (ס) criterion
קרײַד די/דאָס chalk
קרײַדל דאָס (עך) piece of chalk; crayon
קרײַז דער (ן) circle; set (of people); circuit; county ⊢ מצ circles, quarters
קרײַז... circular
קרײַזל¹ דאָס (עך) ripple, ruffle
קרײַזל² דאָס (עך) (קרײַז △) informal (political or science) club
קרײַזל|ען וו ⟐ curl *vt.*, ruffle || ק' זיך curl *vi.*, ripple
קרײַטיש אַדי difficult, tricky, peculiar
קרײַטל דאָס (עך) זע קרײַדל
קרײַטעכץ דאָס (ער) herb
קריינדל דאָס (עך) (קרוין △) (dental) cap || מצ lace
קריינונג די (ען) coronation
קריינ|ען וו ⟐ crown
קרייס דער (ן) cruise
קרייסיר|ן וו ⟐ cruise
קרייסער דער (ס) cruiser
קריי|ען וו ⟐ = קרייע|ן crow
•קרייץ דער (ן) cross || רויט|ער ק' Red Cross || פּ״גל קריזש
•קרייצונג די (ען) crossing, intersection
קריי'ציקונג די (ען) crucifixion
קריי'ציק|ן וו ⟐ crucify
•קרייצ|ן (זיך) וו ⟐ cross *vt/vi*
•קרייצער דער (ס) זע קרייסער
קרייצפּאָר דער (ן) crusade
•קריי'צפֿאַרהער דער (ן) cross-examination || •נעמ|ען אויפֿן ק' cross-examine
קריי'צפֿאָרער דער (ס) crusader
•קרייצצוג דער (ן) crusade
קרייצקריג דער (ן) crusade
קרי'כיקייט די slow motion || מיט ק' in slow motion
קריכיק אַדי creeping
קריכלאָך די (...לעכער) manhole
קרי'כלקע די (ס) monkey bar
קריכ|ן וו (איז געקראָכן) creep, crawl; be slow; climb *vi.*; meddle ⊢ ק' ⟨פֿאַר⟩ cringe (before) || ק' אויף גלײַכע ווענט be desperate, act desperately

ק' ד פֿון האַלדז (*rev. con.*) be fed up with
קריכער דער (ס) □קע slimy person; slow-poke
קרים[1] .1 דער (ען) twist || .2 די slant || אין דער ק' aslant, obliquely
קרים[2] (דער) Crimea
קרימינאַ'ל דער (ן) jail
קרימינאַ'ל־... criminal
קרימינאַ'ל־ראָמאַן דער (ען) detective novel
קרימינע'ל אַדי criminal
קרימ|ען זיך וו ◇ scowl, make faces || ק' זיך אויף frown upon
קריסט דער (ן) ⊡ Christian
קריסטאַ'ל דער (ן) crystal
קריסטאַליזיר|ן (זיך) וו ◇ crystallize *vt/vi*
קריסטוס פּ Christ
קרי'סטיקונג די (ען) christening, baptism
קרי'סטיק|ן וו ◇ christen, baptize
קריסטלעך אַדי Christian
קרי'סטלעכקייט די Christianity
קריסטל|ען זיך וו ◇: ווי עס קריסטלט זיך אַזוי' יי'דלט זיך as the Christians do, so do the Jews
קרי'סטנטום• דאָס Christendom, Christianity
קרי'סטנשאַפֿט די Christendom
קריַע די (ס) floe
קריעה די [KRIE] (*Jew.*) the tearing of clothes as a sign of mourning for a close relative ⊢ רײַס|ן ק' to tear one's clothes in mourning
קריעת־ים־סוף (דער) [KRIES-YA'MSUF] the splitting of the Red Sea by Moses as he led the Jews out of Egypt || אָנ|קומ|ען ווי ק' come very hard
קריצ|ן וו ◇ ⟨מיט⟩ gnash, grind; engrave
קריק .1 קוו re... || קריק|אַקטיוויר|ן re-activate || .2 אַדוו זען צוריק
קריק.. back; return; re... || קרי'קבילעט return ticket ⊢ קרי'קפֿורעמונג back formation
קרי'קאָ'נלאָדלעך אַדי rechargeable
קרי'קבאַקום דער (ען) retrieval
קריקבליק דער (ן) retrospect
קרי'קגעבונג די (ען) return
קריק|געב|ן* וו (קרי'קגעגעבן) return *vt.*
קרי'קדערלאַנג דער (ען) retaliation
קרי'קווירקיק אַדי retroactive
קריקפּאָסט די return mail
קריק|פֿאַרוואַנדל|ען וו ◇ reconvert
קריקפֿלייץ דער (ן) feedback
קריקצאָל דער (ן) refund
קריק|צאָל|ן וו ◇ refund
קרי'קציִיק אַדי retractable
קריקקום דער (ען) reentry
קרירה די (—ות) [KRIRE] extreme cold
קרירהדיק אַדי [ ] frigid
קריש דער (ן) △ קרישל/די קרישקע crumb
קרישטאָ'ל דער cut glass || קרישטאָ'ל'ן אַדי
קרישל|ען וו ◇ crumble *vt.* || ק' זיך crumble *vi.*; be brittle
קרישע|ן וו ◇ = ק ר י ש ל ע ן
קרן דער/דאָס [KERN] investment; principal, cost price ⊢ פֿאַר'ן ק' at cost
קרן־פֿאָנד דער (ן) [ ] revolving fund
קרעדאָ דער (ס) credo
קרעדי'ט דער (ן) credit
קרעדיטאָר דער (...אָ'רן) creditor
קרעדיטיר|ן וו ◇ credit
קרעדע'נץ די (ן) sideboard
קרעטשמע די (ס) tavern, inn
קרעטשמער דער (ס) □קע innkeeper
קרעכץ דער (ן) groan
קרעכצ(ע)|ן וו ◇ groan, moan
קרעל דער (ן) claw; scratch
קרעל די (ן) bead
קרעל|ן וו ◇ scratch *imp.*
קרעם דער/די (ען) cream; whipped cream
קרעמאַטאָריע די (ס) crematorium
קרעמירונג די (ען) cremation
קרעמיר|ן וו ◇ cremate
קרעמל דער Kremlin
קרעמען דער (ס/עס) flint
קרעמער דער (ס) □קע shopkeeper
קרעמפּי'רט אַדי ill at ease
קרעמפּיר|ן זיך וו ◇ be ill at ease
קרע'ניצע די (ס) spring, well

קרענצל דאָס (עך) (קראַנץ △) group, gathering, huddle
קרענק די (ען) sickness, disease, illness
קרע'נקאורלויב דער sick leave
קרענקיק אַדי morbid
קרענקלעך אַדי morbid, sickly
קרענק|ען וו ◇ sicken, mortify, grieve *vt.*; be sick, ail
קרעפּ דער crêpe
קרעפּל דאָס (עך) krepl, a boiled dumpling stuffed with meat eaten esp. on Purim, the seventh day of Sukkoth, and on the eve of Yom Kippur; meatless dumpling stuffed with cheese eaten esp. on Shabuoth
קרע'פּלפּלייש דאָס mincemeat
קרעפּס דער (ן) crab
קרעפּקע אַדי sturdy
•קרעפּטיק אַדי strong, sturdy, robust, husky
קרעץ מצ/די scabies, mange
קרעציק אַדי mangy
קרעק|ן זיך וו ◇ ⟨מיט⟩ gag, choke *vi.* (on)
קרקע די (ות) [KARKE—KARKOES] (*Jew.*) cemetery lot; burial ground
קרקע־בתולה די [PSULE] virgin soil
קשאַק דער (עס) shrub
קשה אַפּ [KOSHE] puzzling, difficult
קשיא די (—ות) [KASHE] question || אַ ק' אויף אַ מעשה [MAYSE] anything may happen; who can tell? ⊢ די פיר קשיות the four questions asked by the youngest child at the Passover feast

ר

ר דער/די [REYSh] letter of the Yiddish alphabet; pronounced [R]; numerical value: 200

ר'=רב [REB]

ראָב דער (ן) raven; wren

ראַבאַ'ט דער (ן) discount

ראָבאָט דער (ן) robot

ראַבאַ'טקראָם די (ען) discount store

ראַבאַרבער דער rhubarb

ראַביי דער (ס) אַמער non-Orthodox rabbi

ראַבינאַ'ט דער (ן) rabbinate (institution)

ראַבינער דער (ס) non-Orthodox rabbi

ראַבינערײַ' דאָס non-Orthodox rabbinate (as a calling)

ראַבי'נעריש אַדי (non-Orthodox) rabbinical

ראַביר|ן וו ◇ loot, plunder

ראַבע אַדי speckled, spotted

ראַ'בעווע|ן וו ◈ plunder *vi.*, rob, loot *imp.*

ראָג דער (ן) || street corner, intersection 5טע עוועניו ר' 42סטע גאַס corner of 5th Ave. and 42nd St.

ראָגאָזשע די (ס) (straw) mat

ראָגאַטקע די (ס) field gate; city gate

ראָד די/דאָס (רעדער) △ רעדל wheel; circle || אַ פינפט(ע) ר' צום וואָגן useless addition

ראַדאַר דער (...אַ'רן) radar

ראָד|ברעכ|ן וו (ראָ'דגעבראָכן) break on the wheel

ראַ'דיאָ דער (ס) radio; wireless

ראַדיאָאַקטי'וו אַדי [DY] radioactive

ראַדיאַטאָר דער (ס) אַמער [DY] radiator

ראַדיאָ:ר|ן וו ◇ [DY] radio

ראַ'דיום דער radium

ראַ'דיוס דער (ן) radius

ראַדיקאַ'ל **1.** אַדי radical || **2.** דער (ן) radical

ראַדי'ר דער (ן) etching

ראַדיר|ן וו ◇ etch

ראָ'דעווע|ן וו ◈ coast

ראָוו דער (ן) ditch

ראָווער דער (...ע'רן) bicycle

ראָוי אַפּ [ROE] worthy, competent; eligible ⊢ זײַן* ר' qualify

ראָוידיקייט די [RO'EDIKEYT] eligibility

ראָז אַדי זען ראָזע(ווע)

ראָזיק אַדי rosy

ראַזיר|ן (זיך) וו ◇ shave *vt/vi*

ראָזלעך אַדי pink(ish) || ר'־לילאַ mauve

ראָ'זע(ווע) אַדי pink, rosy; ruddy

ראָ'זשינקע די (ס) raisin

ראָט דער (ן) council; board

ראָטאָר דער (...אָ'רן) rotor

ראָטהויז דאָס town/city hall

ראַטוניק דער (...נקעס) rescue

'ראַטזאַם זען כּדאַי

ראַטיפיציר|ן וו ◇ ratify

ראַטי'ר... rescue || ראַטי'ר־אָפּעראַציעס rescue operations

ראַטירונג די rescue; salvage

ראַטיר|ן וו ◇ rescue; salvage

ראָטיר|ן (זיך) וו ◇ rotate *vt/vi*

ראַטירער דער (ס) ⊡ lifeguard

ראַטירפּאַס דער (ן) life belt

ראַטירינג דער (ען) life preserver

ראַטי'רשיפל דאָס (עך) lifeboat

ראָט|ן וו (געראָטן) advise, counsel; (*dial.*) guess
ראַ'טן־פֿאַרבאַנד דער Soviet Union
ראַטע די (ס) premium, installment, part payment
ראָטע די (ס) (military) company
ראַ'טעווע|ן וו ◇ save, rescue
ראַ'טעווער דער (ס) ⊡ savior, rescuer
ראָטעס דאָס זען ר אָ ט ה ו י ז
ראַ'טעסווײַז אַדי by installments
ראָי זען ר ו י דער
ראַיאָ'ן דער (ען) region, district, area
ראַיאָניק regional
ראיה די (—ות) [RAYE] piece of evidence || מצ evidence || ניט זײַן* אומפּ קיין ר' ⟨אַז⟩ not be certain (that)
ראיה די [RIE] (eye)sight, vision
ראַיע'ל אַדי dependable, reliable; respectable, honest
ראָיען זיך זען ר ו י ע ן¹ ז י ך
ראָך דער (עס) rook (in chess)
ראָכיר|ן וו ◇ castle
ראָל זען ר אָ ל ע
ראָלע די (ס) role, part || שפּיל|ן אַ ר' play a role, play a part ⊢ ס'שפּילט ניט קיין ר' צי it is immaterial whether
ראָלקע די (ס) roll
ראָם די (ען) △ רעמל frame
ראָם דער (ען) rum
ראָמאַ'ן דער (ען) novel; romance, love-affair
ראָמאַנטיק די romance; romanticism
ראָמאַ'נטיקער דער (ס) ⊡ romanticist
ראָמאַנטיש אַדי romantic
ראָמאַני'סט דער (ן) ⊡קע novelist
ראָמאַניש אַדי Romance
ראָמאַ'נס דער (ן) romance (song, story, etc.)
ראָמב דער (ן) diamond (shape)
ראַמ|ען וו ◇ clean (house)
ראַ'מערין די (ס) cleaning woman
ראַמפּע די (ס) ramp; footlights
ראַמש דער (ן/עס) junk, odds and ends
ראַ'משפּאַרקויף דער (ן) rummage sale

ראַנג דער (ען) rank, rating
ראַנגל|ען זיך וו ◇ wrestle; struggle
ראַנגלער דער (ס) wrestler
ראַנגלערײַ' דאָס wrestling
ראַנגע די (ס) זען ר אַ נ ג
ראַנד דער (ן) edge, border, brink, brim, rim, margin
ראַנד... marginal
ראָנד דער (ן) row
ראַנדעוווּ' דער (ען) rendezvous
ראַנדקע די (ס) date
ראַ'נדקעווע|ן זיך וו ◇ ⟨מיט⟩ date *vi/vt* (a boy or girl)
ראַנטש דער (ן) אַמער ranch
ראַנ(י)ע|ן וו ◇ wound
ראָסל דער (ען) broth; brine
ראָ'סלפֿלייש דאָס pot roast
ראַ'סנדיק אַדי racial
ראַסע די (ס) race
ראַסע... racial
ראָסע די dew
ראָפּוכע די (ס) toad
ראַפּטעם אַדוו abruptly, hastily
ראַפֿיני'רט אַדי refined, sophisticated
ראַפֿיניר|ן וו ◇ refine
ראַפֿינעריע די (ס) refinery
ראַץ¹ דער (ן) rat
ראַץ² דער (ן) scratch, nick
ראַציאָנאַליזאַציע די (ס) rationalization
ראַציאָנאַליזי'ר־המצאה די (—ות) [HAMTSOE] labor-saving device
ראַציאָנאַליזיר|ן וו ◇ rationalize *vt.*
ראַציאָניר|ן וו ◇ ration
ראַציאָנע'ל אַדי rational
ראַציע די (ס) ration
ראַציק אַדי rough
ראַצ|ן וו ◇ scratch, grate, rasp, nick
ראַק דער **.1** (עס) crayfish || **.2** דער (ן) cancer
ראָק דער (רעק) △ רעקל suit coat || פֿ״צ ר ע ק ל
ראַקיק אַדי cancerous
ראַקל דאָס (עך) (△ ראַק) shrimp
ראַקע'ט דער (ן) rocket

ראַקעטערײַ' 1. דאָס rocketry || 2. די (ען) rocket range

ראַקעטקע די (ס) racket (tennis etc.)

ראַקעם אַדוו supine(ly), face down

ראַר דער (ן) rarity

ראָר דער reed, cane

ראָש דער (ים) chief, head

ראָש־המדברים דער (ראָשי־) [HAMDA'BRIM—ROSHE-] leader, spokesman

ראָש־הקהל דער (ראָשי־) [ROSHEKOOL] (*Jew.*) leader of the community

ראָש־השנה דער [ROSHESHONE] Rosh Hashanah, the beginning of the Jew. New Year

ראש־חודש דער [RESHKHOYDESH] beginning of the Jew. month

ראש־חודש־רעטעכל דאָס (עך) [ ] red radish

ראָ'שטשינע די leaven

ראָשי־פּרקים מצ [ROSHEPROKIM] outline

ראָש־ישיבֿה דער (ראָשי־ישיבֿות) [ROSHESHIVE] head of a yeshivah

ראָשי־תּיבֿות דער (ן) [ROSHETEYVES] abbreviation, initials

ראשית אַדוו [REYSHES] in the first place

ראשית־חכמה אַדוו [KHOKHME] (*hum.*) first of all

ראשית־כּל אַדוו [KOL] in the first place, first of all

ראש־עירון דער (ס) [RESHEYRN] mayor, burgomaster

ראַשפּײַל די (ן) rasp (tool)

רב טיטל [REB] (*Jew.*) Mister, traditional title prefixed to man's first name

רבונו־של־עולם דער [REBO'YNE-SHELOYLEM] Lord (of the World); the Almighty

רבותי! אינט [RABOYSAY] gentlemen!

רבי 1. דער (ס/ים) [REBE—RABEIM] Hasidic rabbi; teacher, master ⊢ 2. טיטל rabbi! (*used in addressing a rabbi*)

רבי־געלט דאָס [ ] tuition fee in a heder || באַצאָלן ר' ⟨פֿאַר⟩ pay dearly (for learning stg.)

רבים דער (ס) [RABIM] majority; public; plural

רבינו טיטל זען רבנו

רביניו דער [RE'BENYU] dear rabbi (*endearing form, esp. in Hasidic songs*)

רביסטווע דאָס (ס) [REBISTVE] office/tenure of Hasidic rabbi

רביצין די (ס) [RE'BETSN] rabbi's wife

רבנו טיטל [RABEYNU] our teacher

רבנות דאָס [RABONES] rabbinate

רבנים זען רבֿ

רבניש אַדי [RABONISH] (Orthodox) rabbinical; rabbi's

רבֿ דער (רבנים) [ROV—RABONIM] △ רבֿל [REVL] Orthodox rabbi

רבֿותא די [REVUSE] stg. surprising; advantage, gain

רבֿקה פּנ [RIVKE] Rebecca, wife of the Patriarch Isaac

רגזן דער (ים) ▭טע [RAGZN—RAGZONIM] hot-tempered man

רגילדיק אַדי [RO'GLDIK] customary

רגילות דאָס [REGILES] (force of) habit

רגילותדיק אַדי [ ] habitual

רגע די (ס) [REGE] moment, instant, spell, jiffy ⊢ אויף אַ ר' momentary || אויף דער ר' instantly, immediately; for the moment

רגעדיק אַדי [ ] momentary

רדיפֿה די (—ות) [REDIFE] persecution || מצ ⟨אויף⟩ persecution

רו די calm, quiet, rest || לאָזן צו רו leave alone ⊢ לאָז(ט) צו רו! also never mind!

רואה־ואינו־נראה דער [VEEYNE-NI'RE] invisible man

רואה־חשבון דער (רואי־) [ROYE-KHE'ZhBM] auditor

רואי... זען רוי...

רובי'ן דער (ען) ruby

רובל דער (—) ruble

רובע די (ס) זען הרובע

רובריק די (ן) column (in a paper, statistical table, etc.); column heading

רובריקיר|ן וו ◇ pigeonhole

רובֿ דאָס [ROV] majority, bulk || ס'רובֿ mostly, [ALPI] על־פּי ר' ⊢ most (of) ⊢ רעלאַטי'וו for the most part, largely
ר' plurality
רובֿ־מנין־ורובֿ־בנין דער [MI'NYEN-VEROV-BI'NYEN] mass, greater part
רוגז דער [ROYGES] wrath, anger; state of not being on speaking terms
רוגזה די [RUGZE] unkindness, malice, gruffness, anger
רוגזהדיק אַדי [ ] malicious, gruff
רודימענטאַ'ר אַדי rudimentary
רו'דעווען וו ◇ jolt *imp.*
רודער דער (ס) oar, paddle; helm
רו'דער|ן וו ◇ row *vi.*, paddle || ר' זיך stir *vi.*
רו'דערשיפֿל דאָס (עך) rowboat
רודף־כּבֿוד דער (רודפֿי־) [ROYDEF-KO'VED—ROYDFE-] vain person
רודפֿ|ן וו ◇ [ROYDEF] persecute
רווח דער (ים) [REVEKh—REVOKhIM] profit || ברענג|ען ר' ⟨ד⟩ be profitable (to)
רווחדיק אַדי [ ] profitable
רוח דער (ות) [RUEKh—RUKhES] ghost; devil; petrel ⊢ צו אַל(ד)ע (שוואַרצע) רוחות! to the devil! || כאַפּט אַ דער ר'! || devil take ...! to hell with ...!
°אַ ר' אין ... damn ...
רוח־הקודש דער [HAKO'YDESh] divine spirit; inspiration
רוחיש אַדי devilish, diabolical
רוחניות דאָס [RU'KhNIES] spirituality
רוחניותדיק אַדי [ ] spiritual
רוט די (ריטער) △ ריטל rod
רוטי'ן די (ען) routine
רוטע די (ס) route
רוי אַדי raw, crude, rough, harsh
רוי דער (עס) swarm
רויב דאָס booty, spoils, loot, prey
רויב... of prey, predatory
רויבער דער (ס) □קע robber
רויג דער (ן) roe; spawn
רוי'גענ|ען וו ◇ spawn *vt/imp*
רוי'וואַרג דאָס raw material
רויז די (ן) rose
רויט אַדי red; ruddy || ר' ווער|ן blush || ר'ע יי'דעלעך (*hum.*) the Ten Lost Tribes
רוי'טהעלדזל דאָס (עך) robin
רויטלעך אַדי reddish
רוי'טלעך־ברוי'ן אַדי auburn
ˈרויטלען זיך זען ר י י ט ל ע ן ז י ך
רויטס דאָס hearts (in cards)
רויך דער (ן/עס) △ רייכל smoke, fume || אַוועק|גיי|ן* מיטן ר' go up in smoke
רויכוואַרג דאָס fur
רויכיק[1] אַדי smoky
רויכיק[2] אַדי hairy, rough, fuzzy
ˈרויכערן זען ר י י כ ע ר ן
רוי'כשלייער דער (ס) smokescreen
•רוים דער space
רוים (דאָס) Rome
רוי'־מאַטעריאַל דער (ן) raw material
רוימיש אַדי Roman
רוי'מיש־קאַטוי'ליש אַדי Roman Catholic
רוימ|ען וו ◇ זען ר אַ מ ע ן
רוימער דער (—) □ Roman
רוי:'ן די/דער (ען) ruin; ruination
רוי:ניר|ן וו ◇ ruin
רויע|ן[1] וו ◇ זען ר : ע ן
רויע|ן[2] זיך וו ◇ swarm, teem
רוי:ק אַדי calm, quiet
רוישט דער underbrush
רויש|ן וו ◇ make noise; rush
רולע'ט דער (ן) roulette; (window) blind
•רום דער glory
רומל: צום ר' into the bargain; to boot
רומע'ניע (די) Rumania
רומעניש אַדי Rumanian
רומענער דער (—) □ Rumanian
רומפּל|ען וו ◇ grate; strum
רונג דער (ען) large ring; link
ˈרונד זען ק ײַ ל ע כ ד י ק
רונדע די (ס) round
רונצל דער/דאָס (ען/עך) wrinkle, ripple
רונצל|ען (זיך) וו ◇ wrinkle, ripple *vt/vi*
רו'נצלשטאָף דער seersucker || רו'נצלשטאָפֿ'ן אַדי

רוס דער (ן) ⊡ Russian
רוסיק אַדי sooty
רוסיש אַדי Russian
רוסלאַנד (דאָס) Russia
רו'סלענדיש אַדי Russian (pertaining to Russia)
רו|ען וו ◇ rest; repose
רופּע|ן וו—אומפּ ◇ make restless, worry *vt.*, rankle
רוף דער (ן) cry, call; appeal || אַרויס|לאָז|ן אַ שלעכטן ר' אויף malign
רופֿא דער (ים) [ROYFE—ROYFIM] (*Jew.*) old-time physician, one not formally trained; bonesetter
רופֿ|ן וו (גערופֿן) call; page || ר' זיך נאָמ be called, answer to the name of
רוצח דער (ים) [RETSEYEKh—ROTSKhIM] murderer, assassin, cutthroat; cruel man, butcher
רוצחיש אַדי [ROTSKhIShH] cruel, vicious, murderous
רו'צימער דער (ן) lounge
רוק דער (ן) push, shove; slide
רוק־און־לע'נד: ברעכ|ן ר' break one's back
רו'קווירע די (ס) slide rule
רוקזאַק דער (...זעק) knapsack
רוקן דער (ס) back
רוק|ן וו ◇ move, slide *vt.*, shove, push || ר' זיך move, slide *vi.*, proceed; be nosy ⊢ ר' זיך פֿון אָרט make headway, make progress
רו'קנביין דער (ער) backbone, spine
רו'קנביין־... spinal
רוקער דער (ס) slide, latch
רושטאָוואַניע זען ר י ש ט אָ ו ו אַ נ י ע
רושם דער (ס) [ROYShEM] impression || מאַכ|ן דעם ר' אַז give the impression that ⊢ מאַכ|ן אַ ר' אויף impress || ניט מאַכ|ן קיין ר' fall flat
רושמדיק אַדי [ ] impressive
רות [RUS] Book of Ruth, read during Shabuoth
רחבֿות דאָס [RAKhVES] spaciousness, comfort
רחבֿותדיק אַדי [ ] comfortable, spacious
רחמים (דאָס) [RAKhMIM] charity; mercy || בעט|ן ר' בײַ implore || מיט ר' considerately
רחמן דער (ים) [RAKhMEN—RAKhMONIM] merciful man
רחמנא־לצלן אינט [RAKhMONE-LITSLA'N] Heaven preserve us! (*said after mentioning stg. loathsome*)
רחמנות דאָס [RAKhMONES] pity, mercy, compassion ⊢ זײַן* אומפּ אַ ר' אויף ד (*rev. con.*) deserve of pity; be sorry for || ס'איז (מיר) אַ ר' אויף דיר I am sorry for you; you are to be pitied
רחמנות האָב|ן* וו (ר' געהאַ'ט) ⟨אויף⟩ [ ] pity *vt.*; have pity (on)
רחמנות קריג|ן וו (ר' געקראָגן) ⟨אויף⟩ [ ] take pity (on)
ריב דער (ן) rape (vegetable)
רי'באײַזן דער (ס) grater
ריגל דער (ען/—) bolt
רידל דער (ען) shovel, spade
רידל|ען וו ◇ shovel, heave
ריוו דער (ן) culvert
ריוואַליזיר|ן וו ◇ מיט rival
•ריווח דער זען ר ו ו ח
ריז[1] דער (ן) giant
ריז[2] דער (ן) ream
ריזיק אַדי gigantic, immense, vast, huge
ריזיקאַליש אַדי risky, foolhardy
ריזיקאַ'נט דער (ן) ⊡קע gambler
ריזיקאַנטיש אַדי foolhardy
ריזיקיר|ן וו ◇ take a risk || ר' מיט venture, hazard, risk
ריזיקי'רנדיק אַדוו (אַפֿילו) מיט [AFILE] at the risk of
רי'זיקע די (ס) risk, gamble, hazard || אויף מײַן ר' at my risk || שרײַב|ן אויף ר' take a chance on writing
ריזל|ען וו ◇ trickle, gurgle
רי'זנדיק=רי'זעדיק אַדי זען ר י ז י ק
ריח דער (ות) [REYEKh—REYKhES] smell, odor, scent
ריטואַ'ל דער (ן) ritual

ריטוס דער (ן) rite
ריטוע'ל אַדי ritual
ריטל דאָס (עך) (רוט △) twig
ריטמיש אַדי rhythmic
ריטעם דער (ס/ריטמען) rhythm, cadence
ריטער דער (ס) knight
רי'טעריש אַדי knightly, chivalrous
רי'טערישקייט די chivalry
ריטערש אַדי זען ריטעריש
רי'טערשאַפֿט די knighthood, chivalry
ריטש|ען וו ◇ bellow, bray, roar
ריטשקע די (ס) stream, brook, creek
ריי די (ען) row, tier; line, queue; || sequence, series; turn, succession
נאָך דער ריי (נאָך) by turns
רײַב... fricative
רײַבברויט דאָס bread crumbs
רײַבונג די (ען) friction || מצ (social) friction
רײַביק אַדי fricative || ר'|ער האַנטעך terrycloth towel
רײַב|ן וו (געריבן) rub, grate *vt.*, chafe || ר' זיך rub, brush against *vi.* || ר' זיך צווישן hang out with
רײַבקלאַנג דער (ען) fricative sound
רייד מצ talk, speech, language, discourse ⊢ האַרבע ר' strong language || קומ|ען צו ר' be brought up (a point in discussion), come up ⊢ זײַן* אַ ר' וועגן be a question of || אַרײַנ|פֿאַל|ן ⟨ד⟩ אין די ר' interrupt
רייד|ן וו (גערע'דט) זען רעדן
ריידער דער (ס) זען רעדער
רײַדער דער (ס) אַמער rider (on a bill)
רײַז דער/די rice
•רײַ'זנדער דער (ס) traveler
•רײַזע די (ס) trip, journey, voyage || ווינטש|ן אַ גלי'קלעכע ר' wish Godspeed
רײַ'טוואָגן דער (ס) chariot
רײַ'טוועגל דאָס (עך) (רײַטוואָגן △) scooter
רייטוזן מצ jodhpurs
רייטל דאָס rouge
רייטל|ען זיך וו ◇ blush *imp.*

רײַט|ן וו (האָט/איז געריטן) ⟨אויף⟩ ride (an animal)
רײַ'טנדיק אַדי on horseback || ר' ⟨אויף⟩ astride
רײַטער דער (ס) ⊡ horseman, rider
רײַטשטעג דער (ן) bridle path
רײַך אַדי rich, wealthy; lavish
'רײַכטום זען אוצר, עשירות, רײַכקייט
ריי'כענ|ען וו ◇ זען רייכערן
ריי'כער|ן וו ◇ smoke, fume || ניט ר' no smoking
רײַכקייט די wealth
ריין אַדי clean; blank; pure, chaste; net (profit)
רײַן די (ען) pan
רײַן דער Rhine
ריי'נבלוטיק אַדי thoroughbred
ריי'נהאַרציק אַדי sincere, heartfelt
ריינ|וואַש|ן וו (ריי'נגעוואַשן) absolve, exonerate
ריינטלעך אַדי clean
ריי'נטלעכקייט די cleanliness
ריי'ניקונג די (ען) cleaning; purge; sanitation; purification
ריי'ניקייט די (ן) scroll of the Torah
ריי'ניק|ן וו ◇ clean, purify || (כעמיש) ר' dry-clean
ריינקייט די cleanliness, purity
רייסטער דער (ס) roster, roll, register
רײַסיק אַדי shrill; striking, salient; gaudy, loud; blatant, flagrant
רײַסיש אַדי Belorussian
רײַסן (דאָס) Belorussia
רײַס|ן וו (געריסן) tear, rip, pull (out), rend *imp.* ⊢ ר' זיך ⟨מיט⟩ quarrel || ר' זיך צו strive, endeavor to; aspire to || ר' זיך אין אַן אָ'פּגענער טיר beat a dead horse
רײַ'סעניש דאָס (ן) conflict
רייער דער זען באַקרייער; רער
רייף דער/די (ן) hoop; tire || געפּלאַצט|ע(ר) ר' flat tire
•רײַף אַדי זען צײַטיק
רייצונג די (ען) irritation, vexation

רייצ|ן וו ◈ irritate || ר' זיך ⟨מיט⟩ tease

ריי'צנדיק אַדי irritating; charming

ריכטונג די (ען) direction, turn

ריכטיק אַדי right, correct, O.K.

רי'כטיקייט די truth

ריכט|ן זיך וו (גערי'כט) אויף expect, anticipate ⊢ ר' זיך (אין קימפּעט) expect (a child)

רי'כטעווע|ן וו ◈ operate, manage; steer, direct; adjust

ריכטער דער (ס) ⊡ judge, justice || ר' (אָ'רטיק|ער) magistrate

רי'כטער־מלבוש דאָס (ים) [MALBESh—MALBUShIM] (set of) judicial robes

רים דער rubble, debris

רימעט דער (ן) = ר י מ ע ן

רימען דער (ס) strap, thong; belt

רימ|ען וו ◈ praise || ר' זיך boast

רין דער (ען) leak

רינג דער (ען) ring; link; squad

רינגונג די (ען) whorl

רי'נגלהעפֿט די (ן) loose-leaf notebook

רינגל|ען זיך וו ◈ circle *vi.*

רי'נגפֿינגער דער (—) ring finger

רינד דאָס (ער) head of cattle || מצ cattle

רי'נדעווע די (ס) זען ר י נ ו ו ע

רי'נדערן אַדי beef

רי'נדערנס דאָס beef

רינווע די (ס) groove; culvert, eaves

רינע די (ס) = ר י נ ו ו ע

רינעכץ דאָס seepage

רינ|ען וו (איז גערונען) leak, run, ooze, trickle, seep, escape

רינשטאָק דער (ן) gutter

ריס דער (ן) rip, rupture, break, tear, gap; yank; spurt ⊢ ר' (אין אַ זײַט) swerve ⊢ אַ ר' אין האַרצן a great pity || דער רי'ס־אוי'ף start

ריִ|ען וו ◈ burrow, rummage || ר' זיך אין = ריִען 1

ריפּ די (ן) rib || דערלאַנג|ען° ⟨ד⟩ אין דער זי'בעטער ר' touch to the quick, give a heavy blow to

ריף דער (ן) reef

'ריפּטל זען ר ע פּ ט ל

ריצ|ן וו ◈ scratch

רי'צנאייל דער castor oil

ריץ רויט אַדי blood-red

ריקוד דער (ים) [RIKED—RIKUDIM] Hasidic dance

ריר דער (ן) touch || *אַ ר' טאָ|ן budge *vt.*

ריריק אַדי mobile

ריר|ן וו ◈ touch *imp.*, move, stir, rouse ⊢ ר' זיך move *vi.*, stir, make a move; be on the move ⊢ ר' זיך ⟨פֿון אָרט⟩ budge; make progress, make headway

רי'רנדיק אַדי stirring, eloquent, pathetic, poignant, touching

רי'רעוודיק אַדי mobile, agile; lively, vivacious

ריש דער/די (ן) [REYSh] resh, name of the letter ר

רי'שטאָוואַניע די (ס) scaffold(ing); gantry

רישעות דאָס [RIShES] meanness, malice; calumny ⊢ רעד|ן ר' אויף calumniate

רישעותדיק אַדי [ ] mean, malicious

רכילות דאָס (ן) [REKhILES] slander, gossip || טרײַב|ן ר' gossip

רכילותניק דער (עס) ⊡—ניצע slanderer, gossip

רמאָות דאָס [RAMOES] fraud, deception, chicanery, duplicity

רמאַי דער (רמאָים) [RAMAY—RAMOIM] deceiver, impostor

רמאָיש אַדי [RAMOISh] fraudulent

רמז דער (ים) ⟨אויף⟩ [REMEZ—REMOZIM] hint, allusion (to)

רמח אבֿרים מצ [RAMA'Kh EYVRIM] (248) organs ⊢ מיט אַלע ר' א' with all one's body and soul

רע דער (ען) (the musical note) D

..רע re...

רעאַגיר|ן וו ◇ ⟨אויף⟩ react (to)

רעאַ'ל אַדי real

רעאַליזיר|ן וו ◇ realize (make real)

רעאַליזם דער realism

רעאַלי'סט דער (ן) ⊡קע realist

רעאַליסטיש אַדי realist(ic)
רעאַקטאָר דער (...אָ'רן) reactor
רעאַקטי'וו דער (ן) jet (engine); jet plane || ר'־אַעראָפּלאַן jet airplane
רעאַקציאָנע'ר 1. אַדי reactionary || 2. דער (ן) reactionary ◻קע
רעאַקציע די (ס) reaction
רעאָרגאַניזיר|ן (זיך) וו ◇ reorganize vt/vi
רעבוס דער (ן) rebus
רעבע'ל דער (ן) ⊡ rebel
רעבעליר|ן וו ◇ rebel
רעגולאַציע די regulation
רעגולי'רט אַדי regulated; conditioned
רעגוליר|ן וו ◇ regulate, adjust, readjust
רעגולע'ר אַדי regular
רעגולערקייט די (ן) regularity
רעגיאָנאַ'ל אַדי regional
רעגימע'נט דער (ן) regiment
רעגימענטיר|ן וו ◇ regiment
רעגיסטער דער (ס) register
רעגיסטראַטאָר דער (ס) file
רעגיסטראַציע די (ס) registration
רעגיסטראַ'ר דער (ן) ◻שע registrar
רעגיסטרירונג די registration
רעגיסטריר|ן (זיך) וו ◇ register, enroll vt/vi
רעגירונג די (ען) government
רעגיר|ן וו ◇ ⟨מיט⟩ govern
רעגלאַמע'נט דער (ן) regulations
רעגלאַמענטיר|ן וו ◇ regulate; regiment
רעגן דער (ס) rain; rainfall
רע'גן־בויגן דער (ס) rainbow
רע'גן־בויגנדיק אַדי iridescent
רע'גנדיק אַדי rainy
רע'גנדל דאָס (עך) (רעגן △) drizzle, shower
רע'גן־מאַנטל דער (ען) raincoat
רע'גנפּריר דער sleet (on ground)
רעגע'נט דער (ן) ⊡ regent
רעגענטשאַפֿט די (ן) regency
רע'גע|נ|ען וו ◈ rain
רעגענעריר|ן וו ◇ regenerate
רעדאַגיר|ן• וו ◇ זען רעדאַקטירן
רעדאַקטאָר דער (...אָ'רן) ◻שע editor
רעדאַקטיר|ן וו ◇ edit
רעדאַקציאָנע'ל אַדי editorial
רעדאַקציע די (ס) the editors; editorial board; editorial office(s)
רעדוציר|ן וו ◇ reduce vt.
רעדוקציע די (ס) reduction
רעדיסקע די (ס) red radish
רעדל דאָס (עך) (ראָד △) dial; group, small crowd, huddle; fortune ⊢ די דרייען || ups and downs, vicissitudes פֿון ר' turn the tables on איבער|דריי|ען דאָס ר' ⊢ sb. ⊢ דאָס ר' האָט זיך אי'בערגעדרייט fortune changed; the tide has turned
רע'דלברעט די (ער) skateboard
רע'דלטאָן דער (...טענער) dial tone
רעדל|ען וו ◈ dial; make punctures in (matzah) ⊢ ר' זיך roller-skate
רעדלערײַ' די (roller) skating rink
רע'דל־פֿירער דער (ס) ◻קע ringleader
רע'דלשוך דער (...שיך) roller skate
רעד|ן וו ◈ speak, talk || ר' אַנטקעגן ד contradict ⊢ ווער רעדט נאָך especially || ר' פֿאַר זיך be self-explanatory || ר' צום לאָמפּ preach to the wind || עס רעדט זיך אַזוי' I don't believe it || וואָס רעדסטו? וואָס רעדט איר? no kidding! || פּ"גל גערעדט
רעדנע די sackcloth
רעדנער דער (ס) ⊡ speaker, orator
רעדע די (ס) speech, address, oration || האַלט|ן אַ ר' make a speech
רעדער דער (ס) speaker (of a language)
רע'דעניש דאָס (ן) local (sub)dialect
רע'דער|ן וו ◈ break on the wheel
רע'דערשטול די (ן) wheel chair
רע'דערשפּור די (ן) wheel track, rut
רעדקאָלעגיע די (ס) editorial board
רעה די (—ות) [ROE] wrong, harm; disfavor, disservice; detriment
רעהאַביליטיר|ן וו ◇ rehabilitate
רעוואָלווער דער (ס) revolver
רעוואָלוציאָניר|ן וו ◇ revolutionize
רעוואָלוציאָנע'ר 1. אַדי revolutionary || 2. דער (ן) ◻קע revolutionary
רעוואָלוציע די (ס) revolution
רעוואָ'לט דער (ן) revolt

רעוואָלטיר|ן וו ◇ revolt, rebel
רעוואַנשיר|ן זיך וו ◇ reciprocate
רעווידיר|ן וו ◇ revise; search (officially) || ר' די ביכער פֿון audit
רעוויזאָ'ר דער (ן) □שע auditor, inspector
רעווי'זיע די (ס) revision; (house) search; audit
רעווי'ר דער (ן) precinct
רעומאַטיזם דער rheumatism
רעומאַטיש אַדי rheumatic
רעוועלאַציע די (ס) disclosure, revelation
רעווע|ן וו ◈ roar; howl
רעוועראַ'נס דער (ן) curtsey
רע'ווערענד טיטל—אַמער reverend
רעזאָלוציע די (ס) resolution
רעזאָנאַטאָר דער (...אָ'רן) resonator, sounding board
רעזאָנאַ'נץ די (ן) resonance
רעזולטאַ'ט דער (ן) result, outcome || ווי אַ ר' פֿון in consequence of
רעזומיר|ן וו ◇ sum up, summarize, recapitulate
רעזומי'ר־רעדע די (ס) summation
רעזומע' דער (ען) summary, résumé
רעזיגנירונג די (ען) resignation (office)
רעזיגניר|ן וו ◇ resign *vi.*
רעזידע'נץ די (ן) official (palatial) residence
רעזי'ן דער (ען) resin
רעזע'רוו דער (ן) reserve
רעזערוואַ'ט דער (ן) preserve, reservation, refuge
רעזערוואַציע די (ס) reservation (of tickets etc.)
רעזערוואַ'ר דער (ן) reservoir, tank
רעזערוויר|ן וו ◇ reserve
רעזשי' די (ען) direction (of a play etc.)
רעזשי'ם דער (ען) regime; regimen
רעזשיסאָ'ר דער (ן) □שע (dramatic) director
רעזשיסיר|ן וו ◇ direct (play, film, etc.)
רעטאָריק די rhetoric
רעטאָריש אַדי rhetorical
•רעטונג די rescue, salvation

רעטושיר|ן וו ◇ touch up, retouch
רעטיקיו'ל דער (ן) lady's pocketbook
רעטעך דער (ער) radish
רע'טעניש דאָס (ן) riddle, puzzle, conundrum; mystery
רע'טענישדיק אַדי puzzling, mysterious
•רעטער דער (ס) ⊡ savior
רעטראָאַקטי'וו אַדי retroactive
רעטראָספּע'קט דער retrospect
רעטראָראַקע'ט דער (ן) retro-rocket
רעטריבוציע די retribution
רעטש'ן אַדי buckwheat || רע'טשענ|ע קאַשע kasha
רעטשקע די buckwheat
רעיון דער (ות) [RAYEN—RAYOYNES] thought (idea); thought (imagination)
רעכט 1. אַדי all right, proper; very (middle etc.), full (bloom etc.), substantial, veritable; right; rightist || עפּעס ר'ס stg. substantial || 2. אַדוו right; O.K.; properly; truly ⊢ צו ר' repair, fix, mend; (*hum.*) spoil; consume ⊢ מאַכ|ן 3. דאָס (—) right; due || מיט ר' justly || און מיט ר' and justly so ⊢ ר' *טאָ|ן ד פּאָס give decent burial to
רע'כטהאַנטיק אַדי right-handed
רעכטלעך אַדי legal
רעכטס אַדוו right
רע'כטפֿאַרטיק אַדי right-minded, righteous, upright
רע'כטפֿאַרטיק|ן וו ◈ justify
רע'כן־מאַשין די (ען) calculator
רע'כענונג די (ען) calculation; bill, account
רעכענ|ען וו ◈ count, reckon, calculate *imp.*; guess, imagine, figure ⊢ ר' ד charge (a price) || ר' אויף count on ⊢ ר' זיך count *vi.* || ר' פֿאַר consider (as) || ר' זיך מיט heed, reckon with, make allowances for; get back at ⊢ ר' זיך פֿאַר be considered as
רע'כענער דער (ס) computer
רעלאַטי'וו אַדי relative
רעלאַטיוויטע'ט די relativity

רעליגיע די (ס) religion

רעליגיע'ז אַדי religious

רעליע'ף דער [LY] relief (sculpture)

רעלי'ף דער—אַמער relief (for the needy)

רעליקוויע די (ס) relic

רעלס דער (ן) rail

רע'לסן־נאָגל דער (־נעגל) spike

רעלע' דער (ען) (electrical) relay

רעם די (ען) frame

רעמאַטעס דער rheumatism

רעמאָ'נט דער (ן) overhaul, renovation

רעמאָנטיר|ן וו ◇ renovate, overhaul

רעמי' דער (ען) draw (undecided contest)

•רע'מניצע די (ס) אַמער (cloth) remnant

רענדאַ'ר דער (עס) ◻קע lessee, tenant farmer, tenant innkeeper

רענדל דאָס (עך) ducat; hence, gold coin

רענטגען דער (ס) X-ray picture

רענטגען־... X-ray

רע'נטגען־שטראַלן מצ X-rays

רענטע די (ס) annuity

רעניפֿע'ר דער (ן) reindeer

רענעגאַ'ט דער (ן) renegade

רענעסאַ'נס דער renaissance || רענעסאַנסיש אַדי

רענצל דאָס (עך) satchel

רעסאָ'ר דער (ן) (vehicle) spring

רעסו'רס דער (ן) resource

רעסטאַווריר|ן וו ◇ restore

רעסטאָראַ'ן דער (ען) restaurant

רעסל דאָס (עך) זען ר ע ש ל

רעספּע'קט דער respect || מיט ר' respectful

רעספּעקטיר|ן וו ◇ respect

רעסקרי'פּט דער (ן) rescript

רעפּאַראַטו'ר די (ן) repair || אונטער ר' under repair

רעפּאַראַציע די (ס) reparation; repair

רעפּאָ'רט דער (ן) report

רעפּאָרטאַ'זש דער (ן) report; reporting

רעפּאָרטיר|ן וו ◇ report (as a reporter etc.)

רעפּאָרטע'ר דער (ן) ◻שע reporter

רעפּאַריר|ן וו ◇ repair

רעפּובלי'ק די (ן) republic

רעפּובליקאַניש אַדי republican

רעפּובליקאַנער דער (—) ⊡ Republican

רעפּטי'ליע די (ס) reptile

רעפּליק די (עס) cue; replica

רעפּעטיטאָר דער (...אָ'רן) ◻שע (private) tutor

רעפּעטיציע די (ס) rehearsal

רעפּעטיר|ן וו ◇ rehearse *imp.*

רעפּערטואַ'ר דער (ן) repertoire; repertory

רעפּראָדוציר|ן (זיך) וו ◇ reproduce *vt/vi*

רעפּראָדוקציע די (ס) reproduction

רעפּרעזענטאַטי'וו אַדי representative

רעפּרעזענטאַ'נט דער (ן) ⊡ representative (in U.S. Congress)

רעפּרעזענטאַ'נטן־הויז דאָס House of Representatives

רעפּרעזענטיר|ן וו ◇ represent, stand for

רעפּרע'סיע די (ס) reprisal

רעפֿאָרם די זען ר ע פֿ אָ ר ע ם

רעפֿאָרמאַטאָר דער (...אָ'רן) reformer

רעפֿאָרמאַציע די Reformation

רעפֿאָרמי'רט אַדי Reformed

רעפֿאָרמיר|ן (זיך) וו ◇ reform *vt/vi*

רעפֿאָרעם די (...רמען) reform

רעפֿאָ'רעם־ייִדישקייט די/דאָס Reform Judaism

רעפֿטל דאָס (עך) slice; first cut

רעפֿלעקטאָר דער (...אָ'רן) reflector

רעפֿלע'קס דער (ן) reflex

רעפֿלעקסי'וו אַדי reflexive

רעפֿעראַ'ט דער (ן) lecture, paper

רעפֿעריר|ן וו ◇ ⟨אַ/וועגן⟩ report (on), lecture (on)

רעפֿערענדום דער (ס) referendum

רעפֿערע'נט דער (ן) ⊡ lecturer, speaker

רעפֿערע'נץ די (ן) (professional) reference

רעפֿרע'ן דער (ען) refrain

רעצידי'וו דער (ן) relapse

רעצידיווי'סט דער (ן) ◻קע repeater (criminal)

רעציטאַציע די (ס) recital (of poem)

רעציטיר|ן וו ◇ recite

רעצע'נזיע די (ס) (critical) review

רעצענזיר|ן וו ◇ review, write a review of

רעצענזע'נט דער (ן) ⊡ reviewer

רעצע'פּט דער (ן) prescription; recipe

reconnoiter ◇ וו רעקאָגנאָסציר|ן

recommendation (ס) די רעקאָמענדאַציע

recommend, advise, ◇ וו רעקאָמענדיר|ן advocate; •register (mail) ⊢ לאָז|ן זיך ר' be advisable

convalescence (ן) די רעקאָנוואַלעסצע'נץ

reconstruct ◇ וו רעקאָנסטרויר|ן

Recon- □קע (ן) דער רעקאָנסטרוקציאָני'סט structionist

reconstruction (ס) די רעקאָנסטרוקציע

reconnaissance (ן) דער רעקאָנעסאַ'נס

record (achievement); (ן) דער רעקאָ'רד record (known facts) ⊢ שלאָג|ן ר' break a record

record (the sound of) ◇ וו רעקאָרדיר|ן

(tape) recorder (ס) די רעקאָרדירקע

(theater) properties דער רעקוויזי'ט

requisition (ס) די רעקוויזיציע

requisition ◇ וו רעקוויזיר|ן

coat (jacket); (△ ראָק) (עך) דאָס רעקל frock, skirt

advertise ◇ וו רעקלאַמיר|ן

advertisement; adver- (ס) די רעקלאַמע tising, publicity

(world of) advertising דאָס רעקלאַמערײַ'

recruit (ן) דער רעקרו'ט

recruit *imp.* ◇ וו רעקרוטיר|ן

רער די/דער (ן) pipe, tube || פֿ״גל באַקרייער

tubular אַדי רע'רנדיק

pipeline (ס) די רע'רן־ליניע

plumber (ס) דער רע'רן־שלאָסער

noise [RASH] דער רעש

rest, remnant, re- (ן) דער/די/דאָס רעשט mainder; (small) change

רעשטל דאָס (עך) (△ רעשט) remnant || מצ ⊢ אַ ר' צו די צרות odds and ends [TSORES] the last straw

noisy, boisterous [RASHIK] אַדי רעשיק

marble (עך) דאָס רעשל

רעש|ן וו ◇ [RASH] make noise || ר' זיך fuss, make a big to-do

sieve (ס) די רע'שעטע

רפֿואה די (—ות) [REFUE] drug, remedy; cure, medicine ⊢ קאַלט|ע ר' useless remedy ⊢ ניטאָ' אויף קיין ר' not to be had

medicinal [ ] אַדי רפֿואהדיק

רפֿואה־שלמה די [shLE'YME] complete recovery ⊢ ווינטש|ן ד אַ ר' wish a speedy recovery

will, desire [ROTSN] דער רצון

רצועה די (—ות) [RETSUE] leather strap of the phylacteries

רציחה די (—ות) [RETSIKhe] outrage; fury, violence, ferocity

רציחהדיק אַדי [ ] violent, ferocious, murderous, savage, vicious

רק אדוו [RAK] continuously || רק ער עסט he keeps eating

רשות דער (ן) [RESHU'S] authority, permission; clearance; domain, jurisdiction ⊢ האָב|ן* אין ר' possess; have at one's disposal ⊢ נעמ|ען אין ר' take possession of ⊢ געב|ן* ד ר' (צו) empower, permit ⊢ נעמ|ען זיך ר' take leave; take the liberty ⊢ אין ר' פֿון at the disposal of

רשות־היחיד דער [HAYO'KhED] private domain

public domain [HORA'BIM] דער רשות־הרבים

רשי פּנ [RASHE] Rashi, author of an 11th-cent. commentary on the Bible and the Talmud which is studied along with the sacred works themselves

רשי־כּתב דער [KSAV] a Hebrew type font in which, among others, the Rashi commentary is printed

list [RESHIME] (—ות) די רשימה

רשע דער (ים) □טע [ROShE—RESHOIM] villain, wicked/malicious person

•רשעות זעו רישעות

רשע־מרושע דער (ס) [MERU'ShE] extremely malicious man

ש

ש דער/די [shIN] letter of the Yiddish alphabet; pronounced [sh]; numerical value: 300

שאַ! אינט (מצ: שאַט/שאַטס) hush! quiet! silence! wait! ⊢ שאַ שאַ! there, there! || זאָל זײַן שאַ! quiet! || פֿ״גל ש אַ ־ ש ט י ל

שאַביי'סע־נאַכט(ס) זען ש ב ת (צו נאַכטס)

שאַבלאָ'ן דער (ען) stencil; cliché

שאַבלאָניק אַדי hackneyed

שאָב|ן וו (געשאָבן) scrape *imp.*

שאַבער דער (ס) crowbar

שאָד דער pity, shame || אַ ש' unfortunately; too bad ⊢ אַ ש' אַ a waste of || אַ ש' די צײַט a waste of time

שאָדן דער (ס/שאָדוינעס) damage, harm, injury, loss; mischief ⊢ האָב|ן* ש' suffer loss ⊢ קומ|ען צו ש' come to grief

•שאָד|ן וו ◇ זען ש אַ ט ן

שאָ'דנווינקל דער (ען) mischief maker; imp

שאָוויניזם דער chauvinism

שאַט זען ש אַ

שאַטײַע|ן זיך וו ◇ stagger *vi.*

שאַטירונג די (ען) shade (of color), hue

שאָטיש אַדי Scottish

שאָטלאַנד (דאָס) Scotland

שאַט|ן וו (געשאַ'ט) ‹ד› harm, hurt *imp.* || ניט קענ|ען* ש' not be a bad idea || עס קען ניט ש' ‹צו› it can't hurt to || עס האָט אים גאָרניט געשאַ'ט he is none the worse for it

שאָטן דער (ס) shadow, shade

שאָ'טנדיק אַדי shady; seamy (*fig.*)

שאַטע'ן אַפּ light-brown (hair)

שאַך אינט check! || האַלט|ן אין ש' keep in check

שאָך דער (ן) chess; chess set

שאָכברעט די (ער) chessboard

שאַכטיאָ'ר דער (ן) miner

שאַכטע די (ס) mine, shaft

שאַכער־מאַ'כער (דער) dark dealings

שאָ'כפֿיגור די (ן) chessman

שאַל די/דער (ן) △ דער שאַליק/שאַלכל scarf, shawl

שאָל די (ן) shell; bowl

שאַלאַטן מצ lettuce

שאלה די (—ות) [shAYLE] question; question regarding ritual purity

שאלות־ותשובֿות די [shAYLES-TSHU'VES] (*Jew.*) responsa, published rabbinical opinions on matters of religious law

שאָלטיק דער (עס) scoundrel, rake

שאַ'לטעווע|ן וו ◇ rule (arbitrarily/cruelly)

שאַל|ן וו ◇ resound

שאָלעכץ די/דאָס (ן/ער) shell, husk, rind, peel, skin

שאַלעמויז|ן וו ◇ sing-song

שאַ'לקהאַפֿטיק אַדי wicked

שאַם=שאָם דער זען ש ו י ם

שאַמפּאַניער דער champagne

שאַמפּו' דער (ען) shampoo

שאַמפּוניר|ן וו ◇ shampoo

שאַנד די shame; disrepute || ווער|ן צו ש' (און צו שפּאָט) be put to shame, be disgraced ⊢ צו ש' מאַכ|ן shame

שאַנדהויז דאָס (...הײַזער) brothel

שאַנדסלופֿ דער (עס) pillory || שטעל|ן צום ש' pillory
'שאַנדע זען בושה, חרפה, שאַנד
שאַנדפֿלעק דער (ן) stigma
שאַנדקלאָץ דער (...קלעצער) pillory
שאַנס דער (ן) chance || מצ odds, chances
שאַ'נעווע|ן וו ◇ spare; save; take good care of
שאַנץ דער (ן) ditch, trench
שאַנק די/דער (שענק) closet
שאָנקייט די beauty (of person)
שאָס דער (ן) shot; discharge, report, burst
שאָסוועג דער (ן) trajectory
שאַסי' דער (ען) chassis
שאָסיי' דער (ען) highway
שאַפּ דער (שעפּער) אַמער (indus.) workshop
שאָפּ דער racoon || שאָפּ'ן אַדי
שאָף די/דער (—) sheep
שאַפֿונג די (ען) creation
שאַפֿי'ר דער (ן) sapphire
שאָפֿי'ר־ליצענץ די (ן) driver's license
שאָפֿי'ר|ן וו ◇ drive (car); chauffeur
שאַפֿ|ן וו (געשאַפֿן) create; procure, raise (money); command, order (to be brought) ⊢ ש' זיך מיט deal with, handle; order around, domineer ⊢ ניט האָב|ן* צו ש' not be in charge
שאָ'פֿנפֿלייש דאָס mutton
שאַפֿע די (ס) closet, cupboard
שאָפֿע'ר דער (ן) □שע driver, chauffeur
שאַ'פֿעריש אַדי creative
שאַץ דער value, rating; worth || אָן אַ ש' invaluable, priceless
שאַצונג די (ען) appraisal, estimate
שאַציק אַדי estimated
שאַצ|ן וו ◇ estimate, rate, appraise, value *imp.*
•שאַ'צקאַמער די (ן) treasury
שאָק דער (ן) shock
שאָק דער/דאָס (—) threescore, sixty
שאַקאַ'ל דער (ן) jackal
שאָקאָלאַ'ד דער (ן) chocolate || שאָקאָלאַ'דן אַדי
שאָקאָלאַדקע די (ס) candy bar, (piece of) chocolate

שאָקיר|ן וו ◇ shock, scandalize
שאָקל דער (ען) shake, nod
שאָקל|ען וו ◇ rock, shake *vt/imp* || ש' מיטן קאָפּ (אויף יאָ) nod || ש' זיך reel, rock *vi.*
שאַראַ'ד דער (ן) charade
שאַרבן דער (ס) skull
שאַרזשיר|ן וו ◇ exaggerate (artistically)
שאַריי' דער (ען) dawn
שאַרייע|ן וו—אומפּ ◇ (אויף טאָג) dawn
שאַר:יע|ן וו ◇ = שאַרייען
שארית־הפליטה די [shEYRES-HAPLE'YTE] remnants, survivors, esp. Jews surviving the German extermination campaign of World War II
שאָרך דער (ן) rustle
שאָרכ(ע)|ן וו ◇ rustle
שאַרלאַטאַ'ן דער (ען) □קע charlatan, impostor
שאַרלעך (רויט) אַדי scarlet
שאַרם דער charm
שאַר|ן וו ◇ ⟨מיט/אַ⟩ rake, scrape, shuffle *vt.* || ש' זיך shuffle *vi.*, move along the ground ⊢ ש' זיך צו court
שאַרני'ר דער (ן) joint, hinge
שאָרסטיק אַדי rough, stubbly
שאָרעך דער זען שאָרך
שאַרף[1] אַדי .1 sharp; spicy; poignant; keen, acute; abrupt, blunt ⊢ .2 די (ן) edge, blade
שאַרף[2] די (ן) sash, scarf
שאַרפֿ|ן וו ◇ sharpen, whet *imp.*
שאַ'רפֿצילער דער (ס) sniper
שאַרפֿקייט די sharpness, keenness; acuity
שאַרפֿשטיין דער (ער) whetstone
שאַ'־שטי'ל אַפּ very quiet
שבֿ... [shEBE] in the highest degree, outstanding ⊢ ביטער־שבביטער extremely bitter
שבת דער (ים) [shABES—shABOSIM] Saturday; Sabbath ⊢ האַלט|ן ש' spend/celebrate the Sabbath ⊢ מאַכ|ן ש' prepare to celebrate the Sabbath ⊢ מאַכ|ן ש' פֿאַר זיך (*hum.*) remain aloof ||

אַ גוטן ש' good evening (*said on Friday evening*); hello (*said on the Sabbath*) ⊢ ש' צו נאַכט(ס) Saturday evening ⊢ זען שבתע־נאַכט(ס)

שבת־אויפּס דאָס [ ] (*Jew.*) fruit or candy given to children on the Sabbath

שבת־גוי דער (ים) [ ] gentile hired to perform domestic chores forbidden to Jews on the Sabbath, e.g. lighting a fire

שבתדיק אַדי [ ] Sabbath; festive

שבת־זו'נטיק דער (ן) [ ] weekend

שבתע־נאַכט(ס) דער/אַדוו [shABE'YSE] Saturday evening

שבֿאָ: די מלכה ש' [MALKE shvo] the queen of Sheba

שבֿועה די (—ות) [shvUE] oath || היי'ליק|ע ש' solemn oath ⊢ פֿאַלש|ע ש' perjury || געב|ן* אַ ש' take an oath

שבֿועות דער [shvUES] Shabuoth, Pentecost, an early summer holiday celebrating the gathering of the first fruits and the giving of the Torah to the Jews

שבֿועותדיק אַדי [ ] pertaining to Shabuoth

שבֿח דער (ים) [shvAKh—shvOKhIM] praise; compliment ⊢ נאָכ|זאָג|ן ד אַ ש' commend, compliment ⊢ דערצייל|ן פּאַס שבֿחים, זאָג|ן די שבֿחים פֿון extol (the virtues of)

שבֿט דער [shvAT] Shebat, the fifth month in the Jew. calendar, usually coinciding with parts of January and February

שבֿט דער (ים) [shEYVET—shvOTIM] tribe

שבֿעה זען שיבֿעה

שבֿעה־עשׂר בתּמוז [shIVOSER-BETA'MEZ] the 17th day of Tammuz, a Jew. fastday commemorating the siege of Jerusalem by the Babylonians

•שבֿרי־כּלי זען שיבֿרי־כּלי

שגעון דער (ען/ות) [shIGOEN—shIGONEN/shIGOYNES] madness; craze, whim

•שגץ דער זען שייגעץ

שד דער (ים) [shED—shEYDIM] ghost; devil, demon

שדי [shADAY] (*Jew.*) one of the names of God

שדים־... [shEYDIM] haunted

שדים־טאַנץ דער [ ] ghosts' dance; pandemonium

שדיש אַדי [shEDIsh] uncanny, ghostly

שדכן דער (ים) □טע [shATKhN—shATKhoNIM] matchmaker, marriage broker

שדכנות דאָס [shATKhONES] matchmaking; matchmaker's fee

שדכנ|ען וו ◇ [shATKh'N] attempt to match ⊢ ש' זיך צו court, woo

שדל דאָס (שדימלעך) [shEDL—shE'YDIM-LEKh] imp

שדרה די (—ות) [shEDRE] spine

שדרה־... [ ] spinal

שדרהדיק אַדי [ ] vertebrate

שהחיינו דער [shEKhEYONU] benediction over a happy occurrence, the arrival of a holiday, or the first taste of a fruit in a new season

שהיות מצ [shIES] delays || מאַכ|ן ש' stall, delay *vi.*, dilly-dally

שהי־פּהי [shIE-PI'E]: אָפּ|קום|ען מיט ש' live on a shoestring, live from hand to mouth

שהי־פּהי־בודזשעט דער (ן) [ ] shoestring budget

שהכּל דער (ען) [shAKL] (*Jew.*) benediction over liquids other than wines and over miscellaneous foods

שואל־עצה זײַן* זיך וו (ש' געווע'ן) ⟨מיט⟩ [shOYEL-E'YTSE] consult, seek (the) advice (of)

שוב דער (ן) זען שופּ

שוגגדיק אַדי [ ] involuntary, unintentional

שוגג־טייטונג די (ען) [sho'YGEG] manslaughter

שווא די (ס) [shEYVE] = שוואַ

שוואַ דער (ען) the Hebrew vowel sign ְ , designating the unstressed vowel [E], or absence of a vowel, after the con-

sonant under whose letter it is placed; e.g. מְ = [M(E)]
שוואָגער דער (ס) brother-in-law
שוואונג זען שווונג
שווא־ושקר דער [SHAVESHEKER] utter falsehood
שוואַך אַדי weak, faint, feeble
שוואַ'כינק|ער דער–געב weakling
שוואַכקייט די (ן) weakness, frailty; foible
שוואַ'כקעפּיק אַדי feeble-minded
שוואַלאָם אַדי at a gallop
שוואַלב די (ן) △ שוועלבל swallow
שוואַם דער (ען) = שוואָם
שוואָם דער/די (ען) △ שוועמל sponge, mushroom; fungus
שוואַן דער (ען) swan
•שוואַנגער אַדי pregnant
•שוואַ'נגער|ן וו ◇ be pregnant
•שוואַ'נגערשאַפֿט די (ן) pregnancy
שוואָרעם דער (ס) swarm
שוואַרץ 1. אַדי black || שרײַב|ן אויף ש׳ write a rough draft (of) ⊢ ש׳ אויף ווײַס in black and white ⊢ (in cards) spades 2. דאָס ⊢ ש׳|ע יאַגדע blueberry
שוואַ'רצאַפּל דאָס (ען) pupil (of eye)
שוואַ'רצאַרבעט די unskilled labor
שוואַ'רץ־אַרבעטאָרער דער (ס) laborer
שוואַ'רצאַרבעטער דער (ס) = שוואַרץ־אַרבעטאָרער
שוואַרץ־יאָ'ר דער (fig.) devil || גיי|ן* צום ש׳ go to the devil ⊢ דער ש׳ זאָל אים נעמען the devil take him
שוואַרצ|ן וו ◇ blacken imp.; smuggle, run (bootleg); steal across ⊢ ש׳ דעם גרענעץ steal across the border
שוואַרצ|ער הער–געב black man
שוואַרצער דער (ס) bootlegger, smuggler
שווה־בשווה אַפּ ⟨מיט⟩ [SHOVE-BESHO'VE] on good terms
שווה־כּסף דער [KESEF] payment in kind
שווה־לכל־נפֿש אַפּ [LEKHO'L-NE'FESH] amenable
שוואַקס דער shoe polish

שווילטאָג דער (excessive) opulence, (iro.) luxury
שווים דער (ען) mushroom
שווום דער (ען) swim; swimming stroke
•שווונג דער (ען) swing; zest
שוויבל|ען און גריבל|ען וו ◇ מיט swarm, abound with
שוויגער די (ס) mother-in-law
שווײַג: מאַכ|ן אַ ש׳ ⟨וועגן⟩ keep quiet (about), keep (stg.) under one's hat
שווײַג|ן וו (געשוויגן) be silent, be still, shut up
שווײַ'גנדיק אַדי silent, tacit
שווײַ'געוודיק אַדי reticent, taciturn
שווייגער דער (ס) □קע dairyman
שווײַגער דער (ס) □קע reticent person
שווייס דער sweat, perspiration
שווייס|ן וו ◇ weld
שווייץ (די) Switzerland
שווייצאַ'ר דער (ן) doorman, janitor
שווייצער אַדי–אינוו Swiss
שווי'מבאַסיין דער (ען) swimming pool
שווי'מהײַטל דאָס (עך) (water birds') web
שווימיק אַדי buoyant
שווימ|ען וו (געשוווּמען) swim, float *vi.* || לאָז|ן ש׳ float *vt.*
שווימער דער (ס) ⊡ swimmer
שווימערײַ' די (ען) swimming pool
שווי'מערל דאָס (עך) float
שווימקעס מצ swimming trunks
שווינדל דער (ען) fraud, swindle, hoax, fake, racket, humbug, trickery
שווי'נדלדיק אַדי staggering; dizzy
שווי'נדלטרעפּ די (ן) spiral staircase
שווינדל|ען וו ◇ cheat *vi.* || ש׳ אומפּ ד (אין קאָפּ) (*rev. con.*) be dizzy/giddy
שווינדלער דער (ס) □קע trickster; racketeer
שווי'נדלעריש אַדי fraudulent
שווינטוך דער (עס) slob
שווינקע די mumps
שוויץ די (ן) = שוויצבאָד
שוויצבאָד די (...בעדער) Turkish bath, steambath
שוויצ|ן וו ◇ sweat, perspire

שווישטשען|ן וו ◈ זען סווישטשען

שוועבל דער sulphur

שוועב|ן וו ◈ hover, float on air, glide, soar

שווע'בעלע דאָס (ך) match

שוועבשפּרייט די (ן) magic carpet

שווע'גערין די (ס) sister-in-law

שוועד דער (ן) ⊡ Swede

שוועדיש אַדי Swedish

שוועדן (דאָס) Sweden

שוועל די/דער (ן) doorstep, threshold

שוועמל דאָס (עך) (שוואָם △) mushroom || גיפֿטיק ש' toadstool

שווע'נגער|ן וו ◈ be pregnant

שווע'נגערקלייד דאָס (ער) maternity dress || מצ maternity clothes

שווענק דער (ען) rinsing

שווענקעכץ דאָס (ן) rinse, wash (substance); mouthwash, gargle

שווענק|ען וו (◈/געשוואָנקען) rinse; gargle *imp.*

שוועסטער די (—) sister; nurse

שוועסטערײַ' דאָס nursing

שוועסטערקי'נד דאָס (ער) cousin

שווער אַדי heavy; hard, difficult; rugged || ש' מאַכ|ן ד דאָס האַרץ discourage, grieve *vt.* ⊢ אָנ|קומ|ען ש' אומפּ ⟨ד⟩ be difficult (for)

שווער דער (ן) father-in-law

שווער־און־שווי'גער מצ parents-in-law

שווע'רברעכיק אַדי tough

שווערד די (ן) sword

שווע'ריקייט די (ן) difficulty, hardship

שווע'רלײַביק אַדי corpulent

שווער|ן וו (געשווירן/געשוואָרן) swear *vt/vi* || ש' זיך swear *vi.* || איך וואָלט געמע'גט ש' I could have sworn

שווערפּונקט דער (ן) center of gravity

שווערקייט די (ן)=שווע'ריקייט

שווערקראַפֿט די (force of) gravity

שוחד דער [SHOYKHED] bribe; bribery, graft

שוחט דער (ים) [SHOYKHET—SHOKHTIM] Jew. ritual slaughterer

שוטה דער (—ים) [SHOYTE—SHOYTIM] fool, blockhead

שויב די (ן) △ שײַבל pane, glass

שוי'בווישער דער (ס) windshield wiper

שויבער דער (ס) shock (of hair)

שוידער דער (ס) shudder; horror

שוי'דערלעך אַדי horrible, dreadful

שויוול דאָס △ שײַוועלע (dust)pan, shovel

שויט דער/די (ן) pod

שוים דער (ען) foam, froth

שוי'מגומע די foam rubber || שוי'מגומען אַדי

שוימ|ען וו ◈ foam, froth

שוין אַדוו already; at once; as early as || ש' ניט no longer || און ש' and that's all || ניט שוין זשע really (in questions expressing disbelief) ⊢ ניט ש' זשע איז זי שענער? is she really prettier?

•שוינען זען אָפּהיטן, שאַנעווען

שויס דער/די (ן) lap; (*fig.*) bosom; (poetically) womb

•שויפֿענצטער זען וויטרינע

•שוישפּיל זען פּיעסע, פֿאָרשטעלונג

•שוישפּילער זען אַקטיאָר, אַרטיסט

שוך דער (שיך) △ שיכל shoe

שו'כבענדל דאָס (עך) shoelace

שוכוואַרג דאָס footwear

שו'כלעפֿל דער (—) shoe horn

שול די (ן) school; synagogue || ווײַ'בערש|ע ש' women's section in a synagogue

שול... school, scholastic

שולד די (ן) guilt, fault, blame || אַרויפֿ|וואַרפֿ|ן די ש' אויף blame

שולדאַקט דער (ן) (text of) indictment

שולדבאַנק די (...בענק) (court) dock

שולדיק אַדי guilty || גאָט די נשמה ש' [NESHOME] completely innocent ⊢ זײַן* ש' be to blame, be at fault ⊢ זײַן* ש' ⟨ד⟩ owe ⊢ געפֿינ|ען פֿאַר ש' convict

שו'לדיקייט די (ן) duty, obligation

שו'לדיק|ן וו ◈ incriminate

שו'לדיק|ער דער—געב culprit

שו'לדשאַפֿיק אַדי incriminatory

•שו'לוועזן דאָס (ס) school system

שולונג די (ען) training

שולחן דער (ס) [SHULKhN] reader's desk in a synagogue
שולחן־ערוך דער [O'REKh] Shulhan Aruk, the collection of laws and prescriptions governing the life of an Orthodox Jew
שול|ן וו ◇ school, train *imp.*
שולע די (ס) school
שולפֿעלד דאָס (ער) campus
שום זען אָ|ן, קיין
שומר דער (ים) ◻טע [SHOYMER—SHOMRIM] guard, sentry, warden
שומר־ומציל זײַן* וו (ש' געווע'ן) [UMA'TSL] protect and save ⊦ גאָט זאָל אונדז ש' זײַן! Heaven protect us!
שומרטע די (ס) [ ] chaperone
שומר־מיצוות דער (שומרי־) [MITSVES—SHOMRE] observant Jew
שונד דער literary trash
שו'נדראָמאַן דער (ען) trashy novel
שוסטער דער (ס) ◻קע shoemaker, cobbler
שו'סטערגאַס: אַרײַנ|גיי|ן* אין ש' lose its exclusiveness, become (unduly) popular
שופּ די (ן) flake; (fish) scale || מצ also dandruff
שופֿט דער (ים) [SHOYFET—SHOFTIM] judge; referee, umpire ⊦ מצ [SHOYFTIM] (Book of) Judges
שופֿל דער (ען) shovel; scoop
שופֿלאָד דער/דאָס (ן/שו'פֿלעדער) △ שו'פֿלעדל drawer
שופֿל|ען וו ◇ shovel
שופֿר דער (ות) [SHOYFER—SHOYFRES] shophar, the ram's horn blown in synagogues on Rosh Hashanah and Yom Kippur ⊦ בלאָז|ן ש' blow the shophar
•שוץ די (ן) protection
•שוצ... זען שיצ...
•שו'צגראָבן דער (ס) trench
שור־בו'ר דער .1 hodgepodge || .2 אַדוו helter-skelter
שורה די (—ות) [SHURE] line, row, file || אין אַ ש' abreast || או'נטערשטע|ע ש' upshot, conclusion ⊦ אין דער או'נטערשטער ש' ultimately || נײַ|ע ש' (new) paragraph
שור־הבר דער [SHORABO'R] the legendary wild ox or bison which will be eaten by the righteous when the Messiah comes, according to Jew. lore
שורק דער [SHUREK] = מלופּן־וואָוו
שורש דער (שרשים) [SHOYRESh—SHEROSHIM] grammatical root; root (*fig.*)
שושן־פּורים דער [SHU'ShN-PURIM] the day following Purim
שושקע|ן וו ◇ whisper *imp.* || ש' זיך whisper to each other
שותּף דער (ים) ◻טע [SHUTEF—SHUTFIM] partner; confederate
שותּפֿות דאָס (ן) [SHUTFES] partnership
שותּפֿותדיק אַדי [ ] common, joint
שותּפֿיש common, joint
שותּפֿישאַפֿט די community (of interests etc.)
ישחט|ן זען שעכטן
שחיטה די (—ות) [ShKhITE] slaughter, esp. Jew. ritual slaughter; massacre
שחרית דער (ים) [ShAKhRES—ShAKhREYSIM] the Jew. morning prayers
שטאַב דער (ן) staff; headquarters
שטאַבע די (ס) bar, rod, pole
שטאַט¹ דער (ן) state (one of the U.S.) || די פֿאַראיי'ניקטע ש'ן the United States
שטאַט² דער pomp || פֿיר|ן אַ גרויסן ש' live in high style ⊦ האַלט|ן ש' keep up appearances
שטאָט די (שטעט) △ שטעטל city || אין (צענטער) ש' downtown
שטאָ'טאויסצי דער urban sprawl
שטאָ'ט־אַנטוויקל דער urban development
שטאָ'טבאַנײַ דער urban renewal
שטאָ'טגאָרטן דער (...גערטנער) park
שטאַ'ט־דעפּאַרטעמענט דער—אַמער State Department
שטאָטטייל דער (ן) borough
שטאָ'ט־יועץ דער (ים) [YOYETS] alderman
שטאַטיש אַדי state

שטאָטיש אַדי urban, city, municipal, metropolitan

שטאָ'ט־משוגענ|ער דער—געב [MESHU'GENER] village idiot

שטאַ'טנשאַפֿט די (U. S.) statehood

שטאָטס פּרעפּ instead of

שטאַ'ט־סעקרעטאַר דער (ן) אַמער Secretary of State

שטאָטפּלאַץ דער (...פּלעצער) square

שטאָטראָט דער (ן) city council

שטאָטשאַפֿט די (ן) township

שטאָך 1. דער (ן) prick, sting, pang, stab; insinuation; (sarcastic) dig ⊢ אַ ש' טאָ|ן* prick ⊢ 2. דער (שטעך) stitch || אָן אַ ש' אַרבעט without a stitch of work

שטאַכע'ט דער (ן) picket (in a fence)

שטאַל די/דער (ן) △ שטעלכל stable, stall

שטאָל דאָס steel

שטאָ'ל־און־אײַ'זן אַדוו strongly, stalwartly

שטאָ'לוואַטע די steel wool

שטאַלט דער (ן) shape

שטאַלטיק אַדי shapely, stately, presentable

שטאַלטנע אַדי = שטאַלטיק

שטאָל'ן אַדי steel

שטאָלץ¹ 1. אַדי ⟨מיט⟩ proud (of) || 2. דער pride

שטאָלץ² דער (ן) stilt

שטאָלציר|ן וו ◇ ⟨מיט⟩ exult (in), pride oneself (on)

שטאָ'לצנדיק אַדי stilted

שטאַם דער (ען) trunk, stem; •clan, •race; •tribe

•שטאַמבוים דער (...ביימער) pedigree

שטאַמל|ען וו ◇ (מיט דער צונג) stammer, stutter

שטאַמלער דער (ס) ⊡ stutterer

שטאַמ|ען וו ◇ פֿון come from, be descended, be derived from, stem, emanate from

שטאַמפּ דער (ן) die

שטאַ'מפּער|ן וו ◇ stumble

שטאַנג דער/די (ען) beam, bar

שטאַנד דער (ן) standing; estate, station, walk of life ⊢ זײַן* אין ש' be able || ניט אין ש' unable, incapable || צו ש' קומ|ען materialize, come about || צו ש' ברענג|ען bring about, realize

•שטאַנדפּונקט דער (ן) point of view, consideration

שטאַפּל דער/די (ען) step, rung; degree, level

שטאַפּלונג די (ען) comparison (of adjectives)

שטאָפּ|ן וו ◇ stuff *imp.*

שטאָפּסל דאָס (עך) (cigarette) butt

שטאָף דער (ן) matter, stuff; cloth, fabric, material

שטאַפֿי'ר דער (ן) trousseau

שטאָפֿ'ן אַדי of material, of cloth

שטאַפֿע'ט דער (ן) runner, herald

שטאָציק אַדי steep

•שטאָק¹ דער (—) floor, story

•שטאָק² דער (ן) זען שטעקן

שטאָק: ש' בלינד stone blind || ש' פֿינצטער pitch dark ⊢ ש' נאַכט darkest night || ש' טויב stone deaf

שטאָר דער/די (ן) cataract (of the eye)

שטאַרביק אַדי mortal

שטאַ'רביקייט די mortality, death rate

שטאַרב|ן וו (איז געשטאָרבן) die || ש' ⟨פֿון⟩ succumb (to) ⊢ ש' פֿון/פֿאַר הונגער starve to death ⊢ ש' מיט אַ גרינגן טויט die an easy death ⊢ ש' נאָך be dying for

שטאָרע די (ס) (window) blind, shade

שטאָרעם דער (ס) gale

שטאַ'רצבאַלקן דער (ס) cantilever

שטאַרציק אַדי protruding, jutting; salient

שטאָרצל דאָס (עך) stub

שטאַרק 1. אַדי strong, rugged; stiff (drink); powerful, potent ⊢ 2. אַדוו greatly, very; (need, want) badly; (try, hit, etc.) hard

שטאַרקייט די (ן) intensity, strength

שטאַרק|ן וו ◇ strengthen, invigorate *imp.* ⊢ ש' זיך ⟨קעגן⟩ rally, brace oneself

שטאַרקעכץ דאָס (ן) tonic
שטאַ'רקערקייט די superior strength
שטוב 1. די (שטיבער) △ שטיבל house, home || אין ש' at home; indoors || 2. •די (ן/שטיבער) room
שטוב... indoor
שטו'בזאַכן מצ housewares
שטו'בזיצער דער (ס) ⊡ homebody
שטוביק אַדי domestic, indoor; cozy; tame
שטו'ביקונג די domestication
שטו'ביק|ן וו ◇ domesticate
שטו'בפּירערין די (ס) housekeeper
שטו'דיום דער/דאָס (ס) studies
שטו'דיע די (ס) study, investigation
שטודיר|ן וו ◇ study in a college or university; study *vt.* (a subject)
שטוטי'ץ דער (ן) kit; drafting set
שטויב דער/דאָס (ן) dust, pollen; dash (of); fallout
שטויביק אַדי dusty
שטוי'במאַשין די (ען) vacuum cleaner
שטויב|ן וו ◇ dust, vacuum *imp.*
שטוי'בפּאָדעם דער (...פּעדעם) stamen
שטוי'בשופל דער/די (ען) dustpan
שטוי'בשיפעלע דאָס (ך) dustpan
•שטוינונג די amazement
•שטוינ|ען וו ◇ be amazed
•שטוי'נענדיק אַדי amazing
שטויס[1] דער (ן) push, spur, stimulus, inducement, impulse ⊢ אַ ש' טאָ|ן* thrust
שטויס[2] דער (ן) stack
שטויס|ן וו (געשטויסן) push, butt, prod *imp.*; propel; stimulate ⊢ ש' זיך surmise
שטויסער דער (ס) thruster
שטויסקראַפט די thrust
שטול 1. די/דער (ן) chair || 2. די (ן) arm-chair
שטולגאַנג דער stool; bowel movement || האָב|ן* ש' move one's bowels
שטום אַדי dumb, mute
שטו'ם-לשון דאָס [LOSHN] sign language
שטומ|ען וו–ל ◇ be silent

שטומפּיק אַדי dull
•שטונדע זען שעה
שטופּ דער (ן) push, shove; impetus, impulse ⊢ אַ ש' טאָ|ן* push, shove, thrust *pf.*
שטו'פּוועגל דאָס (עך) pushcart, hand truck
שטופּל|ען וו ◇ pit, make uneven
שטופּ|ן וו ◇ push, poke, shove *imp.*; crowd, ⊢ ש' זיך crowd, jostle *vt.* jostle, scramble *vi.*
שטו'פּעניש דאָס congestion
שטו'פּ-שעה די (ען) [sho] rush hour
שטוקאַטו'ר די stucco
שטורך דער (ן) bump, jab || אַ ש' טאָ|ן* ‹ד› nudge, jab
שטורכע|ן וו ◇ poke, push, jostle *vt.* || ש' זיך jostle *vi.*
שטורמיש אַדי violent
שטורעם דער (ס) (thunder)storm; charge, assault
שטו'רעמדיק אַדי stormy, tempestuous, turbulent, vehement; boisterous
שטו'רעמווינט דער (ן) gale, tempest
שטו'רעמ|ען וו ◇ rage; assault, rush, charge, storm
שטו'רעם-פֿויגל דער (-פֿייגל) petrel
שטורקאַ'ץ דער (ן) torch
שטורקע|ן וו ◇ זען שטורכען
שטות דער/דאָס (ים) folly, foolishness, nonsense, poppycock
שטותיק אַדי foolish, ludicrous
שטותערײַ' דאָס folly, nonsense
שטח דער (ים) [shetekh—shtokhim] area; domain; tract
שטיבל דאָס (עך) (שטוב △) small Hasidic house of prayer
שטיוול דער (—) boot
שטײַבל=שטיבל דאָס (עך) (שטויב △) (dust) particle
שטײַג די (ן) cage
שטײַ'גבעטל דאָס (עך) crib
שטײַגל דאָס (עך) (שטײַג △) (bird) cage
•שטײַג|ן וו (איז געשטיגן) ascend; advance

שטייגער דער (ס) manner, way; kind of || ווי דער ש' איז as usual || ווי פֿאַס ש' איז as is usual for ⊢ אַ ש' for example, for instance ⊢ אַ ש' ווי as if || דער ש' לעבן way of life || דער מאָדערנ|ער ש' modern living

שטיי'גערערעכט דאָס common law

שטיי'גערערעכטיק אַדי common-law

שטייִק אַדי stagnant

שטייללאָמפּ דער (ן) floor lamp

שטיין דער (ער) stone, rock || אַ ש' אין וועג an obstacle ⊢ לייג|ן ד ש'ער אין וועג hinder ⊢ לייג|ן ד ש'ער אויפֿן האַרצן discourage ⊢ עס איז מיר אַראָ'פּ אַ ש' פֿון האַרצן I got a load off my chest || ש' רײַך immensely rich

שטיי|ן* וו (מיר/זיי שטייען; איז געשטאַנען) stand; be written; (clock) have stopped ⊢ ש' פֿאַר face, be up against || ש' אַנטקעגן face || ש' דערבײַ' stand by ⊢ בלײַב|ן ש' stop *vi.*, pause; pull up || ווי נאָס שטייט און גייט as is

שטיין־און־ביין: לייקענ|ען ש' deny completely, deny everything

שטיינבאָק דער capricorn

שטיינדל דאָס (עך) (שטיין △) pebble

שטיי'נדלדיק אַדי pebbly

שטיי'נערדיק אַדי stony, rocky

שטיינערײַ' די (ען) quarry

שטיי'נערן אַדי stone

שטייסל דאָס (עך) mortar || דאָס איי'בערשט|ע פֿון ש' pestle of a mortar, (*fig.*) stg. indispensable/exquisite

שטיי'ע(נ)דיק אַדי standing; upright; stagnant

שטײַער דער (ן) tax || געב|ן* ⟨ד⟩ צו ש' contribute (to), chip in

שטײַ'ערדיק אַדי taxable || ניט־ש' tax free

שטײַ'ער־מאָנער דער (ס) tax collector

שטײַער|ן זיך וו ◇ wrestle

שטײַ'ער־פֿאַרהאַלט דער tax withholding

שטײַ'ערקלאַס דער (ן) tax bracket

שטײַף אַדי rigid, stiff, tight, taut; prim

שטײַפֿ|ן זיך וו ◇ bristle

שטײַפֿקייט די stiffness || אַ ש' אין רוקן a stiff back

שטיל¹ 1. אַדי quiet, still; soft (voice); silent, tacit ⊢ 2. די quiet || אין דער ש' quietly

שטיל² די/דער (ן) shaft

שטיל|ן וו ◇ quell, quench, slake *imp.*

שטילנע אַדי snug, tight

שטילע'ט דער (ן) dagger

שטילקייט די silence, quiet; hush

•שטילשטאַנד דער (ן) standstill, cessation

שטים די (ען) voice; vote, ballot || אָפּ|געב|ן* די ש' cast one's ballot || ש' אויף יאָ aye ⊢ ש' אויף ניין nay

שטימ... vocal

שטי'מבודקע די (ס) polling booth

שטימבייג דער (ן) (voice) inflection

שטימונג די (ען) mood, spirits

שטימיק אַדי voiced

שטימ|ען וו ◇ vote, ballot || ש' ⟨מיט⟩ fit in, check, tally, accord (with), correspond (to), match; be compatible (with)

שטי'מצעטל דער (ען) ballot

שטי'מרעכט דאָס suffrage, franchise

שטינקע די (ס) smelt

שטינק|ען וו (געשטונקען) stink

שטיפּ... step... || שטי'פּמאַמע stepmother

שטיפֿט דער (ן) lead (for a pencil); pin, stud

שטיפֿ|ן וו ◇ carry on, play pranks, have fun, be naughty

שטיפֿער דער (ס) □קע naughty child, brat

שטיפֿערײַ' דאָס (ען) mischief, pranks; frolic

שטי'פֿעריש אַדי mischievous; playful

שטיץ דער (ן) support; grant

שטיציק אַדי supportive

שטיצ|ן וו ◇ support, back, countenance; uphold, foster; second (a motion); sustain ⊢ ש' זיך אויף rely upon

•שטיצע די (ס) support

שטיצער דער (ס) ⊡ supporter

שטיק דאָס/די (ער) piece || אַ ש' צײַט (for) some time
שטיק מצ pranks; whims || מאַכ|ן ש' be capricious, carry on *vi.*
שטי'קאַרבעטער דער (ס) ⊡ jobber, piece-worker
שטיקיק אַדי close, choking
שטיקל דאָס (עך) (שטיק △) bit, piece; || cake (of soap); head (of cattle)
אַ ש' נאָס something of a ... || אויף ש'עך in pieces; to pieces
שטי'קלעכווײַז אַדװ piecemeal
שטיק|ן װ ⟐ choke, suffocate *imp.* ||
ש' זיך choke, suffocate, stifle *vi.*
שטי'קעדיק אַדי close (air)
שטיקשטאָף דער nitrogen
שטיק־שטי'קלעך מצ bits, small pieces
שטירדעס זען סטירדעס
שטעג דער (ן) path, lane, trail
שטעטל דאָס (עך) (שטאָט △) small town, ⊦ shtetl; township ⊦ באַשטיי'ן* פּאָס ש' hold one's own, manage *vi.*
שטעך דער barter
שטע'כווערטל דאָס (עך) biting word
שטעכיק אַדי barbed; prickly; pungent, caustic
שטע'כל־חזיר דער (ים) [KhAZER—KhAZEY-RIM] porcupine
שטעכלער דער (ס) hedgehog
שטע'כלקע די (ס) prickle; barb
שטע'כמעסער דער (ס) dagger
שטעכ|ן װ (געשטאָכן) sting, stab, prod *imp.*
שטע'כעווע|ן װ ⟐ swap, barter
שטעכעליר|ן װ ◇ needle
שטעל די (ן) stall, (newspaper) stand; ⊦ place, passage (in a book) פּ״גל שטעלע
שטעל דער (ן) attitude, carriage
שטע'ל־באַטיילונג די (political) patronage
שטעלונג די (ען) stand, attitude; status || אָננעמען אַ ש' ⟨װעגן⟩ take a stand (on)
שטעלכל[1] דאָס (עך) (שטאַל △) shed
שטעלכל[2] דאָס (עך) (שטעל △) stand
שטעלמאַך דער (ן) זען סטעלמאַך

שטעל|ן װ ⟐ put, set (upright or rigid objects); group, place *imp.*; stage (play); pose (question); pickle (vegetables) ⊦ ש' ⟨ד⟩ פּאָקן vaccinate || ש' אויף stake (stg.) on; rely upon || ש' אויף זיך be self-confident || ש' זיך rise, stand up; go bankrupt ⊦ ש' זיך בײַ accept employment with
שטעלע די (ס) job, position || האַלב|ע ש' part-time job
שטע'ל־צעגעבונג די (political) patronage
שטעמפּל דער (ען) stamp (tool or imprint)
שטעמפּל|ען װ ⟐ stamp; brand
שטע'מפּל־קישעלע דאָס (ך) inkpad, stamp pad
שטענגל דאָס (עך) (שטאַנג △) stem, stalk
שטענדיק 1. אַדי steady, standing, permanent, constant ⊦ 2. אַדװ always, ever ⊦ אויף ש' forever, for good
שטענדער דער (ס) stand, lectern, pulpit
שטענצל דער (ען) stencil
שטעפּ|ן װ ⟐ stitch; quilt
שטעפּסל דער/דאָס (ען) (electric) socket, outlet
שטעקל דאָס (עך) (שטעקן △) wand
שטעקן דער (ס/שטע'קנעס) △ שטעקל stick, cane, club
שטעק|ן װ ⟐ stick || ש' אין be involved in; be inherent in ⊦ ש' צווישן stand between ⊦ בלײַב|ן ש' get stuck || האָב|ן* צו ש' אין be at the bottom of || האָב|ן* צו ש' אין דער זאַך have a finger in the pie ⊦ ש' זיך meddle || שטעק(ט) זיך ניט mind your own business
שטע'קן געבליב'ן אַדי stuck, stranded
שטעקשוך דער (...שיך) slipper
שטער דער (ן) block, handicap; foil, obstacle; inconvenience; drawback
שטערבלעך אַדי mortal
שטערונג די (ען) disturbance, disorder
שטערן[1] דער (ס) forehead, brow || קו'פּערנ|ער ש' brazen face || קנייטש|ן דעם ש' knit one's brow

שטערן² דער (—) star || פֿאַ'לנדיק|ער ש' shooting star

שטער|ן וו ◇ ⟨ד⟩ be in the way (of), hinder, interfere, disturb, impede, intrude upon, disrupt ⊦ש' ד צו prevent (sb.) from

שטע'רנדל דאָס (עך) (שטערן ∆) asterisk

שטע'רן־זעער דער (ס) ⊡ stargazer

שטע'רן־חלל דער (ס) [KHOLEL] sinus

שטע'רן־טיכל דאָס (עך) traditional lady's head covering

שטע'רן־פֿליִער דער (ס) astronaut

שטע'רן־פֿליִערײַ דאָס astronautics

שטערער דער (ס) ⊡קע trouble maker, intruder

שטערצל דאָס (עך) lid (of a pot)

שטע'רצעלע דאָס (ך) (שטערצל ∆) cap

שטר דער (ים) [SHTAR—SHTORIM] deed; bill

שטראָז דער (ן) highway, turnpike

שטראָך דער (ן) bar, stroke (of the pen)

שטראַל דער (ן) ray; beam (of rays)

שטראַלונג די radiation

שטראַל|ן וו ◇ beam, radiate; be jubilant

שטראַ'לנדיק אַדי beaming, radiant, jubilant

שטראָם¹ דער (ען) stream, current; tide, flow, burst; trend

שטראָם² דער (ען) scar

שטראָ'מבעקן דער (ס) (river) basin

שטראָ'מליניע די (ס) [NY] streamline

שטראָ'מליניק אַדי streamlined

שטראָמ|ען וו ◇ flow, stream

שטראָמקרײַז דער (ן) circuit

שטראָמשוועל די (ן) rapids

שטראַף דער (ן) fine

שטראָף די (ן) penalty, punishment; sentence

שטראָפֿ... penal

שטראָ'פֿאַרבעט די (penal) hard labor

שטראָפֿהויז דאָס (...הײַזער) penitentiary

שטראַפֿיר|ן וו ◇ fine

שטראָפֿ|ן וו ◇ punish; reprove, chastise

שטראָפֿקוויט דער (ן) ticket (for parking etc.)

שטראָפֿרייד מצ reproof

שטרודל דער (ען) strudel, (type of) fruit cake

שטרוי 1. דער (ען) (strand of) straw || 2. די straw (coll.) ⊦ פֿיר|ן ש' קיין מצרים [MITSRAIM] carry coals to Newcastle

שטרויכל דער (ען) bump

שטרוי'כלדיק אַדי bumpy

שטרויכלונג די (ען) temptation

שטרויכל|ען וו ◇ tempt

שטרוי'כלשטיין דער (ער) stumbling block

שטרויס דער (ן) ostrich

שטרוי'ע(ר)ן אַדי straw, thatched

שטר־חובֿ דער (ות) [SHTARKHO'YV] debenture

שטרעב|ן זיך וו ◇ ⟨צו⟩ strive

שטרײַמל דאָס (עך/ען) fur-edged hat, worn by rabbis and Hasidic Jews on the Sabbath and holidays

•שטרײַף דער (ן) stripe, strip

שטרײַק דער (ן) (labor) strike || ש' פֿאַ'ר זיך wildcat strike

שטרײַ'קברעכער דער (ס) strikebreaker, scab

שטרײַק|ן וו ◇ (labor) strike *vi.*

שטרײַקער דער (ס) ⊡קע striker

שטריך דער (ן) trait, feature

שטריכיר|ן וו ◇ hatch (with lines)

שטרימפּ מצ hose

שטריק דער/די (—) rope

שטרי'קדרייער דער (ס) rope maker

שטריקוואַרג דאָס knitwear

שטרי'קטענצער דער (ס) ⊡קע rope dancer

שטריקל דאָס (עך) (שטריק ∆) string; leash || איבער|צי|ען דאָס ש' carry things too far

שטרי'קל־דרייער דער (ס) זען שטריק־דרייער

שטרי'קלייטער דער (ס) rope ladder

שטריק|ן וו ◇ knit *imp.*

שטרי'קערײַ דאָס knitting

שטרעב דער (ן) aspiration, striving

שטרעבונג די (ען) ⟨צו⟩ aspiration, pursuit

שטרעב|ן װ ◇ aim *vi.*, strive, aspire || ש' צו seek to

שטרענג אַדי severe, strict, stern, harsh, rigorous

שטרענגקייט די severity, rigor

שטרעק|ן זיך װ ◇ extend; strain

'שטרעקע זען מהלך

שטשאַװ דער sorrel

שטשאָר דער (שטשערעס) = שטשור

שטשור דער (עס) rat

שטשילָנע אַדי זען שטילָנע

שטשיפּע|ן װ ◇ אַ nibble (at)

שטשירע|ן װ ◇ מיט grind (teeth)

שטשע'לָניצע די (ס) (gunnery/rifle) range

שטשעמע|ן װ ◇ clench *imp.*

שטשעפּ דער (ן) graft (of a plant etc.)

שטשעפּע|ן װ ◇ graft

שטשערב דער (עס/ן) notch, jag

שטשערביק אַדי jagged

שיבוש דער (ים) [shIBESh—shIBUShIM] pittance, trifle

שיבן מצ זען שופּ

שי'בעניק דער (עס) □–ניצע rascal

שיבֿעה די [shIVE] (*Jew.*) the seven days of mourning after a close relative || זיצ|ן ש' observe the seven days of mourning

שיבֿעה־ימים מצ [YA'MIM] the seven seas

שיבֿעה־מדורי־גיהנום מצ [MEDU'RE-G(EH)E'NEM] the seven divisions of hell

שיבֿרי־כּלי די (ס) [shI'VRE-KEYLE] wreck, shambles

שידוך דער (ים) [shIDEKh—shIDUKhIM] match ⊢ רעד|ן װ אַ ש' propose a match to

שי'װערשטיין דער slate

שיטה די (—ות) [shITE] doctrine, school of thought; system, method

שיטיק אַדי powdered

שיט|ן װ (געשאָטן/געשי'ט) pour (dry material), strew *vt/imp* ⊢ ש' מיט pour; lavish ⊢ ש' זיך pour *vi.*; (beard) sprout; crumble

שיטער אַדי thin, sparse, rare

שײַ'טערטײַג דאָס batter

שײַבל דאָס (עך) (△ שויב) washer

שייגעץ דער (שקצים) [shKOTSIM] (*cont.*) gentile lad; impudent boy, smart aleck ⊢ זײַן* אַ ש' be naughty/fresh || פֿ'גל שקאָץ

שייד די/דער (ן) scabbard, sheath

שיידוועג דער (ן) crossroads, fork in the road

שיידל דאָס (עך) (△ שייד) (instrument) case

שייד|ן זיך װ ◇ ⟨מיט⟩ part (from)

שײַט דער/דאָס (ן) chunk, piece (of wood)

שייטל דאָס (ען/עך) (*Jew.*) woman's wig

שײַטער דער (ס) pyre; bonfire

שײַ'טער־הויפֿן דער (ס) bonfire; (death at the) stake

שייך אַפּ ⟨צו⟩ [shAYEKh] pertinent, applicable, relevant (to) ⊢ ש' צו re || װאָס ש' ד as for || זײַן* ש' ⟨צו⟩ refer, pertain, be applicable, relate (to), concern ⊢ ניט ש' irrelevant

שייכדיק אַדי [ ] relevant

שײַכות דאָס (ן) [shAYKhES] relation, connection, affinity, bearing

שײַכות־סיסטעם די (ען) [ ] frame of reference

שייל|ן װ ◇ peel *vt/imp* || ש' זיך peel *vi.*

שיימע די (שמות) [shEYMES] stray leaf of a Jew. sacred book

שיין אַדי (△ שענער) beautiful, handsome, pretty, lovely; fair (weather)

שײַן די glow, light || ליי'כטיק|ע ש' light of day

שײַנבילד דאָס (ער) projection slide

שײַנדל דאָס (עך) ornament

שײַ'נדלינג דער (ען) ornament, gem

שיינהייט די (ן) beauty (person)

שײַ'נטורעם דער (ס) beacon

שײַ'נסיגנאַל דער (ן) flare

שײַנ|ען װ ◇ shine, glow; beam

שיינקייט די (ן) (quality of) beauty

שיי'נקייט־סאַלאָן דער (ען) beauty parlor

שײַ'נראַקעט דער (ן) flare

שײַ'עוודיק אַדי self-conscious

שײַ|ען זיך=שײַע|ן זיך וו ⟐ ⟨צו⟩ be reluctant (to)
שײַער דער (ן) barn
שײַער|ן וו ⟐ scrub, scour
שײַקע די (ס) gang
שיכּור 1. אַדי [SHIKER] drunk ‖ 2. דער (ים) [—SHIKURIM] drunk, drunkard
שיכּור|ן וו ⟐ [ ] drink (habitually)
שיכּרות דאָס [SHIKRES] drunkenness
שיכט דער (ן) layer, coat (of paint), stratum; (working) shift
שיכטע די (ס) = שיכט
שיל די (ן) synagogue ‖ פֿ״ל שול
שילד דער/די (ן) sign, signboard; shield
שילדדריז די thyroid gland
שילדל דאָס (עך) (שילד △) plate
•שי'לדערונג די (ען) description
•שי'לדער|ן וו ⟐ depict, describe, portray
שילט|ן וו (געשאָלטן) curse *vt/vi*, vituperate ‖ ש' זיך curse *vi.*
•שילער דער (ס) ⊡ pupil, student
שילשול דער [SHILSHL] diarrhea
שימל דער mold, mildew
שימל|ען וו ⟐ grow moldy
שימער דער gloss
שימעריר|ן וו ◇ glisten, twinkle
שימפּאַנזע די (ס) chimpanzee
שין דער/די (ען) shin, name of the letter ש
שינביין דער (ער) shinbone
שינדל די (ען) shingle
שינד|ן וו (געשונדן) skin *imp.* ‖ ש' ד די פֿעל skin
שינוי די (ים) [SHINE—SHINUIM] alteration, change
שינקע די (ס) ham
שי'ס־געניטונג די (ען) target practice (session)
שי'סטורעמל דאָס (עך) turret
שיסל די (ען) bowl, dish
שיסלאָך די (...לעכער) turret hole, loophole
שיס|ן וו (געשאָסן) shoot
שיסער דער (ס) shot (marksman)
שיסערײַ' דאָס (ען) shooting

שיסערײַ' די (ען) firing range
שי'סעריש אַדי trigger-happy
שיספּלאַץ דער (...פּלעצער) firing range
שיעור דער (ים) [SHIER—SHIURIM] limit; ⊢ (*Jew.*) lesson in the Talmud ‖ אָן אַ ש' countless, without limit, no end (of) ‖ וויפֿל איז דער ש'? how much longer/more?
שיִער ניט אַדוו ‖ almost, nearly; would-be
ש' ניט אַ קינסטלער a would-be artist
שיפּוע דער (ים) [SHIPUE—SHIPUIM] incline, slope
שי'פּעדיק אַדי hushing (sound)
שיפּע|ן וו ⟐ hiss
שיף די (ן) ship, vessel ‖ אויף דער ש' aboard ⊢ אַראָ'פּ פֿון ש' overboard; ashore
•שיף אַדי skew, slanted
שיפֿ... ship's, nautical
שיפֿבויערײַ' דאָס shipbuilding
שיפֿבויערײַ' די (ען) shipyard
שי'פֿבעטל דאָס (עך) berth
שיפֿבראָך דער shipwreck ‖ לײַד|ן ש' be shipwrecked
שי'פֿבראָכיק|ער דער—געב castaway
שי'פֿזשורנאַל דער (ן) ship's log
שיפֿיק אַדי navigable
שיפֿל דאָס (עך) (שיף △) boat
שי'פֿלאָדער דער (ס) stevedore
שיפֿלות דאָס [SHIFLES] inferiority
שיפֿלות־קאָמפּלעקס דער inferiority complex
שיפֿל|ען זיך וו ⟐ go boatriding, go sailing
שיפֿער דער (ס) code, cipher
שיפֿערײַ' דאָס shipping; navigation
שיפֿפּלאַץ דער (...פּלעצער) passage (place on a ship)
שי'פֿפֿאָרטקע די (ס) hatch, porthole
שי'פֿקאַסיר דער (ן) purser
שי'פֿקאַרטע די (ס) ship ticket
שיפֿרי'רט(ערהיי'ט) אַדוו in cipher/code
שיפֿריר|ן וו ◇ put into code
שיץ דער (ן) protection
שיצ... defensive, protective, safety
שיצבלעך דאָס (ן) fender

שיצבריוו דער (—) safe-conduct
שיצוואַל דער (ן) rampart, levee
שי'צמיטל דאָס (ען) protective measure/device, protection
שיצ|ן וו ⟐ guard, protect *imp.*
שיצפּאַס דער (ן) safety belt
שיצפּלאַץ דער (...פּלעצער) shelter
שיק דער elegance, chic || מיט ש' chic
שיקאַניר|ן וו ◇ chicane, vex
שיקאַנע די (ס) chicane, vexation
שיקונג די (ען) consignment, shipment
•שיקזאַל זען גורל
שי'קיינגל דאָס/דער (עך) errand boy
שי'קלדיק אַדי cross-eyed
שיקל|ען וו ⟐ be/look cross-eyed; squint *vi.*, leer
שיק|ן¹ וו ⟐ send || ש' זיך (איינער דעם אַ'נדערן) exchange
שיק|ן² זיך וו ⟐ be proper; be plausible
שיקסע די (ס) (*often cont.*) gentile girl
שיר¹ דער (ים) poem
•שיר² זען שיער ניט
שירה די (—ות) [shIRE] (*Jew.*) religious song of praise
שיר־השירים [shIR(-H)AShI'RIM] the Song of Songs
שיריים מצ [shIRAIM] leftovers, remnants; (*Jew.*) remnants of a rabbi's food, of which Hasidim partake as a matter of honor
שירמע די (ס) screen
שירעם דער (ס) umbrella
שישקע די (ס) cone (of a conifer) || גרויס|ע ש' bigshot
שכיב־מרע דער [shKhI'VMERA] dangerously sick person
שכיח אַפּ [shKhIEKh] customary
שכינה די [shKhINE] the Divine Manifestation, the Divine Presence
שכן דער (ים) ◻טע [shOKhN—shKhEYNIM] neighbor; •lodger, •tenant
שכנה די (—ות) [shKhEYNE] neighbor (*fem.*)

שכנות דאָס [shKhEYNES] vicinity || אין ש' ⟨מיט⟩ next door (to)
שכנותדיק אַדי [ ] adjoining, adjacent
שכניש אַדי [shKhEYNISh] neighboring, adjacent; neighborly
שכנישאַפֿט די (ן) [ ] neighborhood
שלאַבאַ'ן דער (ען) turnpike
שלאַ'בעריק אַדי loose, lax, flabby, limp, sloppy
שלאָ'ג־אינסטרומענט דער (ן) percussion instrument
שלאָגוואָרט דאָס (...ווערטער) slogan
שלאָגיק אַדי vivid
שלאָגלער דער (ס) ⊡ shock worker || מצ shock troops
שלאָג|ן וו (געשלאָגן) hit, beat; strike (the hours) *imp.*; coin, mint *imp.* || ש' מיט strike (hammer etc.) || ש' זיך fight *vi.*
שלאָ'גנדיק אַדי striking
שלאָגער דער (ס) hit (song or play)
שלאָגשמאַנט דער whipped cream
שלאַכט די (ן) battle, combat
שלאַכטל דאָס (עך) (שלאַכט △) skirmish
שלאַכטמאַן דער (שלאַכטלײַט) warrior
שלאַכטפֿעלד דאָס (ער) battlefield
שלאַנג די/דער (ען/שלענג) △ שלענגל snake, serpent ⊢ פּאַפּי'רענ|ע ש' kite
שלאַנק אַדי slender, slim
שלאָס¹ דער (שלעסער) △ שלעסל lock; joint
שלאָס² דער (שלעסער) castle
שלאָס־מם דער/די (ען) [MEM] final mem, name of the letter ם (final form of מ)
שלאָסער דער (ס) locksmith
שלאַף אַדי ill, sick; feeble, languid, limp
שלאָף דער sleep || האַרט|ער ש' sound sleep || ר'עד|ן פֿון ש' talk in one's sleep || דער ש' נעמט ניט אַ (*rev. con.*) be sleepless
שלאָ'פֿאַלקער דער (ס) bedroom
שלאָפֿבאַנק די (...בענק) bunk, bed
שלאָ'פֿהײַזקע די (ס) bungalow
שלאָ'פֿוואַגאָן דער (ען) sleeping car
•שלאָפֿלאָז אַדי sleepless
•שלאָ'פֿלאָזיקייט די insomnia

שלאָ'פּמיטל דאָס (ען) sleeping pill; soporific
שלאָפֿן וו (האָט/איז געשלאָפֿן) sleep || לייגן זיך ש', גיי|ן* ש' go to bed || לייג|ן ש' put to bed
שלאָ'פֿצימער דער (ן) bedroom
שלאַפֿקייט די (ן) illness; languor
שלאַפֿראָק דער (...רעק) morning gown, housecoat
שלאַק דער/דאָס (שלעק) stroke; evil; nuisance
שלאַקס דער (ן) downpour
שלאַקסיק אַדי precipitous
שלאַ'קסרעגן דער (ס) downpour
שלווה די [SHALVE] serenity, tranquility
שלווהדיק אַדי [ ] serene, tranquil, placid
•שלוי אַדי cunning, sly
•שלוכט די (ן) gorge, ravine
שלום דער [SHOLEM] peace || געבן* ד ש' make ⊦ שליס|ן ש' greet (upon arrival) || mediate ⊦ אַרײַנ|לייג|ן זיך אין ש' peace || ש' מאַכ|ן מיט accept, acquiesce in, || resign oneself to, be reconciled to
ש' מאַכ|ן צווישן reconcile
שלום־בית דער/דאָס [BA'YES] domestic peace; harmony
שלום־עליכם אינט [SHOLEM-ALE'YKHEM] hello
שלו'מפּערדיק אַדי dowdy
שלו'מפּערל פּנ Cinderella
שלום־קאָרפּוס דער [SHO'LEM] Peace Corps
שלונג 1. די (ען) gullet || 2. דער (ען) swallow
שלונד דער (ן) crevice
שלוק דער (ן) swig, swallow
שלו'קעכצ|ן וו ⟐ = שלוקערצן
שלוקערץ דער (ן) hiccup
שלו'קערצ|ן וו ⟐ hiccup
שלח־מנות דער/דאָס [SH(A)LAKHMONES] presents exchanged by friends and neighbors on Purim
שליאַך דער (ן) dirt road, unpaved road
שליאָ'נדער|ן וו ⟐ stroll, ramble, lounge
שליאָפּע|ן וו ⟐ wade (through snow or mud)
שליאַק דער (ן) (decorative) border

שליאַרע די (ס) ruffle
של־יד דער (ן) [SHELYA'D] that one of the phylacteries which is placed on the arm
שלידער דער (ס) blinker
שליוז דער (ן) lock, sluice
שליח דער (ים/שלוחים) [SHELIEKH—SHLIKHIM/SHLUKHIM] messenger, envoy, emissary
שליחות דאָס (ן) [SHLIKHES] mission, assignment
שליטה די (—ות) [SHLITE] power, influence, grip, mastery; idée fixe, obsession
שליטווע(ג)ס דער (ן) sleigh road in the snow ⊦ אַ גוטן ש'! bon voyage! (*iro.*) good riddance!
שליטל|ען זיך וו ⟐ sled, go sleigh-riding
שליטן דער (ס/שלי'טענעס) sled, sleigh
•שלײַדער די (ס) sling
שלײַ'דער|ן וו ⟐ hurl, fling, sling, pitch
שלײַכ|ן זיך וו ⟐ slink, sneak
שלײַם דער (ען) mucus, phlegm; scum, slime
שלײַמדריז די pituitary gland
שלײַען דער (ס) tench
שלייער דער (ס) veil, mantle
שליי'ערל דאָס (עך) caterpillar, larva
שלייף די (ן) temple
שלייף דער (ן) loop, bow
שלײַפֿ|ן וו (געשליפֿן/⟐) polish *imp.*; sharpen, whet *imp.*
שלייקעס מצ suspenders
•שלימות זען שלמות
שלימזל [SHLIMAZL] 1. דער (ען) unlucky person, ne'er-do-well ⊦ 2. דאָס misfortune, bad luck
שלימזלדיק אַדי [ ] unlucky
שלימזלניק דער (עס) ⊡—ניצע [SHLIMEZALNIK] זען שלימזל 1
שלי'ם־שלימזל 1. דער (ען) [ ] very unlucky person ⊦ 2. דאָס extremely bad luck
שלינג־און־שלאַ'נג אַפּ/אַדוו idle

שלינג|ען וו (געשלונגען) swallow, devour, gulp *imp.*

שלי'נגעריש אַדי voracious

שליס: אַ ש' טאָ|ן* זיך click *vi.*

שליסברעט די (ער) switchboard

שליסונג די (ען) conclusion; joint

שליסיק אַדי snug

שליסל דער (—/ען) key; clue; clef; wrench || פּראַנצײ'זיש|ער ש' monkey wrench

שלי'סלטאָן דער (...טענער) keynote

שלי'סללאָך די (...לעכער) keyhole

שלי'סלשטיין דער (ער) keystone

שליס|ן וו (געשלאָסן) close *vt.*, conclude, adjourn *vt.*; click *vi.* ⊢ ש' זיך close *vi.*; fit ⊢ ש' אין קייטן shackle, put in chains

שליף דער (ן) facet

שליפּע די (ס) epaulet

שליש דער (ים) [shoLEsh—shLIShIM] arbiter, third party, arbitrator

שלישות דאָס [shLIShES] that which is deposited with a third party; arbitratorship

שלל דער ⟨מיט⟩ [shLAL] a great deal (of), a lot (of)

שלמות דאָס [shLEYMES] completion; perfection

שלמותדיק אַדי [ ] perfect, faultless

שלעגיש אַדי casual, cursory, random

שלע'געריש אַדי pugnacious

שלעכט 1. אַדי (△ ערגער; △△ ערגסט) bad, evil, mean, wicked; malicious ⊢ זײַן* אַ ש'|ער (child) be naughty || 2. אַדוו badly; ill, wrongly, mis... ⊢ ש' פֿאַר-שטיי'|ן* misunderstand || ש' אָ'פּ אַפּ—אַמער badly off

שלעכטס דאָס evil; wrongdoing || טאָ|ן* ד ש' wrong; molest

שלע'נגלדיק אַדי sinuous, winding

שלענגל|ען זיך וו ◇ wind *vi.*, meander

שלע'נדערל דאָס (עך) morning glory

שלע'נדער|ן זיך וו ◇ meander

שלעסל דאָס (עך) (שלאָס △) zipper

שלעפּ די (ן) train (of a dress)

שלעפּ דער (ן) pull, jerk || אַ ש' טאָ|ן* jerk, yank

שלע'פּאויטאָ דער (ס) tow truck

שלעפּ־חיה די (—ות) [KhAYE] beast of burden

שלעפּ|ן וו ◇ pull, draw, drag, tow, tug || ש' זיך drag *vi.*, trudge || ש' מיט די פֿיס stagger

שלעפּנעץ די (ן) dredge

שלעפּער דער (ס) □קע tramp, vagabond, hobo, bum

שלעפּערײַ' דאָס vagrancy

שלעפּקראַפֿט די pulling power; drag

שלעפֿיק אַדי soporific

שלע'פֿעריק אַדי sleepy, drowsy

שלעפֿפּיל די (ן) sleeping pill

של־ראָש דער (ן) [shELRO'sh] that one of the phylacteries which is placed on the forehead

של־סעודות דער/דאָס (ן) [shALEShUDES] the late afternoon meal on the Sabbath

שם דער [shEM] reputation, fame, prestige, renown; God's name

שמאַטע די (ס) rag || מצ tatters

שמאַ'טעדיק אַדי ragged

שמאָך דער (ן) △ דער/דאָס שמייכל grin

שמאַכט די languor

שמאַכטיק אַדי languid

שמאַכט|ן וו (געשמאַ'כט) languish, pine

שמאָכטע די (ס) (*cont.*) trifle, nonsense

שמאָל אַדי (△ שמעלער) narrow || האַלט|ן ש' be in a critical state, have little chance

שמאָ'ל־אָ'פּשטאַנדיק אַדי narrow-gauge

שמאַלץ דאָס/די (animal) fat (as food)

שמאַלצגרוב די (...גריבער): אַרײַנ|פֿאַל|ן אין אַ ש' strike it rich

שמאַלציק אַדי fat, greasy

שמאָ'לקעפּיק אַדי narrow-minded

שמאַנט דער sweet cream

שמאָנצעס מצ nonsense

שמאַראַ'ק דער (ן) emerald

שמאָר|ן וו ◇ stew

שמאָרע|ן וו ◇ snort

שמאַרצ|ן וו ◇ smart
שמד די [shMAD] conversion to Christianity; baptism (of a Jew); (*Jew.*) apostasy
שם־דבר דער (ס) ⟨פֿאַר⟩ [shE'MDOVER] renowned thing or person, byword (of)
שמד|ן וו ◇ [ ] convert to Christianity *vt.*
|| ש' זיך be converted to Christianity, be baptized
שמד־שטיק מצ [ ] wild pranks, whims
•שמה זען ש י י מ ע
שם־המפֿורש דער [shEM-HAMFO'YRESh] (*Jew.*) the ineffable name of God, the knowledge of which is said to impart magic power
שמוגל|ען וו ◇ smuggle
שמוגלער דער (ס) ◻קע smuggler, bootlegger
שמויש דער (ן) lambskin
שמוכט דער (ן) scent, odor
שמוכט|ן וו (געשמו'כט) ⟨מיט⟩ reek (of)
שמונה־עשׂרה די [shIMENESRE] the 18 blessings which are said by Jews in the three daily prayers
שמוס(ן) זען ש מ ו ע ס (ן)
שמועה די (—ות) [shMUE] rumor, piece of news
שמועס דער (ן) talk, conversation, chat
שמועס... conversational
שמו'עסדיק אדי colloquial, conversational
שמו'עסל|ען וו ◇ exchange pleasantries
שמו'עס|ן וו ◇ talk, converse, chat ||
ווער שמועסט (נאָך) especially
שמו'עסשפּראַך די colloquial language, vernacular
שמוץ דאָס dirt, filth, smut
שמוציק אדי dirty, filthy, foul
שמו'צער|ן וו ◇ ⟨מיט⟩ smack (lips)
שמוקלער דער (ס) ◻קע lacemaker
שמורה־מצה די [shMU'RE-MATSE] Matzah the production of which was supervised with special strictness
שמות [shMOYS] (the Book of) Exodus
שמיד דער (ן) blacksmith
שמי'דאײַזן דאָס wrought iron
שמי'דהאַמער דער (ס) sledgehammer
שמידיק אדי malleable
שמיד|ן וו ◇ forge, pound, hammer ||
ש' אין קייטן put in chains, shackle
שמי'דעוודיק אדי זען ש מ י ד י ק
שמידער דער (ס) ◻קע blacksmith
שמידערײַ' די (ען) smithy
שמיטה די (—ות) [shMITE] (*Jew.*) septennial year of grace ⊦ איין מאָל אין אַ ש' once in a blue moon
שמיטה־יאָר דאָס (ן) [ ] sabbatical year
שמײַדיק אדי nimble, sprightly; versatile
שמיי־דריי': אין איין ש' (*hum.*) quickly
שמייכל דער/דאָס (ען) smile
שמייכל|ען וו ◇ smile || ברייט ש' grin
שמײַס|ן וו (געשמיסן) thrash, whip *imp.*, lash
שמײַע|ן וו ◇ bustle, be very busy
שמײַ'עניש דאָס bustle
שמים־פּנימל דאָס (עך) [shOMA'IM-PENEML] prude; religious hypocrite
שמיני־עצרת דער [shMINATSERES] the eighth day of the Sukkoth holiday
שמינקע די (ס) make-up; rouge
שמיעה די [shMIE] (sense of) hearing
שמיץ דער (—) lash, spank; heap (on a spoonful) ⊦ מצ whipping || אַ ש' טאָ|ן* heaping (spoonful) ⊦ מיט אַ ש' fling, hurl
שמיצ|ן זיך וו ◇ lash about
שמיר דער (ן) smear, smudge
שמי'רגעוווע|ן וו ◇ daub
שמירה די (—ות) [shMIRE] guard; amulet
|| ש' שטיי|ן* keep watch
שמירונג די lubrication
שמיר|ן וו ◇ smear, grease, lubricate; scribble; spread (butter etc.) ⊦ ווי גע-
שמי'רט smoothly, fluently
שמירעכץ דאָס (ן) lubricant, grease
שמירקעז דער cream cheese
שמן־זית דער [shEMEN-ZA'YES] pure olive oil
שמן־זיתדיק אדי [ ] unctuous

•שמע די (ס) זען שײמע

שמע־ישראל פּר [shMA-YISRO'EL] the credo "Hear, O Israel, the Lord is our God, the Lord is one" ⊢ ש'! אינט help!

שמעלץ דאָס scrap

שמע'לצבאָמבע די (ס) fusion bomb

שמעלצ|ן וו (געשמאָלצן) melt *vt/imp*, smelt; || melt *vi.* ⊢ ש' זיך add fat to (food) ש' זיך אין delight in

שמעלצשפּראַך די (ן) fusion language

שמעלקע דער (ס) ‹מיט› (*iro.*) intimate

שמ|ען וו ◇ ‹מיט› [shEM] be famous for || ש' פֿאַר be famous as; be reputed to be

שמעק דער (ן) sniff; whiff || ש' טאַביק pinch of snuff

שמע'קטאַביק דער snuff

שמעק|ן וו ◇ smell || ש' מיט smell, reek of ש'° אומפּ מיט involve; be likely

שמע'קעדיק אַדי fragrant

שמערגל דאָס emory

•שמערץ זען װײטיק

שמץ דער [shEMETS] particle, shred, iota, touch (of)

שם־רע דער [shEMRA] bad name || קריג|ן אַ ש' fall into disrepute

שמש דער (ים) [shAMES—shAMOSIM] beadle, sexton in a synagogue; rabbi's personal assistant

שנאָבל דער (ען) △ שנע'בעלע beak; spout; prow

שנאַל דער/די (ן) buckle

שנאַפּ|ן וו ◇ sniff (around), spy

שנאַפּס דער (ן) △ שנעפּסל liquor, whisky; (alcoholic) drink ⊢ מאַכ|ן אַ ש' have a drink

שנאַר דער (ן) scar

שנאַרכצ|ן וו ◇ snore, snort

שנאָר(ע)|ן וו ◇ beg

שנאָרער דער (ס) □קע beggar

שנה־טובֿה די (—ות) [shONE-TO'YVE] (*Jew.*) New Year's card

•שנוי זען שינוי

שנויץ דער (ן) snuff (of a candle)

שנוק דער (ן) (elephant) trunk, snout

שנור דער/די (ן) △ שנירל rope, line

שנור די (ן/שניר) daughter-in-law

שנו'רעווע|ן וו ◇ lace (shoes) *imp.*

שניאור [shNEYER]: דער פֿעטער ש' Jack Frost, Old Man Winter

שנידל|ען וו ◇ זען זידלען

שניט דער (ן) cut, section; slit; harvest, crop; make, fashion, manner; short-cut || פֿון איין ש' of the same kind ⊢ כאַפּ|ן דעם ש' catch on *vi.*

שני'טמוסטער דער (ס) sewing pattern

שניטער דער (ס) □קע harvester, reaper

שניטפֿעלד דאָס (ער) stubble

שניטקע די (ס) sandwich

שניטקראָם די (ען) dry-goods store

שניי דער (ען) snow

שנײַדברעט די (ער) cutting board, carving board

שנײַדוועג דער (ן) crossroads

שנײַדיק אַדי incisive, sharp

שנײַד|ן וו (געשניטן) cut *imp.*; reap, harvest; curtail ⊢ ש' זיך cut *vi.*, be cuttable ⊢ ש' זיך אויף have the makings of ⊢ ער שנײַדט זיך אויף אַ מאָלער he is a budding painter ⊢ ציינער ש' זיך אים he is teething

שנײַדער דער (ס) □קע tailor

שנײַדערײַ 1. די (ען) tailor shop || 2. דאָס tailoring

שנײַ'דערקע די (ס) dressmaker

שנײַדפּונקט דער (ן) intersection

שנייִק אַדי snowy

שניי'עלע דאָס (ך) (snow)flake

שניי|ען וו ◇ snow

שנייער זען שניאור

שנײַצ|ן וו ◇ blow (nose); snuff (candle)

שנייקויל די (ן) snowball

שניי'שטורעם דער (ס) snowstorm

שני־למלך דער [shEYNE-LEME'YLEKh] king's minister

שניפּס דער (ן) necktie

שניצ|ן וו ◇ whittle, carve *imp.*

שניצער דער (ס) pencil sharpener

שני'צערײַ דאָס (ען) carving

שנירל דאָס (עך) (שנור △) string, lace; strand

שני'רלײַבל דאָס (עך) corset

שנית אַדװ [SHEYNES] secondly

•שנעל אַדי fast, quick, rapid

שנעל דער (ן) fillip

שנעל|ן װ ◇ fillip

שנעפּסל דאָס (עך) (שנאַפּס △) drink of liquor

שנעק דער (ן/עס) snail; worm (screw); (*fig.*) shrimp, urchin

שנ"פּ=שיִער ניט פֿאַרגעסן P.S.

שס=ש"ס דער [SHAS] the Talmud

שע'דיק|ן װ ◇ hurt, be harmful *imp.*

שעדלעך אַדי harmful, injurious, destructive, detrimental, prejudicial

שעדעװער דער (ס) masterpiece

שעה די (ען) [SHO] hour || אַלע ש' צו דער ש' every hour on the hour

שעהענװײַז אַדװ [ ] hourly

שעהען־װײַזער דער (ס) [ ] hour hand

שעהען־פּלאַן דער (...פּלענער) [ ] timetable

שעזלאָ'נג דער (ן) chaise-longue

שעטנז דער [SHATNEZ] cloth made of mixed linen and wool, forbidden to Orthodox Jews

שעך דאָס tinsel

שעכטהויז דאָס (...הײַזער) slaughter-house

שעכט|ן װ (געשאָכטן) slaughter

•שעכטע די (ס) זען שיכט

שעל דער diamonds (in cards)

שעלאַ'ק דער (ן) shellac

שעלאַקיר|ן װ ◇ shellac

שעלט|ן זען שילטן

שע'ל(ע)כל דאָס (עך) (שאָל △) cup

שע'מע(װ)דיק אַדי shy, bashful, coy

שעמ|ען זיך װ ◇ be bashful || ש' זיך ⟨מיט⟩ be ashamed (of) ⊢ מעגסט זיך ש' you ought to be ashamed ⊢ שעם זיך אין דײַן װײַטן האַלדז אַרײַ'ן! shame on you! || ניט האָב|ן* מיט װאָס זיך צו ש' be presentable

שעמעריר|ן װ ◇ זען שימערירן

שענדונג די (ען) rape

שענדלעך אַדי dishonorable, shameful, nefarious; disgraceful, ignominious

שענד|ן װ ◇ dishonor; rape

שענק די/דער (ען) pub, tavern, saloon, bar

שענקבריװ דער (—) grant

שענקל דאָס (שאַנק △) locker, cabinet

שענק|ען װ (געשאָנקען/◇) give (as a gift), present, donate; pardon, forgive

שענקער דער (ס) ◻קע saloonkeeper

שעפּ די (ן) scoop

שעפּטש דער (ן) whisper

שעפּטשע|ן װ ◇ whisper

שעפּ|ן װ ◇ scoop up; draw; derive || ש' פֿון draw on || אַ ש' טאָ|ן* dip in

שעפּס דער (ן) sheep

שע'פּסנס דאָס mutton

שע'פּסן־קאָטלעט דער (ן) lamb chop

שע'פּעטל דאָס (עך) satchel

שעפּעליאַװע אַדי lisping

שעפּעליאַװע|ן װ ◇ lisp

שעף דער (ן) chief, head, boss, principal; superior

שעפֿל דאָס (ען) bushel

שע'פֿעלע דאָס (ך) (שאָף △△) lamb

שע'פֿעריש אַדי זען שאַפֿעריש

שער די (ן) shears

שער דער (ן) sher, a lively Jew. dance

שער־בלאַט דער (־בלעטער) [SHA'R] title page

שעריף דער (ן) אַמער sheriff

שערל דאָס (עך) (שער △) scissors

שער|ן װ (געשוירן/געשאָרן) cut, clip, shear ⊢ *imp.* לערנ|ען זיך ש' אויף פּאָס באָרד use (sb.) as a guinea pig

שערסקע אַדי זען שאָרסטיק

שערענגע די (ס) line, file

שערער דער (ס) ◻קע barber

שערערײַ' די (ען) barber shop

שערצל דאָס (עך) pinafore

שפּאָן דער club (in cards)

שפּאַגאַ'ט דער string, cord, twine

שפּאָגל נײַ אַדי brand-new, spick-and-span

שפּאָדל דער (ען) spade

שפּאָט דער mockery || ש' ביליק dirt-cheap

שפּאַטל דער (ען) spatula

שפּאַ'כליעווע|ן וו ◇ fill (cracks)

שפּאַל דער (עס) railroad tie, sleeper

שפּאַלט דער (ן) △ שפּעלטל crack, split; fissure, ravine; (newspaper) column

שפּאַ'לטבאָמבע די (ס) fission bomb

שפּאַלטונג די (ען) rift, split; fission

שפּאַלט|ן וו (געשפּאָלטן) split, crack, cleave *vt.* ⊢ ש' זיך split, crack *vi.*

שפּאַ'לטעוודיק אַדי fissionable

שפּאַ'לטעריש אַדי divisive

שפּאַלי'ר דער (ן) lane || 4-שפּאַלי'ריק|ער שטראָז 4-lane highway || wall paper מצ

שפּאַן דער (ען) span; stride, step, pace

שפּאָן דער (שפּענער) △ שפּענדל chip

שפּאַ'נאָדער די (ן) tendon, sinew

שפּאַנבעט די (ן) hammock

שפּאַנונג די (ען) strain, tension, suspense

שפּאַ'ניע (די) Spain

שפּאַ'ניער[1] דער (—) ⊡ Spaniard

שפּאַ'ניער[2] דער brocade

שפּאַניש אַדי Spanish

שפּאַנ|ען וו ◇ stride *vi.*, pace; harness; strain *vt/imp*

שפּאַ'נענדיק אַדי exciting (story), thrilling

שפּאָנקע די (ס) cuff link, stud

שפּאַס דער (ן) joke, gag || אָן אַ ש' no fooling, no kidding

שפּאַסיק אַדי humorous, funny

שפּאַצי'ר דער (ן) walk, stroll; drive; excursion

שפּאַציר|ן[1] וו ◇ walk, take a walk, hike, stroll ⊢ גיי|ן* ש' go for a walk || פֿאָר|ן ש' go for a drive

שפּאַציר|ן[2] וו ◇ space (letters)

שפּאַצירנס: גיי|ן* ש' = ש פּ אַ צ י ר ן[1]

שפּאַצירער דער (ס) ⊡ hiker

שפּאַקולן מצ spectacles

שפּאַקטי'וו דער (ן) spyglass, binoculars

שפּאָר אַדי fair, considerable (amount)

שפּאָר דער (ן) spur

שפּאַ'רבאַלקן דער (ס) truss

שפּאָרבאַנק די (...בענק) savings bank

שפּאַרבער דער (ס) sparrow hawk

שפּאַרונע די (ס) cranny, crack, crevice

שפּאַר|ן וו ◇ press, push || ש' זיך dispute, debate *vi.*, wrangle ⊢ ש' זיך אַז insist that

שפּאָר|ן וו ◇ save, economize, conserve *imp.*

שפּאַרע די (ס) crack, crevice

שפּאָ'רעוודיק אַדי thrifty, economical, efficient, frugal

שפּאָ'רעוודיקייט די economy, thrift, efficiency

שפּול די (ן) △ שפּולקע reel, spool

שפּונט דער (ן) bung, top

שפּוע דער (ים) זען ש י פּ ו ע

שפּור די/דער (ן) trace, track, footprint; vestige ⊢ זײַן* אויף דער ש' פֿון keep track (of)

שפּיאָן דער (ען) □קע spy

שפּיאָנאַ'זש דער espionage

שפּיאָניר|ן וו ◇ spy

שפּיגל דער (ען) mirror; level, surface || ש' ריין spick-and-span

שפּי'גלבילד דאָס (ער) reflection

שפּיגל|ען זיך וו ◇ ⟨אין⟩ gaze at (a reflecting surface); exult, delight in

שפּיז די/דער (ן) spear; dart

שפּיזאַרניע די (ס) זען ש פּ ײַ ז אַ ר נ י ע

שפּיזגלאָז דאָס antimony

שפּיזל דאָס (עך) (שפּיז △) knitting needle; skewer; dart

שפּי'זנשפּיץ דער (ן) spearhead

שפּיטאָ'ל דער/דאָס (ן/שפּיטעלער) hospital

שפּײַז די (ן) food

שפּײַזאַרניע די (ס) pantry

שפּײַזונג די nourishment; supply

שפּײַזיק אַדי nutritious

שפּײַזלינג דער (ען) dependent

שפּײַז|ן וו ◇ feed, nourish, maintain

שפּײַזער דער (ס) ⊡ provider

שפּײַזקראָם די (ען) grocery

שפּײַ'זקרעמער דער (ס) □קע grocer

שפּײַזרער די (ן) esophagus

שפּײַכלער דער (ס) granary, storehouse, (grain) elevator

שפּײַעכץ דאָס (ן/ער) saliva

שפּײַ|ען װ (געשפּיגן) spit *imp.*

שפּײַץ דער (ן) (printer's) space

שפּײַצ|ן װ ⊙ space (letters)

שפּײַ'קעסטל דאָס (עך) spittoon

שפּיל די/דאָס (ן) game, play; show

שפּי'לבעטל דאָס (עך) playpen

שפּילוואַרג דאָס toys (*coll.*)

שפּי'ל־חבֿר דער (ים) [KhAVER—KhAVEYRIM] playmate

שפּילטער דער (ס) splinter

שפּי'לטערדיק אַדי brittle

שפּילכל דאָס (עך) (שפּיל △) plaything, toy; trifle

שפּילמאַן דער (...מענער) gleeman

שפּיל|ן װ ⊙ play; fizz || ש' אין play *vt.* (a game), act in (a play) ⊢ ש' אויף play *vt.* (an instrument) ⊢ש' זיך play *vi.* ⊢ ש' זיך מיט trifle with, play around with ⊢ש' טעאַטער act

שפּי'לעוודיק אַדי playful

שפּי'לעכל דאָס (עך) זען שפּילכל

שפּילער דער (ס) ⊡ player

שפּילערײַ' דאָס (ען) game, easy task

שפּילפּלאַץ דער (...פּלעצער) playground

שפּי'לפֿויגל דער (...פֿייגל) singing bird

*שפּילצײַג זען שפּילכל

שפּי'לקאַסטן דער (ס) jukebox

שפּילקע די (ס) pin || זיצ|ן (ווי) אויף ש'ס sit on tenterhooks, sit on pins and needles ⊢ זוכן אַ ש' אין אַ וואָגן היי look for a needle in a haystack

שפּין די/דער (ען) spider

שפּינאַ'ט דער spinach

שפּינדל דאָס (ען) spindle

שפּינוועבס דאָס cobweb

שפּינ|ען (זיך) װ (⊙/געשפּונען) spin *vt/vi*

שפּינראָד די (...רעדער) spinning wheel

שפּי'נשפּולקע די (ס) spinning wheel

שפּיץ דער/די (ן) tip, point; prong; peak, top, summit; gable; climax, culmination ⊢ אויפֿן ש' מעסער a pinch of || ש' פֿינגער fingertip; tiptoe || אויף די ש' פֿינגער on tiptoe || שטיי|ן* אין דער ש' פֿון head

שפּיצ... paramount

שפּיצהאַק די (...העק) pick(axe)

שפּיציק אַדי pointed, peaked

שפּיצל דאָס (עך) prank, practical joke, trick

שפּיצל דער (ען) stool pigeon; secret (police) agent

שפּיצלינג דער (ען) prankster

שפּיצן מצ lace

שפּי'צן־קאָנפֿערענץ די (ן) summit conference

שפּי'צעדיק אַדי זען שפּיציק

שפּירהונט דער (...הינט) (blood)hound

שפּירונג די (ען) sensation

שפּיר|ן (זיך) װ ⊙ feel *vt/vi*

שפּי'רעוודיק אַדי sensitive, vulnerable

שפּירעט דער זען ספּירט

שפּעט אַדװ late

שפּע'טזומער דער Indian summer

שפּעטיק אַדי late

שפּעט|ן װ (געשפּע'ט) ⟨פֿון⟩ mock, leer (at), ridicule

שפּעטנע אַדי ugly

שפּעטער אַדװ (שפּעט △) later, afterwards, by and by ⊢ש' מיט אַ שעה [sho] an hour later ⊢ ניט ש' ווי at the latest

שפּע'טערדיק אַדי* later, subsequent, posterior, ulterior

שפּע'טשמייכעלע דאָס (ך) smirk, sneer

שפּעלטל דאָס (עך) (שפּאַלט △) slot; loophole

שפּענדל דאָס (עך) (שפּאָן △) splinter, chip

שפּענטע די (ס) זען שפּונט

שפּעציאַ'ל דער (ן) delicacy

שפּערל דער (ען) sparrow

שפּראַך די (ן) language

שפּראָך דער (ן) incantation, magic formula

שפּראַכ... linguistic

שפּראַ'ך־וויסנשאַפֿט די linguistics

שפּראַכיק אַדי linguistic, (of) language

שפּראַ'כן־קענער דער (ס) linguist, polyglot

שפּראָץ דער (ן) sprout, shoot, scion; sling || ש' טאָג daybreak

שפּראָצל דאָס (עך) (שפּראָץ △) sapling

שפּראָצ|ן (זיך) וו ◇ sprout *vi.*
שפּראָ'צנדיק אַדי budding
שפּרו'דלדיק אַדי ebullient
שפּרודל|ען וו ◇ well, sputter
•שפּרוך זען שפּראַך
שפּרונג דער (ען) leap, jump, plunge
שפּרו'נגענווייז אַדוו by leaps and bounds
שפּריז דער (ן) stride
שפּריז די/דער (ן) wooden bar
שפּריזל דאָס (עך) (שפּריז △) gag
שפּרײַז|ן וו ◇ stride, pace, stalk
שפּרייטונג די (ען) distribution, spread
שפּרייט|ן (זיך) וו (געשפּריי'ט) spread *vt/vi* (*imp.*)
שפּריי|ען וו ◇ drizzle
שפּריי'רעגן דער (ס) drizzle
שפּריכוואָרט דאָס (...ווערטער) proverb
שפּרינגברעט די (ער) jumping board
שפּרינגל|ען וו ◇ skip *vi.*
שפּרי'נגלקע די (ס) springboard, diving board
שפּרינג|ען וו (איז געשפּרונגען) jump, leap; dive
שפּרינגער דער (ס) grasshopper
שפּרינגשנור דער (ן) jump rope
שפּריץ דער (ן) spurt, squirt; shower; syringe ⊢ מאַכ|ן זיך אַ ש' take a shower
שפּריצברעט די (ער) dashboard
שפּריצל|ען וו ◇ sputter
שפּריצ|ן וו ◇ ⟨אויף⟩ splash, sprinkle, spurt, squirt ⊢ ש' מיט spout, spatter *imp.*
שפּריצעכץ דאָס (ן) spray
שפּרענקל דאָס (עך) speck
שפּיכת־דמים דאָס [shFIKhES-DO'MIM] aggravation
שפֿל אַדי [shOF'L] lowly, inferior, humble, abject, vile, ignoble
•שפֿלות זען שיפֿלות
שפֿע די (ס) [shEFE] plenty, abundance, opulence
שפֿעדיק אַדי [ ] abundant; prolific
שקאַפּע די (ס) jade, mare
שקאָץ דער (שקצים) [shKOTSIM] impudent fellow, prankster
שקאָציש אַדי pert, fresh, saucy
שקאַרלאַטי'ן דער זען סקאַרלאַטין
שקאַרמו'ץ דער (ן) paper bag
שקיעה די (—ות) [shKIE] sunset
שקלא־וטריא די (ס) [shAKLE-VETA'RYE] discussion, deliberation
שקלאַף דער (ן) ⊡ slave
שקלאַפֿיש אַדי slavish, servile
שקלאַפֿ|ן וו ◇ slave
שקלאַ'פֿן־טרײַבער דער (ס) ☐קע slave driver
שקלאַפֿערײַ' דאָס slavery, bondage
שקע'טעלע דאָס (ך) little box, casket
שקצים זען שייגעץ; שקאָץ
שקר דער (ים) [shEKER—shKORIM] lie, falsehood
שקראָב|ן וו ◇ scrape
שקרן דער (ים) ☐טע [shAKREN—shAKRONIM] liar
•שראָט דער זען שרויט
שראָל דער (ן) clod
שראַם דער (ען) scar
•שראַנק דער (שרענק) closet
שראַפּנע'ל דער (ן) shrapnel
שרויט דער (buck)shot
שרויף דער/די (ן) △ שרײַפֿל screw, bolt
שרויפֿ|ן וו ◇ screw
שרוי'פֿן־ציִער דער (ס) screwdriver
שרונט דער (ן) part (in hair); gap
•שריט דער (—) step
שרײַ דער (ען) shout
שרײַבטיש דער (ן) desk
שרײַ'במאַשין די (ען) typewriter
שרײַ'במאַשיניסטקע די (ס) typist (*fem.*)
שרײַב|ן וו (געשריבן) write
שרײַבער דער (ס) ⊡ writer; scribe
שרײַ'בפענדל דאָס (עך) pen
שרייטל דאָס (עך) (שרויט △) pellet
שריי'טל־געלעגער דאָס (ס) ball bearing
שריי'טלפען די (ען) ballpoint pen
שרײַיק אַדי shrill, blatant, loud; gaudy; flagrant

שרײַ|ען װ (געשריגן/געשרי:ען) shout, cry, yell; bray

שרימפּ דער (ן) אַמער shrimp

שריפֿט 1. דער (ן) (printing) type, font; script ⊢ 2. די (ן) writing

שרי'פֿטגיסער דער (ס) typefounder

שריפֿטיק אַדי literate

שרי'פֿטיקייט די literacy

שריפֿטלעך אַדי written, in writing ||

שרי'פֿטלעכ|ע אַרבעט (school) composition

ˇשריפֿטשטעלער זען ש ר ײַ ב ע ר

•שרעג 1. אַדי slanting, oblique || 2. אַדװ aslant

שרעטל דאָס (עך) dwarf, elf, gnome

•שרענקל דאָס (עך) זען ש ע נ ק ל

שרעק דער/די (ן) fear, alarm, terror || אָנ|װאַרפֿ|ן אַ ש' אויף terrify

שרעקלעך אַדי terrible, awful, frightening

שרעק|ן װ (געשראָקן) frighten *imp.*, terrify ⊢ ש' זיך ⟨פֿאַר⟩ be afraid (of), fear

שרע'קע(װ)דיק אַדי timid, fearful

שרע'קפֿויגל דער (ען) scarecrow

שרץ דער (ים) [shERETS—shROTSIM] reptile, crawling animal

שרצים־טרײַבער דער (ס) [shRO'TSIM] exterminator

ששת־ימי־בראשית דער [shEYshES-YEME'Y-BE-RE'YshES] the six days of Creation; the beginning of time

שתדלן דער (ים) □טע [shTADLEN—shTADLONIM] intercessor ⊢ מצ lobby

שתדלנות דאָס [shTADLONES] intercession

שתדלנימשאַפֿט די (ן) [shTADLO'NIMshAFT] lobby

ש

ש דער/די [SIN] letter of the Yiddish alphabet; pronounced [S]: numerical value (identical with ש): 300

שונא דער (ים) [SOYNE—SONIM] enemy, foe || ווער|ן אַ ש׳ ד turn against

שונא־ישׂראל דער (שונאי־) [YISRO'EL] anti-Semite

שׂטן דער [SOTN] devil || דער ש׳ Satan

שׂימחה די (—ות) [SIMKhE] gaiety, mirth, joy; party, celebration

שׂימחת־תּורה דער [SIMKhES-TO'YRE] Simhath Torah, a Jew. holiday on the day following Sukkoth, celebrating the completion of the year's reading cycle of the Torah

שׂימחת־תּורה־פֿאָן די (ען) [ ] a flag carried by children on Simhath Torah

שׂין דער/די (ען) sin, name of the letter שׂ

שׂינאה די (—ות) [SINE] hatred, hate, enmity ⊢ טראָג|ן (אַ) ש׳ ⟨אויף⟩ bear (sb.) malice

שׂינאת־ישׂראל די [SINES-YISRO'EL] anti-Semitism

שׂכירות מצ/דאָס [SKhIRES] salary, pay

שׂכל דער [SEYKhL] reason; sense, wit; brains, intellect; underlying principle; rationale ⊢ על־פּי ש׳ [ALPI] according to reason ⊢ מיטן ש׳ intellectually ⊢ לייג|ן זיך אויפֿן ש׳ be plausible/probable ⊢ ניט לייג|ן זיך אויפֿן ש׳ be improbable || פֿאַל|ן אויפֿן ש׳ אַז (*rev. con.*) occur (to sb.) that

שׂכלדיק אַדי [ ] prudent, reasonable

שׂכלדיקייט די [ ] prudence

שׂכל־הישר דער [HAYO'ShER] common sense; discretion

שׂכר דער (ן) [SKhAR] reward

שׂכר־לימוד דער [LI'MED] tuition (charges)

•שמחה זען שׂימחה

•שנאה זען שׂינאה

שׂעיר־לעזאָזל דער (ען) [SOER-LAZO'ZL] scapegoat

שׂר דער (ים) [SAR—SORIM] prince; dignitary

שׂרה פּנ [SORE] Sarah, wife of the patriarch Abraham

שׂריד דער (ים) [SORED—SRIDIM] survival, remnant

שׂריד־ופּליט דער [UPO'LET] remnant

שׂרף דער (ים) [SOREF—SROFIM] seraph

שׂרפֿה די (—ות) [SREYFE] fire, blaze

שׂרפֿה־מעלדער דער (ס) fire alarm box

שׂרפֿעדיק אַדי [SA'RFEDIK] scathing

שׂרפֿע|(נע)ן וו ◇ [SARFE] (sun) broil

שׂררה דער (—ות/—ים) [SRORE—SRORES/SRORIM] lord

שׂשׂון־ושׂימחה דער [SOSN-VESI'MKhE] joy and jubilation

ת

ת דער/די [TOF] letter of the Yiddish alphabet; pronounced [T]; numerical value: 400

תאווה די (תאוות) [TAYVE] passion, lust

תאווהדיק אדי [ ] passionate, voluptuous

תבֿה די (—ות) [TEYVE] (Noah's) ark

תבֿואה די (—ות) [TVUE] grain, cereal

תבֿיעה די (—ות) [TVIE] claim (against sb.)

תג דער (תגין) [TAG—TAGN] ornamental calligraphic stroke on a letter ⊢ מצ minutiae

תגינדיק אדי [ ] minute, circumstantial

תהום דער (ען) [THOM] abyss, precipice

תהומיק אדי [ ] precipitous

תהילים דער [TILIM] Book of Psalms || קאַפּיטל ת' psalm

תהלים זען תהילים

תובֿע דער (ים) [TOYVEYE—TOYVIM] claimant, plaintiff

תוהו־ובֿוהו דער [TOYEVOYE] chaos

תוו דער/די (ן) [TOF] tav, name of the letter ת

תוך דער [TOKh] core, essence, substance || אין ת' (אַרײַן) in essence, in substance; basically, essentially

תוך־... [ ] basic, substantive || ת'־זאַך substantive matter

תוכחה די [TO'YKhEKhE] chapter of curses in the Bible ⊢ אויס|לאָז|ן די (גאַנצע) ת' אויף heap curses on || די גאַנצע ת' האָט זיך אוי'סגעגאָסן אויף אים all calamities befell him

תוכיק אדי [TOKhIK] essential, basic, substantial; inherent, intrinsic

תוך־כּדי־דיבור אדוו [KEDEY-DI'BER] forthwith, instantly

תוכן דער (ים) [TOYKhN] contents

תוך־פֿאָרשונג די [TO'Kh] basic research

תופֿס זײַן* וו (ת' געווע'ן) [TOYFES] grasp, apprehend, take in

תורה .1 די [TOYRE] Torah, the Jew. Law; the Pentateuch; (*Jew.*) learning, scholarship ⊢ .2 די (—ות) teaching; (*iro.*) skill

תורה־שבכּתבֿ די [ShEBIKSA'V] Biblical law, the Old Testament

תורה־שבעל־פּה די [ShEBALPE'] Talmudic law, the Talmud

תורת־משה די [TOYRES-MO'YShE] Mosaic Law; (*fig.*) gospel

תושבֿ דער (ים) [TOYShEV—TOYShOVIM] resident; inmate

תחבולה די (—ות) [TAKhBULE] remedy, means, expedient

תחום דער (ען) pale; scope; limit

תחום־המושבֿ דער [HAMO'YShEV] the Pale of Settlement assigned to the Jews in Czarist Russia

תחום־שבת דער (ן) [ShA'BES] a distance of 2000 ells, which observant Jews are not permitted to exceed on the Sabbath when walking out of town

תחילת אדוו [TKhILES] at first, originally, initially

תחילתדיק אדי [ ] original, initial

תחינה די (—ות) [TKhINE] Yiddish prayer, chiefly for women

תחית־המתים דער [TKhIES-HAMEʹYSIM] resurrection of the dead ⊢ ת׳ * אויפֿ|שטיי|ן be resurrected, revive *vi.*, rise from the dead

תחנון דער [TAKhNUN] supplicatory part of morning and afternoon weekday prayers ⊢ פֿאַל|ן ת׳ to say that prayer

תחנונים מצ [TAKhNUNIM] entreaties || בעט|ן צ ת׳ implore, entreat

•תיבֿה די זען תבֿה

תיכּף אדוו [TEYKEF] at once, immediately, directly, in no time

תיכּף־... [ ] instant || ת׳־קאַווע די instant coffee

תיכּפֿדיק אדי [ ] immediate

תיכּף־ומיד אדוו [UMIYAʹD] immediately, directly, forthwith

תימן (דאָס) [TEYMEN] Yemen

תיפֿלה די (—ות) [TIFLE] (*cont.*) church

תיקו פֿר [TEYKU] let it stand (about an open question)

תיקו־... [ ] debatable

תיקודיק אדי [ ] inconclusive, moot

תיקון דער (ים) [TIKN—TIKUNIM] improvement; redress; (*hum.*) brandy

תיקון־טעות דער (ן) [TOʹES] correction of a mistake; erratum, errata

תירוץ דער (ים) [TERETS—TERUTSIM] pretext, justification

תישעה־באָבֿ דער [TIʹShEBOV] the Ninth day of Ab, a Jew. day of fasting and mourning in commemoration of the destruction of the first and second Temples in Jerusalem; hence, desolate mood

תישרי דער [TIShRE] Tishre, the first month in the Jew. calendar, usually coinciding with parts of September and October

תכלית דער (ים) [TAKhLES—TAKhLEYSIM] result, practical purpose; (serious) business

תכליתדיק אדי [ ] expedient, practical

תכלית־קאָרפּוס דער [ ] Job Corps

תכריכים מצ [TAKhRIKhIM] shrouds

תכשיט דער (ים) [TAKhShET—TAKhShITIM] brat

תל דער [TEL] ruin, havoc, shambles || מאַכ|ן אַ תל פֿון ruin, play havoc with || ווער|ן אַ תל, ווער|ן אומפּ אַ תל פֿון be ruined

תל־אָבֿיבֿ (דאָס) [TELAVIʹV] Tel Aviv

תליה די (—ות) [TLIE] gallows; (death by) hanging

תלין דער (ים) [TALYEN—TALYONIM] hangman

תל־כּוח דער [TEʹLKOYEKh] destructive force

תלמוד דער [TALMUD] the Talmud

תלמוד־בבֿלי דער [BAʹVLI] the Babylonian Talmud

תלמודיסט דער (ן) (usu. non-Jew.) Talmudist

תלמוד־ירושלמי דער [YERUShAʹLMI] the Jerusalem Talmud

תלמודיש אדי [TALMUDISh] Talmudic

תלמוד־תורה די (—ות) [TALMETOYRE] Talmud Torah; traditionally, a tuition-free elementary school maintained by the community for the poorest children; in U.S., a Jew. elementary school

תלמיד דער (ים) [TALMED—TALMIDIM] student, pupil, disciple (*masc.*)

תלמידה די (—ות) [TALMIDE] student, pupil, disciple (*fem.*)

תלמיד־חכם דער (תלמידי־חכמים) [TALMED-KhOʹKhEM—TALMIʹDE-KhAKhOʹMIM] learned man, (*Jew.*) scholar

תל־עולם דער [TEL-OʹYLEM] utter ruin

תם דער (ען) [TAM] naïve person, moron, half-wit

תמוז דער [TAMEZ] Tammuz, the tenth month in the Jew. calendar, usually

coinciding with parts of June and July

תמיד אדוו [TOMED] always, ever, invariably

תמיכה די [TMIKhE] support

תמימות דאָס [TMIMES] naïveté

תמימותדיק אדי [ ] naïve, artless

תמעוואַטע אדי [TAMEVATE] foolish, half-witted ⊢ מאַכ|ן זיך ת' play the fool

תמע|ן וו ⊙ [TAM] brood

תמצית דער/דאָס (ים) [TAMTSES—TAMTSEYSIM] gist, essence, epitome; précis ⊢ זײַן* דער ת' פֿון epitomize

תמציתדיק אדי [ ] concise, succinct, terse

תנא דער (תנאָים) [TANE—TANOIM] (*Jew.*) one of the tannaim, rabbis whose teachings in the first two centuries A.D. are included in the Mishnah

תנאַי דער (תנאָים) [TNAY—TNOIM] condition, provision ‖ מצ terms ‖ מיטן ת' ⟨אַז⟩ provided ‖ אויס|נעמ|ען אַ ת' stipulate ⊢ באַפֿרײַ|ען אויף ת' parole

תנאָים דער (ס) [TNOIM] engagement party; engagement contract ⊢ אָפּ|שיק|ן די ת' break one's engagement

תנאַי־פֿרײַ [TNA'Y] .1 אדי on parole ‖ .2 די parole, probation

תנאַי־קודם־למעשה דער [KO'YDEM-LEMA'YSE] precondition ⊢ האָב|ן* אַ פֿאַר אַ ת' presuppose *vt.*

תנועה די (—ות) [TNUE] motion, gesture ‖ מאַכ|ן תנועות gesticulate

תנך דער [T(A)NA'Kh] (*Jew.*) Bible

תנכיש אדי [T(A)NAKhISh] (*Jew.*) Biblical

תענוג דער (ים/ן) [TAYNEG—TAYNUGIM] pleasure, delight, zest; thrill(s)

תענוגדיק אדי [ ] pleasurable

תענית דער (ים) [TONES—TANEYSIM] fast

תּפֿוצות מצ the Jew. Diaspora

תפֿילה די (—ות) [TFILE] prayer ‖ ת' טאָ|ן* pray

תפֿילין מצ [TFILN] (*Jew.*) tephillin, phylacteries, small boxes strapped to the left arm and the forehead during weekday morning prayers by observant male adults

תפֿיסה די (—ות) [TFISE] prison, jail; imprisonment, confinement; perception ‖ אײַנ|זעצ|ן אין ת' imprison

תפֿיסה־בטוח דער (ים) [BETUEKh—BETUKhIM] trusty

תפֿיסהניק דער (עס) [ ] jailbird, convict

תפֿיסה־פֿאַרוואַלטער דער (ס) [ ] prison warden

תפֿסן דער (ים) [TAFSN—TAFSONIM] jailer

תקומה די [TKUME] survival; possibility of recovery ⊢ האָב|ן* אַ ת' persevere

תקומהדיק אדי [ ] persistent

•**תקון** זען ת י ק ו ן

תקופֿה די (—ות) [TKUFE] age, epoch, era

תקיעת־כּף דער (ן) [TKIES-KA'F] handshake signifying agreement

תקיף .1 אַט [TAKEF] powerful, influential ‖ .2 דער (ים) [—T(A)KIFIM] powerful/influential person

תקיפֿות דאָס [TKIFES] (political) power; firmness, self-confidence

תקיפֿותדיק אדי [ ] highhanded, imperious

תקיפֿשאַפֿט די [TA'KEFShAFT] (the) Establishment

תקנה די (—ות) [TAKONE] statute, rule, regulation, precept

תרבות דאָס [TARBES] manners, politeness, decorum ⊢ האָב|ן* ת' פֿאַר treat with respect

תרגום דער [TARGEM] (*Jew.*) Aramaic translation of the Old Testament

תרגומיש אדי [TARGUMISh] Targumic, Judeo-Aramaic

תרגום־לשון דאָס [LOShN] Aramaic; (*hum.*) ‖ gibberish, unintelligible language ‖ ס'איז ת' it's Greek to me

תרופֿה די (—ות) [TRUFE] remedy

•**תרוץ** זען ת י ר ו ץ

תרי"ג מיצוות מצ [TARYA'G MITSVES] the 613 commandments which observant Jews must fulfill

תרעומות מצ [TARUMES] strictures, complaints

תשובֿה די (—ות) [TSHUVE] answer, reply; || repentance, penance; atonement

ת' טאָ|ן* do penance, atone

תשוקה די (—ות) ⟨צו⟩ [TSHUKE] passion, passionate desire, lust (for)

תשליך דער [TASHLEKh] a rite performed on Rosh Hashanah, in which men gather at a stream and shake out their pockets over the water as a symbol of washing away their sins

תשמיש(־המיטה) דער [TASHMESh(-HAMI'TE)] sexual intercourse ⊢ פֿ״גל לתשמיש

תשמישי־קדושה מצ [TASHMIShE-KDU'ShE] (*Jew.*) ritual objects (shophar, phylacteries, etc.)

•תשעה־באָבֿ זעו תישעה־באָבֿ

•תשרי זעו תישרי

תתחדש! אינט [TISKhADESh] wear it in good health!

ת

ת דער/די [SOF] letter of the Yiddish alphabet; pronounced [S]; numerical value (identical with תּ): 400. (*No words begin with this letter*)

תוו דער/די (ן) [SOF] thav, name of the letter ת